Mit der Eisenbahn durch Europa

Interrail

Bd. 1

Europa Gesamt

Eberhard Fohrer

BR Deutschland
Schweiz
Österreich
Tschechoslowakei
Ungarn
Rumänien
Jugoslawien
Griechenland
Türkei
Italien
Frankreich
Spanien
Portugal
Marokko

Niederlande
Belgien
Luxemburg
Großbritannien
Irland
Dänemark
Schweden
Norwegen
Finnland

Michael Müller Verlag

Redaktion: Angela Nitsche
Satz: Klara Rosenbauer, Eberhard Fohrer
Illustrationen: Kerstin Weinreben

Vorliegendes Buch erscheint als Band 1 der dreiteiligen Reihe
'Mit der Eisenbahn durch Europa':

Bd. 1 Interrail Europa Gesamt

Bd. 2 Interrail Europa Mitte/Süd

Bd. 3 Interrail Europa Mitte/Nord

ISBN 3-923278-59-4

Alfa Druck Göttingen.
5. Auflage 1992

Mit der Eisenbahn durch Europa, Band 1

Interrail Europa GESAMT

Interrail -
die beste Möglichkeit, mit wenig Geld Europa kennenzulernen!

Allerdings, wie oft kommt es vor, daß man an einem interessanten Ort oder einer einmalig schönen Landschaft vorbeirauscht, ohne überhaupt davon zu wissen! Aus ganz **Europa,** *incl.* **Marokko** *und* **Türkei** *haben wir deshalb viel Material zusammengetragen, um euch in den einzelnen Ländern eine Orientierungshilfe zu geben:*

- Kompaktinformationen über die wichtigsten/schönsten Städte, Landschaften und Strände
- Fundierte Informationen zu Sehenswürdigkeiten, Kultur, Geschichte und Politik
- jede Menge Übernachtungstips für den schmalen Geldbeutel - Jugendherbergen, Hostels, Billigpensionen, Zeltplätze, im Freien
- preiswerte Restaurants, die heißesten Kneipen, wichtige Treffs, Nachtleben
- die schönsten Bahnstrecken, auch abgelegene Linien, Privat-, Zahnrad- und Bergbahnen. Touren von Marrakesch bis Stockholm, von London nach Istanbul, von Sizilien zum Nordkap
- viele andere nützliche Informationen - Ermäßigungen mit dem Interrail-Ticket, Ausrüstung, Versicherung, Kniffs und Tricks, wichtige Adressen u. v. m.
- und natürlich **JEDE MENGE LESERTIPS !!**

Das Handbuch zum Bahnfahren in Europa - jetzt in drei Bänden!

Hallo!

Ich freue mich, Euch unsere neue dreibändige Reihe "**Mit der Eisenbahn durch Europa**" vorstellen zu können!!
Vielleicht hat der eine oder andere schon die letzte Auflage unseres Handbuchs in den Händen gehabt. Damals schrieben wir an dieser Stelle von unseren Schwierigkeiten, das immense Material zum Thema 'Mit der Bahn in Europa' zwischen zwei Buchdeckel zu pressen. Wir wollten keine faulen Kompromisse eingehen und so riesige Länder wie bzw. Großbritannien, Italien oder Frankreich auf zehn Seiten abhandeln! So ein Werk kann man nämlich getrost zu Hause bzw. in der Buchhandlung lassen - es bringt unterwegs rein gar nichts. Dann fiel uns die Lösung ein - aus eins mach drei: ab sofort gibt es ein Buch **Interrail Europa Gesamt** (das Ihr in Händen haltet), ein **Interrail-Buch zu Süd- und Mitteleuropa** und eines zu **Mittel- und Nordeuropa.**
Wir hoffen, damit einen Schritt in die richtige Richtung getan zu haben, Euch noch optimaler und genauer mit den aktuellsten Infos versorgen zu können. Jeder Traveller kann sich jetzt ein Buch besorgen, daß *gezielt auf seine Bedürfnisse zurechtgeschnitten* ist. Wer also seine Route durch ganz Europa incl. Marokko und Türkei plant bzw. umfangreiche praktische Infos zu allen Interrail-Ländern besitzen will (immerhin mittlerweile stolze dreiundzwanzig Staaten!), greift am besten zu dem Band Europa Gesamt. Wer stattdessen nur den Süden oder den Norden Europas erkunden will - beides immens große Gebiete, in denen es in vier Wochen mehr als genug zu sehen und erleben gibt - kann auf die beiden sehr ausführlichen Teilbände zurückgreifen (falls einer der Bände gerade nicht im Regal steht, besorgt ihn Euer Buchhändler gerne!). Ihr habt nun also die Qual der Wahl - ich hoffe, eine 'Qual', die ein bißchen Spaß macht!
Genug der Vorreden - wie zur letzten Auflage möchte ich Euch auch jetzt allen Spaß, super Erholung und viele tolle Erlebnisse wünschen - ganz besonders allen alten 'Interrail-Hasen', die mir mit ihren zahllosen Briefen schon so viel geholfen haben. Ich freue mich auch weiterhin auf Eure Tips und Anregungen!

Erlangen, im März 90

Eberhard Fohrer

Danke!

Merci beaucoup, muchas gracias, mille grazie, thank you very much, mange takk, hvala lijepa, obrigado, barrak allahu fik, dekuji, tesekkür ederim und *efcharistó polí* an alle, die mich so tatkräftig bei der Arbeit an diesem **Interrail-Führer** unterstützt haben!

Ganz besonderer Dank gebührt den Autoren des **Michael Müller Verlags**, deren Reiseführer ich Euch hiermit wärmstens empfehlen möchte:
Lore Marr, Harald Sippel (Jugoslawien gesamt / Jugoslawische Inseln), *Jochen Grashäuser, Karl Schäffer* (Marokko), *Hagen Hemmie* (Rom/Latium), *Peter Kanzler* (Nord/Mittelgriechenland), *Michael Müller* (Toskana), *H.-P. Siebenhaar* (Peloponnes), *Heiko Zeutschner* (Ungarn) und *Jochen Grashäuser & Markus X. Schmid* (Türkei gesamt / Türkei Mittelmeer / Türkei - der Osten).

Weiterhin möchte ich für Rechcherchen herzlich danken: *Lars Schmitz-Eggen* (Dänemark, Finnland, Irland, Luxemburg, Schweden, Türkei); *Sönke Boldt* (Belgien, Niederlande); *Irene Fohrer, Britta Helmig, Ulrich Edelmann* (Großbritannien), *Eggert Schröder* (Paris), *Martin Müller* (Italien), *Jan Runau* (Sizilien), *Johannes Dapprich* (Tschechoslowakei), *Hans-Albrecht Haffa* (Allgemeines) außerdem *Stefan Ullrich, Uwe Ulrich, Ulrich Amadeus Böcker, Stefanie Holl, Matthias Zeuner, Joachim Egger, Reinhard Stommel, Jürgen Scheffler, Winfried Roth, Dirk Sievers, Wilfried Paus* und besonders *Peter Kanzler* für seine unermüdlichen und zahlreichen Hinweise.

Aber vor allem habt ihr selber mit euren zum Teil zig Seiten langen Briefen zum Entstehen dieses Buchs beigetragen:

Holger Hartmaier, Kirsten Bodemann, Joachim Kunkel, Markus Gorgel, Vladimir u. Aleksandra Parpura, Ludger Batzdorfer, Stefanie Modlinksi, Rainer Keintzel, Michael Langenwalter, Stephan Werner, Uwe Hoos, Elisabeth Sommer, Ralph Lange, Frank Rosenthal, Andrea Eckhardt, Bruno Wyler, Bernd Eilend, Peer Jenss, T. Driscoll, Beate Weber, Benjamin Pauli, Annette Conrad, Sabine Ludwig, Irene Vatenkamp, Heiko Schmitz, Felicitas Ochetta, Heiner Klemp, Friedrich Franke, Jörg Klenert, Oliver Winkler, Andreas Mollenkopf, Karin Linsmeier, Doris Zimmermann, Martin Schürgers, Martin Schäfer, Christoph Tölle, Sabine Seipp, Birgitta Hohmann, Martin Brock, Marcus Malmendier, Beatrix Meschik, Maria Nickl, Thomas Schlüter, Christian Buchner, Thorsten Jäger, Anton Biersack, Eugen Maier, Ursula Heim, Bernhard Bienlein, Ray Rowland, Christian Schöberl, Stephan Oetiker, Stefan Schütze, Florian Fritz, Volker Thomsen, Alexander Hauser, Silvia Kern, Barbara Neubert, Pratik Gosh, Dietmar König, Holger Reichardt, Birgit Reichenbecher, Kerstin Hendricks, Markus Dinklage, Marja Falck, Peter Ellingworth, Andrew Sang, Kai Pulkkinen, Claus Richter, Rolf Trumm, Andreas Willms, Hans Goebl, Torsten Voller, Hanspeter Gut, Anette Bein, Hans Escher, Stefan Mertens, Horst Weber, Gina Werner, Eilert Scheidt, Frank Karthoff, Stefan Eberz, Bernd Kalteyer, Klaus Dieter Miliczek, Bernd Müller-Neuhof, Guido Walter, Horst Paul, Regina Wiesneth, Rolf Wiehler, Harald Schrapers, Henriette Seiler, Josef Pfeifer, Neil Staton, Susi Macker, Frank Pertsch, Stefan Nees, Rainer Poths, Elke Bongartz, Klemens Gschwandtner,

Thilo Offergeld, Günther Humer, Martin Pliete, Elke Brete, Peter Wittmann, Birgit Köhler,Dorothy Allan, Andreas Poth, Michael Kurz, Ute Sadler, Johann Trinkl, Martin Rosenbach, Gabriele Paukert, Bruno Fischer, Susi Heinzel, Fabian Ginster, Michael Nadler, Marcus Amberger, Angelika Lochner, Andreas Laiminger, Oliver Schulte-Vels, Wolfgang Römer, Andreas Christl, Konrad K. Kels, Birthe Mühlpfordt, Christian Rudolph, Stefan Lukossek, Moritz Moser, Ludger Knepper, Christof Reinecke, Sacha & Edwin Bos, Reinhard Kerscher, Antje Föcker, Sven Bluhm, Uli Reuter, Gerhard Blankosegger, Raymond Rösch, Andrea Waldenburg, Gabi Schleweck, Stefan Sadler, Daniel Sattel, Arne Sührk, Kyra Schneider, Anselm Richter, Lucas Schmitt, Jürgen Naumer, Silke-Sabine Rüffert, Volker Leppin, Christoph Mohr, Leon Feuerlein, Jens Richter, Stefan Wolf, Michael Jung, Dirk Reichelt, Bruno Grunenberg, Konrad Weichmann, Michael Maier, Berd Thome, Wolfgang Heschl, Georg Otl, Frank Walgenbach, Thomas S. Waibel, Stephanie Seufert, Frank Weigold, Lukas Philipp, Christian Behrens, Ulrich Zobel, Anja Mesch, Jürgen Haible, Harald Grüning, Christian Moll, Josef Facher, Dieter Greysinger, Kathrin Wirth, Thomas Kindermann, Jochen Renger, M. Brühl, Holger Reichardt, Frank Schaber, Thorsten Jäger, Reinhard Biker, Jens M. Schmittmann, Ruth Mader, Ralf Stütz, Susanne Beckhaus, Christof Reinecke, Barbara Huber, Ulf Deecke, Konrad Sternberg, Boris Karnikowski, Marcel van den Bosch, Carsten Lüdtke, Klaus-Dieter Gabler, Claus Richter, Christian Thon, Dagmar Klingel, Ursula Gerlach, Kirsten Savinsky, Annette Schmidt, Andreas Vente, Daniel Zetlmayer, Kathrin Sue, Tobias Zuknik, Andrea Günther, Roger Langenkemper, Pieter Drubbel, Kai Ulff Stietenroth, Thomas Goldmann, Harald Solbach, Anja Rönnfeldt, Martina Waldner, Christoph Schröder, Ray Rowland, Sabine Grauen, Hartwig Weinkauf, Hans Ekkehard Pleßer, Martin Precious, Christoph Hammel, Markus Lingener, Martin Wolfrum, Joachim Rau, Dr. Arnold Bug, Jana Bovet, Heide Schwarz, Gerhart Rechtsteiner, Michaela Stege, Norma Schickel, Christoph Albuschkat, Danny Wißner, Jens Schumacher, Ute Albers, Günter Schmidt, Herbert Kuner, Soenke Raav, Jan Zimmermann, Erna Mehling, Jörg Fröhlich, Michael Laux, Ines Köhli, Markus Hundt, Hans Escher, Andrew Saverby, Gabi Wagner, Michael Fischer, Werner Trax, Oliver Klein, Hubertus Halder, Heiko Schmitz, Kai Wurster, Christian Borchardt, Neil Tomlinson, Gillian Davis, Gisela Kürsteiner, Michael Leifert, Klaus Ehret, Günter Rüwald, Birgitta Hohlmann, Oliver Kanizas, Jens Wagner, Klaus Wesser, Andrea u. Claudia Golombiewski, Michaela Ranta, Caroline Dootson, Kerstin Beckmann, Martin Kremmeter, Stefan Henrichsmeier, Martina Widmann, Hansi Heeb, Olaf Panz, Martin Schürgers, Norbert Busch, Jörg Klenert, Antje Berg, Britta Rasehorn, Walter Gebhardt, Arnd Burmeister, Björn Lisker, Johannes Groth, Christof Horn, Thomas Andres, Rainer Wiesner, Anna Henkel, Florian Schiel, Markus Dey u. v. a.

Last but not least danken wir der **Deutschen Bundesbahn** für das Abdruckrecht der Bahnkarten aus dem *Auslandskursbuch der DB.*

INHALT

INTERRAIL

Interrail

Für 420 DM vier Wochen lang uneingeschränkte Mobilität in Europa, Marokko und der Türkei - eine echte Verlockung! Wenn man es geschickt anfängt, ist Interrail die Sache.

Mit Interrail seid ihr ganz euer eigener Herr - zahllose Möglichkeiten stehen euch offen, die Bahn bringt euch (fast) überall hin. Das ist natürlich sehr reizvoll, birgt aber auch allerhand Gefahren: es verführt zum Kilometerfressen, Abhaken von Sehenswürdigkeiten, hektischem Hin- und Herfahren - alles aus dem Gefühl heraus, möglichst viel erleben zu wollen. Aber richtig angewandt ist das Ticket sicher nicht, wenn ihr drei von vier Wochen im Zug hockt, wenn ihr zum Schluß 30-40.000 Bahnkilometer am Buckel habt und von den Städten unterwegs hauptsächlich die Bahnhöfe kennt! Höchstens ins Guinness-Buch der Rekorde könnt ihr mit so einer Extrem-Reise kommen (der jüngste Rekord stammt übrigens von einem 23-jährigen deutschen Verwaltungsinspektor - er benötigte für die 5531 km lange Schienenstrecke von Narvik im nördlichen Norwegen bis Pozzallo an der Südspitze Siziliens 71 std. und 19 min.).
Deshalb - versucht euch vor der Reise über eure eigenen Bedürfnisse und Vorstellungen möglichst klar zu werden und stellt eure Reiseplanung konsequent daraufhin ab:

Interessieren mich eher die klimatisch gemäßigten Landschaften Mitteleuropas, der heiße trockene Süden oder die kühle und regnerische nördliche Hemisphäre?

Will ich einen Kulturtrip durch europäische Hauptstädte unternehmen?

Will ich in erster Linie einen Badeurlaub verbringen?

Oder vielleicht die großen Städte meiden, dafür viel Natur erleben und kleine verschlafene Nester besuchen?

Liegt mir viel an Kontakten mit anderen jungen Urlaubern, an Trubel und Ablenkung?

Will ich in erster Linie die Einheimischen kennenlernen?

Oder vielleicht eine Mischung aus den angeführten und anderen Möglichkeiten?

Man könnte diese Liste noch beliebig lang fortsetzen, aber ihr seht schon, worauf das hinausläuft. **Sondiert zuerst eure Interessen, viele Tips und Anregungen findet ihr in diesem Buch!**
Grundsätzlich gilt - fahrt nicht nur auf den ausgelatschten Hauptrouten, die eh jeder nimmt, und wo die Züge zum Brechen voll sind und ihr den ganzen Weg bis Barcelona stehen müßt. Benützt Nebenstrecken oder landschaftlich reizvolle Linien, macht Abstecher, laßt ein bißchen eure Phantasie spielen, im Interrail-Ticket steckt mehr drin als London - Paris - Madrid und zurück!

Am Rande bemerkt - das Bahnfahren ist gegenüber dem Autotourismus erstens relativ umweltfreundlich und hat zudem den Vorteil, daß ihr praktisch immer Kontaktmöglichkeiten habt, sowohl zu Einheimischen, wie auch zu anderen Rucksacklern.

Allein/zu zweit/zu dritt - oder noch mehr?

Unschätzbarer Vorteil des **Alleinfahrens** ist, daß ihr garantiert einen Haufen Leute kennenlernt! Allerdings, ein

bißchen muß man schon der Typ dafür sein - eine gewisse *Kontaktfreudigkeit* und Spontanität ist sehr nützlich, es finden sich immer wieder andere Reisende, an die man sich anschließen kann.
Als Alleinreisender muß man aber auch damit rechnen, daß nicht immer alles harmonisch verläuft, daß man eben mal **wirklich allein** ist und daß niemand da ist, der einem dann hilft und die Einsamkeit vertreibt! Andererseits, man ist herrlich ungebunden, muß sich nicht nach anderen richten, sondern kann eigentlich tun und lassen, was einem in den Sinn kommt.

Zu zweit: man hat jemanden, dem man sich mitteilen kann. In unbekannten Situationen fühlt man sich oft sicherer als alleine. Durch das ständige Zusammen- und Aufeinanderangewiesensein kann euer Zusammengehörigkeitsgefühl stärker werden als in der gewohnten Umgebung (aber auch das Gegenteil kann der Fall sein). Und schließlich kann es immer Momente geben, in denen es gut ist, nicht allein zu sein, angenommen einer von euch wird krank oder beraubt. Nebenbei ist es auch recht praktisch, z.B. weil man das Gepäck recht gut verteilen kann - einer trägt das Zelt, einer das Kochgeschirr. Man kann sich Arbeit teilen - z.B. Geldwechseln, Gepäckaufbewahrung, Zimmersuche etc. Und wenn ihr in Hotels/ Pensionen absteigt, ist es billiger als für einen Alleinreisenden. Ihr solltet aber vorher herausfinden, ob sich eure Interessen und Ansprüche an den Urlaub in etwa decken - sonst kann es leicht zu Mißmut, Streit, versteckten Aggressionen und Enttäuschungen kommen.

Zu dritt: sollte man besser nur machen, wenn man sich bereits gut kennt. In so einer Konstellation kann es leicht zu einer Gruppenbildung in der Gruppe kommen - einer ist dann oft das dritte Rad am Wagen.

Zu viert und noch mehr: ich übernehme keinerlei Verantwortung. Es kann absolut super werden - oder zum Kotzen.

Generell wichtig - sprecht euch vorher genau über den **finanziellen Rahmen** eurer Reise aus. Wenn nachher einer ständig im Ritz übernachten will, während der andere seine tägliche Nahrung aus dem nächsten Bach oder aus dem Mülleimer fischt, könnt ihr wenigstens nicht sagen, ihr habt von nichts gewußt.

Reiseplanung

In der Beschränkung zeigt sich der wahre Meister! Alles könnt ihr in vier Wochen nicht sehen, sprecht eure geplante Reiseroute mit reiseerfahrenen Leuten ab, laßt euch Tips geben und lest euch an Hand unseres Führers in eure Zielgebiete ein.

Generell ist es immer besser, über eure Urlaubsziele wenigstens in Umrissen Bescheid zu wissen oder zumindest eine Nachschlagemöglichkeit zu haben. Nur mit der Landkarte unterwegs, könnt ihr wertvolle Zeit vertun oder irgendwie reinfallen - auf der Karte sah der Ort doch so einladend aus, direkt am Meer und so - und jetzt diese scheußliche Raffinerie . . .
Plant aber eure Reise nicht zu genau - es muß genug Raum für spontane Einfälle bleiben, Änderungen der Reiseroute sollten möglich sein. Je weniger Planung, desto freier!
Höchstens bei *Schiffspassagen* kann es vorteilhaft sein, genau zu planen und eventuell auch Tickets im voraus im Reisebüro zu buchen - nicht besonders angenehm, tagelang in teuren und verdreckten Hafenstädten rumzuhängen, bloß weil die Fähren voll sind!
Nicht empfehlenswert ist es im allgemeinen, *Zimmer* etc. im Voraus zu bestellen. Ihr seid dann total gebunden und habt einen Terminkalender wie im Alltag. In unserem Interrail-Führer findet ihr zu fast jeder Stadt eine Menge preiswerter Adressen. Ansonsten startet die Zimmersuche am besten im Tourist-Büro des jeweiligen Ortes. Dort bekommt ihr Tips, es werden Zimmer vermittelt, außerdem gibts meistens Hotel-/Pensionslisten. In den Tourist-Büros bekommt ihr auch oft Stadtplä-

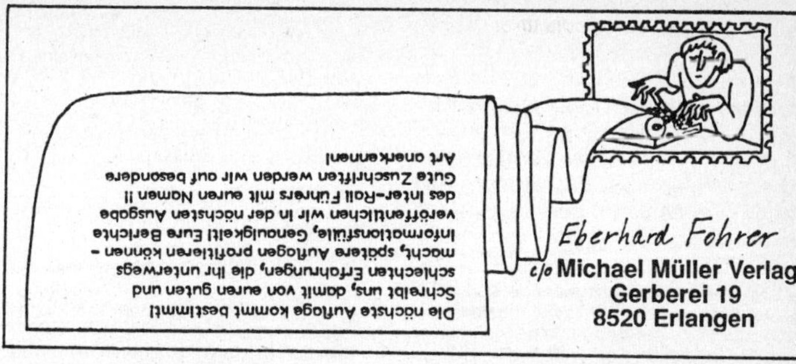

ne und sonstiges Informationsmaterial (siehe auch Kap. *Übernachten* weiter hinten).

Wenn ihr Zeit habt, solltet ihr euch vor der Reise auf jeden Fall ein bißchen mit den *Sprachen* der Länder vertraut machen, die ihr bereisen wollt. Glaubt bloß nicht, daß ihr überall mit Englisch durchkommt (schwierig z.B. in den osteuropäischen Ländern, in Frankreich, Spanien, Italien und Finnland).

Sinnvoll ist es, das Bahnfahren mit anderen Fortbewegungsmöglichkeiten zu kombinieren - per *Bus*, *Schiff*, *Fahrrad* oder *Trampen*, *Wandern* etc. Viele Transportunternehmen geben Ermäßigungen für Interrailer (detaillierte Tips auf S. 19 und bei den jeweiligen Orten).

Falls euch die vier Wochen (verständlicherweise) zu kurz sind und ihr z.B. mindestens sechs Wochen wegbleiben wollt, nützt das Interrail-Ticket voll aus, fahrt viel herum und bleibt dann irgendwo an einem netten Ort und entspannt euch. Zurück könnt ihr dann immer noch trampen oder vielleicht treibt ihr auch irgendwo Leute mit Auto auf, die euch eine Mitfahrgelegenheit nach Hause geben.

Das Interrail-Ticket

Inzwischen sind schon drei verschiedene Karten auf dem Markt: InterRail, InterRail + Schiff und InterRail-Flexi.

Erstere Karte gibt es bereits seit Anfang der Siebziger, sie ist bei weitem die gebräuchlichste. Die beiden anderen sind neueren Datums und sollen bestimmten Reisebedürfnissen der Interrailer Rechnung tragen, die sich in den letzten Jahren herauskristallisiert haben.

Interrail

Erwerb: das Interrail-Ticket kann jeder vom 13. bis zum vollendeten 26. Lebensjahr erwerben (also noch einen Tag vor seinem 26. Geburtstag). Voraussetzung ist, daß er seinen festen Wohnsitz seit mindestens sechs Monaten in dem Land hat, in dem er das Ticket kauft. Alter und Wohnsitz sind beim Kauf des Tickets durch Vorlage eines Personalausweises oder Reisepasses nachzuweisen. Kostenpunkt (Stand Frühjahr 90): **430 DM**.

Ihr bekommt das Ticket an allen Bahnhöfen und Verkaufsstellen der DB, außerdem in allen Reisebüros, die internationale Fahrausweise ausgeben (DER-Reisebüros). Im Ausland könnt ihr das Ticket normalerweise nicht kaufen!

Geltungsbereich: die Karte berechtigt (abgesehen vom Ausgabeland, siehe unten) zur kostenlosen Fahrt 2. Klasse auf allen Strecken der staatlichen Eisenbahngesellschaften folgender Länder: *Bundesrepublik Deutschland, Österreich, Schweiz, Tschechoslowakei, Ungarn, Rumänien, Jugoslawien, Griechenland, Türkei, Italien, Spanien, Portugal, Marokko, Luxemburg, Frankreich, Belgien, Niederlande, Großbritannien, Irland, Dänemark, Schweden, Norwegen, Finnland*, sowie auf nachstehenden Eisenbahnfähren von, in und nach Dänemark: *Puttgarden - Rodby, Helsingör - Helsingborg, Kalundborg - Arhus, Korsör - Nyborg.*

Wichtige Ausnahme - im Land, in dem die Karte ausgestellt wurde, müßt ihr die Hälfte des regulären Fahrpreises bezahlen! Wer diese Zusatzkosten scheut, trampt bis zur Grenze und steigt erst dann in den Zug (siehe auch Lesertip weiter unten).

> **Seit Mai 1989 ist die gesamte Türkei, seit Anfang 1990 die Tschechoslowakei dem Interrail-Verbund angeschlossen**! Das eröffnet phantastische Aussichten - wer weiß, wie die Entwicklung weitergeht?
> PS - die DDR ist im Gespräch.

Benutzung: jede Fahrt müßt ihr mit Datum, Abfahrts- und Zielbahnhof in den Einlegeblättern des Tickets eintragen und vom Zugschaffner überprüfen lassen.

Falls die Blätter voll sind, bekommt ihr neue an jedem größeren Bahnhof.

Wenn ihr das ausgefüllte Heft innerhalb eines Monats nach der Reise an einem größeren Bahnhof zurückgebt, bekommt ihr 15 DM auf die Hand (Stand 90).

Ermäßigungen: in Europa existieren noch eine ganze Menge kleinerer Privatbahnen (Bergbahnen, Museumsbahnen, Schmalspurbahnen etc.), z.B. über 100 Museumsbahnen in England. Auf diesen Strecken gilt das Interrail-Ticket im Normalfall nicht! Allerdings geben eine Reihe der Privatbahnen zwischen 30 und 50 % Ermäßigung für Interrailer, ebenso etliche Schiffahrtslinien, Busse, Bahnbusse etc. (auf nebenstehender Seite eine Liste dieser Unternehmen. Näheres unter den Länderabschnitten). **Achtung - bei Vorbuchung in der Regel keine Ermäßigung!**

Interrail + Schiff

Diese Karte kostet 520 DM, gilt ebenfalls vier Wochen und berechtigt zusätzlich zu den Interrail-Konditionen zur kostenlosen Benutzung einiger (weniger) Schiffslinien im Interrail-Bereich. Hier gilt es also zu rechnen, ob ihr mit den 90 DM, die ihr mehr zahlen müßt als für das normale Interrail-Ticket, günstiger wegkommt, als wenn ihr eure Schiffsüberfahrten voll bezahlt. Oft handelt es sich dabei allerdings um schwer kalkulierbare Beträge von wenigen DM (siehe Beispiele).

> Interrail + Schiff gilt auf folgenden Strecken und Fährlinien:
> **Algeciras - Ceuta**, **Algeciras - Tanger**, **Barcelona - Palma de Mallorca**, **Barcelona - Mahon** (Menorca), **Barcelona - Ibiza**, **Melilla - Almeria**, **Melilla - Malaga** (alle Strecken Transmediterranea Line)
> **Brindisi - Korfu/Igoumenitsa/Patras** (Adriatica u. Hellenic Mediterranean Line)
> **Stockholm - Turku** (Silja u. Viking Line)
> **Göteborg - Frederikshavn** (Stena Line)
> **Dublin - Holyhead** (B + I Line)
> **Le Havre - Rosslare**, **Le Havre - Cork**, **Cherbourg - Rosslare** (Irish Ferries).

Beispiel 1: ihr wollt von Italien nach Griechenland übersetzen. Auf der Strecke Brindisi - Patras habt ihr mit IR + Schiff (520 DM) Freifahrt. Mit der 430 DM teuren IR-Karte bekommt ihr dagegen 30 % Ermäßigung auf die etwa 75-100 DM teure Fährpassage, d. h. die Überfahrt kostet ca. 50-70 DM. Ersparnis gegenüber IR + Schiff ca. 20-40 DM. Wenn ihr auf derselben Strecke wieder zurückwollt, ist IR + Schiff günstiger.

Beispiel 2: ihr wollt von Algeciras (Spanien) nach Tanger (Marokko) übersetzen. Die Hin- und Rückfahrt kostet mit Ermäßigung (IR-Karte) ca. 70 DM, der Mehrpreis für die Karte IR + Schiff beträgt 90 DM, Ersparnis ohne dieselbe also 20 DM.

Beispiel 3: ihr wollt nach Großbritannien und Irland. Mit IR + Schiff (520 DM) könnt ihr kostenlos von Le Havre nach Cork oder Rosslare (Irland) übersetzen, von dort gibt es eine kostenlose Strecke nach Großbritannien. Wenn ihr von Großbritannien wieder aufs Festland wollt, müßt ihr ca. 40 DM zahlen (30 % Ermäßigung). Gesamtpreis also ca. 560 DM. Mit IR zahlt ihr ca. 40 DM für die Überfahrt nach GB und ca. 35 DM von GB nach Irland (jew. mit Ermäßigung), zurück auf demselben Weg, macht ca. 150 DM, d.h. gesamt 580 DM. Hier ist IR + Schiff also günstiger.

Beispiel 4: ihr setzt von Stockholm nach Finnland über. Die einfache Fahrt nach Turku kostet ca. 50 DM, die Karte IR + Schiff lohnt sich also nur, wenn ihr hin und zurück mit der Fähre fahren wollt. Die Fahrt nach Helsinki kostet dagegen bereits einfach ca. 80 DM - fast so viel wie der Aufpreis der Karte IR + Schiff.

Interrail-Ermäßigungen auf einen Blick

BELGIEN: **P & O European Ferries** Oostende - Dover 30%

BR DEUTSCHLAND: 50 % Ermäßigung für Interrailer gewähren Bahn- und Postlinien, Kahlgrund-Verkehrs-GmbH, Kreisbahn Aurich, Lokalbahn Lam-Kötzting, Regentalbahn, Regionalverkehr Münsterland, Regionalverkehr Ruhr-Lippe, Schauinslandbahn, Tegernseebahn-Bahn, Verkehrsbetriebe Peine-Salzgitter, Verkehrsbetriebe Kreis Tecklenburg - Tecklenburger Nordbahn, Verkehrsgesellschaft Kreis Unna, Vorwohle-Emmenthaler Verkehrsbetriebe, Eisenbahngesellschaft Altona-Kaltenkirchen-Neumünster, Oberrheinische Eisenbahngesellschaft (nur Schienenstrecken), Vereinigte Schiffsverwaltungen für den Bodensee und Rhein.

DÄNEMARK: **Flyvebadene** (Tragflügelboote) Kopenhagen - Malmö 50 %
DFDS (Scandinavian Seaways) Esbjerg - Harwich, Esbjerg - Newcastle, Kopenhagen - Oslo 50 %
Hjorring Privatbaner (HP) Hjorring - Hirtshals 50 %

FINNLAND: **Finnjet-Silja Line** Travemünde - Helsinki 10%

FRANKREICH: **P & O European Ferries** Calais - Dover 30 %
Chemins de fer de la Provence Digne - Nizza 50 %
Chemins de fer de la Corse alle Strekken 50 %
Société nationale maritime Corse Mediterranée Marseille - Ajacchio, Toulon - Bastia, Nizza - Calvi, Marseille - Propriano 30 %
Bahnbusse alle Strecken 10 %

GROSSBRITANNIEN: **Sealink** Calais - Dover, Boulogne - Folkestone, Dieppe - Newhaven, Cherbourg - Weymouth, Hoek van Holland - Harwich, Fishguard - Rosslare, Holyhead - Dun Laoghaire, Stranraer - Larne, Portsmouth - Ryde, Lymington - Yarmouth 30 %
Hoverspeed (Luftkissen) Calais/Boulogne - Dover 50 %

IRLAND: **Irish Ferries** Le Havre - Rosslare, Le Havre - Cork, Cherbourg - Rosslare 50 %
B + I Line Holyhead - Dublin, Pembroke - Rosslare 50 %

ITALIEN: **Adriatica & Hellenic Mediterranean Line** Brindisi -Korfu/Igoumenitsa/Patras 30 %

MAROKKO: **Cie Limadet Ferry Comanav** Malaga - Tanger 30 %, Sète - Tanger 20 %

NORWEGEN: **Fred. Olsen Line** Kristiansand - Hirtshals 50 %
Sognefjord-Fähren Bergen - Flam 50 %
Ofotens Bilruter-Busse Bodo - Narvik, Narvik - Tromsö (Nordkapp) 50 %

ÖSTERREICH: **Puchberg am Schneeberg - Hochschneeberg** 50 %
St. Wolfgang Schafbergbhf.- Schafbergspitze 50 %
ÖBB Wolfgangsee-Schiffahrt alle Strecken 50 %
Steiermärkische Landesbahnen Feldberg - Bad Gleichenberg, Gleisdorf - Weiz, Peggau - Deutschfeistritz-Übelbach, Unzmarkt - Tamsweg 50 %
Erste Donau-Dampfschiffahrts-Gesellschaft Passau - Wien 50 %
Vereinigte Schiffahrtsverwaltungen für Bodensee und Rhein alle Strecken 50 %

SCHWEDEN: **Stena Line** Göteborg - Frederikshavn 50 %
Silja Line und **Viking Line** Stockholm - Alands - Turku, Stockholm - Alands - Helsinki 50 %
Viking Line Kappelskär - Alands - Turku 50 %
TT-Line Travemünde - Trelleborg 50 %

SCHWEIZ: über 60 Klein- und Privatbahnen gewähren Interrailern 50 %, zu entnehmen dem Faltprospekt 'Interrail' der DB.

SPANIEN: **Cie de Navigation Transmediterranea** Barcelona - Palma/Ibiza/Mahon, Valencia - Palma/Ibiza, Almeria - Melilla, Malaga - Melilla, Cadiz - Las Palmas/Teneriffa/Lanzarote, Algeciras - Tanger 30 %

Details siehe in den einzelnen Länderkapiteln!

> Wichtig - auch mit IR + Schiff müßt ihr vor Besteigen des Schiffs die jeweils anfallende **Hafentaxe** zahlen (meist ca. 10 DM). Gelegentlich muß man sich vor der Fahrt auch am Schalter ein **Pro-forma-Ticket** für die kostenlose Überfahrt besorgen. Erkundigt euch rechtzeitig, sonst werdet ihr unter Umständen nicht aufs Schiff gelassen und müßt euch wieder hinten anstellen.

Interrail-Flexi

Ist erst im Mai 89 eingeführt worden, kostet 410 DM und wendet sich an alle Interrailer, die länger an einem Ort bleiben wollen, Interrail also als günstige An- und Abfahrtsmöglichkeit verwenden, nicht für eine Dauertour über vier Wochen. Mit Interrail-Flexi könnt ihr nur an *insgesamt zehn Tagen innerhalb von vier Wochen* die Bahnen und Schiffe des Interrail + Schiff-Angebots verwenden. Ihr könnt also beispielsweise in drei Tagen nach England fahren, dort etwa anderthalb Woche bleiben, danach in drei Tagen nach Skandinavien reisen, wiederum anderthalb Woche bleiben und schließlich vier Tage für die Heimreise ansetzen. Alle anderen Bewegungen, die über die 10 Tage Fahrt hinausgehen, müßtet ihr zusätzlich zahlen.

LESERTIPS: "wenn ihr euer Interrail-Ticket verliert, müßt ihr zuerst eine **Verlust-Bescheinigung** bei der Polizei holen. Dann zum nächsten größeren Bahnhof, wo ihr ein neues Ticket für ca. 10 DM ausgestellt bekommt. Wichtig - wenn ihr im Zug merkt, daß das Ticket fehlt, sofort aussteigen, sonst müßt ihr womöglich zahlen" (Felicitas Ochetta, Vaihingen/Enz) . . . "Um erstmal wegzukommen, muß man bekanntlich von Zuhause bis zur Grenze die Hälfte des Fahrpreises bezahlen. Ich fahre immer schon **einige Tage vor Beginn der Karte** mit einer verbilligten Fahrkarte von Transalpino oder Twen-Tours in einen Ort kurz nach der Grenze, z.B. in Holland, Belgien, Frankreich und sehe mich dort um. Also z.B. am 25. Juli nach Amsterdam, am 28. beginnt die Interrail-Karte und es geht weiter. Man bezahlt so nur wenig mehr als für die 'halbe' Bahnkarte und gewinnt noch ein paar Tage zusätzlichen Urlaub" (Jens Richter, Hamburg).

Andere Bahnpässe

Neben dem Interrail-Ticket gibt es noch weitere günstige Angebote im bundesdeutschen und europäischen Bahnbereich. Alle unter 26 können z.B. mit den Veranstaltern **Transalpino, Eurotrain** und **Wasteels** zu stark ermäßigten Preisen (Ersparnis teilweise bis zu 40 %) von etwa 100 Orten in der Bundesrepublik zu etwa 500 Orten in allen europäischen Ländern außer der UdSSR reisen. In der Bundesrepublik könnt ihr jeweils Hin- und Rückfahrkarten kaufen, im Ausland geht das bisher nur in insgesamt 14 Ländern, in Skandinavien und Jugoslawien z.B. nicht.

Der Kauf eines solchen sog. **B.I.J.**-Tickets lohnt sich vor allem für einmalige Hin- und Rückfahrten zu einem bestimmten Ziel - vielmehr, ihr würdet Geld verschenken, wenn ihr nicht davon Gebrauch macht. Nähere Auskünfte, Beratung, Prospekte und Buchung in Reisebüros.

Bundesrepublik Deutschland

Tramper-Monats-Ticket: sozusagen der 'kleine Bruder' von Interrail - vorausgesetzt ihr seit noch keine 23, oder Schüler und Student und noch keine 27. Dann könnt ihr für 246 DM einen Monat lang 2. Klasse auf dem gesamten Schienennetz der DB kreuz und quer fahren (sogar in Intercity-Zügen ohne Zuschlag!), außerdem auch innerhalb des Bereichs von Verkehrs- und Tarifverbünden und der S-Bahn Köln. Ebenfalls umsonst sind Fahrten in Bahnbussen und in den Bussen der Omnibus-Verkehrsgemeinschaft Bahn /Post, zusätzlich geben auch einige regionale Buslinien Ermäßigung.

Juniorpaß: kostet 110 DM, gilt für 18- bis 22jährige, (Stud. bis 26) und ermöglicht ein Jahr lang auf allen DB-Strecken in der Bundesrepublik Fahrten zur Hälfte des Fahrpreises. Außerdem gibt es noch den **Taschengeldpaß** für 12-17jährige (40 DM), der ein Jahr lang 50 % Ermäßigung auf allen Bahn- und Busstrecken der DB bietet.

Mit der Zusatzkarte **Rail Junior** (30 DM, nur Mai bis Sept.) sind Junior- und Taschengeld-Paß auch in Frankreich, Spanien, Portugal und Österreich gültig, Ermäßigungen gibts in Dänemark und auf Transitstrecken durch die Schweiz, Belgien und in Italien.

Für eine Fahrt im Bereich der Deutschen Bundesbahn könnt ihr den **Deutschlandteil** unseres Interrail-Führers gut verwenden!
Ferner verweise ich auf unsere Führer **Sauerland**, **Bodensee**, **Fränkische Schweiz**, **Fichtelgebirge** und **Altmühltal** (siehe auch Verlagsprogramm ganz hinten im Buch).

Übriges Europa

Fast alle Länder im Interrail-Verbund (ausgenommen Marokko, Türkei und die kommunistischen Länder) bieten inzwischen preiswerte Bahnpässe in diversen Variationen und mit verschiedener Geltungsdauer - in Großbritannien sind es z.B. ein gutes Dutzend, sowohl für das ganze Land wie auch für Teilgebiete.
Lohnend für alle, die ganz gezielt ein bestimmtes Land mit der Bahn bereisen wollen. Eine vollständige Aufstellung findet ihr im *'Railpass Guide'* von Thomas Cook (ca. 5 DM, erhältlich bei den Adressen auf S. 18), die wichtigsten auch im Auslandskursbuch der DB. Ihr könnt alle Bahnpässe schon zu Hause bei DER-Reisebüros kaufen, dort auch weitere Information.

Freien Eintritt gibt es mit der Interrail-Karte außerdem in folgenden Verkehrsmuseen:
Belgien: Eisenbahnmuseum, Brüssel/Nordbahnhof.
Bundesrepublik Deutschland: Verkehrsmuseum Nürnberg, Lessingstr. 6.
Finnland: Eisenbahnmuseum in Hyvinkää; Schmalspurbahnmuseum Joikioinen (Bhf. Minkiö).
Frankreich: Eisenbahnmuseum, Mulhouse, 2, Rue Alfred-de-Glehn.
Österreich: Eisenbahnmuseum, Wien 14, Mariahilfer Str. 212.
Portugal: Eisenbahnmuseum Santarem.
Rumänien: Eisenbahnmuseum, Bukarest/ Gara de Nord (Hauptbahnhof).
Schweiz: Schweizerisches Verkehrsmuseum, Luzern, Lidostraße 5.
Spanien: Eisenbahnmuseum, Madrid, San Cosme y San Damián 2.
Ungarn: Verkehrsmuseum, Budapest 14, Városligeti Körut 11; U-Bahnmuseum in der Metrostation Deák Ferenc tér; Museum für Pferdefuhrwerke, Parádfürdö.

MIT DER EISENBAHN DURCH EUROPA

Was bei einer Autofahrt die Straßenkarte ist, ist bei der Bahnfahrt das Kursbuch.

Das Auslandskursbuch der DB wird meistens ausreichen, wer sich für ein bestimmtes Land interessiert, kann versuchen, von der Bahnverwaltung die jeweilige Ausgabe zu bekommen, sind allerdings oft sehr teuer (z.B. Frankreich) und unhandlich.

Kursbücher/Bahnkarten: wertvollstes Hilfsmittel für Interrailer ist das *'Auslandskursbuch'* der deutschen Bundesbahn, mit den Abfahrts- und Ankunftszeiten der meisten wichtigen ausländischen Eisenbahnlinien. Zuschlags- und reservierungspflichtige Züge sind gekennzeichnet, zusätzlich ist für jedes Land eine relativ genaue und übersichtliche Bahnnetzkarte enthalten (die ihr auch bei uns findet).
Erscheint 2 x jährlich und ist an allen größeren Bahnhöfen in der Bundesrepublik erhältlich oder zu beziehen bei: Zentrale Transportleitung, Kursbuchstelle der deutschen Bundesbahn,

Einige der internationalen Bahnsymbole:

Postfach 1569, D-6500 Mainz 1 (Schutzgebühr 10 DM). Für euch wird in der Regel der Sommerfahrplan wichtig sein - das entsprechende Kursbuch gibt es etwa ab Mai.

Das Auslandskursbuch kann allerdings nur so gut sein, wie die Informationen der jeweiligen Bahnverwaltungen an die Herausgeber. Einige Bahnen (z.B. Spanien und Portugal) ändern sehr oft die Fahrpläne, so daß die neuesten Daten zur Drucklegung des Auslandskursbuches oft nicht vorliegen bzw. schon wieder geändert wurden, wenn ihr unterwegs seid.

In den Beschreibungen der Bahnlinien im Reiseteil dieses Buches haben wir jeweils die Nummer angegeben, unter der diese Strecke im Auslandskursbuch erscheint (A-Kb. 20030, A-Kb. 28041 etc.).

Nicht minder hilfreich, in manchen Punkten sogar detaillierter und umfangreicher als das Auslandskursbuch der DB, ist der englischsprachige *'Thomas Cook European Timetable'*, in dem neben denselben Zugverbindungen wie im Auslandskursbuch auch noch alle europäischen Schiffsverbindungen enthalten sind. Das Kursbuch von Thomas Cook wird bereits seit 1873 (!) aufgelegt, erscheint 12 x jährlich (!) und kostet als Einzelbuch ca. 32 DM.

In der Bundesrepublik zu beziehen über die Thomas-Cook Niederlassungen: *Thomas Cook Deutschland Ltd., Domkloster 2a, D-5000 Köln 1; Kaiserstr. 11, D-6000 Frankfurt/M; Balindamm 39, D-2000 Hamburg 1.*

Thomas Cook gibt außerdem noch diverse andere Publikationen zum Bahnfahren in Europa heraus, z.B. eine sehr akkurate *Rail Map of Europe*, in der auch wichtige Schiffslinien, sämtliche Schmalspurlinien sowie zahlreiche Detaildarstellungen der Bahnnetze wichtiger Großstädte enthalten sind (erscheint alle zwei Jahre, ca. 8 DM).

HERAUSGEBER: **Timetable Publishing Office**, P.O.Box 36, Peterborough PE3 6SB, England, Tel. 0733/502568.

Zuschläge verschiedener Höhe müssen in diversen Schnell- und Expreßzügen verschiedener Länder bezahlt werden. Es gibt bisher keine europaeinheitliche Regelung. Generell sollte man sich immer vor der Fahrt informieren, ob und wieviel Zuschlag fällig ist, sonst kann man vor allem in *Frankreich*, *Italien* und *Spanien* böse Überraschungen erleben. Zuschlagspflichtige Züge sind im Auslandskursbuch mit einer gestrichelten Linie neben den Fahrplanzeiten gekennzeichnet. Im Thomas Cook sind zuschlagspflichtige Züge z.T. sogar mit der Höhe des Zuschlages enthalten.

1) Zuschläge in manchen Zügen, nach Entfernung gestaffelt:

Frankreich -	manche Eurocity-Züge (EC) sowie Rapide-Züge, die superschnellen TGV an gewissen Tagen
Italien -	Zuschläge für Rapido und Intercity (bis 25 DM)
Spanien -	gestaffelt nach Zuggat-

tung und Entfernung ist für fast alle Fernzüge ein Zuschlag zu bezahlen. Teilweise sehr teuer (bis zu 40 DM)

2) Zuschlag in bestimmten Zuggattungen, von der Reiseentfernung unabhängig:

Belgien -	gewisse EC im Auslandsverkehr, IC im Binnenverkehr zuschlagsfrei
BR Deutschland -	EC/IC mit Interrail ca. 6 DM, 1 DM mehr beim Kauf im Zug.
Dänemark -	EC-Züge kosten Zuschlag
Finnland -	EP/IC kosten Zuschlag
Griechenland -	in gewissen Expreßzügen
Marokko -	in gewissen Expreßzügen
Niederlande -	gewisse EC im Auslandsverkehr, alle IC im Binnenverkehr zuschlagsfrei
Portugal -	Rapido-Züge kosten Zuschlag
Rumänien -	Zuschlag in Rapid und Accelerat-Zügen
Tschechoslowak. -	in Expres und Rychlik-Zügen
Ungarn -	in einigen internationalen Zügen
Schweiz -	Zuschlag in einigen EC-Zügen, sowie im Bernina-Expreß der Rhätischen Bahnen (RhB) und im Glacier-Expreß der Furka-Oberalp-Bahn.

Generell keine Zuschläge in *Großbritannien, Österreich, Jugoslawien, Luxemburg, Irland, Norwegen* und *Schweden*. Weitere Hinweise in den einzelnen Länderkapiteln.

Platzkarten: Platzkartenpflicht besteht für einige internationale Züge (im Auslandskursbuch mit **'R'** bezeichnet), Preis je Land verschieden (2-5 DM). Ansonsten ist es vor allem auf Hauptstrecken und zur Ferienzeit unbedingt sinnvoll, so frühzeitig wie möglich, Plätze zu reservieren - der Platz am Gang ist sonst vorprogrammiert!

Im Zug übernachten: kann unter Umständen sinnvoll sein und ist bei vielen Interrailern sehr beliebt. Vor allem in den komfortablen skandinavischen Zügen nicht die schlechteste Idee.

Ihr spart Übernachtungskosten.

Ihr könnt längere Strecken, die euch nicht besonders interessieren, sozusagen "im Schlaf" zurücklegen und spart wertvolle Zeit.

Ihr fahrt los und kommt wieder zum Ausgangspunkt zurück - dann müßt ihr allerdings mitten in der Nacht in einen Gegenzug umsteigen.

Außerdem - wenn ihr morgens in einer größeren Stadt ankommt, könnt ihr leichter eine Übernachtungsmöglichkeit finden als nachts, müde und hungrig nach einer zermürbenden 12-Stunden-Fahrt.

Allerdings jedermanns Sache ist es nicht, im Sitzen zu pennen und besonders gesund ist es auch nicht. In vielen europäischen Ländern kann man leider auch die Sitze nicht zusammenschieben, wie man es von der DB gewohnt ist (haben wir nur noch in der *Schweiz*, in *Italien*, *Schweden* und *Dänemark* erlebt). Ihr könnt also nur bequem schlafen, wenn der Zug nicht überfüllt ist.

Überlegenswert sind natürlich auch *Liege- und Schlafwagenplätze*. Sie sind oft nicht teurer als eine Übernachtung in der Pension oder Jugendherberge und können auch noch im Zug nachgebucht werden, natürlich nur, wenn noch Platz ist.

Kostenpunkt für Liegewagen in der Bundesrepublik ca. 23 DM, im Ausland in derselben Preisklasse oder billiger. Inlandsfahrten sind meist billiger als Transitstrecken.

In der Regel haben Liegewagen-Abteile 6 Liegeplätze, in bestimmten Nachtzügen **Frankreichs** und **Italiens** gibt es auch 1. Klasse-Abteile mit 4 Liegeplätzen. Sehr zu empfehlen sind die **jugoslawischen** Liegewagen 2. Klasse auf Binnenstrecken, wo ebenfalls nur vier Reisende pro Abteil untergebracht sind. (Näheres siehe Jugoslawien). In Skandinavien gibt es Liegewagen nur in **Dänemark** und **Schweden**, in **Norwegen** und **Finnland** nicht, dafür kosten dort Schlafwagen mit angenehmen Zwei- und Dreibett-Abteilen nur um die 30 DM (in Finnland sogar noch billiger).

> **Nachttramper**: Angebot der DB für Nachtfahrten auf den Strecken Hamburg-München, Münster-München, Hamburg-Basel. Kostenpunkt 4 DM im Liegewagen, Näheres bei der Bahn.

Verpflegung und Getränke: solltet ihr bei längeren Strecken unbedingt ausreichend mitnehmen (z.B. vorher am Markt besorgen) - im Zug teuer und nicht besonders gut!

Gepäckaufbewahrung/Schließfächer: in Mittel- und Nordeuropa in der Regel kein Problem, schlechter schauts in Südeuropa aus.
In *Spanien* gibt es aus Furcht vor Bombenanschlägen Schließfächer und Gepäckaufbewahrung nur an wichtigen Bahnhöfen (allerdings oft private Gepäckaufbewahrung in der Umgebung von Bahnhöfen). In *Italien* und *Griechenland* keine Schließfächer, dafür an fast allen Bahnhöfen Gepäckaufbewahrung. In den Bahnhöfen *jugoslawischer* Städte ebenfalls Gepäckaufbewahrung, in *Südfrankreich* meist Gepäckaufbewahrung und Schließfächer. In *Portugal* keine Schließfächer und Gepäckaufbewahrung nur in größeren Städten.

SONSTIGES: die meisten großen **internationalen Züge** haben einen bestimmten Namen (z.B. Skandia-Expreß, Viking-Expreß o.ä.). Auf den Abfahrtstafeln an den Bahnhöfen sind manchmal nur diese Zugnamen und nicht die Bestimmungsbahnhöfe aufgeführt!
Expreßzüge auf langen Strecken haben oft **Kurswagen**, die nur einen Teil der Strecke mitfahren und dann abgekoppelt werden. Also aufpassen, in welchem Wagen ihr sitzt (Zielort ist meist an der Außenwand des Wagens angeschlagen)!
Auf größeren Bahnhöfen gibt es **Wagenstandsanzeiger**, aus denen ihr entnehmen könnt, an welcher Stelle im Zug der Wagen eingereiht ist, den ihr nehmen wollt.
Größere europäische Städte haben meistens **mehrere Bahnhöfe** - informiert euch rechtzeitig, an welchem Bahnhof euer Zug abfährt. Am besten ist es oft, wenn ihr euch gleich bei der Ankunft über die Abreisedaten informiert, ihr spart damit einen zweiten Gang zum Bahnhof!
Beim **Photographieren** von Eisenbahnanlagen u. dgl. solltet ihr in Grenznähe generell vorsichtig sein - euer Interesse könnte falsch ausgelegt werden!

Fahrtdauer auf wichtigen Strecken (in Stunden):

Brüssel	Amsterdam	3
	Frankfurt	5 1/2
Hamburg	Kopenhagen	5
Innsbruck	Salzburg	2 1/2
	Wien	6
Köln	Paris	5 3/4
	München	6 1/2
Kopenhagen	Stockholm	8 1/4
Lausanne	Paris	5
Lausanne	Mailand	4 1/2
Madrid	Barcelona	10
	Paris	15
	Lissabon	10
Mailand	München	10
	Genf	5 3/4
	Paris	10 1/4
Nizza	Marseille	2 1/2
	Lyon	5 1/2
Paris	Brüssel	2 3/4
	Luxemburg	4
	Zürich	8
Rom	Neapel	2 1/4
	Mailand	8
Stockholm	Oslo	6 3/4
Straßburg	Stuttgart	2 1/4
Zürich	Frankfurt	5
	Mailand	4 3/4

Andere Verkehrsmittel

Schiffslinien: gibt es in allen Preis- und Qualitätsklassen, im Norden gelegentlich teuer, im Mittelmeer dagegen wogen des großen Konkurrenzkampfs meist relativ billig. Speziell interessant natürlich die Linien, die **Ermäßigung für Interrailer geben bzw. Freifahrt mit der Karte Interrail + Schiff** (Details in den Länderkapiteln).
Im Norden ausgesprochen komfortabel sind die großen Passagierschiffe über die Ostsee von Schweden bzw. der BR Deutschland nach Finnland - vom Friseursalon bis zur Disko ist alles an Bord. Geschlafen wird in Mehrbettkabinen, z.T. auch in Schlafsälen.
Im Süden könnt ihr immer problemlos die billige *Deckklasse* nehmen. Ihr schlaft dann mit eurem Schlafsack im Freien auf Deck - eine recht 'wildromantische' Angelegenheit, über euch die Sterne, rechts und links rauscht das Meer. Etwas teurer sind *Pullmannsessel*, das sind Schlafsessel mit verstellbarer Rückenlehne. Wem das zu unbequem wird, legt sich mit dem Schlafsack einfach auf den Boden. Aber Achtung - manche Fährlinien verkaufen Deckplätze erst, wenn alle Kabinen, Pullmannsessel etc. ausgebucht sind!
Da einige Linien nur 1-2 x wöchentlich verkehren, empfiehlt es sich, so bald wie möglich die Prospekte der einzelnen Gesellschaften mit aktuellen Daten im Reisebüro zu besorgen. Vorbuchen

ist nur bei einigen stark frequentierten Strecken nötig (z.B. von Italien nach Griechenland und eventuell von Schweden nach Finnland), meist fahren die Fähren so häufig, daß keine Engpässe entstehen. Dran denken - **bei Vorbuchung gibts keine IR-Ermäßigung.**

NADELÖHRE FÜR INTERRAILER: die Überfahrten von Italien nach **Griechenland** (besonders Brindisi)
vom Kontinent über den Ärmelkanal nach **Großbritannien/Irland** (Calais, Oostende)
die Fähren von Dänemark nach **Schweden** bzw. **Norwegen** (Helsingör, Kopenhagen, Hirtshals, Frederikshavn)
und die Überfahrt von Schweden über die Aland-Inseln nach **Finnland** (dabei könnt ihr die lange Bahnfahrt durch ganz Schweden umgehen).

Busse: z.T. eine sinnvolle Ergänzung zur Bahn. Wer nur mit der Bahn fährt, rauscht oft an den schönsten Landschaften vorbei - gerade mit Bussen könnt ihr an abgelegene Stellen kommen. Es gibt z.B. sehr reizvolle Küstenstraßen am Mittelmeer, wo der Bau von Bahntrassen wegen des steilen Geländes zu aufwendig gewesen wäre.

Besonders notwendig sind Busse in Ländern bzw. Regionen mit kleinem Eisenbahnnetz wie *Irland*, *Marokko*, *Griechenland* und *Sardinien*. Aber auch in den *skandinavischen Ländern* mit ihren weitmaschigem Bahnnetzen bieten Busse die einzige Möglichkeit, in den hohen Norden vorzudringen (Nordkap, Finnisch-Lappland etc.). Vorschläge zu Bustouren in den einzelnen Länderabschnitten.

Busstationen liegen oft direkt am Bahnhof, in der Regel keine Ermäßigung mit Interrail-Ticket - Ausnahme sind Bahnbusse in Frankreich (10 %) und in der Bundesrepublik Deutschland (kostenlos für Ausländer, 50 % für Interrailer im eigenen Land).

Europabusse geben auf vielen Strekken 25-50 % Ermäßigung. Wird sich aber für die meisten von euch kaum lohnen, weil auf denselben Strecken ja auch Bahnen fahren. Fahrkarten könnt ihr bestellen bei: Deutsche Touring Gesellschaft, D-6000 Frankfurt/M. 90, Am Römerhof 17, Tel. 069/7903240.

Taxi: in südlichen Ländern ein ganzes Stück billiger als bei uns. Kann sich lohnen, wenn man zu mehreren fährt und das Fahrgeld untereinander teilt. Wenn möglich, unbedingt vor Antritt der Fahrt den Preis ausmachen und auf einem Stück Papier aufschreiben! Allein nach Taxameter zu fahren, reicht noch nicht, es kann passieren, daß der Chauffeur dann plötzlich Extras fürs Gepäck verlangt oder behauptet, die Preise wären gestiegen und der Taxameter noch nicht umgestellt und dergleichen mehr.

Fahrrad: idealer Ausgleich für bahngestreßte Interrailer - ausgezeichnete Möglichkeiten bieten sich in folgenden Ländern: *BR Deutschland, Schweiz, Österreich, Niederlande, Belgien, Frankreich* und *Dänemark*.

In diesen Ländern könnt ihr an vielen Bahnhöfen, meistens in landschaftlich reizvollen Gebieten, Fahrräder mieten, oft sogar für mehrere Tage. Zurückgeben kann man das Fahrrad übrigens häufig an einem anderen Bahnhof, das heißt, ihr könnt eine richtige kleine Fahrradtour von einer Station zur anderen machen. Kostenpunkt mit gültigem Fahrausweis (auch Interrail-Tikket) zwischen 5 und 10 DM pro Tag, je nach Land. Meist muß eine Kaution hinterlegt werden - eine vollständige Liste der Verleihbahnhöfe könnt ihr euch von der jeweiligen Bahnverwaltung zuschicken lassen!

Ansonsten gibt es ein dichtes Netz von privaten Verleihfirmen (nicht an Bahnhöfen) in *Großbritannien, Irland, Schweden, Norwegen und Finnland*, in vielen europäischen Großstädten und in touristischen Ballungsgebieten - Adressen im Reiseteil unter den jeweiligen Ländern und Orten. Auskünfte geben außerdem die Tourist-Büros.

Trampen: kann durchaus lohnen, ab und zu mal einen kleinen Ausflug mit dem Daumen einzuschieben. In so einem Fall nur wenig Gepäck mitnehmen, den Rest in Schließfächer oder zur Gepäckaufbewahrung am Bahnhof.

Falls ihr aus einer großen Stadt hinauswollt, mit öffentlichen Verkehrsmitteln möglichst nahe an eine Autobahn fahren. Taxifahrer und Busfahrer wissen meist Bescheid, wo die günstigsten Trampstellen sind.

Falls schon mehrere Leute warten, möglichst weit verteilen, wer als erster da war, steht an vorderster Stelle!

EINIGE TIPS: möglichst anständig kleiden, sauber, nicht zu ausgeflippt, keine Sonnenbrille
- den Fahrern in die Augen schauen, immer etwas 'lächeln' - kurzum sympathisch und vertrauenserweckend wirken!
- nicht im Halteverbot oder an Stellen stehen, wo man nur schwer halten kann (Kurven, Engpässe etc.). Günstig sind Autobahnauffahrten und gelegentlich Mautstellen. An Autobahnen und vierspurig ausgebauten Straßen ist das Trampen in fast ganz Europa verboten, Ausnahme **Finnland**.
- allein kommt man am besten weg, falls ihr ein Pärchen seit, streckt das Mädchen den Daumen raus. Auf keinen Fall sollte sich der männliche Begleiter verstecken.
- ein Schild, wo ihr deutlich lesbar das Fahrziel draufschreibt.
- bei Regen Regenschutz anziehen, der Fahrer nimmt dann an, daß ihr darunter trocken seid und hat keine Angst um seine Autositze.
- in der Nacht nur an beleuchteten Stellen stehen.
- falls der Fahrer sehr wenig vertrauenserweckend aussieht, gebt ein anderes Fahrziel an und steigt nicht ein.
- Geld/Reiseschecks immer am Körper tragen. Vorsicht beim Aussteigen, wenn das Gepäck noch im Auto ist.
- Stift griffbereit, um notfalls die Autonummer notieren zu können.
- wenn möglich, mit dem Fahrer reden, sich irgendwie fürs Mitnehmen erkenntlich zeigen.
- **Mädchen allein sollten besser nicht trampen, vor allem niemals zu zwei Männern ins Auto steigen.**

VERSICHERUNG: in den meisten Ländern trägt die Versicherung des Autofahrers bei einem eventuellen Unfall auch die Kosten, wenn ein Mitfahrer zu Schaden kommt - allerdings nur im Rahmen der festgelegten Deckungssumme. In der BR Deutschland sind 2 Millionen DM üblich (oft auch unbegrenzt), in den Mittelmeerländern sind die Deckungssummen dagegen meist sehr niedrig, in Griechenland und in der Türkei kommt die Haftpflichtversicherung sogar überhaupt nicht für Schäden von Anhaltern auf. Vor allem, wenn ihr diesen Ländern trampen wollt, solltet ihr zu Hause besser eine **Unfallversicherung** abschließen (Kap. Versicherung).

Beim ADAC gibt es Vertragsformulare, in denen der Fahrer von einer die Deckungssumme übersteigenden Haftung freigestellt wird. Manchmal müßt ihr einen solchen Vertrag unterschreiben, bevor ihr mitgenommen werdet. Die Unterschrift ist nur gültig, wenn ihr volljährig seid.

PRAKTISCHES

Papiere

Außer Reisepaß und Personalausweis gibt's noch einige andere Papiere, die sich eventuell lohnen. Kurz zusammengefaßt - Internat. Jugendherbergsausweis, Internat. Campingkarte (beides s. Kap. Übernachten), Internat. Schüler/Studentenausweis, YIEE-Karte.

Reisepapiere: in allen westeuropäischen Ländern genügt ein gültiger *Reisepaß* oder *Personalausweis*. In Marokko, Ungarn, der Tschechoslowakei und Rumänien wird der Reisepaß verlangt, in den beiden letzten Ländern außerdem z.Z. noch zusätzlich ein *Visum* (Näheres unter den einzelnen Länderabschnitten!). In Jugoslawien reicht der Personalausweis, besser ist aber der Paß (siehe Einleitung Jugoslawien).

Es ist sinnvoll, Reisepaß **und** Personalausweis mitzunehmen - falls euch einer von beiden abhanden kommt, könnt ihr immer problemlos weiterreisen, wenn ein Papier bei der Rezeption liegt (siehe Übernachten), könnt ihr mit dem anderen Ausweis trotzdem Geld wechseln, ein Fahrzeug mieten etc. Außerdem kann es euch eventuell einigen Ärger bei der Rückreise aus einem "drogenverseuchten" Land ersparen, wenn ihr nur den Personalausweis vorzeigt. Leute mit Sichtvermerken Marokko oder Türkei im Reisepaß werden gerne gefilzt. Besonders empfehlenswert ist es, neben Paß und Personalausweis auch noch *Kopien* von beiden mitzunehmen. Beim Diebstahl erleichtert das nicht nur die Arbeit der Polizei, sondern erspart einem auch viel Ärger - wer kennt schon seine Paßnummer.

Achtet darauf, daß euer Ausweis noch gültig ist!

Jugendliche, die auf eigene Faust verreisen, benötigen in Italien, Spanien, Portugal und Rumänien eine **Vollmacht** der Erziehungsberechtigten, die in Englisch oder Französisch abgefaßt sein muß.

YIEE-Karte: diese 'Youth International Educational Exchange'-Ausweiskarte wird von der *FIYTO (Federation of International Youth Travel Organisations)* ausgestellt - das ist eine Art Dachverband der Organisationen, die auf Jugendreisen spezialisiert sind. Jeder unter 26 Jahre kann die Karte erwerben, ihr bekommt damit in verschiedenen Ländern Ermäßigungen bei Transportunternehmen, Unterkünften, Behörden, Museen etc.
Zu haben ist die YIEE-Karte nach unseren Informationen in der Bundesrepublik z.Z. nur bei *Studiosus Reisen*, Luisenstr. 43, D-8000 München 2, Tel. 089/523000, eventuell auch noch in Studenten-Reisebüros. Ihr müßt dazu einsenden - ein Paßphoto, einen frankierten Briefumschlag, 6 DM per Scheck, den Nachweis eures Alters (z.B. beglaubigte Kopie des Personalausweises) und Angaben zur Person (Geburtsdatum/-ort, Nationalität, derzeitige Adresse etc.). Bei der erwähnten Adresse gibt es auch eine 100 Seiten starke Broschüre mit den möglichen Ermäßigungen im Ausland. Legt euch als erstes einmal diese Liste zu und studiert, ob für euch der Erwerb der Karte überhaupt sinnvoll ist - die möglichen Ermäßigungen variieren nämlich stark von Land zu Land.

FIYTO-Hauptsitz: Federation of International Youth Travel Organisations, Islands Brygge 81, DK-2300 Kopenhagen S, Dänemark.

Internationaler Schüler- und Studentenausweis (ISIC): gelegentlich vorteilhaft, allerdings nur für Schüler bzw. eingeschriebene Studenten erhältlich. Ihr bekommt damit ebenfalls Ermäßigungen, z.B. bei Transportunternehmen (auch Schiffslinien), in Unterkünften, aber auch in Museen, Theaterveranstaltungen und ähnlichem. Besorgt euch den Prospekt *'International Student Travel Guide'*, darin sind Adressen aufgelistet, wo ihr Ermäßigung bekommt. Der nationale Schüler-/Studentenausweis hat meist wenig Überzeugungskraft.

Den ISIC gibts in Studenten-Reisebüros, außerdem in der Uni (beim AStA oder den entsprechenden Stud.-Organen) oder bei folgenden Adressen (frankierten Rückumschlag und 50 Pfennig in Briefmarken beilegen):
rds - Reisedienst Deutscher Studentenschaften, Rentzelstr. 16, D-2000 Hamburg 13, Tel. 040/458313.
SSR, Rothenbaumchaussee 61, D-2000 Hamburg 13.
International Student Travel Conference, Weinbergstr. 31, CH-8006 Zürich.

Finanzen

Keinesfalls solltet ihr eure gesamte Reisekasse in bar mit euch herumschleppen! Zwar wechselt euch das jede Bank mit Kußhand, aber bei Verlust haftet im Gegensatz zu Schecks niemand.

In den meisten europäischen Ländern ist der Wechselkurs günstiger als zu Hause - wechselt deshalb nur einen kleinen Teil eurer Reisekasse vor der Reise in ausländische Währung ein, damit ihr einen Überbrückungsbetrag dabei habt, falls ihr zu einem Zeitpunkt ankommt, an dem die Wechselstuben, Banken etc. geschlossen haben (etwa 50 DM für jedes Land). Für den Rest der Reisekasse laßt euch zu Hause an einer Bank *Reise-* oder *Euroschecks* ausstellen. Eine ausgezeichnete Alternative dazu ist das *Postsparbuch*.
Etwas deutsches Geld solltet ihr allerdings auch in bar dabeihaben, weil einige Wechselstuben keine Schecks annehmen (z.B. am Wochenende an manchen Bahnhöfen). In größeren Hotels etc. solltet ihr nur im Notfall wechseln, dort wird oft ein ganz schöner Aufschlag verlangt.
Um eventuelle Zwangslagen zu überbrücken, ist es sinnvoll, eine kleine Reserve Bargeld an einem besonderen Platz im Gepäck aufzubewahren. Ihr seid dann nicht ganz so von den Schecks abhängig.
Beim Einlösen von Schecks müßt ihr immer euren Reisepaß vorzeigen, wenn er gestohlen wird, bekommt ihr

kein Geld für eure Schecks. Also den Paß genauso sorgfältig wie Schecks im Brustbeutel oder im Gürtel aufheben (siehe unten).

In einigen, hauptsächlich osteuropäischen, Ländern gibt es Devisenbeschränkungen. So darf in **Marokko**, **Jugoslawien**, **Ungarn**, **Rumänien** und der **Tschechoslowakei** keine einheimische Währung ein- oder ausgeführt werden. Das hat den Sinn, daß nur im Land selbst nach dem staatlich verordneten Wechselkurs getauscht werden soll. Dieser Kurs wird künstlich hochgehalten und ist speziell in den Ostblockstaaten eigentlich nicht realistisch. Wenn man in dem entsprechenden Land 'schwarz' tauscht, bekommt man z.T. bis zum Doppelten des staatlichen Kurses - aber auch schwere Strafen, falls man erwischt wird, also laßt die Finger davon!

Reiseschecks: gibt es von verschiedenen Gesellschaften, am gebräuchlichsten sind die Schecks von *American Express*, fast alle Banken in Europa lösen sie ein. Oft könnt ihr sie auch bei großen Hotels, Wechselstuben, Campingplätzen, Tourist-Büros etc. wechseln lassen. Bei der Ausgabe der Schecks wird eine Kommission kassiert (1 % des Betrags). Kurs im Ausland ist geringfügig besser als der von Bargeld, bei der Einlösung werden Gebühren fällig, die von Bank zu Bank bzw. Land zu Land höchst unterschiedlich und oft ärgerlich sind (z.B. in Finnland um die 10 DM). Vergleiche vor Ort machen sich bezahlt, es gibt z.T. enorme Unterschiede (z.B. in Norwegen).

Falls ihr die Schecks verliert oder sie euch gestohlen werden, bekommt ihr gegen Vorlage der **Kaufquittung** im Normalfall bei jeder Bank Ersatz, für den Verlust haftet ihr nicht! Wichtig deshalb - die Quittung, die ihr beim Kauf der Reiseschecks bekommt, müßt ihr mitnehmen, aber unbedingt getrennt von den Schecks aufbewahren. Außerdem müßt ihr bei Verlust die Nummern der gestohlenen Schecks angeben, damit diese gesperrt werden können. Beim Einlösen immer das Datum und die Nummer des Schecks notieren und die Liste ebenfalls getrennt von den Schecks aufbewahren.
Wenn außer den Schecks auch die Kaufquittung weg ist, bleibt euch nur noch der Weg zum nächsten deutschen Konsulat (siehe weiter unter 'Geld weg' bzw. Kap. Botschaften).

LESERTIP: "in Südeuropa sind **Thomas Cook-Reiseschecks** weiter verbreitet als American Express und werden oft ohne Gebühr gewechselt" (Andreas Christl, Hamburg).

Euro-Schecks: bekommen normalerweise nur Kunden, die schon längere Zeit ein Konto mit regelmäßigen Einkommenszahlungen bei einer Bank haben. Falls ihr kein eigenes Konto habt, können eure Eltern z.B. bei ihrer Bank ein Konto extra für eure Reise einrichten, von dem ihr dann mit den Euro-Schecks im Ausland abheben könnt. Ihr bekommt im Höchstfall 10 Schecks mit einer Maximalsumme von je 400 DM ausgehändigt (im Ausland Schecks dann in jeweiliger Landeswährung ausstellen, schwankende Höchstsumme von 3-400 DM, je nach Land verschieden, erkundigen).
Bei der Ausgabe der Schecks wird keine Kommission verlangt, aber bei der Abbuchung der Beträge wird jeder Scheck mit von Land zu Land unterschiedlichen Gebühren belastet (sog. Fremdgebühr, ca. 2 % des eingelösten Betrags). Großer Vorteil jedoch - das von euch im Ausland abgehobene Geld wird erst Wochen nach der Einlösung von eurem Konto abgebucht. Leider verlangen die Banken im Ausland bei der Einlösung der Schecks recht unterschiedliche Gebühren, obwohl das eigentlich nicht erlaubt ist (ihr könnt aber eine nachweislich gezahlte Kommission von eurer Bank zurückfordern, erkundigt euch).
In verschiedenen Ländern gibt es bereits *EC-Automaten*, die Gebühr beträgt 1,75% der abgehobenen Summe und wird vom Konto abgebucht, bei der Auszahlung erfolgt kein Abzug.

Bei Verlust nur der Schecks oder nur der Scheckkarte haftet ihr nicht. Wenn beides weg ist, gleich bei eurer Bank anrufen, damit die Schecks gesperrt werden. Normalerweise leistet die Bank Ersatz bis zu einer bestimmten Höhe. Neue Euro-Schecks bekommt ihr nur zu Hause!

EMPFOHLENE STÜCKELUNG - ein Viertel des Reisegelds in bar, den Rest in Reiseschecks und einige Euroschecks als Reserve mitnehmen.

Postsparbuch: sehr zu empfehlen, weil im Gegensatz zu Banken völlig gebührenfrei, außerdem fast diebstahlsicher (abgehoben werden kann nur mit

Sparbuch, blauer Ausweiskarte der Post und Personalausweis/Reisepaß). Zudem haben Postämter meist wesentlich länger offen als Banken (auch samstags), es gibt sie in beinahe jedem Kaff und der Kurs ist besser als mit Schecks oder Bargeld. Und solange man das Geld nicht abgehoben hat, fallen sogar Zinsen an.

Mit einem Postsparbuch könnt ihr an den meisten Postämtern der folgenden Länder Beträge in der Landeswährung abheben: *BR Deutschland, Belgien, Dänemark, Finnland, Frankreich, Großbritannien, Jugoslawien, Luxemburg, Marokko, Niederlande, Norwegen, Österreich, Portugal, Schweden, Schweiz und Spanien*. In *Italien* ebenfalls möglich, dort Sonderregelung mit Rückzahlkarten und -scheinen, die man 14 Tage vor Reiseantritt beim Postamt bestellen muß. Falls ihr kein Postsparbuch habt, könnt ihr problemlos eins nur für die Reise anlegen lassen. Abgebucht werden können nur volle Hunderter-Beträge (DM), ausgezahlt wird in Landeswährung.

Betreffend Klau - hebt Postsparbuch, Ausweiskarte der Post und Reisepaß immer getrennt auf, dann ist das Risiko sehr gering. Die Postsparbücher sind zwar verlustgesichert, allerdings gibts im Ausland keinen Ersatz, so daß das Geld erst mal weg ist. Daher kleinere Beträge als Reise- oder Euroscheck zusätzlich mitnehmen.

Alles Geld weg? Wenn ihr keinen Pfennig mehr habt, erhaltet ihr bei der Botschaft einen kleinen Geldbetrag, um zu Hause anzurufen und eine telegraphische Postanweisung anzufordern. So eine Überweisung ins Ausland dauert maximal 2-3 Tage. Sie muß auf euren Namen ausgestellt sein und geht postlagernd an ein Postamt eurer Wahl. Auszahlung erfolgt in Landeswährung, deshalb nicht zu viel überweisen.

Preisniveau der Interrail-Länder

teuer: Finnland, Großbritannien, Norwegen, Schweden, Schweiz.

mittel: Belgien, BR Deutschland, Dänemark, Frankreich, Irland, Italien, Luxemburg, Niederlande, Österreich, Rumänien.

relativ billig: Griechenland, Jugoslawien, Portugal, Spanien.

billig: Marokko, Tschechoslowakei, Türkei, Ungarn.

Versicherung

Laut Statistik werden alljährlich 5 % aller deutschen Urlauber im Ausland krank (ca. 800.000). Für einen solchen Fall solltet ihr vorsorgen, zumal das gar nicht teuer ist!

In vielen Fällen wird der normale Versicherungsschutz der gesetzlichen Krankenkassen (Orts- oder Ersatzkrankenkasse) ausreichen, in der ihr selbst oder über eure Eltern versichert seid. Die EG-Länder *Belgien, Dänemark, Großbritannien, Irland, Italien, Frankreich, Luxemburg, Griechenland, Niederlande, Portugal, Spanien*, außerdem *Schweden, Finnland, Rumänien, Jugoslawien, Türkei* und *Österreich* haben sich in wechselseitigen Abkommen ihre Sozialsysteme im Prinzip gegenseitig zur Verfügung gestellt, d.h. ein Tourist ist dort wie ein Einheimischer versichert und kann die gleichen Leistungen beanspruchen. Bei eurer Krankenkasse gibt es dafür einen speziellen *Anspruchsvordruck* bzw. *Auslandskrankenschein* (E 111), den ihr unbedingt mit auf die Reise nehmen müßt. Im Krankheitsfall könnt ihr mit dem ausgefüllten Formular entweder direkt zum Arzt gehen oder ihr bekommt damit bei der ausländischen Kasse Krankenscheine, mit denen ihr euch jeder ambulanten oder stationären ärztlichen Behandlung unterziehen könnt (je nach Land verschieden, Infos bei eurer Krankenkasse). Jedoch behandeln euch nur Ärzte kostenfrei, die der Krankenkasse angeschlossen sind (nachträgliche Kostenerstattung von eurer heimischen Krankenkasse, wie bisher üblich, gibt es seit der 'Gesundheitsreform' in der BR Deutschland **nicht** mehr).

Zudem hat das System Lücken, z.B. ist die *Schweiz* nicht angeschlossen, nicht beigetreten sind außerdem *Norwegen*, *Marokko* und *Ungarn*. Oft wird

der Auslandskrankenschein auch trotz Abkommen nicht anerkannt (z.B. in Österreich, Frankreich und Italien häufig). Das bedeutet, in allen diesen Ländern behandeln euch die Ärzte wie Privatpatienten und kassieren auch entsprechend!
Außerdem ist in touristischen Ballungsgebieten die medizinische Versorgung oft katastrophal schlecht, und in wirklich ernsten Fällen kann es lebensnotwendig sein, daß ein Patient auf dem schnellsten Weg in die Bundesrepublik Deutschland zurückgeflogen wird. Diese Kosten müssen die gesetzlichen Krankenkassen aber laut einem Spruch des Bundessozialgerichts Kassel nicht übernehmen!
Aus diesen Gründen bieten die meisten privaten Krankenversicherungsunternehmen eine spezielle *Urlaubsversicherung* fürs Ausland an, mit der ihr nachträglich ärztliche Ausgaben erstattet bekommt (Quittungen ausstellen lassen und gut aufheben) und die auch ganz oder teilweise für einen eventuellen Rückflug aufkommt! Das Ganze ist recht preiswert, pro Tag zahlt man deutlich unter 1 DM (das sind bei 4 Wochen oft nicht viel mehr als 20 DM). Eine solche Versicherung solltet ihr, um 'sicher' zu gehen, eigentlich abschließen! Auskunft über die Unternehmen, die solche Versicherungen machen, bekommt ihr bei jeder Krankenkasse oder im Reisebüro.
Darauf hinweisen möchte ich noch, daß in Ländern mit staatlichen Gesundheitssystemen Arztbehandlung, sowie ambulante und stationäre Krankenhausaufenthalte kostenlos sind, vorausgesetzt, es handelt sich um staatliche oder kommunale Angestellte bzw. Einrichtungen. In Italien sind das beispielsweise die 'Guardia Medica'-Stationen in Touristenorten, in Griechenland verschiedene Kliniken, auch in Großbritannien wird ähnlich verfahren.

Übrigens bieten viele Versicherungsunternehmen auch **Reisegepäck**, **Unfall-** und **Haftpflichtversicherungen** an. Man kann die verschiedenen Leistungen entweder geschlossen in Anspruch nehmen (Kostenpunkt zwischen 50 und 60 DM im Monat) oder einzeln. Speziell die Reisegepäckversicherung ist jedoch mit großer Vorsicht zu genießen, die Ansprüche an die Sorgfalt des Reisenden sind meist so hoch, daß man im Verlustfall nur mit viel Glück etwas erstattet bekommt. Informationen bei Krankenkassen oder Reisebüros.

Ausrüstung

Wenn ihr unterwegs seid, freut ihr euch über jedes Kilogramm, das ihr nicht mitschleppt. Im folgenden einige Vorschläge, die aber nur als Anregungen betrachtet werden sollten.

Vor allem (überflüssige) Klamotten nehmen oft reichlich Platz und Gewicht ein. Überlegt euch deshalb genau, was ihr mitnehmen wollt, packt aber nur die **Hälfte** davon ein (alter Goldgräbertrick). Besser ihr nehmt ein *Tubenwaschmittel* mit (noch besser ist Haarshampoo, siehe unter 'Waschen') und legt öfters mal einen kleinen Waschtag ein, dann kommt ihr, vor allem im Süden, mit erstaunlich wenig Sachen aus. Auf vielen Campingplätzen und in Jugendherbergen Nordeuropas, speziell in Skandinavien, gibt es Waschmaschinen, gelegentlich sogar Trockner. Wählt nur strapazierfähige (nicht zu abgewetzte) Kleidung aus, die den Urlaub auch ohne morsch zu werden übersteht (oder nehmt ältere Klamotten mit, die ihr nicht mehr mit nach Hause bringen müßt - spart Waschen und Gewicht). Sandalen braucht ihr bei Fahrten in den Süden eigentlich gar nicht von zu Hause mitzunehmen, die sind dort sowieso billiger als bei uns - kauft sie also lieber erst vor Ort. Ansonsten packt nur Gegenstände ein, deren Wirksamkeit ihr vorher schon erprobt hat. Denkt daran, im Rucksack etwas Platz zu lassen, für Einkäufe, Mitbringsel etc. Die folgende Liste stellt ein Maximum dar, wer mit weniger als 20 kg unterwegs sein will, halbiere alles! So um die 13 kg (incl. Zelt) ist eine gesunde Richtlinie.

Kleine Checkliste zum Abhaken:

KLEIDUNG: 3-4 T-Shirts, 1-2 Hemden, 5 Paar Socken, 4-5 Unterhosen, 1 kurze Hose, 2 lange Hosen, 1 Badehose, 1 Kopfbedekkung, 1-2 warme Pullover, 1 Regenjacke aus Nylon (im Norden Parka o.ä.), feste

Stiefel bzw. Schuhe, Sportschuhe, Badelatschen, 2 Waschhandschuhe aus Frottee.

SONSTIGES: Waschzeug, Zahnbürste/Zahnpasta, Toilettenpapier, Sonnencreme o. -öl (mit Schutzfaktor mind. 4-6), Sonnenbrille, Streichhölzer, Schnur, ein paar Tüten (für Wäsche, Einkaufen etc.), Taschenlampe, Notizbuch/Stift, (Fotoapparat), Nähzeug, Reiseliteratur/Karten, Proviant, kl. Reiseapotheke, (Reisewecker).

PAPIERE: Paß/Personalausweis, Internat. Schüler/Studentenausweis, YIEE-Karte, eventuelle Visa, Interrail-Ticket, Schecks/ Postsparbuch, Auslandskrankenschein.

IM FREIEN SCHLAFEN: Zelt, Schlafsack, Unterlegmatte, (Kochgeschirr, Besteck, Feldflasche), Plastikplane oder Rettungsdecke (als Unterlage, provisorisches Zelt, Regenschutz), faltbarer Wasserkanister aus Plastik, (Fassungsvermögen ca. 10 l), kl. Moskitonetz als Gesichtsschutz f. d. Nacht (und/oder Mittel zum Einreiben).

LESERTIPS: "wenn noch Platz im Rucksack ist - eine **Thermoskanne** ist sehr zu empfehlen. In kälteren Ländern hat man warmen Tee oder Kaffee, im Süden kann man ein schön kühles Getränk trinken" (Felicitas Ochetta, Vaihingen/Enz). . . "nützlich fand ich einen kleinen **Kissenbezug**, den man im Zug mit ein paar Kleidungsstücken füllen und dann als bequemes Kopfkissen verwenden kann" (Uwe Hoos, Hemer) . . ."als einer der wichtigsten Gegenstände unterwegs hat sich ein **Hut** (egal, ob aus Stoff oder Stroh - im Urlaubsland zu kaufen) erwiesen" (Michael Langenwalter, Garm.-Partenkirchen).

Rucksäcke: bevor ihr einen Rucksack kauft, probiert ihn sorgfältig aus - wenn er nicht wirklich bequem sitzt, habt ihr später bestimmt Scherereien damit!

Zwei Typen sind hauptsächlich im Einsatz - sog. 'Trampergestelle' und neuere Touren- oder Trekking-Modelle.

Gestellrucksäcke sind billig und überall erhältlich. Im Leerzustand sind sie sehr leicht und mit ihren zahlreichen Außentaschen bieten sie fast unbegrenzt viel Platz, Stauraum und Packmöglichkeiten innen und außen. Großer Nachteil - wer sich wie ein Lastesel vollpackt, wird wohl kaum einen Kilometer mit so einem Ungetüm laufen können. Wegen des sperrigen Rahmens sind sie außerdem sehr unhandlich, passen z.B. nicht in jedes Bahnhofsschließfach, geschweige denn durch die Türen von Bus und Bahn, und auch beim Verstauen im Gepäcknetz kann man Schwierigkeiten bekommen. Nicht alle sind sauber verarbeitet und wenn mal etwas abgerissen ist, kann man es nur schlecht wieder nähen. Außerdem sind die Außentaschen so angebracht, daß man relativ leicht etwas daraus klauen kann. Das Traggestell hat keinen Schluß zum Rücken und wackelt deshalb schon beim Treppensteigen erbärmlich. Achtet beim Kauf darauf, daß der Rucksack einen Hüfttragegurt hat - beim Tragen entlastet er die Schultermuskulatur. Vor allem aber, prüft die Verarbeitung genau, es gibt erhebliche Unterschiede:

a) bei Billigprodukten sind die Rahmen oft nur gelötet, das hält nicht ewig. Besser ist, wenn der Rahmen geschweißt oder geschraubt ist.

b) bei guten Rucksäcken sollte der Packsack mit Splinten (mindestens 6) am Rahmen befestigt sein. "Bessere Stücke" haben 8 Splinte.

c) die einfachen Modelle haben meistens gerade Rahmen, d. h. der Rücken muß sich dem Rahmen anpassen. Besser sind die S-förmigen Rahmen, die der Wirbelsäule nachgeformt sind.

d) alle Tragegurte sollten möglichst breit und mit Schaumstoff gepolstert sein.

Ergonomisch gestaltete *Trekkingrucksäcke* haben ein integriertes Tragegestell, das sich der Rückenwölbung anpaßt. Sie sind kleiner als Trampergestelle (Packvolumen oft unter 65 l), sind aber um vieles angenehmer zu tragen und deshalb immer zu empfehlen. Mit den zahlreichen Gurtverstellmöglichkeiten (Hüftgurt, Schultergurte, Brustgurt) sollte man sich rechtzeitig vor der Fahrt vertraut machen. Die Masse des Gepäcks wird dadurch zwar nicht weniger, das Laufen in wechselndem Gelände und bei wechselnder Kondition (Ermüdung) aber doch sehr erleichtert. Nachteil dieses Rucksacktyps - er ist nicht ganz billig und relativ klein (ideal für Leute, die nicht viel mitnehmen wollen).

Ein weiterer Vorschlag - warum nicht auf Zelt und Schlafsack ganz verzichten und mit kleinem Gepäck losziehen? Ein *Tagesrucksack* (neudeutsch

'Daypack') oder ein älterer kugelförmiger *Wanderrucksack* (eventuell billiger Militärrucksack) reicht dann in günstigen Gegenden vollauf.

PREISE: gute Rucksäcke ab 200 bis ca. 350 DM. Einfache Gestellrucksäcke und kleine Tourenmodelle schon ab 80 DM aufwärts.

Packen: ein Rucksack ist dann richtig gepackt, wenn ihr damit aufrecht stehen könnt, ohne euer Gewicht nach vorne verlagern zu müssen! Schwere Gegenstände nie ganz unten verstauen, dann liegt der Schwerpunkt höher und kann besser auf die Körpermitte einwirken, außerdem in der Rückennähe plazieren. Aufpassen, daß scharfkantige Sachen nicht an der Rucksackwand scheuern können. Gegenstände, die ihr immer wieder braucht, in die Außentaschen oder ganz nach oben (Verpflegung, Tageskleidung, Landkarte, Literatur, Regenzeug). Rucksäcke sind nur bedingt wasserdicht. Deshalb wasserempfindliche Sachen in Plastiktüten packen oder eine große blaue Mülltüte in den Rucksack stecken. Behängt euch nicht mit Umhängetaschen, das wird zuviel und behindert nur. Für den Spaziergang ohne großes Gepäck haben sich kleine leichte *Tages-Rucksäcke* bewährt, die man zusammengelegt im großen Rucksack mitbringt und bei Tagesausflügen und Stadtbesichtigungen mit allem wichtigen füllt.
Und noch etwas - macht mit annähernd vollem Gepäck vor der 'großen Fahrt' eine Probefahrt oder Wanderung, z.B. Verwandten- oder Freundesbesuch, damit ihr ein Gefühl dafür bekommt, was in den Rucksack paßt und wieviel ihr tragen wollt.

Regenkleidung: gute Regenkleidung erfüllt folgende Anforderungen - sie ist für die Dauer des Regens wasserdicht, sie ist dennoch dampfdurchlässig, damit man sich innen nicht naßschwitzt, sie gewährt ausreichend Bewegungsfreiheit.
Alle Bedingungen erfüllt nur Kleidung aus dem Material *Goretex* bzw. die neuere Entwicklung der Konkurrenzfirma (*Sympatex*), ist aber leider sündhaft teuer und zudem nicht sonderlich umweltfreundlich (Endlagerung problematisch). Ein solcher Regenanzug, bestehend aus Jacke und Hose in Leichtqualität, kostet ca. 500 DM und mehr. In anderen preiswerteren Materialien (ca. 150 DM, Jacke und Hose), bestehend aus beschichteten Kunstfasergewebe, ist man nach 20 min. naßgeregnet, feuchtgeschwitzt oder beides.

Schuhe: hier gibt es nichts Ideales, vielmehr muß jeder für sich den geeigneten Kompromiß wählen.
Für Wanderungen ein paar feste *Turnschuhe* oder *Wanderstiefel*. Letztere am besten bereits ein Jahr (!) vor der Reise zulegen und als Winterstiefel einlaufen. Je fester und härter, umso mehr sind sie für Schotter und Geröll geeignet, aber um so mühsamer einzulaufen. Wer schon lange keine Stiefel mehr getragen hat, wähle ein leichtes Modell mit biegsamer Sohle und weichem Schaft.
Als Zweitpaar *Sandalen* oder eventuell ein paar *Joggingschuhe* (je leichter, desto teurer!). Auf Asphaltstraßen sind sie herrlich bequem, doch abseits von gepflegten Pfaden drückt sich jeder Stein auf dem Weg in die Schuhsohle. *Gummilatschen* bewähren sich sowohl am Strand wie auch in verdreckten Duschen.

Waschzeug: Jet-Setterinnen haben den Kosmetik-Koffer, bürgerliche Reisende den Kulturbeutel. Beides ist für uns zu schwer. Bitte nur das Nötigste mitnehmen und auf liebgewordene Etuis und Täschchen verzichten. *Haarshampoo* ist die ideale Seife für sich und die Kleidung, falls man einmal im Meer waschen muß, denn normale Seife löst sich nicht in Salzwasser. Die Lieblingsmarke wird in eine Flasche mit Einhandbedienung und festem, unverlierbaren Verschluß gefüllt, der unterwegs keinesfalls aufgehen darf.
Handtücher sind zu groß und zu schwer. Mein Rat - 2 *Frottee-Waschhandschuhe* reichen aus, um den Körper trocken zu reiben und sind viel leichter (auch zu trocknen).

Unverzichtbar ist zudem eine gut bemessene Ration *Klopapier* (Papprolle innen herausnehmen).

Kocher: eigentlich nur in kalten Gegenden und bei Fahrten in Gruppen empfehlenswert. Hier läßt sich leicht ein Kilogramm einsparen. Allerdings, wenn ihr einen Kocher konsequent benutzt, könnt ihr auch viel Geld sparen! Am billigsten sind die Kocher, die mit *Spiritustabletten* geheizt werden. Sie sind kaum größer als eine Zigarettenschachtel, der Heizwert ist aber recht gering, ihr könnt damit höchstens Wasser erhitzen! Kostenpunkt ab 15 DM (incl. eine Packung Brennstoff).
Gaskocher sind gebräuchlicher, allerdings sperriger und teurer in der Anschaffung, aber sie heizen auch wesentlich besser. Preis je nach Ausführung zwischen 40 und 60 DM. Gaspatronen dazu bekommt ihr in den meisten europäischen Ländern, Brenndauer ca. 3-4,5 std., Preis ca. 4-8 DM, je nach Land und Geschäft verschieden (in Italien z.B. halb so teuer wie in Deutschland, in Griechenland kosten sie im Durchschnitt sogar nur 1/4). Vorsicht in osteuropäischen Ländern (auch Jugoslawien) - dort gibt es die Gaskartuschen in der Regel nicht. Kleiner Nachteil - wenn die Patrone schon ziemlich leer ist, läßt die Brennleistung schwer nach. Erfahrene Railer bauen sich ihr Kochgeschirr an Ort und Stelle selber aus einer Konservenbüchse (Abfall) und einem Drahtbügel.

Bitte seid euch der Gefahren bewußt, wenn ihr auf offenem Feuer kocht. Zu viele Brände haben bereits dichte Wälder zu Wüsten werden lassen. Zu oft brechen Touristen zudem nur für ein Lagerfeuer dicke Zweige von den Bäumen, die erst in Jahren wieder nachwachsen.

Verpflegung: wer sich zumindest am Anfang seiner Reise selbst verpflegen will oder muß, dem empfehle ich einen Laib Vollkornbrot (nicht in Scheiben geschnitten), dazu Hartwurst oder Hartkäse. Vollkornbrot am Stück hält bis zu drei Wochen. Genauso gut sind Vollkorn-Haferflocken, die man jederzeit als Müsli, notfalls mit Wasser und Fruchtsaft, anrühren kann.

Schlafsäcke: der Schlafsack ist das wohl wichtigste Ausrüstungsstück, hier sollten nicht zu viele Kompromisse eingegangen werden. Oberstes Gebot - möglichst kleines Volumen und Gewicht. Nach der Form unterscheidet man zwischen Steppdecken- und Mumienschlafsack, als Füllung werden Kunstfasern oder Federn ('Daune') verwendet.
Einfache *Steppdeckenschlafsäcke mit Kunstfaserfüllung* sind schon ab 50 DM erhältlich. Da sie keine Kapuze haben, und der Reißverschluß nicht mit einem Wulst abgedeckt ist, sind sie nur für den Süden (im Sommer) oder Übernachtungen in geschlossenen Räumen geeignet.
Der *Mumienschlafsack* bietet besseren Schutz. Komfortable Modelle haben einen durchgehenden Reißverschluß und lassen sich ebenso weit öffnen wie ein Steppdeckenschlafsack (Preis ab ca. 100 DM, nach oben offen). In Bergsteigergeschäften wird eine breite Palette für alle Temperaturbereiche angeboten.
Nun zur Polsterung. Die *Federfüllung* ist das bewährte Material, geeignet für alle Temperaturbereiche, zudem mit geringem Packvolumen. Federfüllung deshalb, da reine Daunen (Federn ohne Kiel) nicht vorkommen, sondern immer ein größerer Anteil Kielfedern enthalten ist (fedrige Daune). Mit einem Baumwollinnenstoff ist der Schlafsack so hautfreundlich wie das gewohnte Federbett. Der große Nachteil der Daune - einmal naß geworden, ist die Wärmedämmung dahin, und man braucht sehr viel Sonne, bis das gute Stück wieder trocken ist. Feucht wird der Schlafsack auch durch den Hautschweiß , wenn man mehrere Nächte hintereinander darin schläft, ohne daß die Möglichkeit besteht, ihn am Morgen zu lüften, weil es draußen regnet oder die Witterung entsprechend ist (hohe Luftfeuchtigkeit, Windstille). Ein weiterer Nachteil - auf der Unterseite

werden die Daunen leicht platt gedrückt und dann läßt die Isolationsfähigkeit dort nach. Sind nach einigen Sommern die Federn 'verbraucht', also plattgedrückt oder zerrieben, kann man in einem Bettfederngeschäft den Schlafsack neu stopfen lassen, bei teuren Modellen durchaus lohnend. Angeschmuddelte Daunenschlafsäcke gibt man in die Wäscherei oder Reinigung, selberwaschen ist nur mit einer speziellen Daunenseife und im Hochsommer ratsam, es braucht Tage, bis der Sack trocken ist. Anschließend muß man jede Kammer mit der Hand reiben, um die verklumpten Federn zu lösen.

Unproblematischer sind in dieser Beziehung *Kunstfaserschlafsäcke*. In den letzten Jahren wurden Fasern entwikkelt (Polargard, Holofill, Quallofill etc.), die der Daune an Wärmedämmung fast gleichkommen. Sie sind unempfindlich bei Nässe, trocknen sehr schnell und haben auch in nassem Zustand noch 50 % der Isolationsfähigkeit gegenüber dem Trockenwert. Sie lassen sich in der Waschmaschine waschen und sind nach einem Tag über der Heizung trocken. Nachteilig ist das geringfügig höhere Packvolumen und Gewicht. Unbrauchbar werden Kunstfasern, wenn die Füllung innen reißt oder sich verschiebt, so daß Kältebrücken entstehen. Gerade bei preiswerten Modellen muß damit gerechnet werden.

Vom Preis her sind beide Typen, ob Federn oder Fasern, gleich, ab 250 DM bei verschiedenen Ausrüstern.

Am preiswertesten sind gebrauchte *Armee-Schlafsäcke*, z.B. in U. S. Army Second-Hand-Shops um die 100 DM. Diese Modelle sind mit Federn gefüllt und warm, aber auch voluminös und schwer. Außerdem nehmen sie sehr rasch Feuchtigkeit auf - kein besonders erhebendes Gefühl, abends in einen wegen der hohen Luftfeuchtigkeit fast nassen Schlafsack zu kriechen. Trotzdem - wer nur wenig Geld hat, sollte einem U.S. Army-Schlafsack gegenüber einem Steppdeckenmodell aus dem Kaufhaus den Vorzug geben (die deutschen Bundeswehrschlafsäcke sind nicht zu empfehlen, weil sie zwar wasserdicht sind, durch die Hülle aber keine Feuchtigkeit nach außen und keine Luft nach innen dringen kann. Erst schwitzt man und dann wirds kalt im feuchten Inlett).

TIP - es ist praktischer und bequemer, gerade bei Nyloninnenstoffen, sich mit einem **Bettbezug** in den Schlafsack zu legen. Der Bettbezug läßt sich leichter lüften und wärmt zusätzlich. Ein Original-Jugendherbergsschlafsack ist sehr gut geeignet, da leichter als ein Bettbezug. In Ausrüstershops gibts auch spezielle Schlafsack-Inletts.

Schlafmatte: aus Schaumstoff mit geschlossenen Poren, Preisspanne 10-50 DM, im Norden unbedingt nötig. Isoliert gegen Bodenkälte, schützt aber nicht vor Kiefernzapfen und hervorstehenden Kieseln, die muß man schon vorher wegräumen. 8 mm Dicke reichen völlig. Wichtig ist eine nicht zu hohe Masse und eine ausreichende Länge. Nachteil - oben quer über den Rucksack geschnallt, paßt man durch keine Eisenbahntür! Besser sind deshalb faltbare Alu-Matten (4 mm Dicke, ca. 30 DM), leichter als ihre großen Brüder.

LESERTIP: "In wärmeren Gefilden reicht auch eine **Strohmatte**, wie man sie am Strand benutzt. Vorteil - im Urlaubsland billig zu kaufen, wenn man sie nicht mehr braucht, einfach wegwerfen" (Michael Langenwalter, Garm.-Partenkirchen).

Zelt: einfache einwandige *Minipackzelte* gibt es schon für deutlich weniger als 100 DM in Sportgeschäften und Kaufhäusern. Sie wiegen in der Regel um 2 kg. Falls ihr ab und zu mal auf einem Campingplatz übernachten wollt, kann sich die Anschaffung schon lohnen, außerdem spart ihr teure Hotelübernachtungen. Sind allerdings nur für den Süden und nicht für Dauerregen gedacht!

Für Fahrten im Norden braucht ihr unbedingt ein *Doppelwandzelt*. Bei nur einer Außenwand bildet sich innen nämlich recht rasch Kondenswasser, und die Plane ist schnell auch an der Innenseite naß. Achtet darauf, daß die beiden Wände genügend Abstand voneinander haben, sonst wirds trotzdem feucht (ca. 15 cm). Kostenpunkt ca. 300 DM. Alle paar Jahre gibt es

Neuentwicklungen - interessant sind die *Iglu-Zelte* in Tonnen oder Halbkugelform, die windstabil sind und notfalls auch ohne Heringe aufgestellt werden können.
Noch ein Ersatz für Leute, die knapp bei Kasse sind - *US Army-Ponchos* mit Kapuze lassen sich gut für Eigenkonstruktionen verwenden. Sie können problemlos als Regenumhang (Rucksack wird auch mit abgedeckt), provisorisches Zeltdach, Abdeckplane u.a. verwendet werden.

Übernachten

Für Interrailer in der Regel eine Frage des Geldbeutels. Jedoch gibt es in vielen Großstädten preisgünstige Quartiere, Komfort darf man allerdings keinen erwarten.

Zur Auswahl stehen meist Jugendherbergen, private Hostels, Billigpensionen und Campingplätze. Originelle Varianten sind inclusive - in Athen kann man gelegentlich auf dem Dach, in *Amsterdam* in Hausbooten übernachten, in *Stockholm* sogar auf einem Segelschiff. Wenn alle Stricke reißen, pennt man vor dem Bahnhof (sehr unsicher!), in einer Grünanlage (verboten!) oder im Nachtzug (unbequem).
Speziell Jugendherbergen und Campingplätze haben leider oft die Angewohnheit, nicht im Zentrum, sondern weit außerhalb, in Vororten oder Außenbezirken zu liegen. Wir haben deshalb versucht, bei allen Unterkünfte immer so genau wie möglich die Anfahrt und Verkehrsverbindungen zu beschreiben.

Jugendherbergen

Der internationale Jugendherbergsverband **IYHF** *(International Youth Hostel Federation)* hat in allen europäischen Ländern ein dichtes Netz von preiswerten Jugendherbergen aufgebaut. Größe, Qualität und Lage sind sehr unterschiedlich, von komfortablen, gut organisierten Häusern mit Kochgelegenheit, Waschmaschinen, Swimmingpool, Disko etc. bis zu schäbigen Holzbaracken (in denen es aber nicht selten am freundlichsten zugeht). Preise liegen im allgemeinen zwischen 8 und 18 DM pro Nacht incl. Frühstück, internationaler Jugendherbergsausweis ist meist Bedingung (aber nicht immer), ebenso ist Bettwäsche Pflicht und kann gegen wenig Geld ausgeliehen werden, Schlafsäcke sind in der Regel nicht erlaubt - es gibt aber reichlich Ausnahmen. Ein Nachteil sind die oft strengen Schließzeiten abends (zwischen 23 h und 1 h) - wer zu spät kommt, steht vor verschlossener Tür und darf im nächsten Park pennen! Ärgerlich sind auch in vielbesuchten Herbergen die oft sehr limitierten *Anmeldezeiten* (z.B. morgens und abends jeweils 2 Std.). Unter Umständen fahrt ihr zu einer Herberge raus, nur um zu erfahren, daß ihr euch erst abends anmelden könnt. In diesem Fall werden aber oft Reservierungszettel ausgeteilt oder ihr könnt euch auf eine Warteliste eintragen. Denkt daran - **im Sommer sind viele Jugendherbergen am Ende ihrer Kapazität und ständig belegt!**
In vielen Großstädten findet ihr oft sogar mehrere Jugendherbergen (u.a. in London, Paris, Madrid, Wien, Kopenhagen und Stockholm). Sie sind ausgezeichnete Plätze für Kontakte mit anderen Travellern. Vom schüchternen Schüler, der das erste Mal allein auf Reise geht, bis zum eingefleischten Globetrotter, der gerade ein halbes Jahr Südostasien auf dem Buckel hat und auf der Durchreise nach Südamerika ist, trefft ihr hier eigentlich alles! Leider sind im Sommer gerade die Jugendherbergen in größeren Städten meist völlig überfüllt. Besser, ihr steigt dann in den kleineren und oft gemütlicheren Herbergen der umliegenden Orte ab. Von dort könnt ihr bequem Tagesausflüge in die 'City' machen, kostet euch als Interrailer ja nichts.

INTERNATIONALER JUGENDHERBERGSAUSWEIS: bekommt ihr bei der nächsten Jugendherberge in eurer Nähe oder direkt beim **Deutschen Jugendherbergswerk**, Hauptverband, Bismarckstr. 8, Postfach 220, D-4930 Detmold, Tel. 05231/740114. In Österreich beim **Österr. Jugendherbergsverband**, Schottenring 28, A-1010 Wien, Tel.

0222/5335353. In der Schweiz beim **Schweizerischen Bund für Jugendherbergen**, Engestr. 9, Postfach 265, CH-3000 Bern 26, Tel. 031/245503. Wenn ihr ihn nicht habt, könnt ihr bei den Herbergen unterwegs eine **Gästekarte** kaufen, die aber etwas teurer kommt als der JH-Ausweis.
Der Jugendherbergsverband gibt außerdem das **'Internationale Youth Hostel Book'** heraus mit Adressen, Öffnungszeiten und Preisen sämtlicher Herbergen in Europa, allerdings ohne wertende Kommentare. Zu erhalten für 10,50 DM bei obigen Adressen (für Mitglieder 6 DM) oder im Buchhandel.

Im praktischen Reiseteil dieses Buches findet ihr so gut wie alle für Interrailer wichtigen Jugendherbergen mit Kommentaren zur Ausstattung und Atmosphäre, sowie detaillierten Hinweisen zu Verkehrsverbindungen.

LESERTIP: "In **Spanien** hat sich niemand für den Jugendherbergsausweis interessiert und es gibt viele andere billige Übernachtungsmöglichkeiten, während in **Frankreich** und **Großbritannien** die Karte sehr nützlich sein kann, da B & B in England z.B. mindestens das Doppelte einer JH-Übernachtung kostet" (Markus Gorgel, Allershausen).

YMCA/YWCA-Heime

Weitere jedoch nur z.T. günstige Übernachtungsmöglichkeiten findet ihr in den weltweiten Heimen von YMCA (Christlicher Verein junger Männer, deutsch CVJM) und YWCA (Christlicher Verein junger Frauen). Es gibt sie in allen größeren Städten, meist sind sie nach Geschlechtern getrennt, aber nicht immer. Die Preise sind allerdings sehr unterschiedlich und reichen von Jugendherbergsniveau bis in höherpreisige Hotelkategorien. Mit einer CVJM-Mitgliedskarte bekommt ihr Ermäßigung.

Broschüre mit Adressen der Heime, jedoch gänzlich ohne Preise oder nähere Hinweise, gibt's gegen 7 DM (Euroscheck oder Briefmarken) beim **CVJM-Gesamtverband in Deutschland e.V.**, Im Druseltal 8, Postfach 410149, D-3500 Kassel-Wilhelmshöhe, Tel. 0561/3087300.
In Österreich - **Verband Christlicher Vereine junger Männer und Frauen**, Kenyongasse 15, A-1070 Wien, Tel. 01/931304.
Schweiz - **Schweizerischer Nationalverband der CVJM**, Florastr. 21, CH-4600 Olten, Tel. 062/216366.

Inter Points: diese Unterkünfte gibt es erst seit wenigen Jahren, sie werden vom YMCA betrieben und sind als spezielle Anlaufstellen für Interrailer gedacht. Geboten werden Übernachtung für ca. 10-20 DM pro Person (meist mit Frühstück), in manchen gibt es günstige Verpflegungsmöglichkeiten und Waschmaschinen. Bisher existieren etwa 35 dieser Herbergen in 14 Ländern, geöffnet sind sie leider in der Regel nur vom 1. Juli bis 15. August. Wir haben die 'Interpoints' bei den jeweiligen Städten notiert, ihr könnt euch aber auch einen Prospekt vom CVJM schicken lassen, in dem sie aufgelistet sind. Für 6 DM könnt ihr dort die **YMCA Inter-Point Card** erwerben, damit gibt es ca. 10 % Ermäßigung. Schreibt uns mal eure Erfahrungen!

Hostels/Sleep Ins

Interessante Alternative zu den offiziellen Jugendherbergen. In vielen Großstädten gibt es diese jugendherbergsähnlichen Unterkünfte mit Schlafsälen, die sich speziell an Reisende mit schmalem Budget richten. Vorteil - eine nächtliche Schließzeit gibt es nur selten. Die Qualität der Hostels ist je nach Betreiber äußerst unterschiedlich, gemeinsam ist ihnen meist die bunte internationale Atmosphäre. Generell gilt - Aufpassen vor Klau! Eine ausgeprägte Hostel-Szene existiert z. B. in *Athen, Amsterdam*, *London*, *Paris*, *Dublin, Kopenhagen* und *Stockholm*. Zahlreiche Hostels haben wir unter den entsprechenden Orten detailliert aufgeführt.

Studentenheime: in Universitätsstädten stehen während der Semesterferien Studentenheime gelegentlich als Saisonhotels zur Verfügung. Oft vermieten Studenten ihre Buden auch an privat, jedoch meist nur längerfristig.

Hotels/Pensionen

Ein wirklicher Genuß, nach Tagen oder Wochen mit dem Schlafsack mal wieder ein weiches Bett unter sich zu spüren - dazu noch gepflegtes Duschen und kleiner Mittagsschlaf - ein Zimmer hat schon seine Vorteile!

Relativ erschwingliche Zimmer in einfachen Pensionen oder Hotels findet man leider nicht mehr überall - in Südeuropa, Marokko und Türkei zwar kein Problem, dafür umso mehr in Skandinavien, wo die Zimmerpreise astronomische Höhen erreichen. Was 'Komfort', Ausstattung und Sauberkeit von Billighotels angeht, werdet ihr auf eurem Trip sicher so sämtliche vorstellbaren Qualitätsstufen erleben. Nehmt es mit Humor! Generell sind Doppelzimmer für den Einzelnen billiger als Einzelzimmer. Viele weitere Hinweise unter den einzelnen Ländern.

Zimmersuche: in den Tourist-Informationsbüros bekommt ihr oft mehr oder minder vollständige Listen von Pensionen/Hotels/Privatzimmern (oft mit Preisen). Das Manko dabei - gerade die billigsten 'Absteigen' sind in diesen Listen nicht immer enthalten! **Im Interrail-Führer haben wir versucht, für euch immer die preiswertesten und trotzdem sauberen Unterkünfte auszukundschaften!**
Oft vermitteln die Auskunftsstellen auch Zimmer (meist gegen Gebühr von 2-5 DM), vor allem in Großstädten. Ihr müßt dann eure ungefähre Preisvorstellung sagen und man wird versuchen, ein entsprechendes Zimmer für euch zu finden.
Wenn ihr mit der Unterkunftsliste und den Tips in unserem Buch selbständig auf Zimmersuche geht, gebt besser vorher die Rucksäcke bei der Gepäckaufbewahrung auf. Am besten ist es meist, vormittags auf Zimmersuche zu gehen. Unnötige Lauferei könnt ihr euch durch vorheriges Anrufen ersparen. In der Hauptsaison kann sich oft das Problem ergeben, daß vieles schon belegt ist. Meistens liegen aber die Billigpensionen recht nahe beieinander in einem bestimmten Viertel, z.B. um den Bahnhof oder in einigen markanten Altstadtgassen (siehe unsere Übernachtungstips bei den jeweiligen Orten). In den meisten europäischen Ländern werden die Zimmerpreise staatlich überwacht. Das heißt, der Preis des Zimmers muß an der Innenseite der Tür unmißverständlich angeschlagen sein - vergewissert euch, daß er mit dem Preis im Hotel/Pensionsverzeichnis vom Tourist-Büro über einstimmt. Falls der Wirt deutlich mehr verlangt, weist ihn (höflich) auf die Liste hin und wenn er hartnäckig bleibt, laßt eventuell durchblicken, daß ihr mal beim Tourist-Büro vorbeigeht und dort Bescheid sagt. Aber nicht schon von vorneherein mit der Liste winken, sonst ist das Hotel für euch sicher belegt!

Privatzimmer: preisgünstige Alternative zu Pensionen, vor allem in südlichen Ländern (z.B. Jugoslawien, Spanien, Griechenland) werdet ihr oft bereits am Bahnhof bzw. Hafen angesprochen, ob ihr nicht ein Zimmer braucht. Darauf könnt ihr ruhig eingehen, vergewissert euch aber, daß es nicht allzu weit entfernt ist und versucht zu handeln. Ansonsten vermitteln in Skandinavien oft Tourist-Büros Zimmer (gegen kleine Gebühr).

Camping

Campingplätze gibt es überall. Sie sind im allgemeinen (aber nicht immer!) relativ preiswert und vor allem im heißen Sommer zu empfehlen - bevor ihr euch ein stickiges Zimmer nehmt, wo ihr das Dreifache zahlt. Allerdings haben die Campingplätze auch so ihre Nachteile - oft völlig überfüllt, verdreckte Waschanlagen, Mücken, Lärm und dergleichen mehr. In Großstädten liegen sie meist etwas außerhalb, das bedeutet also eine längere Bus- oder Straßenbahnfahrt.
In Griechenland dürft ihr auf vielen Campingplätzen auch ohne Zelt übernachten.

Beim ADAC gibt es einen **internationalen Campingausweis** (Carnet Camping Internacional), mit dem ihr auf vielen Plätzen Ermäßigung bekommt (jedoch nur für ADAC-Mitglieder).

Freies Zelten: in ganz Europa grundsätzlich verboten, außer in Skandinavien! Dort ist es für jeweils einen Tag an ein und demselben Ort erlaubt, wenn ihr mehr als 100 m vom nächsten Haus bzw. Privatgrundstück campt.

Trotzdem - wenn ihr euer Zelt irgendwo in der Landschaft diskret aufstellt, wird niemand so schnell etwas dagegen haben. Mit der Zeit werdet ihr ein Gespür dafür bekommen, wo ihr gefahrlos zelten könnt und wo nicht. Außerdem trifft man immer wieder andere 'wilde' Camper - ein kurzer Erfahrungsaustausch und ihr wißt Bescheid. Falls wirklich mal die Polizei kommt, wird in der Regel verlangt, daß ihr euer Zelt sofort abbaut. Wenn ihr auf Privatgrundstücken zeltet, ist es unbedingt angebracht, vorher um Erlaubnis zu fragen.
Das A und O jeglichen freien Zeltens ist verantwortliches Handeln und ausgeprägtes Umweltbewußtsein. Wie viele Wälder werden jeden Sommer durch die internationale Campergemeinde in Müllkippen verwandelt. Laßt nie irgendwo Abfälle liegen, macht kein offenes Feuer, hinterlaßt alles so, wie ihr es vorgefunden habt! Weist auch andere Camper auf ihre Verantwortung hin!
In einigen Ländern wird inzwischen hart durchgegriffen, besonders wenn am offenen Feuer das Süppchen gekocht wird - verständlich, nachdem schon Tausende von Hektar von Touristen abgefackelt wurden!

Im Freien Schlafen: solltet ihr in Großstädten grundsätzlich nicht allein und nur mit echt vertrauenswürdigen Leuten machen. Parkanlagen, Grünflächen und Rohbauten gibt's genug, ihr solltet aber erst in der Dunkelheit hingehen, damit ihr nicht unnötig Aufmerksamkeit erregt. Geld und Wertsachen in den Schlafsack, möglichst nah beieinander schlafen, Rucksäcke dazwischen. Wir haben etliche Briefe von Lesern bekommen, die bei so einer Gelegenheit **beklaut** wurden - und oft war der langersehnte Urlaub im Eimer!

. . . und auf bzw. vor dem Bahnhof: das geht während der Hauptreisezeit in vielen größeren Städten. Ist allerdings meist laut und arg streßig, in Bahnhofsvorhallen pofen zeitweise mehrere hundert Rucksackler. Ihr müßt damit rechnen, zwischen 5 und 6 h morgens recht unsanft von der Bahnpolizei geweckt zu werden. Doch häufig erfolgt bereits abends ein kompromißloser Rausschmiß, z.T. mit recht rabiaten Methoden. In einigen Haupt- und Großstädten sind die Bahnhöfe nachts geschlossen - z.B. in Paris. Dagegen kann man auf den meisten englischen Bahnhöfen außerhalb Londons problemlos nächtigen und oft darf man auch vor dem Bahnhof pennen, z.B. in Venedig und Nizza. Schreibt uns eure Erfahrungen.

Wir weisen ausdrücklich drauf hin - Klau ist an Bahnhöfen weit verbreitet! Besser die Sachen abends in ein Schließfach stecken. Vermeidet den Bahnhofsplatz in Rom, nicht empfehlenswert außerdem in Marokko.

Krank auf der Reise

Häufigste 'Reisekrankheiten' sind Durchfall und Verstopfung.

Letztere tritt vor allem in den ersten Tagen der Reise auf - Nervosität, veränderter Lebensrhythmus, ungewohnte Umgebung etc. wirken zusammen und verursachen diese 'psychische' Verstopfung. In den meisten Fällen verschwindet sie nach einigen Tagen von selbst - ein bißchen nachhelfen könnt ihr mit frischem Gemüse und Obst (im Süden gründlich waschen!), reichlicher Flüssigkeitszufuhr und täglich 1-2 Löffel Leinsamen.
Durchfall ('Montezumas Rache') bekommt man recht häufig beim Verzehr von Nahrungsmitteln, die für uns ungewohnte Mengen von Bakterien enthalten.
Behandlung etwa wie folgt: absolute körperliche Schonung, anfangs nur ungesüßten Tee (in Mengen), dazu Kohletabletten. Am zweiten bis dritten Tag weiche, breiige Kost, z.B. Milchreis, Apfelmus etc. Ab dem dritten Tag kann man dann schon leichte Gemüse, vielleicht ein bißchen Obst essen. Reisdiät ist auch zu empfehlen. Wichtig ist die Salzzufuhr, da der Körper bei heftigem Durchfall Kalium und Natrium verliert, also Salzwasser trinken oder Elektrolyt-Lösung (Apotheke)! Falls

nach zwei Tagen keine nennenswerte Besserung eingetreten ist, sollte man leichte Medikamente zur Beruhigung des Darms zu sich nehmen (keine Antibiotika).
Falls keine Besserung eintritt, habt ihr euch wahrscheinlich eine Lebensmittelvergiftung zugezogen, vielleicht eine Salmonellenvergiftung. Vor allem eiweißhaltige Nahrungsmittel wie Fleisch, Wurst, Fisch, auch Eiskrem, Eier, Mayonnaise, alle Arten von Sahnegerichten, aber auch Salat sind im Süden (speziell in Marokko) manchmal mit Salmonellen verseucht. In diesem Fall solltet ihr unbedingt einen Arzt aufsuchen. Wer auf Nummer sicher gehen will, muß zumindest in Marokko und in der Türkei auf die landesüblichen Köstlichkeiten verzichten, d. h. nur gekochte Speisen, kein Salat, kein Eis, Obst immer schälen, Getränke nur ohne Eiswürfel. Vor allem Vorsicht mit Trinkwasser - in Marokko und anderen Mittelmeerländern nur abgekochtes oder in Flaschen gekauftes Wasser zu sich nehmen! Es ist übrigens nicht ratsam, vorbeugende Mittel gegen Durchfallerkrankungen zu nehmen - es kann Nebenwirkungen geben. Eßt stattdessen möglichst scharf gewürzte Speisen, das regt die Magensaftproduktion an und tötet Bakterien ab.

SONNENBRAND: vor allem im Süden in den ersten Tagen bei direkter Sonneneinstrahlung **sehr** vorsichtig sein. Man unterschätzt die Wirkung leicht! So oft wie möglich Kopfbedeckung, Sonnencreme mit hohem Lichtschutzfaktor. Bei Sonnenbrand sehr hilfreich und schmerzlindernd ist Brandsalbe. Öko-Freaks empfehle ich, die Haut mit Joghurtpackungen zu behandeln, altes Hausmittel. Hilfreich soll auch ein wasserhaltiger (kollodialer) Kieselsäure-Balsam sein, gibts in Reformhäusern.

MÜCKEN: in Schweden und vor allem Finnland das Problem schlechthin. Der zu Hause erworbene Mückenstift ist fast machtlos. Jedoch gibt es vor Ort meist ausgezeichnete, wirksame Mittel. Nehmt außerdem ein Moskitonetz mit.

WUNDEN: solltet ihr, auch wenn sie nur klein sind, desinfizieren - flüssige Desinfektionsmittel gibt's in Apotheken.

Nur für Jungen/Männer - in ärztlichen Fragen wendet euch vertrauensvoll an weibliche "Wesen", die wissen meistens recht gut Bescheid, speziell in Sachen Magen-/Darmverstimmung.

Kleine Reiseapotheke: Fieberthermometer, Mittel gegen Durchfall (z.B. Kohletabletten), Brandsalbe, Desinfektionsmittel, Insektenschutz, Sortiment von Pflastern verschiedener Größe, Mullbinden, Schnellverband, Schere.

LESERTIP: "Als Allround-Mittel habe ich immer ein kleines Fläschchen selbstgemachter Schwedenkräuter dabei. Es wirkt gegen alles (Stiche, Durchfall - verdünnt einnehmen) und hat auch schon als Geschenk gedient oder um anderen Menschen zu helfen" (Michael Langenwalter, Garmisch-Partenkirchen).

Im Notfall: eventuelle Rückflüge in die BRD werden von der Deutschen Rettungsflugwacht Stuttgart durchgeführt. Ein vorbildliches Unternehmen, das einen Schwerkranken auch dann zurückholt, falls er für die Flugkosten nicht aufkommen kann. Siehe auch Kap. Versicherung, S. 29 f.
Deutsche Rettungsflugwacht e.V., Alarmzentrale, Stuttgart-Flughafen, Tel. 0711/701070 oder 701073.

Deutschsprachige Ärzte im Ausland nennt der Auslandsnotrufdienst des ADAC unter der Münchner Nummer **222222**. Steht allen Reisenden, nicht nur Mitgliedern, zur Verfügung.

Botschaften

Die Adressen der Auslandsvertretungen der Bundesrepublik Deutschland, der Schweiz und von Österreich (Botschaften und Konsulate) findet ihr in den einzelnen Länderkapiteln.
Es existiert ein Gesetz, daß deutschen Staatsbürgern in Notfällen im Ausland von der Botschaft geholfen werden muß. Das heißt aber keinesfalls, daß euch ein Rückflugticket spendiert wird oder ähnliches. In der Regel bekommt man 'Hilfe zur Selbsthilfe', z.B. eine Gesprächsmöglichkeit nach Hause, damit ihr von euren Angehörigen Geld anfordern könnt (per telegraphischer Postanweisung siehe S. 29) und eventuell ein kleines Überbrückungsgeld (wir haben gehört, daß es teilweise nur

20-30 DM sind). Nur wenn keine Angehörigen oder engen Freunde aufzutreiben sind, bekommt ihr von der Botschaft die Heimkehr gezahlt, müßt das Geld aber natürlich zurückzahlen.
Im Krankheitsfall könnt ihr bei der Botschaft auch Arztadressen bekommen.

Post/Telefon

In Nord- und Mitteleuropa dauert die Briefbeförderung etwa 2-3 Tage, im Süden müßt ihr gut eine Woche rechnen (manchmal sogar noch länger)! Eine Postkarte in einen Briefumschlag gesteckt, wird oft schneller transportiert.

Wenn ihr von zu Hause Post bekommen wollt, laßt sie euch postlagernd *(Poste restante)* an das Hauptpostamt einer größeren Stadt schicken, die ihr sicher besuchen werdet. Die Briefe werden dort etwa 2-3 Wochen aufbewahrt, gegen Vorlage eures Ausweises bekommt ihr sie ausgehändigt. Kleiner Trick - falls der Postbeamte unter eurem Nachnamen nicht fündig wird, obwohl eigentlich ein Brief da sein müßte, laßt ihn auch unter dem Vornamen nachschauen, eventuell ist der Brief dort einsortiert worden.
Nach Hause telefonieren könnt ihr von überall in Europa, mal leichter, mal komplizierter, Infos und Vorwahlnummern dazu in den jeweiligen Länderkapiteln. In einigen Ländern gibt es spezielle *Telefonzentralen*, die oft bis spät in die Nacht offen sind. Hier bekommt ihr eine Zelle zugewiesen und ihr bezahlt nach Gesprächsende laut Zählerstand (vergewissert euch, daß der Zähler auf Null steht, bevor ihr wählt). Wenn ihr von Hotels/ Pensionen telefoniert, zahlt ihr erheblichen Aufschlag. Wichtig - beim Wählen der Ortsnetzkennzahl müßt ihr immer die Null weglassen!

Spartip - in den meisten Fällen ist es billiger, von der BR Deutschland ins Ausland zu telefonieren als umgekehrt. Laßt euch also, wenn möglich anrufen! Von Dänemark und den Niederlanden könnt ihr allerdings billiger in die BR Deutschland telefonieren als umgekehrt.

Kriminalität

Eine gesunde Portion Mißtrauen ist auf Reisen immer angebracht. Doch sollte man lernen, zwischen zweifelhaften und ehrlichen Angeboten deutlich zu unterscheiden. Gerade mit das schönste, was man unterwegs erleben kann, ist die natürliche Freundlichkeit vieler Menschen gegenüber Fremden.

Diebstahl: hauptsächlich in südlichen Ländern wegen der katastrophalen sozialen Lage (viele Arbeitslose, bei den meisten Jobs schlechte Bezahlung, Geldentwertung etc.) eine bedauerliche Realität.
Am meisten wird wohl in *Italien*, *Spanien*, *Portugal* und *Marokko* geklaut. Hochburgen sind natürlich die Großstädte (Neapel, Rom, Tanger, Barcelona, Madrid, Lissabon u.a.), auch *Amsterdam* ist einschlägig bekannt. Vor allem Taschendiebstahl in öffentlichen Verkehrsmitteln ist weit verbreitet. Nachts streifen oft ganze Diebesbanden durch Parks und Plätze und auch an Bahnhöfen und Stränden, wo übernachtet wird, herrscht Hochkonjunktur. Vorsicht auch beim Geldwechseln in großen Bahnhöfen und als Einzelreisender in leeren Zügen, die lange vor der Abfahrt im Bahnhof stehen.
Leider gibt es auch mehr als genug *Traveller*, die klauen. Gerade an bekannten Treffpunkten treiben sich immer wieder Leute herum, die total abgebrannt sind und sich von der Hand in den fremden Rucksack ernähren.
Die Polizei ist meist machtlos, oft aber auch nur mäßig daran interessiert, solche Delikte aufzuklären.
In den meisten Fällen bewähren sich eigentlich die bekannten *Brustbeutel*, allerdings für geübte Langfinger ist es kein Problem, mit einer scharfen Schere oder Rasierklinge die Schnur durchzutrennen, und im Straßengewühl zu verschwinden. Sichert ihn eventuell mit einer zweiten Schnur um den Bauch (es gibt Modelle, die auf der Rückseite zwei Schlaufen haben). Weniger leicht zu 'knacken' sind sogenannte *Geldgürtel*, das sind ziemlich breite Gürtel,

die an der Innenseite einen Reißverschluß haben. Geld könnt ihr bequem darin verstauen, der Paß ist aber in den meisten Fällen zu sperrig. Sehr gut eignen sich auch Hosen und Hemden, in die innen ein paar *geheime Taschen* genäht sind.

Vorsichtsmaßregeln

Geldbörse in einer Hosentasche mit Reißverschluß oder Knöpfen tragen.

In der Geldbörse immer nur wenig Geld haben und nicht auffällig mit großen Geldscheinen herumwedeln.

Nicht alle Wertsachen und Papiere zusammen an einem Ort aufbewahren.

Wenn ihr euer Gepäck unbeaufsichtigt laßt, nehmt Geld, Paß etc. immer mit.

Mit einem Ringfahrradschloß oder einer Kette mit Vorhängeschloß könnt ihr euren Rucksack schnell irgendwo anketten, wenn ihr ihn mal für ein paar Minuten allein stehenlassen wollt (z.B. im Gepäcknetz oder am Bahnhof).

Fürs Baden gibt es wasserdichte Behälter, die ihr euch umhängen könnt. Nicht außer Sichtweite eurer Sachen schwimmen.

In der Nacht am besten alles in den Schlafsack, aber trotzdem Vorsicht - es kommt immer wieder vor, daß sogar Schlafsäcke unbemerkt aufgetrennt werden. Falls möglich, könnt ihr die Sachen auch unter eurem Schlafsack verbuddeln, aber nur machen, wenn ihr völlig unbeobachtet seid.

Nur mit echt vertrauenswürdigen Leute zusammen die Nacht verbringen.

Wenn euch wirklich einmal alles abgenommen wird, müßt ihr zur nächsten deutschen Botschaft gehen, dort bekommt ihr zumindest Überbrückungsgeld, bis ihr Geld von zu Hause geschickt bekommt. Übrigens - ich gehe seit bald fünfzehn Jahren mit dem Rucksack auf Reisen, weggekommen ist mir eigentlich noch nie etwas.

LESERTIP: "wenn ich im Zug schlafe, sichere ich meinen Rucksack, indem ich ihn a) an meinen Körper mit etwas Reepschnur anbinde, b) die Reißverschlüsse am Rucksack alle mit einem kleinen Schloß verschließe (geht nur bei Doppelschiebern), c) ich an bzw. in den Rucksack eine kleine Alarmsirene stecke (gibts für ca. 15 DM bei den Ausrüstern). Wenn er dann aufgenommen wird, gibt es einen lauten Ton. Auch zum Sichern von Türen (z.B. Abteil) zu verwenden" (Lutz Beyert, Ratingen).

Drogen: laßt euch auf nichts ein, wenn ihr die Umgebung und die Leute nicht kennt! Es kommt oft genug vor, daß Dealer mit der Polizei zusammenarbeiten oder vermeintliche Dealer eine rein kriminelle Natur besitzen und euch das Geld in einer dunklen Ecke mit Gewalt abknöpfen.

Aufpassen müßt ihr an Grenzen - es ist ein beliebter Trick von Profis, ahnungslosen Rucksacklern Haschisch oder Ähnliches ins Gepäck zu schmuggeln. Wenn ihr damit erwischt werdet, seid ihr dran, das glaubt euch keiner, daß ihr damit nichts zu tun habt! In der Regel bedeutet so etwas erst mal einige Zeit Gefängnis.

Besondere Vorsicht ist in *Marokko* geboten - daß dort überall unübersehbar Haschisch angeboten wird, sollte nicht zur Annahme verleiten, daß der Kauf straffrei ist. In *Spanien* und den *Niederlanden* gelten dagegen liberale Rauschmittelgesetze. Speziell für Amsterdam empfiehlt es sich, ein Schild mit der Aufschrift 'No thanks' bei sich zu tragen.

Mädchen: jedes Mädchen sollte so vernünftig sein, selbst entscheiden zu können, was gefährlich ist und was nicht. Vertrauensduseligkeit ist jedenfalls unterwegs ganz und gar nicht angebracht. Von Reisen nach Marokko rate ich ohne männliche Begleitung ab.

Merksatz für angehende Interrailer: nach dem vierwöchigen Bahnurlaub bist du erst einmal urlaubsreif!

BR Deutschland

'Kein schöner Land in dieser Zeit, als hier das unsre weit und breit . . .'. Das alte Volkslied ist brüchig geworden, Deutschland hat zuviel erlebt - im letzten Krieg wurden fast sämtliche Großstädte in Schutt und Asche gebombt.

Danach mit Hilfe harter US-Dollars vehemente Industrialisierung, intensiver Ausbau der Autobahnen und rapide zunehmende, schwere Naturzerstörungen und Umweltschäden bis hin zu vergifteten Flüssen, kaputter Nordsee, saurem Regen und Waldsterben. Trotzdem, abseits der großen Ballungszentren bietet Deutschland noch immer eine Menge reizvoller Landschaften. Das meiste ist zwar absolut entdeckt - im Sommer tummelt sich das halbe Land auf Sylt oder an den oberbayrischen Seen - aber von großer Vielfalt und Abwechslung.

Von reetgedeckten Häusern und kilometerlangen Dünenstränden an der vielbesungenen *Nordseeküste* über die violett blühenden Landschaften der *Lüneburger Heide* zum Harz, in den *Bayerischen (Ur-)Wald* oder ins 'romantische', wenn auch überlaufene *Rheintal* mit seinen dutzenden Kastellen und Burgruinen. Oder vielleicht in die schönen bayerischen Landstädtchen, die seit dem 30-jährigen Krieg ihr Ortsbild mit Giebelhäusern und trutzigen Maueranlagen unversehrt bewahren haben - *Dinkelsbühl* oder *Rothenburg* als Beispiele.

Dann Kontrastprogramm - Weltstadt *München* mit zahllosen kulturellen Höhepunkten und vielleicht zum eigenartigen "Märchenschloß" *Neuschwanstein* oder zur *Zugspitze*. . .

Möglichkeiten gibts genug und auch die Großstädte haben, abgesehen von den "Musentempeln" wie Theater, Museen, Ausstellungen etc., eine Menge zu bieten - und wenn's nur ein ausgiebiger Bummel durch die zahllosen Musikschuppen, Szenekneipen und Kaffeehäuser ist.

Last but not least - unbedingt besuchen solltet ihr eine oder zwei der traditionsreichen Universitätsstädte wie *Heidelberg*, *Tübingen*, *Marburg* oder *Freiburg*. Relativ überschaubar, im Krieg wegen fehlender Industrie nur wenig zerstört, intakte Altstadtviertel und viel jugendliche Beschwingtheit zwischen ehrwürdigen Mauern und muffigen Talaren.

Mit der Eisenbahn durch die Bundesrepublik

Gut ausgebautes Netz, häufige und pünktliche Verbindungen. In der Provinz wirds jedoch zäh. Empfehlenswert sind die Inter-City-Züge, die ein ganzes Stück schneller sind als die üblichen Eil- und Schnellzüge, allerdings im Inland 6 DM, ins Ausland 6-12 DM Zuschlag kosten.

Der Ausbau des Bahnnetzes für Hochgeschwindigkeitszüge wird unter Hochdruck vorangetrieben. Pilotprojekt ist die Strecke Würzburg-Hannover, schon 1991 sollen hier die ersten *ICE-Züge* (Intercity Expreß) mit bis zu 250 km/h rollen. Geplant sind Schnellstrekken ferner von Nürnberg nach München, zwischen Mannheim und Stuttgart, und hinüber nach Paris. Die revolutionäre *Magnetbahn*, die schier doppelt so schnell wäre wie die ICE-Züge, hat in der Bundesbahnplanung derzeit noch keinen konkreten Platz gefunden (Grund dafür neben den immensen

BR Deutschland

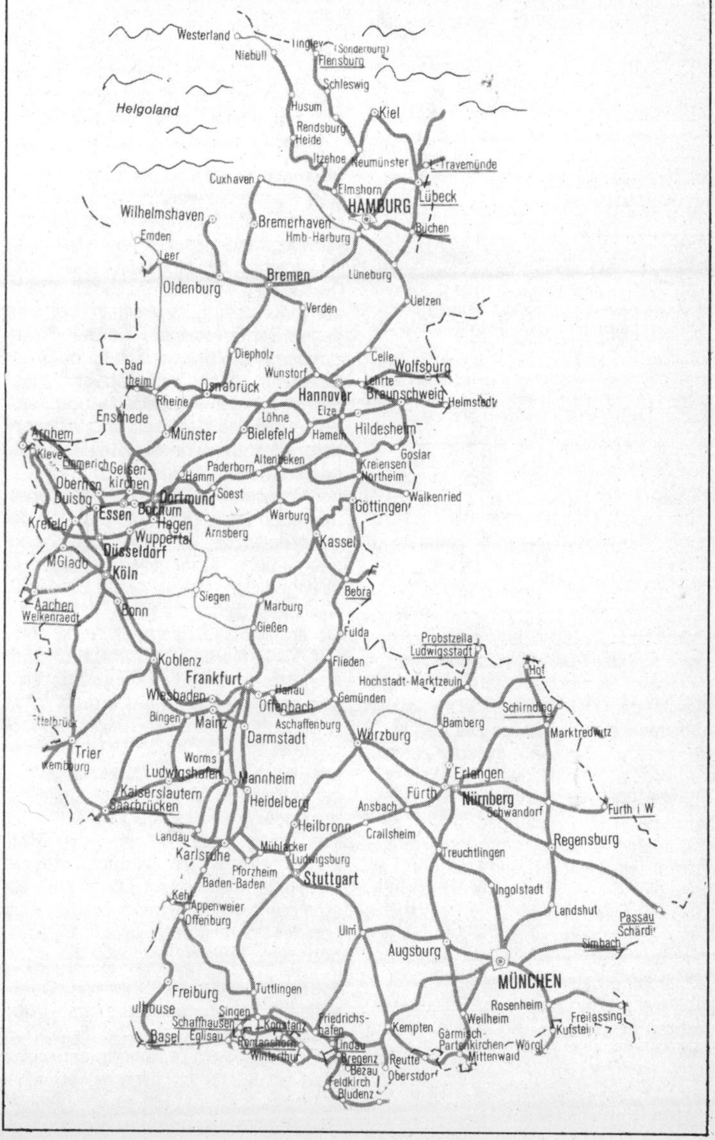

Kosten die bisher ungeklärten Lärmprobleme der Gleitbahn).
Gegen alle diese Modernisierungspläne steht der bedauerliche Trend, Nebenstrecken wegen Unrentabilität stillzulegen.
Vorteilhaft - auch die *S-Bahnen* in Großstädten werden meist von der Bundesbahn betrieben und können von deutschen Interrailern zum ermäßigten Fahrpreis, von Ausländern kostenlos benutzt werden.

PLATZRESERVIERUNG: ca. 3,50 DM, beim IC im Zuschlag inbegriffen.

LIEGE / SCHLAFWAGEN: im Liegewagen pro Pers. ca. 24 DM (6 Betten-Abteil) bzw. 32 DM (4 Betten), im Schlafwagen 61 DM (3 Betten). **'Twen-Nachttramper'** ist ein neues Angebot der DB, damit könnt ihr für nur 4 DM Zuschlag einen Liegewagenplatz auf den Strecken München-Hamburg, München-Münster und Hamburg-Basel in Anspruch nehmen, falls ihr ein Interrail-Ticket oder einen anderen gültigen Fahrausweis habt.

> **Informationen**: Deutsche Bundesbahn-Zentrale, Zentralstelle Absatz, D-6500 Mainz.

Andere Verkehrsmittel: in Bahn- und Postbussen bekommt ihr 50 % Ermäßigung. *Fahrräder* mieten könnt ihr an knapp 300 Bahnhöfen im ganzen Bundesgebiet (meist in kleineren Städten oder auf dem Land). Kostenpunkt mit gültigem Fahrschein (auch Interrail-Ticket) ca. 5 DM, sonst 10 DM. In den meisten Fällen könnt ihr das Rad auch an anderen Bahnhöfen wieder zurückgeben. Laßt euch den Prospekt 'Fahrrad am Bahnhof' geben.
In Städten und Ballungsgebieten sind meist sog. *Verkehrsverbünde* eingerichtet, wo ihr mit denselben Fahrkarten alle öffentlichen Verkehrsmittel benutzen könnt (Bus, Tram, U-Bahn, etc.). Tarife sind in der Regel nach Zonen gestaffelt, könnt ihr an den Fahrscheinautomaten nachlesen.
Auf den großen Seen und Flüssen verkehren Schiffe, z.B. am Bodensee und auf dem Rhein (dort 50 % IR-Ermäßigung).

Praktisches

Einreise: Personalausweis oder Reisepaß.

Finanzielles: die DM ist eine stabile Währung und hat zum Schweizer Franken und zum österreichischen Schilling einen kaum schwankenden bzw. festgeschriebenen Kurs.

Übernachten: mit preiswerten *Hotels* oder *Pensionen* werdet ihr euch vor allem in Großstädten hart tun, die sind wirklich dünn gesät - 45-50 DM für's DZ ist schon das Höchste der Gefühle. Die meisten Informationsstellen (Fremdenverkehrsamt) vermitteln Zimmer gegen Gebühr von ca. 3-4 DM. *Privatzimmer* sind oft wesentlich billiger.
Dafür hat die Bundesrepublik eines der am besten ausgebauten *Jugendherbergsnetze* der Welt und - besonderer Pluspunkt, da die BRD kein ausgesprochenes Tourismusland ist - in den meisten sind sogar im Hochsommer noch Plätze frei! Nachteil sind der oft preußische Kasernenhofton mancher (nicht aller) JH-Väter und die strengen Schließzeiten - um 22 Uhr (!) wird meist dicht gemacht! Preis für Junioren (bis 24 einschließlich) ca. 7-10 DM, für Senioren 10-15 DM. Frühstück kostet etwa 3-6 DM (keine einheitlich geregelten Preise). Außerdem gibts noch ebenfalls weit verbreitet *Jugendgästehäuser* (ca. 14-16 DM pro Pers.) und etwa 400 sog. *Naturfreundehäuser* (kosten etwa 10-15 DM für Nichtmitglieder).
Ansonsten gibts fast in jeder Stadt mindestens einen *Campingplatz*, in der Regel die billigste Lösung. Großstadtparks werden meist recht genau von der Polizei kontrolliert, im allgemeinen wenig ratsam.

Essen: außer Schnellimbissen und den sattsam bekannten Würstchen- und Pommes-Frites-Buden sind die *Universitätsmensen* am preiswertesten - eine Mahlzeit kostet im allgemeinen nicht mehr als 3-5 DM. Mit einem gültigen Studentenausweis könnt ihr die Es-

sensmarken kaufen, ansonsten fragt einen Studenten. Sehr beliebt und meist preiswert sind auch die überall zahlreich vertretenen 'Griechen', 'Italiener' etc., Kostenpunkt meist ca. 10-12 DM. Auch in Kneipen gibt es oft einfache Gerichte. Viele Tips zu Lokalen im jeweiligen Textteil.
Die deutsche Küche ist meist fett und schwer. Ein gehöriges Stück Fleisch gehört nach Ansicht vieler Bürger einfach auf den Teller. Dank der weitgefächerten Internationalität der Lokale hat man aber alle Möglichkeiten, falls man mal keinen Appetit auf Schnitzel, Sauerbraten mit Kloß oder Schweinswürstel mit Kraut verspürt. Auch vegetarische Küche liegt im Trend. Spezialitäten einzelner Landstriche sollte man trotzdem nicht auslassen - *Spätzle* in Schwaben, *Nürnberger Rostbratwürste*, *Lübecker Marzipan*, *Printen* in Aachen und vieles mehr.
Zu den anerkannten deutschen Spezialitäten gehört natürlich auch das Bier - es genießt Weltruf. Fast jede Region hat ihr eigenes Bier, gebraut in zahllosen kleinen und großen Brauereien - *Münchner Weißbier*, *Dortmunder*, *Düsseldorfer Altbier* und die herben norddeutschen Varianten (*Flensburger* oder *Jever*) sind nur einige Beispiele. An Mosel und Rhein trinkt man stattdessen natürlich Wein, in Frankfurt den berühmten *Ebbelwei* (Apfelwein).

Telefon: Durchwahl ins Ausland von allen Zellen möglich, günstigere Tarife ab 20 h und an Wochenenden.

VORWAHL: Österreich - **0043**, Schweiz - **0041**.

BOTSCHAFTEN

Österreich: 5300 Bonn, Johanniterstr. 2, Tel. 0228/53006-0.
Schweiz: 5300 Bonn, Gotenstr. 156, Tel. 0228/81008-0.

FREMDENVERKEHRSÄMTER

D-6000 Frankfurt (Deutsche Zentrale für Tourismus), Corneliusstr. 34, Tel. 069/75720. **A-1010 Wien**, Brandstätte 1, Tel. 0222/631478. **CH-8001 Zürich**, Talstr. 62, Tel. 01/2211387.

NORDDEUTSCHLAND

Dünnsäureverklappung, Robbensterben, Algenpest - das Image der Nordsee hat gelitten. Trotzdem kommen die Urlauber nach wie vor an die langen Dünenstrände, genießen die jodhaltige Luft und bauen Sandburgen wie eh und je.

Obwohl die Meeresbewohner eingehen, sei das kurzzeitige Baden unbedenklich, sagen viele Wissenschaftler. Doch für die Zukunft sind sicher noch böse Überraschungen zu erwarten. Die Fremdenverkehrsorte versuchen mit Umweltaktionen ihr Image aufzubessern - auf manchen Inseln sind phosphathaltige Waschmittel verboten, statt Plastik gibts Tragetüten aus Jute.
Von den Städten gehören *Lübeck*, *Hamburg* und *Bremen* zu den interessantesten, die *Lüneburger Heide* ist überlaufen und nur noch punktuell zu genießen. Schleswig-Holstein hat einiges zu bieten, wird aber von den meisten Railern nur als Durchgangsstation nach Dänemark benützt.

HAMBURG

Weltstadt mit vielen Gesichtern. Rote Backsteinbauten, grüne Kupferdächer, Wasserkanäle, Brücken und Seen - aber auch gläserne Einkaufspassagen, dutzende Märkte, ausgedehnte Parks. Trotz schwerer Kriegszerstörungen hat sich Hamburg Flair bewahren können.

Hauptattraktion ist natürlich der riesige Hafen, der drittgrößte Europas und einer der ältesten, die 800-Jahr-Feier ist gerade vorbei. Eine Rundfahrt solltet ihr euch nicht entgehen lassen. Ebenfalls im Hafen die berühmte Speicherstadt (die größte und schönste Europas) mit riesigen Lagerhäusern aus dem letzten Jahrhundert. In der City ausgedehnte Laden- und Restaurant-Passagen mit Glasdächern - immer was los und viel fürs Auge. Danach vielleicht ein Spaziergang an Binnen- und Außenalster - oder eine Alsterrundfahrt ab Jungfernstieg. Das sündige St.Pauli-Viertel ist nicht nur abends ein Tip, sondern die Landungsbrücken auch schon tagsüber.

Ansonsten gibts natürlich eine ausgeprägte 'Szene', Hamburg ist nicht umsonst eine Brutstätte für gute Rockmusiker und schon die Beatles haben im 'Starclub' ihre Karriere begonnen. Egal ob Altona, Ottensen, Univiertel oder Eppendorf - zahllose Kneipen und Treffs findet ihr überall.

VERBINDUNGEN / BAHNHOF: **Hauptbahnhof** zentral in der Stadtmitte, Hauptausgänge zum Glockengießerwall und zur Kirchenallee. Im neugestalteten Reisecenter findet ihr alles - Fahrpläne, tägl. geöffnete Wechselstelle, Duschen und Toiletten (im Keller), Schließfächer usw. Die meisten Züge halten auch an den Bahnhöfen **Dammtor** (beachtenswerter Jugendstilbau) und **Altona**.

INFORMATION: **Bieberhaus** am Hachmannplatz gegenüber vom Hauptbahnhof, Ausgang Kirchenallee und ein Stück links (Mo-Fr 7.30-18, Sa 8-15 h). Zimmervermittlung im Touristen-Center vom Hbf. City-Information am **Gerhart-Hauptmann-Platz** (vom Hbf. durch die Spitalerstraße zu erreichen).

UNTERWEGS IN HAMBURG: das öffentliche Verkehrsnetz ist ausgezeichnet - es gibt S- und U-Bahnen, Bus und Schiff. Einzeltikkets kosten zwischen 1,50 DM und 6 DM - je nachdem, wie und wohin man fährt. **Tageskarten** kosten 6-12 DM (Preis abhängig vom Verkehrsmittel und vom Gebiet, das man befahren will). Interessant, falls ihr mehrere seid, ist eine sog. **Familienkarte** - kostet ca. 11 DM, bis zu vier Personen können sie einen Tag lang auf allen Bus-, U- und S-Bahnstrecken benutzen (außer äußerste Tarifzone). Ihr müßt dafür nicht verwandt sein. Eventuell lohnend, einen **Fahrplan** zu kaufen. (incl. Stadtplan, ca. 5 DM).

Übernachten: viele Pensionen im Bahnhofsbereich, außerdem mehrere Jugendherbergen. Laßt euch am besten im Touristen-Center im Hbf. ein Zimmer vermitteln.

JUGENDHERBERGEN: **'Auf dem Stintfang'**, Alfred-Wegener-Weg 5, 040/313488. Liegt am Hafen in St. Pauli und ist die zentralste und größte (350 Betten). Toller Blick über den Hafen, ansonsten aber nicht sonderlich gemütlich, internationales Publikum. Vom Hauptbahnhof S1, S2 oder S3 bis Station Landungsbrücken. Schließzeit 1 h.

Jugendgästehaus 'Horner-Rennbahn', Rennbahnstr. 100, Tel. 65 11 671. Hat 272 Betten, liegt weiter draußen und ist ruhiger (auch ruhiger gelegen). U3 bis Horner Rennbahn. Schließzeit 1 h.

Kolpinghaus, Schmilinskystr. 78, Tel. 246609. Nicht weit vom Hbf. (Ausgang Kirchenallee, Querstraße der Langen Reihe), DZ ca. 60 DM.

PENSIONEN: starten ab ca. 30 DM pro Pers. aufwärts. Etliche Möglichkeiten in den Straßen südöstlich vom Hbf. (Ausgang Kirchenallee), z.B. Steindamm, jedoch teils in erbärmlichem Zustand. Laßt euch im Touristbüro beraten bzw. vermitteln.

CAMPING: **Camping Brünning** in Hamburg-Stellingen, Kronsaalsweg 68 (U2 oder U3 bis Schlump, dann Bus 182 bis BAB Stellingen). **Camping Buchholz**, Kieler Str. 374 (S 3 oder 21 bis Stellingen). **Camping Anders**, Kieler Str. 650 (S 11 oder 21 bis Holstenstraße und Bus 183).

Essen: wie in jeder Großstadt dort am billigsten, wo die ärmsten Leute wohnen - Studenten, Rentner und Ausländer - vor allem also *rund um die Uni*, in *Altona*, *Ottensen* und *St. Pauli*. Dort sind an jeder Straßenecke billige Lokale (oft ausländische) - um das richtige zu finden, hilft nur probieren.

UM DIE BAHNHÖFE: natürlich lockt Mc Donald's und Burger King, am besten gefallen hat uns aber **Ess und Treff** in der Nähe der Information am Vorplatz vom Hbf. Bei relativ niedrigen Preisen (Matjes mit Kartoffelsalat ca. 8 DM) kann man hier auch mal länger sitzen bleiben.

Tacos Amigo, mexikanischer Schnellimbiß im Dammtor-Bhf., Tacos in verschiedenen Variationen zwischen 4 und 9 DM, Zutaten angeblich ganz ohne Chemie (Dammtor 10, tägl. 10-24 h).

UNI-MENSEN: am billigsten und meist reichliche Portionen - **Uni-Mensa**, Schlüterstr. 7 (U-Bahn Hallerstraße), **Curio-Haus**, Rothenbaumchaussee (U-Bahn Hallerstraße), **Hochschule für Bildende Kunst**, Lerchenfeld (U-Bahn Mundsburg).

UNIVIERTEL: gegenüber vom Abaton-Kino (Salvador-Allende-Platz, **das** Programmkino in Hamburg) z.B. das türkische Restaurant **Arkadasch**, Grindelhofstr. 17, große Auswahl und preiswert (U-Bahn Hallerstraße).

ST. PAULI: zum Fischessen lohnend, an den Landungsbrücken findet ihr viele kleine **Fischrestaurants**.

Kneipen/Cafés: selbst "Eingeborene" blicken nicht mehr durch, es gibt zu viele! Am besten selber suchen und ausprobieren - in den unter 'Essen' aufgezählten Stadtteilen findet ihr für jeden Geschmack und Geldbeutel etwas.

UM DEN GROSSNEUMARKT (S 1, S 3 Stadthausbrücke): hier in der Neustadt ist die Kneipendichte am höchsten und die Chance, die richtige zu finden, am größten. Im Sommer läuft viel im Freien ab.

KAROLINENVIERTEL (U 2 Messehallen): neues 'In'-Viertel rund um die Marktstraße, zwischen Schlachthof und Heiligengeistfeld (St.Pauli). Second Hand, Yuppies, alternativ und Punk - von jedem etwas. Viele Kneipen und Cafés.

Café Klatsch, Glashüttenstraße 17, sehr appetitliches und reichliches Frühstück (ca. 9 DM, reicht in der Regel für zwei ausgehungerte Menschen), auch der Rest der Speisekarte mal was anderes und sehr lecker.

ALTER BOTANISCHER GARTEN: **Café Schöne Aussicht**, Eingang Gorch-Fock-Wall. Schön, schrill und sweet ist das Publikum - vom knappsten Mini über Reebook-Sportler bis zum fetten Filmproduzenten ist alles vertreten. 10 m langes Büffet, ab 5 DM pro Teller.

UNIVIERTEL: **Stradiwadi**, Rentzelstraße (U-Bahn Hallerstraße). Caféhaus mit ruhiger Hintergrundmusik, vielen Zeitungen und einer kleinen Bühne, die einige Tage in der Woche benützt wird. Schräg gegenüber die **Pumpe** - besonders im Sommer empfehlenswert, wenn man im Garten sitzen kann.

Hinkelstein, Kneipe an der Ecke Verbindungsbahn 10/Bundesstraße (S-Bahn Dammtor). Typische 'Szenekneipe', der Wirt sieht wirklich aus wie Obelix und ist meist in Hektik, weil die Gäste (zum großen Teil Studenten) schneller trinken, als er zapfen kann.

ELBE / HAFENBEREICH: **Café Elbterrassen**, Elbchaussee 139. Einst trafen sich hier Oma und Opa zum sonntäglichen Kaffeekränzchen, heute genießen Punker, Freaks und Alternative den Blick auf Elbe und Hafen. Westlich unterhalb davon weiteres lohnendes **Café**, Ähnlichkeiten mit einer Strandtaverne sind nicht zu übersehen - Sand vor der Terrasse, wacklige Holztische, einfache Speisen zu vernünftigen Preisen.

EPPENDORF: jede Menge Cafés, Läden und Lädchen, Galerien und Märkte. In der immer rappelvollen **Schramme**, Schrammsweg 10, trifft sich die bunte Welt der Jugend bei Jever und kostenlosen Erdnüssen. An der **Alten Mühle**, Eppendorfer Landstraße 176, ist ab 11 h früh immer was los.

WINTERHUDE: **Zum Single Joe**, Großheidestr. 32, Joe begrüßt alle Gäste mit Handschlag, auch wenn es noch so voll ist. Kommunikation ist Trumpf, Dartbahn, Musikbox (laut Musik-Express die beste in Norddeutschland).

Veranstaltungen/Musik/Treffs: das Angebot an Musikschuppen ist riesig. So mancher Musiker ist bereits nach Hamburg getingelt, um hier sein Glück zu versuchen. Im Sommer gibts regelmäßig Open-Air-Konzerte (Rock und Jazz) im *Stadtpark* (U3 bis Saarlandstraße).

Fabrik, Barnerstraße 36 (S-Bahn Altona). Ehemalige Munitionsfabrik, erstes und berühmtestes Kommunikationszentrum der BRD, nach einem Brand 1979 wiedereröffnet. Musik aller Richtungen, Vorträge, polit. Programme usw. - Veranstaltungskalender ansehen, nicht auf blauen Dunst hinfahren. Eintritt je nach Veranstaltung zwischen 5 und 20 DM.

Logo, Grindelallee 5, Nähe Uni (S-Bahn Dammtor). Guter Musikschuppen mit breitem Programm, anspruchsloser Einrichtung und zivilen Preisen.

Markthalle, Klosterwall 19, Nähe Hbf. (U-Bahn Steinstraße). Das weitgefächerte Programm reicht von Jazz bis Reggae, von Superstars bis Lokalmatadoren. Wenn keine Veranstaltung läuft, lohnt der Besuch nicht.

Werkstatt 3, Nernstweg 32 (S-Bahn Altona). Im alten Fabrikgebäude residieren unzählige Initiativen und Arbeitsgruppen, Schwerpunkt Dritte Welt und Alternativszene. Außer Veranstaltungen mit Film, Musik, Politik gibts eine kleine **Cafeteria**, die regelmäßig gute, bezahlbare und exotische Gerichte verkauft.

DISKOTHEKEN: **Große Freiheit**, Große Freiheit 36 (S-Bahn Reeperbahn). Neue Mammutdisko im Herzen von St. Pauli. Gute Kneipenatmosphäre, mehrere Bars, Videokino, mindestens jedes Wochenende Life-Musik u. m. Mi-Sa ab 21.30 h.

Stairway, Neuer Pferdemarkt 13 (Sternschanze). Disko mit Biergarten und Liegewiese, viel junges Publikum, auch Live-Auftritte.

Savoy, Mittelweg 141 (Pöseldorf), gemischtes Publikum, beliebt.

KINO: **Abaton**, Salvador-Allende-Platz, gutes Programmkino mit ausgesuchten Filmen (Abaton's Bistro liegt gleich nebenan).

> Termine für alle Veranstaltungen findet ihr am besten in den einschlägigen Zeitschriften **Oxmox**, **Szene**, **City** und **Tango**, die es an jedem Kiosk gibt.

Sehenswertes

Weniger Hochhäuser als vielmehr Kirchtürme und der Turm des Rathauses prägen die Skyline des Zentrums, dahinter ragen die Ladekräne des Ha-

fens. Das Wasserbecken der Binnenalster sorgt für die besondere Note, vom Jungfernstieg starten die Ausflugsschiffe zur großen Alsterrundfahrt, auf der Außenalster kreuzen die Segeljollen mitten in der Stadt.

City: gleich am Bahnhof beginnt die Fußgängerzone *Spitalerstraße*. Weiter gehts auf der *Mönckebergstraße* mit einem Kaufhaus neben dem anderen zum *Rathausmarkt*, dem Mittelpunkt der Altstadt. Das Rathaus im Renaissancestil ist ganz aus Sandstein und eins der schönsten Gebäude der Stadt. Gleich dahinter die mächtige Börse, eine der ältesten der Welt. Am Alten und Neuen Wall (Nähe Rathaus) ausgedehnte *Einkaufs-* und *Flanierpassagen* unter Glasdächern - der berühmte Hamburger Regen muß draußenbleiben, ansonsten trifft man hier Gott und die Welt. Zahlreiche Boutiquen, Cafés und Schnickschnack-Läden.
Von den Kirchen lohnt der 132 m hohe *'Michel'*, Turm der St. Michaelis-Kirche und Wahrzeichen der Stadt, den Aufstieg (Aufzug oder zu Fuß). Gleich östlich davon die *'Krameramtswohnungen'* in einer der letzten geschlossenen Hofbebauungen des 17. Jh., wo früher Witwen untergebracht waren. Heute dienen sie als Museum, Galerie und uriges Restaurant (zu erreichen durch Hofeingang in der Straße Krayenkamp).

Binnenhafen: nur ein paar Schritte vom Zentrum. Eine prächtig restaurierte Alt-Hamburger Hafenstraße ist die *Deichstraße* am Nikolaifleet (Binnenhafen). Der geschlossene Komplex historischer Bürger- und Kaufmannshäuser des 17. und 18. Jh. beherbergt heute teure Restaurants und Bierlokale mit althamburgischer Atmosphäre und hanseatischer Küche. Gleich benachbart, über den Zollkanal rüber, die berühmte *Speicherstadt*. Das Ensemble von turmhohen Lagerhäusern aus halbmeterdicken Backsteinmauern steht auf Tausenden von massiven Eichenpfählen mitten im Wasser und ist einmalig in Europa. Sie wurden Ende des letzten Jahrhunderts errichtet und dienen nach wie vor in großem Maßstab der Lagerhaltung, u. a. für Millionen Tonnen Kaffee (neuerdings gibt es sehr umstrittene Pläne des Senats, Luxuswohnungen einzurichten).

Hafenviertel/St. Pauli: die Reeperbahn von St. Pauli ist weltbekannt, besteht aber beileibe nicht nur aus zweifelhaften bzw. eindeutigen Etablissements. Und auch tagsüber lohnt ein Abstecher nach St. Pauli - an den Landungsbrücken gibts viele Fischlokale und Schiffsausstatter, sonntagmorgens findet der berühmte Fischmarkt statt (siehe unter Märkte). An der *Hafenstraße* außerdem eine sehr spezielle 'Sehenswürdigkeit' - die seit Jahren besetzten Häuser liefern immer wieder neue Schlagzeilen für die Medien.
Ab St. Pauli Landungsbrücken könnt ihr *Hafenrundfahrten* machen, am Sonntag treffen sich hier alle Hamburg-Touristen. Für ca. 12-15 DM wird man eine std. lang durch das Labyrinth der Hafenanlagen geschleust. In den kleineren Booten interessanter, ihr fahrt auch in die alten Nebenkanäle hinein, die sog. *Fleete*, die lange Strecken der Innenstadt durchziehen.

Blankenese: wo früher die reichen Hanseaten ihre Wohnungen bauten, flaniert heute die Bourgeoisie mit Kinderwagen und Schäferhund. Wie Puppenhäuser kleben die Villen am Hang über der Elbe - prächtige Gärten, große Terrassen oder Fachwerkhäuser mit Reetdach. Man kann stundenlang wandern und staunen. Insgesamt stehen 58 öffentliche Treppen zur Verfügung (über 8000 m!).

Pöseldorf: Schnöseldorf und Schickeria-Viertel westlich der Außenalster (U-Bahn Hallerstraße). Enge Gäßchen mit sündhaft teuren Boutiquen, Diskos, Galerien und Antiquitätenläden. Schön zum Spazierengehen das benachbarte Alstervorland.

MUSEEN: **Kunsthalle**, Glockengießerwall, gleich beim Bhf. Für jeden etwas - Modernes, Abstraktes, Biederes, Konservatives, Progressives, Fresken, Modelle und Gemälde - der eine bleibt 20 min., der andere einen halben Tag (Di-So 10-17 h, Mo geschl.,

ca. 6 DM, Stud. 3 DM).
Museum für Hamburgische Geschichte, Holstenwall 24 (U 3 bis St. Pauli). Wer wissen will, was es mit 'Hummel, Hummel - mors, mors' auf sich hat, sollte mal vorbeischauen. Aber damit nicht genug - Fotodokumente aus dem 2. Weltkrieg, Schiffsmodelle, Möbel, Urkunden usw. (Di-So 10-17 h, Mo geschl., ca. 3 DM, Stud. 1,50 DM).
Planetarium, Wasserturm im Stadtpark, Hindenburgstr. (U 3 bis Borgweg). Die Welt der Sterne in der größten Kuppel Europas und der größte Mondglobus der Welt (Vorführungen So 11, 14.30, 16, Mi u. Fr 16, 18 h).

MÄRKTE: **Fischmarkt**, jeden Sonntagmorgen zwischen 5 und 9 h auf der Hafenstraße (U-/S-Bahn Landungsbrücken). Eine der größten Attraktionen der Stadt! Alles mögliche wird hier verschachert, nicht nur Fisch.
Schöner **Wochenmarkt** an der Isestraße, Di u. Fr-Vormittag (U 3 bis Eppendorfer Baum). Auch lohnend, um die schönen klassizistischen Häuser der Isestraße zu bewundern.

PARKS: **Planten und Blomen**, auf keinen Fall auslassen, eine der schönsten Parkanlagen Deutschlands, weil wunderbar abwechslungsreich. **Große Wallanlagen** mit Rollschuhbahn (U 2 bis Messehallen). Der riesige **Stadtpark** (180 ha) liegt nördlich der Außenalster (U 3 bis Saarlandstraße). Vor allem der westliche Teil ist schön, im Sommer regelmäßig Popkonzerte.

ZOOLOGISCHER GARTEN: **Hagenbecks Tiergarten** im Vorort Stelingen (U 2 Richtung Niendorf-Markt) kostet ca. 12 DM, ist aber den Preis wert - in der riesigen, parkähnlichen Anlage stehen die Gehege z.T. raffiniert verteilt. Elefanten, die Geld nehmen, Elefanten-Reiten, Delphin-Show und ähnliche Attraktionen werden geboten.

SCHWIMMEN: **Alsterschwimmhalle**, schönes Hallenbad, für 3 DM unbegrenzt lange schwimmen und duschen, Sechslingspforte (U 1 bis Lohmühlenstraße).

AUSSICHT: kostenlos gute Aussicht bietet der 13. oder 14. Stock des **'Philosophenturms'** der Universität am Von-Melle-Park.

Lübeck

Etwa 40 min. von Hamburg, sozusagen das Eingangstor zur Ostsee - kein Wunder, daß Lübeck im Mittelalter die bedeutendste der deutschen Handelsstädte war! Obwohl im Weltkrieg große Teile zerstört wurden, ist die ganz von Wasser umgebene Altstadt erstaunlich gut erhalten und restauriert, eines der besten Beispiele der norddeutschen Backsteingotik (wegen des fehlenden Sandsteins hat man hier überall mit Ton gebaut). 1987 wurde sie von der UNESCO zum besonders erhaltenswerten 'Welt-Kulturgut' ernannt.
Vom eingemeindeten Travemünde gehen Fähren nach Schweden und Finnland.

VERBINDUNGEN / BAHNHOF: der Hbf. ist das Beispiel einer gelungenen Restauration. Schließfächer, Verbindungen nach Hamburg 1-2 x stündl., in die City ca. 10 min. zu Fuß.

INFORMATION: im Hauptbahnhof und Am Markt 1, Stadtplan, Zimmervermittlung.

ÜBERNACHTEN: Jugendherberge **Folke-Bernadotte-Heim**, Am Gertrudenkirchhof 4, Tel. 0451/33433. Zu erreichen mit Bus 1, 3 oder 12 ab Busstation beim Bahnhof, ca. 10 DM, nur Mitglieder. Das zentral gelegene **CVJM-Heim**, Große Petersgrube 11, Tel. 78982, bietet geringfügig teurere Betten im Schlafsaal, auch Kochgelegenheit.
Einige Hotels in der Preisklasse 65-75 DM fürs DZ, z.B. **Hotel Schönwald**, Chasotstr. 25, Tel. 64169 und **Pension Koglin**, Kottwitzstr. 39, Tel. 622432, beide nah beieinander, aber außerhalb der Altstadt.
Camping und weitere JH siehe Travemünde, ca. 20 min. mit dem Zug.

ESSEN: empfehlenswert das **Tipasa**, Schlumacher Str. 14, Kneipe und Speiselokal in einem. Buntes Publikum, irre voll, preiswert und sehr gutes Essen.
Selbstgemachte Salate, Kuchen, Croques etc. im **Café und Buch**, Große Alte Fähre 4, angeschlossen ein winziger Buchladen.
Für Lübecker Marzipan (incl. Kaffeetrinken) nur eine Adresse - **Niederegger** in der Breiten Straße 89 (Fußgängerzone gegenüber Rathaustreppe).
Schiffergesellschaft, Breite Str. 2, zum Essen zu teuer, aber mal reinschauen - ehemaliges Gildehaus aus dem 16. Jh., Restaurant mit superreicher Ausstattung, die aus der ganzen Welt zusammengetragen worden ist.

KNEIPEN / TREFFS: findet ihr in der Innenstadt an jeder Ecke, die meisten im gemütlichen Plüsch- und Sperrmüllstil. Besonders ergiebig ist die Engelsgrube (zu erreichen vom Markt nach links die Breite Straße entlang).
Zum Alten Zolln, Mühlenstraße 93/95, die Szenenkneipe von Lübeck - meist reicht der Platz nicht und die Hälfte der Gäste hält sich im Vorgarten oder auf dem Fußweg auf.
Diverse Veranstaltungen gibts im **Zentrum** in der Mengstraße - Musik, Film, Theater, Lesungen, Ausstellungen etc.

DISKOS: **Zillo**, Untertrave 63, gibts erst seit 87, Rock, Funk und Wave (So, Mo geschl.), Preise mäßig. Die Szene der 17-jährigen Lacoste-Träger trifft sich im **Hüx**, Hüxterdamm.

JAZZ: **Dr. Jazz**, Untertrave 1, alteingeführter Jazzclub, Di u. So geschl.

Sehenswertes: die Altstadt als Ganzes. Schaut euch die teilweise wunderschön erhaltenen, mittelalterlichen (Giebel-) Häuser, Hinterhöfe und Wohngänge an.

Vom Bahnhof geradeaus kommt ihr durchs berühmte *Holstentor* (50 DM-Schein!) geradeaus in die Altstadt. Interessant ist das Museum im Holstentor - Stadtgeschichte, Stadt- und Schiffsmodelle, Folterkammer. Im Hafen am Holstentor ist das *Feuerschiff Fehmarnbelt* zu besichtigen (Mai-Okt.). Geradeaus gehts direkt zum Markt mit dem *Rathaus*, eins der großartigsten in ganz Deutschland. Benachbart die große *Marienkirche* - gilt als größte Backsteinkirche der Welt, mußte aber im letzten Krieg fast dran glauben. In 12-jähriger Arbeit wurde sie mühevoll restauriert, aber viele Kunstwerke sind unwiederbringlich zerstört. In der Bombennacht vom 29. März 1942 fielen auch die Glocken vom Südturm herunter - ihre Reste liegen als Mahnmal noch heute dort, wo sie läutend aufschlugen. Vom Marktplatz seid ihr mit ein paar Schritten in der Mengstraße. Nr. 4 ist das *Buddenbrookhaus* - es gehörte 1841-91 der Familie von Thomas Mann und ist durch seinen Roman weltberühmt geworden! Und wenn ihr Lübeck mal von oben sehen wollt (lohnt sich!) - zwischen Holstentor und Markt steht der Turm der *Petrikirche*, die nach einem Brand nicht wieder aufgebaut wurde. Mit einem Aufzug könnt ihr auf die Plattform hinauffahren.

Für einen Bummel bieten sich die *Obertrave* (nach dem Holstentor rechts) und die abzweigenden "Gruben" an - vor der Dankwartsgrube kommt ihr über eine hölzerne Brücke zum sog. *Malerwinkel*, wo bei schönem Wetter fast immer jemand sitzt und die Stadtsilhouette verewigt.

SCHIFFSRUNDFAHRTEN: tägl. ab Hafen am Holstentor in die Gewässer um Lübeck. Besonders hübsch die Fahrt ab Moltkebrücke zum **Ratzeburger See** (mehrmals tägl., ca. 12 DM).

STIFTSHÖFE: diese beschaulich-malerischen Wohnanlagen wurden von Lübecker Kaufleuten für bedürftige Witwen errichtet. Die schönsten im Osten der Altstadt - **Füchtingshof**, **Haasenhof** u.a.

MARKT: mehrere rund um die Altstadt, u.a. auf dem Marktplatz.

MUSEEN: **Museum für Puppentheater**, Kleine Petersgrube 4-6. Drei historische Häuser mit Exponaten aus drei Kontinenten (Di-So 9.30-18.30 h, Mo geschl., ca. 3 DM).

Heiligen-Geist-Hospital, Königstr. 9 (nördlich der Jacobikirche), Hospital und Altersheim aus dem 13. Jh., bis vor kurzem noch benutzt, schöne Wandmalereien (Di-So 10-17 h, Mo geschl., frei).

St. Annen-Museum, St. Annen-Str., in einem ehemaligen Augustiner-Kloster, das an sich schon sehenswert ist. Hauptsächlich mittelalterliche Kirchenkunst (aus den Lübecker Kirchen), aber auch gutbürgerliches Mobiliar aus dem 19. Jh., sogar eine ganze Barockdiele und etliches mehr (Di-So 10-16 h, Mo geschl., ca. 3 DM So frei).

Travemünde: wichtiger Fährhafen nach Südschweden und Finnland, außerdem beliebtes und überlaufenes Seebad.

VERBINDUNGEN / BAHNHOF: Verbindungen von und nach Lübeck von 6-21 h stündl., Fahrtdauer ca. 20 min. Es gibt drei Bahnhöfe:

Tra.-Skandinavienkai, direkt am Fährhafen, Verbindungen nach Süddänemark, Südschweden, Polen, Finnland, Bornholm.

Tra.-Hafen, in der Innenstadt. Hier müßt ihr aussteigen, wenn ihr zur Jugendherberge und zu den Campingplätzen wollt.

Tra.-Strand, am Strand, Brodtener Ufer.

ÜBERNACHTEN: **Jugendherberge** an der Mecklenburger Landstr. 69, Tel. 04502/ 2576. Ihr müßt mit einer kleinen Fähre über die Trave auf die Halbinsel Priwall und dann etwa 1,5 km laufen.

In der Nähe der JH auch einige überfüllte und teure **Campingplätze** (ca. 10 DM pro Pers.).

STRÄNDE / BADEN: an der **Promenade** rappelvoll, zahllose Strandkörbe und recht dreckig. **Priwall**, FKK und hochgeschlossen, weniger voll. Diese beiden Strände kosten etwas und die Strandkarten werden kontrolliert. Am **Brodtener Ufer** (Fortsetzung des Kurstrandes), könnt ihr umsonst baden, außerdem darf man dort ohne Zelt übernachten. Achtung Naturschutzgebiet, kein Feuer machen!

FÄHREN AB TRAVEMÜNDE

Von und nach Trelleborg (Südschweden): die Schiffe der **TT-Line** fahren ganzjährig 2-3 x tägl. nach Südschweden, Dauer tagsüber ca. 7 1/2 std., nachts teilweise etwas länger, ca. 86 DM (Deckspassage), Interrailer und Inhaber der Nord-Turist-Karte bekommen 50 % auf die Deckspassage. Reservierungen unter 040/3601442-446.

Von und nach Helsinki: der Luxusdampfer **Finnjet** der **Silja-Line** fährt in der Hochsaison 2-3 x wöch. in knapp 24 std. über die Ostsee. Hochsaisonpreise pro Pers.: Liegesessel 230 DM, 4-Pers.-Kab. 310 DM, 2-Pers.-Kab. 405 DM. Ein ganzes Stück günstiger sind die Nebensaisonpreise, außerdem die sog. 'Tages-' oder 'Rundreisen', die die meisten Linien in Travemünde anbieten. Interrailer und Inhaber einer ISIC- bzw. YIEE-Karte erhalten z.Z. 10 % Ermäßigung, wenn man frühestens eine Woche vor Abfahrt bucht. Reservierungen unter Tel. 0451/58990. Weitere Details siehe **Interrail Bd. 3, Europa Mitte/Nord**.

Hamburg - Friedrichshafen - Husum - Niebüll - Sylt - (Dänemark) A-Kb. 20020

Bahnlinie nach Sylt und Dänemark - um letzteres zu erreichen, müßt ihr allerdings in Niebüll in den Bahnbus umsteigen, der euch 25 km bis *Tonder* kurz nach der Grenze fährt, wo ihr Anschluß ans dänische Bahnnetz habt.

Friedrichstadt: 'Klein Amsterdam' an der Eider - im ganzen Stadtgebiet hübsche Grachten mit vielen Brücken, teilweise noch aus Holz. Außerdem viele malerische Giebelhäuser und Kopfsteinpflastergassen.

ÜBERNACHTEN: **Jugendherberge**, Ostdeutsche Str. 1, Tel. 04881/7984.

Husum: nettes Hafenstädtchen, Geburtsort von Theodor Storm - er hat es zum Schauplatz vieler seiner Erzählungen gemacht. Sein Wohnhaus in der Wasserreihe 31 ist heute zum Museum umgebaut (Di-Fr 10-12, 15-17, Sa 15-17 h). Auf dem hübschen Marktplatz trifft man sich am Tine-Brunnen.

INFORMATION: im Rathaus, Großstraße 25.

ÜBERNACHTEN: **Jugendherberge Theodor Storm**, Schobüller Str. 34, Tel. 04841/714.

LESERTIP: "in Husum kann man gut an der Strandpromenade pennen. Polizei sagt nicht immer etwas" (Kai Stietenroth, Goslar).

Sylt: besuchen Sie Sylt, so lange es noch steht. Die bekannteste der nordfriesischen Inseln, im Sommer traditioneller Ferienplatz deutscher Familien und fest in der Hand der internationalen High Snobiety, hat schwere Probleme - im Winter spülen die orkanartigen Nordseestürme die schönen Sandstrände weg - die Insel wird ständig kleiner! Mit Bepflanzung der Dünen versucht man, das Schlimmste zu verhindern.

Landschaftlich ist die Insel reizvoll - es gibt ausgedehnte Dünenstrände, aber auch weite Wiesen, Heideflächen und kleine Wäldchen. Hübsch sind die typischen friesischen Häuschen mit ihren tiefgezogenen Reetdächern. *Westerland* ist Hauptort und Endstation der Bahnlinie - ihr könnt aber auch schon in *Morsum* oder in dem stilvollen Örtchen *Keitum* aussteigen (an der dem Festland zugewandten Wattseite von Sylt). Von Morsum schöne Wanderung zum zernagten jahrmillionenalten Morsum-Kliff. Fahrräder könnt ihr in allen Orten der Insel mieten.

VERBINDUNGEN: an der Hauptlinie Hamburg - Husum - Esbjerg umsteigen in **Niebühl**. Von Niebühl könnt ihr über den 11 km langen Hindenburgdamm direkt in den Hauptort Westerland rollen. Es fahren aber auch viele Fernzüge direkt nach Westerland, außerdem Direktzüge ab Hamburg.
Von Westerland gehen **Busse** in alle Badeorte.

ÜBERNACHTEN: Zimmervermittlung in Westerland am Bhf. Jugendherbergen in **Hörnum**, Friesenplatz 2, Tel. 04653/294 (am äußersten Südzipfel der Insel) und **List**, Jugendherberge Mövenberg, Tel. 04652/ 397 (in beiden Vorbestellung im Sommer dringend erforderlich).
Campingplätze in **Westerland**, **Tinnum**, **Wennigstedt**, **Kampen**, **Rantum** und **Hörnum**.

Lohnender, da weniger überlaufen, sind die Nachbarinseln *Amrum* und *Föhr* - sind aber nur mehrmals tägl. per Fähre ab Dagebüll zu erreichen (nach Dagebüll ab Niebüll mit Privatbahn, Interrail gilt nicht).

Husum - Tönning - St. Peter Ording

Nebenlinie nach St. Peter Ording, beliebter Strandsegler- und Surfertreff.

St. Peter Ording: herrlicher, kilometerlanger Sandstrand und eigentlich gleich mehrere kleine Badeorte, die auf einer Länge von ca. 7 km ineinander übergehen. Nur durch einen Priel vom Festland getrennt, eine lange Sandbank, auf die ihr über einen Holzsteg von St. Peter Bad aus hinüberlaufen könnt - ein wahres Eldorado für Strandsegler!
Ansonsten schöne Spaziermöglichkeiten zu den Leuchttürmen der Umgebung, mehrere hundert ha Wald liegen unmittelbar hinter der Küste - ein Phänomen für die deutsche Nordsee.

ÜBERNACHTEN: entweder bereits in **St. Peter Süd** aussteigen (vorletzte Station), von dort noch ca. 2-3 km zu Fuß bis zu mehreren Campingplätzen. Oder bis **St. Peter Bad** weiterfahren und zu den Campingplätzen in Ording, bei der Anfahrt zum Ordinger Strand laufen (2 km).

Bremen

Steht völlig zu Unrecht im Schatten der benachbarten Hansestadt Hamburg. Dabei ist die Stadt wirklich schön - Deutschlands kleinstädtischste Großstadt! Die Erklärung dafür liefert die Geographie: Bremen ist an der Weser entlang erbaut, Luftlinie über 40 km lang, aber nur 13 km breit. Darum gibt es neben der eigentlichen City zahlreiche Subzentren, die eher dörflichen Charakter haben, wie z.B. Blumenthal und Vegesack.
Im Zentrum liegt alles Interessante dicht beieinander, ihr könnt das meiste zu Fuß abklappern. Wer will, kann vom Hauptbahnhof sogar direkt ins Grüne wandern und käme bis nach Hamburg, ohne vorher ein einziges Wohnhaus zu passieren!

VERBINDUNGEN / BAHNHOF: direkt im Stadtzentrum. Gepäckaufbewahrung rund um die Uhr geöffnet, Schließfächer. Vor dem Bahnhof Fahrradverleih.

INFORMATION: Verkehrsverein, direkt gegenüber vom Haupteingang des Bahnhofs.

ÜBERNACHTEN: gute **Jugendherberge** am Weserufer, Kalkstraße 6, Tel. 0421/ 171369. 15 min. zu Fuß vom Bahnhof und 5 min. von der City (Tram 6 bis Brill). Zweite **Jugendherberge** weit ab vom Schuß (nur Radwanderern zu empfehlen) in Bremen-Blumenthal, Bgm-Dehnkamp-Str. 22, Tel. 601005. Am besten mit der Bundesbahn zu erreichen.
Preiswerte Hotels gibt es wenige, meist liegen sie auch weit entfernt. Stadtnah ist noch das **Hotel Heinisch**, Wachmannstr. 26, Tel. 342925 (DZ ca. 80 DM).
Ausgezeichneter **Camping Freie Hansestadt Bremen** in Uni-Nähe am Stadtrand, Am Stadtwaldsee 1. Tram 5 bis Kulenkampfallee, umsteigen in Bus 22 oder 23. Gleich in der Nähe der beliebte, aber dreckige Uni-See, in dem gebadet werden kann (auch FKK).

ESSEN: In der Innenstadt einige preiswerte Möglichkeiten, gleich am Bahnhofsplatz z.B. das sehr gute italienische Restaurant **Peppone**, Herdentorsteinweg 7 a oder der Stehimbiß **Bratwurstglöckle** neben dem Rathaus. Bester 'Grieche' ist vielleicht das **Rhodos**, Kirchbachstr. 150 (Tram 1 bis Konrad-Adenauer-Allee). Etwas exklusiver, aber nicht teurer für 15 DM der Mixedgrill im **Belgrad**, Schnoor 13.

KNEIPEN / TREFFS: Szenen-Treff ist das 'Ostertorviertel' (vom Bhf. Tram 10 bis Sielwall) mit vielen verwinkelten Gassen, in denen man nach guten Kneipen und Diskos allerdings etwas suchen muß. Zu empfehlen hier **Piano**, Fehrfeld 64 und **Zum halben Mond**, Sielwall 73 als ruhige Treffs mit netter Atmosphäre. Eine gemütlich-urige Bierkneipe ist der **Pferdestall**, Sielwall 9.
Etwas lauter die Kneipen-Anlage **Auf den Höfen** mit verschiedenster Live-Musik, Disko, Ateliers und Lokalen, Musik-Freaks kommen besonders am Wochenende auf ihre Kosten. Einer der beliebtesten Treffs der Hansestadt.
Im Sommer sitzen auch die Bremer gern im Biergarten. Die beliebtesten sind **Waldbühne** im Stadtwald (schaut mal in die vom Biergarten umgebene alte Holzvilla hinein!) und der **Leierkasten** im Pargentoner Heimweg (Bus 25 bis Friedrich-Karl-Str.).
Desweiteren gibt es noch das citynahe **Wall-Café**, Am Wall 64, das allerdings von seinem Image als Szenetreff einiges eingebüßt hat. Dennoch insbesondere eifrigen Zeitungslesern für eine Tasse Kaffee empfohlen. Gutes Frühstück (bis 15 h!) im **Café Ambiente** am Osterdeich 69 a - schöner Blick auf die Weser.
Originell, aber nicht ganz billig ist die **Welle**, ein Kneipenschiff auf der Weser, nah der JH.

> TIP - Wer wissen will, was in Bremen gerade läuft, kaufe sich das **Kursbuch** (2 DM) oder das **Bremer Blatt** (3 DM).

Sehenswertes: direkt rechts vom Bahnhof (wenn man rauskommt) das modernisierte *Überseemuseum* mit einer großen und gut aufgemachten völkerkundlichen Sammlung - interessanter Finblick in die Lebensgewohnheiten fremder Völker (Di-So 10-18 h). Stadtzentrum ist der mittelalterliche *Marktplatz*, der von *Dom*, Parlamentsgebäude (Bürgerschaft), dem prachtvollen Rathaus und einigen alten Bürgerhäusern eingerahmt wird. In seiner Mitte steht der *Roland*, Denkmal für die nun schon tausendjährige Stadt- und Marktfreiheit Bremens.

Leider ist der gute, mit seinen 5,55 m stattliche Mann schwer krank - wie in den meisten deutschen Städten hat auch hier der saure Regen ein prominentes Opfer gefunden! So mußte 1985 trotz öffentlicher Proteste Rolands Kopf durch eine Kopie ersetzt und das Original ins Museum gebracht werden.

Sensationell im Dom - der *Bleikeller*, eine Krypta, in der vom 16-18 Jh. Leichen bestattet wurden, die sich rätselhafterweise (es soll an der Luft liegen) vollständig als Mumien erhalten haben. Anders als bei den ägyptischen Mumien sind noch viele Einzelheiten zu erkennen, sogar die Form der Fingernägel und die Falten der Kleidung (im Sommerhalbjahr zu besichtigen , Mo-Fr 9-12, 13-17, Sa 9-12h, 2,50 DM). Das von 1405-1616 erbaute *Rathaus* gilt nicht umsonst als eines der schönsten in Deutschland, die vielen Verzierungen an seiner Front sind wirklich sehenswert (kostenlose Führungen tägl. 11 und 12 h). An seiner Westseite übrigens ganz klein und unscheinbar die *Bremer Stadtmusikanten*. Auf der anderen Seite des Marktplatzes beginnt die *Böttcherstraße*, ein architektonisches Meisterwerk aus den Anfangsjahrzehnten unseres Jahrhunderts mit Museen, Theatern, Glockenspiel (12, 15 und 18 h) und Kunsthandwerksläden. Ein paar hundert Meter weseraufwärts liegt das Altstadtviertel *Schnoor* mit hübschen kleinen Häusern, vielen Kneipen, Restaurants und auch wieder Kunsthandwerksläden.

MUSEEN: wirklich gute Informationen über Bremen und seine Geschichte im **Focke-Museum**, Schwachhauser-Heer-Str. 240 (vom Bhf. Bus 30-34 bis Scharnhorststr.).

HAFENRUNDFAHRTEN: lohnen in Bremen weniger als in Hamburg, ein Spaziergang an der **Weserpromenade** oder im **Bürgerpark** kann wesentlich reizvoller sein.

BADEN: im Uni-See oder in einem der zahlreichen Freibäder - empfehlenswert das **Schloßparkbad** mit seiner Wasserrutsche.

Bremen/Umgebung: 30 km nordöstlich liegt *Worpswede* im ehemaligen Teufelsmoor, tausende Male gemalt und seit über 100 Jahren ein bekanntes Künstlerdorf, auch heute voller Galerien, Ateliers, Kunsthandwerks- und Handarbeitsläden.

VERBINDUNGEN: mit der Bahn bis **Osterholz-Scharmbeck**, das letzte Stück mit dem Bus.

ÜBERNACHTEN: **Jugendherberge** im Hammeweg 2, Tel. 04792/1360, etwa 9 DM.

LÜNEBURGER HEIDE

Eine der schönsten und eigenartigsten Landschaften der Bundesrepublik. Kilometerweit karge, violettfarbene Heideflächen, nur hier und dort Baumgruppen, Birken und windzerzauste Wacholderbüsche. Dazwischen Wälder, große Moorflächen und viel Einsamkeit.

Ihr könnt hier stundenlang wandern oder, vielleicht noch besser, radfahren (Fahrradverleih an den meisten Bahnhöfen). Am schönsten im August - dann blüht die ganze Heide! Die massenweise Wochenendurlauber aus Hamburg zerstören jedoch zeitweise die Idylle gründlich. Kreuz und quer sind breite Trassen angelegt, über die die Ausflügler (meist busweise) zehnspurig hinwegstampfen. Überall werden große Parkplätze angelegt, die die Luft über weite Strecken verpesten, kitschige Touristenattraktionen allenthalben.

Über ein Drittel (!) der ach so romantischen Heide dient zudem heute als Panzerübungsplatz - hier haben sich unsere Verteidiger niedergelassen. Zerstörte Landschaften und Bodenerosion sind die Folge.

Die Heide ist eigentlich eine typische **Kulturlandschaft** und war ursprünglich völlig mit dichtem Wald bedeckt. Durch rigoroses Abholzen und intensive Beweidung verhinderte man über Jahrhunderte die erneute Ausbreitung. Seit aber die **'Heidschnucken'** immer mehr aussterben (heute nur noch knapp 12.000), ist der Wald wieder stark im Vormarsch. Heidschnucken werden als schwarze Lämmlein geboren, ihre derbe helle Wolle kommt erst viel später zum Vorschein. Ihre besondere Spezialität ist das Abfressen von Baumsämlingen und wild wuchernden Trieben...

Hamburg - Buchholz - Schneverdingen - Soltau - Hannover

Nebenlinie ab Hamburg quer durch die Heide. In Schneverdingen, einem typischen Ort in weiter Heidelandschaft, aussteigen und losradeln (Fahrradverleih am Bahnhof). In der Nähe (um Wilsede) liegt der große *Naturschutzpark Lüneburger Heide*.
Oder wandern - eine Möglichkeit ist Schneverdingen auf der Straße nach Heber verlassen, beim 'Schäferhof' rechts in die Heide zum Pietzmoor.

Hamburg - Lüneburg - Celle - Hannover

Hauptverbindung zwischen Hamburg und Hannover.

Lüneburg: Verwaltungs- und Behördenstadt am Fluß Ilmenau, früher wichtige Hansesiedlung, die nahegelegenen Salinen haben seit tausend Jahren den Grund für den Wohlstand gelegt. Da im Weltkrieg keine Bomben auf Lüneburg fielen, sind der alte Stadtkern und die prächtigen Backsteinbauten des Großbürgertums größtenteils erhalten. Das Rathaus mit seiner Barockfassade, die gotische St. Nicolai-Kirche und die fünfschiffige Hallenkirche St. Johannis gehören zu den bedeutendsten Sehenswürdigkeiten.

INFORMATION: im Rathaus.

ÜBERNACHTEN: **Jugendherberge** in der Soltauerstr. 133, Tel. 04131/41864, Busverbindung. **Camping Rote Schleuse** 4 km südlich vom Zentrum an der Ilmenau (Busverbindung).

ESSEN / TREFFS: das Kneipenviertel von Lüneburg liegt um den **Stintmarkt**.

Celle: wahres Eldorado für Fachwerkfans - in den engen Gassen der perfekt restaurierten und nie zerstörten (!) Altstadt reiht sich ein buntes Fachwerkhaus an das andere! Obwohl sie aus sechs verschiedenen Jahrhunderten stammen, zeigen die Giebel ein völlig einheitliches Panorama und beeinträchtigen sich stilistisch in keinster Weise - fast alle sind mit geschnitzten Friesen, Bändern und vergoldeten Inschriften reich verziert.
Quadratisch wuchtig am Rand der Altstadt das fürstliche *Residenzschloß* (mehrmals tägl. Besichtigung mit Führung), besonders prachtvoll die ausgemalte Schloßkapelle (von einem Schüler Tintorettos). Das *Bomann-Museum* gegenüber ist das größte Heimatmuseum der BRD. Sehr reichhaltige Ausstellung über Kultur- und Arbeitswelt der Heide (Mo-Sa 10-17, So 10-13 h, ca. 1 DM).

INFORMATION: Schloßplatz 6 a.

ÜBERNACHTEN: **Jugendherberge** in Celle-Klein Hehlen, Weghausstraße 2, Tel. 05141/53208. Busverbindung ab Bahnhof. **Camping Silbersee** in Celle Vorwerk, schöner Platz im Wald, einige Kilometer außerhalb Richtung Uelzen, Busverbindung.

Vogelpark Walsrode: lohnt sich, Vögel aus aller Herren Länder, man wird mit Vogelnamen, -farben und -stimmen geradezu überflutet. Im Sommer allerdings absolut überfüllt (Mitte März bis Anfang Nov. tägl. 9-19, ca. 10 DM).

HANNOVER

Moderne Industrie- und Verwaltungsstadt (Sitz der niedersächs. Landesregierung), im 2. Weltkrieg stark zerstört. Im März und April große Messen.

Gehört nicht gerade zu den ältesten und bedeutendsten Städten der Bundesrepublik Deutschland, einen kurzen Aufenthalt kann man sich aber ganz angenehm gestalten. Altstadt, Museen und der größte künstliche Binnensee der Republik, der Maschsee, sind vom Hbf. bequem zu Fuß zu erreichen.

Wer ein paar Stunden Zeit hat, kann dem *'Roten Faden'* quer durch die Innenstadt folgen (Erklärung in mehreren Sprachen im Verkehrsbüro vor dem Bhf.).

VERBINDUNGEN / BAHNHOF: Hauptbahnhof zentral in der City, Schließfächer, Gepäckaufbewahrung, bequemer geheizter Wartesaal.

INFORMATION: Ernst-August-Platz 8, gegenüber vom Hbf., Zimmervermittlung.

ÜBERNACHTEN: **Jugendherberge**, Ferdinand-Wilhelm-Fricke-Weg 1, Tel. 0511/322941. Nähe Stadion, Bus 24 bis Sporthalle, Abfahrt am Café Mövenpick-Kröpcke, 200 m vom Hbf. (oder U-Bahn 3 oder 7 bis Fischerhof). Etwa 12 DM.

Naturfreundehaus, Hermann-Bahlsen-Allee 8, Tel. 0511/691493. U-Bahn 3 oder 7 bis Spannhagenstr. und 10 min. zu Fuß. Etwa 10 DM.

Hotels teuer, während der Messen unverschämt teuer. Nette Pension ist **Hotel/Pension Knuth**, Marienstr. 7, Citynähe, Tel. 17577 (U-Bahn 8 Richtung Messe bis Aegidientorplatz).

ESSEN: **Bella Italia**, Lemförder Str. 11, Nähe Sprengelmuseum, mittelgroße Pizza für 9 DM und **Sawaddi**, Königstr. 7 (Nähe Hbf., Nordeingang), Thai-Restaurant, Mittagsmenü für ca. 11 DM.

Labor, ehemalige Mensa der Uni, Callinstr. 23, am Schneiderberg (U 2 Richtung Stöcken), gute Küche und Kneipe.

Herzog Ferdinand, Alte Herrenhäuser Str. 24, Nähe Herrenhäuser Gärten (U 2 Richtung Stöcken), bester Biergarten am Ort, auch gute Küche, ab 16 h.

Hannover - Göttingen - Fulda - Würzburg

Wichtige Nord-Süd-Verbindung der DB. Nach den ultramodernen TGV-Zügen in Frankreich bereitet nun auch die Bundesbahn den Schnellverkehr vor - südlich von Hannover wird die Strecke nach Göttingen und Würzburg völlig neu ausgebaut. Geplant ist eine so weit wie möglich begradigte Linienführung mit vielen Tunnels und Brücken, die nicht jeder Geländeunebenheit ausweichen muß, Zeitersparnis gut 1 1/2 std. In ein paar Jahren werdet ihr beim schönen alten Städtchen *Gemünden* im Maintal über die längste Spannbetonbrücke der Welt fahren können.

Hameln: weltberühmte Stadt des Rattenfängers, schöne Fachwerk- und Renaissancebauten, aber sehr touristisch. Jeden Sonntag von Mitte Mai bis Mitte Sept. wird am Markt ein kostümiertes *Rattenfängerspiel* aufgeführt.

VERBINDUNGEN: Bahnlinie ab Elze an der Strecke Hannover-Göttingen.

INFORMATION: Deisterallee.

ÜBERNACHTEN: **Jugendherberge**, Fischbeckerstr. 33, Tel. 05151/3425. 30 min. vom Bhf., direkt an der Weser.

Camping Zum Fährhaus auf der anderen Seite vom Fluß.

Harz

Sagenumwobener Mittelgebirgsstock mit zahllosen kleinen Seen, idealen Wandermöglichkeiten und dunklen Nadelwäldern, denen man kaum ansieht, daß weite Teile bereits schwer angeschlagen oder abgestorben sind.

Vor allem am Nordrand vom Harz hat sich viel Industrie breitgemacht, die Eisenhütten stehen hier praktisch direkt zwischen den Häusern. Trotzdem hat sich dank des extremen Wasserreichtums eine vielgestaltige Fauna und Flora entwickelt - mit künstlich angelegten Biotopen versucht man, sie trotz aller Umweltschäden wenigstens in Resten zu erhalten.

Quer durch den Harz verläuft die Grenze zur DDR - nach den jüngsten Entwicklungen dürfte sich aber auch der Ostharz als Naherholungsgebiet für Westler etablieren. Bekanntester Gipfel "drüben" der *Brocken*, unsterblich gemacht durch Goethes Walpurgisnacht im "Faust". Ebenfalls auf DDR-Gebiet der *Kyffhäuser*, wo Kaiser Barbarossa geduldig auf den Tag wartet, an dem er sein großes Kaiserreich wieder regieren kann.

Goslar: das hübsche Städtchen am Nordrand des Harzes hat eine große Vergangenheit - 47 (!) Kirchen, winklige Gassen, bunt verzierte Fachwerkhäuser und alte Befestigungsanlagen bestimmen das Stadtbild.

Vor allem aber steht hier die fast 1000-jährige *Kaiserpfalz* Heinrichs III. - der größte romanische Palastbau Deutsch-

lands! In dem mächtigen langgestreckten Bau inmitten einer grünen Parkanlage könnt ihr euch unter anderem den Reichssaal und die Schloßkapelle mit dem Sarkophag Heinrichs III. ansehen. Im Sockel des Sarkophags ruht das Herz des Kaisers (tägl. 9-17 h, ca. 3 DM, Stud. ermäß.).
Nicht weit von der Kaiserpfalz die ebenfalls 1000-jährige *Domvorhalle* mit dem Kaiserstuhl - der Dom ist schon Anfang des 19. Jh. zusammengestürzt und wurde abgetragen (Mo-Sa 10-13, 14.30-17, So 10-13h, ca. 1 DM).

INFORMATION: Markt 7, Zimmervermittlung.

ÜBERNACHTEN: große **Jugendherberge**, Rammelsberger Straße 25, Tel. 05321/ 22240. Vom Bhf. 25 min. zu Fuß, hinter der Kaiserpfalz. **Camping Sennhütte**, 3 km südlich, an der Straße nach Clausthal-Zellerfeld. Pennen kann man überall auf den Wiesen außerhalb, aber nicht zu sehr auffallen.

WANDERN: in der unmittelbaren Umgebung von Goslar findet ihr viele markierte Wanderwege, Infos im Touristenbüro. Etliche **Campingplätze** liegen verstreut, Jugendherbergen in Torfhaus (Tel. 05320/ 242) und Braunlage (Tel. 05520/2238).

Göttingen

Eine der traditionsreichsten Universitätsstädte Deutschlands, einiges an Fachwerkbauten steht noch im alten Zentrum, das meiste ist aber zerstört. Ausgeprägte studentische Szene.
Die große Fußgängerzone ist gleichzeitig Hauptgeschäftsstraße, der Platz vor dem *Alten Rathaus* zentraler Treffpunkt von jung und alt (am berühmten *Gänseliesel-Brunnen* beginnen jeweils Mi und Sa 15 h kostenlose Stadtführungen). Im *Städtischen Museum*, Ritterplan 7/8, sind Zeugnisse der Stadtgeschichte, darunter viel aus dem Dritten Reich und dem Zweiten Weltkrieg zu sehen (Di-So 10-13, Di-Fr auch 15-17 h, frei).

INFORMATION: am Bahnhof, Stadtplan, Zimmervermittlung.

ÜBERNACHTEN: **Jugendherberge** am Habichtsweg 2, Tel. 0551/57622. etwa 10 DM, vom Bahnhof nach links, ca. 25 min. zu Fuß (auch Busverbindung).

ESSEN: **Alte Mensa** am Wilhelmsplatz, **neue Mensa** am Nikolausbergerweg (moderner Glas- und Betonturm, nur mittags offen).
Nudelhaus, Rote Str./Ecke Jüden Str., gemütlicher Laden, Nudelgerichte ab 7 DM, Pizzen ebenfalls.
Monastiraki, Rote Str., beliebter Grieche, extrem große Portionen.

CAFES: **Cron und Lanz**, Weender Str. 25 (Fußgängerzone), exzellentes Café mit eigener Konditorei, Baumkuchen ist die Spezialität des Hauses. Das **Kleine Café**, Lange Geismar, hat im Sommer eine große Terrasse, an derselben Straße auch **Teestube und Café**, etwas vornehmer.

KNEIPEN: **Trou**, Burgstr., altes dunkles Kellergewölbe, sehr gemütlich, viele Studenten.
Die Kerze, Jüdenstr. 13, an der Front große Farbpalette, in der Gaststube wahre Kunstwerke auf Bierdeckeln, die Gäste angefertigt haben.
Cartoon, Albani Kirchhof 5/6. 1986 zur Kneipe des Jahres in Göttingen gewählt. Spezialität sind alkoholfreie Cocktails.
Irish Pub, Mühlenstr., im Sommer mit Biergarten. Tägl. Live-Musik (Eintritt frei), oft sehr voll.
Blue Note, Wilhelmsplatz, Gewölbe unter dem Uni-Gebäude, an Wochenenden Blues-Bands (ab 21 h, Eintritt 5-9 DM).

Ab Göttingen gute Verbindungen nach Frankfurt (und weiter den Rhein entlang, siehe weiter unten) oder über Würzburg nach Franken und Bayern.

BAYERN

Weites Bauernland, schöne Fachwerkstädtchen, Königsschlösser und Alpenseen, perfekt restaurierte Stadtmauern, Barock und Rokoko - Bayern hat sich vor allem in der Provinz einiges an Charme bewahren können.

Von den Weinbergen am Main über die Höhlen der Fränkischen Schweiz bis zu den Alpengletschern reicht das Einzugsgebiet des südlichen Bundeslandes. Trotz dieser Vielfalt tut man sich im gesamtpolitischen Rahmen der Bundesrepublik durch Eigenbrötlerei und hartnäckigen Konservativismus hervor. FJS (+) und seine Partei finden auf dem Land reiche Gefolgschaft, während die Großstädte schon eher von der anderen großen Volkspartei geprägt sind.
Neben München sind vor allem Würzburg, Regensburg und Nürnberg einen Besuch wert. In der Provinz loh-

nen Rothenburg und Dinkelsbühl. Schöne Naturziele sind die Fränkische Schweiz, der Bayerische Wald und natürlich Alpen- und Voralpengebiet, wo die Zugspitze einen krönendon Abschluß bildet.

Würzburg

Freundliche Universitätsstadt - liegt inmitten ausgedehnter Weinberge am kurvigen Flußlauf des Mains und zeigt trotz schwerer Kriegsschäden und dementsprechend modernem Stadtbild noch überall Spuren der früheren barocken Pracht - absoluter Höhepunkt ist die ehemalige Fürstbischöfliche Residenz, eins der bedeutendsten Schlösser Europas! Wer an einem sonnigen Nachmittag durch die Fußgängerzone zum gemütlichen Marktplatz schlendert, wird nicht selten gute Straßenmusiker hören.

VERBINDUNGEN / BAHNHOF: vom Bhf. zu Fuß ins Zentrum knapp 1 km geradeaus (Kaiserstraße, Juliuspromenade, Schönbornstraße), oder Tram 1 (Sanderau) bzw. 3 (Heidingsfeld).

INFORMATION: Pavillon vom Fremdenverkehrsamt gleich rechts am Bahnhofsvorplatz (Mo-Sa 8-20 h, Zimmervermittlung). Falls geschlossen, bekommt ihr dort aus einem Automaten Informationsmaterial (u.a. Hotel/Restaurantlisten). Außerdem "Haus zum Falken" am Marktplatz (Mo-Fr 9-18, Fr 9-14 h).

ÜBERNACHTEN: **Jugendgästehaus** (Jugendherberge), kürzlich umgebaut, 260 Betten, liegt ziemlich zentral unterhalb der Marienburg, Burkarderstr. 44, Tel. 0931/ 42590. Mit Tram 1 oder 3 bis Haltestelle Dom, dann die Domstraße entlang, über die Alte Brücke und links. Die JH ziemlich versteckt (kein Schild) hinter der Burkarderkirche auf der rechten Seite neben dem ehemaligen Frauengefängnis.

Die billigsten Hotels/Gasthäuser/Pensionen kosten ca. 50-55 DM. Nicht weit vom Bahnhof liegen **Hotel Kirchlein**, Textorstr. 17, Tel. 53041 und **Hotel Zur Stadt Mainz**, Semmelstr. 39, Tel. 53155.

Mit Camping siehts schlecht aus - der **Campingplatz Kalte Quelle** liegt von der Endstation der Tram 3 (Heidingsfeld) noch mal 3 km weiter Richtung Winterhausen am Main. Mit öffentlichen Verkehrsmitteln nicht erreichbar.

ESSEN: **Mal was anderes**, Bahnhofstr. 22, ca. 100 m vom Bahnhof, hell und freundlich, Vollwertkost. Kleine Auswahl an gesunden (Vollkorn-) Gerichten auch im gemütlich eingerichteten Trödel-Lokal **Alter Peter** an der Peter-Kirche, Peterplatz 5.(So geschl.)

Sternbäck, Am Sternplatz (Domstraße, 100 m vom Dom), hübsch altmodische Kneipe, auch zum draußen sitzen. Spezialität - bullige Kartoffeln frisch aus dem Ofen, garniert mit raffinierten Soßen (ca. 3-6 DM).

Capri - Blaue Grotte, Elefantengasse 1, älteste Pizzeria Deutschlands (!), toll eingerichtet, im Keller eben wie die berühmte 'Blaue Grotte' auf Capri.

Die **Mensa** findet ihr Am Studentenhaus/ Ecke Münzstraße.

Backöferl, Ursulinergasse 2. Superromantisches Speiselokal, überdachter Innenhof mit Blumen, innen alles aus Holz. Sehr beliebt, Steaks und andere Fleischgerichte, nicht billig.

KNEIPEN / TREFFS: **Omnibus** (Folk & Jazzcenter), Theaterstraße 10, oft Konzerte (Eintritt um die 7 DM), ansonsten Musik vom Plattenteller (20-2 h). Vom Bahnhof die Kaiserstraße geradeaus, in der Theaterstraße auf der rechten Seite.

Autonomes Kulturzentrum, Martin-Luther-Straße 4, preisgünstig, Studenten- und Alternativtreff, oft gute Konzerte, Kabarett, polit. Veranstaltungen (15-1 h).

Zauberberg, Veitshöchheimer Str. 20 (vom Bahnhof rechts, Röntgenring nochmals rechts). Musikkneipe mit Tanzmöglichkeit (Pop-Rock, eher alternativ). Am Wochenende ca. 5 DM incl. Getränkebon.

Unicafé, Neubaustr. 2, nettes Café in der Nähe der alten Uni, auch zum draußen sitzen.

Schützenhof, Mainleitenweg 268, Bierkeller mit toller Aussicht hoch über der Stadt, Terrasse mit Kastanienbäumen (Tram 1 Richtung Sanderau bis Ludwigsbrücke, drüben den Berg hoch).

> Kostenloses Veranstaltungsprogramm - Magazin bzw. **'Groschenheft'** bekommt ihr in den Kneipen.

Sehenswertes: die Kirchen Würzburgs sind vom Krieg schwer mitgenommen worden und nicht unbedingt lohnend. Beinahe mitten in der Stadt steht aber die *Residenz* mit schwülstig-barocker Hofkirche und weitläufigem Hofgarten - Hauptwerk des süddeutschen Barock und von der UNESCO in die Liste der zu schützenden Weltkulturgüter aufgenommen. Ungeheuer eindrucksvolles *Treppenhaus* von Balthasar Neumann mit monumentalem Deckengemälde von Tiepolo (angeblich das größte der Welt, dargestellt sind die vier im 18. Jh. bekannten Kontinente

Europa, Afrika, Asien, Amerika). In der langen Flucht der Räume weitaus am faszinierendsten und z.Z. der Stolz des Hauses - das phantastische *Spiegelkabinett*, das im Weltkrieg zerstört wurde und anhand von Photos vollständig wieder instandgesetzt wurde. Vom Bahnhof leicht zu Fuß zu erreichen (tägl. außer Mo 9-17 h, mit Führung ca. 4.50 DM, Stud. ca. 3 DM).

Wer Lust hat, kann zur *Festung Marienberg* hinauflaufen - thront unübersehbar über der Stadt. Vielleicht etwas anstrengend, lohnt aber, schöner Blick auf die Stadt, im Zeughaus-Museum bedeutende Riemenschneider-Sammlung. Weg ist ab Alter Mainbrücke beschildert (Di-So 9-17 h, ca. 2 DM).

Übrigens - Würzburg ist Anfangs- und Endpunkt der sog. "Romantischen Straße". (Näheres siehe Interrail Bd. 2 oder 3).

NÜRNBERG

Die berüchtigte Stadt der Nazi-Parteitage wurde in den letzten Kriegsjahren total zusammengebombt - wer die Filmaufnahmen der Alliierten gesehen hat, kann sich kaum vorstellen, daß aus diesem Trümmerfeld wieder eine Stadt geworden ist.

Trotzdem, mit viel Mühe und immensen Kosten hat man die schönen Sandsteinmauern und Türme der kilometerlangen mittelalterlichen Stadtbefestigung, die großen gotischen Kirchen und vor allem die prächtige Burganlage wieder restaurieren und aufbauen können. Auch der mittelalterliche Grundriß der Altstadt ist weitgehend erhalten und man hat versucht, die modernen Bauten an die noch erhaltene alte Bausubstanz anzupassen - einen guten Eindruck von der im Mittelalter weithin berühmten 'Freien Reichsstadt' bekommt ihr auch heute noch. Während im ruhigen Burgviertel malerisch-schiefe Fachwerkhäuser dominieren, sind weite Teile der Innenstadt Fußgängerzone - zahllose Geschäfte, Straßenmusiker und viel Ablenkung. Ein kurzer Aufenthalt lohnt auf jeden Fall in der Geburtsstadt Albrecht Dürers, des Christkindlmarkts, der Bratwürste, der Lebkuchen - und des *'Clubs'*, der sich in der hinteren Hälfte der Bundesliga-Tabelle leider nur allzu gut auskennt.

VERBINDUNGEN / BAHNHOF: **Hauptbahnhof** nah am Zentrum, klassizistisch anmutender Großbau, vor einigen Jahren völlig modernisiert. Über Rolltreppen direkte Verbindung zur U-Bahn. Schließfächer, Imbiß, Läden. Eine riesige Ladenpassage soll demnächst für neue Attraktivität sorgen.

INFORMATION: im Bahnhof (Mittelhalle) und am Hauptmarkt (Rathaus).

ÜBERNACHTEN: besonderes Prunkstück ist die **Jugendherberge** - sicher eine der schönsten und ungewöhnlichsten in der BRD. Untergebracht in den renovierten Räumen der alten Burg in der sog. Kaiserstallung und im danebenstehenden "Lug in's Land"-Turm - super Atmosphäre und tolle Aussicht auf Nürnberg! 295 Betten in 6- und 4-Bettzimmern, ca. 17 DM, Schließzeit 1 Uhr nachts. Adresse: Burg 2, Tel. 0911/221024 (U-Bahn bis Plärrer, Tram 4 bis Tiergärtnertor).

Jugend-Hotel im nördlichen Waldgelände, Rathsberger Str. 300, Tel. 0911/ 529092, relativ neu, ca. 18-20 DM pro Pers. in Doppel- und Mehrbettzimmern. Etwa 7 km außerhalb (Tram 3 bis Endstation Ziegelstein, dann Bus 41 bis Felsenkeller).

Campingplatz, Zeppelinstr. 30, am Stadion beim Dutzenteich. Ab Hbf. U-Bahn bis Messezentrum und 10 min. zu Fuß (oder Tram 4 bis Endstation Dutzenteich bzw. Bus 55).

ESSEN: in der Altstadt alles etwas teurer.

Ceres, Vordere Sterngasse 1 (beim German. Nationalmuseum), zentrale Lage, ausgezeichnete vegetarische Küche, helle freundliche Räume im 1. Stock, nachmittags Kuchen und Kaffee, aber auch warme Küche, ruhige Atmosphäre, Zeitschriften.

Majorca, Hintere Ledergasse 2-4, brauchbare Pizzeria, oft sehr voll.

Kettensteg, Maxplatz 35 (Altstadt), direkt an der Pegnitz, auch im Freien, gutes fränkisches Essen, viele Touristen.

Knossos, Uhlandstr. 21 (nördlich der Altstadt, Nähe Friedrich-Ebert-Platz), sehr beliebter Grieche, kleiner Garten mit Kastanienbäumen, fast nur junge Leute, reichliche Portionen.

Ansonsten - die Nürnberger Bratwürste sind weltberühmt. Ihr findet viele historische Bratwurststuben - z.B. **Bratwurst Glöcklein** im Handwerkerhof neben Königstorturm gegenüber vom Bahnhof, **Bratwurst-Herzle**, Brunnengasse 11 (neben der Breiten Gasse, Fußgängerzone) und das **Bratwursthäusle**, Rathausplatz 1 (Nähe Sebalduskirche). In der **Kaiserburg**, Obere Krämersgasse 20 (Burgviertel), könnt ihr deftige Schinkenbrote, Bier und Wein in einem Gewölbe zu euch nehmen, gemischtes Publikum.

KNEIPEN / TREFFS / CAFES: an warmen Sommerabenden trifft sich alles am **Tiergärtnertorplatz** (Albrecht Dürer-Haus) unterhalb der Burg - oft Straßenmusiker, viele Kneipen im umgebenden Burgviertel.

Meisengeige, Am Laufer Schlagturm 3, nicht weit vom Hauptmarkt. Programmkino mit kleiner, nostalgisch-vergammelter Kneipe, an ein paar Tischen könnt ihr auch im Freien sitzen, beliebter Szenetreff.

Café Ruhestörung, Tetzelgasse 21, gleich in der Nähe. Modern, bißchen nju wave, meist rappelvoll, gutes Müsli.

Balazzo Brozzi, linke Alternativkneipe an der Hochstraße 2, Nähe Plärrer. Recht groß und gemütlich, wenn auch ein bißchen schmuddelig, aber das stört kaum jemanden. Sonntag Vormittag gutes Frühstücksbuffet.

Brown Sugar, Königstorgraben 3, Rockcafé nur ein paar Schritt vom Bahnhof.

Dröhnland, Humboldstr. 116, ebenfalls Südstadt. Meist gerammelt volle Musikkneipe, gelegentlich Live-Auftritte.

Desi, Brückenstraße 23. Die ehemalige städtische Desinfektionsanstalt ist zum Stadtteilzentrum umgebaut worden. Mit guter Kneipe (ab 18 h, auch zum draußen sitzen), ab und zu Disko und viele Veranstaltungen - Anti-AKW-Treffen, Töpfern u.v.m.

DISKOS: **Lakritz** (im Komm, siehe unter Sehenswertes), im New Wave-Stil eingerichtet, Fr/Sa 20-1 h. **Groovy**, Katharinengasse 16, alteingeführtes Rockcafé, hauptsächlich Hardrock, überwiegend sehr junges Publikum (tägl.).

Sehenswertes

Die Stadtmauern aus rötlichem Sandstein und die Burg auf einem Hügel darüber dominieren eindrucksvoll das Panorama der Innenstadt. Vom Bahnhof quer durchs Zentrum kommt ihr an den wichtigsten Sehenswürdigkeiten vorbei zur Burg.

Altstadt: das historische Zentrum um Hauptmarkt und Fußgängerzone ist vom Bhf. durch die Königstraße (auf der anderen Seite vom Bahnhofsvorplatz) in 10 min. bequem zu erreichen. Gleich am Anfang der Königstraße markiert der *Königstorturm* den Beginn der Altstadt. Der bullige Rundling ist einer von mehreren charakteristischen Türmen der alten Stadtbefestigung. Gleich daneben ein restaurierter Alt-Nürnberger *Handwerkerhof* mit ziemlich teuren Handwerkerläden. Von hier könnt ihr auf Spazierwegen ein Stück im ehemaligen Stadtgraben entlanglaufen und die hervorragend restaurierte *Stadtmauer* betrachten.

An der Königstraße, unmittelbar gegenüber vom Königstorturm das berühmtberüchtigte **Komm**, das umstrittene, selbstverwaltete 'Kommunikationszentrum' der Stadt. 1982 geriet es durch die größte Massenverhaftung in der Geschichte der Bundesrepublik in die Schlagzeilen - fast 150 junge Leute wurden nach einer Demonstration, bei der einige Schaufensterscheiben zu Bruch gegangen waren, im Komm auf einen Schlag verhaftet, angeblich, weil sich die Demonstranten alle ins Innere des Gebäudes geflüchtet hatten. Heute ist das Komm fest in der Hand von Skinheads, Punks etc. und nur noch bedingt empfehlenswert. Mit Kneipe, Disko (am Wochenende), gelegentlicher Live-Musik und anderen Veranstaltungen.

Ebenfalls nicht weit vom Bhf. das berühmte und wirklich sehenswerte *Germanische Nationalmuseum* (Eingang am Kornmarkt). Die reichhaltige Sammlung von der germ. Frühzeit bis in die Neuzeit beinhaltet vom Wikingerhelm über mittelalterliche Lauten bis zu den reich ausgestatteten Puppenhäusern vermögender Bürgerfamilien des 19. Jh. zahllose historische Kostbarkeiten, auch einige Dürerbilder, Werke Tilman Riemenschneiders u.v.m. (Di-So 10-17 h, ca. 3,50 DM, Stud./Schüler ermäß.).

Durch die Königstr. geradeaus kommt ihr zur *Lorenzkirche* - größte Kirche Nürnbergs mit prächtig verzierter gotischer Fassade. Das Innere hoch und düster, viele Skulpturen und Gemälde - vor allem aber der berühmte 'Engelsgruß' von Veit Stoß (hängt im Chorgewölbe) und das wirklich einzigartige Sakramentshäuschen von Adam Krafft (ca. 8 m hoch, achtet mal auf die gebogene Spitze!). Unten in der Mitte hat der Künstler sich als Steinmetz mit Hammer und Stößel dargestellt. Vom weiten Kirchenvorplatz habt ihr einen schönen Blick hinüber auf die Burg.

Gegenüber vom Kirchenportal beginnt der ausgedehnte Fußgänger- und Shoppingbereich (Karolinenstraße und die benachbarte Breite Gasse), schön zum Bummeln. Am Ende der Fußgängerzone treffen die beiden Gassen am *Weißen Turm* zusammen - Blickpunkt dort der erst vor wenigen Jahren entworfene *'Ehekarussell'-Brunnen*, dessen deftig-pralle Skulpturen eine echte Augenweide sind.

Wenn ihr von der Lorenzkirche Richtung Burg hinuntergeht, überquert ihr erst die Pegnitz und kommt dann zum zentralen Platz der Innenstadt, zum *Hauptmarkt* mit tägl. Obst- und Gemüsemarkt, der *Frauenkirche* und dem berühmten *Schönen Brunnen*. Im traditionsreichen Café Kröll könnt ihr hier in gepflegter Atmosphäre einen Kaffee zu euch nehmen.

Weiter bergauf, in Richtung Burg, steht die zweite große gotische Kirche Nürnbergs, die *Sebalduskirche*. Äußerlich sieht sie der Lorenzkirche zum Verwechseln ähnlich. Bedeutendstes Kunstwerk ist das Grab des hl. Sebaldus, ein reich verzierter Silberschrein aus der Frührenaissance. Ein Stück weiter bergauf, an der Burgstr., das *Fembo-Haus*, das einzige erhaltene repräsentative Bürgerhaus aus der Spätrenaissance. Im Inneren das Stadtmuseum (Di-So 10-17, Mi 10-21 h, Mo geschl., ca. 3 DM, Stud. ermäß.). Interessant auch noch am Fuß vom Burgberg das *Albrecht-Dürer-Haus* am hübschen Tiergärtnertorplatz. In dem schiefwinkligen Fachwerkhaus lebte der bedeutendste Maler seiner Zeit 19 Jahre lang (Di-So 10-17, Mi 10-21 h, Mo geschl., ca. 3 DM, Stud. 1 DM).

Höhepunkt des Nürnbergschen Sightseeing ist aber die weitläufige *Burg* selber. Kann zum Großteil ohne Eintritt besichtigt werden, schöne Ausblicke über Nürnberg und Relaxen in den grün bepflanzten Burggräben an der Rückseite. Kaiserburg, Sinwellturm und Tiefer Brunnen kosten ca. 3 DM (tägl. 9-12, 13-17 h, häufig Führungen).

Nürnberg und die Nazis: neben München war Nürnberg die Hauptzelle des aufkeimenden Nationalsozialismus (das hören heute weder die Nürnberger noch die Münchner gern, ist aber traurige Tatsache). 1923-38 fanden die pompösen Reichsparteitage der NSDAP regelmäßig in Nürnberg statt - gigantische Massenveranstaltungen, mit ungeheurem Aufwand in Szene gesetzt und Paradestück agitatorischer Propaganda und Massenbeeinflussung.

Das *Reichsparteitagsgelände* lag etwas südöstlich vom Stadtzentrum zu beiden Seiten des Dutzendteiches - nach dem Krieg wurden einige Bauten gesprengt, doch vieles steht noch heute. Einen Eindruck von den Ausmaßen der Nazi-Aufmärsche könnt ihr euch auf dem *Zeppelinfeld* machen (Nähe Stadion und Campingplatz). Heute werden hier gelegentlich Pop-Festivals in Szene gesetzt.

MUSEEN: **Verkehrsmuseum**, Lessingstr. 6. vom Germanischen Nationalmuseum schnell zu erreichen. Riesige, beeindruckende Ausstellung, u.a. 160 Lokmodelle im Maßstab 1:10 (mit Interrail-Ticket frei).
Museum Industriekultur Nürnberg, ehemaliges Tafelgelände, Äußere Sulzbacher Str. 64-70. Nürnbergs Arbeits- und Wohnwelt von 1870-1920, historischer Maschinenpark, alte Arbeiterwohnungen, Läden. Das Museum wurde erst Ende 1988 eröffnet, bis zum kompletten Ausbau werden noch Jahre vergehen (Di-Fr 14-20, Sa/So 10-18 h).

Nürnberg - Erlangen - Forchheim - Bamberg

Eine knappe 1/2 std. ins 20 km entfernte

Erlangen

An Sehenswertem hat die sympathische Universitätsstadt nur wenig zu bieten - aber hier läßt sich's leben! Auch Autor und Verleger fühlen sich wohl.

Nur knapp 100.000 Einwohner zählt "Deutschlands kleinste Großstadt" und trotz allem Rummel mit 16.000 Studenten und zahllosen Siemens-Mitarbeitern (bedeutendstes Werk in der BRD) geht's fast noch ein bißchen kleinbürgerlich zu - man kennt sich eben.

In die Schlagzeilen kommt Erlangen selten - höchstens, wenn es zum wiederholten Mal als die "radfahrfreundlichste Stadt der Bundesrepublik" bezeichnet wird. Worüber man sich angesichts der zur Rush-hour völlig verstopften Innenstadt und zugeparkter Radwege gelegentlich wundern muß. In den letzten Jahren wurden jedoch weite Teile der Hauptstraße für den Autoverkehr gesperrt und in Fußgängerzonen umgewandelt.

VERBINDUNGEN / BAHNHOF: zentral in der Stadtmitte, wird gerade grundlegend umgebaut (soll 1990 fertig werden).

INFORMATION: im Erdgeschoß vom **Neuen Rathaus** am Neuen Markt, vom Bahnhof zum Hugenottenplatz, dort die Hauptstraße entlang nach rechts, 700 m.

ÜBERNACHTEN: **Jugendherberge Frankenhof**, Südl. Stadtmauerstr. 35, Tel. 09131/86555. Nicht das höchste der Gefühle - spartanisch eingerichtet, winzige Schlafräume, renovierungsbedürftig, ca. 8 DM. Liegt etwa 1 km vom Bhf. - vom Hugenottenplatz geradeaus die Fußgängerzone entlang, dann rechts halten und die Friedrichstr. hinauf.

Camping Wöhrmühle hinterm Bhf. Beim rückwärtigen Ausgang vom Bhf. raus, rechts halten, durch den Tunnel unter dem Frankenschnellweg durch und links, ca. 10 min. zu Fuß. Hier auch das Naturfreundehaus.

ESSEN: **Mensa** am Langemarckplatz.

Dolomiti, Universitätsstr. 10. Etwa 200 m vom Bahnhof geradeaus, traditionell gute Pizzas, mit kleinem Café.

Deutsches Haus, Luitpoldstr. 25. Bei Studenten abends der beliebteste "Grieche". Ständig voll, im Sommer sitzt alles im Hof.

Kaiser Wilhelm, Lorlebergplatz. Die letzte Erlanger Studentenkneipe, die noch von alten Pächtern geführt wird. Junges Stammtischpublikum, Biergarten, sehr preiswerte Schnitzel.

Ali Baba, Gerberei 8, beliebtes, relativ preiswertes türkisches Lokal Nähe Bahnhof, warme Küche bis 3 h morgens, Mo geschl. (Unterführung der Bahnlinie, am Weg zum Campingplatz).

CAFES / TREFFS: **Kulturtreff**, Helmstraße, am Schloßplatz, nah am Bahnhof. Nur tagsüber, von der Stadt eingerichtet, gemütlich-ungezwungene Atmosphäre, Zeitunglesen, Kaffeetrinken, Spiele.

Café Brasil, Bismarckstr. 25. Beliebtes Tagescafé Nähe Uni, Stammgäste schauen 2-3 x am Tag vorbei, guter Kuchen, bis 19 h.

Pleitegeier, Hauptstr. 100, abends einer der beliebtesten Treffs der Erlanger Studentenszene, groß, verräuchert, immer voll, bis 2 h nachts. Legendäre Pizzen!

Kanapee, Neue Str. 50. Etwa 150 m vom Pleitegeier, schummrige Studentenkneipe, im Sommer toller Innenhof.

Manhattan, Güterhallenstr. 4 (gegenüber der Post), das einzige Programmkino Erlangens. Im angeschlossenen Café treffen sich viele Popper, aber auch normale Menschen kommen gerne vorbei. Modernes Styling, abends viel "Durchgangsverkehr", aber nicht schlecht, im Sommer Möglichkeit, im Freien zu sitzen.

TANZEN: **E-Werk**, Fuchsenwiese. Der Jugend-Treff von Erlangen und Umgebung, 'Kommunikationszentrum' mit beliebter Disko (Di, Mi, Do, Fr, Sa, So) und 'Kellerbühnen'-Kneipe, wo oft Live-Musik abläuft (meistens Jazz). Im Sommer sitzt man gern auf der Rasenfläche vor dem Haus (im August Programm nur auf Sparflamme, während der Berg-Kerwa geschl.).

BERG-KERWA: unbedingt lohnend ist Erlangen an Pfingsten und in der Woche danach. Dann findet am Hang des bewaldeten Burgbergs (vom Martin-Luther-Platz ca. 10 min. zu Fuß) eins der schönsten Volksfeste der Welt statt - die Erlanger 'Berg-Kerwa' (Bergkirchweih)! Prächtiges Gelände unter hohen Bäumen, viele Bierkeller, Blasmusik und viel, viel Stimmung. Die reifere Jugend trifft sich am **Erich-Keller** und oberhalb davon, das Jungvolk belagert den benachbarten **Kitzmann-Keller** und seit 1989 gibt am **Birkner's Keller** statt der obligaten Blasmusik-Kracher Live Rock- und Jazzbands (etwa in der Mitte Karussellstraße).

Fränkische Schweiz

Romantische Mittelgebirgslandschaft, 500 m hohes, hügeliges Juraplateau mit tief eingeschnittenen Flußtälern. Üppiger Mischwald an den Talhängen, dazwischen leuchten die weißen Kalksteinfelsen. Viele kleine Dörfer, Tropfsteinhöhlen, Burgen, Mühlen und Minibrauereien (in dem kleinen Gebiet zwischen Bayreuth und Forchheim gibt es noch etwa 100 davon). Die Wiesent zählt zu den wenigen deutschen Flüssen, in denen noch unbedenklich gebadet werden kann.

VERBINDUNGEN: ca. 6 x pro Tag per Bahn nach Ebermannstadt (12 km), von hier weiter bis Behringersmühle per Bahnbus. An Wochenenden Dampflokbetrieb!

Ebermannstadt: kleiner Provinzort, 'Eingangstor' zur Fränkischen Schweiz. Hübsche Altstadt zwischen den beiden Wiesentarmen. Sehenswert die mittelalterliche Marienkapelle und das alte

Wasserschöpfrad am nördlichen Ortsausgang.

ÜBERNACHTEN: **Jugendburg Feuerstein**, ca. 3 km bergauf. Viele Tagungen der "Landjugend" etc. **Camping** in Rothenbühl, hübsch gelegener Weiler, ca. 2 km nördlich am Fluß. Auch das städtische Schwimmbad ist gleich nebenan.

Ebermannstadt/Umgebung: schöner Ort ist *Streitberg*, einige km nördlich. Hier macht das Wiesenttal einen weiten Knick. Auf einem Kalkfelsen über dem Tal die Burgruine *Neideck*, das interessanteste Bauwerk der Gegend. Weitere Sehenswürdigkeit direkt im Ort die *Binghöhle*, die formenreichste Tropfsteinhöhle der Fränkischen Schweiz (270 m lang).

ÜBERNACHTEN: Jugendherberge im Ort, Haus Nr. 151, Tel. 09196/288.

Ebermannstadt - - Behringersmühle

An einigen Wochenenden zwischen Juni und Oktober dampft eine Museumsbahn ca. 2 x tägl. die 16 km von Ebermannstadt nach *Behringersmühle*. Die Bahnbauer mußten sich mit einer ganz schmalen Trasse zwischen Fluß und Talrand begnügen, mehrmals wird die Uferseite gewechselt.

Interrail-Ticket gilt auf dieser Privatbahn nicht (Preis für Hin- und Rückfahrt ca. 8 DM). Zugmaschine ist eine "Bloxemann"-Dampflok Baujahr 1924, genaue Abfahrtszeiten im DB-Kursbuch / Strecke Nr. 824.

WANDERN: mit dem Vormittagszug bis Behringersmühle. Von hier aus zurückwandern bis **Muggendorf** (8 km) und am Nachmittag per Bahn wieder zurück.

Bamberg

Alte Bischofs- und Kaiserstadt mit einmalig schöner barocker Altstadt. Der tiefkonservative Geist der Einwohner und die (bisher!) wirtschaftlich wenig attraktive Lage nahe der DDR-Grenze trugen dazu bei, daß in der Altstadt wenig abgerissen wurde. Große Teile sind noch immer nicht saniert - hoppelige Gässchen und bröckelnder Putz vermitteln mehr Ursprünglichkeit als ein auf Hochglanz poliertes Stadtbild. Der Altstadtteil am Ufer der Regnitz wird 'Klein-Venedig' genannt - vor den kleinen schiefen Fachwerkhäusern mit Balkonen sind nostalgische Fischerkähne festgezurrt.

INFORMATION: Hauptwachstraße 16.

ÜBERNACHTEN: **Jugendherberge Stadion** in der Pödeldorferstr. 178, Tel. 0951/ 12377. Etwa 4 km außerhalb der Altstadt, vom Bhf. Bus 2 bis Stadion. Weitere **Jugendherberge Wolfsschlucht** etwas weiter außerhalb im Stadtteil Bug, Oberer Leinritt 70, Tel. 0951/56002. Landschaftlich reizvoller.
Gasthof Wilde Rose direkt in der Fußgängerzone (Kaiserstr. 7), mit der billigste, DZ incl. Frühstück ca. 50 DM.
Camping Insel 4 km südlich im Ortsteil Bug an der Regnitz (Bus 18).

ESSEN: in jedem Fall die Spezialitäten probieren - Alt-Fränkische Bratwürste mit Sauerkraut und Rauchbier, zum Frühstück die knusprigen Bamberger Butterhörnla.
Wer während der Sommermonate kommt, sollte mit einer in der Stadt erworbenen Brotzeit zu den Kellern am Stefans- und Kaulberg hinaufgehen: **Wilde Rose Keller**, hübsch gelegen, alter Baumbestand; **Spezi-Keller**, schöner Ausblick auf den Dom und Michelsberg.
Brauerei Gasthof Spezial, Obere Königstraße 10, viel lokales Publikum, auch junge Leute und Studenten (im Hinterzimmer). Hier gibt's Rauchbier und gute Bratwürste.
Schlenkerla, Dominikanerstr. 6, hier gibt's das bekannte Schlenkerla Rauchbier, viele Touristen.
Deutsches Haus, Königstraße, caritative Einrichtung, hauptsächlich von Rentnern und Schülern besucht. Mittagstisch nur an Wochentagen, Mahlzeit ca. 6 DM.

KNEIPEN / CAFES: **Pelikan**, Untere Sandstr. 45, Studentenkneipe und Kleinkunstbühne, freundlicher Gastraum mit bemalter Stuckdecke. **Pizzini**, Sandstr. 17, kleine gemütliche Weinstube, originell. **Café Beckstein**, Lange Straße, Schüler- und Studententreff.

Sehenswertes: der *Dom* mit seinen vier wuchtigen Türmen beherrscht das Profil der Stadt. Der Bau entstand 1237, gerade als die Romanik von der Gotik abgelöst wurde. Die wuchtigen Tonnengewölbe des Mittelalters erhalten hier schon eine gewisse Leichtigkeit. Bekanntestes Kunstwerk im Dom ist das Standbild des 'Bamberger Reiters', das Werk eines unbekannten Bildhauers. Hier im Dom liegt auch der einzige Papst nördlich der Alpen begraben (Sarkophag in der Mitte des Westchors). Papst Clemens II. übte nur neun Monate das höchste Kirchenamt aus - er wurde von seinem abgesetzten Vorgänger vergiftet.

MUSEEN: **Karl-May-Museum**, Hainstraße 11, umfangreiche Sammlung nordamerikanischer Indianerkultur (Kopfschmuck, Waffen, Messer, Masken . . .). Karl May hat fast 100 Abenteuerbücher geschrieben, seine Figuren "Winnetou" und "Old Shatterhand" sind unsterblich geworden (Mi 15-17, Fr u. Sa 10-12 und 15-17, So 10-12 h, Mo u. Di geschl.).

OBERPFALZ / NIEDERBAYERN

Fruchtbares Bauernland und große Monokulturen, aber auch die dichten Forste der Oberpfalz und der Bayerische Wald - der letzte Urwald Europas. Die ehemalige Freie Reichsstadt Regensburg hat trotz modernem Großstadtleben und Uni noch viel mittelalterliche Bausubstanz samt dazugehöriger Atmosphäre.

Abseits der großen Verkehrswege haben sich im Südostwinkel der Republik Traditionen eher erhalten können als anderswo. Die Ursprünge der Agnes-Bernauer-Spiele in *Straubing* (Juni) und das Drachenstechen von *Furth im Wald* (August) gehen auf mittelalterlich-mystische Vorstellungen zurück.
Trotz der eher konservativen Ausrichtung auf dem Land wehrte sich die Bevölkerung fast geschlossen, als der Taxöldener Forst bei Wackersdorf nördlich von Regensburg, zum Standort der größten WAA der Bundesrepublik 'erkoren' wurde. Das überraschende Ende kam im Frühjahr 1989 - La Hague in Frankreich wird die Wiederaufbereitung übernehmen.
Durch die kürzliche Öffnung der Tschechoslowakei ist die Region vor allem als Transitland wieder von zunehmender Bedeutung.

Regensburg

Eine Stadt mit reicher Vergangenheit. Die Altstadt steht komplett unter Denkmalschutz und ist eine der schönsten Deutschlands.

Bayerns erste Hauptstadt wurde vom 12-14. Jh. geprägt - in der Innenstadt, die teilweise noch über ganze Gassenzüge mittelalterlich ist, dominieren Kopfsteinpflaster, handtuchschmale Gäßchen, schiefe Fassaden, hohe Erker und stille Hinterhöfe. Die Steinerne Brücke aus dem 12. Jh. ist eine der ältesten Brücken Deutschlands.
Noch Ende der siebziger Jahre waren über die Hälfte der Gebäude vom Einsturz bedroht. Die ehemaligen Prachtwohnungen reicher Patrizier waren zu dunklen Elendsquartieren verkommen. Inzwischen ist eine Menge für die (Edel)Sanierung getan worden. Nachteil - zahlreiche billige Studentenwohnungen sind damit verschwunden.

VERBINDUNGEN / Bahnhof: Hauptbahnhof nicht weit vom Zentrum, die Maximilianstr. geradeaus.

INFORMATION: im Alten Rathaus (Fußgängerzone), Zimmervermittlung (Mo-Fr 8.30-18, Sa 9-16, So 9-12 h).

ÜBERNACHTEN: **Jugendherberge**, Wöhrdstr. 60, Tel. 0941/57402, auf einer Insel in der Donau, nah am Zentrum, in derselben Straße preisgünstiger Grieche. **Camping Dunnerkeil**, Weinweg 40, 2 km außerhalb.

ESSEN: **Wirtshaus zur Goldenen Krone**, Keplerstr. 3 (parallel zur Donau), gemütliches Wirtshaus, ausgezeichnetes, reichliches Essen (18-1 h).
Antagon, Rote Hahnengasse 2 (am Haidplatz), reichhaltige vegetarische Küche, Kleinkunst (19-1 h).
Namenlos, Rote Löwengasse 10, Studentenlokal, preiswertes reichliches Essen, gemütlich (19-1 h).
Historische Wurstküche, direkt neben der Steinernen Brücke, wahrscheinlich 850 Jahre alt (angeblich schon zur z.Z. des Brückenbaus als Garküche für die Arbeiter in Betrieb) und seit dem 18. Jh. in Familienbesitz. Spezialität - Schweinswürstel mit Kraut, man sitzt auf einfachen Holzbänken im Freien.

KNEIPEN / TREFFS: **Ambrosius**, Brückstr. 5 (bei der Steinernen Brücke), reichliches Frühstück, gute kalte Küche, gemütliche Atmosphäre (10-1 h). **Adabei**, Glockengasse 3, Treff im Herzen der Altstadt. **Rockcafé**,

Rote Hahnengasse (ganz zentral direkt am Haidplatz, neben Antagon), locker, Rockmusik, Zeitschriften. **Goldenes Kreuz**, großes Straßencafé am Haidplatz, sehen und gesehen werden. **Sudhaus**, Untere Bachgasse 8, Disko für Glitterfreaks, spätabends Treff für die Szene.
Auf der **Jahninsel**, direkt unter der Steinernen Brücke, ist im Sommer ein Treff speziell für junge Leute.

MUSIK: **Filmbühne**, Engelburgergasse, oft Live Musik, Tanzfläche, jedoch keine Disko (ab 21 h). **Alte Mälzerei**, Galgenbergstr. 20, mehrmals wöch. Live-Musik (Programm im Tourist-Info).

Sehenswertes: Attraktion ist natürlich der mit seinen 105 m hohen Türmen weithin sichtbare gotische *Dom St. Peter*. Reich verzierte Fassade und auch im weitläufigen Inneren prächtig ausgestattet - herrliche Glasfenster und üppige Seitenaltäre. Wenn ihr Glück habt, könnt ihr ein Konzert mit dem weltberühmten Knabenchor der 'Regensburger Domspatzen' miterleben!
Vom Dom kommt ihr schnell rüber zum *Alten Rathaus* in der Fußgängerzone. Dort Informationsbüro, der berühmte *Reichssaal*, in dem im 17. und 18. Jh. der Immerwährende Reichstag tagte und als besonderes Erlebnis eine mittelalterliche *Folterkammer* (Mo-Sa 10-16, So 10-12 h, Führungen im Juli/ August alle 30 min.). Ein Stückchen weiter kommt ihr zum zentralen *Haidplatz*, wo oft Markt gehalten wird.
Weiterhin gibt's noch die *Steinerne Brücke* aus dem 12. Jh. (noch heute in Betrieb, jedoch nur noch ein Brückenturm anstatt der früheren drei, von der Mitte der Brücke prächtiger Blick auf die 'Skyline' der Altstadt!) und das *Kepler-Haus* (Keplergasse 5), in dem der bedeutende Astronom lebte und auch gestorben ist (Führungen Di-So). Einige Parks rund um die Altstadt und die Grünflächen auf der Donauinsel runden das Ganze ab.

(München) - Regensburg - Furth i. Wald - Plzen - Prag A-Kb. 22002

Wichtigste Bahnlinie von der bayerischen Landeshauptstadt in die *Tschechoslowakei*, seit 1990 im Interrail-Verbund. Details siehe dort, S. 134.

Regensburg - Plattling - Zwiesel - Bayer. Eisenstein

Bahnlinie in den **Bayrischen Wald** - kann wirklich mit Recht als einer der letzten Urwälder Europas bezeichnet werden! Vor allem an der Grenze zur Tschechoslowakei praktisch naturbelassen, da die dichten Wälder aus der Sicht der NATO-Militärs hervorragende Panzersperren sind und weder abgeholzt noch gelichtet oder geplant aufgeforstet wurden. Hier findet man noch überall meterdicke Baumriesen, z.T. umgestürzt und vermodert, auf den Baumleichen wachsen wieder neue Bäume - eine faszinierende und ursprüngliche Wildnis.
Hervorragender Ausgangspunkt für Wanderungen ist das kleine *Bayerisch Eisenstein* (Endstation der Bahn, dicht an der tschechischen Grenze). Mit der Bahn gut von Regensburg zu erreichen, vom netten kleinen Bahnhof müßt ihr nur eine Viertelstunde gehen und ihr seid im Wald.
Mit ein paar Schritten kommt ihr übrigens über die Grenze nach *Zelezna ruda mesto*, wo ihr Bahnanschluß nach Plzen habt (vielleicht wird die bisher hier unterbrochene Bahnline ja demnächst wieder eröffnet?).

ÜBERNACHTEN: Jugendherbergen in **Bayerisch Eisenstein**, Brennesstr. 23, Tel. 09925/337, in **Zwiesel** (an der Bahnlinie kurz vor Bayerisch-Eisenstein, Tel. 09922/1061) und **Furth im Wald** (Bahnlinie von Regensburg nach Prag, Tel. 09973/9254).

MÜNCHEN

Ein teures Pflaster und für viele die 'heimliche Hauptstadt' der Bundesrepublik. Architektonisch außer den Wittelsbacher-Relikten weniger bemerkenswert, kulturell und bezüglich Unterhaltung dafür umso mehr. Bezeichnend - die Mehrheit der Bundesbürger würde laut Umfragen am liebsten in München wohnen.

Für den Kurzbesuch zwischen zwei Zügen könnt ihr mal die Fußgängerzone entlang laufen und den zahlreich vertretenen Straßenmusikern zuhören. Wer ein bißchen länger bleibt, kann das durchmischte Publikum der Millionenstadt in sich aufnehmen - von zünftigen Dirndln und Krachledernen über New-Wave-Popper bis zur Jung-Schikkeria von Schwabing ist alles vertreten. Im Englischen Garten tummeln sich die Nackedeis, unter dem Chinesischen Turm werden die halbeimergroßen 'Maße' gezecht, im Hofbräuhaus geben sich Reisegruppen aus Übersee die Klinke in die Hand. Lebensqualität spielt eine große Rolle und wird überdeutlich zur Schau gestellt, trotz überall spürbarem Konservativismus (wir sind im Land des verblichenen FJS und seiner Vasallen). Die Kehrseite der 'Münchner Freiheit' - horrende Mieten und Grundstückspreise (30 % über Bundesdurchschnitt), die den Traum von 'einmal in München wohnen' auch zum Alptraum werden lassen.

VERBINDUNGEN / BAHNHOF: **Hauptbahnhof** nah an Zentrum und Fußgängerzone. Neu gestaltetes Reisecenter, Information, Schließfächer (in der Hauptsaison fast immer belegt), Gepäckaufbewahrung (6-24 h), in der Gleishalle Imbisse verschiedener Nationalitäten.

INFORMATION: **Fremdenverkehrsamt** im Hbf. (wenn ihr von den Zügen kommt, in der Gleishalle rechts, Ausgang Bayerstr.), meist lange Warteschlangen. Stadtplan, Broschüre für junge Leute, Zimmervermittlung (Mo-Sa 8-23, So 13-21.30 h). Das **EurAid-Center** in der Mitte der Gleishalle (1. Stock) bietet gute Zimmervermittlung für 10 DM.

UNTERWEGS IN MÜNCHEN: ausgedehntes U- und S-Bahnnetz, außerdem Trams und Busse. Die S-Bahnen fahren auch nach außerhalb, teilweise bis weit in die Umgebung, z.B. zum Starnberger See (S-Bahn ist der Bundesbahn angeschlossen, d. h. Ausländer mit dem Interrail-Ticket können sie kostenlos benutzen).

Einzelfahrscheine kosten 2,50-7 DM (je nach durchfahrenen Zonen), die roten **Kurzstreifenkarten** haben 10 Streifen (nur Innenstadt, ca. 6,50 DM). Außerdem gibt's blaue **10-** und **16-Karten** (10 bzw. 15 DM) Für eine Fahrt müßt ihr mindestens zwei Streifen entwerten, Gültigkeit 2 std., Umsteigen beliebig oft.

24-Stunden-Tickets gibts in blau (innere Zone, ca. 7 DM) und grün (Gesamt-Tarifbereich, ca. 13 DM).

Übernachten: München ist immer sehr voll, speziell im Juli/August und zum Oktoberfest (Ende September/Anfang Oktober). Dann am besten bei der Unterkunft anrufen, bevor man sich auf den Weg macht.

Wenn alle Stricke reißen, kann man im Hbf. auf der Galerie schlafen - Bahnpolizei weckt, bevor die Geschäfte öffnen.

JUGENDHERBERGEN / CAMPING: **IYHF-Jugendherberge**, Wendl-Dietrich-Str. 20, Nähe Rotkreuzplatz, Tel. 089/131156 (U1 vom Hbf. bis Rotkreuzplatz). Mit über 500 Betten riesig, dementsprechend unpersönlich, aber relativ zentrale Lage. Abends Schließzeit 1 h, bis 24 Jahre ca. 13 DM, darüber ca. 16 DM.

IYHF-Jugendgästehaus Thalkirchen, Miesingstr. 4, Tel. 089/7236550. Ziemlich weit vom Hauptbahnhof (U1 oder U8 bis Sendlinger Tor, umsteigen in U3 oder U6 Richtung Holzapfelkreuth bis Harras, weiter Tram 16 oder 26 bis Boschetsrieder Str.). Ziemlich modern und ebenfalls recht groß, aber angenehmer als die andere. Im Schlafsaal ca. 17 DM, es gibt auch Doppel- und Einzelzimmer (22 bzw. 25 DM pro Pers.), Schließzeit 1 h.

Jugendlager Kapuzinerhölzl, mit ca. 6 DM konkurrenzlos billigste Übernachtungsmöglichkeit in München, liegt beim Nymphenburger Schloßpark, Tel. 1414300, U1 bis Rotkreuzplatz, Tram 12 bis Botanischer Garten. 300 Schlafplätze in einem großen Zelt, Schlafsack mitbringen, Decken und Matratzen können kostenlos entliehen werden, sanitäre Anlagen völlig in Ordnung, heißer Tee gratis, Kochgelegenheit, lockere Atmosphäre. Nachts keine Schließzeit, tagsüber 9-17 h geschl., nur Ende Juni-Anfang Sept., maximaler Aufenthalt drei Tage, Altersbeschränkung 23 Jahre (nicht immer streng durchgehalten).

Internationales Jugendgästehaus des CVJM, Landwehrstr. 13, Tel. 555941. Vom Bahnhof ca. 5 min. in Richtung Sendlinger-Tor-Platz, Mädchen und Jungs, ca. 30 DM pro Pers. im Mehrbettzimmer, 34 DM im DZ (Frühstück incl.). Schließzeit 24 h.

Jugendhotel, Goethestr. 9, Tel. 555891, nah beim Bhf., nur Mädchen, ca. 28 DM pro Pers., mit Restaurant, Reservierung erwünscht.

Haus International, Elisabethstr. 87 (Schwabing), Tel. 185081-82, ca. 30 DM im 5-Bett-Zimmer, im DZ ca. 38 DM. U8 bis Hohenzollernplatz und noch ein kleines Stück zu Fuß.

Camping 'München-Thalkirchen', städtischer Platz nicht weit vom oben erwähnten Jugendgästehaus, Zentralländstr. 49, am Isarkanal (Floßlände), Tel. 7231707. U1 oder U8 bis Sendlinger Tor, U3 oder U6 bis Implerstr., weiter Bus 57 bis Endstation Thalkirchen. Meist sehr voll.

PENSIONEN: gibt's kaum unter 70 DM fürs DZ. In der Zimmervermittlung werden wie immer die preiswertesten Adressen nicht vermittelt. Eine der günstigsten Adressen ist **Pension am Kaiserplatz**, Kaiserplatz 12 (Schwabing), Tel. 349190, ca. 70 DM fürs DZ (U3 oder U6 bis Münchner Freiheit).

UMSONST IM FREIEN: ist im ganzen Stadtgebiet verboten, verschärfte Kontrollen. Am besten ihr fahrt mit der U6 Richtung Kieferngarten und steigt bei der Station **Studentenstadt** aus. Von dort ist es nicht mehr weit zum abgelegenen nördlichen Teil des Englischen Gartens (Polizeikontrollen auch hier). Andere Möglichkeit ist der **Olympiaberg**, wird allerdings von 'Schwarzen Sheriffs', einer privaten Sicherheitsorganisation, bewacht (etwas abseits bleiben).

JUGENDHERBERGEN (außerhalb): **Jugendherberge Burg Schwaneck**, in Pullach, Burgweg 4-6, Tel. 089/7930643. Sehr beliebte und schöne Herberge, liegt im Einzugsbereich des bundesdeutschen Nachrichtendienstes BND, der hier seine ummauerte Zentrale hat. Etwa 12 DM, S7 nach Pullach (22 min.).

Jugendherberge Steinebach am Wörthsee, Herbergstr. 10, Tel. 08153/7206. Noch weiter außerhalb, mit S5 zu erreichen. Nur ca. 8 DM, schließt abends aber schon um 22 h.

Essen: das Angebot ist riesig, wobei die Restaurants allerdings meist in höherpreisige Regionen entschwebt sind. Günstiger die Bierhallen, natürlich die Mensen und für Selbstverpfleger der schöne *Viktualienmarkt*.

SELF-SERVICES: in der Gleishalle vom Hbf. zahlreiche Möglichkeiten. Draußen vor der linken Seitenfront vom Bahnhof (Arnulfstr.) findet ihr ein **Wendy** (neben Hotel Rechthaler Hof), **Sam's Quick** rechts vom Bahnhof Ecke Bayer-/Zweigstraße. Ansonsten haben die Kaufhäuser oft preiswerte Angebote, z.B. der **Kaufhof** am Stachus, knapp 250 m vom Bahnhof (Untergeschoß, Sitzecken in der Lebensmittelabt.). Sitzen könnt ihr auch im Restaurant vom **Bilka-Kaufhaus** in der Fußgängerzone rechts (2. Stock).

MENSEN: **Arcisstr. 17** (Fachhochschule) ca. 10 min. vom Bhf. (Nähe Pinakothek) und **Leopoldstr. 15** (Universität) in Schwabing (U3, U6 Giselastr.), weitere Mensa in der **Studentenstadt** (Olympiadorf). Studentenausweise werden nur ab und zu kontrolliert, ihr könnt euch aber jederzeit von einem Studenten eine Essensmarke mitbringen lassen.

BIERHALLEN: gut für einen herzhaften Imbiß samt Bier, volkstümlich und nicht zu teuer.

Mathäser Bierstadt, Bayerstr 5 (rechts vom Bahnhof), einer der traditionsreichsten Bierkeller Münchens, riesig, mit mehreren Abteilungen. Billiges Essen im schlauchartigen Gewölbe am Beginn (Self-Service), angeschlossen das teurere Mathäser Gewölbe und Bierhalle.

Augustiner Großgaststätten, Neuhauserstr. 16, direkt in der Fußgängerzone. Gewölbe mit viel Atmosphäre, schwarze Holztäfelung, Stuck. Bayerische Spezialitäten von Leberknödelsuppe (ca. 4 DM) bis Spanferkel, süffiges dunkles Bier.

Schneider Weißbierhaus, Tal 10 (Fortsetzung der Fußgängerzone), echt bayerisch, urig und sehr beliebt, bayerische Kost ab 12 DM, gutes Weißbier.

RESTAURANTS / ZENTRUM: **Bernis Nudelbrett**, Petersplatz 8, Viktualienmarkt (Seitenfront der St. Peterskirche), sehr gemütlich, viel Holz, exzellente Nudelgerichte in allen Farben, allerdings etwas teurer, Menü ab 20 DM (Steak, Salat, Eis) oder einfach Spaghetti Bolognese nehmen.

Naturstüberl, Heiliggeiststr. 6 (versteckte Gasse beim Viktualienmarkt) winziges vegetarisches Lokal, im Angebot z.B. Sojapflanzerl, Quarkknödel und Pizza.

Fraunhofer, Fraunhoferstr. 9, altes Lokal mit Einrichtung aus der Jahrhundertwende, preiswertes Essen, viele Studenten.

Bella Italia, Sendlinger Str. 66 (im Asamhof), Lokalkette mit preiswerten Pizzen. Filiale in der Sonnenstr. 5.

NEUHAUSEN (nördlich vom Bhf., um den Rotkreuzplatz): **Werkhaus**, Leonrodstr. 19. Ganzes Haus mit verschiedenen Initiativen und Gruppen (u.a. Amnesty), vegetarisches Restaurant, Nichtraucher-Café **Wildwuchs**, Vollwert-Bäckerei und Laden. Bis 23 h, am Wochenende 24 h, Mo geschl.

Bella Italia, Weißenburger Straße 2.

SCHWABING (beim Englischen Garten): Universitäts- und Nachtviertel, angenehm, preiswert und hauptsächlich junges Publikum (U3 oder U6).

Atzinger, Schellingstr. 9. Alteingeführtes Studentenlokal, herzhafte bayerische Küche, zivile Preise.

Adria, Italiener an der Leopoldstr./Ecke Giselastr. Groß, sehr beliebt, guter Service und bunt gemischtes Publikum, vor allem nachts kommt jeder vorbei, bis 3 h offen!

Bella Italia, Türkenstr. 50.

HAIDHAUSEN (jenseits der Isar, um den Rosenheimer Platz): **Kenyo**, Steinstr. 42/Ecke Milchstr., ausgezeichnetes vegetarisches Lokal, nicht billig, tägl. 18-24 h.

Centro Espanol, Daiserstr. 20, spanische Küche, gemütlich, untere Preisklasse, tägl. 20-1 h, (U3 oder U6 bis Implerstraße).

Bella Italia, Rosenheimer Platz.

Biergärten: eine Münchner Spezialität, Radi (Rettich), Würstl, Brezen etc. kann man von Ständen kaufen, oft auch warme Küche.

Chinesischer Turm, schöne Lage im Englischen Garten, weitaus am bekanntesten, immer was los, Blasmusik, junges Publikum, viele Studenten und Touristen.

Augustiner-Keller, Arnulfstr. 52, die Straße links vom Hbf. entlang, ca. 5 min. zu Fuß. Alteingesessener Treff auf einer Anhöhe mit alten Kastanienbäumen, sehr gelobtes Bier, Brotzeit darf man mitbringen, Prominentenstammtisch.

Kaisergarten, Kaiserstr. 34., mitten in Schwabing, riesig, warmes Essen, am Wochenende nur abends offen.

Cafés/Kneipen: in Schwabing natürlich endloses Angebot, aber viel Schicki-Micki. Die Szene trifft sich eher in Haidhausen. Dort an der Rosenheimer Str./ Ecke Innere Wienerstr. das riesige neue *Kulturzentrum Gasteig* (Ausstellungen, Filme, Konzerte, große Bibliothek).

ZENTRUM: **Schmalznudel**, Prälat-Zistlstr. 8, Südende vom Viktualienmarkt. Bester Platz zum Frühstücken, ab 5 h früh offen, Sammelpunkt der Nachtschwärmer!

Café Rischart, Marienplatz 18, traditionsreichstes Café der Stadt. Nette Zweigstelle am **Viktualienmarkt**, Terrasse an der Rückseite der Peterskirche, sehr leckere Kuchen, etwas eng, aber gemütlich.

NEUHAUSEN: **Café Freiheit**, Leonrodstraße/ Ecke Landshuter Allee. Im New-Wave-Style mit weißen Klappstühlen und Neon, aber nicht schlecht, günstiges Frühstück.

Café Ruffini, Orffstr. 23. Alternatives Publikum, gemütlich, gute Kuchen, Mo geschl.

Café Wildwuchs, Leonrodstr. 19, vegetarisches Essen, einziges Nichtraucher-Café der Stadt, Mo geschl.

HAIDHAUSEN: **Café Größenwahn**, Lothringer Str. 11. 'In-Café' der Münchner Wave-Szene. Meist sehr voll und lebendig, v.a. abends ab 22 h kommt jeder mal vorbei.

Café Stöpsel, Preysingplatz. Klein, gemütlich und nette Leute! Spezialität sind Mohnkuchen, Mo geschl.

UM DEN GÄRTNERPLATZ: **Fraunhofer**, Fraunhoferstr. 9. Eine der beliebtesten traditionellen Studentenkneipen in München. Sehr groß und immer was los, auch gute Küche.

SCHWABING: auf der Leopoldstraße haufenweise Möglichkeiten, außerdem um die Occam-, Sieges- und Feilitschstraße.

Schwabinger Sieben, Feilitschstraße 7, ein Unikum unter den Schwabinger Kneipen, schummrig, verraucht, Gäste fast ausschließlich in Lederjacken, das Ganze wie aus den Siebzigern entsprungen.

Café Central, Leopoldstr. 76. Beliebtes Szenecafé.

Café Schmid, Amalienstr. 97. Viele Studenten, auch zum draußen sitzen.

Café an der Uni, Ludwigstr. 24, gegenüber Hauptgebäude der Uni, schöner Garten hinter einer Mauer.

Café Venezia, Leopoldstr., bekannter In-Treff, gut zum Leute-Beobachten.

MUSIKLOKALE: **Domicile**, Leopoldstr. 14 (Neuhausen), eine der besten Adressen bezüglich Live-Rock, Pop, Wave etc., So geschl., sonst bis mindestens 3 h offen. **Vielharmonie**, Preysingstr. 20 (Haidhausen), gute Musikkneipe, von Funk bis Jazzrock ist alles geboten. **Allotria**, Türkenstr. 33 (Schwabing), seit langen Jahren Anlaufpunkt in Sachen 'Traditional Live-Jazz'.

DISKOTHEKEN: die meisten in Schwabing, Nähe Münchner Freiheit (U3 oder U6 Richtung Olympiazentrum, bzw. Kieferngarten). Mit ca. 10-12 DM Eintritt müßt ihr rechnen. **California New**, Occamstr. 24. Kein Schicki-Micki-Publikum, relativ preiswert und gute Musik. Recht nett ist die **Olympia-Disko** in der Studentenstadt im Olympiadorf. Liegt unter der Mensa, Eingang etwas schwer zu finden, ca. 4 DM (nur Stud. mit Ausweis).

KINOS: **Cinema**, Nymphenburger Str. 31 (U1 ab Hbf. bis Stiglmaierplatz), Double Features, Filme in Originalversion, abends viele Studenten (ermäßigter Eintritt). Ansonsten viele Kinos am **Stachus**, vor allem entlang der Sonnenstraße.

Sehenswertes

Zentrum: vom Bahnhof durch unterirdische Fußgängerpassage und Einkaufszentrum zum Karlsplatz *(Stachus)*. Hinter dem Karlstor beginnt die Fußgängerzone zum Marienplatz, beliebter Standort für Straßenmusiker aus aller Welt.

Linker Hand kommt ihr bald an der *Michaelskirche* vorbei - schöne Renaissancekirche der Jesuiten. Die Gruft sollten sich König-Ludwig II.-Fans nicht entgehen lassen - hier liegt der König zwischen kleinen und großen Särgen in einem düsteren, muffigen Keller (ca. 1,50 DM).

Ein Stück weiter seht ihr bald die berühmten Türme der *Frauenkirche* hervorlugen. 1983 wurde die Außenfassade des mächtigen, aber eher schlichten Backsteinbaus renoviert. Auch eine Gruft mit einigen Bischöfen und Adligen gibt's zu sehen (nur sporadisch offen).

Am Marienplatz dann das monströse *Neue Rathaus* im neugotischen Stil - am Rathausturm tägl. um 11 h (im Sommer

auch 12 und 17 h) das viertgrößte Glokkenspiel Europas, 43 Glocken von 10-1300 kg und das sattsam bekannte Figurenlaufen. Wen's interessiert...
Ein Stück entfernt steht die *St. Peterskirche*, die älteste Pfarrei Münchens. Herrliche Deckengemälde und Altäre. Der Turm kann bestiegen werden (ca. 2 DM, Stud. 1 DM). Man kommt ganz schön in's Schnaufen, aber dafür hat man die schönste Aussicht auf die Stadt und bei Föhn sogar bis zu den Alpen! Von hier rüber zum benachbarten *Viktualienmarkt* - der größte Lebensmittelmarkt von München! Lohnt sich, hier mal rumzuschlendern, außerdem gibt's einen Biergarten.

Residenz: am Max-Joseph-Platz, nur wenige Schritte vom Marienplatz (U3, U6 bis Odeonsplatz). Sehr lohnend das *Residenzmuseum* mit den prächtig geschmückten Zimmerfluchten der Wittelsbacher von Renaissance bis Klassizismus. In der *Schatzkammer* glitzernde Kollektion von Kronen, Szeptern und Klunkern (Di-Sa 10-16.30, So 10-13 h, beide je etwa 2 DM). Daneben gleich die Oper, hinter der Residenz der *Hofgarten*, von dort sieht man auch schon die ockerfarbige, barocke *Theatinerkirche*. Für mich die schönste Kirche Münchens.

Schwabing: Universitäts-, Studenten- und traditionelles Vergnügungsviertel von München. Teuer und überlaufen (vor allem an Sommerwochenenden), an der langen Leopoldstraße zahlreiche Straßencafés. Ursprünglicher und weniger 'chic' die Seitenstraßen - *Schelling-*, *Türken-* und *Amalienstraße*. In der Münchner Uni an der Ludwigsstraße verbreiteten die Geschwister Scholl während des 2. Weltkrieges ihre antifaschistischen Flugblätter und wurden dafür hingerichtet ('Weiße Rose'). Wen's interessiert - im Hinterhaus der Franz-Joseph-Str. 13 haben sie gearbeitet (keine Besichtigung).
Gleich nebenan der berühmte *Englische Garten*, der 1989 seinen zweihundertsten Geburtstag feierte. Das riesige Gelände ist im Süden immer gut besucht, gegen Norden wirds zunehmend leerer. Im Eisbach könnt ihr Baden (auch textilfrei!), der Chinesische Turm ist ein beliebter Treff, im Sommer säuft hier jeder seine Maß. Ansonsten trifft man sich gern am Monopteros, einer kleinen runden Säulenhalle auf einem Hügel - nicht zu übersehen.

Haidhausen: jenseits der Isar, weiterer Stadtteil mit vielen Kneipen und Restaurants. Ursprünglicher und wesentlich weniger Touristen - sozusagen die Alternative zum überteuerten und touristisch aufgemotzten Schwabing. Hier leben die meisten ausländischen Arbeitnehmer Münchens und das große Geld bestimmt (noch) nicht die Szene. Der *Pariser Platz* ist ein Zentrum des Viertels, auf dem *Wiener Platz* kleiner Budenmarkt.

Olympiagelände: mit U3 vom Marienplatz oder mit U8 vom Hbf. bis Olympiazentrum. Die olympischen Stätten von 1972 bieten vor allem etwas für Liebhaber moderner Architektur. Markanter Blickfang das Spinnennetz des Stadions, zudem Olympiasee, Olympiadorf, -turm und -berg. Von den letzten zwei hat man einen tollen Blick auf München. Im Sommer spielen am Theatron (am Olympiasee zwischen Schwimmhalle und dem Stadion) alle 14 Tage sonntags Rockgruppen aus München und Bayern.

Schloß Nymphenburg: die berühmte Sommerresidenz der Wittelsbacher. Hier gibt's so viel zu sehen, daß man gut und gern einen ganzen Tag verbringen kann. Wer also Zeit hat, sollte das *Schloß*, die *Parkanlagen* und den angrenzenden *Botanischen Garten* anschauen. Im Schloß hängt übrigens die Schönheitsgalerie von König Ludwig I. - unter anderem auch ein Gemälde der berühmten Tänzerin Lola Montez, in die er unsterblich verliebt war und deren Einfluß auf ihn die Bürger so aufbrachte, daß sie einer der Auslöser der Revolution von 1848 wurde (Di-So 9-12.30, 13.30-17 h, für alle Gebäude ca. 5 DM, 'Kleine Karte' ca. 3,50 DM, im Botan. Garten ebenfalls Eintritt). U1 bis Rotkreuzplatz, weiter Tram 12.

MUSEEN: **Alte Pinakothek**, Barer Str. 27 (Tram 18 ab Stachus/Karlsplatz). Eine der bedeutendsten Galerien für die Malerei des 14.-18. Jh., u.a. Raffael, Giotto und Dürer. **Neue Pinakothek**, Barer Str. 29, gleich benachbart, ultramoderner Neubau, europäische Skulpturen und Malerei des 19. Jh. (beide tägl. außer Mo 9.30-16.30, Di und Do außerdem 19-21 h, ca. 7 DM für beide Museen, 4 DM einzeln, Stud. ermäß., an Sonn- und Feiertagen freier Eintritt).

Haus der Kunst, Prinzregentenstr. 1, Südende des Englischen Gartens. Bedeutende Maler des 20. Jh. sind hier ausgestellt (tägl. 9-18 h, ca. 3 DM, Stud. ermäß., So frei).

Städt. Galerie im Lenbachhaus, Luisenstraße 33. Im Stil einer italienischen Landvilla errichtet, interessante Sammlung der Modernen, die sich in der Gruppe 'Der blaue Reiter' zusammenschlossen und den erstarrten Kunstbetrieb des 19. Jh. revolutionieren wollten. Vor allem Kandinsky, aber auch Klee, Macke u.v.a. Mit Garten und nettem Café (tägl. Di-So 10-18 h, ca. 6 DM, Stud. ermäß.)

Münchner Stadtmuseum, St. Jacobsplatz 1 (Nähe Marienplatz). Große Sammlung zu Puppentheatern, Film und Photographie, Brauereihandwerk u.a., Di-So 20 h laufen Filmklassiker (Di-So 9-17 h, ca. 5 DM).

Karl-Valentin-Musäum, Isartorturm am Isartorplatz, klein und skurril, alles mögliche und unmögliche, was mit dem bekannten Münchner Komiker zu tun hat, ist verewigt, beliebte Cafeteria. Man beachte die Öffnungszeiten: Mo-Di 11.01-17.29, Sa 11.01-17.29, So 10.01-17.29 h. 99-jährige in Begleitung ihrer Eltern frei, ansonsten 0,99 DM!

DEUTSCHES MUSEUM: der Welt größtes Museum für Technik! Liegt auf einer Isarinsel und bietet tagelang Beschäftigung, vom Kohlebergwerk über ein Planetarium bis zur perfekten Blitzimitation ist hier alles zu finden. Besonders publikumsfreundlich - vieles kann per Knopfdruck in Bewegung gesetzt werden. S-Bahn vom Marienplatz bis Isartorplatz Richtung Ostbahnhof (tägl. 9-17 h, ca. 5 DM, Stud. ermäß.).

München/Umgebung: das berüchtigte Konzentrationslager von *Dachau* ist heute zur Gedenkstätte gegen die scheußlichen Verbrechen der Nationalsozialisten und ihrer Mitläufer gemacht worden. Es stehen u.a. noch zwei Baracken und das Krematorium, im Museum sind Photo- und Filmdokumente zu sehen (Di-So 9-17 h, frei). Mit Zug oder S2 (Richtung Peterhausen) bis Dachau, dann zu Fuß (oder Bus) noch ca. 20 min.

Von den großen Seen südlich von München ist der Ammersee weniger überlaufen als der Starnberger See. *Herrsching am Ammersee* liegt herrlich in einer Bucht, zu erreichen mit der S5. Wer gerne wandert, dem empfehle ich, zum Klosterberg Andechs hochzugehen. Dort oben steht eine wunderbare Kirche, innen sind Wallfahrerkerzen ausgestellt, interessant! Der Turm kann bestiegen werden, von oben toller Blick auf den Ammersee, Voralpengebiet und natürlich auch auf die Berge. Leider schenken die Mönche das süffige Andechser Bier neuerdings an Wochenenden nicht mehr aus.

Weitere Umgebung

Zugspitze: mit 2963 m der höchste Berg Deutschlands. Ausflug lohnt sehr, aber nur bei klarem Wetter, grandioser Ausblick, Sonnenbrille nützlich! Landschaftlich schöne Anfahrt von München über Starnberg - Murnau - Oberau nach Garmisch-Partenkirchen. Häufige Verbindungen (ca. 1 1/2 std.). Garmisch selbst hat außer seinem Ruf und idealen Wandermöglichkeiten wenig zu bieten. Am besten gleich weiter mit der *Zugspitzbahn*, 20 km lange Zahnradbahn ab Zugspitzbahnhof (gleich hinter dem DB-Bahnhof, Fußgängerunterführung unter den Gleisen durch) über Grainau und Eibsee hinauf zum Schneefernerhaus (2656 m), weiter mit der Seilbahn zur Gipfelstation mit Aussichtsterrasse (ab Garmisch und zurück ca. 50 DM, unter 18 Jahren ca. 36 DM, mit IR ca. 44 DM, etwa 9 x tägl.). Ab Eibsee könnt ihr auch in die extrem steile *Seilbahn* zur Gipfelstation umsteigen, bzw. sie für den Rückweg benutzen und am hübschen Eibsee Pause machen, bevor ihr nach Garmisch zurückfahrt.

INFORMATION: Verkehrsamt in der Bahnhofstr. 34, vom Bhf. ein paar Schritte links (Mo-Sa 8-18, So 10-12 h). Infos über Unterkünfte.

ÜBERNACHTEN: **Jugendherberge** in Burgrain, Jochstr. 10, Tel. 08821/2980. Mit Bus 6, 7 (Linie Farchant) ab Haltestelle schräg gegenüber vom Bhf., schöne Lage. **Camping Zugspitze** am Fuß der Zugspitze (Kreuzeck Bus bis Breitenau und 0,5 km den Zeichen folgen).

LESERTIP: "**Ruine Werdenfels** und **Pflegersee** zu Fuß ca. 1,5 std. ab JH, tolle Lage, Bademöglichkeit, Restaurant (etwas teuer). Oder Schloß **Schachen** (Schachenhaus), ca. 4 std. ab Skistadion, wenig bekanntes Schloß Ludwig II., unten Wohnzimmer, oben prunkvoller Saal im marokkanischen Stil, alles in einem schweizerischen Haus, daneben Berggaststätte, dort auch wegen Besichtigung fragen" (Michael Langenwalter, Garmisch-Partenkirchen).

Füssen: nicht weit von der Zugspitze am Forggensee. Kaum 5 km vom Ort erhebt sich das weltberühmte 'Disneyland'-Schloß *Neuschwanstein*! Mit seinen schlanken Türmen und Zinnen bietet es einen Anblick wie aus einer Mittelalter-Bilderfibel, wurde aber erst im letzten Jh. für den bayerischen König Ludwig II. erbaut. Das Mauerwerk wird übrigens von einem verborgenen Stahlgerüst zusammengehalten - Ludwig war nicht nur weltfremder 'Aussteiger', sondern auch ein phantasiebegabter Technikfan. Heute fallen täglich Horden vor allem amerikanischer und japanischer Touristen über das Gemäuer her, um einen Abglanz von 'Good old Germany' und 'Märchenkönig' Ludwig zu erhaschen.
Ebenso prächtig wie das Äußere sind auch die Innereien des Gemäuers. Reiche Holztäfelungen und kostbare Wandgemälde stellen meist Themen aus Richard-Wagner-Opern dar - der Bauherr, König Ludwig II., war ein glühender Anhänger des umstrittenen Komponisten. Am beeindruckendsten der große Sängersaal im 4. Stock. Busse fahren ab Füssen-Bahnhof bis Hohenschwangau, dann noch 1 km zu Fuß, zum Schluß wird's steil (tägl. 9-17.30 h, ca. 6 DM, Stud. die Hälfte).

INFORMATION: Augsburger-Tor-Platz 1, nicht weit vom Bahnhof.

ÜBERNACHTEN: moderne **Jugendherberge** in der Mariahilfstr. 5, Tel. 08362/7754. Nicht weit vom Bahnhof, Weg ist beschildert.

HESSEN

Die Region in der Mitte der Bundesrepublik ist im Norden eher bäuerlich strukturiert, der Süden ist von Industrie geprägt (Frankfurt, Wiesbaden, Offenbach, Hanau).

Die Metropole Frankfurt ist einen Besuch wert, ebenso Marburg, eine der hübschesten Fachwerk- und Universitätsstädte der Republik.

FRANKFURT

Hochhausstadt, bedeutendes Messezentrum, gleichzeitig Industrieballungsgebiet und wichtigste Bankenzentrale der Republik. Ihre sarkastischen Spitznamen - 'New York am Main', 'Krankfurt', 'Mainhattan' - werden der Wirtschafts- und Handelsmetropole nur zum Teil gerecht. Frankfurt hat eine interessante Atmosphäre und vor allem kulturell eine Menge zu bieten.

Im Weltkrieg wurde die gesamte Altstadt in Schutt und Asche gebombt und in den Jahren danach nach modernen, rein funktionalen Gesichtspunkten wieder hochgezogen. Dutzende Hochhaustürme prägen Skyline und Straßenbild, an der Peripherie wie im Zentrum. Eine Reihe großartiger Museen, das ausgeprägte Nachtleben, die vielen Annehmlichkeiten und Abwechslungen der Großstadt lassen aber über den Verlust von Historie hinwegsehen.
Die wenigen historischen Gebäude werden gehegt und gepflegt. Prunkstück - der *Römerberg*, wo mit Millionenaufwand sechs ehemalige Patrizierhäuser 'originalgetreu' wieder aufgebaut wurden. Auch sonst ist überall das Bemühen zu erkennen, die Stadt zu verschönern - oft kommt auch etwas Gutes dabei heraus.
Das Bahnhofsviertel ist leider keine besonders einladende Visitenkarte - hier hat sich das größte Prostitutionsviertel der Bundesrepublik breit gemacht. Wer aus dem Hauptbahnhof kommt, wird zwischen den großen Büros von Luftfahrtgesellschaften, Kaufhäusern und Bankzentralen gleich hautnah mit Eros-Centern und Sex-Shops konfrontiert. 'Non Stop Sex' und 'Love Corner' heißt die Devise in der Elbestraße und den angrenzenden Straßenzügen.

Internationale Buchmesse: für jeweils eine knappe Woche findet im September/Oktober nicht weit vom Bahnhof die größte Buchausstellung der Welt statt! Zum Stöbern und Informieren über neue Trends ideal, noch dazu gewürzt mit Flair und Prominenz aus aller Welt. In der Abteilung Reiseführer könnt ihr bei unserem Stand vorbeischauen (für's öffentliche Publikum nur nachmittags zugänglich, ca. 5 DM).

VERBINDUNGEN / BAHNHOF: der riesige, sorgfältig restaurierte **Hauptbahnhof** liegt sehr zentral, zum Stadtzentrum und zum Messegelände sind es etwa 1,5 km.

INFORMATION: im Hbf. (gegenüber Gleis 23), Zimmervermittlung, Stadtpläne. Außerdem Presse- und Informationsamt auf dem **Römerberg**, vor den neuen 'alten' Häusern links - Infos über alles in der Stadt.

ÜBERNACHTEN: **Jugendherberge 'Haus der Jugend'**, Deutschherrnufer 12, Tel. 069/619058. Große Herberge mit 500 Betten, liegt auf der anderen Seite vom Main, gleich am Anfang von Sachsenhausen - günstig für's Nachtleben, Kneipen etc. Mit Bus 46 ab Hbf. bis Frankensteiner Platz. Kostet etwa 15 DM pro Pers.

Camping Nidda-Insel, An der Sandelmühle 35, im nördlichen Stadtteil Heddernheim (2 min. von der U-Bahnstation Heddernheim). Sehr hübsch, weil mitten im Grünen zwischen dem Fluß Nidda und dem Ursel-Bach, aber immer sehr voll, Tel. 570332.

Camping Maul, Niederräder Ufer, an der Südseite des Mains, Tram 19 bis Heinrich-Hoffmann-Straße.

Im Freien - gute Möglichkeiten auf den ausgedehnten Wiesen- und Waldflächen in der Nähe vom Stadion, Frankfurt Süd. Ab Hauptbahnhof mit Tram zum Stadion und noch ein Stück zu Fuß (liegt übrigens gleich an der Autobahn - ideal für Tramper).

ESSEN: **Asia**, Gallusanlage 2 (am Weg vom Hbf. in die Innenstadt), preisgünstiger Chinese, sehr groß und auch große Auswahl.

Eden, Rahmhofstr. 4 (an der Börse, Nähe Hauptwache), ruhiges vegetarische Lokal, helle Räume, Alkohol- u. Nikotinverbot, sehr leckere Gerichte und Kuchen, gar nicht mal so teuer.

Club Voltaire, Kl. Hochstr. 5, Polit-Treff mit langer Tradition, preiswerte Küche, auch Ausstellungen, Veranstaltungen etc.

Taverne Sparta, Friedberger Landstraße 140 (Nibelungenplatz, gegenüber Shellhochhaus), von der Konstablerwache ein ganzes Stück nördlich. Sehr günstiger Grieche und üppige Portionen.

Akropolis, Schloßstr. 55, in Bockenheim, Nähe Uni (vom Bhf. Richtung Messe und noch ein Stück weiter), guter Grieche, einfach, zivile Preise, auch deutsche Gerichte.

Achter Kontinent, Frankensteiner Platz 25, Deutschherrnufer Nähe JH, Café-Restaurant, Alternativtreff in Sachsenhausen, tägl. 11 h morgens - 1 h nachts, Frühstück, Mittag- und Abendessen, im Sommer kann man im Freien sitzen.

CAFES: Innenstadt - meist teurer als in anderen Bezirken. **Café Hauptwache,** Hauptwache, bekannt und beliebt, große Terrasse. **Café Kranzler**, An der Hauptwache 7, Renommiercafé, für alle, die zuviel Geld übrig haben. **Das Caféhaus**, Große Eschenheimer Str. 13 a, nur ein paar Meter von der Hauptwache, üppige Ausstattung - meterhohe Spiegel, chinesische Schirme, Palmen, Blinis in diversen Varianten aus dem Backofen. **Café Mozart**, Töngesgasse 23, Salzburger Kaffeehausatmosphäre, viele 'Kaffeetanten'. **Wacker's Café**, Kornmarkt 9, wenig Platz, dafür zwei Dutzend Kaffeesorten. **Café im Hof**, Kaiserhofstr. 20, nettes Café im Hinterhof, gutes Essen (u.a. Crepes).

Sonstige Bezirke - **Café Größenwahn,** Lenaustr 97 (Nordend), klein aber gemütlich, viele Alternative, billig. **Café Bistro Bastos**, Gräfstr. 45 (Bockenheim, bei der Uni), nostalgisch-gemütlich, hauptsächlich Studenten, erträgliche Preise. **Café Bauer**, Jordanstr. 1 (bei der Uni), ebenfalls studentisches Publikum, meist sehr voll. **Palmcafé**, Schifferstr. 36 (Sachsenhausen), beliebtes 'In'-Café mit guter Speise- und Getränkekarte, hauptsächlich junge Besucher.

Nachtleben: im Stadtteil *Sachsenhausen* südlich vom Main findet ihr zahllose Kneipen, Bars, Lokale, Weinlokale, Diskotheken etc. - für jeden Geschmack etwas, allerdings von Touristen überlaufen. Im Sommer sitzt man gerne an langen Tischen in den zahllosen Hinterhofgärten, im Herbst ist 'Äppelwoi'-Zeit - ganze Straßenzüge sind dann von Apfelduft durchzoge, der Frankfurter Apfelmost ist weithin berühmt (ein Kranz an Eingang zeigt, daß der Äppelwoi noch selbst gekeltert wird). Einheimische gehen aber lieber nach *Bockenheim* (Uninähe) oder *Bornheim* - dort noch eher urwüchsige Lokale mit angemessenen Preisen.

KNEIPEN (Innenstadt): **Hard Rock Café**, Taubenstr. 11/Ecke Rahmhofstr. (Innenstadt), abends muß man mal hin, Szenetreff, im angeschlossenen Lokal kann man relativ preisgünstig essen.

Blaubart, Kaiserhofstr. 18, urgemütlicher Weinkeller in altem Gewölbe, Tische hängen teilweise an Seilen von der Decke, Kerzenbeleuchtung, gute Weine, leckere Salate, gemischtes Publikum, früh hingehen, wird immer unheimlich voll.

Mephisto, Meisengasse 9, heimelig verwinkelter Keller, ebenfalls meist sehr voll.

Dominius-Keller, Brückhofstr., Nähe Konstablerwache, urig und schummrig, lange Bänke, junges Publikum, aber gefährlich steile Treppe.

KNEIPEN (Sachsenhausen): Äppelwoi-Kneipen gibts jede Menge, zu den besten gehören -

Lorsbacher Tal, Gr. Rittergasse 49, uriges Lokal, viele Sachsenhausener, deftige preiswerte Küche, im Sommer im Hof. **Zum Eichkatzerl**, Dreieichstr. 29, typische Äppelwoi-Kneipe, wenig Touristen, auch gutes Essen. **Hinnerkopp**, Große Rittergasse 51, im Sommer kann man im Hof sitzen, gutes Essen. Die **Karotte**, Neuer Wall 15, ist eine schummrig-gemütliche Studentenkneipe, der Szenetreff **Endzeitspelunke**, Textorstr. 89, sieht genauso aus, wie er heißt.

MUSIK: **Sinkkasten**, Brönnerstr. 5, wichtigste Musikkneipe Frankfurts, Stammtreff vieler Musiker, Rockjazz, Blues u.a. **Batschkapp**, Maybachstr. in Eschersheim. Alternatives Kulturzentrum mit vielen Veranstaltungen - Theater, Bands, Jazz und Rock. **Jazz Live Podium**, Kleine Rittergasse 22-26 (Sachsenhausen), tägl. Live-Musik, meist Dixie und Swing, Einlaß ab 19.30 h, statt Eintritt Musikaufschlag auf das erste Getränk.

Sehenswertes

Innenstadt: das Bahnhofsviertel wird raschen Fußes durchquert. Nach diversen Säuberungsaktionen leuchten die roten Herzen hier aber nicht mehr so häufig wie früher. Die Münchener Straße führt euch direkt zum Herz der Altstadt, dem *Römerberg*. Hier am ehemaligen Marktplatz der namengebende 'Römer' (historisches Rathaus mit Kaisersaal) und die schon erwähnten, nach alten Vorbildern rekonstruierten Patrizierhäuser. Am Platz auch die Nikolaikirche, das kompetente städtische Informationsamt und das Historische Museum. In der Nähe der alte gotische *St. Bartholomäus-Dom* - im Krieg schwer beschädigt, aber wieder aufgebaut. Weiter östlich am *Börne-Platz* hat man bei Umbauarbeiten kürzlich Reste des einstigen jüdischen Gettos entdeckt (Fundamente von vier Häusern und eines Ritualbades).

Am Weg zur Zeil (Fußgängerzone) kommt ihr an der recht schlicht wirkenden *Paulskirche* vorbei. Vor allem aus dem Geschichtsunterricht wird sie euch bekannt sein, hier tagte während der Revolution von 1848/49 die deutsche Nationalversammlung, sozusagen das erste Parlament der deutschen Geschichte (allerdings nicht vom Volk gewählt). Ihre Bewährungsprobe konnte sie aber nie ablegen, da die Revolution scheiterte. Heute wird hier u.a. der Friedenspreis des Deutschen Buchhandels verliehen.

Das *Goethe-Haus* am Großen Hirschgraben 23 ist nach alten Plänen originalgetreu wieder aufgebaut worden, hier lebte Goethe bis ins blühende sechzehnte Lebensjahr. Heute als Museum zugänglich - Nußbaummöbel, Scherenschnitte und eine 'astronomische Uhr' im Treppenhaus (Mo-Sa 9-18, So 10-13 h, ca. 3,50 DM).

Nur ein paar Schritte Richtung Norden kommt ihr zur *Hauptwache* (historisches Gebäude oberirdisch, U-und S-Bahnknotenpunkt darunter) und auf die platanenbepflanzte *Zeil* - Deutschlands umsatzstärkste Fußgängerzone. Hier ist echt was los, Konsumenten, Straßenmusiker, Laienschauspieler, Rumhänger, Bettler.

Von der Hauptwache Richtung Westen verläuft die *Fressgass'*, ebenfalls Fußgängerzone, bis zur *Alten Oper*, ein unglaublich aufwendiger Bau aus der Kaiserzeit, der 1943 völlig zerbombt wurde. Der Wiederaufbau war in den 70er Jahren sehr umstritten.

Im Rothschildpalais am Untermainkai (gegenüber vom Museumsufer) ist das neue *Jüdische Museum* eröffnet worden. Gezeigt wird eine Dokumentation der Geschichte des Judentums in Frankfurt, Bräuche und Alltag, außerdem ein Modell des Frankfurter Gettos, von dem kürzlich Reste entdeckt wurden.

Museumsufer: vom Römer kommt ihr über den, aus wilhelminischen Zeiten unversehrt erhaltenen, *Eisernen Steg* schnell über den Main ans Sachsenhausener Mainufer. Hier am *Schaumainkai* wurde in den letzten Jahren eine ganze Museumskette hochgezogen, deren Häuser fast alle mit dem Nulltarif locken, nämlich u.a. das *Architektur-*, *Völkerkunde-*, *Film-*, *Bundes-*

post- und *Kunsthandwerksmuseum*, außerdem das *Liebighaus* (Plastiken). Nur im *Städelschen Kunstinstitut* (sog. 'Städel', sehenswerte Gemäldegalerie) zahlt man ca. 3 DM, Stud. die Hälfte, So frei (alle Museen Di-So 10-17, Mi 10-20 h, Mo geschl., Filmmuseum Di-So 11-18.30 h).

Für dieses große Renommierprojekt der Stadtverwaltung mußte der berühmte Frankfurter *Flohmarkt* seinen angestammten Platz am Schaumainkai räumen. Ihr findet ihn jetzt in einem ehmaligen, eingezäunten Schlachthofgelände am Deutschherrnufer, Nähe Flösserbrücke (jeden Sa 8-14 h, vom Eisernen Steg nach links den Fluß entlang, bis ein Schild 'Flohmarkt' nach rechts zeigt). Der neue Markt ist bezüglich Warenangebot und Atmosphäre leider überhaupt nicht mit dem alten zu vergleichen, die meisten Frankfurter fahren deshalb zum Flohmarkt nach *Offenbach* (vgl. Lesertip weiter unten).

Westend: altes Villenviertel nördlich vom Bahnhof, inzwischen immer mehr durch Neubauten zerstört. Am 19. September 1970 fand hier die erste Hausbesetzung der Bundesrepublik statt. Vorwiegend auf dem Rücken einkommensschwacher Familien, Ausländer und Studenten hatten Immobilienmakler das Westend als "Baugrund" entdeckt. Fortan ging es in erster Linie darum abzureißen, um Bebauungsland für "Luxussanierungen" zu bekommen. Am Nordrand des Westend das *'IG-Farben-Hochhaus'*, interessantes Beispiel für die Architektur der 20er-Jahre, jetzt Sitz der US-Army.

Sehenswert vor allem der *Palmengarten* an der Siesmayerstr., ein weitläufiger Park mit tropischen Gewächshäusern und einem Rudersee (Bus 36 oder Tram). 1 km hinterm Palmengarten toller Blick vom *Fernmeldeturm* - mit 331 m höchster Turm der Bundesrepublik (F.-Ginnheim/Wilhelm-Epstein-Str.).

Nicht weit entfernt, an der Senckenberganlage (Nähe Uni), liegt das interessante *Naturkundemuseum Senckenberg* - vor allem für Dinosaurierfreunde lohnend.

Startbahn West: eins der umstrittensten Bauprojekte in der Geschichte der Bundesrepublik. Mehrere hunderttausend Bäume (insgesamt 200 ha Wald) wurden abgeholzt, um diese fragwürdige Erweiterung des Frankfurter *Rhein-Main-Flughafens* durchzuführen. Begleitet wurde der Bau von Anfang bis Ende mit Auseinandersetzungen zwischen hartnäckigen Bürgerinitiativen und schlagstockschwingender Staatsgewalt, 1987 wurden zwei Polizisten erschossen. Wer sich dafür interessiert (auch der Flughafen als Ganzes ist sehenswert), es gibt eine gute S-Bahn-Verbindung von der Hauptwache bzw. Hbf. zum Flughafen.

PARKS: Frankfurt hat viele Grünanlagen zum Rumlaufen und Ausruhen, z.B. den **Grüneburgpark** (benachbart zum Palmengarten, im Sommer mit 'Lieder im Park'-Musikveranstaltungen).

MARKT: **Kleinmarkthalle** in der Ziegelgasse/ Hasengasse (Nähe Römerberg), sehens- und erlebenswert.

SHOPPING: **Zeil**, **Fressgass'** (Innenstadt), **Berger Str.** (Bornheim), **Leipziger Str.** (Bokkenheim, Nähe Uni).

THEATER: **Städtische Bühnen** (Oper, Schauspiel, Kammerspiel) am Theaterplatz. Schüler/Stud.-Karten ca. 8 DM (Oper 10 DM). Zu empfehlen auch ein Besuch im **Volkstheater** (Cantatesaal, gleich links neben dem Goethehaus), dort gibt es witzige Stücke in Frankfurter Mundart.

ZOOLOGISCHER GARTEN: der Frankfurter Zoo (Alfred-Brehm-Platz, von der Zeil Richtung Osten) ist weltbekannt und der größte Deutschlands (tägl. 8-19 h, ca. 8 DM). Zu erreichen mit der Tram, aber auch zu Fuß nicht allzu weit vom Zentrum.

LESERTIPS: "viele Frankfurter ziehen den Flohmarkt in **Offenbach** vor, ein wirklich schöner großer Markt mit tollen Ständen und guter Atmosphäre. Mit S8 ab Frankfurt Hbf. bis Offenbach Hbf. (ca. 10 min.) und runter zum Main laufen" (Susi Macker, Frankfurt) . . ."am Sa oder So mit dem **Ebbelwei-Expreß** durch die Stadt - bunter alter Straßenbahnwagen, fährt mehrmals jeweils 45 min lang, ca. 5 DM (incl. ein Becher Ebbelwei und Brezel. Wenn man Glück hat - gute Atmosphäre" (Jürgen Naumer, Frankfurt).

Marburg

Liebenswertes altes Städtchen und eine der wenigen 'Fast-Nur-Universitätsstädte' Deutschlands. Jeder vierte Einwohner hat irgendwie mit der Uni zu tun, die meisten als Studenten, das prägt natürlich das Leben - jugendliche Beschwingtheit zwischen alten Gemäuern.

Abgesehen von den natürlich auch hier obligaten Neubauvierteln aus Beton und Asphalt, ist Marburg für mich wirklich eine der schönsten Unistädte - bucklig-krumme Treppengäßchen ziehen sich halbmondförmig den steilen Schloßberg hinauf, links und rechts malerisch-altehrwürdige Fachwerkhäuser - eins schöner als das andere!

VERBINDUNGEN / BAHNHOF: Schließfächer, Fahrradverleih. Das alte Zentrum (Oberstadt) ist gut zu Fuß zu erreichen, auch Busverbindungen.

INFORMATION: Verkehrsamt rechts vom Bahnhof. Kostenlose Zimmervermittlung.

ÜBERNACHTEN: **Emil v. Behring-Jugendherberge** in der Jahnstr. 1, Tel. 06421/ 23461. Liegt an der Lahn und ist in einem Fußmarsch von ca. 20 min. ab Bhf. zu erreichen. Strenge Schließzeiten und sehr 'basic'. **Camping Lahnaue** liegt noch ein ganzes Stück weiter als die JH. Fahrt zum **Südbahnhof**, von dort ist es nicht mehr weit.

ESSEN / TREFFS: **Mensa**, Am Erlenring.
Odysseus, Bei St. Jost 5, sehr beliebter Grieche, viel Platz an großen und kleinen Tischen, meist voll und gute Stimmung.
Café Vetter, Reitgasse 4, Café im Alt-Wiener Stil, perfekte Konditorei und guter Kuchen für jung und alt. Vom Fenster habt ihr einen schönen Blick über Marburg.
Brasserie, gegenüber Café Vetter, Reitgasse 8. Gute französische Küche, auch gemütlich, um nur etwas zu trinken.
Café Barfuß, Barfüßerstraße 33, Müsli, Eisbombe, Tintenfisch, Suppe, Sandwiches . . . eigentlich alles, bis 1 h offen. Man sitzt an großen Tischen oder an der Theke, bunt gemischtes Volk, gute Atmosphäre.
Destille, Neustadt 25, Café und Kneipe, große Fensterfront zur Fußgängerzone raus, gute Musik.
Und für Nachtschwärmer das **Slot**, Steinweg 9, Kneipe mit Diskothek im Keller, keine Gesichtskontrolle und bis 2 h offen (Fr, Sa bis 3 h), nach 1 h der Treffpunkt!

Sehenswertes: in der *Oberstadt* eine Kneipe, ein Geschäft und ein Café neben dem anderen. Die *Fußgängerzone* ist mit Pflastersteinen ausgelegt, tolle Hausfassaden! Gute Kondition müßt ihr mitbringen, wenn ihr über die vielen Stufen zum *Landgrafenschloß* raufklettern wollt. Von oben habt ihr aber einen Super-Blick über die Stadt. Zu besichtigen u.a. der Rittersaal und der Disputationsraum, in dem sich die Reformatoren Martin Luther und Ulrich Zwingli ihr 'Marburger Religionsgespräch' lieferten (Di-So 11-13, 14-17 h, frei). Auch die *Elisabethkirche* solltet ihr euch anschauen - das bedeutendste Bauwerk Marburgs und eine der ersten rein gotischen Kirchen Deutschlands. Kostbare Innenausstattung, in der Sakristei der reich geschmückte Elisabethschrein (ca. 2 DM).

Ansonsten vielleicht ein Spaziergang am Lahnufer oder eine kleine Bootsfahrt (Bootsverleih Nähe Rudolphsplatz, Alte Universität). In *Alt-Weidenhausen* zwischen JH und Mensa gibts sehr schöne Fachwerkhäuser und einige kleine alternative Läden.

MUSEEN: **Religionskundliche Sammlung**, Landgraf-Philipp-Str. 4, interessante Stücke aus aller Welt, vor allem Asien (Mo, Mi, Fr 10-13 h).
Kindheits- und Schulmuseum, Barfüßertor 5, ziemlich einmalig, mit viel Liebe wurden unter privater Leitung Kinder- und Schulzimmer nachgebaut. In Regalen Kinderbücher und Spielzeug (April - Sept. So 10-13 h).

FLOHMARKT: jeden ersten Samstag im Monat großer Flohmarkt in den Gassen der Altstadt, z.B. Steinweg.

Den Rhein entlang

(Amsterdam - Arnhem) - Ruhrgebiet - Düsseldorf - Köln - Koblenz - Mainz - Mannheim - - (Basel)

Eine der großen Bahnrouten des Kontinents! Das Rheintal ist am schönsten zwischen Koblenz und Mainz. Weiter nördlich weniger ansehnlich, aber mindestens genauso typisch - das Ruhrgebiet. Ab Mannheim gute Abzweigmöglichkeiten durchs malerische Neckartal über Heidelberg - Heilbronn - Stuttgart - Ulm nach München.

VÄTERCHEN RHEIN: besungen und verherrlicht von zahllosen Dichterfürsten und Romantikern, Nibelungenschatz und Lorelei . . .
Heute des Vaterlands Kloake und wohl einer der meistverschmutzten Flüsse der Welt, vor allem im Bereich des Mittel- und Niederrheins. Weit über 10.000 Schadstoffe hat man registriert, Spitzenwerte nehmen u.a. Schwermetalle wie Kadmium, Quecksilber und Chrom ein, aber auch krebserzeugende Kohlenwasserstoffe, Chloride und dergleichen mehr gehen den Bach hinunter. Hauptverursacher sind die großen Chemiewerke und Papierfabriken, die ihre Abwässer zum größten Teil ungeklärt in den Rhein lassen (oder auch in den Main, der in den Rhein mündet). Über die Hälfte aller in die Nordsee eingeleiteten Giftstoffe stammt aus der BR Deutschland.

RUHRGEBIET

Das bedeutendste Industriegebiet Deutschlands mit etlichen Großstädten, deren Grenzen mehr oder minder ineinander übergehen. Die zahllosen Kohlezechen und Industriewerke haben ein touristisches Profil gar nicht erst entstehen lassen - nichtsdestotrotz gibt es auch hier schöne und interessante Ecken. Stahlarbeiterkrise und Zechensterben belasten z.Z. die Region spürbar.

Daß das Leben im Ruhrgebiet nicht gerade mit dem in einem Dorf in den bayerischen Alpen verglichen werden kann, liegt auf der Hand - an chronischer Bronchitis leiden in Duisburg z.B. etwa viermal so viel Menschen wie in ländlichen Gegenden, und auch die Lungenkrebssterblichkeit liegt über dem Durchschnitt. Neuste Krankheit ist das sog. *'Pseudo-Krupp'*, asthmaähnliche Erstickungsanfälle, von der fast ausschließlich Babys befallen werden. 1985 mußte in Essen, Dortmund und Bottrop das erste Mal in der Geschichte der Bundesrepublik Smogalarm der Stufe II ausgelöst werden.
Ansonsten ist in so einem dicht besiedelten Ballungsgebiet kulturell natürlich eine Menge geboten und ein paar "grüne Lungen" gibt's auch noch.

VERBINDUNGEN: mit der Eisenbahn insgesamt sehr gute Verbindungen, die S-Bahn Rhein-Ruhr verkehrt bis ca. 1 h nachts. Das **"typische" Ruhrgebiet**, also Zechen, Hochöfen usw., erlebt ihr besonders auf folgenden Strecken: Wanne Eickel Hbf - Gladbeck - Dorsten, Dortmund Hbf. - Preußen (Strecke DO - Münster) und Duisburg Hbf. - DU-Rheinhausen (Strecke Duisburg - Krefeld). Als Kontrast dazu das **"grüne" Ruhrgebiet**: S-Bahn Essen Hbf. - Ratingen und S-Bahn Essen Hbf. - Hattingen.
Tip - der **24-std.-Ausweis** des Verkehrsverbunds VRR ermöglicht euch beliebig viele Fahrten auf allen Verkehrsmitteln in einem Teilbereich des Ruhrgebiets (am Sa/So darf man ihn auch zu zweit benutzen). Das VRR-Gebiet ist in Tarifgebiete aufgeteilt, die identisch mit den Stadtgrenzen sind (z.T. sind Städte wegen ihrer Größe in zwei Gebiete aufgeteilt). Der 24-std.-Ausweis gilt im Tarifgebiet, in dem er entwertet wird sowie in allen umliegenden Tarifgebieten. Dazu ein Tip von Kai Pulkkinen: "der Clou ist, daß sich die Tarifgebiete überschneiden. Die **S-Bahnstation Essen-Eiberg** liegt gleichzeitig im Tarifgebiet Essen und Bochum. Fahrt also mit eurem Interrail-Ticket nach Essen-Eiberg, löst dort einen 24-std.-Ausweis (entwerten!) und schon habt ihr die Fahrkarte für praktisch das ganze Ruhrgebiet".

Viele Tips über Kulturelles/Kneipen etc. im ganzen Ruhrgebiet findet ihr in den Stadtmagazinen **Marabo** und **Guckloch**.

Xanten: nicht weit von der niederländischen Grenze, lohnend für historisch Interessierte - hier hat man den *Limes* (ehemalige Festungsmauer zum Schutz vor Übergriffen der Germanen auf der anderen Seite des Rheines) auf einer kleinen Strecke wieder aufgebaut. Innerhalb dieses Freilichtmuseums sind eine Gladiatorenarena und alte Bewässerungsanlagen zu besichtigen. In der Innenstadt der riesige *Dom* mit seiner Krypta und dem anliegenden Museum, in dem die Geschichte von Xanten sowie der römische Einfluß auf die Germanen auch in vielen Filmen und Schautafeln dargestellt sind. Informationsstelle im Rathaus.

BOCHUM / BERGBAUMUSEUM: eins der meistbesuchten und sicherlich auch interessantesten Museen Deutschlands! Auf jeden Fall mal eine Führung durch das Anschauungsbergwerk machen, das sich ca. 20 m unterhalb des

Museumskomplexes befindet. Vom Förderturm des Museums guter Rundblick auf Bochum. Das Museum liegt in der Wielandstr. (Tram 305 Richtung Herne, ca. 15 min. zu Fuß von der City). Di-Fr 8.30-17.30, Sa, So u. Feiertage 9-13 h, Mo geschl.

DÜSSELDORF

Landeshauptstadt von Nordrhein-Westfalen und modernes Verwaltungszentrum mit viel Verkehr und eleganten Geschäftspassagen. In der Altstadt haufenweise gemütliche Kneipen und Bierstuben.

Zahllose ausländische Firmen haben hier Vertretungen, vor allem aber ist Düsseldorf die wichtigste "Mode"-Stadt der BRD - die alljährliche Modemesse gehört zu den bedeutendsten der Welt! Wenn ihr ein bißchen herumlaufen wollt - die 'Kö' ist nach dem Kurfürstendamm und der Reeperbahn die wohl bekannteste Straße Deutschlands. In der Bolkerstr. wurde übrigens Heinrich Heine geboren.

INFORMATION: Konrad-Adenauer-Platz 12.

ÜBERNACHTEN: am besten in der **Jugendherberge** Düsseldorf-Oberkassel, Düsseldorfer Str. 1, Tel. 0211/574041. Auf der anderen Seite vom Rhein (linksrheinisch), ab Hbf. mit U76, 705 oder 717 bis Luegplatz, von dort noch ca. 500 m zur JH, ca. 17 DM. Angeschlossen ist ein Jugendgästehaus für ca. 23 DM pro Pers.

CVJM-Haus, Graf-Adolf-Straße 102, Tel. 360764. Liegt nah am Bahnhof, Mädchen und Jungs, jedoch ca. 40-45 DM pro Pers.

Camping Lörick, Lütticher Str., mit U76, 705 oder 717 über den Rhein bis Belsenplatz, weiter mit Bus.

ESSEN / TREFFS: die Ratinger Straße ist ein Zentrum des Nachtlebens - in der beliebten Kneipe **'Zum goldenen Einhorn'**, Ratinger Str. 18, hat Günter Grass das Vorbild seines Zwergtrommlers Oskar Matzerath für die "Blechtrommel" kennengelernt, im **Füchs'chen**, Ratinger Str. 28-30 gibts preisgünstiges Essen mit Bier aus der eigenen Brauerei, im **Ratinger Hof** (Nr. 10) trifft sich die alternative Jugend.

Düsseldorf ist bekannt für sein obergäriges Altbier. Mit zu den besten Bierlokalen in der Altstadt gehören **Zum Uerige** (Bergerstraße 1, hier könnt ihr durch ein Fenster die Braumeister bei der Arbeit beobachten) und **Zum Goldenen Kessel** (Bolkerstraße, hier kann man auch auf der Straße sein Bier trinken - am besten am Wochenende, dann ist am meisten los!). Beides sind Hausbrauereien, die relativ preiswert ausschenken (0,25 l für ca. 1,60 DM).

Café Litfaß, Andreasstraße 11, Studentenkneipe mit wirklich schonenden Preisen. Anlaufstelle in Sachen Alternativ-Kultur ist **Op de Eck**, Hammer Str. 38.

Sehenswertes: in der Nähe vom Bahnhof eine Attraktion besonderer Art - *Klein-Tokio*. So genannt, weil die über 300 in Düsseldorf vertretenen japanischen Firmen hier ihre Firmensitze und eigenen Lokale haben, allerdings nicht gerade billig.

Ein Flußarm trennt die beiden parallel verlaufenden Straßenzüge der *Kö* (Königsallee). Die Prachtstraße von Düsseldorf ist von Bäumen gesäumt und prunkt mit teuren Restaurants, Cafés, feinen Ladenpassagen und extravaganten Geschäften. Trotzdem laden die Galerien zu einem Schaufensterbummel ein, ihr könnt ein wenig auf und ab promenieren und den vorbeifahrenden Rolls-Royce nachgucken. Am nördlichen Ende schließt sich der weitläufige *Hofgarten* an. Rechts der Jan-Wellem-Platz mit dem skurrilen *Thyssen-Hochhaus*. Die Düsseldorfer nennen es das Drei-Scheiben-Haus. Schaut es euch an und ihr wißt warum! Bemerkenswert auch der nahe *Schadowplatz*. Unter ihm liegt die gesamte Ampelschaltanlage von Düsseldorf. Hier beginnt auch die *Schadowstraße*, die Einkaufsstraße der Stadt.

Weiterhin sehenswert natürlich der *Fernsehturm* (Aussichtsplattform ca. 180 m hoch, ca 4 DM) und die *Oberkasseler Brücke* (ihr müßt sie überqueren, um zur JH zu kommen). Diese Brücke wurde vor ca. 5 Jahren um 44 m verschoben, um sie gegen die alte ausgediente Brücke zu ersetzen.

Der bekannteste und beliebteste Teil von Düsseldorf ist aber die *Altstadt*, wo das Nachtleben 'tobt' und das obergärige Bier in Strömen fließt. Tagsüber gibts nette Läden und Boutiquen. Weniger touristisch ist die benachbarte *Karlsstadt*, die in den letzten Jahren mit viel Sorgfalt restauriert wurde. In den Kopfsteinpflastergassen hübsche Fassaden und dutzende Antiquitätengeschäfto, am Karlplatz ein bunter Markt und in der nahen Bilkerstraße das Kulturzentrum mit dem *Heinrich-Heine-Museum* (Mi-So 10-17 h).

FLOHMARKT: sog. **Radschlägermarkt** jeden 2. Samstag im Monat nördlich der Oberkasseler Brücke am anderen Rheinufer.

Düsseldorf/Umgebung: das *Neandertal* liegt am südöstlichen Stadtrand von Düsseldorf in der Nähe von Erkrath. Der berühmte "Neandertaler" ist nach diesem Fundort benannt. Er wurde 1856 entdeckt, anhand des Menschenfundes konnte man eine Besiedlung der Gegend ab 180.000 v. Chr. nachweisen. Das dortige *Urgeschichtliche Museum* ist wirklich wert, besucht zu werden (Di-So 10-18 h). Vom Zentrum per Zug Richtung Mettmann bis Station Neandertal.
Vor allem aber die Ruinen der Kaiserpfalz in *Kaiserswerth*, 10 km nordwestlich von Zentrum, sind ein beliebtes Tagesziel (zu erreichen mit U79).

KÖLN

Im Zweiten Weltkrieg zum größten Teil zerstört, präsentiert sich die City heute als moderne Geschäfts- und Betonstadt. Was an Zeugen vergangener Zeiten übrig blieb, hat man schleunigst ins Museum gesteckt. Der bedeutendste Bau paßte allerdings in kein Museum - der gewaltige Dom ragt unübersehbar gleich neben dem Bahnhof auf.

Denkt ein Fremder an Köln, erinnert er sich an den Rhein, an den weltberühmten Dom und an den nicht minder berühmten Karneval. Fragt man einen Kölner nach seiner Stadt, erzählt er vom Dreck im Rhein, von der Zerstörung des Doms und von den vielen Betrunkenen beim Karneval. Wie habe ich es neulich gelesen: ob Köln schön ist? Ja und Nein. Aber bunt ist es, lebendig, herzlich und offen.

VERBINDUNGEN / BAHNHOF: riesig, hier findet ihr alles, was ihr braucht. Schließfächer, Gepäckaufbewahrung.

INFORMATION: gegenüber vom Domportal, die Damen sind nett und hilfreich, guter Stadtplan auf dem Verzeichnis der Hotels und Pensionen. (Mo-Sa 8-21, So 9.30-19 h, im Sommer länger) Infos zu Stadtführungen unter Tel. 2213332.

ÜBERNACHTEN: **Jugendherberge** in Köln-Deutz, Siegestr. 5 a, Tel. 0221/814711. Vom Hbf. aus auf der anderen Rheinseite, ab Station **Köln-Deutz** nur 1 min., ca. 14 DM.
Jugendgästehaus in Köln-Riehl, An der Schanz 14, Tel. 0221/767081. Gute Ausstattung, ca. 19 DM, vom Hbf. U-Bahn 16 (Richtung Ebertplatz) bis Boltensternstraße. Hotels im Bahnhofsbereich z.T. ziemlich heruntergekommen, am besten über die Zimmervermittlung versuchen (ca. 3 DM).
Camping Berger weit draußen in Köln-Rodenkirchen, Uferstr. 53. Meist stark überlaufen, vom Hbf. mit S-Bahn 16 (geht nach Bonn) bis Marienburg, dann Bus 130 bis Endstation.
Übernachtung in Parks und Grünanlagen nicht empfehlenswert - hohe Kriminalität und regelmäßige Polizeikontrollen. Gut übernachten kann man dagegen im **Bahnhof**, vorausgesetzt, man kann nachweisen, daß man einen Frühzug erreichen möchte. Ansonsten ist der Hbf. nachts zu.

ESSEN: mit schmalem Budget sollte man die Altstadt besser meiden (eher für Kneipen-Tour lohnend). Preiswertere Restaurants findet man im Agnesviertel, in der Südstadt und im Viertel Lateng.
Gute Adressen im Zentrum - **Bandirma**, Weidengasse 42, türkisches Lokal, gutes Kebap (12-24 h, Mi geschl.). **Bella Italia**, Hohenzollernring 38, ab 9 DM, Spezialität sind Maccharoni al Gorgonzola. **Berni's Nudelbrett**, Am Hof 18, bei schönem Wetter auch draußen, zwei Mittagsmenüs. **Pasadoro**, Wallraffplatz, Nähe Dom, u.a. auch vegetarisch.
Im Agnesviertel (vom Dom Richtung Norden) - **Diogenes**, Krefelder Str. 36, Grieche, nur abends, leckere Backofengerichte, manchmal Live-Musik. **Zweipann**, Blumenthalstr. 73, Balkan-Spezialitäten ab 7 DM, Mo geschl.

TREFFS: in der Altstadt die meisten Kneipen und Pubs. Neben dem Kölsch große Vielfalt an internationalen Bieren, z.B. irisches Guiness und Budweiser aus der Tschechoslowakei. In etlichen Pinten auch Live-Musik. Weiterer Schwerpunkt das 'Kwatjeh Lateng' in der Südstadt um den Barbarossaplatz und Kyffhäuserstr., dort liegt Kneipe an Kneipe.
Papa Joe's Biersalon, Alter Markt 50, in Köln nur unter dem Namen **Klimperkasten** bekannt. Die berühmte Sammlung mechanischer Musikinstrumente wird stündl. gespielt, außerdem gibts einen Pianist, Einrichtung original Jahrhundertwende, Küche vom Schmalzbrot bis Bohneneintopf.
Em Streckstrumpf, Buttermarkt 37, tägl. Jazz-Bands, immer gestopft voll, urige Atmosphäre, viele Studenten, Erdnüsse kostenlos.

Anno Pief, Im Stavenhof 8, Kommunikation ist angesagt, auch Kleinigkeiten zu essen. **Lommerzheim**, Siegesstr. 18, eine der ältesten Kneipen der Stadt, immer was los. **Café Central**, Jülicher Str. 1, Musikertreff, offen bis 3 h früh.

BRAUHÄUSER: geboten sind Spezial-Kölsch aus eigener Brauerei, dazu deftiges Essen, z.B. in der **Malzmühle** am Heumarkt 6, **Früh am Dom** am Hof 12, **Sion Brauhaus**, Untertaschenmacher 5, oder **Päffgen** in der Friesenstraße. Hier trifft man mehr Einheimische als Fremde und die Köbisse (Kellner) tragen ihre Kluft nicht wegen der Touristen. Jugendliche trifft man allerdings weniger - Ausnahme das **Küppers Bierhaus** im Stadtteil Bayenthal, Altenburger Str. 157, großer Biergarten mit 400 Plätzen, idyllisch am Rhein.

DISKOS: **Charivari**, Breite Straße (Nähe Neumarkt), Mischung aus unterirdischem Bierdorf und Disko. **Das Ding**, Hohenstaufenring (So geschl.), Mo gibts hier im sog. Studentenclub das Bier für 50 Pfennig! **Popocatepetl**, Severinstr., Mi Live-Musik.

SHOPPING: **Saturn**, Hohenzollernring, Riesenplattenladen mit weit über 100.000 Platten auf Lager. **Bazaar del Cologne**, Einkaufspassage in der Mitelstraße, **Olivandenhof**, vier Stockwerke voller Läden in der Fußgängerzone.

Sehenswertes: der riesige *Dom* ist einer der größten Europas, das bekannteste Bauwerk Deutschlands - und seit der Grundsteinlegung am 15. August 1248 die älteste Baustelle der Welt! 1880 hat man zwar die Fertigstellung gefeiert, aber trotzdem muß ständig an dem monströsen Meisterwerk herumgebastelt werden - seit saurer Regen und Chemieabgase dem Dom zusetzen, kommen die Baumeister mit der Renovierung kaum noch nach. Bis zu 10 cm tief hat sich die Verwitterung in den Sandstein gefressen, ständig müssen Pfeiler und Streben ersetzt werden, und längst sind unzählige Skulpturen und Verzierungen originalgetreu nachgestaltet worden.

Im Inneren einige der bedeutendsten Kunstschätze der Bundesrepublik, Führungen werden regelmäßig angeboten. Über dem Hochaltar das wertvollste Stück, der 2,20 m lange *Dreikönigsschrein*. Ein Meisterwerk der Goldschmiedekunst, über und über mit Figurenschmuck, Edelsteinen und Perlen beladen - beherbergt die angeblichen Gebeine der Hl. Drei Könige! Im Querschiff rechts verwitterte alte und neue Steine zur Demonstration der Restaurierungsarbeiten. Wer die 509 Stufen in einem der beiden Türme erklimmen will, sollte für Auf- und Abstieg 30 min. einplanen, die Aussichtsplattform befindet sich in 100 m Höhe (Dom tägl. 7-19, Turm im Sommer 9-18, sonst 9-16 h, 2 DM, Schül./Stud. ermäß.).

Am Domplatz ist immer jede Menge los, gleich benachbart das ausgezeichnete *Römisch-Germanische Museum* - wie der Name schon sagt, römische und germanische Funde. Von Glasgefäßen über Grabdenkmäler bis zu germanischem Goldschmuck (Di-So 10-17 h, Mi/Do 10-20 h, ca. 3 DM, Schül./ Stud. ermäß.).

Ein futuristischer Neubau zwischen Dom und Rhein (Bischofsgartenstr. 1) beherbergt das *Wallraf-Richartz-Museum* und das *Museum Ludwig* - markanter Kontrapunkt zum altehrwürdigen Dom und zusammengenommen die vielleicht größte Sammlung europäischer Malerei (13.-19. Jh.), außerdem Skulpturen des 19. Jh. und allgemeine Kunst im 20. Jh. (beide Museen Di-Do 10-20, Fr-So 10-18 h, je ca. 3 DM, Schül./ Stud. ermäß.). Kölns Ruf als führende Kunstmetropole der Bundesrepublik gründet zum gutem Teil auf diesem neuen Museum.

MUSEEN: **Stadtmuseum**, Zeughausstraße 1-3, Geschichte der Stadt Köln vom 10-20. Jh. (Di-So 10-17, Do 10-20 h). **El-De-Haus**, Appelhofplatz, Gedenkstätte im ehemaligen Kölner Gestapohaus, sehr beeindruckend (Di-So 10-17 h).

RHEINFAHRT: eventuell interessant als Variante zur Weiterfahrt - die Schiffe der **Köln-Düsseldorfer-Rheinschiffahrt** befahren mehrmals tägl. die Strecken nach Düsseldorf, Bonn, Koblenz und Mainz. Unterwegs passiert man schöne Burgen, Schlösser und viele Weinberge - Interrailer bekommen 50 % Ermäßigung. Nachteil - im Sommer sind die Boote meist knallvoll.

Aachen

Westlichste Großstadt der Bundesrepublik, lohnender Stop-over auf dem Weg nach Belgien und Frankreich.

Aachen liegt in einem Talkessel, umgeben von viel Grün, am Dreiländereck Deutschland-Belgien-Niederlande. Dank der heißen Quellen war die Gegend schon von den Kelten und Römern besiedelt. Später ließ Karl der Große hier seine Pfalz errichten und machte Aachen zur ständigen Residenz und zum Mittelpunkt eines riesigen Reiches. Aachen war dann für etwa 600 Jahre Krönungsstätte deutscher Könige.

Heute Kur- und typische Unistadt (Technische Hochschule), aber auch Grenzstadt mit allen Vor- und Nachteilen - täglich kommen Tausende über die Grenze und beleben den sowieso schon starken Verkehr und das Stadtbild. Im Zuge größerer Sanierungsarbeiten sind in den letzten Jahren neue Fußgängerzonen entstanden. Vor allem die Altstadt ist weitgehend autofrei - man kann durch hübsche Gäßchen schlendern und in netten Straßencafés Aachner *Printen* oder *Reisfläden* probieren.

VERBINDUNGEN / BAHNHOF: vom **Hauptbahnhof** zum Zentrum sind es nur wenige Minuten zu Fuß.

INFORMATION: Bahnhofsplatz 4 und Haus Löwenstein, Markt 39-41, Zimmervermittlung (Mo-Fr 9-18.30, 9-13 h).

ÜBERNACHTEN: **Jugendherberge Colynshof**, Maria-Theresia-Allee 280, Tel. 0241/71101. Angenehme Lage in Stadtwaldnähe, ca. 3 km vom Hbf. (Bus 3 bis Finanzamt, dann Bus 2).
Pensionen und Privatzimmer von der Lage zu empfehlen in **Burtscheid** (ca. 30 DM fürs DZ, im Verkehrsverein nachfragen). Erschwingliche Hotels in Bahnhofsnähe sind **Hotel Hülsmann**, Lagerhausstr. 5 (ca. 55 DM fürs DZ, laute Straße) und **Hotel Hesse,** Friedlandstr. 20 (Preise ähnlich, auch einige ruhige Zimmer).
Campingplatz an der Paßstr. 45, für Großstadtcamping sehr günstige Lage am Rand des Stadtgartens, vom Zentrum 15 min. zu Fuß (ab Hbf. Bus 13 bis Hansemannpl., dann 51).
Im Freien - zentrumsnah am bewaldeten **Lousberg** (ein paar Schutzhütten), besser der **Aachener Stadtwald** (Abstand zur belgischen Grenze beachten), mehrere Schutzhütten, Trinkwasser an der Pionierquelle. Informiert euch auf dem Stadtplan vor dem Bhf., im Wald helfen Hinweistafeln.

ESSEN: zwei **Mensen** in der Turmstr. 3 (davon eine auch Sa), Büffet 8-14 h, eine in der Pontstr. 141 (Mo-Fr, auch abends.). In Jugendherbergsnähe außerdem in der Goethestr. 1 (Mo Fr).
Viele Restaurants in Hochschulnähe (Pontstr., Templergraben). **Pallas**, Pontstr. 168 und **Zante**, Templergraben 25 sind zwei preiswerte Griechen, erschwinglich auch das **China-Restaurant**, Judengasse 10.

KNEIPEN / TREFFS: Aachen soll die meisten Kneipen Westdeutschlands haben. Im TH-Viertel besonders große Auswahl, vor allem in der Pontstraße - eins der beliebtesten Cafés hier das vielbesuchte **Café Kittel**. **Malteserkeller**, Malteserstr. 14 (laute Musik, kleine Tanzfläche, oft voll), dezenter geht es im **Söller** zu, Lindenplatz 19 (meist ziemlich voll, nur kleine Gerichte, So geschl.).
Domkeller, im Hof 1 (zweigt von der Krämerstr. ab), langgestreckter gepflasterter Platz seitlich vom Dom, gemütliche alte Studentenkneipe mit viel Holz in historischem Haus.
Das Frankenberger Viertel ist bevorzugte Wohngegend für Studenten, im **Exil**, Schloßstr. 2, ist immer was los.

Sehenswertes: Mittelpunkt des historischen Stadtkerns ist der dreieckige *Markt* (vom Hbf. 15 min. zu Fuß). Die gotische Fassade des *Rathauses* (auf den Fundamenten der karolingischen Pfalz) und die beiden flankierenden Türme beherrschen das Bild. Das Haus Löwenstein ist das älteste Patrizierhaus Aachens (Information), der Markt- oder Karlsbrunnen in der Mitte ein beliebter Treff für junge Leute. Im Rathaus lohnend die großzügigen Säle mit Fresken an Wänden und Decken.
Ausgedehnte Fußgängerzonen liegen zwischen Markt und *Dom*, Aachens bedeutendstem Bauwerk (von der UNESCO in die Liste der Weltkulturgüter aufgenommen). Am Postwagen, einer historischen Gaststätte vorbei, kommt ihr auf den hübschen *Katschhof* (Di u. Do Wochenmarkt, ab und zu Flohmärkte, Kundgebungen etc.). Schöner Blick auf die Seitenansicht des Doms - links neben dem Glockenturm aus dem letztes Jahrhundert das karolingische Oktogon, früher Pfalzkapelle Karls d. Gr., umgeben von später angebauten Kapellen. Abschließend der gotische Chor. Ins beeindruckende Innere des Doms über Münsterplatz und Domhof - trotz mehr als 1000-jähriger Entstehungsgeschichte

und dementsprechend völlig unterschiedlicher Bauweisen ist die Harmonie bestechend. Viele wertvolle Kunstwerke - riesiger Barbarossaleuchter (12. Jh.), der schlichte Kaiserstuhl in der 'Kaiserloge', die von Heinrich II. gestiftete Goldene Kanzel (vor 1014) und nicht zuletzt der Karlsschrein (1215) mit den Gebeinen Karls d. Gr. In der Schatzkammer (Mo-Sa 9-13, 14-17 h) mittelalterliche Sakralkunst.
Am Friedrich-Wilhelm-Platz, nur wenige Meter vom Dom, der klassizistische Säulenbau des *Elisenbrunnens*, das Wahrzeichen des Bades Aachen. Hier könnt ihr, wie an einigen anderen Stellen auch, das übelriechende Heilwasser probieren.
Von Aachens innerem Mauerring (12. Jh.) ist kaum etwas erhalten, mehr sehen kann man von der äußeren Mauer (14. Jh.). Gut erhalten ist das *Ponttor*, eine mächtige Torburg, vom Markt über die lebendige Pontstr. zu erreichen. Die Nähe der Hochschule ist hier nicht zu übersehen, es gibt etliche Geschäfte, Mensa, Bioladen, preiswerte Restaurants, einige gemütliche Kneipen, eine Disko und das Zeitungsmuseum (Nr. 13, Di-Fr 9.30-13, 14.30-17, Sa 9.30-13 h).
Vom Ponttor wenige m nach Norden die *Marienburg*, heute Ehrenmal. Folgt man dem sog. Alleenring, einer vielbefahrenen Innenstadtumgehung, die sich mit dem Verlauf der äußeren Mauer beinahe deckt, vom Ponttor in südlicher Richtung, erreicht man schnell den *Langen Turm*, den höchsten Punkt der Stadtmauer (schöne Aussicht).

Ein besonders hübscher verkehrsberuhigter Altstadtbereich liegt zwischen Katschhof und Büchel. Am Hühnermarkt 17 findet ihr im Haus Monheim das **Couven-Museum**, die 'Gute Stube' Aachens mit bedeutenden Einrichtungsgegenständen aus dem Aachener-Lütticher-Raum (Di-Fr 10-17, Sa/So 10-13 h). In der Krämerstraße viele Geschäfte und Läden, in der Körbergasse werden schon seit Jahrhunderten Korbwaren verkauft.

Bonn

Seit 10.5.1949 hat die kleine, vorher eher unbekannte Universitätsstadt die besondere Ehre, die Hauptstadt der Bundesrepublik zu sein. Nach den jüngsten politischen Entwicklungen muß man allerdings fragen: wie lange noch?

Im Wettbewerb gegen die alte Reichsstadt Frankfurt hatte die bis dahin relativ unbedeutende Kleinstadt am Rhein den Sieg davongetragen, da sie für ein vorübergehendes Provisorium besser geeignet schien (und Bundeskanzler Adenauer die Hauptstadt vor seiner Kölner Haustür haben wollte).
Inzwischen hat sich das Provisorium im 'Bundeshauptdorf' etabliert - neben der bis dato verschlafenen Altstadt haben die Stadtplaner das neue Regierungsviertel hochgezogen - zum Großteil kalte und unpersönliche Klötze ohne Bezug auf die umgebende Landschaft. Der Gipfelpunkt ist wohl 'Eugens Rache', das einsam in den Himmel ragende Abgeordnetenhochhaus. Neuere Bebauungspläne sind übrigens z.Z. auf Eis gelegt - Berlin steht in den Startlöchern.
Die Altstadt mit der ausgedehnten vorbildlichen Fußgängerzone um den stimmungsvollen Markt und den vielen Cafés und Kneipen ist einen Besuch wert und sei es nur, um seiner Unzufriedenheit mit der Bonner Politik Ausdruck zu geben - wenn wieder eine Großdemo angesagt ist, ist ganz Bonn einschließlich des ausgedehnten Schloßgartens verstopft!

INFORMATION: Cassius-Bastei, Münstergasse (vom Bhf. die Fußgängerzone 100 m geradeaus, dann links).

Übernachten: **Jugendherberge** am Venusberg, Haager Weg 42, Tel. 0228/281200. Ziemlich weit vom Bhf., mit Bus 20, 21, 28, etwa 13 DM. **Jugendgästehaus** in Bonn-Bad Godesberg, Horionstr. 60, Tel. 0228/317516. Etwa 20 DM.

ESSEN / TREFFS: **Marrakesch**, marokkanisches Lokal in der Friesdorferstr. 145. **Destille**, Wenzelstr. 8, urige Stammtischkneipe mit warmer Küche. **Bonn-bons**, Heerstr. 45 (Altstadt), mit viel altem Gerümpel eingerichtet, bis 3 h nachts offen, preiswertes Essen. **Jazz-Galerie**, Oxfordstr. 24, angenehme Stimmung, nicht so eng wie viele andere, bei Live-Gruppen Eintritt. **Lampe**, Breite Str. 35., rustikal, bequeme Sitzecken, zivile Preise. Ansonsten super Weinkarte, dufte Musik und schön zum Quatschen.
In der Südstadt - **Kerze**, Königstr. 25. Eine, wenn nicht die gemütlichste Kneipe Bonns!

Geräumig und vor allem etwas für echte Nachtschwärmer - man schließt erst "kurz vor Vorlesungsbeginn" (so ca. 5 h früh), erst ab 24 h ist richtig was los, warmes Essen bis 3 h, nicht übermäßig billig. In derselben Straße Nr. 15 der **Kaktus**, urige Kellerkneipe mit Preisen für den kleinen Geldbeutel.

LESERTIP: "im **Pendel** in der City-Passage am Sterntor gibts den besten Kakao von Bonn, außerdem sind diverse Uhrenmodelle aus alter Zeit zu bewundern" (Bruno Grunenberg, Bonn).

Sehenswertes

Altstadt: vom Bahnhof die Fußgängerzone entlang zum dreieckigen *Markt* - täglich bunter Obst- und Gemüsemarkt, außerdem der absolute Mittelpunkt der Stadt, hier läuft immer was ab!
Nicht weit entfernt, in der Rathausgasse 7, das städtische *Kunstmuseum* mit einer interessanten und aufschlußreichen Ausstellung der deutschen Kunst des 20. Jh., auch Pop und Op-Art bis zur Gegenwart (tägl. 10-17, Di und Do 10-21 h, Mo geschl., ca. 4 DM, Stud. ermäß., soll ab 1989 ein neues repräsentatives Gebäude erhalten).
In der Bonngasse 20 *Beethovens Geburtshaus*, rekonstruiert, wie es zu seiner Zeit ausgesehen hat und als Museum eingerichtet (Mo-Sa 9-13, 14-17, So und Feiertage 9-13 h, ca. 5 DM, Stud. ermäß.).
Vom Markt kommt ihr auch mit ein paar Schritten zum *Münster* mit seinem kräftigen, aber nicht klotzigen, Vierungsturm. Der stille Kreuzgang der Basilika stammt aus dem 12. Jh.
Jenseits der großen Universitätsgebäude der schöne *Hofgarten* und der benachbarte *Stadtgarten* - nicht selten Aufmarschpunkt der verschiedensten Demonstrationen.
Interessant - der *Alte Friedhof* mit den Gräbern vieler Berühmtheiten - August Wilhelm Schlegel, Ernst Moritz Arndt, Beethovens Mutter, Schillers Frau, Robert und Clara Schumann u.v.a. Tägl. 7-20, Führungen Di und Do 15 h.
Vom Schandmal Bonner Architektur, dem *Neuen Stadthaus*, kann man aus 70 m Höhe einen tollen Blick über die Innenstadt und den Rhein bis zum Siebengebirge erhaschen (Mai-Okt. Fr 14-16.30, Sa/So 11-14 h, alle halbe std. per Lift in den 17. Stock und noch 66 Stufen).

Hinter dem Bahnhof: wenn ihr die Poppelsdorfer Allee 10 min. entlangschlendert (an einem der Bäume soll sich schon Napoleon 'erleichtert' haben), kommt ihr zum Poppelsdorfer Schloß. Das darin befindliche *Mineralogisch-Petrologische Museum* der Uni ist eins der bedeutendsten Museen seiner Art. Ihr findet dort die Systematik der Minerale an Hand von sehr guten Kristallstufen erläutert. Außerdem herrliche Sammlung von Schmuck, Edelsteinen, Mineralien etc. (Mi 15-17, So 10-12 h).
Benachbart zum Schloß der sehenswerte *Botanische Garten*, wo man in den Gewächshäusern mal eben in den Dschungel oder die Wüste eintauchen kann (Mo-Fr 9-18, So 9-13 h, Sa geschl.).

Regierungsviertel: am Rhein, südlich der Altstadt, ihr könnt mit U-Bahn ab Hbf. fahren. In dem ehemaligen Pensionärsviertel am Rhein wurden einige Millionärsvillen zu Regierungsgebäuden und Amtssitzen umgebaut, z.B. die Villa Hammerschmidt zum Sitz des Bundespräsidenten.
Villa Hammerschmidt, Bundeskanzleramt und Palais Schaumburg sind nur von außen zu besichtigen, das Bundeshaus nach vorheriger schriftlicher Vereinbarung (nur Gruppen).

FRAUENMUSEUM (Im Krausfeld 10): in einer ehemaligen Lagerhalle in der Nordstadt das einzige Museum emanzipierter Frauenkunst der Bundesrepublik, wechselnde Ausstellungen (Di-So 15-18 h, Mo geschl.)

Koblenz

Schöne Lage am Zusammenfluß von Rhein und Mosel, Ausgangspunkt für reizvolle Flußtrips. Hat ansonsten aber wenig zu bieten, hauptsächlich Militär (Deutschlands größte Garnisonsstadt!) und viele Beamte (Bundesamt für Wehrtechnik und Beschaffung).

INFORMATION: gegenüber vom Hbf.

ÜBERNACHTEN: Super **Jugendherberge** in der gewaltigen Festung Ehrenbreitenstein über der Stadt - sehr groß, fast 200 Betten und toller Blick auf den Rhein hinunter! Vom Hbf mit Bus 7, 8, 9. Den Berg hoch müßt ihr laufen (oder mit der Seilbahn), kein Bus. Tel. 0261/73737, kostet ca. 9,50 DM. **Camping Rhein-Mosel** in Lützel, direkt gegenüber vom Deutschen Eck, an Rhein und Mosel.

DEUTSCHES ECK: Mahnmal der Deutschen Einheit, genau am Zusammenfluß von Rhein und Mosel. Den leeren Denkmalsockel auf dem großen Platz an der Landzunge ziert heute die Deutschlandflagge. Einst stand hier der gute Kaiser Wilhelm, 1945 wurde er von amerikanischer Artillerie 'weggepustet'.

Ausflüge: zwei Möglichkeiten - durch die Weinberge und kleinen Weindörfer des Moseltals nach *Trier* oder den romantischen Teil des Rheins mit seinen Burgen, Burgruinen und Weinbergen entlang und an der Loreley vorbei nach *Mainz*. Außer der Zugverbindung habt ihr die reizvolle Möglichkeit, mit den Schiffen der Köln-Düsseldorfer-Rheinschiffahrt zu fahren - 50 % für Interrailer (Koblenz - Trier, Düsseldorf - Frankfurt oder Teilstrecken).

Koblenz - Cochem - (Bernkastel-Kues) - Trier

Viele, viele Touristen besuchen das Moseltal, keine 'unschuldigen' Dörfchen erwarten. Leider folgt die Bahn nicht allen Windungen der Mosel, sondern kürzt stark ab (langer Tunnel bei Cochem).

Cochem: wird überragt von der romantischen Burg Cochem. Nach ihrer Zerstörung im 19. Jh. wurde sie im Stil früherer Jahrhunderte wieder aufgebaut (Führungen täglich zur vollen Stunde 9-17 h). Außerdem schöne Wanderwege (Sessellift zum Pinnerkreuz ab Enderstraße).

INFORMATION: In einem Pavillon an der Brücke.

ÜBERNACHTEN: **Jugendherberge** an der Klottener Str. 9, Tel. 02671/8633. In schöner Lage fast unmittelbar am Rheinufer, kürzlich modernisiert. Tischtennis, Fernsehen, Musikbox. Vom Bahnhof 25 min. zu Fuß, auf der anderen Seite vom Fluß, etwa 8,50 DM. Unterhalb davon **Campingplatz**.

Bernkastel-Kues: hübsches, aber überlaufenes Fachwerkstädtchen mit vielen malerischen Winkeln und schönen Wanderwegen durch die umgebenden Weinberge, darüber die Ruine der Burg Landshut. Mit dem Zug bis Wittlich, weiter mit Bus, oder per Schiff ab Trier.

INFORMATION: gegenüber vom Anlegedock der Ausflugsschiffe.

ÜBERNACHTEN: **Jugendherberge** in der Jugendherbergstr. 1, Tel. 06531/2395. Prächtige Lage zwischen den Weinbergen, toller Blick, vom Bhf. ca. 30 min. zu Fuß. Außerdem **Camping Kueser Werth**.

Trier

1986 wurde Trier 2002 Jahre alt und gilt damit als älteste Stadt Deutschlands. Obwohl ihr diesen Ruhm einige andere kleinere Städte streitig machen, hat sich Trier dank der weltberühmten Römerbauten bisher besser vermarkten können.
Heute ist das Stadtzentrum mit der langen Fußgängerzone eine gemütliche Mischung aus Alt und Neu, hübsch der große *Hauptmarkt* mit seinen historischen Häusern, wo man gerne mal in der Sonne sitzt. Gleich benachbart der bekannte *Dom*, schon im 4. Jh. begonnen, später ständig erweitert und verändert - eine der ältesten Kirchen Deutschlands. Ebenfalls sehenswert das alte Wohnviertel hinter dem Dom sowie das barocke *Kurfürstliche Palais*. Die große Wiese im angrenzenden *Palastgarten* ist im Sommer Treffpunkt für Sonnenanbeter, Schulschwänzer und andere Genießer.

Hauptattraktion und gleichzeitig Eingangstor zur Fußgängerzone ist aber die beeindruckende *Porta Nigra*, eine trutzige Torburg der altrömischen Stadtbefestigung (etwa Ende des 2. Jh. n. Chr.). Das schwarze Monstrum ziert heute nicht wenige Latein- und Geschichtslehrbücher deutscher Gymnasien und ist zu besichtigen (tägl. 9-

13, 14-18 h, ca. 3 DM, Stud. ermäß.) Interessanter sind die *Kaiserthermen* mit unterirdischem Heizungssystem und das *Amphitheater* - alles in unmittelbarer Nähe des Zentrums. Am Konstantinplatz außerdem eine römische *Basilika*, die unter Konstantin d. Großen erbaut wurde.

Geburtshaus von Karl Marx: in der Brückenstr. 10, zu erreichen vom Markt über die Fleischstraße (Fußgängerzone). 1818 wurde der Theoretiker der Revolution in Trier geboren. In den renovierten Räumen wird eine interessante Sammlung der Schriften von Marx und Engels gezeigt, dazu Dokumente aus seinem Leben (Di-So 10-18, Mo 13-18 h, ca. 2,50 DM, Stud. ermäß.).

VERBINDUNGEN / BAHNHOF: 500 m bis zur Altstadt (Porta Nigra).

INFORMATION: an der Porta Nigra, Zimmervermittlung. Jugendinfo im Domfreihof, Palais Walderdorf (Veranstaltungen etc.).

ÜBERNACHTEN: **Jugendherberge** Maarstr. 156, Tel. 0651/41092. Am Moselufer, vom Bahnhof Bus 2 oder 8 bis Moselbrücke, ca. 9,50 DM.
Kolpinghaus, Dietrichstr. 42, ganz zentral, 50 m vom Hauptmarkt (im Warsberger-Hof), ca. 20 DM pro Pers. (DZ und Einzel), Tel. 75131. Hier auch preiswertes Essen.
Camping Trier City an der Luxemburgerstr. 81. Bus 1 (Euren) bis Westbahnhof und ca. 50 m zu Fuß.

ESSEN: **Zur Glocke**, Glockenstr. 12, urige 200-jährige Kneipe mit gutem Mittagstisch, berühmte Zwiebelsuppe. **Warsberger Hof,** Dietrichstr. 42, günstiges Essen, hier auch das Kolpinghaus. **Löwenbrauerei**, Bergstr. 46 (über Amphitheater), der Tip - frisches Bier, billiges Essen, großer Biergarten. **AStArix**, Karl-Marx-Str. 11, am Theater, Studentenkneipe, billiges Essen.

TREFFS: in Trier gibts eine kleine, aber langsam wachsende Studentenszene. **Sutteräng**, Judengasse 2, Bierkeller, junges Publikum, gute Musik. **Backwahn**, Am Pferdemarkt, Szenetreff, Punks etc. **Simplicissimus**, Neustr. 27, ruhiger Treff, gemütlicher Innenhof, neue Presseerzeugnisse. **Café Cha Cha**, Antoniusstr. 5, Frühstück, Werner Comics. Weinlokale in **Zurlauben**, direkt an der Mosel (Nähe JH), kein Touristennepp, Bus 2 oder 8.

LESERTIP: "wer Trier mal von oben sehen möchte, kann mit einer kleinen **Kabinenbahn** (nicht weit von der JH) auf das gegenüberliegende rote Steilufer der Mosel fahren. Großartige Aussicht" (Stefan Ullrich, München).

Koblenz - Oberwesel - Bacharach - Bingen - Mainz

Schöne Fahrt das tief eingeschnittene Rheintal mit seinen malerischen Felsen, Weinbergen und zahlreichen stolzen Burgen entlang - an die fünf Dutzend stehen hier zu beiden Seiten, meist hoch über dem Fluß, teils von vermögenden Besitzern auf Vordermann gebracht, teils nur noch Ruinen. Die Bahnlinie geht durch enge Straßendörfer, die sich zwischen Fluß und Berghang zusammendrängen - oft hübsche Fachwerkhäuser mit Schieferdächern und zu 100 % auf Touristen eingestellt. Übrigens eins der 'romantischsten' Fleckchen Deutschlands, von Goethe über die Romantiker bis zu Heine - sie alle haben den Rhein unsterblich gemacht.

Unbedingt lohnend - ein Aufenthalt in einer der **Jugendherbergen**, die in mehreren dieser alten Burgen eingerichtet wurden, z.B. **Oberwesel** (Tel. 06744/8355) oder **Bacharach** (Tel. 06743/1266).
Weitere empfehlenswerte Jugendherberge in **Bingen-Bingerbruch**, direkt oberhalb vom Rhein. Adresse: Herterstr. 15, Tel. 06721/32163. Vom Bhf. ca. 15 min., von der Schiffsanlegestelle ca. 30 min. zu Fuß.

Bei *Boppard* macht der Rhein eine große Schleife, und wer nach *St. Goar* aufpaßt, kann zwischen zwei Tunneln drüben auf der rechtsrheinischen Seite einen kurzen Schimmer vom berühmten *Loreley-Felsen* erhaschen ("ich weiß nicht, was soll es bedeuten . . .").

Mainz

Hauptstadt des Bundeslandes Rheinland-Pfalz und des ZDF. An der Peripherie viel Industrie, aber mit bedeutender historischer Vergangenheit - schon 38-15 v. Chr. von den Römern als Stützpunkt gegen die Germanen gegründet, einige Trümmerhaufen aus diesen Zeiten kann man noch heute in der Stadt entdecken. Mitte des 15. Jh. erfand hier Johannes Gutenberg die Buchdruckkunst - das Museum ist ein unbedingtes Muß!

INFORMATION: schräg gegenüber vom Hbf., Bahnhofstr. 15.

ÜBERNACHTEN: **Jugendherberge 'Am Fort Weisenau'**, Am Volkspark, Tel. 06131/ 85332. Mit Bus 1 ab Bhf.
Campingplatz auf der Insel Maaraue.

ESSEN / KNEIPEN: auf dem Unigelände die **Mensa** (bekannt mieses Essen) und einige Cafés. Ansonsten vor allem in der Augustinerstraße gute und auch preiswerte Pizzas. **Zum kleinen Markt**, Mittlere Bleiche, der Wirt, ein Grieche, ist echt nett und gibt auch mal einen aus. Zwar nicht unheimlich gemütlich, aber gute Atmosphäre, Studenten kommen gerne her. Gutes griechisches Essen und Pizza. In derselben Straße, Ecke Neubrunnenstr., das **Como Lario**, italienisches Restaurant, bis 24 h warmes Essen - sehr gut! **Kamin**, Kapuzinerstr., fast ein Geheimtip, viel Atmosphäre, offener Kamin und Holzbänke, leider meist voll. Die besten Kalamares der Stadt (in Knoblauchsoße), ansonsten viele Teesorten. **Kinoklause**, Kinopassage Schillerstr. 30. Nette Kneipe und ausgezeichneter, in Kennerkreisen berühmter Salat. **Augustinerkeller**, Augustinerstr. 26. In einem Kellergewölbe, recht guter Wein. Im Herbst gibt's "roten Rauscher", einen Federweißen aus roten Trauben - einmalige Spezialität. **Lindenbaum**, Kneipe in der Emmerich-Josef-Str. 13, Nähe Schillerplatz. Viele "Alternative", auch "Rumhänger" - eigentlich nichts Besonderes, aber jede Woche Live-Musik.

Sehenswertes: der 6-türmige *Dom* ist von außen wesentlich schöner als innen - ein Höhepunkt romanischer Kirchenbaukunst (schon 975 begonnen)! Im *Gutenberg-Museum* (Liebfrauenplatz 5, am Dom) ist alles ausgestellt, was irgendwie mit Buchdruck zu tun hat. Unter anderem könnt ihr das kleinste Gebetbuch der Welt kaufen (nur wenige Quadratmillimeter groß)! Auch einige Original-Gutenbergbibeln sind in einem Safe zu sehen. Im Keller eine Werkstätte, in der noch nach der Gutenberg-Methode gedruckt wird (Di-Sa 10-18, So 10-13 h, Mo geschl., frei).
In der *Stefanskirche* Chorfenster von Chagall (ist Ehrenbürger von Mainz).

MÄRKTE: **Obst-, Gemüse- und Blumenmarkt** um den Dom, Di, Do, Sa bis 13 h. **Flohmarkt** jeden 2. Samstagvormittag im Monat auf dem Rathausplatz und am Rheinufer.

Worms: lohnt sich wegen des 6-türmigen *Doms*, Musterbeispiel des hochromanischen Baustils und eins der bedeutendsten Werke der oberrheinischen Sakralbaukunst (neben Mainz und Speyer). Einmalig in der Bundesrepublik ist das inzwischen halbwegs restaurierte *jüdische Getto* mit einer wiederaufgebauten Synagoge und einem kleinen Museum. Sehenswert auch der mittelalterliche jüdische Friedhof Heiliger Sand, ein paar min. hinter dem Dom.

INFORMATION: Neumarkt 14, gegenüber der Kathedrale.

ÜBERNACHTEN: **Jugendherberge** Dechaneigasse 1, Tel. 06241/25780. Mit Bus 1 ab Hbf.

Über Mannheim nach Heidelberg oder weiter Richtung Karlsruhe.

BADEN-WÜRTTEMBERG

Im äußersten Südwesten und vielleicht das reizvollste Bundesland - sowohl landschaftlich wie auch bezüglich der Städte, die z.T. jahrhundertalte Bausubstanz besitzen.

Westlich von Heidelberg mit seinem berühmten Schloß erstreckt sich die breite Rheinebene. Die dichtbewaldeten Hänge des Schwarzwalds schließen südöstlich davon an, nicht weit entfernt die schönen Universitätsstädte Freiburg und Tübingen, der Bodensee als Ausklang. Die fleißigen Schwaben 'schaffen' in und um die Hauptstadt Stuttgart bei der Renommierfirma mit dem dreizackigen Stern.

Heidelberg

Bekannteste deutsche Universitätsstadt - liegt malerisch am Ausgang des bewaldeten Neckartals und ist mit seiner berühmten Schloßruine und der im 2. Weltkrieg unzerstörten (!) Altstadt eins der großen Touristenziele Deutschlands.

Vor allem Ausländer, speziell Amerikaner, kommen in Scharen, um noch einen Hauch der Romantik eines altdeutschen Städtchens zu erhaschen - die Altstadt ist mit zahllosen Andenkenläden, teuren Lokalen und Parkhäusern ganz auf diesen Andrang eingestellt. Der Universität und den 27.000 Studenten wird dagegen weniger Beachtung geschenkt. Die Hauptstraße, die sich durch die ganze Altstadt zieht, rühmt sich übrigens, die "längste Fußgängerzone Deutschlands" zu sein!

VERBINDUNGEN / BAHNHOF: **Hauptbahnhof** etwas abseits vom Zentrum, Schließfächer, Gepäckaufbewahrung, Fahrradverleih. Mit Bus 11 (Endstation Universitätsplatz), Bus 34 (bis Kornmarkt, günstig zum Schloß) oder Tram 1 in die Altstadt.
Wer nur in die Altstadt oder zum Schloß will, kann den Bahnhof "**Karlstor**" benutzen. Er liegt am Westende der Altstadt an der Bundesbahnlinie Heidelberg - Heilbronn und der privaten SWEG-Linie Heidelberg - Mekkesheim - (Neckarbischofsheim) - Heilbronn. Auf diesen Linien kommt ihr auch nach Schlierbach (Camping). Vorsicht, nicht alle Nahverkehrszüge halten in Karlstor oder Schlierbach.

INFORMATION: vor dem Hbf., auch So geöffnet. Hier gibt es einen guten Stadtplan. Weitere Informationsstelle beim Schloß.

UNTERWEGS IN DER STADT: Busse und Trams, Einzelkarte 2 DM, Dreierkarte 4 DM, 36-stündige Touristenkarte 6 DM, Busstation und Ticketverkauf neben dem Hbf.

ÜBERNACHTEN: **Jugendherberge**, Tiergartenstr. 5, Tel. 06221/412066. Ab Hbf. mit Bus 11 in Richtung Sportzentrum Nord, fährt direkt hin (alle 20 min. bis 20 h, So nur nachmittags). Zu Fuß ca. 30-40 min.
Billige Pensionen (ca. 50 DM fürs DZ) sind **Sohns**, Bahnhofstr. 29, ca. 5 min. vom Hbf. in Richtung Altstadt. **Jeske**, Mittelbadgasse 2 (Altstadt), Tel. 23733, auch preiswerte Mehrbettzimmer. **Sonne**, Schmitthennerstr. 1 (Kirchheim, Bhf. an der Linie nach Bruchsal/Karlsruhe), Tel. 72162.
Camping Neckartal in Heidelberg-Schlierbach, zu erreichen mit Bus 35 ab Bismarckplatz oder mit Eisenbahn bis Schlierbach-Ziegelhausen. Weiterer **Camping Haide** im Neckartal zwischen Ziegelhausen und Kleingemünd, ebenfalls Bus 35.

ESSEN: am preiswertesten natürlich die Mensen, beide zentral in der Altstadt - **Mensa Marstallhof** (am Neckar, 12-14 h), Mensa am **Universitäts-Platz** (12-14 h, abends 17-18.30, Sa 12-13.30 h, nette Cafeteria). Essen nicht toll, aber genießbar.
Sudpfanne, Hauptstr. 223 (Altstadt), große Tische, deftige, preiswerte Portionen, ungezwungene Atmosphäre.
Essighaus, Plöck 97 (Altstadt), angenehme Stimmung und gutes Essen.
Löwenkeller, Rohrbacherstr. 92 (Weststadt), echt alternative Kneipe.
Tränktor, Obere Neckarstr. 5 (Altstadt), griechisch.

KNEIPEN / TREFFS: an der Hauptstraße 130 (Nähe Uniplatz) ist **Dr. Flotte** z.Z. sehr beliebt. Sehr hübsch, weil ganz mit dunkler Holztäfelung ausgekleidet, ist **Café 7**, Hauptstr. 75. Traditionelle Studentenschänke ist der **Rote Ochse**, Hauptstr. 217.
Nette Kneipen ansonsten vor allem in der kurzen Unteren Straße, z.B. **Pop**, **Mohren** oder **Schluckspecht**. Nahe bei der alten Brücke noch der **Goldene Hecht** (Steingasse 2, auch gut zum Essen).

MUSIK: **Cave 54**, Krämergasse 2, alter Studenten-Jazzkeller. Live-Musik meist Mo oder Di, sonst Disko. Musik live auch im **Schwimmbad-Music-Club,** Tiergartenstr. 13, ganz in der Nähe der Jugendherberge. **Alte Krone**, Brückenkopfstr. 1, Musik- und Theaterkneipe, Kabarett und Kleinkunst.

Sehenswertes: das *Schloß* thront in toller Lage hoch über Stadt und Neckar. 1689 und 1693 wurde es von den Franzosen zerstört und nie wieder ganz aufgebaut - die größte Schloßruine Deutschlands. Besichtigung der Innenräume nur mit Führung möglich (tägl. 9-17 h, ca. 4,50 DM, Stud. ca. 2,50 DM), das *Große Faß* (mit 221.700 ltr. Deutschlands größtes!) ist auch einzeln zu besichtigen (ca. 2 DM bzw. 1 DM). Etwas weniger Rummel als im Innenhof herrscht im Schloßgarten und auf der Scheffel-Terrasse. Schöne Ausblicke auf Stadt und Rheinebene!
Die Hauptstraße zieht sich als Längsachse durch die ganze Altstadt. Zentrale Punkte sind der Universitätsplatz mit der alten Uni und der hübsche Marktplatz. Von den zahlreichen schönen Gebäuden sei nur das reich verzierte Renaissancehaus *Zum Ritter* an der Hauptstr. 178 und gleich gegenüber am Marktplatz die *Heilig-Geist-Kirche* erwähnt, außerdem am Neckar die *Alte Brücke* - 1945 zerstört, aber wieder aufgebaut, malerisches Brückentor.
Schön ist auch der *Philosophenweg* am Heiligenberg gegenüber vom Schloß auf der anderen Seite vom Neckar. Von hier habt ihr die fotogensten Ausblicke auf Fluß, Stadt und Schloß. Die ideale Lage Heidelbergs am Austritt des Neckars vom Odenwald in die Rheinebene wird einem hier bewußt.

MUSEEN: **Kurpfälzisches Museum**, Hauptstr. 97, Kunst- und Kulturgeschichtliches,

u.a. der Abdruck des Kieferknochens 'Homo Heidelbergensis' (Di-So 10-17 h, ca. 1,50 DM; Stud. frei).
Deutsches Apothekenmuseum im Ottheinrichbau des Schlosses. Rekonstruierte Alchemistenküchen und alte Laboratorien (tägl. 10-17 h, ca. 2 DM).

MÄRKTE: Wochenmärkte auf dem **Marktplatz** jeden Mi und Sa., auf dem **Friedrich-Ebert-Platz** Di und Fr. Urige Buden und Bücherstände um die **Heilig-Geist-Kirche.**

Heidelberg/Umgebung: eine Zahnradbahn fährt vom Kornmarkt auf den *Königstuhl* (568 m), mit Haltestellen am Schloß und der Molkenkur (ca. 5 DM einfach).
Schiffsausflüge ins Neckartal nach Neckargemünd oder Neckarsteinach dauern ca. 1,5 std.) Gegenüber von Neckarsteinach liegt das winzige Festungsstädtchen Dilsberg auf einem Bergkegel.

Heidelberg - Heilbronn - Stuttgart - Tübingen - Schwarzwald

Es geht das malerische Neckartal entlang, zuerst durchbricht der Fluß mit vielen Windungen auf 50 km Länge den Odenwald - schöne Flußlandschaft mit vielen Burgen. Über *Heilbronn* (im Krieg zerstörte Altstadt, Jugendherberge in der Schirrmann Str. 9, Tel. 07131/72961) nach Stuttgart.

Stuttgart

Landeshauptstadt von Baden-Württemberg mit 650.000 Einwohnern, viel Industrie und einer Universität.

Liegt schön in einem Talkessel, der sich zum Neckar öffnet, die Straßen klettern die Abhänge hinauf. Symbol ist der Fernsehturm, eine Betonnadel, die die erste ihrer Art in Deutschland war.

VERBINDUNGEN / BAHNHOF: der **Hauptbahnhof** ist ein Sackbahnhof. Wenn ihr in der großen Bahnhofshalle steht, den oberen Ausgang raus, Rolltreppe runter, dort linker Hand sind die Schließfächer.

INFORMATION: in der **Klett-Passage** (schließt an den Hbf. an), Hotellisten, im Sommer bis 22 h.

ÜBERNACHTEN: **Jugendherberge**, Haussmannstr. 27, Tel. 0711/241583. Relativ altes Gebäude, seit Jahren wird schon gestritten, ob und wann sie renoviert werden soll, etwa 10 DM, Anmeldung ab 16 h, nachts Zapfenstreich um 23.30 h. Zu Fuß vom Bhf. ca. 15 min. die Schillerstr. nach links. Falls ihr (zu) viel Gepäck habt, Bus 42 oder Tram 5 ab Hbf. bis Eugensplatz.
Camping Cannstatter Wasen in Cannstatt ist ganzjährig geöffnet, pro Pers. ca. 5 DM, fürs Zelt nochmal ca. 4 DM. Tram 9 bis Staatsgalerie, dann umsteigen in Linie 1 oder 2 bis Haltestelle König-Karl-Brücke.
Es ist nicht ratsam, im Sommer im Park zu übernachten - Polizeikontrollen.

ESSEN: **Positano**, Rotebühlstr. 119 a (S-Bahn Schwabstr.), eine der besten Pizzerias in Stuttgart. **Iden**, Eberhardtstr. 1, vegetarische Vollwertkost, Preise um 10 DM, tägl. 11-21 h. **Markthalle**, Dorotheenstr. 4, Jugendstilbau, relativ preiswerte schwäbische Küche (Mo-Sa 6-16 h). **Olympia** im Bohnenviertel (Altstadt), Brennerstr. 40, griechische Taverne, gutes Essen, auch relativ billig.

KNEIPEN / CAFES: **Café Jenseits**, Ecke Schwab-/Bebelstr. 25, alternativ und immer was los. **Exil**, am Marienplatz, Linie 14 Richtung Vaihingen, Nju wave, mit separatem Raum zum Schwätzen, gute Musik. **Röhre**, Neckarstr. 34.

DISKOS: **Musicland**, Funk & Disko, kostet keinen Eintritt, kommt aber immer jemand vorbei, der fragt, ob du schon was getrunken hast . . : die Königsstraße immer geradeaus, Marienstraße, dann in der Reinsburgstraße 9, linke Seite. **Tao**, Rotebühlstr. 40, für Freaks, jüngeres Publikum, auch Oldies. Getränkezwang, da kein Eintritt.

MUSIK: **Laboratorium**, Wagenburgstr. 147 (Bus 40 ab Hbf.), mehrmals wöch. Konzerte, meist Folk, Blues, Jazz, auch Pantomime. Für Stuttgart billige Eintrittspreise (5-10 DM) und sehr gemütlich - auch als Kneipe, fast nur junges Publikum, viele Studenten.

Sehenswertes: vom Bahnhof ist das meiste zu Fuß zu erreichen. Kleiner Rundgang - die Königsstraße hoch (Fußgängerzone, viele Straßenmusiker), nach 200 m der Schloßplatz, ihn umgeben *Neues Schloß*, *Königsbau* (das neoklassizistische Ding direkt an der Straße) und im linken oberen Eck das *Alte Schloß* (sehenswerte Ausstellungen über alles mögliche).
Geradeaus der *Schillerplatz*, das historische Zentrum Stuttgarts. Nach rechts könnt ihr über den Kleinen Schloßplatz schnell zur *Calwer Straße* laufen, wo die teuersten Geschäfte der Stadt und etliche restaurierte Fachwerkhäuser liegen. Wenn ihr euch aber auf dem Schloßplatz links wen-

det, kommt ihr am *Kunstgebäude* vorbei (auch hier eine sehenswerte Sammlung, Otto Dix) und geht dann zwischen Kunstgebäude und neuem Schloß auf den *Theatersee* und das große Schauspielhaus zu. Auf der Wiese vor dem Theatersee kann man im Sommer schön liegen.
Gleich gegenüber an der Konrad-Adenauer-Str. steht die neue *Staatsgalerie* - ein Höhepunkt postmoderner Architektur und seit 1984 heftig umstritten. Nur ein Stück weiter die Straße entlang Richtung Bahnhof kommen das *Planetarium* und das Kommunale Kino in Sicht (gleich benachbart zum Hbf.). Das Planetarium ist durch seine edle Fassade aus Rauchglas sofort zu erkennen. Dort könnt ihr euch in bequemen Sesseln mal den Kosmos in Wohnzimmeratmosphäre ansehen. Im hinteren Teil des Hauses ist das Kommunale Kino etabliert (Programmkino). Wenn ihr vor dem Planetarium steht, seht ihr direkt in den *Schloßgarten*, der sich bis zum Neckar erstreckt und im Sommer wunderschön zum Durchlaufen oder -radeln ist. An seinem unteren Ende das Mineralbad Berg, ein Bad, das von verschiedenen Künstlern mitgestaltet wurde (ihr erreicht die Bäder und den Zoo aber auch mit der Linie 1 oder 2 bis Haltestelle Bäder).
Ebenfalls empfehlenswert - die Kesselstadt Stuttgart plus Umgebung von ganz oben betrachten! Also mal rauf zum *Fernsehturm* - Tram 6 bis Degerloch-Albplatz und Richtung Sillenbuch noch ca. 15 min. laufen. Aufzug rauf und runter kostet ca. 4 DM, Treppe gibt's nicht.

MÄRKTE: **Flohmarkt** auf dem Karlsplatz, jeden Samstag von 9-14 h. Kleider, Wolle, Krusch (teuer).

ZOOLOGISCHER / BOTANISCHER GARTEN: heißt **Wilhelma**, gilt als einer der schönsten in der Bundesrepublik und liegt am Rand des Rosensteinparks, ein ganzes Stück nördlich vom Hbf.

DAIMLER-BENZ-MUSEUM (Untertürkheim): seit 1986 ist das völlig neu gestaltete Großmuseum rund um die Geschichte des Automobils wieder geöffnet. Viele neuartige Details in der Präsentation machen den Besuch zum ausgesprochenen Vergnügen. Am Eingang bekommt man beispielsweise einen Sound-Stick ausgehändigt, der einem mit jederzeit abrufbaren Erläuterungen zu allen Exponaten füttert (Di-So 9-17 h, Mo u. feiertags geschl., frei).

Tübingen

Wirklich hübsche und malerische Kleinstadt, viel Atmosphäre und ganz und gar von der Universität geprägt.

Bestimmt jeder Vierte, dem man in den Gassen begegnet, studiert hier, wegen der mindestens 20.000 Studenten herrscht überall lebhaftes Treiben. Wenn ihr vom Bahnhof kommt, habt ihr gleich die schönste Stadtansicht vor Augen - die übereinander geschichteten Giebelhäuser der Altstadt zwischen der Stiftskirche und dem Schloß Hohentübingen. Wer aber noch keine Lust verspürt hinaufzusteigen, macht erst mal an der platanenbestandenen Neckarsinsel halt - Sonnenufer, Picknickwiese und Schlafplatz für jung und alt!

VERBINDUNGEN / BAHNHOF: an der Südseite vom Neckar, die Altstadt auf der anderen Seite. Zu Fuß ca. 1 km ins Zentrum.

INFORMATION: kurz vor der Eberhardsbrükke, über die ihr in die Altstadt kommt, rechts. Hier könnt ihr Adressen von Privatzimmern erhalten, die noch am billigsten sind, z.B. DZ ohne Dusche ca. 35 DM.

ÜBERNACHTEN: **Jugendherberge**, Gartenstr. 22/2, Tel. 07071/23002. Liegt in einem der schönsten Wohngebiete Tü's direkt am Neckarufer, 5 min. vom Zentrum. Vom Bhf in 10 min. zu erreichen, über die Eberhardsbrücke und gleich rechts.
Hotels sind teuer, eins der preiswertesten ist **Gasthof Ritter**, Am Stadttorgraben 25, Tel. 22502, in der Altstadt, billigstes Doppelzimmer ca. 60 DM.
Neckarcamping Tübingen unmittelbar westlich vor der Stadt, ebenfalls direkt am Neckar (Nähe Freibad). Zu Fuß ca. 3 km bis Zentrum, kein Bus.

ESSEN: die Uni-Mensen - **Stadtmensa Prinz Karl**, Hafengasse 6, inmitten der Altstadt, klein, fast gemütlich, besonders im 1. Stock das "Kaffeehaus" - glänzender Parkettboden und Wiener Stühle (11.30-17 h). Essen gibt's Mo-Fr 11.30-14 h. Gleich nebenan ein kleiner Steh-Kaffee-Ausschank. **Neue Mensa**, Wilhelmstr. 15 (mittags und abends), abends im 2. Stock Salatbuffet. Im

Fergenhaus nebenan Wahlessen. Eine Cafeteria im Erdgeschoß, aber 50-60 m weiter Richtung Stadt im **Clubhaus**, Wilhelmstr. 7, ist es gemütlicher. Im Sommer sogar mit Biergarten, manchmal Live-Musik.

Marquardtei, Herrenbergerstr. 34, ziemlich groß, hohe Räume, Tagesessen meist gut, reichlich und preiswert (unter 10 DM), indonesische und griechische Spezialitäten.

Delphi, Gartenstr. 39, fast gegenüber von der JH. Ziemlich auf "griechisch" getrimmt, an der Decke Fischernetze mit Meeresgetier, fast schon wieder anheimelnd kitschig. Recht preiswertes griechisches Essen, große Portionen (Mi geschl.).

Krumme Brücke, Kornhausstr. 17. Echt schwäbische Beize, wenig Studenten, mehr alte Tübinger Bürger und Arbeiter. Wer mal Käsespätzle probieren will, kriegt hier für ca. 8 DM eine Riesenportion mit Salat (tägl. 10-24, Küche 18-22 h).

KNEIPEN / CAFES / TREFFS: wegen der vielen Studenten gibt's wirklich zahllose Kneipen - nur ein paar wenige im folgenden.

Kaffee im Hirsch, Ecke Kornhausstr./ Hirschgasse, gemütlich, Holzstühle und Marmortische, an den Wänden sind Bilder zum Verkauf ausgehängt. Wird kooperativ unterhalten (10-20, So nur bis 18 h).

Arsenal, Am Stadtgraben 33, **das** Programmkino Tübingens mit Kneipe - ziemlich lässig, viel Stammpublikum, französisches Flair (Mo-Fr 17.30-24, Sa/So 15.30-24 h).

Deutsche Weinstube, Haaggasse 10. Rustikal mit Holzboden und -bänken (tägl. bis 1.30, bis 1 h gibts Kleinigkeiten zu essen).

Jazzkeller, Haaggasse 15. Ein Teil im Erdgeschoß, über eine Treppe geht's ins Kellergewölbe. Hier spielen oft Gruppen, dann muß man Eintritt zahlen.

Storchen, Ammergasse 3 (im 1. Stock). Recht laut (Tischfußball), lockeres Publikum, das Ganze wenig bürgerlich.

Ammerschlag, Ammergasse 13 b. Ähnlicher Stil wie im Storchen, aber ruhiger, manchmal Klaviermusik.

DISKOS: **Zentrum Zoo**, Schleifmühleweg 86, schlichter Bau inmitten von Fabrik- und Eisenbahngelände, im Inneren cooles Erscheinungsbild mit weißen Wänden, schwarzem Boden und weißen Stühlen und Tischen - inzwischen mit Pflanzen etwas anheimelnder gestaltet. Jeden Abend (außer Mo) bis 2 h "Schwoof" (das schwäbische Wort für Tanz)! Oft treten Gruppen auf, kostet dann Eintritt. Ansonsten Musik querbeet - Rock, Reggae, Funk, Disko u. dgl. (So nur bis 24 h). **Club Voltaire**, Haaggasse 26 b (Zentrum), politisch-kultureller Club der Universitätsstadt Tübingen, über 10 Jahre aktiv für alternative Kultur und Politik. Der Club organisiert Konzerte, Theaterstücke u.ä.

Legendär und berühmt ist das vom C.V. alljährlich veranstaltete **Festival** - einer der kulturellen Höhepunkte im Jahr! Die ganze Altstadt wird dann zur Bühne, parallel dazu in den Uni-Gebäuden Veranstaltungen. Meistens an einem Wochenende im Mai/Juni.

Sehenswertes: von der Neckarbrücke kommt ihr gleich in die *Fußgängerzone* - hier ist alles recht bergig und bucklig. Der Platz vor der Stiftskirche, der *Holzmarkt*, ist so etwas wie eine inoffizielle Freilichtbühne, Zuschauerränge sind die Stufen zur Kirche hinauf. Straßenmusiker, Theater, Jongleure, Händler, die ihre kunstgewerblichen Sachen an den Mann bringen wollen - hier läuft eigentlich fast immer etwas ab! Für ein paar Groschen kann man den Turm der *Stiftskirche* besteigen - schöne Aussicht auf die krummen Straßen und Gassen der Stadt und die Umgebung. Interessant im Inneren die Fenstermaßwerke, z.T. mit Reliefs, u.a. der aufs Rad geflochtene Hl. Georg, das Wahrzeichen Tübingens.

Kleine Attraktion - gegenüber der Stiftskirche die Buchhandlung Heckenhauer. Hier hat 1895-99 als junger Mann ein inzwischen weltberühmter Schriftsteller als Buchhändler gearbeitet, um sich seine Brötchen zu verdienen - **Hermann Hesse**!

Weiter zum *Marktplatz* - Mittelpunkt des städtischen Lebens mit Wochenmarkt, Festen und politischen Veranstaltungen. An der einen Seite das hübsche Fachwerk-Rathaus mit historischen Wandmalereien, davor der Marktbrunnen.

Wenn ihr jetzt die steile Burgtreppe hinaufwandert, kommt ihr zum *Schloß Hohentübingen*. Durchs schwere und pompöse äußere barocke Portal und durch das wesentlich zurückhaltender gestaltete eigentliche Schloßportal aus der Frührenaissance kommt ihr schließlich in den viereckigen Innenhof. Im Inneren ist der Rittersaal im Nordflügel ganz interessant (Sa/So, nur mit Führung).

Von der Nordseite des Schlosses Blick auf die am Fuß vom Berg liegende Dachlandschaft - das "andere Tübingen", das nichtakademische nämlich, die *Unterstadt* vom Schloßberg bis zur

Jakobuskirche. Im 19. Jh. wohnte hier das "schmutzige, stinkende Weingärtnervolk", die sog. Gogen, arme, hart arbeitende Weinbauern.
Ausgleich zum Interrail-Streß - ein bißchen im Ruderboot auf dem *Neckar* herumrudern (Bootsverleih am Informationsbüro, s.o.). Traditioneller und "gondolieremäßiger" ist allerdings das *Stocherkahnfahren* in langen schwarzen Kähnen mit einer Stange, mit der man sich den Neckar entlangstochert - ist hier nur ca. 1,50 m tief!

Auf der anderen Seite vom Schwarzwald liegt

Freiburg

Sympathische Universitätsstadt und praktisch das Eingangstor zum Südschwarzwald - nur ein paar Minuten Fahrt, und ihr seid schon im wildromantischen Höllental!

Die Stadt selber wurde im letzten Krieg schwer mitgenommen, trotzdem ist noch etliches Mittelalterliche erhalten, anderes hat man sorgfältig restauriert. Ansonsten ist fast die ganze Altstadt Fußgängerzone, und das ausgeprägte studentische Leben wird das Übrige tun, damit ihr euch nicht so schnell langweilt.

VERBINDUNGEN / BAHNHOF: vom **Bahnhof** die Eisenbahnstr. entlang ins Zentrum, bis ihr auf den Rotteckring trefft (Informationsbüro).

INFORMATION: Verkehrsamt am Rotteckring 14, Zimmervermittlung.

ÜBERNACHTEN: **Jugendherberge**, Kartäuserstr. 151, Tel. 0761/67656. Ab Hbf. mit Tram 1 (Richtung Littenweiler) bis Römerhof und noch ein Stück zu Fuß. **Privatzimmer** ab etwa 30 DM aufwärts für's DZ (Infos im Tourist-Büro). Billige Pensionen sind **Haus Gehring**, Eggstr. 10 (Tel. 74963) und **Haus Dreisam**, Gartenstr. 30 (Tel. 22770), etwa 40-45 DM für's DZ.
Zwei Campingplätze (wie die JH auch mit Tram 1 zu erreichen) - **Camping Hirzberg** an der Kartäuserstr. 99 (Station Bleicherstr.) und **Kurbadcamping Möslepark** an der Waldseestr. 77 (Station Möslestr.).
Wer im Freien schlafen will, setzt sich einfach in den Zug und fährt ein Stück in den Schwarzwald hinein.

ESSEN: **Mensa** in der Rempartstraße. Typische Gasthäuser mit lokalen Spezialitäten sind **Großer** und **Kleiner Meierhof** (Grünwälderstr. 1 bzw. Rathausgasse 27). Billiges Essen außerdem im **Weißen Bären**, Nähe Uni-Bibliothek.

KNEIPEN / CAFES / TREFFS: v.a. in der Nähe vom Schwabentor findet ihr viele Lokale und Bierpinten, **Café Atlantik** am Schwabentorring 7 ist eine gute Musikkneipe, am Wochenende oft Live-Musik (6-12 DM).
Café Journal, gutes Café in der Universitätsstr. 3. **Harmonie**, viele junge Leute, Schusterstr. **Café im Bursengang**, Nähe Rathausplatz. Kneipen für das nicht mehr ganz so junge Publikum in der Konviktstraße, z.B. **Alter Simon**.
Ansonsten Studentenkneipen vor allem um den Augustinerplatz, mehrere Kneipen auch um den Münsterplatz.

DISKOS: **Unverschämt,** Humboldtstr. 3, z.Z. sehr 'in' (ca. 6 DM Eintritt), außerdem **Roter Punkt** am Münsterplatz.

MUSIK: **Gräsch**, Schnewlinstr., Punkertreff, tägl. ab 19 h, Fr und Sa Disko, am Wochenende und auch sonst oft Konzerte (Eintritt). Wurde nach dem Brand des Autonomen Zentrums (AZ) kurz vor dessen geplanter Räumung von der Stadt unter Mithilfe einiger Jugendlicher eingerichtet.

Sehenswertes: überall in der Altstadt findet ihr die sog. *Bächle* - meist schmale Rinnsale, die ganze Straßenzüge entlangführen und Teil der mittelalterlichen Kanalisation waren. Über den hübschen *Rathausplatz* (beliebter Treffpunkt) kommt ihr zur Hauptstraße der ausgedehnten Fußgängerzone (Kaiser-Joseph-Straße). Ist aber eigentlich weniger reizvoll - ziemlich breit und die Straßenbahn fährt durch.
Umso schöner der *Münsterplatz* mit vielen Straßencafés und dem großen Wochenmarkt - interessant, weil hier auch vieles aus dem benachbarten Frankreich angeboten wird. Das moderne Kaufhaus fügt sich erstaunlicherweise recht gut zum Münster.
Das *Münster* zählt zu den bedeutendsten gotischen Kirchen Deutschlands. Der großartige Turm (116 m hoch) kann bestiegen werden (ca. 1,50 DM), Superblick nach unten, aber auch nach oben zum steinernen Dachaufsatz des Turms. Immer wieder versuchen sich verbotenerweise Sportkletterer daran, bis zur Spitze zu klimmen. Auch das Innere ist prächtig ausgestaltet, besonders schön die herrlichen Glasfenster aus dem Mittelalter. An der Süd-

seite vom Dom urige Wasserspeier, einer streckt euch sogar das Hinterteil entgegen. Gegenüber Nr. 10, das spätgotische, rote 'Kaufhaus'.
In der Salzstraße das interessante *Augustiner-Museum* - ein ehemaliges Kloster mit einer ausgezeichneten Sammlung oberrheinischer Kunst, u.a. Steinfiguren und Glasgemälde vom Münster, außerdem echte Schwarzwälder Folklore (im Gegensatz zu den Souvenirshops). Beliebtes Ausstellungsstück ist "Kiesinger", ein Ritter im Kettenhemd und dem ehemaligen Bundeskanzler nicht unähnlich (Mo 10-20, Di-Sa 10-17 h, frei). Am Ende der Salzstraße das mittelalterliche *Schwabentor* mit der sehenswerten Zinnfigurenklause (Szenen aus dem Bauernkrieg, Eintritt).
Im *Naturkunde- und Völkerkundemuseum* in der Gerberau 32 gibts eine Orchideen- und Edelsteinsammlung mit fluoreszierenden Edelsteinen (Di, Do-So 10-17, Mi 10-20 h, frei).
Ansonsten eventuell mal auf den *Schloßberg* (Seilbahn ab Mozartstr.), schöner Blick auf's Münster.

LESERTIP: "das **Museum für Ur- und Frühgeschichte** im Colombischlößchen (Rotteckring 5) beherbergt südbadische Funde von der Steinzeit bis ins Mittelalter. Besonders interessant der alemannische Goldschmuck und der Inhalt einer mittelalterlichen Abfallgrube (tägl. 9-19 h, frei)" (Leon Feuerlein, Freiburg).

Freiburg/Umgebung: 7 km südlich vom Zentrum und noch im Stadtgebiet der 1300 m hohe *Schauinsland* mit tollem Blick aufs Rheintal, zum Kaiserstuhl und bis zu den Vogesen. Tram 2 bis Günterstal, dann Bus 21 bis zur Talstation der Seilbahn (muß extra bezahlt werden) und mit der Seilbahn auf den Gipfel (hin u. zurück ca. 15 DM, für Interrailer 50 %). Es gibt auch durchgehende Fahrkarten für Tram, Bus und Seilbahn (ca. 16 DM hin u. zurück).
Besonders schön ist der Ausflug zum *Kaiserstuhl*, ein erloschener Vulkan kurz vor der französischen Grenze. Fast schon etwas mediterrane Atmosphäre, neben den hervorragenden Weinen, die hier wachsen, gibt es angeblich 33 Orchideenarten, außerdem leben hier Smaragdeidechsen und andere südliche Tiere. Kann mit einer Privatbahn umrundet werden (Interrail nicht gültig). Bester Anlaufpunkt das Grenzstädtchen *Breisach* (Jugendherberge, Münsterbergstr. 30-32, Tel. 07667/7665), auch sonst viele schöne Winzerstädtchen und -dörfer, z.B. Burkheim.

Schwarzwald

Schon seit Jahrhunderten sagenumwobener Schauplatz vieler Märchen und Legenden - und heute für (zu) viele Touristen der Inbegriff des deutschen Waldes schlechthin.

Trotzdem, in den kleinen Waldtälern abseits der Touristenorte kann man noch absolute Ruhe finden - und das zu erstaunlich niedrigen Preisen. Allerdings, auch der Schwarzwald ist vom sauren Regen schwer mitgenommen, z.B. im Bereich des beliebten Touristenorts Freudenstadt kann man den Wald bald in 'Grauwald' umtaufen. Zudem werden die malerischen Orte immer stärker betoniert und die ursprünglichen Landschaften 'bereinigt'. Am schönsten ist der südliche Schwarzwald - beliebteste Ziele dort *Titisee* und *Schluchsee*, die abenteuerliche Höllentalbahn kurvt von Freiburg dorthin.

Offenburg - Triberg - Donaueschingen (Bodensee)

Die sog. *Schwarzwaldbahn* zweigt vom Rheintal in Offenburg ab und durchquert über Triberg und Villingen bis Donaueschingen den ganzen Schwarzwald. Zum Bodensee ist es nicht mehr weit.

Triberg: besteht nur aus 'cuckoo clocks' und Souvenir-Läden mit amerikanischen Preisschildern. Nicht unbedingt lohnend, trotz der berühmten Wasserfälle. Die einzelnen Flußkaskaden bilden zusammen den "höchsten Wasserfall" Deutschlands, sind aber ein Stück umzäunter Natur (ca. 2 DM).

INFORMATION: **Kurhaus**, Luisenstr. 10.

ÜBERNACHTEN: **Jugendherberge Am Hofeck** in schöner Lage, aber weit außerhalb auf einem Berg, Rohrbacher Str. 35, Tel. 07722/4110. Vom Bhf. 45 min. zu Fuß, von der Stadt 25 min., im Sommer auch Busse.

Freiburg - Titisee - Donaueschingen (- Bodensee)

Die *Höllentalbahn* - Super-Bahnfahrt von Freiburg durchs enge Höllental und am Titisee vorbei nach Donaueschingen. Bis in die 30er Jahre wurde die Steilstrecke noch als Zahnradbahn betrieben. In Titisee Abzweigung nach *Seebrugg* (Schluchsee) - an dieser Strecke der Bahnhof Feldberg-Bärental, mit 976 m ü. d. M. der höchste Bahnhof der Bundesbahn.

Titisee: überlaufener Touristen-See, hübsch, aber ziemlich teurer Spaß.

INFORMATION: **Kurhaus**, Nähe Bahnhof.

ÜBERNACHTEN: **Jugendherberge Veltishof** am Südende vom See, Bruderhalde 27, Tel. 07652/238. Weitere **Jugendherberge Rudenberg** in Neustadt, Haus Nr. 6, Tel. 07651/7360. Mehrere Campingplätze 2-3 km vom Ort am See.

Schluchsee: nur wenige Kilometer südlich vom Titisee, eine Stichbahn führt direkt hin. Größer als der Titisee und etwas weniger überlaufen.

ÜBERNACHTEN: **Jugendherberge** im Ort Schluchsee, Im Wolfsgrund, 10 min. vom Bhf., direkt am See, Tel. 07656/329. **Camping Wolfsgrund** gleich in der Nähe.
Weitere Jugendherberge in Seebrugg, Tel. 07656/494.

Bodensee

Nach Plattensee und Genfer See der drittgrößte See Europas und berühmtes Dreiländereck - Österreich, Schweiz und die Bundesrepublik haben Anteil an der riesigen Wasserfläche.

Ein Trip um den See ist empfehlenswert - hübsche Städte und kleine, gemütliche Ortschaften, dazu noch einigermaßen intakte Landschaften. Jedoch hat der Bodensee wegen der stark gestiegenen Siedlungsdichte schwer mit eingeleiteten Giftstoffen zu kämpfen. Vor allem aus Waschmitteln und der Landwirtschaft gelangt zuviel Phosphat in den See, der Sauerstoffgehalt sinkt ständig. Inzwischen baut man aber mehr und mehr Kläranlagen mit biologischer Reinigungsstufe und in der Schweiz sind phosphathaltige Waschmittel bereits verboten.
Am besten haben uns Lindau, Meersburg, Konstanz und Stein am Rhein gefallen (letzteres in der Schweiz, siehe dort, nächste Bahnstation Etzwillen, Bahnlinie Konstanz-Schaffhausen).

VERBINDUNGEN: die "Vereinigten Schifffahrtsunternehmen für den Bodensee und Rhein" geben für Interrailer 50 %. Verbindungen auf dem ganzen Bodensee, außerdem den Rhein hinunter bis **Schaffhausen**.

Konstanz: größte Stadt am Bodensee, sehr hübsches, noch teilweise mittelalterliches Zentrum, beeindruckendes Münster, Kneipen und Weinlokale in Hülle und Fülle, viele Touristen. Die Uni liegt etwas außerhalb 'Am Gießberg' und ist von der Innenstadt aus beschildert.
Am zweiten Augustwochenende findet in Konstanz ein großes *Weinfest* statt.

INFORMATION: am Bahnhofsplatz 13.

ÜBERNACHTEN: **Jugendherberge Otto-Moericke-Turm** im Vorort Allmannsdorf (Richtung Mainau), Allmannshöhe 18. Tel. 07531/32260, Bus 1 oder 4 ab Bhf. (ca. 5 km). **Naturfreundehaus Wollmatinger Ried**, Rudolf-Diesel-Str. 30, 1,5 km in Richtung Reichenau, am See, Tel. 53850 (Anmeldung unter 23081).
Preiswerte Pensionen (DZ 45-60 DM) sind **Hotel Blauer Bock**, Hussenstr. 36 (Tel. 22741) und **Pension Rheinperle**, Mainaustr. 5 (Tel. 63744).
Camping in Allmannsdorf, Fahrenbühlstr. 50 (Bus 1 bis Endstation, dann 1 km rechts am Ufer entlang).

ESSEN / TREFFS: **Costa del Sol**, St. Johanngasse 9 (Ecke Inselgasse), preiswerte spanische Küche, schöner Biergarten, viele Studenten. **Radieschen**, Hohenhausgasse 1 (hinter Woolworth), bekannter Szenetreff, lange Theke mit Holzstühlen und -bänken, billiges und gutes türkisches Essen.
Café Eierschale, beim Münster (Hofhalde), poppige Gemütlichkeit mit Holztischen und Gartenbank, junges Publikum, Crepes. **Schiff**, altes Schiff im Hafen (Stadtteil Paradies, hinter Güterbahnhof), für ca. 8 DM kann man bis 3 h früh tanzen, viele junge Leute.

JAZZ: die beiden renommierten Lokale **Fischkopf** und **Seekuh** liegen gleich nebeneinander (Fischmarkt bzw. Konzilstr.). Häufige Konzerte, Eintritt oft unter 10 DM.

Baden: **Freibad Horn**, größte Freibadeanlage am Bodensee, langes steiniges Ufer. **Freizeitbad Jakob**, gleich benachbart, mehrere Schwimmbecken, sehr modern, mit Thermalbad (33 Grad).

Ausflüge: mit Bus 4 oder Schiff zur Blumeninsel *Mainau*, nur 7 km entfernt. Riesige Blumen- und Parkanlagen, farbenprächtig und teilweise subtropische Gewächse, viel Touristenrummel. Ins gegenüberliegende hübsche Städtchen *Meersburg* - Bus 1 nach Staad und mit der Fähre hinüber (nur 20 min., keine Ermäß., ca. 3 DM, Mehrfachkarten für den Bus gelten auch auf der Fähre) Sehenswert das 'Alte Schloß' über der Stadt, ein romantisches Gemäuer mit vier Rundtürmen und eine der ältesten Burganlagen Deutschlands. Die Dichterin Annette von Droste-Hülshoff hat hier gelebt und gearbeitet, ihr Arbeits- und Sterbezimmer ist zu besichtigen (tägl. 9-18 h, ca. 5 DM).

Lesertip: "sehr empfehlenswert ist die Fahrt **mit dem Schiff nach Schaffhausen.** Die Fahrt geht zuerst durch den Untersee nach Stein am Rhein und von dort durch die schöne Flußlandschaft nach Schaffhausen (ca. 18 DM einfach, 50 % für Interrailer). Ihr könnt auch in Stein am Rhein aussteigen und auf die Burg Hohenklingen steigen (ca. 30 min.)" (Rolf Wiehler, Konstanz).

Lindau: malerische Inselstadt, über einem Bahndamm fahrt ihr direkt zum Hbf. am Hafen - von zahllosen Postkarten sattsam bekannt. Insgesamt sehr touristisch, hübsche autofreie Altstadt, besonders die Hauptstraße - Fußgängerzone mit ehrwürdigen Patrizierhäusern, Laubengängen und vielen Straßencafés und Weinstuben. Auf dem Uferweg könnt ihr um die ganze Insel herumlaufen! Lohnend das *Friedensmuseum* von 'Pax Christi' im schönen Lindenhofpark.

Information: Verkehrsverein gegenüber vom Hbf.

Übernachten: großes Angebot an **Privatzimmern**, besonders hübsch in den ländlich geprägten Stadtteilen Oberreitnau und Unterreitnau (Auskunft im Tourist-Info, vgl. auch Lesertip).

Jugendherberge, Herbergsweg 11 a, Tel. 08382/5813. Auf dem Festland, im östlichen Stadtteil Reutin, Bus 2, 3 oder 6 ab Bhf. oder 25 min. zu Fuß, ca. 8 DM.

Camping Hammerhut im Stadtteil Reutin, **Camping Lindau-Zech** am Seeufer, kurz vor der österreichischen Grenze (zu beiden Bus 3 oder 6).

Essen / Treffs: **Pizzeria Alte Schule**, am Alten Schulplatz, billige Preise und ausgezeichnete Pizzas. **Alte Werft**, am Brettermarkt, preisgünstiges Speiselokal in zentraler Lage, viel junges Publikum.

Café Schreier, Reichsplatz, großes Straßencafé am Rand des Seehafens, Sommertreff der Lindauer Jugend. **Jugendzentrum Scheune,** Unterer Schrannenplatz, im ehemaligen Gefängnis beim Diebesturm, erstes Lindauer Jugendcafé. **Schalldämpfer**, In der Grub 32, Funk und Wave, Tanzfläche, am Wochenende sehr voll.

Schweiz

Neutrales 'Musterländle' zwischen Frankreich, Italien und der Bundesrepublik Deutschland. Blank gescheuerte Bahnhöfe, ein effizientes Zugsystem, prächtige Alpengipfel, zahlreiche Seen und einige weltberühmte Sehenswürdigkeiten erwarten euch.

Die Schweiz ist das Dach Europas. Mehr als die Hälfte des Landes ist von den Alpen in Beschlag genommen. Das Matterhorn 'live', neben Roger Moore durch St. Moritz schlendern, Shopping in der Bahnhofsstraße von Zermatt . . . Interrail machts möglich - falls ihr das nötige Kleingeld einstecken habt. Die Schweiz ist teuer und die Wintersportorte bevorzugtes Ziel der oberen Zehntausend, des Jet-Sets und der Ölscheichs dieser unserer Welt.

Aber das ist natürlich nicht alles. Bergbahn-Fans liegen auf jeden Fall richtig - 3/5 des Landes sind gebirgig, d. h. die meisten Bahnlinien gehen durch extrem schwieriges Gelände und sind sowohl landschaftlich wie auch von ihrer Anlage mit Tunnels und Viadukten besonders reizvoll. Vor allem im *Berner Oberland* um Interlaken findet ihr ein weit verzweigtes Netz von Zahnradbahnen, Gondel- und Sesselliften, deren herrliche Panoramen Interrailer oft für 50 % Ermäßigung genießen können. Zum Nulltarif könnt ihr dafür überall die zahllosen Wanderwege im Umkreis der Fremdenverkehrsorte kennenlernen.

Die Städte gehören nicht unbedingt zu den Höhepunkten europäischer Baukunst - jedoch gibt es oft stimmungsvolle Altstadtviertel mit eng verschlungenen Gassen, bunten Zunfthäusern, alten Burganlagen und Resten von Stadtmauern. *Luzern* am Vierwaldstätter See ist eine bildhübsche, schon fast mediterran wirkende Touristenstadt, während *Zürichs* verwinkeltes 'Dörfli' tagsüber originelle Läden und gemütliche Beizen (Gasthäuser), am Abend aber das berüchtigtste Nachtleben der Eidgenossenschaft bietet. Ihr könnt aber auch in *Genf* Rolls Royce zählen, in *Montreux* das berühmte Rock- und Jazzfestival besuchen und bei Schaffhausen in den *Rheinfall* reinfallen.

Südliche Sonne, fast schon italienisch angehauchte Ortsbilder und malerische Seenlandschaften prägen schließlich das *Tessin*. Schon *Hermann Hesse* hat sich hier wohlgefühlt - sein Grab findet ihr in Gentilino bei Lugano.

Mit der Eisenbahn durch die Schweiz

Ein El Dorado für Bahnfahrer - die Schweiz besitzt das sowohl technisch als auch landschaftlich reizvollste Eisenbahnnetz Europas. Nebenbei ist es auch eines der fahrgastfreundlichsten Netze überhaupt.

Die Schweizer Bahnhöfe sind ausgesprochen kundenfreundlich, haben lange geöffnet, fast immer eine Gepäckaufbewahrung und Fahrradverleih; selbst kleine Stationen sind meistens besetzt. Zudem kann man an fast allen Bahnhöfen gebührenfrei seine Schecks oder Bargeld zum normalen Kurs wechseln.

Auf dem gesamten Netz wird im Taktfahrplan gefahren, auch am Wochenende, an Feiertagen und auf den kleinsten Nebenstrecken. Die Anschlüsse sind fast immer hervorragend, was gerade mit dem Interrail-Ticket zu Rund-

fahrten ermuntert bzw. diese Rundfahrten sehr erleichtert.
Neben dem ausgezeichneten staatlichen Bahnnetz (SBB) hat die Schweiz die meisten privaten Bahngesellschaften Europas (über 70!). Ein Großteil davon sind Bergbahnen (Schmalspur) und geben für Interrailer 50 % Ermäßigung. Oft urige Triebwagen, Zahnradbahnen, teilweise noch Dampfbetrieb!
Einer der Höhepunkte (allerdings auch finanziell) ist die Fahrt mit der Jungfraubahn rauf zum Jungfraujoch (3454 m, höchstgelegener Schienenbahnhof Europas!).
Einige der Bahnen sind dem Interrail-Verbund angeschlossen und für Interrailer kostenlos - die Albula- und Berninalinie der *Rhätischen Bahnen* (RhB) von Chur nach Oberitalien bietet wohl die spektakulärste Alpenüberquerung Europas, während der legendäre Glacier-Expreß auf der Furka-Oberalp-Linie (FO) von Chur über Brig nach Zermatt nur teilweise kostenfrei benutzt werden kann. Aus der Bahnkarte auf S. 95 könnt ihr genau entnehmen, welche Strecken kostenfrei sind oder nur Ermäßigung geben.

ZUSCHLÄGE: Intercity-Züge sind seit 1982 gratis (wie in England). Zuschlagspflichtig sind dagegen einige Eurocity-Züge (Genf/Zürich-Milano), außerdem **Bernina-Expreß A** und **D** bei der RhB und der **Glacier-Expreß** bei der FO (IR nicht gültig).
Platzreservierung ist nur im grenzüberschreitenden Verkehr möglich.

Interessante Bahnstrecken (für Interrailer kostenlos): davon gibt es jede Menge. Die wohl berühmteste internationale Verbindung ist die Gotthard-Bahn nach Italien, die mit einem 15 km-Tunnel das Gotthardmassiv (3000 m) durchsticht.

GOTTHARD-BAHN (SBB): Basel - Luzern-Arth/Goldau - Altdorf - Erstfeld - Göschenen (Gotthard-Tunnel) - Ariolo - Bellinzona - Lugano - Chiasso - Como - Milano.
Ab Luzern schöne Fahrt den Vierwaldstätter See entlang. Weiter am Ufer vom Zuger-See, dann der malerische Lauerzer See. Nach der Kantonshauptstadt Schwyz ein weiterer Arm des verzweigten Vierwaldstätter Sees, der Urner-See. Ab Erstfeld beginnt die Bergstrecke - Tunnels, Viadukte, schöne Ausblicke! Ab Göschenen dann der gewaltige **Gotthard-Tunnel**. Die Durchbohrung dauerte 1872-1880 und war eine Leistung ohnegleichen. Nicht weit vom Südportal liegt die Ortschaft Ambri-Piotta. Von hier fährt die steilste Drahtseilbahn der Welt zum Ritomsee hinauf. Übrigens - wenn es auf der Nordseite des Gotthardmassivs regnet, kann es ohne weiteres sein, daß auf der Südseite die Sonne scheint! Weiter gehts in den italienischen Teil der Schweiz, über den Nobelkurort Lugano am Luganersee zum Grenzort Chiasso und weiter nach Milano. Insgesamt hat die Strecke über 80 Tunnels!

LÖTSCHBERG / SIMPLON-BAHN (BLS): weitere berühmte Alpenstrecke - von Bern über Thun und Spiez durch den **Lötschberg-Tunnel** (15 km), weiter über Brig ins Wallis und durch den **Simplon-Tunnel** (mit 20 km einer der längsten der Welt!) rüber nach Italien, Domodossola - Arosa - Milano. Auf dieser Strecke fahrt ihr, wenn ihr von der Westschweiz nach Italien wollt. Besonders interessant die Südabfahrt - eine fast senkrechte Felswand, in die das Gleis hineingehauen wurde, unzählige Viadukte, Brücken, Steinschutzgalerien. Das Bahnhofsgebäude von Goppenstein ist wegen Lawinengefahr ganz in den Berg hineingebaut.

SCHMALSPURBAHN LUZERN - INTERLAKEN: besonders reizvolle Strecke über den steilen Brünig-Paß, an einigen Hängen sogar mit Zahnradantrieb. Immer wieder phantastische Ausblicke, z.B. an der Südabfahrt des Passes nach Brünig-Hasliberg.

RHÄTISCHE BAHNEN (RhB): im Osten der Schweiz gehen von Chur eine Reihe interessanter Bahnlinien aus. Eine der schönsten Höhenrouten der Welt ist die **Albula- und Berninalinie** Chur - Reichenau/Tamins - Thusis - Filisur - Samedan - St. Moritz, weiter nach Italien über Pontresina - Bernina Hospiz - Alp Grüm - Tirano. Vor allem südlich von St. Moritz bewältigt die Bahn extreme Höhenunterschiede. Teilweise Züge mit offenen Panoramawagen, siehe ausführlich S. 111.

FURKA-OBERALP-BAHN: Chur - Disentis - Andermatt - Oberwald - Münster - Brig (- Zermatt). Gilt als eine der schönsten Schweizer Alpenstrecken, der berühmte **Glacier-Expreß** (langsamster Schnellzug der Welt) befährt die Strecke mehrmals täglich. Für Interrailer ist nur das Stück Chur - Disentis kostenlos, auf dem Rest der Strecke keinerlei Ermäßigung bzw. voller Fahrpreis (siehe Streckennetzkarte, doppelt gestrichelte Linie). Zuschlagspflichtig, Platzreservierung dringend empfohlen. Näheres auf S. 112.

CENTOVALLI-BAHN: Locarno - Camedo (ital. Grenze) - Domodossola. Landschaftlich reizvolle Alpenstrecke vom Tessin nach Italien, von einer schweizer und einer italienischen Gesellschaft betrieben. S. Locarno.

MONTREUX-OBERLAND BERNOIS-BAHN (MOB): Montreux - Gstaad - Zweisimmen

Schweiz Fahrpläne Nr 24000 – 24052

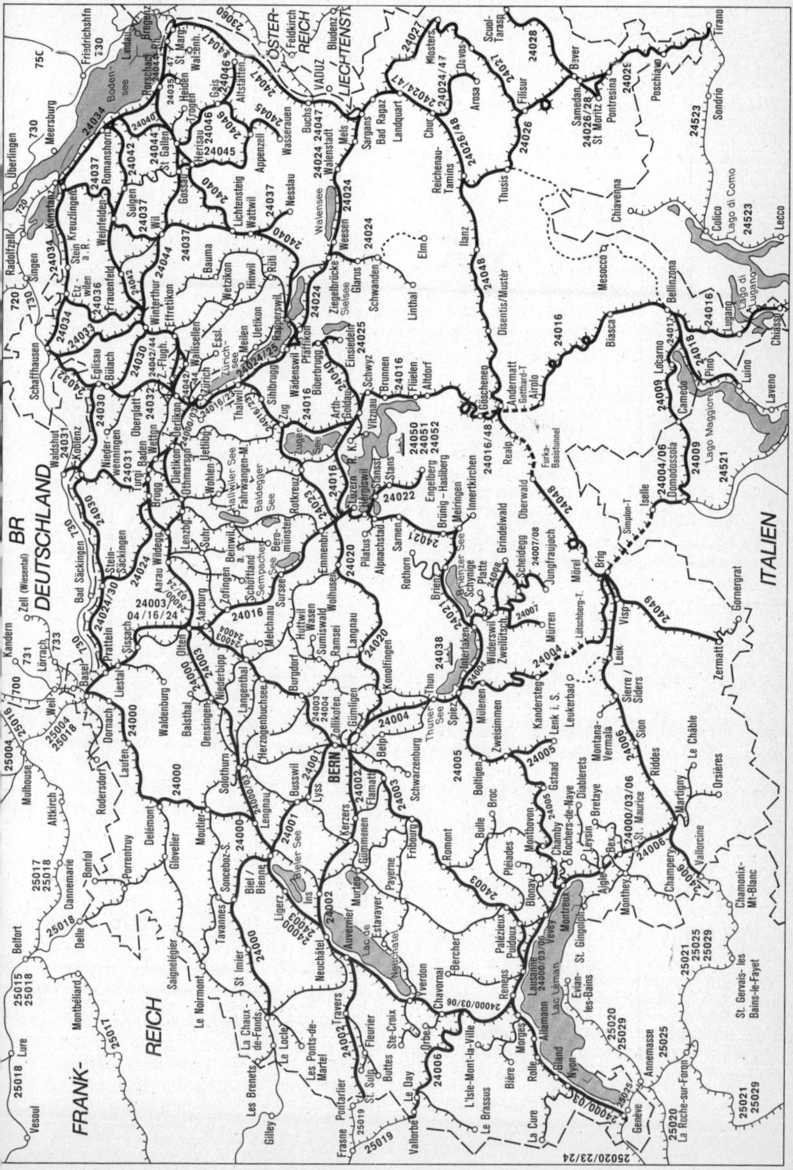

elektr. Strecken des Auslandkursbuches — elektr. sonstige Strecken — Busverkehr — Bergbahn

(hier Anschluß an die SEZ nach Spiez). Sehr schöne Strecke, falls möglich sollte man die Fahrt mit dem "Panoramic-Express" machen (fährt zweimal täglich in beide Richtungen, kein Zuschlag).

Interessante Bergbahnen und Schmalspurstrecken: allgemein leider ziemlich teuer, für Interrailer gibts aber 50 % Ermäßigung. Hier eine kleine Auswahl.

BERNER OBERLANDBAHNEN (BOB): weit verzweigtes Bergbahnnetz von Interlaken zu etlichen schönen Aussichtspunkten und Bergorten im Berner Oberland. Ab Interlaken Ostbahnhof u.a. auf die Schynige Platte, nach Grindelwald und Lauterbrunnen. In derselben Region noch weitere Bergbahnen, die 50 % geben, z.B. **Wengernalpbahn** (WAB) und **Jungfraubahn** (JB), siehe ausführlich bei Interlaken. Für Bergfans Spitze!

BRIG - VISP - ZERMATT (BVZ): 1000 m steigt die Bahn durchs Mattertal bis Zermatt an, schöne Fahrt durch die Wälder und Almen der Hochalpen.

SCHMALSPURBAHNEN AB MARTIGNY (MC, MO): südlich vom Genfer See, besonders schön die Strecke nach Le Chatelard-Frontière (franz. Grenze) und weiter nach **Chamonix** (Mont Blanc-Massiv). Auf Schweizer Seite bis zur Grenze Privatbahn (z.T. Zahnradantrieb), ab Grenze französische Staatsbahnen. Phantastische Panoramen, bes. bei Chamonix das Mont Blanc-Massiv (siehe auch unter Frankreich). Ab Orsières Busverbindung zum großen St. Bernhard (50 %).

INTERESSANTE RUNDFAHRTKOMBINATION: Göschenen (an der Gotthardbahn gelegen, Jugendherberge nicht weit vom Bhf., wenn man aus dem Bhf. kommt, den kleinen Weg den Hang hoch, 3 min zu gehen) - Bellinzona - Locarno - Domodossola - Brig - Spiez - Interlaken - Luzern - Göschenen. Damit hat man Gotthard-, Centovalli-, Simplon-, Lötschbergbahn und Interlaken - Luzern in einem Streich gesehen. Wenn man morgens gegen 8 h losfährt, schafft man's in einem Tag; erfordert aber einige Kondition im Bahnfahren.

Andere Verkehrsmittel: die Umgebung der großen Schweizer Seen ist ideal für kleinere und größere Radtouren - besonders Zürichsee, Luganersee, Bodensee und Genfersee. Schön ist es auch um Basel - sehr waldreich, Weinberge und weite Wiesenflächen. *Fahrräder* könnt ihr an den meisten Bahnhöfen mieten - auch an Privatbahnstationen. Preis ca. 10-12 DM pro Tag, Rückgabe an jeder anderen Station.

Auf den großen Seen verkehren überall *Linien- und Ausflugsschiffe*, die Interrailer oft 50 % Ermäßigung gewähren (z.B. Bodensee, Zürichsee, Thuner See, Brienzer See).
In die Orte, die durch keine Bahnlinie erreicht werden, kommt ihr mit den gelben *Postbussen* (PTT).

INFORMATIONEN: **Schweizerische Bundesbahnen SBB**, Kommerzieller Dienst Personenverkehr, Mittelstr. 43, CH-3030 Bern.
Berner Alpenbahn-Gesellschaft BLS (Bern-Lötschberg-Simplon), Kommerzieller Dienst, Laupenstr. 19, Postfach, CH-3001 Bern.

Praktisches

Einreise: Personalausweis oder Reisepaß.

Finanzielles: der *Schweizer Franken* (SFr) ist in hundert Rappen unterteilt, eine sehr stabile Währung und ein knappes Viertel mehr wert als die DM. Entsprechend teurer ist das meiste, was hier angeboten wird.
Reise- und *Euroschecks* werden überall akzeptiert, ebenso kann man vom *Postsparbuch* abheben.

Aktueller Kurs: 1 DM = 0,87 SFr (2/90)

Übernachten: da die Schweiz teuer ist, sind die Möglichkeiten beschränkt. Hotels könnt ihr eigentlich vergessen, unter 80-90 DM fürs DZ wird kaum etwas angeboten.
Empfehlenswert sind die oft geräumigen und sauberen *Jugendherbergen*, die es in vielen Fremdenverkehrsorten und in allen größeren Städten gibt (etwa 10-17 DM, Mitgliedsausweis wird verlangt). Auch die zahlreichen *Campingplätze* sind oft sehr gepflegt - ihr findet sie überall, in den Großstädten jedoch oft erst weit außerhalb.
In Städten gibt es oft *Hostels*, die zum großen Teil der YMCA/YWCA betreibt und preislich meist erschwinglich sind (Infos unter den jeweiligen Orten). In kleineren Orten können *Privatzimmer* eine Alternative sein - sie liegen preis-

lich ein ganzes Stück unter Hotelzimmern. Die effizienten Informationsbüros des Schweizer Fremdenverkehrsverbands vermitteln überall Unterkunfte.

Essen und Trinken: in Restaurants nicht billig, am besten in die Cafeterias der Migros- und sonstiger Supermärkte gehen (z.B. Coop) - gibt's fast überall und sind relativ preiswert.
Zu den Schweizer Spezialitäten gehören *Züricher Geschnetzeltes*, *Berner Rösti* und vor allem die diversen Käsesorten (Emmentaler, Raclette, Chäschüechli). *Raclette* ist geschmolzener Käse, der mit Kartoffeln und Mixed Pickles gegessen wird - ordentlich pfeffern! Sogar eine *Chässuppe* gibt es und auch das bekannte *Fondue* stammt aus der Schweiz. Der *Merlot* ist ein spezieller Rotwein aus dem Tessin. Last but not least - Schweizer *Schokolade*, z.B. die weltberühmte Toblerone oder die der Nestle-Dynastie. Jeder Schweizer ißt im Durchschnitt 10 kg Schokolade im Jahr - das ist Weltrekord!

Telefon: internationale Gespräche sind von allen Telefonzellen möglich, außerdem in Postämtern.

VORWAHL: BR Deutschland - **0049**; Österreich - **0043**.

Sprache: die Schweiz ist viersprachig - dank des großteils gebirgigen Terrains mit früher schlechten Verbindungswegen konnte jeder Landesteil seine eigene Sprache beibehalten. Im Westen um den Genfer See liegt die französischsprachige Schweiz (20 % der Bevölkerung), im Süden (Tessin) die italienische Schweiz (4 %), im Osten (Kantone Graubünden und Engadin) wird rätoromanisch gesprochen, das sich aus dem Vulgärlatein entwickelt hat (1 %), ansonsten (75 %) das berühmte *'Schwyzerdütsch'*, das allerdings kein Deutscher versteht, wenn es original gesprochen wird.

BOTSCHAFTEN

Bundesrepublik Deutschland: Bern, Willadingweg 83, Tel. 031/440831-36. Konsulate Zürich, Kirchgasse 48, Tel. 326936; Basel, Steinenring 40, Tel. 390915; Genf, 28 Chemin du Petit-Saconnex 28, Tel. 335000.
Österreich: Bern, Kirchfeldstr. 28, Tel. 031/430111. Konsulat Zürich, Minervastr. 116, Tel. 347200.

FREMDENVERKEHRSÄMTER

D-6000 Frankfurt/M., Kaiserstr. 23, Tel. 069/25600135. **D-4000 Düsseldorf**, Kasernenstr. 13, Tel. 0211/328119. **D-2000 Hamburg**, Speersort 8, Tel. 040/337072. **D-8000 München**, Leopoldstr. 33, Tel. 089/333018. **A-1000 Wien**, Kärntnerstr. 20, Tel. 0222/527404.

BASEL

Zweitgrößte Stadt der Schweiz, viel Industrie, drei Chemiegiganten produzieren hauptsächlich Pharmaka - dementsprechend die Belastung des Rheins, der die Stadt in zwei Teile trennt.

Die teilweise mittelalterliche und fast verkehrsfreie Altstadt am linken Rheinufer (südliche Seite) lohnt trotzdem einen Besuch - nicht nur zur weltberühmten *Basler Fasnacht*. In den zahlreichen Weinlokalen mit ihren gemütlichen Innenhöfen kann man sich beim kühlen *'Fendant'* vom Sight-seeing erholen.

VERBINDUNGEN / BAHNHOF: **Badischer Bahnhof** (Bhf. der DB) an der Nordseite des Rheins, **SBB- und SNCF-Bahnhof** südlich vom Fluß. Verbindung durch eine große Eisenbahnbrücke. Schließfächer, Gepäckaufbewahrung.

INFORMATION: **Verkehrsverein** am Blumenrain 2, direkt am Rhein, kostenlose Stadtpläne, Zimmervermittlung. Zimmervermittlung (Zentraler Logierdienst) auch im SBB-Bhf. (Unterführung).

ÜBERNACHTEN: von Anfang Juli bis Ende August interessantes Angebot der Stadt - Jugendliche bis 25 können für einen Franken pro Lebensjahr in Pensionen übernachten. Auskunft beim Verkehrsverein bzw. Logierdienst.
Große **Jugendherberge** am St. Alban-Kirchrain 10. Liegt unmittelbar am Rheinufer, vom SBB-Bhf. ca. 20 min. zu Fuß, den Aeschengraben entlang, dann St.-Alban-Anlage, auch Tramverbindung. Etwa 19 DM im 8-Bettzimmer, auch DZ für ca. 45 DM (für Verheiratete), Tel. 061/230572.
Notschlafstelle für Jugendliche, St. Alban-Tor 3, Tel. 234323.
Pension Steinenschanze, Steinengraben 69, Tel. 235353. Zwischen SBB-Bhf. und Altstadt, zu Fuß ca. 10 min. Wird vom YWCA geführt, nimmt aber Mädels **und**

Jungs. Mit Studentenausweis ca. 35 DM pro Pers., sonst DZ ab 80 DM, Tel. 235363.
YWCA-Heim, Spalentorweg 10, Tel. 250658. Nur Mädchen, Bett im Schlafsaal ca. 12 DM, kein Frühstück. Weitere YWCA-Heime (nur Mädchen) an der Klingentalstr. 59 (Tel. 264166) und Weiherweg 22 (Tel. 229495).
Pension Rochat, Petersgraben 23, Tel. 258140, zentrale Lage in der Altstadt Nähe Uni, DZ ab 85 DM (mit Frühstück).
Camping Waldhort in Reinach, 6 km vom Zentrum, Tram 11 bis Landhof (oder Zug bis Reinach, Bahnlinie Richtung Dornach).

ESSEN: **Uni-Mensen** im Kollegienhaus der Uni, Petersplatz 1 (mit Ausweis, Mo-Fr 9-19 h, in Semesterferien geschl.) und Bernoullistr. 12 (auch während der Ferien offen).
Kunsthalle, Steinenberg 7, gegenüber vom Stadttheater. Viele Leute vom Theater, aber auch Studenten, Gartenwirtschaft, Jazzbar (So geschl.).
Zum Goldenen Sternen, St. Alban-Rheinweg 70 - am Rhein (Nähe Juhe), gilt als ältestes Gasthaus der Schweiz, nach einem Abriß annähernd originalgetreu wieder aufgebaut worden, eher teuer.
Fischerstube, Rheingasse 45. Drüben auf der Kleinbasler Seite am Rhein, typische Beiz mit der kleinsten Hausbrauerei der Schweiz (Ueli-Bier), So geschl.
Relativ preiswert ist das **Gifthüttli**, Schneidergasse 11. Vegetarisch könnt ihr im **Gleich** essen, Steinenvorstadt 23 (nicht weit vom SBB-Bhf.). **Löwenzorn**, Gemsberg 2/4, beliebte Gartenwirtschaft Nähe Uni, Spezialität ist Pot-a-feu (Gemüsesuppe mit Fleisch). **Hirscheneck**, Lindenberg 23, kooperativ geführte Beiz (Zentrale einer Kette von selbstverwalteten Beizen).

KNEIPEN / TREFFS: vor allem das **Café Zum Teufel**, Andreasplatz 15, einer der beliebtesten Treffs. **Café Zum Schlappe**, Klybeckstr. 1 b, hier könnt ihr auch preiswert essen. **Atlantis**, Klosterberg 13, bekanntestes Musiklokal, fast jeden Abend Pop- und Jazzkonzerte (Eintritt je nach Band), viele junge Leute, geöffnet ab 20 h, italienische Küche. **Route 66**, neueste Disko der Stadt, Freie Straße 54, tägl., ca. 6 DM.

Sehenswertes: das Zentrum ist eine Mischung aus alten Gäßchen und modernen Geschäfthäusern. Die Sehenswürdigkeiten sind alle beschildert. Die *Freie Straße*, Fußgängerzone und wichtigste Einkaufsstraße mündet am lebendigen *Marktplatz* (wochentags bunter Gemüse- und Blumenmarkt, gediegenes Kaufhaus Globus mit Jugendstilfassade).
Am großen *Münsterplatz* thront das romanisch-gotische *Münster* hoch über dem Rhein. Die Innenausstattung wurde von den Bilderstürmern der Reformation 1529 zum großen Teil zerstört, im nördlichen Seitenschiff erinnert eine Tafel an den Humanisten Erasmus von Rotterdam, der hier seit 1536 begraben liegt. Sehenswert ist der prächtige Kreuzgang aus dem 15. Jh. (Eingang Rittergasse), hinter dem Münster schöne Terrasse mit Blick auf den Rhein. Der Turm kann bestiegen werden.
Durch die Rittergasse kommt ihr vom Münster zum *Kunstmuseum* (St. Alban-Graben 16). Die bedeutendste Gemäldesammlung der Schweiz ist ein Museum von Weltrang und hat eine Ältere (Holbein, Grünewaldt, Cranach u.a.) und eine Neue Abteilung (Gauguin, van Gogh, Cézanne, Picasso, Klee, Dali u. a.). Vor allem 'Die Toteninsel' von Böcklin ist eine der Attraktionen (Di-So 10-17 h, ca. 4 DM, Stud. ermäß. So frei).
Die *Pauluskirche* am Steinenring 48 ist eine interessante Jugendstilkirche mit Glasmalereien, Skulpturen und Reliefs.
Am Rhein das freundliche Viertel *St.-Alban-Tal*, wegen seiner Kanäle auch Klein-Venedig genannt, schön zum Bummeln, Reste der Stadtmauer (hier liegt auch die Juhe). Zum Ausruhen dann auf die andere Rheinseite (Kleinbasel) - die *Uferpromenaden* sind ideal zum Sonnenbaden.

MUSEEN: **Pharmazie-Historisches Museum**, Totengässlein 13, Nähe Marktplatz. Fast eine mittelalterliche Alchimistenküche mit vielen wertvollen Stücken aus der Frühzeit der "Pharmazie" (Mo-Fr 9-12, 14-17 h.).
Historisches Museum in der Barfüßerkirche (am gleichnamigen Platz). Interessante Ausstellung der Baseler Stadtgeschichte im Untergrund der Kirche - wegen früherer Zweckentfremdung durch Salzlagerung wurde der Boden der Kirche so angegriffen, daß man große Hohlräume ausheben mußte. (Di-So 10-12, 14-17 h).
Museum für Gegenwartskunst, St.-Alban-Tal, in einer umgebauten Fabrik (Mi-Mo 10-17 h, 4 DM, So frei). In der Nähe auch das interessante Basler **Papiermuseum** in einer alten Papiermühle, St.-Alban-Tal 37. Die einzelnen Arbeitsgänge der Papierherstellung und des Drucks werden demonstriert (Di-So 14-17 h, 6 DM).

ZOOLOGISCHER GARTEN: der **'Zolli'** beim SSB-Bhf. (ca. 9 DM) ist der größte und schönste der Schweiz - guter Tip, wenn ihr auf einen Anschlußzug wartet - beim Hauptportal links zur Viaduktstr., ca. 8 min. zu Fuß.

MÄRKTE: tägl. **Markt** (außer So) am Marktplatz; reichhaltiger **Antiquitäten- und Flohmarkt** jeden Sa 9-16 h auf dem Petersplatz.

Basel/Umgebung: das schöne alte Dorf *Dornach* liegt am Fuß des Schweizer Jura, etwa 8 km südlich von Basel (Zug Richtung Biel/Genf). Etwas nördlich davon der beeindruckende Betonbau des 'Goetheanum' von Rudolf Steiner - Weltzentrum der anthroposophischen Bewegung und fast ohne rechten Winkel erbaut.

In *Augst*, 11 km östlich von Basel (Bhf. Kaiseraugst an der Strecke nach Zürich) bedeutende römische Ruinen (Theater, Tempel, Kastell) und Museum mit rekonstruierten Wohngebäuden (Mo 13.30-18, Di-So 10-12, 13.30-18 h, im Winter nur bis 17 h).

ZÜRICH

Kleinste Großstadt Europas, aber größte und teuerste Stadt der Schweiz - hier schlägt das Herz des Kapitalismus. Zürich ist drittgrößter Finanzplatz der Welt. An der berühmten Bahnhofstraße lange Reihen von Großbanken, Nobelrestaurants und Luxusgeschäften.

Kein Wunder, daß 1980 gerade in Zürich die Jugend zu rebellieren anfing, Häuser besetzte und sich Straßenschlachten mit der Polizei lieferte (wer den Film "Züri brännt" gesehen hat, weiß was ich meine). Das Ende der Jugendbewegung war der 23. März 1982 - an diesem Tag rückten die Bagger an und rissen das Autonome Jugendzentrum (AJZ) in der Limmatstraße 18/20 kurzerhand ab. Seitdem können die Wohlhabenden an der 'Goldküste' wieder ruhiger schlafen.

Trotz der sündhaft teuren Geschäfte und der nicht zu übersehenden internationalen Hautevolee, die in der neusten Versace-Kollektion durch die Bahnhofstr. tingelt, hat Zürich für die Schweizer Intelektuellen kaum an Anziehungskraft verloren. Das Flair des alten Zürich mit seinen kleinen Gassen, originellen Geschäften und gemütlichen Beizen kann man in *Niederdorf* ('Dörfli') finden. Die auch heute noch ausgeprägte Jugend- und Studentenszene hat wechselnde Treffpunkte - Hirschenplatz in Niederdorf, Platzspitz am Zusammenfluß von Limmat und Sihl, 'Riviera' am Bellevueplatz u.a. und ist wohl nirgendwo in der Schweiz unruhiger und frustrierter. Zürich hat auch die größte Zahl Drogenabhängiger.

VERBINDUNGEN / BAHNHOF: **Hauptbahnhof** zentral in der Stadt, riesiger Komplex, steht unter Denkmalschutz. Schließfächer, Gepäckaufbewahrung, Fahrradverleih, im Untergrund große Fußgängerpassage mit Geschäften ("Shopville"), dort auch Wasch- und Duschkabinen.

INFORMATION: gleich beim Bhf., Bahnhofplatz 15. Zimmervermittlung, Stadtpläne, Prospekte fast aller wichtigen Orte in der Schweiz und die wöchentl. erscheinenden 'Zürich News'. Mo-Fr 8-22, Sa/So 8-20.30 h.

Übernachten: Hotels sind reichlich teuer, Alternativen sind die Hostels und der Campingplatz.

HOSTELS: **Jugendherberge Zürich-Wollishofen**, Mutschellenstr. 114, Tel. 01/4823544. Relativ weit vom Zentrum, sehr groß, aber viele Gruppen, Tram 7 bis Morgental. Mit Ausweis 18, ohne 25 DM.

YMCA-Haus Glockenhof, Sihlstr. 33, Tel. 2213673. ziemlich einfach, ca. 20 Betten für Durchreisende, nur Jungs, ca. 32 DM pro Pers., kein Frühstück.

Martahaus, Zähringerstr. 36, Tel. 2514550. Nah am Bahnhof (über die Limmat rüber), Mädchen und Jungs, im Schlafsaal ca. 25 DM pro Pers.

Foyer Hottinger, Hottingerstr. 31, Tel. 479315. Nur Mädchen und Familien, Schlafsaal ca. 17-22 DM pro Pers., DZ ca. 30 DM pro Pers., mit Frühstück. Tram 3 ab Bhf.

HOTELS: sehr teuer - unter 45 DM pro Pers. findet man nichts. Einige der billigsten in der Innenstadt - **Hotel Hintere Sternen**, Freieckgasse 7, Tel. 2513268; **Hotel Bahnpost**, Reitergasse 6, Tel. 2413211; **Hotel Rigiblick**, Germaniastr. 99, Tel. 3614214; **Ökotel**, Selnaustr. 3, Tel. 2524935.

Hotel Splendid, Rosengasse 5, Tel. 2525850. Kleines Familienhotel mitten in Niederdorf, nur Etagen-Dusche.

Hotel Franziskaner, Niederdorfstr. 1, Tel. 2520120. Geschmackvolle Zimmer, zentral gelegen, intelektuelles Publikum.

CAMPING: **Camping Seebucht**, Seestr. 559, Zürich-Wollishofen. Mit dem Zug bis Zürich-Wollishofen, dann 15 min. am Seeufer entlang. Empfehlenswerter Platz, gute Bademöglichkeiten.

Wenn ihr unauffällig seid, könnt ihr auch in den großen Parkanlagen am Ostufer des Sees zwischen Bellevue (Limmatausfluß) und Zürichhorn oder am Hang vom Zürichberg schlafen. Wenig empfehlenswert das Übernachten in den Parks der Innenstadt, da die Polizei ihren Dienst sehr ordentlich versieht.

Essen: es gibt knapp 1300 Lokale in Zürich. Im Tourist-Büro eine lange Liste "Preiswerte Verpflegungsmöglichkeiten in Zürich".

PREISWERT: **Mensen der ETH** (Eidgenössische Technische Hochschule) in der Rämistr. 71 und Rämistr 101. Vom Bahnhof über die Limmat und mit der Polybahn rauf. Kurz vor der Bergstation könnt ihr schon auf die Teller der Mensa sehen (Polyterrasse). Vollständige Mahlzeiten kosten ca. 6 DM, Studentenausweis wird nicht verlangt, schöner Blick auf Zürich.

Stadtküche Zürich, etwa 10 Lokale, sehr billig, nur wochentags 11.30-12 h, ca. 10-12 DM fürs Menü (u.a. Rohr, Sihlquai 332 und Schipfe, Schipfe 16 - die anderen im Telefonbuch unter 'Stadtküche').

Empfehlenswert weiterhin die Restaurants, die vom **Züricher Frauenverein** betrieben werden, billig, es gibt keinen Alkohol (außer Cidre) - u.a. Restaurant **Seidenhof**, Sihlstr. 7 und **Volkshaus** am Helvetiaplatz ('Kafi').

Ansonsten natürlich zahllose Self-Services, z.B. die Filialen von **Migros**, u.a. am Limmatplatz 4 und in der Löwenstr 1, hier könnt ihr auch frühstücken.

Silberkugel, amerikanischem Vorbild nachgeahmt, Filialen unter anderem am Bahnhofsplatz 14 und in der Untergrundpassage unter dem Bahnhofsplatz (kein Alkohol).

ZÜRICHER GASTHÄUSER UND TREFFS: **Bierhalle Kropf**, in Gassen 16, seit 1888, einmaliges Jugendstillokal mit bunten Stadt- und Landschaftsansichten an den Wänden, freundliche Bedienung und gute Preise, deftige Küche, Spezialität sind Kutteln Zürcher Art. Im Sommer Dachgarten (So geschl.).

Rheinfelder Bierhalle, Niederdorfstr. 76, billiges Essen, ab 10 DM aufwärts.

Vier Linden, Gemeindestraße 48, gutes vegetarisches Lokal mit angeschlossener Bäckerei, So geschl.

Zum Weißen Schwan, Predigerplatz 34, 'Schwänli' genannt, beliebte Szene-Beiz mit preisgünstigem Essen.

Hiltl Vegi, Sihlstr. 28 (Nähe Paradeplatz), auf zwei Etagen Züri's bekanntestes vegetarisches Restaurant.

Bodega Espanol, Münstergasse 15, seit 1874, oben exzellente, aber nicht billige Küche, die langen Tische im Parterre Treffpunkt für Gott und die Welt.

CAFES: **Café Schober,** Münstergasse/Ecke Napfgasse, altes Traditionscafé mit wundervoller Stuckdecke, gehobenes Preisniveau, unvergeßliche Süßigkeiten.

Café Odeon, Limmatquai 2 (beim Bellevue-Platz), beliebtestes Kaffeehaus der Stadt, Treffpunkt rund um die Uhr, Studenten, Touristen, Schick und Avantgarde, abends auch beliebtes Gay-Lokal.

Café Zähringer, Zähringerplatz 11, Alternativbeiz, auch preiswertes Essen, Mo geschl.

KNEIPEN / MUSIKLOKALE: das Nachtleben spielt sich vor allem um den Limmatquai und die Niederdorfstr. ab. Vom etwas zweideutigen Ruf des Viertels muß man sich nicht abschrecken lassen.

Franziskaner, Niederdorfstr. 1, beliebter Szenetreff (siehe auch Übernachten).

Widder, Widdergasse (bei Rennweg), gemischtes Publikum, im Erdgeschoß Jazz, oben Restaurant.

Casa Bar, Münstergasse 30, klein, viele Studenten, guter Jazz.

Bazillus, geräumiges Jazz-Lokal, seit einigen Jahren am Hirschenplatz, jeden Abend Live-Musik, immer voll.

Limmatquai 82, Limmatquai 82, Live-Musik, offen ab 20 h.

Rote Fabrik, Seestraße 395, Alternatives Jugendzentrum direkt am See, immer was los, gemütliche Beiz, Live-Konzerte, Theater, Tram 7 bis Post Wollishofen.

Sehenswertes

Erster Überblick - vom Bahnhof die paar Meter über die Limmat, drüben bringt euch die *Polybahn* für 50 Rappen zur Eidgenössischen Technischen Hochschule (ETH) hinauf. Oben preiswerte Mensen und prima Blick auf Zürich.

Bahnhofstraße: die weltberühmte Renommierzeile Zürichs führt vom Bahnhofplatz direkt zum Zürichsee. Eine schattige Lindenallee, Fußgängerzone, nur die Straßenbahn darf durch. Auf blankgewetztem Pflaster vorbei an Luxusgeschäften, Großbanken, Juwelieren und Kaufhäusern für die Upper Class. 107 Geldinstitute aus aller Welt sind vertreten, *Café Sprüngli* an der Ecke zum Paradeplatz ist das In-Café der Konsumzeile. Seit 141 Jahren ist es in Familienbesitz, täglich werden ganze Tonnen von Schokolade für den Weltmarkt geschmolzen. Am Ende der Bahnhofstraße am Zürichsee der *Bürkliplatz* mit den Schiffsanlegestellen. Über die Brücke rüber zum *Bellevueplatz* (Café Odeon), in der Nähe die sog. *"Riviera"* - die Treppen, die zum Wasser hinabführen, sind ein beliebter Treffpunkt der Züricher Jugend.

Altstadt: östlich der Bahnhofstraße, beiderseits der Limmat. Eng verschachtelte Gäßchen, alte Zunfthäuser, Mittelalterliches, Renaissance und Barock. Moderne Bausünden sind vermieden worden. Auf der westlichen Flußseite das *Frauenmünster* mit Glasfenstern von Chagall, drüben das trutzige *Großmünster*, von wo Zwingli Zürich reformiert hat (ebenfalls phantastische Glasmalereien). Während im Viertel um die alten Zunfthäuser zwischen Frauenmünster und St. Peter elegant-mondäne Geschäfte entstanden sind, liegen um den stillen *Lindenhof* noch kleine Handwerksbetriebe und Gärtchen (siehe auch unter 'Grünanlagen'). St. Peter hat das größte Zifferblatt Europas (8,7 m im Durchmesser). Auf der rechten Seite der Limmat lohnt vor allem das nördlich ans Großmünster anschließende Altstadtgebiet, z.B. *Spiegelgasse*, *Napfgasse* und *Neumarkt*. Berühmte Namen trifft man hier - Lenin wohnte in der Spiegelgasse (Nr. 17), Georg Büchner ("Woyzeck") ebenfalls, am Neumarkt 27 das Geburtshaus von Gottfried Keller (einer der großen Romanschreiber des 19. Jh.). Unmittelbar am Limmatquai das barocke Rathaus, um Limmatquai und Niederdorfer Str. das *Dörfli*, das beliebt-berüchtigte Nachtviertel Zürichs (offizieller Name ist Niederdorf) mit unzähligen Pubs, Kneipen und Bars.

MUSEEN: Zürich hat 20 Museen und 98 Galerien.

Schweizerisches Landesmuseum, Mammutmuseum an der Nordseite vom Bhf. Bedeutendste Sammlung Schweizer Kultur und Geschichte, von altrömischen Relikten bis zu Züricher Porzellan und der berühmten Waffenhalle (Di-So 10-17, Mo 12-15 h, frei).

Kunsthaus Zürich, am Heimplatz (Altstadt, rechte Limmatseite). Eines der großen Museen Europas für bildende Kunst - Gemälde, Grafiken und Plastiken aus allen Epochen, vor allem 19. und 20. Jh., z.B. Picasso, Rodin, Kokoschka, Chagall, Cezanne, Dali, Warhol. Sehenswert die Sammlungen zu Arnold Böcklin und zum Dadaismus (Mo 14-17, Di-Fr 10-19, Sa/So 10-17 h, ca. 3 DM, Stud. ermäß.).

Rietberg Museum, Gablerstr. 15 (vom Bürkliplatz zu Fuß den General Gruisan-Quai am See entlang oder Tram 7 bis Rietberg). Ca. zweitausend Objekte außereuropäischer Kunst, Schwerpunkte afrikanische und asiatische Exponate. Sehr wertvolle Stücke, großteils im Zeitalter des Kolonialismus "erworben" (Di-So 10-17 h, frei).

GRÜNANLAGEN: **Lindenhof**, links (westlich) der Limmat, 15 v. Chr. wurde hier oben die römische Zollstation Turicum eingerichtet - die 2000-Jahrfeier Zürichs ist gerade vorbei. Durch alte Gäßchen gehts den Hügel hinauf, schöne alte Linden, Blick auf die Altstadt mit dem Großmünster.

Platzspitz, hinter dem Landesmuseum, beim Zusammenfluß von Sihl und Limmat, zeitweise auch Drogenumschlagplatz.

Allmende Brunau, Tram 13 bis Saalsporthalle. Eine der schönsten und größten Anlagen, die Szene trifft sich hier zu Festen.

BOTANISCHER GARTEN: Riesenanlage mit zahllosen tropischen und subtropischen Gewächsen. Zollikerstr. 107, Tram 2 oder 4 bis Höschgasse.

ZOOLOGISCHER GARTEN: höchstgelegener Zoo Europas, sehr schönes Gelände am Abhang vom Zürichberg. 2700 Tiere aus aller Welt, Attraktionen das Riesenschildkrötenhaus, Aquarium und Terrarium (ca. 8 DM, Stud. die Hälfte). Vom Bhf. Tram 5 oder 6 bis Endstation.

FLOHMARKT: der etablierteste, aber immer noch originellste Flohmarkt Züri's Mai bis Okt. jeden Sa 8-16 h auf dem **Bürkliplatz**.

LESERTIP: "Als Unterkunft für Zürich-Besucher kann ich die familiäre Jugendherberge in **Baden** sehr empfehlen. Baden ist ein aus der Römerzeit bekanntes Bad und liegt 22 km von Zürich an der Limmat. Heute bekannt durch die Firma BBC, die dort ihr Stammwerk hat (BBC ist einer der größten Elektrokonzerne der Welt!). Abends viel "Streetlife" in der Altstadt. Für Sportliche ist der Aufstieg zur Burg ratsam, oben sehr schöne Aussicht. Die JH liegt an der Limmat, ca. 15 min vom Bhf. (durch die Altstadt). Wer nach Zürich will - es fährt dreimal pro Stunde ein Zug." (Ulrich A. Böcker, Gifhorn).

Zürich/Umgebung

Zu beiden Seiten des Zürichsees breiten sich kilometerweit Parkanlagen und Wiesen aus. Am Nordufer die "Goldküste", dort wohnen die Millionäre. *Schiffsausflüge* könnt ihr in diversen Variationen machen - ab 1,5 std. (ca. 10 DM) bis zu Halbtagesfahrten. Abfahrt Bürkliplatz (mit IR 50 %).

Der *Uetliberg* (871 m) ist der Hausberg der Züricher. Ab Bhf. Selnau mit der Uetlibergbahn hinauf (steilste Normalspurbahn Europas), Tagesticket hin- und zurück ca. 12 DM.

Rheinfall von Schaffhausen: größter Wasserfall Mitteleuropas (150 m breit, 24 m hoch), von Zürich in 50 min. zu erreichen. Fahrt bis Station Neuhausen, dann sind es noch etwa 15 min. zu Fuß. Über die Rheinfallbrücke zum Schloß *Laufen* rüber, durch den Park runter zu den Aussichtspunkten Känzeli und Fischetz. Von hier Pendelverkehr auf die andere Flußseite zur mittelalterlichen Zollstation *Wörth* (bester Blick), außerdem Bootsfahrten zum Felsen mitten im Wasserfall - wegen der riesigen Erosionskraft des Wassers mußte er kürzlich mit Spritzbeton 'plombiert' werden.

VERBINDUNGEN: außer der Hauptlinie von Zürich gibt es stündlich Verbindungen nach Schaffhausen und Winterthur ab **Station Schloß Laufen**, nur wenige Meter unterhalb vom Schloß.

ÜBERNACHTEN: Jugendherberge im **Schloß Laufen**, direkt am Rheinfall, 10-17 h geschl., Tel. 053/25070.

Schaffhausen: steht zu Unrecht ganz im Schatten des Rheinfalls, hübsches mittelalterliches Städtchen mit einer prachtvollen Burganlage in Rundform über dem Rheinufer. Bunte Fassadenmalereien und verspielte Erker prägen den Stadtkern mit der ersten Fußgängerzone der Schweiz. In ehemaligen Klostergebäuden neben dem Münster ein beachtliches Heimatmuseum.

INFORMATION: Fronwagplatz 3.

ÜBERNACHTEN / TREFFS: **Jugendherberge Belair**, Randenstr. 65, Tel. 053/58800. Beliebter Treff ist das **Eichene Fass**, Webergasse 13 - v.a. vegetarische Küche, angeschlossen Buchladen und kleines Theater.

Stein am Rhein: hübsches kleines Städtchen mit vielen Fachwerkbauten, alles sehr sauber und herausgeputzt. Gleich in der Nähe, am Ufer vom Rhein, liegt ein erstklassiger Campingplatz (bes. was Sauberkeit und sanitäre Einrichtungen betrifft). Auch der Rhein ist hier noch rein.

Luzern

Eine Stadt aus dem Bilderbuch - so wie man sich eben ein typisches Schweizer Städtchen vorstellt.

Luzern hat sich dank seiner einzigartigen Lage am Nordende des Vierwaldstätter Sees und dank seiner erstaunlich gut erhaltenen historischen Bausubstanz zum großen Anziehungspunkt entwickelt. Die malerisch-winkelige Altstadt wirkt fast ein bißchen südländisch - viele Straßencafés, blumengeschmückte alte Häuser, Bogengänge und hübsche Innenhöfe.

Luzern ist auch eine, wenn nicht die Hochburg des Karnevals (Fasnacht) der Schweiz - vor allem die Straßenfasnacht ist ausgeprägt, sehr erlebenswert.

VERBINDUNGEN / BAHNHOF: **Bahnhof** direkt am See, bei den Anlegekais der Ausflugsschiffe, kürzlich grundlegend modernisiert. Schließfächer, Gepäckaufbewahrung, Fahrradverleih, Geldwechsel. Busse fahren in die Fußgängerzone der Innenstadt.

INFORMATION: Frankenstr. 1, nah beim Bahnhof, tägl. 8-18 h, Zimmervermittlung.

ÜBERNACHTEN: **Jugendherberge Am Rotsee**, Sedelstr. 12, Tel. 041/368800. Ganzes Stück vom Bhf. Richtung Norden, Bus 1 bis Schloßberg (Richtung Maihof) und noch etwas zu Fuß. Recht groß, hier ist meist noch Platz, ca. 18 DM (nur mit Ausweis).

Touristen-Hotel SSR (Schweizerischer Stud.-Dienst), St. Karliquai 12, Tel. 512474, schöne Lage an der Reuss, vom Bahnhof 10 min den Fluß entlang und über die Spreuerbrücke auf die andere Seite (oder Bus 2 bis Geissmattbrücke). Betten im Schlafsaal für ca. 28 DM, auch teure DZ.

Pension Pro Filia (CVJM), Zähringerstr. 24, Tel. 224280, 100 Betten, etwa 40 DM pro Pers., nehmen aber auch Gruppen auf.

Camping Lido, schöne Lage am See, Nähe Strandbad, Bus 2 bis Verkehrshaus.

ESSEN: jede Menge Lokale in der Fußgängerzone Hertensteinstraße, preiswert z.B. in den Schnellrestaurants Migros und Coop.

Goldener Löwe, Löwengraben, gute lokale Küche, hauptsächlich Einheimische.

Chuchichästli, Seidenhofstr. 8, Treffpunkt, viele junge Leute.

Bristol, Obergrundstr. 3, gutes vegetarisches Restaurant.

Zum Widder, Steinenstr. 2, Alternativtreff, brauchbares Essen, z.T. Veranstaltungen.

MÄRKTE: Di und Sa seit Jahrhunderten farbiger **Blumen- und Gemüsemarkt** am Rathausquai. **Flohmarkt** Sa Vormittag am Reuß-Steg.

Sehenswertes: vom Bahnhof ein paar Schritte flußaufwärts kommt ihr zum Wahrzeichen der Stadt, der 1333 erbauten *Kapellbrücke*, die älteste Holz-

brücke Europas. In mehreren Biegungen führt sie schräg über die Reuß und ist innen mit bunten Bildlegenden von Heiligen und Helden ausgemalt. Gleich daneben der bullige *Wasserturm*, das Wahrzeichen der Stadt, früher als Verlies und Folterkammer benützt. Ein Stück weiter die noch ältere *Spreuerbrücke* mit schaurigen Totentanzbildern.
Auf der anderen Flußseite die hübsche Altstadt mit vielen Plätzen und altehrwürdigen Bürgerhäusern. Sehenswert z.B. der *Kornmarkt* mit dem schönen Renaissance-Rathaus. Gleich am Ufer der *Rathausquai* - beliebtester Treffpunkt von Luzern und voller Touristen. Souvenirs, Souvenirs ... in der *Weggisgasse* und *Hertensteingasse*, den Hauptgeschäftsstraßen von Luzern, läuft das Geschäft auf vollen Touren - Kitsch in Reinkultur! Vom Alphornbläser bis zu Kuhglocken u.v.m.
Etwas weiter nördlich der Löwenplatz mit einem riesigen *Rundgemälde* in einem extra für diesen Zweck errichteten Rundbau. Auf 11.000 qm ist hier in äußerst realistischer Darstellung der Übergang der Französischen Armee über die Schweizer Grenze im Deutsch-Französischen Krieg von 1870/71 verewigt. Plastische Einzelteile, z.B. ein Eisenbahnwaggon ergänzen das Bild.
Nicht weit entfernt, die Denkmalstraße entlang, das berühmte *Löwendenkmal* - ein sterbender Löwe, aus einer Sandsteinwand herausgemeißelt, soll an die Schweizer Gardisten des franz. Königs erinnern, die während der Revolution bei der Verteidigung der Tuillerien getötet wurden. Ein Stück weiter ein sog. *Gletschergarten* - Reste eines ehemaligen Gletschers, ein lehrreiches Heimatmuseum und einige Gletschermühlen - bis zu 9 m tiefe Löcher im Fels, die von Wasserfällen mit schmelzendem Gletscherwasser ausgehöhlt wurden.
Um eine Kostprobe vom mittelalterlichen Luzern zu bekommen, könnt ihr auch mal die alte *Stadtmauer* mit ihren neun erhaltenen Türmen besteigen - ursprünglich waren es dreißig!

VERKEHRSHAUS LUZERN: größtes und modernstes **Verkehrsmuseum** Europas (am Nordufer die Haldenstr. entlang, Eingang Lidostr., tägl. 9-18 h, frei mit Interrail-Ticket). Riesiges Ausstellungsgelände mit zahllosen Originalfahrzeugen und Modellen aller Art - Eisenbahnen, Luft, Raumfahrt, Schiffe, Planetarium.

Luzern/Umgebung: unbedingt einen Schiffsausflug auf den Vierwaldstätter See machen - ist vielleicht der schönste Schweizer See. Interrailer bekommen 50 %. Könnt ihr gut mit den lohnenswerten Zahnradbahnen auf den Rigi und den Pilatus verbinden - grandiose Panoramen der Schweizer Alpengipfel! Leider haben die Bergbahnen ihren Preis - pro Rundfahrt werdet ihr nicht unter 45 DM davonkommen.
Ihr könnt z.B. per Schiff nach Vitznau fahren (50 %), dann mit der ersten (!) europäischen Zahnradbahn hinauf auf den *Rigi*, den berühmtesten Aussichtsberg der Schweiz! Wieder hinunter auf der anderen Seite mit der Zahnradbahn nach Arth-Goldau (links sitzen!) und mit dem Zug zurück nach Luzern oder weiter nach Süden (Gotthard-Bahn!). Es gibt kombinierte Fahrscheine der beiden Zahnradbahnen. Natürlich könnt ihr den Rigi auch zu Fuß besteigen - sowohl von Vitznau wie von Arth-Goldau dauert das etwa 4 std.

LESERTIP: "in Goldau gibts einen wunderschönen **Tierpark**. Er ist im Wald mitten zwischen den berüchtigten Felstrümmern vom Bergsturz von 1806 angelegt. Gewisse Tiere (wie z.B. Rehe) leben frei und sind zahm" (Bruno Wyler, Litten).

Oder per Bahn (oder Schiff) nach Alpnachstadt und weiter mit der steilsten Zahnradbahn der Welt auf den *Pilatus*. Von oben geht eine Seilbahn zurück nach Kriens, einem Vorort von Luzern.
Last but not least - die *Bahnstrecke* von Luzern über Brienz nach Interlaken gehört zu den schönsten Schweizer Strecken. Interlaken siehe S. 105.

Bern

Mit seinen gerade 150.000 Einwohnern nicht gerade die hektischste Hauptstadt Europas.

Das alte Zentrum liegt auf einer Art Halbinsel, die von der Aare umflossen wird. Trotz der vielen neuen Geschäfte und Büros wirken die langen mittelalterlich/barocken Häuserzeilen einheitlich geschlossen - mit Laubengängen, bunt bemalten Brunnen und stimmungsvollen alten Plätzen eins der schönsten Stadtbilder der Schweiz.

VERBINDUNGEN / BAHNHOF: **Hauptbahnhof** zentral in der Stadt - neuer Riesenkomplex, die Gleise sind auf 200 m Länge überbaut, Supermärkte, Cafés, Schließfächer, Gepäckaufbewahrung.

INFORMATION: im Bhf., Zimmervermittlung.

ÜBERNACHTEN: **Jugendherberge Jugendhaus**, Weihergasse 4, Tel. 031/ 226316. Am Fluß, unterhalb vom Bundeshaus (Parlament), zu Fuß ca. 15 min. vom Bhf. Etwa 12 DM mit Ausweis, 18 DM ohne.

Martahaus (CVJM), Wyttenbachstr. 22 a, Tel. 424135. Mädchen und Jungs, ca. 50-55 DM für's DZ. Nähe Bahnhof.

Hotels sehr teuer, unter 40 DM pro Pers. geht nichts! **Hotel Volkshaus** und **Hotel Kreuz** beide in der Zeughausgasse (Nähe Bahnhof).

Camping Eichholz, großer Platz, der selten überfüllt ist, schön am Fluß gelegen, Tram 9 bis Endstation Wabern.

ESSEN: im allgemeinen ziemlich teuer, aber mal Berner Rösti versuchen!

Self-Service **Migros** in der Zeughausgasse, gute **Mensa** in der Gesellschaftstr. 2 (vom Bhf. mit Aufzug zur Uniterrasse). In den Lokalen am Bärenplatz sitzt man recht schön.

Kornhauskeller, Kornhausplatz 18. Alt-Berner Bierhalle mit viel Tradition, Bier erschwinglich, Essen aber teuer.

Teestübli, Postgasse 49, gute biolog.-vegetar. Küche und beliebter Treffpunkt, selbstverwaltet (Mo geschl.).

Restaurant Sesam, Monbijoustr. 19, Naturkost, selbstverwaltet.

Brasserie, Quartiergasse 17, ebenfalls selbstverwaltetes Lokal.

LESERTIP: "in Bern erhält man im **Nagi Bubenberg**, Bubenbergplatz 8, ausgezeichnetes vegetarisches Essen. Liegt im Norden und ist zu Fuß in wenigen Minuten zu erreichen. Mittags viele Stammgäste, Tisch reservieren, Tel. 227576" (Gisela Kürsteiner, Bern).

NACHTLEBEN / TREFFS: obwohl im Grunde ein beschauliches Städtchen, ist in Bern doch einiges los. Straßentheater und -musiker brauchen hier keine Genehmigung und das hat sich herumgesprochen!

Bern hat außerdem eine der ausgeprägtesten Kleintheaterszenen Europas, z.B. Theater 1230, Chindlifrässer, Die Rampe, Kleintheater (Kramgasse 6) und etliche mehr.

Beliebte Beizen sind das **Schütti**, Postgasshalde 41, der **Falken**, Münstergasse 64-66, und **Froueloube**, Langmauerweg 1. Zudem gibts ein **Jugendzentrum** in einem ausrangierten Gaskessel, Sandrainstr. 25.

Sehenswertes: zur ersten Orientierung - vom Bahnhof geht ein Aufzug zur *Großen Schanze* hinauf. Früher eine Befestigungsanlage, heute schöner Park mit markanten Aussichtspunkten und der Uni von Bern.

Anschließend ein Spaziergang durch die Altstadt - vom lebendigen Bahnhofsplatz nach links in die Spitalgasse und immer geradeaus (Markt-, Kramgasse). Am Anfang der Kramgasse der *Zeitglockenturm* (Figurenlaufen kurz vor jeder vollen Stunde). Links der Kornhausplatz mit dem makabren *Kindlifresserbrunnen*.

Ein Stück weiter, in der Kramgasse 49, das Wohnhaus von *Albert Einstein*! Hier wohnte er acht Jahre lang, hatte einen Job auf dem Patentamt und verfaßt "so nebenbei" die ersten Abhandlungen seiner Relativitätstheorie (Di-Sa 10-17 h, frei). Rechts geht's zum *Münster*. Über 250 Stufen könnt ihr den Turm besteigen - bei klarer Sicht Blick bis Eiger Nordwand, Mönch und Jungfrau (Hochalpen, Richtung Süden), ca. 2 DM. Neben der Kirche die Münster-Plattform hoch über dem Aaretal, einer der beliebtesten Treffpunkte von Bern.

Zurück zur Kramgasse und die Gerechtigskeits- und Nydeggasse weiter zur äußersten Spitze der Landzunge. Nach der Brücke rechts der *Bärengraben*, das Wahrzeichen Berns. In dem runden Zwinger werden schon seit 500 Jahren Bären gehalten.

Das *Museumsviertel* liegt im Süden der Stadt - vom Zentrum über die Kirchenfeldbrücke zu erreichen. Vorher aber, nah beim Bahnhof, das berühmte *Bundeshaus* - das Parlament der Schweiz (Führungen tägl. 9, 10, 11, 14, 15, 16 h).

MUSEEN: **Alpines Museum**, interessantestes Museum Berns, "die Schweiz und die Alpen in den letzten Jahrhunderten" - originell.

Historisches Museum, Wandteppiche, Waffen, kirchliche Schätze.

Des weiteren das **Naturhistorische Museum** und die **Nationalbibliothek**.

Ein Leckerbissen für Kunstfans ist das **Kunstmuseum Bern**, Hodlerstr. 12 (vom Bhf. links, an der Aare) - insgesamt 2500 Werke Paul Klees, davon sind aber meist nicht mehr als 80 gleichzeitig ausgestellt.

ZOOLOGISCHER GARTEN: **Natur- und Tierpark Dählhölzli** südlich vom Museumsviertel, Bus 18 ab Bhf.

Bern/Umgebung: der *Gurten* (861 m) ist der Hausberg von Bern. Mit Tram 9 bis Wabern, dann per Drahtseilbahn hinauf. Schön zum Wandern, im Sommer findet hier ein Folk-Festival statt.
Einige der schönsten Schweizer Kleinstädtchen liegen in der weiteren Umgebung - *Fribourg*, *Murten* und *Biel*. Gut erhaltene Mittelalterarchitektur und viel Atmosphäre, mit der Bahn jeweils nicht länger als 1/2 std. ab Bern.

BERNER OBERLAND

Heimat der lila Kühe, saftig grüne Almen, klare Bergseen, majestätische Drei- und Viertausender, kurz - die Schweiz kennen und lieben.

Die Region im Schatten von *Eiger*, *Mönch* und *Jungfrau* gehört zu den schönsten und beliebtesten Zielen der Schweiz. Ein weitverzweigtes Berg- , Gondel- und Zahnradbahnnetz bringt euch überall hin, ist aber leider nicht billig. Auch wenn ihr mit dem Interrail-Ticket meist nur die Hälfte zahlt, reißt das schon ein ziemliches Loch in den Geldbeutel.
Die Alternative heißt Wandern - zahllose gut markierte Wege erschließen die Täler und Hänge, die Dauer bis zum jeweiligen Ziel ist auf den Schildern angegeben. Wetterfeste Kleidung sollte man aber dabei haben, das Wetter kann rasch umschlagen.

50 % Ermäßigung für Interrailer bieten:

Berner Oberlandbahnen (BOB): Adhäsionsbahn/Zahnradbahn Interlaken Ost - Lauterbrunnen, Interlaken Ost - Grindelwald, Interlaken - Schynige Platte.
Wengernalpbahn (WAB): Zahnradbahn Lauterbrunnen - Wengen - Kleine Scheidegg - Grindelwald.
Lauterbrunnen - Mürren (BLM): Seilbahn Lauterbrunnen - Grütschalp, Adhäsionsbahn Grütschalp - Mürren.
Jungfraubahn (JB): Zahnradbahn Kleine Scheidegg - Eigergletscher - Jungfraujoch.
Schilthornbahn (LSMS): Seilbahn Stechelberg - Gimmelwald - Mürren - Schilthorn.
Wengen - Männlichen (LWM): Seilbahn.
Grindelwald - First (BGF): Sessellift.
Thunersee - Beatenberg (TBB): Standseilbahn.
Thunersee (ThS): Thunersee-Schifffahrt.
Brienzersee (BrS): Brienzersee-Schifffahrt.

Interlaken

Zentraler Ort des Oberlandes, tolle Lage zwischen Brienzer und Thuner See - der Ausgangspunkt für Ausflüge aller Art. Natürlich dementsprechend überfüllt, man lebt vom Tourismus.
Von Juli bis September werden 2 x wöch. *Wilhelm-Tell-Spiele* im Rugenpark veranstaltet (Preise ab 12 DM).

VERBINDUNGEN / BAHNHOF: **West-** und **Ostbahnhof**. Von Luzern kommt ihr am Ostbahnhof an - hier starten auch die **Berner Oberlandbahnen** (50 %). Geldwechsel, Gepäckaufbewahrung, Fahrradverleih. Ins Zentrum ca. 5 min. zu Fuß, der Höheweg stellt die Verbindung zwischen den beiden Bahnhöfen her - großartiger Blick auf die Eiger Nordwand!

INFORMATION: **Tourist-Information** am Höheweg 37, es gibt detaillierte Panoramakarten (wichtig für Überblick über die Bergbahnen!), Fahrpläne, Zimmervermittlung. Infos auch beim **Verkehrsverband Berner Oberland**, Jungfraustr. 38.

ÜBERNACHTEN: **Jugendherberge** Interlaken-Böningen, Aareweg 21, am Brienzer See, Tel. 036/224353. Ziemlich beengte Schlafsäle, uralte Waschräume und viel zu wenig Duschen. Mit Frühstück kostet der Spaß ca. 18-20 DM. Vom Ostbhf. mit Bus 20 min. zur Lütschinenbrücke, dann ca. 5 min. zu Fuß.
Balmer's Herberge, Hauptstr. 23 (im südlichen Vorort Matten), Tel. 036/221961. Stilechte Schweizer Herberge, bestehend aus drei Holzhäusern. Wird von amerikanischer Familie geführt, internationales Publikum, gute Atmosphäre, Schlafsäle (ca. 15 DM pro Pers.) und DZ (ca. 22-27 DM pro Pers.), Kochmöglichkeit, Fahrradverleih, Waschmaschinen, Videofilme u.v.m. Im Sommer immer sehr voll, man muß sich in eine Liste

eintragen - wer zuerst kommt, malt zuerst.
Hotel Pilgerruhe (CVJM), Rugenaustr. 8, Tel. 223051, etwa 40 DM pro Pers. mit Frühstück, ein Stück preiswerter ist **Waldhotel Unspunnen**, Tel. 223491.
Mehrere Campingplätze in der Umgebung von Interlaken, z.B. **Jungfraublick** (in Matten, nicht weit von Balmer's) oder **Manor Farm** (am Thuner See).
AUSWEICHMÖGLICHKEITEN, um das überfüllte Interlaken zu vermeiden - Jugendherberge von **Spiez-Faulensee**, Quellenhofweg 66, altes Bauernhaus am Thuner-See, alles mit Holz verkleidet und sehr gemütlich. Etwa 1/2 std. Bahnfahrt ab Interlaken, vom Bhf. Faulensee ca. 20 min. zu Fuß, Tel. 033/541988. Jugendherberge **Brienz**, Strandweg 10, am Brienzer See, Strandweg 10, Tel. 036/511152. Ebenfalls altes Seehaus, vom Bhf. dem Fußpfad am Seeufer folgen, ca. 15 min. In der Nähe auch zwei Campingplätze - **Camping Aaregg** und **Camping Seegärtli**.

Interlaken/Umgebung

Es gibt zahllose Möglichkeiten - per Bahn, Schiff und/oder auf Schusters Rappen. Auf dem Thuner See könnt ihr per Schiff (50 %) z.B. zu den *Beatushöhlen* fahren (2 km weit zugänglich, Tropfsteine und Wasserfälle). Auf dem Brienzer See zu den Wasserfällen von *Gießbach* (50 %).
Oder ab Interlaken Ost nach Wilderswil und von dort mit der steilen Dampfzahnradbahn zur *Schynige Platte* mit dem großen botanischen Alpengarten hinaufzuckeln (BOB 50 %).
Zu den beliebtesten Zielen gehören aber die zwei Lütschinentäler um Grindelwald und Lauterbrunnen.

Grindelwald: in imposanter Berglandschaft am Fuß der steilen Eigernordwand, die schon diverse Todesstürze von Bergsteigern gesehen hat. Zu erreichen mit der Berner Oberlandbahn (40 min., 15 DM hin u. zurück, 50 %).
Von hier mit Sessellift hinauf zum *First* (30 min., ca. 30 DM hin u. zurück, 50 %). Alternativ dazu z.B. bis Oberhaus wandern (Station der Firstbahn, ca. 1 std.). Dann quer rüber nach links einen schattigen Waldweg (ca. 1/2 std.) bis Gasthaus Aellfluh mit schönem Blick auf die Eiger Nordwand. Strapazierfähige Leute können auch ganz zum First raufklettern (2250 m) - oben herrlicher Fußweg zum malerischen Bachalpsee.
Weiterer schöner Ausflug ist mit der Seilbahn auf den *Pfingstegg* (1387 m) und zu Fuß ca. 1 std. nach *Stieregg*.

INFORMATION: **Verkehrshaus** an der Hauptstr. ein paar Minuten vom Bhf. Zimmervermittlung, Prospektmaterial, Routenbeschreibungen etc.

ÜBERNACHTEN: **Jugendherberge Die Weid**, Terrassenweg, Tel. 036/531009. Etwa 25 min. Fußmarsch den Berg hinauf oder mit Bus. Eine der schönsten der Schweiz, aber oft voll, ca. 13 DM. Ansonsten **Naturfreundehaus**, ebenfalls Terrassenweg, einfach und etwas teurer als die JH, Tel. 531333. Außerdem mehrere **Campingplätze**.

Lauterbrunnen: einzigartige Lage in wildromantischem Tal mit Steilhängen und dem dreihundert Meter hohen Staubbachfall oberhalb vom Ort - gilt als das "Alpental" schlechthin! BOB-Zug ab Interlaken dauert etwa 25 min. (10 DM hin u. zurück, 50 %).
Weiter zu Fuß das Lauterbrunnental entlang Richtung Stechelberg - nach ca. 4 km links kurzer Fußweg zu den *Trümmelbachfällen*. Geradeaus das Tal weiter nach 2 km (kurz vor Stechelberg) die Talstation einer Seilbahn (Schilthornbahn), die über Gimmelwald, Mürren und Birg auf das *Schilthorn* führt (2970 m, ca. 55 DM hin und zurück, 50 %).
Von Lauterbrunnen könnt ihr auch mit der Wengenalpbahn (50 %) hinauf nach *Wengen* fahren und von dort per Seilbahn (50 %) auf den 2343 m hohen *Männlichen* gondeln - oben toller Blick auf Eiger, Mönch und Jungfrau.

INFORMATION: an der Hauptstraße.

ÜBERNACHTEN: **Matratzenlager Stocki** (ca. 10 DM) und mehrere Campingplätze.

Jungfraujoch: absoluter Höhepunkt, leider ist der Preis für die berühmte Jungfraubahn reichlich hoch. Anfahrt von Interlaken Ost mit BOB bis Grindelwald (40 min.) oder Lauterbrunnen (20 min.), weiter mit der Wengernalpbahn an der Eigernordwand vorbei zur Kleinen Scheidegg (35 min., ca. 32 DM hin und zurück, 50 %). Ab Kleine Scheidegg dann einstündige Fahrt durch die Felsen der Eigerwand zum Bahnhof Jungfraujoch, 3454 m über dem Meer (!), ca. 105 DM hin und zurück, 50 %. Der Bahnhof und die meisten anderen Einrichtungen sind unterirdisch angelegt. Zu Fuß kann man auf das Jungfraujoch hinaus (Sattel zwischen Jungfrau und Mönch) - phantastischer Rundblick! Noch 112 m höher und per Lift zu erreichen ist der Gipfel der *Sphinx* (Sphinxterrasse). Tip - wenn ihr den Frühzug ab Interlaken nehmt, ist die Fahrt aufs Jungfraujoch fast 30 DM billiger!

Zermatt/Matterhorn

Weltbekannter Kurort in einzigartiger Lage unterhalb vom Matterhorn, im Umkreis noch weitere Viertausender! Überhöhtes Preisniveau, aber im Oberdorf hübsches Ortsbild mit alten Bauernhäusern. Zermatt ist für Autos gesperrt - außer Fußgängern verkehren nur Pferdekutschen und Elektrotaxen.

Natürlich gibts tolle Wandermöglichkeiten, z.B. auf den *Gornergrat* - ca. 1500 m Höhenunterschied, ihr klettert durch die verschiedenen Vegetationszonen über Almwiesen bis in die Geröllzone. In einer Tageswanderung kommt ihr hin und zurück - von oben toller Panoramablick auf die Schweizer Bergwelt! Oder fahrt mit der extrem steilen 'Gornergratbahn' (Zahnradbahn) hinauf, hin und zurück ca. 45 DM, für Interrailer 50 %. Die *Hörnlihütte* (Ausgangspunkt für eine Besteigung des Matterhorn) könnt ihr erreichen, indem ihr mit der Seilbahn bis Schwarzensee fahrt und dann noch ca. 3 std. hinauflauft.

VERBINDUNGEN / BAHNHOF: eine private **Schmalspurbahn (BVZ)** fährt stündlich von Brig über Visp nach Zermatt hinauf, ca. 45 DM (50 % für Interrailer).

INFORMATION: Verkehrsbüro, gleich beim Bahnhof.

ÜBERNACHTEN: **Jugendherberge** oben am Hang, Winkelmatten, vom Bhf. 20 anstrengende Fußminuten, Tel. 028/672320. Außerdem gibts noch das preiswerte **Hotel Bahnhof** und einen **Campingplatz**.

ESSEN / TREFFS: auf ins **Pöstli** (Hotel Post/ Bahnhofstr.) - verschlungenes Labyrinth von Diskos, Restaurants, Bars und einem Wintergarten. Vorsicht - genug 'Kleingeld' mitnehmen!

Sehenswertes: die *Bahnhofstraße* ist 600 m lang und fast so berühmt wie das Züricher Pendant - auch hier reiht sich ein Geschäft ans andere. Im *'Alpin Museum Zermatt'* alles über das Tal und seinen berühmten Berg, der schon vielen Möchte-gern-Besteigern das Leben gekostet hat - mal auf dem *Friedhof* bei der Kirche die Grabsteine anschauen!

Saas Fee: landschaftlich ganz herrlich in einem Nachbartal von Zermatt. Auch hier gibts keine Autos, netter Ort, viele Bergwandermöglichkeiten.

VERBINDUNGEN: mit dem Zug bis **Stalden-Saas** und von dort hochtrampen oder Postbus (ca. 12 DM einfach). Bus ab Brig kostet einfach gut 20 DM.

ÜBERNACHTEN: **Jugendherberge Albana** 5 min. von der Bushaltestelle, Tel. 028/ 572724. **Campingplätze** an der Straße nach Saas Grund.

FRANZÖS. SCHWEIZ

'Suisse Romande' sagen die Einheimischen, 'welsche Schweiz' heißt der westliche Teil der Eidgenossenschaft bei den Deutsch-Schweizern.

Wichtigstes Ziel ist der gewaltige *Lac Léman* (Genfer See) - 72 km lang, bis zu 14 km breit und damit größer als der Bodensee. Seine Hänge bilden das größte Weinbaugebiet der Schweiz, an den Ufern gedeihen dank des milden Klimas sogar Palmen. Zwischen dem mondänen Montreux und der lebhaften Universitätsstadt Lausanne liegen die Villen zahlreicher begüterter Prominenter - darunter seit den fünfziger Jahren auch Charles Spencer Chaplin, der als *Charlie Chaplin* weltberühmt wurde.

Lausanne

Schöne Lage am terrassenförmig ansteigenden Nordufer des Genfer Sees. Zur Kathedrale, dem höchsten Punkt der Stadt, führen kleine enge Gäßchen steil hinauf - besonders hübsch die überdachten Holztreppen ganz oben, prima Blick über die Stadt! Überhaupt ein guterhaltener mittelalterlicher Stadtkern - im Kontrast dazu allerdings auch viel Beton, moderne Geschäftshäuser und Hochbrücken, die sich von Hügel zu Hügel spannen. Und natürlich alles picobello sauber und gepflegt, wie in fast allen Schweizer Städten!

Zum Hafen Ouchy zieht sich das Villenviertel der "besseren" Leute von Lausanne hinunter. Am See gepflegte Promenaden mit schattigen Bäumen, Blumenbeeten und teuren Cafés - toller Blick hinüber auf die Savoyer Alpen, fast etwas Kurortatmosphäre.

VERBINDUNGEN / BAHNHOF: Bahnhof zentral in der Stadt, Gepäckaufbewahrung, Schließfächer.

INFORMATION: im Bhf., **Hauptstelle** an der Avenue d'Ouchy 60 - führt nicht weit vom Bhf. zum See. Mit Metro bis Endstation Ouchy (die einzige der Schweiz, 1,70 DM), zu Fuß ein Stück zurück, den Hügel hinauf.

ÜBERNACHTEN: **Jugendherberge**, 1, Chemin du Muguet, Tel. 021/265782. Fast zweihundert Betten, nicht weit vom See, ca. 15 DM, Bus 1 ab Bhf. Richtung La Maladière bis La Batelière.

Hotel Logements Prés-de-Vidy, 36, Chemin du Bois-de-Vaux, Tel 242479. Bus 1 bis Endstation La Maladière, ca. 20 DM pro Pers.

Foyer la Croisée (CVJM), 15, Avenue Marc Dufour, Tel. 204231, etwa 20-25 DM im Schlafsaal.

Pension Bienvenue (CVJM), 2, Avenue du Simplon, Tel. 262986.

Großer **Camping de Vidy** am See, Chemin du Camping, ebenfalls Bus 1 bis La Maladière.

ESSEN / TREFFS: Self-Services **Migros** (1/3, Rue Neuve) und **Coop** (24/30, Rue St. Laurent). **Uni-Mensa** (Foyer universitaire), genannt Fru in 1, Rue de la Barre, Nähe Chateau, nur mit Ausweis, Bus 16. **Café du Vieil Ouchy**, 3, Place du Port, erschwingliches Restaurant am Hafen. Um die Place de la Riponne auch noch einigermaßen preiswerte Lokale.

Treffpunkte der Jugend sind die **Place St. Francois** und besonders abends die **Place de la Palud**.

Montreux: mondäner Kurort mit nostalgischen Hotelpalästen, ebenfalls am Nordufer vom Genfer See ("Schweizer Riviera"). Hier findet jährlich im Juli das größte **Musik-Festival** Europas statt, Dauer 3-4 Wochen! Ursprünglich als Jazz-Festival konzipiert, sind inzwischen alle Spielarten moderner Musik geboten - neben Jazz gibts Rock, Salsa, Punk, Big Bands und Soul. Fast jeden Tag Spitzenmusiker, leider reichlich teuer, Jazzabende ab 60-120 DM, ansonsten schon für 25-40 DM. Die Konzerte finden im Kasino statt, dem komfortablen Konzerthaus direkt am See. Bunt gemischtes Publikum, Kontakte optimal, tagsüber Gratiskonzerte im Park neben dem Kasino.

INFORMATION: 5, Rue du Theatre.

AUSKÜNFTE / RESERVIERUNG: **"Festival du Jazz"**, Postfach 97, CH-1820 Montreux, Tel. 021/9631212.

ÜBERNACHTEN: im Park beim Kasino darf man während des Festivals pennen! Ansonsten **Jugendherberge** Haut Lac, Passage de l'Auberge 8 (Nähe Bahnstation Territet), Tel. 021/634934, im Juli allerdings fast aussichtslos. Nächster **Camping Les Horizons Bleus** in Villeneuve.

GENÈVE / GENF

Eine Stadt für Kosmopoliten - hier am europäischen Sitz der Vereinten Nationen treffen sich Diplomaten und Staatsmänner aus aller Welt. Die Hauptstadt Bern wirkt dagegen fast bieder.

Genf ist außerdem noch Sitz von mindestens hundert anderen internationalen Organisation, z.B. Rotes Kreuz, Weltgesundheitsorganisation, Europ. Organisation für Kernforschung. Die Stadt ist teuer und strahlt Reichtum aus. Arabische Schriftzeichen an Geschäftspalästen, Rolls-Royce-Karossen auf der Rue Mont Blanc und die pompösen Villen des internationalen Geldadels am Seeufer signalisieren, wo man sich befindet. Trotzdem sind die Genfer bei den Deutsch-Schweizern als die "Schweizer Kommunisten" verschrieen. Denn hier regiert eine sozialistische Kantonsregierung!

Besonders schön die Promenaden und Parkanlagen am Seeufer, ein kühler 'swim' im Strandbad ist zu empfehlen (Paquis Plage oder Genève Plage).

VERBINDUNGEN / BAHNHOF: Hauptbahnhof **Gare de Cornavin** an der Nordseite der Rhone (Schließfächer, Gepäckaufbewahrung, Fahrradverleih, Duschen). Zur Altstadt über die Rhone, vom Bahnhofsplatz die Rue de Cornavin schräg rechts nehmen. Täglich fahren schnelle **TGV-Züge** nach Paris!

INFORMATION: im **Bahnhof** (Zimmervermittlung, Stadtpläne). Zimmervermittlung auch bei **CAR** vor dem Bhf. **Hauptstelle** der Tourist-Information auf einer Insel in der Rhone, 2, Tour de l'Ile (Rue de Cornavin nehmen).

ÜBERNACHTEN: einige Hostels, oft aber nur im Sommer offen. Im Tourist-Büro gibts eine vollständige Liste. Besser vorher anrufen.

Jugendherberge, 28-30, Rue Rothschild, Tel. 022/326260. Neues großes und schönes Hostel mit 350 Betten, ca. 16 DM (nur Mitglieder), vom Bhf. ca. 20 min. zu Fuß nach links die Rue de Lausanne entlang (oder Bus 44).

Cooperative du Logement, 2 Rue H. Senger, Tel. 292033. Mehrere Studenten Hotels, die sich zusammengetan haben. Preis ca. 12 DM pro Pers.

Maison des Jeunes, Rue du Temple 5, Tel. 322060. Billig, aber nicht sehr attraktiv.

Cité Universitaire de Genève, 40, Avenue de Miremont, Tel. 462355. Relativ weit außerhalb, Bus 3 bis Endhaltestelle. Im Schlafsaal ca. 12 DM pro Pers. (mit internationalem Studentenausweis), ansonsten etwas teurer. Mit Mensa.

Home St. Pierre, 4, Cour St. Pierre, Tel. 283707. Bei der Kathedrale in der Altstadt, nur Mädchen oder verheiratete Paare, ca. 13 DM im Schlafsaal, DZ für 30 DM.

Foyer George Williams (Inter-Point/CVJM), 9, Avenue Sainte Clotilde, Tel. 281155. 30 Betten in Schlafsälen, ca. 15 DM pro Pers. incl. Frühstück. Vom Bahnhof Bus 1 bis dritte Station, noch 5 min. Fußweg. Nur Mitte Juli bis Anfang August.

Camping à la Bise, 5 km nordöstl. in Vèsenaz, direkt am See. Leser Kai Stiethenroth aus Goslar meint, man kann in Genf gut unterhalb des **Kurparks** am Seeufer schlafen.

ESSEN: sehr international, billig nur bei **Migros** (5, Rue de Chantepoulet und 41, Rue des Paquis) und der **Mensa** der Cité Universitaire de Genéve, 40, Av. de Miremont.

Buffet de la Gare, Café und Restaurant im Bahnhof, interessantes Publikum.

L'Auberge Sarde, 5, Rue Joseph-Girard (Carouge). Großer Garten, viele junge Leute, phantasievolle Speisekarte, ab ca. 14 DM.

Spaghetti Factory, Rue de la Fontaine, beliebter Treff in der Altstadt, Nudeln in zwei Dutzend Variationen, ab 12 DM.

Les Armures, Rue du Puits-Saint Pierre 1. Für Gourmets - mittelalterliche Einrichtung, etwas übertrieben stimmungsvoll, aber große Auswahl an Schweizer Spezialitäten. Eher teuer.

Restaurant macrobiotique Madeleine, 20, Rue Toutes-Ames, vegetarische Küche.

CAFES / TREFFS: zahlreiche Straßencafés an der **Rue de Mont Blanc**. Am den Quais **Général Guisan** und **Gustave Ador** (Südufer der Rhone) treffen sich die Rucksackler - Straßenmusiker, Sonnenbaden und Kontakte. Gute Stimmung herrscht immer an der **Place Bourg-de-Four** im Herz der Altstadt (Nähe Kathedrale) - einer der beliebtesten Treffs hier das **La Clemence** (nr. 20). Viele Cafés auch an der **Place du Molard**, besonders abends interessant zum draußen sitzen, um die wohlgekleideten Leute zu beobachten.

Le Chat Noir, 13, Rue Vautier (Carouge), Jazz live, junges Publikum.

Sehenswertes: gleich hinter dem Bahnhof wurde das Stadtviertel *Les Grottes* mit seinen vielen alten Cafés geschmackvoll renoviert.

Durch das ehemalige Uhrmacherviertel *St. Gervais* überquert ihr die Rhone auf dem *Pont de l'Ile*. Richtung See könnt ihr von der Brücke den berühmten *Jet d'Eau* entdecken - die höchste Fontäne der Welt und so etwas wie das Wahrzeichen der Stadt. 145 m spritzt der mächtige Strahl in die Höhe! Weiter ins Geschäftsviertel der Stadt und in die engen Gassen der Altstadt (Vieille Ville) um die *Kathedrale St.-Pierre*. Die Altstadt wurde komplett saniert - etwas französisch angehauchte kleine Häuser mit typischen Innenhöfen. Eleganteste Einkaufsstraße ist die *Rue du Rhone,* hier findet sich alles, was berühmt und teuer ist (besonders viele Modegeschäfte). Die *Rue Grand* ist einer der am besten erhaltenen alten Straßenzüge - Fußgängerzone mit Antiquitätengeschäften und Cafés.

Besonders reizvoll ist auch *Carouge*, ein etwas außerhalb gelegenes Stadtviertel mit sehr eigenem Baustil (ital./altsardisch), viele Läden, Bistros und kleine Theater, etwas südländische Atmosphäre (Tram 12, die einzige in Genf, ab Rue de la Confederation).

Einen schönen Spaziergang könnt ihr vom *Pont de Sous-Terre* am rechten

Ufer rhoneaufwärts machen (zu erreichen mit Bus 2 oder 10).

MUSEEN: **Musée d'Art et d'Histoire**, 2, Rue Charles Galland, in der Altstadt. Kunst und Geschichte von den alten Ägyptern und Griechen bis zu Zeitgenössischem (Di-So 10-17 h, frei).
Gleich in der Nähe das **Petit Palais**, 2, Terasse St. Victor, prächtige Privatsammlung moderner Kunst (Di-So 10-12, 14-18, Mo 14-18 h, ca. 6 DM, Stud. ermäß.).
Musée des Instruments anciens de musique, 23, Rue Lefort, ebenfalls in der Nähe, schöne Sammlung von Musikinstrumenten (Di 15-19, Do 10-12, Fr 8-10 h, ca. 2 DM).
Musée d'Histoire Naturelle, 11, Route de Malagnou (Mo-Fr 9-12, 14-18, Sa 9-12 h, frei).
Institut et Musée Voltaire, 25, Rue de Délices (nördliche Flußseite). Hier lebte und arbeitete der berühmte Philosoph, heute eine Erinnerungsstätte an ihn (Di-So 14-17, So auch 10-12 h, ca. 4 DM, Stud. frei).
Last but not least der **Völkerbundpalast** (Palais des Nations) - riesig und sehenswert, in einem großen Park, der zum Flußufer hin abfällt (tägl. 9.15-12, 14-17.15 h, Führungen).

MÄRKTE: am **Plaine des Plainpalais** - Di, Fr Gemüse und Blumen, Mi, Sa Flohmarkt.

TESSIN

Sonnen- und Ferienecke der Schweiz. Das Tessin, der südlichste Teil der Schweiz wird auch "Schweizer Riviera" genannt. Man spricht bereits italienisch.

Zu erreichen mit der Bahn von Zürich oder Luzern auf der schönen Strecke durch den Gotthardtunnel (Strecke nach Mailand). Gleich nach dem Tunnelende beginnt südliche Vegetation - am meisten ausgeprägt aber an den beiden Seen, dem *Lago Maggiore* und dem *Luganer See*. Im milden Klima der Südalpen gedeihen hier Palmen, Agaven und Olivenbäume. Bekannteste Orte sind *Locarno*, *Ascona* und *Lugano* - Ferienorte, die fast das ganze Jahr über Saison haben!

Lugano

Direkt an der Gotthard-Linie. Schöne Lage zwischen Monte Brè und Monte San Salvatore. Zwar einiges an nichtssagenden Betonbauten, das hübsche Zentrum aber schon ziemlich italienisch angehaucht - Kopfsteinpflastergäßchen, Bogengänge und Palazzi mit schmiedeeisernen Balkongittern. Und natürlich überall Touristen, viele Cafés und exklusive Geschäfte - für Autos gesperrt!
Die Fußgängerzone beginnt gleich beim Bahnhof und führt in die Altstadt, die sich den Hang hinaufzieht. Mittelpunkt ist die quirlige *Piazza della Riforma* mit ihren Straßencafés - fest in der Hand der Touristenströme und immer voller Trubel. Zur *Kathedrale San Lorenzo* führt ein steiler Fußweg hinauf - bunte Wand- und Deckenmalereien und viel Marmor. Der schöne *Parco Civico* liegt direkt am See.

VERBINDUNGEN / BAHNHOF: Bahnhof westlich oberhalb der Altstadt (Schließfächer, Gepäckaufbewahrung).

INFORMATION: im Bhf., außerdem an der Uferstr. Riva Albertolli 5. Zimmervermittlung, Unterkunftslisten, Stadtpläne.

ÜBERNACHTEN: **Jugendherberge** in Crocifisso, Via Cantonale 13, Tel. 091/562728. Sehr schön, aber oft voll, Bus 5. **Casa della Giovane**, Corso Elvatia 34, Tel. 229553. Nur Mädchen, ca. 16 DM pro Pers.
Hotel/Hostel Montarina, Via Montarina 1, Tel. 567272, ganz zentral, 200 m vom Bhf. Tolle Lage in subtropischem Palmen-Park, Seeblick. Im Schlafsaal ca. 15-18 DM pro Pers., DZ mit Waschbecken ca. 60-75 DM.
Wildzelten möglich in **Agno**, erreichbar mit einer Art S-Bahn gleich am Luganer Bhf.

ESSEN: wie im gesamten Tessin auch in Lugano viele Pizzerias. Und natürlich auch wieder ein **Migros**-Self-Service, Via Pretoria. **Pestalozzi**, Piaza Indipendenza, großes vielbesuchtes Lokal, kein Alkohol, Fleischgerichte und vegetarische Küche.

MARKT: jeden Di und Fr auf der **Piazza della Riforma**.

Lugano/Umgebung: von Paradiso, südlich von Lugano, geht eine Seilbahn auf den *Monte San Salvatore*. In Casarate, östlich von Lugano, die Talstation der Seilbahn auf den *Monte Brè*.
Südlich von Lugano liegt *Melide* am Beginn des Dammes nach Bissone (Bahnverbindung). Hier findet ihr die *Swissminiatur* - viele Sehenswürdigkeiten und Landschaftsbilder der Schweiz im Kleinformat (tägl. 8-18 h, 7 DM).

Von Melide mit Bus oder Schiff nach *Morcote* - alte stilvolle Häuser und eine phantastische Parkanlage, der *Parco Schaerer* mit vielen seltenen Pflanzen, sehr gepflegt und prachtvoll angelegt. Dazwischen Gebäude aus aller Welt - von chinesischen Pagoden bis zu altgriechischen Tempeln.

Locarno: herrlich zwischen Weinbergen und Gärten am Nordende des Lago Maggiore. Die Altstadt wird von der langgestreckten *Piazza Grande* dominiert. Am See gibts Strandbäder, Bootsverleih und Minigolf, man kann relaxen oder auf der schönen und ewig langen Uferpromenade spazierengehen. Das Ufer wird übrigens jedes Jahr einmal überschwemmt, wenn alle Flüsse, die in den See münden, wegen heftiger Gewitter Hochwasser führen. Ebenfalls jedes Jahr finden im August die Filmfestspiele statt - brandneue Filme von eher unbekannten Regisseuren auf Großleinwand.

VERBINDUNGEN / BAHNHOF: von der Gotthardlinie ab Bellinzona erreichbar. Vom Hauptbahnhof nur wenige Meter zum See.

INFORMATION: Viale F. Balli 2, vom Bhf. zum See runter.

ÜBERNACHTEN: **Camping Delta** am See knapp vor dem Maggiadelta, ca. 1,5 km vom Bhf.

Locarno/Umgebung: über Locarno auf einem hohen Felsvorsprung die einzige Wallfahrtskirche der Schweiz, *Madonna del Sasso*. Wer die 400 Stufen nicht gehen will, nimmt die Drahtseilbahn oder kommt mit dem Bus. Obwohl der einzige Wallfahrtsort der Schweiz, nicht übermäßig überlaufen. Tolle Aussicht!

Das herausgeputzte *Ascona* liegt 4 km westlich von Locarno, ist allerdings schon eher etwas für die High Society. Weniger Rummel als in Locarno, viele Cafés am See, Bootsverleih.

"Centovallibahn" Locarno - Camedo - Domodossola A-Kb. 24009

7 x tägl., ca. 2 std. Tolle Schmalspurstrecke durchs Tal der '100 Täler' über die italienische Grenze nach *Domodossola*, an der Hauptstrecke nach Milano (Interrail gültig). Durch Tunnels und über Brücken fährt die Bahn hoch über der schäumenden Melezza.

GRAUBÜNDEN

Der größte Kanton der Schweiz, Gebirgsland mit den herrlichsten Alpenszenerien, die man sich denken kann. Die rhätischen Schmalspurbahnen gehören zu den schönsten Strecken der Alpen und sind für Interrailer kostenlos.

In den Wintersportorten herrscht alljährlich Hochbetrieb - wenn einmal der Schnee ausbleibt (wie 1988/ 89), wirds kritisch. Berühmter Tummelplatz der Reichen ist St. Moritz an der prächtigen Bernina-Bahnlinie nach Italien.
Je nach Region spricht man italienisch, deutsch oder rätoromanisch.

Chur

Kantonshauptstadt und wichtiger Eisenbahnknotenpunkt. Als Stadt weniger spektakulär, aber Ausgangspunkt für einige tolle Bahnfahrten. Im Dommuseum prächtiger Kirchenschatz, Luftseilbahn nach Brambuesch (1600 m), weiter mit Sessellift auf den Dreibündenstein (2180 m).

INFORMATION: Ottostr. 6, gleich beim Bhf.

ÜBERNACHTEN: **Jugendherberge** in der Bergstr. 28, Tel. 081/226563. Vom Bhf. ein Stück die Bahnhofsstr. entlang, nach links in die Quaderstraße und immer geradeaus - ca. 20 min. zu Fuß (Bus 8). Campingplatz **Camp Au**, etwas südlich vom Zentrum an der Oberen Au, bei einer Sport- und Freizeitanlage (Busverbindung).

ESSEN / TREFFS: die üblichen Self-Services - **Migros**, Gäuggelistr. und **Coop**, Alexander-/ Quaderstr. Außerdem **Restaurant Dreikönig**, Reichsgasse 18, beliebter Treff.

LESERTIP: "ein billiges Restaurant ist das **Hotel Drei Bünde**" (Kai Stietenroth, Goslar).

"Albula/Berninabahn" Chur - Pontresina - Tirano - (Milano) A-Kb. 24029

(direkte Wagenläufe)

Faszinierende Alpenüberquerung und zweifellos eine der schönsten Strecken der Welt! Aus 587 m ü. d. M. gehts bis auf den Bernina-Paß in 2323 m Höhe und hinunter nach Italien. Bis zu 4 x tägl. fährt im Sommer der *Bernina-Express* der Rhätischen (Schmalspur-) Bahnen von Chur bis Tirano/Italien (Platzkarten/Zuschlag, ca. 12 DM, eventuell nur Kurswagen bis nach Tirano). Bei gutem Wetter könnt ihr im offenen Aussichtswagen fahren.

Von **Chur** gehts anfangs ein Stück den Rhein lang, bei Reichenau zweigt die Strecke nach Süden ab. Ab Thusis das herrliche *Albulatal* - spektakulärstes Stück hinter *Bergün* (ca. 80 min. von Chur). Bis Preda schraubt sich der Zug 12 km durch Almen und Nadelwälder höher in die schroffe Fels- und Gletschereinöde - Viadukte, Kehren, Tunnels. 416 m werden ohne Zahnradantrieb überwunden. In 1820 m Höhe der 6 km lange *Albula-Tunnel*, der höchste Alpentunnel überhaupt!

Bei Samedan (St. Moritz) zweigt die Strecke über *Pontresina* Richtung Italien ab. Überwältigende Höhenfahrt mit lohnenswerten Halte- und Aussichtspunkten, z.B. *Morteratsch* - Fundgrube für Geologie-Freaks, man kann das Tal hinauf zum Fuß des Morteratsch-Gletschers wandern. Kurz danach Bernina Hospiz mit Seilbahn auf den Gipfel der *Diavolezza* (2973 m) - phänomenaler Gletscherblick (ca. 22 DM hin und zurück). Über den *Bernina-Paß* (höchster Punkt der Strecke) gehts hautnah zwischen Gletschern dicht am Ufer des *Lago Bianco* vorbei. Ab *Alp Grüm* sagenhafter Blick ins Tal, die Bahn windet sich in 180 Grad-Kehren hinunter. In **Tirano** Ende der Strecke, umsteigen nach Sondrio und weiter Richtung Milano (gut 10 x tägl.).

St. Moritz: schöne Lage zwischen bewaldeten Hängen am gleichnamigen See, aber teures und mondänes Pflaster. Die Regenbogenpresse bezieht die Hälfte ihrer 'Nachrichten' aus dem Prominentenort, in den Schaufenstern prangen Juwelen und Pelze. Am besten, ihr kehrt ihm bald den Rücken - die herrlichen Wandermöglichkeiten können für vieles entschädigen.

INFORMATION: **Kur- und Verkehrsverein**, Pl. Mauritius, vom Bhf. am See links den Hügel hinauf. Ausführliche Infos, Prospekte, Wanderwege etc., außerdem Zimmervermittlung (außer So 9-12 u. 14-18 h).

ÜBERNACHTEN: gut ausgestattete **Jugendherberge Stille**, Via Surpunt 60, Tel. 082/ 33969. Im Ortsteil St. Moritz-Bad - zu Fuß ca. 30 min., immer am See entlang oder mit Bus (alle halbe std.). **Camping Olympiaschanze**, 1,5 km westlich von St. Moritz-Bad, an der Str. nach Champfer (Bus).

"Glacier-Expreß" St. Moritz - (Chur) - Disentis - Brig - Zermatt A-Kb. 24029

(direkte Wagenläufe)

Berühmteste Strecke der Schweiz! Der 'langsamste Schnellzug der Welt' passiert ca. 3 x tägl. 291 Brücken, außerdem 91 Tunnel und Galerien auf den 270 km von Graubünden in die Walliser Alpen. Fast 8 std. dauert die Fahrt von St. Moritz, von Chur sind es ca. 6 (Durchschnittsgeschwindigkeit ca. 30 km/h). Wegen der aberwitzigen Steilpassagen wird im Speisewagen der Wein in Gläsern mit schrägem Boden serviert - ein normales Glas würde überschwappen. Kleiner Wermutstropfen - auf dem schönsten Streckenstück von Disentis bis Brig ist das Interrail-Ticket nicht gültig und von Brig bis Zermatt gibts nur 50 %!

Von St. Moritz bis Reichenau gehts über die bereits beschriebene Albula-Linie. Ab hier das Rheintal entlang bis Disentis. In z.T. abenteuerlichen Kurven mit Zahnstange steil hinauf zum *Oberalppaß* (2033 m), von dort wieder in Haarnadelkurven nach Andermatt hinunter. Bald darauf der *Furkatunnel*, mit 15,5 km der längste Schmalspurtunnel der Welt. Dann hinunter nach Brig (Knotenpunkt, Strecken u.a. nach Bern und in die Franz. Schweiz) und nach Zermatt wieder 1000 m hinauf, das Mattertal entlang.

PLATZRESERVIERUNG: anzuraten, der Zug gehört zu den meistgefragten touristischen Angeboten (Bhf. RhB, CH-7500 St. Moritz, Tel. 0041/ 8235912).

Österreich

Alpenrepublik mit Fremdenverkehr aus Tradition - fein herausgeputzte Bergdörfchen, saftig grüne Almen und warme Badeseen ziehen vor allem Familienurlauber an.

Die Städte dagegen noch mit viel nostalgischem Charme - warmer Barock und prächtiger k.u.k.-Klassizismus sind noch nicht überall modernen Glas- und Betonzeilen gewichen. In vieler Hinsicht ist Österreich 'gemütlicher' geblieben als der gleichsprachige Nachbarstaat im Norden. In den Außenbezirken von Wien findet ihre ausgedehnte Schrebergärten, niedrige Häuschen und große Weinberge, das liebevoll gehegte städtische Straßenbahnnetz ist das größte der westlichen Welt und der *Prater* fast schon zum Synonym für Vergnügungsparks geworden. Dafür geht allabendlich im *Bermuda-Dreieck* der Wiener Innenstadt die Post ab - eine lebendige Szene mit urigen Kneipen und schicken Trendlokalen setzt hier Akzente für junge Leute.
Aber natürlich gibt es nicht nur Wien - die prächtigen Alpenlandschaften bieten Zugfahrern und Wanderern gleichermaßen üppige Panoramen. Im Salzkammergut findet ihr mit dem *Hallstätter See* unmittelbar an der Bahnlinie den vielleicht schönsten Gebirgssee Europas und gleichzeitig die ältesten Salzbergwerke der Welt. Die 'romantische' *Wachau* mit ihren Weinbergen und Burgruinen lohnt dagegen zum Radfahren und hat mit der Ersten Donaudampfschiffahrtsgesellschaft (interessantes Wort!) auch schöne Schiffsausflüge zu bieten, die für Interrailer zudem preiswert sind (siehe unter Ermäßigungen).

Daß politisch leider noch dies und das von den "ewig Gestrigen" geprägt ist, paßt ins Gesamtbild und wird von vielen Österreichern bedauert.

Mit der Eisenbahn durch Österreich

Sehr gut ausgebautes Netz mit zahlreichen Fernverbindungen ins Ausland. Zwischen Wien und Salzburg, Innsbruck und Villach verkehren die Züge im 1- bis 2-std.-Takt.

Als wichtige Drehscheibe für den Verkehr zwischen Mittel-/Nordeuropa, Italien, Jugoslawien, Griechenland und den osteuropäischen Staaten wird Österreich von vielen internationalen Expreßzügen durchquert. Die Italien-Züge fahren meist über *Innsbruck*, Richtung Griechenland geht es über *Salzburg*, wer nach Ungarn will, kann in *Wien* einen Stop einlegen.
Die österreichischen Bahnwagen sind modern und komfortabel ausgestattet, so daß das Zugfahren im Land ausgesprochen Spaß macht. Zuschlags- und platzkartenpflichtig sind nur einige wenige internationale Züge. *Platzkarten* kosten ca. 4,50 DM, ein *Liegewagenplatz* ca. 25 DM.
Bahn- und Postbusse ergänzen in den Gebirgsregionen das Bahnnetz (keine IR-Ermäßigung).

Interessante Bahnstrecken: ein wirkliches Kapitel für sich sind die großartigen *Gebirgsstrecken Österreichs*. Im 19. Jh. haben die Staatsbahnen der Habsburger Monarchie und einige Privatunternehmen (Semmeringbahn, Brennerbahn u.a.) Pionierarbeit geleistet. Das erste bahntechnische Großprojekt Europas war in der Mitte des letzten Jh. die Strecke von Wien über den Semmering nach Kärnten.

Ansonsten gibt es noch etliche reizvolle **Privatbahnen** in Österreich, z.B. in der *Steiermark* (Steiermärkische Landesbahnen), aber auch bei *Innsbruck* (Stubaitalbahn Innsbruck - Fulpmes, Achensee-Bahn), bei *Salzburg* (Salzburg - Lamprechtshausen u. Oberndorf) und in anderen Landesteilen. Bei den meisten handelt es sich um kleine Nebenlinien oder Bergbahnen (Schmalspur- oder Zahnradbahnen), die nur wenige Kilometer lang sind. In den letzten Jahren wurden nicht wenige aus Rentabilitätsgründen stillgelegt, weitere werden folgen. Jedoch feiert die *Achensee-Bahn* 1989 ihren 100-jährigen Geburtstag - sie gilt als älteste Dampf-Zahnradbahn Europas!

Brenner-Bahn (A-Kb. 23050): vielbefahrene und wohl bekannteste Strecke Österreichs. Von München über Kufstein - Innsbruck - Brenner - Bozen - (Trento - Verona - Bologna) eine der wichtigsten Nord-Süd-Verbindungen über die Alpen. Teilweise interessante Streckenführung mit Tunnels und Stützmauern am Fluß Sill entlang, südlich von Innsbruck bei Patsch am Fuß vom Patscherkofel Blick ins Stubaital. Die Grenzstation Brennero liegt in der Nähe eines kleines Sees (Station Brennersee). Südlich vom Paß nochmals schöne Fahrt im Eisack-Tal, Wasserfälle etc.

Tauern/Karawanken-Bahn (A-Kb. 23020): Salzburg - Schwarzach - St. Veit - Villach - Rosenbach - Jesenice (jugosl. Grenzort). Wichtigste Transitstrecke nach Jugoslawien/Griechenland, tolle Überquerung des Tauerngebirges mit Tauerntunnel (zwischen Böckstein und Mallnitz, 8 1/2 km !), später der 8 km lange Karawanken-Tunnel zwischen Rosenbach und Jesenice.

Tiroler Bahn (A-Kb. 23040): Salzburg - Hallein - Zell am See - Kitzbühel - Wörgl - Innsbruck. Einzige Ost-West-Verbindung vom Salzburger Land nach Tirol. Herrliche Gebirgsfahrt bis Wörgl, wo die Bahn ins breite Inntal mündet (siehe auch S. 128).

Arlberg-Bahn (A-Kb. 23060): von Tirol nach Vorarlberg, Fortsetzung der eben genannten Strecke von Innsbruck Richtung Westen über Landeck - Langen - Bludenz - Feldkirch nach Bregenz (Bodensee). Grandiose Strecke mit zahlreichen Brücken und Schutzgalerien durchs Arlberg-Massiv - der 10 km lange Arlberg-Tunnel ist nur eine der Attraktionen (siehe auch S. 131).

Karwendel-Bahn (A-Kb. 23065): von Innsbruck über Seefeld i. Tirol nach Garmisch-Partenkirchen. Im ersten Teil der Strecke bis Seefeld großartige Gebirgsstrecke durch die Martinswand - herrlicher Blick hinunter aufs Inntal.

Hallstättersee-Bahn (A-Kb. 23013): von Attnang-Puchheim (Strecke Salzburg - Linz) quer durchs Salzkammergut Richtung Süden. An Traunsee und Hallstätter See vorbei nach Stainach-Irdning, dort Anschlüsse Richtung Salzburg, Villach und Graz. Landschaftlich sehr lohnend und interessante Haltepunkte unterwegs (siehe S. 128).

Semmering-Bahn (A-Kb. 23070): die erste große Gebirgsbahn Europas, Mitte des 19. Jh. gebaut. Die Auffahrt am Semmering (986 m) geht durch 15 Tunnel und über ebenso viele Viadukte. Seitdem traditionelle "Sommerfrischler-Strecke" von Wien an die Badeseen von Kärnten.

Eisenerz-Bergbahn/Gesäusebahn (A-Kb. 23017): Leoben - Präbichl - Hieflau - Selzthal (ab Wien über die Semmering-Bahn zu erreichen). Abenteuerliche Strecke über den 1200 m hohen Präbichl-Paß, leider nur noch wenige Züge (ca. 3 x tägl.), war früher Zahnradbahn. Ab Hieflau dann beeindruckende Fahrt durch das Gesäuse-Gebirge im Engtal der Enns (Teil der Strecke Anstetten - Selzthal).

Schmalspurbahnen

Waldviertel-Bahn: unmittelbar vor der tschechischen Grenze, an Sommerwochenenden Dampfloks auf Schmalspur von Gmünd nach Großgerungs. Anfahrt ca. 2-3 std. ab Wien/Franz-Josefs-Bhf. (A-Kb. 23080). Touristisch noch wenig berührte Region, in Gmünd Fahrrad am Bhf.

Mariazeller-Bahn (A-Kb. 23019): elektrisch betriebene Schmalspurbahn von St. Pölten/Hbf. nach Mariazell. Vor allem ab Laubenbachmühle bis Mariazell eindrucksvolle Gebirgsstrecke mit vielen Tunnels und Brükken. Mariazell ist österr. Nationalwallfahrtsort, entsprechender Rummel und Kitsch. Wer auf einer anderen Strecke weiter will, kann mit dem Postauto nach Bruck a. d. Mur fahren (ca. 12 DM), dort Anschluß an die Semmering-Bahn.

Zeller See-Bahn (A-Kb. 23041): von Zell am See (Strecke Salzburg - Innsbruck) mehrmals tägl. Schmalspurzüge zu den Krimmler Wasserfällen (siehe auch S. 128).

Achensee-Bahn: von Jenbach (Strecke Innsbruck - München, Salzburg) zuckelt eine dampfgetriebene Zahnradbahn 7 km zum Achensee hinauf (siehe auch S. 131).

Ermässigungen für Interrailer: folgende Unternehmen geben für Inter-Railer 50 % -
Privatbahn Puchberg am Schneeberg

Österreich Fahrpläne Nr 23000 – 23099

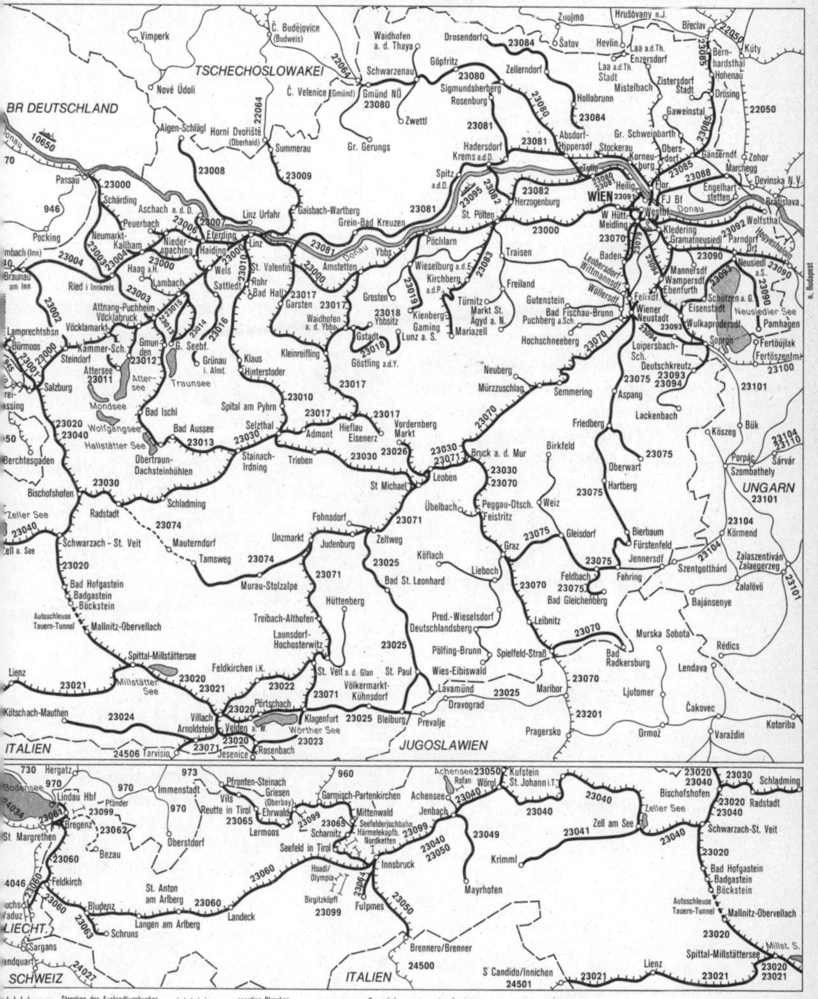

- Hochschneeberg westlich von Wiener Neustadt, Nähe Semmering.
Zahnradbahn am Wolfgangsee (Nähe Salzburg), 6 km ab St. Wolfgang/ Schafbergbahnhof - Schafbergspitze.
Die **Steiermärkischen Landesbahnen** (kl. Nebenbahnen bei Graz) auf den Strecken Feldbach - Bad Gleichenberg, Gleisdorf - Welz, Peggau/Deutschfeistritz - Übelbach, Unzmarkt - Tamsweg.
Die **Erste Donau-Dampfschiffahrtsgesellschaft**, die von Mai bis September tägl. auf der Donau von Passau nach Wien fährt. Auch Teilstücke dürfen befahren werden - am schönsten durch die Wachau von Krems nach Kloster Melk (siehe weiter unten S. 125).
Auch die **Wolfgangseeschiffahrt** und die **Österr. Bodenseeschiffahrt**, die beide von der ÖBB betrieben werden, geben 50 % Ermäßigung für Interrailer.

Fahrrad am Bahnhof: von April bis November werden an gut 100 Bahnhöfen Fahrräder vermietet. Kostenpunkt regulär ca. 10-12 DM pro Tag, falls ihr mit der Bahn gekommen seid, die Hälfte.

Informationen: Generaldirektion der Österr. Bundesbahnen: A-Wien, Elisabethstr. 9. Generalvertretung in der BRD: 6000 Frankfurt/M., am Hauptbahnhof 10/I, Tel. 069/231101.

Praktisches

Einreise: Reisepaß oder Personalausweis.

Finanzielles: österreichische Währungseinheit ist der *Schilling* (öS), der aus 100 *Groschen* besteht. Gegenüber der DM eine sehr stabile Währung ohne Kursverfall, seit langen Jahren entsprechen etwa 7 Schilling 1 DM (gegenüber sfr leicht abnehmende Tendenz). Schillinge können unbeschränkt eingeführt werden, jedoch dürfen nur 15.000.- ohne Sonderbewilligung ausgeführt werden.

Euroschecks (Höchstsumme 2500 öS) und *Reiseschecks* werden bei allen Geldinstituten akzeptiert, vom *Postsparbuch* kann an allen Postämtern abgehoben werden.
Das österreichische Preisniveau ist etwas höher als in der Bundesrepublik.

Aktueller Kurs: 1 DM = 7 öS (3/90)

Übernachten: die österreichischen *Jugendherbergen* sind bezüglich Komfort und Sauberkeit in der Regel sehr erfreulich, Atmosphäre und Service schwanken natürlich. Der Preis liegt zwischen 12 und 18 DM pro Übernachtung, JH-Ausweis ist teils obligatorisch, teils können auch Nicht-Mitglieder gegen Aufpreis von ca. 3 DM übernachten. Bettzeug ist im Preis meist inbegriffen. Im Sommer sind die Jugendherbergen oft überlaufen, es empfielt sich rechtzeitige Reservierung beim *Österreichischen Jugendherbergswerk*, A-1010 Wien, Helferstorferstr. 4, Tel. 0222/5331833 u. 5331834.
In den Universitätsstädten werden in den Sommermonaten auch Plätze in *Studentenheimen* vermietet, vor allem in Wien. *Privatzimmer* gibt es in den Großstädten und in allen touristischen Regionen. In Urlaubsgebieten kosten die preiswertesten etwa 35-40 DM fürs DZ, abseits vom Schuß kann man aber oft noch billiger unterkommen. *Gasthäuser* und *Pensionen* verlangen etwa 50-55 DM für ein DZ. Oft vermitteln die Informationsbüros gegen kleine Gebühr Unterkünfte *(Zimmernachweis)*.
Campingplätze kosten nur etwa 4 DM pro Pers. (zuzügl. Zelt) und sind überall zu finden.

Essen und Trinken: *Wiener Schnitzel, Gulasch, Tafelspitz* (gek. Rindfleisch in Meerrettichsoße), *Kaiserschmarrn, Salzburger Nockerln, Bauernschmaus, Frankfurter (=Wiener) Würstl, Tiroler Geröstel, Knödel, Palatschinken, Cevapcici* - die Liste österreichischer Spezialitäten ist endlos. Großen Einfluß haben die osteuropäischen und Balkan-Länder auf die Küche gehabt, speziell in Wien gibt es dank der nahen Tschechoslowakei eine ausgeprägt böhmische Tradition. Auch das gute *Budweiser Bier* bekommt ihr in Österreich häufig.
Die kleinen Wirtshäuser heißen *Beisln*, in Wien dürft ihr nicht versäumen, eins der traditionellen *Kaffeehäuser* zu be-

suchen, um eine "Melange" oder einen "Einspänner" zu schlürfen (siehe unter Wien). Auch das üppige Angebot der *Konditoreien*, z.B. die berühmte Wiener "Hofzuckerbäckerei" Demel, ist eine Versuchung wert - und natürlich die "Original-Sachertorte" im gleichnamigen Hotel.

Telefon: Auslandsgespräche können von allen Münztelefonen und Postämtern geführt werden, außerdem gibt es in größeren Städten Telefonzentralen. Bei älteren Apparaten müßt ihr den roten Knopf drücken, wenn die Verbindung zustandegekommen ist, sonst kann euch der Teilnehmer nicht hören.

VORWAHL: BR Deutschland - **060**, Schweiz - **0049**.

BOTSCHAFTEN:

Bundesrepublik Deutschland: Wien, Metternichgasse 3, 3. Bez., Tel. 0222/736511 od. 736518. Generalkonsulate in Salzburg, Bürgerspitalplatz 1, Tel. 0662/41591; Graz, Hammerlinggasse 6; Innsbruck, Adamgasse 5/V; Bregenz, Kaspar-Hagen-Str. 2; Klagenfurt, Mießtalerstr. 14.

Schweiz: Wien, Wagramer Str. 14, 22. Bez., Tel. 0222/239538. Konsulate in Salzburg, Alpenstr. 85, Tel. 0662/22530; Bregenz, Römerstr. 35, Tel. 23232 oder 23233.

FREMDENVERKEHRSÄMTER:

D-1000 Berlin 30, Tauentzienstr. 16, Tel. 030/248035. **D-6000 Frankfurt**, Roßmarkt 12, Tel. 069/20698. **D-2000 Hamburg 13**, Tesdorpfstr. 19, Tel. 040/4102013. **D-5000 Köln 1**, Komödienstr. 1, Tel. 0221/233236-38. **D-8000 München** 2, Neuhauserstr. 1, Tel. 089/2607035.

WIEN

Keimzelle der riesigen österreichisch-ungarischen Doppelmonarchie. Mit imposanter Architektur, prächtigen Parks und ausgedehnter Fußgängerzone für das heutige Österreich fast eine Nummer zu groß - aber ungemein reizvolle Atmosphäre.

Die k.u.k.-Nostalgie der Fiaker, Kaffeehäuser und Hofkonditoreien kontrastiert wirkungsvoll mit der lebendigen Kneipen-, Jugend- und Künstlerszene. Hundertwasser-Haus und Hofburg, Falco und Haydn - nicht nur zeitlich liegen Welten dazwischen.

Einen Aufenthalt könnt ihr abwechslungsreich gestalten - es gibt eine interessante Innenstadt mit vielen kleinen Gassen und einer lebendigen Fußgängerzone, das berühmte Schloß Schönbrunn und die große Hofburg, wo Kaiser Franz Joseph und "Sissi" residierten, außerdem schöne Parkanlagen und den großen Vergnügungspark 'Prater' mit dem weltberühmten Riesenrad. Als Aussichtspunkte empfehlen sich die umliegenden Berge samt dem Wienerwald, die von der Stadtmitte aus gar nicht so schwer zu erreichen sind. Auch kulturell ist einiges geboten, z.B. ein umfangreiches Theaterprogramm, viele Cafés und Kneipen (sog. 'Beisln'), der Zoo (der älteste Europas) und natürlich die berühmten Weinviertel, in denen der *Heurige* serviert wird.

Hinter den Kulissen sieht die Sache etwas anders aus. Wien an der Nahtstelle zwischen Ost und West ist eine internationale Spionage-Drehscheibe. Ein ganzes Heer von Geheimdienstlern tummelt sich in der Walzerstadt, manche Länder haben hier bis zu drei Vertretungen, China sogar seine größte Botschaft in der westlichen Welt. Bereits legendär - der berühmte Thriller *"Der Dritte Mann"* mit Orson Welles, der im Nachkriegs-Wien spielt und auf unnachahmliche Weise die Atmosphäre der Stadt widerspiegelt.

VERBINDUNGEN / BAHNHÖFE: die wichtigsten sind der West- und der Südbahnhof.

Westbahnhof: Züge aus der BRD, der Schweiz, Frankreich, Ungarn und Westösterreich.

Südbahnhof: Züge aus Italien, Jugoslawien, Griechenland, Ungarn und Südösterreich.

Beide liegen am sog. **Gürtel**, in die Innenstadt kommt ihr problemlos - vom Westbhf. mit Tram 52 oder 58 bis Ringstraße (U-Bahn 3 ist in Bau, 1991 fertig), vom Südbhf. mit U-Bahn 1 (Station Südtiroler Platz liegt 500 m vom Bhf.) oder Tram D bis Opernring (Hauptstelle der Inf.).

Außerdem gibt's noch den **Franz-Josefs-Bahnhof** nördlich vom Zentrum, hauptsächlich für regionale Züge.

INFORMATION: in den drei Bahnhöfen, Hauptstelle gleich ums Eck vom **Hotel Sacher**, in der Kärntner Str. 38, tägl. 9-19 h, Tel. 0222/431608. Zimmervermittlung in Hotels und Pensionen gegen Gebühr, es gibt Unterkunftsverzeichnisse, kostenlose Stadtpläne und einen Netzplan mit den wichtigsten Strecken der öffentlichen Verkehrsmittel, außerdem einen monatlich erscheinenden Kulturplan, die Broschüre "Wien Live" mit vielen Kneipenadressen, Diskos etc. u.a.
Stadtzeitung **Falter** erscheint jeden Mittwoch (ca. 3 DM), mit Veranstaltungskalender (Fr-Do), Auflistung interessanter Lokale und vielem mehr.

Unterwegs in Wien: ausgezeichnetes Verkehrssystem, es gibt sog. *Stadtbahnen* (ähnlich wie S-Bahn), *U-Bahnen*, *Trams* und *Busse*. Betriebszeiten leider nur 5-23 h (z.T. bis 23.45 h). Einzeltickets sind teuer (fast 3 DM), ein Vierer-Block kostet ca. 8 DM. Lohnend ist der Kauf einer *24-Stunden*-Karte für ca. 5,70 DM, mit der ihr alle öffentlichen Verkehrsmittel benutzen könnt. Sogar noch günstiger ist der Kauf der sog. *Umweltstreifenkarte*, die aus 8 Tageskarten besteht. Preis ca. 32 DM, pro Tag also etwa 4 DM. Vorteil: ihr könnt diese Karte auch zu mehreren benutzen - d. h. 2 Pers. für 4 Tage oder 4 Pers. für 2 Tage. Die Karte ist übertragbar, nichtbenutzte Streifen könnt ihr also weiterverkaufen! Verkauf an großen U-Bahnstationen, in den Informationsbüros der Bahnhöfe und in Tabak Trafik-Läden.

S-BAHNEN: überirdisch, umrunden ab Gumpendorferstr. (6.Bez.) auf der sog. Gürtellinie das Zentrum und fahren in den nördlichen Vorort Heiligenstadt **(Linie G)** bzw. zur Friedensbrücke am Donaukanal **(GD)**.

U-BAHNEN: unterirdisch, in der Innenstadt sehr praktisch, in ein paar Minuten kommt ihr überall hin, z.B. mit der U 1 in den Prater. Es gibt bisher die Linien **U 1**, **U 2** und **U 4**, Knotenpunkt ist der **Karlsplatz**, Nähe Opernring. U 3 und U 6 sind in Bau.

STRASSENBAHNEN: einmal mit der **'Bim'** zu fahren, ist ein Muß! Wien hat eines der größten Straßenbahnnetze der Welt, hauptsächlich in die äußeren Bezirke kommt man bequem. Zentraler Verkehrsknotenpunkt ist das **Schottentor** am nördlichen Ring.

NACHTBUSSE: sieben Linien verkehren von Fr-So (und jede Nacht vor einem Feiertag) 0.30-4 h im ganzen Stadtgebiet. Die normalen Fahrscheine gelten nicht, Tickets für 3,50 DM gibts nur im Bus (25 Schilling muß man passend haben).

FAHRRADVERLEIH: kostet pro std. ca. 5 DM, für einen Tag 25-30 DM. Verleihstellen z.B. auf der Donauinsel (U-Bahn Donauinsel) und im Prater (U-Bahn Praterstern).

Übernachten: generell nicht billig, für ein Doppelzimmer in einfachen Hotels zahlt man gut 70 DM, Pensionen sind etwas preiswerter. Erschwinglich sind außer den diversen *Jugendherbergen* noch *Studentenheime*, die in den Semesterferien als Saisonhotels genützt werden (1. Juli-30. Sept.). Preise variieren dort von 15-30 DM pro Person, im Sommer sind sie oft belegt.

In der Hotelliste, die ihr bei der Auskunftsstelle am Bahnhof bekommt, sind nur einige dieser Studenten-Hotels aufgeführt, außerdem meistens die teuren. Am besten, ihr telefoniert die unten aufgeführten Häuser durch, ob ein Zimmer frei ist.
Im Sommer schlafen viele Interrailer auf den Rasenflächen vor dem **Westbahnhof**. Die Polizei drückt ein Auge zu.

JUGENDHERBERGEN, HOSTELS: **Jugendgästehaus Wien-Brigittenau** (IYHF), 20. Bez., Friedrich Engelsplatz 24. Nördl. vom Zentrum, Nähe Donau. Große Herberge, mit oder ohne Ausweis (18 bzw. 23 DM). Ab Westbhf. mit Stadtbahn G bis Nußdorferstr., weiter mit Bus 35 A. Ab Südbhf. mit Schnellbahn bis Traisengasse (gratis mit IR-Karte!), weiter Tram N. Tel. 0222/3382940. Ganzjährig offen.

Jugendherberge Myrthengasse (IYHF), 7. Bez., Myrthengasse 7. Zentrumsnah und ausgesprochen komfortabel - leider deswegen oft belegt. Preis wie im Hostel Brigittenau. Tel. 0222/936316. Ganzjährig. Michael Jung schrieb uns: "nur der Preis und die Tatsache, daß es 5-Bettzimmer gibt, unterscheidet die JH von einem erstklassigen Hotel. Von der Nachttischlampe über abschließbare Schränke und moderne Duschen (in jedem Zimmer!) bis Fernsehraum und Fahrstuhl ist alles vorhanden".

Porzellaneum der Wiener Universität, 9. Bezirk, Porzellangasse 30. Nicht weit von der Ringstraße, Preis ca. 18 DM pro Pers. Tel. 0222/347282. Nur Sommer.

Turmherberge Don Bosco, 3. Bezirk, Lechnerstr. 12. Nur für junge Männer, mit 8 DM pro Person preiswert. Tel. 0222/731494. März bis November.

Jugendherberge Ruthensteiner, 15. Bezirk, Robert Hammerlinggasse 24. zu Fuß 10 min. vom Westbhf., Tram 52, 58. Komfortabel, man kann wählen zwischen 2-, 4- und 8-Bettzimmern, Preis ab ca. 15 DM pro Pers. Tel. 0222/834693. Ganzjährig.

Kolpinghaus Meidling, 12. Bez., Bendlgasse 10-12. etwa 15 DM pro Pers. Tel. 0222/835487. Ganzjährig.

Hostel Zöhrer, 8. Bez., Skodagasse 26. Recht klein, etwa 15 DM pro Pers. Tel. 0222/430730. Ganzjährig.

Jugendgästehaus Wien-Hütteldorf (IYHF), 13. Bez., Schloßberggasse 8. Liegt ziemlich außerhalb, mit U 4 bis Endstation Hütteldorf und noch ein Stück zu Fuß. Recht groß und meist noch Platz, Preis ca. 16 DM, nur mit Ausweis. Tel. 0222/821501. Ganzjährig.

HOTELS/PENSIONEN: **Hotel zum Goldenen Bären**, 9. Bez., Türkenstr. 27, ca. 40 DM fürs DZ, Tel. 0222/345111.

Pension Merlingen, 8. Bez., Zeltgasse 3, Tür 13, ca. 40 DM fürs DZ, Tel. 0222/4219413.

Pension Wild, 8. Bez., Lange Gasse 10, ca. 50 DM fürs DZ, Tel. 01/435174.

CAMPING: mehrere Plätze ziemlich weit außerhalb - **Wien West I**, Hüttelbergstr. 40 (Ende Juni bis Anfang Sept.) und **Wien West II**, Hüttelbergstr. 80 (ganzjähr.), liegen nur ein paar hundert Meter voneinander entfernt. Mit der U-4 bis Endstation Hütteldorf und weiter mit Bus 52 B (10 min.). Außerdem **Wien Süd**, Breitenfurterstr. 269 (Juni-August). Ab Opernplatz mit Tram 62 bis Meidling, dann Bus 62 B. Auf allen Plätzen Preis pro Pers. 6 DM, pro Zelt ebenfalls.

LESERTIPS: "Wenn die **JH in Hütteldorf** belegt ist, wird man an ein Hotel in der Gymnasiumstr. verwiesen und zahlt dort nur 1/3 des normalen Hotelpreises, im Zwei-Bettzimmer ca. 20 DM pro Pers." (Frank Pertsch, Kiel) . . . "Viele Rucksackler übernachten in einem **Park** in der Nähe der Technischen Universität am Karlsplatz gegenüber der großen Karlskirche, Nähe Opernring" (Andreas Vente, Leverkusen) . . . "**Hotel Döbling,** Saisonhotel in der Gymnasiumstr. 85, ab Schottentor mit Tram 38 bis Hardtgasse, ca. 20-22 DM pro Pers. (incl. reichhaltiges Frühstück!), Tel. 0222/347631" (Johannes Dapprich, Rennerod).

Essen: in allen Preislagen und Nationalitäten, auch viel Balkanküche. Als Wiener Spezialität gelten Tafelspitz, Gulasch und natürlich das weltberühmte 'Wiener Schnitzel' - nicht selten tellergroß! Preiswerte Wiener 'Hausmannskost' bekommt ihr in den sog. *'Beisln'* (= Gasthäuser). Eine weitere Wiener Besonderheit sind die sog. 'Schanigärten', wo man meist nicht sonderlich bequem draußen vor der Tür (z.B. auf dem Gehsteig) sitzt. Im Juli und August sind viele Wiener Lokale wegen Urlaubs geschlossen.

Gasthaus Reinthaler, 1. Bez., Gluckgasse 5, nur Mo-Fr. Einfaches Alt-Wiener Lokal nahe der Fußgängerzone. Gerichte um 10-12 DM. Sa/So Ruhetag.

Salzamt, am Ruprechtsplatz 1, 1. Bez. Nicht weit vom Nachtleben, viele junge Leute, wunderschöner Innenhof.

Orpheus, guter Grieche in der Spiegelgasse 10 (Nähe Dorotheum), 1. Bez.

Silberwirt, 5. Bezirk, Schloßgasse 21. Mo-Fr. Beliebter Treff mit schönem Innenhof, viele junge Leute.

Gasthaus Schmidt, 7. Bezirk, Neubaugasse 52. Geheimtip für riesigste Wiener Schnitzel, wird auch "Schnitzelwirt" genannt! Meist sehr viel los. So Ruhetag, im August geschl.

Zu den zwoa Liesln, gleich in der Nähe - außen unscheinbar, aber mindestens so große Schnitzel wie beim Schnitzelwirt (für Normalesser sind Kinderschnitzel ein Tip!). Von den gemütlichen "2 Lieserln" persönlich geführt. 7. Bez., Burggasse 63/Ecke Neubaugasse.

Witwe Bolte, 7. Bezirk, Gutenberggasse 13. Nicht ganz so billig, aber urgemütlich. Man kann auf der Spittelbergstr. auch draußen sitzen.

Pizzaland, großes neues Restaurant mit günstigen Preisen, Mariahilfer Str. 112, 6. Bez.

Tunnel, beliebtes, etwas schmuddeliges Studentenlokal auf mehreren Stockwerken, oft Jazzbands, preiswert. Florianigasse 39, 8. Bez.

MENSEN, SCHNELL-IMBISSE ETC.: **Universitätsmensen** findet ihr u.a. im 1. Bez., Universitätsstr. 7/letzter Stock (Uni Wien), im 4. Bez., Karlsplatz 13 (Technische Uni) und im 9. Bez., Türkenstr. 3 (Afro-Asiatische Mensa). Nur Mo-Fr mittags, Studentenausweis wird im allgemeinen verlangt.

Die **Naschmarkt Restaurants** sind eine Art österr. Mc. Donald, aber nicht schlecht und preiswert - am Schwarzenbergplatz 16 und in der Mariahilfer Str. 85.

Im **Buffet Trzesniewski** gibts seit bald 80 Jahren sehr leckere Sandwichs in origineller Zusammenstellung, jedoch nicht ganz billig. 1. Bez., Dorotheergasse 1 (So geschl., Sa nur bis 13 h).

LESERTIP: "ein einfaches, aber gutes und billiges Restaurant ist das **Schnitzelland** in der Schottenfeldgasse 3, 7. Bez., Nähe Westbahnhof" (Norma Schichel & Christoph Albuschkat, Erkrath).

TRADITIONELLE KAFFEEHÄUSER: gibt es in Wien wie Sand am Meer. Fast alle sind von 7-23 h geöffnet. Nicht nur Kuchen, Gebäck und Kaffee, auch kleine Gerichte bis hinauf zu Gulasch und Schnitzel sind für Wiener Kaffeehäuser obligat.

Café Landtmann, 1. Bez., Dr. Karl Lueger-Ring 4, altes Kaffeehaus mit Tradition neben dem Burgtheater. Für die gehobene Klasse, mit Hilfe der Stadt Wien vor nicht allzu langer Zeit renoviert.

Confiserie Demel, am Kohlmarkt 14, berühmteste Konditorei Österreichs, ehemaliger k.u.k.-Hoflieferant. Ein wahrer Torten-

tempel mit üppiger Spiegelpracht, wo man fantastische (und teure) Sachen bekommt.
Café Sacher, das weltbekannte Hotel samt Café mehr zum Plattdrücken der Nasen am Schaufenster. Im angeschlossenen Laden könnt ihr aber die echten Sachertorten als Souvenir erwerben. 1. Bez., Philharmonikerstr. 4, hinter der Oper.
Café Sperl, 6. Bez., Gumpendorfer Str. 11. Eins der schönsten Alt-Wiener Kaffeehäuser. Die Jugendstileinrichtung wurde 1983 umfassend restauriert. Billard, Zeitung lesen, auch warme Küche.
Central, in der eleganten Freyung-Passage, bis 1938 eins der großen europäischen Kaffeehäuser, im Krieg völlig zerstört und nach aufwendiger Restaurierung erst 1982 wiedereröffnet. Großer prächtiger Arkadenhof, aber etwas kühle Atmosphäre.

CAFES / KNEIPEN / TREFFS: bis vor 10 Jahren genoß das Wiener Nachtleben einen mehr als traurigen Ruf. Doch schlagartig wuchs Anfang der Achtziger eine interessante und kreative Szene, deren Treffs inzwischen weit in die Hunderte gehen. Die zahlreichen, meist kleinen Lokale der Inneren Stadt sind fast immer überfüllt - das legendäre 'Bermuda-Dreieck' zwischen Stephansdom und Ruprechtskirche hat schon so manchen Unersättlichen verschlungen.
Café Hawelka, 1. Bez., Dorotheergasse 6, früher Literaten- und Künstlertreff, heute sehr gemischtes Publikum, Plakate an den Wänden, gammlig-gemütlich.
Krah-Krah, 1. Bez., Rabensteig 8. Bahnhofshallenatmosphäre, aber einer der beliebtesten Treffs der "Szene", 51 Biersorten, Schmalzbrote, deftige Kartoffelsuppe. Auch zum draußen sitzen.
Zwölf Apostel-Keller, 1.Bez., Sonnenfelsgasse 3, großer uralter Weinkeller auf 2 Etagen, touristisch, trotzdem viel Atmosphäre.
Wunder-Bar, 1. Bez., Schönlaterngasse 8. Szene-Treff mit guter Musik, klein und gemütlich.
Museum, 1. Bez., Friedrichstr. 6. Angenehmes Café - Studenten, Künstler und solche, die es werden wollen. Schach, Lesen, Bier.
Alt-Wien, 1. Bez., Bäckerstr. 9. Verrauchter Künstler- und "Intelektuellen"-Treff mit urigem Publikum.
Ring, 1. Bez., Stubenring 20. Ehemaliger Autosalon gegenüber der Kunsthochschule, alle paar Wochen gestalten Künstler die Wände neu.
Papa's Tapa's, 4. Bez., Schwarzenbergplatz (Durchgang zum Atrium, beim russischen Helden-Denkmal). Originell eingerichtetes Kellerlokal, oft Live-Jazz.
Savoy, 6. Bez., Linke Wienzeile 36. Altes Café mit riesigen Spiegeln und Atmosphäre, gut besuchter Treffpunkt nach dem Flohmarkt (siehe unter Märkte).
Café Rincon Andino, 6. Bez., Münzwardeingasse 2, nicht weit von U-Bahn-Station Pilgramgasse. Südamerikanische Speisen und ebensolche Live-Musik, im Sommer mit Garten.
Café Stein, 9. Bez., Währinger Str. 6-8. Sehr beliebt, auf drei Ebenen gepflegte 'In'-Atmosphäre,

KULTURZENTREN: **Amerlinghaus**, 7. Bez., Stiftgasse 8. Selbstverwaltetes Jugend- und Kulturzentrum am Spittelberg, u.a. mit Fraueugruppe und Töpferei. Gemütliches Beisl im Innenhof. **WUK** (Werkstätten- und Kulturhaus), 9. Bez. Währinger Str. 59. Ehemaliges Schulgebäude mit einer Menge Initiativen und Gruppen, außerdem das Frauenbeisl Lila Löffel.

MUSIK / KABARETT / THEATER: **Kulisse**, 17. Bez., Rosensteingasse 39. Kleiner, aber beliebter Veranstaltungssaal mit Kabarett, Musik und Theater, angeschlossen ist ein Beisl. **Metropol**, 17. Bez., Hernalser Hauptstr. 55. Gleich in der Nähe der Kulisse, reichhaltiges Kulturprogramm, mehrmals wöchentlich Musik-Gruppen und Theater. **Jazzland**, 1. Bez., Franz-Josefs-Kai 29. Oft bekannte Musiker, teurer Eintritt. **Jazzspelunke**, 6. Bez., Dürergasse 3. Gemütlich u. billig, manchmal Live-Auftritte. **Szene Wien**, 11. Bez., Hauffgasse 26, Rock-, Reggae- und Funk-Konzerte.

DISKOTHEKEN: **U 4** ist noch immer die bekannteste Wiener Disko - sehr groß, flippig, Punk und Rock. Ab 24 Uhr manchmal Live-Musik, Mo Nostalgieabend, dann gehts etwas feiner zu. Schönbrunnerstr. 222, Sa Ruhetag; mit der U-4 bis Meidling.
Ausweichmöglichkeit sind das **Atrium**, Schwarzenbergplatz 10, 4. Bez. (nur Do-So), oder das **Tanzcafé** im Volksgarten bei der Hofburg (für die jüngere Generation, aber einigermaßen gepflegtes Erscheinen erwünscht).

LESERTIP: "will man kurzentschlossen in ein **Musical** gehen (Cats, das Phantom der Oper etc.), so bietet sich beim Theater an der Wien (Intendant Peter Weck), die Möglichkeit, Stehplatzkarten für ca. 3 DM zu erwerben. Vorstellungsbeginn tägl. 19.30 h, man sollte allerdings schon 2 std. vorher an der Abendkasse sein" (Christian Schöberl, Burghausen).

Sehenswertes

Wien ist in 23 Bezirke unterteilt. Die **Innere Stadt** (1. Bez.) liegt am Donaukanal und wird vom **Ring**, Wiens Prachtstraße, umrundet. Die umgebenden Bezirke 3 bis 9 werden vom sog. **Gürtel** begrenzt, ebenfalls ein konzentrischer Straßenzug, an dem die 2 Bahnhöfe liegen. Außerhalb vom ihm liegen die zweistelligen Bezirke, auf der anderen Seite vom Donaukanal die ausgedehnten Grünflächen des Praters, samt Vergnügungspark "Wurschtlprater".

Innere Stadt: das Herz der Stadt. Mitten hinein führt vom Opernring die *Kärntnerstraße* - große Fußgängerzone mit Luxushotels, teuren Straßencafés und Rummel (viele Straßenmusiker, Portraitmaler etc.). Auf dem Platz vor dem *Steffl* (=Stephansdom) trifft sich alles. Ein Wiener Original ist *Wa-Lu-Li-So* (Wasser, Luft, Licht, Sonne)! Er läuft nur mit einer Bettlaken-Toga und einem Lorbeerkranz bekleidet herum und redet den Umstehenden ins Gewissen.

Die Kärntnerstr. beginnt bei der großen **Staatsoper**, die mit stündl. Führungen besichtigt werden kann. Gleich dahinter das legendäre **Hotel Sacher**, das durch seine exzellente Torte weltberühmt wurde (wer noch 30-40 DM übrig hat - Mitbringsel für Vati und Mutti!).

Der **Stephansdom** ist das gotische Prunkstück der Stadt. Reich verziertes Dach, der zweite Turm, der genauso groß wie der erste werden sollte, ist nie vollendet worden. Das Innere wirkt düster und feierlich, fast schon überladen. Auf den *Turm* steigen lohnt - sehr enge Wendeltreppe mit über 300 Stufen, oben toller Blick (tägl. 9-18 h, ca. 2,50 DM, Stud. 1,50 DM). Ansonsten besonders interessant die *Katakomben* (tägl. 10.30-11.30, 14-16.30 h).
In der *Kapuzinergruft* am Neuen Markt, parallel zur Kärntnerstr., findet ihr sämtliche österreichischen Kaiser samt Gemahlinnen, teilweise in prunkvollen Särgen. Besondere Attraktion natürlich der Doppelsarkophag von Maria Theresia und Gemahl (in den Sommermonaten tägl. 10-16 h, ca. 3 DM).
Das *Dorotheum*, Österreichs größte Pfandleihanstalt in der Dorotheergasse 17, ist schon über 275 Jahre alt. Es gibt tausende Auktionen jährlich (in der Regel nachmittags), außerdem an Wochentagen 'Freiverkauf', wo ihr wie in einem Geschäft einkaufen könnt. Hineinschauen lohnt (Mo-Fr 10-18, Sa 8.30-12 h).

Ringstraße: zeichnet in ihrem Verlauf die ehemalige Stadtmauer nach. Ein imposantes Bauwerk jagt das andere - Staatsoper, Hofburg, Parlament, Rathaus, Burgtheater, Universität . . . Dazwischen weitläufig-elegante Parkanlagen und der *Heldenplatz*, auf dem im März 1938 Tausende von Wienern dem Führer zujubelten, als er sie endlich ins "1000-jährige Reich heimholte".
Die pompöse **Hofburg** war früher Regierungssitz der k. u. k.-Doppelmonarchie - heute sitzt hier Kurt Waldheim, der umstrittene österreichische Bundespräsident. Der verschachtelte Riesenkomplex hat erst über die Jahrhunderte seine heutige Ausdehnung bekommen. Ursprünglich sollte er noch größer werden und mit den heutigen Museen auf der anderen Ringstraßenseite zusammengebaut werden!
Von der Ringstraße kommt ihr durch das einem römischen Triumphbogen nachempfundene *Burgtor* auf den Heldenplatz (siehe oben). Rechter Hand in der Neuen Hofburg ist u.a. die Österreichische Nationalbibliothek untergebracht, wo man zahlreiche prächtige alte Bände bewundern kann (Mo-Sa 10-16 h). Geradeaus in der Alten Hofburg könnt ihr die *Regierungs- und Wohnräume* der österreichischen Kaiser besichtigen (Mo-Sa 9-16, So 9-12.30 h, nur mit Führung, ca. 4 DM, Stud. ermäß.). Eingang in dem hohen Kuppelraum, den auch die Fiaker durchfahren. Hier auch die sehr sehenswerte *Schatzkammer* mit Kronjuwelen, vielen prunkvollen Gewändern, Schmuckstücken, Geschirr u.v.m. Besonderes Prunkstück ist die alte deutsche Kaiserkrone Ottos II., im 10. Jh. angefertigt. Die berühmte *Spanische Hofreitschule* findet ihr in einem separaten Trakt. Hier wird schneeweißen Lipizzanerpferden das Walzertanzen beigebracht - die Vorführungen sind aber ständig ausgebucht, ohne Voranmeldung habt ihr keine Chance. Stattdessen könnt ihr aber beim Training zuschauen (nur vormittags, ca. 6 DM, Juli/August geschl.).
Zu beiden Seiten der Hofburg liegen der *Burggarten* und der *Volksgarten*, große gepflegte Parkanlagen. Der Volksgarten ist für seine vielen Rosen bekannt. Seit der Aktion "Ganz Wien trägt Grün" ist das Betreten und Belie-

gen des Rasens wieder gestattet, was ziemlich lange verboten war. - Gegenüber der Hofburg die monumentalen Prachtbauten des *Kunsthistorischen* und des *Naturhistorischen Museums*, beide sehr bedeutend und riesig. Im kunsthistorischen Haus eine der wichtigsten Gemäldesammlungen der Welt, die von den österreichischen Habsburgern systematisch zusammengetragen wurde - u.a. Rembrandt, Dürer, Tizian und Rubens (Mo geschl., 7 DM). Im Naturhistorischen Museum eine der größten Schädel- und Skelettsammlungen der Welt.

Am *Parlament* vorbei - pompöser Mischmasch aus Klassizismus und nachgemachter griechischer Antike - gehts die Ringstraße Richtung Norden zum mächtigen neugotischen *Rathaus*. Gegenüber liegt das architektonisch exzellente *Burgtheater*, eines der großen Theater der Welt. An der *Universität* vorbei, kommt ihr zum Schottenring mit der *Votivkirche*, dem zweiten bedeutenden Kirchenbau Wiens (wie das Rathaus erst im 19. Jh. erbaut, sog. Neugotik).

Außerhalb der Ringstraße

Mariahilfer Straße: größte Einkaufsstraße Wiens, von der Innenstadt schnell zu Fuß oder mit der U 2 zu erreichen. Riesiges Aufgebot an Läden, dazwischen Restaurants und Cafés (z.Z. wird unter der Straße die U-Bahnlinie 3 gebaut). Jenseits vom Gürtel liegt das *Eisenbahnmuseum*, Mariahilferstr. 212 (für Interrailer frei).

Schloß Schönbrunn: inmitten ausgedehnter Parkanlagen, mit der U 4 schnell zu erreichen. Kaiserin Maria Theresia (18. Jh.) hat den größten Teil der prunkvollen Innenräume einrichten lassen. Von den 1400 (!) Räumen besichtigt man heute nur etwa 40 der schönsten, hauptsächlich Wohn- und Arbeitsräume des Kaisers Franz Joseph und seiner Gattin Sissi. Eine Touristengruppe nach der anderen wird von Führern, die sich schon lange heiser geschrieen haben, durch den Reichtum der k.u.k.-Monarchie geschleust. Äußerst verschwenderischer Rokokostil mit viel Gold, wertvollen Einlegearbeiten und Riesenspiegeln. Mit am schönsten sind das *chinesische Rundkabinett*, das *"Millionenzimmer"* und das sehr originelle *Porzellanzimmer*. Ansonsten werden das *Sterbezimmer* von Franz Joseph (er regierte sage und schreibe 68 Jahre!), die *Wohnräume Napoleons* und die *Privatgemächer von Sissi* gezeigt, außerdem erfährt man einiges über die Verhältnisse am Kaiserhof. Übrigens wurden die Innenaufnahmen der Sissi-Filme hier gemacht (im Sommer tägl. 9-12, 13-17 h, 7 DM, Stud. die Hälfte).

Sehr einladend ist der *Park Schönbrunn* hinterm Schloß - lange Spazierwege zwischen hohen Bäumen und Hecken, viel Schatten, lauschige Parkbänke. Auf einer Anhöhe thront die Säulenhalle *Gloriette* - toller Blick auf das Schloß, Wien und den Wienerwald. Ein Stück entfernt, aber noch innerhalb des Parks, der sehr gepflegte *Wiener Tiergarten*, der älteste Zoo der Welt, mit historischer Bausubstanz und vielen verschiedenen Tierarten (5 DM, Stud. 2 DM).

Schloß Belvedere: ein Stück südlich vom Ring (Tram D oder zu Fuß). Die zwei Schlösser bilden zusammen mit dem streng geometrisch angelegten Park eine der großen Barockanlagen Europas. Der legendäre Türkenbezwinger Prinz Eugen ließ sie sich als protzigen "Sommersitz" errichten.

Besonders repräsentativ das *Obere Belvedere* mit seinen Türmen, Kuppeln und Sims-Skulpturen, das als Lustschloß für Feiern des Prinzen und seiner Freunde konzipiert war. Sowohl im Unteren wie im Oberen Belvedere sind Kunstausstellungen untergebracht - besonders interessant die Jugendstilabteilung im Oberen Schloß. Abends findet tägl. eine Licht- und Tonschau statt - Schloß Belvedere im Lichterglanz (ca. 8 DM, Stud./Schül. ermäß.).

Hundertwasser-Haus: Ecke Kegel/Löwengasse, 3. Bez. Neueste Sehenswürdigkeit Wiens, aber gewiß nicht typisch für die Stadt. Erst nach langen zähen Verhandlungen gelang es dem berühmten Maler Friedensreich Hundertwasser, die konservativen Stadtväter von seinem Konzept zu überzeugen. Er bekam den Auftrag, ein Wohnhaus mit 50 Wohnungen zu entwerfen. Neben der Farbenpracht der Fassade fallen äußerlich die prallen runden Säulen und die zwei Zwiebeltürme auf - einer ist verkupfert, der andere vergoldet. Auf den abgestuften Dächern gedeihen kräftige Wiesen mit Bäumen, die hellen Treppenhäuser aus Holz haben kugelrunde Knäufe, keine Wohnung gleicht der anderen.

Zentralfriedhof: es lebe der Zentralfriedhof mit allen seinen Toten - als da wären Ludwig van Beethoven, Johann Strauß, Franz Schubert, Robert Stolz, Christoph Willibald Gluck, Franz Werfel, Hans Moser, Paul Hörbiger und Curd Jürgens. Neu hinzugekommen sind Helmut Qualtinger und Erich Fried. Im Süden der Stadt, Simmeringer Hauptstr., 11. Bez. (Tram 71). Für Mozart gibts übrigens nur einen Gedenkstein - er starb an einer Seuche und wurde in ein Massengrab vor der Stadt geschmissen, das später nicht mehr identifizierbar war. Schönster Teil des Friedhofs ist die romantisch zugewucherte Wildnis in der extrem verfallenen Israelitischen Abteilung.

Prater: am schnellsten mit der U 1 Richtung Kagran zu erreichen (Station Praterstern). Der *Wurschtlprater* ist für mich mit Abstand der schönste Vergnügungspark Europas (wahrscheinlich, weil ich als Kind so oft dort war). Teuer, aber nicht so teuer wie das Münchner Oktoberfest. Das *Riesenrad* ist neben dem Stephansdom das Wahrzeichen der Stadt - 64 m hoch, kurz vor der Jahrhundertwende errichtet und eins der Überbleibsel des industriellen Gigantismus der 'Gründerzeit'. Die Einzelteile für den Bau wurden damals noch mit Pferdefuhrwerken herbeigeschafft, schwerstes Stück war die 11 m lange Achse (ca. 4 DM).
Ein Unikum ist das *Sexmuseum*, das eine bunte Kuriositätensammlung über die ganze Spannweite der Sexualität enthält. An den wissenschaftlichen Texten sieht man, daß das Museum als solches ernst genommen werden will (ca. 6 DM).

Mexikoplatz: nicht weit vom Prater an der Donau, mit U 1 eine Station nach Praterstern. Ein Stück Osteuropa oder "In Wien beginnt der Balkan". In zahllosen kleinen Lädchen verkaufen Händler aus allen osteuropäischen Ländern die billigsten Waren Wiens. Gehandelt wird mit allem und in allen Währungen - Forint, Zloty, Rubel und Lei.

Donauinsel: das neue Freizeitparadies der Wiener liegt gleich hinter dem Mexikoplatz (U-Bahnstation Reichsbrükke). Die 21 km lange (!) und nur wenige hundert Meter breite Insel entstand Anfang der achtziger Jahre, als man wegen der ständigen Überschwemmungsgefahr neben dem Donaubett einen breiten Entlastungskanal, die sog. *Neue Donau*, anlegte. Heute ist die Insel ein einziges großes Freizeitgelände, kaum bebaut, mit Rad- und Wanderwegen und idealen Bademöglichkeiten am Kanalufer (das Wasser wird angeblich gefiltert)! Es gibt Beisln, Cafés, eine Wasserrutsche und FKK. Tip - drüben ein Fahrrad oder Tretboot mieten und die Insel abfahren!

Neue und Alte Donau: zwischen Neuer und Alter Donau steht die unlängst erbaute, monströse *UNO-City*, ein Milliardenbauwerk der Vereinten Nationen. Vom nahegelegenen Turm im Donaupark habt ihr gute Aussicht darauf, zwei langsam drehende Café-Restaurants liegen auf 160 und 170 m. Erreichbar mit U 1 bis Kaisermühlen, dann 10 min. 'per pedes'.
An der Alten Donau, einem vom Donaulauf abgetrennten See, liegen auch die traditionellen Strandbäder Wiens, u.a. das überfüllte *Gänsehäufel*. Das fast stehende Wasser ist hier allerdings wenig erfreulich (mit der U 1 bis Station Alte Donau).

MÄRKTE: **Flohmarkt** jeden Sa 9-18 h am Naschmarkt zwischen Linker und Rechter Wienzeile (U-Bahn Kettenbrückengasse). Nicht groß, aber immerhin der größte Österreichs, zudem gute Atmosphäre. Wochentags ist hier **Obst- und Gemüsemarkt**.

MUSEEN: städtische Museen sind jeden Freitag Vormittag gratis, staatliche Museen am 1. Sonntag im Monat. Studenten zahlen immer stark reduzierte Preise. Wer viel in Museen geht - es gibt eine Sammelkarte mit 14 Abschnitten für ca. 22 DM.

Uhrenmuseum der Stadt Wien, Am Schulhof 2 (1. Bez.), auf drei Stockwerken Riesensammlung von der kleinsten Taschenbis zur Kirchenuhr.

Sigmund-Freud-Museum, Berggasse 19 (9. Bez.), nicht weit von der Votivkirche, ehemaliges Wohnhaus und Praxis des berühmten, aber bis heute umstrittenen Begründers der Psychoanalyse. Mit vielen Originalstücken hat man die Räume rekonstruiert (Mo-Fr 9-13, Sa, So 9-15 h, ca. 4 DM, mit Stud.-Ausweis die Hälfte).

Wien/Umgebung

"**Gemma z'm Heurigen**": Pflichtübung für alle Wien-Touristen. Aber auch die Eingeborenen kosten gern diesen speziellen Weißwein, der an den Hängen um die Stadt wächst. Die meisten Heurigen-Vororte liegen im Norden der Stadt - welcher der beste ist, darüber kann man streiten. *Grinzing* ist der weitaus bekannteste - in den zahllosen Weinlokalen tanzen allabendlich japanische und amerikanische Reisegesellschaften auf dem Tisch (zu erreichen mit Tram 38). Ein typischer Heurigenort ist auch *Neustift am Walde*, hat jedoch den Vorteil, daß ihn wesentlich weniger Touristen kennen. Der Wein schmeckt genauso gut, aber es ist viel gemütlicher. Ihr kommt nach Neustift ebenfalls mit Tram 38 bis Gatterburggasse. Umsteigen in Bus 35 A bis Neustift am Wald.

Touristisch bisher unentdeckt, deshalb billiger und "echter" sind die Heurigenorte auf der anderen Donauseite - *Strebersdorf* mit der Rußbergstraße und *Stammersdorf* mit der Stammersdorferstraße. Zu erreichen mit Tram 31 und 32 ab Schottenring.

LESERTIP: "Wer gemütliche Heurige abseits vom Rummel sucht, braucht wirklich nicht nach Grinzing zu fahren. Ein Wiener führte uns in den westlichen Vorort **Mauer**, wo noch echte Ur-Heurige zu finden sind. Verbindung: mit der U 4 bis Hietzing, weiter mit Tram 60" (Oliver Racine, Reinbek).

Neusiedler See

45 km südöstlich von Wien, an der Grenze nach Ungarn. Für Naturliebhaber interessant - der Neusiedler See ist der einzige Steppensee Europas.

Der See ist leicht salzhaltig, 35 km lang, zwischen 7 und 15 km breit und mit einem dichten Schilfgürtel umgeben. Er ist extrem flach (nicht mehr als 2 m an der tiefsten Stelle!) und ein Vogelparadies ersten Ranges. Das größte Vogelschutzgebiet ist der sog. *"Seewinkel"* zwischen Illmitz, Apetlon und St. Andrä am Ostufer - insgesamt 250 Arten sollen hier nisten.

Um den See kleine Dörfer mit weißgekalkten Häusern, ausgedehnte Weinberge und schon ein bißchen Pußtastimmung, die natürlich kräftig vermarktet wird - ungarische *Csardas* (Gasthäuser), Zigeunermusik etc. Vor allem bei Österreichern sehr beliebt - in der Hochsaison sind die Campingplätze fast völlig von Dauercampern belegt. Leider fühlen sich auch Stechmücken ausgesprochen wohl (in Österreich heißen die Plagegeister *"Gelsen"* - sprich Gösen) - Mittel zum Einreiben nicht vergessen!

VERBINDUNGEN: ab **Wien/Südbhf.** ca. 8 x tägl. bis **Bruck a. d. Leitha** (ca. 45 min., internationale Hauptstrecke nach Budapest). Von Bruck über Parndorf mit der Lokalbahn in wenigen Minuten nach **Neusiedl**, dem Hauptort am See. Von hier weiter mit Bussen - nach Rust kann man auch die Bahn nach Wiener Eisenstadt nehmen (30 min.), dort häufig Busse über St. Margarethen. Über Pamhagen außerdem die Möglichkeit, weiter nach Ungarn zu fahren.

Neusiedl: größter Ort am See, im *Seemuseum* erster Einblick in die Pflanzen- und Tierwelt. Ein Damm führt durch den breiten Schilfgürtel zu den Badeanlagen. Jugendherberge in der Herbergsgasse 1, April-Oktober, Tel. 02167/252.

Podersdorf: an der Ostseite, touristisches Zentrum des Sees. Es gibt mehrere Strandbäder, ansonsten ist auch hier das Ufer völlig verschilft. Zwei überfüllte Campingplätze beim Ort.

Rust: an der Westseite, bekannt für seinen guten Wein, aber auch für die zahllosen Störche, die fast auf jedem Hausdach nisten, bevor sie im Herbst nach Afrika fliegen. An den breiten Dorfstraßen stehen noch viele der typischen einstöckigen Häuser aus dem 17.-19. Jh.

ÜBERNACHTEN: **Jugendherberge** Am Seekanal 1, Tel. 02685/245, außerdem **Campingplatz** nicht weit vom See.

Wachau

Nicht weit von Wien, zwischen Krems und Kloster Melk - schönster Donauabschnitt Österreichs!

Die Donau durchbricht hier auf ca. 30 km Länge steile Waldhänge und üppige Weinberge, auf denen viele alte Burgruinen stehen. Auch die kleinen Orte sehr malerisch, aber seit langem voll auf Tourismus eingestellt. Ab *Wien/Franz-Josefs-Bhf.* mehrmals tägl. Züge nach *Krems*, dem Eingangstor zur Wachau (ca. 1,5 std. Fahrt, häufige Verbindungen nach Linz).
Ab Krems dann die sehr reizvolle Möglichkeit, die Fahrt mit den Schiffen der *Ersten Donaudampfschiffahrtsgesellschaft* (DDSG) fortzusetzen, die täglich von Mai bis September die Donau zwischen Passau und Wien befahren. Am schönsten das Stück von Krems nach Melk, Kostenpunkt 30 DM, Interrailer erhalten aber 50 %. Unterbrechung der Fahrt ist möglich, muß aber an Bord rechtzeitig angegeben werden.

TICKETS: **DDSG-Reisedienst** - 1020 Wien, Handelskai 265, Tel. 0222/266536, und **DDSG-Schiffstation Passau** - 8390 Passau, Im Ort 14 a, Dreiflusseck, Tel. 0851/33035.

Krems: sehr alte Stadt mit viel historischer Bausubstanz. Besonders schön das Viertel *Stein* an der Donau und das oberhalb liegende historische Zentrum um Obere und Untere Landstr. Am Südtiroler Platz das *Steiner Tor*, das Wahrzeichen der Stadt. Der Bahnhof liegt zwischen Altstadt und Donau, Informationsbüro in der Wichernstr. 8 (unterhalb vom Südtiroler Platz).

ÜBERNACHTEN: **Campingplatz** am Donauufer neben dem Bootshafen, die ordentliche **Jugendherberge** nicht weit westl. vom Südtiroler Platz in der Kasernstr. 6, Tel. 02732/4217.

Dürnstein: das mittelalterlich-barocke Städtchen wenige Kilometer westlich von Krems ist touristisches Zentrum der Wachau. In der berühmten *Burgruine* über dem Ort wurde Richard Löwenherz, König von England, 1193 nach der Rückkehr von einem Kreuzzug von Herzog Leopold VI. von Österreich gefangengesetzt, weil er ihn in Palästina beleidigt hatte. Sehr sehenswert außerdem das barocke *Chorherrenstift* mit großer Pfarrkirche.

Melk: kleiner Ort am westlichen Eingang zur Wachau. Alles überschattend thront das *Benediktinerkloster Melk* über dem Südufer der Donau. Das berühmteste Barockkloster Österreichs beherbergt eine riesige Bibliothek, sieben Innenhöfe und die schönste Barockkirche nördlich der Alpen. Von der großen Terrasse Superblick auf die Donau (tägl. 9-17 h, stündl. Führungen ca. 5 DM, Stud. die Hälfte).

VERBINDUNGEN: Melk liegt an der Bahnlinie von Wien über St. Pölten nach Linz (ab Wien 1 std. Fahrtzeit). Wer auf der Bahnlinie am linken Donauufer kommt (Krems/Dürnstein) muß in **Emmersdorf** aussteigen. Fähren fahren hinüber nach Melk. Auch die Donauschiffe der DDSG legen in Melk an.

ÜBERNACHTEN: **Jugendherberge** in der Abt-Karl-Str. 42, Tel. 02752/2681. Nicht weit vom Bhf., ca. 15 DM, aber oft belegt (Voranmeldung ans ÖJHW, siehe Einleitung).

LESERTIP: "Die Wachau mit dem **Fahrrad** - fahrt die 30 km lange Strecke von Krems bis Aggsbach-Markt mit einem Rad der ÖBB (Verleih und Rückgabe an beiden Bahnhöfen). Die schöne Route ist ein Teilstück des Donauradwegs von Passau nach Wien" (Rainer Keintzel, Linz).

Salzburg

Eine wohlhabende und teure Stadt - nicht so weltoffen wie Wien, eher etwas konservativ, aber trotzdem nett und gemütlich.

Wir hatten etwas den Eindruck, daß man Rucksackreisende nicht sonderlich schätzt - die Stadt der weltberühmten Musikfestspiele ist wohl eher auf zahlungskräftige Kulturtouristen eingestellt. Trotzdem - ein Aufenthalt lohnt sich! Die Stadt liegt einmalig schön zwischen bewaldeten Bergen zu beiden Seiten der Salzach, hat ein hübsches barockes Altstadtviertel, eine große Festungsanlage über der Stadt, einige nette Studentenkneipen und, last but not least, gute Bierkeller.

Für die, die es noch nicht wissen, hier wurde *Mozart* geboren - deswegen auch die alljährlichen Musikfestspiele (Ende Juli bis Ende August!).

VERBINDUNGEN / BAHNHOF: in der Neustadt, Informationskiosk, Fahrradverleih, Gepäckaufbewahrung.

Drüben auf der anderen Flußseite liegt die Altstadt, überragt von der Festung. Mit O-Bus 5 kommt ihr hinüber. Zu Fuß - vom Bhf. links die Rainerstr. entlang ins Zentrum der Neustadt um den Mirabellplatz, dann über eine der Brücken in die Altstadt.

INFORMATION: im Bhf. direkt an den Gleisen (Bahnsteig 9), im Sommer bis 22 h geöffnet. Es gibt kostenlose Stadtpläne, diverse Broschüren und das sehr nützliche Heft **"Salzburg für die Jugend"** mit einer brauchbaren Liste von Unterkünften und Kneipen etc. Weitere Informationsstellen in der Auerspergstr. 7 gegenüber vom Kurhaus (Nähe Schloß Mirabell), und in der Altstadt, Mozartplatz 5 (nicht weit von der Salzach).

Übernachten: es gibt mehrere *Jugendherbergen*, die zwischen 1 und 3 km vom Bahnhof entfernt liegen. Im Sommer nächtigen oft bis zu hundert Rucksackler im *Bahnhof* (viele wichtige Züge fahren mitten in der Nacht ab).

Im übrigen kann man ganz gut auch im Freien schlafen, z.B. irgendwo am Flußufer (am besten nicht im Zentrum) oder auf einem der Stadtberge, z.B. auf dem fast ganz bewaldeten **Kapuzinerberg**.

JUGENDHERBERGEN / HOSTELS: **Jugendherberge Haunspergstraße**, zu Fuß 10 min. vom Bhf., Haunspergstr. 27, Tel. 0662/75030. Nur Juni-August, ca. 15 DM. Vom Bhf. rechts die Kaiserschützenstr., am Kaufhaus Forum vorbei und die 3. Querstr. links.

Internationales Jugend-Hotel, Paracelsusstr. 9, angenehme Herberge nicht weit vom Bhf., Tel. 0662/79649. Ganzjährig geöffnet, ca. 13 DM, auch DZ. Kein JH-Ausweis nötig. Vom Bhf. nach links, gleich darauf wieder links unter den Bahngleisen durch.

Glockengasse, am Hang des Kapuzinerbergs, Glockengasse 8, Tel. 0662/76241. Geöffnet April-Oktober, ca. 12 DM. Bus 1, 3 oder 5 bis Mirabellplatz, umsteigen in Bus 4. Zu Fuß ca. 15 min.

Aigen, Aignerstr. 34, Tel. 0662/23248, ganzjährig, etwa 12 DM. O-Bus 5 bis Mozartsteg, weiter mit O-Bus 7.

Jugendgästehaus Nonntal, Salzburg-Nonntal, Josef-Preis-Allee 18, Tel. 0662/842670. Ganzjährig geöffnet. Mit O-Bus 5 ab Bahnhof zum Justizgebäude und zu Fuß der Beschilderung folgen. Etwa 15 DM.

Eduard-Heinrich-Haus, Salzburg-Josefiau, Eduard-Heinrich-Str. 2, Tel. 0662/25976, ca. 12 DM, nur Juli/August. Mit O-Bus 3.

PREISWERTE PENSIONEN: **Gasthof Dietmann**, Ignaz-Harrer-Str. 13 (10 min. vom Bhf.); **Gasthaus Eigenherr**, Josef-von-Eichendorff-Str. 5 (mit O-Bus 5).

CAMPING: **Campingplatz** in der Bayerhammerstr. 14 a. Nur etwa 10 min. zu Fuß vom Bhf.- liegt mitten in der Stadt! Vom Vorplatz rechts und über den Fußgängerübergang.

Essen: auf Touristen eingestellt und dementsprechend teuer. In der Broschüre 'Salzburg für die Jugend' aber Auflistung günstiger Gasthäuser.

St. Paul's Stub'n, in der Altstadt, Herrengasse 16. Eigentlich eine Kneipe, aber hier gibts auch billiges Essen (Spaghetti, Pizzas u.ä.). Prächtiger Garten mit schönem Blick auf die Altstadt, zwei kleine Innenräume, gute Atmosphäre und Musik.

Bärenwirt, Müllner Hauptstr. 8, Ortsteil Mülln, Nähe Augustinerkloster. Preiswerte und gute Hausmannskost, die satt macht.

Humboldtstuben, Gstättengasse 6, leckere Salate.

MENSEN, SCHNELLIMBISSE: **Uni-Mensa** in der Hellbrunner Str. 30 c (nur Mittagessen), weitere **Mensa und Buffet** "Aicherpassage" am Mirabellplatz; **Mc Donald's** gegenüber vom Mozarthaus, Getreidegasse 26; **Kaufhaus Forum**, Südtiroler Platz 11 (Nähe Bhf.).

BIERKELLER: hier kann man nicht nur "saufen", sondern auch recht preiswert essen! **Stiegl-Keller**, mehrere Terrassen mit hohen Kastanien unterhalb der Festung, Festungsgasse 8-10. Einer der beliebtesten Treffpunkte, herrlicher Blick auf die Altstadt. Gute Essensauswahl, u.a. leckere Salate. Nur Anfang Mai bis Mitte Sept. **Augustiner Bräustübl**, Augustinergasse 4. Erste Brauerei der Stadt, große Hallen und ausgedehnter Garten, zahlreiche Imbißstände.

TRADITIONELLE CAFES: **Tomaselli**, am Alten Markt, das Nobelcafé Salzburgs, seit 1703 in Familienbesitz, guter Kakao mit Sahne. **Glockenspiel**, Mozartplatz 2, hübsches Café Nähe Dom.

KNEIPEN / TREFFS: **Paracelsus Stub'n**, Kaigasse 8, nettes Lokal, viele junge Leute. **Sog**, Erzabt-Klotz-Straße 21, vis-à-vis vom

Petersbrunnhof, Studentenkneipe. **Podium**, Gstättengasse 1, Studentenkneipe mit Jazzmusik, Freitag Abend öfters live, auch gutes Essen. **Bazillus**, Imbergstr. 3, andere Flußseite, Treffpunkt der Jung-Schickeria, schöne Terrasse mit Blick auf die Salzach.

SZENE DER JUGEND: um auch der Jugend etwas zu bieten, wurde dieses Festival ergänzend zu den Salzburger Festspielen ins Leben gerufen. Veranstaltungen wie Konzerte, Theater und Pantomime finden im Juli/August statt. Infos im Büro am Waagplatz 1a (Geburtshaus des Dichters Georg Trakl), Tel. 0662/42623.

Sehenswertes

Die Altstadt als Ganzes - fast vollständig Fußgängerzone mit netten Straßencafés (sog. *Schanigärten*), zahlreichen schönen Plätzen und beachtlichen Kirchen. Am Max-Reinhardt-Platz findet jeden Vormittag der Markt statt. Gleich hinter der Altstadt steigen fast senkrecht die Felsen des Mönchsbergs an.

Beliebter Treffpunkt ist der *Alte Markt*, hier spielen oft Straßenmusikanten. Die *Alte Hofapotheke* ist eine der ältesten Europas. Neben dem *Café Tomaselli* das kleinste Haus der Stadt (Nr. 10) - gerade 2 Zimmer übereinander!

Durch die *Judengasse* kommt ihr in die *Getreidegasse*, die berühmteste Straße von Salzburg - alle Häuser stammen aus dem 17./18. Jh. Charakteristisch sind die schmiedeeisernen Aushängeschilder der zahllosen Geschäfte - die Getreidegasse ist heute die beliebteste Einkaufsstraße von Salzburg. Das *Geburtshaus von Mozart*, Getreidegasse 9, ist als Museum eingerichtet - im 3. Stock die Wohnräume der Familie Mozart, darunter die Ausstellung 'Mozart auf dem Theater' mit beleuchteten Mini-Bühnen, Photos etc. (Mitte Mai-Mitte Oktober tägl. 9-19 h, ca. 4,50 DM, Studenten die Hälfte).

Dom: gewaltige Barock-Anlage aus grauem Stein mit drei hohen Bronzetüren, im prächtigen Inneren finden über 10.000 Menschen Platz. Interessante Ausgrabungen der frühen mittelalterlichen Domanlage im Untergrund, *Museum* im Vorraum rechts. Auf dem westlich benachbarten Domplatz finden alljährlich die berühmten *"Jedermann"-Spiele* statt.

Am Kapitelplatz hinter dem Dom viele Krims-Krams-Stände und die Bodenstation der "Festungsbahn", einer Standseilbahn, die zur Festung hinaufführt (ca. 4 DM hin u. zurück). Toller Blick. Auffallend die vielen Benediktiner-Mönche - ihr Konvent liegt gleich nebenan.

St.-Peters-Friedhof: gleich hinter dem Dom, unmittelbar unterhalb der Felswand des Mönchsbergs. Hier liegen die alteingesessenen und begüterten Familien der Stadt - Fabrikanten, Ärzte, Brauerei- und Gaststättenbesitzer. Die begehrtesten Plätze hinter Gittern in der Felswand. Attraktion sind die Katakomben - sie datieren teilweise bis ins 3. Jh. zurück (tägl. 10-12, 13-17 h, ca. 1,50 DM). Die benachbarte *Stiftskirche St. Peter* hat eine wertvolle barocke Inneneinrichtung.

Festung Hohensalzburg: zu Fuß oder per Seilbahn zu erreichen. Schöner ist es, durch die engen Gassen hinaufzulaufen. Oben in der weitläufigen Anlage viel Atmosphäre, vom Aussichtsturm toller Blick auf Salzburg und die umliegenden Berge. Im Burgmuseum u.a. eine Folterkammer (tägl. 9-17 h, mit Führung ca. 5 DM, Stud. 50 %).

Schloß und Park Mirabell: auf der anderen Seite der Salzach (Richtung Bahnhof). Großartige barocke Parkanlage mit Statuen und Springbrunnen, schöner Blick auf die Festung. Besonders hübsch die Zwergenfiguren im sogenannten *Zwerglgarten*.

Mönchsberg: schöne Fußwege führen über das bewaldete Massiv, herrlicher Blick hinunter. Vom Anton-Neumeyer-Platz gibts sogar einen Aufzug zu einer Panorama-Plattform.

MUSEEN: **Haus der Natur**, Museumsplatz 5 (vom Mirabellplatz über den Makartsteg die Salzach überqueren, dann rechts). Sehr sehenswerte Sammlung in 90 Räumen - Leben in der Eiszeit, Sauriermodelle, konservierte Embryos und vieles mehr (tägl. 9-17 h, ca. 5 DM, Stud. die Hälfte).

Salzburg - Zell am See - Innsbruck A-Kb. 23040

Hallein: 20 km von Salzburg, an der Bahnstrecke nach Innsbruck. Das große *Salzbergwerk von Dürrnberg* lohnt die Besichtigung - zu erreichen mit der Gondelbahn ab Hallein. Oben müßt ihr Grubenkleidung anziehen, auf hölzernen Rutschen gehts in die Tiefe, später wird ein Salzsee überquert. Auf 'Grubenhunden', einer authentischen Bergarbeiterbahn, fahrt ihr zum Ausgang (incl. Seilbahn ca. 20 DM).

ÜBERNACHTEN: **Jugendherberge** im Schloß Wispach-Esterhazy, Tel. 06245/2397. Mit Bus ab Bahnhof.

LESERTIP: "Mit dem Zug von Salzburg über Hallein nach **Tenneck**. Dann mit einem Kleinbus und der Seilbahn zur **"Eisriesenwelt"**. Sie ist mit ihren 42 km die größte Eishöhle der Welt! Seilbahn und Höhle kosten zusammen ca. 16 DM, trotz des hohen Preises aber sehr sehenswert" (Rainer Keintzel, Linz).

Zell am See: El Dorado für Wassersportler, außerdem tolles Gletscherskigebiet am Kitzsteinhorn (3200 m), wo man auch im Sommer skifahren kann. Im "Crazy Daisy" treffen sich Jugendliche aus aller Welt.
Mehrmals tägl. fährt eine Schmalspurbahn die Salzach lang nach *Krimml*, ca. 60 km westlich (ca. 1,5 std., A-Kb. 23041). Ein Aufstieg zu den Krimmler Wasserfällen lohnt unbedingt - insgesamt stürzt das Wasser fast 400 m in die Tiefe (zu Fuß Dauer 3-4 std., ca. 1,50 DM).

ÜBERNACHTEN: in Zell am See gutes halbes Dutzend **Jugendhotels** (ca. 20 DM für Platz im Mehrbettzimmer incl. Frühstück), außerdem Jugendherberge, Tel. 06542/7185.

LESERTIP: " wer in **Kaprun**, nicht weit von Zell am See, einen Stop einlegt, kann die schöne Jugendherberge testen, Nikolaus Gassnerstr. 448, Tel. 06574/8507" (Rainer Keintzel, Linz).

Salzkammergut

Nur wenige Kilometer östlich von Salzburg. Prächtige Seen inmitten eindrucksvoller Bergszenerie, zahllose Wanderwege, z.T. bildhübsche Dörfer und uralte Salzbergwerke bilden den Reiz der Region.

Das 'Weiße Gold', das der Region den Namen gegeben hat, ist schon in prähistorischen Zeiten abgebaut worden. Danach kamen die Römer und im Mittelalter reichten die Handelsverbindungen bis Nordafrika. Als schließlich die Heilkräfte der *Salzsole* entdeckt wurden, begann der Kurtourismus.
Das Salzkammergut liegt unmittelbar südlich der vielbefahrenen Bahnlinie von Salzburg nach Wien. Eine abenteuerliche Zweigstrecke kämpft sich ab Attnang-Puchheim durch die Berge nach Süden zur Semmering-Linie.

Attnang-Puchheim - Stainach - - Irdning (Graz, Wien, Jugoslawien) A-Kb. 23013

Ideale Anreisemöglichkeit auf der Strecke Salzburg-Linz/Wien. Ab Attnang-Puchheim durchquert 10 x tägl. ein Zug in Nord-Süd-Richtung das gesamte Salzkammergut. Es geht unmittelbar am Traunsee vorbei, anschließend am tiefgrünen Hallstätter See.

Traunsee: Langgestreckter kühler Alpensee am Fuß des steilen Hochkogel- und Traunstein-Massivs, bekannt für die leckeren *Rainanken*, die ihr hier mal kosten solltet.

Gmunden: die Stadt am Nordende des Sees ist wirtschaftliches und touristisches Zentrum der Region. Urlaub hat hier Tradition, wie man aus den prächtigen Uferbauten und der langen Promenade schließen kann. Der Bahnhof liegt etwas oberhalb der Stadt, Tramverbindung ins Zentrum. Weltberühmt ist das markante *Gmundner Porzellan*, die Fabrik liegt an der Keramikstraße im oberen Ortsbereich, man kann Stücke kaufen und das Werk besichtigen. Schiffsrundfahrten starten am zentralen Platz am Seeufer.

INFORMATION: Am Graben 2.

ÜBERNACHTEN: Campingplätze liegen außerhalb an der Straße, die am Westufer entlangführt.

Ebensee: am Südende des Traunsees, lohnt wegen der guten Jugendherberge und der leider reichlich teuren Seilbahn auf den 1625 m hohen *Feuerkogel* (Talstation am Ortsrand, ca. 22 DM hin u. zurück).

ÜBERNACHTEN: neue **Jugendherberge** im 2 km entfernten Seeort Rindbach, Rindbachstr. 15, 06133/6698 (Busverbindung).

Wolfgangsee: ganzes Stück westlich der Bahnlinie, aber gute Busverbindung ab Bad Ischl. Überragt vom 1783 m hohen *Schafberg*, landschaftlich sehr reizvoll, aber ausgesprochen touristisch - im feschen St. Wolfgang buhlt das berühmte *Weiße Rössl* mit anderen Nobelrestaurants um die Gunst der meist älteren Pensionsgäste. Eine *Zahnradbahn* (teilweise noch mit Dampfbetrieb) fährt seit fast 100 Jahren von St. Wolfgang auf die Schafsbergspitze (kostet einfach ca. 14 DM, aber Interrailer bekommen 50 %). Zu Fuß hinunter braucht man etwa 3 std.
Schöner und etwas ruhiger als St. Wolfgang ist *St. Gilgen* an der Nordwestspitze des Sees. Auch die *Seeschiffe* von Sankt Gilgen nach Sankt Wolfgang und Strobl gewähren Interrailern 50 %.

ÜBERNACHTEN: **Jugendherberge** in St. Gilgen, Mondseerstr. 7-11, Tel. 06227/365, ca. 13 DM pro Pers. Mehrere Campingplätze um St. Wolfgang und auf der gegenüberliegenden Seeseite um Abersee-Gschwand.

Hallstätter See

Unbestreitbar einer der schönsten Alpenseen Europas - fast völlig eingeschlossen von steilen Berghängen und dunkelgrünen Fichtenwäldern bietet er einen einzigartigen Anblick. Die Bahnlinie führt dicht am Ostufer entlang, aussteigen in *Obertraun/Hallstatt*. Fähren gehen nach jeder Zugankunft über die schmale Südspitze des Sees nach Hallstatt (ca. 2,50 DM), aber auch der Fußweg am Seeufer ist reizvoll.

Hallstatt: Bilderbuchstädtchen inmitten bizarrer Bergkulissen - eine bunte Puppenstube mit über und über bewachsenen Fassaden, verzierten Balkons und alten Schindeldächern. Manche Häuser sind direkt ans Wasser gebaut - Klein-Venedig in Holz - andere klettern die steilen Hänge empor.
Markanter Blickfang über dem Ort die gotische *Pfarrkirche*. Attraktion dahinter das *Beinhaus* mit 1200 kunstvoll bemalten Schädeln, die seit 1600 exhumiert und hier zusammengetragen wurden.
Berühmt ist Hallstatt wegen des *ältesten Salzbergwerks der Welt*, im Berg hoch über dem Ort. Schon in frühgeschichtlicher Zeit wurde hier Bergbau betrieben - nach den bedeutenden prähistorischen Funden hat man eine ganze Epoche der Erdgeschichte "Hallstattzeit" benannt. Ein Museum mit Ausgrabungsfunden im Ort, Seestraße 56 (tägl. 9.30-18 h).

INFORMATION: im Prähistorischen Museum, nicht weit vom Marktplatz. Im Sommer Mo-Fr 8-16, Sa/So 10-16 h, sonst kürzere Öffnungszeiten.

ÜBERNACHTEN: kleine **Jugendherberge** im Ortsteil Lahn, Salbergstr., nahe bei der Talstation der Salzbergbahn. Etwa 8 DM pro Pers., Tel. 06134/279. Alternative dazu das **Naturfreundehaus** am Kirchenweg 36, Tel. 06134/428, 20 DM pro Pers. **Camping Höll** liegt im Ortsteil Lahn.
In **Obertraun** große Jugendherberge im Winkl 26, Tel. 06131/360, ca. 14 DM.

Salzbergwerk: eine Standseilbahn führt vom Ortsteil Lahn (515 m Höhe) auf 850 m Höhe hinauf (10 DM hin u. zurück, aufpassen, wann die letzte Talfahrt geht!). Oben 10 min.-Spaziergang zum Bergwerk, unterwegs kommt ihr an den Gräberfeldern aus dem 8.-5. Jh. v. Chr. vorbei. Die Bergwerksbesichtigung ist eine echte Gaudi - vor dem Eintritt bekommt ihr zünftige Grubenkleidung verpaßt, dann gehts mit einem Führer 350 m tief in den Berg. Auf lustigen Holzrutschen gleitet ihr in die tieferen Etagen und überquert auf schmalen Metallbrücken eine mit Wasser vollgepumpte Ausspülkammer - ein See im Berg. Dann gibts noch einen Vortrag über die Salzgewinnung. Bevor die Bahn zurückfährt, genießt noch den phantastischen Seeblick vom Gasthof Rudolfsturm bei der Station der Bergbahn!

Dachsteinhöhlen: oberhalb von Obertraun, zählen zu den großartigsten Höhlen der Alpen! Mit der Dachstein-Seilbahn bis Schönbergalpe (ca. 15 DM hin u. zurück), von dort Promenadenweg zum Eingang der *Riesenhöhle* mit gewaltigen Hallen, prächtigen Eiskuppeln und gefrorenen Wasserfällen (Führungen tägl. 9.30-17 h, ca. 7 DM). Die *nahe Dachstein-Mammuthöhle* ist ein riesiges Höhlensystem mit Gängen von insgesamt 25 km Länge, in Urzeiten floß hier ein unterirdischer Fluß. Warme Kleidung nicht vergessen.

Innsbruck

Einzigartige Lage in einem breiten Tal inmitten alpiner Bergketten. Nur wenige Kilometer südlich das Nadelöhr Brenner-Paß - der ständige Durchgangsverkehr zwischen der BR Deutschland und Italien prägt die Region.

Die alte Hauptstadt von Tirol war dank ihrer idealen Lage bereits zweimal Schauplatz der *Olympischen Winterspiele* (1964, 1976) und ist Mittelpunkt der Tiroler Skisaison. Schöner alter Stadtkern mit engen Mittelalter-Gäßchen, die hohen Bürgerhäuser besitzen oft prächtige Erker, Portale und Laubengänge. Immer wieder hat man Ausblicke auf die umgebenden Zweitausender, besonders von der lebhaften Geschäftsstraße der Stadt, der *Maria-Theresia-Straße* mit ihren alten Barockhäusern. Die Außenbezirke Österreichs jüngster Großstadt sind dagegen von Hochbauten geprägt.
Gute Ausflugsmöglichkeiten in die Umgebung, z.B. mit der Schmalspurbahn nach *Fulpmes* im Stubaital oder auf die *Hungerburg*, schöner Panoramablick.

VERBINDUNGEN / BAHNHOF: nah beim Zentrum. Es gibt einen **Jugend-Warteraum** (August geschl.), wo ihr Informationen erhaltet und euch waschen könnt. In die Altstadt die Salurner Str. geradeaus und rechts die Maria-Theresia-Str. nehmen.

INFORMATION: im Bhf. am Südtiroler Platz, Hauptstelle Burggraben 3. Zimmervermittlung gegen kleine Gebühr.

ÜBERNACHTEN: es gibt diverse Jugend- und Studenten-Hostels und viele Privatzimmer, Adressen beim Verkehrsverein, Preis 17-25 DM pro Pers.

Jugendherberge Innsbruck, ganzjährig geöffnet (außer Weihnachten), modern und viel Platz, ca. 17 DM pro Pers. (nur IYHF-Mitglieder), Reichenauerstraße 147, Tel. 05222/46179. Mit Bus R oder O bis Camping Reichenau. Angeschlossen ein **Studentenheim**, nur Juli/August.

Jugendherberge Schwedenhaus, angenehmes und preiswertes Hostel, ca. 8 DM (nur IYHF-Mitglieder), Rennweg 17b, Tel. 05222/25814. Mit Bus C bis Handelsakademie, weiter ca. 300 m zu Fuß in Fahrtrichtung bis zum Holzsteg am Inn, dann links. Nur Juli-August.

John-F. Kennedy-Haus, nah beim Bhf., Sillgasse 8 a, preiswert und freundlich, ca. 13 DM. Tel. 05222/25490. 10. Juli-10. Sept.

St. Paulus, Reichenauer Str. 72, neben Pauluskirche, mit Bus R. Kostet nur ca. 7 DM, Mitte Juni bis Mitte Aug., Tel. 05222/44291.

Studentenhotel Technikerhaus, Fischnalerstr. 26, Tel. 05222/82110. Nur Juli bis August, nicht nur für Studenten, ca. 15 DM.

Camping Reichenau an der Reichenauer Str., Bus R oder O (neben der JH).

ESSEN: etliche Self-Services, z.B. **Neuböck**, Herzog-Friedrich-Str. 20 und **Zach**, Wilhelm-Greil-Str.

Kaufhaus Interspar, Museumsstr. 38, 10 min. vom Hbf., Mittagsmenü ca. 8-10 DM.

Mensa am Herzog-Siegmund-Ufer, vom Zentrum ca. 10 min. (Innrainstr. entlang), Menü ca. 8 DM, Studentenausweis wird in den Semesterferien nicht kontrolliert.

Gasthaus Innrain, zünftige Wirtschaft mit Biergarten, ab 10 DM aufwärts, Innrainstr. 160 1/2.

Vegetarische Küche, Müllerstr. 2, So geschl.

Sehenswertes

Altstadt: das alte Viertel innerhalb des *'Grabens'* ist heute Fußgängerzone - viel Rummel, Straßencafés, Musiker. Berühmtestes Sight-seeing-Objekt ist das *Goldene Dachl* mit seinen über 3000 vergoldeten Kupferschindeln. Die Exklusivloge Kaiser Maximilians für Feste und Turniere auf dem davor liegenden Stadtplatz wurde um 1500 erbaut und später nie mehr als Loge benützt. Im Inneren ist das *Olympia-Museum* eingerichtet (ca. 3 DM).
Ansonsten in der Umgebung etliche schöne alte Patrizierhäuser, z.B. gegenüber vom goldenen Dachl das *Helbinghaus* und das Gasthaus *"Goldener Adler"*, das älteste der Stadt, wo schon Goethe halt machte. Hier steht auch der 57 m hohe *Stadtturm* mit offenem

Rundgang in 33 m - schöner Blick!
Zum *Dom* kommt ihr von der Fußgängerzone Richtung Norden durch die Pfarrgasse. Im barocken Innenraum Deckengemälde und prächtige Altäre. Am Hauptaltar ein Altarbild von Lukas Cranach d. Ält.

Östlich der Altstadt: unmittelbar östlich vom ältesten Teil der Stadt liegen die repräsentativen Bauten Innsbrucks an Burggraben, Rennweg und Universitätsstraße - die Hofburg und das Volkskunstmuseum samt Hofkirche.
Die *Hofburg* besteht aus vier Flügeln, die im 15. Jh. erbaut und im Rokoko unter Kaiserin Maria Theresia umgestaltet wurden. Bei einer Führung kann man die prächtigen Räume und den großen Festsaal besichtigen (tägl. 9-16 h, ca. 3,50 DM, Stud. ermäß.).
In der *Hofkirche* umringen die beeindruckenden *"Schwarzen Mander"* den (leeren) Marmorsarkophag Kaiser Maximilians I. Die 28 überlebensgroßen Bronzefiguren stellen blaublütige Vorläufer Kaiser Maximilians dar - von König Artus über Theoderich bis zu Johanna der Wahnsinnigen. Maximilians sterbliche Überreste liegen übrigens in Wiener Neustadt, dafür findet ihr in der Hofkirche (an der Ostwand, unter der rückwärtigen Empore) das Grab von *Andreas Hofer* (tägl. 9-17 h, ca. 2,50 DM, Stud. die Hälfte). An Sonn- und Feiertagen ist die Kirche durch das Portal ohne Obulus zu besuchen.

Maria-Theresia-Straße: verläuft von der Fußgängerzone schnurstracks Richtung Süden. Viele Geschäfte und gediegene Cafés. Die *Triumphpforte* beendet die Straße an der Stelle, wo früher zu Maria Theresias Zeiten die Stadtgrenze war.

MUSEEN: **Volkskunstmuseum**, angeschlossen an die Hofkirche (siehe oben), reichhaltige Sammlung von Trachten, Möbeln und 20 sorgfältig ausgestatteten Bauernstuben von Gotik bis Rokoko (tägl. 9-12, 14-17 h, außer Sonntag Nachmittag).
Tiroler Landesmuseum Ferdinandeum, Gemäldegalerie und Kunstgegenstände aus der Geschichte Tirols, u.a. die Originalstücke vom Goldenen Dachl. Südlich der Hofkirche, Museumstr. 15 (Di-Sa 10-17, So 9-12 h, Mo geschl., ca. 2 DM).

Innsbruck/Umgebung

Hungerburg/Hafelekar: mit Tram 1, dann mit der Standseilbahn auf das Hungerburg-Plateau. Oben herrlicher Rundblick auf Innsbruck und die umgebenden Berge. Noch grandioser ist der Blick, wenn ihr mit der Seilschwebebahn weiter über die Mittelstation Seegrube auf den Hafelekar gondelt (2300 m), ca. 27 DM hin u. zurück. Oben Terrassencafé und noch ein paar Fußminuten zum Gipfel.

Fulpmes: mit Schmalspurbahn ins Stubaital, sehr häufige Verbindungen ab Innsbruck-Hbf. (20 km, Interrail-Ticket gilt nicht). Möglichkeit, den Stubai-Gletscher mit der Seilbahn zu erobern.

ACHENSEEBAHN: älteste Dampf-Zahnradbahn Europas, knapp 40 km östlich von Innsbruck - feierte 1989 ihr 100-jähriges Jubiläum! Eigentlich sollte sie stillgelegt werden, aber anläßlich des Geburtstags wurde die Betriebskonzession nochmal bis 1992 verlängert.
Fahrt von Innsbruck mit der Bahn Richtung Salzburg/München das Inntal entlang bis **Jenbach**. Dort beginnt die 6,7 km lange, dampfgetriebene Achenseebahn, die sich in 20 %iger Steigung zum 900 m hoch gelegenen Achensee hinaufschraubt. Endstation ist **Maurach/Seespitz**, auf dem See verkehren Schiffe nach Scholastika am Nordende. Um den See einige Campingplätze.

Vorarlberg

Der äußerste Westen Österreichs vom 2800 m hohen Arlberg-Massiv bis Bregenz am Bodensee. Das Fürstentum Liechtenstein liegt in Steinwurfweite.

Interrailer können gegen 50 % Ermäßigung die österreichischen und deutschen Bodenseeschiffe benutzen.

Innsbruck - Arlbergtunnel - Feldkirch - Bregenz Akb. 23060

Beeindruckende Gebirgsbahn durch das Arlberg-Massiv hinunter zum Bodensee. Westlich von Landeck die interessanteste Stelle - Überquerung des Paznaun-Tals auf der *Trisanna-Brücke*, mit einer mittleren Öffnung von 120 m ohne Pfeiler, 87 m über dem Talgrund! Auf der ganzen Strecke zahllose Schutzgalerien gegen Lawinen und Steinschlag, zwischen Langen und St. Anton außerdem der über 10 km (!) lange *Arlbergtunnel*.

Feldkirch: Bahnknotenpunkt an der Strecke Innsbruck-Bregenz, ca. 30 km südlich von Dornbirn (Rappenlochschlucht). Hübsches altes Städtchen mit teilweise erhaltener Stadtmauer. Schöner Dom und etwas erhöht die 800 Jahre alte *Schattenburg* (mit Museum).

ÜBERNACHTEN: **JH Feldkirch-Levis**, Reichstr. 111, altes umgebautes Bauernhaus, alles aus Holz, tolle Atmosphäre, sehr sauber, nette Herbergseltern, Tel. 05522/23181.

Dornbirn: die nahegelegene *Rappenlochschlucht* ist eins der lohnendsten Ziele der Region. Mit der Gondelbahn auf den *Karren* und dann toller Abstieg in die Schlucht, die von der wilden Ache durchströmt wird.

Bregenz: in einer geschützten Bucht des Bodensees, die bewaldeten Hänge des Bregenzerwaldes prägen die Umgebung. Die Stadt selbst auf den ersten Blick enttäuschend, aber in der mittelalterlichen Oberstadt gibts noch viele schöne Ecken.
Mit einer Seilbahn könnt ihr auf den *Pfänder* hinauffahren, einer der schönsten Aussichtsberge am Bodensee (Talstation Steinbruchgasse 4, bei der Jugendherberge).

VERBINDUNGEN / BAHNHOF: Bahnhof nicht weit vom Zentrum und vom See, zur Information nach links gehen.
Auf den **Bodenseefähren** gibts für Interrailer 50 %.

INFORMATION: Inselstr. 15.

ÜBERNACHTEN: **Jugendherberge** in der Belruptstr. 16 a, Tel. 05574/22867, zwei holzverkleidete Häuser, wenig komfortabel, in der Nähe der Pfänder-Seilbahn.
Camping Mehrerau-Lamm in der Nähe des Segelhafens, **Seecamping** am westlichen Stadtrand.

ESSEN / TREFFS: Schnellrestaurant **Spar**, Kornmarktplatz, billigste Essensmöglichkeit. **Podium**, Kirchstr. 21, beliebte Eckkneipe, gelegentlich Musikveranstaltungen.

Bregenz - Dornbirn - Feldkirch - Schaan - (Vaduz/Liechtenstein) - Buchs - Chur (Schweiz) A-Kb. 23060, 24047

Strecke am Fürstentum Liechtenstein vorbei in die Schweiz nach *Chur*, Ausgangspunkt der berühmten Rhätischen Gebirgsbahnen (siehe S. 111). Wer einen Abstecher nach Vaduz machen will, muß in *Schaan* aussteigen, von dort gehen Busse in alle Orte des kleinen Fürstentums. In Vaduz eine Burg und das berühmte Briefmarkenmuseum, Jugendherberge in Schaan (Tel. 075/26565).

Osteuropäische Staaten *Allgemein*

Seit den epochalen Umwälzungen von 1989 sind völlig neue Perspektiven sichtbar - wird der "Ostblock" das Reiseziel der 90er Jahre? Interrail gilt z.Z. in *Jugoslawien*, *Ungarn*, *Rumänien* und seit 1990 in der *Tschechoslowakei* - wer weiß wie's weitergeht! Die DDR öffnet die Grenzen, Polen ist nicht weit, mit der UdSSR wurde angeblich schon verhandelt.
Was bei uns mit Beton, Glas und Stahl 'zugekleistert' wurde - das gibt es hier (noch) nicht. Zwar haben die supersozialistischen Prachtalleen und Jubelbauten viel vernichtet, trotzdem ist der Städtebau in den 50er Jahren stehengeblieben. Eine einmalige Chance, die 'Zeitmaschine' zu benutzen - holpriges Kopfsteinpflaster, Pferdefuhrwerke, kleine Schrebergärten, Erinnerungen an die eigene Kindheit oder noch weiter zurück.

Einreise: generell **Paß** nötig, für Rumänien wird ein **Visum** benötigt, das direkt an der Grenze ausgestellt wird. In der Tschechoslowakei soll noch im Laufe des Jahres 1990 Visafreiheit eingeführt werden!

Finanzielles: eine Art liberalisierten Zwangsumtausch gibt es nur noch in der Tschechoslowakei, d.h. bei der Einreise muß für jeden Tag eures Aufenthalts (aus dem Visum zu ersehen) eine festgelegte Summe umgetauscht werden. Ein- und Ausfuhr heimischer Währung ist verboten. So wird ein Wechselkurs aufrechterhalten, der an sich nicht realistisch ist. Dementsprechend werdet ihr überall (auch in Ungarn) angesprochen, ob ihr schwarz tauschen wollt. Dabei könnt ihr ein Vielfaches vom offiziellen Kurs bekommen, aber die Sache ist natürlich verboten. Wer erwischt wird, kann empfindliche Strafen bekommen - es sind Spitzel unterwegs. Wer mit der Währung noch nicht vertraut ist, kann außerdem leicht übers Ohr gehauen werden (z.B. wird ein Bündel Geldscheine vorgezählt und bei der Übergabe heimlich vertauscht). Wir raten nicht zum Schwarztausch - abgesehen vom persönlichen Risiko schadet es auch der Wirtschaft des Landes.

Übernachten: die sozialistischen Staaten sind auf die Reisewelle noch unzureichend vorbereitet. Es gibt kaum Jugendherbergen, die unbürokratisch und problemlos von Durchreisenden benutzt werden können. Tourismus osteuropäischer Prägung hieß bisher - lange im voraus gebuchte Urlaubsheime für die eigenen Leute, teure Devisen-Hotels für Westler. Einzige preiswerte Möglichkeit ist oft der nächste **Campingplatz**.

Meldepflicht: besteht in allen osteuropäischen Staaten für Angehörige nichtsozialistischer Staaten, d.h. ihr müßt euch innerhalb von **48 std.** anmelden und jeden Ortswechsel ebenfalls spätestens nach 48 std. angeben. Falls ihr auf dem Campingplatz seid, im Hotel unterkommt oder ein Zimmer durch eine Vermittlungsstelle bekommt, übernimmt die Anmeldung der Vermieter (Stempel im Visum).
Wenn ihr auf eigene Faust privat bei Freunden etc. unterkommt, müßt ihr einen Anmeldebogen bei der Post oder Polizei kaufen (kostet ein paar Pfennig) und bei der Polizei abgeben. Der Wohnungsgeber muß unterschreiben. Bei der Ausreise werden die Stempel gelegentlich überprüft (ist aber vor allem bei häufigem Unterkunftswechsel mühselig und unterbleibt häufig).

Essen: generell sehr preiswert. Aber außer in Hauptstädten und Touristenorten ist das Restaurantnetz meist lückenhaft. Meist gibt es überall dasselbe, man hält sich überpünktlich an Sperrstunden. In Touristenlokalen Preise immer mit der Speisekarte vergleichen, Kellner "langen oft zu". Versorgungslage in Rumänien noch immer sehr schlecht.

Kontakte: auffallend immer wieder, wie hilfsbereit die Menschen sind. Das Interesse an 'Wessis' ist groß, man wird häufig eingeladen - auch zum Übernachten. Menschliche Kontakte werden noch vielfach höher geschätzt als in unserer konsum- und profitorientierten Leistungsgesellschaft. Bringt Kleinigkeiten mit, um euch erkenntlich zu zeigen (Stifte, Cassetten, Toilettenartikel).

West und Ost: peinlich, peinlich - bundesdeutsche Nobelkarossen mit entsprechenden Besitzern; Westtouristen, die begierig den Einheimischen die "wahnsinnig" billigen Sachen aus den sowieso schon leeren Regalen räumen; gönnerhaftes Verhalten, lässig Scheinchen zeigen und so - alles klar?

Tschechoslowakei

Langgestrecktes Land im Herzen Europas, grenzt im Westen an Bayern, im Süden an Österreich und Ungarn, im Osten an die UdSSR. Die tiefgreifenden Wandlungen im "Ostblock" haben im Winter 1989 auch das verkrustete Regime Husaks hinweggefegt. Seit 1990 gilt Interrail - optimale Gelegenheit, das nahe, aber bisher so unbekannte Land zu bereisen!

Landschaftlich ist einiges geboten - zahlreiche Burgen stehen in allen Landesteilen, es gibt viel Wald und mehrere hundert Seen. In *Bohemia* (West-Tschechoslowakei, früheres Böhmen) sprudeln zahllose kalte und heiße Mineralquellen, um die weltberühmte Heilbäder entstanden sind - die allerdings ihre besten Zeiten hinter sich haben. Bei der Anreise aus der BR Deutschland kommt ihr fast zwangsläufig vorbei.

Die *Slowakei*, der östliche Landesteil, ist von den *Karpaten* geprägt, die im Gebirgszug der Hohen Tatra bis 2600 m ansteigen. Typische Karsterscheinungen in diesen gewaltigen Kalksteinmassiven sind die dortigen tiefen Grotten und Tropfsteinhöhlen.

Wie in der DDR sind auch in der Tschechoslowakei erhebliche Umweltschäden zu verzeichnen - qualmende Industrieschlote, intensiver Braunkohlenabbau, knatternde Skodas und Trabis . . . Das 'Waldsterben' ist weit fortgeschritten, große Teile der Wälder in Erzgebirge, Riesengebirge und Böhmerwald sind fast tot. Erster Eindruck der Städte - 'grau in grau', verrottete Bausubstanz, aufgerissene Straßen. Überall steht die Stadtsanierung vor gewaltigen Problemen - für Renovierung fehlen vielfach die Mittel. Auch touristisch ist das Land noch kaum entwickelt. Vor allem der Osten bietet wenig Infrastruktur, überall mangelt es an Übernachtungsquartieren. Die tschechischen Reiseziele sind deshalb an einer Hand abzuzählen:

Plsen, fast unmittelbar hinter der deutsch-tschechischen Grenze, ist vor allem Bierkennern ein Begriff. Nur ein Katzensprung ist es von Wien nach *Bratislava* an der Donau, zweitgrößte Stadt des Landes und noch ein 'bisserl' wienerisch geprägt. Bei weitem beliebtestes Ziel und Höhepunkt für jeden Traveller ist aber natürlich das *"Goldene Prag"*, das mit seinem mittelalterlich-barocken Stadtkern zu den schönsten Städten Europas zählt. Wer sich noch intensiver im Land umschauen will, auch die meisten kleineren Städte besitzen noch viel Historisches - dank fehlender Modernisierung und vergleichsweise geringer Kriegsschäden.

Die deutsche Besetzung während des Dritten Reichs hat auch in der Tschechoslowakei tiefe Wunden geschlagen. Den Vorwand für Hitlers Aggressionspolitik lieferte damals die Existenz der über drei Millionen Deutschen, die in den westlichen Landesteilen Böhmen (heute Bohemia) und Mähren (Moravia) lebten. Nach dem Krieg haben die tschechischen Behörden fast alle (Sudeten)Deutschen aus dem Land ausgewiesen.

DIE "SAMTENE REVOLUTION": sie beginnt in der Tschechoslowakei 20 Jahre zu früh. Schon 1967 kommt es in der Tschechoslowakei zu starken Reformbewegungen - Parteisekretär **Alexander Dubcek** ist treibende Kraft und Symbolfigur des neuen "Sozialismus mit menschlichem Antlitz", der den Dirigismus des stalinistischen Systems ab-

lösen soll. Ab Januar 68 überstürzen sich die Ereignisse - die Zensur wird abgeschafft, Betriebe sollen künftig selber über sich bestimmen können, Betriebsräte werden gewählt, das ganze ökonomische und politische System soll reformiert werden. Der **Prager Frühling** wird zur allumfassenden Bewegung, die beginnt, Staat und Gesellschaft grundlegend zu verändern.
Doch die Zeit ist noch nicht reif - die Sowjetunion wittert Gefahr für die Stabilität des Warschauer Pakts, die DDR, Polen, Bulgarien und (sogar) Ungarn schließen sich an. Am 21. August besetzten die Truppenverbände dieser Länder in einer gemeinsamen Aktion das Territorium der Tschechoslowakei - eine militärische Aktion größten Ausmaßes. Nach und nach werden alle begonnenen Reformen rückgängig gemacht, Dubcek und die anderen Reformer werden im April 69 abgesetzt, der moskautreue Gustav Husak wird neuer Staatspräsident. Bis heute stehen die sowjetischen Truppen im Land (bis Ende 1991 sollen sie jedoch vollständig abgezogen werden).
20 Jahre später - die gewaltlose Revolution! **Gorbatschows Perestroika** erfaßt die Tschechoslowakei. Nach anhaltenden riesigen Demonstrationen auf dem Prager Wenzelplatz und in anderen Landesteilen tritt Ende November 1989 die gesamte tschechische Regierung zurück - Gerüchte machen die Runde, daß die Sowjets das tschechische ZK davon abgehalten haben, das Militär gegen die eigenen Landsleute einzusetzen. Anfang Dezember konstituiert sich eine mehrheitlich von Nichtkommunisten gebildete Regierung. Die Mitglieder kommen z.T. aus der Bewegung des Prager Frühlings, so der neue Außenminister Jiri Dienstbier, ein früherer Journalist, der seit seiner erzwungenen Kündigung als Heizer arbeiten mußte. Zum Staatspräsident wird der Schriftsteller **Vaclav Havel** gewählt - seit 41 Jahren der erste nichtkommunistische Präsident des Landes! Havel saß unter dem kommunistischen Regime neun Mal im Gefängnis, das letzte Mal noch sieben Monate vor seiner Wahl - übrigens ein echter "Präsident zum Anfassen", der so oft es das Protokoll zuläßt, mit Parker und Rollkragenpulli durch den Hradschin (Prager Burg) läuft.
Derzeit werden die 400 km langen Sperranlagen zur BR Deutschland abgebaut, die Visumpflicht soll "so schnell wie möglich" abgeschafft werden, im Frühjahr 1990 finden die ersten freien Wahlen statt.

Mit der Eisenbahn durch die Tschechoslowakei

Relativ dichtes Zugnetz mit täglichen Verbindungen vom und ins Ausland (München, Stuttgart, Frankfurt, Berlin, Wien, Budapest u.a.).

Nächste größere Stadt der BR Deutschland ist Nürnberg, von dort ca. 7 std. nach Prag. Die zwei Hauptlinien gehen von Süddeutschland über Schirnding bzw. über Furt i. W. (Bayerischer Wald) nach Plsen und Prag.
Als Osteuropa-Kombination für Interrailer fast ideal - von Süddeutschland nach Prag, weiter über Wien nach Budapest/Ungarn und von dort Richtung Bukarest/Rumänien bzw. Belgrad/Jugoslawien.
Schnellste Züge sind *Expres* und *Rychlik* (Zuschlag). Normale Personenzüge heißen *Osobni*, halten oft und sind ziemlich langsam.
Platzreservierung ist bei grenzüberschreitenden Zügen obligatorisch (auch auf innertschechischen Streckenstücken), kostet ca. 1 DM. Im Voraus buchen möglich bei der Tourismusbehörde Cedok.
Auf den Bahnhöfen gibts Anzeigetafeln für Züge wie auf Flughäfen. Gleise stehen oft nicht fest und werden erst kurz vor Abfahrt angezeigt. Duschen sind oft vorhanden und nicht allzu teuer.

LIEGE / SCHLAFWAGEN: auf tschechisch **luzkovy vuz** bzw. **spaci vuz**, müßt ihr bei **Cedok** buchen, nicht am Bhf. Kostenpunkt ca. 7 DM im Couchette mit 5 Plätzen, in der 2. Kl. ca. 12 DM pro Pers. (3Plätze im Abteil).

INFORMATIONEN: Generalvertretung der **Tschechoslowakischen Staatsbahnen CSD** in der BR Deutschland: Kaiserstr. 60, D-6000 Frankfurt/M 1, Tel. 069/234567.

Praktisches

Einreise: für die Einreise in die Tschechoslowakei braucht ihr den *Reisepaß*. Außerdem ist z.Z. (April 90) noch ein *Visum* notwendig - **die Visumspflicht wird aber noch 1990 wegfallen!**

Tschechoslowakei Fahrpläne Nr 22000 – 22070

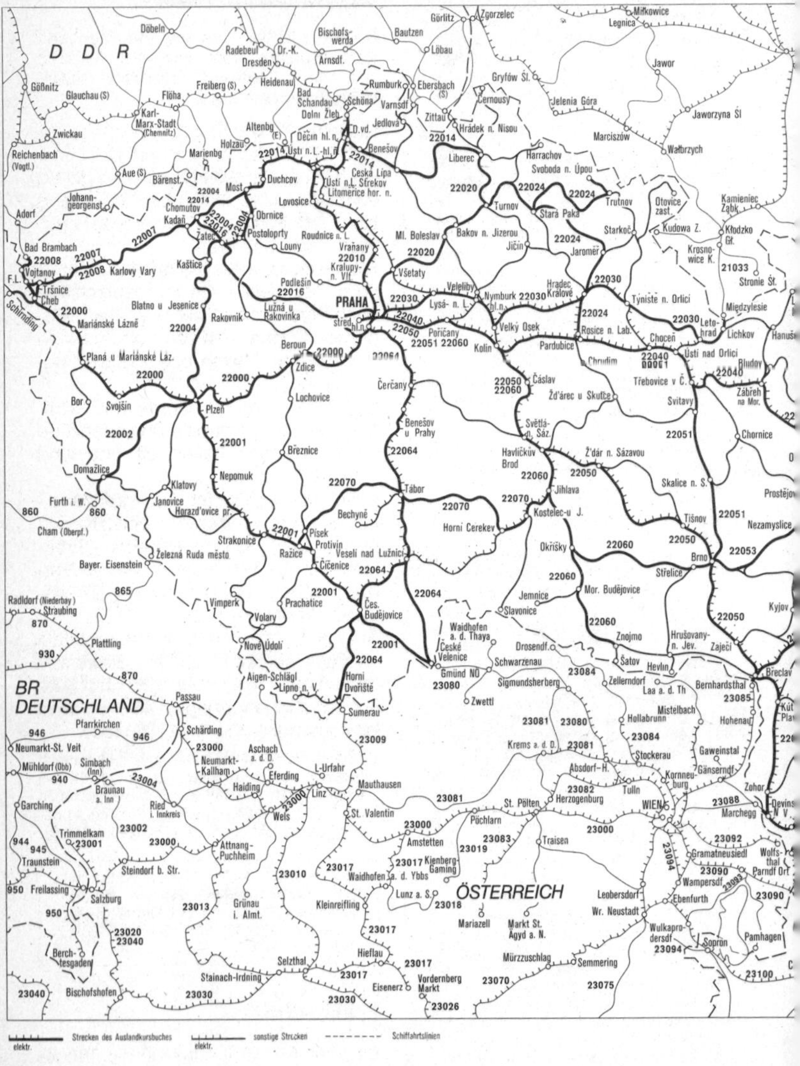

Strecken des Auslandkursbuches — elektr. | sonstige Strecken — elektr. | Schiffahrtslinien

Kępno
Chorzew Siemkowice
Skarzysko Kamienna
Kluczbork
Kielce
Brzeg
Częstochowa
Herby Stare
Koniecpol
Opole
Lubliniec
Sandomierz
Sobów
Grębów
Stalowa Wola Rozwadów
Ocice
Kalety
Kozłów
Tunel
P O L E N
Zawiercie
Dąbrowa Górn
Bytom
Ząbkowice
Szczucin k. Tarnowa
wy Świętów
Kędzierzyn Koźle
Gliwice
Katowice
Jaworzno Szczakowa
Trzebinia
Baborów
Krnov
Racibórz
Dębica
Kraków
Rzeszów
Pilszcz
Oświęcim
Tarnow
Chałupki
Svob.
Opava-Východ
Bohumín
Dětmarovice
Czechowice Dziedzice
ermanice
Ostrava
Žebrzydowice
Petrovice u k.
udišov n. Bud.
Ostrava Poruba
22055
Bielsko Biała Gł
Jasło
22040
Český Těšín
Sucha Beskidzka
Żywiec
Stróże
anice na Moravě
Suchdol n. Odr.
Frýdlant. n. O.
Chabówka
Nowy Sącz
Zagórz
22040
22043
22055
21065
Přerov
Valašské Meziříčí
Ostravice
Čadca
Zwardoń
Krynica
22054
22043
Vel. Karlovice
Muszyna
Bardejov.
Vsetín
Makov
22055
Trstená
Leluchów
Plaveč
Medzilaborce
Łupków
Otrokovice
Žilina
Zakopane
Vizovice
Horní Lideč
22043
22057
Kral'ovany
Tatr. Lomnica
22054
22043
Vrútky
Studený Potok
Kapušany p. Prešove
Stakčin
Púchov
22043
22057
Ružomberok
22043
Poprad-Tatry
Bylnice
Prešov
Humenné
seli n. Mor.
Trenčianska Teplá
22043
22043
Margecany
Vranov n. T.
Trenčín
Strážske
Diviaky
22056
Kysak
Prievidza
22056
Brezno-Halny
Dobšiná
Nové Mesto n. Váhom
Horná Stubna
22043
22056
Muráň
Bánovce n. Ond.
Košice
Barca
Trebišov
Banská Bystrica
22043 22056
Rožňava
22056
22043
Čaňa
Michal'any
22043
22057
Hronská Dúbrava
Chynorany
Zvolen
Utekáč
Vel. Kapušany
y-M
22056
Plešivec
Tornanádaska
Hidasnémeti
Čierna n. T.
22056
Poltár
22056
22043
Leopoldov
Trnava
22056
22056
Zlaté Moravce
Banská Štiavnica
Lučenec
22056
Lenartovce
23130
Sátoraljaújhely
23122
Lužianky
Fil'akovo
Jesenské
Bánréve
23130
Sered
Kozárovce
22056
Levice
Ipolytarnóc
Sajóecseg
Szerencs
Kisvárda
Galanta
Miskolc
Felsözsolca
22050
22056
Somosköújfalu
Görögszállás
Šahy
Surany
Balassagyarmat
Kisterenye
Felnemet
Tiszalök
Nyiregyháza
Palárikovo
Nové Zámky
23130
22050
Čata
Nyirbátor
22050
Eger
U N G A R N
Štúrovo
Szob
23131
Komárno
Esztergom
23122
Vác
Kál-Kápolna
Füzesabony
Komárom
Almásfüzitö
Györ
Galgamácsa
Hatvan
23131
23130
Vámosgyörk
Tiszafüred
Apafa
Nyirábrány
103
23102
Tatabánya
Aszód
Óhat-Pusztakócs
Debrecen
Veszprem-varsány
Kisbér
23100
BUDAPEST
23120
23122

Das Visum könnt ihr vor der Reise bei der tschechischen Botschaft beantragen (bei schriftl. Antrag Bearbeitungsdauer ca. 2-3 Wochen, bei persönl. Erscheinen sofort, ca. 40 DM). Ihr erhaltet es aber auch über Reisebüros (geringfügig teurer) und seit 1989 auch direkt an der Grenze, allerdings nur auf Straßenübergängen, nicht im Zug (ca. 60 DM). Vorlegen müßt ihr euren Reisepaß, der noch mindestens 3 Monate gültig sein muß, 2 Paßbilder und ein ausgefülltes Antragsformular (in Reisebüros bzw. bei der Botschaft erhältlich). Das Visum wird für soviel Tage ausgestellt, wie ihr auf dem Formblatt angebt (max. 30 Tage, Verlängerung möglich bei der Polizei und größeren Cedox-Stellen). Bei der Einreise müßt ihr für jeden Tag der Visumdauer 30 DM in tschechische Kronen zwangsumtauschen (siehe unten). Wenn ihr für weniger Tage Geld tauscht, wird das Visum entsprechend gekürzt.

TSCHECHISCHE BOTSCHAFTEN: Konsular- und Visaabteilung der Botschaft, **D-5300 Bonn 1**, Ferdinandstr. 27, Tel. 0228/285287 (Mo-Fr 8.30-11 h);
A-1040 Wien XIV, Penzingerstr. 11-13, Tel. 0222/822626;
CH-3006 Bern, Muristr. 53, Tel. 031/443678.

Zoll: bis zur "Revolution" waren scharfe Kontrollen üblich - auch für Bahnreisende. Vier Soldaten mit Funkgerät und MP an jeder Ecke des Zuges, zwei kriechen unterm Zug entlang, leuchten und klopfen alles ab, die Abteile werden auf den Kopf gestellt. Dürfte sich aber ab 1990 erheblich verändern.

Einfuhr von 'Dingen zum angemessenen Eigenverbrauch' ist gestattet, aber alle Wertgegenstände (z.B. Fotoapparat, Walkman etc.), müssen deklariert und wieder ausgeführt werden. Ein/Ausfuhr von tschechischer Währung ist verboten.

Wichtig - sitzenbleiben bei Kontrolle, sonst können die Beamten sehr unfreundlich werden. Man wartet im Zug, bis alle abgefertigt sind - in der Zwischenzeit kann allerdings ein Anschlußzug weg sein.

Finanzielles: Währungseinheit ist die *tschechische Krone* (koruna = kcs). Nach offiziellem Kurs bekommt man für 1 DM etwa 5 kcs. Ein Zwangsumtausch von 30 DM pro Tag der gesamten Visumdauer wird bei Einreise fällig. Quittung sorgfältig aufheben, wird immer wieder verlangt und bei der Ausreise überprüft. Offiziell gilt jeder angebrochene Tag (z.B. 23.45 h Einreise, ein Tag Aufenthalt, 0.30 h Ausreise = 3 Tage), wird aber nicht immer so streng gehandhabt.

Schwarztausch ist leicht möglich (man erhält bis zum Vierfachen des offiziellen Kurses), aber natürlich verboten. Wer verantwortlich handelt, läßt gerade in dieser Zeit des Umbruchs die Finger davon, es schädigt die Wirtschaft empfindlich. Zudem kann man dabei leicht betrogen werden.

Bei der Ausreise wird nur das Geld zurückgetauscht, das über den Pflichtumtausch hinaus offiziell eingetauscht wurde.

Noch 1990 soll der Zwangsumtausch im Zuge der derzeitigen Liberalisierung in einen "Minimaltausch" mit doppelt so hohem Kurs wie bisher umgewandelt werden.

Informationen: *Cedok* heißen die staatlichen Reisebüros, die für Auskünfte zuständig sind. Hier kann man Fahrkarten kaufen und sich Unterkünfte vermitteln lassen. Aber Vorsicht - meist wird dort versucht, höherpreisige Hotels an den Mann/Frau bzw. Railer zu bringen. Sagt immer deutlich, daß ihr billige Studentenunterkünfte, Jugendherbergen etc. sucht.

Cedok unterhält auch Niederlassungen in der BR Deutschland, Österreich und Schweiz (siehe Kasten S. 140).

Übernachten: die tschechische Jugendreiseorganisation CKM betreibt einige wenige sog. *Juniorhotels*, die mit internationalem JH-Ausweis von ausländischen Individualreisenden benutzt werden können. Kostenpunkt für die Übernachtung um die 10 DM (Vermittlung über das örtliche CKM-Büro). Vorsicht - die Adressen im internationalen JH-Verzeichnis sind in der Regel Gruppen vorbehalten!

Im Sommer nutzt CKM auch *Studentenwohnheime* in Universitätsstädten als Jugendherbergen. Übernachten auch hier mit internationalem JH- oder Stud.-Ausweis möglich, aber umständlich (Vermittlung meist nur über das örtliche CKM-Büro, da sich die Adressen jährlich ändern). Heime z.T. in schlechtem Zustand, ähneln oft Kasernen, Toiletten und Duschen wie in einem Rohbau etc. Inoffizielles "Mit-Übernachten" ist verboten, aber (trotz Ausweiskontrolle!) recht einfach möglich. Aber - inoffiziell kriegt man keinen Übernachtungsstempel.

Privatzimmer gibts fast überall reichlich. Sie werden von Cedok und Pragotur vermittelt (siehe Prag), ihr werdet aber auch oft von den Vermietern selber angesprochen, Kostenpunkt ca. 45-50 DM fürs DZ. Denkt daran, daß ihr euch selber polizeilich anmelden müßt (mit Vermieter absprechen).

Hotels sind in die Kategorien A, B und C eingeteilt. Die einfachen C-Häuser gibt es nur selten, DZ in B-Häusern kosten ca. 50-60 DM, in A-Hotels 70 DM aufwärts. Falls euer Geld vom Zwangsumtausch nicht ausreicht, müßt ihr ein Hotel in Devisen bezahlen oder mit tschechischem Geld, falls ihr nachweisen könnt, daß ihr es offiziell getauscht habt (Umtauschquittungen).

Campingplätze sind einfach, häufig und meist relativ preiswert. Offizielle Listen sind bei Cedok-Büros zu erhalten (auch von zu Hause), jedoch nicht auf dem neuesten Stand. Immer vorher abchecken, ob der Platz noch existiert, bevor ihr euch auf den Weg macht.

Wenn alle Stricke reißen - auf größeren *Bahnhöfen* kann man auch im Wartesaal übernachten.

Essen und Trinken: generell preiswert. Lokale sind in vier Kategorien eingeteilt - die billigsten (Kat. IV) sind Stehbuffets (z.B. in allen größeren Bahnhöfen), die teuersten (Kat. I) z.T. Nobelrestaurants. In Prag müßt ihr in den meisten Restaurants vorreservieren. Wie in vielen osteuropäischen Ländern werden die Sperrstunden sehr genau eingehalten, also rechtzeitig zum Essen gehen, sonst werdet ihr unter Umständen nicht mehr bedient.

Spezialitäten sind selten, mehr oder minder wird überall dasselbe angeboten. Am bekanntesten die böhmischen Knödel (eigentlich Mehlklöße) *Knedliky* - gibt es zu fast allen Fleischspeisen, insbesondere zu *veprova* (Schweinebraten). Die Knödel sind übrigens nicht rund wie unsere, sondern werden in Scheiben von einer Rolle abgeschnitten. *Segedinsky gulas* (Szegediner Gulasch, aus Ungarn) und *svickova* (Rinderbraten in Sahnesauce) stehen ebenfalls häufig auf den Speisekarten. Als Nachtisch *Palatschinken* kosten.

Die Tschechen trinken mehr Bier als ihre bayrischen Nachbarn - was etwas heißen will! *Tschechische Biere* sind seit Jahrhunderten weltberühmt - an erster Stelle natürlich das original Pilsner (Plzen) und das Budweiser Bier (Budvar), die ja auch bei uns im Handel sind. Slivovic (Pflaumen) und Borovicka (juniper) sind weit verbreitete Schnäpse.

Unterwegs in den Städten: Fahrscheine funktionieren meist im Loch-System (wie auch Budapest u. Wien). Beim Einsteigen müßt ihr den Fahrschein vom Automaten stanzen lassen - je nach befahrener Strecke ist die Anordnung der Stanzlöcher verschieden. In Unistädten (z.B. Brno) werden oft bereits gestanzte Fahrscheine in Bus oder Tram liegengelassen (Test - nochmal stanzen, wenn keine neue Löcher auftauchen, ist die Karte gültig).

Telefon: Auslandsgespräche sind nur von speziellen Apparaten möglich und teuer, an Münzapparaten braucht ihr Mengen von 5-Kronestücken. Besser, sich in der Post ein Telefon mit Zähler zuweisen lassen.

VORWAHL: BR Deutschland **0049**, Österreich **0043**, Schweiz **0041**.

Sprache: es gibt zwei miteinander verwandte Amtssprachen - das *Tschechische* in Böhmen und Mähren (West-Tschechoslowakei) und das *Slowakische* im Osten. Deutsch wird vor allem im Westen häufig verstanden, Englischkenntnisse sind außer in Prag eher selten. Mit Russisch würdet ihr prima durchkommen, da es Pflichtfach an allen Schulen ist.

Kleines Sprachlexikon

Allgemein: Guten Tag - *dobry den*; Guten Abend - *dobry vecer*; hallo - *ahoj*; auf Wiedersehen - *na shledanou*; ja/nein - *ano/ne*; danke/bitte - *dekuji/prosim*; rechts/links - *vpravo/vlevo*; wo ist? - *kde je?*; Straße - *ulice*; breite Straße, Boulevard - *trida*; Platz - *namesti*. Zahlen 1-10 = *jeden, dva, tri, ctyri, pet, sest, sedm, osm, devet, deset*; 20 - *dvacet*, 100 - *sto*.

Bahn: Bahnhof - *nadrazi*; Hauptbahnhof - *hlavnimu nadrazi*; Bahnsteig - *nastupiste*; Gleis - *kolej*; Fahrkartenschalter - *prepazka na jizdenky*; Fahrschein - *jizdenka*; Fahrplan - *jizdni rad*; Gepäckaufbewahrung - *uschovna zavazadel*, Wartesaal - *cekarna*; Abfahrt - *odjezd*; Ankunft - *prijezd*; Schnellzug - *expres, rychlik*; Personenzug - *osobni*; Kurswagen - *primy vuz*; Liegewagen - *luzkovy vuz*; Schlafwagen - *spaci vuz*.

BOTSCHAFTEN:
Bundesrepublik Deutschland: Mala Strana, Vlasska 19, 11800 Prag 1, Tel. 532351.
Österreich: Viktora Huga 10, 12543 Prag 5, Tel. 546550.
Schweiz: Pevnostni 7, 12553 Prag 6, Tel. 320406.

FREMDENVERKEHRSÄMTER CEDOK:
D-6000 Frankfurt/M, Kaiserstr. 54, Tel. 069/232975-77. **A-1010 Wien**, Parkring 12, Tel. 0222/520199. **CH-8001 Zürich**, Urania Str. 34, Tel. 01/2114245.

München - Regensburg - Furth i. W. - Plzen - Prag A-Kb. 22002

Häufigste Anreiseroute von der Bundesrepublik - über die schöne alte Reichsstadt Regensburg und durch den Bayerischen Wald. Ab München ca. 8 std.
Auch die Bahnlinie von Frankfurt/Nürnberg nach Prag führt durch Plsen.

Plsen (Pilsen)

Zweitgrößte Stadt Böhmens (nach Prag), Bahnknotenpunkt, viel Industrie, u.a. Standort der Skoda-Werke, dementsprechend starke Umweltbelastung.

Als Stadt wenig ansehnlich, aber erste Adresse für Biertrinker - hier wird das legendäre *Pilsner Urquell* (Plzensky prazdroj) gebraut! Mestansky pivovar, die größte Brauerei der Stadt, liegt nah am Bahnhof (U Prazdroje 1), kann aber leider z.Z. nur von Gruppen besichtigt werden (vorherige Anmeldung erforderlich). Trotzdem lohnt der Weg, um das Original-Pilsener im angeschlossenen Brauerei-Lokal vor Ort zu testen.
Das renovierungsbedürftige Stadtzentrum mit Häusern aus Barock und Renaissance liegt zwischen den zwei Flüssen Mze und Radbuza. Mittelpunkt der quadratisch angeordneten Straßenzüge ist der große viereckige Marktplatz Namesti Republiky mit der gotischen St. *Bartholomäuskirche* (über 100 m hoher Turm!). In der nahen Veleslavinova ulice ein *Brauerei-Museum* (Pivovarske muzeum).
Wegen der relativen Grenznähe immer viele Westbesucher in der Stadt.

VERBINDUNGEN / BAHNHOF: **Hauptbahnhof** etwas außerhalb vom Zentrum, auf der anderen Seite des Flußes Radbuza. Die Moskauer Str. entlang in Richtung Stadtzentrum, ca. 1 km zum Nam. Republiky.

INFORMATION: **Cedok** an der Sedlackova ulice 12, **CKM** an der Dominikanska 1 - beide zentral in der Nähe des Hauptplatzes.

ÜBERNACHTEN: Hotelvermittlung über Cedok. **Camping Bila Hora**, außer Zeltplätzen auch Bungalows, Bus ab Zentrum.

ESSEN: zum 'Pilsener' kosten in die berühmte Brauereigaststätte **Prazdroj** in der großen Pilsener Brauerei, U Prazdroje 1 (ca. 300 m vom Bhf.), leider nicht ganz billig, weil touristisch stark frequentiert.

(Frankfurt) - Nürnberg - Schirnding - Cheb - Marianske Lazne - Plsen - Prag A-Kb. 22002

Die Anreise von Nürnberg geht durch das tschechische Thermalbädergebiet - im 19. Jh. erste Adresse für das wohl-

habende Bildungsbürgertum und gekrönte Häupter aus der ganzen Welt. Goethe, Schiller und Beethoven, aber auch Karl Marx und der Schah von Persien sind nur einige der Herren, die es sich hier wohlergehen ließen.
Lohnend ein Stop im Kurbad Marianske Lazne, in Cheb umsteigen, wer nach Karlovy Vary (Karlsbad) will.

Cheb: das frühere deutsche Eger, Grenzbahnhof und Verkehrsknotenpunkt. 1634 wurde hier der berühmte Feldherr *Wallenstein* auf Befehl Kaiser Ferdinands von Habsburg ermordet (siehe auch Prag).
Der mittelalterliche Stadtkern um den langgestreckten *Marktplatz* noch partiell erhalten bzw. restauriert. Am Platz das *Stöckl*, eine Gruppe gotischer Kaufmannshäuser, außerdem das große ehemalige Rathaus und das *Schillerhaus*, wo der Dichterfürst an seinem 'Wallenstein' arbeitete. Das Sterbehaus von Wallenstein (Nr. 3) an der Nordkante des Platzes beherbergt heute das *Stadtmuseum* (Di-Fr 9-16 h). Die romanisch-gotische *Nikolauskirche* ist nur wenige Schritte entfernt.
Insgesamt ganz hübsch und nicht allzu groß, gut zu Fuß zu machen.

VERBINDUNGEN / BAHNHOF: Bahnhof liegt südlich vom Zentrum, geradeaus kommt ihr genau zum Marktplatz. Züge nach Karlsbad gehen fast stündl., ca. 1 std. Fahrtzeit.

INFORMATION: **Cedok** in der 1. maje 31 (am Weg vom Bhf. ins Zentrum).

ÜBERNACHTEN: **Hotel Hvezda** am Marktplatz, B-Kat.

ESSEN: preiswertes **Bufet** im Bhf.

Karlovy Vary *(Karlsbad)*: weltberühmter Kurort im engen Tal der Tepla - zahlreiche Heilquellen, Sanatorien, Säulenkolonnaden. Gebäude-Esemble aus dem 18./19. Jh. sorgen für den Flair vergangener Epochen.
Von der Stimmung her erlebenswert, jedoch (wie auch die anderen Kurorte) vielfach runtergekommen und vernachlässigt. Für tschechische Verhältnisse teuer - dafür lassen es sich zahlreiche bundesdeutsche Wohlstandsbürger wohlergehen.
Interessant zum Anschauen die moderne *Juri-Gagarin-Kolonnade* (Sprudelkolonnade), in der die stärksten und wärmsten Quellen meterhoch emporschießen. Ansonsten reichlich Parks und Promenieralleen, alle zwei Jahre im Juli internationales Fimfestival.

VERBINDUNGEN / BAHNHOF: **Hauptbahnhof** nördlich oberhalb vom Fluß Ohre, weiterer Bahnhof direkt am Ohre.

INFORMATION: **Cedok**, Trziste 23, bei der Juri-Gagarin-Kolonnade. Zuständig für Hotels, aber ohne Vorreservierung fast hoffnungslos.

ÜBERNACHTEN: im Sommer schwierig, fast durchgehend ausgebucht. **Junior Hotel** des CKM etwas außerhalb in Brezova, Ul. Petiletky 3, Tel. 4379. Bus 7 ab Zentrum, ca. 10 DM mit JH-Ausweis, sonst um die 60 DM fürs DZ. **Camping Gejzirpark** liegt 2 km südlich von Karlovy Vary.

Marianske Lazne *(Marienbad)*: an der Bahnlinie Nürnberg-Prag, das zweite im Bund der tschechoslowakischen Heilbäder. Im 19. Jh. im einheitlichen Baustil aufgebaut, über 100 Quellen (davon 40 für therapeutische Zwecke), großzügiger Kurpark, schöne waldreiche Umgebung. Weltberühmt, nicht zuletzt wegen Goethes 'Marienbader Elegie' - im Haus, in dem er 1823 übernachtete, heute das *Stadtmuseum* (Mestske muzeum am Nam. Klementa Gottwalda).

VERBINDUNGEN / BAHNHOF: mehrmals tägl. Züge nach Prag, Cheb und Karlovy Vary. Bhf. liegt etwas außerhalb, Busse ins Zentrum.

INFORMATION: **Cedok** im Hotel Excelsior an der langen Hauptstraße Trida Odboraru 48.

ÜBERNACHTEN: Hotels ohne Vorreservierung schwierig. **Junior Hotel Krakonos** des CKM 5 km außerhalb, Tel. 2624, zu erreichen ab Cedok mit Bus 12.
Autocamping Luxor 5 km außerhalb bei Velke Hled'sebe, Tel. 3504.

PRAG

Das "goldene", "hunderttürmige" Prag an der Moldau - Mischung aus Budapest und Bamberg, barocke Flußstadt und europäische Metropole, spätmittelalterliche Kaiserresidenz und hussiti

sche "Ketzerstadt", bedeutendes Zentrum jüdischer, tschechischer und deutscher Kultur. Von den osteuropäischen Hauptstädten, die ihr per Interrail befahren könnt, zweifellos die mit der dichtesten Atmosphäre! Kafka konnte sich zeitlebens nicht von der Stadt lösen - in seinem Romanen lebt die Stimmung der Jahrhundertwende wieder auf.

Wenig andere Großstädte haben eine solche Fülle von Bausubstanz aller Stile und Epochen in die Gegenwart retten können - von früher Gotik bis zum Jugendstil ist alles reichhaltig vertreten. Auch die stalinistische Ära ist endlich überstanden - auf ihr Konto gehen die häßlich-monotonen Außenviertel und die Verschleppung zahlloser Restaurierungsmaßnahmen in der historischen Altstadt. Trotzdem spürt man auf Schritt und Tritt die reiche Geschichte dieser Metropole an der Nahtstelle zwischen Ost und West, erkennt die enorme Bedeutung, die Böhmen einst in Europa hatte.

Prag breitet sich zu beiden Seiten der *Vltava* (Moldau) aus und steigt weit die Hänge hinauf. Kirchen, mächtige Türme und Kuppeln bestimmen das Stadtbild, hoch darüber thront trotzig der *Hradschin*, die Prager Burg. Majestätisch zwängt sich die Moldau zwischen den massiven Pfeilern der berühmten *Karlsbrücke* hindurch. Ein Sprung ist es von hier, der Schlagader der Stadt, bis zu ihrem Herzen, dem riesigen *Wenzelsplatz*. Dazwischen liegen die altertümlichen Kopfsteinpflastergäßchen des *Stare Mesto*, wo man abends die urigsten Kneipen findet, wenn man sich erst einmal an die schummrige Straßenbeleuchtung gewöhnt hat. Vielleicht erblickt ihr an irgendeiner dunklen Ecke die Umrisse des sagenhaften Golems? Sein Schöpfer, der nicht minder legendäre Rabbi Löw, ruht in seinem Steinsarg nur ein wenig entfernt. Das ehemalige jüdische Getto war seinerzeit das größte Europas - nur noch einige Synagogen erinnern heute an seine Existenz.

Wie anders dagegen der riesige *Wenzelsplatz*, seine protzigen Repräsentationsbauten, die Hotels und Kaufhäuser, die hellerleuchteten Schaufenster. Skodas und Trabis knattern vorbei, dichte Rauchwolken ausstoßend, die sich in der schweren Luft nur langsam verflüchtigen. Doch auch hier lauert hinter dem Schein das Sein - Kerzen und hastig improvisierte Gedenkstätten erinnern an die Opfer des stalinistischen Terrorregimes. Die Prager haben in den letzten Jahrzehnten vieles mitgemacht.

GOLDENES PRAG (?): Prag wurde im letzten Krieg vergleichsweise wenig bombardiert - wie überhaupt die gesamte Tschechoslowakei am Rand der Kriegsfronten lag. Das verführte in den Nachkriegsjahren dazu, die dringend notwendigen Reparatur- und Erneuerungsarbeiten zu ignorieren. Der neue sozialistische Staat hatte Wichtigeres im Sinn, Schwerindustrie und Wirtschaft mußten aufgebaut werden, die Versorgung sichergestellt werden. Erst zögerlich begann man in den siebziger und achtziger Jahren mit den aufwendigen Instandsetzungsarbeiten. Bis heute ist man damit nicht zu Rande gekommen - ganze Straßenzüge sind aufgerissen oder stecken hinter Baugerüsten und grünen Planen, vor allem in den Vierteln abseits der gängigen Touristenpfade. Industrie-, Heizungs- und Verkehrsabgase haben das ihrige getan - das goldene Prag (im 14. Jh. waren die Kirchturmspitzen vergoldet, liest man) ist vielerorten zum smogbeschatteten, grauen Prag verkommen.

VERBINDUNGEN / BAHNHÖFE: am **Hauptbahnhof Praha hlavni nadrazi** kommen fast alle internationalen Züge ab bzw. starten dort (Gepäckaufbewahrung, Schließfächer Duschen, billiges Stehlokal 'Bufet'). Relativ zentral in der Nove Mesto (Neustadt), ca. 1 km östl. der Altstadt, an der Vitezneho unora.

Nicht weit davon der historische Bahnhof **Praha stred** (Prag-Mitte) an der Hybernska, noch näher an der Altstadt.

Weitere Bahnhöfe liegen auf der anderen Seite (Nordseite) der Moldau.

INFORMATION: **Cedok** im Zentrum der Neustadt, Na Prikope 18, Tel. 2127111, Auskünfte, Geldwechsel, Bahnkarten, Platzkarten. Zimmervermittlung nur bei **Cedok**, Panska 5, Tel. 225657 (im Süden der Neustadt), aber nur extrateure Studentenheime und Hotels der B-Kat. aufwärts.

Pragotur, U Obecniho domu 2, Tel. 2317281, in der Altstadt, Nähe Pulver-

turm (Metro: nam. republiky), ebenfalls Zimmervermittlung, aber auch Hotels der C-Kat., Hostels, Privatzimmer und Camping.
CKM, Juniorhotel Praha, Zitna 12, Tel. 538858, 299941, Information über Hostels, Ausstellung von Ausweisen (Mo-Fr 8-16.45 h).
Prager Informationsdienst, Na Prikope 20, Tel. 544444, benachbart zu Cedok, Infos über Prag, Veranstaltungshinweise etc.
Einen guten **Stadtplan** von Prag bekommt ihr für ca. 2,50 DM an Kiosken bzw. im Buchhandel.

UNTERWEGS IN PRAG: in der Innenstadt geht man am besten zu Fuß. Ansonsten gibt es eine effiziente **Metro** mit drei Linien, **Trams** und **Busse**.
In allen öffentl. Verkehrsmitteln gelten die gleichen Fahrscheine (ca. 0,25 DM), ihr bekommt sie an Zeitungs- und Tabakskiosken, in den Metrostationen (orange Automaten), an den Schaltern der Verkehrsbetriebe, in Hotels und Restaurants. Beim Einsteigen müßt ihr sie im Automaten lochen lassen (zum Ausstanzsystem vgl. S. 139). Abgesehen von der Metro muß beim Umsteigen jeweils neu gelöst werden. Die Metro verkehrt von 5-24 h, danach fahren Nachttrams und Nachtbusse (blaue Haltestellenschilder).

Übernachten: schwierig und oft frustrierend, Prag besitzt viel zu wenig Unterkünfte für die alljährlichen Besuchermassen. Hotels und Hostels sind oft bis unters Dach belegt, in letzteren haben außerdem Gruppen immer Vorrang. *Cedok* vermittelt grundsätzlich in teurere Unterkünfte als *Pragotur* (Adressen siehe unter Information).
Beste Möglichkeit sind Privatzimmer - Vermittlung über Pragotur (lange Warteschlangen), man wird aber schon am Bahnhof von den Vermietern selber angesprochen. Vergewissert euch, daß das Zimmer nicht zu weit vom Zentrum liegt, Kostenpunkt ca. 20 DM pro Pers. (in Devisen zu zahlen), Mindestaufenthalt bei Vermittlung durch eins der Büros 3 Tage, Anmeldung nicht vergessen (Meldestelle Verejna bezpecnost in Zizkov, Olsanska 2, Mo-Fr 9-16 h).

HOSTELS: nur im Juli/Aug. für Durchreisende geöffnet, Adressen von Jahr zu Jahr anders. Bei CKM weiß man meist, wo noch Platz ist, ansonsten über Pragotour versuchen.
Ubytovna TJ Spartak Karlin Dukla, Maleho 1, Tel. 222009 (Metro Sokolovska), Nähe Busbhf. Florence. Spartanische Einrichtung mit Feldbetten bzw. mit Schlafsack am Fußboden, Rezeption erst ab 18 h geöffnet.

HOTELS: am besten über Pragotur. Eine gute Wahl wäre das **CKM Juniorhotel Praha**, Zitna 12, Tel. 299941, im Süden der Neustadt, etwa 1,5 km vom Hbf. (Metro bis nam. Pavlova), 2- und 3-Bettzimmer für ca. 40 bzw. 50 DM pro Pers., leider meist voll.

CAMPING: leider im Sommer ebenfalls oft voll. Vermittlung über Pragotur, zumindest gibt es dort Adressen mit Tel.-Nummern. Die beiden folgenden Plätze liegen westlich von Prag an der Straße nach Plzen: **Sportcamp Motol**, V Podhaji, Tel. 521802; **Caravan Camp Motol**, Tel. 524714.

Essen: vom Stehimbiß *(automat)* über Bierkneipen *(pivnice* oder *hospoda)*, Weinstuben *(vinarny)* und Cafés bis zu aufgemotzten Touristenrestaurants ist alles vertreten. Sehr gut ißt man generell in den meist kleinen und gemütlichen Weinstuben in der Altstadt und auf der Kleinseite. Leider ist das kulinarische Angebot dem allsommerlichen Fremdenansturm in keiner Weise gewachsen, freie Tische sind heiß begehrt und meist Mangelware - vorbestellen oft nötig! Wichtig - laßt euch immer die Speisekarte geben und prüft die Rechnung nach. Prager Kellner "verrechnen" sich häufig.
Ansonsten - *Parek v rohliku* (Hot Dogs) gibts an jeder Straßenecke, ebenso *bramboraky* (Kartoffelpuffer) und *smazeny camembert* (gebratener Käse). Allerletzte Hoffnung - das Bufet im Hbf.

STEHLOKALE: **Automat Koruna**, am unteren Ende des Wenzelplatzes, größtes Stehrestaurant der Stadt, mehrere Theken mit warmen und kalten Speisen, sehr billig. Den ganzen Tag durchgehend geöffnet, immer großer Andrang, Warteschlangen (Kat. IV).
Bufet, preiswertes Stehlokal im Hbf., bis 6 h früh offen (Kat. IV).
Bufet Lucerna, Vodickova 36, beim Wenzelsplatz, bis 24 h offen (Kat. III).

SPEISELOKALE: **U Prince**, Stamorestske nam., ganz zentral in der Altstadt, sehr beliebt bei Pragern und Touristen, relativ preiswertes, trotzdem gutes Essen, draußen Caféterrasse, tägl. geöffn. (Kat. II).
Klasterni vinarna, zentrale Lage am Nardodni trida 8, recht groß, deswegen findet man meist Platz.
Koser jidelna Restaurant, Maiselov 18, jüdisches Restaurant mit streng koscherem Essen, im Rathaus des ehemaligen jüdischen Gettos (siehe auch unter Sehenswertes/Josefsstadt), nur mittags, ab ca. 7 DM.

U Schnellu, Tomasska 2, Kleinseite, Nähe Kleinseitner Ring, genießt seit langem hervorragenden Ruf - sowohl bezüglich des Essens als auch wegen des Pilsner Bieres, preislich im Rahmen (Kat. II).

U maliru, auf der Kleinseite, Maltezske nam. 11, histor. Weinstube, prima Essen und südmährischer Wein, nur abends, immer sehr voll, Reservierung nötig, So geschl. (Kat. II).

Indicka restaurace Mayur, in der Neustadt, Stepanska 60, sehr schönes Lokal mit phantasievoller indischer Küche, Vorbestellung empfehlenswert, Menü gut 15-20 DM, Mo-Sa mittags und abends (Kat. II).

BIERLOKALE: **U Fleku**, Kremencova 11, Neustadt. Größter und bekanntester Bierkeller der Stadt, außer mehreren Innenräumen auch schöner weiträumiger Garten, das dunkle Hausbier fließt in Strömen, tägl. morgens bis Mitternacht; zu erkennen an der berühmten Uhr über dem Eingang (Kat. III).

U svateho Tomase, Letenska ul. 12, Kleinseite, große gotische Gewölbekeller mit jahrhundertealter Tradition, dunkles Bier, immer viel los (Kat. II).

U Kalicha, Na bojisti 14, Neustadt, nur mal zum Reinschnuppern, weil überteuert. Die berühmteste Bierstube Prags, verewigt im "Braven Soldaten Schwejk". Ausgeschenkt wird Pilsner Urquell.

Slovansky ostrov, hübscher baumbestandener Biergarten auf der Moldauinsel beim Nationaltheater (Kat III).

CAFES: **Europa**, Vaclavske nam. 25 (Wenzelsplatz), bekanntes und sehr sehenswertes Jugendstilcafé, innen mit rundum laufender Galerie, auch zum draußen sitzen, tägl. bis 23 h.

Obecni dum, nam. republiky, neben dem Pulverturm, plüschig-prächtiges Jugendstilcafé im Repräsentationshaus der Stadt Prag, auch zum draußen sitzen, tägl. 7-23 h.

Slavia, Narodni trida 1, gegenüber vom Nationaltheater, Szene- und "Künstler"treff, toller Blick auf Moldau und Hradschin, tägl. bis Mitternacht.

Arco, Hybernska 16, Literatencafé, wo sich u.a. Kafka und Werfel trafen.

Malostranska kavarna, Malostranska nam. 28 (Kleinseitner Ring), bekanntestes Café auf der Kleinseite, man kann auch draußen sitzen.

Nachtleben: Prager Nächte sind kurz, Bier- und Weinstuben schließen um 23, spätestens 24 h. Danach konzentriert sich alles auf den Wenzelsplatz (Vaclavske nam.), wo die meisten Diskos liegen (ca. 3-7 DM, Reservierung angebracht, nichtalkoholische Getränke ab 2 DM, kein Bierausschank).
Besser, man beschäftigt sich selber - Jugendliche und Railer aus aller Welt treffen sich allabendlich an der berühmten *Karlsbrücke*. Eine besondere Prager Spezialität - nächtliche Spaziergänge durch die schummrigen Gäßchen, wo der "Golem" haust.

DISKOTHEKEN: **Luxor**, Wenzelsplatz 41, **Rostov**; Wenzelsplatz 21; **Admiral**, Horejsi nabo (Diskoschiff auf der Moldau).

MUSIKCLUBS: **Reduta**, Narodni trida 20, bekanntester und beliebtester Jazzclub, tägl. bis 24 h.

THEATER: **Laterna Magica**, Narodni 40 (Palac Adria). Originelle Verbindung von Theater, Film, Musik und Tanz, weit über die Grenzen berühmt (Vorstellungen tägl. 20 h, Kartenvorverkauf Mo-Fr 10-12, 14-18, Sa 14-18 h, ca. 5-8 DM, im Sommer oft ausverkauft).

Sehenswertes

Prag ist ursprünglich aus fünf voneinander unabhängigen Orten zusammengewachsen: die Altstadt **Stare Mesto** im Moldauknie ist der älteste Stadtteil, benachbart liegt **Josefov**, das ehemalige jüdische Getto, beides umgeben von der Neustadt **Nove Mesto**, die so neu gar nicht ist. Auf der anderen Flußseite zieht sich das idyllische **Mala Strana** (Kleinseite) die Hänge hinauf, darüber thront der allesbeherrschende **Hradschin** mit der Burgstadt **Hradcany**.

Nove Mesto *(Neustadt)*: pulsierendes Zentrum des Geschäftslebens, umschließt östlich und südlich die Altstadt. Gegründet wurde sie bereits unter Karl IV. (14. Jh.), doch erhalten ist davon kaum etwas. Die heutige Bebauung stammt aus dem 19. Jh., Jugendstil ist häufig vertreten.
Am berühmten *Wenzelsplatz* (Vaclavske Namesti) schlägt das Herz von Prag - um den 800 m langen, baumbestandenen Boulevard ballen sich Kaufhäuser, Hotels, Kinos, Cafés, Nachtclubs. Ein Platz, der an Paris oder Lissabon erinnert, an dem man sich verabredet, trifft - und unermüdlich demonstriert. Seit dem Prager Frühling ist der Wenzelsplatz politisches Symbol für den Widerstandswillen des tschechischen Volkes. Hunderttausende von Pragern haben hier hartnäckig und leidenschaftlich **Freiheit** gefordert,

bis die Regierung im denkwürdigen Dezember 1989 zurücktreten mußte. Beachtenswert am Platz die Jugendstilfassade des *Grand Hotel Europa*. Am unteren Ende trefft ihr auf den quer zum Platz verlaufenden Straßenzug Na Prikope (der Graben) bzw. Ulice 28. rijna, der sich als Narodni trida bis zur Moldau fortsetzt. Dieses sog. *Goldene Kreuz* ist in weiten Teilen Fußgängerzone und der größte Einkaufsbereich des modernen Prag - früher verlief hier ein Graben zwischen Neu- und Altstadt (gleich dahinter beginnt die Altstadt Stare Mesto). Ebenfalls am unteren Ende, an einem Nebenplatz, die gotische Kirche *Maria Schnee* mit dem höchsten Altar der Stadt (die Kirche sollte mal größer als der Veitsdom werden).

Am oberen Ende des Wenzelplatzes das große Reiterstandbild des heiligen Wenzel und vor allem das pompöse *Nationalmuseum* mit einer Fülle von Sammlungen - Vorgeschichte, Naturwissenschaft, Zoologie, Geologie, Mineralogie, Münzen u.v.m. (Mo u. Fr 9-16, sonst 9-17 h, Di geschl.).

Zweiter großer Platz der Neustadt ist der *Karlovo Namesti* im Süden, heute eine Grünanlage. Am oberen Ende das *Neustädter Rathaus* aus dem 14. Jh., bekannt durch den ersten Prager Fenstersturz von 1419 - radikale Hussiten schmissen katholische Ratsherren aus dem Fenster, Beginn der Hussitenkriege.

Am nam. Republiky steht *Obecni dum*, das großzügige Repräsentationshaus der Stadt Prag. Das prächtige Jugendstilhaus vom Anfang unseres Jahrhunderts beherbergt u.a. den Smetana-Konzertsaal, eins der schönsten Cafés der Stadt (siehe unter Cafés) und ein Restaurant.

Gleich daneben der reichverzierte spätgotische *Pulverturm*, einstmals ein Torturm der alten Stadtbefestigung, später als Pulvermagazin verwendet. Hier bester Einstieg in die Altstadt (siehe nächster Abschnitt).

Stare Mesto *(Altstadt)*: der älteste Teil Prags liegt hingedrängt ins Moldauknie. Vor allem nachts läßt sich ein Hauch von Mystik nicht abschütteln. Kafkas enge Gassen, schemenhaft beleuchtet, holpriges Pflaster, drohende Fassaden . . .

Am Pulverturm beginnt mit der Celetna (Zeltnergasse) der sog. 'Königsweg' quer durch die Altstadt über die Karlsbrücke hinüber zum Hradschin.

> AUF DEM KÖNIGSWEG: im 14./15. Jh. stand genau an der Stelle des städtischen Repräsentationshauses Obecni dum der **Königshof**, Residenz und Wohnsitz der böhmischen Könige. Von hier begaben sich die Herrscher oft hinüber zum Hradschin, dem Zentrum der Macht, wo sie auch gekrönt wurden. Dieser sog. Königsweg (auch Krönungsweg - dieser begann in Vysehrad, siehe unten) ist auch heute noch ein idealer Spazierweg an einigen der markantesten Punkten der Altstadt vorbei. Der erste Teil bis zum Altstädter Ring ist bereits restauriert, der Rest bis hinauf zur Burg soll noch folgen.

Die ursprünglich mittelalterliche *Celetna* führt mit ihren farbig restaurierten Barockfassaden mitten ins Herz des Stare Mesto. Hier eventuell Abstecher einbauen zur *Jakobskirche* - nach dem Veitsdom auf der Hradschinseite die längste Kirche der Stadt mit 21 barocken Seitenaltären.

Die Celetna stößt direkt auf den weiten *Staromestske namesti* (Altstädter Ring), den zentralen und größten Platz der Altstadt. Umgeben von schön restaurierten Renaissance- und Barockhäusern steht mitten auf dem Platz das aufwendige Denkmal für den Reformator und Sozialrevolutionär *Jan Hus* - 1915 zu seinem 500. Todestag errichtet (1415 wurde er auf dem Konstanzer Konzil als Ketzer verbrannt).

Größte Attraktion am Platz aber die berühmte *astronomische Uhr* am hohen Turm des Altstädter Rathauses. Ein Knochenmann läutet jede volle Stunde ein, in den Fenstern darüber erscheinen Jesus und die zwölf Apostel, ein Hahn kräht. Das *Rathaus* wurde während des Prager Aufstands in den allerletzten Kriegstagen von deutschen Panzern teilweise zerstört, ein ganzer

Gebäudeflügel ist nicht wieder aufgebaut (leere Fläche zwischen Rathaus und St. Niklaskirche). Die noch erhaltenen Innenräume können jeweils zur vollen Stunde besichtigt werden. Neben der weißen *Niklaskirche* im üppigen Barock das Geburtshaus von Frank Kafka mit einer Gedenkbüste an der Fassade (U Radnice 5).

Gegenüber dem Rathaus die zwei Gebäude der *ehemaligen Teynschule* mit hübschen gotischen Laubengängen. Dahinter ragen unübersehbar die 80 m hohen Türme der gotischen *Teynkirche*, die lange Zeit ein Zentrum der hussitischen Bewegung war. Am Giebel zwischen den beiden Türmen fällt die Marienstatue mit vergoldetem Strahlenkranz auf - während hussitischer Zeiten hing hier das Symbol der Bewegung, ein goldener Kelch (bezieht sich auf die Reform des Abendmahls). Im ursprünglich gotischen, später barockisierten Inneren u.a. das Grabmal des berühmten dänischen Astronomen Tycho Brahe.

Von der Südwestecke des Altstädter Rings kommt ihr vorbei am Haus *U Minuty* (prächtige Wandmalereien) mit ein paar Schritten zum kleinen Ring, *male namesti*. Hier beginnt die winklige *Karlova*, zweite Etappe des Königswegs zur Karlsbrücke und heute wichtigste Touristenschleuse - Läden, Weinstuben und Lokale dicht auf dicht (linker Hand auf der Husova Abstecher möglich zur restaurierten *Betlehemskapelle*, wo Jan Hus seine aufrüttelnden Predigten hielt, jedoch z.Z. geschl.). Vorbei am riesigen *Clementinum* (frühere Bibliothek der Jesuiten, heute tschechische Nationalbibliothek) mit vier Innenhöfen und zwei Kirchen gehts schnurstracks zur Karlsbrücke.

Der *Kreuzherrenplatz* am Brückenkopf ist ein barockes Zierstück, dessen zwei üppige Kirchen wegen fehlender Restaurierung z.Z. noch recht unansehnlich wirken. Schöner Blick auf Karlsbrücke und Moldau. Durch den *Altstädter Brückenturm* mit reichhaltigen gotischen Verzierungen auf die Karlsbrücke.

Karluv Most *(Karlsbrücke)*: berühmteste Brücke Prags, nur für Fußgänger, einen halben Kilometer lang, Hauptschlagader der Stadt. Hier ist immer was los, beliebtester Treffpunkt tagsüber und nachts. Straßenmusiker, Vögel füttern, die Aussicht genießen, Kontakte - Prag pur.

Schmiedeeiserne Laternen und dreißig überlebensgroße Statuen säumen die Brücke. Letztere aufgestellt zwischen 1683 und 1938 und inzwischen stark vom Zahn der Zeit benagt. Die älteste ist die Statue des *Bischofs Nepomuk* (etwa Mitte der Brücke rechts), den König Wenzel laut einer Legende hier 1393 in den Fluß werfen ließ, weil er ihm nicht die Beichte seiner königlichen Gemahlin verraten wollte. Auf der linken Brückenfront (Nähe Kleinseite) eine Statuengruppe hinter Gittern - während der Revolution Symbol für der Freiheitswillen der Prager, zahllose tropfende Kerzen stehen noch heute davor.

Auf der Kleinseite ein doppelter Brückenturm, dahinter wuchtig die grüne Kuppel von St. Niklas.

Josefov *(Josefsstadt)*: die Reste des ehemaligen jüdischen Gettos liegen nördlich vom Altstädter Ring, unmittelbar westlich der breiten Jugendstilstraße *Parizska*.

Josefov war die größte Judenstadt Europas und wurde 1848 der Stadt Prag als fünfter historischer Stadtteil eingegliedert. Heute erinnern nur noch eine Handvoll Synagogen, das ehemalige Rathaus und der Alte Jüdische Friedhof an das Wohnviertel - Ende des 19. Jh. riß man es fast vollständig ab. Fast alle Prager Juden sind später in den Konzentrationslagern der Nazis umgekommen (ca. 36.000, in Böhmen und Mähren insgesamt fast 80.000).

Seit dem 13. Jh. war es Juden verboten, in Wohnvierteln mit Christen zu wohnen - überall in Europa entstanden die **Gettos**, rein jüdische Wohnviertel. Erst mit dem Toleranzedikt von 1781 wurde es auch Juden gestattet, in anderen Stadtteilen zu wohnen. Im 19. Jh. entwickelte sich die Josefsstadt zum ärmsten Bezirk Prags - die reicheren Juden zogen weg, zurück blieben die Mittellosen in zunehmend erbärmlichen Wohnverhältnissen. Seuchen brachen aus und Ende des 19. Jh. faßte die Stadtverwaltung den Plan, das Getto abzureißen. Die Bewohner wurden auf die Straße gesetzt bzw. vertrieben, neue (heute ebenfalls abgewirtschaftete) Jugendstilgebäude traten an die Stelle der Elendsquartiere.

Die wenigen erhaltenen Bauten der Josefsstadt sind im **statni zidovske muzeum** (staatl. jüdisches Museum) zusammengefaßt (So-Fr 9-17 h, am Sabbat geschl., Sammeleintrittskarte ca. 1 DM, Stud. ermäß.).

Die Synagogen beherbergen heute die wahrscheinlich größte Sammlung jüdischer Gebrauchs- und Kunstgegenstände der Welt. Angeblich wollte Hitler in Prag ein "Museum einer ausgestorbenen Rasse" errichten - über Jahre hinweg trugen die Nazis hier das gesamte Eigentum der böhmischen und mährischen Juden zusammen, die sie in die Gaskammern der KZ's verschleppt hatten. Nach dem Krieg gab es keine Eigentümer mehr - deshalb stellte man die Sachen hier aus.

Die *staronova skola* (Altneu-Synagoge) ist die bekannteste und älteste der Handvoll Synagogen, ein hochgiebliger Bau, dessen zweischiffiges Gewölbe am Sabbat noch heute von der zusammengeschmolzenen Gemeinde für Gottesdienste benutzt wird. Sie ist Schauplatz der Golem-Sage.

Gegenüber steht das barocke *Rathaus* - am Nordgiebel eine Uhr mit hebräischen Ziffern, deren Zeiger links herum laufen (Hebräisch wird von rechts nach links gelesen). Im Inneren ein vielbesuchtes koscheres Restaurant. Rechts vom Rathaus die *Hohe Synagoge* mit wechselnden Ausstellungen.

Durch die kleine Gasse U stareho hrbitova kommt ihr Richtung Westen nach wenigen Schritten zur *Klausensynagoge* mit einer Ausstellung zur jüdischen Wissenschaft in Prag. Am Eingang zum Friedhof das *Zeremonienhaus* mit einer Sammlung von Kinderzeichnungen aus dem Konzentrationslager Theresienstadt.

Den *Alten Jüdischen Friedhof* solltet ihr vorzugsweise an stürmischen Herbsttagen oder in der frühen Dämmerung eines naßkalten Wintertages besuchen. Aber auch bei hellem Sonnenschein kann der Anblick empfindliche Gemüter in Aufregung versetzen - tausende von Grabsteinen im unterschiedlichsten Grad des Verfalls, ineinander verschachtelt, halb eingesunken, dazwischen wucherndes Grün und nackter Fels. In zwölf Schichten übereinander sollen die Toten hier wegen Platzmangel zwischen 1400 und 1800 begraben worden sein. Ein pittoreskes Symbol für den Niedergang des Judentums in Europa, ein eigentümliches Freiluftmuseum zum Leben und Sterben in der Josefsstadt, ein kulturgeschichtliches Denkmal ersten Ranges. Vielbesucht das *Grabmal des Rabbi Löw* (16. Jh.) an einer der Friedhofsmauern. Vor allem hier fallen die auf dem Grabmal gehäuften Steine auf - sie gelten als Zeichen der Verehrung für die Toten und entsprechen etwa den bei Christen üblichen Blumen.

In der nahen *Pinkas-Synagoge* die längste Grabinschrift der Welt - in alphabetischer Reihenfolge bedecken die Namen der 77.297 von den Nazis ermordeten tschechischen Juden die Wände.

Nicht weit ist es von der Josefsstadt zum sehenswerten frühgotischen *Agneskloster* am Moldauufer. In den renovierten Klostergebäuden (Kreuzgang, Kirche, Presbyterium etc.) ist ein Kulturzentrum untergebracht und man kann eine Sammlung der Nationalgalerie betrachten, nämlich "Tschechische Malerei des 19. Jh." (Di-So 10-18 h).

> DER GOLEM: künstlicher Mensch aus Lehm, im 16. Jh. vom Prager Rabbi Löw geschaffen, um die Bewohner der Josefsstadt vor ihren Feinden zu schützen. Er hatte übernatürliche Kräfte und war unsterblich. Über eine Nachlässigkeit des Rabbi erzürnt, wurde er zur rasenden Bestie und vernichtete alles, was er vorher geschützt hatte. Der Rabbi verwandelte ihn daraufhin wieder zu einem leblosen Lehmklumpen.

Mala Strana *(Kleinseite)*: die "Kleine Stadt" an den Hängen unterhalb der Burg und des Petrin. Ursprünglich ein einfaches Wohnviertel - aber seit dem 17. Jh. mietete sich der böhmische und österreichische Adel ein. In den verwinkelten Gassen entstanden neben alten Bürgerhäuser protzige Paläste und üppige Gärten. Trotzdem blieb der idyllische Charakter z.T. erhalten, wenn auch vieles verwahrlost und ungepflegt wirkt. Natürlich trifft man auch hier Touristenscharen, meist auf dem Weg zur Burg. Der übliche Anlaufweg von der Altstadtseite geht über die Karlsbrücke, ansonsten auch Metro bis Malostranska.

Einer der schönsten Flecken gleich zu Beginn die Halbinsel *Kampa*, die durch einen schmalen Moldauarm von der Kleinseite getrennt ist. Häuserreihen direkt am Wasser, stillgelegte Mühlen, überwucherte Gärten - Klein-Venedig in Prag. Bestens zu beobachten von der Karlsbrücke, die hoch darüber hinwegführt. Vier Brücken verbinden die Halbinsel mit der Kleinseite - am bekanntesten die Brücke zum Velkoprevorske nam., wo seit dem Todestag von John Lennon junge Prager viele dutzend Parolen an die Wand gepinselt haben - "Give peace a chance" bzw. "All you need is love" als Symbol der Auflehnung gegen das nun endlich gestürzte Regime (zum Todestag von Lennon am 8. Dezember immer großes Meeting an der John Lennon-Mauer).

Vom Kleinseitner Brückentor führt die Mostecka schnurstracks zum zentralen *Kleinseitner Ring* (Malostranske nam.) mit hübschen Laubengängen an drei Seiten. Hier wälzen sich tagtäglich die Besucher zur Burg hinauf. Die gewaltige Kuppelkirche *St. Niklas* trennt den Platz in zwei Teile - von den Jesuiten wurde sie als protziges Symbol des Siegs der Gegenreformation errichtet. Innen riesiges Deckenfresko (1500 qm) mit Szenen aus dem Leben des Heiligen Nikolaus, Bischof von Smyrna.

Ruhiger sind die übrigen Gassen des Viertels - mal auf Entdeckungsreise gehen. Von der Mostecka zweigt etwa an der Hälfte vom Weg zum Kleinseitner Ring links die Lazenska ab - dort die unvollendete romanische Kirche *Maria unter der Kette*, der Velkoprevorske nam. und der Maltezske nam. mit großen Palais. Auf der langen Karmelitska schließlich die Kirche *Maria de Victoria*, deren wächserne Jesusfigur das Ziel unzähliger Wallfahrer ist - mit ihren 'handgreiflichen' Bitten haben sie die kleine Gestalt schon reichlich beschädigt.

Nicht weit von der Kirche führt eine Seilbahn auf die Spitze des *Petrin* (Laurenziberg) mit seinen herrlich verwilderten Parks. Oben ein Modell des Eiffelturms (60 m hoch) und ein Spiegelkabinett mit dem riesigen Panoramabild "Kampf der Prager Studenten mit den Schweden 1648".

Vom Kleinseitner Ring kommt man durch die Tomasska zum größten und berühmtesten Palais der Kleinseite - das *Palais Waldstein* des berühmten Feldherrn Albrecht von Wallenstein am Valdstejnske nam. Wallenstein war ein unbequemer Feldherr, der sich zum falschen Zeitpunkt mit den Schweden verbündete - Kaiser Ferdinand von Habsburg ließ ihn 1634 in Eger (Cheb, siehe S. 141) ermorden. Sein Palais sollte größer werden als die Burg, heißt es, über 23 Häuser mußten seinetwegen abgerissen werden. Es kann nicht besichtigt werden, aber der herrliche Barockgarten *Valdstenjska zahrada* mit seinen Statuen ist von der Letenska ul. her zugänglich und einen Abstecher wert (im Sommer tägl. 9-19 h) - danach vielleicht ein Bier im nahen Thomas-Keller?

Zur Burg führt vom Kleinseitner Ring die alte *Nerudova ulice* hinauf - hier stehen noch hauptsächlich barocke Bürgerhäuser, kaum Paläste. Das kleinbürgerliche Milieu dieses Viertels hat der Prager Dichter Neruda in seinen 'Kleinseitner Geschichten' beschrieben (nach ihm ist die Straße benannt). Im oberen Teil zweigt rechts die steile Gasse *Ke Hradu* zur Burg ab. Wer will, kann aber auch die *Neue Schloßstiege* (Nove zamecke schody) mit ihren zweihundert Stufen zur Burg hinaufsteigen (dazu ab Kleinseitner Ring die nördliche Zamecka ulice nehmen). Unterwegs herrliche Rückblicke auf die Stadt.

Hradcany *(Burgstadt)*: der Hradcanske nam. ist über die Nerudova und die Ke Hradu zu erreichen (siehe oben). Oberhalb davon liegt das *Loreto-Heiligtum*, Nachbildung der Santa Casa im italienischen Loreto und bekannte Wallfahrtsstätte. Die hölzerne Madonna hat im Lauf der Jahrhunderte zahlreiche Geschenke erhalten, die in der Schatzkammer zu bewundern sind. Wertvollstes Stück die Diamantenmonstranz mit über 6200 Edelsteinen. Im schönen Turm hängen 27 Glocken (stündlich Glockenspiele). Nicht weit entfernt die Gasse *Novy Svet* (Neue Welt), die als eine Art kleines Künstlerviertel gilt.

Das frühere *Kloster Strahov* des Prämonstratenserordens liegt in schöner exponierter Lage noch oberhalb vom Hradschin mit weiten Blicken über die Stadt. Berühmt ist die riesige Sammlung von alten Büchern und Manuskripten, ein Teil davon ist in zwei phantastisch ausgeschmückten Sälen ausgestellt (Philosophischer und Theologischer Saal) - Deckenfresken, Stuck und reich verzierte Bücherwände. Lohnt den Besuch (Di-So 9-17 h, Mo geschl.).

DER ATEM DER GESCHICHTE ist vielleicht noch zu spüren im **Palais Lobkowitz** in der Vlasska 19, wo die bundesdeutsche Botschaft ihren Sitz hat. Im September 1989 harrten tausende von DDR-Flüchtlinge wochenlang auf dem Gelände der Botschaft aus, bis Außenminister Genscher ('Genschman') den "bewegendsten Moment seiner politischen Arbeit" verkünden konnte - die DDR-Bürger dürfen bedingungslos und unbürokratisch in die BR Deutschland ausreisen! Danach überstürzten sich die Ereignisse - die Revolution begann.

Hradschin *(Prager Burg)*: alles dominierender Blickfang über Prag, Residenz und Krönungsstätte der böhmischen Könige, Sitz des Staatspräsidenten seit 1918 - ein Touristenziel erster Güte, Geschichte zum Anfassen.

Die tausendjährige Festung ist eine Stadt für sich - Gebäude aller Epochen gruppieren sich um den majestätischen Veitsdom, die größte Kirche der Stadt (im Sommer Di-So 9-17, im Winter 9-16 h, Eintrittsgebühr für verschiedene Gebäude).

Vom ersten Burghof kommt ihr durch die barocke Matthiaspforte in den zweiten - hier der Amtssitz des Präsidenten (aus dem Husak vor kurzem "ausziehen" mußte), die *Heiligkreuzkapelle* mit dem Domschatz und im Nordflügel die *Burggalerie* u.a. mit Werken von Tizian, Tintoretto und Rubens.

Im dritten Hof der *Veitsdom*. Von 1344 bis in unser Jahrhundert wurde an ihm gebaut - Gesamteindruck gotisch, drei mächtige Türme, im höchsten, dem 100 m hohen Südturm hängt Siegmund, die größte Glocke Böhmens. Neben dem Turm die Goldene Pforte, der ehemalige Haupteingang zum Dom. Im Inneren riesiges hohes Mittelschiff mit Kreuzrippengewölbe, tolle Glasfenster, "heiligster" Ort die *Wenzelskapelle* mit prächtigen Wandmalereien. Hier wurden die böhmischen Könige gekrönt, eine kleine (versperrte) Tür führt zu den Kroninsignien.

Links bzw. nördlich vom Dom findet ihr die Vikarska-Gasse mit dem berühmten Restaurant Vikarka. An der Südseite dieses Burghofs der Eingang zum *alten Königspalast* - Höhepunkt der *Vladislavsaal* mit gotischem Gewölbe und herrlichem Blick hinunter auf die Stadt. Im daneben liegenden *Ludwigstrakt* fand am 23. Mai 1618 der berühmte zweite Prager Fenstersturz statt: böhmische Adlige stoßen zwei kaiserliche Statthalter aus dem Fenster in den darunter liegenden Schloßgraben. Sie überleben den Sturz aus 16 m (!) Höhe - dank eines strategisch verdächtig günstig plazierten Misthaufens. Dieser offensichtliche Affront wird der Auftakt zum Dreißigjährigen Krieg.

Ein Stück weiter im Burggelände die *Basilika St. Georg*, schönste romanische Kirche der Stadt. Große Attraktion schließlich das schmale *Goldene Gäßchen* (zlata ulicka) am Nordostende der Burg. In den kleinen, jetzt restaurierten Häuschen wohnten Diener und Wachpersonal, außerdem Handwerker und Goldschmiede - jedoch keine Goldmacher und Alchimisten, wie die Legende wissen will und woher der Name der Gasse rührt. Auch Kafka hat eine Zeitlang hier gewohnt und geschrieben (Nr. 21).

Über die Alte Schloßstiege könnt ihr jetzt in 10 min. zur Metrostation Malostranska hinuntersteigen.

Vysehrad: die zweite Prager Burg liegt drei Kilometer südlich vom Zentrum (Metro C bis Gottwaldova). Ein mythenumwebter Felsvorsprung an der Moldau, auf dem die sagenhafte Herrscherin Libusa einst den Aufstieg Prags prophezeite. Im frühen Mittelalter war Vysehrad die Hauptburg des herrschenden Geschlechts der Przemysliden. Im 14. Jh. nahm hier der Krönungsweg zum Hradschin seinen Anfang.

Von der Festung ist außer einigen Mauern nicht mehr viel zu sehen. Das Ganze ist heute ein Park mit Statuen und schönem Blick auf Prag. Außer zwei Kirchen vor allem sehenswert der *Ehrenfriedhof Slavin*, auf dem seit dem letzten Jahrhundert die bedeutendsten tschechischen Künstler und Wissenschaftler beerdigt werden (z.B. Smetana und Dvorak).

Zizkov: traditionelles Arbeiterviertel östlich vom Hauptbahnhof, zu erreichen mit Metro B. Hier gibts keine Paläste, dafür bescheidene Wohnverhältnisse und runtergekommene Straßen. Seit 1924 liegt *Franz Kafka* auf dem jüdischen Friedhof begraben.

SHOPPING: vor allem Schallplatten und Bücher (auch deutschsprachige) sind ausgesprochen preiswert, z.B. im **NDR** (Verkaufsräume des Kulturhauses der DDR) am Narodni trida oder bei **Akademia** (Buchhandlung der tschechischen Akademie der Wissenschaften) am Wenzelsplatz (Metrostation Mustek).

Auch in **Antiquariaten** macht es Spaß, etwas herumzustöbern, z.B. in der Karlova 2 und 14.

Gegen Devisen gibt es in den sog. **Tuxez-Läden** preiswerte tschechische Spitzenprodukte, z.B. Spirituosen, Glas, Porzellan, Souvenirs, jedoch keine Bücher und Schallplatten (zollfrei, Quittung aufheben).

Ansonsten auch mal in die Kaufhäuser schauen, die alle zentral um den Wenzelsplatz bzw. in der Fußgängerzone liegen: z.B. **Prior Maj**, Narodni trida 26; **Prior-Detsky dum** (Kinderkaufhaus), Na Prikope 15; **Dum obuvi** (Haus der Schuhe), Wenzelsplatz 6.

Märkte gibt es nur wenige, Blumen und Westwaren werden z.B. an der **Havelska** in Stare Mesto gehandelt.

MUSEEN: außer den schon erwähnten im Folgenden kleine Auswahl. Eintritt generell ca. 1 DM, Stud. ermäß., Mo meist geschl.

Museum der Hauptstadt Prag, im Stadtpark, Nove sady J. Svermy (Metro Sokolovska), Entwicklung der Stadt seit dem 15. Jh., u.a. ein interessantes Modell der Stadt vor 150 Jahren. (Di-So 10-17 h).

Musikinstrumenten-Museum, Lazenska 2 (Kleinseite), tschechische Musik und Musiker sind weltberühmt, dementsprechend große Sammlung in barockem Palais des Malteserordens (Di-So 10-16 h).

Mozartmuseum, Villa Bertramka, Mozartova 15, im Stadtteil Smichov (südlich der Kleinseite). Die schöne alte Villa, in der Mozart bei seinen Besuchen lebte, ist zu einer Gedenkstätte gemacht worden - persönliche Stücke, Mozarts Clavicembalo, Noten etc. (Di-Fr 14-17, Sa/So 10-12, 14-17 h).

Lenin-Museum, Hybernska 7 (Nove Mesto), im ehemaligen Volkshaus der Stadt, 1912 erklärten sich hier die russischen Bolschewisten zur selbständigen Partei, angeblich unter Anwesenheit Lenins. Der Raum ist rekonstruiert worden, ausgestellt sind außerdem Schriftstücke, Photos etc., die Lenis Aufenthalt in Prag betreffen (Führungen, Di-Sa 9-17, So 9-15 h).

Nationalgalerie, reichhaltige Sammlungen in verschiedenen Gebäuden - **Alte europäische Kunst** und **Französische Kunst des 19./20. Jh.** im Palais Sternberg am Hradschinplatz, **Alte tschechische Kunst** im St. Georgskloster auf der Burg (in allen Di-So 10-18 h).

Technisches Nationalmuseum, Kostelni 42, interessante Sammlung aus verschiedenen Bereichen - u.a. Verkehr, Astronomie, Fotografie, Elektronik. Alte Loks, Rennwagen, Flugzeuge, ein Bergwerksschacht, erinnert an das Deutsche Museum in München (Di-So 9-17 h).

PROTEST: der Student **Jan Palach** verbrennt sich 1968 in Prag aus Protest gegen die Besetzung des Landes durch die Truppen des Warschauer Pakts.

Januar 1990 - eine der ersten Amtshandlungen der neuen Regierung unter Vaclav Havel ist die Errichtung eines Denkmals für den Studenten auf dem Platz vor der philosophischen Fakultät der Karls-Universität Prag. Der bisherige nam. Krasnoarmejcu wird in **nam. Jan Palach** umbenannt.

Prag/Umgebung: ca. 25 km südwestlich von Prag liegt *Burg Karlstejn*, die vielleicht schönste der böhmischen Burgen, in der Kaiser Karl IV. die böhmischen Kroninsignien aufbewahrte (zu erreichen mit dem Zug ab Prag/Smichov Bhf., ca. 30 min. Fahrt).
Die mächtige Burg thront über dem Dorf und ist vollständig restauriert. Attraktion im Hohen Turm die berühmte *Heiligkreuz-Kapelle* - 127 gotische Tafelbilder bedecken die Wände, das Gewölbe ist vergoldet und mit Halbedelsteinen geschmückt (tägl. außer Mo 9-16 h, im Sommer auch länger, deutschsprachige Führungen).

Prag - Brno - Bratislava - Budapest A-Kb. 22050

Wichtige internationale Linie von der tschechischen in die ungarische Hauptstadt. Zwei durchgehende Schnellzüge tägl. (ca. 10 std.), außerdem zahlreiche innertschechische Züge.
Durchquert werden Moravia (Mähren) mit Zentrum Brno (Brünn) und die Westliche Slowakei mit Bratislava. Alle Züge halten in beiden Städten.

Brno *(Brünn)*

Drittgrößte Stadt des Landes, Uni, mehrere Hochschulen, viel Industrie. Ganz hübsche Altstadt, umgeben von einer Ringstraße, die dem Verlauf der früheren Stadtbefestigungen folgt. Dank der vielen Studenten auch einiges an Nachtleben, Lokalen etc.

Über der Stadt die große Festung *Spilberk*, ursprünglich aus dem 13. Jh., später umgebaut. Im letzten Weltkrieg diente sie der SS als Gefängnis - tausende von 'politischen' Gefangenen wurden hier hingerichtet. Ebenfalls dominierend mit seinen zwei gotischen Türmen der beeindruckende Dom *St. Peter und Paul* auf dem Petrov-Hügel. Nur wenige Schritte hügelabwärts vom Dom die Kirche eines ehemaligen *Kapuzinerklosters* mit einigen Dutzenden luftgetrockneter Mumien (Di-Sa 9-16 h).

VERBINDUNGEN / BAHNHOF: **Hauptbahnhof hlavni nadrazi** nah am Zentrum, Gepäckaufbewahrung, Duschen.

INFORMATION: **Cedok** am Nam. Svobody, Hauptplatz der Altstadt.

ÜBERNACHTEN: **CKM** unterhält im Juli/August mehrere Jugendherbergen in Studentenwohnheimen. Die Adressen sind allerdings von Jahr zu Jahr verschieden. Wendet euch deshalb an CKM, Ceska 11, Tel. 23641 (Mo-Fr 9-17 h), dort teilt man euch Plätze zu, falls noch welche zu haben sind. Kostenpunkt mit JH-Ausweis ca. 10 DM, nicht immer gut in Schuß.
Ansonsten wegen Hotels bzw. Privatzimmern bei Cedok nachfragen.
Camping Bobrava und **Camping Obora** liegen beide weit außerhalb vom Zentrum.

Bratislava *(Preßburg)*

Zweitgrößte Stadt der Tschechoslowakei, von Wien nur ein Katzensprung, auch die ungarische Grenze ist in Steinwurfweite.

An sich schöne Lage an der Donau, aber endloser Ring von häßlichen Vorstädten, das historische Zentrum dagegen kompakt, sehens- und erlebenswert. Beherrschend über der Altstadt der Burgberg mit weitem Blick. Im Norden, noch im Stadtgebiet, steigen die Kleinen Karpaten an - dort reift der 'Heurige' (burciak) von Bratislava. Die vielen Weinschenken der Stadt erinnern etwas an Wiener Vororte. Überhaupt spürt man in Bratislava die Nähe des 'Westens' - das Konsumangebot ist deutlich höher als in anderen Landesteilen. Auch hier viele junge Leute dank der zahlreichen Hochschulen.
Wie wär's - anstatt mit der Bahn per *Tragflügelboot* auf der Donau nach Budapest gleiten?

VERBINDUNGEN / BAHNHOF: Züge nach Prag brauchen ca. 5-6 std., nach Budapest 3-4 std.
Hauptbahnhof hlavna stanica am Dimitrovovo nam., knapp 2 km nördlich vom Zentrum. Trams fahren ins Zentrum, außerdem verkehren Busse und O-Busse (Tickets gibts an Kiosken). Über die Donau geht ein Fähre.

INFORMATION: **Cedok** in der Sturova 13, am Rand der Altstadt, Hotelvermittlung, Geldwechsel (Mo-Fr 9-18, Sa 9-12 h). Nicht weit davon das **CKM** am Hviezdoslavovo nam. 16, Tel. 331607 (Mo-Fr 9-17 h). Infos über Bratislava bei **BIPS**, Leningradska 1 (Kultur, Veranstaltungen etc.).

ÜBERNACHTEN: Plätze in Hotels über Cedok, in Studentenheimen über CKM.

Meist voll belegt ist das **Juniorhotel Sputnik** (CKM), ul. Drienova 14, Tel. 294167, ca. 15 DM mit JH-Ausweis, Tram 8 oder 9, abends beliebte Bar.

Autocamping **Zlate Piesky**, an einem See am nordöstlichen Stadtrand. Ziemlich weite Fahrt mit Bus 110. Haben auch 4-Pers.-Bungalows für ca. 60 DM. Das gleichnamige Motel kostet ca. 100 DM fürs DZ.

ESSEN: wie im nahen Wien haben Weinstuben (Vinaren) eine lange Tradition - es gibt auch in Bratislava Heurigenlokale, die im Herbst mit einem Zweig den frischen Heurigen anzeigen, oft Schrammelmusik. Ansonsten jede Menge Restaurants im alten Zentrum, auch zum draußen sitzen.

Vinaren Vel'ki Frantiskani, Diebrovo nam. 10, ganz zentral in der Altstadt. Historische Weinstube mit jungem Publikum in ehemaligem Franziskaner-Kloster, touristisch recht bekannt, gutes Essen (Kat. I).

Vinaren Pod bastou, Bastova ul. (Nähe Michaelertor), Weinstube in mittelalterlicher Umgebung, ebenfalls sehr beliebt (Kat. II).

Stara Sladovna, Cintoriska 32, größtes und bekanntestes Lokal der Stadt in einer ehemaligen Mälzerei. Statt Wein wird Bier ausgeschenkt, mehrere Biergärten und Restaurants, gelegentlich Livemusik (dann Eintritt), Essen ab ca. 8 DM, tägl. geöff. (Kat. II).

Sehenswertes: Ausgangspunkt für Bummel durch die verwinkelte Altstadt *Stare Mesto* ist der zentrale *namesti SNP* (Platz der slowakischen Volkserhebung). Am Platz erinnern monumentale Skulpturen an den Aufstand von 1944 gegen die deutschen Besatzungstruppen. Außerdem steht hier die Kalvinistische Kirche und die langgestreckte Front des Klosters und Kirche der barmherzigen Brüder.

Nur ein paar Schritte entfernt der Hurbanovo nam. mit der barocken *Dreifaltigkeitskirche*. Von hier führt die Michalska ul. ins Zentrum der Altstadt. Ziemlich am Anfang der Gasse, in der Nr. 24, ein *Pharmaziemuseum*, früher die älteste Apotheke der Stadt. Benachbart das barocke *Michaelertor*, der einzige noch erhaltene Torturm der ehemaligen Stadtbefestigungen (im Inneren Befestigungsmuseum), von der oberen Galerie toller Blick.

Wenn ihr links abbiegt, kommt ihr zum Diebrovo nam. - dort das barocke *Alte Rathaus* mit Stadtmuseum, die ursprünglich gotische und später barockisierte *Franziskaner-Kirche* und der *Mirbach Palast* mit interessanter Ausstellung moderner slowakischer Kunst. Um den nahen nam. 4. aprila und die sedlarska ul. ausgedehnte *Fußgängerzone* mit zahlreichen Läden.

Die Leningradska geht zum *Dom Sv. Martina* (St. Martin) aus dem 14. Jh., die frühere Krönungskirche der ungarischen Habsburger. Dort führt die Zufahrtsstraße zur neuen *Donaubrücke SNP* vorbei - für ihren Bau mußte man einen Teil der Altstadt zerstören. Mit einem Fahrstuhl kann man zum Café an der Spitze des Brückenpfeilers hinauffahren, oben schöner Blick.

An der Altstadtseite der Donau, am Rooseveltovo nam., die *Slowakische Nationalgalerie* (slowakische Kunst des 19./20. Jh.). Ganz in der Nähe pendelt in den Sommermonaten eine preiswerte Fähre über die Donau.

Die Burg *Bratislavsky hrad* thront knapp 80 m über der Donau auf einem Plateau. 1811 brannte sie völlig aus und wurde in den fünfziger Jahren unseres Jahrhunderts wieder aufgebaut. Beherbergt heute ständige Ausstellungen des Slowakischen Nationalmuseums. Toller Blick über die neue Donaubrücke und bei klarem Wetter bis nach Österreich und Ungarn hinein.

Bratislava/Umgebung: schöner Ausflug in die Weinhänge der Kleinen Karpaten, die bis ins Stadtgebiet reichen. Vom Hbf. kann man in einer knappen Stunde zum 440 m hohen Berg *Kamzik* mit einem 190 m hohen Fernsehturm an der Spitze laufen (oder Bus bis Vorort Koliba und noch 1/2 std. zu Fuß). Oben mehrere Restaurants, u.a. im Fernsehturm.

TRAGFLÜGELBOOTE: Donaufahrten nach Budapest 2-3 x wöch., ca. 40 DM (zahlbar in Devisen). Infos und Buchung bei **Slovakoturist**, Nalepkova 13.

Ungarn

Bisher eins der preiswertesten Reiseländer im Interrail-Verbund! Jedoch kein Land der landschaftlichen Sensationen - großteils flach, außer im Nordosten kaum nennenswerte Wälder oder Gebirge. Auch die berühmte *Pußta* ist bis auf einige Naturschutzgebiete nicht mehr das, was sie einmal war.

Trotzdem findet ihr noch überall ruhige, fast idyllische Fleckchen, die an vergangene Jahrzehnte erinnern - wenig Autoverkehr, vor allem in der Provinz, dafür Pferdefuhrwerke und viel Gastfreundschaft - das Land ist eben touristisch noch kaum "verdorben".

Budapest ist natürlich Anziehungspunkt Nr. 1, von Wien seid ihr in wenigen Stunden dort. Die ungarische Hauptstadt lohnt einen längeren Aufenthalt unbedingt - und sei es nur, um einmal so richtig gepflegt zu schlemmen! Sogar Nobelrestaurants kann man sich hier noch leisten. Ein Aufenthalt läßt sich gut mit einem Badetrip zum *Plattensee* verbinden, ist aber während der Hauptsaison nur bedingt empfehlenswert, man trifft halb Ungarn, dazu zahllose Deutsche aus Ost und West!

Stattdessen solltet ihr mal in die touristisch zwar "erschlossenen", aber weniger überlaufenen Gebiete vorstoßen - z.B. zum landschaftlich reizvollen *Donauknie* (nördlich von Budapest) mit dem Künstlerstädtchen *Szentendre* und der großen Festungsruine *Visegrad*. Weinkennern sind sicher auch die Orte *Eger* und *Tokaj* ein Begriff.

Und - Ungarn ist ein Land der Bäder! Über 500 Bade- und Kuranlagen sind um die zahllosen warmen Thermalquellen entstanden, die in fast jedem größeren Ort aus der Erde sprudeln. Der Grund für diesen Reichtum - die Erdrinde ist in Ungarn um 8-10 km dünner als normal.

Politisch und wirtschaftlich stehen die Zeichen auf Sturm - seit den Umwälzungen von 1989 peitscht die Regierung konsequent Reformen voran, die letztendlich die Marktwirtschaft nach westlichem Vorbild bringen sollen. Ständige Preissteigerungen sind z.Z. die Begleiterscheinungen dieser Entwicklung - trotzdem wird Ungarn wohl noch einige Jahren preiswert bleiben.

Mit der Eisenbahn durch Ungarn

Das Bahnnetz ist ganz auf Budapest zugeschnitten. In die wichtigen Provinzzentren gibts gute Verbindungen, mehr als drei Bahnstunden ist kaum ein größerer Ort von der Hauptstadt entfernt. Auf den Nebenstrecken funktionieren die Züge dagegen eher nach dem Motto Eile mit Weile.

Das Schienennetz ist dicht, aber nicht überall in gutem Zustand, oft wird nur mühsam ein Gleis instandgehalten. Schnellzüge heißen *gyorsvonat*, Bummelzüge *személyvonat*. In Expreßzügen *(sebesvonat)* ist Platzreservierung vorgeschrieben. Wichtig - Platz- und Liegewagenkarten für internationale Züge ein oder zwei Tage vor Fahrt in einem **IBUSZ-Büro** kaufen, ihr spart lange Wartezeiten!

Im äußersten Nordwesten Ungarns, Nähe Neusiedler See, ist die Linie der österreich.-ungar. *Gysev-Bahn* von Ebenfurth (bei Wiener Neustadt/ Österreich) über Sopron nach Györ mit dem Netz der ungarischen Staatsbahnen verbunden. Interrail-Ticket ist gültig.

ZUSCHLÄGE: zuschlagspflichtige Züge gibts nur ins Ausland. 50 km kosten ca. 1,20 DM.

FAHRPLÄNE: das ungarische Kursbuch (Hivatalos Menetrend) bekommt ihr an allen größeren Bahnhöfen (ca. 5 DM).

SCHMALSPURBAHNEN: gibt es mehrere, z.B. im **Gemencer Wald** (an der Donau bei Pécs) und von **Gyöngyös nach Matrafüred** im Waldgebirge von Matra, östlich von Budapest. Recht reizvoll ist auch die kleine **Széchenyi-Museumsbahn** zwischen Fertöboz und Nagycenk in der Nähe von Sopron (Details siehe unter Sopron/Umgebung). Die Anfahrt zu letzterer Strecke könnt ihr gut mit einem Abstecher zum Neusiedler See (nur österr. Seite!) und nach Sopron verbinden. Interrail-Ticket ist auf keiner der Schmalspurstrecken gültig, die Fahrkarten sind aber spottbillig.

> **Informationen**: Ungar. Staatseisenbahnen, Generaldirektion, H-1940 Budapest VI., Nepköztársaság útja 73-75.

Andere Verkehrsmittel: ab und zu auf *Busse* umsteigen, kann helfen, Strekken abzukürzen. Oft spart ihr damit auch Zeit, weil ihr nicht auf sporadisch verkehrende Bummelzüge angewiesen seid.

Eine reizvolle Alternative zum Zugalltag stellen auch die preiswerten *Donauschiffe* dar, die in der Saison von Budapest täglich Ausflugsfahrten zum Donauknie machen (Dunatours).

Praktisches

Einreise: ein noch mindestens 6 mon. gültiger Reisepaß ist Voraussetzung (für Berliner reicht der Personalausweis). Bisher (Feb. 90) besteht noch **Visumzwang** für Deutsche und Schweizer - Österreicher müssen nur ein Formblatt an der Grenze ausfüllen (die Situation kann sich aber schnell ändern - Visa sollen abgeschafft werden).

Ein Visum gilt 3 mon. lang ab A... l-lungsdatum und berech... stens 30-tägig... Transit... ihr bei ... schaften in der B... Schweiz, außerdem in IB... und DER-Reisebüros. Ihr müßt 2 Lichtbilder, euren Paß (Personalausweis reicht nicht!) und ein ausgefülltes Formular (erhältlich in Reisebüros) einschicken.

> **Die Politik hat den Reiseführer mal wieder überholt: ab Mai 90 sind sämtliche Visavorschriften abgeschafft - zur Einreise genügt der Paß!**

Antragsdauer zwischen 24 std. und 2 Wochen, Preis ca. 35 DM (Stand 89). Ihr könnt die ganze Prozedur auch über ein Reisebüro abwickeln lassen, das kommt aber etwas teurer (ca. 40 DM), deshalb besser gleich an die Botschaft schreiben.

Wichtig: wer auf der Straße einreist (Auto, Fahrrad, zu Fuß etc.), erhält ein Visum auch noch an der Grenze (etwas teurer als Vorbestellung). **Im Zug bekommt ihr kein Visum!** Bahnfahrer können aber am Grenzbahnhof den Zug verlassen und dann die ungarisch-österreichische Grenze zu Fuß überqueren (einige Kilometer Fußmarsch). Es ist aber notwendig, zwei Lichtbilder für den Visumsantrag mitzubringen, außerdem dauert die Ausstellprozedur je nach Andrang ihre Zeit.

UNGARISCHE BOTSCHAFTEN: **D-5300 Bonn** 2, Turmstr. 30, Tel. 0228/375797. **CH-3006 Bern**, Muristr. 31, Tel. 448572.

Finanzielles: ungarische Währungseinheit ist der *Forint* (Ft). Schon seit längerem haben sich die Devisenbestimmungen gelockert, es gibt keinen Zwangsumtausch, allerdings ist Ein- und Ausfuhr einheimischer Währung nur bis zu einem Betrag von 100 Forint in Münzen erlaubt. Nicht verbrauchte Forint werden bei der Ausreise in Fremdwährung zurückgewechselt - allerdings nur bis zur Hälfte des Betrags, den ihr per offizieller Wechselquittungen nachweislich in Forint umgetauscht habt und mit deutlich schlechterem Kurs. Tauscht also bei der Einreise nicht zu viel auf einmal und hebt die Wechselquittungen auf. Bedenkt das niedrige Preisniveau in Ungarn.

> **Aktueller Kurs: 1 DM = 44 Ft (2/90)**

Schwarztausch ist möglich, aber verboten. Wir können es euch nicht empfehlen, obwohl man bis zum Doppelten des offiziellen Kurses bekommt. Vorsicht ist in Budapest geboten: in den Bahnhöfen und an zentralen Sight-seeing-Punkten wird man oft deswegen angesprochen - ihr könnt aber nie völlig sicher sein, daß es nicht ein Ziviler ist. Falls ihr euch doch darauf einlaßt, gleich genau nachzählen - es werden diverse Tricks angewendet! Am besten wendet man sich an Taxifahrer oder Kellner in Restaurants.

Über die ungarischen Preise (vor allem Essen, Einkaufen, öffentl. Verkehrsmittel) werdet

Ungarn Fahrpläne Nr 23100 – 23131

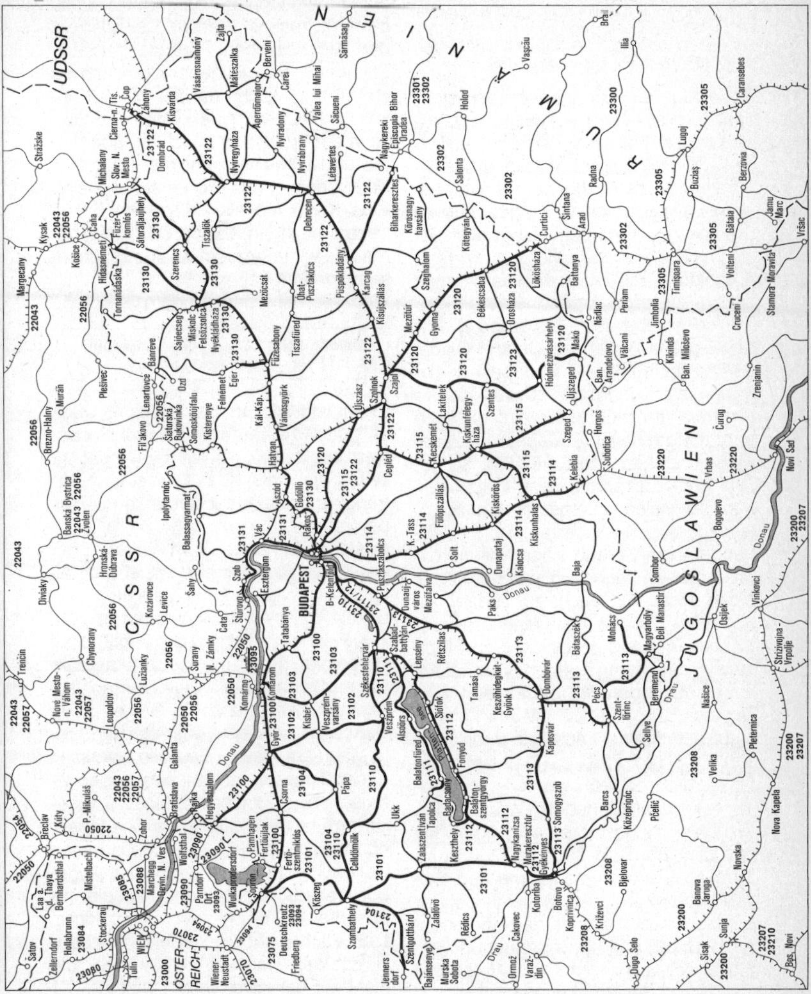

Strecken des Auslandkursbuches — elektr. — sonstige Strecken — elektr.

ihr erstaunt sein - sie stehen in keinem Verhältnis zum westlichen Ausland. Seit der Einführung der Mwst (die erste und einzige im Ostblock!) und seit den jüngsten Preiserhöhungen vom Januar 90 hat sich aber doch vieles verteuert, vor allem Lebensmittel.

Übernachten: der Jugendherbergsverband Express vermietet ca. 40 *Jugendherbergen* (Express Hostels), außerdem im Juli/August in den größeren Städten *Studentenheime* als Student Hotels. Da viele dieser Unterkünfte im Sommer mit Gruppen belegt sind, ist eine vorherige Reservierung sinnvoll. Anmeldung mit internationaler Anmeldekarte (in allen Jugendherbergen erhältlich - siehe auch Einleitung S. 35) bei Express Budapest, Central Office, Semmelweis ulca 4, Budapest V (U-Bahn Astoria). Preise etwa 8-15 DM pro Pers. Ihr müßt dann einfach nach eurem Eintreffen in Budapest zu dieser Adresse gehen (Mo-Sa 8-18 h, So geschl.) und bekommt einen Platz in einem der vielen Budapester Jugendhotels zugewiesen. Aber auch ohne vorherige Reservierung könnt ihr zu Express gehen, man wird sich bemühen, einen Platz für euch zu finden. Ihr könnt bei Express auch eine Liste aller Hostels im Land bekommen und Plätze vorreservieren (gegen Vorauszahlung). Auf jeden Fall immer erst zum Express-Büro gehen (Mo-Fr offen), nicht auf eigene Faust zu einem Hostel. Preis pro. Pers. ca. 6-12 DM.
Hotels sind oft recht teuer, gute Möglichkeit bieten dagegen *Privatzimmer*. Die Vermittlung ist staatlich geregelt und läuft über die örtlichen Tourist-Informationsbüros und die meisten Reisebüros am Ort. Gegen kleine Gebühr erhaltet ihr dort fast immer eine preiswerte Unterkunft. In Budapest und am Plattensee zahlt man ca. 15-20 DM fürs DZ, in der Provinz 10-15 DM. Vor allem an den Bahnhöfen in Budapest kommt es vor, daß Vermieter Zimmer direkt anbieten. Diese werden meist mehr oder minder schwarz vermietet und sind oft zu schlecht, um über Agenturen vermittelt zu werden.
Campingplätze gibt es in den Städten und in beinahe allen Urlaubsorten. Abgesehen von Privatzimmern sind sie die billigste Unterkunftsmöglichkeit, jedoch oft restlos überfüllt. Vor allem in den touristischen Ballungsgebieten Plattensee und Budapest kann es im Juli/August leicht passieren, daß ihr keinen Platz mehr bekommt. Die Plätze in der Provinz sind nicht so überlaufen und teilweise recht gut. Es gibt 3 Kategorien - Preis pro Person 3-7 DM. Eine Karte mit allen Campingplätzen bekommt ihr in den IBUSZ-Reisebüros, die wir unter dem Abschnitt Einreise aufgeführt haben.
Wildzelten ist in ganz Ungarn verboten.

Meldepflicht: siehe unter 'Osteuropäische Staaten allgemein', S. 133.

Essen und Trinken: generell billig, auch in "guten" Restaurants könnt ihr preiswert speisen. Zu zweit (!) werdet ihr selten mehr als 12 DM für eine mehrgängige Mahlzeit mit Getränken berappen müssen.
Restaurants nennen sich *étterem* oder *vendéglö*. *Csárdas* sind meist sorgfältig und stilvoll eingerichtete Folklore-Lokale in der Art der jeweiligen Region, z.B. Fischerkneipe (an der Theiß) oder Hirtenlokal (Pußta). Sehr oft gibts zum Essen Salonmusik - Zigeunerkapellen (nicht immer ganz echt), Geiger, auch Bands mit Sängerin, oder der berühmte Mann am Klavier. Fast alle Lokale, in denen Touristen auftauchen, haben inzwischen deutschsprachige *Speisekarten* (ihr müßt also nicht überlegen, ob ihr lieber pörkölt oder töltött essen wollt). Oft ist aber das wirkliche Angebot weitaus bescheidener als die imposante Auflistung der Speisekarte. Laßt euch nicht überreden, die "Spezialität des Hauses" zu nehmen, die nicht auf der Karte verzeichnet ist - ihr werdet dafür bezahlen. Wegen des großen Touristenstroms "verrechnen" sich die Kellner übrigens gelegentlich.
In Kaffeehäusern (*espresszó* oder *kávéházak*) herrscht oft eine Atmosphäre wie bei uns in den 50er oder 60er Jahren. Altmodische Einrichtung, Schlagermusik, "gepflegte" Stimmung.

Büfé oder *bisztros* sind billige Schnellgaststätten mit Selbstbedienung. In manchen kann man nur im Stehen essen. Konditoreien nennen sich *cukraszda*, es gibt zahllose Süßigkeiten, Kuchen etc. Kneipen, Bierkeller etc. heißen *sörözök*. Billig einkaufen kann man in den *ABC-Supermärkten*.

Ungarn ist das Land des Paprikas. Es gibt ihn in allen Sorten, von mild bis extrem scharf (die kleinen roten!) und sie werden zu fast allen Mahlzeiten verwendet.

Gulyas - eine Fleischsuppe mit viel Paprika, Zwiebeln etc.; *pörkölt* - Gulasch, diverse Variationen; *töltött káposzta* - Krautrouladen, mit Hackfleisch gefüllt; *töltött paprika* - Paprikaschoten mit Hackfleisch gefüllt; *halászlé* - Fischsuppe (scharf!); *paprikás csirke* - Paprikahühnchen; *lecsó* - eine Art Geschmortes aus Paprika, Zwiebeln, Tomaten; *fogas* - Zander aus dem Plattensee. Von den Nachspeisen unbedingt die Strudel *(rétes)* versuchen - eine ungarische Spezialität! Angeblich haben die Österreicher das Rezept gestohlen und dann den Namen "Strudel" dafür erfunden. Es gibt die verschiedensten Arten, z.B. Kohlstrudel *(káposztás rétes)*, Nußstrudel *(diós rétes)* oder Topfenstrudel *(túrós rétes)*. Gut sind auch die diversen *palacsinta* (die österreichischen Palatschinken bzw. französischen Crepes) - z.B. mit Fleisch *(húsos)*, Quark *(túró)* oder Marmelade *(lekváros)* gefüllt.

Ansonsten - wie wärs mit einem Fläschchen Krimsekt für 6 DM oder einem der vielen ungarischen Schnäpse, z.B. dem berühmten Aprikosenschnaps *(barack pálinka)* aus Kecskemét? Ungarisches Bier ist billiger als Importbier, Kaffee gibts meist als Espresso. Die ungarischen Weine sind berühmt, vor allem der Tokajer, der *egri bikavér* (Stierblut) aus Eger und die weißen Vulkanweine vom Badacsony am Plattensee.

Ermäßigungen: mit internationalem Schüler-/Studentenausweis gibts Verbilligungen in Museen, bei kulturellen Veranstaltungen und Fahrkarten, außerdem auf manchen Campingplätzen.

Telefon: das ungarische Telefonnetz ist eins der schlechtesten in Europa. Auslandsgespräche im Selbstwählverkehr sind zwar von *roten Automaten* möglich, aber nicht in jedem Ort. Freizeichen abwarten, Geld einwerfen, 00 wählen, Pfeifton abwarten, und restliche Ziffern der Landesvorwahl (49 bei BRD). Immer rechtzeitig Münzen nachwerfen, 1 min. nach Deutschland kostet ca. 1 DM.

Ansonsten ist man auf die *Vermittlung* des Fernamtes angewiesen (09). An größeren Campingplätzen und in Hotels meldet man für euch das Gespräch an, dann heißt es warten (30 min. sind keine Seltenheit), bis der Apparat klingelt und die Verbindung vielleicht zustandekommt.

VORWAHL: Bundesrepublik Deutschland - **0049**, Österreich - **0043**, Schweiz **0041**.

Kleines Sprachlexikon

Allgemeines: Guten Tag - *Jó napot*; Guten Morgen - *Jó reggelt*; Guten Abend - *Jó estét*; Gute Nacht - *Jó éjszakát*; heute - *ma*; morgen - *holnap*; ja - *igen*; nein - *nem*; danke - *köszönöm*; bitte - *kérem*; wo ist...? - *hol a*...? wann? - *mikor?*; Straße - *utca* (Abk.*u.*); Weg - *út*; Platz - *tér*.

Zahlen 1-10: *egy; kettö, három, négy, öt, hat, hét, nyolc, kilenc, tíz;* 20 - *húsz*; 50 - *ötven*; 100 - *száz*; 1000 - *ezer*.

Bahn: Bahnhof - *pályaudvar*; vom Bahnsteig - *peronról*; Fahrplan - *menetrend*; Ankunft - *érkezés*; Abfahrt - *indulás*; Zug - *vonat*; Personenzug - *személyvonat*; Schnellzug - *gyorsvonat*; Expreß - *sebesvonat*; Fahrkarte - *jegy*; Gepäckaufbewahrung - *poggyászmegörzö*.

BOTSCHAFTEN:

Bundesrepublik Deutschland: Budapest XIV, Izsó u. 5, Tel. 061/224204 - Paßstelle: Budapest II, Ady Endre u. 18.
Österreich: Budapest VI, Benzúr utca 16, Tel. 061/229467.
Schweiz: Budapest XIV, Népstadion út 107, Tel. 061/229491.
Ungarische Botschaften und Fremdenverkehrsämter in der BRD, Schweiz, Österreich siehe unter Abschnitt Visa.

UNGARISCHE FREMDENVERKEHRS-ÄMTER IBUSZ:
D-6000 Frankfurt/M., Berliner Str. 72, Tel. 069/20929. **D-5000 Köln 1**, Mauritiussteinweg 114, Tel. 0221/21910204. **D-8000 München**, Dachauer Str. 5, Tel. 089/557217. **A-1010 Wien 1**, Kärntner Str. 26, Tel. 0222/5127879. **CH-3007 Bern**, Eigerplatz 5, Tel. 031/451355-56.

WESTUNGARN

Transdanubien, das Land westlich der Donau. Sanfte Hügel dominieren, nur im Einzugsbereich der Donau und Drau völlig flach.

Abgesehen vom hübschen *Sopron* und dem fast südländisch anmutenden *Pécs* liegt hier auch der berühmte *Plattensee*, Touristenziel Nr. 1. Zwei Bahnlinien führen an den Ufern entlang.

Sopron

Eins der schönsten Städtchen Ungarns! Sopron ist weder von Mongolen noch Türken erobert worden, der größte Teil der mittelalterlichen Bauten samt Grundriß der alten Gassen und Gäßchen ist bis heute erhalten, außerdem viele alte Patrizierhäuser aus Barock und Rokoko.

VERBINDUNGEN / BAHNHOF: im Süden der Stadt, geradeaus die Matyas Kiraly u. zum Lenin körut (kürzlich umbenannt), der die Innenstadt umschließt.

INFORMATION: Ogabona tér 8. Mo-Fr 7.30-16, Sa 7.30-15.30 h. In der Saison auch länger und zusätzlich So. Zimmervermittlung.

ÜBERNACHTEN: **Hotel Pannonia**, Lenin krt. 73-75, Tel. 12180. Vom Bhf. die Hauptstr. immer geradeaus (ca. 15 min.), DZ ohne Bad 45 DM, mit 60 DM. Nur etwas mehr als die Hälfte davon zahlt man im **Hotel Lokomotiv** am Szabadsag krt. 1, Tel. 14180. Allerdings zu Fuß 1/2 std. vom Zentrum (Bus 2). **Atrium Vendégház**, Köszegi u. 3, nette Privatpension am Anfang der Straße, die zum Campingplatz führt, 20 min. vom Zentrum. App. für 2 Pers. ca. 30 DM incl. Frühstück. Im Studentenheim **Erdeszeti Egyetem Kollegiuma**, Ady Endre u. 5, Tel. 11597, kann man eventuell ein preiswertes Bett bekommen (Anfrage im Tourist-Büro). Etwa 400 m vom Bahnhof, nur Mitte Juli - Ende August. Recht gut der schattige **Camping Löver** auf einem Hügel südlich der Stadt, Bus 12.

ESSEN: **Deak**, Köztarsasag u. 20. Viele Rucksacktouristen, vor allem Fleisch und Wild, preiswert. **Szélmalom**, das sog. "Moulin Rouge" Soprons - hat jedoch wenig mit der gleichnamigen Lokalität in Paris zu tun. Das Essen ist gut und günstig, zur Unterhaltung spielt eine Gruppe, man fühlt sich in die 60er zurückversetzt. Adresse: Franknói u. 15. Vom Lenin körút über Ötvös u. und Magyar u. zur Semmelweiß u. Beliebter Weinkeller ist das **Cézar-Haus**, Hátsókapu u. 2.

Sehenswertes: zahllose Kunstdenkmäler und -bauten, Infos dazu im Tourist-Büro.

Der breite, kreisförmige *Lenin körut* (kürzlich umbenannt!) mit seinen vielen Geschäften schließt das historische Zentrum ein - an seiner Stelle verlief früher die Stadtmauer. Beherrschend im Stadtbild ist der berühmte *Stadtturm* (61 m hoch) am Nordende der Innenstadt. Hinaufsteigen lohnt - herrlicher Blick über die Gassen der Stadt bis zu den östlichen Ausläufern der Alpen (10-18 h, Mo geschl.)! Unten im Turm das *Treuetor* - es wurde errichtet, als die Stadtbewohner 1921 abstimmten, ob sie künftig Ungarn oder Österreicher sein wollten.

Durchs Tor kommt ihr in die Innenstadt mit dem prächtigen *Fö tér*, einem der schönsten alten Plätze Ungarns mit Mittelalter- und Barockhäusern, z.B. das Palais der Familie *Storno* (Nr. 8). Im Inneren kann man sich im Rahmen einer Führung ansehen, was die Stornos alles zu ihrem bescheidenen Vermögen gezählt haben. Nr. 6 ist das barocke *Fabricius-Haus* mit archäologischer Sammlung (10-18 h, Mo geschl.) und 2 Musterwohnungen aus dem 18. Jh.

In der Uj u. 22 die mittelalterliche *Synagoge* der Stadt - die Straße mündet auf den hübschen Orsolya tér.

Sopron/Umgebung

Baden im nahen *Neusiedler See* ist auf der ungarischen Seite ohne Genehmigung verboten.

30 km-Abstecher nach Fertöd zum großen *Esterházy-Schloß* - prächtige Barockanlage im typischen Habsburger-Gelb, wird auch gerne das "ungarische Versailles" genannt. 126 Zimmer

hat der etwas ländlich wirkende Prunkbau, sein Reichtum war im 18. Jh. sprichwörtlich. Gegenüber vom Eingang ein nettes Ezpresszó mit schattigem Arkadengang. Besichtigung des Schloßmuseums nur mit Führung.

VERBINDUNGEN: mit der Bahn bis **Fertöszentmiklós**, Fertöd liegt 5 km nördlich, das Schloß am westlichen Ortsrand.

Nagycenk: im *Széchenyi-Schloß* ein Verkehrsmuseum und ein Hengstgestüt. Gegenüber an der Lindenallee die Endstation der 100-jährigen *Pioniereisenbahn* zwischen Nagycenk und Fertöboz. Nur 4 km lang, aber mit historischen Signalanlagen, Dampfloks und alten Wagen der früheren ungarischen Schmalspurbahnen. Betriebstage Sa/So von Juni bis Mitte Oktober. Interrail-Ticket gilt auf dieser kleinen Strecke zwar nicht, der Preis von knapp 1 DM ist aber erschwinglich.

(Wien) - Györ - Budapest
A-Kb. 23090, 23100

Hauptlinie für den West-Ostverkehr. Wer nicht in Györ aussteigt, fährt durch bis Budapest. Häufige Verbindungen, von Wien bis Budapest 3-4 std., Ankunft im Keleti- o. Déli-Bhf.

Györ

Moderne Stadt mit Schwerindustrie und tristen Wohnsiedlungen an der Peripherie. Die Altstadt dagegen wider Erwarten groß und reizvoll. Im historischen Zentrum, das am Zusammenfluß von Donau und Raba liegt, eine Fülle von Kunstdenkmälern und gut erhaltenen Barockhäusern. Das Ganze ausgesprochen stimmungsvoll und farbig, fast ein Ausflug in die Zeiten der k.u.k.-Monarchie!

INFORMATION: Aradi vértanúk útja 22 (führt vom Bhf. gerade ins alte Viertel). Mo, Di, Fr 8-16, Do 10-18, Sa 8-13 h. Zimmervermittlung.

ÜBERNACHTEN: **Camping Kiskútliget**, ca. 3 km östlich vom Bhf., Nähe Stadion. Die breite Tanácsköztársaság útja, die vor dem Bhf. verläuft, rechts (besser den Bus nehmen). Angenehmer, mittelgroßer Platz mit guten Einrichtungen, aber wenig Schatten. **KTMF Student Hotel**, Ságvári E. u. 3, ein Bett im Mehrbettzimmer kostet knapp 3 Mark. Nur Juli/August, Tel. 13111.

ESSEN: **Vaskakas**, Köztársaság tér 3. In den Kasematten unter dem Burgberg, gute Auswahl, abends Zigeunermusik.. Extrem billig, aber wenig anheimelnd ist **Marka**, Aradi vértanuk út 14/Ecke Bajcsy Zsilinszky u. Außerdem beim Campingplatz ein kleines Restaurant.

Sehenswertes: lauft vom Bahnhof zum neobarocken Rathaus und dort die Fußgängerzone *Lenin út* entlang - jede Menge Geschäfte, altmodische Kaffeehäuser/Straßencafés und viel Rummel! Rechter Hand die Alkotmany u. entlang, kommt ihr zum *Széchenyi tér*, dem Hauptplatz. Durch neuere Umbauten hat er einiges von seiner Ursprünglichkeit verloren. In der Mitte die Mariensäule, ansonsten die zweitürmige Benediktinerkirche und an der Ecke zur Czuczor Gergely u. ein originelles *Apothekenmuseum* (Mo-Fr 9-17, So 9-13 h, Sa u. Mi-Vormittag geschl.).
Die Alkotmany u. nach links kommt ihr zu einem der schönsten Plätze, dem *Köztársaság tér*, dort die barocke Karmeliterkirche und viele historische Häuser. In der Nr. 14 schlürften die Bewohner von Györ früher ihren Kaffee - im 18. Jh. wurde hier das erste Kaffeehaus der Stadt eröffnet. Wer will, kann von hier die *Raba* überqueren (es geht über eine grüne Flußinsel). Drüben noch weitere nette Gassen mit dem nostalgischen Charme vergangener Jahrzehnte.
Vom Köztársaság tér Richtung Norden führt die Káptalan utca auf den Káptalan Hügel. Oben die *Kathedrale*, die im Lauf der Jahrhunderte zur rechten Stilmischung geworden ist, den Glasbau daneben hat gewiß kein Ästhet dorthin gesetzt! Links am Hang der mächtige, dunkelgelb gestrichene *Bischofspalast* mit großem ruhigen Garten, ihr könnt zum Fluß hinunterlaufen! Nicht versäumen - über den hübschen Gutenberg-Platz (zu erreichen von der Hinterfront der Kathedrale) kommt ihr zum großen *Duna-kapu tér* (Donautorplatz), mehrmals wöchentlich findet *Markt* statt.

Györ/Umgebung

21 km südöstlich von Györ die Benediktinerabtei **Pannonhalma** - das bedeutendste Kloster Ungarns, 1996 wird es 1000 Jahre alt! Zu besichtigen sind unter anderem das wertvolle Archiv, die Bibliothek (sehenswert!) und eine Gemäldegalerie. Eins der wenigen Klöster, das der Staat nicht aufgelöst hat. Besichtigung nur im Rahmen einer Führung (tägl. außer Mo).

ÜBERNACHTEN: familiärer **Camping Panorama** im Dorf Pannonhalma, Mai bis Sept.

Tata: Ferienort am Ufer des *Alten Sees* (Öregtó), beliebtes Sommerziel der Ungarn. Direkt am Seeufer die Alte Burg, eine der schönsten Wasserburgen Ungarns (Espresszó "mit Seeblick" im Obergeschoß). Sehenswert auch die Wassermühlen der Stadt.

INFORMATION: Ady Endre u. 9.

ÜBERNACHTEN: **Hotel Malom**, Szabadság tér 8, ca. 30 DM fürs DZ, Tel. 81530, außerdem das ruhige **Hotel Palma** am Eingang zum Volkspark, Tel. 80577. **Camping Öregtó** am See, 2 km südlich vom Zentrum.

BUDAPEST

Eine der fünf schönsten Städte der Welt, wie manche sagen. Fast zwei Jh. haben die Stadtplaner versucht, Wien an Schönheit und Monumentalität zu übertreffen. Aufwendige Pracht und nostalgischer Prunk vergangener k.u.k.-Zeiten, aber auch viel Flair und Atmosphäre sind das Ergebnis.

Das Stadtbild lebt von Gegensätzen - auf der hügligen *Buda*-Seite das stimmungsvolle Altstadtviertel mit engen gepflasterten Gassen und alten Barockhäusern. Vergessene "romantische" Winkel, gemütliche Cafés, ruhige Grünanlagen . . .
Auf der anderen Seite der Donau *Pest* - das moderne Geschäfts-, Büro- und Arbeitszentrum der Stadt. Buntes Straßenleben, quirlige Einkaufszentren, Prachtboulevards und protzige Jugendstilfassaden, vor allem aber die Fußgängerzone mit einem Warenangebot, wie man es in ganz Osteuropa nicht findet - Budapest, "das Schaufenster zum Westen"!
Budapest ist heute die am meisten westlich angehauchte Großstadt des Ostblocks: hektischer Verkehr, große Geschäftsstraßen, Neonreklamen und ausgeprägtes Nachtleben - von ihren tschechischen, polnischen und ostdeutschen Nachbarn werden die Budapester beneidet! Im Sommer ist die Stadt aber auch voller (West-) Touristen, die den nostalgischen Charme der einstigen k.u.k.-Metropole allmählich ankratzen und das von der Touristenwerbung propagierte "Einkaufsparadies" in vollen Zügen genießen.

Wer sich ein bißchen intensiver umsieht, dem werden aber, abgesehen vom perfekt instandgesetzten Burgviertel, bald die vielen vergammelten und heruntergekommenen Häuser auffallen. Das Geld zur Restaurierung fehlt überall - der Stuck fällt ab, wunderschön bemalte Decken werden mit wurmigen Holzbalken gestützt, Mosaike sind abgebrochen oder übertüncht.

Wer von Kultur, Monumentalbauten und buntem Straßenleben genug hat, kraxelt zu den Aussichtspunkten der Budaer Berge oder läßt sich mit der gemütlichen Zahnradbahn hinaufkutschieren. Von hier oben könnt ihr die ganze Ausdehnung der Riesenstadt erkennen - nach dem 2. Weltkrieg haben sich die größten Fabriken des Landes an der Pester Peripherie angesiedelt, qualmende Schlote, riesige Wohnsiedlungen und Vororte erstrekken sich kilometerweit ins flache Hinterland.

VERBINDUNGEN / BAHNHÖFE: (pályaudvar): **Keleti pu.** (Ostbhf.). Mächtige Stahlkonstruktion aus dem 19. Jh. in Pest südlich vom Stadtwäldchen (Városliget). Züge in alle Richtungen (national u. internat.).
Déli pu. (Südbhf.). Moderner Betonklotz im Westen (!) der Stadt. Züge von und nach Österreich, in den Westen und Süden Ungarns, vor allem zum Plattensee.
Nyugati pu. (Westbhf.). Am Marx tér (soll in Pariser Platz umbenannt werden!) im nördl. (!) Teil Pests. Züge v.a. in den Osten und Süden Ungarns, auch Tschechoslowakei.
Achtet immer darauf, von welcher Station euer Zug abfährt!
Fahrkarten und **Auskunft** bekommt ihr auch bei der Bahnzentrale in der Innen-

stadt: Népköztársaság útja 35, Mo-Sa 9-17 h, Tel. 228049 u. 228056.

INFORMATION: **Tourinform**, Sütö u. 2, Tel. 179800. In der Nähe der Metrostation Deák tér (50 m vom NDK-Centrum). Viel Informationsmaterial, aber keine Zimmervermittlung (Adressen siehe unter Übernachten). Tägl. 8-20 h (So manchmal kürzer).
Außerdem **IBUSZ** am Petöfi tér, Tel. 185707, 24 std. offen! Zweigstellen am Felszabadulàs tér 5, Tel. 186866 (Mo-Fr 8-18, Sa 8-15 h, So geschl.) und in allen **Bahnhöfen** (tägl. 8-20 h).

Unterwegs in Budapest: gutes Straßenbahn- und Bussystem, langsam, aber spottbillig. Außerdem gibts eine effektive Metro, Vorortlinien und eine Zahnradbahn. Die meisten Linien fahren bis gegen 23/24 h. Man kann in Kiosken und Buchhandlungen preiswerte *Stadtpläne* kaufen, in denen alle Linien eingezeichnet sind.
Tickets gibts in Tabak- und Souvenirläden (Trafik) oder an Fahrkartenschaltern der Verkehrsbetriebe (z.B. in der Unterführung am Felszabadulás tér). Gelbe Tickets gelten für Metro, Oberleitungsbusse und Straßenbahn, blaue sind nur in Bussen gültig. Eine gestempelte Karte verliert nach 1 std. ihre Gültigkeit. Es lohnt sich deshalb, eine der preiswerten *Tageskarten* (napijegy) zu kaufen - die gelbe gilt nur in Straßenbahnen, die blaue für alle Verkehrsmittel.

BUSSE / O-BUSSE / STRASSENBAHNEN: Abfahrtszeiten sind an den Haltestellen nicht angegeben, sondern nur, wann der erste und letzte Bus fährt. Busse mit schwarzer Nummer halten an jeder Haltestelle, mit roter Nummer nur an Verkehrsknotenpunkten, Expreßbusse (rotes "E") nur an Endstationen.

METRO: das schnellste Verkehrsmittel, fährt bis etwa 23 h im 3-min.-Takt. Es gibt 3 Linien, die farblich unterschieden sind.
M 1 (gelb): nicht versäumen - eine Fahrt mit der **ältesten Metro** des europäischen Kontinents (nur in London gibts eine ältere)! Geht von Pest/Vörösmarty tér über Hösök tér (Heldenplatz mit einer liebevoll restaurierten Uralt-Haltestelle aus seligen k.u.k.-Zeiten) - Varosliget - Mexikói út (Stadtwäldchen). Teilweise schöne Stationen mit gekachelten Wänden und Fahrkartenschaltern aus Holz.
M 2 (rot): von West nach Ost, verbindet unter der Donau hindurch die Stadtteile Buda und Pest. Ab Déli pu. (Südbhf.) - Moszkva tér - Deák tér - Keleti pu. (Ostbhf.) - Örs vezér tere.
M 3 (blau): durchquert Pest von Nord nach Süd, Arpad-Brücke - Deák tér - Kálvin tér - Köbánya/Kispest.

VORORTBAHNEN (HEV): gehen vom Batthyány tér (Metrostation M 2) im Zentrum in die Außenbezirke und zu Ausflugsorten, z.B. nach Szentendre (siehe dort).

Übernachten: im Juli/August ist Budapest überfüllt. Hotels sind teuer! Beste Wahl in jedem Fall Privatzimmer, werden von allen Reisebüros der Stadt vermittelt und kosten etwa 20 DM fürs DZ. Die wichtigsten Reisebüros:

Budapest-Tourist, Roosevelt tér 5, Nähe Kettenbrücke. Tel. 173555, Mo-Sa 8-20, So 9-15 h.
Zweigstellen im Déli pu. (Südbhf.), Tel. 154296, am Lenin Krt. 41, Tel. 426521 und am Baross tér 3 (Nähe Keleti pu./Ostbhf.), Tel. 336587.

IBUSZ, Petöfi Sándor tér 3, Tel. 184842, im Sommer 24 std. geöffnet.
Zweigstellen am Felszabadulás tér 5, Tel. 181120, am Baross tér 11 b, Tel. 225426 (Keleti-Bhf.) und am Lenin Krt. 111, Tel. 372556 (Nyugati pu.).

LESERTIPS: "im **IBUSZ-Büro** am Keleti-Bhf. müssen die Zimmer in Devisen (am besten DM, auch Euroschecks) bezahlt werden. Im **Express-Büro** gegenüber werden dagegen auch Forint genommen" (Oliver Klein, Bad Sassendorf) . . . "natürlich gibt es auch in Budapest an allen Bahnhöfen Privatanbieter, die ihre Zimmer direkt an die Ankommenden vermieten wollen. Deren Zimmer sind zwar billig, aber oft so schlecht, daß sie nicht über IBUSZ oder Express vermittelt werden" (Horst Weber, Frauenfeld) . . ."ein ungewöhnliches, relativ billiges Hotel am Stadtrand ist das **Strand**, nämlich ein Haufen kleiner Holzbauten (z.T. barackenähnlich, z.T. etwas luxuriöser) um verschiedene Schwimmbecken, Tennisplätze etc. im Grünen" (Winfried Roth, Berlin).
Anm. E. F.: das Strand ist zu erreichen mit der Vorortbahn HEV ab Batthyány tér 9 Stationen in Richtung Szentendre (Haltestelle Csillaghegy), kostet mit Bad 48 DM, ohne 20 DM, Tel. 671999.

Die *Express-Büros* vermitteln zum ähnlichen Preis wie Privatzimmer auch Betten in **Jugend-** und **Studentenhotels**, jedoch nur im Juli und August. Geht aber nie direkt zu einem Hostel, sondern immer erst zu Express - viele sind ständig belegt. Ihr könnt bei Express in Budapest diese Unterkünfte auch für andere ungarische Städte vorbuchen, jedoch nur gegen Vorauszahlung.

Express: Szabadság tér 16, Tel. 317777, Mo-Sa 8-20, So 10-17 h und Semmelweiß utca 4, Mo-Sa 8-18 h (Metro Astoria).
Zweigstelle in den Sommermonaten im Keleti-Bhf., täglich mindestens 10-22 h geöffnet, oft auch länger.

Camping: es gibt etliche Plätze um Budapest, von denen die ersten beiden die größten sind.

Római Fürdö, Szentendrei u. 198. Ist in der Saison oft völlig überfüllt, im Norden Budapests an der Donau, Stadtteil Obuda. Mit der Vorortbahn HEV ab Batthyáni tér (unterhalb vom Burghügel an der Donau) in Richtung Szentendre, bis ihr Zelte seht (etwa 8 Stationen).
Hárshegyi Camping, Hárshegyi u. 5/7, in den Budaer Bergen, mit Bus 22 ab Moszkva tér - zentraler Platz mit großem Busbahnhof auf der Westseite der Donau, Stadtteil Buda.
Zugligeti Niche Camping, Zugligeti út 101, kleiner Privatcamping am Waldrand, Bus 158 ab Moszkva tér bis Endstation.
Camping Roszakert, Pilisi útca 7, mit Metro bis Örs vezer tere, dann Bus 44, 45 oder 46 bis Pilisi útca. Ganz ordentlicher Platz, kleine Wiese, jedoch Bahngleise daneben, wo auch nachts oft Betrieb herrscht (Tip von Eckehard Dieterich, Esslingen).

Ansonsten sieht man Rucksacktouristen auch immer wieder in den **Parks** von Budapest schlafen, ist aber offiziell verboten, also unauffällig!

Essen: Budapest hat eine reiche Restaurant- und Eßkultur, die für jeden Geldbeutel etwas bietet. Wenigstens einmal gepflegt Essen gehen, ist fast ein Muß. Die hiesigen Nobelrestaurants sind nämlich durchaus erschwinglich. Aber laßt euch vom Ober nicht überreden, die *"Spezialität"* des Hauses zu nehmen, die nicht auf der Karte verzeichnet ist - meistens ist sie doppelt so teuer wie andere Gerichte. Am preiswertesten sind natürlich die zahllosen Self-Services, Grill-Stuben und Bistros, die ihr überall findet.

Feher Galamb, Szentháromság u. 9-11, Nähe Matthiaskirche. Beliebt und teuer, Zigeunermusik, Weinkeller.
Fortuna Etterem, mittelalterlich eingerichtet, im Burgviertel gegenüber dem Hilton, Hess András tér 4. Riesenauswahl, angeschlossen sind Bier-, Weinstube, Self-Service. Immer sehr voll!
Kárpártia Etterem, zentrale Lage in der Károly Mihály u. 4-8, 50 m von der Metrostation Felszabadulás tér. Zwei überdachte Terrassen, gute Auswahl, preiswert, abends Musik.
Vendéglö a Vörös Postakocsihoz, Ráday u. 15. Gemütliches Lokal abseits vom Rummel, Nähe Metrostation Kálvin tér.
Krisztina, Krisztina körut 25, zwischen Moszkva tér und Déli pu. Preiswert, Eintopf und Bratwurst sind beliebt.
Non Stop Bisztró, Váci u. 86 (Nähe Freiheitsbrücke), 24 std. geöffnet, für Nachtschwärmer und Frühaufsteher, sehr preiswert.
Mensa, am Dimitrov tèr neben den Markthallen (Pest). Sehr billig, ihr müßt aber ungarische Studenten nach Essensmarken fragen.

WEINSTUBEN / KNEIPEN / KELLER: Weinkeller haben meist nur bis 22 h offen. **Régi Országház**, Országház u. 17, alter Weinkeller, in dem man auch Mahlzeiten bekommt. **Stehkneipe**, in der nur Tokajer ausgeschenkt wird, in der Népköztársaság útja 18, 10 min. vom Deák tér (selbes Gebäude wie Theaterkasse). In der Nähe des Március 15 tér mehrere Kneipen, z.B. **Fregátt**, Molnár u. oder **Kaltenberg**, Kinizi u.

KAFFEEHÄUSER / KONDITOREIEN: gepflegte Nostalgie mit viel Atmosphäre! Das bekannteste ist wohl das **Café Hungária** am Lenin körut. Als Ungarn noch nicht sozialistisch war, hieß es Café New York und war der Treffpunkt der literarischen Szene. Sehr nobel, Gold- und Lüsterprunk, mehr zum Anschauen. Im alten Burgviertel das **Café Ruszwurm**, Szentháromság u. 7 (bei der Fischerbastei). Die original Biedermeier-Einrichtung ist über 150 Jahre alt und steht unter Denkmalschutz, teuer. **Café Korona**, Terrassenlokal im Burgviertel, Disz tér 16, bekannt für seine Literaturabende. **Anna Espresszó**, überdachtes Straßencafé in der Fußgängerzone Váci u. 7 (Pest), ständig voll.

> Und natürlich das **Gerbeaud** (vormaliges Vörösmarty) am Vörösmarty tér, inzwischen fast eine Legende und seit eh und je das beliebteste Cafés von Budapest! Originaleinrichtung aus dem 19. Jh., exzellente Auswahl an Struden, Torten und Kuchen.

NACHTLEBEN: ein Riesenangebot bietet die **Petöfi-Halle**, das städtische Jugendzentrum im Stadtwäldchen. In der großen Anlage mit Bühnen, Open-Air-Kinos etc. finden täglich wechselnde Veranstaltungen statt (Termine im Journal "Programme" bei der Tourist Information). Samstagabend geht man hier in die **Starlight-Disko** (Eintritt 3 DM, kein Alkoholausschank). Eine kleine, aber gute Disko ist die **Margit-hid-Disko** am Pester Brückenkopf der Margariten

brücke. Eintritt 2 DM, Touristen und Einheimische (relativ aktuelle Pop- und ungar. Musik). Ansonsten trifft man sich auch im **Kasino** auf Margitsziget (Margareteninsel) - Disko und häufig Life-Konzerte.
An Samstagen sind vor allem die **Studentendiskos** besonders beliebt - eine findet ihr am Dimitrov tér in der Wirtschaftsuni. Der **Ráday Club**, ebenfalls von der Wirtschaftsuni, liegt in der Ráday utca 43-45, Nähe Kálvin tér.
Für Romantiker gibts abends schöne Rundfahrten auf der Donau - Abfahrten am Vigadó tér beim Duna-Intercontinental-Hotel (Pestseite, zwischen Ketten- und Elisabethbrücke). Sogar ein "**Disko-Schiff**" durchquert 2-3 mal pro Woche die Fluten, hauptsächlich junge Leute fahren mit (Mi 19, Sa 21 h). Karten rechtzeitig besorgen (kosten ca. 5-7 DM), Auskünfte in den Tourist Büros. Nur Mai bis September.

Sehenswertes

Buda: die hüglige Westseite von Budapest. Ein Muß ist das von Schutzmauern und Basteien umgebene alte Viertel auf dem Burgberg *(Varhégy)* von Buda. Hinauf entweder zu Fuß, mit dem Bus ab Moszkva tér oder, am elegantesten, mit der Standseilbahn ab Clark Adám tér.
Oben schön zum Herumschlendern - verwinkelte Gassen, Mittelalter- und Barockhäuser, hübsche Innenhöfe und natürlich viele gemütliche Cafés und Konditoreien, z.B. das berühmte Café *Ruszwurm* in der Szentháromság u. 7. Interessantes Museum ist die 200 Jahre alte *Apotheke zum Goldenen Adler* (Aranysas-Gyógyszertár) in der Tárnok u. 18 (10-18 h, Mo geschl.).
Die **Matthiaskirche** steht am Szentháromság tér, dem zentralen Platz der Altstadt. Ein gewaltiges, ursprünglich gotisches Bauwerk, im Lauf der Jahrhunderte aber zig Mal umgebaut, zeitweise benutzten sie die Türken sogar als Moschee *(Büjük Dschami)*! Im 19. Jh. hat man dann versucht, das mittelalterliche Original wieder zu rekonstruieren. Trotzdem ist sie noch immer eine typisch ungarische Synthese unterschiedlichster Baustile. Übrigens die Krönungskirche der ungarischen Monarchen. Das Innere birst vor Kunstschätzen, rechts vom Altar gehts in die Krypta mit dem Kirchenschatz.

Die **Fischerbastei** hinter der Matthiaskirche ist wohl das bekannteste Bauwerk der ungarischen Hauptstadt! Eine protzige Maueranlage mit zahllosen Türmchen, Terrassen und Erkern im Zuckerbäckerstil, heute grau vom Großstadtverkehr und überschattet von der mächtigen Hilton-Hotelfassade aus Glas und Beton. Dutzende von Busladungen ergießen sich jeden Tag über die Gänge und Terrassen des erst 100 Jahre alten Mauerwerks. Einen Blick auf Budapest will jeder mal erhaschen! Dank der vielen Buden, Straßenmusikanten und Touristen herrscht Volksfeststimmung.

Übrigens, wenn ihr mal zum westlichen Wall des Burgbergs rüber lauft - von der **Tóth Arpád sétány** (Basteipromenade) habt ihr einen tollen Blick auf die Budaer Hügel. Außerdem ist es ein schöner Spaziergang - viel Schatten und Bänke! Am südlichen Ende der Promenade liegt der Disz tér mit dem Terrassencafé Korona (siehe unter Essen).

Der riesige **Burgpalast** thront auf der Südspitze der Altstadt. Schon seit dem 13. Jh. stand hier eine Burg, sie wurde immer wieder erobert und zerstört, aber auch immer wieder aufgebaut und erweitert. Das letzte Mal nach dem 2. Weltkrieg, als der ganze Dachstuhl eingestürzt war. Mehrere Museen sind eingerichtet (alle 10-18 h, Mo geschl.):
Historisches Museum: Entwicklung der Stadt von der Römerzeit bis zum Ende des 2. Weltkriegs. Mit Resten der mittelalterlichen Burganlage und sehenswerter Kachelsammlung.
Ungarische Nationalgalerie: bedeutendste Sammlung ungarischer Kunst vom Mittelalter bis heute, vor allem Skulptüren und Gemälde des 19. und 20. Jh's.
Museum der ungarischen Arbeiterbewegung: umfangreiche Dokumentation der ungarischen Arbeiterbewegung.

Gellertberg: herrlicher Rundblick vom Gipfel dieses steilen Bergs südlich vom Burgviertel. Zu Fuß ab Elisabethbrücke ca. 20 min. zur *Zitadelle* auf der Spitze oder mit Bus 27 ab Móricz Zsigmond körtér. Die Habsburger errichteten Mitte des 19. Jh. das martialische Bauwerk, um damit die Budapester einzuschüchtern und zu kontrollieren. Heute kommen Touristen und Ungarn gerne zum Essen herauf (gutes Restaurant samt Espresszó in den Kasematten, außerdem ein großes Hotel).

> **Baden gehen**: noch ein Muß in Budapest!
> Schaut mal am Fuß des Südabhangs vom Gellert-Berg ins altehrwürdige **Gellert-Hotel** mit prächtig verziertem Thermal-, Frei- u. Wellenbad und dem wunderschönen nostalgischen Garten. Eintritt incl. Sauna und Massage für 3,50 DM lohnt unbedingt, tägl. 9-16 h.
> Am Nordende vom Gellert-Berg, Nähe Elisabethbrücke, lockt außerdem das große türkische **Rudasbad** am Döbrentei tér 9. Hohe Gewölbe mit mehreren Wasserbecken von warm bis heiß, schöne Effekte durch das einfallende Licht, nur für Männer. Einzige Kleidung ist ein taschentuchgroßes Stück Stoff (Mo-Sa 6-18, So 6-16 h, ca. 3,50 DM).
> LESERTIP: "ins Rudasbad besser in Gruppe gehen, da man sonst schnell 'Gesellschaft' bekommt (Homosexuelle)" (Johannes Dapprich, Rennerod).

Donaubrücken: 1945 sprengte die deutsche Wehrmacht bei ihrem Rückzug vor der Sowjetarmee sämtliche Donaubrücken in Budapest. Man hat sie alle sorgfältig rekonstruiert und wieder aufgebaut, Prunkstück und bekannteste ist die *Kettenbrücke* (Széchényi Lánchid), die vom Fuß des Burghügels hinüber nach Pest führt. Am Beginn des lärmenden Autotunnels durch den Burgberg steht der Kilometerstein 0 - von hier werden alle Entfernungen auf den Fernstraßen Ungarns gemessen. Nachts ist die Kettenbrücke illuminiert - Super-Anblick!

Margareteninsel: Insel der Ruhe mitten in der Donau. Erholsame Alternative zum Stadtlärm - auf der einzigen Straße dürfen nur Taxis und Busse fahren. Schöne Spaziergänge durch die üppige Parklandschaft, es gibt einige schattige Cafés (z.B. im modernen Kurhotel), das riesige Palatinus-Schwimmbad, außerdem ein paar Klosterruinen.

Belgrád rakpart: die Uferpromenade auf der Pestseite zwischen Ketten- und Elisabethbrücke. Von der Terrasse des Hotels Intercontinental schöner Donaublick, per Panoramaboot täglich von Mai bis September *Stadtbesichtigungen* (Dunatours).

Unübersehbar das *Parlament*, das riesige Wahrzeichen der Stadt - den besten Blick auf das fast 300 m lange Gebäude habt ihr von der Fischerbastei. Feingliedrige "Gotik" aus der Franz-Josefs-Zeit, reich geschmückt mit Türmchen und Kuppel, der rote Stern an der Spitze ist abmontiert. Es finden interessante mehrsprachige Führungen statt.

Am selben Platz übrigens das sehr anspruchsvolle *Ethnographische Museum* mit vielen Stücken aus Leben, Kunst und Kultur der ungarischen Bauern (tägl. außer Mo 10-18 h).

Pest: Zentrum ist die Region um Vörösmarty tér, Felszabadulás tér und die Fußgängerzone Váci utca. Großstädtischer Trubel, protzige Geschäftsauslagen, Kaffeehäuser. Manchmal glaubt man fast, im Westen zu sein, z.B. in Paris und nicht in einer Hauptstadt des Ostblocks. Das Angebot ist immens und kann auch sparsame Naturen verführen - vor allem Bücher und Schallplatten sind spottbillig.

Die Fußgängerzone **Váci utca** erreicht man von der Elisabeth-Brücke aus mit wenigen Schritten. Der lebendigste Teil erstreckt sich in Richtung Vörösmarty tér. Beliebtestes Straßencafé ist das "Anna Espresso", Nr. 7, gute Buchhandlung in der Nr. 32. Nicht weniger lohnend ist auch die Seitengasse *Kígyó utca* (ebenfalls Fußgängerzone).

Kaum zu umgehen ist der **Felszasbadulás tér**, eine wichtige Kreuzung. Wo die Kigyó utca auf den langgestreckten Platz trifft, findet ihr den sog. *Pariser Hof*, eine palastartige Geschäftspassage mit eleganten Boutiquen, einem internationalen Buchladen und einem Passagencafé mit viel Atmosphäre. Die *Petöfi Sándor útca* führt Richtung Norden zum Martinelli tér und bietet gute Einkaufsmöglichkeiten.

Am **Vörösmarty tér** viele Straßenkünstler und -musiker, die von der Berühmtheit der altehrwürdigen Konditorei *Gerbeaud* profitieren. Das über 130 Jahre alte Café ist die Gute Stube von Budapest. Unbedingt mal reinschauen, noch heute haben hier Literaten ihren

Stammplatz - unbemerkt von den Touristenscharen. Unter dem Platz liegt der Anfangspunkt der berühmten *gelben Metro-Linie*, die älteste des europäischen Festlands.

Der **Deák tér** ist Verkehrsknotenpunkt und beliebter Treff der Budapester Jugend. Hier nicht das riesige *NDK-Center* (DDR-Zentrum) versäumen - extrem billige Bücher und Schallplatten aus dem anderen deutschen Staat! In der Metrostation kann man sich das hübsche *U-Bahn-Museum* ansehen (Fußgängerunterführung Tanács körút, siehe auch Museen). Hier stehen unter anderem die Wagen des allerersten Metrozuges auf dem Kontinent. 1896 fuhr Kaiser Franz Josef damit.

Am **Dimitrov tér** schließlich die riesige *Markthalle*, eine 6 Stock hohe mosaiküberdachte Stahl-Glas-Konstruktion, die an eine Fabrik- oder Bahnhofshalle erinnert - farbenfroher Spaß aus Edelsalami, Paprikaorgien und Gänseleber.

Népköztársaság útja: die Prachtstraße von Budapest, breite baumgesäumte Promenade mit Theatern, Museen, Straßencafés und Villen. Beginnt in der Nähe von Déak tér und führt bis zum großen Stadtwäldchen. Die alte Metro vom Vörösmarty tér führt genau unter ihr entlang. Zum Ende hin wird sie immer breiter und endet am eindrucksvollen *Hösök tére* (Heldenplatz), von wo ihr ins große Stadtwäldchen *(Városliget)* kommt.

Auf der linken Seite des Platzes findet ihr das **Museum der Bildenden Künste** mit einer umfangreichen Skulpturen- und Gemäldesammlung von den alten Ägyptern bis Picasso (tägl. außer Mo 10-17.30 h).

Vársoliget: das ausgedehnte Stadtwäldchen ist mehr Park als Wald. Es gibt u.a. einen urigen Vergnügungspark *(Vidam-Park)* mit uralten Karussells und einer Achterbahn aus Holz, einen Teich (Bootsverleih), das große *Széchenyi-Thermalbad* mit mehreren Becken von 30-38 Grad, das Jugendzentrum der Stadt, das berühmteste Restaurant des Landes namens *Gundel*, einen Zirkus, einen Zoo, einen Botan. Garten und einen Basar (gegenüber vom Zoo). Auf einer Insel im Teich außerdem das vielleicht skurrilste Gebäude von Budapest, das Schlößchen *Vajdahunyad*.

MUSEEN: außer den erwähnten v.a. das **Ungarische Nationalmuseum**, Múzeum körút 14-16 (Pest). Ausgezeichnete Ausstellung von den Anfängen in der Steinzeit bis zur neueren Geschichte Ungarns. Prunkstück - die ungarischen Kronjuwelen! Stephanskrone, Szepter und Reichsapfel thronen schwer bewacht in einem separaten Raum, man muß Schlange stehen, um einen Blick zu erhaschen (Kopie in der geschichtlichen Ausstellung). Tägl. außer Mo 10-18 h. **Verkehrsmuseum**, Városligeti krt. 11 und **U-Bahn-Museum**, Deák Ferenc tér - beide für Interrailer frei.

Am 20. August ist **Verfassungstag** und gleichzeitig der Feiertag des **Heiligen Stephan**. Wer dann in Budapest ist, kann tagsüber große Luft- und Wasserparaden, vor allem aber abends ein wahrhaft gigantisches Feuerwerk in den ungarischen Nationalfarben am Gellert-Berg und an der Elisabethbrücke erleben!

Budapest/Umgebung

Aquincum: die Römerstadt, im 1. Jh. n. Chr. gegründet, später angeblich die Burg König Etzels aus der Nibelungensage! Eine typisch antike Ausgrabungsstätte mit spärlichen Ruinen und einem großen Amphitheater. Sehenswert ist das *Museum* in der Mitte des Ruinenfelds (tägl. außer Mo 10-16 h).

VERBINDUNGEN: im Norden von Budapest, Stadtteil Obuda. Mit der **Vorortbahn HEV** ab Batthyáni tér (Donauufer unterhalb vom Buda-Hügel) in Richtung Szentendre. Gleich in der Nähe von Aquincum der Campingplatz Római (siehe Übernachten).

Budaer Berge: sie umgeben hufeisenförmig den am rechten Donauufer gelegenen Teil der Hauptstadt und sind ein beliebtes Ausflugsziel der Budapester, mittlerweile auch eine der exklusivsten Wohngegenden Osteuropas.

An der Straße die auf den nördlichen Gipfel Hármashatár-hegy führt, liegt die Tropfsteinhöhle **Pálvölgyi Barlang** (Paultaler Höhle), zu erreichen ab Kolossy tér mit Bus 65A. Etwa 1 km der

Höhle ist zugänglich, tägl. außer Mo werden zwischen 9 und 16 h Führungen veranstaltet (warme Kleidung!).
Sehr lohnend ist auch die Fahrt in die Berge westlich der Stadt. Eine 4 km lange, meist überfüllte Zahnradbahn führt auf den **Széchenyi-hegy** - Talstation an der Szilágyi Erzsébet fasor (gegenüber vom unübersehbaren Rundbau des Hotel Budapest), Nähe Moszkva tér. Oben angelangt weiter mit der offenen *Pioniereisenbahn* - 12 km durch die dicht bewaldeten Budaer Berge! Wird übrigens, abgesehen vom Zugführer, ausschließlich von "Jungen Pionieren" betrieben, die ca. 10-14 Jahre alt sind. Endstation Hüvösvölgy, zurück in die Stadt mit Tram oder Bus. Reizvoller ist es aber, wenn ihr nur bis zur Station János-hegy fahrt - dort zu Fuß 1/4 std. zum Aussichtsturm und mit dem Sessellift (libegö, tägl. außer Mo 8.30-17 h) hinunter zum Zugliget. Zurück zum Moskva tér mit Bus 56.

Ausflüge zum Donauknie

Landschaftlich sehr reizvoll - links und rechts dicht bewaldete Berge, hübsche kleine Dörfer . . .

Die Anfahrtsmöglichkeiten sind vielfältig. Nach *Szentendre* (20 km) geht die Budapester Vorortbahn HEV, nach *Visegrad* (42 km) und *Esztergom* (53 km) könnt ihr die Bahn nehmen (wobei man, um Visegrad zu besuchen, noch die Fähre vom gegenüberliegenden Nagymaros nehmen muß, siehe unten).
Am reizvollsten ist aber sicher die Fahrt mit Ausflugsschiffen täglich morgens um 7.30 h ab Vigadó tér (Pest). Bis Visegrad etwa 3 std. (einfach ca. 1,50 DM). Schönstes Stück aber erst zwischen Visegrad und Esztergom. Information und Tickets bei Dunatours.

Szentendre

Malerisches Städtchen am Fuß der Visegráder Berge, gegenüber einer großen Donauinsel. Bietet mit engen Pflastergäßchen, hübschen Barockkirchen und den kleinen, farbenprächtigen Häusern viel fürs Auge.

Szentendre wurde im 18. Jh. von Serben und Griechen erbaut, die vor den Türken flüchten mußten. Anfang unseres Jahrhunderts ließen sich mehr und mehr Künstler in dem ruhigen idyllischen Örtchen nieder, eine Künstlerkolonie entstand. Um den Marx tér liegen heute zahlreiche Galerien von einheimischen Malern und Bildhauern.
Szentendre ist ein bevorzugtes Ausflugsziel von Budapest, das im Sommer aus allen Nähten platzt! Buden, Folklore und Straßenmusiker sorgen für Jahrmarktsstimmung. Speziell im Juli gibts abends fast täglich Theateraufführungen und Konzerte am Marx tér. Gute Bademöglichkeiten auf der großen Donauinsel.

VERBINDUNGEN: mit der preiswerten Vorortbahn HEV ab Batthyány tér (Metrostation) oder per Ausflugsdampfer.

INFORMATION: am Donauufer, Somogyi Bascópart 6. Stadtpläne, Infos über Sehenswertes, Privatzimmervermittlung.

ÜBERNACHTEN: **Hotel Danubius**, Ady Endre u. 28., Tel. 12511, etwa 35 DM fürs DZ mit Bad, außerdem ein Express-Hostel. Schattiger **Campingplatz** auf der Pap-Insel, Fähren mehrmals stündlich.

ESSEN: griech./serbische Gerichte in der **Határcsárda**, Ady Endre u. 43 (nördl. Ortsrand). Nettes Café ist das **Nosztalgia**, Vöröshadsereg u. 30.

Sehenswertes: um den *Marx tér* prächtige serbische Kaufmannshäuser (stehen unter Denkmalschutz). Ein Treppenweg führt auf den ehemaligen Burghügel mit mittelalterlicher *Pfarrkirche*, die im Barock umgebaut wurde. Schöner Blick hinunter auf die Gäßchen vom Ort - wirkt fast ein bißchen mediterran. Die *serbisch-orthodoxe Kathedrale* mit einer schön geschnitzten Ikonostase ist gleich in der Nähe. Im Nebengebäude das serbisch/griechisch-orthodoxe *Kirchenkunstmuseum*, Engels u. 6, mit Ikonen und Gold/Silber-schmiedearbeiten (Mo geschl.).
Vor allem aber sehenswert das reichhaltige *Keramikmuseum* von Margit Kovács (1902-77) in ihrem ehemaligen Wohnhaus und Atelier, György u. 1. Die beeindruckende Sammlung beinhaltet Vasen, Teller, phantastische Skulpturen, Reliefs und Bilder aus Ka-

cheln (tägl. 9-18.30 h, ca. 20 Pfennig, Stud. frei).

Außerdem ein großes *Freilichtmuseum* (Skansen) 3 km westlich von der Stadt. Das größte seiner Art in Ungarn, charakteristische Wohnhäuser aus allen Regionen Ungarns, bäuerliches Leben und Kultur sind vorbildlich präsentiert, u.a. eine ganze Kirche aus getrocknetem Dung (!). Schön zum Spazierengehen (9-17 h, Mo geschl., ca. 20 Pfennig). Ab Bhf. Busse zur Szabadság-forrás u., Nähe Skansen.

Budapest - Vac - Sturovo (tschech. Grenze) - Bratislava - Prag A-Kb. 23131

Hauptlinie von Budapest nach Prag, mehrmals tägl. ab Nyugati pu. Schöne Fahrt ums Donauknie.

Wer nach Visegrad und Esztergom will, in **Nagymaros** aussteigen und mit der Fähre ins kleine Städtchen **Visegrad** auf der anderen Donauseite. Die Hauptattraktion liegt über dem Ort - die Ruinen einer der prächtigsten und größten Schloßburgen des Mittelalters! Angeblich hatte sie 350 Räume, herrliche Rasenflächen und sogar einen Brunnen, aus dem bei den häufigen Gelagen roter und weißer Wein sprudelte.

INFORMATION: Fö utca 3a. Privatzimmervermittlung.

ÜBERNACHTEN: es gibt zwei preiswerte Touristenhotels, in denen aber selten etwas frei ist (Széchenyi u. 4 und Salamontorony u. 5). Am Berghang über dem Ort in herrlicher Lage **Camping Jurta** (Busverbindung), ein weiterer Platz in Nagymaros.

Von Visegrad nach Esztergom per Bus oder Schiff, es gibt aber auch eine separate Bahnlinie ab Budapest.

Esztergom

Ruhiges, eher schlichtes Donaustädtchen mit Kopfsteinpflastergassen und bunten Bürgerhäusern. Darüber thront eine monumentale Kathedrale - fungierte lange Zeit als Krönungskirche und ist der größte Sakralbau des Landes! Daneben könnt ihr noch die Reste des ehemaligen mächtigen Königspalastes bewundern. Nach einem Mongoleneinfall im 13. Jh. zogen es die ungarischen Dynasten vor, der Stadt den Rücken zu kehren und sich in Buda niederzulassen. Die katholischen Erzbischöfe und Kardinäle wollten aber die glanzvolle Basilika nicht im Stich lassen - bis heute ist sie das Zentrum der ungarischen Katholiken.

VERBINDUNGEN: eigene Bahnlinie ab Budapest (nicht die Linie nach Nagymagos/Visegrad!), Bhf. außerhalb vom Zentrum. Außerdem Busse und Ausflugsschiffe.

INFORMATION: Komturist am Széchenyi tér 13. Privatzimmervermittlung.

ÜBERNACHTEN: **Hotel Fürdö**, Bajcsy-Zsilinszky út 14, Tel. 292 kostet fürs DZ ca. 38 DM, preiswerter ist das **Volan** am József Attila tér 2, Tel. 271. **Camping Vadvirág** 3 km östlich, allerdings kein Schatten.

ESSEN: auf der Insel drüben die gemütliche **Uszófalu Halászcsárda**, in der Stadt lohnt **Kispipa**, Kossuth Lajos u. 19.

Sehenswertes: die *Kathedrale* liegt auf einem Hügel über der Stadt, schöner Blick aufs andere Donauufer, das schon zur Tschechoslowakei gehört. Die Säulen am Eingang messen schon 22 m, 100 m ist die Kuppel hoch. Besichtigen kann man die prächtige *Schatzkammer* im Rahmen einer Führung - eine der größten Sammlungen an Gold- und Silberschmiedearbeiten in Europa (tägl. 9-17 h). Benachbart zur Basilika die Ruinen der *Königsburg* aus dem Mittelalter - mit Museum, Kapelle und ausgedehnten Maueranlagen (in Basilika-Führung eingeschl.).

Am Fuß des Bergs das ausgezeichnete *Christliche Museum* mit einer umfangreichen Sammlung italienischer Malerei. Auch ungarische, deutsche und niederländische Künstler sind reichhaltig vertreten (tägl. außer Mo -10-18 h).

Vor der Stadt ein kleiner Donauarm mit gemütlicher Uferpromenade und einer hübschen Insel - schön zum Relaxen!

Budapest - Balaton (Plattensee) A-Kb. 23111

Allsommerliches Hauptreiseziel der nationalen und internationalen Reisewelle. Züge dementsprechend häufig, Abfahrt Budapest am *Südbahnhof/Déli palyaudvar.*

Velence-tó *(Velence-See)*: vielleicht die Alternative zum Plattensee. Liegt auf der Hälfte der Strecke von Budapest inmitten weiter Wiesenflächen. Viel Schilf und ein Vogelschutzgebiet in der südwestlichen Ecke. Gute Bademöglichkeiten am Südufer, dementsprechend schon viele Urlauber.
Bester Anlaufpunkt ist *Agárd* (an der Bahnlinie, nicht alle Züge halten!). Mit Campingplatz (liegt leider dicht an den Schienen - viel Krach). Ausflugsboote fahren auf die andere Seeseite.

Plattensee

Ungarisch Balaton - größter See Mittel- und Westeuropas! Sehr ausgeprägte touristische Infrastruktur, acht von zehn Leuten sprechen Deutsch, im Juli/August vollkommen überlaufen.

An beiden Längsseiten des Sees führt je eine Bahnlinie entlang. Die zahlreichen Badeorte sind fast alle per Zug zu erreichen, ca. 30 Campingplätze.
Das **Nordufer** ist landschaftlich eindrucksvoller - Weingärtchen, bewaldete Hügel und Berge. Am schönsten die Halbinsel *Tihany* mit dem gleichnamigen Ort (Fähre ans Südufer nach Szantód).
Das **Südufer** - sehr flach, weite Ebenen und lange Strände, die jedoch z.T. mit Beton befestigt werden mußten. Badeurlaub total - in *Siofok*, einer reinen Touristenstadt, ist am meisten los.

> Der See ist unwahrscheinlich flach, durchschnittlich nur 3-4 m, tiefste Stelle etwa 12 m (vor der Spitze der Halbinsel Tihany). Dementsprechend warm ist das Wasser. Am Südufer kann man teilweise bis zu 1 km hineinwaten!

VERBINDUNGEN: ab **Budapest/Déli pu.** (Südbahnhof) ca. 10-15 x tägl. Züge das Südufer entlang - Endstation Nagykanizsa oder weiter nach Jugoslawien; am Nordufer Züge etwa 9 x tägl. von Budapest/Déli pu. nach Tapolca. Bis Székesfehérvár gleiche Strecke, dann trennen sich die Bahnlinien. An jeder Uferseite etwa 30 Bahnstationen, Fahrzeit ca. 2-3 std. Im Sommer zahlreiche Sonderzüge von ausländischen und ungarischen Großstädten, Wien-Balaton z.B. nur ca. 6 std.!

ÜBERNACHTEN: viele Privatzimmer und Hotels, neben Budapest höchstes Preisniveau im Land. In der Nebensaison jedoch starke Preisnachlässe. Faustregel - je weiter weg vom See, desto billiger. Die Lage der Campingplätze oft ausgesprochen ungünstig - entweder dicht bei der Autostraße oder direkt an der Bahnlinie, oder zwischen beiden! Im Juli/August überfüllt und nicht besonders sauber - Unterkommen dann nur schwer möglich.

Nordufer

Viele interessante Ziele, alte Badeorte, Heilquellen und Vulkanberge. Besonderer Leckerbissen der Thermalsee von Heviz.

Balatonalmádi: Ballungszentrum und bekannter Badeort mit Tradition und viel Rummel. Bahnhof mitten im Ort, Basarstraße und großes Strandbad samt Campingplatz nicht weit entfernt.

ÜBERNACHTEN / ESSEN: Camping **Kristóf** 50 m vom See, mitten im Ort; kleiner Gasthof **Kék Balaton** in der József Attila u. 27, etwa 25 DM fürs DZ ohne eig. Bad (mit ca. 40 DM), Tel. 32350. Gutes und preiswertes Restaurant **Pireus** (griechisch geführt) im Zentrum hinter der Post, Jókai Mór u.

Balatonfüred: touristisches Zentrum am Nordufer, dank seiner berühmten eisen- und kohlensäurehaltigen Quellen viele Kureinrichtungen und höheres Preisniveau. Öffentlicher Brunnen am Gyógy tér, außerdem eine trubelige Basarzeile und der große stille Fenyves-Park.
Der eigentliche Ort 3 km landeinwärts - sein historischer Kern steht zum großen Teil unter Denkmalschutz.

ÜBERNACHTEN / ESSEN: preiswertestes Hotel ist **Aranycsillag** an der Zsigmond u. 1 (etwa 20 DM fürs DZ mit Frühstück). Größter und modernster Campingplatz **XXVII FICC-Rally** am See - eigener Strand und alle Einrichtungen. Preiswertes Terrassenrestaurant **Thomas** im Zentrum, Horvath Mihály u. 20, mit Disko.

AUSFLÜGE: 20 km von Balatonfüred die prächtige Burgruine **Nagyvázsony** im gleichnamigen Dorf. Busverbindung, preiswertes Touristenhotel Kinizsi neben der Burg, im Schlafsaal 2 DM pro Pers. (Vorbestellung beim Fremdenverkehrsamt in Veszprém).

Halbinsel Tihany: seit 1952 Naturschutzgebiet mit zwei Seen und zahlreichen Wanderwegen. Der gleichnamige Hauptort ein hübsches ehemaliges Fischerdorf, oberhalb sehenswerte *Abtei* mit prächtiger Inneneinrichtung, an den Fresken haben die bedeutendsten ungarischen Künstler gearbeitet.

Unbedingt lohnend - die markierten Wanderwege über die ganze Halbinsel, z.B. auf den *Csúcs-Berg* (ca. 1,5 std., rot markiert) oder zur *Liprián-Quelle* und den *Mönchswohnungen* (ca. 2 std.) - russische Mönche haben sich im 11. Jh. Wohnhöhlen in den lockeren Basalttuff gegraben.

VERBINDUNGEN: nächste Bahnstation ist **Aszófö-Tihany** (5 km), auf halbem Weg zwischen Balatonfüred und Tihany. Von dort (und von Balatonfüred) verkehren häufige Busse nach Tihany.

INFORMATION: Kossuth Lajos u. 20. Infos über Wanderwege.

ÜBERNACHTEN / ESSEN: nur wenig Möglichkeiten, weil sehr überlaufen. Privatzimmer nur mit Vorbestellung. Berühmt ist das **Café Rege** mit schöner Panoramaterrasse unterhalb der Abteikirche.

Badacsony: auf einer Landzunge am Fuß eines 500 m hohen Basaltmassivs, durch Vulkanismus entstanden. Hier wachsen hervorragende Weine, in den vielen Weinstuben und -kellern könnt ihr sie kosten. Kleines Weinmuseum, Basarzeile, gute Wander- und Bademöglichkeiten.

Ab Bahnstation *Badacsonytomaj* rot markierter Wanderweg (2-türmige Basaltkirche, Quelle, Bujdosók-Treppe).

ÜBERNACHTEN / ESSEN: zwei Campingplätze, der größere ist **Camping Badacsonyörs**, östlich vom Ort. **Bórmúzeum pince** ist ein gemütliches Gasthaus am Weg zum Weinmuseum.

AUSFLÜGE: wenige Kilometer westlich nach **Sziliget**, schilfgedecktes Dörfchen auf einer Landzunge - eins der schönsten am Balaton. Noch kein Massentourismus.

Tapolca: kleine Industriestadt, ca. 15 km landeinwärts, Endpunkt der Bahnlinie von Budapest. Attraktion ist der unterirdische Grottenteich *(tavasbarlang)*, den ihr mit einem Boot befahren könnt. Eingang an der Kisfaludy u. 5.

Keszthely: größte Stadt am See, zahlreiche Sehenswürdigkeiten, u.a. eine bedeutende Schloßanlage aus dem 18. Jh. (riesige Bibliothek!). In der Fußgängerzone viele Geschäfte und nette Gartenlokale, zudem gibts 2 Strandbäder. Wer sich für Geschichte, Flora und Fauna des Balaton interessiert, findet das lohnende *Balatonmuseum* in der Múzeum u. 2 (tägl. außer Mo 10-18 h).

ÜBERNACHTEN / ESSEN: zwei Campingplätze, preiswerte Pension **Amazon** am oberen Ende der Fußgängerzone, Georgikon u. 1, Tel. 12248. Außerdem Privatzimmer über **Express**, Kossuth Lajos u. 22, Tel. 12032. Das billigste Lokal ist der Self-Service **Georgikon** am Fö tér.

Nicht versäumen! Nur 6 km von Keszthely (Busse alle halbe Stunde ab Bahnhof) der **See von Héviz** - der größte Thermalsee Europas!! Bei Wassertemperaturen von 28 Grad herrscht echte Badewannenatmosphäre, auch bei kaltem Wetter kein Problem, Strandbad ganzjährig geöffnet. Auf dem See blühen rote indische Lotosblumen. Ideal für rheumatische Interrailer!

Südufer

Mehr oder minder ein einziges Strandbad, in dem sich jeden Sommer Abertausende von Touristen aus West und Ost tummeln. Nur für Freunde von Lärm und Rummel zu empfehlen.

Siofok: Touristenstadt par excellence, riesiges Strandgebiet, Preisniveau deutlich höher als anderswo. Es gibt mindestens 6 Campingplätze, bei jungen Leuten beliebt ist *Kék Balaton-Camping*, der preiswerteste (3 km vom Zentrum). Das Restaurant *Fogas* an der Fö u. ist das billigste am Ort.

Szántód: 15 km von Siofok, ständige Pendelfähren ans Nordufer nach Tihany. Neben der Fährstation ein Campingplatz, außerdem die alte traditionsreiche *Révcsárda* (Fähr-Csárda).

Balatonszemes: wenige Kilometer östlich vom Baderummel in Boglárlelle.

Wer Zeit hat, kann hier dem interessanten *Postmuseum* einen Besuch abstatten, es gibt hübsche Sonderstempel (Juni-Sept. tägl. außer Mo 10-18 h).

Fonyód: ganz auf Badeurlaub zugeschnitten, flache Strände auf 12 km Länge. Riesiger Camping *Napsugár*.

Balatonfenyves: früher reines Sumpfgebiet, heute trockengelegt und aufgeforstet. Eine Schmalspurbahn tuckert 15 km landeinwärts nach *Csiszta-Puszta* (Interrail nicht gültig).

Balatonbereny: der städtische Strand liegt direkt neben der Bahnstation, außerdem gibts hier den einzigen FKK-Strand am Balaton. Ruhiger Camping *Kócsag* am westlichen Ortsrand.

Pécs

Südländisches Flair am Abhang des dicht bewachsenen Mecsek-Gebirges, die interessanteste Stadt im Süden.

Pécs mit Dutzenden von Baudenkmälern aus allen Epochen und vielen interessanten Museen, war in früheren Jahrhunderten türkisch besetzt - außer zwei Moscheen findet man noch hier und dort Spuren des Orients. Vom Mittelalter bis zu den Monumentalbauten des neuen Sozialismus ist im Stadtbild heute so ziemlich alles vertreten.
Ansonsten ein großes kulturelles Angebot, gute Ausflugsmöglichkeiten und ein erstaunlich mildes Klima (fast schon etwas Mittelmeer-Feeling)!

VERBINDUNGEN / BAHNHOF: der Bahnhof liegt im Süden des Zentrums, am Lenin tér. Tägl. mehrere Züge von und nach Budapest und an den Plattensee, außerdem Direktverbindungen nach Szeged, Szombathely und Beograd/Jugoslawien.

INFORMATION: Széchenyi tér 9. Unterkunftsvermittlung (auch Campingplätze), Stadtführungen. Mo-Fr 8.30-16 h, in der Saison auch Sa und So.

ÜBERNACHTEN: Privatzimmer vermitteln das Informationsbüro und die meisten Reisebüros (ca. 15-20 DM fürs DZ).
Turistaház Minaret, Sallai u. 35 (Nähe Széchényi tér), Tel. 13322. Eine Art Jugendherberge in ehemaligem Franziskaner-Kloster, spottbillige Übernachtung in Schlafsälen und DZ, hauptsächlich Osttouristen. **Hotel Fenyves**, Szölö u. 64, Tel. 15996, am Hang hoch über der Stadt, DZ mit Bad und Frühstück ca. 40 DM (mit Restaurant).
Camping Mecsek, in den bewaldeten Mecsek-Hügeln über der Stadt, häufig Busverbindung vom Zentrum.

LESERTIP: "das Hotel **Nyar** in der Jakabhegyi u. 6 war sehr sauber und gepflegt, Kostenpunkt ca. 20 DM fürs DZ. Vom Bhf. mit Bus 30 bis Endstation, auf der gleichen Straße nach 100 m rechts" (Eilert Scheidt, Essen).

ESSEN: viel geboten, außer Restaurants auch viele Cafés, Bistros etc. Feinschmecker gehen ins Restaurant oder das Kaffeehaus vom **Hotel Nádor** am Széchényi tér. Im **Minaret** (mit angeschlossenem Gästehaus, siehe oben) gibts gute Auswahl und einen Biergarten. Von der Konditorei **Virág Csokor** habt ihr einen tollen Blick auf den Széchényi tér. Gemütlich ist das **Fortuna Eszpresszó** an der Sallai u. 32.

Sehenswertes: vom Bahnhofsvorplatz schöner Blick auf Dom und Misina-Berg mit dem mächtigen Fernseh- und Aussichtsturm. Die breite Verkehrsallee Szabadság entlang ins Zentrum, den Rákóczi út nach rechts, wieder links bis zum *Széchenyi tér*, dem belebten Hauptplatz der Stadt. Beherrschender Blickpunkt dort die beeindruckende ehemalige *Moschee des Pascha Ghazi Kasim* - das größte und bedeutendste Bauwerk der Türken in Ungarn, heute katholische Kirche. Eine Porzellanfabrik hat den *Brunnen* auf dem unteren Teil vom Platz gespendet - ist mit einer sog. Eosinglasur (Geheimrezept!) überzogen.
Vom Széchenyi tér geht rechts die wichtigste Geschäftsstraße der Stadt ab - *Kossuth Lajos utca*. Eine der ältesten Straßen der Stadt, heute teilweise zur Fußgängerzone ausgebaut. Die meisten der schlichten einstöckigen Bürgerhäuser sind einsturzgefährdet.
Von der Oberseite des Széchényi tér kommt ihr die Janus Pannonius utca entlang zum riesigen dreischiffigen *Dom* mit vier Ecktürmen - gilt als eins der wichtigsten mittelalterlichen Bauwerke des Landes! Ursprünglich romanisch, im 19. Jh. völlig restauriert, oft wird Orgelmusik geboten. Sehr schön und stimmungsvoll ist der weite, leicht ansteigende Domplatz mit schattigen Bäumen und viel Grün - ab und zu wird ein Keramikmarkt abgehalten.

MUSEEN (kleine Auswahl, alle tägl. außer Mo 10-18, Ungar. Gemäldegalerie erst ab 12 h): **Janus Pannonius-Museum**, mehrere Abteilungen in der ganzen Innenstadt, sehr beliebt in der Kaptalan u. 2, dem ältesten Wohnhaus der Stadt, das **Porzellanmuseum** (Zsolnay-Museum) - die schönsten Stücke der berühmten Pécser Porzellanfabrik Zsolnay. Die **Archäologische Abteilung** findet ihr am Széchenyi tér 12.
Stadtgeschichtliches Museum, Felsömalom u. 9. Entwicklung der Stadt von der Türkenzeit bis zum Ende des 2. Weltkriegs.
Ungarische Gemäldegalerie, Szabadság u. 2. Umfangreiche Sammlung ungarischer Gegenwartskunst.
Vasarely-Museum, Kaptalan u. 3. Die Vorliebe des berühmten Op Art-Gründers galt der Geometrie, optische Spielereien und raffinierte Ästhetik prägen seine Bilder. In diesem Haus wurde er geboren, verbrachte aber die meiste Zeit seines Lebens in Südfrankreich (siehe Aix-en-Provence und Avignon/Gordes!).

Pécs/Umgebung: in *Siklos* (7 km östlich von Harkani, Bahnverbindung) eine schön gelegene und bestens erhaltene Burg mit diversen Museen - u.a. kann man die Burgverliese besichtigen, auch einige grausige Folterinstrumente sind erhalten.

ÜBERNACHTEN: Touristenherberge in der Burg, ca. 26 DM fürs DZ mit Bad/Frühstück.

SÜDOSTUNGARN

Eine weite, absolut flache Pußtalandschaft, endlose, schnurgerade Bahnlinien führen durch diese große Tiefebene (in Ungarn *Alföld* genannt), die durch ihre Eintönigkeit fasziniert.

Ein riesiges Feld reiht sich ans andere - Sonnenblumen, Paprika, Mais und Weizen bis zum Horizont . . So gut wie jeder Landstrich des ehemaligen Öd- und Weidelands ist heute kultiviert. Auch von der vielgerühmten Pußtaromantik mit Ziehbrunnen, feurigen Pferdehirten und virtuosen Geigenspielern ist nicht allzu viel übrig geblieben, außer dort, wo knipsenden Sommerurlaubern das ewig junge Operettenungarn vorgeführt wird.
Trotzdem - kleine verträumte Dörfer findet man immer noch, vor allem abseits der großen Durchgangsstraßen. Zwischen Storchennestern und watschelnden Gänseherden ist hier noch die Ruhe daheim.
Achtet mal auf die kleinen Pußtabahnhöfe - jeder ein Schmuckstück für sich, überall Blumen und viel Grün!

Budapest - Kecskemét - Szeged A-Kb. 23115

Die Bahnlinie von Budapest durch die große Tiefebene Richtung Süden endet in Szeged - keine Weiterfahrt nach Rumänien möglich!
Um Kecskemét liegt das Zentrum des ungarischen Obstanbaus. Kleine Dörfer, verstreute Einzelgehöfte und riesige Plantagen prägen das Bild (Äpfel, Pfirsiche, Aprikosen). Dazwischen die Betriebe, die das Ganze in handliches Blechformat verpacken (sprich Konservenfabriken) und endlose Weingärten. Mal kosten - den berühmten Aprikosenschnaps *barack pálinka* (nur echt mit der Ziege auf dem Etikett)!

Kecskemét: großstädtischer Kern mit dörflichen Siedlungen und wuchtigen Vorstädten an der Peripherie. Das Zentrum mit vielen Bauten aus dem 17. und 18. Jh. ist einen Stop wert. Die vielen Reisebusse zeigen, daß sich das herumgesprochen hat. Existenzgrundlage der Stadt ist zu fast hundert Prozent die Obst- und Weinverarbeitung.

INFORMATION: Szabadság tér 2. Mo-Do 8-17, Fr 8-16.30, So 8-14 h. Zimmervermittlung.

ÜBERNACHTEN: Pension **Három Gúnár**, Batthyány utca 7. Zentrale Lage, ca. 40 DM fürs DZ mit Bad/Frühst. Tel. 29555. Der freundliche Camping **Autós** ist mit Bus 1 ab Zentrum zu erreichen. Dahinter ein großer Freizeitpark mit Bademöglichkeiten und Riesenrutsche!

ESSEN: in einer alten Windmühle etwas außerhalb - **Szélmalom Csárda**, Szegedi út 67 (Straße Nr. 5 nach Szeged). Sehr gute Küche und riesige Auswahl. Nettes Terrassencafé ist das **Atrium** hinter der griechisch-orthodoxen Kirche (Zugang am Széchenyi tér).

MUSEEN: im Park vor dem Bahnhof findet ihr ein kleines **Keramikmuseum** (10-18 h, Mo geschl.).

MÄRKTE: besuchenswert der **Obst- und Gemüsemarkt** an der Budai utca hinter dem großen Kaufhaus (Mo-, Mi-, Fr-Vormittag).

Pußta von Bugac: ein Stück original erhaltene Pußta im Kiskunság- Nationalpark 40 km südlich von Kecskemét - weites Sumpf- und Sandland, mit Wasserläufen, Sanddünen und schilfbewachsenen Teichen. Dazwischen vereinzelte Baumgruppen, kleine Gehöfte und die typischen Schilfbehausungen der Hirten. Wer in Kecskemét eine Pauschaltour bucht, bekommt Rindviehhorden mit seltsam geschwungenen Hörnern und Schaureiten von schmucken ungarischen Pferdehirten *(Csikos)* vorgeführt. Ansonsten gibts ein hübsches *Hirtenmuseum*. Das Ganze natürlich sehr touristisch aufgezogen und durchorganisiert, Eintritt für Einzelreisende ohne Pauschalprogramm 1,50 DM. Recht gutes Essen gibts in der *Csárda* von Bugac (etwas teurer).

VERBINDUNGEN: Züge auf kleiner Nebenlinie von Kecskemét bis Bugac.

ÜBERNACHTEN: **Bugac Pußta-Jugendherberge**, Nagybugac, April bis Mitte Okt., ca. 7 DM, vom Bhf. 5 km. Voranmeldung obligatorisch im Express-Büro von Kecskemét, Dobó körut 11, Tel. 76/29236.

Szeged

Fast mediterrane Atmosphäre zeichnet die tiefstgelegene Stadt Ungarns aus. Buntes Straßenleben, die vielen Cafés und das reichhaltige kulturelle Angebot machen den Aufenthalt reizvoll.

Im März 1879 zerstörte das verheerende Hochwasser der Theiß fast das ganze historische Stadtzentrum. Über 6000 Häuser wurden völlig vernichtet, mit Hilfe europäischer Großstädte (Moskau, Paris, London u.a.) ging man an den Wiederaufbau - die Hauptstraßen von Szeged tragen deren Namen (Londoni körút usw.).

Trotz der Katastrophe ist Szeged heute wieder eine hübsche Stadt mit großstädtischem Charakter. Ganze Straßenzüge wurden sorgfältig restauriert und einheitlich klassizistisch gestaltet. Schön zum Bummeln sind die Theißufer, die gepflegten Parks und Promenaden.

INFORMATION: Klauzál tér 7 (im Zentrum - vom Bhf. rechts die Aprilis 4. ú. lang). In der Saison tägl. 9-19 h. Privatzimmervermittlung.

ÜBERNACHTEN: Vermittlung von Plätzen in Studentenheimen und Jugendherbergen im **Express- Büro**, Kigyó u. 3. Das Express-Hostel **Semmelweis** in der Semmelweis u. 4, nah beim Bhf. (nur Juli/August, ca. 7 DM). Außerdem ein guter **Campingplatz** 3 km außerhalb in der Dorozsmai út 2, mit angeschlossenem **Motel** (Tel. 61255, 11-14 DM für Platz in 2-, 3- o. 4-Bettzimmer).

ESSEN: **Festival**, gegenüber dem Dom und **Hagi**, Kelemen u. 3, sind beide preiswert und zentral gelegen; gute Fischlokale gibts an der Theiß, z.B. die **Öregkörösi-Halászcsárda** nördlich vom Zentrum (Szegeder Fischsuppe versuchen!). Empfehlenswert ist auch die **Camping-Csárda**. Das Restaurant-Schiff **Szöke Tisza Etterem**, nahe der alten Theißbrücke ist ein beliebter Treffpunkt mit Video-Disko.

Sehenswertes: am Dóm tér der monumentale neuromanische *Dom* (erst 1913-1930 gebaut). Im Inneren eine der größten Orgeln der Welt, Pfeifen von 12 mm bis 5 m! Drum herum große Arkaden mit Gedenktafeln berühmter Ungarn. Auf dem Platz auch der *St.-Demetrius-Turm*, das älteste Bauwerk der Stadt (12. Jh.). Im Juli/August finden auf dem Dóm tér gute Theater-/Opernaufführungen statt (Szegeder Freilichtspiele, Karten oft nur im Vorverkauf).

Besonders schön sind außerdem der Hauptplatz *Széchenyi tér* mit dem Rathaus und einer schattigen Parkanlage, außerdem der klassizistische *Klauzál tér* mit seinen Straßencafés - zu erreichen über die Fußgängerzone Kárász uta mit zahlreichen Geschäften. Am Szent István tér, nördlich vom Zentrum, findet jeden Werktag vormittags der sog. *Polnische Markt* statt, wo man (fast) alles kaufen kann. Der *Obst- und Gemüsemarkt* hat seinen Standort am Marx tér.

Last but not least - ein Spaziergang zur Tisza (Theiß) mit Uferpromenade, auf der anderen Seite das Volkswäldchen (Népliget), der größte Park der Stadt (mit botanischem Garten).

Budapest - Szolnok - Lökösháza - Bukarest (Rumänien) A-Kb. 23120

Langstrecke zwischen der ungarischen und der rumänischen Hauptstadt (ab *Budapest/Keleti pu* - Ostbhf.). Durchgehende Züge platzkarten- und zuschlagspflichtig, 2 x tägl., ca. 13-14 std.
Szolnok ist wichtiger Verkehrsknotenpunkt, besitzt aber auch Thermalquellen und ein Bäderzentrum.

Budapest - Szolnok - Debrecen A-Kb. 23122

Debrecen

Die bedeutendste Stadt des Alföld, im äußersten Nordosten der großen Tiefebene. Obwohl eine der größten Städte Ungarns, wirkt Debrecen in weiten Teilen fast noch wie ein riesiges Dorf. Niedrige einstöckige Häuserzeilen säumen die meisten Straßen.

Insgesamt wenig Rummel, jedoch herrscht dank der drei Universitäten reges studentisches Leben. Ein weiterer Pluspunkt ist der große Waldpark *Nagyerdö*, unmittelbar am Stadtrand, wo ein riesiges Badezentrum entstanden ist.
Am 20. August wird der Debrecener Blumenkarneval (virágkarnevál) veranstaltet, das größte und bunteste Fest der Stadt!

INFORMATION: Hadju Tourist ab 1989 am Kálvin tér, neben der großen Kirche. Mo-Fr 7.30-17, Sa 7.30-12 h. Privatzimmervermittlung.

ÜBERNACHTEN: gleich am Bahnhof das **Hotel Debrecen**, Petöfi tér 9, Tel. 16550 (DZ ohne Dusche 18 DM, mit 28 DM). In derselben Preisklasse das **Hotel Fönix**, Barna u. 17, Tel. 13355. Vom Bahnhof die Vörös Hadsereg útja geradeaus, die Barna u. zweigt nach etwa 150 m links ab.
Express-Büro in der Vörös Hadsereg ú. 77 (500 m vom Bhf.), 2 Express Hotels ca. 1 km vom Bhf. - Jerikó út 17-21, Tel. 13939 und Landler út 2 (nur Juli/August), Tel. 15155.
Der schöne **Camping Termal** im Wald beim Badezentrum, Nagyerdei körút 102, Tram 1 ab Bhf.

ESSEN: die meisten Restaurants und Imbißstuben an der Vörös Hadsereg útja. Preiswert und gut z.B. das **Gambrinusz**, Nr. 28 b. Unbestrittener kulinarischer Höhepunkt ist aber das Restaurant/Hotel **Arany Bika**, Nr. 11-15, nur mittags, ab etwa 8 DM. Den Speisesaal findet ihr unter Sehenswertes!

Sehenswertes: die lange Hauptstraße Vörös Hadsereg útja (Straße der Roten Armee) durchquert vom Bahnhof aus fast schnurgerade die Stadt. Hier spielt sich nahezu das gesamte öffentliche Leben ab - Geschäfte, Restaurants, starker Autoverkehr und auch die einzige Straßenbahn (sinnigerweise Nr. 1). Sie mündet am zentralen **Kalvin tér** mit der *großen Reformierten Kirche* (Nagytemplom) in charakteristischer Ockerfarbe. 1540 traten die Einwohner der Stadt geschlossen zum Protestantismus über, fortan war es nur noch Calvinisten gestattet, sich in Debrecen anzusiedeln (übrigens die einzige Stadt in Ungarn, die sich voll zur Reformation bekannte, das sog. "calvinistische Rom"!). Das Innere wirkt ohne den gewohnten Pomp und Prunk der Katholiken eher kahl, 1849 verkündete hier *Lajos Kossuth*, einer der wichtigsten revolutionären Führer Ungarns, die Absetzung der Habsburger. Am Platz vor der Kirche übrigens das altehrwürdige *Arany Bika-Hotel*. Schaut mal in den Speisesaal - himmelhohe Glasdecke mit nostalgischen Kronleuchtern!
Hinter der Kirche das *Reformierte Kollegium*, zeitweise Sitz des Landtags der ungarischen Revolutionsregierung, später konstituierte sich hier die provisorische Nationalregierung. Im Inneren u.a. die zweitgrößte Bibliothek des Landes.

> Sehr empfehlenswertes Museum - das **Déri-Museum**, vom Kirchenplatz ein kleines Stück nach links, am Déri tér. Mehrere große Sammlungen, u.a. eine Gemäldegalerie, eine archäologische Ausstellung, asiatische Kunst und eine interessante ortsgeschichtliche Abteilung. Tägl. außer Mo 10-18 h.

Nicht versäumen - der riesige Stadtpark *Nagyerdö*! Zu erreichen mit der Straßenbahn vom Hauptbahnhof quer durchs Zentrum. Hier findet ihr viele kleine Gewässer, u.a. einen See mit Ruderbooten, ein großes Thermalbad, einen Vergnügungspark und den Campingplatz. Beliebter Treffpunkt der Jugend, gleich nebenan das *Univiertel* der Stadt.

Debrecen/Umgebung

Pußta von Hortobágy (Nationalpark): weite Einöden, Ziehbrunnen, schnatternde Gänsescharen und Touristenspektakel ca. 30 km westlich von Debrecen. Noch ein ganzes Stück größer als die Bugac-Pußta, im Frühjahr, wenn alles blüht, herrscht eine unglaubliche Farbenpracht! Große Rinderherden (die man ohne Führung aber kaum zu Gesicht bekommt), auch berühmt wegen der über 230 Vogelarten, die hier nisten. Das kleine Dorf Hortobágy ist Zentrum der Show. Am westlichen Ortsausgang die berühmte *Neunlöchrige Brücke*, die außer ihrer Berühmtheit aber nichts Besonderes aufweisen kann. Umso sehenswerter das schlichte, aber eindringliche *Hirtenmuseum*. Das Leben der Hirten in der Pußta wird einem hier nahegebracht - u.a. Trachten, Gebrauchsgegenstände und Behausungen der Hirten (tägl. außer Mo). Nebenan, in einem runden Schuppen mit Schilfdach, die *Ausstellung des Hortobágy-Nationalparks*. Mit einer Diashow werden Tiere und Pflanzen der Pußta vorgestellt. Außerdem gibts noch die berühmte, original eingerichtete *Nagycsárda* (schön und teuer), einen Aussichtsturm (ein paar hundert Meter entfernt), eine Töpferei (7 km östlich von Hortobagy) und das Gestüt Máta (wechselnde Standorte).

VERBINDUNGEN: kleine Bahnlinie ab Debrecen, schöne Fahrt nach Hortobagy.

INFORMATION: Hadjutourist, im Hirtenmuseum. Hier Buchung einer Pußta-Fahrt im Planwagen (ab fünf Pers. knapp 3 DM pro Pers/std. + 50 Pfennig Eintritt ins Gestüt).

ÜBERNACHTEN: preiswertes **Motel Fogadu**, Kossuth u. 1 und **Pußta Camping** im Ort (hinter dem Camping eine Thermalquelle - schön zum Baden!).

NORDOST-UNGARN

Waldreiche Mittelgebirgslandschaft, lohnend zum Durchfahren - ihr findet hier die reizvollsten Eisenbahnlinien Ungarns. Die schönsten sind aber meistens Nebenstrecken und ziemlich abgelegen, nahe der tschechischen Grenze, teilweise noch Dampfbetrieb! Weitere Attraktion - hier wachsen die besten Weine Ungarns. *Eger* und *Tokaj* sind malerische Orte und haben jahrhundertlange Weinbautradition.

Budapest - Hatvan - Eger - Miskolc A-Kb. 23130

Eger

Drei Stunden Bahnfahrt von Budapest, schöne Barockstadt mit ausgedehnten Parkanlagen und Alleen, vor allem aber Zentrum des besten Weinbaugebiets von Ungarn.

Die trutzigen Befestigungsanlagen der Burg sind für die Ungarn Symbol ihrer Unabhängigkeit und Stärke. Hier verteidigte sich ein kleines Häuflein Ungarn heldenmütig und erfolgreich gegen eine riesige türkische Übermacht. Trotzdem überrannten 40 Jahre später die Türken die Festung. Nach ihrer Vertreibung wurde die Stadt dann im Barockstil wieder aufgebaut.
Berühmt ist der süffige Rotwein der Region - besser bekannt unter dem ehemaligen deutschen Namen von Eger, *"Erlauer Stierblut"* (Egri Bikavér). Die zahlreichen Weinkeller liegen im "Tal der Schönen Frauen" im Süden der Stadt! Im Sommer ein bißchen Oktoberfestatmosphäre.

INFORMATION: "Egertourist", Bajcsy-Zsilinsky u. 9, nicht weit vom Zentrum. Stadtpläne und Privatzimmervermittlung.

ÜBERNACHTEN: an Privatzimmern besteht kein Mangel, z.B. **Kökút**, Kökút u. 11, Tel. 10292 (bei den Weinkellern). Das **Butler**

Haus, Kossuth Lajos u. 26, Tel. 22886, ist ein zentral gelegenes Hostel. Ansonsten zwei Herbergen von Express, nämlich Hotel **Unicornis**, Hibay K. u. 2, Tel. 12866 (unterhalb der Burg) und Student Hotel **Ho Shi Minh**, Leányka u. 2, Tel. 12006 (Express-Büro in der Széchenyi u. 28, 12886).
Außerdem relativ neuer **Eger-Camping** an der Rákóczi u. 79. Am westlichen Stadtrand (Richtung Ozd), vom Zentrum mit Bus 10, 11 und 12. Mit Stud.-Ausweis Ermäßigung.

ESSEN: eine gute Adresse ist **Vadászkürt** an der Marx u. 4. Extrem billig ist der **Self Service** in der Alkotmany u. (gegenüber Nr. 12), ebenfalls preiswert ist die schummrige **Kasamata**, ein großer Keller unter der Domtreppe am Szabadság tér. Gut auch im südlichen Stadtteil die **Ködmön csárda** (Szépasszony-völgy). Weinkellereien siehe unten.

Sehenswertes: die beiden Prachtstraßen von Eger sind die von Barockgebäuden gesäumten *Kossuth Lajos utca* und *Széchényi utca*. Vor allem aber in den vielen engen Gäßchen der Innenstadt kann man schön herumlaufen - Mittelpunkt ist der große *Szabadság tér*, der Freiheitsplatz. Die mächtige Kuppelkirche ist die **Kathedrale** von Eger - 1831-39 erbaut, klassizistisch, eine der größten in Ungarn. Drum herum schöne Rasenflächen, gegenüber das ehemalige *erzbischöfliche Lyzeum* mit herrlichem Innenhof und 10-stöckigem Turm, der ein astronomisches Museum und eine Sternwarte beherbergt. Mal raufklettern.
Ein weiteres Zentrum ist der *Dobó István tér* - hier findet der Markt statt (auch täglicher Flohmarkt), außerdem steht hier die barocke *Minoritenkirche* mit Deckenfresken. Nur wenige Minuten entfernt das Wahrzeichen von Eger, ein 40 m hohes 14-eckiges *Minarett*. Es ist das einzige Überbleibsel aus der Türkenzeit.
Zur **Burg** müßt ihr auf jeden Fall mal raufsteigen, sie gilt heute als Symbol der Stärke und Unbesiegbarkeit Ungarns, eine Art Nationaldenkmal. Vom Dózsa tér geht es eine steile Kopfsteinpflastergasse hinauf - wer will, schaut sich oben das Burgmuseum (im Bischofspalast) und die Bildergalerie an. Viel interessanter sind die unterirdischen *Kasematten* der Burg, die aber nur im Rahmen einer Führung zugänglich sind (deutschsprachig ca. 6 DM).
Wer baden möchte - südlich vom *Petőfi tér* findet ihr neben dem Stadtpark das Bäderviertel - Eger ist auch bekannt für seine Thermalquellen.

IM TAL DER SCHÖNEN FRAUEN (Szépasszony-völgy): hier liegen die berühmten Weinkeller der Stadt. Rund um eine Wiese sind die schmalen jahrhundertealten Gewölbe in den Fels geschlagen. Im Sommer geht es rund bis Mitternacht. Vom Zentrum ist das Ganze ca. 20 min. entfernt - ihr müßt durch den großen Nepkert-Park (abends Freiluftdisko!) laufen.

Wer noch weiter in den Nordosten Ungarns will, fährt von Eger nach Miskolc - schöne Strecke durchs Bükk-Gebirge!

Miskolc große häßliche Industriemetropole, für einen Aufenthalt nicht empfehlenswert. Am südlichen Stadtrand liegt in einem großen Waldpark das Thermal-Höhlenbad von *Miskolctapolca* (in einer Tropfsteinhöhle, ca. 31 Grad Celsius). Campingplatz ca. 1 1/2 km entfernt.

Miskolc - Tokaj - Nyriegyhaza - Debrecen A-Kb 23130, 23122

Tokaj: zwischen sanften Rebhängen ein kleiner Ort mit großem Namen! Der Wein des Städtchens ist seit langem weltberühmt - schon im Mittelalter wußten die Päpste den edlen Tropfen zu schätzen und auch an den europäischen Königshöfen war der Tokajer "in". Und in Goethes "Faust" wird in Auerbachs Keller natürlich auch Tokajer getrunken.
Weinstuben *(Borozós)* findet ihr im Ortszentrum überall, größter Keller ist der *Rákóczi-Keller* am Kossuth Lajos tér 13. 24 Gänge, insgesamt fast 2 km dolang. Kann aber nur im Rahmen einer Führung betreten werden, für die man sich einige Tage vorher anmelden muß (ca. 10 DM).

ÜBERNACHTEN: preiswertes Hotel **Tokaj** an der Rákóczi u. 5, Tel. 201. **Camping Tisza**, hübscher Platz unter schattigen Bäumen, direkt am Ufer der Theiß.

Rumänien

Die "sozialistische Republik Rumänien" ist tot - es lebe "Rumänien"! 120 Schüsse besiegelten am ersten Weihnachtsfeiertag des Jahres 1989 um vier Uhr nachmittags das Ende der erbarmungslosesten Diktatur Europas. "Conducator" (Führer) Nicolai Ceausescu und Gemahlin Helena starben in Pelzmänteln, entmachtet, verurteilt und hingerichtet durch einen bis dahin für unglaublich gehaltenen Volksaufstand.

Die Städte *Timisoara*, *Arad, Sibiu* und *Bukarest* waren Zentren der Revolution, die blitzschnell auf das ganze Land übergriff. Nach anfänglichen blutigen Niederschlagsversuchen stellte sich die Armee auf die Seite des Volkes. Erst in tagelangen Straßenkämpfen gelang es, die bis an die Zähne bewaffnete Geheimpolizei Securitate niederzukämpfen.

"Die Ratte ist weg, Dracula ist tot", so einer der Widerstandskämpfer - aber bis Rumänien einen halbwegs normalen Lebensstandard erreichen wird, werden noch Jahre verstreichen. Unter Ceausescus Willkürherrschaft gingen alle höherwertigen Nahrungsmittel in den Export - seit Jahren hungern die Rumänen, Strom und Heizung waren streng rationiert. Die jetzt anrollenden Hilfsgüter aus vielen Staaten wirken nur wie der Tropfen auf den heißen Stein. Versorgungslage und Lebensqualität sind schlichtweg katastrophal, die Preise hoch. Auch die politische Situation ist z.Z. noch reichlich instabil und unklar.

Für Interrailer also kein einfaches Land - dazu kommen nach wie vor Zwangsumtausch, Schlange stehen und rappelvolle Züge. Die großartige Natur kann vielleicht für einiges entschädigen. Da ist vor allem der mächtige *Karpatenbogen* nordwestlich von Bukarest, eine großartige Bergwelt mit schönen Tälern, bewaldeten Hügeln und schroffen Berghängen. Hier und im nördlich anschließenden Hochland von *Transsylvanien* liegt die Heimat des schrecklichen Vampirs Graf Dracula und seiner Familie. Sie hausen irgendwo in einem versteckten Schloß (zum Einfühlen das Buch 'Dracula' von Bram Stoker, Ende des 19. Jh. geschrieben).

Die *Schwarzmeerküste* von Constanta bis Mangalia besitzt Badeorte wie Perlen an der Kette. Im Sommer sind sie jedoch voll von Osttouristen überlaufen. Ein Höhepunkt ist das fast unbewohnte *Donaudelta* - die endlose Wasser- und Schilflandschaft ist eine der letzten großen Wildnisse Europas, zudem ein bedeutendes Vogelschutzgebiet.

Generell gilt, daß ihr das typische Rumänien eher in den Dörfern als in den großen Städten findet.

Mit der Eisenbahn durch Rumänien

Gut ausgebautes Bahnnetz. Jedoch sind Hauptstrecken mit häufigen Verbindungen rar, die Züge fast immer überfüllt.

Normale Personenzüge sind entsetzlich langsam und halten an jeder Station. Wenn möglich, nehmt auf größeren Strecken immer Schnell- *(trenuri rapide)* oder Expreßzüge *(trenuri accelerate*), dabei sind allerdings Zuschläge zu zahlen (accelerat 3 DM, rapid 6 DM). Auch (kostenlose) Platzreservierung ist in diesen Zügen obligatorisch.

Rumänien Fahrpläne Nr 23300 – 23306 **Bulgarien** Fahrpläne Nr 23400 – 23402

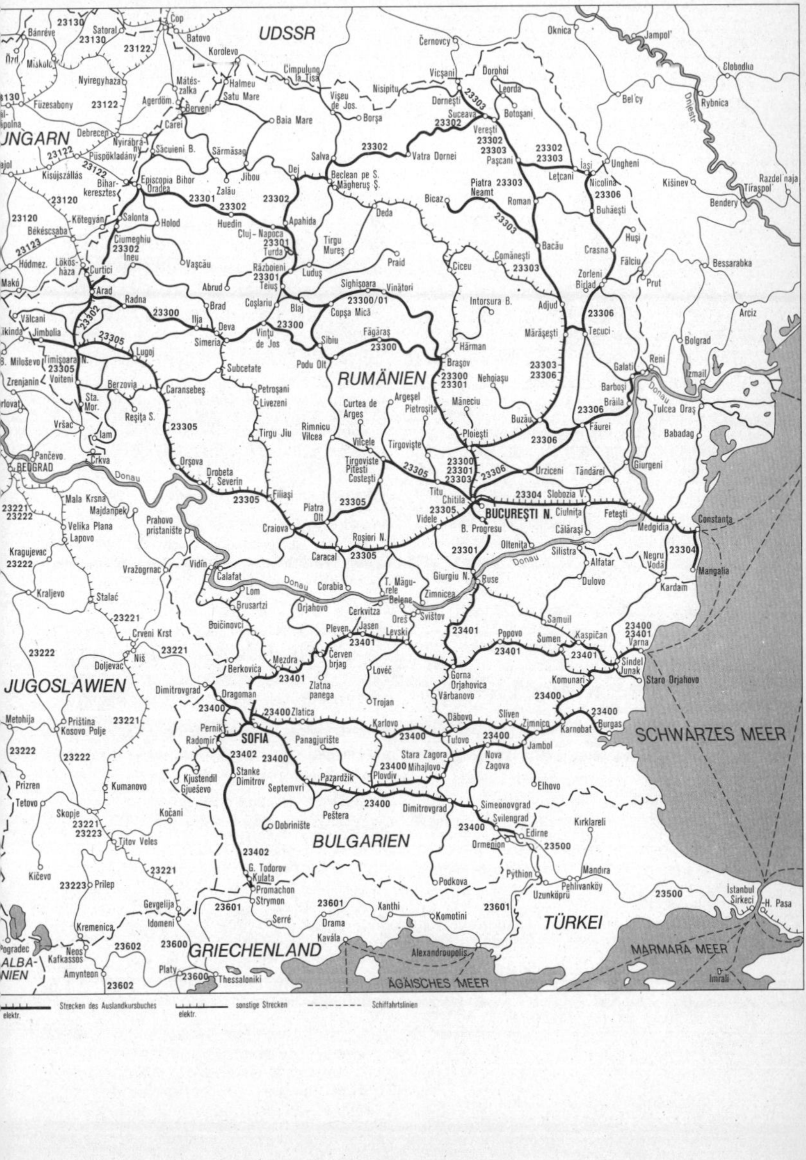

Strecken des Auslandkursbuches elektr. — sonstige Strecken elektr. — Schiffahrtslinien

Wichtig für Interrailer: ihr müßt rechtzeitig am Ticketschalter anstehen und die eingetragene Fahrt im Interrail-Paß abstempeln lassen! Andernfalls kann es euch eine Menge kosten, den Zugschaffner zu überzeugen, daß ihr es nur vergessen habt. Leider sind die rumänischen Bahnhöfe vor allem wegen der endlosen Schlangen vor den Schaltern bemerkenswert. Erst eine Stunde vor Abfahrt eines Zuges kann man Fahrkarten kaufen bzw. das Ticket abstempeln lassen, seid also rechtzeitig da.

Im Voraus bekommt ihr Platzkarten und Fahrscheine (z.B. nach Bulgarien) in den **CFR-Büros**, die in jeder Stadt zu finden sind. Fahrscheine ins Ausland müssen in Devisen bezahlt werden.

Habt immer eurer Gepäck im Auge.

LESERTIPS: "Falls man keine Zuschlagskarte bekommt (zu lange Schlange oder man weiß nicht, wo man sich anstellen soll), einfach einsteigen. Nicht immer muß nachgezahlt werden" (Bunny aus Aspach) . . . "Eine Besonderheit der rumänischen Bahn ist, daß jeder, der ein Ticket kauft, damit zugleich einen Platz reserviert. Wir haben deshalb als Interrailer meist gewartet, bis der Zug anfuhr und uns dann die wenigen freien Plätze genommen. Andernfalls wird man immer wieder von Platzkarteninhabern von den Sitzen hochgescheucht" (Sönke Raav, Steinbergkirchen).

WICHTIGE BAHNSTRECKEN: **Internationale Hauptlinie Budapest - Bukarest** über Szolnok - Békéscsaba - Curtici (Grenze) - Arad - Sibiu - Brasov, an die 14 (!) std. Fahrt (längerer Aufenthalt an der Grenze), etwa 2 x tägl., zuschlags- und platzkartenpflichtig. Schöne Streckenführung vor allem auf dem letzten Stück von Brasov über Ploiesti nach Bukarest. Es geht durch den südlichen Teil der Karpaten über den Predeal-Paß (1050 m), ehemalige Grenzstation zwischen Ungarn und Rumänien.

Ebenfalls landschaftlich eindrucksvoll die **zweite Strecke Budapest - Bukarest** über Szolnok - Püspökladány - Episcopia Bihorului (Grenze) - Oradea - Cluj-Napoca - Sighisoara - Brasov. 1 x tägl., 17 std. Fahrt, zuschlags- und platzkartenpflichtig.

Von Belgrad nach Bukarest fährt der Bucuresti-Expreß nur 1 x tägl. und zwar nachts. Zuschlags- und platzkartenpflichtig, etwa 14 std. Fahrt, ab Beograd 18 h, an Bukarest 7.55 h. Lohnend, um das teure Transitvisum durch Ungarn zu umgehen!

Von Bukarest an die Schwarzmeerküste fahren mindestens 7 Züge tägl. nach Constanta und weiter nach Mangalia (im Sommer zusätzliche Sonderzüge).

Andere Verkehrsmittel: manche interessante Orte können nur mit *Bussen* angefahren werden (aurogara = Busbahnhof). Diese sind zwar billig, aber mindestens so voll wie Züge, Interrail-Ticket nicht gültig.

Praktisches

Einreise: nur mit *Reisepaß*, der noch 6 mon. gültig sein muß. Benötigt wird außerdem ein *Visum*, das ihr über die rumänische Botschaft in BRD, CH und A oder direkt an der Grenze erwerben könnt. Es wird für die Anzahl der Tage ausgestellt, die ihr verlangt. Falls ihr es über die Botschaft besorgt, müßt ihr Euren Paß, zwei Paßbilder und einen an euch adressierten, ausreichend frankierten Umschlag einsenden. Bearbeitungsdauer etwa 2-3 Wochen, Kostenpunkt zwischen 35 und 50 DM. An der Grenze kostet das Visum 50 DM (Paßbilder mitnehmen).

Visabüro der rumänischen Botschaft: 5300 Bonn 1, Legionsweg 14, Tel. 0228/678697. Für Westberliner ist das **Generalkonsulat** zuständig: 1000 Berlin 38, Generalkonsulat, Matterhornstr. 79, Tel. 030/8033091.

Bei Ein- und Ausreise kann es sehr gründliche Kontrollen geben. Nehmt nicht auffallend viel Zigaretten oder Kaffee mit (vgl. die folgenden Kapitel).

Finanzielles: rumänische Währungseinheit ist der *Lei*. An der Grenze findet ein *Zwangsumtausch* statt - ihr müßt für jeden Tag der Dauer eures Visums den Gegenwert von 10 $ in Lei eintauschen. Wechselquittungen gut aufheben, bei der Ausreise wird genau kontrolliert, außerdem können Übernachtungen und andere Dienstleistungen (z.B. Reisebüros) oft nur mit nachweislich offiziell getauschten Lei bezahlt werden. Bei Aufenthaltsverkürzung

Die Politik hat den Reiseführer schon wieder überholt: seit 1990 ist der Zwangsumtausch abgeschafft. Alle Bemerkungen darüber im Folgenden sind überholt!

könnt ihr nicht zurücktauschen! Da das Preisniveau, vor allem was Übernachtungen angeht, nicht gerade niedrig ist, werdet ihr das getauschte Geld aber wahrscheinlich brauchen.

Ein- und Ausfuhr einheimischer Währung ist verboten. Reise- und Euroschecks werden anerkannt, kein Wechseln mit Postsparbuch.

Strenge Geld- und Haftstrafen auf *schwarz wechseln*! Ihr könnt dabei bis zum 5-fachen vom offiziellen Kurs bekommen (Dollar bevorzugt), aber die Sache ist gefährlich! **Wir können es nicht empfehlen**. Wer es nicht lassen kann - von Fremden nur tauschen, wenn ihr sicher seid, daß er nicht von der Polizei ist. Wechselt immer nur kleine Beträge und gebt euer Geld auf keinen Fall aus der Hand, bevor ihr nicht genau die Lei gezählt habt. Auch Taxifahrer sind nicht immer zuverlässig.

Außer Devisen sind auch andere Waren aus dem "Westen" heiß begehrt - allen voran Zigaretten und dabei speziell *Kent*. Sie sind fast schon so etwas wie eine inoffizielle Währung, die gebotenen Preise sind enorm, mindestens 10 DM pro Schachtel. Zigaretten sind auch das übliche Mittel, um Dienstleistungen zu beschleunigen, besseren Service zu erhalten oder Behörden schneller arbeiten zu lassen.

LESERTIP: "da der Pflichtumtausch im Zug stattfindet, haben die Beamten **kein Restgeld** (harte Währung) dabei. Es empfiehlt sich, genau abgezähltes Geld dabeizuhaben (d. h. beispielsweise für 4 Tage Aufenthalt 40 $), sonst muß man mehr tauschen, als man möchte" (Uwe Langfeld, Grenzach-Wyhlen).

Aktueller Kurs: 1 DM = 48 Lei (2/90)

Übernachten: es gibt in den Städten sog. *Jugendhotels* (BTT), die aber für Westtouristen gut 50 DM pro Pers. kosten und zudem fast ständig durch Gruppen belegt sind. *Hotels* sind ebenfalls teuer (ab ca. 70 DM für's DZ) und werden durch die nationale Tourismusorganisation ONT vermittelt - oft jedoch versuchen die Leutchen dort, zuerst ihre höherpreisigen Hotels an den Mann zu bringen. Bezahlung wird in Devisen verlangt! In Lei könnt ihr bezahlen, wenn ihr euch selber ein Hotel sucht (jedoch nur mit offiziell getauschten, quittierten Lei). Eine überlegenswerte Lösung sind *Hotelgutscheine* (ab 50 DM). Man kann sie bereits bei uns kaufen, ist damit vom Pflichtumtausch ausgenommen und bekommt die besten Hotels zur Auswahl.

Privat kann man bei Rumänen inzwischen problemlos übernachten, kein Verbot mehr. Auch viele ausländische Studenten lassen einen gerne in ihren Zimmern übernachten (ist offiziell verboten, wird aber häufig gemacht und ergibt auch keine Schwierigkeiten), vgl. Abschnitt 'Kontakte' weiter unten.

Die beste Lösung dürften die etwa 100 *Campingplätze* des Landes sein. Sie kosten etwa 12 DM pro Person, sind meist überfüllt und die Sanitäranlagen in miserablem Zustand. Oft gibt es dort Mehr-Bett-Bungalows zu mieten, kosten etwa 30 DM pro Person. In ländlichen Gebieten kann man ohne größere Schwierigkeiten auch *im Freien campieren* - abgesehen von Naturschutzgebieten wird es überall toleriert.

Ansonsten bleiben noch *Nachtzüge* - Schlaf- und Liegeplätze sind preiswert.

LESERTIPS: "In Städten kann man gut in solchen Vierteln, wo es kleine Häuser mit Garten gibt, den Besitzer um einen Platz fürs Zelt fragen. Die Rumänen dürfen zwar offiziell keine Touristen beherbergen, aber wir haben gute Erfahrungen gemacht" (H. Kuner) . . . "Manchmal werden von Westtouristen Devisen zur Bezahlung in Hotels, Reisebüros u.a. verlangt - man kann aber darauf bestehen, daß die Lei aus dem Pflichtumtausch genommen werden" (Winfried Roth, Berlin).

Meldepflicht: siehe unter 'Osteuropäische Staaten allgemein', S. 133.

Essen und Trinken: das Erbe der Diktatur wird Rumänien noch lange bestimmen. Selbst die elementarsten Lebensmittel fehlen oft, lange Warteschlangen vor gähnend leeren Geschäften sind Alltag für Rumänen wie für Interrailer. Bringt soviel unverderbliche Nahrungsmittel mit wie möglich, außerdem Toilettenpapier, Seife und Kaffee! Gegen Devisen könnt ihr in

den gut bestückten *Comtourist-Läden* einkaufen.
Es fällt schwer, den Vorsatz zu beherzigen, das Leitungswasser nicht zu trinken, da die überall erhältliche 'Limonade' daraus hergestellt wird. Mineralwasser in Flaschen gibt es gelegentlich, Bier ist häufiger zu haben.
In Restaurants müßt ihr lange Wartezeiten einkalkulieren. Mit Kent-Zigaretten könnt ihr den Lauf der Dinge gelegentlich beschleunigen. Zur Auswahl stehen oft nur ein oder zwei Gerichte. Überprüft immer die Preise anhand der Speisekarte! Kein Mangel herrscht meist an Süßspeisen, Marmeladen etc.

Kontakte: auf jeden Fall sollten Interrailer versuchen, Kontakt zu Landsleuten aufzunehmen, die dort studieren. Eine größere Zahl ausländischer, auch deutscher Studenten gibt es in Bukarest, Cluj-Napoca, Timisoara, Suceava und Craiova, u. U. auch in Sibiu und Brasov. Fragt nach *caminii de studenti*. Die Studenten können euch Tips zum Geldumtausch geben und eventuell könnt ihr dort auch übernachten. Auch in den Ferienmonaten sind noch Studenten anzutreffen, die ihr Praktikum machen etc.

Sprache: Französisch wird am ehesten verstanden, Englisch weniger. Deutsch wird nur noch in den Siedlungsgebieten der deutschen Minderheit gesprochen (siehe nebenstehender Kasten).

Kleines Sprachlexikon

Allgemeines: Guten Tag - *Buna Zina*; Guten Morgen - *Buna dimineata*; Guten Abend - *Buna seara*; heute - *azi*; morgen - *miine*; ja/nein - *du/nu*, danke/bitte - *multumese/cu placere*; wo ist? - *unde e?*; wann? - *cind?*; Straße - *strada*; Platz - *piata*;
Zahlen 1-10: *un*, *doi*, *trei*, *patru*, *cinci*, *sase*, *sapte*, *opt*, *nona*, *zece*; 20 - *donazeci*; 50 - *cinzeci*; 100 - *o suta*; 1000 - *o mie*.

Bahn: Bahnhof - *la gara*; Bahnsteig - *peron*; Fahrplan - *mersul trenurilor*; Ankunft - *sosire*; Abfahrt - *plecare*; Zug - *trenul*; Schlafwagen - *vagon de dormit*; Speisewagen - *vagon restaurant*; Fahrkarte - *bilet*; Gepäckaufbewahrung - *depozitue pentru bagaje*.

BOTSCHAFTEN
Bundesrepublik Deutschland: Bukarest, Strada Rabat 21, Tel. 792580, 792680.
Österreich: Bukarest, Strada Dumbrava Rosie 7, Tel. 128434.
Schweiz: Bukarest, Strada Pitar Mos 12, Tel. 120418.
FREMDENVERKEHRSÄMTER
D-6000 Frankfurt/M., Neue Mainzer Str. 1, Tel. 069/236941. **D-4000 Düsseldorf**, Corneliusstr. 16, Tel. 0211/371047. **A-1090 Wien**, Währingstr. 6-8, Tel. 343157. **CH-8001 Zürich**, Schweizergasse 10, Tel. 211/1730-31.

(Budapest) - Szolnok - Episcopia Bihorului (ungar./rumän. Grenze) - Cluj-Napoca - Sighisoara - Brasov - Bukarest A-Kb. 23301

Nervtötende 17 std.-Fahrt, aber lohnende Zwischenstops wie Cluj-Napoca und Sighisoara.
Es geht durch **Transsylvanien** (das ehemalige Siebenbürgen), das abgesehen von einem kleinen Zwischenspiel bis zum Zusammenbruch der österreichisch-ungarischen Doppelmonarchie (1. Weltkrieg) nie rumänisch beherrscht wurde. Viele Stadtkerne erinnern deshalb architektonisch an Ungarn bzw. Mitteleuropa. Die heutige Bevölkerungsmehrheit sind zwar Rumänen, es gibt aber starke ungarische und deutsche Minderheiten.

ETHNISCHE MINDERHEITEN: etwa 1,7 Mill. Ungarisch- und 200.000 Deutschstämmige leben in Rumänien. Die **Siebenbürger Sachsen** und **Banater Schwaben** sind vor gut 800 Jahren eingewandert - Siedlungsschwerpunkte sind Transsylvanien (Siebenbürgen), speziell **Sibiu** (Hermannstadt) und **Brasov** (Kronstadt), außerdem das Banat um **Arad** und **Timisoara**.
In die Schlagzeilen gerieten die ethnischen Minderheiten Rumäniens, als Pläne Ceausescus bekannt wurden, daß bevorzugt in ihren Siedlungsbereichen alle Dörfer unter 1000 Einwohnern

abgerissen und ihre Bewohner in sog. agroindustriellen Zentren angesiedelt werden sollten. Seitdem schwollen die Auswandererzahlen stetig an - in den vergangenen zehn Jahren kamen bereits über 100.000 Aussiedler in die Bundesrepublik.

Cluj-Napoca

Das frühere Klausenburg, zweitgrößte Stadt des Landes, dazu mit über 20.000 Studenten (auch viele deutsche) eine der größten Universitäten.

Ein bißchen altmodisch, wie so oft in Rumänien, aber mit großen Plätzen, breiten Boulevards und eindrucksvollen Repräsentationsbauten. Im reizvollen Gegensatz dazu das mittelalterliche Zentrum - enge Gäßchen, jahrhundertealte Häuser und wenig Trubel.

Vom Bhf. zum Zentrum sind es ca. 3 km (Tram und Busse). Anschauen könnt ihr das gotische St. Michael-Münster, die größte Kirche Transsylvaniens an der weiten Piata Libertatii - einer der schönsten Plätze Rumäniens. Hier das barocke *Bannfy-Haus* mit Kunstmuseum, in der Str. Emil Isac 2 das sehenswerte *Museum für transsylvanische Volkskunde*.

Vom Bhf. zu den Studentenheimen sind es ca. 5 km (neben Taxis fahren auch private Autos - vorher Preis abmachen).

INFORMATION: **ONT** im Hotel Continental, Strada Gh. Sincai 2; **CFR-Büro** (Bahn- u. Platzkarten) an der Piata Libertatii 9.

ÜBERNACHTEN: im Zentrum **Hotel Central**, Strada Horea 29, außerdem **Camping Faget** (Padurea Faget), Wiesengelände 4 km außerhalb Richtung Bukarest.

LESERTIP: "Essen sollte man in den vielen kleinen Restaurants, die zwar nur 1-2 Gerichte anbieten, aber sehr billig sind. In den Hotels (z.B. im Continental im Zentrum) zahlt man wesentlich mehr und wird leicht betrogen" (Sven Bluhm, Ahrensbök).

Cluj-Napoca - Suceava
A-Kb. 23302

Abstecher in die Moldau-Region im äußersten Norden von Rumänien - mit dem *accelerat* ca. 7 std. ab Cluj über Dej, Salva und Vatra Dornei nach Suceava. Ebenfalls gut 7 std. benötigt der *rapid* von Bukarest nach Suceava.

Inmitten herrlicher Wald- und Berglandschaft liegen kurz vor der russischen Grenze fast ein Dutzend architektonisch einzigartiger Klosterkirchen. Ihr Außenwände sind über und über mit leuchtend bunten Fresken bemalt, darüber wölben sich weit ausladende Holz- und Schieferdächer.

Für Bahnfahrer ungünstig - z.T. sind die Klöster per Bus zu erreichen, z.T. nur per Autostop. In der Umgebung liegen meist Campingplätze oder Motels.

Suceava: bester Ausgangspunkt und Zentrum der ganzen Region. Insgesamt ein wenig ansehnliches Fabrikstädtchen, aber mit einigen sehenswerten Kirchen, z.B. *St. Gheorge* und *St. Dumitru*. Auf einem Hügel beim Ort die Ruinen einer bulligen Festung mit meterdicken Mauern, an der sich einst die Türken die Köpfe blutig schlugen.

INFORMATION: Str. Nikolai Balcescu 2, Tel. 17339. Hier bekommt ihr alle Informationen über Verbindungen zu den Klöstern, Übernachtungsmöglichkeiten etc.

ÜBERNACHTEN: **Hotel Casa Tineretului**, Str. V.I. Lenin 5, ca. 65 DM fürs DZ, **Camping Strand** südl. vom Ort an der Nationalstr. 2.

Großer Klöstertrip: kurz vor Suceava in der Kleinstadt *Gura Humorului* aussteigen (vergewissert euch, daß der Zug hier hält, sonst bis Suceava). 4 km südlich liegt das Dorf **Voronet**. Auf einem Hügel am Ortsende die gleichnamige Klosterkirche - vielleicht die schönste von allen! Auf tiefblauem Grund ist das Jüngste Gericht mit Himmel und Hölle dargestellt - rechts Teufelsfratzen und Höllenschlund, links die Gläubigen mit goldenen Heiligenscheinen auf dem Weg zur Paradiespforte. Im Kampf gegen die Türken sollte diese Darstellung den Mut der Bevölkerung stärken.

Weiter besuchenswert - die Klosterkirche **Humor**, 7 km nördlich der Bahnstation Gura Humorului. Noch heute an Sonn- und Feiertagen eine beliebte Pilgerkirche.

Moldovita ist eine schöne Wehrkirche mit Befestigungsmauern und Wachtürmen. Zu erreichen auf kleiner Nebenlinie bis Vatra Moldovitei (zweigt von der Strecke Cluj-Napoca - Suceava in Vama ab). Die Wehrkirche liegt gleich bei der Bahnstation (Campingplatz in der Nähe).

Von hier ca. 37 km Landstraße nach **Sucevita**, ebenfalls von einer massiven Mauer umgeben, herrliches Fresko 'Die Tugendleiter' aus dem 16. Jh. - 30 Stufen führen aus der Hölle zum Paradies. Mit Campingplatz.

Weiter von Cluj nach Bukarest

Sighisoara

Hübsches Mittelalterstädtchen - gilt als das Dinkelsbühl Rumäniens und ist der Geburtsort von Graf Dracula.

Enge gewundene Gassen, mächtige Torbögen, holpriges Kopfsteinpflaster, der dicht bewaldete Burgberg und die neun erhaltenen Stadttürme machen den Reiz des Städtchens aus. Von den farbenfrohen Häusern mit ihren meterdicken Mauern bröckelt der Putz.

Wichtigster und größter Turm ist der sog. *Stundenturm* mit dem Haupttor der Stadt (Piata Muzieulvi). Innen das *Stadtmuseum* (Di-So 9 - 15.30 h, Mo geschl., ca. 1 DM). Von der hölzernen Galerie an der Spitze gute Aussicht über das Städtchen, außerdem seht ihr hier oben die riesigen Holzfiguren vom Uhrengehäuse ganz aus der Nähe - an jedem Wochentag erscheint eine andere! Am großen Marktplatz (Piata Cetativa) schließlich die heimliche Attraktion von Sighisoara - das *Haus der Familie Dracula* aus dem 15. Jh., in dem Vlad Tepes (Dracula) zwischen 1431 und 1435 geboren wurde. Mit Gedenktafel, einer Kneipe unten und dem Restaurant Vlad Dracul im ersten Stock wirkt das 3-stöckige Wohnhaus alles andere als gruselig - bei diffuser mitternächtlicher Beleuchtung wird man sich aber eines beklemmenden Gefühls wohl kaum erwehren können. Schnell den holzgedeckten Treppenaufgang rauf zur *Bergkirche*, die durch die dichten Laubbäume lugt - schöner Blick über die Stadt.

INFORMATION: Str. Gh. Gheorghiu-Dej 10.

ÜBERNACHTEN: **Camping Hula Danes**, 4 km westlich der Stadt. Wiesengelände ohne Schatten, Busse Richtung Mhedias ab Bhf.

ESSEN: **Gradina de Vara**, auf der Str. Gheorghiu-Dej, Nähe Informationsbüro.

GRAF DRACULA: blutrünstiger Blutsauber aus der Gattung der Vampire, der nachts seine armen Opfer sucht und nur mit einem Holzpfahl ins Herz getötet werden kann. Im 19. Jh. wurde er als Romanfigur erfunden. Aber nicht aus heiterem Himmel, sondern in Transsylvanien lebte wirklich eine Familie Dracula. Aus ihr stammt Fürst **Vlad Tepes**, der Pfähler, der in Sighisoara geboren wurde. Er herrschte in der Walachei (Südrumänien) von 1456-1462 - in der Zeit also, als sich die Türken über halb Europa ausbreiteten. Bei Nacht und Nebel startete er grausame Guerillaaktionen gegen die Muselmanen und stieß ihnen mit Vorliebe Holzpfähle in die Leiber. Aber auch Bettler, Kriminelle, Behinderte und Zigeuner fielen seinen 'Säuberungsaktionen' zum Opfer. Die Zahl der Hingerichteten wird auf 50-100.000 geschätzt.

Weiterer interessanter Halt an der Bahnstrecke nach Bukarest ist **Brasov** (das ehemalige Kronstadt). Brasov und das letzte Stück der Strecke bis Bukarest siehe Bahnlinie Budapest - Sibiu - Brasov - Bukarest, S. 183 f. Es geht quer durch die Karpaten.

(Budapest) - Szolnok - Curtici - Arad - Sibiu - Brasov - Bukarest A-Kb. 23300

Hauptroute aller internationalen Züge, 14 std. von Budapest nach Bukarest. *Arad* war neben dem 50 km entfernten Timisoara ein Zentrum der blutigen Dezember-Revolution. Ab Arad mehrmals tägl. Züge nach Timisoara, reizvolle Variante für die Anreise nach Bukarest, siehe S. 184 f.

Sibiu

Das einstige Hermannstadt am Fuß der Karpaten, Zentrum der deutschstämmigen Siebenbürger Sachsen. Neben Timisoara und Arad ein weiteres Zentrum der blutigen Dezember-Revolution.

Das schöne mittelalterlich-barocke Zentrum mit seinen alten Fassaden und Bogengängen wurde bei den Schießereien vom Dezember 89 schwer beschädigt. Viele Häuser sind ausgebrannt, überall Spuren der Kämpfe. Durch kleine steile Gäßchen steigt man von der Ober- in die Unterstadt, imposant die Wachtürme und Mauerreste der ehemaligen Festung.

INFORMATION: Piata Unirii 10.

ÜBERNACHTEN: Hotels sind teuer, **Camping Dumbrava** liegt 4 km südlich in einem alten Eichenwald. Gleich in der Nähe noch ein sehr einfacher Platz **Cabana Valea Aurie**.

Sehenswertes: vom Bahnhof die Str. General Magheru entlang zur *Piata Republicii* mit schönen alten Patrizierhäusern. Vor allem aber steht hier das kunstvoll verzierte *Brukenthal-Palais* mit der bedeutendsten Kunstsammlung Rumäniens - u.a. Bilder von Van Dyck, Frans Hals, Lucas Cranach d.Ä. und Rubens (Mo geschl.).

An der Katholischen Kirche und dem mittelalterlichen Rathausturm (Stadtmuseum) vorbei zur *Piata 6 Martie* mit Mittelalterfassaden und schönen Arkadengängen. Weiter zur *Piata Grivita* mit der mächtigen Evangelischen Kirche (Fresko im Nordchor beachten!). Über die romantische *Sagstiege*, ein krummes Kopfsteinpflastergäßchen, hinunter in die ruhige Unterstadt um die Piata Aurarilor.

Oberhalb der Piata Unirii findet ihr die *Str. Cetatii* mit den zahlreichen Resten der alten Stadtbefestigung - mehrere gut erhaltene Türme, Wälle, Wehrgänge etc.

In der Dumbrava Sibiului, gegenüber vom Campingplatz, gibts ein hübsches *Freilichtmuseum* - alte Bauernhäuser, Mühlen, Webereien u.ä.

Brasov

Höchstgelegene Stadt Rumäniens inmitten steiler Karpatengipfel, früher bedeutender Handelsstützpunkt zwischen Europa und Orient.

Brasov (früher: Kronstadt) ist eine der schönsten Städte Rumäniens - in der Altstadt findet man so gut wie keinen Neubau, alles ist, wenn überhaupt, ausgesprochen stilecht restauriert. Zentrale Punkte sind der dreieckige Marktplatz *Piata 23 August* mit dem völlig freistehenden Rathaus samt Turm (Museum) und der berühmten 'Schwarzen Kirche'.

INFORMATION: Gh. Gehorghiu-Dej Bulevardul 9 (Hotel Carpati). Tägl. 8-22, Tel. 44286.

ÜBERNACHTEN: Hotel **Sport**, Str. Maiakovsky 3, ca. 60 DM fürs DZ. **Camping Dirste**, der nächste Zeltplatz, leider gut 8 km außerhalb, zwischen Fluß Timis und der Bahnlinie nach Bukarest (Busverbindung mit 2 x umsteigen und noch 20 min. laufen ist reichlich umständlich). Ein weiterer Platz in **Risnov** südlich von Brasov (Bahnverbindung).

ESSEN: größtes und ältestes Lokal ist das traditionsreiche **Cerbul Carpatin** (Karpatenhirsch) aus dem 16. Jh. in der Str. Ciukas 1 am Marktplatz, in den Gewölben einer ehemaligen Markthalle. Auch hier ist die Speisekarte mager bis nicht vorhanden, die Weinfässer im Keller leer. Billiger die Lokale in der Fußgängerstraße **Str. Republicii**.

Sehenswertes: größte Sehenswürdigkeit - die *Schwarze Kirche* aus dem 14. Jh. 1699 brannte die Kirche in wenigen Stunden völlig aus, die ganze kostbare Innenausstattung wurde vernichtet - angeblich Brandstiftung von Seiten der Habsburger, die damit einen Aufstand der Kronstädter rächen wollten. Seitdem trägt die Kirche ihren bezeichnenden Namen. Die Wandteppiche im Inneren stammen aus dem Orient und waren sozusagen "Naturalabgaben" von Kaufleuten, die damit ihre Zölle zu bezahlten pflegten.

Hinter der Kirche beginnt das historische *Scheiviertel* mit engen Gassen und den ältesten Häusern der Stadt. In der großen *Weberbastei* ist das Stadtmuseum eingerichtet.

Nicht versäumen außerdem die *Drahtseilbahn* auf den steilen Timpa (970 m), den Hausberg von Brasov. Abfahrt an der Aleea Filimon Sirbu, bei den Resten der alten Befestigungsanlagen, Weber- und Seilerbastei.

AUSFLÜGE: **SchloBran** liegt 30 km südlich von Brasov (Bahn bis Risnov, von dort Busse). Das beeindruckende Gemäuer auf einem steilen Waldberg ist eine Gründung des deutschen Ritterordens (Törzburg) und würde gut in einen Hollywood-Gruselschocker passen. Wird immer wieder gerne als Draculas Stammburg bezeichnet, obwohl der Pfähler wahrscheinlich nie einen Fuß in die Mauern gesetzt hat (Mo geschl.).

Weiter Richtung Bukarest

Durchquerung des Karpatenstocks, schönstes Stück der Strecke! Kurz vor Predeal der *Predeal-Paß* mit 1040 m, später geht's das Tal des Prahova-Flusses entlang, dichte Tannen-, Buchen- und Erlenwälder ziehen sich die Steilhänge hinauf. Touristisch ist die Region vor allem für den Wintersport erschlossen (schneesicher von Dezember bis April), aber auch zum Wandern lohnt der Aufenthalt.

Predeal, der höchstgelegene Ort Rumäniens, ist heute ein gepflegter Wintersport- und Luftkurort. Toller Panoramablick auf die umliegenden Bergmassive, ausgezeichnete Wandermöglichkeiten, Sessellift zum Clabucet (1500 m). **Sinaia** ist der älteste und wichtigste Höhenluftkurort des Bucegi-Gebirges. Berühmt sind die schönen alten Villen mit spitzen Holzgiebeln und zahlreichen Schnitzereien. Auch hier gibt es einen Sessellift und gute Wanderwege, außerdem einen Campingplatz etwas außerhalb vom Ort.

Nach der Karpaten-Durchquerung geht es schließlich hinunter in die endlosen Felder der Walachei-Tiefebene.

(Belgrad) - Timisoara - Caransebes - Baile Herkules - Orsova - Craiova - Caracal - Bukarest A-Kb. 23305

Die internationale Strecke von Belgrad nach Bukarest wird vom Bucuresti-Expreß in beiden Richtungen nur 1 x tägl., noch dazu nachts befahren. Ab Belgrad 18 h (an Bukarest 7.55 h), ab Bukarest 22.55 h (an Belgrad 10.35 h).

Timisoara

Moderne Großstadt im Westen Rumäniens, nur 150 km nördlich von Belgrad. Hier begann Ende 1989 die rumänische Revolution und griff innerhalb weniger Tage auf das ganze Land über. Brand- und Schußspuren sind noch überall zu sehen - Timisoara sollte dem Erdboden gleichgemacht werden, hatte Elena Ceausescu während der Kämpfe im Dezember bestimmt.

Timisoara (ungarisch: *Temesvar*) ist Hauptstadt und Siedlungszentrum des Banat, das überwiegend von ungarischen, deutschen und serbischen Minderheiten bewohnt wird. Typisch für die vielen Nationalitäten der Stadt sind die zahlreichen verschiedenen Kirchen (z.B.. für Rumänen, Serben und Deutsche, dazu eine alte Synagoge in der Str. Marasesti). Im Theater der Stadt gibt es sogar deutsche Vorstellungen, auch eine deutsche Zeitung wird produziert.

Auf der großen *Piata Unirii* zwischen Oper und römisch-katholischer Kathedrale schossen Militär und Securitate im Dezember 89 wahllos in die vieltausendköpfige Menge der Demonstranten und richteten ein blutiges Massaker an. Erst danach solidarisierten sich die Soldaten mit den Aufständischen gegen die Securitate - der Sieg der Revolution. Noch immer sind Mahnmale aus Kränzen und Blumen aufgebaut, Kerzen flackern, Bilder und Photos erinnern an die Toten des Aufstands.

Auf der nahen *Piata Libertatii* das Militärgefängnis - hier inhaftierte man nach dem Sieg die verhaßten Securitate-Mitglieder.

INFORMATION: Str. Piatra Craiului 3, hinter Hotel Banatul.

ÜBERNACHTEN: **Hotel Continental**, Str. 23 August 2 und **Hotel Nord**, Bul. 13 Decembrie 47, beide ca. 60 DM für's DZ.

Camping Padurea Verde, Wiese in einem großen Waldgebiet nahe der Stadt. Nehmt vom Bhf. die Tram mit der schwarzen Nr. 1 und fragt nach dem Camping.

PASTOR LASZLO TÖKES: an seiner Person entzündete sich der Aufstand. Der mutige ungarische Pfarrer der reformierten Gemeinde von Timisoara hatte schon seit Jahren auf die Unterdrückung der ungarischen Minderheit und die planmäßige Dorfzerstörung unter Ceausescu hingewiesen. Im November 89 wurde ein Anschlag auf ihn verübt, dem er glücklicherweise überlebte. Daraufhin zog er mit seiner Familie in die Sakristei der Reformierten Kirche. Kurz vor Weihnachten wollten ihn die Behörden zwangsdeportieren - doch seine Anhänger bildeten eine Menschenmauer um die Kirche. Polizei versuchte die schnell anwachsende Menge mit Wasserwerfern zu vertreiben. Daraufhin verlagerten sich die Unruhen ins Univiertel von Timisoara, von wo die Studenten in großen Protestmärschen ins Zentrum zogen.

Aus der Ebene des Banat mit seinen endlosen Getreidefeldern geht's allmählich über Caransebes das Tal des Timis-Flusses entlang in die Karpaten.

Baile Herkules: traditionsreiches Kurbad mit internationalem Ruf - landschaftlich wunderschön im tiefen Tal der Cerna. Links und rechts türmen sich gewaltige Felsmassive und dichte Hochwälder übereinander. Der Bahnhof ist ein ehemaliges Jagdschloß, das zu einem nostalgischen Pavillon umgebaut wurde.
3 km vom Zentrum an der Cerna ein großes Thermalfreibad mit Campingplatz.

Weiter nach Orsova zum berühmten "**Eisernen Tor**", wo die Donau auf 130 km Länge einen Ausläufer der Karpaten durchbricht. Landschaftlicher Höhepunkt der Strecke!

Anfang der 70-er bauten hier Rumänen und Jugoslawen gemeinsam ein überdimensionales **Wasserkraftwerk**, das heute jährlich bis zu 11 Milliarden Kilowattstunden liefert! Der große Stausee, der dabei entstand, verschluckte das alte Orsava, entschärfte aber gleichzeitig die gefährliche Engstelle der Donau, wo früher regelmäßig Fracht- und Passagierschiffe verunglückten. Orsava wurde am Rand des Sees wieder aufgebaut. Am unteren Ende bei Turnu Severin die riesigen Stauanlagen. Technisch ungeheuer beeindruckend - gigantische Schleusen, Brücken und Wehranlagen! Über den Staudamm führt übrigens eine Straße hinüber nach Jugoslawien (die Donau bildet hier den Grenzfluß).

BUKAREST

An der Peripherie eintönige Hochhaussiedlungen, im Zentrum lange geschäftige Boulevards und pompöse öffentliche Bauten. Die katastrophale Wirtschaftslage ist hier im dichtesten Ballungszentrum des Landes natürlich besonders spürbar. Schlange stehen muß man überall, Hektik und Lärm bestimmen weite Teile der Stadt. Umso mehr Spaß macht ein Bummel durch die zahlreichen großen Parks, wo ihr halb Bukarest trefft.

Nur weniges ist älter als das letzte Jahrhundert - das "Paris des Ostens" wurde im Lauf seiner langen Geschichte immer wieder durch Eroberungen und Erdbeben (das letzte erst 1977!) zerstört. Während der Dezember-Revolution gingen der ehemalige Königspalast und die Nationalbibliothek in Flammen auf - unschätzbare Werte wurden vernichtet. Architektonisch interessant höchstens der sog. nationalrumänische Baustil aus der Jahrhundertwende: moderne Wohn- und Geschäftsbauten, aber mit Merkmalen der mittelalterlichen rumänischen Architektur - wuchtige Dächer, gewölbte Erker und Glasveranden.
Auch Ceausescu hat zur "Enthistorisierung" der Hauptstadt beigetragen. In der südlichen Altstadt ließ er in den letzten Jahren einen pompösen 'Palast der Republik' samt riesiger Wohnpaläste und 4 km langer Aufmarschzone errichten - angeblich erdbebensicher bis "Richter acht". Hunderte von baufälligen Bojaren-Villen, zwölf historische Kirchen und drei Synagogen fielen dabei der Spitzhacke zum Opfer. Der ganze Komplex steht heute leer - gespenstisches Denkmal der Diktatur eines Menschenverächters (siehe unten Bulevardul Victoriei Socialismului).

BAHNHOF / VERBINDUNGEN: vom großen Hauptbahnhof **Gara de Nord** Züge 2 x tägl. nach Budapest, 1 x tägl. Belgrad, 1 x tägl. Sofia und weiter nach Istanbul. Zu Fuß ca. 3 km ins Zentrum, mit Tram 87 kommt ihr zur Piata Romana am langen Bul. Magheru.

INFORMATION: im **Bahnhof**, Mo-Sa 7-21, So 7-15 h. **Hauptstelle** am Bul. Magheru 7, ein kleines Stück von der Piata Romana. In beiden Geldwechsel, Stadtpläne, Zimmervermittlung.
BTT (Student Hostels) in der Strada Onesti 4-6, Mo-Fr 8-17, Sa 8-13 h. In erster Linie für Gruppen.
Das **CFR-Büro** (Bahn-, Platzkarten) liegt in der Str. Brezoianu 10, südl. vom Cismigiu-Park.

UNTERWEGS IN BUKAREST: Busse, Straßenbahnen und Oberleitungsbusse kosten ca. 50-70 Pfg. pro Fahrt (am billigsten die Trams), Tickets bekommt ihr an Kiosken. Von der neuen **Metro** sind zwei Linien fertig mit 38 Stationen - eine in Richtung Ost-West, die andere von Nord nach Süd (Schnittpunkt an der Piata Unirii am Bulevardul Victoriei Socialismului).

ÜBERNACHTEN: die billigsten Hotels etwa 65-70 DM aufwärts für's DZ. Einige liegen gleich beim Bahnhof, z.B. **Hotel Bucegi**, Str. Witting 2 und das große **Hotel Cerna**, Bulevardul Dinicu Golescu 29. Erst mal dort versuchen, bevor ihr zur Zimmervermittlung geht. Ein weiteres Hotel dieser Preisklasse ist das **Cismigiu** am Bul. Gheorgiu-Dej 18 (Nähe Cismigiu-Park).

Camping Baneasa liegt in einem schönen Waldgelände 10 km außerhalb, Nähe Flugplatz. Hier findet ihr immer noch einen Platz. Vom Bahnhof mit Bus zum Flugplatz, weiter mit Bus 148.

LESERTIP: "man kann in Bukarest am Bahnhof schlafen. Ihr werdet allerdings gelegentlich von einem Wachmann geweckt. Gebt euer Gepäck ab, dann sieht es so aus, als wartet ihr auf einen Zug und wollt nicht nur einfach kostenlos übernachten" (Bunny).

ESSEN: Am billigsten im "**Bufet Express**" - das sind Selbstbedienungslokale, von denen es mehrere in Bukarest gibt, z.B. gegenüber vom Bahnhof. Ebenfalls beim Bahnhof das nicht ganz so preiswerte **Restaurant Bucegi** (im gleichnamigen Hotel). Im alten Geschäftsviertel sehr beliebt die Bierhalle **Carul cu Bere**, Stavropoleos 5 (gegenüber Stavropoleos-Kirche). Ihr erkennt sie schon von weitem an den eigenartigen Laternen in Form von Bierfässern. Ausgezeichnete "mititei" (Hackfleischröllchen), täglich 9-23 h. Rumänische Spezialitäten in der ehemaligen Karawanserei **Hanul lui Manuc**, Str. 30 Decembrie 62 (siehe auch Sehenswertes).

Sehenswertes

Vom Gara de Nord nach rechts die *Calea Grivitei* entlang, nach ca. 1,5 km bringt euch rechts (Richtung Süden) die lange *Calea Victoriei* in die Innenstadt.

Calea Victoriei: eine der großen Repräsentierstraßen des 19. Jh. Heute zum großen Teil moderne öffentliche Gebäude und Geschäfte, aber auch noch viele alte Palais, Kirchen und reich verzierte Häuser mit Balkonen, Säulenfronten und schmiedeeisernen Gittern. Auffallend an einigen Häusern die großen gläsernen Vordächer im nationalrumänischen Baustil - Attribut des Wohlstands vergangener Zeiten.

Die riesige **Piata Gheorghiu Dej** ist der zentrale Platz der Innenstadt. Im monumentalen *Palais der Republik* (ehemaliges Königsschloß) residierte Ceausescu und hier wurden immer wieder die Massen zusammengetrommelt, um ihm zuzujubeln. Am 22. Dezember 1989 zeigte er sich das letzte Mal vor der aufgebrachten Menge am Balkon des ZK-Gebäudes, um kurz darauf mit einem Hubschrauber das Weite zu suchen - es nützte ihm nichts mehr. Der Regierungspalast ging in Flammen auf und ist schwer beschädigt. Auf der anderen Platzseite stehen das internationale *Athenee-Palace-Hotel* und der massive Rundbau des *Athenäums*, ein Konzertsaal mit reicher Stuck- und Marmorausstattung. In einem kleinen Park am Südende des Platzes die *Cretulescu-Kirche* aus roten Ziegelsteinen, eine der hübschesten orthodoxen Kirchen der Stadt.

Das *Nationalhistorische Museum* liegt weiter südlich, fast an der Ecke Calea Victoriei 12/Strada Lipscani. Besondere Attraktion ist die Schatzkammer mit reichhaltigen Gold- und Silberfunden vom 3. Jahrtausend v. Chr. bis zur Neuzeit. Im Erdgeschoß eine Kopie der Trajans-Säule, an der man die zahlreichen Reliefs, die den Krieg der Römer gegen die Daker im heutigen Transsilvanien zum Thema haben, genau betrachten kann - was bei dem schwer mitgenommenen Original in Rom nicht mehr ganz so einfach ist (tägl. außer Mo 10-18 h, Sa 10-14 h.).

Nicht weit, in einer Seitenstraße, die winzige byzantinische *Stavropoleos-Kirche* (Biseria Stavropoleos), erbaut im Stil griechisch-orthodoxer Klosterkirchen. Sie verschwindet fast zwischen den großen Bürgerhäusern aus dem 19. Jh., verschwenderisch verzierte Fassaden, im Inneren wertvolle Holzschnitzarbeiten.

Geschäftsviertel/Altstadt: vom südlichen Abschnitt der Calea Victoriei mit wenigen Schritten zu erreichen. Hier

im traditionellen Geschäftsviertel der Innenstadt findet ihr zahlreiche kleine Läden und Verkaufsstände aller Art - von Uralt-Ikonen über Hausrat bis zu schönen Stickereien ist alles geboten. Die Straßen sind nach den alten Zünften benannt, die hier ansäßig waren, z. B. *Strada Selari* (Sattler), *Strada Covaci* (Schmiede), *Strada Sepcari* (Mützenmacher). Hauptstraße des Viertels ist die *Strada Lipscani* (Straße der Leipziger, weil die hier ansässigen Kaufleute aus Leipzig beliefert wurden).
Mitten im historischen Viertel der alte *Fürstenhof* (Curtea Veche Domneasca) mit einer hübschen Kirche (Biserica Curtea Veche). Gleich benachbart die sorgfältig restaurierte Herberge *Hanul-lui-Manuc* - eine ehemalige Karawanserei, im Hof heute ein gutes Gartenrestaurant, außerdem Café und Weinkeller. Interessant ist auch das *Stadtmuseum* von Bukarest im ehemaligen Palais Sutu, Bulevardul 1848. Der *Markt* findet auf der *Piata Unirii* statt - hauptsächlich Lebensmittel, aber auch Blumen, Keramik u.a.

Cismigiu-Park: wer an der großen Kreuzung Calea Victoriei/Bulevardul Gheorghiu Dej nach Westen geht, kommt zum zentralsten Park von Bukarest. Zwischen Blumenbeeten, hohen Platanen, Linden und Kastanienbäumen gibt es einen Teich, wo ihr Boot fahren könnt, außerdem ein Gehege mit Vögeln vom Donaudelta, u.a. Pelikane und Kormorane.

Bulevardul Victoriei Socialismului: der brandneue "Sieg des Sozialismus" (Umbenennung wahrscheinlich!) ist 92 m breit und 3,6 km lang - ein protziges Stück Imponier-Architektur im Stadtsüden und bezeichnendes Symbol für den totalitären Ceausescu-Staat. Ein Stück Altstadt wurde dafür abgerissen. Von der niedergebrannten *Nationalbibliothek* bis zum neuen *Palast der Republik*, der auf einem Hügel thront, führt die Fußgängerstr., flankiert von erdbebensicheren Palästen mit riesenhaften Portalen und eleganten (aber leeren) Ladenräumen. In der Mitte der Aufmarschzone die gigantische *Piata Unirii* mit Brunnen und Akazien-Alleen. Der gesamte Ceausescu-Filz hätte hier untergebracht werden sollen - was jetzt geschehen soll, ist noch ungewiß, 40.000 Wohnungen sollen es sein (zu erreichen mit Metro bis Piata Unirii).

Im Norden von Bukarest liegen ausgedehnte Park- und Waldanlagen und vor allem etliche schöne Seen. An sonnigen Tagen auf jeden Fall mal rausfahren (gute Busverbindungen)!

Park Herastrau: mit fast 200 ha größter und schönster Park der Stadt. Außer einem großen See mit Bootsverleih und Terrassenrestaurants (Pescarus ist gut, aber nicht billig!) findet ihr hier ein interessantes Dorfmuseum, das *Muzeul Satului*. Etwa 200 Gehöfte sind hier aufgebaut, teilweise mehrere hundert Jahre alt und jedes in seiner Eigenart grundsätzlich verschieden von den anderen - von den Lehmhütten der Donaufischer bis zu den stattlichen Bauernhöfen der Banater Bauern. Auch eine der berühmten Holzkirchen von *Maramures* im äußersten Norden von Rumänien könnt ihr bewundern - der extrem lange, schmale und nadelspitze Turm ist ihr typisches Kennzeichen. Auch im Inneren sind die Häuser sorgfältig eingerichtet - Teppiche und Webstühle, schwere Holzbetten, Tische, Bänke und vieles mehr.

Zu erreichen ist der Park von der Soseaua Kiseleff (Verlängerung der Calea Victoriei ab Piata Victoriei). Täglich außer Mo 9-18 h.

Lacul Tei: östlich vom Herastrau-Park. Bei Studenten der beliebteste Badesee der Stadt (Bus 35).

LESERTIP: "Ein eigenartiges Beispiel der Architektur der Stalin-Zeit ist der **Scinteia-Komplex**, ein Stück hinterm Dorfmuseum stadtauswärts. Ein riesiger weißer Bau, halb Hochhaus, halb Burg, mit vielen "Zuckerbäkker"-Verzierungen - Sitz der größten Druckerei des Landes" (Winfried Roth, Berlin).

Bukarest/Umgebung

Baneasa-Wald: 10 km nördlich der Stadt, hier liegt auch der Campingplatz. Herrlich zum Rumlaufen, es gibt einen kleinen Zoo, ein Wildgehege und

Restaurants - empfehlenswert ist das Gartenrestaurant Privighetorilor. Busverbindung.

Snagov: mit dem Zug 30 km, der gleichnamige See liegt 5 km westlich inmitten von dichtem Eichenwald (Busverbindung). Im Sommer ein bevorzugtes Ausflugsziel der Bukarester, vor allem an Wochenenden extrem überlaufen. Auf einer Insel die Reste eines alten Klosters mit einem berühmt-berüchtigten Grab - hier soll Dracula begraben sein. Ein Campingplatz liegt direkt am See.

Von Bukarest durch Bulgarien nach Istanbul A-Kb. 23401, 23400

3 x tägl. gehen Züge von Bukarest nach Sofia, dort umsteigen.

Bunny aus Aspach hat es ausprobiert: "Besorgt euch ein Transitvisum für Bulgarien und kauft in der CFR-Agentur (nicht im Bhf.) ein Ticket Bukarest-Sofia (kostet für Westler 23 DM in Devisen, Paßkontrolle). Falls ihr einen DDRler oder anderen Ostblockler kennenlernt, kann der euch die Fahrkarte in Lei kaufen. Nehmt am besten den Nachtzug Buk. ab 21.32, Sofia an 8. 45 h. Dort die Fahrkarte Sofia - Kapikule (türk. Grenzort) kaufen. Das geht nur am internat. Fahrkartenschalter, Kostenpunkt 18 Leva (nach offiziellem Kurs 36 DM, Wechselquittung wird verlangt!). Dann könnt ihr euch den ganzen Tag Sofia anschauen, der Nachtzug geht ab Sofia ca. 20.45 h, Istanbul an ca. 10.18 h".

Schwarzmeerküste

Dobrudscha nennt sich das flache, höchstens sanft hüglige Acker-, Schilf- und Lagunengebiet zwischen Küste und Donaudelta.

Zwischen Mamaia und Mangalia auf ca. 50 km lange und breite Sandstrände - das traditionelle Urlaubsgebiet für den ganzen Ostblock.

Falls ihr herkommt - darauf einstellen, daß sich im Juli und August Zehntausende von Hotel- und Campinggästen auf die Füße treten. Jede Menge Rummel - Dutzende Hotels, Sportplätze, Tanzlokale, Diskotheken . . . Die zahlreiche Campingplätze sind fast ständig von Urlaubern der Ostblockstaaten belegt.

Anders das *Donaudelta*, nahe der russischen Grenze. Die einzigartige 5000 qkm-Wildnis aus Wasserläufen, großen Seen und Schilfbänken ist durch die gewaltigen Anschwemmungen der Donau entstanden. Alljährlich vergrößert sich das Delta um mehrere Meter! Ein Paradies für Wildtiere - es gibt über 100 Fisch- und fast 200 Vogelarten, darunter die einzigen freilebenden Pelikane Europas.

Bukarest - Constanta bzw. Tulcea A-Kb. 23304

Etwa 7 Züge tägl. (zuschlagspflichtig, Schlange stehen obligatorisch), 4 std. eintönige Fahrt durch's brettlflache Einzugsgebiet der Donau.

Wer ins Donaudelta will, muß einen Zug nach **Tulcea** nehmen oder in *Megidia* umsteigen (nach Tulçea ca. 5 std. ab Bukarest, 4 std. ab Constanta).

Tulcea: Ausgangspunkt für Touren ins Donaudelta. Linienschiffe fahren von hier die drei Donauarme *Chilia*, *Sulina* und *Sf. Gheorghe* entlang. Ihr könnt den Sulina-Arm bis zum Dorf **Maliuc** fahren. Dort gibt es ein Hotel und einen Campingplatz.

ÜBERNACHTEN: in Tulcea kostet das DZ im **Hotel Delta** ca. 50 DM, Tel. 914/14720.

ORGANISIERTE TOUREN: Ausflugsschiffe fahren tägl. ab Tulcea ins Delta. Abfahrt ca. 10.30, Rückkehr 18 h. Kostenpunkt 30 $! Auskunft und Buchung im ONT-Büro im Hotel Delta.

Constanta

In den Außenbezirken ausgedehnte Fabrikanlagen und triste Wohnsiedlungen, nicht gerade einladend.

Aber der erste Eindruck täuscht - Constanta ist eine lebendige Hafenstadt mit fast südländischem Flair. Am schönsten in der Gegend um den großen Hafen - breite Boulevards, Plätze mit Straßencafés und viele Geschäfte mit einem für Rumänien erstaunlich großem Warenangebot. Dazu kommen Prunkbauten aus vergangenen Zeiten - von Moscheen bis zu Jugendstilpalais der Jahrhundertwende.

BAHNHOF / VERBINDUNGEN: ca. 2 km vom Zentrum, Gepäckaufbewahrung, Busverbindung.

INFORMATION: im Hotel Continental, Bulevardul Tomis 69. Zimmervermittlung.

ÜBERNACHTEN: nur teure Hotels, nächster **Campingplatz** in Mamaia, überlaufener Badeort 7 km nördlich von Constanta. Mit Bus zu erreichen (siehe unter Umgebung). Andere Plätze liegen in Eforie (südlich von Constanta), Costinesti und in den Hotelstädten Neptun, Jupiter, Saturn, Venus - alle an der Bahnlinie nach Mangalia.

SHOPPING: einen kleinen **Geschäftsbummel** könnt ihr am besten am Bulevardul Republicii und am Bulevardul Tomis unternehmen - hier liegen die meisten Läden von Constanta. Etwas billiger als in den benachbarten Touristenorten. Markt auf der Piata Grivice.

BADEN: größerer Sandstrand in der Nähe des Passagierhafens (am Ende des Bulevardul Republicii).

Sehenswertes: zentraler Platz ist die *Piata Independentei* mit einigen Cafés - unmittelbar benachbart in der Muzeelorstr. findet ihr eine eindrucksvolle türkische *Moschee* mit 50 m hohem Minarett (Besteigen möglich). In der Muzeelorstr. außerdem noch die *orthodoxe Kathedrale* (kurz vor der Jahrhundertwende erbaut) und das *Archäologische Museum* (es gibt im Zentrum außerdem ein archäologisches Freilichtmuseum mit Teilen der antiken Stadtbefestigung - Bulevardul Republicii).
Lohnend noch ein Spaziergang unter schattigen Bäumen die Promenade an der Steilküste entlang - neben dem pompösen Marmorbau des Casinos mal ins große *Aquarium* schauen. Insgesamt 4500 verschiedene Fischarten aus dem Schwarzen und allen übrigen Weltmeeren sind untergebracht.

Constanta/Umgebung

Mamaia: kilometerlange Hotelkette 7 km nördlich von Constanta, schöne Lage zwischen 10 km-Strand und einem großen Süßwassersee. Es gibt drei Campingplätze, von denen zwei am nördlichen Ortsende liegen, 55 Hotels (getrennt für West- und Osturlauber), 50 Restaurants (davon 20 Tanzlokale) und 8 Diskotheken . . .
Bus 32, außerdem Trolleybus 40 und 41 fahren ab Constanta, Information/ Zimmervermittlung im zentralen Hotel Bucuresti B, Tel. 31780. Lohnend ein kleiner Ausflug auf die Insel **Ovidiu** im See (in den Schilfrestaurants kann man die typischen Fische der Dobrudscha kosten).

Costinesti: südlich von Constanta, an der Bahnlinie nach Mangalia. Hier treffen sich Jugendliche aus dem ganzen Ostblock, interessante Kontakte! 2 km Sandstrand, Camping.

Jugoslawien

Vielvölkerstaat zwischen Alpen, Adria und Balkan. Vom italienisch/österreichisch geprägten Norden in die "Schluchten des Balkan" mit Basaren, Minaretten und Moscheen. Von den Zweitausendern der bosnischen Gebirgswelt zur Adria mit ihren kleinen Küstendörfern und zahllosen Inseln.

Auf der Hauptachse des Bahnnetzes über Zagreb - Belgrad - Skopje seht ihr von der landschaftlichen und kulturellen Vielfalt jedoch nicht viel. Benutzt die Stichbahnen zur Küste, wenn ihr mehr vom Land kennenlernen wollt.

Weite Teile Jugoslawiens sind gebirgig und dicht bewaldet. Es gibt mehr als 20 Naturparks, tolle Wasserfälle und riesige Seen. Das zerklüftete Karstgebirge im Hinterland der Küste zieht sich bis nach Albanien hinunter. Die weitverzweigten unterirdischen Hohlräume und Grotten gehören zu den größten Sehenswürdigkeiten Jugoslawiens, z.B. die berühmten *Adelsberger Grotten*. Jugoslawien besitzt 250 Seen, das Gebiet um die Plitvitzer Seen ist das bekannteste. Weit weniger werden die wunderschönen Seen an der albanischen Grenze von Ausländern besucht.

Die Küsten sind extrem felsig, teils mit schattigen Pinienwäldern, teils karg und vegetationslos - aber kaum Sandstrände! Um keine falschen Hoffnungen zu wecken: Die jugoslawische Küste ist eins der großen Urlaubsgebiete in Europa, d.h. im Hochsommer ist jeder Quadratmeter von Sonnenhungrigen bevölkert - trotz fehlendem Sandstrand! Ausweichmöglichkeiten gibts aber zuhauf auf den zahllosen *Inseln*, die noch lange nicht alle vom Tourismus "entdeckt" sind - neben Griechenland das zweite "Inselparadies" Europas.

Die Städte - an der Küste oft mit deutlich italienischem Einschlag, den venezianischen Campanile (= Glockenturm) findet ihr überall - Relikt der jahrhundertelangen Venezier-Herrschaft. Viele Orte haben ihr historisches Stadtbild gut bewahren können; an der Peripherie sind aber oft häßliche Industrielandschaften, Hochhäuser und stereotype Wohnblocks entstanden. Ein Höhepunkt ist *Dubrovnik*, dessen mittelalterlicher Stadtkern zu den schönsten Europas zählt! Im Süden sind die Städte mohammedanisch geprägt, 30-50 % der Bevölkerung sind Muslims. Jeder Ort hat seinen kleinen Basar, Moscheen, Minarette etc.

Die jugoslawischen Teilrepubliken vom Nord nach Süd: *Slowenien* (Hauptstadt Ljubljana), *Kroatien* (Zagreb), *Bosnien-Herzegowina* (Sarajewo), *Montenegro* (Titograd), *Serbien* (Beograd), *Makedonien* (Skopje), und zwei autonome Provinzen *Vojvodina* (Novi Sad) und *Kosovo* (Pristina).

VIELVÖLKERSTAAT: Jugoslawien befindet sich in der größten Krise seiner Geschichte. Aus dem Nationalbewußtsein seiner sechs Republiken und zwei Provinzen resultieren gravierende Probleme, die zusammen mit der massiven Wirtschaftskrise das junge Staatsgebilde vor die Zerreißprobe stellen.

Vor allem der **serbische Führungsanspruch** rückt seit kurzem immer mehr in die Schlagzeilen. Serbien will die in der Verfassung festgelegte Gleichberechtigung der Volksgruppen untergraben. Unter dem neuen Machtpolitiker Slobodan Milosevic hat es sich das Kosovo angegliedert, ebenso streckt es die Finger nach der Republik Montenegro aus. Seit 1981 kommt es regel-

ugoslawien Fahrpläne Nr 23200 - 23240

Strecken des Auslandkursbuches — elektr. | sonstige Strecken — elektr. | Schiffahrtslinien

mäßig zu schweren Unruhen in der autonomen Provinz **Kosovo**, im Grenzgebiet zu Albanien. Dort fordern die gegenüber der serbischen Minderheit zahlenmäßig überlegenen albanischstämmigen Einwohner den Anschluß an das Nachbarland. Die Erhebungen werden blutig unterdrückt, Terroranschläge waren und sind die Folge.

WIRTSCHAFTSKRISE: der Staat befindet sich in einer verheerenden Wirtschaftskrise. 21 Milliarden Dollar hat Jugoslawien schon als Kredit im kapitalistischen Ausland aufnehmen müssen, trotzdem fehlt es hinten und vorn an Devisen, die Pro-Kopf-Verschuldung ist eine der höchsten im Ostblock, fast 20 % der Bevölkerung sind arbeitslos, die Inflation steigt in schwindelerregende Höhen. Seitdem die Löhne mit der Geldentwertung nicht Schritt halten, sind Streiks an der Tagesordnung, viele Arbeiter leben weit unter dem Existenzminimum. Die Armut wächst und mit ihr die Unzufriedenheit. Vor allem das wirtschaftliche Nord-Süd-Gefälle schafft Zündstoff - die reichen Nordrepubliken **Slowenien** und **Kroatien** wollen nicht mehr die Zeche für das ganze Land zahlen, der arme Süden mit Serbien, Makedonien und Montenegro fühlt sich benachteiligt. Seit kurzem ist die jugoslawische KP deswegen gespalten.

Mit der Eisenbahn durch Jugoslawien

Das jugoslawische Bahnnetz ist für Interrailer relativ ungünstig, aber landschaftlich unbedingt lohnend.

Es gibt eine Hauptachse, die von Österreich kommend, über *Ljubljana - Zagreb - Belgrad - Skopje* weiter nach Griechenland führt. Landschaftlich ist diese Strecke ziemlich eintönig, zudem sind die internationalen Züge immer mit Rucksacklern überfüllt, die das nahe Griechenland mit seinen Sandstränden lockt (vgl. Griechenland Anreise)! Praktisch ist allerdings, daß viele Städte des Landes wie Zagreb, Belgrad und Skopje an dieser Bahnlinie liegen.
Von der Hauptlinie führen meist eingleisige Stichbahnen zur Küste, die wegen des Gegenverkehrs viele Zwischenstationen nötig machen - lange Fahrtzeiten einkalkulieren. **Wegen des großenteils gebirgigen Terrains gibt es keine durchgehende Küstenlinie** - Busse und Fähren stellen die einzige Verbindung her. Fahrt am besten mit Bus oder Schiff die Küste entlang bis zur nächsten Bahnlinie. Großes Trostpflaster: die Stichbahnen an die Küste durchstoßen die küstennahen Karstberge und sind reizvolle Gebirgsbahnen. Unbestrittener Höhepunkt die Strecke *Belgrad - Bar* (im Süden, nahe der albanischen Grenze) - eine der imponierendsten und schönsten Bahnlinien Europas (siehe auch S. 210)!
Was das Bahnfahren angeht, beginnt auf dem Balkan das Abenteuer! Die Züge sind meist überfüllt, haben Abteile aus acht nicht ausziehbaren Sitzen und sind im allgemeinen relativ langsam (stundenlange Verspätungen üblich). Vor allem auf Nebenstrecken verkehren altersschwache Züge, die von Dampf- oder Dieselloks gezogen werden. Die Fahrt in den altertümlichen Wagen (keine Abteile, offene Türen, Holzbänke, Rost, Verbindung zwischen den einzelnen Wagen über wacklige Stege im Freien, undichtes Dach, unbrauchbare Klos usw.) ist ein Erlebnis eigener Art!
Im Hochsommer fahren zahlreiche Sonderzüge von BRD/Österreich zu den Küstenorten und über die Hauptstrecke nach Süden. Für einige braucht man Platzkarten.

PLATZRESERVIERUNG: ist auf innerjugoslawischen Strecken anzuraten - Züge sind proppevoll.

LIEGE / SCHLAFWAGEN: mit ca. 7 bzw. 17 DM auf innerjugoslawischen Strecken sehr preiswert. So kann man z.B. mit einem jugoslawischen Zug von Belgrad nach Skopje parallel zum Akropolis-Expreß fahren und morgens ausgeschlafen zusteigen. In Liegewagen sind nur vier Reisende pro Abteil untergebracht (das entspricht in Frankreich und Italien schon der 1. Klasse).

Andere Verkehrsmittel

Busse: Hauptverkehrsmittel im Land, ausgesprochen preiswert und neben Schiffen praktisch die einzige Möglichkeit, die Küste rauf und runter zu kommen! In der Regel kommt ihr mit Bussen schneller und bequemer an euer Ziel, als mit den altertümlichen Zügen,

die wegen des gebirgigen Terrains oft zeitraubende Umwege machen müssen. Kann aber ziemlich nervtötend sein - die Überlandbusse sind völlig überfüllt, beim Kartenkauf muß man an den Ticketschaltern oft Schlange stehen. Man kann jedoch meist den Bus auch ohne Fahrkarte besteigen und beim Schaffner nachlösen.
Übrigens - für Gepäck muß in jugoslawischen Bussen ein Extraobulus entrichtet werden!

LESERTIP: "Bei extrem langer Schlange vor den Ticketbüros haben wir uns bis zur nächsten Haltestelle durchgefragt, dort kann man die Billets im Bus lösen! Funktioniert auch bei vollen Bussen reibungslos - mit etwas Nachdruck kommt man überall noch rein, muß aber dann natürlich stehen" (Horst Weber, Frauenfeld).

Schiff: zahlreiche Personen- und Autofähren *(Trajekt)* der Monopol-Gesellschaft *Jadrolinija* verbinden die Küstenhäfen mit den vorgelagerten Inseln. Auf die größeren Inseln pendeln die Fähren oft stündl., zumindest aber mehrmals tägl. Die Preise sind mäßig - meist nur ein paar Mark.
Spezieller Tip für die Anreise nach Griechenland und Alternative für die überfüllten Busse entlang der jugoslawischen Küste - große Küstendampfer der Jadrolinija fahren tägl. ab Rijeka nach Dubrovnik, 1 x wöch. nach Bar und 3 x wöch. bis Korfu und Igoumenitsa/Griechenland! Haltestellen sind unterwegs Insel Rab - Zadar - Sibenik - Split - Hvar - Starigrad (Insel Hvar) - Insel Korcula - Dubrovnik - Bar - Korfu - Igoumenitsa. Ihr könnt bei jeder Station ein- oder aussteigen. Schöne Fahrt durch die jugoslawische Inselwelt!

PREISE: preislich interessant sind vor allem die innerjugoslawischen Strecken - von Rijeka nach Dubrovnik z.B. ca. 55 DM. Von Rijeka nach Igoumenitsa ca. 112 DM + 16 DM Hafengebühr. Keine Ermäß. mit Interrail-Ticket. Fahrpläne in allen Häfen und in den meisten Reisebüros Jugoslawiens.
Adresse der **Jadrolinija**: Rijeka, Obala Jugoslavenske Mornarice 16, Tel. 051/24051.

Außerdem gibt es auch zahlreiche Fährverbindungen zwischen den *jugoslawischen Häfen* und *Italien*, z.B. von **Zadar** nach Triest, Ancona und Bari; von **Split** nach Ancona, Triest, Venedig und Bari; von **Dubrovnik** nach Triest, Ancona, Venedig und Bari u.a. Preislich zwischen 115 und 130 DM pro Pers., keine Ermäßigung mit dem Interrail-Ticket!

Praktisches

Einreise: besser ihr habt den *Reisepaß* dabei, die Einreise mit dem *Personalausweis* ist zwar auch möglich, aber ihr müßt dann etwa 10 DM berappen. Dafür bekommt ihr ein Einlegeblatt, das ihr bei der Ausreise wieder vorzeigen müßt. Gilt auch, wenn ihr Jugoslawien nur durchquert, z.B. bei der Fahrt nach Griechenland.

Finanzielles: Jugoslawien ist ein relativ preiswertes Urlaubsland. Übernachten ist zwar teuer, alles andere, vor allem Lebensmittel, Bus- und Schiffahrten sind billig.
Die jugoslawische Währung ist der **Dinar**. Ein- und Ausfuhr ist nur in ganz geringen Mengen erlaubt. Wechselt eure DM oder Schecks in jedem Fall erst in Jugoslawien - der Kurs ist wesentlich besser als in Deutschland. Aber - Jugoslawien steckt mitten in einer schweren Wirtschaftskrise. Die Inflation ist atemberaubend und liegt inzwischen bei über 1000%! Wechselt deshalb auf keinen Fall größere Beträge auf einmal, ihr macht dabei Verlust, weil ihr buchstäblich von Tag zu Tag mehr Dinar für DM bekommt. **Tauscht immer nur kleine Beträge ein**. Günstig ist es auch, *Euroschecks* in Dinar auszustellen, da diese erst drei Wochen später von eurem Konto abgebucht werden - zum dann gültigen Kurs! Da sich der Betrag, auf den ihr den Scheck maximal ausstellen dürft, wegen der Geldentwertung ständig steigt, müßt ihr ihn vor Ort erfragen. Problemlos sind auch das Abheben mit dem *Postsparbuch* und *Travellerschecks*. Vorsicht - Rücktausch von Dinar in andere Währungen ist fast unmöglich - wenn, dann mit hohem Verlust.
Kein Wunder, daß man bei der galoppierenden Geldentwertung nahezu

überall angesprochen wird, ob man nicht *schwarz tauschen* will. DM sind für die Jugoslawen eine heiß begehrte "harte Währung", für die sie privat eine Menge mehr Dinar hinblättern als die Banken und Wechselstuben. Jedoch - Schwarztausch ist verboten. Wir können ihn deshalb **nicht empfehlen**, nur auf seine Existenz hinweisen. Wer es trotzdem nicht lassen kann - Vorsicht! Es sind gelegentlich Zivilfahnder unterwegs - zudem kann man reingelegt werden, wenn man mit der Währung nicht vertraut ist.

LESERTIPS: "In Belgrad im Umkreis des Bahnhofs nicht schwarz tauschen - viele Spitzel (Christian Behrens, Neustadt) . . . "Schwarz wechseln ist im allgemeinen kein Problem und relativ gefahrlos. Man wird in Restaurants, Bars, Diskos etc. oft deswegen angesprochen" (M. N., Riegel) . . . "Tauscht man seine DM in Dinarschecks um, erhält man 10 % Ermäß. auf Campingplätzen (Übernachten, Restaurant, Supermarkt) und bei anderen touristischen Einrichtungen. Nicht verbrauchte Schecks kann man zurücktauschen" (Regina Wiesneth, Nürnberg).

Telefon: internationale Gespräche in der Regel von Postämtern, mit Wartezeit verbunden.

VORWAHL: Bundesrepublik Deutschland - **9949**, Österreich - **9943**, Schweiz - **9941**.

Übernachten: Hotels sind fast durch die Bank unerschwinglich - die billigsten um die 65 DM fürs DZ. **Jugendherbergen** gibt es vor allem in den größeren Städten. Sie sind nicht immer gut in Schuß, außerdem oft überfüllt oder für Gruppen reserviert. Es empfiehlt sich, vorher anzurufen, bevor man einen längeren Fußmarsch vergeblich macht! Noch besser wäre natürlich vorreservieren - dazu die jeweilige Herberge anschreiben und "Dom Ferijalnog Saveza" vor die Anschrift setzen (Ausnahme ist Belgrad, siehe dort). Preis ca. 12-14 DM pro Pers.

Alternativ dazu gibt es in Universitätsstädten **Studenten-Heime** (*Studentski Domovi*), die während der Semesterferien im Juli/August als Hostels fungieren. Preis 15-20 DM pro Person.

Preiswerte **Privatzimmer** *(Sobe)* bekommt ihr entweder über die Zimmervermittlung in den Tourist-Büros, oft wird man aber schon am Bahnhof von Leuten angesprochen, die Zimmer vermieten. Ihr könnt auf diese Angebote ruhig eingehen, solltet aber versuchen zu handeln und euch vergewissern, daß das Zimmer nicht am anderen Ende der Stadt liegt! Für die Vermittlung durch das Tourist-Büro müßt ihr einen kleinen Aufschlag bezahlen, Preis ca. 12-20 DM pro Person.

Campingplätze gibt es vor allem an der Küste jede Menge. Sie sind fast immer mit Restaurant und Supermarkt ausgestattet, im Juli/August jedoch restlos überfüllt. *Wildcamping* ist überall verboten und wird in Touristengebieten auch kontrolliert. Wenn ihr aber weit außerhalb der Orte zeltet, wird euch niemand stören. Kein Feuer machen!

Essen: die jugoslawischen Tavernen heißen *gostionas*, preiswert essen kann man in den überall vertretenen Self-Service-Lokalen (*samosposluga*), meist heißen sie Expreß. Ansonsten gibts überall Imbißbuden, sog. *cevapcinicas* (siehe oben). Einkaufen am billigsten auf offenen Märkten, aber auch viele Kaufhäuser haben preiswerte Lebensmittelabteilungen.

Speisekarte: die Balkanküche bringt vor allem Gegrilltes in diversen Variationen auf den Tisch - allen voran die bekannten *cevapcici*, Hackfleischröllchen mit frischen Zwiebeln und oft scharfer Würze. Es gibt sie sowohl im Restaurant als auch in Fladen geklemmt als preiswerte Zwischenmahlzeit an zahllosen Straßenständen (*cevapcinicas*). Ebenfalls häufig trifft man auf *raznjici*, Spieße vom Schwein und *pleskavica*, gegrillte "Hamburger". Im Norden ist die Küche noch österreichisch geprägt, deswegen steht dort oft Wiener Schnitzel auf der Speisekarte - *becki snicl oblo zen*!

Vor allem in Serbien gibt es *mussaka*, einen Auflauf in zahlreichen Abwandlungen, z.B. aus Auberginen (oder anderem Gemüse) und Hackfleisch - ihr werdet das Gericht in Griechenland wiedertreffen. *Culbastija* ist Steak vom Schwein, Kalb oder Rind, *kapama* geschmortes Lammfleisch mit Spinat und

Zwiebeln, *pilav* ist gekochter Reis mit Fleisch oder Fisch, Suppen heißen *corba*. An der Küste und auf den Inseln gibt es natürlich vor allem Fisch - Zahnbrassen (*zubatac*), Goldbrassen (*komarca*) und Drachenkopf (*skarpima*) gehören zu den häufigsten Leckerbissen. Im Inland sollte man mal Forelle kosten, z.B. an der Buna-Quelle bei Mostar oder am Ohrid-See im Süden. Als Dessert gibts die bekannten *Palatschinken, Bureks* sind Blätterteigpasteten, die mit Käse, Fleisch oder Apfel gefüllt sind.
Im Land gebrautes Bier (*pivo*) gibts überall, auch einige ausländische Sorten. Wein (*vino*) ist das Nationalgetränk - versucht immer, offenen Wein aus der jeweiligen Region zu bekommen (*bijelo vino* = Weißwein, *crno vino* = Rotwein). Oft wird der Wein auch mit Wasser verdünnt getrunken, als sog. *bevanda* oder *gemist*. Der übliche, arg malzhaltige Kaffee läßt wenig Begeisterung aufkommen, besser ist der türkische (*turkska kava*), der in kleinen Kupferkännchen serviert wird. Weltberühmt sind die jugoslawischen Schnäpse vom Pflaumenschnaps *Slibowitz* bis zum Kirschlikör *Maraskino*.

Sprache: entsprechend der Zusammensetzung aus verschiedenen Republiken, Volks- und Sprachgruppen gibt es *das* Jugoslawische nicht! Von den drei miteinander verwandten Amtssprachen Slowenisch, Makedonisch und **Serbokroatisch** ist letztere die wichtigste (Serbien und Kroatien nehmen flächenmäßig fast die Hälfte des Landes ein und haben über 60 % der Bevölkerung) und wird fast überall verstanden. Unser kleines Lexikon weiter unten deshalb in Serbokroatisch.
Neben den zahlreichen Sprachen gibt es zwei Schriftarten - neben dem Lateinischen wird in den Südrepubliken das Kyrillische Alphabet verwendet.

Kleines Sprachlexikon

Allgemeines: Guten Tag - *dobar dan*; Guten Morgen - *dobro jutro*; Guten Abend - *dobro vece*; Gute Nacht - *laku noc*; heute - *danas*; morgen - *sutra*; ja - *da*; nein - *ne*; danke - *hvala*; bitte - *izvolite*; wo ist . . . - *gdje je* . . .; wann - *kada*; Platz - *trg* ; Straße - *ulica*, *cesta*. Zahlen 1-10: *jedan*, *dva*, *tri*, *cetiri*, *pet*, *sest*, *sedam*, *osam*, *devet*, *deset*; 20 - *dvadeset*; 50 - *pedeset*; 100 - *sto*; 1000 - *jedna tisuca*.

Bahn: Bahnhof - *kolodvor*; Bahnsteig - *peron*; Fahrplan - *horaro*; Ankunft - *alveno*; Abfahrt - *deviga*; Zug - *tranjno*; Schnellzug - *rapidtranjo*; Expreß - *eksprestranjo*; Kurswagen - *vagono*; Liegewagen - *kusvagono*; Schlafwagen - *dormvagono*; Speisewagen - *restoracia vagono*; Zuschlag - *krompago*; Platzkarte - *rezervigo de sidloko*; Gepäckaufbewahrung - *prljaznica*;

BOTSCHAFTEN

Bundesrepublik Deutschland: 11000 Beograd, Ulica Kneza Milosa 74-76, Tel. 011/645755. Generalkonsulat in 41000 Zagreb, Proleterskih Brigada 64, Tel. 041/519200.
Österreich: 11000 Beograd, Kn. Sime Markovica 2, Tel. 635955. Generalkonsulate in Ljubljana, Strekljeva 5, Tel. 061/21362/3 und Zagreb, Jakubovac 39, Tel. 041/36484.
Schweiz: 11000 Beograd, Bircaninova 27, Tel. 646899. Generalkonsulat in Zagreb, Bogoviceva 3, Tel. 041/444322.

FREMDENVERKEHRSÄMTER

D-6000 Frankfurt/M., Goetheplatz 7, Tel. 069/285685. Zweigstellen in Düsseldorf und München. **A-1010 Wien**, Mahlerstr. 3, Tel. 0222/525481. **CH-8001 Zürich**, Limmatquai 70, Tel. 01/2521270.

Jesenice (österr.-jugoslaw. Grenze) - Bled Jezero - Nova Gorica - Sezana (Grenzbahnhof nach Italien) - Divaca - Pazin - Pula A-Kb. 23202, 23204

Etwa 5 x tägl. Stichbahn ab Grenzbahnhof Jesenice nach Sezana (z.T. Umsteigen in Nova Gorica), dort Anschluß u.a. auf die Halbinsel Istrien. Vor allem ab *Bohinjska Bistrica* sehr reizvolle Bergstrecke! Nach der Durchquerung des 7 km langen Podbro-Tunnels (unmittelbar hinter Bohinjska Bistrica) gehts das enge und wilde Bo-

ca-Tal hinunter - viele Tunnels und Viadukte. Über *Nova Gorica* meist dicht an der italienischen Grenze entlang.
Ab *Sezana* bzw. dem benachbarten *Divaca* häufig Anschlüsse nach Triest, Ljubljana, Rijeka und quer durch Istrien nach *Pula*. Nebenstrecke auch nach *Koper* - schöne Fahrt am Rand eines langen Felsenhangs.

Bled: ca. 15 min. ab Jesenice, lohnt einen Zwischenstop für Alpen- und Süßwasserfans! Malerische Lage an einem kleinen See, der in grauer Vorzeit durch einen Gletscher ausgeschliffen wurde. Herrlich warmes Wasser durch unterirdische Thermalquellen! Dementsprechend ist Bled heute ein recht mondäner Urlaubsort, sogar Tito hatte hier eine Villa (heute Luxushotel). Als Panorama-Hintergrund die dicht bewaldeten Ausläufer der Ostalpen.
Schöne Bootsausflüge (ca. 5-6 DM hin u. zurück) zur kleinen Insel mitten im See (Kapelle mit Glocke, die einem Herzenswünsche erfüllt!). Oder mal hinauf zum Schloß - einmalige Lage auf einem 100 m hohen Felsblock!

VERBINDUNGEN / BAHNHOF: Nebenlinie Jesenice - Sezana, Züge mehrmals tägl. Der Bahnhof **Bled Jezero** liegt vom Ort Bled gesehen, auf der anderen Seite des Sees, jedoch nur einen knappen Kilometer vom Camping Zaka. Von der 4 km entfernten Bahnstation **Lesce** an der Hauptlinie München-Belgrad ist Bled ebenfalls leicht zu erreichen (stündliche Busse).

INFORMATION: **Turisticko Drustvo**, schräg gegenüber vom Hotel Park am See, Tel. 77409.

ÜBERNACHTEN: **Jugendherberge Bledec**, Grajska 17, Tel. 064/78230. Liegt am Weg zum Schloß, ganzjährig offen, jedoch ziemlich klein, mit 16 DM incl. Frühstück reichlich teuer, nur gelegentlich warme Duschen, 22 h Schließzeit! **Privatzimmer** gibts ab ca. 12 DM pro Pers. über Alpetour oder Kompas-Reiseagentur, beide an der Ljubljanska Cesta. Schön gelegener **Camping Zaka** am westl. Seeufer, 3 km von Bled. Außerdem einer der besten Plätze Jugoslawiens - **Camping Sobec** 2 km von Bled Richtung Lesce ansprechendes Gelände mit Kiefern und weiten Wiesenflächen zwischen der Save und einem angelegten Badesee. Teurer als Zaka, aber alles prima in Schuß.

ESSEN: in der **Gostiona Rikli**, nah der Jugendherberge, hervorragende Seeforellen!

Skocjanske Jame: die Höhlen von Skocjan sind eine interessante Alternative zu den berühmten Adelsberger Grotten (Postojnska Jama, siehe Bahnlinie Ljubljana-Rijeka). Weit weniger überlaufen, dementsprechend ein ganzes Stück ursprünglicher und wilder. Ihr geht erst einen unterirdischen Flußlauf entlang und überquert ihn dann in gut 40 m Höhe! Die Höhlen liegen nicht weit von der Bahnstation *Divaca*, bei dem Dorf Matavun (etwa 4 x tägl. Führungen, ca. 1,5 std., ca. 6 DM).

HALBINSEL ISTRIEN

Nur bedingt empfehlenswert, viel Pauschaltourismus - Küste mit teilweise extrem großen Hotelanlagen zugepflastert (vor allem bei Portoroz und Porec), kaum Sandstrände, viel Felsküste, überlaufen!

Ab Ende August läßt der Run nach - das Meer ist aber noch immer warm! Ausgesprochen malerisch sind manche Ortsbilder (oft auf schmalen Halbinseln), die ihren historischen Kern bewahren konnten, vor allem *Piran*, *Porec* und *Rovinj*. *Opatija* bei Rijeka war schon vor 100 Jahren bei den reichen k. u. k.-Wienern beliebt. Wesentlich ruhiger das Innere der Halbinsel - Wiesentäler und Weinfelder, uralte Orte mit Türmen und Kastellen, z.B. *Pazin*.
Küstenorte mit Bahnanschluß sind Koper und Pula - zu erreichen von der Hauptlinie ab Jesenice oder Ljubljana (auf letzterer Strecke häufigere Verbindungen), außerdem Züge ab Rijeka. Umsteigeort ist meist Divaca (Wartezeiten einkalkulieren).

Koper: mittelgroßes Industriestädtchen, insgesamt wenig einladend, wider Erwarten jedoch hübsches Altstadtviertel mit vielen engen Gassen. Schöner, zinnenbewehrter Stadtpalast (mit Restaurant) und Dom am Hauptplatz, unter den Bögen der Loggia kann man wunderbar Kaffee trinken!

Hier beginnt auch die lebendige Einkaufsstraße. Baden wegen der nahen Industrieanlagen nicht zu empfehlen.

VERBINDUNGEN / BAHNHOF: Bahnhof etwas außerhalb, mit Bussen ins Zentrum. Züge von und nach Triest, Ljubljana, Rijeka, Jesenice (fast immer in Divaca umsteigen).

INFORMATION: Pristaniski trg 7 (am Hafen).

ÜBERNACHTEN: nach preiswerter Unterkunft im Touristenbüro fragen. Camping leider 9 km entfernt, bei Ankaran (ital. Grenze).

Piran: mit Bus ab Koper - sehr malerisch auf einer Landzunge gelegen, mittelalterliches Stadtbild mit leuchtend bunten Fassaden und Resten der ehemaligen Maueranlage, herausragender 'venezianischer' Campanile hoch über dem Ort.
Am Süßwassersee von *Fiesa*, 15 Fußminuten außerhalb, der Camping Jezero und gute Fischlokale.

Porec: Tourismuszentrum Istriens! Sehr schönes Städtchen auf schmaler Halbinsel, alte venezianisch-gotische Stadtpaläste und eine berühmte byzantinische Basilika aus dem 6. Jh. mit tollen Mosaiken. Das helle Pflaster der Straßen ist blankgescheuert von zigtausend Touristenfüßen. Extrem viel Rummel wegen der großen Hotelanlagen außerhalb vom Ort. Bootsverbindungen zur vorgelagerten Insel *Sveti Nikola* mit schönen Badebuchten.

VERBINDUNGEN: nächste Bahnstation ist das 30 km entfernte **Pazin** (ruhiges Städtchen mit altem Kastell), an der Bahnstrecke nach Pula. Mehrmals tägl. Busse.

ÜBERNACHTEN: einige große Campingplätze mit guten Einrichtungen ein paar km außerhalb, z.B. **Zelena Laguna** südl. von Porec.

NACHTLEBEN: **Disko Joker** in der Altstadt, hat Atmosphäre.

Rovinj: malerisch auf einer Halbinsel gelegen, davor kleine grüne Inselchen. Im Zentrum verwinkelte, teilweise sehr steile Gäßchen, zahllose Treppen, schmiedeeiserne Balkons. Dom mit hohem Campanile über der Stadt, am Hafen noch intaktes Fischerleben. Früher bevorzugter Anlaufpunkt für Bohemians, Künstler und Schriftsteller ("St. Tropez von Istrien"). Campingplatz Porton Biondi 1 km nördlich vom Ort.

Pula

Endpunkt der Bahnlinie, großer Hafen, Flugplatz und Industrie. Die Altstadt trotzdem angenehm, mit einigen Leckerbissen für Liebhaber römischer Baukunst. Bestens erhalten die große *Arena*, Platz für über 20.000 Zuschauer. Im 16. Jh. wollten die Venezianer das ganze Monstrum abtragen und in Venedig wieder aufbauen! Glücklicherweise kam es nicht dazu. Noch einige andere Rom-Relikte kann man in Pula bewundern: einen Augustustempel (Trg Republike), Stadttore und das Archäologische Museum. Auf einem Hügel mitten in der Stadt ein venezianisches Kastell.

VERBINDUNGEN / BAHNHOF: nördl. vom Zentrum am Meer. Über Divaca gute Verbindungen nach Ljubljana, Rijeka, Triest. Busbahnhof im Zentrum.

INFORMATION: Trg Bratstva I Jedinstva 4.

ÜBERNACHTEN: **Jugendherberge** Zaliv Valsaline 4, im Vorort Veruda (Halbinsel Stoja). Vom Bhf. 4 km, Stadtbus 2, 4. Direkt am Meer, Badestrand vorm Haus, Zimmer und Bungalows, zelten möglich. Laut Leserin Andrea Waldenburg betreiben sehr nette Leute die Juhe, soll auch billig sein, in der Saison ganze Nacht offen. Tel. 052/22617.
Außerdem etliche Campingplätze in der Umgebung, der nächste ist **Camping Stoja**, ebenfalls auf der Landzunge Veruda.

LESERTIPS: "neu ist die pyramidenförmige **Disko Pyramida**, Nähe Jugendherberge und Campingplatz, bisher sehr preiswert" (Michael Nadler, Riegel) . . . "von Pula kann man 1 x tägl. auf die Insel **Losinj** übersetzen, abends geht ein Boot zurück" (Oliver Kanizas/Jens Langner, Schwalmstadt).
Anm. E. F.: beste Möglichkeit nach Losinj zu gelangen - von **Brestova** an der Ostküste Istriens (Busse ab Pula) fahren fast stündlich Fähren in einer knappen halben Stunde zur vorgelagerten Insel Cres, dort weiter mit Bus über Drehbrücke hinüber nach Losinj. Fähren gehen außerdem tägl. von Rijeka und Zadar. Losinj lohnt sehr wegen der üppigen Vegetation - Näheres siehe S. 199.

Ljubljana - Postonja - Pivka - Rijeka (bzw. Pivka - Koper) A-Kb. 23203

Von Ljubljana nach Rijeka gut 10 x tägl. Direktverbindung über Postonja und Opatija am Fuß der Halbinsel Istrien. Zudem mehrmals tägl. über Pivka, Divaca nach Koper bzw Triest (eventuell umsteigen in Divaca). Bei Postonja die berühmten Adelsberger Grotten!

Ljubljana

Hauptstadt Sloweniens, die Alpen sind noch ganz nah. Der erste Eindruck mit seinen eintönigen Wohnvierteln grau in grau trügt - Ljubljana hat eine hübsche Altstadt mit barocken Kirchen, engen Gäßchen und Fassaden aus Habsburger Zeiten. Dominierender Blickpunkt das große Kastell auf einem dicht bewaldeten Hügel. Die Ljubljanica umfließt es in weitem Bogen. Dank der großen Universität viel studentisches Leben!

VERBINDUNGEN / BAHNHOF: am Trg Osvobodilne Fronte im Norden der Stadt. Ins Zentrum ca. 15 min. - vom Vorplatz rechts und auf der anderen Straßenseite die breite Titova Cesta bis zum Trg Revolucije laufen. Busbahnhof gleich neben dem Bahnhof.

INFORMATION: Titova Cesta 11, Tel. 215412. Gute Zimmervermittlung, außerdem gibts Stadtpläne.

ÜBERNACHTEN: im Sommer werden über die Informationsstelle Zimmer in Studentenheimen und Privathäusern vermietet (Kostenpunkt ca. 15 DM pro Pers.)
Sonst der recht gute **Campingplatz Jezica** am nördl. Stadtrand, häufig Busse ab Titova Cesta. Liegt an der Save (Nähe Bahnlinie), mehrere Schwimmbecken, Disko.

ESSEN: **Fischlokale** westl. der drei Brücken, großer **Self-Service** in der Titova Cesta 9.

Sehenswertes: ein paar Straßenzüge rechts vom Bahnhof beginnt die große Hauptstraße Titova Ceste. Immer geradeaus kommt ihr in die älteren Teile der Stadt. Am Trg Revolucije, dem größten Platz Ljubljanas, steht die *Ursulinenkirche*, die als schönster Barockbau der Stadt gilt.
Linker Hand, beim Presernov Trg, gehen drei eng beieinanderliegende Brükken über die Ljubljanica in die eigentliche Altstadt. Drüben gibts etliche Straßencafés, sehenswert sind das Rathaus und der Dom, gleich benachbart, am Vodnikov Trg, läuft jeden Vormittag (außer So) der große *Obst- u. Gemüsemarkt* ab. Der Gang hinauf zur Burg lohnt hauptsächlich wegen des schönen Panoramablicks (z.Z. wegen Restaurierung geschl.).

Postojnska Jama *(Adelsberger Grotten)*

Top-Sehenswürdigkeit an der Bahnlinie nach Rijeka bzw. Triest. Von Ljubljana ca. 1 std. nach *Postonja*.
Der Haupteingang der Höhle ist etwa 1 km vom Ortszentrum entfernt, Restaurants und Souvenirshops garnieren den Weg. Sehr teuer, an die 20 DM! Die riesige Höhle ist aber echt sehenswert - weite Hallen, Tropfsteine in allen Formen und Größen, Wasserbecken, unterirdische Seen und Flußläufe. Mit einer Kleinbahn fährt man etwa 2,5 km in den Berg, unterwegs werden einem unter anderem auch Grottenolme vorgeführt. Dauer etwa 1,5 std., unbedingt warme Kleidung mitnehmen, Temperatur ca. 8 Grad! Da unheimlich viele Touristen herkommen, müßt ihr eventuell Wartezeit in Kauf nehmen!

INFORMATION: (in Postonja), Turist biro, Trzaska Cesta 4.

ÜBERNACHTEN: gut ausgestatteter Campingplatz **Pivka Jama**, 5 km von der Postojnska Jama, im Tannenwald unmittelbar beim Eingang zur Pivka-Höhle - ihr könnt etwa 2 km hineinlaufen.

Das letzte Stück der Bahnfahrt nach Rijeka, wenn man das kahle Küstengebirge überquert hat, ist besonders schön - vor euch das Meer, die Inseln und viel Grün!

Opatija: üppige Hotels im Zuckerbäkkerstil, wegen der geschützten Lage prächtige mediterrane Vegetation, sogar Palmen. Aber alles schon leicht vergammelt, und nur wenig attraktiver, künstlich aufgefüllter Sandstrand.

VERBINDUNGEN / BAHNHOF: Station **Opatija-Matulji** 3 km außerhalb, häufige Busse in die Stadt.

ÜBERNACHTEN: **Camping Opatija** bei Icici, ca. 4 km von Opatija (gute Busverbindungen).

Rijeka

Wichtigste Industriestadt des Nordens, Raffinerien, großer, geschäftiger Hafen und vor allem viele Werften (bei der Weiterfahrt könnt ihr sie von der Eisenbahnlinie aus sehen).

Der Stadtkern wirkt noch recht italienisch. Cafés und Restaurants findet ihr an der abgasgeplagten Hafenstraße *Obala Jugoslavenske Mornarice* - gegenüber fahren die Fährschiffe zu den Inseln ab. Angenehmer ist die Fußgängerzone *Korzo Narodne Revolucije*, die parallel zur Uferstraße verläuft. Besonders abends ist hier viel los. Nördlich davon findet ihr die *Altstadt*, dahinter gehts zu einem schönen großen *Park* hinauf. Zum *Kastell* oberhalb der Stadt kommt ihr über eine Treppe mit 559 Stufen (im östlichen Stadtteil). Von oben sehr schöner Blick über die Stadt und die Kvarner Bucht.

VERBINDUNGEN / BAHNHOF: Züge nach Ljubljana, Koper, Triest und Zagreb. Der Bahnhof liegt an der Ulica Borisa Kidrica, 1 knapper km westl. von Passagierhafen und Altstadt. **Überlandbusse** halten an der Uferstr., vom Bhf. ein Stück in Richtung Zentrum (nach Triest ca. 2 std., 5 DM pro Pers.).

FÄHREN: neben zahlreichen Fähren zu den vorgelagerten Inseln (siehe unten) Startpunkt der Küstenlinie **Jadrolinija**, die tägl. über diverse Stationen nach Dubrovnik, 1 x wöch. nach Bar und ca. 3 x wöch. sogar nach Igoumenitsa/Griechenland fährt. Nicht übermäßig teuer, deswegen interessante Variante für die Einreise nach Griechenland. Details siehe Einleitung Jugoslawien.

INFORMATION: Turisticki Informacioni Biro, Trg Republike 9 (am Hafen).

ÜBERNACHTEN: Camping **Kostrena**, 7 km südl. Sehr laut wegen der nahen Küstenstraße (die berühmte Jadranska Magistrala). Mit gutem Restaurant, Busverbindung.

Rijeka/Inseltrips

Rijeka ist guter Anlaufpunkt für die Inseln Krk, Rab und Cres. Bei Cres außerdem die schöne Insel Losinj!

Krk: größte jugoslawische Insel, seit 1980 durch riesige Brücke mit dem Festland verbunden. Dementsprechend Tourismus in Reinkultur. Vielleicht lohnendster Ort das kleine *Baska* im äußersten Südosten - in einer durch hohe Karstfelsen geschützten Bucht mit kilometerlangem Kiesstrand. Lange Touristenpromenade, dahinter drängt sich der Ort mit altersschwachen Bauernhäusern, engen Gäßchen und Treppen. Jedoch nur außerhalb der Hochsaison vom Tourismus nicht gänzlich überschwemmt. In einem geschützten Talkessel in der Nähe vom Ort der empfehlenswerte FKK-Camping *Bunculuca*.

VERBINDUNGEN: ab Rijeka mehrmals tägl. Busverbindung über die **Tito-Brücke**. Oder sehr schöne Busfahrt von Rijeka ins hübsche Küstenstädtchen **Senj**, von dort ca. 2 x tägl. Direktfähren nach Baska. Landschaftlich unheimlich reizvoll, ab Novi Vinodolski Fahrt durch steile, weiße Karstfelsen - eine Mondlandschaft! Ab Baska saisonal auch Fähren auf die Insel Rab.

Rab: mit viel Vegetation die hübscheste der drei Inseln vor Rijeka, aber seit einem Jahrhundert Touristenziel Nr. 1 der Region! Das malerische Städtchen Rab liegt mit seinen photogenen Kirchtürmen auf einer schmalen Landspitze und ist Mittelpunkt des Trubels.

VERBINDUNGEN: tägl. Busse ab Rijeka - nach Baska, von dort per Fähre (6 x tägl.) in den Hafenort Lopar auf Rab.

Cres: weiter draußen im Meer, lang, schmal, kahl und karstig. Lohnendster Ort neben dem ruhigen Hauptort ist das historische Städtchen *Osor*. Über die nahe Drehbrücke rollt hier der Verkehr auf die im Windschatten liegende, üppig grüne Nachbarinsel **Losinj**. Der Hauptort Mali Losinj am Ende einer tiefen Bucht. Subtropische Vegetation, Palmen überall, viel Rummel um den Hafen, aber auch hübsche Altstadtgäßchen. Zum Baden in die Bucht von *Cikat* mit gleichnamigem guten Campingplatz (2 km außerhalb, Busverbindung) und Strand.

VERBINDUNGEN: 1 x tägl. Fähre von und nach Zadar und Pula (beide mit Bahnanschluß). Außerdem häufige Fähren ab Brestova nach Cres, von dort weiter mit Bus. Und tägliche Busse von Rijeka (über Brestova, schöne Schaukelfahrt).

Wer mit der Bahn nach Zagreb weiterfahren will - mindestens 4 x tägl. gibts eine Direktverbindung. Die Bahnlinie verläßt kurz nach Rijeka die Küste, die auf den nächsten 120 km nur wenig besiedelt ist - rauhe Karstfelsen, trokken, kaum Vegetation.

ZAGREB

Zweitgrößte Stadt Jugoslawiens, viel Verkehr und Rummel tagsüber. Abends 'Streetlife' in der hochgelegenen Altstadt, von der man die übrigen Viertel überblicken kann.

Kulturell bietet die Stadt im Sommer eine Menge, viele Musikveranstaltungen, die meisten davon auf öffentlichen Plätzen. Bei einem kurzen Aufenthalt könnt ihr in den großen Grünanlagen gegenüber vom Bahnhof bequem "relaxen".

VERBINDUNGEN / BAHNHOF: Zagreb liegt an der Hauptlinie von Mitteleuropa über Belgrad nach Griechenland. Züge außerdem mehrmals tägl. an die Küste nach Zadar, Sibenik, Split und 2 x tägl. nach Budapest (7,50 und 21,50 h). Hauptbahnhof am Tomislav Trg., nördl. davon die Altstadt, vor dem Bhf. halten Busse und Straßenbahnen in alle Richtungen. In die Neustadt südl. der Gleise führt eine große unterirdische Ladenstraße, gut für Verpflegung einkaufen!
Zum **Busbahnhof** vom Bhf. einen knappen km nach rechts die Gleise entlang, dann durch die Unterführung (Tramverbindung).

INFORMATION: am Trg Nik. Zrinjsgok 14 (3. Park Richtung Zentrum). Zimmervermittlung, Stadtpläne und Veranstaltungskalender.

ÜBERNACHTEN: Privatzimmer ca. 30-35 DM fürs DZ, am Bhf. wird man oft deswegen angesprochen. Ein Bett in Mehrbettzimmern von Studentenheimen kostet etwa 16-20 DM. Buchung im **Studentski Centar**, Savska Cesta 25, vom Bhf. ein ganzes Stück nach links (Straßenbahn nehmen).
IYHF-Jugendherberge Omladinski, Petrinjska 77, Tel. 041/434964. Groß, mit guten sanitären Anlagen, soll aber in der Hochsaison überfüllt und dreckig sein. Vom Bhf. rechts und die erste Straße links (Petrinjska), insgesamt 500 m. Für Mitglieder etwa 8 DM pro Nacht, Nichtmitglieder 12 DM.

ESSEN: billiger Imbiß am Bhf., gr. Obst- und Gemüsemarkt **"Dolac"** Nähe Trg Republike. Restaurants hauptsächlich um den Trg Republike und westlich vom Zrinjski Trg.
Self-Service-Restaurants - **Mosor**, Jurisceva 2 (Nähe Trg Republike), **Studenski centar**, Savska Cesta 25 (Zimmervermittlung für Student-Hotels).
Beliebte Bierlokale bzw. Kaffeehäuser sind **Gradska Kavana** auf dem Trg Republike und **Alecsina** in der Kaptol. Dort bekommt ihr auch etwas zu essen.

Sehenswertes: vom Bahnhof gehts geradeaus in die Altstadt Starigrad. An den drei Grünanlagen vorbei zum Hauptplatz *Trg Republike* (Fußgängerzone) - guten Überblick hat man vom Straßencafé *Gradska Kavana*, oder noch besser, von der Dachterrasse des Hochhauses (Eintritt). Vor allem abends ist unheimlich viel los! Richtung Westen beginnt hier die *Ilica*, die Hauptgeschäftsstraße von Zagreb.
Über Treppen zu erreichen, ein Stück oberhalb vom Platz, der hohe gotische Dom, der im 19. Jh. vollständig restauriert werden mußte. Gegenüber der große Markt (Dolac), sehr lebendig und farbenprächtig.
Etwa 150 m links vom Trg Republike geht eine Seilbahn (!) in die Oberstadt. Von dem Turm, an dem sie endet, wird mittags um 12 Uhr ein Kanonenschuß losgelassen. Schöner Spaziergang durch die alten Kopfsteinpflastergäßchen, vorbei am *Katharinenplatz* mit nettem Straßencafé zur *Markuskirche*. Im Inneren einige Skulpturen von Jugoslawiens bedeutendstem Bildhauer Ivan Mestrovic. Seine *Werkstatt* ist ganz in der Nähe, Mletacka 8 (nur vormittags).

MUSEEN: **Archäologisches Museum** am Trg N. Zrinsgok, **Ethnographisches Museum** am Trg Mazuranicev (bei den Parks im Westteil der Stadt), sehenswerte volkskundliche Sammlung - Trachten, Teppiche, Nachbildungen von Bauernhäusern, Arbeitsgeräte u.v.m.

VERANSTALTUNGEN: in der letzten Juliwoche das internationale **Folklore-Festival** mit Gruppen aus ganz Europa.

Zagreb - Knin (Zadar, Sibenik) - Split A-Kb. 23207

Ausgesprochen interessante Bahnlinie, die im zweiten Teil quer durchs Gebirge führt. Direktzüge von Zagreb nach Split und umgekehrt ca. 9 x tägl. (8-9 std.). Wichtige Umsteigestation ist *Knin*, von dort Zweiglinien nach Zadar und Sibenik (tägl. mehrmals).

Plitwitzer Seen

Auf halbem Weg zwischen Zagreb und Split eine der größten Attraktionen Jugoslawiens! In herrlich dichter, grüner Waldlandschaft 16 Seen, die terrassenförmig übereinander liegen!

Die Verbindungen zwischen den Seen stellen Wasserfälle, Überläufe und sogar unterirdische Gänge her. Die intensive Grün- bis Blaufärbung des Wassers hängt mit dem weißen Kalkschlamm am Grund des Sees und der Reflektion der Sonnenstrahlen zusammen. Das gesamte Seengebiet ist durch markierte Wege und schmale Holzstege miteinander verbunden. Schöne Spaziergänge durch intensive Schilf- und Baumlandschaften, sogar unter Wasserfällen durch!
Es gibt insgesamt vier Eingänge, kostet knapp 20 DM (mit Stud.-Ermäß. ca. 14 DM). Karte gilt einen Tag, kann aber bei der Unterkunft (Hotel, Camping) verlängert werden, solange man dort wohnt. Inbegriffen im Preis ist eine kombinierte Fahrt mit Panoramabahn und Elektroboot am bzw. auf dem *Kozjak-See*, dem größten der Seen.

VERBINDUNGEN: am besten gleich ab Zagreb einen der fast stündl. **Überlandbusse** nehmen (ca. 2,5 std., ca. 4 DM), halten an 2 Eingängen zum Park, und bei einem kleinen Weiler 1 km vom Campingplatz.
Anfahrt mit der Bahn mühselig wegen schlechter Busanschlüsse. Nächste Station ist **Vrhovine-Plitvicka Jezera**, ca. 3,5 std. ab Zagreb. Von hier Busse zum Seengebiet, jedoch nur 2-3 x tägl., meist frühmorgens. Es sollen auch Busse von und zur Station **Sinac** fahren. Weiterfahrt von Plitwice kann schwierig werden, s. Lesertip!

INFORMATION: an den Eingängen 1 und 2, Zimmervermittlung.

ÜBERNACHTEN: empfehlenswerter Campingplatz **Korana**, ca. 6 km nördl. vom Eingang 1 (ulaz 1), Busverbindung. Im weitläufigen Hügelgelände jede Menge Platz, ausgesprochen saubere Sanitäranlagen, ein Badesee gehört auch dazu. Laut Leser Oliver Racine kein Problem morgens per Daumen zu den Seen zu kommen, jeder fährt hin! Ansonsten gibts Privatzimmer ab ca. 20 DM, Hotels gegenüber dem Haupteingang sind teuer.

BADEN: ist nur an wenigen Stellen erlaubt, hauptsächlich im Kozjak-See (dort kann man auch Ruderboote mieten). Die Wärter passen genau auf.

LESERTIP: "wer mit dem Bus von Zagreb kommt, sollte am besten schon dort die Rückfahrt- bzw. Weiterfahrtmöglichkeiten überprüfen - in Plitwice kennt niemand die genauen Abfahrtszeiten. Bei Herannahen des Busses **deutlich** Zeichen geben - die Busse halten nur auf Verlangen und das ist wörtlich zu nehmen! Oft sind sie auch überfüllt, dann hilft nur eiserne Geduld" (Ulrich A. Böcker, Bielefeld).

Knin: Knotenpunkt mit häufigen Stichbahnen nach Zadar, Sibenik und Split. Zu den beiden letzteren Orten z.T. nochmal in Perkovic umsteigen, aber rasche Anschlüsse.

Zadar

Relativ ruhige Kleinstadt, im 2. Weltkrieg völlig ausgebombt, trotzdem noch immer sehenswert. Die Altstadt auf einer langgestreckten Landzunge - interessantes Durcheinander der Stile, von der Antike bis zu modernem Zweckbeton. Sogar die trutzigen alten Befestigungsmauern samt Stadttoren sind teilweise gut erhalten, einige altrömische Relikte, wie Triumphbögen u. dgl. wurden gleich mit eingebaut.
Vor allem abends herrscht in den alten Gassen mit den blankgewetzten weißen Steinquadern viel Rummel - auf der langen Hauptstraße *Omladinska Ulica* sitzen Straßenhändler und Schmuckverkäufer, auf dem *Narodni Trg*, dem absoluten Mittelpunkt der Stadt, versuchen mehr oder minder begabte Straßenmusiker ihr Glück. Sehenswert - der große Obst/Gemüsemarkt, vormittags auf einem Platz innerhalb der nördlichen Stadtmauer. Besonderer Pluspunkt - die gesamte Altstadt ist für Autos gesperrt!

VERBINDUNGEN / BAHNHOF: in der Neustadt, über Brücke in die Altstadt auf der Halbinsel.

BUSBAHNHOF / FÄHRHAFEN: beides an der Radnicka Obala, am Nordrand der Altstadt, außerhalb der Stadtmauer. Busstation mit Gepäckaufbewahrung. Fähren zu den vorgelagerten Inseln, außerdem hält hier das Küstenschiff der Jadrolinija (Rijeka - Dubrovnik - Bar - Igoumenitsa / Griechenland), siehe Einleitung.

INFORMATION: Sunturist am Narodni Trg.

ÜBERNACHTEN: Jugendherberge **Borik** im gleichnamigen Ortsteil, 3 km nördlich vom Zentrum an der Küste, Bus 5 ab Bhf. Großes Haus, aber viel Krach, Tel. 057/443145.
In Borik auch der Camping **Borik** mit langem Kiesstrand und viel Schatten, jedoch überfüllt und laut. Weiterer Camping **Puntamika** am südöstlichen Ende der Landzunge, auf der die Altstadt liegt.
Privatzimmer kosten ca. 15 DM pro Person. Am Bahnhof werdet ihr oft angesprochen.

Von Zadar nach Sibenik bzw. Split - per Bahn ziemlich umständlich über Knin im Hinterland. Überlegenswert, den direkten Küstenbus zu nehmen!

Zadar/Inseltrips

Ugljan liegt genau gegenüber von Zadar. Die beliebte Wochenendinsel der Bewohner von Zadar ist mit ihren Wald- und Parklandschaften üppig grün. Fähren etwa stündlich in den angenehmen Hauptort *Preko*, beim stillen Fischerdorf *Ugljan* kann man auf kleinen Privatcamps zelten, ansonsten außer wenigen Hotels nur Privatzimmer als Unterkünfte.
Die schlauchförmige Insel **Dugi Otok** liegt weit draußen und ist erholsam ruhig geblieben. Einziger Touristenort ist *Bozava*, gute Bademöglichkeit in Felsbuchten oder am Sandstrand von *Sakarun*. Kein Campingplatz, nur Privatzimmer und Hotels, 1 x tägl. Personenfähre von Zadar.

Pag: faszinierende Mondlandschaft ohne Baum und Strauch (von den Venezianern in früheren Jahrhunderten abgeholzt!), aber auch einige fruchtbare Täler. Ihr fahrt durch kilometerweite Steinwüsten - nur weiße Karstrücken, karge Schafweiden und schnurgerade Steinmauern . . . *Novalja* ist der beliebteste Anlaufpunkt, ein typisches Touristennest mit zahlreichen Cevapcici- und Fischlokalen an der Promenade. Ausflugstip - mit dem Fahrrad rüber zur Pager Bucht (Fahrradverleih am Camping)!
Wesentlich ruhiger gehts noch beim Örtchen **Lun** an der äußersten Nordspitze von Pag zu.

VERBINDUNGEN: Pag ist durch eine große Autobrücke mit dem Festland verbunden. Von Zadar mehrmals tägl. Busse nach **Novalja**, Fahrzeit etwa 3 std. Wer zum Camping will - der Bus hält vor dem Ort an der Straßenkreuzung, von dort noch 1 km.

ÜBERNACHTEN: **Camping Strasko Novalja**, riesiger Platz in einem Wäldchen, ca. 1 km vor Novalja. Trotz Größe meist total überfüllt und laut, abends Band oder Alleinunterhalter. FKK-Teil, Restaurant, Supermarkt, Fahrradverleih, nur Fels- und Steinstrand.

Sibenik

Liegt hübsch an der Mündung des Krka-Flusses, leider viel Industrie (Holz- u. Bauxitexport, Stahlerzeugung, Werften). Die Altstadt zieht sich terrassenförmig den Festungshügel hinauf, viele enge Gassen. Der beeindruckende *Sv. Jakov Dom* ist vielleicht der schönste der ganzen Adria. Er ist reich verziert - u.a. prächtiges Löwenportal und zahlreiche gemeißelte Köpfe mit teilweise erschreckenden Gesichtsausdrücken, die Bürger Sibeniks aus der Mitte des 15. Jh. darstellen.

INFORMATION: am Trg Matavulja und am Trg Republike (Dom).

ÜBERNACHTEN: Jugendherberge Subicevac, Lugusal. Tel. 059/26410.
Außerdem **Camping Solaris**, 6 km südlich, Busverbindung. Liegt im Gelände eines großen Hotelkomplexes, mit Restaurant, Diskos u.a. Fels- und Kiesstrand.

Sibenik/Umgebung

Murter: buchtenreiche Insel nördlich von Sibenik, durch eine Drehbrücke mit dem Festland verbunden, dementsprechend besucht. Der schlichte, langgestreckte Hauptort liegt an der Nordspitze, hier trifft sich alles am Dorfplatz. Murter hat mehrere Sandstrände, die aber in der Saison überlaufen sind (z.B. nicht weit von Murter die Bucht von Slanica). Campingplätze bei Tijesno, Betina und Slanica, außerdem großes FKK-Gelände Kosirina in einer Bucht an der Südostküste.

Primosten: südlich von Sibenik, sehr malerische Lage auf einer kleinen Insel, nur ein schmaler Damm führt zum Festland. Auch der Ort selbst ist hübsch, mit seinen weißen Häusern, roten Ziegeldächern und gemütlichen Fischtavernen. Mehrere Felsstrände und ein guter Campingplatz liegen 2 km nördlich.

Krka-Wasserfälle: ein Stück landeinwärts von Sibenik, gehören zu den schönsten Jugoslawiens! Super Bademöglichkeiten auf und unter den Fällen, zahllose Badetümpel in allen Größen und Tiefen, dazu viel Grün um den Flußlauf. 1985 ist die Region um die Wasserfälle zum Nationalpark erklärt worden - ca. 8 DM.
Tagsüber starker Ausflugsverkehr, aber ab 16 Uhr kehrt Ruhe ein - ideal für ein paar Tage relaxen! Nicht weit von den Wasserfällen der Camping Slapovi Krke direkt am Fluß unter schattigen Laubbäumen.

VERBINDUNGEN: Busse ab Sibenik bis zum Flußstädtchen Skradin, von dort weiter mit Taxibooten zum Nationalpark.

Split

Eins der belebtesten Zentren der jugoslawischen Mittelmeerküste und wichtigster Verkehrsknotenpunkt, im Sommer strömen die Touristen in Massen.

In den Randbezirken ziehen sich viele häßliche Betonbauten und Wohnhochhäuser die Küste entlang - Zementfabriken sorgen für "reine" Luft. Umso schöner aber die lebhafte und gut erhaltene Altstadt, Prunkstück der riesige Diokletianspalast, heute als museales Wohnviertel genutzt.

VERBINDUNGEN / BAHNHOF: am Fährhafen, südöstl. der Altstadt. Etwa 8 x tägl. Direktzüge nach Zagreb. Benachbart liegt der **Busbahnhof** mit häufigen Bussen in beide Küstenrichtungen. Busse nach Dubrovnik gehen fast stündl. und brauchen etwa 4 std., Kostenpunkt ca. 8 DM. Gepäckaufbewahrung gibts im Bhf. und Busbhf.

FÄHREN: neben den lokalen Fähren Küstenlinie Jadrolinija nach Hvar, Korcula, Dubrovnik, Bar und Igoumenitsa/Griechenland. Details siehe Einleitung!

INFORMATION: an der Hafenpromenade, Titova Obala 12. Auch Zimmervermittlung.

ÜBERNACHTEN: Privatzimmer kaum unter 20 DM pro Pers., versucht zu handeln, wenn ihr deswegen angesprochen werdet. Student Hotel **Ljubo Unodic-Razin**, Spinutska (Bus 15), Preis ca. 14 DM pro Pers.
Einigermaßen erschwinglicho Hotels sind das vergammelte **Central** am Narodni Trg, vor dem Westtor zum Diokletianspalast (sehr zentral, deswegen laut, etwa 55 DM fürs DZ, Tel. 058/48242) und das etwas preiswertere **Srebrena Vrata** am Osttor des Palastes (Silbernes Tor), Nähe Markt, Tel. 058/46869.
2 Campingplätze ein paar km südl. Der nächste und vollere ist **Trstenik** (Bus 7). Besser, aber gut 5 km weiter, liegt **Stobrec**, ebenfalls Busverbindung.

LESERTIP: "wir konnten im Juli 88 sehr gut am Bhf. schlafen, erst morgens hat uns die Polizei geweckt. Es gibt Waschmöglichkeiten auf den Bahnsteigen" (Oliver Racine, Reinbek).

ESSEN: preiswerter Self-Service **Bastion** in der Marmontova Ulica 13; zwei Restaurantschiffe im Hafen!

Sehenswertes: Attraktion von Split ist der *Diokletianspalast* an der Hafenpromenade - der monströse Wohnsitz eines römischen Kaisers im Ruhestand (erbaut ca. 300 n. Chr.). Die Abmessungen des riesenhaften Baus betragen etwa 200 x 200 m, die massiven Außenmauern und Tore sind teilweise noch gut erhalten.
Im 7. Jh. flüchteten einige hundert Leute aus dem nahegelegenen Salona vor den Eroberungszügen der Awaren in den schon längst leerstehenden Palast. Sie richteten sich hier wohnlich ein, schlugen Fenster in die Außenmauern, zogen Zwischenwände ein und machten ein ganzes Wohnviertel aus der ehemaligen Luxusherberge. Heute wohnen etwa 3000 Menschen in 250 Häusern innerhalb der Mauern.
Wenn man den Palast durchs *Südtor* am Hafen betritt, kommt man zunächst durch 17 ehemalige kaiserliche Säle (sog. *Kellerräume*) zum *Peristyl*. Dieser etwas unter dem Straßenniveau gelegene zentrale Platz mit stimmungsvollem Café ist von hohen Säulenreihen umgeben. Benachbart das frühere Mausoleum des Kaisers, heute die *Kathedrale* (Glockenturm besteigen!). Auf der von West nach Ost verlaufenden *Ulica Kresimikova* findet ihr viele Stände mit Schmuck, Leder etc.
Ansonsten sitzen die Touristen gern an der langen Hafenpromenade mit

den vielen Dattelpalmen und schlürfen türkischen Mokka in einem der Straßencafés.

Den großen *Markt* findet ihr östlich benachbart zum Diokletianspalast.

Ein schöner Waldpark liegt am Hang des Stadtberges *Marjan* auf der gleichnamigen Halbinsel, westlich der Altstadt (Bus 12).

MUSEEN: das **Archäologische Museum**, Zrinjsko-Frankopanska 25, zeigt vorgeschichtliche und antike Funde aus der nahen römischen Ruinenstadt Salona und aus Dalmatien (Di-Sa 9-13, 16-18, So 10-12 h, Mo geschl., ca. 50 Pfennig, Stud. ermäß.). Auf der Landzunge Marjan, westlich der Altstadt, ist für den bekanntesten jugoslawischen Bildhauer Ivan Mestrovic ein **Gedenkmuseum** eingerichtet worden, das über 200 seiner Arbeiten enthält, v.a. Büsten und Statuen (tägl. 10-19 h). Bus 12 von Titova Obala zur Setaliste Mose Pijade 44.

Split/Umgebung

Höhepunkt ist westlich von Split das großartige **Trogir** , einer der schönsten Orte der Adria! Das Städtchen liegt auf einer winzigen Insel und hat seine mittelalterliche Bausubstanz überraschend gut erhalten können. Vorteil - die Stadttore sind zu schmal, um Autos passieren zu lassen! Kathedrale nicht versäumen.

Baden auf der Insel **Ciovo**, die durch eine Hebebrücke mit der Altstadt von Trogir verbunden ist.

ÜBERNACHTEN: **Camping Soline** am Ortseingang, **Camping Rozac** auf Ciovo.

Split/Inseltrips

Brac: drittgrößte Insel Jugoslawiens, noch nicht extrem vertouristet. Das gilt aber nicht für den herrlichen Sandstrand *Zlatni Rat*, 1 km westl. von Bol, der wie ein großes Horn ins Meer ragt. Vom Örtchen *Bol* könnt ihr 4 x tägl. in ca. 30 min. zur Insel Hvar übersetzen! Es gibt mehrere private Campingplätze um Bol, schönste Lage hat vielleicht der Platz beim Dominikanerkloster über dem Meer. Gute Pizzeria im Zentrum (Terrasse).

VERBINDUNGEN: Fähren ab Split ca. 12 x tägl. in den Hafenort Supetar, von dort Busse in die Inselorte. Außerdem einige Tragflügelboote Split-Bol!

LESERTIP: "wir sind mit dem Bus von Supetar ins 10 km entfernte **Sutivan** gefahren - kleiner Ort mit angenehmer Atmosphäre und guten Restaurants, versucht mal die Pizzeria am Hafen. Hauptsächlich Jugoslawen machen hier Urlaub, Einheimische dementsprechend freundlich, Preise zivil. Es gibt einen brauchbaren Strand (leider kein Sand) mit Duschen" (Horst Weber, Frauenfeld).

Hvar: sehr schöne Insel mit üppiger Macchiavegetation und duftenden Lavendelfeldern (Blüte im Juni!). Der gleichnamige Hauptort ein Bilderbuchstädtchen mit Mittelalterarchitektur, überragt von einer venezianischen Festung (Busse pendeln bis nachts). Zum Baden mit Booten auf die vorgelagerten kleinen Teufelsinselchen übersetzen, dort gibt es einige gute FKK-Strände.

Im nur wenige Kilometer entfernten Fährhafen *Vira* ein Campingplatz, wo man auch gut baden kann. Das Städtchen *Jelsa* liegt an der langgestreckten Nordküste in einem fruchtbaren Tal, es gibt viele Badebuchten, z.T. mit schattigem Kiefernwald, aber meist sehr voll. Mehrere Campingplätze, im Zentrum viele Restaurants, auch eine Disko.

VERBINDUNGEN: tägl. ca. 3 x Fähre von Split nach Vira, zusätzlich Verbindung Split-Hvar mit Küstendampfer der Jadrolinija (teurer), der nach Korcula und Dubrovnik weiterfährt. Außerdem Ausflugsboote Split-Stari Grad und zwischen Bol (Insel Brac) und Hvar.

Strizivojna Vrpolje - Sarajevo - Mostar - Kardeljevo A-Kb. 23211, 23212

Lohnende Bahnstrecke, um einige der orientalisch geprägten Orte Jugoslawiens kennenzulernen - *Sarajevo* hat die meisten Moscheen des Landes. Über *Mostar* (berühmte Brücke über die Neretva) nach *Kardeljewo* an der Küste - Ausgangspunkt für Trip auf die schöne Insel Korcula. Oder weiter mit Küstenbus nach Dubrovnik mit perfektem Mittelalter-Szenario!

Sarajevo

Liegt wunderschön inmitten grüner Wald- und Berglandschaft und wird von Touristen viel besucht - hauptsächlich wegen des türkischen Viertels mit Dutzenden von Moscheen und dem farbenprächtigen Basar. Sarajevo stand 500 Jahre lang unter türkischer Herrschaft!

Aber noch etwas läßt die Besucher erschauern - unmittelbar bei einer unscheinbaren Brücke im Zentrum erschoß der Student *Gavrilo Princip* am 18. Juni 1914 den österreichischen Thronfolger Erzherzog Franz Ferdinand und löste damit den ersten Weltkrieg aus!

Im Februar 84 fanden die 14. Olympischen Winterspiele in Sarajewo statt, für dieses große Ereignis wurde die Stadt erheblich modernisiert. Auch die großen Sportanlagen im Umkreis lohnen einen Blick.

VERBINDUNGEN / BAHNHOF: ein Stück westl. des alten Zentrums, am Stanicni Trg. Der Bhf. wurde für die Winterspiele neu renoviert! **Busbhf.** gleich benachbart. Tram 1 fährt in die türkische Altstadt (Bascarsija) - oder zu Fuß die Kranjcevica entlang.

INFORMATION: Ulica Jugoslovenske Narodne Armije 50 (in der Altstadt, eine der Parallelstr. zum Fluß), Stadtpläne. Zimmervermittlung über Unis Tourist, Vase Miskina 16 (auch Altstadt, siehe unter "Sehenswertes").

ÜBERNACHTEN: **Jugendherberge**, Zadrugina 17, Tel. 071/36163. 10 min. vom Bhf. - die Kranjcevica links, dann erste links (Brodska) und wieder rechts (Tesanjska), den Hügel hinauf. Ganzjährig, ca. 12 DM pro Pers. Weitere Jugendherberge **Dom Odmora** ziemlich weit vom Bhf., aber in Superlage am Berg Trebevic (Seilbahn südlich der Princip-Brücke), Tel. 071/ 535921.
Studentenhotel **Mladen Stojanovic**, Radiceva 4 d, am Weg vom Bhf. zur Altstadt, am Fluß Miljacka. 20 DM pro Pers. im Mehrbettzimmer, das DZ für 45 DM. Tel. 071/33340.
Im zentralen Hotel **Starigrad**, Marsala Tita Str., Tel. 533394, kostet das DZ gut 65 DM.
Camping Ilidza, 10 km außerhalb, an der Straße nach Mostar, ab Bhf. Tram 3.

ESSEN: viele nette und erschwingliche Restaurants um den Hauptplatz Bascarija im Basarviertel, z.B. **Cevabozinica Bascarsija**. Außerdem gut und nicht zu teuer im Kaufhaus **HIT** im Zentrum.

Sehenswertes: vom Bahnhof die lange Straße Kranjcevica entlang, bis ihr auf die Marsala Tita stoßt. Diese weiter, bei einer Gabelung nach rechts in die Vase Miskina, die ins türkische Viertel führt. Der alte, langgestreckte Platz *Bascarsija* ist das Zentrum des Basars und beliebter Treffpunkt. Von hier führen schmale Gäßchen ab, in denen zahlreiche Werkstätten und Läden liegen. Die Namen weisen auf die einzelnen Handwerke hin, die in der jeweiligen Gasse ihren Sitz haben - z.B. Kunduradziluk (Schuhmacher), Abadziluk (Schneider), Asciluk (Köche), Kazandziluk (Kupferschmiede).

Am Rande vom Basar, in der Gasse Saraci, die große Moschee *Gazi Husrev Beg* - sie gilt als schönste von über 2000 Balkanmoscheen! Erbaut hat sie der berühmte Sinan, bedeutendster Baumeister des osmanischen Reichs. Üppig verzierter Innenraum und tolle Gebetsteppiche (ca. 0,80 DM). Im Vorhof ist ein sog. Reinigungsbrunnen (sadrvan) für die Gläubigen.

Nicht weit vom Basar entfernt liegt auch die berühmte *Princip-Brücke* (Principov Most). Die Fußstapfen des Täters sind hier vor dem Principmuseum im Asphalt verewigt (Mo geschl.). Auf der anderen Flußseite kommt ihr rasch zur Talstation einer *Seilbahn*, die euch in 10 min. zur olympischen Bob- und Rodelbahn auf dem 1100 m hohen Trebevic über der Stadt bringt (am Gipfel hervorragendes Restaurant!).

MUSEEN: **Landesmuseum** (Zemaljski Muzej) auf der Marsala Tita ziemlich weit Richtung Bhf., mit vorgeschichtlichen, antiken, mittelalterlichen und volkskundlichen Sammlungen. Eins der besten Museen im Land.
Stadtmuseum (nördlich vom Bascarsija), unter anderem mit vielen Relikten aus der Türkenzeit.

Zwischen Sarajewo und Mostar: etwa auf halbem Weg von Sarajewo nach Mostar (etwa ab Konjic) schlängeln sich Bahnlinie und Straße gemeinsam ins wilde *Neretva-Tal* und verlaufen immer am Fluß entlang bis zur Küste. Vor allem im ersten Teil, nach dem langgestreckten Stausee Jablanicko Jezero, eine grandiose Kulisse mit steil aufragenden Felswänden und kantigen Karstgebilden um den reißenden Fluß.

Mostar: Hauptstadt der Herzegowina im Tal der Neretva. In den Außenbezirken die obligaten Wohnblocks, aber hervorragend erhaltenes Altstadtviertel mit Moscheen, alten türkischen Wohnhäusern, einem lebhaften Markt und engen Basargassen. Höhepunkt die von zahllosen Postkarten bekannte *Türkische Brücke*, die 28 m hoch in einem Bogen über die Neretva führt. Am 27. Juli findet jährlich ein Springwettbewerb von der Brücke statt. Aber auch sonst springen Mutige gegen einen kleinen Obulus fast tägl. in die Tiefe! Die *Karadzos-Moschee* und die nahe *Koski Pascha-Moschee* haben tolle Minarette, die man mal erklimmen sollte.

BAHNHOF / BUSSE: direkt nebeneinander, an der Ulica Marsala Tita.

INFORMATION: im Hotel Neretva, Trg Republike 1, zwischen Bhf. und altem Zentrum.

ÜBERNACHTEN: Campingplatz in **Buna**, 12 km südl., Bhf. an der Strecke nach Kardeljevo. Einfach, schattig, direkt an der Neretva.

AUSFLUG: von Buna zum 10 km entfernten Dorf **Blagaj**. Am Fuß einer riesigen, fast senkrecht ansteigenden Felswand die berühmte **Buna-Quelle**, das eisige Wasser eines Karstflusses, der weiter oben im Felsgestein verschwindet und hier wieder zum Vorschein kommt. In der Wand klebt eins der wenigen erhaltenen **Derwisch-Klöster** Jugoslawiens, in dem früher muselmanische Mönche lebten. Ein exzellentes Forellenrestaurant nicht weit entfernt am Fluß!

Pocitelj (Bahnstation Capljina): schon ganz im Einflußbereich der nahen Küste, deshalb allmählich vom Tourismus entdeckt. Eins der schönsten türkischen Ortsbilder Jugoslawiens! Steile Gassen und Treppen führen hinauf zur großen Moschee. Herrlicher Blick von der Burganlage weiter oben auf den Ort und den Fluß.

Kardeljevo: Endstation. Das Städtchen hat nur als Hafen und Standort von Werften Bedeutung. Von hier auf die Halbinsel Peljesac und weiter auf die nahe Insel Korcula - gehört zu den waldreichsten Inseln der Adria und ist außer dem sehr schönen Hauptort Korcula noch nicht überlaufen.

Korcula

Freundlich grüne Insel mit einzigartigem Freilichtmuseum als Hauptort. Prächtige Mittelalterhäuser, venezianische Palazzi und Kirchen auf einer Halbinsel, dazwischen enge Gäßchen und Treppenwege mit Torbögen und Erkern, die zum stimmungsvollen Domplatz hinaufführen. Kleine Überraschung - in einer winzigen Seitengasse beim Dom das angebliche Geburtshaus von *Marco Polo*! 1254 wurde er hier geboren, als Venedig den größten Teil der Adria besetzt hielt. Gegen geringes Entgelt kann man das enge Treppenhaus bis zu einem Türmchen hinaufsteigen - schöner Blick!

VERBINDUNGEN: Fähren von Kardeljevo nach Trpani auf der Halbinsel Peljesac etwa 6 x tägl., ca. 1 1/2 std.. Dort häufig Busse nach Orebic und weiter per Fähre nach Korcula (etwa 15 x tägl., ca. 20 min.). Abfahrt der Inselbusse ca. 100 m vom Hafen. Küstenfähre der **Jadrolinija** tägl. nach Dubrovnik, Split, Zadar, Rijeka, 3 x wöch. nach Igoumenitsa/Griechenland, 1 x wöch. Bar.

INFORMATION: "Marko Polo" am Hafen.

ÜBERNACHTEN: großer **Camping Kalac** 2 km außerhalb, Straße nach Lumbarda.

ESSEN: gemütliche Straßenlokale und Cafés um den Domplatz. Bei Ante in der urigen Konoba **Adio Mare** beim Marco Polo-Haus gibts Inselspezialitäten, z.B. Rindfleisch mit Nudeln und leckeren Grillfisch. Lebhafter Gemüse-, Obst- und Ramschmarkt am Aufgang vom Hafen zur Altstadt.

Lumbarda: kleines Badeörtchen zwischen Weinbergen und Oliven, 7 km von Korcula. Trotz ländlicher Atmosphäre wird es abends laut, da auch hier die obligate Band die Touristen bei Laune halten soll. Zwei Sandstrände liegen ca. 1 km östlich vom Ort - kleiner Fußmarsch durch Weinplantagen. Natürlich rappelvoll, aber gute Ausweichmöglichkeiten in den Felsbuchten der Umgebung.

ÜBERNACHTEN: einige Bauern machen im Sommer aus Grundstücken Mini-Camps.

Wer Ruhe sucht, sollte an die Südküste - *Brna*, *Prizba* und *Grscica* sind vom Tourismus noch fast unentdeckt. Viel Wald und geschützte Felsbuchten.

Dubrovnik

Die Touristenattraktion Jugoslawiens! Im Sommer, wenn täglich ganze Lawinen von Bussen einfallen, platzt die Stadt aus allen Nähten.

Schon oben von der Küstenstraße hat man einen sagenhaften Panoramablick auf die perfekt erhaltene (und restaurierte) Altstadt, die auf einem Küstenvorsprung fast ins Meer hineingebaut ist. Das Ganze eingefaßt von einer meterdicken Stadtmauer, auf der man prima spazierengehen kann.

Dubrovnik ist innerhalb der Mauern für den Autoverkehr gesperrt! Zwischen den beiden Stadttoren verläuft die *Placa*, die große Bummel- und Ladenstraße der Stadt, wohl die berühmteste in ganz Jugoslawien. Ihr heller Marmorbelag ist spiegelglatt von den zig Millionen Besucherfüßen! Die angrenzenden Häuser bestehen aus dem gleichen Stein, was besonders reizvoll wirkt. Steile Treppenwege steigen den Hang hinauf - zwischen den Häusern flattert Wäsche, auf den Stufen pralle Gummibäume und Aralien.

Wer das Meer sehen will - an ein paar Stellen der Stadtmauer kann man auf die Klippen raus.

VERBINDUNGEN: der fjordähnliche Hafen **Gruz** liegt ein paar km westl. der Altstadt, ebenfalls der **Busbahnhof** für Fernbusse (ca. 300 m vom Hafen). Häufige Überlandbusse gehen über **Kardeljevo** (nächste Bahnstation) nach Split, weniger häufig nach Bar und Ulcinj. Die Busse sind oft sehr voll, rechtzeitig um Tickets kümmern! Vom Busbhf. und Hafen mit den orangen Bussen zum Terminal der Stadtbusse am **Pile-Tor**, dem Eingang zur Altstadt (Starigrad). Ihr müßt Kleingeld passend haben!

FÄHREN: von Dubrovnik die Küste lang fährt der Küstendampfer der Jadrolinija nach Norden über Korcula, Hvar, Split, Zadar nach Rijeka, 1 x wöch. nach Bar in den äußersten Süden, 3 x wöch. nach Igoumenitsa/Griechenland! Vgl. Jugoslawien/Einleitung.

INFORMATION: auf der Placa am Platz mit dem Onofrio-Brunnen (beim Piletor). Infomaterial, Stadtpläne, Zimmervermittlung.

ÜBERNACHTEN: **Jugendherberge** in der Vinka Sagrestena 3, im Westen der Stadt/Halbinsel Lapad (ziemlich weit außerhalb der Stadtmauer), Tel. 050/23241. Vom Busbhf. die Marsala Tita lang bis zu dem dreieckigen Park, dann rechts auf den Put Oktobarske Revolucije und den Schilder nach. Mai-Oktober, ca. 10 DM pro Pers. Eine weitere Herberge **Dvorac Rasica**, ebenfalls in Lapad, Ivanska 14 (Stadtbusse nach Lapad ab Busterminal vor dem Pile-Tor). Im Juli/August Voranmeldung unbedingt nötig.

Am Hafen und Busbhf. wird man oft wegen **Privatzimmern** angesprochen, kosten ca. 20-25 DM pro Pers. Ein bißchen Feilschen lohnt sich, außerdem immer fragen, wie weit das Zimmer von der Altstadt weg ist.

Camping Solitudo ganz im Westen der Halbinsel Lapad (Babin Kuk), knapp 3 km von Busbhf. und Hafen. Zu erreichen mit Bus 4 oder 6, schattiger Platz mit Badebucht. Weiterer Platz 8 km südl. von Dubrovnik bei **Kupari** (links der Straße, nicht direkt am Meer). Mit Bus 10 Richtung Cavtat, Bushaltestelle vor dem Eingang.

ESSEN: in der Eßgasse **Prijeko**, nördl. parallel zur Placa, jede Menge Gostionas, jedoch reichlich teuer. Preiswerter ißt man in den Gassen südlich der Placa, dort viele Pizzerias, z.B. **Konoba Baracuda** in der Ulica Nik. Bozidarevica. Billig und nicht schlecht ist der Self Service **Samoposluga** am Ostende der Placa am Platz mit dem Uhrturm.

Sehenswertes: innerhalb des *Pile-Tors* gleich der große runde *Onofrio-Brunnen*, dahinter ein ehemaliges Nonnenkloster (heute mit Restaurant). Linker Hand die Kapelle *Sveti Spas* und ein *Franziskanerkloster* - dazwischen der Eingang zu einem schönen *Kreuzgang*, 1391 wurde hier die erste Apotheke des Balkans gegründet, die noch im ungefähren Originalzustand erhalten ist.

Die *Placa* entlang bis zum Ende. Dort steht der *Uhrturm* - mit seinen Glocken warnte man die Stadtbevölkerung, wenn Feinde in Sicht waren.

Der *Sponza-Palast* steht am selben Platz, hier residierte der jeweils für einen Monat gewählte Vorsitzende des Stadtrates, der sog. Rektor. Geradeaus gehts durch einen Durchgang hinaus zum Hafen. Wer vor der Mauer links abbiegt (hinter dem Sponza-Palast), kommt zum *Dominikanerkloster* mit prächtigem Kreuzgang und zum *Ploce-Tor* in der Stadtmauer. Beim Uhrturm rechts kommt ihr nach wenigen Schritten zum *Rektorenpalast*, dem bedeutendsten Bauwerk der Stadt - hier tagte der Stadtrat, außerdem war für den Rektor eine Wohnung eingerichtet, wo er in späteren Zeiten unter Hausarrest die Amtsgeschäfte verrichten mußte (durch den Arrest wollte man Bestechung etc. verhindern). Im Inneren *Stadtmuseum* (9-13, 14-18 h), auch die Wohnung des Rektors könnt ihr angucken. Gegenüber steht der barocke *Dom*, auf dem Platz davor wird vormittags der Obstmarkt abgehalten. Vom Domplatz kommt man am Bischöflichen Palais entlang schließlich zum Fort Ivan auf einer Landzunge mit schönem *Aquarium* (u.a. Schildkröten und Seepferdchen). Auf die *Stadtmauer* kann man zwischen 9 und 19.30 h (ca. 1 DM). Sie ist fast rundum begehbar - z.T. tiefe Einblicke in Küchen und Wohnzimmer

BADEN: recht ungünstig, sehr kleiner Strand ein Stück außerhalb vom Ploce-Tor. Der größte Strand **Sumartin** liegt auf der Halbinsel Lapad, sehr voll. Schöner ist die Bucht von Cavtat, siehe unten.

Dubrovnik/Umgebung

Eine Gondelseilbahn geht auf den 412 m hohen *Srd*, den Hausberg der Stadt. Abfahrt am Put Jugoslavenske, außerhalb vom Ploce-Tor, ca. 5 DM hin/zurück. Oben Festung mit Restaurant.

Oder mit Ausflugsbooten ab Stadthafen für ca. 6 DM hin/zurück auf das vorgelagerte Inselchen **Lokrum** - schöne Fels- und Kiesstrände, prächtige Vegetation und ein altes Kloster (heute naturwiss. Museum).

Bucht von Cavtat: 15 km südlich von Dubrovnik. Gute Felsbademöglichkeiten auf einer dicht mit Pinien bewachsenen Landzunge, dahinter das mächtige Karstpanorama der Küstenberge. Jedoch erheblicher Rummel - einige Hotelkomplexe, Diskos, zig Restaurants, Cafés, Souvenirläden u.ä. Insgesamt ein gepflegter Urlaubsort mit Atmosphäre, am Hafen kann man unter hohen Palmen gemütlich essen.

VERBINDUNGEN: Bus 10 ab Busbahnhof in Dubrovnik, alle halbe Stunde.

ÜBERNACHTEN: mäßiger **Campingplatz** auf einer Anhöhe rechts vor dem Ort - steiniger Boden, wenig Platz, miese Sanitäranlagen.

BADEN: langgestreckte felsige Küstenlinie mit schattigen Pinien. Am schönsten auf der Landzunge zwischen Campingplatz und Ort. An der Spitze interessante Felsformationen, ausgehöhlt vom Meerwasser.

Bucht von Kotor: zwei Busstunden südlich von Dubrovnik (halbe Strecke zur Bahnstation *Bar*, siehe weiter unten). Riesiger gewundener Fjord, der tief ins Land einschneidet, früher ideales Versteck für Piraten! Landschaftlich einmalig, zum Baden weniger geeignet, wegen der mangelnden Zirkulation des Wassers. Das Mittelalterstädtchen **Kotor** wurde beim verheerenden Erdbeben von 1979 fast zerstört.

BELGRAD

1,5 Mill.-Stadt an der Mündung der Save in die Donau. Nicht unbedingt eine glanzvolle Metropole, aber voller Leben und kultureller Mittelpunkt des Landes.

Interessante Viertel sind die Gegend um den Bahnhof, heute ein Schmelztiegel der verschiedenen Bevölkerungsgruppen des Staates, der Basar und das abendliche Vergnügungsviertel *Skadarlija*. Nicht zu übersehen die Diskrepanz zwischen den sozialistischen Präsentierfassaden und der Armut weiter Kreise der Bevölkerung.

Erste Bekanntschaft mit Belgrad macht man bereits im Zug - von Norden kommend, ziehen sich endlose Trabantenstädte und die monotonen Wohnanlagen von Novi Beograd kilometerlang die Bahnlinie entlang. In der Innenstadt Fassaden grau in grau, große Kaufhäuser, aber auch viele Parks. Sehenswürdigkeiten gibt es wenige, Belgrad wurde in den letzten Jahrhunderten zu oft gründlich verwüstet, vor allem in den Kriegen zwischen Österreichern und Türken. Erst im 19. Jh. konnten die Serben ihre Unabhängigkeit erklären, aber im 1. und 2. Weltkrieg marschierten schon wieder Österreicher und Deutsche ein. 1944 wurde die Stadt durch die Partisanen Titos von den Deutschen befreit.

VERBINDUNGEN / BAHNHOF: der große **Hauptbahnhof** liegt am Trg Bratstva i Jedinstva, nah der Save. Preiswerte Gepäckaufbewahrung, Wechsel (Kurs wie Banken), Gaststätte, Information (s. nächster Abschnitt). **Busbhf.** für Fernbusse nebenan. Wer nach Rumänien will, muß zum **Dunav-Bhf.** an der Donau (mit Bus 34 quer durch die Innenstadt bis Endstation), Züge gehen tägl. 1-2 x (über Timisoara).

INFORMATION: im **Hauptbahnhof** (gute Gratis-Stadtpläne mit Bus/Tramrouten), **Hauptstelle** in der Fußgängerpassage am Hochhaus Albanija/Boulevard Terazije, Knez Mihajlova 48, tägl. 8-20 h. Mit Bus 34.

UNTERWEGS IN BELGRAD: altertümliche Trams und Busse, 12er-Tickets in Kiosken.

ÜBERNACHTEN: Hotels sind sehr teuer, Privatzimmer ab ca. 35 DM fürs DZ, ansonsten wenig geboten. Zimmervermittlung bei **Putnik** oder **Lasta** am Bhf.-vorplatz und in der Hauptstelle der Tourist Information (Terazije), dort Auskunft über Betten in Studentenhostels. Am Bhf. werdet ihr oft direkt von Privatvermietern angesprochen.
Jugendherberge **Mladost**, Bulevar Jugoslavenske Narodne Armije 56a. Tel. 011/ 465324 oder 463846. Im Süden der Stadt, mit Tram 9 oder 10 bis Ul. Kapetan Zavisica und ein Stück zu Fuß. Ganzjährig, ca. 12-14 DM pro Pers. Ist aber oft belegt. Voranmeldung bei Mladosturist, Terazije 3, Beograd.
Camping Kosutnjak, Kneza Viseslava 17, 10 km südl. vom Zentrum, mit Bus 53 bis Beteks. Wenn ihr bis zur Endstation fahrt, kommt ihr zu einem Waldstück, wo ihr auch im Freien schlafen könnt (offiziell aber verboten!). Zumindest in der Hauptsaison kann man außerdem irgendwie auch im oder beim Bahnhof schlafen!

ESSEN: sehr lohnende Möglichkeiten auf der Skadarska Ulica im Stadtteil **Skadarlija**. Die Lokale in der dortigen Fußgängerzone bieten gute serbische Grillsachen, sind allerdings relativ teuer. Ansonsten sind viele Self-Services verstreut in der Stadt, z.B. am Bulevard Revolucije 106 das **Studentski Park**, in dem v.a. Studenten verkehren. Weitere Self-Services sind **Kasina**, Terazije 25 und **Atina**, Terazije 28. Gut und billig essen könnt ihr auch im populärsten und ältesten Café der Stadt, **Café "?"** bei der orthodoxen Kathedrale (unterhalb der Festung vom Park Kalemegdan), 7 Jula Str. Der Besitzer hatte bei der Benennung Ärger mit der Kirche und verzichtete deshalb darauf.
Spottbillig ist ansonsten die Selbstverpflegung am täglichen **Markt** (vom Bhf. ca. 1 km in Richtung Stadtmitte) und in Supermärkten (meist im Souterrain von Kaufhäusern), z.B. Kaufhaus **Beograd**, Ecke Nusiceva/Mose Pijade. Kauft nichts in Bahnhofsnähe - schlechte Waren und überteuert!

Sehenswertes: vom Bahnhof am Trg Bratstva i Jedinstva kommt ihr in nordöstlicher Richtung zum preiswerten *Markt*, wo meist recht viel los ist. Ein Stück weiter liegt der zentrale Platz der Stadt *Trg Terazije*, viel Verkehr, außerdem das Hochhaus Albanija. Links zweigt die Fußgängerzone *Knez Mihajlova* ab - die meisten Kaufhäuser und Geschäfte der Stadt liegen hier.
Gleich in der Nähe der Trg Republike, hier das sehr sehenswerte *Nationalmuseum* mit serbischen Fundstücken aus allen Epochen, vor allem viel Antikes. Interessant ist der Überblick über die jugoslawische Malerei vom 13. Jh. bis heute (Mo geschl., ca. 1,50 DM, Stud. ermäß.).
Im Universitätsviertel Richtung Festung Kalemegdan um den Studentski Trg enge Straßen mit vielen Buchhandlungen und Cafés, außerdem das *Ethnographische Museum* mit einer großen volkskundlichen Sammlung - Trachten, Teppiche, alte Landwirtschaftsgeräte etc. Die *Kathedrale* (und das Café "?") liegt westlich vom Platz unterhalb der Festung von Belgrad.

Festung Kalemegdan: durch einen weitläufigen Park (mit kleinem Zoo) gelangt ihr hinauf. Das Fort liegt genau am Zusammenfluß von Donau und Save und war schon in der römischen Antike von hoher strategischer Bedeutung. Immer wieder wurde es umgebaut und verbessert und wechselte oft den Besitzer. Die längste Zeit saßen die Türken drin. Heute kommt man vor allem wegen der schönen Aussicht - am schönsten von der Terrasse, wo die Jünglingsskulptur *Der Siegesbote* von Mestrovic steht. Es gibt einige Museen, u.a. ein Militärmuseum, das interessant ist wegen der alttürkischen Relikte und der Dokumentation des Widerstands gegen die Nazis.

Skardalija: Alt-Belgrad mit Kopfsteinpflaster und restaurierten Häusern aus dem 19. Jh. Sozusagen das Vergnügungs- und Restaurantviertel im Zentrum, vor allem abends jede Menge los. Fußgängerzonen, kleine Straßenlokale und Grillbuden, Straßenmusiker und jede Menge Alkohol.

LESERTIP: "Noch eine Sehenswürdigkeit: Der erste und einzige McDonalds in Jugoslawien, ca. 600 m vom Bahnhof. Die Leute machen sich fein, um zu McDonalds zu gehen" (Oliver Racine, Reinbek).

Belgrad - Bar A-Kb. 23230

Ein Superlativ - die großartigste Bahnstrecke Jugoslawiens, 480 km lang und eine technische Meisterleistung ersten Ranges! Gut 20 Jahre hat man gebraucht, um den verwegenen Schienenstrang von Belgrad quer durch die 2500 m hohen montenegrischen Alpen in den kleinen Küstenort Bar (Nähe Skutari-See) zu brechen. 1976 konnte endlich eröffnet werden!
254 Tunnels hat man gezählt, außerdem zahllose Viadukte, darunter der längste Tunnel des Landes und die *höchste Pfeilerbrücke Europas* kurz vor Titograd (mit 200 m 10 m höher als die Europabrücke bei Innsbruck!).

VERBINDUNGEN: tägl. 7 durchgehende Züge ab Belgrad Hbf. bis Bar (7-8 std.), einige andere nur bis Titograd, Titograd-Bar ca. 14 x.

Streckenführung: interessant wird die Strecke vor allem in der zweiten Hälfte, wenn hinter *Titovo Uzice* die Gleise die tiefe Schlucht des Lim-Fluß entlangführen. Nach *Bijelo Polje* gehts ins Hochgebirge - selbst im Sommer sind die Gipfel schneebedeckt, ein Tunnel, ein Viadukt nach dem anderen. Die Bahnlinie folgt schließlich dem Tal, das sich der Fluß *Moraca* gegraben hat und überquert auf der oben erwähnten Pfeilerbrücke (500 m lang) die Schlucht des *Mala Rijeka*. Wenig später fahrt ihr in Titograd ein.

Titograd: die Hauptstadt der Teilrepublik Montenegro ist nach dem Krieg vollständig neu aufgebaut worden. Heute dementsprechend eine sehr nüchterne und zweckbetonte "Musterstadt" mit Hochhäusern und Industrie. Übernachtungsmöglichkeit auf dem Campingplatz Zlatica, ca. 4 km ab Bhf. (Busse ab Bhf.).

30 km hinter Titograd kommt ihr zum riesigen **Skutari-See**, dem größten See Jugoslawiens, das östliche Drittel gehört schon zu Albanien. Der See ist seicht und in erster Linie bedeutendes Vogelreservat. An den Ufern sehr üppiger Pflanzenwuchs, z.T. total verschilfte Wasserflächen, Panoramablick auf die umgebenden Bergkulissen!
Die Bahnlinie führt auf einem schmalen Damm über einen langen Seearm nach *Virpazar*, dem Hauptort am See. Wie viele Orte der Region ist er noch vom schweren Erdbeben von 1979 gezeichnet.
Bei Sutomore erreicht die Bahn die Küste (kurz davor der 7 km-Tunnel *Sozina* durch das Küstengebirge Crmnica - der längste Tunnel Jugoslawiens). An vielen Buchten vorbei gehts nach Bar.

Der Küstenabschnitt von Kotor bis zur albanischen Grenze ist landschaftlich beeindruckend. Rauhe und gewaltige Felsszenerien, steil zum Meer abfallende Gebirge und einige der besten Strände des Landes!

Sutomore: der kleine Ort liegt in einer Bucht mit langem Sandstrand, der allerdings meist arg voll ist.

ÜBERNACHTEN: **eine Jugendherberge** liegt 2 km vom Bhf, Tel. 038/22824. Voranmeldung sinnvoll! Außerdem gibts einen kleinen Campingplatz.

Bar: Endstation. Wenig interessanter Industrieort und Verladehafen. 5 km landeinwärts die alte Ruinenstadt *Stari Bar*. Sehr schöne Busfahrt durch alte Olivenhaine! In der kleinen Siedlung außerhalb der Stadtmauer 1 x wöchentlich ein sehenswerter, fast schon orientalischer Markt am Busparkplatz.

Ulcinj: der südlichste Badeort und der längste Strand Jugoslawiens - 12 km erstreckt er sich bis zur albanischen Grenze! Der orientalisch wirkende Ort ist durch das Erdbeben vom April 79 schwer in Mitleidenschaft gezogen worden - viele Häuser sind eingestürzt, vor allem alle Minarette und Türme der Stadt! Freitags findet ein sehr malerischer Wochenmarkt statt. Viele Muslims in Orient-Kleidung, verhüllte Frauen in Pluderhosen etc.
Der riesige Strand beginnt 5 km südlich vom Ort (teilweise wenig angeneh-

mer Staubsand). Übergang ins Wasser ist extrem seicht!

ÜBERNACHTEN: **Jugendherberge Bratstvo-Jedinstvo**, Tel. 085/81857. Anfang Mai bis Ende Sept. Zwei Campingplätze **Milena** und **Neptun** - letzterer von Ulcinj weiter entfernt (4 km), aber ruhiger u. schönere Lage.

Skopje

Das Erdbeben von 1963 hat die Stadt mit einem Schlag verändert. Fast die Hälfte aller Häuser wurden zerstört, über 100.000 Menschen obdachlos!

In den folgenden Jahren baute man Skopje völlig neu wieder auf - breite Verkehrsstraßen, ultramoderne Zweckbauten und Hochhäuser in fast futuristischem Design prägen heute die Skyline. Im historischen Viertel haben dagegen die meisten interessanten Bauwerke das Erdbeben überstanden - der orientalisch-türkische Charakter mit Basar und Minaretten ist geblieben. Ihr könnt deshalb den vielleicht stärksten städtebaulichen Kontrast in Jugoslawien erleben!

VERBINDUNGEN / BAHNHOF: neuer **Bahnhof** im Südosten der Stadt, 3 km vom alten, der beim Erdbeben zerstört wurde (dient heute als Stadtmuseum, s. Sehenswertes). Gepäckaufbewahrung, Information. **Busbahnhof** im Zentrum, am nördl. Ende der Steinbrücke über den Vardar, unterhalb vom Basar.

INFORMATION: Filiale im Bhf. (Stadtpläne), Hauptstelle am Kej Dimitar Vlahov 1, an der türk. Steinbrücke, Nordufer des Vardar (bei Busbhf. u. Badehaus), tägl. 8-20 h.

ÜBERNACHTEN: Jugendherberge **Blagoj Sosolcev**, Prolet 25. Tel. 091/233866. Vom Bhf. links halten, ca. 500 m, in einer Seitenstr. des Bulevar Koco Racin, ca. 500 m. Ganzjährig, ziemlich klein, ca. 12 DM pro Pers. (mit Ausweis deutlich billiger), einige Leser waren hier weniger zufrieden. Außerdem gibts zwei Student Hotels - **Goce Delcev**, Taftalidze II, Nähe Bulevar Ivo Ribar Lola (westl. vom Zentrum), Tel. 091/253021 und **Kuzman Josifovski-Pitu**, Ivo Ribar 58, Tel. 091/ 235360. In beiden ca. 8 DM pro Bett. **Camping Park** 1 km vom Zentrum, nach Norden den Fluß entlang, hinter dem Fußballstadion am Vardar (Stadtbad). Mit Bus 4, 12, 14.

ESSEN: am schönsten in den zahlreichen **Cevapcinicas** im Basar. Self-Services an der langen Straße Marsala Tito kurz vor dem Fluß, außerdem großes Einkaufszentrum **Trgovski Centar**.

Sehenswertes: durch das moderne Viertel kommt ihr zur alten türkischen Steinbrücke *Kameni Most* (nur Fußgänger), die sogar das schwere Beben nicht aus der "Fassung" bringen konnte. Hier beginnt der alte Stadtteil von Skopje. Gleich hinter der Brücke rechts ein mächtiges türkisches *Badehaus* mit zwei Kuppeln - das größte auf dem Balkan (innen moderne Malerei, ca. 1 DM). Nach der großen Querstraße Bulevar Goce Delcev kommt ihr in den *Basar*. Die Gassen zwischen den kleine Häusern sind hier nicht gar so eng wie in vielen anderen Basaren, das Ganze wirkt recht geräumig und auch sauber. Vor allem Lederwaren, Kupfersachen, Keramik und Holzarbeiten werden hergestellt. Am Ende des Basars der bunte *Obst-* und *Gemüsemarkt*.

In Richtung Festungsberg findet ihr die große Karawanserei *Kursumli Han*, in der früher die Kaufleute auf ihrer Balkanreise übernachteten. Schöner Innenhof mit Arkaden, heute sind einige Kaufmannsläden und ein Archäolog. Museum untergebracht. Weiter in Richtung Festung liegt auf einem Hügel die prächtige *Mustafa Pascha Moschee*, die man gegen geringes Eintrittsgeld besichtigen kann. Außerdem noch sehenswert die kleine Kirche *Sveti Spas* mit Holzturm und toller Altarwand (Ikonostase) aus Nußbaumholz.

Vom nahen Festungsberg *Kale* hat man einen sehr schönen Blick auf die Stadt und die umliegenden Berge. Interessant ist das neue *Museum für zeitgenössische Kunst*, ein Stück weiter hinten auf dem Burgberg. Mit einer großen Gemäldesammlung bedeutender Künstler, z.B. Vasarely und Picasso (Di-Sa 10-17, So 9-13 h, Mo geschl.).

Nicht im alten Zentrum, aber vielleicht trotzdem einen Blick wert - die alte, halb eingestürzte *Bahnhofshalle*, die man zur Erinnerung an das Beben vom 26. Juli 1963 stehenließ. Der Zeiger der Uhr an der Fassade zeigt noch auf 5.16 h, den Zeitpunkt des Unglücks (im Inneren *Stadtmuseum*).

Skopje - Tito Veles - Bitola - per Bus Ohridsee A-Kb. 23223

Von Skopje etwa 7 x tägl. Verbindungen nach Bitola (ca. 3 1/2 std.). In *Tito Veles*, einer Kleinstadt mit recht schönem alttürkischen Zentrum zweigt die Bahnlinie nach Bitola von der Hauptstrecke Skopje - Thessaloniki ab.
Es geht jetzt durch einsame Berglandschaft, viele Kurven und Tunnels, Touristen fahren auf dieser Strecke nur wenige. Übrigens liegen hier die größten Tabakanbaugebiete Jugoslawiens, die Pflanzungen ziehen sich bis zur griechischen Grenze. Über *Prilep*, das Geschäftszentrum des makedonischen Tabakanbaus, kommt ihr nach Bitola.

Bitola: Endstation der Bahn, wirtschaftlich der bedeutendste Ort nahe der Grenze, viel Industrie, Interessantes gibt es nur wenig. In der Mitte des Ortes eine Fußgängerzone, an ihrem Ende der hohe *Uhrturm* und die *Jeni Dzami Moschee*. Die größte Moschee der Stadt ist die *Ajdar-Kadi Moschee* (an der Ausfallstraße nach Prilep).
Die Ausgrabungen der antiken Stadt **Heraclea** liegen 2 km südlich vom Ort, nicht allzu weit vom Bahnhof. Erst ein Bruchteil der ganzen Anlage ist bis jetzt freigelegt, darunter farbenprächtige Mosaikböden.

ÜBERNACHTEN: recht einfacher **Campingplatz** an der Straße nach Ohrid.

Ohrid-See

Riesiger See mit glasklarem Wasser, liegt inmitten waldreicher Berglandschaft im äußersten Südzipfel Jugoslawiens. Ein Drittel der Fläche gehört bereits zu Albanien. Mit dem Bus von Bitola auf kurviger Bergstraße mehrmals tägl. zu erreichen.

Zum Baden bestens geeignet, kaum belastet durch Industrie, äußerst fischreich (vor allem Forellen - mal in den Restaurants am Hafen testen). An den Ufern byzantinische Klosterkirchen und ein paar freundliche Ortschaften, vor allem Ohrid selber. Vom Tourismus allerdings schon einige Zeit entdeckt.
Wegen der Höhenlage wird es auch im Sommer abends und nachts kühl.

Ohrid: angenehmes Städtchen mit denkmalgeschützter Altstadt und Festungsruinen darüber. Im Zentrum schöne weiße Fachwerkhäuser, deren obere Stockwerke seitlich über das Erdgeschoß hinausragen und über den engen Gassen fast zusammenstoßen. Sehenswert der Basar an der Straße nach Struga, in der Nähe findet auch der Markt statt (montags), wo man u.a. schöne Blusen und Tücher kaufen kann. Am Abend herrscht bis etwa 22 h auf der Spazierstraße (Mose Pijade) Hightime.
Sehenswert im Zentrum der Altstadt die Kathedrale *Sveta Sofija* mit schönen Fresken und im oberen Teil der Stadt *Sveti Kliment* mit noch prächtigeren Wandgemälden. Die Kirche *Sveti Jovan* thront postkartenreif auf einem Felsen über dem See (beim Dorf Kaneo). Unterhalb der beliebteste Badestrand.

INFORMATION: Ulica Partizanksa 3 (beim Busbahnhof), Zimmervermittlung, Stadtpläne.

ÜBERNACHTEN: **Jugendherberge Mladost**, Tel. 096/21626. Etwa 2 km vom Ort Richtung Struga. Zu erreichen entweder mit Bus nach Struga (fragt, wann ihr aussteigen müßt) oder zu Fuß die Hauptstraße Goce Delcev entlang. Relativ preiswert, mit eigenem Strand.
Camping Anton Dukov 3 km in Richtung Struga, außerdem südlich vom Ort noch zwei Plätze. Ansonsten müßte man hier auch im Freien schlafen können.

Bitola - Kremenitsa (jugosl.-griech. Grenze) - Florina A-Kb. 23223

Eingleisige Strecke durch viele Tunnels, urig und langsam. Verbindung 1 x tägl. bis zum Grenzort Kremenitsa, dort Anschlußzug nach Florina. 2-3 Stunden Verspätung bis zur Grenze sind normal, der griechische Zug wartet aber.

Griechenland

Paradies mit Schattenseiten - in den Sommermonaten von Rucksackreisenden und Pauschaltouristen aus ganz Europa völlig überlaufen, im Frühjahr und Herbst aber nach wie vor optimales Zielgebiet für Individualurlaub jeglicher Art.

Von den grünen Buchten der *Chalkidiki* im Norden bis zur ausgedörrten Landschaft der *Mani* am Südpeloponnes gibt es eine reiche Vielfalt von Landschaften. Wer beispielsweise einmal mit der Zahnradbahn nach Kalavrita hinaufgekurvt ist, glaubt kaum, daß er sich noch in Griechenland befindet. Eine fast mitteleuropäische Gebirgslandschaft erwartet ihn . . .
Noch gibt es die einsamen Strände und Buchten, das kristallklare Wasser und die würzigen Pinien, die Griechenland berühmt gemacht haben - die zerklüftete Geographie des Landes hat die vollständige touristische Eroberung bisher verhindert. Gerade als Rucksackler sollte man sich seiner Verantwortung bewußt sein - laßt keine Abfälle liegen und macht kein offenes Feuer! Allsommerlich werden ganze Quadratkilometer wertvoller Waldbestand abgefackelt.
Das Klima lädt natürlich zum Baden geradezu ein - brütende Hitze im Sommer, 'no rain' bis in den Herbst. Mit der Bahn kommt ihr an etlichen Badeorten vorbei. Wer Griechenland sagt, meint aber auch die *Inseln* - fast 2000 hat man gezählt, davon etwa 180 bewohnt. Nicht wenige kann man mit unkomplizierten Abstechern von der nächsten Bahnlinie erreichen. Vielleicht eine erholsame Alternative zum streßigen Interrail-Alltag.
Weitere Pluspunkte - die traditionelle Freundlichkeit und Aufgeschlossenheit der Bevölkerung gegenüber Fremden. Der Nepp hält sich in Grenzen, meidet aber die voll ausgebauten Touristenzentren. Und - gegenüber anderen europäischen Mittelmeerländern (abgesehen von Jugoslawien) ist Hellas noch verhältnismäßig billig.
Last but not least - alle Kulturinteressierten und humanistisch erzogenen können auf den Spuren der Antike wandeln. Von der *Akropolis* bis *Mykene* und *Olympia* - die Bahn fährt euch (fast) bis zum Eingang.
Um Enttäuschungen vorzubeugen - Griechenland macht seit den siebziger Jahren das Geschäft mit den Urlaubern! Der Tourismus ist die Haupteinnahmequelle des Landes. Daß diese Masseninvasion nicht ohne Folgen geblieben ist, ist selbstverständlich.

Anreise

Zwei Möglichkeiten bieten sich an:

A) Die billigere und einfachere Variante ist die **direkte Bahnfahrt** über Österreich/Jugoslawien. Mit mindestens 40 Stunden im brechend vollen Zug aber nicht jedermanns Sache.
B) mit dem Zug an die italienische Adriaküste und **per Schiff** nach Griechenland. Hier entstehen zusätzliche Kosten (jedoch Möglichkeit, *Interrail + Schiff* auszunutzen, siehe unten).

Zu A) Während der Saison sind grundsätzlich alle Züge von Mitteleuropa nach Griechenland völlig überfüllt - hauptsächlich von Rucksacktouristen und ausländischen Arbeitnehmern (Griechen/Jugoslawen), die im Urlaub

nach Hause fahren. Verspätungen sind obligatorisch (s. Fahrtdauer).
Vorteil - interessante erste Kontakte mit anderen Griechenlandfahrern - Informationen, Erfahrungen und Tips austauschen.
Nachteil - mindestens 40 std. Fahrt sind zu überstehen. Heiße, überfüllte Zugabteile, verstopfte Gänge und Sanitäranlagen, wenig zu essen und trinken und viel Dreck erwarten euch. Landschaftlich gibts nach den Alpen wenig Reizvolles - Jugoslawien wird durchquert: flach, eintönig, endlose Maisfelder etc. Erst nach Belgrad wird's wieder etwas hügeliger.

Zwei große Züge fahren tägl. die Strekke von der BRD nach Griechenland (beide zuschlagspflichtig):

* *Akropolis-Expreß* - Abfahrt München morgens ca. 8.14 h, Ankunft in Athen am nächsten Tag 22-24 h. Zurück ab Athen 8.30 h, Mü an 23.30 h.
* *Hellas-Expreß* - ab Dortmund über Köln - Stuttgart - München. Ab München 21.38 h, an Athen ca. 14-15 h (am übernächsten Tag, 2 Nächte im Zug). Zurück ab Athen 19.30 h, an München 10.10 (Dortmund 20.12 h).

ALTERNATIVEN (ebenfalls mit Zuschlag): im Sommer fährt noch ein weiterer Zug von München nach Athen, der **Istanbul-Expreß**. Ab Mü 17.34 h, Ankunft Athen 8 h übernächster Tag. In Belgrad muß man umsteigen!
Eine andere Variante ist der **Venezia-Expreß** ab Venedig 16.55 h, Athen an 8.41 h am übernächsten Tag (kein Speisewagen im Zug!).

Welcher der Züge euer Favorit ist, müßt ihr selbst abchecken:
der *Akropolis-Expreß* hat den Vorteil, daß ihr bei Tag die schöne Strecke durch die Alpen fahrt, in der Nacht Jugoslawien durchquert und den nächsten Tag bis abends durch Griechenland fahrt! Ihr müßt also nur eine Nacht im Zug verbringen und könnt tagsüber in Griechenland aussteigen. Falls ihr bis Athen durchfahrt, ist die späte Ankunft ungünstig für die Quartiersuche (zumindest in der Hauptsaison). Dafür sind dann *Hellas-Expreß* (bzw. *Istanbul* o. *Venezia-Expreß*) vorteilhafter.

Wenn ihr euch entschieden habt - gleich zum Bahnhof und **Platzkarten** buchen. Wichtig, sonst steht ihr am Gang! Auch wer Liege- oder Schlafwagen will - unbedingt ein paar Wochen vorher buchen! Reichlich Verpflegung und Getränke mitnehmen, Speisewagen sind teuer! Nehmt auch ein paar jugoslawische Dinar mit. Ihr könnt dann im Zug und auf Bahnhöfen Getränke und Essen kaufen. Zwar werden DM, Schilling und Schweizer Franken akzeptiert, Wechselgeld gibts aber nur in Dinar. Auf den jugoslawischen und griechischen Bahnhöfen sind überall Wasserstellen (Trinken problemlos möglich, Flaschen auffüllen!).

Fahrtroute: München - Salzburg - Villach - Jesenice (österr./jugosl. Grenze) - Ljubljana - Zagreb - Belgrad - Skopje - Idomeni (jugosl./griech. Grenze) - Thessaloniki - Larissa - Athen.

Fahrtdauer: laut Fahrplan über 37 std., der Hellas-Expreß sogar über 40 std.! Verspätungen von bis zu 6 std. sind jedoch obligatorisch! An den jugoslawischen Bahnhöfen und vor allem an der jugosl./ griech. Grenze bleibt der Zug oft stundenlang stehen.

Zu B) Die andere Möglichkeit, nach Griechenland zu kommen (unserer Meinung nach reizvoller, aber einige zusätzliche Kosten):
Mit dem Zug nach **Ancona, Bari** oder **Brindisi** (an der Ferse des italienischen Stiefels) - von dort mehrmals tägl. Fährverbindungen über das Adriatische Meer nach **Korfu, Igoumenitsa** und **Patras** (nur letztere Stadt hat Bahnanschluß). Fähren außerdem noch von *Bari* und von *Otranto* (beides Nähe Brindisi), von Otranto die preiswerteste Verbindung.
Die Schiffahrt ist eine wunderbare Einstimmung auf Griechenland. Man schläft an Deck - internationale Travellerszene! Prospekte aller Fährlinien mit genauen Preisangaben bekommt ihr ab etwa März in großen Reisebüros. Sehr sinnvoll ist es, wenn ihr bereits zu Hause die Fähre vorbucht. Von ca. Mitte Juli bis Mitte August sind sie nicht selten bis auf den letzten Platz besetzt (bei Vorbuchung jedoch keine IR-Ermäßigung!).

Griechenland Fahrpläne Nr 23600 – 23606

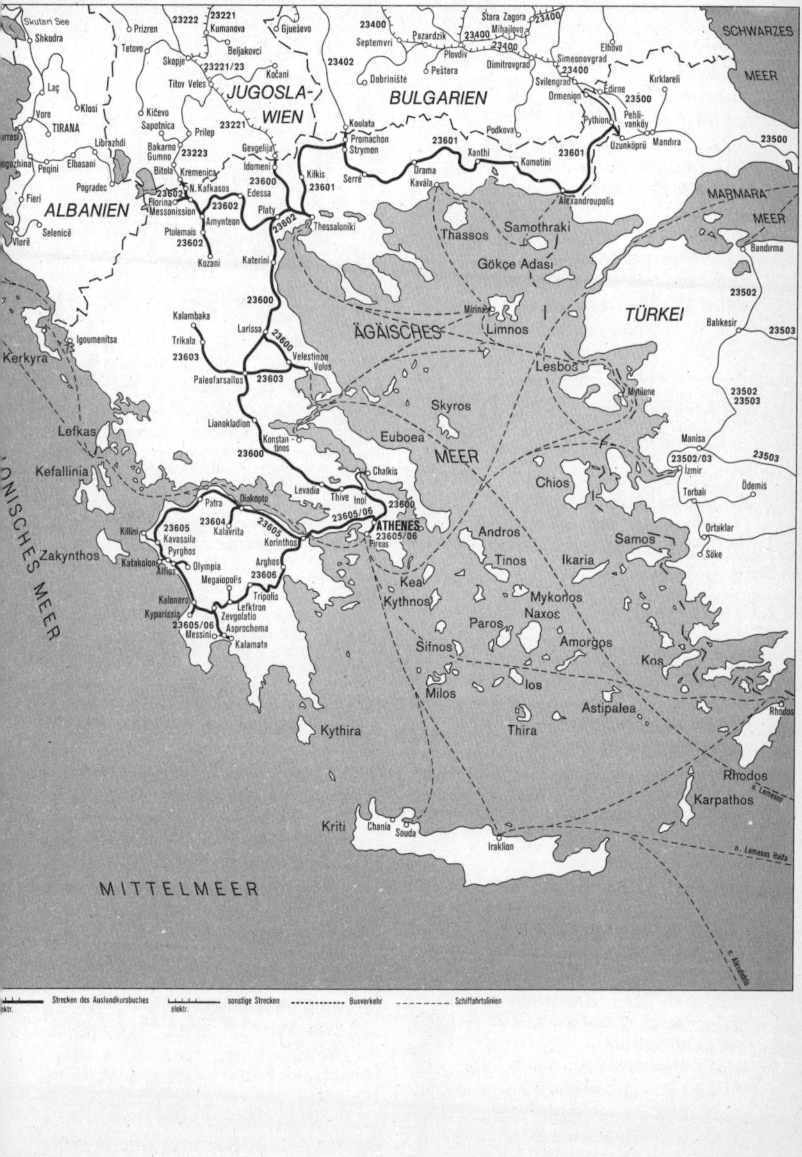

Strecken des Auslandkursbuches / elektr. — sonstige Strecken / elektr. — Busverkehr — Schiffahrtslinien

SPARTIP - alle Fährlinien ab Bari und Brindisi geben Interrailern Ermäßigung (bis 30 %).
Mit dem Ticket **Interrail + Schiff** bieten die zwei Fährlinien Adriatica und Hellenic Mediterranean Line kostenlose Überfahrt auf der Strecke Brindisi - Korfu/Igoumenitsa/Patras (lohnt sich aber nur bei Hin- **und** Rückfahrt, sonst kann man die 90 DM, die das Ticket mehr kostet, mit normaler IR-Ermäßigung leicht unterbieten).

Ancona: der nördlichste Fährhafen und die teuerste Überfahrt. Überfahrtsdauer ca. 30-34 std. Die Hochsaisonpreise für eine Deckpassage liegen bei 95 DM, Pullmannsitze kosten ca. 100-110 DM. Für den einen oder anderen eventuell interessant - ein Schiff der griechischen *Marlines* fährt 1 x wöch. über Patras und Kreta nach Izmir (Türkei). Keine IR-Ermäßigung.

Anek Lines: ab Anfang Februar 2 x, in der Saison 4 x wöch.

Karageorgis Lines: ganzjährig Überfahrten 2 x wöch., in der Saison 4 x wöch.

Marlines: ab Anfang März 2 x, in der Saison 5 x wöch.

Minoan Lines: ab Mitte März 2 x, in der Saison 5 x wöch.

Strintzis Lines: ab Mitte März 2-4 x, in der Saison 6 x wöch.

Bari: die Hauptstadt Apuliens hat nur eine einzige Fährlinie nach Griechenland, die gut organisierten Ventouris Ferries. Neben Otranto z.Z. die billigste Überfahrt, IR-Ermäßigung 30 %.

Ventouris Ferries: im Juli/August tägl., sonst mehrmals wöch. (ca. 18-20 std.). Nach Patras an Deck um die 75 DM, Pullmannsitz 90 DM, nach Igoumenitsa billiger (dazu kommt noch IR-Ermäßigung).

Brindisi: die meisten Fähren nach Griechenland. Abfahrt immer abends, Ankunft in Patras am späten Nachmittag (ca. 18-20 std. Fahrt). Trotz hoher Kapazitäten sind die Schiffe im Juli/August überfüllt, vorsichtshalber mit einem Wartetag rechnen, falls ihr nicht vorgebucht habt.
Alle Fährlinien bieten in Brindisi Sonderpreise für Jugendliche, Studenten, Interrailer etc., aber je nach Saison deutlich unterschiedliche Tarife, zudem erhebliche Preisdifferenzen zwischen den Linien! Die Fahrten nach Korfu/Igoumenitsa sind billiger als nach Patras.
Am besten den Nachtzug nach Brindisi nehmen, um dort morgens anzukommen - der Tagzug kommt für die abends abfahrenden Fähren manchmal zu spät! Nicht im Hauptbahnhof aussteigen, sondern im Hafen *Brindisi Marittima*. Die Ticketbüros liegen im Obergeschoß des Bahnhofs.
Die folgenden Preise verstehen sich bis Patras und sind spezielle Preise für Jugendliche bis zum 26. Geburtstag, die alle Fährlinien anbieten. *Adriatica* und *Hellenic Mediterranean Lines* geben für Interrailer 30 % Ermäßigung auf den Normalfahrpreis und die kostenlose Überfahrt für Inhaber des Tickets Interrail + Schiff.

Adriatica: je nach Saison 1-2 x tägl., Deckplatz kostet in der Hauptsaison nach Patras 131 DM, Pullmannsitz 160 DM, Nebensaison 90 bzw. 105 DM (darauf 30 % für Interrailer). Spezieller Preis für Jugendl. bis zum 26. Geburtstag - an Deck 116 DM, Pullmannsitz 131 DM (Nebensaison 80 bzw. 95 DM).

Hellenic Mediterranean Lines: je nach Saison ein- bis mehrmals tägl., derselbe Preis wie bei Adriatica.

Fragline: 1-2 x tägl., für Jugendl. bis 26 Deckplatz 100 DM, Pullmannsitz 110 DM (Nebensaison 50 bzw. 65 DM).

Agapitos Lines: ebenfalls tägl., bis 26 Jahre Deckplatz 75 DM, Pullmannsitz 85 DM (Nebensaison 60 bzw. 65 DM).

Anco Ferries: fährt nur nach Patras, bis 26 Jahre an Deck 85 DM, Pullmannsitz 95 DM (Nebensaison 65 bzw. 80 DM).

Otranto: preiswertere Alternative zu Brindisi und Bari. Allerdings geht die einzige eingesetzte Fähre nur bis Igoumenitsa. Auch die Zugverbindung nach Otranto ist nicht optimal: in Brindisi nach Lecce umsteigen, von dort weiter in kleinen Triebwagen einer Privatgesellschaft, die bis Otranto durchfahren (ca. 5 DM, Interrail-Ticket gilt auf diesem Stück nicht).

R-Line: uralter Kasten, der seit 25 Jahren nach Igoumenitsa tuckert. Mitte Juni - Mitte Sept. 1 x tägl. außer So, in der Nebensaison 3 x wöch., Abfahrt um 22.30 h. Deckpassage für Jugendliche bis 28 Jahre während der Hauptsaison 70 DM, Pullmannsitz 85 DM (Nebensaison etwa 40 bzw. 50 DM DM).

Weitere Infos zu *Ancona, Bari*, *Brindisi* und *Otranto* im Kap. Italien!

GENERELLES: seid möglichst immer **1-2 std. vor Abfahrt** am Hafen. Ansonsten können eventuell vorreservierte Plätze anderweitig vergeben werden.
Zum Überfahrtspreis kommt immer eine **Einschiffungsgebühr** (Hafentaxe) von ca. 12 DM. Zu bezahlen beim Hafenbüro der jeweiligen Linie.
Wenn ihr wollt, könnt ihr die Fahrt in Korfu oder Igoumenitsa **unterbrechen** und mit einem späteren Schiff nach Patras fortsetzen. Muß man aber bei der Buchung der Tickets, spätestens während der Einschiffung, bei der Hafenagentur anmelden.
Genügend **Verpflegung** mit an Bord nehmen und **warm anziehen** (es kann nachts an Deck kühl und windig werden). Nur das nötigste Geld wechseln, schlechter Kurs!

Nebenbei: Wer auf demselben Weg Griechenland wieder verlassen will, sollte schon bei der Hinreise die Rückfahrt buchen. Erstens stehen die Rückfahrer ab Mitte August in Patras Schlange, zweitens gibt's bei den meisten Linien Rabatt (bis 20 %) für das Lösen einer Hin- und Rückfahrkarte.

Mit der Eisenbahn in Griechenland

Das griechische Eisenbahnnetz ist klein. Weite Teile des Landes sind auf dem Schienenweg nicht zu erreichen, vor allem der gebirgige Westen. Überlandbusse schließen diese Lücke - für Interrailer kosten sie jedoch.

Trotzdem kommt man mit der Bahn ganz schön rum. In Nord-/Mittelgriechenland sind *Thessaloniki*, der *Vegoritis-See*, der majestätische *Olymp* samt vorgelagerter Badeorte und die bizarren *Meteoraklöster* leicht zu erreichen. Im Süden zuckelt eine staatliche Schmalspur*bahn* gemächlich um den *Peloponnes* mit seinen berühmten antiken Stätten.
Ebenfalls einen Abstecher wert ist die steile Zahnradbahn nach *Kalavrita* (Nähe Patras).
Interessant - mit 900 km hat Griechenland das längste *Schmalspurnetz* Europas, das mit der Interrail-Karte kostenfrei befahren werden kann (Spanien hat 1400 km Schmalspur, auf denen Interrail nicht gültig ist - Details siehe dort)!

Wichtige Strecken: Hauptachse für den internationalen und nationalen Verkehr ist die Strecke von Jugoslawien über *Thessaloniki nach Athen*, die zum großen Teil an der Ostküste des griechischen Festlands verläuft.
Wichtigster Knotenpunkt ist **Thessaloniki** in Nordgriechenland, die zweitgrößte Stadt des Landes. Von hier gibt es eine Verbindung in den äußersten Osten des Landes, nämlich nach **Alexandropoli** und weiter in die **Türkei**. Diese Strecke ist obligatorisch für alle Interrailer, die ohne Transit via Bulgarien (Interrail nicht gültig!) in die Türkei hinüber wollen - allerdings auch ein berüchtigtes Nadelöhr mit stundenlangen Wartezeiten an der griech./türkischen Grenze (Weiteres s. Türkei/Anreise).
Ebenfalls in Thessaloniki beginnt eine sehr reizvolle Strecke Richtung Westen. Durch **Makedonien** kann man am ruhigen Vegoritis-See vorbei auf abgelegener Route über *Florina* nach Jugoslawien fahren (Grenze bei Kremenitsa), weitere Details bei Jugoslawien S. 212). Ein Abzweig im griechischen Teil dieser Strecke führt nach *Kozani*, von wo man per Bus leicht zu den Meteora-Klöstern kommen kann.

SCHMALSPURBAHNEN: wenigstens eine davon solltet ihr mal testen. Die Fahrt in den urigen Bummelzügen ist ein Erlebnis eigener Art.

Peloponnesbahn (Korinth - Patras - Kavassila - Kalamata - Tripolis - Korinth), vor allem landschaftlich lohnend, zudem sind hier einige der bedeutendsten antiken Stätten Griechenlands zu erreichen, z.B. Mykene und Olympia. Gutes Sitzfleisch ist Voraussetzung, die Züge zuckeln mit der aufregenden Geschwindigkeit von ca. 40 km/h durch die tollsten Berglandschaften. Zudem sind sie meist überfüllt.

Linie Volos - Kalambaka, kreuzt die Hauptstrecke Thessaloniki - Athen. Umsteigen in Paleofarssalos und durch die thessalische Tiefebene zu den faszinierenden Meteora-Klöstern, die "zwischen Himmel und Erde" auf steilen Felsnadeln kleben.

Zahnradbahn Diakopto - Kalavrita, 22 km lange Strecke in der Nähe von Patras, ein spezieller Leckerbissen, es geht hoch in die Berge, 700 m Höhenunterschied werden überwunden.

VERBINDUNGEN: auf den meisten Strecken mehrmals tägl., z.B. Athen - Thessaloniki in beiden Richtungen ca. 6 x tägl. (zwischen 9 und 23 h). Fürs Umsteigen immer viel Zeit einkalkulieren, die meisten Züge haben Verspätung. Vor allem Züge aus dem Ausland kommen immer wesentlich später, als auf Fahrplänen angegeben!

ZUSCHLÄGE: in wenigen Schnellzügen auf der Hauptstrecke Athen - Thessaloniki wird ein kleiner Aufpreis verlangt - ca. 2-3 DM. Auch auf dem Peloponnes gibt es 'Expreßzüge' mit Zuschlägen (ca. 1.50 DM), die aber ebenso langsam sind wie alle anderen Züge am Peloponnes.

PLATZKARTEN: Platzreservierung auf Inlandsstrecken für Interrailer kostenlos. Vor allem auf längeren Strecken zu empfehlen, Züge sind nicht selten gestopft voll.

GEPÄCKAUFBEWAHRUNG: gibt es inzwischen in fast jedem größerem Bhf. Auf kleineren Stationen erklären sich bei Anfrage oft Bahnbeamte bereit, das Gepäck aufzubewahren.

LIEGEWAGEN / SCHLAFWAGEN: ins Ausland könnt ihr Liegewagenplätze in Athen am Larissa-Bhf. buchen. Schlafwagenplätze gibts nur in den Büros der Hauptverwaltung (Adresse siehe unten).

BAHNBUSSE (OSE): Interrail-Ticket gilt nicht, auch keine Ermäßigung. Abfahrt in Athen Richtung Norden am Larissa-Bhf. (= Hbf.), Richtung Süden am benachbarten Peloponnes-Bhf.

INFORMATION / BUCHUNG: **Organismos Siderodromon Ellados (OSE)** - Griechische Eisenbahnen, Hauptverwaltung Athen, Karolou Str. 1-3 (10 min. vom Larissa-Bhf. am Weg ins Zentrum), Tel. 5224302) oder Sinastr. 6 (bei der Universität, zwischen Omonia und Sintagmaplatz), Tel. 3624402.

Andere Verkehrsmittel

Busse: das Hauptverkehrsmittel in Griechenland. Im Gegensatz zum Eisenbahnnetz sind die Busverbindungen gut ausgebaut. Wo kein Zug fährt, ein Bus geht bestimmt! Zudem ist Busfahren wesentlich billiger als in Deutschland, die paar Mark zusätzlich lohnen sich meist. Vor allem in ländlichen Gegenden müßt ihr jedoch oft Frühaufsteher sein, die meisten Busse fahren nur morgens gegen 6.30-7 h. Zentrum des Busnetzes ist Athen (Bsp.: Athen - Thessaloniki ca. 38 DM).

Fähren: Griechenland ist das europäische Land mit den meisten Inseln. Jeder 5. Grieche wohnt auf einer Insel. Und sicher jeder 2. Urlauber verbringt seine Ferien auf einer solchen. Dementsprechend wichtig sind die Schiffsverbindungen. **Piräus** ist allesbeherrschender Mittelpunkt. Mehrmals tägl. fahren Fähren auf die Kykladen, nach Kreta und hinüber zum Dodekanes vor der türkischen Küste. Aber es gibt noch diverse andere Häfen, die leicht zu erreichen sind. Besonders interessant für Interrailer sind die Fähren von den griechischen Inseln hinüber zum türkischen Festland, seitdem Interrail in der gesamten Türkei gilt!
Das Interrail-Ticket gilt auf den innergriechischen Linien nicht, nur auf den Fähren von und nach Italien gibts z.T. Prozente (siehe Anreise). Wenn möglich, baut wenigstens *einen* Inseltrip in eure Reise ein, auch wenn das ein paar Mark mehr kostet!

Wichtige griechische Festlandshäfen sind außer Piräus **Kavala** (Fähren auf die Insel Thassos und den Dodekanes), **Alexandropoli** (Samothraki), **Volos** (Skiathos), **Patras** (Kephallonia, Italien), **Killini** (Zakynthos), **Lavrion** (Kea) und **Rafina** (Andros, Tinos, Mykonos).

Mopeds/Mofas: ideales Verkehrsmittel, um die Inseln zu erforschen. Rent a bike-Läden gibt es inzwischen fast in jedem Ort, in dem sich Touristen blicken lassen. Preise um die 20-30 DM pro Tag. Vorsichtig fahren!

Praktisches

Einreise: Reisepaß oder Personalausweis.

Finanzielles: die Drachme ist eine stark inflationäre Währung. Ihr Wert gegenüber der 'harten' DM fällt ständig. Das hat für euch den Vorteil, daß die alljährlichen Preissteigerungen nahezu ausgeglichen werden. Griechenland ist zwar kein Billigland mehr, trotzdem sind die Preise gegenüber mitteleuropäischem Niveau deutlich niedriger.
Wechselt soviel wie möglich erst in Griechenland, der dortige Kurs ist wesentlich besser als zu Hause. Seit zwei Jahren könnt ihr nicht nur bei Banken, sondern ohne Kursverlust auch bei allen Filialen der Post tauschen. Euro-

schecks werden akzeptiert, müssen aber in Drachmen ausgestellt sein (Höchstbetrag 25.000 Drs. = ca. 315 DM). Vom Postsparbuch kann man bisher noch nicht abheben. Falls mehrere Banken am Ort sind, Wechselkurse vergleichen - können sehr unterschiedlich sein!
Bei der Rückfahrt könnt ihr griechisches Geld in Jugoslawien und Italien nur sehr schwer tauschen.

Aktueller Kurs (2/90): 1 DM = 86 Drs.

Übernachten: Zimmer vermieten ist der Nationalsport der Griechen. *Rent Rooms*-Schilder findet ihr überall, wo sich Touristen blicken lassen. Die Preise sind meist erfreulich niedrig, mehr als 20-25 DM fürs Doppelzimmer wird man selten zahlen müssen (Ausnahmen sind die Super-Tourismusziele wie Santorin, Mykonos etc.). Komfort ist natürlich keiner geboten, aber die Griechen legen in der Regel viel Wert auf Sauberkeit.
Alternativ dazu bieten sich die zahlreichen *Campingplätze* an. Am preiswertesten sind sie noch auf den weniger überlaufenen Inseln, die Festlandspreise sind meist deutlich höher, vor allem in der Umgebung der Top-Sehenswürdigkeiten wie Delphi, Olympia etc. Die sanitären Anlagen könnten besser sein, vor allem in der Hochsaison sind sie deutlich überlastet.
Das *Jugendherbergsnetz* ist bescheiden. Die Räumlichkeiten sind oft ungepflegt und verwahrlost, dafür mit ca. 6-8 DM sehr preiswert.
In den Zentren der Großstädte gibt es meist zahlreiche *Billigpensionen*. Eine spezielle Athener Einrichtung sind die sog. *Hostels*, die zu Dutzenden um den Bahnhof und in der Plaka zu finden sind.
Freies Zelten ist überall verboten. Das draußen Schlafen wird aber an vielen Stränden toleriert, solange es nicht überhand nimmt. Man sollte vorher immer Erkundigungen einziehen, wie die jeweilige Lage ist, sonst kann es leicht passieren, daß man morgens (oder sogar nachts) recht unsanft von der örtlichen Polizei geweckt wird.
Rucksacktouristen haben in den letzten Jahren viel zur Verschmutzung griechischer Strände beigetragen. Zudem haben die lockeren mitteleuropäischen Badesitten (oben oder sogar ganz ohne) vielerorten die griechisch-orthodoxe Bevölkerung aufgebracht. Bitte verzichtet auf Nacktbaden, außer dort, wo es ausdrücklich toleriert wird (z.B. Insel Mykonos)!

Essen und Trinken: die Abende in griechischen Strandtavernen gehören zu den Erlebnissen, die Griechenland populär haben werden lassen. Ein deftiges *souvláki* vom Holzkohlengrill, dazu einen *choriátiki*, den griechischen Bauernsalat, und einen kräftigen Landwein, daran kann man sich schnell gewöhnen. Sicher ist die griechische Küche nicht besonders abwechslungsreich, doch gerade in ihrer Einfachheit liegt der Reiz. *Moussaká*, den herzhaften Auberginenauflauf vom Blech, einen Teller weiße Bohnen *(fassólia)*, ein würziges *satzíki* (Joghurt mit Knoblauch) oder eine Scheibe vom leckeren Schwertfisch (*xifías*) bekommt man eigentlich immer, die Atmosphäre wird gratis mitgeliefert. In überlaufenen Touristenorten ist leider die natürliche Herzlichkeit der Griechen nicht selten übertriebenem Geschäftsgebahren gewichen.
Weitere häufige Speisen sind *stifádo* (Rindfleisch mit Zwiebelgemüse), *kotópoulo* (Hühnchen), *arnáki* (Lamm), *kokkinistó* (geschmortes Fleisch, Gulasch), *kefthédes* (Fleischbällchen), *pastítsio* (Nudelauflauf) und *tomátes jemistés* (gefüllte Tomaten).
Nationalgetränk ist *Wasser (neró)*. Nichts ist in der mittäglichen Bruthitze erfrischender und man erhält es in Tavernen traditionell ungefragt in Karaffen auf den Tisch gestellt. Jedoch ist diese Sitte mancherorts im Aussterben. Touristen lassen das nicht bestellte Wasser nämlich oft stehen und verschwenden will man es schließlich nicht, wo es so knapp ist. Keimfreies Wasser wird in Plastikflaschen überall

verkauft. Das Leitungswasser auf griechischen Bahnhöfen ist in der Regel genießbar (falls nicht ein Warnschild angebracht ist), nur in Athen ist es sehr stark gechlort.

Den berühmten *retsína*, der mit Harz (oder geschmacksähnlichen chemischen Substanzen) konserviert wird und so seinen unverwechselbaren Geschmack bekommt, solltet ihr zumindest mal kosten. Er ist sehr preiswert und man gewöhnt sich schnell an sein anfangs sehr ungewöhnliches Aroma. Jedoch wird der griechische Retsina in Großkellereien am Festland in Flaschen abgefüllt und in ganz Griechenland vertrieben. Er hat also gar nichts mit den Weinen aus der lokalen Produktion zu tun, die die Einheimischen trinken. Bestellt ihr *krassí ap to varéli* (Wein vom Faß), so bekommt ihr in Metall- oder Tonkrügen *(karáffa)* den Wein aus der Umgebung, meist sogar vom eigenen Weinberg der Taverne. Unerfahrene Touristen bestellen immer Retsina, obwohl es oft bessere Tropfen aus der Umgebung gibt.

Obwohl in Griechenland traditionell kein *Bier (mbíra)* gebraut wurde, bekommt ihr den Gerstensaft überall. Auch die Griechen selber trinken Bier sehr gerne und es gibt inzwischen diverse (auch deutsche) Brauereien, die es in ausländischer Lizenz in Griechenland herstellen.

Limonaden gibts wie Sand am Meer. Viele Orte, vor allem abseits der Großstädte, verfügen über unverschmutztes Quellwasser und haben ihre eigene Limonadenfabrik. Diese örtlichen Getränke sind spottbillig und meist viel besser als die bekannten internationalen Marken, die ihr ebenfalls überall bekommt. Zitronenlimonade heißt *limonáda*, Orangenlimo dagegen *portokaláda*.

Griechischer Kaffee *(kafé eliniká)* ist stark und wird in kleinen Mokkatassen auf Wunsch mit *(glikó)* und ohne Zukker *(skéto)* serviert. Er ist das Nationalgetränk der griechischen Männer, die oft stundenlang vor ihrem Kaffee im *Kafenion* sitzen. Traditionell wird er mit einem Glas Wasser gereicht. Jedoch hat man sich in Touristenorten auf ausländische Urlauber eingestellt und so bekommt ihr fast überall den Kaffee auch in großen Tassen, wenn ihr Nescafé verlangt.

Zum *oúzo*, dem bekannten Anisschnaps ist nur zu sagen, daß ihr vorsichtig sein solltet. Er wirkt verheerender, als man denkt!

Ermäßigungen: falls ihr archäologische Ausgrabungen, Museen etc. ansehen wollt, solltet ihr immer den *internationalen Studentenausweis* oder *Schülerausweis* dabei haben. Ihr bekommt damit Ermäßigungen bis zur Hälfte des teilweise recht happigen Eintrittspreises (auf der Akropolis beträgt er regulär beispielsweise gut 8 DM).

Telefon: in allen größeren Orten gibt es sogenannte *OTE-Zentralen*, von denen ihr problemlos Ferngespräche ins Ausland führen könnt. Die verbrauchten Einheiten werden in den Zellen digital angezeigt (eine Einheit ca. 6 Drs.). Bei Beginn des Gesprächs muß der Zähler auf Null stehen. Langsam wählen! Falls ihr nicht durchkommt, mehrmals versuchen. Zwischen 19 und 21 h sind die Leitungen oft überlastet.

VORWAHL: BR Deutschland **0049**, Österreich **0043**, Schweiz **0041**.

Kleines Sprachlexikon

Allgemeines: Guten Tag - *kaliméra*; Guten Tag (2. Tageshälfte)/Guten Abend - *kalispéra*; Gute Nacht - *kaliníchta*; Auf Wiedersehen (auch als Begrüßung verwendet) - *jássu/jássas*; ja/ nein - *ne/óchi*; danke - *(ef)charistó*; bitte - *parakaló*; wo ist? - *poú íne*? wann - *póte*; wo - *poú*; Deutschland - *Germanía*; Österreich - *Austría*; Schweiz - *Elvetía*; Zahlen 1-10 = *éna*, *thío* (th gesprochen wie englisches tee-äitsch), *tría*, *téssera*, *pénde*, *éxi*, *eptá*, *októ*; *eneá*, *déka*. 20 - *eíkosi*; 50 - *penínda*; 100 - *ekató*; 1000 - *chília*.

Bahn: Bahnhof - *stathmós*; Bahnsteig - *apováthra*; Eingang - *eísodos*; Ausgang - *éxodos*; Kein Eintritt - *apagoreúetai í eísodos*; Gleis - *grammí*; Fahrplan - *dromológio*; Fahrkartenschalter - *graphío* *eisitírio*; Auskunft - *plerophoríes*; Gepäckaufbewahrung - *fílaksis aposkeuón*; Abfahrt - *anachórisis*; Ankunft - *áfixis*; Zug - *(to) tréno*; Schnellzug (D-Zug) - *tachía*; Expreß/Fernschnellzug - *hipertachía*; Kurswagen - *wagóni giá*; Liegewagen - *touristikó vangolí*; Schlafwagen - *vagonlí klinámaxa*; 1. Klasse - *próti thési*; 2. Klasse - *deúteri thési*; zuschlagspflichtig - *télos mé prósteto*.

BOTSCHAFTEN

Bundesrepublik Deutschland: Athen, Odós Karaóli kai Dimitriou, Tel. 01/ 724801/05. Generalkonsulat - Thessaloniki, Odos Karólou Diehl 4a, Tel. 224911.
Österreich: Athen, Leóforos Alexándras 26, Tel. 8211036/8216800. Generalkonsulat - Thessaloniki, Agiás Sofias 18. Tel. 236500.
Schweiz: Athen, lassiou 2, Tel. 730364 /66.

FREMDENVERKEHRSÄMTER

D-6000 Frankfurt/M., Neue Mainzer Str. 22, Tel. 069/236561/63. **D-8000 München**, Pacellistr. 2, Tel. 089/ 222035/36. **D-2000 Hamburg** 13, Abteistr. 33, Tel. 040/454498. **A-1015 Wien**, Opernring 8, Tel. 0222/525317. **CH-8001 Zürich**, Löwenstr. 25, Tel. 01 /2210105.

EPIRUS

Wer mit der Fähre von Italien kommt, kann in Igoumenitsa oder Korfu erste Bekanntschaft mit Griechenland machen. Aber Vorsicht - es gibt keine Bahnlinie.

Epirus heißt diese Region im Nordwesten Griechenlands, die im Inland vom mächtigen Pindos-Massiv geprägt ist. An der Küste lohnt der Besuch von *Parga* mit dem schönen Strand von *Valtos* gleich in der Nähe.
Nächsten Bahnanschluß habt ihr erst in Kalambaka bei den bizarren Meteora-Klöstern von Thessalien /Mittelgriechenland. Von dort kann man auf wackliger Schmalspurschiene zur Hauptlinie Thessaloniki-Athen zuckeln. Nach Kalambaka kommt ihr von Igoumenitsa in einer interessanten Busfahrt über Ioannina (siehe weiter unten).

Wer diese unorthodoxe Variante nicht testen will, bleibt an Bord und fährt durch bis *Patras* am Peloponnes, wo man Anschluß an die Peloponnesbahn hat. Infos zu den Ionischen Inseln im Anschluß ans Kapitel Epirus/Festland.

Igoumenitsa: wichtigster Hafen der Region, auf Durchreisetourismus eingestellt. Schöne Lage in einer weiten Bucht mit Bergpanorama. Baden kann man auf der Landzunge nördlich vom Ort, viele Rucksackler schlafen dort am Strand oder sogar direkt im Hafen (tolerante Polizei). Preiswertes Hotel ist Rhodos im Zentrum am Hauptplatz, einen Campingplatz gibt es im Süden der Stadt.

VERBINDUNGEN: keine Bahnlinie! **Busbahnhof** im Ortszentrum, die Fahrt über Ioannina nach **Kalambaka** kostet ca. 18 DM und dauert gut 7 std. (Umsteigen in Ioannina). Sehr schöne Strecke mit grün bewachsenen Schluchten und dem Fluß Thiamis, nach Ioannina steile Bergfahrt. Außerdem Busse nach Parga (alle zwei Stunden) und weiter nach Prevesa und Arta.
Wichtig - mehrmals tägl. Busverbindung zum **Peloponnes**. Über Agrinion nach Antirion, dort übersetzen mit der Fähre über die schmalste Stelle des Golfs von Patras nach Rion, 8 km von Patras (Campingplatz 300 m von der Anlegestelle). Hier habt ihr mehrmals tägl. Bahnanschluß in Richtung Patras oder Korinth/Athen. Der Bus braucht bis Antirion an die 6 std., ca. 20 DM. Reizvolle Fahrt durchs westl. griechische Bergland (besonders im Frühling schön).
Fähren hinüber nach Korfu und umgekehrt pendeln im Stundenrhythmus!

Parga: malerische Lage in einer Bucht, 50 km südlich von Igoumenitsa. Schöne weiße Häuser mit Blumenschmuck, verwinkelte Gäßchen mit Torbögen, die sich den Hang hinaufziehen, in der Umgebung viel Grün. Am Hafen eine Taverne neben der anderen, viel Ausflugstourismus. Vorgelagert kleine bewaldete Inseln, zu denen man leicht schwimmen kann. Schönster Strand ist der breite Sandstrand von *Valtos*, wenige Gehminuten westlich vom Ort.

ÜBERNACHTEN: mehrere Campingplätze - **Camping Valtos** am oben erwähnten Strand, die anderen, z.B. **Camping Parga**, östlich vom Ort.

Wem's in Parga zu voll ist - Ausweichmöglichkeit ist **Lichnos**, 3 km östlich von Parga mit toller Badebucht und zwei weiteren Campingplätzen.

Von Igoumenitsa nach Kalambaka (Meteora-Klöster)

Interessante Busfahrt quer durchs Pindos-Gebirge.

Ioannina: größere Stadt, Verwaltungszentrum der Region, Universität. Liegt an einem See, der seit Jahrhunderten mit den ungeklärten Abwässern der Stadt vollgepumpt wird und deshalb stinkt. Ihr könnt mit Booten auf die kleine Insel hinüberfahren, drüben stehen vier Klöster. Ioannina selber war lange Zeit türkisch, einige Moscheen mit Minaretten stehen noch, um den Busbahnhof trubelige Markt- und Ladengassen. Der Befestigungswall der großen *Zitadelle* ist ebenfalls erhalten. Im Inneren schmale Altstadtgäßchen und die *Aslan Pascha-Moschee* mit dem "Popular Museum" (Trachten, historische Photos etc.). Sehenswert das moderne *Archäologische Museum* (tägl. außer Di).

ÜBERNACHTEN: **Camping Limnopoula** am Seeufer. Ein preiswertes Hotel ist **Hotel Paris**, Tsirigoti Str. 6, **Hotel Tourist** an der Kolleti Str. 18 (Hauptstraße Richtung See) hat DZ ohne eig. Bad für 36 DM, mit für 52 DM.

Weiter fährt der Bus über das Bergdorf **Metsovo** (lohnt zum Einkaufen von Schafwollpullovern und -teppichen, interessantes Volkskunstmuseum im historischen *Tositsa-Haus*, Mi. geschl.) nach **Kalambaka** - Ausgangspunkt für Besichtigung der tollen Meteora-Klöster und Anschluß an das Bahnnetz (Details weiter unten, S. 231).

IONISCHE INSELN

Liegen dem griechischen Festland und Peloponnes westlich vorgelagert.

Korfu, die nördlichste, wird dank seiner exponierten Lage von beinahe allen Fähren angelaufen, die zwischen italienischen Häfen und Griechenland verkehren. *Kephallonia*, *Zakynthos* und *Ithaka* liegen dagegen viel weiter südlich und sind am besten vom Peloponnes zu erreichen. Jedoch machen einige Italien-Fähren auf ihrem Weg nach Patras auch hier Station.

Korfu

Sie gilt als schönste und abwechslungsreichste der Ionischen Inseln. Ähnelt manchmal eher Italien als Griechenland, ausgesprochen grün, viele Zypressenwälder. Dementsprechend viele Urlauber finden den Weg.

Auch die Architektur ist teilweise italienisch (Korfu gehörte mal zu Italien), deswegen viele Italiener zu Besuch. Vor allem aber Engländer und immer wieder Engländer. Fremdenverkehr mit Tradition - seit die Insel im 19. Jhd. unter dem 'Schutz' des britischen Empires stand, ist sie eine traditionelle Sommerfrische bleicher Liver- und Blackpooler.

Es gibt einige sehr schöne Strände, hauptsächlich im Norden und an der Westküste. Die Ostküste südlich von Korfu-Stadt solltet ihr meiden - Hotellandschaften und Strände, wo man sich wie in der Sardinenbüchse fühlt!

Ideal für die Insel - mal ein Mofa mieten, das Straßennetz ist ausgezeichnet.

VERBINDUNGEN: tägl. Fähren von und nach **Italien**, 2 x wöchentlich von und nach **Jugoslawien** (Details siehe dort). Alle Schiffe starten und landen im **Neuen Hafen** westlich des historischen Zentrums (private Gepäckaufbewahrung gegenüber der Abfertigung, ca. 1,50 DM). Nach links kommt ihr immer am Wasser entlang zur Altstadt (ca. 1 km).

Nach **Igoumenitsa** am gegenüberliegenden griechischen Festland pendeln die Fähren im Stundenrhythmus vom **Alten Hafen** am Fuß der "Neuen Festung" am Rand der Altstadt.

Korfu-Stadt: unglaublich lebendiges Städtchen mit viel Krach und Hektik. In der Altstadt ein Gewimmel von Läden und Lädchen, dazwischen hupende Autolawinen, malerisch-enge Fußgängergassen, schattige Arkadengänge und Italien-Touch.

Zentrum und allgemeiner Treffpunkt ist der weit ausgedehnte *Spianada-Platz* mit großen Grünflächen und einigen

Cafés unter den Bogengängen. Gegenüber die alte venezianische Festung *(Fortezza Vecchia)*, durch einen tiefen Kanal vom Platz getrennt. An der Nordseite der große *Königspalast* mit dem prunkvollen *Asiatischen Museum* im Inneren (ca. 3 DM, Di geschl.)

VERBINDUNGEN: Busbahnhof am **New Fortress Square** (in der Altstadt fast unmittelbar am Wasser, am Fuß der "Neuen Festung"), tägl. mehrere Busse in alle Inselorte. Weiterer Busbhf. am **San Rocco Square**, direkt im landeinwärts gelegenen Zentrum der Neustadt.

INFORMATION: **Touristen-Polizei** in der Arseniou Str. 35, 200 m vom alten Hafen. Tägl. 7-22 h, Zimmervermittlung, Stadtpläne. **Griechische Zentrale für Fremdenverkehr** (E.O.T.) in der Dessila Str., Nähe San Rocco Square.

ÜBERNACHTEN: **Hotel New York** im Neuen Hafen. Um den Alten Hafen, v.a. in der N. Theotoki Str. (vom alten Hafen zum Spianada-Platz) die meisten Billig-Hotels, z.B. das altehrwürdige **Constantinopolis** (nur Gemeinschaftsduschen). Preiswert ist auch das **Hotel Europa**.
Jugendherberge 7 km nördl. in Kontokali, ca. 7 DM pro Person. Tel. 0661/91202. Zu erreichen mit Bus ab San Rocco Square. Angeschlossen der große Camping **Kontokali Beach International**.
3 km weiter zwischen Kontokali und Dassia der recht ordentliche **Camping Dionyssos**, ca. 10 min. zu Fuß zum Strand. 3 weitere Plätze in Ipsos und Dassia.
Bademöglichkeiten an allen Plätzen wenig ansprechend, nur für den vorübergehenden Aufenthalt.

ESSEN: viele gemütliche Tavernen in den Gäßchen um den alten Hafen (Busbhf.).

Inseltrips (von Nord nach Süd)

Roda: fast 13 km Sandstrand (!), der Ort sehr überlaufen, viele Surfer. Mit dem gemieteten Mofa könnt ihr aber leicht einsame Stellen finden. Camping Roda Beach International 500 m vom Meer.

Sidari: langer Sandstrand, vor allem aber links vom Ort bizarre Sandsteinfelsen, die schöne Badebuchten bilden. Im Sommer zwar voll, aber trotzdem reizvoll. Wild Zelten in begrenztem Maß bei den Klippen links vom Ort und direkt am Strand.

Paleokastritsa: Touristenhochburg der Westküste, aber eine der schönsten Strandlandschaften, malerische Lage an einer Bucht zwischen hohen Felswänden. Guter Campingplatz, viele Rucksackler schlafen auch am Strand. Mal rauf zum *Kloster* laufen (ca. 1 km).

LESERTIP: "Wer auf Korfu etwas erleben will, dem raten wir, nach **Pelekas** zu fahren, ca. 13 km westl. von Korfu-Stadt. Auf der Straße ist garantiert keiner älter als 30. Es gibt 5 oder 6 Diskos und ein echtes Nachtleben, außerdem mehrere Tavernen mit viel Musik und guter Laune. Am Strand kann man zelten, man trifft Jugendliche aus aller Welt" (Christian Borchard, Mönchengladbach).

Glifada: langer Sandstrand, ebenfalls viel Rummel. Campingplatz etwas vom Meer entfernt, an der Straße vom Ort. Nicht weit von hier liegt der Strand von Mirtiotissa - noch herrlich unberührt. Mit Bus nach Glifada und dem Busfahrer sagen, daß ihr in Mirtiotissa aussteigen wollt, ab Bushaltestelle ca. 30 Min. zu Fuß zum Strand.

Agios Gordios: beliebt bei Rucksacktouristen, langer Kies/Sandstrand, an dem der Schlafsack ausgerollt wird.

Agios Georgios: riesiger Sandstrand, mit weiten Dünen, dahinter ein großer Lagunen-See. Hier könnt ihr noch völlig allein sein.

Kavos: im äußersten Süden, ideal für den, der Rummel sucht - besoffene Horden von Engländern, die durch den Ort gröhlen, New-Wave Musik bis spät in die Nacht. 5 km Sandstrand, Wildzelten ein Stück südlich vom Ort unter hohen Olivenbäumen.

Kephallonia

Genauso grün wie Korfu, aber lange nicht so überlaufen. Kephallonia ist die größte der Ionischen Inseln und steigt bis über 1600 m an. Schönster Strand ist der *Myrtos-Beach*, *Fiscardo* im Norden ein freundliches Hafenstädtchen.

VERBINDUNGEN: 2 x tägl. Fähren ab **Killini** (am Peloponnes, Bahnanschluß) nach Poros im Süden der Insel. Außerdem 1 x tägl. von **Korfu-Stadt** nach Sami (an Deck ca. 20 DM), von **Vathi** (Ithaka) nach Sami und von der Insel **Lefkas** nach Fiscardo. Einige der Brindisi/Patras-Fähren halten in Sami (Ionian Lines).

Sami, der wichtigste Hafen von Kephallonia, hat wenig zu bieten. Ein Kiesstrand liegt nördlich vom Ort, preiswertes Hotel ist das Kyma, es gibt einen Campingplatz und im Büro der Ionian Lines bekommt man Tickets nach Brindisi/Italien.

Lohnendes Ziel im Norden ist **Assos** an einer malerischen Landenge - hat sich noch viel Ursprünglichkeit erhalten, ein Kiesstrand liegt direkt im Ort und ein Serpentinenweg führt zu einer mächtigen venezianischen Festung hinauf. Auf der Busfahrt dorthin kommt man am herrlichen *Myrtos-Beach* vorbei (eine steile Schotterstraße führt hinunter).

Fiscardo schließlich wurde als einziger Ort der Insel vom Erdbeben im Jahre 1953 nicht beschädigt. An der Hafenmole reihen sich schöne alte Häuser, Tavernen und Kafenia aneinander. Ein gemütlicher, noch nicht überlaufener Ort mit vielen Privatzimmern, einziges Hotel ist das Panormos.

Argostoli, der Hauptort der Insel, liegt an der Westküste auf einer Halbinsel mit diversen überfüllten Sandstränden. Ein Campingplatz liegt mehrere Kilometer abseits. Mit der Fähre kann auf die vorgelagerte große Halbinsel *Paliki* übersetzen.

Ithaka

Touristisch wenig erschlossen, daher hauptsächlich für Leute, die Ruhe und Ursprünglichkeit suchen. Die mythische Heimat des Odysseus ist extrem felsig, steil und weitgehend karg.*Vathi*, der sympathische Hauptort hat die vielleicht schönste Hafeneinfahrt Griechenlands - ein ewig langer Felsenfjord! Es gibt nur drei Hotels (Aktaeon das billigste) und Privatzimmer, am Ortsrand kleine Kiesstrände, wo draußen geschlafen wird.

Die nettesten Orte sind im Norden der Insel - 25 km mit dem Bus, im Sommer verkehren ab Vathi auch Kaikis.

VERBINDUNGEN: Fähren tägl. ab **Patras** über Sami (Kephallonia), ca. 4 std, ca. 16 DM pro Person. Weitere Fähren von **Fiscardo** (Kephallonia) und der Insel **Lefkas**.

Zakynthos

Nach Korfu die meistbesuchte der Ionischen Inseln. Die Landschaft ist fruchtbar und grün, erinnert an Italien. Es gibt lange Sandstrände und ein ausgezeichnetes Straßennetz, das zu Entdeckungen einlädt.

VERBINDUNGEN: tägl. mehrere Fähren von und nach **Killini** am Peloponnes (Bahnanschluß), ca. 1,5 std., Deckplatz ca. 8 DM.

Zakynthos-Stadt wurde beim Erdbeben von 1953 völlig zerstört, ist aber nach alten Plänen wieder aufgebaut worden. Weit weniger vom Tourismus geprägt als die beliebten Badeorte Laganas, Argasi und Alikes. Großer Platz mit Grünanlagen am Hafen, viele Privatzimmer, preiswerte Hotels sind das *Rezenta* und das *Ionion* in der dritten Parallelstr. zum Hafen. Zum Essen in die *Botega* im Süden von Zakynthos-Stadt gehen, Strofadon-Str.

Ein schöner Campingplatz wurde 1985 6 km nördlich der Stadt (2 km vor Planos) eröffnet. In derselben Richtung weiter kommt man mit dem Bus nach **Alikes** mit Salinen und langem Sandstrand.

Das Straßendorf **Argasi** liegt 2 km südlich der Inselhauptstadt, schöne Tavernen am Meer. Auf der Halbinsel von *Vasilikos* liegt ein abgeschiedener Campingplatz mit mehreren ruhigen Stränden in der Nähe.

Laganas schließlich hat den längsten und schönsten Strand der Insel. Jedoch haben die neuen Hotelbauten das Landschaftsbild stark beeinträchtigt. Sehr voll.

NORD- U. MITTEL-GRIECHENLAND

Auf der internationalen Bahnstrecke von Jugoslawien kommen die meisten Railer nach Griechenland. Von Idomeni an der jugosl./griech. Grenze sind es noch knapp 2 std. bis Thessaloniki mit dem größten Bahnhof Griechenlands.

Spätestens dort müßt ihr entscheiden, wie ihr weiterfahren wollt.

Im Norden sind die malerische Halbinsel *Chalkidiki* und der *Olymp* die wichtigsten Ziele. Durch Thrakien kommt ihr rüber in die *Türkei*. Weiter südlich habt ihr ab Volos die Möglichkeit, auf die *Nördlichen Sporaden* überzusetzen. Aber auch das Hinterland von Makedonien bietet einige wenig überlaufene Ziele, das Klima ist noch vergleichsweise mild.

VERBINDUNGEN: von Thessaloniki habt ihr Verbindungen in **Richtung Türkei** über Alexandropoli und Pythion nach Istanbul - zähe 24 std.-Strecke bis zum Bosporus!

Richtung Bulgarien über Promachon - Kulata - Sofia (Interrail nur bis zur Grenze gültig!)

Richtung Jugoslawien: internat. Hauptstrecke über Idomeni - Skopje - BR Deutschland; oder Nebenstrecke durch Makedonien über Edessa - Kremenitsa - Bitola.

Richtung Südgriechenland: über Katerini und Larissa nach Athen.

Thessaloniki *(Saloniki)*

Mit über 1/2 Mill. Einwohnern zweitgrößte Stadt Griechenlands, Geschäfts- und Industriezentrum des Nordens. 1917 brannte die Stadt fast völlig aus und wurde ganz neu wiederaufgebaut.

Hohe wuchtige Wohnhäuser und laute Autostraßen prägen die moderne Unterstadt. Eine Unmasse Läden, handtuchschmal bis mondän, liegen an der langen *Egnatia-Str.*, der schnurgeraden Hauptstraße.

Schaustück des heutigen Saloniki ist die breite Uferpromenade mit ihren teuren Cafés, Grünanlagen und dem berühmten *Weißen Turm* (das Wasser schaut man sich aber besser nicht so genau an).

Die einfachen Wohnviertel liegen an den Hängen, die zur ehemaligen Burganlage hinaufführen. Ein Bummel hinauf lohnt sich - z.T. noch fast dörfliche Atmosphäre und von oben toller Blick!

VERBINDUNGEN / BAHNHOF: Gepäckaufbewahrung, OTE-Zentrale (Telefon), Informationsschalter, saubere Toiletten (incl. Duschen), teure Gaststätte mit internationalem Publikum (Kontakte/Tips!).

Für die internationale Strecke Richtung Norden sind Platzkarten nötig, rechtzeitig drum kümmern! Bahnbusse des **OSE** nach Athen und in die größeren Städte (u.a. Patras, Larissa, Volos) fahren am Bahnhof ab, Überlandbusse der Gesellschaft **K.T.E.L.** von verschiedenen Plätzen in der Stadt. Busse zur **Chalkidiki** fahren ab Karakassi-Str. 68 im Osten der Stadt (mit Stadtbus ab Bhf.)

INFORMATION: **Touristenpolizei** im Bhf. und in der Egnatia Str. 10, vom Bhf. etwa 10 min. zu Fuß.

Griechische Zentrale für Fremdenverkehr (E.O.T.) ziemlich weit vom Bhf. - Aristoteles Platz 8, Nähe Uferpromenade. Vom Bhf. ebenfalls mit Bus 10 oder 11 zu erreichen.

ÜBERNACHTEN: vom Bhf. links die Egnatia-Str. entlang. In den Seitenstraßen viele Hotels, untergebracht in alten Patrizierhäusern. Erschwingliche Preise, als wir hier waren (Nachsaison), waren die Häuser leer und wir konnten um den Preis handeln! Billig sind z.B. **Atlantis**, Egnatia Str. 14, und **Argo**, Egnatia Str. 11. Schöner wohnt man in den kleinen Seitengassen um die Platia Aristotelous, Nähe Uferpromenade, z.B. im äußerlich altehrwürdigen **Continental**, Komninon Str. 5 (Zimmer ohne Bad ca. 35 DM).

Jugendherberge in der Alex. Svolou Str. 44, Tel. 031/225946, Nähe Galerius-Bogen. Mit Bus 10 ab Bhf., mehrstöckiges Haus, sauber, mit Frühstücksmöglichkeit, internationales Publikum, ca. 8 DM. Tel. 031/225946.

Y.W.C.A., nur für Mädchen, Agias Sofias Str. 11 (im Zentrum, ca. 2,5 km vom Bhf. in Richtung Weißer Turm). Hier ist fast immer etwas frei, Preise gestaffelt - 6-Bettzimmer ca. 8 DM, DZ 12 DM pro Bett, auch am Dach schlafen möglich. Tel. 031/ 276144.

Campingplätze ziemlich weit außerhalb, an der Küste Richtung Chalkidiki. Der nächste am Strand von **Asprovolta**, ca. 10 km Richtung Flugplatz. Weitere bei **Perea** (15 km), **Agia Triada** (25 km) und **Epanomi** (38 km). Am Bhf. nach Busverbindung erkundigen.

Viele Rucksackler schlafen **vor und im Bahnhof** - Polizei drückt ein Auge zu, weil morgens 4.36 h der Hellas-Express nach Deutschland zurückfährt.

ESSEN: um die Egnatia Str. viele kleine preiswerte Lokale, ebenso in den Markthallen. Cafés mit Eisspezialitäten um die **Platia Aristotelous**, weitere Cafés in den Parkanlagen um den Weißen Turm.

Sehenswertes: vom Bahnhof als erstes die lange *Egnatia-Str.* entlang, die Hauptstraße der Stadt. Viele Geschäfte, dazwischen Cafés, Tavernen, Giros-Stände. Der *Galerius-Bogen*, ein Triumphbogen für die Siege des römischen Kaisers Galerius über die Perser (erbaut 303 v. Chr.) steht unmittelbar an der Egnatia-Str. Durch den Bogen kommt ihr schnell zur *Rotonda*, dem früheren Mausoleum des Galerius (nur

drei Jahre nach dem Triumphbogen erbaut). In seiner wechselhaften Geschichte diente es als Moschee (Minarett!) und christliche Kirche.
Lauft anschließend zum *Markt* (von der Egnatia Str. Richtung Meer, nicht weit vom Aristoteles Platz). Neben Obst, Gemüse und Fleisch findet ihr auch viel Handwerkliches, Kleidung und Sachen für den Hausgebrauch. Ein Labyrinth von Hallen und Gäßchen!
Der *Weiße Turm* liegt am östlichen Ende der Uferpromenade, 30 m hoch und im 15. Jh. erbaut, schloß er die Mauern der Stadt zum Meer hin ab.
Nicht weit vom Turm das ausgezeichnete *Archäologische Museum*. Vor allem wegen der prunkvollen Funde aus dem Grab von Philipp II., Vater Alexanders des Großen besuchenswert (tägl. 9-17 h., Di geschl., ca. 5 DM).
Last but not least - die *Altstadt* am Hang über der modernen Neustadt. Die Stadtmauer ist oben noch z.T. erhalten. Busse fahren ab Eleftherias-Platz hinauf.

Baden: die Städter fahren raus nach Perea, Nea Michaniona und Agia Triada, dementsprechend überfüllt (mit Campingplätzen), Meer dreckig.

Wer nach Bulgarien reinschnuppern will - es gibt tägl. ein Zugpaar, das die Strecke Thessaloniki - Sofia und umgekehrt bedient. Abfahrt in Thessaloniki um 9 h, kurz nach 12 h kommt ihr am letzten griechischen Bhf. Promachon an, ca. 1 std. Aufenthalt. Bis hier gilt das Interrail-Ticket. Jetzt könnt ihr eine normale Fahrkarte nach Sofia lösen - ist aber wegen des internationalen Tarifs ziemlich teuer. Besser ihr lauft über die Grenze 1 km zu Fuß nach Kulata und kauft hier für billiges bulgarisches Geld ein Ticket nach Sofia. **Visum nicht vergessen!**

Chalkidiki

Waldreich, extrem viel Vegetation, dazu viele versteckte kleine Buchten, aber auch lange Sandstrände.

Früher war die Chalkidiki mal so eine Art Geheimtip, inzwischen hat sich das aber rumgesprochen. Konkret heißt das, daß ihr euch schwer tun werdet, eine Bucht ganz für euch allein zu haben. Und leider gibt es auch hier schon Leute, die ihren Müll lieber stehen lassen . . .

VERBINDUNGEN: keine Bahnlinie, nur KTEL-Busse ab Thessaloniki, Karakassi Str. Langwierige Anfahrt über Berg und Tal, die Chalkidiki ist bergig. Lohnt sich aber.

Kassandra: westlichste Halbinsel der Chalkidiki, touristisch stark erschlossen. Teilweise große Hotelkomplexe. Wild campen aber an etlichen Stellen möglich und auch geduldet, viele Campingbusse. Es gibt einige sehr schöne Sandstrände und etliche Campingplätze, die aber oft sehr voll sind.
In der Bucht von *Akti Sani* einer der besten Plätze. Bei *Afithos* Sandstrand, an dem viele Rucksackler schlafen. In *Kriopigi* weiterer großer Campingplatz. In *Pefkohori* erheblicher Rummel, viele Kontakte, aber ein netter kleiner Campingplatz. *Paliouri* ist ein hübsches Dorf, Spaziergänge in den äußersten Südzipfel der Kassandra - landschaftlich sehr schöne Ecke mit viel Baumbestand (allerdings Waldbrand vor einigen Jahren).

Sithonia: der mittlere Finger der Chalkidiki, hauptsächlich Individualurlauber sind unterwegs, inzwischen aber schon ausgeprägte touristische Infrastruktur. Die schönsten Buchten und Strände der Chalkidiki liegen hier, speziell um Kalamitsi. Allerdings ist alles von Wildcampern entdeckt - keine Einsamkeit erwarten.
Viele gute Campingplätze - der beste ist Camping Kalamitsi in der Bucht von *Kalamitsi* (an der Spitze des Fingers), man muß aber mindestens 3 Tage bleiben und Rucksacktouristen sind nicht besonders erwünscht! Ausweichmöglichkeit ist Camping Porto, von der Bushaltestelle noch 300 m weiter. Hinter dem Platz eine schöne Badebucht mit zahlreichen Wildcampern. Weiterhin empfehlenswert sind *Nikitas*, *Marmaras* (es wird auch am Strand geschlafen) und *Sarti*.

Berg Athos: von Thessaloniki Fahrt durch die waldreichen Berge nach Ouranopoli, ihr kommt dabei durchs berühmte Flokati-Städtchen *Arnea*.

Ouranopoli ist ein nettes Städtchen mit schönen Sandstränden und vorgelagerten Inseln, allerdings sehr touristisch. Preiswert sind die benachbarten Hotels Ouranopoli und Galini.
Die gesamte Halbinsel südlich der Stadt ist für den Tourismus gesperrt - Mönchsrepublik Berg Athos! Besuch mit Erlaubnisschein möglich - aber nur Männer die ein wissenschaftliches oder religiöses Interesse nachweisen können: Theologen, Kunsthistoriker etc. Für Frauen streng verboten.

TIP - Schiffsausflüge von Ouranopolis an der Küste des Berg Athos entlang sind für Frauen und Männer erlaubt. Kostet etwa 20 DM.

Thessaloniki - Alexandropoli - Istanbul A-Kb. 23601

Durch Thrakien in die Türkei. Abstecher möglich nach *Kavala* (ab Drama mit Bus), von dort auf die Insel Thassos.

Kavala: Hauptfährhafen für die Insel Thassos. Schöne Stadt, die einen Berg hinaufsteigt. Oben eine byzantinische Festung mit super Blick (tägl. 11-13, 16-19 h). Die Altstadt schon mit leicht orientalischem Charakter.
Der *Eleftherias-Platz* ist das Zentrum der Stadt, gleich in der Nähe der turbulente *Markt*. Sehenswert ist das *Imaret* - ein großer islamischer Bau im alten türkischen Viertel *Panagia*, das sich auf einer felsigen Landzunge ins Meer schiebt (leider nicht von innen zu besichtigen, aber das ganze Viertel ist hübsch). Ansonsten unübersehbar das türkische *Aquädukt*. Vom Festungsberg kann man bis hinüber nach Thassos blicken!
Nicht das Geburtshaus von *Muhammed Ali* versäumen (nicht Cassius Clay, sondern der Begründer der ägyptischen Königsdynastie). Das schöne türkische Haus mit reichem Innenleben liegt am südlichen Zipfel des Kastellhügels, am Ende der Poulidou Str.

VERBINDUNGEN: fast stündl. Fähren nach **Thassos** und 2 x wöch. nach **Samothraki**. Busbahnhof 1 km westl. vom Hafen.

ÜBERNACHTEN / ESSEN: Hotels um den Hafen, mehrere Campingplätze liegen westl. und östl. der Stadt, mit Bussen sind sie leicht zu erreichen. Billige Tavernen im Viertel um den Markt, Eleftherias Platz.

UMGEBUNG: an der Straße Drama-Kavala liegt das antike **Philippi** mit gut erhaltenem Amphitheater und kleinem Museum (beim Dorf Krinides).

Thassos

Eine grüne und fruchtbare Insel mit ausgedehnten Pinien- und Kiefernwäldern im Inselinneren, etliche gute Strände. Touristisch allerdings entdeckt, viel Stammpublikum! 1985 hat ein verheerender Waldbrand große Teile der Insel in Schutt und Asche gelegt.

VERBINDUNGEN: Überfahrten von **Kavala** beinahe stündlich nach **Skala Prinos**, 20 km westlich vom Hauptort Thassos, pro Pers. 5 DM, Dauer 1 Std.
Busse von Skala Prinos nach Thassos etwa stündl. Die Busse in Thassos fahren am Neuen Hafen ab.

Im Hauptort **Thassos** (auch Limenas genannt) gibts jede Menge Diskos (die beste z.Z. *Just in Time*) und Tavernen (am schönsten im Alten Hafen), aber auch diverse archäologische Überreste, z.B. spärliche Reste des antiken Hafens, die Agora und ein Amphitheater. Billige Übernachtung im Hotel *Acropolis* oder *Astir*, Rucksackler schlafen nicht selten an der Uferpromenade und im Park am Neuen Hafen.
Eine Küstenstraße umrundet die gesamte Insel. Richtung Osten bei **Chrisi Ammoudia** herrlicher Sandstrand und Campingplatz *Golden Beach*. Beliebter Treff von Rucksacktouristen ist **Aliki** im Süden. Touristenzentrum ist **Limenaria** im Südwesten der Insel und das benachbarte **Potos** (*Camping Pefkari* zwischen Potos und Pefkari). Der schönste Strand südöstlich von Potos.

Weiter mit dem Zug Richtung Alexandropoli

Alexandropoli: 40 km vor der türkischen Grenze, in der Umgebung weite Sandstrände, fast nur Griechen am Strand. Die Gegend ist bekannt für ihre vielen Störche. Flachland mit Getreidefeldern, teilweise Sumpfland.

Die Stadt selbst ist ein wichtiger Verkehrsknotenpunkt (Fernverkehr in die Türkei) und bietet nichts Besonderes. Touristen sind hier meist auf der Durchreise in die Türkei oder hinüber auf die Insel Samothraki (Fähren ca. 2 x tägl.).

ÜBERNACHTEN: guter **Campingplatz** mit 500 m Strand und sauberen Sanitäranlagen am westl. Ortsausgang (Juli/August kleines Weinfest auf dem Gelände). Am reichlich ungemütlichen **Bahnhofsvorplatz** schlafen oft Rucksackler, preiswertes **Hotel Aktaion** direkt gegenüber.

Weiter in die Türkei

Seit Mai 89 ist die gesamte Türkei dem Interrail-Verbund angeschlossen. Die Fahrt lohnt sich - Istanbul ist eine der aufregendsten und farbigsten Städte auf eurem Trip! Noch dazu eine der billigsten. Alle näheren Infos auf S. 262! Aber Achtung - die Anreise ab Thessaloniki ist eine streßige Angelegenheit - langsame Züge, Verspätungen und bis zu 3 std. Aufenthalt an der Grenze (schleppende Paßkontrolle). Dauer von Thessaloniki bis zur türkischen Grenze allein 14 std.!

Thessaloniki - Edessa - Florina A-Kb. 23602

Interessante Alternative. Fahrt zum Baden nicht ans Meer, sondern nehmt den Zug von Thessaloniki über Edessa nach Florina oder Kozani (mindestens 3 x tägl.). Anfangs Flachland, dann schöne Fahrt durch die Berge ins fruchtbare Hochland Thessaliens, viele Obstplantagen (Pfirsiche, Äpfel).

Edessa: eine der schönsten Ortschaften in Nordgriechenland, üppig grün, viele Wasserläufe und toller Wasserfall (allerdings in Betonbett) etwas außerhalb. Die Wasserkanäle wurden angeblich nach dem Zweiten Weltkrieg von den Briten als eine Art Wiedergutmachung angelegt.

ÜBERNACHTEN: preiswertes Hotel ist das **Olympion**.

Vegoritis-See: kurz nach Edessa kommt ihr an diesen wenig bekannten See. Steigt in *Arnissa* aus - die paar Urlauber, die hier am Ufer zelten, kennt ihr bald! Die ganze Region ist vom Massentourismus fast unberührt, ideal zum Ausspannen, gute Bademöglichkeiten (mal kein Salzwasser).

ÜBERNACHTEN: In **Arnissa** einige kleine Hotels. Ansonsten am Seeufer unter den dichten Bäumen, ca. 500 m vom Ort entfernt. Dort auch Dusche und Wasserhahn, überdachter Pavillon zum Übernachten ohne Zelt, keine Sanitäranlagen.

ESSEN: mal in einer der Tavernen den Fisch aus dem See kosten. Hat kaum Gräten und soll nur hier vorkommen.

Von Arnissa weiter mit dem Zug nach **Kozani** (3 x tägl.). Von dort gute Busverbindungen (ca. 12 DM) nach Kalambaka mit den berühmten *Meteora-Klöstern* (unbedingt empfehlenswert: bis zu 300 m hohe Felstürme, auf den Spitzen die Klöster! Infos S. 231).
Oder nach **Florina** (letzte Stadt vor der griech./jugosl. Grenze, beeindruckende Lage über einer hohen Schlucht) und mit dem altersschwachen Zug, der meistens nur aus einem Waggon besteht, die eingleisige Strecke bis zur Grenze bei **Kremenitsa** (viele Tunnels, Verspätungen sind üblich). Dort umsteigen in den jugoslawischen Anschlußzug und im Schneckentempo weiter nach Bitola und Skopje (siehe auch unter Jugoslawien).

Thessaloniki - Athen A-Kb. 23600

Hauptstrecke der griechischen Eisenbahnen. Führt bis südlich vom Olymp-Massiv direkt am Meer entlang. Unterwegs etliche Möglichkeiten auszusteigen, viele Campingplätze, aber extrem voll. Bummelzüge halten in beinahe jedem Bahnhof, Expreßzüge oft nur in Larissa und Katerini (von dort dann einen Lokalzug nehmen).

Methoni, nördlich von Katerini, ist eins der lohnendsten Örtchen, sowohl südlich als auch nördlich gibts einen Zeltplatz.
Auf Höhe der Ortschaften **Gritsa** und **Litochoron** reiht sich am Meer ein Campingplatz an den anderen.

Platamonas ist die touristische Hochburg am Küstenstrich südlich des Olymp. Es gibt Sand- und Kiesstrand, zwei gute Zeltplätze sind Camping Platamon und Camping Kalamaki (der nächste Platz liegt 1 km vom Bhf. quer durch den Ort, an der Hauptstraße). 5 km nördlich eine markante Burgruine aus der Frankenzeit.
Kurz darauf zweigt die Bahnlinie von der Küste ab, durchquert das malerische *Tembi-Tal* und erreicht die große thessalische Tiefebene mit der Bezirkshauptstadt Larissa.

Olymp

Fast unmittelbar neben der Bahnlinie. Der majestätische Sitz der Götter ist meist in dichte Wolken gehüllt. Seit grauer Vorzeit verbergen sie das Treiben der Götter vor den Augen der Sterblichen.

Das höchste Massiv Griechenlands ist für Bergwanderer unbedingt lohnend, es gibt mehrere Gipfel, die erklettert werden können. Festes Schuhwerk, Regenzeug und warme Kleidung sind aber auch im Sommer unerläßlich!
Ausgangspunkt ist **Litochoron** - inzwischen ziemlich touristisches Dorf, 6 km von der Eisenbahnlinie. Die Station Litochoron liegt ca. 15 Fahrminuten südlich von Katerini. Unbedingt fragen, ob der Zug hier hält (in der Saison mindestens stündlich Busse nach Litochoron). Ansonsten in Katerini aussteigen und mit dem ebenfalls stündlichen Bus nach Litochoron.

INFORMATION: beim **Bergsteiger-Verein** (SEO) am zentralen Dorfplatz, neben dem kleinen Busbahnhof (Kentriki Platia).

ÜBERNACHTEN: saubere **Jugendherberge** mit neuen sanitären Anlagen, 500 m vom Hauptplatz. Die 24 Betten sind allerdings oft ausgebucht, eventuell vorher anrufen, man spricht gut Englisch. Adresse: Cosma Doumbioti Str. 2, Tel. 0352/81311.
In den Bergen gibt es mehrere Hütten, die im Sommer geöffnet sind.

Für den Aufstieg auf einen der Olymp-Gipfel mindestens zwei Tage einplanen. Lohnend ist aber auch ein Teilaufstieg bis **Prionia** oder **S. Agapitos**. Bevor ihr die Tour macht, laßt euch in Litochoron beraten (Info-Büro neben Busbahnhof). Außerdem müßt ihr euch erkundigen, ob die Hütten frei sind - falls ihr einen Schlafplatz reservieren könnt, müßt ihr keinen Schlafsack oder Zelt hinaufschleppen.

Larissa - Volos A-Kb. 23600

Stichbahn vom Zentrum der Thessalischen Ebene nach Volos. Verbindungen ca. 12 x tägl., Fahrzeit ca. 1 std. Umsteigen nach Volos ebenso in Paleofarssalos möglich (Direktverbindung Kalambaka-Volos auf Schmalspur ca. 6 x tägl., siehe weiter unten).

Volos: wenig attraktive, lärmende Hafenstadt mit Straßen im Schachbrettmuster. Sehenswert ist lediglich *Ano Volos*, das sich über Volos 800 m die Hänge hinaufzieht. Billige Hotels um den Hafen, z.B. das Iaton. Bademöglichkeiten in den Orten südlich der Stadt am *Golf von Pagassitikos* (Camping in Nea Agialos).
Volos ist zentraler Ausgangspunkt für Bade- oder Wanderausflug auf die Halbinsel **Pilion** - viel Wald, gute Badebuchten und optimaler Rundblick von den kleinen Bergdörfern, z.B. von **Makrinitza** mit seinen riesigen Platanen. Häufige Busse in alle Pilion-Dörfer fahren ab Terminal im Westteil von Volos/ Hafen.
Insgesamt ist die meerzugewandte Ostseite des Pilion reizvoller als der Westen, **Chorefto** ist ein ausgesprochen beliebtes Ziel mit langem Sandstrand und einem Campingplatz direkt am Meer. Viele weitere Badebuchten in der näheren Umgebung! Von **Platania** im äußersten Süden fährt jeden Morgen ein Ausflugsdampfer hinüber nach Skiathos - interessante Variante zur gängigen Route ab Volos.

NÖRDLICHE SPORADEN

Liegen dem Pilion-Gebirge westlich vorgelagert. Im Gegensatz zu den Inseln der südlichen Ägäis sind sie dicht bewaldet und fruchtbar.

Schöne Badebuchten und Strände findet ihr überall. Vom Trubel auf Skiathos bis zum abgelegenen Alonissos habt ihr alle Möglichkeiten!

VERBINDUNGEN: mehrmals tägl. Fähren von Volos nach Skiathos, an Deck ca. 16 DM. Die gelben Tragflügelboote sind deutlich teurer.

Skiathos

Vor allem Pinien und Olivenwälder, ca. 60 Strände mit meistens sehr feinem Sand, u.a. der Strand von Koukounaries, der als einer der schönsten in Griechenland gilt!
Skiathos-Ort liegt mit seinen engen Gassen und weißen Häusern malerisch am Hang, ist aber während der Saison restlos überlaufen und voll auf Tourismus eingestellt. Reges Nachtleben mit diversen Diskotheken!

VERBINDUNGEN: alle 30 min. fährt ein Bus auf der einzigen Straße Richtung Westen zum Koukounaries-Strand. Außerdem könnt ihr natürlich Mofas und Mopeds mieten.

ÜBERNACHTEN: relativ preiswert ist z.B. Hotel **Avra**, außerdem bietet fast jedes Haus Privatzimmer an, ca. 20-25 DM für's DZ. Nächster Campingplatz 4 km östl. vom Ort, besser ist aber **Camping Kolios** 8 km westl. vom Ort (mit Inselbus bequem erreichbar). Ansonsten schlafen viele Rucksackler auf der bewaldeten Landzunge Bourtzi zwischen altem und neuem Hafen. Überhaupt viele Möglichkeiten, im Freien zu schlafen.

ESSEN: **Stamatsis** am alten Fischerhafen (sehr groß), besten Ruf hat **Elias** (Nähe National Bank of Greece), sehr beliebt ist **Stavros** in der Evangelistria Str., last but not least **Carnagio** Richtung Flugplatz, man sitzt unter Bäumen am Meer (Fisch testen).

NACHTLEBEN: Edel-Disko **Bourtzi** auf der Landzunge zwischen den beiden Hafenbecken, **Captain Nemo** am Weg zum Flughafen, viel junges Publikum, **Charlie O** etwas außerhalb Richtung Nordosten - große Tanzfläche, privater Pendelbus ab Hafen.

Inseltrips: die ganze Südküste entlang zieht sich eine asphaltierte Straße. Überall wird gebadet, abends laufen Strandparties.
Mit Bus zum Koukounaries-Strand, ca. 16 km ab Skiathos-Ort. Auf der Hälfte vom Weg die Halbinsel *Kanapitsa*, dort die gleichnamige Taverne versuchen, die bekannteste der Insel! Der *Koukounaries-Strand* ist etwa 600-700 m lang, glasklares Wasser, Leute dicht an dicht, hinter dem Strand ein schattiger Pinienwald. Von hier aus sind zu Fuß mehrere Strände an der Westküste zu erreichen: ca. 15 min. zum *Krassa-Strand*. Etwas weiter *Agia Elenis*, hier viel FKK.
Auf der Nordseite weitere schöne Badebuchten (z.T. menschenleer), nachmittags tolle Brandung! Am *Megali Aselinos-Strand* der beste Campingplatz der Insel (groß, unter Bäumen, mehrmals tägl. Campingbus ab Hafen). In der Taverne am Strand abends Disko. Leider isolierte Lage - andere Strände sind nur schwer zu erreichen.
Nördlich von Skiathos-Ort der *Lalaria-Strand* (nur mit Boot ab Hafen, ca. 10 DM hin/zurück) - der berühmte Postkartenstrand von Skiathos mit großem Felstor im Meer!

Skopelos

Viel weniger Touristen als auf Skiathos. Ziemlich bergig, Pinienwälder, einige schöne Badestrände. Sehr schöner Hauptort mit roten Ziegeldächern, kalkweißen Häusern, Treppen und Torbögen. Über 300 Kirchlein und Kapellchen sind auf der Insel verstreut!

VERBINDUNGEN: mehrmals tägl. Verbindung mit Skiathos. Es gibt zwei Hafenorte - **Loutraki** an der Westküste und **Skopelos-Ort** im Osten. Der Preis ab Skiathos ist derselbe (ca. 10 DM).

ÜBERNACHTEN: viele Privatzimmer in **Skopelos-Ort**, ca. 20 - 25 DM das Doppel, preiswertes Hotel ist **Stella**. Es gibt keinen Campingplatz, aber freies Zelten ist in den Buchten von **Stafilos**, **Elios** und **Milia/Hovola** erlaubt. Rucksackler schlafen oft in der Hafenbucht von Skopelos-Ort.

Inseltrips: die Strände liegen alle auf der anderen Seite der Insel und sind nur mit dem Bus zu erreichen (beinahe stündlich ab Skopelos).
Stafilos liegt ca. 5 km von Skopelos, sehr hübsch, aber überlaufen, Tavernen und Privatzimmer oberhalb vom Hang. In der benachbarten *Velanio-Bucht* wird nackt gebadet.
Limnonari - kurz nach Agnotas geht die Abzweigung hinunter, viel Grün

hinterm Strand, Taverne, ruhig. Busse nur ab Agnotas.
Milia/Hovola-Beach - viel junges Publikum, Zelten am Meer erlaubt.
Zwei nette Orte im Norden sind **Loutraki** (Fährverbindung nach Skiathos) und **Glossa** in den Bergen darüber.

Alonissos: die einsamste der drei. Außer im Hafenort **Patitiri** kaum etwas los. Viele schöne Badebuchten und viel lohnendes, wildes Inland.
Zu den Stränden kommt man nur mit Kaikis (ca. 5-10 DM retour, je nach Entfernung), ein Bus fährt tägl. hinauf in den ehemaligen Hauptort **Alonissos** (schön zum Spazierengehen). Östlich von Patitiri liegen die meisten Buchten, teilweise felsig, gute Tauchmöglichkeiten. An der Bucht von *Steni Vala* ein kleiner Campingplatz, Zimmervermittlung im Hafen von Patitiri.

VERBINDUNGEN: ca. 5 x tägl. ab **Volos**, ca. 25 DM; ab **Skopelos** o. **Skiathos** ca. 10 DM.

Paleofarssalos - Kalambaka A-Kb. 23603

Abstecher von der Hauptlinie Thessaloniki-Athen zu den bizarren Meteora-Klöstern am Rand der Thessalischen Tiefebene. Umsteigestation ist wenig südlich von Larissa **Paleofarssalos**, ein einsamer Bahnhof unter hohen Bäumen mitten in der Thessalischen Tiefebene.
Ein wild schaukelndes Schmalspurbähnchen, das an jeder Station hält, fährt mehrmals tägl. nach **Kalambaka**, dem Ausgangspunkt für einen Besuch der Klöster. Fahrtdauer ca. 3 1/2 std. In der anderen Richtung gehts 6 x tägl. in die Hafenstadt Volos (Fähren nach Skiathos, Alonissos).

Kalambaka: lebhaftes kleines Landstädtchen, fast unmittelbar am Fuß der berühmten Meteora-Felsen. Viele Hotels und Tavernen an den zwei großen Plätzen im Zentrum. Zu den Klöstern noch 8 km per Bus (Abfahrt Nähe Bhf.).

VERBINDUNGEN: **Bahnhof** im östlichen Teil der Stadt. Mehrmals tägl. Züge zur Hauptlinie Thessaloniki-Athen, dort Anschluß nach Athen, Thessaloniki, Volos.

ÜBERNACHTEN: 100 m vom Bhf. das preiswerte Hotel **Astoria** (sauber, nette Vermieter, auch 3-Bettzimmer, ca. 37 DM fürs DZ, Tel. 0432/22213), ansonsten Hotel **Kastraki** (Tel. 22286) im gleichnamigen Dorf am Weg zu den Klöstern.
Mehrere Campingplätze - **Camping International** 2 km außerhalb, an der Straße nach Trikala. Schöner Blick auf die Meteora-Felsen, Schatten nur durch Mattendächer.
Camping Vrachos Kastraki - ca. 1 km außerhalb Richtung Meteora, beim Dorf Kastraki (Bus hält vorm Eingang). Freundlicher Service, tolle Lage unter Bäumen am Fuß der Meteora-Felsen, Swimmingpool. Bester Platz der Region. Ein Stück weiter noch **Camping Cave Boufidis** (Spilia) - ebenfalls schöne Lage, aber wenig Schatten.

LESERTIPS: "das Hotel **Epirotikon** in Kalambaka ist sehr zu empfehlen. Netter Besitzer und sehr billig (Kai Stietenroth, Goslar) . . . "am Camping Vrachos Kastraki hängen Auskünfte über Zugverbindungen aus, außerdem eine **Karte** mit allen Wanderwegen im Meteora-Gebiet" (Roland Marske/Petra Macpolowski, Berlin) . . . "in der Nähe der alten byzantinischen Kirche von Kalambaka beginnt ein **Wanderweg** zum Kloster Agias Trias, der mit farbigen Punkten markiert ist" (Michael Fischer, Bergheim-Nda.).

Meteora-Klöster

Gewaltige Felsszenerie, wuchtige Steinklötze ragen in den Himmel (über 300 m hoch)! Umso beeindruckender, weil sie direkt am Ausgang der thessalischen Ebene stehen.

Entstanden sind diese gigantischen Spitzen vor zig-Millionen Jahren. Damals war das Ganze hier noch ein riesiger Felsblock, überspült von einem See. Als der zurückging, wusch er den Felsen so gründlich aus, daß nur diese Felstrümmer übrig blieben. Seit dem 12. Jh. wurden hier 24 Klöster gebaut - Meteora, "die zwischen Himmel und Erde Schwebenden". Vier sind noch bewohnt. Früher hievten sich die Mönche mit Körben hinauf! Besichtigung möglich, aber nur in gesitteter Kleidung, Männer lange Hosen, Frauen Röcke. Keine Schultern zeigen. Größtes Kloster am Ende der Straße ist das **Meteoron** (siehe unten).

Besichtigung: häufig Busse ab Kalambaka bzw. Kastraki. Möglichst früh kommen, spätestens ab 11 h herrscht der volle Rummel (ca. 9-13, 15-17 h,

jeweils an einem Wochentag geschl., von Kloster zu Kloster verschieden, ca. 1,50 DM).
Erstes Kloster an dem der Bus hält, ist das unbewohnte *Agios Nikolaos* (wenig Besucher, deshalb reizvoll, tägl. geöffnet). Nächster Stop ist das wohl berühmteste Kloster *Metamorphosis* (großes Meteoron). Viel Rummel und meist lange Schlangen vor der Pforte. In der Eingangshalle Seilwinde und Aufzugskorb, in dem früher die Mönche nach oben gehievt wurden. Interessante, z.T. makabre Wandmalereien von Märtyrerqualen, außerdem ein Museum mit wertvollen Ikonen und Manuskripten (Di geschl.). Nur 200 m entfernt das Kloster *Varlaam* mit schönen Fresken in der Kirche (Fr geschl.).
Die beiden Klöster Agios Stefanos und Agias Trias liegen ein ganzes Stück weiter östlich die Straße entlang (Busverbindung). *Agios Stefanos* stammt aus dem 12. Jh. und ist das älteste Meteora-Kloster. Es wird von Nonnen bewohnt und beherbergt ein kleines Museum (Mo geschl.). *Agias Trias* hat die wohl großartigste Lage auf einem fast 600 m hohen Felsen. Man geht gut 20 min. hinauf - oben sagenhafter Blick! Tägl. geöffnet.

Tip - von den Meteoraklöstern per Bus über Ioannina weiter zur Westküste nach **Igoumenitsa** (Details siehe Epirus). Dort gute Ausgangsbasis für Trips auf die Ionischen Inseln und hinüber nach Italien.

Zurück zur Hauptlinie nach Athen

Südlich der Thessalischen Tiefebene beginnt ein bergiges Streckenstück mit vielen Tunnels.
Ab **Levadia** wird allmählich der Einfluß Athens spürbar. Hier aussteigen, wenn ihr Delphi anschauen wollt! An der Hauptstraße von Levadia zahlreiche kleine Tavernen unter Platanen. Preiswertes Hotel ist Midia.

Delphi

Nicht weit von der Bahnlinie nach Athen - einsam gelegen, inmitten 'wildromantischer' Landschaft mit Zypressen und Pinienwäldern - großartiger Blick auf das umliegende Tal! An die 50 Sight-Seeing-Busse aus Athen pro Tag verderben die Idylle aber gründlich.

Delphi war einst das wichtigste kulturelle Zentrum im alten Griechenland. Jeder, der etwas auf sich hielt, befragte das Orakel über die Zukunft. Alle griech. Städte hatten hier Niederlassungen und Schatzhäuser, um den Gott, der durch die Seherin Pythia sprach, gnädig zu stimmen. Man überbot sich gegenseitig, häufte große Reichtümer vor dem Heiligtum auf, um gute Sprüche zu erhalten. Das Orakel hatte großen Einfluß auf die Politik Griechenlands. Wenn das Orakel z.B. im Kriegsfall eine Niederlage voraussah, wurden die Soldaten mutlos und verloren erst recht. Die Priester des Heiligtums waren die Drahtzieher.

VERBINDUNGEN: mit Zug bis Station **Levadia** (außerhalb vom Ort, Akropolis und Hellas Express halten!). Direkt vom Bhf. fährt 3-4 x tägl. ein Bus für ca. 6 DM nach Delphi (ca. 30 km). Allerdings wartet der Fahrer meist mehrere Züge ab, bis der Bus einigermaßen voll ist. Ansonsten mit Bus in die Stadt fahren und sich dort nach der Haltestelle für Delphi-Busse durchfragen. Etwa 3-4 x tägl. fährt ein Bus. Vorsicht, Taxifahrer behaupten gerne, es fahre heute kein Bus mehr und bieten die Fahrt für ca. 30 DM einfach an!
Ab **Athen** (Liossion Str. 260) fahren tägl. mehrere Überlandbusse.

ÜBERNACHTEN: hohes Preisniveau, billigste Unterkünfte sind Pension **Odysseus** und **Maniatis**, in einer Seitengasse unterhalb der Hauptstr.
Jugendherberge im Dorf Delphi, an der Durchgangsstr. nach Itea, Apollonos Str. 31, Tel. 0265/82268. 4-, 6- und 12-Bettzimmer, gute Duschen, sauber, Super-Dachterrasse mit Blick, Restaurant, freundliches Personal. Etwa 7 DM pro Nacht.
Sehr lohnend auch die Campingplätze Richtung Itea, allerdings alle ein Stück außerhalb. **Camping Apollon** 1 km außerhalb (Bushaltestelle nach Itea vor der Tür), toller Blick vom kleinen Platz auf den Golf von Korinth und die umliegenden Bergzüge. Weitere Plätze sind **Delphi** (3 km) und **Chrissa** etwa 6 km von Delphi-Dorf, ebenfalls Super-Blick.

Sehenswertes: vom großen *Apollontempel* im Heiligen Bezirk stehen nur noch die Grundmauern und ein paar wenige Säulen. Hier saß die Pythia neben einer Felsspalte, in der man Lorbeerblätter verbrannte. In Rauch gehüllt, verkündete sie ihre meist doppeldeutigen Sprüche.
Etwas unterhalb am 'Heiligen Pfad' liegen die *Schatzhäuser* der griechischen Stadtstaaten, u.a. das der Athener, wieder zusammengesetzt aus den ursprünglichen Steinen. Oberhalb vom Tempel das *Theater*, mit herrlichem Blick über die ganze Anlage. Ein Weg führt schließlich nach oben zum *Stadion*, wo die sog. Pythischen Spiele stattfanden. Man sieht noch die Startrillen der Läufer! Nicht alle Touristen steigen hier herauf, deshalb ist es oft wunderbar ruhig.
Weiter vorne an der Straße Richtung Levadia liegt die heilige *Kastalische Quelle*. Aus ihr trank die Pythia und die Tempeldiener mußten sich hier waschen. Unterhalb davon ein kleiner Rundbau, die *Tholos*. Drei Säulen stehen noch, der Zweck der Anlage ist unbekannt.
Das *Museum* von Delphi gehört zu den besten in Griechenland. Es liegt wenige hundert Meter östlich vom Apollon-Heiligtum und zeigt ausschließlich Funde aus Delphi selber (Mo-Sa 8.30-19, So 10-14.30 h, Di geschl., ca. 4 DM, Stud./Schüler die Hälfte).

Itea: von Delphi in schönen Serpentinenkurven durch die größten Olivenhaine Griechenlands hinunter. Hafenstädtchen mit Industrie, aber nicht unangenehm. Wasser direkt beim Ort meiden, 2 Campingplätze östlich vom Ort Richtung Desfina.
Für Peloponnestrips - Fähren über den Golf von Korinth fahren 3 x tägl. ab **Agios Nikolaos**, ca. 50 km Richtung Naupaktos, hinüber nach **Ägion**! Dort Anschluß an die schmalspurige Peloponnes-Bahn.

ATHEN

Faszinierende Millionenmetropole, die kilometerweit ins attische Hügelland wuchert. Längst sind alle Grenzen gesprengt. Nicht mehr lange, und jeder zweite Grieche wohnt hier!

Athen ist wahrscheinlich die lauteste und mit hunderten Tonnen Schwefeldioxid jährlich auch eine der Städte der Welt, in der man sich das Atmen abgewöhnen sollte. In den hohen Straßenschluchten liefern sich unzählige Blechkästen tagaus, tagein hitzige Straßenschlachten!
Auf einem Hügel mitten in diesem heißen und hektischen Großstadtkessel - die *Akropolis*. Seit Jahren ist sie ein einziges Gerüst. Autoabgase, Industriedämpfe, Düsentriebwerke der Luftjets und nicht zuletzt die in Heeresstärke über sie her trampelnden Touristen haben ihren Lebensabend empfindlich gestört.
Im Zentrum dominieren stereotype Betonblocks neben bröckelnden Präsentierfassaden aus dem 19. Jh. Es herrscht eine aufregende Mischung aus orientalischem Basar und weltstädtischer Eleganz. Während sich um den *Syntagma-Platz*, z.B. in der Ermou Str. und Seitengassen, sündhaft teure Schmuckläden und Boutiquen drängen, erlebt man in den Straßenzügen um den großen *Markt* auf der Athinas-Straße noch griechisches Temperament und Händlergeist in Reinkultur. Obstverkäufer und Metzger überschreien sich gegenseitig, dutzende "Kleinunternehmer" breiten ihre Waren direkt auf dem Gehsteig aus.
Das berühmte *Plaka-Viertel*, die Altstadt von Athen direkt unterhalb der Akropolis, bietet einen Ruhepunkt, zumindest vor Autolärm und Gestank. Trotz Touristenrummel und ausgeprägtem Kommerz findet man noch viel Atmosphäre. Malerische Treppenwege, Tavernen unter Weinranken, der riesige Flohmarkt, Straßenmusiker, Kontakte, "Streetlife" . . .

Wer weiter will - Athen ist Drehscheibe des gesamten Inlandsverkehrs. Der Riesenhafen *Piräus* ist mit Athen nahtlos verbunden und Sprungbrett zu fast allen Inseln.

VERBINDUNGEN / BAHNHOF: schon im Zug gehts los - die Anwerber der Athener Billigunterkünfte (Hostels) steigen einige Stationen vor Athen zu und überschütten euch mit Prospekten (siehe auch "Übernachten"). Ankunft im winzigen **Larissa-Bhf.** - hat gerade drei Gleise! Gepäckaufbewahrung (leider oft voll), Café, Touristen-Polizei nebenan. Von diesem Bhf. gehen die Züge Richtung Thessaloniki und ins Ausland ab.
Am benachbarten **Peloponnes-Bhf**. (den Laufsteg über die Gleise benutzen) fahren, wie der Name schon vermuten läßt, die Züge vom und in Richtung Peloponnes (etwa 12 x tägl.), aber auch hinunter nach Piräus zu den Inselfähren (10 x tägl.).

VOM BAHNHOF INS ZENTRUM: mit dem orangen **Oberleitungsbus 1** oder mit den neuen doppelstöckigen **Expreßbussen B** bzw. **B̸** (siehe unten). Haltestelle schräg rechts vor dem Larissa-Bhf., wenn ihr rauskommt. Falls ihr eine Unterkunft im Zentrum sucht, steigt am Sintagmaplatz aus. Abgesehen vom Bahnhofsviertel liegen in dieser Gegend einschließlich Plaka die meisten Billigunterkünfte.
Oder mit der **Metro** (nächste Station 7 min. geradeaus vom Bhf. am Viktoriaplatz) bis Station Omonia oder Monastiraki (zentral am Beginn der Plaka).

> INFORMATION: links neben dem Larissa-Bhf. ein Büro der **Touristen-Polizei** - außer diversem Info-Material gibts kostenlos hervorragende Stadtpläne mit eingezeichneten Buslinien, unbedingt geben lassen (7-23 h tägl.).
> Hauptstelle in der Singrou Str. 7, Tel. 171 (nur in Notfällen, Tag und Nacht besetzt) ansonsten 9239224.
>
> TOURIST-INFORMATION (E.O.T.) in der **Nationalbank** am Syntagma Square, Karageorgis Servias 2 (in der Hauptsaison Mo-Sa 8-20 h, sonst verkürzte Zeiten bzw. Siestapause). Auch hier kostenlose Stadtpläne, außerdem reichhaltiges Prospektmaterial, Schiffs- und Busfahrpläne, Zimmervermittlung (nur Hotels Kat. A-C). Tel. 3222545.

Unterwegs in Athen: im Zentrum kann man das meiste zu Fuß machen. Ansonsten gibt es eine *Metrolinie*, verwirrend viele orange und blaue *Stadtbusse*, seit 1988 auch sehr bequeme, aber teure *Expreßbusse* (1,50 DM pro Fahrt).

METRO: Athen besitzt nur eine einzige Metrolinie vom Nobelvorort **Kifissia** durchs Zentrum von Athen zum Hafen **Piräus**. Von 5-24 h fährt etwa alle 10 min. ein Zug, Kostenpunkt ca. 30 Drs. Tickets aufheben - sie werden nach der Ankunft an der Sperre eingesammelt! Von 5-8 h morgens ist die Benutzung der Metro kostenlos!
Wichtige Stationen: **Piräus** (direkt am Hafen) - **Monastiraki** (am Beginn der Plaka) - **Omonia** (Geschäftszentrum) - **Viktoria-Platz** (Nähe Bhf.) - **Kifissia**.

EXPRESSBUSSE: neue **Doppelstockbusse** (A, A̸, B und B̸) mit Gepäckablage pendeln alle 20 min. zwischen den zwei Überlandbusbahnhöfen, dem Bhf., dem Zentrum und den beiden Flughäfen Athens.

STADTBUSSE: es gibt **orange Oberleitungsbusse**, die nur im Zentrum verkehren, außerdem normale **blaue Busse**, die auch in die Außenviertel und Vororte fahren. Für die O-Busse Haltestellen mit gelben Schildern und Fahrstreckenübersicht, für die blauen die blauen Schilder. Vorne einsteigen und 30 Drs. in eine Box werfen (Geld muß man passend haben, außer ein Schaffner ist im Bus). Beim Umsteigen muß jeweils neu gelöst werden. Da es sehr viele Linien gibt, ist die Fahrerei nicht ganz einfach (durchfragen). Auf dem Gratis-Stadtplan sind die Linien eingezeichnet.
Haupthaltestellen im Zentrum: **Omonia**, **Syntagma** und **Akadimias** (Universität, hinter dem Uni-Gebäude die zentrale Busstation für die blauen Busse).

TAXIS: halten auf Handzeichen und sind gegenüber unseren Taxis wesentlich billiger. Aber Vorsicht - oft werden Phantasiepreise verlangt. Bei längeren Strecken aus der Stadt raus vor Fahrtbeginn Festpreis aushandeln (mit Taxameter fährt man zwar meist billiger, riskiert aber Umwege). Im Stadtgebiet muß der Zähler immer auf Tarif 1 stehen (Tarif 2 nur außerhalb der Stadt). Taxistände gibts am Omonia, Monastiraki, Syntagma. Ansonsten, Taxis einfach auf der Straße anhalten, ist allerdings schwierig, weil sie meistens voll sind. Auch besetzte Taxis nehmen einen mit, wenn noch Platz ist und man in dieselbe Richtung will wie der Fahrgast. Jede Partei zahlt dann unabhängig voneinander den Preis für die Strecke (beim Zusteigen Zählerstand merken). Vom Bhf. zum Syntagma-Platz solltet ihr höchstens 3 DM zahlen.

Raus aus Athen: außer den zwei Bahnstrecken nach Nordgriechenland und auf den Peloponnes gibt es zahlreiche Buslinien.

REGIONALBUSSE: Busse zu Zielen in der Nähe Athens starten an der **Mavromateon Str.** (vorm Areos Park, Nähe Nationalmuseum) - ca. 1-2 x stündl. zu den Hafenstädten Lavrion (Fähren zur Insel Kea) und Rafina (Fähren zu den Insel Andros, Tinos, Mykonos u.a.), auch häufig nach Kap Sounion und den Badeorten an der attischen Küste.

FERNBUSSE: die meisten fahren in Athen von 2 Busbahnhöfen außerhalb vom Zentrum ab. A) **Kifissou Bus Station**, Kifissou Str. 100. Vom Zentrum zu erreichen mit Expreßbus A oder A ab Sintagma oder Omoniaplatz (oder Bus 051 ab Ecke Vilara/Menandrou Str., Nähe Omoniaplatz).

B) **Liossion Bus Station,** Liossion Str. 260. Vom Sintagma oder Omoniaplatz zu erreichen mit Expreßbus B oder B (oder Bus 024 ab Sintagma/Nationalgarten). Erkundigt euch bei Bedarf bei der Informationsstelle am Sintagmaplatz, vom welchem Bhf. euer Bus abfährt.

Übernachten: um den Bahnhof und im Zentrum von Athen Dutzende von *Hostels* (oder Guest Houses) - preisgünstig, aber keinerlei Komfort oder Service. Es gibt Mehrbettzimmer, die man mit anderen Travellern teilt, außerdem DZ, manchmal Einzel, bei einigen kann man billig auf dem Dach schlafen (nur in der Hochsaison, siehe Lesertip weiter unten). Oft sind Bar und Aufenthaltsraum im Haus, gelegentlich wird Frühstück geboten, fast immer kostenlose Gepäckaufbewahrung für Gäste (auch längerfristig). Preise pro Bett in der Hauptsaison: im 5-Bettzimmer ca. 8 DM, 4-Bettzimmer 9 DM, 3-Bettzimmer 11 DM, 2-Bettzimmer 13 DM, Einzel 20 DM, auf dem Dach ca. 6 DM.

Im Sommer sind die meisten Hostels überfüllt - die Anwerber, die an strategisch günstigen Punkten lauern, lotsen euch auch in Unterkünfte, die *schon längst belegt* sind! Bei längerem Weg besser vorher kurz anrufen, ob noch Platz ist.

Die meisten dieser Unterkünfte liegen in der Nähe vom Bahnhof, andere um Plaka und Sintagmaplatz. Bei der Zimmersuche könnt ihr euer Gepäck im Bahnhof oder bei Pacific Travel Ltd., Nikis-Str.26 (ein Block vom Sintagmaplatz) lassen - kleine Gebühr.

NÄHE BAHNHOF: Im Umkreis von ca. 10 min zu Fuß findet ihr diverse Billigunterkünfte.

Diethnes, wenn ihr aus dem Larissa-Bhf. kommt, ca. 200 m links. Beste Unterkunft in der Bahnhofsgegend, historisches Haus, auch sauber, freundliches Personal. Von 5-Bettzimmer bis Einzel ist alles zu haben, im Sommer kann man am Dach schlafen. Peoniou Str. 52, Tel. 8832878.

Olympos, gleich schräg rechts gegenüber vom Larissa-Bhf., nur ca. 2 min. zu Fuß, Deligianni Str. 38, aber ziemlich mufflige Angelegenheit. 4-Bettzimmer bis Einzel, kein Dach. Tel. 5223433. Nebenan **Hostel San Remo**.

Joy's Hotel, Ecke Acharnon Str. 74/Ferron Str. 38, Tel. 8231012. Im Sommer oft voll, relativ sauber, Zimmer durchschnittlich. Die Straße gegenüber vom Bhf. knapp 10 min. geradeaus - Filadelphias, Ioulianou Str. Von 4-Bettzimmer bis Einzel, auch Dachplätze.

Athens Connection, Ioulianou Str. 20/Patission Str., Tel. 8828334. Sehr bekannt, Zimmer soweit ok., Sanitäres mäßig, Personal ebenfalls. Mehrbettzimmer, Einzel und Dachterrasse zum Sonnen, Aufenthaltsraum und Bar mit Musik (auch Imbißmöglichkeit). Liegt etwas versteckt neben dem Eingang zum Areos Park, vom Bhf. die Filadelfias/Ioulianou Str. entlang bis zur Patission Str.

Jokastis House, erschien uns recht brauchbar, weil nicht immer überfüllt und freundliches Personal. Hohe geräumige Zimmer, sauber, im Sommer auch Plätze auf dem Dach. Aristotelous Str. 65, Tel. 8226647.

NÄHE PLAKA: günstige Lage im Zentrum des Geschehens. Mit Bus 1 ab Larissa-Bhf. bis Sintagma-Platz, von dort 5 min. zu Fuß.

Hotel Tempi, Eolou Str. 29, Seitengasse der Ermou Str. Ordentlicher Standard, genießt seit langem guten Ruf. Tel. 3213175.

Festos Guest House, Filellinon Str. 18. Geräumig, Bar im 1. Stock, nach vorne raus ziemlich laut. Tel. 3232455.

Georges Guest House, Nikis Str. 46. Über 150 Jahre altes Haus, ebenfalls viel Platz, leidlich sauber. Tel. 3226474.

Thisseos Inn, Thisseos Str. 10, Seitengasse der Perikleous Str zwischen Syntagma und Monastiraki. Keine Einzel, sonst aber empfehlenswert. Tel. 3245960.

Student Travellers Inn, Kidathineon Str. 16. Ideale Lage mitten in der Plaka, Zimmer von unterschiedlicher Qualität, sauber, Besitzer etwas eigen. Tel. 3244808.

SONSTIGES: **XEN** (YWCA), Amerikis Str. 11, Nähe Syntagma. Nur für Mädchen und verheiratete Paare, sauber und zentral gelegen, etwa 15 DM pro Pers., Tel. 3624291.

Nr. 2 Youth Hostel, Ecke Alexandras Avenue 87-89/Drossi Str. 1. Etwas ab vom Schuß, aber vom Sintagmaplatz mit Oberleitungsbus 7 zu erreichen, leidlich sauber, brauchbare sanitäre Anlagen, 8 DM für die Nacht. Tel. 6463669 o. 6426529.

HOTELS: brauchbare Hotels mit Preisen zwischen ca. 40-45 DM fürs DZ sind **Ermion**, Ermou Str. 66, Tel. 3212753 (auch Einzel) und **Imperial**, Mitropoleos Str. 46, Tel. 3227617 (letzteres vis à vis der Großen Metropolis (Kathedrale). Beide liegen in der Nähe der Plaka, jedoch an lauten Verkehrsstraßen. Wer etwas mehr ausgeben kann - das große Hotel **Attalos** hat einen Super-Dachgarten und auch in der HS freie DZ ohne eigenes Bad für ca. 40 DM, mit Bad für 50 DM (auch Einzel erhältlich). Athinas

Str. 29 (2 min. von Metrostation Monastiraki), Tel. 3212801.

CAMPING: **Camping Athen**, Richtung Daphni in Peristeri oder **Camping Daphni**, in der Nähe des Weinfestivals. Mit Bus 853, 864, 873 ab Eleftherias-Platz, Nähe Metro-Station Thission.

IM FREIEN: am **Larissa-Bhf.** schlafen viele Rucksackler, die ihren Zug am nächsten Morgen erreichen wollen. In **Piräus** nächtigen im Sommer Hunderte von Rucksacktouristen vor dem exponiert stehenden Gebäude mit den Ticketschaltern, ca. 3 min. links von der Metrostation (wenn ihr herauskommt). Weiterer Schwerpunkt in Piräus sind die Grünanlagen bei der Kirche ein Stück weiter den Kai entlang. Auf seine Sachen sollte man hier sehr aufpassen!

LESERTIP: "Auf dem Dach zu schlafen, wird in Athen zusehends schwieriger! Es ist offiziell verboten, die Besitzer riskieren hohe Bußgeldforderungen, weil Kontrollen durchgeführt werden" (Roland Marske/Petra Macpolowski, Berlin).

Essen: vor allem in der *Plaka* jede Menge Tavernen. In den meisten kann man preiswert essen, z.B. oberhalb vom Monastiraki-Platz in der *Panos-Str.*, beim Ausgrabungsgelände. Die Ecke ist beliebt bei Straßenmusikern. Ansonsten - die Hauptfressgasse in der Plaka ist die *Adrianou Str.* Nicht in die "Bouzouki"-Lokale gehen, satter Aufpreis!

IN DER PLAKA: **To Fagadiko**, an belebter Plaka-Straße, hübsch zum draußen sitzen. Ganz passable Souvlaki mit Reis und verschiedenen Gemüsen (jedoch Rechnung immer mit Speisekarte vergleichen!). Adrianou Str. 81 (Nähe Monastiraki).

Eden, einziges vegetarisches Restaurant. Gemütlich mit schummrigem Licht und kleinem Dachgarten. Flessa Str. 3.

Tsegoura, originell, ein Feigenbaum wächst durch's Dach, ein anderer steckt seine Äste in den Raum! Taverne der alten Sorte, gutes Stifado (Rindfleisch mit Zwiebelgemüse). Nur abends, Tripodon Str.

Gerani Ouzeri, schräg gegenüber vom Tsegoura. Beliebte Studentenkneipe, Terrasse.

To Kosmikon, alteingeführtes Souvlaki-Lokal, mitten im Gewühl der Plaka, einfach und gemütlich, Rucksackler. Genau an der Ecke Adrianou/Kidathineon Str. (Namensschild nicht mehr vorhanden).

Damigos, Kellertaverne nur ein paar Schritt von der Kreuzung Adrianou/Kidathineon. Unser Tip - es gibt hervorragenden Retsina vom Faß! Kidathineon Str. 41.

AUSSERHALB DER PLAKA: **Socrates Prison**, etwas teurer, aber hervorragende Küche mit phantasievollen Gerichten. Liegt südl. der Akropolis, Mitseon Str. 20.

John's Place, preiswerte Taverne in einer bekannten Billigpension, Patrou Str. 5, Seitengasse der Ermou Str.

Dionysos, auf der Spitze des Likavitos-Hügels, Superblick über Athen, abends mit Kerzenlicht, aber nicht billig.

GIROS / SOUVLAKI: kleine Snack-Bars mit Grill gibts überall - vor allem in der Plaka und am Omonia-Platz. Bei Athenern und Touristen gleichermaßen beliebt ist **Thanasis** am Beginn der Mitropoleos Str, nur wenige Schritte vom Monastiraki-Platz (Metrostation) - Souvlaki-Pitta in Fließbandproduktion, trotzdem gut und preiswert (ca. 1 DM pro Pitta). Denselben Preis zahlt man bei **Kostas** und **Antonis** an der Hauptstraße der Plaka, Adrianou Str. 116 bzw. 118.

MARKT: Selbstversorger finden alles am großen Obst/Gemüse/Fleisch/Fisch-**Markt** an der Athinas Str. Jeden Vormittag, außer So. Mitten zwischen den Ständen der Metzger auch einige urige Tavernen.

Sehenswertes

Das meiste spielt sich zwischen *Omonia-Platz*, *Monastiraki* (unterhalb der Akropolis) und dem *Sintagmaplatz* ab (siehe Karte). Zwischen beiden letzteren erstreckt sich die Plaka, das bekannte Altstadtviertel.

Sintagma-Platz: der Nobelplatz Athens - teure Geschäfte, Regierungsgebäude, das beste Hotel (Grande Bretagne), Banken, Reisebüros etc. Mitten drin flächendeckend (teure!) Kafenia, ein sprudelnder Springbrunnen und Grünflächen, wo's sich oft Rucksackler bequem machen.

An der Oberfront das Parlament - ca. alle 20 min. Wachzeremoniell der *Evzonen*! Nebenan der *Nationalgarten*, kühl und schattig.

Omonia-Platz/Athinas Str.: Verkehrszentrum, gleichzeitig Kaufzentrum, dementsprechend viel Trubel. Viele kleine Tavernen, Self-Services etc. in der Ecke beim Hotel Carlton.

An der Athinas-Str. Richtung Monastiraki der *Gemüse-, Obst-, Fleisch- und Fischmarkt*. Jeden Vormittag offen, auf keinen Fall versäumen! In der Halle bei den Metzgern dampfende Markttavernen, ohrenbetäubendes Geschrei der Händler, vor allem am Wochenende.

Hinter den Markthallen, in den Parallelstraßen östl. der Athinas-Str., hat man in den letzten Jahren ausgedehnte *Fußgängerzonen* geschaffen, die bis zur Ermou Str./Plaka hinüberführen.

Monastiraki: neben der Metrostation Eingang zum berühmten *Flohmarkt* von Athen, in die andere Richtung kommt man in die Plaka mit unzähligen Souvenirshops (Keramik, "echte" Ikonen, Flokatis, Pullover aus Schafwolle). Reichlich heruntergekommen am Platz auch eine der letzten beiden Moscheen der Stadt (wird gerade restauriert). Herrlicher Blick auf die Akropolis und die Möglichkeit, von hier aus hinaufzusteigen.

Flohmarkt: Kram- und Trempelstände, Möbel, Autozubehör, Bouzoukis, alte Schallplatten, viele Kupfer- und Messingsachen, Antiquitäten. Dazu Kleidung (second-hand und neu), außerdem viel für Rucksackler (Rucksäcke, Schlafsäcke etc., vieles aus Armeebeständen). Alles nicht mehr ganz billig, Handeln schwierig. Während der Siesta (ca. 14-17 h) sind die Läden geschlossen.

Plaka: die Altstadt von Athen. Sie ist erbaut auf den Trümmern des antiken Athener Wohnviertels. Viele enge Gäßchen mit Treppen und Weinranken ziehen sich den Hang hinauf. Das Ganze ist fest in der Hand des Kommerz - dutzende Tavernen, Restaurants, Cafés. Teure und kitschige Bouzouki-Restaurants liegen oberhalb der Lissiou-Str. Macht trotzdem Spaß, hier durchzubummeln.
In den obersten Gassen kurz unter dem Steilhang zur Akropolis aber noch ein ruhiges Wohnviertel mit winzigen Gassen, niedrigen Häusern und streunenden Katzen.
Die *Große Mitropolis*, die mächtige Kathedrale von Athen, liegt auf halbem Weg zwischen Monastiraki und Sintagmaplatz an der Mitropoleos Str. Weiter, von zahllosen Füßen glattgewetzter Vorplatz mit ruhigen Cafés, das Innere pompös mit fast orientalisch anmutender Prachtentfaltung. Gleich nebenan die *Kleine Mitropolis*, ein harmonischer Kreuzkuppelbau, gerade 11 m lang und 7,5 m breit. Bonachbart begrenzt die *Ermou Str.*, eine trubelige Geschäftszeile, die Plaka nach Norden.

Likavitos-Hügel: etwas außerhalb vom Zentrum, zu erreichen ab Sintagma-Platz die breite Vassilissis Sofias entlang (eine ausländische Botschaft neben der anderen).
Eine Standseilbahn fährt auf den Gipfel (Talstation Ploutarhou Str., fährt bis nach Mitternacht!). Man kann aber auch zu Fuß gehen (knappe Stunde). Von oben überwältigender Blick auf das Häusermeer von Athen - Piräus kann man im gelblichen Dunst nur erahnen. Phantastisch auch abends, wenn die Akropolis angestrahlt wird. Das oben gelegene Restaurant 'Dionysos' ist leider teuer!
Am Fuß des Hügels liegt das **Kolonaki-Viertel**, das mondäne Einkaufsviertel Athens mit Yuppie-Boutiquen und exquisiten Schuhläden. Am gleichnamigen Platz einige beliebte, aber nicht ganz billige Cafés.

Weinfest von Daphni: Jedes Jahr etwa von Mitte Juli bis Mitte Sept. Ihr zahlt ein paar Mark Eintritt und könnt dafür von einer stattlichen Zahl verschiedener Weinfässer abzapfen, so viel ihr wollt! Geöffnet von 19-1 h. Übernachtungsmöglichkeit am Campingplatz!

VERBINDUNGEN: Busse 853, 864 und 873 ab Eleftherias-Platz (Nähe Metro Thission), Fahrtzeit ca. 45 min.

LESERTIP: "Zum Weinfest sollte man sich möglichst ein Glas und vielleicht etwas Brot mitnehmen. Ansonsten müßte man es dort kaufen" (Christoph Schröder, Celle).

"Antikes" Athen

Agora: der Marktplatz des alten Athen liegt gleich hinter dem Flohmarkt. Aber nicht nur die Rindviecher der attischen Bauernhöfe fanden hier ihre Abnehmer, er bildete das Zentrum des öffentlichen Lebens. Hier traf man sich, diskutierte, trieb Politik und auch die Herren Philosophen mischten sich gerne mal ins bunte Treiben (Mo-Sa 9-15, So 9-13.45 h, 6 DM, Stud. ermäß.). Der große **Hephaistos-Tempel** gleich rechter Hand, wenn man die Agora durch den Eingang hinter dem Flohmarkt betritt. Er gilt als einer der besterhaltenen Tempel Griechenlands. Benannt ist er nach dem hinkenden Gott des von Menschen nutzbar gemachten Feuers, wird aber auch manchmal Theseus-Tempel genannt (U-Bahn-Station Thission!). Gegenüber die **Stoa des Attalos**, eine langgestreckte, gut erhaltene Säulenhalle. Sie wurde von amerikanischen Archäologen vollständig rekonstruiert und als "Head-Quarter" für ihre Ausgrabungen verwendet. Das Agora-Museum befindet sich heute darin (Di geschl.).

Der **Areopag-Hügel** ist ein beliebter Treff- und Aussichtspunkt am Weg von der Agora hinauf zur Akropolis. Einige glattgewetzte Stufen sind in den Fels gehauen.

Akropolis: Treffpunkt aller Amerikaner, Japaner, Deutschen, Franzosen und so weiter. In der klassischen Antike der heilige Tempelbezirk Athens (tägl. 7.30-19.15, So 8-18.30 h, ca. 8 DM, mit Stud.-Ausweis die Hälfte).

Durch die **Propyläen**, die monumentale Eingangshalle, gelangt man hinauf. Die Marmorstufen der großen Doppeltreppe sind heute mit Holz verkleidet, um die größten Erschütterungen der Besuchermassen aufzufangen.

Größter und beeindruckendster Bau ist der **Parthenon**, der Tempel der Stadtgöttin Athene. Leider ist er nur noch eine Ruine, seitdem ihn 1687 venezianische Geschütze vom Filopapos-Hügel aus unter Feuer nahmen. Unklugerweise hatten die damals in Athen hausenden Türken den Tempel als Pulvermagazin verwendet!

Erwähnenswert noch das **Erechtheion**. Sechs Mädchenstatuen tragen das Vordach des kleinen Tempels. Eine davon hat ein gewisser Lord Elgin im 19. Jh. durch eine Kopie ersetzt und das Original heimlich, still und leise nach England transportieren lassen. Dort ist es neben anderen Stücken von der Akropolis (sog. *Elgin Marbles*) noch heute im Britischen Museum zu bewundern. Seit 1979 sind auch die übrigen Statuen wegen der Luftverschmutzung durch Kopien ersetzt und hinter Glas im nur wenige Schritte entfernten **Akropolis-Museum** zu bewundern (im Akropolis-Preis inbegriffen, Di nur nachmittags geöffnet).

> **Hinweis**: seit 1981 wird die Akropolis von Kopf bis Fuß restauriert, speziell der Parthenon und das Erechtheion - es wimmelt von Baugerüsten, Absperrungen etc. Der Parthenon ist deshalb z.Z. nicht zugänglich!

Archäologisches Nationalmuseum: die größte Sammlung der griechischen Antike! Liegt in der Tositsa Str. und ist vom Bahnhof oder Omoniaplatz leicht zu Fuß zu erreichen.

Einige Höhepunkte - die mykenische Sammlung im Saal 4 mit der berühmten, aber falsch so bezeichneten "Goldmaske des Agamemnon" (vom Eingang geradeaus), der *Poseidon* vom Kap Artemision (Saal 5) und die *Fresken von Santorin* im Obergeschoß (Di-Sa 9-15, So 9.30-14.30 h, Mo geschl., ca. 6,50 DM, Schül./Stud. die Hälfte).

Ab auf die Inseln

Mit Metro oder Zug (ab Peloponnes-Bhf.) nach Piräus, die Fährkais liegen schräg gegenüber der Endstation. In dem großen alleinstehenden Gebäude am Wasser sind die Büros sämtlicher Schiffslinien untergebracht. Die Fähren gehen sternförmig von Piräus zu den verschiedenen Inseln, die meisten laufen mehrere Inseln nacheinander an, z.B. Mykonos - Paros - Ios - Santorin. Querverbindungen zwischen den Inseln sind seltener, in der Saison aber meist ausreichend. Es kann vorkommen, daß man erst nach Piräus zurück muß, um zu einer wenig besuchten Nachbarinsel zu kommen.

Abfahrtszeiten/Preise: auf den innergriechischen Schiffslinien gelten die Interrail-Tikkets **nicht**, auch keine Ermäßigung! Preise zw. 15 und 50 DM, je nach Entfernung. Die Fahrpläne werden ziemlich oft geändert, im Tourist-Büro am Sintagma Square gibt's jede Woche die neusten Daten! Die bekannten Inseln werden aber alle mindestens 1 x, meist sogar mehrmals tägl. angelaufen.

Alles Weitere im Anschluß an das Peloponnes-Kapitel S. 246 ff.

PELOPONNES

Kaum ein Interrailer läßt die Hand mit den drei Fingern aus. Eine gemächliche Schmalspurbahn durchquert das 'Herz' Griechenlands.

Macht euch auf lange Fahrten gefaßt. Unterwegs könnt ihr einige der bedeutendsten Ausgrabungsstätten der Antike besichtigen. Im Süden lohnen Busabstecher zu den Badeorten an der Küste, im Westen findet ihr einige der schönsten Strände Griechenlands.
Beste Abfahrtspunkte sind *Athen* und *Patras* - letzteres interessant, wenn ihr von Süditalien übersetzt!

Athen - Korinth A-Kb. 23605/06

Schmalspur ab Peloponnes-Bhf. (10 x tägl. nach Patras) - etwa 1,5 std. immer an der Küste entlang, links sitzen! Urige Triebwagenzüge mit meist nur einer Handvoll Waggons. Leider oft höllisch voll. Mal den kleinen Snackbar-Wagen testen - es gibt Kleinigkeiten zu essen und trinken.
Sehr schöne Strecke, ständig Blick auf das tiefblaue Meer. Kurz vor Korinth der berühmte **Isthmos**, ein Kanal, der das Ionische mit dem Ägäischen Meer verbindet. Schiffe können damit den Weg um den ganzen Peloponnes abkürzen, müssen für die Durchfahrt aber bis zu 1000 Dollar blechen! Der Kanal ist über 6 km lang, die steilen Felswände gehen 80 m tief hinunter.

LESERTIP: "Beste Möglichkeit den Kanal zu besichtigen - mit einem der Züge fahren, die in der Ministation **Isthmos** halten (ca. alle 2 std. ab Athen oder Korinth). Zum Kanal sind es vom Bhf. nur 300 m, toller Zwischenaufenthalt" (Roland Marske/Petra Macpolowski, Berlin).

Korinth

Liegt zwar sehr schön am Golf, ansonsten aber wenig Besonderes. Ganz hübsch ist die breite Uferpromenade mit der palmenbestandenen Platia am Hafen (Cafés). Station machen lohnt nur wegen der nahen Ausgrabungen von Alt-Korinth.

VERBINDUNGEN: der **Bahnhof** liegt im Osten der Stadt, Demokratias-Str., nah der Uferpromenade. Etwa 7 x tägl. nach Patras, 5 x über Argos-Tripolis nach Kalamata.
Busse nach Alt-Korinth (liegt ca. 6 km südwestl.) mindestens stündl., ca. 80 Pfennig, Fahrtdauer 20 min. Vom Bhf. zur Busstation ein paar hundert m nach links, dann die 5. oder 6. Querstraße nach rechts und bis zur nächsten großen Kreuzung laufen, Ecke Ermou/Koliatsou-Str.

INFORMATION: Ermou-Str., Nähe Busstation, tägl. 8-20 h.

ÜBERNACHTEN: preiswertes Hotel ist **Byron** in der Demokratias-Str. 8, nah beim Bhf. Etwa 4 km westl. von Korinth liegt der Camping **Corinth Beach** direkt an Straße und Bahnlinie. Schöner und ruhiger ist Camping **Blue Dolphin** bei Lechaion. Relativ sauber und ein Supermarkt mit angemessenen Preisen.

Alt-Korinth: komplette Stadtanlage römischer Prägung, allerdings nur Ruinen. Korinth war wegen seiner ausgezeichneten Lage in der Antike sehr mächtig. Sehr beeindruckend der hohe Burgberg *Akro-Korinth*, auf den eine 3 km lange Straße führt (Taxi).
Im kleinen Dorf *Akro-Korinth* kann man am Dorfplatz gemütlich sitzen.

ÜBERNACHTEN / ESSEN: **Taverne Tasos**, an der Hauptstraße, gutes Essen und Zimmer um die 30 DM.

Korinth - Patras A-Kb. 23605

Sitzplatzwechsel nach rechts - schöne Fahrt den Golf von Korinth entlang. Tiefblaues Meer, fruchtbare grüne Landschaft und gute Bademöglichkeiten an den zahlreichen Kiesstränden. Allerdings überall Hotels und ausgeprägter Tourismus. Dauer nach Patras gut 3 Stunden.
Urlaubszentrum an der Golfküste ist **Xylokastron**, 34 km von Korinth. Vor allem Griechen kommen zum Baden, kilometerlange Strände liegen benachbart. Billigstes Hotel ist Kiani Akti in der Tsaldari Str. 68.
Campingplätze erst wieder bei **Krathio**, Lemon Beach ist der nächste ca. 1,5 km vom Ort.

Zahnradbahn: wenn ihr Zeit habt, baut einen Abstecher mit der Zahnradbahn von **Diakopto nach Kalavrita** ein. Die Fahrt mit den weißblauen Wagen durch die wilde Berglandschaft ist ein einmaliges Erlebnis! Es geht durch die enge, stille *Vouraikos-Schlucht*, mehrmals wird der Wildbach überquert. Die Bahn überwindet 700 m Höhenunterschied! Länge 22 km, Dauer 80 min.

Auf halbem Weg klebt das Kloster *Mega Spilion* in einer schroffen Felswand. Nach dem Brand von 1934 wurde es recht nüchtern wieder aufgebaut, aber die Lage ist toll. Lohnt sich als Spaziergang, ca. 1 std. ab Station Zachloreo.

Der kleine Luftkurort **Kalavrita** ist Endstation der Bahn. In Griechenland ist der Ort vor allem bekannt, weil bei der großen Platane vor dem Kloster *Agia Lavra* (7 km außerhalb, eine Art nationaler Gedenkplatz) 1821 der Freiheitskampf gegen die 400-jährige Besetzung Griechenlands durch die Türken begann.

Traurige Berühmtheit hat Kalavrita aber durch ein anderes Ereignis erlangt: deutsche Soldaten haben am 13. Dezember 1943 sämtliche Männer und Knaben des Ortes (bis hinunter zu 14 Jahren) erschossen, 1436 an der Zahl. Die Frauen und Kinder wurden in die Kirche gesperrt und diese angezündet. Wenn nicht ein österreichischer Soldat eine Hintertür aufgeschlossen hätte, wären alle verbrannt. Mit der Aktion sollte ein Exempel statuiert werden für alle Bergdörfer, die Partisanen versteckten.

Eine große Gedenkstätte liegt 1 km außerhalb und erinnert an die Toten vom 13. Dezember. Gegenüber vom Bhf. ruft ein Wandgemälde zur Versöhnung der Nationen auf.

Abfahrtszeiten ab Diakopto: 8.03, 10.10, 12.16, 15.16 und 19.25 h (A-Kb. 23604, Stand 89). In Kalavrita gleich nach den Rückfahrzeiten schauen.

Von der Kleinstadt **Ägion** fahren 3 x tägl. Fähren hinüber nach Agios Nikolaos am mittelgriechischen Festland.

Preiswerter sind die Fähren ab **Rion** (Bahnstation), etwa 8 km nordöstl. von Patras. Die Überfahrt nach Antirion an der engsten Stelle des Golfs von Patras kostet nur knapp 1 DM, Fähren gehen jede halbe std., Dauer 25 min. Hier übersetzen, falls ihr nach Delphi wollt! Drüben weiter mit Bus.

Ausgezeichnet ist der *Camping Rion*, ca. 300 m vom Fährhafen. Eine türkische Festung liegt am Wasser.

Patras

Größte Stadt des Peloponnes, die Fährschiffe aus Italien spucken jeden Tag neue Menschenmassen aus.

Freundlicher Platz mit Kafenia schräg gegenüber vom Bahnhof. Das Zentrum mit schattigen Arkadengängen und viel neoklassizistischer Architektur. Mal zum venezianisch-byzantinischen *Kastell* oder zum Römischen Theater *(Odeon)* laufen, die beide über der Stadt thronen, steile Treppen führen hinauf.

Die meisten Traveller kommen aber nur, um auf ihre Fähre zu warten.

VERBINDUNGEN / BAHNHOF: **Bahnhof** direkt am Hafen, ca. 500 m vom Abfertigungsgebäude für die Italienfähren. Wichtiger Knotenpunkt, Gepäckaufbewahrung, Züge meist überfüllt. Extrem langsame, schauklige Schmalspurzüge nach Athen ca. 7 x tägl., Pirgos 7 x, Olympia 4 x (z.T. umsteigen in Pirgos), Kyparissia 5 x, Kalamata 4 x.
Busbahnhof liegt 200 m östl. vom Bhf., Bahnbusse starten direkt am Bhf. (nach Athen stündl.).
Fähren nach Italien - die meisten Buchungsbüros an der Hafenstraße, Preise vergleichen. Viele Agenturen geben Ermäß. für Interrailer! Hafentaxe muß aber extra bezahlt werden. Die Fahrt kann man in der Regel in Igoumenitsa oder Korfu unterbrechen.
Ionische Inseln - eine Fähre der Ionian Lines geht tägl. nach Sami auf Kephallonia (ca. 18 DM an Deck) und weiter nach Ithaka. Auch die Fähre nach Brindisi stoppt dort.

INFORMATION: freundliche **Touristenpolizei** gegenüber vom Bhf., Trion Simmachon Platz (Fähr- u. Hotelauskünfte, Stadtpläne).

ÜBERNACHTEN: viele erschwingliche Hotels um den Bhf. (ca. 25-30 DM für's DZ), vor allem in der Agiou-Andreou-Str., die einen Block vom Bhf. parallel zum Wasser verläuft, z.B. Hotel **Delphi** in der Nr. 63 (am

Platz mit den Cafés) oder **Splendid** (direkt gegenüber vom Bhf).
Jugendherberge in der Iroon Polytechniou Str. 62, Tel. 061/427278. Knapp 1 km vom Bhf. nach Osten, immer am Wasser entlang. Liegt schön in einem großen Garten.
Außerdem zwei Campingplätze etwas außerhalb der Stadt - die Küstenstraße Richtung Osten nehmen, nach 2 km Camping **Kavouri** (durch die Straße vom Strand getrennt); nach 3 km der komfortablere **EOT Beach** Camping (gleich am Strand, mit öffentlichem Strandbad). Ausweichmöglichkeit ist der Campingplatz in **Rion** (8 km ab Patras, Bahnverbindung, siehe oben).

Patras - Pirgos A-Kb. 23605

Fahrt zur Halbinsel Killini - die längsten Sandstrände Griechenlands! Einige Superhotels, trotzdem noch viel Platz.

Kato Achaia: freundlicher kleiner Badeort 1/2 Zugstunde ab Patras, am Strand schlafen war die letzten Jahre möglich, außerdem gibts 1 km nördl. vom Bahnhof einen guten Campingplatz Kato Alissos. Ein weiterer Platz namens Kato Achaia liegt 2 km vom Ort entfernt.

Von der Hauptlinie ab **Kavassila** Stichbahn nach Killini (ca. 7 x tägl., 30 min.)

Killini: unattraktive Hafenstadt, Fähren rüber nach Zakynthos und Kephallonia. Während der Saison 2 x tägl., Preise etwa 10 DM.
Am Hafen diverse Cafés und Strandlokale, außerdem ein nicht besonders sauberer Strand. Das Meer ist hier relativ seicht, man muß etwa 30 m hineingehen, um schwimmen zu können.

LESERTIP: "Wenn man den Strand etwa 1 km nach Süden geht, kommt man zu einer tollen Bucht unterhalb einer Klippe. Übernachten problemlos" (Oliver Racine, Reinbek).

Loutra Killini: gepflegter Kurort (Thermalbad) inmitten von Kiefernwäldern. Besondere Attraktion - herrlicher, kilometerlanger Sandstrand mit hohen Dünen, einmalig in Griechenland!

VERBINDUNGEN: mit der Bahn bis **Vortholomio** (an der Stichbahn nach Killini), die letzten 8 km mit dem Bus (selten!) oder Taxi.

ÜBERNACHTEN: **Camping Killini E.O.T** (Xenia), modernes Gelände mit viel Vegetation und z.T. abgezirkelten Betonstellflächen. Wem die sterile Gemütlichkeit nicht zusagt (Geschmackssache), kann auf den urwüchsigeren **Camping Aginara** ausweichen. Liegt allerdings etwa 2-3 km in Richtung Ligia. Ohne Auto etwas mühselig, vielleicht Trampen. Dort auch der neu eröffnete, ruhig gelegene **Camping Ionion Beach**.

Weitere Zeltplätze am Strand von *Kourouta* (Bahnstation **Amaliada** aber gut 6 Kilometer landeinwärts).

Pirgos: hauptsächlich als Verkehrsknotenpunkt bedeutsam. Bhf. an der Ipsilandou Str., Stichbahn nach Olympia, ca. 5 x tägl., etwa 21 km.

Katakolon: eine Stichbahn führt in dieses Hafenstädtchen mit weiter Sandbucht und guten Fischtavernen am Hafen. Preiswertes Hotel ist das Carel.

Olympia

Schauplatz der berühmten antiken Wettkampfspiele, nach denen die heutigen olympischen Spiele ihren Namen haben. Liegt sehr malerisch inmitten hüglig-grüner Kiefern- und Zypressenwälder.
Im voll kommerzialisierten Dorf *Olympia* treten sich während der Saison die Ausflügler auf die Füße! Preisniveau ziemlich hoch.

776 v. Chr. (!) fanden in Olympia die ersten Spiele statt, an denen Athleten aus ganz Griechenland teilnahmen. Das Ganze geschah zur Ehrung und als Opfer für die Götter, während der Spiele herrschte in Griechenland Waffenruhe. Später wurden die Spiele dann alle 4 Jahre abgehalten, die alten Griechen benützten sie für ihre Zeitrechnung (z.B. im 3. Jahr nach den 43. Spielen bin ich geboren). Die ersten Jahre gab es nur eine Disziplin, den Stadionlauf. Später kamen vor allem Ringkampf und der Fünfkampf dazu - Laufen, Ringen, Springen, Speer- und Diskuswerfen. Als das Christentum Staatsreligion wurde, wurden die Spiele als Götzendienst verboten. Olympia versank in Jahrhunderten unter einer meterhohen Erdschicht.

ÜBERNACHTEN: **Jugendherberge** im Zentrum Nähe Busstation, Prayitelous-Kondyli 18, 50 Betten in 4-Bettzimmern, Tel. 0624/22580. Hotels ziemlich teuer (sehr freundlich und relativ preiswert ist das **Pelops**), es gibt aber viele rooms to let (nicht unmittelbar an der Hauptstraße suchen!).
Camping Diana, steiles Gelände auf Terrassen oberhalb vom Ort. Im unteren Platzbereich Stellplätze unter Oliven- und Orangenbäumen, Swimmingpool. Mit 7 DM pro Pers. ohne Zelt jedoch ziemlich teuer. Wei-

terer Platz **Olympia** in der Nähe, jedoch wenig Atmosphäre.

LESERTIP: "In Olympia gibt es einen neuen Campingplatz **Alphios**. Sehr sauber und (noch) billig, sogar mit Swimmingpool. Der Platz liegt oberhalb der Stadt, wir wurden vom Bhf. unentgeltlich hingefahren" (Sabine Ludwig, Bad Salzdelfurth).

Sehenswertes: ziemlich großes Ausgrabungsgelände - viele Einzelteile hat man ins ausgezeichnete *Museum* gebracht (nördl. vom Gelände, hinter dem Parkplatz - ein neuer Flügel wurde erst vor wenigen Jahren eröffnet).
Gut erhalten ist der *Tempel des Zeus*, etwa in der Mitte vom ganzen Komplex. Hier stand eine riesige Statue des Gottes, die der Bildhauer Phidias gemacht hat. Seine *Werkstatt* ist ebenfalls auf dem Gelände gefunden worden.
Im *Stadion* sieht man noch die Fußrillen am Start - die Griechen starteten aufrecht, indem sie ihre Arme nach vorne streckten und dann nach hinten schlugen (Mo-Sa 8-19, So 8-18 h, 6 DM, Stud. die Hälfte. Museum Di geschl.).

Pirgos - Kyparissia
A-Kb. 23605/06

Lange Sandstrände bis **Kyparissia** - Bahnstrecke direkt am Meer entlang! Nur ein Campingplatz, dafür zahlreiche Möglichkeiten zum Wildzelten! Allerdings nur wenige Ortschaften - ohne eigenes Fahrzeug schwierig. Schönstes Stück bei Tholo und Elea - einsame, rote Sandstrände.
Ein kleiner See bei **Kaiafas** (Bahnstation) - hauptsächlich Griechen, die wegen der warmen Schwefelquellen herkommen (an der Festlandsseite des Sees in einer Grotte). Guter Sandstrand mit Süßwasserausfluß vom See.
Bei **Tholo**, nur 300 m von einer Bahnstation, der Campingplatz *Tholo Beach* - sehr ruhig, Grasplatz, langer Sandstrand unmittelbar davor, bisher wenig Schatten.

LESERTIP: "In **Elea** gibts einen offiziellen Wildcampingplatz kurz vor dem Strand" (Christoph Schröder, Celle).

Kalonero: Bahnknotenpunkt. Eine Linie geht nach Zevgolatio (von dort weiter nach Kalamata oder Korinth), eine Stichbahn nach Kyparissia.

Kyparissia: wirtschaftliches Zentrum am Fuß eines kahlen Bergs. Obenauf weithin sichtbare Burg. Lange sandige Küste und Olivenhaine. Camping Chani mit freundlicher holländisch/schweizerischer Platzleitung nördl. vom Hafen, sauber.
Entweder mit der Bahn zurück nach Kalonero zur Hauptlinie oder den interessanten Bustrip auf den Westfinger des Peloponnes machen (Bahnanschluß in Kalamata).

Messenien

Der westliche Finger des Peloponnes. Sehr fruchtbar, kilometerweite Olivenhaine und noch verhältnismäßig ruhig! Von Kyparissia mit Bus nach *Pilos* (ca. 4 x tägl.) und eventuell weiter nach *Methoni* oder *Finikoundas*, gehören zu den schönsten Hafenstädtchen des Peloponnes! Von Methoni 8 x tägl. Bus über Pilos nach Kalamata, Hauptstadt Messeniens mit Bahnanschluß.

Pilos: lebendiges Hafen- und Fischerstädtchen, die große Bucht von Navarino wird durch die vorgelagerte Insel *Sphaktiria* vom offenen Meer abgetrennt. Pilos ist vom Tourismus noch nicht völlig vereinnahmt und hat viel Atmosphäre. Alles überstrahlend der große Platz am Hafen, gute Fischtavernen. Campingplatz 5 km nördl. an der Bucht, billigstes Hotel ist das Navarino.
Größte Sehenswürdigkeit ist der *Palast des Nestor* ca. 15 km nördl. von Pilos nah der Straße nach Kyparissia.

Am 20./21. Oktober 1821 war die Bucht von Navarino Schauplatz eines historischen Seegefechts zwischen 89 türkischen und 27 Kriegsschiffen der vereinigten Großmächte Frankreich, England und Rußland, die den griechischen Unabhängigkeitskampf unterstützten. Etwa 60 Schiffe der türkischen Flotte sanken im Verlauf der Schlacht und ruhen noch heute am Grund der Bucht.

Nur 12 km südl. liegt **Methoni** mit Sandstrand und riesiger Festung, von dort ca. 12 km westl. das kleine Fischerdorf **Finikoundas**. Beide sind mittlerweile sehr beliebte Ziele mit je einem Campingplatz.

Kalonero - Zevgolatio - Kalamata A-Kb. 23605/06

Zevgolatio: Knotenpunkt mit Gleisen nach Kalamata, Argos/Korinth und Pirgos/Patras.

Kalamata: Provinzhauptstadt und Endpunkt der Bahnlinien von Patras und Korinth (schöner alter Bahnhof). Im Sommer 1986 wurde Kalamata durch ein Erdbeben fast völlig zerstört. Zwei Drittel der Bevölkerung verließ die Stadt, der Rest haust z.T. heute noch in Notzelten. Ruinen und abbruchreife Häuser bestimmen das Stadtbild.
Kalamata ist jedoch bester Ausgangspunkt für Trips auf die wilde Halbinsel Mani, aber auch hinüber auf den westlichen Finger Messenien. Ein 4 km langer, früher vielbesuchter Kiesstrand liegt südl. der Stadt.

VERBINDUNGEN: der Bahnhof liegt 2 km nördl. vom Strand an der Platia Papaflessa. Züge 5 x tägl. nach Patras (8 Std.), 3 x tägl. Korinth (8 Std.), 3 x Athen (10 Std.).

INFORMATION: Aristomenous Str. 46.

ÜBERNACHTEN: Am Strand 2-5 km Richtung Osten an der Straße in die Mani liegen mehrere Campingplätze (der nächste ist Camping **Patista**, der beste Camping **Elite**).

Kalamata/Umgebung: das Landwirtschaftsstädtchen *Messini* liegt 10 km westl. von Kalamata, in einer fruchtbaren Ebene. 12 km nördl. von Messini die sehenswerten Ausgrabungen des *antiken Messini* mit einer hervorragend erhaltenen, kilometerlangen Stadtmauer (4. Jh. v. Chr. - gegen Sparta gerichtet) und dem berühmten arkadischen Tor aus riesigen Steinblöcken. Schöner Blick vom Ithome - zu besteigen vom Dorf Mavronati innerhalb des Ausgrabungsgeländes. Dauert ca. 90 min., nicht übermäßig beschwerlich, aber kein Schatten!

VERBINDUNGEN: Busse von Kalamata über Messini zum Ausgrabungsgelände ca 2-3 x tägl. Für die Rückfahrt nicht den letzten Bus verpassen!

TIP - empfehlenswert ist die Busfahrt von Kalamata nach **Sparta**. Es geht auf Serpentinenstraßen durch das Taygetos-Gebirge. Besonders schön die Durchquerung der Langada-Schlucht!

Halbinsel Mani

Südlichster Finger des Peloponnes, wild und unberührt, keine Bäume oder Wälder, stattdessen ausgedörrter Boden, zerklüftete Felsen und verzweigte Höhlengebiete.
War früher mal eine Art Geheimtip, inzwischen aber schon recht bekannt. Gute Wandermöglichkeiten im Taygetos-Gebirge und auf der ganzen Südspitze der Mani. Wegen der Einsamkeit und kargen Landschaft allerdings nicht jedermanns Sache.
Spezialität der Region - die befestigten Wehr- und Wohntürme, aus denen fast alle Ortschaften bestehen. Die Bewohner der Halbinsel schützten sich damit erfolgreich gegen alle Eroberer - aber auch untereinander, vor allem gegen die eigenen Nachbarn. Heute werden sie zunehmend zu Hotels umgebaut.

VERBINDUNGEN: auf die Mani etwa 3 x tägl. Busse von **Kalamata** über Kardamili - Areopolis - Pirgos Dirou nach Gerolimena am äußersten Zipfel der Halbinsel. Busse ebenfalls 3 x tägl. ab Githion (Ostküste der Mani, siehe unten).

Kardamili: etwa 35 km südl. von Kalamata, malerisches Küstendorf. In der Saison einiges los, Privatzimmer, Campingplatz am Nordende des Dorfs. Dort auch Kiesstrand mit Wildzeltern.

Stoupa: das winzige Dörfchen, ein Stück südl. von Kardamili, diente dem berühmten *Nikos Kazantzakis* (Alexis Sorbas!) zeitweise als Domizil. Schöner Strand und Camping Kalogris.

Areopolis: der Ort auf einem Plateau oberhalb der Bucht von Limeni wirkt wie eine befestigte Stadt. Hier beginnt die typische Mani-Landschaft. Zum Baden allerdings weniger geeignet, da die Küste entweder aus Felsen oder Kiesstrand besteht, z.T. auch teerverschmutzt ist.

VERBINDUNGEN: Busstation am Hauptplatz, 3 x tägl. nach **Githion**, außerdem mehrmals nach **Kalamata** (z.T. umsteigen in Itylon).

ÜBERNACHTEN: ein Erlebnis ist die Übernachtung im **Kapetanagou-Turmhotel**, allerdings ca. 100 DM fürs DZ. Privatzimmer sind preiswerter, z.B. im Wohnturm am Platz bei der Hauptkirche im Zentrum.

Höhlen von Dirou: Gewirr von Unterwasserhöhlen etwa 8 km südl. von Areopolis. Mit dem Boot geht es 800 m einen unterirdischen Fluß entlang, niedrige Höhlenräume, vielfältige Stalagmiten und Stalaktiten - eine der schönsten Höhlen Europas!
Im Sommer Hauptattraktion der Region, meist lange Wartezeiten! Bei der Höhle aber eine schöne Badebucht, auf halber Höhe des Hügels eine (teure) Taverne.

Anfahrt: etwa 4 x tägl. Bus nach Gerolimin, in Pirgos Dirou aussteigen. Von dort 3 km die gut ausgebaute Asphaltstraße hinunter zur Höhle (Trampen gut möglich), ca. 6 DM.

Githion: ausgesprochen hübsches Hafenstädtchen. Die weiß gekalkten Häuser ziehen sich amphitheatralisch die steilen Hänge hinauf. Wärmste Empfehlung - die Tavernen an der langen Uferpromenade!
Diverse Badebuchten und ein kilometerlanger Sandstrand liegen benachbart (viele Surfer).

VERBINDUNGEN: **Busse** nach Sparta, Areopolis, Gerolimin und Monemvassia.
Fähren - jeden Fr über die Insel Kithira und Monemvassia nach Piräus (an Deck ca. 35 DM). Außerdem jeweils Mo u. Do nach Kastelli auf Kreta, ca. 40 DM an Deck.

ÜBERNACHTEN: billige Hotels sind **Aktaion** und **Kranai**, Nähe Hafen. Beide um die 20 DM fürs DZ, ersteres nur mit Etagendusche.
Mehrere Campingplätze 4-5 km südl. der Stadt zwischen dem kilometerlangen Sandstrand und der Straße nach Areopolis. Der beste ist **Gythion Beach**, ebenfalls gut **Mani Beach**. Die Busse von und nach Areopolis halten. Auch am Strand übernachten ist weiter außerhalb möglich.

Sparta: in der fruchtbaren Eurotas-Ebene zwischen Taygetos- und Parnon-Massiv. Die heutige Stadt wirkt sehr nüchtern. Sie wurde in moderner Schachbrettform erst im letzten Jahrhundert angelegt. Nichts erinnert mehr an die vergangene Größe.
In der Antike war Sparta einer der mächtigsten Stadtstaaten Griechenlands, unterwarf alle umliegenden Landstriche und hatte die unbestrittene Führung auf dem Peloponnes. Durch eine äußerst strenge (= spartanische) militärische Erziehung mußten sich die zahlenmäßig weit unterlegenen Spartaner ständig die Vorherrschaft sichern.

Unbedingt ansehen - 5 km von Sparta die byzantinische Klosterstadt **Mistra**! Zahlreiche Kirchen und Klosterruinen im byzantinischen Stil, enge verwinkelte Gassen und eine venezianische Festung hoch darüber, Aufstieg anstrengend, aber herrlicher Blick (ca. 4 DM, Schüler/Stud. die Hälfte.). Häufige Busverbindung ab Sparta, Fahrtdauer 15 min. Wichtig - im Sommer unbedingt etwas zu trinken mitnehmen, es gibt nur ein sehr teures Restaurant.

ÜBERNACHTEN: billigste Hotels sind **Sparti** (Aghissilaou Str. 46, Nähe Busstop nach Mistra), **Anessis** (Lykourgou Str. 60, unmittelbar beim Busstop nach Mistra) und **Cypros** (Leonidou Str. 72).
Guter **Campingplatz** genau auf halber Strecke zwischen Sparta und Mistra, Mattendächer, Swimmingpool, Bus hält.

Kalamata - Tripolis - Nafplion
A-Kb. 23606

Sehr schöne Fahrt durchs Innere des Peloponnes, etwa 5 x tägl. über Korinth nach Athen und umgekehrt. Unterwegs Stichbahn nach **Megalopolis** (moderne Stadt mit Kohlekraftwerk, Abstecher lohnt nicht).
Besser in einem Schwung durchfahren - über **Tripolis** (wichtiger Verkehrsknotenpunkt, sonst wenig Besonderes) nach Argos oder Mykene.
Hier in der Argolis liegen mit *Epidauros*, *Mykene* und *Tiryns* die wichtigsten Ausgrabungsstätten des Peloponnes (neben Olympia). Außerdem findet Ihr hier das freundliche Städtchen *Nafplion* und gute Bademöglichkeiten beim benachbarten *Tolon*.

Argos: Verkehrsknotenpunkt im Ost-Peloponnes, Bahnhof im westlichen Stadtbereich. Wer rüber nach Nafplion will, Busse fahren ca. halbstündl. ab dem Platz an der Agios Petros-Kirche.

Nafplion

Freundliches Städtchen in toller Lage am Fuß eines mächtigen Felsrückens. Wegen der zentralen Lage natürlich erheblicher Tourismus, Ausgangspunkt für Exkursionen nach Mykene, Tiryns und Epidauros.

Die historische Altstadt mit schmalen Gäßchen hat viel Atmosphäre - lebendiger Mittelpunkt der Stadt ist der *Syntagmatos-Platz* mit Cafés, dem Archäolog. Museum und der ehemaligen türkischen Moschee, heute ein Kino. Von der bildschönen Hafenpromenade mit zahlreichen Kafenia Blick auf die kleine vorgelagerte Festungsinsel *Bourtzi*. Genau 999 Stufen hoch über über der Stadt liegt die venezianische *Palamidi-Festung*.

VERBINDUNGEN: Busse nach **Argos** (Bahnlinie eingestellt), **Mykene** und **Epidauros** mit dem prächtigen Theater - für mich der Höhepunkt an altgriechischem Sight-seeing!

ÜBERNACHTEN: **Hotel Otto**, schönes historisches Haus in zentraler Lage, toller Garten, Farmakopoulou Str. 3. **Hotel Epidauros**, Kokinou Str. 1. Beide ca. 35 DM fürs DZ. An der Platia Syntagma die Pension **Athena**, DZ um die 40 DM. Ziemlich abseits, in der Nähe der Straße nach Argos, liegt die **Jugendherberge** in der Neon Vyzantion Str., Tel. 0752/27754. Zum Campen besser in den Badeort **Tolon** fahren (siehe unten).

ESSEN: Taverne **Alekos**, Bouboulinas Str. 71, bester Fisch in der Stadt.

Tolon: 12 km östl. von Nafplion, unbestrittenes Ferienzentrum der Argolis. Zahlreiche Hotels, wesentlich mehr Touristen als Einheimische, die Bildzeitung ist keine Seltenheit, hohe Preise. Trotzdem lohnt der Aufenthalt - außer in unmittelbarer Nähe vom Ort viele tolle Strände und weite Sandbuchten.

ÜBERNACHTEN: über ein Dutzend Campingplätze, am wenigsten Rummel vielleicht bei den weiter östl. gelegenen Plätzen zwischen Drepanon und Irion. Schön ist der amphitheatralisch angelegte **Lefka Beach Camping**, ruhig der **Camping Poseidon**.

Epidauros

Das besterhaltene Theater Griechenlands! Ein Höhepunkt, den man nicht versäumen sollte. Von den Rängen herrlicher Blick in die waldreiche Umgebung.

Das Theater war in der Antike Teil eines riesigen Kurzentrums. Man versprach sich von den Aufführungen eine Art seelisch entschlackender Wirkung. Die meist begüterten Kranken kamen aus allen Teilen der griechischen Welt.

Faszinierend und weithin berühmt ist die Akustik der Anlage. Noch auf den obersten Rängen hört man die berühmte Stecknadel fallen (eine Münze tut's auch)!

Ein reich bestücktes archäologisches *Museum* liegt nur wenige Schritte vom Theater entfernt.

VERBINDUNGEN: 3 x tägl. Bus ab Nafplion.

Alt-Epidauros: liegt direkt am Meer - schöne kleine Badebuchten und Strände, außerdem viel Grün (Zitronenbäume!) in der Umgebung. Für die Touristen wird viel gebaut, tägl. kommen Schiffe von Athen und gehen Busse zum Theater (18 km entfernt). Camping *Nicolas* 1 km vom Zentrum.

Argos - Korinth A-Kb. 23606

Mykene

Neben Olympia die bekannteste Ausgrabungsstätte des Peloponnes! Weiter Rundblick über die Ebene von Argos.

Die Burganlage war der Mittelpunkt der sog. mykenischen Kultur, lange vor der klassischen griechischen Zeit. Dementsprechend archaisch wirkt das Ganze. Aus riesigen zyklopischen Steinen zusammengesetzt (ohne Mörtel), beherrschte die mächtige Burg die ganze Umgegend. Der äußere Mauerring hatte eine Stärke von 3-8 m!

Zwischen 1200 und 1300 v. Chr. versuchten die mykenischen Fürsten auch Kleinasien zu besetzen - daher stammt die Geschichte von der Eroberung Trojas. Aber um 1100 fielen die Dorer von Norden ein und bereiteten der schon im Niedergang befindlichen Macht der Mykener ein Ende. Mykene wurde gründlich zerstört.

Ausgegraben wurde Mykene ab 1874 vom dt. Hobby-Archäologen **Heinrich Schliemann**, der vorher mit der Entdeckung Trojas in Kleinasien für eine Weltsensation gesorgt hatte.

VERBINDUNGEN / BAHNHOF: der Bhf. liegt ein paar km außerhalb vom heutigen Ort, von hier sind es nochmal 3 km Richtung Norden zu den Ausgrabungen. Der Bus nach Mykene geht genau an der Abzweigung nach Mykene von der Nationalstraße ab. Aufpassen, daß ihr an der richtigen Stelle steht. Busse auch von Nafplion.

ÜBERNACHTEN: kleine **Jugendherberge Ifigenia**, 20 Betten, wo man auch gut essen kann, Tel. 0751/66224. Recht guter und sauberer Campingplatz **Atreus** am Ortseingang, Camping **Mycenae** mit freundlichem Personal mitten im Ort (wurde kürzlich vergrößert, Sanitäranlagen aber noch recht mäßig). Billigstes Hotel ist **Orea Eleni** (La Belle Helene).

Sehenswertes: vor allem drei Attraktionen hat die Burg zu bieten -
das *Schatzhaus des Atreus*, eine der königlichen Grabkammern, liegt 400 m außerhalb des Mauerrings der Burg, unmittelbar an der Straße. Schatzhaus wurde der monumentale Bau genannt, weil den Verstorbenen immer reiche Schätze mit auf den Weg in die Unterwelt gegeben wurden. Sagenhafte Akustik!
Das *Löwentor* ist der Haupteingang zur Burg mit den berühmten zwei Löwen, die auf den Hinterbeinen aufgerichtet zu beiden Seiten einer Säule stehen. Ebenfalls aus riesig-massiven Steinen zusammengesetzt.
Gleich rechts nach dem Löwentor ein *Gräberkreis* - 19 adelige Leichen wurde hier in 6 Schachtgräbern entdeckt. Die zahlreichen Grabbeigaben zählen zum Wertvollsten, was in Mykene gefunden wurde - Gewänder, Waffen, Schmuck und vor allem Goldmasken (die bekannteste ist die sogenannte Maske des Agamemnon - alles im Saal IV des Archäologischen Nationalmuseums in Athen).

KYKLADEN

Inselgruppe mitten in der Ägäis! Strahlend-weiß gekalkte Häuser in Würfelform, ausgedörrte Erde und stechende Sonne. Wenig Baumwuchs, kaum Schatten, aber herrlich tiefblaues Meer. Griechenland in Reinkultur.

Kykladen wurden sie genannt, weil sie annähernd im Kreis (griech. - *kyklos*) um das Inselchen Delos liegen, das die Griechen der Antike als Mittelpunkt der Welt ansahen. Die heutigen südlichen Kykladen Ios, Santorin und Anafi wurden damals nicht dazu gezählt.

VERBINDUNGEN: bester Ausgangspunkt ist **Athen/Piräus**. Tägl. fahren mehrere Fähren die Route über die Ostkykladen Mykonos, Paros, Naxos, Ios, Santorin. Weniger häufig die Verbindungen auf die Westl. Kykladen Kithnos, Siphnos, Seriphos, Milos. Die Fahrt auf dem Sonnendeck ist ein tolles Erlebnis, aber Vorsicht vor Sonnenbrand! Tickets für alle Schiffe gibts im großen alleinstehenden Gebäude am Hafenkai (von der Metrostation ein paar m nach links. Die Überfahrt dauert zw. 2 und 8 std. Abfahrt der Fähren meist morgens zwischen 7 und 9 h (Metro von Athen ist dann kostenlos!).

Mykonos

Nicht allzu groß, aber einige Strände der Spitzenklasse. Mykonos ist seit langen Jahren Haupttreffpunkt des internationalen Tourismus in Griechenland, außerdem Schwulenzentrum!

Der Ort mit der vielleicht schönsten Hafenpromenade der Kykladen. Dahinter blank gefegte Gäßchen, und schneeweiße Häuser mit roten, türkisen und meerblauen Fensterläden. Auf den Hügeln Windmühlen. Während der Saison natürlich knüppelvoll, Dutzende von Bars und Tavernen, vor allem aber zig Diskotheken, die durch ihren Geräuschpegel unüberhörbar auf sich aufmerksam machen. Abends dementsprechend viel Remmidemmi, inmitten von Menschenmassen wird man vorwärtsgeschoben!

ÜBERNACHTEN: Mykonos ist im Sommer hoffnungslos überlaufen. Am ehesten kommt ihr auf dem **Campingplatz** am prächtigen Paradise-Strand unter (kostenloser Transfer mit campingeigenem Kleinbus, der zu jedem Schiff kommt - Rücktransport dafür überteuert!). Schatten leider Mangelware, Sanitäranlagen in der Saison verdreckt. Das angeschlossene Self-Service Restaurant ist teuer, hat aber tolle Auswahl. **Privatzimmer** gibt's jede Menge, in der Hochsaison aber meistens belegt und überteuert. Schon am Hafen warten die Anbieter mit verblichenen Farbphotos ihrer Etablissements. Versucht zu handeln (funktioniert am besten, wenn fast alle 'Deals' abgeschlossen sind und jemand seine Zimmer nicht losgebracht hat). Wenn sich das "Zimmer" als Besenkammer entpuppt, bleibt nur eine Nacht und sucht was Besseres.

ESSEN: **Niko's Taverna**, bei der bekannten Windmill-Disko. Für Mykonos preiswert und bewußt ursprünglich. **Kounelas**, Kneipe, in der sich nach wie vor die Fischer treffen. Fisch vom Grill und nur eine Handvoll Tische, wo's aber oft hoch her geht. **Spiro's**, im Viertel Klein-Venedig, am kleinen Strand unterhalb der Windmühlen, immer voll.

NACHTLEBEN: **Pierro's Bar**, Super-Treff, wenns irgendwo abläuft, dann hier! **Skandinavian Bar**, auch diese kleine Platia schwarz vor Menschen. **Kastro**, in Klein-Venedig direkt am Wasser, Brandungsklopfen zum Sonnenuntergang! Diskos z.B. **Windmill**, **City Disko** oder **Rainbow**.

Sehenswertes: bummeln macht viel Spaß. An jeder Ecke gibts neue Photomotive. Die Hafenpromenade nach rechts an der fast surreal verwinkelten, schneeweißen *Paraportiani-Kirche* vorbei ins Viertel *'Kleinvenedig'* - überstehende hölzerne Balkonfronten direkt am Wasser, umzingelt von Tavernen und kleinen Künstlergalerien, im Hintergrund die berühmten Windmühlen.
Tägl. um 9 h ab Hafen Schaukelboote auf die Insel **Delos** - sagenhafter Geburtsort des Apollo. Eine ganze Handelsstadt mit riesigem Apollo-Heiligtum wurde hier ausgegraben. Berühmt sind die Löwen von Delos und die hervorragend erhaltenen Mosaikböden. Vom 112 m hohen *Kynthos-Hügel* windig-schöner Blick auf die Ägäis.

Baden: alle Strände auf Mykonos ohne Schatten, aber echt schön! An jedem Strand mindestens eine Taverne.
Paradise, mit Campingplatz und gutem Self Service-Restaurant. Nacktbaden mehr als üblich. **Super Paradise**, hier treffen sich die meisten Schwulen, etliche Cliquen, Baden *mit* Badehose wird aber toleriert. **Elia**, vielleicht der schönste der drei. Häufiges Ziel von Ausflugsbussen, deshalb weniger Nacktbader. Weiter im Osten noch mehrere schöne Strände, vor allem **Kalo Livadi**.

ANFAHRT: ab Mykonos-Ort mit Bus bis **Platygialos** (Abfahrt am oberen Ortsende), von dort mit ständig pendelnden **Badebooten** weiter. Sehr hübsche Fahrt!
Ab Platygialos auch schöner Fußweg über Paradise- zum Super Paradise-Beach.

Siros

Noch relativ wenig Touristen, man lebt von einer Werft und etwas Kleinindustrie. Der Hauptort **Ermoupolis** in toller Lage auf und zwischen zwei steile Hügel gebaut. Sehr städtisches Ambiente, weil seit dem letzten Jh. Verwaltungszentrum der Kykladen.
Bester Strand bei **Gallisas** an der Westküste, es gibt dort Schatten durch Tamarisken, zwei Zeltplätze (Two Hearts ist der bessere!) und einen separaten FKK-Strand. Beliebt und sehr preiswert ist die *Green Dollar Bar*.

ERMOUPOLIS / ÜBERNACHTEN: viele Billigpensionen in den Gassen um das Hafenbecken, ca. 23 DM fürs DZ ohne eig. Bad. **Nick's Place**, helle und gemütlich eingerichtete Zimmer. Androu Str. 14, Tel. 24451. **Apollon**, hohe Räume in historischem Haus, urig ausgestattet, Reste von Deckengemälden. Odysseos 8, Tel. 26366. Beide Pensionen bieten Mopedverleih.

Paros

Ständig steigende Beliebtheit, weil zentral gelegen. Wegen der Größe der Insel viele Möglichkeiten - "entdeckt" ist aber praktisch alles.

Vor allem Engländer fühlen sich im Hauptort Parikia wohl. Abends prägen sie die Kneipenszene. Ansonsten gibt es etliche gute Strände, vor allem im Norden und an der Ostküste.
Hervorzuheben sind die überdurchschnittlich guten Schiffsverbindungen. Paros ist deshalb ein idealer Ausgangspunkt für Fahrten auf weniger besuchte Inseln bzw. für die Rückkehr nach Piräus.

Parikia: Hauptort und Hafen. An der Uferpromenade tobt das Nachtleben, dahinter viele schöne weiße Gassen. Guter Strand unmittelbar nördl. an den Ort anschließend. Sehenswert die berühmte Kirche *Panagia Ekatontapyliani* - ihre Ursprünge kann man bis ins 4. Jh. zurückverfolgen.

Übernachten: bei Parikia zwei Campingplätze - Camping **Koula** am Strand nördl. vom Ort (ca. 15 min. zu Fuß), Camping **Parasporos** südl. von Parikia (Transfer mit Bus, der zur Fähre kommt, nächster Strand 10 min. zu Fuß).
Preiswerte Hotels **Parko** u. **Kypraeous** (gegenüber Park, vom Anleger schräg links).

Naoussa: im äußersten Norden, zweitgrößter Ort der Insel. Der Dorfplatz gemütlich unter dichten Bäumen, hübscher kleiner Hafen und winklige Gassen. Der Tourismus hat in den letzten Jahren aber viel verändert - u.a. großes Neubauviertel mit Pensionen. Sehr lohnend die Strände um den Ort.

Übernachten: **Camping** ca. 3 km vor dem Ort (wenn ihr von Parikia kommt). Bus hält, noch ca. 1 km zu Fuß. Nach Naoussa läuft man von hier ca. 3/4 std. Billiges Hotel ist **Madaky**, beim Parkplatz an der Brücke, ein paar Schritte vom Hauptplatz.

Baden: westl. von Naoussa die große Bucht von **Kolimbithres** (hier liegt auch der Campingplatz), wilde Granitszenerie mit Badebuchten. Östl. vom Ort der **Santa Maria-Strand**, bevorzugt von Surfern, tolle Wacholderdünen. Zu beiden Stränden fahren Badeboote ab Naoussa/ Hafen.

Ostküste: *Pisso Livadi* ist ein kleiner Badeort mit mehreren Stränden und Camping Kafkis (liegt nicht am Meer). Am benachbarten *Logara-Beach* einfache Zimmer in Taverne direkt am Strand. Kurz vor Drios der *Golden Beach,* gut 1 km lang, bevorzugt von Wildzeltern. Das Strandcafé beliebtester Treff, dort auch Zimmer.

Inselinneres: Mofa mieten - sehenswert die berühmten *Marmorbrüche* an der Straße von Parikia nach Lefkes (kurz nach Marathi nach einer kleiner Brücke rechts einen Weg hinein. Nach ca. 200 m links in der Wand die Stollen).
Außerdem das Schmetterlingstal *(Petaloudes)* mit seinen zigtausend Faltern (südl. von Parikia).

Antiparos: mal mit den kleinen Fähren von Pounta rüber. Gemütlicher Hafenort, großer Campingplatz mit FKK-Badestrand und sehenswerte Tropfsteinhöhle (Bootstransfer ab Parikia oder vormittags Busse von Antiparos/Ort).

Naxos

Vielleicht die schönste der Kykladen - größer und gebirgiger als Paros, viele kilometerlange Sandstrände nicht weit von Naxos-Ort.

Im Inneren der Insel die *Tragea* - eine riesige Hochebene, eingeschlossen von fast alpenähnlichen Bergmassiven und übersät mit zigtausenden von Olivenbäumen. Kleine Bergnester und zahllose weiße Kirchlein sind über die ganze Insel verstreut, die übrigens auch relativ fruchtbar ist - u.a. werden Zitronen und Aprikosen angebaut.

Naxos-Stadt: liegt mit weißen und pastellfarbenen Würfelhäusern in der üblichen Kykladenbauweise zusammengedrängt auf einem Hügel. Drüber ein venezianisches Kastell und auf einer Halbinsel vor dem Hafen das Wahrzeichen - ein überdimensionales Tor aus Marmorblöcken - sollte mal ein riesiger Tempel werden.
Im Zentrum ein Gewirr von engen Gäßchen, Torbögen und Steintreppen, im dämmrigen Halbdunkel Dutzende von Läden, ab und zu kleine Tavernen, alles malerisch vergammelt.

Übernachten: **Hotel Dionysos**, unterhalb der Burg. Sehr simple, privat geführte Jugendherberge, ca. 8 DM. Vom Hafen ist der Weg mit roten Pfeilen gekennzeichnet. Das benachbarte **Hotel Anixis** ist besser, kostet ca. 30 DM fürs DZ ohne Bad.
Nächster und gleichzeitig bester Campingplatz ist der erst 1988 eröffnete **Camping Apollo** auf der Halbinsel Stelida zwischen den Stränden Ag. Georgios und Ag. Prokopios, südl. der Stadt. Gleich in der Nähe liegt **Camping Naxos**. Der neue **Camping Maragas** ein Stück weiter am schönen Plaka-Strand. Die Plätze schicken alle einen Kleinbus, wenn die Fähren ankommen.

Essen: **Faros**, gutes Lokal von Dieter aus Berlin, direkt vis à vis vom Anleger. **Oniro**, in den oberen Gassen der Altstadt (Wegweiser beachten), gutes Lokal mit Dachterrasse, Spezialität ist Kleftiko in Alupapier. **Christos**, kleines uriges Lokal in einer Gasse hinter dem nördlichen Ende der Hafenfront, gute Grillsachen, außerdem die besten Kartoffeln von Naxos!

Baden: gleich südl. an die Stadt anschließend der Strand *Agios Georgios* - könnt ihr aber fast vergessen, ziem-

lich schmal und voll mit den Gästen der dahinter liegenden Hotels.
Schöner wird's südl. von der Halbinsel Stelida. *Agios Prokopios, Agia Anna, Plaka* und *Mikri Vigla* sind sichelförmige, kilometerlange Sandstrände, die flach ins Wasser abfallen. Insgesamt ein nahezu ununterbrochenes Sandband, das sich fast 20 km nach Süden erstreckt... Im Sommer Busse und Badeboote ab Hafen. Man kann aber auch laufen (zum Ag. Anna-Strand ca. 1 std.), Mofa empfehlenswert. An den Stränden gibts einige Pensionen und Tavernen, am Plaka-Strand auch einen Campingplatz (siehe Übernachten).

Inseltrips: per Bus morgens ab Naxos tolle Serpentinenfahrt nach *Apollon* an der Nordspitze der Insel (ca. 2 1/2 std., 12 DM einfach), breiter, leider verschmutzter Kiesstrand. Über dem Ort liegt eine gut 7 m lange antike Jünglingsstatue (sog. Kouros)! Naxos und Paros waren in der Antike für ihren guten Marmor bekannt.

Amorgos

Ehemaliger Geheimtip für stille Tage inmitten wild-karger Felslandschaften, heute schon ziemlich bekannt. Es gibt so gut wie keine Autos auf der Insel, die **Chora** (Hauptort) von Amorgos liegt fast 400 m hoch über dem Meer!
Unterkunft in Privatzimmern im Hafen **Katapolon** (hier auch der einzige Campingplatz) oder oben in der Chora.
An der Ostküste klebt das grellweiße *Kloster Chosowiotissa* in einer rostroten Schieferwand. Ist zu besichtigen, drei Mönche leben noch hier (strenge Kleidervorschriften, Mädchen müssen einen Leihrock anziehen). In der Nähe auch der beliebteste Badeplatz von Amorgos, die Kiesbuchten und Felsplatten von *Ag. Anna*. Busse pendeln in der Saison zwischen Hafen, Chora, Ag, Anna und dem Kloster.
Bei Rucksacklern beliebt ist der Norden der Insel, wo am Strand von **Ormos Ägiali** hemmungslos am Strand gepennt und gesoffen wird (teilweise üble Szenerie).

VERBINDUNGEN: ab **Piräus** höchstens 1 x pro Woche, in der Saison aber mehrmals wöch. von **Naxos** zu erreichen, dauert jedoch gut 7 std. (weil meist nur kleine Schiffe verkehren). In der Nebensaison problematisch.

Ios

Es brodelt in der Chora. Gewimmel von Rucksackler aus aller Herren Länder - Skandinavier und Engländer sind am stärksten vertreten (fallen zumindest am meisten auf). Tradition haben die diversen Säufercliquen.

Im Ort ist abends der Teufel los, auf dem kleinen Dorfplatz feiern die meist angeheiterten Jungtouristen, die Freiluftdiskotheken dröhnen bis 4 Uhr am Ortsausgang Richtung Milopotamos-Strand (Scorpio's Club und New Look). Paßt auf eure Sachen auf - Diebstahlsquote ist hoch.

VERBINDUNGEN: Busse pendeln zwischen 7 und 24 h vom Hafen zum hoch gelegenen Ort und auf schöner Serpentinenstraße runter zum Milopotamos-Strand.

ÜBERNACHTEN: hinter dem langen Strand beim Hafen empfehlenswert das einfache Hotel **Elena** (liebes altes Ehepaar). In der Chora gibts Zimmer vor allem im Neubauviertel (wenn ihr aus dem Bus steigt, den Hang hinter der Post hinauf).
Am Milopotamos-Strand, dem Hauptbadestrand der Insel, liegen 2 Campingplätze. **Camping Star** gleich ganz vorne am Busstop, hat mehr Schatten, sanitär aber recht mäßig (Petros an der Rezeption spricht hervorragend Deutsch). **Camping Souli** hat dafür eine gemütliche Strandtaverne. Der gute, nicht so überfüllte **Camping Ios** liegt gleich am Hafen.
Am Milopotamos-Strand wurde bis vor kurzem in langer Reihe im Freien geschlafen. Harte Polizeikontrollen haben dem ein abruptes Ende gemacht.

ESSEN: **The Nest**, zentral im Ort, wo die Hauptstraße einen starken Knick macht, billig. Kafeteria/Self Service **Far Out**, beliebtestes Lokal am Milopotamos-Strand.

NACHTLEBEN: zuerst in den **Ios-Club**, klassische Musik zum Sonnenuntergang. Danach Essen, dann trifft man sich an der proppevollen Dorfplatia oder am Mäuerchen vor der **Disko 69** unterhalb davon. Gegen Mitternacht gehts zum **Scorpio's Club** oder ins **New Look** (siehe oben).

Baden: *Milopotamos-Strand*, mehr als 1 km lang, Nacktbaden üblich. Weiterer langer Strand beim Hafen, von dort

über die Hügelkuppe zum *Koumbara-Strand*.
Tägl. Bootsfahrten ab Hafen (10 DM hin u. zurück) an die Südostspitze von Ios zum schönen *Maganari-Strand*, 1 x tägl. Bus zum *Ag. Theodoti-Strand* an der Nordküste.

Santorin

Landschaftlich die faszinierendste Insel der Ägäis! Santorin ist ein Vulkan, der vor 3500 Jahren explodierte. Daraufhin strömte Wasser in den Krater und die ehemals kreisrunde Insel erhielt ihre heutige halbmondförmige Form.

Die bizarren Kraterwände aus brandrotem, schwarzem und blauviolettem Gestein stürzen heute fast dreihundert Meter tief ins Meer. Ganz oben auf der Abbruchkante der schneeweiße Häuserkamm von Thira, dem Hauptort der Insel.

Bei der Explosion wurde wahrscheinlich eine hohe Zivilisation vernichtet, ähnlich der minoischen Kultur auf Kreta. Im Süden von Santorin hat man eine Siedlung ausgegraben, die schon tausend Jahre vor der Katastrophe bewohnt war und durch die herabregnende Lava perfekt konserviert wurde!

Übrigens - Santorin hat in seiner Geschichte viele Erdbeben erlebt - das letzte von 1956 zerstörte innerhalb einer Minute fast sämtliche Inselhäuser!

VERBINDUNGEN: die meisten Linienschiffe legen im neuen Hafen **Athinios** an, 3 km südl. von Thira. Mit klapprigen Bussen gehts über schwindelerregende Serpentinen auf den Kraterrand hinauf und weiter nach Thira, Kamari oder Perissa.
Manchmal landen die Schiffe auch im alten Hafen **Skala**, direkt unterhalb von Thira. Nach oben teurer Transport mit der neu erbauten Seilbahn (alpenerprobtes Modell aus Österreich), ca. 6 DM. Dasselbe kostet der Schaukelritt auf einem Muli - gut festhalten!

Thira: lebt von seiner einzigartigen Lage, übereinandergestaffelt am Kraterrand. In den hellerleuchteten Basargäßchen am Kraterrand teure Schmuckboutiquen und Schafwollteppiche, auf Kreuzfahrttouristen zugeschnitten. Neuerbaute Kathedrale, die an eine islamische Moschee erinnert. Ansonsten ein Archäologisches Museum (an der Seilbahnstation) und das Museum Megaro Gyzi mit Dokumenten aus der Geschichte der Insel.

ÜBERNACHTEN: gute **Jugendherberge** mit kleiner Taverne vom Hauptplatz ca. 200 m Richtung Norden, dann 100 m rechts hinunter, Tel. 0286/22722. Private Konkurrenz ist das **Kamares-Hostel** in historischem Haus direkt neben dem Glockenturm der katholischen Kathedrale (am Dach schlafen ist hier toll!), Tel. 0286/23142. Außerdem gibts viele Privatzimmer, ca. 15-20 DM für's DZ. Teilweise Höhlenwohnungen, die auf Santorin Tradition haben. Allerdings nicht ganz einfach, in der Hochsaison ein Quartier zu finden.

ESSEN: **To Xelidoni**, ein paar m vom Hauptplatz, sehr beliebter Self-Service. Um die Ecke die Taverne von **Nikolas**, ebenfalls viel Andrang.

Baden/Campen: Santorin ist eigentlich keine Badeinsel. Trotzdem gibts an der sanft abfallenden Ostseite zwei schöne Strände aus schwarzem Lavasand (Vorsicht, sehr heiß!), die durch das steile Messavouno-Kap voneinander getrennt sind. Während in *Kamari* Pauschaltourismus vorherrscht (kleiner Campingplatz am Ortseingang, ca. 15 min vom Strand), gibts in *Perissa* einen großen Campingplatz direkt am Strand, außerdem eine (vergammelte) Jugendherberge an der Zufahrtsstraße. Auch der Strand ist in Perissa besser und nicht ganz so überfüllt.

Akrotiri: Dorf ganz im Süden, die weltberühmten Ausgrabungen einen knappen Kilometer südl., fast unmittelbar am Meer (ca. 3 DM). Die Fresken, die man hier fand, sind heute im Archäologischen Nationalmuseum in Athen.

TIP - nach der Besichtigung in der **Höhlentaverne** am kleinen Strand unterhalb von Akrotiri essen gehen. Toller Strand namens **Red Beach** unter tiefroter Felswand, ca. 15 min. westlich davon!

Oia: an der äußersten Nordspitze, schönster Ort der Insel und toller Kraterblick! Wurde beim Erdbeben von 1956 fast völlig zerstört und ist ganz im alten Stil wiederaufgebaut worden. Verwinkelte Treppengassen und kleine Kirchlein, aber auch noch viele Ruinen. Die Busfahrt dorthin ist ein Erlebnis (häufige Verbindungen).

ÜBERNACHTEN: viele Privatzimmer, billigstes Hotel ist das Höhlenhotel **Lauda**, 30 DM fürs DZ ohne Dusche, neue **Jugendherberge** bei der Bushaltestelle.

ESSEN: sehr beliebt ist die Taverne von **Petros**, originell die Höhlentaverne von **Georgios Karras** (spricht deutsch). Diverse Bars mit Kraterblick (überteuert).

Westliche Kykladen

Hier macht man noch nicht das ganz große Geschäft mit den Touristen. Wie die Perlen einer Schnur liegen Kea, Kythnos, Seriphos, Siphnos und Milos aufgereiht.

Seriphos: sehr schöne bergige Insel. Die Chora klebt hoch über dem Hafenort *Livadi*, bietet vom Schiff einen Super-Anblick. Leider gibts keinen Campingplatz, viele Rucksacktouristen schlafen am schönen Sandstrand gleich 5 min. westl. vom Anleger (über den Hügel steigen).
Vom Hafen per Bus die 5 km zur mittelalterlichen **Chora** hinauf. Runterlaufen über den alten *Treppenweg*, der die Serpentinen beträchtlich abkürzt.
Ein Super-Strand mit weißen Dünen ist *Psili Ammos*, östl. vom Hafen (zu Fuß ca. 30 min.).

Siphnos: im Sommer tummeln sich inzwischen Tausende von Rucksacklern in den wenigen Orten der Insel. Landschaftlich recht reizvoll - für eine Kykladeninsel relativ viel Grün, Wechsel von schroffen Bergen und welligen Hügeln. Siphnos hat eine lange Töpfertradition (im Hafenort leben mehrere Töpferfamilien) und ist eine beliebte Urlaubsinsel für Athener.
Malerischer Hauptort **Apollonia** in der Mitte der Insel. Direkt am Hafen **Kamares** gibts einen langen Strand mit Tamarisken, dahinter ein kleiner Campingplatz (der freundliche Makis leitet den Platz). Im Süden bei **Platy Gialos** 2 km Sandstrand, einer der längsten der Kykladen, aber schon ziemlich zugebaut. Auch dort ein kleiner Campingplatz, allerdings 500 m von Meer entfernt. Am Campingplatz beginnt ein markierter Wanderweg (ca 1 std.) nach **Vathi**, große Bucht mit schönem Sandstrand (auch tägliche Badeboote ab Kamares). Beliebt bei Rucksacklern ist **Faros**, ein kleines Fischernest im Südosten, wo am Strand 7 min. östl. gezeltet wird.

Milos: sehr interessante Vulkaninsel mit bizarren Klippenrändern und einem riesigen, fast kreisrunden Naturhafen. Einige tolle Sandstrände und Badebuchten liegen an der Südküste, z.B. **Paliochori** (Privatzimmer). Auf Milos werden in großem Maßstab Mineralien abgebaut, der Tourismus hat deswegen noch nicht massiv Fuß gefaßt. In der Antike waren die Marmorbrüche berühmt, die Venus von Milo(s) ist im Louvre/Paris zu bewundern!
Angenehmer Hafenort **Adamas**, am langen Sandstrand wird wild zelten bisher toleriert. Gut und preiswert ist das Hotel *Semiramis*, etwas zurück von der Hafenfront, an der Straße zum Hauptort Plaka. **Plaka** liegt hoch oben und ist mit den umgebenden Siedlungen fast zusammengewachsen. Unterhalb von **Tripiti** gibts die größten frühchristlichen Katakomben Griechenlands zu besichtigen (nur ein kleiner Teil ist zugänglich).

KRETA

Ein Gebirge im Meer - karge Felslandschaften, aber auch Millionen von silbrig-grünen Olivenbäumen, fruchtbare Ebenen und lange Sandstrände.

Fast zwei Drittel des Jahres scheint praktisch ununterbrochen die Sonne! Ab April bis tief in den Herbst hat das Kreta einen Urlauberstrom beschert wie keiner anderen Mittelmeerinsel. Jeder Griechenlandreisende kommt irgendwann mal her. Folge - vor allem die gut erschlossene Nordküste ist zu voll. Der Süden ist dagegen hauptsächlich vom "Alternativtourismus" entdeckt. Jeden Sommer quellen die kleinen Küstendörfer fast über. Touristische Vorreiter und absolute Renner sind *Agia Galini*, *Matala*, *Plakias* und *Paleochora*.

Generell gesehen ist der Westen der Insel landschaftlich abwechslungsreicher und grüner als der karge Ostteil. Die faszinierende *Samaria-Schlucht* windet sich aus dem beherrschenden Massiv der Weißen Berge *(Lefka Ori)* hinunter zum Libyschen Meer.

Kreta gilt als die Wiege Europas. Schon lange vor der griechischen Antike existierte hier eine Hochkultur, die den ganzen östlichen Mittelmeerraum beherrschte. Die Oberschicht der *Minoer*, so genannt nach ihrem sagenhaften König Minos, lebte in prunkvollen Palästen, deren Entdeckung Anfang unseres Jh.'s für eine echte archäologische Sensation sorgten.

VERBINDUNGEN: Jeden Abend fahren ab Piräus zwei Fähren nach **Iraklion** und eine nach Souda bei **Chania**. Chania ist die schönere Stadt, Iraklion hat dagegen das minoische Knossos und das archäologische Nationalmuseum zu bieten.

Iraklion: größte Stadt Kretas, die meisten Schiffe legen hier an. Viel Trubel und fast schon Großstadtatmosphäre. Schön ist die Marktgasse, der Platz um den Morosini-Brunnen und der Venezianische Hafen mit Kastell.

Ein Spitzenmuseum ist das *Archäologische Museum* am Eleftherias Platz. Praktisch sämtliche Funde der minoischen Kultur - in dieser Reichhaltigkeit einmalig, siehe auch Knossos, weiter unten (Di-So 8-19, So 9-18 h, Mo geschl., ca. 7 DM, Schüler/Stud. ermäß.).

INFORMATION: am Eleftherias Platz (gegenüber archäolog. Museum). Touristenpolizei in der Dikeosinis Str.

VERBINDUNGEN: mehrere **Busbahnhöfe** im Stadtgebiet, einer bereits unten am Hafen. Hier bekommt ihr Infos, wo euer Bus abfährt. An die Südküste meistens vom Busbhf. am Chania-Tor (ab Nähe Morosiniplatz die Kalokairiniou immer geradeaus).

ÜBERNACHTEN: schmuddelige **Jugendherberge** in der Chandakos Str. 24, Tel. 081/222947. Führt vom Morosiniplatz hinunter zum Meer. Die private Konkurrenz **Hania** in der Kidonias Str. 19, ein Stückchen weiter unten ist besser.

Ein sauberes Billighotel ist das **Hellas** in der Kantanoleon Str. am El Greco-Park, schräg gegenüber das **Atlas** (beide unmittelbar beim Morosini-Brunnen). Gut gefallen hat uns das Hotel **Rea**, ruhige Lage, im unteren Bereich der Chandakosstr. rechts.

ESSEN: nette kleine Tavernen in dem Seitengäßchen zwischen der Marktgasse (1866 Str.) und der Evans Str. - Theodosaki Str.

Iraklion/Umgebung: *Knossos*, der sagenhafte Palast der minoischen Könige, liegt wenige Kilometer südöstl. von Iraklion. Die Anlage stammt aus dem 2. Jahrtausend v. Chr., als sich in Kreta eine bedeutende Hochkultur entwikkelte.

Ein beeindruckendes Labyrinth von Grundmauern, Gängen, Treppen, Höfen, Zimmerchen und Räumen erwartet euch. Der Entdecker, Arthur Evans, unter dessen Leitung die Ausgrabungen von 1900-1944 stattfanden, hatte viel Phantasie - er veränderte, renovierte, ergänzte und bemalte die Ruinen nach Gutdünken. Viele Archäologen kritisieren heute die Rekonstruktion der Anlage. Am beeindruckendsten der 'Thronsaal' mit dem ältesten Thron Europas (original erhalten) und die 'Privatgemächer' der Königsfamilie auf der anderen Seite vom Haupthof (Mo-Sa 8-19, So 8-18 h, häufige Änderungen möglich, ca. 6 DM, Schül./Stud. ermäß).

VERBINDUNGEN: Bus 2 ab Busbahnhof am Hafen oder ab Morosini-Brunnen (Haltestelle gegenüber Venez. Loggia).

Lohnende Ziele: *Chania* und *Rethimnon* sind die schönsten Städte an der Nordküste.

Plakias und das benachbarte *Damnoni* sind Rucksacklertreffs an der Südküste, *ebenso* die kleinen Küstenorte an der *westlichen Südküste* von Paleochora bis Chora Sfakion.

Rundreisetip - von Kreta nach *Rhodos* (ab Agios Nikolaos oder Sitia ca. 2 x wöch.) und weiter nach *Marmaris* in der Türkei (nächster Bahnanschluß in *Izmir*).

Alle weiteren Kreta-Infos im Band INTERRAIL - EUROPA MITTE/SÜD bzw. in unserem speziellen KRETA-FÜHRER!!

NORDOSTÄGÄISCHE INSELN/ DODEKANES

Die Inseln vor der türkischen Küste liegen für Interrailer weit vom Schuß. Trotzdem hier ein paar Infos - schon deshalb, weil seit 1989 die *gesamte Türkei* mit Interrail befahren werden kann! Anschluß ans türkische Bahnnetz habt ihr in Izmir (nächste griechische Insel ist Chios).
Wichtigster Fährhafen am griechischen Festland ist Piräus, Fahrtzeit von gut 14 std. einkalkulieren.

Griechenland - Türkei: von fast allen griechischen Ägäis-Inseln vor der türkischen Küste besteht die Möglichkeit, in die Türkei überzusetzen. Diese recht kurzen Überfahrten sind allerdings vergleichsweise teuer - Preise bis zu 50 DM sind üblich. Stellt euch auch auf Wartezeiten ein - die Fähren gehören türkischen Reedereien, die schon mal einen halben Tag warten, bis das Schiff voll ist. Tickets erhält man in den Hafenorten.

Lesbos - Ayvalik: zwischen April und Okt. tägl. außer So (2 std., ca. 35 DM).
Chios - Cesme: im Sommer tägl. außer Mo (1 std., ca. 35 DM). Von Cesme kommt ihr schnell nach Izmir, wo ihr wieder Bahnanschluß habt.
Samos - Kusadasi: April bis Oktober tägl. (2 std., ca. 44 DM).
Rhodos - Marmaris: im Sommer tägl. außer So (3 1/2 std., ca. 44 DM).

Wichtig, falls ihr wieder zurückwollt - laut griechischer Einreisebestimmungen darf man sich nur 1 Tag beim 'Erzfeind' aufhalten. Eventuell mit einem **zweiten Reisepaß** arbeiten oder bei der Einreise nur den Personalausweis vorzeigen, der nicht abgestempelt wird.

Lesbos

Abwechslungsreiche Landschaft - Bergland und karge Karstregionen, dazwischen fruchtbar-grüne Täler mit Millionen von Olivenbäumen. Schöne Sandstrände und Felsbuchten sind gleichermaßen vorhanden.

VERBINDUNGEN: Fähren ab **Kavala** (Nordgriechenland) 1 x wöchentlich, ca. 32 DM. Außerdem 6 x wöch. von Piräus, ca. 40 DM - fährt über Chios und dauert 14 Stunden.

Mytillini: Hafen und Hauptort der Insel. Altstadt auf einer Halbinsel am Fuß der venezianischen Burg, einige bescheidene Strände. Sprungbrett für Inseltrips, sonst wenig, was zum Bleiben reizt. Die Fähren aus Kavala und Piräus legen etwas außerhalb der eigentlichen Hafenanlagen an.

VERBINDUNGEN: **Busbahnhof** Ecke Smyrnis/Leoforos Str. Von der Anlegestelle nach links die belebte Hafenstraße bis zum Ende, dort in die Smyrnis Str. Busse in alle Inselorte.

ÜBERNACHTEN: **Hotel Sappho** am Hafen, ca. 32 DM für's DZ ohne Bad. Etwas billiger ist das alte **Megali Bretania**, ebenfalls an der Hafenstraße.
An der Uferstraße Richtung Westen Möglichkeiten zum kurzfristigen Campen (Dusche und Strand), aber ziemlich mies. Offizielle Campingplätze gibt es auf Lesbos nicht!

Inseltrips: *Skala Kaloni* liegt schön am Golf von Kaloni. Kleiner Fischerhafen, Sandstrand, mehrere Tavernen am Meer. Busverbindungen ab Mytillini meistens morgens. *Kaloni* 3 km entfernt ist weniger sehenswert, viele Straßencafés und wesentlich mehr Busverbindungen als von Skala Kaloni.
Skala Eresou an der Westküste ist ideal für Leute, die Diskos und Remmidemmi suchen! Guter Sandstrand und großer wilder Campingplatz mit öffentlicher Wasserstelle. Preise im Vergleich zu anderen Orten hoch, preiswertes Hotel ist das Minerva.
Sigri, ebenfalls an der Westküste, ist genau das andere Extrem. Ruhig, fast schon verschlafen, einige schöne Strände. Am Ortsrand eine türkische Festung. Wilder Campingplatz und öffentliche Dusche am Strand.
Weiterer lohnenswerter Trip nach *Petra* und *Molivos* (Mithimna) im Norden von Lesbos. Vor allem letzteres liegt landschaftlich einmalig, schönster Ort

der Insel! Beide Orte haben gute Bademöglichkeiten.

Chios

Weniger Tourismus als auf Lesbos. Kulturell interessant, weil die Türken nachhaltige Spuren hinterlassen haben. Außerdem gibt es einige bildschöne mittelalterliche Dörfer (im Süden der Insel). Ansonsten viel Felslandschaft, zum Zelten weniger geeignet, auch gute Badestrände sind rar. **Chios-Stadt** hat wenig Charme, ist aber ehrlicher und realistischer als manches Postkarten-Dorf.
Die türkische Küste ist nur knapp 10 km entfernt - interessant für Raller, die rüber nach Izmir wollen!

VERBINDUNGEN: 6 x wöch. von/nach Piräus und Lesbos. Deckplatz ab Piräus ca. 27 DM.

ÜBERNACHTEN: in Chios-Ort die freundliche Pension **Yiannis** oder **Hotel Palladion** in einer Parallelstr. zum Hafen.

Inseltrips: lohnenswert zur Besichtigung ist das Kloster *Nea Moni*, 15 km von Chios-Stadt an der Straße von Karies nach *Anavatos* (verlassenes Dorf, Besuch ebenfalls interessant). Allerdings fahren die Busse nur bis Karies, die restlichen 10 km muß man wandern.
Besonders zu nennen sind aber die Ortschaften *Pyrgi*, *Olymboi* und *Mesta* im Südwesten der Insel. Enge labyrinthische Gassen, jahrhundertealte Gemäuer, freundliche Menschen, kurz: Griechenland in Reinkultur. *Limenas Mesta*, der Hafen von Mesta im Süden, ist Hauptanlaufpunkt der meisten Rucksacktouristen. Zimmer werden in der Straße angeboten, wo der Bus hält. In den Olivenhainen wird wild gezeltet.

Samos

Wunderbar grün, in seiner üppigen Vegetation einmalig unter den ägäischen Inseln. Es gibt viele einsame Strände und Buchten, traumhaft gelegene Bergdörfer und demzufolge auch immer mehr Tourismus, der sich aber im Vergleich z.B. mit den bekannten Kykladen-Inseln noch sehr in Grenzen hält.
Samos-Stadt zieht sich amphitheatralisch einen Hang hinauf. Der älteste und hübscheste Teil der Stadt ist *Ano Vathi* weit oben.

VERBINDUNGEN: tägliche Fähre von und nach Piräus (13 std.), ca. 33 DM auf Deck. Etwa 2 x wöch. geht eine Fähre auch hinüber auf die Kykladeninsel Paros, außerdem nach Chios und Rhodos.

ÜBERNACHTEN: in Samos-Stadt ist das Hotel **Artemis** relativ preiswert, außerdem die Pension **Ionia**. In Kokari das Hotel **Lito** und die schön gelegene Pension **Anthoula**.

Inseltrips: lohnendster Anlaufpunkt ist das ehemalige Fischerdorf *Kokari* an der Nordküste, 10 km von Samos-Stadt. Hier ballt sich natürlich der Tourismus. Es gibt einige sehr schöne Kiesstrände inmitten wunderbar grüner Gebirgslandschaft (Richtung Westen). Nicht versäumen sollte man einen Ausflug ins Bergdorf *Vourliotes*, das inmitten von Rebhängen für die Produktion des bekannt guten Samos-Weins sorgt.

Rhodos

Die größte Insel des Dodekanes. Rhodos-Stadt ist teuer und extrem touristisch. Dutzende Hotelpaläste säumen den Strand und die Peripherie der Stadt. Sehr sehenswert dagegen die malerische Altstadt - quirlige Basarstraßen, türkische Moscheen und eine phantastisch erhaltene Stadtmauer mit großen Stadttoren!
Im Süden ist die Insel dagegen noch weitgehend ursprünglich, ihr findet dort noch viele nahezu menschenleere Strände.

VERBINDUNGEN: tägliche Überfahrten ab **Piräus**, ca. 40 DM an Deck. Dauert aber 20 Stunden!
In Rhodos-Stadt gibt es zwei **Busbahnhöfe** - Überlandbusse fahren ab Alexandrou Papagou Str. am Mandraki-Hafen, Stadtbusse ab Eleftherias-Str.

INFORMATION: Papagou Str., zwischen Alt- u. Neustadt, nicht weit vom Busbhf. Es gibt Stadtpläne, Zimmervermittlung, Hotelliste und Infos über Verbindungen.

ÜBERNACHTEN: billige Pensionen in der Altstadt sind z.B. **Steve**, Omirou Str. 60 oder **Apollon**, Omirou Str. 28 (beide haben Mehrbettzimmer und im Sommer kann man am Dach schlafen). Etwas teurer sind die Hotels **Sidney**, Apellou Str. 41 und **La Luna**, Ierokleus 21.

ESSEN: **Rosa Lisa**, im Türkenviertel, Fanaourios Str. 40, uriger Wirt; **Plaka**, an der hübschen Platia Ippokratous in der Altstadt, guter Fisch.

Sehenswertes: Nicht versäumen solltet ihr das *Ritterviertel*, den nördlichen Teil der Altstadt. An der Ritterstraße aneinandergereiht die Herbergen des Johanniterordens - nach Nationen getrennt, die Ordensritter waren über die ganze Welt verstreut. Wird als eine der am besten erhaltenen mittelalterlichen Straßen Europas angesehen!

Im zinnenbewehrten *Großmeisterpalast* (ca. 5 DM) gibt's jeden Abend eindrucksvolle Ton- und Lichtvorführungen.

Südlich anschließend an das Rittervierte1 liegt das *türkische Viertel*, der lebendigste Teil der Altstadt. Die Sokrates-Straße ist das Herzstück, an ihrem Ende die große *Suleiman-Moschee*.

Im Juli/August abends großes Weinfest im *Rodini-Park*, ca. 3 km außerhalb (Bus ab Platia Eleftherias).

Baden: ca. 2 km Sandstrand an der Westseite der Stadt - vom Hafen gut zu Fuß zu erreichen, immer am Meer entlang.

Inseltrips: *Petaloudes*, das berühmte Schmetterlingstal. Tausende exotischer Falter sitzen hier gut getarnt auf den Felsen. Erst wenn sie von einem Wärter aufgescheucht werden, seht ihr sie.

Tsambika-Beach ist ein toller Dünenstrand etwa auf der Hälfte der Strecke von Rhodos nach Lindos. Busstation in Archangelos, ca. 2 km entfernt.

Nach *Lindos* kommt ihr mit dem Bus ab Rhodos-Stadt in einer 3/4 std. (ca. 5 DM). Malerische Akropolis hoch über dem Ort mit blendend weißen Häuserkuben. Der Aufstieg lohnt, aber unbedingt etwas zu trinken mitnehmen. Großer Naturhafen mit gutem Sandstrand am Fuß vom Burgberg. Viel Rummel! Wer übernachten will, Privatzimmer gibts ab ca. 22 DM das DZ, außerdem die Möglichkeit zum Campen.

Dutzende einsamer Strände im Süden der Insel, z.B. bei **Jennadion** und **Kattavia**.

Türkei

Interrail in Asien - wer hätte es gedacht! Land auf zwei Kontinenten, Orient in Reinkultur, üppige Moscheen und schlanke Minarette, Baden im Schatten von Kreuzritterburgen. Wer will, kann ohne einen zusätzlichen Pfennig bis zur irakischen Grenze oder in den Kaukasus vordringon.

Die Sensation geschah 1989 - seit dem Mai dieses Jahres kann die gesamte Türkei per Interrail befahren werden! Der touristische Boom, der das Land erfaßt hat, machte vor der Bahnverwaltung nicht Halt. Mit den übrigen Ländern des Interrail-Verbunds wurde man überraschend schnell einig. Obwohl Bahnfahren in der Türkei umständlich und langsam ist, und auch die Anfahrt einige Kondition verlangt, sollte sich niemand abschrecken lassen - gerade jetzt, wo der Tourismus noch nicht überall voll zugeschlagen hat, könnt ihr noch vieles erleben, was in anderen Ländern schon seit langem undenkbar ist.
Thrakien, der europäische Teil der Türkei, ist flächenmäßig nur ein winziger Splitter des gewaltigen türkischen Staatsgebildes. Er hat nicht die Reize und Vielseitigkeit des riesigen asiatischen Teils. Fast jeder Traveller durchquert ihn rasch - das große Ziel heißt **Istanbul**! Die Weltstadt Istanbul ist wohl mit Abstand die faszinierendste Metropole im Interrail-Bereich. Wer weiter will, setzt nur mit der Fähre über den Bosporus oder das Marmara-Meer und steht auf asiatischem Boden. Mitten im ungeheuer weiten anatolischen Hochland kann *Ankara* angefahren werden, die junge Hauptstadt des modernen türkischen Staates. Von *Izmir* könnt ihr tolle Küstentrips machen, in *Pamukkale* locken die berühmten Sinter-Terrassen, sogar die berühmte Tuffsteinlandschaft *Kappadokien* kann mit der Bahn erreicht werden.
Die Türkei ist preiswert und die fast unglaubliche Freundlichkeit der Menschen kann viel dazu tun, euren Aufenthalt angenehm zu gestalten. Bitte nutzt angebotene Gastfreundschaft auf keinen Fall aus und revanchiert euch für Gefälligkeiten.

Anreise

In der europäischen Türkei gibt es nur zwei Bahnlinien - eine kommt von *Nordgriechenland* (Thessaloniki/Alexandropoli) und führt über Pythion (griech. Grenze) und Uzunköprü (türk. Grenzort) nach Istanbul, die andere erreicht von *Bulgarien* kommend über Edirne ebenfalls Istanbul.

Anreise durch Bulgarien: diese Strecke hat den Nachteil, daß die Interrail-Karte in Bulgarien nicht gilt - falls ihr also auf dieser Strecke anreisen wollt, müßt ihr die Bahnfahrkarte durch Bulgarien voll zahlen, zusätzlich das Transitvisum für Bulgarien (Preise siehe unten).
Abgesehen von den Zusatzkosten ist die Fahrt ausgesprochen interessant, besonders von Nis bis an die bulgarische Grenze.

VERBINDUNGEN: der **Istanbul-Expreß** (zuschlagspflichtig) fährt 1 x tägl. direkt ab München über Belgrad und Bulgarien zum Bosporus, Abfahrt Mü 17.34 h, Ankunft Istanbul 10.10 h (übernächster Tag, zwei Nächte im Zug). Platzreservierung dringend empfehlenswert. Liegewagenzuschlag ca. 23 DM. Rückfahrt ab Istanbul 20.50 h, Ankunft Mü 11.32 h (übern. Tag). Die Fahrkarte durch Bulgarien kostet ca. 70 DM.

Türkei Fahrpläne Nr 23500–23503

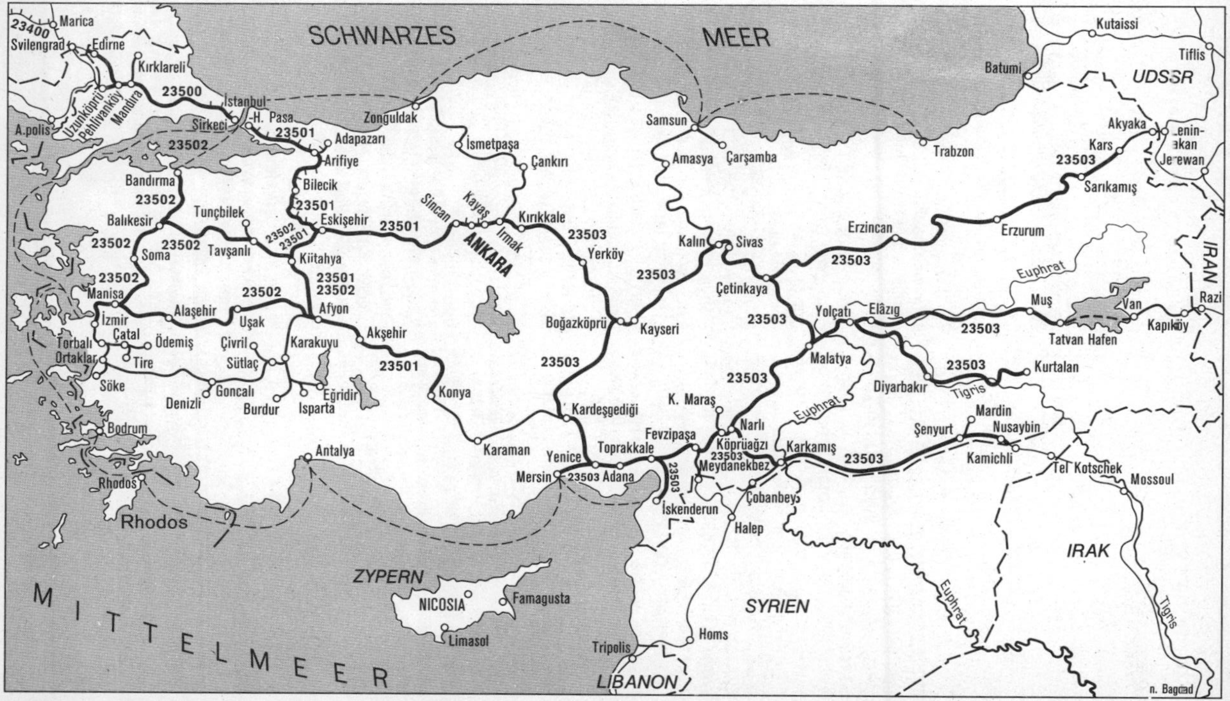

Strecken des Auslandkursbuches (elektr.) — sonstige Strecken (elektr.) — Schiffahrtslinien

TRANSITVISUM: muß vor der Reise bei der **Konsularabteilung für Visaerteilung der Bulgarischen Botschaft** beantragt werden - Am Büchel 17, D-5300 Bonn 2, Tel. 0228/351071-72.
Das Visum gilt 30 std., kostet ca. 22 DM , bzw. 38 DM hin/zurück (Doppeltransitvisum). Es berechtigt nur zur Durchreise, kein Aussteigen möglich.

Anreise durch Nordgriechenland: von Athen oder Thessaloniki über Alexandropoli via griech.-türkische Grenze nach Istanbul. Dauer ab Athen 33 std., ab Thessaloniki "nur" ca. 22 std. Von Deutschland oder Jugoslawien kommend, könnt ihr in diesen Zug in Thessaloniki zusteigen.

Auch diese Anreisevariante hat ihren Haken - an der griech.-türk. Grenze bleibt der Zug, der meist nur aus ein oder zwei Waggons besteht, bis zu 6 std. stehen! Drückende Hitze in den Wagen, jede Menge Stechfliegen (Mittel mitnehmen), Schikanen. Auf griechischer Seite darf man aussteigen.

VERBINDUNGEN: 1 x tägl. fährt ein Kurswagen (**Transbalkan**) ab Athen 23.10 h über Thessaloniki (ab 9.25 h) und Pithion (ab 21.45 h) nach Istanbul (an 6.30 h übern. Tag, zwei Nächte im Zug). Allein das Teilstück Thessaloniki - Grenze (280 km) dauert gut 12 std. (!). Platzreservierung unbedingt nötig, wie gesagt meist nur ein Kurswagen nach Istanbul, türk. Schaffner machen Schwierigkeiten, wenn man nachts keinen Platz hat. Zurück ab Istanbul 22 h, an Thessaloniki 20.26 h, an Athen 6.46 h (wenn möglich, gleich bei der Ankunft in Istanbul Platzkarte nach Athen besorgen!).

Eine interessante **Rückreisevariante** (falls man die Bahnfahrt Istanbul-Thessaloniki nicht noch einmal testen will!), stammt von Christian Borchardt:

"Wir sind mit dem Bus von Istanbul für ca. 21 DM 600 km an die südtürkische Küste gefahren und von dort mit Fähren über Rhodos nach Athen."

Anm. E. F.: Fähren gehen z.B. von Bodrum an der ägäischen Küste auf die Insel Kos (20 DM) oder vom weiter südl. gelegenen Marmaris nach Rhodos (30 DM). Preis Rhodos-Piräus ca. 40 DM, Infos zu Rhodos unter Griechenland.

Achtung - die türkischen Ein- und Ausreisestempel in eurem Paß können bei späteren Reisen nach Griechenland Komplikationen bei der Einreise verursachen. Legt also stattdessen euren **Personalausweis** vor (da gibts keinen Stempel!) oder bittet darum, daß der Stempel auf einem **Einlegeblatt** im Paß vermerkt wird, das bei der Ausreise wieder eingesammelt wird. Die Türken interessieren griechische Sichtvermerke bisher nicht.

Mit der Eisenbahn in der Türkei

Der Schienenverkehr spielt in Kleinasien traditionell eine Nebenrolle. Das eigentliche Fernverkehrsmittel sind Busse. Das türkische Bahnnetz ist deshalb sehr weitmaschig ausgebaut. Gute Anschlüsse bestehen mehrmals tägl. nur zwischen Istanbul, Ankara und Izmir.

In der *europäischen Türkei* gibt es gerade zwei Bahnlinien, die beide Istanbul als Ziel bzw. Ausgangspunkt haben. Vor allem aber der riesige *asiatische Teil* ist ungenügend erschlossen. Interessante Orte und Regionen wie Konya, Pamukkale und Kappadokien sind zwar mit der Bahn zu erreichen, zumindest kommt man in die Nähe, aber eilig darf man es nicht haben. Größtes touristisches Manko - die Mittelmeerküste ist nur bei Izmir anzusteuern. Auch die zwei Linien ans Schwarze Meer gehen an eher unattraktive Ziele.

Türkische Züge fahren selten, sind im allgemeinen ausgesprochen langsam, oft unpünktlich und meist überfüllt, selbst in der 1. Klasse. Lange Wartezeiten an Bahnhöfen einkalkulieren. Platzreservierung ist immer angebracht, für längere Nachtfahrten empfehlenswert sind die preiswerten *Liegewagen* (falls vorhanden). Da sie an Wochenenden oft im voraus ausgebucht sind, empfehlen sich für Langstreckenfahrten Werktage. Schalterbeamte an größeren Bahnhöfen sprechen oft einige Worte Deutsch oder Englisch.

Tägl. gibt es von Istanbul etwa zwei Züge nach Izmir (Direktverbindung mit Fähre übers Schwarze Meer nach Bandirma, insgesamt ca. 12 std.) und sieben Verbindungen nach Ankara (Liegewagen ca. 8 DM, Fahrtdauer ca. 11 std.). Von Istanbul nach Adana, nahe der syrischen Grenze, braucht man sogar 27 std. - falls nichts dazwischenkommt. Einziger wirklicher Expreßzug ist der *Mavi Treni* (Blauer Zug) zwischen Istanbul (Haydarpasa) und Ankara (tägl. ab 13.30, an 21 h; zuschlag- und platzkartenpflichtig).

Andere Verkehrsmittel: das beste Verkehrsmittel ist unbedingt der *Bus*! Es gibt zu jeder Tages- und Nachtzeit exzellente Verbindungen in alle wichtigen Orte, meist werden moderne Mercedesbusse eingesetzt. Zwischen Istanbul, Izmir und Ankara fahren die Busse alle paar Minuten! Die Preise sind im Vergleich zu Europa spottbillig, pro km werden durchschnittlich 2 Pfennig (!) gezahlt, etwas teurer sind die 'vornehmen' Busse mit getönten Scheiben und Klimaanlage. Ihr solltet immer überlegen, ob ihr nicht mit dem Bus besser und schneller als mit der Bahn vorwärtskommt! Von Istanbul starten die Busse am *Topkapi-Busbahnhof* (siehe dort).

Praktisches

Einreise: für Deutsche und Österreicher genügt der Personalausweis, Schweizer benötigen den Reisepaß.

Finanzielles: die Türkei ist eins der billigsten Länder auf eurem Interrail-Trip - für touristische Gebiete (v.a. Istanbul) gilt das jedoch nur noch bedingt.
Die nationale Währung ist die *Türkische Lira*, gelegentlich auch noch Türkisches Pfund genannt. 1 Lira (TL) = 100 Kurusch. Zur Zeit sind 5- und 10-Liramünzen, sowie Banknoten im Wert von 50, 100, 1000, 5000 und 10.000 im Umlauf. Geldscheine sind wesentlich häufiger als Münzen - Gürteltasche für die riesigen Batzen von Geldscheinen empfehlenswert.
Die Inflation galoppiert, die türkische Lira wird einmal jährl. abgewertet. In der Türkei erhaltet ihr für eure DM gut 50 % mehr, als wenn ihr bereits zu Hause tauscht. Grundsätzlich solltet ihr aber immer nur für wenige Tage wechseln - nächste Woche könnte der DM-Kurs bereits wieder gestiegen sein. Der Kurs für Schecks ist oft etwas günstiger als für Bares. Mit dem Postsparbuch kann man in der Türkei bisher noch kein Geld abheben.
Kleinere Probleme kann es gelegentlich mit *Reise-* oder *Euroschecks* geben. Nicht jede Bank ist autorisiert, eure Schecks einzutauschen. Selbst in Istanbul muß man manchmal etwas suchen. Tip - auf jeden Fall wechselt die Filiale der IS-Bankasi im Bhf. Sirkeci (europäischer Teil) Reiseschecks. In touristischen Gebieten keine Probleme.

Aktueller Kurs: 1 DM = 1000 TL (2/90)

LESERTIPS: "Ankunft am Sonntag in Istanbul ohne Geld? Kein Problem, jedes noch so winzige Hotel tauscht DM zum Tageskurs ein" (Martin Pliete, Billerbeck) . . . "Vorsicht vor Schwarztausch. Zum einen offiziell verboten, zum anderen meist Betrug: jemand bietet einen Kurs, der viel besser ist als auf der Bank, hält dabei schon das Geldbündel hin und zählt es vor. Der Tausch scheint prima gelaufen, doch wenn man nachzählt, hat man umgerechnet nur eine Mark in der Hand. Der Mann ist inzwischen verschwunden. Der Trick sieht so aus: der Mann hält mehrere Geldbündel in der Hand, ein "richtiges" zum Vorzählen und mehrere "falsche" zum Tauschen" (Jochen Renger, Gerlingen).

Übernachten: in Istanbul findet man im Sommer kaum mehr etwas unter 40 DM fürs DZ. Ansonsten gibts in den größeren Städten aber meist jede Menge preiswerter Übernachtungsquartiere - das Fehlen von offiziellen Jugendherbergen fällt kaum ins Gewicht. Preiswert heißt, daß ein DZ (mit Dusche/WC am Gang) schon für 10-12 DM zu haben ist, oft sogar noch billiger. Diese *Hotels* und *Pensionen* sind meist klein, leider nicht immer sauber, z.T. sogar katastrophal. Unbedingt Grundsatz beachten - erst Hotelzimmer ansehen, dann nehmen! Vorteilhaft ist ein eigener Schlafsack. Duschen mit kaltem Wasser gibt es fast überall, Warmwasser nur in den großen Städten, den teuren Hotels oder in den heißen Gebieten am Mittelmeer (oft gegen kleine Gebühr).
Das türkische Fremdenverkehrsamt in Frankfurt versendet auf Wunsch eine Liste mit allen offiziellen *Campingplät-*

zen des Landes. Dazu werden in der Regel die BP-Mocamps sowie einige wenige private Plätze gezählt. Diese Plätze sind europäischen Maßstäben angepaßt - heiße Duschen, Restaurant etc. gehören hier zur Norm - der relativ hohe Preis leider auch. Unter 12 DM für zwei Pers. mit Zelt läuft nichts. Preiswerter, dafür aber auch schlichter, sind die vielen privaten Plätze, die in oben erwähnter Liste nicht auftauchen. Man zahlt ca. 2-4 DM pro Pers. (Zelt 3 DM), dafür gibts kaum Schatten, schlechte sanitäre Anlagen, aber gute Kontakte zu türkischen Campern. *Wild zelten* wird von offizieller Seite nicht gerne gesehen, auch auf Bahnhöfen und in Parks übernachten besser vermeiden - Diebstahlsgefahr!

Essen/Trinken: allein die Küche ist die Reise wert. Kein Schweinefleisch auf dem Teller (aus religiösen Gründen) - dafür könnt ihr zwischen Hammel, Rind, Lamm, Geflügel und Fisch auswählen. Es gibt zahllose Gemüse, die man als Mitteleuropäer kaum kennt.

Die typischen Gerichte, die ihr für wenige Lira in den unzähligen Garküchen *(Lokantas o. Kebapcis)* essen könnt, sind *Köfte* (Hackfleischbällchen) und *Kebap* (diverse Zusammenstellungen aus Hammel-, Lamm- und Rindfleisch). Sie gibts in zahlreichen Variationen.

Zum Essen könnt ihr Wasser *(su)*, Cola oder Fruchtsäfte *(suyu)* trinken. Mineralwasser *(maden suyu)* und Sprudel *(maden sodasi)* löschen bei extrem hohen Temperaturen sehr gut den Durst. Auch *ayran* (Joghurt mit Wasser) und *cay* (Tee) sind optimale Durstlöscher. Kaffee *(kahve)* wird wegen des hohen Preises weniger getrunken.

Alkoholisches gibt es, trotz Koranverbot, auch. Zwei Biere sind marktbeherrschend - Efes-Pilsen und Tuborg-Bira. Außerdem kann ich bei Magenverstimmungen den Anisschnaps *Raki* nur empfehlen.

LESERTIP: "unbedingt mal Sesamkringel und Apfeltee (Elma) versuchen - schmeckt ausgezeichnet" (Günter Schmidt, München).

Einkaufen/Handeln: im *Carsi* (=Basar) bekommt ihr alles. Vor dem Kauf Preise bei mehreren Händlern vergleichen. Bei Souvenirs ist Handeln üblich, bei Gegenständen des täglichen Lebens dagegen nicht. Auch diese eignen sich aber durchaus als Mitbringsel. *Schwämme* sind z.B. im Vergleich zu unseren Preisen spottbillig, zudem noch klein und leicht, also ideal für den Rucksack. Ansonsten könnt ihr noch *Tee* (der aus Rize ist am besten), *Parfums* oder *Gewürze* mitbringen. *Wasserpfeifen* dürften zu groß und zu schwer sein. Ein guter Platz, um solche Sachen zu kaufen, ist der **Ägyptische Basar** in Istanbul (siehe dort unter Sehenswertes).

An echten Souvenirs (handwerklich/ kunsthandwerklich) lohnen sich z.B. *Ledersachen* und *Kupferarbeiten*. Teppiche sind ein gefährliches Pflaster, wo man böse drauf zahlen kann, wenn man sich nicht auskennt (auf jeden Fall immer bei Tageslicht ansehen).

Anfangen zu Handeln dürft ihr nur, wenn ihr wirklich an einem Kauf interessiert seid. Schätzt ab, was euch das Stück wert ist und fangt mit eurem Angebot ein ganzes Stück darunter an, auch wenn es lächerlich wirkt. Der Verkäufer wird einen maßlos erhöhten Preis nennen, dann ein Stück heruntergehen, vielleicht noch ein winziges Stück und dann einen Preis erzielen wollen, der etwa doppelt so hoch ist, wie der, den ein Einheimischer zahlen würde. Da die meisten Touristen darauf eingehen, ist es nicht immer ganz einfach, noch tiefer zu kommen.

Ermäßigungen: mit *internationalem Schüler-* oder *Studentenausweis*, außerdem mit der *YIEE-Karte* (siehe allgemeiner Teil, S. 27) bekommt ihr Ermäßigungen bei der Bahn (10 % auf nationalen Strecken), verschiedenen Busgesellschaften (10-25 %), in Museen, Theatern, Kinos (50 %) und bei Turkish Airlines (60 % für Stud. unter 28, 25 % für Jugendl. unter 22). Das TMGT-Büro in Istanbul, Istiklal Cad. 471, stellt gegen Vorlage des internationalen Stud.-Ausw. einen nationalen türkischen aus (kann von Vorteil sein, weil ihn jeder türkische Ticketverkäufer lesen kann).

Telefon: Telefonieren ins Ausland ist von Telefonzellen in Postämtern möglich. Diese sind deshalb oft bis spät in die Nacht geöffnet. Apparate, von denen internationale Gespräche möglich sind, tragen die Aufschrift *Milletrarasi*. Man kauft am Schalter spezielle Jetons (die größeren für Ferngespräche). Das Ganze ist ziemlich zeitraubend, da man kaum gleich durchkommt (rechnet gut 1 std. für die ganze Prozedur!), außerdem ziemlich teuer. Man kann sich an manchen Postämtern von Hand vermitteln lassen, dann ist die Verbindung oft besser.

VORWAHL: Bundesrepublik Deutschland - **99*49** (aus Istanbul 49), Österreich - **99*43**, Schweiz **99*41** (* = Freizeichen abwarten).

Krankheiten: in den Zweigstellen der türkischen Sozialversicherungsanstalt wird meist schnell und unbürokratisch geholfen. In kleineren Fällen geschieht das oft kostenlos, trotzdem Anspruchsschein für den türkischen Krankenschein mitnehmen. Eine Zusatzversicherung sollte ihr abschließen (s. allg. Teil, 'Krank im Urlaub').
Durchfall ist bei längeren Türkeiaufenthalten häufig - Medikamente besser gleich selber mitbringen. Bei kleineren Krankheiten helfen oft die zahlreichen Apotheken *(exzane)*. Viele Ärzte haben im Ausland studiert und sprechen meist eine Fremdsprache. Beim Auffinden eines deutschsprachigen Arztes hilft die Botschaft in Ankara. In Istanbul gibt es mehrere internationale Hospitäler - das *Deutsche Krankenhaus* in der Siraselviler Caddesi 119, Istanbul-Taksim, Tel. 1435500. Weitere Informationen bei eurer Krankenkasse.

Kleiner Sprachführer

Allgemeines: Guten Morgen - *günaydin*; Guten Tag - *merhaba*; Guten Abend - *iyi aksamlar*; Gute Nacht - *iyi geceler*; Auf Wiedersehen - *allahaismarladik* (Aussprache *alasmaldik*); ja - *evet*; nein - *hayir*; danke - *tesekkürler/mersi*; bitte - *lüften*; wo ist? - *nerede?*; wann? - *ne zaman?*; Straße - *cadde*; Gasse - *sokak*; Platz - *meydan*; gestern - *dün*; heute - *bugün*; morgen - *yarin*; Tag - *gün*; Woche - *hafta*; Vormittag - *sabah*; Nachmittag *öglodcn sonra*; Abend - *aksam*.
Zahlen 1-10 = *bir, iki, üc, dört, bes, altc, yedi, sekiz, dokuz, on*; 20 = *yirmi*; 50 = *elli*; 100 = *yüz*; 1000 = *bin*.

Bahn: Bahnhof - *gar, istasyon*; Bahnsteig - *peron*; Haltestelle - *durak*; Zug - *tren*; Liegewagen - *kuset*; Schlafwagen - *vagonli*; Speisewagen - *vagon-restoran*; Abfahrt - *hareket, kalkis*; Ankunft - *varis*; Fahrkarte - *bilet*; Fahrplan - *tarife*; Schalter - *gise*; Gepäck - *bagaj*; Gepäckaufbewahrung - *bagaj deposu*.

BOTSCHAFTEN

Bundesrepublik Deutschland: Atatürk Bulvari 114, Ankara, Tel. 265465-67. Konsulat, Inönü Caddesi 16-18, P. K. 355, Beyoglu, Istanbul, Tel. 1450705-8. **Österreich**: Atatürk Bul. 189, Ankara, Tel. 254761. Konsulat, Silahhane Cad. 59/4, Tesvikiye, Istanbul, Tel. 1463769. **Schweiz**: Atatürk Bul. 247, Ankara, Tel. 274316. Konsulat, Hüsrev Gerede Cad. 75/3, P. K. 122, Teskiye, Istanbul, Tel. 1485070-71.

FREMDENVERKEHRSÄMTER

D-6000 Frankfurt 10, Baseler Str. 37, Tel. 069/233081-82. **D-8000 München 2**, Karlsplatz 3/1, Tel. 089/594902-594517. **A-1010 Wien**, Mahler Str. 3, Tel. 0222/522128-29. **CH-8001 Zürich**, Talstr. 74, Tel. 01/2210810-12.

(Thessaloniki) - Uzunköprü - Istanbul A-Kb. 23601, 23500

Die Landschaft ist hier noch nicht so interessant wie im asiatischen Teil - weitgehend Weizenfelder, Wiesen und Weiden bestimmen die Szenerie. Im Frühjahr freundlich grün, im Sommer braun und versengt. Erst hinter *Corlu*, wenn sich die Bahnlinie der Marmarameer-Küste nähert, wird es interessanter.
Wer Edirne besuchen will, muß in *Pehlivanköy* umsteigen (Abfahrt nach Edirne tägl. 22.23 h, an 23.11 h).

(Bulgarien) - Edirne - Istanbul A-Kb. 23400, 23500

Ab Grenze 6-7 std. bis Istanbul.

Edirne

Zwischenstop bei An- oder Rückreise über Bulgarien lohnt! Mit 80.000 Einwohnern erste größere türkische Stadt nach der Grenze, trotzdem kaum Touristen. Schön restauriertes Stadtzentrum mit tollen Moscheen, alten Brücken und mehreren Basaren.

Edirne war im Mittelalter zeitweise die Hauptstadt des Osmanischen Reiches, das damals tief in den Balkan hinüberreichte. Mit der Unabhängigkeit Bulgariens wurde es 1878 seines Hinterlands beraubt und konnte den Rang einer Provinzhauptstadt nie wieder aufbessern. Heute vor allem Garnisonsstadt (5 km zur griechischen Grenze!), außerdem Schauplatz berühmter Ringwettkämpfe (s. Kasten).

VERBINDUNGEN: **Bahnhof** im südl. Stadtgebiet, zwei Züge tägl. nach Istanbul, ca. 6 std.

INFORMATION: Hüriyet Meydani 27, viele Infos.

ÜBERNACHTEN: im Zentrum Hotel **Kent Oteli**, Saraclar Cad. 83 (weitere billige Hotels in der Umgebung) oder **Berlin Otel** in der Arif Pasa Cad.

Camping Meric, am Fluß Meric, südl. Ortsrand, recht sauber, mit Supermarkt, Restaurant und warmen Duschen. **BP-Mocamp Kervanseray**, direkt neben Busbhf., am Ortsrand Richtung Istanbul, gut und teuer.

Sehenswertes: die *Selim-Moschee* hat die höchsten Minarette der Türkei und liegt weithin sichtbar auf einem Hügel mitten im Zentrum (Hauptplatz Hüriyet Meydani, überdachter *Basar* vor der Moschee). Erbaut wurde sie im 16. Jh. vom berühmten Baumeister Sinan und gilt als ein Meisterwerk der osmanischen Architektur. In der benachbarten Medrese (Internatshochschule) ein *Volkskundemuseum*, nördl. davon, an der Sinan Cad., ein modernes *archäologisches Museum*.

Sehenswert noch die *Eksi Moschee* unterhalb der Selim Moschee mit dem *Gedeckten Basar* dahinter. Beachtet die berühmten Brücken von Edirne!

> Alljährlich im Juni (genauen Termin vor Ort erfragen) finden bei Edirne die berühmten **Kirkpinar-Ringkämpfe** statt (Edirne Kirkpinar Yagligüres). Wer dann hier ist, unbedingt Station machen! Die Ringkämpfer kommen aus der ganzen Türkei. Um das Zugreifen zu erschweren, sind sie mit Öl eingerieben, drei Tage geht es hoch her.

ISTANBUL

Das große Ziel aller Türkei-Traveller. Es lohnt sich, die Einfahrt in diese Superstadt nicht zu verpassen!

Ein Bullenmarkt, winkende alte Leute auf halbverwitterten Schindeldächern, angelnde Knaben im Morgendunst, ein irrebunter und riesiger Markt, kilometerlange Strände, dann die ersten Großstadtstraßen mit wimmelndem Verkehr und schließlich der Eingang zum Goldenen Horn mit Blick auf die Anlegestellen der Fähren und auf Üsküdar, den asiatischen Teil der Stadt. Orient in Reinkultur - zumindest auf den ersten Blick.

Aber die Weltstadt auf zwei Kontinenten ist nicht mehr nur die geheimnisvolle und exotische Stadt mit Kasbah und einem nach sämtlichen Wohlgerüchen des Morgenlands duftenden Basar. Wenn man durch das Herz Istanbuls schlendert, wird einem schnell klar, daß die Stadt auf den sieben Hügeln Probleme hat. Denn die Industrie und die ständig wachsenden Armenviertel am Stadtrand setzen Istanbul schwer zu. Das Goldene Horn schimmert eher auf Grund des hohen Ölanteils auf dem Wasser, als wegen seiner Sauberkeit. Immer häufiger erscheint das Wahrzeichen aller mit dem Schiff Anreisenden, die Süleyman-Moschee, in einem diesigen Dunstschleier. Die Bosporusdampfer verstärken noch diesen Eindruck, wenn sie ihren schwarzen Dampf in Richtung Galata- und Atatürkbrücke blasen.

Istanbul - das bedeutet unglaubliche Hektik, horrenden Autoverkehr (fast ohne Ampeln), Straßenhändler, Schuhputzer, kleine Kinder, die schon für den Lebensunterhalt der Familie sorgen, den Lärm und die Geschäftigkeit der Basare, aber auch die Stille der

Moscheen, Pracht und Armut, berükkende Freundlichkeit, leider auch allgegenwärtiges Militär mit schußbereiter MG. Eine Stadt der Gegensätze, die eigentlich den ganzen Urlaub wert ist. Die berühmten Sehenswürdigkeiten wie Hagia Sophia, Blaue Moschee und Topkapi Serail machen in der Vielfalt der Eindrücke nur einen kleinen Teil aus. Moslems, Juden und Christen, Europa und Asien - all diese Faktoren beeinflußten und beeinflussen die Stadt am Bosporus und machen sie zur farbigsten, aber auch widersprüchlichsten Metropole eurer Reise.

VERBINDUNGEN / BAHNHÖFE: wenn ihr aus Europa mit der Bahn nach Istanbul kommt, trefft ihr im **Sirkeci-Bahnhof** ein (Gepäckaufbewahrung).
Für eine eventuelle Weiterfahrt nach Ankara und in den Osten müßt ihr mit der Fähre über den Bosporus zum **Hayderpasa-Bahnhof** übersetzen. Fähren zum asiatischen Bhf. ca. alle 20 min. (Überfahrtsdauer knappe 1/2 std.). Um die Fährstation zu erreichen, geht zu Fuß über die nahgelegene Galata-Brücke nach **Karaköy**/Pier 7 (ca. 15 min. ab Bhf., es verkehren auch Minibusse ab Eminönü).

BUSBAHNHÖFE: die meisten Fernverbindungen (international und innertürkisch) starten am **Topkapi-Busbahnhof**, mehrere km westl. des Zentrums, außerhalb des gleichnamigen Tors in der langen Stadtmauer. Die Busagenturen haben in der Innenstadt (z.B. im Viertel um den Sirkeci-Bhf. und an der Divan Yolu, Nähe Sultan Ahmet) Büros, in denen man Tickets kaufen kann und von denen ein Zubringerdienst zum Topkapi-Busbhf. besteht. Auf der asiatischen Seite liegt ebenfalls ein **Busbahnhof** (Harem), der mit der Fähre ab Sirkeci zu erreichen ist.

INFORMATION: **Sultanahmet** (staatl.), Divanyolu Cad., Nähe Sultan Ahmet-Moschee, Tel. 5224903; **Genctur Student Travel** (privat), Yerebatan Cad. 15/3, Sultanahmet, Tel. 5265409; **Hilton Hotel**, Taksim, Tel. 1330592; **Karaköy Maritime Station**, Karaköy, Tel. 1495776.
Vor allem die ersten beiden Adressen sind kompetent und hilfreich. Es gibt kostenlose Stadtpläne.

Unterwegs in der Stadt: die wichtigsten Punkte in der City sind alle zu Fuß zu erreichen. An Hand des Stadtplans, den die Tourist-Büros abgeben, könnt ihr entscheiden, ob es nicht doch besser ist, den einen oder anderen Punkt per Bus oder Dolmusch (Sammeltaxi) anzulaufen.

S-BAHN: vom Sirkeci-Bhf. Richtung Westen raus nach Florya, bequeme Anfahrt zum Londra-Camping (siehe Übernachten).

BUSSE: die roten innerstädtischen Busse haben zwei zentrale Bushaltestellen, **Eminönü** und **Taksim**. Von ihnen ausgehend gibt es häufig verkehrende Rundlinien, die alle wichtigen Punkte berühren. Dies sind u.a. Sultan Ahmet, Hürriyet Meydani, Aksaray und die Atatürk-Brücke. Karten vor der Fahrt an Verkaufsstellen und Kiosken kaufen (am besten gleich mehrere).

MINIBUSSE: sie pendeln zwischen größeren Stationen z.B. **Sirkeci-Bhf.**, **Beyazit-Platz**, **Topkapi** (Busbahnhof der Fernbusse), aber auch in die weiter entfernten Orte.

DOLMUSCH: die Sammeltaxis sind den offiziellen Bussen zahlenmäßig weit überlegen. Sie haben festgelegte Routen wie die Busse (auch weiter raus), fahren aber erst, wenn sie voll belegt sind. Haltestellen sind mit weißen Schildern markiert, man kann ein Dolmusch aber auch per Handzeichen unterwegs stoppen. Sammelplätze sind Eminönü-Platz, Sirkeci, Taksim-Platz und Üsküdar. Preislich etwas höher als Busse.

TAXI: zu erkennen an den schwarz-gelben Rallyestreifen. In der Stadt fährt man nach Taxameter (Vorsicht vor Umwegen). Für längere Fahrten Pauschalpreis aushandeln.

FÄHREN: fahren zahlreich ab **Eminönü** bei der Galatabrücke und vom gegenüberliegenden Ufer **Karaköy**. Häufige Fahrten u.a. in den asiatischen Teil der Stadt, den Bosporus hinauf, auf die Princess Islands und nach Eyüp (Goldenes Horn).

Übernachten: es gibt zahllose Hotels, Ausstattung und Sauberkeit lassen jedoch in den einfachen Quartieren oft zu wünschen übrig. Dort am besten immer eigenen Schlafsack benützen.
Warnung - im Sommer ist die Zimmersuche eine streßige Angelegenheit, da fast alles rettungslos überfüllt ist! Zudem in den letzten Jahren reichlich teuer geworden, unter 40 DM fürs DZ bekommt man in der HS nur schwer etwas. In der Nebensaison sinken die Preise vor allem in den unteren Kategorien schlagartig.
Die Unterkünfte ballen sich in diversen Vierteln - einmal gleich um den Bhf. im *Sirkeci-Viertel*, zum anderen im *Sultanahmet*, dem Altstadtviertel um die Sultan Ahmet-Moschee (Blaue Moschee), im *Aksaray- u. Laleli-Viertel* (an der Or-

du Caddesi, westl. der Universität) und in *Beyoglu* (Neustadt) auf der anderen Seite vom Goldenen Horn.

SIRKECI: günstig für die Quartiersuche, weil gleich beim Bhf. Hotels oft besser in Schuß als im Sultanahmet. Außerdem gibts hier viele Kebap Salons, Läden und Banken.

Hotel Fahri, Ibni Kemal Cad. 14-16, nett eingerichtet, für die Preisklasse brauchbar, ca. 25-32 DM das DZ mit Du/WC, Tel. 5224785.

Ipek Palas Oteli, Orhaniye Cad. 9, altes Traditions-Hotel, kürzlich etwas renoviert, DZ ca. 35-42 DM, auch Dreibettzimmer, nur Etagendusche, Tel. 5209724.

SULTANAHMET: im Brennpunkt des Geschehens. Viele Rucksackler, wegen des ständigen Durchgangverkehrs aber fast durchwegs runtergekommene und teure Absteigen. Immer sehr voll.

Sultan Tourist Hotel, bekanntestes Jugendhotel der Türkei, einfach, leidlich sauber, warme Duschen. Liegt ruhig, aber doch zentral in der Nähe der Blauen Moschee in der Yerebatan Cad. 35. Kostet ca. 32 DM fürs DZ, es gibt auch 3- und 4-Bettzimmer, im Schlafsaal ca. 9 DM pro Bett. Wenn alle Zimmer belegt sind (was meist der Fall ist), kann man mit dem Schlafsack auf dem Dach schlafen (7 DM). Möglichkeit zum Frühstücken, freundliches mehrsprachiges Personal, Tel. 5207676.

Yüzelt Youth Hostel, Caferiye Sok. 6, im Schatten der Hagia Sophia. Tel. 5136150. Neben dem Sultan Tourist Hotel zweiter Istanbul-Anlaufpunkt für Traveller. Sehr geräumig, moderne Sanitäranlagen, toller Garten und internat. Bibliothek. Jedoch meist knallvoll (paar Tage vorher anrufen, wenn möglich). Etwa 30 DM für's DZ (z.T. mit Du/WC), auch Mehrbettzimmer (12 DM) und Dachplätze (6 DM), laut Leserzuschrift durfte man auch im Garten schlafen.

Hotel Büyük Ayasofya, gleich neben dem Youth Hostel, Caferiye Sok. 5. Preiswert, aber runtergekommen, nicht immer Wasser und Elektrizität, dafür schöner Garten.

Hotel Pirlanta, Divan Yolu Cad., einfach, aber beliebt, im Zentrum der Sehenswürdigkeiten, freundliche Rezeption, ca. 35 DM fürs DZ, Tel. 5224281.

Yörük Turizm, Incilicavus Sok. 35, etwa 14 DM für's DZ, sehr einfach, internationale Tramperidylle.

AKSARAY U. LALELI: **Hotel Neset**, Harikzadeler Cad. 23, ruhige Seitengasse der Ordu Cad., international, recht gemütlich, DZ mit Frühstück ca. 36 DM, Tel. 5267412.

Hotel Kanada, Kücüklanga Cad., einfaches Hotel, alle Zimmer einigermaßen sauber, z.T. laut, Sanitäranlagen ok, ca. 27 DM fürs DZ, Tel. 5253592.

BEYOGLU: europäische Neustadt auf der anderen Seite vom Goldenen Horn, um die Istiklal Cad.

Hotel Efes, im Zentrum des Nachtlebens, Seitengasse der Istiklal Cad., Mis Sok. 15, alle Zimmer mit Dusche, nach hinten trist aber ruhiger, ca. 30 DM fürs DZ, Tel. 1430228.

Hotel Kont, Istiklal Cad., Mis Sok. 21, Billigalternative im Vergnügungsviertel der Neustadt, pro Pers. 10 DM, nicht zuviel erwarten, Tel. 1454023.

Hotel Manolya, Istiklal Cad. 10, das allerbilligste, ca. 8 DM fürs DZ, Tel. 1431038.

CAMPING: **Londra Camping**, stadtnächster Platz, ca. 10 km vor Istanbul, Nähe Flugplatz. Schwimmbad und kostenloser Küchengebrauch, Restaurant nebenan. Mit Zug bis Station Bakirköy (Interrail-Ticket!) und weiter mit Dolmusch. Oder ab Sirkeci-Bhf. mit der S-Bahn am Meer lang Richtung Westen, sehr bequem und macht Spaß. Außerdem **Camping Florya** in Florya, direkt am Meer (ebenfalls mit S-Bahn erreichbar).

Essen: Istanbul hat diesbezüglich einen ausgezeichneten Ruf, durch den ständig wachsenden Touristenstrom gibts aber inzwischen auch viel Ablinkerei, unfreundliche Bedienung, lieblose Zubereitung etc.

Ihr habt Dutzende von Möglichkeiten in allen Preislagen, vom einfachen Kebap-Stand bis zum üppigen Fischessen in Kumkapi. Vor allem im *Sultanahmet-Viertel* (Innenstadt) unzählige Garküchen, gute und preiswertere Alternative ist jedoch das *Aksaray-Viertel*. Die bekannte *Cicek Pasaji* in Beyoglu war bis vor zwei Jahren ein der lohnendsten Ecken, hat aber durch kürzliche Renovierung ihr Flair vollständig verloren (wer's nicht glaubt, ausprobieren, Nähe Taksim-Platz).

SULTANAHMET: die besten Lokale an der Divan Yolu und ihren Seitengassen.

Pudding Shop, Divan Yolu Cad. 6, früher heißer Tip bei Zwischenstation nach Asien. Heute biedere Locanta, ganz preiswert, Selbstbedienung, Essen Durchschnitt.

Vitamin Restaurant, Divan Yolu Cad. 16, die bessere Wahl, große Auswahl an Gegartem, preiswert.

Meshur Halk Köfecisi, Divan Yolu Cad. 12, gegenüber vom Hippodrom, prima Köfte, preiswert, kein Alkohol, viele Einheimische.

SIRKECI: **Havuzlu Lokanta**, im Basar neben der Post, Gani Celebi Sok. 3, trotz Touristen günstig und durchaus genießbar.

BEYAZIT: **Plaza Burger House**, 16. Mart Sehitberi Cad. 17, Nähe Süleymaniye-Moschee, Hamburger und sonstige Schnellgerichte, lockere Atmosphäre, viele Studenten von der nahen Uni, Kunstausstellungen.

GALATA-BRÜCKE / EMINÖNÜ: in den vielen Lokalen unter der Brücke bekommt ihr zwar guten Fisch, aber leider inzwischen Touri-

stenpreise, Vorsicht! Alternative - Fisch und Sandwich direkt vom Boot am **Eminönü**, ca. 3 5 DM.
Die traditionelle **Pandeli Lokantasi** im 2. Stock des Ägyptischen Basars hinter der Neuen Moschee (Yeni Camii), hervorragende türkische Küche - Sis Kebap, Döner Kebap, auch Vegetarisches, jedoch touristisch.

AKSARAY/LALELI: **Akdeniz I und II**, Mesih Pasa Cad. 46, zwei Lokale nebeneinander, trotz billiger Preise keine Massenabfertigung, Menü mit Getränk um die 10 DM.

KUMKAPI: hier Fisch essen - jedoch exklusive Angelegenheit und teuer! Kostenpunkt für mehrere Gänge incl. Bier oder Wein gut 30 DM pro Pers. Eine der besten Adressen ist **Hos Seda** in der Ördekli Bakkal Sok. 2.

Sehenswertes

Es gibt Unmengen von Sehenswertem - zu viel, um es hier aufzulisten! Deshalb im folgenden nur die "Top Sights" von Istanbul. Schon allein die Turbulenz auf den Straßen nimmt einen derartig gefangen, daß man genug zu schauen hat. Das Altstadtviertel *Üsküdar* auf der asiatischen Seite mit seinen uralten, fast verfallenen Holzhäusern lohnt vor allem einen Spaziergang (Fähren ab Eminönü).

Sultanahmet-Bezirk

Hagia Sophia: diese weltberühmte Kuppelbasilika und spätere Moschee war lange Zeit der größte Sakralbau der Welt - bis die Peterskirche in Rom gebaut wurde! Seit 1935 ist die Hagia Sophia Museum - und seitdem besucht jeder, aber auch wirklich jeder Istanbul-Reisende, die gigantische Kirchenanlage. Das hat zur Folge, daß man sich in der Hauptreisezeit vor Touristen kaum noch retten kann - der Bau gleicht in dieser Zeit sehr stark einem Hauptbahnhof. Schuhe ausziehen nicht nötig.
Beim Eintreten fallen einem die acht ovalen, wie überdimensionale Broschen wirkende *Tafeln* auf. Mit goldener Schrift auf grünem Grund (Grün ist die Farbe des Islam!) sind hier die Namen Mohammeds, Allahs, des ersten Kalifen, sowie seiner Söhne angebracht. Des weiteren nicht zu übersehen - die mächtige *Kuppel* im Zentrum! 31 m im Durchmesser und 56 m in der Höhe. Mosaike und Malereien sind aber nur noch schlecht zu erkennen. Dafür unbedingt auf die Galerie hinaufsteigen, dort sind die prächtigen byzantinischen Wandmalereien am besten zu sehen.
Interessant und mit vielen Sagen und Geschichten behaftet ist die *Schwitzende Säule* - ständig feucht und mit Bronze verkleidet, zieht sie die Touristen in Scharen an. Ähnlich das *Kalte Fenster*, durch das ständig ein kalter Wind weht, selbst wenn draußen der Asphalt kocht (Di-So 9.30-17 h, Mo geschl., ca. 10 DM, Schül/Stud. ermäßigt).

Sultan Ahmet-Moschee *(Blaue Moschee)*: unmittelbar vis-à-vis der Hagia Sophia, leicht zu erkennen an ihren sechs Minaretten. Ein großartiger Bau, der einst die Hagia Sophia noch übertrumpfen sollte. Ihren blauen Kacheln und Bemalungen im Innenraum verdankt sie den Namen "Blaue Moschee". Achtet mal auf die irrwitzig dicken Säulen und das großartige Lichtspiel im Inneren.
Im Gegensatz zur Hagia Sophia wird die Sultan-Ahmet-Moschee auch heute noch als Gotteshaus benutzt, sie ist daher nicht zu allen Tageszeiten zu besichtigen. Schuhe ausziehen, keine kurze Hose/Rock oder Hemden mit kurzem Arm. Wer mit Shorts antanzt, bekommt einen Wickelrock verpaßt (geöffnet von Sonnenaufgang bis -untergang, außer während der Gebetszeiten. Frei, Spende wird erwartet).

In der Hauptreisezeit findet jeden Abend eine sog. **'Light Show'** statt. Unterstrichen durch verschiedenfarbige Beleuchtung wird die Geschichte Istanbuls in mehreren Sprachen erzählt (wann welche Sprache dran ist, ist angeschlagen).

Hippodrom *(At Meydani)*: nicht weit von der Blauen Moschee liegt die ehemalige antike Rennbahn, die auch in byzantinischer und türkischer Zeit noch eine wichtige Rolle spielte. Zu sehen ist jedoch nicht mehr viel - als einziges erhalten sind einige der beeindruckenden *Obelisken*, die in der Mitte der Kampfbahn standen. Außerdem gibts noch den *deutschen Brunnen*, gestiftet von Kaiser Wilhelm.

Topkapi Serail: das bekannteste Museum Istanbuls neben der Hagia Sophia - riesig und voller Kostbarkeiten. Unbedingt ansehen (Mi-Mo 9.30-17 h, Di geschl., ca. 10 DM, für die Harem-Führung zusätzlich 2 DM, aber oft schon morgens ausverkauft).
Man betritt das Gebäude durch ein großes Tor, das auch heute noch von Soldaten bewacht wird. Im Inneren des Serailhofes sind rechts die *Küchengebäude* mit den zehn Schornsteinen, heute befindet sich darin eine großartige Sammlung von chinesischem und japanischem Porzellan.
Gegenüber der ehemalige *Stall*, in dem viele Kutschen der Sultane ausgestellt sind - leider gut geschützt hinter Glas.
Im oberen Ende der Stallungen der Eingang zum *Harem*. Die Besichtigung ist nur mit englischsprachiger Führung möglich (nochmal extra zu bezahlen). Leider bestimmt das Tempo der Gruppe der Führer, und der ist meistens sehr schnell. Von dem verschachtelten Bau bekommt man nur einen kleinen Teil zu sehen - jede Menge Gemälde und Glasmalereien, Gemächer und Baderäume lassen auch heute noch den ehemaligen Prunk erkennen.
Besser ist die gesamte Pracht in dem ehemaligen *Badehaus Selims II.* zu sehen. In den vier Räumen ist heute die *Schatzkammer* untergebracht - der Höhepunkt des ganzen Besuchs! Mehrere Säle randvoll mit Gold, Diamanten und Elfenbein - sagenhafte Werte sind hier versammelt. So gibt es Kelche, die pro Sure des Korans einen Diamanten besitzen - immerhin 6666 Stück! Oder ein Thron mit Edelsteinen statt Nieten und Nägeln, finanziert vor rund 2000 Jahren vom Schah von Persien. Prunkstück ist der berühmte Spoonmaker's Diamond, immerhin 89 Karat. Um ihn ins recht Licht zu rücken, ist er noch dazu mit 49 Brillanten umgeben. Usw., usw. . . .

Gülhane Park: direkt unterhalb des Topkapi Palastes, hier trifft sich an heißen Sommernachmittagen halb Istanbul. Zwischen den hohen Bäumen kann man Kaffee, Tee oder Ayran trinken. Auch ein kleiner Zoo gehört dazu.

Archäologisches Museum: ebenfalls unterhalb des Topkapi-Serails. Zwar ist vieles hier nicht ganz echt, wie z.B. das hervorragend nachgebildete Löwentor von Ninive. Beeindruckt aber und wird gut und klar gegliedert präsentiert - speziell interessant die *altorientalische Abteilung*.

Um den Beyazit-Platz

Beyazit-Moschee: am Beyazit-Platz, neben dem Großen Basar. Sie war die erste große Moschee, die nach der türkischen Eroberung Istanbuls erbaut wurde (um 1500).

Grand Basar *(Kapali Carsi)*: größter überdachter Markt der Welt! Die gut 4000 Schmuck- und Teppichläden hinter Beyazitplatz und Universität sollten aber besser nur als Sehenswürdigkeit, nicht als Einkaufsquelle angesehen werden. Der Nepp ist doch schon sehr groß und zudem gibt es nur recht teure Souvenirs, wie z.B. Teppiche, Goldarbeiten, Ledersachen usw. zu kaufen. Auch darf man sich nicht daran stören, dauernd "angemacht" zu werden, alles anschauen zu müssen und ständig als reicher Tourist betrachtet zu werden. Wenn man sich mal daran gewöhnt hat, ist der Basar aber wirklich lohnend - probiert doch mal eine Wasserpfeife.
Neben der Beyazit Moschee findet ihr einen interessanten Büchermarkt *(Sahaflar Carsisi)*.

Sonstiges

Ägyptischer Basar o. Gewürzbasar *(Mizir Carsisi)*: hinter der Neuen Moschee *(Yeni Camii)* an der Galatabrücke. Falls ihr etwas kaufen wollt, geht besser hierher. Dieser Basar verdankt seinen Namen noch der Zeit, als hier ausschließlich Gewürze verkauft wurden. Heute gibt es von Plastikeimern bis zu Tomaten nahezu alles in den winzigen Geschäften, vor allem landwirtschaftliche Produkte aus ganz Asien.

Direkt hinter der Moschee ein kleiner Park, wo man gut Kaffee trinken kann.

Chora-Kirche *(Kariye Camii)*: sehr lohnend, heute zwar eine Moschee, aber man kann noch viel von der byzantinischen Vergangenheit Istanbuls spüren. Die unzähligen Mosaiken und Fresken sind besser erhalten als die spärlichen Reste in der Hagia Sophia. Die Moschee liegt etwas außerhalb des engeren Stadtzentrums, kurz unterhalb der nördlichen Stadtmauer.

Theodosianische Landmauer: galt als größte Stadtbefestigung des Mittelalters, erhalten in den verschiedensten Stadien des Verfalls. Sehr schön ein Spaziergang entlang der Mauer.

Türkisches Bad: besonderer Leckerbissen! In der Yerebatan Cad. 34 befindet sich eins, das über 300 Jahre alt ist. Eine saubere Sache mit Schwitzbädern, kalten Bädern, Musik und vor allem einer Massage. Tut weh, aber gut! Kostenpunkt gut 10 DM.

LESERTIP: "nicht verpassen, die **Rüstem Pasa-Moschee** zu besichtigen - eine der schönsten, wenn nicht sogar die schönste Moschee Istanbuls. Sie befindet sich zwischen Galata- und Atatürkbrücke in der Höhe des Anlegepiers Nr. 6 der Boote nach Eyüp" (Jochen Renger, Gerlingen) . . . "sehr beeindruckend ist das neu renovierte **Mosaiken-Museum** unterhalb der Sultanahmet-Moschee im neuen Teppichbasar, kostet ca. 2 DM" (Jochen Schiller, Calw).

Umgebung/Ausflüge

Eyüp und Eyüp-Moschee: Eyüp liegt am Goldenen Horn und ist eine Art Vorort von Istanbul, aber ein ausgesprochen hübscher! Höhepunkt ist der Besuch der Moschee mit dem Sarkophag von Mohammeds Fahnenträger und Vertrauten *Eyüp Ensari*. Die Moschee ist einer der heiligsten Orte der Sunniten und Nicht-Moslems erst seit kurzem zugänglich. Oberhalb des Geländes liegt ein riesengroßer islamischer Friedhof, durch den man nach 20 min. Aufstieg das Café Pierre Loti erreicht - phantastischer Ausblick!

VERBINDUNGEN: ständl. Boote vom unscheinbaren Pier 6, links der Galatabrücke, durchs Goldene Horn nach Eyüp (30 min.).

Dolmabahce-Palast: außerhalb der Stadt ein riesiges Prunkschloß unmittelbar am Bosporus, die Fassade 600 m lang! Im 19. Jh. im neoklassizistischen Stil erbaut, damals verlegten die Sultane ihre Residenz vom Topkapi Serail hierher - europäische Vorbilder sind unverkennbar. Im 20. Jh. bewohnte Atatürk den Palast bis zu seinem Tod. Zu besichtigen sind unzählige Prunksäle und Kostbarkeiten, darunter zwei türkische "Heiligtümer": Atatürks Arbeits- und Sterbezimmer. Leider treten sich die Besuchergruppen gegenseitig auf die Füße. Der Palast ist sowohl mit Schiff (Bosporusfähren, siehe unten) als auch per Bus bequem zu erreichen (Mi-So 9-16 h, Mo/Di geschl., Besichtigung nur mit Führung, ca. 7 DM).

Bosporusfähren: Istanbuler Spezialität, jedoch schon reichlich touristisch (ca. 10 DM). Dampfer fahren euch von Eminönü bis zum Schwarzen Meer hinauf und wieder zurück, 5-6 Stunden müßt ihr für die einfache Tour einplanen. Leider wird auf den speziell für Touristen angebotenen Fahrten nur an etwa vier Stationen gehalten, besser ist es, mit den Linienbooten zu fahren. Es geht den Bosporus hinauf, am *Dolmabahce-Palast* vorbei, unter der *Bosporus-Brücke* durch (fünftlängste Brükke der Welt - es ist aber schon wieder eine neue, noch größere Brücke geplant), am *Leanderturm* und der türkischen Festung *Rumeli Hisari* vorbei. Inzwischen arg überlaufen ist der Ort *Sariyer* - wenn ihr hier gegen Mittag ankommt, könnt ihr zwischen vielen frischen Fischen aus dem Schwarzen und dem Mittelmeer auswählen. Allerdings kein billiger Spaß mehr (kein Fisch unter 8 DM). An der langweiligen und völlig touristischen Endstation *Anadolu Kavagi* halten die Dampfer gut 2 std, bevor es wieder zurückgeht.

Baden

Yesilköy, Florya u.a.: ca. 20 km westl. von Istanbul (ab Sirkeci-Bhf. mit Nahverkehrszug). Vor allem letzteres elegant, fast internationale Atmosphäre, jedoch Wasser und Strände ziemlich unsauber (in beiden Orten je ein Campingplatz).

Princess Islands: Inselgruppe im Marmara-Meer, vor der Einfahrt in den Bosporus, beliebteste Badeplätze der Istanbuler! Im Sommer sind die langen Strände gestopft voll, da fast ganz Istanbul rüberkommt. Die Freude an der teilweise üppigen Vegetation wird leider durch viel Dreck und Beton gedämpft, die alten Holzhäuser auf *Büyük Ada* z.T. ganz toll, z.T. aber auch schon arg verfallen. Wer's versuchen will - ab Eminönü/Pier 5 + 6 alle 2 std. mit der Fähre (am besten nur Tagesausflug, übernachten ist teuer).

Sile: freundlicher Badeort am schwarzen Meer, ca. 70 km von Istanbul, noch nicht übermäßig überlaufen. Es gibt sowohl westl. wie auch östl. vom Ort je einen wunderschönen, langen Sandstrand. Letzterer ist leerer - wenn man ihn 30 min. entlanggeht, ist man völlig alleine. Allerdings wetterwendisch - Regenstürme auch im Sommer möglich.

VERBINDUNGEN: Busse ab Üsküdar (asiatische Seite), ca. 1 1/2 std. (knapp 3 DM).

ÜBERNACHTEN: **Emek-Pension**, Ihlamur Cad. 23 (Seitengasse der Hauptstr.), freundlicher Wirt, Einzel, DZ und Mehrbettzimmer, ca. 14 DM pro Pers., Tel. 1268/9. **Seyhan Motel,** schöne Lage über dem Meer (von der Hauptstr. am Busparkplatz links ab), ca. 12 DM pro Pers., Tel. 1050. Östl. von Sile auf einem Wiesengelände der freundliche **Camping Fener**, außerdem **Camping Berlin**. Weitere Plätze westl. vom Ort, Wildzelten möglich.

RUNDFAHRT MARMARA-MEER: ab Istanbul mit der Fähre auf die **Marmara-Insel** (es gibt mehrere Inseln im Marmara-Meer, aber nur eine mit diesem Namen). Weiter könnt ihr über die **Avsa-Insel** nach **Karabiga** fahren (asiatische Festlandsseite). Von dort ist es nicht mehr weit nach **Troja** (weniger sehenswert, aber für kulturell Interessierte Pflicht!). Zurück geht es mit der Fähre über die **Dardanellen** (Canakkale - Eceabat oder Lapseki - Gelibolu) und mit dem Bus nach **Corlu** (Bahnanschluß).

ASIATISCHE TÜRKEI

Weit interessanter als die europäische Seite, aber auch viel, viel größer. Zeit und Geduld sind mitzubringen.

Wichtiges Ziel ist natürlich *Izmir* als Ausgangspunkt für Küstentrips am Mittelmeer bzw. für die Fahrt hinüber zu den vorgelagerten griechischen Inseln. *Pamukkale* mit den weltberühmten Sinterterrassen ist ebenfalls mit der Bahn zu erreichen, ansonsten lohnen in Anatolien *Ankara* und *Konya*. Auch *Kappadokien* mit seinen großartigen Tuffsteinfelsen und unterirdischen Kirchen kann mit der Bahn erreicht werden (jedoch noch zusätzliche Busfahrt nötig). Die Fahrt weiter in den Osten ist dann nur noch für hartgesottene Traveller zu empfehlen.
Schönes Nahziel ist *Bursa* - mit der Fähre ab Istanbul nach Mudanya oder Gemlik, weiter mit dem Dolmusch oder Bus, kein Bahnanschluß.

Bursa

Ehemalige Hauptstadt des Osmanischen Reiches, schöne Lage am Fuß des 2500 m hohen Uludag. Lohnt den Besuch wegen seiner unzähligen Moscheen (am interessantesten die *Yesil Camii* und die *Ulu Camii*), der malerischen Altstadt und des herrlichen Basars. Bursa ist mit seinen prächtigen Sultansgräbern *(Türbe)* ein religiöses Zentrum der Türkei - die grüne Farbe der Moscheekacheln hat der Stadt den Beinamen "smaragdgrün" gegeben.
Ansonsten ist Bursa vor allem durch seine Thermalbäder bekannt geworden (bis zu 80 Grad heiß). Sie liegen 5 km vom Zentrum im Stadtteil *Cekirge*.

INFORMATION: Atatürk Cad. 82, Tel. 212359 oder Cemal Nadir Cad., Tel. 27513.

ÜBERNACHTEN: Hotel **Ortac Otel** am Busbhf. ist sehr sauber und preiswert (ca. 10 DM das DZ), außerdem **Ipekci Hotel**, Cancilar Cad. 83 und **Hotel Atlas**, Hamam Cad. 35

(Cekirge). **Özgurt Oegrenci Yurdu**, Maksem Cad. 46, Art Jugendherberge mit Stockbetten, preiswert und bisher recht sauber.
Camping **BP-Mocamp Kumluk**, 10 km nordöstl. an der Straße nach Istanbul, Pool, Restaurant, Schatten. Wieder recht teuer.

ESSEN: in der Nähe des Basars viele Garküchen. Unbedingt einen Besuch wert ist **La Bello** an der Atatürk Cad., Brücke über den Gök Dere - Treffpunkt der betuchteren Jugend, geschmackvoll, viel Atmosphäre.

Sehenswertes: natürlich der zweistöckige *Basar* - in den unteren Stock verirrt sich kaum ein Tourist. Ansonsten gibts außer den diversen Moscheen und Grabmälern ein *Museum für türkisch-islamische Kunst* in der Yesil Medrese (mittags geschl.).
Dann vielleicht ein Bad im *Eski Kaplica* (altes Bad) in Cekirge (6-23 h, Mi Frauen, Do-Di Männer). Und schließlich mit einer abenteuerlich schaukelnden Seilbahn auf den *Uludag*, den knapp 2500 m hohen Hausberg der Stadt. Für 7 DM retour gehts zur Zwischenstation Sarialan und für noch einmal denselben Betrag weiter hinauf ins Skigebiet (Campingplätze, Hotels). Ein Erlebnis!

Istanbul - Bandirma - Izmir
A-Kb. 23502

Direktroute nach Izmir - per Fähre übers Marmara-Meer nach Bandirma, dort Bahnanschluß. Gesamt ca. 12 std.

Izmir

Die drittgrößte Stadt der Türkei, das frühere griechische Smyrna, Geburtsort von Homer und Onassis, ist heute eine türkische Stadt durch und durch.

Wie ein Geschwür wuchert Izmir Kilometer um Kilometer den Golf entlang. Nichts wird märchenhaft verklärt (wie in Istanbul), nichts durch Pomp verdeckt (wie in Ankara). Izmir zeigt offen sein Gesicht, das Gesicht einer modernen türkischen Großstadt. Die große Historie ist nur noch zu ahnen.

VERBINDUNGEN / BAHNHOF: Izmir hat 2 Bahnhöfe - **Bhf. Alsancak** nördl. vom Zentrum, im Stadtteil Alsancak (Nähe Fährhafen) dient dem Lokalverkehr, **Bhf. Basmane**, relativ zentrumsnah, für Fernzüge.
In Alsancak liegt auch der große **Busbhf.** für Fernbusse und die nähere Umgebung (Taxi dorthin sollte nicht mehr als 4 DM kosten). Busse nach Cesme und auf die Karaburun-Halbinsel starten neuerdings nicht mehr vom Konak-Platz, sondern vom **Fahrettin Altay Meydani**, 4 km weiter westl.
Fähren starten im **Hafen**, ganz im Norden von Alsancak.

INFORMATION: Gasi Osmanpasa Bulvari 116 (Ladenpassage unter dem Büyük Efes Hotel), Cumhuriyet Meydani. Gute Infos, es wird englisch und französisch gesprochen.

ÜBERNACHTEN: wer knapp bei Kasse ist, sollte es rund um den Basmane-Bhf. versuchen. Viele Pensionen haben hier allerdings in den letzten Jahren geschlossen.
Billur Oteli, Basmani Meydani 783, Tel. 136250, direkt am Bahnhofsplatz, trotz 45 DM fürs DZ bei Travellern sehr beliebt. Lauter Kulturpark in der Nähe.
Atlas Oteli, Sair Esref Bulvari 1, Tel. 144265, angenehm, in etwas lauter Durchgangsstr., leidlich sauber, DZ mit Bad 27, ohne 20 DM.
Otel Soray, Anafartalar Cad. 635, Tel. 136946, DZ ca. 15 DM, einfach, sauber und recht freundlich.
Antalya-Burdur Otel, 1369 Sok, Tel. 135848, wird als heißer Tip gehandelt, sauber, Getränke im verglasten 3. Stock, DZ ca. 13 DM.
Filiz Pansiyon, Zafer Mah. Bademlik 10, Tel. 1585, Billigpension mit bis zu 5 Betten im Zimmer, liegt leicht am Hang, tolle Frühstücksterrasse, netter junger Chef.
Camping Karvansaray Mocamp 10 km westl., an der Straße nach Cesme, Abzweig nach Inciralti, 4 km vom Meer.

ESSEN: preiswerte Kebapcis, Locantas und Teegärten in der Gegend des Basmane-Bhf. Wer mal auf den Putz hauen will, das gediegene **Altav Lokali** steht auf Stelzen im Wasser, das auffälligste Lokal Izmirs, toller Service, Sonnenuntergang gratis, ca. 14 DM für ein saftiges Steak.
Tuborg Pilsen Beer Garden, Kadifekale (Festungshügel). Gepflegtes Bier, abends mit Blick aufs Lichtermeer.

Sehenswertes: der *Konakplatz* ist das Herz der Stadt, neben dem modernen Atatürk-Kulturzentrum gibts hier auch weiträumige Grünanlagen, in denen man auch schon mal liegen darf. Wahrzeichen ist der verspielte *Uhrturm*, daneben die hübsche kleine *Konak-Moschee*. Die *Atatürk Caddesi* (nur Kordon genannt) ist die große Flanierstraße der Stadt. Sie führt am Meer entlang zum Renommierplatz *Cumhuryiet Meydani* (Platz der Republik) mit Reiterstandbild Atatürks und den teuersten Hotels.
Rund um die Anafartaler Caddesi beim Konakplatz einer der schönsten *Basare*

der Türkei, schaut mal in die Werkstätten hinter den Verkaufsständen, man ist überall willkommen. Einen *Flohmarkt* (superbillig) gibts an der 1369 Sok, tägl. Ramsch und Second Hand.

Der riesige *Kulturpark* wurde 1922 auf den Trümmern des abgebrannten griechischen Viertels (Katastrophe von Smyrna) errichtet. An heißen Sommertagen ist hier halb Izmir, es gibt viele Teegärten, einen Lunapark, Miniatureisenbahn, Teich, Aussichtsturm, Zoo und vieles mehr (tägl. 8-24 h).

Der *Kadifekale* (Pagusberg) liegt im Süden und ist von einer großen Festung gekrönt - phantastischer Rundblick, Teegärten und Freiluftlokale, beliebter Picknickplatz (Bus 33 b ab Konak).

MUSEEN: ganz modernes **Archäologisches Museum** an der Birlesmis Milletler Yokusu (Serpentinenstraße oberhalb vom Konak), alle Erläuterungen auch in Englisch (Di-So 9-17, Mo geschl., ca. 2 DM, So die Hälfte).

BADEN: 10 km westl. liegt **Inciralti**, der hoffnungslos überlaufene Hausstrand von Izmir, Wasserqualität sehr mäßig.

Cesme: bekanntestes Touristenstädtchen auf der Halbinsel Karaburun. Tagsüber sind alle baden, abends wird die Hauptstraße zum vielbesuchten Urlauber-Basar, relativ hohes Preisniveau. Kastell mit toller Aussicht direkt am Hafen, kleine Geschäftsgassen um die sehenswerte Hafenanlage. Fähren auf die griechische Insel *Chios* gehen in der Hochsaison tägl. (ca. 30 DM).

ÜBERNACHTEN: in der Inönü Mah Sag Sok., ruhige Pensionsgasse nah des oberen Endes der abendlichen Fußgängerzone, einige preiswerte und freundliche Pensionen, z. B. **06 Pansyion**, **Karakas P** und **Cesme P**. Am nördl. Ende des Ortsstrands liegt der kleine und einfache **Grup Camping**. Weitere gute aber teure Plätze außerhalb bei **Ilica**. Oder mit Minibus nach Tursite (ca. 8 km), dort z.B. der sehr einfache **Altin Kum Camp** kurz vor Ende der Hauptstr. u. der komfortablere **Tursite-Camping**, am Meer.

BADEN: viele Strände auf der ganzen Halbinsel, schönster und längster ist der **Altinkum/Tursite-Strand** (per Minibus s.o.).

Weitere Ziele ab Izmir: im Südwesten liegen die Touristenhochburgen - die Ferienecke der Türkei. Von Izmir problemlos mit Bussen zu erreichen.

Kusadasi lohnt wegen der historischen Stätten der Umgebung (Priene, Ephesus), hat einige vorzügliche Strände, ist aber selber kaum einladend. Fähren zur Insel Samos in der Saison tägl.

Bodrum wird als türkisches Ibiza verkauft - weitgehend intaktes Stadtbild, markante Johanniterburg auf Halbinsel im Hafen. Wer Action sucht, ist hier richtig. Fähren rüber zur Insel Kos.

Marmaris in seiner phantastischen Bucht hat sich zum größten internationalen Rummelort entwickelt, das türkische Nizza, wenn man so will. Es gibt einige sehr gute Strände, relativ günstige Ausflugsschiffe machen Tagesfahrten zu Badeplätzen entlang der Küste. Fähren gehen tägl. nach Rhodos.

Alles weitere und noch viel mehr in unserem Band **TÜRKEI - Mittelmeerküste, Kappadokien, Istanbul**!

Izmir - Eskihesir A-Kb. 23502

Linie Richtung Ankara und Istanbul.

Denizli: als Ort eher uninteressant, aber Aussteigebahnhof für Pamukkale. Es gibt einige billige Unterkünfte, z.B. Sarcikaya Oteli, direkt beim Bhf.

VERBINDUNGEN: 3 Züge tägl. von/nach Izmir, ein Nachtzug (Pamukkale Ekspresi) nach Istanbul.

Pamukkale: Travellerziel Nr. 1 der Region! Der über 100 m hohe Abhang mit den ursprünglich schneeweißen Sinterkalk-Terrassen bietet ein tolles Bild und ist super zum Baden - das Wasser in den natürlichen Badewannen ist 53 Grad warm! Jedoch leidet das einzigartige Naturschauspiel erheblich unter dem Touristenstrom - viele laufen täglich über die Kalkterrassen, das Wasser wird in Pensionen abgeleitet, Autoabgase tun das ihrige. Schon jetzt sind die weißen Kalkablagerungen an vielen Stellen schmutziggrau und sogar schon schwarz. Falls die Terrassen nicht geschützt werden, ist es in ein paar Jahren aus mit der Schönheit. Wir bitten dringend, euch verantwortlich zu verhalten.

VERBINDUNGEN: Dolmus ab Denizli alle 10 min. Von Denizli alle 30 min. Bus nach Izmir.

ÜBERNACHTEN: in **Pamukkale Köyü**, dem Weiler unterhalb der Terrassen. **Paradise Pansiyon**, internationales Publikum, sehr bekannt, DZ 10 DM, Sanitäres vorhanden. **Ali's Pansiyon**, bekannte Billigpension, Preis Verhandlungssache (DZ ca. 10 DM), Sanitäres vorsintflutlich. **Pension Allgäu**, so heißt sie, trotzdem internationales Publikum. 2 **Campingplätze** gut 5 km entfernt.

Istanbul - Eskisehir - Ankara A-Kb. 23501

Wichtigste Strecke des asiatischen Teils, tägl. ca. 7 x (8-11 std.). Eskisehir hat viel Industrie und ist wichtiger Knotenpunkt, Verbindungen nach Izmir, Ankara, Konya, Istanbul.

ANKARA

In weiten Teilen moderne Betonstadt mit Smog und Steppenhitze im anatolischen Hochland. Ankara ist erst seit 1923 Hauptstadt und hat sich seitdem stürmisch vergrößert. Geht man jedoch den Burghügel hinauf, ist man plötzlich in einer anatolischen Kleinstadt. Kinder spielen auf der Straße, Männer sitzen vor kleinen Läden . . .

Wie keine andere Stadt spiegelt Ankara die moderne Türkei mit all ihren Gegensätzen und Problemen. Hier die atemberaubend hektische Großstadt, die sehr unseren gesichtslosen Metropolen ähnelt, dort die fast idyllische Altstadt am Hügel oben - und draußen die wuchernden *Gecekondu-Siedlungen* der armen Leute vom Land, die mit nichts als der Hoffnung auf Arbeit in die Millionenstadt strömen.

Ein Muß für jeden Besucher ist das grandiose Museum der Anatolischen Zivilisationen (Hethiter-Museum).

VERBINDUNGEN / BAHNHOF: **Bahnhof** am breiten Talat Pasa Bulvari. Den Cumhuriyet Bul. ca. 1,5 km geradeaus ins alte Viertel Ulus mit preiswerten Hotels (auch Bus).

INFORMATION: **Hauptbüro** am Gazi Mustafa Kemal Bulvari 33, kleines Stadtbüro aber an der Ecke Cumhuriyet Bul./Istanbul Cad. (am Weg vom Bhf. in die Altstadt).

ÜBERNACHTEN: im **Ulus-Viertel** jede Menge Möglichkeiten, Zimmer nicht zur Str. nehmen, sehr laut. Preiswert v.a. in den Gassen hinter der Post, etwas besser in der Cankiri Cad., z.B. **Olympiat Oteli**, Rüzgarli Esdost Sok. 18 (bei Cankiri Cad. 31), Tel. 243088, sehr ruhig, DZ mit Du/WC ca. 25 DM, **Tac Oteli**, Cankiri Cad. 35, Tel. 243195.

ESSEN: anatolische Küche im **Basar** oberhalb vom Ulus-Platz. In der **Cankiri Cad.** mehrere kleine, ordentliche Lokale, ein Kebap-Stehimbiß in Marmor (!) am Ulus-Platz. Ankara hat hervorragende Bäckereien, schön zum Frühstücken.

TREFFS: tags die **Parks**, abends evtl. ins Studentenviertel **Cebeci** mit kleinen Bierlokalen und Diskos. Nach 23 h ist nicht mehr viel los.

Sehenswertes: um den *Ulus-Platz* liegt das alte Geschäftsviertel mit dem *Basar*, der sich eigentlich in den mehrstöckigen Kaufhäusern oberhalb vom Reiterdenkmal abspielt (für eine Großstadt erstaunlich günstige Angebote). Südlich schließt sich das alte *Regierungsviertel* mit seinen Prachtbauten der 30er an - Geschäftsleben, Verkehr und Hektik prägen diesen Stadtteil.

Unterhalb der Weißen Burg (Ak Kale) die noch ganz ursprüngliche *Altstadt*, die jetzt restauriert werden soll und z. T. schon unter Denkmalschutz steht. Ein Rundgang um die Burg ähnelt eher einer Kletterpartie, von oben hat man einen prächtigen Rundblick.

Der *Genclik-Park*, gegenüber vom Bhf., ist sehr schön angelegt und besitzt zahlreiche Teegärten und Lokale, außerdem einen See mit Bootsverleih (ein paar Pfennige zum Park).

Zu einem Besuch gehört natürlich außerdem die Besichtigung des *Atatürk-Mausoleums,* ein Stück südwestl. vom Bhf. Eine 250 m lange Prunkstraße führt hin, daneben ein Museum mit Gegenständen aus Atatürks Leben.

MUSEEN: alle 9.30-12, 14-17 h, Mo geschl. **Hethiter-Museum**, im ehemaligen Basar am Südwesthang des Burghügels, eine der größten und schönsten Sammlungen der frühen Zivilisation. Kernstück sind die hethitischen Steinreliefs, aber auch anderen Kulturen, die Anatolien prägten, sind vertreten. **Ethnographisches Museum**, Atatürk Bulvari, Kunst und Kunsthandwerk aus osmanischer Zeit, ebenfalls sehr lohnend.

Ankara - Kayseri A-Kb. 23503

Kappadokien - ein türkischer Höhepunkt! Die einzigartige Tuffsteinland-

schaft im 'Städtedreieck' Kirsehir - Kayseri - Nigde ist mit ihren bizarren Feenkaminen, den frühchristlichen Felsenkirchen und unterirdischen Städten ein wirkliches Weltwunderwerk der Natur. Entstanden sind die charakteristischen Pyramiden durch die Tuffablagerungen des *Ercyes-Vulkans*. Vor ca. 3 Mill. Jahren schleuderte er riesige Mengen Asche in das umliegende Gebiet, die sich in Schichten von verschiedener Festigkeit ablagerte. Weichere Schichten wurden in Jahrtausenden weggespült, die festen Bestandteile blieben stehen - die sog. Feenkamine entstanden. Kulturell hochinteressant sind die Relikte der über 1000 jährigen Kirchen- und Klosterkultur, die hier fern der byzantinischen Staatskirche blühte, und um deren Erhaltung seit den siebziger Jahren die UNESCO bemüht ist.
Touristisch hat in den letzten Jahren eine rasante Aufwärtsentwicklung begonnen - vor allem in den klassischen Urlaubsorten Göreme und Ürgüp.

Kayseri: städtisches Zentrum direkt am Fuß des Erciyes-Vulkans, mit der Bahn ab Ankara ca. 7-8 std. und für Railer bester Ausgangspunkt für einen Kappadokien-Trip. Nehmt einen Bus nach Ürgüp oder Göreme im Herzen Kappadokiens, ca. 60 km.

VERBINDUNGEN / BAHNHOF: gute Bahnverbindungen in alle größeren Städte meist 1 x tägl., nach Ankara 4 x. **Busbahnhof** im Westen der Stadt.

Ürgüp: sehr lebendiges Städtchen im Herzen Kappadokiens, wegen der zentralen Lage als Ausgangsbasis für Tagesausflüge geeignet. Auch am Abend noch einiges los, Disko etc. Hier mal die hervorragenden Weine von Kappadokien versuchen.

ÜBERNACHTEN: billige Pensionen im südöstl. Teil von Ürgüp, z.B. **Erciyes Pansiyo** (Tel. 1206) oder **Hotel Eyfel** (Tel. 1761).

Göreme: kleines Dorf im Tuffgestein, malerisches Zusammenspiel von Natur und einfacher Architektur. Hier liegen die schönsten Feenkamine und die meisten Felsenkirchen. Die frühen Christen fanden in dieser urtümlichen Landschaft willkommene Verstecke. Das als Open Air-Museum präsentierte *Kirchen- und Klosterzentrum* liegt 1,5 km außerhalb, wurde 1985 von der UNESCO zum Weltkulturerbe deklariert und steht unangefochten an der Spitze der Attraktionen Kappadokiens (tägl. 8-19 h, ca. 2 DM).

ÜBERNACHTEN: **SOS Pansiyon**, am besten durchfragen, bei der Minibusstation den Weg hoch. Das türkische Pendant zu Jugendherbergen, insgesamt 8 Zimmer mit 22 Betten, ca. 5 DM pro Pers.
Göreme Pansiyon, im Ortskern, sehr bescheidene, freundliche Pension, ca. 8 DM.
Fantasie Pansiyon, an der Str. nach Avanos, Landhaus hinter der Post. Geführt von Uwe, einem jungem Pfälzer, etwas teurer.
Mehrere Campingplätze sind zu Fuß erreichbar, z.B. **Panorama Camping** und **Kaya Camping** (bester Platz der Region).

Istanbul - Eskisehir - Konya A-Kb. 23501

Etwa 15 std. Fahrt ab Istanbul. Konya ist eine Gebirgsrandoase in der trockenen Steppe des anatolischen Hochlands. Mit Hilfe künstlicher Bewässerung kann dennoch angebaut werden. Konya ist mit Umsteigen in *Kardesgedigi* auch von Ankara zu erreichen.

Konya

Die Tradition des Osmanischen Reiches lebt in Konya stärker fort als in den meisten anderen türkischen Städten.

Im 13. Jh. wurde hier der berühmte *Orden der Tanzenden Derwische* gegründet, dessen ausgeprägter Konservativismus der Stadt den Ruf als Sittenwächterin des Landes eingetragen hat. Noch heute tanzen die Derwische alljährlich beim *Mevlana-Festival* (im Dezember) und das gleichnamige Kloster ist ein bedeutendes Pilgerziel. In Konya sollte man noch mehr als anderswo der Religiosität der Einwohner Respekt zollen. Obwohl Konya Verwaltungs- und Messestadt ist, gibt es trotz zunehmend moderner Bausubstanz viele Baudenkmäler aus der Geschichte, die einen Besuch lohnend machen.

VERBINDUNGEN / BAHNHOF: der **Bahnhof** liegt im Südwesten der Stadt. Mehrmals tägl. Vorbindungon naoh Kayoori, Adana und Istanbul, außerdem nach Ankara. **Busbahnhof** nördl. außerhalb der Stadt, Stadtbusse fahren hinaus.

INFORMATION: an der Hauptstraße Mevlana Cad. 21, Stadtplan holen.

ÜBERNACHTEN: einfache Hotels in der **Mevlana Cad.**, der **Hükümet Cad.** und der **Istanbul Cad.**, besonders preiswert in den Seitengassen rechts der Hükümet Cad. (Post). Beim Stadion, ganz nah am Bahnhof, liegt ein kleiner **Campingplatz**.

ESSEN: in Konya gibt es nicht in jedem Lokal Alkohol, außerdem sind während des Ramadan viele Restaurants geschlossen. Empfehlenswert das Restaurant **Zafer**, an der Südseite des Alaeddinhügel (mit Alkoholausschank). Auf dem Alaeddinhügel schöne **Teegärten**.

Sehenswertes: das *Mevlana-Kloster* ist wichtigste Sehenswürdigkeit Konyas, heute Museum und Wallfahrtsstätte zugleich. Besonders prächtig die Sarkophage des Ordensgründers und seiner Nachfolger, außerdem sind alte Zellen erhalten und viele Klosterutensilien, Koranschriften, Kunsthandwerkliches etc. (Di-So 9.30-18, Mo 15-18 h). Gleich daneben steht die *Selimiye-Moschee* mit zwei Minaretten, weitere sehenswerte Moschee im Basarviertel gegenüber ist die *Aziziye-Moschee*. Auf dem *Alaeddin-Hügel* (Alter Burgberg) steht die Säulenmoschee *Alaeddin Camii*, außerdem findet ihr hier zahlreiche Teegärten.

MUSEEN: neben dem Burgberg das **Kachelmuseum**, das beachtliche **Museum für seldschukische Holz- und Schnitzkunst** gleich in der Nähe, das **Archäologische Museum** etwas abseits.

Die Route nach Adana und Iskenderun lohnt nur für Traveller, die auf der legendären Bagdad-Bahn weiter Richtung Irak wollen. Adana und Iskenderun sind keine sonderlich reizvollen Ziele, Antakya (ohne Bahnanschluß) ist dagegen interessant, weil schon ziemlich arabisch.

Adana

Millionenstadt an der Südküste, nach Syrien ist es nicht mehr weit, hier beginnt die Bagdad-Bahn, vom Deutschen Reich geplant und finanziert - man wollte dem Öl des Persischen Golfs näher sein. Das Leben pulsiert in den großen Boulevards und Straßen rings um die Altstadt. Letztes Relikt der Vergangenheit sind die Handwerker in ihren kleinen Läden rund um den Uhrenturm. Im Sommer werden Hitze und Schwüle oft unerträglich. Vorsicht vor Touristen-Nepp.

VERBINDUNGEN / BAHNHOF: **Bahnhof** nördl. vom Zentrum, am Ende des Ziapasa Bulvari. Verbindungen ziemlich verwirrend, mehrmals tägl. nach Mersin, außerdem nach Ankara und Istanbul und in den Irak und nach Syrien. **Busbahnhof** in zentraler Lage, sehr gute Verbindungen in die gesamte Türkei und in den Osten.

ÜBERNACHTEN: billige und dementsprechend 'gepflegte' Übernachtungsquartiere in den kleinen Seitengassen um den Basar, ca. 10 DM fürs DZ. Ein ordentliches Hotel ist **Agba Oteli**, Abidin Pasa Cad. 1, Tel. 18743-5. **Camping International**, einziger Platz der Millionenstadt, am östl. Stadtrand, laut, weil direkt an der E 5, aber gepflegt, mit Swimmingpool.

ESSEN: sehr scharfe Küche, im Gegensatz zur sonstigen Türkei. Viele kleine Lokale in und um den Basar, gut ist **Otobus** in der Sular Cad.

UMGEBUNG / BADEN: **Karatas** liegt 60 km südl. von Adana und ist noch ein relativ geruhsamer Fischerort, der Strand aber sehr dreckig, mehrere Campingplätze. **Yumurtalik** ist mit seiner verfallenen Kreuzritterburg hübscher, aber sehr überlaufen, ebenfalls Camping.

Mersin: zu erreichen per Stichbahn ab Adana über Yenice. Eine der jungen Großstädte der Türkei, drittgrößte Hafenstadt des Landes, vielstöckige Hochhäuser, Industrie, Wasser dementsprechend verschmutzt.

Iskenderun: Endpunkt der Bahnlinie, geprägt von Industrie und Raffinerien, zudem türkischer Kriegshafen und NATO-Basis.

Antakya: das antike Antiochia, letzte größere Stadt vor der syrischen Grenze, hat viel Charme, in dem Labyrinth der Altstadtgäßchen herrscht arabisches Gedränge. Hotel Kent, zentral am Köprübas am Rand der Altstadt, ist laut, einfach und billig.

Italien

Das Land, wo die Zitronen blühen, die Zypressen duften und die reichsten Kunstschätze Europas gehortet sind, ist nach wie vor magischer Anziehungspunkt für Traveller aller Art. Unter strahlend blauem Himmel vereinigen sich unvergleichliche italienische Lebensart, modische Extravaganz, schrille Moderne, strenger Katholizismus und die Brutalität der Mafia zu einer einzigartigen Mischung.

Auf der anderen Seite - überfüllte Strände, durch Industrie verdrecktes Meerwasser, ausgeprägte Drogenszene, superteure Ristorantes, nirgendwo sonst werdet ihr so fachmännisch bestohlen!

Die italienischen Städte gehören in ihrer architektonischen Geschlossenheit zu den reizvollsten in Europa - vom Mittelalter über Renaissancebauten bis zum 18./19. Jh. findet ihr alles, was in Deutschland phantasielosen Betonzweckbauten zum Opfer gefallen ist. *Verona* ist eine der malerischsten Städte im Norden, die große Altstadt ist mehr oder minder eine einzige Fußgängerzone. *Bologna* besitzt eine der ältesten Universitäten Europas und ist heute quirlige Studentenstadt. *Venedig* ist weltbekannte Top-Sehenswürdigkeit, aber das ganze Jahr über von Fremden überlaufen. Berühmt sind auch die *Toskana* und *Florenz* - Zentren der europäischen Renaissance, unzählige Kunstwerke, alte Stadtpaläste, die Uffizien. Nebenbei - das grüne Hügelland der Toskana ist bestens geeignet zum Wandern. *Perugia*, die Stadt auf dem Hügel, an der wichtigsten Ausländeruniversität Italiens wimmelt es im Sommer von jungen Leuten aus aller Welt. *Rom* ist zweifellos eine der schönsten Großstädte Europas, vollkommen intakte Innenstadt mit malerischen Gassen, kunstvollen Barockfassaden und klassizistischen Palästen. Keine Hochhäuser!

Im Süden brodelndes Großstadtleben in *Neapel*, von dort viele Ausflugsmöglichkeiten - nach *Pompei*, zur verschütteten Stadt am Vesuv, zur wunderschönen *Amalfiküste* oder nach *Paestum*, der altgriechischen Kolonie mit den kilometerlangen Sandstränden. Ein weiterer Höhepunkt ist *Sizilien* - majestätische Griechentempel, das berühmte Theater von Taormina, Etna-Umrundung, schöne Sandstrände mit Tourismus auf Sparflamme (z.B. bei Selinunt), aber auch krasse soziale Gegensätze, Dreck und Armut. Wer will, setzt nach *Stromboli* über und klettert auf den lavaspuckenden Vulkan.

Mit der Eisenbahn durch Italien

Trotz des schwierigen Geländes (der Appenin zieht sich praktisch durch das ganze Land!) verfügt die *Ferrovie dello Stato (FS)* über ein exzellent ausgebautes Netz, jedoch mit z.T. altersschwachem Schienenmaterial und überdurchschnittlich vielen eingleisigen Strecken. Sogar kleinste Orte sind mit der Bahn zu erreichen.

Die Strecke Mailand - Bologna - Florenz - Rom - Neapel ist die Hauptachse des Bahnverkehrs und am besten ausgebaut. Generell sind die Verbindungen überall häufig, es herrscht dichter Zugverkehr, dem die Strecken allerdings kaum gewachsen sind. Dementsprechend kommen die Züge selten pünktlich - vor allem bei Fernstrecken müßt ihr generell mit 1-2 std. Verspätung rechnen. Anschlußzüge warten selten, deshalb bei den Verbindungen viel Spielraum einplanen. Etwas mediterrane Gelassenheit solltet ihr euch angewöhnen. Zudem sind die Züge immer überfüllt, was aber gerade beim italienischen Temperament viel Spaß bringen kann.

Rapido-Züge sind die schnellsten (oft nur 1. Klasse), seit 1987 verbinden außerdem über 100 neue *Intercity-Züge* im Stundentakt die Großstädte. Beide Zuggattungen sind zuschlagspflichtig (bis 25 DM). *Espresso-Züge* sind nach den Rapidos die schnellsten, danach kommen die *Diretti*, während die *Accelerati* und *Locali* extrem langsam sind und an jeder Station halten.

Seid darauf gefaßt - während der Hauptreisezeit zieht das gesamte Bahnpersonal alle Jahre wieder mehrtägige *Streiks* durch!

PLATZKARTEN: in der Saison für die internationalen Hauptstrecken sehr vorteilhaft, vor allem für die Alpenlinien - von der BR Deutschland die **Brenner-Strecke**, von der Schweiz über den **Gotthardt**.

SCHLAF / LIEGEWAGEN: Schlafwagen haben in der 2. Kl. 2 oder 3 Betten pro Abteil, Liegewagen 6 Plätze (ca. 30 DM pro Pers.).

FAHRPLÄNE: die FS gibt ein Heft mit den wichtigsten Fahrplanauszügen kostenlos heraus. Es heißt **Principali Treni** bzw. **Principali Collegamenti** und ist in mehreren Ausgaben erhältlich (ganz Italien, Norden, Zentralitalien, Süden, Sardinien u.a.). Ansonsten kann man für ca. 5 DM an Zeitungskiosken den großen **Orario Ufficiale** erwerben.

GEPÄCKAUFBEWAHRUNG: an beinahe allen italienischen Bahnhöfen.

FÄHREN: die staatliche Bahngesellschaft FS betreibt auch eine Fährlinie von **Civitavecchia** nach **Olbia** (Sardinien). Auf ihr gilt das Interrail-Ticket jedoch nicht.

Interessante Strecken: speziell dort, wo Gebirge durchquert werden (Alpen, Apennin), gibt es tolle Impressionen. Aber auch die Strecken am Meer sind reizvoll, z.B. die Riviera-Strecke.

DIRETTISSIMA: ganzer Stolz und Krönung der italienischen Bahnlinien ist die 'Direttissima' Bologna - Florenz - Rom - Neapel - Reggio di Calabria (Direttissima = möglichst geradlinige Strecke ohne zeitraubende Kurven, Bergüberquerungen etc.). Schon zwischen den beiden Weltkriegen hat man für die Strecken Bologna - Florenz und Rom - Neapel solche Ideallinien bauen können. Vor allem zwischen Bologna und Florenz eine gigantische Ingenieursaufgabe - die Direttissima hat hier 29 Tunnel mit einer Gesamtlänge von 07 km. Zwischen Rom und Florenz liegt der schwierigste Streckenabschnitt, und bis jetzt ist nur der Teil von Rom bis etwa Citta della Pieve (zwischen Orvieto und Chiusi) fertig.

GOTTHARD-BAHN: siehe Schweiz, S. 94.

BRENNER-BAHN: wichtigste Alpenüberquerung zwischen BR Deutschland und Italien (über Innsbruck, Bozen und Trient).

TENDA-BAHN: die Bergbahn im grenznahen italienisch-französischen Alpengebiet ist eine der schönsten Alpenstrecken überhaupt (s. Ventimiglia und im Kap. Frankreich).

VON TURIN IN DIE FRANZ. ALPEN (CHAMBERY): ebenfalls schöne Bergstrecke mit dem 13 km langer Mont-Cenis-Tunnel.

RIVIERA-STRECKE: von der französischen Grenze (Ventimiglia) über Genua nach Pisa. Zu den reizvollsten Stücken der Strecke gehört die berühmte Cinque Terre.

SALERNO - REGGIO DI CALABRIA - TARANTO: Küstenlinie im tiefen Süden, Hauptlinie zum Fährhafen nach Sizilien, danach Umrundung der Stiefelsohle.

PRIVATBAHNEN: hauptsächlich in Süditalien gibt es eine Reihe von Linien, die keine Ermäßigung für Interrailer geben. Und zwar die moderne **Circumvesuviana** bei Neapel (Nahverkehr um Neapel), die **Ätnabahn** auf Sizilien (umrundet den Ätna), das Streckennetz in der **Ferse des Stiefels** und einige Schmalspurbahnen auf **Sardinien**.

Informationen: Azienda Autonoma delle Ferrovie dello Stato, Direzione Generale, Piazza della Croce Rossa, I-00185 Roma.
Generalvertretung in der Bundesrepublik: **Italienische Staatsbahnen**, 8000 München 2, Bahnhofsplatz 2, Tel. 089/ 591597.

Andere Verkehrsmittel: *Stadtbusse* kosten meist um die 1-1,20 DM pro Fahrt, Tickets müssen vorher in Tabacchi-Läden oder Kiosken gekauft werden. Es gibt oft preiswertere Billetbündel für mehrere Fahrten.

Überlandbusse schließen die Lücken im Bahnnetz und fahren auch kleinste Dörfer regelmäßig an. Vor allem in Süditalien dünnt das Bahnnetz stark aus und ihr werden hier und dort auf Busse angewiesen sein. Die Preise liegen meist nicht allzu hoch.

Fähren fahren hinüber nach Sardinien (Genua, Livorno, Civitavecchia), Elba

Italien Fahrpläne Nr 24500 – 24590

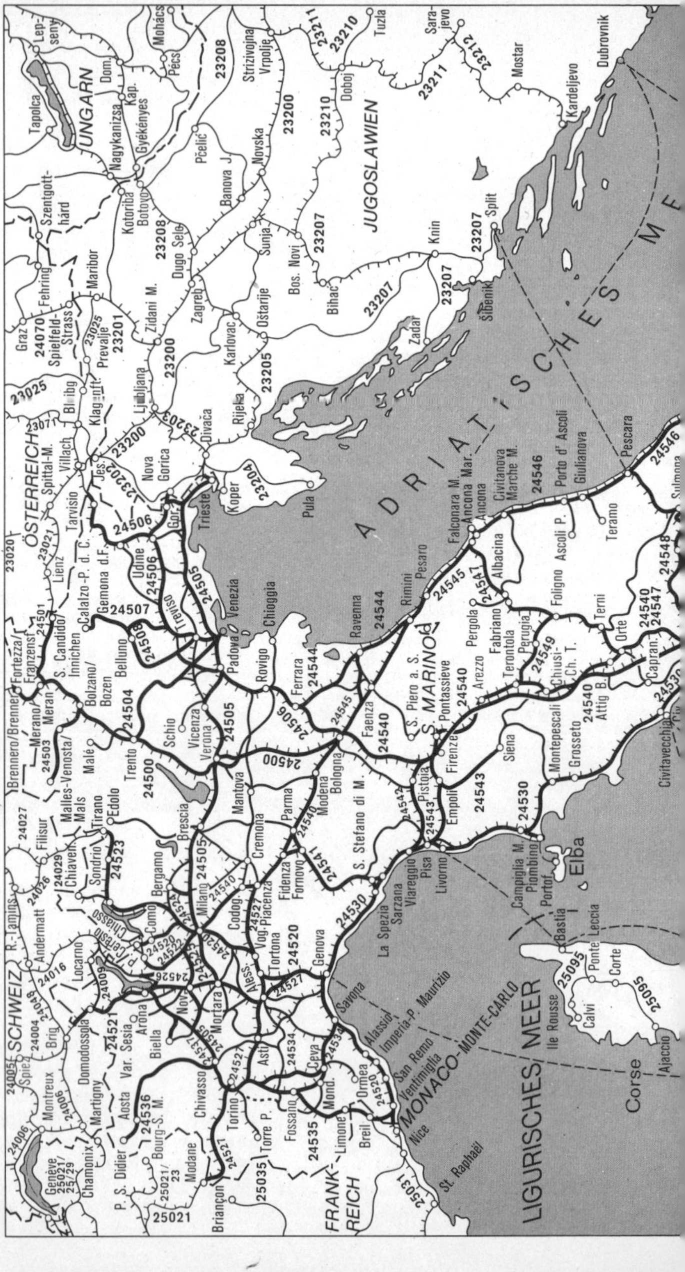

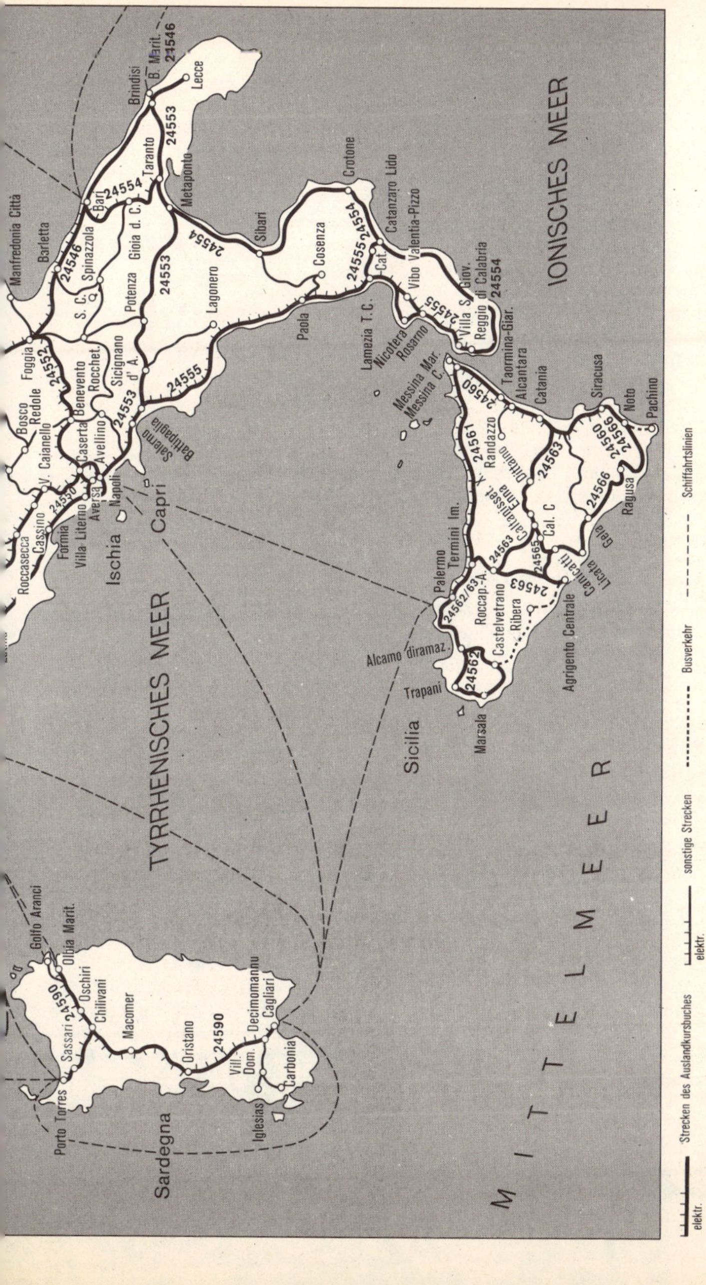
IONISCHES MEER
TYRRHENISCHES MEER
MITTELMEER
Sicilia
Sardegna
Ischia
Capri
Manfredonia Città
Barletta
Foggia
Bosco Redole
V. Cajanello
Roccasecca
Cassino
Formia
Villa Literno
Aversa
Napoli
Caserta
Benevento
Avellino
Salerno
Battipaglia
Sicignano d' A.
Rocchet.
S. C.
Spinazzola
Potenza
Gioia d. C.
Bari
Brindisi
B. Marit.
Lecce
Taranto
Metaponto
Sibari
Lagonero
Paola
Cosenza
Crotone
Catanzaro Lido
Cat.
Lamezia T. C.
Vibo Valentia-Pizzo
Nicotera
Rosarno
Villa S. Giov.
Reggio di Calabria
Messina Mar.
Messina C.
Taormina-Giar.
Alcantara
Catania
Randazzo
Dittaino
Siracusa
Noto
Pachino
Ragusa
Gela
Licata
Canicattì
Cal. C
Caltaniset. X.
Enna
Palermo
Termini Im.
Roccap.-A.
Castelvetrano
Ribera
Agrigento Centrale
Alcamo diramaz.
Trapani
Marsala
Golfo Aranci
Olbia Marit.
Oschiri
Chilivani
Sassari
Porto Torres
Macomer
Oristano
Decimomannu
Cagliari
Vill. Dom.
Carbonia
Iglesias
24546
24552
24553
24554
24555
24550
24560
24561
24562
24562/63
24563
24565
24566
24590
Strecken des Auslandkursbuches
elektr.
sonstige Strecken
Busverkehr
Schiffahrtslinien

(Livorno, Piombino), Korsika (La Spezia, Livorno, Piombino, Porto S. Stefano) und auf die vielen kleinen vorgelagerten Inseln wie Isola del Giglio (Porto S. Stefano), Pontinische Inseln (Terracina, Formia), Liparische Inseln (Milazzo), Tremiti-Inseln (Rodi, Termoli) u. v.a. Auch nach Sizilien muß man über die Meerenge von Messina übersetzen. Bei vielbefahrenen Strecken wie hinüber nach Sardinien solltet ihr in der Saison zu Hause vorbuchen. Einige Fährlinien geben Interrailern Ermäßigung (s. Kasten). Alle weiteren Details unter den jeweiligen Orten.

Fahrrad mieten ist an Bahnhöfen nicht möglich, nur bei wenigen Privatfirmen in touristischen Gebieten bzw. Großstädten (z.B. Rom), Preis ca. 12-20 DM pro Tag. Um Ferrara und Ravenna ist in den letzten Jahren ein großes Netz ausgebauter Radwege entstanden.

ERMÄSSIGUNGEN FÜR INTERRAILER: Interessant für Griechenland-Fahrer - die **Adriatica** und die **Hellenic Mediterranean Line** geben 30 % auf den Linien von Brindisi nach Korfu, Igoumenitsa und Patras. Mit Interrail + Schiff gibts auf diesen Strecken Freifahrt (Details s. unter den jeweiligen Häfen und vor allem im Kap. Griechenland/Anreise).

Praktisches

Einreise: Reisepaß oder Personalausweis.

Finanzielles: Italien ist kein billiges Land. Der Wert der *italienischen Lira (Lit.)* hat sich durch den wirtschaftlichen Erfolgskurs Italiens in den letzten Jahren stabilisiert. Die Inflationsrate, die noch Anfang der Achtziger zwischen 15 und 20 % lag, beträgt z.Z. nur noch 5-8 %. Die alljährlichen Preissteigerungen sind deswegen auch für Traveller aus BRD, CH und A deutlicher spürbar.

Da 1000 Lire nur knapp 1,40 DM sind, hat man es immer mit riesigen Beträgen zu tun. An die vielen Nullen muß man sich erst mal gewöhnen. Überprüft größere Scheine nach dem Wasserzeichen, es ist viel Falschgeld im Umlauf.

Reiseschecks werden in der Regel von den meisten Banken akzeptiert, bei *Euroschecks* gibts hier und dort Schwierigkeiten. Auch das *Postsparbuch* gilt in Italien, jedoch müßt ihr im Gegensatz zu den anderen europäischen Ländern spätestens 10 Tage vor der Abreise bei eurem Postamt spezielle Rückzahlkarten und Rückzahlscheine für Italien bestellen (Postsparbuch und blaue Ausweiskarte mitbringen).

Aktueller Kurs: 1 DM = 720 Lire (2/90)

LESERTIP: "als wir von Griechenland nach Italien übersetzten, hatte ich noch **Drachmen** übrig. Diese wechselte mir keine einzige Bank in Italien - Begründung 'Bad Money'!" (Holger Hartmaier, Altdorf).

Übernachten: viele italienische Städte besitzen *Jugendherbergen*. Oft sind das ansprechende Unterkünfte in historischen Palazzi, oft unpersönliche Betonschuppen weit außerhalb. Generell läßt sich sagen, daß die Riesen-Herbergen in den bekannten Touristenstädten bezüglich Ambiente, Kontaktmöglichkeiten und Umgangston wenig ansprechend sind. In den kleineren Herbergen abseits vom Durchgangsverkehr wesentlich größere Chancen auf erfreuliche Erlebnisse. Die Preise liegen bei 15-17 DM, JH-Ausweis wird nicht immer verlangt, aber die 'Gästepreise' liegen um ca. 3 DM höher als für Mitglieder. Frühstück meist sehr mickrig. Andere *Hostels* gibt es nur wenige, z.B. betreibt der YWCA (in Italien ACISJF) Heime mit Übernachtungsplätzen für Mädchen, ebenso gibt es gelegentlich kirchliche Unterkünfte (z.B. Venedig, Rom).

Der Mangel an Hostels wird durch das riesige Angebot an *Pensioni*, *Locande* und *Alberghi* mehr als ausgeglichen. In jeder Großstadt gibt es diese Billigunterkünfte, die Preise beginnen bei etwa 30 DM für ein DZ. In bekannten Touristenstädten wie Venedig oder Florenz liegt das Preisniveau jedoch schon wesentlich höher. Leider wird oft geneppt, laßt euch, wenn möglich, die Hotel-/Pensionslisten beim Tourist-

Info geben und vergleicht die in den Zimmern angeschlagenen Preise damit. Sog. Tageshotels *(alberghi diurni)* haben nichts mit Stundenhotels zu tun, sondern sind Örtlichkeiten, wo man sich waschen, duschen, rasieren und frisch machen kann. Es gibt sie meist in oder um den Bahnhof einer größeren Stadt.

Campingplätze sind in Italien zahllos - während sie an den Küsten im Sommer meist völlig überlastet sind, bieten sie in den Städten oft eine noch relativ preiswerte Alternative zu Pensionen. Bedenkt jedoch, daß italienische Campingplätze im gesamteuropäischen Vergleich nicht billig sind - pro Pers. zahlt man durchschnittl. 6-8 DM, fürs Zelt ca. 4-5 DM. Außerdem muß man natürlich meist ein Stück mit dem Bus fahren.

Im Freien schlafen ist oft möglich. Wenn Privatgrundstücke in der Nähe sind, solltet ihr um Erlaubnis fragen. Unsicher sind Plätze dort, wo relativ hohes Touristenaufkommen kleine und große Gauner anzieht. *Am Bahnhof schlafen* ist nicht erlaubt, wird aber hier und dort geduldet (Pisa, Venedig). In Großstädten wie Florenz zum Teil recht rüde Maßnahmen der Bahnpolizei (Wasserspritzen).

Essen: die italienische Küche ist äußerst vielfältig und bringt regional die unterschiedlichsten Spezialitäten auf den Tisch. Allein die zahllosen *Antipasti* (Vorspeisen) lassen das Wasser im Munde zusammenlaufen. Wer will, kann sich aber durchaus nur mit Pizza und Spaghetti ernähren, die gibts nämlich überall. Frühstück *(prima colazione)* ist dagegen Mangelware - die Italiener stopfen sich morgens höchstens in der nächsten Bar ein *Cornetto* (Hörnchen) in den Mund, um es hastig mit einem *Cappuccino* oder *Caffè* (Espresso) hinunterzuspülen. Vom Frühstück in Pensionen ist deshalb meist abzuraten - für relativ viel Geld bekommt man nichts Ordentliches.

Die Restaurant-Preise sind im allgemeinen hoch, vor allem *Ristorantes* tendieren für den Durchschnitts-Traveller schon in Richtung unbezahlbar. Laßt euch durch die Preise auf der Speisekarte nicht täuschen, Beilagen zum Hauptgericht müssen nämlich extra bestellt werden, pro Person werden außerdem gut 2-4 DM *coperto* (Gedeck) berechnet, zu guter Letzt auf die Gesamtrechnung noch ca. 10-20 % *servicio* (Bedienung) aufgeschlagen!

Einzige Möglichkeit, die Kosten gering zu halten - laßt euch nicht zu einem vollständigen Menü verleiten, wie es überall angeboten wird. Ihr könnt selbstverständlich nur Spaghetti essen und müßt nicht Vorspeise und Hauptgericht zusätzlich 'mitnehmen', wie es mancher Wirt am liebsten sieht. Etwaiges Stirnrunzeln wird geflissentlich übersehen.

Im Süden liegen die Preise ein ganzes Stück unter denen des teuren Nordens.

PREISWERT ESSEN: Wer auf Nr. Sicher gehen will, besucht eine **Pizzeria**, sowohl preislich wie auch vom wenig 'exotischen' Angebot sind keine Überraschungen zu befürchten.

Tavola Calda oder **Rosticceria** ist die ital. Variante der Snackbar. Hier wird im Stehen oder auf Barhockern Angewärmtes gegessen, als Imbiß in der Mittagspause gerade richtig (oft auch zum Mitnehmen).

Ansonsten haben inzwischen **Self-Services** auch in italienischen Großstädten ihren Siegeslauf angetreten.

Zu guter Letzt - in vielen **Cafés** und **Bars** zahlt ihr im Sitzen ein ganzes Stück mehr (manchmal bis zum Doppelten), als wenn ihr euren Cappuccino im Stehen schlürft!

EINIGE SPEZIALITÄTEN: **Cotoletta alla Milanese** ist Wiener Schnitzel auf italienisch. Die Emilia/Romagna, die Region um Bologna ist die Feinschmeckerprovinz des Landes - Spezialität sind alle Arten von Pasta, z.B. **Spaghetti alla Bolognese** oder **Tortellini** (gefüllte Teigringe). Genua ist die Heimat der **Ravioli**, in Venedig gibts viel mit **Reis**, der in der Po-Ebene angebaut wird. Die toskanische Küche kreiert z.B. das teure **Bistecca alla Fiorentina** (Beefsteak auf Florentiner Art), während das wichtigste römische Fleischgericht das **Porchetta** ist (gebratenes und gefülltes Ferkel). Ebenfalls in Rom gibts **Stracciatella**, eine Fleischsuppe mit Ei- und Käseeinlage. In Neapel wurde die **Pizza** erfunden, hier gibts die besten und urigsten in ganz Italien.

Telefon: theoretisch ist die Durchwahl ins Ausland von allen Telefonzellen möglich. Gezahlt wird mit 200-Lire-Stücken oder mit Telefonmünzen (sog.

Gettoni) im gleichen Wert, auch 100-Lire-Stücke sind möglich. Für ein kurzes Auslandsgespräch braucht ihr mindestens 20 Münzen, die ihr ständig nachwerfen müßt. Gettoni bekommt ihr in Tabacchi-Läden, an Rezeptionen und in Bars, die durch ein Telefonsymbol gekennzeichnet sind.
Reibungsloser und schneller funktioniert die Durchwahl aber meist von den *Telefonzentralen* (S.I.P.), die es in jeder größeren und kleineren Stadt gibt (auch in großen Bahnhöfen findet ihr fast immer eine Telefonzentrale). Dort bekommt man einen Apparat zugewiesen und zahlt erst nach dem Gespräch laut Zählerstand. In kleineren Orten geht man stattdessen in eine Bar mit Telefonsymbol, dort gibt es in der Regel mindestens einen Apparat mit Zähler.

VORWAHL: Bundesrepublik Deutschland **0049**, Österreich **0043**, Schweiz **0041**.

Kirchen/Klöster: in allen mediterranen Ländern darf man Sakral-Stätten nur mit langen Hosen und bedeckten Schultern besuchen (keine Träger-Shirts). Bitte haltet euch grundsätzlich daran, auch wenn euch mal kein Aufseher zurückpfeift. Die religiösen Gefühle der Einwohner sollte man als Railer nicht verletzen.

Mädchen allein: unsere Leserinnen haben das Wort - "Italien sollte man auf keinen Fall auslassen, allerdings sind nicht wenige Italiener total aufdringlich und lästig, und besonders wenn man blond ist, wird es reichlich nervig. Wohlgemerkt sind viele Italiener supernett, wenn man allerdings seine Ruhe haben will, sollte man sich gar nicht erst mit ihnen einlassen, die hauen dann nämlich nicht mehr ab. Am besten aus Finnland kommen und kein Englisch, schon gar kein Italienisch verstehen" (Michaela Stege, Hamburg) . . . "Ich war als alleinreisende Blondine unterwegs und würde jeder Frau davon abraten, allein durch Süditalien und Sizilien zu reisen. Die dortige Macho-Mentalität hat meine Urlaubsfreude doch sehr getrübt. Es war mir kaum möglich, nach Einbruch der Dunkelheit auf die Straße zu gehen. In Palermo konnte ich sogar nicht einmal am Sonntagnachmittag raus, weil ich extrem stark belästigt wurde" (Annemarie Wahab, Köln) . . ."Obwohl wir, beide blond und 20 Jahre alt, durch Italien reisten, konnten wir uns der aufdringlichen Italiener gut erwehren. Unser Rezept - höflich aber bestimmt auftreten" (Britta Rasehorn, Aachen).

Klau: von unbemerkt Schlafsack aufschneiden bis zur Handtasche unterm Stuhl wegklauen, ist alles drin. Vorsicht ist nötig. Besonders Taschendiebstahl ist weit verbreitet. Vor allem aufpassen auf öffentlichen Plätzen mit viel Menschengetümmel, in großen Bahnhöfen und bei Nachtfahrten im Zug. In Großstädten sollte man nicht draußen schlafen. Speziell in Rom gibt es ganze Diebesbanden, die sich auf nächtliche Touren spezialisiert haben. Aber auch an Stränden ist man keinesfalls sicher.

Drogen: wesentlich härtere Szene als bei uns. Der Drogenkonsum ist in den letzten Jahren sprunghaft gestiegen, unheimlich viele Jugendliche hängen tief drin. Haltet euch raus, die Polizei ist hart am Ball, empfindliche Strafen mit langer Untersuchungshaft! Die Mafia ist der weltgrößte Drogenhändler.

Kleines Sprachlexikon

Allgemeines: Guten Tag - *buongiorno*; Guten Abend - *buonasera*; Gute Nacht - *buonanotte*; heute - *oggi*; morgen - *domani*; ja/nein - *si/no*; danke/bitte - *grazie/per favor*; wo ist . . .? - *dov'e . . .?*; wann - *quando*; Straße - *via*; Gasse - *vicolo*; Platz - *piazza*.
Zahlen 1-10: *uno, due, tre, quattro, cinque, sei, sette, otto, nove, dieci*; 20 - *venti*; 50 - *cinquanta*; 100 - *cento*; 1000 - *mille*.

Bahn: Bahnhof - *stazione*; Bahnsteig - *marciapiede*; Gleis - *binario*; Fahrplan - *orario*; Ankunft - *arrivo*; Abfahrt - *partenze*; Zug - *treno*; Platz - *posto*; Ist dieser Platz frei? - *e libero questo posto?* Fahrkarte - *biglietto*; Gepäckaufbewahrung - *deposito bagagli*; Zuschlag - *supplemento*.

BOTSCHAFTEN

Bundesrepublik Deutschland: Rom, Via G. Paisiello 24 (Rechts- u. Konsularreferat), Tel. 06/864003. Generalkonsulate Genua, Via San Vincenzo 4/28, Tel. 010/590841; Mailand, Via Solferino 40, Tel. 02/6554434; Neapel, Via Crispi 69, Tel. 081/683393 oder 664647; Konsulat in Palermo, Via Emerico Amari 124, Tel. 091/583377.
Österreich: Rom, Via Pergolesi 3, Tel. 06/868241. Generalkonsulat Mailand, Via Mascheroni 25, Tel. 02/482066.
Schweiz: Rom, Via B. Oriani 61, Tel. 06/803641. Generalkonsulate Genua, Piazza Brignole 3, Tel. 010/565620; Mailand, Via Palestro 2, Tel. 02/795515.

FREMDENVERKEHRSÄMTER

D-6000 Frankfurt/M., Kaiserstr. 65, Tel. 069/231213 od. 232648. **D-4000 Düsseldorf**, Berliner Allee 26, Tel. 0211/132231. **D-8000 München**, Goethestr. 20, Tel. 089/530369. **A-1010 Wien**, Kärntnerring 4, Tel. 0222/ 654374. **CH-8001 Zürich**, Uraniastr. 32, Tel. 01/2113633. **CH-1204 Genf**, Rue du Marché 3, Tel. 022/282922.

OBERITALIEN

Von den Alpen bis Riviera und Adria - eine Region mit bedeutenden Kulturstädten und von großer landschaftlicher Vielfalt. Mit Milano und Torino gleichzeitig Motor der italienischen Industrie, die Po-Ebene ist die Kornkammer Italiens.

Die wichtigsten Ziele können hier nur angerissen werden - Venedig und seine Lagune, Verona, Padua und Ravenna, Mailand, Genua, die Riviera und einiges mehr.

MAILAND/ MILANO

Riesige Industrie- und Geschäftsmetropole, außerdem Banken- und Modezentrum des Landes. Milano ist die wohlhabendste Stadt Italiens und in vieler Hinsicht die heimliche Hauptstadt. Hier werden Trends gemacht und mit Effizienz vermarktet.

Hektik, nicht abreißender Stop and Go-Verkehr und mitteleuropäische Nüchternheit prägen weite Teile der Stadt. An der Peripherie ein weiter Ring von tristen Betonvorstädten, die in den letzten drei Jahrzehnten entstanden sind, um den endlosen Strom von Zuwanderern aus dem Süden aufzunehmen. Im Bahnhofsviertel moderne Stahlbetonbauten, Wolkenkratzer und Riesenparkplätze - dazwischen häßliche Vorkriegskästen, die von den Bombardierungen der Alliierten verschont geblieben sind.
Sehenswert ist die Altstadt, obwohl auch hier die moderne Stahl- und Betonbauweise immer mehr um sich greift, Paradestück natürlich der gewaltige Dom. Das elegante Modeviertel mit den Läden weltberühmter Designer findet ihr um die *Via Montenapoleone*, etwa zwischen Piazza della Scala und dem Stadtpark. Das ehemalige Künstlerviertel *Brera* liegt um die gleichnamige Straße, heute mit ruhigen Seitengassen und vielen kleinen Läden. Lohnend auch die Gegend um die *Porta Ticinese* im Süden - sozusagen die "Alternativ"-Ecke Mailands - viele Kneipen, Osterias, Second Hand Shops etc.

Wie alle italienischen Großstädte hat Milano große **Drogenprobleme**. Ansonsten aufpassen mit **Klau** - besonders gefährlich sind der Bahnhof und der Domplatz. Nicht das Gepäck unbewacht irgendwo stehen lassen. Vor allem für Mädchen sehr unangenehm - Metro am Abend, das gleiche gilt für den Domplatz. Übernachten ist weder am Bhf. noch in den Parks zu empfehlen.

VERBINDUNGEN / BAHNHOF: die **Stazione Centrale** ist beeindruckend in ihrer Monumentalität, typisches Beispiel protziger Faschistenarchitektur.
Gepäckaufbewahrung rechts in der Halle, Information links (Zimmervermittlung, Hotellisten, Stadtpläne etc., im Sommer tägl. 9-12.30, 14.30-18 h). Die U-Bahn 2 (MM2) bringt euch ins Zentrum.
Weiterer Bhf. ist **Stazione Porta Garibaldi**, ebenfalls MM2.

INFORMATION: EPT-Büros (Provinzamt) in der **Stazione Centrale** und am **Domplatz**, Via Marconi 1 (Zimmervermittlung), städt. Information in der **Galleria Vittorio Emanuele**.

UNTERWEGS IN MAILAND: die **Metropolitana Milano** (MM) besteht aus zwei Linien (vom Hbf. zum Dom nehmt die Metro 2 bis

Piazza Cadorna, dann umsteigen in Metro 1), zudem **Busse** und gutes **Tramsystem**. Die Altstadt liegt innerhalb zweier konzentrischer Straßenzüge, Mittelpunkt ist der Domplatz. Tram 30 macht auf der äußeren Ringstraße eine Rundfahrt um die Altstadt, auf der Inneren verkehren Busse.
In den Metrostationen am Hbf. und an der Piazza del Duomo bekommt ihr preiswerte **Tageskarten** (ca. 5 DM), die für alle öffentlichen Verkehrsmittel gelten.

ÜBERNACHTEN: Milano ist ziemlich teuer, DZ in Pensionen ab 45 DM aufwärts, viele Möglichkeiten im Viertel links (östl.) vom Hbf., z.B. Via Lulli, Via Lippi und Piazza Aspromonte, aber auch in der Via Soperga, Verlängerung der Via Lepetit, gleich beim Bhf. **Adri** in der Via Lulli 18, Tel. 235692, ist eine brauchbare Adresse.
Etwas teurer, aber zentraler die Unterkünfte um den Corso Buenos Aires, z.B. in der Viale Tunisia, südl. der Stazione Centrale.
Jugendherberge Pierro Rotta in der Via Martino Bassi 2, Tel. 02/367095. Ziemlich weit außerhalb, ab Hbf. mit Metro 2 bis Piazza Cadorna, weiter mit Metro 1 bis Station QT 8. Moderne JH mit guten Einrichtungen, ca. 20 DM, Ausweis nötig. Geöffnet morgens 7-9, nachmittags ab 17 h.
Camping Autodromo in Monza, 15 km nördl. von Mailand (mit dem Zug bis Monza, weiter mit dem Stadtbus).

ESSEN / TREFFS: viele Schnellimbisse im Zentrum. **Ciao**, Corso Europa 12, ist für Mailänder Verhältnisse relativ günstig und unterscheidet sich in angenehmer Weise vom internationalen Fast Food-Standard.
Alle Vechia Latteria, Via dell' Unione 6, billiges vegetarisches Lokal mit nur acht Tischen, hauptsächlich Nudelgerichte und Risotto, ständiges Kommen und Gehen, gleichzeitig Milch- und Käseladen.
Im Viertel Brera gibts in der **Spaghetteria**, Via Solferino 3, über 100 verschiedene Spaghetti-Gerichte, u.a. mit Fisch, Fleisch, Gemüse und Obst (nur abends, So geschl.).
Das stadtbekannt beste Eis gibt im **Viel**, Via Luca Beltrami (Largo Cairoli) gegenüber vom Castello Sforzesco. Weitere Filialen von Viel in der Nähe vom Dom.
Nette Lokale und Kneipen findet ihr ansonsten vor allem im Stadtteil Ticinese - auf Entdeckungsreise gehen! Gut essen könnt ihr im **Gran Burrone**, Via Pasquale Paoli 2. In der **Gelateria ecologica**, Corso di Porta Ticinese 40, gibts ökologisches Eis, garantiert ohne chemische Zusätze, allerdings nicht ganz billig (nur zum Mitnehmen.).

NACHTLEBEN: im Viertel Ticinese die meisten Möglichkeiten. Mailand hat eine ausgeprägte Disko-Szene, aber ziemlich teuer. **Amnesie**, Via Cellini 2, ist eine der beliebtesten Adressen (ab ca. 20 DM). **Rolling Stone**, Corso XXII Marzo 32, alle Musikrichtungen, auch oft Livemusik (ab 15 DM).

LESERTIP: "sehr erfreulich fanden wir die **Pizzeria Spontini** im Pensionsviertel nahe dem Bhf., Via Spontini 60 (Kreuzung mit Corso Buenos Aires 9. Ein tellergroßes Stück kostete ca. 6 DM, gegen 20 h besonders voll, Mo geschl." (Rainer Wiesner, Kronberg).

Sehenswertes: im Bahnhofsviertel etliche wuchtige Hochhausklötze, der größte ist mit über 127 m m das *Pirelli-Haus*, eines der höchsten in Europa!
Die Altstadt liegt innerhalb zweier konzentrischer Straßenzüge, Mittelpunkt ist der weitläufige Domplatz. Der *Dom* bietet einen faszinierenden Anblick mit seinen vielen Spitzen und Verzierungen. In der Apsis die größten Kirchenfenster der Welt! Aufs Dach kommt ihr per Treppe (2 DM) oder mit dem teuren Fahrstuhl (ca. 5 DM). Oben viel Platz zum Rumlaufen - originellste 'Fußgängerzone' der Stadt.
Der *Corso Vittorio Emmanuele II* führt vom Domplatz zur Piazza San Babila und ist das Richtige für Modefreaks - ein teurer Laden neben dem anderen.
Am Domplatz liegt auch der Eingang zur riesigen kreuzförmigen *Galleria Vittorio Emanuele II*, die größte mit Glaskuppeln überdachte Passage Europas. Im 19. Jh. wurde sie als Prunkstück des modernen Mailand erbaut und beherbergt heute zahlreiche elegante Geschäfte und teure Cafés.
Die Galleria führt zur *Piazza della Scala*. Fast ein bißchen unscheinbar wirkt nach der gewaltigen Galleria das berühmteste Opernhaus der Welt, die *Scala*. Gleich daneben das *Museo de Scala* mit einer Unmenge von Erinnerungsstücken, Gemälden und Photographien (im Sommer tägl. 9-12, 14-18 h, ca. 5 DM).
Von hier kommt ihr mit ein paar Schritt in die Via Brera - das ehemalige Künstlerviertel *Brera* ist heute ein elegantes Wohnviertel mit ruhigen Seitengassen, vielen Galerien, Läden und Lokalen. In der Via Brera die *Pinacoteca di Brera*, eine der bedeutendsten Gemäldesammlungen Italiens, u.a. mit Werken von Raffael, Tizian, Tintoretto und della Francesca (Di-Sa 9-14, So 9-13 h, Mo geschl., ca. 6 DM).
Das absolut teuerste an Mode findet ihr in dem Straßenquadrat zwischen der *Via Montenapoleone* und der *Via*

della Spiga (alles Fußgängerzone). In den Palazzi aus dem 18./19. Jh. haben sich die berühmtesten Designer niedergelassen (Versace, Armani, Gaultier, Saint Laurent u. v. a.). Gleich in der Nähe liegt auch der Stadtpark *(Giardini Pubblici)*.

Die gewaltige Backsteinfestung *Castello Sforzesco* wurde Mitte des 15. Jh. erbaut und ab 1911 in fast 20-jähriger Arbeit restauriert. Heute sind mehrere Museen darin untergebracht, besonders schön der Innenhof der inneren Fluchtburg (Di-So 9.30-12, 14.30-17 h, frei). Zum Ausruhen - hintem Kastell liegt der große *Parco Sempione*.

Nicht weit ist es von hier zur Top-Sehenswürdigkeit von Mailand am Corso Magenta - das weltberühmte *'Abendmahl'*-Fresko von Leonardo da Vinci im Refektorium der Kirche *Santa Maria delle Grazie*. Seit Jahren wird es restauriert und ist zum Teil eingerüstet, trotzdem lohnt der Besuch. Wegen etwaiger Schäden, den die Feuchtigkeit des menschlichen Atems verursacht, werden z.Z. nur jeweils 15 Personen zusammen hineingelassen. Auch eine völlige Schließung liegt im Bereich des Möglichen (Di-Sa 9-13, 14-18, So 9-13 h, ca. 6 DM).

Im Stadtteil *Ticinese* findet ihr noch am ehesten Spuren des 'alten' Mailands - z.B. die beiden schönen Kanäle *Naviglio Grande* und *Naviglio Pavese* mit langen historischen Häuserzeilen an beiden Seiten. Außerdem hat sich hier so etwas wie die Alternativszene von Mailand gebildet, mit vielen Kneipen und Lokalen, Second Hand-Shops u.ä. Jeden Samstag findet von 8-19 h der altehrwürdige Flohmarkt *'Fiera di Senigallia'* statt (Via Calatafimi, Via Santa Croce, Via Vettabia).

Milano/Umgebung

Bergamo: ist von Mailand wie auch von Verona über Brescia leicht zu erreichen. Die Altstadt noch völlig mittelalterlich, liegt sehr schön auf einem Hügel über der modernen Neustadt. Die *Piazza del Duomo* und die schöne *Piazza Vecchia* bilden das Zentrum der Oberstadt (citta alta). Vom Torre del Comune an der Piazza Vecchia hat man einen schönen Blick über die Altstadt (Fahrstuhl ca. 1,50 DM).

In der Unterstadt (citta bassa), Via Santo Tommaso, die *Galleria Carrara*, eine bedeutende Gemäldesammlung mit Werken aus der italienischen Renaissance (Mo u. Mi-So 9.30-12.30, 14.30-17.30 h, Di geschl., ca. 2 DM).

VERBINDUNGEN / BAHNHOF: vom Bahnhof in die Altstadt mit Bus 1 + schienengeführter Drahtseilbahn - schöne Fahrt, endet oben in einer palazzoähnlichen Station.

INFORMATION: Via Paleocapa (Neustadt, Nähe Bhf.).

ÜBERNACHTEN: **Jugendherberge** außerhalb, aber schön gelegen, Via Gallielo Ferraris 1, Tel. 035/342349. Mit Bus 1 oder 3 bis Porta Nuova, dann Bus 14. Etwas abgewohnt, desorganisiertes Management, mehrere TV-Geräte, könnte sauberer sein, tagsüber darf man in den Zimmern bleiben, ca. 12 DM pro Pers. **Hotel Leon d'Oro,** Via Paleocapa 6, Tel. 243626, Nähe Bhf. und Informationsbüro, ca. 40 DM fürs DZ.

Pavia: ruhiges Städtchen mit alten Backsteinbauten und einigen schönen Kirchen. Vor allem *San Michele* ist interessant (hier wurde Friedrich Barbarossa zum Kaiser gekrönt). Aber Vorsicht - im März 1989 ist der 50 m hohe Glockenturm auf der Piazza del Duomo in sich zusammengebrochen!

Die berühmte *Certosa di Pavia* liegt 10 km nördl. der Stadt und hat eine eigene Bahnstation an der Strecke nach Milano (noch ein paar min. zu Fuß). Über 500 Jahre hinweg wurde der Klosterkomplex des Kartäuserordens immer wieder vergrößert. Die Marmorfassade der Kirche gilt als eins der prächtigsten Kunstwerke der oberitalienischen Frührenaissance (Di-So 9-11.30, 15-19 h, Mönche machen Führungen, Spende erwünscht).

Milano - Genua A-Kb. 24520

Über Genua an die Riviera. Die Strekke ans Meer verläuft anfangs flach, dann wird der Apennin durchquert. Viele Tunnels. Genua siehe unter Riviera, S. 297.

Milano - Parma - Modena - Bologna A-Kb. 24540

Parallel zur berühmten Strada del Sole gehts quer durch die brettlflache Po-Ebene.

Parma

Kulinarische Metropole in den Ausläufern der Po-Ebene, südlich begrenzt durch den Apennin. Nur hier wehen die Fallwinde so ideal, daß die berühmten Parma-Schinken in den Lagerhallen von Langhirano, Bagni und Lesignano zur Delikatesse reifen können.

Parma ist Messe- und Industriestadt, hat zudem eine der ältesten Universitäten Europas mit der größten medizinischen Fakultät des Landes. Viele ausländische Studenten sind hier eingeschrieben - in Italien gibt es keinen Numerus Clausus.

Der Fluß Parma (*Torrente* genannt) teilt die Stadt ins historische Zentrum und die alten Arbeiterviertel. Geschäftiges Leben und buntes Treiben prägen das Bild, Parma wirkt kein bißchen provinziell, sondern fast großstädtisch. Das prachtvolle Baptisterium beim Dom gilt als das bedeutendste romanische Bauwerk Italiens!

INFORMATION: Piazza del Duomo 5, Stadtpläne, Zimmervermittlung.

ÜBERNACHTEN: **Jugendherberge Citadella** im Parco Citadella, Via Passo Buole 7, Tel. 0521/581546. Etwa 11 DM für Mitglieder, kein Frühstück, Bus 9 ab Bhf. Einrichtung mäßig, z.T. renoviert. Benachbart der **Camping Citadella**. **Casa della Giovane**, Via Consortio 11, Tel. 283229, nur Mädchen, ca. 14 DM. Pensionen erst in Bahnhofsnähe (Zona Stazione) oder der historischen Altstadt (Zona Centro) suchen. **Leon d'Oro**, Viale A. Fratti 4, Tel. 773182, Nähe Bhf., große Zimmer, Einrichtung wie bei Oma, etwas laut, ca. 37 DM fürs DZ. **Lazzaro**, Via XX Marzo, Tel. 208944, DZ mit Bad für 42 DM.

ESSEN: den berühmten (und auch in Parma sündhaft teuren) Parma-Schinken ißt man als Vorspeise mit Melone oder anstatt Fleisch. Außerdem gibts alle erdenklichen Nudelgerichte, eine besondere Spezialität von Parma ist Pferdefleisch.
Für ganz Eilige **Self-Service** in der Via Palermo 10, gleich am Bhf.
Il Pianetino, Strada S. Anna 19/A, Nähe Dom, von jungen Leuten besucht, gutes Essen (cucina parmiggiana), Mi geschl.
Birreria/Tavola Calda Alice, Via Nazzario Sauro 13/B, Nähe Via Farini, familiär und ebenfalls prima Essen.
Al Cavallo Bianco, Strada Nuova, parallel zur Strada della Repubblica. Studentenkneipe mit tägl. wechselnden Speisen. Unbedingt versuchen - Malvasia, ein trockener Weißwein der Region.
Mensa Universitaria Grossardi, Via Grossardi 1, gut und reichhaltig, für Gäste ca. 9 DM (Mo-Fr).

NACHTLEBEN: im Sommer sitzt man bis Mitternacht in den Straßencafés auf der Piazza Garibaldi. Um die Ecke in der Strada Cavour, das beste Eis Parmas (über 25 Sorten). Die **Bar Picasso**, Borgo S. Spirito 12, auf der anderen Seite vom Fluß, hat bis 2 h geöffnet.

Sehenswertes: obwohl es imposantere Dome in Italien gibt, besticht die *Piazza del Duomo* durch ihre Einfachheit der Formen und die Harmonie der Gesamtkomposition. Das großartige *Baptisterium* stammt aus dem 13. Jh., die Restaurierung soll jetzt abgeschlossen sein.

Der riesige *Palazzo della Pilotta* sollte die Macht der einflußreichen Farnese-Familie unterstreichen und war von seiner Konzeption her als Stadt in der Stadt geplant. Er wurde jedoch nie fertiggestellt und 1944 durch Bomben schwer zerstört, heute deshalb wenig ansehnlich. Im Inneren u.a. die Biblioteca Palatina und die *Galleria Nazionale* mit Werken von Corregio, Piombino, Bronzino, Tiepolo, Holbein, sogar ein Leonardo da Vinci ist vertreten (Di-So 9-13 h, ca. 6 DM).

(Innsbruck) - Brenner - Bolzano - Trento - Verona - Bologna A-Kb. 24500

Wichtigste Alpenüberquerung für alle, die aus der BR Deutschland kommen- sowohl per Bahn wie mit dem Auto.

Der Wechsel von der herben Bergwelt zur üppigen mediterranen Vegetation und Architektur fasziniert mich jedesmal aufs neue. Die langen Südtiroler Täler gleiten aus in Richtung Verona. Die Felshänge, erst unnahbar hoch, treten auf einmal zurück - Bella Italia hat uns wieder.

Verona

Erste größere Stadt südlich der Alpen. Ein Stop lohnt sich - Veronas Altstadt ist bildschön, besitzt einige bedeutende Bauwerke, u.a. eine riesige römische Arena.

Mit den malerischen Mittelalter-Gäßchen, prächtigen Kirchen und historischen Palazzi ist das Zentrum zum Spazierengehen wie geschaffen, große Teile der Innenstadt sind Fußgängerzone. Zentraler Platz und Treffpunkt ist die altertümliche Piazza del Erbe mit dem sehenswerten Markt und der prunkvollen Szenerie alter städtischer Repräsentationsbauten. Gleich nebenan die hübsche Piazza dei Signori, nur ein paar Schritte sind es zur Etsch, die in weichem Bogen das historische Zentrum begrenzt. Den Hügel auf der anderen Seite müßt ihr unbedingt mal erklimmen - herrlicher Blick auf die Stadt.

Größte Attraktion sind aber die alljährlich im Sommer stattfindenden Opernaufführungen in der altrömischen Arena - hervorragende Akustik, tolle Beleuchtung und ein echtes Erlebnis.

VERBINDUNGEN / BAHNHOF: Verona ist wichtiger Verkehrsknotenpunkt für die Linien Brenner - Bologna - Florenz und Mailand - Venedig, häufige Verbindungen.
Vom Bhf.-Vorplatz rechts sinds ca. 15 min. zu Fuß ins Zentrum zur Piazza Bra (Via Porta Nuova lang) oder Bus 2 bis Piazza Bra.

INFORMATION: im Bhf. und in der Via Dietro Anfiteatro 6 (Gasse bei der Piazza Bra), Stadtpläne erhältlich.

ÜBERNACHTEN: **Jugendherberge** in der Salita Fontana del Ferro 15, Tel. 045/590360. Alte Renaissance-Villa mit tollen Fresken und Super-Garten auf der anderen Seite der Etsch am Hang unterhalb vom Castel San Pietro, sehr sauber, gut in Schuß und freundliche Atmosphäre, ca. 14 DM incl. Frühstück, Schließzeit 22.30 h. Die JH ist z.Z. **der** Traveller-Tip in Verona, deshalb häufig voll. Es ist aber möglich, im herrlichen Park der Herberge für ca. 10 DM zu **zelten** (siehe unten) und die Sanitäranlagen mitzubenutzen sowie Frühstück zu bekommen. Zu Fuß über die Ponte Pietra und rechts halten oder Bus 2 ab Bhf. über Ponte Nuovo bis Piazza Isolo, dort beschildert.
Istituto Don Bosco, Via Antonio Provolo 16, Tel. 591300. Zwei Schlafsäle, einer für Mädchen, einer für Jungs, ca. 14 DM. Streng wie ein Internat, Anmeldung 18-21, ab 22.30 h geschl. - Ausnahmen nur für Opernbesucher. Mit Bus 2 ab Bhf. bis Castelvecchio.
Casa della Giovana, Via Pigna 7, Tel. 596880. Nur für Mädchen, ca. 15-17 DM pro Pers., recht angenehme Dreibettzimmer,. Schließzeit ebenfalls 22.30 h (ausgenommen Opernbesucher), Anmeldungsschalter im Bhf., Bus 2.
Relativ preiswerte Pensionen (ca. 40 DM fürs DZ) in zentraler Lage sind **Catullo**, Via Catullo 1, Tel. 80027; **Posta**, Piazza Viviani 14, Tel. 26821; **Rosa**, Vicolo Raggeri 9, Tel. 28693.
Camping Castell San Pietro, idyllische Lage in den Mauern des Kastells hoch über der Stadt, für den mangelnden Komfort entschädigt der Blick über das historische Verona. Liegt in der Nähe der JH, Bus 2 ab Bhf.
Camping Romeo e Giulietta, Via Brecciana 10, 5 km außerhalb Richtung Brescia, Bus ab Bhf., sehr teurer Platz.
Vor dem Bhf. rechts eine ausgedehnte Wiesenfläche, wo man schlafen kann - ist aber wegen Klau nicht ratsam.

ESSEN: **Pizzeria Farina**, Corte Farina 4 (Nähe Piazza del Erbe), einfach, in ruhiger Seitengasse, auch ein paar Tische zum draußen sitzen.
Birreria Mazzini, große gemütliche Kneipe in einer kleinen Seitengasse der Fußgängerzone Via Mazzini. Lange Paninitheke, auch ein paar Tische draußen, Studententreff.

Sehenswertes: das alte Zentrum wurde nach dem Weltkrieg sorgfältig restauriert und ist von modernen Zweckbauten fast völlig verschont geblieben.
Zuerst trifft man am Weg vom Bhf. auf die *Piazza Bra* mit weitflächigen Straßencafés und der prächtigen *Arena*, dem größten Amphitheater nach dem Colosseum in Rom. Bestens erhalten, Platz für über 22.000 Zuschauer, im Sommer finden weithin berühmte Opernaufführungen statt (Di-So ganztägig, ca. 5 DM, siehe auch unten).
Durch Fußgängerstraßen gelangt ihr zur berühmten *Piazza del Erbe* mit dem malerischen Obst- und Gemüsemarkt und postkartenreifen Sonnenschirmen. Der 83 m hohe Stadtturm überragt die Szene. Nur ein paar Schritte davor, in der Fußgängerstraße Via Cappello, die *Casa Capuletti* mit dem berühmten Balkon der Julia im Innenhof. Hier lebte das Mädchen, das Shakespeare in seinem Drama 'Romeo und Julia' verewigte (ca. 4 DM).
Durch einen Torbogen kommt man an der Längsseite der Piazza del Erbe zur

benachbarten stilvollen *Piazza dei Signori*, die ganz von alten Stadtpalazzi eingeschlossen ist. Die *Loggia del Consiglio* gilt als schönste Säulenhalle ihrer Art. Mitten auf dem Platz steht mit Adlerblick und markantem Profil *Dante*, der berühmte Dichter der 'Göttlichen Komödie'. Große Attraktion hier die reich geschmückten *Scaliger-Gräber* (Durchgang zwischen Palazzo del Capitano und P. del Governo), während des Mittelalters das bedeutendste Herrschergeschlecht der Region.

Von hier kommt ihr in ein paar Schritten zur Etsch rüber, dort, wo sie den großen Bogen macht. Hier liegen die ältesten Gassen und auch der *Dom der Stadt*. Von der Nordspitze der Landzunge kommt ihr über die *Pietra-Brücke* auf die andere Flußseite - alte Häuser, Treppen, Gärten und das *Kastell San Pietro*. Wer hinaufkraxelt, wird mit einem wunderschönen Blick über ganz Verona belohnt.

Weitere Sehenswürdigkeiten im Westen der Altstadt sind das *Castel Vecchio*, das mittelalterliche Backstein-Kastell der Skaliger (Di-So ganztägig, ca. 6 DM) und die *Basilika San Zeno Maggiore*, eine der schönsten romanischen Kirchen Italiens mit phantastischem Bronzeportal und einem berühmten Triptychon von Mantegna über dem Altar.

OPERNAUFFÜHRUNGEN: finden etwa Anfang Juli bis Ende August statt. Eintrittskarten und Informationen an der Piazza Bra 28 und an der Arena, die billigsten ca. 22 DM. Wer gerne eine Oper besuchen will, aber keine Karte hat, sollte auf jeden Fall schon um 18.30 h an der Arena sein! Um 19 h werden die Tore geöffnet und eine Stunde später gibt's meistens keine Sitzplätze mehr. Beginn der Vorstellungen 21 h.

Auch **Popkonzerte** finden gelegentlich in der Arena statt, achtet auf Aushänge.

Bologna

***La Dotta* (die Gelehrte), *la Rossa* (die Rote), *la Grassa* (die Fette) - Bologna ist eine uralte Universitätsstadt, wird seit langen Jahren von einer kommunistischen Stadtregierung geführt und ist Mittelpunkt der Provinz Emilia-Romagna, deren Küche als eine der besten in Italien gilt.**

Die ganz in Rot- und Ockertönen gehaltene Altstadt (la Rossa!) ist schön zum Bummeln, überall könnt ihr im Schatten der charakteristischen, hohen Bogengänge gehen - insgesamt 35 km! Im Mittelalter gab es eine Bauverordnung, die bestimmte, daß jedes Haus für Herren hoch zu Roß passierbar sein müßte. Heute sind die Säulen oft bunt angemalt und mit Plakaten, Graffiti und Sprüchen aller Art bedeckt. Man merkt die Gegenwart der vielen tausend Studenten - 1088 wurde hier die erste Uni Europas gegründet!

Bologna gilt heute in Italien als vorbildlich in Sachen Städtebau und Altstadtrestaurierung.

VERBINDUNGEN / BAHNHOF: Bologna ist der wichtigste Eisenbahnknotenpunkt Oberitaliens. Am 1./2. August 1980 sprengten Rechtsextremisten den halben Bhf. in die Luft, eines der furchtbarsten terroristischen Verbrechen in der neueren Geschichte Italien. An der Stelle der Explosion wurde eine Gedenkstätte für die 85 Toten (!) errichtet (im Wartesaal des Bahnhofsgebäudes). Gepäckaufbewahrung, Information.

Der Bhf. liegt im Norden der Stadt, die lange **Via dell' Indipendenza** führt kerzengerade ins Zentrum. Fast alle Busse fahren dorthin.

INFORMATION: im Bhf. (Zimmervermittlung) und im Palazzo Comunale, Piazza del Nettuno (zentraler Platz am Ende der Via Indipendenza).

ÜBERNACHTEN: brandneue **Jugendherberge Ostello San Sisto**, Via Viadagola 14, Tel. 051/519202. Relativ klein und 6 km außerhalb, aber schöne ruhige Lage mit riesigem Garten, billiges Abendessen, ca. 14 DM pro Pers. Bus 93 ab Via Irnerio, nicht weit vom Bhf. (Fahrer nach Ostello fragen oder links aus dem Bus schauen, bis ihr das IYHF-Symbol seht, aussteigen, noch ca. 500 m zu Fuß). Nach 20.15 h fährt Bus 19 ab Via Indipendenza (ebenfalls Nähe Bhf.), jedoch nach dem Aussteigen 1,5 km zu Fuß (in der Bahnhofs-Information gibts ein übersichtliches Faltblatt zur JH).

Billige Pensionen sind rar, z.B. **Pensione Marconi**, Via Marconi 22, Tel. 262832 und **Locanda Neva**, Via L. Serra 7, Tel. 3969893.

ESSEN: Bologna wird seinem Ruf als kulinarische Metropole voll gerecht. In zahlreichen Schaufenstern, auf den Märkten und in den Trattorias gibts viel zu bewundern und zu kosten, jedoch alles nicht ganz billig. Vor allem die Bologneser Pasta (Nudeln) in diversen Variationen ist berühmt. 'Spaghetti alla bolognese' ist auch bei uns ein Begriff.

Trattoria Boni, Via Saragozza 88 a, viele Studenten, noch relativ preiswert (Fr abend und Sa geschl., ebenso im Aug.). **Trattoria da Danio**, Via San Felice 50, freundlicher Service, reichliche Portionen, Festpreismenüs um 16 DM (So und Aug. geschl.)

TREFFS: von Mitte Juli bis Ende August Semesterferien und deshalb tote Hose. Fragt entweder auf der **Piazza Maggiore**, was gerade 'in' ist - abends trifft sich hier alles - oder geht gleich ins Univiertel zur **Piazza Verdi** mit netten Kneipen.

Sehenswertes: wenn man vom Bahnhof kommt, liegt der *Parco della Montagnole* am Anfang der Via dell' Indipendenza. Über einen Treppenaufgang kommt ihr hinauf. Im Schatten von Bäumen kann man auf der Wiese relaxen.

Die schnurgerade *Via dell' Indipendenza* führt bis zur *Piazza del Nettuno* mit dem *Neptunbrunnen* und der taubenumflatterten *Piazza Maggiore* - absoluter Mittelpunkt der Stadt, Fußgängerbereich und wichtigster Treffpunkt für alle und alles. *San Petronio*, die größte Kirche Bolognas, seht ihr an der Südseite der Piazza Maggiore. Ihre rot-weiße Marmorfassade ist unvollendet (die Kirche sollte einst größer als der Petersdom werden!), der Innenraum aufwendig gestaltet.

An der nahen *Piazza Porta Ravegnana* stehen die beiden berühmten hohen Adelstürme aus dem Mittelalter, die sich bedenklich zueinander neigen. Auf den größeren kann man über 498 Holzstufen hinaufklettern (ca. 2 DM).

Die schöne *Via Zamboni* zweigt am Platz ab - wenn ihr sie entlang geht, kommt ihr am *Palazzo Poggi* vorbei, der seit fast 200 Jahren die Universität beherbergt, und ins große Univiertel mit der *Piazza Verdi* als beliebtem Studententreff. Ein bemerkenswertes Museum ist die *Pinacoteca Nazionale*, fast schräg gegenüber vom Palazzo Poggi, Via delle Belle Arti. Große Sammlung Bologneser Maler des 15.-19. Jh., außerdem venezianische Meister wie Tintoretto und auch Raffael. Sehenswert, weil ihr hier einen guten Überblick über die Entwicklung der italienischen Malerei bekommt (Di-Sa 9-14, So 9-13 h, Mo geschl., ca. 5 DM).

MÄRKTE: **Marktgetümmel** ein paar Schritte von der Piazza Maggiore, zw. der Via Capraria und der Via Clavature. **Flohmarkt** jeden Fr und Sa auf der Piazza VIII Agosto, die sog. La Piazzola, ab 7 h bis zum Abend.

Padua

In erster Linie Universitätsstadt - ausgeprägte Studentenszene, viele Kneipen, Ausstellungen und Kinos. Im historischen Zentrum schönes Stadtbild mit großzügigen Plätzen und Arkadengängen. Im 19. Jh. spielten die Studenten der Stadt eine wichtige Rolle im Kampf für die nationale Einigung Italiens und gegen die Besatzungsmacht Österreich. Kenner kommen vor allem wegen einiger bedeutender Kunstwerke (siehe unten).

Padua liegt eine 3/4 Zugstunde von Venedig - als Ausweichquartier zur überfüllten Lagunenstadt überlegenswert.

INFORMATION: im Bhf. (neben Gepäckaufbewahrung) Zimmervermittlung, kostenlose Stadtpläne. Außerdem Riviera Mugnai (Bus 3 bis Post).

ÜBERNACHTEN: ganz gutes **Jugend-Hostel** in der Via Aleardo Aleardi 30, Tel. 049/28369 (im Zentrum, Nähe Prato delle Valle, Bus 8 ab Bhf. bis Via XX Settembre), ca. 14 DM, kein Ausweis nötig.

Casa della Giovane, Via Nino Bixio 4, Tel. 25314, ca. 14 DM. Von Nonnen geführt, 3-6 Betten pro Zimmer, nur für Mädchen, während der Woche oft von Studentinnen belegt, gleich beim Bhf., abends etwas unangenehme Gegend.

Casa del Pellegrino, Via Cesarotti 21, Tel. 35632, große katholische Herberge, DZ ohne Bad für ca. 40 DM.

Billige Pensionen sind **Moderno**, Via D. Manin 35, Tel. 8751323; **Pavia**, Via dei Papafava 11, Tel. 661558.

Die tolle **Jugendherberge Rocca degli Alberi** in Montagnana befindet sich in einem alten Turm, Tel. 0429/81076. Jedoch 35 km von Padua, zu erreichen per Bahn, Kastell 500 m vom Bhf. Da sehr beliebt, immer besser vorher anrufen.

Nächster **Campingplatz** in Montegrotto Terme, ca. 10 km südl. von Padua (Bahnverbindung).

ESSEN: mehrere Studenten-Mensen, z.B. in der Via Pio X 11, Via San Franceso 122 und der Via Leopardi (im August geschl.), Gäste zahlen ca. 11 DM.

Self-Service Vecchia Padova, Via Zabarella, Nähe Uni, gut und sehr beliebt, mittags preiswerter als abends.

Pizzeria/Trattoria Pepen, Piazza Cavour 15 (Zentrum), gut und preiswert.

Caffé Boetto, Via dei Tadi 55 (Ecke Rivera San Benedotto), Kaffeehaus mit gemütlicher Einrichtung wie Kronleuchtern etc., Relikt aus österreichischer Besatzungszeit. Gute Panini und Tramezzini, freundliche Bedienung.

Caffé Petrocchi, Via 8 Febbraio (Nähe Piazza Cavour), nostalgisches Kaffeehaus aus dem 19. Jh., in den 40er Jahren des letzten Jahrhunderts Treffpunkt liberaler Bürger und Studenten. Heute teuer und in den Sommermonaten von Touristen überlaufen, trotzdem mal reingucken (Mo geschl.).

Sehenswertes: von Reichtum und Pracht der früheren Handelsmetropole zeugen die *Piazza delle Erbe* und die *Piazza dei Frutti* mit täglichem Markt. Hier steht auch der *Palazzo della Ragione* mit dem Versammlungssaal des Magistrats - Il Salone.

Die *Capella degli Scrovegni* mit den weltberühmten Fresken von Giotto liegt nicht weit vom Bhf. Diese Wandgemälde begründeten Giottos Ruf als Vorläufer der Renaissance (tägl. 9-12.30, 14.30-17.30 h, ca. 3 DM, So 1,50 DM).

Hauptgebäude der Universität ist die *Bò* im Zentrum, an der schon Galileo Galilei gelehrt hat. Beeindruckend der Versammlungsraum (Audi-Max) mit endlosen Wappenreihen von ehemaligen Studentenschaften, außerdem der älteste medizinische Vorlesungsraum der Welt mit extrem engen und steilen Sitzreihen (Mo-Sa 9-13 h, nur mit Führung).

An der Piazza del Santo die eigenwillige byzantinische *Basilika Sant Antonio* mit sieben immensen Kuppeln und Fresken, u.a. von Giotto, Briosco, Tizian und Lombardo. Auch der Sarkophag mit den Gebeinen des heiligen Antonius, sowie dessen nicht verwester Zunge (!) sind ausgestellt. Das Reiterstandbild des *Gattamelata* steht mitten auf der Piazza, es stammt von Donatello und gilt als eins der bedeutendsten Werke der italienischen Frührenaissance. Die Basilika ist heute eine berühmte Pilgerkirche mitsamt der dazugehörigen Geschäftigkeit.

MÄRKTE: tägl. Markt auf der **Piazza Erbe** und der **Piazza Frutti**. Samstags außerdem großer Markt am **Prato delle Valle**, dem größten Platz der Stadt.

VENEDIG

Die einzigartige Lagunenstadt hat nichts von ihrer Anziehungskraft verloren. Obwohl es oft den Anschein hat, daß nur noch für Touristen die Fassade der 'Bella Venezia' konserviert wird.

Einige Millionen Besucher aus aller Welt bevölkern alljährlich die Stadt mit ihren knapp 80.000 Einwohnern und über 3000 Gassen auf 118 Inseln, verbunden durch 400 Brücken und durchzogen von 177 Kanälen. Dem Großteil der 'Sight-Seeing'-Massen entgehen natürlich die prekären Probleme. Schon wenn man von Mestre über den langen Bahndamm nach Venedig hineinfährt, sieht man die rauchenden Schlote der riesigen Fabrikanlagen von Marghera. Die drittgrößte Industriestadt Italiens beherrscht heute die Lagune, ein bezeichnender Hintergrund für die Stadt, die um ihr Überleben kämpft. Jährlich sinken die Straßen und Plätze Venedigs um etwa einen Millimeter. Die Häuser der Stadt neigen sich allmählich und die Millionen Eichenpflöcke, auf denen die Prachtbauten und naßkalten Wohnhäuser der Stadt stehen, faulen vor sich hin. Schuld daran ist in erster Linie die Industrie, die große Mengen Wasser aus dem schlammigen Untergrund abpumpt. Die Wohnverhältnisse sind inzwischen katastrophal geworden: naßkalte Wohnungen, in den unteren Etagen oft zentimeterhoch stehendes Wasser. Betroffen sind vor allem die tiefer gelegenen Viertel. Kein Wunder, daß jährlich an die 3000 Venezianer das sinkende Schiff in Richtung Festland verlassen.

Natürlich ist es nach wie vor ein Erlebnis, durch die Stadt zu schlendern, über die unheimlich vielen Brücken und durch die verwinkelten Gäßchen. Im Hochsommer muß man dieses Vergnügen allerdings mit zahllosen anderen Besuchern teilen. Lauft deshalb nicht nur der großen Herde hinterher, sondern geht mal etwas abseits in die ruhigeren Gäßchen, wo sich das Alltagsleben abspielt.

VERBINDUNGEN / BAHNHOF: die moderne **Stazione Santa Lucia** liegt direkt am Canal Grande, der Hauptwasserstraße Venedigs. Geldwechsel (tägl 8-19h), Gepäckaufbewahrung getrennt nach Koffern und Rucksäcken (24-6.30 geschl., pro Gepäckstück/ Tag ca. 2,20 DM, am Rucksack festgebundene Teile kosten extra). In der Halle auch das **Centro Turistico Giovanile** mit Info-Broschüre ausschließlich für junge Reisende. Sehr zu empfehlen die Duschen im Bhf. Vom Bhf. zur Piazza S. Marco fährt **Vaporetto 1** (accelerato) oder die teuren, aber viel schnelleren **2** oder **4** (diretto)

INFORMATION: im Bhf., an der Piazzale Roma (Busbhf.), an der Piazza S. Marco und am Lido (Strand), Gran Viale 6. Zimmervermittlung und brauchbare Stadtpläne, leider in der Hochsaison nicht immer vorrätig. Bei allen Fremdenverkehrsbüros der Stadt gibt es für jeden unter 26 gegen Vorlage des Ausweises und ein Paßbild die kostenlose **Tessera**. Mit dieser Karte gibts u.a. Ermäß. in Museen und öffentl. Verkehrsmitteln.

ORIENTIERUNG: Venedig ist in 6 Bezirke unterteilt - **Cannaregio**, **Dorsoduro**, **Castello**, **Santa Croce**, **San Polo** und **San Marco**. Jeder dieser Distrikte hat mehrere tausend Hausnummern, die in der Regel **nicht** nach Straßen geordnet sind. Das bedeutet, man findet in jedem Viertel Nummern von 1 bis weit über 5000, die nur insofern gegliedert sind, als benachbarte Nummern auch nahe beieinander liegen. Eine Adresse sieht folgendermaßen aus: 1) Bezirk, 2) Hausnummer, 3) Straßen- oder Kanalname. Beispiel: Dorsoduro 3942, Calle Crosera.

UNTERWEGS IN VENEDIG: Venedig ist eine der wenigen Städte der Welt, in der keine Autos fahren! Spazierengehen ist die schönste Art und Weise, die Stadt kennenzulernen. Langweilig wird das nie, denn immer wieder trifft man auf neue unbekannte Plätze, läuft durch romantische Gäßchen oder 'entdeckt' einen alten Palazzo. Wer das Geld für einen Stadtplan sparen möchte, kann getrost ohne Karte losziehen. Überall im Gassenlabyrinth sind **Schilder mit schwarzer Schrift auf gelbem Grund** angebracht. Sie weisen u.a. den Weg zum Bhf., nach San Marco und Rialto aus.
Ansonsten benützt man die Wasserbusse, die **Vaporetti**, eine Abfahrtsstelle liegt direkt vor dem Bhf. Eine einfache Fahrt kostet ca. 2,20 DM, im Diretto (Schnellboot) zahlt man ca. 3 DM. Ein 24-std.-Ticket bekommt man für ca. 12 DM, lohnt aber nur, falls man Ausflüge unternehmen will. Wesentlich teurer sind **Wassertaxis**, ca. 30-45 DM sind keine Seltenheit.

Übernachten: um es gleich vorweg zu nehmen - in Venedig ist es während der Saison praktisch unmöglich, ein Pensionszimmer zu bekommen. Für junge Leute sind aber inzwischen eine ganze Reihe preisgünstiger Hostels eingerichtet worden, in den Sommermonaten werden dafür auch alte Konvente hergerichtet. Auch wird, trotz zeitweiliger Verbote, noch immer im großen Maßstab vor dem Bhf. geschlafen (siehe unten). Ansonsten empfehlenswert, aufs Festland auszuweichen und zu pendeln. Das nächste Jugend-Hostel ist in Padua (s. dort).

HOSTELS: **Jugendherberge** auf der Insel Giudecca, Fondamenta Zitelle 86, Tel. 041/ 538211. Mit Vaporetto 5 (Circolare Sinistra) vom Hbf. bis Zitelle, noch 200 m zu Fuß. 320 Betten in großen Schlafsälen, reichlich unpersönlich, aber interessante internationale Atmosphäre, Waschräume mäßig (Wartezeiten), ca. 18 DM mit mickrigem Frühstück, preiswertes Restaurant (Wartezeiten). Leider fast immer voll, unbedingt anrufen, bevor man sich auf den Weg macht. Persönl. Voranmeldung um 9.30 h morgens möglich, ansonsten Anmeldung ab 18 h, aber schon am frühen Nachmittag da sein. Schließzeit 23 h.
Istituto Suore Canossiane, Giudecca, Ponte Piccolo 428 (Nähe JH), Tel. 5222157. Von freundlichen Nonnen geführt, nur für Mädchen, ca. 14 DM im Mehrbettzimmern (ohne Frühstück), Anmeldung ab 16 h. Mit Vaporetto 5 ab Hbf. bis San Eufemia (oder ab S. Marco bis Zitelle).
Domus Civica, San Polo 3082. Nähe Campo S. Rocco, Tel. 5227139. Nur Mädchen, ca. 50 DM fürs DZ, nur im Sommer offen.
Foresteria Valdese, Castello 5170, Tel. 5286797. Nähe Campo S. Maria Formosa. Jungs und Mädchen, historischer Stadtpalast mit DZ und Schlafsälen, letztere für ca. 23 DM pro Pers.
Archie's House, Cannaregio 1814 B, Tel. 720884. Vom Bhf nach links die Lista die Spagna entlang, knapp 10 min. Mehrbettzimmer für ca. 22 DM pro Pers., sehr einfach, international, der Besitzer ist ehemaliger Globetrotter.

PENSIONEN: in Venedig ist das ganze Jahr über Saison, d.h. Zimmer sind überteuert und meist auch ausgebucht. Auf jeden Fall empfehlenswert vorzubestellen. Ansonsten wird nichts übrigbleiben, als die Zimmervermittlung in Anspruch zu nehmen oder eine nach der anderen abzuklappern. Die niedrigsten Preise liegen um die 70 DM fürs DZ, Pensionen z.B. in der Lista di Spagna und ihren kleinen Seitengassen links vom Bhf.
Locanda Rossi, Cannaregio 262, Lista di Spagna/Ecke Chiesa Santa Lucia, Tel. 715164, sehr anständige Zimmer.
Albergo Casa Peron, Santa Croce, Salizzada San Pantaleon 84-85, Tel. 5286038. Nähe Bhf., sauber, erst vor kurzem renovierte Zimmer und gemütliche Dachterrasse.

Locanda Sturion, S. Polo 679, Calle lo Sturion, Tel. 5236243, Nähe Rialto-Brücke, Blick auf den Canal Grande, tolle altertümliche Ausstattung, hübscher Speise- u. Lesesaal.

Locanda Montin, Dorsoduro 1147, Tel. 5227151. Fondamento di Borgo, im Universitätsviertel Accademia.

CAMPING: mehrere große und recht saubere Campingplätze gibt es am langen Sandstrand Litorale del Cavallino auf der Landzunge südöstl. von Venedig, z.B. **Marina di Venezia**, Via Montello 6 und **Miramare**, Zanella. Zu erreichen mit Vaporetto 14 ab Markusplatz nach Punta Sabbioni. Das Wasser ist dort allerdings mehr als dreckig. Weitere Plätze am Lido und am Festland in Mestre.

UMSONST IM FREIEN: in den Sommermonaten übernachten vor dem **Bahnhof** in der Regel einige hundert Rucksackler. Mit dem Wellenplätschern vom Canal Grande fast schon eine romantische Angelegenheit. Jedoch greift zeitweise die Bahnpolizei ein - Ausweichplatz vor der Kirche auf der anderen Seite des Canal (gegenüber Bhf.), Vorsicht vor Taubendreck. Ansonsten in Venedig kaum Möglichkeiten, besser aufs Festland oder in einen der vielen Lagunenorte.

> WENN DIE RAILER TRAUER TRAGEN: viel Wirbel verursachte in den letzten Jahren die Entscheidung des Touristik-Dezernenten der Stadt, den **'saccopellisti'** (Rucksacktouristen) das öffentliche Übernachten auf den Plätzen der Stadt und vor allem vor dem Bhf. zu verbieten. Argumentiert wurde mit Exkrementen und Dreck, den die Tramper hinterlassen hätten. Da es jedoch viel zu wenig preisgünstige Unterkünfte in Venedig gibt (eine zweite JH ist bisher nur Absichtserklärung) sah man sich gezwungen, die harte Linie wieder aufzugeben. Auch wollte man zukünftige zahlungskräftige Touristen nicht schon in jungen Jahren abschrecken. Vor dem Bhf. wird das Übernachten deshalb z.Z. wieder toleriert.

Essen: venezianische Spezialitäten sind Meeresfrüchte, überwiegend als *Misto di Mare* - das sind Muscheln, Krabben und kleine Fische, mit Mehl bestäubt und frittiert gegessen oder natürlich als Zutat für Spaghetti. Eine typische Beilage ist Polenta, ein gelblicher oder weißer Maiskuchen.

MENSEN / SELF SERVICES: **Mensa Ferrovia-ria** (DLF), rechts vom Bhf., Fondamento S. Lucia 19. Nur mittags, preiswert und reichlich, beliebtes Ziel aller Büroangestellten etc., die im Umkreis arbeiten.

Mensa Ca' Foscari, Dorsoduro 3861, 11.30-13, 17-19 h, für Gäste kostet das Essen ca. 11 DM.

Self-Service S. Bartolomeo, San Marco, Calle della Bissa 5424, Nähe Rialto-Brücke. Etwas gesichtslos-modern, aber große Auswahl und preiswert. Mo geschl.

Self-Service Rialto, San Marco 4173. Billig und genießbar.

TRATTORIAS / PIZZERIAS: **Trattoria Al Mascaron**, San Marco, Calle Lunga S. M. Formosa. Gemütlich, sehr venezianisch und in den Abendstunden von jungen Leuten besucht, denn hier kann man auch nur ein Glas Bier oder ein Viertel Veneto-Wein trinken.

Osteria La Zucca, Santa Croce 1762, San Giacomo dall' Orio (Nähe Bhf.). Nett eingerichtet, winziges Lokal, das mittlerweile als 'Geheimtip' unter Touristen gilt. Besonders zu empfehlen die Fleischgerichte - verschiedene Steaksorten, Roastbeef, mittlere Preisklasse, Mo geschl.

Pizzeria/Trattoria Don Crecola, Santa Croce 1459, Campiello del Diovan (Nähe Bahnhofsbrücke). Familienbetrieb direkt am Canale, romantische Atmosphäre, mit den Speisen gibt man sich Mühe - gute Pizzen.

Paradiso Perduto, Cannaregio, Fondamento della Misericordia. Von jungen Leuten geführte Studentenkneipe, gutes Essen und im vorderen Teil Kneipenbetrieb bis spät in die Nacht (siehe auch Nachtleben).

LESERTIP: "in der **Pizzeria Al Bari**, S. Croce 1175 (erste Brücke links vom Bhf. benutzen, dann ist man praktisch schon da), gibt es gute Pizzas für ca. 7-8 DM" (Andreas Vente, Leverkusen).

BARS / CAFES: als Relikte der österreichischen Besatzungszeit gibts in Venedig jede Menge Konditoreien, die die vielfältigsten Torten und Pralinen anbieten.

Bar Torino, am Campo San Luca. Gemütliches Café, besonders während der kühlen Jahreszeit zu empfehlen. Angenehm zum Lesen, guter Cappuccino, So geschl., ansonsten bis ca. 20 h.

Bar/Café Olimpia, gleich beim Bhf., Richtung Lista di Spagna linke Seite. So ziemlich die einzige Bar um den Bhf., die vernünftige Preise hat.

Café Florian, das berühmteste Café , direkt auf der Piazza San Marco. Man sitzt auf verblichenen roten Ledersesseln, die altmodisch-noble Atmosphäre hat ihren Preis.

Harry's Bar, Calle Vallaresso 1323, Nähe Bootsstation San Marco. Noble Einrichtung, köstliche Cocktails und unbezahlbar. Hemingway war Stammgast (wo nicht?).

Café Goppion, Dorsoduro 1190, Nähe Accademia, köstliche Tramezzini, Toast, phantasievoll belegte Farciti, dazu einen Ombra (Schatten), ein kleines Glas Weißwein.

NACHTLEBEN: nicht viel geboten. Von August bis September findet aber in den einzelnen Stadtteilen Venedigs das **Festa del Unità** statt mit viel Musik, Wein und Essen.

Ristorante/Bar Al Teatro, Piazza San Fontin, direkt neben dem Teatro Fenice. Bis weit in die Nacht geöffnet. Hier gibts die

beste Pizza und eine Tabaccheria Notturno. An der Bar normale Preise, Mo geschl.
Codroma, Dorsoduro 2540, Ponte di Soccorso, beliebter Treffpunkt der Studenten und der 'Szene'.
Paradiso Perduto, Cannaregio, Fondamento della Misericordia, ebenfalls gutbesuchte Studentenkneipe, z.T. guter Live-Jazz.
Club El Souk, Dorsoduro, Calle dell' Accademia. Neuester 'In'-Treff, raffiniert eingerichtet, diverse Biersorten, Sandwiches, mit Disko (bis 2 h).
Bistrot, Dorsoduro, Campo S. Margherita, hauptsächlich Alternativszene, Bier, Viedeoclips (bis 24 h).

SHOPPING: Venedig ist teuer. Wegen der hohen Transportkosten - alles muß mit dem Boot vom Festland herübergefahren werden - liegen die Preise für Lebensmittel um einiges höher als anderswo. An der **Strada Nuova**, der Verlängerung der Lista di Spagna (am Bhf.), viele Verkaufsstände aller Art. Jeden Morgen malerischer Fisch-, Gemüse- und Obstmarkt an der **Rialtobrücke**. Viele Boutiquen im Zentrum. Für Liebhaber von Kitsch - unzählige Stände, Buden und Läden zwischen Rialto und San Marco.

Sehenswertes

Ziellos durch die Gäßchen laufen, ist die schönste Art, Venedig kennenzulernen. Die typische venezianische Stimmung rührt zum Großteil von der Verschiedenheit ihrer Bewohner her. Künstler, Schriftsteller und Snobs aus aller Welt haben hier ihre Wahlheimat gefunden . . . Deprimierend ist dagegen der langsame Verfall der Stadt - vor allem in den Wohnvierteln deutlich zu sehen. Die Kanäle sind fast randvoll mit 'Sedimento', d.h. Abfällen aller Art.

Zwischen Bahnhof und Markusplatz: der *Canal Grande* ist die längste Wasserstraße der Stadt. In Form eines großen *S* zieht er sich fast 4 km lang durch die Stadt, dicht bebaut mit den vornehmen Palazzi der reichen Kaufmannsfamilien. Ihr solltet ihn mit dem Vaporetto ganz entlang fahren, z.T. sehr schöne Häuserfassaden, allerdings vieles in recht morbidem Zustand.
Der *Palazzo Pesaro* (rechter Hand) ist der bedeutendste Barockpalast der Stadt. Im Inneren die 'Galeria d'Arte Moderna' und das 'Museo d'Arte Orientale'. Kurz darauf linker Hand der gotische *Ca d'Oro*, einer der schönsten Paläste Venedigs, reich geschmückt und mit leicht orientalischem Einschlag. Leider ist von den früheren Goldverzierungen, die dem Palazzo seinen Namen gaben, nichts mehr erhalten (nachmitt. geschl.).
Die *Rialtobrücke* kennt ihr schon von zahllosen Photographien und Filmen. Zeitweise war sie die einzige Brücke über den Kanal. Die 50 m lange, auf über 12.000 Pfählen stehende Brücke ist heute auf beiden Seiten von Souvenirläden gesäumt. Auf der Südseite der Brücke führt die *Merceria*, die wichtigste Geschäftsstraße von Venedig, direkt zur Piazza San Marco.
Wenn ihr auf dem Canal weiterfahrt, trefft ihr bei der nächsten Brücke rechts auf die *Accademia di Belle Arti*, eine der erlesensten Gemäldegalerien der Welt mit einer großen Sammlung von venezianischen Malern vom 14.-19. Jh. (Mo-Sa 9-14, So 9-13 h, ca. 6 DM).

Markusplatz (San Marco): Tauben, Touristen, Marmor, Cafés, die Basilika, der Dogenpalast. Um 9 und 14 h ist offizielle Taubenfütterung durch die Stadtverwaltung. Die großzügige Konzeption des Platzes läßt sich nur in den frühen Morgenstunden oder spät abends bewundern, denn den ganzen Tag herrscht hier hektisches Treiben.
Das *Café Florian* gehört zu den ältesten Cafés Italiens - vor 250 Jahren bekam Venedig die ersten Kaffeelieferungen aus dem Orient (siehe auch unter 'Cafés').
Die *Basilika San Marco* ist Sinnbild des Reichtums der ehemaligen Handelsmetropole, die ihre Niederlassungen überall in der Welt hatte. Sie wurde aus Raubstücken zusammengesetzt, die venezianische Söldner von Beutezügen mitbrachten: z.B. das berühmte Pferdegespann über dem Hauptportal, das 1204 bei der Eroberung Konstantinopels den Besitzer wechselte. Heute ist es von Grünspan befallen, abmontiert und durch Kopien ersetzt. Die 500 Marmorsäulen im Inneren stammen aus den verschiedensten Gegenden des vorderen Orients und Griechenlands. Die Kirche wurde übrigens zwi-

schen 1060 und 1070 im byzantinischen Stil erbaut und bis ins 16. Jh. ständig verändert und ausgeschmückt. Sie ist der wesentlich früher erbauten Hagia Sophia in Istanbul recht ähnlich.
Berühmt sind die vielen *Mosaiken* an der Außenfront und vor allem im Inneren an Wänden und in den Kuppeln. Wegen der starken Luftverschmutzung sind sie stark gefährdet - man erwägt ihre Abnahme. Auf der rechten Seite der Kirche führt eine schmale Treppe zum Dommuseum auf der Galerie. Die knappe 1 DM lohnt sich unbedingt - hier stehen die Originale des Pferdegespanns aus Konstantinopel. Ihr könnt auf die Loggia hinaustreten und habt die Mosaiken in Augenhöhe vor euch (tägl. 9.30-17 h).
Seht euch auch die *Pala d'Oro* im Altarbereich an. Auf dem goldenen und mit bunten Edelsteinen reich bestückten Relief sind neben Jesus und Maria die wichtigsten Heiligen, Evangelisten und Apostel dargestellt.
Benachbart zu San Marco der *Torre dell' Orologio* (Uhrenturm). Der Torbogen markiert den Beginn der Merceria, der Hauptgeschäftsstraße Venedigs.
Der *Markusturm* - besser bekannt unter dem Namen Campanile - ist 99 m hoch und aus unerklärlichen Gründen 1912 in sich zusammengestürzt. Mit einem Fahrstuhl kommt ihr rauf, toller Blick über die Stadt und die Lagune (tägl. 9.30-22 h, ca. 4,50 DM).
Der *Dogenpalast* oder *Palazzo Ducale* (Palast der Stadtoberen) ist ganz in rosaschimmerndem Marmor gehalten. Erbaut wurde er im 14./15. Jh. Sehenswert vor allem das Nobelstockwerk 'Piano Nobile' mit zahlreichen Gemälden und Wandmalereien. Der prachtvollste Raum des Palastes, der Sitzungssaal (Sala del Maggior Consiglio) wird vor allem wegen dem *'Paradies'* von Tintoretto besucht, eines der größten Ölgemälde der Welt, das 1989 jedoch wegen Restaurierung ausgelagert war (tägl. 8.30-13 h, ca. 7 DM, Stud. 5 DM).
Die venezianischen Staatsverliese, die sog. *Bleikammern*, grenzen direkt an den Palast an. Hier saß auch mal Casanova fest und konnte schließlich unter abenteuerlichen Umständen fliehen. Über die *Seufzerbrücke* wurden die Gefangenen - meistens lebenslänglich - in die Zellen gebracht (tägl. 8.30-19 h, ca. 7 DM, Stud. 5 DM).
Von S. Marco kommt ihr die Uferstraße Riva degli Schiavoni entlang links (Osten) zum großen Stadtpark *Giardini Publici* (Haltestelle der Motorschiffe). Bevor ihr zum Stadtpark kommt, könnt ihr auch links die Via Garibaldi nehmen und den Canal S. Pietro überqueren. Touristen trifft man hier nur noch wenige. Auf der Insel drüben die neoklassizistische Kirche *San Pietro in Castello*, der eigentliche Dom Venedigs.

Venedig kreuz und quer: am Campo S. Rocco (westl. der Rialtobrücke) die *Frari-Kirche*, eine der schönsten Kirchen Venedigs, mit dem Grab von Tizian und einem Altarbild von Tizian, nämlich 'Maria Himmelfahrt' (Mo-Sa 9-12, 15-18, So 9-18 h, ca. 1,50 DM). Benachbart die Kirche *San Rocco* mit Tintoretto-Gemälden. Am selben Platz die *Scuola di San Rocco* - eine der wichtigsten venezianischen Malschulen mit 56 herrlichen Wandgemälden von Tintoretto (tägl. 9-13, 16-19 h, ca. 7 DM).
Der weite *Campo S. Maria Formosa* ist seit der Renaissance unverändert geblieben. Nur wenig nördlich davon steht die Kirche *S. S. Giovanni e Paole*, ein gewaltiger gotischer Backsteinbau mit zahlreichen Grabmälern und Gedenkstatuen von berühmten Dogen. Gleich in der Nähe die ungewöhnliche Kirche *Santa Maria dei Miracoli*. Der Bildhauer und Architekt Lombardo ließ sich allerhand einfallen, als er diese Kirche erbaute.
An der hübschen Landspitze schräg gegenüber von San Marco grüßen Kloster und Barockkirche *Santa Maria della Salute* seit Generationen die ankommenden Schiffe.
Vielleicht noch origineller als vom Campanile ist der Rundblick vom Turm der Kirche *San Giorgio Maggiore*, die ihr drüben auf der kleinen Insel gegenüber vom Markusplatz seht.

MUSEEN: z.Z. wegen Personalmangel sehr kurze Öffnungszeiten bzw. häufig "chiuso".
Peggy Guggenheim Museum, in einem Palazzo am Canal Grande, nah Santa Maria della Salute. Eins der bekanntesten Museen der Stadt, bedeutende Sammlung von Kubisten, Abstrakton und Surrealisten (nur April-Okt., Mi-Mo 12-18 h, Di geschl., ca. 7 DM, Stud. ermäß.).
Museo Fortuny, Campo San Beneto. Im Palast des verstorbenen Stoffdesigners, Malers und Photographen Mariano Fortuny sind ständig wechselnde Ausstellungen, besonders aus dem Bereich der Photographie zu besichtigen (Mo-Sa 8.30-18 h, So geschl.).
Museo Storico Navale, im Arsenale, für Bootsnarren interessant (So und feiertags geschl.).
Orientalisches Kunstmuseum, Palazzo Pesaro, Santa Croce (Di-So 10-12.30h, 3 DM).
Synagogen mit angeschlossenem Museum für hebräische Kunst am Campo Ghetto Nuovo (Nähe Bhf.), Cannaregio (Führungen tägl. 10 u. 12 h, ca. 4 DM).

FESTE: 15. August **Maria Himmelfahrt**; am 2. September **Santa Maria della Salute** (Salutefest) und natürlich im Februar der weltberühmte **Karneval von Venedig**!

Venedig/Umgebung

Die Lagune bietet viele Möglichkeiten. Mit den Vaporetti 1 und 2 könnt ihr zum vorgelagerten *Lido* fahren, auf die Laguneninseln *Murano*, *Burano* und *Torcello* kommt ihr mit der Nr. 12. Abfahrt zu den drei letzteren etwa stündlich ab Fondamenta Nuova, an der Nordseite der Stadt (von S. Marco kommt ihr mit Vaporetto 5 dorthin, fährt auch weiter bis Murano).
Die bekannte Friedhofsinsel *S. Michele* liegt nicht weit von der Fondamento Nuova entfernt (bis 17.30 h).

Lido: neben der Exklusivregion und ihren teuren Hotels und Villen mit elegant-dekadenter Atmosphäre gibt es auch frei zugängliche Strandpartien. Im Sommer aber sehr voll, Strand und Wasser nicht besonders sauber.

Murano: bekannt für seine Glasindustrie. Fast jedes zweite Haus ist eine Glasbläserei, die man sich ruhig von innen anschauen sollte. Im sehr sehenswerten Glasmuseum sind Meisterwerke der Glasbläserei aus den vergangenen Jh. ausgestellt.

Burano: malerisches Örtchen, bekannt für die Herstellung von Spitzen, den Klöpplerinnen kann man bei der Arbeit zusehen. Bunt bemalte Häuser, wegen der dauernden Überschwemmungen steht vieles auf hohen Eisengestellen.

Torcello: fast keine Einwohner mehr und zeitweise sehr ruhig, ansonsten aber von (vorwiegend englischen und amerikanischen) Touristen überlaufen, vielleicht, weil Hemingway eine Zeitlang hier wohnte. Die älteste Kirche Venedigs steht auch hier. Schöne Fahrt durch die Lagune zu den Wiesen und Weingärten der kleinen Insel.

Triest

Lebendige Hafenstadt und Hauptstadt der dünnbesiedelten Provinz Friuli, direkt an der Grenze zu Jugoslawien.

Die besondere geographische Lage und die damit verbundene, wechselvolle Geschichte haben das Gesicht der Stadt geprägt. Das Zentrum der einstmals wichtigsten Hafenstadt der Doppelmonarchie Österreich-Ungarn ist in klaren klassizistischen Linien gestaltet. Während des 1. Weltkriegs okkupierten die Italiener die Stadt und machten sie zu einem Zentrum des Schiffbaus. Als Zeichen des Reichtums und der 'Grandezza' entstanden prächtige Palazzi, u.a. die Börse, die Theater und das Opernhaus. Beliebte Treffpunkte aus der Zeit sind auch heute noch die Kaffeehäuser.
Die steilen Hänge um das Hafenbecken säumen alte Arbeiterviertel. Von der weiträumig-großzügigen Planung des Zentrums ist hier nichts mehr zu bemerken. Enge verwinkelte Gassen und hohe schmale Häuser prägen das Bild. In den Wintermonaten werden sie von den bis zu 100 km/h schnellen Bora-Stürmen in Mitleidenschaft gezogen.

VERBINDUNGEN / BAHNHOF: **Stazione Centrale** an der Piazza della Liberta etwas nördl. vom Hafen und der Altstadt.

INFORMATION: direkt am Bhf., Viale Miramare. Stadtpläne und Zimmervermittlung.

ÜBERNACHTEN: **Jugendherberge Triegeste**, Viale Miramare 331, Tel. 040/224102, ein

ganzes Stück nördl. vom Bhf (Bus 6). Wurde im Sommer 88 renoviert und neu eröffnet.
Viele Hotels und Locandas im Zentrum, bei denen der untersten Kategorie gibt es kaum Preis- und Qualitätsunterschiede. **Locanda San Nicolo**, Via San Nicolo 2, Tel. 64545 und **Locanda Marina**, Via Galatti 14, Tel. 61168 kosten beide um die 30 DM fürs DZ. Sehr einfach, altes Mobiliar, aber nette ehrliche Leute.
Roma, Via della Ghega 7, Tel. 61674, ist komfortabler, hat geräumige Zimmer, Sanitäres ok, ca. 55 DM fürs DZ.
Die nächsten Campingplätze liegen in **Opicina**, einem nördl. Vorort (Bahnverbindung). An der Bahnlinie nach Italien liegen weitere Plätze in **Sistiana**, direkt am Meer.

ESSEN / TREFFS: wer wenig Geld hat, aber trotzdem gut und reichlich essen möchte, sollte in eine der vielen Osterien der Stadt gehen. Dazu gibts frisch vom Faß gezapften Wein. Eine gute **Osteria** z.B. in der Riva Grumula. Ebenfalls lohnend der **Self-Service/Ristorante Brek** in der Via S. Francesco di Assisi 10 a.
Gelateria Al Pinguino, Molo di Pescheria, gutes Eiscafé, man sitzt direkt am Kai unter riesengroßen Sonnenschirmen.
Café degli Specchi, an der großen zentralen Piazza Unita d'Italia trifft sich alles in diesem ehemaligen Literatencafé, in dem auch James Joyce und Rilke verkehrten. Der Name bedeutet Café der Spiegel, denn überall sind Spiegel angebracht.

Sehenswertes: bekanntestes Stück der City ist sicher der malerische *Canal Grande* mit seinen eleganten und barock verschnörkelten Pastellfassaden. Um die ganze Atmosphäre und Verschiedenartigkeit der Stadt zu erleben, muß man aber unbedingt einen Spaziergang durch das Zentrum, entlang des Hafens und in die höher gelegenen Arbeiterviertel unternehmen.
Gleich hinter der Piazza Unita d'Italia beginnen die düsteren Gassen der Altstadt. Die *Cattedrale di San Giusto* am Hang oberhalb vom Zentrum, ist die größte Kirche Triests, eine gewaltige Kuppel bildet ihr Dach. Fast verwachsen damit ist das gleichnamige *Kastell* mit Ausgrabungen eines römischen Forums.

SHOPPING: tägl. **Markt** (Kleidung, Haushaltswaren) auf der Piazza del Libertá. **Obst- und Gemüsemarkt** auf der Piazza Ponte Rosso. Auch eine große alte **Markthalle** gibt es. In der Via del Bastione laden **Antiquariate** zum Stöbern ein. In der Via del Dante gibts jede Menge **Trödel**.

ADRIA

Algenpest oder Teutonengrill - das ist hier die Frage. Die Hoteliers befürchten das Schlimmste - Einbußen bis zu 40 % sind realistisch, seit auch dem Massenpublikum bewußt geworden ist, daß die Adria nicht mehr zum Baden taugt.

Seit Jahrzehnten lebt die ganze Region vom Tourismus - Badeorte und Strände liegen dicht an dicht. Bis 1989 die Algen kamen, verdrängte man mehr oder minder, daß das Wasser unwahrscheinlich verdreckt und vor allem im Norden mit Schwermetallen aus dem Po belastet ist.
Jetzt ist das Wehklagen groß - doch der Bau moderner Kläranlagen wird nicht viel nützen, da der geballte Industriedreck ja via Po aus den großen Industriestädten Oberitaliens angeschwemmt wird.

Venedig - Ferrara - Ravenna - Rimini - Ancona
A-Kb. 24544, 24545, 24546

Wichtigste Anreiseroute für Griechenland-Fahrer. Die Bahnlinie nach Süden führt fast immer dicht am Meer entlang. Zum Durchfahren ganz hübsch, zum Aussteigen nur bedingt - typische Touristenatmosphäre. Streckenstück Ancona - Brindisi siehe S. 324.

Ferrara: gut erhaltene Stadtmauern, zahlreiche historische Bauten und viel Atmosphäre, trotzdem wenig Hektik und kaum Tourismus. Die gesamte Innenstadt ist Fußgängerzone, das Fahrrad wichtigstes Transportmittel.
Ferrara war eins der bedeutendsten Renaissance-Zentren Italiens. Die mächtige Familie der *Este* hinterließ viele prachtvolle Palazzi, auf Spuren des ehemaligen Reichtums trifft man auf Schritt und Tritt. Das *Castello Estense*, die trutzige Burganlage der Stadt, wurde später zum Palast umgebaut. Fast benachbart die *Kathedrale* - mächtig wie ein Ozeanschiff und eine

interessante Synthese aus romanischen, gotischen und Renaissance-Elementen.

VERBINDUNGEN / BAHNHOF: häufige Verbindungen nach Venedig, Bologna und Ravenna. **Bahnhof** etwas außerhalb vom Zentrum, den Viale Cavour entlang, kommt ihr direkt zum Castello Estense mitten in der Stadt (auch Bus 9).
Fahrräder könnt ihr leihen bei **Cervi**, Via Ripagrande 18-20. Allerdings nur solange der Vorrat reicht, also früh kommen.

INFORMATION: Piazza Municipale 19.

ÜBERNACHTEN: **Jugendherberge** in der Via Benvenuto Tisi da Garofalo 5, Tel. 0532/21098, ca. 1 km vom Bhf., Bus 1,2,9 oder zu Fuß ein Stück den Viale Cavour lang und links in die Via Ariosto. **Camping Estense** außerhalb der Stadtmauern, Bus 3 ab Bhf.

Ravenna

Die ehemalige Hauptstadt der byzantinischen Kaiser liegt inmitten früherer Sümpfe, etwas hinter der Adriaküste. Viele Entwässerungskanäle durchziehen das Flachland. Im weiten Umkreis dominieren Industrieanlagen.
Auch nicht so harmonisch wie andere Städte Italiens, viele Neubauten - trotzdem, Ravenna ist Touristenattraktion. Es hat nämlich einige Weltsehenswürdigkeiten im Kirchenbau zu bieten - hier stehen einige der ganz alten christlichen Kirchen im byzantinischen Stil, berühmt wegen der Farbenpracht ihrer einzigartigen Mosaiken!
Ausgedehnte Pinienwälder und ein endloser, im Sommer rappelvoller Sandstrand, schließen die Region zum Meer hin ab.

VERBINDUNGEN / BAHNHOF: Bhf. an der Piazza Farini, geradeaus führt die Viale Farini ins Zentrum.

INFORMATION: Via Salara 8, Zimmervermittlung, Stadtpläne.

ÜBERNACHTEN: **Jugendherberge Dante**, Via Aurelio Nicolodi 12, Tel. 0544/420405. In einem Außenbezirk, recht groß und nüchtern, ca. 12 DM, Bus 1 ab Bhf.
Ansonsten vielleicht mit Bus ab Bhf. ans Meer, dort mehrere Campingplätze in den überlaufenen Badeorten **Lido Adriano** und **Punta Marina**. **Marina di Ravenna** wirkt etwas netter, ebenfalls ein Campingplatz.

Sehenswertes: die große Attraktion Ravennas ist die *Basilika San Vitale*. Mit ihrem 8-eckigen Grundriß wirkt sie ausgesprochen originell, ist zudem total aufwendig und überladen geschmückt - wie ein byzantinischer Palast. Im Inneren die weltberühmten Mosaiken (520-550 n. Chr.), vielgestaltig und farbenprächtig. Am bekanntesten sind die Bilder des Kaiserpaars Justinian und Theodora (tägl. 9-19.30 h).
Benachbart der schlichte Backsteinbau des *Mausoleums der Galla Placidia*, innen über und über mit den ältesten Mosaiken Ravennas bedeckt (100 Jahre älter als San Vitale). Alles auf herrlich tiefblau leuchtendem Grund.
Die *Basilika Sant' Apollinare Nuovo* ist die alte Palastkirche Theoderichs aus dem 6. Jh. und besitzt ebenfalls byzantinische Mosaiken mit Szenen aus dem Leben Christi.
5 km südl. der Stadt (Via di Roma, Via Cesarea) die *Basilika Sant' Apollinare in Classe*, die größte und am besten erhaltene Kirche Ravennas, ebenfalls sehr schöne Mosaiken (ab Bhf. Bus 4).

Rimini: man kann schon mal aussteigen, um die Menschenmassen zu bestaunen, die dicht an dicht ihre Badeferien genießen. An der Strandpromenade Rummel hoch fünf, abends läuft hier das Nachtleben - zahllose Diskos und Bars.
In die wider Erwarten hübsche Altstadt kommt ihr vom Bahnhof in entgegengesetzter Richtung vom 'Beach', die Via Dante entlang. Größte Sehenswürdigkeit - der *Tempio Malatestiano*, eine gotische Kirche, die während der Renaissance völlig umgestaltet wurde.

BAHNHOF / VERBINDUNGEN: Gepäckaufbewahrung.

INFORMATION: links neben dem Bhf., Piazzale C. Battisti 1.

ÜBERNACHTEN: **Jugendherberge** in Rimini-Miramare, Via Flaminia 300, Tel. 0541/373216. Mit Bus 9, 10, 11, weit vom Zentrum. Auch Bahn Station Rimini-Miramare, von dort ca. 500 m. Vorher anrufen, oft voll! Nächster Camping ist **Maximum**, Via Piemonte 165 (Bus 9, 10, 11 nach Miramare).

ESSEN: Restaurants überteuert, besser in die **Mensa Ferroviario** am Viale Roma 70 gehen, liegt nahe beim Bhf. (Mo-Sa, mittags und abends).

Fano - Urbino

Wenn ihr ein bißchen Zeit habt, den Abstecher müßt ihr unbedingt macht. Die Verbindungen sind allerdings mäßig bis schlecht.

Urbino: Sitz einer Universität mit 12.000 Studenten und so etwas wie der Inbegriff einer historischen Stadt - liegt einmalig schön auf einer steilen Hügelkuppe und hat sich dank seiner Abgeschiedenheit zwischen Appenin und Adria seine einzigartige Geschlossenheit bis heute bewahren können.
Alles ist aus rötlich- bis ockerfarbenem Ziegel erbaut - Häuser, Wege, Treppen und Rampen wirken wie aus einem Guß und über allem thront das riesenhafte Schloß - einer der größten Renaissancepaläste Italiens!
Einige der bedeutendsten Künstler der Renaissance (u.a. *Raffael,* Geburtshaus in der Via Raffaello 57) sind hier geboren und haben lange Zeit in Urbino gelebt und gearbeitet, bevor sie in die großen Zentren Florenz und Rom aufbrachen.

INFORMATION: Piazza Duca Federico 35.

ÜBERNACHTEN: **Albergo Fosca**, Via Budassi 64, Tel. 2521, ca. 42 DM fürs DZ.

Weiter Richtung Ancona

Ancona: typische Hafenstadt - im Weltkrieg schwer zerbombt, nur interessant wegen der Fährverbindungen nach Griechenland. Vom Bhf. links ca. 1,5 km immer am Wasser entlang zum Passagierhafen. Kurz vor dem Hafen ein altrömischer Triumphbogen mit kleiner Grünfläche, eventuell zum Übernachten geeignet. Wenn ihr abends noch etwas Zeit habt - vom Hafen immer geradeaus den leichten Hügel hinauf, geht's zu einem großen Platz. Hier trifft sich die Jugend der Stadt.

VERBINDUNGEN: häufige **Fähren** nach Griechenland (siehe Griechenland Anreise), nach Zadar und Split (siehe Jugoslawien Einleitung) und 1 x wöch. (Fr) sogar nach Kreta und in die Türkei (Marlines).

ÜBERNACHTEN: preiswerte Alberghos um den Bhf.

An der Bahnlinie südl. von Ancona das hübsche Städtchen *Loreto* mit der berühmten und weithin sichtbaren Kirche 'Santuario della Santa Casa'.
Durch zahlreiche Badeorte - empfehlenswert vielleicht *Grottamare* und das benachbarte *San Benedetto del Tronto* (riesige Palmenpromenade am Strand) - weiter zum Gargano (siehe Süditalien, S. 324).

RIVIERA

Wie die benachbarte Cóte d'Azur schon im letzten Jahrhundert dank ihres milden Klimas bevorzugtes Reiseziel der High Society.

Die *Blumenriviera*, mit Mittelpunkt San Remo, reicht von der französischen Grenze bis Genua - subtropische Vegetation, buschige Palmen, Zitronen- und Orangenbäume bringen viel Flair an die Küste. Die Orte sind zu 100 % auf Fremdenverkehr eingestellt, trotzdem gibts neben prunkvollen Haus- und Hotelfassaden aus dem letzten Jahrhundert oft noch nette Altstadtviertel mit viel Atmosphäre. Im Sommer natürlich alles völlig ausgebucht, gleich hinter den überfüllten Stränden verläuft oft die Uferstraße oder die Küstenlinie der Eisenbahn.

Ventimiglia -San Remo - Genua A-Kb. 24520

Küstenlinie von der französischen Grenze bis Genua. Schöne Fahrt durch üppig grüne Hügel fast durchgehend dicht am Meer entlang, häufig Tunnels.

Ventimiglia: Grenzstädtchen zu Frankreich. Einige altrömische Ruinen und Teile der mittelalterlichen Stadtmauer sind noch erhalten. Die sonstigen Betonfassaden, z.T. schmuddeligen Gassen und der unattraktive Kiesstrand dagegen weniger erhebend. Viele Franzosen kommen auf einen Sprung herüber, um sich mit billigem Schnaps einzudecken. Wechselstuben und Geschäfte mit enormem Alkoholvorrat kennzeichnen das Stadtbild. Dafür ist es hier wesentlich billiger als in Nizza, San Remo & Co - eventuell interessant als Standquartier für Tagestrips entlang der Côte d'Azur und der Riviera.

INFORMATION: Via Cavour 61.

ÜBERNACHTEN: um den Bhf. einige billige Unterkünfte, z.B. **Pension Cavour**, Tel. 351366. Um die Stadt mehrere Campingplätze, z.B. **Roma** und **Por la Mar**.

Ventimiglia - Breil - Tende - Limone - Cuneo - Fossano - Turin A-Kb. 24535

Die berühmte *Tenda-Bahn* ist eine der schönsten Linien der Alpen. Etwa 8 x tägl. (mit Umsteigen) könnt ihr nach Turin fahren, ebenso umgekehrt - eventuell ein Tip für die Anreise nach Italien bzw. an die Côte d'Azur (oder Rundtour Ventimiglia - Limone, zurück über Breil nach Nizza). Die Bahnlinie kreuzt unterwegs einen Zipfel von Frankreich, führt aber wieder auf italienisches Gebiet zurück. In Breil geht eine Zweiglinie nach Nizza ab (siehe unter Frankreich).

San Remo

Vormalig beliebter Urlaubsort der 'Upper Class' und all derer, die dazu gehören wollten. Die besten Zeiten sind jedoch vorbei. Für einen kurzen Spaziergang durch die Altstadt (La Citta Vecchia) und um den Hafen (riesige Jachten) könnt ihr einen Stop einlegen.

Außer einem bekannten Spielkasino gibts eine *Promenade* mit ziemlich kaputten Palmen. Auf dem *Blumenmarkt* am Westende des Corso Garibaldi werden jeden Vormittag mehrere Tonnen Schnittblumen versteigert. Der Strand ist reichlich steinig, auch im Wasser. Eine der längsten Drahtseilbahnen der Welt geht auf den *Monte Bignone* (1300 m), Abfahrt am Corso degli Inglesi (1 std. Fahrzeit). Musikalische Leute kommen während des alljährlichen *Musikfestivals*, das aber in den letzten Jahren viel an Renommee verloren hat.

VERBINDUNGEN / BAHNHOF: im Bhf. Gepäckaufbewahrung und Zimmervermittlung.

INFORMATION: Largo Nuvoloni 1 (beim Bhf.), Zimmervermittlung.

ÜBERNACHTEN: in der Via Matteotti, gleich beim Bhf., findet ihr preiswerte Unterkünfte, z.B. **Locanda Matteotti**, Nr. 65, Tel. 85677 u. **Locanda Nuova**, Nr. 25. **Camping San Remo** liegt am Westrand der Stadt.

Alassio: schöne Altstadt mit gepflegtem Sandstrand, im Sommer natürlich proppevoll. Ausgeprägtes Nachtleben mit dutzenden Bars, Diskotheken etc. In den engen Gassen wimmelt es nur so von Läden und Lokalen. Viel Rummel und Kontakte.
Eine Bahnstation in Richtung Imperia der kleine Ort *Laigueglia* ebenfalls mit sehenswertem Ortskern, genauso voll.

ÜBERNACHTEN: eine Super-Adresse ist der **Camping Monti e Mare**, jedoch ein ganzes Stück außerhalb Richtung Imperia. Liegt terrassenförmig direkt am Meer, riesig groß, zahlreiche versteckte Winkel. In der HS aber nicht gerade billig - versucht zu handeln, da die Preise immer mit Auto angegeben sind.

Albenga: weniger mondän als die meisten anderen Rivierastädte, zudem absolutes Camperzentrum (an die 15 Plätze in der Umgebung).

Finale Ligure: recht modern, aus vier verschiedenen Dörfern zusammengewachsen, aber guter Standort für einen Badeaufenthalt - langer Strand und breite Palmenpromenade. Schön ist der alte Ortsteil Borgo mit mittelalterlichen Mauern.

VERBINDUNGEN / BAHNHOF: es gibt mehrere Bahnhöfe, Schnellzüge halten nur in **Finale Marina**.

INFORMATION: Piazza Vittorio Veneto 29.

ÜBERNACHTEN: **Jugendherberge** an der Via Generale Caviglia 46, Tel. 019/690515. Prima Hostel in toller Lage am Berg oberhalb vom Bhf., es geht anstrengende Treppen rauf. Während der Saison häufig voll, wenn möglich, vorreservieren.
Eurocamping Calvisio ist der beste Platz, allerdings etwas außerhalb und ca. 1 km vom Meer, dafür Swimmingpool.

Genua

Riesige Hafen- und Industriestadt, weit ausgebreitet zwischen dicht bewaldeten Berghängen. Pastellfarbene, rote und schmutziggraue Häuserfronten staffeln sich kilometerweit hinauf.

Das alte Hafenviertel gewiß nicht 'schön', aber eine gehörige Portion vom Schärfsten, was Norditalien zu bieten hat. Schmalverwinkelte Kopfsteinpflastergäßchen zwischen verblühten Prachtfassaden, fliegende Händler, Nobeljuweliere, Schuh- und Jeansboutiquen dicht an dicht, in den dunklen Seitenwegen blüht die Prostitution. An jeder Ecke ein liebevolles Heiligenbild, es stinkt nach Urin . . . Kontraste, die man schon nach einem kurzen Bummel auf der handtuchschmalen 'Hauptstraße' aufspürt, die parallel zum Hafenbecken verläuft.

Die meisten Touristen kommen nur, um die tägl. Fähren nach Sardinien oder Korsika zu nehmen.

VERBINDUNGEN / BAHNHOF: es gibt 2 Bahnhöfe - den Hbf. **Staz. Porta Principe** im Westen der Stadt nahe am großen Passagierhafen und die **Staz. Brignole** (für Züge Richtung Süden). Im Hbf. Gepäckaufbewahrung, Café in der Säulenhalle vor dem Bhf.

Busverbindungen vom Hbf. in alle Richtungen, zum **Hafen** könnt ihr in ca. 20 min. zu Fuß laufen (rechts die Via Andrea Doria hinunter). Oder nehmt Bus 34, 37 oder 41 bis Piazza Nuntiata und steigt um in einen Bus zur 'Stazione Marittima'.

Sardinien-Fähren der Tyrrenia tägl. nach **Porto Torres**, 3 x wöch. nach **Olbia**, an Deck ca. 50 DM (nur möglich, wenn Kabinen und Schlafsessel ausgebucht sind).

INFORMATION: Via Roma 11 (1. Stock), im Zentrum, Nähe Piazza Corvetto (Bus 37 ab Staz. P. Principe). Außerdem in den 2 Bahnhöfen (in der Staz. Brignole z.Z. geschl.).

ÜBERNACHTEN: z.Z. keine Jugendherberge, die angenehme **Casa della Giovane**, Piazza Santa Sabina 4, Tel. 206632, nimmt nur Mädchen auf, ca. 12 DM pro Pers.

Relativ preiswert v.a. um den Hbf., z.B. in der Via Balbi, die am Vorplatz vom Hbf. beginnt - ideal für Leute, die nur über Nacht bleiben wollen. Etwa 45 DM für's DZ kosten **Della Posta** (Tel 262005), **Bernerhof** (Tel. 280166) u. **Rampone** (Tel. 280101) - alle Via Balbi 24.

Wir sind mehrfach in der **Pensione Riviera Ligure** untergekommen, uriges altes Gemäuer mit steilen Treppen direkt im Herzen der Altstadt, Via Colalanza 2 (schmale Abzweigung von der durchgehenden Via San Lucia, der Hauptgeschäftsstraße), ca. 35 DM für's DZ, Tel. 201996. Vom Bhf. zu Fuß ca. 15 min. die lange Hauptstraße der Altstadt entlang, dann links. Oder mit Bus 37 oder 41 bis Piazza della Nunziata und zu Fuß rechts ab.

Mehrere Campingplätze an beiden Seiten der Stadt. Westl. von Genua **Camping Villa Doria** in Pegli, zu erreichen mit dem Lokalzug. Ein Stück weiter bei Voltri liegt **Camping La Vesima**, ebenfalls Lokalzug nach Vesima oder Bus 1 ab Stazione Principe bis Voltri, umsteigen in 95.

ESSEN: einfache Trattorias gleich am Anfang der langen Fußgängergasse durch die Altstadt (vom Bhf.-Vorplatz ein paar Stufen hinunter).

Die **Mensa Universitaria** in der Via Campo 12 nah beim Hbf. (Mo-Sa, nur mittags).

Sehr gemütlich an langen Tischen sitzt man in der preiswerten **Trattoria Al Grillo**, Vicolo Domoculta 14r (seitlich der Via XXV Aprile, So geschl.).

Dank seines internationalen Hafens hat Genua mehr 'exotische' Lokale als andere Städte Italiens. Im **Hong Kong**, Piazza San Carlo 2 (nicht allzu weit vom Hbf.), könnt ihr z.B. gut chinesisch essen.

Sehenswertes: am Bahnhofsvorplatz das Denkmal von *Christoph Kolumbus*, des bedeutendsten Sohnes der Stadt. Am Ostende des Platzes beginnt die Via Balbi (siehe weiter unten).

Wenige Meter rechts davon gelangt ihr über ein paar Stufen unmittelbar zum Kern der Sache - hier beginnt eine lange *Fußgängergasse* quer durch die Altstadt. Zwischen den hohen grauen Häuserfassaden ein Laden neben dem anderen, anfangs fast ein bißchen Flohmarktatmosphäre, dann aber Boutiquen, Schuhgeschäfte, Schmuckläden in endloser Reihe. Ein typisches altes Hafenviertel, gewiß nicht 'sehenswert' im herkömmlichen Sinn, dafür urig. Die meisten Gassen sind für Autos zu schmal.

Erst die breite Autostraße Via S. Lorenzo unterbricht nach 1,5 km das mittelalterliche Gassenlabyrinth. Hier findet ihr den *Dom S. Lorenzo* - wieder das typische schwarz-weiße Streifenmuster, inzwischen aber trübe geworden durch den Großstadtverkehr. Besonders schön das düstere Innere mit romanischen Säulenreihen. Die Via S. Lorenzo führt hinauf zur weiten *Piazza de Ferrari* mit dem riesenhaften, rotschimmernden Börsenpalast - das Zentrum des modernen Genua.

Zurück zum Hbf. über die Via XXV Aprile und die *Via Garibaldi*, letztere eine ununterbrochene Folge von Palästen aus dem 17./18. Jh., z.B. links der *Palazzo Bianco* (weißer Palast) und rechts der *Palazzo Rosso*, beide mit Gemälde-

galerien. Im roten Palast u.a. je ein Bild von Dürer und von Rubens.
An der *Piazza della Zecca* Talstation der Seilbahn auf den Aussichtspunkt *Rigi* (300 m über der Stadt, Bustickets gelten). Ein Stück weiter Richtung Hbf. die Piazza della Nunziata mit der klassizistischen Kirche *SS. Annunziata*. Das überladene Innere beeindruckt mit der Vielfalt von Malereien und Skulpturen.
Unmittelbar oberhalb der Altstadt führt die *Via Balbi* mit auspuffgeschwärzten Nobelherbergen aus dem 17./18. Jh. zum Bahnhofsvorplatz.

'Riviera Levante'

Östlich von Genua bis Marina di Carrara das schönste Stück der Riviera - bizarre Felsküsten mit zahlreichen tief eingeschnittenen Buchten, etliche malerische Dörfer und Städtchen, allerdings teilweise recht exklusiv. Orte wie Portofino und Rapallo haben eine lange Badetradition, Stammpublikum und erhöhte Preise.

Genua - La Spezia A-Kb. 24530

Mit dem Zug von Genua ab Station Porta Principe oder Station Brignole, abwechslungsreiche Fahrt die Küste entlang, etliche Tunnels und viel Meer.

Camogli: malerischer Fischerort in einer weiten Bucht am Beginn der Halbinsel von Portofino. Sehenswert und viel Atmosphäre - die heute verblaßten Fassaden der Häuser waren ursprünglich leuchtend bunt getüncht, damit die Fischer sie vom Meer aus erkennen konnten.
Attraktion ist am zweiten Sonntag im Mai das traditionelle *Fischessen* aus der größten Bratpfanne der Welt (4 m Durchmesser, Platz für 2200 Fische).

INFORMATION: Via XX Settembre 19 (Nähe Bhf.), Zimmervermittlung.

ÜBERNACHTEN: nur wenige preiswerte Pensionen im Ort, kein Camping.

Halbinsel von Portofino: von Camogli zu Fuß oder per Boot (mehrmals tägl., 25 min., ca. 5 DM einfach) nach *San Fruttuoso,* ein kleines Nest in herrlicher Lage am Ende der Halbinsel. Einer der malerischsten Winkel an dieser Küste. Eventuell weiter mit dem Boot nach *Portofino*, von dort schöne Busfahrt zur Bahnstation *Santa Margherita*.

Santa Margherita: hübscher Ort in einer weiten Bucht inmitten grüner Hügel, viele nostalgische Hotelbauten, eine Palmenallee, enge Gäßchen und Plätze. Jedoch nur kleiner Kiesstrand.

INFORMATION: Via Aprile XXV 26, Zimmervermittlung.

ÜBERNACHTEN: mehrere preiswerte Pensionen, z.B. **Corallo**, Via Aprile XXV 20, Tel. 286774, gleich beim Tourist-Info, ca. 40 DM fürs DZ.

Cinque Terre: felsiger Küstenstreifen mit den fünf Orten Monterosso, Vernazza, Corniglia, Manarola und Riomaggiore - landschaftlicher Höhepunkt der Riviera, vor allem in der Nebensaison angenehm. Früher war die Steilküste nur mit der Eisenbahn zu erreichen, ist aber inzwischen durch eine neue Verbindungsstraße für den Massentourismus entdeckt.
Ihr könnt den Küstenpfad entlang von Ort zu Ort wandern - dauert jeweils 1-3 std. und bringt herrliche Ausblicke auf das hüglige Inland mit Weinbergen und Terrassenplantagen und die bizarr zerrissene Küstenlinie. Schönste Streckenstücke zwischen Corniglia und Manarola (ca. 1 1/2 h) und der berühmte, dementsprechend überlaufene 'Via dell' Amore' zwischen Manarola und Riomaggiore (20 min.). Wer Blasen an den Füßen hat, setzt sich einfach in den Zug und läßt sich durch die Hügel der Steilküste fahren, allerdings gibts wegen der häufigen Tunnel nur kurze Ausblicke.
Monterosso ist der größte und touristischste Ort, *Vernazza* und *Riomaggiore* vielleicht die schönsten - die bunten Häuser kleben wie Schwalbennester an den Hängen.

VERBINDUNGEN: 'treno locale' mindestens stündl. ab Genua nach La Spezia, Fahrtzeit etwa 2 std., hält in allen Orten.

ÜBERNACHTEN: Zimmer ab 50 DM aufwärts, nächster Camping ist **Aqua Dolce Stefanini** bei Levanto, nördl. von Monterosso.

La Spezia: wichtigster Kriegshafen der italienischen Marine, außerdem häufig Fähren nach Bastia (Korsika) für ca. 55 DM (Navarma und Corsica Ferries). *Lerici* liegt südwestlich von La Spezia - sehr hübscher Ort mit schönen Badebuchten, aber schon seit dem Anfang des 19. Jh. kein Geheimtip mehr. Zu erreichen mit Zug bis Sarzana und noch 7 km mit dem Bus (oder Bus direkt ab La Spezia die Küste entlang).

ÜBERNACHTEN: **Camping Maralunga**, tolle Lage auf Terrassen oberhalb einer Felsbucht, gute Bademöglichkeiten. Von der Busstation zu Fuß noch 1 km übern Hügel.

TOSKANA/ UMBRIEN

Für viele der Inbegriff italienischer Landschaft und Kultur. Endloses, grünes Hügelland mit schlanken Zypressen, kurvigen Straßen und herrlichem Panorama. Die Städte sind alte Kulturorte mit prächtigen Bauten und viel Atmosphäre. Um Enttäuschungen vorzubeugen - im Sommer sind Kunststädte wie Siena und Florenz brechend voll.

Zum Wandern sind die sanften Hügel der Toskana vor allem im Frühjahr und Herbst bestens geeignet. Die toskanische Küste gefällt uns dagegen weniger - an den langen Sandstränden reiht sich ein Badeort an den anderen - z.T. mehr exklusiver Tourismus.
Umbrien ist einsamer, gastfreundlich und grüner als die Toskana. In der Hauptstadt *Perugia* tummelt sich während der Sommerferien internationales Publikum - es wird Italienisch gelernt.
Die beiden Seen *Trasimeno* und *Bolsena* sind inzwischen weitverbreitete 'Geheimtips' und gut zum Baden geeignet.

La Spezia - Viareggio - Pisa - Livorno - Piombino A-Kb. 24530

Vielbefahrene Bahnlinie an der toskanischen Küste entlang bis nach Rom. Ab Marina di Carrara wird die Landschaft eintöniger, die Berge weichen zurück und es beginnen die endlos langen Sandstrände mit den bekannten Sonnenschirmbatterien. Empfehlenswert für Rucksackler eigentlich nur die Inseln *Elba* und *Giglio* weiter südlich. Ansonsten lohnen die Strände für Leute, die ausschließlich Sonne und Strand suchen - allerdings solltet ihr in der Vorsaison kommen, im Sommer ist alles von italienischen Familien überlaufen.
Besser ihr konzentriert euch hier mehr aufs Hinterland mit seinen interessanten Kulturstädten. Ab Pisa gute Verbindungen nach Florenz und Lucca.

Carrara: Standort der wohl bekanntesten Steinbrüche Italiens. Hier wird seit Jahrhunderten der blendend weiße Marmor abgebaut, aus dem die vielen Kathedralen der Toskana (Pisa, Florenz, Siena u.a.) erbaut sind. Ihr seht die großen Bergaufbrüche vom Zug aus. Nächste Bahnstation ist *Carrara-Avenza*, Busse fahren ins Städtchen Carrara hinauf, die Brüche liegen aber weit außerhalb.

ÜBERNACHTEN: mehrere Campingplätze an beiden Ortsausgängen von Marina di Carrara, außerdem **Jugendherberge** am Rand von Carrara Marina, fast schon in Marina di Massa, Viale delle Pinete 89, Tel. 0585/ 780034. An einem Stück unbebauter Küste, Bus ab Bhf. Marina di Massa.

Viareggio: ursprünglich ein Fischernest inmitten von malariaverseuchtem Sumpfland. Heute wichtigstes Badezentrum der Region und von Italienern heiß geliebt. Der Ort ist eigentlich so häßlich nicht, hat auch Atmosphäre, aber der breite Präsentierstrand ist rettungslos überlaufen, eine Badeanstalt neben der anderen, kilometerlange Sonnenschirmparade. Schattige Campingplätze liegen südl. vom Ort in der Macchia, einige preiswerte Pensionen in der Straße vom Bhf. zum Strand.

Pisa

Das *centro storico* weniger herausgeputzt als in anderen Städten der Toskana. Alle Touristen strömen nämlich sofort zum Turm, der trotz des tückischen Schwemmlandbodens nach wie vor auf einem Wiesengelände etwas außerhalb vom Zentrum steht. Auch sind dort noch der Dom und das Baptisterium zu bewundern, ansonsten jede Menge Andenkenläden und eine Pizzeria neben der anderen.

In der Altstadt geht es dagegen noch recht italienisch zu, tägl. herrscht betriebsamer Gemüsemarkt auf der Piazza Vettovaglie. Pisa hat auch eine der ältesten Universitäten, gut 30.000 Studenten sind hier eingeschrieben.

VERBINDUNGEN / BAHNHOF: nach Florenz mindestens stündl., häufig Züge auch auf der Küstenstrecke nach Rom und Genua, ins nahe Lucca kommt man ebenfalls stündl. Der Bhf. von Pisa liegt ca. 1 km vom Zentrum und 2 km vom 'Schiefen Turm'. Zum Turm fährt Bus 1 alle 10 min.

INFORMATION: an der Piazza del Duomo, im Sommer Zweigstelle im Bhf.

ÜBERNACHTEN: **Casa della Giovane**, Via Corridoni 29, Tel. 050/43061. Vom Bhf. leicht zu Fuß zu erreichen, nur für Mädchen, ca. 20 DM in DZ u. Mehrbettzimmern. Auch Mahlzeiten können eingenommen werden.
Nächste Jugendherberge in **Calambrone**, ca. 20 km außerhalb am Meer, Via dei Porcari 4, Tel. 050/37442, ca. 16 DM, zu erreichen mit Bus nach Livorno.
Ansonsten gibts in Pisa viele billige Pensionen ab ca. 37 DM für's DZ. In der Altstadt z.B. **Pension Serena**, Via D. Cavalca 45, Tel. 24491 und **Locanda Bertini**, Via S. Lorenzo 19, Tel. 21787.
Nah beim Turm **Locanda Santa Maria**, Via Santa Maria 175, Tel. 24649 u. **Locanda Galileo**, Via Santa Maria 12, Tel. 40621.
Nächster **Camping Torre Pendente** am Stadtrand, 1 km vom Turm, Viale delle Cascine 86, ziemlich klein und wenig Schatten. Besser ist **Camping Internazionale** in Marina di Pisa, mehr Schatten und nur 200 m vom Meer. Mit ACIT-Bus etwa 14 km. Weitere Plätze bei Tirrenia
Im Bhf. übernachten ist in Pisa möglich.

ESSEN: beim Turm in der Via Santa Maria viele Restaurants, erwähnenswert das **Santa Maria**, Nr. 104, mit einigermaßen moderaten Preisen und vor allem **Ciucci**, Nr. 163, sehr sauber, Pizza, Lasagne und Salate, freundliche Bedienung, günstige Preise.
Sehr nett ist **La Stanzina**, Via Cavalca 30 (Altstadt, beim Markt). Man sitzt wie in einer Höhle, in der Mitte der warme Pizzaofen, billig. **La Pergoletta**, Via delle Belle Torri 40, typisches, einfaches Lokal im Zentrum (Mo geschl.). **Cereria**, Via Gori 33 (Nähe Bhf.), alternatives Feinschmeckerlokal, simple Einrichtung, aber nicht ungemütlich, guter Fisch (So, Mo geschl.).
Uni-Mensa in der Via Martiri, fragt einen Studenten, ob er eine Essenmarke übrig hat.
Abends ist in der **Millis Bar** immer viel los, oft italienische Folkmusik.

Sehenswertes: am *Campo dei Miracoli* (Wunderwiese) ballen sich die Massen. Die großartigen Marmorbauten kontrastieren wirkungsvoll mit dem üppigen Grün.

Auf den *Turm* könnt ihr raufsteigen, eine schmale Wendeltreppe führt nach oben. Vorsicht beim Raustreten auf die glattgewetzten Plattformen, außer ganz oben gibt es kein Geländer und die schiefe Ebene irritiert. Die ganze Sensation kostet 6 DM (tägl. 9-19 h). Der Torre Pendente neigt sich jährlich um etwa einen 1 mm und hat jetzt einen Überhang von ca. 4,6 m. Allmählich bekommt man Angst, daß er umfällt - immer wieder werden deshalb Überlegungen laut, daß er gesperrt werden soll, um ihn endlich im Ruhe stabilisieren zu können.

Im *Dom* wird vor allem die Kanzel von Giovanni Pisano bestaunt - sie ist eins der bedeutendsten gotischen Bildhauerwerke Italiens.

Das *Baptisterium* gilt als die größte Taufkapelle der Welt, sie liegt außerhalb, weil im Mittelalter kein Ungetaufter die Kirche betreten durfte, und besitzt ebenfalls eine berühmte Kanzel von Nicola Pisano, dem Vater von Giovanni (die beiden sind die Begründer der toskanischen Skulpturenkunst).

Der *Camposanto*, ein langgestreckter Monumentalfriedhof liegt gleich benachbart zur Wunderwiese und ist berühmt für seine großartigen Fresken (tägl. 9-13, 15-19 h, ca. 3 DM).

MUSEEN: **Museo Nazionale**, im alten Kloster San Matteo, nicht weit vom Arno-Ufer. Toskanische Kunst und Malerei, vor allem sehenswert die Skulpturen der beiden Pisanos (tägl. 8-20 h, 6 DM).
Museo delle Sinopie, neben dem Domplatz, gegenüber vom Baptisterium. Entwürfe für die Fresken des Camposanto.

LESERTIP: "unbedingt lohnend ist das Gelände beim Turm **abends**. Die Andenkenläden sind zu, die Touristen mit der Kamera vor dem Bauch weg, dafür wimmelt der Platz von italienischen Jugendlichen, einige machen Musik, tolle Atmosphäre" (Tobias Zuknik, Isenbüttel).

Etruskische Riviera von Pisa bis Piombino

Massentourismus auch hier, vor allem in der Saison. Viele Strandbäder, heillos überfüllte Strände, an der Straße Reihen parkender Autos.

Marina di Pisa: langgezogenes Straßendorf, kilometerlanger Sandstrand, der aber wegen zahlreicher Ferienanlagen kaum zugänglich ist. Vom Campingplatz zum Strand ca. 15 min. zu Fuß die eintönige Autostraße entlang.

Livorno: typische Hafenstadt, insgesamt wenig besuchenswert. Nachschubbase der Amerikaner, in der Umgebung große Raffinerien. Vor dem Bhf. schöner kleiner Park - zum Dösen bestens geeignet.

VERBINDUNGEN / BAHNHOF: vom Bahnhof mit Bus 1, 2, 8 zur zentralen Piazza Grande, von wo es nicht mehr weit zum Hafen ist.
Fähren nach **Elba** 2 x tägl., ca 16 DM (legt unterwegs an der kleinen Insel Capraia an, Campingplatz).
Nach Bastia (Korsika) ca. 1 x tägl. **Navarma** (ca. 55 DM) u. **Corsica Ferries** (ca. 65 DM).
Nach Olbia (Sardinien) fahren **Sardinia Ferries** je nach Saison 3 x wöch. bis 2 x tägl., ca. 65-82 DM. Die **Tyrennia** fährt nach Porto Torres (Sardinien) 3 x wöch., ca. 50 DM.

INFORMATION: Piazza Cavour 6.

ÜBERNACHTEN: am Bhf.-Vorplatz mehrere Hotels, preiswerter aber die Unterkünfte am Corso Mazzini im Zentrum.
Ansonsten könnt ihr ab Bhf. mit Bus 1 oder 9 nach Antignano fahren, ein südl. Vorort von Livorno. Dort überfüllter **Camping Miramare** und Möglichkeiten zum draußen Pennen zwischen Küstenstraße und Meer.

Bei **San Vicenzo** verbringen hauptsächlich Camper ihren Urlaub. Kurz vor Piombino das malerisch hoch über dem Meer gelegene **Populonia** mit einer Burg aus dem 14. Jh. (schöner Blick!) und einem Hafen, zu dem eine Serpentinenstraße hinunterführt.

Piombino: qualmende Industriestadt (Stahlerzeugung), die Altstadt aber reizvoll - liegt auf einem Plateau mit Steilküste. Wichtigster Fährhafen zur Insel Elba.

VERBINDUNGEN: Umsteigebhf. an der Strecke Genua - Rom nach Piombino ist **Campiglia Marittima**. Von dort Nahverkehrszug nach Piombino (ca. 14 km), Zug fährt direkt in den Hafen.
Überfahrten nach Elba machen 2 Reedereien: **Navarma** und **Toremar**. Die letztgenannte ist etwa 15 % billiger als die private Navarma, ca. 7 DM, fast stündl. Überfahrten. Neuerdings auch per Tragflügelboot.
Von Piombino auch Schiffsverbindungen nach Korsika (Bastia), von Ende Juni bis Anfang Sept. 1 x tägl., ca. 55 DM. Nach Sardinien (Palau) 1 x wöch., ca. 95 DM.

Elba

Hat uns gut gefallen, bergig, mit oft üppigem Grün in den Küstenregionen. Teils felsige Küste mit Buchten, teils Sandstrände. International, viele Rucksackler - jedoch im Sommer extrem überlaufen.

Zum Übernachten bieten sich die zahlreichen, aber stark überteuerten Campingplätze an - im August findet man aber kaum noch ein freies Plätzchen. Hauptsächlich Camper sind in den Buchten von *Lacona*, Rummel und Nachtleben gibts auf den Campingplätzen von *Porto Azzurro* oder *Marina di Campo*, Wildcamper an der einsamen Westküste.

Napoleon hat es auf der schönen Insel nicht lange ausgehalten - nach seiner Kapitulation war er von den europäischen Siegermächten auf Elba ins Exil verbannt worden, setzte aber schon bald mit seiner 1000 Mann starken Leibwache aufs Festland über und brachte innerhalb kürzester Zeit ganz Frankreich zum zweiten Mal hinter sich. Das letzte blutige Intermezzo des korsischen Imperators begann und sollte noch exakt 100 Tage dauern - bis zur endgültigen Niederlage bei **Waterloo/Belgien** (siehe S. 516).

Portoferraio: hier legen die Fährschiffe aus Livorno und Piombino an. Viel Hektik und Autostaus in der Saison. Man kann die *Villa dei Mulini*, Napoleons Exil-Domizil besichtigen (Di-So nur vormittags, ca. 5 DM).

VERBINDUNGEN: s. Livorno und Piombino.
Toremar an der Calata Italia 26, **Navarma** an der Viale Elba 4.
Busbhf. in der Viale Elba 20, Seitenstr. der Calata Italia (Fahrplan gratis im Touristbüro).

INFORMATION: Calata Italia 26.

ESSEN: **Il Castagnacciaio**, preiswerteste Pizzeria auf der Insel, zum Mitnehmen oder zum Essen auf den paar Stühlen vor der Tür, Via del Mercato Vecchio.

Piombino - Rom A-Kb. 24530

Weiter an der Festlandküste bis Rom.

Monte Argentario: felsige Halbinsel, durch drei Landzungen mit dem Festland verbunden. Sandstrände an der nördlichen und südlichen Landzunge. Auf der Halbinsel selber praktisch nur felsige Buchten, die kaum zu erreichen sind. Mehrere Campingplätze liegen dicht nebeneinander am Strand bei *Albinia* (Bahnstation).
Porto San Stefano ist ein hübscher, aber teurer Hafenort, die Häuser staffeln sich eindrucksvoll den Hang hinauf (im Sommer Fähren nach Korsika und zur Isola del Giglio). *Orbetello* dagegen ist ein stimmungsvolles Städtchen auf der mittleren Landzunge, ganz von Wasser umgeben. *Porto Ercole* wird von einer großen Befestigungsanlage dominiert und ist ein ganzes Stück hübscher als Porto San Stefano. Nette Trattorias am Hafen.

FLORENZ

Eine der großen Kulturstädte Italiens. Florenz ist ein Zentrum der mittelalterlichen Kunst und - noch wichtiger - Ende des 15. Jh. wurde hier die Renaissance geprägt. Auf Bauwerke aus diesen Epochen trifft man auf Schritt und Tritt.

Florenz liegt in einer flachen Flußniederung und drängt sich dicht an das Ufer des trüben Arno. Wer während der brütend heißen Hochsommertage die Stadt besucht, wird den Aufenthalt weniger genießen können - Staub, Hitze, Krach, Abgase und in jedem Winkel kulturbeflissene Touristen. Auch architektonisch verblaßt die Stadt ein bißchen gegenüber Venedig und Rom, die Bauten sind großteils Stadtfestungen der reichen Bankiers- und Kaufmannsfamilien und recht streng gehalten. Und in der Toskana gibt es 'lieblichere' Städte. Eine echte Überraschung war für uns dagegen der prachtvolle Dom. Erfreulich, daß inzwischen das gesamte historische Zentrum für den Autoverkehr gesperrt wurde.

VERBINDUNGEN / BAHNHOF: zwischen Bologna und Florenz landschaftlich schöne Strecke durch den Apennin, viele Tunnels. Der moderne Hbf. **Santa Maria Novella** liegt nicht weit vom historischen Zentrum. ACISJF (YMCA) vermittelt gegenüber Gleis 16 Billigunterkünfte (Mo u. August geschl.), gegenüber Gleis 10 die offizielle Zimmervermittlung (meist lange Warteschlangen, im Sommer tägl. ca. 9-21 h). Falls ihr euch selbst auf Suche macht, erst Rucksack bei der Gepäckaufbewahrung aufgeben (im Bhf. links, wenn ihr ankommt). Viele Unterkünfte in nahe Bhf. (siehe unten).

INFORMATION: Via de Tornabuoni 15, 2. Stock (Mo-Sa 9-13 h). Vom Bhf. geradeaus in Richtung Zentrum.

Übernachten: Florenz wird das ganze Jahr über von Travellern aus aller Welt besucht. Trotzdem wird man dank des Riesenangebots an 'Pensioni' und 'Albergos' meist noch eine Unterkunft finden können - viel Auswahl in der Umgebung des Bhf. Nehmt kein Zimmer mit Frühstück, da wird einiges aufgeschlagen. Ebenso happige Extra-Gebühren gibts für Duschen. Günstige Zimmervermittlung des ACISJF im Bhf.

HOSTELS: **Jugendherberge Villa Camerata**, Viale Augusto Righi 2-4, Tel. 055/ 601451. Massenbetrieb mit 400 Betten in einer alten Villa aus dem 17. Jh., schöne Lage 4 km außerhalb Richtung Fiesole. Übernachtung ca. 15 DM incl. Frühstück, Schließzeit im Sommer 24, sonst 22.30 h, Anmeldung ab 15 h (aber schon 1 std. früher da sein). Ab Bhf. Bus 17/B, nach ca. 25 min. im Viale Augusto Righi aussteigen und noch 1 km eine schmale Straße hinauf, uff.

Centro Santa Monaca, Via Monaca 6, südl. vom Arno, etwa auf der Höhe des Ponte Alle Carraia, Tel. 268338. Vorteil - ca. 10 Fußminuten vom Zentrum entfernt, jedoch oft überfüllt. Selber Preis wie die JH, abends Schließzeit 23.30 h. Tagsüber 9.30-16 h geschl., ihr könnt aber schon vormittags euren Namen auf einer Liste notieren, damit ihr abends einen Platz bekommt. Bus 36 oder 37 ab Piazza Santa Maria Novella.

Pio X-Artigianelli, Via dei Serragli 106, Tel. 225044, von freundlichen Patres geführt, ungefähr 40 Betten in 10-15 Zimmern, ca. 20 DM pro Pers., ebenfalls auf der Südseite vom Arno (Bus 36, 37). Schließzeit 23.30 h.

Suore Oblate delle Spirito Santo, Via Nazionale 8, Tel. 298202, nah am Bhf. Von Nonnen geführt, nur für Mädchen, ca. 35 DM pro Pers., sehr sauber.

PENSIONEN: im Stadtviertel östl. vom Bhf., in der **Via Fiume**, **Via Faenza**, **Via Nazionale**.

und **Via Guelfa** sind in manchen Häusern bis zu einem halben Dutzend Pensionen untergebracht. Preislich findet man allerdings kaum etwas unter 45 DM fürs DZ. Vor allem die Via Faenza ist eine wahre Fundgrube. In der Nr. 56 gleich sechs Billigpensionen, weitere u.a. in der Nr. 69. Ansonsten z.B. die beliebte **Locanda Daniel**, Via Nazionale 22, Tel. 211293 oder **Locanda Ester**, Via Nazionale 6, Tel. 212741. An der etwas ruhigeren Piazza della Indipendenza, am Ende der Via Nazionale, könnt ihr das **Roxy** oder **Mary** versuchen, beide Nr. 6.
Etwas preiswerter sind die Unterkünfte um die **Piazza Santa Maria Novella** und in der **Via della Scala**, vom Hbf. geradeaus. Zu den besten Adressen gehört hier **La Mia Casa**, Piazza S. Maria Novella 23, Tel. 213061.

CAMPING: **Camping Michelangelo** unterhalb des Piazzale Michelangelo, Viale Michelangelo 80. Toller Blick über die Stadt, natürlich überfüllt, Bus 13. Weiterer Campingplatz **Panoramico** in Fiesole, auf einer Hügelkuppe oberhalb vom Dorf, Bus 7. Außerdem Camping möglich bei der **Jugendherberge Villa Camerata** (z.Z. jedoch nach unseren Informationen nicht gestattet, vorher erkundigen).

UMSONST IM FREIEN: für Interrailer gabs in den letzten Jahren von Anfang Juni bis Ende Sept. kostenlose Übernachtungsmöglichkeit im Park der **Villa Favard** an der Via Aretina (Ausfallstr. nach Arezzo), 4 km vom Zentrum, Bus 4 (soll geschlossen worden sein, erkundigt euch im Bhf.).
Gelegentlich möglich, in Florenz **vor dem Bahnhof** schlafen, aber nicht empfehlenswert, die Polizei bedient sich äußerst rüder Methoden. Die Grünanlagen sind nachts ziemlich unsicher.

Essen: Restaurants meist sündhaft teuer. Erschwingliche Trattorien hauptsächlich im Viertel um die *Piazza Santo Spirito*, südl. des Ponte Vecchio (Nähe Pitti-Palast).

IM ZENTRUM: **Mensa DFL**, Via Luigi Alamanni 6, rechts vom Bhf., Kantine der Bahnangestellten, aber jedermann erhält Zutritt, preiswert und sehr gut (mittags u. abends).
Mensa Universitaria, Via San Gallo 25, nördl. vom Dom, nur mit int. Studentenausweis (1. August bis 15. September geschl.).
Da Mario, Via Rosina 2r, altes, typisch Florentiner Lokal nah des Mercato Centrale.
Ristorante/Pizzeria Nuti, Via Borgo S. Lorenzo 22/24. Sehr zentral, sehr in, sehr voll u. sehr gut. Pizza ab 8 DM, Nudeln 10-15 DM.

VIERTEL S. AMBROGIO (östl. vom Zentrum): **Dell' Agnolo**, Via dell' Agnolo 21, abgelegen, klein, einheimische Gäste, tolle Atmosphäre und prima Küche mit riesigen Portionen, zudem billig. Großer Berg Muscheln für 7 DM, Risotto und Spaghetti ebenfalls.

VIERTEL OLTRARNO (südl. des Arno): **Trattoria Sabatino**, Via Borge S. Frediano 39r, parallel zum Fluß, preisgünstig, mit mehreren kleinen Eßräumen, Menü ca. 17 DM.
Trattoria Casalinga, Via dei Michelozzi 9r, Querstraße gegenüber Pitti-Palast, angenehme Adresse, einfach eingerichtet, immer voll, viele Studenten, Menü ca. 20 DM (Sa/So geschl.).
Quattro Leoni, an der netten kleinen Piazza della Pasera, nur 50 m vom Pitti-Palast in die Via dello Sprone einbiegen, etwas schwer zu finden, preiswerte Familientrattoria (Sa abend und So geschl.)
Tarocchi, Via dei Renai 14 (über den Ponte alle Grazie den Arno überqueren und dann links). Beliebter Treff, prima Pizza vom Blech, diverse Nudelgerichte, Hamburger etc. (Mo geschl.)

EIS: das beste Eis zweifellos im **Vivoli**, Via dell' Isola delle Stinche 7 (vom Palazzo Vecchio Richtung Piazza Santa Croce). **Festival del Gelato**, Via del Corso 75r, Nähe Piazza Repubblica, würde einer Disko alle Ehre machen, es glitzert und blinkt, dazu heiße Musik.

CAFES / TREFFS: bevorzugter Treffpunkt abends die unter 'Essen' erwähnte **Piazza Santo Spirito,** südl. vom Arno. Ansonsten natürlich der Domplatz und die Piazza della Signoria. Bierkneipen und Jazzlokale gibt es dank der vielen ausländischen Studenten viele, aber die Halbe kostet gut 5 DM.
Zum gepflegten (aber teuren) Kaffeetrinken zur Piazza della Repubblica.
Be Bop, Via dei Servi 76c, eins der Lieblingslokale deutscher Gaststudenten.
Red Garter, Via dei Benci 33r, Nähe Piazza Santa Croce, aufwendig ausstaffiert, viele Touristen, am Wochenende Live-Musik, auch zum Tanzen (ca. 12 DM, erstes Getränk frei).
Café Voltaire, Via degli Alfani 26r (Nordöstl. vom Dom), sehr gemischtes Publikum, aber angenehm, wenig modisch aufgepeppt.

DISKOS: **Yab Yum**, Via dei Sassetti 5, z.Z. die 'In'-Adresse von Florenz, ca. 15 DM (ein Getränk gratis). **Space Electronic,** Via Palazzuolo 37, aufwendig-verrückt eingerichtet, Lasershows, ca. 17 DM (ein Getränk gratis).

Sehenswertes

Zwischen Bahnhof und Dom: gegenüber vom Bhf. die gotische Kirche *Santa Maria Novella* aus dem 13./14. Jh. Die Fassade ist aus Marmor, der obere Teil im Renaissancestil gehalten. Das Innere wirkt etwas kahl, ist aber reich an Kunstschätzen und besitzt interessante Fresken.
Nur fünf min. vom Bhf., an der Piazza Madonna, findet ihr die bekannten

Medici-Kapellen. Michelangelo formte die Grabmäler in der *Neuen Sakristei*, sie sind eine der größten Sehenswürdigkeiten von Florenz. Unbedingt sehenswert wegen der totalen Sinnlichkeit, die die Figuren ausstrahlen, leider meist gestopft voll (D -Sa 9-14, So 9-13 h, ca. 7 DM). Gleich benachbart die Kirche *San Lorenzo*, ein nüchterner Backsteinbau, und mehr oder minder die Privatkirche der Medici. Sehr lohnend die *Alte Sakristei* mit prächtigen Stuckarbeiten von Donatello, die erst kürzlich restauriert wurden.

Um den Dom: Der *Dom* ist ein einzigartiges Kunstwerk, ganz mit verschiedenfarbigem Marmor verkleidet, die umliegenden Häuser wirken schäbig gegen ihn. Im Inneren etwas kahl, weil er keine reine Kirche war, sondern zeitweise auch Versammlungsort des Stadtparlaments. Die 8-seitige *Kuppel* ist die zweitgrößte der Welt (nach dem Petersdom). Als sie im 15. Jh. über dem gähnenden Loch im Kirchendach errichtet wurde, war sie die erste ihrer Art und eine Weltsensation - der Baumeister Brunelleschi benötigte 18 Jahre für die Fertigstellung. Steigt mal rauf zur Spitze, lohnt sich wegen des phantastischen Blicks (ca. 5 DM).
Gegenüber vom Haupteingang des Doms das *Baptisterium*, eine Taufkirche mit weltberühmten Bronzetüren von Ghiberti. In über 100 Jahren wurden die 3 Türen nacheinander fertiggestellt, die Veränderungen des Kunstgeschmacks und vor allem den gewaltigen Fortschritt in der künstlerischen Herstellung kann man an ihnen deutlich ablesen. Das Südportal war das erste, dann kam die Nordtür, und als letztes der Eingang gegenüber vom Dom. Dieses Portal wurde als echte Sensation empfunden - absolut plastisch mit fast schon gemäldeartigen Einzelfeldern, sog. 'Paradiestür'! Im Inneren prachtvolle Mosaike.

Auf der Via dei Calzaiuoli geht's jetzt zur Piazza della Signoria. Kurz vorher rechts die Kirche **Or San Michele**, anfangs ein Kornspeicher und erst später zur Kirche umgebaut. Im Inneren ein berühmter Marmortabernakel von Orcagna.

Piazza della Signoria: der Platz in Florenz! Einige (sündhaft teure) Cafés vor einer Kulisse alter Bauten - dem Palazzo Vecchio und der Loggia dei Lanzi. Der Platz ist für den Verkehr gesperrt, viel Trubel - Touristen, Straßenmusiker, Leute, die irgendwelche Kunststückchen vorführen, Taschendiebe etc.

Zur Zeit ist die Piazza eine einzige Baustelle wegen Kompetenzgerangel in der Stadtverwaltung. Bei Bauarbeiten wurden unterm Platz nämlich historische Funde gemacht - die einen wollen sie jetzt ausgraben, die anderen das historische Pflaster und das gesamte Erscheinungsbild des bedeutenden Platzes nicht in Mitleidenschaft ziehen.

Der große *Palazzo Vecchio* war das Rathaus. Hier lebten in der demokratischen Epoche der Stadt, jeweils für 60 Tage gewählt, die 12 Stadtoberen. Sie mußten während ihrer Amtszeit in einem Raum zusammen schlafen und brotzeiten. Der Palast durfte nur zwecks Amtsgeschäften verlassen werden. Eventuell auch innen anschauen, ist sehr prunkvoll ausgestattet. Möglichkeit, auf den Turm hinaufzusteigen (Mo-Fr 9-19 Uhr, So 8-13 h, ca. 6 DM).
Vor dem Palast steht eine Kopie des berühmten *'David'* von Michelangelo (Original in der Galleria dell'Accademia), außerdem 'Hercules und Caccus' von Bandinelli. In der Nähe des Brunnens ist eine Platte in den Boden eingelassen, hier wurde Savonarola 1498 verbrannt, nachdem seine Revolution gescheitert war.

Im 15. Jh. übernahm die Bankiersfamilie der **Medici** das Stadtregiment. Sie übten mehr oder minder eine Diktatur aus und bauten die Stadt mit ihren und den Mitteln aus der Stadtkasse zu einer wahren Kunststadt aus. Von überall her ließen sie Künstler kommen und machten Florenz zur bedeutendsten **Renaissancestadt** der damaligen Welt. Der Versuch des Mönchs **Savonarola**, den extremen Prunk der Stadt abzubauen und eine 'christliche' Stadtrepublik zu errichten, schlug fehl, er wurde zum Tode verurteilt und verbrannt.

In der benachbarten *Loggia dei Lanzi* wurden zeitweise die Stadtoberen gewählt. Heute stehen hier einige Skulpturen. Die bedeutendste ist der 'Perseus' von Cellini, eine Bronzearbeit aus dem Jahr 1533. Perseus hält gerade den abgeschlagenen Kopf der Medusa.

Gleich nebenan die bekannten *Uffizien*, ein Museum der Superlative, in einem Atemzug mit dem Louvre und dem Prado genannt. Schwerpunkt der Sammlung sind die Werke der Florentiner und Toskanischen Meister von der Gotik bis zur Renaissance: Masaccio, Lippi, Boticelli, Leonardo da Vinci, Michelangelo, Raffael. In Raum 10 die herrlichen Werke von Botticelli, darunter die berühmte 'Geburt der Venus' (Di-Sa 9-19, So 9-13 h, ca. 8 DM).

Vor dem Museum Dutzende von Portraitmalern, die einen für ca. 40 DM "ablichten". Schaut ihnen mal bei der Arbeit zu. Auch Straßenmusiker trifft man wegen der guten Akustik oft unter den Säulenhallen.

Santa Croce: östl. der Piazza della Signoria. In dieser Kirche liegen die Größen von Florenz begraben - *Michelangelo*, *Dante* (Denkmal), *Macchiavelli*, *Galilei*. Dicht beieinander liegen sie in den beiden Seitenschiffen. Diese von den Franziskanern erbaute, riesige Klosterkirche (116 m lang) ist die an Kunstschätzen reichste Kirche von Florenz. Wertvolle Wandfresken von Giotto und anderen bedeutenden Künstlern schmücken die Seitenkapellen, die sich die einflußreichsten Kaufmannsfamilien der Stadt ausmalen ließen.

Ponte Vecchio: von der Piazza della Signoria kommt ihr zwischen den beiden Flügeln der Uffizien hindurch an den Arno. Rechts gehts zum berühmten *Ponte Vecchio*, der seit dem 16. Jh. beidseitig mit Goldschmiedeläden völlig zugebaut ist - früher hatten hier die Metzger ihre Stände. Gutes Eis gibt's vor der Brücke rechts, ansonsten ist sie der Treff vieler Rumhänger, Straßenmusiker und Schmuckverkäufer.

Oltrarno (südl. vom Arno): das Viertel südl. vom Arno ist weniger 'chic' als das historische Zentrum, dafür einfacher und volkstümlicher. Hier findet ihr auch die meisten billigen Trattorias. Etwa 5 min. vom Ponte Vecchio kommt ihr zum *Pitti-Palast*. Er sollte der größte Palast der Stadt werden, doch Pitti ging pleite. Daraufhin erwarben die Medici die Bauruine und finanzierten die Fertigstellung. Im Pitti-Palast sind fünf Museen untergebracht, darunter zwei Gemäldegalerien.

Hinter dem Palast die *Boboli-Gärten*, eine riesige Gartenanlage, architektonisch kunstvoll gestaltet und unterteilt von meterhohen Hecken.

Oberhalb des Gartens die Via di Belvedere entlang zum populärsten Aussichtspunkt von Florenz, dem *Piazzale Michelangelo*. *San Miniato* ist wohl das liebenswerteste Kirchlein von Florenz. Auf einer Hügelkuppe etwas außerhalb vom Piazzale Michelangelo steht sie mitten im Grün.

MUSEEN: So-Nachmittag und den ganzen Mo sind die meisten Museen geschlossen.

Bargello (Nationalmuseum), schöner Innenhof, riesige Säle und Bogengänge schaffen die authentische Atmosphäre für die herrliche Skulpturensammlung der italienischen Renaissance, u.a. Michelangelo, Donatello, Verrocchio (David!). Sehr sehenswert (Di-Sa 9-14, So 9-13 h, ca. 4 DM).

Galleria dell'Accademia, Via Ricasoli 60. Gemälde und Skulpturen aus der Toskana, Prunkstück Michelangelos 'David' (Di-Sa 9-14, So 9-13 h, ca. 6 DM).

Casa Buonarotti, Via Ghibellina 70, Geburtshaus von Michelangelo, Erinnerungsstücke und frühe Werke (Mo u. Mi-So 9-13 h, ca. 6 DM).

SHOPPING: insgesamt sehr teuer, vor allem die Geschäfte in der **Via Tournabuoni**, der exklusivsten Shoppingzeile der Stadt. Alle Modeschöpfer Italiens sind hier vertreten.

Preiswert und für Selbstversorger ideal dagegen der **Mercato Centrale**, die große Markthalle in der Nähe vom Bhf.. Im Obergeschoß Obst und Gemüse.

Klamotten, Schmuck, Schuhe, aber auch Lebensmittel u.v.m. findet ihr preiswert auf dem großen tägl. Markt um **San Lorenzo**, gleich benachbart zum Mercato Centrale.

Auf dem 'Strohmarkt' **Mercato Nuovo** gibt's viele Ledersachen, Strohhüte, Taschen und Souvenirs (in einer wuchtigen Säulenhalle an der Via Calimala, Südostecke der Piazza della Repubblica).

Allerlei Krempel außerdem im Viertel S. Ambrogio auf dem malerischen **Mercato di S. Ambrogio**, Piazza Ghiberti.

Florenz/Umgebung: *Fiesole* ist eine alte etruskische Siedlung im grünen Hügelland, 8 km nordöstl. von Florenz. Zwar reichlich überlaufen, aber schöner Blick auf Florenz samt Umland (Bus 7 ab Florenz/Hbf.). Auf einem Hügel über Fiesole die interessante Kirche San Francesco mit früheren Mönchszellen, eine steile Straße führt hinauf.

Lucca: erholsamer Kontrast zum nahen Florenz - die konservative Bischofsstadt bewahrt eine beschauliche Art, wie sie sonst in keiner anderen toskanischen Stadt zu finden ist. Nur vergleichsweise wenig Touristen haben das glücklicherweise bisher entdeckt. Große Attraktion ist die mächtige, 4 km lange *Stadtmauer* aus der Renaissance - bestens erhalten und ideal zum Spazierengehen.

VERBINDUNGEN / BAHNHOF: die Stazione F.S. liegt etwas südl. außerhalb der Stadtmauer.

INFORMATION: Via Vittorio Veneto 40.

ÜBERNACHTEN: **Jugendherberge Il Serchio** in Salicchi, Via del Brennero, Tel. 0583/ 953686. Ein paar km außerhalb Richtung Norden, Bus ab Bhf. Die 90 Betten in Räumen zu je 8 sind selten voll belegt, mit 11 DM zudem preiswert, reichhaltige Mahlzeiten.
Einige kleinere Pensionen in der Innenstadt, z.B. **Albergo Diana**, Via del Milonetto 11, Tel. 42202.

ESSEN: **Trattoria Giulio** in Pelleria, Via San Tommaso 29. Traditionelle Küche, ausgezeichnetes Essen, immer voll und für das Gebotene preiswert (So/Mo geschl.).

San Gimignano: hervorragend restaurierte mittelalterliche Kleinstadt in perfekter Hügellage. Bestens erhalten sind die Stadtmauer und 15 hochaufragende Geschlechtertürme - Klein-Manhattan in der Toskana! Während des Mittelalters wurden die Türme als Fluchtburgen der verfeindeten Adelsfamilien gebaut - ursprünglich waren es 72. Seinen enormen Reiz gewinnt S. Gimignano durch die vollständige Anpassung der Architektur an die Hügelkonturen. Viel Ausflugstourismus, nach Einbruch der Dunkelheit wird es aber ruhiger.

VERBINDUNGEN: S. Gimignano liegt abseits der gängigen Durchgangsrouten - von Florenz mit dem Zug nach **Empoli** an der Strekke nach Pisa, dort umsteigen und auf kleiner Nebenlinie Richtung Siena bis **Poggibonsi**. Weiter mit Bus, ca. 20 min., oder Busse direkt ab Florenz oder Siena.

ÜBERNACHTEN: **Jugendherberge**, Via delle Fonti 1, Tel. 0577/941991, in keinem JH-Verzeichnis erwähnt, trotzdem vorhanden. Junger, hilfsbereiter Herbergsvater. Pensionen recht teuer, aber es gibt eine Reihe preiswerter Privatzimmer. **Camping Boschetto** 2 km außerhalb bei S. Lucia (mehrmals tägl. Bus).

ESSEN: der **Self-Service** im Gewölbebau an der Via Piandornella 15 ist mittags die billigste Adresse der Stadt, zudem gutes Essen (abends Bedienung u. höhere Preise).

Siena

Ein einziges Ausstellungsstück der italienischen Gotik, durch und durch mittelalterlich. Rotbraune Backsteinbauten und enge Straßenschluchten folgen dem Hügelprofil, auf dem Siena erbaut wurde. Vollständig erhaltene Stadtmauer und prachtvoller Marmordom mit aufwendiger Zuckerbäckerfassade. Die muschelförmige Piazza del Campo in der Senke dreier Hügel prangt im berühmten Sienarot. Sie war und ist das Zentrum des öffentlichen Lebens.

VERBINDUNGEN / BAHNHOF: Zug ab Florenz über Empoli (eventuell umsteigen) und Poggibonsi nach Siena (nicht besonders häufig). Von Rom kommend, müßt ihr in Chiusi umsteigen.

INFORMATION: Piazza del Campo 55, Zimmervermittlung.

ÜBERNACHTEN: während der Zeit des Palio (s. Feste) ist Siena restlos ausgebucht.
Moderne **Jugendherberge Guidoriccio**, Via Fiorentina in Lo Stellino, Tel. 0577/ 52212. Etwa 3 km von Siena, Bus 10 oder 15 ab Bhf. Es gibt DZ und Mehrbettzimmer (ca. 14 DM), Übernachtung nur mit Ausweis, liegt leider an einer Hauptverkehrsstraße.
Albergo Garibaldi, Via G. Dupre 18, Tel. 284204, gleich bei der Piazza del Campo, so ziemlich das billigste Albergo, etwa 40 DM für's DZ. Im Restaurant unten gibt's preiswerte Menüs.
Albergo Tre Donzelle, Via delle Donzelle 5, Tel. 280358, Nähe Piazza del Campo, freundlich und sauber, ca. 50 DM fürs DZ. Gleich nebenan und etwas billiger ist **Albergo Nuove Donzelle**, Tel. 288088.
Camping Colleverde nordöstl. vom Bhf. auf einem grünen Hügel, schattig. Weg ist beschildert, ca. 1 1/2 km oder Bus 8 ab Piazza Matteotti.

ESSEN: Restaurants ziemlich teuer, **Mensa Universitaria** in der Via Sant' Agata 1, Mahlzeit für Gäste ca. 9 DM (August geschl.).
Ristorante da Marino, Via Scalicotto 137 (beginnt neben dem Rathaus vom Campo). Einfach und preiswert, viele Studenten.
Pizzeria Il Jolly, Via Fiorentino 13, im Ortsteil Stellino, Nähe JH.

Sehenswertes: die *Piazza del Campo* ist zweifellos einer der schönsten Plätze Italiens! Muschelförmig, am tiefsten

Punkt steigen die drei Hügel an, auf denen Siena liegt. Malerische Kulisse von alten Palazzi, rundum Cafés und Restaurants. Vor allem abends tolle Szenerie - flanierende Einheimische, Traveller aus aller Welt, Gitarrenspieler, Feuerschlucker etc.

Der *Palazzo Pubblico* steht am tiefsten Punkt der Piazza. Weithin sichtbare Krönung ist der hohe Glockenturm *Torre del Mangia*, von oben phantastische Aussicht (ca. 3 DM). Sehr sehenswert die Säle im Inneren (ca. 6 DM).

Der *Dom* liegt unweit der Piazza. Er sollte einst noch größer werden als der von Florenz. Was jetzt steht, war eigentlich nur als Querschiff gedacht. Die Pest von 1348 vereitelte das gigantische Vorhaben. Die Fassade aus schwarzen und weißen Marmorstreifen ist fast noch schöner als in Florenz und mit zahllosen Statuen, Mosaiken und Schnitzereien geschmückt. Auch innen dominiert die typische Zebrastreifung. Die Decke ist mit Sternen bemalt, der Boden ein einziges Kunstwerk, aufgeteilt in 56 Bereiche, die von verschiedenen Künstlern gestaltet wurden. Besonders schön die Marmorkanzel von Nicola Pisano (1268).

In der *Pinacoteca*, Via S. Pietro 29, bekommt ihr einen guten Überblick über die toskanische und sienesische Malerei, 12.-15. Jh. (Di-Sa 9-13.45, So 9-13 h, ca. 4 DM).

Das *Haus der heiligen Katharina v. Siena*, eine der größten italienischen Nationalheiligen, steht in der Via Caterina.

FESTE: größte Attraktion ist der **Palio** am 2. Juli und am 16. August. Dieses historische Reitturnier auf dem Campo zieht alljährlich 'zigtausende Besucher an.

Terontola - Perugia - Assisi - Foligno A-Kb. 24549

Abstecher von der Linie Florenz-Rom hinüber nach Umbrien. Der flache **Lago Trasimeno** liegt inmitten des grünen Hügellands von Nordumbrien, direkt am Schnittpunkt der Strecke nach Perugia und der alten Bahnlinie Florenz - Rom (die Direttissima für die schnellen Expreßzüge verläuft weiter westl.).

Am Nordende des Sees wurden die Römer 217 v. Chr. in einer vernichtenden Schlacht von dem karthagischen Heer unter Hannibal geschlagen. "Hannibal ante Portas" (Hannibal vor den Toren) wurde fortan ein gefürchteter Schreckensruf!

An der Strecke Florenz-Rom könnt ihr in *Castiglione* aussteigen, einer der hübschesten Orte am See mit dem besten Strand. Ein Campingplatz liegt 1 km außerhalb am Ufer.

Oder nehmt die Bahn nach Perugia - die Bahnstation *Passignano* liegt direkt am Nordufer des Sees (Camping Kursaal direkt am See).

Fähren gehen von beiden Orten auf die ruhige *Isola Maggiore*, Wildzelten wird toleriert, außerdem ein einziges Albergo Sauro mit DZ für ca. 42 DM.

Perugia

Kaum 50 km vom Lago Trasimeno. Die Hauptstadt von Umbrien liegt auf einem 500 m hohen Hügel über dem Tibertal. Von den häßlichen Neubauvierteln rund um die Stadt nicht abschrekken lassen, Besuch ist sehr lohnenswert - eng bebaute Altstadt mit vielen Treppchen, kühlen Bogengängen und düsteren Gassen. Zwischen den alten Gemäuern herrscht internationale Atmosphäre. Jeden Sommer kommen Tausende junger Ausländer nach Perugia, um an der bekannten Ausländer-Uni Italienisch zu lernen. Allabendlich, wenn die Sonne untergegangen ist, quellen die Plätze über von Menschen, darunter mischen sich Straßenmusikanten, Gaukler und Handtuchverkäufer, Pflastermaler und Taschendiebe.

VERBINDUNGEN / BAHNHOF: an der Linie Florenz - Rom in Terontola umsteigen . Von Rom auch über Terni - Foligno zu erreichen. Der Bhf. von Perugia liegt ca. 3 km außerhalb, unten im Tal (häufige Verbindungen mit Bus 36 ins Zentrum).

INFORMATION: am Corso Vannucci 96 (Fußgängerzone, Nähe Piazza Italia), Zweigstelle im Bhf.

ÜBERNACHTEN: private Jugendherberge **Centro Accoglienza per la Giovani** in der Nähe vom Dom, Via Bontempi 13, Tel. 22880. Schlafsäle, ca. 12 DM pro Pers, inter-

nat. Atmosphäre. Nächste IYHF-Jugendherberge in **Foligno**, Piazza S. Giacomo 11, Tel. 0742/52882 (ca. 3/4 std. mit dem Zug).
Albergo Eden, Via Cesare Caporali 9, Tel. 28102, sehr zentral, aber laut, DZ ohne Dusche für 35 DM, mit 44 DM. Besser **Pensione Paola**, Via della Canapina 5, Tel. 23816.
Zwei **Campingplätze** in schöner Lage oberhalb von Fontana, etwas nördl. der Str. zum Lago Trasimeno, 7 km von Perugia entfernt (Bus 36 alle 40 min. ab Via Baglioni, aber nur bis Olmo, von dort noch 2-3 km zu Fuß!).

ESSEN: etliche günstige Kneipen wegen der vielen Studenten, gute Stehpizzeria neben Albergo Eden (14-16 h geschl.). Am billigsten die **Mensa Comunale**, Via Fratti, etwas versteckt in einer Seitengasse der Piazza 4 Novembre (Mo-Sa, nur mittags, Studentenausweis nicht nötig).
Sehr beliebt bei Studenten ist auch das Ristorante **La Botte**, Via Volte della Pace 31, lecker und preiswert, Menü nur ca. 11 DM, Pizza ab 6 DM (So geschl.).
Terrazza, Via Scortici 6, z.Z. die meistbesuchte Studentenkneipe, schöne Terrasse, auch gutes Essen (Mi geschl.).

Sehenswertes: die Stadt als Ganzes mit ihren mittelalterlichen Häusern, Treppen und Bogengängen und dem mächtigen etruskischen Tor.
Die Kathedrale *San Lorenzo* sollte ursprünglich mit Marmor verkleidet werden, außer einem kümmerlichen Anfang rechts vom Eingang wurde nichts daraus. Vor der Kirche die *Fontana Maggiore*, ein prächtiger Marmorbrunnen, gegenüber der kolossale *Palazzo Comunale* mit der *National-Galerie* im 2. Stock (umfangreichste Sammlung umbrischer Kunst, Di-Sa 9-14, So 9-13 h, 6 DM).
Unter der Piazza Italia liegt - wer ahnt es - ein Labyrinth von Straßen und Wohnhäusern. 1540 wurde es zugeschüttet, als die päpstliche Kurie sich hier eine starke Festung bauen ließ. Von 1932 bis 1965 wurde dieser ganze Stadtteil wieder ausgegraben und restauriert. Eingang in der Via Marzia (Di-Sa 8-14, So 9-13 h, frei).
Von der Fußgängerzone Corso Vannucci führt eine *Rolltreppe* durchs unterirdische Mittelalter hinunter zum Parkplatz an der Piazza Partigiani - unbedingt ausprobieren.

Das mitreißende **Umbria Jazz Festival** findet jedes Jahr für eine Woche im Juli statt - bekanntestes Jazzfestival von Italien, Konzerte auf verschiedenen Bühnen, z.T. frei.

Assisi: die Stadt des heiligen Franz - Italiens zweitgrößter Heiliger! Hellrot erhebt sich der Ort an den Hängen des Monte Subasio, überragt vom Franziskanerkonvent und der doppelten Basilika. Einen mystisch-religiösen Hauch wird man hier kaum abschütteln können.

VERBINDUNGEN: Assisi liegt an der Terontola-Foligno Bahnlinie. Über Foligno, Spoleto, Terni kommt ihr zur Hauptlinie Florenz - Rom, ebenso über Perugia - Terontola.

INFORMATION: Piazza del Comune 12.

ÜBERNACHTEN: private **Jugendherberge** in Fontemaggio, einige km außerhalb, Tel. 075/813636, an der Straße nach Eremo delle Carceri. Gleich daneben der **Camping Fontemaggio** mit preiswertem Restaurant.
Pension **Ancajani**, Via Ancajani 16, Tel. 812472, DZ ohne Bd ca. 35 DM, mit 45 DM.
Albergo La Rocca, Via Porta Perlici 27, Tel. 812284, etwas teurer.

ESSEN: **Girarrosto la Fortezza**, Vicolo della Fortezza 2b, solide Mahlzeiten, preiswert.
La Stalla, sehr beliebtes Lokal beim Campingplatz, schattiger Garten, innen behaglich (ehemaliger Stall).

Florenz - Arezzo - Orvieto - Rom A-Kb. 24540

Hauptlinie zwischen Florenz und Rom. Die meisten Touristen rauschen in einem Schwung durch. Aber es gibt interessante Stops.

Arezzo: freundliche, wenig überlaufene Provinzstadt mit schönem mittelalterlichen Kern. Auf dem höchsten Punkt der Stadt ein altes Kastell, von dem nur noch die Mauern erhalten sind. Die Piazza Grande, der zentrale Punkt der Stadt, ist von einer Vielzahl historischer Bauten umgeben.
Unter Kennern ist Arezzo berühmt wegen des Freskenzyklus *Geschichte des Heiligen Kreuzes* von Piero della Francesca in der Kirche San Francesco.

INFORMATION: Piazza Risorgimento 116.

ÜBERNACHTEN: neu eröffnete **Jugendherberge Villa Severi**, Via Francesco Redi, Tel. 0575/23952. Bus 4 ab Bhf. **Albergo Michelangelo**, Viale Michelangelo 26, Tel. 20673, in der Nähe vom Bhf., DZ ca. 38 DM.

Orvieto

Unmittelbar an der Bahnlinie auf einem hohen Tuffsteinblock - ein bizarrer Anblick! Oben verzwickter mittelalterlicher Grundriß - urtümlich verwinkelte Gäßchen mit Kopfsteinpflaster, verwitterten Fassaden und sich plötzlich öffnenden Plätzen. Trotz Häuserruinen und vergammelter Bausubstanz ein Städtchen mit vollendeter Grazie. Ein Höhepunkt der grandiose Dom - die 'Wolke aus Gold' heißt dieses Mosaik-Prunkstück im Volksmund.

VERBINDUNGEN / BAHNHOF: am Fuß vom Berg, Busverbindung in die Altstadt. Von Orvieto gute Verbindung zum Bolsenasee - mit Bus (2 x tägl.) oder Daumen.

INFORMATION: gegenüber vom Dom, Piazza del Duomo 24.

ÜBERNACHTEN: alles nicht übermäßig billig, recht hübsch ist es im **Hotel Duomo**, Via Maurizio 7, nah beim Dom, Tel. 41887, ca. 45 DM fürs DZ.
Ansonsten **Camping Orvieto** am Lago di Corbara, ca. 10 km entfernt, Wiesengelände 30 m über dem See, mit Swimmingpool, Bus in Richtung Todi.

ESSEN / TREFFS: Orvieto hat guten Weißwein, der in Tuffgrotten unter der Stadt lagert. **Coop. Craamst**, Via Lorenzo Maitani (beim Dom), großer Self-Service, ähnlich wie Mensa, aber teurer (jedoch billiger als ein Ristorante). **Birreria Funky**, Zona Torre del Moro (im Zentrum), verschiedene Biere, Jazz- und Funkmusik, oft auch live.

Sehenswertes: auf dem Plateau die mittelalterliche Altstadt. Größte Attraktion ist natürlich der überwältigende *Dom*, einer der schönsten in Italien. 33 Architekten, 90 Mosaikmacher, 152 Bildhauer und 68 Maler versuchten sich von 1290 bis 1600 daran, das Ergebnis war die Fassade in Form eines dreiteiligen Altarbildes. Auch das Innere ist prächtig - reiche Freskenfolgen!
Bei der Piazza Cahen im Osten der Altstadt liegt der *Pozzo di San Patricio*, ein 62 m tiefer Brunnen mit spiralförmigen Treppen. Er wurde im 16. Jh. angelegt, weil sich einer der Päpste gegen den Kaiser in Orvieto verteidigen und die Trinkwasserversorgung sicherstellen wollte (tägl. 9-19 h, ca. 5 DM, Stud. ermäß.).

LESERTIP: "in unmittelbarer Nähe des Pozzo di S. Patricio liegt die interessante **Fortezza Albornoz**. Die Wegführung an der Außenmauer ist ein einziges Auf und Ab mit Stufen und Treppen, Vor- und Rücksprüngen. Dabei ergeben sich interessante Ein- und Ausblicke in bzw. über die Umgebung und das vorgelagerte Tal (frei)." (Johannes Groth, Braunschweig).

Lago Bolsena *(Provinz Latium)*

Fast kreisrunder See vulkanischen Ursprungs, eingebettet in weiche Hügellandschaft. Vor allem in der Nebensaison ein angenehmes, wenig überlaufenes Ziel. Rundum wuchert eine wilde, unerschlossene Vegetation. Die Ufer sind fast alle flach, schmaler, dunkler Sandstrand. Da das biologische Gleichgewicht praktisch ungestört ist, gibts noch viele Fische (und Fischer).
Bolsena ist der größte Ort am See, überragt von einer Burg aus dem 15. Jh. Rund um sie der mittelalterliche Kern mit Treppenwegen und Torbögen. Am Wasser unten schnurgerade Allee, die an einem platanenbestandenen Platz endet.

VERBINDUNGEN: über Orvieto mit Bus (sonntags keine Verbindung). Ansonsten von Bahnlinie Rom - Florenz zweigt ein kleines Bähnchen in Attigliano nach Montefiascone ab. Fragt vorher in einem größeren Ort nach den Abfahrtszeiten.
Außerdem Zug von Rom über Bracciano (ebenfalls fischreicher See) nach Viterbo und Montefiascone.

ÜBERNACHTEN: am besten Camping - mehrere Plätze um Bolsena, z.B. der kleine einfache **Camping Il Lago**, unmittelbar südl. vom Ort. Sehr gepflegt und teuer **Lido Village Camping**, 2 km südl. von Bolsena.
Locanda Italia, Corso Cavour 53, kleine Pension in der Altstadt, DZ ohne Dusche ca. 35 DM.

ESSEN: **La Tavernetta**, in der Gasse, die vom Marktplatz durch den Torbogen führt, Corso Cavour 54. Einfacher langgestreckter Speiseraum, gemütlich. Kostet mal Coregone, den leckeren Fisch aus dem Bolsena-See.

Ziele rund um den See: beschaulich gehts noch in *Gradoli* zu, einem schläfrigen Weinbauernnest, wo bei der Beach Bar wild gezeltet werden kann.
Von *Montefiascone* oben am ehemaligen Kraterrand habt ihr einen tollen Blick auf den See. Über dem Ort die

Kuppel der St. Margarethen-Kathedrale und eine verfallene Burg. Berühmt ist der Ort wegen seines Weines (Est, Est, Est). Am See, 5 km vom Ort, der hübsche und auch meist ruhige Camping Amalasunta.
Beim hübschen *Capodimonte*, das auf einem Felsen über dem See klebt, ein Campingplatz 1,5 km vom Ort. Schöne Baumallee, die in einen breiten Sandstrand übergeht.

ROM

Mörderischer Verkehr, wer nicht aufpaßt, wird gnadenlos überfahren! Es dauert eine Zeitlang, bis man sich an die fünfspurigen Autoschlangen gewöhnt, die sich unaufhörlich auf den breiten Straßen um das Kolosseum und die Reste aus der römischen Kaiserzeit ergießen.

Trotzdem - für mich ist Rom eine der schönsten europäischen Hauptstädte. Keine Hochhäuser im Zentrum, dafür Häuserfassaden vom Barock bis ins 19. Jh. Man kann stundenlang die kleineren Straßen und Gassen durchstreifen, z.B. in der Gegend der Spanischen Treppe oder auch im verwinkelten mittelalterlichen Viertel um den Campo de'Fiori.
Fast jedes Haus ist in irgendeiner Weise verziert. Keine eintönigen Betonfronten, sondern Stuckverzierungen, Skulpturen, dazu immer wieder kleine Plätze, Brunnen und viele Kirchen, die nahtlos in die Häuserreihen eingefügt sind. Vor allem innen sind sie verschwenderisch bis prunkvoll ausgestattet. Rom ist ein großes Labyrinth, in dem man sich tagelang verirren kann. Man entdeckt immer wieder Neues.

VERBINDUNGEN / BAHNHOF: **Stazione Termini**, moderner Riesenbhf., 24 std. offen. Züge nach Brindisi (Griechenland) 3-5 x tägl., häufig auch nach Neapel, Florenz, Venedig u. Mailand. **Vorsicht, Taschendiebe!**
Gepäckaufbewahrung bei Gleis 1, in der Saison lange Schlangen von Rucksacklern. Geldwechsel vor dem Bahnsteig 12 (Mo-Sa 8.30-19.30, So 8-14.15 h, sonntags Wartezeiten bis zu 2 std.). Information bei Gleis 3 (siehe unten). Im Untergeschoß Räumlichkeiten, wo man sich duschen und rasieren kann, kostet leider ca. 9 DM (!). Die große Telefonzentrale im Untergeschoß hat auch am Wochenende geöffnet.
Andere Bahnhöfe: **Tiburtina**, hier halten die Durchgangszüge von Nord nach Süditalien, um nicht extra in den Termini reinfahren zu müssen. Gute Zug-/Busverbindung zum Termini. **Roma Ostiense**, Züge nach Ostia.

INFORMATION: im **Termini** vor dem Gleis 3 (tägl. 9-19 h), es werden Zimmer vermittelt, aber immer lange Warteschlangen.
Viel weniger los ist in der **Hauptstelle**, Via Parigi 5, Seitengasse jenseits vom Bhf.-Vorplatz, nur ca. 5 min. zu gehen (Mo-Sa 9-13.30, 14-19 h).
In beiden Büros könnt ihr kostenlose Stadtpläne und die hilfreichen Broschüren **Junges Rom** (Roma Giovane) und **Qui Roma** bekommen (Hinweise auf Unterkünfte, Sehenswürdigkeiten, Restaurants, Veranstaltungen u.v.m.).

Unterwegs in Rom: zu Fuß, mit der U-Bahn und Bussen. Zu Fuß ist es zwar heiß und der Verkehr nervt, aber so lernt man die Stadt am besten kennen.

METRO: es gibt nur **zwei U-Bahnlinien** (eingezeichnet auf den Gratiskarten des Tourist-Büros). Beide kreuzen sich in der zentralen Haltestelle im Untergeschoß des Hbf.s. Weitere Linien sind (seit langem) in Vorbereitung, aber weil der Boden Roms voll archäologischer Kostbarkeiten steckt, gehen die Arbeiten nur langsam voran. Kostenpunkt mit Umsteigen und egal wie weit ca. 1 DM (Tickets an Automaten lösen, Kleingeld nötig).
Linie A: Ottaviano - Flaminio - Spanische Treppe - Barberini - Stazione Termini - S. Giovanni - Ponte Lungo - Porta Furba - Cinecitta - Anagnina.
Linie B: Stazione Termini - Via Cavour - Kolosseum - Circus Maximus - Pyramide (San Paolo) - Garbatella - Magliana - EUR (Via Christoforo Colombo/Viale America) - Laurentina.
Eine Zweiglinie geht von Magliana - Ostia Antica - Ostia Centro Lido (Badestrand) - Ostia Castel Fusano - Ostia (Tickets nach Ostia gibts an Schaltern).

BUSSE (ATAC): gut 200 Linien mit 2470 Bussen verkehren in der Ewigen Stadt, für den Neuling reichlich verwirrend, aber auch manche Römer kommen damit nicht mehr klar. Busse sind in der Regel total überfüllt.
Zentrale Bushaltestelle gegenüber vom Bhf., dort auch eine Auskunftsstelle (mehrsprachig) und Möglichkeit, einen **Netzplan** zu kaufen (ca. 2 DM). Es gibt **Halbtages-** (ca. 2 DM) und **Ganztages- Tickets** (ca. 5 DM). Wenn man viel fahren will, sollte man

sich ein **biglietto settimanale** (Wochentikket) kaufen, mit dem man auf allen Linien fahren kann (ca. 15 DM). **Einzeltickets** (ca. 1 DM) gibt es in kleinen Schalterhäuschen, Tabakläden und Kiosken. Im Bus entwerten, beim Umsteigen muß neu gelöst werden. Verkehrszeiten 5.30-24 h, Nachtbusse ab Mitternacht jede ganze oder 1/2 std.
Einige wichtige Linien vom Bhf. Vorplatz (Piazza dei Cinquecento) - **Nr. 64** zum Vatikan, **Nr. 170** nach Trastevere, **Nr. 492** zur Villa Borghese (großer Park).

STADTRUNDFAHRT: die **Straßenbahnlinie 30** umrundet in einem großen Kreis fast die gesamte Innenstadt. Von der Piazza Risorgimento, in der Nähe von St. Peter, gehts an einigen Sehenswürdigkeiten vorbei, kostet lächerliche 1 DM, Fahrtzeit insgesamt ca. 1 std., Zu- und Einsteigen überall möglich.

Übernachten: die meisten billigen Pensionen gleich im Bahnhofsviertel - vor allem rechts vom Bhf. in den Straßen *Via Palestro, Via Castelfidardo, Via Montebello* u.a. Links vom Bhf. hauptsächlich in der *Via Principe Amadeo* und der *Via Cavour*. Eine Unmasse von Pensionen, bis zu 6 oder 7 in einem Haus. Es gibt Mehrbettzimmer und DZ, aber so gut wie keine Einzel (es werden aber Einzelbetten in Mehrbettzimmern vermietet). Unter 35 DM fürs DZ werdet ihr in der Saison kaum etwas finden. Ihr könnt problemlos losziehen und eine nach der anderen abklappern, kann allerdings nach einiger Zeit nerven, wenn ihr überall das obligatorische 'occupato' hört! Vorher anrufen, kann sich lohnen - eine Liste aller Hotels mit Telefonnummern und Preisangaben gibt's im Informationsbüro, Via Parigi 5 (s. unter Information). Im Bhf. Zimmervermittlung, außerdem ein Informationsbüro des YWCA, das *Protezione della Giovane*, das hauptsächlich für Mädchen Plätze in kirchlichen Unterkünften vermittelt.

Am Bhf. warten viele Vermieter und bieten den ankommenden Rucksacklern Zimmer an. Solche Angebote sind meistens o.k., jedenfalls habe ich noch nichts Negatives gehört. Ihr könnt also, wenn Preis und Lage einigermaßen paßen, ruhig darauf eingehen.

HOSTELS: **Jugendherberge Foro Italico** im Viale delle Olimpiadi 61, Tel. 06/3964709. Ganzes Stück außerhalb, vom Bhf. mit U-Bahn A bis Endstation Ottaviano, weiter mit Bus 32 bis zum Foro Italico, Nähe Olympiastadion (oder Bus 492 bis Endstation und weiter mit 32), ca. 15 DM mit Frühstück, geschl. von 9-17 h, abends Schließzeit 23 h. Sehr groß und unpersönlich, trotzdem immer ziemlich voll - nicht einfach, einen Platz zu zu bekommen (gegen 11.30 h kommen, um sich anzumelden). Ziemlich laut wegen großer Verkehrsstraße.
Im Univiertel hinter dem Bhf. worden im Sommer Zimmer in **Studentenheimen** für ca. 20 DM pro Pers. incl. Frühstück vermietet (Via Cesare del Lollis 24/B, Auskünfte im Informationsbüro, Via Parigi).
Es gibt auch die Möglichkeit, in **kirchlichen bzw. christlichen Unterkünften** zu nächtigen. Glaube ist zwar nicht Bedingung, jedoch ist die Atmosphäre sehr danach, die Preise sind dagegen meist nicht allzu himmlisch, abends herrschen strikte Schließzeiten (meist 22 h). Antelefonieren lohnt meist nicht, nur wer persönlich vorbeikommt, hat eine Chance.
Die billigste Herberge dieser Art ist das **Albergo di Popolo** (Centro del Giovano), das von der Heilsarmee geführt wird, ein ganzes Stück hinter dem Bhf., Via degli Apuli 39/41, Tel. 490558. Einfach, aber sauber, auf der einen Seite der Straße Einzelzimmer (ca. 22 DM), auf der anderen Mehrbettzimmer (ca. 12 DM). Es leben dort viele Obdachlose, etwas aufpassen mit Gepäck und Wertsachen. Keine abendliche Schließzeit, kein Frühstück.
YWCA, Via Balbo 4, Tel. 460460, nur Mädchen, leider nicht billig, Einzel (35 DM), DZ (52 DM) und Dreibettzimmer (70 DM). Ähnlich aber preiswerter (ca. 16 DM) ist das **ACISJF-Heim Sta Pudenziana**, Via Urbana 58, Tel. 460056.
Pensione Porta Pia, Via Messina 25, Tel. 86670, zu Fuß 20 min. vom Bhf., wird vom deutschsprachigen Pilgerbüro des Vatikans vermittelt. Wirtin spricht deutsch, im Fünfbettzimmer pro Pers. ca. 20 DM.

PENSIONEN: rechts vom Bhf. (wenn ihr rauskommt) -
Via Palestro: **Lauretta** (Nr. 43), **Cervia/Mari** (beide Nr. 55), **Katty/Michele/Marini** (alle Nr. 35);
Via Castelfidardo: **Asmara** (Nr. 31);
Via Montebello: **Cina/Manita** (alle Nr. 114);
Via Calatafimi: **Papa Germano** (Nr. 14/A).
links vom Bhf. -
Via Principe Amadeo: **Terni/Fiorini** (Nr. 62), **Pezzotti** (Nr. 79/A), **Tony** (Nr. 79/D).

LESERTIPS: "die **Pensione Monaco**, Via Flavia 84, in der Nähe des Stazione Termini war gut und sauber und kostete um die 40 DM fürs DZ" (Harald Salbach, Lantershofen) . . . "**Pension Giolitti** direkt am Hbf., Via Giovanni Giolitti 412, kostete ca. 35 DM fürs DZ, einfach, aber sauber und kühl" (Michael Harms/Claudia Möller, Emmerke).

CAMPING: **Camping Roma**, der preiswerteste Platz, 8 km westl. vom Zentrum, Via Aurelia. Nachteil: direkt an der Straße, deshalb recht laut. Mit Bus 64 bis Nationaldenkmal, von dort Bus 46 bis zum Largo Boccea (fragen!), ab da Bus Nr. 246, hält direkt am Campingplatz beim Supermarkt 'Silos' - der größte Roms. Busverbindung in die Stadt ist gut.

Camping Flaminio, ebenfalls ca. 8 km vom Zentrum, Lärm nicht übermäßig groß. Zum Platz fahren die Busse 202-205 ab Piazza del Popolo (zu erreichen mit Metro A bis Flaminio).

Camping Nomentano, 12 km außerhalb, am Ende der langen Via Nomentano, Knallharter Boden, ziemlich laut, sonst recht komfortabel (warme bis heiße Duschen). Bus 36 bis Piazza Sempione, weiter Bus 337 (eine gute 3/4 std. sitzt man im Bus).

UMSONST IM FREIEN: es gibt zwar etliche Parks in Rom, z.B. im Norden der Park der **Villa Ada** und die **Villa Borghese**, außerdem kann man am **Bahnhofsvorplatz** schlafen. **Wir möchten euch aber ausdrücklich davor warnen** - wir haben keinen einzigen getroffen, der nicht beklaut wurde.

Essen: Preise recht unterschiedlich, extrem teuer bei Sight-seeing Punkten. **Nicht dort Platz nehmen, wo Touristen wimmeln.**

Je unscheinbarer ein Lokal und je mehr italienische Gäste, desto eher die Möglichkeit, authentische Küche zu erschwinglichen Preisen zu bekommen. In der *Tavola calda* und der *Rosticceria* gibts mittags Aufgewärmtes für vergleichsweise wenig Geld. Einige gute befinden sich zwischen Via del Corso und dem Pantheon.

UM BAHNHOF UND VIA NAZIONALE:

Mensa Universitaria, Via Cesare de Lollis 20, ca. 6-7 DM. Mit internat. Ausweis, Mo-Sa mittags (12-13.30) und abends (19-21 h) (August geschl.).

Osteria con Cucina de Andreis Luciano, Via Amendola 73, gleich beim Bhf., langer Name, aber erfreulich kleine Preise, z.B. Spaghetti für 4 DM, auch billiger Wein.

Hostaria La Carbonara, Via Panisperna 214, netter Wirt, preiswert, Menü für ca. 17 DM (Di geschl.).

Pizza Rustica, Via Montebello 92, Pizzastücke nach Gewicht (Filialen in ganz Rom).

Pizzeria Est, Est, Est, Via Genova 32, die angeblich "älteste Pizzeria Roms", nicht gerade billig, aber die Erfahrung der Köche schmeckt man.

UM DIE SPANISCHE TREPPE: **Fiaschetteria Beltramme**, Via della Croce 39, kleines, handtuchschmales Lokal, hauptsächlich Arbeiter und Stammgäste aus dem Viertel. Ist aber inzwischen auch bei Touristen nicht mehr unbekannt (So geschl.).

Trattoria Porcellino, Via Vittoria 21, vergleichsweise preiswerte Trattoria.

Centro Vegetariano, Via Margutta 119. Teuer, aber sehr gutes Essen, vegetarische Menüs (So geschl.).

Mc Donald's, Piazza di Spagna 47. Endlich hat auch der amerikanische Multi sein Plätzchen in der Ewigen Stadt, historisches Gebäude, sehr großzügig angelegt, in der Mitte leckere Salatbar.

UM DIE PIAZZA NAVONA: eher höherpreisige Gegend, aber es gibt Ausnahmen.

Hostaria Botte di Frascati, Largo di Chiavari 85. Etwas versteckt, nicht unbedingt attraktiv, aber billig.

Da Fiammetta, Piazza Fiammetta 8, preiswerte und gute Pizzen, auch Römer essen hier gerne.

Da Mario, Via della Chiesa Nuova 12, sehr billig, leckere Nudelsachen.

Trattoria Gino e Pietro, Via del Governo Vecchio 10 b, einfache, aber gute Küche (Di geschl.).

UM DEN CAMPO DEI FIORI: **Terra Canta**, Via di Ponte Sisto 67, vegetarische Gerichte, preiswert (So geschl.).

Sergio, Vicolo delle Grotte 27, einfaches Straßenlokal in einem alten Handwerkergäßchen, abends hervorragende Pizza (So geschl.).

Pianeta Terra, Via Arco del Monte 94, nur abends, von einigen jungen Römern geführt (Mo geschl.).

Hosteria Vecchia Roma, Piazza de S. Caterina della Rota, selbstgemachte Nudeln, billig und gut.

VATIKAN: **Vicariato d'Abruzzo**, Via della Fornaci 8-10, preisgünstig und sehr freundliches Lokal (Mo geschl).

TRASTEVERE: in diesem ehemals ursprünglichen Stadtviertel trifft 'man' sich abends zum Essen und für den Kneipenbummel. Jede Menge Lokale.

Il Tentativo, Via della Luce 5-7, billige Studentenkneipe mit netten Leute und gutem Essen.

Il Generale, Via del Moro 1a, viele jüngere Leute, noch relativ preiswert (So geschl.).

Mario, Via del Moro 53, Familienbetrieb, sehr beliebt, billig, Menü um die 16 DM, incl. Wein (So geschl.).

Birreria Trilussa, kleine Seitenstraße der Piazza Trilussa. Freundliches Lokal mit langen Holztischen. Eine große Palette von Salaten, Snacks und Gemüsen ist aufgebaut, von der man so viel nimmt, wie man will. Dazu gibt's dunkles Bier vom Faß. Langt ordentlich zu, es wird pauschal abgerechnet (ca. 14 DM pro Pers.).

CAFES: **Café Greco**, Via Condotti 86, bei den Spanischen Treppen, weltberühmt seit über 200 Jahren - schon Casanova hat hier sein Täßchen getrunken, Goethe natürlich auch. Tiefrote Samtpolster, Prunk und Plüsch gibts nach wie vor, aber nicht mehr so erlauchte Zeitgenossen wie früher, jedoch horrende Preise.

Sant' Eustachio, Piazza di Sant' Eustachio 82, empfehlenswert für die gemütliche Kaffeepause, der Kaffee wird nach einem Geheimrezept zubereitet, bis 2 h nachts offen, beliebter Treff (Mo geschl).

Tazza d'Oro, Via Orfani 86, Nähe Pantheon, eigentlich ein Kaffeegeschäft, aber exzellenter Espresso, Spezialität ist der gefrorene Espresso mit Sahne - 'Granita di Café con Panna' (So geschl).

EIS: **Giolitti**, Via degli Uffici del Vicario 40, Nähe Pantheon. Anerkannt beste Eisdiele Roms (60 Sorten!), außerdem gute Snacks, teuer (Mo geschl.).

Tre Scalini, Piazza Navona 28, an einem der beliebtesten Plätze Roms, berühmt für seine süße Kalorienbombe 'Tartuffo'.

Nachtleben: spielt sich im Sommer fast ausschließlich im Freien ab - man flaniert durch die Straßen und trifft sich auf den Plätzen, z.B. an der *Piazza della Rotonda* (Pantheon), an den *Spanischen Treppen*, auf der *Piazza Navona* oder in *Trastevere* (z.B. Piazza Santa Maria). Nach 23 h ist kaum noch etwas los.

Jedoch finden im Sommer oft Festivals und Open Air-Veranstaltungen an verschiedenen Plätzen statt - achtet auf Plakate und fragt beim Tourist-Info. *L'Estate Romana* ist ein alljährliches großes Sommerprogramm für die öffentlichen Plätze und Straßen (u.a. Freilicht-Kino im Kolosseum, Jazz-Festival in den Caracalla-Thermen, Feuerschlucker, Sinfonieorchester u.a.).

Musikbars, Clubs, Diskos etc. sind sehr teuer und den Sommer über (mindestens aber im August) oft geschlossen. Kneipen gibts vor allem in Trastevere.

TREFFS: **Cul de Sac**, Piazza Pasquino 73, Weinlokal, Snacks, viele junge Leute.

Della Pace, Via della Pace 3, altes Weinlokal mit jungem Publikum, in der Nähe des Cul de Sac (So geschl.).

MUSIKKNEIPEN: nennen sich aus steuerlichen Gründen oft Clubs. Entweder gibts für 5-10 DM eine tessera (Mitgliedskarte) oder die Getränke liegen um die 8-14 DM. Oft Live-Musik. Größte Auswahl in Trastevere.

Alexanderplatz, Via Ostia 9, tägl. Musik, man kann aber auch essen (Mo geschl.).

Music-Inn, Largo dei Fiorentini 3, beste Adresse für Jazz (Mo/Di geschl.).

Murales, Via dei Fienaroli 30 b, vor allem Folkmusik, ebenfalls in Trastevere.

DISKOTHEKEN: teuer, teuer! 15-40 DM, Getränke ab 10 DM.

Größte Disko Roms ist das **Acropolis**, Via Luciano 52 (vormaliges 'Much More'). Hier ist auf drei Stockwerken die Hölle los, aufwendige Lichttechnik, viel Schickeria (Di-Fr 22-4 h, Mo geschl.).

Mais, Via Cesare Beccaria 22, viele Effekte, schicke römische Punks sorgen für Stimmung (tägl.22-4 h), Metro A bis Flaminio.

Piper 80, Via Tagliamento 9, älteste Disko Roms, riesige Leinwand, Do oft Live-Konzerte (Mi-So 22-4 h, Juli/Aug. geschl.).

Sehenswertes

Die lange schnurgerade *Via del Corso* ist die Schlagader des historischen Zentrums. Von hier kommt ihr schnell zu allen wichtigen Punkten der Innenstadt. Auch zum Boutiquenbummel nicht zu verachten.

Plätze und Treffpunkte

Die großen Plätze sind gleichermaßen Treffs für Römer wie für Touristen.

Spanische Treppe: jeder Rom-Besucher kommt wenigstens einmal her. Buntes Völkergemisch, die Stufen immer dicht belegt - hier wird gegessen, getrunken, musiziert, geschlafen, geplaudert, gelesen, geklaut. Der Brunnen am Fuß der Treppen ist einem Boot nachgebildet, das hier im 16. Jh. gestrandet sein soll, als der Tiber Hochwasser hatte.

In den umliegenden alten Straßenzügen ist die nationale und internationale 'Haute Couture' zu Hause. Interessante Schaufenster vor allem an der *Via Condotti*, die von der Via del Corso direkt zur Spanischen Treppe führt, außerdem das berühmte *Café el Greco* (siehe unter 'Cafés').

Piazza della Rotonda: von der Via del Corso schnell zu erreichen, sehr gemütlich und für Autos gesperrt. Hier kann man gut Kaffee trinken und nebenbei das Pantheon besichtigen (siehe 'Antikes Rom').

Piazza Navona: gleich in der Nähe der Piazza della Rotonda. Die gute Stube der Römer und Touristen gleichermaßen, weiträumig und jede Menge los um die drei Brunnen zahllose Krims-Krams-Verkäufer, Straßenmusiker,

Porträtmaler, Artisten etc. Tre Scalini ist heute eine der beliebtesten Eisdielen Roms (siehe oben).
Zwischen dem Tiber und der Piazza viele verwinkelte kleine Gassen mit Werkstätten und Handwerksbetrieben.

Campo de' Fiori: südl. der Piazza Navona, der Blumen-, Obst- und Gemüsemarkt von Rom (vormittags). Hier hat sich bis heute wenig geändert, kein rausgeputzter Sight-seeing Platz, sondern ein typischer Markt.
Um die Piazza noch traditionelle Handwerkergäßchen, in der *Via del Pellegrino* und der *Via dei Cappellari* reiht sich Tischlerei an Tischlerei. Durch schmale Boutiquengassen kommt ihr Richtung Osten nach etwa 10 min. ins frühere *Jüdische Viertel* um die Via del Portico d' Ottavia - bis heute ein Gewirr von mittelalterlich anmutenden Gassen.

Piazza Venezia: gleich bei Kolosseum und Forum Romanum, hier beginnt auch die lange Via del Corso. Weniger Treff als vielmehr bedeutendster Verkehrsknotenpunkt der Innenstadt. Der *Altare della Patria*, das riesigpompöse Denkmal für den König der italienischen Staatsgründung Vittorio Emanuele II. beherrscht den Platz. Das bezeichnende Symbol des im 19. Jh. neu gegründeten italienischen Nationalstaats drückt massive Staatsgewalt und Stärke aus - nicht von ungefähr wurde dafür wohl der Platz am kapitolinischen Hügel, dem einstigen Mittelpunkt der Welt, gewählt. Benachbart kleine *Parkanlagen*, schöner Rasen und viel Schatten, davor Pferdekutschen und Kioskwagen.

Piazza Santa Maria: in Trastevere, südl. vom Tiber. Ähnelt trotz seiner Größe einer Dorf-Piazza, sehenswert die gleichnamige Kirche. Abends beliebter Treff, keine Autos. Das ganze Viertel *Trastevere* lohnt den Besuch - trotz Weltstadt dörflich geblieben, kleine verwinkelte Gassen und urige Trattorias, inzwischen jedoch zunehmend 'in'.

DER MÜNZBRUNNEN: Rom ist bekannt für seine Brunnen. Der berühmteste ist die **Fontana di Trevi** an der Piazza di Trevi, nahe der Via del Corso. Jeder, der hier eine Münze über seine Schulter hineinwirft, wird irgendwann wieder nach Rom kommen, so heißt es. Für die Stadt Rom ist diese Einnahmequelle nicht zu verachten und fest im Etat eingeplant - einmal im Jahr werden die Rundlinge eimerweise herausgeschaufelt. Auf den Stufen rund um den Brunnen sitzt man gemütlich.

Antikes Rom

Kapitol: hinter der Piazza Venezia mit dem monströsen Denkmal für König Vittorio Emanuele II. führen Treppen zum Kapitol hinauf. Oben schöner Blick auf die Ausgrabungen des Forum Romanum. In altrömischer Zeit war hier der Sitz des höchsten Staatsgottes Jupiter mit einem gewaltigen Tempel, dessen Ziegel aus Gold gewesen sein sollen.
Heute flankieren Museen den trapezförmigen Platz, darunter das beachtliche *Kapitolinische Museum* mit antiken Fundstücken im Palazzo Nuovo und der Palazzo dei Conservatori mit der berühmten *Wölfin*, die die Zwillinge Romulus und Remus säugt (beide Museen Di-Sa 9-14, So 9-13, Di u. Do auch 17-20 h, Mo geschl., ca. 6 DM, Schül/ Stud, ermäß.). Auf dem Kapitolsplatz steht eigentlich auch ein antikes Reiterstandbild des Kaisers Marc Aurel (Michelangelo entwarf den Sockel). Seit über 10 Jahren wird der Bronzekaiser jedoch in einem Restaurationszentrum auf Vordermann gebracht.

Forum Romanum und Palatin: Zentrum des öffentlichen Lebens im alten Rom, Eingang von der Piazza Venezia über die Via dei Fori Imperiali (Mi-Mo 9-19, So 9-13 h, Di geschl., ca. 8 DM). Die Überreste aus der Kaiserzeit lohnen eigentlich nur für ernsthaft Interessierte und romantische Seelen, die Cicero und Caesar inmitten der Trümmer einherschreiten sehen. Im Laufe der Jahrhunderte wurde das Forum mehrmals gründlich von Eroberern eingestampft. Die *Via Sacra*, eine ehemalige Prozessionsstraße, führt durch das Ausgrabungsgebiet und endet am Titusbogen. Gut erhalten ist die *Curie*, das Ge-

bäude des Senats, in dem die großen römischen Redner auftraten.
Rechts geht's den Palatin hinauf, im alten Rom der Wohnhügel der High Society. Zwischen Pinien und romantischen Ruinen läßt es sich heute wunderschön spazierengehen, prima Platz für ein Picknick. Ihr könnt das ganze Forum überschauen und habt auch einen guten Blick auf das heutige Rom. Sehenswert sind der verwinkelte *Palast des Domitian* und das *Haus der Livia* mit wunderschönen Fresken (nur Erdgeschoß erhalten, vom Wächter nebenan aufschließen lassen).

> Traurig sieht es mit der Erhaltung der antiken Bauwerke aus - die ständige Abgasbelastung der Millionenstadt greift die Oberflächen an und zerstört sie allmählich. Besonders schlimm steht's mit der **Trajansäule** in der Nähe der Piazza Venezia. Die berühmten Reliefs sind schon so weit eingeebnet, daß man viele Gesichter nicht mehr erkennen kann.

Kolosseum: gleich neben dem Forum, größte existierende Vergnügungshalle des römischen Reiches. Etwa 50.000 Zuschauer konnten auf den steilen Rängen Platz finden. Die römischen Kaiser ergötzten sich hier köstlich, wenn Kriegsgefangene, Gladiatoren, Sklaven und wilde Tiere um ihr Leben kämpften. Heute fehlt der Boden der Arena und man sieht die Kellerräume und Kerker darunter. In einigen waren Flaschenzüge und Winden untergebracht, mit denen man Menschen und Tiere in die Arena aufsteigen lassen konnte. Neueste Forschungen bezweifeln, daß im Kolosseum Christen um ihr Leben kämpfen mußten (wahrscheinlich fanden diese Gemetzel im Circus Maximus statt). Dieser Ansicht verdankt das Kolosseum jedoch seine Restauration durch die Päpste (Di-Sa 9-18, So 9-13 h, Erdgeschoß frei, obere Ränge ca. 5 DM).

Circus Maximus: der langgestreckte Circus mit seiner noch gut erhaltenen Rennbahn liegt südl. vom Palatin. Von den Tribünen ist leider so gut wie nichts mehr erhalten, nur mit sehr viel Phantasie seht ihr Ben Hur & Co. dahergaloppieren (tägl. 9-18 h, frei).

Pantheon: von der Piazza Venezia die Via del Corso entlang, dann links rein zur Piazza della Rotonda. Sehr netter Platz mit Cafés. Der ehemalige Tempel ist eins der besterhaltenen Bauwerke des alten Rom. Während der Renaissance wurde allerdings viel daran verändert. Im Inneren beeindruckend - das riesige Loch oben in der Kuppel, die einzige Lichtquelle im Raum! Die Kassettendecke war früher mit vergoldeter Bronze ausgekleidet. Raffael liegt hier begraben (Di-Sa 9-14, So 9-13 h, Mo geschl., frei, kurze Wartezeiten).

Katakomben: die unterirdischen Grabanlagen der Christen entstanden etwa 150-350 n. Chr. Damals war der christliche Glaube verboten, seine Anhänger wurden verfolgt und mußten sich ihre Grabanlagen mehr oder minder heimlich unterirdisch anlegen. Der Eingang zu den immer größer werdenden Grablabyrinthen lag meistens auf dem Privatgrund reicher Christen, die sich den staatlichen Verfolgungen entziehen konnten. Es gibt über 60 Katakomben in Rom, manche hat die archäologische Forschung noch gar nicht in Angriff genommen! Zu besichtigen sind sie nur mit Führung.
Die bekanntesten und meistbesuchten sind die *Katakomben des Hl. Calixtus* an der Via Appia Antica 110 (Bus 118 vom Kolosseum). Diese Grabanlage allein hat mit mehreren Stockwerken eine Weglänge von 25 km, aber nur 350 m werden davon besichtigt. Unter anderem liegen hier neun Päpste begraben (Do-Di 8.30-12, 14.30-17 h, Mi geschl., ca. 3,50 DM).
Die *Katakomben des Hl. Sebastian* liegen ein Stück weiter außerhalb, Via Appia Antica 136 (Fr-Mi 8.30-12, 14.30-17 h, Do geschl., 3,50 DM).
Interessant auch die *Katakomben der Hl. Priscilla* nördl. vom Bhf. bei der Villa Ada, einem großen Park, Via Salaria Nuova 430 (Bus 319 ab Termini oder 56 ab Piazza Venezia bis Piazza di Priscilla). An der Stelle des ehemaligen

Hauses der Christin Priscilla steht heute ein kleines Kloster, die Nonnen sprechen gut Deutsch und machen Führungen (Di-So 8.30-12, 14.30-17 h, Mo geschl., ca. 3,50 DM).

Vatikan/Petersdom

Die Peterskirche ist die größte Kirche der Welt an einem der größten Plätze der Welt. Gleich dahinter die Vatikanstadt - seit 1929 autonomer Staat mit Botschaften in fast allen Staaten der Welt. Staatsform ist die absolute Monarchie - der Papst bestimmt alles.

Vom Bhf. fährt der Bus 64 zum Petersdom. Von der Stadtmitte lohnt aber auch der Weg zu Fuß. Am Tiber kommt ihr am Befehlsbunker der Päpste vorbei - die trutzige *Engelsburg* war oft genug letzte Zuflucht des heiligen Vaters vor den aufgebrachten 'Gläubigen'. Die furchtbaren Kirchenkitschläden lassen dann schnell erkennen, daß man sich dem 'heiligsten' Ort der katholischen Kirche nähert. Der riesige *Petersplatz* nimmt einen mit seinen zwei Säulenhallen sozusagen im Schoß der Kirche auf, er faßt über 300.000 Besucher. Jeden Mittwoch Vormittag findet auf dem Platz die Generalaudienz des Papstes statt. Dabei fährt er mit seinem gepanzerten Jeep auf dem Platz entlang.
Die gigantischen Ausmaße der *Basilika* könnt ihr am Boden ablesen: die Längen der größten Kirchen der Welt sind markiert. Fast 200 Jahre haben die bedeutendsten Baumeister der italienischen Geschichte (u.a. Bramante, Raffael und Michelangelo) an der Superkirche gearbeitet, das Schwierigste war die Wölbung der überdimensionalen Kuppel. Gleich in der ersten Seitenkapelle rechts das berühmteste Kunstwerk im Dom - die *Pietà* von Michelangelo! Vor ein paar Jahren hat ein 'Besucher' auf sie geschossen, seitdem ist sie nur noch hinter Glas zu bewundern. Meist hängt zudem eine dichte Traube von Menschen davor.
Steigt unbedingt mal zur *Kuppel* rauf (Aufzug aufs Dach ca. 4 DM, zu Fuß ca. 3 DM). Zunächst tritt man aufs Dach des Hauptschiffes hinaus, die riesigen Statuen der Galerie zum Petersplatz hat man hier hautnah vor sich, außerdem prächtiger Blick auf die Kuppel. Am Fuß der Kuppel geht der Aufstieg weiter. Nach wenigen Schritten erreicht man die erste Galerie - phantastischer Blick ins Kircheninnere! Von der Spitze der Kuppel herrlicher Blick über Rom (man sieht, wie die historische Bausubstanz erhalten wurde) und auf den gepflegten Garten des Vatikan (Zutritt nur mit Sondergenehmigung). Auch der einfache Backsteinbau der *Sixtinischen Kapelle* mit ihrem quadratischen Turm ist zu erkennen - bei der Papstwahl werden hier die bekannten Rauchzeichen an die wartende Menge auf dem Petersplatz gegeben.

Vatikanische Museen: Eingang ein Stück nördl. vom Petersplatz, eine riesige Sammlung von Kunstwerken aus allen möglichen Epochen und Ländern wurde hier von den Päpsten im Lauf der Kirchengeschichte angehäuft. Es herrscht immer Riesenandrang. Haltet euch an die verschiedenfarbig markierten Rundgänge mit einer Dauer von 1,5 bis 5 std. (Mo-Sa 9-14, im Sommer und Ostern 9-17 h, So geschl., außer letzter So im Monat, ca. 11 DM, Schül/Stud. bis 24 Jahre die Hälfte, am letzten Sonntag jedes Monats frei).
Hauptanziehungspunkt ist die *Sixtinische Kapelle* mit den berühmten Fresken von Michelangelo an Decke und Altarwand. Wie die meisten Darstellungen Michelangelos strotzen auch diese vor Sinnlichkeit, spätere Päpste ließen einigen Figuren nachträglich Kleider anmalen. Die Arbeit an den Dekkengemälden war extrem schwierig - monatelang auf einem Gerüst stehend, während die Farbe nur so heruntertropfte. Zur Zeit werden sie mit Riesenaufwand gereinigt - die grell bunten Farben, die unter der Rußschicht zum Vorschein kommen, stellen Michelangelo in völlig neuem Licht dar. Bisher war angenommen worden, er hätte mit Vorliebe düstere Farben verwendet.
Interessant sind auch die Gemälde Raffaels in den Gemächern Julius' II., die sog. Stanzen Raffaels. Berühmte-

stes Fresko ist *Die Schule von Athen*, auf dem er einige seiner Malerkonkurrenten als antike Philosophen verewigt hat. Leonardo da Vinci (mit erhobenem Zeigefinger) ist als Plato dargestellt, Michelangelo sitzt als Heraklit mit einem großen Marmorblock auf der Treppe, Raffael selbst ist die zweite Figur von rechts ganz am Bildrand.

Kirchen

Nur eine kleine Auswahl. Denkt aber daran - die Kirchen sind von 12 bis ca. 16 h geschlossen.

S. Maria Maggiore: gleich links vom Bhf., Via Cavour. Aufwendig ausgestattet und sehr sehenswert. Achtet auf die Decke - sie ist aus dem Gold gemacht, das Christoph Columbus in Amerika geklaut hat! In der Apsis berühmtes Mosaik, das die Krönung Marias darstellt.

S. Maria in Cosmedin: am Fuß des Aventin, Piazza Bocca della Verità. Die einzige orthodoxe Kirche Roms, schöner Glockenturm und sehenswerter Innenraum ganz ohne barocken Zierrat. Berühmt-berüchtigt ist die mittelalterliche Marmormaske *'Bocca della Verità'* - wer einen Meineid geschworen hatte und seine Hand in den Mund legte, dem wurde dieselbe abgebissen! Mit einem Schwert half man hinter der Platte etwas nach.

S. Pietro in Vincoli: etwas nördl. vom Kolosseum. In einem Tabernakel am Hochaltar kann man die *'Originalfesseln'* von Petrus bewundern, vor allem aber den riesigen gehörnten *Moses* von Michelangelo (Prunkbeleuchtung nach Lire-Einwurf). Die Hörner entstanden übrigens aus einem Übersetzungsfehler der Bibel.

S. Maria della Concezione: für starke Nerven! Geht von der Piazza Barberini (Nähe Span. Treppe) ca. 150 m die Via Vittorio Veneto entlang, dann rechts. An der Treppe rechts vom Haupteingang der Kirche die Tür zum **Cemeterium**, der 'Friedhof' der Kapuziner- in 5 Kapellen hintereinander geschmackvoll drapiert die Knochen von 4000 Mönchen! Kleiner freiwilliger Obulus wird erwartet.

S. Giovanni in Laterano: die älteste Basilika Roms (im 4. Jh. wurde mit dem Bau begonnen) und die erste wirklich große Kirche des Christentums - praktisch die Mutterkirche aller katholischen Kirchen. Der Innenraum ist aufwendig geschmückt - überall verschiedenfarbiger Marmor und die riesigen Gestalten der zwölf Apostel. Links vor dem Hauptschiff führt eine Tür zu einem der schönsten *Kreuzgänge* Roms (ca. 1,50 DM).
Auf dem Platz vor der Kirche der größte *Obelisk* der Welt (31,5 m), neben der Kirche der *Lateranspalast*, die früheste Residenz der Päpste. Schräg gegenüber vom Palast das Gebäude der *Heiligen Treppe* mit Resten von Marmorstufen (unter schützender Holzverkleidung), über die Jesu am Tag seiner Verurteilung gegangen sein soll (6-12.30, 15-19 h).

S. Maria in Trastevere: auf der anderen Seite vom Tiber, schöne Kirche auf einem schönen Platz, sehenswerte Mosaiken in der Apsis.

MUSEEN: in der Regel Di-Sa 9-14, So 9-13 h, Mo und an Feiertagen geschlossen.
Römisches Nationalmuseum, gegenüber vom Bhf. in den Termen und einem Kartäuser-Kloster, Piazza dei Cinquecento. Riesenmenge antiker Stücke, darunter archäologische Funde, griech. und röm. Skulpturen, christl. Sarkophage u.v.m. (ca. 6 DM, wird z.Z. restauriert, deshalb sind immer nur einige Räume geöffnet).
Museo di Villa Giulia, Palast im Garten der Villa Borghese, Piazzale di Villa Giulia. Bedeutende Sammlung etruskischer Funde, außerdem schöner Garten und kleine Wasserfälle - früher Sommerresidenz der Päpste (ca. 6 DM).
Galleria Borghese, ebenfalls im Garten der Villa Borghese - Maler der Renaissance und des Barock, u.a. Raffael, aber auch tolle Skulpturen von Bernini (ca. 4 DM). Soll z.Z. wegen Baufälligkeit geschl. sein - vorher erkundigen.
Galleria Nazionale d'Arte Moderna, Villa Borghese, in der Nähe des etruskischen Museums, Viale delle Belle Arti. Große Sammlung italienischer Maler des 19. und 20. Jh., viel Kitsch, außerdem wird ständig umgebaut (ca. 5 DM).

MÄRKTE: einer der größten Märkte Roms vormittags auf der **Piazza Vittorio Emanuele**, Nähe Bhf. Es gibt dort fast alles.
Obst und Gemüse jeden Werktag 8-13 h am **Campo dei Fiori**, billiger am **Largo Boccea**, hinter dem Vatikan (Bus 46).

Der riesige Flohmarkt Roms findet jeden So-Morgen an der **Porta Portese** im Stadtteil Trastevere statt (obwohl seit 1988 offiziell verboten). Sehr große Auswahl an Klamotten, meistens preiswert, hauptsächlich Kopien von Markenfabrikaten, vieles ist gestohlen (Bus 718 oder 719 ab Piazza Venezia bis 2. Station nach dem Tiber, ca. 10 min. zu Fuß links die Via Induno entlang).
'Amerikanischer' Markt an der Via Sannio, ebenfalls totale Auswahl an Klamotten, aber auch Schlaf-/Rucksäcke etc. (Metro A bis Kirche S. Giovanni in Laterano).

SHOPPING: vor allem in Sachen Mode jede Menge. **Schuhe** sind oft günstiger als bei uns. Die billigsten um den Campo dei Fiori, bessere Qualität und etwas teurer in den Straßen Via del Corso, Via Nazionale, Via Frattina. **Boutiquen** findet ihr hauptsächlich in der Via del Corso und Seitenstraßen, zwischen Piazza Navona und Campo dei Fiori und in den östl. Seitengassen des Campo dei Fiori. Spartip - im August/September werden beim Ausverkauf **(Saldi)** die Waren bis um 50 % herabgesetzt.
Babilonia, Via del Corso 185 (neben Kaufhaus La Rinascenta), eine der größten Boutiquen der Stadt, gute Auswahl an Jeans, Blusen, T-Shirts etc., preiswert. Interessante Second-Hand-Shops sind **Cosi e se vi piace**, Via della Carrozze 85 (bei Span. Treppe) und **Moon**, Via del Governo Vecchio 89 a.

PARKS: sehr schön ist der Garten am **Palatin**, kostet allerdings (s. Forum Romanum).
Villa Borghese (Nähe Spanische Treppe), zentrale Lage, reichhaltige Vegetation und schöne Spazierwege. In der Mitte ein winzig kleiner See (Bootsverleih), außerdem ein eher deprimierender Zoo. Die Aussichtsterrasse Pincio liegt nicht weit von der Piazza del Popolo. Der Park wird nachts nicht geschlossen, übernachten aber auf keinen Fall ratsam!
Villa Ada, im Norden, Via Salaria (Bus 319 ab Termini). Sehr weitläufig und lange Spazierwege, lohnt sich , hier mal rumzulaufen.

Rom/Umgebung

EUR: die von Mussolini zur Weltausstellung von 1942 geplante Musterstadt liegt am südl. Stadtrand (Metro B). Monumentalgebäude, breite Straßen und großzügige Grünanlagen sollten den Faschismus angemessen repräsentieren. Hier unbedingt das *Museo della Civiltà di Roma* am Ende des Viale della Civiltà Romana ansehen Rekonstruktionen aller bedeutenden Bauwerke (darunter die berühmte Trajansäule!) und ein sagenhaftes Modell des antiken Rom (Di-Sa 9-14, Di u. Do auch 17-20, So 9-13 h. Mo geschl., ca. 4,50 DM).

Ostia: ca. 25 km vom Zentrum, hier ergießen sich die braunen Fluten des Tiber ins Meer. Trotzdem ist der 7 km lange, fast schwarze Strand mit einer 8-spurigen Autostraße dahinter der beliebteste Stadtstrand von Rom und im Sommer ein wimmelnder Ameisenhaufen. Da alles von Badeanstalten in Beschlag genommen ist, muß man zahlen, um ans Wasser zu kommen.
Hochinteressant und ein echtes Muß für Antik-Fans ist dagegen das 4 km vom Meer entfernte, vollständig ausgegrabene *antike Ostia*, der ehemalige Handels- und Militärhafen von Rom. Die gut erhaltenen Ruinen, Straßen und Mosaiken unter alten Pinien lohnen den Besuch vor allem, weil meist wenig Rummel herrscht und es kaum Absperrungen gibt (Di-So 9-18 h, Museum 9-13 h, Mo geschl., ca. 6 DM).

VERBINDUNGEN: alle halbe std. mit U-Bahn B ab Hbf. oder ab Station Porta S. Paolo (Pyramide) mit dem Zug (Ferrovia Roma).

Lago di Bracciano: an der Bahnlinie nach Viterbo, klares Wasser und wesentlich schöner zum Schwimmen als im verdrecktem Meer. Im August und an Wochenenden allerdings völlig überlaufen. Mehrere Campingplätze um den See.

Tivoli: extrem viel Rummel und seit langem berühmt wegen der drei antiken Villen Adriana, d'Este und Gregoriana (Zug ab Stazione Termini). Größter Anziehungspunkt der Park der *Villa d'Este* mit kunstvollen Brunnen und Wasserspielen aller Art (Di-So 9.30 h bis Sonnenuntergang, Mo geschl., ca. 8 DM). Aber auch die *Villa Adriana*, 6 km außerhalb, ist beeindruckend - ein kolossaler Landsitz, umgeben von einem riesigen Park. Kaiser Hadrian ließ hier die schönsten Bauten und Landschaften nachbauen, die er auf seinen Reisen gesehen hatte. Die Ruinen sind z.T. gut erhalten (Di-So 9.30 h bis Sonnenuntergang, Mo geschl. ca. 8 DM).

Civitavecchia: der Hafen von Rom, hier kommt man nur her, um eine der Fähren nach *Sardinien* zu erwischen, in der Saison fahren sie bis zu 8 x tägl.

Am Wasser unten stehen noch Teile der alten Stadtbefestigung, in der Mauer haben die Fischer ihre Verkaufsstände.

VERBINDUNGEN / BAHNHOF: häufige Verbindungen ab Rom. Vom Stadtbahnhof Civitavecchia zum Hafen sind es ca. 10 min. zu Fuß (nach rechts). Manche Züge fahren bis zum Hafenbhf. hinunter. Fährverbindungen siehe unter Sardinien, S. 338).

Rom - Neapel A-Kb. 24550

Die Küste zwischen Rom und Neapel ist zum großen Teil vom Massentourismus geprägt. Viele italienische Urlauber, vor allem Römer und Neapolitaner, verbringen an den langen Stränden in Massen die Wochenenden und den August. Aber auch deutsche Familienurlauber sind traditionelle Gäste.

Terracina ist eine Hochburg des Baderummels, fast 15 km langer Sandstrand gesäumt von Hotels und Appartmenthäusern, das alte Zentrum dagegen bildschön am Hang oben. Lieblingsort von Gerhard Polt ('Man spricht deutsh'). Zahlreiche Campingplätze.

Sperlonga liegt ein Stück weiter die Küste hinunter, malerisch auf einem Felsvorsprung an der tollen Küstenstraße zwischen Terracina und Gaeta. Nächste Bahnstation ist Fondi-Sperlonga, 10 km landeinwärts. Mindestens so viel Rummel wie in Teracina.

SÜDITALIEN

Mezzogiorno - der tiefe Süden jenseits einer unsichtbaren Grenze, die ganz Italien teilt. Insgesamt ein kahles und rauhes Bergland - abgesehen von der wunderschönen Amalfiküste und den immer wieder unvermutet auftauchenden dichten Wäldern und Flächen mit üppiger südlicher Vegetation, vor allem in Kalabrien (Sila-Massiv).

Das Leben ist nicht einfach - die Wälder größtenteils abgeholzt, die kargen Böden ständig von der Erosion bedroht, dazu ein feudal anmutendes Pachtsystem, das die Einwohner in Armut und Abhängigkeit hält. Seit Jh. wird der unterentwickelte Süden Italiens vom Norden ausgebeutet. Mailänder und Römer reden nur verächtlich von den "faulen Süditalienern" - verheerende Gesetze und Maßnahmen der Regierung zementieren diesen Zustand. Kein Wunder, daß Millionen von Süditalienern ihre Heimat verlassen und ihr Glück in Stuttgart oder München versuchen.

Deutlich spürbar sind auch die kulturellen Unterschiede zum Norden - in Kalabrien herrscht noch unangefochten die Männerwelt, Frauen müssen in den Häusern bleiben.

DAS ERDBEBEN VON 1980: von Neapel bis Potenza reichte das betroffene Gebiet - eine der furchtbarsten Katastrophen, die Italien je betroffen haben. 137 Städte und Dörfer wurden im Winter '80 dem Erdboden gleichgemacht - es gab zigtausend Tote und hunderttausende Obdachlose, die z.T. immer noch in Notunterkünften hausen. In vielen Orten, einschließlich Neapel, sind die schweren Schäden nach wie vor zu erkennen.

NEAPEL

Der tiefblaue Golf, der majestätische Vesuv, die Fischer von Capri - Neapel sehen und sterben, . . .

Laßt die Romantik zu Hause! Die drittgrößte Stadt Italiens ist ein stinkender Millionenkessel. Es gibt wenig Stellen in der Welt, wo ihr einen solch infernalischen Autoverkehr erleben könnt. Man lebt, wohnt und arbeitet auf der Straße - Neapel ist die dichtbevölkertste Stadt Europas, ein Großteil der Bewohner schlägt sich hart am Existenzminimum durch.

In der Altstadt dunkle Häuserschluchten mit flatternder Wäsche und hektischem Verkehr. Inmitten brodelnder Abgase wird jedes freie Fleckchen für den Verkauf von "echt amerikanischen" Zigaretten, Radiorecorder und Klamotten benützt. Die hohe Arbeitslosigkeit zeichnet für viele den Weg zur

Kriminalität fast schon vor. Der Schmuggel mit Zigaretten ist noch einer der einträglichsten Verdienste - gut 70.000 Neapolitaner finden in dieser 'Branche' Arbeit. Auch die Kinderarbeit ist weit verbreitet - für ca. 5 DM die Woche arbeiten 7- und 8-jährige in unzähligen "Schwarz-"Fabriken. In vielen Straßen türmt sich der Müll, tägl. kommen hunderte Tonnen dazu - 1973 ist die Cholera in Neapel ausgebrochen.

Das verheerende Erdbeben von 1980 hat die Lage noch verschlimmert - viele Wohnhäuser in der Altstadt *Spaccanapoli* sind schwer beschädigt, Hunderttausende wurden damals obdachlos, Tausende wohnen immer noch in Notunterkünften. Und die *Camorra*, die neapolitanische Mafia, verdient noch an dem Elend - die meisten Sanierungsgelder "versickern" auf ihren Konten.

Neapel - in weiten Teilen eine heruntergekommene, kaputte Stadt mit immensen Problemen, aber auch voller Lebensfreude. Für den Besucher ein einziges faszinierendes Theater mit ständig wechselnder Kulisse.

Klau - vor allem an Orten, wo Touristen wimmeln, aufpassen! Möglichst alle Wertsachen in den Brustbeutel, keine Geldbörse in der Gesäßtasche tragen. Keine Handtaschen herumschlenkern, die 'scippatori' schnappen sie sich vom Motorroller.

VERBINDUNGEN / BAHNHOF: die große **Stazione Termini** an der weiten Piazza Garibaldi, der breite Corso Umberto führt von der gegenüberliegenden Platzseite geradeaus ins Zentrum.

Die private **Circumvesuviana-Bahn** bringt euch in die Umgebung von Neapel, u.a. nach Pompei und Ercolano (Interrail gilt nicht). Station unter dem Hbf. und am Corso G. Garibaldi.

Fähren nach **Cagliari** (Sardinien) 2 x wöch., ca. 47-54 DM, nach **Palermo** 1 x tägl., ca. 71-83 DM, außerdem mehrmals tägl. nach **Capri** und **Ischia**.

INFORMATION: im **Bhf.** (Mo-Sa 8-20 h), gegenüber Gleis 22. Laßt euch möglichst das Hotelverzeichnis, aber auf jeden Fall den Stadtplan mitgeben. **Hauptstelle** in der Via Partenope 10 (Bus 150), ansonsten **Azienda di Turismo** an der Piazza Gesù Nuovo (Spaccanapoli) und im Palazzo Reale.

UNTERWEGS IN DER STADT: die **U-Bahn** fährt vom Souterrain des Termini über Piazza Cavour (Nähe Nationalmuseum) nach Mergellina (Jugendherberge). Ansonsten verkehren **Busse** und **Trams**, außerdem verschiedene **Schienenseilbahnen** (Funicolare) auf die Hügel hinauf, z.B. zum Vomero. Alle Tickets kosten knapp 1 DM.

ÜBERNACHTEN: **Jugendherberge** Salita della Grotta a Piedigrotta 23, in Mergellina, Tel. 081/685346. Ab Hbf. U-Bahn bis Mergellina, die Herberge liegt ein Stück hinter der U-Bahnstation, leider donnern ständig Züge vorbei, mit Frühstück etwa 16 DM.

Billige Pensionen vor allem in der Gegend um den Bhf. (rechter Hand, wenn ihr rauskommt, v.a. Via Milano und Via Firenze), ziemlich laut und sehr basic, aber zentral, ab ca. 35 DM fürs DZ: **Milano**, Via Milano 82, Tel. 518373; **Vittorio Veneto**, Via Milano 96, Tel. 201539; **Giglio**, Via Firenze 16 (in einem der oberen Stockwerke), Tel. 337500; **Marconi**, Via Firenze 32, Tel. 223764, Tel. 222960; **Ginevra**, Via Genova 116, Tel. 283210; **Viola**, Via Palermo 23, Tel. 269368.

Weiteres Zentrum in Mergellina (mit U-Bahn ab Bhf.). Teurer als beim Bhf. (50-60 DM fürs DZ), dafür bessere Unterkünfte und näher beim Wasser. Gute Adresse ist **Muller**, Piazza Mergellina 7, Tel. 669056.

Für Camper ideal die zwei Campingplätze in **Pompei** (s. dort), die Circumvesuviana bringt euch vom Hbf. in knapp 30 min. hin. Ansonsten **Camping International**, Viale Giochi del Mediterraneo 75 bei Mostra d'Oltremare, Agnano (vom Bhf. Bus 152 oder Metro bis Pozzuoli). Ziemlich mittelprächtig, kostenpflichtiges Schwimmbad, zwielichtige Gegend.

ESSEN: die Neapolitaner machen zweifellos die besten Pizze in Italien - einige preiswerte Pizzerias und Trattorias findet ihr, wenn ihr von der Piazza Garibaldi die Via Alessandro Poerio nehmt (vom Bhf. gesehen, am Ende der Piazza schräg rechts) um die historische **Porta Capuana**, z.B. **da Gennarino** nur ein paar Schritte vom Tor.

Wenn ihr vom Ende der Piazza Garibaldi links runter Richtung Meer geht, kommt ihr zum großen Straßenmarkt an der **Porta Nolana**. Auch hier einige Trattorien und Osterias mit Atmosphäre, z.B. die **Trattoria/Pizzeria Ciro** (hübsch angemalt mit Vesuv an der Wand).

Ansonsten fahrt mit der U-Bahn nach **Mergellina**. Dort, gleich in der Nähe der Jugendherberge, an der verkehrsumtosten **Piazza Sannazzaro** einige Trattorias und noch relativ wenige Touristen. Gut und preiswert z.B. die **Birreria Gloria**, Nr. 70.

Sehenswertes

Corso Umberto: die breite Hauptstraße des Zentrums führt von der Piazza Garibaldi (Bhf.) schnurstracks in die Nähe des Hafens und wurde im 19. Jh. rücksichtslos quer durch das Gassengewirr der Altstadt geschlagen - Prachtfassaden, Alleenbäume und schöne eiserne Straßenlaternen, aber katastrophaler Verkehr, praktisch immer verstopft! Nur ein Stückchen abseits das ursprüngliche 'vergammelte' Altstadtleben wie eh und je.

Altstadt *(Spaccanapoli)*: besser ihr schlagt euch von der Piazza Garibaldi gleich ins Altstadtviertel *Spaccanapoli* durch. Dazu müßt ihr von der Piazza Garibaldi die Via Mancini (Stadtplan) durch das *Duchesca-Viertels* nehmen - hier ein Straßenmarkt, wo hauptsächlich Schmuggelware angeboten wird. Ihr trefft dann auf die *Forcella*, ebenfalls mit haufenweise Straßenhändlern und einer der Schwerpunkte der neapolitanischen Mafia, der Camorra. Falls ihr euch nicht verirrt, erreicht ihr durch die Forcella die wichtigste Gasse der Altstadt (Via Vicaria Vecchia, Via S. Biagio dei Librai, Via B. Croce u. a., s. Stadtplan!), die nördl. parallel zum Corso Umberto die ganze Altstadt durchzieht, bis sie auf die Via Toledo (= Via Roma) mündet.
Bevor ihr jetzt das Herz der Altstadt durchquert, schnell noch einen Abstecher die rechtwinklig kreuzende *Via Duomo* nach rechts hinauf, dort der große *Dom San Gennaro*. Das Innere prangt in prunkvollem Barock, im rechten Seitenschiff die Kapelle des Hl. Gennaro, der in Pozzuoli als Märtyrer starb. Dreimal im Jahr verflüssigt sich sein eingetrocknetes Blut und wird dann vor dem Domportal den Neapolitanern gezeigt (erster Samstag im Mai, 19. Sept., 16. Dez.). Falls es einmal nicht klappt, bedeutet das Unglück für Neapel.
Lauft jetzt vom Dom zurück und die schmale Hauptgasse des Spacca-Viertels weiter Richtung Via Roma. Hier wohnen und arbeiten zahlreiche kleine Händler und Handwerker, es gibt die urigsten Läden (auffallend viel Heiligenkitsch), hohe Müllberge und katastrophale Wohnverhältnisse, oft nur ein Zimmer, ebenerdig und zur Straße hin offen (sog. *bassi*).
Um ein paar Ecken rechterhand in der Via de Sanctis (Nähe Piazza San Domenico Maggiore) die *Kapelle San Severo* - heute Museum mit schönen Skulpturen, u.a. der marmorne 'Christo Velato' mit einer hauchdünnen Marmordecke. Frappierend im Untergeschoß die mit einem geheimnisvollen Elixier konservierten Leichname eines Mannes und einer schwangeren (!) Frau (z.Z. wegen Restauration leider nicht zugängl.).
Die Hauptgasse weiter kommt ihr jetzt in das alte Universitätsviertel (Uni in der Via Mezzocanone), auffallend die vielen Buchhändler. Beim Besuch des *Klosters Santa Chiara* (linker Hand an der Piazza Gesù Nuovo) nicht den dahinter liegenden Kreuzgang mit seinem herrlichen Garten versäumen. Die Gasse mündet schließlich auf die breite *Via Toledo* (bzw. Via Roma), die Hauptgeschäftsstraße der Stadt.

Via Toledo: während der spanischen Herrschaft über Neapel (16./17.Jh.) lag hier das Wohnviertel des spanischen Adels. Heute ist die Via Toledo Repräsentierzeile mit reichlich Monumentalbauten, vor allem im unteren Teil. Trotz horrendem Verkehr vor allem abends eine der beliebtesten Flanierstraßen der Stadt. Besonders interessant die *Galleria Umberto*, eine riesige Glas- und Stahlkonstruktion mit Kuppel aus dem 19. Jh. - toller Platz, um die Neapolitaner zu beobachten!
An der großen *Piazza del Plebiscito* seht ihr den *Palazzo Reale* (Königspalast) und die, dem Pantheon in Rom nachempfundene Kirche *San Francesco di Paola*. Etwas abseits, direkt am Wasser, das *Castel Nuovo*, die mittelalterliche Trutzburg mit markanten Rundtürmen (nicht zu besichtigen). Geradeaus Richtung Meer, kommt ihr ins Viertel Santa Lucia (siehe unten).

Spanisches Viertel: westl. der Via Roma, uriges Wohnviertel echt neapolitanischer Prägung. Touristen verirren sich selten in die schmalen Treppengäßchen, die hier den Hang hinaufsteigen. Zweifellos das ärmste Viertel der Stadt, überall hängt Wäsche über den engen Gäßchen, der Müll häuft sich, Mopeds röhren über die Stufen. Die

Wohnverhältnisse sind erbärmlich, das Ganze fest in der Hand der Camorra. Die *Via Chiaia* entlang (interessant für Shopping - exklusive Mode, Boutiquen, Schuhgeschäfte), könnt ihr jetzt zur Villa Communale am Meer laufen.

Santa Lucia: ehemaliges Fischerviertel um das ins Meer gebaute *Castel dell' Ovo*, trennt die Bucht von Neapel in zwei Hälften. Heute die meisten (und teuersten) Fischrestaurants, bei den Neapolitanern sehr beliebt und authentisch geblieben.

Via Caracciolo: rund um die Uhr heult der Verkehr über diese mehrspurig befahrene Uferstraße im westl. Teil der Bucht von Neapel. Direkt angrenzend die *Villa Comunale*, der Stadtpark mit langer Flanierzone, eine der wenigen Grünanlagen Neapels. Mitten drin ein *Aquarium* mit über 200 verschiedenen Mittelmeertieren (Mo-Sa 9-17, So 10-17 h, ca. 2 DM).

Vomero: Wohnviertel und Aussichtspunkt Neapels. Am besten, ihr fahrt mit dem klapprigen *Funicolare* (Schienenseilbahn) rauf - Abfahrt Via Roma, gegenüber Galleria Umberto. Oben hat man den schönsten Blick vom ehemaligen *Kloster San Martino*, das in ein Stadtmuseum umgewandelt wurde - Gemälde, Möbel, Skulpturen, Kutschen, Porzellan, Kultur und Brauchtum aus der reichen Geschichte Neapels (Di-Sa 9-14, So 9-13 h, ca. 5 DM).

MUSEEN: **Archäologisches Nationalmuseum**, ganzes Stück die Via Roma hinauf, noch jenseits der Piazza Dante (Metro bis Piazza Cavour oder alle Busse, die die Via Roma hinauffahren). Bedeutende Sammlung mit vielen Funde aus Pompei und Herkulaneum, u.a. das berühmte Mosaik der Alexanderschlacht. Wurde allerdings vom Erdbeben beschädigt, so daß Teile der Ausstellung nicht zugänglich sind (Di-Sa 9-14, So 9-13 h, Mo geschl., ca. 6 DM).

MÄRKTE: größter Fischmarkt der Stadt um die **Porta Nolana** (von der Piazza Garibaldi Richtung Meer runter, nicht weit vom Bhf.). Großer Obst- u. Gemüsemarkt an der **Porta Capuana** (vom Bhf. schräg rechts die Via A. Poerio zur Piazza S. Francesco di Paola). Ansonsten die Straßenmärkte um den Bhf, auf der **Duchesca** u. der **Via Forcella** (s.o.).

Neapel/Umgebung

Ganz vom Vulkan geprägt, der auch für die Weltsensation Pompei gesorgt hat.

Ercolano: südl. von Neapel, neben Pompei zweite antike Ruinenstadt am Golf. Beim Ausbruch des Vesuv (79 n. Chr.) wurde Ercolano nicht wie Pompei von Asche, sondern von einer meterdicken Schlammschicht begraben. Die ausgegrabene Siedlung ist wesentlich kleiner als Pompei, aber die Bauten sind wegen der völlig undurchlässigen Schlammdecke z.T. besser erhalten, zudem gibts hier weniger Touristen als im überlaufenen Pompei. Besonders interessant das reich verzierte Innenleben der Häuser - Mosaike, Wandgemälde und Holzinterieur (tägl. 9-18 h, ca. 6 DM. Fast alle Häuser sind versperrt, werden aber auf Verlangen geöffnet).
In der Nähe der Ausgrabungen eine Attraktion der Neuzeit - der *Flohmarkt von Ercolano*, wahrscheinlich der größte Markt für Second-Hand-Kleider in Europa! Riesige Auswahl an neuen und gebrauchten Klamotten aller nur erdenklichen Art, stammen oft aus reichlich dunklen Quellen. Jeden Vormittag außer Sonntag ab 5 h früh.

VERBINDUNGEN: mit der **Circumvesuviana** ab Neapel/Stazione Termini ca. 15 min. bis **Ercolano** (Interrail gilt nicht), aber spottbillig. Zu Fuß ca. 15 min. vom Bhf. Richtung Meer.

Pompei: am 24. August des Jahres 79 n. Chr. brach der Vesuv völlig überraschend aus und begrub Pompei unter einer 10 m dicken Asche- und Bimssteinschicht. Etliche Bewohner konnten sich nicht rechtzeitig in Sicherheit bringen und kamen um. Heute einzigartig und vielbesucht, weil man nirgendwo sonst die Ruinen einer ganzen altrömischen Stadt so gut betrachten kann. Erwerbt eine Beschreibung oder schließt euch einer deutschsprachigen Führung an (tägl. 9 bis 1 h vor Sonnenuntergang, ca. 8 DM).
Pompei besteht aus zahlreichen gepflasterten, rechtwinklig verlaufenden Straßenzügen. Auf der Hauptstraße,

der *Via dell' Abbondanza*, noch viele Wandinschriften. Neben den Wohnhäusern mit z.T. tollen Wandmalereien (z.B. *Haus des Menander*, der *Vettier*, des *Lucretius Fronto* und die *Casa della Venere*) sind vor allem die hervorragend erhaltenen Thermen interessant - die *Stabianischen Thermen* waren die größten Badeanlagen Pompeis und mit allem Komfort ausgestattet, z.B. Kaltbäder, Schwitzbäder, lauwarme Bäder und Heizung. Am Ende der Stadt das große *Amphitheater*, ruhig und schöner Blick in die Berge.

Etwas außerhalb vom eigentlichen Ausgrabungsgelände (zu erreichen durch die Porta Ercolano bzw. vom Bhf. den Schildern nach) zur *Villa dei Misteri*. Hier die schönsten Wandgemälde der Antike, ein Zyklus ist 17 m lang!

VERBINDUNGEN: von Neapel am besten mit der **Circumvesuviana** vom Hauptbahnhof Richtung Sorrent bis Station **Villa dei Misteri** (hin/zurück ca. 5 DM, Interrail gilt nicht). **Porta Marina**, der Haupteingang zu den Ausgrabungen, gleich in der Nähe.
Oder mit der **FS-Bahnlinie** bis zur heutigen Stadt **Pompei** (Richtung Salerno), jedoch mind. 2 km von der antiken Stadt entfernt.

ÜBERNACHTEN: gegenüber vom Eingang zur Ausgrabung liegen 2 einfache Campingplätze **Pompei** u. **Spartacus** direkt an der Bahnlinie (laut!) der Circumvesuviana. Ideal, um nach Neapel zu pendeln, wenn man dort nicht wohnen will (häufige Züge).

Ancona - Foggia - Bari - Brindisi - Lecce A-Kb. 24546

Strecke die Ostküste entlang, Fortsetzung der Adria-Linie (S. 294) und wichtigste Anreiseroute für Griechenlandfahrer.

Gargano

Der Sporn des Stiefels. Bergige Felsenhalbinsel mit kleinen Städten hoch über dem Meer, teilweise dicht bewaldet. Am Meer bizarr ausgewaschene Kalksteinklippen, lange Sandstrände und versteckte Buchten - angenehmer Kontrast zur brettflachen Ebene um Foggia.

Die Nordküste flach, fast ein einziger Strand, dahinter 2 große Lagunenseen, landschaftlich nicht sehr reizvoll, aber touristisch voll ausgereizt. An der Küstenstraße ein Campingplatz und ein Ristorante nach den anderen.

Im Süden und Osten dagegen teilweise phantastisch wilde Felsenküste, dazwischen kleine Badebuchten, teils nur mit dem Boot zu erreichen. Der gesamte Gargano ist in der Hochsaison sehr voll, auch die Campingplätze.

VERBINDUNGEN: an der Hauptlinie umsteigen in **Foggia**, von dort häufige Verbindungen nach **Manfredonia**.
Zum Baden geeigneter ist die Anfahrt ab **S. Severo** (Hauptlinie) mit der Privatbahn bis **Peschici**, ca. 5 x tägl. (Interrail gilt nicht).

Vieste: an der Nordküste, touristisches Zentrum des Gargano. Mit seinen übereinander gestaffelten, blendend weißen Häusern liegt Vieste malerisch zwischen zwei Felsarmen. Trotz Rummel gut erhaltene Altstadt und schöne Strände, vor allem südl. vom Ort. Mitten am Strand ein riesiger Felsmonolith.

ÜBERNACHTEN: im Sommer ist Vieste rettungslos ausgebucht, es gibt aber zahllose Campingplätze, der nächste am Strand südl. vom Ort.

Manfredonia: weniger interessant, hat aber einen kilometerlangen Sandstrand und ist guter Ausgangspunkt für Trips ins Innere des Gargano.

ÜBERNACHTEN: **Albergo San Michele**, Via degli Orti 10, Tel. 0884/21953, 10 min. vom Bhf., ca. 36 DM fürs DZ.

Manfredonia/Umgebung: sehr reizvoll ist der Ausflug ins hochgelegene *Monte S. Angelo* - die Häuschen zusammengedrängt am Berghang, herrlicher Blick über den Gargano und das Meer. Das dortige *Santuario di San Michele* ist eine weit bekannte Wallfahrtsstätte. In der vier Stockwerke darunter liegenden Grotte soll Ende des 4. Jh. der Erzengel Michael erschienen sein, flackerndes Kerzenlicht, tolle Stimmung (häufig Busse ab Manfredonia, ca. 30 min. Fahrt).

Weiter nach Brindisi

Zum Baden nicht besonders empfehlenswert, teilweise viel Industrie, endlose Ölbaumpflanzungen und karge, rostbraune Felder. Die Bahn durchfährt nur die Außenbezirke mit monotonen Wohnsilos dicht auf dicht.

Trani: überraschend hübsche Stadt, vor allem die Altstadt ist malerisch. Beim kleinen Fischerhafen direkt am Meer die prächtige romanische *Kathedrale S. Nicola Pellegrino* aus blendend weißem Stein. Sehr sehenswert die Krypta und das unter dem Meeresspiegel gelegene Hypogäum des hl. Leucio, die Zelle eines Bischofs aus dem 7. Jh. Die Piazza Vittorio Emanuele ist das Zentrum der Stadt.
Zum berühmten *'Castel del Monte'* des Stauferkaisers Friedrich II. fährt ein Bus gegen 7.30 ab Bhf.

Bari

Modern anmutende Großstadt - das 'Mailand des Südens' mit viel Industrie, eleganten Einkaufsstraßen und großer Uni. Auf der anderen Seite sympathische, fast kleinstädtisch wirkende Altstadt, wo die Wäsche über den engen Gäßchen flattert. Insgesamt eine interessante Mischung, zudem günstige Fährverbindung nach Griechenland.

VERBINDUNGEN / BAHNHOF: **FS-Bahnhof** an der Piazza Aldo Moro (Neustadt). Hier starten auch die Züge der **Ferrovie del Sud-Est** (Alberobello, Martina Franca) und die **Ferrovie Calabro-Lucane** zur Höhlenstadt Matera (auf beiden Interrail nicht gültig).
Ventouris Ferries fahren im Juli/August tägl., sonst mehrmals wöch., nach Igoumenitsa/Korfu/Patras, geben spezielle Stud.-Preise (ca. 70 DM an Deck).

INFORMATION: Piazza Aldo Moro 33A, rechts vor dem Bhf., wenn ihr rauskommt.

ÜBERNACHTEN: **Jugendherberge** 8 km außerhalb in Badeort Palese, Via Nicola Massaro 33, Tel. 080/320282. Bus 1 ab Teatro Petruzzelli am Corso Cavour, nicht weit vom Bhf. Etwa 11 DM für Mitglieder, im Sommer immer reichlich voll mit Griechenlandfreaks, direkt am Meer.
Schräg gegenüber vom Bhf., in der Via Crisanzio 12, 2 Pensionen - **Romeo** (Tel. 237263, ca. 42 DM fürs DZ ohne Bad) u. **Giulia** (Tel. 216630, ca. 47 DM ohne Bad).
Nächster Camping ist **San Giorgio**, 8 km südl. (Bus 12 ab Via Cavour, auch Bahnstation an der Strecke nach Brindisi).

ESSEN: **Trattoria Roma**, Via De Rossi 211, 5 min. vom Bhf., preiswert (So geschl.). **Vini e Cucina**, Strada Vallisa 23, urige Trattoria in der Altstadt (So geschl.).

Sehenswertes: der baumbestandene *Corso Cavour* führt vom Bahnhof direkt zur malerischen Altstadt *Bari Vecchia* mit ihren weißgekalkten Mauern und engen Gäßchen, an der *Piazza del Ferrarese* jeden Werktag Markt. Die romanische *Kirche San Nicola* ist auf den Ruinen eines früheren Kastells erbaut, das recht strenge Äußere läßt das heute noch erkennen. Gleich in der Nähe die normannisch-gotische *Kathedrale S. Sabino*, deren Inneres barock geprägt ist.
Am seeseitigen Rand der Altstadt schließlich das große normannische *Kastell* (Mo-Sa 9-13, 16-19, ca. 3 DM). Von hier kann man einen schönen Spaziergang am Meer rund um die Altstadt machen (Passagierhafen).

'TRULLI': diese eigenartigen weißgekalkten Häuschen, die nach oben spitz zulaufen, haben große Ähnlichkeit mit Hirtenhütten. Man findet sie überall in der Region südl. von Bari. Ihre Ursprünge gehen bis in prähistorische Zeiten zurück, die heute erhaltenen sind aber höchstens 200 Jahre alt.
Die meisten stehen in **Alberobello** - ein ganzes Viertel mit über 1000 Trullis ist erhalten. Leider entsetzlich touristisch, die Häuschen vollgestopft mit Souvenirkram, man schiebt sich in langen Schlangen durch die Gäßchen. Die Nachbarstadt **Locorotondo** ist wesentlich angenehmer. **Martina Franca** hat zwar kaum Trullis, ist aber eins der hübschesten Barockstädtchen im Süden.
Alle diese Orte liegen an der mehrmals tägl. befahrenen Bahnlinie von Bari nach Taranto (Ferrovie del Sud-Est, Interrail gilt nicht). In **San Paolo**, 7 km südl. von Martina Franca, privates Hostel, ca. 15 DM pro Pers. (Bahnbus nach Taranto), Tel. 080/ 715052.

Ostuni: blendend weiße Stadt auf einem Hügel rechts der Bahnlinie. Viele Treppen und verwinkelte Gassen, wirkt fast etwas wie eine nordafrikanische Kasbah. Busverbindung ab Bahnhof.

Brindisi

Endstation (fast) aller Griechenlandsehnsüchte. Typische Hafenstadt, unattraktiv und teuer, besser keinen Cappuccino an der langen Straße trinken,

die vom Stadtbahnhof schnurstracks zum Hafen hinunterführt. Eine Schiffsagentur nach der anderen.
Unten angelangt, kleiner Palmenpark, wo die Rucksackler in Scharen auf die nächsten Schiffe warten.

VERBINDUNGEN / BAHNHOF: **Hauptbahnhof** gut 1,5 km vom Hafen, wenn möglich, bis **Hafenbhf.** (Brindisi Marittima) durchfahren. Die Schiffsbüros liegen gleich über den Bahnsteigen.
Gepäckaufbewahrung am Hbf. ist in der Hochsaison oft am Ende ihrer Kapazität (wenn ihr in einer der zahllosen örtlichen Agenturen die Überfahrt bucht, könnt ihr euer Gepäck dort lassen).
Infos zu Fährverbindungen siehe Griechenland Anreise! Nicht vergessen, Uhr eine std. vorzustellen.

INFORMATION: Lungomare Margherita 12, am Hafen unten. Vor allem zu den Fährverbindungen gibts hier immer das Neueste.

ÜBERNACHTEN: **Jugendherberge**, Via Nicola Brandi 2, Tel. 0831/413100. Auf der Landzunge mit dem modernen Denkmal gegenüber vom Hafen, Bus 3, 4 oder 5.
Hotel La Rosetta, Via A. Dionisio 2, Tel. 23423 (Nähe Hafen) oder **Albergo Venezia**, Via Pisanelli 6, Tel. 25411.
Camping Internazionale Materdomini liegt 6 km außerhalb, direkt neben dem Flugplatz. Sehr laut, außerdem Tiefstrahler. Mit Bus 2, 3 oder 4.

Lecce: barocker Höhepunkt im tiefen Süden ('Florenz des Barock'), Endstation der FS-Bahnlinie. Die für diese abgelegene Region untypische Barockarchitektur wurde von den Spaniern importiert, die hier im 17. Jh. das Sagen hatten. Die Gebäude schwelgen in den diversesten Verzierungen und Ornamenten - der goldgelbe Kalkstein ist besonders leicht zu bearbeiten, aber durch Autoabgase heute erheblich gefährdet. Unbestrittener Höhepunkt die Kirche *S. Croce* mit ihrer phantastischen Fassade.

VERBINDUNGEN / BAHNHOF: Piazza Stazione, ca. 1 km vom Zentrum.

INFORMATION: an der Piazza Sant' Oronzo, belebter Platz im Zentrum, an dem auch das römische Amphitheater steht.

ÜBERNACHTEN: **Locanda Carmen**, Via V. Morelli, Tel. 46408. In der Altstadt. Nicht weit vom Bhf., ca. 40 DM das DZ.
Campingplätze in S. Cataldo, 12 km entfernt am Meer (Busverbindung). Hier auch eine private **Jugendherberge**, Tel. 0832/650026, Nähe Strand.

Otranto: wirklich hübsches Städtchen mit großem Festungswall zum Meer hin, außerdem billigste Fährverbindung nach Griechenland (siehe Griechenland Anreise). Größte Sehenswürdigkeit der *'Baum des Lebens'*, ein riesiges Fußbodenmosaik aus dem 12. Jh., das sich über den gesamten Innenraum des Doms erstreckt.

VERBINDUNGEN / BAHNHOF: von Lecce nach Otranto mit der privaten **Ferrovie del Sud-Est**. Geht bis Otranto durch, andernfalls in Maglie umsteigen (Interrail gilt nicht, kostet aber nur etwa 2 DM).

INFORMATION: Lungomare Kennedy.

ÜBERNACHTEN: **Pension Bellavista** am Lungomare, Tel. 81035. **Albergo Ester**, Via Giovanni XXIII. 19, Tel. 0836/84169 (Nähe Kastell), jedoch gut 55 DM fürs DZ.
Camping Hydrusa, direkt am Hafen in einem Wäldchen, inmitten üppiger Vegetation.

Taranto - Metaponto - Neapel - Salerno A-Kb. 24553

Bahnlinie an der Westküste Richtung Sizilien. Südl. von Pompei wird die Landschaft zusehends interessanter - bergig, viel Wald und reiche südländische Vegetation. Leider fährt die Bahn nicht überall an der Küste entlang.

Amalfi-Küste

Nach dem dicht besiedelten Küstenstreifen um den Golf von Neapel beginnt südlich von Sorrent eine der schönsten italienischen Küstenlandschaften. An einigen Stellen fällt hier das Gebirge fast senkrecht 700 m zum Meer ab.

Von Salerno bis Sorrento ist eine Küstenstraße in 30 bis 150 m Höhe in den Felsen gesprengt und führt um die ganze Halbinsel herum - es geht über Talbrücken und Galerien, durch Weinberge und Zitronenplantagen . . . wird in Kennerkreisen als eine der schönsten Küstenstraßen Europas gehandelt! Um keine Mißverständnisse aufkommen zu lassen - die Küste ist ein bevorzugtes Pauschaltouristenziel.

VERBINDUNGEN: mit der Bahn bis **Salerno**, weiter per Bus die Amalfiküste entlang.
Oder mit der **Circumvesuviana** bis Sor-

rento, ab Neapel ca. alle 20 min. (Interrail gilt nicht, aber billig).

Salerno: sehr touristisch, hat ein kleines Altstadtviertel mit normannischem Dom und eine riesige Strandpromenade. Ausgangspunkt für Trips entlang der Amalfi-Küste.

VERBINDUNGEN: **Bahnhof** zentral an der Piazza Ferrovia. Busse über die tolle Küstenstraße nach Amalfi, Positano etc. gehen ab Corso Garibaldi 117.

ÜBERNACHTEN: **Jugendherberge** am Lungomare Marconi 34, Tel. 089/237234. Direkt am Meer, Bus 4, 6 oder 8 ab Bhf. Pensionen vor allem am Corso V. Emanuele, rechts vom Bhf., z.B. **Albergo Italia** (Nr. 84), DZ ca. 35 DM.

Amalfi: in einem engen Einschnitt staffeln sich die Häuser des kleinen Städtchens übereinander. Extrem enge Gäßchen und Treppen, teilweise überwölbt, schöner Domplatz, viel Atmosphäre und viele Touristen.
Lohnende Alternative das kleine, viel weniger überlaufene Örtchen *Atrani*, ca. 10 Fußminuten von Amalfi. Von dort interessante Exkursionen möglich in die riesige *Grotto Smeraldo* in der Bucht Conca dei Marini.

ÜBERNACHTEN: **Pensione Proto**, Salita dei Curiali 4, Tel. 089/871013, in einem düsteren Altstadthaus, ca. 35 DM fürs DZ.
Sehr empfehlenswert in Atrani ist **A'Scalinatella**, Piazza Umberto I., Tel. 871492. Das hostelähnliche Hotel hat Zimmer für 2, 4 u. 6 Pers., ganzjährig geöffnet, ca. 15 DM pro Pers. (20 DM im August).

Positano: malerischster Ort der Küste, treppenförmig wurden die pastellfarbenen Häuser eins auf das andere den steilen Hang hinaufgebaut. Für einen Badeurlaub allerdings weniger geeignet, es gibt nur relativ kurze, kieselige Strände. Das Ganze sehr mondän und teuer, tägl. kommen Ausflugsbusse.

VERBINDUNGEN: Fernbusse halten oben an der Durchgangsstraße, Verbindung hinunter alle halbe Stunde.

ÜBERNACHTEN: nur Pensionen u. Hotels im Ort, erschwinglich z.B. **Maria Luisa**, Nähe Busstop an der Straße oben. Im Sommer ausgebucht.

Sorrento: extrem touristisch, lohnt kaum den Aufenthalt. Liegt allerdings sehr schön auf einem hohen Felsplateau, und ihr habt einen tollen Blick auf den Vesuv, Neapel und den Golf. Interessante Möglichkeit - ein Tagestrip mit dem Moped rüber zur Amalfiküste.

ÜBERNACHTEN: **Jugendherberge** in der Via Capasso 5, Tel. 081/8781783. Etwa 200 m vom Bhf. Sehr hübsch die beiden Campingplätze **Campogaio** und **Santa Fortunata**, Via Capo 39-41, am südwestl. Ortsende.

Salerno - Paestum - Paola - Villa S. Giovanni - (Reggio di Calabria) A-Kb. 24555

Paestum: ewig langer Sandstrand, mit Restaurants, Hotels und Campingplätzen aber reichlich zersiedelt.
Größter Anziehungspunkt die drei prächtig erhaltenen Tempel knapp 2 km vom Meer - sie gehören zu den schönsten Überresten griechischer Kultur in Italien (die antike Stadt Paestum war eine Gründung griechischer Kolonisten, eine der vielen in Unteritalien, aber eine der am besten erhaltenen). Auch ein neues Museum gibt es (Di-So 9 h bis kurz vor Sonnenuntergang, Mo geschl., ca. 5 DM).

VERBINDUNGEN / BAHNHOF: **Paestum** ist ein kleiner Bahnhof an der Strecke von Neapel nach Reggio, von Salerno ca. 1 std. Fahrt, Züge halten nur selten, vom Bhf. sind es ca. 500 m zu den Ausgrabungen.
Eventuell besser, bis Station **Agropoli-Castellobate** zu fahren und den Rest mit dem Bus zu machen (Bushaltestelle in A-Castellobate ca. 400 m vom Bhf.).

ÜBERNACHTEN: zahlreiche **Campingplätze** (Mai bis September) am kilometerlangen Strand von Paestum, allerdings gut 3 km vom Bhf., z.B. **Camping Fulgor**.

Cilento: herrliche Berg- und Buchtenlandschaft südl. von Paestum mit Stränden und zerklüfteten Felsformationen.
Die Bahn macht einen Abstecher landeinwärts und läßt die Küste um *Castellabate* rechts liegen, etliche Tunnels.
Bei *Ascea* (hübscher Bergort, Marina di Ascea unterhalb) stößt die Bahnlinie ans Meer. Hier oder in *Pisciotta* zum Baden aussteigen. Das Capo Palinuro mit bergigem Hinterland wird von der Bahn wieder landeinwärts umfahren.
Ab *Praia a Mare* dann lange Bade-

strände Richtung Süden, jedoch fast überall zugebaut. Die Bahnlinie geht jetzt fast immer dicht am Meer entlang, schöne Fahrt. *Diamante* besitzt ein malerisches Ortsbild auf einem hohen Fels, farbenprächtige Wandgemälde schmücken seit einigen Jahren die graue Altstadt.

Paola - Cosenca

Ab **Paola** gehen die Züge über eine neue Bahntrasse ins bergige Inland nach Cosenza, herrlich weite Ausblikke (es gibt durchgehende Züge ab Neapel). Die brandneue Bahnstation von Cosenza liegt außerhalb. Mit der privaten Calabro-Lucane kann man die kurvige Strecke nach Catanzaro auf der anderen Seite der Stiefelspitze weiterfahren (Interrail gilt nicht, ca. 3 std.). **Cosenza** hat ein Kastell mit Super-Ausblick und ist Ausgangspunkt für Trips in das Sila-Massiv. Fahrt mit der Calabro-Lucane bis *Camigliatello Silano* (mehrmals tägl.), von dort sind es zu Fuß ca. 2 std. zum schönen Lago Cecita. Campingplatz am Weg zum See. Schöne Zugfahrt hoch ins grüne Bergland weiter nach *S. Giovanni in Fiore*.

ÜBERNACHTEN: **Locanda Santelli**, Viale Trieste 8, Tel. 73263, ca. 30 DM für's DZ.

Weiter an der Küste entlang - lange Strände, aber zum großen Teil zugebaut und wenig empfehlenswert. Landeinwärts steigen die Küstengebirge steil an - schöne Panoramen.

Pizzo: malerisches Städtchen auf Felsen über dem Meer. Die Dorfgassen mit uralten, gammligen Hausfassaden, am weiten Hauptplatz Straßencafés und Superblick aufs Meer, daneben ein altes Kastell.
Etwas nördl. vom Zentrum geht es zur *Chiesa di Piedigrotta* am Meer hinunter. Die Kirche wurde aus dem weichen Tuffstein per Handarbeit herausgehauen und wirkt wie eine Höhle, zahllose Heiligen- und Engelsfiguren sind im Tuffstein modelliert. Hier beginnt auch der lange *Sandstrand* des Orts.

VERBINDUNGEN / BAHNHOF: Bahnstation ca. 1 km südl. an der Küste.

ÜBERNACHTEN: **Jugendherberge Murat** im Kastell, Tel. 0963/231551 (z.Z. wegen Renovierung geschl.).
Mehrere **Campingplätze** in der Ebene nördl. vom Ort.

Tropea: liegt mit seinen engen Gassen, Boutiquen und Cafés auf einem hohen Felsen aus hellem Stein, zum Meer hin ein ca. 200 m breiter Streifen aus Schwemmland. Schöne weiße Sandstrände nördl. vom Ort, wenig bebaut, nur einige luxuriöse Feriendörfer wurden hier angesiedelt. Den Stränden vorgelagert eine kleine Halbinsel mit einer *Benediktinerabtei* auf einem Hügel.

ÜBERNACHTEN: **Camping Paradise** einige km vom Bhf. auf einem kleinen Hügel, relativ gepflegt und schattig, ca. 300 m vom Meer. Weiterer Platz ist **Marina dell' Isola**.

Sehr lohnend die Küste südl. von Tropea - steile Felsküsten mit üppiger Vegetation, dazwischen kleinere Strände, im Sommer aber sehr überlaufen.

Der Stretto

Die Meerenge von Messina mißt an der engsten Stelle bei *Villa S. Giovanni* gerade 3,5 km. Hier werden die Fernzüge nach Sizilien auf Fähren rangiert und nach Messina rübergeschippert (Fährverbindungen siehe unten). Pläne für eine erdbebensichere Brücke sind fix und fertig, auch die Mafia hat schon ja gesagt.

Scilla: einfacher Fischerort in grandioser Lage unterhalb von einem mächtigen Felsklotz - in der Antike saß darauf die Scylla, ein häßliches Ungeheuer. Anstatt des Ungetüms thront heute eine alte Festung auf dem Felsen, darunter breitet sich ein herrlicher Sand/Kiesstrand aus. Im Frühsommer werden hier mit speziellen Booten Schwertfische gefangen. Ortsbild noch ganz unverfälscht, Preise niedrig, Leute sehr freundlich.

ÜBERNACHTEN: **Jugendherberge** im Kastell auf dem Felsen, Via Nazionale, Tel. 0965/754033. Vom Bhf. 1 km, Busverbindung, etwa 11 DM pro Nacht (soll in nächster Zukunft einem Luxushotel weichen, hoffentlich bewirken die Petitionen für den Erhalt der JH etwas).

SCYLLA UND CHARYBDIS: ein antikes Schauermärchen - von Seefahrern erfunden, die der gefürchteten Meerenge heil entronnen waren!
Die **Scylla** war ein scheußliches Ungetüm mit 6 Köpfen und riesigen Zähnen. Auf der anderen Seite des Stretto lauerte die furchtbare **Charybdis**, ein unersättliches Maul, das das Meer in weitem Umkreis verschluckte und mit ihm alle Schiffe, die sich zu nahe heranwagten.

Reggio di Calabria

1908 bei einem Erdbeben völlig zerstört und neu wieder aufgebaut, dementsprechend uninteressant - gelbweißes Häusergewirr, in 7 km Länge ans Meer gedrängt.
Ein Höhepunkt jedoch das hervorragende *Nationalmuseum* an der Piazza de Nava (Nähe Bahnstation Reggio C. Lido) mit archäologischen Funden aus der Zeit der griechischen Kolonisation in Unteritalien. Eine echte Weltsensation sind die *Krieger von Riace*, zwei überlebensgroße Bronzestatuen antiker Krieger aus der Zeit der griechischen Klassik. Sie sind bis ins Detail vollständig erhalten - 2500 Jahre haben sie im Meeresschlamm gesteckt (Di-Sa 9-13.30, 16-19, So 9-12.30 h, ca. 5 DM).

VERBINDUNGEN / BAHNHOF: wer zur Fähre nach Sizilien will - in **Reggio di Calabria** nicht bis zum Hauptbahnhof fahren (Reggio C. Centrale), sondern in **Reggio C. Lido** aussteigen (Nähe Nationalmuseum, noch 1 knapper km zu Fuß zum Hafen) oder im Hafenbahnhof **Reggio C. Marittima**.

INFORMATION: am Hbf. und am Corso Garibaldi 329 (Nähe Lido-Bhf.).

ÜBERNACHTEN: nächste JH in Scilla.
Nähe Hbf. 2 Billigpensionen im selben Haus - **Albergo Abruzzo**, Tel. 23862, u. **Albergo Saturnia**, Tel. 21012, Via Caprera 5. Beide oft voll.
Am Hafen **Albergo Noel**, Via Zerbi 13, Tel. 330044, ca. 45 DM DZ ohne Bad, sauber.
Camping degli Ulivi, 2 km oberhalb der Stadt, schöner Blick, Bus 7 oder 8 ab Hbf..

FÄHREN NACH MESSINA (Sizilien): Fähren der Ferrovie dello Stato pendeln von **Villa San Giovanni** oder **Reggio di Calabria** - kommt drauf an, wo euer Zug endet. Fernzüge nach Sizilien werden in Villa San Giovanni auf Trajekte nach Messina verladen.
Wenn euer Zug in Villa San Giovanni oder Reggio di Calabria endet, wartet man auf die nächste Fähre (Interrail gilt) oder nimmt eines der kleinen Personenschiffe, die von einigen privaten Gesellschaften betrieben werden (ca. 1,30 DM). Fähren fahren etwa alle 1,5 std., Dauer der Überfahrt 50 min.

SIZILIEN

Insel der schroffen Gegensätze. Die Städte oft runtergekommen und voller Müll, die Strände nicht selten verdreckt, die Landschaften dafür grandios und vielseitig.

Sizilien besitzt das wärmste Klima Italiens. Der Südzipfel der Insel liegt auf dem gleichen Breitengrad wie Tunis. Trotzdem wirken die Menschen nicht mediterran heiter, sondern oft eher herb und verschlossen. Sizilien wurde im Lauf seiner Geschichte von zahllosen Fremdherrschern erobert, das hat Spuren hinterlassen. Die Mafia tut ein Übriges, daß keine allzu große Freude aufkommt. Landflucht, Arbeitslosigkeit und Armut bestimmen noch immer das Leben eines Großteils der Bevölkerung.
Das sizilianische *Inland* ist größtenteils karg und felsig, zudem fast unbewohnt - verbrannte Erde und verkarstete Bergrücken ohne Baum und Strauch prägen das Gesicht des Berglands. Schon in der Antike wurden die großen Wälder fast völlig abgeholzt.
Die *Nord- und Ostküste* sind dagegen dicht besiedelt und prangen mit üppiger Vegetation, manchmal fast rivieraähnlich, in den Uferebenen blühen die Zitronen, es gedeihen Obst, Gemüse, Wein, Oliven, Mandeln und Kastanien. Besonders toll die Szenerien, wo die schroffen Ausläufer der Küstengebirge steil ins Meer abfallen, z.B. um *Castellammare del Golfo* im äußersten Westen. Eindrucksvollste Panoramen bietet natürlich der phantastische *Etna*, der höchste Vulkan Europas. Sein weit über 3000 m hoher Gipfel überragt alle anderen Erhebungen, mit einer Privat-

bahn könnt ihr ihn umrunden. Das herrlich gelegene *Taormina* bildet touristisch gesehen den 'Höhepunkt' der Insel - Pauschalreisende aller Länder vereinigen sich hier.
Der *Westen und Süden* sind z.T. einsam und teilweise unerschlossen - im Südosten weite, menschenleere Sandstrände mit Wanderdünen, der Westen flach, in den sanften Hügeln und Uferebenen großflächiger Weinanbau, ansonsten aber ausgedörrt und vom Schirokko gebeutelt. Lohnende Ziele sind die altgriechischen Kolonien *Selinunte* und *Agrigento* mit zahlreichen Überresten, ersteres auch als touristisch noch nicht voll erschlossener Badeort interessant.

VERBINDUNGEN AUF SIZILIEN: die meistbefahrenen Bahnstrecken verlaufen entlang der Nord- und Ostküste. Vom Festland gibt es direkte Verbindungen nach **Palermo** und **Trapani** und über **Catania** nach **Syrakus**, auch **Agrigent** ist direkt erreichbar. Im Südwesten schließen Bahnbusse die Lükken im Bahnnetz.
Ein gesundes Mißtrauen gegenüber Fahrplänen und Auskünften ist angebracht, einziges Rezept - immer wieder fragen.

Messina: Ankunftshafen für fast alle Sizilientrips. 1908 Erdbeben, 1943 Bombardement - Messina ist außer dem großen Hafen touristisch kaum interessant.

VERBINDUNGEN / BAHNHOF: vom Fährhafen der FS sind es ca. 200 m zum Bhf. an der Piazza della Repubblica.

INFORMATION: gleich beim Bhf.

ÜBERNACHTEN: **Albergo Mirage**, Via N. Scotto 1, Tel. 2938844, Nähe Bhf., ca. 40 DM fürs DZ mit Bad, ohne billiger. **Albergo Roma**, Piazza Duomo 3, Tel. 775566. Vom Bhf. ca. 15 min., gute Lage, runtergekommen, mit etwa 22 DM für's DZ aber preiswert.
Camping Santa Margerita im gleichnamigen Ort südl. von Messina und **Camping dello Stretto** in Torre Faro an der äußersten Nordostspitze Siziliens.

Messina - Milano - Cefalu - Palermo A-Kb. 24561

Die Gegend zwischen Messina und Milazzo könnt ihr vergessen, ist fast durchgehend zugebaut. Von der Hafenstadt *Milazzo* fahren Fähren und Tragflügelboote zu den Liparischen bzw. Äolischen Inseln (Lipari, Stromboli, Vulcano u.a.). Einige Campingplätze liegen auf dem Capo di Milazzo, der Landzunge nördl. von Milazzo.

Liparische Inseln: Kleine Inselgruppe vulkanischen Ursprungs zwischen italienischem Festland und Sizilien. Als 'Geheimtip' inzwischen in aller Munde - die Bewohner leben inzwischen fast alle vom Tourismus, trotzdem lohnt der Besuch.
Zwei Besonderheiten findet ihr hier, die es sonst nirgendwo in Europa gibt - den Bimssteinstrand von *Lipari* und den noch heute tätigen Vulkan auf *Stromboli*, wo ihr die gewaltigen rotglühenden Eruptionen aus nächster Nähe beobachten könnt (mehrstündiger Fußmarsch, oben im Schlafsack übernachten).

VERBINDUNGEN: von **Milazzo** gehen Fähren und Tragflügelboote (Aliscavi) verschiedener Reedereien mehrmals tägl. nach **Vulcano** und **Lipari**. Nach Vulcano kostet die Fahrt mit der Fähre ca. 8 DM, nach Lipari 9 DM, per Aliscavi knapp das Doppelte. Außerdem 1-2 x tägl. Fähren nach **Stromboli**, ca. 14 DM.
Tip - Fähren fahren auch mehrmals wöch. von **Neapel** nach Lipari und Stromboli. Sind natürlich wesentlich teurer (ca. 60 bzw. 55 DM) als die kurze Überfahrt von Milazzo, aber eventuell interessant, um Zeit zu sparen, falls man Süditalien und Sizilien auslassen will!

Weiter nach Palermo

Westlich von Milazzo Richtung Cefalu etliche Strände und Sandbuchten, gleich dahinter steigen die Berge an, die Bahn fährt fast ständig dicht am Meer entlang. Wem es irgendwo gefällt, steigt aus und findet sicher gute Bademöglichkeiten, z.B. um *Falcone* und *Oliveri* (beide mit Bahnstation).

Cefalu: pittoreske Lage unter einem riesigen, vorstehenden Felsmassiv. Der gewaltige Dom, ein Musterbeispiel des normannisch-arabischen Stils, überragt den Ort.
Die hübsche Altstadt in der Saison zwar völlig überlaufen, aber nicht zuletzt wegen der engen Seitengäßchen einen Bummel wert. Westl. der Altstadt

sehr langer, tägl. gereinigter Sandstrand - ihr könnt hier mehr als 50 m weit ins Meer hineinwaten!

VERBINDUNGEN / BAHNHOF: ins Zentrum läuft man ca. 15 min. nach rechts.

INFORMATION: im Bhf., außerdem am Corso Ruggero 77 (Nähe Dom, vom Bhf. 10 min. rechts).

ÜBERNACHTEN: **Hotel Terminus**, Via Gramsci 2, links vom Bhf., nüchterne Angelegenheit, ca. 45 DM fürs DZ, Tel. 21034. **Pensione Santa Dominga**, Via Gibilmanna, Tel. 22124, ca. 37 DM fürs DZ. Die teurere **Pensione delle Rose** (ehemals Germania) in derselben Straße, Tel. 21885.
Camping San Filippo 3 km westl. in Ogliastrillo. Daneben der teurere (und bessere) **Camping Costa Ponente**.

ESSEN: in der Altstadt ist **Al Bastione** am Ende des Corso Ruggero ein Tip.

Zwischen Cefalu und Palermo zweigt die Bahn nahe der Mündung des Flusses Torto ins Landesinnere ab. Wenn ihr Richtung Agrigent weiter wollt, erkundigt euch, ob ihr in *Termini Imerese* umsteigen müßt (Knotenpunkt der beiden Bahnlinien Messina - Palermo, Messina - Agrigento).
Je näher ihr an die Hauptstadt Siziliens heranrollt, desto trostloser und dreckiger wird die Szene, triste Barackensiedlungen und Betonhochbauten bestimmen das Bild.

PALERMO

Palermo kann man nicht beschreiben, man muß es erleben - härtestes Sizilien, zutiefst menschenverachtend, ätzend und sarkastisch sind Attribute, die mir spontan einfallen. Damit ihr mich recht versteht - ich war begeistert von dieser unglaublichen Stadt.

Die langen schnurgeraden Durchgangsstraßen eine einzige Hektik aus Abgasen, gut jedes dritte Auto fährt mit Blechschaden, Mopedfahrer turnen mit der Gelenkigkeit von Affen durch das Trommelfeuer von Hupen. Das Zentrum in großen Teilen Elendsquartier, in den engen Altstadtgäßchen verrotten Prachtbauten, zwischen den verfallenen Wohnhäusern brodelt ein einziger großer Markt. Überquellende Müllcontainer, ausgemergelte Droschkenkutscher, abgeschnittene Schwertfischschädel, freundliche Polizisten mit blütenweißen Tropenhelmen, eisschleckende Bambini im Angesicht blickloser Augenhöhlen (in den Kapuziner-Katakomben) - man steht nur noch und schaut . . .
Anarchie in Reinkultur, denkt man, doch die Mafia regiert mit eiserner Faust. Viele Menschen wirken überaus ruhig und ernst. Nirgendwo in Sizilien wird so viel gemordet und die meisten Ladenbesitzer müssen Schutzgelder zahlen. Ihr braucht euch aber in keiner Weise zu ängstigen - die Mafia tötet gezielt und verdient außerdem an jedem Touristen.
Ein Pluspunkt im Getümmel sind die herrlichen Gärten und Palmenanlagen und die umgebende phantastische Landschaft. Doch das Tag und Nacht tobende Leben ist es, was die Stadt zum unvergeßlichen Erlebnis macht.

VERBINDUNGEN / BAHNHOF: **Hauptbahnhof** am Südrand der Altstadt. Außerdem **Bhf. Notobartolo** in der Neustadt, nordwestl. vom Zentrum.
Fähren 1 x tägl. nach Neapel (ca. 71-83 DM), 2 x wöch. nach Cagliari (43-51 DM) und Genua (ca. 119-139 DM).

INFORMATION: **Hauptstelle** an der Oberkante der Piazza Castelnuovo (Nr. 34), vom Bhf. 2 km nordwestl. (alle Busse die Via Roma entlang fahren dort in die Nähe), außerdem eine Zweigstelle im **Hbf.** und im **Hafen** (Staz. Marittima).

ÜBERNACHTEN: kein Problem, zahllose sehr preiswerte Hotels und Pensionen in der Nähe vom Bhf. - hauptsächl. **Via Roma, Via Maqueda** und Seitenstraßen. Teilweise ziemlich runtergekommen, im allgemeinen sehr billig, etwa 20 DM fürs DZ und aufwärts. Ein ganzes Bündel von Pensionen in der Via Maqueda 8, am billigsten **Eden** und **Soprano**. Angenehm ist **Albergo Pretoria**, Via Maqueda 124, Tel. 331068, ca. 35 DM fürs DZ ohne Bad. **Locanda Sabatino**, Via Maqueda 165, Tel. 283649, nur ca. 30 DM fürs DZ, recht sauber, nette Leute.
Hotel Terminus, Piazza G. Cesare 37, gleich beim Bhf., sauber, groß und sogar relativ ruhig, aber ca. 60 DM fürs DZ, auch Einzel.
Camping Ulivi u. **Camping Trinacria** im 10 km westl. liegenden Fischerort Sferracavallo (ersterer ca. 8 DM pro Pers., letzterer nah am Meer und etwas teurer). Ab Bhf. per Bus zur zentralen Piazza Castelnuovo, ein paar Schritte weiter, an der Via della Liberta, fahren Bus 16 und 28 nach Sferracavallo.

ESSEN: **Pizzeria Bellini**, Piazza Bellini 6, vom Bhf. über die Via Maqueda zu erreichen), schöner historischer Platz, Pizza in vielen Variationen, auch zum draußen sitzen, preiswert.
Focacceria San Francesco, Via A. Paternostro 58 (Seitengasse des C. Vitt. Emanuele), älteste ihrer Art in Palermo, Marmortischchen, Holztäfelung, Jugendstil, hier gibts die typisch sizilianische Focaccia (Fladenbrot = Pizza) für knapp 3 DM (Mo geschl.).
Casa del Brodo, Vicolo Paderna 5 (ebenfalls Seitengasse des C. Vitt. Emanuele), das 'Haus der Fleischbrühen', seit 1890 eine Institution, trotzdem preiswert (So geschl.).

Sehenswertes

Altstadt: Palermos Innenstadt ist abseits der großen Durchgangsstraßen ein einziger Markt. Geht vom Bahnhof geradeaus die Via Maqueda entlang bis zum markanten *Quattro Canti*, ursprünglich eine schöne, statuengeschmückte Barockanlage, heute rußgeschwärzter Verkehrsmittelpunkt. Hier kreuzt der *Corso Vittorio Emanuele* (auch Cassaro genannt) die Via Maqueda. Rechts hinunter Richtung Meer kommt ihr zum bekanntesten Markt Palermos, der sog. *Vucciria* (Beginn in einer linken Seitengasse). Ein unglaublich farbiges Gewühl, Läden dicht an dicht, wirkt fast schon arabisch, Lebensmittel, Fisch, Fleisch, sizilianische Spezialitäten, Gewürze.
Zweiter Schwerpunkt, der der Vucciria in nichts nachsteht und eher noch größer ist, liegt oberhalb der Via Maqueda, westl. der Kathedrale. Die schmalen Gassen ziehen sich hier endlos, Stände dicht an dicht, z.B. in der *Via Cappuccinelle*.
Vom Quattro Canti den *Corso Vittorio Emanuele* nach Süden hinauf, interessant vor allem abends (nach der Siesta) wegen der vielen interessanten Läden - kleine Druckereien und Buchhandlungen, auffallend viele Wimpel/ Fahnen- und Mützenmacher. Bald kommt ihr hier zur mächtigen *Kathedrale*, ursprünglich normannisch, später mehrmals umgebaut. Von außen ausgesprochen beeindruckend und majestätisch, innen eher durchschnittlich klassizistisch.
Noch ein kleines Stück weiter in einer Parkanlage der große *Normannenpalast* - ursprünglich ein Königspalast, heute Regierungssitz. Die herrliche *Cappella Palatina* kann als einziges besichtigt werden, lohnt sich unbedingt - über und über mit Mosaiken auf Goldgrund bedeckt (So und Mi nachmittags geschl., sonst 9-13, 15-18 h).

Sonstiges: die Via Lincoln beginnt am Bhf. und bildet die Ostgrenze der Altstadt. Hier findet ihr zum Erholen den *Botanischen Garten* mit vielen Tropenpflanzen, außerdem den angenehm unaufgeräumten Park der *Villa Giulia* mit klassizistischen Statuen und ebenfalls prächtiger Vegetation, beide nah am Meer
Westlich des historischen Zentrums liegt die klassizistische Neustadt um die große *Piazza Castelnuovo*.

LEICHEN IM KELLER: Dreisterne-Tip! Der schaurige **Covento dei Cappuccini** liegt etwa 1,5 km südwestl. vom Zentrum, Richtung Monreale.
In den Kloster-Katakomben sitzen, stehen und liegen 8000 (!) mumifizierte Leichen von Bürgern der Stadt. Die Kapuzinermönche müssen sie immer wieder mit neuen Kleidern versehen, die lange nicht so lange halten wie die Leichen selber. Ein unglaublicher Anblick, paßt zu Palermo wie die berühmte Faust aufs Auge (tägl. 9-13, 15-17 h, ca. 2 DM). Bus 8/9 ab Via Cavour oder Via Stabile (Nähe Piazza Castelnuovo).

MUSEEN: **Archäologisches Nationalmuseum**, Piazza Olivella, Nähe Teatro Massimo, Funde aus den altgriechischen Städten Siziliens, auch viel Etruskisches (tägl. 9-13 h, gelegentlich auch nachmittags, ca. 3 DM).
Ethnographisches Museum G. Pitrè im großen Favorita-Park (westl. vom Zentrum), interessantes Volkskundemuseum, Sakrales, Bäuerliches, Kunsthandwerk (Sa-Do 9-13.30 h, Fr geschl., ca. 3 DM, Bus 14 o. 15 ab Piazza Sturzo).
Galleria Nazionale di Sicilia im Palazzo Abatellis, Via Alloro (Nähe Botan. Garten). Bedeutendstes Museum Siziliens für Malerei und Skulptur, sorgfältig zusammengestellt und sehr sehenswert (Di-Sa 9-14, So 9-13 h, Mo geschl., ca. 3 DM).

Palermo/Umgebung: das Kleinstädtchen *Monreale* liegt oberhalb von Palermo. Hier steht die bedeutendste normannisch-sizilianische *Kathedrale* der Insel. Von der Terrasse sagenhafter Ausblick, im Inneren auf 6000 qm prachtvolle Bildmosaiken - durchaus vergleichbar mit Ravenna und die am besten erhaltene Bilderbibel des Mittelalters (Mo-Sa 7.30-12, 13-18, So 7-12.30 h, ca. 3 DM). Angebaut ein Kloster mit herrlichem Kreuzgang und üppig blühendem Park (Mo-Sa 9-18, So 9-13 h, ca. 4 DM). Bus 8/9 ab Via Stabile (Nähe Piazza Castelnuovo).

Palermo - Trapani A-Kb. 24562/63

In den äußersten Westen Siziliens uralte FS-Strecken durch kahle Felslandschaften, Abfahrt Palermo-Centrale oder Palermo-Notobartolo. Achtung - es gibt zwei Zuglinien nach Trapani. Eine längere *'via Castelvetrano'* (über Marsala) und eine direkte *'via Milo'*. Auf die Wagenschilder achten! Die Züge starten manchmal zusammen und trennen sich in *Alcamo Diramazione*.
Ihr kommt allmählich ins Operationsgebiet der westsizilianischen Mafia. *Partinico* und *Alcamo* (beide an der Bahnlinie) sind klassische Mafia-Städtchen, vor allem aber *Corleone* weiter im Landesinneren.

Castellamare del Golfo: 40 km westl. von Trapani, hübsches Fischerstädtchen direkt unterhalb eines steilen Kaps. Große Altstadt und schöner Hafen, ein 4 km langer Sandstrand zieht sich Richtung Osten. Noch relativ wenig Tourismus.

VERBINDUNGEN / BAHNHOF: Züge halten in **Castellamare del Golfo** oder im benachbarten **Alcamo-Marina** (von dort Busse in 10 min. in die Stadtmitte).

ÜBERNACHTEN: nur wenige Hotels, ein Campingplatz liegt hinter dem Strand, allerdings ein Stück von der Stadt weg.

Segesta: bestens erhaltener Griechentempel, allerdings unvollendet, dorischer Stil. Tolle Lage auf einem isoliert stehenden Hügel inmitten einsamer Berglandschaften - wirkt dadurch noch majestätischer!
Wenn ihr es einrichten könnt, kommt morgens bevor die Touristenbusse anrauschen. Vielleicht noch rauf zum *griechischen Theater* von Segesta (zu Fuß oder Auto anhalten) - phantastischer Blick auf den Tempel und weite Teile Westsiziliens.

VERBINDUNGEN / BAHNHOF: die Station einsam und verfallen zwischen Feldern, z.Z. unsicher, ob die Züge halten (vorher erkundigen). Von dort noch ca. 20 min. zu Fuß.

Trapani: von Palermo knapp 3 std., Hafenstadt, insgesamt wenig sehenswert, besteht größtenteils aus häßlichen Hochhäusern an langen, breiten Straßen. Nur ein Bummel durch die Altstadt auf einer Landzunge lohnt, einige barocke Fassaden sind erhalten. Interessant auch noch die Ausdünstungstümpel in der Nähe des Hafens, wo Salz gewonnen wird.
Trapani ist Ausgangspunkt für Schiffsfahrten zu den Egadischen Inseln, nach Tunesien und nach Sardinien.

VERBINDUNGEN / BAHNHOF: Gepäckaufbewahrung, ca. 1 km zum Fährhafen.
Fähren 1-2 x wöchentl. nach **Tunis** (Reisepaß erforderlich, ca. 95-114 DM) u. **Cagliari** (ca. 43-50 DM), mehrmals tägl. nach **Favignana** u. **Levanzo** auf den Egadischen Inseln (ca 6-8 DM), außerdem zur Insel Pantelleria.

INFORMATION: Piazzetta Saturno.

ÜBERNACHTEN: **Hotel Sole**, Piazza Umberto I. 3, Tel. 22035, gleich beim Bhf., ca. 30 DM, kahl und äußerst bescheiden. **Maccotta**, Via degli Argentieri 4, Tel. 28418 und **Messina**, Corso V. Emanuele 71, Tel. 21198 in der Altstadt kosten etwa dasselbe.
Einige **Campingplätze** bei San Vito lo Capo, **Jugendherberge** in Erice (s. Umgebung).

Trapani/Umgebung: von Trapani könnt ihr zum mittelalterlichen Städtchen *Erice* rauffahren - liegt 18 km entfernt, auf dem alleinstehenden Berg Eryx nah am Meer. Mit seinen grau verwitterten Mauern wirkt es anfangs fast abweisend, besitzt aber herrliche Innenhöfe mit Blumenpracht. Lohnt gegenüber dem eher nüchternen Trapani sehr den Abstecher - Torbögen, enge Gäßchen und ein Kastell. Hinauf mit Bus ab Stazione beim Bhf. oder per Autostop, die Seilbahn ist leider seit langem stillgelegt. Als Alternative zu Trapani gewiß lohnend die *Jugendherberge* von Erice, die in den Sommermonaten geöffnet hat.

Palermo - Alcamo Dir. - Castelvetrano - Selinunte - Agrigento

Von Palermo oder Trapani kommend, muß man in *Castelvetrano* in Busse umsteigen - hier begann früher eine sehr kurvige Schmalspurbahn über Sciacca nach Ribera (ursprünglich sogar bis Agrigent), die aber inzwischen stillgelegt ist.
Mehrmals tägl. (7, 9, 14 h) habt ihr Anschluß mit Bahnbussen nach Agrigent, in Ribera z.T. nochmals umsteigen (Interrail gültig).

Castelvetrano: freundliche Kleinstadt mit wenig Tourismus. Von hier kommt ihr schnell per Bus nach Selinunte.

ÜBERNACHTEN: **Albergo Ideal**, Via Partanna, Tel. 44299, ca. 42 DM fürs DZ, recht ordentlich, neue Sanitäranlagen.

Selinunte / **Marinella**: in der Antike weitläufige griechische Stadt, heute nettes Fischer- und Badestädtchen mit afrikanischem Einschlag.
Da Selinunte Europas größtes Ruinenfeld in Sachen griechische Tempel besitzt, ist Marinella touristisch erschlossen, doch der Rummel hält sich in Grenzen. Gelb, ocker, grau und weiß angestrichene Flachdachhäuser liegen verschachtelt über dem Meer, morgens wird im hübschen Hafen fangfrischer Fisch gehandelt. Östl. vom Ort schöner Strand mit Pineta, dort mündet auch der Belice-Fluß ins Meer.
Die ehemals zahlreichen Tempel wurden durch Erdbeben zerstört, überall liegen noch imposante Trümmer herum. Sieben Tempel können besichtigt werden: die *Tempel E bis G* zum Nulltarif, dann zu Fuß ca. 1 km zur Akropolis hoch über dem Meer - dort stehen die *Tempel A bis D* und die gut erhaltenen Mauern, die einst die Akropolis umgaben (9 h bis 1 std. vor Sonnenuntergang, ca. 3 DM).

ÜBERNACHTEN: billig und zentral, aber ein wenig schäbig das **Lido Azzuro**, Via Marco Polo 98, Tel. 0924 /46057, DZ ca. 35-40 DM. Gleich zwei Campingplätze am Ortsbeginn. Der erste **Il Maggiolino** ist netter, gute Atmosphäre, fast so als wohnt man im Garten der Familie Caminzuli.
Am **Pineta-Strand** östl. vom Ort kann man wildcampen. WC und Duschen (1,50 DM) in der Strandbar **La Pineta**, wo man auch reichlich und gut essen kann.

Eraclea Minoa: ganzes Stück weiter östl., eigentlich kein Ort, sondern eine Feriensiedlung am Meer. Hoch über dem Meer ein griechisches Theater, jedoch zugedeckt mit Plexiglas. Aber - kilometerlanger Sandstrand, ein Meer so blau wie im Prospekt, dahinter glänzen die weißen Kreidefelsen in der Sonne. Toll!

VERBINDUNGEN: Eraclea Minoa liegt etwa 40 km westl. von Agrigent. Busse halten an der Hauptstraße (SS 115), von dort ca. 4 km zu Fuß.

ÜBERNACHTEN: **Camping Eraclea Minoa Village**, April bis Sept., riesiges Gelände direkt am Meer im Pinienwald, viel Schatten.

Sciacca (sprich Schakka): typisch sizilianische Kleinstadt, viel Geschäftigkeit und Verkehr in den engen Straßen. Der älteste Teil liegt am steil ansteigenden Gebiet um den Hafen. Strand recht mäßig, von Betonbauten umgeben, im Wasser viele Steine.
Sciacca hat einen guten Ruf als Kurort, ist aber nicht mit den gediegenen Kurorten Mitteleuropas zu vergleichen.

ÜBERNACHTEN: am westl. Ortsanfang zwei sehr simple, z.T. heruntergekommene **Campingplätze** am Meer, ziemliches Stück zu laufen. Günstige Pensionen gibt es nicht, nur Privatzimmer (rumfragen).
Viel schöner ist **Camping Macauda**, 7 km östl. am langen Sandstrand, jedoch kein Bus nach Sciacca (Trampen oder Taxi).

Palermo - Agrigento A-Kb. 24563

Hauptlinie nach Agrigento (über Lercara Bassa). Schöne Fahrt durchs felsige Landesinnere, z.T. abenteuerliche Streckenführung, aber auch endlose Kornfelder, ca. 3-4 std.

Agrigento

Das neue Agrigent - absoluter Mittelpunkt der Südküste - liegt mit seinen modernen Betonsilhouetten an einem Berghang ein paar km vom Meer. Vom großen mittelalterlichen Stadtzentrum

auf dem Kamm habt ihr einen weiten Blick auf die Küstenebene - dort auf einem niedrigen Hügelrücken die große Attraktion der Stadt, das *Tal der Tempel* mit dem besterhaltenen griechischen Tempel Italiens!
Am langen Sandstrand von *San Leone* könnt ihr gut baden, dort auch zwei Campingplätze.

VERBINDUNGEN / BAHNHOF: wer mit dem Zug ankommt - nicht in Agrigento Bassa aussteigen, sondern bis **Stazione Centrale** durchfahren (keine Gepäckaufbewahrung).

INFORMATION: Piazzale Roma, beim Bhf.

ÜBERNACHTEN: **Albergo Gorizia**, Via Boccerie 39, Tel. 20105, preiswert und sehr einfach, ca. 30 DM fürs DZ.
Hotel Nuovo Amici, Tel. 29691, gleich beim Bhf., für ca. 50 DM recht ordentliche DZ.
Hotel Belvedere, Via S. Vito 20, Tel. 20051, Nähe Bhf., Ausblick auf die umgebenden Hügel, das DZ ca. 36 DM (ohne) und 45 DM (mit Bad).
Zwei Campingplätze einige km außerhalb von San Leone übereinander am Meer. **Camping Internazionale**, der obere Platz, ist schöner - viel Schatten, terassenförmig, gemütlich. **Camping Nettuno** etwas preiswerter. Busse nach San Leone von Agrigento (Busstation am Bhf.) alle 30 min., zu den Campingplätzen aber nur ca. 4 x tägl.

Sehenswertes: ins etwa 4 km entfernte 'Tal der Tempel' gehen Busse ab Stazione Centrale. Vor allem der *Concordia-Tempel* steht noch mit seinen Innenwänden da und ist hervorragend erhalten (1983 renoviert). In der Umgebung noch zahlreiche weitere Teile oder Trümmer von Tempeln und Grabstätten, und ein ehemaliges hellenistisch-römisches Stadtviertel. Das *Archäologische Museum*, ebenfalls im Tempeltal, ist eins der modernsten und interessantesten in Italien (Di-So 9-14 h, im Sommer auch nachmittags, frei).
Im Sommer werden die Tempel abends bis ca. 22 h angestrahlt - wirkt ganz toll!.

Agrigento - Gela A-Kb. 24566

Weiter Umweg durchs Hinterland, in Canicatti umsteigen. Außerdem Verbindungen über Caltanisetta und Enna nach Catania.

Falconara: an der Bahnlinie nach Gela, malerisches Kastell über dem Meer, langer Strand und Campingplatz. Wegen der nahen Städte Gela und Agrigento meist sehr überlaufen, Strand oft verdreckt (z.T. gebührenpflichtig).

Gela: große Petrochemie-Anlagen, Meer sehr verschmutzt! In der Umgebung zwar schöne Dünenstrände, aber ohne Auto schwierig, Wildzelter.
Die Bahnlinien von Gela Richtung Osten verlaufen großenteils weit im Landesinneren, nur wenige Züge. Sehr reizvoll zum Durchfahren sind sowohl die Strecke von Gela nach Catania via Caltagirone wie auch die Strecke nach Syrakus via Ragusa und Noto.

Gela - Ragusa - Noto - Syrakus A-Kb. 24560, 24566

Interessante Strecke durch den bergigen Südostzipfel Siziliens, berührt unterwegs die sehenswerten Barockstädte *Vittoria*, *Ragusa*, *Modica*, *Noto* und *Avola*, die nach dem verheerenden Erdbeben von 1693 hier gänzlich neu aufgebaut wurden.

Noto: bei weitem die hübscheste Barockstadt der Südostecke Siziliens. Nach 1693 wurde es auf dem Reißbrett entworfen und 20 km von der zerstörten Stadt auf einen Hügel gesetzt. Das Zentrum malerisch vergammelt, enge Treppenwegen und schnurgerade Straßen mit goldgelben Palazzi.

ÜBERNACHTEN: **Hotel Stella**, Via F. Maiore 40, Tel. 835695, etwa 30 DM für's DZ.

Avola: von Noto nächste Station Richtung Syrakus, ebenfalls barock, Baden am Sandstrand vor der Steilküste, diverse Campingplätze.

Syrakus - Catania - Taormina - Messina A-Kb. 24560

Syrakus

Lebhaft, aber nicht hektisch, macht, abgesehen von den neuen Stadtteilen, einen angenehmen Eindruck.

Die zwei großen Anlaufpunkte sind die herrlich gelegene *barocke Altstadt* auf der Halbinsel Ortygia und die *antike Stadt* hoch über dem Meer - hier lebte einst Archimedes, der bedeutendste Mathematiker des Altertums."Störe meine Kreise nicht" waren seine letzten Worte - er hatte wichtige geometrische Formeln in den Sand gezeichnet, bevor ihn ein römischer Soldat erstach.

VERBINDUNGEN / BAHNHOF: **Bahnhof** ein ganzes Stück außerhalb der Altstadt. Endstation der Direktzüge von Rom und Norditalien. Busse ins Zentrum gehen leider nicht allzu häufig. Man kann problemlos im Wartesaal übernachten.

INFORMATION: im Bhf., am Corso Gelone 92 (Neustadt) und Via Maestranza 33 (Altstadt).

ÜBERNACHTEN: private **Jugendherberge** an der Via Epipoli 45, Tel. 0931/711118, 8 km landeinwärts, Nähe Castello Furialo (Straße zum Belvedere), ca. 12 DM pro Pers., Bus 9 oder 11 ab Foro Siracusano.

Hotel Centrale, Corso Umberto 141, Tel. 60528, nah beim Bhf., 10 min. vom alten Zentrum, ca. 35 DM. Etwas billiger ist **Pensione Gelone**, Via Epicarmo 36, Tel. 62472, ebenfalls nah beim Bhf.

Campingplatz im Badeort **Fontane Bianche**, 16 km südl. (Bus 34 ab Piazza della Posta). Nur 4 km von Syracus liegt **Camping Agriturist**, mit demselben Bus zu erreichen, allerdings nicht am Meer, Haltestelle ein Stück entfernt.

ESSEN: wegen des starken Touristenaufkommens hohes Preisniveau. **Trattoria Vecchia Guardia**, bei der Piazza Archimede, schön zum Sitzen, gute Fischgerichte.

Sehenswertes: die *antike Stadt* am Festland war die größte Stadt Siziliens - vor allem das *griechische Theater* ist gut erhalten. Gleich daneben liegt der *'Steinbruch des Paradieses'*. Der Name paßt zwar zur üppigen Vegetation, aber nicht zur Geschichte des Ortes - während der Regierungszeit Dionysos mußten hier Tausende von Sklaven schuften. Zwei Höhlen sind vom Steinbruch aus zugänglich - die feuchte *Grotta dei Cordari* (Seiler-Grotte, hier wurden Seile gefertigt) und das beeindruckende, 65 m lange und 23 m hohe *Ohr des Dionysos* - sagenhafte Akustik, hier soll Dionysos die Sklaven belauscht haben!

Die *Altstadt* auf der schmalen Halbinsel Ortygia wirkt sehr geschlossen. Mittelpunkt ist der Domplatz, der beeindrukkende *Dom* war früher ein Tempel und wurde später barock umgebaut (innen erkennt man noch deutlich die Säulen des antiken Tempels). Das gegenüberliegende *Archäologische Museum* mit der 'Venus Anadyomene' reiht leider recht lieblos die unzähligen Funde aneinander, Umzug ist geplant (Di-Sa 9-14, So 9-13 h, Mo geschl., ca. 3 DM). Wer will, kann am Meer entlang bequem die ganze Altstadt umrunden!

Weiter Richtung Catania - wo der Zug ins Landesinnere abbiegt, habt ihr einen herrlichen Blick auf den Etna!

Catania

Immer wieder vom Etna unter glühender Lava begraben, dann noch das Erdbeben von 1693 - trotzdem, Catania ist heute die zweitgrößte Stadt Siziliens und wuchert hemmungslos in die Umgebung. Kilometerweit ist die Landschaft zersiedelt.

Der Grund für diese stürmische Entwicklung - die immer wieder austretende Lava hat sich im Lauf der Jahrhunderte zu extrem fruchtbarem Boden zersetzt, eine Seltenheit im ansonsten sehr kargen Sizilien.

Nach dem Erdbeben von 1693 wurde Catania mit barocken Palazzi, Kirchen und absolut rechtwinkligen Straßenzügen völlig neu wieder aufgebaut und ist heute bester Ausgangspunkt für Etna-Ausflüge. Turbulentes Leben und Farbigkeit prägen das Stadtbild mit den schwarzen Lava-Fassaden.

VERBINDUNGEN / BAHNHOF: **Stazione Centrale** am Meer, Piazza Giovanni XXIII., ca. 1,5 km vom Zentrum. Busse 29, 33 oder 36 fahren in die Stadt zur Via Etnea.

INFORMATION: im Bhf. und im Zentrum am Largo Paisiello 5, bei der Via Etnea.

ÜBERNACHTEN: **Albergo Savona**, Via Vittorio Emanuele 210, Tel. 326982, sauber, zentrale Lage gleich beim Dom, trotzdem ruhig, nette Leute, ca. 38 DM ohne eig. Bad.

Albergo Centrale Europa, Via V. Emanuele 167, Tel. 340271, liegt gleich in der Nähe, ist aber ein Stück teurer.

Pensione Continental, Piazza Trento 6, Tel.447786, Nähe Villa Belini, nicht übermäßig sauber, ca. 35 DM fürs DZ.

Südl. der Stadt am Meer zwei Campingplätze **La Plaia** u. **Europeo**, Bus 27 ab Via Etnea.

ESSEN: **Trattoria Calabrese**, Via Penninello 34, freundlicher Familienbetrieb, Nähe Piazza Stesicoro, bodenständige sizilianische Küche, preisgünstig (So geschl.).

LESERTIP: "**Oratio** ist ein uriges Speiselokal am Fischmarkt, sehr günstig, gutes Essen, hier wurden Szenen des Films 'Die bleierne Zeit' gedreht" (Annemarie Wahab, Köln).

Sehenswertes: die *Via Etnea* ist die gute Stube von Catania. An ihrem Südende die *Piazza del Duomo* - schönster Platz der Stadt mit der mächtigen Kathedrale und dem berühmten Elefanten-Brunnen (Elefant aus Lava, Stoßzähne aus Marmor!).
S. Nicolo auf einem Hügel westl. der Via Crociferi ist die größte Kirche Siziliens, unvollendete Fassade, große Kuppel. Schön auch die *Villa Belini*, ein Park mit toller Vegetation. Mit Bus D kommt man zum Strand.

Acireale: Barockstadt nördl. von Catania, schöner Domplatz, häufige Bahnverbindungen.

LESERTIP: "**Camping Panorama** ist vom Bhf. in Acireale bequem zu Fuß zu erreichen (beschildert). Sehr idyllisch, mit Ölbäumen und benachbartem Zitronenhain, Bademöglichkeit im Swimmingpool oder im Meer. Ristorante, Bar und Market vorhanden" (Ruth Mader, Kaiserslautern).

Etna

Mit etwa 3300 m Höhe der größte Vulkan Europas - im wahrsten Sinn des Wortes der 'Höhepunkt' eures Sizilien-Trips, leider oft in Wolken gehüllt.

Der riesige Berg ist noch lange nicht zur Ruhe gekommen und verändert ständig sein Aussehen. Immer wieder schrecken Ausbrüche die Einwohner der umliegenden Ortschaften auf. Wenn sich die Feuerwalze mit 100 m pro Stunde auf eine der kleinen Ortschaften hinunterwälzt, muß immer wieder evakuiert werden. Was die Lava erwischt, ist für Jh. vernichtet.
Nach einem größerem Ausbruch strömen die Urlauber aus ganz Sizilien auf den Berg, weil jeder ausprobieren möchte, wie's sich auf frischer Lava gehen läßt. 1980 wurden dabei mehrere italienische Touristen durch die Lavatrümmer einer Eruption erschlagen. Geführte Exkursionen gehen nicht bis zum Hauptgipfel, zu Fuß kann man zwar weiterlaufen, aber natürlich ganz auf eigene Gefahr! Bergfeste Kleidung ist selbstverständlich Voraussetzung. Nicht traurig sein, wenn ihr nicht ganz rauf kommt - wegen der Dämpfe und Wolken ist oben oft fast gar nichts zu sehen. Auch der Aufenthalt in 2000 m Höhe lohnt.

BASISTIPS: mit der schmalspurigen **Ferrovia Circumetnea** (FCE) könnt ihr den Etna ganz umrunden, häufig Züge (ca. 7 DM, Interrail gilt nicht). Auf insgesamt 114 km Länge geht es durch verschiedene Klima- und Vegetationszonen bis auf 1000 m hinauf. Abfahrt Catania-Hbf., Ankunft in **Giarre-Riposto** nach knapp 4 std., dort umsteigen in die FS und Rückkehr nach Catania.
Ein **AST-Bus** geht jeden Morgen 8 h ab Bhf. Catania bis zur **Rifugio Sapienza** (Casa Cantoniera) in 1800 m Höhe. Von dort mit Bus oder Jeep zwischen den Lavamassen bis zum zerstören Rifugio auf 2500 m Höhe (kostet je nach Verhandlungsgeschick ca. 30-40 DM), weitere Auffahrt zum Krater wird nicht durchgeführt. **Zu Fuß** kann man auf dem Fahrweg bis zum Gipfel hinaufsteigen, das dauert knapp 4 std. (auf Schildern wird vor Alleingängen gewarnt!).
Organisierte Ausflüge durch Reisebüros in Catania und Taormina kosten etwa 75 DM, das letzte Stück wird mit Jeeps bewältigt. Bei Ausflügen in geringere Höhe entsprechend weniger (Buchung in Reisebüros).

Taormina

Mit der Traumkulisse des Etna seit jeher <u>der</u> Fremdenverkehrsort auf Sizilien! Früher überwinterten Kaiser und Könige, heute tummelt sich bürgerliche Schickeria zwischen den Souvenir-Shops.

Das mittelalterliche Gepräge des Ortes ist zwar noch zu erahnen - im Sommer flanieren die Massen aber dicht an dicht den Corso Umberto entlang. Wucherpreise und Nepp sind die negativen Begleiter des Rummels.
Trotzdem lohnt der Besuch - einerseits ist die Lage Taorminas einfach phantastisch! Vom Bhf. Taormina-Giardini geht es per Bus in engen Serpentinen etwa 200 m hoch auf eine Terrasse über dem Meer. Hier könnt ihr bei gutem Wetter herrliche Rundblicke auf die sizilianische und kalabrische Küste und den Etna genießen!

Zum anderen interessante Paläste und Kirchen aus verschiedenen Epochen, ein schöner Stadtgarten (Villa comunale) und vor allem das berühmte *griechisch-römisches Theater* hoch über dem Meer - Siziliens schönstes Fleckchen Erde, wie viele meinen (9 h bis 1 std. vor Sonnenuntergang, ca. 3 DM).

VERBINDUNGEN / BAHNHOF: **Bhf. Taormina-Giardini** 1,5 km außerhalb, Busse mindestens alle 30 min. rauf in die Stadt. Viel schöner ist es aber, zu Fuß zwischen Gärten und meterhohen Kakteen nach Taormina hinauf zu laufen (ca. 300 m rechts vom Bhf. beginnt ein Pfad, der oben nahe des städtischen Parks endet, knapp 30 min.).
Eine FS-Linie (auch moderne Bahnbusse) zweigt in Taormina nach **Randazzo** am Fuß des Etna ab (dort Anschluß an die Ferrovia Circumetnea, die den Etna umrundet, s.o.).

INFORMATION: **Palazzo Corvaja**, Piazza Santa Caterina (Altstadt).

ÜBERNACHTEN: zahllose Hotels und Pensionen in allen Preisklassen, in der Saison aber hoffnungslos ausgebucht. In **Letojanni**, 5 km nördl. von Taormina, einige günstige Pensionen an der Uferstraße.
Camping San Leo, stadtnächster Platz in Super-Lage auf dem Capo Taormina, nur ca. 1 km vom Bhf. über dem Meer. Zum Baden ist das Wasser allerdings zu dreckig, außerdem ist es relativ laut. Zu Fuß knappe halbe std. ins Zentrum.
Der schattige **Camping Marmaruca** in Letojanni ist gut ausgestattet, liegt aber leider nicht sehr schön unterhalb der Autobahn, zu erreichen per Sais-Bus.
Camping Castello di San Marco, ziemlich abgelegen, aber romantisch direkt am Meer, inmitten einer Zitronenplantage, relativ teuer, sanitäre Anlagen könnten sauberer sein. Etwa 9 km südl. von Taormina, unterhalb von Calatabiano. Verbindungen leider schlecht - seltene Lokalzüge bis Stazione Calatabiano, noch ca. 4 km zu Fuß oder blaue SAIS-Busse etwa 1 x stündl. ab Taormina bis San Marco, noch ca. 2 km zu Fuß.

ESSEN: **L'Angolo**, Via Damiano Rosso 17, Ristorante, abends auch Pizzeria, guter Fisch.
Trattoria da Nino, Via Pirandello 37 (Nähe Seilbahn), unscheinbar, abseits vom großen Trubel. Gutes Essen zu fairen Preisen, reichhaltiges Menü ca. 20 DM, Spaghetti 7 DM, Muscheln 9 DM.
Weinstube Da Nino, Via Naumachie 21, vermutlich der kitschigste Platz auf ganz Sizilien. Man sitzt draußen auf der Straße, trinkt erdigen Wein von Faß, dazu gibts phantasievolle Salate oder Pizza.

LESERTIP: "rauf nach **Castelmola**, ca 4 km. Zwar auch schon einige Touristen, aber tolle Lage auf einer Bergkuppe, alte Stadtmauer und viel ursprünglicher als Taormina, herrliche Fernsicht!" (Horst Weber, Frauenfeld).

BADEN: die Strände um Taormina sind überfüllt, z.T. gebührenpflichtig. Eine Seilbahn führt von der Via Pirandello schnell zum Strand von **Mazzaro**, allerdings nur 100 m Strand mit Hotels und Restaurants dahinter.
Wer baden möchte, fährt am besten von Taormina eine Station mit Bus oder Zug Richtung Messina nach **Letojanni**.

Letojanni: per Zug 5 min. ab Taormina, langer Strand, Camping, einige günstige Unterkünfte, ruhiger als Taormina.

SARDINIEN

Sardinien ist nicht Italien. Die wilden, archaisch wirkenden Fels- und Macchialandschaften haben wenig mit den kultivierten Agrar- und Ferienregionen des Stiefels gemein.

Steine, Macchia, *tancas* (Steinmauern) und Schafweiden prägen das Profil der spröden Insel. Die Siedlungen lassen den Charme griechischer Inseldörfer vermissen. Doch eh man sich versieht, ist man fasziniert von den verschiedenartigen Landschaften der 'vergessenen Insel' im Mittelmeer. Auch die Menschen sind freundlich - Klau ist nur in den Großstädten Cagliari und Sassari ein Thema.
Inzwischen sind natürlich auch Sardiniens Küsten in großen Teilen touristisch erschlossen. Was jedoch nicht jeder weiß - die kilometerlangen Sandstrände Sardiniens gehören zu den schönsten im Mittelmeer - herrlich weicher, weißer Sand ist die Regel. Voll ist es eigentlich nur im August, wenn die Festlandsitaliener alle Campingplätze und Hotelzimmer besetzen. In Vor- und Nachsaison hat man die Insel dagegen mehr oder minder für sich allein.

VERBINDUNGEN VOM FESTLAND: Fähren von **Genua** (1 x tägl.), **Livorno** (1 x tägl.), **Civitavecchia** (bei Rom, mehrmals tägl.), **Neapel** (2-3 x wöch.), **Palermo** (1 x wöch.) und **Trapani** (1 x wöch.). Interessant ist auch die Anfahrt über **S. Bonifacio** auf Korsika.
Kürzeste und preiswerteste Verbindung vom Festland ist die von **Civitavecchia**. Von hier gehen zwei Fährlinien. Die **FS-Fährschiffe** der ital. Staatsbahnen pendeln bis zu 5 x tägl. zwischen Civitavecchia und **Golfo Aranci** (ca. 25 DM). Die **Tirennia** fährt

in der Hochsaison bis zu 3 x tägl. von Civitavecchia nach **Olbia** (ca. 27 DM), ca. 7 std. Achtung - bei Tirrenia nur Deckklasse, wenn Pullmannsitze u. Kabinen belegt sind.

> **Anfang August** kommt es bei den Fähren zu erheblichen Engpässen! Vermeidet es dann, ohne Reservierung zu fahren, ihr müßt u.U. 1-2 Tage warten! Dasselbe gilt **Ende August** und in der **ersten Septemberwoche** für die Rückfahrt (bucht bei der Hinfahrt)!

VERBINDUNGEN AUF SARDINIEN: kein Eldorado für Interrailer. Es gibt nur wenige Bahnlinien, von denen zudem nur die staatl. Strecken kostenlos sind (s. Bahnkarte).
Die Hauptlinie der staatl. FS durchquert von Norden nach Süden die ganze Insel: **Olbia** (Golfo Aranci) - Chilivani - Macomer - Oristano - **Cagliari** (mit Schnellzug ca. 4 std., alle anderen 4,5-8 std.). Außerdem eine Zweiglinie ab **Chilivani** über Sassari nach **Porto Torres** und von **Cagliari** über Decimomannu nach **Iglesias** (Carbonia). Allgemein sind die Küsten per Bahn nur schlecht erreichbar.
Außer den staatl. Bahnlinien gibt es noch einige **Schmalspurstrecken** der zwei sardischen Gesellschaften **S.F.S.** und **F.C.S.** (keine Ermäß. mit IR), z.T. sehr schöne Strecken, bei Eisenbahnfans sehr beliebt.
Busse sind das eigentliche Haupttransportmittel auf Sardinien. Die Busgesellschaft A.R.S.T besitzt ein gut ausgebautes Netz und fährt so gut wie alle Orte an.

ÜBERNACHTEN: ausgesprochene Billigpensionen nur in größeren Städten, v.a. **Cagliari** und **Sassari**. Sonst auf den gut 80 **Campingplätzen**, meist groß, gut ausgestattet (warme Duschen, Restaurants, Läden etc.), im Aug. aber überfüllt. **Wildzelten** ist offiziell verboten, nur an wenigen Stellen geduldet.

Olbia: wichtigster Hafen Sardiniens wegen der nahen mondänen *Costa Smeralda* (Luxushotels, teure Ferienwohnungen). Bei der Einfahrt schöner Blick auf den klippenreichen Golf von Olbia und die urige Granitinsel Tavolara.
Olbia selbst hat wenig zu bieten - Frühstück unter den schattigen Bäumen der *Piazza Margherita*, kurzer Bummel auf dem granitgepflasterten *Corso Umberto*, dann weiter mit Bus oder Bahn.

VERBINDUNGEN: von der kleinen Bahnstation an der Spitze des 2 km langen Hafendamms, wo die **Fähren** anlegen, im Anschluß an ankommmende Fähren Züge über Olbia/Zentrum nach Cagliari und Sassari.
Stadtbhf. in einem Seitengäßchen des Corso Umberto (Via Giacomo Pala), bei der Piazza Margherita. Züge 9 x tägl. nach Sassari/Porto Torres (ca. 2,5 std.) u. Cagliari (4,5-8 std.), evtl. umsteigen in **Chilivani**.
Busbhf. am Corso Umberto, unterhalb der Piazza Margherita (Bhf.), Busse 7 x tägl. nach Palau, 5 x S. Teodoro u. S. Lucia (Siniscola), 4 x S. Teresa, Nuoro u. Tempio.

INFORMATION: Via Catello Piro 1, Seitengasse in der unteren Hälfte des Corso Umberto.

ÜBERNACHTEN: **Albergo Terranova**, DZ ca. 45 DM, Via Garibaldi 3, Tel. 0789/22395, schlicht, direkt an der Piazza Margherita.
Camping Marina Maria, ca. 10 km südl., Stadtbus 5, schöner Strand, aber wenig Schatten, nur für vorübergehenden Aufenthalt geeignet.

ESSEN: **Pizzeria Tre Dollar**, Via Porto Romano, zentral (Piazza Margherita), Pizza ab 9 DM. **Pizzeria Il Panzerotto**, Corso Umberto 62, Stehimbiß, Pizza u. große Sandwiches.

S. Teodoro: bester Anlaufpunkt in der Nähe, ca. 20 km südl. Beliebter Surfspot, phantastischer, fast 6 km Sandstrand, freundlicher Camping direkt am Strand, zwei Diskotheken. Bei jüngeren Deutschen recht beliebt.

Olbia - Chilivani - Oristano - Cagliari A-Kb. 24590

Quer über die Insel nach Cagliari. Vorsicht, vom Bummel- bis zum Schnellzug verkehrt alles - sehr unterschiedliche Fahrzeiten. Es geht durch felsig-karge Hügel, verdorrte Graslandschaften und an sog. "Nuraghen" vorbei (Überreste prähistorischer Wohnburgen, eine Spezialität von Sardinien - ihr werdet sie überall sehen).
Eine der wichtigsten ist *Nuraghe Santu Antine*, kurz nach Chilivani rechts.
Das kleine *Chilivani* ist wichtigster Knotenpunkt, hier eventuell umsteigen nach Sassari und Porto Torres.

Oristano: Provinzhauptstadt an der Bahnlinie Olbia - Cagliari. Wenig sehenswert, hübsche *Fußgängerzone* Corso Umberto I., die an der zentralen Piazza Roma beginnt. In der Umgebung jedoch einige interessante Ziele.

VERBINDUNGEN / BAHNHOF: Bhf. an der **Piazza Ungheria**, im Stadtosten , geradeaus in Zentrum, ca. 10 min. zu Fuß. **Busbhf.** in der Via Cagliari, Ringstr. ums Zentrum.

INFORMATION: **Pro Loco** im Vico Umberto I. 15, Seitengäßchen der Fußgängerzone.

ÜBERNACHTEN: **Hotel Piccolo**, Via Martignano 19, Tel. 0783/71500, DZ ca. 60 DM, versteckt in der Altstadt. Wenig interessanter **Camping Torre Grande** in **Marina di Torre Grande**, ca. 9 km westl. Dort auch langer Sandstrand (Busse ab Busbhf.). Besser gleich zu den Plätzen bei Is Arenas.

Halbinsel Sinis: gleich bei Oristano, *Marina di Torre Grande* ist der Hausstrand, jedoch nicht unbedingt reizvoll. Die Ausgrabungen der punisch-römischen Stadt *Tharros* liegen auf einer schmalen Landzunge am Südrand der Halbinsel (Bus ab Busbhf. bis San Giovanni di Sinis).

Santa Caterina di Pittinuri: am Nordrand der Halbinsel (Busse von Oristano), besteht fast nur aus Ferienhäusern. Herrlich der Sandstrand *Is Arenas*, dahinter der empfehlenswerte *Camping Nurapolis*. Wird von einer Kooperative ehemaliger junger Arbeitsloser betrieben. In der kleinen Bar läuft abends Popmusik, oft wird getanzt, viele deutsche Besucher.

CAGLIARI

Endstation des Zugs, eingekeilt zwischen trägen Salzseen steigt die Hauptstadt Sardiniens einen Felsklotz hinauf. Wer wenig Zeit hat, bummelt nur mal die breite Via Roma vom Bahnhof am Hafen entlang. In den Cafés unter den schattigen Arkaden sitzt man gemütlich. Im Vergleich zu Palermo und Neapel eher eine ruhige Kleinstadt.

Wer Cagliari näher kennenlernen will, muß ins alte *Castello-Viertel* auf dem ehemaligen Festungshügel hinaufsteigen. Hier erlebt ihr die ungeschminkte Realität - Elendsquartiere inmitten morbider Prachtfassaden, hohe Eingangshallen mit verblichenem Stuck, die Wohnungen bestehen oft nur aus einem Zimmer. Interessant hier der *Dom* und das *Archäologische Nationalmuseum* mit bedeutender Sammlung prähistorischer Bronzefiguren.
Wer baden will, der kilometerlange Stadtstrand *Poetto* liegt östl. vom Zentrum (Bus P ab Bhf.-Vorplatz).

VERBINDUNGEN: neben dem modernisierten **Sackbhf.** (Gepäckaufbewahrung) der **Busbhf.** (ebenfalls Gepäckaufbewahrung), Busse in alle Richtungen.
Ein paar Schritte weiter der **Hafen**, nach Neapel etwa 2 x wöch., ca. 40 DM, 1 x wöch. Palermo u. Trapani (Siz.), ca. 40 DM.

INFORMATION: Kiosk vor dem Bhf.

ÜBERNACHTEN: einige z.T. runtergekommene Billigpensionen nahe Bhf., z.B. in der Via Sardegna **Albergo Centrale**, **Locanda La Perla**, **Locanda Las Palmas**, DZ 27-30 DM.
Weiterer Schwerpunkt mit durchwegs besseren Quartieren um den Corso Vittorio Emanuele, empfehlenswert z.B. **Allogio Firenze** (Nr. 50) u. **Allogio Olimpio** (Nr. 145).
Camping Pini e Mare, ca. 15 km westl. (Bus Richtung Villasimius nehmen), aber nur Juni bis Mitte September offen.

ESSEN: **La Cantina**, sardischer McDonalds, Via dei Mille 3, Seitengäßchen der Via Roma. Ansonsten v.a. in der Via Sardegna etliche Trattorias, preiswert z.B. die familiäre **Trattoria Congera** (Nr. 35) oder die frisch renovierte **Trattoria Serafino** (Nr. 111).
Filii Mura, eine der besten Adressen am Corso Vittorio Emanuele 189, viele Sarden.
Abends lohnend die sehr beliebte Bierkneipe **Al Merlo Parlante** beim Allogio Olimpio, ebenfalls Corso V. Emanuele.

SHOPPING: die Geschäfts- und Boutiquenstraße **Via Manno** und ihre Verlängerung.

Cagliari - Mandas - Arbatax: zweifellos die schönste sardische Bahnstrecke! Ein privates Bähnchen zuckelt 2 x tägl. in atemberaubenden Kurven durch die großartigste Gebirgslandschaft. Insgesamt ca. 9 std., ca. 14 DM (IR gilt nicht). Anfangs bis Mandas flach und relativ reizlos, dann bis Arbatax aber supertolle Gebirgsfahrt.
Tip - das Bähnchen bietet interessante Anfahrtmöglichkeit nach **Barumini** mit Su Nuraxi, der bedeutendsten Nuraghenanlage Sardiniens. Dazu in Mandas (etwa Hälfte der Strecke) in den Mini-Triebwagen nach Isili umsteigen und weiter mit Bus nach Barumini.

Olbia - Chilivani - Porto Torres A-Kb. 24590

Bis Chilivani wie Olbia - Oristano bzw. Cagliari, dann Abzweig zur Nordküste.

Sassari: im Norden, zweitgrößte Stadt, malerisch auf einem Kalksteinplateau, verwinkelte Altstadt mit engen Gassen und einigen schönen Plätzen. Unbedingt lohnend an den 2 Festen: *Calvacata Sarda* (Sardischer Ritt) an Himmelfahrt und *Festa dei Candelieri* (Leuchterprozession) am 14. August.

Das moderne *Museo Sanna* liegt in der klassizistischen Neustadt, Via Roma 64, und beherbergt eine interessante archäologische Sammlung (Di-Sa 9-14, So 9-13 h, ca. 4,50 DM).

VERBINDUNGEN / BAHNHOF: **Bhf.** am unteren Ende des Corso V. Emanuele, Nähe Zentrum. Busbhf. **Emiciclo Garibaldi** unterhalb der Piazza d'Italia, Busse in alle Richtungen.

ÜBERNACHTEN: **Pension Famiglia**, Viale Umberto 65, Tel. 079/230543. 24 schlichte Zimmer in altem Palazzo, DZ ca. 30 DM.

ESSEN: **Migali**, Via Turritana 31, kleines Altstadt-Lokal, familiär, günstig, viele Studenten kommen zu Papa Migali (So geschl.).

TIP - eine der schönsten Schmalspurstrecken von **Sassari** nach **Tempio** (4 x tägl.) und weiter nach **Palau** im nordöstl. Zipfel Sardiniens (2 x). Außerdem zuckelt ein kleiner Triebwagenzug auf einspuriger Strecke nach **Alghero** an der Westküste (10 x). IR nicht gültig.

Porto Torres: typisches Hafenstädtchen, wenig ansehnlich. Westl. der Stadt riesige Raffinerien, die Öl aus dem Vorderen Orient verarbeiten.

VERBINDUNGEN: Fähren nach **Genua** tägl. (ca. 50 DM), **Livorno** 3 x wöch. (ca. 55 DM).

ÜBERNACHTEN: schöner **Camping Christina** bei Platamona, 8 km westl., langer Sandstrand (zu erreichen nur über Sassari).

Weitere Ziele

S. Teresa: schöne Lage auf windigem Plateau an der Nordspitze Sardiniens. Als Ort wenig reizvoll, hat trotzdem Atmosphäre und ist beliebtes Touristenzentrum. Hübscher Stadtstrand *Rena Bianca* unterhalb, 5 min. zu Fuß.

Mit dem Bus kommt ihr auf die Felsenhalbinsel *Capo Testa*, etwa 4 km westl. vom Ort. Nach der Autobrücke (Haltestelle vom Bus) gleich links auf den Parkplatz und ca. 1 km zu Fuß - fragt nach dem *Valle di Luna*. Dieses wunderschöne Tal ist umrahmt von bizarren, vom Meer ausgehöhlten Felsen, die manchmal Tieren oder Menschen ähneln. Viele italienische Freaks, aber auch etliche Deutsche, eine Süßwasserquelle am Eingang des Tals.

VERBINDUNGEN: von S. Teresa Möglichkeit, nach **Bonifacio** (Korsika) überzusetzen, 3-4 x tägl., ca. 15 DM pro Pers.

Busse halten unterhalb vom engen Ortskern, seitlich der langen Einfallstraße.

INFORMATION: am Hauptplatz Piazza Vittorio Emanuele I. 24, es wird Englisch gesprochen.

ÜBERNACHTEN: S. Teresa ist im Juli/Aug. ausgebucht. **Pension Scano**, Via Lazio 4, Tel. 0789/75447, viele jüngere Leute, ca. 45 DM das DZ, in der Hochsaison Pflicht zur Vollpension.

Canne al Vento, an der Einfallstraße, Via Nazionale 23, Tel. 0789/754219, sehr schlicht, ca. 50 DM fürs DZ mit Bad.

Bellavista, Via Sonnino 8, Tel. 0789/754162, zentrumsnah zwischen Piazza Liberta und Strand, ca. 50 DM, im Sommer ebenfalls Vollpension.

Camping Gallura, nächster Camping, 2 km südl. vom Ort, jedoch nicht direkt am Meer.

Alghero: älteste Badestadt Sardiniens, viel Rummel, zahllose Hotels und Appartementhäuser, aber hübsche Altstadt mit gut erhaltener, mittelalterlicher Mauerbefestigung. 6 km feiner Sandstrand, in Stadtnähe aber recht voll und unansehnlich. Ein Stück außerhalb wird's schöner.

VERBINDUNGEN: **Busse** starten am Stadtpark, Via Catalogna, u.a. nach Sassari (10 x), Porto Torres (6 x), Oristano (3 x), Olbia (1 x), Nuoro (1 x). **Bummelzug** geht ab Bhf. in Neubauviertel hinter dem Strand 10 x tägl. nach Sassari (Interrail nicht gültig).

INFORMATION: Piazza Porta Terra 9, englischsprachig.

ÜBERNACHTEN: **Jugendherberge** in Fertilia, 7 km nördl. von Alghero, Via Zara 3, Tel. 079/930353. Busse gehen stündl. ab Stadtpark, Nähe Bahnstation.

Hotel San Francesco bietet Unterkunft in ehemaligem Franziskaner-Kloster, ca. 48 DM fürs DZ. Tel. 979258, Via A. Machin 2.

Camping La Mariposa, schöne Lage auf den Sanddünen, ca. 2 km nördl. vom Hafen und dem kleinen Bhf. Außerdem **Camping Calik** bei Fertilia.

Alghero/Umgebung: die felsige Halbinsel *Capo Caccia* nördl. der Stadt ist markanter Blickfang, herrlicher Blick über die Westküste. Eine lange Treppe (652 Stufen) führt hinunter zur bekanntesten Grotte Sardiniens, der *Neptunsgrotte*, mit bizarren Tropfsteingebilden (tägl. 8-19 h, ca. 8 DM, nur mit Führung). Zu erreichen von Alghero mit Boot (14 DM) oder Bus.

Frankreich

Immens groß und landschaftlich wie kulturell vielleicht das abwechslungsreichste Land Europas - von windiger und rauher Felsküste im Norden über Mittelgebirge, Weinberge und schneebedeckte Alpengipfel bis zu sonnendurchglühten Mittelmeerregionen und kilometerlangen Atlantikstränden ist alles vertreten.

Die Ziele sind vielfältig - am Mittelmeer z.B. die mondäne *Cote d'Azur* mit ihren weltberühmten Luxusorten wie Cannes, Nizza und Monte Carlo. Bei Marseille findet ihr die tief eingeschnittenen, fjordartigen *Calanques* und weiter westl. im Rhonedelta die sog. *Camargue*, ein Vogelschutzgebiet, in dem Flamingos nisten und Wildpferde leben. Wer baden will - von der Camargue bis zu den Ausläufern der Pyrenäen erstrecken sich fast ununterbrochen lange und breite Sandstrände.
Aber auch die Atlantikküste besteht aus riesigen Sandstränden - vor allem zwischen Bordeaux und den Pyrenäen mit mächtigen Dünen und dichten Pinienwäldern dahinter. Die weit über 100 m hohe *Dune du Pilat* bei Arcachon ist einer der faszinierendsten Anlaufpunkte. Den Kontrapunkt setzt die herbe *Bretagne* mit ihren wilden Felsküsten im äußersten Nordwesten.
Nun die schlechte Nachricht - in den Sommermonaten, speziell im August, sind die meisten Badeorte und Campingplätze Frankreichs hoffnungslos überlaufen! Dringend anzuraten ist also, eure Tour in den Frühsommer oder den frühen Herbst zu legen.
Touristisch nur wenig berührt ist dagegen das Hinterland der Mittelmeerküste, die *Cevennen* und die *Provence*. Besonders reizvoll sind hier die tiefen, gewundenen Flußtäler wie Gorges du Tarn und Gorges du Verdon. Die *Auvergne* mit ihren eigenartigen Vulkankegeln ist ebenfalls eine Attraktion. Kulturell und landschaftlich interessant ist das *Loire-Tal* mit weit über 200 Adelsschlössern - von *Paris* aus leicht zu erreichen, das ja sicher auf eurer Route liegt.
Die Städte haben sich vor allem im Süden viel von ihrer Ursprünglichkeit bewahrt. Gemütliche alte Stadtzentren mit Straßencafés und kleinen, schattigen Plätzen sind häufig. Besonders junge Leute treffen sich in *Avignon* zum alljährlichen Theaterfestival oder in der hübschen Universitätsstadt *Aix-en-Provence*. Last but not least - mit einem Abstecher nach *Carcassonne* kommt ihr zur besterhaltenen mittelalterlichen Stadtbefestigung Europas!

Mit der Eisenbahn durch Frankreich

Die französischen Bahnlinien gehen sternförmig von Paris aus - gut ausgebautes und dichtes Netz. In Frankreich fahren die schnellsten Züge Europas.

Während auf den Hauptlinien von Paris sehr häufig Züge verkehren, ist dies auf den Querverbindungen nicht immer der Fall. Hier haben wir schon mal lange warten müssen oder mußten beim Umsteigen in aller Eile den nächsten Zug nehmen, weil der darauf folgende erst wieder einen Tag später gefahren wäre. Bei einigen Verbindungen ist man schneller, wenn man einen Umweg über Paris in Kauf nimmt.
An Sommerwochenenden sind Fernzüge oft hoffnungslos überfüllt, Platzreservierung ist angebracht. In abgele-

genen Regionen fahren oft nur *Bahnbusse*, die ihr z.T. gratis, z.T. mit 10 % Ermäßigung benutzen könnt.

Der Stolz der französischen Eisenbahn SNCF ist der Hochgeschwindigkeitszug **TGV** *(Train de Grande Vitresse)*. Die erste Linie wurde 1983 zwischen Paris und Lyon fertiggestellt. Der supermoderne, orangefarbene Pfeilzug braucht für die rund 500 km nur 2 std., er braust mit 300 km/h über die nahezu kurvenfreie Strecke und das 13 x tägl. Lyon wird so fast zum Pariser Vorort. Mit dem TGV ist man von Paris aus in 4 std. und 40 min. in Marseille oder in 7 std. in Nizza - das ist nicht viel langsamer als mit dem Flugzeug, wenn man An-, Abfahrt und Abfertigungszeit dazurechnet. Außerdem fahren TGV-Züge auch mehrmals tägl. ab Dijon nach *Genf, Lausanne, Annecy, Chambery, Nimes* und *Montpellier*.

Mittlerweile hat die SNCF einen TGV der 2. Generation entwickelt. Einziges Problem ist, daß ein Großteil der Strekken neu verlegt werden muß - die Linie nach Bordeaux (3 std.) und an die spanische Grenze (5 std.) wurde 1989 eingeweiht. In Vorbereitung sind Linien nach Amsterdam, London und Köln.

Falls ihr den TGV mal testen wollt - übrigens ein absolut futuristisches Erlebnis: automatische Türen, vollklimatisiert und spitzenmäßig schall- und erschütterungsisoliert - müßt ihr auf jeden Fall einen Platz reservieren (frühestens 2 Monate, spätestens 15 min. vor Fahrtantritt, ca. 4,50 DM), garantiert aber einen gedrängelfreien Zug! An bestimmten Tagen und zu Spitzenzeiten muß in einigen wenigen TGV-Zügen zusätzlich ein Zuschlag berappt werden - einzusehen im *'Guide du Voyageur TGV'* (kostenlos in Bahnhöfen), kann aber auch bei der automatischen Reservierung (s. unten) abgefragt werden.

Landschaftlich interessant sind in Frankreich vor allem die *Alpen- und Pyrenäenlinien* (Tips dazu im Text), außerdem die schöne *Cevennen-Linie* von Nimes nach Clermont-Ferrand (siehe S. 363).

ZUSCHLÄGE: auch Interrailer müssen die z.T. saftigen **Zuschläge** bezahlen, die sich nach Zugkategorie und Entfernung richten (z.B. Paris - Bordeaux ca. 23 DM). Insgesamt ziemlich unübersichtliches System, mal Zuschlag nur an gewissen Tagen, mal nur auf bestimmten Streckenabschnitten. Am besten immer im Auslandskursbuch nachschlagen, ob der Zug, den ihr benützen wollt, zuschlagpflichtig ist (Punktmarkierung).

PLATZRESERVIERUNG: könnt ihr auf den TGV-Bahnhöfen an Automaten selber vornehmen (zuschlagpflichtige TGV-Züge werden dabei angezeigt).

SCHLIESSFÄCHER / GEPÄCKAUFBEWAHRUNG: gibts fast in jedem größeren französischen Bhf. Schließfächer (ca. 1,50 DM) oft mit modernem Nummerncode, der angeblich relativ leicht zu knacken ist, Gepäckaufbewahrung ca. 3,50 DM, in Großstädten oft 24 std. offen.

FAHRPLÄNE: auf jedem Bhf. sind kleine Fahrplanhefte zu haben. Aber Vorsicht, wenn man kein Französisch kann - die Bemerkungen und Kommentare sind oft wichtig.

FAHRRADVERLEIH: an ca. 300 Bahnhöfen, für 1/2 Tag je nach Fahrradtyp 8-11 DM, für 1 Tag 10-15 DM, Kaution ca. 80 DM. Laßt euch die Broschüre **Train et Vélo** geben.

Information: Société Nationale des Chemin de Fer Francais, Direction commerciale des voyageurs, 10, Place de Budapest, 75436 Paris Cedex 9.
Generalvertretung in der BRD: Französische Eisenbahnen, Rüsterstr. 11, 6000 Frankfurt/Main 1.

Praktisches

Einreise: Personalausweis oder Reisepaß.

Finanzielles: der französische *Franc (FF)* hat einen stabilen Kurs und ist seit langen Jahren ziemlich genau ein Drittel der DM wert. *Reise-* und *Euroschecks* stellen keine Probleme dar. Auch mit dem *Postsparbuch* kann Geld abgehoben werden, allerdings nur an bestimmten Postämtern (z.Z. in etwa 800 Städten, aber die Zahl steigt). Auch Bargeld und Schecks können an vielen Postämtern mit 'Change'-Schalter gewechselt werden.

Aktueller Kurs: 1 DM = 3,5 Franc (2/90)

Frankreich Fahrpläne Nr 25000 – 25095 Korsika Fahrplan Nr 25095

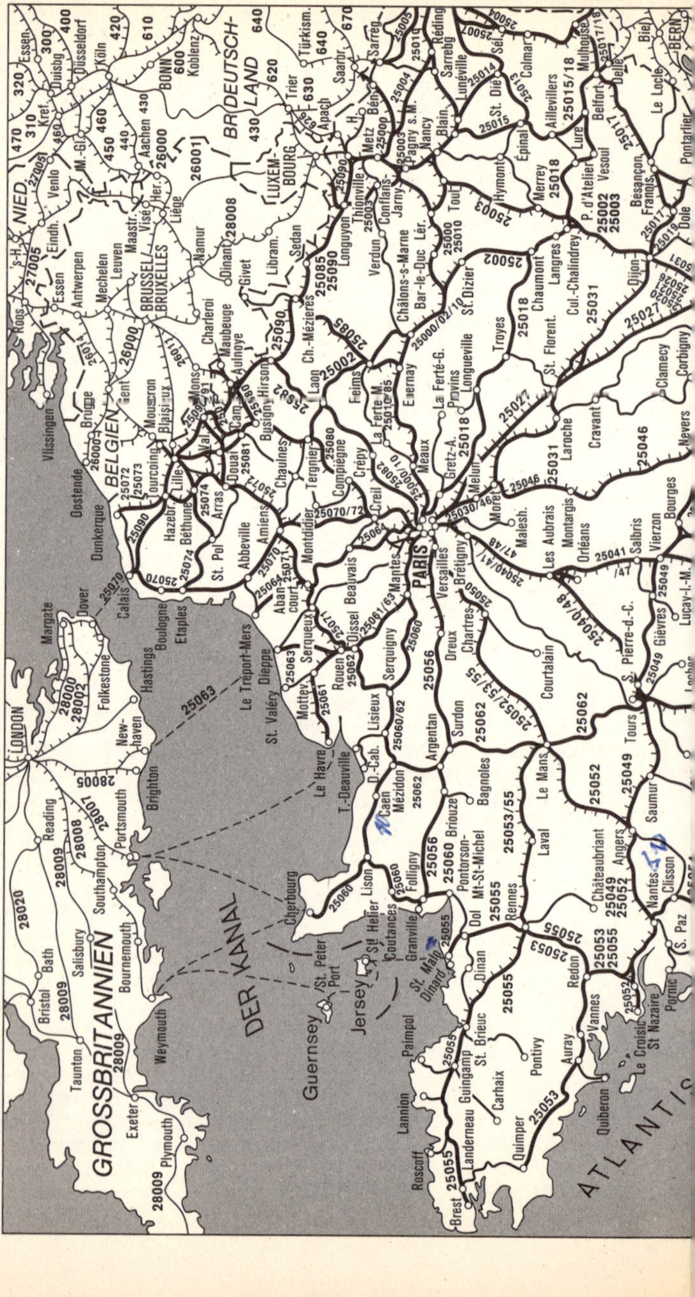

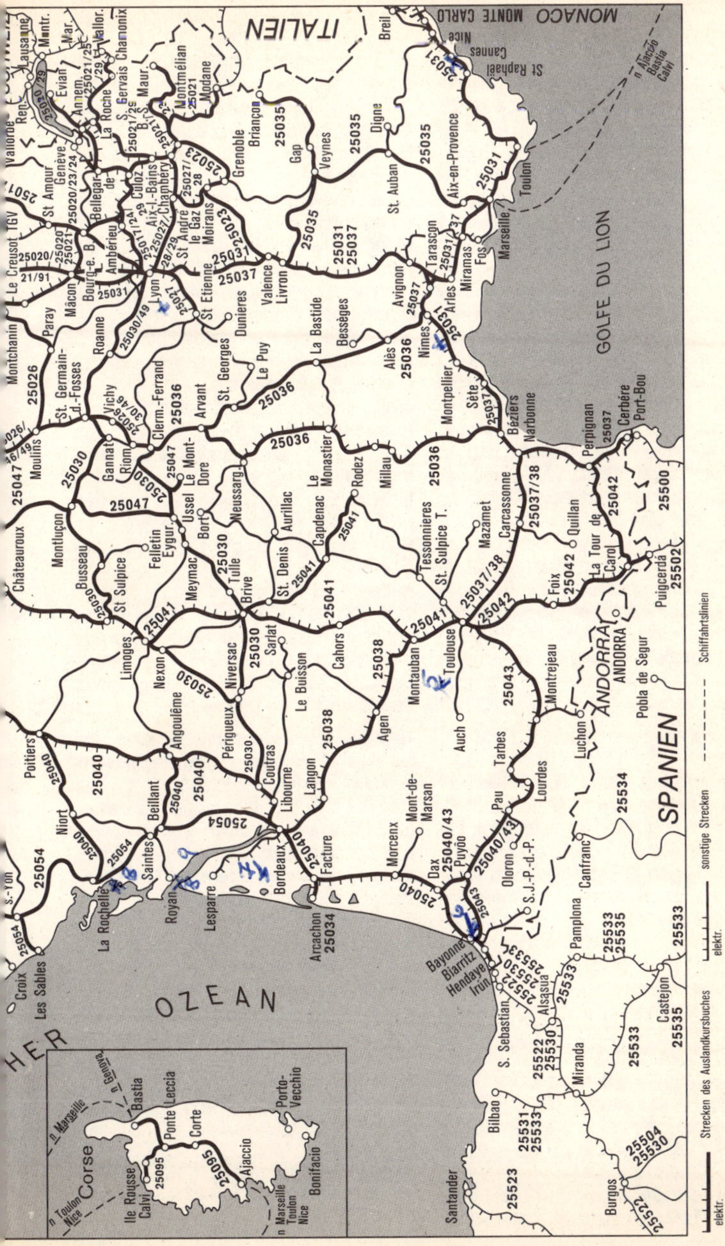
ITALIEN
MONACO MONTE CARLO
GOLFE DU LION
OZEAN
SPANIEN
ANDORRA
Corse
Lausanne
Genève
Lyon
St Etienne
Grenoble
Chambéry
Modane
Briançon
Gap
Digne
Nice
Cannes
St Raphael
Toulon
Marseille
Aix-en-Provence
Avignon
Arles
Nimes
Montpellier
Sète
Béziers
Narbonne
Perpignan
Cerbère
Port-Bou
Carcassonne
Toulouse
Montauban
Cahors
Brive
Limoges
Poitiers
Angoulême
Périgueux
Bordeaux
Arcachon
Dax
Bayonne
Biarritz
Hendaye
Irun
Pau
Lourdes
Tarbes
Auch
Agen
Clerm.-Ferrand
Vichy
Moulins
Montluçon
Châteauroux
La Rochelle
Saintes
Royan
Niort
Les Sables
S. Sebastian
Bilbao
Santander
Burgos
Miranda
Pamplona
Castejon
Puigcerdà
Bastia
Ajaccio
Calvi
Corte
Ile Rousse
Porto-Vecchio
Bonifacio
Strecken des Auslandkursbuches
elektr.
sonstige Strecken
Schiffahrtslinien

Übernachten: *Jugendherbergen* (Auberges de Jeunesse) gibt es in allen denkbaren Qualitätsstufen, von sauber und gut ausgestattet bis runtergekommen und verwahrlost. Eine Übernachtung kostet meist 12-16 DM, JH-Ausweis wird nicht überall verlangt. Ergänzend dazu gibt es in vielen Städten *Hostels* verschiedener Organisationen, z.B. UCJG (CVJM) und Accueil des Jeunes, außerdem gelegentlich private Herbergen.
Billige *Hotels* und *Pensionen* sind häufig in Bahnhofsnähe oder/und in der Altstadt zu finden. Die niedrigsten Preise (ohne eig. Bad/Dusche und Frühstück) liegen um die 25-30 DM fürs DZ, warme Dusche geht oft extra.
Die Franzosen sind die europäische Camping-Nation. Das ganze Land ist mit einem dichten Netz von *Campingplätzen* überzogen, in jedem noch so kleinen Dorf gibt es mindestens einen Camping Municipal, vor allem außerhalb von touristischen Ballungsgebieten sind sie oft spottbillig.
Im Freien übernachten und wild zelten ist hier und dort möglich, das Pofen in Bahnhofshallen dagegen meist mit Problemen verbunden, in Paris und Marseille unmöglich.

Essen und Trinken: Baguette, Rotwein, Käse - das typische französische Picknick ist jedem geläufig, der schon mal im Nachbarland war. Die Lebenshaltung ist im allgemeinen nicht ganz billig, die Preise in Läden und Supermärkten liegen etwas über den unseren. Am billigsten sind die riesigen Einkaufszentren (Géant Casino u.a.).
Essen wie Gott in Frankreich ist möglich, kostet aber einiges - jedoch nicht so viel wie in Italien. Das Frühstück ist meist unansehnlich, außer *Croissants* (Hörnchen) oder Baguette ist wenig geboten. Das Mittagessen ist im Gegensatz zum Mittelmeergebiet eine wichtige Hauptmahlzeit, viele Restaurants bieten dann eine preiswerte *Plat du Jour* (Tagesgericht) oder ein *Menu Touristique* an.
A la Carte essen kommt in der Regel teurer. Trotz inzwischen zahlreicher Schnellrestaurants dominieren immer noch überall die kleinen *Bistros*, wo man mit wenig Hektik und viel Atmosphäre sein Essen genießen kann. In Bars und Cafés werden meist diverse Snacks, Sandwiches u.ä. angeboten.
Die Spezialitäten sind regional äußerst unterschiedlich - vor allem spürbar der Unterschied der Inlandsküche zur Küstengastronomie. *Muscheln* gibts am Meer überall, vor allem an der Atlantikküste. Aus Marseille stammt die berühmte *Bouillabaisse*, eine opulente Fischsuppe (kostspielig). *Crepes* und *Galettes* in zahllosen Variationen sind oft eine preiswerte Alternative, sättigen aber nicht besonders.
Wein ist ein Hauptnahrungsmittel der Franzosen - die Auswahl ist riesig, die Qualitätsunterschiede sind jedoch womöglich noch größer. Sehr erfreulich für passionierte *Biertrinker* sind die großen 1,5 ltr-Flaschen, die in ganz Frankreich im Handel sind - kleinere gibt es kaum.
Kaffee wird immer als Espresso serviert und heißt *Café* oder *Express*. *Un crème* ist dasselbe mit Milch, *un grand Café* die doppelte Menge an Kaffee. Ein *Café au lait* besteht zu gleichen Teilen aus Kaffee und Milch.

Telefon: Auslandsgespräche sind von fast allen Telefonzellen im Selbstwählverkehr möglich. Gezahlt wird am besten mit 5-Franc Stücken, auch kleinere Münzen sind möglich. In Frankreich gibt es außerdem die sog. *Télécarte*, die man auf Postämtern und in Bahnstationen kaufen kann (40 und 120 Einheiten), in Paris ist sie obligatorisch. Die beim Gespräch verbrauchten Einheiten werden vom jeweils benutzten Apparat auf der Karte gelöscht - sehr praktisch, funktioniert aber noch nicht in allen Zellen. In Frankreich gelten seit 1985 einheitlich achtstellige Nummern, die Vorwahl (die ersten beiden Ziffern) müssen auch bei Ortsgesprächen mitgewählt werden.

VORWAHL: Bundesrepublik Deutschland - **19*49**, Österreich - **19*43**, Schweiz - **19*41** (* = erneuten Wählton abwarten, erst dann weiterwählen).

Kleines Sprachlexikon

Allgemeines: Guten Tag - *bonjour*; Guten Abend - *bonsoir*; ja/nein - *oui, non*; danke/bitte - *mercie/síl vous plait*; Entschuldigen Sie - *pardon*; links - *gauche*, rechts - *droite*; wo ist? - *où est?*; Straße - *rue*, Platz - *place*; Zimmer - *chambre*. Zahlen 1-10 = *un, deux, trois, quatre, cinq, six, sept, huit, neuf, dix*; 20 - *vingt*; 50 - *cinquante*; 100 - *cent*; 1000 - *mille*.

Bahn: Zug - *train*; Bahnhof - *gare*; Abfahrt - *départ*; Ankunft - *arrivée*; Fahrplan - *horaire*; Zuschlag - *supplément*; Kurswagen - *voiture directe*; Schlafwagen - *voiture-lit*; Liegewagen - *couchette*; Platzreservierung - *réservation*.

BOTSCHAFTEN

Bundesrepublik Deutschland: 75016 Paris, 34, Av. d'léna, Tel. 1/42997942 (Rechts- u. Konsularabteilung). Generalkonsulate in 33200 Bordeaux, 377, Blv. du President Wilson, Tel. 56/086020. 69458 Lyon, 33, Blv. des Belges, Tel. 78/935473. 13295 Marseille, 338, Av. du Prado, Tel. 91/ 776090.
Österreich: 75007 Paris, 12, Rue Edmond Valentin, Tel. 1/47052717. Konsulate in 33300 Bordeaux, 86, Cours Balgurie-Stuttenberg, Tel. 56/485757. 69006 Lyon, 17, Boulevard des Belges, Tel. 78/932186. 13000 Marseille, 27, Cours Pierre Peyet, Tel. 91/530208.
Schweiz: 75007 Paris, 142, Rue de Grennelle, Tel. 1/45503446. Generalkonsulate 69006 Lyon, 8, Rue Godefroy, Tel. 78/935134. 13295 Marseille, 7, Rue d'Arcole, Tel. 91/533665.

FREMDENVERKEHRSÄMTER

D-6000 Frankfurt/Main, Kaiserstr. 12, Tel. 069/7560830. **D-4000 Düsseldorf**, Berliner Allee 26, Tel. 0211/80375. **A-1033 Wien**, Hilton Center 259 C-2, Tel. 0222/757062. **CH-8022 Zürich**, Bahnhofstr. 16, Tel. 01/2113085. **CH-1201 Genève**, 2, Rue Thalberg, Tel. 022/328610.

Straßburg

Hauptstadt des Elsaß und seit Jahrhunderten Zankapfel zwischen Frankreich und Deutschland. Zumindest seit der Revolution überwiegt aber der französische Einfluß.

Auf die Deutschen, die in den letzten hundert Jahren das Elsaß immer wieder besetzt haben, ist man im allgemeinen nicht sonderlich gut zu sprechen. Das *Europa-Parlament* befindet sich hier sicher an der richtigen Stelle. Sehr schön die alte Innenstadt mit Fachwerkhäusern aus dem 16./17. Jh. und netten Plätzen, außerdem gibts eine bedeutende Uni, dementsprechend viel studentisches Leben.

VERBINDUNGEN / BAHNHOF: westl. vom Zentrum, es gibt Duschen. Zur Place Gutenberg geradeaus die Rue du Maire Kuss, über den Fluß und weiter die Rue du 22 Novembre, rechts die Rue des Francs-Bourgeois und links zur Place Gutenberg.

INFORMATION: Place Gutenberg 10, ganz zentral in der Altstadt, nicht weit vom Dom. Zimmervermittlung (Zweigstelle im Bhf.).

ÜBERNACHTEN: **Jugendherberge René Cassin (IYHF)**, 9, Rue de l'Auberge de Jeunesse, Tel. 88/302646. Sehr groß, modern und sauber, ca. 15 DM im Schlafsaal (incl. reichhaltigem Frühstück), auch Dreibettzimmer; zelten möglich, Bus 21 ab Bhf. bis Haltestelle Hippodrome (dort ca. 10 m zurück, links abbiegen und 300 m geradeaus, Haus mit Flaggen). Auch essen kann man dort gut. Leider liegt eine große Verbrennungsanlage nur ca. 400 m entfernt.
Centre International de Rencontres (IYHF), Rue des Cavaliers, Tel. 88/601020, ganzes Stück teurer, zudem 6 km außerhalb vom Zentrum, Bus 11 bis Pont du Rhin.
Camping Montagne-Verte, gleich bei der JH René Cassin, nah der Rue du Schnokeloch.

ESSEN: viele **Weinlokale** in der Innenstadt, sehr hübsch sitzt man im malerischen Viertel **La Petite France** mit seinen zahlreichen Wasserläufen.

Sehenswertes: besonders 'romantisch' ist das ehemalige Gerberviertel *La Petite France* mit seinen Fachwerkhäusern, Kanälen und Brücken im westl. Teil der Altstadt (vom Bhf. die Rue du Mairie Kuss über den Fluß Ill und rechts den Quai Turckheim entlang). Natürlich ballen sich hier heute die Touristen, zahllose Restaurants, Antiquitäten- und Souvenirläden buhlen um die Gunst der potentiellen Kunden. Der Stadtkern um die Kathedrale ist fast völlig Fußgängerzone. Wenn ihr von der Place Gutenberg die Rue Mercière entlanggeht, habt ihr den besten Blick auf das überwältigende gotische *Münster*, das schon Goethe zu Begeisterungsstürmen veranlaßt hat. Mit seinem eleganten Turm ragt es 142 m

hoch über die engen Gassen der Altstadt hinaus und ist zweifellos einer der schönsten gotischen Kirchenbauten Europas. Schaut euch im Inneren die berühmte *astronomische Uhr* an, die alle möglichen Erd-, Planeten- und Sternzeiten zeigt (tägl. 12.30 h wird sie vorgeführt, ca. 1 DM, Kathedrale kann zu diesem Zeitpunkt nicht kostenlos besichtigt werden). Der Turm kann bestiegen werden (ca. 2 DM).
An der Place du Chateau, seitlich der Kathedrale, findet ihr das *Chateau des Rohan*, einen ehemaligen Bischofspalast aus dem 18. Jh. mit mehreren Museen (Porzellan, Archäologie und Kunst, ca. 2 DM, Stud. 1 DM) und benachbart das *Maison de l'Oeuvre Notre-Dame* mit einer schönen Sammlung elsässischer Kunst vom Mittelalter bis ins 17. Jh. Sehr beachtlich ist außerdem das nahe *Musée d'Art Moderne* am Fluß, Rue de la Douane, das eine reiche Kollektion von Malern des 19./20. Jh. besitzt, u.a. Gauguin, Renoir, Klee, Chagall und Utrillo (Mi-Mo 10-12, 14-18 h, Di geschl., ca. 1,50 DM, Stud. ermäß.).

FLOHMARKT: **Marché aux Puces** (Grimpelmarkt) an der Rue du Vieil Hopital (beim Münster) jeden Mi und Sa Vormittag. Viel Second-hand-Kleidung, auch Militärsachen.

Dijon - Beaune - Lyon - Arles - Marseille A-Kb. 25031

Hauptlinie von der BR Deutschland in die Provence und ans Mittelmeer. Südl. von Dijon geht es das Tal der Saone und später der Rhone entlang.

BURGUND

Hügelig-grünes Durchgangsland, bestens geeignet zum Wandern, aber vor allem bekannt für seine ausgedehnten Weingebiete, hier wachsen die Spitzenweine Frankreichs. Im Mittelalter war Burgund Zentrum des französischen Klosterwesens, zahlreiche Klöster und Kirchen weisen in diese Zeiten zurück.

Dijon: im 14./15. Jh. Hauptstadt des Königreichs Burgund. Viele ausgezeichnet restaurierte Adelshäuser sind erhalten, es macht Spaß, hier herumzuschlendern. Dank der großen Uni ist auch oft einiges los.
An der zentralen Place de la Liberation steht der ehemalige Herzogspalast (*Palais des Ducs de Bourgogne*) mit dem *Musée des Beaux Arts*, eins der besten Kunstmuseen Frankreichs. Die reiche Sammlung von Gemälden aus allen Epochen lohnt den Eintritt, gleichzeitig kann man so das prächtige Innenleben des Palastes bewundern (10-18 h, Di geschl., ca. 3 DM, Stud. frei).

VERBINDUNGEN / BAHNHOF: **Bhf.** liegt ca. 1 km westl. vom Zentrum, Gepäckaufbewahrung, Schließfächer.

INFORMATION: Place Darcy, am Weg vom Bhf. ins Zentrum, Zimmervermittlung.

ÜBERNACHTEN: moderne **Jugendherberge Centre de Rencontres Internationales**, 1, Boulevard Champollion, Tel. 80/713212. 5 km vom Zentrum, Bus 6 bis Place de la République, weiter Bus 5 in Richtung Epirey.
Foyer International d'Etudiants, 1, Av. Marechal Leclerc, Tel. 80/715101, weiteres Hostel, ca. 15 DM, Bus 4 Richtung Gréezille.
Das erschwingliche **Hotel de France** liegt nicht weit vom Bhf. , 16, Rue des Perrières.
Camping Du Lac ca. 2 km vom Bhf., an einem kleinen See.

Beaune: von Dijon schnell mit der Bahn zu erreichen, Zentrum des burgundischen Weinbaus und Tourismus, in der alten Stadtmauer liegen zahlreiche Weinkeller. Es gibt sogar ein *Weinmuseum* im Hotel des Ducs de Bourgogne, der ehemaligen Residenz der Herzöge von Burgund (9-12, 14-18 h), Rue d'Enfer.
Größte Attraktion der Stadt ist das berühmte gotische *Hotel-Dieu*, das der Kanzler der Herzöge aus Sorge um seine arme Seele als Hospital stiftete. Auffallend der elegant-zierliche Baustil des architektonisch bemerkenswerten Baus (tägl. 9-19 h, nur mit Führung, ca. 6 DM, Stud. 4 DM).
Gleich in der Nähe kann man, wem das Weinmuseum zu theoretisch war, in den Keller des *Marché aux Vins* hinuntersteigen und den praktischen Teil

absolvieren. Für ca. 10 DM kann man hier eine std. lang soviel Burgunder kosten, wie man will.

INFORMATION: gegenüber vom Hotel-Dieu.

ÜBERNACHTEN: Hotels sind dank der vielen Touristen teuer in Beaune. Besser Tagesausflug von Dijon machen oder auf den sehr gepflegten **Camping Municipal les Cents Vignes** gehen, 10, Rue Auguste Dubois.

LYON (2)

Wird von Touristen oft links liegengelassen - Lyon genießt den Ruf einer uninteressanten und häßlichen Großstadt und ist für viele nur als Verkehrsknotenpunkt bedeutsam.

Davon solltet ihr euch aber nicht irre machen lassen - wegen der zahlreichen Fußgängerzonen (Rue de la République und Rue Victor Hugo) ist Lyon zum 'Bummeln' sicher eine der angenehmsten Großstädte Frankreichs! Die Straßen sind auffallend sauber und modern, es gibt ein gutes U-Bahnsystem und der 'postmoderne' Bhf. Part-Dieu sorgt dafür, daß Wartezeiten schnell vergehen. Das Zentrum Lyons ist die *Presqu'ile*, eine langgestreckte Landzunge zwischen den beiden Flüssen Rhone und Saone. Auf der anderen (westl.) Seite der Saone liegt die eigentliche Altstadt.

VERBINDUNGEN / BAHNHOF: im zentrumsnahen, älteren Bhf. **Gare Lyon-Perrache** gibts 2 x Schließfächer - Erdgeschoß und 1. Stock. Tourist-Informationsbüro vor dem Bhf. Die kerzengerade Rue Victor Hugo führt genau zur zentralen Place Bellecour mit dem Hauptbüro der Information (ca. 10 min. zu Fuß oder per Metro).
Der **Gare Part-Dieu** liegt im ultramodernen Geschäfts- und Bankenviertel am Ostufer der Rhone, ebenfalls Information. Hier die meisten Verbindungen nach Südfrankreich.

INFORMATION: an der Place Bellecour (Südostecke), Zweigstellen vor den Bahnhöfen.

ÜBERNACHTEN: am Bhf. manchmal möglich. Gut ausgestattete **Jugendherberge**, 51, Rue Roger Salengro in Lyon-Vénissieux, Tel. 78/763923, 4 km außerhalb, in tristem Neubauviertel. Mit Metro bis Place Bellecour, weiter Bus 35 bis Georges Lévy. Nach 21 h Bus 53 von Gare Perrache bis Etats-Unis-Viviani. Vom Gare Part-Dieu Bus 36 bis Viviani Joliot-Curie, ca. 12 DM.
Nicht weit davon das **Centre International de Séjour de Lyon** (C.I.S.L.), 48, Rue du Commandant Pegoud, Tel. 78/012345, Bus 35 bis Etats-Unis-Beauvisage. ca. 22 DM.
YMCA-Herberge (UCJG) in 1, Rue Charny BP 1059, Villeurbanne, Tel. 78/532179. Funglert vom 1. Juli bis 31. August als Inter-Point, ca. 22 DM pro Pers., Bus 38 von Gare Part-Dieu bis Charrin oder Place Ronde.
Preiswertes Hotel ist **Hotel Select Home des Terreaux,** 22, Rue des Capucines, Tel. 282692.

ESSEN: Lyon ist eine der kulinarischen Hauptstädte Frankreichs. Restaurants findet ihr an jeder Ecke, die meisten in der Altstadt, am anderen Ufer der Saone, allerdings nicht die billigsten. Dort drüben tobt auch das Nachtleben, das aber ebenfalls die Geldbörse belastet.
Gute, gerade noch erschwingliche Küche im **Garioud**, 14, Rue Palais-Grillet (Zentrum). Viel los ist meist im **Vieux Lyon Le Vieux Fourneau**, 19, Rue de la Bombarde.

MÄRKTE: unbedingt erlebenswert - der **Marché des Antoins** an der Saone, Quai Saint-Antoine! Knoblauchketten, Würste, Lavendel, getrocknete Kräuter, Fischgeruch (tägl. außer Mo 5-12 h).

Sehenswertes: Zentrum der Presqu'ile ist die *Place Bellecour* - verkehrsberuhigt, Kastanienbäume, Blumenmarkt, ein paar spärliche Sitzgelegenheiten und ein bißchen karg. Im Eckhaus zur Rue Alphonse-Fochier wurde Antoine de Saint-Exupéry geboren - wer kennt ihn nicht, den 'Kleinen Prinz'!
Wenn ihr von hier die Saone überquert, kommt ihr in die malerische Altstadt *Le Vieux Lyon* - viele Kneipen und Restaurants, die bis nachts geöffnet haben und das wohl größte erhaltene Renaissance-Viertel Frankreichs! Besondere Spezialität sind die sog. *Traboules*, das sind Hausdurchgänge, die parallel verlaufende Straßen miteinander verbinden (im Tourist-Info gibts einen Plan). Die Fußgängerstraße Rue St-Jean endet bei der gleichnamigen *Kathedrale*, im Inneren eine astronomische Uhr aus dem 14. Jh. Per Seilbahn könnt ihr jetzt noch auf den 294 m hohen Hügel *Fourvière* gondeln.

MUSEEN: **Musée des Beaux Arts** an der Place des Terreaux. Spanische, holländische und französische Meister sind hier versammelt, z.B. Rembrandt, Rubens, El Greco, Monet, Manet, Renoir und Van Gogh (Mi-So 9.30-12, 14-18, Mo/Di geschl., frei).

Musée des Marionettes, in Vieux Lyon, Place du Petit College, tolle Sammlung verschiedenster Puppen und Marionetten aus aller Welt (11-18 h, Di geschl. frei).

Französische Alpen

Vom Genfer See bis zu den Ausläufern an der Cote d'Azur eine Region von wilder Schönheit. Im Südwesten gehen die sog. Seealpen in das Hochland der Provence über.

Hauptanziehungspunkt sind in den Hochalpen *Chamonix* mit dem *Mont Blanc Massiv* (mit 4800 m höchster Berggipfel Europas), das malerische Städtchen *Annecy* am gleichnamigen See und die Berge um die moderne Stadt *Grenoble*. Bahntechnisch sind die Alpen recht schlecht erschlossen - nur wenige Eisenbahnlinien verlaufen zwischen Chamonix, Annecy und Grenoble, die Hauptstrecken gehen von Genf und Lyon aus, ansonsten gibt es eine internationale Verbindung über Modane und Turin nach Italien. Zu den kleineren Orten fahren überall Busse.

Martigny - Le Chatelard - Chamonix

Schöne Schmalspurstrecke von *Martigny* (Schweiz), südl. vom Genfer See. Auf Schweizer Seite bis zur Grenze Privatbahn (teilweise Zahnradantrieb), ab Grenze französische Staatsbahnen.

Chamonix

Preisniveau sehr hoch, zudem immer überfüllt. Trotzdem lohnt der Weg - es gibt herrliche Wandermöglichkeiten, zudem schaukeln euch abenteuerliche Berg- und Seilbahnen in die umgebenden Gletscher- und Bergmassive. Alles beherrschend das gewaltige Panorama des Mont Blanc.

INFORMATION: Place de l'Eglise, Zimmervermittlung und Auskünfte über Wandern, Bergbahnen etc.

ÜBERNACHTEN: neue **Jugendherberge** in Les Pélerins (Bahn 5 min. Richtung St. Gervais), Tel. 50/531452. Vom Bhf. Les Pélerins ca. 500 m zu Fuß, zudem Busse ab Chamonix. Etwa 16 DM mit Ausweis, sonst 22 DM.

In Chamonix selbst ebenfalls einige preiswerte Unterkünfte, z.B. **Chalet le Chamoinard**, Av. du Bois du Bouchet, Tel. 50/531409, ca. 15 DM pro Pers. Außerdem gibt es mehrere Campingplätze, **Camping Les Arolles** liegt 15. min. vom Bhf.

Sehenswertes: fahrt unbedingt mal mit der Zahnradbahn nach *Montenvers* - 2000 m hoch (ca. 20 min., ca. 12 DM hin und zurück). Toller Ausblick auf die Gletschermassen des *'Mer de Glace'*!
Absolut Spitze ist aber die Fahrt mit der höchsten Seilbahn der Welt auf 3800 m Höhe bis zur Bergstation unterhalb vom Gipfel des *Aiguille du Midi* (ca. 40 DM hin u. zurück). Ihr müßt jedoch morgens so früh wie möglich aufbrechen, nachmittags hängt oben alles voller Wolken. Außerdem warme Sachen mitnehmen - das Thermometer sinkt auch im Hochsommer bis unter Null Grad.
Für ca. 70 DM Möglichkeit, nach Italien zu fahren (Kabinenlift und Seilbahn)!

Annecy: sehens- und liebenswertes Städtchen mit zahlreichen Kanälen, Bogengängen und alten Bürgerhäusern. Wunderschöne Lage am Nordende des gleichnamigen Sees, ein prächtiges Schloß thront über der Altstadt.
In den verwinkelten Gäßchen bröckelt überall der Putz, an den Quais kann man bis tief in den Herbst in den Bistros sitzen.
Am Seeufer weite Parkanlagen und ideale Spazier- und Bademöglichkeiten, im Sommer finden ab und zu folkloristische Feste statt.

INFORMATION: Place de la Liberation.

ÜBERNACHTEN: **Centre International de Séjour**, Rue des Marquisats, Tel. 450880, am See. Einzel, DZ und Dreibettzimmer für 15-20 DM pro Pers., auch Busverbindung.
Jugendherberge La Grande Jeanne, 16, Route du Semnoz, Tel. 50/453319. Anstrengender Weg vom Bhf. (ca. 4 km), Bus fährt nur ziemlich selten.
Mehrere Campingplätze in der Umgebung, **Camping Municipal le Belvedere** am Weg zur Jugendherberge, Route du Semnoz.
Hotel Clematites, 19, Rue Vaugelas, Tel. 451786, nur 5 min. vom Bhf.

SHOPPING: Annecy hat elegante Geschäfte und Boutiquen - viele Genfer nutzen einen Wochenendtrip ins 50 km entfernte Städtchen zum ausgiebigen Einkaufsbummel. Di und Fr platzt die Altstadt aus allen Nähten -bereits seit dem Mittelalter findet dann der große **Markt** in der Rue Saint-Claire und auf den angrenzenden Flußbrücken statt.

(Genève) - Chambery - Grenoble - Veynes - Aix-en-Provence A-Kb. 25023, 25035

Tolle Bahnlinie quer durch die Haute Provence hinunter nach Aix-en-Provence. Praktisch die einzige Strecke dieser Region, selten befahren, aber sehr lohnend. Umsteigen in Grenoble. In St. Auban Möglichkeit, nach *Digne* abzuzweigen und mit der privaten 'Chemins de fer de la Provence' nach *Nizza* weiterzufahren (50 % für Interrailer, siehe Nizza).
Abstecher zu den Stauseen und zur Schlucht des Verdon, siehe S. 362, Aix-en-Provence S. 361.

Grenoble: insgesamt moderne Stadt mit Universität und viel Industrie, aber tolle Lage inmitten der mächtigen Ausläufer der Alpen. Von den kargen Außenbezirken nicht abschrecken lassen, die Innenstadt ist hübsch. Viele Straßencafés, allerdings alles recht teuer. Vor dem Bhf. eine Grünfläche, ideal zum Ausspannen. Auf Electronic-Tafeln findet ihr Infos über Veranstaltungen, auch über Buslinien, Übernachten etc.). Mal mit dem urigen Téléférique zum *Fort de la Bastille* rauf - ziemlich teuer, aber ihr könnt ja runter laufen. Oben phantastischer Blick.

VERBINDUNGEN / BAHNHOF: in die Centre Ville kommt ihr vom Gare Grenoble, wenn ihr halbrechts in die Avenue Alsace Lorraine einbiegt. Man überquert ein paar Straßen und läßt die Place Victor Hugo rechts liegen.

INFORMATION: 14, Rue de la Republique, Zweigstelle im Bhf. rechts.

ÜBERNACHTEN: moderne **Jugendherberge La Quinzaine** an der Av. du Grésivaudan, etwas außerhalb, Grenoble-Echirolles, Tel. 76/093352. Zu erreichen mit Bus 8 ab Cours Jean-Jaurès. Bus 8 geht auch zum **Camping Municipal**. Der Bhf. wird nachts geschlossen.

COTE D'AZUR

Eine der traditionellen Urlaubslandschaften Europas, schon seit dem 19. Jh. verdient man hier am Tourismus.

Sicher war die *Cote* mal eine der schönsten Küsten am Mittelmeer - bewaldete Felshänge mit schönen Badebuchten und dichter, subtropischer Vegetation, darunter Olivenbäume, Thymian, Rosmarin, Orangen- und Zitronenbäume, außerdem viele Blumen. Inzwischen ist die ganze Region aber restlos verbaut, jeder Franzose will hier sein Sommerhaus haben und in der Saison strömen die Urlauber in Millionen! Aus diesem Grund ist die Cote d'Azur eigentlich nur noch zum Durchfahren zu empfehlen. Wem's Spaß macht, kann ja ein paar Tage Streß über sich ergehen lassen.
Unterkünfte sind meist hoffnungslos überfüllt, auch Jugendherbergen, oft wird am Strand geschlafen, Polizeikontrollen sind nicht übermäßig häufig.

> Kleiner 'Geheimtip' für die Anfahrt - von Fossano (zu erreichen via Turin) nach Nizza verkehrt etwa 5 x tägl. die berühmte **Tenda-Bahn**, eine der schönsten Alpenstrecken! Eindrucksvollster Teil ist die Saorge-Schlucht zwischen Vievola und Breil, tolle Tunnel- und Viaduktfahrten, ca. 5 x tägl.
> Ab Breil auch Abzweigung nach Ventimiglia (ital. Grenzstadt an der Riviera).

Ventimiglia - Monte Carlo - Nizza A-Kb. 25031

Küstenlinie, fast immer dicht am Meer entlang, aber zahlreiche Tunnels.

Monaco/Monte Carlo

Steueroase und Exklusivheiligtum für Millionäre, Ölscheichs und Tennisspieler. Jeder macht mal Halt, um etwas von der Welt der oberen Zehntausend zu erspähen.

Das totale Wolkenkratzermilieu mit viel viel Beton, Luxushotels und Banken erwartet euch - Manhattan am Mittelmeer. Eindrucksvoll der Palast auf dem Hügel, die protzigen Jachten im Hafen, der Strand dagegen klein und ziemlich verschmutzt. Nur in der Altstadt Vieille Ville und im Hafenviertel La Condamine ist noch ein Hauch des alten Monte Carlo zu spüren - enge Gassen, Rokokohäuser, viele kleine Restaurants und Cafés. Grüßt Boris von mir.

VERBINDUNGEN / BAHNHOf: in Monaco verläuft die Bahnlinie mehrere km lang unterirdisch. Der kleine gemütliche **Bhf.** liegt nicht weit vom Hafen.

INFORMATION: Boulevard des Moulins 2 a (Nähe Casino).

ÜBERNACHTEN: billige Hotels um den Bhf., vor allem auf der Rue de la Turbie.

Centre de Jeunesse Princess Stephanie, Av. Prince Pierre 24, Tel.93/507505. Nur 200 m vom Bhf., so schön wie die Prinzessin selber, ca. 12 DM.

Jugendherberge auf dem Plateau St. Michel im benachbarten Menton, Tel. 93/359314. Recht klein, aber ihr könnt auf dem Gelände euer Zelt aufschlagen, wenn das Haus voll ist. Benachbart auch ein großer **Campingplatz**, leider in der Saison sauteuer, überfüllt und verdreckt. Vom Bhf. in Menton ca. 1,5 km Fußmarsch den Berg hinauf oder Bus 6 Richtung Ciappes de Castellar.

Ebenfalls etwas außerhalb in **Cap d'Ail** (mit der Bahn leicht zu erreichen) eine Superunterkunft, das **Relais International de la Jeunesse**, Blv. de la Mer, nur 5 min. vom Bhf., schöne alte Villa mit tollem Meeresblick und angemessenen Preisen, ca. 14 DM mit Frühstück (im Freien!), Tel. 93/781858 (nur im Sommer offen). In 700 m Entfernung die Plage Mala, ein ausgezeichneter Kiesstrand in einer malerischen Bucht.

Laut Auskunft eingefleischter Monaco-Reisender kann man an den **Plages du Larvotto** östl. vom Hafen übernachten.

ESSEN: Selbstverpflegung ist angesagt. Ein Menü ist nicht unter 25 DM zu bekommen. Nett, aber ebenfalls teuer, ist die **Markthalle** an der Place d'Armes (vom Bhf. die Av. Prince Pierre hinunter). Leser Roger Langenkemper empfiehlt im **Hotel Terminus** zu essen, direkt am Bhf. (Hot Dog und Cola).

Sehenswertes: ins *Casino* auf dem Monte Carlo-Hügel solltet ihr mal schauen (vom Bhf. die Rue Grimaldi entlang oder Bus 4), frei, aber nur, falls ihr schon 21 seid (Paßkontrolle, saubere Kleidung erwünscht). Geboten ist tägl. ab 10 h alles, was mit Glücksspiel zu tun hat. Interessanter sind die Räume, wo die etwas betuchteren Herrschaften dem Spiel frönen, die sog. 'Privatsalons' - romantisch-vornehme Innenausstattung mit viel Plüsch und Prunk aus dem 19. Jh. (etwa 15 DM, Jackett und Krawatte obligatorisch).

Unbedingt sehenswert ist das *Musée Océanographique* auf der Halbinsel, auf der auch die Altstadt liegt, westl. neben dem Hafen. In dem großen Gebäude unmittelbar über dem Meer findet ihr Aquarium, Sammlung seltener Meerestiere, Schiffsmodelle u.v.m. Leiter des Museums ist der berühmte Jean Jacques Cousteau, der die Exponate mit seinen Unterwasserexpeditionen regelmäßig auf den neuesten Stand bringt. Seine Kino- und Fernsehfilme kann man im ersten Stock kostenlos ansehen, jedoch nur in französisch (Mi-Mo 9-19 h, ca. 15 DM, Stud. ermäß., im Sommer auch Di offen). Trotz des enormen Preises lohnt sich der Besuch auf alle Fälle.

Monte Carlo/Umgebung: interessante Möglichkeit - zu Fuß über die Landzunge Cap Martin ins benachbarte *Menton*, ein sehr gepflegter und hübscher Badeort - gut erhaltene Altstadt, deren malerische Häuser den Hang hinaufklettern.

Oder ins verschlafene Bergnest *La Turbie*, oberhalb von Monte Carlo. Toller Blick und der absolute Kontrast zum Gewimmel unter euch!

LESERTIP: "in Cap d'Ail kann man an der **Plage Mala** prima im Freien schlafen " (Stefanie Modlinkski, Bielefeld).

NIZZA

Einer der Hauptanziehungspunkte der Riviera, dementsprechend überlaufen. Was hier zählt ist Geld - Hotels und Restaurants dicht an dicht, hektisch und laut.

Attraktion ist die berühmte *Promenade des Anglais* mit Palmen, Blumenbeeten und (teuren) Cafés, davor 7 km Kiesstrand und Menschenmassen, die im trüben Wasser der 500.000 Einwohnerstadt plantschen. Wer sich traut, riskiert abends einen Blick ins 'Negresco', eins der berühmtesten Hotels der Welt, farbenprächtig und unübersehbar illuminiert.

Unterhalb vom Schloßberg, Nähe Hafen, das einigermaßen sympathische *Altstadtviertel* mit verwinkelten Durchgängen und engen Gäßchen. Jeden Vormittag (außer Mo) malerischer *Blumen- und Gemüsemarkt* auf dem Cours Saleya. Über einen Treppenweg kommt ihr auf den Schloßberg - großer Park mit tollem Panoramablick, vom Chateau ist nicht mehr viel zu sehen.

VERBINDUNGEN / BAHNHOF: **Hbf. Nice Ville** liegt relativ nah am Zentrum, ca. 1 km hinter der Promenade.

SNCM-Fähren nach Korsika in der Saison 3-4 x tägl. ab Quai de la Commerce nach Bastia, Calvi, l'Ile Rousse und Ajaccio (Pullmannsitz ca. 63 DM, für Interrailer 30 % in der 2. Klasse, 87 DM).

INFORMATION: beim Hbf., Avenue Thiers.

ÜBERNACHTEN: sehr schwierig, in der Saison ein Zimmer zu finden. IYHF-Jugendherberge ist weit außerhalb, oft wird im Freien geschlafen.

Billige Hotels um den Bhf. sind u.a. **Hotel Miron**, Rue Miron (links vom Bhf., 2 Blocks hinter Av. Jean Medecin) und **Hotel les Orangers**, 10 bis, Av. Durante, Tel. 875141, ca. 40 DM fürs DZ. In der Altstadt kann man hübscher wohnen, z.B. **Saint Francois**, 3, Rue St-Francois, Tel. 857658.

Hostels gibt es einige - **International House for Young People**, 22, Rue Pertinax, Tel. 93/809800, nicht weit vom Bhf., Schlafsack mitbringen, gemischte Schlafsäle, ca. 15 DM.

IYHF-Jugendherberge relativ klein und ziemlich weit außerhalb, Route Forestière du Mont Alban, Tel. 93/892364. Etwa 15 DM, Bus 5 zur Place Massena, weiter Bus 14. Vorher anrufen.

Relais International de la Jeunesse, 26, Avenue Scuderi, Tel. 93/812763. Genauso weit wie die JH, ebenfalls ca. 15 DM pro Nacht, ist aber größer und man bekommt leichter Platz, Pool im Garten, Schlafsack erlaubt, Bus 15 ab Place Massena.

Umsonst im Freien wird **vor dem Bahnhof** geschlafen - viele Rucksackler, allerdings immer wieder Polizei. Am Strand schlafen ist stark abzuraten (Polizei!). Generell in Nizza Vorsicht vor Klau!

ESSEN: unbestritten das beste Essen der ganzen Cote d'Azur und dazu noch relativ gemäßigte Preise. In der 'Vieille Ville' findet ihr die billigsten Restaurants und Cafés. Recht preiswert und gut ist z.B. das Restaurant **Chez Davie**, 13, Rue Grimaldi. Im **Papier Maché**, Rue Enoit-Bunico, gibts Videos, Fleisch- u. Vegetarier-Gerichte. Gute lokale Küche im **Nice Socca**, 5, Rue Ste-Réparate. Die Cafeteria vom **Casino-SB-Markt** liegt nicht weit vom Bhf., hat große Auswahl und ist recht preiswert.

MUSEEN: sehr sehenswert das **Chagall-Museum** an der Av. du Docteur Menard beim Boulevard de Cimiez im Stadtteil Cimiez mit seinem phantastischen Bibelzyklus auf 17 Tafeln, Bus 15 ab Place Massena (Juli-Sept. Mi-Mo 10-19, sonst 10-12, 14-15.30 h, ca. 7 DM, Stud. die Hälfte).

Musée Matisse, Av. des Arènes-de-Cimierez, liegt noch ein Stück weiter nördl. Matisse verbrachte einen Großteil seines Lebens in Nizza, ausgestellt sind Werke aus sämtlichen Epochen, ebenfalls Bus 15 (Di-Sa 10-12, 14.30-18.30, So 14.30-18.30 h).

Chemins de Fer de Provence (auch Kiefernbahn genannt): diese rüttelnde und schüttelnde Privatbahn geht ca. 4 x tägl. von Nizza nach Digne (Interrailer bekommen 50 %, dann ca. 17 DM). Tägl. um 8.40 h startet im Sommer der 'Alpazur' am **Gare du Sud** - eine urige Schaukelfahrt ins Hochgebirge, über uraltbemooste Schwellen geht es durch das wild-romantische Tal des Var, tolle Schluchtenlandschaft, an den Berghängen kleben die kleinen Provence-Dörfer. In **Annot** 10 min. Aufenthalt - oder ihr steigt hier aus und fahrt mit dem Rückzug wieder Richtung Nizza. Ab Digne (an 11.50 h) u.a. Verbindungen nach Genf.

Nizza - Cannes - Marseille
A-Kb. 25031

Die Bahnlinie verläuft weiterhin direkt am Meer. Kurz hinter Nizza kommt **Cagnes-sur-Mer**- sehr malerische Umgebung und ein provencalisches Bergnest wie aus dem Bilderbuch - war deshalb schon immer ein Anziehungspunkt für Maler! Auf dem Hügel das gut erhaltene Altstadtviertel mit Stadtmauer und einem Irrgarten von Gäßchen - verwittertes Pflaster, Treppenwege und üppige Gärten. *Les Colettes*, das Wohnhaus von Renoir (jenseits vom Cagne-Fluß) ist zu einem Museum umgestaltet worden (Mi-Mo 10-13, 14-18 h, Di geschl.).

8 km einwärts liegt **St. Paul-de-Vence**, ebenfalls noch sehr mittelalterlich und ehemaliger Wohnort von Chagall. Inzwischen leider sehr touristisch, zahllose Souvenirshops - empfehlenswert

aber der Rundgang um die alte Stadtmauer. Vom Café de la Place könnt ihr den Boule-Spielern zusehen. 1 km außerhalb liegt das Kunstzentrum *Fondation Maeght*. Kunstinteressierte sollten sich dieses originelle Freilichtmuseum auf keinen Fall entgehen lassen - sehr ansprechend aufgemachte Sammlung moderner Kunst, farbenfroh und lebendig, sozusagen Kunst zum Anfassen, u.a. Chagall, Kandinsky und Miro (im Sommer tägl. 10-19, sonst 10-12.30, 15-19 h, ca. 9 DM, Stud. etwas ermäß.). Mit Bus ab Cagnes/Place de Gaulle.

Biot: einziger Vorteil dieses überlaufenen Touristenorts ist, daß mehrere Campingplätze in unmittelbarer Nähe des Bahnhofs liegen. Ansonsten muß man sich mit Flugzeuglärm (Einflugschneise Flughafen Nizza) und Zuggeratter anfreunden. Ziemlich mäßiger Kiesstrand, der eigentliche Ort 5 km landeinwärts. Interessant sind die zahlreichen Glasbläsereien.

Antibes: das vielleicht schönste Städtchen an der Cote - superhübsche Altstadt mit handtuchschmalen Gäßchen, großer Hafen, Sandstrand (Duschen und WC vorhanden), zahlreiche interessante Museen, natürlich auch viele Touristen.
In einem Teil der alten Stadtmauer befindet sich das *Musée d'Art et d'Culture* mit ständig wechselnden Ausstellungen, direkt daneben das *Musée d'Histoire et d'Archeologie* (für ca. 2 DM kann man alte Münzen, Amphoren, Schädel und Landkarten betrachten). Nicht weit entfernt das tolle *Picasso-Museum*, ein burgähnliches Gemäuer mit Meeresblick und schönem Skulpturengarten. Hier findet man Stücke in allen Stilrichtungen und Materialien - Glasmalerei, Teller, Photos, gewebte Teppiche und etliche Skurrilitäten (Mi-Mo 10-12, 14-18 h, Di geschl. ca. 6 DM, Stud. ermäß.). Eine weitere Attraktion ist der *Leuchtturm* (Le phare) auf dem Cap d'Antibes, immerhin mit einer Reichweite von 100 km.

INFORMATION: Place de Gaulle 12, vom Bhf. gut zu Fuß zu erreichen (Av. Robert Soleau in Richtung Meer).

ÜBERNACHTEN: Spitzenunterkunft ist das **Relais International de la Jeunesse** am Cap d'Antibes, Boulevard de la Garoupe, Tel. 93/ 613440, ca. 15 DM mit Frühstück (im Freien!) und direkt am Meer, nur im Sommer offen und immer sehr voll, vorher anrufen (kann bereits ab Sept. geschl. sein). Vom Busbhf. im Zentrum (Place de Gaulle) den Bus "La Garoupe" nehmen, aussteigen auf dem Blv. de la Garoupe, ca. 50 m vom Relais (2 Stationen hinterm Casino-Supermarkt), letzter Bus gegen 18.45 h. Beim Relais gibt es keine Geschäfte - aber Antibes ist gut per Autostop zu erreichen.
Camping ist Fehlanzeige, der nächste Platz liegt in **Juan-les-Pins**, 10 min. vom Meer. Vereinzelt wird am Ufer im Freien geschlafen (Vorsicht vor Klau).

ESSEN: den überdachten Marktplatz kann man getrost vergessen. Gut gefallen hat uns die Kneipe **Au Vieux Tour**, 22, Rue Thuret (Nähe Hafen), Zwiebelsuppe, Pizza aus dem Holzofen, eigene Weinabfüllung.

Juan-les-Pins: kleine Bahnstation südl. von Antibes, zeitweise nur mit dem Bus zu erreichen. Links von der Straße vereinzelte Badebuchten, FKK möglich, im Sommer total überlaufen. Wesentlich teurer als Antibes.

LESERTIP: "Schlaft nicht am **Sandstrand** von Juan-les-Pins, die Polizei weckt schon mal mit Tränengasspray. Außerdem gibts Ratten. Geht lieber in Antibes Richtung Nizza, kurz vor dem Ortsende kann man am Kiesstrand schlafen" (Felicitas Ochetta, Vaihingen) . . ."Im **Mini-Bahnhof** von Juan-les-Pins kann man gut übernachten (Stefanie Modlinkski, Bielefeld).

Cannes

Weltberühmter Tummelplatz der Schikkeria, mondän und sauteuer. Das Luxusseebad sieht genauso aus, wie man sich eine pompöse Stadt an der Cote d'Azur vorstellt!

Eine Pflichtübung ist der Spaziergang auf dem endlosen *Boulevard de la Croisette*. Hier findet man das, was man Klischee nennt - italienische Sportwagen, lange Palmenreihen, gepflegte Strände, luxuriöse Hotelfassaden und teure Läden. Im Sommer geben sich Zauberkünstler, Musikanten, Feuerschlucker und Schauspieler ein Stelldichein. Am westl. Ende der Uferpromenade der Hafen und die hübsche Altstadt.
Anfang Mai finden die berühmten *Filmfestspiele* statt.

VERBINDUNGEN / BAHNHOF: der Bhf. liegt zentral, Schließfächer in allen Größen, gegenüber einige billige Cafés.

INFORMATION: am Bhf. und 50, Boulevard de la Croisette (Palais des Festivals), Zimmervermittlung.

ÜBERNACHTEN: Hotels zwischen Bhf. und Strandpromenade, **Hotel de Bourgogne**, 13, Rue de 24 Aout, Tel. 93/383673, ca. 35 DM fürs DZ und **National**, 8, Rue de Maréchal-Joffre, Tel. 392482, etwas teurer. Nächste Campingplätze westl. von Cannes bei **La Napoule** (Bahnstation).

SHOPPING: am besten nur mit den Augen - elegante Modegeschäfte um die Rue d'Antibes und in der Passage beim Hotel Gray d'Albion.

BADEN: zwischen den Privatstränden der großen Hotels gibts gepflegte **public plages** mit gratis Duschen und feinem Sand. Dort kann man auch evtl. seinen Schlafsack ausrollen, bisher noch nichts negatives gehört.

CANNES - GRASSE: Stichbahn ins Inland nach **Grasse** (17 km). Das Zentrum der europäischen Parfümindustrie inmitten einer einzigartigen Blütenlandschaft aus Lavendel, Rosen und Jasmin, leider zum großen Teil unter enormen Gewächshäusern verborgen. Interessant sind die Parfümfabriken - den Duft nimmt man sich als braver Tourist in Fläschchen mit nach Hause.

Von Cannes bis Frejus kommt das schönste Streckenstück der Cote d'Azur - die *Cote d'Esterel*. Die bizarren rot- und erdfarbenen Felsen mit ihren versteckten Buchten sind ideal zum Klettern.
Ab Frejus geht die Bahn ins Hinterland und von dort weiter bis Toulon. Als Interrailer verpaßt man dadurch St. Tropez - falls man ab *St. Raphael* nicht den Bus nimmt (ca. 13 DM einfach, 1 std. 40 min., es gibt auch Schiffe vom Gare Marittime zum selben Preis).

LESERTIP: "In **St. Raphael** gibts einen prima Campingplatz - vom Bhf. an den Strand, dann links nach etwa 2 km dicht am Meer (leider etwas teuer). Bei Frejus und St. Raphael sind die Strände total überlaufen, allerdings gibts sowohl Richtung St. Tropez als auch Richtung Cannes immer wieder kleine einsame Buchten. Wild zelten möglich, aber erst um 22 h hingehen, sonst gibt es Ärger" (Christoph Hammel, Hagen).

St. Tropez: bekanntester Ort der Cote. Das ehemalige Fischerstädtchen ist trotzdem noch recht hübsch. Im alten Ortskern enge Gäßchen, ansonsten konzentriert sich alles am Hafen. Hier ist immer was los, viele Cafés, Leute, die Schmuck oder Bilder verkaufen, Portraitmaler, Musiker, Straßentheater.

INFORMATION : Quai Jean-Jaurès.

ÜBERNACHTEN / BADEN: einige Campingplätze, Strände ziemlich weit außerhalb (Fahrrad mieten), Schlafen möglich an der Plage des Salins.

Toulon: Industriestadt, starke Wasserverschmutzung, außerdem größter Militärhafen Frankreichs.
SNCM-Fähren nach Korsika gehen 1 x tägl., Pullmannsitz ca. 73 DM (für Interrailer 30 % in der 2. Kl., ca. 97 DM).

MARSEILLE

Drittgrößte Stadt Frankreichs (ca. 1 Mill.), ein "heißes Pflaster", das einem an die Nerven geht. Tobender Verkehr (die Autobahn endet im Zentrum) und viel Gedrängel auf den Gehsteigen.

Das 'Tor' nach Nordafrika hat einen hohen Bevölkerungsanteil an Immigranten - alleine in dem kleinen Stadtviertel beim Bahnhof leben 20.000 Afrikaner in oft chaotischen Wohnverhältnissen. Hier fühlt man sich nicht mehr in Europa - Turbanträger und buntgekleidete Schwarzafrikaner beherrschen das Straßenbild. Lauft mal den *Cours Belsunce* entlang, ein einziger Bazar mit etwas Handwerk und viel Kitsch.
Vom Stadtbild her hat die Stadt weniger zu bieten - der größte Teil der Altstadt wurde von der deutschen Wehrmacht gegen Ende des II. Weltkrieges in die Luft gejagt. Einmalig schön der *Vieux Port* (alter Hafen), im kleinen Hafenbecken liegen teure Segeljachten und auch noch Fischerboote. Am Quai de Rive Neuve ein Restaurant neben dem anderen - wer genug 'Kleingeld' hat, sollte in jedem Fall die Bouillabaisse probieren. Dahinter, um die *Place Thiers*, schönes Stadtviertel mit Cafés, Fußgängerzonen und Plätzen.

VERBINDUNGEN / BAHNHOF: der kleine, aber supermoderne **Gare St. Charles** liegt im Zentrum, nicht weit vom Hafen.
SNCM-Fähren nach **Korsika** ab Bassin de la Joliette, nördl. vom Vieux Port.

INFORMATION: an der Hauptachse der Stadt 4, La Canebière (ums Eck vom Vieux Port). Während der Saison auch im Bhf.

ÜBERNACHTEN: viele preiswerte Pensionen zwischen Bhf. und La Canebière.
Beide Jugendherbergen liegen weit außerhalb vom Zentrum. Empfehlenswert ist **Chateau de Bois-Luzy**, 76, Av. de Bois-Luzy, Tel. 490618, in einem alten Schloß, Bus 6 und 8 ab Gare St. Charles.
Auberge de Jeunesse Bonneveine, 47 Av. Joseph Vidal, Tel. 91/732181, moderner großer Bau, Metro 1 ab Gare St. Charles bis Castellane, dann Metro 2 bis Ronde Point du Prado, weiter mit Bus 19.
Camping Municipal de Bonneveine an der Place Louis Bonnefon, 6 km vom Zentrum, dafür nahe an der Küste, im Stadtviertel Bonneveine (Metro 2 bis Ronde Point du Prado, dann Bus 19 bis Pferderennplatz).
Im Freien kann man relativ ungestört oben bei der Kirche **Notre Dame de la Garde** nächtigen. Im Bhf. unmöglich, Polizeikontrollen.

ESSEN: wer nicht knapp an Geld ist, probiert am **Quai de Rive Neuve** oder um die nahe **Place Thiers** die weltberühmte Fischsuppe 'Bouillabaisse', die hier in Marseille ihren Ursprung hat. Von Fischsuppe zu sprechen, ist aber eine Untertreibung, für die ca. 25-30 DM pro Portion bekommt man eine Menge verschiedener Fische in einer leckeren Soße und Beilagen (vielleicht fragt ihr, ob es auch für zwei Personen eine Portion gibt!).
Sehr billiges **Orientalisches** (Couscous) in den vielen Eckkneipen des Araberviertels östl. des Cour Belsunce (zwischen Bhf. und Zentrum). Auch am Cour Belsunce viele Imbißstuben. Wer den Wohlgerüchen des Orients nicht traut, es gibt einen sauberen **Mc Donald's** an der Canebiere.

MÄRKTE: **Obst-, Gemüsemarkt** etc. Mo-Sa u. a. am Cours d'Estienne d'Orves und an der Place Sébastopol (Nähe Bhf.); jeden Di und Sa **Blumenmarkt** an der Canebière (Metro Réformés); **Bücher und Schallplatten** tägl. an der Place Auguste-Carli (Metro Noailles).

Sehenswertes: am Ausgang des Vieux Port liegt der *Jardin du Pharo* mit einem Chateau aus dem 19. Jh. - schöner Blick über den Hafen.
Noch besser ist der Blick von der *Basilique de Notre Dame de la Garde*. Das Wahrzeichen der Stadt thront wie eine Burg auf einem Bergkegel und wurde Mitte des letzten Jahrhunderts im nachgemachten romanisch-byzantinischen Stil erbaut - abends beliebter Jugendtreff (Bus 60).
Das *Chateau d'If* draußen vor dem Hafen hat Alexandre Dumas für seinen weltberühmten Roman 'Der Graf von Monte Christo' als Vorbild genommen. Es wird tägl. von Ausflugsbooten angefahren (ab Quai des Belges, ca. 12 DM hin u. zurück). In der traurigen Realität konnte allerdings nie jemand von dieser Gefängnisinsel entkommen.

Marseille/Umgebung: *Cassis*, ca. 18 km östl., ist ein sehr gemütlicher, wenn auch teurer Fischer- und Badeort am Fuß felsiger Hügel (Bus ab Gare St. Charles). Das Kastell über dem Ort gehört der Familie Michelin - weltbekannt durch ausgezeichnete Reifen und ebensolche Reiseführer.
Die *Calanques*, südwestl. vom Ort, gehören zu den eindrucksvollsten Landschaftsformen der ganzen südfranzösischen Küste - tief eingeschnittene, ehemalige Flußtäler, in die das Meerwasser eingedrungen ist, super zum Schwimmen. Die schönste Schlucht ist *En Vau* (ca. 1 1/2 std. von Cassis). Gute Möglichkeiten für ausgedehnte Spaziergänge und Kletterübungen, auch Ausflugsboote machen Touren.

ÜBERNACHTEN: Hotels und Pensionen sind sauteuer. Die abgelegene **Jugendherberge La Fontasse**, Tel. 42/010272, ist dagegen fast schon ein Geheimtip. Sie liegt ca. 4 km außerhalb von Cassis über den Calanques und ist nur zu Fuß über einen steinigen Weg zu erreichen. Gute Möglichkeiten zu langen, einsamen Spaziergängen, Kochmöglichkeit (aber Essen mitbringen, es gibt nichts zu kaufen), sonst sehr 'basic'. Den billigen, allerdings steinigen und windigen **Camping Les Cigales** findet ihr einen guten Kilometer vom Hafen und Strand.

Korsika

Sehr schön und sehr teuer. Unheimlich gebirgig (sogar mit ewigem Schnee auf den höchsten Gipfeln), trotzdem gute Strände, reizvolles Hinterland mit ruhigen Bergdörfern.

Insgesamt ist die zerklüftete Westküste für Jugendliche interessanter - weniger Pauschal-Tourismus und nette Wild-Camping-Plätze. Im Osten flache Sandstrände, viel FKK-Spießbürger und organisierter Tourismus. Sehr interessant, teilweise hochalpin und mit der abenteuerlichen Korsika-Bahn zu befahren, ist dagegen das Landesinnere. Beste Reisezeiten sind Frühsommer und Frühherbst, im August ist Korsika extrem überfüllt.

FÄHREN: ganzjährig gehen häufige Fähren der Société nationale maritime Corse-Mèditeranée (SNCM) u.a. von **Marseille** nach Ajaccio (8 1/2 std.) und Bastia (10 std.), außerdem von **Nizza** nach Calvi (5 std.), Bastia (6 1/4 std.) und Ajaccio (6 3/4 std.). Weitere Verbindungen von **Toulon** (nur Juni - Sept.). Auf den Schiffen gibt es für Interrailer 30 % in den Liegesesseln der 2. Klasse (Normalpreis ab Marseille und Toulon ca. 97 DM, ab Nizza 87 DM), Pullmannsitze kosten 73 bzw. 63 DM (keine Ermäßigung). In der Nebensaison deutlich niedrigere Preise.
Außerdem gehen Fähren von den italienischen Häfen **Savona**, **La Spezia**, **Livorno**, **Piombino** und **Porto S. Stefano**.

Korsika-Bahn: ein Erlebnis für sich - uralte Bummelzüge, die über die Gleise holpern, im Inneren heiß und rappelvoll. Von den Bäumen, die gestreift werden, fliegen die Blätter rein und oft geht's so nah an einem Abhang entlang, daß einem himmelangst wird.

Streckenführung: Bastia - Ponte Leccia (Abzweigung nach Calvi) - Corte - Ajaccio. Schönstes Streckenteil hinter Corte (Interrailer bekommen 50 %.). Von Bastia nach Ajaccio ca. 4 x tägl, Dauer 4-5 std., Bastia - Calvi 2 x tägl., 3-4 std.

Ziele auf der Insel: schöne Städte und Regionen sind Bastia, Calvi (langer Sandstrand), Bonifacio, Iles Sanguinaires (vor Ajaccio), Corte, Les Calanche, Cargese, l'Ile Rousse und Evisa.

VON KORSIKA NACH SARDINIEN: von **Bonifacio** an der Südspitze Korsikas fahren 3-4 tägl. Fähren der Tirennia nach **S. Teresa** auf Sardinien (ca. 12 DM). Auf Sardinien ist das Bahnnetz der italienischen Staatsbahnen für Interrailer kostenlos (nächster Bhf. von S. Teresa ist Olbia). Interessant auch, mit dem Bus nach Tempio zu fahren und von dort mit der Schmalspurbahn nach Sassari bzw. Palau. Siehe auch Sardinien, S. 341.

PROVENCE

Der Mistral, der Pinien und Zypressen zerzaust, schwere Thymian- und Rosmarindüfte, knorrige Eichen und tiefblaue Lavendelfelder, das *Licht* der Provence . . . Das Klischee stimmt noch, doch der August gehört dem Massentourismus.

Als Provence bezeichnet man das breite Rhonetal bis zum Mittelmeer und das östl. anschließende Bergland (Haute Provence), das die Verbindung zu den Alpen herstellt. In den schönen alten Orten findet ihr prachtvolle Überreste aus altrömischer Zeit, *Avignon* beherbergt ein weltberühmtes Theaterfestival, in der überlaufenen *Camargue* tummeln sich Touristen, Flamingos und Wildpferde.
Die *Haute Provence* vermittelt dagegen über weite Strecken noch Einsamkeit und Ursprünglichkeit. Halb-vergessene Dörfer und viele leerstehende Bauernhöfe sind untrügliche Zeichen der Landflucht aus der wirtschaftlich unterentwickelten Region. Im Südosten dominieren scharfkantige Bergkämme mit tief eingeschnittenen Flußtäler - der berühmte *Grand Canyon du Verdon* ist eins der beliebtesten Ziele abseits vom mediterranen Rummel.

Lyon - Avignon - Arles
A-Kb. 25031, 25037

Fortsetzung der Linie auf S. 348. Die wichtige Bahnlinie führt das ganze Rhonetal hinunter und ist Hauptroute für alle Südfrankreich-Traveller.

Orange: freundliches Städtchen eine halbe Zugstunde nördl. von Avignon. Mitten in der Stadt steht das am besten erhaltene und schönste *Theater* der römischen Antike. Es ist ganz ohne Mörtel erbaut, auf den steilen Rängen konnten 10.000 Besucher Platz finden. Auch heute wird es noch genutzt - im Sommer finden regelmäßig Theater-, Musikfestivals und Popkonzerte statt. Einen kostenlosen Blick ins

Innere könnt ihr vom Hügel *St. Eutrope* gewinnen, an dem das Theater liegt (wird leider bei Veranstaltungen gelegentlich von der Polizei abgeriegelt). Zweites bedeutendes Monument der Stadt ist der römische *Triumphbogen* im Norden der Stadt.

VERBINDUNGEN / BAHNHOF: 1,5 km östl. vom Zentrum, Bus 2 fährt in die Stadt.

INFORMATION: Cours Aristide Briand.

ÜBERNACHTEN: billige Hotels sind **Le Paris**, 78, Av. Foch, Tel.340248, **St. Florent**, 4 Rue de Mazeau, Tel. 341853 und **Freau**, 13, Rue Ancien-Collège, Tel. 340626.
Es gibt 2 Campingplätze. **Camping Municipal** liegt auf dem Hügel St. Eutrope und ist vom Zentrum bequem zu erreichen. Der andere hinter dem Triumphbogen im Norden (teurer). Im Freien kann man auch ganz gut schlafen, z.B. auf dem Hügel oben.

Avignon

Wenn alljährlich ab Mitte Juli das berühmte Theaterfestival stattfindet, platzt die Stadt aus allen Nähten! Zahllose junge Leute, Straßentheater, Experimentelles und viel Atmosphäre.

Ansonsten ist Avignon ein nettes und typisches Provence-Städtchen mit alten Gäßchen und vielen malerischen Winkeln. Fast 5 km gut erhaltene Stadtmauer umgeben die Stadt, Attraktion ist der mächtige Papstpalast, der im 14. Jh. rund 70 Jahre lang der Kirche als Regierungssitz diente. Der damals sehr mächtige französische König konnte die Päpste hier besser überwachen als im fernen Rom. Ist aber eher langweilig zum Anschauen.
Heute trifft sich alles auf der Place de l'Horloge, im Zentrum der Stadt.

VERBINDUNGEN / BAHNHOF: an der **Place de la Republique** im Süden der Stadt, etwas außerhalb der Stadtmauer. Ins Zentrum immer geradeaus den Cours Jean Jaurès und die Rue de la République entlang.

INFORMATION: im Bhf. (Zimmervermittlung) und am 41, Cours Jean Jaurès (am Weg ins Zentrum).

ÜBERNACHTEN: im Sommer nicht einfach, ein Zimmer zu bekommen. Zwei Campingplätze auf der Ile de la Barthelasse - **Camping Municipal** hat einen Stern mehr, ist größer und etwas teurer als **Camping Bagatelle** (Freibad nebenan). Angeschlossen an Bagatelle ist ein **Jugendhotel**, vor einigen Jahren renoviert, relativ sauber, ca. 14 DM pro Pers., Tel. 90/863039, keine Sperrstunde, relativ preiswertes Restaurant. Bus 10 ab Postamt gegenüber vom Bhf.
Weiteres Jugendhotel der **Avignon Squash Club**, 32, Bd. Limbert, Tel. 90/ 852778, ca. 15 DM, östl. außerhalb vom Mauerring, Bus 1, 3 ab Post gegenüber vom Bhf.
Foyer UCJG (Inter-Point des CVJM), 7 bis, Chemin de la Justice in Villeneuve-les-Avignon, Tel. 90/254620, ca. 24 DM pro Pers., nur 1. Juli-31. August, Bus 10 vom Postamt gegenüber vom Bhf.
Billighotels (ca. 35-40 DM fürs DZ) vor allem an der Rue Agricol-Perdiguier (Seitengasse vom Cours Jean Jaures, u.a. **Hotel Pazific** (Nr. 7), **Hotel Splendid** (Nr. 17) und das angenehme **Hotel du Parc** (Nr. 18 bis).
Im Freien schlafen müßte auf dem **Rocher des Doms** möglich sein - ein Felshügel hinter der Kathedrale mit wunderbarem Garten und tollem Blick auf die Dächer. Auch zum Spazierengehen und Relaxen zu empfehlen.

ESSEN: die meisten Cafés an der **Place de l'Horloge** (etwas überteuert), es gibt belegte Baguettes. Billigere Cafés, da weniger Touristen an der **Place des Corps Saintes** (neben dem Info-Büro die Str. rein). Sonst viele Pommes- u. Pizzabuden bei den Stadttoren.
La Tache d'Encre, 22, Rue des Teinturiers, hübsche Gasse, nicht allzu teuer, am Wochenende oft heiße Live-Musik.
Art-Tea-Show, Place Grillon, im Schatten der Stadtmauer, am Weg zum Camping, preiswert und gute Atmosphäre.

Sehenswertes: im *Papstpalast* lohnt sich eine Führung, da so gut wie keine Innenausstattung vorhanden ist und man ohne Erklärung wenig davon hat (Juli-Sept. 9-18 h, sonst 9-12, 14-17.30 h, ca. 5 DM, Stud. ermäß.). Neben dem Palast liegt die Kathedrale *Notre-Dame des Doms*, dahinter steigt der malerische *Rocher des Doms* an, ein Fels mit üppigem Garten und schönen Aussichtspunkten. Ganz in der Nähe das Petit Palais mit einer italienischen Gemäldesammlung. Dahinter tritt man durch die Port du Rocher aus der Stadtmauer raus und kommt zur Rhone mit der berühmten *Pont d'Avignon* (eigentlich Pont Saint Benézet), kostet geringfügigen Eintritt.
Hübschestes Museum ist das *Musée Calvet* in einem alten Bürgerhaus in der Rue J. Vernet - gute Bildergalerie (hauptsächlich franz. Impressionisten), ansonsten Skulpturen, Möbel, Schmiedeeisernes etc.(Mi-Mo 9-12, 14-18 h, Di geschl.).

Ansonsten vielleicht mal rüber in das kleine *Villeneuve-les-Avignon* auf der anderen Seite vom Fluß (ca. 15 min. zu Fuß), hübsches altes Städtchen mit massivem Fort.

Avignon/Umgebung: eins der reizvollsten Ziele ist der *Luberon*, ein Bergzug östl. der Stadt, am Südhang liegen malerische kleine Dörfer und die faszinierenden *Ockerbrüche von Roussillon* - farbenprächtige Gesteinsformationen, ziemlich einzigartig in Europa. Oberhalb vom Dorf *Fontaine-de-Vaucluse* liegt eine Quelle, die eine Art Höhlensee bildet - sie soll 180 m tief sein und ist damit eine der tiefsten Höhlenquellen der Welt! Im Sommer leider völlig überlaufen.

VERBINDUNGEN: nächster Bhf. ist **L'Isle**, dann noch 7 km mit dem Bus.

ÜBERNACHTEN: **Jugendherberge**, Chemin de la Vignasse, Tel. 90/203165. Liegt ca. 1 km außerhalb von Fontaine de Vaucluse, sehr schöne ruhige Lage, Kochmöglichkeit.

Tarascon: auf halber Strecke zwischen Avignon und Arles - wie Arles ein typisches südfranzösisches Städtchen, aber viel weniger Rummel. Dazu kommt, daß es nicht so bekannt ist und deshalb die Preise nicht das üblich hohe Niveau der Gegend haben.
5 min. vom Bhf. direkt an der Rhone die große Attraktion der Stadt - das *Schloß des Königs René*. Ein monumentaler, wuchtiger Kasten, schwer befestigt mit meterdicken Mauern, vergitterten Fenstern und breitem Wassergraben. Sehr eindrucksvoll und auch innen zu besichtigen (tägl. außer Di).
Wer Ende Juni herkommt, kann das schreckliche Monster bewundern, das vor vielen Jh. die Einwohner das Fürchten lehrte. An der Spitze eines großen Festzuges zieht es durch die Stadt.

INFORMATION: gegenüber vom Schloß, Avenue de la République.

ÜBERNACHTEN: kleine, aber gute **Jugendherberge**, ca. 10 min. zu Fuß, 31, Boulevard Gambetta, Tel. 90/910408. Kochmöglichkeit, Fahrradverleih, aber relativ laute Gegend.
Billig sind **Hotel de la Poste** und **Hotel des Fleurs**, beide an der Place Colonel Berruier.
Camping Tartarin am linken Rhone-Ufer beim Schloß.

Arles (3)

Hat uns gut gefallen, typisches Provence-Städtchen mit viel Atmosphäre - malerisch an der Rhone gelegen, Hitze, kühler Wind, mittags und abends sind die kleinen Gassen fast ausgestorben.

Vor allem für kunsthistorisch Interessierte lohnt ein Besuch - zahlreiche römische Bauwerke, darunter das berühmte Amphitheater, außerdem hat der Maler van Gogh hier gelebt. Guter Ausgangspunkt für Ausflüge in die Camargue.

VERBINDUNGEN / BAHNHOF: Bhf. nur wenige 100 m nordöstl. vom Zentrum, Fahrradverleih.
In die nahe **Camargue** und nach **Les Baux** mehrmals tägl. Busse ab Busbhf. am Boulevard des Lices/Boulevard Clemenceau.

INFORMATION: am Boulevard les Lices, hier Informationsmaterial über alles Sehenswerte, speziell auch eine Auflistung der Punkte in der Stadt, die van Gogh gemalt hat. Wer besonders auf Sehenswertes abfährt, kann sich ein **billet global** kaufen (ca. 11 DM), gilt für Sehenswürdigkeiten und Museen.

ÜBERNACHTEN: **Jugendherberge** in der 20, Avenue Foch, Tel. 90/961825, ca. 20 min. zu Fuß von der Altstadt (noch südl. von Info-Büro), ca. 15 DM mit Frühstück, dafür in einigen Fluren Teppichboden.
Hotel Le Camarquais, Rue A. Pichot, Tel. 960123, zentral, sehr billig (DZ ab 25 DM), für zwei Etagen aber nur eine Toilette.
Preiswert außerdem **Hotel Mistral**, Rue du Dr. Fanton, Tel. 961264 und **Hotel Lamartine**, Rue Marius Jouveau, Tel. 961383.
Mehrere Campingplätze, der nächste ist **Camping City** an der Route de Crau, ca. 1 km Richtung Marseille, zu Fuß erreichbar (auch Busse).

ESSEN: **Lou Gardian**, 70, Rue 4 de Septembre, bekannt und beliebt.
In der Rue Gambetta findet ihr ein ungewöhnliches Lokal, das **Bigouden Blues**. Ungewöhnlich ist die Einrichtung, sie ist nämlich sehr geschmackvoll, dazu leise Musik. Gute Auswahl an Salaten, Spezialität sind Crepes und Galettes für 4-9 DM.
Gemütlich Kaffee trinken und Kleinigkeiten essen könnt ihr ansonsten am besten in den Cafés an der schönen **Place de Forum** und am **Boulevard des Lices**. Im Salon **Oasis** gegenüber der Arena sitzt man auch gut.
Le Bar à Thym, nette Milchbar in der Rue de la République.

Sehenswertes: gut erhaltenes römisches *Amphitheater*, gleicht demjenigen in Rom, nur in kleinerer Ausführung. In der Antike fanden blutige Schaukämpfe statt, während des Mittelalters diente es als Festung, später wurden Wohnhäuser hineingebaut, heute finden Stierkämpfe statt - womit es seinen antiken Verwendungszweck wieder zurückerhalten hat. Daneben ein antikes *Theater* in einem netten Park, jeden Abend Vorstellung, meistens Folklore.

Ein interessantes Museum ist das *Muséon Arlaten* in der Rue de la République, das vor neunzig Jahren von Frederik Mistral gegründet wurde. Er war der erste (und einzige) okzitanisch schreibende Schriftsteller, dessen Werk den Literaturnobelpreis erhielt. Mit diesem Geld stiftete er das Muséon, eine Art Heimatmuseum, in dem alles gesammelt wird, was irgendeinen Bezug zur Provence hat, insg. 32 Räume voll (tägl. 9-12, 14-18 h, ca. 4 DM).

Van Gogh und Gauguin haben (unter anderem, versteht sich) auch *Les Alyscamps* gemalt. Das ist ein Friedhof, dessen Ursprünge man bis ins 4. Jh. zurückverfolgen kann. Lange Reihen von Gräbern und Grabsteinen im Schatten uralter Bäume jagen dem Besucher auch bei schönstem Sonnenschein kalte Schauer über den Rücken.

Im *Musée Réattu* direkt an der Rhone, Rue du Gr. Prieuré, Malerei vom 18. Jh. bis heute, viel über die Camargue und die Provence, zudem 57 Skizzen Picassos (9-12.30, 14-19 h, ca. 4 DM).

MÄRKTE: jeden Mi interessanter **Markt** am Blv. Combes. **Flohmarkt** jeden Sa-Morgen auf dem Boulevard Les Lices, einer der interessantesten seiner Art in Südfrankreich.

Arles/Umgebung: von Arles läßt sich mit dem Bus leicht das auf einem Felsrücken in den Alpilles gelegene Dorf *Les Baux* erreichen. Landschaftlich einmalig und ein lohnender Trip, wenn auch das kleine Dörfchen in der Saison die Touristenströme kaum mehr bewältigen kann! Vom Schloß auf dem wilden und absolut kahlen Felshügel stehen nur noch windumtoste Ruinen - von hier ließ der furchtbare Raymond, 'die Geißel der Provence', mißliebige Leute in die Tiefe springen und kam dabei vor Vergnügen fast selber um! Ansonsten trafen sich hier im 12. und 13. Jh. die Troubadoure aus ganz Frankreich und besangen den Glanz und Ruhm der jeweiligen Herren von Les Baux. Am Ortsausgang in einem unterirdischen Steinbruch sehr sehenswerte, aber teure Licht- und Tonschau *"Cathedrale d'Images"* (ca. 10 DM). Tip - abends wird es in Les Baux wunderschön still!

LESERTIP: "Der Bus von Arles nach Les Baux kostet 10 DM. Ein Fahrrad in der JH von Tarascon leihen, ist schöner und billiger" (Andrea Eckhardt, Dieburg).

CAMARGUE

Weites Schwemmland mit Sumpf- und Schilfgebieten, Aushängeschild der Provence, obwohl es im Inneren wesentlich schönere Landstriche gibt.

Zahllose seltene Wasservögel nisten hier, u.a. ganze Herden von Flamingos. Das ganze Gebiet um den *Etang de Vaccares* (so heißen hier die kleinen, nur durch einen Damm vom Meer getrennten Seen) wurde deshalb zum Naturschutzgebiet gemacht.

Ballungszentrum für die Sommergäste ist *Saintes Maries de la Mer* - Anziehungspunkt für alljährlich hunderttausende Deutsche. Trotz Touristenrummel ein dörflich gebliebenes Camargue-Städtchen - niedrige weiße Häuser, eine interessante monströse Kirche, Souvenirshops dicht an dicht und ein riesiger Campingplatz. Unbedingt die Stierkampfarena besuchen. Abends mehrmals wöchentl. ein echter Lachschlager - mutige Zuschauer können sich mit Kühen und Stieren in der Arena messen (ca. 6 DM, Dauer etwa 2 std.). Am 24./25. Mai findet ein großes *Zigeunerfest* statt, das immer wieder Tausende von Neugierigen anzieht.

Warnung - wenn der berüchtigte kalte Mistral das Rhonetal hinunterfegt, ist der Aufenthalt nicht mehr besonders angenehm!

VERBINDUNGEN: nächste Bahnstation in **Arles**. Etwa 5 x tägl. **Busse** von Arles/Bus-

bhf. (am Boulevard des Lices/Boulevard Clemenceau) nach Saintes Maries de la Mer (ca. 7 DM), bis zur Jugendherberge (Station 'Pioch Badet') etwas billiger. Im Sommer verbilligte Hin- u. Rückfahrkarten - Billet Bain de Mer, die aber nur 48 std. gelten.
Interessante Alternative - **mit dem Fahrrad** ein paar Tage durch die Camargue. Im Sommer wird es allerdings heiß, wenig Schatten in dieser Gegend. Verleih am Bhf., ca. 12 DM pro Tag.

INFORMATION: Av. V. Gogh.

ÜBERNACHTEN: Schlafen am Strand wird geduldet - besonders östl. vom Ort, am mehrere 100 m breiten Sandstrand, konnte in den vergangenen Jahre 'wild' gezeltet werden. Am östl. Ortsrand außerdem der riesige **Camping La Brise**, direkt am Strand - völlig ohne Schatten und überfüllt. Es wird viel geklaut! Weiterer **Camping Municipal le Clos du Rhone** 1 km westl. vom Ort, mit Pool und abends Animation.
Jugendherberge in Pioch Badet, ca. 8 km von Stes.-Maries, Tel. 90/979172. Mit Arles-Stes-Maries Bus erreichbar, auch Trampen, klappt gut. Klein (ca. 50 Betten) in altem Bauernhaus mit Camargue-Atmosphäre.

Stes-Maries/Umgebung: schöner Ausflug nach Osten den Damm am Meer entlang, ca. 10 km, man fühlt sich fast wie in einer Wüstengegend. Am besten mit dem Fahrrad (Verleih im Ort).
Ca. 5 km von Stes-Maries entfernt (Richtung Arles, in Pont de Gau) das Informationszentrum *Ginès* - mit einer interessanten Ausstellung über die Camargue. Drum herum ein kleiner "Zoo", in dem typische Camargue-Tiere gehalten werden. Hier bekommt ihr sehr viel Material über die ganze Umgebung (tägl. 9-18 h).

Westliche Camargue incl. Aigues Mortes siehe unter Nimes, S. 363.

Aix-en-Provence

Angenehme Stadt, wenig Industrie und viel Leben im malerischen Zentrum. Treffpunkt und Flanierstraße ist der Cours Mirabeau mit vielen Cafés und schattigen Platanen.

Aix hat eine der größten Universitäten von Frankreich, dementsprechend viele junge Leute trifft man. Auf den Straßen läuft ständig irgend etwas ab - Musik, Theater und andere Aktionen. Auch architektonisch ist einiges geboten - reizvolle alte Bürger- und Adelshäuser, hübsche Brunnen, versteckte Plätze. Aix war in den letzten Jh. eine der bevorzugten Städte des Adels.

VERBINDUNGEN / BAHNHOF: Bhf. ca. 600 m südwestl. vom Zentrum.
Sehr beliebt in Aix und Umgebung ist Radfahren, gute Radrouten nordöstl. der Stadt. Informationen bei **Les Amis de Sainte-Victoire**, 40, Cours Mirabeau, und Les Amis d'Entremont, 16, Rue de la Molle. **Fahrradverleih** gegenüber vom Tourist-Büro.

INFORMATION: Place du Général de Gaulle, vom Bhf. über die Avenue Victor Hugo, dort beginnt auch der Cours Mirabeau. Gutes Info-Material zur ganzen Region.

ÜBERNACHTEN: **Jugendherberge** 2 km vom Bhf., Quartier du Jas Bouffan, 3, Avenue Marcel Pagnol bei der Fondation Vasarely. Tel. 42/201599. Ziemlich neu und komfortabel, Bus 8 oder 12 bis Fondation Vasarely.
Mit ca. 30 DM/DZ relativ günstig sind **Hotel Pax**, 29, Rue Espariat, Tel. 262479 u. **Hotel Vigouroux**, 27, Rue Cardinale, Tel. 382642.
Zwei Campingplätze liegen nah beieinander an der Stadtgrenze, ca. 3 km vom Zentrum - **Chantecler**, Chemin du Val Str. Andrè, und **Arc en Ciel**, Pont des Sautets.

ESSEN: an der Place Gen. de Gaulle, Ecke Cours Mirabeau, gibt's gute belegte Brötchen (Pan Bagnat).
Um die **Place des Cardeurs** und in der benachbarten **Rue de la Verrerie** etliche preiswerte Lokale, auch viel ausländische Küche (z.B. Keops, Nr. 28). Billiges und bei Studenten beliebtes Restaurant ist das **Chez Nenette**, 3, Rue Aude.

Sehenswertes: die prächtigen Patrizierhäuser (sog. Hotels) sind in der ganzen Stadt verstreut. Einige der schönsten am *Cours Mirabeau*. Der *Place de l'Hotel de Ville* ist ein zentraler Platz der Stadt, mit nettem Brunnen, Glokkenturm und dem Rathaus. Die Kathedrale *St. Sauveur* zeigt ein sehr bemerkenswerten Stilmischmasch aus einem ganzen Jahrtausend. Im Inneren viele Kunstwerke und Wandteppiche, u.a. das Gemälde 'Der brennende Dornbusch' von Froment (15. Jh.). An der Place de Verdun das Justizgebäude und die Kirche *Ste. Marie Madeleine* - interessant im Inneren das Triptychon 'Die Verkündigung'.
Das Atelier von *Paul Cezanne*, der hier fast sein ganzes Leben verbracht hat, ist in der 9, Avenue Paul Cezanne Richtung Entremont zu bewundern. Cezanne (1839-1906) hat hauptsäch-

lich in der Umgebung von Aix gemalt, z.B. die Montagne Ste. Victoire, westl. der Stadt (Mi-Mo 10-12, 14.30-18 h, Di geschl., ca. 3 DM, Stud. ermäß.).
Gleich gegenüber der Jugendherberge die *Fondation Vasarely*, von Vasarely entworfener originell-moderner Bau, in dem seine Werke ausgestellt sind. Etwas für Kunst-Freaks, die 'Modern Art' mögen, Bus 8 oder 10 (Mi-Mo 9.30-12.30, 14-17.30 h, ca. 7 DM, Stud. die Hälfte).

MUSEEN: Das **Musée Granet** an der Place St. Jean de Malte beherbergt eine bedeutende archäologische Sammlung und Gemäldegalerie, auch ein paar Cezannes (im Sommer tägl. 10-12, 14-18 h, ca. 4 DM, Stud. ermäß.). Im **Musée des Tapisseries** schöne alte Teppicho und Wandbehänge, nicht weit davon das **Musée du Vieil Aix** mit einer hübschen Sammlung von Krippenfiguren.

MÄRKTE: jeden Di, Do und Sa großer sehenswerter **Flohmarkt** an der Place de Verdun. Gegenüber an denselben Tagen der malerische **Gemüsemarkt**, Place des Pecheurs. **Blumenmarkt** an der Place de l'Hotel de Ville.

Grand Canyon du Verdon

Eine der großen Naturschönheiten Frankreichs. Fast 30 km lang hat sich der Fluß eine bis zu 700 m tiefe Schlucht in das Gestein gegraben! Ideale Wandermöglichkeiten zwischen bizarren Felsformationen und smaragdgrünem Wasser den Canyon entlang.

In den 70er Jahren wurde im westl. Teil das Wasser zu einigen Seen gestaut. Der größte, der *Lac de Ste. Croix* ist 12 km lang. Wildcampen ist polizeilich verboten, vor allem im Sommer gibts häufige Polizeikontrollen (Trinkwasserreservoir). Bei den Orten auch Campingplätze, empfehlenswert ist z.B. der Platz bei *Ste. Croix*.

VERBINDUNGEN: ab **Aix-en-Provence** fährt im Sommer ein Bus nur 3 x wöch. (Mo, Mi und Sa) nach **Moustiers**, **La Palud** und **Castellane**, den Rest des Jahres nur 1 x wöch (Abfahrt am Gare Routière hinter der Post). Oder mit der Bahn von Aix-en-Provence Richtung Grenoble ca. 3 x tägl. bis **Manosque-Gréoux-Bains**, weiter mit Bus ca. 30 km (nur sporadische Verbindungen).

Moustiers: hübsches kleines Bergdorf direkt am Eingang zu einer Schlucht. Von hier hat die Fayencekunst ihren Ausgang genommen - weiß glasierte und handbemalte Tonwaren, z.B. Teller, Vasen, Kacheln. Sehr schönes Fayencemusem im Rathaus.

ÜBERNACHTEN: mehrere Campingplätze, u. a. ein Platz schön am Wildbach gelegen, etwas außerhalb Richtung Riez.

La Palud: bester Ausgangspunkt für Schluchtwanderungen. z.B. den *Martel-Pfad* von La Maline bis Point Sublime. Voraussetzung sind Schwindelfreiheit und eine Taschenlampe (lange Passagen führen durch früher angelegte Tunnelstrecken). Streckenlänge ca. 13 km, in 6 std. ist die anstrengende "Wanderung" zu schaffen. Infos über Routen in der 'Maison du Canon'.

ÜBERNACHTEN: kleine **Jugendherberge**, Route de la Maline, Tel. 92/746872, ca. 500 m unterhalb vom Dorf. Im Sommer oft überfüllt, dann kann auf dem Gelände gezeltet werden. Außerdem 2 kleine **Campingplätze**. Einfache Unterkunft auch im **Chalet-Hotel de la Maline**, der Berghütte des franz. Alpenvereins (bis zu 50 Personen schlafen in einem Raum auf Strohmatratzen, für Nichtmitglieder ca. 12 DM). Liegt neben dem Berggasthof La Maline, ca. 5 km außerhalb von La Palud, am Beginn des Wanderpfads in die Schlucht, Tel. 92/746805.

LANGUEDOC/ ROUSSILLON

Von der Camargue bis zu den Pyrenäen. Weite Küstenebene mit endlosen Weinfeldern - eine der größten zusammenhängenden Anbauflächen Europas - und die alten Kulturstädte Montpellier und Nimes. Aber auch Durchgangsland für den gesamten Spanienverkehr aus Mitteleuropa.

Bis kurz vor die spanische Grenze reihen sich fast ununterbrochen endlos breite Sandstrände, landschaftlich kaum Abwechslung, wenig Bäume, trotzdem im Sommer brechend voll mit Touristen. An einigen Stellen wurden künstliche Ferienstädte konstruiert, Platz für Tausende von Pauschalurlauber, mit allen Einrichtungen wie Super-

markt, Kino etc. Reizvoller sind die kleinen Fischerdörfer, z.B. *Gruissan* und *Marseillan*. Erst im Einzugsgebiet der Pyrenäen wird die Küste wieder kleinräumiger und interessanter.
Das Hinterland ist touristisch fast unberührt - rauhe Hochflächen und Felslandschaften mit Schluchten und kleinen versteckten Orten.

Nimes

Die Außenbezirke modern, im Zentrum aber ein typisch südfranzösisches Städtchen mit engen, verwinkelten Gäßchen, ähnlich Orange oder Arles - leider ziemlich chaotischer Verkehr.

In Nimes stehen einige der schönsten Bauten der Römerzeit in Frankreich, z. B. das bestens erhaltene *Amphitheater* - noch alle drei Stockwerke stehen, im Sommer jeden Sonntag vielbesuchte Stierkämpfe. Ein weiterer Pflichtbesuch gilt der *Maison Carrée*, einem ebenfalls hervorragend erhaltenen Tempel aus der Zeit des Augustus. Wer noch Zeit hat, kann den *Mont Cavalier* hinauf zum Aussichtsturm über der Stadt. Unten der hübsche *Jardin de la Fontaine* mit Kanälen, Springbrunnen und kleinen Teichen.
Last but not least ein Ausflug zum *Pont du Gard* nördl. der Stadt - Teilstück eines riesigen römischen Aquädukts, das Nimes mit Wasser aus den Bergen von Uzès versorgte. Ein dreistöckiges Meisterwerk, fast 300 m lang und ganz ohne Mörtel gebaut (mehrmals tägl. gehen Busse ab Busbhf. gegenüber vom Bhf.). Bademöglichkeit im Fluß Gard, mehrere Campingplätze.

VERBINDUNGEN / BAHNHOF: nah am Zentrum, die Av. Feuchères entlang zur Arena.

INFORMATION: 6, Rue Auguste, weiter Weg vom Bhf., schräg gegenüber der Maison Carrée. Es gibt Sammelkarten für alle Sehenswürdigkeiten der Stadt.

ÜBERNACHTEN: **Jugendherberge**, Chemin de la Cigale, Tel. 66/232504. Weit außerhalb, Bus 6 (nur bis 20 h) ab Bhf. bis La Cigale. Nur für Mädchen ist das **Foyer Sainte Jeanne Antide**, 4, Rue Bonfa, Tel. 673842. Preiswerte Hotels um den Square de la Couronne (Nähe Arena). **Camping Domaine de la Bastide** 4 km außerhalb Richtung Générac (Bus 4 ab Bhf.).

SHOPPING: in der Fußgängerzone sind viele kleine Passagen angelegt, in denen Läden, Restaurants etc. eingerichtet sind. Geht mal auf "Entdeckungsreise" durch diese Höfe.

MÄRKTE: am So-Morgen **Flohmarkt** rund um die Kirche St. Baudile. Montags **Blumenmarkt** auf dem Bd. Jean-Jaures. Dienstag **Öko-Markt** auf der Av. Bir-Hakeim.

Westliche Camargue

Von Nimes geht im Sommer 7 x tägl. ein Bähnchen über Aigues Mortes nach Le Grau du Roi (außerhalb der Saison nur Bahnbusse, 25 %).

Aigues Mortes: schönes Mittelalter-Städtchen inmitten sumpfiger Camarguelandschaft, ganz von einer vollständig erhaltenen Stadtmauer umgeben. Anläßlich der Kreuzzüge ins Heilige Land wurde es als Stützpunkt der französischen Kreuzfahrer gegründet.
Sehr lohnend ist ein Spaziergang auf der Mauer, in einer Stunde kommt ihr rund herum. Höchster Turm ist *Tour de Constance* - von oben herrliche Aussicht auf die Stadt und die ganze Camargue. Ansonsten eine schöne Kirche und zwei Kapellen, im Zentrum die quadratische *Place St. Louis* mit vielen Cafés unter alten Bäumen.

Le Grau du Roi: Ferienzentrum der westl. Camargue. Der Ort ist zwar überfüllt, und es herrscht höllischer Verkehr, trotzdem hat das Ganze noch etwas Atmosphäre - ein langer Kanal mit Fischerbooten, links und rechts Restaurants, Boutiquen etc. Etwa 500 m langer Ortsstrand vor Appartementhochhäusern, ansonsten Richtung Port Camargue etwa 2 km ununterbrochen Strand.

Nimes - Nevers - Clermont Ferrand - Paris A-Kb. 25036, 25026/46

Wenn ihr vom Massenbetrieb an der Küste genug habt - ab Nimes geht eine interessante Bahnlinie quer durch das Bergland der Cevennen und die östl. Ausläufer des Zentralmassivs nach Clermont-Ferrand und weiter

nach Paris. Auf dieser Nebenstrecke fahren im Sommer spezielle Touristenzüge (kein Aufschlag), sehr komfortabel - mit Bar, Kino, Musikberieselung. Die Landschaft wird in franz. Sprache heiter-beschwingt kommentiert.
Meist muß man in Clermont-Ferrand umsteigen, einige Züge gehen auch von Nimes nach Paris durch, ca. 12 std. (TGV Nimes - Paris nur 4,5 std.!).

Clermont-Ferrand: hier werden Reifen produziert, Clermont ist Standort der weltbekannten Michelinwerke! Trotzdem, das Altstadtviertel (Vieux Clermont) ist hübsch, viele alte Häuser aus schwarzem Lavagestein der Umgebung - daher auch *Ville Noire* genannt. Auch die bedeutende Kathedrale besteht aus diesem Vulkangestein.
Clermont-Ferrand ist Ausgangspunkt für Ausflüge in die Auvergne.

INFORMATION: 69, Boulevard Gergovia, Zweigstelle im Bhf. (Info-Material zur Auvergne, Tagesausflüge mit Bus oder Bahn).

ÜBERNACHTEN: sehr günstig, gleich beim Bhf., die **Jugendherberge** in der 55, Avenue de l'URSS, Tel. 73/922639. In derselben Straße und in der nahen Av. Charras etliche preisgünstige Hotels, z.B. Le Bellevue.

Clermont-Ferrand/Umgebung: lohnend sind Tagesausflüge per Bus oder Bahn. Die *Auvergne* ist eine dichtbewaldete Hügel- und Berglandschaft mit zahlreichen ehemaligen Vulkanen, Schluchten und kleinen Stauseen. Wenig Industrie und dünn besiedelt, das Klima ziemlich unbeständig und rauh, oft Regen und Nebel, auch im Hochsommer.
Per Bus könnt ihr auf den Hausberg Clermonts fahren, den *Puy de Dome*, der steil und unübersehbar aus der Ebene und den umliegenden Hügeln aufragt. Super-Blick auf die Auvergne und El Dorado für Drachenflieger.
Die Bahn bringt euch schnell in den Kurort *Le Mont-Dore*, ca. 40 km südwestl. von Clermont. Eine Seilbahn geht von hier auf den 1885 m hohen Puy de Sancy hinauf. Camping Les Crouzets liegt in der Nähe vom Bhf.

Weiter Richtung Paris

Vichy: weltberühmter Kurort der oberen Zehntausend - daß Vichy im letzten Krieg unter Marschall Petain mit den Nazis kollaborierte, wird heute tunlichst verschwiegen.
Warme Heilquellen und Thermalbäder findet ihr im *Parc des Sources*, dem absoluten Zentrum der Stadt. Ein Hauch von vergangenen Zeiten und großbürgerlicher Nostalgie liegt über dem Ganzen.

INFORMATION: 19, Rue du Darc.

ÜBERNACHTEN: **Jugendherberge** in Bellerive-sur-Allier, 19, Rue du Stade, Tel. 70/322514. Vom Bhf. Vichy auf der anderen Seite vom Fluß, ca. 1 km.

Zurück zum Mittelmeer

Montpellier

Eine der ältesten Universitäten Frankreichs - kurz nach 1200 gegründet, im 16. Jh. war Nostradamus hier Professor! Die engen Gäßchen und prächtigen Bürgerhäuser aus dem 17. und 18. Jh. bestimmen heute das Stadtbild.

Mittelpunkt der Stadt ist die lebhafte *Place de la Comedie*. Nicht weit davon die *Esplanade*, eine lange schattige Promenade - Treffpunkt der Müßiggänger, Studenten und sonstiger Flaneure - mit dem Musée Fabre. Ansonsten viele großflächige Grünanlagen, der schönste Park ist die *Promenade du Peyrou* mit ihren langen Baumreihen und einem gewaltigen Aquädukt.

VERBINDUNGEN / BAHNHOF: gut ausgestatteter **Bhf.** mit Waschmöglichkeit. Etwa 300 m die Rue Maguelone entlang zur zentralen Place de la Comedie.

INFORMATION: 6, Rue Maguelone, an der Place de la Comedie.

ÜBERNACHTEN: **Jugendherberge Centre Internationale de Jeunesse**, 2, Rue de la Petite Corraterie, im Zentrum Nähe Esplanade, Tel. 67/796166. Preiswertes Hotel ist das **Majestic**, 4, Rue du Cheval-Blanc, Tel. 662685. **Camping Municipal** östl. vom Zentrum (Bus 15 ab Bhf.).

ESSEN: an der Rue de l'Université etliche kleine, preiswerte Restaurants und Cafés.

Sehenswertes: außer dem schon Angesprochenen der *Botanische Garten*, der älteste in Frankreich. Die riesige *Kathedrale St. Pierre* liegt gleich be-

nachbart - über 110 m lang und eine Mixtur verschiedenster Stile. Gleich in der Nähe das *Univiertel* mit interessanten alten Buchläden. Hier liegen einige der sog. Hotels, deren Innenausstattungen einen Blick lohnt.
Das *Musée Fabre* beherbergt Malerei vom 17.-19. Jh., u.a. Stücke im sog. romantischen Realismus von Delacroix (Di-So 9-12, 14-17.30 h, Mo geschl.).

MÄRKTE: Sa **Flohmarkt** unter den Bögen des Aquädukts an der Promenade du Peyrou.

Montpellier - Sète - Beziers
A-Kb. 25037

Bei *Frontignan-Plage* Richtung Osten langer Kies- und Sandstrand zwischen Lagune und Meer - eine Domäne der Camper, mehr als ein halbes Dutzend Campingplätze, hauptsächlich Familien (Bhf. liegt einige km landeinwärts).
Schöner ist *Les Aresquiers*, am oberen (östl.) Ende des Etangs - kleines Fischerdorf, endloser Strand, Möglichkeiten zum Wildzelten.

Sete

Große lärmende Hafenstadt mit viel Industrie. Originell sind die Kanäle im malerischen Stadtkern, die eine Verbindung zwischen dem Binnensee Etang de Thau und dem Meer herstellen.

Interessant außerdem der Fischerhafen, wo ihr den Fischer beim Entladen zusehen könnt. An dem breiten Canal de Sète ein Fischrestaurant neben dem anderen - weniger angenehm sind die Autoschlangen, die sich permanent durch die Stadt wälzen. Wer Geld übrig hat, kann einen Bootsausflug auf den See oder auf's Meer machen, je nach Dauer bis zu ca. 10 DM.

VERBINDUNGEN / BAHNHOF: am **Quai Nord**, ins Zentrum über den Canal Latéral und geradeaus die Av. Victor Hugo entlang.

INFORMATION: 22, Quai d'Ager.

ÜBERNACHTEN: **Jugendherberge Villa Salis**, Rue du Général-Revest, Tel. 67/534668. In einer schönen alten Villa auf dem Stadthügel, toller Blick, aber oft überfüllt und nicht immer freundlicher Empfang.
Mehrere Campingplätze in Stadtnähe, z.B. **Camping Le Philippe**, Boulevard Jolio-Curie in Corniche, Nähe Strand, oder **Camping la Regatte**, nicht schön aber billig, Bus ab Bhf.

BADEN: In Stadtnähe wenig empfehlenswert, besser nach Marseillan-Plage oder Agde.

> Wenn ihr am 25. August kommt - dann findet das traditionelle **Stadtfest** statt, drei Tage lang! Originell ist das 'Lanzenstechen' - große Ruderboote mit Stechern, die sich gegenseitig ins Wasser stoßen wollen . . .

Westlich von Sète geht die Bahnlinie 10 km lang auf einem schmalen Damm zwischen dem Meer und einem der zahlreichen Lagunenseen entlang, zum Baden nicht empfehlenswert! Der Strand liegt direkt an der dicht befahrenen Autostraße, Großparkplatz.
Marseillan Plage ist ein reiner Badeort mit ewig langem Sandstrand und vielen Campingplätze. Recht schön das alte Dorf Marseillan, etwas landeinwärts am See gelegen.
Die Eisenbahn biegt hier ins Landesinnere nach Beziers ab. Hübsch ist der kleine Fischerort *Agde* (Bahnstation), optimale Bademöglichkeiten bei Cap d'Agde. Am Kap ein riesiges Ferienzentrum - Betonburgen, Boutiquen, Diskos, Cafés, Kinos.

ÜBERNACHTEN: städtischer **Camping** östl. von Cap d'Agde. Weiterer Platz mit FKK-Bereich, sehr voll - eins der größten FKK-Zentren Europas!

Beziers: liegt sehr schön am Fluß Orb, nette Altstadt, drüber thront die markante Kathedrale *St. Nazaire*. Beziers war Schauplatz eines der blutigsten Massaker, das in den mittelalterlichen Albigenserkriege in Südfrankreich stattfand. Die gesamte Stadtbevölkerung wurde umgebracht, als die Nordfranzosen im Süden einfielen, um in Zusammenarbeit mit dem Papst die abtrünnigen 'Ketzer' wieder in den Schoß von Kirche und Staat zurückzuholen.
Auf der hübschen Platanenallee Paul-Riquet könnt ihr gemütlich Kaffee trinken und euch freuen, daß ihr damals nicht hier wart!

INFORMATION: 27, Rue du 4 Septembre.

ÜBERNACHTEN: preiswerte Hotels an der Place Jean-Jaurès u. an der Av. Gambetta.

BADEN: mit Bus ab Place du Général de Gaulle nach **Valras-Plage**, voller Trubel, zahllose Campingplätze u. schöner Strand.

Narbonne: am schönsten ist der alte *Canal de la Robin*, der die Stadt durchzieht - viel Atmosphäre, links und rechts Kneipen und Straßencafés. Ansonsten eins der bedeutendsten gotischen Denkmäler des Südens - die reichlich verbaute *Kathedrale St. Just* im großen Komplex des Erzbischöflichen Palais. Nebenbei sind hier noch drei Museen untergebracht, darunter das interessante *Musée régional de l'Histoire de l'Homme* (Funde aus der Vorgeschichte, Entwicklung des Menschen). Noch unbedingt sehenswert das *Horreum* am Nordende der Rue Rouget-de-Lisle - zwei unterirdische 'Ladenpassagen' aus römischer Zeit.

VERBINDUNGEN / BAHNHOF: nördl. vom Zentrum.

INFORMATION: Place Salengro, hinter der Kathedrale.

ÜBERNACHTEN: **Centre International de Séjour**, ebenfalls Place Salengro, Tel. 68/ 320100. Stadtnächster Camping ist **Le Languedoc** ca. 2 km außerhalb.

Ab Narbonne Abstecher nach Carcassone - die schönste Burganlage Frankreichs, siehe nebenstehende Seite.

Narbonne/Umgebung: zum Baden nach *Gruissan Plage* - Küstensiedlung zwischen einem Etang und dem Meer, deren Häuser zum Schutz vor Überschwemmungen fast alle auf 'Stelzen' stehen. Viel Strand, außerdem schöne Ausflüge zu den umliegenden Etangs - ein bißchen Camargue-Feeling!
Etwas landeinwärts liegt das alte Fischerdorf *Gruissan* - sehr hübsch und ursprünglich, die Häuser gruppieren sich schutzsuchend um den felsigen Burghügel. Ein paar hundert m entfernt der einfache Camping St. Martin.

Perpignan

Sympathische Stadt mit viel südländischem Leben. In der Altstadt enge Gassen, aber auch breite schattige Boulevards, malerische Plätze und hübsche Grünanlagen am Fluß Basse. Auffallend schöne Kiesel- und Backsteinbauten.

Perpignan ist bereits ziemlich spanisch angehaucht. Ihr werdet bald merken, daß ihr hier in Katalanien seid, eine Region, die sich nie so recht als französisch empfunden hat. Fast 50 % der Bewohner sprechen noch Katalanisch, obwohl die Sprache vom französischen Staat bis Anfang des Jahrhunderts offiziell verboten war.

VERBINDUNGEN / BAHNHOF: Bhf. im Westen, die Avenue de Gaulle ins Zentrum.

INFORMATION: Quai de Lattre de Tassigny.

ÜBERNACHTEN: **Jugendherberge**, Parc de la Pépinière, Av. de Grande-Bretagne, Tel. 68/ 346332, ca. 15 DM. Vom Bhf. ca. 1 km die Rue Valette links, am Ende rechts in die Avenue Grande Bretagne und die dritte links. Einige preiswerte Hotels auf der Av. de Général de Gaulle, am Weg vom Bhf. ins Zentrum, z.B. **Hotel de la Gare**, Tel. 345616 (Nr. 19), weiterhin erschwinglich **Hotel Bristol**, Rue Grande des Fabriques 5, Tel. 434268. Der kleine **Camping La Garrigole** 10 min. westl. vom Hbf., weiter entfernt ist **Camping Le Catalan**, außerhalb vom Zentrum.

ESSEN: **Relais St. Jean**, einfach und billig, 1, Cité Bartissol (Nähe Kirche St. Jean). **Le Palmarium**, Place Arago, auffallend übers Wasser gebaut, aber durchaus zu bezahlen. **Brasserie de la Loge**, Self-Service an der Place de la Loge.

Sehenswertes: zentraler Punkt der Stadt ist die *Place de la Loge* mit ihren vielen Cafés und Restaurants. Nördl. davon das *Castillet*, ein altes Stadttor, von dem ihr einen tollen Blick bis zu den Pyrenäen habt (im Inneren die *Casa Pairal* mit einer interessanten Sammlung zur Kultur des Roussillon). Im Süden der Altstadt das sternförmige *Palais des Rois de Majorque* - eine mächtige Befestigungsanlage, an der der Zahn der Zeit schon lange nagt.

Perpignan/Umgebung: Baden am Strand von Perpignan - *Canet Plage*. Lebhafter Touristenort mit Hotelhochhäusern und prächtigen Villen, aber riesiger (10 km) Strand und endlich mal wieder eine richtige Promenade mit schattigen Bäumen. Camping Brasilia an der Mündung des Tet, nördl. von Canet-Plage, z.T. im Pinienwald.

LESERTIP: "ein paar km Richtung Süden runtertrampen. Dort Felsküste - wunderschön und menschenleer. Wildcampen kein Problem" (Anja Mesch, Hamburg).

St. Cyprien Plage: weiter südl. und etwas ruhiger als Canet Plage - herrlicher Strand und zwei Campingplätze. Nächste Bahnstation ist *Elne*.

ÜBERNACHTEN: **Camping Municipal**, nördl. vom Ort, preiswert, aber wenig attraktiv, kaum Schatten, häßlich verbaute Umgebung. **Camping Cala Gogo**, südl. vom Ort besitzt etwas mehr Schatten, Kleinbusse der Gemeinde fahren hin.

NACH ANDORRA: von Villefranche (zu erreichen ab Perpignan) mit dem **'petit train jaune'** mehrmals tägl. quer durch das Roussillon in die Pyrenäen hinauf nach Tour de Carol. Sehr schöne Strecke durch wilde Bergregionen mit Schluchten und verfallenen Gemäuern, 1000 m Höhenunterschied - die höchstgelegene Bahn Frankreichs ohne Zahnradantrieb! **Villefranche** ist ein wunderschönes Örtchen noch durch und durch mittelalterlich mit wuchtigen Stadtmauern, noch funktionierenden Zugbrücken und uralten Steinhäusern.
Wer auf demselben Weg zurückwill, sollte nicht bis zur Endstation fahren - in **Bourg Madame** läßt sich die Zeit besser vertreiben.
Von **Tour de Carol** Bahnanschlüsse nach Toulouse (- Paris) und Barcelona. 2 x tägl. (vor- und nachmittags, in der Nebensaison nur 1 x!) fährt außerdem ein **Bus** ab Tour de Carol/Bhf. die herrliche Paßstraße über den Pas de la Case (2467 m) und die Port d'Envalira (2407 m) nach **Andorra la Vella**, die Hauptstadt des Kleinstaats (ca 2 std., 15 DM einfach).

Übernachten: wenn ihr in Tour de Carol abends keinen Anschluß mehr bekommt, könnt ihr auf dem dortigen **Campingplatz** übernachten, außerdem liegt der Bhf. inmitten von Wiesen und Obstbäumen.

Weiter an der Küste Richtung Spanien - durch die hübschen Pyrenäenorte fährt die Bahn an der Cote Vermeille (Purpurküste) entlang.

Argelès-sur-Mer: gemütliche kleine Stadt am Fuß der Pyrenäen. Der kilometerlange Strand *Argelès-Plage* ist ideal für ein paar Tage Badeurlaub. Es gibt zahllose Campingplätze, der beste (und teuerste!) ist Camping Le Soleil - 4 km nördl., direkt am Strand und äußerst komfortabel (Busverbindung).

Collioure: freundlicher Fischer- und Badeort an einer sandigen Pyrenäenbucht, leider sehr vom Durchgangsverkehr nach Spanien geprägt. Blickpunkte sind die Wehrkirche und das alte Fort, die die Bucht zu beiden Seiten abschließen.

Seit dem 19. Jh. war Collioure beliebter Treffpunkt bedeutender Maler - später haben sich hier Pablo Picasso, Henri Matisse und Salvatore Dali gerne zu einem Gläschen Wein getroffen und noch heute steht an der Strandpromenade eine Staffelei neben der anderen.

Hotel/Restaurant des Templiers: nicht versäumen - die absolute Attraktion von Collioure! Das Haus ist vollgestopft mit Gemälden aller Künstler, die jemals in Collioure gemalt haben - etwa 3000 sollen es sein!

ÜBERNACHTEN: zwei **Campingplätze** sind ca. 1 km entfernt.

Ab Grenzstation Cerbere umsteigen wegen verschiedener Spurweite der franz. und span. Züge! Weiter geht's an die Costa Brava, S. ???.

Narbonne - Carcassonne - Toulouse A-Kb. 25037/38

Carcassonne

Wenn ihr einmal eine befestigte mittelalterliche Stadt erleben wollt, die aussieht, wie aus dem Bilderbuch entsprungen, seid ihr jetzt am Ziel.

Ihr habt hier immerhin die am besten erhaltene Festungsstadt der Welt vor Augen - eine trutzige Doppelmauer und über 50 Türme schützten die winkligen Gassen vor Angreifern. Jahrhundertelang diente Carcassonne als Grenzfestung gegen Spanien, zu dem damals der ganze Landstrich (Roussillon) diesseits der Pyrenäen gehörte. Im 16. Jh. kam das Roussillon dann an Frankreich, die uneinnehmbare Burg wurde überflüssig und die Einwohner nutzten die Mauersteine für den Bau ihrer eigenen Behausungen. Im 19. Jh. restaurierte man die ganze Anlage mit viel Aufwand von Kopf bis Fuß. Das Ergebnis sieht man heute - die Sight-seeing-Urlauber strömen in Massen, der

Kitsch der Souvenirläden vermehrt sich ständig und die Burgstadt wird immer mehr zum toten Symbol vergangener Zeiten, weil kaum noch jemand innerhalb der Mauern wohnt. Im Sommer dafür viele Straßenmusiker, Gaukler, spontanes Theater etc.

VERBINDUNGEN / BAHNHOF: in der unteren 'Neustadt', ca. 2,5 km von der alten 'Cité' entfernt (Bus 4 fährt ab Bhf. hinauf).

INFORMATION: 15, Boulevard Camille Pelletan (Unterstadt) u. am Haupttor der Anlage.

ÜBERNACHTEN: **Jugendherberge** in der Rue du Vicomte Trencavel, Tel. 68/252316, direkt innerhalb der Stadtmauern, in kleiner Seitengasse vor dem Schloß, Zimmer mit 6 Betten, sauber, komfortabel, ca. 15 DM incl. Frühstück + 3 DM für Laken (Schlafsack verboten). Bus 4 (bis 18 h) und etwas zu Fuß. Zudem **Centre International de Sejour** in der 91, Rue Aimé Ramon, Tel. 258668. Preiswerte Hotels in der Rue de la Liberté (Nähe Bhf.) sind **Bonnefoux** (Nr. 40, Tel. 250145) u. **St. Joseph** (Nr. 81, Tel. 251094). Zum **Camping Municipal** vom Bhf. links.

Toulouse

Viertgrößte Stadt Frankreichs, Zentrum der französischen Luft- und der europäischen Raumfahrt, viel Industrie, aber auch eine altehrwürdige Universität.

Die Backstein-Architektur (und die frühere Linksorientierung der Stadtpolitik) hat Toulouse den schönen Namen *Ville Rose* eingebracht. Das historische Zentrum ist hübsch, hat aber an Sehenswertem weniger zu bieten als z.B. Albi oder Carcassonne. Die jugendliche Atmosphäre, bedingt durch die vielen Studenten, macht das aber wieder wett. Sonntags Flohmarkt um die große romanische Kathedrale *St. Sernin.*

VERBINDUNGEN / BAHNHOF: am **Gare Matabiau** gibt es Duschen (Relais toilettes). Liegt 1 km vom Zentrum um die Place du Capitol.
Schöne Pyrenäenstrecke nach **Barcelona**, Abstecher möglich nach Andorra, s. unten.

INFORMATION: im **Donjon du Capitole**, dem Park hinter dem Capitol. Außerdem im Bhf.

ÜBERNACHTEN: billige Hotels gegenüber vom Bhf.
Jugendherberge, 125, Av. Jean Rieux, Tel. 61/804993. Bus 14 vom Bhf. bis Place Dupuy, weiter Bus 22 bis Armand Leygues. Besteht aus mehreren Holzhütten und ist ziemlich abgewohnt.
Inter Point des UCJG (CVJM), 92, Route d'Espagne, Tel. 61/402928. 5 km vom Bhf., Bus 12 bis Barrier du Muret und noch 300 m zu Fuß. Nur 1. Juli bis 31. August, ca. 20 DM, mit Inter Point Card 15 DM.
Camping Municipal 6 km nördl. vom Zentrum.

Toulouse/Umgebung: Toulouse ist guter Ausgangspunkt für einen Abstecher ins hübsche **Albi**, eine knappe Bahnstd. nordöstlich.

Absolut Spitze hier die **Kathedrale**, ein riesiges Ungetüm, gänzlich aus Backsteinen zusammengesetzt, fast einer Festung ähnlich. Zweiter Anziehungspunkt ist das berühmte **Musée de Toulouse-Lautrec** im Palais de La Berbie neben der Kathedrale - die größte Sammlung von 'Toulouse-Lautrecs', die es in der Welt gibt! (tägl. 9-12, 14-18 h, ca. 5 DM, Stud. ermäß.).

Toulouse - Foix - La Tour de Carol - Barcelona A-Kb. 25042

Interessante Alternative zur Anreise nach Spanien - mal nicht am Meer entlang, sondern quer durch die Pyrenäen! Reizvolle Fahrt, übrigens die höchstgelegene Bahnstrecke Frankreichs in Normalspur, jedoch Zeit mitbringen - Verspätungen sind häufig.
Auf dieser Strecke könnt ihr auch einen Abstecher nach **Andorra** machen - ca. 6 x tägl. fährt ein Zug bis **L'Hospitalet près l'Andorre** oder **La Tour de Carol** (umsteigen nach Barcelona). Dort habt ihr sporadische Busanschlüsse in die Hauptstadt Andorra la Vella (von La Tour de Carol im Sommer nur 2 x tägl., sonst 1 x). Herrliche Fahrt über den **Pas de la Case** und die **Port d'Envalira** (2407 m Höhe), Dauer ca. 2 std.

ANDORRA

Kleiner Pyrenäenstaat zwischen Frankreich und Spanien. Andorra ist zweisprachig, man spricht französisch und spanisch, offizielle Amtssprache ist jedoch katalanisch. Auch die Währung ist zweifach.

Die Hauptstadt **Andorra la Vella** ist häßlich und mit Beton verbaut, die Pyrenäenlandschaft dafür wunderschön. Andorra lohnt am ehesten, wenn man die Stadt so schnell wie möglich verläßt und die Wanderstiefel schnürt!
Jedoch hat Andorra la Vella etwas zu bieten, was die Touristen gleich rudelweise anzieht - es gibt keine Steuern

und man kann vergleichsweise günstig einkaufen! Während der Saison überfluten mit Einkaufstüten dick bepackte 'Ausländer' das Städtchen.

INFORMATION: Place Princep Benlloch 1.

ÜBERNACHTEN: **Hotel Envalira**, Avinguda B. Riberaygua. DZ ca. 45 DM, Dreibettzimmer kosten etwa 60 DM. **L'Arribada Hotel**, 67, Av. P. Benlloch, ist etwas billiger und hat auch Einzel. Preiswerte Unterkünfte auch um die **Busstation** - Fahrer fragen!
Camping Andorra la Vella im Süden der Stadt ist meist proppevoll. Weiter außerhalb der wesentlich schönere **Camping Valira** mit Panoramablick, Av. de Salou.

Sehenswertes und Ziele: die Ortschaften Andorras sind nur mit Bussen oder zu Fuß zu erreichen. Zum Anschauen lohnen die kleine romanische Kirche 'Sant Joan de Caselles' in *Canillo* und das Nationalheiligtum, die moderne Kirche von *Meritxell* - in letzterer steht die Kopie einer herrlichen Marienstatue, das Original ist vor einigen Jahren verbrannt.
Vor allem ist Andorra für Wandervögel interessant. Überall in den Bergen sind Schutzhütten - besorgt euch im Informationsbüro von Andorra la Vella die Broschüre *Refugis de Muntanya* (gibts in Französisch und Spanisch).

ÜBERNACHTEN: Campingplätze gibts in fast allen Orten. Empfehlenswert z.B. **Camping Les Bons** in Encamp, etwas nördl. vom Ort (beschildert), einer der besten Plätze im Land, herrlicher Blick auf die umgebende Gebirgslandschaft. Mitten im gleichnamigen Dorf liegt **Camping Meritxell**, empfehlenswert wegen der zentralen Lage.

Saarbrücken - Metz - Epernay - Paris A-Kb 25000

Hauptroute von der BR Deutschland nach Paris, häufige Verbindungen. Wer nach Verdun will, muß in Metz umsteigen. Champagnerliebhaber kommen in Epernay ans Ziel ihrer Wünsche oder müssen von dort den kurzen Abstecher nach Reims machen.

Verdun: die Veteranen sind heute weit über 80 - 30 km nördl. von Verdun liegen die großen Schlachtfelder, auf denen im 1. Weltkrieg zwischen Februar und Juli 1916 über 1/2 Million Soldaten sinnlos geopfert wurden. Die Franzosen hielten die Festung Verdun und die Deutschen kamen keinen Meter weiter. Markante Punkte sind *Fort de Souville*, *Totenhalle von Douaumont*, *Bajonettgraben*, *Höhe 304*, *Höhe Toter Mann* und das Museum von *Fleury*.

VERBINDUNGEN / ANFAHRT: ohne Auto nicht ganz einfach zu erreichen, aber das Informationsbüro von Verdun organisiert von Mai bis September tägl. eine **Minibusfahrt** (ab ca. 14 h, Dauer 4 std., ca 40 DM). Ansonsten nur Trampen möglich.

INFORMATION: Place de la Nation.

Reims: Hauptstadt der Champagne und Mittelpunkt eines der großen Weinbaugebiete Frankreichs.
Reims besitzt einen der schönsten gotischen Dome Frankreichs, gleichzeitig hat es kilometerlange unterirdische Kellereien, in denen der berühmte Champagner gelagert wird. Kostenlose Führungen (auch deutsch) nach Vereinbarung, z.B. bei *Pommery*, 5, Place du Général Gouvard und *Tattingers*, 9, Place St. Nicaise.

INFORMATION: 2, Rue Guillaume de Machault (Mo-Sa 10-18 h), Infos über Öffnungszeiten und Führungen in den Champagner-Kellereien.

ÜBERNACHTEN: **Centre International de Sejour**, 1, Chausée Bocquaine am Parc Leo-Lagrange, Tel. 26/405260, sehr gute Herberge, etwa 1 km vom Bhf., jedoch offiziell nur für Gruppen.
Hotel d'Alsace, 6, Rue Général-Sarrail, Tel. 474408, ca. 35 DM fürs DZ.
Camping de Champagne am südöstl. Stadtrand, Av. Hoche (Busverbindung).

Epernay: hier, an der Bahnlinie nach Paris, liegen die ausgedehntesten Wein- und Champagnerkellereien der Champagne. Bis zu 30 km lange Gänge sind in die Kreidefelsen gehauen. Im 17. Jh. wurde hier der Champagner erfunden - in der Avenue de Champagne residieren heute die weltberühmten Champagner-Produzenten.

INFORMATION: 7, Av. de Champagne (Infos über Besichtigung der Kellereien).

ÜBERNACHTEN: **Centre International de Sejour**, 8, Rue de Reims, Tel. 26/554082, ca. 22 DM pro Pers. **Camping Municipal** an der Marne, im Sportpark.

PARIS

Eine Stadt, die auf der Straße lebt. Man kann Stunden damit verbringen, auf einer Caféterrasse seinen 'kleinen Schwarzen' zu trinken und die Passanten zu betrachten - ein Pariser wird zum Selbstdarsteller, sobald er vor die Haustür geht. Paris hat Platz für jeden - Clochard neben Diplomat, Rassist neben Emigrant, Imperialismus neben Lebensfreude. Paris ist ein Spiegelbild unserer Zivilisation und die Hauptstadt Europas.

Das heutige Paris ist zu 90 % Ergebnis der Stadtplanung des letzten Jh. Baron Haussmann, der Hausarchitekt Napoleons III., ließ rigoros die mittelalterliche Altstadt abreißen und machte Paris zur modernsten Stadt seiner Zeit. Ein Netz breiter Boulevards ermöglichte es den kaiserlichen Truppen, bei einem Volksaufstand schnell aufzumarschieren - damals brodelte in Paris ständig die Revolution. Auch die prächtigen Bahnhöfe wurden an diesen Einfallstraßen angelegt, einheitliche Fassaden zieren bis heute die Bürgerhäuser auf den baumbewachsenen Avenuen. Eingestreut liegen kleine, idyllische Parks und Promenaden, im Umkreis riesige Parkanlagen, u.a. der *Bois de Vincennes* und der *Bois de Boulogne*.

Paris lebt von seinen Gegensätzen - das einflußreiche Großbürgertum wohnt in luxuriösen Appartements im vornehmen 16. Arrondissement, afrikanische Emigranten hausen in halbverfallenen Gebäuden in Barbès. Inmitten altehrwürdiger Bürgerhäuser findet ihr den futuristischen Plexiglasbau des *Centre Pompidou*. Westl. von Paris ragt die Skyline des Büroviertels *La Défense* in den Himmel. Am *Montmartre*, dem ehemaligen Künstlerviertel, ballen sich das ganze Jahr über die Fremden. Trotzdem findet man oft nur zwei Straßen neben den Touristen-Rummelplätzen ein unverfälschtes Original-Paris. Lärm und Stille liegen in Paris eng beieinander.

Mitterrands erklärtes Ziel ist es, "Paris nicht zum Museum des 19. Jh. werden zu lassen". In seiner Amtszeit wurden einige Riesenprojekte durchgezogen, die der Stadt ultramoderne Akzente gegeben haben - das phantastische *Industrie-Museum* im Norden, die gerade eröffnete *Oper* im Bastille-Viertel, der futuristische *Arche de la Defense* im Westen der Stadt und das großartige *Institut der Arabischen Welt*, um nur einige zu nennen.

"Paris, da wohnen doch nur Snobs!" - das meinte ein Südfranzose zu uns beim Abendessen zwischen Gräten und Tomatensalat. Viele Franzosen denken so. "Paris und die französische Wüste" sagen die Hauptstädter. Alle Straßen, alle Bahnlinien führen sternförmig zum aufgeblähten Wasserkopf Paris. Rund 10 Mill. Menschen wohnen im Großraum Paris - jeder fünfte Franzose.

VERBINDUNGEN / BAHNHÖFE: **Gare de l'Est** (Ostbhf.), Züge von und nach Ostfrankreich, Süddeutschland, Schweiz und Österreich (Tel. 45825050).

Gare du Nord (vom Gare de l'Est nur eine Metrostation Richtung Clignancourt), Züge von und nach Benelux, Nordfrankreich, Großbritannien, Norddeutschland, Niederlande (Tel. 42800303).

Gare St. Lazare, West- und Nordfrankreich, Großbritannien (Tel. 45656060).

Gare de Lyon, Züge nach Südfrankreich, Italien (Tel. 43459222).

Gare d'Austerlitz, Züge nach Südwestfrankreich, Spanien, Portugal (Tel. 45841520).

Gare Montparnasse, Züge nach West- und Nordfrankreich, (Tel. 45385229).

Zentrale Telefonauskunft 45825050, tägl. 8-20 h.

An allen Bahnhöfen Gepäckaufbewahrung (für 24 std. ca. 5 DM), außerdem Schließfächer (meist belegt).

INFORMATION: **Hauptstelle** an der 127, Avenue des Champs-Elysées, 8e, tägl. 9-20 h, Tel. 47236172. Man spricht Deutsch, es gibt Stadtpläne und Veranstaltungskalender, Zimmervermittlung (ca. 5 DM), allerdings immer voll, Wartezeiten einkalkulieren.

Zweigstellen am **Eiffelturm** (Mai-Sept., tägl. 11-18 h) und in den Bahnhöfen **Gare de l'Est**, **Gare du Nord**, **Gare de Lyon** und **Gare d'Austerlitz**.

Kostenlose Zimmervermittlung beim **Accueil des Jeunes en France (AJF)**, siehe unter "Übernachten".

ORIENTIERUNG IN PARIS: Paris ist in 20 Arrondissements eingeteilt, das erste ist das Zentrum der Stadt, die nächsten reihen sich spiralförmig nach außen an. Bei den Adressen im folgenden haben wir das jeweilige Arrondissement immer dazugeschrieben (Zahl mit einem 'er' oder 'e'), außerdem meist auch die nächste Metrostation.

Unterwegs in Paris: am besten und schnellsten per Metro. Intensiver erlebt man die Stadt aber natürlich zu Fuß.

METRO: gut ausgebautes Netz, eins der besten der Welt! Schnelle Züge, dichte Zugfolge, ihr braucht keinem Zug nachzulaufen, innerhalb von max. 10 min. kommt garantiert der nächste, während der Stoßzeiten folgen die Züge einander alle drei min. Hier könnt ihr Paris hautnah erleben - schon der süßliche Mief ist charakteristisch für die endlos langen Röhren, durch die tägl. 4 Mill. Menschen aller Hautfarben und Nationalitäten geschleust werden. In vielen Gängen, sogar in manchen Waggons, spielen Musiker - vom einsamen Fiedler bis zur gut ausgerüsteten Rockband ist alles vertreten. Die Metroverwaltung hat sich z.T. bemüht, die Stationen kunstvoll zu dekorieren, z.B. Station **Louvre** und **Abbesses**.
Die Orientierung ist einfach, die Linien sind nach den Endstationen benannt, es verkehrt nur eine Linie pro Rampe. Streckennetzpläne hängen überall aus und sind in jeder Station kostenlos erhältlich. In vielen Stationen steht ein 'Situ'-Computer, in den man eine Adresse eingibt und der Computer druckt alle möglichen Verbindungen aus.
Tickets bekommt ihr in allen Metro-Stationen. Ein **Einzelticket** kostet ca. 1,70 DM (5 FF) und gilt für eine beliebig lange Fahrt incl. Umsteigen, erst wenn ihr den Untergrund verlaßt, wird es ungültig (dieselben Tickets gelten auch für die grün-weißen Stadtbusse). Günstiger ist es, für ca. 10 DM ein **Carnet** mit 10 Fahrten zu kaufen. Recht lohnend die neue **Formule 1**, eine Tageskarte für ca. 7 DM (Metro, Busse und RER in den inneren 2 Zonen). Außerdem gibts noch relativ teure **Touristenkarten** (Billets Paris Sésame) für 2 (19 DM), 4 (28 DM) oder 7 Tage (50 DM), mit denen ihr beliebig viel mit Metro, Bus und Schnellbahn RER (in die Vororte) fahren könnt. Die relativ preiswerte Wochenkarte **Coupon hebdomadaire** für ca. 16 DM (Metro und Busse) lohnt sich dagegen oft schon ab 3 Tagen Aufenthalt (Paßfoto mitbringen, aber Vorsicht - Geltungsdauer ist immer von Mo bis So, egal an welchem Tag ihr die Karte erwerbt). Alle Tickets aufheben, bis ihr zur Sperre "Limite de Validité des Billets" kommt (automatische Entwertungsmaschinen). **Schwarzfahren** kostet 60 DM.
Die Metro verkehrt von 5.30 h bis ca. 0.30 h. Danach fahren vom zentralen Rathaus Nachtbusse **(Autobus de nuit)** in alle Richtungen an den Stadtrand (wenn ihr zu mehreren seid, ist ein Taxi billiger).

BUSSE: Vorteil gegenüber der Metro - ihr seht was von der Stadt! Allerdings recht kompliziertes Netz, aber in vielen Metrostationen gibts Buspläne. Metro-Tickets gelten, wie schon erwähnt, auch in Bussen, allerdings müßt ihr nach einer Art Zonensystem ein bis zwei Tickets für eine Strecke entwerten. Busse sind also teurer als die Metro und deshalb nur für kurze Strecken zu empfehlen. Achtung - in Bussen werden nur Einzeltickets verkauft. Außerdem müßt ihr beim Umsteigen von der Metro in den Bus und umgekehrt ein neues Ticket lösen! Einige wenige Busse verkehren die ganze Nacht (siehe oben), ansonsten Betriebszeiten ca. 6-21 h, manche auch bis 0.30 h.

SCHNELLBAHN **(RER)**: jüngste und modernste Einrichtung des Pariser Verkehrsnetzes sind die vier Schnellbahnlinien, die die Vororte mit dem Zentrum verbinden. Diese 4 RER-Linien kreuzen sich in der Station **Chatelet-Les Halles**, dem größten unterirdischen Bhf. der Welt. Die Benutzung der wichtigsten Linie, der **RER C**, ist für **Interrailer kostenlos**, ihr müßt aber vor der Fahrt unter Vorlage eures Interrail-Passes am Schalter eine gelbe Karte für die automatischen Sperren holen. Die RER C fährt von Versailles Rive Gauche (Schloß) am linken Seineufer lang (Eiffelturm, Invalides, Musée d'Orsay, Pont St. Michel/Notre Dame) und über Gare d'Austerlitz in die südl. Vororte.
Nach außerhalb fahren auch **Vorortzüge** der SNCF, die für Interrailer ebenfalls kostenlos sind. Innerhalb von Paris könnt ihr nicht mit dem Zug von Bhf. zu Bhf. fahren!

FAHRRAD: im Zentrum nicht unbedingt empfehlenswert, die Pariser Autofahrer sind gnadenlos.
Eher empfehlenswert eine Fahrt durch den Bois de Boulougne, einen der größten Parks in Europa. Bahnfahrer können Räder am Bhf. **Paris/Porte Maillot** in der Nähe des Parks leihen. Interrail-Ticket mitbringen.

Übernachten: in der Saison nicht immer einfach, ein Zimmer zu bekommen. Dafür sind die Hotels im Vergleich zu anderen Großstädten eher billig. Man findet ein anständiges Doppelzimmer für ca. 30-35 DM, also mit etwas Glück billiger als ein Hostel.
Eine große Hilfe für Rucksack-Touristen ist die gemeinnützige Organisation *Accueil des Jeunes en France* (AJF), die zahlreiche erschwingliche Jugend-Hotels in Paris und inzwischen auch in ganz Frankreich betreibt. Allein in Paris und Umgebung gibt es über 20 Häuser mit 5000 Betten, Kostenpunkt mit Frühstück und Duschbenutzung ca. 25 DM pro Person in Mehrbettzimmern, z.T. sind auch Einzel er-

hältlich (ca. 33 DM). Die Unterkünfte sind in der Regel sauber und geräumig, aber es gibt Ausnahmen. Frühstück eher mager, Sperrstunde meist um 1 oder 2 h nachts, manche haben auch die ganze Nacht offen.

Sehr lohnend - der AJF vermittelt kostenlos Plätze in Hostels und billige Hotelzimmer in ganz Paris. Auch wenn ihr vor dem Büro etwas Schlange stehen müßt, erspart ihr euch eine Menge Lauferei! Wenn ihr selbst einen Platz in einem der Jugendhotels sucht, am besten früh - ab 9.30 h bekommt man in Stoßzeiten oft kein Bett mehr.

HAUPTADRESSE: **AJF-Beaubourg**, 110, Rue St. Marin, 4e (gegenüber Centre Pompidou, Metro Rambuteau), Tel. 42778780, Mo-Sa 9.30-19 h.

Außerdem **AJF-Gare du Nord**, in der Ankunftshalle des Gare du Nord, Tel. 42858619, Juni-Sept. tägl. 8-22 h u. **AJF-Hotel de Ville**, 16, Rue du Pont Louis-Philippe, 4e (Metro Hotel de Ville), Tel. 42780482, Juni/Juli Mo-Sa 9.30-18.30 h.

Alle Angestellten sprechen englisch, ihr bekommt einen Stadt- und Metroplan und könnt auch eine vollständige Liste der AJF-Unterkünfte in Frankreich erhalten.

AJF-HOSTELS: **B.V.J. Centre International de Paris/Louvre**, 20, Rue Jacques Rousseau, 1e (Metro Louvre), Tel. 42368818. Prima Unterkunft, aber zumeist sehr voll, da zentral gelegen, 200 Plätze von Einzel- bis Fünfbettzimmer, im Sommer kann man meist nur ein oder zwei Nächte bleiben. An der Rezeption wird Deutsch gesprochen.

B.V.J. Centre International de Paris/Opéra, 11, Rue Therèse, 1e (Metro Pyramides), Tel. 42607723. Etwas kleiner, aber ebenfalls schöne Räume, Einzel- bis Fünfbettzimmer.

B.V.J. Centre International de Paris/Les Halles, 5, Rue du Pélican, 1e (Metro Les Halles/Louvre), Tel. 42609245. Nur 55 Betten.

B.V.J. Centre International de Paris/Quartier Latin, 44, Rue des Bernardins, 5e (Metro Maubert Mutualité), Tel. 43293480, mitten im alten Studentenviertel, freundliche Leute.

AJF-Bastille, 151, Avenue Ledru Rollin, 11e (Metro Voltaire), Tel. 43795386, das größte Haus des AJF, nicht direkt im Zentrum, hier findet man deshalb meist noch Platz.

Maison des Clubs Unesco, 43, Rue de la Glacière, 13e (Metro Glacière), Tel. 43360063. Erst vor nicht langer Zeit hergezogen, deswegen moderne Räumlichkeiten.

Maison Internationale des Jeunes, 4, Rue Titon, 11e (Metro Faidherbe Chaligny), Tel. 43719921.

Absolute Leckerbissen unter den Übernachtungsmöglichkeiten sind drei ehemalige Adelsvillen im historischen MARAIS-VIERTEL. Man schläft in großen Zimmern mit hohen Decken und Fenstern und speist an rustikalen Tischen. Einzelzimmer gibt es keine, die Übernachtung kostet ca. 25 DM pro Pers. incl. Frühstück. In der Hauptsaison kann man nur 2-3 Tage bleiben und muß dann neu reservieren.

Le Fauconnier, 11, Rue de Fauconnier, 4e (Metro St. Paul), Tel. 42742345.

Maubuisson, 12, Rue des Barres, 4e (Metro St. Paul), Tel. 42727209.

Le Fourcy, 6, Rue de Fourcy, 4e (Metro Hotel de Ville), Tel. 42742345.

JUGENDHERBERGEN: einige empfehlenswerte Anlaufpunkte, nur eine einzige Herberge liegt jedoch direkt in Paris.

Auberge de Jeunesse de Paris, 8, Boulevard Jules Ferry, 11e (Metro République), Tel. 43575560, Nähe Gare de l'Est, 100 Betten, keine Gruppen, mit ca. 21 DM etwas billiger als AJF-Hostels.

Auberge de Jeunesse d'Artagnan, 80, Vitruve, 20e, (Metro Porte de Bagnolet), Tel. 43610875. 1985 eröffnet, hinter dem Père Lachaise, 400 Betten in modernen Dreibett-Zimmern mit großen Fenstern, es gibt Bar und Restaurant, ebenfalls ca. 21 DM.

Cité Universitaire, Auberge de Jeunesse Temporaire, 27, Boulevard Jourdan (Metro oder RER B bis Cité Universitaire). Studentenhaus, dessen Zimmer von Anfang Juli bis Mitte Sept. durch die JH-Assoziation vermietet werden. Rezeption im Sommer 8-21 h (oder schreibt an JH Jules Ferry). 270 Einzelzimmer, ca. 25 DM.

Sehr nett ist die Jugendherberge in **Arpajon**, südl. von Paris (mit der kostenlosen RER C4 Richtung Dourdan), Rue Marcel Duhamel, Tel. 64902885, nur 5 min. vom Bhf., reguläre Übernachtung ca. 13 DM, Zeltmöglichkeit 5 DM, hilfsbereite Leitung.

Centre de Séjour Choisy-le-Roi, 125, Avenue de Villeneuve-Saint-Georges, Val de Marne, Tel. 48909230. Liegt in der Nähe vom Flughafen Orly, mit RER C nach Choisy-le-Roi, dann über die Seine, ca. 20 min. zu Fuß (ist beschildert). Juhe meist voll, etwa 25 DM pro Pers., angeschlossen ist jedoch ein schöner **Campingplatz** mit Waschmaschinen, ca. 4 DM pro Pers. (JH- oder Camping-Ausweis wird verlangt).

HOTELS: ziemlich schwierig, in der Saison ein Zimmer zu bekommen, schon gar kein billiges. Bequemste Lösung - **AJF** (kostenlos) und **Office de Tourisme** (ca. 2 DM) vermitteln Hotelzimmer. Gebt dort an, was ihr ausgeben könnt.

Falls ihr auf eigene Faust suchen wollt, bekommt ihr beim Informationsbüro ein Hotelverzeichnis mit Preisangaben. Es lohnt aber kaum, von Tür zu Tür zu gehen, ruft lieber an und fragt, ob ein Zimmer zu haben ist.

Wenn möglich, schon morgens mit dem Suchen anfangen! Zimmer mit großem Bett, das für zwei reicht (un grand lit), sind deutlich billiger als Zimmer mit zwei separaten Betten. In den einfachen Hotels ist das Frühstück wenig attraktiv, nehmt deshalb ein Zimmer ohne 'petit déjeuner'.

Vor allem im touristisch noch wenig überlaufenen Arrondissement **Opèra** (Metro St.-Georges) findet ihr viele preiswerte Hotels um die 35-40 DM. Das **Quartier Latin**, das alte Studenten- und Univiertel ist im Sommer völlig überfüllt und die Unterkünfte meist ein ganzes Stück teurer (Metro St. Michel, Maubert-Mutualité, Luxembourg).

Hotel Liberty, 16, Rue de Nancy, nur 10 min. vom Gare de l'Est, DZ ca. 40 DM mit Frühstück, Dreibettzimmer ca. 54 DM.

Grand Hotel Malher, 5, Rue Malher, 4e (Metro St. Paul), Tel. 42726092, herrlich altmodisch, zentral und billig, DZ ca. 35 DM.

Sully Hotel, 48, Rue St. Antoine, 4e (Metro Saint Paul), um merkwürdigen Innenhof gebaut, nicht ganz leise, dafür sehr zentral im alten Marais-Viertel, junge Besitzer sprechen Englisch, DZ ca. 35 DM mit Waschbecken, Tel. 42784932.

Hotel Moncey, 65, Rue Blanche, 9e (Metro Blanche), Tel. 48748220, Nähe Montmartre.

Daval, 21, Rue Daval, 11e, Tel. 47005123, mitten im neuen Szene-Viertel Bastille.

Marys Hotel, 15, Rue de Malte, 11e, Tel. 47008170, in einer ruhigen Straße mit mehreren billigen Hotels.

Hotel Bolivar, 5, Avenue Simon Bolivar, 19e, Tel. 42081687, Metro ins Zentrum, von den oberen Stockwerken Blick auf ganz Paris.

CAMPING: **Terrain de Camping Paris-Ouest**, Route du Bord de l'Eau, Tel. 45061498, im Bois de Boulogne. Der Campingplatz des Touring-Club am Seine-Ufer wird z.Z. zu einem Luxus-Zeltplatz umgerüstet, dementsprechend sehr teuer. Leider ist er der einzige, der vom Pariser Zentrum schnell zu erreichen ist. Meist total überfüllt. Mit Metro bis Porte-Maillot, weiter mit Bus 244.

Camping de Porchefontaine, 31 Rue Berthelot, Versailles/Porchefontaine, Tel. 39512361. 22 km außerhalb, nicht weit vom Versailler Schloß, RER C bis Station Porchefontaine und noch 500 m zu Fuß. Interessante Alternative - sauber, warme Duschen, für drei Nächte bezahlt man etwa soviel wie im Bois de Boulogne für eine. Direkt neben dem Platz ein super Schwimmbad.

Weiterer Platz ist **Camping Le Tremblay**, Boul. des Allees, Champigny-sur-Marne, Tel. 42833824. Östl. von Paris, RER A2 bis Champigny, Kleinbusse als Metrozubringer.

UMSONST IM FREIEN: nicht empfehlenswert. In den **Bahnhöfen** praktisch unmöglich - Putzkommandos, Polizeirazzien, Gauner aller Art (laut Lesertips im Gare Montparnasse möglich, außerdem **vor** dem Gare du Nord). Die Pariser **Stadtparks** werden bei Einbruch der Dunkelheit abgeschlossen. Auf keinen Fall solltet ihr euch abends in den **Bois de Vincennes**, oder gar in den **Bois de Boulogne** wagen - größtes Pariser Prostitutionsviertel, Raubüberfälle etc. Die tagsüber romantischen **Seine-Kais** eignen sich ebenfalls nicht für lauschige Nächte im Freien - Polizei und viele Penner.

LESERTIP: "Am Gare du Nord gibt es eine Hotelvermittlung 'Billige Hotels für junge Leute'. Die Hotels sind zwar durchaus billig, jedoch werden für die Vermittlung ca. 30 DM verlangt!" (Frank Rosenthal, Frankfurt).

Essen: seinem Ruf als teure Stadt wird Paris, gerade wenn es ums Essen geht, voll gerecht. Besonders in den Touristenvierteln *Les Halles/Centre Pompidou*, *Saint Germain des Prés*, *Montmartre*, aber auch im *Quartier Latin*, sind die Preise gigantisch. Meiden solltet ihr v.a. die Lokale an der *Champs-Elysées*.

Viele Restaurants locken mit sog. **Touristen-Menüs**. Aber Vorsicht - zu den 4 Gängen zu 17-22 DM kommen noch ca. 15 % für Bedienung und auch die Getränke sind nicht im Preis eingeschlossen. Auch eine Tasse Kaffee kann einen teuer zu stehen kommen (café au lait ca. 4-5 DM), noch schlimmer sind die Bierpreise.

Am billigsten ist natürlich **Selbstverpflegung** - ein Baguette kostet ca. 1 DM, Käse und Rotwein gibt es ab 3 DM. Eine altmodische Markthalle und viele billige, bunte Gemüsestände, sogar einen kleinen Flohmarkt findet ihr auf dem *Marché d'Aligre* (jeden Morgen außer Mo, Metro Ledru-Rollin). Der Supermarkt *Aseco* in der Rue Brantome (Quartier de l'Horloge hinter dem Centre Pompidou) hat Tag und Nacht geöffnet (So geschl.). Daneben ein akzeptables Selbstbedienungsrestaurant *Melodine*. Sehr lecker ist das Angebot der unzähligen Imbißstände. Was in Berlin der 'Grampke' an der Ecke mit seiner Pommes-Bude ist, sind in Paris die zahlreichen Kebap-, Souvlaki-, Croissant- und Crepes-Stände. Die Preisunterschiede sind allerdings enorm, stellt also Vergleiche an.

Preislich zu empfehlen sind die vielen kleinen Restaurants und Straßenlokale in den *afrikanisch-arabischen* Vierteln, z.B. an der Nord- und Ostseite des Montmartre (Metro Jules Joffrin, Chateau Rouge, Barbes-Rochechouart und Stalingard), außerdem um die Rue

Belleville und die Rue Menilmontant (Nähe Friedhof Père Lachaise). Vor allem *Griechen* findet ihr im Quartier de la Huchette (Metro St. Michel), die *Asiaten* in Belleville und an der Porte de Choisy im 13. Arrondissement ('Chinatown').

Nicht mehr billig sind dagegen die meisten ausländischen Restaurants im **Quartier Latin**. Die berühmte 'Freßstraße' im Quartier Latin ist die *Rue Mouffetard* - mit malerisch-lebendigem Straßenmarkt und einer Unmenge von Restaurants, Kneipen und Bistros, die fest in der Hand ausländischer Touristen sind.

SELF-SERVICES: natürlich hat auch in der Feinschmeckermetropole Paris das Zeitalter des 'fast-food' längst seinen Einzug gehalten. Die besten Pizze zwischendurch gibt es bei **Good-Fast**, Rue Berger/Ecke Rue St. Denis (Nähe Centre Pompidou), Gault Michelin verteilte die besten Noten an **Love Burger**. **McDonald's** im Untergeschoß des Forum des Halles hält kostenlose Zeitungen bereit.

Zu empfehlen sind die Eßmöglichkeiten im letzten Stock des **Centre Pompidou**. Man kann wählen zwischen Café, Restaurant, Bar und Self-Service. Bei schönem Wetter kann man sogar auf der Terrasse sitzen. Die Speisen reichlich und relativ preiswert, Wasser gratis (nachmittags 2 std. geschl.)

Im **Kaufhaus Samaritaine** Nr. 2, 19, Rue de la Monnaie, (Metro Pont Neuf) gibt es im 5. Stock ein Selbstbedienungsrestaurant. Für etwa 8 DM werden mittags warme Mahlzeiten angeboten, nicht besonders, aber immerhin mit Aussicht. Das gleich gilt auch für das Terrassen-Café im 8. Stock (Lift).

Billiges Essen (Menü ca. 8 DM) und reichliche Auswahl gibts auch im **Self-Service Le 101 Rue St. Lazare**, in unmittelbarer Nähe des gleichnamigen Bhf.

UNI-MENSEN: eine Alternative zu Kebap und Baguette können die zahlreichen preiswerten Uni-Mensen sein. Im Sommer sind zwar die meisten geschlossen, in der Cité Universitaire haben aber auch dann immer mindestens 1 oder 2 Mensen geöffnet. Ausländische Studenten zahlen für's Essen ca. 5 DM, französische Studenten bekommen Essensmarken für ca. 3 DM.

Kleine Auswahl: **Centre Universitaire Dauphine**, Avenue de Pologne (Metro Porte Dauphine); **Grand Palais**, Cours la Reine (Metro Champ-Elysées); **Mabillon**, 2, Rue Mabillon, 6e (Metro Mabillon).

Ebenfalls nicht schlecht sind die vielen **Cafeterias** in den über Paris verstreuten Universitäten und Fachhochschulen. Für wenig Geld gibt es Käse- und Schinken-Baguettes, sowie heiße und scharfe Hot Dogs.

RESTAURANTS / BISTROS: in den folgenden Bistros müßt ihr mit ca. 15-20 DM rechnen.

Polidor, 41, Rue Monsieur le Prince, 6e, beliebtes Studenten-Restaurant im Quartier Latin.

Beaux Artes, 11, Rue Bonaparte, 6e (Metro Saint Germain-de-Près). Gegenüber der Pariser Kunstakademie, angenehme Atmosphäre, viele Studenten.

Le Petit Gavroche, 15, Rue Sainte Croix de la Bretonnerie (Metro Hotel de Ville), Traveller, junge Leute und arme Schlucker, auf jeden Fall originelle Typen (So geschl.).

Petit Ramoneur, 74, Rue St. Denis, 1er, im Hallenviertel, günstig und originell.

Café de la Cité, 22, Rue Rambuteau, 3e, hinter dem Centre Pompidou, man sitzt an langen Tischreihen, Kontakte garantiert.

Chartier, 7, Rue du Faubourg-Montmartre (Metro Rue Montmartre). Volksspeisehaus der Belle Epoque mit Bahnhofsatmosphäre, hat die typische Alt-Pariser Einrichtung bewahrt. Die Kellner schreiben die meist erschwingliche Rechnung auf die Papiertischdecke.

Le Drouot, 103, Rue de Richelieu (Metro Richelieu-Drouot), ähnlich wie das Chartier mit denselben Niedrig-Preisen, aber vom Ambiente vielleicht nicht ganz so interessant.

Aquarius, 54, Rue Ste Croix de la Bretonnerie, 4e (Metro Hotel de Ville), klein aber fein, das richtige für Vollkorn-Fans, So geschl.

Piccolo Teatro, 6, Rue des Ecouffes, 4e, Salon de Thè mit kleinem vegetarischem Restaurant, v.a. leckere Gemüse-Aufläufe.

Ta Tong, 74, Rue des Gravilliers (Metro Arts et Métiers), billiger Chinese, sauber, gute Bedienung (Tip von Heiko Schmitz, Krefeld).

Casa Miguel: fast unglaublich - eine uralte Spanierin kocht seit 35 Jahren ein komplettes Menü für 5 Franc (!). Der Raum ist klein und schmuddelig, die Luft rauchverhangen, die Plastikdecken kleben an den Tischen. Geöffnet Mo-Sa 12-13, 19-20, So 12-13 h, also immer nur eine Stunde, ihr müßt entweder um Punkt 12 oder um 19 h vor der Tür stehen. Bitte keine gastronomische Spitzenleistung erwarten. Ende Juli/Anfang August für eine Woche zu. Adresse: 48, Rue St.-George, 9e (Metro St.-George).

Nachtleben: Zeitschrift *Pariscope* kaufen, erscheint jeden Mittwoch, mit umfangreichem Veranstaltungskalender, Theater, Konzerte, Diskos. Interessante Vorschläge auch im deutschsprachigen Stadtmagazin *Pariser Luft*. Absolut 'in' ist neuerdings das Bastille-Viertel.

Wenn ihr in Paris abends ausgehen wollt, müßt ihr reichlich Kleingeld in der

Tasche haben. Die meisten Diskos sind sehr schick und kosten nicht unter 30 DM (!), ein Getränk eingeschlossen, welches dann auch meist das einzige bleibt.

DISKOS: 'en vogue' beim Schicki-Micki-Publikum ist zur Zeit **Les Bains**, 7, Rue du Bourg l'Abbé, 3e (Metro Les Halles). Die ehemalige Badeanstalt ist u.a. Treffpunkt der Mannequins und diverser Prominenter, Eintritt/Getränk 40 DM.

Le Palace, 8, Rue du Faubourg Montmartre, 9e (Metro Montmartre), in einem alten Theater, riesig, immer überfüllt, fetzige Musik, toller Sound, ca. 35 DM, am So können Mädchen kostenlos rein.

Punkiger gehts im **Rex** zu, 1 Boulevard Poissoniére, 2e, ist auch nicht ganz so teuer.

In den Kellergewölben des Moulin Rouge befindet sich die Riesen-Disko **La Locomotive**, 90, Boulevard de Clichy, 18e.

Im nostalgischen Tanzpalast **Balajo** tanzt unter der Woche Frau Biedermann mit dem Kommissar, am Mo dagegen ein origineller Szene-Treff, 9, Rue de Lappe, 11e.

JAZZ: internat. Jazz-Stars treten im **New Morning** auf, 5-7, Rue des Petites-Ecuries, 10e.

Caveau de la Huchette, 5 Rue de la Huchette, 5e (Metro St. Michel). Einer der renommiertesten und ältesten Keller Paris, gemischtes Publikum, viele Studenten, aber auch ältere Semester, tägl. Live-Musik, oft wird getanzt, ca. 15 DM, Getränke etwa ab 6 DM.

Bistros/Cafés/Salons de Thés: die meisten natürlich im *Hallenviertel*, wo man durchaus 4-5 DM für einen Café blechen muß. Es gibt verschiedene 'Tarifzonen'. Am billigsten ist der *Comptoir*, der Tresen, am teuersten die Terrasse, nachts wird noch ein Extra-Zuschlag berechnet. Probiert mal einen *Kir*, den Aperitif aus Weißwein und Johannisbeerlikör.

HALLENVIERTEL / CENTRE POMPIDOU: **Café Costes**, Place des Innocents, 1er (Metro Les Halles), vom Star-Designer Philipp Stark gestylt, schick und trendy, ein 'Muß' für jeden Kneipenbummel.

Café Beaubourg, 43, Rue St. Merri, 4e, postmoderner Literaten-Treff, gehört ebenfalls der Costes-Familie, erst vor kurzem eröffnet.

Père Tranquille, 16, Rue Pierre Lescot, 1er, hat die ursprüngliche Hallen-Dekoration bewahrt.

Mother's Earth, 66, Rue des Lombards, 1er, hier treffen sich junge Amerikaner.

Nördl. der Hallen gehen viele junge Leute ins **Café Noir**, 30, Rue Montmartre, 2e, oder ins **Le Baragouin**, 17, Rue Tiquetonne, wo man auch billig essen kann.

Helium, 3, Rue des Haudriettes, 3e, Tip für Liebhaber von Avantgarde/Punk/New Wave Musik, abends werden Videofilme gezeigt, unbedingt mal den giftgrünen Cocktail 'Passion' kosten.

Les Enfants Gates, 43, Rue des Francs Bourgeois, 4e, Casablanca-Atmosphäre unter dem Tropen-Ventilator.

BASTILLE: hier gehts rund, v.a. in der Rue de Lappe. Im **Le Petit Lappe**, 20, Rue de Lappe, heiße Musik und preiswerte Getränke.

Die spanische Movida ist angesagt im **Barillo**, 43, Rue de Lappe, 11e.

Eine Straße weiter servieren Engländer Guiness vom Faß im **Café de la Plage**, 59, Rue de Charonne, 11e.

Bar du Genie, 4, Blv. Beaumarchais, 3e, Musik und 40 verschiedene Biersorten aus aller Welt.

SAINT· GERMAIN-DE-PRES / MONTPARNASSE: das frühere Existenzialisten- und Künstlerviertel südl. der Seine. Jean Paul Sartre brachte hier in den Straßencafés **Aux Deux Magots** und **Le Flore** am Blv. St. Germain 170 bzw. 172, seine Erkenntnisse zu Papier.

Ein Super-Bistro ist das **Saint-Germain-de-Près**, 17, Rue de l'Ancienne Comédie (Metro Odéon). Auf drei Stockwerken die größte Kneipe Europas, rund um die Uhr werden 140 verschiedene Whiskys und 450 Biersorten aus aller Welt ausgeschenkt.

Die Kunst- und Galerie-Szene trifft sich im **La Palette**, 43, Rue de Seine.

La Coupoule, 102, Blv. Montparnasse, und **Le Select**, 99, Blv. Montparnasse, Alt-Pariser Kaffeehäuser im ehemaligen Künstlerviertel. Früher schaute jeder mal vorbei - von Picasso bis Hemingway. Ziemlich teuer, gediegene Bahnhofshallenatmosphäre.

5. ARRONDISSEMENT: **Polly Magoo**, 11, Rue Saint Jacques 11 (Metro Saint Michel), gemütlich-rauchig, viele Stammgäste, Schachspieler.

Académie de la Bière, 88 bis, Blv. de Port-Royal, viele Studenten, ebensoviele Biere.

Café de la Mosquée, 39, Rue Geoffroy Saint-Hilaire (Metro Censier/Daubenton). Pfefferminztee schlürfen in der großen Moschee von Paris, Teehaus mit ruhiger Atmosphäre.

Sehenswertes

Am besten erkundet ihr Paris zu Fuß - die ganze Stadt ist ein Erlebnis und eine echte City der Superlative.

Arc de Triomphe/Eiffelturm: das marmorne Ungetüm an der Place Etoile (heute Place Charles de Gaulle) ist 70 m hoch und der größte Triumphbogen der Welt (Metro Charles de Gaulle-Etoile). Ursprünglich sollte es nur an die Siege

Napoleons erinnern. Inzwischen dient der Bau auch als Erinnerungsmal an den 1. und 2. Weltkrieg. Unter dem Bogen das Grabmal des unbekannten Soldaten, dort stehen auch in Stein geritzt alle großen Schlachtorte Napoleons. Es lohnt sich, raufzusteigen oder mit einem Fahrstuhl auf den Bogen hinaufzufahren - super Aussicht (tägl. 10-17.30 h, ca. 7 DM, unter 25 5 DM). Ihr seht die sternförmige Anlage der zwölf Avenuen, die an der Place Etoile aufeinandertreffen. Zwischen den Hochhäusern im Westen zeichnet sich ein funkelnagelneuer, noch größerer Betonbogen ab, *l'Arche de la Défense.* Er wurde 1989 zur 200-Jahrfeier der Französischen Revolution eingeweiht. Die *Avenue Foch* führt schnurstracks in den nahen *Bois de Boulogne.* Hier wohnen die feinsten Leute von Paris. Von oben könnt ihr auch den beeindruckenden Autostrom unten auf dem Platz bewundern.

Ihr seht natürlich auch bestens den Eiffelturm (Metro Trocadéro). 1989 feierte er seinen 100. Geburtstag - Gustav Eiffel, ein Ingenieur deutscher Herkunft (eigentlich Gustav Boenickhausen), baute das 320 m hohe Stahlmonster für die Weltausstellung 1889. Danach hätte der Turm eigentlich wieder abgerissen werden sollen. Da das nicht geschah, und auch die 1944 von Hitler beabsichtigte Sprengung glücklich verhindert wurde, können heute alljährlich 4,5 Millionen Touristen eine der drei Aussichtsplattformen in 60, 120 und 280 m Höhe besuchen (per Aufzug 4, 10 bzw. 15 DM, zu Fuß bis zum zweiten Stock ca. 4 DM). Auf der ersten und zweiten Plattform jeweils ein (sauteures) Restaurant, im ersten Stock außerdem die Möglichkeit, einen Film über die Entstehung und Geschichte des Eisenriesen zu sehen.

Einen schönen Spaziergang könnt ihr vom Eiffelturm ebenfalls machen - die Seine überqueren (viele afrikanische Straßenhändler) und durch die Terrassengärten hinauf zum großen *Palais de Chaillot*, 1937 für eine andere Weltausstellung erbaut und von der Architektur her leicht faschistisch anmutend. Guter Blick auf den Eiffelturm (Photos!), man kann sich von den imposanten Wasserspielen berieseln lassen und den Skateboardkünstlern zuschauen. Im Inneren heute Theater, Kinothek und drei Museen (Marine, Kino und Anthropologie).

Champs-Elysées/Place de la Concorde: vom Triumphbogen geht es Richtung Westen die schnurgerade *Avenue des Champs-Elysées* entlang. Die weltberühmte Pariser Flanierstraße hat jedoch viel von ihrem Charme verloren. Heute stehen hier hauptsächlich Banken, Präsentiervitrinen von Autofirmen, Modeboutiquen, Straßencafés und die unvermeidlichen Fast-food-Läden. Nach dem Rond Point stoßt ihr auf zwei weitere Weltausstellungspaläste - *Grand Palais* und *Petit Palais*. In beiden finden wichtige Kunstausstellungen und Messen statt.

Eine verschnörkelte Brücke mit pompösen Kandelabern, der *Pont Alexandre III.*, führt zur weiten Invaliden-Esplanade. Hinten am Platz liegen der riesige Gebäudekomplex des *Hotel des Invalides* mit dem *Dome des Invalides*. Sonnenkönig Ludwig XIV. brachte in diesen Gebäuden die Veteranen seiner zahlreichen Kriege unter. Heute ist u.a. ein *Kriegsmuseum* untergebracht, der Eintritt (ca. 6 DM) beinhaltet auch den Besuch des Doms. Unter einer gewaltigen Kuppel ruhen in einer 6 m tiefen Gruft die sterblichen Überreste Napoleons. Wie alles bei dem französischen Kaiser ist auch sein Sarkophag überdimensional - erinnert an einen Squashcourt.

Die Champs-Elysées stößt schließlich auf die *Place de la Concorde*, den größten Pariser Platz, den an allen Seiten Frauenstatuen zieren, die die großen Städte des Landes symbolisieren. Die offene Platzanlage besitzt eine wunderbare, barocke Symmetrie. In der Mitte ein 3000 Jahre alter Obelisk, den Napoleon in Ägypten geklaut hat.

Die über den Fluß führende Brücke, *Pont de la Concorde*, besteht aus den Steinen der 1789 erstürmten und dann geschleiften Bastille. Noch ein Wort zur revolutionären Vergangenheit der Place de la Concorde - früher hieß sie Place de la Revolution, hier stand die Guillotine, unter deren Beil die Köpfe von Marie-Antoinette, Ludwig XVI. und Robespierre rollten!

Tuilerien/Louvre: an die Place de la Concorde schließen die berühmten *Tuilerien-Gärten* an. Kinder lassen in den Teichen ihre Schiffe schwimmen, überall stehen nackte Frauenfiguren, einige sogar vom modernen Bildhauer Maillol. Die Gärten gehören zum Pariser Königsschloß, dem *Louvre*. Dieses ist zur Zeit eine riesige Baustelle, unter dem Schloß buddeln Archäologen. Sie haben die Reste der mittelalterlichen Burg freigelegt, die demnächst dem Publikum zugänglich sein wird.
Über der Erde prangt eine 21,5 m hohe *Glaspyramide* als zentrale Eingangshalle zum größten Museum der Welt - anfangs heftig umstritten, ist sie jetzt eine vielbewunderte Attraktion.

> **Louvre**: eine der reichsten Kunstsammlungen der Welt mit 6 großen Abteilungen - Ägyptische Altertümer, Griech.-Römische Altertümer, Orientalische Altertümer, Europäische Skulpturen (vom Mittelalter bis zur Neuzeit), Gemäldesammlung, Kunsthandwerk. Zum großen Teil sind die Exponate 'Souvenirs' der napoleonischen Feldzüge.
> Die Gemäldesammlung ist die größte der Welt und beherbergt u. a. Leonardo da Vinci, Tizian, Rubens, Rembrandt, El Greco und Murillo - berühmtestes Stück ist zweifellos die *Mona Lisa*. In der griech.-röm. Abt. steht außerdem die *Venus von Milo*. Bekannt ist folgendes Rechenexempel: nur um alle Räume des Museums zügig zu durchmessen, braucht man bereits 2 bis 2,5 std. (Mi-Mo 10-17 h, Di geschl., ca. 7 DM, Stud. ermäß., So frei).

Auf der linken Seite des Louvre solltet ihr einen Blick auf die *Comédie Francaise*, die *Avenue de l'Opéra* und das *Palais Royal* werfen. Unter den schattigen Arkaden schürten Agitatoren die Revolution. Unlängst ereiferten sich traditionshütende Polemiker über die schwarz-weißen *Säulen* des Bildhauers van Buren im Hof des Palais Royal.

Vom Louvre zur Notre Dame: in der Einkaufsstraße *Rue Rivoli* liegt das größte Pariser Kaufhaus, die *Samaritaine*. Von der Aussichtsterrasse hat man umsonst einen schönen Panoramablick über die Stadt. Hinter der Samaritaine führt der *Pont Neuf*, die älteste Pariser Seinebrücke zur *Ile de la Cité*. Die Seine-Insel ist das historisch älteste Viertel der Hauptstadt. Traveller und Liebespaare treffen sich im *Square du Vert Galant* hinter dem *Denkmal für den guten König Heinrich IV.*, dem Paris eine Messe wert war (d.h. er konvertierte zum Katholizismus, weil er nur auf diese Weise französischer König werden konnte). Er legte auch die hübsche *Place Dauphine* hinter dem *Justizpalast* an. Wo heute Juristen ihre staubigen Aktenordner durch die Gegend schleppen, regierten im Mittelalter die Könige. Der heilige Ludwig baute im Palast die *Sainte Chapelle*. Diese Kapelle im flammenden Gotik-Stil beherbergte die von den Kreuzfahrern aus Jerusalem mitgebrachte Dornenkrone Christi. Wegen des Sonneneinfalls müßt ihr die herrlichen Glasfenster in der Oberkirche mit über 1000 Bibelszenen unbedingt am Nachmittag besichtigen (tägl. 9.30-19 h, ca. 7 DM, Jugendl. ermäß.). Weniger angenehm ist die *Concièrgerie*, der Kerker der franz. Revolution im selben Gebäudekomplex. Hier warteten u.a. auch Marie-Antoinette und Robespierre auf ihre Hinrichtung. Eingang am Quai de l'Horloge (tägl. 10-17.30 h, frei).
Quer über die Insel zur Kathedrale *Notre Dame* - eins der beeindruckendsten Werk der franz. Gotik. Vor dem Dom großer Platz zum Relaxen, tolle Fassade mit Tausenden in Stein geschlagenen Heiligen, Bibelfiguren und Päpsten und ein noch tollerer Innenraum - die vielen bunten Glasfenster schaffen eine unvergleichliche Atmosphäre! Mal um die Kirche herumlaufen und die rie-

sigen Verstrebungen im hinteren Teil des Baus betrachten - typische Merkmale der franz. Gotik. Hoch oben in der Luft wachen Chimären darüber, daß keine bösen Geister in das Gotteshaus gelangen. Der Glockenturm kann bestiegen werden, wenn ihr Glück habt, trefft ihr den buckligen Glöckner Quasimodo (ca. 7 DM, Stud. ermäß.).

Ile Saint Louis: gehört zum Marais-Viertel, siehe weiter unten. Von hier läßt sich Notre Dame am besten fotografieren. Übrigens ein wirklich hübsches Fleckchen, schön ruhig, mit alten Wohnhäusern und hohen Bäumen an den Quais.

Hallenviertel/Centre Pompidou: wieder zuruck auf dem rechten Seine-Ufer kommt ihr mit wenigen Schritten zum 'Stilbruch des Jahrhunderts' - das *Centre Pompidou* ist ein gigantisches Etwas aus Plexiglas und Stahlrohren inmitten der alten Häuser des historischen Marais-Viertels. Eine mutige Entscheidung sicher, diesen hypermodernen Bau in die völlig vom 19. Jh. geprägte Umgebung zu setzen! Am Anfang schimpften die Kritiker noch 'Raffinerie', mittlerweile wurde bereits einmal angebaut und unlängst 10. Geburtstag gefeiert.
Natürlich wimmelt es von Nationalitäten aus aller Welt. Außen liegende Rolltreppen befördern die Besucher - bis zu 150.000 Besucher pro Woche, jährl. 7 Millionen - durch transparente Plexiglasröhren in die verschiedenen Etagen. Das Centre, kurz 'Beaubourg' genannt, beherbergt drei große Einrichtungen - das *Zentrum für Industriekreation*, das *Museum für Moderne Kunst* und eine riesige öffentliche *Bibliothek*, die alle ständig wechselnde Ausstellungen organisieren. Ganz oben ist ein preiswertes Self-Service-Restaurant mit 'über den Dächern von Paris'-Touch. Super-Aussicht vom obersten Stockwerk, fast alle bekannten Sehenswürdigkeiten in greifbarer Nähe (Mi-Mo 12-22 h, Di geschl., frei, Museum für Mod. Kunst ca. 7 DM, unter 25 5 DM, Gepäckaufbewahrung).
Fast noch interessanter als das 'Ding' selber, ist der weite Platz davor - ein Treffpunkt für Straßenkünstler aller Art (Feuerschlucker, Entfesslungskünstler, Pantomimen u.v.m.).
Die zweite Attraktion im weiten Fußgängerviertel ist das *Forum des Halles*. Die moderne Glasarchitektur soll vage an die alten gußeisernen Markthallen erinnern, die hier vor etlichen Jahren unter großem Protest abgerissen wurden. In dem Riesenloch, das entstand, machten sich an die 200 Luxusboutiquen, Szene-Cafés und McDonalds-Shops breit. Der Innenhof hat sich zum Treffpunkt entwickelt, vor allem abends spielen hier tägl. Straßenmusiker.
Vom Marktviertel, dem 'Bauch' von Paris, ist heute so gut wie nichts mehr übrig. Ursprünglichere Atmosphäre herrscht nur noch in den Marktstraßen *Rue Montorgueil* und *Rue Montmartre*.

Marais: das historische Viertel östl. vom Centre Pompidou besitzt noch unzählige Adelsvillen aus der Renaissance. Besonders sehenswert ist die *Place des Vosges* mit ihren zu einem hohen Rechteck zusammengefügten backsteinroten Häusern. Am Platz die *Maison Victor Hugo* mit der Wohnung des Romanciers (tägl. 10-17 h, ca. 3 DM). Das lebendige *jüdische Viertel* liegt um die nahe Rue des Rosiers.

Bastille: das neue Insider-Viertel, in der *Rue de la Roquette* und der *Rue de Lappe* schießen Galerien und Kneipen wie Pilze aus dem Boden. Hier wohnte das revolutionäre Volk, das am 14. Juli 1789 die Bastille erstürmte und später dem Erdboden gleichmachte (Nationalfeiertag!). In der Metrostation sind noch Mauerreste der echten Bastille zu finden, die früheren Umrisse sind draußen auf dem Pflaster markiert.
Auf dem weiten Platz ist rechtzeitig zur revolutionären 200-Jahr-Feier der bullige Koloß der *Oper* eingeweiht worden - ein modernistischer Rundbau aus Glas und Metall, vollgestopft mit der neuesten Bühnentechnik. Rundum verwandeln Künstler und Architekten die schlichten Glasdachateliers der Handwerker in schicke Lofts. Die *Rue du Faubourg St. Antoine* bleibt aber

nach wie vor die Straße der Möbeltischler.

Montmartre: touristisches Pflichtprogramm (wenn ihr mit der Metro kommt, steigt in *'Abbesses'* aus, schönste Station aus der Belle Epoque). Die kitschige Zuckerguß-Kathedrale *Sacre-Coeur* krönt den kleinstädtisch anmutenden Hügel. Vom Kirchenplatz habt ihr einen herrlichen Panoramablick über Paris, auch das Innere ist ganz eindrucksvoll. Solange ihr nicht auf dem Touristen-Rummelpatz *Place du Tertre* festklebt (zahllose Portraitmaler und teure Cafés), sondern versucht, romantische Gäßchen, verwinkelte Treppen, den Weinberg (!) und schattige Plätzchen zu entdecken, werdet ihr begeistert sein. Anfang des Jh. wohnte hier oben die Künstler-Avantgarde - van Gogh in der *Rue Lepic*, Picasso im *Bateau Lavoir* (Place Emile Godeau). An der Nordseite eine afrikanisch-arabische Kolonie mit vielen kleinen günstigen Lokalen (z.B. Metro Chateau Rouge).
Unten am *Boulevard de Clichy* Spielhallen und Sexshops, das St. Pauli von Paris. Seit langem drehen sich hier die Flügel des Cabarets *Moulin Rouge*.

Père Lachaise: größter und romantischster Friedhof von Paris, Haupteingang Boulevard de Ménilmontant (Metro Père Lachaise). Ein Labyrinth mit langen Baumalleen und den phantasievollsten Grabmälern, die man sich denken kann, von Pyramiden bis zu Leuchttürmen ist alles vertreten. Hier ruht alles, was in Frankreich Rang und Namen hat - Balzac, Chopin, Molière, Cocteau, Baudelaire, Heinrich Heine, Edith Piaf, Oscar Wilde und . . . *Jim Morrison*, der Sänger der Doors! Meist hängen einige traurig dreinblickende Fans vor dem Marmorstein herum und rauchen einen Joint im Gedenken an Jim (in der 6. Division, abseits vom Hauptweg). Abends um 18 h wird der Friedhof abgeschlossen (Winter 17.30 h), Plan am Eingang erhältlich.
Hinter dem Friedhof liegt das *20. Arrondissement*, das Pariser Viertel der einfachen Leute. Viele afrikanische und arabische Emigranten leben in bescheidenen Wohnverhältnissen an der *Rue Ménilmontant* und der *Rue Belleville*. Sehr lohnend zum Durchlaufen, weil sehr farbig und exotisch! Außerdem viele billige Lokale.

Quartier Latin: das Universitätsviertel um die weltberühmte *Sorbonne* (Metro Cluny). Sie ist eine der ältesten Universitäten Europas, aber das jetzige Gebäude stammt aus dem 19. Jh. Von außen eher unscheinbar, aber innen phantastisch, vor allem das Audimax.
Die Cafés auf der *Place de la Sorbonne* und dem *Boulevard St. Michel* sind recht teuer, und die Studenten im Sommer natürlich in den Ferien, so daß das ganze Viertel recht ruhig wirkt.
Im klassizistischen *Panthéon* sind die großen Geister der Nation beerdigt, u. a. Victor Hugo, Emile Zola, Rousseau und Voltaire - letztere beide nebeneinander, obwohl sie sich nicht ausstehen konnten. Viele junge Leute trifft man im *Jardin de Luxembourg*, dem Garten hinter dem Senatsgebäude. Durch die malerische *Rue Mouffetard* kommt ihr zur großen *Moschee* von Paris. Man kann das Gotteshaus im maurischen Stil besichtigen, sogar ein türkisches Dampfbad nehmen (natürlich strenge Geschlechtertrennung). Wer mehr über arabische Kultur wissen will, geht ins brandneue *Institut der Arabischen Welt* (Metro Jussieu, Quai St. Bernard), ein Monumentalwerk, das unter der Regierung Mitterrand aus der Taufe gehoben wurde. Wen es eher in die Tropen zieht, kann die Gewächshäuser im *Jardin des Plantes* besuchen, wo auch mehrere Museen und ein kleiner Tierpark zu finden sind.

St. Germain-des-Près: westl. benachbart zum Quartier Latin, zwischen Seine und Boulevard St. Germain. Das berühmte, literarisch verklärte Intellektuellen-Viertel ist dank der *Kunstakademie* in der Rue Bonaparte heute ein Galerien- und Künstlerviertel, zwar etwas versnobt, aber immer noch sehr romantisch. In den Fünfzigern wurde hier überall heißer Jazz gespielt, und man verbrachte die Tage im Café. Unter anderem saß hier Jean-Paul Sartre, und Juliette Greco sang ihre Chansons. Die Cafés *Aux Deux Magots* und *Flore* waren damals die wichtigsten Treffs der Existenzialisten, haben heute aber nicht mehr viel zu bieten (beide Place St. Germain-des-Près). Bunter *Straßenmarkt* in der Rue de Buci.

Montparnasse: Revier der 'lost generation' um Hemingway und Henry Miller. Künstlerviertel zwischen den beiden Weltkriegen, Picasso, Chagall und Konsorten haben hier gearbeitet, Lenin wohnte hier, bevor er in Rußland die Revolution organisierte. Die *Tour Montparnasse*, mit 200 m Europas höchster Wolkenkratzer, hat das Viertel radikal verändert, vieles alte wurde abgerissen, stattdessen Bürohäuser und Massenkinos hochgezogen. Ganz oben im Tour Montparnasse ein Restaurant, Lift sehr teuer.

Musée d'Orsay: seit Dezember 1986 ist Paris um eine weitere Attraktion reicher. Ein ehemaliger Bhf. am linken Ufer der Seine wurde großzügig renoviert und dient als Museum für Kunst jeglicher Richtung von 1850-1920. Insgesamt 400 Millionen Mark kostete das eigenwillige Innenleben, dank 35.000 Quadratmeter Glasfläche ist es erfrischend hell, die Orientierung fällt allerdings nicht immer leicht. Die Historienschinken der Akademie-Maler hängen neben Meisterwerken der Avantgarde-Künstler wie Ingrès oder Courbet. Beeindrukkend die Sammlung der *Impressionisten*, die früher im Jeu de Paume (beim Louvre) untergebracht waren, u.a. das beste von Manet, Renoir und Cezanne. Super-Cafeteria hinter der durchsichtigen Bahnhofsuhr (Di, Mi, Fr, Sa 9.30-18, Do 9.30-21.45, So 9-18 h. Mo geschl., ca. 8 DM, unter 25 die Hälfte). Zu erreichen mit Metro 12 bis Solferino oder RER C bis Musée d'Orsay.

La Défense: utopische Beton- und Glaswüste im Westen von Paris, zu erreichen mit Vorortzug der SNCF ab Gare St. Lazare. Höhepunkt natürlich der gigantische Große Bogen - *l'Arche de la Défense*. 112 m ist er hoch, 106 m breit, Notre Dame würde spielend in die Öffnung hineinpassen. In den 35 Etagen sind hauptsächlich Büros untergebracht, auf dem Dach (sehr teurer Aufzug!) befindet sich eine Aussichtsterrasse, von der man einen tollen Ausblick auf die 'historische Achse' von Paris hat (über Triumphbogen und die Champs-Elysées bis zum Louvre).

Museen: man soll nichts übertreiben, deswegen hier nur eine Auswahl - die vollständige Liste der 150 Pariser Museen bekommt ihr im Informationsbüro. Alle Museen sind am Mo oder Di geschl. Meist gibt es für Studenten Ermäßigung, außerdem kann man einen *Museums-Paß* erwerben, der in 60 großen Museen gültig ist (1 Tag 16 DM, 3 Tage 32 DM, 5 Tage 47 DM).

Musée Carnavalet, 23, Rue de Sévigné (Metro St. Paul). Im Marais-Viertel, Pariser Geschichte, ein Panoptikum aus 5 Jh. - Guillotinen, Locken von Marie-Antoinette usw., ein Modell der Bastille ist sogar aus echten Steinen der ehemaligen Festung nachgebildet (Di-So 10-18 h, Mo geschl., ca. 7 DM, Stud. die Hälfte, So frei).

Musée de Cluny, 24, Rue du Sommerard (Metro Odéon). Hervorragend sortierte Auswahl spätmittelalterlicher Kunst - von Goldschmiedearbeiten und Elfenbeinschnitzereien über Wandteppiche bis zu Altaraufsätzen und Baldachinen (Mi-Mo 10-13, 14-17 h, Di geschl., ca. 5 DM, Stud. ermäß.).

Musée Rodin, 77, Rue de Varenne (Metro Varenne). Das Gesamtwerk des berühmten franz. Bildhauers, ausgestellt in einem schönen Adelspalast (Mi-Mo 10-17h, Di geschl., ca. 6 DM, unter 25 die Hälfte).

Musée Picasso, Hotel Salé/Marais-Viertel (Metro St. Paul). Das franz. Erbrecht ermöglicht Künstler-Erben die fälligen Steuern in Bildern zu begleichen. Mit dem so erworbenen Schatz wurde kürzlich dieses lohnende Museum eingerichtet.

Musée de Holographie, Forum des Halles, optische Reize in perfekter Dreidimensionalität (Di, Do, Sa 10-19, Mi, So 9-12, 14-18 h, Mo geschl., ca. 8 DM, Stud. 6 DM).

Musée Grévin, 10, Boulevard Montmartre, reicht zwar nicht an Madame Tussaud's Wachsfigurenkabinett in London heran, ist aber trotzdem zu empfehlen. Neben den versteinerten Prominenten gibt es ein 80 Jahre altes Spiegelkabinett (ca. 12 DM).

Musée de l'Homme, Palais de Chaillot (Metro Trocadero), interessant aufgemachte Ausstellung über völkerkundliche Entwicklungen in unterschiedlichen Epochen und Ländern. Sehenswert, aber nichts für schwache Nerven die Hommage Abroca - Mumien, Schrumpfköpfe, Embryos und eine aufgeschnittene Hand in Spiritus (Mi-So 10-18 h, Di geschl., ca. 5 DM, Stud. ermäß.).

Musée de Monmartre (Hinweistafel am Place du Tertre). Das vielleicht liebenswerteste Museum in einem alten, renovierten Haus oberhalb der Weinreben. Voll mit Kuriositäten und ausgefallenem Krimskrams (Di-Sa 14-30-17.30, So 11-17 h, Mo geschl., ca. 4 DM).

Cité des Sciences et de l'Industrie: riesiges und supermodernes Industrie-Museum im Kulturpark von *La Villette* zwischen zwei Kanälen im Pariser Norden. Erst 1987 eröffnet, unbedingt anschauen, zweifellos weltweit eins der besten seiner Art! Ein Höhepunkt das sphärische Kino in der runden Stahlkugel *Géode*, wo Simulationen von Weltraumflügen und Unterwasserfahrten stattfinden (Di, Do, Fr 10-18, Mi 12-21, Sa, So 12-20 h, ca. 10 DM, unter 25 ermäß., So frei). Metro 7 bis Porte de la Villette.

GRÜNANLAGEN/PARKS: **Bois de Boulogne**, im Westen der Stadt. Vom Etoile aus über die Avenue de Foch zu erreichen oder mit Metro bis Porte Maillot oder Porte Dauphin. In dem riesigen Waldpark mit Seen, Wasserfällen und endlosen Spazierwegen findet ihr viel Rummel, aber auch viel Einsamkeit. Besonders ruhig und gepflegt ist der **Jardin de Bagatelle**, ein 'Party'-Schloß von Marie-Antoinette. Abends ist der Besuch weniger empfehlenswert - Drogenhändler, Rockerbanden und häufig Raubüberfälle! Vor allem aber ist der Bois de Boulogne nachts das Zentrum der Prostitution von Paris.

Noch größer ist der **Bois de Vincennes** östlich von Paris, das 'proletarische' Gegenstück zum Bois de Boulogne (Metro Porte Dorée, Porte de Charenton, Liberté). Im Inneren des Waldparks der größte Zoo Europas mit über tausend verschiedenen Tierarten (ca. 6 DM), außerdem das Chateau de Vincennes, ein Schloß aus dem 14. Jh.

Parc de Buttes-Chaumont, 19e (Metro Buttes-Chaumont), im Nordosten von Paris. Hier durften sich Haussmanns Gartenarchitekten so richtig austoben. Sie verwandelten den Kalkberg, auf dem früher ein weithin sichtbarer Galgen stand, in eine wild-romantische Parklandschaft mit künstlichen Grotten und einem Liebestempel. Nicht der größte, aber der interessanteste Park von Paris!

Parc Monceau (Metro Villiers/Monceau). Säulen, Felsen, Grabmäler, Pyramiden, Arkaden und ein See laden zum Ausruhen ein. Eine stille Oase.

Und natürlich nicht zu vergessen die grünen **Seine-Kais**, am schönsten zwischen Notre-Dame und Louvre. Der kleine **Park Square du Vert Galant**, am westl. Ende der Ile de la Cité ist eins der romantischsten Örtchen in Paris.

FLOHMÄRKTE: **Marché aux Puces Saint Ouen** (Metro Porte de Clignancourt), nur Sa, So und Mo. Einer der größten Flohmärkte der Welt, mehrere tausend Stände, inzwischen aber hauptsächlich auf die vielen Touristen eingestellt. Trotzdem natürlich nach wie vor interessant und sehenswert, gute und billige Klamotten könnt ihr schon noch finden.

Marché aux Puces Portes de Montreuil, Avenue Girardot (Metro Porte de Montreuil), ebenfalls nur Sa, So und Mo. Geheimtip unter den Pariser Flohmärkten, wird immer größer und beliebter, die Stadtverwaltung hat inzwischen die Verteilung der Stände in die Hand genommen. Trotzdem geht es hier noch volkstümlicher zu als auf dem Markt von Saint-Ouen.

Puces de la Porte de Vanves (Metro Porte de Vanves), ältester Flohmarkt der Stadt, nur am Wochenende.

Lange Reihen von **Bouquinisten** (Buchhändlern) haben ihre Stände an den Uferkais der Seine zwischen Notre Dame und Louvre. Von "Perry Rhodan" bis zu wertvollen Originalausgaben gibt's alles - u.a. alte und neue Postkarten, Karten, Poster und Zeichnungen. Auf alle Fälle zu handeln versuchen.

Für **Briefmarken**-Liebhaber ein großer Markt Ecke Av. Gabriel und Av. Marigny, Do nachmittag, So und feiertags (Metro Champs Elysées/Clemenceau).

MÄRKTE: was wäre Paris ohne seine Marktstraßen, z.B. Rue Mouffetard, Rue Lepic oder Blv. de Belleville. Einer der schönsten und billigsten Lebensmittelmärkte ist der **Marché d'Aligre**, in der Rue d'Aligre (Metro Ledru-Rollin). Sehr lebendig, mit großer Uralt-Markthalle und Klamottenflohmarkt. Tägl. außer Mo. Auch die Umgebung ist interessant - ein traditionelles Arbeiterviertel, Keimzelle der französischen Revolution. Genau hier, auf dem Markt, versammelten sich am 14. Juli 1789 die revolutionären Massen, um die Bastille zu stürmen.

Courtine, Rue Mouffetard (Metro Monge), einer der ältesten Märkte, Mischung aus Originalität, Gekreisch, Düften und Gerüchen. Beliebter Treffpunkt der Clochards.

SHOPPING: bei Regen macht das Bummeln in den vielen glasgedeckten **Passagen** aus dem 19. Jh. Spaß.
Unbedingt mal reingucken - am 40, Boulevard Haussmann das weltberühmte Kaufhaus **Galeries Lafayette** mit einer wunderschönen Glaskuppel von 1910. Vom Dach super Aussicht - im Gegensatz zum Eiffelturm umsonst.
An der **Place des Victoires** haben sich berühmte Modeschöpfer niedergelassen.
Im **Forum des Halles** zahlreiche Mode-Boutiquen, natürlich auch im **Quartier Latin** und in **Saint Germain-des-Prés** - der letzte Schrei, aber alles nicht billig.
Wer meint, die Welt der Comics hört schon bei Asterix oder Micky Mouse auf, sollte mal bei **Boulinier** reinschauen, 20, Blv. Saint Michel. Auf vier Etagen gibts hier alles, aber auch wirklich alles, was Comiczeichner jemals zu Papier gebracht haben.

LESERTIPS: "uns hat die Nachtrundfahrt auf der Seine mit den **Bateaux Mouches** viel Spaß gemacht, ca. 8 DM, Anlegestelle Alma Marceau" (Heidrun Helgert, Wien) . . . "ich fahre immer gern in die Gegend um die **Place d'Italie**. Das etwas andere Paris. Ruhiger, aber durchaus sehenswertes Stadtviertel (13.e"). Abends außerdem unbedingt mal auf dem **Boulevard St. Germain** schlendern - Nachtleben, Gaukler, Cafés" (Anja Mesch, Hamburg).

Paris/Umgebung

Fontainebleau: sehr sehenswertes Schloß mit viel Geschichte, fast alle französischen Kaiser und Könige der letzten Jh. haben hier gelebt und daran gebaut - Fontainebleau wird oft schöner als Versailles empfunden (Mi-Mo 10-12.30, 14-17 h, Di geschl., ca. 7 DM, Stud. die Hälfte).
Fast noch erlebenswerter der prachtvolle *Wald von Fontainebleau* - gilt als schönster Wald von Frankreich!

VERBINDUNGEN: Züge ab **Gare de Lyon** bis Bhf. Fontainebleau-Avon. Hier könnt ihr **Fahrräder** mieten.

Paris - Versailles - Chartres - Le Mans - Tours - Angers - Nantes - (Atlantikküste) A-Kb. 25052/53/55

Versailles: das größte und bedeutendste Schloß der Neuzeit, prunkvolles Symbol der absolutistischen Willkürherrschaft des 'Sonnenkönigs' Ludwig XIV. Es liegt inmitten eines riesigen Parks, für den ganze Hügel abgetragen und Hundertausende von Bäumen gefällt werden mußten. Das weitläufige Innere ist extrem verschwenderisch ausgestattet, besonders der weltbekannte *Spiegelsaal* (zu besichtigen über Eingang C), in dem die deutschen Unterhändler nach dem 1. Weltkrieg die Kapitulation unterzeichnen mußten. Eine besondere Demütigung deshalb, weil knapp 50 Jahre vorher in demselben Saal das deutsche Reich ausgerufen worden war (Di-So 10 - 17 h, Mo geschl., ca. 8 DM, Stud. und Jugendl. die Hälfte, in der Saison an allen drei Eingängen Wartezeiten, vor allem am So, teure Führungen möglich).
Nicht den *Park* versäumen (kostenlos), laßt euch ruhig Zeit beim Rumlaufen, Dutzende von Wasserbecken, streng symmetrische Wege, Statuen etc. Wasserspiele am 1. und 3. So im Monat, ca. 17-18 h, wenig lohnend und zusätzlich ca. 4 DM. Im Park außerdem das *Grand* und *Petit Trianon*, zwei Nebenschlösser (ebenfalls Eintritt).

VERBINDUNGEN: am schnellsten mit **RER C** ab Paris/Zentrum. Aussteigen in Versailles, Gare Rive Gauche, noch 500 m zu Fuß. Züge nach Versailles außerdem mind. halbstündl. ab **Gare Montparnasse** und **Gare St. Lazare**, aber weiter Weg zum Schloß.

ÜBERNACHTEN: **Camping de Porchefontaine**, 31 Rue Berthelot in Versailles-Porchefontaine, etwa 1,5 km außerhalb, billiger als der Pariser Platz im Bois de Boulogne (siehe Paris/Übernachten).

ESSEN / SHOPPING: das Preisniveau in Versailles ist spürbar niedriger als in Paris.

Chartres: die *Kathedrale* gilt als die großartigste von ganz Frankreich! Ein Riesenbau mit grau aufgetürmten Gesteinsmassen, die umgebenden Häuser wirken dagegen klein und unscheinbar.
Absolut großartig die zahlreichen farbigen Glasfenster - wir haben weit über hundert gezählt. An der Hauptfassade drei in besonders hellem Blau, das sog *'Blau von Chartres'*. Kenner könnten ganze Bücher über die dargestellten Inhalte erzählen - die vielen Details fallen einem ohne Hinweis gar nicht auf.

Außerdem bemerkenswert die herrlichen Skulpturen. Wenn möglich, Führung mitmachen.

VERBINDUNGEN / BAHNHOF: Züge etwa 1 x stündl. ab **Paris/Gare Montparnasse**. Der moderne Bhf. von Chartres liegt nah am Zentrum, ca. 10 min. zur Kathedrale.

INFORMATION: **Place St. Pierre**, gegenüber der Kathedrale, Zimmervermittlung.

ÜBERNACHTEN: von Chartres kann man schnell nach Paris pendeln, dauert ca. 1 std.- guter Ort, falls man etwas abseits vom Rummel der Großstadt übernachten will.
Jugendherberge, 23 Av. Neigre, 2 km vom Bhf., Tel. 37/342764, ca. 12 DM.
Camping Municipal an der Rue de Launay, südl. vom Zentrum, ca. 3 km vom Bhf. Einfacher Rasenplatz, zur Kathedrale führt ein Fußweg durch Wiesen.

LOIRE-SCHLÖSSER

Insgesamt fast dreihundert (!) prachtvolle Residenzen stehen im schönen Loire-Tal westlich von Paris. Daneben registriert man allerdings auch zahlreiche Atomkraftwerke, die die Idylle heftig trüben.

Als erster begeisterte sich Karl VII. für das milde Klima und die fruchtbaren Hügel des Loiretals. 1427 erwählte er Chinon zu seiner Sommerresidenz. Sein Nachfolger Karl VIII. erbaute Amboise. Von da an gehörte es in der damaligen High Society zum guten Ton, ein Sommerschlößchen an der Loire oder einem Nebenfluß zu besitzen. Bis zum Jahr 1589, als der sparsame Heinrich IV. diese Mode beendete, entstanden unheimlich viele Residenzen in den unterschiedlichsten Stilen.
Es ist natürlich praktisch unmöglich, alle Loire-Schlösser anzusehen. Die berühmtesten sind zwar meist die interessantesten, aber oft sehr überlaufen. Erholsamer kann ein Abstecher zu den weniger bekannten sein. Bester Ausgangspunkt ist *Tours*.

VERBINDUNGEN: **Azay-le-Rideau**, **Chenonceau**, **Amboise** und **Blois** lassen sich von Tours gut mit dem Zug erreichen.
Nach **Cheverny** und **Chambord** kommt ihr dagegen nur per Auto, Fahrrad oder Bus. Informationen über Busfahrten gibt es beim Syndicat d'Initiative in Tours.
Weil die Schlösser stark besucht werden, geht auch Trampen relativ einfach.
Fahrradverleih an den Bahnhöfen Tours, Amboise, Blois, Chinon und Langeais.

ÜBERNACHTEN: da die direkt bei den Schlössern gelegenen Hotels teuer sind, empfiehlt es sich zu campen. Fast bei jedem Schloß liegt ein **Campingplatz**, ein Verzeichnis sämtlicher Plätze bekommt ihr beim Syndicat d'Initiative in Tours.
Ansonsten wäre es vor allem günstig, sich im zentralen **Tours** einzunisten, wo es billige Hotels und eine Jugendherberge gibt, und Tagesausflüge zu den verschiedenen Schlössern zu unternehmen.
Weitere Jugendherbergen in **Blois**, 8 km von Schloß **Chambord**, **Saumur** und **Beaugency**.

Tours

Ausgesprochen großstädtisch wirkend, trotzdem in der Altstadt noch viele alte Fachwerkhäuser und vornehme Adelsbehausungen. Vor allem wegen der Kathedrale *St. Gatien* bekannt, 300 Jahre hat man an ihr gebaut - Stilmerkmale von Gotik bis Renaissance sind verarbeitet.

VERBINDUNGEN / BAHNHOF: **Hbf.** ca. 1 km vom Zentrum (Gepäckaufbewahrung, Schließfächer). Einige Durchgangszüge halten nur im Vorortbhf. **St. Pierre des Corps**, von dort gehen aber häufig Züge zum Hbf.

INFORMATION: **Place de la Gare**, direkt vor dem Bhf. Hier könnt ihr auch Touren zu einzelnen Schlössern buchen (mit Führung), kostet allerdings an die 25 DM. Besser auf eigene Faust machen!

ÜBERNACHTEN: **Jugendherberge** im Parc de Grandmont, Tel. 47/251445, etwa 5 km vom Bhf., Bus 2 und 6 vom Busbhf. Place Jean Jauries (vom Bhf. links durch die Fußgängerzone), der letzte um ca. 20 Uhr. Sonn- und feiertags fahren keine Busse, aber Auto-Stop funktioniert. Große, gemütliche und etwas abgewohnte Herberge.
Außerdem **"Le Foyer"** mit hohem JH-Niveau, für alle unter 25; 16, Rue Bernard Palissy, Tel. 47/053881.
Viele preisgünstige Hotels und Pensionen im Bhf.-Viertel, v.a. an der Rue Bernard Palissy, z.B. **L'Olympic** (Nr. 74, Tel. 051017).
Camping Municipal am nördl. Flußufer (Bus 6).

ESSEN: an der **Place des Halles** preiswerte Cafés und Bistros, an der **Rue de la Rotisserie** und der **Rue du Grand Marché** viele nette Lokale, darunter auch ausländische Spezialitätenrestaurants.

FAHRRADVERLEIH: am **Bhf.** und bei **Au Col de Cygne**, 46, Rue du Dr. Fournier, Bhf.-Nähe (9-12 und 13-19.30 h, auch sonntags). Pro Tag kostet ein Rad ca. 12-14 DM, 2-6 Tage etwa 20-45 DM gestaffelt.

Azay-le-Rideau: idyllisches Wasserschlößchen, umgeben von einem verwunschenen Schloßpark. Da die Zimmer noch mit Möbeln ausgestattet sind, lohnt es sich auch, das Schloß von innen zu betrachten. Danach sollten phantasiebegabte Naturen einen langen Spaziergang im Schloßpark machen. Man fühlt sich in vergangene Jh. zurückversetzt. Aber aufpassen - Punkt 18 h werden die Parktore geschlossen (tägl. Juli/Aug. 9.15-18.30, sonst 9.15-12, 14-17 h, ca. 6 DM, Stud. ermäß.).

VERBINDUNGEN: an der Bahnlinie nach Angers, ab Tours geht ein Zug am späten Vormittag, zurück am Abend.

ÜBERNACHTEN: **Camping Parc du Sabot** stromaufwärts, in der Nähe vom Schloß.

Chenonceau: originell angelegter Prachtbau, vielleicht das schönste Schloß der Loire! Der 60 m lange zweistöckige Seitenflügel (Galerie der Katharina von Medici) überspannt die Cher und reicht bis zum anderen Ufer. Während des 2. Weltkrieges lag das Schloß zeitweise genau an der Grenze zwischen freier Zone und deutsch besetztem Gebiet - für viele wurde die Galerie ein Fluchtweg ins freie Frankreich! Wegen der Gemälde- und Gobelinsammlung lohnt es sich, auch das Innere zu besichtigen. Zu beiden Seiten des Schlosses erstrecken sich kunstvoll angelegte Gartenanlagen im typisch französischen Rokoko-Stil (Juli/August tägl. 9-19, sonst 9-12, 14-16.30 h, ca. 10 DM, Stud. ermäß.).

VERBINDUNGEN: der Ort Chenonceaux (das Schloß heißt Chenonceau!) liegt an der Bahnlinie von Tours nach Bourges und Nevers, schlechte Verbindung. Zug von Tours geht morgens, zurück schon gegen 14 h. Auto-Stop funktioniert aber relativ gut. Von der Bahnstation noch ca. 2 km zu Fuß.

ÜBERNACHTEN: **Camping Municipal** im Ort.

Amboise: an der Bahnlinie nach Blois (häufige Verbindungen), netter Ort mit hübscher Altstadt. Mit seinen mächtigen Rundtürmen und hohen Mauern ist Amboise mehr Festung als Schloß. Ab 1492 wurde Amboise erbaut und erlebte bis 1560 seine Glanzzeit. Leonardo da Vinci verbrachte hier sein Lebensende, in der Kapelle kann man seine sterblichen Überreste, bzw. seinen Grabstein bewundern. Nach der franz. Revolution ließ Napoleon die Festung schleifen, so daß große Gebäudeteile fehlen. Leider sind die Führungen oft recht chaotisch - an die 100 Leute quetschen sich von einem Raum in den anderen (Juli/August tägl. 9-18.30, sonst 9-12, 14-17 h, ca. 7 DM, Stud. ermäß.)
In der Nähe der Herrensitz *Close-Lucé* mit eindrucksvollem *Leonardo-da-Vinci-Museum* (ca. 5 DM, Stud. ermäß.)

ÜBERNACHTEN: **Camping Municipal** auf der l'Ile d'Or, gegenüber vom Schloß. Am Westende derselben Insel außerdem das jugendherbergsähnliche **Centre Charles Péguy**, Tel. 47/570636.

Blois

Kleiner und hübscher als Tours, malerisches Altstadtviertel mit schmalen Gäßchen, allerdings als Ausgangspunkt für die meisten Loire-Schlösser ungünstig (umsteigen nötig).
Chateau de Blois, das älteste Loireschloß mitten in der Stadt, wurde in mehreren Bauetappen vom 13. bis zum 17. Jh. errichtet. Besonders interessant in dem komplizierten Gebäudekomplex mit reichem Innenleben der verzierte Treppenturm (Juni-Sept. 9-18, sonst 9.30-12, 14-18 h, ca. 7 DM, Stud. ermäß., deutschsprach. Führungen).

INFORMATION: 3, Av. Jean Laiguet.

ÜBERNACHTEN: spitze **Jugendherberge Les Grouets**, 18, Rue de l'Hotel Pasquier, Tel. 54/782721, urgemütlich, etwas schrullige Chefin, 5 km vom Zentrum Richtung Amboise, Bus 70 ab Bhf. (letzter Bus ca. 18.15, So kein Bus). Großzügiger **Camping Lac de Loire** 2 km vom Zentrum, über den Fluß rüber.

Cheverny: von Blois mit Bus oder Fahrrad zu erreichen. Cheverny ist das einzige bewohnte Loireschloß, das besichtigt werden kann. Das kleine Schlößchen ist ganz im klassischen Stil des 17. Jh. errichtet und erfreut sich einer vollständigen Inneneinrichtung. Wer hier das Fürchten lernen möchte, braucht nur dem großen Zwinger mit dem Rudel zähnefletschender Jagdhunde im Schloßpark zu nahe kommen (Juni-Sept. 9.30-19, sonst 9.30-12, 14-17 h, ca. 7 DM, Stud. ermäß.).

Chambord: von Blois nur mit Trampen oder Fahrrad zu erreichen, ca. 10 km. Chambord liegt in einem großen Wildpark und ist mit 440 Zimmern das größte Loire-Schloß. Am eindruckvollsten wirkt die Außenfassade, die mit unheimlich vielen Türmchen und Kaminen bestückt ist. Chambord kann ohne Führer besichtigt werden, die Inneneinrichtung ist nicht berauschend bzw. nicht vorhanden, trotzdem ist es mal interessant, sich die Schlafgemächer des Sonnenkönigs anzusehen. Faszinierend die gewundene Doppel-Treppe des Schlosses (Juli/August 9.30-18.30, sonst 9.30-12, 14-17 h, ca. 7 DM, Stud. ermäß.).

ÜBERNACHTEN: 8 km von Chambord die kleine, wenig ansprechende Jugendherberge **Montlivault Village** an der Straße Richtung Orléans.

Weitere Loire-Schlösser: *Chateau Ussé* (dekoratives Märchenschloß in toller Lage), *Langeais* und *Saumur* - alle weniger bekannt und deshalb nicht so überlaufen.

LESERTIP: "in **Amboise** haben wir auf einer Loire-Insel in der Nähe einer Volksschule und eines Kriegerdenkmals sehr gut und ruhig übernachtet (vom Schloß über die Brükke und links). In **Chenonceaux** gibt's mehrere Möglichkeiten, da unser Zug sehr früh ging, haben wir gleich neben dem Bahnsteig auf einer Wiese übernachtet. In **Blois** an der Loire ebenfalls mehrere geeignete Plätze" (Andreas Weidinger, München).

Angers

Als Stadt so reizvoll nicht, aber auch hier noch einiges an Fachwerk. Attraktion ist das tolle Chateaux mit 17 Rundtürmen, das auf einem hohen Felsen über dem Fluß steht. Innen das sehr interessante *Musée des Tapisseries* mit einem Zyklus von 77 Wandteppichen mit christlichen Motiven der Apokalypse aus dem 14.-16. Jh. (Juli-Sept. 9-18, sonst 9.30-12, 14-17 h, ca. 8 DM, Stud. die Hälfte).

Außerdem ist noch die Kathedrale *St. Maurice* interessant - eine lange Treppe führt vom Fluß hinauf, im Inneren prächtige Glasfenster.

INFORMATION: beim **Bhf.** und an der **Place Kennedy**, gegenüber vom Kastell, Zimmervermittlung.

ÜBERNACHTEN: das **Centre d'Accueil du Lac du Maine** liegt südl. außerhalb an der Route du Pruniers, Tel. 41/495701, Bus 6. **Camping Lac du Maine** gleich benachbart.

Atlantikküste siehe S. 392.

NORMANDIE

Küstenlandschaft zwei knappe Autostunden nordwestlich von Paris. Badetouristisch reichlich erschlossen - alte Seebäder, Fischerhäfen, Familienurlaub. Ansonsten viel saftiges Grün, lange Sand/Kiesstrände und weiße Kalkklippen. Dran denken - es regnet häufig und viel, auch im Sommer.

Die Normandie gehört zu den wichtigsten Landwirtschaftsgebieten Frankreichs. Rinderzucht, Butter- und Käseerzeugung sind die wirtschaftlichen Standbeine, dank der zahllosen Apfelplantagen sind Calvados und Cidre "Nationalgetränk".

Lohnende Ziele für Kunstinteressierte - die 'Museumsstadt' *Rouen*, *Bayeux* mit dem berühmten Teppich und die weltbekannte Abtei *Mont St. Michel*, hart an der Grenze zur Bretagne.

1944 fand an der Küste die große Invasion der Alliierten statt, die den 2. Weltkrieg entschied. Relikte von verrosteten Landungsbrücken und Soldatenfriedhöfe sind nicht zu übersehen.

Paris - Rouen - Le Havre (bzw. Dieppe) A-Kb. 25061, 25070 25071

Wichtige Strecke zu den franz. Kanalhäfen Le Havre und Dieppe. Ab Paris/St. Lazare häufig Verbindungen nach Rouen (ca. 75 min), nach Le Havre eine weitere Stunde, nach Dieppe 40 min.

Rouen

Trotz endloser Industrie- und Hafenanlagen in den Außenbezirken eine der schönsten Städte im Norden Frankreichs. Die Altstadt wurde im Krieg fast völlig zerstört, ist aber zum großen Teil wieder restauriert, Fachwerkhäuser und enge Gäßchen schaffen viel Flair. Wegen der großen Uni sieht man auch immer viele Studenten.

Rouen ist eng mit dem Namen *Jeanne d'Arc* verbunden - hier wurde sie von den Engländern verhört, gefoltert und schließlich hingerichtet.
Im Zentrum ausgedehnte Fußgängerzonen um den *Gros Horloge* (großer Uhrenturm und Torhaus), u.a. die hübsche Rue du Gros Horloge, die zur Kathedrale führt. Auf der anderen Seite der Rue Jeanne d'Arc die *Place du Vieux-Marché*. Hier wurde Jeanne d'Arc am 30. Mai 1431 verbrannt. Eine supermoderne Gedenkkirche mit einer Markthalle setzt einen überraschenden Akzent in die Fachwerkumgebung.
Die gotische *Kathedrale*, eine von vielen eindrucksvollen Kirchen der Stadt, hat mit 151 m den höchsten Glockenturm im Land. Andere interessante Kirchen im Zentrum sind *St. Maclou* (hinter der Kathedrale) im sog. "flammenden" spätgotischen Stil und weiter nördl. die ebenfalls gotische *St. Ouen*.

VERBINDUNGEN / BAHNHOF: Hbf. ist **Rouen Rive-Droite**, rechts (nördl.) der Seine hoch über der Stadt. Die Busse 12 und 15 fahren die Rue Jeanne d'Arc hinunter ins Zentrum.

INFORMATION: 25, Place de la Cathédrale (von der Rue Jeanne d'Arc die Rue Gros Horloge hinein), Zimmervermittlung.

ÜBERNACHTEN: **Jugendherberge** in der 17, Rue Diderot, am linken (südl.) Ufer der Seine, Tel. 35/720645. 2 km vom Bhf., Bus 12.
Preiswerte und zentrumsnahe Hotels sind z. B. **Flandres**, 5, Rue des Bon Enfants, Tel. 35/715688 oder das **Régent**, 128, Rue Beauvoisine, Tel. 35/718603.
Zwei Campingplätze **L'Aubette** u. **Le Cheval Rouge** liegen außerhalb, Busverbindung.

ESSEN: um den alten Markt ein Lokal neben dem anderen.

MUSEEN: die hervorragende Gemäldegalerie **Musée des Beaux Arts**, das hübsche **Musée Céramique** und das sehr sehenswerte **Musée le Secq-des-Tournelles** (riesige Sammlung origineller Kunstwerke aus Schmiedeeisen) liegen fast benachbart im nördl. Bereich der Innenstadt, nicht allzu weit vom Bhf. (Karte für alle 3 ca. 5 DM).

Dieppe: beliebte Badestadt mit riesigem Strand, außerdem wichtiger Fischerhafen und Fährhafen nach England. Lebendige Fußgängerzone *Grand Rue* mit vielen Geschäften, an den Hafenkais Dutzende von Restaurants, im westl. Stadtbereich ein mittelalterliches Chateau.

VERBINDUNGEN / BAHNHOF: der **Gare SNCF** und der benachbarte Busbhf. einige 100 m landeinwärts vom Fähr-Terminal.
Sealink-Fähren (SNCF) gehen bis zu 4 x tägl. nach **Newhaven** (Großbritannien), IR-Ermäßigung 30 %.

INFORMATION: Hotel de Ville, Blv. General de Gaulle.

ÜBERNACHTEN: **Jugendherberge** 2 km südl. vom Bhf., 48, Rue Louis Fromager, Tel. 35/848573. Bus 2 ab Busbhf. Richtung Val Druel, aussteigen bei Chateau Michel.

Le Havre

Le Havre - 'der Hafen' - ist nach Marseille Frankreichs wichtigste Hafenstadt. Im Zweiten Weltkrieg total ausgebombt, blieb praktisch nichts erhalten. Der Wiederaufbau in den fünfziger und sechziger Jahren war von rein funktionalen Gesichtspunkten bestimmt.

VERBINDUNGEN / BAHNHOF: der **Gare SNCF** liegt ca. 1 km nördl. von den Ablegestellen der Fähren.
Der Busbhf. **Gare Routière** gleich in der Nähe vom Bhf., von hier Busse in die Küsten- und Badeorte der Umgebung.

FÄHREN: **Großbritannien** - P & O-Fähren bis zu 3 x tägl. nach **Portsmouth**, Abfahrt am Quai de Southampton (Bus 3 ab Bhf.).
Irland - Irish Ferries ab Route du Mole Central 2-3 x wöch. nach **Rosslare** und 1 x wöch. nach **Cork** (auf beiden Routen mit IR 50 % Ermäßigung, mit Karte IR + Schiff frei). **Details s. Anreise Großbritannien bzw. Irland.**

INFORMATION: Place de l'Hotel de Ville, Zimmervermittlung.

ÜBERNACHTEN: **UCJG-Hostel** (CVJM) am 153, Boulevard de Strasbourg, 10 Fußminuten vom Bhf.,Tel. 16/35424786. Pro Bett ca. 16 DM, Kochgelegenheit.
Der nächste **Campingplatz** im Wäldchen Foret du Montgeon, vom Bhf. per Bus den Cours de la République entlang.

Küste bei Le Havre: östl. von Le Havre die schönsten Stellen der Normandie-Küste - hohe weiße Felsklippen mit eingelagerten Kiesstränden.
Etretat ist einer der beliebtesten Badeorte an der Steilküste. Viel gemalt und fotografiert die bizarren Kalksteintore zu beiden Seiten vom Kiesstrand. Zu erreichen mehrmals tägl. mit Bus ab Le Havre/Busbhf., fast schattenloser Camping Municipal einen knappen Kilometer vom Ort.
Honfleur vis à vis von Le Havre, am südl. Ufer der Seinemündung. Ausgesprochen malerisches Hafenstädtchen mit schönem alten Hafenbecken (Vieux Bassin), jedoch leider kein Strand. Zu erreichen mehrmals tägl. per Bus ab Le Havre, Trouville, Deauville oder Caen. Zentrumsnaher Camping du Phare an der Place Jean de Vienne.

Rouen - Caen - Bayeux - Cherbourg A-Kb. 25060, 25062

Bahnlinie auf die Halbinsel Contentin. Unterwegs ab Lisieux Stichbahn an die Küste, dort die berühmten Badestädte *Deauville* und *Trouville* (mehrere Campingplätze).

Caen

Größte Stadt in diesem Teil der Normandie, nach der Invasion der Alliierten (siehe unten) schwer zerbombt und nur partiell sehenswert.

Zu besichtigen sind u.a. einige schöne Kirchen und in einer Parkanlage der Mauerring der ehemaligen Burg Wilhelm des Eroberers, der in Caen seinen Hauptsitz hatte. Im Inneren der Befestigungen zwei Museen (Gemäldegalerie und Volkskunst).
Obwohl nicht direkt am Meer, besitzt Caen auch einen Hafen. Ein 12 km langer Kanal läuft vom Zentrum zum Meer.

VERBINDUNGEN / BAHNHOF: Hbf. südl. vom Fluß Orne, der die Stadtmitte durchfließt. Per Bus ins Zentrum.
Brittany Ferries fahren bis zu 2 x tägl. nach **Portsmouth** (ca. 6 std. Fahrtzeit).

INFORMATION: Place St. Pierre, nahe bei den Mauern des früheren Kastells.

ÜBERNACHTEN: städt. Jugendherberge **Foyer Robert Rème** südl. vom Bhf. (Busverbindung), 68 bis, Rue Restout, Tel. 31/521996. In der Nähe der **Camping Municipal**.

Bayeux: hübsche historische Kleinstadt, besitzt eine prächtige Kathedrale im typisch gotischen Stil der Normandie. Vor allem aber weltberühmt für seinen 70 m langen Teppich aus dem 11. Jh. In einer bunten Bildfolge schildert er die Eroberung Englands durch die Normannen, von den Vorbereitungen bis zur Schlacht von Hasting, für seine Zeit ein revolutionäres Werk. Zu betrachten im Rahmen einer interessanten audiovisuellen Schau im *Centre Guillaume le Conquérant*, nah der Kathedrale (im Sommer tägl. 9-19 h, sonst Mittagspause, ca. 6 DM, Stud. die Hälfte).

VERBINDUNGEN / BAHNHOF: der Bhf. liegt nah am Zentrum.

INFORMATION: 1, Rue des Cuisiniers (nördl. der Kathedrale), Zimmervermittlung.

ÜBERNACHTEN: städt. Jugendherberge **Family Home** unweit der Kathedrale, 39, Rue Général-du-Dais (Nähe Place Charles de Gaulle), etwa 22 DM, Tel. 31/ 921522. Guter **Camping Municipal** etwas außerhalb.

DER LÄNGSTE TAG: entlang der gesamten Normandieküste findet man Reste ehemaliger Betonbunker aus dem Zweiten Weltkrieg. Die deutsche Wehrmacht hatte hier einen schwer befestigten Verteidigungsgürtel aufgebaut, um möglichen Landungsversuchen alliierter Truppen begegnen zu können. Trotzdem gelang die **Invasion der Alliierten** im Juni 1944. Nur wenige km nördl. von Bayeux liegen die wichtigsten Landungsstellen der Alliierten. In **Arromanches** Reste des riesigen Invasionshafens und ein Erinnerungsmuseum, das Musée du Débarquement (tägl. 9-17 h, ca. 5 DM, Stud. ermäß.).

Cherbourg: auf der Halbinsel Contentin, die westl. von Bayeux weit in den Kanal vorstößt. Endpunkt einer Bahnlinie, hat außer zwei Fährlinien nach England für Railer wenig zu bieten.

VERBINDUNGEN / BAHNHOF: der **Gare SNCF** liegt ca. 500 m landeinwärts vom Ferry Terminal.

FÄHREN: nach Großbritannien - Sealink Ferries bis zu 4 x tägl. nach **Portsmouth** und 2 x tägl. nach **Weymouth** (Für Interrailer 30 % Ermäßigung, s. auch Großbritannien).

Nach Irland - Irish Ferries 1 x wöch. nach **Cork** und bis zu 3 x wöch. nach **Rosslare**. Auf letzterer IR-Ermäß. 50 %, Frei mit IR + Schiff, s. Anreise Großbritannien und Irland.

Mont Saint-Michel

1984 von der UNESCO in die Liste der weltweit zu schützenden Kulturdenkmäler aufgenommen, eine der größten Attraktionen Frankreichs!

Stark befestigt mit Mauern und Bastionen thront eine mittelalterliche Abtei auf einer Felseninsel unmittelbar vor der Küste, darunter klammert sich ein kleines Dorf an den Hügel - ein Anblick wie aus dem Bilderbuch! Besonders eindrucksvoll der Wechsel der Gezeiten - die Flut kommt unglaublich schnell, bei Springflut (2 x im Monat) wird der Berg ganz umschlossen.
Im Inneren der Anlage herrscht ein unglaubliches Gedränge - nur im Schnekkentempo kann man sich die Hauptgasse entlangschieben. Trotzdem ist eine Besichtigung der Abtei zu empfehlen (nur mit Führung, in Französisch ständig, Zeiten für deutschsprachige Touren hängen aus, ca. 9 DM).

VERBINDUNGEN: aussteigen im Städtchen **Pontorson**, weiter mit Bus zur Abtei (mehrmals tägl., ca. 9 DM hin/zurück). Hübscher ist die Fahrt mit dem Rad, am Bhf. kann man Fahrräder mieten.

ÜBERNACHTEN: mehrere **Campingplätze** zwischen Pontorson u. Mont St. Michel, der nächste ist **Camping du Mont St. Michel**. Nächste **Jugendherberge** in Pleine Fougères, 5 km südwestl. von Pontorson, Rue de Normandie, jedoch schlechte Busverbindung, Tel. 99/487569.

BRETAGNE

Der nordwestlichste Zipfel Frankreichs - im Inneren flach und grün, an der Küste extrem rauhe und wilde Felslandschaften. Zwischen Granitklippen und bewaldeten Hängen immer wieder Badeorte mit schönen Buchten, oft auch kilometerlange Sandflächen und Dünenstrände.

Trotz unsicherem Klima (Regen mehrmals wöch.!) ist die Bretagne eins der beliebtesten Ziele der Franzosen - im August ist die Hölle los, die zahlreichen Campingplätze platzen aus den Nähten.
Es gibt wenig ausgesprochene Städte, dafür viele kleine Dörfer mit spitzen Schieferdächern, erbaut aus dem typischen grauen Feldstein der Bretagne. Zahlreiche prähistorische Überreste sind über die ganze Halbinsel verstreut, z.B. die mächtigen Menhire und Dolmen bei *Carnac*, nahe der Halbinsel von Quiberon. Lohnend, um dem größten Rummel zu entgehen, sind die winzigen vorgelagerten Inseln, z.B. die *Ile de Batz* oder die *Ile de Bréhat* (beide Nordküste).
Die Bretagne gehört zum keltischen Raum und besitzt eine ausgeprägte Eigenkultur, z.B. eigene Sprache und eigene Musik (keltische Harfe). Im Zuge der französischen Zentralisierungsbestrebungen wurde das Bretonische jedoch jahrhundertelang unterdrückt.

VERBINDUNGEN: von **Paris** geht die wichtigste Bahnlinie in die Bretagne über Chartres und Le Mans in die bretonische Hauptstadt **Rennes**. Züge stündl. ab Gare Montparnasse. Chartres siehe S. 382.
In der Bretagne selber Bahnverbindungen eher spärlich. Hauptlinien sind **Rennes - St. Brieux - Brest** und **Rennes - Vannes - Quimper**. Stichbahnen gehen zu den Küstenstädten St. Malo, Dinard, Paimpol, Roscoff, Quiberon, La Baule und Le Croisic, es gibt keine durchgehende Küstenlinie. Hier fahren Busse, aber nicht besonders häufig

Rennes

Die Hauptstadt, aber nicht unbedingt typisch. Wohnanlagen ziehen sich kilometerweit ins Grüne, auch die Innenstadt in großen Teilen modern - im 18. Jh. brannte die Stadt fast vollkommen aus.

Inzwischen hat man vor allem im mittelalterlichen Viertel um die Kathedrale *St. Pierre* mit viel Liebe etliche alte (Fachwerk-)Häuser restauriert, ein Bummel lohnt sich. Schön ist auch der große *Parc le Thabor* mit angeschlossenem Botanischen Garten.
Insgesamt ist Rennes interessanter und auch sehenswerter als sein Ruf. Die vielen Studenten prägen das Kultur- und Lokalangebot.

VERBINDUNGEN / BAHNHOF: Hbf. südl. vom Zentrum, Place de la Gare. Bus 1 oder 20 zur Place de la Republique.

INFORMATION: am Pont de Nemours, Nähe Place de la Republique.

ÜBERNACHTEN: erschwingliche Hotels um den Bhf., z.B. **Le Surcouf** direkt vorm Bhf. Die moderne **Jugendherberge** ca. 3 km vom Bhf., 10-12, Canal Saint-Martin, Bus 22 bis Coetlogon, Tel. 99/332233. Zum außerhalb gelegenen **Campingplatz** fährt Bus 3.

Bretagne/Nordküste

Die rauhe Seite der Bretagne. Zwischen tief eingeschnittenen Fjords und senkrechten Steilfelsen gelegentlich lange Dünenstrände und Badeorte.

Insgesamt recht unterschiedliches Erscheinungsbild - von der grünen *Cote d'Emeraude* bis zu den Granitklippen der *Cote de Granit Rose*. Beliebteste Touristenstadt ist St. Malo.

Saint Malo

Wichtigste Hafenstadt der bretonischen Nordküste, im 17./18. Jh. wegen seiner Piraten bekannt und gefürchtet. Die bemerkenswert schöne Altstadt liegt auf einer früheren Insel an der breiten Mündung der Rance und ist völlig umschlossen von einem wuchtigen Mauerring.

Im Inneren der Stadtmauer *(Intra Muros)* ein kompaktes Ensemble von Kaufmannshäusern aus der Zeit des Merkantilismus - man merkt kaum, daß das gesamte historische Zentrum nach den heftigen Bombardements im letzten Krieg wieder neu aufgebaut werden mußte. Die wohlhabenden Patrizierbehausungen wirken mit ihren Granitmauern, markanten Schornsteinen und dunklen Schindeldächern etwas streng und spröde. Trotzdem ist St. Malo das Touristenzentrum der Bretagne - die alten Gassen sehr stimmungsvoll mit kleinen Plätzen, Kneipen, Straßenmusikern. Ein Muß ist der Rundgang auf der *Stadtmauer*!

VERBINDUNGEN / BAHNHOF: St. Malo ist Endpunkt einer Bahnlinie von Rennes. Der Bhf. liegt ein Stück landeinwärts der Vieille Ville, die kerzengerade Av. Louis Martin führt in ca. 15 min. in die Altstadt (auch Busse). In die Nachbarstadt **Dinard** gehen Züge, außerdem pendeln zwischen 9.30 und 19 h regelmäßig Fähren ab der Porte de Dinan (ca. 10 DM hin u. zurück).

FÄHREN: mit Brittany Ferries bis zu 2 x tägl nach **Portsmouth** (keine Ermäß. mit IR).

INFORMATION: Esplanade St. Vincent, etwas außerhalb vom Stadttor Porte St. Vincent.

ÜBERNACHTEN: sehr große und saubere **Jugendherberge** ein paar Straßenzüge hinter dem Strand nordöstl. der Altstadt, 37, Av. Père Umbricht, Tel. 99/402980. Vom Bhf. Bus 1 oder 2 nach Courtoisville. Reservation kostet, empfiehlt sich aber. Am Blv. de la Republique, vom Bhf. um die Ecke, erschwingliche Hotels, z.B. **Europe** und **Le Vauban**. Mehrere Campingplätze um die Stadt.

ESSEN: **La Petit Hermine** in der Passage Grande Hermine, preiswerte Pizzeria und Snack-Bar. **Dauphine**, 19, Rue de Toulouse, hier und auch in anderen Restaurants der Stadt sind Spezialitäten wie 'fruits de Mer' empfehlenswert, Menü etwa 18 DM. Ansonsten wie überall in der Bretagne viele Creperies, die meist recht billig sind - z.B. **Creperie Chantal**, 2, Place aux Herbes.

Sehenswertes/Baden: das *Chateau* aus grauem Granit steht unmittelbar außerhalb der Porte St. Vincent und beherbergt heute das Rathaus, ein Stadtmuseum und ein Wachsfigurenkabinett.

An der meerzugewandten Seite der Altstadt unmittelbar vor der Festungsmauer der lange Sandstrand *Plage de Bon Descours* mit einem großen Meerwasserschwimmbecken. Dem Strand sind Inseln vorgelagert, die nur bei Ebbe zu erreichen sind, z.B. die *Ile du Grand-Bé* mit dem Fort National aus dem 17. Jh. und dem Grab des Politikers und Schriftstellers Chateaubriand. Weitere lange Strände nordöstl. der Altstadt, die *Grande Plage* und die *Plage de Rochebonne* (Nähe JH).

Dinan: das 'Rothenburg der Bretagne', etwas landeinwärts von St. Malo, hoch über dem Tal der Rance. Innerhalb der gut erhaltenen Stadtmauer ein wunderschönes Städtchen mit überhängenden Giebelhäusern und viel krummem Fachwerk in mittelalterlichen Kopfsteinpflastergassen, die noch nach den früheren Zünften benannt sind. Abstecher lohnt sich.

VERBINDUNGEN: Dinan liegt an einer Nebenlinie, mit der Bahn am besten von Rennes, außerdem von St. Malo und St. Brieux. Bhf. etwas westl. außerhalb der Altstadt, die Rue Carnot führt ins Zentrum.

INFORMATION: 6, Rue de l'Horloge (im alten Zentrum).

ÜBERNACHTEN: erschwingliche Hotels sind **de l'Ocean**, 9, Place du 11 Novembre (gegenüber vom Bhf.), Tel. 96/392151; **de la Consigne**, 40, Rue Carnot (Str. vom Bhf. in die Altstadt), Tel. 96/390012; **du Theatre**, 2, Rue St.-Claire (Altstadt, Nähe Tourist-Info), Tel. 96/390691. Alle ca. 45-50 DM fürs DZ.
Die gute **Jugendherberge** etwas außerhalb (Moulin de Méen, Vallée de la Fontaine-des-Eaux), schöne Lage auf einem Waldhügel, Tel. 96/391083. Vom Bhf. links, über die Gleise und ca. 2 km zu Fuß, kein Bus.
In Taden, ca. 3 km außerhalb, der gepflegte Riesenplatz **Camping de la Hallerais**. Näher am Zentrum **Camping Municipal**, südl. der Altstadt, 103, Rue Chateaubriand.

Cote d'Emeraude

An dieser Küste von St. Malo bis St. Brieux einige der besten Strände der Bretagne - goldgelb, lang und meist ganz ohne Tang und Schlick. Im Hinterland viel Wald und Heidelandschaft. An der Küste verkehren nur Busse, nächste Bahnstationen sind St. Malo, Dinan und St. Brieux.

Cap Frehel: steiles Felsenkap mit riesigem Leuchtturm 60 m über dem Meer, einer der schönsten Punkte dieser Küste. Der dunkelrote Fels markant verwittert, an manchen Stellen überzogen von dünnen Rasenmatten.

ÜBERNACHTEN: dürftig-urige **Jugendherberge** (Holzhütten in Wiesen) bei Plevenon, 4 km landeinwärts, nur Juli/Aug., ca. 8 DM, Tel. 96/619187. Kein Bus, nur Trampen möglich

Sables d'Or les Pins: gleich neben dem Ort ein phantastischer Dünenstrand, anschließend dichter Kiefernwald, in dem mehrere Campingplätze liegen. Hinter dem Strand windgeschützter Lagunensee.

Erquy: großes Küstenstädtchen an einer langgestreckten Sandbucht, rechts vorne der malerische Fischerhafen, wo die Fischer tägl. Riesenkrabben aus den Netzen pulen. Diverse Campingplätze außerhalb im Kiefernwald, dort weitere Strände und Badebuchten.

Rennes - St. Brieux - Brest A-Kb. 25055

Wichtigste Strecke im Norden der Bretagne. Mit Stichbahnen an die Küste.

St. Brieux: touristisch uninteressant, Geschäfts- und Industriezentrum der Region. Jugendherberge Manoir de la Ville Guyomard liegt 3 km außerhalb, Tel. 96/787070.

Cote de Granit Rose

Westlich von Paimpol - rauher Küstenstrich mit rötlichen Granitfelsen, tief eingekerbten Buchten und teils langen Sandstränden. Das Ganze in schöner Heide- und Waldlandschaft.

Paimpol: mit der Bahn ab Guinkamp, hübscher Fischer- und Touristenhafen. Nördl. vom Ort die *Pointe de l'Arcouest*, dort im Sommer fast stündl. Bootsüberfahrten auf die hübsche *Ile de Bréhat* . Drüben liegt oberhalb vom Hafen ein Campingplatz, ansonsten auch wild zelten möglich. Radverleih am Hafen.

ÜBERNACHTEN: mehrere Campingplätze, Jugendherberge **Chateau de Kerraoul** ca. 2 km vom Bhf., Tel. 96/208360.

Lannion: Endpunkt einer Nebenstrekke ab Plouaret. 9 km nordwestl. liegt *Trébeurden* mit einigen guten Stränden und Campingplätzen. Nördl. davon beginnt der schönste Teil der Cote du Granit Rose - *Ploumanach* und *Trégastel* sind Badeorte in optimaler, rötlich schimmernder Granitkulisse.

ÜBERNACHTEN: Jugendherbergen in **Lannion** (6, Rue du 73e Territorial, Tel. 96/379128) und **Trébeurden** (etwas außerhalb, mit prima Meeresblick, Bus fährt bis zur Herberge, Tel. 96/235222).

Roscoff: Fährhafen und Badeort, zu erreichen per Zug vom stimmungsvollen *Morlaix* (über der Stadt ein berühmter Bahnviadukt). Speziell lohnend auf die kleine vorgelagerte *Ile de Batz*, viel Natur, ruhige Strände und wenig Rummel. Draußen schlafen problemlos.

VERBINDUNGEN: Brittany Fähren gehen bis zu 3 x tägl. hinüber nach **Plymouth** (England) und etwa 2 x wöch. nach **Cork** (Irland). Details s. Großbritannien bzw. Irland.

ÜBERNACHTEN: auf der Ile de Batz, nicht weit vom Hafen eine kleine **Jugendherberge**, mit Zeltmöglichkeit, Tel. 98/ 617769.

Bretagne/Westküste

Finistère, das "Ende der Welt". Stark gegliedert und zerklüftet, keine mondänen Badeorte, dafür tiefe Fjorde, Steilfelsen und tolle Aussichtspunkte.

Brest: großer, trister Industriehafen und Bahnknoten, wenig, was reizt.
Brest ist Ausgangspunkt für Trips auf die Halbinsel Crozon - per Fähre nach Le Fret oder mit Bahnbus (Ermäßigung für Interrailer) nach Camaret.

ÜBERNACHTEN: **Jugendherberge** in Le Moulin Blanc, 3 km vom Bhf. (Bus 3, 7 nach Port de Plaisance du Moulin Blanc). Gute Ausstattung, nah am Wasser, Tel. 98/419041.

Halbinsel Crozon: eine der reizvollsten Ecken, die Küsten wild und felsig, hohe Klippen und eingelagerte Sandstrände, z.T. Naturschutzgebiet.
Bester Standort ist *Morgat* (südl. von Crozon) mit einem schönen Strand und einigen großen Campingplätzen. Auch der Fischerhafen *Camaret* besitzt einen Strand und mehrere Campingplätze in der Umgebung. Wenige Kilometer südl. lockt der felsige Aussichtspunkt *Pointe du Penhir*.

Bretagne/Südküste

Wärmer als der Norden und auch lange nicht so rauh. Die Felsen sind verschwunden, stattdessen grünes Acker- und Weideland.

Die Touristenorte z.T. extrem überlaufen, vor allem La Baule und le Croisic, die Halbinsel von Quiberon und der Golf von Morbihan. Hochinteressant jedoch die Menhirfelder bei Carnac, außerdem finden in Lorient und Quimper alljährl. die beiden größten Festivals des keltischen Kulturraums statt.

Rennes - Vannes - Aurac - Quimper A-Kb. 25053

Bahnlinie entlang der Südküste, allerdings meist ein Stück landeinwärts.

Vannes: größere Stadt, jedoch mit sehr sehenswerter Altstadt um die Kathedrale *St. Pierre* und unzähligen Cafés und Kneipen. Am Mi, Fr und Sa findet an der Place de la Poissonerie der städtische *Fischmarkt* statt. Ein breiter Meeresarm endet mitten in der Stadt, von hier kann man Schiffsausflüge auf die Inseln im vorgelagerten *Golf von Morbihan* machen.

VERBINDUNGEN / BAHNHOF: Bhf. nördl. der Altstadt (Kathedrale), ca. 10 min. zu Fuß.

INFORMATION: 29, Rue Thiers, Nähe Place de la Republique.

ÜBERNACHTEN: zu den billigsten Hotels gehören das **Modern**, 2, Rue de la Boucherie, Tel. 97/474078 und **Le Bretagne**, 34, Rue du Mene, Tel. 97/472021.
Camping Municipal einige km südl. am Golf, ziemlich abgelegen, empfehlenswert tolle Lage (Busverbindung).

Halbinsel Quiberon

Ein schmales Band, das 8 km ins Meer vorstößt. Am äußersten Ende die trubelige Badestadt Quiberon. Tourismus in Hochkonjunktur, viel Familienurlaub. Die beiden Seiten der Halbinsel sehr unterschiedlich - die Westseite niedrige Klippenküste mit eingelagerten Buchten, rauh und eindrucksvoll, die Ostseite mit langen Sandstränden eher ruhig und windgeschützt.
Ab Auray zweigt eine Bahnlinie nach Quiberon ab, regelmäßige Verbindungen nur im Sommer.

Carnac: am Beginn der Halbinsel, besitzt einen langen Sandstrand (Carnac-Plage) und ist ruhiger als Quiberon. Der alte Ortskern ein Stück landeinwärts.

INFORMATION: 74, Avenue des Druides.

ÜBERNACHTEN: mehrere Campingplätze liegen am Meer, einige aber auch bei den Menhirfeldern, z.B. der sehr gut ausgestattete **Camping de la Grande Metairie**.

HINKELSTEINE FÜR OBELIX: Riesenattraktion und eine der bedeutendsten archäologischen Fundstellen Europas sind die 3 Megalithfelder von Carnac, die sog. **Alignements** (A. du Ménec, A. de Kermario und A. de Kerlescan), 2 km landeinwärts von Carnac-Plage.

Weit über 2000 Felsbrocken, sog. **Menhire**, stehen hier zwischen Farnen und Ginster in langen Reihen in den Boden gestampft - rätselhafte Überbleibsel einer prähistorischen Megalithkultur, die im 4. Jahrtausend v. Chr. den östl. Mittelmeerraum bis hinauf nach Stonehenge (Großbritannien) umspannte.
Im Anschluß an die Besichtigung ist das attraktive städtische **Musée de Préhistorie** einen Besuch wert, führend in der Darstellung der Megalithkultur (10-12, 14-18.30 h, Di geschl.).

Quiberon: traditionelles Seebad, im Sommer proppevoll, langer Strand mitten in der Stadt. Ruhiger gehts im benachbarten **St. Pierre** an der Ostseite der Halbinsel zu (Busverbindung).
Stündl. gehen Fähren nach Le Palais auf der hübschen Insel **Belle-Ile-en-Mer**. Drüben kann man die Zitadelle besichtigen. Dann am besten mit dem Fahrrad (mehrere Verleihs am Hafen) ins kleine malerische *Sauzon* fahren (ca. 6 km nordwestl.). 3 km außerhalb die große *Grotte de l'Apothicaire*.

INFORMATION: 7, Rue de Verdun.

ÜBERNACHTEN: in **Quiberon** Jugendherberge 'Les Filets Bleus' mit Zeltmöglichkeit nicht weit vom Bhf., 45, Rue du Roch Priol, Tel. 97/501554. Mehrere Zeltplätze um Quiberon, auch bei **St Pierre**.
Mehrere Zeltplätze auch auf der **Belle-Ile**, davon zwei bei **Sauzon**.

Lorient: große Hafenstadt mit langer Tradition, im Krieg schwer zerstört, wenig reizvoll. Eventuell lohnend die Überfahrt auf die vorgelagerte Felseninsel *Ile de Groix*, dort gibt es im Sommer eine Jugendherberge mit Zeltmöglichkeit.

ÜBERNACHTEN: Jugendherberge in **Lorient** am Ufer des Ter, 41, Rue Victor Schoelcher, Tel. 97/371165 (ab Bhf. mit Bus C). Auf der **Ile de Groix** Jugendherberge Lé Méné mit Zeltmöglichkeit, Tel. 97/058138.

Festival Interceltique: alljährl. in der ersten Augusthälfte in Lorient. Neben dem Festival von Quimper das derzeit größte Festival im keltischen Kulturraum. Die Besucher kommen aus allen keltischen Regionen, vor allem Cornwall, Irland und Wales.

Quimper: Hauptstadt des Departement Finistère. Romantische Altstadt mit alten Zunfthäusern und viel Fachwerk, hübsch auch die Ulmenpromenaden am Fluß Odet, der etliche km südl. ins Meer mündet. Die große *Kathedrale* wurde im 15. Jh. wegen Problemen mit umliegenden Häusern und dem Flußlauf eigenartig versetzt angelegt.
Ein Besuch lohnt besonders in der Woche vor dem letzten Sonntag im Juli - dann finden die sechs Tage dauernden *Fetes de Cornouaille* statt, eins der größten Musik-, Tanz- und Kostümfestivals in der Bretagne.

VERBINDUNGEN / BAHNHOF: die Avenue de la Gare führt ins Zentrum.

INFORMATION: 3, Rue Gradlon, bei der Kathedrale.

ÜBERNACHTEN: **Jugendherberge** mit Zeltmöglichkeit im Bois de'l Ancien Séminaire in der 6, Av. des Oiseaux, Tel. 98/554167. Bus 1 in Richtung Penhars, Haltestelle Chaptal. **Camping Municipal** liegt benachbart.

Angers - Nantes - St. Nazaire - La Baule - Le Croisic A-Kb. 25052

Der äußerste Süden der Bretagne - wer von den Loire-Schlössern kommt, kann hier in den Rummel total eintauchen. *La Baule* liegt inmitten herrlicher Dünenstrände am Beginn der Halbinsel von Le Croisic. Ein traditionelles Seebad mit allem, was dazugehört - 5 km lange Promenade, Spielcasino, zig Hotels und Appartmentblocks, die Campingplätze überteuert.
Authentischer und etwas ruhiger ist das geschützte Fischer- und Badestädtchen *Le Croisic* an der Spitze der Landzunge, mehrere Campingplätze.

ATLANTIKKÜSTE

Küstenlandschaft par excellence - vor allem südlich der Garonne. Außer im Pyrenäengebiet überall breite und ewig lange Sandstrände mit Dünen, dahinter weite Pinien- und Kiefernwälder.

Kulturell ist wenig geboten, die französische Westküste ist mehr oder minder eine reine Badelandschaft (mit oft meterhohen Wellen!) - Ausnahme die historische Hafenstadt *La Rochelle*. Campingplätze findet ihr fast überall, die meisten angenehm schattig, im Sommer jedoch von halb Frankreich überlaufen. Vielleicht am faszinierendsten der Golf von Arcachon mit der gigantischen *Dune du Pilat*, der höchsten Düne Europas.

Nantes - La Rochelle - Bordeaux A-Kb. 25054

La Rochelle

Malerische alte Hafenstadt mit schönen Arkadengängen und lebendigen Fußgängerzonen in der Innenstadt - viele Straßenmusiker.

Am *Alten Hafen* viele Cafés und eine Flanierpromenade, außerdem zwei bullige, postkartenreife Wachtürme - während des Mittelalters sperrte man hier nachts den Hafen mit einer massiven Kette ab. Der linke Turm kann über einen labyrinthartigen Aufgang bestiegen werden.

La Rochelle hat eine große Vergangenheit. Noch vor einigen Jahrhunderten war es Frankreichs mächtigste Hafenstadt am Atlantik. 1628 wurde die protestantische Stadt in den französischen Religionskriegen von den Truppen Kardinal Richelieus nach erbitterter Belagerung eingenommen, damit war es mit der Größe der Stadt vorbei.

Als Beitrag zur Stadtsanierung gibts (bisher einmalig in Frankreich!) am Alten Hafen Gratis-Fahrräder für 2 std. (jede weitere Stunde kostet ca 1 DM).

VERBINDUNGEN / BAHNHOF: sehr sehenswerter **Bhf.**, von dort die große Straße geradeaus (Av. du Général de Gaulle) knapp 10 min. zum Hafen.

INFORMATION: Rue Fleriau, bei der großen Place du Verdun.

ÜBERNACHTEN: **Centre International du Séjour** (Jugendherberge) in Les Minimes, Tel. 46/444311. Mit Bus 10 ab Place de Verdun, letzter Bus um 19.45 h, zu Fuß ca. 1/2 std. Neues, aber bereits abgewohntes Haus. Morgens fahren Minibusse der JH zum Bhf. **Camping Soleil** am Weg zur JH, **Camping Municipal** 2 km nördl. der Stadt (Bus 6). Ansonsten der große, unübersichtliche **Park Charruver** in der Nähe vom Strand, rechts vom alten Hafen.

ESSEN: in den Fußgängergassen um den Hafen riesiges Angebot. Generell ist es aber in den Fußgängerzonen der Altstadt billiger. Jeden Vormittag schöner Markt an der **Place du Marché**.

BADEN: La Rochelle selber ist zum Baden weniger geeignet, es gibt gerade zwei Strände - unterhalb der JH (Bus 10) und über den Alten Hafen hinaus, rechts neben der Hafeneinfahrt, nicht sehr groß. Fahrt zum Baden besser mit der Fähre auf die vorgelagerte Ile de Ré.

Ile de Ré: nicht ganz so überlaufen wie das Festland, mit den malerischen Fischerstädtchen *La Flotte* und *Saint Martin de Rè*. Es gibt zahlreiche lange Sandstrände, Badezentrum der Insel ist *Le-Bois-Plage-en-Rè*. Wer ein bißchen Geld im Beutel hat, sollte sich mal einen Eindruck von den sehr reichhaltigen kulinarischen Genüssen der Region verschaffen - vor allem Austern werden in Mengen gezüchtet. Außerdem könnt ihr hier überall schöne Wanderungen unternehmen. Campingplätze sind zahlreich, im Sommer aber immer sehr voll.

VERBINDUNGEN: Fähren ab **La Pallice** (7 km vom Alten Hafen in La Rochelle, Bus 1 ab Bhf. oder Alter Hafen). Von 6-19 h alle 20 min., danach bis Mitternacht alle 30 min. (Sa, So u. Feiertage letzte Fähre ca. 0.35 h).

Von La Rochelle schöne Fahrt durch die atlantische Küstenebene - stille, fast 'liebliche' Landschaften, viel Grün und Heidekraut.

Bordeaux

Ausgesprochen südlich-lebendige Stadt, viel Industrie, moderne Hochbauten, flach hingeklatscht in die weite Ebene an der Mündung der Garonne.

In der nur teilweise attraktiven Innenstadt viel Architektur aus dem 18. Jh., der Blütezeit der Stadt, heute schwarz durch Autoabgase.

Bordeaux ist Zentrum eines riesigen Weinanbaugebiets, dementsprechend viele Weinlager und Kellereien gibt es im Stadtgebiet.

In der Altstadt sehenswert die Kirche *St. Michel* mit dem 141 m hohen freistehenden Glockenturm, die Kathedrale *St. André* und das repräsentative *Grand Théatre* an der Place de la Comédie. Direkt an der Garonne liegt die *Esplanade des Quinconces*, einer der größten Plätze Europas mit dem Charme eines Großparkplatzes. Der markante *Pont de Pierre* ist ein guter Aussichtspunkt.

VERBINDUNGEN / BAHNHOF: **Gare St. Jean.**, Bus 7 oder 8 ins Zentrum. Am anderen Ufer der Garonne der **Gare d'Orléans**.

INFORMATION: 12, Cours du 30 Juillet, zwischen Place de la Comédie und Esplanade des Quinconces.

ÜBERNACHTEN: **Jugendherberge Foyer des Jeunes**, 22, Cours Barbey, Tel. 56/915951, nicht weit vom Bhf. St. Jean. Geradeaus den Cours de la Marne entlang, dann links abbiegen in den Cours Barbey (JH ist ausgeschildert). Etwa 12 DM, JH-Vater spricht mindestens 7 Sprachen.
Preiswerte Hotels um den Gare St. Jean an der Rue Charles-Domecq.
Camping Les Gravières südl. von Bordeaux in Villeneuve d'Ornon, Bus B.

ESSEN: **Mensa** in 38, Rue de Cursol. Preiswerte Lokale um die **Place St. Michel** mit der gleichnamigen Kirche. Cafés an der historischen **Place Gambetta**.

MÄRKTE: **Markthalle** am Cours de l'Intendance, gelegentlich **Flohmarkt** bei der Kirche St. Michel.

Von Bordeaux nach Arcachon per Bahn durch dichten Kiefernwald.

Becken von Arcachon

Zweifellos eine der reizvollsten Stellen an der gesamten Atlantikküste - einmalig das Zusammenspiel von Strömung, Wind und Strand. Das tiefblaue Meer, der fast weiße Sand und die zahllosen Segelboote ergeben optisch überwältigende Motive. Die 141 m hohe Dune du Pilat bildet im Süden den krönenden Abschluß.

Arcachon: absolut überlaufenes Seebad, reizvoll sind die schönen alten Villen, deren verblaßte Noblesse aber vom heutigen Rummel völlig verdrängt wird. Gut bestückte Einkaufsgassen, langer Strand und viel junges Publikum. Mal mit der Fähre nach *Cap Ferret* übersetzen, der Endpunkt der schmalen Landzunge vis à vis von Arcachon - toller Blick auf die Dune du Pilat, meist super Wellen, auch campen möglich (ca. 11 DM hin u. zurück).

INFORMATION: an der Place Roosevelt, links vom Bhf.

ÜBERNACHTEN: Hotels und Pensionen in der Saison hoffnungslos, Campingplätze vor allem hinter der Düne (siehe unten), **Jugendherberge** am Cap Ferret, 87, Av. de Bordeaux, Tel. 56/606462 (nur Juli/August). **Camping Municipal** einige km vom Bhf.

Dune du Pilat: höchste Düne Europas - ein mächtiger, über 100 m hoher Sandwall, der jedes Jahr um ein paar Meter weiter in den unmittelbar angrenzenden Wald vorrückt. Gleich dahinter diverse hübsche Campingplätze im dichten Pinienwald, von denen lange Holztreppen über den riesigen Buckel zum Strand führen, Kondition mitbringen! Am urigsten - die Sommerskiläufer, die hier tägl. den steilen Sandhang hinuntersausen.

VERBINDUNGEN: Busse gehen in der Saison mindestens stündl. ab Bhf. in Arcachon, ca. 6 DM hin und zurück.

ÜBERNACHTEN: die Campingplätze hinter der Düne nicht ganz billig, aber meist gut ausgestattet, z.B. **Camping de la Foret** mit gutem Restaurant, großen Swimmingpool und abendlicher Animation.

BADEN: das Hinüberkraxeln über die Düne ist höllisch anstrengend und ähnelt den Foltermethoden aus Fremdenlegionsfilmen - schon mancher ist auf seinem schattigen Camping 'hängengeblieben', anstatt den Marsch in die Sahara zu wagen.

Von Arcachon zur spanischen Grenze

Lange Dünenstrände, die Badeorte weitflächig und etwas langweilig, meist ohne Historie, zahlreiche Campingplätze in schattigen Kiefernwäldern, viele junge Franzosen, im August knüppelvoll. Ohne eigenes Fahrzeug muß man gut zu Fuß sein. Die Bahnlinie verläuft ein ganzes Stück landeinwärts.
Südlich von Arcachon mehrere große Süßwasserseen mit hervorragenden Bade- und Surfmöglichkeiten, allerdings etwas schwer zu erreichen, trampen. Ein Anlaufpunkt an der Küste ist *Mimizan-Plage* (nächste Bahnstation ist Labouheyre, 30 km mit Bus).

Ansonsten vielleicht gleich zur baskischen Küste weiterfahren.

Bordeaux - Biarritz - Hendaye - Span. Grenze A-Kb. 25040

Völlig flach und landschaftlich nicht so rauh und abwechslungsreich wie beispielsweise Bretagne oder Normandie. Dichte Kiefernwälder, Wiesen, Moore, Wasserläufe. Südl. von Bordeaux führt die Bahn schnurgerade durch den Waldpark von Gascogne (seit 1970 Naturschutzpark).

Baskenland *(Euskadi)*

An den Ausläufern der Pyrenäen enden abrupt die langen Dünenstrände der Westküste. In den baskischen Hafen- und Fischerorten dominieren eher kürzere Strände und Felsbuchten, die im Sommer aber ebenso überlaufen sind wie die Regionen weiter nördlich.

Die flachgiebeligen Basken-Häuser aus rot und grün gestrichenem Fachwerk ähneln sehr der alpenländischen Architektur, die Straßen- und Ortsschilder in Baskisch muten mit ihren vielen X dagegen eigentümlich fremdartig an. Tourismus hat eine lange Tradition, obwohl auch im Hochsommer oft Wolken über den Pyrenäen hängen.

Bayonne: 6 km von der Küste am Zusammenfluß von Adour und Nive, städtisches Zentrum des französischen Baskenlandes. Hübsche Altstadt mit viel Fachwerk, Festungswällen und alten Gassen um die *Kathedrale* - gewaltiger Unterschied zum mondänen Biarritz, mit dem es fast zusammengewachsen ist. Dementsprechend auch als Standquartier billiger.

VERBINDUNGEN / BAHNHOF: gegenüber vom Bhf. führt der Pont St. Esprit über den Fluß Adour in die Altstadt.

INFORMATION: **Hotel de Ville**, an der Place de la Liberté.

ÜBERNACHTEN: einige preiswerte Hotels in Bhf.-Nähe. **Camping La Cheneraie** am Nordufer des Adour (selbes Ufer wie Bhf.).

Biarritz: weltbekannter Badeort mit aristokratischer Tradition, teuer und überlaufen. Vom Ortsbild her ziemlich durchwachsen - Belle Epoque und moderne Betonkästen. Lange Promenade und 2 km Sandstrand mitten im Ort, bizarre Klippen und Felsen umgeben den Hafen und die Sandbuchten. Der brandungsumtoste *Rocher de la Vierge* ist über eine Brücke zu erreichen.

Für Railer ist Biarritz nur in der Nebensaison interessant. Bester Strand ist die *Plage de la Cote des Basques* in Richtung Bidart.

ÜBERNACHTEN: mehrere Campingplätze, u. a. **Splendid** und **Biarritz**, beide südwestl. vom Ort (Rue d'Harcet).
Etwas abgelegene **Jugendherberge** in Anglet, ein Stück landeinwärts Richtung Bayonne, 19, Route des Vignes, Quartier Chiberta, Tel. 59/638649. Mit Bus BAB (Ligne BLEUE) ab Hotel de Ville bis Place Général Leclerc aux Cinq Cantons und noch ein Stück zu Fuß.

St. Jean de Luz: typisch baskische Küstenstadt mit einiger Atmosphäre. Mitten im Ort malerischer alter Fischereihafen und schön geschwungener Sandstrand, immer sehr voll.

In der ausgedehnten Fußgängerzone viel baskisches Fachwerk, dazwischen steinerne Palais mit schmiedeeisernen Balkons und Schindeldächern. Treffpunkt rund um die Uhr ist die runde *Place Louis XIV.* mit Portraitmalern, Cafés und Platanen (abends oft Live-Musik im Pavillon).

VERBINDUNGEN / BAHNHOF: schräg gegenüber vom Bhf. der alte Fischerhafen an der Mündung der Nivelle. Ins Zentrum gehts 5 min. geradeaus.

INFORMATION: Place Marechal Foch, vom Bhf. geradeaus.

ÜBERNACHTEN: erschwinglich ist **Hotel Verdun** gegenüber vom Bhf. Mehrere Campingplätze zu beiden Seiten des Orts, aber alle mit Fußmarsch verbunden. Vom Bhf. am nächsten die Plätze im Ortsteil **Ciboure**, links (westl. vom Fischerhafen).

ESSEN: in der kurzen **Rue de la République** (Verbindungsgäßchen zwischen Fußgängerzone und Strandpromenade) ein Restaurant neben dem anderen, Vorsicht, einige sehr teure Brocken dabei!

Hendaye: nur durch den Fluß von Spanien und dem malerischen *Fuenterabbia* getrennt, riesiger Sandstrand, etliche Campingplätze, Zentrum etwas landeinwärts, sonst wenig bemerkenswert.

Lourdes

Weltberühmte Pilgerstadt im Vorgebiet der Pyrenäen. 1858 erblickte hier die 14-jährige Bernadette die Jungfrau Maria, diese zeigte ihr eine Quelle, aus der angeblich heilkräftiges Wasser sprudelt.

Seitdem hat sich das Städtchen zum größten katholischen Wallfahrtsort der Welt entwickelt - jährl. kommen 2 Mill. Pilger, unter ihnen viele Schwerbehinderte, Gelähmte etc. Um die Grotte, in der die Quelle entspringt, ist ein riesiges Heil- und Wallfahrtszentrum entstanden. Zwei gewaltige Kirchen sind übereinander gebaut (sehr beeindrukkend die unterirdische Basilika!), rundum liegen Krankenstationen, die Gave fließt dicht daran vorbei, in der Felswand markiert eine Marien-Statue den heiligen Ort. Daneben hängen Krükken, zurückgelassen von dankbaren Schwerkranken, die plötzlich wieder laufen konnnten - seit über hundert Jahren finden immer wieder spontane Heilungen statt. Sie werden nach strengen Kriterien überprüft und sind in bisher 64 Fällen laut Auskunft des internationalen ärztlichen Komitees von Lourdes "nach dem heutigen Stand der medizinischen Wissenschaft nicht zu erklären" - sprich ein Wunder ist geschehen.

Tausende von Gläubigen aus aller Welt ziehen von Mai bis September all abendlich in einer endlosen *Lichterprozession* durch das Gelände um die Grotte.

Lourdes lebt heute vom Pilgertourismus. Die vielen hundert Souvenirläden haben die grotesken Formen des Kirchenkitsches zur höchsten Vollendung gebracht - Shampoos, Ohrringe und Taschenmesser mit dem Konterfei von Maria oder Bernadette gehören noch zu den harmlosen Utensilien. Überall hängen Schilder "Man spricht deutsch", "Parla Italiano" etc. Plastikfläschchen in Form der Muttergottes gibt es stapelweise in allen Größen - an der "Heiligen Quelle" kann man sich das begehrte Naß abfüllen.

Abgesehen vom Pilgerrummel ist Lourdes eine normale, nicht unhübsche Kleinstadt mit überdurschnittlich vielen Hotels und dem Fluß Gave, der mitten durch die Stadt rauscht.

Verbindungen / Bahnhof: der **Bhf.** liegt nur wenige m nördl. vom Zentrum. Die Av. de la Gare nach rechts zur langen Hauptstraße (Chaussee Maransin, Rue St. Pierre, Rue Lafitte u.a.), darunter führt der Blv. de la Grotte zum Eingang des Kirchenzentrums.

Information: 4, Place du Champ Commun, an der Hauptstraße.

Übernachten: Lourdes besitzt gut 150 preiswerte Hotels. Mehrere Campingplätze liegen an der Straße nach Tarbes, z.B. **Camping Le Reve, La Scierie** und **Bellevue**. Vom Bhf. in wenigen Minuten zu erreichen (Av. de la Gare nach rechts und unter der Bahn durch). Hostelähnliche Unterkunft gibt es im **Camp des Jeunes**, südwestl. vom Zentrum.

Spanien

Riesiges Land mit weiten, fast menschenleeren Regionen und einer phantastischen Vielfalt an Landschaftsformen, Klimaten und Bevölkerungstypen.

Der Norden und die **Atlantikküste** sind feucht und fruchtbar, es gibt saftig grüne Wiesen, prächtige Wälder, zahlreiche Sandstrände und tief eingeschnittene Buchten. Erwartet jedoch keinesfalls Wasser- und Luftwerte wie am Mittelmeer - frische Temperaturen, Regen und Nebel sind häufig. *San Sebastian* ist eine noble Badestadt, gleichzeitig Hauptstadt der Basken und das 'Amsterdam Spaniens'. Außerdem interessant die internationale Universitätsstadt *Santander* und das reizvoll abgelegene *Santiago de Compostela* - letzteres ein guter Ausgangspunkt für Fahrten an die tief eingeschnittenen Fjorde *Galiziens* im äußersten Nordwesten.

Die **Mittelmeerküste** ist touristisch absolut entdeckt - angefangen von der "wilden" *Costa Brava* mit ihren pinienbestandenen Felsbuchten über die langen Sandstrände der *Costa del Azahar* und *Costa Blanca* bis zur andalusischen *Costa del Sol* im Süden, der Hochburg des totalen Pauschaltourismus (Torremolinos, Marbella). Jedes Fischerdorf hat sich zur Hotelsiedlung gemausert, und die ungezügelte Bauwut der internationalen und spanischen Investoren hat vieles zerstört. Auch das Baden ist wenig reizvoll - vor allem in der Umgebung der Industriestädte sind Meer und Strände zum Teil bis zur Gesundheitsgefährdung verdreckt. Größte Stadt ist *Barcelona*, das brodelnde Zentrum Kataloniens - neben viel Sehenswertem gibts hier das heißeste Nachtleben Spaniens und 1992 die Olympischen Sommerspiele. Abrupt endet der Pauschaltourismus an der *Costa del Luz* (von Algeciras bis zur portugiesischen Grenze) - kilometerlange Sandstrände laden zum Faulenzen ein, sind allerdings oft extrem windig und nur mit Bussen zu erreichen.

Andalusien, der tiefe Süden, ist neben der kastilischen Hochebene Zentralspaniens Hitzepol des Landes. Verbrannte Steppenlandschaften und blendend weiße Dörfer mit engen, schattigen Gassen kontrastieren mit weiten Getreidefeldern, Ölbaumpflanzungen und Weinanbau. Die *Sierra Nevada*, der höchste Gebirgszug Spaniens, sorgt mit zahlreichen Stauseen und ewigem Schnee für die Bewässerung. Kulturelle Höhepunkte sind die Städte mit vielen maurischen Überresten und prächtiger Architektur. Eine große Attraktion ist die Alhambra in *Granada*, interessant auch das aufregende *Sevilla* mit der drittgrößten Kathedrale der Welt, und *Cordoba* mit der großen Moschee und den malerischen, blumengeschmückten Gassen.

Kastilien, die Zentralmeseta (Hochebene) um Madrid ist staubig, trocken und öde. Die Städte *Toledo*, *Avila* und *Segovia* gehören dafür zu den zweifellos schönsten des ganzen Landes. *Madrid* selbst hat große Parks, ein intensives Nachtleben und ein angenehmes Altstadtviertel. Auf dem Weg nach Portugal solltet ihr schließlich *Salamanca* mit seiner ausgeprägten Studentenszene nicht auslassen.

Anreise

Für die internationalen Verbindungen braucht ihr gutes Sitzfleisch und ein dik

elektr. — Strecken des Auslandkursbuches

elektr. — sonstige Strecken

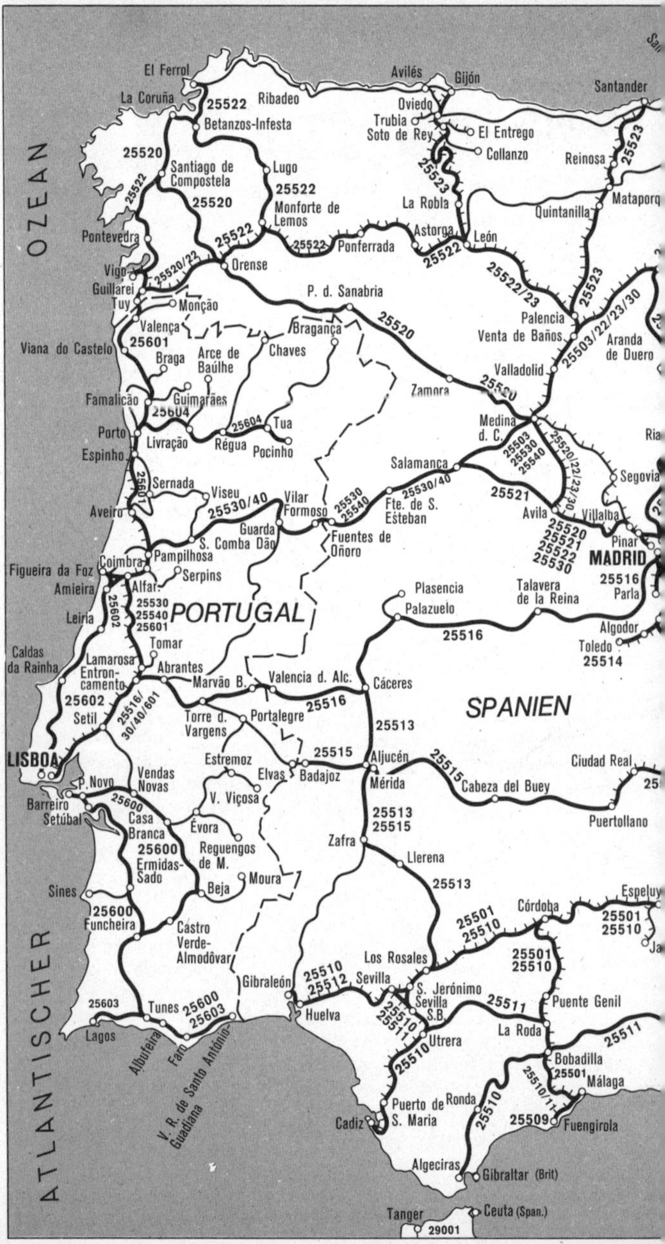

Spanien Fahrpläne Nr 25500 – 25540 **Portugal** Fahrpläne Nr 25600 – 25604

kes Fell. Die Züge sind meist völlig überfüllt und kosten in Spanien saftige Zuschläge (bis zu 40 DM), z.T. auch bereits in Frankreich (jedoch fährt nachts von Irun nach Madrid ein zuschlagfreier Expreso, ebenso gibt es von Paris nach Irun zuschlagfreie Züge). Rechnet von *Paris/Gare d'Austerlitz* - Bordeaux - Irun - San Sebastian - Burgos - Valladolid - Avila - *Madrid/ Chamartin* mit 16-18 std.

Da die Spurbreite der spanischen Züge größer ist als im übrigen Europa (1676 mm anstatt 1435 mm), müßt ihr an der Grenze fast immer in einen spanischen Zug umsteigen (Ausnahmen sind einige internationale Züge, die eine veränderbare Spurbreite haben). Die wichtigsten Grenzbahnhöfe sind *Cerbere/ Port Bou* an der Mittelmeerlinie und *Hendaye/Irun* an der Atlantikküste. Eine dritte, landschaftlich sehr lohnende Linie führt von Perpignan oder Toulouse über *La Tour de Carol*.

Mit der Eisenbahn in Spanien

Die Sache mit den Zuschlägen ist ärgerlich und europaweit einzigartig - fast jeder Fernzug kostet gehörig Aufgeld. *Senor Supplemento* **schlägt gleich nach der Grenze unbarmherzig zu. Beträge zwischen 10 und 40 DM müssen berappt werden.**

Ansonsten braucht ihr vor allem Geduld - die meisten Züge sind zwar bequem aber laaaangsam, oft stimmen die Fahrpläne in den Bahnhöfen nicht, beim Umsteigen Zeit nicht zu knapp kalkulieren (mind. 2 std.). Die Numerierung der Gleise in den Bahnhöfen ist ziemlich undurchsichtig und in den Fahrplänen nicht angegeben. Im Zweifelsfall immer fragen, auf welchem *'via'* euer Zug abfährt. Für längere Strecken unbedingt mindestens 1-2 std. vor Abfahrt eures Zuges *Platzkarten* besorgen (kostenlos). In einigen Talgo-Zügen herrscht Platzkartenpflicht.

Das Eisenbahnnetz der spanischen Staatsbahn (RENFE) ist trotz der schwierigen Oberflächengestaltung (viele Gebirge, steil abfallende Randlandschaften der zentralen Hochebene) gut ausgebaut. Wegen der größtenteils alten Schienen rumpeln aber selbst die komfortablen Talgo-Züge recht ordentlich. Zur Küste gibt es in einigen Teilgebieten nur Stichbahnen, außerdem verkehren entlang der gesamten Atlantikküste ausschließlich *Schmalspurbahnen*, in denen das Interrail-Ticket nicht gilt. Weiteres großes Manko am spanischen Bahnnetz ist derzeit die Lücke zwischen *Lorca* (bei Murcia) und *Guadix*, die es unmöglich macht, von der Mittelmeerlinie via Valencia/Alicante direkt nach Andalusien hinüberzufahren. Jedoch, wie es heißt, soll bis zur Olympiade von Barcelona (1992) eine neue Linie parallel zur stillgelegten alten eröffnet werden.

ZUSCHLÄGE: die **Höhe der Zuschläge** ist reichlich undurchsichtig, es gibt fünf verschiedene Stufen, die nach nicht durchschaubarem Prinzip angewandt werden. Weiterhelfen kann eigentlich nur das spanische Kursbuch bzw. erkundigt euch immer am Schalter, ob der Zug, den ihr nehmen möchtet, Zuschlag erfordert, in welcher Höhe und ob es nicht auch einen "zuschlagfreien" gibt. Siehe dazu auch **Lesertip**, weiter unten.
Man kann den Aufpreis auch erst im Zug bezahlen (wenn ihr der Aufforderung des Schaffners zuvorkommt, müßt ihr nichts zusätzlich draufzahlen). Nachts fahren auch auf Fernstrecken oft zuschlagfreie Züge.

ZUGTYPEN: **Talgo/Intercity** - die schnellsten und komfortabelsten Züge, nur auf Fernstrekken. Meist der höchste Zuschlag (Stufe A), jedoch nicht immer, teilweise nur 1. Klasse, Platzkartenpflicht.
Ter/Electrotren - genauso schnell wie der Talgo, auch komfortabel, jedoch etwas häufiger Stops. Platzkartenpflicht, alle Zuschlagsstufen bis zuschlagsfrei.
Rapido - die "Schnellzüge", Reisegeschwindigkeit steht in keinem Verhältnis zum reißerischen Namen. Gelegentlich kleiner Zuschlag.
Expreso - Expreßzüge, "Blumenpflücken während der Fahrt verboten". Für eine Strecke von 400 km braucht ein solcher Zug ca. 8-9 std. Selten Zuschlag.
Tranvia/Automotor - Regionalzug, hält an jedem Bhf., ist aber auch nicht viel langsamer als z.B. Expreso. Vorteil - kein Zuschlag!

FAHRPLÄNE: an den spanischen Bahnhöfen bekommt ihr den jährl. erscheinenden **Guia RENFE** mit den neuesten Fahrplänen (ca 4 DM, allerdings nicht immer zuverlässig). Kleine Fahrplanheftchen zu verschiedenen Regionen gibt es in größeren Bahnhöfen kostenlos (Reiseziel angeben). Das deutsche **Auslandskursbuch** kann man bezüglich genauer Fahrpläne meist vergessen, außerdem ist die Höhe der Zuschläge nicht angegeben.

GEPÄCKAUFBEWAHRUNG / SCHLIESSFÄCHER: wegen der Furcht vor Bombenattentaten gab es bis vor einigen Jahren in ganz Spanien keine Schließfächer. Inzwischen sind etliche Bahnhöfe wieder damit ausgestattet (Madrid, Barcelona, Sevilla, Cordoba, Granada, Avila, Bobadilla u.a.). Jedoch liegen sie oft in einem separaten Gebäudeteil und werden von der Polizei bewacht. Ansonsten oft private Möglichkeiten in der Nähe der Bahnhöfe, jedoch meist teuer.

LIEGE- / SCHLAFWAGEN: sind preiswert, kann man sich deswegen ruhig mal leisten. **Coche-litera** (Liegewagen) kosten ca. 13 DM, **Coche-cama** (Schlafwagen) ca. 17 DM.

Interessante Strecken: es gibt einige sehr schöne Streckenführungen, speziell im Gebirge.

KATALONIEN (Nordspanien): **Perpignan - La Tour de Carol - Barcelona**. Nebenlinie von Südfrankreich durch die Pyrenäen, touristisch nur wenig bekannt, großer Höhenunterschied, viele Tunnels und Kurven.

KASTILIEN (Zentralspanien): **Madrid - Villalba - Avila - Medina del Campo**. Durchquerung der Sierra de Avila.
Madrid - Villalba - Segovia - Medina del Campo. Durchquerung der Sierra de Guadarrama, ab Cercedilla Abstecher per kleiner Bergbahn möglich hinauf zum Cotos-Paß.
Madrid - Zamora - Orense - Santiago di Compostela. Außergewöhnliche Strecke in die äußerste Nordwestecke Spaniens, zahllose Tunnels, Viadukte, etwas schottische Hochlandatmosphäre.

ANDALUSIEN (Südspanien): **Moreda - Guadix - Almeria**. Die Sierra Nevada wird durchquert, z.T. beträchtliche Steigungen und tolle Landschaft.
Bobadilla - El Chorro - Malaga. Kurvige Strecke, zwischen z.T. senkrecht aufsteigenden Felswänden.

Schmalspurbahnen: davon gibt es einige, gemeinsam ist ihnen, daß das Interrail-Ticket nicht gilt. Spanien hat das größte Schmalspurnetz Europas!

ATLANTIKKÜSTE (Baskenland, Kantabrien, Galizien): die durchgehende Küstenlinie wird von zwei Gesellschaften in Meterspur betrieben, nämlich **San Sebastian - Bilbao** (ET/FV) und **Bilbao - Santander - Oviedo - Gijon - El Ferrol** (FEVE). Vor allem das nordwestl. Stück ist reizvoll, aber auch die Inlandsstrecke von Bilbao nach Leon.

MITTELMEERKÜSTE: von Barcelona verkehrt auf einigen Linien die Katalonische Nationalbahn FFCC (Ferrocarrils de la Generalitat de Catalunya). Wichtigste Strecke dürfte für euch die zum **Kloster Montserrat** sein (s. Barcelona/Umgebung). Die FEVE betreibt auch die Küstenlinie **Alicante - Denia**.

INFORMATIONEN: Spanische Staatsbahnen - **Red Nacional de los Ferrocarriles Espanoles (RENFE)**, Dirocción Comercial Viajeros, Paseo del Rey 32, Madrid. Generalvertretung Europa in Paris, 1-3 Avenue Marceau, F-75116 Paris, Tel. 0033/1/47325201.

LESERTIP: "im Gegensatz zum dt. Auslandskursbuch gibt der span. Fahrplan (erhältlich beim Span. Fremdenverkehrsamt, Bethmannstr. 52-54, 6000 Frankfurt/M) Zuschlagskategorien an. Wir konnten dadurch ca. 30 DM an Zuschlägen sparen" (Kai Wurster, Dannstadt).

Andere Verkehrsmittel: es gibt zahlreiche regionale *Busgesellschaften*, die die Lücken im z.T. weitmaschigen Bahnnetz schließen. Die Preise sind meist mäßig. Auf den Bus angewiesen ist man z.B. von Huelva zur portugiesischen Grenze, auf der schon erwähnten Strecke zwischen Lorca und Guadix, bei einem Ausflug nach Gibraltar und in einigen Teilen sowohl der Mittelmeer- wie der Atlantikküste. Der Busbhf. befindet sich oft in der Nähe des Hbf. einer Stadt.

Praktisches

Einreise: Reisepaß oder Personalausweis.

Finanzielles: was Übernachten und Verpflegung angeht, ist das Preisniveau im allgemeinen noch erfreulich niedrig - jedoch kommt es sehr auf die Region an, in der ihr seid. In Madrid könnt ihr z.B. billiger essen als in den Touristenorten am Mittelmeer.
Die spanische Währung ist die *Peseta* (Pts). Gegenüber der DM verliert sie kontinuierlich an Wert, was die Preissteigerungen für Mitteleuropäer im Rahmen hält. Traveller- und Euroschecks werden in Banken akzeptiert (letztere jedoch nicht überall, Höchstsumme 25.000 Pts). Um euch unliebsame Überraschungen zu ersparen, erkundigt euch immer nach der zu zahlenden *Kommission*, bevor ihr den Scheck unterschreibt (da sie von Bank zu Bank sehr unterschiedlich ausfällt, kann man einiges sparen). Auch mit dem *Postsparbuch* kann man in Spani-

en Geld abheben. An der Grenze ist der Wechselkurs schlecht.

Aktueller Kurs: 1 DM = 62 Pts. (2/90)

Übernachten: in den meisten größeren Orten gibts *Jugendherbergen* (Albergues Juveniles). Doch sind viele Studentenwohnheime, die nur im Juli/August an Durchreisende vermietet werden. Besser immer vorher anrufen. Die Jugendherbergen in Groß- und Touristenstädten wie Madrid, Barcelona und Granada sind ganzjährig offen, jedoch wird es schon ab März schwierig, Plätze zu ergattern. Auch werden oft ohne Rücksicht auf Einzelreisende Gruppen aufgenommen. Übernachtung kostet ca. 0 DM, das meist magere Frühstück ca. 2,50 DM. Aufpassen mit Klau!

Ansonsten sind die billigsten Unterkünfte die *Fondas, Casas de huespedes* und *Hostales*. In den großen Städten gibt es zahllose davon, oft konzentrieren sie sich in bestimmten Straßenzügen. Meist sehr einfach, das DZ ca. 20-35 DM. Für eventuell vorhandene heiße Duschen muß man extra zahlen (ca. 1,50-3,50 DM). Die Zimmerpreise werden auch hier vom Staat überwacht und müssen im Zimmer angeschlagen sein. Viele Wirte kommen zum Bhf., handeln kann ab und zu etwas bringen. In den Touristenorten an der Mittelmeerküste sind die Unterkünfte während der Sommermonate meist bis zum letzten Bett ausgebucht.

Campingplätze sind zahlreich und an der Küste meist besser ausgestattet als im Inland (ausgenommen in den großen Städten) und natürlich auch teurer. Besonders teuer die oft riesigen, aber trotzdem überfüllten Plätze an der Mittelmeerküste.

Wild zelten ist offiziell verboten, wird aber in der Regel geduldet, wenn ihr an unauffälligen Stellen euer Zelt aufstellt. Schlechter sieht es bei den Touristenzentren an der Küste aus. Hier wird meist durchgegriffen, außerdem geht auch hier der Klau um.

Essen: die spanische Speisekarte ist schier endlos, regional äußerst vielfältig und in der Regel relativ preiswert, wenn man sich von den Touristenzonen fernhält. Natürlich wird wie überall in Südeuropa mit viel Öl gekocht, was bekanntlich nicht jedermanns Sache ist.

In so gut wie jeder Bar oder 'Tasca' bekommt ihr *Tapas* - leckere Kleinigkeiten in zig Variationen, entweder kalt oder rasch angewärmt, die am liebsten mit einem Glas *Vino* oder *Cerveza* (Bier) hinuntergespült werden. Jeder Barbesitzer hat den Ehrgeiz, ganz spezielle Tapas anbieten zu können und so gibt es die abenteuerlichsten Zusammenstellungen - marinierte Tintenfische, gebratenen Fisch, gegrillte Schweinsohren, Gambas mit Knoblauch, gebackene Sardinen, kleine Omeletts, Muscheln, Garnelen, Fleischbällchen, Schinken, Käse u.v.m. Tapas auf Brot heißen *Boccadillos*. In großen Städten gibt es ganze Gassenzüge mit Tapas-Bars, in denen andalusische, baskische, katalanische, galizische und andere Spezialitäten angeboten werden.

Tortillas sind eine Art Omelett, die es in zahlreichen Geschmacksrichtungen von süß bis scharf gibt. Die spanische *Paella* ist auch bei uns zu Genüge bekannt, die beste wird übrigens in den Pfannen um und in Valencia gegart.

Gazpacho ist eine kalte Suppe aus Rohkostbestandteilen (Tomaten, Gurken, Zwiebeln, Peperoni, Knoblauch).

Zarzuela meint ein Gericht aus Fischen, Muscheln und Meeresfrüchten (bekommt man vor allem in Katalonien).

Das spanische Frühstück ist mager - meist wird nur eine Tasse Milchkaffee und ein mickriges *Bollo* (Brötchen) serviert.

Wie in Italien kostet auch in Spanien der Kaffee oder die Limonade an der Bar weniger als am Tisch oder draußen. Wer Bier bestellt, bekommt meistens gratis Fisch, Tintenfisch oder Oliven dazu. In ganz Spanien trinkt man *Horchata de Chufa* (Mandelmilch). Die bekanntesten Weine sind der *Xeres* (Sherry) aus der Provinz Cadiz, der weiße *Montilla* aus der Gegend um Cordoba und der süße *Moscatel* aus Malaga.

Kirchen/Kloster: im katholischen Spanien ist ähnlich wie in Italien der Besuch größerer Kathedralen in Shorts nicht möglich.

Telefon: von fast allen Telefonzellen kann man ins Ausland durchwählen. Legt 25- und 50 Pts-Münzen oben auf die Schiene. Sobald die Verbindung zustandekommt, fallen sie durch - und zwar schnell (vorher reichlich Münzen sammeln).

VORWAHL: Bundesrepublik Deutschland - **07*49**, Österreich - **07*43**, Schweiz - **07*41** (* = Pfeifton abwarten).

Klau: ist schwer im Vormarsch, vor allem in Großstädten und Touristenzentren sehr aufpassen.

Drogen: Spanien hat seit einigen Jahren neben den Niederlanden die liberalste Drogengesetzgebung Europas. Doch hat man damit nur der Realität Rechnung getragen, daß das Land von Drogen geradezu überflutet wurde - Nordafrika ist nicht weit. Der Besitz und Genuß von kleinen Mengen Haschisch ("*chocolate*") ist nicht strafbar, wohl aber der Handel, Verkauf und die 'Anstiftung zum Konsum'! In den Großstädten wimmelt es überall von Drogenhändlern und natürlich hat die Polizei ein Auge auf die Szene.

Sprache: die Spanier sprechen ausgezeichnet Spanisch, jedoch sehr selten eine Fremdsprache. Mit Englisch kommt man nicht durch, auch nicht mit Französisch. Empfehlenswert also, ein Wörterbuch mitzunehmen und sich vorher ein paar Wendungen einzuprägen.

Kleines Sprachlexikon

Allgemeines: Guten Tag - *Buenos dias*; Guten Tag/Guten Abend (ab Mittag) - *Buenos tardes*; Ja/Nein - *Si/No*; Danke/Bitte - *Gracias/Por favor*; Entschuldigen Sie - *Perdone*; links - *izquierda*; rechts - *derecha*; Wo ist? - *Donde está?*; Straße - *Calle, Carrer*; Platz - *Plaza, Placa*; Zimmer - *Habitación*.
Zahlen 1-10 = uno, dos, tres, cuatro, cinco, seis, siete, ocho, nueve, diez; 20 - veinte; 50 - cincuenta; 100 - cien; 1000 - mil.

Bahn: Eisenbahn - *Ferrocarril*; Bahnhof - *Estación*; Eingang - *Entrada*; Ausgang - *Salida*; Bahnsteig - *Anden*; Glois - *Via*; Gepäckaufbewahrung - *Consigna*; Ankunft - *Llegada*; Fahrplan - *Horario*; Fahrkartenschalter - *Despacho de billetes*; Zuschlag - *Supplemento*; Platzreservierung - *Reserva de plazas*; Schlafwagen - *Coche-cama*; Liegewagen - *Coche-litera*.

BOTSCHAFTEN

Bundesrepublik Deutschland: Madrid 4, Calle de Fortuny 8, Tel. (9)1/4199100. Konsulat u.a. in Barcelona 8, Paseo de Gracia 111, Tel. (9)3/ 2184750.
Österreich: Madrid 16, Paseo de la Castellana 91, Tel. (9)1/4565315. Konsulat u.a. in Barcelona, Calle Mallorca 286, Tel. (9)3/2573614.
Schweiz: Madrid 1, Calle Nunez de Balboa 35, Tel. (9)1/4313400. Konsulat u.a. in Barcelona, Gran Via de Carlos III 94, Tel. (9)3/3309211.

FREMDENVERKEHRSÄMTER

D-4000 Düsseldorf, Graf-Adolf-Str. 81, Tel. 0211/370467. **D-6000 Frankfurt/M**, Bethmannstr. 50-54, Tel. 069/285760. **D-8000 München 2**, Oberanger 2, Tel. 089/2609570. **A-1010 Wien 1**, Rotenturmstr. 27, Tel. 0222/5331425. **CH-8008 Zürich**, Seefeldstr. 19, Tel. 01/ 2527930.

MITTELMEER-KÜSTE

"Man spricht deutsch", heiße Bockwurst, Schweinebauch und Sauerkraut, Hochhauszeilen kilometerlang, Strände bis zum Platzen gefüllt - all das kann man der spanischen Mittelmeerküste vorwerfen, aber man wird ihr nicht ganz damit gerecht.

Zum einen gibt es sie noch, die Plätze, wo der Rummel noch nicht gänzlich zugeschlagen hat. Zum anderen bieten vor allem die Städte viel Kultur, brodelndes mediterranes Leben und Abwechslung. Auch landschaftlich durchreist man von den Pyrenäen bis Gibraltar die verschiedensten Zonen - von den wilden Felsbuchten der *Costa Brava* bis zu den Jet Set-Stränden von

Marbella, von den Steppen und Lagunen der *Ebromündung* bis zum Palmenwald von *Elche*. Und wenn man sich nur einige km von der Küste entfernt, findet man auch am Mittelmeer noch das Spanien ohne Diskorummel und Sonnenöl.

Hinweis - noch vor einigen Jahren konnte man auf der Bahnstrecke entlang der Mittelmeerküste problemlos nach Andalusien gelangen. Leider ist inzwischen ein großes Stück der Bahnstrecke zwischen Murcia und Guadix stillgelegt. Um nach Andalusien zu kommen, müßt ihr deshalb entweder mit der Bahn einen weiten Umweg ins Inland machen, oder zeitweilig auf den Bus umsteigen.

KATALONIEN/ COSTA BRAVA

Region mit ausgeprägtem Eigencharakter. Von den Pyrenäen bis südlich von Barcelona spricht man katalanisch, Straßenschilder sind fast immer zweisprachig. Die Katalanen waren immer die entschiedensten Gegner der Franco-Diktatur.

Die *Costa Brava* gehört zu den berühmtesten Küsten Europas - während sie in den letzten Jh. vor allem Schmuggler und Seeräuber anzog, tummeln sich heute die Pauschaltouristen.
Die tief zerklüftete, waldreiche Felsenküste besitzt viele, vom Land aus fast unzugänglichen Stellen (brava = wild), dazwischen liegen kleine Buchten mit Sandstränden. Nur gelegentlich treten die Berge vom Meer zurück, dort gibt es dann auch längere Strände. Der Massentourismus beschränkt sich schon lange nicht mehr nur auf die Badeorte. Auch in vielen der ehemals einsamen, pinienbewachsenen Felsbuchten entsteht eine Betonsiedlung nach der anderen - trotzdem, die Küste ist immer noch reizvoll.

VERBINDUNGEN: leider schafft die Eisenbahn die Felsenstrecke entlang der Küste nicht. Gleich südl. der französisch-spanischen Grenze bei **Cerbere/Port Bou** macht sie einen weiten Bogen ins Inland und fährt über **Figueras** und **Gerona** direkt nach Barcelona. Erst im letzten Stück vor Barcelona geht eine Nebenlinie über Massanat-Massanas und **Blanes** an die Küste. Eine zusätzliche Busfahrt ist also notwendig, wenn ihr den einen oder anderen Costa Brava-Ort besuchen wollt.

ÜBERNACHTEN: bei jedem Ort mindestens einer, meistens mehrere **Campingplätze** - in der Regel riesig und gut ausgestattet. Die Plätze an der Costa Brava gelten als die besten in Spanien, sind aber in der Hochsaison rappelvoll.

Cerbere/Port Bou - Figueras - Gerona (Barcelona) A-Kb. 25500

Port-Bou: Grenzbhf. an den Ausläufern der Pyrenäen, Umsteigebhf., viele Railer. Eigentlich nur Durchgangsstation, trotzdem ganz nett.
Preiswerte Unterkunft ist Hostal Juventus, Av. de Barcelona 3, Tel. 390241, am Strand häufige Polizeikontrollen.

Figueras

Seit 1989 muß man Schlange stehen - hier wurde Salvador Dali geboren und hier ist er im Januar 1989 im Alter von 84 Jahren auch gestorben.
Der Besuch lohnt ausschließlich wegen des phantastischen *Dali-Museums*, unter dessen großer Glaskuppel der weltberühmte Surrealist begraben liegt. Dali selbst hat das ehemalige Stadttheater, das im Bürgerkrieg niederbrannte, umbauen und dabei alle Register seines Könnens spielen lassen (Juli-Sept. tägl 9-21, sonst nur Di-So 11-17 h, Mo geschl., ca. 5 DM, Stud. ermäß.).

VERBINDUNGEN / BAHNHOF: Plaza Estacio, Busbhf. benachbart.

INFORMATION: Plaza del Sol, Stadtpläne (So geschl).

ÜBERNACHTEN: neue **Jugendherberge**, Calle Anicet de Pagés 2, Tel. 972/501213, 46 Betten in nicht allzu großen Schlafsälen, zentrale Lage, ca. 7 DM mit Ausweis. **Camping La Fresca** am nördl. Stadtrand, Av. Olimpia.

Figueras/Umgebung

Per Bus zur Küste (2-3 x tägl. ab Figueras und Gerona).

Cadaques: wahrscheinlich schönster Ort der Costa Brava - blendend weiß gekalkte Häuschen, verwinkelte Gassen, dazwischen kleine Plätze und schattige Arkaden. Der Ort hat einen leichten Hauch von Exklusivität, einige Künstler und nicht die ärmsten Spanier besitzen hier Ferienhäuser. Einer der wenigen Orte, wo der Massentourismus noch nicht Fuß fassen konnte, die vielen engen Buchten der Umgebung verhindern den Bau größerer Anlagen, es gibt keine Sandstrände.

ÜBERNACHTEN: ein Stück oberhalb vom Ort (1 km) der gute **Camping Cadaques**, Panoramarestaurant, leider ziemlich harter Boden. Preiswertes Hostal ist **Marina**, Plaza Federic Rohola 2, Tel. 258199.

La Escala: ehemals nettes Fischerdorf mit vielen engen Gassen, weitherum verstreut Bungalows. Die Costa Brava ist hier recht felsig, kaum Sandstrände, dafür verirren sich (etwas) weniger Leute als etwa nach Rosas oder Ampuria Brava. Etwas außerhalb ein kleiner Berg, von dort könnt ihr die zahlreichen Buchten und das Dorf sehen.

Besonderer Anziehungspunkt die benachbarte altgriech. Ruinenstadt *Ampurias* (gegr. 560 v. Chr.) und die daneben freigelegte, spätere römische Siedlung. Im *Museum* (zwischen griech. und röm. Teil) ein von Archäologen konstruiertes Modell der Stadt. Direkt bei den Ruinen findet ihr pinienbewachsene Strände (Schatten). Ein paar 100 m nördl. beginnt der kilometerlange Sandstrand von Sant Père Pescador.

INFORMATION: Plaza de Les Escales.

ÜBERNACHTEN: bei La Escala auch schlafen am Strand möglich, aber ziemlich felsig. **Camping L'Escala** direkt im Ort (im Sommer Mindestaufenthalt von 7 Tagen). Weiterer Platz **Maite**, 2 km außerhalb Richtung Osten, ein Stück weiter **Camping Montgó** hinter der gleichnamigen Badebucht (sehr schattig, aber viel Rummel).
Kleine Attraktion - vor dem **Camping La Ballena Alegre 2**, ein paar km nördl. von Ampurias, in 6 m Tiefe eine gesunkene spanische Galeere.

Gerona

Lohnender Stop vor Barcelona. Der Rio Onar teilt die Stadt in zwei Teile, auf der einen Seite die lebhafte Industriestadt, auf der anderen der alte, wehrhafte Komplex der verschachtelten Altstadt mit teilweise erhaltener Stadtmauer. Zum Rumlaufen wunderbar - viele verwinkelte Gäßchen und Treppengassen im mittelalterlichen Kern, der eins der größten *Judenviertel* Spaniens beherbergte.

VERBINDUNGEN / BAHNHOF: in der Neustadt. Zu Fuß ca. 15 min. zur großen Plaza Cataluna am Fluß, dort zweigt die Rambla de la Libertat ab, an der das Tourist Büro liegt (auch Busverbindung).
Busbhf. gleich hinter dem Bhf.

INFORMATION: in der Altstadt, Rambla de la Libertat 1, Zweigstelle auch im Bhf. Stadtpläne, Unterkunftslisten.

ÜBERNACHTEN: z.Z. keine Jugendherberge (eine neue ist geplant), preiswerte Hostales u.a. an der zentralen Calle Ciudadanos, z.B. **Hostal del Centro**, C. C. 4, Tel. 972/201493, ca. 35 DM fürs DZ.

Sehenswertes: an der Plaza Cataluna beginnt die lange *Rambla de la Libertad* mit schattigen Bäumen und zahlreichen Cafés, abends Treffpunkt der halben Stadt.

Ansonsten die Altstadt als Ganzes. Über die Verlängerung der Calle Ciudadanos, die gepflasterte *Calle de la Forca*, kommt ihr auf 90-stufiger Freitreppe zum höchsten Punkt der Stadt, der riesigen gotischen *Kathedrale*, die vom 14.-16. Jh. erbaut wurde. Das Innere ist weiträumig und prunkvoll, in der *Schatzkammer* u.a. tolle Goldschmiedearbeiten und der Schöpfungsteppich aus dem 11. Jh. (ca. 2,20 DM). Auch um die Kirche einige prächtige Bauten, u.a. das Kunstmuseum *(Museu d'Arts)* und die Ruinen der maurischen Bäder *(Banys arabs)*, beides je ca. 1,50 DM. Ein hübscher Spaziergang ist schließlich der *archäologische Rundweg* entlang der Stadtmauer, der bei den maurischen Bädern beginnt.

Gerona/Umgebung: *Tossa de Mar* und *Lloret de Mar* sind zwei der begehrtesten Ziele an der Küste. Vor allem letzteres hat sich zum Hauptanziehungspunkt der Costa Brava entwickelt! Viele junge Leute (hauptsächlich Pauschalreisende), dutzende Diskos und

Bars, gestyltes Publikum, laut Boulevardpresse reichlich Kontakte.
Busse fahren mehrmals tägl. von Gerona. Kürzer unterwegs (und preiswerter) sind allerdings die Busse ab *Blanes* (Bahnstation an der Küstenstrecke nach Barcelona, siehe weiter unten) - nach Lloret de Mar ca. 7 km, nach Tossa de Mar 19 km.

ÜBERNACHTEN: diverse Campingplätze liegen im Umkreis der Orte. Pensionen und Fondas im Juli/August fast völlig ausgebucht, ohne Voranmeldung kaum eine Chance.

LESERTIP: "interessante Kombination ist folgende - von Gerona mit dem Bus an die Küste, z.B. nach **San Feliu de Guixols**. Von dort könnt ihr etwa 8 x tägl. mit einem Ausflugsschiff, das von Palamos bis Calella die Küste entlang fährt, bis zu einem Ort fahren, wo die Bahnlinie wieder die Küste erreicht hat, z.B. Malgrat de Mar " (Christian Buchner, München).

Gerona - Massanet - Blanes - Mataro - Barcelona A-Kb. 25506

Die meisten Züge gehen von Gerona über Massanet und Granollers direkt nach Barcelona. Etwa 8 x tägl. fährt aber ein Zug auch die Küstenstrecke entlang (Abzweigung von der Hauptlinie bei Massanet).
In Blanes erreicht ihr die Küste, die Felslandschaft der Costa Brava endet hier. Bis Barcelona ist die *Costa Dorada* flach oder höchstens hügelig, es gibt zwar kilometerlange Sandstrände, ansonsten aber relativ reizlos. Die Badeorte kann man alle mehr oder weniger empfehlen, durchwegs viel Rummel und gute Bademöglichkeiten. Die Bahnlinie führt fast überall direkt am Strand entlang.

Blanes: südlichster Ort, der noch zur Costa Brava gezählt wird. Das ehemalige Fischerdorf ist heute vor allem bei den Bewohnern von Barcelona als Wochenendziel beliebt. Langer Strand, schöner Botanischer Garten oberhalb vom Ort, Bhf. etwas außerhalb (Busse pendeln mehrmals ständl.). Einige Campingplätze im südl. Ortsbereich.

BARCELONA

Zweitgrößte Stadt Spaniens (2 Mio. Einwohner), kultureller und wirtschaftlicher Mittelpunkt Kataloniens. Eine der lebendigsten und interessantesten Städte des Landes.

Stunden könnt ihr allein damit verbringen, auf den berühmten *Ramblas* die vorbeiströmenden Massen zu beobachten. Dann vielleicht zu den Hunderten von Ständen auf dem nahen Markt und natürlich ins malerisch-schmuddlige Altstadtviertel *Barri Gòtic* (Barrio Gótico) mit seinen engen Gassen und alten Stadtpalästen. Ganz Barcelona ist außerdem vom Jugendstil geprägt - die berühmten Bauten von Antonio Gaudi sind nur die bekanntesten Beispiele. Abends lockt vielleicht das anrüchige *Barri Xinés* (Barrio Chino), das Nachtviertel - seit Francos Tod Symbol für Freizügigkeit im konservativen Spanien. Auch politisch ist Barcelona ein heißes Pflaster - es ist Sammelpunkt der katalanischen Freiheitsbewegung, die seit Jahrhunderten für die Autonomie von *Catalunya* (Katalonien) kämpft. Nationalfeiertag ist der 11. September - an diesem Tag steht die Stadt kopf!
Allerdings sind da auch die immensen Probleme einer Weltstadt - Barcelona platzt aus allen Nähten, die vehemente Industrialisierung hat unzählige Arbeitskräfte aus ganz Spanien angezogen. Die Wohnungspolitik konnte dieser rasanten Entwicklung nicht Herr werden, und so entstanden endlos-triste Barackensiedlungen an der Peripherie, fast schon Slums.
1992 werden in Barcelona die *Olympischen Sommerspiele* stattfinden - fast schon erschreckend das Ausmaß der Bautätigkeit, vor allem im Bereich des Montjuic.

VERBINDUNGEN / BAHNHÖFE: **Estación Sants-Central**, ca. 3 km nördl. vom Zentrum, bis 1990 alle Fernzüge, ansonsten hauptsächlich Züge nach Mittel- und Südspanien. Informationsbüro tägl. 7.30-20 h, Schließfächer ca. 2 DM (7-23 h, Gepäck wird durchleuchtet), Banken, Läden. Metro L3 und L5 gehen ins Zentrum. Neben dem Bhf. (Richtung Plaza de Espanya) reizvolle Parkanlage, abends viel los.

Estación de Francia, relativ zentral am Hafen gelegen, Züge aus Frankreich, wird z.Z. renoviert, soll 1990 wiedereröffnet werden, Informationsbüro. Nahverkehrsbhf. **Cercaniás** in der Nähe, Züge nach Nordspanien. Checkt gleich bei der Ankunft aus, von welchem Bhf. der Zug wegfährt, den ihr für die Weiterreise nehmen wollt.

INFORMATION: es gibt Informationsmaterial, Stadtpläne und Hotel-/Pensionslisten.

Estación Sants-Central (tägl. 8-20 h, im Sommer auch länger, auch Zimmervermittlung).

Gran Via de les Corts Catalanes 658, ein Stück vom Hauptplatz, der Placa de Catalunya (Mo-Fr 9-19, Sa 9-14 h).

Placa Sant Jaume (Mo-Fr 8-20, Sa 8-14 h).

Estación de Francia.

UNTERWEGS IN BARCELONA: gutes Bus- und U-Bahnsystem. Zentrale Haltestelle für beide ist die Placa de Catalunya, dort auch zentrales Info-Büro. Einzelfahrschein knapp 1 DM, mit dem **T 1-Paß** kann man 10 x in Bus und/oder Metro fahren (ca. 6 DM), **T 2** ist gültig für 10 Fahrten nur in der Metro (5 DM). Ansonsten fahren noch **FFCC-Züge** (staatl. Bahngesellschaft von Katalonien) in die Vororte und die Umgebung (Stationen an diversen Metrostops, vor allem Placa de Catalunya und Placa d'Espanya).

Übernachten: Billigpensionen gibts haufenweise, man sollte aber gerade im Zentrum darauf achten, daß nicht jeder ein und aus gehen kann. Vermeidet auch allzu schummrige Ecken.

JUGENDHERBERGEN / HOSTELS: **Hostal de Joves**, Passeig Pujadas 29, Tel. 93/3003104. 500 m von Estación de Francia, Nordkante des Parque de la Ciudadela (U-Bahn Triunfo). Zentrale Lage, 70 Betten in relativ kleinen Schlafräumen, keine Geschlechtertrennung, zeitweise unsauber. Etwa 8 DM, Schließzeit 24 h.

Hostal Pere Tarres, Calle Numancia 149-151, Tel. 93/2301606 (U-Bahn 3 bis Les Corts), von Estación Sants-Central auch zu Fuß zu erreichen. Etwas kleiner als die vorherige Herberge und etwas weiter vom Zentrum, ca. 9 DM, keine Schließzeit.

B.C.N. Hostal de Joves, Calle de Pelayo 62 (2. Stock), Tel. 93/3173095 (U-Bahn 3 Verde). Neu eröffnet und ganz zentral an der Plaza de Catalunya zwischen McDonald und Burgerking, etwas teurer, Publikum international, Frühstück so la la. Bis 2 h nachts zu jeder vollen Stunde Einlaß.

Hostel Kabul, Placa Reial 17, Tel. 93/3185190. An einem der schönsten Plätze der Stadt, ganz zentral seitlich der Ramblas, ca. 10 DM, lockere Atmosphäre, große Fenster zur Placa, keine Geschlechtertrennung, durchgehend geöffnet, Vorsicht vor Klau (für jedes Bett abschließbarer Spind vorhanden). Abends etwas unsichere Gegend (Drogen).

Hostal Vege de Montserrat, Passeig de Nostra Senyora dell Coll 41-51, Tel. 93/2138633. Ziemlich weit vom Zentrum, Metro L3 bis Placa Lesseps, von dort Bus 25. Großes Hostel mit fast 200 Betten.

PENSIONEN / HOSTALES: zahlreiche preiswerte Unterkünfte im Barri Gótic und entlang der Ramblas. Auf seine Sachen sollte man immer ein Auge haben.

Ganz zentral bei der Placa de Sant Jaume die beliebte **Casa de Huespedes Mari-Luz**, Carrer Palau 4 (U-Bahn Jaume I), Tel. 3173463, DZ ca. 32 DM.

Casa de Huespedes Tere, Nueva Zurbano 4, Tel. 3011385. Seitengasse der Placa Reial, älteres Ehepaar vermietet einige sehr preiswerte Zimmer, im Sommer ca. 20 DM, sonst billiger.

Hostal Lourdes, Carrer de la Princesa 14, Tel. 3193372 (U-Bahn Jaume I), relativ ruhig und sauber, ca. 27 DM fürs DZ.

Hostal Segura, Carrer Junta de Commerc (bei Carrer de Hospital), nett eingerichtet, freundliche Leute, aber Zimmer nur nach draußen, nicht zum Lichtschacht nehmen.

Pension Regar, Avenida de Roma 5-7, Tel. 3210440, ganz nah bei der Estación Sants, schrullige Wirtin, DZ allerdings ca. 42 DM.

CAMPING: beste Möglichkeit ist der einzige Platz im Stadtgebiet - **Camping Internacional Barcino** in Esplugues de Llobregat, zu erreichen mit Bus nach **Esplugues** ab Pl. d'Espanya (7 km), einfacher, aber angenehmer Platz mit Bar und Schwimmbad.

Essen: die Auswahl ist riesig. Für Selbstverpfleger, aber auch nur zum Anschauen, lohnt unbedingt der *Mercat La Boquierà*, der tolle Markt an der Rambla de Sant Josep. *Tapas-Bars* gibt es an jeder Ecke, billige Restaurants findet ihr hauptsächlich im *Barri Gótic*, die ältesten und urigsten drängen sich in der Calle Simon Oller und der Calle Merce (z.T. in ehemaligen Speichern), eng und überfüllt. Schön zum Frühstükken und Relaxen sind die Arkadencafés an der stimmungsvollen *Placa Real*.

BARRIO GOTICO: **Bodega Portalon**, Carrer del Banys Nous, altes Gewölbe, urig echt geblieben. Nahe der Kathedrale die superbillige **Casa José**, Plaza Sant Josep Oriol. **Self-Naturista**, Calle Santa Anna 11-13, vegetarischer Self-Service, immer gut besucht.

MARKT LA BOQUIERA: **Egipto**, Jerusalem 12. Mehrere kleine Räume über drei Stockwerke verteilt, preiswert, interessantes Publikum, auch abends viel los.

BARCELONETA: das Hafenviertel, früher Wohngegend der Fischer und Seeleute, heute eine Ansammlung von beliebten Fischlokalen, vor allem am **Passeig Nacional** und der **Playa del a Barceloneta** direkt am Meer. Vor den Türen leider aufdringliche Anreißer und nicht immer ganz billig.

LESERTIP: "das Kaufhaus **Corte Ingles** an der Plaza de Catalunya ist das größte Barcelonas. In der obersten Etage ein Self-Service mit phantastischem Ausblick; ca. 18 DM - dafür kann man von den in Hülle und Fülle ausliegenden Gerichten soviel essen, wie man will" (Stefan Eberz, Bischofsheim).

Nachtleben: beginnt schon frühabends mit dem berühmten *Paseo*, dem Auf- und Abflanieren auf den Ramblas. Ein schönes Schauspiel, dem man sich gerne ein bißchen anpaßt. Danach essen gehen, wieder flanieren, etwas trinken und ab in die Bar oder Disko (aber keinesfalls vor 24 h).

Das *Barrio Chino* ist ein reichlich anrüchiges Zentrum der Aktivitäten (unweit vom Hafen, um die Plaza del Teatro). Außer diversen Etablissements eindeutiger Art gibts hier Nachtclubs, Bars, Varietés, aber auch hin und wieder was vernünftiges. Vorsicht vor Taschendieben. Diskotheken kosten natürlich und fast immer muß man vor den kritischen Augen eines Türstehers bestehen.

KNEIPEN: **Velodromo**, Calle Muntaner 213, Superstimmung, hinten wird Billard gespielt, vorn läuft Kommunikation. Nur bis 1 h offen, So geschl. **Sisisi**, Av. Diagonal 570, ganz in der Nähe, hier gehts erst spät los, "In"-Bar, Cocktails und Neonlicht. **K.G.B.** (Kiosco General Barcelona), Calle Alegre de Dalt 55, ehemalige Fabrik, Kunst und schräge Musik, lässige Atmosphäre. **Universal**, Carrer Maria Cubi 184, cool, schicker Szenetreff.

DISKOS: **Studio 54**, Avenida Parallel 64 Metro Parallel). Eine der bekanntesten Diskos der Stadt, offen Fr-So, oft Live-Musik, ca. 12 DM. **Karma**, Placa Reial 10, zentral, Rockmusik, auch live. **Bodega Bohemia**, Calle Lancaster 2, keine Disko, eher traditionelle Musik, Tanz bis in den frühen Morgen, oft Live-Auftritte ehemals berühmter Stars. **Up and Down**, Numancia 179, auf 2 Etagen , unten locker, oben gedämpft und mit Jackett.

Sehenswertes

Die Ramblas bilden das Rückgrat des Stadtzentrums. Sie beginnen am Hafen und teilen die Stadt in zwei Hälften - südl. das Geschäftsviertel mit Kaufhäusern und dem Montjuich, nördl. das historische Viertel Barri Gótic. An der Placa de Catalunya enden die Ramblas - hier beginnt die fast geometrisch exakt aufgebaute Neustadt.

Hafen: der Passeig Nacional führt ins alte Fischer- und Seemannsviertel *Barceloneta* mit vielen engen Gäßchen und beliebten Fischrestaurants. Zum Anschauen lohnt der große Fischmarkt Muelle des Pescadores. Wer will, kann sich vom Torre Sant Sebastià mit der uralten Gondelbahn *Teleferico* quer über den Hafen zur Mole (Muollc) de Barcelona schaukeln lassen - lohnt sehr wegen des tollen Blicks auf Barcelona. Weiterfahrt möglich auf den Montjuic (siehe unten).
Direkt an der Hafenfront der Altstadt verläuft der breite *Passeig de Colon* mit seinen Restaurants, Cafés und Bars. An der weiten Placa Porta de la Pau steht das Wahrzeichen Barcelonas, das 60 m hohe *Monument a Colon* (Kolumbussäule). Ein Aufzug führt zur Spitze hinauf (ca. 2,20 DM). Ebenfalls am Platz das große *Museu Maritim* in einer ehemaligen Schiffswerft, u.a. mit einem Nachbau der riesigen Galeere von Don Juan d'Austria (Mo geschl., 2,20 DM). Direkt vor der Säule im Hafenbecken liegt die nachgebaute *Santa Maria*, das Flaggschiff von Christoph Kolumbus, mit dem er 1492 Amerika erreichte (tägl. 9 h-Sonnenuntergang, ca. 2,20 DM, Stud. die Hälfte, Ticket vom Museu Maritim ist gültig).

Ramblas: die grüne Lunge der Stadt beginnt an der Kolumbussäule und führt fast 1,5 km hinauf bis zur Placa de Catalunya, dem großen zentralen Platz Barcelonas. Der Boulevard mit Platanen ist wunderbar schattig und ideal zum Rumlaufen. Viele Straßencafés, jede Menge Müßiggänger, außerdem Vogelhändler, Blumenmärkte, Schuhputzer, Straßenmusiker, Pflastermaler, Clowns, Nutten und tolle Bücherstände. Neben professionellen Kartenspielern (auf keinen Fall drauf einlassen, auch wenn ihr Geld geschenkt bekommt) gibts allerdings auch reichlich Taschendiebe. Ansonsten läuft hier vor allem abends die große Action, auch nachts um drei ist der Boulevard noch rammelvoll.

Mit Vorsicht zu genießen (vor allem für alleinreisende Mädchen) sind auch das *Barri Xines* (Barrio Chino), das zweifelhafte Nachtviertel westl. der Rambla Santa Monica, und vis á vis auf der anderen Seite der Ramblas die hübsche palmen- und arkadengesäumte *Placa Reial*, wo sich zahllose Touristen, aber auch Drogenhändler und Taschendiebe ein Stelldichein geben.

LESERTIP: "einladend zum abendlichen Flanieren ist die **Avenguda Portal de l'Angel** (östl. parallel zu den Ramblas, führt auf die Kathedrale zu). Im Gegensatz zu den Ramblas Fußgängerzone, viele Straßenmusiker, interessante Geschäfte, auch in den Seitengassen" (Heike Döbelin, Ravensburg).

Barri Gòtic und Umgebung (Barrio Gótico): das älteste Viertel der Stadt, östl. der Rambla San José (etwa bei der Markthalle). Ein Labyrinth aus engen Gäßchen und Plätzen, alten Stadthäusern, kleinen Geschäften und Galerien. Sehr lebhaft, teilweise heruntergekommen, abends läuft hier das Nachtleben ab. Auf eure Geldbörsen, Taschen etc. solltet ihr aufpassen, Taschendiebe sind unterwegs und auch Überfälle kommen vor. Bedeutendste Bauwerke sind die Kathedrale, der Palau de la Generalitat (Palast der Provinzregierung) und das alte Rathaus aus dem 14. Jh. - letztere beide an der Placa de Sant Jaume. Abends viele Straßenmusiker, vor allem um die Kathedrale.

Die prächtige *Kathedrale Santa Eulalia* ist ein typisches Beispiel katalanischer Gotik, im wunderschönen Kreuzgang werden zu Ehren der Heiligen schnatternde Gänse gehalten. Sonntag Mittag, Punkt 12 h, treffen sich die Katalanen auf dem Platz vor der Kathedrale um ihren Volkstanz, die *Sardana* zu tanzen!

Das bemerkenswerte *Picasso-Museum* liegt nicht unmittelbar im Barri Gòtic, sondern etwas weiter östl. bei der Kirche Santa Maria del Mar in der Carrer de Montcada 15, in dem sich ein Palast an den anderen reiht. 30 Räume mit Werken aller wichtigen Phasen des Künstlers sind hier zu besichtigen (Di-So 10-19 h, ca. 4 DM, Stud. frei, oft lange Schlangen vor der Kasse, am besten schon um 9.30 h kommen).

Parque de la Ciutadella: nicht weit vom Picasso-Museum, riesiger Park mit schattigen Baumgängen, Blumenterrassen, künstlichen Wasserläufen etc. Neben dem Geologischen und dem Zoologischen Museum (beide frei) ist hier in erster Linie das *Museum für moderne Kunst* interessant, außer Dali und Miro sind hier auch viele unbekannte spanische Maler vertreten (2,20 DM). Auch der *Zoo* lohnt einen Besuch, ist jedoch teuer (ca. 9 DM). Hier könnt ihr 'Copita de nieve' (Schneeglöckchen) besuchen, den weißen Gorilla, der fast schon Wahrzeichen der Stadt ist.

Neustadt (Eixample): zum großen Teil freundliche Straßenzüge mit Bäumen. Ende des letzten Jahrhunderts zu hundert Prozent rechtwinklig angelegt, jedoch sind sämtliche Eckgebäude an den Straßenkreuzungen abgeschrägt, was dem strengen Charakter eine ausgesprochen originelle Note gibt.

Ausgangspunkt die verkehrsumtoste *Plaza de Catalunya* mit Springbrunnen und 'street life' (in der Nähe auch die Plaza de la Universidad mit den Universitätsbauten). Der *Passeig de Gracia* und die *Gran Via de les Corts Catalanes* sind Prachtboulevards mit Banken, Luxusgeschäften und Reisebüros. Vor allem aber solltet ihr auf dem Paseo de Gracia nach oben schauen. Hier stehen einige der faszinierendsten Jugendstilbauten der Stadt, die Nummern 35, 41, 43, 92 und 132 - Casa Battló (43) und Casa Milà (92) sind außen und innen von Gaudi entworfen.

Sagrada Familia: die unvollendete Kathedrale von Gaudi ist wohl die bekannteste Attraktion Barcelonas. 1882 wurde das Riesenprojekt im Norden der Stadt begonnen - ein typisches Gaudi-Werk im phantastisch-surrealistischen Stil, so exzentrisch, wie der

Architekt selbst: 44 Jahre lebte er in einer Hütte auf der Baustelle. Was ihm vorschwebte, war eine Bauweise ohne gerade Linien, weil es die in der Natur auch nicht gibt. Von der Riesenkirche konnte er nur eine der drei geplanten Fassaden mit vier hohen Türmen vollenden - auf die ihr unbedingt mal steigen oder fahren solltet (tägl. 10-14, 15-20 h, 1,50 DM). Zu erreichen mit der U-Bahn bis "Sagrada Familia".

Güell-Park: herrlich natürlich wirkender Park, einige Straßen von der U-Bahnstation Vallcarca entfernt (L 3), ideal zum Verschnaufen. Die prächtige Ausstattung stammt ebenfalls von Gaudi, ist ebenfalls unvollendet und vielleicht sein schönstes Werk - farbenfrohe Bauten, ein lächelnder Drache und eine gewundene Riesenbank, die eine ganze Parkseite umläuft und von der man einen herrlichen Blick auf die Stadt hat (banco serpiente). Läuft man den Hügel hinauf, findet man sich fernab vom Trubel im Pinienwald. Auch ein *Gaudi-Museum* gibt es im Park (tägl. 10-14, 16-19 h, 1,50 DM).

Montjuic: großer Hügel im südl. Hafengebiet, 1992 Austragungsort der Olympischen Sommerspiele und geradezu überladen mit Sehenswürdigkeiten. Zur Zeit wird hier viel umgebaut.
Ausgangspunkt ist die pompöse *Plaza de Espanya*, über die Avenida de la Reina Maria Christina kommt ihr zu den Wasserspielen der *Fuentes Luminosas* (abends prächtig illuminiert) und in das ehemalige Ausstellungsgelände der Weltausstellung 1929. Rechter Hand das schönste Stück der damaligen Weltausstellung, das *Pueblo Espanol*. Aus jeder Region Spaniens wurden hier typische Häuser errichtet, so entstand ein ganzes Dorf, das einen Überblick über die spanische Architektur gibt (tägl. 9-20 h, 6 DM, Stud. ermäß.). Geradeaus gehts über Treppen und Terrassen zum ausgezeichneten *Museum für Katalanische Kunst* hinauf, hauptsächlich Malerei aus dem 11.-18. Jh. (Di-So 9-14 h, frei). Dahinter ein großer Park mit Palmen, Agaven, Zypressen etc., ein archäologisches und ein ethnologisches Museum liegen in der Nähe, am Weg zur Spitze die *Fundació Joan Miró*, u.a. mit einer großen Anzahl von Miros Werken. Von der Terrasse toller Blick auf die Stadt (Di-Sa 11-19, So 11-14 h, 5 DM, Stud. ermäß.). Ein Stück weiter kommt ihr schließlich zu einem großen *Vergnügungspark* und zum *Montjuic-Kastell* auf der Spitze des Hügels.
Zu erreichen ist der Hügel auch per Seilschwebebahn vom Hafen (s. Kap. Hafen, alle 20 min. 12-18.30 h, 7 DM einfach, 9 DM hin/zurück). Eine Drahtseilbahn führt außerdem vom Parallelo (Kreuzung Calle Conde del Asalto, Metro Parallel) zur Avinguda Miramar (ca. 1 DM), von dort mit Seilbahn bis zum Kastell hinauf (5 DM).

LESERTIP: "im südl. Stadtgebiet (genau zwischen Hafen und Montjuic) gibt es einen schönen **Botanischen Garten**, dessen Schwerpunkt auf tropischen und subtropischen Pflanzen liegt. Er ist vor allem wegen seiner großzügigen und großflächigen Bepflanzung ungeheuer imposant" (Thomas Kindermann, Borgholzhausen).

MÄRKTE / SHOPPING: Mo, Mi, Fr und Sa bis 19 h großer **Flohmarkt** an der Placa de les Glories Catalanes im neueren Teil der Stadt, hinter dem Bhf. Estación del Norte. Sa und So kleiner **Kunstmarkt** auf der Placa Sant Josep Oriol. Ansonsten ist Barcelona bekannt für **Lederwaren** aller Art.

MUSEEN: außer den erwähnten gibt es noch zahlreiche andere. Ganz kleine Auswahl -
Textil- und Bekleidungsmuseum (Museu Textil i d'Indumentaria), gleich beim Picasso-Museum, Carrer Montcada 12 (Di-Sa 9-14, 16.30-19, So 9-14 h, frei).
Wachsfiguren-Museum (Museu de Cera de Barcelona), an der Rambla 4-6 (Mo-Fr 11-14, 17-20, Sa 11-14 h, 6 DM).
Schuhmuseum (Museo de Calzado), Placa Sant Felip Neri im Barri Gòtic (Di-Sa 11-14 h, 0,30 DM).
Holographie-Museum (Holoscope), Carrer de Jaume I, 1 (Barri Gòtic) (Di-Sa 11-13, 17-20 h, 1,50 DM).

Kloster Montserrat

Eine der großen Sehenswürdigkeiten Spaniens! Neben Santiago de Compostela das wichtigste und populärste Kloster Spaniens, wegen seiner herrlichen Lage in wildromantischer Berglandschaft enormer Zulauf von Touristen.

Wie bei den Meteora-Klöstern in Nordgriechenland (siehe dort) hatten sich die Mönche hier in eine fast unzugängliche Bergwildnis geflüchtet - Montserrat (gesägter Berg) ragt mit seinen bizarren Felstürmen fast senkrecht aus der katalanischen Hügelebene heraus. Schon von weitem ein phantastischer Anblick - eine Zeitlang glaubte man, der Berg sei der legendäre Mont-Salvat aus der Sage vom heiligen Gral (Parzivalmythos). Gegründet wurde das Kloster um 880, als in einer Höhle in der Nähe des heutigen Klosters eine Marienstatue gefunden wurde, die vor den Arabern versteckt worden war.
Das Ganze ist heute ein ausgedehnter Komplex mit großer Renaissancebasilika, mehreren Museen und einer riesigen Bibliothek (über 200.000 Bände). Im Inneren der Basilika thront über dem Hochaltar eine kleine schwarze Madonna (aus Holz), angeblich die 880 wiedergefundene Statue, wahrscheinlich stammt sie aber aus dem 12. Jh. Um 13 h immer Chorgesang. Ihr solltet nicht am Samstag oder Sonntag kommen, dann strömen die Gläubigen in Massen.

ANFAHRT: ab Plaza de Espanya bis **Aeri de Montserrat** mit FFCC-Zug (Ferrocarrils de la Generalitat de Catalunya/Katalonische Nationalbahn, Interrail gilt nicht), dann mit Seilschwebebahn zum Kloster hinauf (4 min.). Etwa 15 DM hin/zurück (incl. Seilbahn).

ÜBERNACHTEN: **Campingplatz**, sehr schön am Berghang gegenüber vom Kloster.

Barcelona - Tour de Carol - Perpignan A-Kb. 25502

Strecke nach Südfrankreich. Wenn man etwas Zeit hat, landschaftlich sehr lohnende Alternative zur Küstenlinie über Port Bou. 2-3 x tägl., laut Fahrplan ca. 7 std. von Barcelona nach Perpignan (incl. Umsteigen und Wartezeit), aber reichlich Verspätung einkalkulieren. Zug besteht meist nur aus zwei Waggons (im Sommer sogar mit offenem Dach), nur wenige Touristen. Von Meereshöhe geht es durch zahlreiche Tunnels und in ständigen Kurven 3 std. hinauf bis zur Schneegrenze der Pyrenäen, das kleine Bähnchen muß sich mächtig anstrengen, die extremen Höhenunterschiede zu überwinden. Tour de Carol ist Grenzort zu Frankreich. Siehe auch S. 367.

Barcelona - Zaragoza - Madrid A.Kb. 25503, 25504

Hauptlinie nach Madrid, schöne Strekke, ab Barcelona-Sants ca. 4 x tägl, etwa 9 std. Auch wer auf direktem Weg nach Andalusien will, muß hier fahren.

Zaragoza: Zentrum einer der wichtigsten Industriezonen des Landes. Sehenswert vor allem die imposante *Basilica Nuestra Senora del Pilar* am Ebro, eine der größten Spaniens, mit riesigem, aus Holz geschnitztem Altar. Ansonsten ausgeprägtes Nachtleben, viele Pubs und Diskos mit guter Musik in der Nähe der 'Gran Via'.

VERBINDUNGEN / BAHNHOF: großer moderner Bhf. an der Av. Clave, ca 20 min. westl. vom Zentrum.

INFORMATION: Torreon de la Zuda, Glorieta de Pio XII (ganz nah bei der Kathedrale).

ÜBERNACHTEN: **Jugendherberge Colegio Baltasar Gracian**, Franco y Lopez 4, Bus 22 ab Bhf. Nur Juli/August. Viele Hostales um die Basilika. **Camping Casablanca** in einem Vorort, Carretera Canal Imperial 175 (Busverbindung). Auch im Bhf. soll man übernachten können, allerdings viele Penner.

Barcelona - Tarragona A-Kb. 25501

Die Costa Dorata südl. von Barcelona wenig attraktiv, die meisten Strände überfüllt, die Orte haben sich mit großen Hotelbauten und zahllosen Campingplätzen den Bedürfnissen des Pauschaltourismus angepaßt. Bei Tarragona außerdem Ölindustrie.
Die Bahnlinie führt unmittelbar nach Barcelona an der Küste entlang. Zwischen Castelldefels und Sitges die *Costa de Garraf*, schönster Abschnitt der Strecke nach Tarragona - steil abfallende Felsküste im Costa-Brava-Stil.

Castelldefels: 20 km von Barcelona, kleiner Ort mit langem Sandstrand, sozusagen der Hausstrand von Barcelona, extrem überfüllt (vor allem an Wochenenden), außerdem in der Einflugschneise des Flughafens gelegen.

Sitges: viel Rummel, aber im Zentrum ganz hübsch, Szenetreff der Jungs aus Barcelona (Hetero und viel Homo). Große Strandpromenade, 4 km Strand (teilweise ungepflegt) und mehrere Campingplätze, Bhf. in zentraler Lage. Einige interessante Museen, u.a. *Museu Cau Ferrat* (Kunst, Gemälde, Zeichnungen) und *Museu Romantic* (Diverses aus dem 18. Jh., außerdem schöne Sammlung von Puppen).

INFORMATION: Passeig Vilafranca, im Sommer auch im Bhf.

ÜBERNACHTEN: **Camping el Roca** in Terrassen überm Ort, **Hostal Terminus** Nähe Bhf.

Altafulla: 12 km nördl. von Tarragona, für einige Strandtage in Katalonien lohnend, keine Hochhäuser, teils Kies-, teils Sandstrand, zumindest in der Nebensaison reichlich Platz.

ÜBERNACHTEN: **Jugendherberge Casa Gran** im alten Ortskern, Placeta 12, Tel. 977/650081 (geschl. ab 1. Sept.). **Campingplatz** am Strand.

Tarragona

Die Außenbezirke wenig einladend, vor allem südl. der Stadt, Richtung Salou, große Erdölraffinerien. Sehr schön allerdings die terrassenförmig ansteigende Altstadt mit der mächtigen Kathedrale als Gipfelpunkt. Kulturell interessant, weil sie die Hauptstadt der römischen Provinz Hispania war. Auf Ruinen aus dieser Zeit trifft man überall. Wegen des großen Hafens gibts viele Fischlokale. Die beste Strände liegen außerhalb, Richtung Barcelona.

VERBINDUNGEN / BAHNHOF: Bhf. an der Placa de la Pedrera, am Meer und am Fuß des Hügels, auf dem die Altstadt liegt. Nach rechts (Osten) die Stufen hinauf gehts in Richtung Zentrum.

INFORMATION: Carrer Fortuny 4 (knapper km vom Bhf.) und Carrer Major 39 (in der Altstadt, unterhalb der Kathedrale).

ÜBERNACHTEN: **Jugendherberge San Jordi**, Carrer de Marques de Guad-el-Jelu, Tel. 977/210195. Nicht im Zentrum, Bus ab Bhf., Sept. geschl. Einige Campingplätze nördl. der Stadt am Strand, z.B. **Tarraco**, 3 km außerhalb. Hostales z.B. um die zentrale Placa de la Font.

Sehenswertes: vom Bhf. kommt ihr über ein paar Stufen zum *Balcon de Mediterraneo* hinauf - schöne Aussicht über die Küste. Darunter im Stadtpark die Ruinen des *Amphitheaters* aus der Zeit des Kaisers Augustus und Richtung Osten die wenig attraktive *Playa de Milagro*, der Stadtbadestrand. Ein Stück die Promenade hinauf, an der Meerseite der Stadt, das bedeutende *Archäologische Museum* mit antiken und mittelalterlichen Fundgegenständen, z.B. Mosaike, Musikinstrumente, Waffen (Di-Sa 10-13, 17-20, So 10-14 h, ca. 1,50 DM).

Am Balcon del Mediterraneo beginnt die breite, mit vielen Bäumen bestandene Hauptstraße der Stadt, die *Rambla Nova*, Schauplatz des allabendlichen Paseo. Östl. parallel dazu die *Rambla Vella*, von der ihr in die Altstadt kommt. Zuerst die zentrale *Placa de la Font* (hier stand früher der römische Circus), dann die Carrer Major entlang zur *Kathedrale* hinauf (im linken Seitenschiff Zugang zu einem der schönsten Kreuzgänge in Spanien).

Attraktion der Stadt sind aber die mächtigen antiken Mauern, *Zyklopenmauern* genannt, die sich etwa 1 km um den höchsten Teil der Stadt ziehen. Sie sind 4-10 m hoch und bestehen im unteren Teil aus riesigen, fast unbehauenen Blöcken, die etwa im 6. Jh. v. Chr. von den iberischen Ureinwohnern zusammengefügt wurden. Die regelmäßigen Quader darüber stammen aus römischer Zeit und gehörten zur Festung des Augustus. Auf dem sog. *Passeig Arqueologic* kann man die Mauern umrunden - schöner Spaziergang vorbei an Bastionen und Wachtürmen (vom Nordende der Rambla Vella die Via del Imperio hinauf), an der Puerta del Rosario beginnt der Weg (ca. 1,50 DM, Mo geschl.).

Tarragona/Umgebung: ca. 50 km landeinwärts, an der Bahnstrecke nach Lleida, liegt das wunderschöne Kloster

Poblet mit massivem Mauerring, Parks und vielen Möglichkeiten zu schönen Spaziergängen. Innen romanische Kirche, toller Kreuzgang, Refektorium, Kapitelsaal u.m. (Führungen tägl. 10-12.30, 15-18 h, 5 DM). Bhf. ca. 3 km.

ÜBERNACHTEN: **Jugendherberge Jaume I** im nahen L'Espugla de Francoli, Tel. 977/870356. Ab 1. September geschl. Außerdem Hostales beim Kloster.

Tarragona - Valencia A-Kb. 25501

Die Küstenstriche nach Tarragona sind recht flach - noch nicht überdurchschnittlich vertouristet, ausgenommen die Orte unmittelbar bei Tarragona. Landschaftlich nichts Überwältigendes, lange Sandstrände.

Salou: beliebter Badeort mit dutzenden Hotels und langen Reihen von Ferienhäusern an der schönen Palmenpromenade. Unmittelbar bei der Stadt und auf dem großen Kap einige gepflegte Campingplätze, ausgedehnte Strände in der Umgebung.

LESERTIP: "nah bei Cambrils (Nachbarort von Salou) liegt der **Parc Sama**, ein wunderschönes Parkgelände, das ein spanischer Adliger anlegen ließ und das bezüglich Vegetation und Bauwerken den ehemaligen Kolonien Spaniens nachempfunden ist, ca. 2 DM" (Günter Rüwald, Dortmund).

Hospitalet de l'Infant: hier gehts noch etwas ruhiger zu - langer Sandstrand, auch FKK. In der Nähe steht ein Atomkraftwerk.

La Atmella de Mar: sympathischer Fischerhafen mit engen Gassen und viel Leben. Da es praktisch keine Strände gibt, hält sich der Tourismus in Grenzen. Bahnstation etwas landeinwärts.

Ebrodelta: riesige Steppen- und Kulturlandschaft - kilometerweit dunkelgrüne Reisfelder, endlose Sandflächen, vereinzelte Wassertümpel, Lagunen, bizarre Baumstümpfe, die das Meer angespült hat. Kaum Schatten, ohne Auto nur schwer zu erreichen, außerdem oft sehr windig.
Die Bahn macht einen großen Bogen landeinwärts nach Tortosa, aussteigen müßt ihr vorher in *Amposta-Aldea*. Vom 10 km entfernten San Carlos de la Rapita am Südende des Deltas fahren stündl. Boote zu der großen Landzunge gegenüber vom Ort - hier liegt ein 20 km-Sandstrand, einer der längsten in Spanien! Ausgezeichnete Wildcampmöglichkeiten, aber Verpflegung mitnehmen, bisher nur kleine Strandbars vorhanden.

Costa del Ahazar

Beginnt etwa bei Vinaroz - überwiegend flach, keine Mammuthotelkomplexe, allerdings mehr Kies- als Sandstrände. Herrliche Zitronen- und Orangenplantagen den ganzen Küstenstreifen entlang, die sogenannten "Huertas". Weiteres Kennzeichen der Region: die meisten Dörfer liegen nicht direkt am Meer - aus Furcht vor Seeräubern wurden sie ein Stück landeinwärts gebaut.

Peniscola: ausgesprochen hübsches Städtchen (Eisenbahnstation in Benicarlo, 6 km) - sehr malerisch auf einer weit ins Meer ragenden Halbinsel gelegen, schöne alte Gäßchen, rundherum eine wuchtige Stadtmauer, auf der man toll spazierengehen kann. Während des Mittelalters hauste hier einer der Gegenpäpste, seine Burg thront eindrucksvoll über dem Ort. Leider haben sich die Vorzüge des Städtchens herumgesprochen, in der Umgebung wird wild gebaut und im Sommer ist jede Menge los. Ein langer (und voller) Sandstrand gleich beim Ort.

ÜBERNACHTEN: **Camping Bella Vista** nah beim Ort, an der Einfallstraße, eingekeilt zwischen Chalets. Weitere Plätze zwischen Benicarlo und Peniscola, einfache Hostales in der Altstadt.

Alcoceber: hat sich noch etwas Ursprünglichkeit erhalten können, 500 m-Strand, es geht sehr flach hinein. Südl. vom Ort mündet ein Fluß, umgeben von Obstplantagen und hohen Palmen - schön zum Spazieren. Dort auch der Nobelcamping Playa Tropicana.

Benicasim: nahe bei Castellon, Badeort mit Tradition und einiger Atmosphäre, hauptsächlich spanische Urlauber. Allerdings auch hier die obligaten Betonklötze, Hotels etc. In der Umgebung viel Grün - ausgedehnte Orangenhaine, im Hinterland (8 km) der *Desierto de las Palmas* - wilde Palmen- und Zypressenlandschaft! Richtung Castellon kilometerlanger Strand.

ÜBERNACHTEN: gute **Jugendherberge Argentina**, Avenida Ferrandiz Salvador, Tel. 964/300949, am Strand, ca. 1,5 km vom Bhf., mit Swimmingpool.

Castellon: 6 km landeinwärts in einer weiten Ebene, im Bürgerkrieg fast völlig zerstört, praktisch sämtliche Kirchen wurden dem Erdboden gleichgemacht. An der Küste großer Hafen, hauptsächlich für die Ausfuhr der Zitrusfrüchte bedeutsam. Häufige Zugverbindungen ins nahe Valencia.

Sagunto: die Stadt hat Weltgeschichte gemacht - das *Kastell*, dessen Ruinen hier auf einem steilen Hügel thronen, wurde 218 v. Chr. vom karthagischen Feldherrn Hannibal eingenommen und zerstört, er leitete damit den 2. Punischen Krieg gegen Rom ein. Von oben herrlicher Blick auf die grünen Plantagen der Umgebung (Di-Sa 10-14, 16-18, So 10-14 h, ca. 3,50 DM). Auf halber Höhe des Burgfelsens das alte römische *Theater* (zu erreichen über die Calle del Teatro Romano). Informationsbüro an der Plaza Cronista Chabret. Beim Hafen, 4 km östl. vom Burghügel, langer Sandstrand (Busverbindung).

VALENCIA

Drittgrößte Stadt Spaniens, ausgedehnte Industrieanlagen in den Außenbezirken, aber viel Atmosphäre und Leben im Zentrum. Auch hier pulsiert das Nachtleben.

Valencia ist bekannt für seine zahllosen Glockentürme und die mit Azulejos (farbige Kacheln) gedeckten Kirchenkuppeln - und außerdem für die Paella, die hier ihren Ursprung hat! Die Altstadt besitzt viele Jugendstilbauten, z.B. die große alte *Markthalle*. 1957, nach der letzten großen Überschwemmung, wurde das Flußbett des Turia quer durchs Stadtzentrum ausgetrocknet - heute eine ausgedehnte Parklandschaft mit dem gläsernen Musikpalast mittendrin.

Höhepunkt des Jahres sind die weltberühmten *Las Fallas* vom 15.-19. März - riesige Pappfiguren werden durch die Straßen getragen und am letzten Tag um Mitternacht verbrannt!

VERBINDUNGEN / BAHNHOF: die **Estación del Norte** liegt ganz zentral, der Jugendstilbau mit viel Stuck und Azulejos gehört zu den schönsten Bahnhöfen Europas, ebenfalls schön der mit Palmen eingerahmte Vorplatz. Gepäckaufbewahrung in der Calle Bailen, rechts vom Bhf. (zwei unauffällige Läden). Ins Zentrum geradeaus die Av. M. Sotelo. zum Informationsbüro.

INFORMATION: im Rathaus, Pl. del Ayuntamiento, außerdem Nebenstelle im Bhf. (beide Mo-Fr 9-14, 16-19, Sa 9-13 h).

ÜBERNACHTEN: **Jugendherberge Colegio Maior "La Paz"**, Avenida del Puerto 69, Tel. 96/3690152. Mit Bus 19 ab Bhf., Schließzeit im Sommer 24 h, sonst kürzer.
Billige Hostales vor allem um die Plaza del Ayuntamiento und die benachbarte Calle Barcas (**Hostal Universo**, Calle Vilaragut 5, Tel. 3519436) und bei der Plaza del Mercado (z.B. **Hostal del Rincon**, Carrer Carda 11, Tel. 3316083).
Schöner **Campingplatz** in Saler, ca. 10 km südl., Bus ab Plaza de la Glorieta (s. auch "Baden"). Gut übernachten kann man auch am Lagunensee Albufera (s. unten).

ESSEN: die beste Paella Spaniens - aber auch die teuerste. Preiswerte Lokale v.a. im **Barrio del Carmen**, im Norden der Innenstadt. Viel Auswahl auch um die Plaza del Ayuntamiento, aber nicht alles gut - viele Jugendliche, Tellergerichte ab 10 DM im **Austria 7**, Calle Don Juan de Austria, östl. der Plaza.

NACHTLEBEN: das alte Viertel **Barrio del Carmen** mit seinen engen Gassen bietet die größte Auswahl an Bars, Café etc.
Ansonsten lohnt es im Sommer vor allem, ans Meer zu fahren. Im dortigen "In-Viertel" **Malvarrosa** sind viele alte Palais wohlhabender Stadtbürger zu Tanzpalästen umgebaut - Disko, Tango, Samba, Salsa, Lambada, dazu eine Bar neben der anderen (Busse ab Plaza del a Glorieta).

Sehenswertes: rechts neben dem Bhf. die große Stierkampfarena und das *Museu Taurino*, das erste Stierkampfmuseum Spaniens (Mo-Fr 11-13, frei). Am *Ayuntamiento* (Rathaus, prächtiges Innenleben) vorbei über die langgestreckte Plaza del Pais Valenciano mit Hotels und Kaffeehäusern geht's ins Zentrum zur großen Plaza del Mercado, wo Nachtschwärmer schon um 5 h früh die ersten Tapas in der prächtigen *Markthalle* ordern. Der Bau gegenüber ist die *Lonja*, die ehemalige Seidenbörse aus dem 15. Jh., deren reich geschmückte Räumlichkeiten zu besichtigen sind (Mo geschl.).

Mittelpunkt der Altstadt ist die benachbarte Plaza de Zaragoza mit der *Kathedrale*. Vom Miguelete, dem 70 m hohen Glockenturm hat man einen tollen Blick über die Türme, Kuppeln und Hochhäuser auf die grünen Huertas der Umgebung und die großen Hafenanlagen. Jeden Do gegen 12 h findet vor dem Portal der Kathedrale das *Wassergericht* statt. Diese öffentliche Gerichtssitzung geht auf die Zeit der maurischen Besetzung zurück, seit fast 1000 Jahren regelt man damit Streitigkeiten bezüglich der Plantagenbewässerung. Nördl. der Kathedrale die Kirche *Basilika Nuestra Senhora de los Desamparados* mit der Statue von Valencias Schutzpatronin am Altar.

Südl. der Kathedrale (Richtung Bhf.) der Palacio del Marques de dos Aguas mit bombastischer Fassade und dem größten *Keramikmuseum* Spaniens - 5000 Stücke traditioneller Töpferkunst (Museu Nacional de Cerámica, Di-Sa 10-14, 16-18, So 10-14 h, ca. 3 DM).

PARKS: einer der besten **Botanischen Gärten** Spaniens im Westteil der Stadt. An der Nordseite des Turia die **Jardines de Real** mit dem Zoo, Parkanlagen außerdem im ausgetrockneten Flußbett des **Turia** selber.

BADEN: **Playa Malvarossa** natürlich voll, doch angenehm. Zum ebenfalls überfüllten Strand von **Saler** mit Bus ab Plaza de Glorieta. Südl. davon der Süßwassersee **Albufera**. Auf schmalem Damm zwischen See und Meer ein ausgedehnter Pinienwald.

Valencia - Jativa - La Encina - Villena - Elda - Alicante A-Kb. 25501, 25507

Die Hauptstrecke nach Alicante geht durchs Inland, 2-3 std. Reizvoller, aber mit kleinen Zusatzkosten verbunden, die folgende Küstenstrecke per Bahn und Bus über Gandia und Denia nach Alicante.

Valencia - Cullera - Gandia

Schöne Nebenlinie nach Gandia auf der Halbinsel südl. von Valencia. Viele Orangenplantagen und Reisfelder, dazwischen Palmen, die Badeorte präsentieren sich mit endlosen Reihen von Hotelkästen, überall Ferienhäuser. **Achtung** - zwischen Gandia und Denia nur Busse, ab Denia Schmalspurbahn über Benidorm nach Alicante.

Denia - Calpe - Benidorm - Villajoyosa - Alicante

Abwechslungsreiche Schmalspurbahn der FEVE (Interrail gilt nicht, ca. 5 x tägl., ca. 10 DM bis Alicante), meist direkt am Meer lang - Felsen, Brücken, Tunnel, Orangen-, Zitronen- und Weinplantagen. Die früher verschlafenen Fischerdörfer sind in den 60er und 70er Jahren zu riesigen Appartement- und Hochhaussiedlungen herangezüchtet worden, Hunderttausende von Pauschalurlaubern bevölkern tägl. die schneeweißen Strände.

Denia: das nette Städtchen hatte in der Antike und im Mittelalter ziemliche Bedeutung, davon ist aber nur noch das große Kastell über dem Ort übrig. Der lange Strand zieht auch hier die Touristen in Scharen an. Jeden Morgen geht eine preisgünstige Fähre nach *Ibiza*.

INFORMATION: am Hafen.

ÜBERNACHTEN: **Hostal Maribel** (Nähe Tourist-Info), mehrere Campingplätze.

Javea: kein Bahnanschluß, hübscher Ort mit teilweise erhaltener Stadtmauer und einigen Windmühlenresten um den Ort. Allerdings sehr voll, die schöne Landschaft stark zersiedelt.

Calpe: am Fuß eines großen, eindrucksvollen Felsklotzes, der inzwischen aber reichlich mit Appartementhochhäusern zugebaut ist. Viel Rummel, Diskos etc. Einsame Badebuchten vor allem nördl. des Orts, am Fuß des Berges. Mehrere Campingplätze.

Benidorm: zahllose Wohntürme bis zu 30 Stockwerken hoch, tiefe Häuserschluchten, 100 Diskotheken, bis zu 1,5 Mill. Besucher pro Jahr - das ist Benidorm! In keiner deutschen Großstadt findet ihr so viele Hochhäuser auf so engem Raum! Ein Touristik-Kuriosum, das sich schon wieder lohnt, bestaunt zu werden! Übernachten am besten auf einem der Campingplätze (Busse gehen regelmäßig ab Bhf.), Hostales sind teuer und meist überfüllt.

Alicante

Moderne Hochhausstadt mit viel Industrie, horrendem Verkehr, Lärm und Hektik. Die Altstadt am Fuß des Castillo aber durchaus interessant, gibt einen guten Einblick in das typisch spanische Großstadtleben.

Am Hafen eine 1 km lange, mit Palmen bestandene *Uferpromenade* mit wellenförmigem Mosaikmuster - vor allem abends lohnend, wenn alles hin und her flaniert. Gleich dahinter die engen Gassen und Plätze der Altstadt, wichtigster Straßenzug ist die Rambla Mendez Nunez. Die Ruinen des großen Maurenkastells *(Castillo)* über der Stadt sind von der Verlängerung der Uferpromenade mit einem Fahrstuhl durch einen langen Tunnel zu erreichen. Unterhalb davon ein langer Sandstrand, praktisch mitten in der Stadt.

VERBINDUNGEN / BAHNHÖFE: **Estación Termino**, Av. Salamanca (westl. vom Zentrum) - Hbf. für alle Züge der spanischen Staatsbahnen (RENFE).
Von der **Estación de la Marina**, Av. Villajoyosa (östl. vom Zentrum), könnt ihr mit der FEVE, einer privaten Schmalspurbahn über Benidorm bis Denia fahren (siehe oben). Zu erreichen von der Hafenpromenade Esplanada de Espana Richtung Norden.

INFORMATION: Esplanada de Espana 2 und Calle de Portugal 17 (neben dem Busbhf.). Es gibt Stadtpläne.

ÜBERNACHTEN: **Jugendherberge Lucentum**, Avenida de Orihuela 59, Tel. 965/ 281211. Ziemlich abgelegen, Bus B ab Avenida de Maissonave (beim Bhf.).
Hostales um die **Calle San Francisco** (von Estación Termino die Avenida de Maissonave entlang, ca. 15 min.).
Nächster Camping ist **Camping Bahia** bei Playa de San Juan, 5 km nördl. vom Zentrum, Strand in der Nähe. Absolut super ist **Camping El Palmeral** - toll im Palmenwald von Elche, ca. 25 km südl., sehr empfehlenswert, leider teuer, mit Zug bis Elche.

BADEN: die Küste von Alicante bis Cartagena ist häßlich verbaut, verkarstet und teilweise zur Müllkippe verkommen.

Alicante - Murcia - Lorca - Almendricos - Aguilas (Cartagena) A-Kb. 25501

Auf dieser Strecke konnte man früher bis nach Granada fahren - seit einigen Jahren ist sie stillgelegt und mehr oder minder eine Sackgasse für Railer. Von Lorca kommt ihr nur per Bus nach Guadix (Andalusien), 3-4 std., ca 16 DM. Mit der Bahn müßt ihr von Alicante einen großen Umweg landeinwärts machen - über La Encina und Alcazar de San Juan (s. Bahnkarte). Laut Auskunft der RENFE ist aber zwischen Murcia und Guadix eine neue Strecke geplant, die bis zu den olympischen Sommerspielen von 1992 fertig sein soll.

Elche: knappe halbe Bahnstunde von Alicante, hier liegt der größte Palmenwald Europas! Er wurde vor fast 1000 Jahren von den Mauren angelegt, heute sind es etwa 180.000 Bäume. Die grüne Palmenoase inmitten der ausgedörrten Landschaft reicht mit ihren Ausläufern bis in die Stadt hinein.

ÜBERNACHTEN: **Camping Palmeral** inmitten hoher Palmen, komfortabel, mit Schwimmbecken (siehe auch Alicante).

Mysterio de Elche: nicht versäumen, wenn ihr gerade in der Gegend seid. Die alljährlichen Mysterienspiele vom 10.-15. August in der Kirche Santa Maria gehören zu den ältesten Europas. Alle Rollen (auch weibliche) werden von Männern gespielt.

Murcia

Liegt inmitten fruchtbarer Obst- und Gemüseplantagen, den sog. *Huertas*. In der Altstadt brüten enge, winklige Gassen in der Sonne, ansonsten dominieren moderne, breite Verkehrsstraßen und Hochhäuser. Murcia ist eine erstaunlich große Stadt und hat eine dor jüngsten Universitäten Spaniens. Interessante *Kathedrale* mit 92 m hohem Turm und Prachtfassade aus Säulen, Skulpturen und Galerien. Die *Calle Traperia* (von der Kathedrale nach Norden) ist eine der wichtigsten Straßen der Altstadt, abends viel "Streetlife".

VERBINDUNGEN / BAHNHOF: **Estacion del Carmen**, Calle Industria, in der Neustadt, südl. vom Rio Segura. Altstadt auf der anderen Flußseite.
Busbhf. an der Sierra de la Pila, westl. der Altstadt - nach Granada ca. 3 x tägl. (keine Bahnverbindung nach Andalusien)!

INFORMATION: Calle Alejadro Seiquer 4.

ÜBERNACHTEN: nicht allzu viel Auswahl an preiswerten Hostales, nächster **Campingplatz** in Totana, ca. 40 km entfernt (Bahnlinie nach Lorca/Aguilas).

Von Murcia weiter

Die Bahnfahrt nach *Cartagena* lohnt absolut nicht - viel Schwerindustrie, großer Militär- und Handelshafen, Elendsquartiere.
Lorca ist dagegen eine schöne historische Stadt mit maurischem Castillo und vielen Kirchen.
Von Lorca nach Guadix tolle **Busfahrt** mitten durch gebirgige Wüstengebiete und ausgetrocknete Wadis - fast schon etwas Afrika, Mengen von Kakteen und Agaven. Immer wieder sieht man Höhlenwohnungen, bewohnt oder verlassen (ca. 3-4 std., 16 DM). In Guadix wieder Bahnanschluß.
Abstecher über Lorca und Almendricos nach *Aguilas* , eine moderne Küstenstadt. Landschaftlich interessante Umgebung - wildes Bergland, steinig und absolut kahl.

Küste um Aguilas: eines der Zentren der internationalen Camperszene in Spanien. Nur wenige Kilometer südl. von Aguilas findet ihr wunderschöne Strände und Felsklippen, überall wird wild gecampt. Schönstes Stück Einheimischen zufolge zwischen *Mojacar* (phantastischer Zeltplatz!) und *San José* - allerdings schlechte Straße.

ANDALUSIEN

Eigentlich das typische Spanien - brütende Sonne, blendend weiße Dörfer, wo die Zeit stehengeblieben scheint, grüne Flußtäler, Ölbaumpflanzungen, endlose Sonnenblumenfelder, kilometertiefe Weinebenen. Aber auch die Dürre glühender Wüstenlandschaften und die schneebedeckte Sierra Nevada, der höchste Gebirgszug Spaniens mit dem südlichsten Skigebiet Europas.

Die Architektur, sowohl der Städte, als auch der Dörfer, ist überwiegend maurisch geprägt, fast schon etwas Orient. Höhepunkte sind *Granada*, *Sevilla* und *Cordoba*, einstige Zentren des arabischen Weltreichs - ihre Bauten gehören noch heute zu dem schönsten, was Menschen hervorgebracht haben. Ansonsten herrschen die 'Senoritos', die Gutsbesitzer, Sherry- und Viehbarone. Auf ihren riesigen Ländereien arbeiten viele Menschen als Tagelöhner, es gibt nur wenig Industrie, Andalusien gilt als das 'Armenhaus Spaniens'.

Madrid - Linares-Baeza - Granada, Guadix / Almeria, Malaga, Algeciras, Cordoba, Cadiz, Sevilla u.a. A-Kb. 25510

Wichtigste Bahnlinie von Zentralspanien nach Andalusien, außerdem Pflichtstrecke für Marokkofahrer. Schöne Fahrt an kleinen Dörfern vorbei durch Gebirge, Wildnis und Orangenplantagen. In Linares-Baeza teilt sich die Strecke. Züge meist rappelvoll, Platzkarte kaufen.

Direktzüge: ab Madrid/Atocha etwa 3 x tägl. über Guadix nach Almeria (8-9 std.), 2 x Granada (7-8 std.), 3-4 x Malaga (8 std.), 6 x Cordoba (7-8 std.), 6 x Sevilla (8-9 std.), 4 x Cadiz (9-10 std.), 2 x Algeciras (10-11 std.). Mit Umsteigen etwas häufiger.

Linares-Baeza - Moreda - Guadix - Almeria A-Kb. 25510

Vom Inneren Andalusiens an die Mittelmeerküste. Zwischen Guadix und Almeria eine der eindrucksvollsten Gebirgslinien - die *Sierra Nevada* wird durchquert (ca. 3 x tägl.). Die Bahn überwindet beträchtliche Steigungen.

Guadix: ehemals arabische Siedlung inmitten karger Einöde. Im Zentrum der Stadt enge, baufällige Gassen und eine imposante Kathedrale. Das Ganze überragt von einer mächtigen Maurenfestung, von der ihr einen tollen Blick auf das *Barrio de Santiago* habt - ein Stadtviertel, das ausschließlich aus Höhlen besteht. Der Sandsteinfels, in den die Wohnungen gegraben sind, sorgt für ideales Mikroklima.

VERBINDUNGEN / BAHNHOF: etwas außerhalb vom Zentrum.

INFORMATION: Rathaus, Plaza de las Palomas.

ÜBERNACHTEN: **Hostal Rio Verde**, La Cruce, Tel. 660729, ca. 25 DM fürs DZ.

Purunella: das benachbarte Dorf ist Zentrum der Höhlenwohnungen - eine ganze Höhlenstadt ist hier aus den Sandsteinfelsen herausgehauen, faszinierend auch die umgebende Hügellandschaft (an der Bahnlinie nach Granada, nächste Bahnstation Benalua de Guadix oder mit Bus ab Guadix).

Costa del Sol

Beginnt etwa 40 km östlich von Almeria beim Cabo de Gata und reicht bis Gibraltar. Landschaftlich vielfältig.

Die Ausläufer der Sierra Nevada schirmen die Küste nach Norden hin ab - absolut trockene und heiße Sommer sind die Folge. Um Almeria ausgedörrte Wüsten- und Felslandschaft, in ganz Spanien ohne Beispiel. In den 60-er und 70-er Jahren wurden hier Hunderte von Italo-Western und Wüstenfilmen gedreht. Die Küste bis etwa Motril stark gegliedert mit vielen Buchten, durchschnittlichen Badeorten und wenig ansprechenden Stränden aus Kies oder grauem Sand. Für den Aufenthalt kaum zu empfehlen, die Fahrt entlang der Küstenstraße dagegen reizvoll.
Anschließend über Malaga bis etwa Estepona die touristisch voll ausgelastete eigentliche "Costa" mit subtropischer Vegetation und Badeorten, die in der Saison aus allen Nähten platzen.

Almeria: außer der Kathedrale und der großen Maurenfestung Alcazaba über der Stadt kaum sehenswert. Vom früheren orientalischen Charakter ist wenig zu sehen - im alten Stadtkern enge und winklige Gassen, die Neustadt dagegen trist und "modern" mit breiten Straßen und Hochhäusern. Abends trifft 'man' sich am *Paseo de Almeria*.

VERBINDUNGEN / BAHNHOF: Plaza de Barcelona, ca. 20 min. zu Fuß ins Zentrum. **Busbhf.** am selben Platz.

INFORMATION: Calle Ermanos Machado 4.

ÜBERNACHTEN: z.Z. keine Jugendherberge, preiswert sind z.B. **Hostal Alcazaba**, Calle Antonio Vico 1, Tel. 234422 oder **Hostal Maysa**, Calle Federico de Castro 6, Tel. 230587.
Camping La Garoffa, ca. 5 km in Richtung Aguadulce/Malaga, Playa de la Garoffa. Kein besonderer Platz, aber klares Meer, keinerlei Industrie in der Gegend (per Bus nach Aguadulce ab Busbhf.).

FÄHREN NACH MAROKKO: mehrmals wöch., im Sommer fast tägl., Fähren nach **Melilla**, eine span. Enklave in Marokko, etwa 35 DM, 30 % Ermäß. mit Interrail, frei mit IR + Schiff. Melilla hat keinen Bhf. - mit stündl. Bus nach Nador, von dort 10 x tägl zur Bahn nach **Oujda** u. 2 x tägl. nach **Taza** (s. Marokko).

Von Almeria nach Malaga

Busse gehen mehrmals tägl., anfangs bis Adra (ca. 1,5 std.) weniger interessant - extrem trocken, auf beiden Seiten der Straße Tomatenplantagen, überall wird wie wild gebaut.

Adra: 50 km westl. von Almeria, wenig reizvoller Badeort - Hochhäuser, Handels- und Personenhafen, viele Cafés und einige billige Spielhöllen. Abends ist eher wenig los, am ehesten noch im Café La Granja.

ÜBERNACHTEN: kleiner sauberer **Camping** am Ortsende Richtung Malaga, Schatten durch Schilfdächer. Außerdem drei relativ billige Pensionen.

BADEN: sauberer Strand, allerdings mehr Kies als Sand.

Busfahrt Adra - Motril: ca. 5 std. Die Küstenstraße verläuft meist hoch überm Meer, je länger man fährt, desto reizvoller wird die Gegend. Kleine Buchten mit Wildcampern und einige schwach besetzte Campings. *Motril* liegt etwas tiefer, inmitten üppiger subtropischer Vegetation - leider auch inmitten von Raffinerie- und Industrieanlagen.

Landeinwärts geht von Motril eine gut ausgebaute Paßstraße über die Ausläufer der Sierra Nevada nach **Granada**, auf den fernen Berggipfeln liegt fast immer Schnee. Fast plötzlich ziehen sich die Berge zurück und ihr habt eine schöne Aussicht auf Granada.

Weiter Richtung Malaga: der Streckenabschnitt zwischen Motril und Nerja gehört zu den schönsten am Mittelmeer - leider ist die Straße vor kurzem ausgebaut und begradigt worden, was den Reiz mindert.

Nerja: sympathischer und lebendiger kleiner Ort, die Promenade über dem Meer nennt sich stolz *Balcon de Europa* (Superblick!), abends trifft sich hier die halbe Stadt. Schöne Badebuchten und Strände in der Umgebung.
Große Attraktion die uralten Tropfsteinhöhlen *Cuevas de Nerja* mit prähistorischen Wandmalereien (6 km östl., häufige Busse). Im größten Saal der Höhle ertönt Klaviermusik aus versteckten Lautsprechern, im August finden Tanz- und Musikveranstaltungen statt, sagenhafte Akustik und tolle Beleuchtung (tägl. 10-20 h, ca. 2,50 DM).

VERBINDUNGEN: Busse ca. 10 x tägl. nach **Malaga**, 2-3 x nach **Almeria**.

INFORMATION: Puerta del Mar 4.

ÜBERNACHTEN: kaum preiswerte Unterkünfte, höchstens bei **Privatzimmern** könnt ihr fündig werden.

Malaga siehe S. 421.

GRANADA

Unbedingtes Muß für jeden Südspanienfahrer. Die Stadt in einmaliger Landschaft am Fuß der schneebedeckten Sierra Nevada besitzt eins der schönsten arabischen Viertel und das bedeutendste maurische Bauwerk Spaniens.

Es gibt einen alten Spruch, man solle den blinden Bettlern in Granada viele Almosen geben, weil sie die Herrlichkeit der *Alhambra* nicht sehen können. Dementsprechend versuchen zahllose Bedürftige am Reichtum der Touristen aus aller Welt teilzuhaben, die tägl. über die Stadt herstürzen. Trotz Touristenrummel und Großstadtlärm hat Granada aber orientalischen Flair bewahrt, ist gleichzeitig eine der lebendigsten und abwechslungsreichsten Städte Spaniens.

VERBINDUNGEN / BAHNHOF: **Estacion RENFE** etwas westl. außerhalb vom Zentrum, Av. de Andaluces (private Gepäckaufbewahrung gegenüber vom Bhf, ca. 4 DM pro Stück). Bus 11 ins Zentrum oder zu Fuß die Av. Calvo Sotelo entlang und in die Gran Via de Colon abbiegen.
Busbhf. u.a. am Camino de Ronda 97 (Busse der Gesellschaft Asina Graells in die Sierra Nevada und an die Costa del Sol).

INFORMATION: Casa de los Tiros, Calle de Pavaneras 19 (wird z.Z. renoviert), Ausweichstelle bei der Kathedrale, Calle Libreria. Reichhaltiges Material, Stadtpläne etc.

ÜBERNACHTEN: **Jugendherberge** (Residencia Juvenil) **Emperador Carlos**, Camino de Ronda 171, Tel. 958/272628. In der Neustadt, Nähe Busbhf. Asina Graells, vom Bhf. 20 min. zu Fuß (Av. Calvo Sotelo stadtauswärts, dann links den Camino de Ronda, der die Eisenbahn überquert, JH neben einem Sportplatz unterhalb der Straße), vom Zentrum mit Bus 11, hält direkt vor der Tür. Ruhige Lage, Swimmingpool (nur im Sommer), Zimmer winzig, nicht gerade sauber, aber mit eig. Dusche, außerdem umfangreiches Frühstück, Schließzeit 11.30 h.
Weitere **Jugendherberge Federico Garcia Lorca** in Viznar, 10 km außerhalb, Retiro Camino Fuente Grande, Tel. 958/490307 (Bus nach Viznar, Okt. geschl.).
Große Auswahl an Hostales etwa 15 min. vom Bhf. in der Calle San Juan de Dios und Seitengassen (Av. Calvo Sotelo stadteinwärts und rechts), z.B. **Casa de Huespedes Arroyo**, Mano de Hierro oder **Saliente**, Calle Cardenal Mendoza (25-30 DM fürs DZ).
Schwerpunkte im Zentrum ist das Viertel westl. der Kathedrale und v.a. die Cuesta de Gomerez, die zur Alhambra hinaufführt (günstig, weil man schnell oben ist). An letzterer z.B. **Hostal Residencia Britz** (Nr. 1) und **Hostal Residencia Gomerez** (Nr. 10). Vom Bhf. mit Taxi bis zur Abzweigung von der Hauptstr. zur Alhambra fahren.
Außerdem noch mindestens 4 Campingplätze um die Stadt. Empfehlenswert ist **Sierra Nevada** ca. 3 km nördl., an der Carretera de Madrid - gute sanitäre Einrichtungen, Schatten, Swimmingpool (kostet extra), von Ka-

thedrale mit Bus 3 oder 5, von Bhf. Bus 1 (Vorsicht, Änderungen möglich!). Ebenfalls sauber und gepflegt (mit Pool) ist **Camping Reina Isabel** beim nahegelegenen La Zubia, wenige km südl. in toller Lage am Fuß der Sierra Nevada (Bus 11 ab Bhf. bis Paseo de Colon, dann Bus nach La Zubia).

ESSEN: um die Placeta de la Alcaiceria (unmittelbar bei der Kathedrale) kleine preiswerte Lokale und Tapas-Bars - vom Ambiente und Essen gleichermaßen lohnend ist das berühmte Restaurant **Alcaiceria** an der Placeta (etwas teurer, Gitarrenmusik). Im **Restaurant Leon**, Calle Pan (in den romantischen Altstadtgäßchen zwischen Kathedrale und Plaza Nueva) dreigängiges Menü mit Wein für 10 DM. Ein toller Treff ist das **El Ladrillo** im Araberviertel Albaizin, - man sitzt gemütlich an der kleinen Placeta de Fatima. In der Calle San Juan de Dios (Nähe Bhf.) die preiswerte **Casa Rosa**.

NACHTLEBEN: zu warnen ist vor den "Cuevas Gitanas" auf dem **Sacromonte** - die großen ehemaligen Wohnhöhlen der Gitanos sind heute als Flamenco-Lokale eingerichtet, allerdings total kommerzialisiert, Eintritt sehr teuer. Schon eher lohnend ist ein Spaziergang im anschließenden Araberviertel **Albaizin** mit zahlreichen Bars.
Im Zentrum hat die Bar **Castaneda**, ganz in der Nähe der Plaza Nueva, den Ruf, die billigste Bodega Granadas zu sein und hält ansonsten alles, was der Name verspricht.
In der Neustadt Studentenkneipen in und um die **Calle Pedro Antonio de Alarcon**.

Sehenswertes

Die Alhambra ist natürlich Ziel Nr. 1. Um Enttäuschungen vorzubeugen - der ganze Komplex ist ständig randvoll mit Touristen. Am ehesten habt ihr morgens zwischen 9 und 10 h die Chance, statt einer Reisegesellschaft nach der anderen, etwas von der Einmaligkeit der Anlage mitzubekommen. Die *Cuesta de Gomerez* führt zum Haupteingang hinauf.

Alhambra

Im 14. Jh. als Residenz der maurischen Herrscher erbaut, ist der Riesenkomplex mit seinen schweren roten Mauern von außen nicht besonders eindrucksvoll - das ist aber ein typisches Merkmal maurischer Baukunst. Umso überraschender dann das überwältigende Innenleben, ein Labyrinth aus Prunksälen, Gärten und Springbrunnen.

Die Alhambra gliedert sich in mehrere Teile - *Alcazaba* (alter maurischer Herrscherpalast), *Alcazar* (Wohn- u. Regierungssitz der maurischen Herrscher), *Generalife* (Sommerpalast mit Gartenanlagen) und *Palacio de Carlos V.* (nach christlicher Eroberung erbaut).

Alcazar: bei weitem der bedeutendste Teil der Anlage - im Inneren extrem verfeinerte Dekorationskunst, arabische Schriftzeichen, Mosaike und Ornamente - ein einzigartiges Flechtwerk von Ausschmückungen.
Als erstes betritt man den *Mexuar*, der für öffentliche Versammlungen und Rechtssprechung bestimmt war, danach folgt der eigentliche königliche Palast, der *Diwan* mit den Staatsräumen, anschließend der *Harem*, die Wohngebäude des Königs und seiner Frauen. Die zahlreichen Säle gruppieren sich um mehrere Innenhöfe, z.B. um den *Myrtenhof* mit einem großen Teich und dem bekannten *Löwenhof* - so benannt nach dem Brunnen mit 12 schwarzen Löwen. Sehenswert sind auch die ausgedehnten unterirdischen *Bäder*.

Palacio de Carlos V.: strenger Viereckbau, gilt als bedeutendster Bau der spanischen Hochrenaissance, kommt aber an den Prunk des Alcazar bei weitem nicht ran.

Generalife: der Sommerpalast des Königs liegt inmitten von prächtigen Gartenanlagen nordöstl. vom Alcazar.

Öffnungszeiten/Preise: Mai bis Aug. Mo-Sa 9-20, So 9-18 h, Sept. bis April Mo-Sa 10-18, So 10-17.30 h, ca. 7 DM (z.Z. keine Ermäß.). Um ungestört von Reisegruppen besichtigen zu können, sollte man pünktlich morgens um 9 oder mittags ab 13 h hinaufgehen. Man braucht eigentlich fast 2 Nachmittage, um alles anschauen zu können.

Kathedrale/Capilla Real und Umgebung: die Kathedrale von Granada gilt als schönste Renaissancekirche des Landes, fünf Langschiffe und ein Querschiff, zahlreiche Kapellen, Ölgemälde und die phantastische 47 m hohe *Capilla Mayor*. Kurz nach der Befreiung der Stadt durch die christlichen Eroberer begonnen, sollte der Bau die mau-

rische Alhambra übertrumpfen. Das gelang jedoch nicht.
Angebaut an die Kathedrale die *Capilla Real*, die Grabkapelle der katholischen Könige Ferdinand und Isabella mit den prunkvoll verzierten Grabmälern der Herrscher (beide Kirchen tägl. 10.30-13, 16-19, So 9.30-10.30 h, je ca. 1,50 DM, am Sonntagmorgen frei).
Um die Kathedrale findet man die schönsten Lädchen und Gassen, darunter auch die *Alcaiceria*, den früheren arabischen Seidenbasar, heute ein Souvenirshop und Lokal neben dem anderen, schön zum Gucken und Rumlaufen (s. Abschnitt Essen).
In einer kleinen Seitenstraße der Calle de los Reyes Católicos die *Casa del Carbon*, die einzige vollständig erhaltene Karawanserei Spaniens, heute von Kunsthandwerksläden genutzt.

Albaicin: das alte Araberviertel auf dem Hügel jenseits der Schlucht des Rio Darro (teilweise unterirdisch), mit Bus 7 zu erreichen. Malerisches Labyrinth aus engen Treppen, Gassen und Zypressen. Einmaliger Blick von der Kirche *San Nicolas* rüber zur Alhambra und zur Sierra Nevada, in der Nähe die Kirche *San Salvador* mit prächtigem maurischen Innenhof.
Bester Aussichtspunkt der Stadt ist der *Sacromonte*, der Berg neben dem Albaicin (am Ende der Cuesta del Chapiz rechts hinauf). Beim Aufstieg kommt ihr durch das Viertel der Gitanos, die hier in Höhlenwohnungen leben.

Granada - Bobadilla - El Chorro - Malaga A-Kb. 25511

Bobadilla ist wichtiger Umsteigebhf. nach Malaga, Cordoba, Algeciras, Cadiz und Sevilla. Bescheidener Ort, keine Bank (Lebensmittelhändler tauscht zu schlechtem Kurs), Schließfächer, leicht alternativ angehauchte Kneipe links gegenüber vom Bhf., Im Freien übernachten möglich.
Richtung Malaga eindrucksvolle Fahrt - auf kurvenreicher Strecke geht's ab Station Gobantes in das zerklüftete Felsengebiet von *El Chorro*. Auf einer Länge von 19 km über 100 m senkrecht aufsteigende Schluchtenwände, viele Tunnels und Brücken.

Malaga

Nach Barcelona wichtigster Hafen an der spanischen Mittelmeerküste, außerdem internationaler Airport - Anlaufpunkt aller Pauschalreisenden Richtung Costa del Sol, Torremolinos, Marbella etc. Reichlich hektisch und überlaufen, hat zwar einige hübsche Stellen, am schönsten aber die malerische Silhouette der Sierra Nevada im Hintergrund. Der Aufenthalt lohnt wegen der vielen kleinen Bodegas, wo ihr direkt vom Faß den sirup-süßen Malaga-Wein kosten könnt (spottbillig).

VERBINDUNGEN / BAHNHOF: **Estacion RENFE** im modernen Industrieviertel, ziemlich weit außerhalb (Bus 4 ins Zentrum). Eine Nebenstrecke geht über Torremolinos ein Stück die Küste entlang (s. unten), Bhf. gleich bei der Estacion RENFE.
Großer neuer **Busbhf.** benachbart.

INFORMATION: Calle Marques de Larios 5 (Nähe Plaza de La Marina), Bus 4.

ÜBERNACHTEN: **Jugendherberge Colegio Mediterraneo**, Plaza Pio XII. 4, Tel. 952/308500. Mit Bus 14 ab Paseo del Parque, z. Z. geschl.
Einige preiswerte Hostales in der Calle Cuarteles, Nähe Bhf. Billige Residencia ist **Hostal Chinitas**, Pasaje Chinitas 2 (Altstadt, Nähe Plaza de la Constitucion), Tel. 214683.
Camping Balneario, Playa del Carmen, ca. 4 km nördl., Bus 11. Mieser Platz an überlaufenem Strand.

Sehenswertes: an der Plaza de la Marina, dem wichtigsten Platz der Stadt, beginnt die schöne Hafenpromenade, der *Paseo del Parque*, mit vielen Straßencafés und Rummel. Seitlich davon tropische Gärten mit Palmen, Platanen und anderen exotischen Gewächsen. Etwas erhöht der *Alcazaba*, ein Palast der maurischen Herrscher. Einen noch viel eindrucksvolleren Blick auf die Stadt und die Küste habt ihr von der Bergfestung *Gibralfaro*, die ein ganzes Stück über der maurischen Anlage liegt.
An der Plaza de la Marina beginnt auch die Calle Molina Larios, die zur großen *Kathedrale* führt. Ein Stück

weiter, Calle San Agustin 15, das *Museo de las Bellas Artes* mit Gemälden von El Greco, Ribera und vor allem Picasso - er ist in Malaga geboren (tägl. 10.30-13.30, 17-20 h, ca. 4 DM). Weiter nördl., an der *Plaza de la Merced*, sein Geburtshaus.

FÄHRENVERBINDUNGEN NACH MAROKKO: mehrmals wöch. nach **Melilla** (Transmediterranea), ca. 35 DM (für Interrailer 30 %, frei mit Karte IR + Schiff). Melilla hat keinen Bhf., Busse fahren mehrmals tägl. nach Oujda und Taza an der nächsten Bahnlinie.

Malaga - Torremolinos - Fuengirola A-Kb. 5509

Auf dieser Strecke verkehren Schienenbusse - nur für die zu empfehlen, die zwischen 30-stöckigen Hochhäusern weilen möchten und den absoluten Touristenrummel suchen!
Fast ununterbrochen Sandstrände bis *Torremolinos*, neben Benidorm das schlimmste Betongetto Spaniens.
Schon fast nahtlose Hochhausskyline über *Benalmadena* bis *Fuengirola* - nicht viel anders als Torremolinos, deshalb ebenfalls nur für Leute zum empfehlen, denen diese Art Ferien zu machen liegt! Campingplätze etwas außerhalb. Nur mit Bus zu erreichen ist *Marbella* (häufige Verbindungen).

Marbella: berühmt-berüchtigtes Domizil von Jet-Set, High Society und Skandalnudeln jeder Art, außerdem größte Dollarscheich-Enklave auf nicht-arabischem Boden. Nicht wenig junge Damen sind allsommerlich auf der Jagd nach einem Scheich bzw. umgekehrt, im Hafen ankern millionenschwere Yachten.
Marbella hat sich in den letzten Jahren zunehmend dem Massentourismus geöffnet, die kleine Altstadt mit ihren gepflegten weißen Häusern ist hübsch und stimmungsvoll, das Preisniveau aber astronomisch hoch.

VERBINDUNGEN: **Busbhf.** an der Av. Ricardo Soriano.

INFORMATION: Avenida de Miguel Cano 1.

ÜBERNACHTEN: in der Hochsaison fast aussichtslos.
Jugendherberge Africa, Calle Trapiche 2, Nähe Calle San Francisco. Gut ausgestattet, sogar mit Swimmingpool, über 100 Betten, auch zelten möglich, Preis ca. 7 DM, Tel. 952/771491. Ansonsten kleine fondas und casas in der Altstadt, z.B. in der hübschen Calle San Francisco. Außerdem **Camping Marbella Playa** 2 km nördl..

(Granada) - Bobadilla - La Roda - Cordoba A-Kb. 25510, 25511

Von Bobadilla nach Norden geht's über die *Sierra de Yeguas* nach Cordoba - eines der Zentren der maurischen Kunst in Spanien.

CORDOBA

Enge, mit Blumen geschmückte Gäßchen, niedrige, weißgekalkte Häuser und liebevoll ausgestaltete Innenhöfe *(Patios)* mit Bäumen, Mosaiken und zahllosen Blumen - man hat sich in Cordoba Mühe gegeben, die *Juderia*, das alte Stadtviertel, attraktiv zu gestalten und die maurische Bausubstanz zu erhalten.

Vor rund 1000 Jahren war Cordoba rein arabisch und eine der größten Städte der damals bekannten Welt - um ein Vielfaches größer als heute. Dementsprechend zählt es zu den spanischen Städten, die die meisten maurische Relikte vorzuweisen haben. Trotzdem wurde auch hier viel zerstört oder ist verfallen. Prunkstück der Stadt ist die Große Moschee - eine der größten der Welt. Die christlichen Eroberer bauten später mit zielsicherer Geschmacklosigkeit eine kreuzförmige Kirchenanlage hinein.

VERBINDUNGEN / BAHNHOF: im Norden der Stadt, Avenida de América. Schließfächer vorhanden, ins Zentrum ca. 1,5 km.

INFORMATION: an der **Plaza de Juda Levi**, westl. der Moschee. Im Info-Schalter der **RENFE** im Bhf. gibts manchmal Stadtpläne.

ÜBERNACHTEN: Übernachten im Bhf. laut Leserzuschriften möglich. Einige billige Unterkünfte in Bahnhofsnähe, z.B. an der Av. de Cervantes, die gegenüber vom Bhf. beginnt und in Richtung Innenstadt führt.

Die meisten Hostales und Fondas aber in der Juderia, dem alten Viertel nördl. der Moschee (z.B. in der Calle Rey Heredia). In schöner Lage inmitten der Altstadt **Hostal Seneca**, Conde y Luque 7, Tel. 473234 und **Hotel El Leon**, Calle Cespedes 6, Tel. 473021.

Campamento Municipal de Turismo an der Carretera del Brillante, 2 km nördl., mit Schwimmbad, sonst recht mäßig (betonharter Boden, laute Disko nebenan), Bus 2 oder 3 ab Plaza José Antonio.

ESSEN: die Spezialitäten Cordobas sind in Spanien ein Begriff. Viele Tapas-Bars und gemütliche Lokale im jüdischen Viertel. Preiswert ist z.B. das hübsche **El Tablon**, Calle Cardenal Gonzales 75, gleich bei der Moschee.

NACHTLEBEN: in Cordoba müßt ihr abends unbedingt eine Bodega besuchen - Wein gibts aus großen Fässern, versucht mal den Montilla, den besten Wein der Region. Ältester Weinkeller der Stadt ist die **Bodega Campos**, Coronel Cascajo 32. Ebenfalls lohnend, die zentral in der Juderia gelegene **Bodega Guzman**, Calle Judicos 9. Ansonsten wird für die Touristen abends an der **Plaza Maimonides** im jüdischen Viertel regelmäßig Flamenco getanzt.

Sehenswertes: die *Mezquita* ist die bedeutendste Moschee Spaniens! Obwohl sie durch die christlichen Kapellen und vor allem durch die riesige Choranlage merklich entstellt wurde, ist das Innere nach wie vor äußerst eindrucksvoll - großer Innenraum mit über 800 Säulen, die durch rot-weiß gestreifte Hufeisenbögen miteinander verbunden sind. In dem einzigartigen Gewirr fühlt man sich wie in einem Säulenwald - tolle Raumwirkung! Ein Höhepunkt ist der *Mihrab*, eine Gebetsnische mit feinen Goldmosaiken. Guter Blick vom *Glockenturm*, vor allem wird von hier oben sichtbar, wie sehr die Harmonie der Anlage durch den christlichen Kirchenbau gestört wurde (10.30-13.30, 15.30-18 h, ca. 4 DM. Am So vor 10 h Messe, dann frei).
Nördl. anschließend an die Moschee die *Juderia*, das schöne alte Judenviertel - alle Gassen und vor allem die kleinen, stilvollen Innenhöfe sind überreich mit Blumen ausgeschmückt - am üppigsten die *Calle de Flores*.
Nicht weit von der Moschee der mächtige *Alcazar* - er war Residenz der katholischen Herrscher und diente später der Inquisition als Sitz. Besonders schön die Gärten der Anlage im Stil des Generalife von Granada mit terrassenförmig abgestuften Teichen (tägl. 10-13.30, 17-20 h, abends ab 22 h ist das Ganze illuminiert, 4 DM).
Sehr sehenswert schließlich das *Archäologische Museum* an der Plaza Jeronimo Paez (Nähe Rey Heredia) - Funde der Stein- und Bronzezeit, von Römern und Westgoten (Di-Sa 10-14, 16-18, So 10-14 h, ca. 4 DM, Stud. frei).

Cordoba - Bobadilla - Ronda - Algeciras A-Kb. 25510

Anfangs endlose Felder, Ölbäume - die Landschaft wird eigentlich erst nach Ronda interessant. *Montilla* (Bahnstation) ist eins der typischen Weindörfer der Provinz - in den zahlreichen Bodegas könnt ihr für wenig Geld die Weine der Region kosten.

Ronda

Ein Aufenthalt in dem Städtchen lohnt sich - einzigartige Lage auf einem hohen Felsplateau, die 150 m tiefe Schlucht des *Rio Guadalevin* trennt den teilweise noch maurischen, alten Kern von der Neustadt und wird von einer imposanten Steinbrücke verbunden. Hemingway und Rilke haben hier längere Zeit gelebt.

VERBINDUNGEN / BAHNHOF: Bhf. an der Av. de Andalucia in der Neustadt, ins Zentrum die Av. de Andalucia entlang.

INFORMATION: Plaza de Espana 1 (direkt am Fluß bei der Puente Nuevo, vom Zentrum der Neustadt über die Calle Virgen de la Paz zu erreichen).

ÜBERNACHTEN: **Fonda La Espagnola** zwischen Plaza de Toros und Plaza de Espana, schöner Blick auf die Berge, beste Billig-Adresse der Stadt, das DZ ca. 25 DM, Tel. 871052. Nicht schlecht auch **Hostal Biarritz**, Calle Cristo 7, Tel. 872910 und **Hostal Morales**, Calle Sevilla 51, Tel. 871538.

ESSEN: ausgesprochen gemütlich ist das **Meson Santiago**, Calle Marina 3. Überdachter **Markt** bei der Plaza de Espana.

Sehenswertes: benachbart zur Plaza de Espana die älteste *Stierkampfarena* Spaniens (1789) mit dem reichhaltigen *Museo Taurino* (Plaza de Toros). Gleich

in der Nähe die Parkanlage *Alameda* mit tollen Ausblicken auf das Flußtal und die Sierra. Den besten Blick hinunter habt ihr aber von der 1788 erbauten *Puente Nuevo*, die die Schlucht in 100 m Höhe (!) an der schmalsten Stelle überspannt (bei der Plaza de Espana).
Auf der Altstadtseite führt ein Fußweg zur *Casa del Rey Moro* mit arabisch nachempfundener Gartenanlage und unterirdischer Treppe zu einer Quelle unten im meist ausgetrockneten Flußbett. Interessant auch die *arabischen Bäder* bei der Brücke Puente San Miguel.
Ein ganzes Stück vom Fluß entfernt die Kathedrale *Santa Maria la Mayor*, eine frühere Moschee.

Mit der Bahn nach Algeciras

Berge, Täler, Schluchten, mittendrin fließt der Rio Guadiaro - üppige Vegetation, viele Farben, unbekannte Pflanzen. Kleine Dörfer ohne Neubauten, Leute jeden Alters, die dem Zug nachschauen, als hätten sie noch nie eine Eisenbahn gesehen.

Algeciras

Wichtigster Fährhafen nach Marokko und Endstation der Bahnlinie. Als Stadt ganz und gar nicht sehenswert, im Gegenteil sogar ziemlich kaputt - Raffinerien, Hochhäuser und viel Kriminalität - jeder schaut, daß er so schnell wie möglich auf's Schiff kommt. Auch die Strände sind wegen der starken Industrieverschmutzung nicht zu empfehlen. Laßt euch nicht auf inoffizielle Geldwechsler, Ticketverkäufer u. dgl. ein!

Vorsicht - am Hafen herrschen bereits "marokkanische Sitten", es wird viel geklaut. Im Stadtgebiet und in der näheren Umgebung keinesfalls wild zelten, außerdem nicht am Bhf. schlafen.

Fährverbindungen nach Marokko: die Fähren sind meist unpünktlich, mit 2 bis 3 std. Verspätung muß man rechnen. Wandfahrpläne stimmen selten, Abfahrtszeiten am Schalter erfragen. Manche Schalterbeamte verdienen sich ein Extrageld, indem sie überhöhte Preise verlangen.

Algeciras - Tanger, 4-6 x tägl., 2,5 std., ca. 50 DM (für Interrailer 30%, frei mit Interrail + Schiff). Rückfahrkarten werden nur ohne Ermäßigung ausgestellt, deshalb erst in Algeciras kaufen.
Algeçiras - Ceuta, billigste und kürzeste Überfahrt, jedoch Anschlußkosten mit Bus und Taxi (Ceuta hat keinen Bhf.), bis zu 10 x tägl., 1 std., ca. 20 DM (keine Ermäßigung für IR, aber Freifahrt mit Interrail + Schiff).
Tarifa - Tanger, interessante Alternative, tägl. 1 x geht ein Tragflügelboot in nur 30 min. hinüber, ca. 50 DM (per Bus nach Tarifa).

Tickets in Algeciras gibts am Fahrkartenbüro direkt am Eingang zum Fährhafen. Zu Hause vorbuchen ist wegen der häufigen Überfahrten nicht unbedingt notwendig. Vgl. Kap. Marokko.

VERBINDUNGEN / BAHNHOF: Calle Villa Nueva, vom Bhf. zum Hafen fährt ein kostenloser Bus, der aber meist sofort überfüllt ist. Auch zu Fuß ist der Weg leicht zu bewältigen. **Busbhf.** an der Calle S. Bernardo, rechts gegenüber vom Bhf. Im Hafen **Gepäckaufbewahrung** (bis 23 h offen).

INFORMATION: Calle Juan de la Cierva, Nähe Hafen.

ÜBERNACHTEN: Hostales nah beim Hafen in der Calle José Santacana (parallel zur Uferstr. Avenida La Marina), z.B. **Hostal Residencia Sur**, Calle J. Santacana 1. **Camping Costasol** 3 km nördl., an der Straße nach Gibraltar.

LESERTIP: "falls ihr von Marokko kommt und den Zug nach Madrid nehmen wollt - sofort zum Bhf. und reservieren. 1-2 std. vor Abfahrt stehen Massen von marokkanischen Gastarbeitern an den Schaltern an" (Wolfgang Römer, Rain/Lech).

Algeciras/Umgebung

Gibraltar: ein neues Reiseziel! Seit 1985 ist die Grenze nach Spanien uneingeschränkt geöffnet, von Algeciras kommt ihr per Bus problemlos hin.
Britische Kleinstadt am Mittelmeer, überragt vom berühmten Affenfelsen. Alles sehr sauber, original Londoner Bobbies beobachten den (Rechts-) Verkehr. Ihr könnt die Main Street entlang bummeln, mitten in Spanien in einer englischen Kneipe ein Bier trinken oder aus einem englischen Telefonhäuschen anrufen - macht Spaß, kostet jedoch, das Preisniveau ist hoch.

Auch die Seilbahn, die vom Südende der Main Street auf den Felsen hinaufführt, ist reichlich teuer (einfach ca. 6 DM, hin u. zurück 10 DM). Geht lieber zu Fuß, Gibraltar ist klein genug dafür. Über die *Devils Gap*-Stufen erreicht ihr schnell den *Upper Rock*, die obere Etage des Felsens. Dort kann man die berühmten Gibraltar-Affen, eine Tropfsteinhöhle (lohnt nicht) und diverse militärische Anlagen (z.T. aus dem 2. Weltkrieg) besichtigen. Im militärischen Sperrgebiet gibts eine schöne schmale Straße am Ostrand des Felsens, bei gutem Wetter tolle Sicht.

VERBINDUNGEN: Tagesausflug per Bus von **Algeciras** (Busbhf. gleich beim Bhf., Calle S. Bernardo, Gepäck bei der Aufbewahrung im Hafen lassen) - Bus 1 fährt alle 1/2 std. nach **La Linea** (45 min., 2,50 DM), dann noch ca. 10 min. zu Fuß zur Grenze, von dort weiter zu Fuß, es fahren auch Busse in die Stadt. Von Bobadilla kommend in San Roque/La Linea aussteigen, weiter mit Bus.

INFORMATION: direkt an der Grenze (gute Karte!) und in der Main Street.

WÄHRUNG: es gelten britische Pfund und Gibraltar-Pfund, z.T. werden für Kleinigkeiten auch Peseten angenommen. Mehrere Banken und Postoffice in der Main Street.

ÜBERNACHTEN: keine Hostels, viele B&B's, aber relativ teuer. Am Strand schlafen ist verboten und wird streng kontrolliert.

ESSEN / TREFFS: ausgesprochen international - um die Main Street könnt ihr alle Genüsse des Commonwealth kosten - indisch, chinesisch, britisch (Fish and Chips!), aber auch italienisch, französisch, Döner Kebap und Hot Dogs. **The Barrel House**, in einer Seitengasse der Main Street, kennt jeder, gute Musik, gibt auch was zu essen.

Tarifa: freundliches Städtchen mit engen Gäßchen und Stadtmauer, ganz in Weiß, erinnert schon fast an marokkanische Kasbahs. Tourismus auf Sparflamme, angenehme Atmosphäre.

Außerhalb der Stadt an der Atlantikseite kilometerlange Sandstrände mit großen Dünen und einigen Campingplätzen - dank des ständigen Winds vielbesuchter Surfertreff (Starkwindzone). Abends oft Superstimmung am Strand bei den Campingplätzen.

VERBINDUNGEN: von Algeciras Bus ab **Busbhf.** an der Calle S. Bernardo, rechts gegenüber vom Bhf. (ca. 2,50 DM) - eindrucksvolle Panoramastraße zum südlichsten Punkt Europas! Herrlicher Blick auf die Meerenge von Gibraltar und die schroffe Felsenküste von Marokko.
Ein **Tragflügelboot** setzt tägl. nach Tanger über, Fahrtzeit nur 30 min.

ÜBERNACHTEN: nette **Pension Eusebio**, gegenüber vom Stadttor, 5 min. von der Busstation (und 5 min. vom Strand), preiswert. Einige Campingplätze direkt oder nahe am Strand, der nächste ist **Camping Rio Jara**, 4 km von Tarifa (nicht groß, aber schattig und gepflegt). Der gute **Camping Torre de la Pena II** liegt 8 km von Tarifa und ist eine Hochburg der Surfer (leider 1/4 std. zum Meer). Busse fahren die Küstenstraße von Tarifa Richtung Cadiz.

Bobadilla - La Roda - Utrera - Jerez de la Frontera - Cadiz A-Kb. 25510, 25511

Jerez de la Frontera: eine der berühmtesten Weinstädte Spaniens. Von hier stammt der sog. *Sherry* - eine englische Verstümmelung des Wortes Jerez, hauptsächlich britische Familien sind in der Produktion tätig. Kostenlose Proben gibts bei Führungen durch eine der zahlreichen Bodegas (Weinkellereien) der Stadt. Die Hölle ist in der zweiten Woche im September los - dann wird die "Geburt" des Weines gefeiert, die *Fiestas de la Vendimia*.

INFORMATION: Calle Alameda Cristina 7.

ÜBERNACHTEN: **Jugendherberge Residencia Juvenil**, Av. Carrero Blanco, Tel. 956/342890, 100 Betten, weit vom Zentrum.

FÜHRUNGEN: in den größten Weinkellereien meist Mo-Fr 9-13 h, z.B. **Bodega Sandemann**, Calle Pizarro 10, **Harveys of Bristol**, Calle Arcos 53. Im Aug. wegen Ernte geschl.

Cadiz: geschäftige Hafenstadt, das alte Zentrum einmalig auf einer schmalen Halbinsel gelegen, ansonsten aber wenig sehenswert. Cadiz wurde im Lauf seiner Geschichte mehrmals total zerstört und geplündert. In der Altstadt viele enge Gäßchen, kleine Läden und flachgedeckte weiße Häuser mit schönen Balkons. Außerdem an der Seefront einige prächtige Parks mit Palmen und exotischen Pflanzen.

INFORMATION: Calle Calderon de la Barca 1, Zimmervermittlung.

ÜBERNACHTEN: empfehlenswerte Pension ist das **Hostal El Sardinero**, Plaza San Juan de Dios 13. Nächster Camping ist **El Pinar** bei Puerto Real, 5 km außerhalb am Festland gegenüber.

Baden/Umgebung: die Strände zwischen Cadiz und Tarifa (vor allem Richtung Tarifa) gehören zu den besten, die ihr in Spanien finden könnt. Noch kaum touristische Einrichtungen (abgesehen von den größeren Orten), wild zelten meist möglich.
Ganz brauchbar ist der Stadtstrand *La Caletta*, außerdem die Strände *Santi Petri* und *Playa de Barrosa*, beide etwa 12 km südl. der Stadt. Guter Anlaufpunkt ist das kleine Fischerdorf *Conil*, ebenfalls mit Sandstrand. Zwar nicht mehr unentdeckt, aber wenig Rummel (Bus Cadiz - Algeciras bis zur Kreuzung bei Conil, dann noch 2 km zu Fuß).

ÜBERNACHTEN: **Camping Municipal** 1 km vom Ort, jedoch ca. 10 Fußminuten vom Strand. Guter zweiter Camping **Fuente de Gallo** einige km nördl., aber fast direkt am Sandstrand.

Bobadilla - Utrera - Sevilla
A-Kb. 25511

SEVILLA

Viertgrößte Stadt Spaniens, ausgeprägt südländisches Leben, zahlreiche Baudenkmäler aus einer großen Geschichte - Sevilla ist fast schon zum Symbol für spanisches Leben und spanische Kultur geworden.

Die Kehrseite der Medaille - Hektik, Lärm und mörderische Hitze. Immer neue Fabriken und Wohnblocks schießen an der Peripherie aus dem Boden - vom Staat gewährte Steuerbegünstigungen beschleunigen den Boom.
Trotzdem hat Sevilla viel zu bieten, z.B. das gut erhaltene Maurenviertel Santa Cruz und die riesige Kathedrale, eine der größten der Welt. Weithin berühmt sind auch die Parkanlagen der Stadt, der größte ist der Parque de Maria Luisa. Aber am schönsten ist es abends in der Altstadt, "romantisch" beleuchtete Gassen, Gitarrenspieler und in den Bars tobt der Flamenco.

VERBINDUNGEN / BAHNHOF: **Estación Plaza de Armas** (Cordoba), direkt am Rio Guadalquivir, Züge zum Algarve (Schließfächer). Durch's Zentrum der Stadt kommt ihr zur **Estación San Bernardo** (Cadiz), wo die Züge Richtung Süden abgehen (Schließfächer). **Busbhf.** (Gepäckaufbewahrung) Nähe Bhf. San Bernardo, Calle José Maria Osborne.

INFORMATION: Avenida de la Constitucion 21 (Hauptstraße Sevillas, gleich südl. der Kathedrale), Stadtpläne.

ÜBERNACHTEN: **Jugendherberge Fernando el Santo**, Calle Isaac Peral 2, Tel. 954/ 613150. Preiswerteste Möglichkeit Sevillas, aber außerhalb vom Zentrum, zudem von Anfang Juli bis Mitte Sept. geschl., Dreibettzimmer (Bus 34 bis Reina Mercedes).
Gleich benachbart in der Nr. 16 das private Hostel **Alameda de Hercules**, Tel. 375290, sehr einfach, leidlich sauber, ca. 11 DM (Bus C 1 ab Bhf. Plaza de Armas bis Resolana, Bus C2 o. C 4 ab Bhf. San Bernardo bis Alameda, Bus C 3 ab Zentrum, Nähe Tourist-Info bis Alameda).
In der Calle de San Eloy, ca. 10 min. vom Bhf. etliche preiswerte Unterkünfte (auch Mehrbettzimmer). Die billigsten Fondas und Casas de Huespedes aber im zentralen Barrio de Santa Cruz, Nähe Kathedrale, ca. 30-35 DM für's DZ. Empfehlenswert sind **Hostal Residencia Monreal**, Calle Rodrigo Caro 8 Tel. 214166 (beliebt bei Rucksacklern), **Hostal Pérez Montilla**, Calle Archeros 14, Tel. 361740 und **Hostal Bienvenido**, Calle Archeros 16 (gleich neben dem Pérez Montilla, einfacher, aber etwas billiger).
Camping Sevilla 5 km östl. vom Zentrum, an der Straße nach Cordoba, Nähe Flugplatz. Noch weiter außerhalb, in Richtung Cadiz, **Camping Villsom**, schöner Platz mit Palmen und Orangenbäumen. Im Notfall kann man an der Uferpromenade des Rio Guadalquivir (Nähe Estación Plaza de Armas) übernachten.

ESSEN: insgesamt nicht besonders preiswert, touristische Preise vor allem um die Kathedrale. Viele Tapas-Bars und Freidurias (Fischlokale) im **Barrio Triana** (auf der anderen Seite vom Fluß).
Die **Cerveceria Giralda** liegt neben der Kathedrale, Calle Mateos Gagos 1, gute Tapas und immer viel lós.
Eins der bekanntesten Lokale ist das **El Meson**, Calle del Dos de Mayo 26. Torreros, Schriftsteller, Künstler - hier waren sie alle mal essen. Originelle Ausstattung mit Stierkampfutensilien und Photos (Mo geschl.). Den besten Schinken (Jamon Serrano) gibts in der Tapas-Bar **Casa Romana**, Plaza de los Venerables (auch abends schön).

NACHTLEBEN: die Nächte in Sevilla sind heiß - in jeder Beziehung. Bodegas und Bars gibts an jeder Straßenecke - und nicht nur für Touristen. Unbedingt solltet ihr mal Flamenco live erleben - entweder im Barrio de Santa Cruz oder im Stadtteil Los Remedios südl. vom Fluß - dort die meisten Flamenco-Lokale, Pubs und Disko-Bars, vor allem in der Calle Salado und der Calle Fernando IV. Im Barrio Triana gibts authentischen Flamenco ab 24 h im **Portada de Feria**, Calle Castilla.

SHOPPING: Boutiquen, Schuhe etc. in der **Calle Tetuan**, parallel zur Fußgängerzone Calle Sierpes (siehe Sehenswertes). Floh- und Antiquitätenmarkt **El Jueves** jeden Do (8 h bis spät abends) in der Calle Feria, am So im nahgelegenen Alameda de Hercules.

Sehenswertes: direkt am Bhf. Plaza de Armas in der Flußniederung gute Möglichkeit zum Relaxen, außerdem Paddel- und Ruderbootverleih. Nicht weit entfernt, in der Calle de Alfonso XII., das *Museo de Bellas Artes* mit einer ausgezeichneten Sammlung spanischer Malerei, besonders Murillo (Di-Sa 10-14 h, ca. 4 DM, Stud. frei). Nördl. der Plaza de San Francisco liegt die lange schmale 'Schlangenstraße' *Calle de las Sierpes*, die schicke Fußgängerzone und Hauptgeschäftsstraße Sevillas. Ein ganzes Stück nördl. die *Casa de Pilatos* an der gleichnamigen Plaza, einer der prächtigsten Privatpaläste der Stadt mit Patio und schönem Garten (tägl. 10-13, 15-19 h, ca. 7 DM).

Ohne Zweifel das interessanteste Viertel von Sevilla ist das *Barrio de Santa Cruz* bei der Kathedrale. Zur Zeit der Araber war es das Judenviertel. Teilweise extrem schmale Gassen, weißgekalkte Häuser, blumengeschmückte Balkons, üppig überwucherte Innenhöfe mit bunten Azulejos (glasierte Kacheln), immer wieder kleine stimmungsvolle Plätze.

Weil die Kirchenherren im 15. Jh. nach der Rückeroberung Sevillas unbedingt die größte Moschee der Stadt übertreffen wollten, ist die *Kathedrale* die drittgrößte Kirche der Welt (nach St. Peter/ Rom, und St. Paul's/ London). Außen weniger schön, innen aber umso sehenswerter. Ein riesiger Komplex, der so stark unterteilt ist, daß man ihn nie ganz erfassen kann. Tolle Raumwirkung und eine überreiche Innenausstattung, u.a. Gemälde von Murillo und Goya und die *Capilla Mayor* mit einem gotischen Altaraufsatz von 20 m Höhe. Wahrzeichen der Stadt ist der Turm der Kathedrale, die berühmte *Giralda* - das ehemalige Minarett der Hauptmoschee ist 93 m hoch, im 16. Jh. setzte man eine Glokkenstube oben auf. Weiter Blick auf die weißen Häuser der Innenstadt mit ihren flachen braunen Dächern (Kathedrale und Giralda Mo-Sa 10.30-13, 16.30-18.30, So 10.30-13 h, ca. 3,50 DM).

Benachbart zur Kathedrale steht die *Casa Lonja*, die ehemalige Börse mit dem Archivo de Indias, einige zehntausend Karten und Dokumente aus der Zeit der Entdeckung Amerikas durch Kolumbus (Mo-Fr 10-13 h).

Der maurische *Alcazar* gleich daneben ist vor allem innen sehenswert, Mischung aus Gotik und maurischer Architektur. Innerhalb der mächtigen Mauern ausgedehnte Parkanlagen und viel Ruhe (tägl. 9-13, 15-17 h, 2,50 DM).

Südl. des Alcazar die größte Gartenanlage Sevillas, der *Parque de Maria Luisa*, mit Palmen und anderen subtropischen Gewächsen. Besonders sehenswert die Plaza de Espana mit dem phantastischen *Palacio Central*, an dessen Außenmauern Bilder von jeder Provinz Spaniens auf Keramikkacheln zu sehen sind. Vor dem Gebäude ein Flüßchen mit malerischen Brücken (Bootsverleih).

Sevilla - Huelva - Portugal
A-Kb. 25512

LESERTIP: "aus Richtung Bobadilla kommt man in Sevilla in der **Estación San Bernardo** an. Die Züge an den Algarve starten aber von der **Estación Plaza de Armas**. Wenn man mit dem Abendzug ankommt und weiter nach Portugal will, muß man also mit dem Bus quer durch Sevilla fahren. Die Zimmervermieter am Bhf. behaupten oft, es gehe kein Bus mehr zur Estación San Bernardo und man solle bei ihnen übernachten. Das stimmt aber meistens nicht, fragt die Busfahrer an der Station vor dem Bhf. Man kann auch relativ sicher vor dem Bhf. schlafen, der die ganze Nacht von Bahnhofspolizei überwacht wird" (Dieter Greysinger, Osternohe).

3 x tägl. geht ein Zug von Sevilla/Placa de Armas nach Huelva, der erste kurz

nach 7 h. Um Sevilla trockene, wenig fruchtbare Ebene, dann abwechslungsreicheres Landschaftsbild. Orangenplantagen wechseln mit Olivenhainen, dazwischen auch riesige Sonnenblumenfelder. Die einzigen Häuser sind die Riesenvillen der Großgrundbesitzer, alle mit Swimming-Pool.

Huelva: von hier hat Christoph Kolumbus seine Entdeckungsfahrten nach Amerika unternommen, am Ende der Hafenhalbinsel steht ein fast 40 m hohes Kolumbus-Denkmal. Ansonsten durchwegs modern und nüchtern, großer Wirtschaftshafen und viel Industrie - starke Meeresverschmutzung.

INFORMATION: Calle Mendez.

ÜBERNACHTEN: in der Stadt wenig lohnend, am besten gleich raus zu den Zeltplätzen bei **Mazagon** (siehe nächster Abschnitt). Wild zelten am Strand Richtung Osten außerhalb der Stadt.

Huelva/Umgebung: Spitze sind die Strände, die sich links und rechts vom Ort erstrecken. Vor allem Richtung Südosten schier endlose und herrlich saubere, weiße Strände mit hohen Wanderdünen und Pinienwäldern bis zur Mündung des Rio Guadalquivir. Absolut kein Massentourismus, kaum touristische Einrichtungen, im ganzen Küstenabschnitt gibt es nur zwei oder drei Ortschaften!
Ihr könnt von Huelva z.B. per Bus (bis zu 8 x tägl.) in den kleinen Badeort *Mazagon* fahren, etwa 20 km entfernt. Abends könnt ihr nur noch per Taxi zum Strand gelangen.

ÜBERNACHTEN: 3 km östl. von Mazagon der gute Campingplatz **Playa de Mazagon** auf einer Düne mit lichtem Pinienwald. 3 km weiter der noch bessere Platz **Cota Donana** - ebenfalls direkt am herrlichen Dünenstrand. Ansonsten überall Wildzelten möglich.

Von Huelva nach Portugal: die Bahnlinie zum Grenzort **Ayamonte** ist eingestellt, es fahren aber Busse der Gesellschaft Damas zur Grenze (ca. 7 DM). Dort 1,5 km Fußmarsch zur Fähre über den Fluß nach **Vila Real de Santo Antonio**, wo ihr mehrmals tägl. Zugverbindungen an den Algarve habt (siehe auch Portugal S. 463).

KASTILIEN

Das Kernland Spaniens mit der Hauptstadt. Abgesehen vom kastilischen Scheidegebirge nördl. von Madrid extrem ausgedörrte, fast vegetationslose Staubebene. Im Mittelalter holzte man bedenkenlos alle Wälder ab, davon hat sich die Region nie mehr erholt. In einigen Gegenden wird Korn und Wein angebaut, ansonsten Monotonie, Windmühlen und sengende Temperaturen. Dafür mit *Toledo*, *Avila* und *Segovia* einige der schönsten Städte des Landes.

MADRID

Der turbulent-chaotische Mittelpunkt Spaniens - 4 Mill. Einwohner, geographisches Zentrum, größte Industrieregion des Landes (neben Barcelona), alle Straßen laufen sternförmig auf die Hauptstadt zu. 1992 wird sie 'Kulturstadt Europas' - zahllose Festivitäten!

Madrid ist nicht allmählich gewachsen, sondern eine von der spanischen Herrscherdynastie geplant angelegte Reißbrettstadt. Abgesehen vom alten Viertel beherrschen breite "Prachtstraßen" mit monotonen Monumentalbauten und horrendem Autoverkehr das Bild. Das historische Zentrum dagegen interessant und sehenswert, es gibt schöne Plätze und nette Gassen, außerdem fast überall Springbrunnen. Zur Siesta-Time geht man in einen der großen grünen Parks oder zum Bootfahren auf den Teich im Parque del Retiro. Auch abends wird es euch kaum langweilig werden - das Madrider Nachtleben ist seit dem Ende der von Franco verordneten Kirchhofruhe zum weithin bekannten 'Geheimtip' unter Europas Hauptstädten avanciert.
Die unübersehbaren Vorstädte wirken dagegen sehr trist, Wohnsilos und Industrieanlagen wuchern kilometerweit in die staubige, trockene Meseta. Im Sommer, wenn die kastilische Hochflä-

che in der Sonnenhitze brütet und eine dicke Dunst- und Abgasschicht über der Stadt liegt, muß immer wieder Smogalarm gegeben werden.

VERBINDUNGEN / BAHNHÖFE: es gibt drei große Stationen, Hbf. ist der **Charmatin** weit vom Zentrum im Norden der Stadt - Schließfächer (man mietet Schlüssel für 2 DM, Gepäck wird durchleuchtet), Wechselstube (auch So), im Umkreis viele Geschäfte und Bars. Hier kommen die meisten internationalen Züge an, außerdem Verbindungen von und nach Nordspanien (ins Zentrum mit Metro oder Bussen).
Von der modernen **Estación Atocha** mit auffallender Rotonda im Süden der Altstadt (Nähe Prado) fahren die Züge Richtung Südspanien (Metro/Busse ins Zentrum). Ebenfalls Schließfächer mit Durchleuchtung.
Estación Principe Pio (oder E. del Norte) in der Nähe vom Königspalast - Züge nach Süd- und Westspanien (Metro und Busse ins Zentrum).
Zuginformation rund um die Uhr bei RENFE, Calle Alcala 44, Tel. 7333000 und 7332200 (U-Bahn Banca de Espana).

INFORMATION: ganz zentral an der **Plaza Mayor 3**, (U-Bahn Puerta del Sol), Mo-Fr 10-14, 16-19, Sa 10-14 h.
Außerdem **Torre de Madrid**, Calle de Princesa 1, Plaza de Espana, Nähe Estacion del Norte (U-Bahn Plaza de Espagna), Mo-Fr 9-19, Sa 10-13.30 h.
Es gibt kostenlos Stadtpläne, aber keine Zimmervermittlung.

ZIMMERVERMITTLUNG: **Brujula**, eine private Gesellschaft, hat Zweigstellen im Chamartin und im Atocha-Bhf. (tägl. 8-20 h) und vermittelt für ca. 2 DM Unterkünfte in ganz Spanien. Hauptstelle im Torre de Madrid/6. Stock, Plaza de Espana, Calle de Princesa 1.

UNTERWEGS IN MADRID: gutes **Metro-System**, zentrale Station ist die Puerta del Sol, der absolute Mittelpunkt Madrids. Tägl. bis 1. 30 h, für eine Fahrt ca. 1 DM, Zehnerkarte für 7 DM, für drei Tage eine 'Tarjeta metrotour' für 12 DM. Es gibt gratis Netzpläne.
Busse sind etwas teurer, die gelben Microbusse sind am schnellsten. Informationen, Fahrpläne beim EMT (Plaza de la Cibeles).
Zwischen Chamartin und Atocha-Bhf. verkehren **Pendelzüge** - hauptsächlich für Transitreisende von Nord- nach Südspanien (frei mit Interrail).

Übernachten: eigentlich kein Problem. Entweder über die Brujula-Zimmervermittlung, aber auch auf eigene Faust könnt ihr leicht etwas finden.

JUGENDHERBERGEN, HOSTELS: es gibt 2 recht gute Jugendherbergen, ca. 8 DM incl. Frühstück. Im Sommer fast immer überfüllt, am besten schon morgens herkommen oder vorher anrufen. Vorsicht vor Klau.
Santa Cruz de Marcenado, Calle Santa Cruz de Marcenado 28, Tel. 91/2474532. Moderne Herberge beim Univiertel, U-Bahn Arguelles (Nähe Calle de Princesa, Estación del Norte). Schließzeit 1.30 h.
Richard Schirrmann, Casa de Campo, Tel. 91/4635699. Weiter außerhalb, in einem Park im Westen der Stadt, U-Bahn El Lago oder mit Bus Nr. 33 ab Plaza Isabell II bis Campo. Von der Metrostation noch ca. 1 km zu Fuß - beim Ausgang links und dann wieder links und die Bahngleise entlang. In der Nähe das große städtische Schwimmbad. Keine Schließzeit.
Inter-Point des YMCA, Travesia de Arenal 1/3. Stock, Tel. 91/2663244. Nur 1. Juli - 31. August (Rezeption 9-12, 16-19 h, ca. 16 DM, incl. Frühstück 20 DM). Anrufen und sich den Weg erklären lassen.

HOSTALES: in der Altstadt, ganz zentral um die Puerta del Sol (U-Bahn Sol) und die Plaza Mayor Dutzende von preiswerten Hostales, in vielen Häusern bis zu einem halben Dutzend oder mehr. In den oberen Stockwerken meist etwas billiger. Preise ca. 25-35 DM fürs DZ.
Hostal-Residencia Soledad, Calle San Cristobal 11, Tel. 2212210, zentral zwischen Puerta del Sol und Plaza Mayor, trotzdem relativ ruhig, DZ etwa 28 DM, Etagendusche.
Hostal Los 4 Tiempos, Travesia de Trujillos 3, Tel. 5213053, kleine Seitenstraße, billig.
Hostal Regional, Tel. 5223373, und **Hostal Carreras**, Tel. 5220036, beide Calle del Principe 18, laute Straße, aber gepflegt, DZ um die 35-40 DM.
Weiteres Zentrum von Billigunterkünften sind die Gran Via (Avenida José Antonio) und die von ihr abgehende Calle Fuencarral, allerdings etwas teurer als im Zentrum.
Costa Verde, Gran Via 61, Tel. 5422644, im selben Haus noch mehrere Unterkünfte (U-Bahn Plaza de Espana).
Auch um die Calle de Atocha (zwischen Puerta de Sol und der Estación Atocha) gibt es viele Möglichkeiten.

CAMPING: ein gutes Dutzend Plätze um Madrid, **Camping Madrid** ist der nächste, 7 km nördl., an der Straße nach Burgos (U-Bahn bis Plaza de Castilla, weiter mit Bus). **Camping Osuna** liegt ca. 8 km östl. kurz vor dem Flugplatz Barajas (ebenfalls Metro und Bus). Zu beiden Plätzen Anfahrt ca. 30 min.

Essen: in Madrid gibt es zahllose Tapas-Bars, alle gut besucht. Preiswerte Lokale vor allem um die Puerta del Sol und im Univiertel, Calle de la Princesa.

PUERTA DEL SOL: billige Restaurants in der **Carrera de San Jeronimo** und ihrer Seitenstraße **Ventura de la Vega**. In den Tascas der schmalen **Calle Victoria** wird mit alten Plakaten und vergilbten Photos Stierkampftradition gepflegt, hier ißt man im Stehen an der Theke ein paar leckere Kleinigkeiten, trinkt dazu ein Glas vino tinto. Einige nette Lokale zum Draußensitzen findet ihr in der **Pasaje Matheu**, ein kleines Stück südöstl. der Puerta del Sol. Besonders am Nachmittag schön schattig.

CIUDAD UNIVERSITARIA (U-Bahn Arguelles oder Moncloa): durchwegs preiswerte Lokale, z.B. auf der Calle de la Princesa. Auch einige Mensen, Rummel bis spät nachts.

Nachtleben: seit dem Ende der Franco-Diktatur hat sich Madrid zur "verrücktesten Metropole Europas" gewandelt. Bis spät in die Nacht ist die 'movida', die Madrider Szene in Bewegung. Unzählige Diskos und Bars sind aus dem Boden geschossen. Man nippt am Cuba Libre oder zieht am Joint (Hasch zum Eigengebrauch ist legal), im *Guia del Ocio* (an jedem Kiosk) könnt ihr erfahren, was wo los ist.

ZENTRUM: man trifft sich vor allem um die Plaza de Santa Ana und die benachbarte Plaza del Angel.
Cerveceria Alemana, Plaza de Santa Ana (U-Bahn Sol), deutsche Bierwirtschaft, früher Stammkneipe von Hemingway, heute guter Treff, viele junge Leute.
Café Central, Plaza del Angel (U-Bahn Sol), hier wird jeden Abend Modern Jazz gespielt, ein paar Mark.
Viva Madrid, Calle Manuel Fernandez Gonzales 7 (Nähe Plaza de Santa Ana), Renommierlokal des Viertels, Superfassade aus Azulejos, auch innen opulent aufgemacht, Preise noch erschwinglich.
Los Gabrieles, Calle del Echegaray 19, etwas anrüchige Kneipe, von außen unscheinbar, innen tolle Kacheln.

MALASANA: das Viertel um die **Plaza dos de Mayo** (U-Bahn Bilbao oder Tribunal) ist das Nachtviertel schlechthin, inzwischen leider auch anziehend für Drogenhandel und Raubkriminalität (Vorsicht ist angebracht). In den alten Gassen liegen jede Menge Cafés und Kneipen, im **Cafe de Ruiz**, Calle Ruiz 14, gibts oft Salza, im schicken **Manuela**, Calle San Vincente Ferrer 29, Live-Gesang, Volksmusik etc. Im **Café Silverio**, Calle Malasana 20, tägl. ab 24 h Flamenco.

CALLE DE LAS HUERTAS (Nähe Prado): buchstäblich eine Kneipe neben der anderen, die meisten mit Musik, z.B. **La Fidula**, Calle de las Huertas 57 (Nähe Prado), klassische Musik.

PASEO DEL PRADO, DEL RECOLETOS, DE LA CASTELLANA: an diesen breiten Boulevards liegen die berühmten **Terrazas** (Terrassencafés), wo sich allnächtlich die Madrilenos treffen (vor allem am So).
Café Gijon, Paseo de Recoletos 21, Nähe Prado (U-Bahn Colon), traditionsreichstes Café der Stadt, illustre Stammgäste gingen ein und aus (u.a. Bunuel, Hemingway, Ortega y Gasset und Ava Gardner). Im Sommer voller Touristen, im Winter treffen sich hier spanische Literaten.

WEITERE CAFES / BARS: **La Bobia**, Calle San Millan (U-Bahn Latina), riesiges Bierlokal, während der Woche farblos, aber am Sonntag nach dem Rastro-Flohmarkt, (siehe unter Märkten) der urigste und verrückteste Platz der Stadt. **Café de Oriente**, Plaza de Oriente (beim Palacio Real). **Café Lyon**, Calle Alcala 57, gegenüber der Hauptpost.

DISKOS: kosten gut 15-20 DM, vor 2 h läßt 'man' sich nicht blicken, vor 5 h geht 'man' nicht. **Rock Ola**, Calle Padre Xifre 5 (U-Bahn Cartagena), beste Adresse für saftigen Punk und Rock, an Wochenenden auch live. **El Sol**, Calle Jardines 3 (U-Bahn Sol), eine Madrider Institution, aber eher Snob-Publikum. **Joy Eslava**, Calle Arenal 11 (U-Bahn Sol), beliebt bei der Madrider Jugend, Lasershows, Videos, heiße Musik.

Sehenswertes

Vom Zentrum nach Osten (Altstadt, Prado, Parque del Retiro): die *Plaza Mayor* ist der zentralste Platz der Altstadt - architektonisch ein Prachtstück, Fußgängerbereich, rundum schöne freskenverzierte Arkadengängen und Straßencafés. Abends der Treffpunkt schlechthin - Straßenmusiker, Tänzer und vieles mehr, sonntags findet eine riesige Briefmarkenbörse statt (s. Märkte).
Nicht weit die trubelige *Plaza Puerta del Sol*. An diesem geographischen Mittelpunkt Spaniens (Punkt 0) kreuzen sich fast alle U-Bahnen und 11 Straßen gehen in alle Himmelsrichtungen. Vor allem in den Gassen südöstl. davon (Calle la Cruz, Principe und Echegaray) viel Rummel.
Die breite Calle de Alcala führt Richtung Osten zum verkehrsreichsten Platz, zur *Plaza de Cibeles* mit schönem Springbrunnen und der monumentalen *Hauptpost*, die eher wie ein Schloß wirkt. Nördl. der breite Boulevard *Paseo de Recoletos* und anschließend der *Paseo de la Castellana* mit horrendem Verkehr und vielen Terrassencafés (s. Nachtleben). Südl. der Plaza de Cibeles führt die breite Promenade zum Prado und zum Botanischen Garten. Dahinter der riesige Parque Retiro.

Prado: eins der ältesten, größten und berühmtesten Museen der Welt! Über 5000 Gemälde, seit Jh. hauptsächlich von den spanischen Königen aus aller Welt zusammengeholt. Am bedeutendsten die Sammlung spanischer Maler - Goya, Velasquez, El Greco, Ribera, Murillo . . . Außerdem viele italienische Vor-Renaissance- und Renaissancekünstler - Fra Angelico, Raffael, Tizian, dazu noch Niederländer und deutsche Meister - Bosch, Brueghel, Rubens, Rembrandt, Dürer, Cranach u.v.a. In einem Besuch unmöglich zu bewältigen, nur eine Auswahl anschauen - phantastische Höhepunkte sind die Werke von Goya und Boschs 'Garten der Lüste' (Di-Sa 9-19, So 9-14 h, Mo geschl., ca. 7 DM, Schül./Stud. frei). Gleich in der Nähe, etwas östl. oberhalb an der Calle Felipe IV., liegt der *Cason del Buen Retiro*. Hauptsächlich Malerei des 19. Jh., v.a. das weltberühmte Gemälde 'Guernica' von Picasso. Er malte es als Mahnung und Protest gegen die Schrecken des Krieges - Anlaß war der Bombenangriff der deutschen Legion Condor auf die nordspanische Stadt Guernica im spanischen Bürgerkrieg, s. Guernica (Öffnungszeiten wie im Prado, dasselbe Ticket gilt).

Erholsam gleich hinter dem Cason del Buen Retiro der ausgedehnte *Parque de Retiro*. Am großen Teich in der Mitte (Estanque Grande) ein Bootsverleih. Im östl. Teil des Parks der Zoo, südl. vom Teich ein Ausstellungspalais und der *Palacio de Crystal* (in beiden wechselnde Ausstellungen). Ganz im Süden der prächtige Rosengarten *Rosaleda*. Am Rückweg in die Stadt könnt ihr von der Puerta de Murillo noch den *Botanischen Garten* besuchen. Die Kneipengasse *Calle de las Huertas* führt schließlich zur Plaza Mayor zurück.

Vom Zentrum nach Westen: von der Plaza Mayor kommt ihr schnell zur Plaza del Oriente mit dem *Palacio Real*, dem Königlichen Schloß. Eine der Hauptsehenswürdigkeiten Madrids, wer luxuriöse Prachtentfaltung liebt, kann sich die verschwenderische Innenausstattung vorführen lassen - Porzellan, Möbel, Wandteppiche, alte Uhrensammlung, schöne Deckengemälde (insgesamt ca. 2500 Stück) u.v.m. Eine Führung im Schloß dauert ca. 1 std., von den 2700 Räumen könnt ihr etwa 30 besichtigen. In einem Nebenflügel links vom Eingang findet ihr eine alte *Apotheke* mit Gläsern, Töpfen und Kräutern aus längst vergangenen Zeiten. Die *Armeria*, eine berühmte Waffensammlung liegt im südwestl. Nebenflügel, noch weiter südl. die *Kathedrale*. Hinter dem Schloß eine Gartenanlage, der *Campo del Moro*, mit *Kutschenmuseum* (Mo-Sa 10-13, 16-18, So 10-13 h, ca. 5 DM, Stud. ermäß.). Viel weiter westl. liegt der riesige Park *Casa del Campo* (U-Bahn El Lago bzw. Batan oder Seilschwebebahn ab Paseo del Pintor Rosales). Er ist gut zehnmal so groß wie der Retiropark und hat ein Schwimmbad, Vergnügungspark, Zoo.

Südlich der Plaza Mayor: der *Rastro* - Leckerbissen für Flohmarktliebhaber, riesiges Angebot, jedoch absolut überfüllt. Der riesige Straßenmarkt findet jeden So 10-14 h statt und zwar ca. 300 m südl. der Plaza Mayor an der Calle Ribera de Curtidores (U-Bahn La Latina oder Tirso de Molina).

Nördlich vom Zentrum: verläuft die teuerste Geschäftsstraße, die *Gran Via*, abends die Flanierstraße der Madrilenos mit etlichen Straßencafés, aber auch viel Verkehr. Sie mündet auf die *Plaza de Espana*, dort im 26. Stock des Hochhauses *Edificio Espana* ein Café mit Superaussicht auf die Stadt. Nördl. davon beginnt die *Ciudad Universitaria*, das Uni- und Studentenviertel mit dem schönen *Parque del Oeste*. Der ägyptische *Templo de Debod* im Park ist keine Nachbildung, sondern echt (Geschenk der ägyptischen Regierung).

MUSEEN: **Nationalbibliothek**, am Paseo Recoletos 20, eine der größten Büchersammlungen Europas (Mo-Sa 9-13.30, 17-19 h, 0,50 DM). Gleich um die Ecke das ausgezeichnete **Archäologische Museum**, das beste ganz Spaniens. Funde aus altiberi-

scher Zeit, vieles von den Etruskern, Ägyptern, Griechen, Römern u.a. Sogar eine Nachbildung der Höhle von Altamira (Di-So 9-15 h, ca. 3 DM, Stud. frei).
Museo Sorolla, Calle General Martinez Campos 37 (U-Bahn Rios Rosas). Der Impressionist Joaquin Sorolla aus Valencia baute sich 1911 diese Villa als Atelier und Wohnung. Ein gutes Hundert seiner Werke hängt hier, einige Räume wurden im Originalzustand belassen (tägl. außer Mo 10-14 h, Aug. geschl., ca. 3,50 DM, Stud. frei).
Museo Lazaro Galdiano, Calle Serrano 122 (U-Bahn Serrano). Neben wertvoller Gemäldesammlung (u.a. Bosch, Cranach, Murillo) auch Elfenbeinschnitzereien, alter Schmuck, Miniaturen etc. (Di-So 10-14 h, ca. 2,50 DM).
Museo de America, Avenida de los Reyes Catolicos 6 (beim Park del Oeste im Univiertel). Ethnograph. Sammlung der alten Kulturen Mittel- u. Südamerikas (Di-So 10-14 h).
Centro de Arte Reina Sofia, Calle de Santa Isabel 52 (U-Bahn Atocha). Neues Zentrum für zeitgenössische Kunst, mehrere Ausstellungen, u.a. Miró und über Naturmalerei und Stilleben seit 1940 (Di geschl.).
Museo de Cena, Wachsfigurenkabinett an der Plaza de Colon (tägl. 11-13, 17-20 h, ca. 6 DM). Kann sich zwar nicht ganz mit Madame Tussaud's in London messen, ist aber interessant und anschaulich - von den Conquistadores bis Franco ist alles vertreten.

MÄRKTE / SHOPPING: der **Mercado** (Markthalle) gleich bei der Plaza Mayor, frisches Obst und Gemüse, billig. Preiswertes Kaufhaus ist **El Corte Ingles**, u.a. an der Calle de Princesa.
Den berühmten Flohmarkt **Rastro** s. Sehenswertes. Weiterer ähnlicher Flohmarkt ist der **Rastrillo** an der Calle Marques de Viana (U-Bahn Valdeacederas), So 10-14 h. Ebenfalls So (9-14 h) auf der Plaza Mayor die größte **Briefmarkenbörse** Europas.
Eine Reihe von Bücherständen findet ihr bei der U-Bahnstation Atocha, **Calle de Claudio Moyano** (tägl. 9-14 h). Bücher aller Art, auch wertvolle alte Ausgaben und unter dem Franco-Regime verbotenes.
Mercado de Artesania, Plaza de Santa Ana (Sa u. So 11-20 h). Kollektiv von Kunsthandwerkern stellt seine Produkte aus - Keramik, Masken, Leder, Holz, Messingartikel etc.
Ein Laden neben dem anderen in der **Calle Fuencarral** (v.a. Schuhe), die teuerste und eleganteste Einkaufsstraße ist die **Calle Serrano** (Boutiquen, Lederwaren, Antiquitäten), viele Antiquitätenläden (auch preiswerte schöne Sachen) in der **Calle del Prado**.

Von Madrid durch Kastilien

Madrid - Toledo

Stichbahn in die berühmte Provinzhauptstadt, 70 km südwestl. von Madrid, ca. 10 x tägl. ab Madrid/Atocha.

TOLEDO

Ein kultureller Höhepunkt. Schon allein die Lage der Stadt auf einem Hügel, der vom Rio Tajo in einer tiefen Schlucht umflossen wird, ist einmalig.

Toledo ist ein einziges Freilichtmuseum spanischer Kultur und Geschichte - maurische, christliche und jüdische Einflüsse haben sich gleichermaßen in der Baugeschichte niedergeschlagen. Der Grundriß der Innenstadt mit ihrem verwinkelten Gassenlabyrinth ist z.B. typisch maurisch - dunkle enge Gassen, manchmal stoßen die Giebel der gegenüberliegenden Häuser fast zusammen. Auch viele Bauten zeigen arabischen Einschlag - enge Fenster, vergitterte Erker und offene Innenhöfe. Ansonsten gibt es zahllose Kirchen und Klöster - nach der Vertreibung der Mauren wurde die Stadt zum kirchlichen Zentrum Spaniens gemacht.
Ihrer Bedeutung entsprechend überfluten zahllose Touristen die Stadt. Toledos typischen Charakter haben sie aber nur ankratzen können.

EL GRECO: die Stadt lebt noch heute von ihrem berühmtesten Bürger, dem Maler **Domenikos Theotokopoulos**, wie 'El Greco' eigentlich hieß. Er wurde wahrscheinlich 1545 im kleinen Örtchen Fodele auf Kreta geboren, verbrachte jedoch einen Großteil seines Lebens in Toledo, im 16. Jh. eins der Zentren des christlichen Abendlandes. Er porträtierte den spanischen Adel, die Kirche und das Großbürgertum - auf seine Gemälde stößt man an allen Ecken und Enden der Stadt. Sein Stil ist einzigartig und unverkennbar und übt eine seltsame Faszination aus - das Visionäre seiner Werke vermittelte eine bis dahin unbekannte Dimension des Seelischen, die im tiefgläubigen Spanien auf fruchtbaren Boden fiel.

VERBINDUNGEN / BAHNHOF: Züge von und nach Madrid/Atocha, ca. 10 x tägl. Der Bhf. am **Paseo de Rosa** auf der Ostseite vom Fluß (neu im maurischen Stil errichtet). Altstadt auf der anderen Flußseite, mit Bus "St. Barbara" zur Plaza de Zocodover hinauf. Wer von Toledo südwärts will, muß in **Aranjuez** (Gepäckaufbewahrung) auf einen von Madrid kommenden Schnellzug warten.

INFORMATION: außerhalb der **Puerta de Bisagra** (Nordtor der Stadtmauer). Zimmervermittlung, Stadtpläne.

ÜBERNACHTEN: **Jugendherberge** im Castillo de San Servando, etwa 1 km vom Bhf., auf einem Hügel am selben Flußufer, toller Blick auf die Stadt, Tel. 925/224554. Eins der preiswertesten Hostales ist die **Fonda Segovia**, Calle Recoletos 4, Tel. 211124, nicht allzu weit von der Plaza de Zocodover. Erschwinglich ist auch **Las Armas**, Calle Armas 7, Tel. 221668, ganz zentral.
Zudem 3 Campingplätze um die Stadt, der nächste ist **Circo Romano**, nah der Puerta de Bisagra. Mit Bus bis Tourist-Info und 500 m zu Fuß (Swimmingpool 4 DM extra).

ESSEN: im allgemeinen recht teuer. Erschwinglich ist das **Cubana** beim Bhf., Paseo de la Rosa. Ansonsten im Umkreis der Plaza de Zodocover viele Möglichkeiten.

Sehenswertes: die Stadt als Ganzes! Leider herrscht auch in den kleinen Gassen lebhafter Autoverkehr. Zentraler Treffpunkt ist die *Plaza de Zocodover* mit Straßencafés. Östl. der Plaza das *Museo de Santa Cruz* in der Calle de Cervantes. Das ehemalige Hospital beherbergt eine sehenswerte Sammlung historischer Wandteppiche und kirchlicher Stücke, aber auch etwa zwanzig Bilder von El Greco (Di-Sa 10-18.30, So 10-14 h, ca. 3,50 DM).

Nicht weit ist es bis zur mächtigen *Kathedrale*, der zweitgrößten Spaniens. Hauptsächlich im gotischen Stil erbaut, prächtige Innenausstattung, Chor, Domschatz und Sakristei mit großartiger Gemäldesammlung, u.a. gut zwei Dutzend El Grecos (tägl. 10.30-13, 15.30-19, frei, für Sakristei, Domschatz und Chor ca. 4 DM).

Nur ein Stück entfernt, der zweite bedeutende Bau der Stadt - der *Alcazar* am höchsten Punkt der Stadt. Während der Anfangsphase des spanischen Bürgerkrieges verteidigten sich hier 68 Tage lang die Faschisten gegen die große Übermacht der Kommunisten, Sozialisten und Republikaner. Während der Franco-Diktatur wurde die Tapferkeit der Alcazar-Verteidiger immer mehr hochstilisiert, den Alcazar erklärte man zum nationalen Erinnerungsmal. Die sozialistische Regierung will jetzt ein Kulturzentrum daraus machen. Der Teil des Komplexes, in den sich die Verteidiger zurückgezogen hatten, wurde im wesentlichen unverändert gelassen - Einschüsse in den Wänden, zerstörtes Mobiliar etc. (Di-So 10-14, 16-19 h, ca. 3 DM).

Im Westen der Stadt liegt das ehemalige Judenviertel. Die Kirche *Santa Maria la Blanca* war ursprünglich als Synagoge konzipiert, wurde aber im 15. Jh. zur Kirche umgewandelt. Das interessante Innere wirkt mit 8-eckigen Pfeilern und Hufeisenbögen dagegen wie eine Moschee. Nur ein paar Schritte südl. steht die *Sinagoge del Transito*, Mitte des 14. Jh. erbaut und mit außergewöhnlicher Innenausstattung - schwere Holzdecke mit Elfenbeineinlagen und vielen Stuckverzierungen.

Fast benachbart die *Casa del Greco*, Calle Levi 3. Das schöne Wohnhaus aus dem 16. Jh. wird heute als Wohnung von El Greco 'verkauft', obwohl das Originalhaus nicht bekannt ist. Interessanter Rundgang durch das historisch möblierte Haus ins eigentliche *Museo El Greco* mit etlichen Werken des kretischen Malers (Di-Sa 10-14, 14-18, So 10-14 h, ca. 3,50 DM).

Das vielleicht berühmteste und beste seiner Bilder, das grandiose "Begräbnis des Grafen von Orgaz" (5 m hoch!), ist in einem abgegrenzten Raum der nahen Kirche *Santo Tome* zu sehen. Touristenführungen schieben sich ständig durch - aber es lohnt sich (Di-Sa 10-14, 15.30-18, So 10-14 h, ca. 2 DM).

LESERTIP: "wir schliefen in Toledo auf dem Berg gegenüber der Stadt, jenseits vom Fluß. Schöner Blick von dort auf die Stadt" (Frank Weigold, Fluorn-Winzeln).

Madrid - San Lorenzo de El Escorial - Avila - Salamanca - Portugal A-Kb. 25521

Wichtige internationale Strecke nach Portugal, aber auch einige interessante Ziele auf spanischer Seite. Züge nach Salamanca ab Chamartin und Atocha, ab Salamanca nur 1 x tägl. nach Porto (Portugal).

El Escorial: das berühmte Klosterschloß Philipps II liegt etwa 50 km

nordwestl. von Madrid in San Lorenzo de El Escorial, an der Bahnstrecke nach Avila. Der bedeutende Renaissancebau ist eine der größten Sehenswürdigkeiten Spaniens und wurde Ende des 16. Jh. als Sommerresidenz und Grabstätte für die Königsdynastie errichtet (200 m lang, 160 m breit, über 300 Räume, 16 Höfe, 2500 Fenster).
Der wuchtige Rechtecksbau wirkt mehr wie eine Festung als ein Kloster und ist insgesamt sehr nüchtern und streng gehalten. Interessant sind z.B. das Sterbezimmer des wichtigsten spanischen Königs, Philipp II., die Gruft, in der fast alle spanischen Könige seit Karl V. beigesetzt sind und die prachtvolle Bibliothek (Di-So 10-13.30, 15.30-18.30 h, Mo geschl., ca. 8 DM, Besichtigung nur mit spanischsprachiger Führung).

VERBINDUNGEN: häufige Züge ab Chamartin und Atocha, der Bhf. liegt 2 km außerhalb vom Stadtzentrum, Busse pendeln in die Stadt, ganz in die Nähe vom Kloster.

ÜBERNACHTEN: Voranmeldung nötig, die Stadt ist beliebte Sommerfrische, zudem Touristenzentrum.
Jugendherberge Santa Maria de Buen Aire, Calle Herrera, Tel. 91/8903640, angenehme Unterkunft mit 92 Betten, ca. 2 km vom Kloster (beschildert).
Jugendherberge Villa Paz, Calle Rosario Muro 4, Tel. 91/8903640., nur wenig Betten. Beide JHs ab 15. Aug. bis 15. Okt. geschl.
Großer **Camping La Herreria** ungefähr 2 km vom Kloster.

Valle de los Caidos: 10 km von San Lorenzo de El Escorial, gigantomanische Gedenkstätte für die Gefallenen des spanischen Bürgerkriegs, Busverbindung (tägl. 10-18 h).

Avila: höchstgelegene Stadt Spaniens, mitten in einer völlig baumlosen Hochebene zwischen zwei hohen Gebirgen, der Sierra de Gredos und der Sierra de Guadarrama. Hier oben ist es wirklich nicht mehr besonders warm - erstaunlicher Kontrast zum brütenden Hitzekessel Madrid.
Avila hat eine der am besten erhaltenen Stadtmauern Europas, die *Muralla* - fast 3 km lang, mit 88 (!) halbrunden Türmen und 8 Stadttoren. Auch das Stadtbild ist noch ganz von mittelalterlichen Palästen, Kirchen und Klöstern geprägt, imposant auch die *Kathedrale*. Zu empfehlen - ein Spaziergang die Stadtmauer entlang!
Die hl. Teresa ist die bedeutendste Persönlichkeit der Stadt und überall präsent - an der Stelle, wo ihr Geburtshaus stand, erhebt sich heute der *Convento de Santa Teresa* (zu besichtigen) und im *Monasterio de la Encarnación* kann man ihre Zelle betrachten.

VERBINDUNGEN / BAHNHOF: häufig Verbindungen von Madrid, Atocha und Chamartin. Ins Zentrum zu Fuß, es fahren aber auch Busse.

INFORMATION: Plaza de la Catedral 4.

ÜBERNACHTEN: **Jugendherberge Profesor Arturo Duperier**, Av. de Juventud, Tel. 918/221716, zentrale Lage in der Stadt (geschl. 1. Juli-15. Sept.). Vorher anrufen, in den letzten Jahren zeitweilig geschl.
Einige preiswerte Fondas an der **Calle Estrada** (kleine Seitenstraße parallel zur Straße außerhalb vom Stadtmauertor Puerta del Alcazar, Plaza Santa Teresa). Zwei erschwingliche Hostales sind **Continental**, Plaza de la Catedral 6 (Tel. 211502) und **Rastro**, Plaza del Rastro 4 (Tel. 211219), letzteres mit preiswertem Restaurant.

SALAMANCA

Eine der schönsten Städte Spaniens, beliebter Stop-Over auf dem Weg nach Portugal.

Neben Madrid und Santander wichtigste Universitätsstadt des Landes, außerdem bedeutendes historisches Zentrum, vor einiger Zeit zum nationalen Denkmal erklärt. Ganz aus goldgelbem Sandstein erbaut, findet man in der Altstadt alle Stile von Romanik bis Barock einträchtig miteinander vereint. Dank des regen studentischen Lebens (auch viele Ausländer studieren hier) mehr als ausgeprägtes 'Night-Life', zahllose Kneipen, Bars, Tascas in der Altstadt, viel Atmosphäre. Ein spanischer Höhepunkt!

VERBINDUNGEN / BAHNHOF: etwas außerhalb der Altstadt, ca. 20 min. zu Fuß oder Bus 1.

INFORMATION: an der Plaza Mayore und an der Gran Via (Calle de Espana) 39.

ÜBERNACHTEN: die meisten Billigpensionen (fondas) in zentraler Lage um die Plaza Mayor und südl. davon, v.a. in der benachbarten Calle Melendez, ca. 25-30 DM fürs DZ. Sehr beliebt sind **Fonda Marina**, Calle Doctrinos 4, Tel. 216569 und **Hostal Tormes**, Rua Mayor 20, Tel. 219683. Sehr einfach und billig ist **Hostal El Serrano**, Rua Mayor 15, Tel. 219181. Außerdem mehrere Campingplätze, z.B. **Regio** 4 km Richtung Madrid (Bus nach Regio), mit Swimmingpool. **Camping Don Qixote**, Richtung Aldealengua, ist etwas preiswerter.
Nächste Jugendherberge 40 km entfernt in Penaranda de Bracamonte (an der Bahnlinie nach Madrid, zw. Avila u. Salamanca) - **Colegio Dego de Torres y Villaroel**, Calle Elisa Munoz Rodriguez 34, Tel. 923/540988.

ESSEN: billige Lokale in der Calle Melendez. Viele Studenten trifft man im stets überfüllten **Meson Cervantes**, Plaza Mayor 12. **El Trigal**, Calle de Libreros 20 (Fußgängerzone, Nähe Kathedrale), tolles vegetarisches Restaurant mit guten Salaten und prima Getränken (nichtalkoholisch).

NACHTLEBEN: die Nächte werden zum Tag in Salamanca, angenehme Studentenszene. Zahllose Bars z.B. in der Calle Melendez. **El Corillo**, Plaza Mayor, aus dem ehemaligen Edelcafé wurde ein nettes verräuchertes Szenelokal, ähnlich einer dt. Studentenkneipe. **Cafe Novalty**, ebenfalls Plaza Mayor, historisches Café mit Atmosphäre. **El Puerto del Chus**, Plaza de San Julian, der 'Cous-Cous-Hafen' ist einer der originellsten Treffs der Stadt und immer voll.

Sehenswertes: die *Plaza Mayor* gehört zweifellos zu den schönsten Plätzen Spaniens, architektonisch sehr harmonisch von einem vierstöckigen Gebäude eingeschlossen, unten läuft ein prächtiger Arkadengang rundum. Natürlich **der** Treffpunkt der Stadt, vor allem abends - Straßencafés, Flaneure und Touristen.
Nicht weit von der Plaza an der Calle de la Compania die *Casa de la Conchas* (Haus der Muscheln) - der Besitzer stammte aus Santiago und schmückte sein Haus mit den bekannten Pilgermuscheln. Sehenswert auch das *Universitätsgebäude* am Patio de Escuelas, dessen Westfassade mit 'plateresken' Verzierungen verschwenderisch ausgestattet ist.
Die beiden Kathedralen der Stadt liegen in der Nähe vom Fluß. An der hübschen Plaza de Anaya die *Neue Kathedrale* - interessantes Stil-Sammelsurium von Gotik bis Barock, besonders eindrucksvoll die plateresken Portale mit ihren prunkvoll-detaillierten Ausschmückungen. Die benachbarte *Alte Kathedrale* ist eine der schönsten romanischen Kirchen Spaniens.

Madrid - Avila -Medina del Campo - Zamora - Orense - Santiago de Compostela - La Coruna A-Kb. 25520

Etwa 2 x tägl., eindrucksvolle Strecke nach Galizien, in die Nordwestecke Spaniens. Über Zamora, La Puebla de Sanabria und Orense nach Santiago de Compostela und weiter bis an den Atlantik. Touristisch kaum bekannt, erinnert etwas ans schottische Hochland. Wenn man weiß, daß am selben Tag noch ein Zug kommt, irgendwo aussteigen und etwas herumlaufen.
Etwa 15 km hinter Zamora eins der größten und kühnsten Viadukte der Welt über den Rio Esla (Viaduct Martino Gil) - fast 500 m lang und über 80 m hoch. Ab La Puebla geht die Strecke in die *Sierra de la Culebra*. Bis Santiago folgen 178 (!) Tunnels, Gesamtlänge fast 80 km - damit wird sogar die norwegische Bergenbahn übertrumpft! Santiago di Compostela und La Coruna siehe S. 442.

Madrid - Villalba - Cercedilla - Segovia - Medina del Campo - Valladolid - Leon - Oviedo

Strecke durch Altkastilien zur spanischen Nordküste. Oviedo und Gijon siehe S. 441.

Sierra da Guadarrama: etwa auf der Hälfte der Strecke Madrid - Segovia Möglichkeit zu einem Abstecher in dieses reizvolle Gebirgsmassiv mit schönen Pinienwäldern. Ab Station *Cercedilla* (hinter Villalba) geht eine kleine Bergbahn (gehört zur RENFE) mehrmals tägl. hinauf zum *Navacerrada-* und *Cotos-Paß*.

ÜBERNACHTEN: **Jugendherberge Villa Castora**, Carretera de las Dehesas, nicht allzu weit vom Bhf. am Berg, September geschl.,

Tel. 91/8522411. Auch ein **Campingplatz** beim Ort.
Zwei weitere Jugendherbergen auf dem Puerto de Navacerrada (oben auf dem Paß) - **Alvaro Iglesias** (Tel. 91/8521423) und **La Casita** (Tel. 91/8521423).

Segovia: prächtige Lage auf einem hohen Felsrücken an der Nordseite der Sierra da Guadarrama (90 km von Madrid). Ausgesprochen malerische und wenig überlaufene Stadt. Interessant vor allem wegen der vielen bemerkenswerten Bauwerke - allein 40 Kirchen, darunter die prächtige Kathedrale, die gut erhaltene Stadtmauer mit 86 Türmen, ein riesiger römischer Aquädukt (wichtigstes und größtes Relikt der Römer in Spanien) und das "Neuschwanstein" Spaniens - der *Alcazar*. Die maurische Burg wurde im 19. Jh. vollständig restauriert und auf romantisch getrimmt (tägl. 10-19 h, ca. 2,50 DM).

VERBINDUNGEN / BAHNHOF: vom Bhf. Busverbindung hinauf ins Zentrum.

INFORMATION: Plaza Mayor 8, Zimmervermittlung.

ÜBERNACHTEN: **Jugendherberge Emperador Teodosio**, Paseo Conde de Sepulveda 2, Tel. 911/420226. Am Weg vom Bhf. zur Altstadt, gut ausgestattet. An der Plaza Mayor eine **Casa de Huespedes** mit billigen Zimmern für ca. 25 DM, Tel. 433527. **Camping el Acueducto** 2 km südöstl. der Stadt. Weitere Jugendherberge Nostra Senora de Europa in **San Rafael** (Bahnstation ca. 30 km in Richtung Madrid), Tel. 911/171457.

Valladolid

Größte Stadt und wirtschaftliches Zentrum Altkastiliens. Im Zentrum starker, teilweise störender Kontrast von alt und neu, trotzdem viele interessante Bauten - die streng und düster wirkende *Kathedrale* (nach Plänen des Erbauers von El Escorial), die hübsche romanisch-gotische Kirche *Santa Maria la Antigua* gleich nebenan, *San Pablo* und *Colegio San Gregorio* mit üppigen Fassaden im gotisch-isabellinischen Stil (San Gregorio heute beachtliches Skulpturenmuseum mit sehenswertem Innenhof).

BAHNHOF / VERBINDUNGEN: **Estación Campo Grande**, etwas südl. außerhalb der Altstadt, ca. 15 min. zu Fuß.

INFORMATION: Plaza de Zorrilla 3 (vom Bhf. geradeaus an Kolumbusdenkmal und Stadtpark Campo Grande vorbei). Von dort durch die Calle de Santiago zur Plaza Mayor und zu den Sehenswürdigkeiten.

ÜBERNACHTEN: **Jugendherberge Rio Esgueva** am Stadtrand, Calle Cementerio 2, Tel. 983/251550 (Busse ab Plaza Mayor), nur Juli-Sept. offen. Billige Zimmer in den Gassen zwischen der Plaza Mayor und der Kirche San Pablo.

Leon: schöne Provinzhauptstadt in fast 1000 m Höhe am Weg von Madrid zum Atlantik. Etliche Bauten aus Romanik und Gotik, prächtige *Kathedrale* (Frühgotik) mit beeindruckendem Innenraum - tolle Lichtwirkung wegen der hohen Glasfenster. In der Umgebung dagegen viel Industrie und Bergbau.

VERBINDUNGEN / BAHNHOF: in der Neustadt, von der Altstadt durch den Rio Bernesga getrennt.

INFORMATION: Plaza de Regla 3, gegenüber der Kathedrale.

ÜBERNACHTEN: 2 Jugendherbergen - **Consejo de Europa**, Paseo del Parque 2, Tel. 987/200206, neu eröffnet (nur Juli bis Mitte Sept.) u. **Infanta Dona Sancha**, Calle de la Corredera 2, Tel. 987/203414 (Studentenheim, nur Juli/Aug. für Durchreisende offen).

Oviedo/Gijon siehe S. 441.

ATLANTIKKÜSTE

Das grüne Spanien - interessante Route mit schönen Badeplätzen und wenig internationalem Massentourismus. Jedoch kommen im Sommer die Spanier in Scharen. Auf unbeständiges Klima gefaßt machen - wesentlich rauher als die Mittelmeerküste, oft Regen, auch im Hochsommer.

Die Atlantikküste Spaniens besitzt wild zerklüftete Fels- und Steilküsten, herrlich feinsandige Strände und einsame Badebuchten. Die Küstenorte zwängen sich z.T. malerisch in tiefe Einschnitte. Fast überall viel frisches Grün, auch Wälder.
Für Interrailer leider weniger aktuell, weil entlang der Küste ab San Sebastian über Bilbao, Santander, Oviedo und weiter nach El Ferrol (bei La Coruna) nur *Schmalspurbahnen* verkehren (In-

terrail gilt nicht, die Fahrten sind aber preiswert, s. unten). Es gibt allerdings die Möglichkeit, von Madrid aus mit Stichbahnen der RENFE zu den wichtigsten Küstenorte zu fahren.
Die Region von der französischen Grenze bis Bilbao ist *Euskadi*, das spanische Baskenland. Seit langem kämpft man hier politisch, aber auch mit blutigem Terror um Autonomie. Für Touristen ist der Aufenthalt ungefährlich.

VERBINDUNGEN: Schmalspurbahn **ET/FV** (Eusko Trenbideak oder Ferrocarriles Vascos) von San Sebastian nach Bilbao (ca. 12 DM für die 100 km, 3,5 std.).
In Bilbao Bhf. wechseln, von dort nach Santander und weiter Richtung Osten fährt die **FEVE**. Keine Dampfloks o.ä. erwarten, die Züge sehen aus wie spanische Vorortzüge. Viel schöner ist die rasante Busfahrt auf der serpentinenreiche Küstenstraße.

Irun - San Sebastian - Burgos - Valladolid - Avila - Madrid A-Kb. 25530

Hauptstrecke für internationale Züge von Paris nach Madrid - über Valladolid, Medina del Campo und Avila gehts in die spanische Hauptstadt. Andererseits gute Möglichkeit für die Anfahrt von Madrid zur nordspanischen Küste. Für die 400 km von San Sebastian nach Madrid braucht der Zug bis zu 10 std. (!). Tags Zuschlag von gut 30 DM, nachts fährt ein zuschlagfreier Expreso (Platzkarten kaufen, gerammelt voll).

Irun: reichlich trister Grenzort und großer Umsteigebhf. für die spanischen Züge (im Bhf. Geldwechseln möglich). Ausgesprochen reizvoll dagegen das Küstenstädtchen *Fuenterrabia* (Hondarribia) mit malerischen Gassen und bildhübschen Fachwerkhäusern im alten Zentrum, ca. 4 km von Irun. Auch einen guten Strand gibts, etwa 3 km außerhalb das *Kap Higuer* - Leuchtturm und schöne Aussicht (von der JH die Straße weiter).

ÜBERNACHTEN: **Jugendherberge Juan Sebastian Elcano** an der Carretera Faro, gutes Ausweichquartier für San Sebastian (Bus ab Irun Richtung Playa bis zur Teilung der Straße nach dem Ortszentrum, dann 300 m zu Fuß), Tel. 941/641550.

SAN SEBASTIAN (DONOSTIA)

Interessante Stadt mit Flair, liegt reizvoll an einer elegant geschwungenen Meeresbucht, exzellente Bademöglichkeiten.

Was einem schnell auffällt, sind die monumentalen Bauten und pompösen Boulevards. San Sebastian ist eine der reichsten Städte Spaniens, die schöne Badebucht *La Concha* lockt vor allem die spanische High Society an.
Aber San Sebastian ist auch eine Hochburg des baskischen Separatismus (viele Wände sind mit ETA-Parolen besprüht) und das 'Amsterdam Spaniens' - in der hübsch vergammelten Altstadt treffen sich allsommerlich spanische Jugendliche, Tramper und Railer. Im Juli, August, September, wenn zahllose Festivals stattfinden, ist die Stadt überfüllt.

VERBINDUNGEN / BAHNHOF: **Estación del Norte** am Paseo Francia, unmittelbar östl. vom Rio Urumea. Über die Brücke Maria Cristina kommt ihr in die "elegante" Neustadt um die Av. de la Libertad, von dort rechter Hand in die Altstadt.
Gepäckaufbewahrung in der Calle Urdaneta 21-23 (tägl. 10-14, 16-20 h, ca. 1,20 DM), nicht weit vom Bhf. (über die Brücke und an der Kathedrale vorbei, Stadtplan mit Wegbeschreibung bei der Information im Bhf.).

INFORMATION: gut ausgestattetes Büro an der Calle Reina Regente, im Erdgeschoß des **Victoria Eugenia-Theaters** bei der letzten Brücke vor dem offenen Meer (Ostende der Alameda del Boulevard). Stadtplan, Buspläne, Liste mit Unterkünften.

ÜBERNACHTEN: im Juli und Aug. ist die Stadt überfüllt, außerdem die Zimmer teuer.
Jugendherberge Anoeta, Ciudad Deportiva, Tel. 943/452970. Liegt in Außenbezirk, mit Bus ("Anoeta") zu erreichen, ca. 10 DM, im Sommer fast immer voll, vielleicht in die JH von Fuenterrabia ausweichen (s. oben).
Hostal Terminus am Bhf. (Tel. 270217) ist nicht gerade superbillig, besser ist **Pension Lizaso**, Calle San Vincente 7, Tel. 422977 in der Altstadt bei der Kirche S. Vincente, DZ ca. 45 DM. Gut 50 DM kosten die gepflegten DZ im **Hostal Estrella**, Plaza de Sarriegui 1, ebenfalls in der Altstadt, Tel. 420997.
Mit am billigsten sind die Casas de Huespe-

des **Onate** und **Mercedes**, beide am Westende der Playa de la Concha, Calle Matia 19, ca. 35 DM, Tel. 215215 bzw. 216758. Guter Campingplatz auf dem **Monte Igueldo**, westl. der großen Badebucht, ca. 3 km vom Zentrum. Busse zum Barrio de Igueldo fahren ab Alameda del Boulevard 22. Wenn alle Stricke reißen - es wird auch viel am Strand **La Concha** geschlafen.

ESSEN: in der Altstadt haufenweise Tapas-Bars und kleine Lokale. **Casa Vergara**, Calle Mayor 21 (gegenüber Hauptportal der Iglesia de Santa Maria), dunkle, rustikale Gaststube, an den Wänden schöne bis kitschige Keramikteller, Paella in mehreren Variationen, Hühnchen, Fisch. **El Caserio**, San Jeronimo 16 (an der Plaza de la Constituzion), intim-gemütlicher Raum, Menü ca. 15 DM. Am Fischerhafen, unterhalb des Monte Urgull, am Weg zum Aquarium, ein nettes **Fischlokal** neben dem anderen, viel Atmosphäre, leider überteuert.

Sehenswertes: am Fuß des weithin sichtbaren *Mont Urgull* mit seiner 12 m hohen Jesusstatue liegt das alte Viertel der Stadt. Anfang des 19. Jh. ist es ganz abgebrannt und wurde in streng schachbrettartigem Grundriß wieder aufgebaut. In den vielen Bars treffen sich gleichermaßen Spanier wie Touristen. Zentrum ist die *Plaza de la Constitution*, wo im Sommer oft Live-Konzerte stattfinden und vor allem an Wochenenden ein großer Kunsthandwerksmarkt abläuft.

Am Ende der Calle Mayor die *Iglesia de Santa Maria* mit barock verschnörkelter Fassade und riesigem Portal. Drum herum viele Bars, 150 m östl. das sehr lohnende *Kloster San Telmo*, das zum Museum umfunktioniert ist - wertvolle Gemäldesammlung (span. Meister, z.B. Greco, Goya), außerdem baskisches Volkskundemuseum und schöne Wandmalereien in der Kapelle. Außerdem Abteilung alter Lebens- und Arbeitsformen mit Werkzeugen, Pflügen, Schiffsmodellen bis zur voll eingerichteten Bauernwohnung (Mo-Sa 9.30-13.30, 15.30-19, So 10-14 h). Nicht weit von hier die ockerbraune *Iglesia San Vicente*, die älteste Kirche der Stadt (Kreuzgang).

Am Hafen die niedrige Häuserreihe am Fuß des Monte Urgull lang zum *Aquarium*, das neben lebenden Fischen auch beeindruckende Skelette von Meerestieren und historische Seefahrtsutensilien beherbergt (Di-So 10-13.30, 15.30-20 h, Mo geschl., 2,50 DM).

Die große, muschelförmige Badebucht *La Concha* mit ihrem breiten Sandstrand ist großartig und wirklich schön zum Baden - obwohl es natürlich ruhigere Plätze gibt, die nicht so vom Autoverkehr belästigt werden. Am Ende der Bucht eine Seilbahn, mit der ihr in etwa 3 min. auf den *Monte Igueldo* kommt - oben ein Vergnügungspark, Aussichtsturm und Restaurant.

FESTE: San Sebastian ist eine der festfreudigsten Städte Spaniens. Im Juli (3. Woche) Jazzfestival, zudem baskische Folklorefeste, im Sept. ein Filmfestival und einiges mehr.

BLUT MUSS FLIESSEN. **Pamplona** liegt ca. 85 km von San Sebastian, an der Bahnlinie zur Mittelmeerküste (über Zaragosa, Tarragona nach Barcelona). Vom 7.-14. Juli findet hier die berühmte **Feria de San Fermin** statt - neben Umzügen mit überlebensgroßen Puppen ist vor allem der Wettlauf mit den Stieren weit über Spaniens Grenzen bekannt. Die jungen Burschen des Ortes laufen jeden Morgen gegen 9 h durch abgesperrte Straßen, verfolgt von wütenden Kampfstieren - ein totales Spektakel, aber nicht ungefährlich, jedes Jahr gibts Schwerverletzte.

Die ganze Feria ist ein einziges großes Volksfest, eine Woche wird durchgehend gefeiert, gegröhlt und gesoffen.

Übernachten: während der Feria aussichtslos, ein Bett zu finden. Es wird überall in den Parks geschlafen, nächster Camping ist **Ezcaba**, 7 km nördl. (Richtung Irun).

San Sebastian - Bilbao - Guernica

Ab San Sebastian, Estación Vascongados, geht die baskische Schmalspurbahn *Eusko Trenbideak* (Ferrocarriles Vascos) Richtung Westen ein Stück an der Küste entlang und biegt ab Deva ins Landesinnere ab (Interrail nicht gültig). Es geht durch einige nette Badestädtchen mit Fischerhäfen und langen Sandstränden, die im Sommer aber reichlich überlaufen sind.

Möglichkeit, mit der Staatsbahn den Umweg übers Landesinnere zu fahren

(San Sebastian - Alsasua - Vitoria - Miranda de Ebro - Orduna - Bilbao, siehe Bahnkarte)

Zarauz: sehr langer Sandstrand, im Sommer proppevoll. Guter Campingplatz östl. oberhalb vom Ort, toller Blick.

Guettaria: Fischereihafen, liegt sehr eindrucksvoll auf einer felsigen Landzunge.

Zumaya: größerer Badeort mit Sandstrand, interessante Gemäldesammlung in der *Villa Zuloaga*, Nähe Strand (u.a. El Greco und Goya).

Deva: größeres Städtchen mit passablem Sandstrand. Sehr lohnend die kurvige Panoramastraße Richtung Osten durch dichtes Waldgebiet die Küste entlang, jedoch nur Busse.
Hübsch ist der kleine Fischer- und Badeort *Motrico*, wenige km westl. von Deva.

Bilbao

Politisches Pulverfaß und bedeutendste Industriezone Spaniens - hier werden die großen Eisenerzvorkommen der Region verhüttet, außerdem gibt es Werften, Maschinenfabriken etc.
Die insgesamt wenig attraktive Stadt liegt am breiten Rio Nervion, der die Altstadt von der Neustadt trennt. Lohnend der Besuch des *Museo de Bellas Artes* in der Neustadt beim Park Dona Casilda de Iturriza - eine der besten Gemäldesammlungen Spaniens (Mo-Sa 10.30-13, 16-19, So 10.30-13 h).

VERBINDUNGEN / BAHNHOF: **Estación de Abando** (RENFE), Plaza de Espana, Züge nach Barcelona, Madrid, Salamanca u.a. **Estación Atxuri**, Züge nach Guernica u. San Sebastian (Schmalspur). **Estación de Santander**, Züge nach Santander (Schmalspur).

INFORMATION: Alameda Mazarredo (Nähe Estacion de Abando).

Guernica: ab Bilbao per Stichbahn zu erreichen. Die Stadt liegt im schönen Tal des Rio Mundaca und ist für die Basken eine Art nationales Heiligtum geworden. Jahrhundertelang hielt hier der baskische Landtag seine Sitzungen unter einer alten Eiche ab, deren Stumpf man noch heute bei der *Casa de Juntas* (Juntetxea) bewundern kann (geschützt unter einer Kuppel).

VERBINDUNGEN / BAHNHOF: Züge nach Bermeo, Bilbao und San Sebastian (z.T. umsteigen in Amorebieta).

INFORMATION: an der Hauptstr. Artekale 7.

TERROR ÜBER GUERNICA: Während des spanischen Bürgerkrieges zerstörten am 16. April 1937 deutsche Flugzeuge der "Legion Condor" im ersten großen Luftangriff der Geschichte die Stadt vollständig. Bei diesem Terroranschlag, der im Einvernehmen mit den spanischen Faschisten geschah, 'testete' Reichsmarschall Göring seine Luftwaffe. Es starben fast 2000 Menschen. Picasso hat sein großes Gemälde **Guernica** als Anklage gegen dieses Verbrechen gemalt (es hängt seit 1981 in Madrid, siehe dort).

Bermeo: Endstation der Stichbahn von Bilbao, tolle Lage an steiler Bucht, bedeutender Fischereihafen, gute Strände. Panoramastraße über das Cabo de Machichaco nach *Baquio*.

Bilbao - Santander

Die Bahnlinie ab Estación de Santander (FEVE) geht leider nicht an der interessanten Küste entlang, sondern ein Stück landeinwärts. Ihr könnt aber von Bilbao nach Santander mit dem Bus direkt an der Küste entlang fahren - herrliche Panoramastrecke hoch über der Felsenküste.

Castro-Urdiales: eins der sehenswertesten Örtchen an diesem Küstenstreifen, enge und verwinkelte Gassen im Zentrum, große Kathedrale, noch recht ursprünglich.

ÜBERNACHTEN: **Camping Brazodemar** ca. 100 m vom Strand (Nähe Stadion), auch Wildzelten. Auch im nächsten Ort **Islares** Sandstrände und Campingplatz.

UMGEBUNG: herrlich, wenn auch nur mit Fahrzeug zu erreichen, ist die Bucht von **Orinon**, mit langem Sandstrand und gleichnamigem Campingplatz, auch viele Wildzelter. Im Sommer sehr überlaufen - aus gutem Grund.

Laredo: hübsch gelegenes Städtchen mit 5 km Strand, drei Campingplätze.

LESERTIP: "beim Vorort Playa de Berria von **Santona** Super-Strandbucht, wenig überlaufen, gute Campmöglichkeiten, nette Pinten im Ort. Zu erreichen per Bus ab Bilbao-Laredo (umsteigen) oder von Santander" (Jens Schumacher, Stemwede).

Santander

Neben San Sebastian zweites kulturelles Zentrum der Nordküste - wegen der Ausländer-Uni beliebter internationaler Treffpunkt, im Sommer jagt ein Festival das andere (Ende August z.B. internationales Tanz- und Musikfestival).

1941 ist die ganze Altstadt abgebrannt und mußte von Grund auf neu erbaut werden - entsprechend 'modern' wirkt das Stadtbild. Santander besitzt aber auch ein malerisches Fischerviertel mit zahlreichen kleinen Fischrestaurants.
In der ganzen Umgebung zahlreiche Strände und Badebuchten - außer dem berühmten Stadtstrand *El Sardinero* z. B. *Somo Noja* (drei Campingplätze) und *Liencres*. Nicht weit entfernt auch die weltberühmten Höhlen von Altamira.

VERBINDUNGEN / BAHNHOF: **RENFE-Station** an der Plaza de Estaciones (Züge u.a. nach Palencia, Madrid), außerdem **FEVE-Station** (Züge nach Oviedo und Bilbao).

INFORMATION: Jardines de Pereda 2.

ÜBERNACHTEN: nicht ganz einfach, im Sommer ein Zimmer zu finden. An der Calle Rodriguez (Nähe Bhf.) einige billige Hostales, ansonsten im ganzen Zentrum verstreut. **Jugendherberge** in der Calle Gomez Orena 5, Tel. 942/227031.
20 km außerhalb in Solorzano eine weitere **Jugendherberge Gerardo Diego**, Tel. 942/638009, nur Juli/Aug. (mit Zug Richtung Bilbao bis Beranga, dann noch 4 km zu Fuß, eventuell Busse).
Mehrere km nördl. (am schönen Strand El Sardinero vorbei), am Cabo Mayor, der städtische **Camping Bella Vista** (Busverbindung), unweit einer guten Badebucht.

ESSEN: im Fischerviertel **Barrio Pesquero** viele Kneipen und Restaurants.

Santander/Umgebung

Santillana del Mar: 30 km von Santander an der Schmalspurstrecke nach Oviedo (aussteigen in *Virgen de la Pena*). Das Städtchen ist durch und durch mittelalterlich und steht geschlossen unter Denkmalschutz. Vor allem romanische Bauten sind vertreten - alte wappengeschmückte Adelshäuser, zahlreiche Museen, kopfsteingepflasterte Gassen und eine bedeutende Kollegiatskirche aus dem 12. Jh. mit prächtigem Kreuzgang.

ÜBERNACHTEN: insgesamt teuer, günstige Hostales an der Straße nach Altamira. Großer moderner **Camping Santillana** ein paar hundert Meter außerhalb Richtung Comillas (mit Restaurant und Disko).

Höhlen von Altamira: Tropfsteinhöhlen ca. 3 km außerhalb von Santillana, darunter eine der bedeutendsten Höhlen Europas mit prähistorischen Wandgemälden. 300 m tief unter der Erde frappierend realistische Darstellungen von Jagd und Jagdtieren, entstanden in verschiedenen Epochen zwischen 25.000 und 10.000 v. Chr. Tägl. dürfen nur etwa 10 bis 20 Besucher die empfindlichen Malereien besichtigen (Voranmeldung erforderlich, s. unten).
Trotzdem lohnt der Fußweg von Santillana - ohne Anmeldung gibt es ein kleines *Museum* und eine Höhle mit Tropfsteingebilden zu bewundern (Mo-Sa 10-13, 16-19, So 10-13 h).

ANMELDUNG / HÖHLEN VON ALTAMIRA: schriftlich mehrere Monate vorher ans **Centro de Investigación de Altamira**, Cuevas Altamira, Santillana del Mar, Santander/ Cantabria, Espana. Anzahl der Personen und gewünschtes Datum mit Spielraum von einigen Tagen angeben.

Küste Santander bis Oviedo/ Gijon

Schöne Steilküste, in den Felsbuchten außerhalb der Orte immer wieder kleine Sandstrände. Einige gute Badeorte, im Sommer allerdings ziemlich voll.
15 km nördl. von Santillana liegt die herrliche Dünenlandschaft von *Suances* mit Pinienwäldern - die vielleicht besten Strände der Küste. Camping Suances 500 m vom Meer im Ortsbereich von Playa de Suances.
Eleganten Chic hat *Comillas*, ein historisches Städtchen und sehr beliebter Badeort (Camping in Strandnähe).
Die Bahnlinie nach Oviedo stößt erst in *San Vicente de la Barquera* ans Meer.

Die Orte *Llanes* und *Ribadesella* haben schon eine sehr ausgeprägte touristische Infrastruktur.

Oviedo/Gijon

Wieder ein wichtiges Industrie- und Ballungszentrum, hauptsächlich Schwerindustrie (Verhüttung von Eisenerz), chemische Industrie u.a. Vor allem Gijon wurde im spanischen Bürgerkrieg so weitgehend zerstört, daß die Stadt von Grund auf neu erbaut werden mußte. An der langen Strandpromenade ein Hotel neben dem anderen, besonders Interessantes gibt es nicht.
Oviedo hat im Bergarbeiteraufstand von 1934 schwere Schäden erlitten, ist aber die reizvollere der beiden Städte, vor allem das Viertel um die Kathedrale hat Stil.

VERBINDUNGEN / BAHNHOF: **Estación RENFE** an der Hauptstraße Calle Uria. **Estación FEVE** unweit davon, Calle Economicos.

INFORMATION: Plaza Alfonso II, wo die Kathedrale steht.

ÜBERNACHTEN: in Oviedo 2 Jugendherbergen - **Ramon Menendez Pidal**, Avenida Julian Claveria, Tel. 985/232054 und **Asturias**, Avenida Hermanos Pidal 5, Tel. 985/242754. Nur Juli-September. **Hostal Riesgo**, Nueve de Mayo 16, Tel. 218945, ca. 40 DM fürs DZ. Nächster Camping ist **Camping Gijon** östl. von Gijon an der Steilküste.

BADEN / UMGEBUNG: **San Lorenzo**, Stadtstrand von Gijon. Langer, weit ausladender Sandstrand, natürlich überlaufen, dahinter Hochhaus-Skyline.
Schön ist dagegen das Meer zwischen Gijon und Aviles, zu erreichen mit der FEVE-Bahn Richtung Aviles. Empfehlenswert hier z.B. Camping Perlora am Ortsrand von **Candas** (nächste Bahnstation Perlora, 10 min. zu Fuß). Campingplatz auch etwas außerhalb vom hübschen Ort **Luanco** mit guten Stränden und viel Grün (Bahnstation Reguerat). Stürmisch und beeindruckend das nahe **Cabo de Penas**.

Oviedo - Aviles - Luarca - (El Ferrol)

Die FEVE-Bahnlinie geht zum großen Teil dicht an der Küste entlang, Interrail nicht gültig.
Nach den Badeorten in der Umgebung von Gijon (s.o. Baden/Umgebung) reizvoller Küstenstrich um den kleinen Ort *Salinas* (Bahnstation kurz hinter der Industrieansiedlung Aviles). Mehrere km Sandstrand, gute Übernachtungsmöglichkeiten in den Pinienwäldern am Strand.
Besonders malerisch liegt die von spanischen Urlaubern vielbesuchte Badestadt *Luarca*, die 'Villa Blanca del Costa Verde' (weißes Städtchen an der grünen Küste), Camping los Cantiles mehrere km östl. an toller Klippenküste.

Weitere Bahnstrecke bis El Ferrol im nächsten Abschnitt.

NORDGALIZIEN

Tief zerklüftete Küste, fast eine norwegische Fjordlandschaft. Vom Massentourismus noch nicht in Besitz genommen.

Die langen Mündungsarme der Flüsse, die *Rias*, geben der Landschaft ihr charakteristisches Aussehen, besonders südl. von Santiago de Compostela. Das regenreichste Gebiet Spaniens ist grün und fruchtbar, ein echter Kontrast zur spanischen Mittelmeerküste und zum Backofen Andalusien. Temperaturen selten über 28°C (im Hochsommer), am wenigsten Regen zwischen Mitte Juni und Anfang Sept.

(Oviedo) - Luarca - El Ferrol - La Coruna A-Kb. 25522

Oviedo bis Luarca siehe vorhergehender Abschnitt. Zwischen El Ferrol und La Coruna RENFE-Strecke, Interrail gültig.
Ortiguera liegt malerisch an der Ria de Navia, einer der schönsten Rias Spaniens (aussteigen in Navia).
Beim hübschen Ort *Vivero* mit seinen beeindruckenden Glasfronten und handtuchschmalen Gäßchen schattiger Camping am selten überfüllten Strand, Jugendherberge Area Vivero einige Kilometer außerhalb in einer Badebucht (Tel. 982/560851).
El Ferrol ist eine unattraktive, von der spanischen Marine beherrschte Stadt.

La Coruna

Große Handels- und Hafenstadt, eindrucksvolle Lage auf einer Landzunge, Endpunkt einer phantastischen Bahnlinie aus Madrid.

Hübsches historisches Zentrum mit engen Gäßchen hinter dem Hafen um die *Plaza de Maria Pita*, aber auch Industrie (Fischverarbeitung) und Werften. Berühmt sind die großen Glasfronten an der Hafenstraße (Av. de la Marina). Gute Stadtbadestrände sind *Playa del Orzan* und *Playa Riazor* am Westrand der Halbinsel (10 min. vom Hafen).
Schöner Spaziergang zum römischen Leuchtturm *Torre de Hercules* am Nordende der Halbinsel, ca. 3 km. Ihr könnt auch zum *Castillo San Anton* an der Südspitze der Halbinsel laufen - im Inneren das Archäologische Museum der Stadt. La Coruna ist auch guter Ausgangspunkt für Ausflüge zu den nördl. Rias und den Badeorten der Umgebung.

VERBINDUNGEN / BAHNHOF: **Estación de San Cristobal** (RENFE) an der Av. del Marques de Figueroa, südwestl. vom Hafen (Züge nach Madrid, Santiago, El Ferrol und Portugal).
Busse in die Küstenorte ab **Busbhf.** an der Calle Caballeros, Nähe Estación de Cristobal.

INFORMATION: Darsena de la Marina (Ende der Av. de la Marina).

ÜBERNACHTEN: viele Hostales im zentral gelegenen Viertel hinter der Av. de la Marina, vor allem in der Calle Real., u.a. **San Nicolas**, Calle de Pio XII 23, Tel. 228536.
Nächste **Jugendherberge Marina Espanola** 20 km östl. in **Sada**, an der Ria de Ares, Tel. 981/620118 (Bus ab Busbhf.). Schöner **Camping Los Manzaros** in Santa Cruz, 9 km östl. von La Coruna, ca. 1 km vom nächsten Strand (Bus ab Busbhf.).

ESSEN: in der **Calle de la Estrella** viele Lokale und Kneipen, ebenso in der **Calle de la Franja**. Nachts ist jede Menge los.

La Coruna/Umgebung: einer der besten Badeorte in der näheren Umgebung ist *Mino* an der Bahnlinie nach El Ferrol (Station Mino-Castro). Guter Strand.

Santiago de Compostela

Reizvolle Stadt mit traditionsreicher Uni, abseits der ausgelatschten Pfade des Massentourismus.

Allerdings - jedes Jahr kommen einige Hunderttausend strenggläubiger Katholiken in die Stadt, um die Gebeine des Apostel Jakobus zu verehren, dessen Grab hier Anfang des 9. Jh. angeblich gefunden wurde. Inzwischen hat sich Santiago neben Rom und Jerusalem zum dritten bedeutenden Wallfahrtsort der katholischen Kirche gemausert.
Santiago hat eine malerische Innenstadt mit vielen kulturhistorisch interessanten Gebäuden, reizvollen Arkadengäßchen (zum Schutz vor dem Regen - Santiago ist die regenreichste Stadt Spaniens!) und vielen Studentenkneipen und Cafés.
Der **25. Juli** ist sog. Jakobstag, schon eine Woche vorher platzt die Stadt aus allen Nähten!

VERBINDUNGEN / BAHNHOF: von der **Estación RENFE** führt die Calle del General Franco (so was gibts noch!) in die Altstadt. **Busbhf.** an der Calle San Cayetano.

INFORMATION: Rua del Villar 43, Altstadt (Nähe Kathedrale), Zimmervermittlung.

ÜBERNACHTEN: wegen der vielen Pilger Riesenangebot an preiswerten Unterkünften. Oft werden euch auf der Straße Zimmer angeboten. Einige billige Pensionen an der **Calle de la Raina** und der **Rua del Villar** (Tourist-Büro).
Hospedaje Rodriguez, Calle Pison 4, Tel. 588408. Nette Wirtin (spricht auch deutsch), sehr saubere Zimmer. Mit Duschenbenutzung und Selbstkocherküche (!), ca. 35 DM fürs DZ.
Camping As Cancelas am nordöstl. Stadtrand, Rua do 25 de Xulio, 35. Gut ausgestatteter, sauberer Platz mit modernen Sanitäranlagen, Supermarkt, Restaurant. Vom Zentrum alle 15 min. Bus 6 oder 30 min. zu Fuß, allerdings bergauf.

ESSEN: in der Gegend um die Kathedrale, vor allem Calle de la Raina. Das **Asesina** an der Plaza de la Universidad 16 bietet preiswerte Küche und ist fast ausschließlich von Studenten besucht. Sehr billig auch die **Casa Manolo** an der Plaza de Cervantes, versteckt links hinter einer kleinen Kirche.

Sehenswertes: die zentrale *Plaza del Obradoiro* ist Mittelpunkt des städtischen Lebens. Hier stehen einige der schönsten Palazzi und natürlich die *Kathedrale* - üppiges Sammelsurium von Stilen, angefangen von Romanik über Gotik bis zum Barock. Im Inneren, gleich hinter dem Westportal, der romanische *Portico de la Gloria* mit reichem Skulpturenschmuck und einer Pilgersäule. Unmittelbar unter dem Hochaltar das Grab von Jakobus, außerdem können mehrere Museen und ein Kreuzgang besichtigt werden (tägl. 10-13.30, 16-19 h, ca. 3,50 DM). Am selben Platz auch das historische *Hospital de los Reyes Catolicos*, heute das erste Hotel am Platz mit platereskem Portal und toll-gediegenem Innenleben (Innenhöfe können besichtigt werden). Weiterer schöner Platz ist die *Plaza de la Quintana*, ganz in der Nähe, die *Universität* liegt an der Plaza de la Universidad, der große *Markt* findet auf der Plaza de San Felix statt.

Santiago - Pontevedra - Portugal A-Kb. 25522

Langsame Züge, z.T. viele Tunnels. Etwa 30 km südl. von Santiago kommt ihr zu den *Rias Bajas*, in die "ertrunkenen Täler", das Mündungsgebiet der Flüsse Ulla, Lerez und Oitaben. Zwischen zerklüfteten Felsbuchten liegen hier immer wieder Sandstrände, fast überall frisches Grün. Vom Wetter dürft ihr nicht allzu viel erwarten - meist neblig und feucht, die Sonne kommt nur gelegentlich zum Vorschein.
Charakteristisch sind die *mejillonaras*, die großen Muschelansammlungen auf dem Meer. Sie stellen einen wichtigen Erwerbszweig der Landwirtschaft dar und werden systematisch gezüchtet.
Südl. von *Padron* fährt die Bahn fast unmittelbar an der Küste eines ertrunkenen Tals entlang - viele kleine Bade- und Fischerorte. Bei *Villagarcia de Arosa* inmitten von Kiefernwäldern und Parks, biegt die Bahn landeinwärts nach Pontevedra ab.

ÜBERNACHTEN: **Jugendherberge Las Sinas** in Villanueva de Arosa direkt am Wasser, Playa de Las Sinas, Tel. 986/554081. **Camping El Terron** am Strand bei Caleiro südl. von Villanueva de Arosa.

Pontevedra: einer der wichtigsten Industrieorte des wirtschaftlich noch wenig entwickelten Galiziens. Jedoch stimmungsvolle Altstadt mit Atmosphäre. Sehenswert ist neben einigen schönen Kirchenbauten das *Museo Provincial* (Plaza de la Lena) mit einer wertvollen Sammlung historischer Kunst, Malerei etc.
Gute Badestrände auf den großen Halbinseln außerhalb der Stadt. Auf der Halbinsel nordwestl. zahlreiche Bademöglichkeiten in Fischerdörfern - *La Toja* ist touristischer Mittelpunkt der Region.

INFORMATION: Calle General Mola 3.

ÜBERNACHTEN / ESSEN: **Jugendherberge Atlantico**, Padre Fernando Olmedo 3, Tel. 986/857758, zentral gelegen, zweite Septemberhälfte geschl. Preiswerte Hostales an der **Calle Charino**.

Vigo: besitzt einen großen Hafen und ist Zentrum des Fischfangs und anderer Industrien. Altes Fischerviertel *Barrio El Berbes* mit guten Fischlokalen (sehr verschiedene Preise).

ROBINSON IN SPANIEN: bei gutem Wetter Ausflug von Vigo per tägl. Fähre zu den vorgelagerten **Islas Cies** - schöne Sandstrände, Vögel, Wind, Brandung. Preis ca. 13 DM hin- und zurück, drüben schattiger Campingplatz. Nehmt Proviant mit, außer dem teuren Camping-Supermarkt gibt es nichts.

INFORMATION: Jardines de Elduayen, am Hafen rechts.

ÜBERNACHTEN: **Jugendherberge** weit vom Zentrum, Calle Cesareo Gonzalez 4, Tel. 986/290808. Besser eins der Hostales in der Calle Alfonso XIII, Nähe Bhf. versuchen, z.B. **Fonda La Leonesa** (Nr. 54, Tel. 434880. **Camping Samil** 6 km südl. an der Playa de Samil.

Tuy: Grenzort nach Portugal, hier muß man meist umsteigen (Wartezeit). Malerische Lage über dem Rio Minho, beeindruckend die festungsähnliche *Kathedrale*. Südl. vom Ort führt die über 300 m lange Eisenbahnbrücke über den Grenzfluß. Dort auch das Informationsbüro.

Portugal

Das unscheinbare Land am Südwestzipfel von Europa. Anders als der Großteil von Spanien ist Portugal grün (besonders im Norden) und fruchtbar.

Der kühlere Atlantik bestimmt spürbar das Wetter, nur ganz im Süden herrscht annähernd mediterranes Klima. Während die dortige *Algarve-Küste* extrem touristisch und teuer ist, könnt ihr im rauheren Norden noch eher Beschaulichkeit und niedrigere Preise erleben. Sand- und Dünenstrände gibts überall, heftige Westwinde meist inklusive.

Lissabon und *Porto*, die beiden größten Städte im Land gehören auch gleichzeitig zu den sehenswertesten. Doch auch die vielen kleinen Mittelalterstädte wie *Obidos*, *Evora* und die Universitätsstadt *Coimbra* sind reizvoll. Der maurische Einfluß ist vor allem im Süden noch überall zu spüren - besonders hübsch die mit glasierten Kacheln *(Azulejos)* verkleideten Fassaden.

Daß Portugal nicht zu den wohlhabenden Ländern Europas gehört, wird euch sicher bald auffallen. Erfreulich für die Reisekasse jedoch - Portugal ist eins der preiswertesten Länder im Interrail-Verbund.

Anreise

Der *Süd-Expreß* von Paris nach Lissabon ist ca. 24 std. unterwegs und kostet Zuschlag - bei der Hinfahrt ca. 30 DM (Zuschlag in Frankreich und Spanien), bei der Rückfahrt ca. 10 DM (nur in Spanien). Ein billigerer Weg nach Portugal, ist die Anreise über *Vigo* (Nordspanien/Galizien). Die Züge von Irun nach Vigo sind meist zuschlagfrei. An der franz/span. Grenze (Hendaye/ Irun bzw. Cerbere/Port Bou) muß immer umgestiegen werden (verschiedene Spurbreiten), außer im Luxuszug Talgo von Genf nach Barcelona und in einigen Liege- und Schlafwagen mit verstellbarer Spurbreite von und nach Paris (siehe auch Anreise Spanien).

Generell solltet ihr auf allen internationalen Strecken von und nach Portugal *Platzkarten* besorgen, speziell Madrid - Lissabon und Irun - San Sebastian - Lissabon sind meist völlig überfüllt!

LESERTIP: "es ist billiger, von Paris nach Irun (franz./span. Grenze) einen zuschlagsfreien Zug zu nehmen (fahren relativ häufig) und erst in Irun in den Süd-Expreß einzusteigen" (Jochen Renger, Gerlingen).

Mit der Eisenbahn durch Portugal

Nicht allzu effizientes Bahnsystem. Die meisten Züge sind langsam, nur die Verbindungen auf den Hauptlinien - von Porto nach Lissabon und von Lissabon an den Algarve - verdienen z.T. den Namen Schnellzug *(Rapido)*.

Von der Drehscheibe Lissabon habt ihr häufig Verbindungen in den Norden und Süden Portugals (Algarve), außerdem nach Nordspanien, Madrid und Paris. Etwa jeden 2. Tag gibts eine Direktverbindung von Porto (Nordportugal) an den Algarve (ca. 12 std. Fahrt). Den Algarve entlang (Vila Real - Faro - Lagos) kommt ihr bis zu 10 x tägl.

Manche Rapidos (intercidades) sind platzkartenpflichtig (kostenlos), auch Zuschläge müssen in einigen Schnell- und Expreßzügen gezahlt werden.

Essen und Trinken ist in portugiesischen Zügen sehr preiswert. In den Bahnhöfen gibt es keine Schließfächer, jedoch oft eine *Gepäckaufbewahrung* (ca. 0,60 DM pro Stück).

Die **Bahnkarte** zu Portugal findet ihr im Kapitel Spanien auf den S. 398-399.

INTERESSANTE STRECKEN: schön sind die Strecken, die von den spanischen Bergen hinunter zur Küste führen, z.B. die Hauptstrecke des internationalen Verkehrs **Salamanca** - **Coimbra** (weiter nach Lissabon oder Porto) oder **Madrid** - **Lissabon**.
Am reizvollsten vielleicht die Strecken im äußersten Norden Portugals, z.B. die Nebenlinie von **Tua** nach **Braganca** - 50 km durch unberührte Bergregionen (zu erreichen von Porto nach Barca d'Alva, span. Grenze). Allerdings dort im allgemeinen sehr schlechte und langsame Verbindungen.

Informationen: Caminhos de Ferro Portugueses (CFP), Servicco de Relacoes Públicas, Calcada do Duque 20, Lissabon.

LESERTIPS: "Platzkarten in platzkartenpflichtigen Zügen müssen vor der Fahrt am Schalter gelöst werden, sonst droht Rausschmiß" (Daniela Zetlmayer, Kirchheim) . . ."wenn man in platzkartenpflichtigen Zügen keine Platzkarte löst, kann es passieren, daß man 1. Kl. fahren muß (Aufpreis!), weil alles andere besetzt ist" (Andrea Günther, Erlangen).

Andere Verkehrsmittel: wie in Spanien kommt man auch in Portugal oft häufiger und schneller mit Fernbussen weiter, als mit dem Zug. Wichtigste Busgesellschaft ist *Rodoviaria Nacional*.

Praktisches

Einreise: Reisepaß oder Personalausweis.

Finanzielles: die portugiesische Währung ist der Escudo ($). Da die Inflation hoch ist, verliert er gegenüber der DM ständig an Wert, was für mitteleuropäische Railer die Preissteigerungen im Land annähernd neutralisiert. Nur bis zu 5000 Escudos dürfen nach Portugal eingeführt werden.
Reise- und *Euroschecks* werden von allen Banken angenommen (Höchstsumme für EC ist 25.000 $). Auch das *Postsparbuch* ist gültig.

Aktueller Kurs: 1 DM = 77 $ (2/90)

Übernachten: generell ist das Übernachten in Portugal preiswert und kaum mit Schwierigkeiten verbunden.
In allen touristischen Orten gibt es zahlreiche kleine *Hotels* und *Pensionen* (Pensao), ein DZ kostet ca. 25-30 DM (in der Hochsaison teurer), am Algarve gut 35-45 DM.
Privatzimmer sind in der Regel recht gut und billig (ca 10-15 DM pro Pers., am Algarve 15-20 DM). Meist werdet ihr schon am Bhf. oder an der Bushaltestelle von Vermietern angesprochen - oft kommen die Pensionswirte sogar schon einige Stationen vorher in den Zug, um euch Zimmer anzubieten. Ansonsten am besten herumfragen bzw. zum Tourist Info gehen.
Viele portugiesische Orte besitzen *Jugendherbergen*. Sie sind in drei Kategorien aufgeteilt, meistens ganz ordentlich in Schuß und gute Kontaktbörsen. Einzig von der JH in Lissabon ist abzuraten. Fragt nach 'Pousada de Juventude', wenn ihr die Jugendherberge sucht. Preise liegen zwischen 8 und 15 DM pro Pers.
Im ganzen Land, vor allem an der Küste, gibt es zahlreiche *Campingplätze*. Das Preisniveau schwankt stark - am preiswertesten sind die Plätze im Norden, dagegen sind die Anlagen am Algarve schon fast teuer zu nennen. In der Hochsaison sind viele Zeltplätze völlig überfüllt.
Wild zelten ist generell nicht gern gesehen, vor allem im Sommer, wenn es stark überhand nimmt. Die Polizei macht in betroffenen Orten (vor allem am Algarve) Kontrollen und verlangt gelegentlich Bußgelder.

Essen: besonders erfreulich - die Portionen sind meist groß und sättigend, die Preise liegen weit unter den unseren (Ausnahme Algarve). In erster Linie viel Fisch *(Peixe)* und Meeresgetier, in den Küstenorten tägl. frisch aus dem Atlantik. Vor allem gibts *Bacalhau* (Kabeljau/Stockfisch) in vielen Variationen, aber auch Sardinen *(Sardinhas)*, Thunfisch *(Atum)*, Seezunge *(Linguado)*, Tintenfisch *(Lula)*, Garnelen *(Cambaroes)*, Krabben *(Gambas)*, Muscheln *(Ameijoas)* u.v.m. Auch *Caldeirada* (Fischeintopf) wird häufig serviert. Fleisch muß zum Großteil eingeführt

werden. Ein typisches, etwas teureres Gericht im Süden ist *Carne de Porco a Alentejana*, Schweinefleisch mit Muscheln. Ebenfalls im Alentejo gibts die *Sopa Alentejana*, eine kräftige Suppe mit Brot, Ei und Knoblauch. Besonders lecker fanden wir *Cataplana*-Gerichte - Fleisch oder Fisch, siedend heiß in der Pfanne gegart. Eine andere portugiesische Spezialität sind *Pregos*. Die kleinen Rindfleischstückchen werden in einem schmackhaften Sud gekocht und noch tropfend auf das frische Brötchen gelegt. Sehr lecker ist auch *Dobradinha* - weiße Bohnen mit verschiedenen Fleischarten in kleine Stükke geschnitten. *Batata cozida*, gekochte Kartoffeln, gibts oft als Beilage.
Es gibt viele Weine, der *Portwein* aus dem Douro-Tal bei Porto ist weltbekannt - unbedingt in einer der Kellereien von Porto versuchen! Weit verbreitet sind die jungen, meist herben *Vinhos Verdes* ("Grüne Weine"), die innerhalb des ersten Jahres nach ihrer Fertigstellung getrunken werden. In Lokalen heißt der billigste Wein *Vinho da Casa*. Außerdem mal *Ginjinha* (sprich Tschintschinja), den leckeren Kirschlikör probieren.
Verschiedene in- und ausländische Biere *(Cerveja)* werden im Land gebraut, besonders gut das dunkle *Cerveja Preta* (s. Lissabon). *Un bica* sagt man, wenn man Espresso bestellt.

Telefon: nach Hause am besten vom Postamt, ansonsten gibts auch Telefon-Bars mit Zähler.

VORWAHL: BR Deutschland - **0049**, Österreich - **0043**, Schweiz - **0041**.

Kleines Sprachlexikon

Allgemeines: guten Tag - *boa tarde*; guten Morgen - *bom dia*; guten Abend, gute Nacht - *boa noite*; auf Wiedersehen - *adeus*; ja/nein - *sim/nao*; bitte/danke - *por favor/obrigado*; Entschuldigung - *desculpe*; wo ist? - *onde fica?*; was kostet? - *quanto custa?*; Zimmer - *quarto*.

Bahn: Bahnhof - *estacao*; Zug - *comboio*; Eilzug - *regionais*; Schnellzug - *rapido*; Platzkarte - *marcacao de lugar*; Fahrkarte - *bilhete*; 1. Klasse - *primeira classe*; 2. Klasse - *segunda classe*; Ankunft - *chegada*; Abfahrt - *partida*; Gepäckaufbewahrung - *despacho de bagagens*.

BOTSCHAFTEN

Bundesrepublik Deutschland: Lissabon, Campo dos Martires da Patria 38, Tel. 01/563901. Generalkonsulat in Porto, Rua do Campo Alegre 276, Tel. 02/65132/33.
Österreich: Lissabon, Rua das Armoreias 70, Tel. 01/654161. Honorarkonsulat in Porto, Praca General Umberto Delgado 267, Tel. 02/384757.
Schweiz: Lissabon, Travessa do Patrocinio 1, Tel. 01/673121.

FREMDENVERKEHRSÄMTER

D-6000 Frankfurt/M. 1, Kaiserstr. 66, Tel. 069/234097. **CH-1207 Genf**, Quai Gustave Ador 50, Tel. 022/357410.

NORDPORTUGAL

Der grünste Teil Portugals, dicht besiedelt, viele Kleinbauern und Weinberge.

An der Küste endlos lange Sandstrände mit gefährlich hoher Brandung und mit Pinien bewachsenen Dünenstreifen. Abwechslungsreichere Landschaft findet man im Landesinneren - üppig grüne Flußtäler, Stauseen mit Wasserschlangen und kahle Granitgipfel. Trotz der ausgeprägten Vegetation braucht ihr in den Sommermonaten nicht mit länger andauernden Regenperioden zu rechnen.

Tuy - Valenca do Minho - Viana do Castelo - Porto A-Kb. 25601

Küstenstrecke aus Galizien/Nordspanien. 3 x tägl. kommen Züge aus Richtung Vigo. Ab portugiesischem Grenzort *Valenca do Minho* gut 6 x tägl. Verbindung nach Porto (3-4 std.).

LESERTIP: "**Valenca do Minho** mit großer Maueranlage ist sehr zu empfehlen, beim mittelalterlichen Ort **Caminha**, fast schon an der Mündung des Minho, schöner billiger Zeltplatz mit vielen jungen Leuten" (Pieter Drubbel, NL-Nijmegen).

Moledo do Minho: 4 km von Caminha, an der Mündungsbucht des Rio Minho, der die natürliche Grenzlinie nach Spanien bildet. Die Gegend ist reich an Wäldern, die Pinien stehen bis an den Strand. Wildes Campen bisher möglich, ein Campingplatz etwas außerhalb, direkt am Rio Minho. Das Dorf liegt eingezwängt zwischen der Eisenbahnlinie und dem Strand, eine Billigpension direkt neben dem Provinzbhf.

Viana do Castelo: Hafenstadt und großer Badeort am Nordufer des Rio Lima. Sehr malerische Altstadt, Mittelpunkt die prächtige *Praca de Republica* mit schönem Brunnen. Der Hauptbadestrand liegt ca. 3 km südl. vom Fluß, dort auch schattiger Campingplatz im Kiefernwald.
Der *Monte de Santa Luzia* ist ein grün bewaldeter Hügel am Ortsrand, mit einer hübschen Wallfahrtsbasilika auf der Spitze. Wem der "Aufstieg" zu schweißtreibend ist, kann auch mit einer Kabelbahn hochfahren (Abfahrt nicht weit vom Bhf.).
Sehr lohnend die *Festas Nossa Senhora da Agonia* um den 20. August - große Prozession und Umzüge in der Stadt.

INFORMATION: Rua Candido dos Reis (am Weg vom Bhf. ins Zentrum).

ÜBERNACHTEN: **Pension Magalhaes** in der Rua Manuel Espregueira 56 (Altstadt), Tel. 23292. Um zum **Campingplatz** zu gelangen, geht vom Bhf. geradeaus zum Hafen und von dort mit kleinem "Ferry-boat" über den Fluß.

ESSEN: **Tunel**, Rua dos Mahovos 3, preiswerte und deftige Menüs.

Barcelos: schönes Städtchen mit Atmosphäre, Kunsthandwerkszentrum. Jeden Donnerstag findet auf dem Campo de Republica der farbenprächtigste *Markt* Nordportugals statt. Hier gibts alles, was in dieser kunsthandwerklich so vielfältigen Region hergestellt wird (Keramik, Webereien, Holzarbeiten u.v.m.).

ÜBERNACHTEN: in der **Pension Bagoeira**, Av. Dr. Sidonio Pais 57 (Tel. 82236), kostet das DZ nicht viel mehr als 20 DM, außerdem im selben Haus eine echt lohnende Taverne.

PORTO

Zweitgrößte Stadt des Landes, geschäftiger und kühler als Lissabon, liegt äußerst malerisch an den steilen Abhängen der Douroschlucht kurz vor der Mündung ins Meer.

Das alte Stadtviertel unten am Fluß ist für mich das schönste Altstadtviertel von Portugal. Am Kai verkaufen derbe "Fischweiber" ihre Maifische - eine Spezialität, die man mariniert in den nebenan liegenden Tavernen in den alten Steinarkaden auf den Tisch bekommt.
Auf der gegenüberliegenden Flußseite in *Vila Nova de Gaia* findet ihr die Lagerschuppen und Keller der Portweinhersteller. Der Besuch einer *Portweinkellerei* ist lohnenswert, etwa 15 der insgesamt 55 Kellereien bieten Touren samt Kostproben an (am Sonntagnachmittag sind die Kellereien geschlossen).
Viele Traveller schätzen es, daß Porto gegenüber dem reichlich touristischen Süden seinen eigenen Charakter bewahrt hat. Dank der Universität sind die jungen Leute freundlich und aufgeschlossen, ihr bekommt rasch Kontakt.

VERBINDUNGEN / BAHNHOF: Porto besitzt drei verschiedene Bahnhöfe. Der Hbf. **Campanha** liegt etwas außerhalb, hier halten die Züge von und nach Lissabon (häufige Verbindungen). Verbindung ins Zentrum per Bus 35 oder mit Nahverkehrszug nach **Sao Bento**, dem hübsch mit Azulejos ausgekleideten Bhf. mitten in der Stadt, an der Praca da Liberdade (Züge nach Norden und ins Landesinnere). Bhf. **Trindade** liegt ebenfalls zentral, Züge vor allem nach Guimaraes (nordwestl. von Porto gelegen).
In der Stadt verkehren **Busse**, Fahrpläne gibts im Tourist-Büro. Ab 21 h fahren keine Trolley-Busse mehr.

INFORMATION: Rua do Clube dos Fenianos 25, am oberen linken Ende der großen zentral gelegenen Praca da Trinidade (neben dem Rathaus). Mo-Fr 9-19, Sa 9-16, So 10-13 h. Gratis-Stadtpläne, Busfahrpläne.

ÜBERNACHTEN: **Jugendherberge** in der Rua Rodrigues Lobo 98, Tel. 02/65535. 56 Betten, empfehlenswert, weil modern und sauber, schöne Terrasse zum Quatschen, im Sommer jedoch überfüllt, etwa 12 DM.

Ab Bhf. S. Bento ca. 15 min. zu Fuß (Richtung Krankenhaus) oder mit Bus 2, 20, 52 - Abfahrt schräg gegenüber vom Bhf. bei der Post-Telefonvermittlungsstelle. Ab Bhf. Campanha mit Bus 35 bis Praca de Galiza. Pensionen liegen in der City verstreut, z.B. in den Querstraßen der Rua do Bonjardim und der Praca da Liberdade.

Pension Monumental, Avenida dos Aliados 151, Tel. 23964. Zentrale Lage an breitem Boulevard, im 4. Stock, ca. 24 DM fürs DZ.

Pension Belo Sonho, Rua de Passos Manuel 186, Tel. 23389, ca. 25 für DZ ohne Bad (mit etwas teurer).

Pension Portuguesa, Coronel Pacheco 2, etwas westl. der Av. dos Aliados, Tel. 24174. Saubere Zimmer ab 20 DM, mit Bad 25 DM.

Pension Estoril, Rua da Cedofeita 128, preiswert und direkt im Zentrum, Tel. 22751.

Camping Prelada ist einer der besten Plätze Portugals, im ehemaligen Privatpark einer Fürstenfamilie (Wasserteiche), günstiges Restaurant und Bank mit gutem Wechselkurs. Tagsüber bis 20 h alle 10 min. Bus 6 (Monte dos Burgos) ab Praca da Liberdade, abends Bus 50, 54 oder 87.

ESSEN: preiswerte Restaurants und Imbißmöglichkeiten in der **Rua do Bonjardim** und vor allem am Flußufer, **Cais da Ribeira**. In der Fußgängerzone Rua de Santa Catarina 112 das **Café Majestic**, eins der prachtvollsten Kaffeehäuser in Portugal, im Stil der 20-er Jahre, viel Spiegelglas, Holz und Leder. Leser Holger Reichardt empfiehlt das Fischrestaurant im Vergnügungspark **Feira Popular** mit herrlichem Blick ins Douro-Tal, Dierk Reichelt die vielen billigen Kneipen in **Vila Nova de Gaia** (südl. Flußseite), in denen Kellerei- und Lagerarbeiter essen.

NACHTLEBEN: Kneipen und Fado-Lokale im Hafenviertel **Ribeira**. Im Vorort **Foz de Douro** vor allem "gepflegte" Bars und teure Diskos.

Sehenswertes: der höchste Turm Portugals ist der 76 m hohe *Torre dos Clerigos*, westl. der Praca da Liberdade (Besteigen möglich). Südl. der Praca liegt die wuchtige *Kathedrale Sé*, im düsteren Inneren ist der Altar aus reinem Silber bemerkenswert (im Querschiff links). Den großen Börsenpalast *Bolsa* findet ihr an der Rua da Bolsa, ein Stück westl. der Kathedrale.

Beeindruckend der mit Gold und Stuck geschmückte Versammlungssaal im maurischen Stil, die Fußböden sind plastisch wirkende Einlegearbeiten aus exotischen Hölzern (Mo -Fr 10-13, 14.30-17 h). Gleich benachbart lohnt die *Igreja Sao Francisco* einen Blick - tolle alte Kirche mit überreicher Goldausstattung.

Das schönste Viertel von Porto mit engen Gassen und Hafenkais unten am Fluß um die *Praca da Ribeira*. Die Brükken über den Douro sind architektonische Meisterwerke - gleich im Zentrum die zweistöckige Autobrücke *Dom Luis,* die Eisenbahnbrücke *Dona Maria Pia* liegt etwas stromaufwärts und wurde nach Plänen des berühmten Ingenieurs Eiffel konstruiert.

SHOPPING: Haupteinkaufsstraße von Porto ist die Fußgängerzone **Rua Santa Catarina**. Straßenmarkt **Vandoma** vor allem samstags bei der Kathedrale Sé, Rua de Dom Hugo.

MUSEEN: im **National Museum Soares dos Reis**, Rua de D. Manuel II., findet man alles, was sich zum Sammeln lohnt, von archäologischen Fundstücken bis zur modernen Malerei (10-12, 14-17 h, Mo. geschl.)

Das Volkskundliche Museum (Museum de Etnografia e Historia do Douro Litoral) am Largo de S. Joao Novo besitzt Web- und Stickarbeiten aus Nordportugal, alte Trachten etc. (So. und Mo. geschl.).

LESERTIPS: "kleinere **Portweinkellereien** haben den Vorteil, daß man eher eine Art Privatführung erhält. Bei "Kopke" hat sich ein gutes Gespräch entwickelt, was mit vier Flaschen Portwein am Tisch endete. Die größeren Kellereien sind oft ziemlich touristisch, Massenabfertigung" (Marcus Amberger, Geisslingen/Steige) . . ."die Probierstube von **Cálem** hat eine Terrasse direkt am Douro (Martina Widmann, Bad Waldsee) . . ."auffällig sind die zahlreichen Rauschgifthändler. Ähnlich wie in Lissabon wird einem überall Hasch angeboten, besonders vor dem Bhf., dort stehen auch immer viele Polizisten (F. Weigold) . . . "mit Bus 88 erreicht man in 15 min. einen schönen breiten **Badestrand** am Meer" (Andreas Christl, Hamburg)

Foz de Douro: mehrere Kilometer außerhalb gelegenes Vorstadtgebiet, direkt an der Mündung des Douro. Gepflegte Flußpromenade mit einem Kastell (16. Jh.), an der Meerespromenade prächtige alte Villen. Im "Zentrum" ist Foz de Douro eher kleinbürgerlich, mit engen Gäßchen und winzigen, alten Einfamilienhäusern. Besuch schon wegen der Anfahrt per Tram lohnenswert! *Tram Nr. 1* fährt ab Rua do Infante am Flußufer entlang stromab (am Sonntag durch Bus ersetzt).

Braga: lebendige Kleinstadt mit viel Industrie, zahlreichen Kirchen und einem schönen Wallfahrtsberg etwas außerhalb - *Bom Jesus*. Zur barocken Kirche

könnt ihr entweder die prachtvolle, reich verzierte Treppe mit gut 600 Stufen hinauflauten (bzw. auf den Knien rutschen, wie es die Gläubigen machen) oder euch mit der *Wasserkabelbahn* hinaufkutschieren lassen - oben wird Wasser in eine Kabine gefüllt, das Gewicht zieht das Bähnchen hinunter. Mit Bus 4 ab Largo Carlos Amarante.
Im Zentrum von Braga die weitläufig-verwinkelte romanische Kathedrale und ein schöner Stadtpark.

VERBINDUNGEN: Endstation der Nebenlinie Porto - Nine- Braga, Züge gehen höchstens 3 x tägl. Bhf. liegt 1 km westl. vom Zentrum. Busse in die Umgebung ab Busbhf. nördl. vom Zentrum.

ÜBERNACHTEN: **Pension Economica**, Largo Joao do Souto 131 und **Marisqueira**, Rua do Castelo DZ für ca. 25 DM. **Jugendherberge** in der Rua de Santa Margarida (mit Bus ab Bhf.), Tel. 053/22835. **Camping Municipal** an der Straße nach Guimaraes, neben dem Stadion.

NATIONALPARK GERES: ganz oben im Norden von Portugal, an der Grenze zu Spanien. Dieses "wilde" Bergland hat wenig südliches Ambiente - kahle Berggipfel, die weit über die Baumgrenze hinausragen (ca. 1000 m). Die Bachtäler mit üppig grüner Vegetation und reichem Baumbestand sind optimal zum Wandern. Lohnendes Ziel ist der große Stausee, bei dessen Anlage 1970 ein ganzes Dorf in den Fluten verschwand. Leider gibt es bisher keine Wanderkarte vom Nationalpark. Alternative - **Minibusse** (Plakate hängen aus) fahren für ca. 15 DM mehrere Stunden durch das Gelände, verschiedene Routen stehen zur Wahl.
Der Hauptort (-dorf) **Caldas do Gerez** war früher ein begehrter Kurort, es entstanden etliche Hotel- und Pensionsbauten, die heute die meiste Zeit leerstehen. Campingplatz etwa 1 km außerhalb vom Dorf, das Tal hinauf.

VERBINDUNGEN: mit der Bahn bis **Braga**, von dort ca. 4 x tägl. Busse nach Caldas do Gerez.

Guimaraes

Im Zentrum mittelalterlich anmutende Altstadt - enge Gäßchen, schief verwinkelte Häuser mit Holzbalkonen, alles eingeschlossen in eine noch teilweise erhaltene Stadtmauer. Hier findet man noch viele einfache Handwerksläden, Antiquitätengeschäfte und "rustikale" Weintascas. Andererseits ist die Stadt das Zentrum der portugiesischen Textilindustrie, in der Umgebung entstehen immer neue Fertigungshallen und Wohnblocks.
Entscheidend für die portugiesische Geschichte - 1143 erstritt sich der hier herrschende Afonso Henriques die Unabhängigkeit von seiner kastilischen (spanischen) Verwandtschaft.

VERBINDUNGEN: liegt an der Nebenlinie von Porto nach Fafe, häufige Züge (fast stündl.) ab Bhf. Porto/Trindade. Wer aus Richtung Viana do Castello kommt, muß in Lousado umsteigen. Von Braga nur Busse.

INFORMATION: Alameda Resistencia ao Fascismo (vormals Av. Salasar!!).

ÜBERNACHTEN: **Pension Imperial** in derselben Straße wie Tourist-Info, Haus Nr. 11, ca. 32 DM fürs DZ ohne Bad. **Campingplatz** liegt ca. 6 km außerhalb auf dem Berg Penha, Busse etwa halbstündl. ab Guimaraes.

Sehenswertes: der *Palast der Herzöge von Braganza* liegt etwas oberhalb der Altstadt auf einer Hügelkuppe. Erbaut wurde er im frühen 15. Jh., aus dieser Zeit stammen auch die wuchtigen Einrichtungsstücke der Rittersäle (nur portugiesische Führungen, tägl. 10-17 h, Di geschl., ca. 2 DM). Etwas oberhalb vom Palast stehen die Mauern der *Königsburg* von Afonso Henriques, dem "Gründer" Portugals.
Im Zentrum die mittelalterliche Präsentiergasse *Rua da Santa Maria* und die schöne Kirche Nossa Senhora da Oliveira mit manuelischem Turm. Das *Museu Alberto Sampaio* im hübsch restaurierten Kloster neben der Kirche beherbergt viele kirchliche Kunstwerke, Silber- und Goldarbeiten (Mo geschl.).

Porto - Tua - Braganca
A-Kb. 25604

Bahnstrecke in den äußersten Norden Portugals. Von Porto/Sao Bento nach Tua sind es mit der Bahn gut 3 std., Züge etwa 8 x tägl. In Tua umsteigen und mehrmals tägl. tolle, aber gut 5 std. lange Bahnfahrt durchs wilde Tua-Tal nach **Braganca** - ruhiges Städtchen im äußersten Nordosten von Portugal, ehemalige Grenzfestung und Stammsitz eines bedeutenden Herzogsgeschlechts. Die Altstadt auf einem Hügel, umgeben von der mittelalterlichen Maueranlage. Großes Stadtfest am 22. August.

ÜBERNACHTEN: preiswerte **Pension Pocas** in der Rua dos Combatentes da Grande Guerra, **Pension Rucha** in der Rua Almirante Reis. Halbfertiger Zeltplatz ein paar km außerhalb Richtung Portelo (Trampen).

LESERTIP: "die Strecke nach Braganca ist wirklich einmalig. Jedoch ist Braganca nicht sonderlich sehenswert und die Übernachtungsmöglichkeiten sind schlecht. Deswegen mein Tip - lieber unterwegs schon auf halber Strecke aussteigen und mit dem Gegenzug zurückfahren. Denn nach der faszinierenden Tua-Schlucht kommt auf der Reststrecke immer dieselbe Hochebene" (Jochen Renger, Gerlingen).

MITTEL-PORTUGAL

Die Silberküste *(Costa da Prata)* von Porto bis Lissabon - eine eher herbe Region, stark vom Atlantik geprägt.

Die flachen Küstenebenen besitzen lange Strände, die aber oft nur bei Ebbe zugänglich sind. Es gibt etliche Badeorte, ein landschaftlicher Höhepunkt ist die Lagunenlandschaft um *Aveiro*. Das Hinterland dagegen bergig, mit Wäldern und wenigen großen Orten.
Coimbra ist ein guter Anlaufpunkt, um etwas Stadtluft zu schnuppern - älteste Universitätsstadt des Landes.

Porto - Aveiro - Pampilhosa - Coimbra A-Kb. 25601

Aveiro: in einem weiten Sumpf- und Lagunengebiet mit Salzgärten, Sandbänken und Pinienwäldern. Der Ort ist eine Domäne der Fischer - ein langer Kanal *(Canal da Cidade)* durchzieht das Zentrum, mit ihren schönen Segelbooten können die Fischer bis zum Markt fahren. Lohnender als die Stadt sind aber die Lagunen - stündl. Busse fahren von Aveiro ins Dorf *Barra* auf der südl. Halbinsel (12 km). Dort gute Bademöglichkeiten und Camping.

VERBINDUNGEN: Bhf. im östl. Stadtbereich, etwa 1 km zur Abfahrtsstelle der Busse, Nähe Tourist Information.

INFORMATION: Praca da Republica, nicht weit vom Stadtkanal.

ÜBERNACHTEN: Campingplatz bei **Barra** in einem Pinienwäldchen, in der Saison voll. Weitere Plätze auf der nördl. Landzunge bei **Sao Jacinto** (Fähre ab Barra).

Wer das Landesinnere kennenlernen möchte, sollte sich das Provinzstädtchen **Viseu** nicht entgehen lassen. Zwischen Weinbergen und Wäldern schöner historischer Stadtkern, vor allem interessant die lebendige Haupt- und Ladenstraße *Rua Direita*.

ÜBERNACHTEN: nicht weit von der Praca da Republica die preiswerte **Pension Visiense**, Rua Alberto Sampaio. **Campingplatz** mit viel Schatten im Park Quinta de Fontelo, 2 km außerhalb.

Coimbra

Traditionsreichste Universitätsstadt des Landes - viele junge Leute bevölkern die Straßen und Plätze. Allgemeiner Treff ist die Praca da Republica mit ihren Straßencafés.

Aber auch sonst hat Coimbra einiges zu bieten: viele Sehenswürdigkeiten, gepflegte Parkanlagen und eine interessante Altstadt, die sich vom "Basarviertel" am Fuß des Stadthügels bis zur Hügelkuppe mit den alten Universitätsgebäuden treppenförmig aufbaut.
Die Uni ist eine der ältesten Europas, 1290 wurde sie vom König gegründet (200 Jahre nach Bologna).

VERBINDUNGEN / BAHNHOF: Coimbra liegt an der Eisenbahnstrecke Lissabon - Porto (ca. nach Lissabon, nach Porto). Die Schnellzüge halten nur in **Coimbra B**, dem Hbf., der ca. 3 km außerhalb vom Zentrum liegt (Knotenpunkt nach Salamanca/Spanien). Bei Ankunft in der Regel gleich Anschlußzug ins Zentrum, **Coimbra A**, am Flußufer.

INFORMATION: Largo de Portagem, 1 km östl. vom Bhf. großer Platz an einer Flußbrücke. Mo-Fr 9-19, Sa/So 10-12, 14-18 h.

ÜBERNACHTEN: sehr gute neue **Jugendherberge** in der Rua Antonio Henriques Seco 12-14, Tel. 039/22955. Mit Waschmaschine,

Fernseher, Küche, Bus 7 oder 8 ab Bhf.
Inter-Point des ACM (YMCA), Foc Do Arouca, Tel. 039/99539, 1. Juli-30. Sept., ca. 20 DM pro Pers., Bus ab Bhf.
Ansonsten in der Hauptreisezeit nicht ganz einfach, ein billiges Zimmer zu bekommen. Preiswerte Pensionen (DZ um die 25-30 DM) in der Altstadt und am Fluß, nicht weit vom Bhf. Coimbra A - **Pension Vitoria**, Rua da Sota; **Residencia Parque**, Av. Emidio Navarro 42, Tel. 29202; ansonsten **Pension Rivoli** an der Praca do Comercio 27, Tel. 25550 (sehr zentral am Marktplatz); **Pension Diogo** an der Praca de Republica 18, Tel. 27660; **Antunes**, Rua Castro Matoso 8, Tel. 23048.
Camping Municipal am Fußballstadion von Coimbra, ca. 4 km außerhalb. Per Bus Nr. 1, 5, 10, 11 ab Zentrum (Largo do Portagem). Ziemlich klein, deshalb oft überfüllt, aber sehr billig.

ESSEN: um die Praca do Comercio viele kleine Tavernen und Kneipen, z.B. **Viela** in der kleinen Rua das Azeiteiras (bei der Praca do Comercio). Billigmenüs im Restaurant **Servico de Se**, Nähe Se Velha (Kathedrale), Rua dos Coutinhos Nr. 14. Originell ist das Restaurant **Ze Manel**, eingerichtet mit diversen Flohmarktutensilien, relativ billig, Beco do Forno 12. Urige **Kellerkneipe** mit alten Weinfässern beim Ausgang vom Santa Clara Kloster links.
Preiswert ist die **Unimensa** (an der Praca da Republica), internat. Stud.-Ausweis reicht meist aus. Selbst verpflegen kann man sich jeden Vormittag (außer So) am **Markt** bei der Rua Olimpio Nicolau.

NACHTLEBEN: **Diligencia**, kleines aber sehr beliebtes Fadolokal in der Rua Nova.

Sehenswertes: die Altstadt lohnt mit den langen schmalen Gassen und vielen kleinen Geschäften das ziellose Umherbummeln. Zentraler Platz ist die *Praca do Comercio*. Über der Unterstadt liegen die steilen Treppen und Wohnhäuser der Oberstadt, außerdem die *Kathedrale Se Velha*, eine wuchtige Wehrkirche aus dem 12. Jh., das größte romanische Bauwerk Portugals. Gekrönt wird das Ganze vom alten Universitätskomplex, wo früher das Königsschloß stand. In einem Innenhof die *Alte Universitätsbibliothek* (klingeln) - 4 m hohe, mit Blattgold verzierte Regale, übervoll mit wertvollen Drucken aus Gutenbergs Tagen (10-12, 14-17 h).
Der Waldpark *Santa Cruz* liegt oberhalb der Praca de Republica mit ihren Cafés, ein recht ansehnlicher *Botanischer Garten* mit schönen Gewächshäusern von den Universitätsgebäude aus Richtung Osten. Dort in der Nähe auch der Aussichtspunkt *Penedo da Saudade*.
Auf dem der Altstadt gegenüberliegenden Flußufer steht der *Convento de Sta. Clara Velha*, ein alter Klosterbau aus dem 13. Jh. Es sind nur noch die Überreste der Kirchenruine zu sehen, den größten Teil der Kirche schluckte der morastige Untergrund. Von der Empore kann man in das Kirchenschiff hinunterschauen - ein See aus Brackwasser breitet sich darin aus. Gleich gegenüber wurden im kleinen Parkgelände *Portugal dos Pequenitos* Portugals interessanteste Baudenkmäler im Kleinformat nachgebildet.

> Wer im Frühling in Portugal unterwegs ist, sollte Mitte Mai nach Coimbra kommen. Dann feiern die Studenten von Coimbra ihre **Queima das Fitas** - 6 Tage lang Folk und Rock am Flußpark, Fado auf den Plätzen der Altstadt.

Coimbra/Umgebung: in *Conimbriga*, 16 km südl. von Coimbra, befinden sich die besterhaltenen portugiesischen Ausgrabungen aus der römischen Epoche. Busse nach Condeixa und noch ein paar Kilometer zu Fuß.

Figueira da Foz: Bahnverbindung ab Coimbra, Riesenstrand, über 3 km lang und fast 1/2 km breit! Leider sehr überlaufen, viele große Hotelklötze, Figueira da Foz war einer der ersten Urlaubsorte Portugals. Vom Bhf. müßt ihr ca. 20 min. bis zum Strand laufen, es fahren aber auch Busse. Das nördl. liegende Dorf *Buarcos* ist ursprünglicher.

ÜBERNACHTEN: preiswerte Pensionen findet ihr in der Rua Bernardo Lopes und der Rua Direito do Monte. **Camping Municipal** etwa 2 km vom Zentrum und 1 km vom Meer (weiterer Platz ca. 4 km südl., andere Flußseite).

Coimbra - Alfarelos - Leiria - Obidos - Lissabon A-Kb. 25602

Zwischen Figueira da Foz und Nazare breiten sich in der Küstenebene ausgedehnte Pinienwälder aus. Davor tolle Dünenstrände und kleine, wenig bekannte Badeorte. Die Bahnlinie verläuft etwas landeinwärts.

Sao Pedro de Muel: kleiner Ferienort in einer schmalen Bucht inmitten des Waldgebiets. Wird hauptsächlich von Portugiesen besucht, die hier ein Ferienhäuschen haben. Direkt neben dem Strand ein Schwimmbad, falls die Brandung zu gefährlich ist.

VERBINDUNGEN / BAHNHOF: nächste Bahnstation ist **Marinha Grande** (ca. 12 km per Bus).

ÜBERNACHTEN: **Jugendherberge** liegt direkt am Meer auf den hohen Klippen am nördl. Ortsende, Tel. 044/59236. Ein **Campingplatz** liegt nördl. vom Zentrum im Wald (im Sommer sehr voll!).

ESSEN: gut und vielbesucht ist **Pedro Oceano** mitten im Ort.

Batalha: wichtigster Klosterbau des Landes, errichtet als Erinnerung an den bedeutenden Sieg von 1385 gegen die Spanier. Ursprünglich rein gotisch konzipiert, wurde das Kloster im 15. und 16. Jh. im manuelischen Stil ergänzt und verändert. Zu besichtigen - das Kirchenschiff, die sog. unvollendeten Kapellen (Capelas Imperfeitas) und der herrliche Kreuzgang (tägl. 10-13, 15-18 h).

VERBINDUNGEN: nächste Bahnstation ist **Leiria** (13 km). Von dort häufige Busse, ebenso von Nazare.

Fatima: landeinwärts, bekanntester Wallfahrtsort des Landes, das portugiesische 'Lourdes'. 1917 hat sich hier die Jungfrau Maria gezeigt, seitdem läuft das (Aber-)Glaubenskarussel auf vollen Touren. Der riesige Kirchenplatz stellt selbst den Petersplatz in den Schatten, in den Souvenirläden gibts den grausamsten Religionskitsch. Große Wallfahrten von Mai bis Oktober an jedem 13. des Monats (an diesen Daten hat sich die "Muttergottes" gezeigt). Hinkommen per Bus, nächster Bhf. ist *Leiria* (24 km), es gibt mehrere (überfüllte) Campingplätze. Besichtigung nur mit langen Hosen!

Nazare: ehemals alter Fischerort - malerisch unter einem hohen, ins Meer reichenden Kliff gelegen. Daß die Einheimischen lange einen Großteil ihrer alten Gewohnheiten beibehalten haben, gab Nazare den Ruf eines der ursprünglichsten Flecken an der Küste Portugals.
Seit dem Bau des großen Fischereihafens hat sich das geändert. Nazare ist heute vom Touristenstrom überrannt, der einladend breite Sandstrand rappelvoll. Selbst die buntbemalten Fischerkähne sind nur noch Maniküre.
Mal mit dem 'Cable Car' nach *Sitio* hochfahren, dem Oberdorf von Nazare hoch oben auf dem Felsen gelegen.

VERBINDUNGEN / BAHNHOF: nächste Bahnstation ist **Valado** (ca. 6 km per Bus, hält an den Campingplätzen von Nazare).

INFORMATION: Rua Mouzinho de Albuquerque 72.

ÜBERNACHTEN: Viele Privatzimmer, preiswerte Pensionen sind **Nazarense** und **Europa**. An der Straße nach Valado/Alcobaca zwei Campingplätze (ca. 2 km vom Strand).

ESSEN: empfehlenswerte Taverne ist das **Por do Sol** an der Strandstraße, gute und billige Sardinen, Blick aufs Meer.

Nazare/Umgebung

Sao Martinho do Porto: ruhiger Badeort 12 km südl. von Nazare, Bahnstation. Guter Fluchtpunkt, wenn man vom Nazare-Rummel genug hat. Super-Jugendherberge mit großem Garten in der Nähe bei *Alfeizerao*, Tel. 062/99506

Alcobaca: kleines Städtchen, aber riesige Klosteranlage mit der größten Kirche des Landes. Portugals erster König Afonso Henrique ließ den machtvollen Bau im 12. Jh. für den burgundischen Zisterzienser-Orden errichten.

VERBINDUNGEN: nächste Bahnstation ist **Valado** (6 km), gute Busverbindungen ab Nazare.

Obidos

Eins der hübschesten Städtchen in Portugal - noch durch und durch mittelalterlich, innerhalb der Stadtmauern Kopfsteinpflastergäßchen und weißgekalkte Häuschen mit vielen Blumen. Leider ziemlich überlaufen, viele Touristen kommen für einen Tagesausflug von Lissabon. Sehenswert sind die Kirche *Santa Maria* mit Renaissancegemälden und hübschen Azulejos und das *Kastell* am Ende der Hauptstraße (Rua Direita), das eine teure Pousada beherbergt.

VERBINDUNGEN: Züge ca. 10 x tägl. nach Lissabon, Schnellzüge halten nur im ein paar km entfernten **Caldas da Rainha** (umsteigen).

INFORMATION: Rua Direita (Hauptstraße).

ÜBERNACHTEN: im allgemeinen recht teuer, billig sind nur Privatzimmer und die kleine **Pension Madeira** an der Hauptstraße. **Camping** in Caldas da Rainha.

Obidos/Umgebung

Peniche: von *Caldas da Rainha* (Bahnstation) mit dem Bus 30 km Richtung Westen. Das kleine Küstenstädtchen hat sich zu einem der bedeutendsten Fischereihäfen Portugals entwickelt, vor allem Sardinen werden an Land gezogen. Liegt schön auf einer felsigen, ins Meer hineinragenden Halbinsel, die alte Stadtmauer trennt das Städtchen vom Festland. In der Umgebung mehrere gute Dünenstrände (die im Süden sind windgeschützter), aber nur wenige Touristen.

INFORMATION: Rua Alexandre Herculano.

ÜBERNACHTEN: **Pension Praca** an der Praca Jacob R. Pereira, riesiger **Camping Municipal** an der Zufahrtsstraße, ca. 1 km außerhalb. Preiswert, aber nachts laut wegen der Fischerboote.

LESERTIP: "sehr interessant ist die allabendliche **Fischversteigerung** am Largo da Ribeira mit unwahrscheinlichen Mengen und teilweise imposant großen Fischen, auch Haie sind dabei" (O. Schulte-Vels, Bonn).

Berlenga-Inseln: direkt gegenüber von Peniche. Bizarre Felseninseln mit Höhlen und tief eingekerbten Buchten, z.T. Naturschutzgebiet, das nur auf bestimmten Wegen begangen werden darf. Schiffe von Juni-Sept. 1-3 x tägl., ca. 7 DM hin und zurück. Drüben Camping möglich (sanitäre Anlagen vorh.), außerdem im ehemaligen Kastell eine preiswerte "Pousada", pro Person im Schlafsaal ca. 4 DM, auch DZ für ca. 6 DM pro Pers. Im Tourist-Büro von Peniche könnt ihr vorbestellen.

Areia Branca: kleiner Badeort mit moderner Jugendherberge, 15 km südl. von Nazare, Tel. 061/42127. Langer Sandstrand.

LISSABON

Europas schönste Hauptstadt, wie viele meinen. Durch einen Brand im historischen *Chiado-Viertel* wurde 1988 Unersetzliches zerstört. Doch Lissabon lebt weiter.

Die Stadt wirkt überschaubar - auf Hügeln erbaut, mit vielen Häusern, von denen schon seit Jahrzehnten der Putz bröckelt. Dank der herrlichen Lage an der breiten Mündungsbucht des Tejo "riecht" es überall nach Meer, ob unten an den Hafenkais, aus den Markthallen oder auch in einem engen Altstadtgäßchen - auf offenen Holzkohleöfchen werden hier die Sardinen fürs Mittagessen gebraten. Im schachbrettartig angelegten Geschäftszentrum mal keine Betonburgen und überdimensionale Hochbauten - stattdessen historische Prachtpalais, holzgetäfelte Läden, Kontore aus der Jahrhundertwende, dutzende Straßencafés . . . Lissabon war im 15./16. Jh. die blühendste Hauptstadt Europas, der Handel mit den überseeischen Besitztümern brachte viel Geld ein. Es entstanden Paläste und Kirchen in Massen (ca. 3000 Kaufmannspaläste!), alles im manuelischen Stil, der viele exotische Stilelemente aus dem Orient und auch Südamerika verwendete. Ein nur neun Minuten andauerndes Erdbeben machte dem Prunk 1755 ein schnelles Ende. Einzig die *Alfama* blieb unversehrt - heute das schönste und ursprünglichste Viertel der Stadt. Eine Fahrt mit der Tram 28 dorthin ist fast ein 'Muß'.

VERBINDUNGEN / BAHNHÖFE: es gibt vier Bahnhöfe -

A) **Santa Apolonia**, der Hbf., hier kommt ihr aus Madrid oder Paris an, auch Züge nach Nordportugal. Liegt ca. 1,5 km östl. von Hafen und Praca do Comercio, zwischen Altstadt (Alfama) und Fluß, Busse ins Zentrum (9, 9a). Gepäckaufbewahrung, tägl. Geldwechsel, Informationsbüro 24 std. offen.

B) **Barreiro**, auf der anderen (südl.) Seite vom Fluß, hier fahren die Züge zum **Algarve**

ab. Zubringerbarkassen von der zentralen Praca do Comercio (Terreiro do Paco), Interrail-Ticket gilt. **Aufpassen** - nur die **blauen** Fähren fahren zum Bhf. rüber, die orangefarbenen landen im Werftgebiet!
C) **Rossio**, prächtiges Gebäude im manuelischen Stil direkt im Zentrum, Rossio Platz. Hauptsächlich Züge nach Westen - Mafra, Sintra etc. Hier auch das Auskunftsbüro der portugiesischen Staatsbahnen.
D) **Cais do Sodre**, am Tejo, westl. der Praca do Comercio. Kurzzüge zu Lissabons Badeküste - Estoril, Cascais.

INFORMATION: Hauptbüro im **Palazio da Foz** an der Praca dos Restauradores, gleich neben dem Rossio-Platz Richtung Avenida Liberdade. Geöffnet von 9-18 h, Sa/So geschl. Ab Bhf. Santa Apolonia mit Bus 9 oder 9a. Kleine Stadtpläne, Prospekte, effiziente und freundliche Zimmervermittlung.

Unterwegs in Lissabon: es gibt Busse, Doppeldeckerbusse, museumsreife Uralt-Trams *(Electricos)*, eine moderne U-Bahn, mehrere Standseilbahnen (cable-cars) und den tollen Großraumlift Santa Justa. Fahrten bis etwa 1 h morgens. *Vorsicht vor Taschendieben!*

U-BAHN: bisher nur drei Linien vom Rossio in den Norden Lissabons, schnelle Beförderung, Einzelticket kostet ca. 0,70 DM, 10er-Block 5 DM (nicht gültig in Bussen und Trams). Beim Umsteigen neu lösen.

BUSSE / TRAMS: Tickets gibts beim Schaffner oder Fahrer, der Preis richtet sich danach, wieviele Zonen (Módulos) ihr durchfahrt (einfache Fahrt meist zwei Zonen). 20er-Blocks kosten nur 5 DM.

LISSABON PER TRAM: ein Vergnügen, daß ihr euch nicht entgehen lassen solltet! Die Tram **Nr. 28** fährt von der Rua da Conceicao (hinter Praca do Comercio) hinauf ins alte Alfama-Viertel und in weitem Bogen wieder zurück ins Zentrum - die Bahn rüttelt und quietscht durch die steilen Gassen, manchmal gibts so enge Kurven, daß nur Einbahnbetrieb möglich ist (dort stehen dann Bedienstete, die die Handkellen auf grün oder rot drehen).
Die **Nr. 26** fährt dagegen direkt ab Praca do Comercio im Bogen um die Innenstadt - schöne Stadtrundfahrt, ihr kommt nach ca. 45 min. wieder zum Ausgangspunkt zurück.

ELEVADOR SANTA JUSTA: prächtiger Großraumlift, Ende des 19. Jh. nach Plänen von Gustav Eiffel erbaut, verbindet die Unterstadt ab Rua Aurea mit dem Largo do Carmo im Chiado-Viertel. Kostet eine Zone.

STANDSEILBAHN: u.a. von der Praca dos Restauradores im Zentrum den Berg hinauf ins Bairro Alto (1 Zone).

TAXIS: könnt ihr euch in Lissabon leisten - vor allem wenn ihr zu mehreren fahrt, kommt die Fahrt billig. Kostet den einzelnen dann nicht mehr als eine Busfahrt bei uns! Mit Gepäck gibts Zuschlag.

Sehr lohnend die **Touristen-Pässe** (Passes Turisticos) für 3 (ca. 10 DM) oder 7 Tage (ca. 14 DM). Gültig in U-Bahnen, Trams, Bussen, Standseilbahnen und im Aufzug Santa Justa. Ihr bekommt sie in den Büros der Verkehrsbetriebe **Carris** (in den meisten größeren Stationen und am Fußende des Lifts).

Damit ihr nicht unnötig Probleme bekommt, die folgenden Leserbriefe als Warnung:

Taschendiebe: "Achtung - in den Bussen zum Campingplatz fahren ständig profilierte Taschendiebe mit. Habe ich selber beobachtet und ist mir auch von Einheimischen gesagt worden" (Bärbel Mallas, Freiburg) . . ."in den Bussen vom Bhf. Apolonia zur Innenstadt fahren ganze Diebesbanden mit. Wenn man im Bus Fahrscheine kaufen will, verursachen sie ein Gedränge und wollen so ans Geld kommen" (Raine Poths, Hünstetten) . . ."im Bus zum Campingplatz konnten wir einen Taschendieb beobachten, der sich an dem zugeknoteten Beutel eines Mädchens zu schaffen machte. Wenn man so etwas sieht, am besten kein Geschrei, weil man nicht weiß, wie derjenige reagiert, sondern die betroffene Person ruhig warnen. Taschendiebe sind daran zu erkennen, daß sie oft bei der größten Hitze eine Jacke über dem Arm hängen haben" (Frank Weigold, Fluorn-Winzeln) . . ."Taschendiebe betätigen sich auch in der U-Bahn, da diese meist hoffnungslos überfüllt ist" (Michael Langenwalter, Garm.-Partenk.).

Haschisch: "Achtung bei der Ankunft in Lissabon. In und vor den Bahnhöfen wimmelt es von Dealern. Auf nichts einlassen" . . ."Drogenverkäufer gehen nicht nur Einzelreisende, sondern auch Gruppen an. Werden teilweise recht dreist und sind bewaffnet (Messer)" . . ."Weder in Holland, noch in Spanien oder Marokko, wird derzeit soviel Hasch angeboten wie in Portugal. Besonders schlimm ist es um den Rossio".

Übernachten: wenn ihr ankommt, per Bus zur *Praca dos Restauradores*, dort ins Tourist-Info (Zimmervermittlung) oder sich selber auf die Suche machen, die meisten Billigpensionen liegen in der Nähe (ab ca. 27 DM fürs DZ). Auch in der Nähe des Hafens gibt es zahlreiche Billighotels.

PRACA DOS RESTAURADORES / ROSSIO: sehr zentral, aber wegen des heftigen Verkehrs relativ laut.

Pension Restauradores, Pr. d. Rest. 13, DZ ca. 30 DM, Tel. 322524; **Pension Imperial**, Pr. d. Rest. 79, DZ ca. 27 DM, Tel. 320166; **Pension Coimbra du Madrid**, am Rossio-Platz (Ostseite), groß, schöner Blick auf Rossio oder Praca da Figueira, DZ ca. 35 DM; **Pension Beira Minho**, Praca da Figueira 6, Nachbarplatz vom Rossio, ca. 30 DM, Tel. 327936. **Pension Estacion Central**, Calcada do Carmo 17, nah am Rossio-Platz, beim Rossio-Bhf., 27 DM incl. Frühstück/Dusche.

AVENIDA DA LIBERDADE: auch hier viel Verkehr, aber wegen der breiten Allee mit Grün und etlichen Bäumen noch akzeptabel.

Pension Ritz, Av. d. Lib. 240, helle Zimmer mit Waschbecken, ca. 40 DM das DZ; im selben Gebäude die Pension **Casa de Sao Joao**, etwas preiswerter.

RUA DAS PORTAS DE S. ANTAO: wahrscheinlich beste Anlaufstelle für ein Zimmer, enge Parallelstr. zur Av. Liberdade, ca. 20 verschiedene Pensionen, eine neben der anderen, wegen der vielen Lokale laut.

Sehr einfach ist **Dona Maria II.**, Haus Nr. 9 (III. OG), DZ ca. 30 DM, Tel. 371128. Beliebt, aber z.T. schmuddelig ist **Residencial Florescente**, Nr. 99, mit Naßzelle im Zimmer ca. 35 DM, Tel. 326609. Im hinteren Teil der Straße einige bessere Unterkünfte, z.B. **Pension Portuense** (Nr. 153), ca. 45-50 DM fürs DZ mit Du/WC.

JUGENDHERBERGEN / HOSTELS: nur eine in Lissabon/Zentrum - leider Mengen von negativen Leserzuschriften (beengt, schmutzig kalte Duschen etc.). Die Stadtvilla liegt ca. 20 Fußmin. vom Zentrum direkt neben der U-Bahnstation Picoas, Rua Andrade Corvo 46. Vom Bhf. Apolonia per Bus 44/45 bis Marques de Pombal und noch 10 min. zu Fuß (oder mit der U-Bahn ab Stadtzentrum). Tel. 01/532696, kostet ca. 10 DM mit Frühstück. Achtung - von 10.30-18 h ist die Juhe geschlossen, keine Anmeldung möglich! Schließzeit nachts 24 h.

Sehr lohnende Ausweichmöglichkeit dagegen die sehr saubere und moderne Jugendherberge **Catalazete** in **Oeiras**, ca. 30 km außerhalb, direkt am Meer. Zu erreichen in 20 min. mit Zug ab Bhf. Cais do Sodre bis Oeiras, dann 15 min. zu Fuß den Strand entlang bis zum alten Kastell, in dem sich die JH befindet. Tel. 2430638.

In **Caxias** außerdem ein **Inter-Point des ACM** (YMCA), Estrada Nacional Nr. 6, Tel. 01/2432990. 1. Juli - 30. Sept., ca. 18 DM pro Pers., Zug nach Caxias ab Bhf. Cais do Sodre, noch 5 min. zu Fuß.

CAMPING: **Parque Nacional de Turismo**, ziemlich weit außerhalb im Stadtpark Monsanto, per Bus Nr. 14 ab Praca de Figueira (Einzelticket kostet ca. 1,30 DM, besser Mehrfach-Block kaufen). Riesenplatz, trotzdem meist überfüllt.

LESERTIPS: "im Sommer kann man vor dem **Bhf. Apolonia** gut nächtigen. Viel Polizei, die Sicherheit vermittelt, aber nichts gegen die Rucksackler unternimmt" (Stefan Henrichsmeier, Alfter).

Essen: gut und sehr preiswert, wie zur Zeit noch fast überall in Portugal. Die bekannteste Freßstraße ist die *Rua das Portas de Santo Antao* in der Baixa (Unterstadt), hier findet ihr für jeden Geldbeutel etwas, vom Erste Klasse-Restaurant bis zur Stehbar mit delikaten *Pregos*. In der Saison leider schon völlig überlaufen. Ansonsten viele, teils originelle Möglichkeiten im Viertel *Bairro Alto* oben, wo sich auch das Nachtleben abspielt.

BAIRRO ALTO: **Cervejaria da Trindade**, Rua Nova da Trindade 20 c, ehemaliges Kloster, prima Essen, riesig, auch spätabends noch ein beliebter Treffpunkt (warme Küche bis Mitternacht), Touristen und Einheimische gleichermaßen. Spezialität ist 'Cerveja Preta', dunkles Bier vom Faß (Mo geschl.).

Brazuco, brasilianisch-portugiesische Küche, gemütlich mit Atmosphäre, Rua Joao Rosa 7, Bairro Alto (Mo geschl.).

El ultimo Tango, Rua Diario de Nosticias 62, gemütliches Gewölbe, argentinische Küche, Steaks etc.

BAIXA: **Macrobiotico**, einfaches vegetarisches Lokal im Souterrain eines Supermarkts, ein paar Schritte vom Rossio-Bhf., Rua Primero de Dezembro 65 (abends geschl.).

Beira Gare, Praca d. Joao da Camara, vis à vis vom Rossio- Bhf., echt portugiesischer Schnellimbiß, bruzzelnde Pregos, Suppen, Dobradinha u.ä., billig.

Irmaos Unidas, Straßencafé an der Praca da Figueira (unter der Pension Coimbra Madrid), reichhaltiger Salat mit div. Gemüsen.

CAFES: **Café Suica**, Rossio-Platz, viele Leckereien, schön zum Frühstücken.

Café A Brasileira, Chiado-Viertel, Rua Garrett 120, Traditionscafé in belebter Fußgängerzone, viel Holz und Spiegel an den Wänden, auch hübsch zum draußen sitzen (s. Sehenswertes).

Cerca Moura, Freiluftcafé am Rand der Alfama (an der Route der Tram 28), überwältigender Blick auf Alfama und Tejo (s. Sehenswertes).

PORTWEIN-STUBE: wer bei seinem Portugal-Aufenthalt nicht nach Porto kommt, kann in Lissabon im **Solar do Vinho do Porto** (portug. Portwein-Institut) zumindest die erlesenen Produkte preiswert ausprobieren. Angenehm, weil Polstersessel und Klimaanlage! Mit dem Cable-Car ab Praca dos Restauradores ins Bairro Alto hinauf, gleich vis à vis der Endstation im Alcantara-Palast.

MÄRKTE: **Ribeira**, großer, preiswerter Markt beim Bhf. Cais do Sodre, Obst, Gemüse, Klamotten, tägl. außer Sonntag 7-13 h. **Flohmarkt** siehe unter Sehenswertes.

Nachtleben: im Gegensatz zum turbulenten Spanien endet das portugiesische Nachtleben meist schon gegen 1 h. Besonders der *Fado* ist populär - in zahlreichen Lokalen wird diese Nationalmusik mit weinerlich tränender Stimme dargeboten (im Bairro Alto schon arg auf Touristen zugeschnitten).

FADOLOKALE: am bekanntesten ist **Condessa**, Praca da Alegria 38 (Mindestverzehr ab 17 DM, viele Touristen). Gut sind **Senhor Vinho**, Rua do Meio a Lapa 18 und **A Cesaria**, Rua Gilberto Rola 20.

Sehenswertes

ORIENTIERUNG: die historische Unterstadt **Baixa** liegt zwischen Tejo und Rossio-Platz. Am Hang im Westen schließt das alte Geschäftsviertel **Chiado** an, weiter oben die Altstadt **Bairro Alto**. Östl. oberhalb liegt die berühmte **Alfama**, das älteste Wohnviertel. Vom Rossio führt die prächtige Avenida da Liberdade nach Norden zum Parque Eduardo VII.

Baixa: das historische Geschäftsviertel zwischen Rossio und Tejo wurde nach dem Erdbeben von 1755 schachbrettartig aufgebaut. Viele Banken, altehrwürdige Geschäfts- und Handelshäuser vermitteln gediegene Eleganz, quer zu den lauten Verkehrsstraßen liegen Fußgängerzonen mit Straßencafés.
Am *Rossio* trifft sich alles, viel Verkehr, aber hübscher Platz mit tollem Blick auf das Gerippe der gotischen Igreja do Carmo am Hang zum Bairro Alto (s. Bairro Alto). Nebenan die lebendige *Praca da Figueira* mit schönem Blick auf das Kastell Sao Jorge.

Chiado: Geschäftsviertel von Lissabon, schließt direkt an die Baixa an (etwa ab Großraumlift). Viele Kaufhäuser und stilvolle Läden, macht Spaß, hier durchzuschlendern. Der verheerende Großbrand vom August 1988 hat jedoch vieles unwiederbringlich zerstört. In der Fußgängerzone Rua Garrett das bemerkenswerte Café *A Brasileira*.

25. August 1988, 5.30 h morgens: im berühmten Kaufhaus Grandella an der vornehmen Rua do Carmo im Geschäftsviertel **Chiado** (Nähe Elevador Santa Justa) explodieren gelagerte Gasflaschen. Binnen Minuten steht das Kaufhaus in hellen Flammen, die sich rasend schnell in Richtung Praca do Comercio voranfressen. Ganze Straßenzüge werden mit ihrem hölzernen Gebälk ein Raub des Feuers. Es wird Jahrzehnte dauern, bis die riesige Brandschneise wiederaufgebaut ist.

Bairro Alto: das historische Viertel am Hügelkamm westl. oberhalb des Rossio. Wenn ihr mit dem "Eiffel"-Großraumlift *Santa Justa* von der Rua Aurea hinauffahrt, trefft ihr an der Bergstation auf die bizarren Ruinen der gotischen *Igreja do Carmo* - wurde 1755 völlig zerstört und ist seitdem ohne Dach. Im Inneren Archäologisches Museum (Di-So 10-13, 14-17 h, ca. 1,50 DM).
An der quer verlaufenden Hauptstraße *Rua da Misericordia* viele kleine Buchläden, die Uni von Lissabon liegt gleich in der Nähe.
Dahinter das eigentliche Bairro Alto - schachbrettartig angeordnete Gäßchen mit hübschen Fassaden, zahlreiche Fado-Lokale, kleine Restaurants etc., Zentrum des Nachtlebens.

Alfama: für mich die schönste Ecke Lissabons. Dieses ärmliche Wohnviertel zieht sich östl. der Baixa einen langen Hang hinauf - enge, mittelalterliche Gäßchen, für den Autoverkehr viel zu schmal, prächtig-altmodische Hausfronten mit üppigen Azulejos, dazwischen steile Treppen und schattig kühle Bogengänge, Spitzweg-Motive überall.
Die Tram 28 fährt euch durch das Viertel *Mouraria* hinauf - vielleicht mal aussteigen bei der monumentalen *Kathedrale Se*. Sie ist die älteste Kirche der Stadt (romanisch/12. Jh.), im Inneren recht schlicht. Beim nächsten Stop Aussichtspunkt *Belvedere* mit herrlichem Blick auf die alten Schindeldächer mit einem Wald von Fernsehantennen und die beiden markanten Kirchen der Alfama. Eine Kurve weiter Café Cerca Moura (siehe oben).
Feira da Ladra - "Markt der Diebe" - heißt der große Flohmarkt Lissabons oberhalb der Alfama, hinter der Kirche *Sao Vicente* am Campo de Santa Clara.

Seinen Namen hat er noch aus dem 18. Jh., als der Adel in Saus und Braus lebte, während Handwerker und Bauern am Verhungern waren. Unter Segeltuchplanen viele Klamotten, Jeans etc., im Umkreis einige urige Pinten (Di und Sa von 10-18 h).
Ein Stück bergab von Sao Vicente die Kirche *Santa Engracia* mit gewaltiger Kuppel. Im Innenraum Sarkophage, die an bedeutende Portugiesen erinnern, u.a. Vasco da Gama und Heinrich der Seefahrer (s. Algarve/Sagres).
Auf dem Hügel zwischen Baixa und Alfama thront das weitläufige *Kastell Sao Jorge*. Von dort kann man sich einen guten Überblick über die Stadt verschaffen, optimal bei Sonnenuntergang (Bus 37 fährt hinauf).

LESERTIPS: "Vorsicht - der **Markt der Diebe** macht seinem Namen alle Ehre, da dort geklaut wird, wie selten" (Kerstin Beckmann, Norderstedt) . . ."im totalen Kontrast zur gepflegt und hübsch wirkenden Innenstadt steht das Slumviertel **Barreio** auf der anderen Seite des Tejo, auch das ist Portugal" (Frank Karthoff, Aschaffenburg).

Belém: Vorort an der Tejomündung, inmitten weitläufiger Parks und Jachtclubs das wohl interessanteste Bauwerk im Raum Lissabon. Das monumentale *Jeronimos-Kloster* am Tejo ist ein Paradestück des portugiesisch-manuelischen Stils (nach König Manuel dem Glücklichen). Es wurde 1499 begonnen - zu Ehren Vasco da Gamas, der den Seeweg nach Indien entdeckt hatte. Üppig verzierte Fassade aus hell leuchtendem Kalkstein, das Innere mit 25 m hohen, reich verzierten Säulen ist die architektonische Nachbildung eines Palmengartens. Beim Bau des Kreuzganges dachte der Baumeister wohl an "1001 Nacht" (ca. 2,50 DM, Stud./Schül. frei, Mo geschl.).
Vis à vis vom Kloster, direkt am Tejo, das beeindruckende *Vasco da Gama-Monument* mit den überlebensgroßen Skulpturen portugiesischer Entdecker. Kostet mit Fahrstuhl 1 DM, zu Fuß kostenlos. Von oben Wahnsinnsblick auf das Kloster und die riesige Tejo-Brükke, übrigens eine der längsten freitragenden Brücken überhaupt.
Rund 10 min. vom Jerónimos-Kloster der berühmte *Torre de Belem*, ebenfalls ganz aus weißem Kalkstein, mit quadratischem Grundriß. Er steht im Wasser und beherbergt heute eine Ausstellung von Kanonen, Rüstungen, Gewehren, Münzen usw., das meiste aus dem 16./17. Jh. Von hier startete Vasco da Gama seine großen Übersee-Expeditionen (ca. 2,50 DM, Stud./Schül. frei, Mo geschl.).

VERBINDUNGEN: fahrt mit dem Nahverkehrszug ab Bhf. Cais do Sodre (jede halbe std., 7 min. Fahrtzeit, Interrail gilt). Zum Jeronimos-Kloster bis Station **Belem**, zum Torre de Belem bis **Pedroucos** fahren, vorher fragen, ob der Zug hält. Zurück mit der Tram bis Praca do Comercio.

LESERTIP: "es lohnt sich, mit dem Bus (52 oder 54) zu der weithin sichtbaren **Christusstatue** nach Almada, auf die andere Seite des Tejo zu fahren, allein schon wegen der grandiosen Aussicht bei der Fahrt über die Brücke. Drüben an der ersten Haltestelle direkt an der Autobahn aussteigen und noch etwa 10 min. zu Fuß. Oben von der Statue toller Blick über ganz Lissabon" (Andreas Christl, Hamburg).

MUSEEN: **Museu Nacional de Arte Antiga**, umfangreichste und interessanteste Bildergalerie Lissabons, u.a. Gemälde von Hieronymus Bosch (Die Versuchung des Hl. Antonius), Albrecht Dürer, Lucas Cranach, Holbein und etlichen Portugiesen. In der Rua da Janelas Verdes, Bus 19 ab Praca da Figueira (Di-So 10-17 h, ca. 1,50 DM, So frei).
Gulbenkian Museum, Praca de Espanha (nördl. vom Parque Eduardo VII.), Stiftung eines Armeniers, der mit Erdöl Millionen verdiente und hier seinen Lebensabend verbrachte. Antiquitäten (franz.) und Gemälde von Rembrandt, Rubens, Renoir (etwa dieselben Zeiten, ca. 1 DM, Stud. die Hälfte).

Lissabon/Umgebung

Estoril/Caiscais: altehrwürdige Badeorte an Lissabons "Costa del Sol", die schon um die Jahrhundertwende "en vogue" waren und eine Menge gestürzter Diktatoren und Exkönige aufnahmen. Der moderne Massentourismus hat die Orte zwar ganz erheblich in Besitz genommen, trotzdem strahlen sie noch etwas von dem aristokratischen Glanz der Vergangenheit aus. Am Wochenende, wenn halb Lissabon an die wenigen schmalen Sandstrände rennt, ist natürlich die Hölle los.

VERBINDUNGEN: ab Bhf. **Cais do Sodre** Züge fast halbstündl., schöne Strecke (Länge ca. 35 km).

ÜBERNACHTEN: gute **Jugendherberge** in **Oeiras** an derselben Bahnlinie (siehe unter Lissabon/Übernachten), ab Bhf. ca. 15 min. zu Fuß, Strand direkt vor der Haustür.
Toller **Camping Orbitur** mit vom Wind schief gewachsenen Bäumen in Cascais, mit Bus 9 ab Bhf. Vom Platz zum Strand ca. 1 km.

Costa da Caparica: bester Badestrand von Lissabon, mit dem Bus ca. 20 min., auch Campmöglichkeiten. An der Endhaltestelle zwar große Hotelbauten und viele Touristen, aber wenn man mit der kleinen Strandbahn bis zur Endstation fährt und noch etwa 30 min. läuft, wird der Strand immer leerer.

Sintra: ca. 30 km westl. von Lissabon, unbedingt sehenswert! Schönes Städtchen in herrlich grüner Umgebung mit viel Wald - der schwärmerische Lord Byron fühlte sich im letzten Jh. wie im "Garten Eden". Schon früh hat der portugiesische Adel diesen herrlichen Landstrich in Beschlag genommen und seine Sommerresidenzen hierher gesetzt.
Am Hauptplatz des Ortes der *Palácio Nacional de Sintra*, ein Königsschloß aus dem 14. Jh. Es gibt einige prachtvolle Säle, die zwei weithin sichtbaren Türme dienten zur Entlüftung der Küche (ca. 2 DM, Stud. frei, Mi geschl.).
Auf einem Felsberg 500 m über der Stadt liegt eine wunderschöne Burgruine, die einstmals maurisch war. Noch darüber, in einem herrlichen Waldpark, der *Palácio de Pena*, eine königliche Sommerresidenz, die sehr an Neuschwanstein erinnert. Der kuriose, überreich verzierte Prachtbau vereinigt die verschiedensten Baustile und ist ein echtes (Kitsch-)Erlebnis (ca. 2 DM, Stud. frei, Mo geschl.).
Ein toller Fußweg führt hinauf, ansonsten per Taxi (ca. 7 DM, tut euch mit anderen zusammen) und runter zu Fuß.

VERBINDUNGEN: Züge ab Bhf. **Rossio** (Lissabon) fahren alle halbe Stunde über Queluz nach Sintra. Vom Bhf. zum Palacio ist es ca. 1 km, Busverbindung.

Lissabon - Entroncamento - Elvas - Badajoz - Madrid A-Kb. 25516

Hauptstrecke Lissabon - Madrid, ca. 9-10 std., Abfahrt im Santa Apolonia-Bhf. Lohnen kann ein Stop in *Portalegre*, 220 km von Lissabon und 21 km vor der spanischen Grenze. Der Ort selber bietet wenig, ist aber bekannt durch seine Teppichmanufaktur (kann besichtigt werden). Von Portalegre kann man auch Ausflüge ins wunderschöne, touristisch weitgehend unerschlossene Bergdorf *Castelo de Vide* machen.

VERBINDUNGEN: der Bhf. von **Portalegre** liegt 12 km außerhalb, Busse fahren. **Castelo de Vide** liegt an der Bahnlinie von Lissabon über Marvao - Caceres - Madrid.

Lissabon - Evora

Ausflug in die *Provinz Alentejo* - endlose Ebenen und Hügel, die in der Sonne glühen, dünn besiedelt, kleine weiße Dörfer.

Evora

Zentrum des Alentejo, "Museumsstadt" vom Portugal. Angenehm ruhiges Mittelalterstädtchen, das zu den schönsten im Land gehört - von der Unesco 1986 zum *Kulturellen Welterbe* erklärt. Eine prächtige Stadtmauer umschließt das alte Zentrum mit seinem malerischen Gassenlabyrinth. Baudenkmäler aus allen Epochen sind erhalten, eine Universität sorgt (zumindest im Semester) für junges Leben in den alten Mauern. Das Ganze zwar touristisch - viele Tagesausflügler aus Lissabon - abends kehrt aber Beschaulichkeit ein. In der ganzen Innenstadt viel Grün.

VERBINDUNGEN: 5 x tägl. ab **Lissabon/Barreio**, ca. 3 std. Fahrt. Bhf. liegt gut 1 km südl. vom Zentrum, außerhalb der Stadtmauer.

INFORMATION: am zentralen Platz, der Praca do Giraldo 71, es gibt gute Stadtpläne und freundliche Auskünfte.

ÜBERNACHTEN: preiswerte Pensionen im Zentrum um die Praca do Giraldo, z.B. **Giraldo** und **Os Manueis**. Einfache, aber sehr nette und familiäre **Jugendherberge** in der

Altstadt, Rua de Corredoura 32, Tel. 066/ 25043, ca. 30 min. zu Fuß ab Bhf. Ein **Campingplatz** liegt etwas außerhalb, an der Straße nach Alcacovas.

ESSEN: **Pastor**, urige Taverne in der Rua Cinco de Outobro 21, nicht weit vom Hauptplatz. Es gibt viele kleine Tascas in der Stadt.

Sehenswertes: das alte Zentrum als Ganzes, aber auch etliche Kirchen, u.a. die gewaltige, romanisch-gotische *Kathedrale*, eine der größten Portugals. Ein *römischer Tempel* steht vor dem *Stadtmuseum* im ehemaligen Bischofspalast (Archäologisches, Gemälde, historisches Mobiliar).
In der *Igreja de Sao Francisco* nicht die Knochenkapelle versäumen - die Gebeine von 5000 Toten erwarten euch! Hinter der Kirche vormittags Markt, dort auch der Eingang zum *Stadtpark*.
Im Norden der Altstadt beginnt ein fast 20 km langer *Aquädukt*, in den Wohnhäuser und Tascas hineingebaut sind.

Lissabon - Ermidas - Santa Clara a Velha - Tunes - Algarve A-Kb. 25600

Einzige Bahnstrecke zum Algarve, anfangs flach, viel Wald - Pinien, Korkeichen - später bergig (Ausläufer der Serra de Monchique).
Mehrmals tägl. Expreß- und Bummelzüge ab *Lissabon/Barreio-Bhf.* über Faro zum Grenzort Vila Real de Santo Antonio. Wer in den westl. Algarve will (Lagos) - umsteigen in *Tunes*. Die Fahrt dauert ihre Zeit.

Küste südlich von Lissabon

Noch relativ wenig Tourismus, Felsklippen und lange Sandstrände, allerdings wehen fast immer rauhe Winde, was das genußvolle Baden etwas erschwert. Bisher fast ausschließlich eine Domäne der Wildcamper und Rucksacktouristen.

VERBINDUNGEN: nach **Sines** führt die einzige Bahnlinie der Region (3 x tägl., umsteigen in **Ermidas**). Von dort mit Bussen die Küste hinunter. Die Straße führt aber nicht direkt an der Küste entlang, d.h. ihr müßt z. T. die letzten km zu den Badeorten trampen. Problemlos ist auch die Anreise mit den mehrmals tägl. verkehrenden **Überlandbussen** von Lissabon an die Algarve.
Um in die südl. Orte Odeceixe und Monte Clerigo zu gelangen, fahr ihr am besten bis zur **Santa Clara a Velha** an der Bahnlinie Lissabon - Algarve, von dort gehen etwa zweimal tägl. Busse nach Odemira, wo ihr Anschluß an die Küstenbusse habt.

Sines: geschäftiges Fischerstädtchen mit großem Ölhafen und Industrie, eine Stichbahn führt hin. Freundliche Altstadt, der Tourismus hält sich in Grenzen. Ein Sandstrand, in Richtung Porto Covo aber sehr viel schönere und einsamere Stellen - Spitze Brandung!
Gut und preiswert ist der Camping Municipal.

Porto Covo: das nächste kleine Dorf südl. von Sines, inmitten flacher Küstenlandschaft und noch recht ruhig. Hier wird viel wild gezeltet - sanitäre Anlagen und Duschen am Strand.

Villa Nova de Milfontes: gut besuchter und hübscher Badeort an der weiten Mündung des *Rio Mira*. Langer Sandstrand, zwei Campingplätze.

Odeceixe: netter kleiner Ort mit engen Gassen, der Strand einige km entfernt. Sehr viele Wildcamper wollen hier dem Algarve-Rummel ausweichen. - aber die Polizei greift hart durch, strenge Kontrollen! Am Strand zwei Bars mit fließend Wasser, Toil. und Dusche.

Monte Clerigo: kleine Ferienhaussiedlung im fjordähnlichen Flußtal, toller Strand. Ebenfalls viele Wildcamper und früherer "Geheimtip".

ALGARVE

Die Badeküste Portugals - von der spanischen Grenze bis zum Cabo San Vicente insgesamt nur 150 km. Dank der südlichen Lage ausgesprochen sonnigwarmes Klima - rauh und windig jedoch der äußerste Westen um Sagres.

Im Gegensatz zur Westküste des Landes herrscht der internationale Tourismus vor. An den Badestränden tummeln sich Holländer, Deutsche und Engländer, für den Durchschnittspor-

tugiesen ist es hier schon unerschwinglich teuer.
Landschaftlich gesehen ist dieser Küstenabschnitt einmalig schön: besonders *westl. von Faro* eine skurrile Steilküste mit ocker bis gelblich leuchtenden Sandsteinkliffs - dazwischen schmale Buchten mit feinem Sand und vereinzelten Stränden. Der östl. Teil des Algarve wirkt monotoner - Dünenstrände, vorgelagerte Sandstreifen, flaches Hinterland und kaum Schatten.
Vom Pauschaltourismus halbwegs verschont ist bisher nur die westl. Ecke von Lagos bis zum Cabo de Sao Vicente, dem äußersten Südwestzipfel Europas. Stattdessen trifft sich hier die internationale Rucksacklerszene.

Hinweis - die Campingplätze im Zentrum des Algarve zwischen Lagos und Albufeira sind teuer und können im Sommer zudem wegen Überfüllung geschlossen sein.

(Lissabon) - Tunes - Silves - Portimao - Lagos A-Kb. 25603

Die Bahn geht meist nicht unmittelbar an der Küste entlang, deshalb landschaftlich nicht sonderlich aufregend. *Tunes* ist Umsteigebhf. und Kreuzungspunkt der Bahnlinie von Lissabon mit der Algarve-Linie von Lagos zur spanischen Grenze.
Die wenigen Kilometer von den Bahnhöfen zu den Küstenorten könnt ihr mit Bussen problemlos zurücklegen.

Camping/Hostel Astar: von Engländern organisiertes Jugendcamp (Zeltplatz und Hostel) in der Nähe von Lagoa (auf halber Strecke zwischen Albufeira und Lagos), allerdings "in der Pampa". Schon im Zug von und nach Lagos wird man von den Anwerbern angesprochen, gratis Bustransfer zum Platz (Vorsicht - zurück muß man löhnen!). Ein Platz im Schlafsaal kostet je nach Größe zwischen 8 und 10 DM, auf dem Zeltplatz ca. 5 DM, Frühstück incl. Geboten sind heiße Disko (bis 2 h nachts), "match Äktschn" und "crazy games", diverse Sportmöglichkeiten und der halbstündl. Beach-Bus ans Meer (schöne Fahrt!). Dort ganz netter Strand mit clubeigener Cocktail-Bar und zwei Restaurants, preiswerte Windsurf-Möglichkeit (etwa Ende Juni - Ende September, Tel. 082/52498).

Portimao: städtisches Zentrum des westl. Algarve, großer Fischereihafen in der Mündungsbucht des Rio Arade. Auf der anderen Flußseite das kleine Fischerdorf *Ferragudo*, hübsch und vom Tourismus relativ unberührt, am Dorfrand eine malerische Burgruine. Der Strand ist gut besucht, in den Badebuchten der Umgebung Möglichkeiten zum einsamen Sonnenbaden (Wasser wegen des nahen Portimao allerdings nicht sauber).

VERBINDUNGEN: auf jeden Fall bis Portimao fahren und nicht am Bhf. von Ferragudo aussteigen (kurz vorher) - von dort noch 7-8 km Strecke Fußmarsch (langsam ansteigend)! Ab Portimao mit Bussen mehrmals tägl. bis zum Campingplatz von Ferragudo.

ÜBERNACHTEN: **Campingplatz** etwas oberhalb vom Ort, picobello gepflegt, ca. 5 DM pro Pers./Zelt. Nette Leitung und viele deutsche Touristen. Wildes Zelten am Strand ist gefährlich, die Flut kommt bis zum Steilufer.

Lagos

Malerische Kleinstadt, die in der Saison aus allen Nähten platzt. Einer der bevorzugten Anlaufpunkte am Algarve, dementsprechend touristische Infrastruktur und hohes Preisniveau. Viel junges Publikum, abends Karnevalsstimmung in den Gassen der Altstadt.

Lagos bietet hervorragende Bademöglichkeiten, wechselweise am langen Sandstrand und in den Buchten der phantastische Felsküste, aber auch ein freundliches Altstadtviertel mit niedrigen weißen Häusern und einer teilweise erhaltenen Stadtmauer. Von hier starteten im sog. Zeitalter der Entdekkungen die großen Übersee-Expeditionen nach Afrika und Indien, die Portugal zu einer der mächtigsten Kolonialmächte der damaligen Zeit machten.
Im Zentrum Fußgängerzonen und Plätze, angenehm zum Schauen und Sitzen, am Fluß lange Promenade, bunte Fischerboote etc. Nicht versäumen - die *Igreja de Sao Antonio*, wunderschöne, reich verzierte Kirche samt Regionalmuseum (Mo geschl.).
Hübsch sind Grottenrundfahrten an der Felsküste. Wenn ihr euch zusammentut, wird's billiger.

VERBINDUNGEN: **Endstation** der Bahn, 6 x tägl. nach Lissabon, bis zu 10 x den Algarve lang bis Vila Real S. Antonio (Grenzort zu Spanien). Über die Brücke zur Stadt, drüben der **Busbhf.** Ins Zentrum links den Fluß entlang. Eine weitere Bushaltestelle am Fluß, ein Stück nach der Markthalle.

INFORMATION: zentral in der Altstadt, Largo Marques de Pombal, tägl. 9-19 h. Infos zu Privatzimmern, Stadtpläne, Fahrpläne, etc.

ÜBERNACHTEN: Pensionen in der Hochsaison hoffnungslos ausgebucht, dann nur Privatzimmer, um die 35-40 DM das DZ.

Pension Caravela, gute Adresse in der zentralen Rua 25 de Abril 8, DZ ca. 27 DM ohne Bad, Tel 63361. Ansonsten z.B. in ruhiger, aber zentrumsnaher Lage **Gil Vicente**, Rua Gil Vicente 26, Tel. 62982 oder **Os Reis**, Rua Candido dos Reis 54, Tel. 63082.

Der nächste Campingplatz ist **Camping Trindade**, ziemlich zentral beim Fußballstadion, an der Straße zum Dona Ana Beach (am Fluß entlang und immer der Straße nach, ca. 20 min. ab Bhf. oder abkürzen quer durch die Stadt). Von Mauer umgeben, viel Schatten, in der Saison überfüllt. Besser ausgestattet, größer, auch teurer ist **Camping Parque de Campismo Imulagos**, 2 km Richtung Westen, kurz vor Porto de Mos - schöne Lage an eigenem Strand.

LESERTIP: "Südl. die Stadtmauer entlang kommt man zu einem Strand, an dem immer Massen von Interrailern schlafen. Morgens um 7 h Weckdienst durch einen Polizisten - bisher keine Probleme. Auch weiter westl. von Lagos kann man problemlos am Strand schlafen" (Holger Reichardt, Leinfelden-Echterdingen).

> Generell ist es nicht zu empfehlen, am Strand zu schlafen - es wird viel geklaut, z.T. auch mit Gewalt. Beim **Bhf.** könnt ihr recht sicher nächtigen.

ESSEN: Gastronomie auf hohem Niveau. In der zentralen **Rua Alfonso de Almeida** ein Fischlokal neben dem anderen.

Ao Natural, Vegetarisches in der Rua da Silva Lopes 29, von Niederländern betrieben.

Casa da Zé, preiswerte Kneipe neben der Markthalle, gute Amejoas.

Jardim, deutsch geführtes Restaurant mit schönem Garten, am Ende des langen Sandstrands östl. von Lagos.

CAFES: **Abrigo**, unter Orangenbäumen, zentral am Platz mit Tourist-Info. **O Cavaleiro**, Praca Luis de Camoes, an einem der 2 Hauptplätze, immer was los, schön zum Schauen.

NACHTLEBEN: nachts wird Lagos zum Rummelplatz, viele Möglichkeiten. **Phoenix**, Rua 5 de Outubro 11, bekannte Disko, zweigeschossig mit einer rundumlaufenden Galerie, gemütlich, ca. 10 DM. **Mullens**, Rua Candido dos Reis 86, rustikal gehaltenes Gewölbe, riesige Weinfässer, allabendlich bis zum Bersten voll. **Zapata**, ein paar Häuser vom Mullens, winzige Disko, fetzige Musik, wilde Stimmung. **Latin Bar** und **Shots in the dark**, beide Rua 1th de Majo. **Navegador**, gemütliche Jazz/Blueskneipe, neben Shell-Tankstelle.

BADEN: östl. vom Fluß endlos langer, düniger **Sandstrand** (Boot pendelt hinüber). Völlig schattenlos, mehrere Strandkneipen auf den Dünen.

Die Küste Richtung Westen gehört zu den schönsten des Algarve, zerklüftete Sandsteinklippen ragen aus dem Wasser, dazwischen immer wieder kleine und größere Sandstrände, z.B. **Praia do Pinhao** oder **Praia Dona Anna**. Im Sommer rettungslos überlaufen. **Porto de Mos** ist der schönste Strand bei Lagos (4 km westl., Busse)

Salema: zwischen Lagos und Sagres, hübsches Fischerdorf mit schönem Strand, früher bekannter Alternativtreff. Heute nur noch in der Nebensaison uneingeschränkt zu empfehlen, etliche klotzige Hotelbauten. Der sehr gute *Camping Quinta dos Carrigos* liegt 1 km weiter hinten im Tal (Bus hält).

Sagres: weit ausgebreitet am südwestlichsten Zipfel Europas. Absolut baumlose, wettergegerbte Landschaft, oft windig und deutlich kühler als Lagos (auch im Sommer Wollpullover nötig!). Als Ort häßlich, aber es gibt einige gute, geschütze Sandstrände - am schönsten der *Mareta-Strand*. Viel Tourismus, Rucksackler und zunehmend auch pauschal (Hotels).

Promontorium Sacrum, eine eindrucksvolle Felsenhalbinsel, stößt weit ins Meer. Dort, 600 m vom Dorf, die restaurierten Reste einer *Festung*, im 15. Jh. Seefahrerschule Heinrich des Seefahrers, des Begründers der Navigation. Innen Info-Büro und Jugendherberge.

VERBINDUNGEN: Busse ab Lagos ca. 4 DM. Ihr könnt Mofas und Fahrräder leihen (optimal für Ausflug zum Cabo Sao Vicente).

ÜBERNACHTEN: im Ort zahlreiche Privatzimmer, ca. 10-15 DM pro Pers., schon an der Bushaltestelle werden sie euch angeboten.

Rustikale **Jugendherberge** in der Festung auf dem Promontorium Sacrum. Ziemlich einfach, ca. 7 DM, in der Saison nur mit Halbpension (Frühstück und Mittag- oder Abendessen), Tel. 082/64129.

Campingplatz 2 km außerhalb in Richtung Cabo San Vicente. Im Freien schlafen ist verboten - Polizei macht strenge Kontrollen.

Treffs: einige Bars am Busplatz, beliebt **The Last Chance**, am Weg zum Mareta-Strand. **Dromedario**, an der Hauptstr. hinterm Mareta-Strand. Abends immer voll, morgens (teures) Müsli. **Bossa Nova**, Restaurant im Hof hinter Dromedario, von Hamburger geführt, gute Pizza, Lasagne u. Vegetarisches.

Sagres/Umgebung: ca. 6 km westl. ragt das windumtoste *Cabo Sao Vicente* weit in den meist aufgerührten Atlantik hinein, schöner Fußmarsch. Die Steilküste ist bis zu 70 m hoch und bietet einen herrlichen Ausblick. Wer sich für Technik interessiert, sollte den *Leuchtturm* besichtigen: die Wärter führen nach Lust und Laune Leute hinauf.

Tunes - Ferreiras - Faro - Olhao - Tavira - Vila Real de Santo Antonio - Spanien A-Kb. 25603

Bis Faro absolut touristisch, wer Portugal kennenlernen will, liegt hier nicht unbedingt richtig. Wer nach Spanien rüber will - insgesamt langwierige Angelegenheit mit langsamen Zügen, zudem muß der Grenzfluß *Rio Guadiana* per Fähre überquert werden. Von Lagos nach Sevilla mit 24 std. rechnen!

Albufeira

Bekanntester Badeort des Algarve - gehobenes Preisniveau, im Sommer viel Rummel, vorwiegend von jungen Leuten bevorzugt. In den Diskotheken geht es rund bis in den Morgen - mit 20 DM Mindestverzehr ist man "dabei".

In der Vor- und Nachsaison aber angenehm, der Ort hat Atmosphäre - weißgekalkte Häuser, würfelförmig aneinander und noch einige Gäßchen, die noch nicht vom Boutiquenkram infiziert wurden. Dazu die herrliche Lage - hoch über gelben Felsklippen und schneeweißen Badebuchten, die großen Hotelanlagen alle weit außerhalb.

Verbindungen / Bahnhof: nächste Bahnstation in **Ferreiras** (6 km landeinwärts, Busse jede halbe Stunde). Direktzüge ab Lissabon, häufige Verbindungen in Richtung Lagos und Richtung Vila Real de Santo Antonio (Grenzort zu Spanien).

Übernachten: neuer **Campingplatz**, an der Str. vom Bhf., ca. 2 km vor Albufeira (mit Disko). Weitere Plätze in Armacao de Pera (westl.) u. Quarteira (östl.). **Pensionen** in der HS absolut überfüllt, zu den billigsten zählen **Albufeirense** in der Rua da Liberdade und **Silva**, Travessa 5 de Outubro 18. Auch die vielen Privatzimmer sind meist belegt.

Nachtleben: empfehlenswerte Disko ist **Palace**, sehr groß, gute Musik, liegt etwas außerhalb an der Straße nach Ferreiras.

Baden: der 800 m lange Strand von Albufeira ist durch ein Felsenkliff in zweigeteilt, im östl. Teil liegen die Fischerboote. Wer einen Fußmarsch riskiert, kann v.a. westl. vom Ort wenig überlaufene Buchten und Strände entdecken (z.B. 3 km westl. die Praia Grande, doch wird schon eifrig gebaut).

Loule: lohnt einen kurzen Aufenthalt - ländlichs Städtchen mit buntem Marktgewimmel und vielen interessanten Handwerksläden - gute Einkaufsmöglichkeiten. Noch nicht zu touristisch, da es nicht direkt an der Küste liegt, allerdings viele Ausflügler aus Quarteira. Der Bhf. liegt 5 km außerhalb.

Faro

Hauptstadt des Algarve und Drehscheibe des internationalen Tourismus - hier landen sämtliche Charterflugzeuge. Nette kleinstädtische Atmosphäre mit ausgedehnter Fußgängerzone, Cafés und eleganten Geschäften. Vor der Küste lange schmale Sandbänke.

Am Jachthafen schöner Palmenplatz, hier beginnt die Fußgängerzone.
Durch den Torbogen am Ostende gehts ins ruhige Altstadtviertel mit gepflasterten Gassen, teilweise sind noch die Stadtmauern erhalten.

Verbindungen / Bahnhof: vom hübschen kleinen Bhf. rechts die Avenida da Republica bis zum zentralen Platz am Hafen. Jenseits vom Park Informationsbüro.

Information: neben dem Torbogen Arco da Vila, Rua da Misericordia.

Übernachten: **Residencial** vis à vis vom Bhf. **Pensao Algarve**, Rua D. Francisco Gomes 4, zentral am Beginn der Fußgängerzone, freundlich, leider fast immer voll, ca. 35-40 DM, Tel. 23346. **Residencial Dandy**, Rua Filipe Alistao 62, sehr einfach, ca. 30-35 DM, Tel. 24791 (falls voll, wird man an **Bel Horizonte** verwiesen, Rua Dr. Justino Cumano 41, ca. 500 m vom Zentrum). **Camping** auf der Ilha de Faro (s. Baden).

Essen: **Sol e Jardim**, Praca Ferreira d'Almeida 22-23, großes Lokal in langgestrecktem

Hof unter dichtem Efeu. Viele Portugiesen, reichhaltige Speisekarte. **As Parreiras**, Rua Rebelo da Silva 22, Nähe Fußgängerzone, weinüberwucherter Innenhof, erinnert an griechische Tavernen, Fisch und Gegrilltes. **Café Alianza**, am Beginn der Fußgängerzone beim Palmenplatz, schönstes Café.

Ilha de Faro: Badeinsel ca. 10 km vor Faro. Schöner, doch absolut vegetationsloser Strand. Am östl. Ende der Inselstraße liegt der Campingplatz. Gute Einrichtungen, sehr billig, aber kein Schatten. Nebenan gute Disko Barrakuda (10 DM), viel los. Zu erreichen mit Bus 16 (Haltestelle u.a. vor Tourist-Info) bzw. mit Badeboot ab Hafen.

Östlich von Faro ist die Küste nicht mehr sonderlich interessant - flaches Hinterland, Weinanbau und Mandelbäume, fast keine Steilküste, dafür endlose Sandstrände (ohne Schatten!), Möglichkeiten zum Wildcampen.

Olhao: der maurische Einfluß, den man im ganzen Algarve spürt, hat den Ort geprägt. Inmitten der blendend weiß gekalkten Häuserkuben fühlt man sich fast nach Nordafrika versetzt . . . so wirkte Olhao vor 20 Jahren! Inzwischen ein geschäftiges Fischerei- und Industriezentrum, in dem der Tourismus nur eine untergeordnete Rolle spielt. Schöner Fischereihafen und Markt. Vom Hafen gehen fast stündl. Fähren auf die Sandinseln *Culatra* und *Armona* (ca. 1 DM). Drüben viele Wildcamper, auf der bewaldeten Insel Armona auch ein Orbitur-Campingplatz, Wildzelter im Wäldchen gegenüber.

Tavira: einer der empfehlenswertesten Orte in dieser Ecke, ca. 2 km landeinwärts zu beiden Seiten des Rio Gilao. Schöne Altstadt mit viel maurischer Architektur, tägl. außer So großer Markt in einer Halle am Fluß.
Baden auf der Sandinsel *Ilha de Tavira* vor der Küste (Boote ab Quartos Aguas). Drüben günstiger Campingplatz mit akzeptablen Sanitäranlagen, gelegentlich Wassermangel (ab 1. Juni).

VERBINDUNGEN: Bhf. liegt am Stadtrand, ca. 15 min. ins Zentrum.

ÜBERNACHTEN: **Residencial Mirante**, vom Bhf. ca. 10 min. Richtung Stadtmitte, sauber, Zimmer ab 25 DM, mit Frühstück. **Pension Lagoas**, Rua Almirante Candido dos Reis 24 (andere Flußseite).

Cabanas: nur ein paar km östl., kleines Fischerdorf mit optimalen Bademöglichkeiten am langen Strand und der vorgelagerten Sandbank. Keinerlei touristische Einrichtungen, Wildcampen gut möglich. Bhf. ca. 2 km außerhalb.

Monte Gordo: typischer Urlaubsort, Rummel hoch fünf, aber hervorragender Sandstrand, sehr lang und bis zu mehreren 100 m breit. Übernachten am besten auf dem Camping an der Straße nach Vila Real de Santo Antonio oder dem an der Praia Verde (4 km westl.)

Vila Real de Santo Antonio: Grenzort mit rechtwinkligen Straßenzügen und hübscher Uferpromenade, Endstation der Bahnlinie. Im Zentrum um die Fußgängerzone abends viel los, unverkennbarer spanischer Einfluß.
Der *Rio Guadiana* trennt die beiden Länder, Fähren pendeln - im Sommer von 8-22.30 h. Auf längeres Warten gefaßt sein, Fähren sind nicht auf Züge abgestimmt! Wenn ihr zu spät kommt, müßt ihr bis zum nächsten Tag Däumchen drehen. Eine Brücke soll in den nächsten Jahren fertiggestellt werden.

VERBINDUNGEN: die Fähren von Portugal nach Spanien kosten ca. 1 DM pro Pers., Spanien - Portugal etwas teurer. Von **Ayamonte** auf spanischer Seite fahren Busse der Gesellschaft "Damas" nach **Huelva** (Haltestelle weit weg von den Fähren, ca. 6 DM, Bahnlinie eingestellt), von dort 3 x tägl. klimatisierte Dieseltriebwagen nach **Sevilla** und andere Verbindungen (z.T. Zuschlag u. reservierungspflichtig).
Auf portugiesischer Seite häufig Züge den Algarve entlang nach Lagos.

INFORMATION: an der Uferpromenade, gegenüber vom Zoll.

ÜBERNACHTEN: **Pension Felix**, Rua Dr. Manuel de Arriaga 2, sehr saubere und gemütliche **Jugendherberge** in der Rua Dr. Sousa Martins 40, 4-Bettzimmer, schöner Innenhof, Dachterrasse und gute Selbstkocherküche, ca. 7 DM, Tel. 081/ 44565. **Camping** bei Monte Gordo, einige Kilometer westl. Im Notfall an der parkähnlichen Uferpromenade direkt am Fluß schlafen.

In Spanien Uhr vorstellen, eine Stunde Zeitunterschied!

Marokko

Sicher das reizvollste Land auf eurem Inter-Rail-Trip - eine völlig andere Kultur, das orientalische Afrika.

Im Norden noch weitgehend grün und wasserreich, mit fast spanisch anmutenden Orten. Je weiter ihr nach Süden vorstoßt, desto ursprünglicher und ärmer ist das Land, hier beginnen die ausgedehnten Wüstengebiete - Kamelmärkte, Beduinen und gelbbraune Lehmarchitektur.

An den Küsten findet ihr hervorragende Bademöglichkeiten. Vor allem die Atlantikküste bietet kilometerlange Dünenstrände, z.B. bei *Agadir*, *Essaouria* und *Asilah*. Tief im Süden liegen die Wohnmobilisten- und Rucksacklertreffs, nicht wenige Langzeiturlauber überwintern hier.

Landschaftliche Höhepunkte sind die *Gebirgszüge* im Inneren. Vom Rifgebirge im Norden bis zum Hohen und Mittleren Atlas im Süden führen überall Busrouten durch die Felsszenerien.

Die *Wüstengebiete* erreicht ihr von Marrakesch über Ouarzazate durch das Draa-Tal - eine herrliche Fahrt durch grüne Flußoasen, bis bei Zagora die Wüste beginnt (Wüstentouren per Kamel möglich). Oder ihr fahrt in Küstennähe durch die Silberschmuckstädte *Taroudant* und *Tiznit* zum Kamelmarkt nach *Goulimine*.

Die Städte sind ein Erlebnis eigener Art - vor allem die *Souks*, die Altstadtviertel mit ihren ausgedehnten Basarzeilen. Vollkommen unübersichtliches Straßengewirr, kleine Läden und Werkstätten, nach Zünften getrennt, aber immer dicht an dicht, im Menschengewühl verschleierte Frauen und bunte Trachten der verschiedenen Berber- und Araberstämme. Absolute Höhepunkte sind *Fes*, das kulturelle und religiöse Zentrum des Landes, und *Marrakesch* - die Place Djemma el Fna ist bereits eine Legende. *Rabat* wirkt dagegen fast noch europäisch und eignet sich gut als erster Einstieg - durch den abrupten Zusammenprall der uralten marokkanisch-islamischen Kultur mit dem Phänomen des modernen Tourismus haben sich einige Gewohnheiten entwickelt, an die man sich als biederer Europäer erst gewöhnen muß.

Anreise

Hauptfährhafen nach Marokko ist Algeciras. Aber auch Malaga und Almeria sind wegen der günstigen Preise überlegenswert.

Wer von Frankreich kommt - ein Direktzug geht tägl. ab *Paris/Gare d'Austerlitz* über Bordeaux nach Madrid (Spurwechsel an der spanischen Grenze, umsteigen) und weiter nach Algeciras. Dieser Zug ist jedoch von marokkanischen Gastarbeitern überfüllt - eventuell ratsam, in Irun und Madrid in innerspanische Züge umzusteigen. Zeitlich fahren diese Züge (Irun - Madrid und Madrid - Algeciras) parallel zum Direktzug, sind aber wesentlich leerer. Die Strecke Irun - Madrid kostet den saftigen Zuschlag von ca. 13 DM. Wer mit diesem Zug fährt, hat in Algeciras direkten Fähranschluß nach Tanger und dort sofortige Zugverbindung nach Casablanca. Vorausgesetzt, daß man ohne Verspätung in Algeciras ankommt.

LESERTIPS: "wenn ihr bei der **Rückreise** aus Marokko von Algeciras gleich nach Madrid weiter wollt, müßt ihr euch so schnell wie möglich Platzkarten besorgen, falls der Zug reservierungspflichtig ist. Massen von marokkanischen Gastarbeitern fahren in die spanische Hauptstadt und Wartezeiten bis zu 2 std. am Schalter kommen vor" (W. Römer, Rain/Lech).

Fähren: Schiffsverbindungen gibt es von *Algeciras, Malaga*, *Almeria* und *Tarifa*, außerdem von *Sète* (Südfrankreich). Vorbuchen ist nur bei der Langstrecke ab Sète nötig, ansonsten keinerlei Probleme, die Fähren gehen im Sommer sehr häufig. Nur von Algeciras nach Tanger kann gelegentlich mal ein Schiff ausgebucht sein (da mehrere Fähren tägl. gehen, beträgt eine etwaige Wartezeit auch im Hoch-sommer allerhöchstens 6 std.). Um einen unnötigen Aufenthalt zu vermeiden, könnt ihr von Algeciras auch nach Ceuta übersetzen. Ist trotz fehlender Ermäßigung für Interrailer billiger als nach Tanger, Ceuta hat jedoch keinen Bhf.

Laßt euch in Algeciras nicht auf die Touristennepper im Hafen ein!

ALGECIRAS - TANGER: für Interrailer Hauptverbindung nach Marokko, weil ihr in Tanger Anschluß an das marokkanische Bahnnetz habt (jedoch fährt nicht immer sofort ein Zug, einige std. Wartezeit einkalkulieren). Kauft die Tickets in den Büros an der Hafenzeile oder in den Hauptbüros im Fährhafen von Algeciras. Die **Transmediterranea** und andere Linien pendeln 3-7 x tägl., Dauer ca. 2,5 std., Preis ca. 50 DM pro Pers. Für Interrailer gibts bei Transmediterranea 30 % Ermäßigung (frei mit Interrail + Schiff). Rückfahrkarten werden in Algeciras nur ohne Ermäßigung ausgestellt, deshalb erst in Tanger kaufen.

ALGECIRAS - CEUTA: billigste und kürzeste Überfahrt, jedoch Anschlußkosten mit Bus und Taxi. Fähren mehrerer Linien bis zu 10 x tägl., Dauer ca. 1 std., Preis ca. 20 DM (keine Ermäßigung für IR, bei Transmediterranea frei mit Interrail + Schiff). Ceuta gehört noch zu Spanien und hat keinen Bhf. - ihr könnt mit Bussen bis zur Grenze fahren, von dort mit Sammeltaxi und Bus nach Tetouan (bis Tetouan ca. 4 DM). Von dort sehr schöne Fahrt durch das Rifgebirge nach Fes (ca. 8 DM) oder die kürzere Strecke nach Tanger (ca. 3 DM), wo ihr wieder Bahnanschluß habt.

> Für die Rückreise Tanger - Algeciras wird von Interrailern mit der Karte **IR + Schiff** in Tanger eine Kopie der Karte verlangt! Am besten schon zu Hause machen, in Tanger/Hafen kostet eine Kopie 2 DM (in der Stadt 0,70 DM).

WEITERE FÄHRVERBINDUNGEN: von **Sète/Südfrankreich** fährt die "C/F Marrakech" der Gesellschaft Comanav (Compagnie Marocaine de Navigation) etwa jeden 4. Tag nach **Tanger** und zurück. Außerhalb der Saison eventuell interessant, falls man von Südfrankreich spontan rüberwill bzw. die lange Zugfahrt durch Spanien nicht durchstehen mag. Im Sommer aber unbedingt schon zu Hause im Reisebüro vorbuchen. Dauer 38 std., billigster Platz ca. 290 DM (mit IR-Ticket 20 % Ermäßigung, also 230 DM, mit IR + Schiff 25 %). Weitere Verbindungen mehrmals wöch. (im Sommer fast tägl.) von **Malaga** und **Almeria** nach **Melilla** (im Osten Marokkos, nächster Bhf. ist Oujda, Busse 10 x tägl., Anschlußkosten). Die Überfahrt ist mit ca. 35 DM günstig, die Transmediterranea gibt zudem für Interrailer 30 % und Freifahrt mit Ticket IR + Schiff. Außerdem geht jeweils 1 x tägl. ein Tragflügelboot von **Tarifa** (Südspanien) und **Algeciras** nach **Tanger** (ca. 50 DM, Dauer ca. 1 std.).

> Grundsätzlich lohnt sich eine IR-Karte mit Schiff nicht, wenn ihr **nur** die Überfahrt Spanien-Marokko und zurück macht. Die Hin- u. Rückfahrt Algeciras-Tanger kostet mit Ermäßigung knapp 70 DM (von Malaga oder Almeria nach Melilla kommt es sogar noch billiger), 90 DM mehr müßt ihr aber für die Karte IR + Schiff hinlegen.

LESERTIPS: "Wenn ihr bei der **Rückreise** mit dem Zug in Tanger ankommt, um die Fähre nach Algeciras zu nehmen, wartet bereits ein Heer von "Helfern", die einem mittels großen Theaters ("die Fähre läuft in wenigen Minuten aus!") helfen, das Ticket zu kaufen, den Paß abstempeln zu lassen und den Geldbeutel dafür zu erleichtern. Laßt euch auf nichts ein und begebt euch auf schnellstem Weg vom Bhf. zum Hafen. Die Fähre fuhr übrigens 1/2 std. nach der im Plan angegebenen Abfahrtszeit" (Bruno Wyler, Littau) . . . "Bei uns stiegen auf der Rückfahrt Marrakesch - Tanger in Tanger Hbf. ein paar Leute mit den offiziellen Ausreise-Vordrucken in den Zug. Sie machten einen seriösen Eindruck, verlangten den Reisepaß und füllten damit die Vordrucke aus, wollten dann allerdings Geld dafür. Zu einem meinten sie, er müsse hier sein ganzes Geld tauschen. Er gab ihnen 100 DM zum Wechseln. Wenige Sekunden später, in Tanger-Fährhafen waren die Männer blitzschnell aus dem Zug, die 100 DM weg" (K. Ehret, Heidelberg).

Mit der Eisenbahn durch Marokko

Marokko hat ein kleines Zugnetz, das aber mehrmals täglich alle größeren Städte verbindet. Von Tanger gibt es praktisch nur zwei Hauptstrecken - Richtung Süden nach Marrakesch (über Rabat und Casablanca) und nach Oujda im Osten (über Meknes und Fes).

Auf den Hauptstrecken fahren mehrmals tägl. moderne, voll klimatisierte Züge (französische Wagen). Diese Schnellzüge heißen *Rapide*, manchmal muß ein kleiner Zuschlag gezahlt werden (2-4 DM). Liege- und Speisewagen sind auf Langstrecken vorhanden. Zwischen Casablanca und Rabat verkehren halbstündl. die schnellen *Trains Navettes Rapides* (TNR). Die normalen Bummelzüge heißen *Ordinaire*. Sie werden hauptsächlich nachts und auf Nebenstrecken eingesetzt, haben oft alte Waggons mit Holzsitzen und sind sehr laut und überfüllt.

Die Züge haben in der Regel 3 Klassen *(première, deuxième, économique)*, gelegentlich auch zwei. In der billigsten, der sog. E-Klasse, fahren die meisten Marokkaner, sie ist total überfüllt. Als Interrailer könnt ihr in der nächstbesseren Klasse fahren.

Viele *Bahnhöfe* in Marokko sind in den letzten Jahren renoviert worden (z.B. Tanger, Rabat und Marrakesch, Fes ist gerade in Arbeit) und meist sauber und ordentlich, mit Möglichkeit zur *Gepäckaufbewahrung*.

Fahrpläne: die Wandfahrpläne, die in den Bahnhöfen aushängen, sind in der Regel zuverlässig und auf dem neuesten Stand. Die Züge fahren meist pünktlich.

Verbindungen: Tanger - Sidi Kacem - Rabat - Casablanca 4 x tägl., 6 std. (in Sidi Kacem oder Sidi Slimane Umsteigen in Richtung Fes, in Casa umsteigen nach Marrakesch).
Tanger - Marrakesch 1-2 x tägl., 10-13 std.
Casablanca - Rabat - Fes 8 x tägl., 6 std.
Fes - Oujda 3 x tägl., 6 std.
Oujda - Bouarfa 1 x wöch., 7-9 std.
Casablanca - Marrakesch 7 x tägl., 4 std.
Casablanca - El Jadida, 2-3 x tägl., 1,5 std.
Benguerir - Safi 1-2 x tägl., 3 std.

LESERTIPS: "Vorsicht am Bhf. in Tanger. Schalterbeamte verlangen gelegentlich willkürlich **Zuschläge** in unterschiedlicher Höhe, falls man danach fragt, ob ein Zug zuschlagspflichtig ist" (Bunny aus Aspach). . . "Auf **Nebenstrecken** fahren am Sonntag keine Züge, wochentags äußerst selten" (G. Humer, Attnang-Puchheim) . . . "Versucht nicht, **nachts** oder spätabends in einer neuen Stadt anzukommen. Die Möglichkeit, wie in Europa im Bhf. zu schlafen, gibt es nicht" (T. Goldmann, Paderborn) . . . "In Marokko muß man das ausgefüllte Interrail-Ticket am Bhf. **abstempeln** lassen, ansonsten wird man gar nicht auf den Bahnsteig gelassen" (B. Wyler, Littau) . . . "in den **Nachtzügen** am besten immer zu fünft oder sechst in ein Abteil. Der Mann, der mir mein Portemonnaie geklaut hat, kam mit der Ausrede, es wäre ja noch etwas frei, zu uns ins Abteil" (B. Karnikowski, Selm).

Marokko Fahrpläne Nr. 29000 – 29005

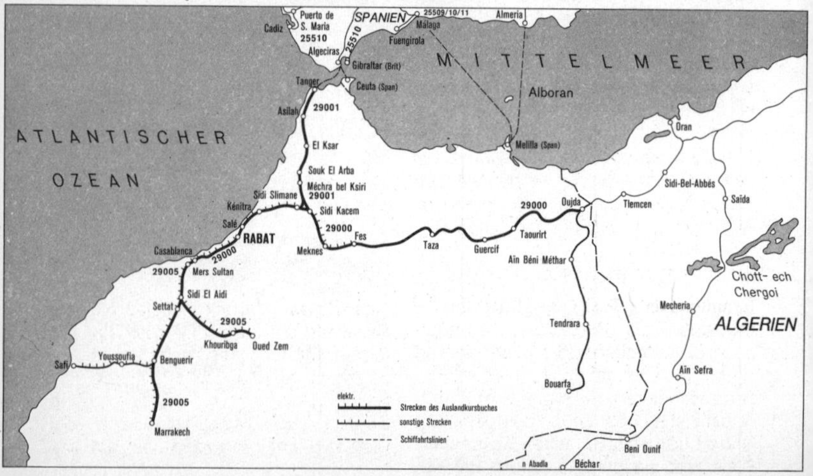

Andere Verkehrsmittel

Busse: das landesübliche Verkehrsmittel. Gut ausgebautes Überlandnetz, schneller und häufiger als Züge, Busbahnhöfe meist mitten in der Stadt.
Vor allem südl. von Marrakesch könnt ihr nur noch mit (meist überfüllten) Bussen weiterkommen. Es gibt die staatl. *CTM-Busse* und einige andere private Busgesellschaften (die größte ist *SATAS*). Letztere sind etwas billiger, aber auch schlechter ausgestattet (z.B. uralte Volvo-Busse mit 5 Sitzen in jeder Reihe). In CTM-Bussen bezahlt man maximal 4 DM für 100 km. Auf den Hauptstrecken werden meist komfortable 'Luxusbusse' eingesetzt (Klimaanlage).
Bei Langstrecken solltet ihr euch rechtzeitig um die Tickets kümmern (Verkaufsstellen aller Linien an den Busbahnhöfen). Gepäckaufbewahrung gibt es in den Busbahnhöfen nur gelegentlich.
Das Gepäck wird vor Antritt der Fahrt von offiziellen Helfern am Dach deponiert (kostet ein paar Pfennig extra).

Taxis: die kleinen *Petit Taxis* verkehren in den Städten, dürfen jedoch nur 3 Personen mitnehmen und nur im Stadtgebiet fahren. Sie sind recht billig, Kilometerpauschale etwa 1,5 Dh (ca. 0,33 DM). Eine Fahrt von 6 km kostet also nur ca. 2 DM. Falls ab Taxihaltestelle gefahren wird (meist lange Menschenschlangen), wird der Taxameter eingeschaltet. Taxis halten aber auch auf Handzeichen - dann bleibt der Taxameter aus und man verhandelt den Preis für die Fahrt (es gibt ungefähre Richtwerte - in Agadir sollte man beispielsweise für eine Fahrt im Stadtzentrum nie mehr als 6 Dh bezahlen).

Sammeltaxis ("Taxi"): großräumige Limousinen (z.B. Mercedes), die hauptsächlich Strecken über Land fahren und oft als Sammeltaxis für bis zu 6 Personen fungieren. Sie haben ihre Standorte meist an Busbahnhöfen oder in der Nähe und besitzen keinen Taxameter, Preis wird ausgehandelt (pro km ca. 0,60 DM). Falls man zu mehreren fährt, trotzdem noch eine preiswerte Fahrmöglichkeit. Jedoch muß man unbedingt handeln.

LKW: wo kein Bus oder Sammeltaxi fährt, das übliche Transportmittel, z.B., um über eine Piste zu einem abgelegenen Souk zu gelangen. Vor Ort danach fragen, man sitzt auf der Ladefläche.

Praktisches

Einreise: es genügt der Reisepaß, der aber noch mindestens 3 Monate gültig sein muß. Wenn ihr einen israelischen, südafrikanischen oder algerischen Sichtvermerk habt, kann euch die Einreise verweigert werden. Inhaber solcher Pässe sollten sich zu Hause besser einen zweiten Paß ausstellen lassen. Vor dem Grenzübertritt muß man ein *Einreiseformular* ausfüllen, in dem eine Unterkunft in Marokko angegeben werden soll. Sucht euch dafür irgendeinen der Hoteltips in unseren Städtekapiteln aus.
Es ist vorteilhaft, beim Grenzübertritt manierlich zu wirken - 'hippieähnlich' aussehende Reisende werden oft nicht ins Land gelassen und es gibt immer wieder Schikanen.
Betreffend Rückreise - die spanischen Grenzer kontrollieren gelegentlich, ob man genug Geld hat, um noch nach Hause zu kommen. Falls nicht, wird ebenfalls die Einreise verweigert.

LESERTIPS: "auf der **Fähre Algeciras-Tanger** soll man ein Formular ausfüllen, das man dann in Tanger abgeben muß. Wir füllten es wie viele andere nicht aus und mußten dann in Tanger zwei std. warten, bis wir unsere Pässe, die man zusammen mit diesem Art Einreisevisum abgeben muß, zurückbekamen. Also den Vordruck schon auf dem Schiff ausfüllen und bei der Landung in Tanger sich frühzeitig in Ausstiegsnähe stellen" (K. Gschwandtner, Eppingen).

Finanzielles: Marokko ist das **billigste Reiseland** auf eurem Interrail-Trip! Die Preise sind für europäische Verhältnisse extrem niedrig - mit 10 DM am Tag könnt ihr leben wie mit 50 DM in Deutschland. Diese Diskrepanz wird von Händlern oft ausgenutzt, um ihre

Ware zu überteuerten Preisen an den Mann zu bringen. Kauft Souvenirs und Kunsthandwerk erst, wenn ihr mit dem Preisniveau vertraut seid!
Marokkanische Währungseinheit ist der *Dirham (Dh)*, unterteilt in 100 Centimes. Sein Kurs ist gegenüber mitteleuropäischen Währungen relativ stabil.

Aktueller Kurs: 1 DM = 4,4 Dh (2/90)

Dirham dürfen offiziell weder ein- noch ausgeführt werden, jedoch haben Leser andere Erfahrungen gemacht (s. unten). Wechselt trotzdem erst in Marokko und dort nur in Banken und größeren Hotels. *Euroschecks* werden bei den meisten (aber nicht allen) Banken akzeptiert (Höchstbetrag 2000 Dh = ca. 450 DM), ebenfalls *Travellerschecks*. Für alle Fälle solltet ihr immer etwas Bargeld in Reserve haben.
Achtung - bei der Ausreise werden nur 50 % der Dirham zurückgewechselt, die ihr nachweislich eingetauscht habt (Quittungen aufbewahren)! Nur wenn ihr innerhalb von 48 std. nach Einreise das Land wieder verlaßt, könnt ihr den vollen Betrag umtauschen.

Unbedingt notwendig ist ein sicherer und möglichst unauffälliger Aufbewahrungsort für Geld und Schecks, also Brustbeutel, Geldkatze, Geldgürtel etc. Erweckt **nie** den Eindruck, daß ihr viel Geld dabei habt oder wohlhabend seid. Vermeidet es, größere Scheine zu zeigen, protzt nicht mit eurer Kaufkraft! Habt immer etwas Kleingeld parat.

LESERTIPS: "möglichst nicht im Fährterminal von Algeciras bei der Zweigstelle der Bank of Marocco Geld tauschen. Der Kurs ist katastrophal schlecht. Lieber in der Stadt oder auf dem Schiff tauschen. Gegen die Einfuhr von Dirham im Wert von etwa 50 DM hat niemand etwas. Nur Vorsicht bei höheren Beträgen" (A. Christl, Hamburg). . . "Mir wurde gesagt, daß man für 500 spanische Pesetas Dirham einführen darf. Ob das legal ist, weiß ich nicht - ich habe jedenfalls Dirham eingeführt und keine Probleme bekommen" (G. Paukert, Hohengehren).

Gesundheitsvorsorge: Impfungen sind gesetzlich nicht vorgeschrieben. Auf jeden Fall solltet ihr gegen *Tetanus* geimpft sein (zwei Impfungen innerhalb von 6 Wochen, die dritte nach einem Jahr, schützt 10 Jahre lang). Da vor allem im Süden die *Kinderlähmung* noch relativ stark verbreitet ist, bereist Marokko ohne einen entsprechenden Impfschutz besser nicht. Als ganz allgemein hilfreich haben sich aufbauende *Gammaglobulin-Spritzen* erwiesen - sie stärken die Abwehrkräfte und verringern stark die Gefahr einer Gelbsucht-Infektion.
Gegen *Typhus* und *Paratyphus* kann man vorbeugende Tabletten einnehmen. Auch eine *Malaria-Vorsorge* ist eventuell ratsam - man kann sie mit Tabletten machen. **Erfragt den aktuellen Stand der Dinge bei eurem Gesundheitsamt.**
Ansonsten nehmt Mittel gegen Durchfall (Diarrhöe oder Montezumas Rache), aber auch gegen Grippe, Husten und Schnupfen mit. Die klimatischen Verhältnisse sind äußerst unterschiedlich. In den Ebenen, vor allem im Süden, ist die Hitze mörderisch, an der Atlantikküste und in den Bergen wird es dagegen recht kühl. Auch die Tag/Nacht-Unterschiede sind groß. Beste Reisezeiten sind Frühjahr und Herbst.

LESERTIP: "Gegen Montezumas Rache empfehle ich **Immodium**. Hilft schnell und zuverlässig und ist in Marokko in großen Apotheken zu bekommen" (M. Brühl, Köln).

Vorsichtsmaßregeln oder "**Was alles passieren kann**": in Marokko prallen die sozialen Gegensätze hart aufeinander - sowohl zwischen der Oberschicht und der Masse der Bevölkerung, als auch (was ihr eher zu spüren bekommt) zwischen Einheimischen und Touristen. Das durchschnittliche Monatseinkommen beträgt 200 DM, weite Teile der Bevölkerung haben weniger, es gibt viele Bettler. In den Großstädten versuchen nicht wenige, auf alle erdenkliche Weise, an euer Geld heranzukommen. Bedenkt, daß ihr für diese Leute reich seid! Fremde bzw. Touristen auszunehmen ist ein jahrhundertealter Volkssport und wird nicht als moralisch verwerflich angesehen. Mit Touristen kann man in einer Stunde mehr verdienen als mit ehrlicher Arbeit einen ganzen Tag lang!

Das beginnt schon im Hafen von Tanger - wenn ihr erst mal mit den meist jungen Marokkanern, die hier auf euch einstürmen, ein Gespräch anfangt, werdet ihr sie so schnell nicht mehr los. Ihr sollt irgend etwas kaufen (auch Haschisch), man will euch zu einem bestimmten Laden führen, will euch ein Hotel vermitteln, Stadtführer spielen oder einfach nur einen Dirham. Bildet am besten schon am Schiff größere Gruppen und laßt euch auf **nichts** ein. Lehnt energisch und bestimmt alles ab, aber seid nicht grob. Erklärt, daß ihr schon oft in der Stadt wart und die Medina in- und auswendig kennt oder daß ihr Tanger sofort verlasst etc. *Safi* heißt übrigens 'Basta', 'Genug' etc.! Ihr könnt auch vortäuschen, daß ihr nichts versteht - weder Deutsch, Englisch noch Französisch (eine sehr originelle Variante hat ein Leser entwickelt, s. Lesertips). Vorsicht ist immer angebracht, sobald euch einer auf Englisch oder Deutsch anspricht - daß man dabei auch freundliche Marokkaner ohne finanzielle Nebenabsichten abwimmelt, ist ein sehr bedauerlicher Nebeneffekt.

Vor allem im Norden, speziell in *Tanger* und *Tetouan*, ist diese Art der Kontaktaufnahme durch "businessmen", wie sie sich selber sehen, am stärksten ausgeprägt. Doch mehr oder minder wird euch das in fast allen größeren Städten passieren, besonders in *Fes* und *Marrakesch*. Leider wird häufig mit üblen Tricks bis hin zu Psychoterror, Bedrohung und tätlichem Angriff gearbeitet. Einige eurer zahlreichen Erfahrungen und Tips zu diesem Thema könnt ihr weiter unten nachlesen. Eine Ausnahme bildet die Hauptstadt *Rabat* mit dem europäischsten Lebensstil im Land - hier wimmelt es wegen der staatlichen Einrichtungen von Polizei, Sicherheit und Ordnung werden ganz großgeschrieben.

Ansonsten - macht keine zweifelhaften Käufe (ihr werdet über's Ohr gehauen - immer!), laßt euch nicht auf Glücksspiele ein (auch wenn es todsicher aussieht - ihr gewinnt nie!) und zeigt keine prall gefüllten Geldbörsen.

LESERTIPS: "bei meiner Marokkoreise im letzten Jahr hat es sich bewährt, sich z.B. **als Finne** auszugeben, um nicht ständig angesprochen zu werden. Denn viele Marokkaner sprechen zwar Brocken der verschiedensten Sprachen (Deutsch, Schwedisch, Englisch, Französisch, Spanisch), aber des Finnischen sind sie nicht mächtig" (J. Zimmermann, Oldenburg) . . . "wir waren in Marrakesch eine Gruppe von neun Leuten und weil wir uns nicht abgesprochen hatten, hatten wir unabhängig voneinander dem Drängen **zweier Guides** nachgegeben, die uns durch die Souks führen wollten. Als wir aus dem Hotel kamen, standen beide bereit und es entstand ein Streit. Jeder der beiden machte den anderen schlecht und prophezeite uns, daß uns der andere in eine einsame Gasse führen und ausrauben würde. Einer der beiden drohte uns, Haschisch ins Hotelzimmer zu legen und die Polizei zu rufen" (G. Paukert, Hohengehren) . . . "Um **dubiosen Angeboten** (z.B. Teppiche) aus dem Weg zu gehen, empfiehlt es sich, zu erzählen, daß man völlig abgebrannt sei und auf dem schnellsten Weg nach Hause fahren müsse" (J. Zimmermann, Oldenburg) . . . "Wir sind von zwei recht symphatisch wirkenden Marokkanern in die **Medina von Tetouan** geführt worden. Nachdem sie uns in einige Läden geführt hatten, standen wir plötzlich in einer Wohnung. Nach stundenlanger Debatte wurden wir mit den Worten: "wenn ihr nichts kauft, nehmen wir euch das Geld so ab" gezwungen, 30 gr Haschisch zu kaufen. Ich kann nur raten, man lasse sich nicht mit Marokkaner ein, die englisch und/oder deutsch sprechen" (M.M., Hamburg) . . . "wir waren in Tetouan gerade dabei, ein Lokal zu verlassen, als uns zwei ca. 25-jährige Marokkaner durch die Tür schubsten und versuchten, ein Bein zu stellen. Da wir **unsere Rucksäcke** dabei hatten, wäre ihnen das fast gelungen. Draußen sagten sie, sie hätten beobachtet, daß wir Haschisch gekauft hätten. Wenn wir ihnen nicht sofort 1000 Dirham geben würden, gingen sie zur Polizei und zeigten uns an. Wir waren uns nicht sicher, ob uns die beiden, als sie uns durch die Tür gestoßen hatten, nicht etwas in den Rucksack hineingetan hatten, und gingen zum Busbhf., wo uns die beiden 2 std. lang nervten. Wir durchsuchten dann unsere Rucksäcke, fanden nichts und als den beiden klar war, daß sie nichts bekommen würden, bespuckten sie uns noch" (U. Ulrich, München).

Fremdenführer: wirklich sinnvoll ist ein "guide" nur in Fes und in Marrakesch. Die offiziellen Führer vom Fremdenverkehrsamt sind meist teurer als die Führer, die sich euch sonst überall anbieten (darunter auch viele Kinder). Alle offiziellen Guides müssen sich mit einem speziellen Ausweis ausweisen können (d.h. aber nicht, daß alle zuverlässig sind und nicht auch ihre Privatgeschäftchen machen wollen). Macht den Preis für eine Führung **vorher** aus, macht ebenfalls vorher ganz klar, daß ihr **keine Geschäfte** besuchen und **nichts kaufen** wollt und laßt euch auf keine nachträgliche Preiserhöhung ein! Wenn ihr in einem Geschäft etwas kauft, in das euch ein Guide geführt hat, ist der Preis höher, da der Guide immer Provision kassiert.

Führer versuchen häufig, sich euch aufzudrängen. Wenn ihr keine Führung wollt, dürft ihr keinesfalls ein Gespräch anfangen. Sobald ihr mit einem plaudert, sieht er das als Bestätigung und ihr werdet ihn nicht mehr los. Gerne werden auch Ausreden verwendet: "I'm no guide, I'm a student, I only want to practise my english" oder "ich habe Freunde in Deutschland und freue mich, euch zu helfen" etc.

LESERTIP: "Wir nahmen in Tanger einen Führer, der sagte, er verlange **kein Geld**, da er vom Fremdenverkehrsamt angestellt sei (er zeigte uns einen Ausweis, der höchstwahrscheinlich echt war). Er führte uns in ein Teppichgeschäft, wo sie uns erzählten, daß die nächsten 4 Wochen wegen eines hohen Festes nur noch kleine Geschäfte (Lebensmittel) offen hätten. Trotzdem kauften wir nichts. Unser Guide führte uns dann auf tausend Umwegen durch die Souks zum Hotel zurück, im Hotel verlangte er dann 50 DM von jedem und drohte uns, wenn wir nicht zahlten, würden wir nicht ungeschoren aus Tanger rauskommen. Wir zahlten dann zusammen ca. 70 DM und er verschwand" (K. Gschwandtner, Eppingen).

Photographieren: falls ihr Menschen photographiert, wird in den Großstädten dafür immer Geld verlangt. Die malerischen Wasserverkäufer sind darauf besonders spezialisiert. Vor allem wer allzu bereitwillig signalisiert, photographiert werden zu wollen, will dafür reichlich entlohnt werden. Es werden meist überhöhte Preise gefordert - gebt nie mehr als 1-2 Dh für ein Photo. Gelegentlich ist es empfehlenswert, vor einem Photo um Erlaubnis zu fragen. Photographiert möglichst wenig Frauen und keine Betenden.

Mädchen: ihr solltet nicht alleine nach Marokko fahren. Die Horrorstories über dieses Thema braucht ihr zwar nicht zu glauben, aber mit Belästigungen müßt ihr in den Städten rechnen. Energisches und lautstarkes Auftreten hilft meistens. Wenn möglich, tut euch mit anderen zusammen. Falls ihr wirklich ernsthafte Schwierigkeiten bekommt, macht soviel Krach wie möglich.

Andererseits - eine Bekannte, die schon länger in Marokko lebt, erzählte mir, sie würde abends lieber allein durch eine marokkanische Stadt laufen als beispielsweise durch Hamburg.

Geschenke: werden euch Sympathie einbringen. *Bonbons* (für Kinder), *T-Shirts* und *Kugelschreiber* (für Erwachsene und Jugendliche) werden gerne genommen. Aber macht es nicht so, wie ich es gesehen habe - Tourist mit einem Sack voll Bonbons schaufelt großzügig ganze Hände voll unter die "kleinen Wilden", die ihn in Scharen umringen. **Gebt Kindern kein Geld!** Wenn diese erst merken, daß man mit Betteln mehr verdienen kann als mit Arbeit, ist ihr Lebenslauf vorprogrammiert.

Sprache: offizielle Amtssprache ist Arabisch, jedoch verständigen sich die Marokkaner untereinander in einer Vielzahl von Berber-Dialekten, die sich z.T. erheblich voneinander unterscheiden. So kann ein Bewohner des Rifgebirges im Norden einen Nomaden aus dem Anti-Atlas im tiefen Süden nicht verstehen und umgekehrt. Von europäischen Sprachen werden im Süden und an der Atlantikküste *Französisch*, an der Mittelmeerküste und im Norden am ehesten *Spanisch* verstanden. *Englisch* und *Deutsch* sprechen nur Marokkaner, die viel mit Touristen zu tun haben.

Kleidung: kleidet euch, v.a. in den alten Teilen der Städte, nicht aufreizend und zieht außerhalb der Strände *keine Shorts* an. Am besten unauffällig mit Jeans, Hemd etc. Auch mit Nacktbaden solltet ihr sehr vorsichtig sein.

Islam: Moscheen dürfen von Nicht-Muslims nicht betreten werden! Eine einzige Ausnahme ist die *Moulay-Ismail-Moschee* in Meknes (zieht dort eure Schuhe aus und bedeckt so viel

Haut wie möglich). Photographiert nicht in der Umgegend von heiligen Stätten und auch keine Frauen, benehmt euch zurückhaltend. Die linke Hand ist unrein - nie zur Begrüßung geben und auch nicht mit ihr essen (Ausnahme natürlich Messer und Gabel).

Ramadan: der traditionelle Fastenmonat ist für einen Aufenthalt in Marokko ungünstig (im Frühjahr, genauer Termin richtet sich nach dem islamischen Mondkalender und ist jedes Jahr verschieden). Gläubige Muslims dürfen dann von Sonnenaufgang bis - untergang nicht essen und trinken. In dieser Zeit sind die Läden während des Tages oft geschlossen und wenn ihr in einem Restaurant etwas eßt, sagt zwar niemand etwas, doch zornige Blicke gibt es schon hier und dort.

Informationsbüros: *O.N.M.T* heißen die nationalen Informationsbüros in allen Städten, *Syndicat d'Initiative* meint ein von der Stadtverwaltung eingerichtetes Büro. Beide Einrichtungen sind nur für diejenige Stadt zuständig, in der sie sich befinden und haben auch ein identisches Angebot an Prospekten etc. Ihr könnt euch hier offizielle Führer vermitteln lassen, außerdem liegen in fast allen Büros brauchbare farbenfrohe *Stadtpläne* aller größeren Städte Marokkos aus (falls nicht vergriffen). Ihr solltet sie gleich beim ersten Mal mitnehmen, man entgeht den "guides" leichter, wenn man sich vor Eintreffen in einer Stadt mit den Örtlichkeiten vertraut macht und so den Eindruck erweckt, man kenne sich gut aus.

Zeitunterschied: wegen der unterschiedlichen Dauer der *Sommerzeit* relativ kompliziert. Regulär müßte man die Uhr gegenüber MEZ um 1 std. zurückstellen. Da die Sommerzeit aber erst im Juni beginnt und im Spätherbst endet, gibt es von April bis Juni 2 std. Differenz und im Herbst zeitweise Zeitgleichheit zur MEZ.

Übernachten: *Jugendherbergen* gibt es in Casablanca, Fes, Marrakesch, Meknes, Rabat, außerdem in Chechaouen (im Rifgebirge), in Asni (im Hohen Atlas an der Straße von Marrakesch nach Taroundant) und in Azrou (im Mittleren Atlas, südl. von Fes). Eine Übernachtung kostet ca. 3 DM. Die Herbergen sind einfach, meist leidlich sauber und eignen sich hervorragend, um Kontakte mit anderen Travellern zu knüpfen. Die vielleicht beste ist die JH in Rabat, die urigste in Asni/Hoher Atlas.

Einfache und billige *Hotels* findet ihr in fast jedem Ort, die Sauberkeit ist ziemlich unterschiedlich. Ihr solltet das Zimmer auf Ungeziefer überprüfen, zu empfehlen ist außerdem die Übernachtung im eigenen Schlafsack. Preise: Als Richtwert kann man etwa 10-12 DM für ein DZ annehmen, ihr könnt aber auch billigeres finden. In Mehrbettzimmern zahlt man pro Bett oft nicht viel mehr als 4 DM. Im Süden sind die Unterkunftsmöglichkeiten preiswerter als im Norden. Falls es keine Hotels im Ort gibt, werden sicher *Privatzimmer* vermietet.

An der Küste und in den größeren Städten gibt es einige *Campingplätze*, die dem europäischen Standard entsprechen. Die übrigen Plätze, vor allem im Landesinneren, sind sehr einfach, meist nur ein Stück eingezäuntes Land. Die sanitären Anlagen sind oft in einem solchen Zustand, daß man sie kaum benützen kann. Trotzdem ist es in jedem Fall besser, auf einem solchen Platz zu übernachten, anstatt irgendwo in der Natur, zumal die Übernachtung recht billig ist: ca. 2-3 DM pro Pers.

Freies Zelten ist offiziell verboten. Es ist in Marokko bei weitem nicht so üblich wie z.B. in Griechenland, einfach irgendwo unter freiem Himmel zu schlafen. Ihr lauft dabei Gefahr, beraubt zu werden. Wenn ihr schon so schlafen wollt, dann auf keinen Fall alleine, sondern immer zu mehreren, möglichst nah beeinander. In den Freakorten an der Küste, wo viele am Strand schlafen, wird geklaut! Es ist auch nicht ratsam, auf den Bahnhöfen zu schlafen.

Essen und Trinken: in kleinen Lokalen ist das Angebot in Glasvitrinen ausgestellt, ansonsten gibts Speisekarten. Omelett und Salat etc. ist fast immer zu haben. Bei größeren Mahlzeiten solltet ihr den Preis vorher klären: für

Fleischgerichte mit Salat und Suppe zahlt man etwa 7-8 DM. Auf Märkten, öffentlichen Plätzen und Busbahnhöfen gibt es oft *Imbißstände* und *Garküchen*, wo ihr sehr preiswert essen könnt. Allerdings solltet ihr dort vorsichtig sein, die Sachen sind nicht immer einwandfrei und manchmal schon von vorgestern.

Relativ teuer ist meistens *Cous-Cous*. Es besteht aus Hirse oder Hartweizengries mit verschiedenen Gemüsen, Geflügel oder Hammel und ist eines der traditionellen Gerichte Marokkos. Noch öfter wird *Tajine* angeboten - ein Eintopf aus Hammel-, Rindfleisch oder Hühnchen und diversen Gemüsen, in besseren Restaurants auch als süße Variante mit Obst, Pflaumen und Mandeln. *Kebap* (Brochettes) sind geröstete Fleisch- und Hackfleischspieße, *Kefta* gebratene Hackfleischbällchen, *Harira*, das traditionelle Essen der Berber, ist eine gute Suppe mit Fleisch- und Gemüseeinlagen (im Süden).

Trinken solltet ihr in kleinen Orten und am Land nur das Wasser, das es in Flaschen zu kaufen gibt *(Sidi Harazem* und *Sidi Ali)*. Kostet zwar ca. 1-1,50 DM, aber ihr könnt sicher sein, daß es o.k. ist. In großen Städten ist das Leitungswasser gechlort (schmeckt nicht, ist aber nicht gesundheitsschädlich). Mineralwasser mit Kohlensäure heißt *Oulmès* und ist relativ billig. Alkohol ist für die mohammedanischen Marokkaner streng verboten und gibt es nur in wenigen Restaurants und Geschäften. Vor allem in Städten und Badeorten wird das Verbot aber immer mehr unterlaufen, Bars mit Alkoholausschank findet ihr vor allem in den Neustädten, wo Europäer wohnen. Das marokkanische *Bier* stammt meist aus Casablanca und ist gar nicht schlecht, auch der *Weinbau* hat eine lange Tradition.

Wunderbar aromatisch und erfrischend ist das marokkanische Nationalgetränk *Thé à la menthe* (Pfefferminz-tee) aus leuchtend grüner, frisch gepflückter Minze.

Einkaufen: Marokko ist traditionell ein ausgeprägtes Handwerkerland. Es gibt nur wenig Industrie und im kunsthandwerklichen Sektor wird noch vieles von spottbilligen Arbeitskräften mit der Hand oder auf einfachen Maschinen hergestellt. Allein in Fes arbeiten 30.000 Handwerker. Ohne Touristen wäre das Kunsthandwerk jedoch schon lange zum Aussterben verurteilt, wegen der regen Nachfrage überschwemmt aber auch zunehmend minderwertige maschinelle Massenproduktion die Souks. Generell gilt - echte Qualitätsarbeit ist selten und teuer. Die herrlichen buntbestickten *Berberteppiche* kann man aber deshalb so günstig erwerben, weil die großen Teppichhäuser den eigentlichen Herstellern (oft Frauen, die 1/2 Jahr oder länger mit einem Stück beschäftigt sind) dafür so gut wie nichts zahlen. Die Gewinnspanne der Teppichläden ist enorm - umso mehr, weil sie von den Touristen anfangs Wucherpreise fordern, die ab und an auch gezahlt werden.

Billig sind vor allem alle Arten von *Ledersachen*, außerdem Kleidung wie *Jacken*, *Kaftans*, *Djellabahs* (lange Kapuzenmäntel) u.ä. Aufpassen muß man aber, weil es diese Sachen in ganz verschiedenen Qualitäten gibt. Außerdem werden überall preiswerte *Decken* angeboten, hauptsächlich Kamelhaar- und Baumwolldecken.

Ansonsten gibts die bekannten *Messing- und Kupferteller*, die auch als Platten für Teetische verwendet werden. Leider ist das meiste, was in dieser Hinsicht angeboten wird, maschineller Ramsch (oft sitzt noch ein "echter Handwerker" daran und legt letzte Hand an, damit es glaubwürdiger wirkt). Vorsicht auch mit *"Silberschmuck"*, sehr oft ist er nur eine Verbindung aus Messing, Alpaka (Neusilber, auch "Berbersilber" genannt) und verschiedenen Metallen. Fast überall (auch in seriösen Läden) versucht man damit, die Touristen reinzulegen.

Handeln: ihr müßt unbedingt handeln, sonst werdet ihr kräftig über's Ohr gehauen! Nie den geforderten Preis zahlen, sondern so tun, als ob ihr kein besonderes Interesse habt. Wenn euch der Verkäufer nach eurem

Preis fragt, bietet ihm ca. 10 % des seinen an. Zum Schluß einigt ihr euch vielleicht auf ein Drittel des geforderten Betrags. Sehr wichtig ist, daß ihr den ungefähren Marktwert kennt, sonst könnt ihr euch arg verschätzen. Erst mit der Zeit bekommt ihr ein Gefühl dafür, was angemessen ist. **Wartet unbedingt mit euren Einkäufen, bis ihr etwas Erfahrung habt.** Geht immer ohne Führer einkaufen, da dieser Provision kassiert, was den Preis erhöht!

Festpreise: in Touristenorten (v.a. Agadir) gibt es staatl. überwachte Manufakturen, die Festpreise haben. Dort kann nicht gehandelt werden und in der Regel bekommt man die Waren zum reellen Marktpreis.

Bargeldlos: Uhren und Turnschuhe (vor allem die mit den bekannten drei Streifen) eignen sich hervorragend als Zahlungsmittel - ihr könnt dafür Leder und Kunsthandwerkliches eintauschen.

Haschisch: obwohl die Hälfte des Staatshaushalts durch den Anbau und Verkauf von Haschisch zusammenkommt, ist der **Genuß, Kauf und Verkauf von Drogen verboten**! Nur wenige Gramm können mehrere Wochen Gefängnis bedeuten, außerdem eine saftige Geldstrafe (weil im Land Devisenmangel herrscht). Oft arbeiten die Verkäufer mit der korrupten Polizei zusammen und teilen sich die Geldstrafe, die ihr berappen müßt.

Einige Marokkanische Begriffe

Medina: die Altstadt eines Orts, meist noch von der Stadtmauer umgeben.

Souks: Basar- und Marktviertel, Kernstück der Medina. Die vielen verwinkelten und engen Gäßchen, in denen Läden, Werkstätten und Marktstände dicht an dicht liegen, sind nach Zünften getrennt - es gibt also einen Souk der Kupferschmiede, einen der Färber, einen der Holzschnitzer, einen Ledersouk usw. Die schönsten Souks sind die von Tetouan, Chechaouen, Fes und Marrakesch.
In kleineren Orten, wo es keinen dauernden Souk gibt, findet stattdessen auf einem bestimmten Platz ein- oder zweimal in der Woche der Wochenmarkt statt. Eine sehr farbenfrohe Angelegenheit, frühmorgens kommen die Bewohner der umliegenden Gegend, schlagen ihre Zelte und Marktstände auf, und dann geht es den Tag über rund.

Kasbah: Festungsbezirk einer Stadt mit einer starken Mauer - innerhalb davon heute meist ein eng verzweigtes Wohnviertel und einige Paläste.

Medersa: Religionsschule, oft mit angeschlossener Moschee.

Bab: Stadttor - viele Städte Marokkos sind mit gut erhaltenen Stadtmauern umgeben.

Moussem: religiöses Fest zu Ehren eines Lokalheiligen. Überall in Marokko finden diese Moussems statt, meistens dauern sie mehrere Tage und sind sehr ausgelassen. Das größte ist der Moussem zu Ehren von Moulay Idris im gleichnamigen Ort (bei Meknes).

Kleines Sprachlexikon

Allgemeines: ja - *na'am*; nein - *la*; danke - *chukran*; bitte - *afak*; Guten Tag - *salam, marhaba*; Guten Morgen - *sebah el kheir*; Guten Abend - *msa el kheir*; Auf Wiedersehen - *besslama*; wo? - *feen?*; heute - *el yum*; gestern - *yamess*; morgen - *ghedda*; rechts - *limin*; links - *lechmal*.
Zahlen 1-10 = *wahed, tnin, tlata, arba, khamsa, setta, seba, tmenia, tse'ud, achra*. 20 - *achrin*; 50 - *khamsin*; 100 - *mia*; 1000 - *alef*.

Bahn: auf den Bahnhöfen wird französisch gesprochen (siehe Frankreich).

Botschaften

Bundesrepublik Deutschland: Rabat, Zankat Madnine 7, Tel. Tel. 07/32532. Konsulate in **Casablanca**, Av. des F.A.R. 42, Tel. 02/264872; **Tanger**, Av. Hassan II. 47, Tel. 09/21600.
Österreich: Rabat, Zankat Tiddas 2, Tel. 07/64003. Konsulat in **Casablanca**, Av. Hassan II. 45, Tel. 02/223282.
Schweiz: Rabat, Square de Bercane, Tel. 07/24695. Konsulate in **Casablanca**, Av. Hassan II. 79, Tel. 02/260211; **Tanger**, Rue Henri Regnault 3, Tel. 09/34712.

Fremdenverkehrsämter

D-4000 Düsseldorf, Graf-Adolf-Str. 59, Tel. 0211/370551/52. **A-1060 Wien**, Aegidistr. 20, Tel. 0222/568356. **CH-8001 Zürich**, Schiffslände 5, Tel. 01/2527752.

Tanger

Früher berüchtigt als internationales Schmugglerzentrum und Rauschgiftumschlagsplatz. Heute der wichtigste Fährhafen Marokkos und Sprungbrett zum europäischen Kontinent.

Tanger ist stark auf Touristen bzw. spanische Wochenendurlauber eingestellt und wesentlich teurer als das übrige Marokko. Hauptsächlich der Drogenhandel ist nach wie vor verbreitet. Unerfahrene Neuankömmlinge aus Europa werden **stark bedrängt**! Seid

vorsichtig, laßt euch auf nichts ein, kauft nichts, solange ihr das Preisniveau nicht kennt, und haltet eure Geldbörsen fest.
Sehenswert sind die große *Medina* mit ihren verwinkelten Gäßchen und die *Kasbah* hoch über der Stadt. Wir raten euch trotzdem, gleich weiterzufahren.
Unten am Hafen liegt ein großer Platz mit Busbhf., Bhf., Cafés, Restaurants etc. Anschließend 4 km Sandstrand.

VERBINDUNGEN / BAHNHOF: es gibt einen Bhf. im Fährhafen und den Hbf. etwas außerhalb vom Hafen. Die meisten Züge fahren vom Hbf. ab - von der Anlegestelle der Fährschiffe nach links, großes weißes Gebäude. Mehrmals tägl. Züge nach **Rabat** und **Casablanca** (Dauer 6 std.); nach **Meknes**, **Fes** (6-7 std.) und Oujda umsteigen in Sidi Slimane oder Sidi Kacem.
Schräg gegenüber, am selben Platz, starten die **CTM-Überlandbusse** nach Tetouan, Chechaouen, Asilah, Larache, Rabat, Casablanca und Fes.

INFORMATION: **O.N.M.T.** am Boulevard Pasteur 29, Nähe Place de France. **Syndicat d'Initiative** in der Rue Velasquez 11.

ÜBERNACHTEN: billige Hotels an der **Avenue d'Espagne** in der Nähe des Bhf.s, an der **Rue Salah Eddine Ayoubi** (frühere Rue de la Plage, gegenüber Bhf. rechte Seitenstraße der Av. d'Espagne), am zentralen Platz **Petit Socco** in der Medina, außerdem in der **Rue Mokhtar Ahardan** (frühere Rue des Postes), die am Petit Socco beginnt.
In letzterer Str. Nr. 19 das gute und saubere **Hotel Mamora**, DZ ca. 18 DM, Tel. 34105.
Hotel Cecil, Avenue d'Espagne 112, Tel. 31087, für Tanger-Verhältnisse durchschnittlich, mitten im Gewimmel der Hotels am Strand, ca. 20-23 DM fürs DZ.
Pension Miami, Rue Salah Eddine Ayoubi 126, Tel. 32900, seit langen Jahren beliebt bei Travellern, ca. 5 DM pro Nase. Gleich daneben etwas teurer die **Pension Familiar Talavera**, Tel. 31474.
Camping Tingis an der Str. nach Cap Malabata (Richtung Osten) ist besser (sauber, Schwimmbad, Tag und Nacht bewacht) als **Miramonte** auf einer Anhöhe Richtung Cap Spartel (im Stadtteil Montagne, Nähe Kasbah).
Im Notfall kann man vor dem Bhf. übernachten, jedoch treiben sich zwielichtige Gestalten herum (Wache schieben nötig).

ESSEN: billige Restaurants hauptsächlich am Hafen, in der Medina um den Petit Socco (z.B. **Ahlen** in der Rue Mokhtar Ahardan 8), aber auch an der Rue Salah Eddine Ayoubi (Neustadt).

Asilah: kleines Badestädtchen südl. von Tanger an der Bahnlinie. Langer Sandstrand und oft tolle Brandung, außerdem schöne *Medina* mit gut erhaltenem Mauerring aus portugiesischer Zeit.
Als Ausgangspunkt für einen Marokko-Trip ist Asilah ideal - zwar ziemlich touristisch, aber ihr könnt euch gut von den Strapazen der Anreise erholen. Im Juli oder August findet alljährl. ein international besetztes *Musikfestival* statt (Rock, Jazz, Folklore).

VERBINDUNGEN / BAHNHOF: Bhf. 2 km außerhalb, ab Tanger ca. 5 x tägl. (1 std.), auch gute Busverbindungen.

ÜBERNACHTEN: empfehlenswert das ordentliche **Hotel Marhaba** in der Rue Zallakah, außerhalb der Medina, DZ für 8 DM. Mehrere Campingplätze liegen am Strand - vom Bhf. links **Camp Africa**, rechts, in Richtung Tanger, die Plätze **Sahara**, **Atlas** und **L'Ocean**. Letztere sind etwas weiter weg, dafür billiger, aber auch ohne Komfort.

Ceuta

Spanische Enklave auf einer schmalen Halbinsel, 70 km östl. von Tanger. Billigste Fährverbindung von und nach Algeciras - s. Einleitung und Spanien/ Algeciras. Wenig sehenswert, viele Spanier kommen zum Einkaufen rüber - zollfreie Stadt.

VERBINDUNGEN / GRENZE: mit **Stadtbus 7** ab Paseo de las Palmeras (Nähe Hafen) bis zur Grenze. Dann zu Fuß die Grenze passieren (Wartezeiten auf Rückgabe des Paßes 1-2 std.). Weiter je 5 Leute per **Sammeltaxi** 7 km bis F'nideq (1,50 DM pro Pers.). Dort starten Busse nach Tetouan (1,50 DM). Taxi von der Grenze bis Tetouan kostet knapp 18 DM (aufgeteilt auf 5 Personen zahlt jeder ca. 3,60 DM). Laßt euch nicht auf die aufdringlichen Schlepper an der Grenze ein, laßt keinen euch unbekannten Marokkaner im Taxi mitfahren (meist ein Schlepper, den ihr in Tetouan nicht mehr loswerdet!) und zahlt keine überhöhten Preise für die Taxis.

ÜBERNACHTEN: Hotels und Pensionen in der Innenstadt sind teurer als in Marokko. **Campingplatz** am Stadtrand von Ceuta Ortsteil Benitez, ca. 3 km vom Zentrum.

LESERTIP: " entlang der Grenze auf spanischer Seite stehen zahlreiche **Wechselstuben** mit sehr schlechtem Wechselkurs. Hier sollte man nur soviel Geld tauschen, um nach Tetouan zu gelangen" (D. Greysinger, Osternohe).
Anm. E. F.: die Wechselstuben auf der marokkanischen Seite haben etwas günstigeren Kurs.

RIFGEBIRGE

Steigt in den höchsten Gipfeln bis über 2000 m an. Im Westen duftende Nadelbäume, Felder und Mischwald, der Osten karg und versteppt.

Das Rifgebirge ist eine der wildesten und unberührtesten Regionen im Norden Marokkos. Vor allem um *Ketama* liegen die Hauptanbaugebiete des indischen Hanf - um den Stoff loszuwerden, bedienen sich die Verkäufer äußerst ruppiger Methoden (z.B. werden Autos mit ausländischen Kennzeichen rigoros angehalten). Wir raten von dieser Tour ab! *Tetouan* und *Chechaouen* sind genauso interessante Anlaufpunkte, die gefahrloser besucht werden können.
Anfahrt ab Tanger oder Ceuta nur mit Bussen, nächste Bahnlinie ist die Strekke Meknes-Fes-Oujda.

Tetouan: große Provinzhauptstadt 40 km von Ceuta, an den Nordwestausläufern des *Rifgebirges*. Sehr sehenswerte Medina, die Souks gehören zu den größten in Marokko. Viel Trubel, äußerst aufdringliche "Schlepper", Haschisch wird ständig angeboten. Ähnliche Vorsichtsmaßregeln wie in Tanger sind angebracht!
Sehenswert sind das *Volkskunst-Museum* beim Bab el Okla und das *Archäologische Museum* in der Nähe der Place Hassan II.

VERBINDUNGEN: großer **Busbhf.** südl. der Neustadt, Blv. Mouquauama/Ecke Blv. Sidi Mandri. Stündl. Busse von/nach Ceuta (1 DM), Tanger (1,50 DM), Chechaouen und Martil (am Meer, Camping). Weitere nach Al Hoceima, Melilla, Meknes und Fes.

INFORMATION: **O.N.M.T.** in der Avenue Mohammed V. 30. Freundliche mündliche Auskünfte.

ÜBERNACHTEN: billige Hotels im Zentrum der Neustadt um die Av. Mohammed V., z.B. **Pension Iberia** an der Place Moulay el Mehdia, im Schlafsaal ca. 4 DM pro Pers. Nicht weit vom Busbhf. das ältere **Hotel Trebol** am Blv. Yacoub el Mansour 3, etwa 12 DM fürs DZ ohne Bad. Im **Hotel National**, Rue Mohammed Torres 8 (ebenfalls Nähe Busbhf.), muß man 14 DM hinblättern. Preiswerter ist **Hotel Bilbao** am Blv. Mohammed V.
Camping im Badeort **Martil**, 11 km von Tetouan entfernt, direkt am Meer. Busse halbstündl. ab Busbhf., großer Sandstrand.

LESERTIP: "die Busfahrt von Tetouan durchs Rifgebirge ins ca. 250 km entfernte Fes lohnt sehr. Erstens kostet sie nur 8 DM, zweitens ist die Landschaft phantastisch, drittens lernt man Land & Leute so am besten kennen" (B. Wyler, Luzern).

Chechaouen: Bergstädtchen 70 km südl. von Tetouan, herrliche Lage mitten im Rifgebirge. Erst seit 1920 dürfen Ungläubige die Stadt betreten! Andalusische Einwanderer haben den Ort geprägt - enge, malerische Gäßchen, weiß getünchte Häuser, Kopfsteinpflaster und rote Ziegeldächer geben der schönen Medina einen spanisch-maurischen Charakter. Auch hier spielt der Haschischhandel eine große Rolle.
Von der Busstation an der Place Mohammed V. seid ihr in ca. 10 min. im Zentrum der Medina, der Place *Outa el Hammam*. Benachbart liegt die Kasbah mit einem hübschen Garten. Ein Stückchen weiter das Marktzentrum des Ortes, *Place el Makhzen* (Montagsmarkt). In den umliegenden Souks hauptsächlich Leder, Töpferwaren und Teppiche (echte Berberteppiche).

VERBINDUNGEN: stündl. Busse von und nach Tetouan und nach Ketama.

ÜBERNACHTEN: billige Hotels in der Medina, hauptsächlich um die Place el Makhzen. **Hotel du Rif**, Rue Ibn Ziad 29, Tel. 6207, sauber und gepflegt, ca. 13-18 DM fürs DZ. In der **Pension Valencia**, Rue Hassan I., Tel. 6088, wird man für 3 DM pro Pers. wie in einer großen Familie aufgenommen.
Ein schattiger **Campingplatz** und eine triste **Jugendherberge** mit einem Schlafsaal liegen oberhalb der Stadt beim weithin sichtbaren Hotel Asmaa (etwa 3 km zu Fuß ab Busbhf.).

Tanger - Sidi Kacem - Meknes - Fes A-Kb. 29001

Die Orte von Tanger bis Sidi Kacem weniger lohnend, ausgenommen *Asilah*, siehe oben.
Die Bahnlinie durchquert den *Rharb*, die große Landwirtschaftsebene um den Fluß Sebou. *Sidi Kacem* ist größter Ort des Rharb und Standort einer

Erdölraffinerie und ebenso wie Sidi Slimane nur als Eisenbahnknotenpunkt bedeutsam. Anschlüsse nach Rabat/ Casablanca und Fes/Oujda.

MEKNES

Eine der 4 Königsstädte. Ruhiger als Fes und Marrakesch, vor allem interessant wegen seiner imposanten Kunstdenkmäler und der großen Souks.

Die Stadt ist durch den Fluß Boufekrane in 2 Teile getrennt. Die Medina und die riesige Sultansstadt westl. des Flusses sind von einer gut erhaltenen, gewaltigen Maueranlage umgeben. Sultan *Moulay Ismail* hatte sich im 17. Jh. den Luxus und die Macht Ludwig XIV. von Frank-reich zum Vorbild genommen - Meknes sollte sein Versailles werden! Dafür ging er über Leichen und ließ die versklavten Bauarbeiter hinrichten, wenn sie ihm zu langsam waren.

BAHNHOF / VERBINDUNGEN: **Hbf.** an der Avenue de Senegal, östl. vom Zentrum. Näher an der Altstadt liegt der Nebenbhf. **El-Amir Abdelkader**, den ihr zuerst erreicht wenn ihr aus Richtung Tanger oder Rabat kommt. Besser dort aussteigen (auch die JH liegt wesentlich näher).
CTM-Busse ab Busbhf. an der Kreuzung Avenue Mohammed V./Avenue des F.A.R. **Privatbusse** (u.a. in die heilige Stadt Moulay Idris) ab Place Lalla Aounda, unterhalb des Bab el Mansour (an der Stadtmauerstr.).

INFORMATION: O.N.M.T. an der Place Administrative zwischen Neu- und Altstadt. Städt. Informationsbüro (Syndicat d'Initiative) an der Esplanade de Foire.

ÜBERNACHTEN: billige Hotels in der Medina um Place el Hedim, Rue Dar Semen und Av. de Touamazin, z.B. **Hotel Regina** (Rue Dar Semen) oder **Hotel Maroq** (Av. Berbrahin).
Jugendherberge in der Neustadt, Avenue Okba Ben Nafii, Place Al Andalouss, beim Sportstadion (Stade municipale). Gepflegt, 45 Betten, Tel. 05/24698. Ist gleichzeitig Hauptsitz der marokkanischen Jugendherbergsorganisation (Ausweise erhältlich für 17 DM). Ohne Ausweis kein Bett. Vom Bhf. den Schildern zum Hotel Transatlantique folgen, JH liegt fast nebenan.
Camping Bien Venue, sehr guter Platz mit saftigem Gras, sauberen Duschen und viel Schatten in einem Teil der Gartenbauschule in der Ville Imperiale (südl. Sultanspalast).

ESSEN: im Dreieck der Straßen Mohammed V., Hassan II. und Avenue des F-A.R Lokale aller Preisklassen. Billige Restaurants außerdem in der Medina um die Place el Hedim und Rue Dar Semen beim Bab el Mansour.

Sehenswertes

Medina: Zentrum ist die lebendige *Place el Hedim*. Das *Bab el Mansour* mit seinen prächtigen Reliefverzierungen gilt als eines der schönsten Tore Marokkos. Am Platz außerdem noch der Palast *Dar Jamai* - er beherbergt heute ein Museum der marokkanischen Volkskunst.
Die schilfgedeckten Souks erreicht man gleich hinter dem Palast - sie sind vor allem bekannt für ihre Teppiche und die Töpferwaren. Die Hauptmarktstraße liegt nicht weit vom Museum - Souk es Sebbat und Souk en Nejjarin. In letzterer steht die *Moschee Nejjarine*, die älteste von Meknes, in der Nähe auch die sehenswerte *Medersa Bou Inania* (ca. 1 DM) und die *Große Moschee*.
Das traditionelle Töpferviertel liegt beim *Bab Tizimi* im Nordosten der Medina.

Ville Imperiale: die monumentale Sultansstadt, zu erreichen durch das Bab el Mansour. Vom Hauptpalast *Dar Kebira*, jenseits der Place Lalla Aouda, ist kaum etwas erhalten. Interessant ist aber bei der *Koubbat el Khyatine* (Pavillon für dem Empfang ausländischer Botschafter) der berüchtigte *Kerker*, ein riesiges Gewölbelabyrinth, in dem z.T. jahrzehntelang bis zu 60.000 Sklaven gefangengehalten wurden, die den Palast bauen mußten (nur mit Führung zu besichtigen).
Nicht versäumen dürft ihr auch die Moschee des prachtvollen *Mausoleum Moulay Ismail*. Sie ist die einzige Marokkos, die Ungläubige betreten dürfen (Schuhe ausziehen, lange Hose und Hemd). Das Mausoleum selber dürfen nur Moslems besuchen, der Vorraum ist aber auch für Nicht-Gläubige offen.

LESERTIP: "In Meknes kann man - wenn man einen Ruhetag oder einen Nachmittag ohne Besichtigung einlegen will - in eins der zwei Freibäder am Oued Boufekrane gehen. Zu empfehlen ist nicht das Municipal, sondern der **Club**. Er liegt 100 m weiter, ist teurer (ca. 3,50 DM), dafür nicht so voll, sauber und gepflegt. Hier trifft man viele marokkanische Studenten, mit denen man leicht in Kontakt kommt "(H. Brühl, Köln).

MOUSSEM SIDI MOHAMMED BEN AISSA: großes Fest der Anhänger des Heiligen Sidi Mohammed, alljährl. etwa Mitte September. Die "tanzenden Derwische" versetzen sich durch Tanz und Musik in Ekstase. Bei der Koubba (Mausoleum) des Sidi Mohammed, westl. außerhalb der Medina-Mauern.

Moulay Idris: die heilige Stadt Marokkos, 30 km nördl. von Meknes, in herrlicher Lage nicht weit von der Bahnlinie nach Sidi Kacem. Toller Blick vom oberen Stadtteil auf die Unterstadt (braucht man sich nicht zeigen lassen, findet man selber). Bis 1917 durfte kein Ungläubiger in die Stadt - man darf auch heute noch nicht hier übernachten (es gibt keine Hotels). Bezüglich Photographieren ist Zurückhaltung angebracht. Im September findet ein großes Pilgerfest statt, dann platzt die Stadt aus allen Nähten.

2 km entfernt liegen die römischen Ausgrabungen von *Volubilis*, angeblich die besterhaltenen römischen Ruinen Nordafrikas (ca. 1,50 DM). Zu erreichen mit Hilfe von Sammeltaxis, auch laufen möglich.

VERBINDUNGEN: Busse etwa stündl. ab Meknes, Place Lalla Aouda. Der letzte Bus geht um ca. 18 h zurück.

FES

Schönste und interessanteste Stadt Marokkos - noch vor Marrakesch. Unglaublich lebendig, vollkommen unübersichtliches Gassengewirr in der hügligen Altstadt, das prachtvolle Färberviertel, alle Gerüche des Orients.

Fes ist das kulturelle und religiöse Zentrum Marokkos, es gibt eine Universität und Dutzende von Medersas (Religionsschulen) und Moscheen. Die *Souks* gehören zu den größten und wichtigsten im Land - im Labyrinth der Ladenzeilen könnt ihr euch leicht verirren. Die Marokkaner warten nur darauf, euch ihre (natürlich zu bezahlende) Hilfe aufzudrängen.

VERBINDUNGEN / BAHNHOF: es gibt zwei, der **Gare du Tanger-Fes** am nördl. Ende der Neustadt, Avenue des Almohades, und der kleine **Gare du Bab Ftouh** bei einem Südtor der Altstadt (nur Bummelzüge halten). Ersterer ist der Hbf. und wird z.Z. völlig umgebaut - Züge tägl. etwa 8 x nach Meknes, Rabat und Casablanca (umsteigen nach Marrakesch), 6 x Tanger (meist mit Umsteigen) und 4 x Taza /Oujda.

CTM-Busse in die großen Städte ab Boulevard Mohammed V. in der Neustadt. **Privatbusse** an die Mittelmeerküste (z.B. Al Hoceima) gehen ab Bab Ftouh (Südrand der Altstadt - Fes el Bali) und ab Place Boujeloud (beim Bab Boujeloud, Westtor der Altstadt).

INFORMATION: **O.N.M.T.** an der Place de la Resistance/Avenue Hassan II. **Syndicat d'Initiative** in der Banque Marocaine du Commerce an der Place Mohammed V. (beide in der Neustadt).

ÜBERNACHTEN: billige Hotels am Gare du Bab Ftouh und am Bab Boujeloud, in der Neustadt außerdem um die Av. Mohammed V. Wegen der ständigen Nachfrage wird nicht immer Wert auf Sauberkeit etc. gelegt. Sehr preiswert (unter 10 DM fürs DZ) sind **Hotel Moulay Idris** am Bab Ftouh (ohne Dusche, kein Tel.) und **Hotel Erraha**, Nähe Bab Boujeloud, Tel. 33226. Um die 10 DM kostet das DZ im ruhig gelegenen **Hotel du Jardin Publique** am Bab Boujeloud, Tel. 33086. In der Neustadt außerdem **Hotel Volubilis** am Blv. Chefchaouni 42 (ca. 12 DM fürs DZ), Tel. 20463 und **Hotel Jeanne d'Arc**, Av. Slaoui 36, Tel. 21223.

Jugendherberge in der Neustadt, Rue Moussa Ibnou Noussair 18, Tel. 24085. Ist 1984 renoviert worden und hat 7 Räume mit insgesamt 43 Betten, Kochmöglichkeit, Tagesraum, recht sauber, mit Ausweis 2,50 DM, ohne geringfügig mehr.

Kein Campingplatz in der Stadt, der nächste ist **Ain Chkeff**, einige km außerhalb an einem Bach in einem Wald. Sehr ruhig, Freibad und Restaurant. Zu erreichen ab Place de Florence mit Bus 17.

ESSEN: preiswerte Restaurants findet ihr links und rechts der beiden "Hauptstraßen" Tale Kebira und Tale Seghira, innerhalb vom Bab Boujeloud. Leser Bruno Wyler empfiehlt das **Rest. Bouayad** am Bab Boujeloud mit marokkanischen Gerichten (Cous-Cous und Tajine).

Sehenswertes

Fes besteht aus drei Stadtvierteln:

Ville Nouvelle - auf einem Plateau im Westen das moderne, von den Franzosen angelegte Geschäftsviertel.

Fes el Djedid - oberhalb der alten Medina Fes el Bali, eine Stadt für sich, mit Königsresidenz.

Fes el Bali - die ganz alte Medina auf den Hügeln zu beiden Seiten des Flusses Oud Fes, eingefaßt von der mächtigen Stadtmauer mit wuchtigen Toren. Die steilen, verwinkelten Gassen der Souks sind vom 20. Jh. fast unberührt und der interessanteste Teil der Stadt.

> TIP - um die Medina zu besichtigen, solltet ihr einen offiziellen Führer engagieren. Damit könnt ihr den Scharen der "noir guides" entgehen, die sich euch überall aufdrängen. Er kostet etwa 15 DM für einen halben Tag, 25-30 DM für den ganzen. Vermittlung durch die Informationsbüros, außerdem haben die Guides ein eigenes Büro im Bab Boujeloud rechts. Geht aber in keinen Laden mit ihm!
> Falls ihr allein die Medina besuchen wollt, beginnt möglichst nicht am Bab Boujeloud - andernfalls werdet ihr die dort wartenden "Führer" nicht mehr los. Inoffizielle Führer ab 5 DM aufwärts.

Medina: Haupttor ist das prächtig geschmückte *Bab Boujeloud* in der Westmauer der Altstadt - an der Innenseite grüne, außen blaue Fayence-Arbeiten! Ein wichtiger Teil der Souks liegt gleich hinter dem Tor um die beiden Straßen *Tale Kebira* und *Tale Seghira*. Die schilfgedeckte Tale Kebira findet ihr, indem ihr unmittelbar hinter dem Tor links geht. Auf dieser Gasse erreicht ihr bald die größte und schönste Religionsschule der Stadt, die *Medersa Bou Inania*.
Die Tale Kebira führt ins Zentrum der Medina. Rechter Hand und vom Hauptweg nicht zu sehen, der vielleicht schönste Platz der Altstadt, die *Place Nejjarin*. In der Nähe die *Grabstätte des Moulay Idris II.*, eine der heiligsten Stätten Marokkos. Der darauffolgende Teil der Souks, der *Souk el Attarine* und die *Kissaria*, bilden den wichtigsten Teil des Geschäftsviertels. Am Ende des Souks el Attarine steht die *Moschee el Kairaouine*, die größte Marokkos. Ihr solltet sie als Orientierungspunkt benutzen.
Das berühmte *Viertel der Gerber* liegt östl. der Moschee. Die Arbeiter (auch Kinder) stehen mit bloßen Füßen in knallbunten, giftigen Laugen und bearbeiten die Felle. In der Nähe auch die Souks der Kupfer- und Messingschmiede. Das *Viertel der Färber* befindet sich rechter Hand am Fluß.

DAR BATHA: nicht weit vom Bab Boujeloud (wenn man reinkommt, gleich rechts), steht dieser alte Wesir-Palast mit dem größten Volkskunstmuseum Marokkos (Di. u. Fr geschl.).

Fes - Taza - Oujda A-Kb. 29000

Die Bahn schlängelt sich zwischen dem Rifgebirge und dem Atlas hindurch - weite Steppengebiete, ab und zu einmal ein blauer See oder Fluß, nicht allzu viele Reisende verirren sich hierher. Sehr schön die bergige Waldlandschaft um Taza, speziell das Massiv des *Djebel Tazekka*.

Taza: Provinzhauptstadt mit wenig Tourismus, Ausgangspunkt für Abstecher zur östl. Mittelmeerküste. Die Stadt besteht aus zwei völlig voneinander getrennten Vierteln - im Norden die *Neustadt* mit der großen Place de'l Independence, auf einem Hügel im Süden die mittelalterliche *Medina*, die von einer vollständig erhaltenen Mauer umgeben ist.

VERBINDUNGEN / BAHNHOF: Bhf. am Nordrand der Neustadt, tägl. 5-6 Züge in beide Richtungen, 1 x tägl. direkt nach Rabat/Casablanca.
Busbhf. an der Place de'l Independence - Busse nach Al Hoceima und Nador/Melilla (zusteigen auch an der Route du Fes, am Zugbhf., möglich).

ÜBERNACHTEN: **Hotel de la Gare**, Av. de la Gare (Bahnhofsnähe), ordentlich mit bungalowähnlichen Zimmern im bepflanzten Hinterhof, DZ ca. 10 DM ohne eig. Dusche, Tel. 2448. Etwa derselbe Preis im **Hotel de la Poste**, Av. Mohammed V. (beim Busbhf.). Außerdem **Camping l'Olivraie** beim großen Schwimmbad.

Al Hoceima: bekannter Badeort mit viel Tourismus. Wegen der reizvollen landschaftlichen Lage trotzdem zu empfehlen - schöne Buchten mit großen Sandstränden. Al Hoceima existiert eigentlich erst seit den zwanziger Jahren. Damals errichteten die Spanier hier einen Militärstützpunkt, das Stadtbild wirkt noch heute ziemlich spanisch. Von Fes, Chechaouen oder Taza tolle Busfahrt durchs Rifgebirge.

VERBINDUNGEN: Busbhf. an der Place de Rif. Verbindungen von und nach Fes, Taza, Chechaouen/Tetouan und Nador/Melilla.

ÜBERNACHTEN: **Hotel Florido** an der Place du Rif (Busbhf.), Camping **Cala Bonita**, etwas außerhalb mit schöner Strandbucht, Restaurant und Laden.

Oujda: jahrhundertelang war die Region um die Stadt erbittert umkämpft - Türken, Algerier, Franzosen und Marokkaner rauften sich um die grenznahen Gebiete. Von der Altstadt ist wenig geblieben. Touristisch kaum etwas los, das merkt man nicht zuletzt an den relativ freundlichen Einwohnern.

ÜBERNACHTEN:es gibt einen **Campingplatz** im Park Lalla Aicha.

OUJDA / UMGEBUNG: schön und einsam ist der kilometerlange Strand von **Saidia**, ca. 70 km km von Oujda, nicht mehr weit von der algerischen Grenze - gute Zeltmöglichkeiten auf mehreren Plätzen, Busverbindung.

Melilla: gehört zu Spanien, zollfreies Gebiet, mehrmals wöch. Fähren nach Malaga und Almeria (s. Einleitung). Busse gehen ab Plaza de Espana über die Grenze nach Nador (12km), von dort weiter nach Oujda (10 x tägl.) und Taza (2 x tägl.) an der Bahnlinie.

Sidi Kacem - Rabat - Casablanca - Marrakesch

Kenitra: wenig interessante Industriestadt mit großem Hafen (Camping la Chendie nicht allzu weit vom Bhf.). Riesiger Korkeichen-wald südöstl. vom Ort.

Südl. von Kenitra verläuft die Bahnlinie in Küstennähe bis Rabat.

RABAT

Die Hauptstadt, ebenfalls eine der vier Königsstädte. Überschaubarer als die anderen Städte, günstig für "Marokko-Anfänger".

Rabat liegt am Südufer des Flusses Bou Regreg, die Nachbarstadt *Salé* am anderen Ufer. Insgesamt gesehen eine elegante und moderne Stadt, die aber im Gegensatz zu Casablanca durch das Vorhandensein des alten Stadtkerns sehr gewinnt. Der teilweise fast europäische *Way of life* und die übersichtlichen Straßenzüge geben ihr ein für Marokko untypisches Gesicht.

Rabat ist Residenzstadt, hier werden Regierungsgeschäfte getätigt, Diplomatenkennzeichen an Kfz's sind häufig, es wimmelt von Polizei. Die Anmache durch 'guides' etc. ist dadurch auf ein Minimum beschränkt, was man allerdings durch teilweise etwas beklemmende Atmosphäre erkaufen muß. Sicherheit, Ordnung und Ruhe werden großgeschrieben. Jedoch hat man gerade hier Zeit und Möglichkeit, marokkanische Studenten kennenzulernen.

VERBINDUNGEN / BAHNHOF: **Hbf. Rabat Ville** im Zentrum der Neustadt, Avenue Mohammed V. (es gibt noch einen weiteren im südwestl. Vorort Agdal). In **Salé** hält der Zug ebenfalls und zwar am Eingang zur Medina beim Bab Fes. Tägl. 5 x nach Tanger, 9 x nach Fes, 15 x nach Casablanca (dort umsteigen nach Marrakesch, 7 x tägl.)
Busbhf. fast 3 km außerhalb der Medina am Blv. Hassan II (mit Stadtbus 30 zu erreichen ab Medinaeingang Av. Mohammed II.).

INFORMATION: **O.N.M.T.** in der Rue d'Alger 22, **Syndicat d'Initiative** in der Rue Patrice Lumumba (beide mehr im östl. Teil der Neustadt, Richtung Fluß). Letzteres Büro ist näher am Bhf.

ÜBERNACHTEN: das Preisniveau ist höher als in vielen anderen Städten. Erschwingliche Hotels in den Seitengassen der Avenue Mohammed V. und um den Medinaeingang.
Hotel Terminus, Av. Mohammed V. 388, Tel. 60895, bessere Adresse in der Nähe vom Bhf., kostet aber gut 40 DM fürs DZ.
Hotel Majestic, Av. Hassan II. 121, Tel. 22997, stets gut besucht, DZ ca. 15-18 DM.
Hotel Central, Rue al Basra 2, etwas schlechter, aber größere Auswahl an Zimmern, kostet ca. 12 DM fürs DZ, Tel. 67356.
Hotel Darna, Blv. El Alou 24, Tel. 22456, kostet ca. 16 DM und liegt 200 m vom Meer direkt an der Medina.
Hotel Taroundant, Rue Tajine 18, Tel. 20521, Seitenstraße der Av. Mohammed V., in der Medina Richtung Atlantik, mehrstökkiges Haus, sauber, leider keine Dusche, ca. 13 DM fürs DZ.
Gute **Jugendherberge** (schöner Innenhof!) in der Rue Marassa 43, in der Nähe des Bab El Had (Südwestecke der Medina), Tel. 25769. Auch in Salé gibt's eine JH in der Rue des Ecoles (Neustadt).
Camping de la Plage und **Camping Municipale** hinter dem Strand von Salé, auf der anderen Flußseite, sind beide recht mäßig

(vom Bhf. in Sale ca. 15 min. quer durch die Medina; von Rabat Bus 6 ab Blv. Hassan II.).

ESSEN: erschwingliche Restaurants am Medinaeingang Av. Mohammed II./Rue Souika. Leser Konrad Sternberg empfiehlt das **La Chaine** in der Av. Allal Ben Abdellah (Nähe Bhf.) mit riesigen Portionen Cous-Cous.

Sehenswertes

Medina: das Alltagszentrum der Stadt, Haupteingänge sind das *Bab el Had* und der Eingang an der Kreuzung Av. Mohammed V./Boulevard Hassan II. *(Markthalle)*. Gleich innerhalb des letzteren Eingangs geht rechts die *Rue Souika* ab. Sie ist die wichtigste Straße in der Medina und führt mit ihren zahllosen Läden in das Zentrum der Souks. Ein Stück hinter der großen Moschee zweigt links die *Rue des Consuls* ab, früher Wohnstätte ausländischer Diplomaten, heute Zentrum der Teppichknüpfer. Von hier kommt ihr zum ehemaligen Wollmarkt, der *Place Souk el Ghezel*. Die *Oudaia-Kasbah*, eine mächtige Festungsanlage, heute ein ärmliches Wohnviertel, überragt den Platz. Besonders schön sind das Tor der Kasbah und der Garten, außerdem gibt es ein sehr sehenswertes *Museum für marokkanische Volkskunst*.
Durch enge, verwinkelte Gassen geht es auf die große *Stadtmauer*. Herrlicher Blick auf den Fluß und nach Salé hinüber. Der recht bescheidene Strand von Rabat liegt unterhalb davon an der Mündung des Oued Bou Regreg. Auch den riesigen *Friedhof*, der die Medina zum Meer hin abschließt, solltet ihr wegen seines schönen Meeresblicks besuchen.

Neustadt: nicht weit vom Fluß steht der *Hassanturm*, das Wahrzeichen Rabats. Um 1200 sollte hier die zweitgrößte Moschee der islamischen Welt entstehen. Das Riesenbauwerk wurde aber nie fertigestellt, das wenige, was gebaut worden war, stürzte 1755 bei einem Erdbeben zusammen. Das einzige, was bis heute unerschütterlich stehenblieb, ist das Minarett, nämlich der Hassanturm. Gleich in der Nähe steht das *Mausoleum für König Mohammed V.* - erst in den 60er Jahren errichtet, aber mit unglaublich vielen und erstaunlich feinen Mosaiken, die nach alten Vorbildern gearbeitet sind.
Etwa 1 km südl. vom Bhf. liegt schließlich die neue *Moschee es Sunna*, das sehr bedeutende *Archäologische Museum* mit fast sämtlichen Fundstücken Marokkos und der *Regierungsbezirk*, den man durch das sehr schöne Bab er Rouah betritt. Auf dem *Mechouar*, dem Versammlungsplatz vor dem Königspalast, findet tägl. ab 9 h alle 2 h die Ablösung der Palastwache statt.
Die *Chellah*, eine Nekropole aus der Zeit der Meriniden (vierte marok. Dynastie) liegt mit ihrer hohen Mauer und dem beeindruckenden Tor aus dem 14. Jh. südl. vom Regierungsbezirk und ist über die Verlängerung der Av. Mohammed II. und durch das Bab Zaer zu erreichen.

Salé: lauft oder fahrt mal rüber (Brücke beim Hassanturm - schöner Blick von dort, leider reichlich Abgase). Weiter nördl., bei der Medina, gibts eine Art Fährverkehr mit Fischerbooten (ca. 30 Pf.). Salé ist noch recht ursprünglich, Zentrum der schönen Souks ist der *Souk el Kebir*. Preise niedriger als in Rabat.

Von Rabat bis Casablanca: Hier zieht sich eine ununterbrochene Badezone hin - zum großen Teil sehr touristisch, viele Hotels, Badeorte für die marokkanische Oberschicht und die Bewohner der Region.
10 km südl. von Rabat liegt *Temara* (Bahnstation an der Strecke nach Casablanca) mit dem Camping Temara-Plage (im Sommer sehr voll). Richtung Süden noch weitere Plätze, jedoch mit zunehmender Nähe von Casablanca starke Wasserverschmutzung.

LESERTIPS: "besonders gut gefallen hat uns der Ausflug mit dem Taxi zum **Plage des Nations Unies** in Sidi Bouknadel, 15 km nördl. von Rabat" (U. Zobel, Neuenstadt-Stein) . . . "Bei Rabat waren wir auf dem Zeltplatz Les Gambusias in **Ech Chiana**, 16 km südl. der Stadt. Katastrophale Sanitär- und Campinganlagen, teure Lebensmittel, aber schöner Strand" (J. Fröhlich, Bietigheim-Bissingen).

CASABLANCA

Modernes, weitgehend weltstädtisch geprägtes Industriezentrum. Größte Stadt Marokkos und größter Hafen Nordafrikas.

Nicht besonders sehenswert (an alle Bogie-Fans - Rick's Café existiert nicht!). Breite Boulevards, Fabriken, Hochhäuser, rapides Bevölkerungswachstum - in den letzten Jahrzehnten sind eine Menge Slums entstanden, die sog. "Kanisterstädte". Auch die *Alte Medina* ist klein und nicht besonders lohnend, sie liegt gleich beim Hafen. Die *Neue Medina* östl. vom Zentrum ist zumindest vom architektonischen Standpunkt her interessanter.

VERBINDUNGEN / BAHNHOF: der **Gare du Port** (mit großem Einkaufszentrum Centre 2000) direkt am Hafen, Nähe Alte Medina, jedoch fahren nicht alle Züge dorthin. Der **Gare des Voyageurs** ca. 2 km östl. vom Zentrum an der Place Pierre Semard (Busverbindung zur zentralen Place Mohammed V.).
Moderner **Busbhf.** für CTM-Busse ca. 1/2 km vom Gare du Port, Rue Leon l'Africain. Andere Linien gehen ab Chari Ba Hmad, eine Seitenstraße der Rue de Strasbourg. Von beiden Stationen fahren Busse nach El Jadida (siehe unten).

INFORMATION: **O.N.M.T.** Rue Omar Slaoui 55 (von der Place Mohammed V. durch die Av. Hassan II. zu erreichen). **Syndicat d'Initiative** am Blv. Mohammed V. 96 (geht von der Place Mohammed V. ab).

ÜBERNACHTEN: billige Hotels um den CTM-Busbhf. und vor allem in der Medina. Zentrale Billighotels sind z.B. **Volubilis**, Rue Abdelkarindioury 20-22, Tel. 275660 und **du Perigord**, Rue de Foucauld 56, Tel. 221085. Recht mäßige **Jugendherberge** an der Place Admiral Philibert, Tel. 220551. Nähe Hafen, direkt in der Alten Medina.
Camping International Oasis liegt weit vom Meer, an der Straße zum Flughafen, etwa 4-5 km vom Gare des Voyageurs. Mit Bus 31.

ESSEN: preiswerte Lokale um die Place Admiral Philibert, wo auch die JH liegt.

Sehenswertes: vor dem Bhf. Casablanca Voyageurs beginnt der lange *Blv. Mohammed V.*, die Hauptgeschäftsstraße der Stadt. Auf dem ebenfalls am Bhf. beginnenden *Blv. Abdallah Ben Yacine* findet morgens bis etwa 9 h ein Früchte- und Gemüsemarkt statt.

Der Blv. Mohammed führt zur zentralen *Place Mohammed V.* mit zwei sehenswerten Moscheen und dem Eingang zur benachbarten *Alten Medina*. Eine typische Palmenallee ist der *Blv. Mohammed el Hansali*, der von der Place Mohammed V. zum Hafen führt.
Westl. von Hafen und Alter Medina solltet ihr nicht versäumen, einen Blick ins *Aquarium* zu werfen - Süß- und Meerwasserfische, Krebse, Tintenfische und etliches mehr. Schräg gegenüber direkt an der Küste wird demnächst der 'Leuchtturm des Islam' stehen - die *Hassan II.-Moschee* wird die zweitgrößte, am weitesten im Westen liegende Moschee der Welt!

Casablanca - El Jadida

Seit 1987 neue Bahnstrecke! 2 x tägl. könnt ihr von Casablanca (Bhf. Port und Voyageurs), 1 x tägl. von Rabat (Bhf. Ville u. Agdal) über die Marktstadt Azzemour ins Seebad El Jadida fahren. Fahrtdauer 1,5 std. bzw. 2 std. Der Bhf. von El Jadida liegt allerdings ein ganzes Stück außerhalb der Stadt. Die Verlängerung der Strecke von El Jadida über Oualidia bis Safi ist in Bau.

Azzemour: nette Lage an einem Fluß, 3 km vom Meer. Schöne Medina und gut erhaltene Kasbah aus portugiesischer Zeit. Wenig Touristen, am Meer Dünenstrand, wo wild gezeltet wird.

El Jadida: knapp 100 km südl., Provinzstadt und modernes Seebad, außer der *Cité Portuguese*, einem stark befestigtem Stadtviertel aus dem 16. Jh., wenig Sehenswertes. Schöner langer Strand, der direkt in der Stadt beginnt.

VERBINDUNGEN: **Bhf.** liegt weit außerhalb (ein Bus fährt nach Ankunft eines Zuges in die Stadt).
Busbhf. an der Av. Mohammed V. Verbindungen nach Casablanca (2 h, 4 DM), Marrakesch und Richtung Süden die Küste entlang - Safi, Essaouira und Agadir.

ÜBERNACHTEN: östl. vom Ort an der Küstenstraße der große **Camping International**, zu erreichen über die Av. Al Jamia al Arabia (Bus von Casablanca hält auf Verlangen).

Oualidia siehe bei Safi, nächste Seite.

Casablanca - Marrakesch
A-Kb. 29005

Fahrt durch die marokkanische *Meseta* nach Marrakesch. Marokkos Kernland ist ein leicht gewelltes Plateau mit Ähnlichkeit zur spanischen Hochebene. Im Norden recht fruchtbar, weite Getreidefelder und Obstplantagen, gegen Süden hin trockener und karger. Marrakesch liegt in einem grünen Palmenwald mit über 100.000 Bäumen, Endstation der marokkanischen Eisenbahn. Die meist schneebedeckten Berge des *Hohen Atlas* geben der Stadt ihre prächtige Kulisse.

Benguerir - Safi

Nur 1-2 x tägl. gibts eine Zugverbindung von Benguerir zur Küste nach Safi - ca. 2-3 std. Fahrt. Lohnend, falls man möglichst schnell zum Baden will.

Safi: selbst weniger zum Baden geeignet - einer der wichtigsten Häfen Marokkos, viel Industrie und scheußliche Fischkonservenfabriken. Dafür kleine, aber hübsche Medina, außerdem das größte *Töpferviertel* Marokkos und ein malerischer Fischereihafen.

VERBINDUNGEN: **Bhf.** im Süden der Stadt. Zum **Busbhf.** kommt ihr nach links die Rue du Caid Sidi Abderrahman entlang, ungefähr 400 m. Busse in beide Richtungen die Küste entlang, jedoch nur recht spärliche Verbindungen, zum Badeort Oualidia nördl. von Safi z.B. nur 1 x tägl.

ÜBERNACHTEN: preiswerte Hotels um die Place Sidi Boudabh, an der Medina. **Sidi Bouzid**, der Campingplatz von Safi, liegt nördl. außerhalb auf einem Hügel, 15 min. vom Strand.

Oualidia: netter Ort mit optimalen Bademöglichkeiten an einer Lagune - abgesehen vom Juli/August noch angenehm ruhig und bisher ein echter Tip. Der Ort liegt etwas erhöht, Feriensiedlungen unten am Meer.

VERBINDUNGEN: Busse von und nach **Safi** und **El Jadida** (auf schöner Küstenstraße, Fahrtdauer ca. 2 std.)

ÜBERNACHTEN: die beiden **Campingplätze** liegen unten am Meer. Der eine Camping etwa 50 m vom Strand - etwas kleiner, aber auch teurer.

MARRAKESCH

Brodelnder Mittelpunkt des Südens, nach Fes die faszinierendste Stadt Marokkos. Im Sommer brütend heiß mit Temperaturen bis zu 50 Grad - die schneebedeckten Gipfel des Hohen Atlas setzen einen bizarren Kontrast.

Die Nähe der Wüste erkennt ihr an den typischen altrosa Lehmbauten und der kilometerlangen Stadtmauer, die vollständig aus gestampftem, rotem Lehm errichtet ist. Innerhalb der Mauern bersten die ausgedehnten farbigen Souks der Berberhauptstadt fast vor Menschen. Marrakesch ist die größte Handwerksstadt im Süden Marokkos - es gibt keine Industrie, dementsprechend hoch ist die Arbeitslosigkeit. Seit Jahrhunderten ist Marrakesch auch das wichtigste Handelszentrum des Südens. Von überall aus dem Hohen und Mittleren Atlas und den weiten Sahara-Gebieten kommen die Nomaden, um ihre Waren anzubieten, zu verkaufen und zu feilschen. Am interessantesten der Hauptplatz, die riesig-verwinkelte *Djemma el Fna*. Vor allem am Spätnachmittag geht es hier rund: Schlangenbeschwörer, Musiker, Feuerschlucker, Märchenerzähler, Zahnzieher, Showmaster, Glücksspieler - und viele raffinierte Tricks, die euch helfen sollen, den Geldbeutel etwas zu erleichtern!

Sein kulturelles Gepräge hat Marrakesch von den mittelalterlichen Königsdynastien der *Almohaden* und *Saadiern*, die prächtige Paläste hinterlassen haben. Die üppigen Palmenhaine und blühenden Gärten um die Stadt vermitteln noch Ahnungen des früheren Reichtums.

VERBINDUNGEN / BAHNHOF: westl. der Altstadt, mit Gepäckaufbewahrung (nur verschließbare Stücke). Züge nach Casablanca, Meknes/Fes und Tanger.
Langer Weg ins Zentrum - nach links die Av. Hassan II. entlang bis zur Place du 16 Novembre, dann schräg rechts die Av. Mohammed V. nehmen, durchs Bab Larissa in die Altstadt und geradeaus weiter zur Place Djemma el Fna (gut 3 km).

Überlandbusse fahren ab neuem Busbhf. am **Bab Doukkala**, einem Tor der Stadtmauer. Vom Bhf. ca. 2 km geradeaus die Avenue Hassan II und Avenue des Nations Unies entlang bis zum Bab Doukkala, dort 50 m links. Von der Place Djemma el Fna mit Bus 2 oder Sammeldroschke zu erreichen (stehen am Rand der Place bei der Grünanlage, ca. 1 DM). Gute Verbindungen in die Küstenstädte und durch den Hohen Atlas - Tizi n'Test, Ouazarzate.

INFORMATION: **O.N.M.T.** an der Place Abd el Moumen/Avenue Mohammed V. **Syndicat d'Initiative** an der Av. Mohammed 170.

ÜBERNACHTEN: Jugendherberge und Campingplatz liegen nah am Bhf., aber weit von der Place Djemma el Fna. Die billigen Hotels dutzendweise um die Place Djemma el Fna und in den Gassen südl. davon, sind deswegen vorzuziehen.

Jugendherberge, Rue El Jahidh, Quartier Industriel, Tel. 47713. Etwa 400 m vom Bhf. - die Av. Hassan II. überqueren, nach rechts gehen und die erste links nehmen. Sehr nachteilig die frühe Schließzeit um 22 h.

Camping Municipal, benachbart zur JH, an der breiten Av. de France. Sehr harter Boden, aber der Platz wird die ganze Nacht bewacht und ein Schwimmbad gibts auch.

Hotel/Café de France, Place Djemma el Fna, Tel. 22319, traditionelles Billigquartier, ständig was los, egal ob im Café, im Hotel darüber oder auf der Terrasse auf dem Dach, etwa 13 DM fürs DZ.

Hotel de France, in der südl. Seitengasse Riad Zitoun el Kedim 197 (nicht zu verwechseln mit dem gleichnamigen Hotel direkt an der Place!). Angenehmes Haus, die Zimmer liegen galerieartig um zwei Innenhöfe. Das Dach ideal zum Sonnenbaden, Frühstücken, Wäschetrocknen und um die Dächer, Moscheen und nachts die Sterne zu beschauen. Etwa 9 DM fürs DZ, warme Dusche 70 Pf. extra, Tel. 43067.

Hotel Essaouria, Riad Zitoun el Kedim 3, Tel. 43805, ca. 10 DM fürs DZ, gepflegt, mit schönem, grün gekacheltem Innenhof, gesäumt von sechs Moscheen, deren Muezzin alle gleichzeitig zum Gebet aufrufen.

LESERTIP: "wir wohnten im **Hotel Ali**, gleich neben der Post an der Place Djemma el Fna und zahlten für ein 3-er Zimmer 36 DM mit Bad und Frühstück" (H. Bantelmuss, Kunreuth).

ESSEN: hervorragende Auswahl in allen Preisklassen. Die Garküchen und Imbißstände um die Place Djemma el Fna sind sehr lekker, für Europäer aber mit Vorsicht zu genießen. Um die Place etliche Cafés mit Aussichtsterrassen - hautnah erlebt ihr das Ganze, wenn ihr euch in ein ebenerdiges Café ohne Terrasse setzt. Auch die Hotels in der Neustadt bieten sehr gute Küche.

Café/Restaurants France und El Fath, beide mit Terrassen, von denen ihr das Gewühl an der Place Djemma el Fna bequem überblicken könnt. Wegen der exklusiven Lage preislich etwas höher. Im Café France schöner marokkanischer Innenraum, wo ihr auch essen könnt.

Dar Es-Salam, falls ihr mal etwas teurer essen geht. Wirkliches Prachtlokal in altem Stadtpalast - außen unscheinbar, innen über und über mit filigranen Stuckarbeiten und Mosaiken bedeckt. Viele Marokkaner der Oberschicht, Bauchtanz, Folklore. Rue Riad Zitoun Kedim 170, südl. der Djemaa el Fna.

Hotel Tazi, Avenue El Mouhadine/Rue Bab Agnaou, auch etwas teurer, aber lohnt sich, hervorragende Küche.

Sehenswertes

Wenn ihr aus Richtung Bhf. von der Place de la Liberté kommt und durch das Bab Larissa die Altstadt betretet, seht ihr schon das hohe Minarett der *Koutoubia-Moschee* (77 m hoch) - der Souk der Buchhändler (Souk el Koutoubia) lag früher um sie herum. Den prunkvollen Innenraum darf man ja leider nicht betreten, ansonsten ist aber vor allem das Minarett beachtenswert. Die Kugeln waren früher aus purem Gold (heute Kupfer oder Messing).

Djemma el Fna: Zentrum der Altstadt und Ausgangspunkt für einen Besuch der Souks, die gleich hinter dem Platz beginnen. Am Platz wurden früher die Köpfe der Hingerichteten zur Schau gestellt (Djemma el Fna bedeutet etwa "Versammlung der Toten"). Schon eine Art Wahrzeichen des Platzes sind die ekstatischen, weißgekleideten Trommler aus dem Süden, die zahlreiche Postkarten und die offiziellen Stadtpläne von Marrakesch zieren. Bereits Jungs im Kindergartenalter müssen hier den ganzen Tag trommeln und Faxen machen. Auch Zahnzieher finden wegen der hohen Arztgebühren Interesse (kaum jemand ist krankenversichert).

Schönen Blick habt ihr von der Terrasse des Dachcafés *Argana* (ihr müßt aber etwas bestellen, um an die Brüstung zu kommen). Und noch ein Kuriosum - an der Ecke mit der Grünanlage, wo die Droschken halten, hat der Club Méditerranée sein Domizil!

Souks: die größten Marokkos! Hauptstraße ist die an der rechten hinteren

Seite der Place Djemma el Fna beginnende *Rue du Souk Smarine*, die mit Metallgittern als Sonnenschutz überdacht ist. Nach 200 m gabelt sich die Straße, links der *Souk Attarine* (früher kam man hier zu den berühmten 'Souks der Färber', gibt es aber seit längerem nicht mehr).
Zwischen dem Souk Attarine und der Verlängerung der Rue du Souk Smarine liegt die *Kissaria*, wo die wertvolleren Waren (Stoffe, Schmuck etc.) angeboten werden. Über den *Souk el Kebir* kommt ihr wieder zur Place Djemma el Fna zurück. Dies nur als ungefähre Anhaltspunkte - der Rest bleibt euch überlassen bzw. eurem Guide.

Südliche Medina: hier liegen die großen Palastanlagen der ehemaligen Sultansstadt. Sehenswert ist der *Bahia-Palast* vom Ende des 19. Jh., in dem Hassan II. bei Besuchen in Marrakesch seine Dienerschaft unterbringt (dann geschl., sonst tägl. geöffnet). Die zahlreichen Räume sind prachtvoll ausgestattet, es gibt schöne Innenhöfe und einen großen Harem. Das *Museum Dar Si Said* beherbergt eine prächtige Sammlung marokkanischer Volkskunst (9-11.45, 14.30-17.45 h, Mardi geschl.). Weniger lohnend sind dagegen die *Saadier-Gräber* gleich neben der *Kasbah-Moschee*, wo man meist Schlange stehen muß, um einen Blick auf die Sarkophage der Dynastie zu erhaschen. Die zwei Tore *Bab Agnaou* (sehr schön!) und *Bab er Robb* (Tor des eingedickten Traubensaftes) bilden den Eingang zum alten Kasbah-Viertel um die Moschee.

Neustadt: an der Hauptstraße *Av. Mohammed V.*, findet ihr zahlreiche Cafés, Restaurants und Läden. Die großen Luxushotels liegen um die lange *Av. de France* (in viele kann man hineingehen - Swimmingpool, Teetrinken etc.). Prachtvoll ist der Anblick der Stadtmauer von außen - falls ihr die Möglichkeit habt, lauft oder fahrt einmal ein Stück entlang. Beim Bab Debbarh im Nordosten liegt das stinkende *Gerberviertel*.

SÜDLICHE ATLANTIKKÜSTE

Die Küste um Agadir ist ein traditionelles Überwinterungsgebiet europäischer Touristen. Vor allem nördl. von Agadir um Taharzoute steht ein Wohnmobil neben dem anderen. Vom Busbhf. in Marrakesch mehrmals tägl. Verbindungen in die Küstenstädte *Essaouira* (220 km, 4 DM) und *Agadir* (260 km, durch die Ausläufer des Hohen Atlas). Weiter südl. liegt der landschaftlich grandiose Gebirgszug des *Anti-Atlas* - danach beginnt die Sahara.

Essaouria: malerische Küstenstadt mit hübscher Medina - früher bei Rucksacktouristen sehr beliebt, inzwischen aber immer mehr vom konventionellen Tourismus in Beschlag genommen.
Ausgedehnter Sandstrand südl. vom Ort, außerdem sehenswerter Fischereihafen und eine trutzige Festungsanlage, die *Skala de la Kasbah* mit vielen Bronzekanonen - schöner Blick auf die Stadt und das Meer.

VERBINDUNGEN: **Busbhf.** beim Bab Doukkala, am Nordende der Medina. Busse von und nach Marrakesch, Agadir, Safi, El Jadida und Casablanca.

ÜBERNACHTEN: es wird am Strand geschlafen, einfacher **Campingplatz** an der Strandstraße, Blv. Mohammed V. Im Zentrum etliche Hotels, zu empfehlen ist das **Hotel des Remparts**, Zankat Ibn Rochd 18 (Nähe Kasbah), Tel. 2282, DZ mit Bad ca. 12 DM. Eins der wenigen billigen Hotels mit Bar, für alle, die abends noch ein Bier trinken wollen (bis 23 h ziemlich laut). Gut und sauber ist auch **Hotel Sahara**, Av. Oqba Ibn Nafii, Tel. 2379.

EINKAUFEN: Essaouira ist bekannt für seine schönen Holzarbeiten aus dem sog. **Tuja-Holz**, das um die Stadt wächst - Schnitzereien, Einlegearbeiten etc., außerdem gibts gute Wolldecken.

LESERTIP: "Wer **wild zelten** will, kann sich mit einem Petit Taxi zur Straßenkreuzung Marrakesch-Agadir bringen lassen. Von dort etwa 3-500 m Richtung Agadir laufen, dann rechts ins Strauchwäldchen auf die Dünen schlagen. Allerdings treiben sich teilweise seltsame Gestalten herum - auf sein Hab und Gut aufpassen" (B. Wyler, Littau).

Küste zwischen Essaouria und Agadir: 160 km, kaum besiedelt, kleinere Orte nur nördl. von Agadir.

Agadir

"Neckermann machts möglich" - diesen Slogan kennt jeder Einwohner Agadirs. Der bedeutendste Badeort Marokkos prangt mit langen Hotelreihen, teuren Restaurants und, wie gesagt, vielen 'Neckermännern'. Pluspunkt ist der phantastische Sandstrand, der sich kilometerweit nach Süden zieht (schöner Spaziergang zur Mündung des Oued Souss).

1960 zerstörte ein Erdbeben die Stadt völlig, binnen 5 sec. wurden 15.000 Bewohner getötet. Auf den Schutthalden des alten Agadir entstand das neue - eine nüchterne Angelegenheit aus breiten Straßen, kahlen Plätzen und viel Beton. Erst weit landeinwärts von der Neustadt liegen die Wohnbezirke der Einheimischen.

Im Gegensatz zum brütend heißen Wüstenklima von Marrakesch herrscht im Sommer oft Nebel oder Dunst, nicht selten blasen auch heftige Winde.

VERBINDUNGEN: **Busbhf.** landeinwärts an der Rue Yacoub el Mansour (bei der Place Lahcen Tamri). Nach Marrakesch tägl. 4 x, Essaouira/Casablanca 3 x, Tafraout 1 x, Goulimine 2 x.

INFORMATION: **O.N.M.T.** in einer Passage an der Av. Prince Mohammed, gegenüber der Post. **Syndicat d'Initiative** in einem Pavillon am Blv. Mohammed V. (Nähe Camping), die bessere Anlaufstelle.

ÜBERNACHTEN: preiswerte Hotels um den Busbhf., z.B. das gute **Hotel el Bahia**, Rue Mehdi Ibn Tumert, Tel. 22724, ca. 17 DM fürs DZ. Preiswerter sind **Hotel Diaf** und **Hotel Select** in der Rue Allal Ben Abdallah. Leser Gerhard Bankosegger empfiehlt das **Hotel Ameneu** beim Busbhf. (DZ knapp 10 DM, kalte Dusche am Gang, sauber, auch Einzel). Nachteil all dieser Unterkünfte - zum Strand läuft man über 2 km!
Camping Atlas Tourisme, guter, aber harter Erdplatz unter Eukalyptusbäumen am Boulevard Mohammed V. (Hauptstraße der Neustadt, die parallel zum Strand verläuft), Nähe nördl. Ortsausgang.

ESSEN: kleine preiswerte Lokale um den Busbhf. Am Nordende vom Strand 24-std.-Service im **Jour et Nuit**. Nicht weit vom Campingplatz könnt ihr im **Marineheim** von Tante Hilde am Blv. Mohammed V. nachmittags Kaffee und Kuchen, abends Schnitzel und Bratwurst testen. Am großen zentralen Platz von Agadir gibts das **Redy's Land**, eine Bierkneipe mit arabischer und lauter Pop-Musik.

EINKAUFEN: im **Uniprix** an der Grande Place muß man zur Abwechslung mal nicht handeln - eine Art Supermarkt mit garantierten Festpreisen. Hauptsächlich Souvenirs, auch Getränke und Lebensmittel.

Sehenswertes: der turbulente *Fischereihafen* mit großer Fischauktions-Halle, Dutzenden von Holzbooten und unüberschaubarem Gewirr von Takelagen am nördl. Ortsende (Paß mitnehmen, Freihandelszone). Auf dem Hügel darüber die Reste der Kasbah. Die *Souks* von Agadir liegen einige km landeinwärts in einem ummauerten Bezirk und sind vor allem samstags lohnend, jedoch sehr auf Touristen eingestellt (mit rotem Petit Taxi ca. 1,50 DM).

Agadir/Umgebung

Um Agadir eine der fruchtbarsten Landwirtschaftsregionen Marokkos, die *Souss-Ebene*.

Inezgane: 13 km landeinwärts, preiswerte Alternative zum Übernachten in Agadir. Das Marktzentrum der riesigen Souss-Ebene besitzt einen großen Busbhf. mit fast stündl. Verbindungen nach Marrakesch und Agadir. Markttag ist der Dienstag, eine Reihe spartanischer Hotels liegen um den Busbhf.

Taroudant: 40 km landeinwärts von Agadir, beliebtes Ausflugsziel. Die "Perle des Südens" umgibt eine 8 km lange Stadtmauer aus Lehm, die malerischen Souks sind bekannt für die Herstellung von Silberschmuck und andere Metallarbeiten. Billige Hotels liegen um die beiden zentralen Plätze (an einem fahren die CTM-Busse ab).

Taghazoute (gesprochen 'Tarhazout'): kleines Küstendorf wenige Kilometer nördl. von Agadir. Der frühere Hippie-Treff ist seit langem beliebter Anlaufpunkt für Rucksacktouristen, speziell zur Kaltwetter-Saison. Tolle Sanddünenlandschaft, die sich bis Agadir zieht. Es gibt billige Unterkünfte, einen staubigen Campingplatz und zahlreiche Möglichkeiten zum wild zelten. Die lokalen Busse 1 und 12 fahren stündl. von und nach Agadir. Das Café Florida von Hussein (direkt an der Straße) ist seit 15 Jahren der Treff.

Tiznit: sehr schöne alte Stadt, ebenfalls mit kilometerlanger Stadtmauer. Tiznit ist ein Zentrum des Silberhandwerks, die ausgedehnten Souks liegen um den arkadengesäumten Hauptplatz, *Place du Mechouar*, wo auch die Busse halten. Vor allem Gürtel, Armbänder und Anhänger werden hergestellt, beliebtes Motiv ist die Hand der Fatima. Leider könnt ihr ganz und gar nicht sicher sein, wirklich echten Silberschmuck zu bekommen.

ÜBERNACHTEN: billige Hotels um die Place du Mechouar, z.B. **Atlas** und **des Amis.**

Sidi Moussa d'Aglou/Mirhleft: zwei beliebte Badeorte an der Küste vor Tiznit. Vor allem letzterer ist sehr "in", der Überwinterungsort der Freaks. Die frühere, z.T. üble Hippieszene hat bei den Bewohnern nicht gerade eine positive Einstellung gegenüber Fremden entstehen lassen. In Sidi Moussa d'Aglou gibt es einen Campingplatz, ansonsten wird am Strand, in Mirhleft auch in den angrenzenden Höhlen geschlafen (im Dorf aber auch einige einfache Billighotels).
Leider treiben sich hier immer einige Leutchen herum, die kein Bares mehr haben, also Vorsicht! Busse ab Tiznit mehrmals tägl.

AGADIR NACH TAFRAOUT: der Bus fährt 1 x tägl. die atemberaubende Strecke ins Herz des Anti-Atlas! Schmale kurvige Straße durch Dörfer ohne Elektrizität zwischen blühenden Mandel- und Arganienbäumen hoch hinauf ins fruchtbare 'Tal der Ammeln' mit Palmenhainen und riesig aufgetürmten Granitfelsen.
Tafraout liegt mit seinen rubin- bis rosaroten Häusern 1000 m hoch inmitten dieser bizarren Felslandschaft, ist als Ort allerdings wenig bemerkenswert. Zwei billige Hotels um den Hauptplatz, **Camping Les Trois Palmiers** liegt in einem Palmenhain etwas außerhalb an der Straße nach Tiznit.

Goulimine: weit im Süden, Hauptanziehungspunkt des unscheinbaren Wüstenorts ist der große *Kamelmarkt* (angeblich der größte Nordafrikas). Busse 1 x tägl. von Tiznit und Agadir. Der Markt findet jeden Samstag vormittags ca. 2 km südl. vom Ort statt. Der Besuch lohnt sich nur, wenn ihr ganz früh am Morgen da seid. Außer Samstag ist hier absolut **nichts** los.

HOHER ATLAS

Von Marrakesch landschaftlich sehr lohnende Ausflüge in das höchste Gebirgsmassiv Marokkos und über Ouarzazate weiter in die wüstennahen Gebiete um Zagora (tägl. ein Direktbus ab Marrakesch).

Über den Tizi n'Test nach Taroundant: Busse etwa 2-3 x tägl., es geht über einen der schönsten Päße Marokkos, den *Tizi n'Test* (2100 m), in Asni urige Jugendherberge. Von der Paßhöhe wunderbarer Ausblick, in der Ferne sieht man schon den Anti-Atlas. Im Gegensatz zum Nordhang, wo viele Steineichen, Bergwacholder etc. wachsen, geht die Abfahrt in die Souss-Ebene um Taroundant durch öde und vegetationslose Felsschluchten.

Über den Tizi n'Tichka nach Ouarzazate: landschaftlich grandiose Route über den 2260 m-Paß Tizi n'Tichka. Fahrt unbedingt mit einem Morgenbus, damit ihr die ganze Strecke bei Tageslicht schafft (ca 6-7 h, 10 DM). Die Straße schlängelt sich die Berge rauf und wieder runter, der letzte Teil durch wüstenähnliche Landschaften mit Felsen und ausgetrockneten Flußbetten.
In **Ouarzazate** erwarten euch "Schlepper", um euch ins Hotel zu bringen. Der Ort selber ziemlich trostlos, viele Kasernen, früher ein bedeutender Stützpunkt der französischen Fremdenlegion. 2 km östl. vom Zentrum, in Richtung Erfoud, liegt die alte beeindruckende *Kasbah Taourirt* aus ockerfarbigem Lehm.

VERBINDUNGEN: per Bus 2 x tägl. eindrucksvolle Weiterfahrt ins Draa-Tal Richtung Süden.

ÜBERNACHTEN: **Hotel Salam**, an der Hauptstr. Mohammed V. ist konkurrenzlos das beste der Billighotels. Außerdem **Hotel Atlas**, Rue de la Satas, DZ mit oder ohne Du/WC ca. 10-12 DM.
Guter **Camping Municipal** ein Stück außerhalb vom Osttor, Richtung Er Rachidia.

Draa-Tal

Die Straße von Ouarzazate schlängelt sich bis *Agdz* durch absolut vegetationslose, bizarre Fels- und Berglandschaft. Ab Agdz geht's runter in die Ebene, herrliche grüne fruchtbare Flußlandschaft mit mehreren großen Oasen, interessante Lehmarchitektur der Dörfer (terrassenförmig mit Türmchen, Balustraden etc.).

Zagora: Ende der Route, Militärstützpunkt (südl. davon Sperrgebiet), aber ursprünglicher, alter Ortskern, noch nicht auf Touristen getrimmt. Sehr gastfreundliche Bewohner, weil stark von der Außenwelt abgeschnitten. Am Südende vom Ort steht der berühmte, frisch renovierte Wegweiser für Kamelkarawanen: *"Noch 52 Tagesreisen bis Timbuktu"*.

VERBINDUNGEN: tägl. frühmorgens fährt ein Direktbus ab Marrakesch, hin u. zurück kostet die insgesamt gut 400 km lange Strekke nicht mal 35 DM (dazu 0,70 DM pro Gepäckstück).

ÜBERNACHTEN: **Auberge la Fibule du Draa**, bestes Billighotel in Zagora, wie eine Wohnburg aus Lehm und Stroh, gutes Essen, 1,5 km südl. vom Zentrum (200 m nach dem Oued Draa rechts). **Hotel de la Palmeraie**, Av. Mohammed V., ca. 100 m von der Busstation, 15 DM fürs DZ, für 2 DM könnt ihr auf dem Dach schlafen, geschäftstüchtige Besitzer. **Camping de la Montagne**, knapp 4 km außerhalb, am anderen Flußufer.

LESERTIPS: "ab Zagora kann man auf Kamelen **Exkursionen in die Wüste** unternehmen. Die Tuareg-Nomaden sind gegen Bezahlung dazu bereit. Ein halbtägiger Ausflug kostet 18 DM, ein ganzer Tag das Doppelte. Vermittlung durch Hotel de la Palmeraie" (F. Ginster, Monheim) . . . "wir haben eine eintägige Kamel-Exkursion gemacht. Der Ritt war einfach toll, mittags wurde an einer Palmengruppe gerastet, Essen gekocht, Brot gebacken. Wichtig - viel Wasser mitnehmen (mindestens 3-4 ltr. pro Pers.) und in ein nasses Handtuch wickeln" (M. Brühl, Husum).

Niederlande

Für Traveller ein angenehmes Land, in dem Toleranz und Offenheit großgeschrieben werden. Gardinen sind nicht gefragt - in die dunkelroten Backsteinhäuser mit den weißen Fensterrahmen könnt ihr überall hineingucken.

Die Niederlande sind dem Meer abgerungen - Anhöhen gibt es kaum. Kilometerweit dehnen sich flache grüne Wiesen, nur unterbrochen von einzelnen Gehöften und spärlichen Baumgruppen. Vom Zugfenster sieht man überall schwarz-weiße Kühe und Schafe weiden. Das Land ist zu hundert Prozent genutzt - riesige Treibhäuser, landwirtschaftliche Anbauflächen und Viehweiden lassen keinen Platz für Biotope.

Wasser ist das dominierende Element - unzählige Kanäle, Flüsse und Wasserläufe durchkreuzen die weiten Ebenen. Mit malerischen Schwenkbrücken wird der Verkehr zwischen Flußbooten und Automobilen geregelt, Kähne haben meist Vorfahrt. Im Sommer wird auf jeder Wasserfläche im Land gesurft, gesegelt, gerudert.

Dank seiner geographischen Eigenheiten ist Holland **das** Land der Radfahrer schlechthin - fast in jedem Ort können *'fietsen'* gemietet werden, überall führen Radwege durch Wiesen, Wäldchen und kleine Dörfer, an jeder Kreuzung stehen spezielle Wegweiser.

Die Badestrände am Meer reichen von der belgischen bis zur deutschen Grenze. Besonders schöne Nordseelandschaft mit kilometerlangen Dünen und kleinen Wäldchen findet ihr auf den *Westfriesischen Inseln* nördl. von Amsterdam.

Aber auch wer sich für Städtebau und Architektur interessiert, ist in den Niederlanden richtig. Die drei- bis vierhundertjährigen Altstädte mit Grachten, prächtigen Giebelhäusern und Kopfsteinpflaster machen einen Bummel zum Vergnügen. Die Liebe zum Detail merkt man überall - schon bald nach dem Grenzübertritt wird euch die originelle, verspielte und abwechslungsreiche Architektur auffallen. Selbst die Reihenhäuser haben Charme. Vor allem *Amsterdam* mit seinen zahllosen Kanälen und schiefen Hausfassaden ist unbestritten eine der schönsten Städte Europas - was Jugend und Gegenkultur angeht, wohl auch die freieste!

Die Niederländer begegnen dem Reisenden in der Regel aufgeschlossen, freundlich und offen. Liberale (sprich freiheitliche) Politik hat eine große Tradition. Die fundamentale Aufgeschlossenheit der Niederländer drückt sich in den verschiedensten Bereichen aus. Ob Musiktrends, Kleidungsstile oder Wohnungseinrichtung - in den niederländischen Städten, speziell in Amsterdam ist vieles davon zuerst zu sehen oder zu hören.

Mit der Eisenbahn durch die Niederlande

Internationale Züge von und nach Holland fahren in ein- bis zweistündigen Abständen, nur in diesen ist Platzreservierung möglich (ca. 6 DM). Im EC-Zuschlag ist die Reservierung inbegriffen.

Einreise von der Bundesrepublik über das Ruhrgebiet via Düsseldorf - Emmerich - Arnhem - Utrecht. *Utrecht* ist wichtigster Bahnknotenpunkt Hollands - häufige Verbindungen nach *Amsterdam*, *Den Haag* und *Rotterdam*.

Niederlande Fahrpläne Nr 27000 – 27022

Zwischen den größeren Städten verkehren die Züge meist im Halbstunden-Rhythmus. Innerhalb des riesigen Ballungszentrums *Randstadt*, das von Alkmaar (nördl. von Amsterdam) und Amersfoort im Osten die ganze Küste entlang bis Dordrecht im Süden reicht, fahren die sog. *Stoptreinen* fast im S-Bahn-Takt. Von 1-5 h morgens ruht der Bahnverkehr - Ausnahme ist das neue *NS-Nachtnet* auf der Strecke Utrecht - Amsterdam - Leiden - Den Haag - Rotterdam, dort fährt auch nachts stündl. ein Zug. Dementsprechend werden auch die Bahnhöfe an dieser Strecke über Nacht nicht geschlossen. Wegen der geringen Entfernungen im Land könnt ihr gut Amsterdam als

Standquartier nehmen und Tagestrips in die anderen Städte oder an den Strand machen.

Informationen: Nederlandse Spoorwegen (NS), Moreelsepark 1, Postbox 2025, 3500 HA Utrecht/NL.
Generalvertretung in der BRD: **Niederländische Eisenbahnen**, Schildergasse 84, 5000 Köln 1, Tel. 0221/216294.

Andere Verkehrsmittel: sämtliche Busse, Straßenbahnen und U-Bahnen der Niederlande sind zu einem Verkehrsverbund zusammengeschlossen. Das ganze Land ist in Zonen eingeteilt, überall gilt die nationale Streifenkarte *(strippenkaart)*. Je nachdem, wieviele Zonen ihr durchfahrt, müßt ihr Streifen entwerten (immer ein Streifen mehr als durchfahrene Zonen). Die Zentren der Großstädte bilden meist eine Zone (d.h. zwei Streifen entwerten). Die *45er-* und *15er-Streifenkarte* (ca. 9 DM) gibts im Vorverkauf in Bahnstationen, Postämtern, bei den Büros der Verkehrsbetriebe und in vielen Informationsbüros (VVV). Die *10er-* und *6er-Streifenkarte* könnt ihr direkt in Bussen und Trams kaufen.
An fast allen Bahnhöfen der Niederlande könnt ihr *Fahrräder* mieten. Die Niederlande sind das fahrradfreundlichste Land Europas und haben ein bestens ausgebautes Netz von Radwegen. Wenn ihr euer Ticket vorzeigt, bekommt ihr am Fahrkartenschalter für ca. 7 DM eine Mietkarte, mit der ihr im Fahrradkeller ein Rad für einen Tag mieten könnt (Ermäßigung bei längerer Mietdauer). Meistens wird Pfand verlangt - bis zu 200 Gulden (ca. 186 DM). Man kann ein Rad am gewünschten Bhf. auch telefonisch vorbestellen. Besorgt euch den Prospekt *Fiets en Spoor* (nur auf niederländisch). Außerdem gibt es zahlreiche private Vermieter von Fahrrädern.

Kanalfähren nach England gehen von *Scheveningen*, *Hoek van Holland*, *Rotterdam* und *Vlissingen*. 30 % IR-Ermäßigung auf der Strecke Hoek van Holland - Harwich. Details siehe im Kapitel Großbritannien.

Praktisches

Einreise: Personalausweis oder Reisepaß.

Finanzielles: die niederländische Währung ist der *Gulden* (hfl). Er ist geringfügig weniger wert als die DM, der Kurs ist seit langem stabil und schwankt nur um einige Prozentpunkte. Keine Probleme gibts mit *Reise-* und *Euroschecks* (Höchstsumme bei letzterem 300 hfl). In fast jedem größeren Bhf. gibt es einen Bankschalter, der bis spät abends geöffnet ist. Auch vom *Postsparbuch* könnt ihr in den Niederlanden Geld abheben.

Aktueller Kurs 1 hfl = 0,89 DM (2/90)

Übernachten: in vielen niederländischen Städten gibt es neben Jugendherbergen (ca. 16-18 DM pro Pers.) preiswerte *Jugend- und Studentenhostels* mit Schlafsälen und Mehrbettzimmern, manchmal auch mit Doppelzimmern. Ein sog. *Sleep-In* existiert in Amsterdam - nicht sehr attraktiv, aber billig (Schlafsack mitbringen). Generell müßt ihr in all diesen Unterkünften vorsichtig sein wegen Klau. Die niederländischen *Campingplätze* sind zahlreich und meist nicht allzu teuer, in Amsterdam gibt es sogar spezielle Jugendzeltplätze.
Privatzimmer findet ihr vor allem in den Badeorten (ab 45 DM), *Pensionen* und *Hotels* starten bei etwa 55-60 DM fürs DZ. Die Informationsbüros VVV haben Unterkunftslisten und vermitteln Zimmer (Gebühr ca. 3,50 DM), allerdings nicht in Hostels. Übernachtungsadressen findet ihr in dem vom holländischen Fremdenverkehrsamt für Jugendliche herausgegebenen Prospekt "Holland nur für Dich".

Essen: die niederländische Küche ist herzhaft und sättigend, es gibt reichlich Fleisch, dazu diverse Gemüse, Kartoffeln oder Pommes. Die Hauptmahlzeit findet abends statt, während man mittags eine *koffietafel* oder *lunch* (belegte Brote, oft auch warmer Imbiß) einnimmt. In vielen Restaurants werden akzeptable *Tourist Menüs* angeboten - Vorspeise, Hauptgericht, Nachtisch für einen im ganzen Land einheitlichen Preis von ca. 17 DM. In den Tourist-Informationen (VVV) gibt es Adressenlisten dazu.

Auch in den zahllosen *Koffie-* oder *Eethuizen* bekommt ihr überall etwas zu essen - vom kleinen Snack bis zum tellerfüllenden Fleischgericht. Sehr lecker sind die *Pannekoeken* (Pfannkuchen), die in den *Pannekoekenhuizen* serviert werden. In Straßenbuden werden neben den obligaten Pommes Frites oft *Poffertjes* verkauft, eine Art kleiner runder Pfannkuchen.

Das Frühstück ist meist reichlich (Käse, Wurst, Marmelade), jedoch gibt es nur ein furchtbar labbriges Weißbrot, das einem außer einem mulmigem Gefühl im Magen wenig vermittelt. Sehr nett ist die Sitte, in den *Koffiehuizen* bzw. *Cafés* den Kaffee oder den Tee mit einem Keks o.ä. zu servieren. Beliebtester Kuchen ist das *Appelgebak met Slagrom* (Apfelkuchen mit Sahne). Mit dem sog. space cake solltet ihr euch dagegen lieber nicht vertraut machen - die Inhaltsstoffe legen einen Wasserbüffel flach.

Die holländischen *Cafés* entsprechen unseren Kneipen - es gibt sie buchstäblich an jeder Straßenecke und die Einrichtung tendiert von kitschig-plüschig bis New Wave. Zu essen gibt es auch dort meist etwas und urgemütlich sind sie fast immer - vor allem die knarrenden Holzgalerien, zu denen man über eine wacklige Treppe hinaufsteigt. Daß die Niederländer gesellig sind, werdet ihr spätestens am Abend merken. Die niederländischen *Biere* sind zahlreich - etwas ungewohnt die Sitte, daß nur in kleinen 0,25 l-Gläsern ausgeschenkt wird. *Jenever* ist ein überall bekannter Wacholderschnaps.

Neben den holländischen Restaurants gibt es überall zahllose *chinesisch/indonesische* und auch *indische* Lokale. Ihre Küche hat sich jedoch meist schon so stark mitteleuropäischen Normen angepaßt, daß Kenner nicht mehr unbedingt auf ihre Kosten kommen. Die indonesische *Reistafel* ist ein teurer Spaß, kann aber mit Ihren 20-25 Einzelgerichten, die in langer Parade vor euch aufgebaut werden, ein tolles Erlebnis sein (am besten zu mehreren bestellen). Unbedingt kosten solltet ihr auch einmal die *surinamische* Küche, die Einwanderer aus der ehemaligen Südamerika-Kolonie ins Land gebracht haben. Phantasievolle Gewürze und exotische Geschmacksnoten machen ein solches Essen zu einer bleibenden Erinnerung.

Telefon: man kann theoretisch von jeder funktionierenden Telefonzelle ins Ausland telefonieren. Die Apparate nehmen 25-cent-, 1-hfl- und 2,5-hfl-Münzen. In großen Postämtern (z.B. Amsterdam) gibt es Telefonkabinen, wo man erst nach dem Gespräch am Schalter zahlen muß.

VORWAHL: BR Deutschland **09*49**, Österreich **09*43**, Schweiz **09*41** (* = Pfeifton abwarten).

Ermäßigungen: die *Museumkaart* kostet ca. 9 DM (unter 26 Jahren) bzw. 20 DM (ab 26), gilt ein Kalenderjahr und berechtigt zum freien oder ermäßigten Eintritt in den meisten Museen des Landes. Da der reguläre Eintritt meist nicht billig ist (keine Stud.-Ermäßigung), kann sich der Kauf schon rentieren, wenn man zwei bis drei Museen besucht. Die Museumskarte bekommt ihr bei den Informationsbüros VVV und in den Museen selber.

Daneben gibt es noch den **Cultureel Jongeren Paspoort** (CJP). Er kostet ca. 15 DM und bietet in Holland und Belgien Ermäßigungen und freien Eintritt in vielen Museen, Kinos, Theatern, Clubs u.ä. Der Paß gilt jährl. von September bis September, ihr bekommt ihn im Amsterdam Uit Bureau (AUB) am Leidseplein (Paßbild und Ausweis müssen mitgebracht werden).

Drogen: Holland hat neben Spanien die liberalsten Rauschmittelgesetze Europas - trotzdem **ist der Besitz von Haschisch verboten**! Das Mitführen von bis zu 30 g gilt jedoch nicht als kriminelles Delikt, sondern als Übertretung (etwa so wie Geschwindigkeitsübertretungen oder wildes Plakatieren) und zieht eine Geldstrafe nach sich. Bis zu 10 g wird man als Kleinverbraucher angesehen und bleibt meist unbehelligt. So ist es auch mög-

lich, daß in den zahlreichen holländischen Jugendzentren der sog. "Hausdealer" behördlich genehmigt, kleine Mengen Haschisch an Jugendliche verkaufen darf. Ebenso werden in zahlreichen Koffieshops mehr oder minder offen "exotic herbs" und space cakes angeboten.
Es ist strengstens verboten, Haschisch und dergleichen über die Grenze zu bringen - falls ihr von Holland in die Bundesrepublik einreist, könnt ihr sicher sein, durchsucht zu werden, vor allem, wenn ihr einigermaßen "hippieähnlich" ausseht - Amsterdam hat schließlich seinen Ruf.
Unsere Empfehlung - laßt die Finger davon. Die Niederlande haben eine Menge zu bieten, was man/frau sich besser mit klarem Kopf ansieht.

Kleines Sprachlexikon

Allgemein: Hallo - *hoi, hallo*; guten Tag - *goede dag*; guten Morgen - *goede morgen*; guten Abend - *goede avond*; gute Nacht - *goede nacht/wel ter rusten*; auf Wiedersehen - *tot ziens*; ja/nein - *ja/nee*; bitte/danke - *alstublieft/dank u wel*; Entschuldigung - *sorry*; wie komme ich nach? - *hoe kom ik naar?* rechts/links - *rechts/links*;
0-10 - *nul, een, twee, drie, vier, vijf, zes, zeven, acht, negen, tien*; 20 - *twintig*; 50 - *vijftig*; 100 - *honderd*; 1000 - *duizend*.

Bahn: Zug - *trein*; Bahnhof - *station*; Bahnsteig - *perron*; Gleis - *spoor*; Fahrkartenschalter - *loket*; Fahrkarte - *treinkaartje*; Ankunft - *aankomst*; Abfahrt - *vertrek*; Information - *inlichtingen*; Gepäckaufbewahrung - *bagage depot*; Eingang - *ingang*; Ausgang - *uitgang*; Fahrplan - *dienstregeling*; einen Platz reservieren - *een plaats bespreken*.

BOTSCHAFTEN

Bundesrepublik Deutschland: Den Haag, Groot Hertoginnelaan 18-20, Tel. 070/469206. Generalkonsulat in Amsterdam, De Lairessestraat 172, Tel. 020/736245. Konsulat in Rotterdam, Parklaan 36, Tel. 010/365133.
Österreich: Den Haag, Van Alkemadelaan 342, Tel. 070/245470. Konsulat in Amsterdam, Weteringschans 251, Tel. 020/43418.
Schweiz: Den Haag, Lange Voorhout 42, Tel. 070/642831. Konsulat in Amsterdam, Joh. Vermeerstr. 16, Tel. 020/797626.

FREMDENVERKEHRSÄMTER

D-5000 Köln 1, Laurenzplatz 1-3, Tel. 0221/236262. **A-1010 Wien**, KLM (niederl. Fluggesellschaft), Kärntnerstr. 12, Tel. 0222/523525. **CH-8023 Zürich**, Talstr. 70, Postfach, Tel. 01/2119482.

Köln - Düsseldorf - Arnhem - Utrecht - Amsterdam A-Kb. 27002

Utrecht

Lebendige Universitätsstadt mit schönem Altstadtviertel (großenteils Fußgängerzone). An den kopfsteingepflasterten Gassen und Grachten könnt ihr gemütlich in einem der vielen Cafés sitzen. Amsterdam ist nur 30 Zugminuten entfernt.

10 % der Bewohner sind Studenten, dementsprechende Szene ist vorhanden - natürlich mangelt es wie überall auch hier an billigem Wohnraum. Ihr begegnet aber auch ständig der fast 2000 Jahre alten Stadtgeschichte - es gibt über ein Dutzend Kirchen, viele alte Bauten und zahlreiche Museen.
Utrecht ist dank seiner zentralen Lage in Holland ein bevorzugtes Einkaufsziel - in der Altstadt reiht sich ein Laden an den anderen. Besonders stolz ist man auf das riesige Einkaufszentrum *Hoge Catharijne* um den Bhf. - der viele Beton verschönt allerdings nicht gerade das Viertel.

INFORMATION: im Bhf. und im riesigen Einkaufszentrum vor dem Bhf. (Vredenburg 90), Tel. 030/314132.

ÜBERNACHTEN: Hotels nicht billig, DZ um 65 DM gibts im **Hotel Marsman**, Parkstraat 5, Tel 310131 und im **Hotel Kalsbeek**, Noltheniusstr. 38, Tel. 930877.
Jugendherberge in Bunnick, 8 km außerhalb (Bahnstation kurz vor Utrecht, wenn man von Arnheim kommt), Rhijnauwenselaan 14, ca. 15 DM, Tel. 03405/61277. Mit Bus 40 ab Utrecht/Bhf.. Preiswerter ist das **Sleep-In** im Jansveld 51, ca. 10 DM pro Pers., Tel. 030/315326. Guter Camping **De Berekuil** am Stadtrand, Arienslaan 5-7, preiswertes Essen, schöne Spaziergänge im nahen Wald (Bus 57 ab Bhf. bis Markthallen, aussteigen bei Texaco-Tankstelle).

ESSEN: **Uni-Mensen** in der Kromme Nieuwe Gracht und am Lucasbolwerk (meist ohne Ausweiskontrolle, Juli geschl.). **Café Zeezicht**, Nobelstraat 2. Großer Szenetreff, von mittags bis nachts kann man auf buntem Mobiliar zwischen Grünpflanzen sitzen, buntgemischtes Publikum, ebensolche Musik, belegte Brote, Salat, Kaffee, Kuchen u.a. **The Ostrich**, Oude Gracht 153. Restaurant mit großer Auswahl von Pfannkuchen bis Auflauf, vom vegetarischen Menü bis zum blutigen Steak, Preise zwischen 10 und 20 DM. **Popocatepetl**, Nobelstraat 163, tägl. ab 17.30 h gute mexikanische Küche, Vorsicht - scharf!

KNEIPEN / TREFFS: die **Predikherenstraat** besteht fast ausschließlich aus "Horeca" (holländische Abkürzung für Hotel/Restaurant/Café), geht mal bummeln. Im **Tivoli**, Oude Gracht 245, darf getanzt werden - mehrmals wöchentl. treten Amateurgruppen auf, ansonsten Musik von der Konserve. **Theater 't Hoogt**, Hoogt 4, tägl. mehrere Filme (wie in Holland üblich in der Originalfassung), außerdem Musik, Ausstellungen, Tanz u.a.

Sehenswertes: mit 200 Läden auf drei Etagen ist *Hoge Catharijne* das angeblich größte Einkaufszentrum Europas. Auf dem Weg vom Bhf. in die Altstadt kommt ihr fast zwangsläufig durch. Eindrucksvollste Kirche der Stadt ist der *Dom*. 1674 wurde sein Längsschiff durch einen heftigen Orkan zerstört und nicht wieder aufgebaut. Deshalb steht der Turm heute getrennt vom Querschiff. Die fast fünfhundert Stufen in die 112 m hohe Turmspitze könnt ihr im Sommer von 10-17 h erklimmen - ihr steht dann auf dem höchsten Kirchturm der Niederlande! Ein gotischer *Kreuzgang* verbindet den Dom mit der benachbarten Universität.
Das nahegelegene *Rathaus* (Stadhuisbrug) ist ein kunterbuntes Stilgemisch. Siebenhundert Jahre lang hat man immer wieder Giebel, Seitenflügel, Erker und Balkone angebaut.

Oude Gracht: eine Kuriosität, die es nur in Utrecht gibt. Diese Straße verläuft - schon seit Jahrhunderten - auf zwei Ebenen. Die Häuser standen auf einem Wall hinter der Uferlinie, die Keller wurden jedoch in und unter diesen Wall gegraben und hatten direkten Zugang zur Wasserkante. Heute sind in den alten Lagerräumen Läden und gemütliche Cafés untergebracht, vor den Schaufenstern dümpelt ab und zu ein Hausboot. Auch die Rundfahrtboote haben an dieser Gracht ihre Ablegestelle (ca. 8 DM).

MUSEEN: **Spieldosen- und Drehorgel-Museum** hinter dem Dom, Achter de Dom 12. Einzigartige Sammlung von Jahrmarktsorgeln, die man heute noch in vielen holländischen Städten sieht (Di-Sa 10-17, So 13-17 h, ca. 5 DM, nur mit Führung).
Centraal Museum, Agnietenstr. 1 (vom Dom durch die Lange Nieuwstraat zu erreichen), Stadt- und Provinzgeschichte seit der römischen Stadtgründung, auch Gemälde (Di-Sa 10-17, So 14-17 h, frei).
Eisenbahnmuseum, J. v. Oldenbarneveldlaan 6 - Originalmodelle von der Pferdetram bis zum Intercity (Di-Sa 10-17, So 13-17 h, ca. 3 DM).

MÄRKTE: Sa in Breedstraat und Willemstraat, Di auf dem Smaragdplein, Mi auf dem Platz Vredenburg (gleich in der Nähe von Bhf. und Einkaufszentrum).

Von Utrecht nach Amsterdam läuft der Zug fast zwei Drittel der Strecke neben dem schnurgeraden Amsterdam-Rijnkanal entlang.

AMSTERDAM

Die romantische Stadt an der Amstel - eins der schönsten alten Stadtzentren Europas! Im Sommer Ziel von hunderttausenden Besuchern aus aller Welt, darunter überdurchschnittlich viele Jugendliche und Rucksacktouristen. Amsterdam - the 'magic city'.

Nur wenige Städte haben zwei verheerende Weltkriege so gut überstanden. Entlang der zahllosen Grachten lange Reihen von bilderbuchreifen Patrizierhäusern aus dem 17. und 18. Jh. - manche schmal wie ein Handtuch, andere breit und ausladend. Reichgeschmückte Fassaden und Giebel zeugen vom jahrhundertealten Reichtum der Hafenstadt. Dazwischen immer wieder schöne alte Brücken und Schleusen, teilweise auch ganze Ulmenalleen, die für die Auflockerung des Stadtbildes sorgen.
Amsterdam eilt der Ruf fast grenzenloser Toleranz voraus - die Handels-, Hafen- und Hauptstadt eines riesigen Kolonialreichs hat seit Jahrhunderten Menschen, egal welcher Hautfarbe, Nationalität, Glaubens- oder politischer Richtung willkommen geheißen. Noch heute sieht, hört und riecht man an je-

der Ecke ein unbeschreibliches Gemisch europäischer, asiatischer, afrikanischer und amerikanischer Elemente. Alle möglichen kulturellen und 'gegenkulturellen' Entwicklungen finden hier einen guten Nährboden, man hat die Nase dicht am Wind.

Aber auch Armut, Wohnungsnot und Profitsucht haben ihre Spuren hinterlassen, vor allem im *Jordaan*, dem früheren Kleine-Leute-Viertel mit engen Gassen und Stegen (heute wie die ganze Innenstadt als schicke Wohnadresse wiederentdeckt). Wenig erfreulich ist auch das Bild an der Peripherie. In den sechziger Jahren wurden südöstl. der Stadt die endlos-tristen Betonwohnsiedlungen von *Bijlmermeer* in die grünen Wiesen geklotzt - heute fast ausschließlich Sozialwohnungen, denn die anvisierten Käufer mit gehobenem Einkommen blieben aus (ihr seht das Viertel vom Zug aus).

Amsterdam ist seit langem eine der Städte Europas mit den größten Wohnproblemen - in keiner anderen Stadt gab es in den letzten zehn Jahren so viele "gekraakte" (besetzte) Häuser (insgesamt über 4000). Schätzungsweise zehntausend Jugendliche setzten leerstehende Häuser mit Wohnungen, Kneipen, Läden, Werkstätten, Radiosendern und sogar Arztpraxen wieder vollständig instand. Im Juli 1988 war auch diese Episode vorbei - die Polizei räumte das letzte große Hausbesetzerzentrum an der Conradstraat.

Ende der 60er war Amsterdam das Paradies der Hippies. Nirgendwo sonst bekam man so leicht Drogen, nirgendwo sammelte sich soviel Underground und Gegenkultur, die Behörden freundlich und tolerant, Freikonzerte im *Vondelpark* etc. Heute warnt die Polizei eindringlich vor harten Drogen - von Haschisch und Marihuana spricht sie nicht. Cannabisprodukte werden seit langen Jahren in gut dreihundert *Coffeshops* verkauft und öffentlich konsumiert. Trotzdem hat sich viel geändert, die Hippies sind weg, geblieben sind tausende Heroinsüchtige und Leute, die kein Geld in der Tasche haben und es sich irgendwie beschaffen müssen. Es wird viel geklaut in A'm, ganze Banden sind darauf spezialisiert. Vor allem Taschendiebe finden ein reiches Betätigungsfeld und wer sein *fiets* (Fahrrad) nicht ankettet ist selber schuld.

Ansonsten prägt der Massentourismus die Stadt - jeder Busfahrer und jede Verkäuferin spricht mehrere Sprachen. Aber nach Feierabend möchte man - bitteschön - mit den Ausländern nicht mehr viel zu tun haben. Dann spricht der Wirt in der Eckkneipe manchmal nur noch holländisch und man wird schon mal in die falsche Richtung geschickt, wenn man nach dem Weg fragt.

VERBINDUNGEN / BAHNHOF: **Centraal Station**, prächtiger alter Bhf. mit modernem Innenleben, zentral gelegen am Rand der Altstadt (siehe auch unter Sehenswertes). Es gibt Schließfächer, Gepäckaufbewahrung (5-1 h), Geldwechsel (tägl. 6.45-22.45 h).

INFORMATION: **VVV** direkt vor dem Bhf. in einem weißen Gebäude, **Stationsplein 10**, Mo-Sa 9-17 h (in der Saison auch So und meist bis mindestens 22 h offen). Zimmervermittlung (ca. 3,50 DM, Schlange stehen), Stadtpläne (3 DM), Info-Material. Vorsicht mit eurem Gepäck - es wird hier viel geklaut! Weiteres Informationsbüro an der **Leidsestraat 106**. Telefonische Auskunft unter 020/266444.
Laßt euch die Gratis-Broschüre **Use it** geben - Stadtplan, billige Übernachtungsmöglichkeiten, Restaurants und brauchbare "Insider"-Informationen. Veranstaltungen sind in **Amsterdam this Week** aufgelistet (ca. 1 DM). Ein Veranstaltungskalender steht auch in der **Uitkrant** (niederländisch, aber nicht schwer zu verstehen), monatl. gratis beim VVV, in Museen oder beim Kartenvorverkauf des Amsterdam Uit Bureau (AUB) am Leidseplein.

Unterwegs in Amsterdam: mit *Trams* und *Bussen*, außerdem gibt es eine einzige *Metro-Linie*, die am Hbf. abfährt und das Zentrum mit der Wohnstadt Bijlmermeer verbindet. Nachts fahren spezielle *Nachtbusse*.

Viel schöner ist es aber, die Stadt *zu Fuß* oder mit dem *Fahrrad* zu entdekken. Amsterdam ist eine der schönsten Radfahrstädte Europas - im Verkehrsgetümmel solltet ihr trotzdem vorsichtig sein. Wegen der vielen Grachten, die meist sehr ähnlich aussehen, solltet ihr außerdem immer einen *Stadtplan* dabeihaben.

FAHRSCHEINE: wie in ganz Holland gelten auch in Amsterdam die nationalen Streifenkarten (strippenkaart), von denen je nach Entfernung Streifen abgestempelt werden müssen (Automat oder Fahrer). Jeweils ein Streifen mehr als durchfahrene Zonen müssen abgestempelt werden, in der Zone "Centrum" also 2 (das meiste Sehenswerte liegt innerhalb dieser Zone). **6er-** (ca. 6 DM) und **10er-Streifenkarten** (8 DM) bekommt ihr in Trams und Bussen, **15er-** (9 DM) und **45er-Streifenkarten** (21 DM) im Vorverkauf beim **Gemeentelijk Vervoers Bedrijf** (GVB) vor dem Hbf.(7-23 h) oder im Posthuis am Leidseplein (in beiden gibts auch einen kostenlosen Netzplan). Außerdem gibt es dort **Tageskarten** (1, 2, 3, 4 Tage für 9, 12, 15 oder 17 DM). In den Nachtbussen gibts auch **Einzelfahrscheine** für ca. 2,50 DM. Schwarzfahren kostet mind. 25 DM.

FAHRRADVERLEIH: **Rent a bike**, Stationsplein 6 (am Hbf.), Tel. 248391; **Koender's**, Utrechtsedwarsstraat 105, Tel. 234657 (Tram 4); **Heja**, Bestevaerstr. 39, Tel. 129211 (Tram 12 oder 14).

Übernachten: Amsterdam hat eine Unmenge von Unterkünften speziell für Jugendliche - neben mehreren *Jugendherbergen* gibt es Dutzende von *Hostels* und sogar *Jugendzeltplätze*.
Schon am Bhf. werden euch von allen Seiten Reklamezettel in die Hand gedrückt. Etwas Vorsicht ist angebracht - vergewissert euch genau, wie hoch die Preise sind und ruft besser an, wenn es ein weiter Weg vom Bhf. ist. Die "Schlepper" haben nämlich keine Ahnung, ob ihr Etablissement nicht bereits bis zum Dach voll ist.
Wenn ihr die *Zimmervermittlung* vom VVV in Anspruch nehmen wollt, weist unbedingt darauf hin, daß ihr Zimmer in der niedrigen Preisklasse sucht - Plätze in Hostels werden dort in der Regel nicht vermittelt.

JUGENDHERBERGEN: neben 2 brauchbaren IYHF-Hostels gibts noch 2 "christliche" Hostels, die privat geführt werden und kein Deut christlicher sind als andere Quartiere.
Vondelpark (IYHF), Zandpad 5, Tel. 020/ 831744. Sehr groß, in angenehmer Lage, ziemlich am Anfang vom Park, interessantes Publikum aus aller Welt. Tram 1, 2, 5, 6 bis Leidseplein, nur Mitglieder, 16 DM.
Stadsdoelen (IYHF), Kloveniersburgwal 97, Tel. 020/246832. Sauber und freundlich, hübscher Aufenthaltsraum (Café mit Klavier), gutes Frühstück. Nur Mitglieder, ca. 16 DM pro Pers. Mit Tram 4, 9, 16, 24, 25 bis Muntplein (zu Fuß ab Bhf. ca. 20 min.) Beide Herbergen werden nachts um 2 h geschlossen.
Christian Hostel Eben Haezer, Bloemstraat 179, Tel. 244717. Mit Tram 13 oder 17 bis Marnixstraat (Nachtbus 73). Freundliche Angelegenheit, ca. 14 DM pro Pers.
Christian Hostel "The Shelter", Barndesteeg 21, Tel. 253230. Nähe Bhf., mit Metro oder zu Fuß zum Nieuwmarkt (beim Red Light District), etwa 14 DM im Schlafsaal, in jedem Raum eine Art "Schließfach".

PRIVATE JUGEND- ODER STUDENT-HOSTELS: davon gibts etliche, meistens große Schlafsäle, oft zusätzlich 3/4-Bettzimmer, manchmal auch DZ. Sauberkeit läßt gelegentlich zu wünschen übrig, aber gute Atmosphäre wegen viel internationalem Publikum. Gegen Klau manchmal Safes und Schließfächer.
Sleep-In, s' Gravesandestr. 51, Tel. 947444. Lohnend bei niedrigen Ansprüchen und kleinem Geldbeutel. Massenquartier mit 80 Betten im Schlafsaal, trotzdem gute Atmosphäre. Übernachtung kostet ca. 10 DM, Schlafsack müßt ihr dabei haben, Vorsicht Klau (Schließfächer). Frühstück und Mittagessen möglich. Zu erreichen mit der Metro bis Weesperplein und noch ein kleines Stück zu Fuß (Nachtbus 76). Nur Ostern und Juni bis September.
t' Ancker, gleich hinter dem Bhf., De Ruijterkade 100, Tel. 229560. Auf vier Etagen ca. 100 Betten, viele Amis, Blick auf den Hafen, minimaler Aufwand an Service und Sauberkeit. Wegen zentraler Lage etwas überteuert, im 10-Bett-Schlafsaal knapp 30 DM pro Pers., auch DZ (65 DM).
Hotel Kabul, Warmoesstr. 38-42, Tel. 237158. Schlafsaal ca. 19 DM, 4-Bettzimmer 24 DM pro Pers., fürs DZ ca. 60-75 DM. Sehr zentrale Lage im Red Light District, vom Bhf. 5 min. zu Fuß (linker Hand).
Adam and Eva, Sarphatistr. 105, Tel. 246206. Nicht ganz zentral, im Schlafsaal ca. 17 DM pro Person (mit Frühstück), von Lesern sehr gelobt, Schließfächer. Mit Metro bis Weesperplein (Nachtbus 76).
Bob's Youth Hostel, Nieuwezijds Voorburgwal 92 (Nähe Dam), Tel. 230063. Urige Atmosphäre, Musik, eigene Bar. Schlafsaal ca. 16 DM, Tram 1, 2, 5 oder 17 (Nachtbus 74).
International Student Hotel, Keizersgracht 15, Tel. 251364, Schlafsaal ca. 22 DM. Nähe Bhf., mit Bus 18 oder 22 (Nachtbus 72).
Cok Budget, Koninginneweg 34-36, Tel. 646111. Etwa 200 Schlafplätze in 6-Bettzimmer für ca. 30 DM. Zwischen Bhf. und Dam, Tram 2 (Nachtbus 74).

HAUSBOOTE: mal was anderes - eine Amsterdamer Spezialität, preislich im ähnlichen

Rahmen wie Hostels, Räumlichkeiten aber oft sehr eng (2-6 Betten). Hausboote liegen gleich hinter dem Bhf., z.B. **Alida**, **Dutch Cockney** und **Amstel** und ein Stück östl. (links, wenn ihr rauskommt) an Oosterdokskade (bei der Post) und Prins Hendrik Kade, z.B. das angenehme **Wu-Wei**, Prins Hendrik Kade 145 (Tel. 238764).

HOTELS: sehr teuer, unter 60-70 DM für's DZ läuft kaum was! Aber es gibt so viele, daß ihr nur die Grachten entlanglaufen müßt - z.B. Singelgracht, Herengracht, Prinsengracht, Keizersgracht. Nehmt nichts über 65 Gulden, es werden oft überzogene Preise verlangt. Viele Schlepper am Bhf.

Kleine Auswahl: **Hotel Schröder**, Haarlemmerdijk 48 B, Tel. 266272; **Hotel Pax**, Raadhuisstraat 37, Tel. 249735; **Hotel Groenendael**, Nieuwendijk 15, Tel. 244822.

CAMPING: **Vliegenbos**, Amsterdam Nord, Meeuwenlaan 138. Jugendzeltplatz nur 5 Busminuten vom Bhf., schön gelegen und gute Atmosphäre, hilfsbereites Personal, im Sommer aber proppenvoll. Preiswert, etwa 4,50 DM pro Pers., Zelt frei, zu erreichen mit Bus 32, 38, 39 (Nachtbus 77), überfährt jedoch 2 Tarifzonen (jede Fahrt ca. 3 DM).

Zeeburg, Amsterdam Ost, Ijdijk 44, zweiter Jugendzeltplatz, weiter weg, dafür auch ruhiger, ebenfalls sehr nettes Personal (Projekt für arbeitslose Jugendliche). Zu erreichen mit Bus 22 ab Hbf. bis Zeeburgerdijk, Tram 3 ab Vondelpark oder Tram 10 ab Leidseplein, beide bis Flevoparkbad (Nachtbus 71, 76). Derselbe Preis wie Vliegenbos.

Gaasper Camping, Loosdrechtdreef 7, großer neuer Platz mitten im Gaasper-Park, mit der Metro 20 min. bis Gaasperplas (Nachtbus 75). Teurer als die vorhergenannten, aber besser ausgestattet.

Het Amsterdamse Bos, Kleine Noorddijk 1. Im gleichnamigen Park, vor allem Familiencamping mit Wohnwagen, aber separater Platzteil für Zelte. Zu erreichen mit Bus 170.

UMSONST IM FREIEN: Noch in den siebziger Jahren durfte man legal und umsonst im großen Vondelpark mitten in Amsterdam schlafen. Doch irgendwann wurde den Stadtvätern das bunte Treiben auf dem Rasen zu viel. Wenn ihr heute im Vondelpark schlafen wollt, riskiert ihr einen Polizeibesuch.

Wer mit dem Schlafsack draußen nächtigen will, muß mit Bus oder Bahn eine halbe Stunde rausfahren und beispielsweise im **Amsterdamse Bos** am Stadtrand schlafen, ein riesiger Park, der fast nicht zu kontrollieren ist.

Essen: in den zahllosen *Eetcafés* Amsterdams könnt ihr meist gut und nicht allzu teuer essen. Die 'Kneipe an der Ecke' gibt es hier überall - von der supergemütlichen Holzgalerie aus knarrenden Eichenbohlen über kitschigen Plüsch- und Teppichschmus bis zum kahlen Neon-Outfit ist alles zu finden. Weniger anheimelnd, aber dafür billig sind die vielen Snackbars und Pommesbuden. In den *Broodjeswinkels* gibt es lecker belegte Brötchen in dutzenden Varianten von 3-7 DM - versucht mal *Broodje van Kootje* am Leidse- und Rembrandtsplein (gut, aber etwas teurer). *"Eten uit de mur"* (Essen aus der Wand) könnt ihr in Automatenrestaurants, wo man sich Kroketten, Frühlingsrollen, Frikadellen etc. aus den Fächern holt.

Unbedingt lohnend - ein Besuch in einem der kleinen *surinamischen* Lokale. Oft nur wenige Tische, aber tolles exotisches Essen mit phantasievollen Gewürzen, auf Wunsch extra scharf. Die zahllosen *Chinesen* haben uns dagegen enttäuscht - das meiste arg hausbackene holländisch-chinesische Küche zu überhöhten Preisen. Generell gilt, je kleiner die Straße, desto billiger und reichlicher das Essen. Das gleiche gilt für Pizzerias.

In den preiswerten *Uni-Mensen* braucht ihr keinen Ausweis vorzuzeigen.

MENSEN: sind auch für Nicht-Studenten zugänglich, offen nur Mo-Fr 17-19 h, das tägl. Hauptgericht kostet ca. 7-8 DM. Wer nicht auf das Tagesmenü steht, kann sich von der kleinen Karte etwas auswählen.

H 88, Herengracht 88, hat auch als Kneipe einen guten Ruf, die nicht selten bis 5 h früh offen hat. Juli/August geschl.

Atrium, Binnengasthuisterrein, Unigelände Nähe Oudezijds Achterburgwal. Die neueste Mensa Amsterdams, architektonisch interessant - ein Innenhof mit Glas überdacht, Boden gefliest, Tische reingestellt - fertig.

De Weesper, Weesperstraat 5, etwas teurer, dafür anspruchsvollere Gerichte und bei Bedarf Nachschlag. Juli/August geschl.

HOLLÄNDISCHE KÜCHE (preiswert): 'Dagschotels' (Tagesgerichte), meist verschiedene Gemüse- und Salatkombinationen mit einem Stück Fleisch (und manchmal einer Suppe vorweg) kosten bei folgenden Lokalen um die 10 DM.

De Keuken van 1870, Spuirstraat 4. Ehemalige Volksküche für die Armen, Futtern wie bei Muttern, Riesenportionen, herzhaft und preiswert, Tagesgericht ca. 7-10 DM, ansonsten 9-12 DM. Tägl. 12-19 h (So ab 14 h), wenn wenig los, kaum Wartezeiten.

In de Bruiloft van Kana, O. Z. Voorburgwal 95. Die "Hochzeit von Kana" wird im Red Light District von einer kirchlichen Hilfsorganisation betrieben. Das Publikum reicht dementsprechend von wohltätigen alten

Damen bis zu Prostituierten. Niedrige Kellerdecke und gemütliches Kerzenlicht, ausgezeichnetes und preiswertes Essen (auch diverse Uitsmiijter und Broodjes).

De Moor, Bethanienstraat 9, nicht nur Restaurant, sondern auch Kulturzentrum. Theater, Bands und Ausstellungen lenken vom Essen ab, was es ganz und gar nicht verdient hat.

Carrékelder, Amstel 131. Neben dem berühmten Carrétheater. Viele Schauspieler und Leute, die mit dem Theater zu tun haben, Plakate aus den vergangenen Jahrzehnten an den Wänden.

VEGETARISCH: in Amsterdam weit verbreitet - nicht nur "Müslifreaks" verirren sich in die zahlreichen Öko-Lokale. Meistens vorzügliche Tagesgerichte und mit natürlichen Stoffen wie Holz, Kork und Pflanzen gemütlich eingerichtet. Die meisten nicht übermäßig teuer, nur abends.

Egg Cream, Sint Jacobstraat 19, Nähe Fußgängerzone Nieuwendijk (zwischen Bhf. und Dam). Seit langen Jahren beliebt bei konstanter Qualität, kompletter Hauptgang um die 10 DM, nettes Personal und interessante Atmosphäre.

Golden Tempel, Utrechtsestraat 126, nicht ganz billig, aber gemütlich und gute Auswahl, kein Alkohol.

De Klaverkoning, Korte Koningstr. 10, grünumrankte Fassade, innen viel Holz, Küche nur durch hüfthohe Mauer vom Gastraum getrennt.

Toi Toi, Nes 102, viel Holz, Grünpflanzen und gedämpftes Licht. Im Hintergrund leise Musik, Snacks und ein tägl. Menü, große Teeauswahl.

De Waaghals, Frans Halsstraat 29, um die Ecke vom größten holländischen Markt, ruhige Hintergrundmusik, helle und freundliche Einrichtung, wechselnde Gemälde- u. Photoausstellungen. Etwas teurer.

CHINESISCH / INDONESISCHE RESTAURANTS: an jeder Straßenecke, Schwerpunkte sind links vom Bhf. um die Warmoestraat, Zeedijk und Binnen Bantammerstraat (Red Light District). Allerdings meist sehr angepaßte Küche.

Bojo, Lange Leidsekruisstraat 28. Hat von 18 bis 6 Uhr früh geöffnet, feine indonesische Küche.

Yong Kee, Stormsteeg 5 (Nähe Nieuwmarkt). Chinesisch, einfach, aber lecker.

Ocean City, Oudezijds Voorburgwal 177-179. Zum Lunch gibts ein Buffet für ca. 18 DM. Fast ausschließlich Chinesen mit Familien sind zu Gast - ein deutlicher Hinweis auf die Qualität.

SURINAMISCHE KÜCHE: meist winzige, anspruchslos eingerichtete Lokale von Zugewanderten aus der ehemaligen holländischen Kolonie in Südamerika (früheres Niederländisch-Guayana). Vom bescheidenen Äußeren darf man jedoch keinesfalls auf die Speisen schließen. In der Regel relativ preiswert, für unsere Zungen ziemlich exotisch, aber immer gut.

Balraj, Binnen Oranjestraat 1 (westl. vom Bhf., Seitengasse der Haarlemmerdijk). Etwa 4 Tische, gleich dahinter die "Küche", lecker die Chicken-Gerichte.

Riaz, Bilderdijkstr. 193. Schäbige Einrichtung mit Plastiktischdecken, aber die Küche entschädigt dafür. Reichliche Portionen.

Doaba, Hartestr. 29. Winziges Lokal, in dem sich Holländer aller Hautfarben drängeln, fast unglaublich, was man mit braunen Bohnen alles anfangen kann. Surinamische und indonesische Küche.

SONSTIGES: **Pancake Bakery**, Prinsengracht 191. Ehemaliges Lagerhaus, von den Fenstertischen schöner Blick auf Gracht und Hausboote. Riesenauswahl an Pfannkuchen von 6-13 DM - Belag mit Fleisch, vegetarisch, oder süß. Tägl. 12-22 h. **Orient Fast Food**, Utrechtsestraat 89, indisch/pakistanische Küche - vegetarisch und mit Fleisch, Menüs ab 12 DM. **Centra**, Lange Niezel 29, spanisches Lokal, relativ preiswert.

Kaffeehäuser *(Koffiehuizen)*: Hunderte in der ganzen Stadt, man kommt zum Frühstücken, mittags oder abends für einen kleinen Imbiß, den ganzen Tag auf einen Koffie oder ein Bierchen. Auch "space cake"-coffeeshops sind reichlich vertreten - meist zu erkennen an einem grünen Blatt.

t'Gasthuys, Grimburgwal 7, dunkles Holz, plakatübersäte Wände, ruhige Atmosphäre. Reichhaltige Auswahl an Brot und Tostis, die zweite Tasse Kaffee nach alter holländischer Sitte auf Kosten des Hauses.

De Santenkraam, Tweede Laurierdwarsstraat 53. Ganz ähnlich wie t'Gasthuys, preiswert.

Backstage, Utrechtsewarstraat 67, urige Mischung aus Coffieshop und Boutique (Häkelsachen), wird von den Christmas Twins (angeblich indianische Zwillingen) geführt.

Marilyn Monroe, Hazenstr. 19. Schick und gestylt, Beispiel für die modernere Richtung - weiß, Spiegel, laute Popmusik, Video.

De Spaanske Ruiter, Nieuwezijds Voorburgwal 90 (neben Bob's Youth Hostel). Für Regentage - ruhig, urgemütlich-kitschige Wohnzimmeratmosphäre. Über der Bar Geldscheine aus aller Welt, gleich dahinter werden die leckeren Omeletts gebruzzelt.

FRÜHSTÜCKEN: wer viel Hunger hat - in den Kaufhäusern **De Bijenkorf**, Damrak 90, und **Vroom & Dreesman**, Kalverstraat 201, gibts große Frühstücksbuffets, wo ihr für ca. 11 DM so viel nehmen könnt, wie ihr wollt.

Cafés: so heißen in A'm die Kneipen. Ausstattung und Atmosphäre bunt gemischt, von Jugendstil über New Wave ist alles vertreten. Abends hat man die Qual der Wahl.

De Schutter, Voetboogstraat 13 (1. Etage), Nähe Fußgängerzone. Immer voller Studenten, die beliebte Kneipe erstreckt sich über mindestens zwei Gebäude. Die Zapfhähne an den zwei Theken ständig in Bewegung, auch gute Möglichkeit, etwas zu essen.

Café de Prins, Prinsengracht 124. Gemütlicher Platz mit Blick auf die Gracht, sehr beliebt, viele Amsterdamer Studenten, auch hier kann man essen, vor allem gutes Frühstück (ab 11 h).

Gollem, Raamsteg 4. Mehr Biersorten als Sitzplätze (150 Sorten), buntgemischtes Publikum.

Café de Tuin, Tweede Tuindwaarsstraat 13. Im Jordaan, altes Café mit jungem Publikum, gemütlich, viel Holz.

Het Oerwoud, Haarlemerdijck 165. Phantasievolle Neonkneipe in schrillen Farben, Sekt oder Selters zu etwas überhöhten Preisen.

Café Weltschmerz, Lindengracht 62, trendy, nüchtern-modernes Outfit und junges Publikum.

De Blincker, St. Barberenstraat 7. Modern, aber hell und freundlich, wird oft von den Besuchern der umliegenden Theater angesteuert. Ausgezeichnete, aber teure Küche, der Raum so hoch, daß eine große grünumwucherte Galerie Platz hat.

Rum Runners, großes helles In-Lokal im Karibik-Stil, phantasievolle Einrichtung, exotische Mixgetränke (Nähe Anne Frank Haus).

H 88, Herengracht 88, bei der gleichnamigen Mensa, bis 5 h früh offen!

Frascati, Nes 59. Nettes altes Café im Theaterbereich, tagsüber ruhig, abends voll. Schöne Einrichtung mit Messing und Samtrot. So geschl.

American Café, Leidseplein 28. Im gleichnamigen Hotel, riesiges Vorzeigecafé im perfekten Jugendstil, steht unter Denkmalschutz.

"**Braune Cafés**" *(Bruine Kroegen)*: die Traditions-Kneipen, meist schon mehrere 100 Jahre alt und braungebrannt durch Zigarettenqualm. Es gibt zahllose davon - ein besonders uriges neben dem alten Handelsblatt-Gebäude am Nieuwezijds Voorburgwal 228 (hinter dem Königspalast am Dam).

Karpershoek, über 350 Jahre alt (das älteste der Stadt), gleich gegenüber vom Bhf., Ecke Prins Hendrikkade 31/ Martelaarsgracht. Entsprechend der Lage sehr gemischtes Publikum.

De Tap, Prinsengracht 478, hat auch schon 200 Jahre auf dem Buckel, trotzdem meist junge Leute.

Hoppe, Spui 18-20, an der Kalverstraat, nicht weit vom Dam. Historisches Café aus dem Jahr 1670, trinkfreudiges Publikum, immer voll, weil nahe der Fußgängerzone.

Nachtleben: seit sich die Urlauber in Scharen auf dem *Rembrandts-* und *Leidseplein* drängen, hat sich das Nachtleben in den Jordaan verlagert. Zwei Anlaufpunkte von vielen - *De Koevoet*, Lindenstr. 17 und *De Reiger*, Nieuwe Leliestraat 34.

Auch die ehemals großen Treffs der Amsterdamer Jugend, das *Melkweg* und *Paradiso*, sind seit langem die totalen Touristenzentren.

Veranstaltungshinweise und Programme zu allen kulturellen Aktivitäten findet ihr in der Zeitung **Uitkrant**. Zu haben beim VVV, in jedem Museum, Kino, Jugendzentrum, außerdem im **Amsterdam Uit Bureau** (AUB), Leidseplein. In diesem Büro bekommt ihr Eintrittskarten für (fast) alles, was in der Stadt läuft.

Melkweg, Lijbansgracht 243, ein paar Schritte vom Leidseplein. Eine Legende - ehemaliges Fabrikgebäude, das zum Kommunikationszentrum umgebaut wurde. Allabendlich mindestens eine (Theater-)Performance, Livemusik, Disko, 2-3 Filme, vegetarisches Restaurant, Teestube. Cannabisprodukte werden verkauft, süßlicher Duft erfüllt das Gebäude. Hat sich trotz Rummel eine ganz eigene "alternative" Atmosphäre erhalten können. Mi-So ab 19 h, ca. 7-17 DM (je nach Programm). Der Coffeeshop ist auch tagsüber geöffnet.

Paradiso, Weteringschans 6, Nähe Vondelpark. Ehemalige Kirche mit wunderschönen Bleiglasfenstern, Neonkreuz überm Eingang. Von Mi-So Livekonzerte und Performances unterschiedlichster Gruppen, Lightshows, am Wochenende Disko. 7-20 DM (je nach Band).

Kosmos, Prins Hendrik Kade 142 (Uferkai östl./links vom Bhf.). Überbleibsel aus der Zeit der Räucherstäbchen und indischen Hemden. Meditationszentrum von Amsterdam - alle möglichen einschlägigen Veranstaltungen, Kurse etc. Mit gutem makrobiotischen Restaurant, Sauna und einigem mehr, ca. 10 DM, wenn ihr nur ins Lokal wollt, bekommt ihr den Eintritt zurück.

De Stip und **De Kroeg** (Lijnbaansgracht 161/163), in diesen beiden Clubs fast tägl. Livemusik - Folk bis Punk, Freejazz bis Reggae und Salsa (ca. 10 DM). Außerhalb der Auftrittszeiten ist die Kneipe offen (frei).

DISKOTHEKEN: **Dansen bij Jansen**, Handboogstraat 11, eine der ältesten, trotzdem noch immer **die** Studentendisco. Wenn's zu voll wird, wird kontrolliert, ob ihr einen Amsterdamer Studentenausweis habt. Tägl. 23 bis mindestens 4 h, ca. 3 DM.

Mazzo, Rozengracht 114. Schick und trendy, New Wave, erstklassige Anlage, Dias und Filme auf mehreren Projektionsflächen, ab und zu Livemusik. Tägl. 23 bis mindestens 4 h, ca. 5 DM.

Societeit't Okshoofd, Herengracht 114. Tanzfläche mit Spiegeln, Leinwand mit Comics und Slapstick, gemütliches Café angeschlossen. Tägl. ab 23 h, 7,50 DM (incl. zwei Verzehrbons).

KINOS: **The Movies**, Haarlemmerdyk 161, neben Café Oerwoud. Alternative Filme, 3 Filmsäle, z.T. Jugendstileinrichtung, angeschlossen ein gemütliches Café. **Tuschinsky**, Reguliersbreestraat 26-28. Bombastkitsch, fünf Säle mit exotischem Stildurcheinander - von Sakralarchitektur bis Jugendstil. Erstaufführungen von Hollywood-Filmen.

SONSTIGES: **Moses en Aaronkerk**, Waterlooplein. Ehemalige Kirche - heute Teehaus, Ausstellungen, politische Veranstaltungen, manchmal Konzerte. **Kerkstraat**, Schwulenzentrum von Amsterdam. Viele Kneipen und Diskos (eine der bekanntesten ist Homolulu, Kerkstr. 23. Schwule sind in A'm viel mehr anerkannt als bei uns. Schwulen- und Lesbenzentrum **ROC** in der Rozenstraat 14.

Sehenswertes

Amsterdam hat 160 Kanäle (mehr als Venedig!), über 1000 Brücken teilen die Stadt in 90 Inseln. Konzentrisch angeordnete Grachten umgeben die gesamte Altstadt an der Mündung der Amstel. Die meisten Bauten stehen auf massiven Holzpfählen, die bis zu 30 m tief in den Untergrund gerammt sind. Seit die Pfähle verfaulen, neigen sich überall die Fassaden - die schiefen Häuser tragen sehr zum Reiz des Stadtbilds bei. Fast 3000 Hausboote bieten zusätzlichen Wohnraum.

Sight-Seeing: am besten, ihr bummelt einfach zu Fuß oder per Fahrrad die Grachten entlang. Für den ersten Überblick lohnt eine **Grachtenrundfahrt** (Details s.u.). Origineller ist die Fahrt mit einem Tretboot (**Grachtenfiets**). Für 2 Pers. kostet die std. ca. 16 DM, Abfahrt an der Westerkerk/ Prinsengracht und an der Keizersgracht/Ecke Leidsestraat.

Zwischen Bahnhof und Dam: der prunkvolle *Bahnhof* mit seiner aufwendigen Fassade wurde Ende des letzten Jahrhunderts auf drei künstlichen Inseln errichtet, die mit zigtausend Pfählen auf dem Meeresgrund verankert sind.
Vom Bahnhofsvorplatz geradeaus führt der breite *Damrak* zum Dam, dem Hauptplatz von Amsterdam. Die verglasten Straßencafés sind ideal, um Passanten zu beobachten. Linker Hand sieht man bald den riesenhaften Koloß der *Börse* - für meine Begriffe eher groß als schön. Westl. parallel zum Damrak verläuft die Fußgängerzone *Nieuwendijk*. Eine Modeboutique nach der anderen, nicht immer der letzte Schrei, in den kleinen Querstraßen kleine Restaurants.

Dam: Zentrum der Innenstadt, zahlreiche Straßenmusiker, das große *Denkmal* mit den Stufen war in den siebziger Jahren ein beliebter Hippietreff. Es erinnert an den Widerstand gegen die Nazis, die die Niederlande von 1940-45 besetzt hielten. Gleich schräg neben dem Denkmal das legendäre jüdische Kaufhaus *De Bijenkorf* (seit 1870). Von den rund tausend Angestellten der Firma sind 737 nicht aus den deutschen Vernichtungslagern zurückgekehrt.
Auf der anderen Platzseite stehen die große *Nieuwe Kerk* und der platzbeherrschende *Königspalast* (das frühere Rathaus). Er stammt aus dem 17. Jh. und ist ebenfalls mit Pfählen am Grund verankert. Die erlauchten Gemächer sind in den Sommermonaten zu besichtigen (ca. 12-16 h). Ansonsten wird das Palais nur noch wenig genutzt, auch Beatrix wohnt nicht mehr hier. Eindrucksvoll hoch oben auf der Rückfront der *Riese Atlas*, der die Weltkugel balanciert - Symbol für die weltumspannende Stärke der Handelsmacht Niederlande im 17. Jh. Dort gegenüber das imposante historische Gebäude der *Post*.

Zwischen Dam und Rembrandtsplein: vom Dam setzt sich die Fußgängerzone in der *Kalverstraat* fort. Hier liegen mehr die teureren Geschäfte, außerdem das gegenüber London recht bescheidene *Mme. Tussauds Wachsfigu-*

renkabinett (Nr. 156, tägl. 10-18 h, im Sommer bis 20 h, ca. 9 DM).
Vielleicht findet ihr ganz in der Nähe den hübschen *Begijnhof* - eine Oase der Ruhe im Großstadtlärm (Eingang am Spui). Hier lebten früher alleinstehende Frauen und Witwen in frommer Gemeinschaft zusammen. Schmalgieblige Häuser umgeben den Hof mit einigen Rasenflächen, mittendrin eine kleine Kapelle. Mal reinschauen in die englisch-presbyterianische Kirche - mit ihrer Holzempore strahlt sie viel Geborgenheit und Ruhe aus. Das *Amsterdams Historisch Museum* ist benachbart zum Begijnhof (s. Museen).
Die Fußgängerzone endet am *Muntplein* mit dem Münzturm, einem ehemaligen Festungsturm. Noch ein Stück weiter kommt ihr zum *Rembrandtsplein*, früher **das** Vergnügungsviertel der Stadt. Außer Nepp und Neon ist nicht viel geblieben (in der Reguliersbreestraat das monströse Kino Tuschinsky).

Leidseplein/Vondelpark: kurz vor dem Muntplein geht rechts der *Heiligeweg* ab. An der Singelgracht hat der malerische *Blumenmarkt* seinen Standort (z.T. auf Booten!). *Die Leidsestraat* führt von hier schnurstracks zum *Leidseplein*, dem Zentrum des Nachtlebens mit der Stadsschouwburg und vielen Cafés. Nur wenige Schritte entfernt findet ihr das Kulturzentrum Melkweg und das berühmte American Café (siehe unter Nachtleben bzw. Cafés).
Vom Leidseplein könnt ihr über den Raamplein Richtung Norden in das Viertel *Jordaan* laufen (siehe unten). Mit ein paar Schritten kommt ihr aber auch zum großen *Vondelpark* - eine endlose grüne Lunge, wo sich die "letzten Hippies" treffen und im Sommer oft Gratiskonzerte stattfinden.

Westerkerk/Anne Frank Haus: vom Dam die Raadhuisstraat entlang, zur großen *Westerkerk*. Der 58 m-Turm ist der höchste Kirchturm der Stadt und kann im Sommer bestiegen werden (Di Mi/Fr/Sa nachm.).
Rechts ab in die Prinsengracht. Die Nr. 263, das *Anne Frank Haus*, ist ein eher unauffälliges Haus aus dem 17. Jh. In den zwei Obergeschoßen und dem Dachstuhl des Hinterhauses versteckten sich in einer geheimen Wohnung hinter einem drehbaren Bücherschrank die jüdischen Familien Frank und Daan fünfundzwanzig lange Monate vor den Nazis. Die 13-jährige Tochter schrieb hier ihr inzwischen weltberühmtes *Tagebuch der Anne Frank* (in 50 Sprachen übersetzt). Am 4. August 44 entdeckte die Gestapo das Versteck und alle Familienangehörigen wurden nach Auschwitz und Bergen-Belsen geschickt. Nur der Vater überlebte. Er fand auch das Tagebuch seiner Tochter. Heute ist das ganze Haus als Museum eingerichtet und dient der Anne Frank Stiftung als antifaschistisches und antirassistisches Zentrum (Ausstellungen, Kurse). Mo-Sa 9-17, So 10-17 h, ca. 5 DM.

Jordaan: das ehemalige Arme-Leute-Viertel von Amsterdam - westl. vom Zentrum, etwa zwischen *Prinsen-, Marnix-, Brouwers-* und *Elandsgracht*. Den alten, oft baufälligen Häusern und kleinen Gäßchen sieht man ihre Herkunft noch an. Vor Jahren wollte die Stadtverwaltung hier modernisieren (sprich abreißen). Aufgebrachte Bürgerproteste haben das verhindert, und inzwischen ist das Viertel auch für Besserverdienende wieder interessant geworden. Luxusboutiquen und teure Appartements vermehren sich zusehends in den restaurierten Altstadthäusern, es gibt auch viele kleine Cafés und originelle Läden.
An der Elandsgracht findet ihr den *Antiekmarkt de Looier* (siehe unter Märkte), nördl. davon, in der *Eerste Lauriersdwardsstraat*, das 'multikulturelle Jugendzentrum' De Laurier (der Besitzer war angeblich einer der ersten Haschischhändler von Amsterdam). In der Eerste Rozendwarsstraat liegt die ehemalige *Destille* des Herrn Lucas Bols, die hier beinahe vierhundert Jahre Gestank verbreitete.
Die Preise im Jordaan sind übrigens deutlich niedriger als im Zentrum - erste Adresse für einen Einkaufsbummel

ist die *Nieuwe Leliestraat* (dritte Straße nördl. der Rozengracht), Im hübschen *Haarlemer Dijk* am Nordrand des Jordaan findet ihr viele gemütliche Cafés und kleine Geschäfte.

Red Light District: vom Bahnhofsvorplatz schräg nach links. Das älteste Viertel der Stadt und eine "Sehenswürdigkeit", die sich kein Tourist entgehen läßt! Mehrere Straßenzüge entlang bieten sich Damen in rot erleuchteten Etablissements an - wenn sie beschäftigt sind, ist der Vorhang zugezogen. Dazwischen die wüstesten Sex-Shops mit Utensilien für den perversen Mann von heute. Die Straße *Zeedijk*, die vom Nieuw Markt quer durch das Viertel verläuft, ist die berüchtigste Drogenstraße von Amsterdam - Junkies und Dealer haben hier ihr Zentrum, viele Überfälle und Klau - nachts solltet ihr nicht herkommen! Die Polizei ist allerdings ständig präsent und hat sogar eine Station in der Straße.

Heroin in Amsterdam: die fast schon sprichwörtliche Toleranz, milde Handhabung der Rauschmittelgesetze und fehlende Strafverfolgung haben Amsterdam zu einem schrecklichen "Paradies" für Junkies und zu einer Hochburg der europäischen Kriminalität gemacht. Nach Schätzungen der Polizei sollen derzeit in Amsterdam etwa 7000 Heroinsüchtige leben - davon 800 Deutsche. 400 DM braucht jeder im Schnitt für seine täglichen Rationen. Straßenstrich, Drogenhandel und Raubkriminalität sind dementsprechend weit verbreitet.

Mokum: mit diesem jiddischen Wort für 'Stadt' bezeichneten die Juden Amsterdams ihr Wohnviertel zwischen Nieuw Markt und Waterlooplein. Heute sind die alten Gassen und Häuser fast sämtlich der Spitzhacke zum Opfer gefallen - als 1975 die *Metro* gebaut wurde, schlugen die Stadtplaner eine breite Schneise quer durch das ganze Viertel und rissen zahlreiche historische Wohnhäuser ab.

Die jüdischen **Sephardim** kamen im 16./17. Jh. hauptsächlich aus Portugal und waren vor den Verfolgungen durch die Christen aus ihrer Heimat geflohen. Den Amsterdamer Stadtherren waren sie durchaus willkommen, denn sie brachten weitreichende Handelsbeziehungen mit, von denen die Stadt nur profitieren konnte. Ansiedeln durften sie sich aber nur am Rand der Stadt.
1942-44 deportierten die Nazis in Nacht- und Nebelaktionen fast sämtliche Bewohner, dazu noch Zehntausende von Juden aus den ganzen Niederlanden, die sie hier und in anderen Zentren zusammengepfercht hatten.

Am *Nieuw Markt* ist heute nicht mehr viel zu sehen - in der Metrostation sind in großen Bildcollagen die verschiedenen Gesichter des Viertels in den letzten Jahrhunderten dargestellt. Erinnerung daran, wie ein Stück historisches Amsterdam dem "Fortschritt" geopfert wurde.

Auf der Brücke *St. Antoniesluis* steht ihr an der damaligen Stadtgrenze. Die künstlichen Inseln Rapenburg, Valkenburg u.a. auf der anderen Seite waren anfangs Gewerbegebiet und wurden erst später Wohngegend. In der Jodenbreestraat 4 findet ihr das *Rembrandt-Haus*, in dem der Maler zwanzig Jahre lang wohnte. Hauptsächlich Radierungen in den verschiedenen Phasen ihrer Herstellung sind ausgestellt (Mo-Sa 10-17, So 13-17 h, ca. 3,50 DM, Tram 9). Heute beginnt gleich neben dem historischen Haus eine moderne Häuserzeile - trauriges Ergebnis des oben erwähnten Metrobaus - darunter auf der anderen Seite der Straße das anerkannt häßlichste Gebäude der Stadt, das *Maupoleum*, so genannt nach seinem Erbauer, dem Spekulanten Maup Caransa.

Wenn ihr nun in die Houtkoperdwarsstraat abbiegt, nähert ihr euch dem zweithäßlichsten Gebäude, der *Stopera* auf dem Waterlooplein. Dieser multifunktionale Koloß aus Rathaus, Oper und Musiktheater wurde 1986 eröffnet und steht genau gegenüber der Moses en Aaronkerk - trotz des abschreckenden Äußeren lohnt es sich, mal in den größten Musikkomplex der Niederlande reinzugucken. Sein Bau war übrigens heftig umstritten, u.a. mußte seinetwegen der historische *Flohmarkt* vom Waterlooplein, wo er seit 200 Jahren seinen Standort hatte, an die nahgelegene Rapenburgerstraat umziehen. Auf dem großen freien Platz an der *Rapenburgerstraat* werden hauptsächlich Klamotten gehandelt, z.B. Lederjacken, Indien-Hemden etc. - ist aber alles nicht mehr besonders billig (letztes Info - seit 1988 soll der Flohmarkt seinen alten Standort am Waterlooplein zurückerhalten haben - irgendwo auf der Rückseite des Bürohochhauses, zwischen Metrostation und Tiefgarage).

Wenn ihr von der *Moses en Aaronkerk* (mal reingucken - Teeausschank, Ausstellungen) die Straße und Tramgeleise überquert, steht ihr vor der alten *Jüdisch-portugiesischen Synagoge* am Jonas Daniel Meijerplein (Mo-Fr 10-12.30, 13-16, So 10-13 h, am Sabbat geschl.). Gleich daneben ein alter Synagogenkomplex, der seit 1987 das *Joods Historisch Museum* beherbergt (tägl. 11-17 h, ca. 5 DM).

Noch weiter Richtung Osten (über die Herengracht) kommt ihr zum schönen *Botanischen Garten* mit tollen Gewächshäusern (Mo-Fr 9-16, Sa/So 11-16 h, 1,50 DM). Auch der sehenswerte *Zoo* ist hier nicht mehr weit - u.a. mit tropischen Vögeln und einer der größten Fischsammlungen der Welt (tägl. 9-17 h, leider ca. 11 DM). Vor allem aber das *Tropenmuseum* (siehe unten) ist in diesem Stadtteil ein Muß.

An der Stopera entlang könnt ihr aber auch nach Süden auf die berühmte *Blaue Brug* laufen, die hier die Amstel überquert (ihr Vorläufer bestand aus blau gestrichenem Holz, deshalb der Name). Nach der ausgiebigen Bewunderung von *Viktors schwimmendem Kunstwerk* am Fuß der Brücke lauft ihr direkt auf das Gebäude von *Amstel Diamonds* zu, vor dem deutschen Überfall der größte Diamantschleifbetrieb der Stadt (kostenlose Besichtigung, siehe unten). Über Rembrandt- und Muntplein kommt ihr von hier schnell in die Fußgängerzone Kalverstraat (siehe weiter oben).

MUSEEN: gleich 3 sehenswerte Museen nah beieinander in der Nähe vom Vondelpark.

Rijksmuseum (Reichsmuseum), Museumsplein, Stadhouderskade 42 (Tram 6,7,10). Das größte Museum Amsterdams - riesige Gemäldesammlung, hauptsächlich Niederländer 15.-19. Jh., und reiche kunstgewerbliche Sammlung - Möbel, Wandteppiche, Schmuckgegenstände, Skulpturen. Eins der berühmtesten Bilder ist die **Nachtwache** von Rembrandt. 1975 schlitzte jemand das Bild mit einem Messer auf, nach erfolgreicher Restauration sind heute nur noch Spuren des Attentats zu erkennen (Di-Sa 10-17, So 13-17 h, Mo geschl., ca. 6,50 DM).

Van Gogh-Museum, Paulus Potterstraat 7-11, auf mehreren Stockwerken ein großer Teil der Werke van Goghs (chronologisch geordnet). Interessant auch die farbenprächtigen japanischen Drucke, die er selbst gesammelt hat. Die Kindereien moderner "Künstler" in den unteren beiden Stockwerken fungieren allerdings eher nach dem Motto 'Eintrittsgeld zurück'. Di-Sa 10-17, So 13-17 h, Mo geschl., ca. 6,50 DM.

Stedelijk Museum, gleich benachbart, Paulus Potterstr. 13. Große Sammlung moderner Kunst - Cezanne, Monet, Picasso, Chagall u.a. (Mo-Sa 11-17, ca. 6,50 DM).

Amsterdams Historisch Museum, Kalverstraat 92. Reiche Sammlung zur Stadtgeschichte, die "Schuttersgalerij" (Schützengalerie) ist angeblich einmalig in der Welt. Diese Passage verbindet das Museum mit dem benachbarten Begijnhoff - Kunstgegenstände und Porträts aus dem 17. Jh. sind hier ausgestellt, die Amsterdamer benutzen sie aber auch als öffentlichen Durchgang (Di-Sa 10-17, So 13-17 h, ca. 3 DM).

Museum Amstelkring "Ons Lieve Heer op Solder" (Unser Herrgott unterm Dach), im Red Light District, Oudezijds Voorburgwal 40. Am Speicher eines Hauses aus dem 17. Jh. eine katholische Geheimkirche - der Katholizismus war in den protestantischen Niederlanden damals verboten. Auch die Wohnräume sind zu besichtigen (Mo-Sa 10-17, So 13-17 h, ca. 3 DM).

TROPENMUSEUM: Linnaeusstraat 2, das interessanteste der Amsterdamer Museen. Hier hat man versucht, Realität und Probleme der Dritten Welt anhand typischer Szenen darzustellen - Wohnräume, kleine Geschäfte, Strohhütten, Erdölförderung und anderes. Dazu ertönen die Originallaute der jeweiligen Umgebung. Ausführlich erläutert wird die Entwicklungsländer-Problematik, auch ökologische Aspekte finden Raum. Teilweise verblüffend sind die Gegenüberstellungen von traditionellen Verhaltensweisen und "modernem" Standard der Industrieländer - nicht immer schneidet unsere Kultur dabei besser ab (Mo-Fr 10-17, Sa/So 12-17 h, ca. 5 DM).

GRACHTENRUNDFAHRT: Abfahrten mindestens stündl. am **Damrak**, gegenüber vom Hbf. und am **Rokin**, nicht weit vom Muntplein. ca. 9 DM pro Person. Mit viersprachigen Kommentaren geht es die Singel- oder Herengracht entlang, durch die großen

Schleusen in einen Teil des Hafens hinter dem Bhf. und wieder zurück zum Ausgangspunkt. Unterwegs wird man auf vieles hingewiesen - u.a. sieht man das angeblich älteste (Herengracht, 1590) und das schmalste Haus von Amsterdam - letzteres am Anfang der Singelgracht neben Nr. 5 (Hotel), ein paar Schritte von der runden Lutherischen Kirche (ganze 1,77 m breit).

DIAMANTENSCHLEIFEREIEN: wie Antwerpen ist auch Amsterdam ein bedeutendes Zentrum der Diamantenverarbeitung. Vor allem Schleifereien gibt es, einige können besichtigt werden:
Amsterdam Diamond Center, Rokin 1, tägl. 10-17.30, Do 10-20.30 h (Tram 4, 9, 16).
Holshuysen-Stoeltie, Wagenstraat 13-17, nahe Rembrandtsplein. tägl. 10-17 h (Tram 4, 9).

HEINEKEN-BRAUEREI: kann besichtigt werden, es gibt Freibier! Führungen Mo-Do 10, Mi u. Fr 14 h ab Van der Helstr. 30, Nähe Museumsbezirk (Tram 16, 24 ab Bhf.). Rechtzeitig kommen, immer großer Andrang.

MÄRKTE: größter Markt der Stadt in der **Albert Cuypstraat** (Mo-Sa 9-16 h) - hier bekommt ihr alles, Klamotten, Gemüse, Käse, Schuhe u.v.m. Lohnt sich, mal entlangzulaufen (Nähe Heineken-Brauerei).
Auf Hausbooten an der Singelgracht/Ecke Koningsplein ein schwimmender **Blumenmarkt** (Mo-Sa 9-18 h); großer **Flohmarkt** an der Rapenburgstraat/Waterlooplein (siehe oben/Abschnitt Judenviertel), ein weiterer kleiner Flohmarkt (**Lapjesmarkt**) findet schon seit 1677 (!) auf dem Noordermarkt im Jordaan statt, allerdings nur Mo 9-13 h.
Antiekmarkt de Looier, Elandsgracht 109 (Jordaan) - 3 alte Lagerhäuser, voll mit kleinen Antiquitäten- und Trödelständen, tägl. außer Fr 11-17 h (am Sa ist am meisten los, am So nur eingeschränkter Betrieb).

Amsterdam/Umgebung

Aalsmeer: südl. von Amsterdam. In fünf riesigen Versteigerungshallen allmorgendlich die größte Blumenauktion der Welt! 60 % der Weltproduktion von Schnittblumen und Topfpflanzen gehen hier über den Tisch - schon am Nachmittag desselben Tags wird ein Teil davon in der BRD angeboten. Ihr solltet schon um 8 h morgens kommen, dann ist am meisten los und es sind erst wenige Zuschauer da.

Flevoland/Almere: nordöstl. von Amsterdam, ausgedehnte Polderlandschaft 5 m unter dem Meeresspiegel. Erst in den 60er Jahren wurde dieses Stück IJsselmeer mittels Deichen trockengelegt - wer sich dafür interessiert, ein Anschauungsobjekt erster Güte. Die Stadt *Almere* wurde in den siebziger Jahren gebaut und ist ein interessantes Beispiel für die moderne niederländische Architektur - in 10 Jahren sollen hier 200.000 Menschen wohnen (zu erreichen mit dem Zug ab A'm 2 x stündl., ca. 25 min. Fahrtdauer).

Haarlem

10 km von Amsterdam, lohnende Alternative zum Trubel. Ein Spaziergang in der gut erhaltenen Altstadt ist eine Wohltat. Liebevoll restaurierte Häuschen aus dem 17. und 18. Jh. beherrschen das Stadtbild, viele Gassen sind Fußgängerzonen - schon allein, weil sie so schmal sind.
Haarlem ist berühmt für seine *Höfe* - grüne Oasen mit ehemaligen Armenwohnungen hinter protzigen Häusern reicher Bürger (VVV-Broschüre "Hofjeswandeling" besorgen).

INFORMATION: VVV am Stationsplein neben dem Bhf. Privatzimmervermittlung (ab ca. 30 DM fürs DZ).

ÜBERNACHTEN: preiswertestes Hotel ist das **Carillion** am Grote Markt 27, Tel. 310591, etwa 65 DM fürs DZ. Gute **Jugendherberge Jan Gijzen** mit viel Atmosphäre einige Kilometer außerhalb vom Zentrum, jedoch oft belegt. Jan Gijzenpad 3, Tel. 023/373793. Mit Bus 2 oder 6 ab Hbf. **Camping De Liede** am Lieweg 17 (ca. 7 DM pro Pers. und Zelt), ebenfalls Busverbindung.

ESSEN / NACHTLEBEN: **Pizzeria Piccolo** am Riviervismarkt, preiswert, aber nicht immer übertrieben sauber. **Melkwoud**, Zijlstraat 27, Szenekneipe, lecker belegte Brote. Mit der Phonstärke der im **Poppatronat** (Zijlsingel 2) und im **Jazzcafé** (Gasthuisvest 47) auftretenden Bands (5-10 DM) kann **Het Kafe** am Fuß der riesigen Grote Kerk zwar nicht konkurrieren, aber Musikanlage und singende Gäste beschallen spät am Abend den ganzen Grote Markt.

Sehenswertes: vom Bhf. führt der Kruisweg geradeaus ins Zentrum (ca. 1 km). Am *Grote Markt*, dem Mittelpunkt der Altstadt die gewaltige *Grote Kerk* mit einer der größten Orgeln der Welt und dem Grab von Frans Hals, dem bedeutendsten Maler der Stadt.
Auch ein Schaufensterbummel macht

in Haarlem Spaß. In den alten Häusern, hinter Sprossenfenstern und geschnitzten Türen haben sich viele *Kunsthandwerker* und *Antiquare* eingerichtet. Aber auch andere Geschäfte sind sehenswert, z.B. die *Käsehandlung* auf dem Nieuwe Groenmarkt - seit 1820, dem Jahr der Gründung, scheint die Einrichtung unverändert zu sein.

MUSEEN: **Teylers Museum** am Fluß Spaarne (Spaarne 16), ca. 300 m östl. vom Grote Markt. 1788 von einem reichen Tuchhändler gegründet, reiche Sammlung an Mineralien, Fossilien, physikalischen Instrumenten, auch Zeichnungen und Gemälde (Di-Sa 10-17, So 13-17 h, Mo geschl., 3 DM).
Frans Hals Museum, Groot Heiligland 62, vormaliges Armenhaus mit einer ausgezeichneten Sammlung von Gemälden Haarlemer Maler. Mittelpunkt die unglaublich lebendig wirkenden Gruppenporträts von Frans Hals. An manchen Abenden ist das Museum mit Kerzenlicht und Gitarren/Lautenmusik geöffnet (Mo-Sa 11-17, So 13-17 h, 4 DM, Bus 1, 2, 3, 4 bis Gasthuisvest).

Haarlem/Umgebung: südl. der Stadt blühen im April/Mai riesige Tulpenfelder in leuchtenden Farben! Um den *Keukenhof* bei Lisse, ein parkähnliches Ausstellungsgelände mit unzähligen verschiedenen Sorten in den Beeten. Im Gelände verlaufen sich die zahllosen Besucher (1 Million in acht Wochen), aber beim Mittagessen in der Kantine wirds eng, ca. 7 DM.

VERBINDUNGEN: alle 30 min. mit Zug nach Haarlem, vom Hbf. weiter mit Bus 50 oder 51 nach Lisse. Schöne Busfahrt.

Zandvoort: wichtigster Badeort der Amsterdamer mit schier endlosem Strand - schon weit vor Zandvoort fährt man mit dem Zug durch geschwungene Dünen und sandiges Hügelland. Im Sommer natürlich sehr voll, aber man kann kilometerweit den Strand entlang laufen - im Aussichtsturm (ein Stück nach links) ganz oben nettes kleines Restaurant.

VERBINDUNGEN: Züge von Amsterdam alle 30 min. über Haarlem, Fahrtdauer ca. 30 min. Vom Bhf. nur 5 min. zu Fuß und ihr seid am Strand.

INFORMATION: Schoolplein 1, zwei min. südöstl. vom Bhf. Stadtplan vor dem Bhf.

ÜBERNACHTEN: viele kleine Hotels und Privatzimmer, ab ca. 45-50 DM (DZ mit Frühstück).

Amsterdam - Zaandam - Hoorn - Enkhuizen A.-Kb. 27022

Bahnlinie ans IJsselmeer, heute durch einen 30 km langen Abschlußdeich zum Binnensee degradiert. Züge ca. 2 x stündl.

Hoorn: 40 min. ab Amsterdam, fast noch besseres Beispiel einer "Käsestadt" als das überlaufene Alkmaar. Den einprägsamen Namen hat ein einheimischer Seefahrer dem Kap an der Südspitze Amerikas weitergegeben, das er 1616 erstmals umsegelte.
Jeden Mittwoch von Juni bis Sept. findet ein großer Markt mit traditionellen Trachten, Musik und Essen statt.

Enkhuizen: hübsche Stadt mit vielen Grachten direkt am IJsselmeer, Endpunkt der Bahnlinie (Fahrtzeit 1 std.). Größter Anziehungspunkt das *Zuiderzeemuseum* - Freilichtmuseum auf einer ehemaligen Insel, das das traditionelle Leben der Fischer und Bauern an der Zuiderzee zeigt, bevor der Abschlußdeich ihre Existenzgrundlage zerstörte. Ganze historische Straßenzüge, Häuser und Handwerksstätten wurden nachgebaut (nützlicher deutschsprachiger Prospekt).

ANFAHRT / EINTRITT: Zufahrt zum Museum mit Booten - ab Bhf. alle Viertelstunde zum Parkplatz/Kartenverkauf, von dort ebenfalls viertelstündl. Boote zum Museum (tägl. 10-17 h, ca. 8 DM). Den Eintritt könnt ihr schon im Bhf. lösen (Sonderkarte Nr. 9).
Den Rückweg zum Bhf. kann man zu Fuß machen und unterwegs noch das **Binnenmuseum** besuchen (Handwerks-, Fischereigeräte, Schiffsmodelle).

Amsterdam - Alkmaar - Den Helder - Texel A-Kb. 27014

Abstecher zu den Westfriesischen Inseln, wo die Amsterdamer Urlaub machen. Am besten Fr fahren und mit dem berühmten *Kaasmarkt* von Alkmaar verbinden (auch leicht als Tagesausflug ab Amsterdam zu machen).

Alkmaar: hübsches Städtchen mit historischen Bürgerhäusern, 40 Bahnminuten von Amsterdam (Züge alle 30

min. ab Hbf.). Die Altstadt ganz von Wasser umgeben (ehemaliger Stadtgraben), in den rechtwinkligen Straßenzügen Unmengen von kleinen Läden und Boutiquen zum Stöbern, große Fußgängerzone, Straßenmusiker, viele Verkaufsstände.
Der berühmte *Kaasmarkt* findet von Mitte April bis Mitte Sept. jeden Freitag von 10-12 h auf dem Waagplein statt - weiß gekleidete Träger transportieren die runden Käselaiber auf eigentümlichen Tragen in die *Stadtwaage* (umgebaute Kirche), wo ihr beim Wiegen zuschauen könnt. Touristenspektakel!
Schönes Glockenspiel in der *Grote Kerk* - heller gotischer Innenraum, wenig Zierrat (am Freitag Mittag 1 DM, sonst frei). Am Canadaplein hinter der Kirche großes Kulturzentrum *De Vest* mit wechselnden Ausstellungen und Veranstaltungen.

INFORMATION: in der Stadtwaage, Waagplein 2.

Westfriesische Inseln

(Waddeneilanden)

Beliebtes Erholungsgebiete der Niederländer - wie Perlen an einer Schnur trennen die fünf großen Inseln und ihre kleinen Trabanten das seichte Waddenmeer von der offenen Nordsee ab.

Die fast völlig flachen Inseln besitzen herrliche kilometerlange Sandstrände, dahinter grasbewachsene Dünen und kleine Wäldchen. Ideal für Camper und Radfahrer, viel junges Publikum.
Von der Hafenstadt **Den Helder** setzen häufig Fähren auf die Insel Texel über.

Texel

Die Westseite zum offenen Meer hin ein einziger Sandstrand, dahinter Kiefernwäldchen und lange Radwege.
Schönstes Gebiet ist *De Slufter* im Norden - nach einem früheren Dammbruch haben sich lange Priele in die Dünen des Naturreservats gefressen. Im Inselinneren weite flache Polderlandschaften mit schnurgeraden Straßen und Wegen.
Hauptort ist das hübsche, zentral gelegene Städtchen *Den Burg*. Das touristische Zentrum *De Koog* liegt gleich hinter den Stranddünen - viel junges Publikum, große Fußgängerzone, Disko-Bars, Kontakte. Auf Texel gibt es 110 km gut ausgebaute Radwege.

VERBINDUNGEN: von Amsterdam fahren Züge tagsüber alle 30 min. über Alkmaar in die Hafenstadt **Den Helder** (70 min.), dort mit Bus 3 zur Fähre (Abfahrt auf die Züge abgestimmt). Nach **t'Horntje**, dem Hafen von Texel, gibts stündl. Überfahrten (ca. 12 DM hin und zurück, Dauer 20 min.). Von t'Horntje fährt nach Ankunft der Fähre ein A.O.T.-Bus nach Den Burg, dort Anschlüsse in alle Inselorte.

INFORMATION: **Den Burg**, Groeneplaats 9, Tel. 02220/4741; **De Koog**, Dorpsstraat 35 (an der Hauptstraße, Beginn der Fußgängerzone). In beiden Büros gute Zimmervermittlung ab ca. 26 DM pro Pers.

ÜBERNACHTEN: es gibt zahlreiche **Privatzimmer** und **Pensionen**, außerdem gut 17 **Campingplätze** auf der Insel (im Sommer überfüllt, beim VVV fragen, wo Platz ist). Mehrere Plätze liegen im Umkreis von De Koog. Zwei Jugendherbergen in Den Burg - **Panorama**, Schansweg 7, Tel. 02220/5441 (schönes reetgedecktes Haus etwas außerhalb Richtung Oudeschild) und **De Eyercoogh**, Pontweg 106, Tel. 2907.

Ziele auf der Insel: am besten mit dem Fahrrad erforschen, kann an zahlreichen Stellen gemietet werden (ca. 8 DM pro Tag/20 DM für 3 Tage; Pfand!). Ein Radweg führt von De Koog immer am Deich entlang bis an die Nordspitze der Insel, südl. vom Ort gehen Pfade durch das ausgedehnte Waldgebiet.

Natuur-Recreatie Centrum: etwa 5 km südl. von De Koog - bekanntestes Seehundauffangzentrum der Niederlande, außerdem sehr informative und vorbildlich präsentierte Ausstellung über Natur, Entstehung und Ökologie der Nordseeinseln.

De Slufter: ca. 10 km nördl. von De Koog. Schönste Dünen mit weißem Mehlsand - ideal zum Relaxen. Bei Ebbe knirschen Milliarden von Muschelteilchen unter den Füßen.

De Cocksdorp: an der Nordspitze von Texel. Beim Leuchtturm, nordwestl. außerhalb, gibts ein paar nette kleine Strände mit Cafés - Blick auf die Insel Vlieland (2 x tägl. fährt dort ein Boot hinüber, 20 DM hin und zurück).

Vlieland/Terschelling: zweite und dritte Insel in der Reihe, ruhiger und weniger touristisch als Texel, v.a. Vlieland. Ebenfalls beliebt bei jungen Leuten.

Zu erreichen entweder ab Texel/De Cocksdorp (s.o.) oder ab *Harlingen* - von dort 3 x tägl. Fähren auf beide Inseln. Nach Harlingen kommt ihr von Amsterdam am besten mit dem Zug bis Alkmaar, dort weiter mit Bus über den 30 km langen Deich, der das IJsselmeer vom Waddenmeer abtrennt. Mit mehrmaligem Umsteigen könnt ihr mit dem Zug auch von Amsterdam direkt nach Harlingen fahren.

ÜBERNACHTEN: **Jugendherberge** auf Terschelling im Van Heusdenweg 39, Tel. 05620/2338. Liegt am Meer, von der Fährstation ca. 2 km. Ansonsten Privatzimmer oder Campen (warme Sachen mitnehmen!).

Amsterdam - Haarlem - Leiden - Den Haag A-Kb. 27006

Vielbefahrene Strecke im Bereich der Küste - verbindet die wichtigsten Städte des Landes und führt weiter nach Rotterdam, dem größten Hafen der Welt.

Leiden

Traditionsreichste Universität, außerdem eine der malerischsten alten Städte - Bilderbuchidyll mit Grachten, Kopfsteinpflaster und Butzenscheiben. In den vielen kleinen Parks läßt man sich die Sonne auf den Bauch scheinen (Betreten des Rasens erlaubt).
Es gibt zahlreiche Museen - sozusagen als Abfallprodukt der Uni Leiden sind das Historische, Völkerkundliche und Geologische Museum entstanden. Ebenfalls anschauen - die originalgetreu eingerichtete Windmühle *De Valk* aus dem 18. Jh., nah beim Bhf. in der 2de Binnenvestgracht 1 (Di-Sa 10-17, So 13-17 h, Mo geschl.). Hinter der Uni an der breiten Rapenburg-Gracht einer der ältesten *Botanischen Gärten* Europas (Mo-Sa 9-17, So 10-17 h).

VERBINDUNGEN / BAHNHOF: Leiden liegt nicht weit von Den Haag und ist von Amsterdam in weniger als 1 std. zu erreichen.

INFORMATION: Am Stationsplein 210, Tel. 071/146846. Es gibt einen kostenlosen Museumsplan mit Informationen, Öffnungszeiten und Preisen.

ÜBERNACHTEN: billigste DZ für ca. 50-55 DM in **Pension Witte**, Witte Singel 80; **Pension Bik**, Witte Singel 92; **Pension in de Goede Hoek**, Diefsteeg 19 a. Nächste **Jugendherberge** im 18 km entfernten Noordwijk (Bus 60 ab Bhf.), Langevelderlaan 45, Tel. 02523/72920.

ESSEN: zwei **Mensen** (Ausweis nicht nötig) in der Rapenburg 24 und der Keiserstraat 23-25. Fischbrötchen in passender Umgebung gibts im alten **Brückenwärterhaus** auf der Blauwpoortsbrug (Abfahrt der Rundfahrtboote). Ausgezeichnete Snacks gibts in den zwei äußerlich unansehnlichen Coffeshops **De Camp** (Vrouwenkerkchorstraat) und **Papillon** (Janvossenstraat), Suppe, Pfannkuchen und Brote für 3-8 DM. Billigster Chinese ist **Woo Ping**, Diefsteeg 13, gute und reichliche Portionen.

KNEIPEN / TREFFS: etwas unterentwickelte Kneipenszene (die Studenten gehen meist in Clubs). Seit Menschengedenken trifft sich die akademische Jugend aber in den Uralt-Kneipen **Barrera** (Kloksteeg) und **In den Bierbengel** (Langebrug), billig. Auch im **Jugendzentrum JVC**, Breestraat 66, ist meist was los - Musik, Film, Theater, meist unter 7 DM, oft gratis.

DEN HAAG

Die Hauptstadt - Regierungsgebäude, der Internationale Gerichtshof, Institute und Verwaltung geben 's-Gravenhage, wie die Stadt offiziell heißt, ein eher nüchternes Gepräge.

Sehenswert ist die Altstadt eigentlich nur um den sog. *Binnenhof*, ein mittelalterlicher Gebäudekomplex, heute das Parlament der Niederlande (Mo-Sa 10-16 h, mehrere Führungen tägl.). Gleich nebenan der große Schloßteich. Interessant noch der *Friedenspalast* (Vredespaleis) am Carnegie Plein nördl. der City, an der Hauptstraße nach Scheveningen. Seit 1945 hat hier der Internationale Gerichtshof seinen Sitz.
Beim VVV gibts einen Kunst-/Stadtführer, der euch zu den wichtigsten Sehenswürdigkeiten führt (ca. 1 DM).
Sonst gepflegte Wohn- und Villenviertel der Upper Class. Der traditionsreiche Badeort *Scheveningen* ist mit der Stadt seit langem zusammengewachsen.

BAHNHOF / VERBINDUNGEN: **Hbf.**- ins Zentrum ca. 500 m nach links den Bezuidenhoutseweg entlang. **Hollandse Spoor Station** - mit Tram ins Zentrum. In beiden Bahnhöfen Fahrradverleih.

INFORMATION: am **Hbf.**, Kon. Julianaplein 30 (Zimmervermittlung) und im Einkaufszentrum Babylon (Nähe Hollandse Spoor Station).

ÜBERNACHTEN: billigste Pensionen sind **Aristo**, Stationsweg 166, Tel. 890847 (bei Hollandse Spoor Station) und **Neuf**, Rijswijkseweg 119, Tel. 900748. Beide ca. 55-60 DM für's DZ.
Große moderne **Jugendherberge Ockenburgh** beim Badeort Kijkduin, ca. 8 km außerhalb, nicht weit von der Küste, Monsterseweg 4, Tel. 070/970011. Mit Bus 122, 123 oder 124 ab Hbf., im Schlafsaal ca. 18 DM, auch DZ vorhanden (60 DM). Benachbart liegt **Camping Ockenburgh**, größter Platz Europas, Wijndaelerweg 25, Tram ab Hbf. Zum Strand ca. 5-10 min. zu Fuß. Weitere Möglichkeiten siehe unter Scheveningen.

ESSEN: **Hortus**, Prins Hendrikstraat 53 (Di-So 17-21 h). Bestes vegetarisches Restaurant der Stadt. **Open Tafel**, Lange Voorhout 4 (nur Mi 17-19 h). Gegessen wird, was auf den Tisch kommt. Wer in der großen Runde keine Kontakte zu Einheimischen bekommt, ist selber schuld. **Toko Tiara**, Grote Marktstraat 15 (Di-Sa 9-17 h), gutes indisches Essen, auch preiswert. **De Plak**, Emmakade 118 a (tägl. 16-1 h) - Kneipe, Café und 18-20 h Restaurant. Viel los, ständig wechselnde Auswahl, angenehme Preise (Gewinn kommt angeblich wohltätigen Zwecken zu). **Schlemmer**, Lange Houtstraat 17 (tägl. 9-1 h). Warme Mahlzeiten 12-14 und 18-20 h. Unglaublich leckere Sachen zwischen Frühstück und Betthupferl, wider Erwarten bezahlbar, Studententreff.

TREFFS: die Jugend trifft sich u.a. im **Paard van Troje** (Trojanische Pferd), dem städtischen Jugendzentrum an der Prinsegracht 14 (Mi-Sa 21-2 h). Disko gratis, wenn keine Livemusik. Theater, Ausstellungen, Filme, 20 Sorten Cannabisprodukte. Disko-Kneipe **Nastasta** (Do-Sa 22-4 h), Gedränge auf 2 Etagen, Do Livemusik. **Frauenzentrum** mit Café und Ausstellungen in der Piet Heinsstraat 105 (Di-So 16-24 h).

MUSEEN: benachbart zum Binnenhof, am Plein 29, das **Mauritshuis**, kleine, aber sehr bedeutende Gemäldesammlung mit einigen Prunkstücken - Hans Holbein, Rubens, Rembrandt, Frans Hals. Bestes Museum dieser Art in Holland! Di-Sa 10-17, So 11-17 h, Mo geschl., ca. 6 DM.
Haags Gemeentemuseum, Stadhouderslaan 41. Das städtische Museum - Altertümer, Keramik, Musikinstrumente. Vor allem aber auch eine gute Gemäldesammlung der Moderne - Mondrian, Klee (Di-Fr 10-17, Sa/So 12-17 h, ca. 3 DM).
Sehenswert ist auch das **Niederländische Kostümmuseum**, Lange Vijverberg 14-15. Farbenpracht von 1760 bis zur Gegenwart (Mo-Sa 10-17, So 13-17 h).
Im **Panorama Mesdag** könnt ihr eins der größten Gemälde der Welt bestaunen - "Scheveningen um 1880", Zeestraat 65 b, vom Zentrum etwa 1 km nach Norden (Mo-Sa 10-17, So 12-17 h, ca. 4 DM).

MÄRKTE: Flohmarkt und Obst-/Gemüsemarkt ist der **Grote Markt**, Hermann Costerstr., Mo/Fr/Sa 8-18 h, mit Tram zum Hobbemaplein. Hübscher **Antiquitätenmarkt** im Zentrum, Lange Voorhout, Do 11-21 h.

VREDESPALAIS: erbaut ab 1907, auffälliger neogotischer Bau mit 80 m hohem Belfried und überreicher Innenausstattung, die von zahlreichen Ländern gestiftet wurde. Nach dem 2. Weltkrieg wurde hier der **Internationale Gerichtshof** eingerichtet, dem 15 jeweils auf 9 Jahre gewählte Richter angehören. Er gilt als höchste Instanz des Völkerrechts und die UN-Staaten sind gehalten, seinen Schiedssprüchen Folge zu leisten (jedoch können die Urteile nicht vollstreckt werden). Der Vorsitzende des Gerichtshofs sitzt auf einer Nachbildung des legendären Minos-Throns von Knossos/Kreta (Tram 7/8, Führungen 1.6.-1.9. Mo-Fr 10, 11, 14 und 15 h).

Den Haag/Umgebung

Anziehungspunkt ist der Strand Scheveningens - mit Tram 1 oder 9 gehts von Den Haag/Hbf. durch den großen Park *Scheveningse Bosjes*, wo alle aussteigen, um Madurodam zu bewundern.

Madurodam: Haringkade 175, auf der Größe eines Fußballfeldes wurde eine typisch niederländische Miniaturstadt mit allen möglichen bekannten Bauwerken und Stadtteilen aus ganz Holland aufgebaut. Es gibt große Hafenanlagen, Bhf., Flugplatz, Autobahn u.v.m. Auf einem 3 km langen Rundweg kommt ihr hautnah überall ran - abends ist das Ganze mit 50.000 Lämpchen prächtig illuminiert (tägl. 9-22 h, Juni/Juli/August bis 22.30 h, ca. 8 DM).

Scheveningen: absolut überlaufenes Seebad mit tollem Jugendstil-Kurhaus, Wellenbad und Meeresaquarium. Zudem natürlich der 400-m-Pier samt Aussichtsturm, Sonnenterrassen und einer Nautilus-Imitation im Wasser. Scheveningen ist auch Zentrum des Den Haager Nachtlebens, haufenweise Läden und Diskos in der *Palace Promenade*. Ein FKK-Strand 15 min. vom Kurhaus (jenseits vom Hafen).

Vom Hafen gehen 1 x tägl. (außer So) Fähren nach Great Yarmouth/Großbritannien, keine Ermäßigung für Interrailer (s. a. Großbritannien Einleitung, Fährverbindungen).

INFORMATION: Zwolsestraat (neben Europa Crest Hotel), Mo-Sa 9-21, So 10-17 h.

ÜBERNACHTEN: es gibt 3 zentrale Jugendhotels (um die 20 DM) - **Marion** an der Havenkade 3 a, Tel. 543500001; **Minstreel**, Badhuiskade 5, Tel. 520024; **t'Seehuys**, Zeekant 45, Tel. 559585 (das preiswerteste). Eine der billigsten Pensionen ist **Centrale**, Haagsestr. 61, Tel. 541653 (DZ ca. 60 DM).

Den Haag - Delft - Rotterdam
A-Kb. 27005/06

Delft

Nur ein Katzensprung von Den Haag, an der Strecke nach Rotterdam. Sehr hübsche, malerische Altstadt mit dutzenden Grachten - allein 70 Brücken hat man gezählt! In den Kanälen dümpeln Boote, die als Coffeeshops genutzt werden - dank der großen Technischen Universität gibts zudem an fast jeder Ecke eine Kneipe.
Seit dem 17. Jh. produzieren hier einige der bedeutendsten Porzellanmanufakturen Europas. Die Vasen, Kacheln und Teller im berühmten *Delfter Blau* haben die Stadt reich gemacht und zieren mittlerweile (im Original oder häufiger, als Imitation aus Taiwan oder Korea) fast jeden bundesdeutschen Haushalt. Die prächtigen öffentlichen Bauten, aber auch die normalen Häuser spiegeln in Türen und Fassaden den Wohlstand der Stadt.

VERBINDUNGEN / BAHNHOF: der **Bhf.** liegt nicht weit von der ganz von Wasser umgebenen Altstadt. Vom Vorplatz den Kanal und die breite Verkehrsstraße überqueren, links halten und in eine der Gassen hinein.

INFORMATION: Am Markt 85.

ÜBERNACHTEN: es gibt etwa 7 preiswerte Pensionen, z.B. **Van der Knaap**, Oude Delft 4 und **Van Leeuwen**, Achterom 143 (beide DZ ca. 55-60 DM). Im Sommer werden Hunderte von leerstehenden Studentenzimmern vermietet, Etwa 25 DM fürs DZ Auskunft bei **Krakelhof**, Jacob van Beirenlaan 9, Tel. 135953 (vom Bhf. rechts). Kleiner **Campingplatz** im Naherholungsgebiet Delftse Hout (Bus 60 bis Korftlaan oder Bus 133 bis Hoflaan), Schwimmbad in der Nähe.

ESSEN: die lange Oude Delft bietet alle Möglichkeiten - preiswert im **Alcuin**, Oude Delft 57 und im **Eettafel Tyche**, Oude Delft 123 (beide nur Mo-Fr ca. 17.30-19 h). Im **Stadskoffiehuis**, Oude Delft 135, bekommt ihr Pfannkuchen und Broodjes in großer Auswahl, preiswert. Das Jugendzentrum **Koornbeurs** an der Voldersgracht 1 (nah am Markt) bietet Mahlzeiten Mo-Fr 17-19 h. Im **African Food Center**, Nieuwstr. 6, gibts Essen reichlich, exotisch und lecker, aber leider keine Sitzplätze.

KNEIPEN / TREFFS: dank der riesigen Technischen Universität gibts jede Menge männliche Studenten und dementsprechend viele Kneipen (an jeder Ecke). **Café de Wynhaven**, Wynhaven 5 (Nähe Markt), nettes Grachtencafé, junges Publikum, abends **der** Treff; gleich in der Nähe ist die urige Kellerbar des **Jugendzentrum Koornbeurs**, Voldersgracht 1, tägl. ab 17 h geöffnet, z.T. Livemusik, Sa Disko, 3 DM; **Frauenzentrum** (mit Kneipe) in der Molslaan 46; **Maraboe**, Nieuwe Langendijk 50, kleiner Coffeshop in der Hauptgeschäftsstraße, gemütlich.

Sehenswertes: am großen weiten Marktplatz stehen sich die *Nieuw Kerk* und das *Rathaus* als Repräsentanten kirchlicher und städtischer Macht gegenüber. Beide lohnen eine Besichtigung (in der Gruft der Kirche liegen alle Könige des Hauses Oranien).
Die große *Oude Kerk* steht nur ein paar Ecken weiter an der Gracht Oude Delft. Der Turm ist etwas schief, im Inneren einige Grabdenkmäler bedeutender holländischer Persönlichkeiten. Direkt gegenüber der *Prinsenhof*, ein ehemaliges Kloster, in dem 1584 Prinz Wilhelm von Oranien, der Führer der niederländischen Unabhängigkeitsbewegung ermordet wurde. In der *Moordhal* sind die Spuren der tödlichen Kugeln konserviert, außerdem ist heute ein *Historisches Museum* mit Gemälden, Teppichen, Keramik und Silber untergebracht (Di-Sa 10-17, So 13-17 h, Mo geschl., ca. 3,50 DM).

MUSEEN: in einer Handelsstadt wie Delft wurde den Kaufleuten schon immer gründlich auf die Finger geschaut. Alte Gewichte, Waagen und Maße sind in dem kleinen **Eichmuseum** (Schoemakerstraat 97) gratis zu besichtigen. Mo-Sa 9.30-16.30 h.

PORZELLAN-MANUFAKTUREN: einige können besichtigt werden, z.B. **De Delftse Pauwe** im Delftweg 133, tägl. 9-16 h.

MÄRKTE: Do 9-17 h **allgemeiner Markt** auf dem Marktplatz, zur selben Zeit **Blumenmarkt** auf den nahen Hyppolytusbuurt. Sa Vormittag großer **Flohmarkt** entlang der Oude Delft-Gracht bei der Oude Kerk.

Rotterdam

Der größte Hafen der Welt - über 50 km lange Docks, die riesigen Industrie- und Handelsanlagen wuchern ins Uferlose!

Die Stadt selber ist überwiegend nichtssagend und häßlich. Deutsche Bomben haben die Innenstadt im Zweiten Weltkrieg völlig zerstört. Was dann in den Jahren nach dem Krieg wiederaufgebaut wurde, ist - auch in den Niederlanden - Schuhkartonarchitektur: viereckige Betonklötze ohne Atmosphäre. So ist Rotterdam heute eine der "modernsten" Großstädte der Welt.

INFORMATION: VVV im Hbf. (tägl. 9-24 h), außerdem am Stadthuisplein 19 (tägl. 9-18 h).

UNTERWEGS IN ROTTERDAM: Metro, Trams und (Nacht-) Busse. Linienplan gratis beim VVV und im RET-Kiosk im Hbf. Tageskarte ca. 8,50 DM.

ÜBERNACHTEN: **Hotel Bagatelle**, Proveniersssingel 26, Tel. 676348. Winziges Hotel mit familiärer Atmosphäre direkt hinter dem Hbf., DZ ca. 55 DM. **Jugendherberge** in der Rochussenstr. 107-109, Tel. 010/365763. Etwa 1,5 km vom Bhf., Metro Dijkzicht. **Campingplatz** am Kanaalweg 84, trotz relativ zentraler Lage einigermaßen ruhig, moderne und saubere Waschhäuser, zu erreichen mit Bus 33, ca. 6 DM pro Pers. u. Zelt.

ESSEN / NACHTLEBEN: außer Fast Food und teuren Straßencafés wenig geboten. Vom Hbf. aus rechts, zwischen Heemraadsingel und Westersingel, wohnen viele Ausländer, die auch Kneipen und Restaurants eröffnet haben. Vom Kebap auf die Hand bis zur indonesischen Reistafel ist alles zu haben.

Sehenswertes: Zuerst natürlich der *Hafen* - um einen Eindruck zu bekommen, fährt man am besten auf den 185 m hohen *Euromast*. Bis hundert Meter Höhe kostet's ca. 8 DM, nach ganz oben 4 DM mehr. Bei gutem Wetter ist der gesamte Hafen zu sehen (9-22 h, Metro Dijkzicht). *Hafenrundfahrten* unterschiedlicher Dauer für 12-37 DM starten am Willemsplein (Tram 5). Sehenswert ist außerdem das futuristische *Neubauviertel* in der Nähe der Metrostation Blaak. Pfahlwohnungen werden die Häuser genannt, die aussehen wie eckige Bäume (werktags 11-15 h ist gratis eine Modellwohnung zu besichtigen). Gleich nebenan die modernste *Bibliothek* Europas. Schon von außen fallen die großen Glasflächen auf, die dem pyramidenähnlichen Bau das Aussehen eines gläsernen Wasserfalls geben.

MUSEEN: **De Dubbelte Palmboom**, Voorhaven 12 (Tram 4,6,9) - informiert über Siedlungsgeschichte und Hafenentwicklung im Maas/Rhein/Schelde-Delta. V.a. archäologische Funde. Di-Sa 10-17, So 11-17 h, 4 DM. **Boymans-van Beuningen**, Mathenesserlaan 18 (Metro Eendrachtsplein). Alte und neue Kunst von da Vinci bis Joseph Beuys. Di-Sa 10-17, So 11-17 h, ca. 4 DM.

Rotterdam/Umgebung: mit dem Zug nach Dordrecht und den Bus 152 nach *Kinderdijk* nehmen (fährt vor dem Bhf. ab). Dort kann man 21 (!) hintereinander stehende Windmühlen bewundern, eine ist zum Museum ausgebaut. Besichtigung werktags, gut als Tagesausflug zu machen.

KANALFÄHREN: vom nahen **Hoek van Holland** gehen Sealink-Fähren 2 x tägl. nach **Harwich**/Großbritannien - Interrailer erhalten 30 % Ermäßigung, Dauer 6,5 h. Details unter Großbritannien.
North Sea Ferries fahren auch 1 x tägl. von **Rotterdam/Europoort** nach **Hull**, keine IR-Ermäßigung.

Rotterdam - Breda - Tilburg - Eindhoven A-Kb. 27005

Eindhoven: tief im Süden der Niederlande, Stammsitz der Philips-Werke. (Nicht nur) technisch Interessierte finden den Weg wegen des ausgezeichneten technisch-wissenschaftlichen Philips-Museum *Evoluon*. Das futuristisch wirkende Museum bietet in jedem seiner drei Stockwerke verschiedene Schwerpunkte - Industrie u. Geräteentwicklung, Wissenschaft, Technik im täglichen Leben (von unten nach oben).

EINTRITT / ÖFFNUNGSZEITEN: das Evoluon liegt nordwestl. vom Zentrum an der Noord Brabantlaan 1 a (Busverbindung ab Bhf.). Mo-Fr 9.30-17, Sa/So 10.30-17 h, ca. 10 DM.

Belgien

Nachts taghell erleuchtete Autobahnen, qualmende Industrie, Chemiekonzerne und Kohlenpötte - das ist nur eine Seite des kleinen Landes zwischen den Niederlanden und Frankreich.

Die andere - verträumte Polderlandschaften und kilometerlange Wasserkanäle, urige Bistros mit einer Riesenauswahl an Bieren, der schwebende Klang der Glockenspiele. Die ehemalige Grafschaft *Flandern* war im Mittelalter eins der reichsten Länder der Welt - vor allem der Tuchhandel ließ die Städte florieren. Viele prächtige Bauten und sogar ganze Straßenzeilen sind erhalten - spitzgieblige Zunfthäuser aus dem 16./17. Jh., große Kathedralen, Abteien, Tuchhallen, Rathäuser. *Brügge* gehört heute zu den schönsten Städten Europas und ist neben *Gent* touristisches Aushängeschild des Landes. *Brüssel* und *Antwerpen* bieten dagegen quirliges Großstadtleben - letzteres mit einem der größten Häfen der Welt und dem einzigen noch intakten Judenviertel Europas.
Die *Küste* - nur 67 km lang, fast durchgehend Sandstrand, aber ein Seebad neben dem anderen, alles zugebaut mit grauen Hotels und Appartementhäusern, viel Autoverkehr und im Sommer völlig überlaufen. Auch die zahlreichen Campingplätze sind dann überfüllt.

Mit der Eisenbahn durch Belgien

Sehr engmaschiges Schienennetz (eins der dichtesten in Europa!), Verbindungen zwischen den größeren Städten fast stündlich.

Die Anreise geht flott - von Paris nach Brüssel braucht ihr ca. 3 std., von Amsterdam etwas weniger, von Köln ca. 2,5 std. In knapp 4 std. seid ihr durch's ganze Land gesaust! Wichtigste Linie des Landes dürfte für euch *Brüssel - Gent - Brügge - Oostende* sein - Hauptroute für alle Englandfahrer, an der auch gleichzeitig einige der schönsten Städte Belgiens liegen!
Die internationalen *Eurocity-Züge* haben alle nur Erste Klasse und sind mit Aufpreisen von 40-60 DM verbunden. Die anderen Fernschnellzüge sind aber nur etwas langsamer.

> INFORMATION: **Société Nationale des Chemins de fer Belges**, Direction Commerciale, 85, Rue de France, B-1070 Bruxelles. Generalvertretung in der BRD: **Belgische Eisenbahnen**, Hbf. Köln, Bahnhofsvorplatz, 5000 Köln 1, Tel. 0221/212761.

30 % Ermäßigung erhaltet ihr für die Überfahrt von Oostende nach Dover (siehe unter Großbritannien).

> KANALFÄHREN: häufige Überfahrten von **Zeebrügge** und **Oostende** nach **Dover**, auf letzterer Strecke 30 % IR-Ermäßigung. Außerdem Überfahrten von Zeebrügge nach Felixstowe und Hull. Siehe unter den jeweiligen Orten und im Kapitel Großbritannien.

Andere Verkehrsmittel: Belgien ist wie das Nachbarland Holland ein ideales *Radfahrland*, allerdings sind die Radwege nicht so gut ausgebaut wie dort. Fahrradverleih gibt es an 60 Bahnhöfen, zurückgeben könnt ihr sie an gut 150 verschiedenen Stationen. Kostet für Bahnfahrer ca. 6 DM, ab 3 Tagen Ermäßigung. Eingeschlossen im Preis ist eine Versicherung (mit Selbstbeteiligung von ca. 20 DM). Laßt euch die Broschüre *Fahrrad am Bahnhof* geben.

Luxemburg Fahrpläne Nr 25900 – 25907 **Belgien** Fahrpläne Nr 26000 – 26030

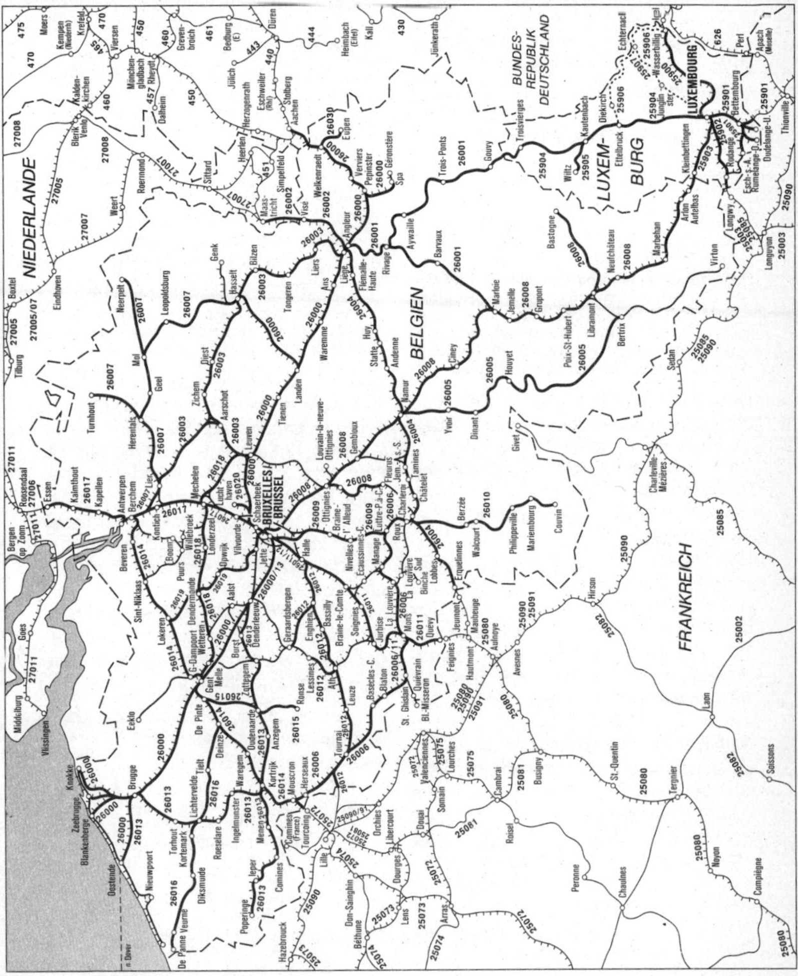

Besonders lohnendes Gebiet für Radtouren ist die Region um *Brügge/Knokke* (Details unter Brügge).

Praktisches

Einreise: Personalausweis oder Reisepaß.

Finanzielles: Der *Belgische Franc* (BF) ist Landeswährung, er hat denselben Wert hat wie der Luxemburgische Franc. Reise- u. Euroschecks sind problemlos, ebenso kann mit dem Postsparbuch Geld abgehoben werden.

Aktueller Kurs: 1 DM = 20 BF (2/90)

Übernachten: Hotels sind teuer, ansonsten gibt es außer etwa 28 *Jugendherbergen* (ca. 15 DM pro Pers., in Oostende und Brüssel teurer) in den touristisch wichtigen Orten überall *Jugend- und Studenten-Hostels* (u.a. in Brüssel, Antwerpen, Gent und Brügge). Lohnenswert das Heftchen "Budget Holidays" mit vielen Adressen.
Campingplätze kosten ca. 2,50 DM pro Pers. und 2,50 DM fürs Zelt - alle Plätze sind in der Broschüre "Camping" aufgeführt.

Die **Informationsbüros** vermitteln in der Regel Unterkünfte, in größeren Städten gibts außerdem spezielle **Jugendinformationsstellen** (Infor-Jeunes/Info-Jeugd), wo ihr ebenfalls Hilfe bei der Unterkunftssuche bekommt (Adressen unter den jeweiligen Orten).

Essen: am berühmtesten - die belgischen *Fritten*! Pommes-Frites-Buden ("frietenkotten") findet ihr an jeder Straßenecke - manchmal sind sogar kleine Lokale angeschlossen, wo ihr die Fritten mit Beilagen als kleine Mahlzeit serviert bekommt.
Ansonsten gilt Belgien als Feinschmeckerland mit guter bis sehr guter Küche. An der Küste und in den Großstädten gibt es ein riesiges Angebot an Muscheln - *mosselen* (fläm.), *moules* (franz.). Vor allem Miesmuscheln werden in großen dampfenden Pötten serviert, dazu gibts natürlich Fritten (les moules-frittes). Auch Fische und anderes Meeresgetier liegt vor den kleinen Lokalen in Antwerpen und Brüssel reichlich auf Eis, die *Waterzooi* ist eine ganz und gar nicht wässrige Fischsuppe, in manchen Landesteilen auch eine Geflügelsuppe. Auf den alten Fischmärkten gibt es viel zu sehen, dazu knabbern die Flamen gerne Stockfisch. Und auch die belgischen *Pralinen* genießen weltweit einen guten Ruf - vielleicht interessant als Mitbringsel.
Vor allem aber ist Belgien ein Land der *Biere*. Über 350 verschiedene Sorten werden in dem kleinen Land gebraut - kein *Café*, in dem nicht 30-40 Sorten ausgeschenkt werden. Spitzenadressen bieten eine Auswahl von gut 600 Sorten! Ihr könnt z.B. wählen zwischen *Framboise* (schmeckt nach Himbeerbowle), *Kriek* (Kirschengeschmack), *Gueuze* (säuerlich) oder *Bezebier* (Erdbeeren!). Auf jeden Fall mal das berühmte *Trappistenbier* versuchen - dunkles, starkes Klosterbier, das je nach Brauerei geschmacklich verschieden ausfällt.

Telefon: man kann von jeder Zelle ins Ausland anrufen, braucht aber haufenweise Münzen, da die Apparate nur 5 BF-Münzen nehmen. Bei den RTT-Zentralen gibts Telefone, wo man nach dem Gespräch am Schalter bezahlt.

VORWAHL: Bundesrepublik Deutschland **00*49**, Österreich **00*43**, Schweiz **00*41** (* = Pfeifton abwarten).

Sprache: schwierig ist die sprachliche Situation. In Flandern, dem nördlichen Teil des Landes spricht man *Niederländisch*, im südlichen Wallonien ist *Französisch* die Amtssprache. Die Sprachgrenze liegt etwa auf der Linie Liège - Brüssel - Kortrijk, Brüssel selbst ist zweisprachig. Während früher die Wallonen die wirtschaftliche und soziale Führung hatten, sind seit dem 2. Weltkrieg die Flamen am Zug. Die Wallonen fühlen sich in die Enge gedrängt und es kommt immer wieder zu Zusammenstößen.

Kleines Sprachlexikon: siehe unter den Niederlanden und Frankreich.

BOTSCHAFTEN

Bundesrepublik Deutschland: 1050 Brüssel, 190, Avenue de Tervuren, Tel. 02/7705830. **Generalkonsulate** in Antwerpen, De Keyserlei 5, Tel. 031/327813; Liège (Lüttich), 7a, Avenue Rogier, Tel. 041/235995.
Österreich: Brüssel, 47, Rue de l'Abbaye, Tel. 02/6499170. **Konsulate** in Antwerpen, Lange Nieuwstraat 45, Tel. 031/333854; Liège, 32, Rue de la Casquette, Tel. 041/321460; Oostende, Koningsstraat 32, Tel. 059/72342.
Schweiz: Brüssel, 26, Rue de la Loi, Tel. 02/2306145. **Konsulat** in Antwerpen, De Keyserlei 5, Tel. 031/339540.

FREMDENVERKEHRSÄMTER

D-4000 Düsseldorf, Berliner Allee 47, Tel. 0211/326008. **A-1010 Wien**, Sabena/Opernring 9, Tel. 0222/573506-09. **CH-4402 Frenkendorf**, Bahnweg 26, Tel. 061/946575.

Aachen - Liège - Leuven - Brüssel A-Kb. 26000

Wichtigste Anreiseroute von der Bundesrepublik.

Liège *(Lüttich)*: Bahnknotenpunkt kurz nach der Grenze. Drittgrößte Stadt Belgiens, stark hügliges Terrain und schönes Ortsbild mit alten Bürgerhäusern, die breite Maas fließt mitten hindurch.

VERBINDUNGEN: häufig Züge u.a. nach Brüssel und Namur (Ardennen). Außerdem in Richtung BRD, in die südlichen Niederlande (Maastricht) und nach Luxemburg.

ÜBERNACHTEN: **Jugendherberge** in Liège-Tilff, 4, Rue Blandot, Busverbindung vom Bhf., Tel. 041/882100. Nördl. außerhalb der Stadt außerdem zwei Campingplätze.

FLOHMARKT VON LIÈGE: jeden Sonntagvormittag. Erstreckt sich kilometerlang an den Flußufern (Quai de la Batte) und ist einer der größten Europas. Das Angebot ist nicht überwältigend, aber urig - Klamotten, Federvieh und Ramsch.

Leuven *(Löwen)*: älteste Universitätsstadt des Landes, viel Mittelalter-Atmosphäre und studentisches Leben mit zahlreichen Cafés und Kneipen. Stella Artois, die größte belgische Brauerei, hat hier ihren Sitz (kostenlose Führungen unter Tel. 229411).
Zentrum der Stadt ist der *Grote Markt* mit dem schönsten Rathaus in Belgien. Gegenüber die große *St.-Pieterskerk* mit prächtigen Gemälden.
Interessant ist der *Groot Begijnhof* - im Mittelalter eine Art christliches Wohnzentrum für unverheiratete Frauen und Witwen (gibt es noch in fast allen flandrischen Städten), heute ein vorbildlich restauriertes Wohnviertel, hauptsächlich für Studenten, mit engen Gäßchen und charakteristischen Häusern.

VERBINDUNGEN: Züge von und nach Brüssel mindestens 1 x stündl., ca. 0,5 std. Fahrtzeit.

INFORMATION: Naamsestraat 1 a.

BRÜSSEL

Verwaltungshauptstadt Westeuropas, Sitz von EG und NATO. Lohnt nicht unbedingt einen längeren Aufenthalt, die älteren Stadtviertel sind fast alle abgerissen und "modernisiert" worden. Breite Verkehrsstraßen und Betonbauten bestimmen weitgehend das Bild, ansonsten herrscht kunterbunter Stilmischmasch aus allen Epochen.

Nur die Umgebung der prächtigen *Grand' Place* ist unverfälscht erhalten - Bürgerhäuser in flämischer Gotik, dazu Art Nouveau und Art Deco, viele Restaurants und Cafés, einen Nachmittag kann man's hier schon aushalten.
Derzeit erlebt die Stadt einen Bauboom, wie er noch nicht da war. Der europäische Binnenmarkt, der 1992 verwirklicht werden soll, wirft seine Schatten - jeder will am Nabel der EG präsent sein, auch außereuropäische Staaten. Erfreulicher Nebeneffekt - viel alte Bausubstanz wird renoviert.
Zum Relaxen lohnt der zentral gelegene *Parc de Bruxelles*. Ansonsten fahren technisch Interessierte zum *Atomium* raus und bewundern die 110 m hohe Eisenkonstruktion, die dem Bau eines Eisenmoleküls nachempfunden ist.

Hinweis: Brüssel ist zweisprachig, alle Schilder sind französisch und niederländisch. Wir benutzen die **französischen Namen**, da 2/3 der Bewohner Wallonen sind.

VERBINDUNGEN / BAHNHÖFE: es gibt 3 Bahnhöfe. Die meisten internat. Züge halten am **Gare Centrale** (zentral, wenige 100 m von der Grand' Place) oder am **Gare du Nord** (dort die meisten Billigunterkünfte), sonst gibts noch den **Gare du Midi** (Südbhf.). An allen Schließfächer; für ca. 3,50 DM könnt ihr im Zentralbhf. duschen (Mo-Sa 9-18.30, So 8-13 h).

INFORMATION: **nationales Info-Büro** in der 61, Rue du Marché aux Herbes, nahe Zentralbhf. und Grand' Place, tägl. ca. 9-18 h (im Sommer etwas länger). **Städt. Information** im Rathaus an der Grand' Place. In beiden Stellen Zimmervermittlung.
S.O.S. Jeunes, für Notfälle aller Art rund um die Uhr, 27, Rue Mercellis, Tel. 5129020, und **Infor Jeunes**, 27 Rue du Marché aux Herbes, Tel. 5123274.

UNTERWEGS IN BRÜSSEL: mit Metro, Bus und Tram - Tickets gelten für alle Verkehrsmittel und kosten einzeln etwa 1,80 DM, 5er-Karten etwa 7 DM, 10er 11 DM, außerdem gibt's Netzkarten, die 24 Stunden gültig sind, für etwa 7 DM (erhältlich in allen Bahnhöfen und Metro-Stationen, außerdem im städt. Informationsbüro an der Grand' Place).

Übernachten: in Brüssel gibt es viele erschwingliche *Jugendhostels*, die meisten in der Nähe des Gare du Nord. Billige Hotels sind dagegen rar. In der Saison ist oft alles überfüllt.

Außer den Informationsstellen vermittelt auch die Jugendorganisation **Acotra** Plätze in Hostels, 51, Rue de la Madelaine, Tel. 5125540. Im Gare du Midi/Gleis 4 gibt's außerdem noch eine spezielle Jugend-Information **"Infor Jeunes"**, wo kostenlos preiswerte Zimmer vergeben werden und man auch sonst einiges erfahren kann (tägl. ab 13 h).

JUGENDHERBERGEN / HOSTELS: **Centre Jacques Brel**, 30, Rue de la Sablonnière, nicht weit vom Gare du Nord (Metro Madou), vom Gare Central Bus 65 o. 66, Tel. 02/2180187. Mit 134 Betten größtes Hostel von Brüssel, Einzel ca. 28 DM, DZ ca. 46 DM, 4-Bettzimmer ca. 19 DM, Schlafsaal ca. 17 DM. Nicht-Mitglieder zahlen etwa 5 DM mehr. Schließzeit 1 h, ganzjährig.

Jugendherberge Bruegel, 2, Rue du Saint Esprit (10 min. vom Gare Central), Tel. 02/5110436. Dieselben Preise wie im Jacques Brel, Neubau mit Sonnenterrasse und Snackbar, Schließzeit um Mitternacht. Ganzjährig.

Sleep Well, 27, Rue de la Blanchisserie (Nähe Gare du Nord), Metro City 2, Tel. 2185050. Einzelzimmer ca. 22 DM, DZ 40 DM, 4/6-Bettzimmer 17 DM, Schlafsaal 14 DM (mit Frühstück/Dusche). Freundliche Atmosphäre, sauber, Schließfächer, miserable Betten, Zimmer 10-17 h geschl. (Aufenthaltsraum aber offen), Schließzeit 1 h nachts. Ganzjährig.

CHAB, 8, Rue Traversière (Nähe Gare du Nord), Metro Botanique, Tel. 2170158. Einzel 26 DM, DZ 42 DM, 3/4-Bettzimmer 19 DM, Schlafsaal ca. 13 DM (incl. Frühstück u. Dusche). Freundlich, geräumige Zimmer, Aufenthaltsraum mit kleiner Bar und angeschlossenem Garten, Schließzeit 1 h (Wochenende 2 h). Ganzjährig.

Maison Internationale, 205, Chaussée de Wavre (ziemlich außerhalb, Nähe Gare du Quartier Leopold), Metro Porte de Namur, Tel. 6488529. Einzel ca. 18 DM, DZ ca. 30 DM, außerdem Möglichkeit zum Campen für ca. 10 DM (nur, wenn alle Zimmer vergeben sind!), Preise incl. Frühstück/Dusche. Hier findet man meist noch Platz, groß, ruhig und sehr sauber, Zimmer tagsüber abgeschlossen, Münzwaschmaschine vorh., Schließzeit 0.30 h. Ganzjährig.

HOTELS: **Hotel Pacific**, 57, Rue Antoine Dansaert (Nähe Grand' Place), Tel. 5118459. Freundliche Leitung, DZ 45-50 DM, auch EZ u. 4-Bettzimmer. **Hotel A la Grande Cloche**, 12 Place Roupe, Tel. 5126591, DZ ab 70 DM.

CAMPING / SONSTIGES: außer der eingeschränkten Zeltmöglichkeit im **Maison Internationale** (s.o.) gibts einige Campingplätze, die jedoch relativ weit außerhalb liegen. Leser Uwe Hoos empfiehlt **Camping Beersel** - Tram 55 bis Endstation, von da Bus UB, in Beersel zweite Station aussteigen. Wenn ihr im Bhf. übernachten wollt, geht zum **Gare du Midi** - auf jedem Bahnsteig sind geheizte Wartesäle. Am Hbf. wird man meistens rausgeschmissen, obwohl er nachts nicht abgeschlossen wird.

Essen: *Ilot Sacré* (Heilige Insel) nennen die Brüsseler das Restaurantviertel um die Grand'Place. Spezialität wie in vielen anderen belgischen Städten sind Miesmuscheln in riesigen dampfenden Pötten (*Moules* oder *Mosselen*). Aber auch Fische und anderes Meeresgetier liegen überall vor den kleinen Lokalen auf Eis. Vor allem in den engen Gassen nordöstl. der Grand' Place eine Taverne neben der anderen, z.B. in der *Petit Rue des Bouchers* und in der *Rue des Bouchers*. Billig und üblich - beim Schlachter belegte Brötchen kaufen (2-5 DM) und in der nächsten Kneipe essen.

Chez Jean, lange papiergedeckte Tische, Jean kocht bruzzelnd mitten im Raum. Muscheln in tausendundeiner Variation zwischen 12 und 20 DM, außerdem leckeres Geflügelragout, große Portionen. 6, Rue des Chapeliers.

Chez Leon, viele Touristen, trotzdem echt geblieben, Mengen von Muscheln, aber auch sonst große Auswahl, 18, Rue des Bouchers.

Au Caveau d'Egmont et Hornes, beliebtes Kellerlokal direkt an der Grand' Place, noch zu bezahlen. Ecke Grand' Place 14/Rue des Chapeliers.

Plattesteen, einfaches Lokal mit preiswerter Küche, auch als Kneipe beliebt, 41, Rue Marché au Charbon.

La Tartinette, preiswerte Snackbar mit Tagesgerichten, 126, Rue du Midi, 10 min. von der Grand' Place (am Wochenende geschl.).

Le Romarin, vegetarisch, nur abends. 57, Rue St. Alphonse, Metro Madou.

KNEIPEN / CAFES / TREFFS: **Le Falstaff**, eins der beliebtesten Cafés im Zentrum, reiner Jugendstil mit Spiegelwänden und Plüsch, 17, Rue Henri Maus.

La Morte Subite, typisches Alt-Brüssler Café, Rue Montagne aux Herbes Potagères.

Le Jugement Dernier, 400 Biersorten (!), viel Musik und lockere Atmosphäre, 165, Chaussée de Haecht.
De Ultieme Hallucinatie, groß und grottenähnlich, phantasievolle Einrichtung, 316, Rue Royale.
Toone's, verräucherte Kneipe mit tollen Marionetten an der Decke (Marionettentheater ist angeschlossen, ab 12 h, Vorstellungen Di-Sa 20.30 h), Impasse Schuddeveld (an der Petit Rue des Bouchers).
Le Travers, 11, Rue Traversière (Mo-Sa), Live Jazz, am Wochenende Disko.
Viele Cafés und Jazzbars findet ihr auch in der Umgebung der Place Fernand Cocq in Ixelles, etwas außerhalb vom Zentrum (Metro Porte de Namur), z.B. das bekannte **Bierodrom** - 117 belgische und Dutzende ausländische Biersorten, oft Live Jazz, viel Stimmung, 21, Place Fernand Cocq.

DISKOS: frühestens ab Mitternacht, ca. 15 DM (ein Drink incl.), im **Le Garage**, 16-18, Rue Duquesnoy während der Woche nur 7 DM. Auch die neue Jugendherberge **Jacques Brel** besitzt eine Disko. Weitere Tanzschuppen in den Straßen um die alte Börse, **Place de la Bourse** und in der **Rue des Dominicains**.

Sehenswertes

Touristisch spielt sich fast alles um die *Grand' Place* mit den umliegenden Straßenzügen ab. Eine der schönsten Gassen ist die *Petit Rue des Bouchers*, nicht weit davon die wahrscheinlich älteste glasüberdachte Einkaufspassage der Welt - *Galerie Saint Hubert*, fast immer Straßenmusiker.

> Lohnend - in Brüssel gibts **Stadtführungen** von jungen Leuten für junge Leute, allerdings nur in engl. oder franz., Veranstalter sind **Babbelbus** (oder **Chatterbus**). Entweder zu Fuß (ca. 12 DM) oder per Bus (ca. 25 DM), Auskunft/Buchung bei Acotra (siehe unter Übernachten), in den Tourist-Büros und Jugendhotels oder unter Tel. 5125540.

Grand' Place: wird gerne als einer der schönsten Plätze der Welt bezeichnet. Alles überragend das prächtige *Rathaus* (kann besichtigt werden), umgeben von den schönsten Häuserfassaden Brüssels - alte Zunfthäuser aus dem 17./18. Jh., die nur so von Goldverzierungen strotzen. Während der Woche jeden Morgen Blumenmarkt, sonntags Vogelmarkt, nachts ist der Platz prächtig illuminiert, man trifft sich in den Cafés, gegen 22 h kostenlose "Ton- und Lichtschau".
Das Symbol von Brüssel, das "pissende Männchen" - *Manneken Pis* - steht etwa 150 m hinter dem Rathaus an der Rue de l'Etuve/Ecke Rue du Chene. Meistens ist es gerade als Eskimo oder Tiroler Bergbauer verkleidet - an die 300 Kostüme sind im Lauf der Jahrhunderte für den Kleinen geschneidert worden (zu bewundern im *Stadtmuseum* "Musée communal", Maison du Roi, Grand' Place gegenüber Rathaus, Mo-Fr 10-12, 13-17, Sa 10-12 h). Im Zeichen der Gleichberechtigung gibt es seit kurzem sogar ein weibliches Gegenstück, das *'Jeanneke Pis'* (wenn ihr die Rue des Bouchers hinuntergeht, in der Sackgasse Impasse de la Fidelity).
An der 10, Grand' Place könnt ihr im ehemaligen Gildehaus der Brauer (Maison L'Arbre d'Or) auch ein *Biermuseum* besichtigen. Im Eintritt von etwa 2 DM ist ein Schoppen Bier inbegriffen und es gibt eine Video-Show von Zechern durch die Jahrhunderte (Mo-Fr 10-12, 14-17, Sa 10-12 h).

St. Michael's Kathedrale *(St. Gudula)*: typisches Werk der belgisch-brabantischen Gotik mit zwei 70 m-Türmen und prachtvollen Glasgemälden.

Quartier des Marolles: Nähe Justizpalast, zwischen der Rue Haute und der Rue Blaes. Einfaches Wohnviertel mit engen (Sack-)Straßen und alten Häusern. An der Place du Jeu de Balle (Vossenplein) findet ihr den riesigen *Flohmarkt*, angeblich einer der größten Europas, sehr viel Ramsch, aber auch Liebhaberstücke. Drum herum urige Kneipen (tägl. 7-14 h, Metro Porte de Hal oder Bus 20, 48).

Place du Grand Sablon (Grose Zavel): in einem gut situierten Stadtteil, zu erreichen mit Bus 20, Tram 92, 93, 94. Am Platz die Kirche Notre Dame des Victoires au Sablon und jede Menge toller Antiquitätenläden, z.B. Jugendstil bei 'Argus'. Jeden Sa 9-18 und So 9-14 h großer *Trödel- und Antiquitätenmarkt*.

Einkaufen: Brüssler Spitzen sind weltberühmt, ebenso Brüssler Pralinen. Lohnend ein Schaufensterbummel an der **Rue Neuve**, der bekanntesten Einkaufsstraße von Brüssel; eher teure Galerien um die **Place Louise** und an der Avenue Louise; neues großes Shopping-Center sind die **Saint-Gery-Hallen** mit vielen Boutiquen.

Märkte: **Marche du Midi**, jeden Sonntagmorgen am Südbhf. - größter Markt Brüssels, Lebensmittel und vieles mehr. Makabrer **Tiermarkt** mit großer Vogelabteilung in der Rue Ropsy-Chaudron.

Jugendstil (Art Nouveau): Brüssel ist eins der Zentren für den Architekturstil der Jahrhundertwende. Im Tourist-Büro gibt's einen Stadtplan, in dem alle sehenswerten Jugendstilhäuser eingezeichnet sind.

Kunst in der Metro: viele Stationen sind kunstvoll ausgestaltet, im Tourist-Büro gibts einen kostenlosen Führer dazu. Die schönsten Wanddekorationen findet ihr in den Stationen **Vandervelde** und **Styvenbergh**, die besten Skulpturen in **Hermann Debroux** und **Compte de Flandre**.

Museen: Brüssel besitzt etwa 70 Museen, große und kleine, bekannte und unbekannte. Beim Tourist-Info gibts eine ausführliche **Museums-Broschüre**. Ein ganzes Bündel von Museen nicht weit vom Gare Centrale beim Parc de Bruxelles, in den meisten freier Eintritt.

Musée d'Art Ancien, 3, Place Royale/Rue de la Régence. reiche Sammlung alter flämischer Meister, außerdem Rubens und Breughel (Di-Fr 10-12, 13-17 h, Mo. geschl, frei).

Musée d'Art Moderne, gleich nebenan, kürzlich renoviert, moderne belgische Kunst (Di-So 10-13, 14-17 h, Mo geschl., frei).

Musée du Cinema, 9, Rue Baron Horta im Palais des Beaux-Arts. Vor allem urige Apparaturen aus der Zeit des Stummfilms, abends werden Klassiker und alte Stummfilme vorgeführt (tägl. 17.30-22.30, 2 DM).

Musées Royaux d'Art et d'Histoire (Königliche Museen der Kunst und Geschichte), im Parc du Cinquantenaire, Eingang Avenue des Nerviens, Metro Merode. Von alten Kulturen bis zu belgischem Kunsthandwerk - besonders schön die Wandteppiche (Di-Fr 9.30-12.30, 13.30-17, Sa/So 10-17 h, Mo. geschl, frei).

Autoworld, riesige Sammlung von Oldtimern, sehr sehenswert, ebenfalls im Parc du Cinquantenaire, Palais Mondial (tägl. 10-18 h, ca. 10 DM).

Brüssel/Umgebung

Atomium: das gewaltige Monstrum mit seinen 9 Hohlkugeln (Durchmesser 18 m) steht auf dem Messegelände im nördl. Stadtteil Laeken. In den drei unteren Kugeln könnt ihr euch in ständigen Ausstellungen über die "friedliche" Nutzung der Kernenergie belehren lassen. Tägl. 9.30-18 h, Eintritt 6 DM. Zu erreichen mit Metro A 1 bis Endstation Heysel (oder Tram 103, vom Bhf. ca. 30 min.).

Park von Tervueren: 13 km östl. vom Zentrum. Mitten in den ausgedehnten französischen Parkanlagen aus dem 17./18. Jh. an der Chaussee de Louvain das sehr beachtenswerte *Zentralafrikanische Museum* mit reicher Sammlung an Kunsthandwerklichem, Fauna, Flora und Geographischem aus dem ehemaligen Kongo in Zentralafrika - dort war Belgien im letzten Jahrhundert Kolonialmacht (Mo-Sa 10-17 h, frei). Mit Metro bis Montgomery, dann mit der stilvollen alten Tram 44 durch den Wald bis zum Museum.

Waterloo: einer der südl. Vororte von Brüssel. Hier entschied sich in einer großen Schlacht das Schicksal Napoleons. Nachdem er in einem letzten Kraftakt aus dem Exil auf Elba nach Frankreich zurückgekehrt war und seine Truppen noch einmal reorganisiert hatte, wurde er am 18. Juni 1815 von den vereinigten britisch-preußisch-niederländischen Truppen vernichtend geschlagen.

Zu sehen ist wenig - außer dem 40 m hohen *Löwenhügel*, der von den Niederländern 10 Jahre nach der Schlacht als Denkmal errichtet wurde und aus den weiten Feldern und Wiesen herausragt, wo sich die Heere gegenüberstanden. Am Fuß des Hügels ein *Museum* und ein *Rundbau* mit einem 110 m langen, kolossalen Schlachtenpanorama in Öl. Es zeigt eine Reiterattacke der Franzosen gegen die Engländer, bevor die Preußen eintreffen. "Ich wollte es wäre Nacht oder die Preußen kämen" soll Wellington, Oberbefehlshaber der englischen Armee und späterer Sieger gerufen haben.

Verbindungen: mit Zug Richtung Charleroi, Station Waterloo.

Brüssel - Paris
A-Kb. 26011, 25080

Vielbefahrene Transitstrecke, etwa 4 x tägl. Schnellzugverbindung. In Brüssel kann man in der Regel an allen drei Hauptbahnhöfen zusteigen.

Brüssel - Antwerpen
A-Kb. 26017

Mechelen: Bahnknotenpunkt und Handelszentrum auf halbem Weg zwischen Brüssel und Antwerpen - hier gibt es die einzige *Glockenspielerschule* Belgiens. Die Kathedrale St. Romuald am Marktplatz (Grote Markt) beherbergt bedeutende Kunstwerke und eins der größten Glockenspiele Flanderns.
Breendonk liegt 13 km westl. Ein ehemaliges deutsches Konzentrationslager ist dort von den belgischen Behörden instandgehalten worden und kann besichtigt werden.

ANTWERPEN

Die heimliche Hauptstadt - eine City voller Atmosphäre und Leben. Antwerpen hat einen der größten Häfen der Welt, ist eins der Weltzentren der Diamantenindustrie und hat das einzige noch intakte jüdische Getto Europas.

Die große *Altstadt* um die riesige gotische Kathedrale ein üppiges Konglomerat der verschiedensten Baustile - von Renaissance über Barock bis Jugendstil ist alles vertreten, Straßenbahnen quetschen sich durch die engen Gassen, leider vieles arg verfallen.
Antwerpen ist eine der großen Kunststädte des Landes - neben zahlreichen Monumental- und Prachtbauten gibt's viele schöne Kirchen (allen voran die Kathedrale) und 21 Museen, etwa das *Rubens-Haus* - Wohnhaus und Atelier des berühmtesten belgischen Malers! Das *jüdische Getto* liegt gleich zwischen Bhf. und Stadtpark.

VERBINDUNGEN / BAHNHOF: **Berchem Station** und **Centraal Station**. Letztere liegt näher am Zentrum, dort aussteigen (übrigens ein bemerkenswerter Bhf., siehe unter Sehenswertes).

INFORMATION: im Pavillon am **Koningin Astridplein**, direkt vor der Centraal Station (Mo-Fr 8.30-20, Sa 9-19, So 9-17 h), außerdem im Zentrum in der **Gildekammersstraat 9**, hinter dem Rathaus am Grote Markt. Zimmervermittlung, jede Menge nützliche Broschüren, Stadtpläne etc. Oft lange Warteschlangen.

UNTERWEGS IN ANTWERPEN: Einzelfahrscheine für **Trams** und **Busse** kosten ca. 1,60 DM, 8 Tickets 8 DM, außerdem gibt's Touristen-Tickets für 12, 24 und 48 std. (4,50, 7 und 9 DM). Vom Hbf. in die Innenstadt lauft ihr ca. 15 min.

Übernachten: es gibt einige gute Jugendhotels und zwei preiswerte Campingplätze.

Jugendherberge Opsinjoorke, Eric Sasselaan 2, Tel. 2380273. Ziemlich außerhalb, aber modern und großzügig, für Mitglieder ca. 14 DM, sonst 18 DM (incl. Frühstück/Dusche). Es gibt auch DZ für ca. 37 DM. Tagsüber von 10-17 h geschl., nachts Schließzeit 24 h. Zu erreichen mit Tram 2.
New International Youth Pension, Provinciestraat 256. Tel. 2300522. Gut in Schuß, liegt hinter (südl.) vom Bhf. und Zoo. Vom Hbf. links die Pelicanstraat parallel zu den Bahngleisen entlang, dann drunter durch, ca. 20 min. zu Fuß. Einzel ca. 25 DM, DZ 42 DM, 3/4-Bettzimmer 19 DM, Schlafsaal 14 DM (incl. Frühstück/Dusche). Keine Schließzeit, es gibt Schlüssel.
Boomerang, Volkstraat 58. Tel. 2384782, in der Altstadt, beim Museum der schönen Künste. DZ ca. 32 DM, 3/4-Bettzimmer ca. 15 DM, Schlafsaal 13 DM (incl. Frühstück/Dusche). Abends gute warme Mahlzeiten für ca. 11 DM. Zu erreichen mit Bus 23 ab Hbf. Keine Schließzeit.
Student Studio Square International, Bolivarplaats 1, Tel. 2373748. Einzel 20 DM, DZ ca.35 DM, 4-Bettzimmer 17 DM (incl. Frühstück/Dusche). Durchgehend offen, Küchenbenutzung. Liegt im Süden der Stadt, den breiten Amerikalei entlang.

CAMPING: **De Molen**, ebenes Grasterrain in der Nordstadt am Rand eines Neubauviertels, direkt an der Schelde (beim St. Anna-Strand/Jachthafen). **Jan Van Rijswijcklaan** 193-195, im Süden der Stadt, Nähe Jugendherberge. Beide sehr preiswert, ca. 2,50 DM pro Pers. u. pro Zelt.

LESERTIP: "Wer einen kurzen Fußmarsch nicht scheut, kann statt der Tram vom Hbf.

zur JH bzw. zum Campingplatz auch einen Zug von Hbf. zur Berchem Station nehmen (für Interrailer frei). Zu Fuß sinds von dort ca. 15 min. zur JH, 20 min. zum Camping" (Ute Bernheim, Oldesloe).

Essen: am kurzen, aber breiten *Suikerrui* von der Kathedrale zur Schelde hinunter ein Lokal neben dem anderen - in den Glasveranden zur Straße werden überall dampfende Töpfe voll mit Mosselen (Muscheln) serviert.
Koschere Restaurants findet ihr im *Jüdischen Viertel* hinter dem Hbf. um die Pelikaanstraat, billige Restaurants vor allem im *Universitätsviertel* um die Prinsstraat.

De Spiegel, Oude Kornmarkt 34 (Mi-So ab 12 h), leckere Pfannkuchen zwischen 6 und 16 DM.
Antalya, türkisches Lokal mit türk. Pizza ab 6 DM in der Kaasstr. 5 (Seitengasse vom Suikerrui, nah am Wasser).
Atlantis, Korte Nieuwstraat 6 (oder eine der Nachbargassen), heimelige Alternativkneipe, Pfannkuchen mit Salaten (Di geschl.).

Nachtleben: man trifft sich bei der Großen Kathedrale, an der *Seitenfront/ Ljinwaadmarkt* kann man gemütlich sitzen. Dort an der Ecke Torfbrug/ Blauwmoezelstraat eine Bilderbuchkneipe mit bewachsener Außenfront und einer Sammlung bunter Heiligenfiguren, die selbst den Domschatz in den Schatten stellt. Tanzcafés, Diskos und Bars findet ihr um den *Grote Markt*.
Ruhiger und stimmungsvoller gehts am *Stadswaag-Platz* zu (nördliche Altstadt), ein Sanierungsviertel, wo allmählich viele nette Kneipen und Lokale entstehen.

De Muze, Am Melkmarkt 15 (Nähe Grote Markt), ruhige Jazzbar in uraltem schiefen Haus, 1-2 x wöch. Live-Musik.
De Ruimte, Keizerstraat 38, Ausstellungen, Theater, Film, Musik aller Stilrichtungen, das Café ab 12 h geöffnet.
Third World Club, Lange Brilstraat 10, afrikanische, asiatische und karibische Musik.
Misverstand, St. Andriensplein, jugendliches Publikum in gemütlicher Atmosphäre.
The New Skipper, Grote Markt 44, beliebte Disko-Bar.

Sehenswertes

Schon beim Aussteigen einen Blick auf die *Centraal Station* werfen - riesiger Prachtbau mit hoher Kuppel und zwei großen Türmen. Das Innere wie eine Florentiner Renaissancekulisse - verschiedenfarbige Steinmuster, die Wände mit Säulen, Blendarkaden und Bögen phantasievoll unterteilt. Vom ausgedehnten Vorplatz *(Koningin Astrid-Plein)* geht es links in die Altstadt.
Direkt rechts neben dem Bhf. der Eingang zum *Zoo*, einer der berühmtesten der Welt. Viele seltene Tierarten - Antwerpen als Hafenstadt hat Verbindungen in alle Welt. Eintritt ca. 14 DM, lohnt sich aber.

Jüdisches Viertel: um die *Pelikaanstraat* zwischen Bhf. und Stadtpark Straßenzüge mit zahlreichen Jugendstilhäusern, kleinen Läden und koscheren Restaurants. Viele der ehemals eleganten Ladenfronten sind heute heruntergekommen, leerstehende Wohnungen fallen auf, Müll auf den Straßen. Am Sabbat sieht man viele Juden in Festtagsgewändern, darunter die strenggläubigen Chassidim mit ihren Pelzmützen.
Was man nicht sofort bemerkt - das Getto ist auch das Gebiet der *Diamantenhändler*. Antwerpen ist das weltgrößte Diamantenzentrum, allein vier von 19 über die ganze Welt verteilte Diamantenbörsen befinden sich Tür an Tür in der *Hoveniersstraat*. Mehr als die Hälfte des Weltumsatzes geschliffener Diamanten wird hier gehandelt. Die jüdischen Geschäftsleute sind in der Überzahl, alles wird von der Polizei schwer bewacht. Ein Besuch im Jüdischen Viertel könnt ihr mit einem Bummel im *Stadtpark* verbinden.

"Live" könnt ihr die Diamantenschleifer bei **Sidiam** bewundern (Lange Herentalse Straat 29, Mo-Fr 10-12, 13-16 h, frei). **Diamantenmuseum** siehe unter Museen. Informationen über den Besuch von Werkstätten beim **Hoge Raad voor Diamant**, De Keyserlei 58-60, Tel. 2313935.

Altstadt: auffallend viel Jugendstil, zwischen Kathedrale und Grote Markt

Fußgängerzone. Die größte *Kathedrale* Belgiens und der Niederlande am Groen Plaats strahlt mit frisch gereinigter Fassade, gigantisch der 123 m hohe gotische Turm (jeden Montagabend Glockenspiel!). Im Inneren drei phantastische Gemälde von Rubens - das Hochaltarbild *'Himmelfahrt Mariä'*, die *'Aufrichtung des Kreuzes'* und die *'Kreuzabnahme'*. Besichtigung nur nachmittags, vormittags werden die Bilder wegen des starken Sonneneinfalls abgedeckt (Mo-Fr 12-17, Sa 12-15, So 13-16 h, ca. 1,50 DM).

Der benachbarte *Grote Markt* ist die 'Grand'Place' von Antwerpen. Das flaggengeschmückte Rathaus ist umgeben von prächtigen alten Zunfthäusern, davor das grünspänige *Brabo-Denkmal* - der römische Statthalter Silvius Brabo hat gerade den Riesen besiegt, der die Schiffer auf der Schelde tyrannisierte und wirft dessen abgehauene Hand in die Schelde. Die Restaurants ("Terrassen") am Platz sehr teuer.

Den kurzen *Suikerrui* entlang kommt ihr an die Schelde - dort Aussichtsterrasse zum Flanieren und der *Steen*, eine prächtig restaurierte Burg aus dem 12. Jh., heute ein Schiffahrtsmuseum, viele Schiffsmodelle, u.a. auch Dschunken (tägl. 10-17 h, 2,50 DM).

Von hier starten tägl. *Hafenrundfahrten* (Reederei Flandria, 2,5 std., ca. 15 DM). Interessant, so einen Riesenhafen sieht man nicht alle Tage. 32 km ist er lang, bis zur holländischen Grenze, die Hafenkais umfassen 100 km!

Sehenswert ist außerdem noch die *Jakobskirche* in der Lange Nieuwstraat - ungewöhnlich reiche Barockausstattung, hinter dem Hochaltar das Grab Rubens (Mo-Sa 14-17 h, So geschl.).

MUSEEN: **Plantin-Moretus-Museum**, am Vrijdagmarkt, südl. vom Grote Markt. Druckerei, Drucke und Stiche aus den Anfängen der Buchdruckerkunst (tägl. 10-17 h, ca. 2,50 DM, Stud. ermäß.).

Rubenshaus, Wapper 9. Sehr sehenswert. Hier wohnte und malte Rubens 30 Jahre lang. Z. T. Originaleinrichtung, viele Werke (tägl. 10-17 h, ca. 2,50 DM, Stud. ermäß.).

Diamantenmuseum in der Jezusstraat 28, Jüdisches Viertel/Nähe Bhf. Kopien von berühmten Steinen wie dem legendenumwobenen Kohinoor sind zu besichtigen, Sa arbeiten hier Diamanten-Handwerker (10-17 h, Mo/Di geschl., frei).

Königl. Museum der schönen Künste, eine der besten Sammlungen flämischer Malerei in der Welt, u.a. auch Rubens, Breughel, Jordaens. Im Süden der Stadt, Leopold de Waelplaats 1-9 (10-17 h, Mo geschl., frei).

Im **Middlheim-Park** sehr gutes Open-Air Museum für Bildhauerei - Skulpturen von Rodin bis heute (tägl. 10 bis etwa 17-21 h, je nach Jahreszeit). Mit Bus 26.

RUBENSWANDERUNG: in Antwerpen hat der Maler Peter Paul Rubens bis 1640 gelebt und gemalt. Rund fünfzig seiner Werke sind heute noch in der Stadt zu besichtigen. Bei den Informationsbüros gibts dazu eine detaillierte Broschüre. Die Wanderung von Kunstwerk zu Kunstwerk führt an Rubens Haus, an Kirchen und Museen entlang und dauert etwa einen Nachmittag. Einige Ausstellungen kosten Eintritt, die meisten sind gratis.

LESERTIP: "Man kann sich in Antwerpen für ca. 5 DM eine **Museumskarte** für drei Museen nach Wahl kaufen, die eine Woche gültig ist" (Christian Schöberl, Burghausen).

MÄRKTE: der berühmte **Vogelmarkt** von Antwerpen am Oude Vaartplaats, jeden Sonntag 9-13 h. **Antiquitäten** auf dem Lijnwaadmarkt, Sa 9-17 h. **Flohmarkt** Mittwoch- und Freitagvormittag am Vrijdagmarkt (beim Museum Plantin-Moretus).

Brüssel (Antwerpen) - Gent - Brügge - Oostende A-Kb. 26000 oder 26014

Wichtige Strecke zum England-Hafen Oostende. Sowohl von Brüssel wie auch von Antwerpen ca. 30-40 min. nach Gent und noch einmal 30 min. nach Brügge.

Gent

Viele Studenten, zweitgrößter Hafen Belgiens, bedeutender Industriestandort, u.a. das modernste Stahlwerk Belgiens - Sidmar.

Trotzdem ist Gent neben der kleineren Schwesterstadt Brügge eine touristische Attraktion - die alte Handels- und Tuchmacherstadt besitzt viel historische Substanz, neben einigen großartigen mittelalterlichen Bauten findet man abseits der Geschäftsstraßen noch alte Wasserläufe und kopfsteingepflasterte Gassen. Fast schon etwas südländisches Ambiente - an warmen Tagen stellen die Cafés und Restaurants entlang der Kanäle Tische und Stühle ins Freie.

VERBINDUNGEN / BAHNHOF: häufig Züge von u. nach Brüssel, Antwerpen und Brügge. Es gibt 2 Bahnhöfe - **Dampoort Station** (Züge von Antwerpen) und **Sint Pieters Station** (Hbf., mit Tram 1 ins Zentrum).

INFORMATION: **Konigin Maria-Hendrikaplein 64** (Platz vor dem St. Pieters Bhf.) und **Belfortstr. 9**, im Rathaus am Botermarkt. Unterkunftslisten, kostenlose Stadtpläne etc.

ÜBERNACHTEN: 1000 Betten in Einzelzimmern stellt im Sommer die Uni (**Rijksuniversiteit Gent**) zur Verfügung, etwa 20 DM pro Pers. Durchgehend geöffnete Reservierung im Stalhof 6, Tel. 091/220911 (vom Bhf. 800 m in Richtung Sint-Pietersplein). Billigste Pensionen sind **La Lanterne** und **L'Azalea**, beide auf der Princes Clementinalaan, nicht weit vom Bhf. DZ ab ca. 35 DM.
Neuer, gut ausgestatteter **Camping Blaarmeersen** mit Café und Laden im Freizeitgebiet Watersportsbaan. Vom St. Pieter-Bhf. per Bus 85 zu erreichen.

ESSEN / TREFFS: große **Uni-Mensa** auf der Overpoortstraat, in derselben Gegend auch viele Cafés, Kneipen etc. **Camelia**, Zeugsteeg 7 (Stadtteil Patershol), einfaches Lokal, viele junge Leute. **Tempelier**, uriges gotisches Café mit alten Beichtstühlen. **Brasserie Flor**, cool und rosa, eine künstliche "Gracht" verläuft quer durchs Lokal.
In Gent mal das starke, süffig-schwarze Trappistenbier versuchen.

Sehenswertes: von der St. Michaels Brücke bester Blick über die Stadt - geradeaus die *St. Niklaas-Kerk*, der 96 m hohe *Belfried*, das Wahrzeichen der Stadt, und die *St. Baafs-Kathedrale*.
Nach links die Leie entlang, stehen an *Graslei* und *Koornlei* die schönsten Giebelhäuser der Stadt - ehemalige Zunfthäuser, heute z.T. Restaurants und Cafés. Dahinter das Schloß *s'Gravensteen* in irrer Lage mitten in der Stadt - ein Ritterschloß mit wuchtigen Mauern und zinnenbewehrten Türmen, drum herum ein breiter Wassergraben. Im Inneren eine Sammlung mittelalterlicher Folterinstrumente (9-18 h, ca. 2 DM, Stud. ermäß.).
Am zentralen St. Baafsplein der schon erwähnte Belfried und die *Lakenhalle* (Tuchhalle) mit einer Multivisionsshow über Gents große Vergangenheit - bis ins 14. Jh. war Gent die zweitgrößte Stadt Europas (nach Paris), im 16. Jh. wurde hier Kaiser Karl V. geboren (ca. 2 DM, Stud, ermäß.). In der *Kathedrale* eins der bedeutendsten Kunstwerke des Mittelalters, der monumentale Genter Altar - "Die Anbetung des Heiligen Lammes" von Jan van Eyck. Ein großer Flügelaltar aus 20 Tafelbildern, 1566 konnte er nur mit knapper Not vor den fanatischen Bilderstürmern der Reformation gerettet werden. Außerdem ist hier noch "Die Bekehrung des Hl. Bavo" von Rubens zu sehen.

MUSEEN: das beste ist das **Museum der schönen Künste**, im Citadellpark im Süden der Stadt, Hieronymus Bosch, Rubens, van Dyck, Jordaens u.a. Dann das **Volkskunde-Museum** in der Nähe vom Wasserschloß Gravensteen - eindrucksvolle Sammlung von Geräten, Werkzeugen u.ä. Besonders schön die historisch eingerichteten Wohn- und Werkräume.

MÄRKTE: tägl.außer So großer Gemüsemarkt am **Groentenmarkt**, außerdem freitags Antikmarkt am **Vrijdagsmarkt**, **Flohmarkt** am Beverhoutsplein (Fr 7-13, Sa 7-18 h).

Brügge

Einzigartiges Freilichtmuseum - schönste Stadt Flanderns und sicher die am besten erhaltene mittelalterliche Stadt Nordeuropas!

Die malerischen Kanäle, herausgeputzten Giebelhäuser und gotischen Gassen locken jährl. Millionen Touristen an. Seit Jahren läßt die Stadtverwaltung mit allen Kräften restaurieren.
Während der Renaissance war Brügge eine wohlhabende Handelsstadt. Doch die Anschwemmungen des Flusses *Swin* ließen den Hafen versanden. Brügge verarmte, wurde vergessen und konnte so sein perfektes Stadtbild bis in die Neuzeit retten. Heute ist Brügge durch einen 12 km langen Kanal mit dem Meer verbunden - der neue Hafen *Zeebrügge* hat der Stadt einen großen Teil ihrer einstigen wirtschaftlichen Bedeutung zurückgegeben.

VERBINDUNGEN / BAHNHOF: vom Zentrum 20 min., Busverbindung, Fahrradverleih.

INFORMATION: ganz zentral, am Markt 7.

Zimmervermittlung, Stadtplan, Broschüren zur Stadtbeschreibung **Jugendinformation** J.A.C. in der Hertsbergestr. 1.

ÜBERNACHTEN: **Jugendherberge Europa**, Baron Ruzettelaan 143, Tel. 352679. Etwas ab vom Schuß, mit Bus 2 Richtung Steenbrugge. 16 DM pro Pers., Schließzeit 23 h.
Snuffel Sleep-In, Ezelstraat 49, Tel. 333133. Nicht gerade komfortabel, aber billig und angenehm, Bett im Schlafsaal ca. 15 DM. Gutes Café. Schließzeit 1, Wochenende 2 h.
Bauhaus Youth Hostel, Langestraat 135-137, Tel. 336175. Recht ordentlich, zentral, ca. 15 DM im Schlafsaal, gemütliches Café/Bar. Schließzeit 2 h, Wochenende 4 h (!).
Preiswerte Pensionen sind **Keizershof**, Oostmeers 126, Tel. 338769 und **Rome**, Zuidzandstraat 56, Tel. 335650, beide ca. 40-45 DM das DZ.

ESSEN: einige gute vegetarische Restaurants, z.B. **Zen**, Beenhouwerstr. 117, und **Lotus**, Wappenmakerstraat 5. Auch im beliebten **Ganzespel** kann man ganz gut essen, Ganzestraat 37. Ansonsten viele nette Cafés, z.B. **Café Cactus**, St. Amandstr. 13. Im **Brügse Beertje** gibts 600 Biersorten in den urigsten Geschmäckern und Farben.

Sehenswertes: vom Bhf. im Süden der Stadt zu Fuß oder mit Bus zum Marktplatz, dem Zentrum der Stadt. Der 83 m hohe *Belfried* beherbergt das größte Glockenspiel der Welt. Der Aufstieg über die 388 Stufen lohnt wegen des interessanten Blicks auf die gotische Innenstadt (ca. 2 DM). Direkt benachbart der hübsche Burgplatz mit dem gotischen *Rathaus* und der *Heiligblutkapelle* - angeblich bewahrt man hier Blut von Christus (berühmte Prozession im Mai). Gleich beim Burgplatz zwischen Rathaus und Stadtkanzlei eine der Anlegestellen für die lohnenden *Bootsrundfahrten* auf den vielen Kanälen und Grachten, die die Altstadt durchziehen (ca. 8 DM).
Zwischen Markt und Begijnhof steht die *Liebfrauenkirche* - schönstes Kunstwerk im Inneren eine Marmorskulptur von Michelangelo "Maria mit dem Kinde" (das einzige Kunstwerk Michelangelos außerhalb Italiens!).
Der *Begijn-Hof* von Brügge liegt am Minnewater (Liebessee), einem hübschen Teich im weiten Kanalsystem der Stadt zwischen Markt und Bhf. Heute wird er als Nonnenkloster genutzt. Einmalig ruhige Atmosphäre, kleines Museum, in dem die von Nonnen angefertigten Spitzen ausgestellt sind (ca. 1,50 DM, Stud. ermäß.).

MUSEEN: gegenüber der Liebfrauenkirche zeigt das **Memling-Museum** in einem ehemaligen Hospital das Gesamtwerk eines gewissen Hans Memling. Er war einer der bedeutendsten Künstler aus altflämischer Zeit und porträtierte reiche Brügger Patrizier, aber auch wunderschöne flandrische Landschaften.
Im weiteren Umkreis der Liebfrauenkirche, in der Dijverstraat, das sehr gute **Groeninge-Museum** mit einer Sammlung altflämischer Malerei, gleich benachbart das **Gruuthuse-Museum** mit kunstgewerblichen Sachen, luxuriösen Möbeln, Fayencen etc.

SPITZENKLÖPPELEI: Brügge ist ein Zentrum dieser Kunst, vor allem im Museumsdistrikt könnt ihr den Frauen bei der Arbeit zuschauen.

MÄRKTE: jeden Samstagmorgen auf dem Markt- und Burgplatz, Mittwochmorgen auf dem Burgplatz. Mo-Sa Vormittag werden am **Vismarkt** Fische verkauft.
Hübscher **Flohmarkt** jeden Sa- und Sonachmittag am Kanal vor den Museen (Dijverstraat).

Brügge/Umgebung: lohnt in erster Linie zum Radfahren - die Küste mit ihren langen Sandstränden und den bekannten Badeorten *Blankenberge*, *Knokke-Heist* (12 km Strand!) und *Oostende* liegt nur 14-20 km entfernt (alle mit Bahnverbindung nach Brügge). Tip - mit dem Rad hin, am Bhf. abgeben und mit der Bahn zurück - oder umgekehrt.

FÄHREN NACH GROSSBRITANNIEN: von **Zeebrügge** fahren North Sea Ferries 1 x tägl. nach Hull, P & O Ferries 2 x tägl. nach Felixstowe und bis zu 6 x tägl. nach Dover.
Von **Oostende** gehen P & O Ferries bis zu 8 x tägl. nach Dover, für Interrailer 30 %, der Bhf. liegt gleich am Fähr-Terminal.

Luxemburg

Das kleine Land zwischen drei großen Nachbarn - Frankreich, Belgien und die BR Deutschland schließen das gerade 2600 qkm 'große' Großherzogtum mit seinen 364.000 Bewohnern ein.

Luxemburg ist begehrte Oase für Steuer-Flüchtlinge, bedeutender Standort der Montanindustrie, Gourmet-Treff für Weinkenner - touristisch wird es jedoch zu Unrecht oft übersehen. Zahlreiche Flüsse, die sich durch das weiche Sandgestein gefräst haben, viel Wald, trutzige Burgruinen und historisch intakte Orte mit Schieferdächern prägen das Land.
Während der Süden, das sog. *Gutland*, flach und eher ereignislos ist (Ausnahme die Region um Luxemburg/Stadt), ist die Landschaft des *Ösling* im Norden schon ganz von den gebirgigen Ardennen geprägt. Die großen Weinbaugebiete liegen an der *Mosel* im Südosten. Es gibt ein dichtes Netz von beschilderten Wanderwegen, eine überdurchschnittlich hohe Zahl von Campingplätzen und noch viel unverbrauchte Natur (nicht umsonst gilt Luxemburg als Hochburg des europäischen Pfadfinderwesens).
Außer der sehenswerten Hauptstadt Luxemburg lohnen vor allem Abstecher nach *Echternach* (möglichst zur bizarren Springprozession) und ins hübsche Ardennenstädtchen *Vianden*.

Mit der Eisenbahn durch Luxemburg

Spärlich ausgebautes Bahnnetz - mit nur 130 Streckenkilometern ist die C.F.L. die kleinste staatliche Bahngesellschaft der Welt. Immerhin gibt es aber stolze 64 Bahnhöfe.

Luxemburg/Stadt ist mit Direktzügen u.a. erreichbar von Straßburg, Basel, Paris, Brüssel, Liège (Lüttich) u. Frankfurt. Die Bahnlinien im Land führen sternförmig von und nach Luxemburg/Stadt. Eine Nord/Süd-Linie kommt von Liège (Belgien) und führt der Länge nach durchs Land in Richtung Metz, Nancy und Paris. Gerade drei std. braucht der Zug, um auf dieser längsten Strecke das Land zu durchqueren. Eine weitere Linie durchquert Luxemburg von Westen nach Osten - von Koblenz bzw. Trier über Luxemburg nach Arlon/Brüssel in Belgien. Ferner gibt es Stichbahnen entlang der genannten Linien, die aber immer mehr von Bussen ersetzt werden.
Tip - mit dem Interrail-Ticket dürft ihr neben allen Zügen auch sämtliche *Busse* des Landes (außer den innerstädtischen) *kostenlos benutzen*! Alle Busabfahrtszeiten findet ihr im Verzeichnis 'Lignes d'Autobus R.G.T.R.', das 2 x jährl. erscheint (ca. 6 DM an den Bahnhöfen).
Die **Bahnkarte zu Luxemburg** findet ihr im Kapitel Belgien auf S. 511.

Praktisches

Einreise: Personalausweis oder Reisepaß.

Finanzielles: in Luxemburg sind zwei verschiedene Währungen im Umlauf. Neben *Luxemburgischen Francs* (LFR) könnt ihr auch mit *Belgischen Francs* (BFR) zahlen. Beide sind gleichviel wert (Kurs siehe Belgien). Aber Vorsicht - beim Bezahlen mit BFR werdet ihr nicht schief angeguckt, was dagegen mit LFR in Belgien leicht passieren

kann! Außerdem kann man in Luxemburg in fast jedem Geschäft zu normalen Kursen in DM, französischen Franc und Dollar bezahlen.
Euro-, *Travellerschecks* und *Postsparbuch* werden akzeptiert.

Übernachten: es gibt 10 *Jugendherbergen* (8 DM pro Pers., nur mit Ausweis, in Luxemburg/Stadt 1 DM teurer) - Beaufort, Bourglinster, Echternach, Ettelbruck, Grevenmacher, Hollenfels, Lultzhausen, Luxemburg/Stadt, Vianden und Wiltz.
Sehr lohnend sind die vielen über das ganze Land verteilten *Campingplätze*, die allgemein in gutem Zustand sind. Besonders zahlreich sind die Plätze an den Flüssen Mosel, Sauer (Sure) und Alzette. Im Sommer und an Wochenenden kann es voll werden - ganz Luxemburg zieht dann in die Wohnwagen. Eine Alternative ist das (diskrete) *wild Zelten*, z.B. auf den gut 47 Zeltplätzen der Pfadfinder.
Ansonsten gibt es in den meisten Fremdenverkehrsorten relativ günstige *Privatpensionen* (Vermittlung über Tourist-Infos). Preiswerte *Hotels* werdet ihr dagegen vergeblich suchen - lediglich in der Hauptstadt könnt ihr Glück haben.

Essen und Trinken: die Küche ist stark französisch geprägt. Trotzdem gibt es viele eigene Spezialitäten, z.B. Ardenner Schinken, geräuchertes Schweinefleisch oder Kutteln. *Treipen* heißt die Blutwurst aus Luxemburg, ansonsten lohnen wegen der vielen Flüsse vor allem die leckeren Forellen und Krebse (April-September).
Luxemburgische *Biere* haben schon seit dem Mittelalter einen ausgezeichneten Ruf. Und auch die *Moselweine* lohnen den Weg. Gleichgültig ob trokken, mild oder spritzig - das *Pröbeln* (Kosten) des luxemburgischen *Weins* ist entlang der großen Weinbaugebiete an der Mosel überall möglich. Zum Pröbeln beginnt man sich in die Schankstube, die der Kellerei angeschlossen ist und testet aus kleinen Gläsern soviel Wein, wie man möchte.

Telefon: Durchwählen ins Ausland von allen öffentl. Telefonzellen möglich.
VORWAHL: Bundesrepublik Deutschland **0049**, Österreich **0043**, Schweiz **0041**.

Sprache: Landessprache ist *Letzebuergesch*, eine Art moselfränkischer Dialekt mit eigener Grammatik, die man als Deutscher bedingt verstehen kann. Ansonsten spricht man Deutsch und Französisch, letzteres ist offizielle Amtssprache.
Dank des Nationalstolzes der Luxemburger und den schlechten Erfahrungen, die man mit dem östlichen Nachbarn gemacht hat (Okkupation durch die Nazis), kann es vorkommen, daß man euer Deutsch partout nicht verstehen will.

BOTSCHAFTEN

Bundesrepublik Deutschland: 20-22 Ave. Emile Reuter, Luxemburg/Stadt, Tel. 26791-92.
Schweiz: Boul. Royal/Ecke Ave. Amélie, Luxemburg/Stadt.
Österreich: Place de Bruxelles/Ecke Boul. Royal, Luxemburg/Stadt.

FREMDENVERKEHRSÄMTER

D-4000 Düsseldorf 1, Königsallee 30/ Kö-Center, PF 2509, Tel. 0211/326578.

LUXEMBURG

Malerisch-enge Altstadt in bestechender Terrassenlage am Zusammenfluß von Alzette und Pétrusse. Brücken, Bankenhochhäuser, Europa-Parlament und mittelalterliche Turmwälle ergeben eine einzigartige Mischung.

Wenn ihr mit dem Zug aus Richtung Belgien kommt, habt ihr die besten Eindrücke. Unterhalb des *Kirchbergs*, auf dessen Plateau die Europabehörde ihre modernen Klötze aus Glas, Beton und Stahl errichtet hat *(Centre Européen)*, fährt der Zug unter der großen roten Großherzogin-Charlotte-Brücke das *Alzette-Tal* entlang zum altehrwürdigen Bhf. südl. vom Zentrum.
Die Altstadt eingeschnürt zwischen zwei steilen Flußtälern - krumme kleine Gäßchen, Viadukte, Brücken, immer

wieder tolle Ausblicke. In den Uferfelsen verbergen sich die weitläufigen *Kasematten*, Pflichtprogramm für jeden Besucher. Luxemburg galt über Jahrhunderte als stärkste Festung der Welt und wurde erst im 19. Jh. geschleift. 1963 konnten die Fundamente der mittelalterlichen *Lützelburg* freigelegt werden, die wie die Heilig-Geist-Zitadelle (Saint Esprit) und die vielen 'spanischen Türmchen' bis heute ein eindrucksvolles Bild vergangener Macht vermitteln.

VERBINDUNGEN / BAHNHOF: der Bhf. liegt im Süden der Stadt, **Place de la Gare**. Zu Fuß ein knapper km in die Altstadt zwischen den zwei Flußarmen. Es gibt Duschen, Gepäckaufbewahrung und Geldwechsel (Mo-Sa 8.30-21, So 9-21 h). Nachts wird der Bhf. von 1.30 - 4 h geschl. Der **städtische Busbhf.** liegt, wenn ihr rausgeht, gleich rechts nebenan.

INFORMATION: im **Luxair-Gebäude**, beim Verlassen des Bhf. nach rechts gehen. Im Sommer tägl. 9-19.30, sonst 9-12, 14-18.30 h. Kostenlose Zimmervermittlung, außerdem Unterkunftslisten, Stadtpläne und nützliches Info-Material. Eine Zweigstelle liegt an der **Place d'Armes**, mitten in der Altstadt.

Übernachten: für luxemburgische Verhältnisse relativ preiswerte Hotels liegen in der Umgebung des Bahnhofs, vor allem in der *Rue de Strassbourg*, *Rue Joseph Junck* und der *Rue de la Liberté*. DZ gibts ab etwa 45-50 DM aufwärts.

JUGENDHERBERGE: moderner Etagenbau in der Rue du Fort Olisy im Tal der Alzette (Pfaffenthal), sauber, sogar Haartrockner in der Dusche. Absolut das preiswerteste Quartier der Stadt, deswegen meist sehr voll, immer vorher anrufen, Tel. 26889. Nur für Mitglieder, ca. 9 DM. Vom Bhf. mit Bus 9. An- und Abmarsch in die Altstadt in wenigen Minuten, direkt hinter der JH befinden sich die Überreste der Bock-Kasematten (siehe Sehenswertes).

HOTELS: **Atlas**, mit ca. 45 DM fürs DZ billigstes Hotel der Stadt, 30, Rue du Fort Neipperg, Tel. 487255. Etwa 50-60 DM zahlt man im **Zürich**, Rue Joseph Junck, 60-70 DM im **Carlton**, **Windsor** und **Capitol**, alle Rue de Strassbourg.

CAMPING: **Camping Kockelscheuer** an der Rue Echternach, komfortabel und preiswert (mit Supermarkt). Zu erreichen mit Bus 10 ab Bhf., der aber nur selten fährt (ansonsten andere Buslinie zuzügl. 3 km Fußmarsch), fragt im Tourist-Info.

Essen: kulinarisches Zentrum ist die *Place d'Armes* mit Seitengassen. Bei schönem Wetter ist der ganze Platz ein Straßencafé, gelegentlich werden auch Trödelmärkte abgehalten. Im Sommer gibts häufig kostenlose Konzerte, dann sitzen jung und alt bis tief in die Nacht beim sauren luxemburgischen Wein.

PLACE D'ARMES UND UMGEBUNG: **Mister Grill**, brauchbarer Self-Service; **l'Academie**, kleines Straßencafé; **Café de Paris**, kleines Restaurant, Preise gerade noch zu akzeptieren. **Café de la Poste**, unorthodoxe Kneipe und billigstes Lokal der Innenstadt (!), 19, Rue Philippe I. **Choucrouterie**, Spezialrestaurant für Sauerkrautgerichte (!), teuer, 48, Grand Rue.

RUE DE LA GARE (Nähe Bhf.): **Café le Pericord** (Nr. 38), gemütliche pubähnliche Atmosphäre, ebenso in der **Brasserie Journal** (Nr. 33). Preise in beiden etwas höher.

BOULEVARD ROOSEVELT: **Café La Terrasse** und **Restaurant Roosevelt** sind nur zwei von vielen Möglichkeiten auf dem Boulevard. Beide haben ein Straßencafé und sind im Sommer stark von Kasematten-Touristen in Beschlag genommen.

NACHTLEBEN: außer den Konzerten an der **Place d'Armes** (Termine in 'La semaine à Luxembourg') gibts etliche Diskos. **Starlife** ist die größte und bekannteste - 14, Av. de la Faiencerie, tägl. 21 std. offen, zur Musik die passenden Videos.

Sehenswertes

Unverkennbares Merkmal Luxemburgs sind die Brücken (insgesamt 88). Wenn ihr vom Bhf. die Avenue de la Gare nach Norden lauft, kommt ihr über den 300 m langen *Viadukt Passerelle* in die Altstadt. Auffallend auch der 250 m lange *Pont Adolphe* weiter westlich.

Die Altstadt ist ein Labyrinth von krummen Gassen hoch über den beiden tief eingekerbten Flußtälern von *Pétrusse* und *Alzette*. Überall sind Pfeile angebracht, wie man am schnellsten zur nächsten schönen Aussichtsterrasse oder Brücke kommt. Mittelpunkt des Rummels sind die *Place d'Armes* und die Geschäftsstraße *Grand Rue*.

Altstadt: die *Kathedrale Notre Dame* (Liebfrauen-Kathedrale) findet ihr an der parallel zum Boulevard Roosevelt verlaufenden Liebfrauenstraße. Neben den Barock-Skulpturen ist die Krypta mit der großherzoglichen Gruft interessant. Nur einen Steinwurf entfernt, liegt inmitten von engen Gassen das *Großherzogliche Schloß* (Palais Grand-Ducal) aus dem 16.-18. Jh., der älteste Teil stammt noch aus der Renaissance (Besichtigung nur mit Führung, Anmeldung im Tourist-Büro, ca. 5 DM). Sehenswert sind auch die *Staatsmuseen* (Musées de l'Etat) an der Grand Rue mit einer umfassenden Sammlung archäologischer und mineralischer Funde (Mo geschl., frei).

Bock: steiler Burgfels in der Windung der Alzette, zu erreichen über den alten Pont du Chateau. 1975 wurden hier die 1000 Jahre alten Reste der *Lützelburg* samt großem Torturm freigelegt.

Boulevard Royal: ein Ausflug in die europäische Finanzrealität. Hier reiht sich Hochhaus an Hochhaus. Gänzlich unvermittelt dann der Gegensatz, wenn ihr in die Romantik des *Pfaffenthals* hinuntersteigt.

Stadtpark: westl. der Altstadt, an Stelle der geschleiften Festungsanlagen. Mitten darin die Studios und Sendeanlagen des fast schon legendären *'Radio Luxemburg'* (Radio-Télé-Luxembourg), in dem viele Starmoderatoren erste Erfahrungen gesammelt haben.

Vallée de Pétrusse: sehr ruhiges, grünes Tal südwestl. der Altstadt, das von schönen Brücken überspannt wird. Für einen Spaziergang ideal.

Kasematten: Hauptsehenswürdigkeit der Stadt. Die Reste der mächtigen Festungsanlagen im Pétrusse- und Alzette-Tal wirken von außen wenig beeindruckend. Glatter Fels reckt sich empor, nur hier und dort von kleinen Schießscharten unterbrochen. Faszinierend dagegen die unterirdische Besichtigung. 20 km des Wegenetzes sind zugänglich, im letzten Krieg fanden hier Zehntausende von Luxemburgern Schutz. Eingänge an der *Place de la Constitution* (Pétrusse-Kasematten) und an der *Rue Sigefroi/Le Bock* (Alzette, Bock-Kasematten). In der Saison tägl. 10-18 h, ca. 2 DM.
Von der ehemaligen Größe der Anlagen kann man sich heute noch ein Bild verschaffen, wenn man das Modell im *Rathauskeller* betrachtet.

Kirchberg: hier ist das große Centre Européen entstanden - das 24-stöckige *Europa-Center*, die Gebäude für das *Europa-Parlament*, den *Europäischen Gerichtshof*, die *Europäische Verwaltung* u.v.m.

Luxemburg/Stadt - Ettelbruck - Clervaux - Liege (Belgien) A-Kb. 25904

Hauptstrecke des Landes. Erster nennenswerter Ort ist das kleine Städtchen *Mersch* mit alter Kirche und einer Wasserburg, die früher einmal Jugendherberge war.
Mersch ist Ausgangspunkt für Ausflüge per Bus in die *'Luxemburgische Schweiz'*, z.B. nach Larochette, Mullerthal und vor allem Echternach.

Echternach: Mittelalterstädtchen mit kopfsteingepflastertem Marktplatz, gotischem Rathaus und einer ehemaligen Benediktinerabtei. 698 vom heiligen Willibrord gegründet, überragen die Türme ihrer berühmten *Willibrord-Basilika* das Stadtbild. Alljährl. am Pfingstdienstag findet ihm zu Ehren die eigentümliche *Springprozession* statt.
Am Stadtrand wurden erst 1975 die Überreste einer *römischen Villa* ausgegraben - eine der größten nördl. der Alpen. Ansonsten lohnt die umgebende *Luxemburgische Schweiz* für ausgiebige Wanderungen (Broschüre im Tourist-Info).

INFORMATION: Porte St. Willibrord (vor der Basilika), Tel. 72230.

ÜBERNACHTEN: **Jugendherberge** in der 9, Rue A. Duchscher, Tel. 72158. Zwei **Campingplätze** liegen nicht weit von der Bushaltestelle.

SPRINGPROZESSION VON ECHTERNACH: alljährl. am Pfingstdienstag versammeln sich gegen 9 h Tausende von Menschen vor der großen Abtei. Schulter an Schulter stellen sie sich in Reihen auf, halten gemeinsam weiße Taschentücher und springen in einem merkwürdigen Rhythmus zur Marschpolka von Th. Müller kreuz und quer durch die Straßen des Orts.
Über die Ursprünge der kuriosen Zeremonie streiten sich Theologen und Historiker. Angeblich geht sie auf ein Gelübde zurück und wird seit über 600 Jahren zu Ehren des heiligen Willibrord veranstaltet. Dieser englische Mönch lebte zwischen 658 und 739 u.a. auch in Echternach und bewahrte durch seine Fürsprache die Region vor einer Pestepidemie. Vielleicht geht das Ganze aber auch auf einen viel älteren "heidnischen" Kult zurück.

Zurück an der Bahnlinie kommt ihr nach **Ettelbruck**, dem Zentrum des 'Ösling', einer Region, die schon stark von den Ardennen geprägt ist. Per Bus häufige Verbindungen nach Vianden.

ÜBERNACHTEN: **Jugendherberge** 1,5 km links vom Bhf. (durch die Stadt laufen), Promenade de l'Alzette, Tel. 82269. Ansonsten **Camping Kalkesdelt**.

Vianden: eins der schönsten Fleckchen im Land, unweit der deutschen Grenze im Tal des *Our*. Vianden wird von der Ruine einer mittelalterlichen Burg überragt, einen Super-Blick auf das Tal habt ihr vom Aussichtspunkt *Belvedere* (Sessellift).
In der Umgebung lockt eins der größten Wasserkraftwerke Europas (ca. 5 km stromauf) und der deutsch-luxemburgische Nationalpark.

INFORMATION: im Victor Hugo-Haus, Tel. 84257.

ÜBERNACHTEN: sehr schöne **Jugendherberge** etwas außerhalb in der 3, Montee du Chateau, Tel. 84177. Zu erreichen mit Bus 1. Im südl. Ortsteil gibt's am Fluß mehrere **Campingplätze**, ebenfalls Busverbindung.

Zurück an der Bahnlinie, habt ihr in Kantenbach die Möglichkeit, den Zug nach **Wiltz** zu nehmen. Das Städtchen hat ein Schloß (in Oberwiltz) und ist stolze Hochburg des luxemburgischen Pfadfinderwesens - im Sommer werdet ihr vor lauter Scouts aus aller Welt nicht mehr treten können.

INFORMATION: im Schloß, Tel. 96199.

ÜBERNACHTEN: in der Nebensaison kann man auf dem großen **Zeltplatz** der Pfadfinder am Ufer der Wiltz campen, außerdem eine neue **JH** etwa 1,5 km vom Bhf. (Rue de la Montagne).

Clervaux (auch *Clerf* genannt): typischer Ardennenort mit viel Wald und guten Wandermöglichkeiten. Sehr sehenswertes Schloß (während der Ardennen-Offensive von 1944 schwer beschädigt) und eine Benediktinerabtei mit neuromanischer Pfarrkirche. Mehrmals tägl. gute Bahnverbindungen nach Liège, Luxemburg/Stadt, Metz und Nancy.

INFORMATION: 27, Grand-Rue, Tel. 92072.

ÜBERNACHTEN: **Camping Officiel**, keine JH.

Großbritannien

Das Geburtsland von Rock und Punk hat noch nichts von seiner Anziehungskraft auf Traveller verloren - trotz Regen, harter Klassengegensätze und rauhem Wind in Sachen Wirtschaft.

Die britischen Industriestädte zählen heute zu den Slums Europas. Doch Popmusik und Pubs, schottische *Highlands* und gruseliges *Dartmoor*, die größten Kathedralen und kleinsten Schmalspurbahnen sind nicht zu schlagen.

Ein unbedingtes Muß ist *London* - 1/7 aller britischen Staatsbürger wohnen in dieser kosmopolitischsten Stadt Europas - zusammengewürfelt aus allen Ecken des ehemaligen Commonwealth. Interessante Straßenmärkte, an die 7000 Pubs, heiße Musiklokale und eine der farbigsten Jugendszenen Europas erwarten euch. Kulturell Interessierte gehen ins *Britische Museum* oder in die *National Gallery*, die zu den besten Museen der Welt gehören, oder betrachten die glitzernden Kronjuwelen im *Tower*.

Die englische Countryside ist großenteils weniger spektakulär - sanfte Hügel und Täler wechseln mit weiten Weide- und Heideflächen, dazwischen kleine urige Dörfer mit schlichten Steinkirchen und alten Fachwerkhäusern. Es gibt wenig Wald, aber etliche Nationalparks und Hochmoore mit schönen Wanderwegen, außerdem rauhe Klippenküsten mit teils kilometerlangen Sandstränden. Am vollsten natürlich die *Südküste*, zahlreiche Seebäder mit langen Sandstränden, im Juli/August schwarz vor Menschen.

Einige 'Highlights' auf eurem Großbritannien-Trip - im äußersten Südwesten die Halbinsel *Cornwall* mit wildromantischer Steilküste, schönen Badebuchten und kleinen Fischerdörfern, die im Hochsommer halb England unterbringen müssen. In Nord-Wales die bizarre Bergwildnis des *Snowdon-Massivs*, schließlich die Bilderbuchlandschaften des *Lake-District* und vor allem die schottischen *Highlands* - letztere zum großen Teil noch fast unberührte Urlandschaften.

Die Städte - abgesehen von Mittelengland, wo sich die Industrie des Landes konzentriert (Manchester, Sheffield, Birmingham, Liverpool) gibt es in allen Landesteilen noch prächtige alte Städte mit historischen Ortskernen, z.B. *Lincoln*, *York* und *Chester*. *Bath* (bei Bristol) ist das einzige Heilbad Englands und ein einzigartiges Zentrum der georgianischen Baukunst des 18. Jh. Bekannt und berühmt sind, wie schon erwähnt, die englischen *Kathedralen* - zu den größten und schönsten gehören die in Canterbury, Winchester, York und Durham. Nicht versäumen solltet ihr schließlich einen Ausflug in eine der beiden traditionsreichen Universitätsstädte *Cambridge* und *Oxford* mit ihren altehrwürdigen Colleges.

Anreise/Fährverbindungen

Der Tunnel ist in Bau, aber frühestens 1993 fertig. Bis dahin müssen Fähren genügen - verwirrend dichtes Netz von Überfahrten, von den meisten Orten mehrmals täglich.

Wichtigste Häfen sind *Hoek van Holland* (Niederlande), *Oostende* (Belgien), *Calais, Boulogne*, *Dieppe* und *Cherbourg* (Frankreich). Dort bekommen Interrailer 30 %, in Tragflügelbooten (Hoverspeed) von Boulogne und

Calais sogar 50 % (sind dadurch billiger und ein tolles Erlebnis dazu, mit hundert Sachen über den Kanal zu "fliegen"). Auch auf den zwei Strecken von Dänemark gibt es 50 %. **Mit der Karte Interrail + Schiff nur Freifahrten nach Irland, nicht nach Großbritannien.** Die kürzeste Strecke vom Kontinent nach Großbritannien ist zwischen Calais und Dover.

DER TUNNEL: mit 22 Milliarden das teuerste private Projekt der europäischen Geschichte und wahrscheinlich im Frühjahr 1993 fertig - der 38 km lange Bahntunnel von Calais unter dem Ärmelkanal hindurch nach Folkestone/England. Zwischen den Checkpoints **Frethune** (F) und **Cheriton** (GB) werden die Züge rund um die Uhr im Siebenminutentakt pendeln. Die Fahrzeit wird damit auf nicht mal 30 min. verkürzt werden!
Achtung - der **erste Railer**, der uns einen genauen Erfahrungsbericht von der Tunneldurchquerung schickt, erhält von uns ein dickes Präsent!

Die Zeiten der Züge und Fähren sind meist aufeinander abgestimmt. Zum Fahrpreis kommt immer noch eine Hafentaxe dazu.

Im folgenden Preise Neben- und Hauptsaison (Stand 89). Nicht schon am Festland Hin- und Rückfahrt buchen, in England ist's billiger.

NORWEGEN: **Bergen - Newcastle** (Norway Line), 3 x wöch. (nur Juni-Oktober), 130-220 DM (25 % Stud.-Rabatt).

DÄNEMARK: **Esbjerg - Harwich** (DFDS, Scandinavian Seaways), bis zu 6 x wöch. (nur Juni-August), ca. 18 std., ca. 139-179 DM. **IR-Ermäßigung 50 %.**
Esbjerg - Newcastle (DFDS, Scandinavian Seaways), 1 x wöch., ca. 21 std., ca. 155-210 DM. **IR-Ermäßigung 50 %.**

BUNDESREPUBLIK DEUTSCHLAND: **Hamburg - Harwich** (Prinzenlinie), jeden zweiten Tag, ca. 20 std., 129-189 DM.

NIEDERLANDE: **Scheveningen - Great Yarmouth** (Norfolk Line), 1 x tägl., 8 std., ca. 130-170 DM.
Hoek van Holland - Harwich (Sealink), 2 x tägl., ca. 6 1/2 std. tags, 8 std. nachts, ca. 84 DM. **IR-Ermäßigung 30 %.**
Rotterdam/Europoort - Hull (North Sea Ferries), 1 x tägl., ca. 14 std., 125-145 DM.
Vlissingen - Sheerness (Olau Line), 2 x tägl., ca. 7 std. tags, 9 std. nachts, ca. 90 DM, Stud./Schüler 68 DM.

BELGIEN: **Zeebrügge - Felixstowe** (P & O European Ferries), 1-2 x tägl., ca. 5 std. tags, 8 std. nachts, ca. 72 DM.
Zeebrügge - Hull (North Sea Ferries), 1 x tägl., 14 std., 125-145 DM.

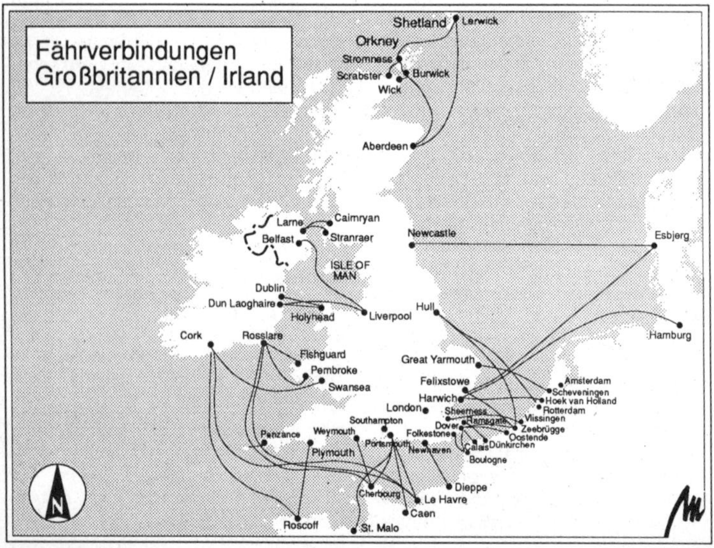

Fährverbindungen Großbritannien / Irland

Zeebrügge - Dover (P & O European Ferries), bis zu 6 x tägl., 4 1/2 std., 61 DM.
Oostende - Dover (P & O European Ferries), bis zu 8 x tägl., ca. 4 1/2 std., ca. 61 DM. Eine der wichtigsten Verbindungen für alle, die von der BR Deutschland kommen, Anfahrt über Köln/Brüssel. **IR-Ermäßigung 30 %.**

FRANKREICH: **Dünkirchen - Ramsgate** (Sally Line), bis zu 5 x tägl., 2 1/2 std., 44 DM.
Calais - Dover (Sealink), bis zu 20 x tägl., ca. 1 1/2 std., ca. 57 DM. Eine der kürzesten und meistgenutzten Verbindungen. **IR-Ermäßigung 30 %.**
Calais - Dover (P & O European Ferries), bis zu 15 x tägl., ca. 1 1/4 std., ca. 61 DM. Eine der kürzesten und meistgenutzten Verbindungen.
Calais-Dover (Hoverspeed-Luftkissenfährdienst), 5-21 x tägl., ca. 35 min., ca. 56 DM. **IR-Ermäßigung 50 %.** Kürzeste und für Interrailer auch billigste Verbindung.
Boulogne - Dover (P & O European Ferries), bis zu 6 x tägl., ca. 1 3/4 std., ca. 61 DM.
Boulogne - Dover (Hoverspeed-Luftkissenfährdienst), 3-5 x tägl., ca. 35 min., ca. 56 DM. **IR-Ermäßigung 50 %.** Kürzeste und für Interrailer auch billigste Verbindung.
Boulogne - Folkestone (Sealink), bis zu 6 x tägl., ca. 1 3/4 std., ca. 57 DM. **IR-Ermäßigung 30 %.**
Dieppe - Newhaven (Sealink), ca 4 x tägl., etwa 4 std., 90 DM. **IR-Ermäßigung 30 %.**
Le Havre - Portsmouth (P & O European Ferries), bis zu 3 x tägl., ca. 5 1/2 std. tags, 8 std. nachts, ca. 91 DM.
Caen - Portsmouth (Brittany Ferries), bis zu 2 x tägl., ca. 5 3/4 std., ca. 69-83 DM.
Cherbourg - Weymouth (Sealink), 2 x tägl., ca. 4 std., ca.90 DM. **IR- Ermäßigung 30 %.**
Cherbourg - Portsmouth (P & O European Ferries), bis zu 4 x tägl., 4 1/2 std. tags, 7 std. nachts, 91 DM.
Le Havre - Portsmouth (P & O European Ferries), bis zu 3 x tägl., ca. 5 1/2 std. tags, 8 std. nachts, 91 DM.
St. Malo - Portsmouth (Brittany Ferries), 1-2 x tägl., ca. 9 std., 105-116 DM.
Roscoff - Plymouth (Brittany Ferries), 2-3 x tägl., ca. 6 std., 97-105 DM.

IRLAND: **Fishguard - Rosslare** (Sealink), 2-3 x tägl. 3,5 std., 62 DM. **IR-Ermäßigung 30 %.**
Pembroke - Rosslare (B + I Line), bis zu 2 x tägl., 4 std., 48-64 DM. **IR-Ermäßigung 50 %, mit Karte IR + Schiff frei.**
Holyhead - Dun Laoghaire (Sealink), 2 x tägl., 3,5 std., 62 DM. **IR-Ermäßigung 30 %.**
Holyhead - Dublin (B + I Line), 2 x tägl., 3 1/2 std., 48-64 DM. **IR-Ermäßigung 50 % , mit Karte IR + Schiff frei.**
Liverpool - Dun Laoghaire (Sealink), 1 x tägl., 8 std, 87-102 DM.
Liverpool - Belfast (Belfast Ferries), 1 x tägl., 9 std., 90-99 DM.
Stranraer - Larne (Sealink), 2 1/4 std., 1-2 x tägl., 43 DM. **IR-Ermäßigung 30 %.** Kürzeste und mit Interrail-Ticket billigste Überfahrt von Großbritannien (Schottland) nach Irland.

INTERRAIL + SCHIFF: mit dieser Karte freie Überfahrt von **Großbritannien nach Irland** (B & I Line: Pembroke - Rosslare und Holyhead - Dublin) und von **Frankreich nach Irland** (Irish Ferries: Le Havre - Rosslare, Le Havre - Cork, Cherbourg - Rosslare), jedoch keine Freifahrt vom Kontinent nach England!
Wer sparen will, muß von Frankreich nach Irland, von dort rüber nach England und auf dem selben Weg zurück. Details unter Anreise/Irland.

Mit der Eisenbahn durch England

England ist das klassische Eisenbahnland. Hier fuhr die erste Lokomotive der Welt und noch heute gibt es in keinem anderen Land Europas so viele Schienenstrecken.

1804 bastelte ein Bergwerksingenieur in Südwales die erste Lokomotive, 1825 wurde dann die erste Strecke der Welt von Stockton nach Darlington eröffnet und 1829 baute Stephenson die *"Rocket"*-Lokomotive, die später auch auf dem Kontinent einschlug (in Deutschland fuhr sie auf der ersten Linie zwischen Fürth und Nürnberg). 1830 zuckelte der erste Personenzug von Liverpool nach Manchester und bald setzt ein erbitterter Konkurrenzkampf verschiedener Gesellschaften ein. Überall in Großbritannien wurden Bahnlinien aus dem Boden gestampft, ohne Zusammenhang und oft mit verschiedenen Spurweiten, so daß das Chaos bald perfekt war.
Erst nach dem 2. Weltkrieg wurde das gesamte Netz verstaatlicht und modernisiert - zahlreiche Strecken wurden stillgelegt und man bastelte mehr schlecht als recht ein Netz, das den Ansprüchen des 20. Jh. genügen sollte. Da noch heute unverhältnismäßig viele alte Strecken befahren werden müssen, haben die Techniker von British Rail Leichtmetallwagen mit speziellen Fahrgestellen entwickelt, die auch mit den kurvigen Linienführungen aus dem letzten Jahrhundert fertig werden. Bis zu 200 km/h fahren die *Inter-City-Züge* mit je einer Lok an beiden Zug

Großbritannien Fahrpläne Nr 28000 – 28063 **Irland** Fahrpläne Nr 28500 – 28508

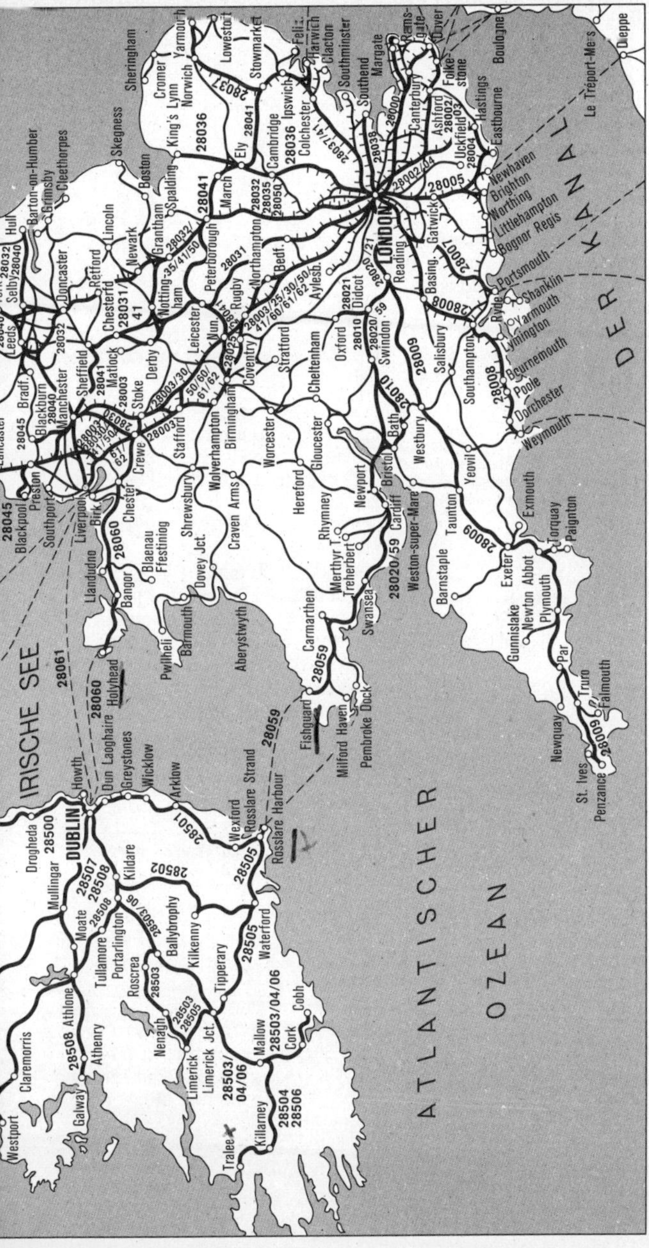

Strecken des Auslandkursbuches — elektr.
sonstige Strecken — elektr.
Schiffahrtslinien

enden - ein System, das in England erfunden wurde. An die zweihundert Städte werden mit diesen Schnellzügen angefahren, die größten wie Manchester oder Birmingham im 1-Stundentakt oder noch häufiger - **generell kein Zuschlag**. Verspätungen sind nicht unüblich, nachts zwischen 23 und 3.30 h fahren Züge nur auf Langstrecken.
Die schönsten Strecken Großbritanniens findet ihr in den fast menschenleeren "Urlandschaften" *Schottlands*. Die reizvollste ist wohl die *West-Highland-Bahn* von Glasgow über Fort Williams nach Mallaig (siehe S. 582). Hier oben bei Edinburgh auch die größte Eisenbahnbrücke Europas über den Firth of Forth (S. 574).

SCHLAFWAGEN: in der Regel Zweibett-Abteile, die ca. 45 DM pro Pers. kosten. Liegewagen gibt es nicht. Da die meisten Fahrten auf der Insel kaum länger als 6 std. dauern, müßt ihr selber entscheiden, ob sich das Buchen eines teuren Schlafwagenbetts lohnt.

STRECKENNETZ: British Rail gibt alljährl. eine gute, regelmäßig aktualisierte **Streckennetzkarte** für ganz Großbritannien heraus, auf deren Rückseite zudem alle Bahnlinien im Großraum London eingezeichnet sind. Erhältlich bei Fremdenverkehrsämtern und British Rail.

MUSEUMSBAHNEN: Relikte aus der "Gründerzeit" sind die mehreren hundert **Schmalspurbahnen**, die noch überall in Betrieb sind - meist werden sie noch von alten Dampfloks gezogen. **Interrail gilt nicht** - wer sich trotzdem dafür interessiert, kann sich von British Rail Prospekte über Standorte und Fahrpläne der wichtigsten schicken lassen - "Guide to Steam Trains in British Isles" und "The Great Little Trains of Wales".

INFORMATIONEN: **British Rail Travel Center**, 12 Regent Street, London SW 1 (Nähe Piccadilly Circus).
Generalvertretung in der Bundesrepublik: **British Rail International**, Neue Mainzer Str. 22, D-6000 Frankfurt/M 1, Tel. 069/232381.

Andere Verkehrsmittel: das Umsteigen auf *Busse* ist in Schottland, Wales und dem Lake-District wegen des dort nur mäßig ausgebauten Bahnnetzes oft nötig. *Fähren* sind vor allem zu den schottischen Inseln interessant. Jedoch summieren sich dann die Nebenkosten erheblich und wer nur Großbritannien besuchen will, sollte sich die Anschaffung z.B. der *Scots Travel Card* überlegen (8, 14, 22 Tage Bahn, Busse und Fähren).
Fahrräder werden in allen Touristenorten und Städten verliehen. In der Broschüre 'Britain on two wheels' findet ihr ein ausführliches Verzeichnis von Rent-a-bike Läden in England, Schottland, Wales und Nordirland. Zu haben bei der British Tourist Authority, London.

Praktisches

Einreise: Personalausweis oder Reisepaß.

Finanzielles: die britische Währung ist das *Pfund* (pound Sterling) zu 100 Pence. *Reise-* und *Euroschecks* (Höchstbetrag 100 Pfund) werden akzeptiert (Komission von 3-5 DM üblich). Mit dem *Postsparbuch* könnt ihr an zahlreichen Postämtern im ganzen Land Geld abheben (Verzeichnis bei der deutschen Bundespost).
Falls ihr Reiseschecks wechseln wollt, American Express Büros wechseln ihre eigenen Schecks zu leicht schlechterem Kurs als Banken, jedoch ohne zusätzliche Gebühren, so daß man unter dem Strich etwas besser fährt als bei Banken. Der Wechselkurs in der BR Deutschland ist z.Z. nicht schlechter als in Großbritannien.

Aktueller Kurs: 1 Pfund = 2,95 DM (2/90)

Großbritannien ist kein billiges Land. Neben Übernachtung und Essen können auch Sehenswürdigkeiten, vor allem Burgen und Museen, ein gehöriges Loch in den Geldbeutel reißen - Eintritt liegt generell zwischen 7 und 12 DM, Studentenrabatt ist die Ausnahme. Glücklicherweise bieten alle staatlichen und städtischen Museen freien Eintritt.

TIP - wer viele Museen, Schlösser etc. besuchen will, für den lohnt vielleicht der **English Heritage-Paß** für 26 DM (freier Eintritt in vielen Castles, Monumenten, archäologischen Stätten etc.).

Übernachten: *Campingplätze* sind die billigste Möglichkeit - zwar oft gut ausgestattet, jedoch nur für regenfeste Railer geeignet. Die zahlreichen *Jugendherbergen* sind je nach Ausstattung und Service in sieben Kategorien eingeteilt. Die Preise sind nach Kategorie und Alter des Benutzers gestaffelt: 21 Jahre und älter 9-16 DM, 16-20 7-13 DM, unter 16 5-11 DM. In den Londoner Herbergen liegen die Preise um ca. 3-5 DM höher. Dazu kommen noch ca. 5 DM für ein meist üppiges Frühstück. Viele Jugendherbergen haben gutausgerüstete Selbstversorgerküchen. Eine Karte mit allen JH's und aktuellen Preisen bekommt ihr in jeder Jugendherberge. Außerdem gibt die britische Youth Hostels Association (YHA) akkurate Handbooks heraus mit Zeichnung der Herbergen, Infos über Kulturangebot und Wandermöglichkeiten, Öffnungszeiten etc. (England & Wales ca. 10 DM, Schottland 2,50 DM).
Ansonsten gibt's in Universitätsstädten *Studentenwohnheime*, die in den Semesterferien Zimmer vermieten, allerdings meist nicht besonders preiswert, oft über 30 DM pro Pers. Laßt euch bei Interesse die Liste der Universitäten schicken, die Self Catering Accomodation bieten (British Universities Accomodation Consortium Ltd., Box F83, University Park, Nottingham NG7 2RD). Nachteil - ihr könnt euch vor Ort nur während der üblichen Bürozeiten anmelden.
Hotels könnt ihr vergessen, sind in der Regel viel zu teuer. Statt dessen solltet ihr euch ein *B&B* (Bed & Breakfast) suchen bzw. vermitteln lassen, Auskünfte und Zimmervermittlung (gegen kleine Gebühr) in den Tourist-Informationsbüros (zu erkennen an den blauen Schildern). In großen Städten sind B&B's oft gehäuft in zwei oder drei Straßen zu finden. Ganz billig sind diese Unterkünfte allerdings auch nicht, unter 10 pound (ca. 30 DM) pro Person bekommt man kaum etwas (in London noch teurer). Großer Vorzug - morgens wird in der Regel ein reichhaltiges, typisch englisches Frühstück serviert, das im Preis inbegriffen ist. Übrigens - die meisten englischen *Bahnhöfe* sind über Nacht geöffnet und man kann dort in der Regel auch übernachten. Die Bahnbeamten sind meist recht freundlich und sogar Duschen ist in größeren Stationen oft möglich (ca. 2 DM). Auch *wild zelten* wirft in der Regel keine größeren Probleme auf.

LESERTIPS: "Ich möchte jedem Rucksackler, der nach England fährt, raten, nicht so viele Klamotten mitzunehmen, da es in jeder noch so kleinen Stadt einen **Waschsalon** gibt. Eine Maschine mit Trocknen kostet ca. 4 DM, oft sind solche Einrichtungen auch auf Campingplätzen vorhanden." (Thomas Griese, Reutlingen).

Essen und Trinken: nicht gerade überwältigend - viel Fleisch und verkochtes Gemüse, nachmittags zur 'tea-time' reichlich Süßes, Sahne (cream) etc. Das reichhaltige englische *Frühstück* kann einiges wieder wettmachen - es gibt Spiegeleier, Bacon (eine Art Schinken), Würstchen, manchmal weiße Bohnen oder gegrillte Tomaten, dazu Orangen- oder Grapefruitsaft, Toast, Butter, Orangenmarmelade - man wird mehr als satt! Getrunken wird natürlich meistens Tee - der englische Kaffee ist nicht der beste.
Mittags bietet sich ein sog. *Pub Grub* an, Essen im Pub also - ideal zur Lunchtime, weil preislich im Rahmen. Viele Pubs bieten dann kaltes Buffet, Salate und diverse kleine Imbisse - z.B. *Ploughman's Lunch* (Cheddar Käse mit Brot und Zwiebeln) oder *Shepherd's Pie* (überbackenes Rind- oder Hammelfleisch mit Kartoffelbrei). Gut sind auch *Cornish Pasties* (Blätterteigpasteten gefüllt mit Fleisch, Gemüse und Kartoffeln). Preiswert essen kann man auch in den diversen Burger- und Pizzalokal-Ketten, z.B. Pizzaland gibts fast in jeder Stadt (hervorragende Salatbars). Und nicht zu vergessen - das Nationalgericht *Fish'n Chips*, in Zeitungspapier eingewickelt zum Mitnehmen oder gepflegt im Lokal.
Abends lohnt vielleicht ein Besuch in einem der zahlreichen ausländischen Lokale, die sich im Kernland des einst

weltumspannenden Commonwealth niedergelassen haben. Ob *indisch*, *chinesisch* oder *indonesisch* - asiatische Restaurants findet ihr in jeder Stadt.
Lebensmittelläden schließen in London frühestens um 19.30 h, sonst in der Regel um 18 h. Auch an Sonntagen kann man in größeren Städten meist etwas zu essen kaufen.
Weltberühmt sind die Kneipen Großbritanniens, die *Pubs*. Es gibt sie an jeder Straßenecke und sie spielen eine große Rolle im gesellschaftlichen Leben der Briten - natürlich hauptsächlich der Männer. Hier trifft man sich alltäglich, kann mittags einen Lunch zu sich nehmen und zecht herzhaft, was das Zeug hält aber pünktlich um 23 h muß das Glas leer sein! Eine halbe Stunde vorher wird angekündigt: *Gentlemen, last orders please*, danach geht nichts mehr (in Schottland dürfen die Kneipen jedoch schon seit 1976 tägl. 22 std. geöffnet sein).
Vor allem in den Großstädten gibt es inzwischen Pubs in allen Schattierungen und Spielarten - vom Punkertreff bis zum Yuppie-Schuppen, vom Jugendstil-Tempel bis zur Bahnarbeiterkneipe. Sitzplätze sind meist rar und so trinkt man sein Bier oft im Stehen. Manchmal gibt es auch sog. Lounges, das sind separate (Club) Räume, wo die "besseren" Herrschaften sitzen - Zeichen der in England noch stark ausgeprägten Klassenunterschiede.
In den Pubs wird natürlich hauptsächlich Bier ausgeschenkt, aber es gibt auch schärfere Sachen, außerdem verschiedene Weine, *Cider* (Apfelwein) und *Shandy* - eine Kombination von Limonade und Bier (ähnlich dem bayerischen Radler). Obwohl in England noch zahllose kleine Brauereien produzieren, bieten die meisten Pubs das genormte Bier der Handvoll Großbrauereien an. In etwa 3000 Pubs wird aber das *Real Ale* ausgeschenkt, das von kleinen Brauereien noch nach traditionellen Brauvorschriften gebraut wird. Weitere gängige Biere sind *Bitter* (dunkles Faßbier, leicht bitter), *Brown Ale* (noch dunkler als das Bitter, süß), *Lager* (helles untergäriges Bier), *Porter* und *Stout* (Starkbier). Ausgeschenkt wird in pints, ca. 0,6 l.

LESERTIP: "eine billige Verpflegungsmöglichkeit sind in England die **baked potatoes**, gebackene Kartoffeln mit allen möglichen Füllungen. Sie kosten ca. 5-8 DM und sind absolut sättigend" (Annette Conrad, Frankfurt).

Maßeinheiten: in England hat man andere Maßeinheiten als bei uns - laßt euch nicht verwirren. Das pint haben wir schon erwähnt, ansonsten dürfte für euch noch wichtig sein: 1 pound = 450 gr (Einkaufen!), 1 mile = 1,6 km.

Zeiten: es gilt die *westeuropäische Zeit* (Greenwich Mean Time = GMT), die der mitteleuropäischen Zeit (MEZ) eine Stunde voraus ist. Von Mitte April bis Mitte September hat auch Großbritannien die Sommerzeit (GMT + 1 std.).

Telefonieren: generell könnt ihr von jeder Telefonzelle ins Ausland telefonieren. Am günstigsten sind die Apparate, die mit einer *Phonecard* funktionieren. Ihr erhaltet sie ab ca. 6,50 DM (20 Einheiten) in Postämtern und verschiedenen Läden. Für Münz-Telefone benötigt ihr eine Menge Kleingeld. Abends ab 20 h sind Auslandsgespräche günstiger, ihr könnt euch auch in jeder Zelle anrufen lassen.

VORWAHL: BR Deutschland - **01049**, Österreich - **01043**, Schweiz - **01041**.

Kleines Sprachlexikon

Allgemeines: Guten Tag - *Good afternoon, How do you do, Hello*; Auf Wiedersehen - Good bye; Danke/Bitte - *Thank you/please*; wo ist ? - *where is?*; Straße - *street*, Platz - *place, circus*; Zahlen 1-10: *one, two, three, four, five, six, seven, eight, nine, ten*; 20 - *twenty*, 50 - *fifty*; 100 - *hundred*; 1000 - *thousand.*

Bahn: Bahnhof - *station*, Bahnsteig - *platform*; Zug - *train*; Nahverkehrszug - *local train*; Schnellzug - *fast train, express train*; Fahrplan - *timetable*; Eingang/Ausgang - *entrance/exit*; Gepäckaufbewahrung - *left luggage*; Platzreservierung - *seat reservation*; Schlafwagen - *sleeping car, sleeper*.

BOTSCHAFTEN

BR Deutschland: London SW 1, 23 Belgrave Square, Tel. 2355033. Generalkonsulate Edinburgh, 16 Eglinton Crescent, Tel. 3372323 und Liverpool, 8-12 Water Street, Tel. 2360294.

Österreich: London, 18 Belgrave Mews West, Tel. 2343731. Konsulate in Birmingham, 24 Harborne Road, Tel. 4545131 und Edinburgh, Heriot Row 16, Tel. 5562896.

Schweiz: London, 16-18 Montagu Place, Tel. 7230701.Konsulat in Manchester, Piccadilly Plaza, Tel. 236 29 33

FREMDENVERKEHRSÄMTER

D-6000 Frankfurt/M., Taunusstr. 52-60, Tel. 069/238070. **CH-8001 Zürich**, Limmatquai 78, Tel. 01/474297 (auch für **Österreich** zuständig).

Südengland/ Südküste

Angenehmes Klima, viele Seebäder, historische Hafenstädte, ein paar nette alte Städtchen und viel Grün.

Dazu abwechslungsreiche Landschaften - hohe Kreidefelsen bei Dover, Fjorde gegenüber der Isle of Wight, Grusel im Dartmoor, subtropische Vegetation, Klippen und Sandstrände in Cornwall. Ein ausgedehntes Netz von Wanderwegen durchzieht die Region - der *South Downs Way* führt z.B. von Eastbourne an der Küste entlang bis nach Winchester (ca. 140 km).

Dover: 13 Millionen Touristen kommen jährl. mit der Fähre hier an - und fahren meist sofort weiter. Außer den leuchtend weißen Kreidefelsen (am besten schon von der Fähre zu sehen!) hat die Stadt auch wirklich kaum Interessantes zu bieten - ausgenommen vielleicht das "typisch englische" *Dover Castle*, das während seiner ganzen Geschichte Angriffe vom Kontinent aushalten mußte. Von den Eastern Docks und vom Stadtzentrum ist es leicht zu Fuß zu erreichen, von den Western Docks mit Bus Richtung Deal (tägl. 10-18 h, ca. 7 DM).

VERBINDUNGEN / BAHNHOF: wenn ihr an den Western Docks ankommt, könnt ihr von der **Marine Station** gleich mit dem Zug weiterfahren. Von den Eastern Docks müßt ihr erst zur **Priory Station** im Zentrum (Busverbindung).
In London starten die Züge nach Dover in Waterloo, Victoria und Charing Cross.

INFORMATION: **Townwall Street**, Nähe Hafen und in der **Town Hall**, Nähe **Priory Station**. Zimmervermittlung in beiden.

ÜBERNACHTEN: **Jugendherberge Charlton House**, 306 London Road, Tel. 0304/201314 (Nov/Dez. geschl.), ein ganzes Stück vom Hafen, aber nicht weit vom Bhf. Auch das **YMCA-Haus** in der Godwyne Road, Tel. 206138, liegt nah am Bhf. (Jungs und Mädels). Die preiswertesten **B&B's** in der **Folkestone Road** bei der Priory Station, ca. 30-35 DM pro Pers.
Camping Hawthorn Farm an der Bahnlinie nach Deal, aussteigen in Martin Hill.

Canterbury

Eine der geschichtsträchtigsten Städte Englands. In der Kathedrale, die zu den schönsten auf der Insel zählt, wurde 1170 *Thomas Becket*, Kanzler des Königs und Erzbischof von Canterbury, erschlagen.
Heute ist Canterbury eine gelungene Mischung aus alt und neu - neben einem weitläufigen Geschäfts- und Fußgängerbereich (viele Straßenmusiker) ist noch einiges an historischer Bausubstanz erhalten, außerdem Reste der *Stadtmauer*.

Die Mörder Thomas Beckets waren königstreue Ritter - Becket hatte sich in seiner Doppelrolle als Diener des Königs und des Papstes auf die Seite der Kirche geschlagen und war deshalb bei Heinrich II., seinem Jugendfreund, in Ungnade gefallen. Für Jahrhunderte pilgerten daraufhin Gläubige nach Canterbury zu seinem Grab in der Kathedrale. Es wurden etliche religiöse Orden gegründet, deren Räumlichkeiten auch noch teilweise erhalten sind - z.B. die Ruinen der **St. Augustin's Abbey**.

VERBINDUNGEN / BAHNHOF: der Hbf. **East Station** liegt etwas außerhalb der Stadtmauer, bis zur Hauptstraße St. Peter's Street ist es ein knapper Kilometer. Auch die kleinere **West Station** liegt nur 10 Fußminuten vom Zentrum.

INFORMATION: 34 St. Margarets Street, Zimmervermittlung.

ÜBERNACHTEN: **Jugendherberge** in 54 New Dover Road, etwa 1 km von der East Station, Verlängerung der High Street, Tel. 0227 /462911. Viele **B&B's** in der Whitstable Road, allerdings recht weit außerhalb.

ESSEN / TREFFS: im **Caesar's** in 46 St. Peter's Street gibts füllende Portionen. Nach 23 h ist so gut wie nichts mehr los. Einzige Ausnahme - **The Olive Branch** an der St. Margarets Street. Bis 23 h normaler Pub mit guter Weinauswahl, danach im Keller Disko, oft auch Live-Musik.

Sehenswertes: fast unmittelbar vor der East Station liegt der *Stadtpark* mit begehbarer Stadtmauer. Im Westen schließt sich ein *normannisches Kastell* an, im Ostteil des Parks steht eine von Stephenson gebaute *Dampflokomotive* aus dem Jahr 1836 - von Canterbury nach Whitstable wurde 1830 die zweite Bahnlinie Europas eröffnet!
Gegenüber der Kathedrale liegt der Fußgängerbereich *The Longmarket*. In der *Kathedrale* sind vor allem die farbigen Glasfenster sehenswert (z.B. in der Dreifaltigkeitskapelle hinter dem Hochaltar und im Chorumgang). Im Querschiff, Nähe Kreuzgang, ist die Stelle, wo Becket ermordet wurde, mit einem Gedenkstein markiert. An der leeren Stelle in der Dreifaltigkeitskapelle stand früher sein Schrein. Schöne Krypta unter dem Chor. Ein Seitenturm läßt sich gegen Gebühr erklettern.
Interessanter ist die Besteigung des *West Gate Tower*, des einzigen erhaltenen Stadttores am Ende der St. Peter's Street (im Torbogen kleines Museum). Die *West Gate Gardens* liegen gleich benachbart - schön zum Relaxen (abends ab 21 h geschl.).

Dover - Folkestone - Ashford - Rye - Brighton

Bahnstrecke an der Südküste entlang, nicht allzu häufige Verbindungen. Besser sind die meisten Orte von London zu erreichen.
Bei der Abfahrt aus Dover schöner Blick auf die Kreidefelsen. Nach Folkestone macht die Bahn einen großen Bogen landeinwärts über Ashford und nähert sich wieder bei Rye der Küste.

Folkestone: nach Dover zweiter wichtiger Fährhafen nach Frankreich (Fähren nach Boulogne), aber auch beliebte Badestadt. Zur Zeit ist Folkestone völlig vom Tunnelbau geprägt, abends bevölkern Bauarbeiter die Pubs. 2 km vom Bhf. liegt die Promenade und Parkanlage *Leas* mit tollem Ausblick. Zwei Campingplätze außerhalb, Tourist-Info in der Harbour Street.

ROMNEY, HYTHE & DYMCHURCH RAILWAY: Leckerbissen für jeden Bahnfan! Seit 1927 zuckelt südwestl. von Folkestone die längste Miniaturbahn der Welt mehrmals tägl. 23 km von **Hythe** über **Romney** nach **Dungeness**. Die Fahrt geht teilweise direkt an der Küste entlang; eine echte Gaudi, die den Preis wert ist (Hythe - Dymchurch 10 DM, Hythe - New Romney 13 DM, Hythe - Dungeness ca. 16 DM, keine Fahrten im Winter). Ab Folkestone/Bouverie Square verkehren Busse ins nahe Hythe.

Rye: eins der schönsten Städtchen in Südengland, angenehm zum Bummeln - reizvolle alte Gassen mit Kopfsteinpflaster und Fachwerkhäusern führen steil zur Kirche hinauf. In der *Mermaid Street* das gleichnamige Gasthaus aus dem 15. Jh., mal reingucken. Im *Ypres Tower* ist ein Stadtmuseum untergebracht (Mo-Sa 10.30-13, 14-17, So 14-17 h, ca. 2,50 DM). Informationsbüros in der Cinque Port Street und Ferry Road.
Nur ein paar Kilometer westl. liegt *Winchelsea* (Busverbindung) - hübscher kleiner Ort, der im Mittelalter mit schachbrettartigem Grundriß ganz geplant angelegt wurde.

Brighton

Früher nobles viktorianisches Seebad, heute der bekannteste Badeort Englands. Zwei weit ausladende Piers und etliche historische Hotelbauten aus der Gründerzeit stehen noch. Ansonsten breite Promenade und kilometerlanger Kiesstrand, hauptsächlich Familien machen hier Urlaub, aber auch viele junge Leute, vor allem die zahllosen Sprachschüler - Pubs und Disko-Life!
Die erste *Elektro-Eisenbahn* der Welt fährt das Ufer entlang bis zum Jachthafen.

VERBINDUNGEN / BAHNHOF: Züge ab London (Victoria St.) stündl., Fahrtzeit 1 std.

Die altehrwürdige **Brighton Central Station** liegt zentral in der Stadt, zu Fuß ins Zentrum geradeaus die Queens Road hinunter Richtung Meer. Zum Tourist-Info (Nähe Promenade) gibts ab Bhf. auch eine Busverbindung, dort auch Busabfahrt zur Juhe.

INFORMATION: Marlborough House, 54 Old Steine. Zimmervermittlung für ca. 3,20 DM.

ÜBERNACHTEN: besser nur einen Tagesausflug einplanen, im Sommer ist alles lange im voraus ausgebucht!
Jugendherberge Patcham Place, 6 km außerhalb, mit Bus nach Patcham, Tel. 0273/556196. Etwa 20 DM pro Pers. **YWCA House** in zentraler Lage am Oriental Place, ca. 22 DM pro Nacht, Tel. 28285.
Großer **Campingplatz Sheepcote Valley**, im Osten der Stadt, Nähe Jachthafen (Busverbindung ab Central Station). Weitere **Jugendherberge Tottington Barn** außerhalb, nördl. von Shoreham-by Sea, Truleigh Hill, Tel. 0903/813419.

ESSEN / TREFFS: in den **Lanes** findet ihr zahlreiche Restaurants, Imbißstände etc., z.B. **The Garden** in der Meeting House Lane. Viel Auswahl auch in der **Preston Street**, die zum Meer führt. Der **Palace Pier** ist im Sommer ein einziger Rummelplatz.

Sehenswertes: Attraktion und vielleicht Englands kuriosestes Gebäude ist der *Royal Pavillon* inmitten eines großen Parks - ein exzentrisches Orient-Gebäude mit Kuppeln und Türmchen, zusammengemixt aus diversen europäischen und asiatischen Stilformen. Ein etwas ausgeflipptes Glied der Königsfamilie ließ das Ding im 19. Jh. erbauen (tägl. 10-17 h, ca. 7 DM, z.Z. Renovierung). An der nahen Church Street findet ihr die *Brighton Art Gallery and Museum* mit einem netten Café im oberen Stockwerk (Di-Sa 10-17, So 14-17 h, frei).
Am trubeligen *Palace Pier* gibts u.a. ein Spielautomaten-Museum, in dem man die historischen Apparate sogar testen kann. In der Nähe am Madeira Drive das sehenswerte *Aquarium*. Hier startet die *Seafront Railway*, die erste Elektro-Eisenbahn der Welt, in Richtung Jachthafen.
Vom alten Brighton sind noch die sog. *Lanes* übriggeblieben - malerische enge Gassen, heute hauptsächlich elegante Antiquitätenläden, Boutiquen, Lokale etc. Nur etwa 10 min. von den Lanes liegt die *Upper Gardner Street*, ebenfalls mit Trödel- und Antiquitätenläden, weniger vornehm und billiger als in den Lanes. Samstagvormittag ist hier großer *Straßenmarkt*.

Brighton - Arundel - Chichester - Portsmouth - Isle of Wight

Arundel: ruhiges Städtchen mit vielen mittelalterlichen Gäßchen und einem prächtigen *Castle*, das hoch über den Fachwerkhäusern thront. Reiches Innenleben: Ahnen- und Gemäldegalerie, Ritterrüstungen, Folterwerkzeuge (Mo-Fr 13-17 h, Sa/So geschl., ca. 8 DM).
Viele Pubs und Cafés findet ihr in der High Street, nur einen Kilometer von der Stadt ein großer Waldpark (Vogelschutzgebiet) mit dem *Swanbourne Lake*, schöne Spaziergänge.

INFORMATION: 61 Hight Street. Zimmervermittlung.

ÜBERNACHTEN: **Jugendherberge Warningcamp**, Sefton Place, Tel. 0903/882204. Vom Bhf. etwa 2 km zu Fuß (auch Busverbindung). **Camping** in Ford (südl. von Arundel, Bahnverbindung).

Chichester: nicht weit von Arundel und wahrscheinlich von den Römern als Heereslager gegründet. Die vier Hauptstraßen treffen sich rechtwinklig im Stadtzentrum, auf der Kreuzung eins der typischen Marktkreuze des mittelalterlichen Englands, eine Art Marktgebäude mit reich geschmücktem Überbau.
Chichester besitzt eine gut erhaltene Stadtmauer. Die *Kathedrale* ist keine der spektakulärsten, aber trotzdem eindrucksvoll - der Glockenturm steht etwas abseits vom Kirchenschiff, in England sehr ungewöhnlich. Interessant ist noch das *Pallant Viertel* ganz in der Nähe, mit schönen Häusern aus dem 18. und 19. Jh., und der *Bischofspalast* mit mittelalterlicher Küche.
Übrigens - wen's interessiert, jeden Sommer findet in Chichester ein großes *Theaterfestival* statt (Mitte Mai bis Mitte September) und zwar im neuen Festspielhaus im Oaklandspark. Sitze kosten 22-45 DM (Stud. ermäß.).

VERBINDUNGEN / BAHNHOF: im Süden der Stadt, durch die South Street kommt ihr zum Marktkreuz, dem Zentrum der Stadt.

INFORMATION: ganz zentral im **St. Peter's Market**, West Street. Zimmervermittlung.

ÜBERNACHTEN: keine Jugendherberge, **B& B's** in der **Worchester Road** und an der **Salthill Road**, Straße nach Fishbourne (2 km außerhalb).

Chichester/Umgebung: in der Nähe von Chichester die eigentliche Attraktion der Stadt - *Fishbourne Palace*, das größte römische Gebäude, das in England entdeckt wurde. Insgesamt etwa 100 Räume, allerdings konnte nur ein Teil des Riesenkomplexes ausgegraben werden. Am schönsten die prachtvollen Mosaikfußböden (tägl. 10-18 h, ca. 5 DM). Zu erreichen mit Bahn (nächste Station Richtung Portsmouth) oder Bus ab South Street.

Portsmouth: große Hafenstadt, im Trockendock der königlichen Werft liegt die *H.M.S Victory*, auf der Admiral Nelson die Schlacht von Trafalgar befehligt und gewonnen hat - und auf der er im Angesicht des Sieges tödlich verwundet wurde (nachgestellt im Wachsfigurenkabinett der Madame Tussaud in London). In der Nähe das *Royal Naval Museum* mit Erinnerungsstücken an die Schlacht.

VERBINDUNGEN / BAHNHOF: **Portsmouth & Southsea Station** liegt im Zentrum, Endstation ist die **Portsmouth Harbour Station** direkt im Hafen (Fähren zur Isle of Wight).

INFORMATION: St. Peter's Market, West Street.

Isle of Wight: hübsche Insel unmittelbar vor der Südküste, ca. 35 km lang, ideal zum Wandern. Die Orte überschaubar und nicht verbaut, viele Villen und Ferienhäuschen. Im Sommer sind Unterkünfte nur schwer zu finden, es gibt aber drei Jugendherbergen und etliche Zeltplätze.

Verbindungen: ab Portsmouth Harbour Station fahren Hoverspeed-Boote von Sealink hinüber nach Ryde (ca. 30 min., IR-Ermäßigung 30 %).
Drüben gibt es eine einzige Bahnlinie vom Hafen in **Ryde** nach **Sandown** und **Shanklin** an der Ostküste. Beide Orte haben gute Sandstrände und sind Zentren des Inseltourismus.

Portsmouth - Southampton - Winchester (oder Salisbury)

Von Portsmouth nach Southampton geht es teilweise einen langen Meeresarm entlang.

Southampton: eine der größten und wichtigsten Hafenstädte. Im 2. Weltkrieg wurde die Stadt stark zerstört, aber es sind noch Reste der Stadtmauer erhalten.

VERBINDUNGEN / BAHNHOF: die **Central Station** an der Southern Road, westl. vom Zentrum. Zum Informationsbüro ca. 1 km.

INFORMATION: **The Precint**, Above Bar Street, im Zentrum.

ÜBERNACHTEN: **Jugendherberge** im Norden der Stadt, 461 Winchester Road, Tel. 0703/790895. Busverbindung mit Umsteigen ab Central Station. Nur für Mädchen das **Princess Margaret House** des YWCA, Bellevue Road, Tel. 227155.

Winchester

Kleine mittelalterliche Stadt mit schmalen Gassen und einigen großen Sehenswürdigkeiten - Winchester war lange Jahrhunderte praktisch die Hauptstadt Englands! Unter anderem steht hier die längste Kathedrale und die älteste Schule. Besonders schön auch die Hauptstraße High Street - eng und steil mit vielen alten Gebäuden und einem Stadttor.

INFORMATION: **The Guildhall**, Broadway, Zimmervermittlung.

ÜBERNACHTEN: **Jugendherberge** City Mill, 1 Water Lane, Tel. 0962/53723. Eine umgebaute Mühle aus dem 18. Jh. am Fluß Itchen. Innen etwas eng, aber sehr empfehlenswert, ca. 2 km vom Bhf. **Milford House** des YWCA, 71 Christchurch Road, Tel. 62677. Jungs und Mädchen, ca. 25 DM. Einige **B&B's** in der Clifton Road, nicht weit vom Bhf. Außerdem **Campingplatz** an der Gordon Road.

Sehenswertes: am Westende der High Street die *Great Hall*, der letzte Rest der Burg Wilhelm des Eroberers - hier steht der sagenumwobene Tisch König Arthurs und seiner Tafelrunde (7 DM).
Die *Kathedrale* - 170 m lang und erstaunlich niedrig. Besonders imposant das Innere mit seinen schweren Ge-

wölben und Pfeilern. Die Altarwand ist eine der schönsten in ganz England! Bei der Lady Chapel (Marienkapelle) das Denkmal von William Walker - um die Jahrhundertwende erneuerte er in sechsjähriger, fast täglicher Arbeit die Fundamente der Kathedrale, die vom ständigen Hochwasser untergraben waren. In der Bibliothek die berühmte *Winchester-Bibel* aus dem 12. Jh., eine der kostbarsten Handschriften Englands (Di-Sa 10-12.30, 14.30-16.30, Mo 14.30-16.30 h).

Südl. der Kathedrale kommt ihr durchs King's Gate zum *Winchester College*. Schon 1394 wurde hier Unterricht abgehalten. Am besten macht ihr eine Führung mit - interessante alte Kapelle, außerdem der Speisesaal und die Küche. Im Kreuzgang haben unzählige Schüler in den letzten Jahrhunderten ihre Namen eingeritzt.

Salisbury

Hübsche Stadt, eigenartigerweise ganz in Schachbrettform angelegt - im Mittelalter war die ganze Stadt ein paar Kilometer entfernt von der alten Siedlung wieder neu aufgebaut worden!

Besonders sehenswert die *Kathedrale* inmitten einer großen Parkanlage. Höchster Kirchturm Englands, schöner Kreuzgang und eine der ältesten mechanischen Uhren der Welt (von 1380). Nahe der Kathedrale das *Cathedral Close*, ein altes Viertel mit gut restaurierten georgianischen Häusern, z.B. das *Mompesson House*. In der Stadt außerdem zahllose Pubs und einige schöne alte Gasthöfe - der älteste ist *King's Arms Inn*. Di und Sa findet auf dem großen Marktplatz der Markt statt, im *Salisbury and South Wiltshire Museum* sind die Funde von Stonehenge zu besichtigen.

INFORMATION: Fish Row, Zimmervermittlung.

ÜBERNACHTEN: **Jugendherberge Milford Hill House**, Milford Hill, nicht weit vom Zentrum, Tel. 0722/27572. Erschwingliche **B&B's** z.B. in der Salt Lane 28 und 51.

LESERTIP: "in der Kathedrale kann man eine sehr empfehlenswerte **Führung** aufs Dach mitmachen. Kostet ca. 3 DM" (Florian Fritz, Hohenbrunn).

Stonehenge: 17 km nördl. von Salisbury in einer weiten Ebene, eins der rätselhaftesten Megalith-Denkmäler der Welt - war es eine Art Sternwarte, ein steinerner Sonne-Mond-Kalender oder eine Sonnen-Kultstätte? Um 1800 v. Chr. bekam das Ganze seine endgültige Form, zwei konzentrische Steinkreise, in der Mitte eine hufeisenförmige Steingruppierung. Leider sind die Steinblöcke für Laien nicht so besonders eindrucksvoll und noch dazu mit einer Absperrung versehen (ca. 5 DM).

VERBINDUNGEN: 3-4 x tägl. fahren Direktbusse ab Bhf. (Fahrtdauer um die 30 min., ca. 7 DM hin u. zurück). Ansonsten gehen mehrmals stündl. Busse bis Amesbury, von dort sind es noch 3 km zu Fuß.

London - Exeter - Penzance (Cornwall) A-Kb. 28009

Vielbefahrene Bahnlinie nach Cornwall, siehe auch weiter unten, S. 539.

Exeter

Moderne Verwaltungs- und Geschäftsstadt, große Fußgängerzonen, viel Trubel und Verkehr.

Am besten erhalten ist das Viertel um die Kathedrale - in der St. Martin's Lane der berühmteste Pub der Stadt - *The Ship Inn*, in dem schon Sir Francis Drake, der Seefahrer, gerne verkehrte. Die *Kathedrale* selbst hat eine besonders schöne Westfassade und zwei wuchtige Türme, die von einem früheren Kirchenbau übrig geblieben sind. Gegenüber die *Guildhall*, das historische Rathaus, eins der ältesten in England. Das interessante *Exeter Maritime Museum* findet ihr am Fluß, im alten Hafen der Stadt. Über 100 Boote und Schiffe aus aller Welt sind hier ausgestellt (tägl. 10-17h, 6,50 DM).

VERBINDUNGEN / BAHNHOF: **Central Station** zentrumsnah, **St. David's Station** im Norden der Stadt - ins Zentrum die St. David's Hill Street entlang bis zur High Street.

INFORMATION: Civic Centre, Paris Street, gegenüber dem Busbhf.

ÜBERNACHTEN: **Jugendherberge** Countess 47 Wear Road, Tel. 039287/3329. Außerhalb, mit Bus Richtung Topsham ab Busbhf.
Exeter Student Hostel and Guest House, 16 New North Road, Tel. 0392/ 52493. Liegt zentral zwischen beiden Bahnhöfen, Einzel, DZ und Mehrbettzimmer, letztere ca. 15 DM pro Pers.
B&B's in der Nähe vom Bhf. in der St. Davids Hill Street und in der Blackall Road.

FAHRRADVERLEIH: **Flash Gordon Camping and Cycle Hire**, 12 St. David's Hill, kostet pro Tag ca. 10 DM.

Exeter/Umgebung: Exeter ist ein guter Ausgangspunkt für Ausflüge in den *Dartmoor-Nationalpark*, ein hügeliges Hochmoor mit viel Heide und kleinen Dörfern, aber auch Granitfelsen und prähistorischen Überresten - Steinkreise, Monhire, Hünengräber. Insgesamt eine rauhe und ziemlich einsame Angelegenheit, der Osten ist mit viel Grün, Wäldern und kleinen Bächen sanfter als der Westen. Es wird oft ziemlich neblig und feucht - unbedingt warme Kleidung und Regenschutz mitnehmen, außerdem eine gute Karte!

VERBINDUNGEN: durch das ganze Gebiet gehen nur zwei Straßen. Busse der **Transmoor Link** fahren im Juli/August von Exeter mitten durch den Park nach Plymouth (über Moretonhampstead, Postbridge, Two Bridges und Princetown).

INFORMATIONEN: über alles, was das Dartmoor betrifft, im Tourist-Büro von Exeter. In den meisten Orten im Moor gibt es ebenfalls Informationsbüros.

ÜBERNACHTEN: einige **Jugendherbergen** liegen im Park - in **Bellever** bei Postbridge (Tel. 0822/88227), in **Gidleigh** bei Chagford (Tel. 06473/2421) und in **Dunsford**, Steps Bridge, Tel. 0647/52435. Außerdem einige Campingplätze.

Exeter - Barnstaple

Nebenlinie zu einem der schönsten englischen Küstenstriche, dem *Exmoor Nationalpark*, der mit rauhen Steilhängen zum Meer abfällt. Bis zur Hafenstadt Barnstaple an der Mündung des Taw ca. alle 2 std. ein Zug, weiter mit Bus nach Lynton.
Lynmouth unten am Meer, **Lynton** am Berg darüber - eine steile Zahnradbahn verbindet beide Orte. Einzigartige Umgebung und schöne Ausflugsmöglichkeiten, ein herrlicher Wanderpfad (auch Busverbindung, etwa 2 x tägl. außer So) führt bis *Minehead*.

INFORMATION: Lynmouth, The Esplanade und Lynton, Lee Road (Town Hall).

ÜBERNACHTEN: Jugendherberge in **Lynton**, Lynbridge, etwas außerhalb an der Küste, Tel. 05985/3237. Auch ein Campingplatz. Weitere JH bei **Minehead**, Tel. 0643/2595.

Exeter - Plymouth A-Kb. 28009

Anfangs schöne Fahrt dicht am Meer entlang. Ab Newton Abbot Nebenlinie über Torquay nach Paignton, dort die kleine Museumsbahn *Torbay and Dartmouth Railway* nach Kingswear.

Plymouth

Hier wurde Geschichte gemacht - einer der großen historischen Seehäfen Englands! Am 6. September 1620 stach die *Mayflower* mit den Pilgervätern in See, um in der Neuen Welt eine Heimat zu finden. Auch *Sir Francis Drake* begann hier seine Weltumseglung (1577-80) und 1588 wurde vor der Stadt die Spanische Armada von der englischen Flotte unter Sir Francis vernichtend geschlagen.

VERBINDUNGEN / BAHNHOF: die moderne **Plymouth Station** liegt an der North Road, 10-15 min. ins Zentrum.

INFORMATION: im Hochhaus Civic Centre, Royal Parade. Zimmervermittlung, Liste preiswerter Unterkünfte.

ÜBERNACHTEN: **Jugendherberge Belmont House**, Devonport Road, Stoke, Tel. 0752/ 562189. 2-3 km vom Zentrum, mit Bus ab Bhf. Im **YWCA**, 9-13 Lockyer Str. (Tel. 660321) können Mädchen und Jungs unterkommen, ca. 16 DM im Schlafsaal. Erschwingliche **B&B's** in der Nähe vom Bhf., z.B. in der North Road West oder North Road East, außerdem in der Eton Avenue Nähe North Road East.
Der **Riverside Caravan Park** liegt 5 km östl. vom Zentrum (Bus 20).

Sehenswertes: im 2. Weltkrieg war die Stadt bevorzugtes Angriffsziel deutscher Bomben, viel Historisches ist darum nicht erhalten. Lauft mal ins Viertel am alten Hafen, nennt sich *Barbican*. Hier findet ihr die meisten Pubs und Restaurants und gleich in der Nähe stach auch die Mayflower in See - die

Mayflower Steps erinnern daran. Weiter auf der Madeira Road zur *Zitadelle* hinauf und vor allem zum *Hoe*, dem großen Terrassenpark mit Promenade - toller Ausblick auf Stadt und Hafen.
Interessant sind außerdem Rundfahrten im großen *Hafen*.

CORNWALL

Der äußerste Südwesten Großbritanniens - für die meisten Briten der Inbegriff für Ferien am Meer. Dank des Golfstroms hat Cornwall das wärmste Klima Englands, überall wachsen subtropische Pflanzen.

Cornwall besitzt aber auch eine der schönsten Küstenlandschaften der ganzen Insel - rauhe Fels- und Klippenhänge, dazwischen tief eingeschnittene fjordartige Flußtäler, versteckte Buchten und viele Sandstrände. Die kleine Dörfer sind zwar im Sommer von Touristen überlaufen, haben ihre Ursprünglichkeit aber noch nicht verloren. Kommt, wenn möglich, nicht im Juli/August, dann sind die meisten Unterkünfte ausgebucht.
Geschichtlich bzw. archäologisch interessant - Cornwall gehörte zu den Kerngebieten der prähistorischen *Megalithkulturen*. Erhalten sind (wie in der Bretagne) diverse Hünengräber, Dolmen und Obelisken. Später prägten vor allem die *Kelten* die Halbinsel.

Tip für Wanderer: es gibt ein ganzes Netz von Wanderwegen rund um die Küste von Cornwall - der sog. **Cornwall Coast Path**. Bei den Tourist-Infos gibts detaillierte Routenbeschreibungen.

London - Exeter - Plymouth - Truro - Penzance A-Kb. 28009

Von *London/Paddington Station* führt eine häufig befahrene Bahnlinie bis zur äußersten Spitze der Halbinsel nach Penzance (ca. 6 std.). Einige Nebenlinien zweigen zur Küste ab. Exeter und Plymouth siehe weiter oben.
Von Plymouth fährt die Bahn über die große Royal Albert Bridge durch das weitverzweigte Mündungsgebiet des *Tamar-Flusses*.

Südküste

Looe: lohnender Abstecher ab Liskeard. Der nette kleine Fischer- und Badeort liegt zu beiden Seiten eines Flusses, im Hochsommer allerdings reichlich voll. Schöner ist der östliche Teil der Stadt - noch ziemlich mittelalterlich, mit verwinkelten und engen Gassen. Gute Bademöglichkeiten, außerdem könnt ihr Bootstouren machen. Das *Old Guildhall Museum* lohnt einen Besuch, empfehlenswerter historischer Pub ist *Fishermans Arms*.

INFORMATION: im Rathaus (Guildhall), Fore Street.

ÜBERNACHTEN: im Sommer nicht einfach, hier was zu finden, außerdem ziemlich teuer. Recht komfortabler **Camping Tencreek** 3 km westl. vom Zentrum (Pool, Disko).

Polperro: ein paar Kilometer westl., sicher eins der hübschesten Dörfer Cornwalls! In den engen Gassen wimmelt es in der Saison aber leider von Sight-seeing-Leuten. Von Looe gut zu Fuß zu erreichen, ansonsten trampen. Das *Smuggler's Museum* zeigt allerlei über den früheren Nebenverdienst nicht weniger Bewohner des Städtchens. Essen könnt ihr z.B. im malerisch ausstaffierten *House on Props* (Haus auf Stelzen) am Hafen oder im Pub *Three Pilchards*.

Falmouth: Endpunkt der Bahnlinie ab Truro, guter Ausgangspunkt für Wanderungen oder kleine Tramptouren. Früher wichtiger Stützpunkt für Schmuggler, heute im Zentrum ein hübsches altes Städtchen mit steilen Straßen und einem einmaligen Naturhafen, drüber ein altes Castle, das die Einfahrt bewacht. Einige schöne Strände, im Sommer aber sehr überfüllt.

VERBINDUNGEN / BAHNHOF: Falmouth hat mehrere Bahnhöfe - **Falmouth Station** liegt nahe bei der JH, **The Dell Station** beim Stadtzentrum.

INFORMATION: in der **Townhall** am Hauptplatz, The Moor. Zimmervermittlung, Busbhf. gleich benachbart.

ÜBERNACHTEN: **Jugendherberge** oben beim **Pendennis Castle**, zu Fuß 1 km von Falmouth Station, Tel. 0326/311435. Das **YMCA-Haus** nicht weit von der Dell Station, am Grove Place, Tel. 315079. In der Nähe der Dell Station auch viele **B&B's**, z.B. in der Melville Road.
Im **Park** am Fuß des Bergs, auf dem die JH liegt, kann man problemlos übernachten.

FAHRRADVERLEIH: **Alrigde Cycles**, 1 Swanpool Street.

Falmouth/Umgebung: mit der Fähre nach *St. Mawes* (8 DM hin/zurück), wo viele subtropische Pflanzen wachsen und weiter per Daumen oder Wandern, schöne Badebuchten.
Oder per Drahtesel oder Daumen auf die Halbinsel *Lizard* - viel unberührte Natur, Heidelandschaft, kleine Dörfer und optimale Wanderwege. Der Leuchtturm ist der südlichste Punkt Englands!

ÜBERNACHTEN: **Jugendherberge** in Coverack, Parc Behan School Hill, Tel. 0326/280687 (Mo geschl.).

Penzance

Endpunkt der Bahnlinie und größter Ort Cornwalls. Sehr lebhaftes Geschäftszentrum, lange Promenade und betriebsamer Hafen. Im Sommer wie im Winter von Touristen übervölkert. Um den Hafen interessante Gebäude, z.B. *The Barbicane* (rustikales Café, Kunstgalerie und Aquarium in einem) und *The Egyptian House* in der Chapel Street. Geht mal in die *Morrab-Gärten* mitten in der Stadt und schaut euch die subtropischen Pflanzen an.

VERBINDUNGEN / BAHNHOF: **Bhf.** und **Busbhf.** liegen nebeneinander östl. vom Hafen am Meer. Die Market Jew Street führt ins Zentrum und zur Information.

INFORMATION: Tourist Information Center direkt am Bhf., Station Street.

ÜBERNACHTEN: tolle **Jugendherberge Castle Horneck**, Alverton, Tel. 0736/62666. Man darf dort auch campen, echtes englisches Frühstück. Vom Bhf. die Market Jew Street und die Alverton Road ca. 2 km entlang, dann rechts. Gutes YMCA-Hostel **The Orchard** in der Alverton Road, Tel. 65016. ca. 13 DM pro Pers., Frühstück ca. 4 DM.
B&B's in den Straßen zwischen Uferpromenade und Alverton Street, v.a. in der Alexandra Road (**Keigwin Hotel**, **Holbein House Hotel**, **Elmsdale Private Hotel** u.a.).
Bei Penzance gibt es mehrere Campingplätze - nur 700 m vom Bhf. liegt am **Eastern Green** ein schöner Platz. Einsamer und billiger Platz weit außerhalb ist **Trevedra Farm** bei Sennen (fast schon am Land's End), zu erreichen mit Bus 1.

ESSEN: **Sea Dragon**, guter Chinese in der Alverton Str. 34, ältester Pub ist **Turks Head** in der Chapel Street, Schmuggler trafen sich früher im **Dolphin Inn** (Hafen).

Penzance/Umgebung: mit Bus 2 ab Bhf. 3 km Richtung Osten nach Marazion. Vorgelagert dort der *St. Michaels Mount*, eine Felseninsel mit ein paar Fischerhäusern und einem früheren Benediktiner-Kloster, heute ein Castle auf der Spitze (ca. 7,50 DM). Bei Ebbe zu Fuß zu erreichen, bei Flut gehen Boote von Marazion.
Ihr könnt aber auch von Penzance ein Stück den Coast Path entlang laufen - tolle Küstenlandschaft und kleine verträumte Nester, z.B. die knapp 5 km bis *Mousehole*.

Land's End: etwa 15 km sind's von Penzance bis zum absoluten Ende der Britischen Halbinsel. Von der schroffen Klippenküste habt ihr bei klarem Wetter einen Blick bis auf die Scilly-Inseln (Überfahrt sehr teuer). Viel Rummel, alle starren übers Wasser. Knapp 2 km nördl. liegt ein schöner Sandstrand, Camping Trevedra Farm bei *Sennen* (siehe Penzance).

Nordküste

Rauher und windiger als die Südküste, teilweise schöne lange Dünenstrände. Stichbahnen führen von der Hauptlinie nach *St. Ives* und *Newquay*.
Der wildeste Küstenstrich zwischen Padstone und Bude - dementsprechend dorthin keine Bahnverbindung, sondern nur Bahnbusse von der Hauptlinie (Exeter - Bude und Bodmin - Padstow, Interrail-Ticket gilt nicht). Tolle Wandermöglichkeiten durch die bizarre Felslandschaft, z.B. von Padstow nach Tintagel (ca. 25 km, auch Busverbindung).

St. Ives: zu erreichen auf reizvoller Nebenlinie ab St. Erth. Malerischer Ort mit steilen Kopfsteinpflastergassen, schöner Hafenbucht und herrlich flachem Strand, im Sommer erheblich Rummel. Etliche Künstler leben und arbeiten hier, es gibt viele Galerien, schönster Pub ist *The Sloop* am Hafen.

INFORMATION: Guildhall, Street-an-Pol. Zimmervermittlung.

ÜBERNACHTEN: keine JH, nächster Camping 2 km südl.

Newquay: zu erreichen über eine Nebenlinie ab Par, überlaufenster Ort in Cornwall, unter anderem weil hier die schönsten Strände liegen. Rummel en gros, Nachtleben, Hunderte von Hotels und Pensionen.

VERBINDUNGEN / BAHNHOF: ganz zentral in der Stadtmitte.

INFORMATION: Cliff Road, nur ein paar Meter vom Bhf. entfernt, Zimmervermittlung.

ÜBERNACHTEN: **Jugendherberge Alexandra Court** am Narrowcliff, liegt direkt in der Stadt am Strand, 10 min. vom Bhf., Tel. 0637/36381 (im Sommer oft voll, besser reservieren), außerdem mehrere Campingplätze um die Stadt, z.B. **Hendra Tourist Park** mit Vergnügungszentrum und Disko.

Bath

Eine der schönsten Städte des Landes. Wie aus einem Guß stehen dicht an den Berghang gedrängt, ganze Straßenzeilen im georgianischen Stil (18. Jh.). Im Gegensatz zum ebenfalls georgianisch geprägten schottischen Edinburgh dominiert ausschließlich Porphyr, ein heller, fast honiggelber Stein.

Ihren Reichtum verdankt die Stadt den *heißen Quellen*, den einzigen in ganz Großbritannien. Schon die Römer errichteten umfangreiche Badeanlagen und im 17./18. Jh. wurde das Baden dann auch bei der illustren Gesellschaft "in" - und ist es bis heute geblieben. Bath wurde die Stadt der High Society, Geld und Wasser flossen in Strömen, man rekonstruierte die alten römischen Badeanlagen und baute sich Traumvillen, die der Stadt heute fast den Charakter eines Freilichtmuseums geben.

VERBINDUNGEN / BAHNHOF: **Bath Spa Station** liegt südl. vom Zentrum. Die Manvers Street geradeaus und beim Orange Grove links gehts zum Tourist-Info. **Busbhf.** an der Manvers Str., ein Block vom Bhf.

INFORMATION: zentral im Abbey Churchyard 8, gegenüber vom Pump-Room. Hilfsbereites Personal.

ÜBERNACHTEN: **Jugendherberge Bathwick Hill**, Tel. 0225/65674. Sehr schön gelegen, allerdings oft voll. Bus 18 ab Busbhf. Manvers Str. nach Bathwick Hill.

YMCA-Haus, Broad Street, Tel. 60471. Nah am Zentrum, von der Abbey Richtung Norden, ca. 22 DM im Schlafsaal, auch DZ. Ebenfalls häufig belegt.

Hinter dem Bhf., südl. vom Fluß, erschwingliche **B&B's** in der Pulteney Road und Pulteney Gardens.

Camping Newton Mill Farm 4 km außerhalb, Busse ab Busbhf. an der Manvers Str.

ESSEN / TREFFS: **The Walrus & The Carpenter**, 28 Barton Str., ist bekannt für seine lekkeren Hamburger. Gutes und preiswertes Pub-Essen im **Huntsman** an der North Parade, ansonsten natürlich mal im **Pump-Room** Kaffee oder Tee trinken (s.u.) oder im **Venice Coffee Shop** auf der Pulteney Bridge. Abends ist **Moles** in der 14 George Str. beliebt (oft Live Musik), aber auch **The Garrick's Head** beim Theater Royal.

FAHRRADVERLEIH: **Avon Valley Bike Hire Centre** am Bhf., und in der Jugendherberge.

Sehenswertes: im Kirchhof der prächtigen *Abbey* ist immer was los - Straßentheater, Musik, Tanzgruppen. Ganz in der Nähe mitten im Zentrum die im 18. Jh. ausgegrabenen *Römischen Bäder*. Gleich darüber der berühmte *Pump Room*, eine Trinkhalle aus dem 18. Jh., in die ein Teil des Thermalwassers geleitet wurde (und noch wird). Im angeschlossenen *Museum* sind die meisten Fundstücke der antiken Badeanlage zu bewundern (tägl. 9-18 h, ca. 7 DM, Pump Room frei). Nicht weit ist es von hier zur *Pulteney Bridge* über den River Avon - wie der Ponte Vecchio in Florenz auf beiden Seiten mit Läden.

Am beeindruckendsten aber der nordwestl. Teil der Stadt mit seinen halbmond- und sogar kreisförmigen Häuserzeilen. Lauft zum *Circus* oder *Royal Crescent* - die absolute Gleichmäßigkeit und Geschlossenheit der Formen wirkt faszinierend! Auch der benachbarte *Royal Victoria Park* ist ein Schmuckstück. Etwas östl. vom Circus in der Bennett Str. die *Assembly Rooms* mit umfangreichem *Kostüm-Museum* (Mo-Sa 10-17, So 11-17 h, ca. 5 DM).

Etwas außerhalb, im Südosten der Stadt, liegt am Claverton Manor das *American Museum*, wohl die bedeutendste europäische Sammlung zur amerikanischen Geschichte (Di-So 14-17 h, Mo geschl., 8 DM, Busverbindung).

LONDON

Babylonisches Sprachgewirr im Vergnügungsviertel Soho, ganze Straßenzüge voller chinesischer Restaurants, malerische Jamaika-Schwarze mit Dreadlocks, Punker in Bürgerschreckklamotten, braungebrannte Pakistani mit Turbanen, Moslems in knöchellangen Gewändern, japanische Reisegruppen im Westend, dynamische Yuppies im Bankenviertel, die berühmten Herren mit der Melone - es gibt keine europäische Stadt, die ähnlich international wirkt wie London.

Die einstige Hauptstadt des großen Britischen Empire hat heute über sieben Millionen Einwohner und ist ein Schmelztiegel der verschiedensten Nationalitäten. Fein säuberlich getrennt wohnen die Einwanderer in einzelnen Stadtvierteln - Chinesen in *Soho*, Afrikaner und Westinder in *Brixton*, Asiaten im *East End*. Von den weißen Londonern der Upper Class werden sie nicht selten verachtet und diskriminiert, aber auch, wenn es von Vorteil ist - Beispiel Soho - als Touristenattraktion vermarktet.

Vom städtebaulichen Standpunkt ist London nicht unbedingt reizvoll - als im 17. Jh. bei einem Großbrand die ganze historische Innenstadt zerstört wurde, blieben nur eine Handvoll Kirchen übrig. Heute balanciert die City zwischen klassizistischem Pomp und den stereotypen Beton- und Glasfassaden neuer Geschäftsblocks und Hochhäuser. Ein Pluspunkt sind die ausgedehnten *Parkanlagen*, die grünen Lungen der Stadt. In den Wohnvierteln sind wie in vielen englischen Städten die endlosen Reihen von *Terraced Houses* charakteristisch - nahtlos ineinander übergehende 2-3-stökkige Backsteinbauten, die sich ganze Straßenzüge entlang ziehen und ihr Aussehen seit dem 18. Jh. kaum verändert haben. Trotzdem ist London keine Stadt aus einem Guß, es setzt sich aus unterschiedlichen Stadtteilen, den "villages" zusammen, die ihren jeweils eigenen Charakter haben:

Westminster und die *City of London* repräsentieren das offizielle London mit Regierungsgebäuden, den großen Bankpalästen, Börsen, Zeitungshäusern und den wichtigsten Sehenswürdigkeiten der Stadt. Benachbart das Vergnügungsviertel *Soho* und westl. anschließend die vornehmen Wohnviertel Kensington und Knightsbridge, das sog. *Westend*. Durch diese Viertel werden alle Touristen geschleust und die meisten kommen höchstens zu einem Ausflug nach Windsor Castle aus der Vorzeigemeile heraus.

Auf jeden Fall solltet ihr auch mal ins *East-End* schauen - weniger repräsentativ als das West-End, aber ehrlicher und ungeschminkter. Eins der typischen Arbeiterviertel, hier leben die Cockneys, die echten Londoner mit dem unverkennbaren Dialekt und viele Inder, Bengalen, Pakistani. Kein Wunder, daß hier die interessantesten Straßenmärkte von London stattfinden. Auch *Notting Hill* und *Brixton* solltet ihr nicht versäumen - vor allem Einwanderer aus Jamaika haben hier Reggae, Farben und Düfte der Karibik etabliert.

Camden ist ebenfalls ein traditionelles Arbeiterviertel, in dem heute neben griechischen Einwanderern immer mehr Alternative, Künstler etc. wohnen und arbeiten. Nicht weit entfernt liegen *Highgate* und *Hampstead*, zwei beliebte Wohnviertel der Upper Class inmitten ländlicher Atmosphäre und viel Grün, Hampstead Heath ist die größte Parkanlage Londons. Wer schließlich auf Mode steht, wird die *King's Road* in Chelsea besuchen, die heißeste Boutiquenzeile Britanniens.

Eine der besten Möglichkeiten, London kennenzulernen - setzt euch ins obere Stockwerk der roten Doppeldeckerbusse und laßt euch durch die Straßen schaukeln!

Verbindungen/Bahnhöfe

London hat acht Hauptbahnhöfe und eine Menge kleinerer Stationen, wo ihr ebenfalls zu- und aussteigen könnt. Erkundigt euch rechtzeitig, wo euer Zug abfährt! Auskunft für Züge aufs Festland unter Tel. 01/8342345.

Victoria (U-Bahn Victoria): Züge nach Südengland und auf den Kontinent. Ankunftsbhf. für die meisten Besucher aus Mitteleuropa. Tel. 9285100.
Waterloo (U-Bahn Waterloo): ebenfalls Südengland, Tel. 9285100.
Charing Cross (U-Bahn Charing Cross): Südengland, Südostengland, Tel. 9285100.
Paddington (U-Bahn Paddington): Westen und Südwesten, Wales, South-Midlands. Tel. 2626767.
Euston (U-Bahn Euston): East- und West-Midlands, Nordwales, Nordostengland, Schottland, Tel. 3877070.
King's Cross (U-Bahn King's Cross): Schottland, Nordostengland. Tel. 2782477.
Liverpool Street (U-Bahn Liverpool Street): East-Anglia, Essex, außerdem Kontinent. Tel. 2837171.
St. Pancras (U-Bahn King's Cross): Nordwestengland, Tel. 3877070.

INFORMATION: **Tourist Information Center** des London Tourist Board in der Vorhalle der Victoria Station (von Ostern bis Oktober tägl. 9-20.30, sonst Mo-Sa 9-19, So 9-17 h). Wichtigste Anlaufstelle für Bahnfahrer. Zimmervermittlung aller Preisklassen gegen Gebühr (12 DM), dazu Vorauszahlung, die auf den Zimmerpreis angerechnet wird, verlangt eine "Budget Accomodation". Leider immer lange Warteschlangen, aber ihr könnt euch mit Broschüren, Stadtplänen, Streckennetzkarten, Fahrplänen etc. eindecken. **Hauptstelle** des London Tourist Board in 26 Grosvenor Gardens, nicht weit von Victoria Station, Tel. 7303450 (Mo-Fr 9-20 h). Zweigstellen im Kaufhaus **Selfridges**, Oxford Street (während der Geschäftszeiten) und im **Tower of London** (Ostern bis Oktober tägl. 10-18 h). **British Travel Centre**, 12 Regent Street (U-Bahn Piccadilly Circus), Tel. 7303400. Nur 2 min. vom Piccadilly Circus, umfangreicher Auskunfts- und Buchungsdienst (u.a. Hauptstelle von British Rail) Geldwechsel, Reisebuchhandlung (tägl. Mo-Sa 9-18.30, So 10-16 h).
City of London Information Centre, St. Paul's Churchyard (U-Bahn St. Paul's), Tel. 6063030, (Mo-Fr 9.30-17, Sa 10-13 h).
London Transport Travel Information Service, Broadway 55 (U-Bahn St. James Park), Tel. 2221234, tägl. 8.30-21 h. Zweigstellen in folgenden Stationen: Piccadilly Circus, Victoria Station, Oxford Circus, Euston, King's Cross. Telefonische Auskünfte rund um die Uhr unter Tel. 2221234.

Unterwegs in London

Zugverbindungen innerhalb Londons: für *Interrailer kostenlos* und interessant, falls man aus dem Zentrum will. Beinahe in alle Außenbezirke und Vororte fahren Züge, vor allem von folgenden Bahnhöfen: Euston, King's Cross, Liverpool Street, Broad Street, London Bridge, Maryleborne, Paddington, St. Pancras, Victoria, Waterloo, Charing Cross. Die *Blackfriars-Line* durchquert Greater London von Süd nach Nord (zentrumsnächste Stops sind Blackfriars und Farringdon), außerdem gibts noch die *North London Line*.

North-London-Line: günstige West-Ost-Verbindung ab Bhf. Stratford (U-Bahn Central Line bis Stratford) über Camden - Hampstead Heath - Acton - Kew Gardens - Richmond. Ihr gewinnt einen guten Überblick über den Norden Londons - in Camden großer Straßenmarkt, in Hampstead Heath riesige Parkanlage, in Kew Gardens der größte Botanische Garten der Welt.

Metro: in London "Tube" genannt. Sehr großes Netz (über 280 Stationen), das auch weit aus der Stadt hinausreicht und tägl. zwei Millionen Passagiere befördert. Züge fahren ab ca. 5.30 h bis gegen Mitternacht. Netzpläne hängen an den Eingängen der Stationen, außerdem an den Schaltern kostenlos zum Mitnehmen.
Zur Zeit gibt es zehn Linien (auf den Plänen durch die Farbe unterschieden), eine davon, die *Circle Line*, kreist um die Innenstadt. Manche Linien verzweigen sich in den Außenbezirken - die einzelnen Züge der Linie fahren dann dort auf verschiedenen Strecken. Falls ihr ziemlich weit nach außerhalb fahren wollt, achtet schon auf dem Einsteigebhf. auf die Leuchttafeln - dort erscheint immer die Endstation des nächsten Zuges. Wichtigster Knotenpunkt ist King's Cross, wo sich fünf Linien treffen.

Fahrscheine/Preise: Tickets könnt ihr in allen U-Bahn-Stationen an Schaltern (Fahrtziel angeben!) oder Automaten kaufen. An den Einlaßautomaten zu den Bahnsteigen müßt ihr sie entwerten. Danach nicht wegschmeißen, am Zielbhf. werden sie eingesammelt - falls ihr zu wenig gezahlt habt, müßt ihr nachzahlen!
Die Preise sind nach Entfernung gestaffelt, im Zentrum zahlt ihr für eine Einzelfahrt etwa 1,80-2 DM, je nach Entfernung entsprechend mehr, das geht bis zu 6 DM in die weiter entfernten ländlichen Distrikte.
Sehr zu empfehlen sind die **Travelcards**, mit denen ihr beliebig viele Fahrten in der Tube, in den roten Stadtbussen und in der Docklands Light Railway (siehe unten) machen könnt. Es gibt sie für 1 oder für 7 Tage (7 DM bzw. 25 DM). Sie gelten, abgesehen von der äußersten Zone 3 c, in allen Zonen vom Zentrum bis in die Außenbezirke, jedoch nur ab 9,30 h morgens. Ihr bekommt sie in allen U-Bahnhöfen, beim London Tourist Board und in den Travel Information Centers der Londoner Verkehrsgesellschaften (London Transport Service, siehe oben unter Information). Für 7-Tage-Ticket zwei Paßphotos mitbringen.

Busse: wer kennt sie nicht, die roten *Doppeldecker* - ein wesentlich angenehmeres Verkehrsmittel als die U-Bahn, vom oberen Stockwerk bekommt ihr London hautnah mit. Die Preise sind nach Entfernungen gestaffelt und entsprechen denen der U-Bahn. Bezahlt wird unter Angabe des Fahrtziels beim Fahrer oder ein Kontrolleur kommt durch den Bus. An Bushaltestellen in die Schlange einreihen, an Bedarfshaltestellen ("by request") dem Fahrer ein eindeutiges Handzeichen geben. Außer den Doppeldeckern gibt es noch *einstöckige rote Busse*, die Schnellverbindungen herstellen. Verkehrszeiten ca. 5 h bis Mitternacht.
Nach Mitternacht fahren nur noch einige (wenige!) *Nachtbusse*, für die kostenlose Fahrpläne erhältlich sind. Touristen-Tickets (Travelcard) siehe unter Metro.
Die *grünen Busse* sind Überlandbusse in Vororte.

Docklands Light Railway: brandneue, computergesteuerte Bahn ab Tower Gateway (U-Bahn Tower Hill) Richtung Osten in die neuen Docklands (Endstation Island Gardens). Kostenlos mit Travelcard.

Übernachten

Trotz des riesigen Zimmerangebots in Hotels, Pensionen, Hostels und Privatunterkünften im Sommer sehr schwer, ein Zimmer zu bekommen. Es ist immer besser, schon im voraus reserviert zu haben! Teure Zimmervermittlung in der Victoria Station.
Eventuell überlegenswert, beispielsweise nach *Cambridge* auszuweichen und von dort mit dem Zug nach London reinzufahren (gute Verbindungen, ca. 1 std. Fahrtzeit).

Jugendherbergen: es gibt mittlerweile sieben, zwei davon sind nur in den Sommermonaten geöffnet. Da oft Gruppen, Schulklassen etc. unterkommen, ist es nicht immer einfach, ein Bett zu ergattern. Am besten vorher anrufen und versuchen zu reservieren. Ansonsten habt ihr die besten Chancen, wenn ihr frühmorgens kommt. Jugendherbergsausweis wird verlangt, maximaler Aufenthalt bis zu 4 Tagen. Die Preise sind in den meisten Herbergen einheitlich und nach Alter gestaffelt: 21 Jahre und älter ca. 20 DM, 16-20 Jahre ca. 16 DM, unter 16 ca. 13 DM (Ausnahmen siehe im folgenden).

Holland House, Holland Walk/Kensington (U-Bahn Holland Park). Genießt den Ruf der besten Herberge, ruhig in einem Park gelegen, geräumig und sauber, Schließzeit Mitternacht, 28 DM (über 21), 26 DM (16-20), 24 DM (unter 16), Tel. 9370748. Jedoch nicht alle Leser waren zufrieden.

Earl's Court, 38 Bolton Gardens (U-Bahn Earl's Court). In der Umgebung wohnen viele junge Leute, Schließzeit Mitternacht, dieselben Preise wie Holland House, Tel. 3737083.

Carter Lane, 36 Carter Lane (U-Bahn St. Pauls oder Blackfriars). Das größte Hostel in England, untergebracht in den ehemaligen Schlafsälen der St. Paul's Chorknaben, Schließzeit Mitternacht, Tel. 2364965.

Highgate, 84 Highgate West Hill (U-Bahn Archway, dann Bus 210 oder 271). Schöne Lage ziemlich weit außerhalb, aber ungünstig zum abends Weggehen, dafür nur 16 DM (über 21), 13 DM (16-21), 11 DM (unter 16). Schließzeit 23.30 h, Tel. 3401831.

White Hart Lane, All Saints Hall of Residence, White Hart Lane (U-Bahn

Seven Sisters, weiter mit Zug bis White Hart Lane und 500 m zu Fuß; oder gleich ganz mit dem Zug ab Liverpool Station, für Interrailer frei). Etwa 25 DM in DZ (mit gutem Frühstück), Schließzeit Mitternacht, Tel. 8853234.

Hampstead Heath, 4 Wellgarth Road, (U-Bahn Golder's Green und 10 min. zu Fuß), etwas abgelegen, wegen der Entfernung zum Zentrum aber nachts keine Schließzeit, Tel. 4589054.

Wood Green, Brabant Road (U-Bahn Wood Green). Weit außerhalb, recht komfortabel, auch DZ (man bekommt hier fast immer ein Bett) ebenfalls keine Schließzeit, Preis wie Holland House, nur Ostern und Anfang Juli - Mitte September offen, Tel. 8814432.

INTER-POINTS (YMCA): nur 14.7.- 15.8.:

YMCA King George's House, Stockwell Road (südl. Vorort, 400 m von der U-Bahn Station Stockwell/Victoria Line). Etwa 20 DM pro Pers. (ohne Frühstück), Wäsche waschen möglich, Tel. 2747861.

YMCA Waltham Forest, 642 Forest Road (U-Bahn Victoria Line/Walthamstow Central). Ca. 24 DM pro Pers. (mit Frühstück 28 DM), Wäsche waschen, Kochgelegenheit.

Hostels: jede Menge in London, im Gegensatz zu Jugendherbergen keine Schließzeit und kein Mitgliedsausweis nötig, gelegentlich Mädels und Jungs zusammen in einem Schlafraum. Laßt euch an der Tourist Information/Victoria Station eine Liste geben (ca. 3,50 DM, gibt's auch beim YMCA/YWCA, 112 Great Russell Street, U-Bahn Tottenham Court Road). Preise ca. 15-25 DM pro Person, teilweise auch teurer.

Astor Museum Hostel, 27 Montague Str., Tel. 5805360 (U-Bahn Russell Square). Beim Britischen Museum, freundliches Personal, ca. 28 DM im Schlafsaal.

Astor Hyde Park Hostel, 41 Lancaster Gate, Tel. 4026735 (U-Bahn Lancaster Gate). Nicht schlecht, aber immer viel los, um die 22 DM im Schlafsaal.

French Centre, 61-69 Chepstow Place, Tel. 2218134 (U-Bahn Notting Hill Gate). Ebenfalls nicht weit vom Hyde Park, ca. 25 DM im Schlafsaal.

Central University of Iowa Hostel, 7 Bedford Place, Tel. 5801121 (U-Bahn Russell Square). Nähe Britisches Museum, nicht allzu groß, ca. 27 DM im Schlafsaal, auch DZ vorhanden, mit Frühstücksbuffet.

Gayfere Hostel, 8 Gayfere Str., Tel. 2226894 (U-Bahn St. James Park). Zentral, sauber, gut in Schuß (das wird auch von den Gästen verlangt!), Studentenausweis nötig, ca. 25 DM im Schlafsaal.

Hampstead Heath Youth Hostel, 4 Wellgarth Road (U-Bahn Golder's Green), sehr hübsche Wohngegend in der Nähe vom Park Hampstead Heath, ca. 20 DM im Schlafsaal, Frühstück, Tel. 4589054.

Redcliff Student Hotel, 21 Redcliffe Str. (U-Bahn Gloucester Road), ca. 23 DM in Mehrbettzimmern, Tel. 3734636.

Globetrotters Club, 60 Warwick Road (U-Bahn Earls Court), ganzjährig geöffnet, ca. 30 DM in Mehrbettzimmern, Tel. 7484834.

o'Callaghans, 205 Earls Court Road (U-Bahn Earls Court), DZ oder 4-Bettzimmer für 28 bzw. 24 DM mit Frühstück.

Girls Friendly Society, 32 Evelyn Gardens, Tel. 3702121 (U-Bahn Gloucester Road). Nur Mädchen, ganzjährig, Einzel und DZ für ca. 32 DM (mit Frühstück).

I. D. Student House, 285 Pentonville Road (U-Bahn Kings Cross), DZ und 4-Bettzimmer für 24 bzw. 20 DM, Tel. 2785375.

Pax Christi Hostel, Westminster Cathedral Primary School, Bessborough Place (U-Bahn Pimlico). Relativ preiswert, nur Ende Juli - Ende August.

SEHR BILLIG: **Tent City**, Old Oak Common Lane, Tel. 7435708 (U-Bahn East Acton). Nur Anfang Juni bis Ende August, preiswert. 450 Schlafplätze in einem Dutzend ausrangierter Zirkus- und Armeezelte mit Stockbetten, ihr könnt auch euer eigenes Zelt aufschlagen, ca. 11 DM pro Pers. Obligatorische Gepäckaufbewahrung, reichlich dreckige Duschen und Toiletten in einem Gemeinschaftsgebäude, dort auch Getränke und Frühstück. Nachts keine Sperrstunde. Ganz erheblicher Klau.

Bed & Breakfast: Pensionen sind teuer! Doppelzimmer kaum unter 65-70 DM. Sehr viele Pensionen z.B. im Viertel um die *Victoria Station*, hauptsächlich Belgrave Road. Weiterer Schwerpunkt um die U-Bahn-Stationen *Paddington* und *Bayswater*. Interessante, aber etwas teurere Wohngegend ist *Earl's Court*.

Camping: etwa dreißig Plätze im Umkreis von 50 km - vollständige Liste und weitere Infos bei der Tourist Information/Victoria Station.

Crystal Palace, North Parade, Zug ab Victoria bis Crystal Palace (ca. 20 min. Fahrt, Platz gleich um die Ecke vom Bhf.).

Hackney Camping, Millfields Road, Hackney Marshes, Im East End, Bus 22 ab Bhf. Dalston Junction (oder Bus 38 ab Victoria Station).

Cooperative Woods Camping, Federation Road, Abbey Wood. Östl. von London, Zug ab Charington Cross bis Abbey Wood. Ganzjährig geöffnet.

UMSONST IM FREIEN: es gibt zahlreiche Parks in London, die aber nachts alle geschlossen sind. Außerdem ist es verboten, dort zu pennen - Polizeistreifen! Gut möglich ist es aber in den ausgedehnten Grünanlagen von **Hampstead Heath** (U-Bahn Hampstead). Oder im riesigen **Richmond Park** (Endstation Richmond der U-Bahn District, oder mit der North London Linie). Die **Victoria Station** wird nachts nicht geschlossen - auch dort kann man bleiben.

Essen und Trinken

Zahllose Möglichkeiten - wegen der vielen Einwanderer könnt ihr in London ausgesprochen international essen, sehr gute Möglichkeiten z.B. in Soho. Neben Restaurants und Schnellimbissen gibts *Take Away*-Buden jeder Nationalität an jeder Ecke.

MENSEN: die meisten in der Nähe vom Britischen Museum, vor allem in der Gower und Malet Street. Normalerweise nur mit Studentenausweis, wird aber nicht immer kontrolliert. Eine Möglichkeit ist z.B. die Mensa vom **Senate House** in der Malet Street/3. Stock (U-Bahn Goodge Street).

SELF-SERVICES: seht ihr auf Schritt und Tritt - **Wendy**, **Wimpy**, **Burger Chief**, **McDonalds** u.v.a. Bei Wendy gibts ein gutes all-you-can-eat-Salatbuffet für ca. 8 DM. **Pizzaland** und **Pizza Hut** haben Filialen in ganz London und durchwegs billiges und genießbares Essen.

ENGLISCHE KÜCHE: am besten in sog. **Cafés** ("Kaffs"), das sind kleine Imbißstuben. Außer egg, bacon and chips gibts aber meist nicht viel. Beliebte Adresse ist **Chelsea Kitchen**, 98 King's Road (U-Bahn Sloane Square), preiswertes Frühstück, außerdem Dinner und Lunch, tägl. geöffnet.
Ansonsten natürlich überall Fish'n Chips, das Nationalgericht der Engländer. Mit am besten bei **Geale's**, 2 Farmer Street (U-Bahn Notting Hill Gate), seit 50 Jahren in Familienbesitz, großer Dachgarten, auch zum Mitnehmen, So/Mo geschl.

INDISCH: in London könnt ihr wie nirgend sonst authentische indische Küche testen. Die vielen Tandoori-Restaurants bieten überbackene Gerichte aus dem Tandoor-Lehmofen an. Bei **Khan's**, 13-15 Westbourne Grove (U-Bahn Bayswater) wird mächtig aufgetischt, immer viel los, Preise im Rahmen. Im **Harekrishna Curry House**, 1 Hanway Str. (U-Bahn Tottenham Court Road), recht preiswerte vegetarische Gerichte aus Madras/Südindien, Lunch ab 10 DM.

INDONESISCH: gut, aber nicht ganz billig ist **Rasa Sayang**, 10 Frith Street (U-Bahn Leicester Square) mit Singapor-Küche (Filiale in 3 Leicester Place).

CHINESISCH: vor allem in **Chinatown** südl. der Shaftesbury Avenue - Gerrard Street, Wardour Street, Macclesfield Street und umliegende Straßen. Ähnlich wie in Amsterdam ist die Exotik der Speisen aber weitgehend verschwunden. Fast alle Lokale bieten 'Take Away Food' an.
Lido, Gerrard Street 41, zieht sich über 3 Stockwerke, tägl. ab 16 h bis 4.30 h morgens, Treffpunkt der Nachtschwärmer. Bekannt für seine Nudelsuppen und geröstete Fleischspezialitäten.

GRIECHISCH: Bei **Jimmy's** in Soho, 23 Frith Str., gibts preiswertes griechisches Essen.

ITALIENISCH: z.B. **Pizza Express** mit mehr als 10 Niederlassungen, u.a. 29 Wardour Str. (U-Bahn Leicester Square), 10 Dean Str. (U-Bahn Tottenham Court Road, mit Jazzlokal im Keller) und 137 Notting Hill Gate (U-Bahn Notting Hill Gate). **Pizza Hut** hat Filialen z.B. in 67 Duke Str., 29 Oxford Str. und 19 Leicester Square.
Fatso's Pasta Joint, 13 Old Compton Str. (U-Bahn Leicester Square), hier kann man für ca. 10 DM soviel Pasta verzehren, wie man will. Schlangestehen gehört aber dazu.

AMERIKANISCH: **Hard Rock Café**, Old 150 Park Lane, (U-Bahn Green Park). Eine Institution, seit Jahren immer voll, Rock- und Countrymusic, gute Hamburger. **Chicago Pizza Pie Factory**, 17 Hanover Square (U-Bahn Oxford Circus) - authentisch amerikanisch, Baseball-Videos, Pizza zum sattwerden.

VEGETARISCH / NATURKOST: eins der beliebtesten Naturkost-Lokale in London ist **Food for Thought** in Covent Garden, 31 Neal Street (U-Bahn Covent Garden). Ausgezeichnet ißt man auch bei **Cranks**, dem Pionier der vegetarischen Küche in London. Filialen u.a. in 8 Marshall Street (U-Bahn Piccadilly Circus) und 9-11 Tottenham Street (U-Bahn Goodge Street), beide So geschl.

Pubs: die beliebtesten Treffpunkte der Londoner, es gibt etwa 7000! Touristen gehen meist in die historischen Pubs, im East End gibts die niedrigsten Preise.
Traditionelle Öffnungszeiten sind 12-14.30 u. 19-22.30 h. Seit kürzlicher Gesetzesänderung dürfen die Pubs aber tägl. von 11 h morgens bis 23 h abends durchgehend geöffnet sein (manche haben inzwischen sogar bis Mitternacht oder noch länger offen).

Blackfriars, 174 Queen Victoria Street (U-Bahn Blackfriars), tolle Jugendstileinrichtung, viel Atmosphäre.
Dirty Dick's, 202 Bishop Gate (Liverpool Street), macht seinem Namen alle Ehre, aber wohl gerade deswegen so beliebt.

Chelsea Potter, 119 King's Road (U-Bahn Sloane Square). "In-Pub" auf der Modestraße, sehen und gesehen werden.

Prospect of Whitby, 57 Wapping Wall (U-Bahn Tower Hill). Jahrhundertealter Pub in den neuen Docklands im East End, von Touristen vielbesucht, schöner Blick auf die Themse, Do bis So abends Livemusik.

King's Head, 115 Upper Street (U-Bahn Angel). Sehr groß, tägl. um 13 h im Hinterzimmer Theateraufführungen, oft Jazz-live, viele junge Leute.

Angel and Crown, Ecke New Row/St. Martin's Lane, gegenüber vom Theaterpub Salisbury. Real Ale und 'Freshly made Sandwiches', vorwiegend junge Leute, laute Musik.

Spice of Live, Cambridge Circus (Soho), immer voll, Studenten, Künstler, Rockmusik.

Lamb & Flag, 33 Rose Street 33 (U-Bahn Leicester Square), historischer "In"-Pub in Covent Garden, über 300 Jahre alt, auch ein Tip zum Essen.

Sherlock Holmes, 10 Northumberland Street (U-Bahn Trafalgar Square). Gemütlich eingerichtet, mit roten Samthockern und -vorhängen, Essen an der gesonderten Salatbar. Im 1. Stock das "Sherlock Holmes Museum" mit vielen Erinnerungsstücken. Man vergißt fast, daß es den Meisterdetektiv nur in der Phantasie von Sir Conan Doyle gab.

Ye Olde Cheshire Cheese, 145 Fleet Street (U-Bahn St. Paul's). Einer der bekanntesten historischen Pubs Londons, trotzdem immer noch Stammkneipe vieler Journalisten. Am Wochenende geschl.

The Flask in Highgate, 77 Highgate West (U-Bahn Highgate), vielbesuchter alter Dorf-Pub, im Sommer schön zum draußen sitzen.

Musikszene: ihr seid am Nabel der Welt, was Rock, Punk, Jazz etc. angeht! Praktisch tägl. Auftritte von bekannten Gruppen in einem der vielen Londoner Clubs, ganz zu schweigen von den unbekannten. Vollständiger Veranstaltungskalender mit allen wichtigen Adressen in *Time out* und *City Limits* (wöch., jew. ca. 3,50 DM).

Die Londoner Szene wechselt ständig ihre Treffs - Untergrunddiskos ohne Lizenz gab's in den letzten Jahren in abbruchreifen Lagerhäusern an der Themse, sog. 'Warehouse-Parties'. Das neueste sind nun 'House Parties' oder 'Raves' draußen am Land. Hört euch um, Mund-zu-Mund-Propaganda ist alles.

Marquee, 90 Wardour Street (U-Bahn Piccadilly Circus). Einer der ältesten Musikclubs in London, hier haben unter anderem die Stones angefangen. Inzwischen einer der wichtigsten Punker-Treffs, je nach Gruppe zwischen 12 und 20 DM.

Rock Garden, 6 Piazza, Covent Garden (U-Bahn Covent Garden). Kleinerer Keller-Club, oft Live-Musik von Londoner Bands, ca. 12-15 DM.

100 Club, 100 Oxford Street (U-Bahn Tottenham Court Road). London "live" - ursprünglich ein Jazz-Club, aber vor zehn Jahren haben schon die Sex Pistols dort abgehaust, auch Reggae hört man 1-2 x wöch.

Pizza Express, 10 Dean Street (Tottenham Court Road). Guter Live-Jazzclub im Keller des Restaurants, 12-15 DM.

Greyhound, 175 Fulham Palace Road (U-Bahn Hammersmith). Sehr großer Pub mit mehreren Stockwerken, fast tägl. Live-Auftritte.

Delirium, 157 Charing Cross. Das umgebaute Astoria-Theater, einer der heißesten Treffs der Stadt, viel zu schauen, Bands, Tanzen im ehemaligen Publikumsraum des Theaters, 16 DM.

Dingwalls, Camden Lock (U-Bahn Camden Town). Völlig verbauter Schuppen, aber extrem beliebte Disko mit vielen Live-Auftritten, bis 2 h offen.

Hippodrom, Charington Cross Road (U-Bahn Leicester Square). Berühmteste Disko Londons und angeblich größte der Welt, Lasershows, Videowände etc., während der Woche 20, sonst 32 DM (!), So geschl.

Camden Palace, 1 a Camden High Street (U-Bahn Mornington Crescent). Riesen-Disko in ehemaligen Theater, ca. 12-15 DM (So geschl.).

Hammersmith Odeon, Queen Caroline Street (U-Bahn Hammersmith). Ausrangiertes Kino, hier finden größere Rock-Auftritte statt, Karten im Vorverkauf.

THEATER: das West End ist das Herz der Londoner Theater-Szene. Hier sind auch die alten Shakespeare-Theater wie 'Stratford-upon-Avon' oder 'The Swan' zu finden.

St. Martin's, West Street (Cambridge Circus), Tel. 8361443. Seit 37 Jahren wird hier 'The Mousetrap' nach Agatha Christie gezeigt- ein Ende ist nicht in Sicht! Abendvorstellung tägl. 20 h, Di Matinée 14.45, Sa 17 h. Karten kosten 15-40 DM, zu haben im Theater oder an den Vorverkaufsstellen.

Half Price Tickets für West-End-Aufführungen am selben Tag gibts bei **SWET Booth**, Leicester Square, (Mo-Sa 12-14 für Matinéen, 14-18.30 h für Abendvorstellungen). Infos im **London Theater Guide**, kostenlos erhältlich im Tourist Information Office (Victoria Station).

Sehenswertes

Das Zentrum von London entdeckt ihr am besten zu Fuß oder an Bord der roten Doppeldeckerbusse - während der Rush-hour stecken sie allerdings ständig im Stau. Die Tube lohnt nur für längere Fahrten, z.B. in die Außenbezirke.

City of Westminster: die Innenstadt mit dem Regierungsbezirk, Zentrum des touristischen London. Hier liegt ein Großteil der bekannten Sehenswürdigkeiten.

Ausgangspunkt *Trafalgar Square* - einer der zentralen Punkte Londons, massenhaft Tauben und Touristen. Mitten drin steht Lord Nelson auf einer 60 m hohen Säule. Auf dem Platz finden die verschiedensten Versammlungen statt - von Anti-Atomkraftkampagnen bis Kriegsveteranentreffen.

An der Nordseite die weltberühmte *National Gallery*, eine der besten und umfangreichsten Gemäldegalerien der Welt. Britische, französische, holländische, flämische, spanische, deutsche und italienische Werke - Rembrandt, Rubens, Dürer . . . Besonders interessant die umfangreiche italienische Sammlung, geordnet nach Malschulen (Florentiner, Venezianer, Lombardische Schule) - Lippi, da Vinci, Masacchio (Mo-Sa 10-18, im Sommer Di und Do sogar bis 21, So 14-18 h, frei). Im Untergeschoß gutes und billiges Restaurant.

Auf dem *Charing Cross*, unmittelbar südl. an den Trafalgar Square anschließend, die Statue König Charles I., den Oliver Cromwell im 17. Jh. köpfen ließ, als England vorübergehend Republik war. Eingefleischte Royalisten schmükken das Denkmal oft mit Blumen.

Die breite *Whitehall* ist Schaltzentrale Großbritanniens mit allen wichtigen Regierungsgebäuden. Rechter Hand vorbei an den *Horse Guards*, einer Kaserne der königlichen Kavallerie. Tägl. 11 h berittene Wachablösung, sonntags wird schon um 10 h getrabt.

Ein Stück weiter rechts die *Downing Street* - Nr. 10 die ergreifend schlichte official residence of the Prime Minister.

Endlich kommen wir zum *Big Ben* und zum *Parlament* (Houses of Parliament), dem Tagungsort des House of Commons (Unterhaus) und des House of Lords (Oberhaus). Ersteres ist die eigentliche Parlamentsversammlung der Parteien, die ehrwürdigen "Lords" haben nur mehr traditionell/repräsentative Funktion. Man stelle sich vor, der Turm stürzt ein, sämtliche Englischbücher der BRD müßten neue Umschlagbilder bekommen! Nebenbei bemerkt - nicht der Turm heißt Big Ben, sondern die Glocke. Ein gewisser Sir Benjamin hatte nämlich eine Glocke, die als Modell für die Parlamentsglocke verwendet wurde.

Das Ganze kann natürlich besichtigt werden - im Inneren am schönsten die alte *Westminster Hall* mit ihrer gewaltigen Eichenholzdecke (Sa 10-16 h, falls die Kammern nicht tagen, auch Mo-Do 10-13.30 h, frei).

Westminster Abbey ist sozusagen Privateigentum der Königsfamilie. Seit 1066 ist sie die Krönungskirche aller englischen Monarchen, außerdem liegen sie fast alle hier begraben! Dazu noch viele andere bekannte Persönlichkeiten - Isaac Newton, Charles Darwin, Charles Dickens, Georg Friedrich Händel, Rudyard Kipling, David Livingston, Robert Stephenson, Winston Churchill . . . fragt nach der *Poet's Corner*. Interessant der *Krönungsstuhl* von 1307, auf dem fast alle englischen Könige gekrönt wurden und der *Stein von Scone*, ein Steinblock, auf dem die schottischen Könige gekrönt wurden. Als Zeichen der Vereinigung Englands mit Schottland wurde der Stein in den Stuhl eingebaut. Die Abbey hat übrigens mit 34 m das höchste gotische Kirchenschiff Englands. Mo-Fr 10-16, Sa 9-14, 16-18 h (außer während etwaiger Gottesdienste). Für Poet's Corner und Coronation Chair (Krönungsstuhl) ca. 5 DM (Stud. ermäß.), ansonsten frei. Mi 18-20 h zur ganzen Abbey frei.

In der Nähe, ein Stück die Victoria Street entlang, auch das neue *Scotland Yard-Gebäude* - ein Hochhaus aus Stahl und Glas. Das alte Scotland Yard ist noch ernüchternder und steht leer (Whitehall, gegenüber King Charles Street).

St. James/Green/Hyde Park und Umgebung: London ist berühmt für seine weitläufigen Parkanlagen - gleich drei liegen nicht weit vom Zentrum unmittelbar nebeneinander. Zuerst durch den schönen *St. James Park* mit See und Vogelinsel. Dann vorbei am *Buckingham Palast* - Sitz der Queen und für die Öffentlichkeit nicht zugänglich. Falls 'Her Majesty' anwesend ist, weht die Fahne über dem Palast. Jeden Morgen um 11.30 h große *Wachablösung* (Changing of the Guard), knips, knips.
Weiter durch den *Green Park*, der so heißt, weil keine Blumen gepflanzt sind, sondern nur Gras und Bäume.
Anschließend der *Hyde Park* mit den eleganten *Kensington Gardens* zusammen eine Fläche von mehreren Quadratkilometern. In der Mitte ein künstlicher serpentinenförmiger See, der auch so heißt (The Serpentine). Im Sommer wird hier viel gebadet, außerdem gibt's ein Café. Gleich am Eingang vom Park die bekannte *Speaker's Corner* - jeder versucht, seine Meinung zu sagen und wenn das Publikum mitspielt, geht es heiß her. Gleich in der Nähe liegt *Harrods*, das größte und berühmteste Warenhaus Londons (U-Bahnstation Knightsbridge). Imposantes Äußeres und Inneres, sagenhafte Auswahl, die Lebensmittelabteilung nicht verpassen.
Am Südrand der *Kensington Gardens* an der Kensington Road die berühmte *Royal Albert Hall* - hier heizten in den 60er und 70er Jahren die Beatles, Rolling Stones, Deep Purple und viele andere kräftig ein! Ein paar Straßenzüge weiter Richtung Süden das *Victoria & Albert Museum*, Cromwell Road (U-Bahn South Kensington). Sehr reiche kunstgewerbliche Sammlung - interessant sind die Fernost-Abteilung, die Kostüme und vor allem die im Stil vergangener Jahrhunderte perfekt eingerichteten Räume (Mo-Do und Sa 10-18, So 14.30-18 h, frei; freiwillige Spende von 6,50 DM wird gewünscht, die ihr aber nicht zahlen müßt). In unmittelbarer Nachbarschaft noch drei weitere interessante Museen - das *Naturgeschichtliche*, das *Geologische* und vor allem das *Science Museum*, wo vom ersten Roll's Royce bis zur Melkmaschine alles zu sehen und auszuprobieren ist (Mo-Sa 10-18, So 14.30-18 h, ca. 6,50 DM, Stud. die Hälfte).
Kensington selber ist ein gepflegtes Wohnviertel mit Villen, sündhaft teuren Mieten, Hotels und Museen.

Soho: *Piccadilly Circus* ist Ausgangspunkt für einen Soho-Bummel. Der Brunnen mit der jüngst restaurierten *Eros-Statue* an der Spitze gilt als Symbol Londons. Jungtouristen aus aller Herren Länder sitzen alltäglich auf den Stufen um den Brunnen, aber schön ist es hier gewiß nicht. Von der Shaftesbury Avenue mit einigen großen Westend-Theatern (mal ins Einkaufszentrum *Trocadero* gucken) kommt ihr links nach Soho hinein, rechts der Straße das *Chinesenviertel* mit vielen dutzend China-Restaurants.
Sexshops und Porno bestimmen nicht mehr allein das Bild von Soho. Es gibt Restaurants und Läden der verschiedensten Nationalitäten (Soho war und ist noch das wichtigste Ausländerviertel Londons) und seit die Absicht besteht, Peep- und Sexshows zu vertreiben, lassen sich auch zusehends neue Boutiquen, Clubs und Cafés nieder. Außerdem ist Soho das Zentrum der englischen Filmindustrie mit etlichen Kinos und Filmstudios *(Wardour Street)*. In der *Berwick Street* großer Obst- und Gemüsemarkt, in der berühmten *Carnaby-Street* eine Menge Läden, hauptsächlich Hardrock-Fans finden alles, was das Herz begehrt. Wenn ihr bis zur Oxford Street lauft, habt ihr es nicht mehr weit zum berühmtesten Museum Londons - gleichzeitig das größte der Welt!

British Museum (U-Bahn Tottenham Court Road): die Briten waren lange Jahrhunderte Weltmacht Nr. 1. Aus allen Ecken der Welt sind hier Kostbarkeiten zusammengetragen und -geklaut worden. Nur ein Bruchteil der Schätze kann überhaupt ausgestellt werden. Hauptsächlich archäologische und völkerkundliche Sachen, von den alten Ägyptern bis zum Mittelalter. Nicht versäumen - die ältesten **Mumien** der Welt (4500 v. Chr.) und die sog. **Elgin-Marbles** - Teile des Athener Parthenons auf der Akropolis, die Lord Elgin Anfang des 19. Jh. bei Nacht und Neben abmontieren ließ.

Das Britische Museum hat auch eine der weltgrößten **Bibliotheken** und nennt mehrere Millionen Bände sein eigen.

Mo-Sa 10-17, So 14.30-18 h, frei.

Covent Garden: früher fand hier der große Blumen-, Gemüse- und Obstmarkt von London statt, aber aus hygienischen Gründen (Ratten, Abgase!) wurde er in ein ruhigeres Viertel verlegt. Bürgerinitiativen konnten die anfangs geplante "Sanierung" (sprich den Abriß) der alten Markthallen glücklicherweise verhindern und so präsentieren sich heute die frisch restaurierten Hallen als Einkaufs- und Bummelzentrum mit Restaurants, Cafés, Boutiquen etc. Das Ganze ist ein beliebter Anlaufpunkt für Touristen und Londoner - vor allem auf der *Covent Garden Piazza* ist immer was los, viele Straßenmusiker.

City of London: ursprünglich der älteste Teil der Stadt - heute Großbanken, "altehrwürdige" Bürohäuser, dazwischen Hochhausfronten aus Beton und Glas. Hier schlägt das Herz des englischen Kapitalismus und mit ihm die Herzen mehrerer hunderttausend Banker, "Broker" und Börsenmakler. Eins der "eindrucksvollsten" Häuser ist der mächtige monolithische Block der *Bank of England* an der Threadneedle Str. - der Tresor von London. Doch die City wird zusehends zu eng und sogar alteingesessene Zeitungsverlage überlegen inzwischen den Auszug aus der *Fleet Street*, der berühmtesten Zeitungsstraße der Welt. Alle großen Blätter Englands haben hier ihren Sitz - Daily Telegraph, Daily Express und auch die Times.

1666 brannte innerhalb einer Woche die ganze Altstadt ab, fast 13.000 Häuser! Wieder eine Woche später legte Sir Christopher Wren, seines Zeichens Hausarchitekt des Königs, einen Plan für den vollständigen Aufbau der neuen Stadt vor. Heute stehen praktisch nur noch die Kirchen, die damals erbaut wurden. Die wichtigste ist *St. Paul's Cathedral* - nach dem Petersdom die zweitgrößte Kirche der Welt! In über 30-jähriger Arbeit wurde dieser Superbau errichtet, die einzigartigen Glasfenster wurden im 2. Weltkrieg leider durch Bomben zerstört. Interessant die *Whispering Gallery* in 30 m Höhe unter der riesigen Kuppel (3 DM) - ihr könnt jedes geflüsterte Wort auf 35 m Entfernung hören! Es lohnt sich, den Turm ganz zu besteigen, oben schöner Blick über ganz London.

Nicht weit von St. Paul's steht *Old Bailey*, das "Hohe Gericht" der Stadt. Die Verhandlungen sind meistens öffentlich, ebenso in den *Law Courts* an der Straße The Strand (versucht reinzukommen, es wird bestes Oxford-Englisch gesprochen). Südl. der Law Courts, direkt an der Themse, zwei der insgesamt vier mittelalterlichen Rechtsschulen (Inns of Court), die den Brand überstanden - *Middle Temple* und *Inner Temple*. Mitten in London plötzlich die Atmosphäre eines kleinen Universitätsstädtchens (Mo-Sa 10-16 h).

Wer jetzt noch Schlange stehen will, um blutrünstiges Mittelalter zu erleben, dem empfehlen wir den *Tower of London* (Mo-Sa 10-17, So 14-17 h, leider ca. 13 DM). Der älteste Teil der Anlage aus dem 11. Jh. steht in der Mitte, drum herum ein großer Hof mit Festungsmauer und 13 Türmen. Das Ganze wurde sowohl als Königspalast, wie auch als Staatsgefängnis benützt. Unter anderem warteten hier die zwei Frauen von Heinrich VIII., Anne Boleyn und Katherine Howard, im "Beauchamp Tower" auf ihre Hinrichtung. Außerdem schrieb ein gewisser Sir Raleigh im "Bloody Tower" während 13 Jahren

Haft eine ganze Weltgeschichte. Als er fertig war, wurde er enthauptet. Die Hinrichtungen fanden immer im westl. Teil des Hofes statt, hier stand das Blutgerüst mit dem Henkersbeil. Noch im letzten Weltkrieg wurden im Towerhof Spione erschossen, auch Rudolf Heß hat hier nach seinem abenteuerlichen Englandflug eingesessen.

Höhepunkt der Besichtigung sind natürlich die weltberühmten *Kronjuwelen*. Sie beinhalten unter anderem einige der größten Diamanten der Welt, z.B. den sagenhaften Koh-I-Noor und den "Stern von Afrika". Im Schrittempo wird man an den Klunkern vorbeigeschleust oder kann sie von einer weiter entfernten Galerie im Stehen betrachten.

Nicht weit entfernt vom Tower schließlich die berühmte *Tower Bridge*, neben Big Ben das zweite Wahrzeichen der Stadt. Sie stammt vom Ende des 19. Jh. und kann aufgeklappt werden, um größere Schiffe durchzulassen (geschieht fast tägl.). Hoch über der Fahrbahn verbindet ein Fußgängerpassage die beiden Türme (für ca. 8 DM darf man drüberlaufen).

Das *Museum of London* am London Wall (U-Bahn Barbican) ist nicht übermäßig groß, aber unterhaltsam. Das Leben in London von der Römerzeit bis heute ist dargestellt - u.a. typisch eingerichtete Wohn- und Geschäftsräume aus verschiedenen Zeiten und der Brand von London als Licht- und Tonschau (Di-Sa 10-18, So 14-18 h, frei).

Eastend: östl. der City (U-Bahn Aldgate East) liegt das traditionelle Arbeiterviertel von London, bezeichnender Gegensatz zur City und den Westendpalästen. Heute wohnen hier hauptsächlich Bengalen, die zum großen Teil in Kleiderfabriken arbeiten, es gibt viele kleine Restaurants. Lauft mal durch die *Commercial Road*, *Brick Lane* und *Petticoat Lane* (siehe unter Straßenmärkten). In den 30er Jahren fanden hier heftige Straßenschlachten zwischen hungernden Arbeitern und der Polizei statt.

Daß die Londoner City aus allen Nähten platzt, könnt ihr an den alten *Docklands* des *Eastend* feststellen. Hier entsteht z.Z. das London des Jahres 2000 - auf der größton Baustelle Europas wird ein völlig neues Industrie- und Wohnviertel aus dem Boden gestampft. Progressive Architektur herrscht vor, ehemalige Lagerhäuser werden zu Luxuswohnungen umgebaut, die noch ansässigen Dockarbeiter rücksichtslos verdrängt. Der Schwerpunkt Inner-Londons wird sich nach Fertigstellung der riesigen 'Wasserstadt' ostwärts verlagern. Zu den zahlreichen Kritikern des überdimensionierten Projekts gehört u.a. auch Prinz Charles.

Die computergesteuerte *Docklands Light Railway* (DLR) fährt euch ab Tower Gateway hin. Ab Endstation Island Gardens könnt ihr übrigens durch den Fußgängertunnel unter der Themse durch nach Greenwich laufen (siehe London/Umgebung).

Highgate/Hampstead: zwei idyllisch gelegene Stadtviertel auf den Hügeln nördl. von London. In fast schon ländlicher Atmosphäre wohnen hier hauptsächlich Mitglieder der Upper Class. Mit U-Bahn bis Archway, dann Highgate Hill hinauf, toller Blick über London. Oder mit dem Zug ab Bhf. Broad Street (neben Liverpool Station, Nähe City) bis Hampstead Heath.

Mal zum *Highgate Cemetry* (Friedhof, Eingang über Swain Lane) laufen. Das Grab von Karl Marx ist an dem riesigen Grabstein leicht zu erkennen. Von hier kommt ihr schnell in den riesigen Park *Hampstead Heath*, teils wildes Heidegebiet, teils gepflegte Parklandschaft. *Hampstead Village* selbst ist womöglich noch wohlhabender als Highgate (U-Bahn Hampstead High Street).

LESERTIP: "Während der Sommermonate finden im Hampstead Heath jeden Samstag meist **klassische Open-Air-Konzerte** statt. Sie sind auch für Nicht-Klassikfans unbedingt lohnend, schon der lockeren Atmosphäre wegen - vom Jüngsten bis zum Ältesten sitzt alles auf Decken im Gras" (Andreas Mollenkopf & Oliver Heilmann, Ludwigsburg).

BOTANISCHER GARTEN: **Kew Gardens** ist der größte der Welt! Mit der U-Bahn (District Line) ab Victoria oder der für Interrailer kostenlosen North London Line (British

Rail) ab Stratford Station (U-Bahn Stratford) bis Kew Gate. Vom Bhf. 5 min. zu Fuß zum Botanischen Garten - Riesengewächshäuser und eine endlose Rasen- und Waldlandschaft (tägl. 10-20 h).

ZOOLOGISCHER GARTEN: der **Zoo von London** liegt an der Nordseite vom Regent's Park. Mit der U-Bahn bis Station Regents Park, dann zu Fuß durch den Park. Ebenfalls einer der größten der Welt, tolles Aquarium (tägl. 9 h bis Sonnenuntergang, leider ca. 13 DM).

Museen: London hat über 150 Museen - einige haben wir schon beschrieben, weitere Auswahl im folgenden. Die Eintrittspreise sind hoch, in städtischen und staatlichen Museen jedoch frei.

Tate Gallery, Millbank, an der Themse (U-Bahn Pimlico). Neben der National Gallery die zweite bedeutende Gemäldesammlung. Vollständiger Überblick über die englische Malerei seit dem 16. Jh. - interessant besonders Turner und Blake, letzterer ist einer der großen mystisch-visionären Maler der Kunstgeschichte. Auch Gauguin, van Gogh, Monet, Matisse u.v.a. (Mo-Sa 10-18, So 14-18 h, frei).

Museum of Mankind, ethnologische Abteilung des British Museums, 6 Burlington Gardens (U-Bahn Piccadilly Circus). Fremdartige Kulturen sehr anschaulich dargestellt, Araber, Türken, Inkas u.a. (Mo-Sa 10-17, So 14.30-18 h, frei).

Imperial War Museum, Lambeth Road, Süd-London (U-Bahn Lambeth North). Kriegsgerät aller Art aus dem 1. und 2. Weltkrieg, U-Boote, Flugzeuge, Kanonen und dergleichen mehr. Hier wird die Erinnerung an die vergangene Größe des Britischen Empires wachgehalten - ein wirklich imperialistisches Museum (Mo-Sa 10-18, So 14-18 h, frei).

Commonwealth Institute, 230 Kensington High Street (U-Bahn High Street Kensington). Große Ausstellung über die Commonwealth-Länder und frühere Kolonien - hochinteressant, vor allem wenn man das eine oder andere Land bereisen will oder schon kennt (Mo-Sa 10-17.30, So 14-17 h, frei).

Madame Tussaud's Wachsfigurenkabinett, Marylebone Road (U-Bahn Baker Street). Der Welt berühmtestes Wachsfigurenkabinett, mit angeschlossenem Planetarium, ständig lange Warteschlangen. Von Michael Jackson über die Navratilova und Alfred Hitchcock bis zum Schah und dem Galgen von London samt Scharfrichter ist alles vertreten, jeweils gewürzt mit audiovisuellen und akustischen Effekten. Ein Höhepunkt der (original aufgenommene!) Geschützdonner von Admiral Nelsons Flaggschiff, der Victory, die der Admiral 1805 während der siegreichen Seeschlacht von Trafalgar befehligte und die heute im Hafen von Portsmouth vor Anker liegt. Hitler steht allein in einem Glaskasten am Gang - in der Chamber of Horrors (Schreckenskabinett) hätte er vielleicht die anderen Monster zu sehr geängstigt? Madame Tussaud (1761-1850) war sehr schnell, wenn es ums Modellieren ging - als während der französischen Revolution die Köpfe rollten, war sie immer sofort zur Stelle, um sie für die Nachwelt in Wachs zu formen. Im Laserium des Planetariums werden Lasereffekte zu Musik (Michael Jackson aber auch Jean-Michael Jarre etc.) in die riesige Kuppel projeziert (tägl. 10-17.30 h, Wachsfigurenkabinett ca. 14 DM, Planetarium ca. 8 DM, beides zusammen ca. 19 DM).

Rock Circus, brandneu am Piccadilly Circus. Ein Ableger von Madame Tussaud's, 50 der weltberühmtesten Popstars in Wachs, dazu Musik der Künstler auf Kopfhörer, ca. 14 DM, Stud./Schül. 10 DM.

London Dungeon, 28/34 Tooley Street (U-Bahn London Bridge). Grusel und Horror im englischen Mittelalter - Folter, Hexen, Kerker und Blut in Strömen, Thomas Becket wird unter gregorianischen Chorälen vor dem Altar von Canterbury erschlagen etc. (tägl. 10-16.30 h, ca. 12 DM).

London Transport Museum, Covent Garden (U-Bahn Covent Garden). Sammlung historischer Londoner Verkehrsmittel - die ersten Pferde- und Autobusse, Trams und U-Bahnzüge (tägl. 10-18 h, ca. 8 DM).

Trocadero, Shaftesbury Avenue (Piccadilly Circus). großes Einkaufszentrum mit mehreren Ausstellungen, u.a. **Guiness World of Records** (die Weltrekorde im Guiness-Buch mit Wachspuppen plastisch dargestellt - der größte, dickste Mensch etc.) und **The London Experience** - Multi-Media Show zur Geschichte Londons.

Cabinet War Rooms, Charles Street (Seitenstraße von Whitehall, Westminster). 19 einbetonierte Räume, in denen Churchill und sein Kriegsministerium im 2. Weltkrieg die britischen Truppen leitete (Di-Fr 10-17 h, ca. 4,50 DM, Stud. die Hälfte).

LESERTIPS: "die **H.M.S Belfast**, ein ehemaliges Kriegsschiff, ist zum Museum umfunktioniert und liegt jetzt in der Themse, nicht weit von der London Bridge (U-Bahnstation), zu erreichen über einen Steg nahe der Tooley Str. Hier wird das Leben der Soldaten wesentlich nüchterner und realistischer dargestellt als im Imperial War Museum" (Guido Walter, Erkrath) . . . "sehr interessant ist ein Besuch der großen Londoner Börse - **The Stock Exchange**, Old Broad Str (U-Bahn Bank), Mo-Fr 9.45-15 h, frei. Informationsbeamte stehen bereit, um die Arbeit der Börse zu erklären und das Computersystem vorzuführen" (Holgor Hartmaier, Altdorf).

Einkaufen: beliebte und teure Einkaufsstraßen sind *Oxford Street*, *Regent Street, Bond Street* und *Piccadilly*. Rund um *Covent Garden*, die ehemaligen Markthallen, ist ein neues Boutiquen-Zentrum entstanden. Auch *Soho* ist wieder in, seit Sex-Shops und Peep-Shows auf dem Rückzug sind. Die *King's Road* ist Londons berühmteste Modestraße.

KAUFHÄUSER / LADENPASSAGEN: auf der Oxford Street die größten Warenhäuser - **C&A**, **Marks & Spencer**, **Selfridge's**, dazwischen Modeboutiquen.

Exklusive Kaufhäuser wie **Liberty's** im Fachwerk-Tudorstil (210 Regent Street, bekannt für Jugendstilsachen), **Harrod's** mit sagenhafter Lebensmittelabteilung (am Hydepark, U-Bahn Knightsbridge) und **Fortnum & Mason**, 181 Piccadilly (Delikatessen) lohnen zum Reinschnuppern. Auch die Queen läßt hier kaufen.

Die **Burlington Arcade** an der Piccadilly Str. (Nähe Piccadilly Circus) ist eine der vornehmsten Ladenpassagen Europas.

BOUTIQUEN: um **Covent Garden** zahlreiche originelle Läden (z.B. The Body Shop). Knightsbridge ist eins der elegant-modischen Einkaufszentren der Stadt. Durch die Sloane Street kommt ihr nach Chelsea. Auf der **King's Road** die meisten "In-Boutiquen" für junge Leute, seit den 60ern **das** Modezentrum Londons (U-Bahn Sloane Square). Ähnlich sieht's in Kensington aus (U-Bahn High Street Kensington). Boutiquen hauptsächlich in der **Kensington High Street** und **Kensington Church Road.**

BÜCHER: Mo-Fr Vormittag großer **Büchermarkt** in der Farringdon Road (U-Bahn Farringdon), aber nur bei gutem Wetter.

Angeblich größte Buchhandlung Europas ist **Foyles**, 119-125 Charing Cross Road (U-Bahn Leicester Square), einige Stockwerke voll Bücher!

Compendium, 234 Camden High Street, Nähe Camden Lock Market (U-Bahn Camden Town), ehemals größter und bester 'linker' Buchladen Londons, heute reichhaltiges gemischtes Programm.

SCHALLPLATTEN, CASSETTEN, CD'S: wenn ihr Platten kaufen wollt, geht zuerst zu den Ständen und Läden an der **Rupert Street**, nicht weit vom Piccadilly Circus. Hier gibts nagelneue und Second hand-Platten in guter Qualität zum einem Bruchteil des sonstigen Preises.

Virgin Records Megastore, 14-30 Oxford Street (U-Bahn Oxford Circus). Der größte Plattenladen Europas, alle Sparten.

His Master's Voice (HMV), 363 Oxford Street (U-Bahn Marble Arch), der zweitgrößte Laden.

SPIELZEUG: **Hamleys** in der 200 Regent Street (U-Bahn Piccadilly Circus) ist einer der größten Spielzeugläden der Welt.

MÄRKTE: **Billingsgate Market**, Westindia Quay (Docklands Light Railway ab Tower Gaterway). Der größte Fischmarkt Londons, schon viele hundert Jahre alt, früher aber an einem anderen Standort. Nur für Frühaufsteher (ab 5.30 h tägl. außer Mo).

Smithfield Market, Charterhouse Street (U-Bahn Farringdon). Riesiger Fleischmarkt, einer der größten der Welt (Mo-Fr ab 6 h).

Schöner **Obst- und Gemüsemarkt** in Soho, Berwick Street (U-Bahn Oxford Circus). Sehr große Auswahl und viel Leben, Mo-Sa.

FLOH- UND STRASSENMÄRKTE: **Portobello Road Market**, im Stadtteil Notting Hill, in dem viele Farbige aus der Karibik wohnen, westl. der Kensington Gardens (U-Bahn Notting Hill Gate). Größter Straßen- und Flohmarkt Londons, samstags ist am meisten los. Weiter hinten liegt der sog. **Westway-Market**, etwas billiger, Reggaemusik ... Das Ganze zieht sich über 1 1/2 km hin, an die 2000 Händler (Mo-Sa 8-16 h).

Petticoat Lane, Middlesex Street (U-Bahn Liverpool Street oder Aldgate East). Der größte der Märkte im East-End, riesiges Angebot an Klamotten, viel Leben und Rummel. Nur Sonntagvormittag.

Brick Lane Market, ganz in der Nähe vom Petticoat, ebenfalls Klamotten, aber nicht nur. Noch um einiges uriger als der Profi-Markt in der Petticoat Lane, bisher wenige Touristen, ebenfalls nur Sonntagvormittag.

Camden Lock Market in der Camden High Street am Grand Union Canal (U-Bahn Camden Town). Interessanter Markt für Schmuck, Kleidung, Leder, Klamotten, Keramik, Nippes etc., tolle Lage am Kanal. Früher wohnten hier viele Alternative, inzwischen bevorzugte Trendy-Wohngegend, in den alten Lagerhäusern am Kanal sind Wohnungen und Kunsthandwerksläden entstanden (Sa und So 9-18 h).

Camden Passage in Islington, U-Bahn Angel. Viel Schmuck und bessere (sprich teure) Antiquitäten, nur Mi 10-14, Sa 10-17h.

Nicht den **Brixton Market** vergessen, Electric Avenue (U-Bahn Brixton bzw. Zug ab Victoria Station). Das karibische Zentrum Londons, viel Atmosphäre, Reggae und exotische Sachen zum Essen und viel Second-hand-Kleidung (tägl. außer So 8.30-17 h).

London/Umgebung

Greenwich: weltberühmte Vorstadt an der Themse, 10 km östl. von der City. Am Pier liegt die *Cutty Sark*, ein Segelschiff aus dem 19. Jh. (heute Schul- und Museumsschiff). Das riesige *Na-*

tional Maritime Museum beschreibt 'The Story of Britain and the Sea' - alte Instrumente und z.T. originalgetreu nachgestaltete Schiffe (Mo-Sa 10-18, So 14-18 h, ca. 10 DM). Landeinwärts mitten in den schönen Parkanlagen das *Royal Observatory*, wo seit 1675 die Zeit gemessen wird (der markierte Nullmeridian verläuft quer durch den Park).

ANFAHRT: Zu erreichen ist Greenwich entweder per **Schiff** auf der Themse (Abfahrt Westminster, ca. 8 DM) oder mit der **Docklands Light Railway** ab Tower Gateway bis Endstation Island Gardens und von dort durch den Fußgängertunnel unter der Themse durch.

Hampton Court: südwestl. von London, alle halbe Stunde gehen Züge ab Waterloo Station. Der riesige Palast (über 1000 Zimmer) inmitten von schönen Parkanlagen wurde im 16. Jh. begonnen, dann immer wieder erweitert - er sollte ein Gegenstück zu Versailles werden.
Sehenswert sind der *Uhrenhof* mit der berühmten astronomischen Uhr, die *Great Hall*, die *Geistergalerie* (Haunted Gallery) und einiges mehr, sogar der Tennisplatz von Heinrich VIII. ist noch erhalten (tägl. 9.30-18 h, ca. 9 DM).

Windsor Castle: westl. von London, ebenfalls mit Zug ab Waterloo Station. Malerisch an der Themse gelegen, eine der schönsten Königsresidenzen der Welt. Ab und zu ist die Queen zu Besuch (zu erkennen an der gehißten Flagge auf dem Round Tower), dann können die prunkvollen Staatsgemächer nicht besichtigt werden
Seit fast 800 Jahren steht hier eine Burg, immer wieder umgebaut, teilweise als Regierungssitz, teilweise als Wohnburg benützten es nahezu alle englischen Monarchen. Auch der Ort ist recht hübsch - viele Backsteinbauten und alte Fachwerkhäuser.
Über die Themsebrücke kommt ihr nach *Eton* - die wohl berühmteste Schule in ganz England. Hier wird die Elite Britanniens gezüchtet, bisher sind an die zwanzig spätere Premierminister aus diesen ehrwürdigen Hallen hervorgegangen.

Oxford

Die älteste Universität des Landes mit ihren malerischen Colleges inmitten einer lebhaften Industrie- und Geschäftsstadt. Tagsüber viel Verkehr und Hektik.
Die Uni wurde 1167 gegründet, um eine qualifizierte Führungsschicht für Kirche und Staat heranzubilden. Hier wurde außerdem die englische Hochsprache entwickelt, das berühmte *Oxford-Englisch*. 37 Colleges gibt es - die meisten wirken von außen recht streng und verschlossen, haben aber oft schöne Innenhöfe und Rasenflächen.

VERBINDUNGEN / BAHNHOF: ab London Paddington, mehrmals stündl., Fahrtzeit ca. 1 std. Vom Bhf. in Oxford die Park End Street entlang ins Zentrum.

INFORMATION: St. Aldates Str. direkt im Zentrum. Zimmervermittlung, Prospektmaterial u. Broschüren über Oxford (tägl. 9-17.30 h).

ÜBERNACHTEN: **Jugendherberge** in der Jack Straw's Lane am anderen Ende der Stadt, Tel. 0865/62997. Nipper Mini-Bus Service ab Hauptpostamt (St. Aldates Str., Nähe Tourist Info). Ab 13 h Registrierung und Gepäckaufbewahrung, offen ab 17 h.
Alexandra Residential Club des YWCA nördl. vom Zentrum, 133 Woodstock Road, Tel. 52021, nur Frauen.
B&B's vor allem in der **Iffley Road** und der benachbarten **Cowley Road** (über die Magdalen Bridge).
Oxford Camping International südwestl. von Oxford, nehmt den Bus bis Endstation Red Bridge Car Park. Oder **Cassington Mill Caravan Park**, Eynsham Road, 6 km westl., Bus 440,441,442 ab Cornmarket.

ESSEN: **Browns**, 7 Woodstock Road. Hier treffen sich viele Studenten - Hamburger, Spaghetti etc. **Munchy Munchy**, 6 Park End Str., gut und preiswert, alle Gerichte um die 12 DM. **Alfredo**, 3 a St. Michael's Str., großes Lokal mit preiswerter Pizza.
Beliebter Pub ist **The Turf Tavern**, 4 Bath Place (Eingang Holywell Str.), gut zum draußen sitzen, auch zum Essen ein Tip. **The Bear**, Alfred Str., traditioneller Treffpunkt der Christchurch-Studenten, urig ausgestattet.

BOOTSVERLEIH: an der **Magdalen Bridge** und an der **Folly Bridge**, ca. 13 DM pro std. Populärster Sport in Oxford und Cambridge ist natürlich das Paddeln, "Punten" genannt (siehe Cambridge).

FAHRRADVERLEIH: **Pennyfarthing**, 5 George Str.; **Denton's**, 294 Banbury Road.

Sehenswertes: von den drei dutzend Colleges sind das *Magdalen* und das *Merton College* besonders schön. Vor allem aber sehenswert das größte und berühmteste, das *Christ Church College*, in dem einige spätere Premierminister studiert haben - wenn hier abends die große Glocke läutet, werden alle Colleges geschlossen. Die Kapelle von Christ Church ist gleichzeitig die *Kathedrale* von Oxford, prächtige Glasfenster. Hinter dem College schöner Spaziergang durch die *Christ Church Meadows* bis zum Zusammenfluß von Isis und Cherwell.

Die beeindruckende *Bodleian Library* an der Catte Street hat von jedem Buch, das in Großbritannien gedruckt wird, ein Exemplar (Mo-Fr 9-17, Sa 9-12.30 h). Mal reinschauen, ebenso gleich in der Nähe bei *Blackwells*, 50 Broad Street, der größten Buchhandlung der Stadt.

Das riesige *Ashmolean Museum* an der Beaumont Str. ist eins der ältesten Museen im Land. Wertvolle Gemäldegalerie - u.a. da Vinci, Raphael und Michelangelo, dazu bedeutende Altertumssammlung, Juwelen-Kollektion und Fernöstliches (Di-Sa 10-16, So 14-16 h, frei). Das *Museum of Oxford*, St. Aldates Str., bringt einen guten Überblick über Oxford und seine Geschichte (Di-Sa 10-17 h, frei).

Das war nur ein kleiner Teil der "Sight seeing"-Objekte - für eine genauere Erkundung braucht ihr mind. 3-4 Tage.

Oxford/Umgebung

Blenheim Palace: 12 km nördl. von Oxford, das Gegenstück zum französischen Versailles, heute Sitz des Herzogs von Marlborough. Die Besucher pilgern in Scharen, um das Geburtszimmer von Winston Churchill zu bewundern (tägl. 11-18 h, ca. 12 DM, Bus ab Cornmarket).

Stratford-upon-Avon: in diesem ausgesprochen hübschen Ort steht das Geburtshaus von *Shakespeare*! Alljährlich besuchen mehrere hunderttausend Touristen ergriffen das unauffällige Fachwerkhaus (Henley Street, tägl. 9-18 h) und noch einige weitere, die mit dem englischen Nationaldichter in Verbindung stehen.

Lohnend sind die hervorragenden Aufführungen der *Royal Shakespeare Company* (Karten möglichst reservieren. Falls nicht ausverkauft, gibt es Studenten-Tickets an der Abendkasse).

VERBINDUNGEN / BAHNHOF: ab Oxford ca. 1,5 std., eventuell in **Warwick** umsteigen.

INFORMATION: 1 High Street.

ÜBERNACHTEN: große **Jugendherberge Hemmingford House**, Alveston, ein paar km entfernt, mit Bus nach Leamington zu erreichen, ab 17 h offen (vorher da sein), Tel. 0789/297093. **The Elms Camp** liegt 1,5 km außerhalb vom Zentrum.

Cambridge

Das Muster einer englischen Universitätsstadt - man hegt und pflegt das Image und konserviert die 700-jährigen Traditionen. Wenn ihr nur eine von beiden Uni-Städten besuchen wollt - Cambridge ist hübscher und ruhiger, hat kaum Industrie und außerdem sehr schöne Wiesen und Parkanlagen, die sog. *Backs*, hinter den Colleges in der Flußniederung (Bootfahren!).

VERBINDUNGEN / BAHNHOF: ab London Liverpool Street Station stündl., ca. 1 std. und 20 min. Der Bhf. liegt außerhalb vom Zentrum an der Station Road, Busse gehen ins Zentrum (Market Place).

INFORMATION: Wheeler Str., beim Market Place. Zimmervermittlung und gutes Prospektmaterial. Mo-Fr 9-18, Sa 9-17, So 10.30-15.30.

ÜBERNACHTEN: gute und komfortable **Jugendherberge** in der 97 Tenison Road, nur ca. 400 m vom Bhf., dementsprechend im Sommer meistens voll, freundliche Wardens, Tel. 0223/354601. **Queen Anne House** des YMCA am Gonville Place, Tel. 356998. Jungs und Mädchen, leider teuer, ca. 40-45 DM pro Pers.

Zahlreiche **B&B's** in der **Tenison Road** (Nähe Bhf.) und **Jesus Lane** (Zentrum) für ca. 20-25 DM pro Person.

Highfield Farm Camping, 603 Service Station, Wimpole Road, Barton, 5 km westl, Bus 118, 120, 175. **Camping Meadow Way** in Great Shelford, 5 km südl., ebenfalls Busse.

ESSEN / TREFFS: Für Selbstversorger Markt von Mo-Sa auf dem Market Place. **The**

King's Pantry, 9 King's Parade, und **Crust's Wine Bar**, 21 Northampton Str., gehören zu den beliebtesten Studentenlokalen. Im **Eros Restaurant**, 12 St. John's Street, gibts griechische und englische Gerichte, **Nettle's**, 5 St. Edward's Passage, bietet vegetarische Küche.
Ein bekannter Studententreff ist **The Eagle**, 6 Benet Street. Bei der Silver Street Bridge zwei kleine Pubs **The Mill** und **Anchor**, ständig voll, sein Bier trinkt man am Flußufer.

BOOTSVERLEIH: an der **Magdalene-Bridge** und der **Silver Street Bridge**, pro std. ca. 11-13 DM. Meist lange Schlangen, am besten könnt ihr am späten Nachmittag ein Boot bekommen.

FAHRRADVERLEIH: **Cambridge Cycle Hire**, 118 Milton Road.

Sehenswertes: Cambridge hat 22 Colleges. Die meisten liegen zwischen Trinity Str./King's Parade und dem River Cam, z.B. *St. John's*, *Queen's*, *Clare*, *Caius* und das *King's College* mit seiner "Kapelle" - die in etwa die Ausmaße einer kleinen Kathedrale hat!
Nicht versäumen solltet ihr das *Trinity College*, das größte der Stadt, mit seiner berühmten Bibliothek. Über 800 Studenten wohnen heute in den vier Gebäuden um den riesigen Innenhof mit der prächtigen Rasenfläche. Angeblich hatte auch Isaac Newton, der Entdecker der Fall- und anderer physikalischer Gesetze, hier seine Studentenbude.
Hinter den Colleges, auf der anderen Seite des River Cam liegen die *Backs*, große Parkanlagen, die sich bei den Studenten verständlicherweise großer Beliebtheit erfreuen.
Erwähnenswert noch das *Fitzwilliam Museum* an der Trumpington Road (Nähe King's College) mit ägyptischen, römischen und chinesischen Altertümern.

Hinweis - während der Abschlußprüfungen (Mitte Mai bis Mitte Juni), sind die Colleges für die Öffentlichkeit nicht zugänglich.

PUNTEN: die beliebteste Beschäftigung in Cambridge ist Bootfahren auf dem River Cam. Man fährt an der Rückseite der Colleges durch herrliche Parks und Rasenflächen. Beim St. John's College (Nähe Magdalene Bridge) geht es unter der Seufzerbrücke durch - dem großen Vorbild in Venedig nachgebaut! Das originale Punten können übrigens nur die "Eingeborenen" - sie bewegen sich mit einer 3-5 m langen Stange vorwärts - Greenhorns benützen Paddel.

MITTELENGLAND

Während der Osten mit Lincoln und York zwei der schönsten altenglischen Städte besitzt, ist der Westen geprägt von den großen Industriezentren Birmingham, Manchester, Liverpool, Sheffield, Leeds und Nottingham - heute die größten Slums der Nation.

Für Reisende nur partiell interessant - *Liverpool* ist zur deprimierenden Trümmerhalde heruntergekommen. Beatles-Fans wollen vielleicht trotzdem einmal *Abbey Road* und *Penny Lane* sehen. Der legendäre Robin Hood lebte zwischen Newark und Nottingham im berühmten *Sherwood Forest*. Heutzutage würden er und seine Geächteten hier sicher nicht mehr untertauchen - der Wald ist sehr gelichtet, dazwischen etliche Feriensiedlungen, keine Spur von "Räuberromantik". Auch *Nottingham* selber ist kaum eine Reise wert - eine große unattraktive Industriemetropole, der Sheriff von Nottingham wäre heute Strumpffabrikant.
Interessanter dagegen die Region *Cheshire* südl. der Industriezone, die unmittelbar an Wales anschließt. Das mittelalterliche *Chester* ist hier die besuchenswerteste Stadt und gleichzeitig das Eingangstor zu Nord-Wales.

Liverpool: trotz bekannt schlechtem Image gibts doch einiges zu sehen, z. B. das große *Merseyside Maritime Museum* am Albert Dock (Hafen). In mehreren Gebäuden wird die Geschichte der Hafenstadt Liverpool bis in heutige Zeit erläutert, ein Gebäude ist sogar zu einem alten Hafenviertel umgebaut (tägl. 10.30-17.30 h, ca. 5 DM, Stud. die Hälfte). Sehenswert auch die neugotische *Anglican Liverpool Cathedral* - wie es heißt, die fünftgrößte Kirche Englands mit den größten und lautesten Glocken. Bei schönem Wetter unbedingt per Aufzug zur Spitze fahren, zwar 5 DM, aber eine sagenhafte Aussicht bis tief nach Wales hinein.

BEATLES-SPECIAL: laut dem städt. Informationsbüros von Liverpool soll im Sommer 1990 endlich das lang erwartete **Beatles-Museum** eröffnet werden und zwar im restaurierten Albert Dock am Hafen. Schön wär's, jedoch werden diese Gerüchte schon seit Jahren in die Welt gesetzt. Erkundigt euch im Tourist-Info, 29 Lime Street oder Atlantic Pavillon (Albert Dock).
Ansonsten startet tägl. um 14.30 h eine **Beatles-Tour** ab Informationsbüro Lime Str. zu einigen Plätzen der Beatles-Geschichte - u.a. die ehemaligen Wohnungen der Pilzköpfe, der Cavern Club, wo sie 292 Mal aufgetraten, die Strawberry Fields und die Penny Lane.

Peak District: Nationalpark südöstl. von Manchester, schön zum Wandern, besonders die Staffordshire Moorlands. Die Hope Valley Line von Manchester nach Sheffield läuft durch die wilde Nordregion, *Edale* ist der Startpunkt des *Pennine Way*, eines 400 km langen Wanderwegs nach Schottland (Juhe 4 km außerhalb, Tel. 0433/ 770302). Eine weitere Strecke führt von Manchester in die elegante, georgianisch geprägte Kurstadt *Buxton* mitten im Peak District - idealer Ausgangspunkt, weil Busanschluß in alle Orte (Juhe Sherbrook Logde, Harpur Hill Road, Tel. 0298/2287, So geschl.).

Bradford: nördl. von Manchester, neben Liverpool das vielleicht deprimierendste Beispiel für die heruntergekommenen Industriestädte Mittel- und Nordenglands. Die einst stolze Metropole des Wollhandels ist durch fernöstliche Billig-Konkurrenz und die verfehlte Thatcher-Politik ruiniert worden. Heute hallt hier der Ruf der Muezzins von den Dächern - Bradford ist mit 65.000 Moslems das wichtigste Zentrum des Islam in Großbritannien. 30 Moscheen und Hunderte asiatischer Restaurants prägen das Stadtbild.

Chester

Eine der schönsten Mittelalterstädte Englands. Während der Antike eine wichtige römische Garnison, errichtete man Jahrhunderte später auf den Befestigungen des ehemaligen Kastells die Stadtmauer, die noch heute vollständig erhalten ist. Dann das Schicksal vieler blühender Handelsstädte - der Fluß versandete, neue Investitionen wurden nicht getätigt und das prächtige Stadtbild blieb erhalten, weil niemand an Abriß dachte.
Reich geschmückte weiße Fachwerkhäuser mit schwarz gebeizten Balken und vielen Schnitzereien dominieren heute die Innenstadt. Originell sind die *Rows* - Galerien, die sich im 1. Stock ganze Häuserzeilen entlangziehen.

VERBINDUNGEN / BAHNHOF: die **General Station** liegt nordöstl. vom Zentrum, die City Road entlang in die Altstadt innerhalb der Stadtmauer.

INFORMATION: **Town Hall**, gegenüber der Kathedrale. Informativ und interessant ist auch ein Besuch im **Chester Visitor Centre** (Tel. 351609).

ÜBERNACHTEN: geräumige und gut geführte **Jugendherberge** am 40 Hough Green, 3 km vom Bhf., in einem Wohnviertel auf der anderen Seite vom Fluß, südl. der Altstadt, Tel. 0244/680056. Ab Busbhf. (nicht weit vom Bhf.) mit Bus 16, 17, B2 oder B4, erst ab 17 h geöffnet.
The Old Palace vom YMCA, Little St. John Street, Tel. 0244/25367. Großer Sandsteinbau 10 min. vom Hbf. (Nähe Stadtmauer), kostet ca. 20 DM pro Pers mit Frühstück.
YWCA, 49/53 City Road, am Weg vom Bhf. in die Stadt, nur Mädchen, Tel. 20127.
B&B's in der **Hoole Road** beim Bhf.

ESSEN: guter Food-Pub ist **The Albion Inn** in der Park Street. Bei **Sidolis**, 25 Northgate Str. gibt's gute Pizza und eine Salatbar (Gerichte ab 8 DM). **Bon Appetit**, Lower Bridgegate Str., Vollwertkost unter 8 DM.

Sehenswertes: die *Stadtmauer* aus rotem Sandstein ist mit einigen Türmen und hübschen Stadttoren praktisch vollständig erhalten. Man kann auf ihr die ganze Stadt umrunden - ca. 5 km Fußmarsch! Die *Kathedrale*, ebenfalls ein roter Sandsteinbau, liegt nördl. vom East-Gate an der Stadtmauer.
Die schönsten Fachwerkhäusern der Stadt mit den originellen "Rows" findet ihr in der *Eastgate Street* und ihrer Verlängerung, der *Watergate Street* (z.B. Bishop Lloyd's House und Stanley Palace).

Das *Grosvenor Museum* in 27 Grosvenor Street (südl. Altstadt) hat eine sehr gute Sammlung über die römische Epoche der Stadt (Mo-Sa 11-17, So 14-17 h, frei).
Das größte römische *Amphitheater* auf englischem Boden findet ihr außerhalb vom Newgate (südl. vom Eastgate) - ist aber nur noch in spärlichen Resten erhalten.

London King's Cross - Peterborough - Newark - York (- Edinburgh) A-Kb. 28050

York liegt an der Bahnlinie von London nach Edinburgh, Verbindungen mehrmals tägl. Einige interessante Ziele nicht weit abseits, z.B. der kurze Abstecher von Newark nach Lincoln.

Lincoln: schöne alte Stadt im Osten Mittelenglands. Von der modernen Unterstadt führen steile Gäßchen und Treppen hinauf zur *Kathedrale*, die zu den drei prächtigsten Kirchen Englands gehört (die anderen zwei in York und Durham). In den Glockentürmen hängen neun Glocken, die größte - "Great Tom" wiegt 5 Tonnen! Im Inneren besonders eindrucksvoll der *Engelschor* und die Rundfenster im südl. und nördl. Querschiff. Schaut auch den Schrein von *Little St. Hugh* an - ein 9-jähriger Junge, der 1255 angeblich von den Juden der Stadt in einem Osterritual gekreuzigt wurde. Die Geschichte ist eine Fälschung, ausgedacht, um die damals einsetzenden Judenverfolgungen zu kaschieren.

INFORMATION: vis à vis vom Bhf. und in der Altstadt, 9 Castle Hill (zwischen Kathedrale und Castle). In beiden Zimmervermittlung.

ÜBERNACHTEN: **Jugendherberge** in 77 South Park, ganzes Stück südl. vom Bhf., Tel. 0522/22076. Hübsches historisches Haus, kürzlich renoviert.

Hull *(Kingston upon Hull)*: liegt am breiten Fluß Humber, eine der typischen nordenglischen Industriestädte, die von der Fremdenverkehrswerbung geflissentlich übergangen werden. Triste Arbeiterwohnsiedlungen und einer der größten Fischereihäfen der Welt.
Falls ihr trotzdem hier strandet, seht euch das Geburtshaus von *William Wilberforce* an in der 25 High Street an - Wilberforce war Anfang des 19. Jh. einer der maßgeblichen Kämpfer gegen den Sklavenhandels, sein Haus ist zu einem *Sklaverei-Museum* umgewandelt worden (Mo-Sa 10-17, So 14.30-16.30 h, frei).
Die *Humberbridge* ist die längste Hängebrücke der Welt - über 1000 m frei hängend, ein imposanter Anblick.

INFORMATION: Prospect Street (vom Bhf. geradeaus durch die Jameson Street, dann nach links in die King Edward Str.).

ÜBERNACHTEN: **B&B's** zw. 20 u. 30 DM pro Pers., links vom Bhf. in der **Deverly Road**.

Hull - Bridlington - Scarborough

Bahnlinie Richtung Norden zu den Badeorten am Meer - rauhe Küstenlandschaft, einige gute Strände, aber nur wenig warme Tage.

Bridlington: alter Fischerhafen und vielbesuchtes Seebad. Langer Sandstrand, ein Campingplatz südl. vom Ort. 6 km entfernt die windumtoste Halbinsel *Flamborough Head* mit toller Steilküste. Am Ortseingang von Flamborough ein Bauernhof, wo ihr für ca. 3 DM mit Zelt übernachten könnt, **B&B** auch möglich, Tel. 0262/850951.

Scarborough: bekanntester Badeort dieser Küste, Endpunkt der Bahnlinie. Zwei große Badebuchten, dazwischen die Ruinen einer Burg. Viel Rummel!

INFORMATION: St. Nicholas Cliff, nicht weit vom Bhf.

ÜBERNACHTEN: **Jugendherberge** "The White House" an der Burniston Road im Norden der Stadt, Tel. 0723/361176. Viele **B&B's** ab ca. 20 DM pro Person aufwärts. Mehrere Campingplätze außerhalb.

Von Scarborough nach Norden: mit Bus 258 an der Küste entlang nach Whitby (ab Busbhf. Valley Bridge, beim Bhf.). Beeindruckende Panoramafahrt an steilen Kliffs entlang, reizvollstes Stück bis **Robin Hood's Bay**, netter kleiner Fischer- und Badeort am Ausgang eines Tales in einer imposanten felsigen Bucht.

ÜBERNACHTEN: **Jugendherberge Boggle Hole**, ca.1 km vom Ort, am Wanderwog, der die Küste entlangführt, Tel. 0947/880352.

York

Sehenswerteste Stadt im Norden Englands! Im alten Zentrum noch durch und durch mittelalterlich, mit einer riesigen Kathedrale, einer gut erhaltenen Stadtmauer und vielen engen Gäßchen mit malerischen Fachwerkhäusern. Trotz der Touristenmassen viel Atmosphäre.

Auch das berühmte Eisenbahnmuseum ist einen Besuch wert.

VERBINDUNGEN / BAHNHOF: ab London King's Cross häufige Züge, ca. 2 1/4 std. Die architektonisch interessante **York Station** liegt mit ihrer gewölbten Bahnsteighalle ca. 800 m westl. der Altstadt. Linker Hand führt die Museum Str. ins Zentrum.

INFORMATION: **De Grey Rooms**, Exhibition Square, nahe dem "Minster" (Kathedrale). Zimmervermittlung, außerdem gutes Info-Material, u.a. ausführliche Stadtführer. Zweigstelle im Bhf.

ÜBERNACHTEN: geräumige **Jugendherberge Haverford** am Water End, Clifton, Tel. 0904/53147. 160 Betten, 2 km vom Bhf., im Norden der Stadt, Bus 17.

Bishophill House Youth Hostel, 11-13 Bishophill Senior Road, 120 Betten, im Schlafsaal 13-15 DM, auch Einzel, DZ und Mehrbettzimmer, tägl. 24 std. geöffnet. Möglichkeit, Klamotten zu waschen, Selbstkocherküche, Bar, Frühstück. Nur 5 min. von Zentrum und Bhf., für Nachtschwärmer gibts Schlüssel, Tel. 0904/625904.

International House, 33 Bootham Str, ebenfalls zentral (Nähe Tourist Info), ca. 13-15 DM, Mehrbettzimmer, TV-Zimmer, 'free showers', ohne Frühstück, Tel. 622874.

B&B's in der Bishopthorpe Road (z.B. Nr. 58-61), außerdem an der Bootham Str. und der benachbarten Grosvenor Terrace, nördl. vom Zentrum.

Camping Rawcliffe Manor Caravan Park, Manor Lane, 5 km nordwestl. vom Zentrum. Mit Bus 17 ab Station Road (beim Bhf.) bis Haltestelle Manor Lane, noch 500 m zu Fuß.

ESSEN / TREFFS: **Ye Olde Starre**, Stonegate Str., ältester Food-Pub von York. **The King's Manor**, Exhibition Square, preiswert, nur mittags. Chinesisch könnt ihr im **Hongkong** essen, Stonegate 34. **Black Swan**, Peasholme Green, einer der beliebtesten Pubs, auch Live-Musik.

Sehenswertes: die *Stadtmauer* ist fast 5 km lang und auf den Grundmauern des alten römischen Kastells errichtet. Ihr könnt gut auf ihr rumlaufen, schönster Teil zwischen den zwei Stadttoren Bootham Bar und Monk Bar (schöner Blick aufs Minster).

Das *Minster* gilt abgesehen von St. Paul's als die größte Kathedrale nördl. der Alpen. Innen dank der 125 (!) riesigen *Glasfenster* beeindruckend hell - besonders schön die "Five Sisters", das Ostfenster mit über 600 qm ist angeblich das größte Kirchenfenster der Welt. Probleme hat man mit den Fundamenten, Grundwasser dringt immer wieder ein und droht sie zu unterspülen. In den 60er Jahren mußte man die Grundmauern des Mittelturms neu anlegen, er wäre in absehbarer Zeit eingestürzt. Im Sommer 84 brannte das Dach des Südschiffs komplett ab.

The *Shambles* ist die reizvollste der alten mittelalterlichen Gäßchen - unten Kopfsteinpflaster, oben stoßen die Giebel der urigen Fachwerkhäuser beinahe zusammen. Das *Jorvik Viking Centre* ist einen Besuch wert - hier hat man vor einigen Jahren ein Wikingerdorf gefunden und versucht, es mit Puppen, Geräuschen und Gerüchen annähernd originalgetreu nachzubilden.

Vom mittelalterlichen Castle ist nur noch der *Clifford's Tower* erhalten. Das *York Castle Museum* ist eins der besten Volkskunde-Museen des Landes. Ein Dr. Kirk ließ sich im 19. Jh. von seinen Patienten mit allerlei Trempel, nostalgischem Plunder etc. bezahlen und richtete verschiedene Räume jeweils im Stil bestimmter Epochen ein. Auch ein schönes Modell eines ganzen Straßenzugs aus dem 18. Jh. ist zu bewundern (Mo-Sa 10-17.30, Sa 10-17.30 h, ca. 7,50 DM, Stud. ermäß.).

MUSEEN: interessant und anschaulich das große **Eisenbahnmuseum** an der Leeman Road beim Bhf. - die ältesten Lokomotiven Englands, die ersten Personenwagen mit ihren 1. Klasse-Nobelsitzen und vieles mehr. Bei weitem das beste Museum dieser Art (Mo-Sa 10-18, So 11-18 h, ca. 5 DM).

City Art Gallery, Exhibition Square, v.a. alte englische Meister, aber auch Florentiner und andere Italiener. Gleich benachbart die **Museum Gardens**, schöner alter Garten mit Überresten verschiedener Gebäude - ein Hospital, römische Mauer, eine Abtei u.m.

York/Umgebung

Yorkshire Dales: eine Art Hochplateau nordwestl. von York, durchzogen von einigen tiefen Tälern. Abwechslungsreiche Landschaft, Wasserfälle, Höhlen und bizarre Felsen machen den Reiz dieses Nationalparks aus, ideal zum Wandern!

Besonders lohnend - von Leeds führt die *Settle-Carlisle Line* durch den Park, eine der schönsten historischen Linien von British Rail, jedoch für den heutigen Schnellverkehr ausgelegt. Es geht u.a. über zahlreiche hohe Aquädukte. Streckenverlauf: (York) - Leeds - Skipton - Settle - Garsdale - Appleby - Carlisle. Verbindungen ca. 4-5 x tägl., 2,5-3,5 std.

INFORMATION: in vielen Orten der Dales, z. B. **Grassington**, **Malham** und **Hawes**. Ausführliche Infos zu Wanderwegen, Übernachtungsmöglichkeiten, Campingplätze etc.

ÜBERNACHTEN: Jugendherbergen in **Linton** (bei Grassington, Tel. 0756/752400), **Malham** (Tel. 07293/321), **Hawes** (Tel. 09697/368), **Aysgarth** (Tel. 09693/260) und **Grinton** (Tel. 0784/84206).

York - Scarborough A-Kb. 28040

Bahnlinie zur Küste. Nach Scarborough 1 1/4 std., häufige Züge. Scarborough siehe S. 560.

Vom *Malton* gute Ausflugsmöglichkeiten in den North York Moors Nationalpark (ab Pickering geht eine private Bahnlinie quer hindurch nach Grosmond an der staatl. Bahnlinie von Middlesbrough nach Whitby).

Howard Castle: etwas abseits der Bahnlinie nach Scarborough, einer der schönsten Herrensitze Englands - prachtvoller Palast aus dem 17. Jh., hauptsächlich Barock. Verschwenderische Innenausstattung und eine riesige Kostümsammlung. Außerdem großer Park mit einem See. Tägl. 13-17 h, ca. 7 DM.

VERBINDUNGEN: Bahn bis **Malton**, die letzten Kilometer trampen.

ÜBERNACHTEN: **Jugendherberge** Malton, Derwent Bank, Tel. 0653/2077.

York - Durham - Newcastle - Berwick (- Edinburgh) A-Kb. 28035, 28050

An der Ostküste nach Schottland. Von York nach Edinburgh ca. 3 std. Ab *Darlington* Abzweigung nach Middlesbrough - häufige Verbindungen nach Whitby durchs Esk-Tal.

Whitby: hübsches Fischerstädtchen am Ausgang eines grünen Flußtals. Die gespenstischen Ruinen der *Abtei* 199 Stufen über dem Ort sind die größte Sehenswürdigkeit und Schauplatz zahlreicher Gruselgeschichten.

Nach einer langen Schiffsreise vom Bosporus landete *Graf Dracula* aus Transsylvanien in Whitby und saugte Nacht für Nacht die arme Lucy Westenraa aus, bis sie selbst zum Vampir wurde. Nachzulesen im Roman "Dracula" von Bram Stoker. Im Informationsbüro gibt's eine Broschüre, mit der ihr den Spuren Draculas folgen könnt.

INFORMATION: New Quay Road, Nähe Bhf.

ÜBERNACHTEN: **Jugendherberge** am East Cliff, tolle Lage neben der Abbey, Tel. 0947/602878. **B&B** ab ca. 24 DM pro Pers. z.B. im **Esplanade Hotel**.

North York Moors Nationalpark: weites Hochmoor mit scharf eingeschnittenen Waldtälern im Hinterland des Küstenstreifens um Whitby. Einsame Farmen, Steinwälle und viel Grün, im Sommer überall violettes Heidekraut.

In *Pickering* eine alte Burgruine, 4 km von *Helmsley* die eindrucksvollen Reste einer riesigen Zisterzienser-Abtei in einer Parklandschaft aus dem 18. Jh.

VERBINDUNGEN: die Dampfloks der privaten North Yorkshire Moors Railway keuchen 3-4 tägl. von **Grosmond** (an der Bahnlinie Middlesbrough - Whitby) über **Goathland** nach **Pickering**. Diese Orte sind gute Ausgangspunkte für Wanderungen und Fahrradtrips. Interrail-Ticket gilt nicht, die ganze Strecke kostet einfach etwa 8 DM. Von Pickering verkehren Busse nach **Malton** (siehe oben).

INFORMATION: **National Park Information Centre** in Danby (Bahnstation an der Strekke Middlesbrough - Whitby), Infos über Wanderwege, Fahrradverleih etc.

ÜBERNACHTEN: ein paar Kilometer südl. von **Goathland** eine Jugendherberge, Wheeldale Lodge, nur zu Fuß zu erreichen, Tel. 0947/86350. Weitere **Jugendherberge** in **Helmsley**, Carlton Lane, Tel. 0439/70433.

Durham: in der Umgebung viel Kohlenindustrie, die Stadt selber aber sehenswert - eindrucksvolle Lage auf einer bewaldeten Halbinsel mit Steilufern zum Fluß Wear, der den alten Teil der Stadt umfließt. Absolute Höhepunkte sind die prächtige Kathedrale, die als schönster romanischer Kirchenbau Englands gilt, und das benachbarte Castle ("Half Church for God, half Castle gainst the Scot").
Anfang August findet ein großes *Folkfestival* in der Stadt statt.

VERBINDUNGEN / BAHNHOF: Züge von York brauchen ca. 1 std. Bhf. an der **North Road**, toller Blick auf Stadt und Kathedrale.

INFORMATION: 13 Claypath, Zimmervermittlung (Mo-Sa 10-18, So 14-17 h).

ÜBERNACHTEN: Jugendherberge im **Gilesgate Sixth Form College**, Providence Row, Tel.091/2847473. Mit Bus ab Bhf. (ca. 2 km), nur Ende Juli - Ende August.
Außerdem gibts mehrere **Student Hostels**, wo in den Semesterferien Betten vermietet werden - erkundigt euch im Tourist-Büro.
Camping The Grange nördl. der Stadt.

Newcastle upon Tyne: viel Industrie und großer Hafen, vor allem Kohle wird verschifft. Nicht allzu viel Sehenswertes, interessant sind die 3 Brücken über den Tyne, dicht nebeneinander gebaut - über die *High Level Bridge* fährt die Bahn, kurz danach der Bhf. Diese Brücke wurde von Robert Stephenson 1845-49 erbaut und war damals eine echte Pionierleistung der Technik. Die *Tyne Bridge* (von der Eisenbahnbrücke aus die übernächste) hat den größten Brückenbogen Großbritanniens (162 m).
Unweit der hektischen Central Station ein *Castle* und die *Kathedrale*, außerdem ein *Museum of Science and Technology* und das hervorragende *Museum of Antiquities* in der Uni - wertvollste Sammlung römischer und angelsächsischer Funde in England, interessant das Modell des Hadrian-Walls.

INFORMATION: im Zentrum, Princess Square (Central Library). Vom Bhf. durch die Moseley Street zu erreichen.

ÜBERNACHTEN: angenehme, selten überfüllte **Jugendherberge** in der 107 Jesmond Road, Tel. 0632/812570. Mit U-Bahn bis Jesmond und noch 3 min. zu Fuß.

Hadrians-Wall : fast 120 km zieht er sich von Newcastle bis Carlisle quer über die ganze englische Halbinsel. Zwischen 122 und 132 n. Chr. wurde er unter dem römischen Kaiser Hadrian als Schutzmauer gegen die "Barbaren" in Schottland gebaut. Er war an die 6 m hoch und ca. 3 m breit, in regelmäßigen Abständen von 1-2 km lagen kleine Forts, dazwischen jeweils noch 1-2 Wachtürme, außerdem etwa 20 große Lager, in denen die Garnisonstruppen stationiert waren.
Heute ist er nur noch in kleinen Teilen erhalten, interessantestes Stück zwischen *Chollerford* und *Greenhead*. In Chollerford das am besten erhaltene römische Fort *Cilurnum* mit Toren, Kasernen, Badehäusern, Ställen etc., etwa 1 km von Once Brewed das römische Lager *Vindolanda* und 3 km weiter direkt auf dem Wall das *Housesteads Fort*. Die ganze Region eignet sich gut zum Spazierengehen und Wandern.

VERBINDUNGEN: eine Bahnlinie führt nicht weit vom Wall entfernt von Newcastle nach Carlisle. Ab Station **Hexham** gehen Busse an verschiedene Stellen des Walls.

ÜBERNACHTEN: Jugendherberge in **Once Brewed**, bei Bardon Mill, Military Road, Tel. 04984/360. Mit Bus ab Hexham oder 4 km zu Fuß ab Bardon Mill Station.

Berwick-upon-Tweed: historische Stadt wenige Kilometer vor der Grenze nach Schottland. Im Norden und Osten eindrucksvolle Befestigungsanlagen aus dem 17. Jh. - Berwick war immer hart umkämpft und wechselte 14 x (!) zwischen Schottland und England.

Carlisle: nahe der Westküste, das nördliche Tor zum Lake District, ansonsten hauptsächlich als Bahnknotenpunkt bedeutsam. Außer der "kleinen" Kathedrale und dem Castle, früher ein wichtiges Grenzfort gegen die Schotten, wenig Interessantes. Reste der Stadtmauer sind erhalten, im *Castle* kann man die Burgverliese besichtigen (ca. 4 DM).

INFORMATION: im Bhf. und in der Old Town Hall, Green Market.

ÜBERNACHTEN: **Jugendherberge** Etterby House, Etterby, Tel. 0228/23934. Etwas außerhalb, ein paar Kilometer vom Bhf.

Lake District

Eine der schönsten englischen Regionen - die höchsten Berge und die meisten Seen des Landes auf dichtem Raum zusammen.

Von "lieblichen" Wiesenlandschaften bis zu rauhen Hochtälern mit Wildbächen und kleinen Stauseen ist alles vertreten. Überall findet ihr frisches Grün - der Lake District gehört zu den regenreichsten Gebieten Englands!

Vor allem (besserverdienende) Engländer kommen im Sommer zum Berg- und Seewandern, trotzdem ist der Lake District als Ganzes noch nicht überlaufen. Die meisten Touristen trifft man in den größeren Orten um die Seen, Einsamkeit könnt ihr leicht in den kleinen Dörfern finden. Dank des hohen Bekanntheitsgrads ist das Preisniveau im Lake District ziemlich hoch.

Beliebteste Anlaufpunkte sind *Windermere* und *Ambleside* am Lake Windermere, dem größten See im District. Ruhiger (und billiger) sind die Seen im Norden und Westen, die beiden schönsten sind *Ullswater* und *Derwentwater*.

VERBINDUNGEN: von der Hauptlinie London - Glasgow geht eine Regional-Linie nach **Windermere** (Umsteigen in Oxenholme, ca. 8 x tägl., im Sommer fahren auch Direktzüge von London nach Windermere). Die **Cumbrian Coast Line** umrundet die ganze Küste des Lake District (Lancaster - Barrow - Carlisle bzw. umgekehrt).

Sealink-Ferries verkehren auf dem Windermere-See (siehe Windermere). Zwischen den wichtigsten Orten gibts **Busverbindungen**, außerdem zwei kleine Bahnstrecken mit Dampfloks - eine startet am Lakeside Pier/Windermere-See, die andere führt vom Küstenort Ravenglass das Eskdale entlang ins Seengebiet (Interrail-Ticket gilt nicht!).

ÜBERNACHTEN: fast 30 Jugendherbergen - trotzdem sind sie im Sommer oft belegt, einige Tage vorher anrufen ist sinnvoll. Ansonsten natürlich überall **B&B's**, auch in den Bergregionen. Ein Zelt ist ebenfalls von Vorteil. Vollständige Liste der Jugendherbergen und Campingplätze gibts bei den Tourist-Infos. Vor allem in Windermere wird man euch weiterhelfen.

National Park Information Centre: in Brockhole, auf halbem Weg zwischen Windermere und Ambleside. Fülle von Informationen über den ganzen Lake District, Ausstellung und Diashows.

Windermere/Bowness: hier im Herz des Lake District herrscht gehöriger Rummel - Roll's Royce, Jaguar, Porsche und Mercedes sind kein seltener Anblick. Trotzdem lohnt Windermere als Ausgangspunkt für Ausflüge und Wanderungen, z.B. nach *Hawkshead*, einem kleinen malerischen Ort auf der anderen Seeseite (Jugendherberge, Tel. 09666/293). Vom Pier in Bowness fahren Sealink-Ferries nach *Ambleside* und *Lakeside* (Interrailer 20 %).

INFORMATION: Victoria Str., beim Bhf. Zimmervermittlung und Liste der Unterkünfte, die noch frei sind (tägl. 10-20 h). Außerdem an der Schiffsanlegestelle in Bowness.

ÜBERNACHTEN: **Jugendherberge High Cross** in Troutbeck, Bridge Lane, Tel. 09662 /3543. 3 km Richtung Ambleside. **B&B's** ab ca. 23 DM pro Pers., u.a. in der Oak Str., z. B. **Greenriggs Guest House**, 8 Upper Oak Street (Tel. 2265) oder **Westbeck House**, 11 Oak Str. (Tel. 4763).

Ambleside: kleiner Ort am Nordende des Sees, nicht so überlaufen wie Windermere. Von Ambleside könnt ihr die Flußtäler entlang laufen, z.B. zum *Kirkstone-Paß* oder nach *Grasmere* am gleichnamigen See (2 Jugendherbergen und Dove Cottage, das Wohnhaus des Dichters William Wordsworth).

ÜBERNACHTEN: schöne **Jugendherberge** Waterhead am See, 1,5 km von der Anlegestelle, Tel. 05394/32304. Ansonsten das **Iveing Cottage** des YMCA, Old Lake Road, Tel. 05394/32340, Schlafsaal und DZ.

LESERTIP: "nehmt von Ambleside den Bus zum **Old Dungeon Ghyll Hotel** im Langsdale Valley (schöne Fahrt). Sagt dem Busfahrer, daß er euch am **Langsdale Camping** rausläßt, für britische Verhältnisse recht billig. In der Nähe gibts zwei Pubs - sehr ursprünglich und voll mit Einheimischen war der Pub am Old Dungeon Ghyll Hotel, 300 m links vor dem Camping" (Bern Müller-Neuhof, Wolfsburg).

Keswick: im nördl. Lake District am *Derwentwater*, viel ruhiger als der Windermere-See. Wanderungen rund um den See bieten sich an, Fähren fahren zu verschiedenen Anlegestellen.

ÜBERNACHTEN: **Jugendherberge** an der Station Road, Tel. 07687/72484. Viele **B&B's** zwischen 20 und 30 DM pro Pers., Liste hängt im Tourist Büro aus.

Lancaster - Barrow - Carlisle

Die **Cumbrian Coast Line** umrundet den Lake District an der Küste, Ausgangspunkt Lancaster. Der südl. und mittlere Teil sind reizvoller als die Kohlereviere im Norden.
Lange Sandstrände liegen um *Grange-over-Sands*, der kleine Fischerort *Ravenglass* ist Startpunkt einer Museumsbahn, die das Eskdale nach *Boot* hinaufkeucht.
Nördl. von Ravenglass bei *Windscale* steht Sellafield, die größte atomare Wiederaufbereitungsanlage Englands - die radioaktive Verseuchung der Irischen See ist bereits eine obligate Schlagzeile der Presse.
In *St. Bees* gibt's einen schönen langen Strand und nur wenige Touristen. Danach folgen die unansehnlichen Industrieorte *Whitehaven* und *Workington*.

WALES

Die Alternative zu London - hier die malerischen Schwarzen aus Jamaika mit Dreadlocks, dort schlichte graukarierte Männlein, die einen etwas skeptisch mustern. In manchen abgelegenen Gebieten von Wales ist man als Tourist durchaus noch Attraktion - abgesehen von den im Sommer stark besuchten Küstenorten.

Die Landschaft zählt zu den reizvollsten der Britischen Inseln - weite Hügel- und Bergregionen (neben Schottland übrigens die höchsten "Berge" Großbritanniens), teils mit schroffen Felsflanken, teils viel Grün. Vor allem die Täler sind oft dicht bewaldet, man sieht viele alte Bäume, aber auch große Weideflächen mit Pferden, Rinder- und Schafherden. Im Süden der Halbinsel liegen dagegen ausgedehnte Kohlereviere, die 1984/85 im längsten *Streik der britischen Geschichte* die Aufmerksamkeit der internationalen Presse erregten.
Die walisischen Orte sind teilweise noch sehr ursprünglich, mit vielen alten Stein- und Fachwerkhäusern. Auf jedem zweiten Hügel steht zudem eine Burg - Relikte der Zeit, als die Engländer die um ihre Selbständigkeit kämpfenden Waliser im Zaum zu halten versuchten. Noch heute pochen die Waliser auf ihre keltische Abstammung und distanzieren sich deutlich von den Engländern. Nichtsdestotrotz ist der Fremdenverkehr aus dem benachbarten England inzwischen einer der bedeutendsten Wirtschaftszweige - außer den Badeorten an der Küste hat Wales drei Naturparks, es gibt zahlreiche Jugendherbergen und viele Campingplätze.

Aus der wechselhaften Geschichte und der geographischen Abseitslage der Halbinsel erwuchs die hartnäckige Behauptung walisischer Kultur und Sprache. Seit 1967 ist Wales offiziell zweisprachig, was ihr nicht zuletzt an den Stationsschildern der Bahnhöfe erkennen könnt.

VERBINDUNGEN: British Rail betreibt drei wichtige Bahnlinien - von Bristol kommend über Cardiff **die Südküste entlang**,
von Birmingham über Shrewsbury **durch Mittelwales**,
über Chester **die Nordküste entlang**.
Dazu gibt es noch einige Querverbindungen, die teilweise durch reizvolle Landschaften führen.
Leckerbissen für Bahnfans aus aller Welt sind die **"Great Little Trains of Wales"** - etwa zehn privat betriebene Kleinbahnen, die noch auf Schmalspurgleisen durch die walisischen Berge schnaufen. Einige der bekanntesten sind mit British Rail leicht zu erreichen und die paar Pfund meistens wert.

Südwales

Zentrum des walisischen Kohlebaus. Doch die krisengeschüttelte Bergwerks- und Industrieregion nimmt nur einen Teil der Küste in Beschlag. Der

Rest bietet genauso schöne Landschaften wie das übrige Wales - speziell die Halbinsel *Pembrokeshire* im äußersten Westen lohnt den Abstecher per Bahn.

Bristol - Cardiff - A-Kb. 28059

Von Bristol geht es in einem Tunnel unter dem Meeresarm *Severn* hindurch. Wenn ihr anstatt Richtung Cardiff nach Chepstow fahrt, könnt ihr einen schönen Ausflug ins erlengesäumte Tal des Wye machen, z.B. nach Tintern mit den romantischen Ruinen der *Tintern-Abtei*, die zu den schönsten in Britannien gehört. Von Chepstow gehen Busse durchs Tal, es gibt aber auch einen schönen Wanderweg nach Monmouth (ca. 27 km).

Chepstow: am Eingang des Wye Valley, altes normannisches Castle, auch der Stadtkern mit teilweise erhaltener Stadtmauer noch recht ursprünglich. Nach Tintern und zur Abtei gehen Busse ca. 6 x tägl.

ÜBERNACHTEN: **Jugendherberge Chepstow**, Mounton Road, Tel. 02912/2685. Etwa 1,5 km vom Bhf. **Jugendherberge St. Briavels** in einem Castle am Wanderweg durchs Tal, Tel. 0594/530272.

Abergavenny: wichtigste Marktstadt von Südwales, guter Ausgangspunkt für Touren in den *Brecon Beacons National Park* - am schönsten der Ostteil mit Wasserfällen, Schluchten und Höhlen - außerdem Bahnstation an der wichtigen Bahnlinie von Cardiff über Newport nach Shrewsbury (Cardiff - Abergavenny ca. 7 x tägl.). Am Dienstag findet hier einer der größten *Märkte* von Wales statt - sehenswert!

INFORMATION: 2 Lower Monk Street, auch Infos über den Nationalpark. In **Brecon** das National Park Information Center.

ÜBERNACHTEN: keine Jugendherberge, die nächste in **Crickhowell** (an der Straße nach Brecon, Busverbindung). **B&B's** in der Monmouth Road, Nähe Bhf. Im Naturpark ebenfalls einige Jugendherbergen.

Cardiff

Hauptstadt von Wales, modernes Geschäftszentrum und Sammelpunkt der walisischen Nationalbewegung, insgesamt wenig, was zum Bleiben reizt.

Cardiff Castle mitten in der Stadt ist wegen der reich geschmückten Innenräume lohnend, das *National Museum of Wales* gibt Einblicke in die walisische Kultur. Außerdem gibts ein *Welsh Folk Museum* in St. Fagan, 6 km westl. von Cardiff, Busverbindung (Mo-Sa 10-17 h, ca. 6,50 DM).

Caerphilly Castle, die größte Sehenswürdigkeit von Cardiff, liegt 12 km nördl. der Stadt (Zugverbindung).

VERBINDUNGEN / BAHNHOF: die **Central Station** in Fußmarschweite zur Innenstadt, der zweite Bhf. **Queen Street Station** ebenfalls.

Von Cardiff entweder weiter die Südküste entlang oder auf einer Inlandstrecke über Llanelli nach Shrewsbury fahren.

INFORMATION: 8-14 Bridge Str., Liste mit preiswerten Unterkünften hängt aus.

ÜBERNACHTEN: **Jugendherberge** in der Wedal Road, Roath Park, 2 km vom Bhf. (Bus vom Busbhf. gegenüber vom Bhf.), Tel. 0222/462303. **Student Hostel University College Cardiff**, Cathays Park, Tel. 44211. Nur in den Semesterferien, ca. 30-35 DM. **Campingplatz** in einem Park nicht weit vom Zentrum, Pontcanna Fields.

ESSEN / TREFFS: Cardiff ist für sein 'Special Ale' der Brains-Brauerei berühmt. Guter Pub ist **The Heath** in der Whitchurch Road. Im **Chapter Arts Centre**, Market Road, gibts Cafes, Kino, Theater und oft Live-Musik.

Cardiff/Umgebung: mit dem Zug nach *Caerphilly*. Das riesige Castle aus dem 13. Jh. ist angeblich die zweitgrößte Burg Europas! Mit Zugbrücken, Wassergräben und gewaltigen Maueranlagen (ca. 6,50 DM).

Cardiff - Swansea (-Pembroke) - Carmarthen - Fishguard A-Kb. 28059

Küstenstrecke zu den südwalisischen Fährhäfen nach Irland. Von Cardiff bis Swansea war die gesamte Küste einschließlich Hinterland einst schwarz vor Kohlenstaub, das Meer verschmutzt und voller Gestank - hier liegen die großen walisischen Kohletäler mit Minen, riesigen Kohlenhalden und Industrieanlagen. In *Port Talbot* kurz vor Swansea, steht das größte Feinstahlwerk der Welt. Doch die Stillegung der meisten Minen hat viel verändert - Grün bedeckt heute hier und dort die aufgerissenen Flanken der Berge und die Bergarbeiterorte der "Valleys" haben ihren eigenen strengen Reiz.

Wenn ihr Swansea hinter euch gelassen habt, kommt ihr in die schönste Küstenlandschaft von Südwales ganz im äußersten Westen. Der *Pembrokeshire Coast National Park* auf der gleichnamigen Halbinsel hat zerklüftete rote Sandsteinfelsen, viele kleine verborgene Buchten mit Sandstränden und darüber eine windzerzauste Wiesenlandschaft ganz ohne Bäume. Ein *Küstenwanderweg* führt von Saundersfoot (bei Tenby) um die ganze Halbinsel bis Cardigan. Mehrere Jugendherbergen liegen am Weg.

Die Bahn fährt nirgends direkt an der Küste entlang, *Carmarthen* ist ein größerer Knotenpunkt (eventuell umsteigen). Ab Whitland teilt sich die Strecke in mehrere Stichbahnen zur Küste - nach *Pembroke*, nach *Milford Haven* und nach *Fishguard*.

Tenby: an der Linie nach Pembroke, mediterran anmutender, ausgesprochen hübscher Urlaubsort mit Fischerhafen, Sandstrand und dem alten Ortskern mit gewaltiger Stadtmauer aus dem 14. Jh.

Interessante Überfahrten gibt es auf die ehemalige Zisterzienserinsel *Caldy*.

Pembroke: Endstation dieser Linie, ebenfalls noch recht ursprünglich, schönes altes Castle.

FÄHREN NACH IRLAND: **B + I Line** fährt bis zu 2 x tägl. von Pembroke nach Rosslare, für Interrailer 50 % Ermäßigung, frei mit Karte Interrail + Schiff.

Haverfordwest: an der Bahnlinie nach Milford Haven, Knotenpunkt der Pembrokeshire-Busse. Im *Information Centre*, 40 High Street, detaillierte Infos zum Nationalpark. Lohnend die Busfahrt nach St. David's.

St. David's: weit auseinandergezogenes Küstenstädtchen an der westl. Spitze einer großen Halbinsel. Sehenswert in einer Talmulde die große *Kathedrale* mit stämmigem Viereckstum, eine der ältesten Großbritanniens (man beachte die Eichenholzdecke aus dem späten 15. Jh.) und die geheimnisvollen Ruinen des nahen *Bischofspalasts* mit tollen Gewölben und Arkadengängen. Dazwischen stehen alte Grabsteine. Schöner Spaziergang zum *St. David's Head*, dem westlichsten Punkt von Wales.

ÜBERNACHTEN: gute **Jugendherberge Llaethdy** etwa 3 km außerhalb, am Küstenwanderweg, Tel. 0437/720345.

Fishguard: Endpunkt einer Bahnlinie, Fährhafen nach Irland, außerhalb vom Ort schöne rauhe Felsküste. Busse fahren die Küste Richtung Norden nach *Aberystwyth*, dort wieder Bahnverbindung (siehe im folgenden).

ÜBERNACHTEN: nächste **Jugendherberge Pwell Deri** auf der Felsenhalbinsel Strumble Head, 7 km westl. vom Ort, Tel. 03485/ 233.

FÄHREN NACH IRLAND: 2-3 x tägl. gehen **Sealink-Fähren** von Fishguard nach Rosslare, Abfahrtszeiten sind auf ankommende Züge abgestimmt. 30 % Ermäßigung für Interrailer, keine Freifahrt mit Karte IR + Schiff.

Mittel-Wales

An der Küste etliche Badeorte, vor allem Aberystwyth ist bevorzugter Anlaufpunkt. Richtung Norden geht die Bahnlinie bis zur Lleyn Peninsula.

Shrewsbury - Welshpool - Aberystwyth (-Pwllheli)

Schöne Inlandsstrecke über die Cambrian Mountains zur Irischen See. Kurz bevor ihr zur Küste kommt, passiert ihr **Machynlleth** (Bahnstation). Einige km außerhalb liegt das weithin bekannte *Centre for Alternative Technology*, wo Wind-, Wasser- und Solarenergie erforscht und vorgeführt werden, Busverbindung (im Sommer tägl. geöffnet).

Ab *Dovey Junction* führt eine Zweigstrecke die Küste Richtung Norden nach Pwllheli.

Aberystwyth: Provinzstadt und beliebter Badeort mit langer Uferpromenade und geschwungenem Sandstrand. Während des Semesters viele Studenten wegen des seit 1790 ansässigen *University College of Wales*. Die Universitätsgebäude liegen etwas abseits vom Ort, außerdem die *National Library of Wales*, die von jedem Buch in Großbritannien ein Exemplar bekommt (ca. zwei Millionen Bücher, zu besichtigen, frei).

INFORMATION: 13 Eastgate Str.

ÜBERNACHTEN: **B&B's** auf der **Bridge Street** und **Rheidol Terrace** für ca. 25-30 DM pro Pers., außerdem **Camping Aberystwyth Holiday Village**, leider nicht ganz billig. Nächste Jugendherberge in **Borth**, eine Bahnstation vor Aberystwyth, ebenfalls Badeort, Tel. 0970/871498.

ESSEN / TREFFS: wegen der vielen Studenten einiges geboten. Beliebte Pubs sind z.B. **Cooper's Arms** (Welsh-Music) und **The Black Lion**, Great Darkgate Str.

VALE OF RHEIDOL LIGHT RAILWAY: eine dampfbetriebene Schmalspurbahn fährt vom Bhf. in Aberystwyth mehrmals tägl. 20 km das Flußtal des Rheidol hinauf nach **Devil's Bridge** mit tosenden Wasserfällen und drei übereinandergebauten Brücken. Interrail nicht gültig.

Nord-Wales

Wales zum Vorzeigen - abwechslungsreiche Küste mit Sandstränden und Felsklippen, sorgfältig restaurierte Castles und das wilde Gebirgsland des *Mount Snowdon*, mit 1094 m der zweithöchste Berg Großbritanniens.

VERBINDUNGEN: zwei Bahnlinien der British Rail durchqueren Nord-Wales. Die eine von **Chester** nach **Holyhead**, die andere entlang der Küste von **Aberystwyth** nach **Pwllheli** (Cambrian Coast Line).
Von Llandudno Junction an der Chester/ Holyhead-Strecke zweigt die Conwy Valley Line nach **Blaenau Ffestiniog**, ins Herz des gebirgigen Snowdonia National Park ab.
Schließlich der Höhepunkt für Bahnfans - zwischen Blaenau Ffestiniog und Porthmadog zuckelt die **Ffestiniog Railway**, eine private dampfbetriebene Schmalspurbahn, quer durch den Snowdonia National Park und stellt die Verbindung zwischen den British Rail-Linien her.

Aberystwyth - Barmouth - Pwllheli

Die *Cambrian Coast Line* führt 80 km meist dicht an der Küste entlang nach Pwllheli.
Empfehlenswerte Badeorte mit guten Stränden sind *Aberdovery* und *Barmouth. Tywyn* ist wieder Ausgangspunkt einer Schmalspurbahn, in *Harlech* ein prächtiges Castle (Jugendherberge 10 min. vom Bhf., Tel. 0766/ 780285, schöner Blick aufs Castle).
In *Minffordd* und *Porthmadog* Möglichkeit, in die private Ffestiniog Railway umzusteigen und schließlich über Blaenau Ffestiniog zur Hauptstrecke Chester - Holyhead an der walisischen Nordküste zu fahren (Details siehe nächste Seite).

Chester - Bangor - Holyhead A-Kb. 28060

Hauptlinie von den englischen Midlands nach Nord-Wales. Überlaufene Küste mit zahllosen Camping- und Caravanplätzen. Touristischster Ort ist *Llandudno* (Abzweigung in Llandudno Junction), ein altehrwürdiges viktorianisches Seebad mit großem Seesteg und langen Sandstränden. Altmodisch schön, aber hauptsächlich Publikum älteren Semesters und Familienurlaub.
In *Llandudno Junction* auch Abzweigung durch das schöne Conwy-Tal in den Snowdonia National Park (s.u.).

Conwy: benachbart zu Llandudno Junction, historisches Städtchen mit fast vollständig erhaltener Stadtmauer, schönes Castle direkt am Wasser.

INFORMATION: Castle Street.

ÜBERNACHTEN: **B&B's** z.B. am Cadnant Park. Nächste Jugendherbergen in **Penmaenmawr**, 7 km westl. von Conwy (Bahnstation), Tel. 0492/623476 und in Colwyn Bay, 9 km östl. (Bahnstation), Tel. 0492/530627.

Snowdonia National Park: malerische Urlandschaft mit rauhen Felsmassiven und kahlen Graten, engen Schluchten und Wildbächen.

Bester Ausgangspunkt für Bergwanderungen ist *Llanberis* (Bahn von Chester nach Bangor, von dort Bus nach Caernarfon und weiter nach Llanberis), allerdings Bergerfahrung und Ausrüstung nötig, häufig Wetterstürze! Ihr könnt auch von Llanberis mit der kleinen privaten *Snowdon Mountain Railway* den Snowdon bis in 1080 m Höhe hinaufzuckeln, also fast bis zur Spitze (8 km, hin u. zurück 2 1/2 std., ca. 35 DM, Mitte März-Oktober).

Schließlich könnt ihr statt dessen auch von Llandudno Junction mit der Normalspur-Bahn nach *Blaenau Ffestiniog* fahren, ein Bergnest mit den Abraumhalden der einst größten Schiefermine der Welt. Von Blaenau Ffestiniog dampft dann die schon erwähnte *Ffestiniog Railway* mehrmals tägl. die 21 km zur Küstenlinie nach Porthmadog. Diese ehemalige Bergwerksbahn hat eine Spurweite von 60 cm und transportierte früher Schiefer. Die ca. 12 DM, die man als Interrailer für die Fahrt in den dunkelroten Plüschpolstern bezahlen muß, sind dank der großartigen Bergszenerie mit kleinen Seen, Wäldern und Tunnels keineswegs verschenkt. Aussteigen in Minffordd oder Porthmadog, dort Anschluß an die Cambrian Coast Line.

INFORMATION: u.a. in **Llanberis** (Oriel Eryri), **Blaenau Ffestiniog** (High Street) und **Betws-y-Coed** (großes Besucherzentrum des Nationalparks).

ÜBERNACHTEN: Jugendherbergen in **Llanberis** (Tel. 0286/8702809) und **Ffestiniog** (Tel. 0766/762765). Weitere Jugendherbergen im Snowdon-Gebiet: Snowdon Ranger, Pen-y-Pass, Capel Curig, Idwal Cottage.

Bangor: nette kleine Universitätsstadt am Meer. Der Bus- und Zugbhf. ist Drehscheibe für Fahrten in Nordwales - Busse gehen die Küste entlang und in den Snowdonia National Park (Garth Road Station). Beliebter Treff ist The Greenhouse, 1 Trevelyan Terrace.

INFORMATION: Theatr Gwynedd.

ÜBERNACHTEN: **Jugendherberge Tan-y-Bryn**, Tel. 0248/353516. Auch am Bhf. soll übernachten möglich sein.

Caernarfon: südl. von Bangor, nur mit Bus zu erreichen. Eine der größten und beeindruckendsten Burgen Europas, sehr gut erhalten, vor allem auch innen. 1969 wurde hier Prinz Charles zum "Prince of Wales" gekrönt (tägl. 9.30-18.30 h, 6,50 DM).

INFORMATION: beim Castle, Oriel Pendeitsh.

ÜBERNACHTEN: keine Jugendherberge, **B&B's** an der Beddgelert Road, Camping an der Straße nach Llanberis.

Hinter Bangor geht's über die Eisenbahnbrücke auf die Insel *Anglesey* - sanfte Hügellandschaft und schöne, buchtenreiche Küste. In den kleinen schlichten Dörfchen sagen sich abends noch Has' und Fuchs gute Nacht.

Das erste unscheinbare Nest auf der Insel hat den schlichten Namen *Llanfairpwllgwyngyllgogerychwyrndrobwyll lantysilliogogogoch* - der längste Ortsname der Welt! Er hat den Bhf. auch zum meistphotographierten der Welt gemacht. Die 58 Buchstaben bedeuten etwa "St. Mary's Kirche am Teich mit dem weißen Haselbusch bei dem Strudel und bei St. Tysilios Kirche in der Nähe der roten Höhle". Offiziell wurde der Name kürzlich in Llanfair PG abgekürzt.

Holyhead: Endstation, ebenfalls Badeort und neben Fishguard der zweite wichtige Fährhafen nach Irland (kostenlose Busse vom Bhf. zum Hafen und umgekehrt). Information am Marine Square.

FÄHREN NACH IRLAND: Sealink und B & I Ferries pendeln beide je 2 x tägl. nach Dublin bzw. ins nahegelegene Dun Laoghaire.
Sealink gewährt auf der Strecke **Holyhead - Dun Laoghaire** für Interrailer 30 % Ermäßigung, regulärer Preis 62 DM.
Auf der B + I Line **Holyhead - Dublin** gibts IR-Ermäßigung 50 %, mit Karte IR + Schiff sogar Freifahrt, regulärer Preis je nach Saison 48-64 DM.

SCHOTTLAND

Schottland kann der Höhepunkt eurer Reise sein - falls es nicht sieben Tage lang ununterbrochen regnet oder permanent ein grimmig kalter Wind weht. Wetterfeste Klamotten sind ein Muß.

Zumindest mit einer tagelang undurchdringlichen Wolkendecke müßt ihr rechnen - manche Leute schwärmen aber sogar von den Wolken in Schottland. Trotzdem, nichts ist schöner, als wenn nach heftigem Regen in den Highlands die Sonne rauskommt - so kristallklare Luft könnt ihr selten irgendwo anders erleben!

Die Landschaften sind zum großen Teil unberührt, wild und fast menschenleer. Zweifellos gehören sie zu den schönsten Europas - herrliche Seen (sog. Lochs), endlose Hügel, im August und September purpurrot vom blühenden Heidekraut, dazwischen verstreut Felsbrocken und steile Berghänge. Der höchste Berg Großbritanniens, der Ben Nevis bei Fort William, zieht seit eh und je Bergwanderer aus aller Welt an.

Abgesehen von der dichtbesiedelten Region um Glasgow und Edinburgh gibt es kaum städtische Ballungsgebiete. Die Touristen verlaufen sich rasch an den zahllosen, romantisch einsamen Lochs und in den abgelegenen Tälern (glens) - schon wenige Meter außerhalb der Orte könnt ihr Natur und Stille erleben. Urlauberzentren wie Inverness, Oban und Fort William könnt ihr als Ausgangspunkte für Ausflüge verwenden - von Oban (Endstation einer Bahnlinie) kommt ihr z.B. schnell hinüber zur Insel Mull, neben der unübertroffenen Insel Skye (Fährhafen ebenfalls mit der Bahn zu erreichen) eine der schönsten schottischen Inseln.

Generell ist der Westen Schottlands mit den Hebriden-Inseln eindrucksvoller als der Osten. Speziell der Nordwesten ist ein Höhepunkt - leider führt keine Bahnlinie dorthin. Von den zwei großen Städten ist Edinburgh die sehenswertere. Doch auch die Industriestadt Glasgow ist nicht so schlecht wie ihr Ruf.

VERBINDUNGEN: die **Bahnlinien** gehören zu den schönsten in Großbritannien, berühren aber nur einen Teil des ganzen Landes (Streckenbeschreibungen gibts in Bahnhöfen und in Tourist-Büros). Vor allem die **West Highland-Line** von Glasgow nach Mallaig und die **Kyle-Line** von Inverness nach Kyle of Lochalsh solltet ihr euch nicht entgehen lassen. Interessante Rundtour, auf der ihr beide Strecken befahren könnt - von Inverness nach Kyle, übersetzen zur Insel Skye, von dort wieder per Fähre nach Mallaig und mit Zug weiter nach Fort William und/oder Glasgow. Oder das Ganze in umgekehrter Richtung (Details unter den jeweiligen Orten bzw. Insel Skye).

Von den größeren Orten gehen **Busse** mindesten einmal tägl. in alle Richtungen - in abgelegene Gebiete oft nur Postbusse.

Fürs intensive Kennenlernen Schottlands überlegenswert die **Scots Travel Card** (oder Scots Travel Pass), mit der man 8, 14 oder 22 Tage Bahn, Bus und Fähren benutzen kann (in deutschen Reisebüros erhältlich).

ÜBERNACHTEN: viel Geld könnt ihr mit einem **guten Zelt** sparen - Campen geht fast überall problemlos. **B&B's** werdet ihr unter 25-30 DM pro Pers. kaum finden. **Jugendherbergen** gibt es viele, sind aber im Juli/August oft überfüllt - ihr solltet am besten vorher immer anrufen und nachfragen, wie's mit Platz ausschaut. Preise entsprechen etwa denen der englischen Herbergen.

PUBS: Hurra - die schottischen Pubs sind nicht an die strengen Ausschankzeiten der englischen Kneipen gebunden - wer will, kann sein Lokal tägl. 22 std. öffnen. Trotzdem halten sich viele an die üblichen Zeiten von 11-14.30 und von 17-23 h. Die meisten Pubs mit der lebendigsten Szene findet ihr in **Edinburgh**.

GELD: die schottischen Banken geben eigene Pfundnoten heraus, die den gleichen Wert haben wie englische. Theoretisch sind beide Währungen in ganz Großbritannien gültig (schottische Pfund jedoch nur bedingt).

SCHOTTISCHER WHISKY: das "Lebenswasser" (vom gälischen uisge beatha) der Highländer - eigentlich ein gewöhnlicher Kornschnaps, für dessen Herstellung aber fast ausschließlich Gerste verwendet wird. Getrocknet wird die Gerste über Holzfeuer, deshalb der leicht rauchige Geschmack, anschließend wird sie zermahlen, fermentiert, destilliert und dann mindestens 3 Jahre in Eichenholzfässern gelagert - das Ergebnis ist **"pure malt Whisky"**.

Früher hatte hier jeder seine eigene Whisky-Brennerei. Erst im 19. Jh. wurden per Gesetz nur noch Brennereien ab einer bestimmten Größe zugelassen, daraus entwickelte sich eine der wichtigsten Industrien, die auch viel für den Export produziert - schottischer Whisky wird heute in der ganzen Welt getrunken. Dementsprechend leider kein ganz preiswertes Mitbringsel.

EDINBURGH

Hauptstadt Schottlands, kulturelles und touristisches Zentrum, unbestritten schönste Stadt im Norden. Auf Hügeln angelegt, viele Grünanlagen, georgianische Ensembles und mittelalterliche Gassen in der Altstadt. Wegen der Uni viel studentisches Leben und zahlreiche Pubs.

Das Stadtbild prägt sich leicht ein - vom Bhf. kommt ihr auf die prächtige *Princes Street*, die Hauptschlagader von Edinburgh, 1,5 km lang mit vielen Hotels, Restaurants und eleganten Geschäften. Auf der einen Seite beginnt die "Neustadt" - elegante Sandsteinarchitektur im georgianischen Stil, im 18. Jh. praktisch aus einem Guß gebaut, inzwischen von Abgasen verdüstert. Auf der anderen Seite unterhalb des Straßenniveaus ausgedehnte Grünflächen und Parkanlagen - mitten drin überragt das düstere *Castle* mit seinen Zinnen und Mauern eindrucksvoll das Zentrum.

Stilvoll und malerisch dann die in Teilen noch mittelalterliche Altstadt östl. vom Castle. Durchzogen wird sie vom zweiten wichtigen Straßenzug, der *Royal Mile*. Sie führt vom Castle zum Schloß *Holyroodhouse*, in dem als eine der wenigen schottischen Regenten die berühmt-berüchtigte Maria Stuart regierte. Zu Lebzeiten alles andere als beliebt, wird sie heute als Touristenattraktion vermarktet. Überhaupt ist Edinburgh traditionsbewußt - auch das Andenken des zweiten großen Sohnes der Stadt, des Romanschreibers *Sir Walter Scott*, wird gehegt und gepflegt, sein Denkmal an der Princes Street, in der Nähe vom Bhf., werdet ihr kaum übersehen können.

Vor allem ab Mitte August lohnt ein Aufenthalt dann findet in Edinburgh eins der besten *Theaterfestivals* Großbritanniens statt, tausende von Touristen kommen dazu aus ganz Europa.

VERBINDUNGEN / BAHNHÖFE: Fahrtzeit von London/King's Cross (oder Euston) per Intercity ca. 5-6 std., häufige Verbindungen. Ins nahe Glasgow verkehren die Züge mindestens im Stunden-Takt.

Der geräumige Hbf. **Waverley Station** liegt zentral unterhalb der Waverley Bridge, gleich an der Princes Street und ganz in der Nähe von Castle und Altstadt (zahlreiche Einrichtungen, u.a. komfortable Duschkabinen für ca. 3,50 DM, Schließfächer genauso teuer).

Die **Haymarket Station** liegt westl. vom Zentrum, an der Verlängerung der Princes Street, Nähe Jugendherberge Eglinton.

Zentrale Busstation am **St. Andrew's Square**, Nähe Waverley Station (auf der anderen Seite der Princes Street).

INFORMATION: 3 Princes Street, im Einkaufszentrum **Waverley Market**, direkt beim Hbf. Infos und Auskünfte aller Art (guter Stadtplan für 1,20 DM), Bank, Buchladen und Zimmervermittlung.

Übernachten: es gibt einige Hostels, vor allem während des Festivals ist Edinburgh aber knüppelvoll, vorher anrufen ist ratsam. Die Zimmervermittlung hilft weiter. Falls in der Stadt nichts zu bekommen ist, sind die Jugendherbergen von *Stirling* und *Perth* mit der Bahn schnell zu erreichen.

JUGENDHERBERGEN / HOSTELS: **Eglinton** (IYHF), 18 Eglinton Crescent, Tel. 031/3371120. ca. 200 m von der Haymarket Station (zu erreichen mit Zug ab Waverley Station). Freundliche Herberge in relativ zentraler Lage, mit Bus 3, 4, 12, 13, 22 u.a. bis Haymarket. Schließzeit 23.30 h, im Sommer länger.

Bruntsfield (IYHF), 7 Bruntsfield Crescent 7, Tel. 031/4472994. Im Süden der Stadt, von Waverley Station mit Bus 11, 15, 16. Schließzeit 23.30 h, im Sommer länger.

High Street Hostel, 8 Blackfriars Street, Tel. 5573984. Privates Hostel in der Altstadt, von Waverley Station 5 min. zu Fuß. Angenehme Atmosphäre, etwa 14 DM im Schlafsaal (Frühstück extra), Selbstversorgerküche mit Kühlschrank, Gepäckaufbewahrung, abends Videofilme oder Fernsehen. Nachts erst 2.30 h Schließzeit. Falls voll, bekommt ihr Infos über andere Unterkünfte.

North Merchiston Hostel, Watson Crescent, nicht im Zentrum, Bus 30, 34, 35 ab Lothian Road (am Westende der Princes Street). Einfach und sauber, leider Schließzeit 23.45 h, so daß man recht früh mit dem Bus zurück-

fahren muß. Selbstversorgerküche und Fernseher.
YWCA, 14 Coates Crescent ,Tel. 2253608 u. **YWCA**, 2 Randolph Crescent, Tel. 2263842. Beide Nähe Waverley Station, nur Mädchen, ca. 22 DM im Schlafsaal.
Cowgate Hostel, 116 Cowgate, DZ für 22 DM pro Pers.

BED & BREAKFAST: am besten über die Zimmervermittlung im Tourist-Büro. Einige erschwingliche ab 30 DM pro Pers. im Viertel um die **JH Eglinton** und v.a. auf der **Minto Street** (südl. Verlängerung der South Bridge) und der benachbarten **Mayfield Street**.

CAMPING: **Muirhouse Municipal Camping**, neben den Gasometern, die man vom Castle sehen kann, hinter einem Golfplatz. Liegt direkt am Firth of Forth, hat Busverbindung.
Camping Little France, 6 km entfernt, zu erreichen mit Bus 33, Haltestelle gegenüber dem Waverley Center am Bhf.
Weiterer guter Platz ist **Mortonhall Caravan Park**, ca 10 km südl. vom Zentrum, Frogston Road East, Bus 11.

ESSEN: diverse **Self-Services** um die Princes Street.
Henderson's Salad Table, 94 Hanover Street, nördl. der Princes Street. Vegetarisches Restaurant mit großer Auswahl, ihr könnt aber auch nur zum Trinken herkommen. Als Treffpunkt interessant, gute Atmosphäre in einem Kellergewölbe bei Kerzenschein, Gitarristen, Pianisten, Geiger und andere Musiker wechseln sich ab.
Teviot Row House, Bristo Place, hier essen die Studenten, Studentenausweis wird verlangt, billig.
Le 7, 109 Old Fishmarket Close, Cafébar, Bar, Restaurant, gute Crepes, preislich alles zwischen 2 und 12 DM (So/Mo geschl., Restaurant nur abends).
Helios Fountain, freundliches vegetarisches Lokal am Grassmarket.
Leserin Kirsten Bodemann empfiehlt das **Take away** auf der George IV Bridge, schräg gegenüber der Central Library. Man kann sich Brot oder Brötchen aussuchen und dann den Belag selbst zusammenstellen.

PUBS: an die 500 gibt es - allein gut 20 (incl. Disko-Pubs) auf der traditionellen Pub-Straße **Rose-Str.**, nördl. parallel zur Princes Str. Mit am schönsten hier der gepflegte viktorianische Pub **Abbotsford** (Nr. 3). Gemütliche Atmosphäre im **Grenouille**, Abercromby Place, nördl. der Queen Str. Gardens, hier wird schöner Old Time Jazz gespielt. In der **Preservation Hall** ist dagegen meist die Hölle los - oft Live Musik und einer der beliebtesten Pubs der Stadt, 9 Victoria Str. Im **Bannerman's** lockere Atmosphäre und viele Studenten, 212 Cowgate Str.
Ansonsten viele Möglichkeiten in der Altstadt um die High Str. und den Grassmarket. **White Hart Inn**, historischer Pub am Grassmarket, unterhalb der Burg. Recht klein und meist am späten Abend auch recht voll, da bis 1 h geöffnet, oft Folkgitarristen

SHOPPING: **Waverley Market** (direkt am Bhf.), neues, luxuriös ausgestattetes Shopping-Center. Hier findet man wirklich alles, wenngleich nicht gerade zum niedrigsten Preis (saubere Toiletten).
Lambert Brothers, Frederick Street, Mini-Bottles für Whisky, ca. 3-5 DM, eventuell als Mitbringsel geeignet. Wer sich Tweedmütze oder Pullover kaufen will - geht die **Royal Mile** ein Stück hinunter, unten sind die Sachen preiswerter. Ansonsten zahlreiche **Antiquitätenläden** in der Altstadt.

Sehenswertes

Princes Street: nur noch wenige georgianische Häuser stehen an der "schönsten" Straße Schottlands. Die unbebaute Seite mit den Parkanlagen ist die weitaus reizvollere. Unübersehbar thront dort das Castle von Edinburgh.
Gleich in der Nähe des Hbf. und ebenfalls nicht zu übersehen das monströse *Walter Scott Denkmal*. In der Mitte, weithin sichtbar, die Statue von Walter Scott, in den Nischen seht ihr 64 Statuen von Figuren aus den Werken des Dichters. Wer keine Anstrengung scheut, sollte mal die 287 Stufen bis zur Spitze des Turms hinaufsteigen, bei schönem Wetter herrlicher Ausblick über die Stadt und das Meer (Mo-Fr 9-18 h, ca. 2 DM).
Nicht weit vom Denkmal, in einer Querstraße zur Princes Street, The Mound, die *Scottish National Gallery* mit Werken berühmter Maler vom 15.-19. Jh., u.a. Raffael, Rubens, Rembrandt bis zu Manet, Cezanne und Gauguin. Auch Plastiken und eine Abteilung schottischer Malerei (u.a. das einzige zeitgenössische Porträt von Maria Stuart, das erhalten blieb). Für Kunstfans ein Muß (Mo-Fr 10-17, So 14-17 h, frei).

Neustadt: hat immerhin auch schon zweihundert Jahre auf dem Buckel und liegt gleich nördl. der Princes Street - George, Queen, Rose, Hanover Street, Charlotte und St. Andrew's Square. Streng geometrische Straßenzüge, kein Haus tanzt aus der Reihe.

Das ganze georgianische Ensemble wirkt durch seine Geschlossenheit - elegante Wohlstandsfassaden, keine überflüssige Dekoration.

Castle: von oben habt ihr einen prächtigen Blick bis zum Firth of Forth. Attraktion ist der alltägliche Kanonenschuß um 13 h. Im Inneren kann, wer will, die ungebrochene militärische Tradition Schottlands bewundern - ein Museum mit viel Kriegsgerät, Uniformen, Schwertern etc. An der Ostseite des Burghofs sind die königlichen Gemächer erhalten, wo im 16. Jh. die berühmte Maria Stuart lebte. Ansonsten könnt ihr euch die schottischen *Kronjuwelen* zu Gemüte führen. Sir Walter Scott hat sie nach jahrelangem Suchen in einer alten Truhe entdeckt (Castle ca. 7 DM, keine Ermäßigung. Bis 1996 wird einiges renoviert und umgebaut - Teile des Castles werden in den nächsten Jahren nicht zu besichtigen sein).

LESERTIP: "gleich unterhalb des Castles in der Royal Mile liegt die **Camera Obscura**. Die Anfänge der Photographie und Hologramme sind ausgestellt. Oben im Turm wird mit der Lochkamera ein bewegtes Bild von Edinburgh projeziert - ein Angestellter erklärt das Stadtbild und erzählt von diversen Ereignissen" (Bernd Eilend, Emden).

Altstadt: auf dem abfallenden Grat des Burgbergs geht eine Straße hinunter, die zum *Holyrood Palace* führt, der Residenz einiger schottischer Könige (s. u.). Auf dieser Straße zwischen der Residenz und der Burg ließ sich der jeweilige Monarch hin- und herkutschieren, sie trägt daher den Namen *The Royal Mile*. Aber auch die zum Tode Verurteilten machten hier auf dem Henkerskarren ihre letzte Fahrt zur Hinrichtungsstätte auf dem Grassmarket.

Diese Straße ist auch die zentrale Achse der Altstadt. Links und rechts führen kleine verwinkelte Gassen und Wege abwärts, die sogenannten Closes. Die Hinterhöfe (courts) mit alten Häusern und ruhigen Plätzen sehen wohl immer noch genauso aus wie vor 200 Jahren. Wenn ihr Gelegenheit habt, lauft nachts hier entlang, gruselig-romantisch im diffusen Licht der großen Bogenlampen.

Auf der rechten Seite die *St. Giles Kathedrale* - eine der schönsten presbyterianischen (reformierten) Kirchen Schottlands, im Innern düster und erhaben. Von dem Bau aus normannischer Zeit, der um 1120 errichtet wurde, stehen nur noch vier achteckige Säulen, die den Turm mit der St. Giles Spitze tragen.

Sir Walter Scott übte neben seiner dichterischen Tätigkeit vor allem auch das Amt des Rechtsanwalts und Richters aus. In dieser Eigenschaft wirkte er viele Jahre im *Gerichtsgebäude*, das neben der Kathedrale von St. Giles steht. Von 1639 bis 1707 tagte hier auch das schottische Parlament. Es trägt daher den Namen 'Parliament House'. Mal reingucken lohnt sich - erinnert an die Fernsehserie 'Matlock'.

Die Royal Mile ist auch die Straße vieler kleiner Museen: das *Wax Museum* (Nr. 142, Märchen, Horrorkabinett, aktuelle Persönlichkeiten, ca. 4 DM), das *Museum of Childhood* (gute Spielzeugausstellung, 2 DM), das angebliche Haus des Reformators *John Knox*, das Stadtmuseum *The Huntly House* und das Kunstgewerbemuseum *Acheson House*, um die wichtigsten zu nennen.

Nicht versäumen solltet ihr den zentralen Platz der Altstadt - den *Grassmarket* (gleich in der Nähe der Royal Mile, zu erreichen über die George IV. Bridge und die Candlemaker Row). Hier und in der unmittelbaren Umgebung etliche Antiquitätenläden, ein vegetarisches Lokal, auch ein antroposophischer Laden, ein Naturwolladen u.ä.

Holyrood Palace: am Ende der Royal Mile, nicht unbedingt attraktiv und bei den schottischen Monarchen auch nicht sehr beliebt. Die exzentrische Königin Maria Stuart ließ hier durch ihren zweiten Mann und Helfershelfer ihren italienischen Sekretär Rizzio ermorden (eine polierte Messingtafel markiert die Stelle im linken Turm).

Arthur's Seat: 250 m über das Stadtgebiet erhebt sich der Arthur's Seat, ein alter erloschener Vulkan. Der Holyrood Palace (am Ende der Royal Mile) liegt am Fuß dieses Berges. Er ist also vom Stadtzentrum in einer Viertelstunde leicht zu erreichen. An einem klaren Tag, bei guter Fernsicht ist die Besteigung natürlich besonders lohnend. Man sieht im Westen die Burg und die Innenstadt, im Norden den "Firth of Forth" und die Küste der Nordsee und im Süden kann man die Hügelkette der Pentlands erkennen.

LESERTIPS: "Wem das Castle zu teuer ist, sollte mal die Parkanlage **Calton Hill** besuchen, nicht weit vom östl. Ende der Princes Street (von Waverley Station nach rechts). Die Monumente dort wirken wie die Akropolis in klein, sieht man schon von Princes Street aus" (Torsten Voller, Hamburg) . . . "unbedingt mal abends zum Sonnenuntergang auf den **Calton Hill** - Super-Blick auf die Stadt und den Firth of Forth! Oben steht ein monopterosähnliches Gebilde sowie die Ruine eines im 19. Jh. begonnenen Denkmals für die in den napoleonischen Kriegen gefallenen Schotten, das die Form eines griechischen Tempels haben sollte, wegen Geldmangels aber nie fertiggestellt wurde" (Florian Fritz, Hohenbrunn).

Edinburgh/Umgebung

Außerhalb der City, aber noch innerhalb des Stadtgebietes von Edinburgh, gibt es einige reizvolle Gegenden mit schönen Wegen, die sich für einen Nachmittagsausflug gut eignen.

Dean Village: in der Nähe des Stadtzentrums an einem kleinen Fluß, den "Waters of Leith", von der Princes Street gut zu Fuß zu erreichen. Dieser Fluß betrieb früher einmal ca. 70 Mühlen und versorgte die Bürger Edinburghs mit schmackhaften Forellen. Nicht weit von der lauten, geschäftigen Neustadt befindet sich hier ein altes verträumtes Dorf. Ein schöner Fußweg führt den Fluß entlang, der weit unterhalb der Stadt fließt und von hohen Brücken überspannt wird. Wenn ihr diesen Weg flußabwärts verfolgt, durch Stockbridge und darüber hinaus, kommt ihr schließlich zum sehenswerten *Botanischen Garten*.

Cramond: altes Dorf mit Häusern aus dem 18. Jh., 7 km nordwestl. vom Stadtzentrum am Meer (Stadtbusverbindung). Von diesem Ort führt ein romantischer Weg den Fluß entlang, vorbei an Stromschnellen und bewaldeten Flußufern. Wer während der Ebbe nach Cramond kommt, kann über einen 1 km langen Damm einer nahegelegenen Insel einen Besuch abstatten. Während der Flut liegt der Damm unter Wasser - informiert euch auf der dort aufgestellten Tafel genau, wann die Flut einsetzt, sonst seid ihr drüben vom Festland abgeschnitten. Man kann auch kleine Boote ausleihen oder mit der Fähre auf die andere Seite vom Fluß fahren.

LESERTIP: "in Cramond gibts einen **Campingplatz** in toller Lage, schöner Blick übers Meer zur Insel rüber. Auf der Insel zelten auch immer einige wild" (Maria Nickl, Anja, Ute aus Siegenburg).

THE EDINBURGH FESTIVAL: drei Wochen, von Mitte August bis Anfang September, feiert die Stadt ein Fest voller kultureller Höhepunkte: Im Mittelpunkt stehen Theateraufführungen und musikalische Darbietungen, daneben gibt es aber auch die Filmfestspiele, Ausstellungen und das sehenswerte **Tattoo**, eine folkloristisch-militaristische Schau auf der Burg mit schottischen Dudelsackkapellen (gut 12 DM).
In den letzten Jahren wurde das eigentliche Festival immer mehr vom **Fringe Festival** in den Schatten gestellt, auf dem Amateurbühnen und halbprofessionelle Bühnen ihre Aufführungen zeigen. Im Gegensatz zu den Hauptveranstaltungen sind die Darbietungen des Fringe Festivals auch für weniger Bemittelte erschwinglich.
Programm und Tickets können ab April brieflich bestellt werden bei **Edinburgh Festival Office**, 21 Market Street, Edinburgh EH1 1BW.

Edinburgh - Dundee - Aberdeen - Inverness A.Kb. 28050

An der Ostküste Schottlands entlang in den Norden. Kurz nachdem ihr Edinburgh verlassen habt, überquert ihr auf einer gewaltigen Eisenbahnbrücke die engste Stelle des *Firth of Forth* - ca. 1,5 km lang ist das komplizierte Stahlgerüst aus dem 19. Jh.
Ihr kommt jetzt auf die Halbinsel *Five* - anfangs am Meer entlang, ab Kirkcaldy biegt die Bahn landeinwärts ab.

Kurz vor der großen Industriestadt *Dundee* fährt die Bahn über eine weitere riesige Eisenbrücke, *The Tay Railway Bridge*, ca. 3300 m und in ihrer Art eine der längsten der Welt.
Ab Dundee geht die Bahn direkt an der Küste entlang, diverse Badeorte liegen an der Strecke. In *Carnoustie* einige ausgezeichnete Golfplätze. Um *Arbroath* wilde Klippenlandschaft, im Ort sehenswert die Ruine einer mittelalterlichen Abtei.
Montrose, ein hübsches Städtchen mit großem Fischereihafen und guten Bademöglichkeiten, und der im Sommer aus allen Nähten platzende Badeort *Stonehaven* sind die letzten Stationen vor Aberdeen.

Aberdeen

Um die Stadt ein Ring von Unternehmen, die alle irgendwie mit Öl zu tun haben. Seitdem vor der Küste nach Erdöl gebohrt wird, boomt 'Silver City' (so genannt wegen der hellgrauen Granitbauten). Über 50.000 neue Arbeitsplätze sind geschaffen worden, 20.000 sollen noch dazukommen. Die Arbeitslosigkeit ist nur halb so hoch wie in anderen schottischen Städten.
Die Altstadt besitzt noch etliche historische Bauten, z.B. das *King's College* der Universität. Unbedingt sehenswert frühmorgens der riesige *Fischmarkt* im *Hafen*, wo die nächtliche Beute ausgeladen und versteigert wird (Mo-Fr).
Ansonsten, den *Castle Gate Fleamarket* (Freitagmorgen bis mittags) gibt's schon seit 600 Jahren. Zu erreichen vom Ostende der Union Street (Castle Gate) in Richtung Beach Boulevard.

VERBINDUNGEN / BAHNHOF: der Bhf. liegt zentral in der Guild Street.

INFORMATION: **St. Nicholas House**, Broad Street, außerdem im Sommer im Bhf.

ÜBERNACHTEN: **The King George VI Memorial Hostel** (Jugendherberge), 8 Queen's Road, Tel. 0224/646988. Mit Bus 4, 5 ab Bhf. **B&B's** in der Great Western Road, Camping im **Hazlehead Park** (Busverbindung).

PUBS: **Malt Mill**, 82 Holburn Street, fast tägl. Livemusik.

WHISKY-TRAIL: im Bezirk Grampian, zwischen Aberdeen und Inverness, findet ihr den einzigen "Whiskypfad" der Welt - etwa 100 km Wanderroute, dabei werden etliche Whiskybrennereien "angelaufen". Guter Ausgangspunkt ist **Dufftown** - von der Bahnlinie Aberdeen - Inverness ab **Keith** mit dem Bus zu erreichen. Im Ort gibts allein acht Brennereien (kostenlose Führungen Mo-Fr 10-12.30 h, 14-16.30 h, oft deutschsprachig, zum Abschluß Gratis-Drink). Im Juli/August sind viele der Destillerien geschlossen.

Im Städtchen *Elgin* die Ruinen einer einstmals besonders schönen Kathedrale - "Die Laterne des Nordens". 1390 angezündet, dann wieder aufgebaut, später wieder demontiert, um Kriegsschulden bezahlen zu können. Von Elgin kommt ihr schnell nach *Lossiemouth* ans Meer - Fischereihafen, außerdem schöner Sandstrand. Überhaupt ist die Felsküste hier ziemlich reizvoll, kleine Fischerdörfer, jedoch auch viel Badetourismus.
Bei *Forres* (Bahnstation) fließt der Fluß Findhorn durch eine Schlucht aus rotem Sandstein zum Meer - eindrucksvolle Szenerie!

Edinburgh - Perth - Aviemore - Inverness A-Kb. 28050

In der zweiten Hälfte (nach Perth) tolle Fahrt quer durch die wilden Grampian Mountains. Alternative für das erste Streckenstück wäre der Umweg auf der landeinwärts verlaufenden Linie über *Stirling* - mittelalterliche Stadt, die den Abstecher lohnt, Details nach dem Glasgow-Kapitel, S. 580).
Beide Strecken treffen sich im großen Bahnknotenpunkt *Perth* (Jugendherberge nicht weit vom Bhf., 107 Glasgow Road, Tel. 0738/23658).

Dunkeld: ausgesprochen hübsches Örtchen mit sorgfältig restaurierten georgianischen Häuschen aus dem 18. Jh. und einer großen halbverfallenen Kathedrale am Ufer des Tay. In der Umgebung gute Spazier- und Wanderwege. Informationsbüro am zentralen Platz The Cross (Zimmervermittlung).

Pitlochry: beliebter Urlaubsort mit vielen Hotels, guter Ausgangspunkt für Ausflüge in die waldreiche Umgebung mit vielen Lochs (Seen). Interessant ist die Lachsleiter am gestauten Fluß *Tummel*, wo ihr mit etwas Glück Lachse beobachten könnt, wie sie zu ihren Laichplätzen hinaufspringen.
Das *Glen Lyon* ist eins der vielen reizvollen Täler der Region (Fortingall).

INFORMATION: 22 Atholl Street.

ÜBERNACHTEN: gute **Jugendherberge Braeknowe** 20 min. vom Bhf., Knockard Road, im Sommer aber oft ausgebucht, Tel. 0796/2308. **Camping Milton of Fonab Caravan Site** am Fluß Tummel, südl. Ortsrand.

Die Bahn fährt über den waldreichen Pass of Killiecrankie nach **Blair Atholl** - das prachtvolle, 700 Jahre alte *Blair Castle* kann hier besichtigt werden.
Durch das *Glen Garry*, eins der schönsten Bergtäler Schottlands (Falls of Bruar), gelangt die Bahn in die rauhe Hügellandschaft der *Grampian Mountains* und damit allmählich in den wilden und unberührten Norden Schottlands, in die **Highlands** - wenig Einwohner, viele Schafe und die faszinierendsten Landschaften. Die Wolken hängen meistens dicht über den Bergen und geben der Region ihr eigenartiges Gepräge.

Kingussie: kleiner Ferienort mit sehenswertem *Highland Folk Museum* und angeschlossenem Open Air-Gelände. Jugendherberge 1 km vom Bhf. Tel. 05402/506.

Aviemore: an der Bahnlinie nach Inverness, ebenfalls guter Ausgangspunkt für Ausflüge - Schottlands Skisportort Nr. 1, riesiges Feriencenter, dementsprechend touristisch.
Einer der schönsten Seen der Region ist *Loch Morlich*, 11 km von Aviemore (Kanuverleih, Jugendherberge, Sessellifte in die Cairngorm Mountains). Lange Wanderwege findet ihr im prächtigen *Spey-Tal*. Für Bahnfans - eine hübsche Museumsbahn, die *Strathspey Railway*, tuckert von Aviemore ca. 8 km durchs Spey Valley.

INFORMATION: **Aviemore and Spey Valley Tourist Centre** in der Main Road.

ÜBERNACHTEN: **Jugendherberge** nah beim Bhf., 92 Betten, Fahrradverleih, Disko in der Nähe, Tel. 0479/810345.

Inverness

Provinzstadt und touristisches Zentrum der Highlands, hier treffen sich alle Traveller. Insgesamt wenig reizvoll, am schönsten noch die Ufer des River Ness, der mitten durch Inverness fließt. Das Castle kann nicht besichtigt werden, sehenswert ist aber die *Museum and Art Gallery* unterhalb der Burg - viele Gegenstände aus der Geschichte der Highlands (Mo-Sa 9-17 h, frei).

VERBINDUNGEN / BAHNHOF: Bhf. im Zentrum, Academy Street. Gegenüber große Ladenpassage.

INFORMATION: 23 Church Street, Zimmervermittlung.

ÜBERNACHTEN: im Sommer nicht einfach, ein Bett zu bekommen, am besten über's Tourist Büro.
Jugendherberge, 1 Old Edinburgh Road (Nähe Castle), Tel. 0463/231771. Recht gut, mit großer Selbstversorgerküche, Kühlschrank, Waschmaschine, Trockner/Trokkenraum, jedoch keine Mahlzeiten. In der Saison fast immer voll (Anmeldung ab 14 h, vorher kommen und Schlange stehen). Es gibt eine Ausweichherberge in der Kingsstr. (Turnhalle mit Selbstversorgerküche, keine Duschen, nur Waschbecken), fragt nochmal in der JH. Auf der Old Edinburgh Road und der Kenneth Str. preiswerte **B&B's**.
Camping Bught Park Caravan Site ca. 2 km außerhalb, Busverbindung.

ESSEN / TREFFS: ganz ordentlich essen kann man in **Crawfords Self Service** in der Lombard Str., billig sind der Pub **Gateway** in der Nähe vom Bhf. und das weithin bekannte **Castle Restaurant** in der gleichnamigen Straße.
The Old Market Inn, Pub an der Church Str., viele junge Leute, manchmal Folkmusik.

FAHRRADVERLEIH: im **Highland House** (1. Etage) am Bhf. und bei **Ian Bishop**, 19 Harbour Road (prima Mountainbikes). Kostet ca. 30 DM am Tag. Einige wenige Fahrräder gibts auch in der JH.

LESERTIP: "Wem das Tattoo in Edinburgh zu teuer ist, kann alljährl. Anfang August in Inverness ein Tattoo kleineren Stils erleben. Es findet seit 37 Jahren statt und zwar im **Northern Meeting Park** im Zentrum, Nähe Loch Nesswalk" (Karin Linsmeier, Gröbenzell).

Inverness/Umgebung: Nessie erwartet euch - fahrt am besten mit dem Fahrrad das berühmte *Loch Ness* entlang.

Falls ihr ein schlangenartiges Etwas mit kleinem Kopf seht, schnell knipsen! Das 'Ungeheuer' wird in Inverness ganz groß vermarktet, man sieht viele "Photos" von ihm, die meisten wurden von *Urquhart Castle* aus gemacht, eine große Burgruine am Westufer (Busverbindung).

Meist wird die Theorie vertreten, daß Loch Ness in grauer Vorzeit ein Meeresarm war, dessen Zugang zur offenen See verschüttet wurde. Die damals in dem engen Fjord lebenden Meerestiere waren damit von ihrem eigentlichen Lebensraum abgeschnitten und paßten sich im Zuge der Evolution dem Süßwasser an. Die Verhältnisse in dem unglaublich tiefen See müßten an sich optimal sein (bis 300 m !).

Das erste Mal wurde Nessie schon im 6. Jh. vom Hl. Columban gesichtet, einem der ersten christlichen Missionare in den wilden Highlands. Die letzte Expedition war erst 1988 mit Riesenaufwand und hochempfindlichen Geräten auf dem Loch unterwegs, gefunden haben sie - nichts! In Drumnadrochit am Westufer könnt ihr das *Loch Ness Exhibition Centre* besuchen (tägl. 10-20 h, ca. 5 DM), wo Dokumente, Photos etc. zur langen Geschichte von Nessie gezeigt werden.

Östlich von Inverness liegt das *Culloden Moor*. 1764 schlugen hier die Highländer ihre letzte große Schlacht gegen die englischen Truppen - und wurden, übermüdet und schlecht ausgerüstet wie sie waren, von den ausgeruhten Engländern innerhalb einer Stunde vernichtend geschlagen! Mit kleinem Museum (Busverbindung).

Sehenswert ist *Cawdor Castle*, ein Stück weiter in derselben Richtung. Mit Burggraben, Zugbrücke und einigen Gespenstern. Macbeth hat hier Duncan, den König der Schotten umgebracht - jedenfalls hat sich Shakespeare in seinem Drama "Macbeth" diesen Ort für den Mord ausgedacht, der übrigens wirklich passiert ist, nämlich 1040 (Busverbindung, ca. 8 DM).

LESERTIP: "um das Loch Ness und das Urquhart Castle zu besichtigen, lohnt die **Gordon's Minibus Tour**. Er ist ein ehemaliger Meeresbiologe und weiß viel Interessantes über Nessie und die Umgebung. Gordon fährt das ganze Jahr, Abfahrt vormittags am Tourist-Büro von Inverness, Rückkehr gegen 16 h, ca. 32 DM" (Benjamin Pauli, Münchenbuchsee).

Inverness - Dingwall - Thurso (-Wick) A-Kb. 28052

Die North Highland Line. Etwa 3 x tägl. fahren Züge in den dünn besiedelten äußersten Norden Schottlands (sonntags weniger), ca. 4 std. Vor allem, wer auf die Orkney-Inseln übersetzen will, benutzt den Zug. Unterwegs viel Einsamkeit, weite Heidelandschaften und Moore, rechts sitzen.

Dingwall ist ein nettes Städtchen, wer Aufenthalt hat, kann mal die Hauptstraße entlangbummeln. Das fruchtbarste Gebiet durchquert ihr bald hinter Dingwall zwischen Alness und Tain, dann wird die Landschaft still, trocken und baumlos. Die Küste ist relativ flach, teilweise gehts an kilometerlangen Sandstränden vorbei (zwischen Golspie und Helmsdale fährt die Bahn unmittelbar an der Küste entlang). Hin und wieder sieht man kleine Bauernhöfe, hauptsächlich ein bißchen Landwirtschaft und Viehzucht wird betrieben (im August großer Schafmarkt in *Lairg*/Bahnstation).

Tain ist hauptsächlich bekannt wegen seiner Golfplätze. Von hier gehen Fähren über den Firth nach *Dornoch* - bekanntes Seebad, ebenfalls gute Golfplätze und die Ruinen einer großen Kathedrale.

ÜBERNACHTEN: schon lange kein Geheimtip mehr, aber trotzdem einmalig ist die Jugendherberge **Carbisdale Castle** bei Culrain - ein Superschloß in herrlicher Umgebung mit 6 m hohen Räumen, goldroten Tapeten, offenem Feuer in der Eingangshalle und hübschen Aufenthalts- und Fernsehzimmern. Es gibt zwei Tischtennisplatten und ein Billard, Lebensmittel können eingekauft werden. Etwa 15 DM pro Pers.

Ihr müßt in **Culrain** aussteigen und etwa 750 m einen gut beschilderten Weg zum Schloß hinauflaufen (im Sommer Reservierung stark zu empfehlen), Tel. 054/982232.

Vor allem die Einsamkeit in der Umgebung ist eindrucksvoll, ideal zum Spazierengehen, man begegnet stundenlang keinem Menschen.

In *Golspie*, einem angenehmen Badeort und Fischerhafen, erreicht die Bahn die Küste. Sehenswert das Dunrobin Castle. Nächste Jugendherberge im Fischerdorf *Helmsdale*. Hier verläßt die Bahn wieder die Küste.

Georgemas Junction: Knotenpunkt im äußersten Norden, hier teilen sich die Linien nach Thurso und Wick.

Thurso: Endstation, nördlichste Stadt des britischen Festlands, graubraune Häuser aus Bruchsteinblöcken, wenig sehenswert. Leben kommt Mitte Juli in den ruhigen Ort, wenn ein bekanntes schottisches Folkfestival stattfindet.

INFORMATION: Riverside Car Park, Zimmervermittlung.

ÜBERNACHTEN: die meisten Rucksackler gehen auf einen der beiden Campingplätze - **Burgh of Thurso** an der Straße nach Scrabster (schöne Lage an der Steilküste, toller Blick) oder **Camping Mac Lean** am Ortsrand in Richtung John o' Groats.

Thurso/Umgebung: nördlichster Punkt der Britischen Insel ist *Dunnet Head*, ein rauhes und windiges Vorgebirge mit Schafen und Seevögeln. Wenn ihr Glück habt, könnt ihr bis zu den Orkney-Inseln sehen!
Die meisten Rucksackler wollen natürlich auch nach *John o'Groats*, in den nördlichsten Ort der Britischen Insel (Busse von Thurso und von Wick). Da steht ihr also im strömenden Regen vor dem "Last House of Scotland" - natürlich ein Souvenirladen! Land's End in Cornwall, das südl. Inselende ist 874 Meilen (ca. 1400 km) entfernt. Von John o'Groats gehen Schiffe nach Burwick (Orkney Inseln).

ÜBERNACHTEN: **Jugendherberge Canisbay**, 5 km von John o'Groats.

> ATOMZENTRUM DOUNREAY: 16 km westl. von Thurso steht der angeblich älteste "Schnelle Brüter" der Welt aus dem Jahre 1955. Mittlerweile ist er stillgelegt, ein neuer wurde Anfang der Siebziger errichtet. Doch der Hammer kommt erst noch - hier im menschenleeren Schottland will man in den neunziger Jahren eine riesige **Wiederaufbereitungsanlage** hochziehen (European Demonstration Reprocessing Plant - EDRP). Widerstand regt sich überall, doch mehr als 2300 der knapp 30.000 Bewohner des abgelegenen Hochlandbezirks stehen auf der Gehaltsliste der britischen Atomenergiebehörde. Das macht duldsam - gerade im armen Schottland mit seinen hohen Arbeitslosenzahlen. Zahlreiche kleinere Unfälle sind bereits dokumentiert. Die Anlage kann übrigens kostenlos besichtigt werden, wie wär's?

Orkney-Inseln: noch kaum vom Tourismus entdeckt, rauhe wind- und wettergegerbte Szenerie, weitgehend flach und grün, kein Baum weit und breit, dafür viel Ackerland und Wiesen. Die Küsten oft mit Steilklippen, vor allem *Hoy*. Orte und Kultur eher skandinavisch geprägt als britisch - hübsch sind der Hafenort *Stromness* und die Hauptstadt *Kirkwall* auf Mainland.

VERBINDUNGEN: interessanter, länger und teurer ist die Überfahrt von **Scrabster** (bei Thurso). Ihr fahrt an den hohen Klippen der Insel Hoy vorbei nach **Stromness** auf Mainland, der Hauptinsel der Orkneys (1 x tägl., 2 std. Fahrtzeit, ca. 30 DM). Billiger und kürzer ist die Überfahrt von **John o'Groats** nach **Burwick** auf South Ronaldsay (mehrmals tägl., ca. 45 min., 25 DM einfach, Rückfahrkarte/3 Tage gültig ca. 40 DM). Letztere Fähren sind kleiner und können bei stürmischer See gelegentlich ausfallen, erstere fährt immer.
Auf den Orkneys ist Trampen relativ einfach, wer ein Auto mieten will, kann sich mit Duncan in Verbindung setzen - **Duncan's Car Hire**, Kirkwall, Tel. 0856/2834.

ÜBERNACHTEN: Jugendherberge (Mitte Mai - Anfang Okt.) und Campingplatz in **Stromness**, ebenso in **Kirkwall**. Weitere Juhe auf der Insel **Hoy** (Mitte Mai - Mitte Sept.).

Inverness - Dingwall - Kyle of Lochalsh A-Kb. 28052

Die berühmte *Kyle-Line* nach Kyle of Lochalsh, wo ihr zur Insel Skye übersetzen könnt (ca. 130 km). Landschaftlich atemberaubende Strecke durch die Torfwildnis der westl. Highlands, im Sommer auch mit Panoramawagen. Schönste Teilstrecke ab *Garve*, die Berge werden immer höher, Bergseen und Bäche begleiten die Schienen.
Verbindungen ca. 4 x tägl. (So 1 x), ca. 2 3/4 std. Wenn ihr mit dem Frühzug fahrt, könnt ihr unterwegs an einer der kleinen Bahnstationen aussteigen, die Gegend erwandern und mit dem näch-

sten oder letzten Zug weiterfahren (guter Stop ist Achnashellach).
Die Strecke läßt sich auch gut als Tagesausflug ab Inverness machen - mit dem Frühzug nach Kyle of Lochalsh, nachmittags retour. Interessanter ist aber die Rundtour über die Insel Skye nach Mallaig, wo ihr Bahnanschluß nach Fort William und Glasgow habt.

Kyle of Lochalsh: kleiner geschäftiger Fährhafen nach Kyleakin auf der Insel Skye unmittelbar vis à vis - häufig Überfahrten (auch sonntags!), dauert nur 5 min., Fußpassagiere kostenlos.
Interessante Rundtour - von Kyleakin mit dem Bus nach *Armadale* im Süden der Insel, dort könnt ihr nach *Mallaig* am Festland übersetzen und habt wieder Bahnanschluß, schönste Bahnlinie Schottlands, siehe weiter unten). Wer nicht über Skye fahren will - von Kyle of Lochalsh gehen auch etwa 3 x wöch. Direktfähren nach *Mallaig* (ca. 18 DM). Achtung - sonntags verkehren die Inselbusse und Fähren zwischen Armadale und Mallaig nicht!

Insel Skye: üppig grün mit Wiesen und Weiden, Heide und Hochmooren. Bergketten und "liebliche" Täler im Süden, der Norden eher hüglig und abwechslungsärmer.
Der Hauptort *Portree* ist der vielleicht hübscheste Ort, das Dörfchen *Elgol* abgelegen und ruhig, *Uig* Sprungbrett für Trips auf die Äußeren Hebriden.
Die schroff ansteigenden *Cuillin Hills* im Süden gehören zu den von Bergsteigern am meisten geschätzten Regionen Großbritanniens. Leider hängt oft Nebel in den Gipfeln, was das Wandern erschwert. Gute Ausgangspunkte sind *Sligachan* und *Glenbrittle* - letzteres liegt direkt am Fuß der Berge und hat eine gute Jugendherberge (siehe unten). Zwei km weiter direkt an einer Bucht mit fast schwarzem Sandstrand ein Campingplatz mit Geschäft. Leider ist Skye nicht ganz billig - vor allem Lebensmittel und Busse kosten ihr Geld.

ÜBERNACHTEN: im Sommer sind die Unterkünfte überfüllt, telefonisch vorbestellen. Jugendherbergen gibts in **Kyleakin** (Hafen gegenüber von Kyle, erst 1985 eröffnet, topmodern, Tel. 0599/4585), **Broadford** (10 km westl. von Kyleakin, Tel. 04712/442), **Uig** (gute Herberge im einsamen Norden, Ausgangspunkt für Fahrt auf die Äußeren Hebriden, Tel. 047042/211), **Glenbrittle** (abgelegen in den Bergen, nur durch Wandern oder Trampen zu erreichen, Tel. 047842/278) und **Armadale** (von der Anlegestelle der Fähren aus Mallaig ca. 1 km, an der ersten Kreuzung rechts, nach ein paar Dutzend Metern nochmal rechts, Schotterstraße, Tel. 04714/260).
In **Armadale** eine kleine Rasenfläche für Camper, gratis, gehört zur JH (an der ersten Kreuzung scharf links, wenn man von der Fähre kommt). Campingplatz bei **Sligachan**, ein weiterer bei **Glenbrittle** und in **Uig**. In **Breakish** eine private Wiese an der Straße, wo man günstig zelten kann.

ÄUSSERE HEBRIDEN: Leser Florian Fritz aus Hohenbrunn war auf der Doppelinsel Harris und Lewis - "wir fuhren von Uig auf Skye 2 std. mit der Fähre nach Tarbert auf Harris. Für mich der Höhepunkt unserer Schottlandreise - **Harris**, die Südinsel, bietet eine wild zerklüftete Fels- und Berglandschaft, durchsetzt von kleinen Seen und Tümpeln. Eine stille Bucht löst die andere ab, verstreut stehen die typischen steinernen Bauernhäuser mit ihren bunten Dächern. Eine einzige Straße führt um die ganze Insel, im Südosten der Ort **Rodel** mit kleiner Kirche aus dem 15. Jh. und reichverziertem Grabmal eines schottischen Clanchefs. Im Gegensatz zur kargen Ostküste bietet der Westen weite Buchten mit langen Sandstränden.
Die Nordinsel **Lewis** ist flacher, besitzt aber bemerkenswerte prähistorische Funde. Der Steinkreis von **Callanish** stellt Stonehenge bei weitem in den Schatten und hat zudem den Vorteil, daß man ihn in Ruhe betrachten und auch darin herumlaufen kann. Außerdem gibts den **Dun Carloway Broch**, einen steinernen Rundbau aus dem 1. Jh. nach Christus und schließlich **Arnol**, ein Dorf mit den typischen alten "Blackhouses" (Reetdächer, grobe Steinmauern, sehr einfach eingerichtet). Im Norden dann der **Butt of Lewis**, uralte Steinklippen, die es in dieser Form kaum nochmal gibt. Um sich fortzubewegen, bleibt außer Wandern nur das Trampen, Autos sind aber selten. Jugendherberge in **Stockinish** (South Harris), Mai bis Oktober, schöne Lage am Meer. Auch Campen ist möglich."

Glasgow

Große, in weiten Teilen unattraktive Industriestadt. Ehemals zweite Metropole des Britischen Empire, jedes vierte Schiff wurde in den Werften am Clyde gebaut.

Dann der Niedergang, viele Docks wurden geschlossen, Arbeitsplätze gingen verloren - heute die meisten Arbeitslosen (bis zu 35 %) und die höchste Sterblichkeitsrate Schottlands. Armut und bestimmen in weiten Teilen das chaotische Stadtbild.

Und auf einmal die Überraschung: Glasgow wird für 1990 zur *Kulturstadt Europas* gewählt - eine Ehre, die es mit Städten wie Athen, Florenz und Amsterdam teilt! Der frische Wind, den die Entscheidung mit sich brachte, ist überall zu spüren - frisch geschrubbt glänzen die viktorianischen Sandsteingebäude im Original-Ockerton, rund 40 Galerien und Museen locken zum Nulltarif, eine Veranstaltung jagt die andere. Sogar in den Slums des East End wird hier und dort renoviert, neue Perspektiven werden sichtbar. Glasgow ist z.Z. einen Aufenthalt wert - schon allein wegen der großen *Universität*, deren neogotisches Profil einen Hügel dominiert, und der damit verbundenen intensiven Pub-Kultur.

VERBINDUNGEN / BAHNHOF: beide Bahnhöfe im Zentrum - **Central Station** an der Union Street, **Queen Street Station** am George Square (1988 umbenannt in Nelson Mandela Square).
In der Stadt verkehren Busse und eine U-Bahn (eine Station an der Queen Street Station).

INFORMATION: 35 St. Vincent Place (George Square), gleich bei der Queen Street Station. Zimmervermittlung.

ÜBERNACHTEN: **Jugendherberge** an 11 Woodlands Terrace, viktorianisches Wohnviertel nahe der Uni und Kelvingrove Park, hübsche Gegend. Von beiden Bahnhöfen ca. 2 km, Bus 10, 11, 43 und 44 ab Stadtzentrum. Tel. 041/3323004.
David Naismith Court (Interpoint des YMCA), 33 Petershill Drive, Tel. 041/5586166. Nur 1. Juli - 31. August, ca. 17 DM mit Frühstück. Bus 12 oder 16 ab Hope Street (bei Central Station) bis David Naismith Court. Oder Zug bis Barnhill.

ESSEN / TREFFS: in der Sauchiehall Street (Zentrum) zahlreiche chinesische und indische Lokale. Dort auch das **Third Eye Centre** (Nr. 350), ein großes Kulturzentrum mit Veranstaltungen, Kunstgalerie, Buchladen und billigem vegetarischem Restaurant. **Café Grosvenor**, Ashton Lane, viele Studenten und preiswerte Hamburger. Außerdem gibt es mehrere Mensen, z.B. die der **Glasgow School of Art** in der Renfrew Street, parallel zur Sauchiehall (Stud.-Ausweis normalerweise nicht nötig).
Viele Pubs in der **Byres Road** (Nähe Uni u. Kelvingrove Park) und der **Sauchiehall Str.**

Sehenswertes: was der schlechte Ruf Glasgows als Industriestadt gern vergessen läßt - die City von Glasgow gehört zu den besten Beispielen *viktorianischer Baukunst* in Großbritannien. Auch das Viertel um die Jugendherberge stammt aus dieser Epoche des letzten Jh. Die *Kathedrale* liegt am östl. Ende der Cathedral Street.

Die *Kelvingrove Art Gallery* südl. des gleichnamigen Parks ist unbedingt sehenswert wegen der Fülle berühmter Maler wie Rembrandt, Van Gogh, Utrillo, Picasso, Cezanne u.a. Daneben gibts dort Waffen, Musikinstrumente, Naturkundliches, Geologisches u.m (Mo Sa 10-17, So 14-17 h, frei). Zweites bedeutendes Museum ist die *Burrell Collection* im Pollock Country Park (4 km vom Zentrum), die der Reeder Sir William Burrell der Stadt stiftete - eine großartige Kunstsammlung, vor allem die chinesischen Keramiken sind sehenswert (frei).

Glasgow - Stirling - Perth (-Aberdeen) A-Kb. 28050

Strecke in den Osten Schottlands, lohnend wegen der historischen Stadt Stirling. Streckenbeschreibung ab Perth auf S. 575. Stirling ist auch von Edinburgh mit dem Zug schnell zu erreichen.

Stirling: liegt etwa gleichweit von Edinburg und Glasgow am Fluß Forth, der im Firth of Forth in die Nordsee mündet. Dank der strategisch wichtigen Lage thront seit dem 15. Jh. ein tolles *Castle* hoch über Stirling (tägl. geöffnet), weiter Blick. Auch das Stadtbild großenteils intakt, hübsche z.T. noch mittelalterliche Altstadt, enge Gassen und Kopfsteinpflaster.

VERBINDUNGEN / BAHNHOF: Stirling ist sowohl von Edinburgh wie von Glasgow häufig und schnell zu erreichen. Der Bhf. liegt zentral in der Stadt.

INFORMATION: 41, Dumbarton Street.

ÜBERNACHTEN: attraktive **Jugendherberge Argyll Lodging** in einem altehrwürdigen Palast beim Castle, Tel. 0786/73442. **Cornton Caravan and Camping Park** am nördl. Stadtrand, Busverbindung.

Glasgow - Girvan - Stranraer A-Kb. 28062

Ab Central Station mit dem Mini-Zug nach *Girvan* (ca. 1 1/4 std.). Von dort fahren Busse und (seltener) Züge runter nach *Glenluce* an der großen Luce Bay. Hübsche Landschaft mit Hügeln und kleinen Tälern, außerdem ein schöner Campingplatz, Schottland im Taschenformat. Wenige Kilometer weiter die Endstation *Stranraer* - billigste Fähre (Sealink) nach Nordirland. Fährt bis zu 8 x tägl., ca. 45 DM (IR-Ermäßigung 30%).

Glasgow - Balloch (Loch Lomond)

Ab Queen Street Station mind. 1 x stündl. Züge nach *Balloch* am Südufer des **Loch Lomond**, Fahrtzeit ca. 45 min. Beliebtester See Schottlands, zumindest für die Großstädter aus Glasgow, die in Scharen kommen. Insgesamt schön zum Wandern, der nördl. Teil ist wesentlich ruhiger als der Süden, es gibt einige Jugendherbergen.
Ein kleines hübsches Örtchen ist *Luss* (Westufer, südl. von Inverbeg), ab Rowardennan (Ostufer, gegenüber von Inverbeg) geht ein Fußweg auf den *Ben Lomond* (973 m, höchster Berg am See), ein anderer 12 km Richtung Norden nach *Inversnaid*.
Ihr könnt aber auch per Schiff den See entlang bis nach Inversnaid fahren, zahlreiche Stops auf der ganzen Strekke (ca. 16 DM einfach, 23 hin und zurück).

ÜBERNACHTEN: von den Jugendherbergen die unbestreitbar beste ist das **Loch Lomond Hostel** 3 km nördl. von Balloch (Bus nach Luss o. 40 min. zu Fuß ab Balloch) - moderne Herberge in altem Castle, geräumig, saubere Sanitäranlagen, großer Common Room, toller Blick aufs Loch und die Berge, Tel. 038985/226. Weitere Jugendherbergen in **Inverbeg**, ca. 15 km von Balloch, kleine Baracke, aber nah beim See (Tel. 043/686635) und **Rowardennan**, 30 km von Balloch, östl. Seeseite, Fährverbindung, (Tel. 036087/259).

Glasgow - Crianlarich - Oban A-Kb. 28053

Besonders schöne Bahnstrecke - anfangs am River Clyde, dann ein Stück am Loch Lomond entlang. Im winzigen Nest *Crianlarich* neue Jugendherberge gleich beim Bhf. (Tel. 08383/260).
Hinter Crianlarich wird die Landschaft fast menschenleer, es geht an einigen Flüssen entlang durch hohe Berge. Das *Loch Awe* wird passiert und gleich danach der *Pass of Brander*. Etwa 3-4 x tägl. (So 1 x), 3 std.

Oban: hübsches altes Hafenstädtchen mit Scharen von Touristen, die fast alle nach Mull oder auf eine andere der Inseln übersetzen wollen. Überm Ort der kuriose *Mac Caig's Tower*, eine Art römisches Kolosseum. Viel Nachtleben.

INFORMATION: Argyll Square, rechts vom Bhf., Zimmervermittlung.

ÜBERNACHTEN: **Jugendherberge** auf der Esplanade, Tel. 0631/62025, 1 km nördl. vom Bhf. und Hafen (am Wasser). Gute Zeltmöglichkeiten nicht weit von dort. **B&B** ist bei **Jeremy Inglis**, 21 Airds Crescent, Tel. 63064, besonders preiswert, ca. 15 DM pro Pers.

Insel Mull: sehr waldreich und bergig, höchster Gipfel ist der Ben More (965 m). Fähren von Oban nach *Craignure* gehen mehrmals tägl. (ca. 15 DM hin und zurück), außerdem mehrmals wöch. nach *Tobermory*, dem schön gelegenen Hauptort der Insel mit malerischem Hafen (Busverbindung Craignure - Tobermory 2-3 x tägl., ca. 5 DM). Fähren auf die Insel Iona starten in *Fionnphort* im äußersten Westen von Mull (mehrmals tägl., 5 min.).

ÜBERNACHTEN: Jugendherberge in **Tobermory**, Tel. 0688/2481.

Insel Iona: kleine Insel an der Südwestecke von Mull. Hier lebte der heilige Columban, der erste christliche Missionar in Schottland. 563 war er mit einigen Anhängern von Irland gekommen und lehrte die wilden Highland-Clans das Kreuzschlagen. Heute steht hier noch ein altes Kloster, eine Kapelle und der Friedhof, wo über 60 schottische, irische, französische und nor-

wegische Könige begraben sind - der letzte war Duncan, der von Macbeth erschlagen wurde.
Von Iona könnt ihr auch noch mit einem Boot um die Basaltinsel *Staffa* mit ihren zahllosen bizarren Steinsäulen und der berühmten Höhle (Fingal's Cave) fahren. Rauhe See, gelandet wird selten.

(Glasgow) - Crianlarich - Fort William - Mallaig A-Kb. 28053

Die *West Highland-Line* - schönste Bahnstrecke Schottlands, vor allem das letzte Stück von Fort William nach Mallaig. Es geht durch enge Täler und weite Moore, vorbei an stillen Lochs und wilden Bergspitzen. Im Sommer haben die Züge Aussichtswagen.
Züge gehen 3 x tägl. bis Fort William, dort umsteigen nach Mallaig (sonntags stark reduzierter Fahrplan), insgesamt 5-6 std. Fahrtzeit. In Mallaig übersetzen auf die Insel Skye, ab Kyle of Lochalsh wieder Bahnanschluß (siehe nächste Abschnitte und oben S. 578).

Fort William: reichlich viel los, Hotels, Laden an Laden. Bevorzugtes Ziel für alle, die den *Ben Nevis* besteigen wollen, mit 1343 m der höchste Berg Großbritanniens (Gipfel fast immer in Wolken). Die Wanderroute geht an der Jugendherberge vorbei und dauert ungefähr 8 std. hin und zurück, geeignete Kleidung und gute Schuhe nötig, sonst problemlos. Kürzer ist der Weg auf die Spitze des *Cow Hill* gleich hinter der Stadt (hinter Tourist-Büro, 2 std. hin und zurück). Lokales *West Highland Museum* neben dem Büro (ca. 1,50 DM).
Von Fort William nach Mallaig fährt einmal am Tag eine Dampfeisenbahn (IR gilt nicht, ca. 20 DM).

ÜBERNACHTEN: **Jugendherberge Glen Nevis** ca. 5 km außerhalb im Tal des Glen Nevis, Tel. 0397/2336. **Camping Ben Nevis** ca. 1 km vor der JH, an derselben Straße (beschildert). Große Anlage mit Blick auf Ben Nevis, saubere Duschen und Toiletten, viele Wanderer, Zelt mit zwei Personen ca. 14 DM pro Nacht.

LESERTIPS: "Von Fort William kommt man gut mit dem **Bus nach Inverness** (oder umgekehrt), ca. 12 DM. Landschaftlich ganz toll, es geht das ganz Loch Ness entlang" (Stefan Schütze, Ispringen) . . . "Die Strecke Fort William - Mallaig ist eine schöne **Radtour** (in einem Tag zu schaffen). Es geht unter anderem an dem Glenfinnan Monument vorbei, wo Schottland in einer Schlacht die Unabhängigkeit verlor" (Bernd Eilend, Emden).

Morar: guter Strand, hier aussteigen, um zur einzigen Jugendherberge der Region zu laufen (siehe unten).

Mallaig: Endstation, kleiner Hafen- und Fischerort, wenig sehenswert, aber Fähren nach *Armadale* auf der gegenüberliegenden Insel Skye gehen mehrmals tägl. (außer So), ca. 6 DM. Routenvorschlag - von Mallaig mit der Fähre auf die Insel Skye, ein paar Tage bleiben (lohnt sich!) und mit dem Bus nach Kyleakin (ca. 8 DM) zur Fähre nach Kyle of Lochalsh, dort Bahnanschluß nach Inverness (siehe S. 578).
3 x wöch. gehen von Mallaig auch Direktfähren nach Kyle of Lochalsh.

INFORMATION: im Bhf.

ÜBERNACHTEN: die Jugendherberge von **Garramore** liegt ca. 4 km von der Station Morar (letzte Haltestelle vor Mallaig). An sich nicht schlecht, jedoch werden laut Leserzuschriften alle anfallenden Arbeiten an die Gäste verteilt, Tel. 06875/268.
Wer campen will, muß bereits früher aussteigen - von Morar bis Mallaig herrlicher Sandstrand, aber alles eingezäunt, Zelten verboten.

Irland

Eine Insel für Individualisten und robuste Naturen - wer tagsüber faul am Strand dösen will und abends die Strandbar erwartet, liegt falsch.

Auch eingefleischte Bahnfahrer sind nicht unbedingt richtig - gerade die reizvollsten Regionen der Insel erstrekken sich weitab von jedem Schienenstrang, z.B. die im äußersten nordwestlichen Zipfel gelegene Provinz *Donegal*, aber auch, abgesehen vom Osten und wenigen Küstenorten, die ganze weitverzweigte Küstenlinie im Westen. Die Schönheiten der Insel könnt ihr am ehesten kennenlernen, wenn ihr längere Ausflüge per Bike, Bus oder Daumen hinter euch bringt.

Wirtschaftlich ist die "Grüne Insel" unterentwickelt - es gibt wenig Industrie und das Land ist auf weite Strecken dünn besiedelt. Zwischen großen Weideflächen, saftig grünen Wiesen und sanft geschwungenen Hügelregionen liegen nur vereinzelt Höfe, ab und an winzige Nester oder ein verschlafenes Städtchen - Schafe haben Vorfahrt!

Die meisten Traveller, die mit der Fähre von England kommen, fahren in einem Rutsch weiter an die *Westküste*. Damit haben sie auch recht, denn die seit Jahrhunderten von den Engländern kontrollierte Ostküste samt der Hauptstadt *Dublin* ist zum großen Teil weniger spektakulär, die Küstenorte sind teilweise übertouristisch, Bungalow reiht sich an Bungalow. Der Westen ist rauher, ursprünglicher, aber auch ärmer. Zwischen ausgedehnten Torfmoorgebieten liegen kleine silbrige Seen, geschwungene Hügel und bizarre Felsmassive. Höhepunkt ist die urwüchsige, tief zerklüftete Küstenlinie mit zahllosen vorgelagerten Inseln, schroffen Felsklippen und eingelagerten schneeweißen Sandstränden. *Galway* oder *Westport* sind bevorzugte Ausgangspunkte für Trips - z.B. in die unberührte Connemara-Region oder auf die wilden Aran-Inseln. Ebenso reizvoll der äußerste *Südwesten* mit subtropischer Vegetation und seinen tief in den Atlantik vorstoßenden Halbinseln.

Irland, die "Grüne Insel" - nicht von ungefähr sind weite Teile Irlands so schön frisch und grün. Wer sich auf Irland einläßt, sollte nicht versäumen, regenfeste und warme Klamotten, außerdem ein dichtes Zelt einzupacken. Strahlt am Morgen noch die Sonne, kann es mittags schon Bindfäden regnen.

Anreise/Fährverbindungen

Von Großbritannien nach Irland verkehren Fähren auf etwa neun Strecken, von Frankreich nach Irland sind es ca. vier Verbindungen.

Interrailer bekommen auf den Strekken von Le Havre und Cherbourg nach Rosslare und auf der Strecke Le Havre - Cork bei Irish Ferries 50 % Ermäßigung, mit der Karte Interrail + Schiff sogar Freifahrt (jedoch Hafengebühr von ca. 10 DM!).

Dasselbe gilt für die B & I Fähren auf den folgenden Strecken von Großbritannien nach Irland: Pembroke (Südwales) - Rosslare und Holyhead (Nordwales) - Dublin. Mit dem irischen Travelsave Stamp gibts auch 50 % auf den übrigen B & I-Strecken zwischen Großbritannien und Irland.

Sealink gewährt auf seinen Strecken 30 %, nämlich Fishguard - Rosslare, Holyhead - Dun Laoghaire und Stran-

raer - Larne. Letztere ist für Interrailer die kürzeste und billigste Überfahrt.
Bei der Routenwahl nicht vergessen - zwischen dem Kontinent und Großbritannien kein Angebot Interrail + Schiff (Inhaber dieser Karte sollten besser von Frankreich direkt übersetzen).
Im folgenden Preise Neben- und Hauptsaison (Stand 89). Für Details besorgt euch immer die Prospekte der Reedereien (in allen größeren Reisebüros).

GROSSBRITANNIEN: **Pembroke - Rosslare** (B & I Line), bis zu 2 x tägl., ca. 4 std., ca. 48-64 DM (nach Saison). IR-Ermäßigung 50 %, mit Karte IR + Schiff frei.
Fishguard - Rosslare (Sealink), 2-3 x tägl., ca. 3,5 std., ca. 62 DM. IR-Ermäß. 30 %.
Holyhead - Dun Laoghaire (Sealink), 2 x tägl., ca. 3,5 std., ca. 62 DM. IR-Ermäßigung 30 %.
Holyhead - Dublin (B & I Line), 2 x tägl., ca. 3,5 std., ca. 48-64 DM (Hochsaison). IR-Ermäßigung 50 %, mit Karte IR + Schiff frei.
Liverpool - Dun Laoghaire (Sealink), 1 x tägl. (nur 23. Januar - 30. September), 8-9 std., fährt von Liverpool nur nachts (Vierbettkabine ca. 175 DM), in umgekehrter Richtung nur tags (Vierbettkabine 70 DM).
Liverpool - Belfast (Belfast Ferries), 1 x tägl., 9 std., 90-99 DM.
Stranraer - Larne/Nordirland (Sealink), bis zu 8 x tägl., ca. 2 1/4 std., ca. 43 DM (Hochsaison). IR-Ermäßigung 30 %. Kürzeste und mit IR-Ticket billigste Überfahrt von Großbritannien (Schottland) nach Irland.
Weitere Verbindung besteht von **Cairnryan** (Schottland) nach **Larne** (Nordirland) und vielleicht demnächst wieder von Swansea (Südwales) nach Cork.

FRANKREICH: **Le Havre - Rosslare** (Irish Ferries), 2-3 x wöch, ca. 21 std., ca. 115-200 DM. IR-Ermäßigung 50 %, IR + Schiff frei.
Le Havre - Cork (Irish Ferries), 1 x wöch., 21,5 std., 115-200 DM. IR-Ermäßigung 50 %, mit Karte IR + Schiff frei.
Cherbourg - Rosslare (Irish Ferries), 2-3 x wöch., ca. 17 std., ca. 115-200 DM. IR-Ermäßigung 50 %, mit Karte IR + Schiff frei.
Roscoff - Cork (Brittany Ferries), 1 x wöch., ca. 15 std., 114 DM.

INTERRAIL + SCHIFF: nochmals zusammengefaßt - mit dieser Karte freie Überfahrt von **Großbritannien nach Irland** (B & I Line: Pembroke - Rosslare und Holyhead - Dublin) und von **Frankreich nach Irland** (Irish Ferries: Le Havre - Rosslare, Le Havre - Cork, Cherbourg - Rosslare), jedoch keine Freifahrt vom Kontinent nach England! Wer sparen will, muß von Frankreich nach Irland, von dort rüber nach England und auf demselben Weg zurück.

Hinweis: gelegentlich müssen sich Inhaber der Karte Interrail + Schiff im Hafen ein Pro forma-Ticket für die kostenlose Überfahrt besorgen, gelegentlich nicht. Erkundigt euch rechtzeitig, sonst werdet ihr vielleicht wieder ans Ende der Schlange geschickt. Auch um die Hafengebühr rechtzeitig kümmern.

Mit der Eisenbahn durch Irland

Das Zugsystem der Republik Irland ist wenig entwickelt. Es gibt sieben größere Bahnlinien, die alle von der Hauptstadt Dublin ausgehen und sie mit den größeren Städten im Norden, Westen und Süden verbinden.

Generell ist die Zugdichte ziemlich gering, vor allem an Sonntagen verkehren in der Provinz kaum Züge. Weiteres Manko - es gibt keine Bahnlinie, die an der Westküste entlangführt. Wenn ihr von einem Küstenort zum anderen wollt, müßt ihr mit der Bahn meist große Umwege in Kauf nehmen. In solchen Fällen können die staatl. *CIE-Busse* benutzt werden, die für Interrailer kostenlos sind (siehe "Andere Verkehrsmittel"). In die Nordwestprovinz Donegal geht überhaupt keine Bahnlinie (nördlichster Punkt ist Sligo). Aber auch Busse sind in dieser dünn besiedelten Region spärlich gesät.
Durch Nordirland führt praktisch nur eine einzige Bahnstrecke (mit zwei oder drei kleinen Nebenstrecken), die von Dublin kommt und über Belfast nach Derry geht.
Die **Bahnkarte** zu Irland findet ihr im Kapitel Großbritannien auf S. 530/531.

FAHRPLÄNE: das **"Kursbuch"** der CIE besteht aus einem Faltblatt und deckt alle Bahnverbindungen in der Republik Irland ab (kostenlos an allen Bahnhöfen).

INFORMATION: **Irische Transportgesellschaft CIE** (Coras Iompair Eireann), Heuston Station, Dublin 8.
Generalvertretung in der BRD: CIE Tours, Alexanderstr. 20, 4000 Düsseldorf.

Andere Verkehrsmittel: eine Kombination von Bus, Bahn, Trampen, Fahrrad und Wandern ist die beste Art, Eire zu entdecken!
CIE-Busse sind für Interrailer kostenlos. Ansonsten sind die Busse nicht

billig, aber Ermäßigung könnt ihr problemlos bekommen (siehe "Ermäßigungen"). Sonntags stark eingeschränkter Verkehr.
Weil viele Iren kein eigenes Fahrzeug haben, ist *Trampen* weit verbreitet. Funktioniert leidlich, ein bißchen Geduld müßt ihr aber mitbringen.
Das gebräuchlichste Verkehrsmittel ist das *Fahrrad* - ähnlich populär wie in Holland! Einen Verleih gibt es fast in jedem größeren Ort, kostet pro Tag zwar 10-12 DM (60 DM pro Woche), bringt aber eine ganze Menge - mit dem Rad habt ihr erheblich bessere Möglichkeiten, die Umgebung zu entdecken, als nur zu Fuß. Größter Verleih ist *Raleigh* (im Tourist Büro von Dublin Liste aller Raleigh-Vertretungen).

ERMÄSSIGUNGEN **(Travelsave Stamp)**: erfreuliches Kapitel - geht mit einem internationalen Schüler- oder Studentenausweis (ISIC, s. Einleitung S. 27) zur **Tourist Information**, 14 O'Connell Str. oder zu **USIT** (Travel Company of Union of Students of Ireland), 7, Anglesea Str., Dublin 2 (Nähe Trinity College), Tel. 01/778117 (Mo-Fr 9.30-17.30, Sa 10-13 h). Dort könnt ihr für ca. 18 DM den sog. **Travelsave Stamp** erwerben, der in euren Studentenausweis eingeklebt wird. Ihr spart damit 50 % in allen staatl. CIE-Bussen und Zügen, auf den B + I-Fähren von und nach Großbritannien und bei der Schiffspassage von Galway auf die Aran-Inseln. Für Interrailer ist die Sache vor allem wegen der **Busse** und eventuell bei der Fahrt auf die Aran-Inseln interessant - die anderen Ermäßigungen habt ihr ja schon.

Praktisches

Einreise: Personalausweis oder Reisepaß.

Finanzielles: das *irische Pfund* (IRP) ist etwas weniger wert als das britische. Im Ausland bekommt man es nur schwer, sogar in England könnt ihr hier und dort Probleme haben. Banken in Irland sind Mo-Fr von 10-12.30 und von 13.30-15 h geöffnet, in Dublin auch Do bis 17 h. An Sonn- und Feiertagen kann nur an den Flughäfen Dublin und Shannon gewechselt werden. Reise- und Euroschecks werden akzeptiert, mit dem Postsparbuch könnt ihr in Irland kein Geld abheben!
Irland ist kein billiges Reiseland, die Preise entsprechen etwa denen der BR Deutschland. Hotels und Restaurants sind durchwegs ziemlich teuer.

Aktueller Kurs: 1 irisches Pfund = 2,72 DM (2/90).

Übernachten: Irland ist die Insel der Hostels.
IYHF-Jugendherbergen - etwa 50 in allen Regionen der Insel, die meisten leidlich ausgestattet, praktisch alle mit Kochmöglichkeit. Preise nach Jahreszeit, Kategorie der Herberge und Alter des Benutzers gestaffelt - von Juni bis September zahlen 16-20-jährige etwa 7-12 DM, ältere 8-13 DM. Nachteil - sie liegen oft weit außerhalb der Ortschaften, JH-Ausweis ist Bedingung (kann in Irland für 6 DM erworben werden), Sperrstunde meist 22-23 h. Ein Verzeichnis aller IYHF-Herbergen, das "An Oige Handbook", bekommt ihr bei der Irish Youth Hostel Association, 39 Mountjoy Square, Dublin, Tel. 01/363111 oder in den Jugendherbergen und Tourist-Offices (ca. 3 DM).
Independent Hostels - die interessanteste Möglichkeit, preiswert zu übernachten. Etwa 60 private Hostels haben sich in der Organisation der "Independent Hostel Owners" (I.H.O.) zusammengeschlossen. Sie haben etwa dieselbe Ausstattung wie die IYHF-Herbergen, sind jedoch unkonventioneller und bieten mehr Atmosphäre, ca. 11-14 DM, abends meist keine Sperrstunde (bzw. stellen Schlüssel zur Verfügung), auch tagsüber wird man nicht ausgesperrt, oft diverse Extras (z.B. Fahrradverleih). Das "I.H.O. Hostels Guide Book" erscheint jährl. neu und kann in jedem Independent Hostel für 1,50 DM erworben werden. Ihr könnt es euch auch schicken lassen (adressierter Rückumschlag und internationaler Antwortschein) von North Strand Hostels, 49 North Strand Road, Dublin 3, Tel. 01/364716.
Irish Budget Hostels - in diesem Verzeichnis sind weitere Hostels aufgeführt (erhältlich z.B. bei Isaac's/Dublin; Doolin Hostel/Doolin; Galway Tourist Hotel/Galway u.a.).

Ansonsten könnt ihr an vielen Stellen euer *Zelt* aufschlagen, ohne daß gleich sämtliche Ordnungshüter der Provinz über euch herfallen. Allerdings solltet ihr es euch zur Regel machen, bei den nächsten Häusern um Erlaubnis zu fragen. Achtet unbedingt darauf, beim Wildzelten keine Abfälle oder Dreck zu hinterlassen! Ohne Zelt solltet ihr es vermeiden, im Freien zu schlafen.
Wer solchen Komfort wie Toiletten und sanitäre Anlagen vermißt, sollte ruhig mal auf einen der etwa 90 *Campingplätze* gehen. Die meisten sind recht groß und praktisch nie überfüllt, manchmal sind Shops und Restaurants angeschlossen. Nichtlizensierte Plätze sind preiswerter als die offiziellen.
Private *Bed & Breakfast*-Pensionen findet ihr praktisch in jedem Ort. Preise zwar ca. 25-30 DM pro Person, dafür bekommt ihr immer ein herzhaftes Frühstück serviert.

Essen: abgesehen vom abendlichen Dinner ist das *Frühstück* die wichtigste Mahlzeit. Es gibt Cornflakes oder Porridge, Vollkornbrot, Eier, bacon und sausages, Saft, Kaffee oder Tee. Kräftig zugreifen lohnt, denn der mittägliche Happen im nächsten Pub (Pub Grub) ist so reizvoll nicht. Zahlreich vertreten sind mittlerweile überall diverse Schnellimbisse nach internationalem Muster. Restaurants sind meist relativ teuer, am besten die Seafood-Lokale mit reichlich Auswahl an frischem Fisch (z.B. Lachs).
"One (or half) pint, please" - *Stout* (oder Guinness), das berühmte dunkle Bier aus der großen Guinness-Brauerei gibt es fast überall. Es ist meist lauwarm und im Geschmack eigen. Da es recht schwer ist, sollte es nicht zu warm serviert werden. Ein Pint kostet ca. 4,50 DM. Natürlich gibt es noch andere irische Brauereien und Biere - die wichtigsten sind *Harp Lager, Smithwicks Ale, Murphy Stout* und *Bass Ale*. Außerdem werden auch ausländische Biere in Lizenz gebraut. Der irische *Whiskey* (im Gegensatz zum schottischen mit 'ey') hat ebenfalls seinen Ruf. Dazu wird gerne ein stout getrunken ("a bottle and a half 'un'").
Irische Pubs sind einfacher als die britischen - Messing und Plüsch gibts selten, dafür umso mehr Musik. Auf dem Land, gerade in abgelegenen kleinen Orten, lebt die Tradition der "Singing Pubs". Dort könnt ihr jedes Wochenende, manchmal auch fast jeden Abend, echte irische Folkmusik hören - eine eigentümliche, faszinierende Art des Musikmachens mit Fiedel, Flöte, Tin-Whistle (Blechflöte), Gitarre und Banjo. Die Texte sind entweder gefühlvoll, volkstümlich etc. (Liebe, Trauer und ähnliche Themen), aber auch oft politisch oder kämpferisch - der lange Freiheitskampf gegen die Engländer lebt darin weiter. Die Öffnungszeiten entsprechen etwa denen in England, jedoch sind irische Pubs während der Woche bis 23.30 h offen (So 22 h) und auch nachmittags für ein bzw. zwei std. geschlossen (Mo-Sa 14.30-15.30, So 14-16 h).

Telefon: nur ein Teil der Telefonzellen ist bisher ans Selbstwählnetz angeschlossen. Ansonsten muß man sich vom *Operator* vermitteln lassen - die 10 wählen, eigene Nummer und gewünschte Teilnehmernummer nennen, wieder auflegen, warten. Diese Handvermittlung ist teurer als Selbstdurchwählen (bis zu einer Gesprächsdauer von 3 min. Festpreis von ca. 9 DM). Da es dauern kann, bis das Gespräch zustande kommt, startet eine solche Aktion am besten von einem Münztelefon in der Post, einem Hotel oder Pub.
In *Selbstwählzellen* werden 10- und 50-Pencestücke angenommen, z.T. auch andere Münzen. Erst einwerfen, wenn Gespräch zustandekommt (Ausnahme sind Apparate mit Stapelschacht). Ihr könnt euch auch in jeder Zelle zurückrufen lassen (das kommt billiger).

VORWAHL: Bundesrepublik Deutschland **1649** (aus Nordirland 01049), Österreich **1643** (aus Nordirland 01043) Schweiz **1641** (aus Nordirland 01041). Irland (von der BRD) **00353**, Nordirland 0044.

Kleines Sprachlexikon: siehe Großbritannien.

BOTSCHAFTEN

Bundesrepublik Deutschland: 31 Trimleston Avenue, Booterstown, County Dublin, Tel. 01/693011.
Österreich: 15 Ailesbury Court, Dublin 4, Tel. 01/694577.
Schweiz: 6 Ailesbury Road, Dublin 4, Tel. 01/692515.

FREMDENVERKEHRSÄMTER

D-6000 Frankfurt/M. 1, Untermainanlage 7, Tel. 069/233341. Für Nordirland das **Northern Ireland Tourist Board**, Neue Mainzer Str. 22, 6000 Frankfurt /M. 1, Tel. 069/234504. **A-1011 Wien**, Elisabethstr. 6, Tel. 0222/572279. **CH-8001 Zürich**, c/o Aer Lingus, Lintheschergasse 17, Tel. 01/2112753.

DUBLIN

Dublin hat schöne und schlechte Seiten. Im Zentrum zeigt sich die über tausend Jahre alte Hauptstadt der Insel herausgeputzt, aber auch als Opfer moderner Bauwut.

Um die sechsspurige *O'Connell Street* und das *Trinity College* (auf der südl. Flußseite) findet ihr Parks und hübsche Gassen, viele Häuserfassaden sind im Erdgeschoß bunt angemalt, auch prächtige *georgianische Wohnhäuser* aus dem 18. Jh. stehen noch hier und dort - Überreste der Zeit, als die Engländer die Stadt zu einem schwer bestückten Regierungssitz ausbauten.
Jedoch hat die moderne Stadtplanung im trauten Einverständnis mit üppig wuchernden Spekulantentum vieles zerstört - statt zu renovieren, reißt man auch hier lieber ab und klotzt moderne Bürobauten, Einkaufszentren und Schnellimbisse in die City.
Aber auch das geballte wirtschaftliche Elend Irlands wird euch in der Hauptstadt begegnen. Wer sich nur ein paar Straßenzüge von der City entfernt, sieht das ungeschminkte Gesicht der Stadt - zugenagelte Türen, zerbrochene Fenster, Dreck und Unrat auf den Gassen. Die *Quays* am Liffey, einst der Stolz der Stadt, sind über weite Strekken Trümmergrundstücke und vor allem in den nördl. Stadtteilen ist die Armut groß - es gibt viele Arbeitslose und nicht wenig Menschen leben am Rand des Existenzminimums.
Ein ausgedehnter *Pub Crawl* durch einige der knapp 700 Kneipen der Stadt ist ein Muß - wer für die Landschaft der "grünen Insel" schwärmt, wird trotzdem nicht lange bleiben.

VERBINDUNGEN / BAHNHÖFE: **Heuston Station**, Kingsbridge (Hbf., außerhalb vom Zentrum, Bus 24), Züge nach Süden und Westen. **Connolly Station**, Amiens Str. (Zentrum, ca. 600 m zur O'Connell Str.), Verbindung nach Norden und in die Midlands. **Pearse Station**, Westland Row/ Pearse Str. (Zentrum, hinterm Trinity College).
Busbhf. in der Store Street, nicht weit von der Connolly Station.

FÄHREN: Dublin hat 2 Häfen - **B & I Ferries** aus Holyhead (Wales) legen im **Dublin Harbour** an (Anlegestelle 5 km vom Zentrum), Busse gehen in die City.
Die **Sealink-Ferries** aus Holyhead legen in **Dun Laoghaire** (sprich Dan Liri) an - dieser Hafen- und Badeort liegt weit außerhalb, südl. der City. Wer dort ankommt und nicht gleich übernachten will (siehe S. 592), nimmt den Zug bis **Pearse** oder **Connolly Station** oder den Bus 46 A ins Zentrum.

INFORMATION: **T.I.C.** in der 14 Upper O'Connell Street, (Hauptstraße von Dublin). Zimmervermittlung, Geldwechsel (auch Sa!), alle Arten von Infos, außerdem gibts hier den in der Einleitung erwähnten Travel Save Stamp (50 % Ermäßigung auf Busse, Fährlinien etc.). Mo-Sa 9-17 h, Tel. 747733.
U.S.I.T., 7 Anglesea Street. Studenten-Information, ISIC-Karten und Travel Save Stamp (auch deutsche Schülerausweise werden anerkannt). Mo-Fr 9-17, Sa 10-13 h, Tel. 778117.
Community and Youth Information Center, Sackhille House (Hinweisschild an der O'Connell Str.). Infos für junge Leute, kostenloser Stadtplan (gute Adressen auf der Rückseite), Pinnwand am Eingang. Mo-Mi 9.30-18, Do-Sa 9.30-17 h, Tel. 786844.
CIE, Zug und Busauskunft tägl. unter Tel. 787777.

UNTERWEGS IN DUBLIN: in erster Linie die grünen **Doppeldeckerbusse**. Sie verkehren bis etwa 23.30 h, einige fahren weit in die Umgebung hinaus. In der City läuft man aber besser zu Fuß, da die Straßen ständig verstopft sind. Außerdem gibts den **DART** (Dublin Advanced Railway Transport), eine S-Bahn von Howth über Dublin und Dun Laoghaire nach Bray, viele Stationen im Stadtbereich, für Interrailer frei.

Fahrradverleih z.B. bei **Ireland Rent-a-bike**, 58 Lower Gardiner Str. (Nähe Connolly Station) und **Joe Daly**, Lower Main Str. (nicht im Zentrum).

Übernachten: spät abends im allgemeinen schwierig, noch etwas zu finden, telefonische Voranmeldung sinnvoll. Es gibt zwei IYHF-Jugendherbergen (Sperrstunde Mitternacht) und mehrere Hostels. Auskünfte über Zimmer in Studentenheimen bei *USIT* (s.o.).

Jugendherberge Morehampton House, 78 Morehampton Road, Donnybrooke, Tel. 01/680325. Mit 71 Betten die größere, etwas außerhalb, ca. 3 km südl. vom Zentrum, Bus 10 ab O'Connell Street.

Jugendherberge Mountjoy, 39 Mountjoy Square, Tel. 01/363111. Zentral, unweit der Connolly Station, die Gardiner Str. nach Norden (hier auch das Hauptquartier von An Oige, der irischen JH-Organisation). Leider laut Leserzuschriften z.Z. arg heruntergekommen.

ISAAC's, 2-5 Frenchman's Lane, Tel. 749321. Privates Hostel nah bei der Connolly Station, trotz gut 250 Betten im Sommer oft ausgebucht, beliebter Traveller-Treff. Blitzsauber, meist 6-Bettzimmer (ca. 13 DM), auch DZ für 22 DM und Einzel für 26 DM pro Pers., gute heiße Duschen, kostenlose Gepäckaufbewahrung, außerdem Safes neben jedem Bett, Kochgelegenheit, Cafeteria, preiswertes Restaurant, Fahrradverleih, Stud.- oder JH-Ausweis nicht nötig. Schlafsack mitbringen, teilweise nur Matratzenlager. Sperrstunde meist Mitternacht.

The Young Traveller, St. Mary's Place, Tel. 305000. Mit etwa 23 DM pro Pers. in 4-Bett-Zimmern etwas teurer, allerdings gepflegt und mit Frühstück.

North Strand Hostel, 49 North Strand Road, Tel. 364716. 10 min. zu Fuß ab Connolly Station (ab City Bus 20 a, 20 b, 30, 44 a und 54, Haltestelle direkt vor dem Hostel), Zentrale der "Independent Hostels of Ireland" (siehe Einleitung), leider reichlich vergammelt. Jedoch preiswert - im Schlafsaal 11 DM, DZ (auch Paare) 13 DM pro Pers., keine Sperrstunde, gegen Kaution gibts abends einen Hausschlüssel. An der Rezeption Liste aller I.H.O.-Hostels.

Kinlay House, 2-12 Lord Edward Str., Tel. 796644. Zentrale Lage bei der Christchurch Kathedrale, südl. vom Liffey. Eins der neuesten Hostels, DZ ca. 33 DM pro Pers., 4-6-Bettzimmer ca. 25 DM, einiges geboten - TV, Küche, Wäsche waschen, Schließfächer, keine Sperrstunde. Zu erreichen mit Bus 49,50, 56, 65 und 77.

YWCA, 64 Lower Baggot Street, Tel. 608452 (Nähe St. Stephens Green) nimmt Jungs und Mädchen, ca. 25 DM pro Pers.

BED & BREAKFAST: Vermittlung im Tourist Büro für ca. 1,50 DM. Guter Service, ihr erspart euch viel Lauferei. Wenn ihr es selber versuchen wollt - in der Umgebung der **Connolly Station** liegen die meisten preiswerten **B&B's**, vor allem Lower und Upper Gardiner Str., Gardiner Place und Great Denmark Str.
Gutes Quartier ist **Elmar Hotel**, 34 Lower Gardiner Street, Tel. 741246 (5 min. ab Connolly Station), ca. 33 DM pro Pers., häufig Rucksackler, Dusche im Zimmer.

CAMPING: im Stadtgebiet Fehlanzeige. Zu empfehlen sind **Cromlech Cottage Caravan Park**, Killiney Hill Road (mit Bahn oder Bus in Richtung Dun Laoghaire) oder **Shankill Camping Park** (Bus 45, 45 a oder 84).

UMSONST IM FREIEN: vielleicht im riesigen **Phoenix-Park**, im westl. Randgebiet der Stadt. Aber nicht gerade in der Nähe der Residenz des irischen Ministerpräsidenten oder bei der amerikanischen Botschaft - die werden nämlich streng bewacht! Laut Lesertip kann man auch in der **Connolly Station** schlafen (man wird eingeschlossen).

Essen: Self-Services verdrängen zunehmend die alten viktorianischen Pubs, doch noch gibt es genug interessante und dank der vielen Studenten auch erschwingliche Adressen.

MENSEN: **Trinity College** am College Green (südl. der O'Connel Street Bridge) und **University College** (ein Stück weiter südl., jenseits von St. Stephen's Green). Nur mit Studentenausweis, Mo-Fr 12-14 u. 17-18 h.

SELF-SERVICES: um die O'Connell Street zahllose **Take Aways** und **Fast-Food-Lokale** (Mc Donalds, Burgerking, Kentucky Fried Chicken u.a.). Relativ gutes Essen und flinken Service, jedoch viel Hektik bieten die insgesamt 6 Filialen der englischen Pizzakette **Pizzaland** entlang der O'Connell Str. plus Seitenstraßen (u.a. 52 Lower O'Connell Str. und 82 Grafton Str.). In **Captain America's Cookhouse**, Grafton Str., kann man noch spät abends essen.

IRISCHE KÜCHE / VERSCHIEDENES: **Isaac's**, 2-5 Frenchman's Lane, im gleichnamigen Hostel, billiges Essen (um die 8-10 DM). **Fat Freddie's Pizza Parlow**, 20 Temple Lane, Seitenstraße der Dame Str., Studenten, Musik, Pizza und Lasagne von 5-12 DM, Mittagessen 10 DM. In der Nähe das **Bad Ass Café**, Crown Alley, zivile Preise, ähnlich Captain America's Cookhouse, Pizza, Hamburger, junges Publikum (tägl. 12.30-24 h). **Dillons**, 21 Suffolk Str. sehr beliebt, italienische Gerichte (Spaghetti, Pizza), Hamburger u.a. **The Colony**, 7 Johnson's Court, beim Powerscourt Centre (siehe unter Shopping), viel Stimmung, deftige irische Küche (tägl. außer Sonntagabend). **Joe's**, 4 Aungier Str. (1. Stock), kleines beliebtes Lokal in der Nähe des St. Stephen's Green (Mo-Sa 10-18 h).

VEGETARISCH: die Zahl der Vollwert-Restaurants wächst ständig, hauptsächlich in College-Nähe, z.B. **It's Natural**, Dame Str. und **The Well Fed Café**, Crow Str. (beide nur bis ca. 19 h). Gut ist auch **Cornupia**, 19 Wicklow Str., Gerichte ab 7,50 DM (So geschl.).

CHINESISCH: in Dublin gibts viele preiswerte Chinesen, z.B. **Piccadilly Restaurant**, Lower Abbey Str., nicht sehr groß, aber sauber, Atmosphäre fast schon etwas zu cool, ca. 10-15 DM.

KAFFEETRINKEN / FRÜHSTÜCK / SNACKS: **Bewley's Oriental Cafes**, eine Dubliner Institution, Stammhaus in der Fußgängerzone, 78 Graftonstr. (Filialen 10 Westmorelandstr. und 13 South Great Georges Str.). Stilvolle Räumlichkeiten mit durchgesessenen Plüschsofas, Bleiverglasung, Gemälden und ausrangierten Nähmaschinentischen. Nicht billig, für eine Tasse Kaffee und ein Stück Torte aber gut (So geschl.). Bester Tip für Breakfast à la Eire ist das **Kylemore Café**, Ecke O'Connell Str./North Earl Str. - mit Selbstbedienung, Frühstück zum Mittag. Ausgeflippter, mit schrillen Neonfarben dekoriert ist das **Soda Fountain**, Henry Str., Eis, Kuchen, Kakao etc.

FOOD-PUBS: **Stag's Head**, 1 Dame Court (von Dame Str. zu erreichen). Sehr alter Pub (seit 1770) Holztäfelung, Spiegel und Marmor. Ausgezeichnetes Essen, z.B. Lammkoteletts oder Bacon and Cabbage (Speck und Kohl), abends oft Folk-Musik.

Pubs: in Dublin wie Sand am Meer. Mal reinschnuppern lohnt - oft urig-vergammelt und runtergekommen, etliche aber mit Mahagoni-Theken, Spiegeln, Messing- und Kugellampen noch ganz stilecht eingerichtet. Meist geht es hoch her, viel Atmosphäre, oft Folk-Musik. Im Stadtmagazin *In Dublin* (alle zwei Wochen, ca. 3 DM) findet ihr gute Tips, in welchem Pub wann was los ist.

Brazen Head, 20 Lower Bridge Str., Dublins ältestes Pub, seit mindestens 1666. Niedriger Schankraum mit verschlissenen Polstersitzen, meistens rappelvoll, Musik von Do-So, So auch vormittags. Liegt nicht weit von der berühmten Guinness-Brauerei, Nähe Usher's Quay.

Stag's Head, prächtig eingerichtet und eine echte Institution, seit 1770 kaum verändert (siehe auch Food-Pubs).

Mulligan's, Poolbeg Str. 8, gemütlicher alter Pub, ständig voll, aber hauptsächlich junge Leute.

Tommy Wright's Lounge Bar, 1 Burgh Quay (direkt an der O'Connell Str. Brücke). Oben steif, unten jüngeres Publikum, viel Stimmung, moderne Musik.

The Long Hall, 51 South Great George's Str., sehenswert wegen Einrichtung und Atmosphäre - viktorianischer Pomp, Spiegel bis zur Decke und längste Theke von Dublin.

The Palace, 21 Fleet Str., immer viel los, holzgetäfelt, bunte Glasfenster, große Spiegel, Journalistentreff.

The Bailey, Duke Str., Sehenswürdigkeit, weil von James Joyce in seinem "Ulysses" literarisch verewigt. Lederhocker, kleine Tischchen, hauptsächlich junges Publikum.

STUDENTEN-PUBS: v.a. in der Nähe des Trinity-College - Lower Baggot Str., Leeson Str., Lincoln Place und Merrion Row. Gute Gegend um einen "Pub Crawl" zu starten - sehr beliebt sind z.B. **Donaghy & Nesbitt's** in der 5 Lower Baggot Str., **Toner's** in der Merrion Row und **O'Neill's**, Suffolk Str.

FOLK-PUBS: wer wissen will, an welchen Tagen wo welche Musik gespielt wird, sollte das Tourist Büro kontakten. Ansonsten kauft die Stadtzeitung 'In Dublin', dort ist alles aufgelistet, was an Kulturellem in der Stadt abläuft.
Fast schon legendär ist **O'Donoghue's**, 15 Merrion Row, die Dubliners haben hier angefangen, gute Sessions mit viel Stimmung, leider meist voll, zahlreiche Touristen. Am besten schon gegen 19 Uhr kommen (liegt zentral im Pub-Viertel beim Trinity-College). Traditional-Sessions mit Fiedel, Akkordeon, Flöte und Gesang jeden Abend im **The Merchant**, 12 Lower Bridge Str., auch im **Meeting Place**, Dorset Str., und bei **Slattery's**, Capel Str. Rockmusik im **Baggot Inn**, Merrion Row.
Die wirklich echte, alte Musik könnt ihr im **Comhaltas Ceoiltoiri Eireann**, 32 Belgrave Square, Monkstown hören (zwischen Dublin und Dun Laoghaire), Sitz der "Irish Traditional Music Association", im Sommer jeden Abend (außer So) ausgezeichnete Sessions. Allerdings 8 km außerhalb, mit Bus 7a oder 8.

Sehenswertes

Nördlich vom Fluß: Ausgangspunkt *O'Connell Street* - hier liegen die meisten Shops, Restaurants, Banken etc., ansonsten totales Gewühl und Verkehrschaos. Auffallend die vielen *Denkmäler*, die berühmte Iren aus vergangenen Jahrhunderten darstellen, meistens Freiheitskämpfer. Das riesige klassizistische *Postamt* zwischen Henry Street und Abbey Street ist wohl eins der wenigen Postämter der Welt, das als Sehenswürdigkeit gilt. 1916

stürmte James Connolly, Gründer und Führer der einige Jahr vorher gegründeten I.R.A. (Irish Republican Army), mit seinen Leuten das Gebäude und proklamierte die Freie Republik Irland. Der erhoffte Volksaufstand blieb aber aus und die Engländer schossen eine Woche lang das Postgebäude zusammen, bis sich die Revolutionäre ergaben. Das Gebäude wurde später völlig renoviert und gilt heute noch als Symbol des Freiheitswillens der Iren (Mo-Sa 8-18 h).
Westlich der O'Connell Street das Einkaufszentrum von Dublin. In den Fußgängerzonen *Henry* und *Abbey Street* etliche Kaufhäuser, ansonsten viele kleine Läden, bunt angestrichen und mit teilweise kuriosem Angebot. Der traditionsreiche Gemüse-, Obst- und Fleischmarkt Dublins ist zwar teilweise wegsaniert, in der *Moore Street*, einer Seitenstraße der Henry Street, findet aber noch tägl. *Markt* statt, flankiert von einem deplaziert wirkenden neuen Einkaufszentrum. Ebenfalls der Verkehrsplanung zum Opfer gefallen sind der Großteil der zahlreichen urigen Antiquitäten- und Ramschläden an den Quais des trüben Liffey-Flusses.
Ein Stück westl. der Abbey Street die *St. Michan's Church,* wo schon Georg Friedrich Händel auf abgewetzten Orgeltasten gespielt hat. In der Krypta liegen seit Jahrhunderten 300 Leichname, die bis heute wegen der stark gerbsäurehaltigen Luft noch nicht zerfallen sind (Mo-Fr 10-13, 14-17, Sa 10-13 h, für Stud. 4,50 DM).

Südlich vom Fluß: schönster und ältester Teil Dublins mit der Universität, den georgianischen Vierteln und den Liberties, dem früheren Herz der Stadt. Die Parkanlagen um das *Trinity-College* sind ideal, um sich vom Sight-Seeing auszuruhen. Das Trinity-College ist die älteste Uni von Irland, bis Ende des 19. Jh. durften nur Protestanten diese erlauchten Hallen betreten. Heute könnt ihr auch als Katholiken den kopfsteingepflasterten Innenhof betreten und vor allem die riesige Bibliothek mit dem *Long Room* besichtigen - 2,5 Mill. Bände sind hier bis unter die Decke gestapelt, u.a. unter Glas zwei Bände des berühmten *Book of Kells*, eine wunderschön verzierte Bibelniederschrift aus dem 8. Jh. - jeden Monat wird eine neue Seite aufgeschlagen (Mo-Fr 9.30-16.45 Sa 9.30-12.45 h, 4,50 DM, Stud. 3 DM).
Gegenüber vom College die pompöse *Bank of Ireland* - der völlig fensterlose Bau mit den riesigen halbkreisförmigen Kolonnaden beherbergte bis 1801 das irische Parlament. Geht ruhig mal rein, die Inneneinrichtung stammt zum Großteil noch aus den zwanziger Jahren (Führungen Mo-Fr 10-12.30, 13.30-15 h).
Richtung Süden die *Grafton Street*, die eleganteste Einkaufsstraße der Stadt. In der Fußgängerzone tummelt sich jung und alt - Hausfrauen, Touristen, Pflastermaler. Abends kurz nach Geschäftsschluß kommen die Musikstudenten und bessern ihr Taschengeld auf.
Der hübsche Stadtpark *Stephen's Green* ist eine weitläufige Grünanlage mit Wasserfall und künstlichem Teich, an seiner Südostecke steht neuerdings ein riesiges "postmodernes" Einkaufszentrum. Wenn ihr mal die berühmten *Georgianischen Viertel* von Dublin sehen wollt, müßt ihr die Straßen um Stephen's Green entlangbummeln, z.B. Merrion Row, Baggot Street, Pembroke Street, Fitzwilliam Square u.a. Das schönste an den Häusern ist allerdings das Innenleben und leider wurde vieles abgerissen.
Als Gegensatz zu den vornehmen Behausungen des englischen Adels die *Liberties* zwischen St. Patrick's Cathedral und Christ Church Cathedral - das älteste Viertel der Stadt. Seit Jahrhunderten ein typisches Arbeiterviertel, viele irische Freiheitskämpfer kamen aus diesem Teil der Stadt. Lauft mal die Bride Street und Francis Street entlang - runtergekommene Backsteinbehausungen, auf den Straßen wird Trödel verkauft, verwahrloste Kinder und viel Dreck. Anstatt zu renovieren, versucht die Stadtverwaltung z.Z. gegen

erheblichen Widerstand von allen Seiten, ihren Plan einer "bahnbrechenden" Stadtautobahn quer durch das historische Viertel durchzubringen.
Nicht weit von der etwas düsteren *St. Patrick's Kathedrale*, in der Jonathan Swift begraben liegt, steht das *Dublin Castle*, ursprünglich normannisch und bis 1921 schwer befestigter Stützpunkt der englischen Fremdherrschaft. Von außen wenig beeindruckend, aber die State Appartements im Innern sind kunstvoll ausgestattet. Weniger repräsentativ die finsteren Löcher der Gefängniszellen (Mo-Fr 10-12, 14-17, Sa/So 14-16.30 h, ca. 3 DM, Stud. die Hälfte). Der zweite große Kirchenbau Dublins ist die *Christ Church Cathedral* mit ihrer sehenswerten Krypta aus dem 12. Jh. (tägl. 9.30-17 h).
Nicht mehr weit habt ihr es jetzt zur *Guinness-Brauerei* an der James' Str. - sie ist die größte Europas und ihr Malzgeruch hängt häufig über der Stadt. Ganz Irland trinkt dieses Bier und es ist auch wichtigster (und praktisch einziger) Exportartikel. Leider keine Führungen, aber man kann ein Museum besuchen und es gibt 2 Filme über die Brauerei und ihre Produktion zu sehen, danach ein oder zwei Stout im angeschlossenen Pub (Mo-Fr 10-15 h, ca. 3 DM, Bus 21 ab College Green).

PARKS: außer **St. Stephen's Green** (s.o.) und **Merrion Square** (hübscher Park, Sa und So-Nachmittag stellen Künstler ihre Werke aus) vor allem der **Phoenix Park** an der Parkgate Str., westl. des Zentrums. Gilt als eine der größten Parkanlagen Europas. Auch den Dubliner **Zoo** findet ihr hier - schön gelegen, aber sonst nichts besonderes. Mit Bus 10, 14, 23.

SHOPPING: **Powerscourt Townhouse Shopping Centre**, South William Str. (parallel zur Grafton Str.). Modernes Ladenzentrum, um einen überdachten "Basar" auf 3 Etagen Shops, Cafés, Galerien etc., häufig Live-Musik, ganz nette Atmosphäre. Eine Spezialität von Dublin sind die zahlreichen **Auktionsläden**, wo ihr auf den ständig stattfindenden Auktionen alles mögliche (auch neue Ware) preiswert erwerben könnt.

MÄRKTE: schon erwähnt wurde der Tagesmarkt in der **Moore Street**. Beim Stephen's Green fand früher ein Flohmarkt statt. Ein großes Einkaufszentrum wurde an seiner Stelle errichtet. Stattdessen gibts den **Rathmines Market**, einen Flohmarkt am Sonntagvormittag bei der Portobello Bridge, Rathmines Road (südl. Vorstadt). Weiterer großer Markt in **Dun Laoghaire**, ebenfalls nur Wochenende.

MUSEEN: am interessantesten zweifellos das **National Museum**, Kildare Street (Nähe Trinity College). Groß angelegte Sammlung der irischen Geschichte - von den Anfängen bis zum Bürgerkrieg, auch hier zwei Bände des Books of Kells. Wird leider seit 1988 renoviert, nur Teilbereiche offen (Di-Sa 10-17, So 14-17 h, frei).
Die **National Gallery** gleich benachbart am Merrion Square. Etliche alte Meister aus ganz Europa - Rembrandt, Rubens, Tizian, El Greco u.v.a. (Mo-Sa 10-18, So 14-17 h, frei).
Im **National Wax Museum**, Granby Row, Parnell Square North (nördl. der O'Connell Str.) sind Persönlichkeiten aus der irischen Politik "verewigt", eine mehr oder minder gelungene Kopie des Londoner Originals (Mo-Sa 10-18, So 12-18 h, 8 DM, für Stud. ca. 6 DM).
Civic Museum, South William Str., Nähe Powerscourt Shopping Centre. Kleine, liebevoll gehegte Sammlung der urigsten Stücke aus der Stadtgeschichte.

BADEN: mit dem Zug bis **Portmanock**, 15 km nördl. von Dublin. Schöner kilometerlanger Sandstrand, auf dem sich alles verläuft.

Dublin/Umgebung

Howth: hübsches Fischer- und Hafenstädtchen am nördl. Ende der Dublin Bay. Oberhalb vom Ort tolle Felslandschaft, phantastischer Blick über die Bucht. Vor der Stadt das Howth Castle inmitten eines ausgedehnten Rhododendronparks. Die geräumige *Abbey Tavern* ist einer der beliebtesten Plätze Irlands, um traditionelle Folkmusik zu hören (Mo-Fr), mit ca. 18 DM jedoch knackig teuer und oft von Touristen restlos ausgebucht. Mit Zug ab Connolly Station oder mit Bus 31 ab Lower Abbey Street.

Wicklow Mountains: riesiges Granitmassiv mit wilden Flußtälern und dicht bewaldeten Bergrücken südl. von Dublin, eins der schönsten Wandergebiete der Insel.
Hauptort ist *Glendalough*, zu erreichen von Dublin mit St. Kevins Bus Service (tägl. 11 und 18 h ab College of Surgeons, St. Stephens Green, So 11.30 und 19 h, 1,5 std., ca 11 DM). Die Klosterschule St. Kevin's Church war im

Mittelalter Anziehungspunkt für Geistliche aus ganz Europa. Ab 18 h hat man das Tal für sich allein, man kann an einem der beiden Seen romantisch wild zelten, außerdem gibts eine Jugendherberge 500 m vor dem Ort auf der rechten Seite (Tel. 0404/5143). Wer von Glendalough zur Bahnlinie weiterwill, muß bis *Rathdrum* trampen (Station im Tal, ca. 10 min außerhalb) oder zurück nach Dublin.

SÜDOSTEN

Die Sonnenecke der Insel, außerdem wichtigstes Einfallstor für Bade- und Sight-seeing-Touristen aus "Good Old England".

Die Küstenorte touristisch und überlaufen, auch die Landschaft weniger attraktiv als in anderen Teilen Irlands. Empfehlenswert sind Trips ins Innere, z.B. nach Kilkenny oder Cashel (siehe unten).

Dublin - Dun Laoghaire - Wicklow - Wexford - (Rosslare) A-Kb. 28501

Strecke in den wichtigen Fährhafen Rosslare (5 x tägl., ca. 3 std.). Für Weiterfahrt nach Cork umsteigen in Wexford.

Dun Laoghaire (gespr. Dan Liri): wichtigster Fährhafen Irlands, typischer Hafenort, völlig auf Tourismus eingestellt. Häufige Bus- und Zugverbindungen nach Dublin (ca. 11 km, städtische Schnellbahn 'Dart'). Im *Martello-Tower* eine Sammlung von Erinnerungsstükken an James Joyce.

VERBINDUNGEN: Fähren von und nach **Liverpool** bzw. **Holyhead**, s. Einleitung S. 584. Fährpassagiere werden mit zwei Bussen kostenlos in die Innenstadt befördert. Ansonsten hat Dun Laoghaire auch Bahnverbindung.

ÜBERNACHTEN: **YWCA Trench House**, 22 Crosthwaite Park East, Tel. 01/807463, nur Mädchen. **Jugendherberge Scoil Lorcain**, Monkstown, Tel. 01/801948, knapp 3 km außerhalb, Bahnstation Seapoint Avenue (nur Juli - August). Nächster **Campingplatz** in **Killiney**, paar Kilometer Richtung Süden, an der Bahnlinie. Dort auch Baden möglich.

Wicklow: hübsches Küstenstädtchen mit schönen Stränden in der Umgebung, ideal zum einsamen Baden und Strandwandern. Ansonsten guter Ausgangspunkt für Trips in die Wicklow Mountains.

INFORMATION: Market Square, Zimmervermittlung und Infos über Wandertrails samt Übernachtungsmöglichkeiten.

ÜBERNACHTEN: **B&B's** ab 20 DM pro Pers. An den Stränden außerhalb der Stadt (Silver Strand, Brittas Bay) könnt ihr wild zelten (nur mit Trampen zu erreichen).

Arklow: hier setzt man voll auf den Tourismus, Fast-Food, Fähnchen über den Straßen, jede Menge Souvenir-Shops.

TIP - in **Gorey** den Zug verlassen und mit dem Bus die paar Kilometer nach **Courton Harbour** fahren. Der Ort ist zwar übertouristisch, aber 3 km südl. liegt in schöner ruhiger Lage das **Anchorage Hostel** (Tel. 055/25335) in Poulshone, nur wenige hundert Meter vom Meer. Für ca. 15 DM gibts in DZ den gleichen Komfort wie in einem B&B-Quartier, Schlafsaal kostet ca. 12 DM. Die gute Ausstattung der Küche darf mitbenutzt werden, nur selten ausgebucht.

Wexford: für viele, die mit der Fähre von Frankreich ins 20 km entfernte Rosslare kommen, erster Anlaufpunkt in Irland. Sehr touristisch, mit engen, z.T. aber noch schönen Gassen. Im Hafen ein altes Feuerschiff, in dem ein Seefahrtmuseum eingerichtet ist. Ansonsten interessant die *St. Doologue's Church*. Ihre Fundamente stammen noch von den Wikingern aus dem Jahre 1035. Denkmäler und Tafeln erinnern an prominente Bewohner vergangener Tage.

VERBINDUNGEN / BAHNHOF: Bhf. liegt direkt am Ufer des River Slaney, der bei Wexford das Meer erreicht.

INFORMATION: **Crescent Quai**, Hafenbekken. Vom Bhf. immer am Wasser entlang.

ÜBERNACHTEN: kein Hostel. Railer, die ein Zelt haben, können für 6 DM auf dem **Ferrybank Caravan Park** übernachten, zu erreichen über die große Brücke, die den Slaney überspannt, drüben zweigt rechts eine Straße ab, vom Bhf. ca. 15 min. Außerdem zwei Zeltplätze in der Umgebung von **Rosslare Harbour**. Am Strand bei der Fährstation konnte man bisher wild zelten.

ESSEN / TREFFS: **Wavecrest Bar** am Hafen, Möblierung nicht so anziehend, aber gute Folk-Sessions mit viel Stimmung. Andere Pubs ebenfalls entlang des Hafens. Gutes Frühstück in **Nagle's Restaurant**, North Main Street, in derselbe Straße ein gutes Restaurants - **Captain White's Sea-Food Restaurant and Coffee Shop**, hauptsächlich Meeresfrüchte, Menü ab 11 DM, tägl. 10-22 h.

FAHRRADVERLEIH: **Heyes**, 108 South Main Street, Tel. 053/22462.

Rosslare: wichtigster Fährhafen für alle, die von Frankreich kommen (von Cherbourg und Le Havre kostenlos mit Interrail + Schiff, aber Hafengebühr von ca. 10 DM!). Als Ort uninteressant, Jugendherberge nicht weit von der Anlegestelle, Bhf. auch in der Nähe.

VERBINDUNGEN: Züge mit Ausnahme von Dublin recht spärlich - 5 x tägl. (So 2 x tägl.) nach **Dublin**, nur im Sommer 1 x tägl. (So kein Zug!) nach **Limerick**, 2 x nach **Waterford** (von dort mit Bus nach Cork).

ÜBERNACHTEN: **Jugendherberge** in der Goulding Street, Tel. 053/33399. Holger Hartmaier aus Altdorf schreibt "im Garten eine Mischung aus Fertiggarage und Bauarbeiterhütte mit 10 Stockbetten. Alles nicht ganz sauber und für 50 Leute nur zwei Duschen".

Dublin - Kildare - Kilkenny - Waterford A-Kb. 28502

Ebenfalls Richtung Südosten, aber fast lohnender als die Küstenlinie Dublin - Wexford, ca. 7 x tägl., 2 1/2 std.

Kilkenny: sehenswertes altes Städtchen mit engen Gassen und gut erhaltenen mittelalterlichen Bauten, war mal die Hauptstadt des Landes. Höhepunkt das *Ormond Castle* mitten in der Stadt, in den ehemaligen Pferdeställen diverse Kunsthandwerkstätten. Weiterhin sehenswert die *St. Canice's Cathedral*, den massivem Rundturm kann man besteigen (ca. 1,50 DM). Außerdem das *Rothe House*, Heim eines reichen Kaufmanns der Tudor-Epoche (16. Jh.) und kleines *Stadtmuseum* mit archäologischen Funden der Region (Mo-Fr 10.30-12.30, 15-17 h, ca. 3 DM, Stud. ermäß.).

VERBINDUNGEN / BAHNHOF: die John Street entlang über die Brücke ins Zentrum.

INFORMATION: 1 Parade, im Zentrum, gegenüber vom Castle, Zimmervermittlung.

ÜBERNACHTEN: nächste Jugendherberge ist **Foulksrath Castle** in Jenkinstown, ca. 12 km außerhalb, Tel. 056/67674. **Wild zelten** am Flußufer außerhalb vom Ort möglich.

ESSEN / TREFFS: es gibt zahlreiche Pubs, der wahrscheinlich älteste Irlands ist **Kyteler's Inn**, St. Kieran's Street.

Waterford: größeres, wenig reizvolles Städtchen, Zentrum der irischen Glasfabrikation - das hiesige Kristallglas ist weltberühmt. Strände gibt es nur wenige, z.B. bei *Tramore* (Busverbindung, Campingplatz).

VERBINDUNGEN: Bhf. reichlich tot - vor allem am So kaum Züge (während der Woche ca. 5 x nach Dublin, 2 x tägl. nach Rosslare, 1 x tägl. (außer So) nach Limerick). Nach Cork am besten per Bus.

ÜBERNACHTEN: **Bolton House**, Bolton Street (Nähe prot. Kathedrale), Tel. 051/73094. Prima Hostel, zwar abgewohnt, aber sauber, Kochmöglichkeit, TV-Room, ca. 12 DM. Vom Bhf. über die Brücke und links die Quays entlang, beim Tower Hotel rechts.

Waterford - Tipperary - Limerick Junction - Limerick A-Kb. 28503/28505

Ab *Cahir* lohnender Abstecher von der Bahnlinie per Bus (ca. 2 x tägl.) nach Cashel. Ebenfalls zu erreichen von der Bahnlinie Dublin-Cork ab Ballagh (siehe weiter unten).
Wer nach Cork will, muß in Limerick Junction umsteigen.

Cashel: kleines Nest mit höchstens 3000 Einwohnern und einer einzigen Straße. Höhepunkt ist der *Rock of Cashel*, ein gewaltiger Felsblock mit einigen imposanten Kirchenruinen aus der Romanik. Wird manchmal die "Akropolis Irlands" genannt, im frühen Mittelalter Sitz der Könige von Südirland (tägl. 10-19 h, ca. 2 DM, mit Führung).

ÜBERNACHTEN: **Lisakyle Hostel & Camping**, Ardfinnan Road, ca. 3 km vom Bhf. Cahir (Büro in Cahir, Maurice Londons Shop, Church Street), Tel. 052/41963. **Boytonrath Hostel**, Tel. 062/72223, ca. 8 km von Cashel Richtung Bansha.

SÜDWESTEN

Das Irland, von dem die meisten Traveller träumen - auf engem Raum findet ihr hier alles beisammen, was die Insel attraktiv macht.

Im Hinterland weite grüne Hügel und Täler, aber auch das höchste Bergmassiv der Insel - rauh, einsam und ursprünglich. Am schönsten jedoch die wild zerklüftete Küstenlinie mit den weit ins Meer vorstoßenden Halbinseln *Beara*, *Iveragh* und *Dingle*, unzähligen kleinen Inseln, schroffen Felsklippen und wunderschönen weißen Stränden. Dank des nahen Golfstroms ausgesprochen mildes Klima, sogar subtropische Pflanzen wie Palmen und exotische Blumen wachsen hier. Wegen all der genannten Vorzüge starker Touristenzustrom, beschränkt sich aber auf wenige Orte, die Countryside zum großen Teil noch unverdorben.

Dublin - Kildare - Ballybrophy - Limerick Junction - Cork
A-Kb. 28503/06

Die schnellste Route ins Cork Country, ca. 3 std. Unweit von Ballagh (etwas nördl. von Limerick Junction) liegt Cashel mit dem Rock of Cashel, s.o.

Cork

Zweitgrößte Stadt der Insel, versucht Dublin in jeder Hinsicht den Rang abzulaufen. Mit pompösen Straßenzügen, viel Lärm, Industrie und Schmutz gelingt das z.T. schon recht gut.

Aber Cork hat auch andere Seiten. Das Zentrum der Stadt liegt hübsch auf einer Insel mitten im River Lee. Eine Unzahl von Brücken verbindet das Herz mit der Peripherie, verwinkelte Wohnviertel ziehen sich die Hänge des Flußtals hinauf - wirkt mit den vielen Kalksteinquais, Brücken und steilen Treppenwegen fast ein bißchen südländisch.

Abends wird die Patrick's Street mit der gleichnamigen Brücke über den River Lee in buntes Lichterspektakel getaucht.

VERBINDUNGEN / BAHNHOF: **Kent Station**, Lower Glanmire Road (ins Zentrum ca. 15 min. zu Fuß oder Bus 5a).
Busbhf. im Zentrum, Parnell Square, Verbindungen in die Küstenorte.
Der **Hafen** liegt 3 km vom Zentrum, Lower Glanmire Road (Busse ab Busbhf.). Fähren Cork - Le Havre (Irish Ferries), 50 % Ermäß. für Interrailer, mit Karte IR + Schiff frei, außerdem Fähren Cork - Roscoff (Brittany Ferries). In der Boole Library der Uni gibts ein **USIT-Büro**, wo ihr einen Travelsave Stamp erwerben könnt, Tel. 021/23901.

INFORMATION: **Tourist House**, Grand Parade. Es gibt Pläne mit markierten Rundspaziergängen durch die Stadt (Mo-Fr 9.30-17.30, Sa 9.30-13 h, im Sommer länger).

ÜBERNACHTEN: **Jugendherberge**, 1-2 Redclyffe, Western Road, Tel. 021/43289. Ziemlich groß, trotzdem oft überfüllt, über 2 km vom Bhf., zu erreichen mit Bus 5, 6 oder 8.
Cork Tourist Hotel, 107 Belgrave Place, ca. 10 min. vom Bhf., Seitenstraße der Wellington Road, Tel. 021/505562. Bestes Billig-Quartier am Platz, im Schlafsaal ca. 12 DM, das eigene Appartement kostet 15 DM pro Pers. und bietet Platz für 2 Pers. (incl. Küche). Rezeption, Küche, TV-Room etc. im Haus Nr. 3. Telef. Voranmeldung ratsam.
Inter-Point des YMCA,, 11/12 Marlboro Str., Tel. 021/273056. Anfang Juli - Ende August, ca. 15 DM incl. Frühstück, mit Mitgliedskarte etwas preiswerter. Vom Bhf. 10 min. links in Richtung Zentrum, beschildert ab Patrick Street.
Preiswerte **B&B's** an der Lower Glanmire Road (Nähe Bhf.).
Cork City Caravan & Camping Park, 3 km vom Zentrum, Togher Road, mit Bus nach Togher ab Busbhf. **Cork Caravan & Camping Park**, 6 km in Richtung Kinsale, gegenüber vom Flughafen. Mit Bus nach Kinsale ab Busbhf. Beide Plätze gut, letzterer liegt besser für Küstentrips.

ESSEN / TREFFS: **Café Joordan**, 97 Patrick Street/1. Stock. Freundliche Atmosphäre, Frühstück ab 4,50 DM, gute Auswahl an Tagesgerichten ab 7 DM, schöner Blick auf die Straße. Direkt nebenan **The Beecher's Inn**, gemütlicher Pub in altem Lagerhaus. Im **Queen's Old Castle Shopping Center** eine Filiale von Bewley's Café (siehe Dublin).
Halpin's, 14 Cook Street, erschwinglicher Self-Service mit gutem Angebot (nach 18 h teurer!).
Sir Henry's, South Main Street, beliebter Studenten-Pub, immer viel los. Traditionelle Tanz-/Musikveranstaltungen im **Cork Kerry Tourism Entertainment Centre** an der Grand Parade, Touristenklamauk (ca. 10 DM, Stud. ermäß.).

Sehenswertes: historische Bauten sind rar. Von den vielen Kirchen stehen einige zur Besichtigung offen, z.B. die *Peter and Paul's Cathedral* in einer Seitenstraße der Grand Parade. Lohnend auch ein Besuch im geschäftigen *City Market*, ebenfalls Grand Parade, nur wenige Schritte vom Tourist-Büro. Bei trockenem Wetter ist ein Abendspaziergang entlang des *River Lee* zu empfehlen, die wichtigsten Gebäude, darunter diverse Kirchen und das Rathaus, werden angestrahlt. Zum Relaxen ist das Campus-Gelände des *Cork University College* geeignet.

Küste westlich von Cork

Entweder Trampen oder per Bus ab Busbhf. (nach Kinsale ca. 5 x tägl., ca. 9 DM, mit Travelsaver 50 % weniger). Die Küste entlang Richtung Süden habt ihr ausgezeichnete Wander- und Radfahrmöglichkeiten, verkehrsmäßig tut sich nicht viel - Zeit mitbringen.

Kinsale

So ziemlich der bekannteste Badeort in der Nähe von Cork - Jachthafen mit viel Tourismus, einigen gemütlichen Pubs und sauberen Gäßchen. Nicht gerade billig, aber landschaftlich schön am Nordufer des River Bandon gelegen, nette Atmosphäre. Im Sommer ist einiges los - u.a. zahlreiche Festivals und Regatten.

Am 7. Mai 1915 versenkte ein deutsches U-Boot nur wenige Seemeilen entfernt den britischen Luxusliner **Lusitania**. Heute ist im ehemaligen Rathaus ein Museum untergebracht, in dem einige Wrackteile zu besichtigen sind.

INFORMATION: Pier Road, am Hafenbecken, nur wenige Schritte von der Bushaltestelle.

ÜBERNACHTEN: **Jugendherberge Summercove Hostel**, den Fußmarsch von gut 2 km auf jeden Fall wert, im Sommer aber immer bis unters Dach voll - toller Blick auf Burgruine, Bucht und Meer, Tel. 021/772309 (versucht, telefonisch zu reservieren). Die unzähligen **B&B's** nehmen stattliche Preise, ab 70 DM aufwärts. Der nächste Campingplatz liegt in **Ballinspittle** (ca. 10 km), aber im Schatten der beiden Forts (s.u.) läßt es sich gut zelten.

ESSEN / TREFFS: an schönen Pubs herrscht kein Mangel - z.B. **Anchor Bar** (Biergarten und häufig Live-Musik) und **The Grey Hound**. Entlang der Main Street und rund um den Market Square viele Möglichkeiten, **Patsy's Corner Café** am Market Square hat nur sechs Tische, leckerer Apfel/Brombeerkuchen. Vielleicht der beliebteste Pub ist der jahrhundertalte **Spaniard** am Weg von Kinsale nach Summercove.

FAHRRADVERLEIH: **Mylie Murphy**, Rückseite der Commercial Hall. Kann in Kinsale lohnen - die Distanzen zu den beiden Forts oder zum Old Head of Kinsale sind groß.

Sehenswertes: Kinsale lebt von seinen beiden Forts, wobei das *Charles Fort* nahe der Jugendherberge bei weitem mehr Touristen anlockt als das *James Fort*. Bis Anfang unseres Jahrhunderts diente das Charles Fort den Briten noch als Kaserne, das James Fort ist heute nur noch Ruine, schöner Blick vom Turm. Außerdem lohnt die Besichtigung der *St. Johns Church* und der *St. Multose's Church*.
Ansonsten mal einen gemütlichen Tagesausflug zum *Old Head of Kinsale* machen (etwa 10 km). Hier findet ihr das Bilderbuch-Irland mit grünen Wiesen und blauem Meer.

Baltimore: kleiner Hafenort mit Schloßruine, lebt vom Fischfang und den Touristen - Sprungbrett für die vorgelagerten Inseln Sherkin und Cape Clear.

VERBINDUNGEN: siehe Skibbereen, auch Direktbusse ab Cork.

ÜBERNACHTEN: **Rolf's Hostel** oberhalb vom Ort wird von einem deutschen Ehepaar betrieben, familiäre Atmosphäre, eventuell auch zelten möglich, etwa 12 DM pro Pers., Voranmeldung ratsam, Tel. 028/20289. Ideal, um ein paar Tage auszuspannen.

ESSEN / TREFFS: **Lifeboat Restaurant**, gleichzeitig Postamt und Supermarkt, toller Blick durch die große Glasfront zum Hafen. Schön ist auch die **Lounge Bar R. Bushe**, wo man vor der Tür an großen Fässern sitzen kann.

Cape Clear Island: recht rauhe Insel mit Moorgebieten und wucherndem Farnkraut, knapp 150 Einwohner. Eine der wenigen Regionen Irlands, wo fast ausschließlich Gälisch gesprochen wird (die fast 3000 Jahre alte "Muttersprache" der Iren)! Etwa 1 km vom Pier in der ehemaligen Grundschule von 1897 ein kleines *Museum*, in dem sich die gälische Vergangenheit widerspiegelt (tägl. 15.30-17.30 h, 3 DM).

VERBINDUNGEN: etwa 3 x tägl. von und nach **Baltimore**, ca. 45 min. (einfach 12 DM, return 18 DM). Weitere Fähre verkehrt nach **Shull** (ideal zur Weiterreise, einfach 10 DM, return 15 DM).

ÜBERNACHTEN: **Jugendherberge** in einer früheren Coast Guard Station, schöne Lage an einer tiefen Bucht, wirkt aber etwas trist, im Sommer oft voll. An derselben Bucht relativ neuer **Campingplatz**, angelegt wegen der zahlreichen Wildcamper auf der Insel. Um die Natur zu schonen, solltet ihr auf den Platz gehen, ca. 6 DM. Beste Adresse für **B&B** ist **Mrs. Lynch**, Tel. 028/39113, ca. 30 DM pro Pers. Das Breakfast ist super, auch für Nicht-Hausgäste.

ESSEN / TREFFS: wer einige Tage bleiben will, sollte genügend Proviant mitbringen, die beiden Insel-Shops bieten fast nichts. Nicht weit vom Museum liegt die Farm von **Ed Harper**, für wenige Pence kann man Eis, Käse, Milch, Joghurt etc. kaufen.
Restaurants gibt es kaum, Snacks in der **Coffer's Bar** am Hafen, außerdem drei urige **Pubs** auf der Insel.

Sherkin Island: näher am Festland und sanfter als Cape Clear Island. Hüglig, viel Grün, sogar Wäldchen gibt's, wegen der hübschen kleinen Sandbuchten die Badeinsel von Baltimore. Wild zelten möglich.

VERBINDUNGEN: Überfahrten mind. 7 x tägl.

ÜBERNACHTEN: Independent Hostel, ca. 11 DM.

Glengariff: besuchenswerter Ort in phantastischer Lage zwischen Bergen und Meer, viel Wald, außerdem wunderbar mildes Klima wegen des nahen Golfstroms.
Hauptattraktion die "Toskana"-Insel *Garinish* mit ausgeprägter subtropischer Vegetation und nach italienischem Muster angelegten Gärten (häufige Überfahrten, ca. 10 min., ca. 12 DM, Stud. 9 DM; in die Gärten ca. 4 DM, Stud. 1,50 DM).

VERBINDUNGEN: Busse von und nach **Cork**, **Skibbereen** (über Bantry) und **Killarney** - dort auch nächste Bahnstation. Eine der abwechslungsreichsten Routen im Südwesten Irlands ist die Strecke von Glengarriff über Kenmare nach Killarney.

ÜBERNACHTEN: **Tooreen-Hostel** (I.H.O.) ca. 4 km außerhalb, läßt sich aber gut trampen, prima Ausgangspunkt für Tramptour nach Kenmare/Killarney. 30 Betten, großer Aufenthaltsraum, Lebensmittel aus eigenem biologischen Anbau, etwa 12 DM, Tel. 027/63075. In Richtung **Adrigole** Camping.

Kenmare: erster Vorposten von Killarney, weniger attraktiv und weniger Trubel, trotzdem macht alles auf Fremdenverkehr. Wie Killarney Ausgangspunkt für den Ring of Kerry (s. u.). Aber auch die Strecke von Kenmare nach Killarney ist atemberaubend schön.

ÜBERNACHTEN: **Kenmare Privat Hostel**, Main Street, zentrale Lage, nicht ganz sauber, DZ für 12 DM pro Pers. **Failte Hostel**, Ecke Henry Str./Shelbourne Str., supersauber, die Putzwut der Herbergsmutter läßt aber wenig Stimmung aufkommen (strikte Hausordnung), ca. 14 DM, Tel. 064/41083.

ESSEN / TREFFS: meist höhere Preisklasse wegen der Touristen. Sehr voll oft das **Dunboy Café**, Henry Street, auch vegetarische Gerichte (z.B. Pizza). Schönster Pub ist vielleicht **Brennan's**, Main Street - sehr gemütlich, fast nur Einheimische.

Cork - Mallow - Lillarney - Tralee A-Kb. 28504

Ins Kerry-County, Zugverbindung auch direkt von Dublin, ca. 3,5 std. Landschaftlich vielleicht noch reizvoller als das Cork Country. Einen Ausflug auf die Dingle-Halbinsel solltet ihr machen.

Killarney

Hier seid ihr im irischen Torremolinos gelandet! Zu 100 % auf Touristen eingestellt, ein Restaurant neben dem anderen, kitschige Pferdekutschen und dergleichen mehr. Sehenswert ist neben den vielen Souvenir-Shops eigentlich nur das *Transport-Museum* im Stadtgarten, u.a. werden Oldtimer und Hochräder aus Urgroßvaters Zeiten präsentiert (tägl. 10-21 h, ca. 6 DM, Stud. 4,50 DM).
Spitze ist jedoch die Umgebung mit ihren vielen Seen, Wasserläufen, Wäldern und wilden Felsregionen.

INFORMATION: Town Hall, Main Street, wenig freundlich.

ÜBERNACHTEN: **Sugan Kitchen Hostel**, nur 5 min. vom Bhf., Lewis Road, Tel. 064/33104. Eine echte Oase, Traveller aus aller Welt suchen hier "Schutz". Bunte Fassade und viele Blumenkübel, vegetarisches Restaurant, ca. 11 DM, Voranmeldung ratsam, nur 16 Betten.

Falls voll, könnt ihr eurer Glück bei **The Four Winds**, 43 New Street probieren, ebenfalls freundlich, 64 Betten, auch DZ für Pärchen, ca. 11 DM, bei Voranmeldung wird man kostenlos vom Bhf. abgeholt, Tel. 064/33094.

Jugendherberge Aghadoe House, Tel. 064/31240, altes Herrenhaus 5 km außerhalb an der Straße nach Killorglin, sehr groß (250 Betten), falls trotzdem voll, darf man beim Haus auch zelten (Benutzung von Küche und Dusche ca. 3 DM). Mit Fahrradverleih. In die Stadt Pendelverkehr mit VW-Bussen, ein Bus kommt auch zu jeder Zugankunft an den Bhf.

Ein nicht lizensierter **Campingplatz** liegt 10 min. vom Bhf. an der Straße nach Cork (alle Facilities, aber nicht so arg sauber). **White Bridge Caravan & Camping Park**, ca. 2 km außerhalb Richtung Cork. **Fossa Caravan Park**, 4 km außerhalb Richtung Killorglin.

ESSEN / TREFFS: fast durchwegs teuer und touristisch - wir können nur das **Sugan Kitchen** empfehlen. Für Disko-Freaks **The Bush** in der New Street, kaum Ausländer, Publikum bis 20 Jahre. In derselben Straße im **Country Café** könnt ihr einen ungestörten Kaffee genießen.

FAHRRADVERLEIH: beste Möglichkeit, dem Rummel zu entfliehen. Alle 50 m findet man einen Händler, z.B. **O'Callaghan Bros Ltd.**, College Street oder **O'Neill**, Plunkett Str. Kostenpunkt 9-14 DM.

Killarney/Umgebung: schöne Radtour ins *Gap of Dunloe* (malerische Bergschlucht). Mehrere Kilometer Richtung Killorglin, dann links ab bis Kate Dearney Cottage, hier Schluchtanfang. Jetzt geradeaus und ca. 10 km bergauf. Vom Head of Gap geht's dann steil hinunter, bei der ersten Weggabelung links abbiegen zur netten Jugendherberge Black Valley Hostel. Über Nacht bleiben und am nächsten Tag in die Straße hinunter zum *Upper Lake River*, von wo ihr mit Booten (auch die Räder werden verladen) eine schöne Fahrt bis zur Straße nach Killarney machen könnt.

In Killarney beginnt aber auch der *Ring of Kerry*, die wohl bekannteste Touristen-Schleife auf der Insel. Insgesamt ca. 170 km führt diese Küstenstraße rund um die Iveragh-Halbinsel. Bis Caherciveen fährt noch der Bus, den Rest muß man trampen. Kurz hinter Caherciveen verbindet bei Portmagee eine Brücke das Festland mit der hübschen *Valencia-Island*. Vom Hauptort Knightstown sind Bootstouren auf die Vogelinsel *Little Skellig* möglich (zweitgrößte Baßvogelkolonie der Welt, ca. 24 DM). Noch weiter draußen erhebt sich *Skellig Michael* 200 m hoch aus dem Atlantik - faszinierend die Überreste einer uralten Mönchssiedlung.

VALENCIA-ISLAND / ÜBERNACHTEN: **The Ring Lyne**, Top-Zimmer im Hotelstil im Dorf Chapeltown, nur ca. 11 DM pro Pers. im DZ, auch Rent-a-Bike, Tel. 0667/6103. Alternative dazu die Jugendherberge **Royal and Pier Hostel** in Knightstown, Tel. 0667/6154.

Trallee: Endstation der Bahnlinie und Ausgangspunkt für einen Trip auf die wilde Dingle-Halbinsel - außer dem Hauptort Dingle noch wunderbar unberührt, irische Kultur und Eigenart sind stark verwurzelt. Busse nach Dingle gehen etwa 5-6 x tägl, sehr schöne Fahrt über die Halbinsel.

Dingle: lebhaftes Fischerstädtchen mit einer kleinen Werft, zahlreichen Läden, Seafood-Lokalen und über 50 (!) Pubs.

Vor allem interessant, um Tagesausflüge in die Umgebung zu machen - mietet mal ein Fahrrad (u.a. bei O'Sullivan, Waterside) und erforscht die großartige Küstenlandschaft. Ihr könnt z.B. über Ventry, Bellyferriter und Dunquin zum *Slea Head* und wieder zurück nach Dingle fahren. Damit habt ihr den gesamten Westzipfel der Halbinsel umrundet. Sehr lohnend, weil total ursprünglich, in den kleinen Fischerdörfern wird noch überall Gälisch gesprochen.

INFORMATION: Main Street, Ecke The Mall.

ÜBERNACHTEN: recht teuer; preiswertes **B&B** ist **Hudson Bridge House**, Bridge Street, ca. 20 DM pro Pers incl. kleinem Frühstück. Ein paar Hundert Meter in Richtung Ventry das kleine **Westlodge Hostel**, ca. 11 DM, mit Zeltmöglichkeit und Fahrradverleih, Tel. 066/ 51476. Bescheidene Unterkunft ist **Strand House** am Wasser unten (The Strand).

ESSEN / TREFFS: vegetarische Küche im **Eirigh Na Greine**, Main Street. Beliebtester Pub ist **O'Flaherty**, Bridge Street, gute Livemusik fast jeden Abend. An der Dykegate Lane **Café Literarta**, eine der besten Buchhandlungen der Insel mit angeschlossenem Café, auch Platten und Kassetten in großer Auswahl.

MITTLERER WESTEN

Zum großen Teil wilde und ursprüngliche Küstenlandschaften, touristisch nicht so überlaufen wie der Süden.

Die Bahnlinien nach Limerick, Galway, Westport und Sligo taugen nur zur Anfahrt - Busse und Fähren bringen euch weiter zu interessanten Zielen. Die felsigen *Aran Inseln* gehören z.B. zu den Regionen, wo sich gälische Traditionen am besten erhalten haben.

Dublin - Ballybrophy - Nenagh - Limerick A-Kb. 28503

Bahnlinie ins *County Clare* (Ausgangspunkt Limerick). Interessante Küstenlinie mit Klippen und Höhlen, schön zum Wandern, Folkmusik in Doolin. Die Klippen von Moher sind auf unzähligen Postkarten verewigt. *Limerick* ist uninteressant (Jugendherberge Tel. 061/314672), von hier starten aber die wenigen Busse nach Ennis, Galway und an die Küste (Doolin, Liscannor).

Doolin: kleiner Ort mit viel original irischer Folkmusik - die drei Pubs sind in ganz Irland bekannt, die Hostels deshalb oft voll. Etwa zweistündiger Fußmarsch (8 km) zu den berühmten *Cliffs of Moher* - phantastische, 200 m hohe Steilklippen, jedoch viele Touristen. Weiter nördl., in Richtung Galway, liegt die wilde Kalksteinregion *Burren*.

ÜBERNACHTEN: mehrere Hostels, liegen praktisch alle an einer Straße und sind leicht zu finden. Das größte und beste ist das **Doolin Hostel** (Tel. 065/74006, Fahrradverleih), außerdem gibts noch das **Rainbow Hostel** (kein Tel.), das **Tomo's Hostel** (Tel. 065/74214) und das **Aille River Hostel** (kein Tel., für ca. 9 DM gibts dort vegetarisches Abendessen, gemütlich, offener Kamin, Duschen mäßig).
Weitere Hostels in **Fanore** (nördl. von Doolin) und **Dermeen** (Nähe von Liscannor).

Dublin - Athlone - Galway A-Kb. 28508

Von Dublin etwa 5 x tägl. nach Galway, ca. 3 std.

Galway

Urban wirkende City mit bekannter Ausländeruni und viel Tradition - war im Mittelalter ein bedeutender Handelshafen, vor allem mit Spanien war man gut im Geschäft. Viele der alten (spanisch beeinflußten) Kaufmannshäuser stehen noch, wenn auch etwas heruntergekommen.
Heute ist Galway bekannt für seine Austern- und Lachsfischerei, außerdem ein Zentrum der Wollindustrie - wer sich einen schönen Pullover mit nach Hause nehmen will, sollte das hier oder auf den gegenüberliegenden Aran-Inseln tun.

VERBINDUNGEN / BAHNHOF: **Bhf.** und **Busbhf.** im Zentrum, beim Eyre Square.

INFORMATION: an der Ecke des Eyre Square, nah beim Bhf., Zimmervermittlung.

ÜBERNACHTEN: keine Jugendherberge, aber einige Independent Hostels - **Corrib Villa**, 4 Waterside, Tel. 091/62892, zentral, vom Eyre Square die Eglinton Str. entlang. Freundlich, mit TV-Room und Küchenbenutzung, ca. 11 DM. **Mary Ryan**, 4 Beechmount Ave., Highfield Park, Tel. 091/23303, ca. 12 DM incl. Frühstück, etwas außerhalb vom Zentrum, Bus 2 ab Eyre Square bis Taylors Hill oder 20 min. zu Fuß. Im Vorort Salthill, beim Strand von Galway das **Galway Tourist Hostel**, Gentian Hill, Tel. 091/25176, ca. 12 DM.
Preiswerte **B&B's** im Zentrum an der Straße **Prospect Hill** (Nähe Bhf.), die meisten aber im Vorort **Salthill** (Busverbindung).
Westl. von Salthill auch einige **Campingplätze** an der Küste.

ESSEN / TREFFS: zum Essen empfehlenswert das **Corrib House**, Ecke William/Eglinton Str. Nostalgisch eingerichtet und ständig voll. Gut auch **The Quay's Pub**, Quay Street, Fischrestaurant mit fetzigem Musik-Pub und **King's Head**, ebenfalls Musik-Pub an der 15 High Street.

Sehenswertes: erst mal am Eyre Square im Gras liegen. *Lynch's Castle* an der Shop Street beherbergt heute eine Bank, *The Spanish Arch*, an der Straße nach Salthill, ist das älteste Bauwerk der Stadt.

An der *Salmon Weir Bridge* bei der Kathedrale kann man ab Mai Tausende von Lachsen beobachten, die hier auf ihrem Weg zu den Laichplätzen im Lough Corrib das hohe Wehr überwinden müssen.

LESERTIP: "wer mit dem Zug nach Galway fährt, kann an der letzten Station **Athenry** aussteigen und dort auf einer Wiese nahe einer Ruine zelten, sehr freundliche Leute" (Alexander Hauser, Hornberg).

Aran Islands

Die letzten bewohnten Flecken der "Alten Welt" - Tradition und jahrhundertealtes Brauchtum haben sich auf den drei spröden Felseninseln *Inishmore* (die größte der drei), *Inishmaan* und *Inisheer* bis heute in Resten erhalten - die ohne Holz gebauten, nur mit Segeltuch bespannten Boote *(currachs)* werdet ihr sicher irgendwo sehen und auch die dicken weißen Wollpullover mit den zahllosen verschiedenen Zopf- oder Noppenmustern sind in ganz Irland berühmt.

Ihr findet eine fast noch archaisch anmutende Wildheit von grauen Felsen, Klippen und Steilküste (vor allem auf *Inishmaan*). Aber auch gute Sandstrände, außerdem natürlich viel Einsamkeit und schöne Wanderwege.

VERBINDUNGEN: Dampfschiffe der CIE (Ermäßigung mit Travelsave Stamp) fahren tägl. ab **Galway Pier** (nicht weit vom Bhf.) nach Inishmore und auch häufig auf die anderen beiden Inseln (50 % Ermäßigung mit Travelsave Stamp).

Preiswerter sind die Fähren von **Rosseveal**, einem kleinen Ort in der Nähe von Inverin (westl. von Galway). Dazu nimmt man den Bus nach Rosseveal Cross (der Busfahrer sagt Bescheid). An der Kreuzung aussteigen und links halten, so kommt man zum Hafen (Verbindungen etwa 2 x tägl., ca. 40 min., ca. 22 DM einfach, keine Ermäßigung mit Travelsave Stamp, aber für Stud. leicht reduziert). Tickets könnt ihr auch schon im Aran Ferry Office (neben CIE) in Galway bekommen.

Inishmore: mit einem geliehenen Fahrrad oder als Wanderer könnt ihr in zwei Tagen die ganze Insel erforschen. Zuvor im netten Hauptort *Kilronan*, wo die Fähren ankommen, mit Lebensmitteln eindecken (oder am Festland, dort ist es billiger). Am Hafen kann man gemütlich sitzen, hier gibt's auch gleich einen Fahrradverleih, das preiswerte Independent Aran Hostel (Tel. 099/61255) und viele **B&B's** für ca. 25 DM pro Pers. Touren über die Insel werden per Kleinbus angeboten (ca. 13 DM pro Pers.).

Große Sehenswürdigkeit ist die prähistorische Festung *Dun Aengus* - liegt direkt an einer 100 m abfallenden Steilküste! Wer zelten möchte, kann das (diskret) in der Festung tun. Es gibt eine Quelle, deren Wasser genießbar ist.

Connemara

Der "Wilde Westen" von Irland und eins der bevorzugten Gebiete von Irland-Travellern - zu Recht, die Landschaft ist wirklich einzigartig. Zwischen weiten Moorflächen liegen riesige Felsbrocken verstreut, immer wieder kleine Bergseen, die bei Sonnenschein in allen Farben strahlen und bei Clifden die sanften Rundungen der *Twelve Bens*. Eine urtümliche, nur spärlich bevölkerte Region, man lebt von Schafzucht und Torfstechen. Autos verirren sich selten in diese abgelegene Gegend, das Fahrrad ist das wichtigste Verkehrsmittel.

ROUTENVORSCHLAG: mit dem Bus landschaftlich tolle Fahrt von Galway ins hübsche kleine Dorf **Cong** zwischen zwei großen Seen (jedoch ca. 24 DM, für Stud. die Hälfte), von dort weiter nach Clifden im äußersten Westen. Auf der Hauptstraße Galway-Clifden über Oughterard allerdings häufigere Verbindungen (ca. 8-10 x tägl., ca. 17 DM).

Wem der Bus zu teuer ist, fährt mit dem Daumen, irgendwann erbarmt sich garantiert jemand.

Cong: schöne Lage zwischen den zwei Seen Loch Mask und Loch Corrib, ideale Umgebung zum Radfahren. Kurz vor der Stadt in Richtung Galway das nette *Cong Hostel*, ausgesprochen familiär, Fahrradverleih, Tourenbeschreibungen hängen aus, Tel. 092/46089. Der Bus von Galway hält vor der Tür.

Clifden: Hauptort von Connemara, sehr nettes Dorf, liegt ausgesprochen reizvoll in einer schmalen Bucht und ist inzwischen als Erholungsort sehr beliebt.

INFORMATION: Market Street, Zimmervermittlung.

ÜBERNACHTEN: zwei Hostels, ein weißes und ein rotes, nebeneinander in der Beach Road, in der Nähe vom Hauptplatz. **Leo's Hostel**, das weiße Haus, besitzt 30 Betten à 12 DM, für ca. 6 DM auch campen möglich, Koch- und Duschmöglichkeit, Tel. 095/21429. Das benachbarte rote **Clifden Hostel** bietet dasselbe zum selben Preis, Tel. 095/46089.
13 km außerhalb an der Straße nach Galway und am Fuß der Twelve Bens eine IYHF-Jugendherberge, das **Ben Lettery Hostel**, Tel 095/34636, etwas preiswerter als die Hostels in Clifden.

Killary Harbour: 16 km langer Fjord nördl. von Clifden. Am Südufer, ca. 5 km von Lettergesh, im winzigen Dorf Rosroe die kleine, schön gelegene Jugendherberge Killary Harbour. Ein stilles Örtchen, nur per Fußmarsch zu erreichen und schön um ein paar Tage auszuspannen, Tel. 095/43417. Die JH verleiht Fahrräder und mit Booten könnt ihr euch auf die andere Seite der Bucht bringen lassen.
Weiter mit dem Bus (im Hochsommer tägl., sonst nur sporadisch) oder Daumen über *Leenane* am Scheitel des Fjords eine schöne Strecke zwischen Gebirgsmassiven hindurch nach Westport. Hier habt ihr wieder Bahnanschluß.

County Mayo

Abgelegen und urtümlich, mit meilenweit ausgedehnten Torfmooren, außer Heidekraut wächst nicht viel. Als Heinrich Böll in den 50er Jahren herkam, hatte er das Gefühl, ans Ende der Welt zu reisen. Bei Regen trostlos, aber an der Nordseite tolle Klippenküste.

Dublin - Mullingar - Athlone - Westport A-Kb. 28508

Westport: angenehmes Städtchen in hügliger Umgebung, liegt an einem Flüßchen mit schattigen Bäumen und kleinen Brücken. Ausgangspunkt für Ausflüge ins County Mayo.

VERBINDUNGEN / BAHNHOF: am Fluß, nicht weit vom Zentrum.

INFORMATION: The Mall, ebenfalls am Fluß, Zimmervermittlung

ÜBERNACHTEN: privates Hostel **Summerville House** etwas außerhalb, lohnt aber den Weg. Sehr beliebt bei Rucksacklern, ca. 11 DM, Tel. 098/25948. **The Granary Hikers Rest**, The Quay, Tel. 098/25903 liegt in derselben Richtung (aber noch vorher) und kostet dasselbe, einfach, nette Herbergsmutter.
Zwei Campingplätze etwas außerhalb - **Roman Island Caravan & Camping Site** (Straße nach Louisburgh) und **Westport Parkland Camping** (Richtung Norden), beide recht gut.

ESSEN / TREFFS: Folk-Sessions bei **Hoban's** am Octagon Place und im **Gibbon's Pub** an der Bridge Street, mehrere Pubs außerdem an den Hafenquais.

Achill Island: nördl. von Westport, zu erreichen per Bus über die Halbinsel Currain und die Achill Sound Bridge. Teilweise bis zu mehrere hundert Meter hohe Felsabstürze, an deren Fuß die Brandung tost, aber auch gute Strände und blühender Rhododendron. Inzwischen eine beliebte Ferieninsel, auf der auch viel gebaut wird.

VERBINDUNGEN: Busse fahren über den Hauptort **Keel** bis nach **Dooagh**, ins westlichste Dorf der Insel. Als Tagesausflug von Westport wegen schlechter Busverbindungen nicht zu machen.

ÜBERNACHTEN: **Wayfarer Hostel** in Keel, zentrale Lage, nah am Strand und gut ausgestattet, ca. 13 DM, Tel. 098/43266.

NORDWESTEN

Irland wo es am irischsten ist - Donegal County ist der wildeste und rauheste Teil des Landes. Touristen sieht man nur wenige, trotzdem ist die karge Region für viele Traveller der Höhepunkt ihrer Irlandreise.

Nicht einmal die normannischen und englischen Eroberer drangen bis hierher vor - abgesehen von der großen Überlandstraße ist Donegal auch heute noch fast abgetrennt vom übrigen Land. Dementsprechend ruhig geht es in den kleine Dörfern und Städtchen zu. Die rauhe Küstenlinie mit ihren Gra-

nitklippen besitzt wunderschöne helle Sandstrände, dahinter Hügel mit Ginsterhainen, Hochmoore, Flüsse und Fjorde. Leider verschandeln die Einheitsbungalows an manchen Stellen ganz schön das Landschaftsbild.
Für Interrailer ist Donegal schwierig zu erreichen, in Sligo endet die Bahnlinie, Busse fahren nicht allzu häufig.

Dublin - Mullingar - Carrick on Shannon - Sligo A-Kb. 28507

Nach Sligo etwa 3,5 std. Es geht durch das ausgedehnte Seen- und Flußgebiet des *Shannon* - 368 km ist er lang und der Großteil des sog. Lakeland bietet unberührte Natur, grüne Ufer und klares Wasser. Allerdings braucht ihr hier ein Boot, um die Schönheiten zu entdecken.

Sligo: trotz seiner nur 15.000 Einwohner sehr städtisch wirkender Ort. Sehenswert ist das alte *Dominikanerkloster*, ansonsten nur lohnend als Ausgangspunkt für Trips in den äußersten Norden der Republik.

INFORMATION: Temple Street, Zimmervermittlung.

ÜBERNACHTEN: **Sligo Hostel 'The White House'**, Markievicz Road, Tel. 071/45160, zentrale Lage, relativ neu eingerichtet, nicht weit vom Bhf., 30 Betten, ca. 13 DM. Weiteres Hostel ist die **Yeats Tavern**, 8 km von Sligo bei Drumcliffe, an der Straße nach Donegal, 20 Betten, auch zelten möglich, mit angeschlossenem Pub, Tel. 071/63117. **B&B's** in der Nähe vom Bhf., vor allem in der Wolfe Tone Str. Prächtigen Blick hat man vom **Camping Rosses Point**, an der Spitze der Halbinsel nördl. von Sligo, ca. 8 km außerhalb.

ESSEN / TREFFS: Live-Musik im **Mac Lynn's**, Old Market Street und im **Feehily's Pub**, Bridge Street.

Sligo/Umgebung: per Rad zum berühmten *Ben Bulben*, ein über 500 m hoher, kahler Tafelberg, ca. 8 km außerhalb vom kleinen Dorf *Drumcliffe*. Auf dem Friedhof von Drumcliffe das schlichte Grab des irischen Dramatikers und Nobelpreisträgers *William B. Yeats* (1865-1939).
Oder mit dem Ausflugsboot auf den schönen *Lough Gill* - ein See östl. von Sligo, den Yeats in seinen Werken verewigt hat (Boote 2 x tägl. ab Doorly Park, Riverside Quai/Sligo).

Ballyshannon: kleines Städtchen zwischen Sligo und Donegal. Liegt an der engsten Stelle der Republik - ganze 15 km ist Irland hier breit! Ballyshannon ist ein Höhepunkt bezüglich Folkmusik - in den zahlreichen Pubs finden häufige Sessions statt, beliebteste Kneipe ist *The Thatch* an der Straße nach Coolmore. Höhepunkt das alljährliche Ende Juli bis Anfang August stattfindende *Folk-Festival*, eins der bekanntesten in Irland.

VERBINDUNGEN: Busse fahren mehrmals tägl. ab Busbhf. in Sligo, Trampen auch möglich (ab Tankstelle an der Hauptstraße in Richtung Ballyshannon).

ÜBERNACHTEN: wild zelten in der Umgebung gut möglich.

Donegal: Sprungbrett für weitere Trips, ansonsten wenig interessant. Ihr könnt euch mal die verfallene Abtei ansehen oder eine Führung durch die Tweed-Fabrik von *Magee & Co* machen (Mo-Fr 11.30-15.30 h).

ÜBERNACHTEN: **Bridge End Hostel** von Peter Feely an der Straße nach Killybeg, 5 min. vom Zentrum, ca. 12 DM, Tel. 073/ 22030. **Jugendherberge Ball Hill** direkt am Meer (Sandstrand in der Nähe), ca. 5 km außerhalb (an der Straße nach Killybeg, dann links, beschildert), 60 Betten, Tel. 073/ 21174. Ein **Campingplatz** beim Hafen.

ESSEN: direkt an der Bushaltestelle am Marktplatz ein bei Rucksacklern recht beliebtes Café, außerdem ein paar nette Pubs, z.B. **O'Donnails**.

Von Donegal nach Westen: Busse gehen über *Killybeg* (auf gälisch "Na ceala beaga") mit pittoreskem Fischerhafen (der größte Irlands), *Kilcar* und *Carrick* nach *Glencolumbkille* am Ende der Halbinsel.
Westl. von Carrick könnt ihr den *Slieve League* besteigen, mit 600 m die höchste Klippe Europas, Wahnsinnswind und atemberaubender Rundblick!

ÜBERNACHTEN: etwas außerhalb von Killybeg, an der Straße nach Donegal, das **Hollybush Hostel**, ca. 12 DM, Food-Pub angeschlossen, Tel. 073/31118.
3 km außerhalb von Kilcar, an der Küstenstraße nach Carrick, das gemütliche **Derry-**

lahan Hostel, Tel. 073/38079, ca. 12 DM, guter Ausgangspunkt für Wanderungen zum Slieve League (ca. 5 km). Besitzer Patrick ist bemüht, daß man sich bei ihm zu Hause fühlt, Camping möglich (ca. 4 DM), einfache Lebensmittel. **Dooey Hostel** bei Glencolumbcille, 12 DM, 30 Betten, kein Telefon.

Von Donegal nach Norden: über das hübsche Örtchen *Ardara* weiter die zerklüftete Küste entlang in den dünnbesiedelten Norden (mehrere Jugendherbergen am Weg) oder von Donegal mit dem Bus nach *Letterkenny* und weiter mit einem der Lough Swilly Busse (etwa 10 x tägl.) über die Grenze nach *Derry* in Nordirland (stark vom Bürgerkrieg geprägt, Bahnanschluß). Da es in Derry keine preiswerten Übernachtungsmöglichkeiten gibt, eventuell nach *Muff* fahren (Grenzort), dort das angenehme Muff Hostel in der Whitehill Road.

Dublin - Drogheda - Dundalk - Belfast (Nordirland) A-Kb. 28500

Einzige Bahnlinie zwischen Dublin und Belfast. Wer nördl. von Dublin wandern will, kann in *Drogheda* aussteigen. Bhf. liegt etwas außerhalb, zu Fuß in die Stadt zum Busbhf. und mit Bus Richtung Ardee (fährt So nicht). Nach 10 km aussteigen bei "Mellifont Cross", zu Fuß noch ca. 1 km zur Jugendherberge Mellifont Abbey (22 Betten, Tel. 041/26127) auf dem Gelände der gleichnamigen, aber großteils zerstörten Abtei. Von hier aus gute Wandermöglichkeiten, z.B. nach *Monasterboice*, eine alte Klostersiedlung mit massiven Steinkreuzen aus dem 10. Jh., u.a. das berühmte Muirdeadach-Cross, 5,50 m hoch.

NORDIRLAND

Nordirland bietet genauso schöne Landschaften wie der Rest der Insel. Die Bewohner freuen sich über Fremde, die trotz der schwierigen Situation ihr Land besuchen.

Auf dem Land werdet ihr, abgesehen von einigen Armee- und Polizeiposten, kaum etwas vom blutigen Bürgerkrieg bemerken, in Belfast und Derry dafür umso mehr.

Wichtig - in Nordirland gelten nur britische Pfund. Wenn ihr aus der Republik Irland kommt, vorher wechseln.

Für Traveller ist der Aufenthalt nach allen uns vorliegenden Informationen gefahrlos. Einige Vorsichtsmaßregeln solltet ihr trotzdem beachten:

Gebt euch so gut wie möglich als Ausländer zu erkennen.

Verhaltet euch politisch neutral.

Es ist verboten, Armee- oder Polizeieinrichtungen zu photographieren.

Den Anweisungen von Polizei und Militär müßt ihr unbedingt Folge leisten.

Reisepaß und Personalausweis immer bereit halten (in Belfast und Derry häufig Kontrollen)

Rucksäcke oder andere Gepäckstücke auf keinen Fall unbeaufsichtigt herumstehen lassen (Furcht vor Bombenattentaten).

Trampen ist offiziell nicht verboten, wird aber nicht gerne gesehen. Falls ihr es doch macht, zeigt (z.B. mit einem gemalten Schild), daß ihr Ausländer seid.

Rein protestantische oder katholische Wohnviertel in Belfast und Londonderry nicht besuchen.

DER BÜRGERKRIEG: Irland ist trotz seiner Randlage ein uraltes Kulturland. Schon im 5. Jh. wurde unter dem heutigen Nationalheiligen **St. Patrick** die ganze Insel missioniert. Diese frühe Christianisierung ist ein Hauptgrund für die heutige **tiefe Religiosität** der Iren (95 % sind streng katholisch) und eine Wurzel des tiefen Konflikts mit den Engländern und den irischen Protestanten.

Im 12. Jh. kamen die neuen Herren Englands, die Normannen, auch übers Meer und besiegten den Großteil der irischen Clans. Wiederholte Aufstände der Iren schlugen die Engländer in den folgenden Jahrhunderten nieder, am brutalsten 1641 **Oliver Cromwell**, der den damaligen katholischen König Englands (Jakob I. aus dem Geschlecht der Stuarts) hinrichten ließ und die Republik ausrief. Per Gesetz wurde den katholischen Iren fortan verboten, einen Beruf zu erlernen und Land zu besitzen, außerdem hatten sie kein Wahlrecht und mußten niedrigste Arbeiten verrichten, während die protestantische (englische) Oberschicht die wirtschaftliche Macht hatte.

Vor allem in den **nördlichen Provinzen** der Insel siedelten sich im 17. und 18. Jh. Engländer an, die Iren wurden in den Westen zurückgedrängt. Ende des 18. Jh. suchten die irisch-englischen

Protestanten bei England Schutz vor den zunehmend militanter werdenden Katholiken - 1801 wurde Irland Mitglied des **United Kingdom of Great Britain and Ireland**, natürlich rechtlos und abgabenpflichtig ans "Mutterland".
1916 versuchten die etwa 1000 Mitglieder der 1905 gegründeten **I.R.A.** (Irish Republican Army) die Revolution - sie besetzen die Hauptpost und andere strategisch wichtige Stellen von Dublin und riefen die **"Republic of Ireland"** aus. Der Aufstand war aber ungenügend vorbereitet und wurde von englischen Kanonenbooten und schwerer Artillerie zusammengeschossen. Trotzdem sah sich die englische Regierung wegen weiterer selbstmörderischer Guerillaaktionen der IRA und auf Druck der Weltmeinung 1921 genötigt, der **Irischen Republik** die Unabhängigkeit zu geben. Mit einer Ausnahme - den sechs nordischen **Ulster-Provinzen**! Dort hatten sich ja dank der imperialistischen Siedlungspolitik der englischen Könige seit dem 17. Jh. vornehmlich Protestanten angesiedelt und 1920 hatten sie sich in einem Referendum für den Verbleib bei England entschieden.
Hier liegt die Wurzel für den bis heute andauernden Konflikt in Nordirland - die katholischen Nordiren fordern den **Anschluß an die Republik Irland**, die protestantische Mehrheit (Nachkommen der englischen Siedler aus dem 17./18. Jh.) ist dagegen, weil sie die wirtschaftlichen Schlüsselpositionen und damit die Macht in Händen hat. Ein Katholik kann es heute in Ulster kaum zu etwas bringen, dementsprechend sind auch die meisten Arbeitslosen katholisch.
Seit 1969 kämpft die IRA nicht mehr mit Argumenten, sondern mit Bombenattentaten und brutalen Morden gegen die britische Besatzungsmacht und die protestantische Oberschicht. Man will so viele britische Soldaten wie möglich umbringen, um im Königreich eine "Raus aus Nordirland"-Bewegung auszulösen. Daß jedoch eine Regierung, die schon wegen 2000 Falkländern in den Krieg zieht, eine Million protestantischer Nordiren nicht im Stich lassen wird, liegt auf der Hand. Ein Ende des permanenten bürgerkriegsähnlichen Zustandes ist deshalb nicht abzusehen. Ein vollkommener Abzug der britischen Truppen, wie ihn die IRA fordert, hätte zudem ein Blutbad zur Folge - auch die Protestanten haben ihre Killerkommandos, die UFF (Ulster Freedom Fighters).

Belfast

Der zwanzigjährige Bürgerkrieg hat in der Industriemetropole seine Spuren hinterlassen - schwer befestigte Polizeiwachen, patroullierende Schützenpanzerwagen und ausgebrannte Läden sind nicht zu übersehen.

Jedoch sind die Briten sichtlich bemüht, das angeschlagene Image zu verbessern - Neubauten, moderne Geschäfte und Restaurants haben das Gesicht der City freundlicher gemacht. Während sich das *Zentrum* und das gepflegte *Uni-Viertel* (südl. der City) von ihrer besten Seite zeigen und "gewaltfrei" sind, sind die Vorstädte Zentren der Auseinandersetzungen. Im Osten liegen die protestantischen Viertel, im Westen die katholischen, der Norden ist gemischt, Zäune (Interfaces) trennen dort die Reviere. Sogar eine Mauer, die sarkastisch so benannte "Peace-Line", trennt die *Shanklin Road*, wo die Protestanten wohnen, von der katholischen *Falls Road*. In diesem Gebiet gibt es den höchsten Anteil an Gewalttaten in Belfast. Nahezu unbehelligt vom Krieg sind dagegen die adretten Wohnviertel der Mittel- und Oberklasse im Süden.

VERBINDUNGEN / BAHNHOF: **Belfast Central Station** (keine Gepäckaufbewahrung!), die East Bridge Street führt ins Zentrum. Fährverbindungen siehe unten. **Busbhf.** in der Oxford Street.

INFORMATION: River House, 48 High Street, Tel. 246609. Mo-Fr 9-17, Sa 9-12 h. Stadtpläne, Broschüren zur Stadt.

ÜBERNACHTEN: empfehlenswerte **Jugendherberge** in der 11 Saintfield Road, Tel. 0232 /647865. Einige Kilometer südl. vom Zentrum, Bus 83 ab City Hall (Donegall Square), besser vorher anrufen (Ausweis nicht nötig).
Interpoint des YMCA, Sports Ground, Willesden Park, Stranmillis, Tel. 0232/327231. Nur Mitte Juli - Mitte August, etwa 15 DM mit Frühstück. Bus 69 bis Richmond Park, 5 min. zu Fuß.
Queen's University Halls of Residence, Malone Road, Tel. 668525, über 600 Betten in Studentenheimen, nur Semesterferien (Juni-Sept.), für Stud. ca. 10 DM, 20 DM für alle anderen. Reservation empfehlenswert.
Erschwingliche **B&B's** im Universitätsviertel, vor allem **Botanic Avenue** (auf halbem Weg

zwischen Donegall Square und Queen's University).

ESSEN / TREFFS: in der Botanic Avenue etliche erschwingliche Lokale und Cafés. Ansonsten frühstücken z.B. im freundlichen **Milky Way Café**, York Street. **The Crown Liquor Saloon**, Great Victoria Street, viktorianische Sehenswürdigkeit, nicht versäumen! Gleich benachbart die **Robinson Bar**, wo man ganz gut essen kann. **The Elms**, University Street (etwas nach dem Zero's linke Seite, Richtung Uni) immer viele Studenten, gute Musik, zivile Preise.
Beliebte Singing Pubs sind **Madden's**, Smithfield Market (Mi), **Pat's Bar**, Dock Street (fast jeden Abend) und **The Duke of York**, Nebenstraße der Lower Donegall Street (meist Fr/Sa).

SHOPPING: die **Haupteinkaufszone** in Belfast ist eingezäunt und kann nur durch bestimmte Eingänge betreten werden. Viele Buchläden gibt es um die Uni und im Zentrum, einer der besten ist **Just Books**, 7 Winetavern Street.

Sehenswertes: in der Innenstadt die *City Hall* und die *St. Anne's Cathedral*. In Richtung Jugendherberge interessanter *Botanischer Garten* neben der neugotischen *Queen's University*. Am Rand davon das *Ulster Museum*, reichhaltige geologische und archäologische Sammlung, auch Technik und Gemälde (Mo-Fr 10-17, Sa 13-17, So 14-17 h, frei), Bus 69 ab City Hall.
Ulster Folk and Transport Museum, gut 10 km außerhalb in Richtung Bangor, großes Open-Air Museum mit zahlreichen Bauernhöfen - man kann die verschiedenen Typen irischer Cottages vergleichen, es gibt aber auch eine alte Kirche, eine Schule und Mühlen (Mo-Sa 11-18, So 14-18 h, 3 DM). Zu erreichen mit Ulsterbus 1 von Busbhf. oder Zug ab Central Station Richtung Bangor bis Cultra.

Giant's Causeway Coast: tolle Klippenküste mit eingelagerten Sandstränden im äußersten Norden zwischen Portrush und Ballycastle. Eine echte Traumbucht ist die *White Park Bay* 2,5 km westl. von Ballintoy - weißer Strand mit schönen Dünen, eingefaßt von steilen Klippen, wenig besucht, Jugendherberge.
Höhepunkt ist aber der *Giant's Causeway* selber, etwa 8 km westl. Eine faszinierende Klippenlandschaft vulkanischen Ursprungs - 40.000 sechseckig, fast geometrisch-exakt geformte Basaltsäulen ragen hier ins Meer! Inzwischen leider voll touristisch mit teuren Souvenirshops und Läden - Tausende von Urlaubern turnen auf den Felsen herum.
In Bushmills findet ihr die älteste Whisky-Destillerie der Welt - *Old Bushmills Distillery* (Führungen durch's Tourist-Büro).

VERBINDUNGEN: mit dem Zug bis Endstation **Portrush** (umsteigen in Coleraine), dort 100 m vom Bhf. den Hügel hinauf zum Busbhf. (Dunluce Av.). Anschließend entweder Bus 172 zum Giant's Causeway/Bushmills oder noch besser den Bus nach Ballycastle nehmen (fährt So nicht) und in White Park Bay aussteigen, wer in die Jugendherberge will noch 300 m.

ÜBERNACHTEN: **White Park Bay Jugendherberge**, 157 Whitepark Road, Tel. 02657/31745, phantastische Lage im westl. Teil der White Park Bay, in der Nähe des Dörfchens Portbradden. Vorher Vorräte einkaufen, der nächste Laden ist 5 km entfernt.
Weitere Übernachtungsmöglichkeiten auf dem Campingplatz von **Portballintrae** (wenige Kilometer westl. von Bushmills) und in der Jugendherberge von **Ballycastle**, 34 North Street, Tel. 02657/62337.

FÄHREN NACH ENGLAND UND SCHOTTLAND: mit Sealink von **Larne** (nördl. von Belfast) nach **Stranraer/Schottland** (nach Larne Zug ab Belfast York Station, York Road/nördl. vom Zentrum).
Außerdem **Larne** - **Cairnryan/Schottland** (P & O Ferries) und **Belfast** - **Liverpool** (Belfast Ferries). Preise etc. siehe Einleitung Großbritannien und Irland.

Skandinavien

Allgemein

Streng genommen liegen nur *Norwegen* und *Schweden* auf der skandinavischen Halbinsel, jedoch rechnet man üblicherweise *Dänemark* und *Finnland* auch zu den skandinavischen Ländern. Die folgenden Hinweise gelten für Dänemark nur mit Einschränkung.

Wetter: die Sommer sind kurz und im allgemeinen relativ warm. Auch kleinere Hitzewellen sind keine Seltenheit. Jedoch regnet es immer wieder, im August fallen dabei die meisten Niederschläge. Die Sonne scheint im Norden zwar bis zu 24 std. am Tag (siehe Mitternachtssonne), trotzdem ist es meist kühl und Schnee gibts bis in den Juni.

Ausrüstung/allgemein: Anorak unerläßlich (am besten wind- und wasserdicht), Pullover, warmer Schlafsack, wasserdichtes Zelt, feste Schuhe.

Camping: es gibt zahlreiche, meist gut ausgestattete Plätze (Waschmaschinen, Trockner, Selbstkocherküchen etc.). Fast immer können kleine Hütten gemietet werden (praktisch bei Regen).
Freies Zelten ist in ganz Skandinavien für jeweils einen Tag an ein und demselben Ort erlaubt, außer natürlich auf Privatgrundstücken, wo ihr erst den Besitzer um Erlaubnis fragen müßt. Außerdem muß euer Zelt 100 m vom nächsten Haus entfernt sein.

Wandern: die großartige skandinavische Landschaft prägt sich am stärksten ein, wenn man sie sich erwandert. Es gibt viele markierte Wege - robuste Wanderstiefel (Sumpf, Geröll), Kompaß und gute Karten sollten aber dabei sein. Für Tagestouren, bei denen man wieder zum Ausgangspunkt zurückkehrt, kleinen Extra-Rucksack verwenden. Nicht allein gehen!

Mitternachtssonne: nördl. vom Polarkreis, im äußersten Norden von Norwegen, Schweden und Finnland, wird es in der warmen Jahreshälfte nie richtig dunkel. Je weiter nördl. ihr kommt, desto länger scheint die Sonne - bis zu 24 std. am Tag, immer flach über dem Horizont. Super-Erlebnis! In Kiruna (Schweden) scheint die Mitternachtssonne z.B. von Mitte Mai bis Mitte Juli. Im Winter herrscht dafür ein paar Monate totale Dunkelheit. Zu erklären ist das Phänomen durch das Schiefstehen der Erdachse.

Mücken: die große Plage, vor allem in Lappland! Kauft euch unbedingt etwas zum Einreiben (die skandinavischen Mittel sind wirkungsvoller als unsere) und/oder nehmt ein Moskitonetz mit. Ab Ende August werden die Viecher zusehends weniger.

Verpflegung: generell sehr teuer, vor allem im Norden. Obst und Gemüse müssen von weither eingeführt werden und kosten gut 3 x so viel wie bei uns. Ausnahme sind Milchprodukte - preislich kaum höher als zu Hause. Tip - kauft Haferflocken und Milch, das schmeckt gut und ist sehr nahrhaft.

Alkohol: in allen skandinavischen Ländern extrem teuer! Könnt ihr nur in bestimmten Geschäften kaufen, und auch die Kneipen brauchen eine Extra-Lizenz für den Ausschank von Alkoholika (in Dänemark lockerer gehandhabt). Bier mit sehr geringem Alkoholgehalt gibt's aber in den meisten Geschäften. Dazu der Kommentar von Horst Weber: "Bringt einen Hinweis zum Alkoholproblem! Nicht typisch mitteleuropäisch, daß ganze Horden sturzbetrunkener Jugendlicher, männlich und weiblich, jeden Samstag große und laute Prozessionen veranstalten oder in nicht minder lauten Gruppen herumhocken oder besser -liegen. Sich besaufen scheint Volkssport Nummer 1 zu sein. Gott sei Dank paart sich der Durst nicht mit mitteleuropäischen Suffaggressionen. Übrigens, verstehen kann man die Kids ja, wenn man z.B. einen Blick auf das Freizeitangebot von Adalsnes wirft - die größte Attraktion scheint das Steigen der Flut zu sein".

Nachtleben: in ganz Skandinavien sehr beschränkt, es gibt kaum Kneipen mit Alkoholausschank. Wer nicht über eine sehr, sehr gut gefüllte Reisekasse verfügt, sollte sich in Skandinavien von Diskos fernhalten!

Dänemark

Das kleine Land mit den vielen Inseln - über 500 sind es, etwa 100 davon bewohnt.

Nur wenige Eisenbahn- und Autobrücken verbinden die größten von ihnen - *Seeland* (mit Kopenhagen), *Fünen*, *Lolland*, *Falster* und *Langeland* - noch immer leisten Fähren die Hauptarbeit. Ehrgeizige Brückenprojekte sind geplant, aber es wird noch lange dauern, bis die *Vogelfluglinie* von Hamburg nach Kopenhagen auf die Eisenbahnfähre von Puttgarden nach Rodby verzichten kann.

Die Landschaft ist größtenteils wenig aufregend, abgesehen von den phantastischen *Dünenstränden* an der Westküste von Jütland, die alljährlich Zigtausende von Urlaubern, vor allem Deutsche, anziehen. Ansonsten dominieren sanfte Hügel, überzogen mit Feldern und Wiesen, dazwischen schmucke Dörfer, vom früheren Waldbestand ist wenig geblieben.

Die schöne Hauptstadt *Kopenhagen* liegt an der Hauptroute nach Schweden - hier solltet ihr auf jeden Fall einen Stop einlegen. Sehenswert sind auch die vielen *Freilichtmuseen*, in denen alte Dorf- und Agrarstrukturen bewahrt wurden.

Mit der Eisenbahn durch Dänemark

Das dänische Bahnnetz ist dicht, die Entfernungen sind meist gering. Intercity- und sog. Blitzzüge *(lyntog)* verbinden Kopenhagen stündlich mit den größeren Städten auf Seeland, Fünen und in Jütland.

Aus der Bundesrepublik gibt es zwei Anreisewege nach Kopenhagen: die wichtigste Strecke, die sog. *Vogelfluglinie*, führt von Hamburg über Lübeck und die Fährverbindung Puttgarden - Rodby auf die Inseln Lolland und Falster, dann weiter auf die Insel Seeland mit der Hauptstadt Kopenhagen (Platzreservierung im Sommer dringend empfehlenswert).

Die andere geht von Hamburg über Flensburg nach Jütland und verläuft von Fredericia quer über die Insel Fünen und den Großen Belt nach Seeland/Kopenhagen (über Großen Belt Platzreservierung Pflicht). Von Kopenhagen gibt es häufige Weiterfahrten über Helsingör und den Öresund nach *Schweden*.

In Jütland, dem einzigen Festlandsteil Dänemarks führt die Hauptstrecke von Flensburg über Fredericia - Arhus - Aalborg nach Frederikshavn an der Nordspitze (Fähren nach Schweden). Eine Zweiglinie geht in Nordjütland von Hjorring nach Hirtshals (Fähren nach Norwegen), dort für Interrailer nur 50 % Ermäßigung - sind aber nur wenige Kilometer.

INTERNATIONALE ZÜGE: viele durchgehende Schnellzüge nach Kopenhagen (z.B. von Köln, Karlsruhe und München). Etwa 10 Schnellzüge tägl. Hamburg - Kopenhagen (5-6 std.), Berlin -Kopenhagen 2 x tägl. (10-11 std.).

ZUSCHLÄGE / PLATZKARTEN ETC.: in **Intercity-** bzw. **Eurocity-Zügen** müßt ihr Zuschlag zahlen, Platzkarten sind nötig für alle Intercity-Züge über den Großen Belt.

EISENBAHNFÄHREN: fast alle Bahnlinien müssen in Dänemark irgendwo einmal das Meer überqueren. Es gibt deshalb vier Eisenbahnfähren, die für Interrailer **kostenlos** sind: **Puttgarden - Rodby** (von der Bundesrepublik nach Dänemark), **Helsingör - Helsingborg** (zwischen Dänemark und Schweden), **Arhus - Kalundborg** (zwischen Jütland und Seeland), **Nyborg - Korsor** (Großer Belt zwischen Fünen und Seeland).

Dänemark Fahrpläne Nr 20000 – 20061

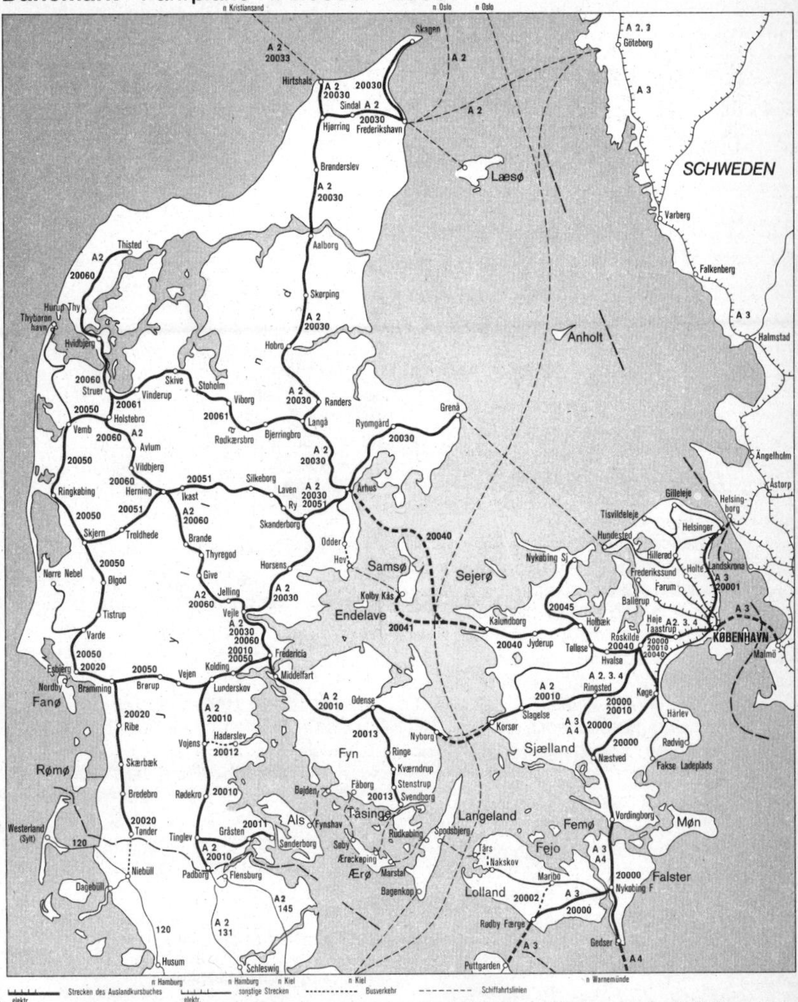

INFORMATIONEN: **Dänische Staatsbahnen** (DSB), Solvgade 40, DK-1349 Kobenhavn K.
Generalvertretung in der Bundesrepublik: Neue Mainzer Str. 22, 6000 Frankfurt/M 1, Tel. 069/232017.

Andere Verkehrsmittel: neben den erwähnten, für Zugfahrer kostenlosen Eisenbahnfähren gibt es normale *Fähren* nach Großbritannien, Schweden und Norwegen, nach Schweden außerdem *Tragflügelboote*. Wichtigste Häfen sind Esbjerg, Hirtshals, Frederikshavn, Kopenhagen und Helsingör.
Interrailer erhalten 50 % Ermäßigung auf die einfache Überfahrt von Esbjerg nach Harwich und Newcastle (Eng-

land), von Hirtshals nach Kristiansand (Norwegen), von Frederikshavn nach Göteborg (Schweden) und auf den Tragflügelbooten von Kopenhagen nach Malmö (Schweden). Mit Karte Interrail + Schiff Freifahrt von Frederikshavn nach Göteborg. Details siehe bei den jeweiligen Orten.
Wie die Niederlande und Belgien ist auch Dänemark ein Paradies für Radfahrer. *Fahrradverleih* an Bahnhöfen gibts jedoch nur in wenigen Orten (1. April - 31. Oktober). Ihr könnt aber in vielen Tourist-Infos Fahrräder ausleihen, kostet ca. 8-12 DM pro Tag, Pfand von 30-40 DM muß hinterlegt werden. Holt euch die Broschüre "Tag toget lej en cykel - die Bahn besorgt ein Fahrrad".

Praktisches

Einreise: Personalausweis oder Reisepaß.

Finanzielles: Dänemark ist wie ganz Skandinavien kein billiges Reiseland. Vor allem die Verpflegung ist teuer. Landeswährung ist die *dänische Krone* (dkr), unterteilt in 100 Öre. Eine Krone ist etwas weniger als 1/3 DM wert (etwa 0,27 DM), der Wechselkurs schwankt immer etwas.
Reise- und *Euroschecks* werden akzeptiert, vom *Postsparbuch* kann Geld abgehoben werden.

Übernachten: es gibt zahlreiche *Jugendherbergen*, die alle sauber und gut in Schuß sind. Voranmeldung in den meisten von 15. Mai bis 1. September nicht nötig, sonst obligatorisch. Es gibt Frühstück und oft eine Kochgelegenheit. Preis ca. 11-13 DM, ohne Mitgliedsausweis 5-6 DM mehr. Die vielen *Campingplätze* an der Küste sind groß und geräumig, in der Hochsaison aber trotzdem überfüllt.
Privatzimmer werden von den Informationsbüros vermittelt und kosten um die 50 DM fürs DZ. *Hotels* starten bei 60-65 DM, in Kopenhagen bei 75-80 DM.

Essen: Salzheringe, Hering süß, Hering sauer, Tiefseekrabben, geräucherte Makrelen, Dorsche, Aal - an frischen Meerestieren leidet die dänische Küche keinen Mangel. Fast jeder Küstenort hat einen großen Fischerhafen. *Smorrebrod* gibts an jeder Straßenekke - belegte Brote in unendlichen Variationen, Käse, Wurst, Schinken, Fisch u.a. Auch das dänische Brot ist nicht schlecht, z.B. *Rugbrod* (Roggenbrot), *Groubrod* und *Trekornbrod*. Mittags ißt man oft nur eine *Frokost* (Frühkost) - entweder Smorrebrod, ein *Polser* (heiße Wurst, Wurststände stehen überall, vor allem in Kopenhagen) oder einen *Frikadeller* mit etwas Salat. *Medisterpolser* heißt übrigens Bratwurst. Erst abends gibts dann *Middag*, die Hauptmahlzeit des Tages (in den *Kros*, den dänischen Landgasthöfen, kann man gut essen). Von den einheimischen Leckereien ist das *Wienerbrod* bemerkenswert, ein Gebäck aus Blätterteig. Und dann findet ihr noch überall die berühmten dänischen *Salzlakritzen*.
Um den Magen zu schmieren, benutzt man *Öl* - so heißt in Dänemark das helle Bier. Die bekanntesten Brauereien sind Tuborg und Carlsberg in Kopenhagen. Letztere produziert das süffige *Three-Elephants-Beer*.

Telefon: bei Auslandsgesprächen erst Münzen einwerfen, wenn der Teilnehmer sich meldet (Mindestgebühr 1 dkr). Bei Inlandsgesprächen sofort einwerfen, aber Vorsicht - ältere Apparate geben kein Geld zurück, auch wenn die Verbindung nicht zustandegekommen ist. Deutschsprachige Gebrauchsanweisung in vielen Zellen.

VORWAHL: BR Deutschland **00949**, Österreich **00943**, Schweiz **00941**.

Kleines Sprachlexikon

Allgemeines: Guten Tag - *god dag*; Hallo - *hei*; Guten Abend - *god aften*; Auf Wiedersehen - *favel*; Danke - *mange tak*; bitte - *vaersgo*; Entschuldigung - *undskyld*; wo ist . . . ? - *hvor er . . .* ? Straße - *gade*; Platz - *torv*;
Zahlen 1-10 - *en, tro, tre, fire, fem, seks, syn, otte, ni, ti*; 20 - *tyve*, 50 - *halvtreds*; 100 - *hundrede*, 1000 - *tusind*.

Bahn: Eisenbahn - *jernbane*; Zug - *tog*; Schnellzug - *lyntog*; Bahnhof - *banegard*; Haltestelle - *holdested*; Fahrplan - *koreplan*; Abfahrt - *afgang*; Ankunft - *ankomst*; Ausgang - *udgang*; Kurswagen - *direkt vogn*; Liegewagen - *liggevogn*; Schlafwagen - *sovevogn*; Speisewagen - *spisevogne*; Umsteigen - *skifte*; Platzkarte - *pladsbillet*.

BOTSCHAFTEN

Bundesrepublik Deutschland: 2100 Kopenhagen, Stockholmsgade 57, Tel. 01/261622.
Österreich: 1270 Kopenhagen, Gronningen 5, Tel. 01/124623.
Schweiz: 1256 Kopenhagen, Amaliegade 14, Tel. 01/141796.

FREMDENVERKEHRSÄMTER

D-2000 Hamburg 1, Postfach 101329, Glockengießerwall 2, Tel. 040/327803. **A-1090 Wien**, Ferstelgasse 3/4. **CH-8001 Zürich**, Münsterhof 14, Tel. 01/2119023.

JÜTLAND

Die nördliche Fortsetzung von Schleswig-Holstein und Dänemarks einziger Festlandsteil. An der Westküste kilometerlange Sandstrände mit hohen Dünen dahinter - ideal zum Zelten (viele Campingplätze) und Strandwandern.

Um keine falschen Erwartungen zu wecken - Badeorte und Campingplätze sind während der Saison alle restlos überfüllt. Kommt besser im Frühjahr oder Herbst.
Die Ostküste ist landschaftlich weniger eindrucksvoll - keine endlosen Strände, sondern Badebuchten inmitten von Wald, Wiesen und sanfter Hügellandschaft.

Hamburg - Husum - Niebüll - Tonder - Esbjerg A-Kb. 20020

Die Strecke führt nahe der Westküste Schleswig-Holsteins und Jütlands entlang (Hamburg, Husum und Sylt siehe unter BR Deutschland).
Manko der Route - in *Niebüll*, kurz vor der Grenze, müßt ihr in Bahnbusse umsteigen und die ca. 25 km bis *Tonder* fahren, wo ihr Anschluß an das dänische Bahnnetz habt.

Tonder: ehemals deutsche Grenzstadt, lag bis ins 16. Jh. am Meer, dann versandete der Hafen. Hübsches Stadtzentrum mit Fußgängerstraßen und vielen schönen Giebelhäusern. Sehenswert die *Christuskirche* am Marktplatz Torvet mit geschnitzter Holzkanzel. Im Torhaus des ehemaligen Schlosses (Kongevejen) ist ein *kulturhistorisches Museum* untergebracht (tägl. außer Mo 10-17 h), außerdem gibts ein Museum mit moderner dänischer Kunst (Sonderjyllands Kunstmuseum, tägl. außer Mo 10-17 h). Nur wenige Kilometer Richtung Meer liegt das Bilderbuchdorf *Mogeltonder* mit kleinen Backsteinhäusern und Reetdächern.

INFORMATION: Ostergade 2 a.

ÜBERNACHTEN: **Jugendherberge Kogsgarden**, Sonderport 4, Tel. 04/723500 (Mai-September). Städtischer **Campingplatz** neben Schwimmbad am östl. Stadtrand.

Skaerbaek: Ausgangspunkt für Abstecher auf die vorgelagerte *Insel Romö* - ein 8 km-Damm verbindet sie mit dem Festland (Busverbindung). Drüben phantastischer Sandstrand die gesamte Westküste hinunter.

Ribe: das älteste Städtchen Dänemarks, noch ganz vom Mittelalter geprägt - kleine Fachwerkhäuser und wohlsituierte Kaufmannshöfe, verwinkelte Gassen und ein romanisch/gotischer Backsteindom mit fünf (!) Schiffen. Auch Ribes Hafen ist versandet, ein Flüßchen fließt mitten durchs Zentrum. Mal auf den Turm vom Dom steigen - toller Blick weit über die Stadt.

INFORMATION: am Marktplatz, Torvet 3-5.

ÜBERNACHTEN: **Jugendherberge Ribehallen**, Hovedengen, Tel. 05/420620. Mai-September, 120 Betten in großen Schlafsälen, 1/2 km vom Bhf. **Camping Ribe** etwas außerhalb, an der Straße nach Farup.

MUSEEN / SEHENSWERTES: im Fluß liegt das alte Segelschiff "Johanne Dan" mit einem **Seefahrtsmuseum** an Bord, ein **Kunstmuseum** in der St. Nicolajgade auf der anderen Flußseite (tägl. außer Mo 10-12, 14-17 h). Die **St. Katharinenkirche** und Reste eines Dominikanerklosters findet ihr an der Dagmarsgade, nicht weit vom Marktplatz.

Esbjerg: wichtige Hafenstadt, riesiger Fischereihafen und Fischindustrie. Mehrmals wöch. gehen Fähren nach Großbritannien, außerdem fahren häufig Schiffe auf die unmittelbar vorgelagerte Insel *Fanö*.
Esbjerg ist eher nüchtern, mit rechtwinkligen Straßen und neuer Bausubstanz. Schön ist die lebendige Fußgängerzone *(Kongensgade)* mit vielen Geschäften, auch der Hafen lohnt einen Rundgang (riesige Auktionshallen, frühmorgens geht's rund!). Außerdem gibts ein beachtliches *Fischerei- und Seefahrtsmuseum* mit angeschlossenem Aquarium (Tarphagevej, Mo-Fr 10-17, Sa/So 10-18 h, im Sommer oft länger).

VERBINDUNGEN / BAHNHOF: Bhf. im Stadtzentrum, häufige Züge Richtung Tonder (Süden), Ringkobing/Holstebro (Norden) und Kolding/Kopenhagen.

INFORMATION: Skolegade 33.

ÜBERNACHTEN: **Jugendherberge** in der Gamel Vardevej 80, ein ganzes Stück vom Bhf. **Camping Strandskovens** ganz in der Nähe der JH, Gamel Vardevej 76.

Esbjerg/Umgebung: das vorgelagerte **Fanö** ist die malerischste Insel vor Jütland. Ein toller Sandstrand zieht sich die gesamte Westküste entlang, schönster Ort ist *Sonderho* mit seinen niedrigen strohgedeckten Häusern aus roten Steinen. Häufige Fähren setzen von Esbjerg über nach *Nordby* - im Sommer gelegentlich Wartezeiten.
Nördlich von Esbjerg beginnen herrliche Sandstrände, die sich weit in den Norden bis zur Jammerbucht ziehen. Am besten zu erreichen über *Varde*, 18 km nördl. von Esbjerg (siehe im folgenden).

Esbjerg - Varde - Ringkobing - Holstebro - Thisted A-Kb. 20050

An der Küste lange Sandstrände, eins der dänischen Ballungsgebiete für Badeurlauber. Teilweise beeindruckende Landschaft - viel Heide und der große *Ringkobing-Fjord*.

Varde: städtisches Zentrum für die Badeurlauber von Henne bis Vejers Strand, wenig Historisches. Ein ausgezeichnetes *Stadtmuseum* im Arnbjerg-Park (Lundvej 4, tägl. 13-17 h), ihr findet dort u.a. ein *Miniaturmodell* der historischen Stadt aus handgemachten Backsteinen (10-18 h).

INFORMATION: Torvet 5 (Marktplatz).

ÜBERNACHTEN: relativ kleine **Jugendherberge Ungdomsgarden** mit 50 Betten in sechs Schlafsälen am Pramstedvej 10, Tel. 05/221091 (Mai bis September).

Küste vor Varde: ab Varde fährt eine kleine Privatbahn über Henne nach *Norre Nebel*, südl. vom Ringkobing Fjord (Interrail nicht gültig). Wer ins bekannte Touristenzentrum *Henne Strand* mit seinen hohen Dünen will, kann bis Henne mit der Bahn fahren, von dort sind es noch ein paar Bus- oder Tramp-Kilometer. Campingplätze gibt's hier überall.
Weiter südl. um *Blavands Huk*, beim westlichsten Punkt Jütlands, findet ihr besonders eindrucksvolle Dünenlandschaften. Es gibt mehrere Campingplätze, der 40 m hohe Leuchtturm kann besichtigt werden.

Ringkobing: alte Walfängerstadt, inzwischen Ferienzentrum. Schöne Lage am Fjord, im Zentrum um den Marktplatz Kopfsteinpflastergassen und alte Häuschen.

INFORMATION: am Torvet.

ÜBERNACHTEN: **Jugendherberge Versterhavshallerne**, Kongevejen 52, Tel. 07/320350. Nur Juni-Mitte August, im Süden der Stadt, Nähe Fjord. **Hotel Rogind Kro**, Herningvej 109, Tel. 343265, ca. 50 DM fürs DZ. **Campingplatz** nicht weit von der JH an der Strandstraße Vellingvej 56, Strand in der Nähe.

Küste vor Ringkobing: vor dem großen Fjord, dessen Zulauf heute versandet ist, erstreckt sich der *Holmsland Klit*, ein 30 km langer Dünenstrand, teilweise bis zu 300 m breit. Hier gibt es überall gute Bademöglichkeiten, sowohl im offenen Meer wie im Fjord (sehr flach). *Sondervig*, knappe 10 km von Ringkobing, ist der größte Badeort, interessanter Anlaufpunkt auch das Städtchen *Hvide Sande* mit großem Fischereihafen, ein Schleusenkanal verbindet den Fjord mit dem offenen Meer. Jugendherberge im Numitvej 5 (nur Mai-September, Tel. 07/312088), nächster Camping Beltana liegt 1 km südl. vom Ort.

Limfjord: größter Fjord Dänemarks, trennt praktisch die Nordspitze Jütlands vom Rest der Halbinsel ab. Von *Vemb* zweigt eine kleine Privatbahn über Lemvig nach Thyboron ab, wo der Fjord durch einen befestigten Kanal mit dem offenen Meer verbunden ist (Interrail nicht gültig).
Lemvig liegt am Westrand des Fjords inmitten prächtiger Wald- und Heidelandschaft, nur 12 km von den Sanddünen der Küste entfernt. Südl. vom Ort führen viele markierte Wanderwege durch die *Kronhede*, eins der größten Waldgebiete Dänemarks (städtischer Camping Lemvig in schöner Lage am Fjord).

Insel Mors: im Limfjord, landschaftlich reizvoll, etliche Steilküsten. Zu erreichen ab *Hurup* (Bahnstation) über eine Autobrücke. Im Hauptort *Nykobing* Jugendherberge am Osterstrand (Tel. 07/72061), Camping Morso beim Stadtpark am Fjord. Südl. vom Ort der große Blumenpark Jesperhus mit gut 500.000 Pflanzen und einem Aquarium.

Thisted: Endstation der Bahnlinie, wenig Bemerkenswertes. Jugendherberge im Kongemollevej 8, Tel. 07/925042, Thisted Camping am Fjord. Meerwärts beim kleinen See *Vandet So* Aufforstungsgebiet mit Wanderwegen.

Flensburg - Fredericia - Vejle - Arhus A-Kb. 20010/20030

Hauptlinie von der Bundesrepublik nach Dänemark. In *Fredericia* zweigt die Strecke über die Insel Fünen nach Kopenhagen ab. Wer in Jütland bleiben will, kann noch 1,5 std. bis *Arhus* weiterfahren. Von dort gehen mehrmals tägl. Eisenbahnfähren rüber nach Kalundborg/Seeland, wo ihr häufig Anschluß nach Kopenhagen habt.

LEGOLAND: nehmt von **Vejle** (Bahnstation) den Bus ins kleine Dorf **Billund** (ca. 50 min., Abfahrten etwa stündl.). Dort befindet sich der Stammsitz der Firma Lego, die in den 30er Jahren gegründet wurde und anfangs Holzspielzeug herstellte. In den Fünfzigern wurden hier erstmals die berühmten Plastiksteine entwickelt, die bald ihren Siegeszug um die ganze Welt antraten.
Im großen Park Legoland sind aus 30 Millionen Legosteinen zahllose bekannte Bauten nachgebildet, integriert sind verschiedene Ausstellungen und eine Lego-Eisenbahn umrundet das Gelände. Auch für Nicht(mehr)-Kinder einen Abstecher wert, allerdings erheblicher Rummel. Außengelände Mai-September tägl. 10-20 h, Innenausstellungen von Ostern bis Dezember 10-17 h, Eintritt. Campingplatz etwas außerhalb am Weg zum Flughafen.

Arhus

Dänemarks zweitgrößte Stadt, modern und lebendig, großer Hafen, Universität. Großes Stadtfest im September.

Nicht versäumen solltet ihr das Freilichtmuseum *Den Gamle By* ("die alte Stadt") - über sechzig voll eingerichtete alte Fachwerkhäuser bilden einen ganzen mittelalterlichen Stadtteil. Im Sommer wird dort historisches Handwerk u.ä. vorgeführt (tägl. 10-17 h, Eintritt nur für Innenbesichtigung). Weiterhin sehenswert der große *Dom*, das in der Nähe liegende *Wikinger-Museum* und die eigentümliche *Vor Frue Kirke* (drei Kirchen über- und ineinander).
Südl. der Stadt liegen die *Marselisborger Wälder* mit gut ausgebauten Radwegen.

INFORMATION: im Rathaus, nicht weit vom Hbf. Zimmervermittlung und Prospekte.

ÜBERNACHTEN: **Jugendherberge Pavillonen**, Ostre Skovvej, Tel. 06/167298. Vom Bhf. mit Bus 1 oder 2 bis Endstation Marienlund. **Eriksens Hotel**, Banegardsgade 6-8, Tel. 136296 und **Aarhus Somandshjem**, Havnegade 20, Tel. 121599, sind die billigsten Hotels in der Stadt, ca. 65 DM fürs DZ. **Camping Blommehaven** liegt bei einem Wald, 6 km südl. vom Zentrum (Bus 19 ab Bhf.), Badestrand gleich unterhalb.

ESSEN / NACHTLEBEN: wie in Kopenhagen gibt's auch ein **Huset**, Vesteralle 15. Dort könnt ihr billig essen, angeschlossen ist ein

Café, Ausstellungen etc. Außerdem gibt's einige gute Musiklokale, z.B. das **Tagskaegget**, Klostergade 34.

Arhus/Umgebung: im Wald südl. von Arhus das frühgeschichtliche *Museum Moesgard* mit einer vollständig erhaltenen Moorleiche (Grauballemann), etwa 1600 alt (tägl. 10-17 h, ca. 3 DM, Bus 6 ab Bhf.). Beim Museum beginnt ein *prähistorischer Fußweg*, der an Hügelgräbern und rekonstruierten Behausungen der Urmenschen entlangführt.

Nördl. von Arhus liegt die **Halbinsel Mols**, eine abwechslungsreiche Hügellandschaft mit dem reizvollen Städtchen *Ebeltoft* (Bus ab Arhus-Busbhf., nicht weit vom Bhf.). Jugendherberge in der Sondergade 43, Tel. 06/342053 (Mai-Sept.), Camping etwas außerhalb.

> Wer schnell nach Kopenhagen rüber will - **Eisenbahnfähren** fahren von Arhus ca. 6 x tägl. nach Kalundborg (Seeland). Fahrtdauer ca. 3 std., für Interrailer frei.

Silkeborg: von Arhus mit der Bahn ca. 50 min. landeinwärts. Das hübsche Städtchen ist Hauptort des dänischen "Lake-Districts", liegt am *Langsö-See* und wird von der *Guudena* durchflossen, dem größten Fluß des Landes. Es gibt viele Rad- und Wanderwege, auch Kanus können gemietet werden (ca. 30 DM/Tag).

In den Mooren der Seenregion wird schon seit der Eisenzeit Torf gestochen. Im *kulturhistorischen Museum* von Silkeborg (Hovedgarden) findet ihr den sog. *Tollundmann* und das *Elling-Mädchen* - zwei zweitausend Jahre alte, frappierend gut erhaltene Moorleichen (tägl. 10-17 h, ca. 2 DM).

Außerdem in einem Park am Stadtrand noch ein interessantes *Kunstmuseum* mit Werken moderner dänischer, flämischer und niederländischer Maler (Gudenavej 7-9, tägl. 10-17 h, ca. 2,50 DM.)

INFORMATION: Torvet 9.

ÜBERNACHTEN: **Jugendherberge Abo** am Ahavevej 55 (Mai-September), hübsche Lage am Fluß, Kanus werden vermietet, Tel. 06/823642. **Camping Indelukkets** liegt 20 Fußminuten vom Bhf., nah am Wasser.

Silkeborg/Umgebung: der über 125 Jahre alte Raddampfer *Hjejlen* und einige moderne Schiffe fahren bis zu 10 x tägl. durch die schöne Seelandschaft zum berühmten *Himmelbjerget*, mit 147 m immerhin dritthöchste Erhebung des Landes. Man kann hinaufsteigen, oben steht ein 25-m-Aussichtsturm.

Arhus - Langa - Aalborg - Hjorring - Frederikshavn (Hirtshals) A-Kb. 20030

Aalborg: an der schmalsten Stelle des Limfjords, viertgrößte Stadt Dänemarks, großer Hafen und schönes Stadtzentrum.

Das *Jens Bangs Stenhus* an einem Platz an der Osteragade ist eins der größten privaten Renaissancehäuser in Nordeuropa. Gleich in der Nähe die zentralen Plätze der Altstadt - *Budolfi-Plats* (Dom mit schönen Fresken), *Gammel Torv* (Rathaus) und *C. W. Obels Plats* (Helligandskloster, Führungen wochentags).

Nicht weit vom Kloster findet ihr die Fußgängerzone *Gravensgade* und die benachbarte Freß & Disko-Straße *Jomfru Ane Gade*.

Das *Nordjütische Kunstmuseum* erreicht ihr vom Bhf. schnell durch eine Unterführung und den hübschen *Kildepark* mit mächtigen alten Bäumen. In dem eindrucksvollen Bau ist hauptsächlich moderne dänische und europäische Kunst ausgestellt - viel Sorgfalt wurde auf die Beleuchtung verwandt. Es gibt außerdem einen dazugehörigen Skulpturenpark und ein Amphitheater (Di-So 10-17 h, Juli/August tägl.).

Für den Abend - der große Vergnügungspark *Tivoliland* liegt nur 1 km vom Zentrum.

INFORMATION: Osteragade 8, kleiner Platz, an dem auch das Jens Bangs Stenhus steht.

ÜBERNACHTEN: **Jugendherberge Fjordparken** am Skydebanevej 50, im nordwestl. Teil der Stadt. Mai-September, Tel. 08/116044. In der Nähe der **Camping Strandparkens**, Freibad benachbart.

Frederikshavn: zahlreiche Fährverbindungen nach Schweden und Norwegen - für Interrailer interessant die ermäßigten Fähren nach Göteborg.
Am Hafen steht der wuchtige *Pulverturm*, der früher zu den Befestigungsanlagen der Stadt gehörte, heute Waffensammlung im Inneren (tägl. 10-17 h). Nördl. vom Fischerhafen liegt *Fiskerklyngen*, der älteste Stadtteil mit niedrigen Fachwerkhäuschen und Kopfsteinpflaster.
Eine kleine Privatbahn fährt weiter nach *Skagen* (40 km, Interrail-Ticket gilt nicht, ca. 13 DM einfach).

INFORMATION: Brotorvet 1.

ÜBERNACHTEN: **Jugendherberge Fladstrand**, Buhlsvej 6, liegt ca. 1,5 km vom Bhf., Mai-September, Tel. 08/421475. **Camping Nordstrand** am Apholmenvej 40, etwas außerhalb 200 m vom Strand (Bus 2 und noch ein Stück laufen).

FÄHREN NACH SCHWEDEN UND NORWEGEN: die **Stena Line** fährt 6-8 x tägl. von **Frederikshavn** nach **Göteborg** (Schweden). Fahrtzeit ca. 3,5 std., Preis im Juli/August ca. 40 DM (sonst 25 DM), 50 % für Interrailer, kostenlos mit Interrail + Schiff.
Außerdem 1-2 x tägl. Verbindungen nach **Norwegen** ohne Ermäßigung.

Skagen: ehemalige Künstlerkolonie an der äußersten Spitze Nordjütlands, heute sehr beliebter Badeort an Dänemarks "Nordkap". Sehenswert ist der hübsche Ort im Ganzen, der riesige *Fischerhafen* und diverse *Kunstmuseen*, in denen die Werke der Skagener Künstler hängen.
Gute Bademöglichkeiten - südl. vom Ort liegt die *Rabjerg Mile*, Dänemarks größte Wanderdüne, zwei km lang und 35 m hoch. Weitere Attraktion ist die Landspitze *Grenen*, ca. 5 km nördl. vom Ort, wo sich Nord- und Ostsee treffen (Skagerak und Kattegat). Je nach Wetter und Wellen ändert sich die Form der Landzunge.

INFORMATION: Sct. Laurentiivej 18, vom Bhf. links halten.

ÜBERNACHTEN: große **Jugendherberge** in Hojen (Gammel Skagen), Hojensvej 32, Tel. 08/441356 (Mai-September), eine Station vor Endstation, falls ihr mit dem Zug kommt. **Campingplätze** gibt es sowohl bei Hojen als auch um Skagen. Günstiges Hotel ist **Foldens Hotel**, Sct. Laurentiivej 41 (Nähe Tourist-Info), Tel. 441166, ab ca. 65 DM fürs DZ.

Hirtshals: großer Fährhafen nach Norwegen, langer Dünenstrand westl. vom Ort. Lohnend das neue *Nordseezentrum* mit großen Meerwasser-Aquarien (tägl. 10-17 h, Eintritt). Die letzten 17 km von Hjorring nach Hirtshals fährt die *Hjorring Privatbaner* (HP) - für Interrailer 50 %.

INFORMATION: Vestergade 32.

ÜBERNACHTEN: **Jugendherberge** im Kystvejen 53 (Mai-September), Tel. 08/941248. **Camping Hirtshals** am westl. Ortsrand beim Leuchtturm. Preiswertes Hotel ist **Hirtshals Kro** an der Havnegade 2, ca. 42 DM fürs DZ ohne eig. Bad, Tel. 942077.

FÄHREN NACH NORWEGEN: die **Fred Olsen Line** fährt bis zu 4 x tägl. von **Hirtshals** nach **Kristiansand**. Fahrtzeit ca. 4,5 std., Preis je nach Saison bzw. 50 und 70 DM. 50 % für Interrailer.
Weitere Linien (doch ohne Ermäßigung) nach **Oslo**, **Stavanger** und **Egersund**.

(Flensburg) - Fredericia - Odense - Nyborg - Roskilde - Kopenhagen A-Kb. 20010

Insel Fünen

Der "Garten Dänemarks" - so genannt wegen seiner Fruchtbarkeit. Die Bahnlinie von Jütland nach Kopenhagen führt quer hindurch. Dabei kommt ihr durch Odense, die einzige Großstadt der Insel.

In den letzten Jh. blieb Fünen dank seiner Insellage meistens von Zerstörungen und Plünderungen verschont. Kleine ruhige Dörfer mit prächtigen Fachwerkhäusern könnt ihr genauso finden, wie die schönsten Schlösser und "Herrensitze" Dänemarks. *Schloß Egeskov* 20 min. zu Fuß von der Station Kvaerndrup (Strecke Odense -Svendborg) ist einer der interessantesten Adelssitze, ein Wasserschloß mit angeschlossenem Oldtimer-Museum inmitten eines großen Parks.

Im Süden liegen die schönsten Strände und vor allem Dutzende kleiner vorgelagerter Inseln - das hübsche *Svendborg* ist idealer Ausgangspunkt für Inseltrips.

Zwei Brücken überqueren den Kleinen Belt von **Fredericia** (Bahnknotenpunkt) nach **Middelfart**. Der Zug fährt über die ältere, 1200 m lang und 33 m hoch. Auch die andere kann man vom Zug aus Richtung Norden sehen.

Odense

Drittgrößte Stadt Dänemarks, in weiten Teilen modernes Industrie- und Handelszentrum, jedoch kaum Hochhäuser.

Trotzdem lohnt ein Aufenthalt - gleich gegenüber vom Bhf. liegt der schöne große Park *Kongens Have* mit der St. Hans Kirche und einem Schloß (früheres Kloster). Hinter dem Bhf. findet ihr im früheren Lokschuppen das große *Eisenbahnmuseum* der dänischen Eisenbahnen - neben alten Loks gibts auch eine riesige Modelleisenbahn, am Sonntag fährt ein Museumszug (tägl. 10-16 h, Weg vom Bhf. beschildert). Attraktion von Odense ist allerdings das Geburtshaus des Märchendichters *Hans Christian Andersen* in der Hans Jensens Straede 39-43, heute als Museum eingerichtet (tägl. 9-18 h, ca. 3,50 DM).

Südl. der Stadt, in der Nähe vom Campingplatz, liegt *Den Fynske Landsby*, ein großes Freilichtmuseum mit alten Bauernhäusern (Bus 2). Im dortigen Freilichttheater finden von Mitte Juli-Anfang August die *Hans-Christian-Andersen-Spiele* statt (Termine im Tourist-Info).

Besonders schön ist eine *Bootsfahrt* auf dem Odense-Fluß (Süden der Altstadt) zum Park *Fruens Boge*, von wo ihr schnell zum Freilichtmuseum kommt.

INFORMATION: im Rathaus, vom Bhf. geradeaus ins Zentrum.

ÜBERNACHTEN: **Jugendherberge Kragsbjerggarden** im Kragsbjergvej 121, Tel. 09/130425. Mai-Sept., Bus 6. **Inter-Point** des YMCA (KFUK/KFUM) in der Rodegardsvej 91, Tel. 142314. Etwa 20 DM incl. Frühstück (mit Inter-Point Card ca. 12 DM), nur 15. Juli-14. August. **Camping Odense** im Süden der Stadt beim großen Park Fruens Boge (Bus 1 bis Odensevej)).
DZ ab ca. 60 DM gibts im **Hotel Fangel Kro**, Fangelvej 55, Tel. 961011.

Großer Belt: von *Nyborg*/Fünen nach *Korsor*/Seeland setzen die Züge bisher mit großen Eisenbahnfähren über - ab 1996 soll hier ein kombiniertes Tunnel-/Brückenprojekt Seeland und damit Kopenhagen erstmals ans europäische Festland anbinden.

Seeland

Hauptinsel des dänischen Archipels, nur durch den schmalen Öresund zwischen Helsingör und Helsingborg von Schweden getrennt (eine Brücke ist geplant). Von Kopenhagen erreicht ihr mit dem Zug innerhalb einer Stunde alle wichtigen Ziele.

Roskilde

Eine der ältesten Städte Dänemarks, halbe Bahnstunde von Kopenhagen. Hübsches Städtchen mit großer Uni. Im Juli findet ein bekanntes Rockfestival statt.

Prunkstück der Stadt ist der uralte *Backsteindom* - fast alle dänischen Könige der letzten 500 Jahre sind hier begraben (insg. 38). Prachtvolles Innenleben mit zahlreichen Grabkapellen und Sarkophagen. Ansonsten unbedingt in die *Wikingerschiffshalle* am Roskildefjord schauen - fünf verschiedenartige Wikingerschiffe sind hier zu sehen, die fast 1000 Jahre als Sperre gegen feindliche Angriffe am Grund des Fjords lagen. In Zehntausende von Einzelteilen zerborsten, wurden sie in den 60er Jahren gehoben und zusammengesetzt (tägl. 9-17, im Sommer bis 18 h, ca. 4 DM, Stud. ermäß.).

INFORMATION: Fondens Bro 3 (am Marktplatz).

ÜBERNACHTEN: **Jugendherberge Horgarden**, Horhusene 61, Tel. 02/352184. Einige km vom Bhf., Bus 604. **Camping Vige** 4 km nördl. von Roskilde am Fjord.

Roskilde/Umgebung: das historisch-archäologische Versuchszentrum *Lej-*

re liegt 4 km nordwestl. vom Ort Lejre (Bahnstation an der Strecke von Roskilde nach Kalundborg/Arhus, 8 min ab Roskilde/Bhf., von Lejre/Bhf. Bus 233). Hier hat man ein ganzes Dorf aus der Eisenzeit (ab 800 v. Chr.) aufgebaut und will darin die Lebensweise der Vorzeit nachvollziehen und besser verstehen lernen.

LESERTIP: "Am späten Nachmittag geht kein Bus mehr von Roskilde zum Forschungszentrum von Lejre. Man kann im Rahmen eines Tagesausflugs aber ruhig zu Fuß gehen" (Beatrix Meschik, Treffen).

ROSKILDE ROCKFESTIVAL: seit fast 20 Jahren alljährlich Ende Juni/Anfang Juli das größte Rockfestival Nordeuropas. Auf 3 Groß- und mehreren Kleinbühnen tummeln sich internationale Rockgrößen und skandinavische Amateure. Theater, Dritte Welt-Gruppen, Töpfer u. v.m. ergänzen das kunterbunte Gewimmel. Man schläft in und um das Festivalgelände, schon Tage vorher wird Roskilde und Umgebung "besetzt".

"Vogelfluglinie" Lübeck - Putgarden - Rodby - Nykobing - Kopenhagen A-Kb. 20000

Bahnstrecke über die Inseln Lolland und Falster nach Seeland - Direktstrekke nach Kopenhagen. Moderne Bahnfähren (kostenlos) kreuzen in 1 std. den Fehmarnbelt.
Die süddänischen Inseln *Lolland*, *Falster*, *Süd-Seeland* und *Mon* sind noch nicht allzu überlaufen. Zwischen weiten Wäldern, Heidelandschaften und Seen findet ihr etliche gute und noch nicht überfüllte Campingplätze. An der zerklüfteten Küstenlinie liegen außerdem einige der schönsten Strände Dänemarks.

Insel Mon: ganz im Osten die riesigen weißen Kreidefelsen *Mons Klint* - über 100 m hohe Felsabstürze fallen auf mehrere Kilometer Länge fast senkrecht zum Meer ab. Einige Treppen führen hinunter, ein Höhenweg verläuft oberhalb der Klippen, ein anderer führt unten am Meer entlang. Das Ganze super zum Rumlaufen und Kraxeln, jedoch Massen von Besuchern.

VERBINDUNGEN / ÜBERNACHTEN: ab Bahnstation **Vordingborg** mit Bus nach **Stege**, dem Hauptort der Insel. Von hier gehen Busse weiter zu den Felsen. Nächster Campingplatz ist **Camping Mons Klint**, einige km nördl. der Felsen.

KOPENHAGEN

Trotz eineinhalb Millionen Einwohnern keine protzigen Hochhäuser, dafür viel Atmosphäre und Straßenleben, kleine Stöberläden, gammlige Hinterhöfe, romantische Gassen und viele Kanäle. Zur Einstimmung eines streßfreien Urlaubs bestens geeignet.

Aber Kopenhagen ist auch quirlige Großstadt - gleich neben dem Bhf. liegt der weltbekannte Vergnügungspark *Tivoli*, es gibt eine lebendige Jugendszene, gute Musiklokale, jede Menge Kneipen und Cafés, last but not least die *Freie Stadt Christiania*, ein in Europa einmaliges alternatives Projekt.
Besonders markante Sehenswürdigkeiten hat Kopenhagen nicht zu bieten. Trotzdem findet ihr in der Altstadt noch überall schöne alte Häuser und auch der Grundriß ist großteils mittelalterlich mit seinen gewundenen Straßenzügen, z.B. den langen Fußgängerzonen *Stroget* und *Kobmagergade* (erstere die Repräsentierstraße der Stadt mit zahllosen Geschäften aller Art). Inzwischen versucht man mit viel Nostalgie, das historische Zentrum zu erhalten und zu sanieren - Beispiel *Grabrodretorv*, der schönste Platz der Innenstadt und *Kongens Nytrov*, der Endpunkt der Stroget. Ein repräsentatives Stadtviertel des neuen Wohnens ist *Christianshavn* - durch einen Meeresarm von der übrigen Altstadt getrennt, wurden hier die alten Dockhäuser aufwendig restauriert.
Sehr angenehm sind die vielen *Grünanlagen* rund um das historische Stadtzentrum - die meisten Kopenhagener gehen zum textilfreien Sonnenbaden in den *Kongens Have* (Rosenborg Have), benachbart zum Botanischen Garten.

VERBINDUNGEN / BAHNHOF: der schöne **Hbf. Hovedbanegarden** liegt nah beim Zentrum (1911 erbaut). Cafeteria, Gepäckaufbewahrung, Schließfächer, Zimmervermittlung (siehe unter Information).
Von Juni bis September hat im Bhf. das einzige **Interrail-Center** Europas geöffnet - ihr könnt relaxen, auf Anschlüsse warten, umsonst duschen und kochen, es gibt Sandwiches, gute Informationen, Telefoniermöglichkeit, Pinnwand, nette Atmosphäre. Eintritt nur mit Interrail- oder EuroTrain/Transalpino-Ticket. (tägl. 7 bis mind. 22 h).

INFORMATION: **Danmarks Turistrad** im Louis Tussaud's Wax Museum, Rathausplatz/H. C. Andersen Boulevard 22, gegenüber dem Rathaus beim Tivoli-Eingang (vom Bhf. ca. 600 m die Vesterbrogade entlang oder Bus 28, 41 bis Rathausplatz). Kostenloser Stadtplan und viel Prospektmaterial. 1. Mai bis 30. Sept. Mo-Fr 9-18, Sa 9-14, So 9-13 h, sonst kürzer u. So geschl.
Zimmervermittlung **Vaerelseanvisning** für Hotels, Pensionen und Privatzimmer im Hbf. (im Sommer 9-24 h, sonst kürzer), Vermittlung ca. 5 DM (siehe auch unter Übernachten).
Jugend-Informationszentrum "Use It" im Huset, Radhusstraede 13, Tel. 156518 (vom Bhf. 10 min. zu Fuß in die Fußgängerzone Stroget und beim Nytorf rechts ab; oder Bus 28 oder 41 bis Kompagniestraede). 15. Juni - 14. September tägl. 10-20, sonst Mo-Fr 10-16 h. Ausgesprochen freundliche Leute, gutes Infomaterial, kostenlose Gepäckaufbewahrung, Zimmervermittlung (oft preiswertere Möglichkeiten als im Hbf.), außerhalb der Öffnungszeiten hängen billige Quartiere aus. Gutes und billiges Restaurant **Spisehuset** ist angeschlossen, außerdem Musikcafé und Kneipe.

UNTERWEGS IN KOPENHAGEN: am besten **zu Fuß**, die Innenstadt ist nicht übermäßig groß. Bei "Use It" gibts die Broschüre **Copenhagen on Foot**, in der drei Rundwege durch das Herz der City beschrieben werden (Dauer jeweils 1,5 bis 2 std).
Ansonsten gut ausgebautes **Bussystem** (auch Nachtbusse) bis weit in die Außenbezirke der Stadt, die meisten Linien fahren vom Rathausplatz ab, tagsüber etwa im 10 min-Rhythmus (Tip - billige Stadtrundfahrt mit der Linie 6). 10er-Karten (**Klip Kort**) kosten ca. 16 DM, die **Copenhagen Card** gibts für 1 (20 DM), 2 (35 DM) oder 3 Tage (45 DM) - geboten werden unbeschränktes Fahren mit öffentlichen Verkehrsmitteln, Ermäßigungen auf den Fähren nach Schweden und freier Eintritt zu vielen Sehenswürdigkeiten/Museen in Kopenhagen und der Region von Helsingör bis Roskilde.
U-Bahn gibt es keine, aber ein großes **S-Bahnnetz**, das ganz Nord-Seeland abdeckt. **Interrailer können umsonst fahren**, ansonsten gelten dieselben Tickets wie im Bus.

FAHRRADVERLEIH: **Danwheel**, Colbjornsensgade 3, Tel. 212227 (Nähe Bhf.); **Cykeltanken**, Godthabsvej 24 (Nähe Bellahoj-Camping), Tel. 871423. Pro Tag ca. 12 DM, Pfand muß hinterlegt werden.

STADTFÜHRUNGEN (mit alternativem Charakter) werden von **Use It** tägl. zwischen Mitte Juni und Mitte September angeboten. Treffpunkt ist der Brunnen vor dem Rathaus, Erläuterungen auf Englisch, für Schüler/Stud. ca. 5 DM, sonst 7 DM.

Übernachten: es gibt drei *Jugendherbergen* und zwei *Campingplätze*. Von Mai bis Anfang September ist außerdem immer eins der zwei *Sleep-Ins* offen. Trotzdem gibts im Sommer Engpässe - Kopenhagen ist bei Travellern beliebt (besser vorher mal kurz anrufen). Ansonsten weiß *Use It* immer gut Bescheid (siehe oben).

Vesterbro Ungdomsgard (Sleep In), Absalongade 8, Tel. 312070. Ideale Lage nah beim Bhf., beim linken Seitenausgang raus, die Reventlowsgade überqueren und die Istedgade entlang, bis die Absalonsgade kreuzt - knapp 15 min. ab Bhf. (oder Bus 6, 28, 41 bis Vesterbro Torv). Anfang Mai - Anfang September, Rezeption rund um die Uhr, 160 Betten in Schlafsälen, ca. 20 DM pro Pers., Frühstücksbuffet extra.
Sleep-In, Per Henrik Lings Allé 6, Tel. 265059. Eisstadion, das im Sommer als Unterkunft genutzt wird (über 400 Betten), fast immer Platz, auch Essen. Im Norden der Stadt, Bus 6 ab Rathausplatz (Richtung Ryparken oder Osterbro) bis direkt zum Stadion (oder S-Bahn A, B oder C bis Nordhavn Station). Nur Ende Juni-Ende August, tägl. geschl. von 12-16 h., ca. 15 DM pro Pers incl. Frühstück.
Bellahoj Vandrerhjem (IYHF), Herbergvejen 8, Tel. 01/289715. Im Bellahoj-Park, vom Zentrum 20 min. per Bus, große Herberge mit über 300 Betten, ca. 12 DM, Nicht-Mitglieder 16 DM. Bus 2 ab Rathausplatz Richtung Bronshoj, aussteigen in Fuglsang Allé (Nachtbus 902). Nachts Schließzeit 1.30 h.
Kopenhavns Hostel (IYHF), Sjaellandsbroen 55, Tel. 522908. Auf der vorgelagerten Insel Amager, eine der modernsten Jugendherbergen Europas, sehr groß, 528 Betten, fast nur 4-Bettzimmer. Etwa 12 DM, Nicht-Mitglieder 16 DM. Vom Hbf. S-Bahn bis Valby

(kostenlos), weiter mit Bus 37 bis Sjaellandsbroen.

Inter-Point des YMCA (KFUK/KFUM), St. Kannikestraede 19, Tel. 113031. Etwa 15 Fußminuten vom Hbf., ca. 20 DM incl. Frühstück (mit Inter-Point Card ca. 12 DM), nur 1. Juli-14. August, Rezeption 8-12.30, 14.30-0.30 h.

PRIVATZIMMER / PENSIONEN: recht teuer, **Vaerelsesanvisningen** in der Ankunftshalle vom Hbf. vermittelt gegen kleine Gebühr Zimmer bei Privat (ab 60 DM fürs DZ) oder in Hotels/Pensionen (ab 80 DM). In der Saison tägl. 9-24 h.

Jorgensens Hotel, Romersgade 11, Tel. 138186. Zentral, zwischen Örsteds Parken und Botanisk Have (Bus 40 ab Hbf. bis Norre Farimagsgade/Ecke Ahlefeldsgade). Eine der günstigsten Möglichkeiten, DZ ca. 65 DM ohne Frühstück, mit 75 DM, in 6-8 Bettzimmern ca. 23 DM. (mit Frühstück), Schlafsack nicht vergessen. Anfang Juni - Anfang Sept.

CAMPING: **Bellahoj Camping**, Hvidkildevej, Tel. 101150, guter Platz Nähe Juhe, weitläufig, praktisch nie voll. Bus 8 oder 2 ab Bhf. bzw. Rathaus bis Haltestelle "Camping", dann 500 m zu Fuß. Nur Anfang Juni - Ende August, internat. Campingausweis wurde in den letzten Jahren zeitweise verlangt.

Absalon Camping, Kordalsvej 132, Tel. 410600. Ziemlich weit außerhalb, mit S-Bahn B bis Brondbyoster Station.

UMSONST IM FREIEN: mit der S-Bahn rausfahren nach **Klampenborg** (Richtung Norden), im dortigen großen Park problemlos möglich, außerdem im **Frederisk Have** (Park im westl. Stadtteil Frederiksberg).

Essen: Restaurants mit dänischer Küche sind teuer. Erschwinglicher sind oft vegetarische Lokale und die vielen Ausländer, auch in Cafés kann man preiswert essen. Laßt euch von "Use It" die Broschüre Where to eat geben. Für einen schnellen Imbiß genügt auch ein *Smorrebrod* zum Mitnehmen oder ein *Polser* (Hot Dog).

Spisehuset, im 1. Stock des "Huset", kollektiv betriebenes Lokal mit guter Atmosphäre, viel Holz, Mahlzeiten ab ca. 15 DM, auch Imbiß.

Universitetspoppen, Studenten-Kantine in der Kobmagergade 52. Nur mittags 11.30-15.30 h (Sa/So, außerdem Juli/August geschl.). 7-11 DM, Studentenausweis wird verlangt.

Smorrebrod, Vesterbrogade 6 (gegenüber vom Bhf., tägl. 16 h bis frühmorgens!) und Gothersgade 10. Große Auswahl an Smorrebrod zum Mitnehmen.

Café Sorgenfri, Brolaeggerstraede 8, bekannt für sein gutes Smorrebrod, auch sonst leckere Kleinigkeiten.

Vista Cafeteria, Vesterbrogade 40, einfach und billig, Essen aber nichts Besonderes.

Hand i Hanke, Griffenfeldtsgade 20, im Stadtteil Norrebro. Angenehme Kneipe mit Essen ab 12 DM, oft Live-Musik (siehe Nachtleben).

Salatbar/Café in der oberen Fußgängerzone, Östergade. Salate um die 12 DM, viele junge Leute, bei schönem Wetter Stühle und Tische draußen.

INTERNATIONAL: viele erschwingliche **Pizzerias** am Stroget. **Istanbul**, St. Pedersstraede, türkisch, mittags wird mit Schild auf dem Bürgersteig auf Sonderangebote hingewiesen. **The Golden Temple**, Blagardsgade 27, vielbesuchter Inder.

VEGETARISCH: **Spiseloppen**, in Christiania, preiswertestes vegetarisches Lokal der Stadt. **City Helse Restaurant**, Linnesgade 14, bekannt gute Küche (Mo-Fr bis 19, Sa bis 15 h, So geschl.). **Det Gronne Kokken** (die grüne Küche), Larsbjornsstraede 10, reichhaltiges Büffet für 18 DM, So geschl.

CAFES / KNEIPEN: **Universitetscafeen**, Fiolstraede 2, äußerst beliebte Studentenkneipe in der Straße hinter dem Dom, schön zum draußen sitzen, bis 5 h früh offen, auch zum Essen brauchbar (bis nach Mitternacht!).

Café Klaptraet, Kultorvet 11, Programmkino mit Café, beliebter Treff, preiswertes Frühstück.

Café au Lait, Gothersgade 11, bekannt für sein leckeres "Wienerbrod", ebenfalls gut zum Frühstücken. Mo-Sa ab 9, So ab 10 h.

Café Krasnapolsky, Vestergade 10, In-Treff, cool und trendy, oft heiße Musik.

Sabines Café, Teglgardsstr. 4, tägl. 7 morgens bis 1 h nachts. Weniger gemütlich, dafür aber abends viele junge Leute. Kleinigkeiten zum Essen zwischen 2 und 14 DM. In derselben Gasse das nette **Café Teglkroen**. An blanken Holztischen und in gemütlicher Atmosphäre läßt es sich lange aushalten (tägl. 11-24, Essen bis 21 h).

Nachtleben: beliebter abendlicher Treffpunkt ist der *Grabrodretorv* - Hunderte Jugendliche, die Bierflaschen kreisen eifrig. Viele Lokale und Diskos um die Fußgängerzone Stroget, vor allem in der *Vestergade*, ansonsten ist auch *Christiania* ein Zentrum des Nachtlebens (Disko Lopper, Gra Hal).

Im Juli großes **Jazz-Festival**, aber auch in den übrigen Sommermonaten viele **Open-Air-Veranstaltungen** in den Parks - Rockmusik, Theater und vieles mehr, fragt "Use it". Viele Tips im Magazin After Midnight.

Musikcafeen, im Huset 2. Stock. Sehr angenehm und oft Super-Stimmung, alle Arten von Gruppen treten hier auf, Rock, Jazz, Jazz-Rock, Funk, Reggae, tägl. von 21-2 h. Mit Tanzmöglichkeit, je

nach Gruppe 10-15 DM. Darunter das **Barbue**, moderne Musik, Punkertreff, Di und Wochenende Disko (Mo geschl.).
Gra Hall, ehemalige Militärhalle in Christiania, größere Rock- und Popveranstaltungen, auch Theater.
Hand i Hanke, Griffenfeldtsgade 20, Folk- und Rockkneipe, oft Livemusik, gelegentlich Eintritt.
Raadhueskroen, Longangstraede 21 (in der Nähe vom Huset), jeden Abend Jazz und Blues zwischen 21 und 2 h.
Cafeen Funke, Blegdamsvej 2, 11 morgens bis 1 h nachts, Mo, Mi und Sa Jazz, Rock und Blues.

DISKOTHEKEN: Eintritt meist zwischen 5 und 15 DM, immer viel los, z.B. im angenehmen **Woodstock**, Vestergade 12 (21-2 oder 3 h morgens, ca. 5 DM) oder im benachbarten **U-Matic**, Vestergade 10 (unter Café Kraspolsky), supermoderner Wave-Schuppen mit Video, ca. 12 DM. In Christiania gibts im **Loppen** von Do-Sa Rock-, Reggae- und New Wave-Disko, ca. 8-14 DM, ab Mitternacht gehts rund!

Sehenswertes

Westlich vom Bahnhof: gleich links vom Bhf., hauptsächlich in der *Istedgade* und Seitengassen, der 'Red Light District'. Richtung Westen die Vesterbrogade entlang kommt ihr nach etwa 10 min. nach *Vesterbro*, ins größte Arbeiterviertel der Stadt. Angenehme Atmosphäre, kleine Läden, Obststände auf den Gehwegen, Cafés - Touristen sind noch in der Minderzahl.

Vom Bahnhof ins Zentrum: die Vesterbrogade nach rechts, dort u.a. der Haupteingang zum berühmten *Tivoli*, trotz erheblichem Rummel und viel Kitsch touristisches "Pflichtprogramm". Mittwoch, Samstag und Sonntag kurz vor Mitternacht wird ein Feuerwerk abgebrannt (Mitte April bis Mitte Sept. tägl. 10-24 h, ca. 6 DM, keine Ermäß., frei mit Copenhagen Card, jedoch Vergnügungen extra).
Ein Stückchen weiter der weite *Rathausplatz* (Verkehrs- und Busknotenpunkt) mit dem etwas düsteren *Rathaus*. Es wurde im 19. Jh. im Stil der italienischen Renaissance erbaut und hat einen 106 m hohen Turm (Führungen Mo-Sa, Super-Blick vom Turm). Vom Platz geradeaus beginnt die lange Fußgängerzone Stroget (s.u.).
Wenn ihr statt dessen rechts den H. C. Andersens Boulevard entlanggeht, kommt ihr am Eingang zum Tivoli zu *The Holographie World* mit internationalen Holographien (im Sommer 10-24, sonst bis 18.30 h, ca. 9 DM). Gleich nebenan *Louis Tussaud's Wax Museum*, eine Imitation des berühmten Londoner Museums (im Sommer 10-23, sonst bis 16.30 bzw. 19.30 h, ca. 13 DM, Schül/Stud. ca. 9 DM).
Nach ca. 500 m dann das vielleicht beste Museum von Kopenhagen, die *Carlsberg Glyptotek*. In der Vester Voldgad, der nächsten Parallelstraße Richtung Schloß Christiansborg, findet ihr das *Nationalmuseum* (s. "Museen").

Insel Slotsholmen: repräsentativer Mittelpunkt der Stadt, über den Frederiksholmskanal kommt ihr rüber. Drüben das weitläufige Schloß *Christiansborg*, heute Sitz des Parlaments und verschiedener Ministerien. Ein Teil des Schlosses kann besichtigt werden, außerdem findet ihr einige Museen - ein Theatermuseum, Militärmuseum, die Nationalbibliothek und das *Thorvaldsen-Museum* (s.u. Museen). Interessantestes Bauwerk ist die *Börse* mit ihrem originellen Turm, dessen Dach durch vier ineinander verknäulte Drachen gebildet wird. Über die nahe Knippelsbrobrücke kommt ihr von hier in den Stadtteil **Christianshavn** mit dem berühmten "Christiania" (s.u.).

Fußgängerzonen/Zentrum: vom Rathausplatz geht's in direkter Verlängerung der Vesterbrogade in den berühmten *Stroget*, 1,8 km lang und die wichtigste Einkaufszeile von Kopenhagen - seit 1962 Fußgängerzone, vom Kaufhaus bis zu exklusiven Kleinläden ist alles vertreten, zahlreiche Straßenmusiker. Zentrale Punkte sind nach ca. 400 m die ineinander übergehenden Plätze *Gammeltorv* (Alter Markt) und *Nytorv* (Neuer Markt). Rechts beginnt hier die Radhusstraede mit dem schon erwähnten Jugendhaus *Huset* ("Use It"), Nr. 13/linke Seite.
Endpunkt des Stroget ist der *Kongens Nytorv* mit dem Schloß Charlottenburg,

dem Königlichen Theater und dem großen Kaufhaus Magazin du Nord. Hier am größten Platz der Stadt mündet auch der Nyhavn Kanal. In der Nähe der *Nicolaj Plats* mit der schroff aufragenden, gleichnamigen Kirche, heute Ausstellungsraum und Café.
Lauft aber nicht nur den Stroget entlang, sondern geht auch mal in das Gewirr der Gassen parallel zum Stroget - rechts die *Farvergade*, *Kompagnistraede*, *Laederstraede* und links die *Vestergade* und *Skindergade*. Hier findet ihr teilweise originelle Shops, Antiquitätenläden, Kneipen u.ä.
Auf der Skindergade kommt ihr auch zum hübschesten Platz der Stadt, dem *Grabrodretorv*. Hier trifft man sich - Kneipen, Rumhänger, Touristen, ein Straßenbahnwagen als Imbißstube. Linker Hand noch zwei weitere Fußgängerzonen - *Fiolstraede* und *Kobmagergade* - weniger "exklusiv" als der Stroget, dafür viele kleine Geschäfte, Antiquariate und Boutiquen. Hier außerdem auch der *Dom* und die *Universität* - in der Umgebung (z.B. Studiestraede) die meisten Bücherantiquariate der Stadt (früher gab's angeblich über 700!). An der Kobmagergade steht der *Runde Turm*, ein ehemaliges Observatorium, 36 m hoch, mit schönem Rundblick über die ganze Altstadt. Für ein paar Kronen könnt ihr den spiralförmigen Rundgang hinauflaufen, es gibt keine Stufen.
Noch ein Stück weiter auf der Kobmagergade kommt ihr zum Kultorvet mit der großen *Stadtbibliothek* (frei).

Gärten/Parks: nordöstl. vom großen Kongens Nytorv liegt die grüne Lunge von Kopenhagen - vor allem der große *Kongens Have*, wo man sich im Sommer auf den Rasenflächen trifft. Hier steht auch das hübsche Barockschloß *Rosenborg*, in dem so allerhand Wertvolles aus der Geschichte der dänischen Monarchie aufbewahrt wird - z. B. die Kronjuwelen (tägl. 11-15 h, ca. 6 DM, Stud. ermäß., Eingang Ostervolgade). Benachbart zum Kongens Haven liegt der *Botanische Garten* mit einem Gewächshaus aus dem 19. Jh. und allen Pflanzen, die es in Dänemark gibt, auch jede Menge subtropische und tropische Gewächse (tägl. 9-16 h).
Dahinter anschließend die *Oestre Anlag* mit dem *Staatlichen Kunstmuseum* (u.a. italienische und holländische Schule, z.B. Tizian, Rembrandt, wenig Modernes).
Um den Parkbummel zu vollenden, könnt ihr noch in die Parkanlage um das mittelalterliche *Kastell* gehen, auch heute haust hier noch das Militär. Die nahe Langelinje, der Anlegekai für große Schiffe, liegt gleich benachbart - dort findet ihr die *lille havefrue*, die berühmte Seejungfrau von Kopenhagen. Richtung Stadtmitte kommt ihr von hier zum sehenswerten *Dänischen Freiheitsmuseum* im Churchillpark, das an den Widerstand gegen die deutsche Besetzung Dänemarks 1940-45 erinnert (Di-So 10-16 h, frei).

Frederikstad: das ehemalige Nobelviertel mit dem *Rokokoschloß Amalienborg*, das mit vier Flügeln den Schloßplatz umschließt. In zwei Flügeln wohnt die Königsfamilie - Königin Margreth II. und ihr französischer Mann Prinz Henrik. Wer Interesse an monarchistisch-militärischem Zeremoniell hat, kann tägl. um 12 h die Wachablösung bewundern. Nahebei die schöne *Marmorkirche* mit vergoldeter Kuppel.

Hafenviertel: vom Kongens Nytorv den hübschen *Nyhavn-Kanal* entlang - hölzerne alte Segelboote liegen vor den bunten Häusern mit spitzen Giebeln. Die einstmals etwas anrüchige Gegend mit zwielichtigen Bars, Tätowierungsläden u.ä. ist heute ziemlich entschärft und schon beinahe mondän. In fast jedem Haus eine Kneipe, oft im Hinterhof. Hans Christian Andersen hat hier lange in verschiedenen Häusern gewohnt.

Christianshavn: wenn ihr bei der Börse über die Knippelsbrobrücke geht, kommt ihr in das "Amsterdam" von Kopenhagen. Viele Kanäle, bunte Holzboote und alte Kaufmannshäuser, die in neuem Glanz erstrahlen - vom Äußeren her sicher eins der schönsten Viertel in Kopenhagen, inzwischen zusehends von den zahlungskräftigen oberen Zehntausend in Beschlag genommen. Die barocke *Vor Frelsers Kirke* an der Skt. Annae Gade fällt durch ihr außen am Turm angebrachtes Treppenhaus zum Glockenstuhl auf (im Sommer 9-16.30 h).

"**Freistaat Christiania**": die wohl größte 'Attraktion' der Stadt. 1972 besetzten einige Leute, die unzufrieden waren mit den Arbeits- und Lebensverhältnissen der Gesellschaft ein leerstehendes Kasernengelände. In den folgenden Jahren zog Christiania immer mehr Aussteiger, Gestrauchelte und Gescheiterte aus der ganzen Welt an. 1973 erkannte der dänische Staat unter der Regierung der Sozialdemokraten Christiania als "soziales Experiment" an und bis heute haben sich die Befürworter des Experiments durchsetzen können.

Lange Zeit gab es erhebliche Probleme mit Kriminalität und harten Drogen. Im Gegensatz zu ihrem sonstigen Prinzip der Toleranz und Gewaltlosigkeit gelang es aber den Christianitern mit einer selbst aufgestellten Bürgerwehr, die Drogenverkäufer und Junkies vom Gelände fernzuhalten. Häufige Polizeikontrollen sind seitdem an der Tagesordnung und immer wieder kommen Gerüchte einer bevorstehenden Räumung auf - doch die bürgerlichen Parteien haben inzwischen erkannt, daß es billiger kommt, Randexistenzen und Problemfälle hier leben zu lassen, als sie in Kliniken oder Heimen unterzubringen.

Christiania wirkt auf den ersten Blick verwahrlost. Es ist fast eine Stadt im Kleinen, mit Kaufläden, einer Art Krankenhaus, Kindergarten, Kneipen, Restaurants, Sauna usw. Leben, Arbeit und Produktion der Christianiter orientieren sich an natürlicher Lebensweise, Wiederverwertung und Umweltschutz. Geheizt wird mit Holz oder Kohle, außerdem gibt's ein großes Sperrmüllager. Ansonsten baut man biologisch-dynamisches Gemüse an, bäckt Brot ohne chemische Zusätze und bemüht sich, möglichst viel von den anfallenden Abfällen wiederzuverwerten. Aber auch auf die Finanzkraft der Touristen ist man angewiesen, gleich am Eingang stehen diverse Verkaufsstände mit Schmuck, Haschpfeifchen, Klamotten und allem, was so dazugehört. Und unübersehbar wird natürlich auch Haschisch und Grass verkauft.

In Christiania gibt's Restaurants und Cafés, außerdem ein großes kulturelles Angebot - Theater, Musik und anderes. Die Disko Loppen ist eine der beliebtesten der Stadt.

Christiania ist ein soziales Experiment, **keine Sehenswürdigkeit**. Verhaltet euch entsprechend und macht **keine Photos**.

MUSEEN: **Carlsberg Glyptotek**, H. C. Andersen Blvd. In der modernen Abteilung dänische Bildhauer, eine große Sammlung von Rodins Bildwerken, außerdem eine Gemäldegalerie, hauptsächlich Impressionisten. In der alten Abteilung gibt es eine ägyptische, römische, griechische und vor allem eine große etruskische Sammlung. Außer Mo tägl. 10-16 h, ca. 5 DM, Mi und So frei.

Nationalmuseum am Frederiksholmskanal. Hauptsächlich dänische Geschichte und eine interessante ethnographische Sammlung über die Polarvölker. Außer Mo tägl. 10-16 h, frei.

Thorvaldsen Museum, auf Slotsholmen (Schloß Christiansborg). Werke des berühmten dänischen Bildhauers (tägl. 10-16 h, frei).

Stadtmuseum, Vesterbrogade 59. Kleines Museum, aber viel Interessantes über die Geschichte Kopenhagens (Di-So 10-16 h, Mo geschl.).

BRAUEREIEN: die **Carlsberg-Brauerei** ist eine der größten Europas! Mit S-Bahn in die südl. Vorstadt Valby, Station Enghave (dort Hinweispfeile). Beginn der Führungen jeweils Mo-Fr 9, 11 und 14.30 h am Carlsberg Vej. Am Eingang zu dem schönen alten Brauereigebäude könnt ihr die massigen Steinelefanten bewundern - ein Symbol der Stärke der dänischen Industrie. Nach der Führung gibts Freibier und/oder nichtalkohol. Getränke.

Genau dasselbe auch bei der Konkurrenz, in der **Tuborg-Brauerei** auf der anderen Seite der Stadt, mit Bus 1. Strandvejen 54. Mo-Fr 8.30-14.30 h.

EINKAUFEN / MÄRKTE: viele Second-hand Shops, Boutiquen, Gesundheitsläden etc. in den Fußgängerzonen **Stroget**, **Fiolstraede** und **Kobmagergade**. Ein Zentrum für "Alternativläden" ist auch das sog. **Pisserende**-Viertel, z.B. Larsbjornstraede. Second-hand Shops außerdem in der Absalonsgade, Vesterbrogade und am Gammel Kongevej.

Der große Kopenhagener **Flohmarkt** ("Loppetorv") findet jeden Samstag von 7-14 h auf dem **Israel Plads** neben dem Oersted Park statt (Mai bis Nov.). Ansonsten ist hier der große **Obst- und Gemüsemarkt**.

HAFEN- UND KANALRUNDFAHRTEN: ab Gammel Strand oder Kongens Nytorv jede halbe Stunde etwa 1 std. lang, kostet ca. 8 DM (mit Führer) bzw. 5 DM (ohne).

FÄHREN NACH SCHWEDEN: ab **Havnegade** (Hafenviertel Nyhaven, Bus 42 ab Hbf.) "fliegen" in der Saison fast stündl. Tragflügelboote nach **Malmö**, Dauer zwischen 60 und 90 min., ca. 15-25 DM, Interrailer bekommen 50 % Ermäßigung.
Nach Oslo 1 x tägl. Fähren der Scandinavian Seaways (DFDS) ab **Toldbodgate** (Nähe Schloß Amalienborg), Preis ca. 90-120 DM, ebenfalls 50 % Ermäßigung für Interrailer.

Kopenhagen/Umgebung

Lyngby/Freilichtmuseum: auf 35 ha über hundert Bauernhöfe, Wohnhäuser, Mühlen etc. aus allen Landesteilen, eingerichtet im Stil der jeweiligen Region. Mit S-Bahn Richtung Holte, Station Sorgefri (tägl. 10-17 h, ca. 3 DM).

Dragor: hübsches Städtchen an der Ostküste der Insel Amager, auf der ein Teil Kopenhagens liegt, schön zum Bummeln! Mit Bus 33 ab Rathaus, ca. 20 min. Fahrt.

Dyrehave/Bakken: großer Wildpark, wo Hirsche und Rehe frei herumlaufen. Sehr groß, viele Bäume, Eintritt frei. Am südl. Parkanfang, im Stadtteil Klampenborg, liegt *Bakken*, der angeblich älteste Vergnügungspark der Welt (frei) mit der ältesten Achterbahn Europas. S-Bahn Richtung Helsingör bis Klampenborg.

Kopenhagen - Humblebaek - Helsingor A-Kb. 20001

Nahverkehrsregion, Züge alle 30 min., Fahrzeit 30-40 min. Die gesamte Region bis Helsingör ist praktisch zugebaut.

Humblebaek: Vorort von Helsingör, Standort des einzigartigen Museums *Louisiana* für moderne Kunst. Unmittelbar am Sund, zwischen weiten Rasen- und Baumflächen, steht das alte Herrenhaus mit flachen Pavillons, großzügig-hellen Ausstellungsräumen und verglasten Gängen. Die Architektur ist der umgebenden Parklandschaft hervorragend angepaßt. Schwerpunkte sind moderne Malerei (u.a. Picasso, Miro und Warhol) und beeindruckende Plastiken, die teilweise im Freien stehen (Henry Moore). Außerdem gibts wechselnde Sonderausstellungen und eine wirklich gemütliche Cafeteria (tägl. 10-17 h, ca. 6,50).

Helsingor: hübsches Stadtbild mit alten Häusern aus dem 17. Jh. vor allem um die Fußgängerzone *Stengade*. Fähren pendeln alle paar Minuten über den Öresund nach Helsingborg (Schweden).
Auf einer Halbinsel vor der Stadt das imposante *Schloß Kronborg* - erbaut, um die Zölle im Öresund zu kassieren. Shakespeare ließ hier einen Teil seines "Hamlet" spielen - seit 1979 wird das Drama jeden Spätsommer im Schloßhof aufgeführt. Schön zum Relaxen sind die grünen Wälle um das Schloß (tägl. 10-17 h, ca. 3,50, Stud. die Hälfte).

Der **Öresund** ist der einzige Zugang zur Ostsee. Die Schweden planen eine Brücke - die Dänen möchten aber erst die Anbindung der Insel Seeland an Fünen und damit ans mitteleuropäische Festland realisieren (siehe Insel Fünen).

INFORMATION: Havnepladsen, nur ein paar Schritte vom Bhf.

ÜBERNACHTEN: **Jugendherberge Villa Moltke**, Ndr. Strandvej 24, 2 km vom Bhf., am Strand nordwestl. vom Nordhafen. Mai-September, Tel. 02/211640. Großer **Camping Gronnehave** ebenfalls westl. der Stadt.

FÄHREN: Die Eisenbahnfähren von **Helsingör** nach **Helsingborg** sind für Interrailer kostenlos. Häufige Überfahrten (fast alle 10 min.), Fahrtdauer nur 20 min. Der Bhf. in Helsingör liegt direkt am Hafen, ebenso in Helsingborg.

Schweden

Ein Land, in dem ihr wie in kaum einem anderen in Europa, riesige, von der Zivilisation nahezu unberührte Gebiete findet.

Von Südschweden bis hinauf in den hohen Norden ziehen sich endlose Wälder, dazwischen liegen unzählige kleine und größere Seen, an denen die Schweden ihre rotgetünchten Sommerhäuschen stehen habe, die teils aber auch völlig einsam und praktisch unentdeckt sind. Das Land hat die doppelte Größe der Bundesrepublik, aber nur etwa acht Millionen Bewohner, das kann euch in etwa eine Vorstellung von der menschenleeren Weite der ganzen Region geben. Nur eine Million davon lebt im Norden, in *Schwedisch-Lappland*, dort stoßt ihr fast schon in polare Zonen vor - Birkenwälder, Moore und karge Tundralandschaften, über die die Lappen wie eh und je mit ihren Rentierherden ziehen. Gleichzeitig liegen hier aber auch die größten bekannten Erzvorkommen der Welt, außerdem die gewaltigen Wasserkraftreserven der Flüsse. Schweden gilt als eins der reichsten Länder Europas, im dichter besiedelten Süden sind viele Industriestädte entstanden, vor allem die Holzverarbeitung steht an erster Stelle. Wenig erfreulich in diesem Zusammenhang, daß auch vor Schweden die Umweltzerstörung nicht Halt macht. Ein Großteil der Seen ist bereits "sauer".

Mit großem Aufwand wurden in den letzten Jahrzehnten in fast allen Städten moderne Wohnviertel in stereotyper und oft steriler Einheitsarchitektur angelegt. Paradebeispiel ist *Stockholm* mit seinem Ring von ultramodernen Vorstädten - früher galten sie als Muster der Stadtplanung, inzwischen klagen die Bewohner zusehends über Lebensfeindlichkeit und Anonymität. Die Altstadt von Stockholm ist dagegen ein wirklich malerisches altes Viertel mit Boutiquen, Kunsthandwerksläden und vielen Kneipen.

Der schwedische Ferienmonat ist der Juli - dann ist fast die Hälfte der Bevölkerung unterwegs, die meisten Geschäfte haben geschlossen und die Touristenorte sind überfüllt. Viel besserer Reisemonat ist der Juni. An dem Wochenende, das dem 24. Juni am nächsten liegt, wird *Mittsommer* gefeiert, das ausgelassenste Fest, das ihr überhaupt erleben könnt - ein paar Tage lang herrscht Volksfeststimmung, vergleichbar unserem Fasching.

LESERTIPS: "Zu empfehlen in Schweden: steigt an kleine Orten aus, vielleicht an einem See. Hier bekommt ihr schneller Kontakt zur Bevölkerung, die Sachen sind billiger etc." (Marcus Buegger, Kelheim) . . . "Die Weite und Unberührtheit des Landes bringt auch Nachteile mit sich - so kommt es vor, daß man gut 10 km von einer im Wald gelegenen Bushaltestelle zum nächsten Laden zurücklegen muß" (Hagen Hemmie, Urbar).

Mit der Eisenbahn durch Schweden

Dichtes Zugnetz im Süden, nach Norden hin weitmaschiger. Züge sind generell sehr pünktlich und komfortabel ausgestattet. Es gibt keine Zuschläge.

Platzreservierung ist in den meisten Fernschnellzügen und Expreßzügen Pflicht - im Auslandskursbuch und in den Fahrplänen mit *"R"* gekennzeichnet, kostet ca. 4 DM. Kostenlose Fahrpläne *(SJ-Snabbtag)* der wichtigsten Verbindungen gibt's an Bahnhöfen.

Nachtzüge sind kein Problem, der Schaffner erlaubt in der Regel sogar das Schlafen am Gang.

INTERESSANTE STRECKEN: nach **Lappland**, den hohen Norden Schwedens, führen zwei Bahnstrecken - eine im Landesinneren (Inlandsbanan), die andere in Küstennähe. Erstere ist weitaus schöner, jedoch nur 1 x tägl. Verbindung mit langsamem Triebwagenzug. Auf der Küstenstrecke verkehren dagegen äußerst komfortable Schnellzüge 2-3 x tägl. von Stockholm nach Lappland, außerdem saust der legendäre **Lapplandpilen** im Juli/August 1 x tägl. (sonst nur Wochenende) von Malmö in 24 std. hinauf nach Kiruna und weiter nach Narvik/Norwegen (28 std.). Vorsicht, fährt nicht über Stockholm.
Die **Riksgränsban** von Kiruna nach Narvik bildet im hohen Norden den Anschluß an die Strecke Stockholm-Kiruna - landschaftlich sehr reizvoll vor allem die Abfahrt nach Narvik.

Informationen: Statens Järnvägar, Centralförvaltning Kommersielle Avdelningen Klarabergsviadukten 49, S-10550 Stockholm.
Generalvertretung für den Personenverkehr: **Reisebüro Norden**, Ost-West-Str. 70, 2000 Hamburg 11, Tel. 040/363211.

Andere Verkehrsmittel: Schweden ist Autofahrerland, Trampen funktioniert schlecht, Busverbindungen auch nicht besonders, mit der Bahn ist man am besten dran. Fahrräder könnt ihr in vielen Touristenbüros ausleihen.
Schweden kann von Mitteleuropa aus nur **per Fähre** über Dänemark oder ab der BR Deutschland über die Ostsee erreicht werden. Am besten setzt ihr mit den für Interrailer kostenlosen *Eisenbahnfähren* von Helsingör nach Helsingborg über den Öresund, siehe auch Dänemark. Weitere Fähren von und nach **Dänemark** verkehren zwischen Göteborg und Frederikshavn, außerdem häufig Tragflügelboote zwischen Malmö und Kopenhagen.
Direkt von der **BR Deutschland** nach Schweden übersetzen kann man von Lübeck/Travemünde nach Trelleborg.
Nach **Finnland** gehen die meisten Fähren ab Stockholm, z.B. nach Helsinki und über die Aland Inseln nach Turku, außerdem von Kapellskär (nördl. von Stockholm) über die Aland Inseln nach Naantali.

Alle genannten Fähren (außer den kostenlosen Bahnfähren) geben Interrailern **50 % Ermäßigung**, mit der Karte **Interrail + Schiff** gibt es Freifahrt von Stockholm nach Turku und von Göteborg nach Frederikshavn bzw. in umgekehrter Richtung. Weitere Details unter den jeweiligen Orten und in den Länderkapiteln Dänemark, Finnland und BR Deutschland.

Praktisches

Einreise: Personalausweis oder Reisepaß.

Finanzielles: Schweden ist eins der teuersten Länder im Interrail-Verbund. Landeswährung ist die *Schwedische Krone* (skr), unterteilt in 100 Öre.
Reiseschecks und *Euroschecks* (1000 skr) werden von allen Banken akzeptiert. Allgemein beim Wechseln relativ hohe Gebühren - bis zu 5 DM, unabhängig vom Betrag. Tauscht am besten gleich größere Summen. Vom *Postsparbuch* kann man gebührenfrei an den meisten Postämtern abheben.

Aktueller Kurs: 1 skr = 0,29 DM (2/90)

Übernachten: die gut 280 *Jugendherbergen* (Vandrarhem) der Svenska Turistföreningen (STF) sind vorbildlich und meist gut in Schuß - keine Massenschlafsäle, sondern komfortable Mehrbettzimmer, auch DZ. Waschmaschine, Sauna und reichhaltiges Frühstück sind oft inklusive, keine Altersbeschränkung. Preis mit JH-Ausweis 13-18 DM, wer keinen hat, kann eine Gästekarte lösen und zahlt ca. 5 DM mehr. Insgesamt wohl die angenehmste Unterkunftsart. Im Sommer entsprechend voll - am besten immer 1-2 Tage vorher anrufen und reservieren.
Hotels werden in der Regel nicht in Frage kommen, sind einfach zu teuer.
Privatzimmer vermitteln die Tourist-Büros, zwischen 25 und 35 DM pro Pers.
Campingplätze findet ihr praktisch überall - meist in landschaftlich reizvoller Lage und neben Jugendherbergen die wohl bequemste Lösung. Fast immer werden auf den Plätzen warme, trockene Hütten vermietet (für 4 Pers. 45-50 DM, Kochgelegenheit, Heizung).

Schweden Fahrpläne Nr 20100 – 20180

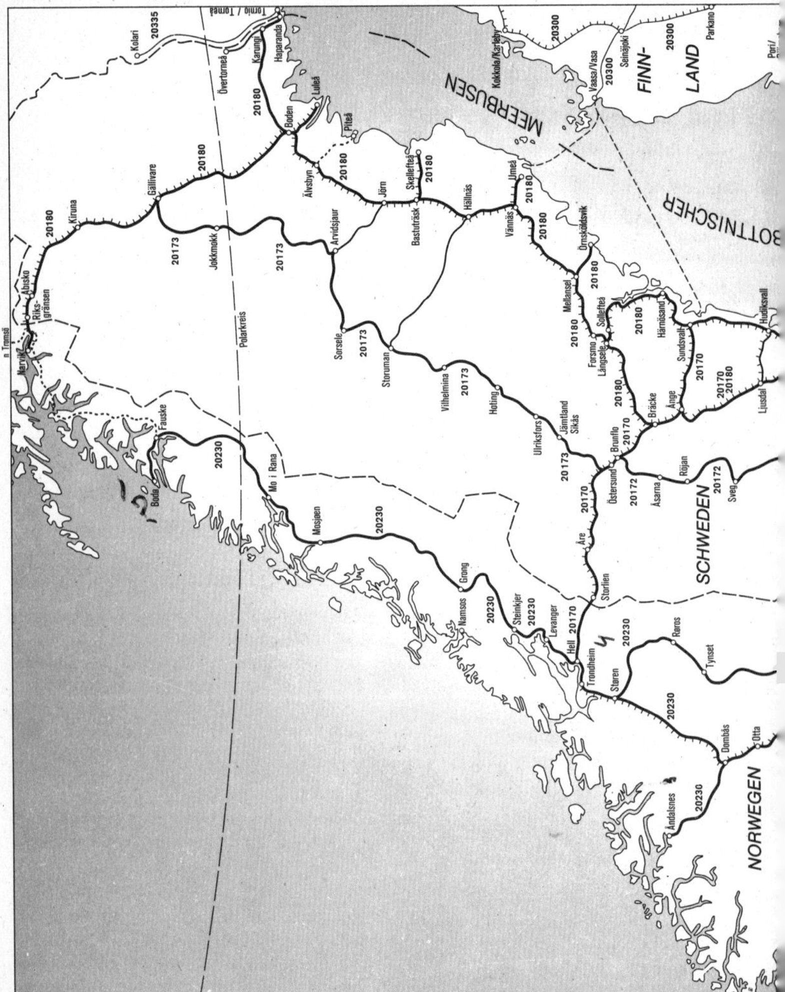

Strecken des Auslandkursbuches (elektr.) — sonstige Strecken (elektr.) — Busverkehr — Schiffahrtslinien

Wild zelten ist dank des Allemansrätt (Jedermannsrecht) überall in der freien Natur erlaubt - jedoch nicht für Gruppen und an ein und derselben Stelle nur für einen Tag. Ein Abstand von 100 m zum nächsten Privatgrund ist üblich. Dieser liberalen Lösung sollte man sich als Wildzelter "würdig" erweisen - bitte hinterlaßt alles so, wie ihr es vorgefunden habt, keine Abfälle, kein Feuer! In Nationalparks gilt das Jedermannsrecht nicht.

Norwegen Fahrpläne Nr 20200 – 20240

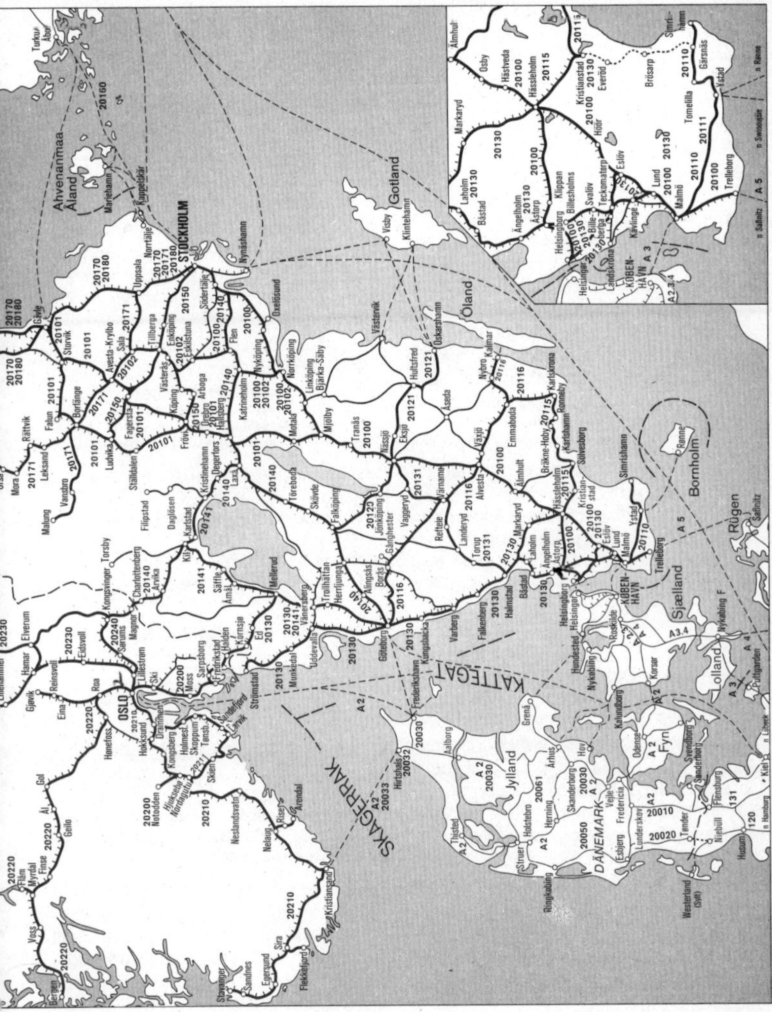

Essen: generell teuer, vor allem abends. Mittags bieten viele Lokale während der Woche einen wesentlich preiswerteren "lunch" oder *dagens rätt* an (vollständiges Menü für ca. 11-17 DM). Ansonsten sind Pizzerias noch einigermaßen im Rahmen, Fast-Food gibt es in den Großstädten an jeder Ecke, am *korvkiosk* gibts Würstchen mit Pommes für ca. 6 DM.

Smörgasbord, das schwedische "Iß soviel du kannst"-Buffet gibts in vielen

Restaurants und auch auf den Fähren (z.B. nach Finnland). Ab 25 DM aufwärts könnt ihr von den aufgebauten Salat-, Fisch- und Fleischplatten nehmen, was und soviel ihr wollt. Frühstück ist meist reichlich, das schwedische *knäckebröd* ist ja auch bei uns wohlbekannt. *Smörgas* heißen die Sandwiches. Natürlich gehören Wassertiere aller Art zu den Spezialitäten der Küche - Krebse, Krabben, Lachs und Hering werden überall angeboten, vor allem auch auf den Märkten und in Salatform als Brotbelag. Ansonsten gehören Erbsensuppe und Pfannkuchen mit Beeren *(pannkakor med lingonsylt)*, Fleischklößchen *(kjöttbullar)* und eine Art Bratkartoffeln mit Spiegelei *(pytt i panna)* zu den gebräuchlichsten Gerichten. Auf die vielen Beeren, die im Land wachsen, trifft man in den verschiedensten Formen - eingemacht, roh, zum Joghurt etc.

Die rigiden schwedischen Alkoholgesetze machen den Genuß von Alkohol zu einem Problem. Bier gibt es in drei Arten: *lättöl* ist extrem leicht (1,8 %), *folköl* etwas stärker (2,8 %), *starköl* entspricht etwa unserem Bier, jedoch nicht preislich - man zahlt im Laden dafür fast 4 DM pro Büchse, im Pub sogar 8-12 DM für ein großes Bier. Nur wenige Lokale erhalten vom Staat eine Ausschank-Erlaubnis für Alkohol. Kaufen kann man Starkbier und andere "starken" Alkoholika nur in den staatl. "Systembolaget"-Läden, zu erkennen an den giftgrünen Schildern (Mo-Fr 10-18 h, vor Feiertagen geschl., Zutritt erst ab 20 Jahren). *Akvavit* (Lebenswasser) ist der schwedische "Klare".

Telefon: ins Ausland am besten von den Telefonzentralen *"Televerket"*. In Telefonzellen braucht man Mengen von Münzen.

VORWAHL: BR Deutschland **00949**, Österreich **00943**, Schweiz **00941**, von BR Deutschland nach Schweden **0046**.

Kleines Sprachlexikon

Allgemeines: Guten Tag - *god morgen, god dag, hej*; Guten Abend - *god aften*; Auf Wiedersehen - *hej, da*; ja/nein - *ja/nej*; bitte/danke - *var sa god/tak*; wo ist . . . ? - *var ligger* . . . ? Straße - *gatan*; Platz - *torg*;
Zahlen 1-10 = *en, tva, tre, fyra, fem, sex, sju, atta, nio, tio;* 20 - *tjugo*; 50 - *femtio*; 100 - *etthundra*; 1000 - *ett tusen*.

Bahn: Zug - *taget*; Bahnhof - *järnvägsstation*; Abfahrt/Ankunft - *avgang/ankomst*; Gepäckaufbewahrung - *effektförvaring*; Ausgang - *utgang*; Kurswagen - *direktvagn*; Liegewagen - *liggvagn*; Schlafwagen - *sovvagn*; Schnellzug - *snälltag*; Speisewagen - *restaurangvagn*; Platzkarte - *platsbiljett*; Zuschlag - *tilläggsavgift*.

BOTSCHAFTEN

Bundesrepublik Deutschland: 11527 Stockholm, Skarpögatan 9, Tel. 08/631380. Generalkonsulat in 41107 Göteborg, Drottninggatan 63, Tel. 031/178365.
Österreich: 11458 Stockholm, Kommendörsgatan 35, Tel. 08/233490.
Schweiz: 11182 Stockholm, Sekeppsbron 20, Tel. 08/231550.

FREMDENVERKEHRSÄMTER

D-2000 Hamburg 1, Glockengießerwall 2, Tel. 040/330185. **A-1010 Wien**, ÖAMTC-Reisen, Schubertring 1-3, Tel. 0222/72990. **CH-8034 Zürich**, Wiesenstr. 9, Postfach 390, Tel. 01/694130.

SÜDSCHWEDEN

Endloses Flachland mit fruchtbaren Feldern, vor allem Getreide wird angebaut, kaum Wald. Die Provinz Schonen ist die Kornkammer Schwedens.

Je weiter ihr nach Norden Richtung Stockholm vorstoßt, desto dichter werden die Wälder und schon bald kommt ihr durch schwedische Bilderbuchlandschaften - Wald, so weit das Auge reicht, rote Holzhäuser mit weißen Fensterläden, spiegelglatte Binnenseen. Fast die Hälfte der Provinz *Smaland* ist mit Wald bedeckt, wichtigste Industrie ist die Holzverarbeitung.

Helsingborg: wichtigstes Einfallstor von und nach Dänemark - Schwedens zweitgrößter Hafen, viel Touristenrummel und Ausflugsverkehr.

Helsingborg war in den letzten Jh. immer schwer umkämpft und vor allem die mittelalterlichen Teile sind fast vollkommen zerstört. Nur ein 35 m hoher Backsteinturm, der *Kärnan*, steht noch von der ehemaligen Festung (ihr seht ihn vom Hafen). Die tolle Aussicht lohnt den Aufstieg, dahinter der große *Slottshagen* (Schloßpark).

VERBINDUNGEN / BAHNHOF: 2 Bahnhöfe - hübscher **Hafenbhf.** im traditionellen schwedischen Stil (dort die meisten Fernzüge - Oslo, Stockholm etc.) und **Hbf.** im Zentrum.

INFORMATION: im Rathaus an der Drottninggatan, vom Hafen 150 m geradeaus (tägl. 10-19 h).

ÜBERNACHTEN: zwei Jugendherbergen - **Villa Thalassa**, Dag Hammarskölds väg, Tel. 042/110384. Prächtige Villa 4 km nördl. vom Hafen, schöne Lage über dem Öresund, Bus 4 oder 201 ab Rathaus (10-16 h geschl.). **KFUM**, Nyckelbo Skolvägen, Tel. 042/92005, kleines 30-Bettenhaus 7 km nördl. vom Bhf., Bus 201. **Camping Raa Vallar** südl. weit draußen beim Industriegebiet. Groß und gutbesucht, mit Freibad, hinterm Deich kann man im Meer baden. Bus 20, 23.

Helsingborg/Umgebung: nördl. der Stadt erstrecken sich viele Badeorte die Küste entlang. Interessanter Busausflug nach *Mölle*, kleiner Badeort am Fuß des Kullen (Camping 2 km südl.). Der *Kullen* ist eine etwa 15 km lange Landzunge, die weit ins Meer hinausragt und steil nach allen Seiten abfällt.

FÄHREN: häufige Bahnfähren nach **Helsingör** (Dänemark) - für Interrailer kostenlos, Fahrtdauer ca. 20 min.

Helsingborg - Lund - Malmö
A-Kb. 20130

Lund: etwa 10 min. vor Malmö. Hübsches altes Städtchen mit gut erhaltenem historischen Kern - schmale Gäßchen, schöne Parks und viele kleine Läden. Große Uni mit ca. 22.000 Studenten.

Der prächtige *Dom* gilt als bedeutendste romanische Kirche Schwedens - neben dem prunkvollen Flügelaltar vom Anfang des 14. Jh. gibts eine sehenswerte Krypta und vor allem eine 600 Jahre alte *Astronomische Uhr* ('Männleinlaufen' 12 und 15 h, sonntags 13 und 15 h).

Nördl. vom Dom der schöne Park *Lundagard*, im Umkreis Kopfsteinpflastergäßchen und schiefe Fachwerkhäuschen. Gleich in der Nähe (Adelgatan) das kulturhistorische Museum *Kulturen* - beachtliches Freilichtmuseum mit alten Bauernhöfen und Bürgerhäusern (tägl. 11-17 h).

Der alte *Martenstorget* ist auch heute noch Mittelpunkt des Geschäftsviertels, ansonsten liegt noch ein sehenswerter *Botanischer Garten* etwas außerhalb vom Zentrum.

VERBINDUNGEN / BAHNHOF: der Bhf. liegt ca. 400 m vom Zentrum (Domplatz).

INFORMATION: S. Petri Kyrkogatan 4, vom Bhf. ca. 400 m, links halten.

ÜBERNACHTEN: **Jugendherberge** im Hotel Sparta, Tunavägen 39, Tel. 046/124084. Liegt auf einem Universitätsgelände, Unterkunft in ordentlichen Doppelzimmern (!), nur 2.6.-27.8., Bus 1 ab Bhf.

Hotel Ahlström, Skomakaregatan 3, Tel. 110174, und **Hotel Temperance**, St. Petri Kyrkogatan 7, Tel. 113440. Beide ca. 55-60 DM fürs DZ.

ESSEN / TREFFS: viele Studenten trifft man in der **Chongren Cafeteria** bei der Kathedrale, weitere Studenten-Cafeteria in der **Stadtbibliothek** beim Tourist Büro. Cafés etc. auch um den **Martenstorget**. Beliebt ist das Pfannkuchenhaus **Lilla Carlsson** in der Sandgatan.

MUSEEN: außer dem Freilichtmuseum nicht das **Archiv für dekorative Kunst** in der Finngatan versäumen - Entstehung eines Kunstwerks von Anfang bis Ende, Skulpturen in allen Größen und Stadien der Fertigstellung (tägl. 10-16 h).

Malmö

Drittgrößte Stadt Schwedens, viel Industrie, aber hübsche Altstadt, ganz von Wasser umgeben.

Vom Hbf. seid ihr mit wenigen Schritten im Zentrum des Geschehens um den großen Hauptplatz *Stortorget* (Rathaus). Viel schöner ist aber der benachbarte heimelige *Lillatorg* mit der Markthalle, kleinen Fachwerkhäuschen und vielen Läden zum Stöbern.

Ansehen könnt ihr euch die große Backsteinkirche *St. Petri Kyrka* hinter dem Rathaus - entworfen nach dem Vorbild der Marienkirche in Lübeck. Westl. vom Zentrum, umgeben von großem Park und Wassergraben, das *Schloß Malmöhus* mit Stadtmuseum (tägl. 12-16 h, Mo geschl.). Ein paar Schritte weiter das *Technische Museum* mit einer großer Sammlung von Verkehrsmitteln (tägl. 12-16 h, Mo geschl.). *Bootsrundfahrten* durch die Kanäle und den Hafen starten beim Bhf.

In Malmö beginnt der legendäre *Lapplandspilen* seine lange Reise in den äußersten Norden Schwedens und Norwegens. Für viele Railer, die von Kopenhagen rüberkommen, die schwedische Standardroute.

VERBINDUNGEN / BAHNHOF: der **Hbf.** am Rand der Altstadt, gute Verbindungen in alle Richtungen, nach Lund auch per S-Bahn. Zum Stortorget sind es ca. 300 m auf der Hamngatan. Gleich vorm Bhf. überquert ihr einen breiten Kanal und seid in der Altstadt.

INFORMATION: Hamngatan 1, vom Bhf. auf der anderen Seite des Kanals (Mo-Fr 9-20, Sa/So 10-15 h).

ÜBERNACHTEN: **Jugendherberge Södergarden**, Backavägen 18, Tel. 040/82220. Im Süden der Stadt, groß und gut geführt, 180 Betten in 2-,4- und 6-Bettzimmern, Sauna, Waschmaschine, große Selbstkocherküche, Gemeinschaftsraum, Bus 36 ab Bhf. (4 km). Freundliches **Hotel Hembygden**, Isak Slaktaregatan 7, Tel. 104950, im Zentrum, DZ ca. 65-70 DM. Großer **Camping Sibbarp** 8 km südwestl. vom Zentrum, am Strand.

ESSEN: am Lillatorg das **Restaurant B & B** in der Markthalle Saluhallen, hauptsächlich Fisch.

FÄHREN NACH KOPENHAGEN: vom Hafen, gleich in der Nähe vom Bhf., gehen in der Saison fast stündl. **Tragflügelboote** (Flybatarna) nach Kopenhagen, Dauer zwischen 60 und 90 min., ca. 15-25 DM, für Interrailer 50 %.

Helsingborg - Laholm - Halmstad - Göteborg A-Kb. 20130

Schöne Strecke an der Westküste Südschwedens. Bahnlinie immer wieder dicht am Wasser. Viel Badeurlaub an den besten Stränden im Land.

Bei der Provinzhauptstadt *Halmstad* (Bahnstation) auf vorgelagerter Halbinsel der bekannte Badeort *Tylösand* mit phantastischen Stränden - guter Camping Tylösand nicht weit vom Ort. Ebenfalls Superstrände beim Badestädtchen *Falkenberg* (Bahnstation) - es gibt eine JH, allerdings 6 km außerhalb (Tel. 0346/50580), und mehrere Campingplätze. In *Varberg* (Bahnstation) tolle Festung auf einem Felsen direkt am Meer, drinnen u.a. Moorleichen und kunsthistorische Sammlung, außerdem eine der zwei Jugendherbergen am Ort (STF Vandrarhem, Fästninigen, Tel. 0340/88788). Auch hier mehrere Kilometer Strand, Sand und Klippen, natürlich auch mehrere Campingplätze.

Göteborg

Zweitgrößte Stadt Schwedens (1/2 Mill. Einwohner) am Ufer des breiten Götä-älv, viel Industrie und der größte Hafen Schwedens.

Trotz Großstadtcharakter freundlicher Stadtkern mit Kanälen, blauen Straßenbahnen, vielen Parks und Grünanlagen. Breite Einkaufsboulevards, Straßencafés, Kaufhäuser und etliche Museen sorgen für Ablenkung.

VERBINDUNGEN / BAHNHOF: großer moderner Bhf. mitten im Zentrum, **Drottningtorget**. Überdimensionales Einkaufszentrum Östra Nordstan gleich nebenan.

INFORMATION: im Einkaufszentrum **Östra Nordstan** beim Bhf. (Mo-Fr 10-18, Sa 9-15), Hauptstelle am **Kungsportsplatsen 2**, vom Bhf. ca. 600 m, am Vallgraven-Kanal (in der Saison tägl. 10-20 h.) in beiden Stadtpläne, Zimmervermittlung (ca. 6 DM).

UNTERWEGS IN GÖTEBORG: ausgedehntes Bus- und Tramsystem, es gibt billige **24 std.-Tickets** für knapp 7 DM. Interessant auch die **Göteborgskortet** für 21 DM (24 std.), 32 DM (48 std.) oder 42 DM (72 std.). Damit kostenlose Fahrt in Bussen, Trams und Booten, außerdem freier Eintritt in vielen Museen. **Fahrradverleih** im Tourist Büro.

ÜBERNACHTEN: mehrere Jugendherbergen, aber nur eine davon im Stadtbereich - **STF Vandrarhem Ostkupan** in der Vorstadt Kallebäck, Mejerigatan 2, Tel. 031/401050, Tram 2 bis St. Sigfridsplan, weiter mit Bus 62 o. 64. Groß und gut in Schuß, mit Sauna (Schließzeit 22.30 h). **STF Partille** in Partille, Landvettervägen, Tel. 031/446163, 15 km außerhalb, mit Zug bis Partille oder Bus 503, 513 ab Göteborg-Heden. **Torrekulla Turist-**

station in Kallered, Västgatan, Tel. 031/ 751495, 16 km südl. bei einem Naturschutzgebiet, mit Zug oder Bus 730, 731 ab Bhf. bis Kallered und noch ein Stück zu Fuß.
Zum **Stadtcamping Kärrälunds** mit Tram 5, besser ist **Camping Askims** direkt am Meer, jedoch 10 km südl. von Göteborg (Tram 1 oder 2 bis Linneplatsen, dann Bus 82 oder 83 Richtung Särö.

ESSEN: freundliche **Cafeteria** im Bhf. Im **Golden Days** jeden Montagabend extrabilligen Lachs, Södrahamngatan 31 (ansonsten preiswerte Mittagsgerichte). An den modernen **Abfahrtskais** im Hafen von Göteborg preiswerte Menüs für ca. 12 DM.

Sehenswertes: gleich beim Bhf. das riesige Einkaufszentrum *Östra Nordstan*. Vielbestaunt an der Rosenlundsgatan am Kanal die sog. *Fischkirche* (Feskekörka) mit dem tägl. Fischmarkt (So geschl.). Von den vielen Kanälen, die die Altstadt am Ufer des breiten Götäälv durchzogen, sind heute die meisten zugeschüttet. Trotzdem lohnt eine *Kanalrundfahrt* mit den flachen "Paddan"-Booten, Abfahrt am Kungsportspladsen, Nähe Tourist-Büro (1 std., ca. 10 DM).
Die breite und schnurgerade Kungsportsavenyn ('Avenyn') ist die Präsentierzeile der Stadt. Sie führt vom Kungsportsplatsen zum Mittelpunkt der Neustadt, dem *Götaplatsen*. Die nüchternen Betongebäude um den Platz sind ganz der Kultur gewidmet - z.B. das *Kunstmuseum* mit der größten Sammlung skandinavischer Kunst (außerdem Rembrandt, Rubens, van Gogh u.a.), die sehr sehenswerte *Stadtbibliothek*, Kunsthalle, Stadttheater, Konzerthaus, außerdem ein interessantes *Industrie-Museum*.
Nicht weit ist es von hier zur vielleicht bekanntesten Attraktion - *Liseberg*, der größte Vergnügungspark Skandinaviens (ca. 7 DM, Tram 4 oder 5).
Sehr interessant zum Durchbummeln ist die im 19. Jh. aufgebaute Arbeitersiedlung im Stadtteil *Haga* mit ihren alten Holzhäusern rund um den Skansen-Hügel (Tram bis Järntorget). Der *Fischerhafen* liegt im Westen der Stadt am Stigbergskajen, Mo-Fr finden ab 7 h öffentliche Fischauktionen statt.

MUSEEN: außer den genannten das **Seefahrtsmuseum** (Sjöfartsmuseet) an der Karl Johansgatan 1-3 mit einem Überblick über die Geschichte der Seefahrt von den Wikingern bis heute (Tram 3); das **Naturhistorische Museum** im Slottskogen und das **Schiffsmuseum** am Kai Lilla Bommen; **Antikhalle**, Västra Hamngatan 6, kein Museum, aber Skandinaviens größter Antiquitäten- und Ramschmarkt.

PARKS: einer gleich gegenüber vom Bhf. (über Platz und Kanal). Mit der größte Park ist der **Slottskogen** (Schloßpark) mit dichtem Baumbestand, Teichen und Tiergehegen (Tram 1 oder 2). Außerdem gibts dort einen **Botanischen Garten**.

AUSFLÜGE: schöne Bootsfahrt nach **Nya Elfsborg**, Insel mit einer Befestigungsanlage aus dem 17. Jh. vor der Mündung des Götäälv (ab Stenpiren, ca. 12 DM).

FÄHREN NACH FREDERIKSHAVN / DÄNEMARK: für den Rückweg überlegenswert - die **Stena Line** fährt 6-8 x tägl. von **Göteborg** nach **Frederikshavn**. Fahrtzeit ca. 3,5 std., Preis im Juli/August ca. 40 DM (sonst 25 DM), 50 % für Interrailer (frei mit IR + Schiff).

Göteborg - Uddevalla - Strömstad A-Kb. 20130

Stichbahn bis kurz vor die norwegische Grenze (ca. 5 x tägl.). Reizvolle Küstenlandschaft *Bohuslän* mit vielen Schären, Felsklippen und Fjorden.
Rolf Trumm und Jutta Heibel aus Ransbach-Baumbach waren auf der *Insel Tjörn*: "mit Zug bis Stenungsund, vom Bhf. mit Bus 350 auf die Insel. Unmittelbar hinter der großen Brücke an der Kreuzung aussteigen, noch etwa 500 m zu Fuß bis Tjörnbron-Camping (ca. 15 DM, sehr sauber). Schöne Ausflüge ins Fischerdorf Skärhamn, außerdem nach Henan und Kungsviken auf der etwas größeren Insel Orust (dort werden Boote gebaut). Überall hat man tolle Ausblicke auf die Schären - ab Skärhamn gibts Mi und Fr Schärenrundfahrten für ca. 35 DM".

Helsingborg - Alvesta - Nässjö - Norrköping - Stockholm A-Kb. 20100

Hauptstrecke von Helsingborg nach Stockholm, quer durch die Provinz

Smaland. Viel Wald und grandiose Seenlandschaften.
Nässjö ist wichtiger Verkehrsknotenpunkt für einen Abstecher zum großen **Vättern-See**, einer der klarsten Seen Schwedens. *Gränna* ist der schönste Ort am See. Reizvolle Architektur der alten Holzhäuser, zwei Jugendherbergen, gleich hinter dem Ort ragt der Gränna-Berg empor. Zu erreichen ab Nässjö mit der Bahn bis Huskvarna, weiter ca. 30 km mit dem Bus.

Ostküste

Bis Norrköpping keine durchgehende Bahnlinie, nur Stichbahnen zu einzelnen Küstenorten. Die langgestreckte *Insel Öland* direkt vor der Küste ist eine der beliebtesten Ferienregionen Schwedens.

(Göteborg) - Alvesta - Växjö - Kalmar A-Kb. 20116

An der Hauptlinie Helsingborg - Stockholm in Alvesta umsteigen, 5-6 x tägl.

LESERTIP: "zwischen Växjö und Kalmar das "Glasreich" - viele **Glasbläsereien**, in denen man zuschauen kann und natürlich auch kaufen. In **Växjö** (JH) interessantes Glasmuseum, in **Kosta** (JH, Bahnstation Lessebo) eine der ältesten Bläsereien, in **Orrefors** (Bahnlinie Kalmar - Aseda - Nässjö, JH) mehr modernes Design" (Henriette Seiler, Wangen).

Kalmar: Endpunkt der Stichbahn zur Küste. Alte Festungsstadt, heute viel Industrie, aber auch reichlich Touristen. Viele alte Holzhäuser, am Marktplatz großer Dom und Rathaus, Jugendherberge auf der Insel Angö (1,5 km vom Bhf, Tel. 0480/12928).
Die berühmte *Festung* von Kalmar steht 2 km südwestl. vom Ort, direkt am Wasser - mächtige Mauern und fünf bullige Türme, im Inneren Provinzmuseum.

Insel Öland: Schwedens Riviera, Europas längste Brücke führt hinüber (6070 m). Drüben faszinierend eigenartige Landschaft mit verkarsteter Heide, kahlem Kalk und Steppengebieten, aber auch zahllosen Pflanzen und Blumen, die im sonstigen Skandinavien kaum wachsen. Ansonsten Hunderte von hölzernen Windmühlen, einige hübsche Orte und dank der fast südeuropäisch trockenen Sommer viele, viele Touristen. Die langen Sandstrände liegen vor allem an der Ostküste.
Beliebtester Ort ist *Borgholm*, gleich in der Nachbarschaft das Sommerschloß *Solliden* (kann besichtigt werden) - auch König Carl Gustav und Gattin Silvia lieben die Insel. Vor allem Radfahrern bietet Öland ideale Gegebenheiten - das Terrain ist fast völlig flach, jedoch muß man windfest sein.

VERBINDUNGEN: häufige **Busse** fahren vom Bhf. in Kalmar hinüber nach Borgholm.

ÜBERNACHTEN: **Jugendherbergen** in Borgholm, Böda und Ottenby, gut 30 Campingplätze, davon mehrere bei Borgholm.

STOCKHOLM

Von der Lage her eine der reizvollsten europäischen Hauptstädte - am Ausfluß des riesigen Mälarsees in die Ostsee erstrecken sich weite Teile der Stadt auf mehreren Inseln. Drum herum der weite Kreis von Schären - Tausende und Abertausende kleiner Inselchen, auf denen die Stockholmer ihre Sommerhäuschen stehen haben.

Mit dem Wasser kommt man ständig in Berührung - überall schmale oder breitere Gewässer, viele Brücken, die Segelboote und Surfer vom nahen See machen Stadtausflüge.
200 Jahre hat Stockholm keinen Krieg erlebt. Auf der Altstadtinsel *Gamla Stan* noch viel Ursprünglichkeit - handtuchschmale Pflastergäßchen, ruhige Höfe, kleine Lädchen und Kneipen zwischen den langen Durchgangsstraßen.
In den letzten 20 Jahren sind supermoderne Vorstädte aus dem Boden gewachsen und auch die "City" nicht weit vom Bhf. um die Plätze Hötorg und Segeltorg ist in den letzten Jahren ein Opfer der Totalsanierung geworden - Hochhäuser, unterirdische Ein-

kaufsviertel, überall wird abgerissen, um Stockholm "moderner und schöner zu machen". Vor allem dem Kommerz wird viel Platz eingeräumt, nicht umsonst wird Stockholm oft als das Herz des Kapitalismus bezeichnet.

Wenn ihr mal rüberlauft nach *Söder*, jenseits der Altstadt, seht ihr ein ganz anders geartetes Viertel, wo hauptsächlich Arbeiter, aber auch Alternative und Künstler wohnen. Am Södermalmstorg (U-Bahn Slussen) könnt ihr mit dem *Katharinenhiss* (Katharinen-Fahrstuhl) zu einem Restaurant in 40 m Höhe fahren - die Wasserstadt Stockholm liegt euch zu Füßen.

VERBINDUNGEN / BAHNHOF: der Hbf. **Centralstation** liegt ganz zentral und ist Mittelpunkt des ausgedehnten U-Bahnnetzes (Tunnelbana), s. 'Unterwegs in Stockholm'.
Züge von Stockholm nach Norden - u.a. 3-4 x tägl. nach Trondheim/Norwegen (über Östersund), 2-3 x tägl. nach Schwedisch Lappland/Narvik, 3-4 x tägl. in die Region Dalarna/Siljan-See.

INFORMATION: im Untergeschoß des Hbf. findet ihr **Hotellcentralen** - Stadtpläne, Hotellisten, Zimmervermittlung für ca. 4 DM (auch in Hostels), tägl. 8-21 h - sinnvoll, da Hostels oft belegt.
Sehr kompetente, gut ausgestattete städtische Tourist-Information im **Sverigehuset**, Hamngatan 27, Eingang Kungsträdgarden, ca. 600 m vom Bhf. (Mo-Fr 9-18, Sa/So 9-17 h). Zweigstelle im **Stadthuset**, dem bekannten Wahrzeichen von Stockholm auf der anderen Seite vom Bhf. auf der Kungsholmen (Königsinsel).
In der Nähe vom Bhf., Vasagatan 48, außerdem die Auskunftsstelle der **Svenska turistföreningen**, die die schwedischen Jugendherbergen betreibt (Mo-Fr 9-18 h). Außerdem gibt's noch das **International Youth Center** im Valhallavägen 142 (U-Bahn Karlaplan) - angenehmer Aufenthaltsort, Informationen, Fahrradverleih, Wäsche waschen, Café u.a. (Mo-Sa 13-21 h).

UNTERWEGS IN STOCKHOLM: am besten zu Fuß, nur längere Strecken mit der **U-Bahn** (Tunnelbana) oder mit **Bussen**. Das Streckennetz beider Verkehrsmittel ist nach Zonen gestaffelt. Das Zentrum ist eine Zone, einfaches Ticket ca. 2 DM, 10-Karten ca. 12 DM, 24-Stunden-Ticket für die innere Zone ca. 7 DM (für alle Zonen 12 DM), inbegriffen ist das Übersetzen mit der Fähre nach Djurgarden.
Das U-Bahnnetz ist ähnlich gut wie das von London. Unter dem Hbf. liegt eine der größten U-Bahnstationen der Stadt, von hier gehen die Linien sternförmig in alle Stadtteile und Vororte. Viele U-Bahnstationen sind mit Gemälden, Mosaiken und Skulpturen kunstvoll ausgestattet, besonders schön ist Kungsträdgarden (die Station unter dem Hbf. zählt dagegen zu den häßlichsten).
Nur bedingt empfehlenswert ist die teure **Stockholmskortet** für einen (ca. 24 DM), zwei (ca. 40 DM), drei (ca. 60 DM) oder vier Tage (75 DM). Die Karte gilt in U-Bahnen und Bussen für die inneren drei Zonen (fast ganz Stockholm), außerdem gibt's eine Stadtrundfahrt, einige kostenlose Bootsfahrten und vor allem freien Eintritt in insgesamt 46 Sehenswürdigkeiten, u.a. im Vergnügungspark von Stockholm, Gröna Lund. Da ihr in vielen Museen Studentenermäßigung bekommt und zudem vieles zu Fuß gemacht werden kann, solltet ihr kalkulieren, ob die kostspielige Anschaffung lohnt. Mit dem 24-Stunden-Ticket fahrt ihr eventuell besser!

Übernachten: zahlreiche Hostels, Voranmeldung vorteilhaft, die meisten sind im Sommer belegt. Hotels und Privatzimmer sind teuer, ab ca. 30 DM pro Person. Die *Zimmervermittlung* im Hbf. sucht euch eine Unterkunft gegen eine Gebühr von ca. 4 DM (auch Hostels).

JUGENDHERBERGEN:
Af Chapman (IYHF), Superunterkunft, Segelschiff aus dem 19. Jh., zu einer Herberge umgebaut, liegt an der Insel Skepsholmen vor Anker, benachbart zur Altstadtinsel. 4-8 Bettkabinen, ca. 15 DM für Mitglieder, sonst 20 DM, tagsüber 12-15 geschl., Schließzeit 1 h. Keine Voranmeldung möglich, ihr müßt 7-8 h morgens persönlich hingehen und euch auf eine Warteliste einschreiben. Ab 9 h werden dann die freigewordenen Plätze vergeben. Tel. 08/103715.
Skeppsholmen (IYHF), Västra Brobänken, Tel. 08/202506. Gleich beim Af Chapman, hier versuchen, wenn ihr dort keinen Platz bekommt. Geräumige Zimmer, sauber, nur tagsüber 12-15 h geschl., nachts keine Schließzeit. Selber Preis wie im Af Chapman. Bei Überfüllung wird toleriert, daß man Zelt bzw. Schlafsack auf der Wiese plaziert.
Zinken Hostel (IYHF), Zinkensräg, Tel. 08/685786. In Vorort von Stockholm, mit U-Bahn 13, 14 bis Zinkensdamm und bei Hornsgatan 103-107 die Treppen hinunter. Mehrere Holzbungalows mit fast 300 Betten in Mehrbett- und Doppelzimmern, nicht immer sauber, selber Preis wie oben, Frühstück ca. 7 DM, Schließzeit 23 h.
International Youth Center Hostel, Valhallavägen 142, Tel. 634389. Nur Juni bis August, nicht weit vom Zentrum (U-Bahn 13, 14 bis Karlaplan, noch 5 min. zu Fuß). Lockere Atmosphäre, Platz im Schlafsaal ca. 14 DM. Man kann umsonst Wäsche wa-

schen und trocknen, tagsüber 10-13 h geschl., nachts Schließzeit 1 h. Informationsbüro (siehe oben).

Sleep Inn Frys Huset, Fryshuset Tegelviksgatan 19-23, Tel. 402430. U-Bahn bis Slussen, weiter Bus 46 bis Endstation). Mit ca. 14 DM günstig, riesiger Turnsaal, der in drei Bereiche unterteilt ist - Mädels, Burschen, Paare. Gemütlich, es gibt Sauna, Body-Building, Basketball, abends Rock-Café mit Live-Musik.

Nick's Travel Lodge, Odengatan 87, Tel. 324800. 10 min. vom Bhf. (Vasagatan nach links, dann halblinks Managatan, geradeaus zur Odengatan, dort links. Karateschule, im Sommer als Hostel genutzt.

Gustav af Klimt, Stadsgardskajen 153, Tel. 08/404077, U-Bahn Slussen. Früheres Schiff der schwedischen Marine, zum Hostel umgebaut, etwa 25 DM für Platz in einer der 4-Bettkabinen. Frühstück in der Offiziersmesse kostet extra.

Columbus Student Hostel, Tjärhovsgatan 11, Tel. 441717. Mit U-Bahn 17, 18, 19 bis Medborgaplatsen, in Mehrbettzimmern ca. 20 DM pro Pers., keine Schließzeit.

Inter-Rail Point Sundyberg (YMCA), Vackravagen 4-6, Tel. 08/984753. In einem nördl. Vorort Stockholms, mit U-Bahn 10 oder 11 (Richtung Akalla) bis Station Nackrosen (ca. 12 min. von der City). Ausgang Storskogen, schmalen Weg auf die andere Seite vom Platz, dann noch 5 min. Liegt auf einem Schulgelände, nur ca. 11. Juli bis 7. August, 40 Betten, ca. 20 DM ohne Inter-Point Card, 15 DM mit.

HOTELS / PENSIONEN: in der Västmannagatan 61, ca. 10 Fußminuten vom Zentrum, liegt das einfache Hotel **Gustav Wasa** mit geräumigen Doppel- und Mehrbettzimmern auf drei Stockwerken, DZ ca. 80 DM, ca. 35-40 DM pro Pers. im 3/4-Bettzimmer (U-Bahn Odenplan).

CAMPING: die meisten weit außerhalb, Gesamtübersicht beim Tourist-Büro.

Östermalms Idrottsplats, Fiskartorpsvägen, recht zentral, in einer Nebenarena des Olympiastadions, für Zelte leider nur schmaler Grasstreifen. Du/WC etwas schmuddelig, kostenloser Haarföhn. Mit U-Bahn ab Hbf. Richtung Mörby Centrum (sonst ab Bhf. mit U-Bahn Richtung Ropsten und umsteigen in Östermalmstorget). Aussteigen an Station Stadion, noch ca. 600 m zu Fuß. Geöffnet nur Mitte Juni bis Mitte August.

Mälarhöjdens Idrottsplats, Lotta Svärds Gränd, nur Ende Juni bis Ende August, mit U-Bahn 14 oder 24 bis Fruängen, noch ca. 600 m zu Fuß.

Bredäng Camping, 10 km südwestl. an der Küste, groß und meist überlaufen, mit U-Bahn 13 oder 15 bis Bredäng, noch ein Stück laufen.

Empfehlenswert ist **Ängby Camping** am See, 10 km von Stockholm. Mit U-Bahn 17, 18 bis Ängbyplan, noch ein kleines Stück laufen, gute Bademöglichkeiten.

Essen: Fast-food natürlich überall, vor allem in der Altstadt Gamla Stan haufenweise Restaurants und Cafés. Das meiste arg teuer. Am besten schon mittags groß essen gehen, dann bieten viele Restaurants preiswerte Lunchgerichte an (*dagens rätt*, nur während der Woche). Abends dann nur noch einen Snack in einem Self-Service. Ansonsten gibts in den prächtigen Markthallen an Hötorget *(Hötorgshallen)* und Östermalmstorg *(Östermalms Saluhall)* diverse preislich annehmbare Sachen, kleine Cafés und viel zum Schauen und Schnuppern.

NORRMALM (Stadtzentrum): **Pizza-Hut**, Klarabergsgatan 56 (Nähe Hbf.) und Sveavägen 8, interessante Mischung aus Pizzabude und brauchbarem Restaurant. Essen gut und erschwinglich.

Hard Rock Café, Sveagatan 75, im amerikanischen Stil, Hamburger mit Beilagen etc.

Hurtigs Konditori, Drottningsgatan. Gediegenes Café, Frühstück für ca. 10 DM, Omelettes für 10-14 DM.

Licidor Restaurant, selbe Straße, italienische Küche. Mittagessen für ca. 13 DM, rechtzeitig kommen, sonst ist von dem großen Angebot nicht mehr allzuviel zu haben. Hintenrum Gartenlokal.

Bistro Boheme, Drottningsgatan 71, Lunch für ca. 12 DM, Selbstbedienung. Futuristisches Mobiliar optisch schön, zum Sitzen allerdings weniger.

Cafeteria Lema, Kungsgatan 23 (unter einer Brücke). Gut und preiswert, zudem kostenlos Brot und Salat zum Nachfassen (das sollte man nicht ausnützen).

GAMLA STAN (Altstadt): **Kaffeebstesga**, am Stortorget, im Sommer ein paar Tische draußen am Rand des Platzes, drinnen gemütlich und sehr klein. Kleinigkeiten und Lunch ab 14 DM.

Café ad April Unique, Österlanggatan 29, gemütlich, preiswerte Lunch-Gerichte ab ca. 13 DM, Kuchen, Gebäck, Eis, aber auch Lasagne etc. Leider oft viele Touristen.

Torget Café Restaurant, Österlanggatan, kleine Passage mit Kunst- und Naturdesignläden. Wegen starkem "Durchgangsverkehr" nicht so gemütlich, aber eins der billigsten Restaurants in Gamla Stan, Selbstbedienung.

ÖSTERMALM: **Ortagaden Restaurant**, Nybrogatan 31, in Markthalle am Östermalstorg. Stadtbekanntes vegetarisches Mittagsbuffet, für ca. 14 DM kann man so viel essen, wie man will.

Nachtleben: teurer Spaß! In *Gamla Stan* findet ihr Pubs, Diskotheken und Jazzkeller. Ansonsten gibts im Sommer haufenweise Open-Air-Musikveranstaltungen in den Parks von Stockholm, am schönsten vielleicht im *Kungsträdgarden*. Beliebte Treffs sind *Skansen* und *Gröna Lund* auf der Insel Djurgarden.

Holt euch im Tourist-Info die Broschüre **Stockholm diese Woche**, darin sind Veranstaltungstermine und Adressen aufgelistet.

Engelen, Live-Jazz, beliebter Treff in der Altstadt, Kornhamnstorg 59B. Disko, Pub mit Live-Musik und Restaurant, nach Band 10-15 DM.
Mosebacke, größtes Jazz- und Rocklokal Stockholms, Nähe Katharinen-Aufzug (U-Bahn Slussen). Weite Terrasse, von der man die Stadt überblickt, auch Tanz, ca. 12-15 DM, in der Hochsaison aber frei.
Stampen, gemütliches Jazzlokal in Gamla Stan, Stora Nygatan 5. Hauptsächlich traditioneller Live-Jazz, ca. 14 DM, teures Bier (ab 10 DM).
S.S. Blidösund, alter Schärendampfer mit Disko und Jazz, nicht teurer als die "standhaften" Jazzlokale. Karten im Vorverkauf bei Tourist-Information.
Hard Rock Café, in Norrmalm, Sveagatan 75, des öfteren US-Bands, siehe auch unter Essen.

DISKOTHEKEN / TANZEN: **Front Page**, Kungsholmsgatan 20; **Piperska Muren**, Scheelegatan 14 (beide U-Bahn Radhuset). Im **Skansen** und im Vergnügungspark **Gröna Lund** (Insel Djurgarden) wird von Mittwoch bis Sonntag allabendlich unter freiem Himmel getanzt.

Sehenswertes

Norrmalm (Stadtzentrum): Mittelpunkt der nüchternen Glas- und Betoncity ist der *Sergels Torg*. Viel Rummel, großer runder Springbrunnen, ein Einkaufszentrum und vor allem das riesige *Kulturhuset* - beliebter Treffpunkt, Panoramacafé und großer Lesesaal mit internationalen Zeitungen/Büchern, außerdem kann man Schallplatten hören, Videos sehen, es gibt Ausstellungen und vieles andere (frei).

Zum Relaxen schön ist der Park rund um die *Johannes Kirka* am Ende der Malmskillnadsgatan (vom Sergels Torg Richtung Norden). Mittags aalt sich hier alles auf dem Rasen. Im selben Park eine schöne alte Holzkirche.

Die Hamngatan entlang kommt ihr vom Sergels Torg schnell in den *Kungsträdgarden*, den schönsten Flanierpark der Stockholmer. Am Südende des Parks seid ihr schon fast am Wasser mit Blick auf die Inseln Riddarholmen und Skepsholmen.

Gamla Stan (Altstadt): das *Königliche Schloß* mit seinen über 500 (!) Räumen dominiert die Altstadtinsel. Die bescheidene Behausung der schwedischen Monarchen wurde im 18. Jh. errichtet, zu besichtigen u.a. die Schatzkammer und die königlichen Gemächer mit Rokokoausstattung, Gobelins, Gemälden, Porzellan, außerdem eine große Altertümersammlung. Lohnend auch die sog. *Bernadotte-Räume* und die *Waffenkammern* (Mo-Fr 10-16, Sa/So 11-16 h, auch Führungen, ca. 2,50 DM). *Wachablösung* unter Swingklängen auf dem Schloßhof werktags 12 h, sonntags 13 h.

Gleich benachbart die *Storkyrka*, Dom und älteste Kirche Stockholms, hier lassen sich die schwedischen Könige noch heute krönen und trauen. Der nebenan liegende, hübsche *Stortorget* ("großer Platz") ist mit seinen üppigen Blumenpötten zentraler Mittelpunkt der Altstadt, eingefaßt von bunten Giebelhäusern aus dem 17./18. Jh.

Ein Stück weiter liegt die Deutsche oder *St. Gertrud-Kirche* (Tysksa kyrka) - typisch barock mit reicher Ausstattung. Vom *Järntorget*, knapp 200 m weiter, geht die gewundene Österlanggatan mit ihren vielen Kunstgalerien und Kunsthandwerksläden ab. Guckt mal ins älteste Lokal Stockholms, "Den Gyldene Freden", gleich beim Järntorget. Vom Järntorget rechts kommt ihr zum Marktplatz *Kornhamnstorg*.

Ansonsten lohnen die belebten Einkaufsstraßen (z.B. *Västerlanggatan*) und ihre engen Seitengäßchen das ziellose Umherstreifen. In den alten Giebelhäusern viele Boutiquen, Kunsthandwerksgeschäfte und auch Antiquariate. Die schmalste Gasse Stockholms ist die *Marten Trotzigs Gränd* - gerade 90 cm breit!

Wenn ihr noch Interesse an Repräsentativbauten habt, könnt ihr das **Riddarhaus** (Ritterhaus, Stockholms schönster Barockbau) und die **Riddarholmskirche** (Begräbnisstätte der schwedischen Könige) im westl. Teil der Altstadt, außerdem das alte **Reichtagsgebäude** und noch einiges mehr bestaunen.

Insel Kungsholmen: hier steht das Wahrzeichen der Stadt, das *Stadshuset* mit seinem markanten 106 m-Turm. In dem riesigen Backsteinbau werden alljährlich die Nobelpreise verliehen, das Innere sehr beeindruckend - *Blauer Saal* und *Goldener Saal* mit prächtigen Mosaiken. Führungen um 10, So auch 12 h, der Turm darf ohne Führung bestiegen werden (tägl. 10-15 h, ca. 2 DM).

Insel Skepsholmen: über eine Brücke bequem zu Fuß zu erreichen. Am Beginn der Brücke links das *Nationalmuseum* mit der bedeutendsten Kunstsammlung Schwedens! Außer schwedischen Malern sind Werke von Rembrandt, Rubens, El Greco, Breughel, Cezanne, Gauguin, Renoir, Manet und vielen anderen vertreten. Außerdem russische Ikonen, Kupferstiche, Holzschnitte, Miniaturen u.v.m. (Mi-So 10-16 h, Di länger, Mo geschl., ca. 6 DM, Di frei).
Auf Skepsholmen selbst das sehenswerteste Museum der Stadt - das *Museum für Moderne Kunst.* Mit europäischer und amerikanischer Pop-Art - Andy Warhol, Roy Liechtenstein, außerdem Kubisten, Surrealisten und so weiter. Auch die Fotoabteilung ist sehr gut (Di-Fr 11-19, Sa/So 11-17 h, ca. 4 DM, Do frei).

Insel Djurgarden: grüne Insel mit kilometerlangen Waldwegen und vielen Eichen, die Vergnügungs- und Museumsinsel der Stockholmer. Häufige Boote gehen vom Nyroplan (Zentrum) bzw. ab Räntonästortrappen (Gamla Stan) hinüber, Dauer 5 min. (ca. 2,70 DM, frei mit Stockholmskortet), ansonsten Bus 44 oder 47, ist aber auch zu Fuß zu machen.
Gleich nach der Brücke rechts das gewaltige *Nordisk Museet* - umfangreiche Sammlung skandinavischer Kultur, Schweden steht natürlich im Mittelpunkt. Im Keller große Ausstellung über die Samen. Tägl. Videos in Schwedisch (Di-Fr 10-16, Sa/So 12-17 h, ca. 4,50 DM, Schül./Stud. ermäß.). Ein Stück weiter das kleinere, aber nicht weniger fesselnde *Biologie-Museum.* Mehrere hundert ausgestopfte Exemplare der verschiedensten skandinavischen Tierarten erwarten euch in ihrer jeweils authentischen Umgebung (tägl. 10-16 h).
Wenn ihr am Biologischen Museum rechts abbiegt, kommt ihr zur größten Attraktion Stockholms.

> **Die Wasa**: großes Kriegsschiff aus dem 17. Jh., wurde erst 1961 im Stockholmer Hafen geborgen, wo es 1628 nach gerade 10 min.(!) Jungfernfahrt gesunken war. Fast 20 Jahre arbeitete man auf einem schwimmenden Trokkendock an der Restauration - das Schiff war in zigtausend Einzelteile zerfallen und mußte in mühseliger Arbeit wieder zusammengeflickt werden. Heute ist es in einer Halle untergebracht, die ständig feuchtwarm gehalten werden muß, weil das Holz sonst zerbröseln würde.
>
> **Öffnungszeiten**: Juni bis Mitte August tägl. 10-19, sonst 10-17 h, ca. 5 DM. Es gibt **Führungen** in deutscher und englischer Sprache, außerdem einen **Film** über die Hebung des Schiffes.

Weiterhin auf Djurgarden der große Vergnügungspark *Gröna Lund* gleich bei der Wasa, siehe auch unter Nachtleben (ca. 6 DM, je nach Jahreszeit So oder Mo geschl.). Und vor allem das große Freilichtmuseum *Skansen.* Es existiert seit 1891 und ist damit das älteste der Welt - naturgetreu nachgebaute Bauernhöfe, Lappensiedlungen, alte Herrenhäuser und etwa 150 kunsthistorisch wertvolle Bauten. Sogar ein ganzes altes Stadtviertel mit Werkstätten findet ihr hier - Buchdruckerei, Drechslerei, Glasbläser und vieles mehr. Außerdem gibt es im *Skansen* ein tolles Aquarium und einen Zoologischen Garten für skandinavische Tiere (ca. 7 DM, verschiedene Attraktionen wie z.B. der Zoo und das Aquarium kosten extra!).

MUSEEN: außer den erwähnten noch das **Historiska Museum** (Historisches Museum), Ecke Narvägan/Linnegatan. Von der Vorgeschichte bis zum Mittelalter - ornamentale Kunstgegenstände, Runensteine, Waffen etc., reichhaltige Wikingerabteilung. Und der **Milles Garden** auf der Insel Lidingö (U-Bahn Ropster) mit zahlreichen beeindruckenden Skulpturen des Bildhauers Carl Milles (tägl. 11-17 h, ca. 4 DM).

SCHIFFSRUNDFAHRTEN: ab Strömkajen, in der Nähe der Brücke beim Kungsträdgarden - es gibt drei Touren durch die Stadt: **Unter Stockholms Brücken**, 2 std., ca. 15 DM, dabei seht ihr fast alle Sehenswürdigkeiten der Stadt.
Königliche Kanalrundfahrt, 1 std., ca. 10 DM, es geht durch parkähnliche Anlagen und Villenviertel, von der Stadt sieht man deshalb nicht so viel.
Fahrt zur Wasa (siehe oben), ca. 10 DM.

FAHRRAD / BOOTSVERLEIH: **Skepp o Hoj** vermietet Fahrräder, Kanus und Ruderboote am Djurgardsbron, Brücke zur Insel Djurgarden.

MÄRKTE / EINKAUFEN: Obst- und Gemüsemarkt am **Hötorget** (dort auch die überdachte **Hötorghallen**), weiterer Markt am **Östermalmstorg**; preiswerter Supermarkt **Servus** in der U-Bahnstation am Hbf. (tägl. 9-21 h); riesige Lebensmittelabteilung im Kaufhaus **Ahlens** an der Klarabergsgatan (nah am Sergels Torg).

Fähren nach Finnland und Aland-Inseln: lohnend für alle, denen der Landweg zu weit ist! Die komfortablen Riesen-Fährschiffe von *Silja Lines* und *Viking Lines* machen tägl. die schöne Überfahrt nach **Turku** (10-12 std.) und **Helsinki** (14-15 std.), Viking Lines außerdem von Kapellskär nach **Naantali** (8 1/2 std.). Unterwegs werden auf den Strecken nach Turku und Naantali die **Aland-Inseln** angelaufen (Unterbrechung der Fahrt möglich, kostet kaum mehr). Auf allen Strecken ca. 50 % für Interrailer, aber nur auf der Strecke nach Turku Freifahrt mit Karte IR + Schiff.
An Bord Gepäckaufbewahrung, kostenlose warme Duschen, duty-free und gutes Smorgasbord, von dem man sich so viel nehmen kann, wie man will. Leute, die nur einen Sitzplatz haben, können kostenlos einen Platz in einem der **Sleep-Ins** buchen, das sind große Räume mit Etagenbetten (frühzeitig reservieren).

Silja-Lines: 2 x tägl. (morgens und abends) nach **Turku** (ca. 50 DM, 25 DM mit IR) und 1 x tägl. (abends) nach **Helsinki** (ca. 82 DM, 41 DM mit IR). Auf der Strecke nach Turku stoppen die Fähren 1 x tägl. in Mariehamn auf den **Aland-Inseln** (ca. 21 DM, 11 DM mit IR).
Der Fährterminal "Värtahamnen" der Silja-Lines liegt im Industriehafen. Anfahrt mit der U-Bahn 13, 14 Richtung Ropsten, in Gärdet aussteigen und 500 m beschilderter Fußweg.

Viking-Lines: ebenfalls 1 x tägl. (abends) Stockholm - Helsinki (ca. 80 DM, 40 DM mit IR) und 2 x tägl. Stockholm - Turku (ca. 50 DM, 25 DM mit IR), hier ebenfalls 1 x tägl. mit Stop in Mariehamn/Aland (20 DM, 10 DM mit IR).
Der Terminal "Tegelvikshamnen" der Viking-Line liegt nah am Stadtzentrum, U-Bahn bis Slussen und noch ein Stück per Bus.
Außerdem geht 2 x tägl. eine Viking-Fähre von **Kapellskär** (nördl. von Stockholm) nach **Naantali** (ca. 9 std., ca. 30 DM, 50 % mit IR) und stoppt dabei jedes Mal auf den Aland Inseln (11 DM). Im Preis inbegriffen ist der Bustransfer von Stockholm/Tecknical Högskola (Technische Hochschule) nach Kapellskär. Diese Strecke ist für Interrailer die billigste und kürzeste Direktroute von Schweden nach Finnland.

Wichtig! - Karte IR + Schiff lohnt nicht, wenn man nur die Überfahrt Stockholm -Turku machen will! Selbst bei Hin- und Rückfahrt auf diesem Weg kommt man mit dem einfachen IR-Ticket auf ca. 50 DM - gegenüber 90 DM Aufpreis für die Karte IR + Schiff!

Stockholm/Umgebung: Ausflugsdampfer in den dichten *Schärengürtel* und zum *Mälarsee* starten beim Stadhuset. Auf einigen Schäreninseln gibt es Jugendherbergen und Zeltplätze.
In Richtung Mälarsee könnt ihr z.B. zum *Schloß Drottningsholm* auf der Insel Lovö fahren (11 km westl., ca. 40 min.) - der prachtvolle Rokokobau mit weitläufigen Zimmerfluren, einem Theater aus dem 18. Jh. und herrlichem Park wird von König Gustav und Gattin als Residenz genutzt. Kann besichtigt werden, ebenso das hübsche *chinesische Lustschloß* (Kina slott) im Park (beides Mai bis August ca. 11-16.30 h, 3 DM. Anfahrt auch mit U-Bahn 17, 18 bis Brommaplan, weiter mit beschildertem Bus).
Ansonsten lohnt auch ein Ausflug nach *Schloß Gripsholm*, wo der

scharfzüngige Schriftsteller Kurt Tucholsky den Stoff für seine Erzählung "Schloß Gripsholm" fand. Als er in den 20er Jahren vor den Nazis aus Deutschland fliehen mußte, ließ er sich im benachbarten Kleinstädtchen *Mariefred* nieder. Dort ist er auch begraben. Das Schloß liegt auf einer Insel nah am Ufer und wirkt noch durch und durch mittelalterlich - Zugbrücke, Wassergraben, massive Rundtürme, meterdicke Mauern.

VERBINDUNGEN: wer lieber Bahn fährt, kann bis Läggesta mit der schwedischen Staatsbahn fahren und dort in das **Museumsbähnchen** nach Mariefred umsteigen (Interrail gilt nicht, einfach ca. 5 DM).

ÜBERNACHTEN: in Mariefred ein sauberer und billiger **Campingplatz** direkt am See, guter Strand zum Baden, allerdings ca. 3 km vom Bhf.

LESERTIP: "Möglichkeit, um dem Großstadtrummel zu entfliehen - nehmt einen Bus nach Kapellskär (nördl. von Stockholm) und steigt in **Norrtälje** (ca. 80 km) aus - eine kleine, typisch schwedische Provinzstadt inmitten einiger Seen und Meeresausläufer - herrliche Landschaft und zum Erholen einfach ideal, auch gute Möglichkeiten für Wassersport, z.B. Surfen.
In Kapellskär ist eine große Fährstation buchstäblich aus dem Wald gestampft worden - Tagesausflugsfahrten durch den dichten Schärengürtel rüber auf die **Aland-Inseln** lohnen sich. Es ist wirklich ein einmaliges Erlebnis, die Tausende von Inseln zu sehen, die oft nur wenige Quadratmeter groß sind" (Hagen Hemmie, Urbar).
Anm. d. Red.: in Norrtälje gibt es eine Jugendherberge und mehrere Campingplätze. Von Kapellskär auch 2 x tägl. Möglichkeit, mit Viking-Lines über Aland-Inseln nach Naantali in **Finnland** überzusetzen, siehe oben "Fähren nach Finnland und Aland-Inseln".

Infos zu den Aland-Inseln unter Finnland S. 644.

Stockholm - Uppsala
A-Kb. 20170, 20180

Hauptlinie nach Lappland, nach Uppsala fahren die Züge mindestens stündl.

Die Region nördl. von Stockholm gilt als Keimzelle Schwedens - die fruchtbaren Ebenen um Uppsala waren schon früh besiedelt. *Gamla Uppsala* war lange Residenz der schwedischen Könige, später (bis heute) Sitz des evangelischen Erzbischofs. Im 15. Jh wurde hier die erste schwedische Universität gegründet.

Auf dem Weg von Stockholm nach Uppsala könnt ihr ab *Märsta* (Bahnstation) einen kurzen Abstecher mit dem Bus nach **Sigtuna** machen - im 11. Jh. gegründet, gilt als eine der ältesten Städte Schwedens. Heute eine hübsche mittelalterliche Kleinstadt am Ufer des Mälar-Sees.

Uppsala

Ein romantisches Flüßchen durchzieht die Stadt. Auf der einen Seite das historische Zentrum mit alten Holzhäusern und den Universitäts- und Kirchenbauten - alles überragend die hohen Doppeltürme des Doms - auf der anderen das moderne Geschäftsviertel mit viel Glas und Beton.

Obwohl heute in weiten Teilen moderne Großstadt, ist Uppsala die traditionsreichste Stadt Schwedens - 1477 wurde hier die erste Universität Skandinaviens gegründet und lange Zeit war die Stadt Mittelpunkt des Reiches.

Heute leben hier über 20.000 Studenten - in den zahlreichen Kneipen könnt ihr euch erholen, falls ihr zuviel Kultur abbekommt.

INFORMATION: im **Stadshus**, Kungsgatan 44, vom Bhf. ein paar Schritte nach rechts. Zimmervermittlung, Fahrradverleih. Mo-Fr 9-18, Sa 9-14 h, So geschl.

ÜBERNACHTEN: **Jugendherberge Gläntan** (IYHF), Norrbyvägen 46, Tel. 018/108060. 2 km vom Zentrum, mit Bus 6 oder 7 vom Hauptplatz Stora Torget (nur Ende Juli bis Mitte August). Ebenfalls mit Bus 7 kommt ihr zum **Inter-Rail Point Fritisgarden Tunet**, Torbjornstorg 2, Tel. 018/188571. Nur 4. Juli - 12. August, ca. 23 DM (mit Inter-Point Card 15 DM).
Gute IYHF-Herberge ist **Sunnersta herrgard**, Sunnerstavägen 24, Tel. 018/324220. Nur Doppel- und Dreibettzimmer, 6 km von der Stadt, nah an Ausläufer vom Mälarsee, mit Bus 20 ab Östra Agatan (Straße am Fluß, 400 m vom Bhf.), nach 20 h Bus 50. Am Seearm in der Nähe der JH auch der **Camping Granebergs**, der neue **Camping Fyris** liegt aber im Stadtgebiet beim Sportplatz.

ESSEN / KNEIPEN: traditionelles Studentenlokal ist **Gillet** in der Dragarbrunnsgatan 23.

Im gemütlichen **Ahimsa** zwischen Dom und Fyris Torg gibts gutes vegetarisches Essen, im **Musikforum** in der Drottinggatan manchmal Live-Musik, weitere Musikkneipe ist **Rackis** in der Rackabergsgatan 10. Da im Sommer Semesterferien sind, ist dann nicht allzu viel los.

Sehenswertes: der weithin sichtbare *Dom* mit seinen zwei 120 m hohen Türmen, viele berühmte Schweden sind hier beigesetzt, z.B. der Botaniker Carl v. Linné, der ein bis heute gültiges Einteilungssystem für Pflanzen aufgestellt hat. Außerdem der schwedische König Gustav Wasa - prachtvolles Grabmal hinter dem Ostchor. Gleich in der Nähe des Doms das kleine *Uppland Museum*, das erste Universitätsgebäude der Stadt (Kulturgeschichte der Stadt und der Region) und das *Gustavianum* mit mehreren Museen (u.a. Nordische Altertümer und Ägyptische Kunst). Auch das Hauptgebäude der *Universität* ist nicht weit (mit Café).
Am Weg zum Schloß die größte und älteste *Bibliothek* Schwedens - u.a. könnt ihr ein Exemplar des berühmten Codex Argenteus bewundern, die Bibelübersetzung des Gotenbischofs Wulfila (4. Jh.) mit silbernen und goldenen Buchstaben auf Purpurpergament!
Über der Stadt das mächtige rote *Schloß* - unter König Gustav Wasa 1540 begonnen, sollte es dem aufmüpfigen Erzbischof zeigen, wer das Sagen hat (tägl. 11-16, ab September 11-14 h, Führungen). Nahebei der große Botanische Garten der Universität.
Hübsch ist auch der *Linné-Garten* (auf der Bahnhofsseite vom Fluß) - hier hat der berühmte Botaniker Linné gewohnt (sein Haus ist heute ein Museum) und etwa 1300 Pflanzen nach seinem System geordnet und gepflanzt.
Nördl. der Stadt die alte Siedlung *Gamla Uppsala* (Busverbindung) - erhalten sind drei uralte Grabhügel, unter denen "heidnische" Schwedenkönige aus dem 6. und 7. Jh. liegen.

Dalarna

Einsame Berglandschaft mit Wäldern, riesigen Seen und zahllosen Flüssen - erstreckt sich bis zur norwegischen Grenze. In den abgeschlossenen Tälern nur wenige Ortschaften. Hier blüht noch der Glaube an die Trolle und an andere böse Geister und Hexen.
Lohnendstes Ziel ist der *Siljan-See*, einer der schönsten schwedischen Seen. Gute Strände und die herrliche Umgebung locken im Sommer zahllose Schweden hierher. Auch kulturell interessant: intakte Bauernkultur mit alten Festen, Freilicht- und Heimatmuseen, außerdem Korbflechterei, Holzschnitzer u.ä. Ein Wanderweg (Siljansleden) führt rund um den See.

Stockholm - Uppsala - Sala - Borlänge - Leksand - Rättvik - Mora A-Kb. 20171

Etwa 3-4 Züge fahren tägl. von Stockholm an den Siljansee, Dauer ca. 3,5 std. Die Bahnlinie führt fast immer dicht am Seeufer entlang durch die Orte Leksand, Rättvik und Mora.
Von Mora Weiterfahrt möglich nach *Östersund* - 1 x tägl. Direktzug (ca. 6 std.), mit Umsteigen wesentlich länger. Ab Östersund 1 x tägl. nach Lappland und ca. 4 x hinüber nach Trondheim/ Norwegen (s.u.).

Leksand: an der Südspitze des Sees, eins der touristischen Zentren. Den ganzen Sommer über, besonders im Juli, traditionelle Feste mit alter Volksmusik und bunten Trachten. Besonders ausgelassen das berühmte *Mittsommerfest* und das *Musik vid Siljan*-Festival. Schiffsverbindungen in alle wichtigen Orte am See.

INFORMATION: Norsgatan, vom Bhf. schnell zu erreichen. Zimmervermittlung.

ÜBERNACHTEN: Jugendherberge **STF Vandrarhem**, Parkgarden, 3 km vom Bhf., Tel. 0247/10186. Nächster Camping ist **Orsandbadens**, 2 km vom Zentrum an der Straße nach Tällberg.

Rättvik: 20 Bahnminuten nördl. von Leksand, schöne Lage zwischen Wäldern am Seeufer. Auch hier buntes Sommerleben, außerdem viel Kunsthandwerk in diversen Handwerksbetrieben, z.B. im Freizeitpark *Gammelgard*, 10 min. außerhalb.

INFORMATION: gegenüber vom Bhf., Zimmervermittlung.

ÜBERNACHTEN: sehr gute **Jugendherberge** 600 m vom Bhf., in zentraler Lage an der Centralgatan, ein Stück hinter der Tourist Information, Tel. 0248/10566. **Camping Rättviksparken** im Freizeitpark, vom Bhf. die Centralgatan entlang, **Camping Siljansbadets** am See unten.

LESERTIP: "in Rättvik gibts jeden Sommer ein großes Musikertreffen. Sehr schön ist der Weg zu Fuß nach **Tällberg**, einem sehr hübschen Ort mit gutem Blick auf Rättvik" (Henriette Seiler, Wangen).

Mora: schöne Lage zwischen zwei Seen, alljährlich im März Zielpunkt des Vasalaufs, des längsten Skilanglaufs der Welt. Den Werken des einheimischen Malers *Andors Zorn* ist ein Museum gewidmet, außerdem ein sehenswertes *Freilichtmuseum* (Zorns Gammelgard). Tip - Mora ist Startpunkt der berühmten Inlandsbahn nach Schwedisch Lappland (Details siehe unten).

INFORMATION: am See unten.

ÜBERNACHTEN: **Jugendherberge** auf großem Campinggelände, 3 km vom Bhf., Tel. 0250/26550.

Von Stockholm/Mittelschweden nach Lappland

Nördl. von Uppsala kommt ihr allmählich in die dünner besiedelten Regionen Nordschwedens. Der Mischwald verschwindet, an seine Stelle treten endlose Nadelholz- und Birkenwälder. Bevorzugtes Ziel der meisten Traveller ist *Lappland*, die Region um und nördl. vom Polarkreis - Norwegen, Schweden, Finnland und die Sowjetunion teilen sich politisch das Riesengebiet. Während der norwegische Teil gebirgig und steil ist, senken sich die Berge nach Osten zur flachen schwedischen und finnischen Tundra.
Für Zugfahrer ab Stockholm 2 Möglichkeiten - entweder an der Küste entlang oder über die Inlandsroute. Beide Strecken treffen sich in *Gällivare* - von dort führt die beeindruckende Riksgränsbahn durch die norwegischen Berge hinüber zur Küstenstadt *Narvik*.

Stockholm - Uppsala - Gävle - Ange (oder Sundsvall) - Boden - Gällivare - Narvik A-Kb. 20180

Hauptstrecke nach Norden, meist in Küstennähe, 2-3 x tägl. befahren, jedoch landschaftlich wenig reizvoll, schnelle komfortable Züge.
Der *Nordpilen* startet am späten Nachmittag in Stockholm, fährt über Nacht und kommt am späten Vormittag in Gällivare und Kiruna an (Stockholm - Gällivare ca. 17 std., bis Narvik 22-23 std.).
Der *Lapplandspilen* startet am späten Nachmittag in Malmö/Südschweden und erreicht ca. 24 std. später Gällivare und Kiruna (beide Züge reservierungspflichtig, Schlaf- und Liegewagen im Zug).

ROUTE: nördl. von Uppsala verschwindet allmählich die Ebene, das hüglige Norrland beginnt. Große Hafenstadt **Gävle** - alter Stadtteil Gamla Gävle mit Holzhäusern, außerdem das sehenswerte Schwedische Eisenbahnmuseum (tägl. außer Mo 11-16 h, zu erreichen mit Museumszug ab Hbf.). Ab Gävle fährt der Zug entweder über Sundsval (etwas länger, immer dicht an der Küste entlang) oder ein Stück landeinwärts über Bollnäs und Ange.
Sundsvall, eine der wichtigsten Städte im Norden. Ein Feuer zerstörte Ende des 19. Jh. das historische Zentrum. Es wurde mit breiten Straßen und massiven Steinhäusern wieder aufgebaut - die Steinstadt ("Stenstaden") ist heute ein Unikum im Norden Skandinaviens. Nördl. der Stadt schöne Strecke um eine weite Meeresbucht, später führt die Bahn am tief eingeschnitten **Angerman-Fjord** entlang.
Boden, **Lulea** und andere Orte in Lappland s. unter Schwedisch Lappland weiter unten.

Stockholm - Bollnäs - Östersund - Storuman - Arvidsjaur - Jokkmokk - Gällivare - Narvik A-Kb. 20170, 20180, 20173

Die Inlandsroute (Inlandsbanan) langwieriger, landschaftlich aber abwechslungsreicher als die Küstenstrecke. Uriger Zug, der nur aus drei roten Triebwagen besteht, ein Begleiter gibt Erklärungen über die Strecke. Mal aussteigen an einem der vielen Seen - einfach 500 m von der Station weg und ihr seid irgendwo in Alaska. Besonders schön die Gegend um *Vilhel-*

mina (an manchen Bahnhöfen auch Fahrradverleih).

ROUTE: von Stockholm bis Östersund 3-4 x tägl. (Schnellzug ca. 6,5, sonst 9,5 std.). Ab **Östersund nach Gällivare** die eigentliche Inlandsbahn - den Frühzug nehmen, durchgehende Verbindung nur 1 x tägl. (sonst umsteigen in Storuman), ca. 14 std.
Reine Fahrtzeit ab Stockholm insgesamt etwa identisch mit Küstenlinie, jedoch mehrfaches Umsteigen mit Wartezeiten, wegen schlechter Anschlüsse eventuell Übernachten erforderlich. Das nördl. Teilstück der Strecke gehört schon zu Lappland - Infos zu den Orten **Arvidsjaur** und **Jokkmokk** siehe unter Schwedisch-Lappland.

ÜBERNACHTEN: **Östersund**, Verkehrsknotenpunkt in schöner Lage am großen Storsjön (Züge und Straßen nach Lappland, Trondheim und zum Siljan-See). Jugendherberge in der Tingsgatan 12, 1 km vom Bhf., Tel. 063/128561, außerdem mehrere Campingplätze um die Stadt.
Weitere Jugendherbergen in **Vilhelmina** (Tallasvägen 34, 1 km vom Bhf. Tel. 0940/11450) und im Bahnknotenpunkt **Storuman** (Skogsbruksskolan, 3 km vom Bhf., Tel. 0951/11355). Diese Orte gehören schon zu Schwedisch Lappland.

SCHWEDISCH LAPPLAND

Ein Riesengebiet, etwa so groß wie die Bundesrepublik, aber kaum besiedelt.

Ungefähr eine Million Einwohner leben hier, davon etwa 10.000 Lappen (auch Samen genannt), die ihren Lebensunterhalt teilweise noch wie vor Jahrtausenden mit ihren Rentierherden bestreiten. Riesige Nadelwälder bedekken den südl. Teil der Region, nach Norden hin erstreckt sich polare Urlandschaft - weite Birkenwälder, später nur noch baumlose Tundra, Moore und widerstandsfähige Sträucher. Die Sommer sind trocken und kurz, in den Bergen schneit es bis in den Juni hinein. Die Mitternachtssonne gehört zu den größten Attraktionen.
Nordschweden besitzt die größten Erzvorkommen der Erde - tägl. rollen voll beladene Züge von Kiruna über die *Riksgränsban* nach Narvik an die norwegische Küste. Diese Bahnlinie ist die nördlichste des Kontinents und gleichzeitig eine der schönsten (siehe weiter unten).
Zum Wandern ist die Region bestens geeignet, markierte Wege gibt es von vielen Orten. Gute Ausgangspunkte für Ausflüge sind *Arvidsjaur* und *Jokkmokk* (von der Hauptlinie in Jörn umsteigen). Die Nationalparks *Sarek* und *Stära Sjöfallet* liegen jedoch im Hochgebirge und sind für Leute ohne Bergerfahrung nicht zu empfehlen. Infos über Wanderwege gibt's in den Tourist-Büros.

Für alle Wanderungen notwendig - wasserundurchlässige Kleidung, Gummistiefel, ausreichend Proviant und vor allem eine gute Karte. Außerhalb der gängigen Routen solltet ihr euch nie bewegen, man kann sich leicht verirren und es kann passieren, daß ihr wegen der dünnen Besiedlung keinen Menschen mehr trefft. Besonders mit Abfall aufpassen - weil die Sommer so kurz sind, verrostet das Zeug extrem langsam, Blechbüchsen können z.B. Jahrzehnte unversehrt bleiben. Außerdem höllisch aufpassen mit offenem Feuer!

Arvidsjaur: an der Inlandsbahn, hier könnt ihr ein altes *Kirchendorf* der Samen anschauen - die Bewohner der Region kommen ein paar Mal im Jahr zu Festen und benützen die Holzhütten als Übernachtungsplätze.

VERBINDUNGEN: 1-2 x tägl. nach Gällivare bzw. in die andere Richtung über Östersund nach Mora, außerdem 1 x tägl. nach Jörn (Hauptlinie Stockholm-Kiruna).

INFORMATION: Storgatan 12. Zimmervermittlung.

ÜBERNACHTEN: **Hotel Arvidsjaur**, Stationsgatan 2, ca. 70 DM das DZ. **Camping Gielas** mit Hütten, ca. 12 DM für zwei Leute.

AUSFLÜGE: Postbus ab Bhf. ins Gebirge nach **Arjeplog** (hin und zurück ca. 27 DM). Interessantes Silbermuseum.

Jokkmokk: wenige Kilometer nördl. vom Polarkreis (Zug hält und ihr könnt das Schild photographieren). Alter Marktort der Lappen, der Markt findet auch heute noch statt (im Februar). Sehr gut das *Samenmuseum* über vergangenes und heutiges Leben der Samen, außerdem im Sommer verschiedene Verkaufsausstellungen mit recht guten Sachen der samischen Volkskunst.

Jokkmokk ist auch Ausgangspunkt für Touren in den Nationalpark Sarek.

INFORMATION: Porjusvägen 4.

ÜBERNACHTEN: **Jugendherberge** in der Borgargatan 2, Tel. 0971/11977. **Hotel Akkjan**, Berggatan 13, DZ ca. 70-75 DM, und großer **Camping Jokkmokk** 2 km außerhalb.

AUSFLÜGE: in der Umgebung schöne Bergwanderungen möglich, z.B. auf den **Storknabben** (Mitternachtssonne). Oder ihr fahrt mit dem Postbus nach **Kvikkjokk**, ca. 35 DM hin und zurück. Hier trefft ihr auf den **Kungsleden** (Königspfad), einen fast 400 km langen Wanderpfad von Nordlappland durch die Gebirgslandschaft bis nach Tärnaby im Süden.

Lulea - Boden - Gällivare - Kiruna - Abisko - Riksgränson Narvik A-Kb. 20180

Die Riksgränsban verbindet den Bottnischen Meerbusen mit der Nordsee. Neben der Bergenbahn in Norwegen eine der landschaftlich lohnendsten Bahnlinien Europas! Ihr fahrt in modernen Schnellzügen (ca. 3 x tägl.), außer euch rollen pro Tag an die zwei Dutzend Erzzüge in die Häfen von Narvik und Lulea.

Boden: große Garnisonsstadt und Verkehrsknotenpunkt an der Hauptstrekke Stockholm-Kiruna. Viele Interrailer übernachten in der Umgebung des Bhf., um am nächsten Tag mit der Riksgränsban nach Lappland oder via Haparanda nach Finnland weiterzufahren. Eventuell überlegenswert, die paar Kilometer mit dem Zug nach Lulea ans Meer zu fahren (siehe unten).

VERBINDUNGEN / BAHNHOF: 2 x tägl. nach Haparanda/Finnland, 3 x tägl. nach Narvik, 3 x Stockholm.

ÜBERNACHTEN: keine Jugendherberge, aber vis à vis vom Bhf. nach links vermietet **Hotel Standard** erfreulicherweise Plätze in 4-Bettzimmern für ca. 25 DM (wird allerdings schnell voll), Stationsgatan 5, Tel. 0921/52740. Laut Leserzuschriften kann man am Badpladets am See gut draußen schlafen (ca. 2 km vom Bhf.).

LESERTIP: "in Boden gibt es ein tolles **Tourist-Inform** (Drottninggatan 3), wo man duschen kann und die auch sonst sehr nett sind. Campingplatz ist geplant" (Eugen Maier/ Gabriele Geiger, Bra.-Hausen).

Lulea: großer Erzhafen, zwar auch keine JH, aber der Zug nach Kiruna startet hier - bevorzugte Möglichkeit, gute Sitzplätze zu ergattern, ab Boden wirds nämlich eng!

Gällivare: hier trifft die Inlandsbahn auf die Hauptstrecke von Stockholm/Boden. Gällivare ist mit dem Bergbau groß geworden, die Erzgruben können besichtigt werden (Auskunft im Tourist-Büro).
Sehenswert ist die Lappenkirche am Ortsrand, der Bergzug *Dundret* liegt wenige Kilometer westl. - dort Freizeitzentrum, Hüttendorf und Seilbahn. 6 km nördl. von Gällivare liegen die Bergwerke, außerdem die Bergarbeitersiedlung *Malmberget* mit einem Grubenmuseum (Busverbindung, Mo-Fr 10-15 h). Die Mitternachtssonne scheint von Anfang Juni bis Mitte Juli!

INFORMATION: Storgatan 16.

ÜBERNACHTEN: freundliche **Jugendherberge Andra Sidan**, Tel. 0970/14380, nicht weit vom Bhf. (über eine Brücke). **Camping Gällivare** etwas außerhalb, zu Fuß ca. 20 min.

Kiruna

Die nördlichste Stadt Schwedens ist das "El Dorado" Lapplands - hier liegen die größten bekannten Eisenerzvorkommen der Welt. Als Ort öde, weit auseinandergezogen mit Verwaltungsgebäuden und Hochhäusern. Von Mitte Mai bis Mitte Juli scheint die Sonne fast 24 std.!
Unbedingt anschauen solltet ihr die unterirdischen *Erzgruben* (die größten der Welt!), hochmodern eingerichtet, mit ferngesteuerten Zügen und riesigem Maschinenpark. Mehrmals tägl. gibts Führungen (von Tourist-Information organisiert, ca. 12 DM), ihr fahrt dabei in einige der höher gelegenen Stollen (die tiefsten sind mehrere Tausend Meter tief!), zum Abschluß dürft ihr einen Erzbrocken als Souvenir mitnehmen.
Weiterhin sehenswert die interessante hölzerne *Kirche* von Kiruna in Form eines Lappenzelts.

INFORMATION: Hjalmar Lundbohmsvägen 52, vom Bhf. auf der anderen Seite des Waldhügels (im Sommer auch im Bhf.).

ÜBERNACHTEN: die preiswerten Unterkünfte in Kiruna sind schnell voll, Informationsbüro vermittelt Privatzimmer. **Jugendherberge Strandstigen**, Tel. 0980/17195, vom Bhf. ca. 800 m. rechts, an den Bahngleisen (vorher reservieren empfiehlt sich, die 90 Betten sind oft belegt). **Camping Kiruna** ca. 1,5 km vom Bhf. an kleinem See, auch Hütten werden vermietet.
Wenn alle Stricke reißen - direkt oberhalb vom Bhf. liegt ein kleiner überschaubarer Park. Besser ist aber, hinter der Holzkirche von Kiruna zu übernachten (ca. 1 km ab Bhf.).

ESSEN / TREFFS: Selbstverpflegung z.B. in den Kaufhäusern **Domus** und **Tempo** (in ersterem auch Cafeteria). Die Disko im großen **Hotel Ferrum** ist der einzige Ort, wo abends was los ist.

Abisko Turiststation: Herberge mit 400 Betten, einige verstreute Hütten und eine Bahnstation 40 km vor der Grenze am langgestreckten Torneträsk-See. Schneefall bis tief in den Sommer, aber herrliche Landschaft. Der "Ort" liegt mitten in einem Naturschutzpark und ist ausgezeichneter Ausgangspunkt für Wanderungen in die Berge, viele markierte und unmarkierte Wege in der Umgebung, Übernachten in STF-Hütten möglich (urig-gemütlich, ca. 20-25 DM pro Pers.). In Abisko beginnt auch der schon erwähnte *Kungsleden-Wanderpfad*.

Alle Züge zwischen Kiruna und Narvik halten, ihr könnt also ruhig aussteigen und mit einem der nächsten weiterfahren (ca. 3 x tägl.). Bis Stockholm sind es übrigens 1508 km.

ÜBERNACHTEN: die Herberge **Abisko Turiststation** hat Betten für ca. 40 DM pro Pers., Tel. 0980/40100. Ein **Zeltplatz** liegt nicht weit vom Bhf., Wildzelten nicht erlaubt, weil Nationalpark. **Hotel Gastgarden** in Abisko-Östra, ca. 45-50 DM fürs DZ.

Nach Abisko noch ein paar kleine Stationen bis zur Grenze - alle beliebt bei Wanderern. Bei der Weiterfahrt möglichst *rechts* sitzen, wegen des großartigen Blicks auf den langgestreckten Rombaksfjord, an dessen Ausgang Narvik liegt. Aus der arktischen Hochgebirgsregion steigt die Bahn durch eine wilde Felslandschaft hinunter - hohe Steilwände, Schluchten, Viadukte, Tunnels - wenn ihr Glück habt, weiter Blick übers Meer bis auf die Lofoten!

Narvik siehe unter Norwegen, S. 658.

Norwegen

Von den skandinavischen Ländern ohne Zweifel das faszinierendste - hier könnt ihr einige der größten Naturschönheiten Europas erleben.

Tief ins Land einschneidende Fjorde mit riesigen grünen Wasserflächen, Kreuzfahrtschiffe wie Spielzeugschiffchen, mächtige Berggipfel mit Schnee und Gletschern, grüne Täler und Wiesen, Wasserfälle und Seen - die Impressionen sind vielfältig und phantastisch.

Schon allein auf der Bahnfahrt nach Norden könnt ihr einmalige Eindrücke bekommen. Von den fruchtbaren Niederungen geht es durch einsame Wald- und Seelandschaften hinauf auf öde Hochplateaus, an Fjorden entlang und bis über den Polarkreis hinaus nach *Bodo*, dem Endpunkt der Nordland-Bahn. Hier treffen sich alljährlich von Juni bis Juli die Sonnenanbeter, um die Mitternachtssonne zu bewundern. Mit einer einmalig schönen Busfahrt könnt ihr dann bis *Narvik* vorstoßen, von wo ihr mit der Bahn nach Schweden und Finnland weiterfahren könnt. Individualisten setzen vielleicht über auf die *Lofoten-Inseln* mit ihren rauhen Bergen und riesigen Seevögelnistplätzen.

Auch einen kleinen Schiffsausflug solltet ihr einplanen - der Abstecher von der Bergen-Bahn nach *Flam* und weiter mit dem Schiff auf dem Aurlands- und Sognefjord nach *Gudvangen* oder sogar bis *Bergen* bietet sich an und reißt auch kein allzu großes Loch in den Geldbeutel. Die etwas "Wohlhabenderen" können aber auch mal 1 oder 2 Tage mit einem Dampfer der *Hurtigrute* die Küste entlangfahren, die bis hoch in den Norden vorstoßen.

Von den Städten sind wohl *Oslo* und *Bergen* die interessantesten. Aber natürlich kommen die wenigsten Railer, um norwegische Stadtkultur zu bewundern, sondern wegen der grandiosen Landschaft. Mal einfach irgendwo aussteigen und ein Stück wandern, gehört einfach dazu.

Entstehung der Fjorde: als vor ca. 600.000 Jahren die Eiszeit begann, änderte sich das Klima und die Eis- und Gletschermassen schoben sich immer tiefer die Täler hinunter. Nach und nach hobelte und schliff ihr ungeheurer Druck diese Täler so weit aus, daß schließlich die Fjorde mit ihren Steilwänden entstanden.
Als das Klima wieder wärmer wurde, schmolzen die Gletscher, der Meeresspiegel stieg an und füllte die Fjorde. Weil der Eisdruck im Landesinneren viel größer war, als an den Mündungen der Täler zur Nordsee, sind die Fjorde an ihren Enden wesentlich tiefer als an der Mündung, nämlich bis zu 1300 m - tiefer als die Nordsee!
Zu den schönsten Fjorden gehören der **Hardangerfjord** südl. von Bergen, der **Sognefjord** nördl. von Bergen (mit 180 km der längste Fjord Norwegens) und der besonders prächtige **Geirangerfjord** südl. von Andalsnes.

Anreise

Ohne Nebenkosten können Interrailer über *Kopenhagen* nach Oslo reisen - die dänischen Bahnfähren, die dabei benutzt werden, sind kostenlos (siehe Dänemark). Von Kopenhagen fahren 3-4 x tägl. Züge nach Oslo, wobei die Überfahrt mit der Bahnfähre zwischen Helsingör und Helsingborg ebenfalls kostenlos ist. Platzkarten im Sommer empfehlenswert.

Eine andere Möglichkeit sind die Fähren von *Kopenhagen* nach *Oslo* und, falls man von Nord-Jütland etwas mitbekommen will, die Fähren von *Hirtshals* nach *Kristiansand*. Beide bieten für Interrailer 50 % Ermäßigung. Oder ihr setzt von der BR Deutschland nach Südschweden über, nämlich von *Lübeck/Travemünde* nach *Trelleborg*, und steigt dort in einen der häufigen Züge über Göteborg nach Oslo.

Mit der Eisenbahn durch Norwegen

In Norwegen könnt ihr einige der eindrucksvollsten Bahnlinien Europas befahren - z.T. dringt die Bahn sogar in Gebiete vor, wo es keine Straßen mehr gibt.

Spezielle Höhepunkte sind die *Bergenbahn* von Oslo nach Bergen, der Abstecher hinunter ins Tal nach Flam *(Flambahn)*, die *Raumabahn* Dombas - Andalsnes und die *Ofotbahn* im hohen Norden von Narvik nach Schwedisch-Lappland.
Das Bahnnetz ist weitmaschig, auch im stärker besiedelten Süden gibt es nur im Großraum Oslo ein etwas dichteres Angebot. Nach Norden gehen anfangs zwei, dann praktisch nur noch eine Bahnlinie, die in *Bodo* endet und erst 296 km (!) weiter nördl. ab *Narvik* nach Schweden hinüberführt. Das Stück zwischen Fauske/Bodo und Narvik muß mit Schiff und/oder Bus überwunden werden (50 % für Interrailer). Die Entfernungen sind immens - von Oslo nach Bodo sind es 1300 km, bis Narvik fast 300 km und wer per Bus bis zum Nordkap vordringen will, hat noch einmal 750 km vor sich.
Die norwegischen Züge sind meist sehr geräumig und bequem. *Platzreservierung* ist in den meisten Fernzügen obligatorisch und in der Regel auch sinnvoll, da die Züge oft recht voll werden. Bis eine Stunde vor Abfahrt kann reserviert werden (ca. 3,50 DM). *Liegewagen* gibt es auf Inland-Linien nicht, jedoch sind *Schlafwagenplätze* mit knapp 30 DM pro Pers. deutlich billiger als in Deutschland. Zuschläge werden keine verlangt.

Die **Bahnkarte** zu Norwegen findet ihr im Kapitel Schweden auf den Seiten 624-625.

> **Information**: Norges Statsbaner Hovedadministrasjonen, Storgaten 33, Postboks 9115 Vaterland, N-Oslo 1.

Andere Verkehrsmittel: ideale Ergänzung zur Bahn - ab Bergen fahren tägl. die schnellen Dampfer der *Hurtigrute* bis in den äußersten Norden nach Kirkenes. Unterwegs werden über dreißig Häfen angelaufen (u.a. alle größeren Städte und Svolvaer und Stamsund auf den Lofoten-Inseln), wo ihr überall ein- und aussteigen könnt. Deckplätze könnt ihr in der Regel auch kurzfristig problemlos bekommen. Handikap sind die ausgesprochen hohen Preise - für Interrailer keine Ermäßigungen, aber 25 % für **Gruppen ab 10 Personen**! Tut euch also im Hafen zusammen, es lohnt sich.
Außerdem gibt es noch andere (preiswertere) Schiffsverbindungen die Küste entlang. Von den größeren Küstenorten fahren z.B. überall *Ausflugsdampfer* in die Fjorde der Umgebung, billiger sind aber die örtlichen *Fähren*. Sehr verschiedene Möglichkeiten habt ihr schließlich, um auf die Lofoten- u. Vesteralen-Inseln zwischen Bodo und Narvik überzusetzen (Details bei Bodo und Narvik).
Im hohen Norden ergänzen komfortable *Fernbusse* (Routebusser) das lükkenhafte bzw. fehlende Bahnnetz. Nicht billig, aber Interrailer bekommen 50 % (siehe Ermäßigungen).
Fahrräder könnt ihr bei manchen Tourist Büros und auf Campingplätzen mieten.

> ERMÄSSIGUNGEN: **Interrailer** bekommen 50 % Rabatt
> auf den Fähren von Hirtshals nach Kristiansand
> auf den Sognefjord-Fähren von Bergen nach Flam
> in den Bussen zwischen Fauske und Narvik
> in den Bussen von Narvik Richtung Norden (Tromsö, Nordkap).

Praktisches

Einreise: Personalausweis oder Reisepaß.

Finanzielles: die norwegische Währung ist die *Krone* (nrk), die aus 100 *Öre* besteht. *Reise-* und *Euroschecks* werden in Banken akzeptiert und auch mit dem *Postsparbuch* kann man Geld abheben. Die geforderte Kommission ist bei Schecks recht unterschiedlich und oft hoch - ein Vergleich der Banken vor Ort kann sparen helfen.
Norwegen hat ein deutlich höheres Preisniveau als die meisten anderen europäischen Länder und ist das teuerste Land Skandinaviens. Dank der Abwertung der Krone gegenüber der DM, ist aber die Differenz nicht mehr so gravierend wie noch vor einigen Jahren.

Aktueller Kurs: 1 DM = 3,70 nkr (2/90)

Übernachten: in Norwegen gibt es zahlreiche sehr gute, jedoch teure *Jugendherbergen* (ungdomsherbergen) - die Preise liegen zwischen 16 und 27 DM (etwas mehr ohne JH-Ausweis), für das üppige Frühstück 6-10 DM extra. In der Regel haben die Herbergen DZ und kleinere Mehrbettzimmer mit Du/WC, meist auch Sauna, Kochgelegenheit, Waschmaschinen, Trockner etc. Vorsicht - viele Herbergen sind nur von Mitte Mai bis Mitte August geöffnet.
Hotels sind sehr teuer, billiger sind *Pensionen* (Pensjonen), Gasthäuser (Gjestgiveri) und Touristenheime (Turistheim). *Privatzimmer* (Overnatting, Husrom, Rom) werden oft von den Tourist-Büros vermittelt, ca. 22-27 DM pro Pers.
Eine landschaftlich reizvolle, zudem preiswerte Alternative bieten die über tausend *Campingplätze* - fast immer sind dort bequeme trockene Hütten zu mieten, die Platz für 2-6 Personen bieten und je nach Preis und Kategorie ein bis zwei Räume, Stromanschluß und oft auch eigene Du/WC haben. Eine Hütte kostet zwischen 45 und 70 DM, Schlafsack muß man mitbringen. Auf den Plätzen gibt es außerdem Waschmaschinen, Trockner und Kocheinrichtungen. In Nordnorwegen, vor allem auf den Lofoten-Inseln, werden außerdem *Fischerhütten* (Rorbuer) vermietet, die naturgemäß meist direkt am Meer stehen - Dusche, E-Herd, Kühlschrank und Ruderboot incl.
Freies Zelten ist in Norwegen auf ungenutztem Land für zwei Nächte an ein und derselben Stelle erlaubt. Das Zelt muß vom nächsten Haus mindestens 150 m entfernt sein.

Essen: sehr teuer, wie in ganz Skandinavien. Selbstverpflegung ist angesagt (viele Jugendherbergen und Campingplätze verfügen über Kochmöglichkeit). Grundnahrungsmittel sind meist etwas preiswerter als eingeschweißte oder eingebüchste Sachen. Wer die Möglichkeit hat, sollte etwas Proviant von zu Hause mitbringen. Wurstwaren sind in Norwegen wenig attraktiv, dafür gibts einige interessante Käsesorten (z.B. Ziegenkäse *geitost*). In Imbißbuden werden relativ preiswerte *polser* (Würste) verkauft.
Wenn ihr Essen gehen wollt, geht in eine der sog. *Kafeterias* (Kaffistova). Neben warmen Speisen gibt's hier auch Kaffee, Kuchen etc. Gerade noch erschwinglich sind die Preise auch im *Kro* (Selbstbedienungslokal) und in *Pizzerias*. Fisch ist in der Regel preiswerter als Fleisch - Hering *(sild)*, Forelle *(orret)* Kabeljau *(torsk)* und Lachs *(laks)* werden in verschiedenen Variationen angeboten. Wie in Schweden gibts auch in Norwegen *Smorgasbord* (Kaltes Buffet).
Alkohol ist sündhaft teuer - für ein Bier muß man 8-12 DM auf den Tisch legen. Viele Lokale haben dank der restriktiven Alkoholpolitik Norwegens keine Ausschankerlaubnis für Spirituosen und "hochprozentiges" Bier, dort gibt es meist nur *lettöl*, das kaum Alkohol enthält. Alkoholische Getränke kaufen kann man zu äußerst stolzen Preisen nur in den staatlichen Vinmonopolet-Läden (Mo-Sa 10-17, So 9-13 h).

Telefonieren: auch das ist teuer. Von den meisten öffentlichen Fernsprechern kann man ins Ausland durchwählen - 5-Kronenstücke sollte man in ausreichender Menge parat haben (1-Kronenstücke fallen zu schnell durch). Spartip - viele Telefonzellen können vom Ausland problemlos angewählt werden (Nummer steht am Apparat).

VORWAHL: BR Deutschland **09549**, Österreich **09543**, Schweiz **09541**, Norwegen (von der BRD) **0047**.

Kleines Sprachlexikon

Allgemeines: Guten Tag - *god dag*; Auf Wiedersehen - *god morgen da*; danke/bitte - *takk/vaer sa god*; Entschuldigung - *unnskyld*; wo ist? - *hvor er?*; Straße - *vei, gate*; Platz - *torget*.
Zahlen 1 - 10 = *en, to, tre, fire, fem, seks, syv, ate, ni, ti*; 20 - *tretti*; 50 - *femti*; 100 - *hundre*; 1000 - *tusen*.

Bahn: Zug - *tog*; Fahrkarte - *billett*; Ankunft/Abfahrt - *ankomst/avgang*; Fahrplan - *rutetabell*; Gepäckaufbewahrung - *oppbevaring*; Platzreservierung - *plassreservering*; Schnellzug - *hurtigtog*; Expresszug - *ekspresstog*; Lokalzug - *lokaltog*; Kurswagen - *direkte sittevogn*; Schlafwagen - *sovevogn*; Liegewagen - *liggevogn*;

BOTSCHAFTEN

Bundesrepublik Deutschland: N-0258 Oslo 2, Oscars gate 45, Tel. 02/552010. Konsulat N-5000 Bergen, C. Sundsgate 60, Tel. 05/323843.
Österreich: 0264 Oslo 1, Sophus Lies gate 2, Tel. 02/552348.
Schweiz: 0010 Oslo 1, Drammensveien 6, Tel. 02/417017.

FREMDENVERKEHRSÄMTER

D-2000 Hamburg 1, Hermannstr. 32, Tel. 040/327651.

OSLO

Herrliche Lage am Ende des mehr als 100 km ins Land einschneidenden Oslofjords.

Oslo hat nur 1/2 Million Einwohner und wirkt trotz seiner Lebendigkeit beschaulicher als viele andere Hauptstädte. Noch innerhalb des Stadtgebiets findet ihr ausgedehnte Wälder und Wiesen, auch zur weltberühmten *Holmenkollen-Schanze* konnt ihr bequem einen Ausflug machen.
1624 brannte die gesamte Altstadt nieder, historisch Interessantes ist außer *Schloß Akershus* am Hafen nur wenig erhalten. Angenehm und abwechslungsreich ist ein Bummel durch die Hauptgeschäftsstraße *Karl Johans Gate* (teilweise Fußgängerzone) und den benachbarten ausgedehnten Stadtpark. Oder ihr lauft die paar Meter hinüber in den riesigen *Schloßpark*. Nicht versäumen solltet ihr die *Museen* von Oslo - kulturell eine gute Ergänzung zu einem norwegischen Naturtrip.

VERBINDUNGEN / BAHNHÖFE: die internationalen Züge kommen am **Ostbhf.** (Hbf. = Sentralstasjon) an. Von hier gehen auch die Züge Richtung Bergen und Trondheim ab. Vom **Westbhf.** (Vestbanestasjonen, am Hafen) Züge nach Süden, den Oslofjord entlang und Richtung Kristiansand und Stavanger.

INFORMATION: Innkvartering (Zimmervermittlung) und Zweigstelle der Tourist-Information im **Ostbhf.** (tägl. 9-22 h) - Stadtpläne, Netzplan der Trams, deutschsprachiger 'Oslo-Guide' und 'Oslo diese Woche'.
Die Hauptstelle der Information im **Rathaus** (Radhuset) am Hafen (Mo-Fr 8-17, Sa/So 9-15 h). Spezielle **Jugendinformation** (Ungdomsinformasjonen) in der Akersgate 57 (Mo-Fr 11-17 h).

UNTERWEGS IN OSLO: **Straßenbahnen**, **Busse** und zwei **U-Bahnen,** außerdem **Fähren** zur Museumsinsel. In die weitere Umgebung von Oslo gehen auch Nahverkehrszüge. Ein einfaches Ticket kostet im Zentrum ca. 1,70 DM, weiter außen 3,20 DM. Es gibt **24-std.-Touristenkarten** für ca. 12 DM, die in allen öffentlichen Verkehrsmitteln gültig sind (incl. Fähren zur Museumsinsel). Lohnend ist eventuell die **Oslo-Karte** (1, 2 oder 3 Tage für 18, 27 bzw. 35 DM) - damit habt ihr freie Fahrt in allen öffentl. Verkehrsmitteln, bekommt freien Eintritt in den meisten Museen, Sehenswürdigkeiten und Schwimmbädern und erhaltet Rabatt in Restaurants und Geschäften, bei Fahrradverleih, Bootsrundfahrten u.a.m.

Übernachten: in den zwei *Jugendherbergen* besser vorher anrufen, sind oft belegt. Ansonsten sind *Privatzimmer* am billigsten (DZ ab 45 DM) - bekommt ihr am besten über die Zimmervermittlung im Bhf. (Vermittlung ca. 2,50 DM, mindestens 2 Nächte müßt ihr bleiben). Zimmer in *Pensionen* oder *Hospits* (dasselbe wie Pensionen) beginnen bei ca. 60 DM fürs DZ.

Haraldsheim, Haraldsheimveien 4, Tel. 02/155043 o. 222965. Groß, gut ausgestattet, schöner Blick auf den Fjord, kostet mit Ausweis 22 DM, sonst 26 DM (mit Frühstück). Etwa 5 km vom Zentrum, mit Zug ab Hbf. nach **Grefsen** und noch ein Stück zu Fuß (oder Tram 1, 7 bis Sinsen).

Bjerke Studentenheim, Trondheimsveien 271, Tel. 02/648787. Studentenheim, nur Ende Juni - Ende August. Billiger als das andere Hostel, mit Ausweis ca. 10 DM, sonst 21 DM in 2- und 3-Bettzimmern. Bus 30 oder 31 bis Bjerke Travbane. Rezeption öffnet um 17 h.

Interrail-Point, Mollergate 1 (Eingang Grubbegate), Tel. 02/421066. Nur 5 min. vom Hbf., die Karl Johansgate geradeaus, an der Kirche rechts, dann links auf die andere Seite vom Marktplatz, am Markt entlang, zweite Straße rechts. Nur 15. Juli - 15. August, preiswerteste Unterkunft in Oslo, ca. 15 DM pro Pers., geöffnet 7.30-11, 17-24 h. Schlafsack mitbringen, Selbstkocherküche.

AUSSERHALB: Jugendherberge in **Drammen** am Oslofjord, Korsveien 62, Tel. 03/822189, Mitte Juni - Anfang August. Mit Zug ab Westbhf.

CAMPING: **Ekeberg Camping**, paar Kilometer südöstl. vom Zentrum, auf einem Berg über der Stadt, nur Ende Juni - Mitte August, Bus 24.

Bogstad Camping am nördl. Stadtrand, Nähe Holmenkollen-Schanze. Riesiges Gelände, auch Hütten, ganzjährig geöffnet, Bus 41 direkt ab Hbf.

UMSONST IM FREIEN: ist erlaubt in den Waldgebieten am nördl. Stadtrand, z.B. am Ende der Sognsvann U-Bahn.

Essen: Restaurants ziemlich teuer, billiger sind die Self-Services *Kaffistova* - eins der preiswertesten am Stortorget/ Karl Johansgate 13 (2. Stock). Die Norweger nehmen abends sehr früh ihre Hauptmahlzeit ein (zwischen 17.30 und 19 h), mittags gibt's in vielen Restaurants nur kalte Küche. Die meisten Lokale und Cafés an der langen *Karl Johansgate*.

Scotsman, Kongensgate 17/Karl Johansgate. Preiswertes Cafélokal, oft Live-Musik.

Fru Blom, Karl Johansgate 39-41. Rustikale Weinbar, viel Studenten, Tagesgerichte ab 10-16 DM (So-Mittag geschl.).

Cafeteria der Universität (Karl Johansgate 47), preiswert, Ausweis nicht nötig, Juli/August geschl.

Peppe's Pizza, Stortingsgata 4, parallel zur Karl Johansgate, riesige Pizzen ab 11 DM und Salatbuffet.

Lille Frascati, kleines, relativ erschwingliches Lokal in der Stortingsgata 20.

Vegeta Vertshus Friskportrestaurant, Munkedamsveien 3 b, gutes vegetarisches Restaurant.

Herregardskroen, Café im Frognerpark, beliebtes Ziel nach dem Museumsbesuch (tägl. 11-23 h).

LESERTIP: "wer Wiener Kaffeehausstimmung in Oslo erleben will, kann ins **Theatercaféen** in der Stortingsgata 24, gleich beim Nationaltheater, gehen. Echte Live-Kaffeehausmusik wird geboten" (Henriette Seiler, Wangen).

NACHTLEBEN: an der Karl Johansgate läuft jede Menge auf der Straße ab. Viele Cafés, aber Alkohol überall sehr teuer. In vielen Gartenlokalen Jazz live.

Aker Brygge, neu erbautes Vergnügungszentrum in einer Werfthalle am Hafen. Alles geboten - zahlreiche Restaurants, Snackbars etc., zur Zeit sehr "in", aber teuer.

Stortorvets Gjestegiveri, Grensen 1 (am Stortorget). Gemütliches altes Lokal mit viel Holz, hauptsächlich Studenten. Im Hinterhof gibts am Samstagnachmittag Dixie und Jazz.

Guldfisken, Radhusgata 2. Zwischen Hbf. und Hafen, sehr beliebt, am Wochenende Live-Jazz.

Café Blitz, Pilestredet 30. Alternativtreff, Rockmusik, kein Alkohol.

Sardines (Club 7), Munkedamsveien 15. Einer der beliebtesten Jugend-Treffs von Oslo, mit Disko, oft Jazz und Rock live, viel Stimmung. Eintritt und Öffnungszeiten je nach Veranstaltung.

Sehenswertes

Zentrum: vom Hbf. zum Königsschloß führt die Hauptgeschäftsstraße *Karl Johansgate* - Treffpunkt für alles und jeden, Cafés, Restaurants, Straßenmusiker. Am *Stortorget* großer Blumenmarkt, außerdem die *Domkirke*, die wichtigste Kirche der Stadt (Mo-Fr 9-15, Sa 9-12 h). Innen eine Mischung aus Barock und Moderne - Kanzel und Altarwand stammen aus dem 17. Jh., die großflächigen Deckengemälde wurden zwischen 1936 und 1950 gemalt.

In der Nähe der Uni, Universitetsgate 13, die *Nationalgalerie* - hauptsächlich norwegische Malerei vom 19. Jh. bis heute, aber auch viel europäische, u.a. El Greco, Rembrandt und französische Impressionisten. Edvard Munch, dem bedeutendsten Maler Norwegens sind ein paar Säle gewidmet (Mo-Fr 10-16, Sa bis 15, So 12-15 h, frei).

Das außen arg klotzige *Rathaus* steht unübersehbar am Hafen. Im Inneren reich geschmückte Säle mit großen Wandgemälden zur norwegischen Geschichte, viele namhafte norwegische Künstler haben mitgewirkt (kostenlose Führungen Mo-Sa 10.30, 12.30 und 14, sonntags 12.30 und 14 h).

Am Wasser entlang kommt ihr vom Rathaus zur *Akershus-Festung* - von dort schöner Blick auf den Hafen, angenehm zum Rumlaufen und Relaxen sind die ausgedehnten Grünanlagen. Sehenswertes Inneres mit unterirdischen Gängen, Festsälen, Verliesen. Im 2. Weltkrieg das Hauptquartier der deutschen Wehrmacht, 40 Widerstandskämpfer wurden hier hingerichtet (Denkmal). Erinnerungsstücke an den norwegischen Untergrundkampf gegen die Nazis im *Norges Hjemmefrontmuseum* (Norwegisches Widerstandsmuseum), Mo-Sa 10-16, So 12.30-16 h, ca. 2,50 DM.

Halbinsel Bygdoy: Oslos Museumsinsel, mit Fähre ab Rathausplatz (ca. 2 DM, Tram-/Bustickets gelten). Das *Norsk Folkemuseum* ist ein großes Freilichtgelände mit 150 alten Bauten aus allen Landesteilen, Prunkstück ist die hölzerne Stabkirche aus dem 12. Jh.(!). Der reiche Schmuck mit dämonischen Fabelwesen soll böse Geister abhalten. In einem der Museumsgebäude ist das Arbeitszimmer von *Henrik Ibsen* nachgebaut worden - einer der großen Schriftsteller Norwegens ("Peer Gynt"). Zudem eine gute Lappland-Ausstellung (Mo-Sa 10-18, So 11-18 h, ca. 4 DM).

Benachbart das *Wikingerschiff-Museum* mit drei fast tausend Jahre alten Wikingerschiffen, die man etwa um die Jahrhundertwende an verschiedenen Stellen der Küste ausgegraben hat. Das Osebergschiff war eine Art Prunk- und Vergnügungsschiff für kleinere Küstenfahrten, das Kokstadenschiff dagegen ein "Atlantikkreuzer" - 1893 sind ein paar mutige Leute mit einer Nachbildung davon nach Nordamerika gesegelt (tägl. 10-18 h, ca. 2 DM, Stud. ermäß.).

Eine Viertelstunde entfernt könnt ihr Thor Heyerdahls *Kon-Tiki* bewundern, ein einfaches Balsafloß, mit dem der Forscher 1947 von Peru die 8000 km-Strecke zu den Osterinseln segelte. Damit erbrachte er den Beweis, daß die Inseln wahrscheinlich von Südamerika aus besiedelt worden sind. Außerdem ist hier noch die *Ra II* ausgestellt, mit der Heyerdahl 1970 den Atlantik überquerte.

Eine Attraktion besonderer Art ist aber die *Fram*, das Expeditionsschiff des Polarforschers Fridtjof Nansen. Mit diesem Schiff versuchte er, bis zum Nordpol vorzudringen, indem er sich im ewigen Eis einfrieren ließ, um dann mit der Drift bis zum Pol geschleust zu werden! Jahrelang haben er und die Besatzung auf diesem Schiff in der Eiswüste der Arktis gehaust (tägl. 10-18 h, ca. 2,50 DM, Stud. ermäß.).

Außerhalb vom Zentrum: Leckerbissen für alle Kunstfans ist das ausgezeichnete *Munch Museum* im Osten der Stadt, Toyengata 53, mit fast dem gesamten Lebenswerk des großartigen norwegischen Malers. Chronologisch geordnet sind hier über 1000 Gemälde, außerdem 4000 Zeichnungen, Stiche und Lithographien zu sehen, die der Maler (+1944) der Stadt vermacht hat. Munch ist einer der Wegbereiter des Expressionismus, seine Bilder sind voll teilweise erschütternder Ausdruckskraft. Bus 29 ab Rathaus oder U-Bahn ab "Centrum" nach Toyen (Di-Sa 10-20, So 12-20 h, ca. 3 DM, Stud. ermäß.).

Der zweite bedeutende Künstler Norwegens ist Gustav Vigeland - sein riesiges Lebenswerk könnt ihr im großen *Frognerpark* erleben. Tausende von Skulpturen in Stein, Eisen und Bronze stehen hier in der Vigelandsanlegget (Vigelandsanlage), einer der Höhe-

punkte ist der 17 m hohe steinerne Obelisk, der aus 121 ineinander verschlungenen menschlichen Figuren besteht. Tram 2 ab Nationaltheater (Di-So 13-19 h, Mo geschl., frei). Wenn ihr zu Fuß lauft, kommt ihr hinter dem Schloß durch *Briskeby*, den schönsten Stadtteil Oslos mit Villen der Jahrhundertwende. Im Frognerpark gibts auch ein großes *Freibad*.
Einen prima Ausflug könnt ihr jetzt noch zum *Tryvann-Turm* (Tryvannstarnet) und zur *Holmenkollen-Skischanze* machen. Nehmt ab Nationaltheater die U-Bahn Richtung Holmenkollen und steigt bei der Station Voksenkollen aus, von dort kommt ihr in 15 min. zum Radioturm Tryvann. Mit dem Aufzug hinauf (ca. 3 DM) und ihr steht am höchsten Punkt Oslos - Wahnsinnsblick über den Oslofjord und bis hinüber nach Schweden! Von hier in 20 min. rüber zur Skischanze (Lift ca. 3 DM oder zu Fuß). Im *Skimuseum* unter dem Schanzentisch u.a. der älteste Ski der Welt, knapp 2000 Jahre alt (ca. 3 DM). Zurück in die Stadt mit der U-Bahn, ca. 5 min. zu Fuß zur Station.

FAHRRADVERLEIH: **Den Rustne Eike**, Oscarsgate 2 (paar Straßen hinter dem Schloß).

FJORD- U. HAFENRUNDFAHRTEN: zweistündig, mehrmals tägl. ab **Rathausplatz**. Linienschiffe fahren ab **Aker Brygge** zur Halbinsel Nesoddbaaten.

SAUNAS: mehrere - **Toyen-Baths** ist beim Munch-Museum.

FÄHREN NACH DÄNEMARK: Stena Line fährt 1 x tägl. nach **Frederikshavn** an der Nordspitze von Jütland, Dauer ca. 10 std., je nach Saison 60-90 DM, keine IR-Ermäßigung.

Südküste

Die Badeküste Norwegens, hier findet ihr überall Badeorte und Campingplätze, vor allem westlich von Kristiansand. Wassertemperaturen zwar kaum über 19° C, dafür Norwegens Sonnenecke.

Bis auf vereinzelten Waldgebiete landschaftlich nicht so reizvoll wie das übrige Norwegen, deshalb von Railern weniger besucht. Die Küstenorte meist mit gepflegten weißen Holzhäusern, schöne Schiffsausflüge auf die vorgelagerten Schären werden überall angeboten.

Oslo - Drammen - Larvik - Skien A-Kb. 20211

Küstenlinie an der Westseite des Oslofjords entlang, von Oslo nach Larvik ca. 2 std. Häufige Verbindungen, vor allem auch wegen Badetourismus. Kurz nach Oslo, zwischen Asker und Drammen, der 10 km lange *Lierasenstunnel*, der längste Nordeuropas.

Tonsberg: genießt den Ruf, die älteste norwegische Stadt zu sein, im Viertel um den Markt und die Kirche noch etliche historische Häuser. Besonders schön ist der Ausflug auf die durch eine Autobrücke mit dem Festland verbundenen Inseln *Notteroy* und *Tjome* mit guten Badestränden.

INFORMATION: Honnorbryggen, am Hafen.

ÜBERNACHTEN: **Jugendherberge** nah beim Bhf., in der Dronning Blancas Gatan 22, Tel. 033/12848 (Mitte Juni - bis Mitte Aug.).

Larvik: hübsches Städtchen in reizvoller Lage zwischen einem See und dem Larvik-Fjord. Wegen der Fährverbindung von Frederikshavn (Dänemark) viele Touristen, in der Umgebung etliche kleine Badeorte. *Informationsbüro* in der Storgatan 32, *Camping Hovland* liegt nördl. der Stadt am See.

Skien: modernes Städtchen, Zentrum der Holzverarbeitung. 1828 wurde hier Henrik Ibsen geboren, im Brekke-Park das *Telemark Fylkesmuseum* mit Erinnerungsstücken an den berühmten Schriftsteller.

"Sorlandsbahn" Oslo - Drammen - Kristiansand - Stavanger A-Kb. 20210

Die Achtstunden-Fahrt nach Stavanger lohnt eigentlich nur, wenn ihr von dort mit der Fähre nach Bergen weiterfahrt (keine Bahnlinie!). Durchgehende Züge bis Stavanger gehen ca. 3-4 x tägl.

Ursprünglich war die Strecke nur für die Industrie interessant, inzwischen auch für den Badetourismus. Leider führt sie, außer im letzten Stück ab *Egersund*, so gut wie nie am Meer entlang, einige Stichbahnen stoßen aber an die Küste (siehe unten). Auf der ganzen Strecke viele Tunnels.

Kragero: Endstation einer Stichbahn, eins der beliebtesten Badestädtchen an der Südküste, hübsches Ortsbild mit engen Gassen und Holzhäusern, im Sommer viel los. *Jugendherberge* nur 500 m vom Bhf. (Mitte Juni - Mitte August), Tel. 03/981866. *Camping Lovisenberg* einige km außerhalb.

Arendal: ebenfalls Stichbahn zur Küste, waldreiches Hinterland. Zentrum des Bootssports, um den Hafen viele schöne weiße Holzhäuser, das *Rathaus* ist eins der größten Holzgebäude Skandinaviens, interessantes *Archäologisches Museum* am Stadtrand.

Kristiansand: Industriestadt und wichtiger Fährhafen nach Dänemark. Auffallend der schachbrettartige Grundriß, ansonsten wenig Besonderes, mehrere Brände haben das historische Zentrum fast völlig zerstört. Dom mit 70 m-Turm am Marktplatz Torget.

VERBINDUNGEN / BAHNHOF: **Bhf.** liegt am Rand der Altstadt. **Fähren** der Fred Olsen Lines gehen mehrmals tägl. nach Hirtshals, 50 % für Interrailer.

INFORMATION: Gyldenlovesgate 31 (im Sommer Mo-Fr 9-19, So 12-19 h).

ÜBERNACHTEN: **Jugendherberge Roligheten** in der Marvikveien 98, Tel. 042/94947, 2 km östl. vom Bhf., nah am Meer, Bus 7, ca. 21 DM für Mitglieder. **Camping Roligheten** liegt mit Badebucht gleich gegenüber.

Kristiansand/Umgebung: größte Attraktion ist der *Zoo* mit angeschlossenem *Freizeitpark* 10 km östl. der Stadt. Wenige Kilometer nördöstl. von Kristiansand könnt ihr außerdem das *Vest-Agder Fylkesmuseum* besuchen. Es ist das größte in Norwegen - alte Bauernhäuser und interessante Volkskunstausstellung (tägl. geöff., Bus 5).

Flekkefjord: auf halber Strecke zwischen Kristiansand und Stavanger, nettes Badestädtchen an einem Fjord. Im Zentrum schöne alte Holzhäuser, in der Umgebung gute Bademöglichkeiten. Camping Egenes einige km außerhalb.

Stavanger

Bedeutende Industriestadt - Werften, Raffinerien, Fischkonservenfabriken, vor allem aber Hauptstützpunkt für Erdölbohrungen vor der Küste. Obwohl weite Teile der Stadt radikal modernisiert wurden, hat die Altstadt mit ihren krummen Pflastergäßchen und weißen Holzhäuschen noch Charme. Gleich gegenüber vom Bhf. liegt ein *Teich* mitten im Zentrum. Ein Weg führt um ihn herum zum altehrwürdigen *Dom*, nach dem in Trondheim der bedeutendste Kirchenbau Norwegens. Nur wenige Schritte entfernt liegt der farbenprächtige *Markt*, davor erstreckt sich eine schmale Hafenbucht, am Kai haben die Fischhändler ihre Stände. Rechts auf der Landzunge *Gamla Stavanger*, der älteste Stadtteil mit hübschen Holzhäuschen aus dem 18. Jh.

INFORMATION: **Turistpaviljongen** am Bhf.

ÜBERNACHTEN: sehr gute **Jugendherberge Mosvangen** in der Ibsensgatan 21, ca. 3 km vom Zentrum, Tel. 04/527560. Gleich benachbart der **Camping Mosvangen** am Ufer des gleichnamigen Sees (Bus 17).

ESSEN / TREFFS: bei **Peppe's**, Kirkegate 2, gibts gute Pizza. Gemütlich aber teuer das stilvoll-rustikale **Sjohuset** in einem alten Speicher am Skagenkaien. Ebenfalls in einem Speicher am Hafen der große **Lofter Biljgarden**, Nedre Holmegt 14-20, beliebter Treff, oft Live-Musik. Der **Pub Dickens** am Hafen rechts, Skagenkaien 6, auch Möglichkeit etwas zu essen.

MUSEEN: im **Stavanger-Museum** südl. vom Bhf., Muségata, archäologische, kultur- und naturgeschichtliche Sammlungen (Mo-Fr 11-15, Sa 11-14 h). Interessanter ist das **Hermetikkmuseet** in der Övre Strandgatan 88 a, eine rekonstruierte alte Sardinenfabrik.

Stavanger/Umgebung: einen herrlichen Ausflug könnt ihr in den *Lysefjord* machen, teilweise steile Felswände, die bis zu 1000 m aufragen. Eine der schönsten Stellen ist der *Prekestolen* (Predigtstuhl), ein markanter Felsblock an die 600 m hoch über dem Fjord.

VERBINDUNG: Fähre nach **Tau** (mind. stündl.), weiter mit Bus nach **Jörpeland**. Weiter trampen oder Taxi ca. 10 km zur **Prekestolhytte**, dann noch 2 std. zu Fuß hinauf. Es werden ab Stavanger auch Schiffsausflüge zum Predigtstuhl veranstaltet.

FÄHREN STAVANGER - BERGEN: landschaftlich sehr lohnend, **Tragflügelboote** fahren mehrmals tägl., kosten aber ca. 85 DM. Die langsameren **Fähren** kosten ca. 40 DM.

"Bergenbahn" Oslo - Bergen A-Kb. 20220

470 km lang, eine der grandiosesten Bahnlinien Europas! 8 std. z.T. atemberaubende Gletscher-, Fjord- und Felslandschaft. Reservierung obligatorisch, Durchsagen auch in deutsch.
Es fängt harmlos an - die freundliche, wenig aufregende Hügellandschaft Ostnorwegens. Aber nach einiger Zeit ändert sich das Bild - endlose Wälder, dazwischen unberührte Seen. Dann geht es über die Baumgrenze hinaus ins Hochgebirge, öde und wilde Hochplateaus breiten sich aus - verstreut liegende Felsbrocken, Gletscher und Gletscherseen, alles von ewigem Schnee bedeckt. An der Bahnlinie zahlreiche künstliche Tunnels und Galerien - der Schnee macht den Bahnleuten schwer zu schaffen.

Finse: mit 1222 m höchstgelegene Bahnstation Norwegens vis à vis vom *Hardangerjokulen-Gletscher*. Eine Handvoll Hütten, keine Straßenverbindung, ein kleiner See und viel Ruhe. Hauptsächlich Kletterer steigen aus, die den Gletscher bezwingen wollen. Es gibt aber auch zahlreiche Wanderwege über die große Hochebene *Hardangervidda*. Auch Fahrradverleih.

ÜBERNACHTEN: **DNT-Hütte** (De Norske Turistforening) ein Stück in Richtung See, etwa 25 DM pro Pers. (Juni - September).

LESERTIP: "mit frühestem Zug von Oslo bis Finse, dort 3 std. wandern, z.B. in Richtung **Hardangerjökulen** und mit nächstem Zug vollends bis Bergen" (Matthias Zeuner, Crailsheim).

Hinter Finse geht es bergab nach Myrdal. Kurz vorher könnt ihr durch die Tunnelöffnungen tief hinunter in das zwischen hohen Felswänden liegende *Flamtal* schauen. Ab Myrdal Möglichkeit, mit der Flam-Bahn hinunter ins Tal zu fahren (s. u.).
Gleich hinter Myrdal der längste Tunnel von den über 200 auf der ganzen Strecke. Durch Birken- und Tannenwälder, vorbei an Bächen und Wasserfällen geht's hinunter nach Voss.

Voss: bekannter Ferienort, sehr touristisch, aber schön an einem See gelegen, malerische Bergszenerie. Auch hier etliche Wanderwege, außerdem eine Seilbahn nahe beim Bhf.

INFORMATION: im **Rathaus**, vom Bhf. nach links in den Ort.

ÜBERNACHTEN: **Jugendherberge** ca. 700 m vom Bhf., Tel. 05/512205, moderner Betonkasten, keinerlei Atmosphäre, aber 4-Bettzimmer mit Du/WC, etwa 20 DM pro Pers., 10 DM fürs Frühstück, Sauna im Haus. Recht mäßiger **Camping Voss** am See.
Weitere JH in **Mjolfjell**, eine Bahnstunde in Richtung Oslo, 6 km vom Bhf. (Herbergsvater bietet kostenlosen Transfer). Die moderne Herberge liegt direkt am Fluß und am Fuß großartiger Bergszenerie, hat Sauna und beheiztes Freibad, kein Massenbetrieb, Tel. 05/518111. Es gibt übrigens noch eine nähere Bahnstation, an der aber nur Lokalzüge halten (Schaffner fragen!).

Hinter Voss fährt die Bahn durch ein enges Tal einen Fluß entlang und bald kündigt sich das Ende der Fahrt an - die steilen Felsklippen der ersten Fjorde kommen in Sicht! Ein toller Ausblick jagt den anderen, während sich die Bahn am Steilrand entlang schlängelt. Noch ein letzter großer Tunnel und ihr seid in Bergen.

"Flambahn" Myrdal - Flam A-Kb. 20220

Für viele Europas schönste Bahnlinie - hinunter geht's auf einmalig steiler Strecke etwa 50 min. lang, dabei sind es nur 20 km. Die Wagen des Zugs sind mit 5 voneinander unabhängigen Bremsen ausgestattet! Durch Kehrtunnel und Schleifen schraubt sich der Zug immer tiefer, herrliche Ausblicke, an den schönsten Stellen hält der Zug oder fährt langsamer, damit ihr die

Aussicht ungestört genießen könnt - z.B. am über 200 m hohen Wasserfall *Kjosvoss*.

LESERTIP: "Wanderer sollten überlegen, ob sie die Strecke von Myrdal hinunter nach Flam nicht lieber **zu Fuß** laufen. Es sind etwa 18 km, man kann an mehreren Stellen wieder in die Flambahn einsteigen" (Markus Dinklage und Christian Lange, Wolfsburg).

Flam: zwischen hohen Bergen an der Spitze des Aurlandsfjord, der wiederum ein Seitenarm des Sognefjords ist - mit 180 km der längste Fjord Norwegens. Optimaler Ausgangspunkt für einen kleinen Schiffsausflug in den Fjord. Oder zu Fuß die Straße rechts vom Fjord nach *Aurlandsvangen* und mit dem Schiff zurück, ca. 4 DM.

ÜBERNACHTEN: **Jugendherberge Heimly** 10 min. vom Bhf., Mitte Mai bis Mitte Sept., Tel. 056/32241, DZ ca. 16 DM. **Camping Flam** nur 100 m vom Bhf., Superblick auf den Fjord, Hütten mit Kühlschrank und Herd, alles sehr sauber und gemütlich, ca. 15 DM, kleiner sandiger Strand für Kaltwasserfans. Die preiswerten Zimmer im benachbarten **Solhammar Pensjonat** (Tel. 29) sind laut Leserzuschrift nicht besonders sauber. Weitere preiswerte Herberge ist **Svingen Pensjon**, (Tel. 16), wild zelten möglich.

LESERTIPS: "empfehlenswert ist ein Ausflug über Aurlandsvangen hinaus auf der Straße in Richtung Laerdal. In 645 m Höhe befindet sich ein **Aussichtspunkt**, von dort hat man einen tollen Blick über den Fjord. Man kann auch den Bus um 8.35 h ab Flam nehmen, wenn man sich den Aufstieg ersparen will" (Heiner Klemp, Berlin) . . . "den Bus von Flam über Aurlandsvagen ins wilde Aurlandstal nach **Vassbygdi** oder **Österbö** nehmen - von Österbö nach Vassbygdi wandern (ca. 6 std.) oder kürzere Wanderung von Vassbygdi, wieder zurück per Bus. Ganz toll auch folgende Variante - von Flam morgens um 6 h Fähre nach **Ardalstangen** nehmen (ca. 15 DM), bei gutem Wetter ein einmaliges Erlebnis, von dort sofort Busanschluß über Övre Ardal nach **Hjelle** in den Bergen (9 DM). Von dort Wanderung zum einzigartigen **Vettifossen**, Norwegens höchster Wasserfall (275 m). Auf dem gleichen Weg zurück nach Flam" (Matthias Zeuner, Crailsheim).

Von Flam nach Voss: die tolle Fahrt durch den ganzen Sognefjord nach *Bergen* kostet ca. 85 DM, aber Interrailer bekommen 50 % Ermäßigung. Außerdem könnt ihr für ca. 14 DM (keine Ermäßigung) nach *Gudvangen* fahren, das nur etwa 2 std. entfernt ist - idyllische Fahrt in den Naeroyfjord, einen ruhigen Seitenarm des Aurlandsfjords. In Gudvangen geht im Anschluß an die Fähre ein Bus nach Voss (ca. 10 DM) an der Bergenbahn. Eine landschaftlich reizvolle Strecke mit atemberaubenden Haarnadelkurven und extremen Steigungen. Schiffs-, Bus- und Zugverbindungen sind gut aufeinander abgestimmt und ihr könnt bald mit dem Zug nach Bergen weiterfahren.

LESERTIP: "Es ist möglich, die Strecke Oslo-Bergen mit dem unbedingt lohnenden Abstecher über Flam-Gudvangen-Voss **in einem Tag** zu machen, allerdings muß man dann den frühesten Zug ab Oslo nehmen, ca. 7.35 h" (Rolf Trumm u. Jutta Heibel, Ransbach-Baumbach).

Bergen

Die zweitgrößte Stadt Norwegens und gleichzeitig eine der schönsten - zwischen bewaldeten Bergen erstrecken sich die Häuser auf einer schmalen Halbinsel und die Hänge hinauf.

Von den malerischen Holzbauten, aus denen früher die ganze Stadt bestand, findet ihr noch einige am Hafenkai *Bryggen*. Interessant auch der tägl. *Fischmarkt* am Torget. Berühmt ist Bergen für seine schönen *Sonnenuntergänge* - am besten zu beobachten vom Stadtberg Floyen - berüchtigt aber für das *Wetter*, hier fallen die meisten Niederschläge Skandinaviens.

Bergen war lange Zeit eine der wichtigsten Handelsniederlassungen der deutschen *Hanse* - noch heute tragen viele Bewohner deutsche Namen.

VERBINDUNGEN / BAHNHOF: Schließfächer, kurzer Weg ins Zentrum.

INFORMATION: Torgalmenning, 10 min. vom Bhf. geradeaus. Zimmervermittlung, Geldwechsel, Stadtpläne und eine Art Stadtführer (Mai - Sept. Mo-Sa 8.30-22, So 9.30-22 h, sonst kürzer).

UNTERWEGS IN BERGEN: für die öffentl. Verkehrsmittel gibt es **Touristenkarten** für 48 std., ca. 9 DM.

ÜBERNACHTEN: **Jugendherberge Montana**, Johan Blydtsvei 30, Tel. 05/292900. 6 km vom Bhf. am Berghang des Ulriken (Bus 4 ab Kalfarveien), super Blick über Bergen, prima Ausstattung, aber oft voll (reservieren), ca. 20 DM für Mitglieder, sonst 25 DM. **Interrail-Point des YMCA** (KFUM) am Kalfarveien 77, Tel. 05/316540. Mitte Juli - Mitte Aug., vom Bhf. 5 min. rechts den Kalfarveien entlang, gegenüber Bushaltestelle für Juhe Montana. Mit 15 DM für eine Matratze im Schlafsaal billigste Möglichkeit in Bergen (abgesehen Camping), Schlafsack mitbringen, Kochgelegenheit, Dusche ca. 1,50 DM. Erschwingliche Hotels sind **Berta Berge Halvorsen**, Starevossvei 60 a, Tel. 311216 und **Fagerheim Pensjonat**, Kalvedalsveien 49 a, Tel. 310172.

Camping Lone 19 km südöstl. am Haueland-Sees, mit Bus ab Busbhf. (Nähe Bhf.).

ESSEN: ziemlich teuer, rühmliche Ausnahme der **Fischmarkt** am Torget (Fischbrötchen!). Ansonsten viele Cafeterias, z.B. **Kaffistova B.U.L.** am Torget 1 (2. Stock, norweg. Spezialitäten) oder **Bergenhus**, Strandkaien 4. Die **Pizzeria Martini** in der Kong Oscars Gate 0 ist ebenfalls erschwinglich. **Bryggen Tracteurstedt** im Hanseviertel am Hafen ist eine gemütliche Studentenkneipe, kombiniert mit stilvollem Restaurant.

NACHTLEBEN: **Café Opera**, beliebtes Café beim Theater. **Hulet**, Studentenclub mit Disko im Nygardsparken, Olav Ryes vei 47, gelegentlich Live-Musik, ab 20 Jahre. **Disko Bodega** in der Lars Hillesgate, dort auch Kleinigkeiten zum Essen.

Sehenswertes: der *Fischmarkt* am Torget, direkt an der Hafenbucht, ist einer der größten Anziehungspunkte der Stadt (tägl. 8.30 bis 15 h, außer So). An der rechten Hafenseite stehen die teils hölzernen, teils aus Stein erbauten Giebelhäuser der *Bryggen* - früher Lagerhäuser der Hanse-Kaufleute (die Hanse war ein großer Kaufmannsbund aus Norddeutschland, der im Mittelalter die ganze Nordsee mit Handelskontoren überzogen hatte). Eins der Häuser ist in seinem ursprünglichen Zustand erhalten worden - das *Hanseatische Museum*, gleich das erste vorne am Torget. Reichhaltig eingerichtet, Warenlager, Schlafräume usw. (im Sommer tägl. 10-16 h, ca. 2 DM). In den anderen Häusern findet ihr Kunsthandwerksstätten, Boutiquen, Restaurants - alles natürlich reichlich touristisch, trotzdem schön zum Bummeln, z.B. in den engen Seitengassen der Övregaten, parallel zur Bryggen.

Die Övregaten führt direkt zur *Marienkirche*, der Kirche der Hanse-Kaufleute, heute das älteste erhaltene Bauwerk der Stadt (12. Jh.). Viele Bilder mit deutschen Inschriften, bunte Barockkanzel, außerdem etliche mittelalterliche Kunstwerke (Mo-Fr 11-16 h). Gleich gegenüber das *Bryggen-Museum* mit archäologischen Funden. Interessant auch die benachbarten *Schotstuene* - die Versammlungsräume der Kaufleute, ziemlich düstere und unfreundliche Angelegenheit, vor allem im Winter (tägl. 10-16 h).

Noch ein Stück weiter, am Ende der Landzunge, steht die alte Festung *Bergenhus* mit der 700 Jahre alten *Hakonshalle*, die 1944 bei der Explosion eines deutschen Munitionsschiffes fast vollständig zerstört wurde. Ist aber inzwischen wieder vollständig aufgebaut und restauriert worden. Außerdem der *Rosenkrantz-Turm*, der befestigte Wohnsitz eines Adligen (tägl. 10-16 h).

An der Spitze der weit ins Meer vorstoßenden Landzunge, links von der Hafenbucht, liegt das hübsche *Aquarium* mit über 40 Aquarien im Nordnes-Park. Um 11, 14 und 18 h werden die Seehunde und Pinguine gefüttert (Bus 4, tägl. 9-20 h). Wer dorthin geht, sollte den Markeveien und die Klostergate benutzen, dabei kommt man an schönen steilen Gäßchen vorbei.

Unbedingt solltet ihr auch mal auf den Hausberg *Floien* hinauffahren oder laufen. Eine Drahtseilbahn geht nicht weit vom Torget von der Vetridsalmenningen alle halbe Stunde bis Mitternacht hinauf (ca. 6 DM hin und zurück). Oben herrlicher Blick über die wilde Küstenlandschaft (Sonnenuntergang!) und die roten Ziegeldächer.

MUSEEN: beim großen Stadtteich **Lille Lungegardsvatnet** die **Rasmus Meyer-Sammlung** mit norweg. Malerei, v.a. viel von Edward Munch (Mo-Sa 11-16, So 12-15 h, ca. 1,50 DM). Ebenfalls am Stadtteich das **Fischereimuseum**, Nordahl Brunsgate 9, alte Segelboote, Harpunen, Fischfanggeräte u.ä. (Mo-Fr 10-15 h). Nah der Uni das **Seefahrtsmuseum**, Schiffsmodelle aus allen Zeiten, Karten, Navigationsgeräte. Daneben das **Historische Museum**, von der Vorgeschichte über die Wikinger bis zum Mittelalter, außerdem norweg. Volkskunst. Das bedrückende **Lepra-Museum** unweit vom Bhf., in der Kong Oscarsgate 59 (tägl. 11-15 h).

HAFENRUNDFAHRTEN / SCHIFFSAUSFLÜGE: starten vom Kai am Fischmarkt. Schön ist z.B. die **Schärenrundfahrt** über Fjell und Hjellestadt und natürlich die Fahrt in den **Hardangerfjord** mit seinen Wasserfällen, Gletschern und Ausflugsorten. Im Hafen liegt die **"Statsrad Lehmkuhl"**, ein großes Segelschiff, das Fjordfahrten macht, ist auch zu besichtigen.

BÄDER: **Freibad** im Nordnes-Park beim Aquarium auf der Landzunge südl. vom Hafen (Bus 4). Das Hallenbad **Sentralbadet** in der Teatergaten 9.

FÄHREN NACH ENGLAND: 3 x wöch. von Juni - Okt. mit Norway Lines nach **Newcastle**, 25 % Studentenrabatt, am Di/Mi-Termin um 25 DM billiger. Regulärer Fahrpreis je nach Saison zwischen 160 und 250 DM. Buchungsadresse: Slottsgaten 1, Tel. 322780.

Bergen/Umgebung: sehr sehenswert das Freilichtmuseum *Gamle Bergen* in Elsero (nördl. von Bergen). Einige Dutzend alter Häuser der Stadt hat man hierher gebracht und einen richtigen kleinen Ort aufgebaut. Ausgezeichnet rekonstruierte Einrichtung, Führungen (Bus 1 oder 9, tägl. 12-18 h, ca. 4 DM). Die *Stabkirche von Fantoft* steht auf einem Waldhügel am Stadtrand, Ortsteil Paradis (mit Bus bis Paradis, dann 10 min. zu Fuß). Altnorwegische Kirche, interessante Holzkonstruktion, viele Ornamente u.ä. (tägl. 15-18 h, ca. 2 DM). Ganz in der Nähe, im Stadtteil Hop, das Holzhaus *Troldhaugen* (Trollhügel) des berühmtesten skandinavischen Komponisten Edvard Grieg (1843-1907). Partituren, Notizbücher, Fotos, seinen Steinway-Flügel und vieles mehr könnt ihr bewundern - bekanntestes Werk von Grieg ist wohl die "Peer-Gynt"-Suite. Mit Bus bis Hopsbroen, dann noch 20 min. zu Fuß (tägl. 10.30-13.30, 15-17.30 h, ca. 2 DM).

Von Oslo nach Norden

Zwei Bahnlinien führen von Oslo nach Trondheim - die *Rorosbahn* weiter landeinwärts und die *Dovrebahn* westl. davon u.a. am Mjosa-See entlang. Bis Hamar am Mjosa-See haben beide Strecken denselben Verlauf, dann teilen sie sich. Landschaftlich schön sind beide.

Auf der Rorosbahn geht es gemütlicher zu, die Fahrt dauert ca. 9 std. und ist meist mit umsteigen in Hamar verbunden. Die Linie hat ihren Namen von einem der schönsten norwegischen Orte, der an der Strecke liegt.

Auf der Dovrebahn seid ihr mit den schnellen Expresszügen *Dovresprinten* und *Dovreekspressen* nur 7-8 std. auf der Schiene und könnt außerdem unterwegs auf der *Raumabahn* einen Abstecher zur Küste nach Andalsnes machen. Die meisten Touristen benützen letztere Strecke.

"Roros-Bahn" Oslo - Roros - Trondheim A-Kb. 20230

Zu *Hamar* am Mjosa-See vgl. Abschnitt Dovre-Bahn. Ab Hamar fährt der Zug erst nach *Elverum*, von dort am Fluß Glomma das waldreiche *Ostertal* entlang. Im Bergort *Alvdal* gibt es die einzige Jugendherberge an der Strecke bis Roros, tolle Gebirgsszenerie und ausgeprägt kontinentales Klima, das nur kurze Sommer bringt.

Roros: alte Bergbaustadt, in der seit dem 17. Jh. Kupfer geschürft wurde. Die UNESCO hat es in ihre Liste der schützenswerten Baudenkmäler der Welt aufgenommen - Roros hat seinen Charakter als typische Grubenstadt hervorragend bewahren können. Die ganze Stadt ist ein Freilichtmuseum, die tollen alten Holzhäuser lohnen unbedingt die Besichtigung, in etlichen haben sich Kunsthandwerker eingerichtet. Einziges Steingebäude ist die 200 Jahre alte, achteckige Kirche.

Die *Olavsgrube* liegt 12 km östl. und kann tägl. mit Führung begangen werden (fragt im Tourist-Büro). Bis in die 70er wurde hier geschürft, Licht- und Toneffekte erwecken den Eindruck, als würde noch gearbeitet. In Roros gibts ein *Kupfermuseum* im früheren Verwaltungszentrum der Grube Hyttstugu bei der Kirche (tägl. 10-17 h).

INFORMATION: Turistkontor am Bergmannsplassen.

ÜBERNACHTEN: sehr gute **Jugendherberge Idrettsheimen** mit 110 Betten, 15. Mai - 15. Sept., Tel. 074/11089 (ca. 1 km vom Bhf.). **Camping Bergstaden** im Ort, **Camping Haneset** etwas außerhalb. Wildzelten möglich.

"Dovre-Bahn" Oslo - Dombas - Trondheim A-Kb. 20230

Es geht am größten See Norwegens, dem *Mjosa-See*, entlang. Stops lohnen sich in Hamar und Lillehammer.

Hamar: größere Stadt am Ostufer, das eindrucksvolle norwegische *Eisenbahnmuseum* liegt 3 km nördl. vom Bhf., direkt am See (Busverbindung oder zu Fuß den Strandvegen am See entlang). Neben jeder Menge liebevoll arrangiertem historischen Material gibt es eine 3 km lange Modelleisenbahn und eine schmalspurige Museumsbahn zum Bhf. Killingmo (tägl. 10-16 h).

INFORMATION: Strandvegen 23.

ÜBERNACHTEN: **Jugendherberge** in der Nähe vom Stadion, Finstadgata 11, 10 min. vom Bhf., Tel. 065/23641, doch 25 DM pro Pers. **Camping Hamar** nördl. der Stadt, noch etwas weiter als das Bahnmuseum.

Lillehammer: größte Stadt am See, an der Peripherie Industrie, im Zentrum längs der Storgata aber noch viele schöne Holzhäuser. Größte Sehenswürdigkeit ist das *Maihaugens Freilichtmuseum* mit über 120 Bauernhäusern und Werkstätten aus dem Gudbrandsdal nördl. der Stadt - eins der besten Freilichtmuseen Skandinaviens (tägl. 10-18 h, ca. 7 DM, deutschsprachige Führungen).
Jugendherberge und Campingplatz liegen schön am Waldrand.

INFORMATION: Storgata 56.

ÜBERNACHTEN: gute **Jugendherberge Birkebeinern**, Sigrid Undsetsvei, Tel. 062/ 51994. DZ und Mehrbettzimmer, Frühstück soviel man will. Direkt daneben ein **Campingplatz** mit Hütten.

Nördl. der Stadt fährt die Bahn das *Gudbrandsdal* entlang - gute Wandermöglichkeiten. Ab Dombas zweigt die Raumabahn nach Andalsnes im Romsdal ab, eins der schönsten Täler Norwegens (siehe Raumabahn).

Dombas: kein allzu großer Ort, aber wichtiger Straßen- und Bahnknotenpunkt. Außer dem großen Einkaufszentrum wenig Bemerkenswertes, dafür landschaftlich tolle Lage, Ausgangspunkt für Wanderungen in die Nationalparks *Rondane* und *Dovrefjell*.

ÜBERNACHTEN: **Jugendherberge** ca. 1 km vom Bhf. (nach rechts), Tel. 062/41045 (geöffnet Ostern, Ende Juni - Ende August).

Die Hauptlinie nach Trondheim steigt hinter Dombas über die Baumgrenze ins mächtige *Dovre-Massiv* an. Durch das *Fokstua-Moor*, am *Valasjo-See* vorbei und durch *Hjerkinn* (höchster Bhf. der Strecke, beliebter Ausgangspunkt für Wanderungen im Dovrefjell-Nationalpark) geht es allmählich hinunter in kultiviertere Landschaften.

"Raumabahn" Dombas - Adalsnes A-Kb. 20230

Eindrucksvolle Strecke in die norwegischen "Alpen", insgesamt knapp 120 km das Tal des Rauma-Flusses entlang - etliche Steilstücke und Tunnels. Ab *Bjorli* geht's ins Tal hinunter - hohe Felswände und gelegentlich Wasserfälle. Etwa 5 x tägl., knapp 2 std. Fahrt.

Andalsnes: Endstation der Bahnlinie, beliebter Urlaubsort, prächtige Lage am Romsdalfjord zwischen dem mächtigen *Romsdalhorn* (1550 m) und dem 1000 m fast senkrecht ansteigenden Hang des *Trollzinnen* (1794 m), Europas höchste Steilwand.
Adalsnes ist hervorragender Ausgangspunkt für Ausflüge in die verzweigte Fjordlandschaft.

INFORMATION: ca. 100 m vom Bhf. (über die Bahnbrücke gehen), mit Fahrradverleih.

ÜBERNACHTEN / ESSEN: freundliche **Jugendherberge Setnes** in schöner Lage in einem Tal, Nähe Innfjord, 1,5 km vom Bhf. (Bus Richtung Alesund bis zum ersten Stop Veblungsnes). Mitte Mai - Mitte Sept., ca. 16 DM, für 10 DM Superfrühstück, Tel. 072/ 21382. Zum **Camping Andalsnes** eine Station weiterfahren als die Juhe, Hütten für 2 - 4 Pers. werden vermietet, Waschmaschine und Trockner. Preiswerte **Kafeteria** am Bhf.

Andalsnes/Umgebung: falls es eure finanziellen Mittel erlauben, solltet ihr unbedingt einen kombinierten Bus- und Fährausflug in den *Geirangerfjord* machen - das Aushängeschild aller norwegischen Fjorde. Schon die Busfahrt nach Geiranger (ca. 44 DM hin u. zurück) ist ein Erlebnis - aus Meereshöhe quält sich der Bus in tollen Serpentinen 900 m hoch über die *Trollstigen* nach Valldal, dort setzt die Fähre über den Norddalsfjord, ein weiterer Bus bringt euch nach Geiranger. *Geiranger* ist voll auf Tourismus eingestellt, es gibt Camping und Jugendherberge (im Sommer oft ausgebucht). Ihr könnt schöne Schiffsausflüge den Fjord entlang machen, z.B. nach *Hellesylt* und zurück (ca. 16 DM). Das Ganze ist als Tagesausflug zu machen, wenn ihr den Frühbus von Andalsnes nehmt und abends mit dem letzten Bus zurückfahrt (nur Juni - August). Wem das zu teuer ist, kann schon bei der ersten Station der Busfahrt aussteigen - Station Trollstigen mit Serpentinen und schönen Wasserfällen (ca. 20 DM hin u. zurück).

Trondheim

Größte Holzhausstadt der Welt, drittgrößte Stadt Norwegens und Zwischenstation auf dem langen Weg nach Norden.

Im Mittelalter kulturelles Zentrum des Landes, prächtiges Überbleibsel aus dieser Zeit ist der *Nidarosdomen*, die großartigste Kirche in ganz Skandinavien. Obwohl auch hier immer wieder Brände gewütet haben - das Ergebnis ist das weitgehend rechtwinklige Muster der neu angelegten Straßen - ist Trondheim eine angenehme und lebendige Stadt. Im großteils von Wasser umgebenen Zentrum findet ihr Grünanlagen, einen großen Marktplatz und einen Fischmarkt, außerdem ein originelles Musik-Museum.

VERBINDUNGEN / BAHNHOF: der große moderne **Bhf.** liegt auf einer Halbinsel zwischen Meer und dem Fluß Nidelv. Ins Zentrum kommt ihr über die Brücke, dann rechts bis zur Munkegate (Fischmarkt), diese entlang bis zum Marktplatz (Torget). Gleich hinterm Bhf. liegt die Fährstation der **Hurtigrute**.

INFORMATION: am Marktplatz, Kongensgata 7 (im Sommer Mo-Sa 9-20, sonst Mo-Fr 9-16 h). Auch Zimmervermittlung (Zimmer ab ca. 25 DM).

ÜBERNACHTEN: **Jugendherberge Rosenborg** am Hügel über der Stadt, knapp 2 km vom Bhf., Weidemannsvei 41, Tel. 07/530490. Zu Fuß vom Bhf. geradeaus über die Brücke, dann links die Olav Tryggvasonsgata über den Nidelv (Bus 3 ab Munkegata). Mit 200 Betten geräumig, trotzdem im Sommer oft ausgebucht - Trondheim ist bevorzugter Railer-Stop. Um die 25 DM pro Pers. incl. reichhaltiges Frühstück. Relativ preiswert ist auch **Dronningensgate Overnatting**, Dronnigensgate 26, Tel. 524366. **Singsaker Sommerhotel**, Rogersgata 1 (bei der Festung), Tel. 20092, nur Juni-August, ca. 65 DM fürs DZ.
Mehrere Campingplätze liegen weit außerhalb, z. B. **Camping Sandmoen**, 10 km südl., Bus 44.

ESSEN / TREFFS: Pizzerias sind erschwinglich, z.B. **Pizzeria Frati**, Munkegate 25 und **Peppe's Pizza**, Kjopmannsgate 25. Beliebtester Treff ist der **Pub Strossa** in der Elgesetergata 1, im Süden des Zentrums vor der großen Brücke, 5 min. vom Dom.

Sehenswertes: wenn ihr vom Bhf. über die Brücke und dann nach rechts geht, kommt ihr zum großen *Fischmarkt Ravnkloa* am Wasser (Mo-Sa). Die Munkegate hinauf zum *Torget* mit dem Obst- und Gemüsemarkt. Kurz vor dem Torget links *Stiftsgarden*, ein hölzernes Adelshaus aus dem 18. Jh. Hier übernachtet der König, wenn er in Trondheim ist (Mo-Sa 11-14 h, Führung).
Südl. vom Torget kommt ihr die Munkegate entlang zum *Nidarosdom* - im 11. und 12. Jh. errichtet, brannte er mehrmals aus, wurde aber im 19. Jh. als bedeutender Bestandteil der norwegischen Kultur vollständig restauriert. Die Krönungskirche der norwegischen Monarchen hat eine skulpturengeschmückte Fassade und einen schönen Innenraum mit riesiger Orgel, toller Blick von Turm (ca. 2 DM, Stud. ermäß., Turm ein paar Pf. extra). Hinter der Kathedrale das *Erzbischöfliche Palais* (Erkebispegarden) aus dem 12. Jh. Drinnen historische Rüstkammer, mit interessantem *Hjemmefrontmuseum* - norwegischer Widerstand gegen die Nazis (Mo-Fr 9-15, Sa 9-14, So 10-14 h). Um den ganzen kirchlichen Komplex ausgedehnte Grünanlagen.

Richtung Osten könnt ihr über die Bybrua (alte Brücke) zur Festung *Kristiansten* hinauflaufen, beliebt, um den Sonnenuntergang zu beobachten. Von der Brücke aus Richtung Norden seht ihr am Westufer des Nidelv die alten hölzernen *Lagerhäuser* des Hafens.

MUSEEN: **Musikgeschichtliches Museum** (Musikhistorisk Museum), etwas außerhalb im Adelshof Ringve (Stadtteil Lade, Bus 30 A oder Tram 1), die kleinste Violine der Welt und viele andere Kuriositäten und Kostbarkeiten (deutsche Führungen tägl. 12 u. 14 h, 5 DM, Stud. ermäß.). Das **Trondheimer Kunstmuseum** (Trondhjems Kunstforening) beim Dom - norwegische Künstler vom 19. Jh. bis heute (Di-Fr 11-17, Sa 10-15, So 11-16 h, 1,50 DM). **Trondelag Folkemuseum**, Freilichtmuseum auf den Hügeln westl. der Stadt bei den Ruinen der Festung Sverresborg - herrlicher Blick.

Trondheim/Umgebung: die kleine Festungsinsel *Munkholmen* vor der Stadt ist das beliebteste Ziel, es gibt ein Freibad und die Festung kann besichtigt werden (Boote stündl. vom Fischmarkt). Schön auch der Ausflug zum *Fjellseter*, 8 km westl. der Stadt, von dort hinauf auf den Grakallen (560 m). Es fährt auch eine elektrische Bahn in diese Gegend (Abfahrt St. Olavsgate).
Die Bergwerksstadt *Roros* kann man per Tagesausflug mit dem Zug besuchen, ca. 2 std. dauert die Fahrt (siehe Rorosbahn weiter oben), ansonsten gibts diverse Schiffsausflüge auf den *Trondheimsfjord*.

5 "Nordlandsbahn" Trondheim - Fauske - Bodo A-Kb. 20230

Von Trondheim in den hohen Norden Norwegens gibt es nur eine einzige, einspurige Bahnlinie. Züge 2 x tägl., beide sehr voll, Platzreservierung ratsam (Nachtzug reservierungspflichtig). Bis Bodo braucht der Zug 12 std. (!) - ihr durchquert zuerst eins der fruchtbarsten Landwirtschaftsgebiete Norwegens. Weiter geht es durch Waldlandschaften den Fluß *Namsen* entlang und vorbei an Gebirgsseen nach *Mosjoen* (Industrieort an einem Fjord) und hinauf durch schneebedeckte Berge und Felslandschaften nach Mo i Rana, einer wichtigen Industriestadt, in deren Umgebung viel Eisenerz abgebaut wird.

Mo i Rana: hier legen viele Bahnfahrer einen kurzen Stop ein. Die moderne Stadt liegt schön an einem Fjord, vom *Mofjell* (Sessellift) im Süden der Stadt habt ihr einen optimalen Blick auf die Stadt, den Fjord und das große Gletschergebiet des *Svartisen*.

INFORMATION: direkt am Bhf., Jernbaneplassen.

ÜBERNACHTEN: **Jugendherberge Fagerasen**, 1 km vom Bhf., Tel. 087/50963, recht komfortabel, mit Zeltmöglichkeit, tolle Aussicht über die Stadt und in Richtung Svartisengletscher. Außerdem **Camping Revelen** 2 km außerhalb der Stadt, bei der großen Eisenhütte.

Sehenswertes: der *Svartisen* ist der zweitgrößte Gletscher des Landes, sein Eis ist bis zu 100 m dick. Ab Ende Juni organisiert das Tourist-Büro Fahrten nach *Svartishytta* (ca. 20 DM). Von dort mit einer Fähre über *den* Gebirgssee *Svartisvattnet* (ca. 5 DM einfach) und zu Fuß rüber zu einer nahegelegenen Gletscherzunge. Danach beginnt eine menschenleere Wildnis von atemberaubender Schönheit.
Außerdem könnt ihr bei Mo i Rana die 2 km lange, unterirdische *Gronligrotte* (Bus in Richtung Rossvassbukt) und eine riesige *Eisenerzverhüttungsanlage* besichtigen (Auskünfte im Tourist Büro).

Von Mo i Rana nach Bodo bringt euch die Bahn am Svartisengletscher vorbei über die Baumgrenze hinauf. Auf einer öden Hochebene überquert ihr den *Polarkreis* - auf beiden Seiten der Schienen mit Steinpyramiden markiert! Bei *Rognen* erreicht die Bahn wieder das Meer, die nächste Station ist Fauske.

Fauske: wichtige Umsteigestation nach Narvik. Die großen *Polar-Express-Busse* stehen am Bhf. bereit, um euch in einem tollen Landschaftstrip 296 km Richtung Norden nach Narvik zu transportieren, wo ihr Anschluß an das schwedische Schienennetz habt (über die Ofot- und Riksgränsban könnt ihr hinüber nach Schwedisch

Lappland rollen, Infos auf S. 639). Abfahrten 2 x tägl. im Anschluß an die Züge, Dauer der Fahrt etwa 5,5 std., ca. 60 DM (inbegriffen 2 Fähren), für Interrailer 50 % Ermäßigung! Unterwegs mal aussteigen, kann interessant sein.

ÜBERNACHTEN: recht schöne **Jugendherberge** nicht weit vom Bhf., Nyveien 6, selten überfüllt, Tel. 081/44706. **Camping Lundhogda** 3 km vom Bhf.

LESERTIPS: "die Strecke Fauske-Narvik habe ich ganz prima **per Anhalter** geschafft - aber dabei sollte man besser allein sein" (Martin Schäfer, Ebersberg) . . . "sehr lohnende Alternative zum Bus Fauske-Narvik ist die Fahrt mit der Fähre **über die Lofoten** - von Bodo nach Stamsund, weiter mit der Hurtigrute nach Svolvaer, von dort mit Schnellbooten nach Narvik - allerdings insg. ca. 120 DM" (Rolf Wiehler, Konstanz) . . . "Um günstig auf die Lofoten zu kommen, kann man den Bus Fauske-Narvik bis Ulvsvag nehmen (ca. 3 std., mit IR-Ermäßigung ca. 17 DM), umsteigen nach Skutvik (8 DM) und mit der Fähre (14 DM) nach Svolvaer - es geht über die Insel Skovra, Walfängerstation" (Henriette Seiler, Wangen).

WANDERN AN DER NORDLANDSBAHN (Tips von Matthias Zeuner, Crailsheim):

"Vor Mosjoen liegt der schöne **Majavatn** mit gleichnamigem Bhf., wild Zelten möglich, wandern in den Nationalpark **Borgefjell**, allerdings keine markierten Wege.
Gute Wandermöglichkeiten auch vom Bhf. **Lonsdal** (nördl. von Mo i Rana), z.B. in Richtung Junkerdalen.
Von **Fauske** Bus nach **Sulitjelma** (ca. 9 DM) in wilder Gebirgslandschaft nahe der schwedischen Grenze, von dort tolle Wandermöglichkeiten z.B. in Richtung Sorjus. In Sulitjema keine billige Unterkunft, aber wild Zelten möglich. Jakobsbakken Ungdomssenter liegt 8 km von Sulitjema (trampen), kostet aber ca. 40 DM pro Pers."

Bodo 5

Endstation der Bahnlinie, ca. 30.000 Einwohner, im letzten Krieg vollkommen zerstört.

Größte Sehenswürdigkeit des lebhaften Handels- und Industriestädtchens ist die *Sonne*, die von Anfang Juni bis Mitte Juli nicht untergeht. Bester Beobachtungspunkt ist der *Ronvikfjell*, ca. 4 km von der Stadt (Busse bis Mitternacht). Von oben habt ihr einen prächtigen Blick auf die Berge der *Lofoten* - ab Mitte Juli versinkt die Sonne dahinter gegen Mitternacht für ca. 1 std.
Ein weiterer Höhepunkt ist der *Saltstraumen* (35 km südl.), ein 150 m breiter und 50 m tiefer Kanal zwischen zwei Fjorden, durch den beim Gezeitenwechsel riesige Wassermassen hindurchgepreßt werden - eine tosende Gischt, die mit 60 km/h durch die Engstelle schäumt! Busse kosten ca. 15 DM hin und zurück, laßt euch aber vorher die Zeiten von Ebbe und Flut sagen!
In der Stadt selbst könnt ihr euch mal die neue *Kathedrale* anschauen - schöne Glasfenster und ein gutes Beispiel moderner Kirchenarchitektur.

INFORMATION: im Bhf. und an der Sandgate 4 a. Zimmervermittlung.

ÜBERNACHTEN: neue, sehr hotelmäßige **Jugendherberge Flatvold**, am Nordstrandvej 1, ca. 20 min. vom Bhf., Zimmer mit Naßzellen, Tel. 081/25666. Billigste Pension ist **Kristensens Pensjonat**, Tel. 21699, ca. 55-60 DM das DZ. Billiger sind Privatzimmer (Tourist Büro).
Camping Bodosjoen, 3 km vom Zentrum am Saltfjord, Bus 12.

Bodo/Umgebung: Bodo ist wichtigster Ausgangspunkt für Fahrten hinüber auf die *Lofoten*. Fähren der Hurtigrute gehen 2-3 x tägl. nach *Stamsund* und *Svolvaer* (47 bzw. 52 DM). Infos weiter unten.
Interessant sind auch die preiswerten Bootsfahrten auf die südl. Inseln *Vaeroy* und *Rost* (1 x tägl., 20 bzw. 23 DM) mit einigen der größten Seevögelkolonien Europas - u.a. Papageientaucher, Eissturmvögel und Seeadler.

ÜBERNACHTEN: je eine Jugendherberge gibt es auf **Vaeroy**, Tel. 088/95346 und **Rost**, Tel. 088/96109 (beide Mitte Mai - Anfang September). Matthias Zeuner aus Crailsheim empfiehlt die Herberge auf Rost - "der Herbergsvater holt mit seinem Anhänger die Rucksäcke der Gäste am Fährhafen ab und bietet ab JH preiswerte Fahrten zu einer der Vogelinseln".

Lofoten/Vesteralen

Gebirgige Inselwelt vor der Küste von Narvik, eine der schönsten Regionen Norwegens.

Die Lofot-Berge gehören zu den ältesten der Welt und werden seit gut 6000 Jahren bewohnt. Dank der Gletscher ist eine vielfältige Landschaft entstanden - Schären, Strände, enge Täler, weite Landwirtschaftsflächen, Moore, Hochgebirge.

Die Siedlungen sind zumeist kleine Fischerdörfer in Buchten an der Festlandsseite der Inseln - von Januar bis April werden riesige Mengen Kabeljau gefangen und auf großen Holzgestellen zum Trocknen aufgehängt. Hauptort ist *Svolvaer*, eine Hochburg für Künstler, die sich hier durch die einmalige Natur inspirieren lassen. Interessant im benachbarten *Kabolvag* das Lofot-Museum und Lofot-Aquarium. Hübscher und bei Travellern am beliebtesten ist *Stamsund* weiter südl.

Für Unternehmungslustige gibt es zahllose Wanderwege. Man kann aber auf den Lofoten auch baden - dank Golfstrom Wassertemperaturen bis über 20 Grad (meist jedoch kälter). Gute Strände liegen z.B. 1 km nördl. von Svolvaer.

VERBINDUNGEN: Fähren von **Bodo** mehrmals tägl. nach Svolvaer (s. Bodo), von **Narvik** nach Svolvaer verkehren Schnellboote (ca. 55 DM). Am preiswertesten sind die Fähren von **Skutvik** (mehrmals tägl., ca. 14 DM), dazu kommt die Busfahrt von Narvik (ca. 42 DM, bis Ulvsvag IR-Ermäßigung!). Die Fähre von Svolvaer nach Stamsund kostet ca. 18 DM.
Auf den Inseln verkehren **Busse**, **Fahrräder** verleihen die Tourist-Informationen.

ÜBERNACHTEN: Jugendherbergen in **Svolvaer** (4-Bettzimmer, auch Hotel, Tel. 088/70777) und vor allem in **Stamsund** - 1,5 km vom Hafen, sehr empfehlenswert, mit Fahrradverleih, Tel. 088/89166. Ansonsten werden überall **rorbuer** (Fischerhütten) vermietet, die ca. 4-6 Pers. fassen (mit Kühlschrank, E-Herd und Dusche, ca. 10-15 DM pro Pers.).

LESERTIPS: "5 km südl. von Svolvaer liegt das Dorf **Kabelvag** ganz hübsch, Busverbindung oder zu Fuß" (Henriette Seiler, Wangen) . . . "Manche Rorbu-Besitzer vermieten auch kleine Ruderboote einschließlich Schleppangel mit vielen Haken. In **Reine**, ganz im Süden, haben wir uns drei Tage lang von selbstgefangenem Seelachs und Kabeljau ernährt (zwischen 20 und 50 cm groß)" (Jörg Klenert, Landau) . . . "billigere Alternative zur Hurtigroutenfahrt auf die Lofoten ist der Bus von Narvik nach **Harstad** auf den Vesteralen, dort neue, sehr schöne Juhe (22 DM), zwar 2 km vom Busbhf., aber Bushaltestelle in der Nähe, Tel. 082/64154. In Harstad kann für nur ca. 6 DM bei der Tourist-Information ein **Fahrrad** mieten und eine tolle Inseltour machen" (Matthias Zeuner, Crailsheim).

Narvik

Nördlichster Punkt des europäischen Bahnnetzes, Knotenpunkt zwischen der norwegischen Nordlandbahn und der norwegisch/schwedischen Lapplandbahn nach Kiruna. Außerdem Drehscheibe des Tourismus auf die Lofoten, nach Lappland und zum Nordkap.

Vor allem die Umgebung lohnt die Reise - hohe schneebedeckte Berge und eine Küstenszenerie, die zu den schönsten in Norwegen gehört. In der Stadt selber laden etliche Parks zum Relaxen ein.

Narvik lebt und stirbt mit der Bahn - einzige Existenzgrundlage ist der große Erzhafen und wenn einmal die täglichen Güterzüge aus Kiruna nicht mehr rollen sollten, ist die Stadt am Ende. Überall findet ihr einen Bezug zur Bahn, in manchen Kneipen erinnern Photos an den legendären Bau der Linie.

INFORMATION: Kongensgate 66, an der Hauptstraße der Stadt, nicht weit vom Bhf. rechts. Geldwechsel, Zimmervermittlung ca. 3 DM (Mo-Sa 9-21 h).

ÜBERNACHTEN: im Sommer ist die Stadt überfüllt, viele Interrailer campieren in den Parks. Aber Achtung, Narvik ist sehr kühl, noch im Juli kommt nachts der Frost! Gleich beim Bhf. ein Hügel, auf dem man ungestört zelten kann (Bhf. selber ab 22 h geschl.). Ansonsten geht am besten zum Tourist-Büro (Privatzimmer ab ca. 47 DM).
Jugendherberge Nordkalotten an der Havnegate 3, Tel. 082/42598. Schöne Lage direkt am Hafen, knapp 2 km vom Bhf. Geöffnet März - Okt., geheizt, doch ca. 28 DM mit Frühstück, im Sommer oft voll, Voranmeldung angebracht (ab 16 h wird aufgemacht, 1 std. vorher da sein!). Relativ preiswert sind auch **Breidablikk Gjestgiveri**, Tel. 41418 und **Nordstjernen Hotel**, Tel. 44120.
Camping Narvik mit Hütten, ca. 2 km außerhalb, Busverbindung.

ESSEN / TREFFS: u.a. das beliebte **Café Rosa**. Klaus Dieter Miliczek aus München empfiehlt das **Café** von der Jugendherberge 200 m rechts die Hauptstraße entlang auf der linken Straßenseite, freundliche Bedienung und einige billige Gerichte.

Sehenswertes: im 2. Weltkrieg war Narvik hart umkämpft und wurde dabei fast völlig zerstört. Das *Kriegsmuseum* in der Nähe vom Marktplatz (Torg) erinnert daran. Ebenfalls im Zentrum steht ein *Wegweiser* mit Entfernungen zu 23 verschiedenen Orten - z.B. Hamburg 2386 km, Rom 4168 km.
Im großen *Erzverladehafen* werden wöch. 3-4 Frachter mit mehreren Hunderttausend Tonnen beladen. Vom Berg oben könnt ihr die Schleppmanöver im Hafen am besten beobachten (siehe Narvik/Umgebung).
800 m nordwestl. vom Bhf. gibt es 4000 Jahre alte *Felszeichnungen*.

Narvik/Umgebung: unbedingt mit der Seilbahn auf den *Fagernesfjell* bis in ca. 600 m Höhe fahren (ca. 8 DM hin u. zurück), weiter zu Fuß in 45 min. auf den Gipfel (300 m höher) - Superblick auf den riesigen Fjord (Mitternachtssonne)!
Ansonsten fahren tägl. Fähren hinüber zu den *Lofoten* (siehe oben).

LESERTIP: "sehr interessant ist der **Friedhof** an der E 6 - Gräber von Franzosen, Engländern, Polen, Norwegern und Deutschen, aber alle für sich und in Sparten eingeteilt. Vom Bhf. ca. 15-20 min. Fußweg" (Ludger Batzdorfer, Osnabrück).

Von Narvik nach Norden

Keine Bahnlinie mehr, lohnt aber vor allem wegen der phantastischen Landschaftseindrücke, ab Mai wegen der Mitternachtssonne, im Winter wegen des grünlich-gelben *Polarlichts*.
Der Transport ist ein teurer Spaß, aber Interrailer bekommen nach uns vorliegenden Informationen in den Bussen bis zum Nordkap **50 %**! Alle folgenden Buspreise sind die Normalpreise. Die Busfahrt nach Tromsö, in die nördlichste Universitätsstadt der Welt, kostet ca. 52 DM (261 km entfernt, 3 x tägl., 5 std. Fahrt).

Tromsö: das "Paris des Nordens" liegt auf einer Insel, nur durch eine 1 km lange Brücke mit dem Festland verbunden. Es gibt eine Jugendherberge (Tel. 083/85319) und Camping, eine tolle Seilbahn, mehrere Kirchen und Museen (darunter das interessante Polar-Museum), die nördlichste Brauerei der Welt und dank der vielen Studenten einiges an Nachtleben.
Nördl. von Tromsö beginnt die *Finnmark*, die menschenleeren, kahlen Regionen von Norwegisch-Lappland. *Alta* ist Etappenpunkt auf dem Weg nach Hammerfest, von Tromsö fährt 1-2 x tägl. ein Bus (6,5 std. Fahrt, 58 DM). Jugendherberge liegt relativ zentral, Camping einige km außerhalb. Der Bus nach Hammerfest kostet ca. 30 DM.

Hammerfest: nördlichste Stadt Westeuropas, hübsche Lage in einer stillen Bucht. Ein Bummel durch die Straßen mit den schlichten einfarbigen Wohnhäuser ist ganz nett. Auf dem Höhenzug *Salen*, gleich beim Ort, kann man die Mitternachtssonne gut beobachten. Keine Jugendherberge, nur Campingplatz.

Nordkap(p): von Narvik ist man gut zwei Tage zu dem grau-zerfurchten Felsblock unterwegs, der die nördl. Spitze der Insel *Mageröy* bildet und Nordkap (norweg. *Nordkapp*) genannt wird. Die Landschaft wird hier oben recht öde und das Ganze ist eine kostspielige und umständliche Angelegenheit. Der Blick von dem 300 m hohen Steilfelsen auf die Mitternachtssonne (Mitte Mai - Ende Juli) lohnt sich zudem nur bei klarem Wetter - aber auch im Sommer ziehen oft Wolken und Nebel auf. Am Ziel gibts bisher nur eine Kafeteria, Souvenirs und eine Poststelle (Stempel N-9764 Nordkapp!).

Man höre und staune - bis 1992 sollen folgende Einrichtungen errichtet werden: ein Hotel mit Restaurants, ein Einkaufszentrum, Museum, künstliche Grotte mit Meeresblick, eine Schmalspurbahn, ein Lift zum Felsstrand von Hornvika, eine Hochzeitskapelle und ein Riesenkino!

VERBINDUNGEN: 2 x tägl. gehen Busse von **Hammerfest** (ca. 35 DM) und **Alta** (42 DM), außerdem stoppen die teuren Fähren der Hurtigrute in **Honningsvag** am Südende der Nordkap-Insel (ab Honningsvag gehen mehrmals tägl. Busse zum Nordkap).

ÜBERNACHTEN: **Jugendherberge** und **Camping** 8 km von Honningsvag am Weg zum Nordkap.

Finnland

Der kleine Nachbar des mächtigen Rußland - ein Land mit großen landschaftlichen Schönheiten, wenig Industrie und interessanter Architektur. Wobei "klein" ausgesprochen relativ gemeint ist - Finnland ist gut anderthalbmal so groß wie die Bundesrepublik Deutschland.

Die Geographie des Landes ist eigentümlich. Wenn ihr mit dem Schiff von Stockholm nach Turku fahrt, passiert ihr auf halber Strecke die *Aland-Inseln* - Tausende kleiner Inselchen, die politisch zwar zu Finnland gehören, kulturell und sprachlich aber auf Eigenständigkeit pochen. Fast nahtlos schließt sich daran der dichte Ring von Inseln und Inselchen vor der finnischen Festlandsküste an.

Im Inneren das Finnland, das ihr aus Reiseprospekten kennt - eine riesige Seenlandschaft, die durch unzählige Flüsse verbunden ist, fast völlig flach und inmitten dichter Nadelwäldern.

Hoch im Norden wird die Landschaft wild, karg und einsam - hier wohnen die Lappen, die Ureinwohner Skandinaviens. Auch die Eisenbahn überquert den Polarkreis in *Finnisch-Lappland* nur mit 2 Linien, die bereits weit vor der Nordgrenze des Landes enden.

Sehr eigen ist auch die Architektur und das *typisch finnische* Design von Textilien, Glas und Keramik - die natürlichen Farben und klaren, einfachen Linien haben in vieler Hinsicht der mitteleuropäischen Kunst den Rang abgelaufen. Schaut mal in Helsinki ins "Finnish Design Center".

Last but not least solltet ihr im Land, wo die *Sauna* erfunden wurde, auch mal eins der ca. 800.000 Dampfbäder besuchen - nicht wenige Jugendherbergen bieten diese Möglichkeit.

Anreise

Mit dem Zug: langwierig, weil ihr bis Nordschweden hinauf müßt. In Boden nach Haparanda umsteigen (ca. 1-2 x tägl.), grenzüberschreitende Züge zwischen Haparanda und Tornio ca. 4 x tägl. (s. S. 676, und Kap. Schweden).

Mit der Fähre: teurer, aber schneller und komfortabler. Übersetzen könnt ihr direkt von der Bundesrepublik Deutschland oder von Schweden - letztere Strecke natürlich die preiswertere Variante, z.T. mit der Möglichkeit, auf den *Aland-Inseln* Station zu machen.

BR DEUTSCHLAND: von Travemünde nach Helsinki mit den riesigen weißen Passagierfähren der **Finnjet-Silja Line** 2-3 x wöch., knapp 24 std. (im Winter wegen zugefrorener Ostsee 38 std. = 2 Nächte!). Hochsaisonpreise pro Pers.: Liegesessel 230 DM, 4er-Kab. (Sparkat.) 310 DM, 2er-Kab. 405 DM. Interrailer, Schül./Stud. erhalten z.Z. ca. 10 % Ermäß. auf den Gesamtpreis (Buchung frühestens 1 Woche vor Abfahrt). Adresse: Finnjet-Silja Line GmbH, Zeißstr. 6, 2400 Lübeck 1, Tel. 0451/58990. An Bord kann man alle Vergnügungen auskosten, die ein luxuriöses Passagierschiff bietet: Swimmingpool, Bar, Disko, Restaurant mit finnischem Buffet, Kino, Fitneßraum, Friseur, Boutique, Folklore-Shows.

SCHWEDEN: mit Fähren der **Silja**- und **Viking-Lines** tägl. Stockholm - Aland-Inseln - Turku und Stockholm - Helsinki. Letztere Linie auch Kappelskär - Aland Inseln - Turku. Für Interrailer 50 %, nach Turku frei mit Karte IR + Schiff. Details s. Stockholm, S. 635.

Mit der Eisenbahn durch Finnland

Leidlich dichtes Netz im Süden, Richtung Norden immer weniger Linien. Der äußerste Norden kann nur noch per Bus befahren werden. In der Regel komfortable Züge mit bequemen Großraumwagen.

Finnland Fahrpläne Nr 20300 - 20335

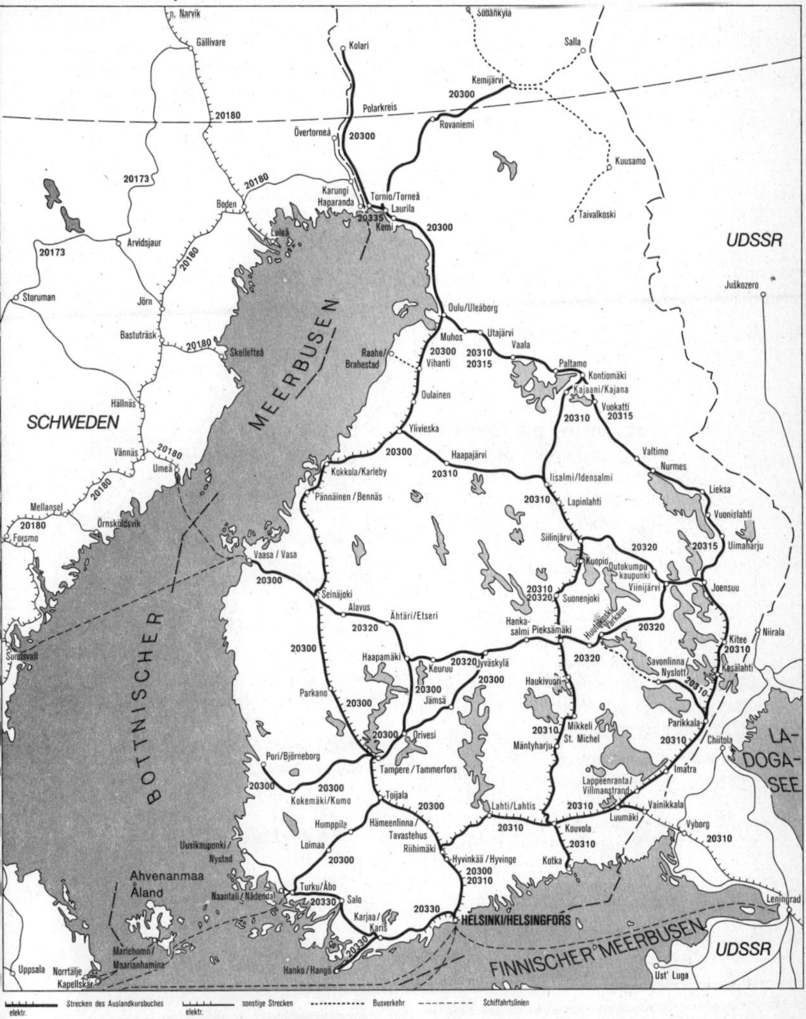

Auf der längsten Strecke im Land, von *Helsinki* bis nach *Rovaniemi* (bzw. Kemijärvi) in Lappland, braucht der Zug 12-13 std.

Die schnellsten Züge sind die *erikoispikajunista (EP)* und die neu eingesetzten *express-junista (EXP)*. Für diese Züge müssen Platzkarten gelöst werden (EP ca. 5,20 DM, EXP ca. 8 DM) - entweder vor der Abfahrt am Schalter oder beim Schaffner im Zug. In den übrigen Zügen kostet die Platzreservierung ca. 3,50 DM, ist aber in der Regel nicht nötig.

Schlafwagenplätze kosten im 3er-Abteil ca. 20 DM, im 2er-Abteil ca. 30 DM, sind also erschwinglich (am besten 1-2 Tage vorher reservieren). Kleine Taschenfahrpläne *Taskuaikataulu* (Ficktidtabell) gibts an Bahnhöfen.

FINNISCHE SCHNELLZÜGE: **Karelia (EP)**, Helsinki - Joensuu u. zurück, 1 x tägl., ca. 5,5 std.;
Lapponia(EP), Helsinki - Oulu u. zurück, 1 x tägl., 7 std.;
Savonia (EP), Helsinki - Kontiomäki u. zurück, 1 x tägl., 7 std.;
Imatra Express (EXP), Helsinki - Imatra u. zurück, 1 x tägl., 3 1/4 std.;
Botnia Express (EXP): Helsinki - Vaasa u. zurück, 1 x tägl., 4 1/4 std.

Informationen: Rautatiehallitus, Tariffitoimisto, Postbox 488, SF-00101 Helsinki 10.

Andere Verkehrsmittel: die Eisenbahn ist von untergeordneter Bedeutung. Viel häufiger verkehren moderne *Fernbusse*, die billiger sind und auch ein viel dichteres Netz haben. Dies gilt nicht nur für die im Norden sehr lückenhaften Bahnverbindungen, auch wer durchs Seengebiet will, kommt um den Bus kaum herum. Während Bahnhöfe oft 1-2 km außerhalb der City liegen, fahren die Busse bis ins Herz der Städte.

Studenten können einiges sparen, wenn sie sich am Busbhf. unter Vorlage des internationalen Ausweises einen speziellen *Busausweis* für Studenten ausstellen lassen, kostet ca. 13 DM und ein Lichtbild. Zeigt man diese Karte dem Fahrer oder Schalterbeamten, erhält man, je nach Entfernung, bis zu 30 % Rabatt. Mit dem normalen Stud.-Ausweis gibts keine Ermäßigung.

Fahrräder können an vielen Tourist-Büros, Campingplätzen und Jugendherbergen für ca. 10 DM am Tag ausgeliehen werden.

LESERTIP: "in Finnland kann man günstig Abstecher mit dem Bus unternehmen. Man sollte sich aber vorher unbedingt an einem Busbhf. einen **Fahrplan** besorgen. An den kleineren Haltestellen gibt es oft keine Fahrpläne. Kleine Orte (z.B. um Kemijärvi/Nordfinnland) haben oft gar keine gekennzeichneten Haltestellen - mit Handzeichen zeigen, daß man mit will" (Thorsten Jäger, Neu-Anspach).

Praktisches

Einreise: Personalausweis oder Reisepaß (wird beim Überschreiten von innerskandinavischen Grenzen in der Regel nicht mehr kontrolliert, nur bei der ersten Einreise in Skandinavien).

Finanzielles: in Finnland zahlt man mit Mark, allerdings mit der *Finnmark* (Fmk) zu 100 *Penniä*.

Traveller- und *Euroschecks* (700 Fmk) werden zwar bei allen Banken und einigen Postämtern akzeptiert, jedoch sind die Gebühren hoch (6-12 DM). Nehmt besser ein *Postsparbuch* mit, damit kann man an fast allen Postämtern Geld abheben.

Aktueller Kurs: 1 DM = 2,30 Fmk (2/90)

Übernachten: Finnland hat mehr als 160 *Jugendherbergen* (Retkeilymaja), von denen jedoch die meisten nur im Sommer offen und dann oft ausgebucht sind. Die Preise reichen je nach Kategorie von ca. 12-20 DM, ohne JH-Ausweis ca. 6 DM mehr, keine Altersgrenze. Außer Mehrbett- gibts fast überall Doppelzimmer, die preislich kaum höher liegen. Oft sind Sauna, Selbstkocherküche und reiches Sportangebot (Fahrräder, Kanus, Surfbretter etc.) vorhanden. Daunenschlafsäcke sind offiziell nicht gestattet, doch kaum jemand hält sich daran.

Luxuriös sind die *Fin-Hostels*, eine Art nobler JH. Haben fast nur Doppelzimmer, und die Ausstattung ist um einiges besser als in normalen JH. Oft werden in den Monaten Juni bis August Studentenheime dafür genutzt. Preis ca. 30-40 DM pro Pers, JH-Ausweis nötig, sonst zahlt man viel mehr!

Die zahlreichen *Campingplätze* (offen meist Juni bis August) bieten eine gute Alternative - preislich mit den JH zu vergleichen, in der Regel groß und gut ausgestattet, zudem oft landschaftlich reizvoll am nächsten See oder Fluß. Die Mückenplage kann den Aufenthalt jedoch gelegentlich vermiesen.

Wild zelten ist in Finnland offiziell verboten, zumindest sollte man zum nachsten Privatgrund immer deutlich Abstand halten.

Denkt daran, daß die finnische Saison kurz ist - die meisten Unterkünfte und Campingplätze öffnen erst Anfang Juni und schließen bereits Mitte August!

Essen und Trinken: für Selbstverpfleger bietet sich der tägliche *Markt* an, der praktisch in jedem größeren Ort stattfindet. Daneben gibt es auch *Markthallen*, die wie Geschäfte feste Öffnungszeiten haben, *Supermärkte* und die Lebensmittelabteilungen der *Kaufhäuser*. Mit am billigsten ist die K-Kette (weißes K auf blauem Feld). Achtet immer auf Sonderangebote - preiswert, und noch dazu eine Spezialität, sind geräucherte und gewürzte Makrelen-Filets.

Wenn ihr essen geht, gehören *Pizzerias* zum Erschwinglichsten, abgesehen von den obligaten Fast-Food-Lokalen. *Baari* sind Schnellrestaurants, wo ihr etwas zu essen, aber auch Kaffee und gelegentlich Bier bekommt. Restaurants mit Alkohol-Lizenz heißen *ravintola* (s.u.). Mittags werden in vielen Lokalen preiswerte Lunchmenüs angeboten - auch in Finnland gibt es dann die opulenten Buffets, von denen man für ca. 15-20 DM soviel essen kann, wie man will *(voileipäpöyta)*.

Abends solltet ihr besser kein Restaurant besuchen. Sucht euch lieber eine Würstchenbude *(makkarakioski oder grillit)*, dort gibt es Hamburger, diverse Würste, warme Piroggen mit Fleisch *(lihapiirakka)* u. dgl. m.

Piroggen sind aus Roggenmehl gebacken und eine Spezialität, die ursprünglich aus Karelien (Ostfinnland) stammt - mit Reis gefüllt heißen sie *karlajan piiraka*. Beim Brot überwiegen die dunklen Sorten, außerdem gibt es viel Knäckebrot. Joghurt ist beliebt, besonders das sehr feste *viili*. Wie in ganz Skandinavien ist das Angebot an Beeren reichlich. Von Touristen heiß begehrt ist *Rentierbraten* - jedoch mit gut 40 DM kein preiswerter Spaß. Ansonsten natürlich Fisch in allen Variationen, auch Eintöpfe in den verschiedensten Zusammenstellungen.

Getränke in Restaurants sind im allgemeinen teuer. Viele Finnen bestellen sich daher (meist kostenloses) Eiswasser. Alkohol ist sogar sehr teuer - Ausnahme das praktisch alkoholfreie *Leichtbier* (Klasse I). Das Bier der *Klasse III* ist vom Geschmack her mit unserem zu vergleichen, kostet etwas mehr und ist in den meisten Lokalen und Geschäften erhältlich. *Starkbier* und Importbiere gibts dagegen ausschließlich in den staatlichen Alko-Läden (Mo-Fr 10-17 h) und in den Restaurants namens *Ravintola*, zu denen der Zugang nur ab 18 Jahren (oft sogar noch älter) erlaubt ist.

Telefon: nach Hause telefonieren kann man von allen öffentl. Telefonzellen. Da die meisten Apparate aber nur 1-Fmk-Münzen schlucken, braucht man ganze Hände voll Kleingeld. In größeren Orten gibt es für Auslandsgespräche sog. *Tele-Büros*, wo man sich beim Schalter meldet und einen Apparat zugewiesen bekommt.

TELEFONVORWAHL: BR Deutschland **99049**, Österreich **99043**, Schweiz **99041**.

Kleines Sprachlexikon

Allgemein: guten Tag - *hyvää päivää*; auf Wiedersehen - *näkemiin*; Danke/ Bitte - *kiitos/ole hyvää*; ja/nein - *kyllä/ ei*; Entschuldigung - *anteeksi*; wo? - *missä?*; rechts - *oikea*; links - *vasen*; ich spreche kein Finnisch - *en ymmärrä suomea*.

Zahlen 1-10 - *yksi, kaksi, kolme, neljä, viisi, kuusi, seitsemän, kahdeksan, yhdeksän, kymmenen*; 20 - *kaksikymmentä*; 50 - *viisikymmentä*; 100 - *sata*; 1000 - *tuhat*.

Bahn: Zug - *juna*; Spezial-Schnellzug - *erikoispikajuna*; Expresszug - *expressjuna*; Bahnhof - *rautatieasema*; Liegewagen - *lepovaunu*; Schlafwagen - *makuuvaunu*; Speisewagen - *ravintolavaunu*; Kurswagen - *päivävaunu suoraan määräasemalle*; Gepäckaufbewahrung - *matkatavara säilytys*; Platzreservierung - *paikkaliput*.

BOTSCHAFTEN

Bundesrepublik Deutschland: 00100 Helsinki 10, Ferdrikinkatu 61, Tel. 6943355. Konsulat in 20101 Turku 10, Aurakatu 12, Tel. 334800.
Österreich: 00130 Helsinki 13, Esplanadi 18.
Schweiz: 00120 Helsinki 12, Uudenmaankatu 16 a.

FREMDENVERKEHRSÄMTER

D-2000 Hamburg 1, Georgsplatz 1, Tel. 040/322443. **D-8000 München 40**, Franzstr. 5, Tel. 332120 (auch für Österreich zuständig). **CH-8001 Zürich**, Schweizergasse 6, Tel. 01/2111340.

Aland-Inseln

Mitten in der Ostsee, auf halbem Weg zwischen Schweden und dem finnischen Festland - 6500 Inseln mit 24.000 Bewohnern in überwiegend kleinen Orten. Nur 50 Inseln sind das ganze Jahr über bewohnt. Ideal für Radtouren oder zum Wandern.

Obwohl die seit 1922 selbstverwalteten Inseln offiziell zu Finnland gehören, wird nur Schwedisch gesprochen - im Gegensatz zum zweisprachigen Festland. Besonders im Sommer lockt das zahllose schwedische Touristen auf den Archipel. Einzige Stadt und gleichzeitig Hauptstadt ist Mariehamn.

VERBINDUNGEN: Fähren von Silja und Viking Lines stoppen 1 x tägl. auf dem Weg von **Stockholm** nach **Turku** in Mariehamn. 2 x tägl. fährt außerdem Viking Lines von **Kapellskär** (nördl. von Stockholm) über Mariehamn nach **Naantali** (Finnland). Beide Linien geben 50 % für Interrailer. Details s. die jeweiligen Orten, vor allem Stockholm.

UNTERWEGS AUF DEN ALAND-INSELN: die meisten wichtigen Inseln des "festen Alands" sind heute durch Straßen und Brücken miteinander verbunden, auf denen **Busse** verkehren. Nach Osten hin halten jedoch kleine **Fähren** den Straßenverkehr aufrecht - sie sind Bestandteil des normalen Straßennetzes und daher kostenlos! **Alands Trafiken**, den aktuellen Sommerfahrplan gibts ab April/Mai beim Tourist Office in Mariehamn (nur in Schwedisch und Finnisch)..

ÜBERNACHTEN: im Sommer wirds schnell voll - und teuer! Feriendörfer gibts heute fast wie Sand am Meer, Hotels kosten in der Hochsaison ca. 100-250 DM fürs DZ, sind aber in der NS um fast 30 % gesenkt.
Privatzimmer kosten um die 60-80 DM fürs DZ. Reservierung von Quartieren über das Tourist Information Office oder bei Alandsresor in Mariehamn (siehe dort).
Billigste Alternative ist **Camping** - derzeit gibt es 11 Plätze auf den Alands. Die einzige **Jugendherberge** liegt in Eckerö und hat nur im Sommer offen. Einhellige Meinung aller Befragten: Drecksloch! Wer's trotzdem nicht lassen kann, ab Busbhf. in Mariehamn fährt Bus 1 (ca. 6 DM), Tel. 928/38470.

FINANZIELLES: finnisches Geld ist übliches Zahlungsmittel, gelegentlich wird auch schwedisches akzeptiert. Am Samstag kann man zur Not beim Kaufhaus Zeipel wechseln, Torggatan 7 (12-15 h), nehmen auch Reiseschecks.

Mariehamn

Einzige Stadt (ca. 10.000 Bewohner) der Alands, liegt auf einer langen schmalen Landzunge. Im Zentrum Kaufhäuser, Banken, Restaurants und Markt, im Umkreis Villenviertel. Betrieb erinnert sehr an deutsche Nord- und Ostseebäder, im Sommer viele schwedische Touristen.
Mariehamn hat nach Helsinki und Turku den drittgrößten finnischen Hafen.

INFORMATION: in der Storgatan 18 (im Sommer 9-18 h, sonst kürzer), unweit vom Fährterminal. Die netten Damen sprechen gut Deutsch. Übersichtskarte und englischsprachiger Alands Guide, sonst nur schwedische Prospekte, Zimmervermittlung.

ÜBERNACHTEN: 1200 m vom Fährhafen liegt **Camping Gröna Udden**, ca. 7 DM pro Pers. Schöne Lage zwischen Bäumen direkt am Meer, sehr sauber, Kochgelegenheiten, heiße Duschen (ca. 1 DM extra), ins Stadtzentrum etwa 10 min. Ansonsten viele Privatzimmer, Vermittlung außer im Tourist Büro auch bei **Alandsresor**, Storgatan 8, Tel. 28040.

ESSEN: Kaufhaus **Zeipel**, Torggatan 7, in der Cafeteria von 10 bis 17 h preiswerte Gerichte (für finnische Verhältnisse), z.B. Wiener Schnitzel für ca. 22 DM.
Café Socis im Aland Museum, mit Terrasse, klein und gemütlich, Speisen für ca. 18 DM, Alands Pannkaken besonders gut (geöffnet während der Museums-Zeiten, s. u.).
Café Amanda, Norragatan 15, typisch aländisches Holzhaus mit dickem Ofen und alten Seefahrts-Stichen an den Wänden. Viele kleine Gerichte, Kaffee aus Kupferkannen, Tee in Riesentassen. Hauptsächlich Einheimische (tägl. 10-19, So ab 11 h).

FAHRRADVERLEIH: **Ro-No-Rent** am Fährhafen, Västerhamn, Tel. 12821, ca. 12-15 DM am Tag, 50-75 DM in der Woche.

Sehenswertes: auffallend die vielen bunten Holzhäuser. Wer eins von innen sehen will, mal ins *Café Amanda* schauen (siehe unter Essen). Auffällig im Zentrum das *Stadhus*, drumherum kleiner Park mit Blumenbeeten und Springbrunnen. Gleich daneben das sehr gut aufgemachte *Alandsmuseum* - Geschichte, Kultur, Wirtschaft, Flora und Fauna, tägl. Videovorführungen (10-16 h, ca. 3,50 DM, Schül./Stud. 2 DM, Di frei).

Am Hafen das *Seefahrtsmuseum*, Sjöpromenaden, komplette Geschichte der zivilen Seefahrt. Das Museum ist aufgebaut wie ein altes Schiff (9-19 h, ca. 5 DM). Nebenan das Ganze in natura - die Viermast-Bark *Pommern*, ein ehemaliges deutsches Schiff, heute ebenfalls Museum und Wahrzeichen der Stadt (9-19 h, ca. 5 DM).

Am Osthafen schließlich noch der *Vogelpark* mit diversen Hühner-, Sittich- und Taubenarten, außerdem kleines Café und Badestrand.

Ziele auf den Inseln

'Feste' Alands: die meisten Sehenswürdigkeiten liegen im Norden (Nordroute), Ausnahme ist *Eckerö*, das man aber mit Tagesausflug ab Mariehamn locker anschauen kann. Dort ein kleines Museum, das an die sog. "Postrotte" erinnert - die Fischer fuhren vom 17.-19. Jh. mit ihren kleinen Segelbooten zwischen Schweden und Finnland hin und her und transportierten dabei die Post.

Im 12. Jh. wurden die ersten Kirchen auf den Alands gebaut, bestes Beispiel ist *St. Mikael*, die Kirche von *Finström*.

Im frühen 13. Jh. begann der Festungsbau, *Schloß Kastelholm* wurde errichtet und ist noch heute zu bewundern, derzeit wegen Restaurierung jedoch nur von außen (tägl. 10-16 h, Führungen, ca. 1,50 DM). Direkt daneben das *Freilichtmuseum Jan Karlsgarden*, ein historisches Holzdorf mit alten Wohnstuben, Scheunen und Arbeitsgeräten (frei). Wiederum daneben das *Schloßgefängnis* von 1800 (frei). 1845 griff der Krimkrieg auch auf die Alands über. Die Russen errichteten in *Bomarlund* eine Festung, die aber schon bald von Briten und Franzosen zerstört wurde. Ein kleines Museum zeigt, wie das Fort ausgesehen haben muß (1.6.-31.8., 10-15 h, frei).

Richtung Finnland: es gibt eine Nord- und eine Südroute durch die Inselwelt, die Fähren sind gratis und legen oft an. Wer will, kann überall an Land gehen.

Die Nordroute ist bezüglich der Sehenswürdigkeiten die interessantere: bis *Hummelvik* Bus ab Mariehamn, ab Hummelvik (Vardö) verkehrt mittags und abends jeweils ein Boot nach *Torsholma* (Brändö). Ab Torsholma Bus bis Turku. Unterwegs lohnen Stops auf *Kumlinge* und/oder auf *Brändö*.

Start auf der Südroute ist *Langnäs* (Lumparland). Auch eine Kombination beider Strecken ist möglich.

ÜBERNACHTEN: Supermärkte sind zwar überall vorhanden, Quartiere dagegen selten. Hier und da gibts einen Campingplatz.

Turku

Viel zu schön um nur durchzufahren! Freundliche City mit Parkanlagen und gepflegter Blumenpromenade links und rechts vom ruhigen Fluß Aura. Viele Studenten (älteste Uni Finnlands), einige interessante Sehenswürdigkeiten und gute Ausflugsmöglichkeiten.

Die älteste Stadt Finnlands war bis ins 19. Jh. auch die Hauptstadt des damals von den Schweden regierten Landes. Als Finnland unter die Herrschaft des russischen Zaren kam, wurde Helsinki die neue Metropole und Turku sank mehr oder minder in ein Provinzdasein ab. 1827 wurde die Altstadt bei einem verheerenden Brand fast vollständig zerstört. Trotzdem stehen in manchen Stadtteilen noch einige der alten Holzhäuser.

Der große Fährhafen stellt neben Helsinki die wichtigste Verbindung nach Schweden dar.

VERBINDUNGEN / BAHNHOF: zentrumsnaher **Hbf.** mit Restaurant und Schließfächern an der Bangardsgatan. Ins Zentrum gerade-

aus die Humalistonkatu oder Käsityöläiskatu entlang, dann links die Yliopistonkatu zum Marktplatz. Auch im **Hafen** gibts einen Bhf.
Busbhf. liegt 1 km vom Hbf., an der Vasterlanggatan, 2 x tägl. gehen Busse nach Brändö (Aland-Inseln).

FÄHREN: siehe Einleitung. Vom Fährhafen ins Zentrum (Marktplatz) und zurück fährt **Bus 1**, vom **Hafenbhf.** gehen auch Züge in die Stadt und weiter Richtung Helsinki.

INFORMATION: Hauptstelle Käsityöläiskatu 3, vom Bhf. 1 km geradeaus (Parallelstraße zur Humalistonkatu), Mo-Fr 8-17 h.
Zweigstellen im **Bhf.** (Mo-Fr 10-19, Sa/So 10-14 h), im **Rathaus**, Aurakatu 4 (Mo-Fr 8.30-19.30, Sa/So bis 16 h) und im **Fährhafen** (nur während der Abfertigungsstunden). Zimmervermittlung.

ÜBERNACHTEN: mäßige **Jugendherberge Kaupungin Retkeilymaja**, Linnankatu 39, Tel. 921/316578. Bus 3 ab Bhf., Bus 1 ab Hafen bzw. Marktplatz. Offen 15-24 h, Schlafräume mit bis zu 20 Betten, kein Frühstück, keine tel. Voranmeldung, ca. 15 DM.
Sommerhotel Karen, Hämeenkatu 22, Tel. 320421. Nur Anfang Juni bis Ende August, 2- und 4-Bettzimmer, Du/WC am Gang, Küche mit Kühlschrank separat. DZ für JH-Mitglieder ca. 30 DM pro Pers., im Mehrbettzimmer 23 DM. Sehr zentral, ca. 500 m vom Zentrum (Bus 3 ab Bhf., zweiter Stop hinter der Aura-Brücke).
Camping Ruissalo ca. 10 km außerhalb auf der gleichnamigen Halbinsel, mit Bus 8 ab Marktplatz, Bademöglichkeiten.

ESSEN / TREFFS: am billigsten natürlich Selbstverpflegung am **Markt** und in der nahen **Markthalle**.
Restaurant Karen, Hämeenkatu 22, neben dem Sommerhotel, nur abends Di-Sa ab 19 h, Pizza ca. 20 DM, gleichzeitig beliebte Disko.
Verso, Linnankatu 3, gutes vegetarisches Lokal in altem Bürgerhaus am Flußufer.
Fleisch und Fisch zu gemäßigten Preisen gibts im stilvollen **Lyra**, Humalistonkatu 4.
Altertümliches **Café** hinterm Apotheken-Museum (s.u.), wie zu Urgroßmutters Zeiten, Bedienung mit Häubchen und Schürze, nachmittags Kuchen- und Kaffeebuffet.
Weiteres Café im **Kulturzentrum** beim Dom (s.u.), eher alternativer Charakter.
Café Kisälli, vor dem Handwerksmuseum, gemütlich, im Sommer draußen Tische.
Hämeenportti, Hämeenkatu 7, Studententreff Nähe Uni.

FESTE: im Sommer veranstaltet die Stadt mehrere große Musik-Festivals, z.B. **Ruisrock** Anfang August (zwei Tage Rock auf der Halbinsel Ruissalo) und das **Turku Music Festival**, das etwa eine Woche dauert (traditionelle u. klassische Musik).

Sehenswertes: vom Bhf. geradeaus ins Zentrum - der bunte *Markt* (Kauppatori) dauert tägl. (außer So) bis 14 h, in der Nähe, an der Eerikinkatu, die *große Markthalle* (Kauppahalli) mit ausgesprochen hübschen Holzständen.
Lohnend in jedem Fall das nahe *Apothekenmuseum*, direkt an der Aura. Im Inneren eine Original-Apotheke, im linken Flügel ein typisches Bürgerhaus des 17. Jh. (tägl. 10-18 h, Stud. 1 DM).
Vom Marktplatz kommt ihr auch schnell über den Fluß in den ältesten Teil der Altstadt mit mehreren Universitätsgebäuden und dem großen *Dom*, ein mächtiger Backsteinbau aus dem 13. Jh. (Mo-Sa 10-16, So 14-16 h). Im *Kulturzentrum* beim Dom ständig wechselnde Ausstellungen (frei).
Ein paar Schritte vom Dom, in der Piispankatu 17, das *Sibelius-Museum* mit einer Sammlung verschiedenster Instrumente aus aller Welt, vor allem aber Noten, Instrumente und Gebrauchsgegenstände des Komponisten (Di-So 10-15, 5 DM, Stud. ermäß.).
Richtung Süden, die Uudenmaankatu entlang, könnt ihr vom Dom zum *Vartiovuori* (Wartberg) gehen, einer hübschen Grünanlage, in der ihr noch ein ganzes Viertel der schlichten Holzhäuschen findet, die von dem Großbrand im 19. Jh. verschont geblieben sind. Im Inneren der Häuser (Eingang in der Vartiovuorenkatu) das sehr sehenswerte Handwerkermuseum *Luostarinmäki* aus rekonstruierten alten Werkstätten, in denen die traditionellen Handwerke ausgestellt und z.T. vorgeführt werden (tägl. 10-18 h, 5 DM, Stud. frei, Führungen stündl.).
Den Fluß entlang Richtung Westen folgen ausgedehnte Grünanlagen mit dem *Schwimmstadion*, dem *Zoologischen Museum* und dem *Wäinö-Aaltonen-Museum* mit Skulpturen des Bildhauers (tägl. 10-16 h, ca. 3 DM).
Gegenüber der Jugendherberge liegt das Ex-Segelschulschiff der finnischen Marine, die *Suomen Joutsen* (tägl. 10-18 h, ca. 2,50 DM). Direkt daneben das Holzsegelschiff *Sigyn* - Lagerräume, Mannschaftsquartiere, Kajüten, Messe etc. sind zu besichtigen, tolle Atmosphäre (Mo-Fr 10-15, Sa/So 10-17 h, ca. 5 DM, Stud. die Hälfte).

Im Hafen schließlich die Attraktion der Stadt, die bullige mittelalterliche *Burg*. Vollständig restauriert mit einem interessanten historischen Stadtmuseum (tägl. 10-18 h, 1,50 DM).

Turku/Umgebung: wenn ihr ein bißchen Zeit habt, könnt ihr die eine oder andere der unzähligen *Schäreninseln* besuchen, die vor der Küste liegen. Bootsfahrten starten im Stadtzentrum nahe der Auransilta-Brücke, etwa auf Höhe des Apothekenmuseums (Infos bei Meribussi Oy, Tel. 303631).
Bahnverbindung gibt es nach *Naantali*, ein beliebtes Fischer- und Badestädtchen 17 km westl. In den engen Gassen stehen noch schöne alte Holzhäuser, im *Hiilola-Haus* an der Katinhäntä 1 das Städtische Museum (tägl. 12-18 h, ca. 2 DM). Nah am Meer die sehenswerte ehemalige *Klosterkirche*, in der in der zweiten Junihälfte das klassische 'Naantali Music Festival' stattfindet. Schöner Badestrand gleich in der Nähe - *Nunnalahnti*, Strand der Nonnen.

VERBINDUNGEN / BAHNHOF: der **Bhf.** liegt zentral in der Stadt, gleich in der Nähe der **Busbhf.** (Busse nach Turku alle 15 min.).

INFORMATION: Tullikatu 12, nicht weit vom Bhf. (Mo-Fr 8-15.30 h).

ÜBERNACHTEN: bewaldeter **Camping Kupariuvori** beim Sportplatz etwas außerhalb, direkt am Wasser, Nähe Fährhafen (Anfang Juni bis Mitte August).

FÄHREN NACH SCHWEDEN: von **Naantali** 2 x tägl. Fähren der Viking Line über Mariehamn/Aland Inseln nach Kapellskär, für Interrailer 50 %. Fährterminal in Naantali etwas außerhalb. Siehe auch Schweden, S. 635.

Rauma: sehenswertes Städtchen mit schönem Kern aus alten Holzhäusern, eins der wenigen gut erhaltenen traditionellen Stadtzentren. Besondere Spezialität ist das Spitzenklöppeln, viele einschlägige Geschäfte und Ende Juli ein großes Fest, wo man den Spitzenklöpplerinnen zusehen kann. Am Marktplatz das *Stadtmuseum* (Mo geschl.).

VERBINDUNGEN: mit dem **Zug** müßt ihr einen längeren Umweg über Tampere machen (A-Kb. 20300, siehe S. 671). Besser eventuell mit der Bahn bis **Uusikaupunki** zu fahren und von dort per Bus (mehrmals tägl.) das Stück nach **Rauma** überbrücken.

INFORMATION: Eteläkatu 7.

ÜBERNACHTEN: etwas nördl. der Altstadt großes Freizeitgebiet mit Schwimmbad, Sauna und **Camping Poroholma** am Wasser, Baden möglich. Außerdem gleich in der Nähe eine hübsche **Jugendherberge** (1 km vom Bhf., Tel. 938/224666).

Pori: der längere Abstecher lohnt sich während des großen Jazz-Festivals im Juli (erkundigt euch nach dem genauen Termin, 15-20 DM pro Tag). In der Umgebung lange Sandstrände.

VERBINDUNGEN: siehe Rauma.

INFORMATION: Antinkatu 5.

ÜBERNACHTEN: **Jugendherberge** Retkeilymaja Tekunkorpi, Korventie 52, Tel. 939/28400, ca. 5 km vom Bhf., Busverbindung.

Turku - Helsinki A-Kb. 20330

Häufige Züge, ca. 2,5 std. Fahrt.

Hanko: einer der beliebtesten Badeorte Finnlands, zu erreichen per Abstecher von der Strecke Turku - Helsinki ab Kaarja, Bhf. mitten im Zentrum. Tolle Lage auf einer weit ins Meer vorstoßenden Halbinsel, weiter Schärengürtel davor, fünf Kilometer Badestrand.

INFORMATION: Bulevardi 15.

ÜBERNACHTEN: **Jugendherberge Häbärget** nah am Bhf., Bulevardi 15, Tel. 911/82239 (Tourist-Information). **Camping Silversand** 4 km nördl. der Stadt, direkt am langen Sand-und Kiesstrand.

FESTE: am 27. Juli frühmorgens das **Siebenschläfer-Fest** - die Bewohner ziehen im Pyjama durch die Stadt.

HELSINKI

Wenn ihr mit der Fähre von Schweden in den Hafen einlauft, zeigt sich Helsinki von seiner besten Seite. Die "Weiße Stadt des Nordens" grüßt euch.

Die repräsentativen Prachtbauten um den *Marktplatz* und der große *Senatsplatz* aus dem 19. Jh. liegen nah am Wasser - letzterer eine der gelungensten Schöpfungen des Klassizismus. Dahinter die gewölbten Kuppeln der imposanten *Domkirche*, rechts die mächtige *russisch-orthodoxe Kathedrale* mit ihren vergoldeten Zwiebeltürmen. Helle Pastelltöne und leuchtendes Weiß bestimmen das Bild, der russische Einfluß ist unübersehbar.

Wenn ihr durch die Stadt bummelt, ändert sich das Bild - moderne, fast ausschließlich nach funktionalen Gesichtspunkten bestimmte Bauweise prägt das Stadtbild, architektonisch interessant, aber insgesamt wenig anheimelnd. Die vielen Grünanlagen mildern das strenge Betondesign etwas.

Als Helsinki im 19. Jh. unter russischer Regierung zur neuen Hauptstadt Finnlands wurde, errichtete man das Stadtzentrum vollkommen neu, die Brände und Kriege der letzten Jh. hatten kaum etwas von der Mittelalterstadt übrig gelassen. Weite Straßenzüge und Monumentalbauten prägten fortan den Stadtkern bis in unser Jh. Seit den 60ern kamen die zahlreichen Vorstädte dazu. Sie drängen heute weit in die dichten Wälder der Umgebung.

Insgesamt ist Helsinki eine wenig hektische oder nervenaufreibende Stadt. Zwei Tage braucht man, um die City gründlich zu besichtigen.

VERBINDUNGEN / BAHNHOF: der pompöse **Hbf.** liegt mitten im Zentrum. Er wurde in den 20er Jahren erbaut und ist einer der bedeutendsten Bauten aus der "national-romantischen" Zeit Helsinkis. Kleines Bahnmuseum, Schließfächer, Gepäckaufbewahrung.

INFORMATION: **Hotellikeskus** am Bhf., Asema-aukio 3, vermittelt Zimmer (Gebühr ca. 7 DM), auch privat und in Hostels. Lohnt sich, die Leute haben den besten Überblick, wo noch was frei ist. Außerdem gibt's Stadtpläne, Veranstaltungskalender "Helsinki diese Woche" und Broschüren zum Mitnehmen (Mo-Fr 9-21, Sa 9-19, So 10-18 h).

Städt. Fremdenverkehrsamt nicht weit vom Markt, Pohjoisesplanadi 19 (Mo-Fr 9-18, Sa 9-13 h). Prospekte aller Art, kleine Stadtführer etc.

Information center for youth travel, Yrjönkatu 38 b (Nähe Busbhf.). Sehr nette Crew, Infos über das ganze Land (Mo-Fr 9-16 h).

International Youth Club, Runeberginkatu, nahe bei der U-Bahnstation Kamppi (1.Juli - 10.August 13-21 h, Sa u. Mo geschl.). Infos zu Land und Leuten, Musik hören, Zeitung lesen, es gibt ein Café und auch sein Gepäck kann man abstellen.

Exploring Helsinki und **City**, zwei Zeitungen in Englisch, informieren über Kontaktadressen und Veranstaltungen, kostenlos in vielen Geschäften.

UNTERWEGS IN DER STADT: es fahren Trams und Busse, seit Anfang der Achtziger gibt es auch eine U-Bahn. Tickets sind in allen öffentl. Verkehrsmitteln eine std. lang gültig und kosten **einzeln** ca. 2,50 DM, **10er-Karten** ca. 18 DM, ein **Touristen-Ticket** für 24 std. ca. 16 DM. Die **Helsinki-Card** gibt es für ein, zwei oder drei Tage (25, 34, 40 DM) - sie bietet unbeschränkte Benutzung der öffentl. Verkehrsmittel, freien Eintritt in diversen Museen, freie Fahrt zu den Inseln, eine Hafenrundfahrt und Ermäßigungen in Restaurants und Läden.

Fahrradverleih in der Jugendherberge am Olympiastadion, ca. 10 DM

Übernachten: es gibt mehrere Jugendherbergen und Hostels, die meist von Mai bis August offen sind. Im Sommer schnell voll, vorher anrufen.

Youth Hostel of Helsinki City Youth Office (IYHF) kleine gemütliche Herberge, Porthaninkatu 2, Tel. 90/70992590. 3 5-Bettzimmer für Mädchen, 1 Schlafsaal für Jungs, TV-Raum, Küche, etwa 16 DM, Mai - August (geschl. 11-15 h). Mit der U-Bahn vom Hbf. Richtung Itäkeskus eine Station bis Hakaniemi (JH im selben Gebäude wie U-Bahn).

Stadionin maja (IYHF), Pohjoinen Stadiontie 3B, Tel. 90/496071, im Olympiastadion, mit Tram 7 oder 3T (Abfahrt Nähe Bhf., an der Mannerheimintie). Groß und etwas unpersönlich, über 200 Betten, Platz im Schlafsaal ca. 16 DM (auch Mehrbettzimmer und DZ), mit Café, in der Nähe Sauna und Schwimmbad. Tagsüber geschl. 10-16 h, nachts Schließzeit 2 h.

Academica (IYHF), Hietaniemenkatu 14, Tel. 90/4020206. Studentenheim in zentraler Lage (1 km vom Bhf.), im Sommer z.T. als Jugendherberge genutzt (Einzel, DZ, Dreibettzimmer für 50, 26 und 20 DM pro Pers.), ansonsten Hotel mit teuren DZ. Sauna und Disko im Haus, Frühstück. Ein Stück die Mannerheimintie, dann Arkandiankatu, links Lapuank zur Hietaniemenkatu. Nur Anfang Juni - Ende August.

HOTELS: ziemlich teuer, außerdem im Sommer oft belegt (an Wochenenden senken viele Hotels ihre Preise um 50 %). Relativ preiswertes Sommerhotel ist das **Hotel Satankuntatalo**, Lapinrinne 1, Tel. 6940311, sehr zentral, nur 15 min. vom Bhf., 66 Zimmer mit 130 Betten, Du/WC am Gang, leidlich sauber, ca. 115 DM das DZ, außerdem Drei- und Vierbettzimmer (47, bzw. 42 DM pro Pers.), Frühstück incl., 1. Juni - 31. Aug.

CAMPING: **Rastila**, großer Platz ca. 10 km östl. an einem Meeresarm. Metro bis Itäkeskus, dann Bus 90 oder 96.

Essen: Restaurants im allgemeinen nicht billig, abends sogar unerschwinglich. Pizzerias und Fast food gibts aber an jeder Ecke, mittags oft günstige Lunchangebote. Selbstverpflegung am *Markt* und in der großen *Markthalle* - sehr lecker dort "Kalakukku", mit Fisch oder Fleisch gefülltes Brot.

Pizza Hut, Pizzen um die 18 DM, zahlreiche Filialen im Stadtgebiet, u.a. Hankasuontie 10.

Wienerwald, Kaivokatu 6, gegenüber Hbf., noch relativ preiswert, deutschsprachige Speisekarte.

Uni-Mensa, zentral im Hauptgebäude der Uni, Aleksanterinkatu 5, mit internat. Stud.-Ausweis.

Kasvisravintola, Korkeavuorenkatu 3, Vegetarisches zu anständigen Preisen.

Falafel, Caloniuksenkatu 2, Fast food mal anders, nämlich leckere Kebabs (Mo-Fr 8-18, Sa 9-15 h).

Pizza Nr. 1, im Einkaufszentrum Forum, Mannerheimintie 16.

Kreisi (sprich "crazy"), Bulevardi 9, teuer aber super - in völlig unterschiedliche Abteile gegliedert, man kann im Gefängnis, im Bad, in der Sauna, auf Surfbrettern, in einer Höhle etc. essen (Mo-Sa 11-24 h).

Unterhaltung/Nachtleben: an der *Pohjoisesplanadi* und der benachbarten *Etela Esplanadi* um den Esplanadi-Park ist immer was los. Ansonsten läuft meist in einem der vielen Parks etwas ab - laßt euch im Youth Information Center die Broschüre "Helsinki diese Woche" geben. Dort auch Infos über Diskos, Studententreffs u.ä.

CAFES: **Ruohonjuuri**, originelles Literaten-Café gegenüber vom Parlament (Mo-Fr 10-18, Sa 11-17 h).

Esplanadikapelli, Traditionscafé im Esplanadi-Park, stilvolle Glaspavillons und Gartenlokal, Selbstbedienung.

KNEIPEN / MUSIK: **Botta**, Töölönkatu 3 (Nähe Nationalmuseum), viele Studenten, oft Live-Musik, ca. 7-14 DM.

Café Metropol, Mikonkatu 17, eine der beliebtesten Adressen für Live-Rockmusik.

Tavastia Club, Urho Kekkosenkatu 4-6, Live-Musik finnischer Bands, auch Disko.

Vanha ylioppilastalo, Mannerheimintie 3, alteingeführtes Studentenlokal im Zentrum.

FESTE: im **Brunnenpark** (Kaivopuisto) häufig Rockkonzerte; am 12. Juni das **Helsinki-Fest**, außerdem das Fest zur **Sommersonnenwende** und die zwei **Helsinki-Festwochen** in der zweiten Augusthälfte - v.a. Konzerte, Theater und Kunstausstellungen.

Sehenswertes

Tip für Fußfaule - eine mehr als einstündige Stadtrundfahrt ist mit den **Trams 3T** und **3B** möglich (ca. 3 DM). Man kann unterwegs jederzeit zu- und aussteigen und binnen einer std. mit derselben Linie weiterfahren. Billigste und einfachste Art, die Stadt kennenzulernen.

Zwischen Südhafen und Bahnhof: der große *Markt* am Hafenkai ist einer der Mittelpunkte der City. Bunte Sonnensegelparade, Fischer und Bauern von den Schäreninseln bieten ihre Fische und Kartoffeln direkt aus den Booten an (Mo-Sa 7-14, im Sommer auch 16-20 h). Nicht weit entfernt auch die große alte *Markthalle* aus der Zarenzeit (Mo-Fr 8-17, Sa 8-14 h).

Wer Interesse hat, kann von hier leicht zur russisch-orthodoxen *Uspenski-Kathedrale* hinüberlaufen, die erst seit kurzem für Besichtigungen geöffnet ist, viele Ikonen und Gemälde (Di-Fr 10-16 h, keine Shorts, Tops etc., Fotografieren verboten).

Im Stadtzentrum, nur wenige Schritte vom Markt, liegt der *Senatsplatz* mit den umliegenden klassizistischen Gebäuden - von einem deutschen Architekten im 19. Jh. aus einem Guß gefertigt - lutherische Domkirche, Universität, Regierungspalais. Vor allem der *Dom* wirkt mit seiner hohen Kuppel sehr eindrucksvoll, eine breite steile Treppe führt zum Portal, innen aber eher nüchtern.

Am Hafen beginnt auch die Hauptstraße *Pohjoisesplanadi* mit dem Esplanade-Park, reich verzierten Häusern aus der Jahrhundertwende und den meisten Geschäften der Stadt. Hier könnt ihr euch einen guten Überblick über die typisch finnische Designkunst verschaffen - Keramik, Glaswaren, Stoffe, Teppiche usw. Die berühmteste Stoffabrik ist *Marimekko* (Pohjoisesplanadi Nr. 31), links ab kommt ihr zum *Finnish Design Center* in der Kasarmikatu 19 - große Ausstellung diverser finnischer Produkte (Mo-Fr 10-17, Sa 10-15 und So 12-16 h, frei). Nicht weit von hier im belebten Zentrum Ecke Aleksanterinkatu/Mannerheimintie das größte Kaufhaus von Finnland *Stockmann*. Gegenüber in der Keskuskatu die *Akademische Buchhandlung*, die größte Finnlands, riesiges Angebot an deutschen Büchern. An der Ecke Mannerheimintie/Simonkatu findet ihr das brandneue Einkaufszentrum *Forum* mit über hundert Läden und Restaurants.

Nordwestlich vom Bahnhof: an der langen Mannerheimintie steht das monumentale *Reichstagsgebäude* (tägl. Führung). Ein Stück weiter nördl. das *Nationalmuseum* mit einer ausgezeichneten Sammlung finnischer Kultur, außerdem große prähistorische und historische Abteilung bis zum Mittelalter (Mo-Sa 11-15, Di auch 18-21, So 11-16 h, ca. 2 DM, Di frei). Gegenüber die große *Finlandia-Halle*, ein mächtiger Glasbetonbau hauptsächlich für Konzerte und Kongresse, entworfen vom berühmtesten finnischen Architekten, Alvar Aalto. 1975 fand hier die KSZE-Abschlußkonferenz statt (Führungen ca. 3 DM).
Keinesfalls versäumen solltet ihr gleich in der Nähe die originelle *Temppeliaukio-Kirche* (Felsenkirche), eine in Granitfelsen unterirdisch angelegte Kuppelkirche, die erst 1969 erbaut wurde - sagenhafte Atmosphäre und tolle Akustik (Öffnungszeiten im Tourist Büro).

Nördlich vom Zentrum: für Sportfans lohnt der Weg zum *Olympiastadion*. In den 20er und 30er Jahren gehörten einige finnische Athleten zur Weltspitze, z.B. der legendäre Läufer Paavo Nurmi - im *Sportmuseum* könnt ihr Goldmedaillen, die vergoldeten Spikes von Nurmi, Langlaufski der finnischen Weltmeister u.v.m. bewundern (Di-Fr 11-17, Do 11-19, Sa/So 12-16 h). Auf den 73 m hohen *Olympiaturm* kann man mit dem Fahrstuhl rauffahren! Ganz in der Nähe auf der anderen Seite der Bahnlinie liegt der *Linnanmäki*, der "Tivoli" von Helsinki (Di-Fr 16-22, Sa 13-22, So 13-21 h, Mo geschl., frei für Gäste der JH Stadionin maja).
Last but not least das berühmte *Sibelius-Denkmal* im gleichnamigen Park (Mechelininkatu), ein futuristisch-plastisches Röhrengebilde, errichtet 1967.

Inseltrips: Helsinkis Umgebung besteht aus zahlreichen Inseln, einige der interessantesten haben wir für euch zusammengepickt -

SUOMENLINNA: ca. 7 km lang, mit den Resten der größten **Festung** Finnlands, im Innern ein Museum. Hier könnt ihr auch schöne Spaziergänge machen und baden. Mit der Fähre ab Marktplatz (ca. 5 DM hin/zurück).
KORKEASAARI: ca. alle 40 min. Überfahrten vom Marktplatz (ca. 5 DM hin u. zurück), auch zu Fuß über Brücke zu erreichen. Großer **Zoo** mit den meisten Tierarten Skandinaviens (tägl. 10-20/21 h, ca. 5 DM, es gibt etwas preiswertere kombinierte Fähren-/Zoo-Tickets).
PIHLAJASAARI: die weiter südl. liegende **Badeinsel** der Einwohner von Helsinki könnt ihr mit der Fähre vom Merisatama erreichen - Landzunge südl. vom Südhafen, Nähe Brunnenpark (Kaivopuisto), ca. 6 DM hin/zurück.
SEURASAARI: im westl. Stadtgebiet, viel Wald und schöne Spaziermöglichkeiten Außerdem ein **Freilichtmuseum** mit alten Bauern- und Herrenhäusern, einer Kirche aus dem 17. Jh. und einem Café in einem gemütlichen Holzschuppen (tägl. 11.30-17.30, Mi 11.30-19 h; ca. 2 DM, Mi frei). Mit Bus 24 bis zur Endstation, die Insel ist durch einen Fußweg mit dem Festland verbunden.

FINNISCHE SEENPLATTE

Ziel fast aller Finnlandreisenden - das weit verzweigte Seenlabyrinth im Südosten des Landes, mit der Bahn von Helsinki bequem zu erreichen.

Weit über hunderttausend Seen (!) sollen es sein - die verzweigten Ufer und unzähligen Inseln sind fast überall mit dichtem Nadelwald, weiter nördl. mit Birkenwald bedeckt. Entstanden ist die einmalige Landschaft am Ende der Eiszeit, als die Gletscher schmolzen und das Schmelzwasser wegen hoher Bergrücken nicht abfließen konnte.
Um die ganze Schönheit und Unberührtheit dieser Region wirklich zu erleben, müßt ihr unbedingt Schiffsausflüge machen. Beliebteste Anlaufpunkte für Railer sind *Savonlinna* und *Kuopio*.

Helsinki - Riihimäki - Hämeenlinna - Tampere - Jyväskylä A-Kb. 20300

Die folgenden drei Orte können von Helsinki per Nahverkehrszug schnell erreicht werden, z.B. als Tagesausflug.

Järvenpää: *Jean Sibelius*, der berühmteste finnische Komponist (1865-1957), verbrachte einen Großteil seines Lebens in der hiesigen *Villa Ainola*. Zusammen mit seiner Frau liegt er hier auch begraben. Die Villa ist heute als Museum eingerichtet (tägl. ca. 11-17 h, außer Mo).

Hyvinkää: hier ist das finnische *Eisenbahnmuseum* zu besichtigen, es liegt nur wenige hundert Meter vom Bhf. Unter anderem ist der ehemalige Zug des Zaren ausgestellt (Di-Fr 12-15, 18-20, Sa/So 12-16 h).

Riihimäki: Knotenpunkt zwei der wichtigsten finnischen Bahnlinien (nach Kuopio/Savonlinna/Leningrad und Lappland/Schweden). Zudem Standort mehrerer großer Glasfabriken, das *Finnische Glasmuseum* in der Tehtaankatu 23 (tägl. 10-18 h).

Hämeenlinna: Industriestadt in schöner Lage am Vanajavesi-See. Am Ufer eine gut erhaltene *Burg* - im 13. Jh. gegründet, 300 Jahre später umfassend renoviert. Weiterer Anziehungspunkt das *Geburtshaus* des Komponisten Jean Sibelius mit kleinem Erinnerungsmuseum (Halliskutatu 11, Nähe Marktplatz). Nördl. der Stadt der große Naturpark *Aulanko*.
Vom Bhf. ins Zentrum müßt ihr etwas laufen. Wer Seeluft schnuppern will - mehrmals tägl. tuckern die weißen Dampfer der Silberlinie *(Suomen Hopealinja)* quer durch die Seenlandschaft nach Tampere.

INFORMATION: Raatihuoneekatu 13, 15 min. vom Bhf.

ÜBERNACHTEN: **Jugendherberge Kuusisto** (Aulangon puerto, Tel. 917/28560) und **Campingplatz** 4 km vom Bhf. im Naturpark, Busverbindung.

Tampere

Zweitgrößte Stadt Finnlands, erst im 18. Jh. gegründet, weitgehend modernes Ortsbild, industriell geprägt, aber durchaus interessant. Guter Ausgangspunkt für diverse Seentrips.

Beeindruckend ist die Lage auf der nicht mal zwei km schmalen Landzunge zwischen den zwei Seen *Näsijärvi* und *Pyhäjärvi*. Der Fluß Tammerkoski fließt mitten durch die Stadt und stellt die Verbindung zwischen den beiden Seen her - dank des unterschiedlichen Höhenniveaus rasante Stromschnellen und Wasserfälle, was die Energiegewinnung und damit die Entstehung von Industrie begünstigt hat.

INFORMATION: im. Bhf., außerdem an der Aleksis Kivenkatu 14 b (vom Bhf. die Hämeenkatu entlang, über den Fluß, am Platz rechts).

ÜBERNACHTEN: es gibt mehrere Jugendherbergen -

Retkeilymaja (YWCA), Tuomiokirkonkantu 12 a, Tel. 931/35900, vom Bhf. geradeaus, zweite Querstraße, ab ca. 13 DM, nur Juni-September.

Uimahallin Maja, Pirkankatu 10-12, Tel. 931/229460, 1,2 km vom Bhf., Nähe Alexanderkirche, ab ca. 25 DM, Mehrbett- und Doppelzimmer.

Retkeilymaja Domus, Pellervonkatu 9, Tel. 931/550000, 1,5 km vom Bhf. (Bus 25), nur Juni -August JH, sonst Hotel, es gibt Sauna und Schwimmbad.

Interrail Point YMCA, Hämeenpuisto 14 f, Tel. 931/115121, vom Bhf. geradeaus die Hämeenkatu entlang, ca. 1 km, nur Anfang Juni - Anfang August, ca. 18 DM, 13 DM mit Inter-Point Card.

Camping Härmälä 5 km vom Zentrum am Pyhäjärvi (Ortsteil Härmälä), Badestrand.

ESSEN / UNTERHALTUNG: Restaurants findet ihr v.a. auf der Hauptgeschäftsstraße Hämeenkatu, z.B. **Melissa**, (Nr. 5, nahe Bhf.). Im Sommer viele Open-Air-Veranstaltungen, z.B. im Park bei der alten Kirche (Nähe Fluß) oder im Freilichttheater am Pynikki-Hügel (genaue Daten im Tourist-Info).

Sehenswertes: die breite *Hämeenkatu* mit vielen Geschäften führt über die Flußbrücke mit Statuen von Wäinö Aaltonen. An den Ufern liegt das alte Fabrikviertel *Kehräsaari* - viele alte und neue Backsteinbauten, die zu ansprechenden Laden- und Wohnungszeilen umgestaltet wurden.

Auf der anderen Seite des Tammerkoski der Hauptplatz *Keskustori* mit Rathaus, Theater und Alter Kirche. Weiter die Hämeenkatu entlang, u.a. an der Markthalle vorbei, zur Alexanderkirche. Dort im Umkreis mehrere Museen - speziell interessant das *Lenin-Museum* im Gewerkschaftshaus, Hallituskatu 19 (Di-Sa 11-15, So 11-16 h, ca. 2 DM). Gleich in der Nähe auch das *Arbeitermuseum* (Amurin työläismuseokortteli) - anschaulich sind die Wohnbedingungen der Fabrikarbeiter im letzten Jahrhundert dargestellt (Makasiininkatu 12, Di-So 12-18 h). Im historischen Arbeiterviertel *Pispala*, westl. vom Pyyniki Hügel, noch viele schöne alte Häuser, Treppen und schmale Gäßchen (Bus 15).

Größter Anziehungspunkt der Stadt ist aber der Freizeit- und Vergnügungspark *Särkänniemi* am Ufer des Näsijärvi. Der 170 m hohe Aussichtsturm ist der höchste Finnlands und hat ein rotierendes Restaurant in 124 m Höhe. Am Fuß des Turms ein Planetarium und ein großes Aquarium mit mehreren dutzend Becken. Das moderne, sehr lohnende *Sara Hilden-Kunstmuseum* (Sara Hildenin Taidemuseo) beherbergt Skulpturen und Gemälde von hauptsächlich finnischen Künstlern (Vergnügungspark tägl. 11-20 h, mit dem Särkänniemi-Paß für ca. 10 DM sind die meisten Einrichtungen frei, Bus 16 ab Bhf.).

Tampere/Umgebung: Tampere liegt zentral in einem weit verzweigten Seengebiet, Schiffe gehen tägl. nach *Hämeenlinna* (s. o.). Noch schöner ist die Tagesfahrt Richtung Norden nach *Virrat* , 3 x wöch. tuckern alte Dampfschiffe dorthin. Nächste Bahnstation bei Virrat ist Haapamäki, ca. 30 km.

Jyväskylä: freundliche Universitätsstadt mitten im Seen- und Waldgebiet. Alvar Aalto hat viele der Bauten entworfen, ansonsten lohnt vor allem die schöne Umgebung. Von Helsinki ca. 4 std. mit dem Zug.

Vom Bhf. geradeaus kommt ihr ins Zentrum, nach links gehts an dem von Aalto entworfenen *Verwaltungs- und Kulturzentrum* vorbei zur *Universität*. Gleich dort in der Nähe das reichhaltige *Alvar Aalto-Museum*, das ebenfalls von ihm selber entworfen wurde, und das *Mittelfinnische Provinzmuseum* (Seminaarinkatu, beide Di-So 12-18 h).

INFORMATION: im Bhf. (tägl. 9-12.30, 13.30-20 h) und an der Vapaudenkatu 38, einen Block vom Bhf. (Mo-Fr 8-18, Sa/So 10-18 h).

ÜBERNACHTEN: großes **Sommerhotel Amis** (nur Anfang Juni bis Anfang August) mit fast 400 Betten in der Sepänkatu, nicht weit vom Zentrum, Tel. 941/612920. Ein Platz im Mehrbettzimmer ca. 18-20 DM, auch DZ.
Die **Jugendherberge Laajari** liegt weiter außerhalb, Laajavuorentie 15, ca. 17 DM, das ganze Jahr über geöffnet, Tel. 941/253355.
Camping Tuomiojärvi liegt zwei km nördl. vom Zentrum am See.

Helsinki - Lahti - Mikkeli - Pieksämäki - Kuopio A-Kb. 20310

Zu den Orten bis einschließlich Riihimäki vgl. Bahnstrecke nach Tampere/ Jyväskylä, weiter oben.

Lahti

Mit über 100.000 Einwohnern eine der größten finnischen Städte. Modern, reichlich Industrie, in der ganzen Welt durch seine Kurzwellen-Sender und Wintersportanlagen bekannt.

Im Straßenbild fallen die vielen modernen Plastiken auf, die typisch für die naturverbundene Kunst des Landes sind. Herz der City ist der Marktplatz, zu dessen Seiten sich die Stadt links und rechts den Hang hinauferstreckt. Im riesigen Sportzentrum *Urheilukeskus* mehrere Stadien und Hallen mit freiem Zutritt für jedermann.

VERBINDUNGEN / BAHNHOF: **Bhf.** fast 2 km außerhalb des Zentrums. Tägl. Verbindungen mit Helsinki und Richtung Norden bis Rovaniemi (Lappland). 7 x tägl. auch nach Lappeenranta/Seengebiet.
Busbhf. mitten im Zentrum, schnelle Verbindungen in alle Landesteile.
Mit dem **Schiff** 1 x tägl. (morgens) Linienverbindung über den Päijänne-See bis hinauf nach Jväskylä (Bahnanschluß), jedoch nur Anfang Juni - Mitte August. Dauer 10 std., ca. 80 DM.

INFORMATION: am Marktplatz, Torikatu 3 b (im Sommer Mo-Fr 8-17, Sa/So 10-14, sonst Mo-Fr 8-16 h).

ÜBERNACHTEN: **Jugendherberge** liegt am Ende der Stadt, Kivikatu 1, gut 2,5 km vom Bhf., Tel. 918/26324. Bus 9 und 51, weitläufiges Gelände mit vielen separaten Häusern, nur DZ, DU/WC am Gang.
Preiswerteste Pension ist **Patria**, Vesijärvenkatu 3, Tel. 23783, DZ für ca. 75 DM.
Camping Makkula ca. 10 km nördl. der Stadt, direkt am See, sehr schöne Lage. Bus 9 ab Marktplatz bis Endstation, noch 600 m zu Fuß. Etwa 20 DM pro Pers. mit internat. Camping-Ausweis, Sauna, Kochmöglichkeit, Sanitäranlagen mies.

ESSEN / TREFFS: **Wanha Aldin**, gemütliches Café am Eingang zur Passage am Marktplatz, neben Tourist Büro. **Café Faarao**, Aleksanterinkatu, Selbstbedienung, im Sommer auch Stühle draußen.

Sehenswertes: wenn man auf dem Marktplatz steht, sieht man linkerhand die moderne *Zentralkirche* nach Entwürfen von Alvar Aalto. Rechts reckt sich der rot geziegelte Turm des *Rathauses* aus dem Jahre 1912 empor.
Einige sehenswerte Museen - *Radio Museum*, südwestl. des Rathauses, auf dem Hügel (nur So 13-16 h). Lohnend auch das *Ski-Museum* in der Nähe der Sprungschanze und das *Historische Museum* beim Busbhf., Lahdenkatu 4 (Di-So 12-16 h).
Nicht vergessen sollte man schließlich die *Poster-Biennale* im Kunstmuseum, Vesijärvikatu 11 (alle zwei Jahre, nur im Sommer, tägl. 10-18 h, ca. 10 DM, Stud./Schül. die Hälfte).
Das *Lahti Jazz-Festival* findet jährl. im August statt, Dauer eine Woche, Infos unter Tel. 102504.

Mikkeli: lohnt vor allem als Ausgangspunkt für die schöne Schiffahrt nach Savonlinna, etwa 2 x wöch. Der Marktplatz, 200 m oberhalb vom Bhf., ist abends beliebter Treffpunkt der Jugend. Jugendherberge 1,5 km vom Bhf. (nur Anfang Juni - Mitte August, Tel. 955/366542.)

Kuopio

Moderne, aber hübsche Universitätsstadt am großen *Kallavesi-See*. Touristisch sehr beliebt, weil mitten in der Seenplatte. Partiell schönes Ortsbild mit alten Holzhäusern, etlichen Parks und guten Bademöglichkeiten auf den bewaldeten Halbinseln im Stadtgebiet. Schiffsfahrten zum Saimaa-See und nach Savonlinna möglich.

INFORMATION: im Bhf. (Mo-Sa 8-19, So 8-12 h), außerdem in der Haapaniemenkatu 17, nicht weit vom großen Marktplatz (Mo-Fr 8-18, Sa 8-14 h).

ÜBERNACHTEN: komfortable **Jugendherberge Tekma** in der Taivaanpankonti 14 B, Tel. 971/222952, 2,5 km vom Bhf., mit Bus 5 ab Marktplatz, nur Juni - August, auch DZ zu haben. Die andere **Jugendherberge Jynkän** etwas preiswerter, 8 km außerhalb, aber in toller Lage am See, ganzjährig, Sauna, Cafeteria, Kanuverleih, Tel. 971/312361. Mit Bus 20 ab Busbhf. hinter dem Bhf. Ausgezeichneter **Camping Rauhalahti**, 6 km südl. am See, ebenfalls Bus 20.

ESSEN: am großen **Marktplatz** gibts an den zahlreichen Ständen u.a. die Spezialität "Kalakukku" - Fisch aus dem See mit Brot, überbacken. Im nahegelegenen **Café/Restaurant Sampo**, Kauppakatu 13, bekommt ihr ebenfalls guten Seefisch. Beliebter Treff ist **Henry's Pub**, Kauppakatu 18.

Sehenswertes: *Kauppatori*, der Marktplatz mit Rathaus und großer Markthalle ist lebendiger Mittelpunkt der Stadt. An den Cafétischen kann man gemütlich sitzen und den Trubel beobachten. Das bemerkenswerte *Orthodoxe Kirchenmuseum* liegt in der Straße Karjalankatu 1, vom Bhf. ca. 15 min. rechts. Es ist das einzige seiner Art in Westeuropa und beherbergt viele Ikonen, illustrierte Bibeln und andere wertvolle Kultgegenstände (die Priester im Museum erklären in sehr gutem Englisch die Stücke). In der Kirkkokatu findet ihr ein interessantes *Freilichtmuseum* - ein ganzer Block traditioneller Holzhäuser aus dem 18./19. Jh. (Di-So 10-17, Mi - 19 h).

Helsinki - Lappeenranta - Savonlinna A-Kb. 20310, 20320

Von Helsinki sind es mit der Bahn knapp drei Stunden nach Lappeenranta, mehrmals tägl. Verbindungen.

Lappeenranta

Größte Stadt im riesigen Saimaa-Seegebiet, Zentrum Süd-Kareliens und seit dem 17. Jh. beliebter Kurort. Die

Nähe der russischen Grenze und die geschichtliche Entwicklung lassen sich im Stadtbild ablesen. Es gibt noch viele Holzhäuser und -kirchen, die schönste im Park, der das Zentrum der Stadt bildet. Touristen kommen im Sommer vor allem, um Kreuzfahrten auf dem Saimaa-See zu unternehmen.

VERBINDUNGEN / BAHNHOF: mehrere Verbindungen nach Helsinki und Richtung Norden. Ins Seengebiet besser mit dem **Bus** vordringen, da die Bahn außen vorbei fährt.

INFORMATION: am Busbhf. (Mo-Fr 8-18, Sa 9-13 h). Viele Prospekte und hilfsbereit.

ÜBERNACHTEN: Zwei Jugendherbergen der Spitzenklasse. Beide liegen 2 km außerhalb der Stadt, allerdings nur 300 m von einander entfernt. Touer und nobel ist das **Rotelli**, Tel. 953/15555, 80 Betten in DZ, ca. 110 DM für JH-Mitglieder (incl. Frühstück). Billiger und fast genauso gut das Sommerhotel **Karelia-Park**, Tel. 552111, DZ für ca. 22 DM pro Pers., Frühstück nochmal 8 DM. Zimmer top ausgestattet mit DU/WC, Kühlschrank, Kochecke, Telefon etc., nettes Personal. Beide Herbergen ab Marktplatz mit Bus 22 und 26 zu erreichen (Karelia-Park nicht am Bus-Stop).
Schöner **Camping Huhtiniemi** neben JH Rotelli, Hütten kosten pro Nacht 50 DM.
Pensionen sind **Matkahovi**, Kauppakatu 52 (im Zentrum), Tel. 18435, DZ mit Frühstück ca. 115 DM und **Majarest**, Mattilantie 1 (2 km außerhalb, Bus 34 Richtung Kuusela), Tel. 691110, derselbe Preis.

ESSEN: **Dixie**, Kauppakatu 41, preiswerte Pizzeria, viele junge Leute. Nette Cafés in der alten **Garnison**. In uriger Atmosphäre kann man auf Sofas sitzen und Kuchen essen.

FAHRRADVERLEIH: lohnt sich wegen der landschaftlich schönen Umgebung, z.B. bei **Matka-Miettinen**, Kirkkatu 10 und **Pyöräjussi**, Koulukatu 35. Kostet etwa 12-15 DM, bei Matka-Miettinen auch Kanus, ca. 35 DM pro Tag.

Sehenswertes: Hauptattraktion die alte *Garnison* oberhalb der Stadt. Die Gebäude sind ein- oder zweistöckig, an Plätzen angeordnet und durch kopfsteingepflasterte Straßen verbunden.
Interessant direkt hinter dem Vyborg-Tor das *Kavallerie-Museum*, die Geschichte der Garnison wird eindrucksvoll dokumentiert (ca. 5 DM, Stud. 1 DM, Ticket aufheben, gilt auch für andere Museen in der Garnison). Gegenüber die älteste *orthodoxe Kirche* Finnlands, herrliche Ikonen (frei). Das *Karelische Museum* hat nichts mit der Garnison zu tun, reine Kunstausstellung. Am Ende der Straße schließlich noch das *Südkarelische Museum*. Die wechselhafte Geschichte dieses Landesteils wird dargestellt, ein Schwerpunkt ist das an die Sowjetunion gefallene Vyborg. Ein riesiges Modell, das ständig ausgebaut wird, bildet das Herz des Museums (10-18 h). Nicht ins Bild der Garnison paßt die *Rundfunkanstalt*, die hier einen modernen Glasklotz errichtet hat.

Imatra

Die wohl unattraktivste Stadt im Südosten Finnlands, sehr weitläufig, ein direktes Zentrum ist nicht auszumachen. Leider gibts von hier die besten Verbindungen ins Seengebiet.
So häßlich aber Imatra ist, so toll ist die Umgebung.

INFORMATION: am Bus- und Eisenbahnbhf. (wochentags 10-17 h).

ÜBERNACHTEN: von Juni bis Ende August gutes Sommerhotel **Mansikkala**, Kastankatu 3 a, Tel. 954/22133. Über 90 Betten, der größte Teil in DZ. Pro Pers. als JH-Mitglied 25 DM, Frühstück 12 DM extra. Liegt etwa 1 km vom Bhf., unter der Bahnbrücke durch und geradeaus die Jontsenonkatu nehmen (ausgeschildert, z.T. als Kesähotelli = Sommerhotel).
Weitere **Jugendherberge** mit nur 23 Betten weit außerhalb, Ukonniementie, Tel. 21270.

Sehenswertes: größte Attraktion sind die Stromschnellen des *Vuoksi-Fluß*. Das Wasser hat eine 20 m breite Rinne tief in den Granit gegraben, tagsüber werden die Wellen für die Stromerzeugung in ein Kraftwerk umgeleitet, tägl. um 19 h (So um 15 h) werden sie "vorgeführt". Ansonsten ist der Vuoksi ein totes Gewässer, in dem kaum ein Fisch schwimmt.
An Museen gibt es das *Karelische Heimatmuseum* aus dem letzten Jh. und das *Arbeiter- und Wohnmuseum* von 1890-1960 (beide 1. Mai - 31. August Di-So tägl. 10-18 h, Mo geschl.).

Imatra/Umgebung: herrlich ist eine Busfahrt nach *Puumala*, im Herzen des Seengebiets. See an See, dazwi-

schen endlose Wälder, soweit das Auge reicht. Finnland pur!
Die Kirche Puumalas aus dem Jahre 1832 hat einen tollen holzgedeckten Glockenturm. Es gibt eine nette Jugendherberge mit 30 Betten direkt am See (ca. 20 DM), anbei auch Camping (Tel. für beides 954/81119).

Savonlinna

Mitten im großen Saimaasee-Gebiet, absolutes Touristenzentrum. Fremdenverkehr mit langer Tradition, im letzten Jh. beliebter Kurort für das nahe St. Petersburg (Leningrad).

Der alte Teil der Stadt sehr malerisch auf einer Insel, die Neustadt breitet sich am Ufer aus. Große Attraktion die *Olavsburg* auf einer vorgelagerten Insel, nur über eine schmale Brücke zu erreichen. Auch in der Umgebung viel geboten, u.a. schöne Schiffsausflüge.
Vorsicht - im Juli drängen die Massen zum großen *Opernfestival*, Stadt und Unterkünfte sind dann restlos überlaufen. Überhaupt wirkt Savonlinna im Sommer reichlich hektisch und damit untypisch für Finnland.

VERBINDUNGEN / BAHNHOF: von Helsinki ca. 5 x tägl. nach Parikkala, dort umsteigen (ca. 6 std.). In Savonlinna nicht am Hbf. in der Neustadt aussteigen, sondern in **Savonlinna Kaupattori**, direkt am Marktplatz. Gleich um die Ecke die Information.

INFORMATION: Olanvikatu 35 (im Sommer tägl. 8-22, sonst 9-16 h). Kompetentes Personal und gutes Prospektmaterial.

ÜBERNACHTEN: schwierig in der Zeit von ca. Mitte Juli bis Ende Juli während des großen Opernfestivals (im Burghof). Laßt euch eventuell durch's Tourist Büro Privatzimmer vermitteln.
Jugendherberge Retkeilymaja Malakias (IYHF), Pihlajavedenkuja 6, Tel. 957/23283, am Festland, 2 km vom Zentrum, Bus 2, 3 oder 4. Nur Anfang Juni - Mitte August, etwa 20 DM mit Ausweis, ohne 5 DM mehr.
Sommerhotel Retkeilymaja Vuorilinna (IYHF) im Kasino (vom Bhf. Kauppatori nur ein paar Schritte über die Holzbrücke), Kasinosaari, Tel. 957/24908. Appartements mit Küche und Du/WC, Waschmaschine und Trockner vorhanden, Frühstück nebenan im Hotel, ca. 20 DM, leider nur Mitte bis Ende August.
Savonlinna Hospits, Linnankatu 20, Tel. 22443, liegt nur ca. 5 min. vom Bhf. Kauppatori, etwa 20 DM, Frühstück 7 DM, Juni - August, laut Leserzuschrift mäßig.
Camping Vuohimäki 7 km vor der Stadt, regelmäßige Busverbindung.

ESSEN: entlang der Hauptstraße Olavinkatu viele Möglichkeiten, hauptsächlich Pizzerias, z.B. **Capero**, sehr gemütlich, oft voll, zwischen 10.30 und 14 h billige Menüs mit Salat vom Buffet, Pizza und Getränk sowie Kaffee für 15 DM.
Café Serena, Verkssaarenkatu, gegenüber vom Tourist Büro, etwas unscheinbar, aber gemütlich, an der Haapsalmi-Brücke.

Sehenswertes: lebendiges Zentrum der Altstadt ist auch in Savonlinna der *Kauppatori*, der Fisch-, Obst- und Gemüsemarkt am Hafen. Es gibt u.a. schönes Kunsthandwerk, die tägl. Ausflugsschiffe starten und landen hier am Kai.
Auf dem Weg zur Olavsburg kommt ihr durch die *Linnankatu*, die älteste Straße der Stadt, mit alten Holzhäusern und schönem Park. Am Westende der Straße der alte *Seedampfer Salama*, der 1898 auf dem Rückweg von St. Petersburg nach Savonlinna sank und jetzt als Museumsschiff fungiert (tägl. 9-20 h). Auf der Landzunge *Riihisaari*, nicht weit von der Burg, der ehemalige Kornspeicher der Stadt, heute ein Museum mit wechselnden Kunst- und Kunsthandwerksausstellungen.
Die *Olavsburg* (Olavinlinna) ist eine der interessantesten Burgen Skandinaviens - bullige Anlage aus dem 15. Jh. mit dicken Rundtürmen, Rittersälen, Munitionskammern und Wohnräumen. In einem der Türme eine kleine Kapelle, außerdem gibts ein historisches Museum und eine Sammlung orthodoxer Sakralgegenstände (tägl. 10-17 h, Besichtigung nur mit Führung, ca. 7 DM). Cafeteria in der Bastion.

Savonlinna/Umgebung: mit dem Zug Richtung Parikkala und bei der nächsten Station *Retretti* aussteigen, dort ist das gleichnamige Kunstzentrum unterirdisch in den Felsen gesprengt. Auf über 1 km sind Skulpturen und Gemälde in der Höhle ausgestellt. Sehenswert, allerdings ca. 15 DM (im Sommer tägl. 10-20 h).

SCHIFFSAUSFLÜGE: zwischen Mitte Juni und Mitte August Kreuzfahrten beliebiger Länge, von einer std. bis zu einem ganzen Tag.

Außerdem könnt ihr mit dem Schiff in alle anderen Städte im Saimaasee-Gebiet fahren, z.B. nach Lappeenranta, Imatra, Joensuu, Varkaus, Kuopio. Alle diese Orte haben Bahnanschluß, ihr könnt also nach der Schiffahrt, wenn ihr wollt, gleich in den Zug steigen (Informationen über Routen, Preise etc. bei Kristina Cruises, Tel. 90/629968 bzw. den Tourist-Büros der Gegend, leider nicht billig).

Joensuu: weit im Osten Finnlands, kulturelles und wirtschaftliches Zentrum von Nordkarelien, auch Universität. Trotz rechtwinkligem Straßenmuster eine hübsche Stadt - tolle Badegelegenheiten mitten im Fluß auf der Museumsinsel *Ilosaari*, Theater und viel Musik auf den Straßen, schöne Parks und ein Botanischer Garten. In der Umgebung herrliche Waldgebiete.

VERBINDUNGEN / BAHNHOF: es gibt durchgehende Züge nach Turku mit direktem Anschluß an die Fähren nach Schweden.

INFORMATION: Koskikatu 1.

ÜBERNACHTEN: **Jugendherberge Partiotalu**, Vanamokatu 25, Tel. 973/23381 und **Sommerhotel Joensuun Elli**, Länsikatu 18, Tel. 973/25927. **Camping Linnunlahti** 1,5 km vom Bhf., Nähe Trabrennbahn und Pyhä-See (schön zum Baden).

FINNISCH LAPPLAND

Großenteils flach und weniger eindrucksvoll als die benachbarten Gebiete in Schweden und Norwegen.

Der Norden Finnlands ist fast völlig von Wald bedeckt, besitzt viele Seen und ist z.T. sumpfig. Die baumlose Tundra beginnt erst hoch im Norden bei *Inari*, weitab von jeder Bahnlinie.

Wichtigste Verkehrsschneise ist die Strecke von Kemi nach *Rovaniemi* und *Kemijärvi* (Ende der Bahnlinie). Wenige Kilometer nördl. von Rovaniemi überquert man den Polarkreis - mit Weihnachtsmanndorf, eigenem Postamt und Ausstellung eines Zertifikats reichlich touristisch aufgebauscht. Die schönsten Wandergebiete liegen um *Kuusamo*, kurz vor der russischen Grenze.

(Narvik) - Haparanda - Tornio - Kemi A-Kb. 20335

Einzige grenzüberschreitende Strecke von Schweden nach Finnland - von *Narvik/Norwegen* kommt ihr nach Tornio etwa 1 x tägl., von *Haparanda* ca. 4 x tägl. Zwischen Tornio und Kemi muß man neuerdings in *Bahnbus* umsteigen (Interrail gilt), ca. 8-10 x tägl., ab Kemi Anschluß an finnisches Bahnnetz (Rovaniemi, Oulu, Helsinki).

Tornio: hübsche Grenzstadt zu Schweden, aber wenig Besonderes. Interessante *Holzkirche* mit freistehendem Glockenturm, im Sommer oft Jazz- und Rockfestivals.

INFORMATION: am Bhf. und Lukiokatu 10.

ÜBERNACHTEN: gute **Jugendherberge Suensaari**, Kirkkotie 1, Tel. 980/41682, ca. 1 km vom Bhf. Weitere **Jugendherberge Kivirannan** 2 km vom Bhf., Kiviranantie 36, Tel. 980/40146.

In Finnland ist es eine Stunde später als in Schweden - Uhr verstellen!

Helsinki - Tampere - Oulu - Kemi - Rovaniemi - Kemijärvi A-Kb. 20300

Hauptroute vom Süden nach Finnisch-Lappland. Helsinki - Rovaniemi ca. 5 x tägl., ca. 13 std. Infos zum ersten Teil der Strecke bis Tampere auf S. 671.

Alternativ dazu die längere **Inlandsstrecke** durch das Saimaa-Seengebiet über Lahti und Kuopio - interessant, wenn man irgendwo einen Stop einlegen will, ansonsten unterwegs fast ausschließlich Wald und Seen (Infos auf S. 672 f.). In **Oulu** treffen sich die beiden Strecken.

Oulu: siebtgrößte Stadt Finnlands, mehrfach durch Brände vernichtet. Sehenswert der ev.-lutherische *Dom* und das *Polizeirevier* (!), sonst wenig aufregend. Als Zwischenstop für eine Übernachtung geeignet.

VERBINDUNGEN / BAHNHOF: 6-7 Züge von und nach Helsinki, (ca. 7-8 std.), ebenso nach Rovaniemi (3-4 std.).

INFORMATION: im Bhf., außerdem im Rathaus/Kirkkokatu 2 a.

ÜBERNACHTEN: **JH Retkeilymaja Välkkylä** (auch Hotel) Kajaanintie 36, Tel. 981/ 227707, Juni -August. 500 m vom Bhf., mit Frühstück ca. 22 DM (ohne Ausweis), Disko im Haus, für Übernachtungsgäste frei.

Rovaniemi

Am Zusammenfluß zweier großer Flüsse das Touristenzentrum von Finnisch-Lappland - dementsprechender Rummel im Sommer.

Im 2. Weltkrieg zerstörten deutsche Truppen die Stadt völlig. Unter der Regie des Architekten Alvar Aalto wurde sie wieder aufgebaut - für den Grundriß der Straßen wählte er die Form eines Rentiergeweihs. 8 km nördl. verläuft der Polarkreis (siehe unten).

INFORMATION: im Sommer im Bhf., ansonsten Hauptstelle an der Aallonkatu 2c (Mo-Fr 8-19, Sa/So 10-19 h).

ÜBERNACHTEN: **Jugendherberge Retkeilymaja** in zentraler Lage an der Hallituskatu 16, Tel. 960/14644., etwa 800 m vom Bhf. **Ammattikoulun kesähotelli**, Kairatie 75, Tel. 192651, Studentenheim, nur Mitte Juni - Anfang August, ca. 65 DM fürs DZ, Bus 5 oder 6. **Camping Ounaskoski** ebenfalls zentrumsnah auf der anderen Seite vom Fluß, gleich bei der Brücke.

Rovaniemi/Sehenswertes und Umgebung: das repräsentative Lappland-Haus (Lappia-Talo) in der Hallituskatu 11 beherbergt neben Kongreßzentrum und Theater das sehenswerte *Lappländische Provinzmuseum* mit einer Sammlung zur Geschichte und Kultur der Samen (Di-So 10-19, Mo 15-19 h, an manchen Tagen Führungen).

8 km nördl. von Rovaniemi, dort wo die Straße nach Kemijärvi den Polarkreis (Napapirii) kreuzt, findet ihr die *Polarkreishütte* mit Café, viele Touristenshops und das Werkstattdorf des Weihnachtsmanns. Per Zertifikat könnt ihr euch das Überschreiten des Polarkreises bestätigen lassen, es gibt auch eine Poststelle mit Sonderstempel (geöffnet ist das ganze Zentrum Mo-Fr 8-19, Sa/So 10-19 h, Busse fahren fast stündl. vom Busbhf. ganz in der Nähe des Bhf. in Rovaniemi).

Kemijärvi: Endstation der Bahnlinie, moderne Industrieansiedlung in unübersehbarer Waldlandschaft, 70 km zur russischen Grenze. Weder Fahrt noch Ort sind besonders spektakulär, Kemijärvi hat hauptsächlich für den Wintersport Bedeutung. Es gibt ein kleines *Heimatmuseum* (Sepänkatu 2) und eine gewaltige *Brücke* über den Kemijoki, auf dem *Friedhof* erinnern Denkmäler an Schlachten des 2. Weltkriegs, die hier besonders erbittert tobten.

Die Umgebung bietet sich für schöne Wanderungen und Radtouren an (Karte und Kompaß).

VERBINDUNGEN / BAHNHOF: Direktzüge aus Südfinnland meist nur bis **Rovaniemi**, dort umsteigen in **Triebwagen**, der weiter nach Kemijärvi zockelt.

INFORMATION: am Busbhf., im Sommer auch im Bhf.

ÜBERNACHTEN: **Jugendherberge Tunturilan**, Särkeläntie 12, Tel. 9692/21313, 500 m vom Bhf. **Camping Hietaniemi** am Pöyliojärvi-See, nicht weit vom Zentrum, Badestrand.

FAHRRADVERLEIH: **Mestarin Kievari Hotel**, Kirkkokatu 9.

LESERTIP: "Die Juhe in Kemijärvi nimmt nur Mitglieder, ca. 13 DM pro Nacht im 4er-Zimmer. Es gibt einen Fernsehraum, außerdem erhält man einen Zimmer- und Hausschlüssel, kann also kommen und gehen, wann man will" (Jörg Kleinert, Landau).

Nördl. von Kemijärvi beginnen die menschenleeren Regionen Finnisch-Lapplands. Abenteuerlich ist die *Busfahrt zum Nordkap* (!) - von Rovaniemi fährt 1 x tägl. ein Bus über Inari nach Karasjok (Norwegen), von dort weitere Verbindung möglich. Erkundigt euch vor Ort.

Eins der besten Wandergebiete Nordfinnlands liegt bei *Kuusamo* östl. von Kemijärvi (Busverbindung). Der 70 km lange Bärenpfad (Karhunkierros) führt durch herrliche Fluß- und Seenlandschaften. Nie allein und immer mit Karte, Kompaß und wetterfester Kleidung wandern! Die Jugendherbergen kann man als Ausgangspunkt benutzen.

JUGENDHERBERGEN: u.a. Kuusamo, Salla, Taivalkoski, Kiilopää, Pelkosenniemi, Sodankylä, Inari, Ivalo, Karigasniemi und Muonio.

Aktualisierung Januar '92

Hauptsächlich Eure zahlreichen detaillierten Briefe sind Grundlage der folgenden Änderungen und Ergänzungen, die sich in den Jahren 1990 und 1991 ergeben haben. Ich bedanke mich ganz herzlich bei allen Briefschreibern, besonders bei den vielen neuen Lesern aus dem Osten Deutschlands! Bitte schreibt uns weiter so intensiv wie bisher!!

Generelles Problem: leider sind die *Preise* fast überall kräftig gestiegen - erwartet gegenüber den Daten in diesem Buch zwischen 50 und 100 % Steigerungsraten, einige detaillierte Angaben im Folgenden.

In eigener Sache: schreibt bitte **deutlich**, ganz besonders Eigennamen, Adressen etc. Etwa 10 % Eurer Tips fallen unter den Tisch, weil sie niemand im Verlag entziffern kann, ist doch schade drum ... Großes Extra-Lob an alle, die ihre Schreibmaschine oder gar den Computer bemüht haben!

Bedanken möchte ich mich speziell bei folgenden Briefschreibern: **Henrike Bräutigam, Tanja Duckgeischel, Melanie Scholz, Maurice Mayer, Dirk Petrich, Bettina Fuhrmeister, Ina Mokmeyer, Peter Reizlein, Michael Stritzel, Matthias Ballhauser, Uwe Matzkowski, Ursula Scholl, Eva Maurer, Sabine Ehlers, Dominique Reichherzer, Oliver Limbach & Martin Renner, Peer Wollnik, Heike Köhn, Florian Weinzierl, Dirk Schulz, Katharina Gekeler, Stephanie Borgmann, Michael Raue, Gerd Unterforsthuber & Nicole Graf, Uta Seiler & Janko Oeser, Volker Reiling, Walter Ziegler, Karina Wiener, Ueli Strasser, Dirk Kuchel, Heike Beslmeisl, Thomas Stahel, Christoph Schrenk, Birgit Zirkelbach, Ulrike Dreßler, Heike Baumgärtner, Martin Weideli, Ulrike Panick, Sonja Steves, Andreas Hartmann, Michael Klein-Hitpaß, Petra Düker, Thomas Greif, Andrea Simon, Dirk Ose, Jürgen Lutz, Carola Grieß & Kerstin Meinkes, Petra Röhr, Jendrig Nitsch & Nina Porath, Martin Taplick, Bernd Keller, Sven Brotkorb, Ruth Nuesch, Steffen Schneider, Julia Andersch, Felicitas Ochotta, Thorsten Kalk, Monika Liehr, Katja Gschwandtner & Peter-Frank Donauer, Sigrid Rausch, Jürgen Albrecht, Birgit Sodomann & Thomas Finkl, Philip Meuser, Karin Körner, Christian Hess, Marcus Meyer, Kathleen Andresen & Kerstin Maifahrt, Ulrich Willmann, Steffen Stecher, Dorothée Lauge, Paul Blazek, Ulrich Amadeus Böcker, Holger Stadler, Melanie Berg & Andrea Winkels, Georg Pohl, Sönke Eggers, Anja Vierkant & Sabine Gnoth, Susanne Geldern & Ulla Daum, Nico Schmitt, Brigitta Hohmann, Sandra Podhorodeski & Klaus Pauly.**

Für Polen-Infos danke ich besonders **Ronald Müller**, außerdem **Jürgen Albrecht** und **Sigrid Rausch**.

Wer sich noch genauer mit einzelnen Ländern oder Urlaubsregionen beschäftigen will, dem empfehle ich, sich unsere anderen Reiseführer anzusehen: **Amsterdam, Andalusien, Berlin, Bodensee, Bretagne, England, Griechenland** (mehrere Titel), **Korsika, Kreta, Marokko, Niederlande, Polen, Rom/Latium, Sardinien, Sizilien, Spanien, Toskana/Umbrien, Tschechoslowakei, Türkei** (mehrere Titel), **Ungarn** u. a.

Allgemeines

Die gewaltigen europäischen Turbulenzen der letzten Jahre haben sich auf Interrail entscheidend ausgewirkt - seit dem Fall des "Eisernen Vorhangs" gilt das Ticket nun auch in der **DDR**, in **Polen** und **Bulgarien**! Bis auf Albanien, die neuen Ostseestaaten Lettland, Litauen, Estland und die Nachfolgestaaten der zerfallenen Sowjetunion ist nun wirklich ganz Europa in den Bahnverbund integriert! **Infos zu Polen** findet ihr auf S. 698 ff.

• *Interrail-Ticket* (S. 17): kostet mittlerweile 510 DM, dabei ist die Fährüberfahrt bei den Gesellschaften **Adriatica Navigazione (ADN)** und **Hellenic Mediterranean Line (HML)** auf Deck von Brindisi nach Korfu, Igoumenitsa und Patras kostenlos inbegrif-

fen. Jedoch Vorsicht Nepp: in Brindisi tut man in vielen Büros so, als sei es notwendig, zur Überfahrt einen Kabinen- oder Pullmannplatz zu kaufen, oder versucht ähnliche Tricks (siehe weiter unten Italien/Brindisi)! Die Tickets Interrail + Schiff und Interrail-Flexi wurden 1991 "wegen zu geringer Akzeptanz" abgeschafft!
Bei **Verlust** wird das Interrail-Ticket nicht mehr ersetzt! Trotzdem in diesem Fall unbedingt zur Polizei gehen und Verlustmeldung machen. Falls das Ticket gefunden wird, erhaltet ihr eventuell nötig gewordene Rückfahrtkosten erstattet.
Überlegt euch auch die Alternativen zum Interrail-Ticket: wer nur zwei Länder kennenlernen will, ist mit dem neuen **Euro-Domino-Ticket** vielleicht besser bedient (Prospekt im Reisebüro), außerdem gibt es zahlreiche Netzkarten und Bahnpässe für einzelne Länder. Speziell für Skandinavien lohnt die **Nordturist-Karte** (21 Tage für ca. 437 DM, Stand 91) - unbeschränktes Bahnfahren in ganz Skandinavien und Ermäßigung auf diversen Fähren.

• Kursbücher (S. 21): im Auslandskursbuch der DB und im Thomas Cook sind nur die Hauptverbindungen aufgelistet. Wer auch die kleinen, oft sehr schönen Nebenlinien kennenlernen will, sollte auf die Kursbücher des jeweiligen Landes zurückgreifen. Konkurrenzlos beste Bezugsquelle dafür ist die **Verkaufsstelle der Schweizer Bundesbahnen für ausländische Kursbücher, Büro 224, Hauptbahnhof, Postfach 43, CH-9001 St. Gallen** (Tel. 071/226180). Erstklassiger Service, versenden sämtliche Kursbücher, diverse Bahnliteratur und viele Bahnkarten auf Rechnung, überwiesen wird auf ein Postscheckkonto in Stuttgart.

• Finanzen (S. 27): in vielen europäischen Ländern gibt es mittlerweile **Geldautomaten**, die gegen Einschieben der ec-Karte Geldbeträge bis zur Höhe eines Euroschecks (Höchstbetrag von Land zu Land unterschiedlich) ausspucken. Vorteil: bei der Auszahlung wird keine Kommission fällig, allerdings bei der Abbuchung vom Konto (wie bei Euroschecks), die aber erst Wochen später erfolgt. Nachteil: die Dinger funktionieren oft nicht, auf jeden Fall noch Schecks mitnehmen! Unproblematisch ist meist das **Postsparbuch**.

BR Deutschland

• Hamburg (S. 45): **Kunsthalle** neben dem Bhf. hat neuerdings einen Beuys-Saal und Bilder von Andy Warhol und anderen Pop-Art-Künstlern.

• Lübeck (S. 49): **Camping** nicht nur in Travemünde, sondern auch in Lübeck selbst, schöne Lage, Bus ab Bhf.

• Göttingen (S. 56): das **Kleine Café** und die **Teestube mit Café** gibts nicht mehr. Publikums- und preismäßiger Nachfolger des Kleinen Café ist so in etwa das **Schroeder** an der Burgstraße geworden, gut auch das **Kadenz**, Jüdenstr., und **Café Protz**, Nikoleikirchhof. Nachmittags zu empfehlen ist das im Original-Kaffeehausstil eingerichtete **Esprit**, Lange Geismar Str. Schülerkneipe ist die **Gartenlaube** (gleich am "Liesl"). Gute Diskos: **Tangente**, Goetheallee und **Outpost**, Königsalle (oft Livekonzerte).

• Nürnberg (S. 58): sehenswert ist das **Spielzeugmuseum** in der Karlstr. 13-15 (Di-So 10-17, Mi 10-21 h, ca. 3 DM) ... Ein Besuch lohnt auch in den **Lochgefängnissen** unter dem Alten Rathaus - mittelalterliche Gefängnisse und Folterkammer (Mo-Fr 10-16, Sa/So 10-13 h, ca. 3 DM).

• München (S. 64): zum **IYHF-Jugendgästehaus Thalkirchen** und **Camping München-Thalkirchen** fahren U1 oder U2, U8 existiert unter diesem Namen nicht mehr. Nach Thalkirchen fährt außerdem die U3 jetzt direkt ab Marienplatz (nicht mehr bis Implerstr. und dort in den Bus umsteigen) ... **Internationales Jugend-Gästehaus des CVJM** hat neue Tel.-Nr: 089/552141-0 ... **Deutsches Museum** kostet jetzt 8 DM. Sich selber bei uns vorgestellt hat sich das neue Museum **Mensch und Natur** im Nordflügel des Schloß Nymphenburg - inhaltliche Schwerpunkte sind die Geschichte der Erde, die Vielfalt des Lebens, die Biologie des Menschen und sein Verhältnis zur Umwelt, alles attraktiv und aufwendig dargestellt. Das Museum hat seit Eröffnung 1990 einen enormen Zulauf, ca. 1000 Besucher pro Tag (tägl außer Mo 9-17 h, ca. 3 DM, Schül./Stud. ermäß.).

• Stuttgart (S. 86): **Touristeninformation** jetzt in der Königstr. 1 a (nicht mehr Klettpassage), schräg gegenüber vom Hbf., das Eckhaus ist es gleich. Speziell hilfreich die Jugendinformation **Tips'n'Trips** im i-Punkt der Information ... **JH** ist inzwischen renoviert, kostet ca. 15 DM incl. Frühstück, jetzt zu erreichen mit Linie 15. Auch zum **Fernsehturm** kommt man mit der 15 ... **Exil** ist in edlem Outfit wiedereröffnet, nicht mehr das, was es mal war ... dafür **Palast**, Friedrichstr. 27 - Jugendszenetreff, ein kleiner Pavillon, vor dem mensch sich draußen trifft. Disko Tao gibts nicht mehr, dafür das **"Unbekannte Tier"**, Bolzstr. 10 oder **Zorba the Buddha**, Schwabenzentrum, Eberhardstr.

• Freiburg (S. 89): billiges Essen in der Kneipe **Brennessel**, vom Bhf. über die Brücke und dann rechts die Eschholzstraße entlang.

Schweiz

• Basel (S. 97): **Camping Waldhort** ist nur mit Tram 11 zu erreichen, nicht mit Zug.

• Zürich (S. 99): **Platzspitz** meiden, einer der berüchtigsten Drogenumschlagplätze Europas.

• Luzern (S. 102): **JH** am Rotsee kann man besser mit Bus 18 Richtung Friedental erreichen - aussteigen an Haltestelle Gopplismoos und 3 min zu Fuß. Übernachtung ca. 25 DM, Abendessen kann man aus fünf verschiedenen und einem vegetarischen Essen (vorbestellen!) aussuchen. Zum **Touristenhotel SSR** am besten Bus 9 bis Brüggligasse (von dort noch 250 m zu Fuß), oder Bus 2 bzw. 18 bis Kasernenplatz und über die Spreuerbrücke laufen ... Chuchichästli und Bristol existieren beide nicht mehr - vegetarisch essen kann man im **Rütli** an der Rütligasse (sehr modernes Lokal, speziell auch für junge Leute). Gute Treffpunkte sind **Mr. Pickwick Pub** an der Reuss oder das **Verrückt** an der Winkelriedstraße in der Neustadt ... Eintritt im **Verkehrshaus** mit Interrail-Ticket angeblich nicht frei ... **Kapellbrücke** liegt vom Bahnhof flußabwärts, nicht aufwärts ... **Gletschergarten** kostet ca. 7.50 DM, ziemlich viel für einen ausgewaschenen Steinhaufen.

• Bern (S. 103): **Bahnhof** hat ein weit verzweigtes unterirdisches Netz, Möglichkeit, mit Hotels kostenlos zu telefonieren ... In der Tourist-Info Weg zur **JH** erklären lassen - zwar nur 15 min entfernt, aber etwas eigenartig: am Bundeshaus vorbei, Treppen rechts hinunter und dann links halten. Nicht in den Park hineingehen. Im Sommer oft voll, unbedingt reservieren. Relativ kleine Zimmer, ab 8 Betten. Mit 20 DM pro Pers. relativ günstig, Schließzeit Mitternacht.

• Interlaken (S. 105): **JH** nimmt keine Reservierung entgegen. Um 17 h dort sein, dann bekommt man mit etwas Glück sein Bett. Ansonsten wie beschrieben - eng und viel zu wenig Duschen. Es gibt 150 Betten, Übernachtung kostet ca. 26 DM, Schließzeit 22 h.

• Jungfraujoch (S. 106): Tour kostet mit **Schweizer Ferienpaß** ca. 100 DM - überwältigend, aber fürchterlich überlaufen, 90 % Japaner.

• Zermatt (S. 107): lohnt als ökologische Musterstadt - es verkehren nur Elektromobile! Weg zur **JH** nicht so beschwerlich, wie beschrieben. Übernachtung kostet stolze 30 DM (incl. Bettzeug, Abendessen und Frühstück), Schließzeit 22.30 h.

• Chur (S. 111): **JH** hat nur 46 Betten, eindeutig zu klein. Entweder vorher reservieren oder in eins der "günstigen" Hotels gehen, im **Hotel Drei Könige**, Reichsgasse 18, kostet DZ ca. 120 DM ... Restaurant **Calanda** am Postplatz ist **der** Treff!

Österreich

• Wien (S. 117): **24-Stunden-Karte** kostet jetzt ca. 7 DM ... Mit dem Interrail-Ticket darf man **umsonst die S-Bahnen sowie die Vorortbahnen** benutzen! So kann man z. B. umsonst zum Camping Wien West I bzw. II gelangen (ab Bhf. ausgeschildert) ... Geänderte Tel.-Nr.: **JH Brigittenau**, Tel. 0222/338294; **JH Hütteldorf**, Tel. 0222/8770263; **JH Don Bosco**, Tel 0222/7131494 ... Sehr preisgünstiges und reichhaltiges Essen im **Stadtkeller**, Singergasse 6, Nähe Steffl (Self-Service) .... **Zu den zwoa Liesl'n** hat sonntags geschl. ... Witziges und interessantes Museum ist das **Bestattungsmuseum**, 4. Bez., Goldegg-Gasse 19 (Nähe Nord-Bhf.). Besuch nach Voranmeldung, aber man kann es auch so versuchen, klappt meist. Sehr interessante Führung, man bekommt erklärt, wie die Menschen über die Jahrhunderte beerdigt wurden, welche Klassenunterschiede man gemacht hat etc. Viele Exponate und die Führer sind locker drauf (Witze, Anekdoten). In diesem Zusammenhang ein Muß: die **Gruft der Michaelerkirche** - die hier bestatteten Leichen sind bis heute nicht verwest (!) ... **Jugendgästehaus Wien-Hütteldorf** hat neue Tel.-Nr. 0222/8770263 ... günstige Verbindung zum **Hundertwasser-Haus** mit Tram N ab Schwedenplatz bis Hetzgasse. Gegenüber ist ein weiteres Gebäude von Hundertwasser entstanden: **"Kalke Village"**, früher Pferdepostgarage, später Tankstelle. Im Verkaufs-Shop gibts Poster, T-Shirts etc. mit Hundertwasser-Motiven. Unbedingt die Toiletten im Keller besichtigen ... **"Sexmuseum"** im Prater kann man vergessen, langweilige Beschreibung diverser sexueller Abarten ... **Stehplatzkarten** im Theater an der Wien kosten derzeit ca. 3.50 DM, Abendkasse öffnet um 18. 30 h, kurz vorher da sein, reicht meistens. Während der Woche sind immer genügend Sitzplätze frei, auf die man sich bei Vorstellungsbeginn setzen kann, Platzanweiser ist einverstanden.

• Salzburg (S. 125): hat sich anscheinend gebessert und wird von manchen Lesern mittlerweile als "rucksacklerfreundlich" bezeichnet ... Es gibt **Umweltkarten** im 5er-Pack, jede Karte gilt 24 std. und kostet ca. 3.30 DM ... **Paracelsus Stub'n** gibt es nicht mehr. Gemütlich und recht preiswert ist es im **Café Platzl**, Lederergasse 10, auch gute warme Küche ... Tel.-Nr. haben z. T. eine **"8"** davor bekommen, z. B. JH Haunspergstr. 27, Tel. 0662/875030 und Internationales Jugend-Hotel, Tel. 0662/879649. Direkt neben JH in der Glockengasse nettes **Café Zeitvertreib**, in dem man auch günstig essen kann.

• Zell am See (S. 128): billigste Übernachtungsmöglichkeit neben der JH (wird derzeit umgebaut, Wiedereröffnung unbekannt) ist **Pension Haus Dietzer**, ca. 20-25 DM pro Pers. Vom Bhf. zur Seepromenade, dann links, nach ca. 20 min. eine schmale Bahnunterführung nach links. Noch ca. 200 m, im Erdgeschoß ein Lebensmittelgeschäft. **JH Kaprun** nur bis Mitte September geöffnet.

• Dachsteinhöhlen (S. 130): Eintritt in beide Höhlen kostet zusammen ca. 12 DM, pro Höhle etwa 1 1/2 std. Zeit mitbringen.

• Innsbruck (S. 130): Vorwahl **0512**, nicht mehr 05222 ... **JH Glockenhaus**, Innstr. 95, Tel. 0512/86515. Ganzjährig geöffnet, auch für Nicht-Mitglieder offiziell erst ab 17 h geöffnet, aber der Warden läßt einen meist schön früher rein. Direkt am Haus die **Knödelstubn**, nicht gerade JH-Preise, aber für Innsbruck nicht teuer ... **JH Schwedenhaus**, Tel. 0512/58514.

Tschechoslowakei

• Praktisches (S. 134): der offizielle **Geldwechselkurs** hat sich nach der Revolution dem Schwarzmarktkurs angepaßt, die Differenzen sind minimal, Schwarztauschen lohnt das Risiko nicht, außerdem wird man oft betrogen (ungültige Scheine etc.) und schadet der jungen Demokratie im Land. Kurs derzeit ca. 16 kcs = 1 DM ... **Essen und Trinken** ist nicht nur preiswert, sondern geradezu unglaublich billig. Auch in **Speisewagen** kann für ein paar Mark fürstlich tafeln. Die Preise werden allerdings in den nächsten Jahren spürbar ansteigen ... Beim **Telefonieren** Münze einlegen und immer wenn eine tschechische Frauenstimme etwas sagt, eindrücken und neue Münze einlegen. Erinnert an Autoscooter ("Fahrchip eindrücken").

• Prag (S. 141): **Geldwechsel** am besten in Wechselstuben mit der Aufschrift "Keine Provision", dort gibts zwar schlechteren Kurs, aber nicht immens hohe Gebühren, wie sonst oft üblich. Viele Wechselstuben sind auch sonntags geöffnet ... An der **U-Bahnlinie A** liegen die meisten Sehenswürdigkeiten, Ticket gilt für eine Stunde mit Umsteigen, solange man das U-Bahnnetz nicht verläßt. Schwarzfahren kostet ca. 7 DM ... Campingplätze liegen weit außerhalb, Hotels sind teuer. Gute Alternative sind **Privatzimmer** - schon am Bhf. wird man von Anbietern angesprochen, dort auch inzwischen mehrere private Vermittlungsbüros ... Gutes privates Hostel **B+B**, Jankovcova 163, ca. 300 m vom Bahnhof Holesovice, nördlich vom Fluß (Endstation der Metro C). Bahnhof auf Busbahnhofseite verlassen, über die große Brücke gehen und kurz vor deren Ende die Treppe runter. Sieht von außen schäbig aus, aber das täuscht. Platz in 6-Bettzimmer kostet ca. 20 DM mit gutem Frühstück ... Plätze in **Studentenheimen** werden von Juli bis September durch CKM vermittelt, Zitna 9. **CKM Junior Hotel** kostet nur ca. 35 DM fürs DZ, nicht pro Pers., Metro bis I.P.Pavlova ... **Moskva**, Neustadt, Fußgängerzone Na Prikope vom Wenzelsplatz Richtung Pulverturm linke Seite im 2. Stock, billiges russisches Essen, teilweise Selbstbedienung, Hauptgericht und Getränke ca. 8 DM ... **Eintrittspreise** sehr billig, ca. 10 Pfennig bis 1 DM, mit **Schüler- bzw. Studentenausweis** gibt es zusätzlich überall 50 % Ermäßigung ... Nachtleben: **Press Jazz Club**, Parizska 9, beim Altstädter Ring, lockere Atmosphäre, viele junge Leute, Livemusik; **Rock-Café**, Narodni 20 (Nove Mesto), Zentrum der alten Underground-Musikszene; **Lidovy dum**, Emanuela Klimy 8, Vysocany, Prags Heavy-Metal-Treffpunkt, bis 1 h geöffnet. Ansonsten auf Plakate achten, Eintrittspreise und Getränke sind noch erstaunlich günstig.

Ungarn

• *Praktisches* (S. 153): zur Einreise genügt mittlerweile der **Personalausweis** ... Im Zuge des politischen Wandels wurden in Ungarn und bes. Budapest zahlreiche **Straßen- und Platznamen** geändert ... **Schwarztauschen** lohnt nicht mehr, der offizielle Kurs entspricht dem tatsächlichen Geldwert. Außerdem viel Betrügerei - Geldbündel werden vorgezählt und dann unbemerkt vertauscht, große Vorsicht!

• *Sopron* (S. 158): **Information** direkt im Bhf. (Geldwechsel und Zimmervermittlung) ... Restaurant **Deak** nach wie vor zu empfehlen, deutlich preiswerter als die anderen, jedoch kleine Portionen.

• *Budapest* (S. 160): im Bahnhof Keleti pu. gibt es eine eigene **Vermittlungsstelle für Jugendhotels** (Studentenwohnheime mit 2- oder 4-Bettzimmern, die im Juli/August als Hostels genutzt werden) ... Viele Anbieter von **Privatzimmern** im Bhf., ca. 15-20 DM pro Pers., Bezahlung in Devisen wird nicht mehr verlangt ... Brandneue Jugendherberge **Ananda Youth Hostel** in der Bonyhadi ut. 18/b, Kostenpunkt ca. 7 Dollar pro Pers., soll sehr sauber und gut instandgehalten sein, vegetarisches Restaurant ist angeschlossen. Ab Bahnhof Keleti Trolley-Bus 80 bis zum neunten Stopp ("Malyva") oder rote Metrolinie (Nr. 2) bis Örs vezèr tere, dort Tram 62 oder Bus 32 bis zum zweiten Stop ... Ausgezeichnete Übernachtungsadresse ist **Townhouser's Lodge**, vom Bahnhof Keleti mit U-Bahn bis Örs vezèr ter, dort fünf Stationen mit Bus 31, zweite Querstraße Attila ut, dort nach ca. 200 m. Kostet ca. 12 DM pro Pers., optimale Räumlichkeiten, freundliche Leute - allerdings 40 min. Fahrt ins Zentrum ... Großer **Campingplatz** auf dem Gelände der EXPO-Ausstellung, zu erreichen mit M 2 bis Örs vezèr tere, umsteigen in Bus 100 und zwei Stationen fahren, gut ausgeschildert. Sauber, warme Duschen rund um die Uhr, Boden jedoch sehr fest und steinig ... Das preiswerte Restaurant **Krisztina**, Krisztina körut 25, wurde geschlossen, **Karpartia Etterem** wurde von Lesern als recht nobel und teuer empfunden ... das große **NDK-Centrum** mit Büchern und Platten aus der DDR gibt es nicht mehr ... Luft- und Wasserparaden finden am 20. August nicht mehr statt, jedoch nach wie vor ein gigantisches **Feuerwerk** abends 21 h am Gellertberg.

• *Esztergom* (S. 167): **Ausflugsschiffe von Budapest** kosten jetzt ca. 2 DM. In der Nähe der Anlegestelle ist Camping möglich, ansonsten ca. 3 km zum Bahnhof laufen (geradeaus bis zur Brücke, dann rechts), von dort letzter Zug nach Budapest gegen 20 h.

Rumänien

• *Bahnfahren* (S. 176): es gibt mittlerweile eine täglich **Direktverbindung** zwischen Wien und Bukarest ... **Zuschläge** für Schnellzüge sind deutlich billiger als vorne angegeben ... Interrail-Tickets werden beim Kauf von Platzkarten und Fahrscheinen in den **CFR-Büros** direkt abgestempelt ... Für **Bummelzüge** ist weder Reservierung noch Abstempeln vor der Fahrt nötig, allerdings viel Sitzfleisch.

• *Praktisches* (S. 176): **Touristenvisum** kostet mittlerweile 68 DM, ist auch im Zug zu haben, zahlbar in harter Währung, egal welche ... **Offizieller Kurs** derzeit (Herbst 1991): 35 Lei für ca. 1 DM, allerdings tauscht jeder schwarz (ca. 100 Lei für 1 DM, ständige Geldentwertung), Vorsicht vor Trickbetrügern! ... **Meldepflicht** für Touristen besteht nicht mehr ... Größtes Problem ist immer noch die Unterbringung, DZ in Hotels kostet mindestens 70 DM, zahlbar in Devisen. Ansonsten ist Rumänien viel billiger als Ungarn - für uns wohlgemerkt, das Durchschnittseinkommen eines Rumänen beträgt ca. 100 DM im Monat. Man sollte möglichst abgerissen aussehen und nicht zu protzig mit Lei um sich schmeißen, sonst wird man ständig angebettelt ... In **Restaurants** gibt es meist zwei Gerichte zur Auswahl, jedoch oft keine Speisekarte - immer vorher nach dem Preis fragen, um unliebsame Überraschungen zu vermeiden ... Nicht **"wild zelten"**, nach der Revolution gibt es viele Diebe, die Zelte aufschlitzen etc.

• *Sighisoara* (S. 182): Übernachtungsmöglichkeit ein im Sommer leeres **Internat** neben dem Stundenturm (blaues Gebäude), nachfragen. Ansonsten eventuell beim **Pfarrer** fragen, ob man im Garten zelten darf. "Wir haben beim **Friedhofswärter** oben an der Bergkirche gefragt und durften dann in der Totenkapelle schlafen - urgemütlich (brrr!)" ... Essen im beschriebenen Restaurant **Vlad Dracul** ok ... Kontakte: am Marktplatz das **Büro der DFDR** (demokratisches Forum Deutscher in Rumänien), eine Organisation der Deutschen, die noch nicht ausgewandert sind, Mo, Mi und Fr geöffnet.

• *Brasov* (S. 183): wegen **Übernachtungsquartier** wird man meist schon am Bhf. angesprochen, auch Studenten bieten gelegentlich Unterkunft an ... Im empfohlenen Restaurant **Cerbul Carpatin** am Marktplatz kann man gut und auch für rumänische Verhältnisse günstig essen.

• *Bukarest* (S. 185): die **Zimmervermittlung** im Hbf. verlangt 15 $ pro Pers. - unakzeptabel. Vor den Hotels wird man oft von Leuten angesprochen, die sehr bescheidene Privatunterkünfte anbieten ... "Bukarest selber: Dreck, Verfall, Schutt, ärmliche Menschen. Im abendlichen Dämmerlicht besonders bedrückend die riesigen Boulevards, gesäumt von Wohnhäusern im Ceaucescu-Klassizismus, teilweise hunderte von Metern Bauruinen".

"Jugoslawien"

• *Allgemeines* (S. 190): z. Z. der Drucklegung dieses Buches (Januar 92) ist nur **Slowenien** sicher, d. h. der nördlichste Zipfel der Halbinsel Istrien (Koper, Piran). Allerdings sollen die meisten Unterkünfte mit Flüchtlingen aus Kroatien belegt sein ... Bis **Zagreb** fahren derzeit Züge aus der BR Deutschland.

Griechenland

• *Anreise* (S. 213): alle **internationalen Züge** aus Mitteleuropa werden z. Z. der Drucklegung dieses Buches wegen des Bürgerkriegs in "Jugoslawien" über Ungarn umgeleitet. Akropolis-Expreß gibt es nicht mehr, Hellas-Expreß (D 335) startet etwa um Mitternacht in Budapest. Ab München fahren abends **Attika-Expreß (D 211)** und ein namenloser **Liegewagenzug (D 1211)**, Ankunft in Athen übernächster Tag morgens.

• *Praktisches* (S. 218): **Greek Island Paß** von Agapitos Lines. Neun Inseln können innerhalb von 20 Tagen angelaufen werden, kostet ca. 55 DM, erhältlich in manchen Reisebüros und Hostels ... **Eintrittspreise** für Museen und Ausgrabungen wurden stark erhöht, z. B. **Akropolis** 15 DM. Jedoch gibt es inzwischen für Studenten aus EG-Staaten fast überall **freien Eintritt** (z. B. Olympia, Delphi, Mykene und Epidauros), ansonsten ca. 50 % Ermäßigung (z. B. Akropolis). **Internationalen Stud.-Ausweis** immer dabei haben.

• *Athen* (S. 233): Tickets für **Stadtbusse** müssen vor der Fahrt bei Schalterhäuschen gelöst (ca. 50 Pfennig) und im Bus am Entwerter gestempelt werden. Fahrkartenhäuschen z. B. vor dem Bahnhof, am Omonia-Platz, am Sintagma und an der Akadimias (Universität). Am besten immer gleich mehrere Tickets kaufen ... **Joseph's House**, prima Pension, junge sympathische französische Hausmutter spricht englisch, lockere Atmosphäre, Übernachtung auch am Dach möglich, Markou Moussourou 13 (Bus 2, 4 und 11 ab Omonia oder Sintagma bis Stadion), Tel. 01/9231204 ... **Öffnungszeiten** der Akropolis und des Akropolis-Museums werden leider ständig geändert, Eintritt ca. 15 DM , Stud. 8 DM, sonntags angeblich frei!

• *Kalavrita* (S. 240): Plätze in der **Zahnradbahn** sind im Sommer wegen des großen Andrangs für Interrailer limitiert. Anmeldung im Bhf. von Diakopto ist erforderlich (ca. 2 std. vor Abfahrt). Ohne Stempel im Interrail-Ticket wird niemand in den Zug gelassen. Nach Ankunft in Kalavrita gleich um Rückfahrt bemühen, ebenfalls nur mit Reservierung. Empfehlenswert, das Gepäck in der Aufbewahrung vom Bhf. Diakopton zu lassen, sonst muß man meist im vergitterten Gepäckabteil des Zugs mit einem Stehplatz vorlieb nehmen. **Abfahrtszeiten** ab Diakopton (Stand 91): 8.03, 10.42, 12.15, 15.08, 19.25 h. Bedrückend der Spaziergang über den Dorffriedhof - gut jeder zweite Grabstein trägt das gleiche Todesdatum: "13.12.1943, ermordet von den Deutschen".

• *Fähre Ägion - Ag. Nikolaos* (S. 240): Fahrt über den Golf von Patras kostet ca. 3 DM. Wer nach **Delphi** will, kommt hier wahrscheinlich etwas billiger weg als mit Übersetzen von Rion nach Antirion, da von Antirion noch der Bus bis Ag. Nikolaos gezahlt werden muß. Busse nach Delphi halten in Ag. Nikolaos direkt gegenüber vom Schiffsanleger am Kafenion.

• *Patras* (S. 240): HML fährt täglich über Korfu nach Brindisi, Hafengebühr ca. 12 DM. Die "embarcation offices" von **HML** und **ADN** befinden sich gegenüber dem Hafeneinfahrtstor bzw. an der Hafenpromenade.

• *Olympia* (S. 241): **Museum** auch dienstags offen.

• _Kalamata_ (S. 243): Bahnfahrt ab **Kalonero** sehr erlebenswert (Anstieg ins Bergland). Kalamata hat sich weitgehend vom Erdbeben erholt. Derzeit ist die Stadt eine einzige Baustelle, die meisten Geschäfts- und Wohnhäuser werden jedoch bereits voll genutzt. In einigen Jahren wird der Tourismus wieder einziehen. Zu den Campingplätzen vom Bhf. Bus 1 nehmen, nächster Platz **Patista** in einer großen Orangenplantage, spottbillig. Nach **Sparta** zwei Busse täglich, gleichfalls Gegenrichtung. In Mistras für EG-Stud. freier Eintritt.

• _Nafplion_ (S. 245): große **JH**, gute Führung, Hausherr mit vielen Sprachkenntnissen, morgendliches Wecken und Zapfenstreich mit Akkordeonmusik, jeden Abend ein Buffet zum Preis einer Übernachtung - mehrere Salate und warme Gerichte und von allem, so viel man will (!), 23 h Schließzeit, 15 min. ins Zentrum.

• _Insel Paros_ (S. 247): Camping und Bucht Kolimbithres wenig zu empfehlen - besser der nagelneue Surf-Camping am **Santa Maria-Beach** oder die Campingplätze bei Parikia und dort das Nachtleben auskosten. Sehr gut der Campingplatz auf **Antiparos**, Bambushütten bieten Schutz vor der Sonne, abends ist auf dem Hauptplatz vom Ort jede Menge los.

• _Insel Naxos_ (S. 248): hier sind die Campingplätze etwas durcheinander geraten - **Camping Naxos** ist der stadtnächste Platz, **Camping Apollo** liegt ziemlich weit landeinwärts und ist den Nordwinden ungeschützt ausgesetzt (zu Fuß in die Stadt eine Stunde), **Camping Maragas** liegt weit weg von der Stadt, aber direkt am herrlichen Plaka-Strand. Camping Apollo und Maragas schicken einen Kleinbus zur Fähre.

• _Insel Santorin_ (S. 250): Ausgrabung von **Akrotiri** Di-So 8.30-15, Mo geschl. (Änderungen möglich). Eintritt ca. 10 DM, Stud. die Hälfte (EG-Stud. frei), generell freier Eintritt am Sonntag!

Türkei

• _Bahnfahren_ (S. 258): **Züge aus Mitteleuropa** werden wegen des Bürgerkriegs in "Jugoslawien" über Ungarn umgeleitet (Stand Januar 92) ... **Platzkartenreservierung** ist gratis, einfach Ticket vorzeigen. Bei **Liegewagen** kann man wählen zwischen 4-Bett-Abteil (ca. 10 DM) und 6-Bett-Abteil (ca. 5 DM).

• _Praktisches_ (S. 259): **Geldwechsel** jetzt meist kein Problem mehr, viele Banken tauschen Reise- und Euroschecks, ebenso Postämter. **Kurs** 1 DM = ca. 2500 TL, starke Inflation ... Es gibt inzwischen auch **Telefonkarten** (30, 60 oder 100 Einheiten).

• _Kusadasi_ (S. 270): Fähren ab **Samos** ca. 55 DM (incl. Hafengebühr). Idealer Ausgangspunkt für Fahrten nach **Ephesus**, in der Antike zeitweise die reichste Stadt Kleinasiens, Dolmus alle 15 min. (ca. 2 DM), dann noch ca. 1 km zu Fuß zum riesigen Ausgrabungsgelände (ca. 10 DM, Ermäßigung für Stud.). Nächster Bahnanschluß in **Söke**, von Kusadasi per Dolmus zu erreichen.

• _Pamukkale_ (S. 270): fast jedes Busunternehmen in der Westtürkei bietet Direktfahrten dorthin, Preisbeispiel: Kusadasi - Pamukkale ca. 10 DM, 3 std., Eintritt ca. 2 DM.

• _Göreme_ (S. 272): etwa 10 km nördlich liegt die Töpferstadt **Avanos** mit unzähligen Werkstätten, freitags großer Markt. Übernachten im **Motel Ezgi**, etwa 1 km vom Busbhf., gut, sauber und billig oder in **Pension Saglik A-B**, Kayseri Cad. 30 (östl. Ortsende), geführt von Mustafa und seiner deutschen Frau, komplett eingerichtete Küche, schöner Garten und freundliche Atmosphäre. In beiden kostet DZ mit Frühstück ca. 15 DM.

Italien

• _Bahnfahren_ (S. 274): es gibt etliche Rapido-Züge, die nur **1.-Klassewagen** führen - genau auf die Abfahrtspläne schauen, ist dort vermerkt! ... Zugauskunft in allen größeren Bahnhöfen jetzt mit den lustigen Computern namens **Digiplan** - wenn sie funktionieren (ca. 60 %) sehr hilfreich, geben Auskunft in deutsch und man kann sich seine Verbindungen sogar ausdrucken lassen.

• *Praktisches* (S. 278): erwartet deutlich gestiegene **Hotel- und Pensionspreise**, sehr teuer ist auch das Essen in **Restaurants** ... **Jugendherbergen** kosten in bekannten Touristenstädten fast durchwegs um die 20 DM pro Pers. (Frühstück extra), in kleineren Orten günstiger ... **Eintrittspreise** zu Sehenswürdigkeiten und Ausgrabungen wurden im ganzen Land drastisch erhöht, die Top-Sights kosten jetzt generell 14 DM (z. B. "Abendmahl" in Milano, Uffizien, Forum Romanum, Pompeji), ansonsten werden meist Preise zwischen 7 und 10 DM verlangt. Nirgendwo Stud./Schül.-Ermäßigung - Ausnahme Vatikanische Museen in Rom ... **Telefonieren** auch mit 500-Lire-Münzen möglich, ansonsten sind die magnetischen Telefonkarten praktisch, die man in vielen Tabacchi-Geschäften und bei S.I.P. bekommt.

• *Milano* (S. 281): eine neue Metrolinie wurde kürzlich fertiggestellt - nicht mehr die MM 2, sondern die **MM 3** bringt euch vom Bahnhof zum Dom bzw. zur Jugendherberge (umsteigen am Dom in die Metro 1 bis Station QT 8) ... Eintritt zum **"Abendmahl"** von Leonardo da Vinci kostet jetzt ca. 14 DM, keine Stud.-Ermäßigung. Zu erreichen mit Tram 24 ab Piazza Cordusio.

• *Turin*: bisher nicht im Buch vermerkt, aber ein kurzer Aufenthalt lohnt sich. Riesige Stadt mit geometrisch abgezirkelten Straßenzügen in der westlichen Poebene, nahe der Alpen. Im **Hhf. Porta Nuova** Informationsbüro, zum **Dom** fährt Bus 4 die Via XX Settembre entlang - dort das berühmteste Leinentuch der Welt! In dem sagenumwobenen **"Leichentuch vom Turin"** soll angeblich der Leichnam Jesu Christi nach seiner Kreuzigung eingehüllt geworden sein. Peinlich endete allerdings im April 1988 die Untersuchung des Tuchs mit der Radiokarbon-Methode: durch mehrere Experten wurde unabhängig festgestellt, daß es aus dem 14. Jh. stammt - nach Christus! Trotzdem eindrucksvoll - im linken Seitenschiff neben dem Chor ist eine exakte (Negativ)Kopie des wertvollen Tuchs ausgestellt. Deutlich erkennt man im weißen Stoff die bräunlich verfärbten Körperumrisse eines bärtigen Mannes mit gekreuzten Händen. Negativabdruck deshalb, weil dort, wo exponierte Körperstellen wie Nase und Bart das Tuch berührten, es sich stärker verfärbte als z. B. in den tieferliegenden Augenhöhlen. Das eigentliche Tuch besitzt also einen tatsächlichen Abdruck des Körpers, der wie ein Foto-Negativ wirkt (weiße Augenhöhlen, dunkle Nase), Licht und Schatten sind umgekehrt wiedergegeben. Wenn man das Tuch allerdings fotografiert, erscheint der Gekreuzigte im Negativ logischerweise positiv - und erst dann zeigt sich das Gesicht in seiner vollen Ausdruckskraft. Gegen wenig Geld kann man sich zahlreiche Schautafeln mit Erklärungen beleuchten lassen, in einem Nebenraum gibts Literatur und Postkarten (!) mit dem Antlitz zu kaufen ... Die **Mole Antonelliana**, das pagodenähnliche Wahrzeichen der Stadt und sog. "Eiffelturm Turins", steht in der Via Montebello, einer Querstraße der Via Po. Das 167,50 m hohe "Ding" war ursprünglich eine Synagoge, dann baute sie der exzentrische Architekt Antonelli immer höher, setzte eine Art griechischen Tempel obenauf, der wiederum von einem gläsernem Turm und einem Leuchtwerk an der Spitze gekrönt wurde. Das Innere wird für wechselnde Ausstellungen genutzt, große Attraktion aber ist der Aufzug, der bis zur Terrasse in 90 m Höhe geht - Panoramablick auf Turin und die Alpen (Di-So 9-19 h, Mo geschl., ca. 5 DM) ... Zum Relaxen in den schönen **Parco del Valentino** direkt am Po, dort ein rekonstruiertes mittelalterliches Dorf mit Festung, außerdem diverse Musiklokale direkt am Fluß ... **Jugendherberge Ostello Torino**, Via Alby 1, gut geführtes und kürzlich renoviertes Haus in den Hügeln am rechten Poufer, ca. 1,5 km vom Hauptbahnhof, Bus 52 bis Piazza Crimea und noch ein Stück zu Fuß, ca. 20 DM mit Frühstück, Tel. 011/683738. **Camping Villa Rey**, Strada Val San Martino Superiore, am rechten Ufer des Po, ruhiges Wiesengelände hoch über der Stadt, beschildert, ziemlich steile Anfahrt. Sanitäranlagen brauchbar, gutes Ristorante am Platz. Zu erreichen mit Bus 56 ab Piazza Castello oder Via Po, letzter Bus zwischen 23 und 24 h (Fahrer fragen, wann aussteigen und noch ca. 500 m bergauf laufen). **Camping Riviera Sul Po**, Corso Moncalieri 442, südlicher Stadtbereich, ebenfalls rechtes Poufer, direkt am Fluß, jedoch etwas weiter vom Zentrum, Bus 67.

• *Verona* (S. 285): interessantes **Afrikanisches Museum** um die Ecke der JH in der afrikanischen Mission, beschildert auf dem Weg von Piazza Isolo (Bus 2) zur JH ... Abstecher zum nahen **Gardasee** - zwar überlaufen, aber sehr schön und ziemlich sauberes Wasser. Zahllose Campingplätze, vor allem an der Ostküste, zu empfehlen z. B. **Camping La Rocca** bei Garda, direkt am Seeufer. Allerdings lebt's sich hier teuer: Bus Verona - Garda ca. 15 DM pro Pers. mit

Rucksack, Übernachtung ebenfalls ca. 15 DM pro Pers.

• *Venedig* (S. 288): teuer, teuer, teuer - aber zweifellos eine der schönsten Städte der Welt! ... Vorsicht vor **Nepp** in Lokalen, auf versteckte Extras achten (coperto, servizio, Getränkepreise) ... Einzeltickets für Vaporetti kosten mittlerweile schon gut 4-5 DM, auf jeden Fall **Tageskarte** kaufen (ca. 14 DM). **Carta giovani** ("Youth-Pass") besorgen, bringt Ermäßigung in Museen, öffentlichen Verkehrsmitteln, Snackbars und Restaurants, z. B. Rabatt für die 3-Tages-Karte für Wasserbusse (nur ca. 20 anstatt 27 DM), Lichtbild mitbringen ... **Camping Miramare** auf der Punta Sabbioni (Landzunge südöstlich von Venedig) sehr zu empfehlen - Preise im Rahmen, sauber und mit Vaporetto 14 bequem zu erreichen, schöne Fahrt durch die Lagune zum Markusplatz (ca. 3/4 std.). Letztes Vaporetto zurück allerdings schon gegen 23 h. 100 m von der Anlegestelle nettes Lokal **All'Ancora** auf Pfählen übers Wasser gebaut (Touristenmenü ca. 30 DM).

• *Ancona* (S. 296): in der Information im Bhf. reichlich **Info-Material** über Hotels, Pensionen und Camping (Stadt und Umgebung) ... sehr schön die Strände bei **Sirolo** und **Numana** am steilen Kap südlich der Stadt - eine der schönsten Ecken der Adria.

• *La Spezia* (S. 300): noch hübscher als Lerici ist das winzige Örtchen **Tellaro**, 5 km östlich von Lerici, stündl. Busverbindungen, Camping Gianna 10 min. vom Ort.

• *Pisa* (S. 300): der **Schiefe Turm** ist seit 1990 wegen im wahrsten Sinn des Worts "grundlegender" Restaurierung gesperrt!

• *Florenz* (S. 303): **Informationsbüro** auch im Bhf. links, kostenlose Stadtpläne, Hotelvermittlung (es hängt auch aus, ob Camping Michelangelo überfüllt ist), Zimmervermittlung des ACISJF existiert nicht mehr ... Es gibt **24-std.-Tickets** für ca. 6 DM ... **Villa Favard** ("umsonst im Freien") mit Bus 14 ab Bhf., ca. 20 min. Fahrt, Fahrer nach "aera di sosta" fragen, letzter Bus ca. 0.15 h, man darf maximal eine Woche dort bleiben ... In der Nähe vom Bahnhof zwei für Florenz supergünstige Essens-Adressen: **Da Giorgio** und **Il Contadino**, Via Palazzuolo 100 bzw. 69 r, Festpreismenü unter 20 DM. Mehrere preiswerte Trattorie außerdem um den großen Mercato Centrale. **Ristorante/Pizzeria Nuti** nicht mehr zu empfehlen ... **Mercato di S. Ambrogio** nicht auf Piazza Ghiberti (dort ein weiterer Obst/Gemüsemarkt, sondern auf Piazza S. Ambrogio.

• *Lucca* (S. 307): **JH** hat neue Tel.-Nr. 0583/341811.

• *Rom* (S. 311): **ACISJF-Heim Sta Pudenziana** in der Via Urbana 158, nicht 58. Preis ca. 24 DM ... **Pension Giolitti** (Lesertip) in der Via Giolitti 447 nicht 412, Tel. 730189 ... **Info-Schalter** im Bhf. jetzt zwischen Gleis 1 und 2, dort hängen Beschreibungen der Anfahrtswege zu sämtlichen **Campingplätzen** Roms aus, werden angeblich auf Anfrage auch ausgehändigt. Anfahrt **Camping Roma**: Bus 64 bis Piazza Argentina, Bus 46 bis Piazza Irnerio, weiter Bus 246. Anfahrt **Camping Flaminio**: Metro A bis Flaminio, dort Trolley-Bus 225 bis Piazza Mancini, dort Bus 202/203. Infoheft Qi Roma in der Hauptstelle der Information auch auf deutsch - **"Hier Rom"** ... Fahrradverleih **Amadio Eva** gibts nicht mehr, stattdessen z. B. **Saint Peter**, Via di Porta Castello 43, Nähe Vatikan ... **Forum Romanum und Palatin** kosten jetzt 14 DM, auch alle anderen Sehenswürdigkeiten deutlich teurer ... folgende Lokale existieren nicht mehr oder sind zu teuer geworden: **Porcellino**, **Vicariato d'Abruzzo**, **Botte di Frascati**, **Da Fiametta**, **Il Tentativo**, **Terra Canta** und **Vecchia Roma**. Trattoria **Gino e Pietro** ist in der Via del Governo 106, nicht 10 b; **Birreria Trilussa** in der Via Benedetta 20; Pizzeria Moroni heißt jetzt **Panattoni**, hier gehts immer hoch her. Im Bhf. neuer **Burghy Self-Service**, zwar Mc Donald's-Verschnitt, aber sinnvoll, wenn man's eilig hat. Im erwähnten Lokal **Da Luciano**, Via Amendola 73, ißt man sehr preiswert nur wenige Meter vom Bhf., urige Kneipenatmosphäre, Arbeiter, junge Touristen und Rumhänger, 1 ltr. Wein ca. 4 DM. Wegen der lockeren Stimmung zu empfehlen ist die bei jungen Leuten äußerst beliebte **Pizzeria Ivo**, Via di San Francesco a Ripa 157/158, konkurrenzlos günstig seit Jahren das Festpreismenü bei **Mario's**, Via del Moro 53 - beide Lokale in Trastevere. Super Stimmung herrscht auch immer in der Pizzeria **Baffetto**, Via del Governo Vecchio 114. Wenige Schritte weiter auf der anderen Straßenseite eine kleine unscheinbare **Trattoria** ohne Namensschild, Via del Governo Vecchio 18 - sehr echt geblieben, junge gut gelaunte Wirte, preiswertes Essen und Wein. Sehr billig und hauptsächlich von Studenten besucht sind die Pizzerie **Formula 1**, Via degli Equi 13 und **Il Maratoneta**, Via dei Volsci 99 im Univiertel San Lorenzo, östlich vom Bhf. ... Nachtleben: ebenfalls in San Lorenzo die immer gut besuchte Bierkneipe **Rive Gauche 2**, Via Sabelli 41; **Jonathan's**

Angels, super Kneipe im Zentrum, phantasievoll ausgestattet, hinten oft Livemusik. Etwas versteckte Lage: von der Via del Governo Vecchio die Via del Corallo rechts hinein und erste rechts, Nr. 16; **Della Pace** ist ein bildhübsches, aber etwas teureres Café, Nähe Piazza Navona; ganz heiß her gehts an Wochenenden im und vor allem vor **Le Cornacchie**, Piazza Rondanini 53, mitten in der Altstadt (nördlich vom Pantheon, auf Stadtplänen nicht eingezeichnet); gute Livemusik in der Bar **Yes Brazil**, Via di San Francesco a Ripa 106 in Trastevere (So geschl.) und gegen Eintritt im **Big Mama's** um die Ecke, Vicola San Francesco a Ripa 18; Disko Acropolis heißt jetzt **Kripton**, Via Luciani 52, eher zu empfehlen sind aber **Piper** (Adresse siehe vorn) und **Hysteria**, Via Giovannelli 3 ... Und noch eine Kuriosität: die **Peterskirche** ist nicht mehr die größte Kirche der Welt!! Seit 1989 steht an der fernen Elfenbeinküste eine Kopie des Petersdom - mit dem einzigen Unterschied, daß dieser Mammutdom einige Meter größer ist! Es gibt allerdings im ganzen Land nicht genug Katholiken, um diese "Basilika der Friedenskönigin" zu füllen.

• Pompeji (S. 323): **Eintritt** 14 DM ... Linker Hand der Haltestelle Pompeji Scavi/Villa dei Misteri (wenn man rauskommt) der gute **Camping Zeus** - zu empfehlen für kleine Gruppen, Gebühren nicht nach Pers., sondern nach Stellpatz berechnet, ca. 28 DM. Lohnt sich also bei 4 Leute schon durchaus. Lage und sanitäre Anlagen einwandfrei, besser als die beiden anderen, sehr einfachen Plätze.

• Brindisi (S. 325): **wichtig** - Überfahrt ohne Mehrkosten für Interrailer sind nur bei der italienischen Gesellschaft **Adriatica Navigazione** und der griechischen **Hellenic Mediterranean Line** möglich! Die von den zwei Linien authorisierten, offiziellen Büros (embarkation office) stellen die Tickets für Deckpassage aus, stempeln das Interrail-Ticket und kassieren **nur** die Hafengebühr (derzeit ca. 15 DM). **Diese Büros befinden sich im Obergeschoß der Stazione Marittima**. In allen anderen nichtoffiziellen Ticketbüros droht Nepp: übler Laden z. B. gegenüber dem Bhf. Brindisi Centrale. Mit großen gelben Hinweisschildern "Interrail/Eurail Student Tickets to Greece/Tourist Information" wird man magisch angelockt. Kassiert werden dann z. B. 30 DM für "Sitzreservierung und heiße Duschen" - alles fauler Zauber! Laßt Euch darauf nicht ein. Bei Adriatica und Hellenic müßt ihr nur Hafengebühr zahlen und habt freie Überfahrt an Deck!

• Reggio di Calabria (S. 329): zwischen Hbf. Reggio C. Centrale und Fähranlegestelle gibt es eine **kostenlose Busverbindung** (blaue SALA-Busse mit Schild "Service FS" im Fenster) ... Camping degli Ulivi ist geschlosssen.

• Stromboli (S. 330): unvergeßliches Erlebnis - der einzig ständig aktive **Vulkan** Europas! Überfahrt ab Milazzo kostet ca. 20 DM und dauert ca. 7 std. Übernachten kann man z. B. am Strand zwischen den an Land gezogenen Booten, Richtung Norden gibts ca. 1,5 km vom Hafen einige einsame Buchten. Wer sich fit fühlt, kann die Besteigung des Kraters allein machen, 500 m vom Hauptkrater haben Pioniere Steinwälle aufgerichtet, wo man gut nächtigen kann. Unbedingt reichlich Wasser mitnehmen! **Aufstieg mit Führer** kostet pro Nase ca. 30 DM: Abmarsch gegen 18.30 h, nach 3,5 std. ist man am Gipfel, unterwegs etliche Pausen mit Erklärungen des Führers, 1 std. Aufenthalt, Abstieg ca. 2,5 std., gegen 1,30 h ist man wieder unten (erste Fähre geht schon wieder 5.30 h retour). Büro des Bergführers am Kirchplatz (großes Schild), Taschenlampe mitbringen.

• Palermo (S. 331): absolut urige Unterkunft und das absolut billigste, was wir gefunden haben - **Locanda Calabrese**, Via Orologio 56 (Nähe Teatro Massimo), Tel. 587095. Etwa 35 DM fürs DZ, bei mehreren Nächten Rabatt.

• Agrigento (S. 334): **Albergo Gorizia** gibts nicht mehr, **Hotel Belvedere** kostet ca. 50 DM fürs DZ ohne eig. Bad.

• Syrakus (S. 335): uns beeindruckte das stark verzweigte Gruftsystem der **Catacomba di San Giovanni** in der Nähe der antiken Stadt. Führungen tägl. außer Mi 10,11, 12 h, in der warmen Jahreshälfte auch 16, 17 und 18 h. Etwa 3 DM.

• Etna (S. 337): beim **Rifugio Sapienza** ist die zerstörte Seilbahn wieder aufgebaut worden. Für ca. 2,50 DM hin u. zurück (als Schüler/Student "tarif reduito" verlangen) kann man auf 2500 m Höhe schweben.

Frankreich

• Bahnfahren (S. 342): Vorsicht vor Klau in **Nachtzügen**, hier sind oft Diebesbanden unterwegs. Wer im Schlaf beklaut wird, erhält von den meisten Reisegepäckversicherungen keine Zahlung!

• Straßburg (S. 347): die Jugendherberge **René Cassin** ist ab Place Kleber mit Bus 3, 13 oder 23 zu erreichen und kostet ca. 16 DM mit Frühstück, man kann dort schön zelten, Tel. 88302646. Das **Centre International** ist sehr modern und sehr teuer (ca. 28 DM), zelten nicht möglich. Zu erreichen mit Bus 21 bis Hippodrome, Tel. 88601020.

• Chamonix (S. 350): Karten für die Fahrt auf den **Aig. du Midi** besser reservieren, da oft ausgebucht.

• Nizza (S. 352): clevere, wenn auch mit ca. 35 DM teure Übernachtung bietet die Studentenresidenz **Les Colinettes**, Rue Robert Schumann, Tel. 93970664, Einzelzimmer und relativ zentrale Lage, vom Bhf. 20 min. oder Linie 17, Strand 20 min entfernt ... Restaurant **Papier Maché** existiert nicht mehr.

• Menton (S. 352): dort eine recht gute **JH** - Bergsteigen wird belohnt mit Aussicht aufs Meer vom Balkon oder Speisesaal. Für französische Verhältnisse reichliches Frühstück, Tel. 93359314.

• Antibes (S. 354): günstige Unterkunft ist **Bed & Breakfast**, 16 a Avenue Gazan ... Essen im **Mezza Luna**, 25 Rue Sade/Place Nationale.

• Cannes (S. 354): Übernachten am Strand nicht empfehlenswert Sandreinigungsmaschinen 'verschlucken' rumliegende Sachen, außerdem teils brutale Polizeikontrollen. Auch im bzw. vor dem Bhf. Kontrollen - eventuell auf der anderen Seite des Bhf. (Überführung) unter einer Autobrücke den Schlafsack ausrollen. **Hotel de Bourgogne** kostet mittlerweile ca. 60 DM fürs DZ. Gute und große Pizza im **Café de Triomphe** gegenüber vom Bhf. (ca. 13 DM).

• Tarascon (S. 359): **Schloß des Königs René** im Sommer tägl. bis 19 h geöffnet (Einlaß bis 18 h), der kleine Camping Tartarin liegt 50 m hinter dem Schloß.

• Arles (S. 359): **JH** erst ab 17 h geöffnet, im Sommer oft voll, aber man darf nur zwei Nächte bleiben. Wer zu früh da ist, kann um die Ecke ins Freibad gehen ... Man kann eine Stadttour auf den Spuren **van Goghs** machen, Di und Fr 17 h, Treffpunkt Tourist-Büro, echt interessant.

• Nimes (S. 363): zur **JH** sporadische Verbindungen mit Bus 20 und noch ein gutes Stück bergauf. Sonntags fährt nur die Linie 8, so daß man den ganzen Berg zu Fuß erklimmen muß. Dafür ist dort tagsüber immer jemand, man kann Betten buchen und Gepäck abstellen. Von jungen Leuten geführt, gute Atmosphäre ... Seit 1990 ist zu allen Sehenswürdigkeiten und Museen, insbes. zu den Römerstätten, der **Eintritt frei**!

• Montpellier (S. 364): Jugendherberge **Centre International** hat neue Tel.-Nr. 67603222.

• Narbonne (S. 366): am halbfertigen Ende der **Kathedrale** führt eine Treppe auf eine Art Kreuzgang auf dem Dach und zum Turm (ca. 3.30 DM).

• Collioure (S. 367): 1-2 km nördlich netter **Camping Les Criques de Portails** in Felsterrassen zum Meer, ca. 25 DM für zwei Pers., kleiner Supermarkt, Restaurant.

• Toulouse (S. 368): etwas außerhalb billiger **Camping Beauregard**, Quartier Sainte-Marguerite. Ab Bahnhof Bus 7 nach Terre Promise (Endstation) und noch ca. 200 m zu Fuß.

• Paris (S. 370): **Schließfächer** am Gare de l'Est und Gare du Nord sind oft vollständig belegt, am besten an anderen Bahnhöfen versuchen ... außer RER C jetzt auch **RER B** nördlich vom Gare du Nord für Interrailer frei (wenn man mal die Karte hat, kann man auch umsteigen, innerhalb der RER-Verbindungen gibts keine Schranken ... **Vorwahl** für Paris ist 1 ... die Jugendherberge "**Auberge de Jeunesse**" kostet mittlerweile ca. 28 DM, die Übernachtung in den **AJF-Hostels** fast 40 DM. Bei **Hotelreservierung** durch AJF wird automatisch eine Gebühr von 10 DM pro Pers. erhoben, Hostelreservierung etwas billiger, Hauptadresse AJF-Beaubourg lautet natürlich **Rue St. Martin** (nicht Rue S. Marin), öffnet bereits um 8.30 h ... **CISP Ravel**, 6 Avenue Maurice Ravel, 12e (Metro P.te de Vincennes), AJF-Hostel, Übernachtung mit Frühstück kostet ca. 28 DM. Gutes, aber nicht billiges SB-Restaurant im Haus, Mc Donald's 10 min. entfernt ... **Hotel du Centre**, nah am Gare de l'Est, die Rue St. Martin runter, dritte Querstraße rechts, DZ ca. 50 DM ... **Camping de Porchefontaine** kostet ca. 10 DM pro Pers., zwar harter Boden ganz ohne Gras, aber gute internationale Atmosphäre ... Laut Leserzuschrift ist es möglich, unter dem **Eiffelturm** oder in einem der umliegenden

Parks zu schlafen. Die Polizei toleriert das und führt sogar Kontrollen zur Sicherheit durch ... In der Rue Saint Jacques 187 im Quartier Latin befindet sich laut Leser Maurice Mayer ein sehr guter und preiswerter **Chinese**, Reisgericht mit Ente knapp 10 DM, Besitzer freundlich (von Metro Luxembourg in die Rue Gay-Lussac einbiegen, dann dritte rechts ... **Sidi Ibrahim**, Rue de la goute d'Or (Metro Barbes Rochechouart, Linie 2 oder 4), tolles nordafrikanisches Lokal, nette Bedienung, hervorragendes Cous-Cous, Preise für den kleinen Geldbeutel ... 24 x Mc Donald's in Paris, noch billiger und in der Stadt verstreut liegen die sog. **"Pomme de pain"**, spezialisiert auf Baguettes ... Sehr billig einkaufen kann man im sog. **"Chinesenviertel"**, Metro Belleville ... Eintritt im **Louvre** ca. 10 DM, Studenten 5 DM, sonntags einheitlich alle 5 DM (also nicht frei). Wer unter 18 ist, kommt mit internationalem Schülerausweis in viele Museen umsonst rein, darunter **Louvre** und **Musee d'Orsay**, aber auch **Versailles** ... Unbedingt ansehen solltet ihr die **Kathedrale von Saint-Denis**. Sie wird als Ursprung der Gotik bezeichnet, im Inneren befinden sich Gräber von karolingischen und französischen Königen, z. B. Karl Martell, Pippin der Kurze, Ludwig II. und Katharina von Medici. Unter der Krypta Reste der ersten merowingischen Basilika mit Königsgräbern, Eintritt ca. 5 DM. Am Eingang kostenlose Kopfhörer, die auf die jeweilige Sprache eingestellt werden können. Zu erreichen mit Metro bis Saint-Denis Basilique.

• *Euro Disneyland*: vermögende Interrailer haben vielleicht Lust, diesen brandneuen **Vergnügungspark** der Superlative zu testen, der am 12. April östlich von Paris eröffnet wird! In 29 Attraktionen werden amerikanische Vorbilder kopiert. Tageskarte kostet schlappe 60 DM, ein Campingplatz soll benachbart liegen. Wir harren Eures Berichts!

• *Rouen* (S. 386): **Jugendherberge** recht ordentlich, auch mit DZ, Übernachtung ca. 18 DM pro Pers. In der Nähe das riesige Einkaufszentrum Saint Sever, wo es eigentlich alles gibt.

• *Tours* (S. 383): Bus 6 zur JH fährt auch sonn- und feiertags jede Stunde. Frühstück in der Herberge schlecht.

• *La Rochelle* (S. 393): kein Minibus mehr von der **JH** zum Bahnhof, aber man kann laufen ... inzwischen gibt es dafür Busse zur **Ile de Re** ... **Les Sables d'Olonne** liegt etwas nördlich an der Küste, Bahnverbindung. Man lebt zwar vom Tourismus, aber die Gegend um die JH (Ortsrand) ist absolut ruhig. **JH** fast ein Geheimtip - Dünenlage, 2 min. zu Fuß zu überraschenderweise ziemlich leeren Stränden. Zu erreichen mit Bus 2 (Richtung Cote Sauvage) ab Jet d'Eau (Ortsmitte, Nähe Bhf.). Die JH-eigenen Zelte sind allerdings nicht sehr empfehlenswert, ziemlich schmuddelige Feldbetten. Adresse: **Ancien Sémaphore**, Rue du Sèmaphore, La Chaume, Tel. 51957621.

• *Bordeaux* (S. 393): nicht mehr schwarz durch Abgase, sondern mit Sandstrahl gereinigt ... Übernachten am **Bhf. St. Jean** angeblich ohne weiteres möglich.

• *Arcachon* (S. 394): **JH** am Cap Ferret hat nur Stehtoiletten, um 22 h wird das Wasser abgestellt. Jungs schlafen draußen im Zelt, Mädchen in total überfüllten engen Räumen ... Campingplatz auf der Halbinsel **Cap Ferret** liegt mitten im Pinienwald, Strand ist leerer und sauberer als in Arcachon selber, viele Jugendliche ... **Camping de la Foret** bei der Dune du Pilat sehr laut und teuer. Besser ist **Petit Nice**, zwar kalte Duschen, dafür sauberer und mit leichterem Zugang zum Meer.

Spanien

• *Bahnfahren* (S. 400): erfreulich - **Zuschläge** gibt es angeblich nur noch in Talgo- und IC-Zügen! ... **Platzreservierung** kostet dafür ca. 3.50 DM.

• *Praktisches* (S. 401): in Südspanien sind in der Hauptsaison viele Jugendherbergen geschlossen, z. B. die in **Sevilla**, **Malaga** und **Torremolinos**.

• *Barcelona* (S. 406): **Hostal Pere Tarres** kostet ca. 12 DM, Schließzeit Mitternacht ... Preis für Büffet im **Kaufhaus Corte Ingles** leider total überholt, kostet nun ca. 40 DM! Es gibt aber ein tolles Frühstücksbüffet für ca. 10 DM (tägl. bis 11.30 h) - riesige Auswahl an Salaten, Kuchen, Joghurt, Aufschnitt und Getränken ... **Barcelona Bus Turistic** fährt für ca. 8 DM alle wichtigen Sehenswürdigkeiten an (Tramvia Blau, Funicular Tibidabo und Teleferic Montjuic im Preis inbegriffen). Abfahrt von 14-21.30 h an jeder Sehenswürdigkeit und auch am Bahnhof Santes. Aber Vorsicht - allein die Rundfahrt ohne Stopps dauert ca. 2 std.

• *Sitges* (S. 412): **Hotel Terminus** kostet ca.

50 DM fürs DZ mit Balkon, sehr sauber und immer noch das günstigste in der Stadt.

• *Almeria* (S. 418): **Information** in der Calle Jesus Durban Remon (Seitenstr. der Calle Ermanos Machado), schwer von außen zu erkennen.

• *Nerja* (S. 419): eine Oase in der Wüste der Betonburgen entlang der Costa del Sol. Es gibt günstige **Hostales**, in der HS aber oft belegt ... Keine Führung in der **Tropfsteinhöhle**, auch nicht immer Musik ... Günstiges Essen im **La Familia**, Calle Diputacion Provincial.

• *Granada* (S. 419): **Pension Castil**, Darillo de la Magdalena 1-2, Nähe Kathedrale, freundliche Wirtin, ca. 18 DM ... Stadtbusse 1, 3 und 5 fahren ab Kreuzung Av. Andaluces/Av. de la Constitution (vom Bhf. 150 m geradeaus) zum **Camping Sierra Nevada**, Pool kostet ca. 2,50 DM extra.

• *Cordoba* (S. 422): Regionalzüge verkehren ab neuem Bahnhof **El Brillante**, vom Zentralbahnhof Buspendelverkehr dorthin ... **Übernachten** im Bahnhof doch nicht möglich, Bahnhofspolizei kontrolliert ständig ... Im Mai 1991 hat eine neue hochmoderne **Jugendherberge** aufgemacht, Plaza Juda Levi 2 (neben Information). Übernachtung mit Frühstück und Bettwäsche im DZ mit WC/Du (!) kostet derzeit nur 12 DM ... Anfahrt zum **Camping** jetzt mit Bus 10, Schwimmbad teuer, gegenüber riesiger Supermarkt mit großem Angebot.

• *Ronda* (S. 423): offizielle **Gepäckaufbewahrung** in der Bar beim Busbahnhof.

• *Algeciras* (S. 424): **Camping Costasol** ist ein schöner Platz mit kostenlosem Schwimmbad, Bus nach Riconsillo ab Busbhf. Gut geeignet für Gibraltar-Besucher.

• *Gibraltar* (S. 424): die ganze Stadt ist **duty free-Zone**.

• *Jerez de la Frontera* (S. 425): **JH** wie ein Hotel, mit Swimmingpool und abschließbaren 1-4-Bettzimmern, Preis aber wie in jeder anderen JH ... Im Ort liegt das **Landesgestüt der spanischen Hofreitschule**. Möglichkeit bei der morgendlichen Arbeit (tägl. außer Mo 11-13 h) oder einer großen Gala (Di u. Do ca. 20-22 h) zuzuschauen.

• *Cadiz* (S. 425): **Hostal El Sardinero** gibt es nicht mehr, aber in den kleinen Gäßchen um die Plaza San Juan de Dios sind noch mehr billige Pensionen.

• *Sevilla* (S. 426): Estacion San Bernardo und Estacion Plaza de Armas beide geschlossen. Dafür wurde etwa 1,5 km außerhalb vom Zentrum ein neuer hypermoderner Hauptbahnhof eröffnet - **Estacion de Santa Justa**, Avenida de Kansas City. Sehr streng bewacht, übernachten keinesfalls möglich, Gepäckaufbewahrung mit Durchleuchtung. Bus 70 Richtung "Prado de San Sebastian" geht ins Zentrum, bis Endstation in der Nähe der alten Estacion San Bernardo fahren, dort im Umkreis viele Hostales ... Zum **Camping Sevilla** fährt direkt von der neuen Estacion de Santa Justa der Bus EA Richtung Flughafen. Der Platz liegt in der Einflugschneise (laut), knallharter karger Boden, Swimmingpool gegen Gebühr ... **Hostal Perez Montilla** hat nun zwei **, d. h. ca. 80 DM fürs DZ (dafür ganz in der Nähe in der S. Clemente, bei der Plaza Curtidores, ein Hostal für 40 DM das DZ).

• *Huelva* (S. 428): die beiden Campingplätze **Playa de Mazagon** und **Cota Donana** sind teuer und von spanischen Familienurlaubern überlaufen. Der Strand ist aber nach wie vor schön.

• *Madrid* (S. 428): **Schließfach** im Chamartin kostet ca. 5 DM, **Metroticket** 2 DM ... DZ im **Hostal Soledad** mit Etagendusche ca. 40 DM, mit eig. Dusche ca. 45 DM, mit Du/WC ca. 50 DM.

• *Toledo* (S. 432): Bahnhof hat **Gepäckaufbewahrung**, Swimmingpool am Campingplatz **Circo Romano** kostet jetzt 5,50 DM.

• *Avila* (S. 434): sehr nett ist die **Fonda Valverde** in der Calle Estrada, ca. 18 DM.

• *San Sebastian* (S. 437): Weg zur Gepäckaufbewahrung stimmt nicht mehr.

• *Santiago de la Compostela* (S. 442): Innenhof des **Hospital de los Reyes Catolicos** kann nicht besichtigt werden.

Portugal

• *Bahnfahren* (S. 444): **Süd-Expreß** kostet laut Leserzuschrift keinen Zuschlag ... Da die Züge von Irun nach Lissabon völlig überfüllt sind, sollte man rechtzeitig beim Schaffner einen **Liegewagen** reservieren (ca. 25 DM pro. Pers.). Lohnt auch wegen der langen Fahrt, ca. 13 std.

• *Viana do Castelo* (S. 447): **Information** auch im Bhf. ... Wer zum Camping will, muß nach der Flußüberquerung die erste Straße rechts nehmen. Nach 400 m **Orbitur-Camping**, daneben **Inatel-Camping** ... Restaurant Tunel ist mittlerweile eins der teuersten, gut und billig dagegen das Restaurant der

Pension Laranjeira, Rua Manuel Espragueira 24.

• _Porto_ (S. 447): **Pension Monumental** wurde kürzlich renoviert, sehr sauber, Frühstück ok, ca. 40 DM fürs DZ.

• _Coimbra_ (S. 450): sehr zu empfehlen der große, stufig angelegte **Markt** an der Rua Fernandes, Nähe Jardim da Manga.

• _Nazare_ (S. 452): **San Martinho do Porto** ist mittlerweile sehr überlaufen, viele Pauschaltouristen. **Pension Carvalho** ist sauber und bietet DZ mit gutem Frühstück für ca. 50 DM.

• _Obidos/Peniche_ (S. 452): mittlerweile halten an der kleinen **Bahnstation** alle Züge außer einem täglichen IC-Zugpaar. Vom Bhf. muß man etwa 10 min. in die Stadt hinauflaufen ... **Gepäck** kann man kostenlos bei der Information in der Stadt abstellen ... Etwa 10 x tägl. fahren Busse nach Peniche, Haltestelle in der Nähe des Aquädukts. Schiff auf die **Berlenga-Inseln** kostet ca. 15 DM hin u. zurück (Verkauf nur 8-11 h morgens, oft ausverkauft).

• _Lissabon_ (S. 453): der erste Satz "Europas schönste Hauptstadt, wie viele meinen" ist bei einigen Lesern auf Kritik gestoßen. Wir nehmen ihn mit dem Ausdruck des Bedauerns zurück ... **Touristenpaß** gilt jetzt 4 Tage und kostet ca. 13 DM, 7 Tage 18 DM ... Alternative zur JH in Oeiras - in Caxias, einige Bahnstationen vorher, gibt es ein kirchliches Jugendhaus **Centro Psychopedagogico** mit sehr freundlicher und familiärer Atmosphäre, ca. 18 DM mit Frühstück, Schließzeit 1 h nachts. Verbindung mit häufigen Zügen aus Lissabon, wenn man aus dem Bhf. kommt, einfach die Straße 5 min. geradeaus bergauf, parallel zum Meer. ... Die Preise in den angegebenen Pensionen sind mittlerweile fast doppelt so hoch, z. B. **Pension Central** ca. 50 DM ... Zur **Christus-Statue** fährt man am besten mit der Fähre in den Stadtteil Almada, von dort mit dem Bus, dann ca. 10 min. Fußmarsch hinauf zur Statue ... **Vorsicht Klau**: im Vorortzug nach Cascais aufpassen, wenn jemand beim Anfahren des Zugs die Tür offenhält - meist rennt dann ein "Kollege" durch den Gang, schnappt sich Taschen und reißt Ketten vom Hals, um dann aus dem anfahrenden Zug zu springen! Ähnlich in den Trams - Jungs rennen nebenher, springen kurz auf, reißen einem die Tasche oder den Photo weg und springen wieder ab.

• _Cascais_ (S. 457): **Campingplatz** liegt 5 km vom Bhf., zu viert kann man ein Taxi nehmen, ist schneller und auch nicht teurer als der Bus.

• _Sines_ (S. 459): Stichbahn von Ermidas nach **Sines** wurde stillgelegt, es fahren nur 2 x tägl. Bahnbusse (10.30 und 21.45, Stand 91).

• _Lagos_ (S. 460): Pensionen in der Stadt kosten mittlerweile um die 50 DM, **Os Reis** direkt in der Fußgängerzone ist sehr sauber und relativ ruhig (in der HS jedoch keine Chance!). **Camping Imulagos** ist empfehlenswert, kostet aber ca. 10 DM pro Pers., incl. Bustransfer in die Stadt, Benutzung des Privatstrands und freier Eintritt in eine Disko ... Gute Ausweichmöglichkeit für Lagos ist **Porto do Mos**, 4 km westlich, schöner langer Sandstrand und nicht überfüllt.

• _Salema_ (S. 461): jetzt auch schon in der **Nebensaison** überlaufen und hektische Bautätigkeit ... nicht alle **Busse** fahren bis zum Meer hinunter, z. T. muß man 1-2 km das Tal hinunterlaufen.

• _Sagres_ (S. 461): Zimmer noch immer billig, nach Küchenbenutzung fragen. Gutes Restaurant **Rosa dos Ventos**, von Deutschem geführt, direkt am Hauptplatz bei der Bushaltestelle. **Geldwechsel** am Kiosk an der Hauptstraße günstig, angeblich keine Gebühren. Zum **Campingplatz** kommt man mit dem kostenlosen Campingbus, der etwa stündlich fährt (mittags nicht). Taxi kostet ca. 6 DM.

• _Olhao_ (S. 463): kein Orbitur-Campingplatz auf der **Insel Armona** (nur Bungalows), auch Wildzelten nicht möglich. Der einzige Camping liegt 2 km von Olhao, mit Bus ab Bhf. (Bushaltestelle 50 m links vom Bhf.).

Marokko

• _Anreise_ (S. 464): von Tanger nach Algeciras 30 % IR-Ermäßigung bei allen Linien ... Algeciras-Ceuta kostet ca. 30 DM.

• _Praktisches_ (S. 467): Leserbrief zur Ankunft in Tanger: "Wir dachten, daß die Warnungen in eurem Buch übertrieben seien, aber schon bei der Ankunft wurden wir eines Besseren belehrt. Ein **"Zöllner"** (wie er sich nannte) lotste uns durch den Zoll. Es ging alles ziemlich reibungslos. Am Ausgang verlangte er dann von uns eine sogenannte Gebühr für den Zoll. Da wir keine Dirham hatten, gaben wir ihm 10 Franc. Er war zufrieden und ging zurück. Wenig später sahen wir den "Zöllner" in der Innenstadt, wo er versuchte, sich Touristen als guide aufzudrängen" ... Bei der Zugfahrt von **Tanger nach Süden** wird immer wieder mit allen erdenklichen Tricks versucht, euch in Asilah zum Aussteigen zu bewegen. Es ist zwar wirklich ein hübscher Ort mit gutem Strand, aber wenn ihr nicht aussteigen wollt, laßt euch nicht belabbern, man hat es nur auf euer Geld abgesehen, so freundlich sich die "Studenten" auch geben!! Zur Abschreckung folgender Leserbrief: "Im Zug von Tanger nach Rabat trafen wir zwei "nette" Marokkaner, die mal als Gastarbeiter in Deutschland gearbeitet hatten. Sie sprachen deutsch und wir kamen ins Gespräch. Sie überredeten uns, in Asilah auszusteigen, denn es sei gefährlich, in Rabat nachts anzukommen. Sie gaben uns eine "günstige" Adresse, wo wir gut übernachten könnten. Wir gingen daraufhin mit ihnen zu der Pension und bekamen tatsächlich ein schönes Doppelzimmer zum Preis von 30 DM (zum Vergleich: später bekamen wir in Rabat ein Zimmer für 7 DM). Als wir unsere Sachen ausgepackt hatten, luden uns die beiden Marokkaner zu einer Tasse Tee ein. Als wir dann zusammen saßen, fingen sie an, Hasch zu rauchen. Wir nahmen nichts. Kurze Zeit später kam dann ein Hilfspolizist (wie er sich nannte) und behauptete, wir hätten Hasch geraucht. Damit er es nicht seiner Behörde melde, sollten wir jeder 200 DM zahlen. Als dann die zwei Marokkaner auch sagten, wir hätten Haschisch geraucht, sahen wir keine andere Möglichkeit, als zu bezahlen. Wir zahlten dann, nach langem Handeln, zusammen 200 DM. Die drei nahmen das Geld und wir sahen sie nie wieder" ... Ansonsten: hütet eurer **Rucksack** wie euren Augapfel, damit niemand Haschisch hineinschmuggeln und euch damit erpressen kann! Besondere Vorsicht, wenn ihr mit dem Gepäck im **Vorraum des Zugs** steht - einem Leser wurde kurz vor Abfahrt der Rucksack von einem draußen stehenden Marokkaner entrissen. Der Zug fuhr an und der Rucksack war draußen!

• *Asilah* (S. 474): **Camp Africa** ist geschlossen, ca. 200 m weiter stößt man auf zwei weitere Plätze, dort können Hütten gemietet werden (10 DM pro Pers.).

• *Fes* (S. 477): Lesertip - "vom Bahnhofsvorplatz mit **Bus 10** zum Bab Boujeloud (Endstation Busbahnhof). Dann durch das große blaue Tor und nach 20 m auf der rechten Seite in das **Hotel Kaskade**, DZ ca. 15 DM" ... Nehmt statt normaler Taxis die sog. **Business-Taxis**. Diese Taxis sind Firmenwagen, deren Fahrer sich etwas dazu verdienen wollen und nur halb so teuer. Meist japanische Kleinbusse mit Ladefläche.

• *Rabat* (S. 479): **Hotel Darna** wurde geschlossen, in der Nähe gibts aber mehrere preisgünstige Pensionen.

Niederlande

• *Amsterdam* (S. 493): seit 1991 müssen alle Telefonnummern um eine vorangestellte **6** ergänzt werden ... Im **Sleep In** kaum eine Chance, wenn man sich nicht morgens auf die Warteliste setzen läßt und bis 16 h wartet ... in der **Heineken-Brauerei** gibts 5-6 Führungen täglich, die aber schnell ausverkauft sind, also früh kommen, Eintritt ca. 2 DM. In moderner Multivisionstechnik wird eindrucksvoll der Bierbrauprozess erklärt, es gibt eine Menge Freibier.

• *Eindhoven* (S. 509): das frühere **Philips-Museum** ist seit einem Jahr Kongreßzentrum, kein Museum mehr.

Belgien

• *Praktisches* (S. 511): **Telefonieren** kann man jetzt auch mit 20 Bf-Münzen.

• *Brüssel* (S. 513): **Atomium** kostet 7,50 DM, direkt daneben **Europa-Park** (Mini Europe) - viele Sehenswürdigkeiten aus ganz Europa im Maßstab 1:25 aufgebaut, typisch amerikanisch (ca. 17 DM), außerdem **Erlebnis-Hallenbad**.

• *Antwerpen* (S. 517): Vorwahl ist **03**. Bettina Fuhrmeister empfiehlt **Hotel Billard Palace** ca. 100 m rechts vom Bahnhof, Kon. Astridplein 40, Tel. 03/2334455 (leider keine Preisangabe).

• *Gent* (S. 519): Weg vom Bhf. zur Zimmerreservierung der **Rijksuniversiteit** ca. 2 km, nicht 800 m.

Großbritannien

• *Praktisches* (S. 532): **Banken** verlangen oft sehr hohe Gebühren, z. B. Llyods Bank ca. 12 DM. **Postsparbuch** oft nur beim Hauptpostamt möglich, speziell in Schottland kann man schnell auf dem Trockenen sitzen. **Geldautomaten** gibts sehr häufig ... Großbritannien ist teuer - **JH-Preise** (Stand 91): unter 16 7,80-22.20 DM, 16-20 10.50-26.70 DM, 21 und älter 13.20-32.40 DM. In London spezielle Preise, die deutlich höher liegen (bis 45 DM!), in Schottland etwas billiger. Frühstück kostet jeweils ca. 7 DM extra, ebenso Bettücher (wer sie selber mitbringt, kann sparen). **Selbstversorgung** ist am billigsten, alle JH haben gute Selbstversorgerküchen. In der Hauptsaison unbedingt vorreservieren - kann man laut Leserzuschrift für die meisten JH telefonisch machen, am entsprechenden Tag dann bis 18 h dort sein (andere Leser machten jedoch die Erfahrung, daß Reservierung unmöglich ist!). Es gibt mittlerweile auch etliche **Independent Hostels** in GB, die untereinander einen Reservierungsservice haben ... **English Heritage Paß** (1 Jahr gültig) ist deutlich teurer.

• *Dover* (S. 535): **JH** in der London Street, nicht in der London Road (letztere ist die Autobahn nach London!) ... Kostenloser **Pendelservice** zwischen Fähren und Bahnhof.

• *Canterbury* (S. 535): etliche B&B's in der Nähe der JH, z B. **Raemore House**, 33 New Dover Road, Tel. 0227/769432, ca. 10 min. vom Hbf., sehr nette Gastgeber, als alle Zimmer belegt waren, durften Leser für ca. 15 DM pro Pers. in einem Wohnwagen neben dem Haus schlafen ... Wenn die JH ausgebucht ist (oft der Fall), wird man zu **Mrs. Conolly** geschickt, 26 New Dover Road. Die gute Frau stopft in ihr Haus rein, was nur geht, eigenartige Szene, aber lustig, kostet ca. 27 DM mit Frühstück (JH 28 DM) ... Beim **"Ghostwalk"** erzählen urig verkleidete Studenten Schauergeschichten und verteilen angeblich vergifteten Pie (Do, Fr, Sa 20.30 ab Buttermarket, ca. 6 DM) ... Die **"Canterbury Tales"** sind eine Art Spaziergang ins Mittelalter mit Puppen, Geräuschen und Gerüchen (St. Margaret's Street, tägl., ca. 12 DM).

• *Exeter* (S. 539): **JH** soll gut sein, auch Zelten ist erlaubt. Mit Bus Richtung Topsham bis School Lane, Post Office.

• *Dartmoor* (S. 540): die JH in **Steps Brigde** (Bus 82 ab Busbahnhof in Exeter) ist sehr einfach und billig, aber gemütlich, liegt mitten im Wald. Der Warden Jeff ist sehr hilfsbereit, gutes Abendessen für ca. 10 DM.

• *Penzance* (S. 542): **JH** hat nette Leitung, vielfältiger Speiseplan fürs Abendessen ... Umgebung eignet sich gut zum Fahrradfahren, wenn man Steigungen bis 20 % nicht scheut - mehrere Verleiher in der Stadt, z. B. **Bikeabout** gleich beim Bhf., vermietet gute Mountainbikes. Lohnend, um den schönen Ausflug zum Land's End zu machen (per Bus ca. 13 DM) ... Strand ist enttäuschend, lieber nach **St. Ives** fahren, dort riesige weiße Sandstrände, Felsen und billige Fish n'Chips ... Zwischen Pencanze und Land's End etliche **Campingplätze**, hier kommt man immer irgendwo unter ... Am Land's End eine Art **Freizeitzentrum** mit Restaurant, Café, Shops und diversen Attraktionen, den Eintritt von 12 DM kann man sich aber sparen. Zum westlichsten Felsen kommt man (noch) ohne Eintritt.

• *Bath* (S. 543): bei der **JH** werden große Zelte aufgestellt, in denen man günstiger übernachten kann als im Haus, außerdem ist man an keine Schließzeit gebunden. Ein schöner Fußweg führt nach Bath hinunter (ca. 15 min.) ... **Campingplatz** liegt 10 Busminuten vom Bhf. sehr ruhig an einem kleinen Bach ... **YMCA-Haus**, neue Tel.-Nr. 460471 ... Die **Römischen Bäder** kosten mittlerweile schlappe 15 DM Eintritt.

• *London* (S. 544): Jugendherbergen sind extrem teuer geworden, z. B. **Holland House** 45 DM ohne Frühstück (dafür aber sauber und neu, freundl. Rezeption, relativ günstiges SB-Restaurant), **JH Hampstead Heath** ca. 36 DM ohne Frühstück (nachts gibt es dort doch eine Schließzeit) ... **Talbot Hotel**, Sussex Gardens, 5 min. von Paddington Station, ca. 25 DM im Mehrbettzimmer mit Bettwäsche, Sauberkeit läßt zu wünschen übrig, Duschen im Zimmer, Kochgelegenheit im Haus ... **Victoria Station** wird nachts von 1-5 h geschlossen! Alle Railer werden vor die Tür verwiesen, um 3 h Wasserreinigung, außerdem viele Penner - guter Treffpunkt für Railer, aber nicht zum Übernachten geeignet ... **Schließfächer** (locker) in Victoria Station deutlich teurer als in anderen Bahnhöfen, je nach Größe 7.50-15 DM ... In Museen kann es passieren, daß keine **Rucksäcke** zur Aufbewahrung angenommen werden (z. B. British Museum) ...

I.D. Student House sehr heruntergewirtschaftet, nur im Notfall, übernachtung im Schlafsaal ca. 21 DM ohne Frühstück ... **Camping Crystal Palace** wird von vielen Lesern gelobt (zwar relativ teuer, aber sehr sauber, viele Interrailer, freundliche Leitung), liegt allerdings nicht beim Bhf. um die Ecke, sondern 15-20 min. entfernt auf einem Hügel ... günstige Unterkunft ist **Anne Elisabeth House**, Collingham Place, sehr zentral gelegen, knapp 5 min. von der U-Bahnstation Earl's Court, ca. 30 DM pro Pers. mit Frühstück ... **B&B**, 68 Elms Road, Tel. 6226082, christliches Haus, niedriger Standard, ca. 25 DM pro Pers. (U-Bahn Clapham Common) ... "mein Tip: mit dem Zug Richtung Cambrigde fahren und in **Harlow** aussteigen. Dort kann man in einer einfachen und alten, dafür billigen und gemütlichen JH übernachten (Tel. 0279/21702), regelmäßige Verbindungen, Fahrtzeit ca. 30 min. ... **Travelcards** gibts in zahlreichen Versionen: von einem Tag für ca. 7 DM (Zone 1, 2), 8,10 DM (Zone 1, 2, 3, 4) oder 9.30 DM (alle sechs Zonen) über drei, vier und fünf Tage bis sieben Tage für 30 DM (Zone 1, 2) und 66 DM (alle Zonen). Karte für Zonen 1 und 2 reicht völlig aus ... **Fatso's Pasta Joint** und **Jimmy's** in Soho gibt es nicht mehr und bei **Wendy's** wurden die Salatbars abgeschafft. Dafür im **Trocadero** eine gute asiatische Fast-Food-Street mit günstigen Preisen ... **Taco Bell**, im Vergleich zu anderen Fast Food-Läden billig, der Clou - Colabecher etc. werden unbegrenzt häufig kostenlos wieder aufgefüllt (wie in USA). Ein kleiner Becher (ca. 2.30 DM) reicht so locker für mehrere Personen, selber schuld, wer einen großen kauft. Tacos sind runde, in der Mitte gefaltete, harte Scheiben aus Mais, gefüllt mit Hackfleisch, Gemüse und Salat (ab ca. 2 DM) ... Die billigsten Läden und Restaurants in Chinatown. Viele Supermärkte sind täglich rund um die Uhr geöffnet ... Unbedingt lohnend das neue **Museum of the Moving Image** (U-Bahn Embankment bzw. Waterloo), das die Entwicklung der Filmkunst bis zur heutigen Zeit zeigt ... Im **Naturgeschichtlichen und Geologischen Museum** ist Mo-Fr ab 16.30 h Eintritt frei ... **Museum oft London** soll demnächst etwas kosten.

• _Oxford_ (S. 556): wirkt großstädtischer und etwas abweisender als Cambrigde ... Zeltmöglichkeit in der **JH** (kleiner grüner Nipper-Bus 73 ab Queens Lane), ansonsten super B & B bei **O'Neill**, 111 Southmoor Road, 25 DM pro Pers., man kann kommen und gehen, wann man will, nette Wirtin, gutes Frühstück ... **Pizzeria Alfredo** hat leider dicht gemacht, gut und billig essen kann man aber bei **Pastifichio**, George Street, außerdem tolle Pizzeria **Pizza Pazza** in der Park End Street ... **Botanischer Garten** am St. Magdalen's College, der älteste Europas (seit 1640), ca. 3 DM ... **Punten** kann man nur bis 19 h.

• _Stratford-upon-Avon_ (S. 557): umsteigen in **Leamington Spa**, nicht Warwick. JH ok (Selbstversorgerküche, gemütliche Zimmer, Bus 18 ab American Express-Büro in der Hauptstraße). Nächster Camping ist nicht Elms Camp, sondern der Platz direkt am **Racecourse**, 2 km vom Zentrum, ohne Busverbindung.

• _Cambrigde_ (S. 557): **Eros Restaurant** gibt es nicht mehr, billig essen kann man aber im **Nordsee-Restaurant** (zwischen Fluß und Markt) ... Unbedingt einen **"Guided City Walk"** mitmachen, so lernt man die Colleges samt Kapellen am besten kennen. Dauert 2 std., kostet ca. 9 DM.

• _Liverpool_ (S. 558): das **Beatles Museum** im restaurierten Albert Dock ist tatsächlich eröffnet! Kostet allerdings 9 DM (Stud. 6 DM). Tanja Duckgeischel schreibt: "Wir hatten uns das Ganze ein bißchen größer und moderner vorgestellt" ... Mit der Wirral Line nach Meals fahren, von dort ca. 15 min. Fußmarsch zum **Camping Burbo-Park**.

• _Chester_ (S. 559): eine der edelsten **Jugendherbergen** in England, gerade frisch renoviert, erstrahlt diese liebe- und geschmackvoll eingerichtete Villa in altem Glanz. Stuck an der Decke, rote Samtvorhänge, Standuhren, perfekt ausgerüstete Küche, tolle Sanitäranlagen, in den 4-Bettzimmern Waschbecken. Etwa 18 DM ohne Frühstück (mit ca. 26 DM). Allerdings Schließzeit 23 h und ziemlich weit draußen ... **Guided City Walk** ist zu empfehlen, Startpunkt am Chester Visitor Center in der Nähe des römischen Amphitheaters.

• _York_ (S. 561): ein Bett im billigsten 20-er Schlafsaal vom **Bishophill House Youth Hostel** kostet 21 DM, DZ wesentlich mehr, lockere Atmosphäre ... **Maxwell's Hotel**, in der Straße Walmgate, Bett im 4-Bettzimmer (dormitory) kostet ca. 24 DM pro Pers., kontinentales bzw. englisches Frühstück für 3 oder 6 DM ... ein neuer **Campingplatz** liegt nur ein paar Schritte vom Zentrum, ist ultramodern und gut bewacht, allerdings nicht billig ... **"The Original Ghost Walk"** beginnt abends um 20 h am King's Arms Pub, Ouse Brigde. Für ca. 6 DM führt ein erfahrener

Geisterexperte Gruppen durch die Stadt und stoppt an Gebäuden, kleinen Gassen und Kirchen um die dazugehörigen Gespenstergeschichten zu erzählen, gespenstisch gut ... **Eisenbahnmuseum** kostet ca. 10 DM, ebenfalls das **Jorvik Viking Centre**, das so toll nicht sein soll ... Pub **Black Swan** scheint geschlossen zu sein, netter Treff ist ein Pub direkt neben der **Ouse Brigde** am Flußufer, abends sitzt oder steht alle Welt draußen, viele jugendliche Touristen und Einheimische.

• North Yorkshire Moors Railway (S. 562): kostet mittlerweile ca. 20 DM pro Pers. einfach, keine Stud.-Ermäßigung.

• Carlisle (S. 563): **JH** gibt es seit 1991 nicht mehr.

• Cardiff (S. 566): **Camping Pontcanna Fields** ist ein reiner Caravan-Site, keine Zelte! Nächster Platz ist der **Lavernocks Camping** in Penarth, Vorortzug nach Penarth, anschließend noch ein paar Stationen mit den kleinen Bustler-Stadtbussen und ca. 10 min. laufen. Recht einsam gelegen, schöner Ausblick auf den Bristolkanal.

• Edinburgh (S. 571): eine Kirche wurde zu einem Hostel umfunktioniert - **Belford Youth Hostel**, Ecke Belford Road/Douglas Gardens, Tel 031/2256209. Im Kirchenschiff sind die Schlafräume durch Vorhänge voneinander getrennt. Es gibt eine große Küche, Duschen und Aufenthaltsraum, Frühstück möglich, Kostenpunkt ca. 18 DM. Gesamturteil: sehr empfehlenswert ... Muirhouse Municipal Camping heißt jetzt **Silverknowes Camping**, ist der billigste in Edinburgh, zu erreichen mit Bus 14, von der Lage her gut, aber ziemlich dreckig, keine Waschmaschinen ... Beim **Busfahren** immer Kleingeld parat haben, nur die wenigsten Fahrer können wechseln ... Guter Pub ist **The Black Bull** in der Innenstadt, fast täglich Live-Folk Musik ... **Edinburgh Castle** kostet mit Führung knapp 10 DM, sieht von außen besser als von innen aus ... Am **Calton Hill** ist zusätzlich zur tollen Aussicht die 3-D-Show über Edinburgh zu empfehlen (ca. 4,50 DM, Stud. 3 DM) ... Am Anfang der Royal Mile ist das **Scotch Whisky Heritage Center**, dort wird man in kleinen Wägelchen durch die Geschichte des Whisky gefahren. Vor dem Einsteigen sagen, daß ihr die Erklärungen auf deutsch haben wollt (ganzjährig geöffnet ab 10 h).

• Pitlochry (S. 576): Schottland für Touristen, aber reizvolle Umgebung ... Die **Lachse** "springen" nicht, sondern schwimmen durch Rohre von einem Becken ins nächsthöhere, kann man durch eine Glasscheibe beobachten. Die meisten wandern im April und Mai ... In einer **Whisky-Brennerei** nah am Bhf. werden kostenlose Führungen veranstaltet ... Sehr hübsch liegt der **Campingplatz**, ca. 2,5 Meilen außerhalb an der Straße nach Blair Atholl.

• Inverness (S. 576): kann man getrost auslassen, als Ort langweilig ... **JH** kostet ca. 18 DM pro Pers., streng nach Männchen und Weibchen getrennt, auch vormittags kann man schon ein Bett bekommen. Sehr zu empfehlen das independent **"Inverness Student Hotel"** (für jeden offen) genau gegenüber, 8 Culduthel Road, Tel. 0463/236556, ca. 20 DM pro Pers., Bettücher incl., den ganzen Tag über frei Tee und Kaffee, nachts geöffnet bis 2.30 h, toller Blick vom Common Room über den River Ness. Unbedingt vorher reservieren, ist nicht besonders groß ... **Bught Camping & Caravan Park** bei der Eislaufanlage ist einer der billigsten in Schottland (ca. 6 DM pro Pers./Zelt), ins Zentrum ca. 15 min. zu Fuß am Fluß entlang ... Schön für einen Spaziergang sind die **Ness Islands**, nicht weit in südlicher Richtung am Fluß entlang ... Bus ab Busbahnhof nach **Drumnadrochit** kostet ca. 10 DM hin u. zurück. Das Dorf besteht aus diversen Loch Ness-Museen, Loch Ness-Souvenirläden, Loch Ness-Kinos und anderem Schnickschnack. Eintritt ins **Official Loch Ness Exhibition Centre** beträgt ca. 11 DM (ganz gut gemacht, schöne Hintergrundmusik, aber trotzdem ziemlich überteuert) ... **Urquhart Castle** kostet ca. 4 DM, Ruine sieht vom Parkplatz malerischer aus als von innen ... **Gordon's Minibus Tour** kostet ca. 25 DM, Buchung im Tourist Info, Church Street, Tel. 73202.

• Bahnstrecke Inverness bis Kyle of Lochalsh (S. 578): großartig, aber man muß 18 DM extra bezahlen (Rückfahrt 12 DM).

• Kyleakin (S. 579): neues Independent Hostel **Backpackers Guest House**, Tel. 0599/4510, Nähe Fähranlegestelle, soll ähnlich gut wie das in Inverness sein.

Irland

• Praktisches (S. 585): hebt 5 Pfund auf! Dieser Betrag wird euch als **"Ausreisesteuer"** spätestens beim Kauf des Rückfahrttickets aus der Tasche gezogen! ... Es gibt inzwischen fast hundert **Independent Hostels**, bei denen man meist auch zelten kann.

• *Dublin* (S. 587): North Strand Hostel gibt es nicht mehr, auch Übernachtung in der JH Mountjoy Square nicht mehr möglich. Dafür befindet sich in der Mountjoy Street die größte irische JH mit 500 Betten: **Dublin International Youth Hostel**, Tel. 01/301766 ... Im Bahnhof übernachten ist praktisch unmöglich. Davor aber viele Railer ... Camping Cromlech Cottage gibts nicht mehr, **Camping Shankill** ist auch mit dem Zug zu erreichen (bis Shankill und 10 min. zu Fuß) ... Bitte nicht im **Phoenix-Park** übernachten, ist gefährlich - 1991 wurden dort zwei deutsche Camper überfallen, von denen einer ermordet wurde!! ... Bei gutem Wetter super Übernachtungsmöglichkeit in **Howth** draußen am Sandstrand.

• *Cork* (S. 594): zum **Camping Cork City Caravan & Camping Park** ab Busbahnhof Bus 14 nach Togher nehmen.

• *Doolin* (S. 598): **Doolin Hostel** ungemütlich, **Tomo** gibt es nicht mehr, zu empfehlen das **Aille River Hostel** (netter Warden, Fährinfos zu den Aran Islands liegen aus, man kann im Garten zelten).

• *Galway* (S. 598): "machte auf uns einen total überfüllten Eindruck, Verkehrschaos, Menschenmassen wälzen sich durch enge Gassen, Wechselstube an Souvenirladen und umgekehrt und abends war es fast unmöglich, einen der zahlreichen Pubs von innen zu betrachten" ... Saubere und angenehme Atmosphäre bietet das **Arch View Hostel**, 1 Upper Dominick Street, Tel. 091/66661. Warme Dusche, große Küche und Aufenthaltsraum ... **Camping Bally Laughan** (gespr. Lachaan) ist mit Bus 5 ab Eyre Square zu erreichen, noch 10 min. zu Fuß. Es gibt eine Küche, Fernsehzimmer und ganz in der Nähe einen Supermarkt ... Im **Touristenbüro** kann man Bus nach Rosseveal, Überfahrt nach Inishmore und Unterkunft in dortigem Independent Hostel mieten. Herbergsvater holt einen ab, nette Leute, Fahrradverleih.

• *Clifden* (S. 599): **Leo's Hostel** ist zu empfehlen, hat auch DZ für ca. 15 DM pro Pers., Leo wäscht und trocknet Wäsche für ca. 9 DM, Rent a bike befindet sich direkt vor dem Haus (Preis um die 15 DM). Ein Hostelbus fährt tägl. von Galway über Clifden nach Westport und zurück (wesentlich billiger als Überlandbusse). Das **blaue Hostel** ist ebenfalls ok, abzuraten ist derzeit vom **roten Hostel** (runtergekommen).

• *Westport* (S. 600): der Hostelbus von Leo's bringt einen direkt zum **Granary Hostel**. Uta Seiler und Janko Oeser aus O-9407 Lößnitz schreiben: "durch ein großes Holztor betraten wir einen mit Buckelsteinen gepflasterten Hof. Von der lustigen und sehr gesprächigen Dame des Hauses wurden wir in eine uralte Steinscheune geführt. Im Erdgeschoß befand sich die Küche mit einem gußeisernen Ofen aus Großvaters Zeiten. Unsere Betten standen direkt unter den Dachgebälk. Wer sich an Spinnweben nicht stört, kann nachts dem Prasseln des Regens lauschen. Wasch- und Duschgelegenheiten sind auf dem Hof zu finden. Ein herrlich grüner Garten rundet das Gesamtbild ab. Kurz und gut, wer keine hohen Ansprüche an den Komfort stellt, aber lockere Atmopshäre in rustikaler Umgebung liebt, sollte mal im Granary Hostel, The Quay, Westport vorbeischauen. Preis ca. 12 DM pro Pers., Entfernung zum Bhf. 45 min., zum Meer 5 min.".

• *Sligo* (S. 601): wer von Galway nach Sligo will, sollte mit der Bahn über **Athlone** nach **Ballina** fahren (kleines lohnendes Städtchen, jedoch kein Camping) und von dort mit Bus weiter nach Sligo (ca. 20 DM, Stud. bekommen Ermäßigung) - herrliche Fahrt durch kleine Dörfchen, oft am Meer entlang.

Skandinavien allgemein

• *Bahnfahren*: checken, ob die **Nordturist-Karte** für Eure Ansprüche vielleicht passender ist als IR, Auskünfte und aktuelle Preise in DER-Reisebüros.

• *Übernachten* (S. 605): alle **Jugendherbergen** lassen sich telefonisch reservieren, da viele bereits Mitte August schließen, sollte man immer besser vorher anrufen.

• *Verpflegung*: sehr lohnend, **möglichst viele Lebensmittel** von zu Hause mitzubringen. Man schleppt zwar, kann aber enorm sparen!

Dänemark

• *Bahnfahren* (S. 606): zwischen Helsingör und Helsingborg sind nur die **dänischen Bahnfähren** gratis, die schwedischen kosten mit Interrail-Ticket ca. 8 DM.

• *Kopenhagen* (S. 615): **Interrail-Center** ist geöffnet 6.30-23 h, Duschen kostet ca. 3.50 DM ... Für Busfahrten gibt es die **Rabatkort** mit 11 Streifen, mit der beliebig viele Leute fahren können ... **Chili**, gegenüber "Use it", gemütliches Restaurant mit teilweise originellem Publikum, echter Tip für Salatfans ... **Rizraz**, Kompagnistraede 20. Großes Buffet mit mediterraner Küche, mittags 15 DM, abends 22 DM ... Sehr zu empfehlen ist der **Aldi-Markt** in der Innenstadt, in dem es deutsche Waren zu günstigen Preisen gibt (zwischen Kongens Nytorv und Rosenborg Have versteckt in einer Seitenstraße, parallel zur Einkaufsstraße) ... **Disko Woodstock**, super Musik, aber leider oft nichts los ... Angeblich gibt **Scandinavian Seaways** keine IR-Ermäßigung auf der Strecke Kopenhagen-Oslo.

• Helsingör (S. 621): **Camping Gronnehave** ist zu Fuß in 20 min. zu erreichen.

Schweden

• Malmö (S. 627): **Information** in der Post, gleich neben dem Bahnhof. **Interrail-Center** in der Stadt am Stortorget, 3 min. zu Fuß ab Bhf.

• Jönköping (S. 630): am Vättern-See. Das Kulturhuset bietet auf dem Gelände einer ehemaligen Streichholzfabrik eine günstige Übernachtungsmöglichkeit im Schlafsaal einer sog. **Sommerhärbärgä** für 16 DM (+ 14 DM Schlüsselpfand), geöffnet 15.6.-15.8. Man kann dort auch günstig Fahrräder ausleihen. Jönköping besitzt einen mehrere Kilometer langen Sandstrand mitten im Herzen der Stadt, an dem man auch gut schlafen kann.

• Stockholm (S. 630): **Zinken Hostel** kostet fast 30 DM, dafür kann man kostenlos warm duschen und hat einen eigenen Zimmerschlüssel. Keine Schließzeit, Leute sind nett, Tel. 08/6685786. Im **Frys Huset**, Tegelviksgatan 19-23, kann man nicht mehr übernachten. Gute neue **JH Langholmen**, südlich der Altstadt in Söder, Tel. 08/6680510. Neue Tel.-Nummern: **JH Af Chapman**, Tel. 08/6795015, **JH Skeppsholmen**, Tel. 08/6795017 ... **Wasa-Museum** ist völlig umgestaltet. Es muß nicht mehr feucht-warm gehalten werden, das Schiff trocknet langsam und man kann es von fünf verschiedenen Ebenen betrachten.

• Gävle (S. 638): wirklich nette Stadt mit schönen alten Häusern, nicht nur im Gamla Gävle, sondern auch den Fluß entlang, außerdem gute **Jugendherberge**.

• Uppsala (S. 636): **Fahrradverleih** nicht mehr im Stadshus, sondern "Cykelstallet" in der Soartbadesgatan (gegenüber vom Linné-Garten). Lohnt sehr in Uppsala - überall in der Stadt Fahrradwege bzw. -spuren.

• Bahnstrecke Mora - Östersund (S. 637): soll eingestellt worden sein.

• Boden (S. 640): ganz toll und wirklich preiswert ist **Bodens Camping**, Gammelbyvägen - kostenlose Sauna, Freibad, Whirlpool, große Küche und ebenfalls kostenlose Duschen. Allerdings liegt ein Schießplatz der Armee daneben. Kostet ca. 18 DM pro Zelt und Nacht ... Einige Leser übernachteten in der **Seebühne** am großen See in der Stadtmitte, relativ geschützt und problemlos.

• Kiruna (S. 640): es reicht, mit einem frühen Zug anzukommen, das **Erzbergwerk** zu besichtigen und anschließend gleich weiter zu fahren, der Ort bietet sonst nichts Besonderes.

Norwegen

• Oslo (S. 646): das **Haraldsheim** kostet mit Ausweis ca. 32 DM, **Bjerke Studentenheim** existiert nicht mehr ... Neuerdings gibt es im Hbf ein etwas versteckt gelegenes **Interrail-Center** (6.30-23 h), halb so groß wie in Kopenhagen, sehr gemütlich, Duschen (ca. 5.50 DM), günstiger Imbiß, Zimmerinfos, Gepäckdeponierung u. a. ... Frei campen, wie gesagt, möglich im **Waldgebiet** am nördlichen Stadtrand. Jedoch nicht **direkt** am dortigen See, der als Badesee dient! Bitte ein Stück in den Wald reinlaufen ... Unbedingt die Sommerfeste am **Holmenkollen** besuchen, tolle Spektakel, die tausende von Besuchern anlocken, außerdem herrliche Wanderwege um die Schanze. Aufzug kostet mittlerweile ca. 7 DM.

• Flam (S. 651): **Jutta Heimly** ist keine JH mehr, sondern bietet DZ für ca. 80 DM.

• Bergen (S. 651): **Interrail-Point des YMCA** liegt gut 15 min. vom Bhf. entfernt, wirkt ziemlich provisorisch und kostet ca. 22 DM, für 10 DM konnte man davor zelten. Ziemlich enges Matratzenlager, aber super eingerichtete Küche und sehr nette Leute.

• Lillehammer (S. 654): derzeit keine JH und auch kein Campingplatz vorhanden.

• Geiranger (S. 655): keine JH, aber guter **Campingplatz** mit Hütten 2 km außerhalb.

• Trondheim (S. 655): ebenfalls ein **Interrail-Center**, klein und gemütlich, Kochgelegenheit und Dusche (ca. 3 DM).

• *Lofoten* (S. 657): **rorbuer** kosten ca. 80-100 DM, bei 4 Pers. also 20-25 DM, bei 6 Pers. knapp 14-17 DM pro Nase.

• *Narvik* (S. 658): **JH** sehr teuer, ca. 42 DM, besitzt nur eine Kochplatte ... Seilbahn auf den **Fagernesfjell** kostet mittlerweile ca. 16 DM hin u. zurück, stattdessen Fußmarsch auf bequemer, aber steiler Straße möglich (ca. 1 1/2 std.) ... Fast jeder, der morgens um 5 Uhr mit dem Bus nach **Fauske** bzw. **Bodo** will, übernachtet direkt am Busbahnhof (bei der Information Treppe hoch). So verpaßt man den Bus sicher nicht.

Finnland

• *Bahnfahren* (S. 660): **Übernachtung** im Zug völlig unproblematisch - viel Platz und weiche Sitze. Wenn der Zug voll ist, kann man eventuell in den Gepäckwagen ausweichen, Schaffner akzeptiert das meistens.

• *Turku* (S. 665): es gibt ein **Interrail-Information-Center** mit kostenloser Gepäckaufbewahrung, billigem Café und netten Leuten. Wegbeschreibung: auf der gegenüberliegenden Seite des Ex-Segelschulschiffs Suomen Joutsen geht man ca. 500 m am Wasser entlang in Richtung Fährhafen. Dann liegt kurz hinter einer Fußgängerfähre auf der rechten Seite ein kleiner Schuppen, das Info-Center ... Zur **Mittsommernacht** ausgelassene Feiern, die Einheimischen fahren mit ihren Booten singend den Fluß auf und ab.

• *Helsinki* (S. 667): wenn die JH im Olympiazentrum voll ist, kann man versuchen, im **Olympiapark** sein Zelt aufzuschlagen, Kontrollen nicht allzu häufig ... Super **Pizzeria** im Forum-Einkaufszentrum ... **Finnish Design Center** eine einzige große Baustelle ... Mit Bus 16 kann man ab Marktplatz bis 1,5 km vor den **Zoo** fahren, dann laufen und mit Schiff zurück.

• *Hämeenlinna* (S. 671): die tollen Schiffsfahrten kosten leider pro Tag ca. 100 DM.

• *Lappeenranta* (S. 673): **Camping Huhtiniemi** hat Kanuverleih, man kann schöne Ausflüge zu diversen einsamen Inselchen machen. wenn man links herum an der Küste entlang fährt, gelangt man an einen schönen Sandstrand. Für ca. 25 DM kann man einen **Schiffsausflug** machen ... Preiswertes **Pizza-Restaurant Rosso**, Brahenkatu 3, Pizza ab 16 DM, vegetarische, auf Wunsch auch lectosefreie Gerichte, englische Speisekarte, nette Bedienung, Salat ist im Preis incl.

Polen

Polen hat das schwere Schicksal, an der Nahtstelle zwischen den zwei großen Machtblöcke Deutschland und Rußland zu liegen. Hier am Kreuzungspunkt zwischen Ost und West haben Jahrhunderte von Invasionen ihre Spuren hinterlassen. Vor allem der Überfall der deutschen Wehrmacht von 1939, der den Zweiten Weltkrieg einleitete, und die folgende millionenfache Ermordung der Juden haben das Verhältnis der Polen zu ihren westlichen Nachbarn geprägt.

Nach den grausamen Verbrechen, die Deutsche verübt haben, ist es schwer, ohne Scham durch das Land zu fahren. Trotzdem haben sich die Polen ihre traditionelle Gastfreundschaft bewahrt. Reizvolle Ziele sind neben den Städten *Warschau*, *Krakau* und *Danzig* die abwechslungsreichen Landschaften - die *Hohe Tatra* im Süden des Landes, die beschauliche *Masurische Seenplatte* und die *Bialowiezer Heide* an der russischen Grenze.

Wie in allen osteuropäischen Ländern geht es der Wirtschaft und den Menschen schlecht, die Preise sind für uns geradezu spottbillig.

• *Mit der Eisenbahn durch Polen*: dichtes Schienennetz, aber seltene Verbindungen - in der Regel verkehren Bummelzüge (**osobowe** bzw. **normalne**), ansonsten gelegentlich die schnellen, platzkartenpflichtigen Expreßzüge **(expresowy)** und die etwas langsameren Schnellzüge **(pospieszny)**. Es empfiehlt sich, die reservierungspflichtigen Expreß-Züge zu benutzen, diese sind weniger überfüllt. Was die Pünktlichkeit betrifft, hat sich in den letzten Jahren einiges gebessert. Die Züge sind meist alt und etwas gammlig, Toiletten funktionieren oft nicht. Dafür ist Bahnfahren ausgesprochen billig (100 km ca. 2 DM !) - allein für Polen lohnt sich das Interrail-Ticket keinesfalls. Alternative sind folgende Bahnpässe für Polen: **Explorer Paß** (nur unter 26 Jahren) für 7 Tage 34 DM, 14 Tage 68 DM, 21 Tage 102 DM, zu beziehen an allen größeren deutschen Bahnhöfen, **Polrail Paß** (jede Altersgruppe) für 8 Tage 75 DM, 15 Tage 85 DM, 21 Tage 95 DM, 30 Tage 105 DM, zu beziehen bei den Niederlassungen von **Polorbis**, z. B. 5000 Köln 1, Hohenzollernring 99-101 und 2000 Hamburg, Glockengießerwall 3.

Liegewagen auf polnischen Strecken kosten ca. 9 DM, **Schlafwagen** ca. 15 DM, in internationalen Zügen werden deutsche Preise gezahlt. Reservierungen ins Ausland erhält man nur an der "kasa miedzynarodowa", die oft etwas schwer zu finden ist. Man kann Fahrkarten auch in den **Orbis-Büros** außerhalb der Bahnhöfe kaufen. Abfahrtszeiten findet man auf gelben Plakaten namens **odjazdy**, Ankunft auf weißen Plakaten **przyjazdy**.

- Einreise: **Reisepaß** nötig, kein Visum.
- Geldwechsel: am besten Bargeld mitnehmen, wird überall gewechselt. Banken, die Traveller-Schecks wechseln, sind selten. Kurs ca. 6000 zloty (zł) = 1 DM, stark inflationäre Tendenz.
- Übernachten: Doppelzimmer mit Frühstück kosten in einfachen **Hotels** ca. 30-70 DM, **Privatzimmer** werden oft an den Bahnhöfen angeboten, ca. 20-25 DM pro Pers. **Jugendherbergen** gibt es in jeder größeren Stadt, insg. 200, z. T. nur im Sommer geöffnet. **PTTK** betreibt ein Netz von Herbergen für Erwachsene, heißen meist "Dom Turysty" oder "Dom Wycieczkowy". **Almatur** vermittelt im Sommer Plätze in Studentenwohnheimen. Auf **Zeltplätzen** können oft Bungalows gemietet werden.
- Essen: auch die opulenteste Mahlzeit kostet selten mehr als 10 DM. **Speisekarten** auf Englisch oder Deutsch gibt es nur in den teuren Orbis-Hotels.
- Sprache: mit Englisch oder Deutsch kommt man kaum durch. Am besten alles aus dem Sprachführer auf kleine Zettel schreiben, die man bei Bedarf zückt oder Zeichensprache.

Warschau *(Warszawa)*

Hauptsächlich Betonklötze und grau verrußte Hochhäuser beherrschen das Stadtbild. Im Zweiten Weltkrieg wurden fast 90 % aller Gebäude von den deutschen Besatzern zerstört, zwei Drittel der Bewohner umgebracht. Wenige Städte der Welt haben ein solch tragisches Schicksal erlitten. Heute lockern etliche große Parks das strenge Stadtbild auf, am schönsten der Lazienki-Park im Süden Warschaus.

Sehr sehenswert die äußerst aufwendig restaurierte Altstadt *Stare Miasto*, die nach dem Krieg vollständig in Trümmern lag. Um den Marktplatz *Rynek Starego Miasta* stehen 40 alte Bürgerhäuser mit prächtigen Giebeln. Bisher noch erschwinglich: 20 min. mit der doroski (Kutsche) durch die Altstadt zuckeln (ca. 10 DM). Am plac Zamkovy steht das frühere *Königsschloß*, ebenfalls vollständig neu wiederaufgebaut, die Ausstattung ist aber z. gr. T. original erhalten (Di-Sa 10-14.30 h, nur mit Führung).

Vom *Warschauer Ghetto*, in dem die Juden 1943 ihren verzweifelten Aufstand versuchten, ist so gut wie nichts mehr erhalten - die deutsche Wehrmacht machte alles dem Erdboden gleich. 300.000 Warschauer Juden wurden in Konzentrationslager verfrachtet, der Rest (ca. 80.000) wurde während und nach dem Aufstand umgebracht. Das Ghetto lag südwestlich der Altstadt, markante Punkte: der ehemalige *Umschlagplatz* mit Steindenkmal (hier wurden die Juden in die KZ abtransportiert), das *Monument der Ghettohelden* auf einem Platz an der ul. Zamenhofa (frühere Kommandozentrale des Aufstands), die *Synagoge* an der ul. Twarda (Do 10-15 h), das *Pawiak-Gefängnis* an der ul. Dzielna 24/26, in dem die Nazis insgesamt hunderttausend Menschen gefangen hielten und fast die Hälfte davon an Ort und Stelle umbrachten (Mi-So 9-16 h), der *Jüdische Friedhof* an der ul. Okopowa und das *Jüdische Historische Institut* an der ul. Tlomackie 3/5, das z. T. als Museum fungiert und das Leben im Ghetto dokumentiert (Mo-Fr 9-15 h).

Das *Nationalmuseum* liegt an der Al. Jerozolimskie 3, reiche Kunstkollektion aus aller Welt (tägl. 10-16 h). Den Warschauer *Zoo* findet ihr auf der östlichen Weichselseite im Park Praski (Stadtteil Praga), ca. 1.20 DM. Sehr schön auch das barocke Königsschloß *Wilanow* mit Park im Süden der Stadt (ca. 50 Pfennig), Busverbindung.

Kuriosität am Rand - der Warschauer *Radioturm* ist mit 646 m das höchste von Menschenhand geschaffene Gebilde der Welt!

• *Verbindungen/Bahnhof*: Warschau hat drei große Bahnhöfe, der zentralste ist der Hauptbahnhof **Warszawa Centralna** - moderne Betonklotzhalle mit sämtlichen Service-Einrichtungen auf mehreren Ebenen, Gleise liegen unterirdisch. Bus 160 fährt in 10 min. zur plac Zamkowy am Beginn der Altstadt.

• *Information*: im Bhf. gibt es Informationsschalter, Hauptstelle ist das **IT-Büro** (Informator Turystyczny) an der plac Zamkowy, am Eingang zur Altstadt (Mo-Fr 10-18, Sa/So 10-14 h). Informationen auch im **Orbis-Büro**, Ecke Krolewska/-Marszalkowska, am Weg vom Bhf. in die Altstadt.

• *Unterwegs in der Stadt*: **Stadtbusse** und **Trams** sind sehr billig, ca. 10-20 Pfennig pro Fahrt. Fahrscheine kauft man in Zehner- oder Zwanzigerpacks an den **"ruch"-Schaltern** und in Zeitungskiosken, außerdem in Privat-PKW, die oft neben wichtigen Haltestellen stehen (Schild im Fenster "bilety MPK"). Sofort nach Fahrtantritt im Automaten entwerten, Strafe für Schwarzfahren kostet ca. 10 DM.

Eine **U-Bahn**, die die Stadt von Nord nach Süd durchquert, ist in Bau und mittlerweile vielleicht fertig.

• *Übernachten*: im **Bahnhof** übernachten möglich, jedoch von Obdachlosen überfüllt.

IYHF-Jugendherberge, ul. Smolna 30, sehr nah am Hbf., deshalb oft belegt. Zu erreichen mit Bus 158, 175 und vielen Trams. Übernachtung etwa 5 DM in Schlafsälen mit 15 Betten, Schließzeit 22 h, Tel. 022/278952.

IYHF-Jugendherberge, ul. Karolkowa 53 a, nordwestl. vom Hbf., relativ weit vom Zentrum, deshalb meist weniger überfüllt. Tram 24 ab Hbf., derselbe Preis, Tel. 022/328829.

Im Juli und August vermittelt **Almatur**, ul. Kopernika 23, Tel. 022/262356, Plätze in Studentenwohnheimen (tägl. 9-15.30 h), Adressen ändern sich jährlich. Wer vor 14 h eintrifft, hat die größte Chance.

Hotel- und Privatzimmer vermittelt das **Syrena-Büro**, u. Krucza 17, Tel. 022/287540 (tägl. 8-20 h), 15 min. vom Hbf. Richtung Osten. Aber auch in Warschau gibt es inzwischen eine Menge weiterer Vermittlungsbüros, wahrscheinlich auch im Hbf.

Dom Nauczyciela ZNP, Wybrzeze Kosciuszkowskie 31-33, das "Haus der Lehrer" liegt nah am Fluß Vistula und hat zügige Busverbindung in die Altstadt. Vom Hbf. Bus 128. Über 200 Zimmer, DZ um die 35-40 DM, Einzel 22-30 DM (jeweils mit oder ohne eig. Bad möglich). Vorher anrufen und versuchen zu reservieren, da sehr beliebt, Tel. 022/279211, 262600.

PTTK Dom Turysty, Krakowskie Przedmiescie 4/6. Sehr bekannt und etwas runtergekommen, soll aber derzeit renoviert werden, preislich etwas günstiger als das Lehrerhaus, vom Hbf. Bus 175, Tel. 022/260071.

Camping Gromada, ul. Zwirki i Wigury. Bester Platz Warschaus, Bus 175 und 128 Richtung Flughafen, nur Juni bis August offen. Auch Bungalows sind zu mieten.

Der Süden

▶ **Krakau** *(Krakow)*: schönste Stadt Polens, blieb im Krieg weitgehend unversehrt. In den Vororten jedoch viel Industrie mit extrem hoher Umweltbelastung.

Zahlreiche Kirchen und eine tolle Altstadt mit dem *Rynek Glowny*, einem der größten Marktplätze Europas. In seiner Mitte die hundert Meter langen *Sukiennice* (Tuchhallen) und der *Rathausturm*, außerdem die wunderschöne gotische *Kosciol Mariacki* (Marienkirche) mit einem Hochaltar von Veit Stoß. Zu jeder vollen Stunde ertönt ein Trompetensignal, das abrupt abbricht - Erinnerung an den Wächter, der 1355 vor einem Tatarenüberfall warnte und dabei von einem Pfeil getroffen wurde. Auf einer Anhöhe im Süden der Altstadt gleich neben der Weichsel das *Wawel-Schloß* und die berühmte *Kathedrale*, an der Karol Wojtyla (Papst Johannes der Jetzige) Erzbischof war, beide können besichtigt werden (10-15 h).

- *Verbindungen/Bahnhof*: der Expreß von Warschau benötigt knapp 3 std. Bahnhof liegt etwas nördlich der Altstadt.
- *Information*: Hauptbüro **Wawel Tourist** an der ul. Pawia 8, Nähe Bhf. Sehr gut bestückt mit Infomaterial.
- *Übernachten*: Krakau ist eins der beliebtesten Ziele in Polen und dementsprechend überfüllt.

IYHF-Jugendherberge, ul. Oleandry 4, Tram 15 und 18, sehr groß, aber trotzdem meist überfüllt, ganzjähr. geöffnet, Tel. 012/338920.

PTTK Dom Turysty, ul. Westerplatte 15/16, Nähe Bhf. Schlafräume für 8 Pers. (ca. 16 DM pro Pers.), DZ (ca. 40 DM) und Einzel (ca. 30 DM), billiger Self-Service, Tel. 012/229566.

Juventur Hotel, ul. Slawkowska 3, zentrale Lage, DZ um die 40 DM, Tel. 012/214222.

Privatzimmer werden im Büro an der ul. Pawia neben dem Info-Büro vermittelt, **Almatur** am Hauptplatz Rynek Glowny 7/8 besorgt im Juli/August Plätze in Studentenwohnheimen.

Camping Krak, ul. Radzikowskiego 99, Bus 208, 2128 und 223.

▶ **Auschwitz** *(Oswiecim)*: das größte KZ der Nazis kann man mit dem Zug von Krakau erreichen (ca 1 1/4 h). Vom Bahnhof Bus oder Taxi. Fast 4 Millionen Menschen wurden hier von den Nazis umgebracht - eins der unfaßbarsten Verbrechen in der Geschichte unseres Planeten, verübt von Deutschen. Am Anfang den Film ansehen, den die Sowjets machten, nachdem sie das Lager befreit hatten. Zutiefst schockierend die Gaskammern und die gesammelten Habseligkeiten der Inhaftierten - ein Raum voller Haare, ein Schaukasten voller Brillengläser, Räume voller Schuhe, Zahnbürsten und Kleidungsstücke. Die Führer sind oft ehemalige Insassen (im Sommer tägl. 8-18 h, sonst ebenfalls tägl., aber nur bis 15, 16 oder 17 h).

▶ **Zakopane**: bekanntester Kur- und Wintersportort am Nordrand der *Hohen Tatra*, die Häuser sind meist aus Holz und sehen den skandinavischen ähnlich. Hier endet die südliche Bahnstrecke von Krakau, für die 150 km braucht der Zug ca. 4 std. Vom Bahnhof mit Bus zum Ortsteil Kuznice, von dort kann man mit der Seilbahn auf den *Kasprowy Wierch* (1985 m) fahren, ganz nah an der tschechischen Grenze. Danach kann man problemlos zu Fuß wieder hinuntersteigen, schöne Wanderung.

▶ **Tschenstochau** *(Czestochowa)*: berühmter Wallfahrtsort nördlich von Katowice. Zur *Paulinerkirche* mit ihrer Schwarzen Madonna pilgern jedes Jahr über 1 Million Gläubige.

Der Norden

▶ **Danzig** *(Gdansk)*: berühmter Ostseehafen mit riesigen Werften, Geburtsort von Solidarnosc. Die sehenswerte Altstadt ist vom Bahnhof in ein paar Minuten in südöstlicher Richtung zu erreichen - interessante Hanse-Architektur, erinnert zeitweise an Amsterdam.
Seht euch die *Kosciol Mariacki* (Marienkirche) an - eine der größten Backsteinkirchen Europas - vom Turm toller Blick auf die Stadt. Im *Rathaus* der Rechtsstadt lohnt das *Historische Museum* den Besuch, auch hier kann man den Turm besteigen.
Im Stadtteil Oliwa (S-Bahn ab Hbf. bis Gdansk-Oliwa) liegt die schöne gotische *Zisterzienserkathedrale*, samstags finden dort viele Hochzeiten statt, ansonsten lohnende Orgelkonzerte auf einer der größten Orgeln Europas.
Mit Bus 106 oder 158 ab Bhf. zum Denkmal auf der *Westerplatte* an der Ostsee, wo sich im September 1939, während des Überfalls Nazideutschlands auf Polen, nur knapp zweihundert polnische Soldaten eine Woche lang gegen eine Übermacht von über dreitausend Deutschen verteidigten. Der deutsche Panzerkreuzer Schleswig-Holstein gab hier den ersten Schuß des Weltkriegs ab. Man kann den Trip auch per Ausflugsschiff machen - es geht an der berühmten *Lenin-Werft* vorbei (heute Gdansker Werft), von der in den 70- und 80-er Jahren die Unruhen und Streiks ausgingen, die die Gründung von Solidarnosc und letztendlich den Sturz des kommunistischen Systems bewirkten.

• *Übernachten*: Privatzimmer werden vermittelt vom **Biuro Zakwaterowan**, ul. Elzbietanska 10, gegenüber von Hbf. (im Sommer tägl. 7-19 h). Ansonsten gibt es vier **Jugendherbergen**, die zentrumsnächste liegt in der ul. Walowa 21, 10 min. vom Hbf., Tel. 058/312313. **Campingplatz** (Juni bis September) an der ul. Jetlikowska 23, nahe am Strand bei Jetlikowo. Tram 2, 4 und 15 bis Endstation.

▶ **Marienburg** *(Malbork)*: ca. 50 km südlich von Danzig, an der Bahnstrecke Danzig-Warschau. Eine riesige Backsteinburg aus dem Mittelalter beherrscht den Ort, nach schweren Kriegsschäden wurde sie inzwischen wieder vollständig aufgebaut, Besichtigung lohnt (Di-So 9-16.30 h, Mo geschl., ca. 1 DM).

▶ **Masurische Seenplatte**: wunderschöne und ursprüngliche Landschaft. Größere Orte jedoch meiden, sind meist häßlich. An den vielen See gibt es überall Campingplätze, auf denen man Häuschen mieten kann (4 Betten ca. 5 DM/Tag), sind mit Bussen zu erreichen. Ansonsten unbedingt eine Schiffahrt über mehrere Seen machen, ca. 2.50 DM.
8 km östlich von Ketrzyn (Expreßzug ab Olsztyn braucht 1 3/4 std., weiter per Bus) die *Wolfsschanze*, der riesige unterirdische Befehlsbunker Hitlers, in dem am 20. Juli 1944 das Attentat Graf von Stauffenbergs fehlschlug.

Bestellung

☐ Ich möchte gerne unverbindlich das aktuelle Verlagsprogramm mit den Neuerscheinungen übersandt haben.

Alle unsere Titel sind im Buchhandel lieferbar, bitte bestellen Sie dort. Falls sich kein Buchladen in Ihrer Nähe befindet, liefern wir auch direkt.

BITTE SCHICKEN SIE MIR:

... Ägypten ca. 29.80 DM
... Altmühltal 26.80 DM
... Amsterdam ca. 26.80 DM
... Andalusien ca. 34,80 DM
... Berlin ca. 29.80 DM
... Bodensee 29.80 DM
... Bretagne 36.80 DM
... "DDR" 26.80 DM
... Dodekanes ca. 29.80
... England ca. 32,80
... Europawanderweg E 5 19.80 DM
... Fichtelgebirge 19.80 DM
... Fränkische Schweiz 29.80 DM
... Gomera 24.80 DM
... Griechenland/Gesamt 39.80 DM
... Griechische Inseln 34.80 DM
... Inter-Rail-1-Gesamt 29.80 DM
... Inter-Rail-2-Süd 29.80 DM
... Inter-Rail-3-Nord 26.80 DM
... Italien ca. 32.80 DM
... Jugoslawien/Gesamt 34.80 DM
... Jugoslawische Inseln 32.80 DM
... Korfu + Ionische Inseln 24.80 DM
... Korsika 29.80 DM
... Kreta 34.80 DM
... Kykladen 34.80 DM
... Marokko 29.80 DM
... Niederlande ca. 32,80 DM
... Nord/Mittelgriechenland 34.80 DM
... Oberitalien ca. 32.80 DM
... Peloponnes 32.80 DM
... Polen ca. 34,80 DM
... Rom/Latium 32.80 DM
... Sardinien 32.80 DM
... Spanien ca. 39.80 DM
... Sauerland ca. 29.80 DM
... Sizilien 32.80 DM
... Toscana 29.80 DM
... Tschechoslowakei 32.80 DM
... Türkei-Gesamt 39.80 DM
... Türkei-Mittelmeerküste 32.80 DM
... Türkei-der Osten 34.80 DM
... Ungarn 29.80 DM

Ausschneiden, auf Postkarte kleben oder in einen Briefumschlag stecken und ab geht die Post (Absender nicht vergessen)! Zustellung postwendend und portofrei, gegen Rechnung.

Michael Müller Verlag

Gerberei 19
8520 Erlangen

Verlagsprogramm

INTERRAIL

Fohrer, Eberhard:
Interrail Band 1 / Gesamt
Ein maßgeschneidertes Buch für Interrailer (bereits in zwei Sprachen übersetzt)! 20 europäische Länder, zusätzlich Marokko, Türkei und - brandneu - die Tschechoslowakei. Die schönsten Bahnlinien, Städte, Jugendherbergen, Sehenswürdigkeiten, Routen vom Nordkap bis Marrakesch , von Helsinki bis Ankara. Ein Muß für jeden Interrailer.

Die Zeit: "Birst geradezu vor Informationen"

690 Seiten, ISBN 3-923278-59-4

Fohrer, Eberhard:
Interrail Band 2 / Europa Mitte / Süd
Das Spezialbuch für Bahnreisende in Mittel- und Südeuropa, Marokko und der Türkei. Alle Tips für unterwegs - die interessantesten Routen, Sehenswürdigkeiten, preiswert Übernachten, günstig und gut Essen u. v. m. Detailliert wie kaum ein zweites Buch zu diesem Thema.

670 Seiten, ISBN 3-923278-02-0

Fohrer, Eberhard:
Interrail Band 3 / Europa Mitte / Nord
Das derzeit einzige Handbuch zum Bahnfahren in Mittel- und Nordeuropa - Skandinavien, Großbritannien, Irland, Benelux, Nordfrankreich, incl. BR Deutschland. Elementar für jeden Bahnfahrer: Routen, Städte, Landschaften, viele Wander- und Ausflugstips. Eine Anschaffung, die sich gerade im teuren Norden schnell rentiert.

390 Seiten, ISBN 3-923278-64-0

GROSSBRITANNIEN

Neu *Zeutschner, Michael* **England**
Hohe Kliffs bei Dover, endlose Sandstrände im Süden. Im Inland wechseln sanfte Hügel und Täler mit weiten Weide- und Heideflächen, dazwischen zwängen sich kleine, urige Dörfer mit schlichten Steinkirchen und alten Fachwerkhäusern. Im Süden Cornwall - die englische Riviera mit subtropischer Pflanzenwelt, zerklüfteter Steilküste und pittoresken Hafenstädten. London: europäische Metropole und ethnischer Schmelztiegel, Parks und Paläste, Kirchen und Museen, die roten Doppeldeckerbusse - und ein vielfältiges Kultur- und Nachtleben.

Ca. 450 Seiten, ISBN 3-923278-23-3

NORDAFRIKA

Grashäuser / Schäffer: **Marokko**

Palmen, Lehmburgen und die Wellen des Atlantiks - jede Menge handfester Tips und viele Hintergrundinformationen. Ein islamisches Völkergemisch mit einer fremden Kultur. Die Exotik der Landschaften und Menschen verstehen und in die morgenländische Welt des Maghreb el Akhzem eindringen. Touren durch die Königsstädte, in den Hohen Atlas und die Oasen der Sahara.

440 Seiten, ISBN 3-923278-24-1

Neu *Schröder, Thomas:* **Ägypten**

Eines der vielfältigsten Urlaubsländer der Welt - kaum vier Flugstunden entfernt und extrem preiswert. 5000 Jahre Geschichte, weite Wüsten, fruchtbare Oasen, Pyramiden und das Rote Meer. Tauchen und Baden auf dem Sinai, Bazarbummel in Kairo, mit dem Kamel ins Tal der Könige, mit der Feluke über den Nil . . . Dazu viele ausführliche Infos: Verkehrsmittel, Hotels und Restaurants, altägyptische Kunstschätze, Menschen und Mythen uvm.

ca. 500 Seiten, ISBN 3-923278-89-6

TÜRKEI

Weber u. a.: **Türkei - Gesamt**

Verlockung des Orients - gut erhaltene Ausgrabungsstätten, einsame Sandstrände und - preiswertestes Urlaubsland am Rande Europas. Türkei komplett: Istanbul, gesamte Ägäis- und Mittelmeerküste, Inneranatolien, Kappadokien, Schwarzmeer, Van-See, Ararat und Nemrut-Dagi. Tausende von Adressen und Tips, aktuell und gründlich recherchiert.

890 Seiten, ISBN 3-923278-70-5

Grashäuser / Weber:
Türkei-Mittelmeerküste, Kappadokien, Istanbul

Alles Wissenswerte zur "türkischen Riviera" - Übernachten, Essen, Sehenswertes . . . Badeurlaub im Schatten von Kreuzritterburgen und Minaretten. Im Hinterland Ausgrabungen von Weltrang: Ephesus, Troja, Milet. Kleinode in Inneranatolien, Istanbul, an der Südküste.

580 Seiten, ISBN 3-923278-29-2

Grashäuser / Schmid: **Türkei - der Osten und Schwarzmeerküste incl. Istanbul**

Vom großen Tourismus unberührt: Anatolien mit der unendlichen Weite seines Hochlands und der tiefgrünen Küste des Schwarzen Meeres. Der bergumrahmte Vansee, Erzurum, die orthodoxe Metropole des Ostens, der Bibelberg Ararat, oder Trabzon, die alte Kaiserhauptstadt Trapezunt, locken zu einer Entdeckungsreise. Ein zuverlässiger und unterhaltsamer Reisebegleiter.

570 Seiten, ISBN 3-923278-44-6

Weber u. a.: **Turkey**

The traveller's guide gives comprehensive information about the entire Aegean and Mediterranean coast, Sea of Marmara, West Anatolia, Cappadocia, Konya, Ankara and Istanbul. All you need to know about Antalya, Bodrum, Amamur - where you swim in the shadow of mediaeval castles and minarets - and Troy, Ephesus, Pergamon and Milet.

533 pages, ISBN 3-923278-39-X

SPANIEN

Schröder, Thomas **Spanien**

Ein faszinierendes Reiseland mit vielen Gesichtern: Endlose Atlantikstrände und hochalpine Bergwelt, gotische Kathedralen und maurische Burgen, Paella in Valencia oder Austern in Vigo. Zahllose wertvolle Tips zu Badeplätzen, Verkehrsmitteln und Tapa-Bars, zu Paradores, Hostals und Campingplätzen, zu urbanen Abenteuern in Barcelona und Madrid; dazu detaillierte Infos über Sehenswürdigkeiten und Hintergründe. Von der Costa Brava bis Galizien: ganz Spanien im Griff.

Ca. 600 Seiten, ISBN 3-923278-28-4

Schröder, Thomas **Andalusien**

Flamenco und Stierkampf, Sonne am Meer und Schnee auf der Sierra, menschenleere Wüsten und weiße Dörfer. Orient in Sevilla, Cordoba und Granada. Schloßquartiere und Landgasthöfe, Landrovertour am Guadalquivir und Streifzug durch die Alhambra, Gazpacho in Ronda und Sherry in Jerez: detaillierte Tips zu Hotels, Camping, Restaurants und Verkehrsmittel; zuverlässige Infos über die einsamsten Badeplätze, die reizvollsten Wanderungen und Autotouren, zu Sehenswürdigkeiten und Geschichte.

Ca. 400 Seiten, ISBN 3-923278-33-0

KANARISCHE INSELN

Zeutschner / Burghold / Igel: **Gomera**

Das immergrüne Paradies vor der Küste Afrikas - Lorbeerwälder und bizarre Schluchten! Niveauvoller Winterurlaub neben Palmen und Bananenhainen auf der abwechlungsreichsten Kanarischen Insel. Die schönsten Wanderungen, die preiswertesten Residencias, die besten Bars und Strände. Zuverlässig, umfassend und aktuell!

250 Seiten, ISBN 3-923278-09-8

OSTEUROPA

Neu *M. Salter / G. McLachlan* **Polen**

Die hohen Gipfel der Tatra, die beschaulichen Masurischen Seen und die urwüchsige Bialowiezer Heide lohnen einen Besuch, und abseits der ausgetretenen Pfade birgt Polen noch viele Überraschungen.
Am Kreuzungspunkt zwischen Ost und West war Polen oft das turbulente Kernland Europas. Jahrhunderte von Invasionen und Auswanderung haben ihre Spuren hinterlassen, aber trotz der Schrecken der jüngsten Vergangenheit hat Polen seinen Sinn fürs Feiern und seine traditionelle Gastfreundschaft bewahrt.

Ca. 450 Seiten, ISBN 3-923278-08-X

Zeutschner, Heiko: **Ungarn**

Alles über Land und Leute - nicht nur Budapest und Plattensee. Für den Reisenden akribisch recherchiert und detailliert: Übernachten, Essen, Sehenswertes, Shopping, Kultur, Camping, Wandern, Heilbaden, Reiten usw. Dazu viele Hintergrundstorys zu Interessantem und Kuriosem: Tokajer Weine, Pferdezucht, Donaukraftwerk, Pußtaausflüge...

480 Seiten, ISBN 3-923278-80-2

Humphreys, R: **Tschechoslowakei**

Brandaktuell und ausführlich: das Handbuch zu einem der interessantesten Länder in Osteuropa. Die "sanfte Revolution" von 1989 hat hier vieles verändert; dieses Buch ist auf dem neuesten Stand: so sind sogar schon die in jüngster Zeit geänderten Straßennamen verzeichnet. Ein nützlicher und unentbehrlicher Begleiter: ob in Prag, Bratislava oder Olomouc . . .

460 Seiten, ISBN 3-923278-98-5

GRIECHENLAND

Kanzler / Siebenhaar / Fohrer:
Griechenland Gesamt
Eine konzentrierte Zusammenfassung unserer Griechenlandreihe. In seiner Informationsfülle bestechend. Gesamtes Festland, Peloponnes und über 65 Inseln! Flächendeckend zahllose Tips, die sich schnell bezahlt machen: günstige Hotels, lohnende Tavernen, Nachtleben, Sehenswürdigkeiten, Ausgrabungen u.v.m.
720 Seiten, ISBN 3-923278-60-8

Fohrer / Kanzler / Siebenhaar:
Griechische Inseln
Inseln wie Sand am Meer - Nördliche und Südliche Sporaden, Ionische und Saronische Inseln, Dodekanes, Kykladen, Kreta und mehr. 75 griechische Inseln in einem Band vom Norden bis tief in den Süden! Alles Notwendige und viel Wissenswertes: Übernachten, Baden, Camping, Wandern, Tavernen, Klöster, Bootstrips, Sport, Ausflüge ins unberührte Hinterland.
650 Seiten, ISBN 3-923278-65-9

Kanzler, Peter:
Nord- und Mittel- Griechenland
Reisehandbuch mit vielen praktischen Tips zum griechischen Festland. Baden auf Chalkidiki, Bergwandern auf dem Olymp, Meteora-Klöster zwischen Himmel und Erde, das Orakel von Delphi . . . Athen, die Millionenstadt. Dazu die vorgelagerten Inseln: Korfu, Skiathos, Thassos, Samothraki, Skopelos, Euböa, Limnos u.v.m.
600 Seiten, ISBN 3-923278-50-0

Siebenhaar, H.-P.: **Peloponnes**
Alles zum »Herzen« Griechenlands und der umliegenden Inselwelt. Kilometerlange Sandstrände bei Killini, die weltberühmten Ausgrabungen von Olympia und Mykene, das Theater von Epidauros, die karge Halbinsel »Mani«, Mistra - die verfallene Klosterstadt, die Inseln Kephallonia, Ithaka, Zakynthos, Lefkas, Hydra, Spetse, Ägina und und und.
500 Seiten, ISBN 3-923278-45-4

Fohrer, Eberhard: **Kreta**
Schluchten, Meer, Palmenstrand. Über 600 Seiten Information und Hintergründe - die schönsten Strände, versteckte Fischerdörfer, minoische Paläste, byzantinische Fresken, familiäre Pensionen. Außerdem jede Menge detaillierte Wanderrouten. Ein unentbehrlicher Begleiter, der sich schnell bezahlt macht.
615 Seiten, ISBN 3-923278-35-7

Kanzler / Siebenhaar:
Korfu und Ionische Inseln
Griechenland mal anders - italienischer Flair und griechische Lebensart. Viele praktische Tips zu den grünen Inseln vor der Westküste Griechenlands. Korfu, Kephallonia, Zakynthos, Ithaka und die winzigen Eilande im Umkreis - bis auf Korfu noch abseits der Touristenströme. Sandstrände, Felsbuchten und Zypressenwälder.
260 Seiten, ISBN 3-923278-19-5

Fohrer, Eberhard: **Kykladen**
Mittelpunkt der griechischen Inselwelt: Mykonos, Paros, Naxos, Santorini und 21 weitere Inseln. Die schönsten Strände, Tavernen, die nicht jeder kennt, preiswerte Pensionen und Hotels. Vulkane, Klöster, Eselspfade - vom Rummel in die Einsamkeit. Das spezielle Handbuch für jeden Kykladenfahrer.
558 Seiten, ISBN 3-923278-04-7

P. Kanzler/ H.-P. Siebenhaar **Dodekanes**
Aktuelle Informationen zu einer der schönsten Ecken Griechenlands. In der unendlichen azurblauen Weite der Südägäis zwischen Kreta und der türkischen Küste liegen ein Dutzend Inseln: Rhodos - mittelalterliche Gäßchen zwischen wuchtigen Burgmauern; Kos - ein schwimmender Garten; Kalymnos - das Schwammtaucherparadies.
Ca. 350 Seiten, ISBN 3-923278-54-3

ITALIEN

Neu *Fohrer, Eberhard* **Oberitalien**

Südtirol, die oberitalienischen Seen, die historischen Städte der Poebene, Riviera, Adria und Venedig. Jede Menge handfester Tips: Wandern in Cinque Terre, Bummeln in Venedig, Mode in Mailand, Surfen am Gardasee, Opernfestspiele in Verona, Schlemmen in Bologna...
Ein praktisches Reisehandbuch für das Land zwischen Alpen und Mittelmeer.

370 Seiten, ISBN 3-923278-13-6

Müller, Michael: **Toskana**

Toskana, Umbrien, Elba - ein nützliches Reisebuch zur vielfältigsten Region Italiens. Zahllose praktische Tips zu Unterkunft, Ristorantes, Sehenswertes, Kunst und Kultur . . . Florenz, Siena, Perugia - Chianti kosten in Castellina, Filetto im Chiana-Tal, Michelangelo und die Medici-Gräber.

410 Seiten, ISBN 3-923278-06-3

Hemmie, Hagen: **Rom**

Umfassender Reiseführer über die Weltstadt und ihre Provinz (Latium) - zahlreiche Tips zu Sehenswürdigkeiten aus der ganzen Geschichte bis heute. Außerdem Café Greco, Eis bei "Giolitti", die Gärten von Tivoli . . . Restaurants / Hotels / Nachtleben, Bekanntes und Verstecktes, kleine Orte wie vor 100 Jahren . . .

460 Seiten, ISBN 3-923278-30-6

Fohrer, Eberhard: **Sardinien**

Eine Insel zum Entdecken - kilometerlange Sandstrände, meerumspülte Felsbuchten, uralte Korkeichenwälder, winzige Bergnester . . . Eine Fülle praktischer Hinweise zu Übernachten, Essen, Baden, Sehenswertes, außerdem viele Hintergrundinformationen, Geschichte und Geschichten u.v.m.

580 Seiten, ISBN 3-923278-11-X

Fohrer, Eberhard: **Italien**

Gelato, Cappuccino, Campari . . . Viele praktische Tips für jeden, der den Stiefel bereist, ausführlich und aktuell: Kneipen, Ristorantes, Übernachtungsmöglichkeiten, Camping, Sehenswürdigkeiten, Badeurlaub - vom hektischen Mailand bis zum faszinierenden Palermo, Surfen am Gardasee, Camping am Gargano, endlose Sandstrände auf Sardinien und Mittelalter in der Toskana.

Ca. 500 Seiten, ISBN 3-923278-20-9

Schröder, Thomas: **Sizilien**

Italiens südlichste Ecke - Sommer von April bis November! Griechische Tempel und normannische Kathedralen, lange Strände und malerische Schluchten. Wertvolle Tips zu Camping, Hotels, Restaurants und Fortbewegung, reichlich Infos zu Geschichte und Sehenswürdigkeiten. Sightseeing in Palermo, Vulkanbesteigung auf Stromboli, Baden im Nationalpark Zingaro. Unentbehrlich für Sizilien-Entdecker.

446 Seiten, ISBN 3-923278-74-8

NIEDERLANDE

Neu *Sievers, Dirk* **Niederlande**

Wasser ist das dominierende Element - unzählige Kanäle, Flüsse und Wasserläufe durchkreuzen die weiten Ebenen. Im Sommer wird auf jeder Wasserfläche gesurft, gesegelt oder gerudert. Die Badestrände am Meer reichen von der belgischen bis zur deutschen Grenze. Aber auch die Städte, allen voran Amsterdam sind ein Muß - entlang der zahllosen Grachten ziehen sich lange Reihen von bilderbuchreifen Patrizierhäusern aus dem 17. und 18. Jh.

Ca. 350 Seiten, ISBN 3-923278-18-7

Dunford / Holland: **Amsterdam**

Ein detaillierter Führer durch sämtliche Viertel der jugendlichsten Hauptstadt Europas mit einer Fülle praktischer Tips: Grachten und Märkte, Museen und Galerien, Hotels und Restaurants, Theater, Konzertsäle, Discos, Bars . . . Alles über die holländische Kultur von Hieronymus Bosch bis zum Jenever, dem holländischen Gin.

Ca. 300 Seiten, ISBN 3-923278-94-2

FRANKREICH

Grashäuser / Schäffer: **Bretagne**

Meerumspülte und sagenumwobene Granit-Halbinsel, die man für das Ende der Welt hielt - Hinkelsteine, Kirchenkunst und 4000 Kilometer Küste. Wo einst die Druiden ihre Zaubertränke brauten, locken heute moderne Badeorte und kilometerlange Strände. Rund 500 Seiten prall gefüllt mit handfesten Informationen und wunderschönen Geschichten über Dolmen und Menhire, Kirchen, Kapellen und Calvaires von Mont St. Michel bis La Paule . . .

620 Seiten, ISBN 3-923278-79-9

Schmid, M. X.: **Korsika**

Die "Insel der Schönheit": von traumhaften Badebuchten hinauf zu entlegenen Hochtälern. Kastanienwälder, Korkeichen und eine wild duftende Maccia. Geschichte und Geschichten von der Menhir-Kultur bis zur Gegenwart. Vorschläge zu aufregend schönen Wanderungen - und natürlich eine Fülle praktischer Tips: Hotels, Campingplätze, Restaurants etc.

355 Seiten, ISBN 3-923278-84-5

WANDERN

Grashäuser, Jochen: **Europawanderweg 5**

Zu Fuß vom Bodensee zur Adria über 5 Grenzen und rund 600 km. Das Buch ist dabei ein unentbehrlicher Begleiter, amüsant und nützlich! Ein umfangreicher Vorbereitungsteil, reizvolle Streckenvarianten, ausführliches Kartenmaterial, Quartierbeschreibungen und ein Sprachführer sind die wichtigsten Pluspunkte. Damit der Weg von Konstanz nach Verona zu einem unvergeßlichen Alpenerlebnis wird!

"Ein Reisebuch, das den Wanderappetit anregt." *Münchner Merkur*

188 Seiten, ISBN 3-923278-90-X

Raum für Notizen

INDEX

BR Deutschland

Schweiz

Österreich

Tschechoslowakei

Ungarn

Rumänien

Jugoslawien

Griechenland

Türkei

Italien

Frankreich

Spanien

Portugal

Marokko

Niederlande

Belgien

Luxemburg

Großbritannien

Irland

Dänemark

Schweden

Norwegen

Finnland

Polen

Raum für Notizen